Galas · Krömer · Nolte · Ulrich

Niedersächsisches Schulgesetz
11., aktualisierte und überarbeitete Auflage

Praxishilfen Schule · Kommentar

Dieter Galas
Friedrich-Wilhelm Krömer
Gerald Nolte
Karl-Heinz Ulrich

Niedersächsisches Schulgesetz

11., aktualisierte und überarbeitete Auflage

Carl Link 2021

Bibliografische Information der Deutschen Nationalbibliothek
Die Deutsche Nationalbibliothek verzeichnet diese Publikation in der Deutschen Nationalbibliografie; detaillierte bibliografische Daten sind im Internet über http://dnb.d-nb.de abrufbar.

ISBN – 978-3-556-08247-8

www.wolterskluwer.de
www.schulverwaltung.de

Alle Rechte vorbehalten
©2021 Wolters Kluwer Deutschland GmbH, Wolters-Kluwer-Str. 1, 50354 Hürth

Das Werk einschließlich aller seiner Teile ist urheberrechtlich geschützt. Jede Verwertung außerhalb der engen Grenzen des Urheberrechtsgesetzes ist ohne Zustimmung des Verlages unzulässig und strafbar. Das gilt insbesondere für Vervielfältigungen, Übersetzungen, Mikroverfilmungen und die Einspeicherung und Verarbeitung in elektronischen Systemen.
Verlag und Autor übernehmen keine Haftung für inhaltliche oder drucktechnische Fehler.

Umschlagkonzeption: Martina Busch, Grafikdesign, Homburg-Kirrberg
Satz: Datagroup-Int SRL, Timisoara, Romania
Druck: Williams Lea & Tag GmbH, München

Gedruckt auf säurefreiem, alterungsbeständigem und chlorfreiem Papier.

Vorwort zur 11. Auflage

Das Schulgesetz ist die umfassende Rechtsgrundlage für die Unterrichts- und Erziehungsarbeit in den niedersächsischen Schulen. Die Struktur des niedersächsischen Schulwesens, die pädagogischen Anforderungen an die verschiedenen Schulformen und deren Ziele sind darin ebenso geregelt wie die Rechte der Beteiligten, der Schülerinnen und Schüler, der Eltern, der Lehrkräfte, der Schulleitungen sowie der kommunalen Schulträger.

Das vorliegende Werk soll in erster Linie ein Ratgeber für die tägliche Arbeit im Schulalltag sein. Die Erläuterungen sollen informieren, die Bedeutung der einzelnen Vorschriften und ihre Auswirkung bei der praktischen Anwendung darstellen sowie Zusammenhänge aufzeigen.

Besonderen Wert haben die Autoren darauf gelegt, dass die Leserinnen und Leser zu jeder Vorschrift über die dazu ergangenen Verordnungen und Erlasse informiert werden. Ferner wollten die Autoren die verstreut in verschiedenen Zeitschriften und Veröffentlichungen vorhandenen Aufsätze und Beiträge speziell zum niedersächsischen Schulrecht nutzbar machen. Deshalb enthalten die Erläuterungen zu jeder Vorschrift in der Regel am Schluss einen Abschnitt »Verweise, Literatur«, in dem auf die dazu ergangenen Verordnungen und Erlasse sowie auf die einschlägige Literatur hingewiesen wird.

Die Autoren hoffen, dass das Werk über eine juristische Interpretationshilfe hinaus den Schulen und allen am Schulwesen Beteiligten bei der schwierigen und verantwortungsvollen Erziehungs- und Unterrichtsarbeit eine Orientierungshilfe im Schulalltag sein wird.

Ein Schwerpunkt der 11. Auflage ist der Datenschutz bei der Verarbeitung personenbezogener Daten. Der Kommentar enthält auch Hinweise für den Umgang mit aktuellen Entwicklungen (z.B. Fridays for Future, Masern-Impfpflicht, Hygienepläne im Hinblick auf die Corona-Pandemie).

Rechtsprechung und Literatur sind auf den Stand von November 2020 gebracht worden. Das gilt auch für die bei den einzelnen Paragraphen aufgeführten Rechts- und Verwaltungsvorschriften.

Der Kommentar ist ein Gemeinschaftswerk aller Autoren. Schwerpunktmäßig haben bearbeitet:

Dieter Galas: §§ 2, 4–14, 22–29, 32–35, 36–39, 41–42, 44, 88–94, 96–100, 122, 124–128, 180–181, 183a–c, 189a–191

Friedrich-Wilhelm Krömer: §§ 15–21, 35a, 40, 61a, 185, 193

Gerald Nolte: §§ 1, 3, 30–32, 43, 50–62, 64–72, 74–78, 80–87, 119–121, 123a, 177, 179

Karl-Heinz Ulrich: §§ 45–49, 63, 73, 79, 95, 101–118, 123, 129–138, 139–176, 178, 182-184, 186–189, 192, 194–197

Vorwort

Zu den Autoren:

Ministerialdirigent a. D. *Dr. Dieter Galas* war Abteilungsleiter im Niedersächsischen Kultusministerium.

Ministerialrat a. D. *Friedrich-Wilhelm Krömer* war Leiter des Referates »Grundsätzliche und übergreifende Angelegenheiten des berufsbildenden Schulwesens, Aus- und Fortbildung der Lehrkräfte, Rechts- und Verwaltungsangelegenheiten« im Niedersächsischen Kultusministerium.

Ministerialrat *Gerald Nolte* ist Leiter des Referates »Gesetzgebung, Schulträger, übergreifende Rechts- und Verwaltungsangelegenheiten« im Niedersächsischen Kultusministerium.

Ministerialrat a. D. *Karl-Heinz Ulrich* war stellvertretender Leiter des Referates »Kirchen und Religionsgemeinschaften, Schulen in freier Trägerschaft, Rechts- und Verwaltungsangelegenheiten« im Niedersächsischen Kultusministerium.

Inhalt

Vorwort zur 11. Auflage V

Abkürzungsverzeichnis 10

Stichwortverzeichnis 17

Einführung 42

Anhang 1105

Erster Teil
Allgemeine Vorschriften

§ 1	Geltungsbereich	61
§ 2	Bildungsauftrag der Schule	67
§ 3	Freiheit des Bekenntnisses und der Weltanschauung	70
§ 4	Inklusive Schule	76
§ 5	Gliederung des Schulwesens	82
§ 6	Grundschule	84
§ 7	– aufgehoben –	89
§ 8	Abschlüsse im Sekundarbereich I	89
§ 9	Hauptschule.	91
§ 10	Realschule.	96
§ 10a	Oberschule	98
§ 11	Gymnasium	105
§ 12	Gesamtschule	111
§ 12a	– aufgehoben –	116
§ 12b	– aufgehoben –	116
§ 13	Abendgymnasium und Kolleg	116
§ 14	Förderschule	118
§ 15	Berufsschule	126
§ 16	Berufsfachschule	132
§ 17	Berufseinstiegsschule.	140
§ 18	Fachoberschule	142
§ 18a	Berufsoberschule	145
§ 19	Berufliches Gymnasium	148
§ 20	Fachschule	153
§ 21	Aufgabe und besondere Organisation berufsbildender Schulen	158

| Inhalt |

§ 22	Schulversuche.	162
§ 23	Ganztagsschule, Halbtagsschule	164
§ 24	– aufgehoben –	171
§ 25	Zusammenarbeit zwischen Schulen sowie zwischen Schulen und Jugendhilfe	171
§ 26	– aufgehoben –	173
§ 27	Erwerb von Abschlüssen durch Nichtschülerinnen und Nichtschüler	174
§ 28	Schuljahr und Schulferien	175
§ 29	Lehr- und Lernmittel	177
§ 30	Erhebungen	181
§ 31	Verarbeitung personenbezogener Daten	184

Zweiter Teil
Schulverfassung

§ 32	Eigenverantwortung der Schule	263
§ 33	Entscheidungen der Schule	275
§ 34	Gesamtkonferenz	277
§ 35	Teilkonferenzen	281
§ 35a	Bildungsgangs- und Fachgruppen an berufsbildenden Schulen	285
§ 36	Zusammensetzung und Verfahren der Konferenzen	289
§ 37	Besondere Ordnungen für die Konferenzen	300
§ 38	Sitzungszeiten	302
§ 38a	Aufgaben des Schulvorstandes	303
§ 38b	Zusammensetzung und Verfahren des Schulvorstandes	310
§ 38c	Beteiligung des Schulträgers	319
§ 39	Ausschüsse	320
§ 40	Beirat an berufsbildenden Schulen	324
§ 41	Mitwirkungsverbot; Vertraulichkeit	325
§ 42	– (aufgehoben) –	328
§ 43	Stellung der Schulleiterin und des Schulleiters	328
§ 44	Kollegiale Schulleitung	367
§ 45	Bestellung der Schulleiterinnen und Schulleiter	376
§ 46	– aufgehoben –	382
§ 47	– aufgehoben –	382
§ 48	Ausnahmen	382
§ 49	Benachrichtigung des Schulträgers	386

Dritter Teil
Lehrkräfte sowie übrige Mitarbeiterinnen und Mitarbeiter

§ 50	Allgemeines	387
§ 51	Dienstrechtliche Sonderregelungen	397
§ 52	Besetzung der Stellen der Lehrkräfte	417
§ 53	Übrige Mitarbeiterinnen und Mitarbeiter	426

Vierter Teil
Schülerinnen und Schüler

Erster Abschnitt
Allgemeines

§ 54	Recht auf Bildung	439
§ 54a	Sprachfördermaßnahmen	449
§ 55	Erziehungsberechtigte	451
§ 56	Untersuchungen	463
§ 57	– aufgehoben –	466

Zweiter Abschnitt
Rechtsverhältnis zur Schule

§ 58	Allgemeine Rechte und Pflichten	467
§ 59	Bildungsweg, Versetzung, Überweisung und Abschluss	507
§ 59a	Aufnahmebeschränkungen	514
§ 60	Regelungen des Bildungsweges	525
§ 61	Erziehungsmittel, Ordnungsmaßnahmen	529
§ 61a	Ende des Schulverhältnisses in besonderen Fällen	547
§ 62	Aufsichtspflicht der Schule	549

Dritter Abschnitt
Schulpflicht

§ 63	Allgemeines	564
§ 64	Beginn der Schulpflicht	598
§ 65	Dauer der Schulpflicht	605
§ 66	Schulpflicht im Primarbereich und im Sekundarbereich I	606
§ 67	Schulpflicht im Sekundarbereich II	608
§ 68	– aufgehoben –	611
§ 69	Schulpflicht in besonderen Fällen	612
§ 70	Ruhen und Ende der Schulpflicht in besonderen Fällen	617
§ 71	Pflichten der Erziehungsberechtigten und Ausbildenden	625

Vierter Abschnitt
Schülervertretungen, Schülergruppen, Schülerzeitungen

Vorbemerkung zu §§ 72–87: 644
§ 72 Allgemeines 645
§ 73 Klassenschülerschaft 646
§ 74 Schülerrat 647
§ 75 Wahlen 648
§ 76 Besondere Schülerräte 649
§ 77 Abweichende Organisation der Schule 650
§ 78 Regelungen durch besondere Ordnung 650
§ 79 Geschäftsordnungen 651
§ 80 Mitwirkung in der Schule 653
§ 81 Veranstaltungen und Arbeitsgemeinschaften 658
§ 82 Gemeinde- und Kreisschülerräte 659
§ 83 Wahlen und Geschäftsordnung 661
§ 84 Aufgaben der Gemeinde- und Kreisschülerräte 662
§ 85 Finanzierung der Schülervertretungen 663
§ 86 Schülergruppen 665
§ 87 Schülerzeitungen 667

Fünfter Teil
Elternvertretung

Vorbemerkung zu §§ 88–99: 670

Erster Abschnitt
Elternvertretung in der Schule

§ 88 Allgemeines 672
§ 89 Klassenelternschaften 673
§ 90 Schulelternrat 674
§ 91 Wahlen 675
§ 92 Besondere Elternräte und Elternschaften 678
§ 93 Abweichende Organisation der Schule 679
§ 94 Regelungen durch besondere Ordnung 680
§ 95 Geschäftsordnungen 681
§ 96 Mitwirkung der Erziehungsberechtigten in der Schule 682

Zweiter Abschnitt
Elternvertretung in Gemeinden und Landkreisen

§ 97 Gemeinde- und Kreiselternräte 684
§ 98 Wahlen und Geschäftsordnung 687
§ 99 Aufgaben der Gemeinde- und Kreiselternräte 688

Dritter Abschnitt
Kosten

§ 100	Kosten.	690

Sechster Teil
Schulträgerschaft

§ 101	Schulträgerschaft.	691
§ 102	Schulträger	694
§ 103	Übertragung der laufenden Verwaltung	701
§ 104	Zusammenschlüsse von Schulträgern	703
§ 105	Aufnahme auswärtiger Schülerinnen und Schüler	705
§ 106	Errichtung, Aufhebung und Organisation von öffentlichen Schulen	713
§ 107	Namensgebung	727
§ 108	Schulanlagen und Ausstattung der Schule.	728
§ 109	Koordinierung des öffentlichen Verkehrsangebotes	734
§ 110	Kommunale Schulausschüsse	736
§ 111	Übertragung von Rechten des Schulträgers auf die Schule.	741

Siebenter Teil
Aufbringung der Kosten

§ 112	Personalkosten	752
§ 112a	– (aufgehoben) –	754
§ 113	Sachkosten	755
§ 113a	Experimentierklausel.	760
§ 114	Schülerbeförderung.	764
§ 115	Förderung des Schulbaus durch das Land	780
§ 116	Aufgabe von Schulanlagen.	784
§ 117	Beteiligung der Landkreise an den Schulbaukosten.	785
§ 118	Beteiligung der Landkreise an den sonstigen Kosten	791

Achter Teil
Staatliche Schulbehörden, Schulinspektion

Vorbemerkung zu §§ 119–123a		794
§ 119	Schulbehörden.	797
§ 120	Aufgaben und Zuständigkeiten	800
§ 120a	Beratung und Unterstützung.	808
§ 121	Fachaufsicht	810
§ 122	Lehrpläne für den Unterricht	813
§ 123	Verhältnis zu kommunalen Körperschaften	816
§ 123a	Qualitätsermittlung, Schulinspektion, Evaluation	822

Neunter Teil
Religionsunterricht, Unterricht Werte und Normen

Vorbemerkung zu §§ 124–128:. 826
§ 124 Religionsunterricht. 827
§ 125 Mitwirkung der Religionsgemeinschaften am Religionsunterricht. 831
§ 126 Einsichtnahme in den Religionsunterricht. 833
§ 127 Erteilung von Religionsunterricht 834
§ 128 Unterricht Werte und Normen 835

Zehnter Teil
Grundschulen für Schülerinnen und Schüler des gleichen Bekenntnisses

Vorbemerkung zu den §§ 129–138. 840
§ 129 Allgemeines. 843
§ 130 Antragsvoraussetzungen 852
§ 131 Antragsverfahren. 853
§ 132 Weitere Voraussetzungen 858
§ 133 Entscheidung. 860
§ 134 Wiederholung des Antrags 862
§ 135 Zusammenlegung und Umwandlung von Schulen. 864
§ 136 Errichtung von Grundschulen für Schülerinnen und Schüler aller Bekenntnisse 873
§ 137 Aufnahme auswärtiger Schülerinnen und Schüler 875
§ 138 Sonderregelung für den Bereich des ehemaligen Landes Oldenburg. 877

Elfter Teil
Schulen in freier Trägerschaft

Vorbemerkung zu den §§ 139–167. 883

Erster Abschnitt
Allgemeines

§ 139 Verhältnis zum öffentlichen Schulwesen. 887
§ 140 Bezeichnung der Schulen in freier Trägerschaft und der freien Unterrichtseinrichtungen 889
§ 141 Geltung anderer Vorschriften dieses Gesetzes 890

Zweiter Abschnitt
Ersatzschulen

§ 142 Allgemeines. 896
§ 143 Genehmigung. 900

§ 144	Schulische Voraussetzungen der Genehmigung	904
§ 145	Sonstige Voraussetzungen der Genehmigung	916
§ 146	Anzeigepflicht bei wesentlichen Änderungen	920
§ 147	Zurücknahme, Erlöschen und Übergang der Genehmigung	923
§ 148	Anerkannte Ersatzschulen	926
§ 149	Finanzhilfe	932
§ 150	Berechnung der Finanzhilfe	942
§ 151	Zuwendungen	957
§ 152	Austausch der Lehrkräfte zwischen öffentlichen Schulen und Ersatzschulen	960
§ 153	Bezeichnung der Lehrkräfte	965

Dritter Abschnitt
Ersatzschulen in kirchlicher Trägerschaft, die aus öffentlichen Schulen hervorgegangen sind

	Vorbemerkung zu den §§ 154–157	970
§ 154	Allgemeines	972
§ 155	Persönliche Kosten für Lehrkräfte	980
§ 156	Sächliche Kosten, Schulbau, Schülerbeförderung	990
§ 157	Anteil nichtkatholischer oder auswärtiger Schülerinnen und Schüler	994

Vierter Abschnitt
Ergänzungsschulen

§ 158	Allgemeines	1001
§ 159	Untersagung der Errichtung oder Fortführung	1005
§ 160	Ruhen der Schulpflicht	1009
§ 161	Anerkannte Ergänzungsschulen	1013
§ 161a	Abwicklung über eine einheitliche Stelle	1021

Fünfter Abschnitt
Tagesbildungsstätten

§ 162	Erfüllen der Schulpflicht	1023
§ 163	Bezeichnung der Tagesbildungsstätte	1025
§ 164	Anerkennung der Tagesbildungsstätte	1026
§ 165	Anzeigepflicht bei Änderungen	1028
§ 166	Erlöschen der Anerkennung	1029

Sechster Abschnitt
Schulaufsicht

§ 167	Schulaufsicht	1030

Zwölfter Teil
Vertretungen beim Kultusministerium und Landesschulbeirat

Vorbemerkung zu den §§ 168–175. 1034

Erster Abschnitt
Zusammensetzung und Aufgaben

§ 168	Allgemeines.	.1036
§ 169	Landeselternrat	.1040
§ 170	Landesschülerrat.	.1047
§ 171	Landesschulbeirat	.1049

Zweiter Abschnitt
Verfahrensvorschriften

§ 172	Amtsdauer	.1055
§ 173	Verfahren.	.1058
§ 174	Kosten.	.1062
§ 175	Verordnungsermächtigungen.	.1064

Dreizehnter Teil
Übergangs- und Schlussvorschriften

Erster Abschnitt
Ordnungswidrigkeiten und Schulzwang

§ 176	Ordnungswidrigkeiten	.1065
§ 177	Schulzwang.	.1068

Zweiter Abschnitt
Übergangsvorschriften

§ 178	Überprüfung	.1069
§ 179	Übergangsregelung für die Ausbildung zur Altenpflegerin oder zum Altenpfleger	.1072
§ 179a	– aufgehoben –	.1073
§ 180	Ämter mit zeitlicher Begrenzung.	.1073
§ 181	Schulversuche.	.1074
§ 182	Weiterführung besonderer Schulen	.1074
§ 183	Sonderregelungen für Hauptschulen und Realschulen	.1077
§ 183a	Sonderregelungen für Oberschulen	.1078
§ 183b	Übergangsregelungen für Kooperative Gesamtschulen	.1079
§ 183c	Übergangsvorschriften zur inklusiven Schule	.1081
§ 184	Übergangsregelung für die Berufung in den Landesschulbeirat	.1088
§ 184a	– aufgehoben –	.1089
§ 184b	– aufgehoben –	.1089

§ 185	Übergangsregelung für die Berufseinstiegsschule	1089
§ 185a	– aufgehoben –	1090
§ 186	Schulträgerschaft für allgemein bildende Schulen	1090
§ 187	Übergang von Schulvermögen	1091
§ 188	Kostenerstattung für Bedienstete Dritter	1093
§ 189	Übergangsregelung für die Schülerbeförderung	1094
§ 189a	Rahmenrichtlinien	1095
§ 190	Werte und Normen	1095
§ 191	Evangelische Schulen in freier Trägerschaft	1096
§ 192	Übergangsvorschriften zur Finanzhilfe	1097

Dritter Abschnitt
Schlussvorschriften, Inkrafttreten

§ 193	Aufhebung des Berufsgrundbildungsjahres	1100
§ 194	– aufgehoben –	1101
§ 195	Sonderregelung für die Stadt Göttingen	1101
§ 196	– aufgehoben –	1103
§ 197	Inkrafttreten	1103

Anhang ... 1105

Abkürzungsverzeichnis

A

a. A.	anderer Ansicht
a. a. O.	am angegebenen Ort
abS	allgemein bildende Schule
Abs.	Absatz
AEUV	Vertrag über die Arbeitsweise der Europäischen Union
a. F.	alte Fassung
ÄndG	Änderungsgesetz
ÄndG 75	Gesetz zur Änderung des Niedersächsischen Schulgesetzes vom 26.06.1975 (Nds. GVBl. S. 208) – siehe NSchG 75
ÄndG 80	2. Gesetz zur Änderung des Niedersächsischen Schulgesetzes vom 21.07.1980 (Nds. GVBl. S. 261) – siehe NSchG 80
ÄndG 93	4. Gesetz zur Änderung des Niedersächsischen Schulgesetzes vom 23.06.1993 (Nds. GVBl. S. 178) – siehe NSchG 93
ÄndG 96	5. Gesetz zur Änderung des Niedersächsischen Schulgesetzes vom 20.05.1996 (Nds. GVBl. S. 232)
ÄndG 97	6. Gesetz zur Änderung des Niedersächsischen Schulgesetzes vom 11.12.1997 (Nds. GVBl. S. 503)
ÄndG 02	Gesetz zur Weiterentwicklung des Schulwesens vom 25.06.2002 (Nds. GVBl. S. 312)
ÄndG 03	Gesetz zur Verbesserung von Bildungsqualität und zur Sicherung von Schulstandorten vom 02.07.2003 (Nds. GVBl. S. 244)
ÄndG 04	Gesetz zur Änderung des Niedersächsischen Schulgesetzes und des Niedersächsischen Besoldungsgesetzes vom 29.04.2004 (Nds. GVBl. S. 140)
ÄndG 06	Gesetz zur Einführung der Eigenverantwortlichen Schule vom 17.07.2006 (Nds. GVBl. S. 412)
ÄndG 07	Gesetz zur Reform der Finanzhilfe für Schulen in freier Trägerschaft vom 12.07.2007 (Nds. GVBl. S. 301)
ÄndG 08	Gesetz zur Neuordnung der beruflichen Grundbildung und zur Änderung anderer schulrechtlicher Bestimmungen vom 02.07.2008 (Nds. GVBl. S. 246)
ÄndG 09	Gesetz zur Änderung des Niedersächsischen Schulgesetzes und des Niedersächsischen Besoldungsgesetzes vom 18.06.2009 (Nds. GVBl. S. 278)
ÄndG 10	Gesetz zur Änderung des Niedersächsischen Schulgesetzes vom 12.11.2010 (Nds. GVBl. S. 517)
ÄndG 11	Gesetz zur Neuordnung der Schulstruktur in Niedersachsen vom 16.03.2011 (Nds. GVBl. S. 83)
ÄndG 12	Gesetz zur Einführung der inklusiven Schule vom 23.03.2012 (Nds. GVBl. S. 34)

ÄndG 13	Gesetz zur Änderung schulrechtlicher Vorschriften vom 19.06.2013 (Nds. GVBl. S. 165)
ÄndG 15	Gesetz zur Änderung des Niedersächsischen Schulgesetzes vom 03.06.2015 (Nds. GVBl. S. 90)
ÄndG 17	Gesetz zur Verankerung der Pflichten von Schülerinnen und Schülern im Niedersächsischen Schulgesetz vom 16.08.2017 (Nds. GVBl. S. 260)
ÄndG 18	Gesetz zur Änderung des Niedersächsischen Schulgesetzes vom 28.02.2018 (Nds. GVBl. S. 16)
ÄndG 19	Gesetz zur Änderung schulrechtlicher Vorschriften vom 17.12.2019 (Nds. GVBl. S. 430)
Alt.	Alternative
Anm.	Anmerkung
APVO-Lehr	Verordnung über die Ausbildung und Prüfung von Lehrkräften im Vorbereitungsdienst
ArbZVO-Schule	Verordnung über die Arbeitszeit der Beamtinnen und Beamten an öffentlichen Schulen
ArbSchG	Arbeitsschutzgesetz
Art.	Artikel
AuG	Arbeit und Gesundheit
Aufl.	Auflage
AÜG	Arbeitnehmerüberlassungsgesetz
AVO-GO-BAK	Verordnung über die Abschlüsse in der gymnasialen Oberstufe, im Beruflichen Gymnasium, im Abendgymnasium und im Kolleg
AVO-Sek I	Verordnung über die Abschlüsse im Sekundarbereich I der allgemein bildenden Schulen einschließlich der Freien Waldorfschulen
AVO-WaNi	Verordnung über die Qualifikationsphase und die Abiturprüfung an Freien Waldorfschulen sowie über die Abiturprüfung für Nichtschülerinnen und Nichtschüler
B	
BAföG	Bundesausbildungsförderungsgesetz
BAT	Bundesangestelltentarifvertrag
BAT-O	Bundesangestelltentarifvertrag Ost
BBesG	Bundesbesoldungsgesetz
BB-GVO	Verordnung über die Gleichwertigkeit von Abschlüssen im Bereich der beruflichen Bildung
BBiG	Berufsbildungsgesetz
bbS	berufsbildende Schule
BbS-VO	Verordnung über berufsbildende Schulen
Bd.	Band
BDSG	Bundesdatenschutzgesetz
BeamtStG	Beamtenstatusgesetz

Bek.	Bekanntmachung
BES	Berufseinstiegsschule
Beschl.	Beschluss
BFS	Berufsfachschule
BG	Berufliches Gymnasium
BGB	Bürgerliches Gesetzbuch
BGBl	Bundesgesetzblatt
BGJ	Berufsgrundbildungsjahr
BKiSchG	Bundeskinderschutzgesetz
BMBF	Bundesministerium für Bildung und Forschung
BMBW	Bundesministerium für Bildung und Wissenschaft (bis 1994)
BMFSFJ	Bundesministerium für Familie, Senioren, Frauen und Jugend
BMG	Bundesministerium für Gesundheit
BMG	Bundesmeldegesetz
BMWi	Bundesministerium für Wirtschaft und Energie
BNatSchG	Bundesnaturschutzgesetz
BOS	Berufsoberschule
BRKG	Bundesreisekostengesetz
BSHG	Bundessozialhilfegesetz
BT	Bundestag
BTHG	Bundesteilhabegesetz
BVerfG	Bundesverfassungsgericht
BVerwG	Bundesverwaltungsgericht
BVJ	Berufsvorbereitungsjahr
BYOD	Bring Your Own Device
C	
CYOD	Choose Your Own Device
D	
DLRL	Dienstleistungsrichtlinie
DÖV	Die öffentliche Verwaltung
DSFA	Datenschutz-Folgenabschätzung
DSGVO	Datenschutz-Grundverordnung
DV	Datenverarbeitung
DVBl	Deutsches Verwaltungsblatt
E	
EB	Ergänzende Bestimmungen
EB-BbS	Ergänzende Bestimmungen für das berufsbildende Schulwesen
EB-VO-GO	Ergänzende Bestimmungen zur Verordnung über die gymnasiale Oberstufe
EFQM	European Foundation for Quality Management
EG	Erwägungsgründe

EGMR	Europäischer Gerichtshof für Menschenrechte
EMRK	Europäische Menschenrechtskonvention
Erl.	Erlass
EUGH	Europäischer Gerichtshof

F

Fn.	Fußnote
FöS	Förderschule
FOS	Fachoberschule

G

GG	Grundgesetz
GS	Grundschule
GY	Gymnasium

H

h. M.	herrschende Meinung
Hrsg.	Herausgeber
HVS	Haushaltsvollzugssystem
HWO	Handwerksordnung

I

i. d. F.	in der Fassung
IfSG	Infektionsschutzgesetz
IGS	Integrierte Gesamtschule
i. V. m.	in Verbindung mit
IQB	Institut für Qualitätssicherung im Bildungswesen

J

JArbSchG	Jugendarbeitsschutzgesetz
JGG	Jugendgerichtsgesetz

K

KGS	Kooperative Gesamtschule
KiTaG	Gesetz über Tageseinrichtungen für Kinder
KKG	Gesetz zur Kooperation und Information im Kinderschutz
KMK	Ständige Konferenz der Kultusminister der Länder in der Bundesrepublik Deutschland
Konkordat – DVbgND	Durchführungsvereinbarung zum Niedersachsen-Konkordat
KuG	Kunsturhebergesetz

L

LHO	Landeshaushaltsordnung
LReg	Niedersächsische Landesregierung
LRH	Niedersächsischer Landesrechnungshof
LT	Niedersächsischer Landtag

M

MK	Niedersächsisches Kultusministerium

Abkürzungsverzeichnis

MS	Niedersächsisches Ministerium für Soziales, Gesundheit und Gleichstellung
m. w. N.	mit weiteren Nachweisen
NAVO-Sek I	Verordnung über die Prüfungen zum Erwerb der Abschlüsse des Sekundarbereichs I durch Nichtschülerinnen und Nichtschüler
NBGG	Niedersächsisches Behindertengleichstellungsgesetz
NBG	Niedersächsisches Beamtengesetz
NBQFG	Niedersächsisches Berufsqualifikationsfeststellungsgesetz
NDSG	Niedersächsisches Datenschutzgesetz
Nds. ArbZVO-Schule	Niedersächsische Verordnung über die Arbeitszeit der Beamtinnen und Beamten an öffentlichen Schulen
Nds. GVBl.	Niedersächsisches Gesetz- und Verordnungsblatt
Nds. MBl.	Niedersächsisches Ministerialblatt
Nds.VBl.	Niedersächsische Verwaltungsblätter
NEAG	Niedersächsisches Gesetz über Einheitliche Ansprechpartner
NGG	Niedersächsisches Gleichberechtigungsgesetz
NGO	Niedersächsische Gemeindeordnung
NGöGD	Niedersächsisches Gesetz über den öffentlichen Gesundheitsdienst
NJG	Niedersächsisches Justizgesetz
NKomVG	Niedersächsisches Kommunalverfassungsgesetz
NKomZG	Niedersächsisches Gesetz über die kommunale Zusammenarbeit
NLBV	Niedersächsisches Landesamt für Bezüge und Versorgung
NLO	Niedersächsische Landkreisordnung
NLQ	Niedersächsisches Landesinstitut für schulische Qualitätsentwicklung
NLSchB	Niedersächsische Landesschulbehörde
NLT	Zeitschrift des Niedersächsischen Landkreistages
NLVO	Niedersächsische Laufbahnverordnung
NMeldVO	Niedersächsische Meldeverordnung
NMG	Niedersächsisches Meldegesetz
NPOG	Niedersächsisches Polizei- und Ordnungsbehördengesetz
NSchG	Niedersächsisches Schulgesetz
NSchG 74	Niedersächsisches Schulgesetz vom 30.05.1974 (Nds. GVBl. S. 289)
NSchG 75	Niedersächsisches Schulgesetz in der Fassung vom 18.08.1975 (Nds. GVBl. S. 256)

Abkürzungsverzeichnis

NSchG 80	Niedersächsische Schulgesetz in der Fassung vom 06.11.1980 (Nds. GVBl. S. 425)
NSchG 93	Niedersächsisches Schulgesetz in der Fassung vom 27.09.1993 (Nds. GVBl. S. 383)
NSchG 98	Niedersächsisches Schulgesetz in der Fassung vom 03.03.1998 (Nds. GVBl. S. 137)
NSchGesG	Niedersächsisches Gesetz über Schulen für Gesundheitsfachberufe und Einrichtungen für die praktische Ausbildung
NSchGesVO	Niedersächsische Verordnung über Anforderungen an Schulen für Gesundheitsfachberufe und an Einrichtungen für die praktische Ausbildung
NSGB	Niedersächsischer Städte- und Gemeindebund
NST	Niedersächsischer Städtetag
NSTN	Zeitschrift des Niedersächsischen Städtetages
NTVerG	Nieders. Gesetz zur Sicherung von Tariftreue und Wettbewerb bei der Vergabe öffentlicher Aufträge
n. v.	nicht veröffentlicht
NV	Niedersächsische Verfassung
NVwZ	Neue Zeitschrift für Verwaltungsrecht
O	
OBS	Oberschule
OWiG	Gesetz über Ordnungswidrigkeiten
ÖPNV	Öffentlicher Personennahverkehr
P	
PflBG	Pflegeberufegesetz
PMV	Personalmanagementverfahren
ProReKo	Projekt Regionale Kompetenzzentren
R	
RdErl.	Runderlass
RdJB	Zeitschrift »Recht der Jugend und des Bildungswesens«
RdVerf.	Rundverfügung
RLSB	Regionales Landesamt für Schule und Bildung
Rn.	Randnummer
RS	Realschule
RZI	Regionales Beratungs- und Unterstützungszentrum Inklusive Schule
S	
SaH-VO	Verordnung über Schulen für andere als ärztliche Heilberufe
SchOrgVO	Verordnung für die Schulorganisation vom 17.02.2011
SchVG	Gesetz über die Verwaltung öffentlicher Schulen (Schulverwaltungsgesetz), aufgehoben durch das NSchG 74

Abkürzungsverzeichnis

SchR	Schulrecht – Informationsdienst für Schulleitung und Schulaufsicht
SeeArbG	Seearbeitsgesetz
SeeMG	Seemannsgesetz
SEIS	Selbstevaluation in Schulen
SGB	Sozialgesetzbuch
SRH	Schulrechtshandbuch Niedersachsen für allgemein bildende Schulen, Neuwied, Kriftel, Luchterhand – Vorschriftenteil –
StGB	Strafgesetzbuch
StPO	Strafprozessordnung
SV	Schülervertretung
SVBl.	Schulverwaltungsblatt
T	
TV-L	Tarifvertrag für den öffentlichen Dienst der Länder
TVöD	Tarifvertrag für den öffentlichen Dienst
U	
Urt.	Urteil
UVgO	Unterschwellenvergabeordnung
V	
VG	Verwaltungsgericht
VGH	Verwaltungsgerichtshof
VN-BRK	Behindertenrechtskonvention der Vereinten Nationen
VO	Verordnung
VORIS	Niedersächsisches Vorschrifteninformationssystem
VO-GO	Verordnung über die gymnasiale Oberstufe
VOL/A	Vergabe- und Vertragsordnung für Leistungen
VO-SEP	Verordnung zur Schulentwicklungsplanung
VV	Verwaltungsvorschrift(en)
VVDStRL	Veröffentlichungen der Vereinigung der Deutschen Staatsrechtslehrer
VwGO	Verwaltungsgerichtsordnung
VwVfG	Verwaltungsverfahrensgesetz
W	
WeSchVO	Verordnung über den Wechsel zwischen Schuljahrgängen und Schulformen der allgemein bildenden Schulen
WRV	Weimarer Reichsverfassung
Z	
ZBV	Zeitschrift für Bildungsverwaltung

Stichwortverzeichnis

Die vierstelligen Zahlen bezeichnen die Fundstelle im »Schulrechtshandbuch Niedersachsen für allgemein bildende Schulen« (Carl Link Verlag), das diesen Kommentar als ständig aktualisiertes Lose-Blatt-Werk enthält. Die übrigen Zahlen benennen die Paragrafen, unter denen das Stichwort zu finden ist. Dabei bedeutet die Zahl nach dem Schrägstrich die jeweilige Randnummer (im Text auch »Anmerkung« genannt), nicht den Absatz der Paragrafen. Fettgedruckte Zahlen: Hauptfundstelle.

A

Abberufung
- Elternvertretung
91/3
- Schülervertretung
75/2

Abendgymnasium
13; 36/2; 38/1; 39/2; 77/1

Abhilfeprüfung
61/7

Abitur
11; 4.425; 4.430

Abordnung
51/2

Abschlüsse
8; 9/2; 12/1, 2; 14/1; 15/2; 16/2; 17/1; 20/1; 36/8; 37/4; 39/2, 6; 59/7; 60/1

Abschlüsse Sek. I
- Ergänzende Bestimmungen
3.030
- Verordnung
3.025

Abschlussprüfung
8/1

Abschlussverordnung
8/1, 2; 59/2; 60/1; 3.025

Abschlusszeugnisse
3.005 Nr. 6

Abschulung
59/4

Akten
31/1

Alkoholische Getränke
43/3; 2.416

Altenpflege
16/1; 179

Ämter auf Zeit
44/1, 6; 52/5; 180

Amtshilfe
1.105 §§ 4 ff.

Amtszeit
- Elternvertretung
91/2
- Landeselternrat
172/2
- Landesschulbeirat
172/2
- Landesschülerrat
172/2
- Schülervertretung
75/1

Andreanumsvereinbarung
154/2

Angestellte (Lehrkräfte)
50/2

Anrechnung (Berufsschule, Berufsfachschule)
15/1; 16/2

Stichwortverzeichnis

Anrechnungsstunden
7.205

Anrechnungsverordnung
193

Anwesenheitslisten
31/6

Arbeitsbefreiung
43/1, 6; 7.250

Arbeitshaltungen
9/2

Arbeitsschutz
43/3

Arbeitsverhalten
35/3; 36/8; 3.005 Nr. 3.7

Arbeitszeit der Lehrkräfte und Schulleitungen
50/3; 51/3; 7.205

Attest
58/2

Aufhebung des BGJ
193

Aufhebung von Schulen
106/2; 143/2

Aufnahmebeschränkung
59a; 63/3; 105/2; 114/3

Aufnahme in die Schule
59a; 63; 105; 2.205

Aufnahme von Schülern
105; 137

Aufnahmekapazität
59/1; 59a/1, 5; 60/1; 63/3; 105/2, 3

Auftragsverarbeiter
31/1

Aufrücken
10a/1; 35/3; 59/5; 60/1

Aufsicht
– Schulaufsicht Vorbem.
119/1
– über die Schulanlagen
111/2

– über die Schulen in freier Trägerschaft
167
– über Schulträger
120/6

Aufsichtspflicht
62

Aufsichtspflicht Nachbarklassen
62/2

Aufsichtspflicht Pausen
62/2

Aufsichtspflicht Schulfahrten
3.605

Aufsichtspflicht Sport
62/2; 3.515

Ausbildende
71/2; 176

Ausbildungsberuf
15; 16; 18; 65/2; 67/3, 7; 105/7, 9; 193

Ausbildungsunterricht
51/7

Ausgleichsregelung Versetzung
3.015 § 4

Ausländische Abschlüsse (Anerkennung)
60/2

Ausländische Schüler
54a/1; 74/3; 76; 82/4; 170/2; 3.315

Aussagegenehmigungen
43/1; 8.151

Ausschluss vom Unterricht
61/3

Ausschüsse
35a/3; 39; 110

Außenstellen
35/1, 4; 63/3; 106/2

Außerschulischer Lernort
43/3; 69/5; 71/3

Stichwortverzeichnis

Ausstattung der Schulen
108

Austausch Lehrkräfte
152

Auswärtige Schüler(innen)
105/1; 137/2; 157/3

Auswahlverfahren
59a; 63/3

Auszubildende
15

B

Baccalaureate
161/3

barrierefrei
4/2

Beamtenverhältnis (Lehrkräfte)
50/2

Bedienstete Dritter
188

Bedürfnis
106/1

Befangenheit
41/1

Beförderungsstellen
52/2

begabungsentsprechend
59/1

begabungsgerecht
54/3

Beglaubigung
43/3

Begleitende Ausschüsse
40

Behindertenrechtskonvention
4/1

Behinderung
4/1; 14/2

Beirat an bbS
40

Bekenntnisfreiheit
3

Bekenntnisschulen
129/1
- Aufnahme auswärtiger Schüler
137/2
- Aufnahme bekenntnisfremder Schüler
129/4; 135/6; 138/3
- Errichtung
129/1; 130–134
- Sonderregelung Oldenburg
138/1
- Umwandlung
135/5, 6
- Zusammenlegung
135/3

Benehmensherstellung bei der Schulleiterbestellung
45

Beratung
80/6 Vorbem. 119/1; 120/1, 8; 120a

Beratungsgespräche
6/6

Beratungslehrer
80/6

Bereichselternräte
92

Bereichselternschaft
92

Bereichsschülerrat
76

Berufliche Grundbildung
15; 16/2; 193

Berufliches Gymnasium
11/2; 19

Berufsakademie
65/3

Stichwortverzeichnis

Berufsausbildung
9/2; 15/1; 16/2; 18; 18a; 20; 65/3; 67; 70/5

Berufsberatung Zusammenarbeit mit der Schule
3.345

Berufsbezeichnung
20

Berufsbildungsgesetz
38b/4

Berufseinstiegsklasse
17; 114/2

Berufseinstiegsschule
17; 69/5; 185

Berufsfachschule
16; 114/2

Berufsförderungswerk
150/3

Berufsgrundbildungsjahr
193

Berufsoberschule
18a

Berufliches Gymnasium
19

Berufliche Orientierung

Berufsorientierung
9/2; 10/2; 5.010

Berufsschule
15

Berufsschulpflicht
61/5; 65/3

Besondere Ordnung
- Elternvertretung
94
- Konferenzen
36/1; **37**; 181
- Schülervertretung
78
- Schulleitung
33/1; 44

Besondere Organisation
23/1; 183c/7

Bestenauslese
52/1

Beteiligung an Maßnahmen Dritter
15/2; **21/3**

Betreuungspersonal
112/2

Betriebspraktikum
62/1; 5.010

Betriebstage (Hauptschule)
5.010

Beurteilung der Lehrkräfte
51/5

Beutelsbacher Konsens
51/1

Bewegliche Ferientage
28/2

Bildstellen
108/5; 7.245

Bildungsauftrag
2; 29/1, 2, 4; 72/1, 2; 81/2; 84/3; 86/1

Bildungscloud
71/2

Bildungsgang
11/1; 59/1, 2; 63/3; 114/4; 120/2

Bildungsgang bbS
21/1; 35a/2

Bildungsgangsgruppe
33/1; 35/1, 6; **35a**; 39/1; 40; 43/5

Bildungsgerechtigkeit
58/4

Bildungsregion
32/3

Bildungsstandards
122/1, 3

Bildungsweg
59; 60; 169/4

Stichwortverzeichnis

bilingualer Unterricht
38a/4; 59/1; 63/3

Bläserklasse
38a/4; 63/3

Blockunterricht
15/4; 67/6

Brandschutz
43/3; 2.419

Bring your own Device
71/2

Buchführung
32/5

Budgetierung
32/5; 111/1; 112a; 113a/1

– Personalkosten
43/1; 113a/1

Bundeselternrat
Vorbem. zu §§ 168-175

Bundesschülerkonferenz
Vorbem. zu §§ 168-175

Burka
58/1

C

Chancengleichheit
31/21; 43/3; 54/3; 58/4; 71/2

Corona-Pandemie
50/2; 54/2, 11; 58/2 /3 /4; 71/2; 108/4

Cyber-Mobbing
61/3

D

Datenschutzbeauftragter
31/4

Datenschutzfolgeabschätzung
31/4

Datenschutzgesetz
1.305

Datenschutz – Grundverordnung
31/2

DaZNet
54a/2

Demonstrationsrecht
58/2

Dialog
6/6; 55/4, 5

Dienstaufsicht
Vorbem. zu §§ 119–123a/2

Dienstaufsichtsbeschwerde
58/2

Dienstbesprechungen
35/1; 43/3

Dienstleistungsrichtlinie
160/2; 161/4; 161a

Dienstrechtliche Befugnisse
43/1; 44/5; 113a/1; 8.100

Dienstrechtliche Sonder-
regelungen
51

Dienststellenleiter(innen)
43/1

Dienstvorgesetzter
43/1; 111/3

Dienstweg
43/3

Digitale Bildung
71/2

Digitales Lernen
58/3

Durchlässigkeit
9/2; 59/1, 3

Durststrecke
149/2; 151/1; 183a/4

Stichwortverzeichnis

E

Ehemalige
43/5

Ehrenamtliche
53/1

Eigenverantwortlichkeit
32/1, 2; 38a/1, 4; 121/2, 3; 3.401

Eignung (gesundheitliche)
60

Eilentscheidung
43/2, 4, 3; 44/5

Einführungsphase
10a/4; 11/3, 4; 12/3; 19/4

Eingangsstufe
6/4; 14/6; 38a/4; 60; 66/1

Eingliederungshilfe
53/2

Einheitliche Stelle
161a

Einschulung
64/1; 2.205 Nr. 4

Einschulungsuntersuchung
56

Einspruchsrecht
43/5; 44/5

Einwilligung
31/2, 3

Einzugsbereich
63/3; 105/4, 5; 106/6

E-Learning
31/1

Elternbesuche im Unterricht
55/1

Elternratsvorsitzende(r)
90/3; 91/3; 94

Elternsprechtage
53/5; 3.120

Elternwahlordnung
36/2; 91/2; 93; 97/5; 98/2; 169/2; 175/2; 6.105

Elternwille
4/2; 6/6; 14/2, 5; 59/1

Elternzeit
43/1

Entgelt
21/4; 54/7, 8; 112/3

Entscheidungsspielräume
38a/4; 3.401

Ergänzungsschulen
158–161

Erhebungen
30

Ermessen
61/1; 120/3

Errichtung von Schulen
106

Ersatzschulen

– Anerkannte E.
148

– Anzeigepflicht
146

– Austausch der Lehrkräfte
152

– Begriff
142

– Bezeichnung der Lehrkräfte
153

– Finanzhilfe
149; 150; 192

– Genehmigung
143

– Konkordatsschulen
154–157

– Schülerbeförderung
141/4

– Unterrichtsgenehmigung
167/2

– Zuwendungen
151

Ersatzunterricht für Religionsunterricht
Vorbem. §§ 124–128

Erscheinungsbild
51/6; 53/4; 58/2; 127/2

Erste-Hilfe
43/3; 2.419

Erziehungsberechtigte

– Ausländischer Schüler(innen)
90/2; 92; 97/5, 6; 169/3

– Ausstattungspflicht
71/2

– Begriff
55

– Dialog mit der Schule
6/6; 55/4

– Informationspflicht bei volljährigen Schülern
55/6

– Informationspflicht der Schule
55/5, 6

– Ordnungswidrigkeit
64/4; 176

– Personensorge
55/2

– Pflichten
71/1

Erziehungsmittel
61/1, 2; 5.005; 5.005 **i**

Erziehungsverträge
61/1

Ethik
128/2, 3; 190

Evakuierung
43/3; 2.419

Evaluation
32/4; 123a

F

Facebook
31/8; 43/3; 51/3

Fachaufsicht
32/1 Vorbem. 119/1; 121

Fachaufsichtsbeschwerde
58/2

Fachberatung
120a; 3.331; 3.335

Fachgruppe (an bbS)
33/1; 35/1, 6; **35a**; 39/1; 40; 43/5

Fachgymnasium
siehe Berufliches Gymnasium

Fachkonferenzen
35/1, 2; 36/4

Fachmoderatoren
52/5; 3.335

Fachoberschule
18

Fachschule
20

Fahrrad
58/2

Fahrtkosten
114/1, 2

Feiertage
3.145; 3.145 **i**

Ferien
28; 169/4; 3.133; 3.133 **i**

Ferienvertretung
43/3

Finanzhilfe
149; 150; 192

Flugblätter
87

Föderalismusreform
siehe Einführung

Stichwortverzeichnis

Fokusevaluation
123a/1

Förderangebot
23/3

Förderbedarf
siehe sonderpädagogischer Unterstützungsbedarf

Fördergutachten
14/2; 31/8

Förderkommission
14/2

Förderplan
69/5

Förderschule
4/1; 14; 183c/4

Förderschulformen
14/1, 2; 4.625

Förderschwerpunkt
4/1, 3; 14/1, 3

Förderstufe
6/3

Förderzentrum
14/1, 4

Forscherklassen
38a/4

Fortbildung, berufliche
21/4

Fortbildung der Lehrkräfte
51/4

Freiheitsberaubung
43/3

Freistellungserklärungen
63/2

Fremdsprachen
6/2; 3.315

Fridays for Future
58/2

Fünftagewoche
3.120

G

Ganztagsschule
23; 59a/1, 2; 63/5; 4.701

Ganztagsschulzug
23/6

Gastschulgeld
54/4; 105/5

Gastschulvereinbarungen
63/2

Gebet
58/2

Gebetsraum
58/2

Gefährdungsbeurteilung
43/3

Gemeindeelternrat
97; 99
– Amtszeit
98
– Aufgaben
99
– Zusammensetzung
97

Gemeinden als Schulträger
102; 195

Gemeindeschülerrat
82
– Amtszeit
83
– Aufgaben
84
– Zusammensetzung
82

Gemeinsamer Unterricht
4/3

Genehmigungsfiktion
106/10; 160; 161a

Stichwortverzeichnis

Gesamtkonferenz
34; 35/1, 2; 36/2, 3

Gesamtschule
12; 59a; 106/2–6; 183b

Gesamtverantwortung
43/1, 2, 3; 44/1; 81/1

Geschäftsordnung
- Elternvertretung
  95
- Gemeinde- und Kreiselternräte
  98
- Gemeinde- und Kreisschülerräte
  83/1
- Kollegiale Schulleitung
  4/5
- Konferenzen
  34/3
- Schülervertretung
  79
- Schulvorstand
  38b/1, 9

Geschenke
43/3

Geschlechterquote
59a/6

Gestellungsverträge
50/4

Gesundheitsfachberufe
1/7

Gesundheitsförderung
43/3

Gesundheitsschutz
43/7

Gewährleistungspflicht
106/2

Gleichberechtigungsgesetz
38b/6; 43/7

Gleichstellungsbeauftragte
43/1

Grundschule
6; 106/7; 129–138; 4.005

Gutachten
56

Gymnasiale Oberstufe
11/3; 12/3; 77/1; 91/2; 93; 4.410;
4.415; 4.420; 4.430

Gymnasium Jahrgänge 5–10
4.405
- Zeugnisse
  3.005

H

Halbtagsschule
23/2, 6; 63/5; 105/2; 114/4

Haltestellen
62/2

Hamburger Abkommen
11/6; 18a/1; 22/1; 28/2

Handy-Inhaltskontrolle
31/1

Handy-Verbot
43/3; 58/2

Härtefall
11/4; 59a/2

Hauptamt
36/2; 38b/2, 5

Hauptberuf
36/2; 38b/5

Hauptschule
9; 4.205

Haupt- und Realschule
106/4, 7; 183

Hausaufgaben
23/3; 3.220

Hausbewerber
45/4

Haushaltsmittel
32/5; 38a/4; 111

Hausmeister
53/3

Hausrecht
43/3; 44/5; 111/3

Hausunterricht
69/2; 4.625 (II 8)

Hausverbot
43/3; 111/3

Heilberufe
1/7, 8

Heilerziehungspfleger(in)
36/2

Heilpraktiker(in)
161/2

Heimunterricht
58/3

Helmtragepflicht
58/2

Herkunftssprachlicher Unterricht
125/1; 3.315

Hitzefrei
43/3; 3.120 Nr. 4.2

Hochbegabung
54/5

Homepage
31/8, 15

Homeschooling
58/3; 63/6

Humanistischer Verband
Vorbem. zu §§ 124–128; 171/2

Hygiene
43/3; 58/2; 71/2; 108/4

Infektionsschutz
31/12, 20; 43/3; 54/2; 71/2; 108/4

Informationelle Selbstbestimmung
31/5

Informationspflicht
58/2

Inklusion
4/1–3; 14; 183c

Inklusionsquote
4/1

inklusive Schule
4/2; 14/1, 2; 183c/1, 2, 3

Inkrafttreten des NSchG
197

Integrationshelfer
31/21; 53/2; 43/3

Integrationsklasse
4/1; 23/1

Integrationskonzept
4/1; 183c/2

Integrierte Gesamtschule
12/1–3; 106/3, 6, 114/4; 4.515

Internationale Schule Hannover Region
60/1; 149/2; 161/3

Internet
87/1

Islamischer Religionsunterricht
124/1; 125/1, 2

IT-Grundrecht
31/1

I

Impfkosten
71/2

Impressum
87/3

J

Jahrgangsstufenkonferenz
35/1, 4

Jobcenter
31/11

Jugendamt
25/3, 4

Jugendarbeitsschutz
58/3

Jugendarrest
176/3

Jugendberufsagentur
31/11

Jugendhilfe
25/3, 4; 31/11

Jugendliche ohne Berufsausbildungsverhältnis
67/4–6

Jugendschutz
43/3

Jugendwerkstatt
31/13; 69/5

K

Kann-Kinder
64/1

Kapazität
59a/1-5; 60/2; 63/3, 4; 105/1

Kapazitätsbeschränkung
59a/2

Kerncurricula
122

Kernfächer
11/5

KGS
12/1; 106/4, ; 114/4; 183b/1–4; 4.520

Kinder beruflich Reisender
31/13

Kindergarten
6/2

Kinderpfleger(in)
36/2

Kindertagesstätte
4/1

Kindeswohl
6/5; 54/10; 59/6

Klagebefugnis
32/2; 120/4

Klassenarbeit
58/4; 3.215

Klassenbildung
3.105

Klassenbuch
31/8

Klassenelternschaft
88; 89

Klassenfahrten
siehe auch Schulfahrten

Klassenkasse
31/8; 43/3

Klassenkonferenzen
35/1, 3; 36/4

Klassenschülerschaft
72/1; 73; 74/1; 81/1

Klassensprecher(innen)
72/1; 74/2

Kolleg
13; 38b/3; 39/2; 77/1; 102/8

Kollegiale Schulleitung
44; 50; 61/6

Kompetenzfeststellungsverfahren
31/1,

Kompetenzzentrum
113a/1

Konferenzausschüsse
39

Konferenzen
33–38

– Abstimmung
36/6

– Aufgaben
34; 35

Stichwortverzeichnis

- Beschlussfassung
  36/6
- Stimmberechtigung
  36/2, 3, 4, 8
- Teilnahme
  36/1
- Verfahren
  36/6
- Verteilung der Aufgaben
  35
- Vertraulichkeit
  41
- Zeitpunkt
  38
- Zusammensetzung
  36

Konfessionsschule
siehe Bekenntnisschule

Konkordat
126; 129/1; 154/1

Konkordatsschulen
Vorbem. zu §§ 154–157; **154–157**

Konnexität
9/2; 178/1

Kooperationsverbot
Einführung

Kooperationsverträge
53/2

Kooperative Gesamtschule
siehe KGS

Kopfbedeckung
58/2

Kopfnoten
36/8; 3.005

Kopftuch
51/6; 53/4; 58/2; 127/2; 3.511

Kosten
- Elternvertretung
  100

- Landeselternrat
  174/3
- Landesschulbeirat
  174/3
- Landesschülerrat
  174/3
- Personalkosten
  112
- Sachkosten der Schule
  113
- Schülervertretung
  85

Krankenhausunterricht
69/2; 4.625 (II 8)

Krankenpfleger(in)
36/2

Krankenschwester
36/2

Krankheiten
31/1

Kreiselternrat
97; 99
- Amtszeit
  98
- Aufgaben
  99
- Zusammensetzung
  97

Kreisschulbaukasse
117

Kreisschülerrat
82
- Amtszeit
  83
- Aufgaben
  84
- Zusammensetzung
  82

Kultusministerium
119/1

Stichwortverzeichnis

Kultusministerium Organisationsplan
2.010; 2.012

Kurzferien
28/2; 3.133 **i**

L

Landesbildungszentrum
1/4; 100/3; 102/8

Landeselternrat
122/2; 168; **169**; 171/2

Landeshaushaltsordnung
32/5

Landesrechnungshof
150/11; 154/6; 161/4

Landesschulbehörde
119/1; 2.005

Landesschulbeirat
122/1, 2; 168; **171**; 184

Landesschülerrat
84/1; 122/2; 168; **170**; 171/2

Landkreise
- als Schulträger
  102; 195
- als Träger der Schülerbeförderung
  114/1

Laptop-Klassen
38a/4; 59/2; 63/3; 71/2

Laufende Verwaltung
43/5; 103

Lausbefall
43/3

Leasingfinanzierung
117/3, 4

Lebenspartnerschaft
55/3

Legasthenie
58/4

Lehrbefähigung
51

Lehrgangskosten
150

Lehrkräfte
- Ausschreibung der Stellen
  52
- Beförderungsstellen
  52
- Besetzung der Stellen
  52
- Beurteilung
  51/5
- Dienstpflichten
  51
- geringfügig Beschäftigte
  36/2
- Nebenamtliche
  36/2
- Pädagogische Verantwortung
  33/1; 50/1; 122/1

Lehrmittel
29

Lehrpläne
29/4; 122

Leistungsbewertung
58/2; 69/4

Leistungsnachweise
58/4

Leistungssport
31/8

Leitbild
32/3

Lernmittel
29; 169/4

Lernmittelausleihe
2.305

Stichwortverzeichnis

Lese-/Rechtschreibschwäche
58/4

Losverfahren
59a/2

M

Mandatsurlaub
43/1;

Masern
43/3

Maske (siehe Mund-Nasen-Bedeckung)

Mediation
61/1

Medienbildung
31/8

Medienpädagogische Beratung
3.325

Medikamente
43/3; 71/2

Migrationshintergrund
129/4; 157/2

Minderjährige
31/3

Minister/in
32/2; 43/3

Mittagessen
23/1; 31/21; 54/6; 55/2; 58/2; 63/5; 71/2

Mittelstufengymnasium
11/2

Mitwirkung
- Elternvertretung
96
- Schülervertretung
80

Mitwirkungsverbot
41; 110/5

Mobile Dienste
14/4; 4.625

Mobbing
58/2

Mund-Nasen-Bedeckung
58/2

Muslimische Schüler
125; 128

Musik-Schule
1/3; 53/2

Mutterschutzfrist
43/1; 43/3; 70/3

Muttersprachlicher Unterricht
siehe herkunftssprachlicher Unterricht

N

Nachhilfeunterricht
51/1; 58/4

Nachprüfung
36/8; 59/4; 3.015

Nachsitzen
43/3; 58/2, 61/2

Nachteilsausgleich
4/3; 58/4

Nachträgliche Versetzung
59/4; 3.015

Name der Schule
38a/4; 107; 140/2

Nebenberuf
36/2; 38b/2, 5

Nebentätigkeiten
7.251

Nichtärztliche Heilberufe
1/7; 70/5

Nichterfüller
50/3

Stichwortverzeichnis

Nichtschüler(innen)
27

Nikab
58/5

Noten
11/6; 31/11; 33/1; 58/4

Notengrundsätze (Notenwahrheit, Notenklarheit, Notentransparenz)
58/4

Notenlisten
31/1

Notenschutz
58/4

Notenskala
11/6

NSchG
siehe Schulgesetz

O

Oberschule
5/2; 10a, 38a/4; 63/4, 5; 106/4; 183a

Online-Banking
43/3

Online-Schülerzeitung
87/2

Ordnungsmaßnahmen
35/4; 36/4,6; 39/2; 43/3; 61; 5.005 i

Ordnungsmittel
122/1

Ordnungswidrigkeiten
54/10; 64/4; 176

Organisatorische Bereiche
35/5

Orientierungsrahmen
32/4, 6; 123a/3

Orientierungsstufe
5/2; 6/6; 63/1

P

Pädagogische Bewertung, Fachaufsicht
58/2; 121/4

Pädagogische Mitarbeiter(innen)
36/1, 3, 4; 38b/2, 5, 6; 53/2, 4, 5

Pädagogische Verantwortung
33/1; 43/3; 50/1; 120/5; 121/4; 122/1

Papierakte
31/6

Parlament
32/2

Personalakte
31/7

Personaleinsatz
43/5

Personalentwicklung
43/3

Personalkosten
112
– Budgetierung
32/5; 43/1; 111/2; 113a/1

Personalmanagement
31/15

Personalversammlung
35/1

Personalwirtschaft
43/3

Personenbezogene Daten
31/3; 1.310; 1.310 i

Personensorgerecht
55/2, 3

Pflegeschulen
1/7

Plagiat
58/4

Politiker in Schulen
43/3; 3.505

Stichwortverzeichnis

Polizei, Zusammenarbeit
61/1; 2.417

Präsenzzeit
51/3; 43/2

Praxistage (Hauptschule)
4.205; 5.010

Presse
87/3

Primarbereich
5/3; 23/2; 66; 80/1, 8; 183c/2

Privatschulen
siehe Schulen in freier Trägerschaft

Privatunterricht
63/1; 2.205 Nr. 4

ProReKo
113a/1, 2

Punktsystem
11/6

Q

Qualifikationsphase
11/3, 4; 12/3; 19/5; 4.410; 4.415

Qualitätsentwicklung
32/3, 4; 35a/1; 43/2; 44/5; 123a

Qualitätsermittlung
123a/1

Qualitätsmanagement
32/4

Qualitätssicherung
32/3, 4; 35a/1; 43/2; 44/5

R

Rahmenlehrplan
122/1; 171/3

Rahmenrichtlinien
122; 171/4; 189a

Ramadan
58/3

Rauchen
43/3; 2.416; 2.416 **i**

Rauchverbot
111/2

Realschule
10; 106/3, 4, 7, 9; 4.305

Rechenschwäche
3.310

Recht auf Bildung
54/1, 10, 11

Rechtsaufsicht
Vorbem. zu §§ 119–123a; 120/3

Rechtsbehelfe
1.105 §§ 79 ff.

Rechtsverhältnis Schüler zur Schule
58/1

Redakteur
87/3

Regelschulform
5/2; 106/3, 4, 5

Region im Unterricht
3.520

Regionales Integrationskonzept
4/1

Reichsbürger
51/1

Religiöse Überzeugung
127/2

Religionsgemeinschaft
1/6; 53/2; 125

Religionskundlicher Unterricht
Vorbem. zu §§ 124–128

Religionsmündigkeit
58/2

Religionsunterricht
Vorbem. zu §§ 124–128 3.510

- Abmeldung
124/2
- Einsichtnahme
126
- Ersatzunterricht
Vorbem. zu §§ 124–128
- Erteilung
127; 3.510 Nr. 2
- gymnasiale Oberstufe
3.510 Nr. 8
- konfessionell-kooperativ
125/1, 2
- Lehrkräfte
3.510 Nr. 6
- organisatorische Regelungen
3.510
- Teilnahme
124/2; 3.510 Nr. 4

Remonstration
43/3; 51/2; 120/4

Rettungsdienste
43/3

Revisionsklausel
178/2

Rhythmisierung
23/5

Rollieren
28/2

Ruhen der Schulpflicht
70; 160

RZI
14/4

S

Sachkosten
113

Sammlungen in Schulen
2.605

Samtgemeinden als Schulträger
102

Schriftliche Arbeiten
3.215

Schulangebot
101/2

Schulanlage
108; 111/2; 116

Schulassistenten/innen
39/2; 53/2

Schulaufsicht
119; 120; 121; 167

Schulausschuss, kommunaler
110; 2.120

Schulbau
115; 117; 151

Schulbau Leasingfinanzierung
117/3, 4

Schulbehörde
119

- Aufgaben
120

- nachgeordnete
119

- oberste
119

Schulbereiche
5

Schulbesuch im Ausland
4.410 § 4

Schulbesuchspflicht
63/1, 2

- Besuch einer anderen Schule
63/4, 5

Schulbezirke
63/1, 3; 101/1; 104/3; 105/2, 3; 114/4; 123/2; 2.205 Nr. 3

Schulbücher
29; 35/2; 50/2, 3; 3.210

Stichwortverzeichnis

Schulbuchverzeichnis
29/4, 6

Schule
- Aufhebung
106/2
- Begriff
1/2–4
- Eigenverantwortung
32/1, 2; 38a/1, 4; 121/2, 3; 3.401
- Einschränkung
106/2
- Entscheidungen
33; 3.401
- Errichtung
106/2
- Erweiterung
106/2
- Stellung
1/3, 4, 5; 32/2
- Teilung
106/2
- Zusammenfassung
106/7
- Zusammenlegung
106/2

Schuleingangsuntersuchung
56/1

Schulelternrat
88; 90

Schulen in freier Trägerschaft
siehe auch Ersatzschulen, Ergänzungsschulen
- Allgemeines   Vorbem. vor 139
- Austausch der Lehrkräfte
152
- Bezeichnung
140
- Finanzhilfe
149; 150; 192
- Geltung anderer Vorschriften
141
- Schulaufsicht
167
- Zusammenarbeit mit öff. Schulen
139

Schulentwicklungsplanung
26

Schülerausweise
31/1

Schüleraustauschfahrten
169/4; 3.605 Nr. 5

Schülerbeförderung
114; 123/2; 189; 141/4; 156/4; 3.120
- Fahrpläne
3.120

Schülerbetriebspraktikum
58/3; 5.010

Schülerfirma
32/5; 43/3

Schülerfotos
31/1

Schülergruppen
86

Schüler-Online
31/21

Schülerpflichten
58/2

Schülerrat
74; 78; 80/2

Schülersprecher(innen)
72/1; **74**/2; 78/2

Schülerstreik
58/2; 100/1

Schülerversammlung
80/1, 6, 8

Stichwortverzeichnis

Schülerwahlordnung
36/2; 75/4; 83/1; 170/3; 175/2;
5.105

Schülerzeitungen
87; 169/4

Schulfähigkeit
6/3; 64

Schulfahrten
43/3,51/3; 62/1,2,4; 71/1, 3; 113/4,
6; 3.605

Schulformen
5

- ersetzende
 10a/1; 12/1; 106/3, 4

Schulgeld
54/6; 144/2

Schulgebet
3/3, 6; 58/2

Schulgesetz

- Entstehung, Entwicklung
 Einführung Nr. 4
- Geltungsbereich
 1
- Inkrafttreten
 197

Schulgirokonto
32/5; 43/3

Schulinspektion
Vorbem. zu §§ 119–123a; 120/1;
123a; 2.006

Schulisches Angebot
5/2; 12/1; 106/5

Schuljahr
28

Schulkindergarten
6/3,4; 61/1; 63/3; 64/3; 114/1

Schullandheimaufenthalte
3.605 Nr. 4

Schullaufbahnempfehlung
6/5; 4.005

Schulleiter(innen)
43; 44

- Aufgaben
 43; 111/2
- Auswahl
 45/1
- Bestellung
 45; 48; 49
- Entlastung
 38a/4
- Qualifizierung
 45/1
- Stellenausschreibung
 45/2; 48
- Vertreter(in)
 52
- Vorgesetzte
 43/1, 3; 111/3

Schulleitung
33; 43; 44

Schulordnung
34/3; 36/6; 38a/5; 39/2

Schulorganisation
10a/1; 12/1; 106/5; 2.015

Schulpersonalausschuss
43/1

Schulpersonalrat
43/1

Schulpflicht
63

- Beginn
 64/1; 2.205 Nr. 4
- besondere Fälle
 69; 70; 162/2
- Berufsschule
 65
- Datenschutz
 31/12, 13
- Dauer
 65

Stichwortverzeichnis

- Ende
70
- ergänzende Bestimmungen
2.205
- Kann-Kinder
64/1
- Ordnungswidrigkeit
64/4; 176
- Primarbereich
66; 2.205 Nr. 5
- Ruhen
70; 160
- Sekundarbereich I
66; 2.205 Nr. 5
- Verletzung
176
- Zurückstellung
64/2

Schulprogramm
32/3; 34/3; 38a/5

Schulpsychologische Beratung
56/6; 120/2; 3.340

Schulqualität
32/4, 6

Schulrecht

- Literatur Einführung Nr. 5
- Rechtsquellen Einführung Nr. 2

Schulschwänzen
2.205 Nr. 3.3

Schulsozialarbeit
53/2

Schulsport
3.515

Schulträger
22/3; 23/5; 26/3; 38c; 44/2; 45/2; 49; 85/1, 2; 100/1; 101; **102**; 103; 104; 105/4; 106/2, 3; 112/1; 123; 186

Schuluniform
58/2

Schulveranstaltung
43/3

Schulverbund
25/1; 3.406

Schulverfassungsversuche
22/1, 3; 37/1; 181

Schulverhältnis (Beendigung)
61a

Schulvermögen
187

Schulversuche
22; 112/3; 181

Schulverwaltung
2.005; 2.010; 2.012

Schulvorstand
- Aufgaben
38a
- Geschäftsordnung
38b/1
- Verfahren
38b/1, 7
- Vorsitz
38b/7
- Wahl der Mitglieder
34/3; 38b/1, 6, 10
- Zusammensetzung
38b/1–4

Schulzwang
177

Schulzweig
12/1; 82/2; 97/2, 3, 4; 105/5; 106/7

Schulzweigkonferenz
35/1, 4; **36**/4; 61/6; 74/2; 76; 92

Schwerpunktfächer
11/5

Schwerpunktschule
4/1; 183c/2, 3

Stichwortverzeichnis

Schwimmunterricht
58/3; 3/3; 43/3; 58/3; 114/3

Seefahrtsschule
20

Sekundarbereich I
5/3
- Schulpflicht
  66

Sekundarbereich II
5/3
- Aufnahme
  59/2, 5
- Schulpflicht
  67

Sekundarschule
22/1; 106/6

Sexualerziehung
58/2; 96/2, 4

Sexuelle Vielfalt
96/2, 4

Sicherheit im Unterricht
43/3

Sicherheitsbeauftragter
43/1

Smartphone
31/8

Smartwatch
31/8

Social-Media
31/1; 43/3

Sommerferien
28/1; 3.133

Sonderpädagogische Förderung
4/3; 4.625

Sonderpädagogische Grundversorgung
4/1; 14/5; 4.625

Sonderpädagogischer Förderbedarf
4/3; 14/1; 106/7

- Erlass
  4.610
- Verordnung
  4.605

Sonderpädagogischer Unterstützungsbedarf
4/3; 14/1, 2; 60/1; 129/4; 157/2; 183c/1

Sonderschule
siehe Förderschule

Sonderungsverbot
144/1, 2; 149/1

Sonderurlaub
43/1, 6; 7.250

Sorgerecht
55/2, 3

soziale Arbeit in schulischer Verantwortung
53/2

Sozialministerium (Schulen)
14/1; 48/6; 102/8

Sozialverhalten
36/8; 3.005

Spenden
111/1, 3

Spicker
58/4

Sponsoring
38a/4, 6; 111/2, 3; 2.605

Sportfeste
3.515 Nr. 3.5

Sportförderunterricht
3.515 Nr. 3.1

Sportlehrgänge
3.515 Nr. 3.6

Sportvereine
31/8; 53/2

Sprachbildung
54a/2; 64/5

Stichwortverzeichnis

Sprachförderklasse
14/7; 183c/6

Sprachfördermaßnahmen
6/1; 54a/1-4; 3.315

Sprachförderung
64/5

Sprachlernklasse
3.315 (Nr. 3.2)

Städte, kreisfreie
- als Schulträger
  102; 114/1
- als Träger der Schülerbeförderung
  114

Stadtschülerrat
82/1

Stammschule
31/13

Ständiger Vertreter
44/3; 52/2

Stillzeiten
8.110

Strafarbeit
43/3

Strahlenschutzbeauftragter
43/1

Streikrecht
51/1, 8

Studienfahrten ins Ausland
3.605

Stufenkonferenz
35/1, 4

Stützpunktschule
31/13

Stundenpläne
31/15

Stundenzuweisungen
3.105

Suchtprävention
2.415

SV-Berater(innen)
80/6; 3.336

Synagoge
58/2

T

Tablets
71/2

Tagesbildungsstätte
68/2; 162-166

Tarifbeschäftigte
50/3

Taschenkontrolle
58/2

Täter-Opfer-Ausgleich
61/1

Teilkonferenzen
35; 36/4

Teilzeitunterricht
15/4; 67/5

Telefonketten
31/1

Tiere
62/2

Toilettenreinigung
58/2

Totalverschleierung
58/2

U

Übergänge
19/4; 60/1; 3.015

Übergangsvorschriften
178-192

Überspringen
59/8; 60/1; 3.015

Stichwortverzeichnis

Überweisung
59/4, 5; 60/2; 3.015; 3.020

Umfragen
30

Umschulung
15/2; 21/4; 65/3

Unfallversicherung Schüler
62/1; 2.410

Unionsrecht
31/6

Unterricht
- Inhalt, Planung, Gestaltung
  80/3; 96/2
- Pflicht zur Teilnahme
  58/3; 2.205 Nr. 1
- Präsenzunterricht
  50/2; 51/3
- schulzweigspezifisch
  10a/3
- schulzweigübergreifend
  10a/3
- zielgleich und zieldifferent
  58/4; 59a/2

Unterrichtsausfall
3.120 Nr. 4

Unterrichtsbefreiung
43/3; 58/2; 2.205 Nr. 3 .2
- kirchliche Feiertage
  3.145
- Konfirmation. Kommunion
  3.145 Nr. 5
- Sportunterricht
  3.515 Nr. 2

Unterrichtsbesuch
43/1, 3; 44/5

Unterrichtsboykott
siehe auch Schülerstreik

Unterrichtsfach, ordentliches
124/1; 128/1

Unterrichtshelfer
53/2

Unterrichtsorganisation
3.120

Unterrichtsschwerpunkt
11/2

Unterrichtsstunde. Dauer
3.120

Unterrichtsversorgung
54/2, 3

Unterrichtszeiten. Staffelung
3.120 Nr. 5 .2

Unterrichtung
- der Gesamtkonferenz
  34/4
- des Schulträgers
  38c/2
- des Schulvorstandes
  38a/3

Unterstützungsbedarf
siehe sonderpädagogischer Unterrichtsbedarf

Untersuchungen
56; 58/1

V

Verfahrensverzeichnis
31/4

Verkehrsangebot
109

Verlässliche Grundschule
6/1;

Verordnungen
Einführung Nr. 23

Verschwiegenheit
41/2

Stichwortverzeichnis

Versetzung
36/4, 6; 37/4; 39/2, 6; 59/5; 60/2; 3.015

Versetzungskonferenz
36/4, 8

Vertraulichkeit
41

Vertretungspläne
31/1

Verwaltungsakt
1.105 §§ 35 ff.

Verwaltungspersonal (an bbS)
53/2; 112/2

Verwaltungsverfahren
1.105 §§ 9 ff.

Verwaltungsvorschriften
Einführung Nr. 2.4

Verweisung
61/4

Videoaufzeichnungen
31/1

Videoüberwachung
31/1

Vokation
126; 127; 7.301; 7.301 **i**

Volle Halbtagsschule
6/1

Volljährige Schüler
55/6; 59; 61/7; 106/6

Vollverschleierung
58/5

Vorbereitungsdienst
51/7

Vorgesetzter
43/1, 4; 111

Vorklasse
5/2; 6/1

Vorkurs
13/3, 5

W

Waffen, Verbot des Mitbringens
43/3; 111/3; 2.420; 2.420 **i**

Wahlordnung
- Elternvertretung
  91/5, 6; 6.105
- Konferenzen
  34/3
- Schülervertretung
  75/4, 5; 5.105

Waldorfschulen
27/2; 141/1; 149/2

Wartezeit
149/2; 151/1; 183a/4

Wechsel
- Schulformen
  60/2; 3.015
- Schuljahrgänge
  60/2; 3.015

Weisungsrecht
32/2; 43/1, 3; 44/5; 58/1; 111/2

Weiterbildung
15/2; 20

Weltanschauungen
3

Werbung in Schulen
38a/4; 111/2, 3; 2.605

Werbungskosten
50/3

Werte und Normen
Vorbem. vor § 124, **128**; 190; 3.510

WhatsApp
31/1

Wirkungskreis
- eigener
  101/3; 114/1

Wirtschaftliche Betätigung
111/2; 2.605

Stichwortverzeichnis

Witterungsverhältnisse Unterrichtsausfall
3.120 Nr. 4

Wohnheim
105/8

Wohnsitz
63/2

Y

YouTube
43/3

Z

Zahngesundheitspflege
31/1

Zeitämter
siehe Ämter auf Zeit

Zensur (Note)
11/6; 33/1; 58/4

Zensurenbesprechung
31/8

Zentralabitur
11/7

Zeugnisse
58/4; 3.005

Zieldifferent
4/3; 14/2; 120/2

Zielvereinbarung
32/6

Zigaretten
43/3

Züchtigung
61/1

Zurückstellung
6/4,5; 64/3; 2.205

Zurücktreten
60/2; 3.015 § 7

Zusammenarbeit
104/3

Zusammenarbeit von Schulen
25/1, 2, 3; 38a/4; 104/3

Zusammenfassung von Schulen
106/2, 3, 4, 7, 8

Zusammenlegung von Schulen
106/2; 135/3

Zuständige Stelle nach BBiG
38b/4; 60/2

Zuverlässigkeit (persönliche)
60

Zuwendungen an Schulen
111/1, 3; 2.605

Zweckverbände, als Schulträger
104/1, 2

Zweckvereinbarung
104/3

Zweisäuligkeit
10a/1

Zweiter Bildungsweg
13/1

Einführung

1. Recht in der Schule

1.1 Schulrecht

Das Niedersächsische Schulgesetz enthält die wesentlichen schulrechtlichen Bestimmungen für die niedersächsischen Schulen. Als Schulrecht bezeichnet man die Gesamtheit der Rechtsnormen, die sich auf die Schule und das Schulwesen beziehen. Seine Gegenstände sind insbesondere

- Struktur, Aufbau und Gliederung (Organisation des Schulwesens);
- staatliche Schulhoheit und Schulaufsicht;
- Verfassung, Unterhaltung und Verwaltung des öffentlichen Schulwesens und die Rechtsverhältnisse der an ihnen beteiligten Personen (Lehrkräfte, Schüler und Schülerinnen, Eltern);
- die Rechtsverhältnisse der Schulen in freier Trägerschaft und der daran beteiligten Personen.

1.2 Die Funktion des Rechts in der Schule

Die Beherrschung der Schule durch das Schulrecht wird häufig als Last, ja als Behinderung des pädagogischen Auftrages empfunden. Die Beteiligten beklagen die »Verrechtlichung« der Schule. Die Anlegung schulrechtlicher Maßstäbe beeinträchtige häufig die pädagogische Entscheidungsfreiheit. Pädagogisch sinnvolle Arbeit sieht sich eingezwängt in ein Korsett sachfremder formaler Kriterien.

In der Tat hat die Zahl der Rechts- und Verwaltungsvorschriften, welche die Angelegenheiten der Schule regeln, erheblich zugenommen. Die Gründe hierfür liegen in der allgemeinen Rechtsentwicklung. Aber auch die Beteiligten (Eltern, Lehrkräfte) haben durch ihre Forderungen nach möglichst lückenloser Absicherung ihrer Interessen und Rechte nicht unwesentlich zum Anschwellen dieser Vorschriftenflut beigetragen. Im Wesentlichen geht es aber um eine allgemeine Rechtsentwicklung.

Das Grundgesetz (Art. 20 Abs. 3) bindet die Verwaltung an Gesetz und Recht; d.h. die staatliche Verwaltung darf nur aufgrund einer gesetzlichen oder vom Gesetz abgeleiteten Rechtsgrundlage handeln. Für den Bereich der Schule hat das Bundesverfassungsgericht den Gesetzgeber darüber hinaus verpflichtet, alle wesentlichen Entscheidungen im Schulwesen selbst zu treffen und nicht der Verwaltung zu überlassen. So gesehen hat die »Verrechtlichung« sogar Verfassungsrang.

Ferner hat die Spruchpraxis der Gerichte auch zu dieser Entwicklung beigetragen, nachdem Eltern mit zunehmendem allgemeinem Rechtsbewusstsein dazu übergingen, ihre Rechte auch tatsächlich wahrzunehmen und notfalls mit gerichtlicher Hilfe durchzusetzen. Das wiederum hatte zur Folge, dass die Schulverwaltungen zu neuen begleitenden Regelungen veranlasst wurden.

So ist die Schule in ihrer Komplexität und ihrer Stellung in der Gesellschaft fest eingebunden in ein Netz von Gesetzen, Verordnungen und Bestimmungen, das wegen seiner Vielfalt, Kompliziertheit und nicht zuletzt, weil es auch einem ständigen Wechsel unterliegt, schwer durchschaubar geworden ist.

Der Umgang mit dem Schulrecht

Bei den Klagen um die »verrechtlichte« Schule wird oft übersehen, dass das Recht gerade in der Schule kein verselbstständigtes Regelwerk ist, das ohne oder gar gegen den Bildungs- und Erziehungsauftrag der Schule Geltung beansprucht. Die Funktion des Rechts in der Schule sollte treffender als eine »dienende« bezeichnet werden. Diese Formulierung besagt, dass auch die Rechts- und Verwaltungsvorschriften auf die Erfüllung des Bildungs- und Erziehungsauftrages ausgerichtet sind, ihm »dienen« sollen. Denn ob Rechts- und Verwaltungsvorschriften auf den Inhalt des Unterrichts, auf die Chancengleichheit der Schülerinnen und Schüler, auf ihre Rechte auf Bildung, auf ihre gesundheitliche Absicherung während der Schulzeit, auf die Eltern- und Schülermitwirkung oder auf die dienstlichen Rechte und Pflichten der Lehrkräfte ausgerichtet sind, sie sichern letztlich den pädagogischen Auftrag der Schule.

Vor diesem Hintergrund sind die Vorschriften, insbesondere die des Niedersächsischen Schulgesetzes, zu interpretieren, auf den konkreten Einzelfall anzuwenden. Der provozierende Satz »Was pädagogisch sinnvoll ist, kann rechtlich nicht unzulässig sein« umschreibt ein wenig überspitzt diese Ausrichtung des Schulrechts. Schulrecht sollte von daher seine Schrecken verlieren und verstanden werden als ein Rahmen, der die pädagogische Arbeit in der Schule nicht nur eingrenzt, sondern auch absichert, im Interesse von Schulleitung und Lehrkräften, aber auch von Eltern und Schülerinnen und Schülern.

2. Rechtsquellen des Schulrechts

Das Schulrecht umfasst sowohl Rechtsvorschriften (Gesetze, Verordnungen) als auch Verwaltungsvorschriften (Erlasse, Verfügungen).

2.1 Verfassungsrecht

Grundgesetz

Das Grundgesetz enthält in seinem Schulartikel Art. 7, der dem Katalog der Grundrechte zugeordnet ist, einige verbindliche Grundsätze für das Schulwesen von unterschiedlichem Gewicht. Seine Hauptbestimmung ist, dass das gesamte Schulwesen unter der Aufsicht des Staates steht

(Abs. 1). Die Absätze 2 und 3 befassen sich mit dem Religionsunterricht. Er ist an den öffentlichen Schulen ordentliches Lehrfach und in Übereinstimmung mit den Grundsätzen der Religionsgemeinschaften zu erteilen, wobei keine Lehrkraft dazu gegen ihren Willen verpflichtet werden darf. Abs. 4 gewährleistet das Recht zur Errichtung von privaten Schulen und bestimmt, dass Privatschulen, die öffentliche Schulen ersetzen, der staatlichen Genehmigung bedürfen. Private Grund- und Hauptschulen dürfen nur unter eng begrenzten Voraussetzungen zugelassen werden. Über Art. 3 Abs. 2 Satz 1 der Niedersächsischen Verfassung entfalten die Grundrechte unmittelbare Wirkung in Niedersachsen.

2006 wurde mit der Föderalismusreform das sogenannte Kooperationsverbot eingeführt und im Grundgesetz in Art. 104b GG verankert. In der Hochschulpolitik ist das Kooperationsverbot im Jahr 2015 gelockert worden. In anderen Bereichen, insbesondere in der Schulpolitik, besteht es jedoch fort. Die schulische Bildung darf der Bund praktisch überhaupt nicht fördern, sieht man einmal von Vereinbarungen mit den Ländern zur Feststellung der Leistungsfähigkeit des Bildungswesens im internationalen Vergleich (PISA) ab. Auch Finanzhilfen darf der Bund den Ländern nur dort geben, wo er auch Gesetzgebungskompetenzen hat. Nur die Ausbildungsbeihilfen und die Förderung der wissenschaftlichen Forschung darf der Bund regeln (Art. 74 I Nr. 13 GG). Selbst auf diesen Gebieten muss er Finanzhilfen zeitlich befristen und degressiv ausgestalten. Mehr als eine Anschubfinanzierung ist dem Bund also nicht möglich. Demnach ist dem Bund eine Kooperation mit den Ländern im Schulbereich nicht möglich. Die Bildungshoheit als Kernkompetenz liegt bei den Ländern. Durch einen neuen Art. 104c GG ist das Kooperationsverbot im Bereich der kommunalen Bildungsstruktur im Jahre 2017 gelockert worden.

Niedersächsische Verfassung

Die Niedersächsische Verfassung vom 19.05.1993 enthält – anders als die frühere Vorläufige Niedersächsische Verfassung – einen Art. 4 über das Schulwesen. Darin heißt es: *(1) Jeder Mensch hat das Recht auf Bildung. (2) Es besteht allgemeine Schulpflicht. Das gesamte Schulwesen steht unter der Aufsicht des Landes. (3) Das Recht zur Errichtung von Schulen in freier Trägerschaft wird gewährleistet. Sie haben Anspruch auf staatliche Förderung, wenn sie nach Art. 7 Abs. 4 und 5 des Grundgesetzes für die Bundesrepublik Deutschland genehmigt sind und die Voraussetzungen für die Genehmigung auf Dauer erfüllen. (4) Das Nähere regelt ein Gesetz.*

Art. 4a enthält Bestimmungen zum Schutz und zur Erziehung von Kindern und Jugendlichen.

2.2 Gesetze

Da das Grundgesetz dem Bund keinerlei Befugnisse in Schulangelegenheiten zuspricht, sind innerstaatlich nach den Art. 30 und 70 GG für das

Schulwesen allein die Länder zuständig (»Kulturhoheit« der Länder). Es gibt keine Gesetze oder Rechtsverordnungen des Bundes mit unmittelbarer Geltung für das Schulwesen. Als Landesrecht ist die wesentliche Rechtsgrundlage für das Schulwesen das Niedersächsische Schulgesetz. Allerdings wird das Schulrecht maßgeblich auch von völkerrechtlichen Vereinbarungen, wie z.b. die UN-Behindertenrechtskonvention aus dem Jahr 2006 geprägt.

Daneben gibt es andere gesetzliche Regelungen mit unmittelbarer oder mittelbarer Wirkung auf das Schulwesen. Hierzu gehören u. a. das Gesetz über die religiöse Kindererziehung, das Jugendarbeitsschutzgesetz, das Gesetz zum Schutz der Jugend in der Öffentlichkeit, das Bundesausbildungsförderungsgesetz, das Infektionsschutzgesetz, das Sozialgesetzbuch (SGB VII; Gesetzliche Unfallversicherung, SGB VIII; Kinder- und Jugendhilfe), das Berufsbildungsgesetz, das gesamte öffentliche Dienstrecht bzw. das private Arbeitsrecht (für Lehrkräfte und andere Mitarbeiter in den Schulen).

Besonders zu nennen sind in diesem Zusammenhang das »Gesetz über finanzielle Leistungen des Landes wegen der Einführung der inklusiven Schule« vom 12.11.2015 (Nds. GVBl. S. 313), geändert durch Art. 7 des Gesetzes v. 15.12.2016 (Nds. GVBl. S. 301), sowie das Niedersächsische Gesetz über Schulen für Gesundheitsfachberufe (NSchGesG) vom 22.11.2016 (Nds. GVBl. S. 250).

2.3 Verordnungen

Verordnungen sind Rechtsvorschriften mit Gesetzeskraft, die nicht vom Parlament, sondern von der Exekutive (Landesregierung oder Ministerium) erlassen werden, um allgemein verbindliche Rechte und Pflichten zu begründen, zu ändern oder aufzuheben. Solche Verordnungen dürfen nur ergehen, wenn die Ermächtigung hierzu durch ein Gesetz erteilt ist und in dem Gesetz Inhalt, Zweck und Ausmaß der Ermächtigung bestimmt sind. Rechtsverordnungen werden wie Gesetze im Gesetzblatt, in Niedersachsen im Niedersächsischen Gesetz- und Verordnungsblatt, verkündet.

An zahlreichen Stellen enthält das Niedersächsische Schulgesetz Ermächtigungen für den Kultusminister oder das Kabinett (Landesregierung) zum Erlass von Rechtsverordnungen.

2.4 Verwaltungsvorschriften

Verwaltungsvorschriften sind schriftliche Anordnungen, die Verwaltungsbehörden an die nachgeordneten Behörden erlassen. Sie gelten nur innerhalb der Verwaltung, sie sind also nicht unmittelbar für Außenstehende verbindlich. Verwaltungsvorschriften eines Ministeriums werden üblicherweise als Erlasse bzw. Runderlasse, Verwaltungsvorschriften der nachgeordneten Behörden (z.B. der Niedersächsischen Landesschulbehörde) werden als Verfügungen bzw. Rundverfügungen bezeichnet.

Diese Verwaltungsvorschriften sind für die Schulen und für die einzelnen Lehrkräfte verbindlich (§ 32 Satz 1 und § 50 Abs. 1 NSchG). Der Grad der Verbindlichkeit richtet sich nach dem Inhalt der Verwaltungsvorschrift und ergibt sich meistens aus der verwendeten Formulierung. So drücken Formulierungen wie »müssen«, »ist zu«, »hat zu« eine verbindliche Weisung aus. Ermessen hat eine Schule dann, wenn ihr, trotz Vorliegen aller tatbestandlichen Voraussetzungen einer Rechtsnorm, auf der Rechtsfolgeseite »Spielraum für eine eigene Entscheidung« verbleibt. Dies wird in der Regel durch die Verwendung des Wortes »kann« ausgedrückt. In diesem Fall hat die Schule eine Einzelfallabwägung unter Beachtung der jeweiligen Interessen vorzunehmen. Im Rahmen der gerichtlichen Überprüfung wird in solchen Fällen nur geschaut, ob sich die Schule im Rahmen bestimmter Regeln bewegt hat, also ob die Behörde überhaupt ihr Ermessen ausgeübt hat, ob sie alle wesentlichen Umstände des Einzelfalls in die Abwägung einbezogen hat, ob die Gewichtung stimmt etc. (Stichwort: Ermessensfehlerfreie Entscheidung). Eine pflichtgemäße Ermessensausübung liegt daher vor, wenn die Behörde das ihr eingeräumte Ermessen wahrgenommen hat, d. h., die in Betracht kommenden Handlungsalternativen ermittelt und deren Wirksamkeit sowie ihre Auswirkungen auf den einzelnen und die Allgemeinheit festgestellt hat, eine ziel- und zweckgerichtete Entscheidungsfindung vorgenommen bzw. deutlich gemacht und bei aufgetretenen Zielkonflikten die widerstreitenden Belange gewichtet und gegeneinander abgewogen hat und auf Grund einer Abwägung der für und gegen die Maßnahme sprechenden Umstände unter Beachtung des Verhältnismäßigkeitsgrundsatzes geprüft hat, ob bzw. dass eine bestimmte Maßnahme geboten ist.

Im Fall des sogenannten »intendierten Ermessensspielraums«, welches in der Regel durch die Verwendung der Worte »soll« oder »sollen« eröffnet wird, schreibt das Gesetz für den Regelfall eine bestimmte behördliche Reaktion vor und räumt ein Ermessen nur für atypische Fälle ein.

2.5 Verträge, Vereinbarungen

Keine Rechtsquellen im engeren Sinne sind Verträge mit den Kirchen oder Vereinbarungen mit anderen Bundesländern über schulrechtliche Fragen. Hier hat sich zwar das Land im Verhältnis zu den Vertragspartnern verpflichtet, bestimmte Regelungen zu treffen. Rechtliche Wirkung gegenüber Dritten enthalten diese Verpflichtungen aber nur, wenn das Land diese durch gesetzliche Regelung oder durch Verwaltungsvorschriften umsetzt.

3. Hierarchie der Rechts- und Verwaltungsvorschriften

Ausgehend von den verfassungsrechtlichen Prinzipien des Grundgesetzes, nämlich des Parlamentarismus, der Gewaltenteilung und des Gesetzesvorbehalts für die Verwaltung, ordnen sich die Rechts- und Verwaltungsvorschriften nach einer Rangfolge, wobei die Vorschriften der jeweils höheren Ebene die niedrigeren Vorschriften »beherrschen«, d. h. vorrangige Geltung

vor entgegenstehenden niederrangigen Vorschriften beanspruchen. Auf einen kurzen Nenner gebracht lautet die Rangfolge:
- Verfassung,
- Gesetze,
- Verordnungen,
- Verwaltungsvorschriften.

Das Grundgesetz als Verfassung der Bundesrepublik Deutschland genießt den höchsten Rang. Es gilt der Grundsatz: Verfassungsrecht bricht einfaches Gesetzesrecht. Entsprechendes gilt nach der Niedersächsischen Verfassung für niedersächsisches Recht.

Das Gesetz stellt gegenüber der Verordnung die höherrangige Norm dar. Eine Verordnung, die mit einem Gesetz nicht vereinbar ist, kann vom Gericht für ungültig erklärt werden.

Die Verwaltungsvorschriften können nur Fragen regeln, die durch Gesetz und Verordnung nicht bereits geregelt sind und in denen diese eine Regelungslücke gelassen haben. Verwaltungsvorschriften, die gegen Gesetz oder Verordnung verstoßen, sind rechtswidrig.

4. Die Entwicklung des Niedersächsischen Schulgesetzes

4.1 Das NSchG vom 30.05.1974

Durch das am 01.08.1974 in Kraft getretene Niedersächsische Schulgesetz vom 30.05.1974 wurden alle schulrechtlichen Einzelgesetze zu einem einheitlichen Gesetzeswerk zusammengefasst. Das Gesetz verfolgte bildungspolitisch drei hauptsächliche Ziele:
- Zusammenfassung und Vereinheitlichung des in zahlreichen Einzelregelungen aufgesplitterten Niedersächsischen Schulrechts,
- gleichwertige Bildungschancen für alle Schülerinnen und Schüler,
- stärkere und wirksamere Mitwirkung aller am Schulwesen beteiligten Gruppen.

Zur Erreichung dieses Zieles wurden
- die bisher geltenden Einzelgesetze (u. a. Schulverwaltungsgesetz, Schulgesetz, Privatschulgesetz, Elternvertretungsgesetz) zu einem Gesetz zusammengefasst,
- wesentliche Bildungsfragen nunmehr gesetzlich festgesetzt, die bisher nur durch Verwaltungsvorschriften geregelt waren,
- das Schulwesen »durchlässiger« gemacht, wodurch überkommene Bildungsbarrieren abgebaut werden konnten,
- die einzelne Schule gegenüber den staatlichen Schulbehörden selbstständiger gemacht.

| Einführung

4.2 Das 2. Änderungsgesetz zum NSchG vom 21.07.1980

Nach mehreren kleineren Änderungen wurde das Niedersächsische Schulgesetz durch das Zweite Gesetz zur Änderung des Schulgesetzes vom 21.07.1980 in wesentlichen Punkten geändert:

- Die Gesamtschulen, die Vorklasse, die 10. Klasse an den Haupt- und an den Sonderschulen, das Abendgymnasium und das Kolleg wurden zu schulischen Angeboten gemacht.
- Die Errichtung von Integrierten Gesamtschulen wurde unter den Vorbehalt gestellt, dass benachbarte Regelschulen in ihrem Bestand nicht gefährdet werden durften.
- Dem Schulleiter wurde ein Weisungsrecht gegenüber allen an den Schulen tätigen Personen eingeräumt.
- Das Verfahren bei der Besetzung von Schulleiterstellen wurde vereinfacht.
- Der Abschnitt Schulverfassungsversuche entfiel. Nur Gesamtschulen konnten noch eine kollegiale Schulleitung einrichten.
- Die Dienststellen der früheren Schulräte wurden zu Schulaufsichtsämtern zusammengefasst. Die Modellschulämter für alle Schulformen wurden abgeschafft.

Bis zum Jahre 1993 erfuhr das Schulgesetz weitere kleine Änderungen.

4.3 Das 4. Änderungsgesetz vom 23.06.1993

Eine wesentliche Änderung ist durch das Vierte Gesetz zur Änderung des Niedersächsischen Schulgesetzes vom 23.06.1993 eingetreten.

Zu Beginn der 12. Wahlperiode (1990–1994) hatten die Koalitionsparteien SPD und Die Grünen verabredet, das Schulgesetz »mit dem Ziel weiterer Demokratisierung und der Erleichterung der pädagogischen Arbeit« zu novellieren. Insbesondere sollten der Bildungsauftrag erweitert, die (Teil-) Autonomie der Schulen gestärkt und die Gesamtschulen zu »gleichberechtigten Regelschulen« gemacht werden. Bei der Neuordnung des Komplexes »Konferenzen – Schulleitung – Eltern- und Schülervertretung – Schulbehörden« sollte auf die Bestimmungen des Schulgesetzes von 1974 zurückgegriffen werden. Dieses Gesetz hatte zu diesem Komplex Regelungen enthalten (z.B. Einschränkung der Fachaufsicht, kollegiale Schulleitungen, Stimmrecht für Referendare), die bei der Novellierung von 1980 wieder gestrichen worden waren.

Das Vierte Änderungsgesetz bringt über die genannten Punkte hinaus die gesetzliche Absicherung der Vollen Halbtagsschule, eine grundsätzliche Verbesserung der Integration behinderter Schülerinnen und Schüler in die allgemeinen Schulen und eine Neuordnung der beruflichen Grundbildung, der Finanzhilfe für die Schulen in freier Trägerschaft sowie des Ersatzunterrichts für den Religionsunterricht.

Außerdem wird die Gesetzessprache entsprechend dem Beschluss des Landesministeriums über Grundsätze für die Gleichbehandlung von Frauen und Männern in der Rechtssprache vom 09.07.1991 (Nds. MBl. S. 911) umgestellt. Im Regelfall werden beide Geschlechter genannt, wobei nur voll ausgeschriebene Parallelformulierungen verwendet werden (»Schülerinnen und Schüler«). Wo möglich, werden geschlechtsneutrale Bezeichnungen (»Lehrkräfte«) eingeführt. Bei zusammengesetzten Wörtern verbleibt es bei der bisherigen Schreibweise (»Schülervertretung«), da die Einbeziehung der weiblichen Form (»Schülerinnen- und Schülervertretung«) zu unübersichtlichen Bezeichnungen führen würde.

Schließlich waren durch die Novellierung Korrekturen und Präzisierungen vorzunehmen, die sich in den letzten Jahren aus den Erfahrungen und den Erkenntnissen der Rechtsprechung ergeben haben.

Das »Vierte Gesetz zur Änderung des Niedersächsischen Schulgesetzes« ist mit Datum vom 23.06.1993 im Niedersächsischen Gesetz- und Verordnungsblatt (S. 178) verkündet worden. Mit Datum vom 27.09.1993 (Nds. GVBl. S. 383) erfolgte eine Neubekanntmachung des Schulgesetzes.

Literatur

Galas, Dieter: Neues Schulgesetz zum 1.8.1993 in Kraft, SVBl. 1993, S. 224

Bräth, Peter: Die Gesamtschulregelungen im Schulgesetz 1993, SchVw NI 1993 S. 175

Bräth, Peter: Besetzung Schulleiterstellen nach dem Schulgesetz 1993, SchVw NI 1993 S. 195

4.4 Das Gesetz zu dem Vertrag zur Änderung des Konkordats mit dem Heiligen Stuhle vom 12.07.1994

Durch das Gesetz vom 12.07.1994 (Nds. GVBl. S. 304) sind die Bestimmungen über die sog. »Konkordatsschulen« (§§ 154–157) neugefasst worden.

4.5 Das 5. Änderungsgesetz vom 20.05.1996

Mit dieser »kleinen« Novelle sind eine Reihe von Bestimmungen geändert worden. Die Änderungen betreffen u. a. das Stimmrecht bei Klassenkonferenzen, die Einführung der neuen Schulform »Berufsoberschule«, die Einführung der Zweistufigkeit der Schulbehörde, die Bekenntnisschulen und die Schülerbeförderung.

Literatur

Galas, Dieter: 5. Gesetz zur Änderung des Schulgesetzes verabschiedet, SVBl. 1996, S. 163

4.6 Das 6. Änderungsgesetz vom 11.12.1997

Die Novelle hat eine Reihe von zum Teil wichtigen Änderungen des NSchG gebracht. Im Verfahren zur Bestellung von Schulleiterinnen und Schulleitern sind die Findungsausschüsse beseitigt worden. Nachdem zunächst der Einschulungsstichtag entsprechend einer Empfehlung der KMK stufenweise auf den 30. September verlegt worden war, ist diese Änderung durch das Haushaltsbegleitgesetz 1999 vom 21.01.1999 wieder rückgängig gemacht worden. Das Verfahren zur Verhängung von Ordnungsmaßnahmen ist vereinfacht worden. Gleichzeitig haben die Erziehungsmittel eine gesetzliche Grundlage erhalten. Die Ausnahmeregelung zum Besuch einer »nichtzuständigen« Schule ist verschärft sowie die Voraussetzung dafür geschaffen worden, dass die Entscheidung grundsätzlich auf die betroffenen Schulleiterinnen und Schulleiter verlagert werden kann (Letztentscheidungsrecht der Schulbehörde). Weitere Veränderungen beziehen sich auf die Ableistung der Berufsschulpflicht in Jugendwerkstätten, auf die Namensgebung von Schulen und auf die Aufnahme bekenntnisfremder Kinder in Schulen für Schülerinnen und Schüler des gleichen Bekenntnisses.

Literatur

Galas, Dieter: Landtag verabschiedet 6. Gesetz zur Änderung des Nieders. Schulgesetzes, SVBl. 1998, S. 29

4.7 Schulgesetzänderungen 2000

Zweimal ist das Niedersächsische Schulgesetz im Jahre 2000 geändert, worden. Mit dem Gesetz vom 11.10.2000 (Nds. GVBl. S. 265) wurde die Übertragung höherwertiger Ämter mit zeitlicher Begrenzung im Schulbereich auf eine neue Grundlage gestellt. An Schulen mit »besonderer Ordnung«, die eine kollegiale Schulleitung und Zeit-Ämter vorsieht, beträgt die Amtszeit jetzt nicht mehr neun, sondern nur noch sieben Jahre (§ 44 Abs. 5 NSchG). Bewirbt sich die Inhaberin oder der Inhaber eines Zeit-Amtes nach Ablauf der sieben Jahre auf die erneut ausgeschriebene Stelle und wird nach dem Prinzip der Bestenauslese für die Stelle ausgewählt, so wird ihr oder ihm das höherwertige Amt auf Lebenszeit verliehen.

Die zweite Änderung des Schulgesetzes ist durch das Haushaltsbegleitgesetz 2001 vom 15.12.2000 (Nds. GVBl. S. 378) erfolgt. Als § 113a ist eine Bestimmung aufgenommen worden, die der rechtlichen Absicherung des Projekts »Personalkostenbudgetierung« dient.

Literatur

Galas, Dieter: Besetzung höherwertiger Ämter auf Zeit – Niedersächsisches Schulgesetz wird geändert, Schulverwaltung, Ausgabe Niedersachsen, 2000, H. 9, S. 239

Galas, Dieter: Schulgesetz ergänzt, Schulverwaltung, Ausgabe Niedersachsen, 2001, H. 2, S. 35

4.8 Das Gesetz zur Weiterentwicklung des Schulwesens

Durch das Gesetz zur Weiterentwicklung des Schulwesens vom 25.06.2002 (Nds. GVBl. S. 312) ist das Niedersächsische Schulgesetz in erheblichem Umfang verändert worden. An die Stelle der Schulform Orientierungsstufe ist die Förderstufe getreten, die an allen weiterführenden Schulen, u.U. auch an der Grundschule geführt werden kann. Als neue Schulform wird die »Kooperative Haupt- und Realschule« in die Reihe der Schulformen des Sekundarbereichs I aufgenommen. In ihr haben der Hauptschul- und der Realschulzweig denselben Status wie an Kooperativen Gesamtschulen.

Den Grundschulen wird mit der die Schuljahrgänge 1 und 2 umfassenden Eingangsstufe, die auch in drei Schuljahren durchlaufen werden kann, ein neues Instrument zum Umgang mit schulpflichtigen, aber noch nicht schulfähigen Kindern zur Verfügung gestellt. Neu ist auch, dass Kinder mit unzureichenden Deutschkenntnissen bereits vor Beginn der Schulpflicht verpflichtet werden können, an Sprachfördermaßnahmen der Grundschule teilzunehmen. Nur noch übergangsweise bleibt die Volle Halbtagsschule bestehen; diese »besondere Organisation« ist aus dem Schulgesetz gestrichen worden.

Da muslimischer Religionsunterricht wegen Fehlens legitimierter Vertreter des Islam zurzeit nicht eingerichtet werden kann, sind die Bestimmungen zum Unterricht Werte und Normen so geändert worden, dass alle muslimischen Schülerinnen und Schüler an diesem »Ersatzunterricht« teilnehmen müssen.

Literatur

Galas, Dieter: »Gesetz zur Weiterentwicklung des Schulwesens« verabschiedet, Schulverwaltung, Ausgabe Niedersachsen-Schleswig-Holstein, 2002, H. 8, S. 205

4.9 Das Gesetz zur Verbesserung von Bildungsqualität und zur Sicherung von Schulstandorten

Mit dem Gesetz zur Verbesserung von Bildungsqualität und zur Sicherung von Schulstandorten vom 2.7.2003 (Nds. GVBl. S. 244) hat das vertikal nach Schulformen gegliederte Schulwesen eine deutliche Stärkung erfahren. Das zeigt sich insbesondere an dem Verbot, neue Gesamtschulen zu errichten. Ganz aus dem Schulgesetz gestrichen worden ist die Kooperative Haupt- und Realschule, die erst im Jahre 2002 in die Reihe der weiterführenden Schulformen aufgenommen wurde. An die Stelle der Orientierungsstufe (und der Förderstufe – siehe Nr. 4.8) treten Eingangsklassen an allen weiterführenden Schulen.

Das Gesetz vom 2.7.2003 verkürzt die Schulzeit bis zum Abitur um ein Jahr, wobei ab 2006 für die schriftliche Abiturprüfung grundsätzlich landesweit einheitliche Aufgaben gestellt werden. Verändert worden ist auch die Struktur der gymnasialen Oberstufe (Wegfall des Systems der Grund- und Leistungskurse).

Neue Aufgaben haben die Schulleitungen erhalten. Dazu gehören die Sorge für die Qualitätssicherung und Qualitätsentwicklung der Schule und die Verpflichtung, die an der Schule tätigen Lehrkräfte im Unterricht zu besuchen.

Literatur

Bräth, Peter: Das neue Schulgesetz, SVBl. 2003, S. 323

Bräth, Peter: Niedersachsen hat ein neues Schulgesetz, NSTN 2003, S. 195 in: Die Niedersächsische Gemeinde, Heft 4, S. 117

Galas, Dieter: Landtag beschließt »Gesetz zur Verbesserung von Bildungsqualität und zur Sicherung von Schulstandorten«, Schulverwaltung, Ausgabe Niedersachsen/Schleswig-Holstein, 2003, H. 7/8, S. 200

4.10 Das Gesetz zur Änderung des Niedersächsischen Schulgesetzes und des Niedersächsischen Besoldungsgesetzes

Mit dem »Gesetz zur Änderung des Niedersächsischen Schulgesetzes und des Niedersächsischen Besoldungsgesetzes« vom 29.4.2004 (Nds. GVBl. S. 140) wurde die Rechtsgrundlage für das muslimische Lehrerinnen betreffende Verbot geschaffen, in der Schule ein Kopftuch zu tragen (§ 51 Abs. 3). Ferner erfolgte im gesamten Schulgesetz die Umbenennung von »Sonderschule« in »Förderschule«. Dementsprechend lautet die Amtsbezeichnung der in diesen Schulen unterrichtenden Lehrkräfte jetzt »Förderschullehrer(in)«. Zu den wichtigen Änderungen des Gesetzes gehört die Möglichkeit, die sog. Konkordatsschulen (Haupt- und Realschulen in katholischer Trägerschaft) um ein gymnasiales Angebot zu erweitern (§ 154 Abs. 1 Satz 2).

Literatur

Bräth, Peter: Die aktuellen Schulgesetzänderungen, SVBl. 2004, H. 7, S. 337

Galas, Dieter: Schulgesetz und Besoldungsgesetz novelliert, Schulverwaltung, Ausgabe Niedersachsen/Schleswig-Holstein, 2004, H. 6, S. 173)

4.11 Das Gesetz vom 5.11.2004

Mit dem »Gesetz zur Umsetzung der Verwaltungsmodernisierung im Geschäftsbereich des Kultusministeriums« vom 5.11.2004 (Nds. GVBl. S. 408) sind die den Kultusbereich betreffenden Konsequenzen aus der Auflösung der Bezirksregierungen gezogen worden. An die Stelle der Bezirksregierungen als nachgeordnete Schulbehörden ist ab 1.1.2005 die Landesschulbehörde mit Sitz in Lüneburg getreten. Sie soll bis zum In-Kraft-Treten einer umfassenden Reform der Schulverwaltung als Übergangslösung bestehen bleiben.

4.12 Das Gesetz vom 15.12.2005

Mit Artikel 8 des Haushaltsbegleitgesetzes 2006 vom 15.12.2005 (Nds. GVBl. S. 426) ist durch Änderung des § 54a NSchG die Grundlage dafür geschaffen worden, den Zeitraum der Verpflichtung von Kindern mit unzureichenden Deutschkenntnissen, bereits vor der Einschulung an Sprachfördermaßnahmen der Grundschule teilzunehmen, von einem halben Jahr auf ein ganzes Jahr auszudehnen.

4.13 Das Gesetz zur Einführung der Eigenverantwortlichen Schule

Mit dem »Gesetz zur Einführung der Eigenverantwortlichen Schule« vom 17.7.2006 (Nds. GVBl. S. 412) wurde den niedersächsischen Schulen die Möglichkeit eröffnet, sich der Überregulierung durch Verwaltungsvorschriften in gewissem Umfang zu entziehen und zur Verbesserung der Qualität ihrer Arbeit mehr Eigenverantwortung zu übernehmen. In diesem Zusammenhang werden die Schulen verpflichtet, sich ein Schulprogramm zu geben und den Erfolg ihrer Arbeit jährlich zu überprüfen und zu bewerten. Zur Bewirtschaftung eines Budgets aus Landesmitteln können sie eigene Girokonten führen. Das Gesetz vom 17.7.2006 hat darüber hinaus das Gefüge der Schulverfassung erheblich verändert. Zugunsten der Stärkung der Stellung der Schulleiterinnen und Schulleiter hat die Gesamtkonferenz ihre bisherige »Allzuständigkeit« verloren; ihr Aufgabenkatalog umfasst nur noch wenige Punkte. Als neues Beschlussgremium hat der Gesetzgeber den »Schulvorstand« geschaffen, der je nach Größe der Schule aus 8, 12 oder 16 Mitgliedern besteht und paritätisch aus Vertreterinnen und Vertretern der Lehrkräfte einerseits und der Eltern und Schüler(innen) andererseits zusammengesetzt ist.

Literatur

Bräth, Peter: Anmerkungen zum Gesetz zur Einführung der Eigenverantwortlichen Schule, Schulverwaltungsblatt, 2006, H. 9, S. 342

Galas, Dieter: Niedersachsens Schulen sollen eigenverantwortlich werden, Schulverwaltung, Ausgabe Niedersachsen, 2006, H. 9, S. 232

4.14 Das Gesetz zur Reform der Finanzhilfe für Schulen in freier Trägerschaft

Das »Gesetz zur Reform der Finanzhilfe für Schulen in freier Trägerschaft« vom 12.7.2007 (Nds. GVBl. S. 301) hat die schulgesetzlichen Grundlagen für die staatliche Finanzhilfe für Privatschulen neu gestaltet.

4.15 Das Gesetz zur Neuordnung der beruflichen Grundbildung

Mit dem »Gesetz zur Neuordnung der beruflichen Grundbildung und zur Änderung anderer schulrechtlicher Bestimmungen« vom 2.7.2008 (Nds. GVBl. S. 246) hat der Gesetzgeber Konsequenzen aus bundesgesetzlichen Vorgaben gezogen und alle Bestimmungen über das Berufsgrundbildungsjahr aus dem Schulgesetz gestrichen. Als neue Schulform ist die Berufseinstiegsschule in das System der berufsbildenden Schulen eingefügt worden.

Die Novelle hat zwar das seit 2003 bestehende Verbot, neue Gesamtschulen zu errichten (siehe Nr. 4.9), aufgehoben, dieser Schulform aber den Status einer Angebotsschule zugewiesen, zu deren Errichtung die kommunalen Schulträger bei der Erfüllung bestimmter Voraussetzungen berechtigt, aber nicht verpflichtet sind. Schließlich ist durch das Änderungsgesetz der Einschulungsstichtag schrittweise vom 30. Juni auf den 30. September verschoben worden (siehe Nr. 4.6).

Literatur

Eickmann, Manfred: Neuordnung der beruflichen Grundbildung – Änderungen im Niedersächsischen Schulgesetz, Schulverwaltung, Ausgabe Niedersachsen, 2008, H. 11, S. 310

Galas, Dieter: Neue Gesamtschulen im ländlichen Bereich kaum möglich – Landtag beschließt Schulgesetznovelle, Schulverwaltung, Ausgabe Niedersachsen, 2008, H. 9, S. 246

4.16 Das Gesetz vom 18.6.2009

Durch das »Gesetz zur Änderung des Niedersächsischen Schulgesetzes und des Niedersächsischen Besoldungsgesetzes« vom 18.6.2009 (Nds. GVBl. S. 278) ist die Schulzeit bis zum Abitur an den Gesamtschulen – wie an Gymnasien (siehe 4.9) – um ein Jahr verkürzt worden. Endgültig gestrichen wurden die Vollen Halbtagsschulen. Für die Hauptschulen und Realschulen sieht das Gesetz eine verstärkte Berufsorientierung vor. Völlig neu ist, dass an der Hauptschule Berufsausbildung stattfinden kann.

Literatur

Galas, Dieter: »Turbo«-Abitur auch an Gesamtschulen, Schulverwaltung, Ausgabe Niedersachsen, 2009, H. 6, S. 184

Bade, Rolf: Niedersächsisches Schulgesetz und Niedersächsisches Besoldungsgesetz – Beschlussfassung der Änderungen durch den Landtag, Schulverwaltung, Ausgabe Niedersachsen, 2009, H. 9, S. 226

4.17 Das Gesetz vom 28.10.2009

Durch Art. 11 des »Niedersächsischen Gesetzes zur landesweiten Umsetzung der mit dem Modellkommunen-Gesetz erprobten Erweiterung kommunaler Handlungsspielräume« (NEKHG) vom 28. Oktober 2009 (Nds. GVBl. S. 366) ist § 26 (Schulentwicklungsplanung) aus dem Schulgesetz gestrichen worden. Die Landkreise sind nun nicht mehr verpflichtet, Schulentwicklungspläne aufzustellen und fortzuschreiben. Die in § 26 Abs. 7 a.F. enthaltene Ermächtigung des Kultusministeriums, durch Verordnung u.a. zu bestimmen, welche Größe die Schulen oder Teile von Schulen aufweisen sollen, findet sich jetzt in § 106.

4.18 Das Gesetz vom 12.11.2010

Mit dem »Gesetz zur Änderung des Niedersächsischen Schulgesetzes« vom 12.11.2010 (Nds. GVBl. S. 517) wurden die Folgerungen aus dem Schulversuch »Projekt Regionale Kompetenzzentren« (ProReKo) gezogen und zur Grundlage dauernder Regelungen für die Schulorganisation und die Schulverfassung der berufsbildenden Schulen gemacht (z.b. Gliederung in Bildungsgänge, Bildungsgangs- und Fachgruppen statt Teilkonferenzen, besondere Zusammensetzung des Schulvorstandes, gemeinsames Budget aus Mitteln des Landes und des Schulträgers).

Darüber hinaus ist das »Fachgymnasium« in »Berufliches Gymnasium« umbenannt und mit ausführlichen Regelungen zu seinem Inhalt und seinem Aufbau versehen worden. Außerdem ist die Grundlage dafür geschaffen worden, dass die erst im Jahre 2005 errichtete Niedersächsische Schulinspektion ihre Selbstständigkeit verlieren und mit einer anderen Landesbehörde zusammengeschlossen werden konnte.

Literatur

Roggenbrodt, Gerd: Berufsbildende Schulen als Regionale Kompetenzzentren – Veränderte rechtliche Rahmenbedingungen, Schulverwaltung, Ausgabe Niedersachsen, 2011, H. 1, S. 21

4.19 Das Gesetz zur Neuordnung der Schulstruktur in Niedersachsen

Das »Gesetz zur Neuordnung der Schulstruktur in Niedersachsen« vom 16.03.2011 (Nds. GVBl. S. 83) hat den Katalog der weiterführenden Schulen um die neue Schulform »Oberschule« erweitert. In ihr sind die Bildungswege der Hauptschule und der Realschule enthalten; sie kann durch ein »gymnasiales Angebot« erweitert werden. Die Oberschule soll mittelfristig an die Stelle von Hauptschulen, Realschulen und Kooperativen Gesamtschulen treten.

Darüber hinaus ist der Katalog der Ordnungsmaßnahmen erweitert und die Grundlage dafür geschaffen worden, die Nichtteilnahme an den vorschulischen Sprachfördermaßnahmen mit einer Geldbuße zu ahnden. Schließlich können künftig Bekenntnisgrundschulen leichter in eine Schule für Schülerinnen und Schüler aller Bekenntnisse umgewandelt werden.

Literatur

Bräth, Peter: Oberschule – Schulform im Sekundarbereich I, Schulverwaltung, Ausgabe Niedersachsen, 2011, H. 5, S. 132

Galas, Dieter: Umwandlung von Bekenntnisschulen erleichtert, Schulverwaltung, Ausgabe Niedersachsen, 2011, H. 5, S. 157

4.20 Das Gesetz zur Einführung der inklusiven Schule

Mit dem »Gesetz zur Einführung der inklusiven Schule« vom 23. 03. 2012 (Nds. GVBl. S. 34) ist der schulische Teil der Behindertenrechtskonvention der Vereinten Nationen in niedersächsisches Schulrecht umgesetzt worden. Die schrittweise Umgestaltung aller öffentlichen und privaten Schulen in inklusive Schulen, in denen Schülerinnen und Schüler mit und ohne Behinderung gemeinsam erzogen und unterrichtet werden, soll im Jahre 2018 abgeschlossen sein. Die Entscheidung, ob ihre behinderten Kinder eine allgemeine (inklusive) Schule oder eine Förderschule besuchen, liegt bei den Erziehungsberechtigten.

Literatur

Bräth, Peter: UN-Behindertenrechtskonvention wird umgesetzt – Landtag verabschiedet Schulgesetznovelle, Schulverwaltung, Ausgabe Niedersachsen, 2012, H. 4, S. 98

4.21 Das Gesetz zur Änderung schulrechtlicher Vorschriften

Durch das Gesetz zur Änderung schulrechtlicher Vorschriften vom 19.06.2013 (Nds. GVBl. S. 165) ist die 2009 erfolgte Verkürzung der Schulzeit bis zum Abitur an den Integrierten Gesamtschulen (IGS) und an den nach Schuljahrgängen gegliederten Kooperativen Gesamtschulen wieder rückgängig gemacht worden. Schülerinnen und Schüler dieser Schulen können die Abiturprüfung erst nach insgesamt 13 Schuljahren ablegen. Dagegen bleibt es an den nach Schulzweigen gegliederten Kooperativen Gesamtschulen (und an den Gymnasien) bei der um ein Jahr verkürzten Schulzeit (siehe 4.9 und 4.16). Durch Änderung der Verordnung für die Schulorganisation ist die Mindestgröße von IGS von bisher fünf wieder auf vier Züge gesenkt worden; ausnahmsweise können auch dreizügige IGS eingerichtet werden. Damit hat der Gesetzgeber die Regelungen wiederhergestellt, die bis zum Jahre 2009 galten.

4.22 Das Gesetz vom 3. Juni 2015

Mit dem Gesetz vom 3. Juni 2015 (Nds. GVBl. S. 90) wird die Verkürzung der Schulzeit bis zum Abitur (siehe 4.9) nach den Gesamtschulen (siehe 4.21) auch für die Gymnasien wieder rückgängig gemacht. Die Umstellung auf die dreizehnjährige Schulzeitdauer beginnt mit dem Schuljahr 2015/16. Die Gesamtschulen erhalten durch das Gesetz den Status einer ersetzenden Schulform. Schulträger von Gesamtschulen sind künftig nicht mehr verpflichtet, Hauptschulen, Realschulen und – beim Vorliegen gewisser Voraussetzungen – Gymnasien zu führen.

Weiterentwickelt werden die gesetzlichen Regelungen zur Ganztagsschule sowie zur inklusiven Schule (siehe 4.20). Jahrgangsweise aufsteigend erfolgt ab dem Schuljahr 2016/17 die Aufhebung der Förderschule mit dem Schwerpunkt Lernen auch im Sekundarbereich I. Die Förderschulen mit dem Schwerpunkt Sprache erhalten einen unbefristeten Bestandsschutz; neue Schulen dieses Typs dürfen aber nicht mehr errichtet werden.

Literatur

Galas, Dieter: Schulgesetz umfassend novelliert, NST N, Zeitschrift des Niedersächsischen Städtetages, 2015, H. 6, S. 112

Nolte, Gerald: Die Schulgesetznovelle 2015, Schulverwaltungsblatt, 2015, H. 7, S. 340

4.23 Das Gesetz vom 16. August 2017

Mit dem Gesetz vom 16. August 2017 (Nds. GVBl. S. 260) wurde durch Neufassung des § 58 NSchG eine Rechtsgrundlage für das Verbot der Vollverschleierung in der Schule geschaffen.

Literatur

Nolte, Gerald/Behrens, Torben: Gesetz zur Verankerung der Pflichten von Schülerinnen und Schülern im Niedersächsischen Schulgesetz beschlossen, Schulverwaltungsblatt, 2017, H. 10, S. 605

4.24 Das Gesetz vom 28. Februar 2018

Das Gesetz vom 28. Februar 2018 (Nds. GVBl. S. 16) hat das Einschulungsalter flexibilisiert. Für Kinder, die zwischen dem 1. Juli und dem 30. September das sechste Lebensjahr vollenden, sollen die Eltern entscheiden können, den Schulbesuch um ein Jahr aufzuschieben. Die Förderschulen mit dem Förderschwerpunkt Lernen erhalten Bestandsschutz und können nach der Entscheidung des Schulträgers letztmalig zum Beginn des Schuljahres 2022/23 einen 5. Schuljahrgang einrichten.

Literatur

Nolte, Gerald: Gesetz zur Änderung des Niedersächsischen Schulgesetzes – Einschulung, Sprachfördermaßnahmen, Inklusion, Schulverwaltung, Ausgabe Niedersachsen, 2018, H. 5, S. 132.

4.25 Das Gesetz vom 16. Mai 2018

Mit Art. 15 des Gesetzes vom 16. Mai 2018 (Nds. GVBl. S. 66) ist § 31 NSchG (Verarbeitung personenbezogener Daten) im Zusammenhang mit der Umsetzung der Datenschutz-Grundverordnung neu gefasst worden.

Literatur

Reinhard, Marie-Christina: Änderungen im Niedersächsischen Schulgesetz aufgrund des niedersächsischen Datenschutzrechts, Schulverwaltungsblatt, 2018, H. 7, S. 370.

Nolte, Gerald: Änderung des Datenschutzparagraphen im Niedersächsischen Schulgesetz, Schulverwaltung, Ausgabe Niedersachsen, 2018, H. 9, S. 245.

4.26 Das Gesetz vom 17.12.2019

Mit dem Gesetz zur Änderung schulrechtlicher Vorschriften vom 17.12.2019 (Nds. GVBl. S. 430) sind die sich aus dem Pflegeberufegesetz des Bundes vom 17.7.2017 ergebenden Anpassungen vorgenommen worden (§ 1). Neu gefasst worden ist ferner § 31, der die Verarbeitung personenbezogener Daten regelt. Außerdem ist dem allgemeinen Anpassungsbedarf bei den berufsbildenden Schulen (Berufseinstiegsschule) und beim Schulvorstand (Aufgabenkatalog) Rechnung getragen worden. Der Entlastung der Lehrerschaft dient eine Änderung im Konferenzrecht (§ 36).

Literatur

Nolte, Gerald: Gesetz zur Änderung schulrechtlicher Vorschriften, Schulverwaltungsblatt, 2020, H. 2, S. 96; Schulverwaltung, Ausgabe Niedersachsen, 2020, H. 2, S. 55

5. Hinweise auf Schulrechtsliteratur

5.1 Schulrecht Niedersachsen Vorschriftensammlungen

Galas, Dieter: Schulrechtshandbuch Niedersachsen, Loseblattsammlung. Luchterhand Verlag Neuwied.

Heinsohn, Detlev (Hrsg.): Berufsbildende Schulen – Rechts- und Verwaltungsvorschriften. Loseblattsammlung. Ausgabe Niedersachsen. Wingen Text 20, Essen.

Kemeter, Björn (Hrsg.): Schulrecht Niedersachsen. Loseblattsammlung. Luchterhand Verlag Neuwied.

Stein, Andreas (Hrsg.): Gymnasium – Rechts- und Verwaltungsvorschriften. Loseblattsammlung. Ausgabe Niedersachsen. Wingen Text 26, Essen.

Herrfurth, Klaus/Henke, Roland (Hrsg.): Primarbereich und Sekundarbereich I – Rechts- und Verwaltungsvorschriften, Loseblattsammlung, Ausgabe Niedersachsen, Wingen Text 24, Essen.

Literatur

Woltering, Herbert/Bräth, Peter: Niedersächsisches Schulgesetz, Handkommentar. 4. Auflage. Richard Boorberg-Verlag. Stuttgart-München-Hannover 1998.

Brockmann, Jürgen/Littmann, Klaus-Uwe/Schippmann, Thomas: Niedersächsisches Schulgesetz (NSchG). Kommentar mit Ausführungsbestimmungen. Loseblattausgabe. Kommunal- und Schulverlag KG A. Heinig. Wiesbaden.

Reinert, Peter/Hayashi, Nadja (Hrsg.): Schulrecht für die Praxis. Loseblattausgabe. Wingen Text 27, Essen.

Ballasch, Heidemarie/Kemeter, Björn/Wachtel, Peter (Hrsg.): Schulleitung und Schulaufsicht in Niedersachsen. Loseblattausgabe. Luchterhand Verlag Neuwied.

Radtke, Dieter: Die Entwicklung des Schulrechts in Niedersachsen von 1988 bis 1994, Recht der Jugend und des Bildungswesens, 1995, S. 90.

Radtke, Dieter: Die Entwicklung des Schulrechts in Niedersachsen von 1995 bis 1998, Recht der Jugend und des Bildungswesens, 1999, S. 120.

Ahrens, Jens-Rainer: 50 Jahre Schulentwicklung in Niedersachsen – Zur Entwicklung im allgemein bildenden Schulwesen 1946–1996, SVBl. 1996, H. 12, S. 472.

Weete, Heinz: 50 Jahre Schulentwicklung in Niedersachsen – Zur Entwicklung im berufsbildenden Schulwesen 1946–1996, SVBl. 1997, H. 7, S. 288.

Galas, Dieter: Entwicklung des Schulwesens in Niedersachsen – zahlreiche Änderungen in den letzten 25 Jahren, Schulverwaltung, Ausgabe Niedersachsen, 2014, H. 1, S. 20.

5.2 Allgemeine Schulrechtsliteratur (länderübergreifend)

Avenarius, Hermann/Hanschmann, Felix: Schulrecht – Ein Handbuch für Praxis, Rechtsprechung und Wissenschaft, 9. Auflage, Carl Link, Köln 2019.

Füssel, Hans Peter u. a.: Rechts-ABC für Lehrerinnen und Lehrer. Luchterhand Verlag Neuwied. 4. Auflage 2005.

Böhm, Thomas (Hrsg.): Ergänzbare Sammlung schul- und prüfungsrechtlicher Entscheidungen (SPE). Loseblattwerk. Luchterhand Verlag Neuwied.

Einführung

Niehues, Norbert/Rux, Johannes: Schul- und Prüfungsrecht, Band 1 Schulrecht, 5. Auflage, 2013, C. H. Beck München.

Niehues, Norbert/Fischer, Edgar: Schul- und Prüfungsrecht, Band 2 Prüfungsrecht, 5. Auflage, 2010, C. H. Beck München.

Rux, Johannes: Schulrecht, 6. Auflage, 2018, C. H. Beck München.

Staupe, Jürgen: Schulrecht von A–Z, 6. Auflage, Deutscher Taschenbuch Verlag. München 2007.

Schröder, Florian: Ein Wegweiser durch das Schulrecht – Grundkurs Schulrecht, Nr. XVI, 2019, Carl-Link-Verlag

5.3 Zeitschriften

Schulverwaltungsblatt für Niedersachsen – Amtsblatt des Niedersächsischen Kultusministeriums. Liskow Druck und Verlag GmbH, Hannover. Erscheint monatlich.

Schulverwaltung – Ausgabe Niedersachsen (zwischen 2002 und 2005: Ausgabe Niedersachsen und Schleswig-Holstein). Carl Link Verlag, Kronach. Erscheint monatlich.

SchulRecht – Informationsdienst für Schulleitung und Schulaufsicht. Carl Link Verlag, Kronach. Erscheint 9 mal jährlich.

Recht der Jugend und des Bildungswesens. BWV-Berliner Wissenschafts-Verlag. Erscheint vierteljährlich.

6. Hinweis für die Benutzung des Kommentars

Am Schluss der Kommentierung der einzelnen Paragraphen werden unter der Überschrift »Verweise, Literatur« die Fundstellen der einschlägigen Rechts- und Verwaltungsvorschriften sowie der Literatur angegeben. Dabei bedeutet »SRH« das vom Carl-Link-Verlag erstellte Lose-Blatt-Werk »Schulrechtshandbuch Niedersachsen für allgemein bildende Schulen« und »Schulrecht« das vom selben Verlag herausgegebene Lose-Blatt-Werk »Vorschriften für Schule und Schulverwaltung in Niedersachsen«.

Niedersächsisches Schulgesetz (NSchG)

In der Fassung vom 3. März 1998 (Nds. GVBl. S. 137) – zuletzt geändert durch Art. 1 des Gesetzes zur Änderung schulrechtlicher Vorschriften vom 17. Dezember 2019 (Nds. GVBl. S. 430)

Erster Teil
Allgemeine Vorschriften

§ 1 Geltungsbereich

(1) Dieses Gesetz gilt für die öffentlichen Schulen und die Schulen in freier Trägerschaft (Privatschulen) im Land Niedersachsen.

(2) [1]Schulen sind alle auf Dauer eingerichteten Bildungsstätten, in denen unabhängig vom Wechsel der Lehrkräfte sowie der Schülerinnen und Schüler nach einem in sich geschlossenen Bildungsplan allgemein bildender oder berufsbildender Unterricht in einem nicht nur auf einzelne Kenntnisgebiete oder Fertigkeiten beschränkten Umfang für mindestens zwölf Schülerinnen oder Schüler und mindestens für die Dauer von sechs Monaten erteilt wird. [2]Einrichtungen der Erwachsenenbildung, Hochschulen und Berufsakademien sind keine Schulen im Sinne dieses Gesetzes.

(3) [1]Öffentliche Schulen im Sinne dieses Gesetzes sind die Schulen, deren Träger die Landkreise, die Gemeinden, die Samtgemeinden, die Zweckverbände, die öffentlich-rechtlich Verpflichteten in gemeindefreien Gebieten oder das Land sind. [2]Sie sind nichtrechtsfähige Anstalten ihres Trägers und des Landes.

(4) [1]Schulen in freier Trägerschaft im Sinne dieses Gesetzes sind die Schulen, deren Träger entweder natürliche oder juristische Personen des privaten Rechts oder Religions- oder Weltanschauungsgemeinschaften sind, die die Rechte einer Körperschaft des öffentlichen Rechts besitzen. [2]Ihre Rechtsverhältnisse bestimmen sich nach den Vorschriften des Elften Teils.

(5) [1]Dieses Gesetz findet keine Anwendung auf
1. öffentliche Schulen, die mit Anstalten verbunden sind, die anderen Zwecken als denen öffentlicher Schulen dienen,
2. Verwaltungsschulen und ähnliche Berufsausbildungsstätten besonderer Art,
3. Schulen für andere als ärztliche Heilberufe und ähnliche Berufsausbildungsstätten besonderer Art.

[2]Abweichend von Satz 1 Nrn. 1 und 3 ist dieses Gesetz anzuwenden auf die Berufsfachschule – Ergotherapie –, auf die Berufsfachschule – Pharmazeutisch-technische Assistentin/Pharmazeutisch-technischer Assistent – und auf die Pflegeschulen nach § 9 des Pflegeberufegesetzes (PflBG) vom 17. Juli

2017 (BGBl. I S. 2581), zuletzt geändert durch Artikel 16 des Gesetzes vom 15. August 2019 (BGBl. I S. 1307). ³Abweichend von Satz 1 kann die Aufnahme von Schülerinnen und Schülern in Schulen nach Satz 1 Nr. 3 entsprechend § 59a Abs. 4 und 5 beschränkt werden.

(6) Dieses Gesetz trifft in Ausführung des Pflegeberufegesetzes auch Regelungen für Einrichtungen zur Durchführung der praktischen Ausbildung nach § 7 PflBG.

1 **Allg.:** § 1 legt den räumlichen und sächlichen Geltungsbereich des Schulgesetzes fest und enthält die Definitionen (Legaldefinition) für die Begriffe »öffentliche Schulen« und »Schulen in freier Trägerschaft«.

In der Erstfassung des Privatschulgesetzes vom 12.07.1957 wurde der Begriff »Privatschule« definiert, weil die Notwendigkeit einer Abgrenzung der privaten von den öffentlichen Schulen gesehen wurde. Einige Länder hatten darauf verzichtet, den Begriff »Schule« zu definieren; auch Niedersachsen hatte das in seinen Gesetzen über das öffentliche Schulwesen nicht getan (Schulverwaltungsgesetz vom 19.05.1954). Für das Privatschulgesetz wurde dies als erforderlich angesehen, da in § 15 private Unterrichtseinrichtungen angesprochen wurden, die keine Privatschulen im Sinne des § 1 Abs. 1 sind, und eine Abgrenzung gegenüber den freien Unterrichtseinrichtungen und dem Privatunterricht als wichtig erschien. Im Übrigen hatte Hessen damals den Begriff »Schule« definiert mit der Zahlenangabe »mehr als fünf Schüler« (Privatschulgesetz vom 27.04.1953). Mit dem Niedersächsischen Schulgesetz vom 30.05.1974 wurden die bisher auf dem Gebiet des Schulrechts bestehenden Gesetze zusammengefasst und die heutige Regelung des Abs. 2 Satz 1 NSchG formuliert.

2 **Zu Abs. 1:** Der Geltungsbereich ist auf Niedersachsen beschränkt. Entsprechend der Beschränkung der Rechte des Landesgesetzgebers auf das Hoheitsgebiet des entsprechenden Landes kann das Schulgesetz, insbesondere in den Vorschriften über Schulpflicht und die Schulaufsicht keine Geltung beanspruchen für Schulen, deren Träger nicht in Niedersachsen ihren Sitz haben.

Eine Besonderheit nimmt das Gymnasium Wesermünde ein. Das Gymnasium Wesermünde ist ein niedersächsisches Gymnasium in der Schulträgerschaft des Landkreises Cuxhaven, hat seinen Standort jedoch in der Stadt Bremerhaven im Land Bremen. Diese besondere Situation ergibt sich daraus, dass mitten im früheren Landkreis Wesermünde bei der Schulgründung die Stadt Bremerhaven liegt. Um Schwierigkeiten beim Schulbesuch der Kinder des Landkreises in der Stadt Bremerhaven zu vermeiden, entschloss sich der Kreistag 1967, in der bremischen Stadt Bremerhaven ein niedersächsisches Gymnasium zu bauen. Die damalige Formulierung des § 1 Abs. 1 des Gesetzes über die Verwaltung öffentlicher Schulen (Schulverwaltungsgesetz) in der Fassung vom 26.03.1962 knüpfte nicht an den Standort der Schule, sondern an die Schulträgerschaft an (»Öffentliche Schulen im Sinne dieses Gesetzes sind die allgemein bildenden und die berufsbildenden Schulen, deren Schulträger das Land, die Gemeinden,

Allgemeine Vorschriften § 1 — NSchG

Landkreise, kommunale Zusammenschlüsse des öffentlichen Rechts oder öffentlich-rechtlicher Verpflichtete in gemeindefreien Gebieten sind«).

Zu Abs. 2: Die im Gesetz genannten Merkmale für den Begriff »Schule« dienen insbesondere zur Abgrenzung gegenüber den zahlreichen privat betriebenen Einrichtungen, die sich auch der – rechtlich nicht geschützten – Bezeichnung »Schule« bedienen, ohne die wesentlichen Merkmale in Bezug auf Dauer, Lehrkörper, Bildungsziele zu erfüllen. Keine Schulen im Sinne des Schulgesetzes sind z.b. Musikschulen, Sportschulen, Sprachschulen und – ausdrücklich genannt – Einrichtungen der Erwachsenenbildung (Volkshochschulen), die Hochschulen und die Berufsakademien. Keine Schulen sind auch die Tagesbildungsstätten nach § 162 ff. Mit der Aufnahme in den elften Teil über Schulen in freier Trägerschaft wird den Tagesbildungsstätten aber ein schulähnlicher Status verliehen, sodass für sie auch der Bildungsauftrag des § 2 gilt. **3**

Zu Abs. 3 Satz 1: Durch Satz 1 werden Schulen, die von anderen als den genannten Trägern betrieben werden, begrifflich ausgeschlossen. So gehören Schulen des Bundes nicht dazu. In der Regel sind die Landkreise und Gemeinden Träger der öffentlichen Schulen, wie sich aus den §§ 101 ff. ergibt. Das Land kann nur in Ausnahmefällen Schulträger (z.b. mit überregionalem Einzugsbereich – § 102 Abs. 7) sein. Beispiele: Internatsgymnasien in Esens, Bederkesa und Bad Harzburg, das Landesbildungszentrum für Blinde Hannover, die Landesgehörlosenschulen. **4**

Zu Abs. 3 Satz 2: Mit Satz 2 wird die in Deutschland traditionelle gemeinsame Verantwortung von öffentlichem Träger und Land ausgesprochen, die sich vor allem in der Aufteilung der Personal- und Sachkosten zwischen Land und Schulträger (§ 112 ff.) widerspiegelt. Auch heute noch gilt die Kurzformel des Verfassungsrechtlers Gerhard Anschütz aus der Weimarer Zeit: »Die Gemeinde baut der Schule das Haus, Herr im Hause ist der Staat«. Die bis heute bedeutsame Trennung zwischen sogenannten **inneren und äußeren Schulangelegenheiten** war in der Weimarer Reichsverfassung ein verwaltungsjuristischer Kompromiss. Er zielte auf einen Ausgleich zwischen den alten Rechtstraditionen der Kommunen und den, relativ dazu, jüngeren Ansprüchen der Zentralverwaltung. Im Kern hat diese finanzpolitisch und verwaltungsjuristisch kodifizierte Trennung bis heute Bestand. Eine Ausnahme von dem Grundsatz der geteilten Schulträgerschaft bildet § 102 Abs. 7. **5**

Die öffentliche Schule ist eingebettet in das allgemeine staatliche Organisationsgefüge. Sie erfüllt ihre Aufgaben im Rahmen des ihr zugewiesenen staatlichen Organisationsmodells »nichtrechtsfähige Anstalt«. Damit wird zum Ausdruck gebracht, dass die Schule zwar ein im gewissen Maß verselbstständigter Teil der Organisation ihrer Träger ist, die aber noch dauernd maßgeblich Einfluss ausüben. Wenn auch die Entwicklung zu mehr »Eigenverantwortung« der Schule beachtliche Gestaltungs- und Entscheidungsmöglichkeiten durch ein gewisses Zurückdrängen der Schulaufsicht gebracht haben, so bleibt die Schule doch als öffentliche Schule abhängig von den materiellen Ressourcen ihres kommunalen Schulträgers und von inhaltlichen und personellen Vorgaben des Staates.

6 Zu Abs. 4: Nur die genannten Einrichtungen und Personen können Träger von Schulen in freier Trägerschaft sein. Damit sind Körperschaften des öffentlichen Rechts wie z.b. kommunale Gebietskörperschaften ausgeschlossen. Als juristische Personen des Privatrechts kommen praktisch alle Formen der Gesellschaften des bürgerlichen und des Handelsrechts in Betracht sowie eingetragene Vereine.

Religions- und Weltanschauungsgemeinschaften in dem hier gemeinten Sinne sind z.b. die Evangelischen Landeskirchen und die katholische Kirche. Der Islamrat für die Bundesrepublik Deutschland und der Zentralrat der Muslime in Deutschland sind auch weiterhin nicht als Religionsgemeinschaften anzusehen (OVG NRW, Urt. vom 09.11.2017 – Az. 19 A 997/02 –).

7 Zu Abs. 5: Die Intention des Schulgesetzes von 1974, ein einheitliches Gesetz für alle niedersächsischen öffentlichen und privaten Schulen zu schaffen, ließ und lässt sich nicht vollständig erreichen. Satz 1 hat eine Reihe von berufsbildenden Schulen aus dem Geltungsbereich herausgenommen, deren Integration in das öffentliche Schulwesen zumindest vorläufig aus Kostengründen oder aus Gründen der besonderen Organisation ihrer Träger unzweckmäßig oder schwierig ist. Dazu gehören nach Nr. 1 z.B. die mit Krankenanstalten verbundenen Krankenpflegeschulen, Krankengymnastenschulen, nach Nr. 2, die Verwaltungsschulen (z.B. die Landespolizeischule, das Studieninstitut der allgemeinen Verwaltung) sowie nach Nr. 3 die Schulen für andere als ärztliche Heilberufe.

Satz 1 Nr. 3: Das Niedersächsische Gesetz über Schulen für Gesundheitsfachberufe und Einrichtungen für die praktische Ausbildung (NSchGesG) vom 22.11.2016 (Nds. GVBl. S. 250) trifft Regelungen für Schulen für neun Gesundheitsfachberufe. Der Begriff »Gesundheitsfachberufe« ist der in der Fachsprache mittlerweile übliche Begriff für die sogenannten »nichtärztlichen Heilberufe« oder »andere als ärztliche Heilberufe«. Schulen für Gesundheitsfachberufe bilden zu Berufen wie beispielsweise Logopäden/innen, Physiotherapeuten/innen, Notfallsanitäter/innen, Podologen/innen oder Orthoptisten/innen aus. Diese Schulen gelten als Schulen der besonderen Art, denn sie arbeiten in der Regel eng mit Einrichtungen, wie beispielsweise Krankenhäuser oder Praxen, zusammen. Anleiterinnen und Anleiter werden häufig aus dem beruflichen Umfeld rekrutiert. Die Ausbildung ist aber auch während dieses praktischen Ausbildungsteils dennoch vollschulisch organisiert und die Verantwortung für die gesamte Ausbildung obliegt der jeweiligen Schule. Der Begriff »Schule« wird im NSchGesG, anders als bei berufsbildenden Schulen des NSchG, nicht als übergeordneter Sammelbegriff für verschiedene Ausbildungsgänge verstanden. Vielmehr kann eine Schule nach dem NSchGesG nur für einen der in § 1 Abs. 1 NSchGesG genannten Ausbildungsgänge anerkannt werden. Es ist zwar durchaus möglich, dass ein Schulträger mehrere »Schulen« unterhält, er benötigt aber für jeden seiner angebotenen Ausbildungsgänge eine eigene staatliche Anerkennung der jeweiligen »Schule«.

Auf politischer Ebene gibt es Bemühungen, auch die o.a. Schulen in den Geltungsbereich des Schulgesetzes zu überführen. Das hätte zur Folge, dass auch öffentliche berufsbildende Schulen in den o.a. Gesundheitsfachberufen ausbilden können. Dies wird insbesondere für den Bereich Physiotherapie gefordert.

Satz 2: In Satz 2 werden die in den Geltungsbereich des NSchG einbezogenen Schulformen der Gesundheitsfachberufe ausdrücklich genannt. Es sind die Berufsfachschule Ergotherapie, die Berufsfachschule Pharmazeutisch-technische Assistentin/Pharmazeutisch-technischer Assistent und nach Maßgabe des § 16 Abs. 3 auch die Pflegeschulen nach § 9 des Pflegeberufegesetzes (PflBG) des Bundes vom 17.07.2017. Die hier genannten Schulformen sind genauso zu behandeln wie alle anderen Schulformen des NSchG.

Mit dem **Pflegeberufegesetz** des Bundes wurden die früheren Ausbildungen nach dem Alten- und Krankenpflegegesetz des Bundes ab dem 01.01.2020 durch die Ausbildung nach dem Gesetz ersetzt. Ziel war es, die Ausbildung zur Pflegefachkraft zu modernisieren, attraktiver zu machen und den Berufsbereich der Pflege insgesamt aufzuwerten. Alle Auszubildenden erhalten zwei Jahre lang eine gemeinsame, generalistisch ausgerichtete Ausbildung, in der sie einen Vertiefungsbereich in der praktischen Ausbildung wählen. Auszubildende, die im dritten Ausbildungsjahr die generalistische Ausbildung fortsetzen, erwerben den Berufsabschluss »Pflegefachfrau« bzw. »Pflegefachmann«. Auszubildende, die ihren Schwerpunkt in der Pflege alter Menschen oder der Versorgung von Kindern und Jugendlichen sehen, können wählen, ob sie – statt die generalistische Ausbildung fortzusetzen – einen gesonderten Abschluss in der Altenpflege oder Gesundheits- und Kinderkrankenpflege erwerben wollen. Seit dem 01.01.2020 wird an Privatschulen kein Schulgeld mehr gezahlt. Zudem haben die Auszubildenden einen Anspruch auf eine angemessene Ausbildungsvergütung. Schülerinnen und Schüler, die sich zum 01.01.2020 in einer Ausbildung nach den vorgenannten Berufegesetzen befinden, können diese noch abschließen (siehe § 179).

Durch die Aufnahme von allgemein bildenden Fächern in die Stundentafel, dem sogenannten berufsübergreifenden Unterricht, wird den Schülerinnen und Schülern die Möglichkeit eröffnet, einen höherwertigen Schulabschluss zu erlangen, beispielsweise den erweiterten **Sekundarabschluss I – Real**schulabschluss. Da unter den Voraussetzungen des § 11 Abs. 2 Nr. 2 des Pflegeberufegesetzes auch der Hauptschulabschluss für den Zugang zur Ausbildung zur Pflegefachfrau oder zum Pflegefachmann genügt, wenn die dort genannten zusätzlichen Nachweise erbracht werden, wird diesen Lernenden in Niedersachsen ein höherwertiger Schulabschluss am Ende der Berufsausbildung offeriert und damit die Möglichkeit, eine der über 30 Fachoberschulen mit Schwerpunkt Gesundheit-Pflege zu besuchen und dort die Fachhochschulreife zu erreichen, um im Anschluss ein Studium aufnehmen zu können. In Niedersachsen besteht zudem die Möglichkeit, den Lernenden durch Ergänzungsunterricht in den allgemein bildenden Fächern bereits in der Berufsausbildung zu einer Fachhochschulreife zu verhelfen.

Ausbildungen in Gesundheitsberufen wie Physiotherapie, Logopädie, Podologie oder Diätassistenz sind nicht vom Geltungsbereich des NSchG erfasst.

8 Zu Abs. 6: Das Schulgesetz gilt nach § 1 Abs. 1 bis 5 für die dort genannten Schulen. Die Verordnungsermächtigung in § 16 Abs. 3 Nr. 2 sieht vor, dass das Kultusministerium das Nähere zur Geeignetheit von Einrichtungen für die praktische Ausbildung regeln kann. Einrichtungen für die praktische Ausbildung nach § 7 PflBG sind aber keine Schulen, sondern Krankenhäuser, stationäre und ambulante Pflegeeinrichtungen sowie weitere Einrichtungen. Es wird daher in Abs. 6 klargestellt, dass das Schulgesetz in Ausführung des Pflegeberufegesetzes auch Regelungen für diese Einrichtungen trifft.

9 Verweise, Literatur:

- Niedersächsisches Gesetz über Schulen für Gesundheitsfachberufe und Einrichtungen für die praktische Ausbildung (NSchGesG) vom 22.11.2016 (Nds. GVBl. S. 250; SVBl. 2017, S. 5), geändert durch Art. 2 des Gesetzes vom 17.12.2019 (Nds. GVBl. S. 430, SVBl. 2020, S. 56)

- Niedersächsische Verordnung über Anforderungen an Schulen für Gesundheitsfachberufe und an Einrichtungen für die praktische Ausbildung (NSchGesVO) vom 19.10.2017 (Nds. GVBl. S. 434), zuletzt geändert durch Art. 5 des Gesetzes vom 17.12.2019 (Nds. GVBl. S. 430, SVBl. 2020, S. 56)

- Erl. »Ergänzende Bestimmungen zur Niedersächsischen Verordnung über Anforderungen an Schulen für Gesundheitsfachberufe und an Einrichtungen für die praktische Ausbildung (NSchGesVO) sowie zur Praxisanleitung nach dem Altenpflegegesetz, dem Krankenpflegegesetz und dem Notfallsanitätergesetz« vom 30.07.2018 (Nds. MBl. S. 747; SVBl. 2019, S. 52)

- Verordnung über berufsbildende Schulen (BbS-VO) vom 10.6.2009 (Nds. GVBl. S. 243; SVBl. S. 206; Schulrecht 511/11), zuletzt geändert durch Verordnung vom 31.08.2020 (Nds. GVBl. S. 282)

- Erl. »Ergänzende Bestimmungen für das berufsbildende Schulwesen« (EB-BbS), RdErl. vom 10.06.2009 (Nds. MBl. S. 538; Schulrecht 511/101; SVBl. S. 238), zuletzt geändert durch Erl. vom 25.1.2019 (Nds. MBl. S. 338; SVBl. S. 103)

- Verordnung über die Erstattung von Kosten der Pflegeschulen in freier Trägerschaft (Nds. GVBl. 2019, S. 434, SVBl. 2020, S. 56)

- Verleihung von Körperschaftsrechten an Religions- und Weltanschauungsgemeinschaften, Bek. d. MK v. 20.03.2017 (Nds. MBl. S. 320)

- Gem. Bek. d. MS u. d. MK »Organisation der Landesbildungszentren für Hörgeschädigte und des Landesbildungszentrums für Blinde« vom 03.01.2005 (Nds. MBl. S. 83; SVBl. S. 192)

- *Lucas, Anne:* Schulen für Gesundheitsfachberufe und Einrichtungen für die praktische Ausbildung – Lücke in der Schulgesetzgebung geschlossen, Schulverwaltung, Ausgabe Niedersachsen, 2017, H. 4, S. 113
- *Lucas, Anne:* Niedersächsisches Gesetz über Schulen für Gesundheitsfachberufe und Einrichtungen für die praktische Ausbildung (NSchGesG); SVBl. 2017, Heft 1, S. 26

(Gerald Nolte)

§ 2 Bildungsauftrag der Schule

(1) ¹Die Schule soll im Anschluss an die vorschulische Erziehung die Persönlichkeit der Schülerinnen und Schüler auf der Grundlage des Christentums, des europäischen Humanismus und der Ideen der liberalen, demokratischen und sozialen Freiheitsbewegungen weiterentwickeln. ²Erziehung und Unterricht müssen dem Grundgesetz für die Bundesrepublik Deutschland und der Niedersächsischen Verfassung entsprechen; die Schule hat die Wertvorstellungen zu vermitteln, die diesen Verfassungen zugrunde liegen. ³Die Schülerinnen und Schüler sollen fähig werden,

- die Grundrechte für sich und jeden anderen wirksam werden zu lassen, die sich daraus ergebende staatsbürgerliche Verantwortung zu verstehen und zur demokratischen Gestaltung der Gesellschaft beizutragen,
- nach ethischen Grundsätzen zu handeln sowie religiöse und kulturelle Werte zu erkennen und zu achten,
- ihre Beziehungen zu anderen Menschen nach den Grundsätzen der Gerechtigkeit, der Solidarität und der Toleranz sowie der Gleichberechtigung der Geschlechter zu gestalten,
- den Gedanken der Völkerverständigung, insbesondere die Idee einer gemeinsamen Zukunft der europäischen Völker, zu erfassen und zu unterstützen und mit Menschen anderer Nationen und Kulturkreise zusammenzuleben,
- ökonomische und ökologische Zusammenhänge zu erfassen,
- für die Erhaltung der Umwelt Verantwortung zu tragen und gesundheitsbewusst zu leben,
- Konflikte vernunftgemäß zu lösen, aber auch Konflikte zu ertragen,
- sich umfassend zu informieren und die Informationen kritisch zu nutzen,
- ihre Wahrnehmungs- und Empfindungsmöglichkeiten sowie ihre Ausdrucksmöglichkeiten unter Einschluss der bedeutsamen jeweiligen regionalen Ausformung des Niederdeutschen oder des Friesischen zu entfalten,
- sich im Berufsleben zu behaupten und das soziale Leben verantwortlich mitzugestalten.

⁴Die Schule hat den Schülerinnen und Schülern die dafür erforderlichen Kenntnisse und Fertigkeiten zu vermitteln. ⁵Dabei sind die Bereitschaft und Fähigkeit zu fördern, für sich allein wie auch gemeinsam mit anderen zu lernen und Leistungen zu erzielen. ⁶Die Schülerinnen und Schüler sollen zunehmend selbständiger werden und lernen, ihre Fähigkeiten auch nach Beendigung der Schulzeit weiterzuentwickeln.

(2) Die Schule soll Lehrkräften sowie Schülerinnen und Schülern den Erfahrungsraum und die Gestaltungsfreiheit bieten, die zur Erfüllung des Bildungsauftrags erforderlich sind.

1 Zu Abs. 1: Dass das Land berechtigt ist, durch sein Parlament Bildungsziele (Unterrichts- und Erziehungsziele) festzusetzen, ergibt sich aus Art. 7 Abs. 1 GG i.V.m. Art. 4 Abs. 2 Satz 2 NV, wonach das gesamte Schulwesen unter der Aufsicht des Staates steht. Das bedeutet keineswegs nur eine Beschränkung auf die äußere Organisation des Schulwesens. Das Bundesverfassungsgericht hat dazu ausgeführt, dass der staatliche Erziehungsauftrag dem elterlichen Erziehungsrecht nicht nach-, sondern gleichgeordnet sei. Er bedeute nicht nur Vermittlung von Wissensstoff, sondern habe auch zum Ziel, die einzelne Schülerin oder den einzelnen Schüler zu einem selbstverantwortlichen Mitglied der Gesellschaft heranzubilden.

Niedersachsen gehört zu den Bundesländern, die die Bildungsziele ihrer Schulen nicht in der Landesverfassung, sondern im jeweiligen Schulgesetz festgelegt haben. Auf das Grundgesetz und die Niedersächsische Verfassung wird aber ausdrücklich Bezug genommen (Satz 2). Unterricht und Erziehung müssen den beiden Verfassungen entsprechen und ihre Wertvorstellungen vermitteln. Der Bildungsauftrag stützt sich auf einen breiten Konsens der Parteien im Niedersächsischen Landtag. Der Bildungsauftrag der Schule ist kein tages- oder parteipolitisch wandelbarer. Er spiegelt die Wert- und Normvorstellungen der Gesellschaft wider.

Der Bildungsauftrag ist Leitlinie für die gesamte Arbeit der Schulen und der Schulbehörden. An ihm müssen sich auch alle die Schule betreffenden Rechts- und Verwaltungsvorschriften sowie die darauf basierenden Entscheidungen messen lassen (vgl. § 60 Abs. 4). Über den Bildungsauftrag der Schule nach Abs. 1 Satz 2 stellt das Land sicher, dass die Schule die Wertvorstellungen vermittelt, die dem Grundgesetz für die Bundesrepublik Deutschland und der Niedersächsischen Verfassung entsprechen. Neben der reinen Kenntnis- und Wissensvermittlung werden den Schülerinnen und Schülern das Verständnis für die freiheitliche demokratische Grundordnung der Bundesrepublik, Achtung, Toleranz und der Respekt vor anderen Kulturen sowie eine grundlegende Verantwortung gegenüber der Gesellschaft vermittelt. Auf dieser Grundlage ermöglichen die Schulen die freie Entfaltung der Persönlichkeit jedes Einzelnen und versuchen im Rahmen ihrer Möglichkeiten, Chancenungleichheiten entgegenzuwirken sowie Benachteiligungen auszugleichen.

Der Bildungsauftrag gilt für alle Schulformen der öffentlichen allgemein- und berufsbildenden Schulen. Er ist nach § 141 Abs. 1 auch für die Schulen in freier Trägerschaft verbindlich, soweit diese Ersatzschulen (§§ 142–153) sind. Für Ergänzungsschulen (§§ 158–161) gilt er nur, wenn sie staatlich anerkannt sind oder wenn während ihres Besuches die Schulpflicht ruht.

Für den Unterricht ist der Bildungsauftrag bindend. Für die Lehrpläne und für den Unterricht (§ 122) ist er Grundlage, Lehr- und Lernmittel müssen dem Bildungsauftrag der Schule gerecht werden (§ 29). Lehrkräfte sind im Rahmen ihrer pädagogischen Verantwortung durch die Bindung an Rechtsvorschriften (§ 50) verpflichtet, ihren Unterricht am Bildungsauftrag auszurichten.

Der Bildungsauftrag ist auch Maßstab für die Gestattung der Nutzung von Schulanlagen und Einrichtung der Schule für Schülergruppen (§ 86 Abs. 1).

Der Begriff des Christentums in Satz 1 ist nicht im Sinne der »confessio« bekenntnismäßig zu verstehen, sondern als historische Grundlage und wesentlicher Bestandteil der europäischen Kultur und Lebensanschauung.

Niederdeutsch (Plattdeutsch) und (Sater-)Friesisch sind in die Europäische Charta der Regional- und Minderheitensprachen aufgenommen worden. Über ihre Pflege in den Schulen gibt der Erlass vom 01.06.2019 Auskunft.

Zu Abs. 2: Zur Erfüllung des Bildungsauftrags durch Unterricht und Erziehung bedarf es des Erfahrungsraums und der Gestaltungsfreiheit. Beides soll die Schule den Lehrkräften sowie den Schülerinnen und Schülern gewähren. Den Lehrkräften ist nach § 33 und § 50 Abs. 1 ein Gestaltungsraum für eigenverantwortliche Unterrichtung und Erziehung eingeräumt. Der Unterricht wird nach § 122 NSchG seit dem ÄndG 06 in allgemein bildenden Schulen auf der Grundlage von Lehrplänen (Kerncurricula) erteilt. Diese unterscheiden sich von den vorhergehenden Rahmenrichtlinien dadurch, dass sie jetzt die Bildungsstandards konkretisieren und dabei nur noch die allgemeinen und fachlichen Ziele der einzelnen Unterrichtsfächer benennen, die erwarteten Lernergebnisse bestimmen und die verbindlichen Kerninhalte des Unterrichts festlegen und damit die notwendige Gestaltungsfreiheit bieten.

Verweise, Literatur:

- Erl. »Die Region und die Sprachen Niederdeutsch und Saterfriesisch im Unterricht« vom 01.06.2019 (SVBl. S. 288; SRH 3.520)
- Niederdeutsch und Saterfriesisch weiter fördern, Entschließung des Niedersächsischen Landtags, Drucksache 17/3354
- Förderung für Niederdeutsch und Saterfriesisch verstetigen und weiter ausbauen, Entschließung des Niedersächsischen Landtags, Drucksache 17/8757
- *Bräth, Peter*: Bildungsauftrag und Grundsätze für seine Verwirklichung, SchVw NI 1993, H.1, S. 5
- *Geis, Max-Emanuel*: Erziehungsauftrag und Erziehungsmaßstab der Schule im freiheitlichen Verfassungsstaat, RdJB 1996, S. 111

- *Bothe, Michael* und *Dittmann, Armin*: Erziehungsauftrag und Erziehungsmaßstab der Schule im freiheitlichen Verfassungsstaat, VVDStRL 54, 1995, S. 7
- *Pieroth, Bodo*: Erziehungsauftrag und Erziehungsmaßstab der Schule im freiheitlichen Verfassungsstaat, DVBl. 1994, S. 949
- *Weiler, Hagen*: Erziehungs- und/oder Bildungsauftrag der staatlichen Schule?, RdJB 1993, S. 452

(Dieter Galas)

§ 3 Freiheit des Bekenntnisses und der Weltanschauung

(1) Die öffentlichen Schulen sind grundsätzlich Schulen für Schülerinnen und Schüler aller Bekenntnisse und Weltanschauungen.

(2) ¹**In den öffentlichen Schulen werden die Schülerinnen und Schüler ohne Unterschied des Bekenntnisses und der Weltanschauung gemeinsam erzogen und unterrichtet.** ²**In Erziehung und Unterricht ist die Freiheit zum Bekennen religiöser und weltanschaulicher Überzeugungen zu achten und auf die Empfindungen Andersdenkender Rücksicht zu nehmen.**

(3) Die abweichenden Vorschriften des Zehnten Teils bleiben unberührt.

1 **Allg.:** § 3 legt zwei wesentliche Grundsätze für die Erziehungs- und Unterrichtsarbeit der niedersächsischen Schulen fest: Den Grundsatz der religiösen und weltanschaulichen Neutralität und den Grundsatz der Toleranz gegenüber religiösen und weltanschaulichen Auffassungen und Bekenntnissen. Beide Ziele haben ihre Grundlage in dem Grundrecht auf Religions- und Bekenntnisfreiheit in Art. 4 GG.

2 **Zu Abs. 1 und 2 Satz 1 (Neutralitätsgebot):** Die dem Staat gebotene religiösweltanschauliche Neutralität ist nicht als eine distanzierende im Sinne einer strikten Trennung von Staat und Kirche, sondern als eine offene und übergreifende, die Glaubensfreiheit für alle Bekenntnisse gleichermaßen fördernde Haltung zu verstehen. Art. 4 Abs. 1 und 2 GG gebietet auch in positivem Sinn, den Raum für die aktive Betätigung der Glaubensüberzeugung und die Verwirklichung der autonomen Persönlichkeit auf weltanschaulichreligiösem Gebiet zu sichern. Der Staat darf aber natürlich keine gezielte Beeinflussung im Dienste einer bestimmten politischen, ideologischen oder weltanschaulichen Richtung betreiben oder sich durch von ihm ausgehende oder ihm zuzurechnende Maßnahmen ausdrücklich oder konkludent mit einem bestimmten Glauben oder einer bestimmten Weltanschauung identifizieren und dadurch den religiösen Frieden in einer Gesellschaft von sich aus gefährden. Dies gilt nach dem bisherigen Verständnis des Verhältnisses von Staat und Religion insbesondere auch für den Bereich der (Pflicht-)Schule, für den seiner Natur nach religiöse und weltanschauliche Vorstellungen von jeher relevant waren. In Niedersachsen erziehen und unterrichten Lehrkräfte nach § 2 des Schulgesetzes die Schülerinnen und

Schüler auf der Grundlage des Christentums. Der Begriff des Christentums im § 2 ist allerdings nicht im Sinne der »confessio« bekenntnismäßig zu verstehen, sondern als historische Grundlage und wesentlicher Bestandteil der europäischen Kultur und Lebensanschauung.

Der Grundsatz hat unmittelbare Auswirkungen auf die Tätigkeit der Schulen und der Schulverwaltung.

a) Öffentliche Schulen sind in Niedersachsen grundsätzlich Schulen für Schülerinnen und Schüler aller Bekenntnisse und Weltanschauungen. Damit sind sie seit 1974 zwar keine »grundsätzlich christlichen Schulen« mehr, sie sind im Lichte des § 2 NSchG und der Tatsache, dass Religionsunterricht ordentliches Lehrfach ist, allerdings auch nicht »bekenntnisfreie Schulen«. Obwohl die öffentlichen Schulen in Niedersachsen also grundsätzlich Schulen für Schülerinnen und Schüler aller Bekenntnisse und Weltanschauungen sind, sind christliche Bezüge bei der Gestaltung der öffentlichen Schule nicht schlechthin verboten. Das Einbringen bestimmter religiöser oder weltanschaulicher Bezüge in Schule und Unterricht durch Lehrkräfte kann gleichwohl den in Neutralität zu erfüllenden staatlichen Erziehungsauftrag, das elterliche Erziehungsrecht und die negative Glaubensfreiheit der Schülerinnen und Schüler beeinträchtigen. Es eröffnet zumindest die Möglichkeit einer Beeinflussung der Schulkinder sowie von Konflikten mit Eltern, die die Erfüllung des Bildungsauftrags der Schule gefährden können. Auch die religiös motivierte und als Kundgabe einer Glaubensüberzeugung zu interpretierende Bekleidung von Lehrkräften kann diese Wirkungen haben (vgl. § 51 Abs. 3). Allerdings erfordert nach der Rechtsprechung des Bundesverfassungsgerichtes vom 27.01.2015 ein angemessener Ausgleich der verfassungsrechtlich verankerten Positionen – der Glaubensfreiheit der Lehrkräfte, der negativen Glaubens- und Bekenntnisfreiheit der Schülerinnen und Schüler sowie der Eltern, des Elterngrundrechts und des staatlichen Erziehungsauftrags – eine einschränkende Auslegung der Verbotsnorm, nach der zumindest eine hinreichend konkrete Gefahr für die Schutzgüter vorliegen muss.

Eine Ausnahme vom Grundsatz der weltanschaulichen Neutralität öffentlicher Schulen bilden die Grundschulen für Schülerinnen und Schüler des gleichen (christlichen) Bekenntnisses nach §§ 129 ff. (Abs. 3).

b) Die Lehrpläne für den Unterricht (§ 122) und andere curriculare Vorgaben für die Schulen und Lehrkräfte müssen weltanschaulich und parteipolitisch neutral sein.

c) Dasselbe gilt für die Schulbücher und Unterrichtsmaterialien. Die Schule hat darauf zu achten, dass die Inhalte dem Neutralitätsgebot entsprechen.

d) Die Lehrkräfte müssen bei der Gestaltung ihres Unterrichts und bei ihren Meinungsäußerungen im Unterricht und in der Schule das Neutralitätsgebot beachten (vgl. hierzu auch § 51 Abs. 3). Hierzu hat das Bundesarbeitsgericht in Bezug auf die politische Meinungsäußerungsfreiheit folgende Grundsätze aufgestellt:

»Die Erziehungsziele verlangen vom Lehrer gerade bei der Einführung in politische Problembereiche und bei der Behandlung politischer Streitfragen Objektivität, Behutsamkeit und Ausgewogenheit in der Darstellung der Gründe und der Gegengründe für die eine oder andere Auffassung. Dabei braucht er seine eigene politische Meinung nicht zu verbergen. Er darf sie aber nicht in einer Weise anbringen, dass die Schüler den Eindruck gewinnen können, er erwarte von ihnen, dass sie sich seiner Meinung anschließen. Er muss stets darauf bedacht sein, dass eine sachbezogene Auseinandersetzung mit der behandelten politischen Problematik stattfindet und die Schüler dadurch befähigt werden, sich selbstständig ein eigenes fundiertes Urteil zu bilden. Er darf seine natürliche Autorität als Lehrer gegenüber den Schülern nicht dazu benutzen, im Dienst für bestimmte politische Gruppierungen zu werben (Bundesarbeitsgericht vom 2.3.1982 – 1 AZR 694/79 – wiedergegeben bei Metz a.a.O. S. 10). Insoweit werden die Meinungsäußerungsfreiheit der Lehrkräfte und die pädagogische Freiheit durch das Neutralitätsgebot eingeschränkt.«

e) Die Schule hat das Gebot der parteipolitischen Neutralität zu beachten, insbesondere wenn Persönlichkeiten aus dem Bereich der Politik (z.B. Abgeordnete) die Schule besuchen oder am Unterricht teilnehmen. Das Kultusministerium hält solche Besuche grundsätzlich für begrüßenswert, hat aber in dem Erlass »Besuche von Politikerinnen und Politikern in Schulen« bestimmte Hinweise gegeben, die die Schulen zu beachten haben. Der Charakter von Schule als Lernstätte bedingt, dass Schülerinnen und Schüler in einer friedlichen, nicht vom öffentlichen Meinungsstreit geprägten Umgebung, Meinungsbildung und Meinungsäußerung einüben können. Schulen sind insofern keine Räume des öffentlichen Lebens, in denen der politische Meinungsstreit offen ausgetragen werden darf, sondern Schonräume, in denen die Schülerinnen und Schüler ihrem Alter entsprechend mit den Themen Politik und politische Auseinandersetzung vertraut gemacht werden. Das Verbot der staatsgelenkten Indoktrinierung durch die Schule ist insoweit verfassungsrechtlich in Art. 2 Abs. 1 GG sowie Art. 6 Abs. 2 Satz 1 GG verankert.

f) Die Einrichtung von Religionsunterricht in den öffentlichen Schulen ist kein Widerspruch zum Neutralitätsgebot; denn Art. 7 Abs. 3 GG verpflichtet den Gesetzgeber, Religionsunterricht in den öffentlichen Schulen als ordentliches Lehrfach vorzusehen. Das ist in § 124 des NSchG geregelt worden. Auf die Ausführungen zu den §§ 124 ff. wird verwiesen.

3 Zu Abs. 2 Satz 2 (Toleranzgebot): Korrespondierend zum Neutralitätsgebot wird die Schule durch diese Vorschrift verpflichtet, die Freiheit des Einzelnen, sich zu einem Bekenntnis oder einer Weltanschauung zu bekennen, zu achten und auf Andersdenkende Rücksicht zu nehmen. Diese Freiheit erstreckt sich auch auf die Freiheit, kein Bekenntnis oder keine weltanschauliche Überzeugung zu haben.

Dieser Grundsatz hat eine Rolle gespielt bei der Diskussion darüber, ob das Schulgebet oder das Anbringen religiöser Symbole in der Schule (z.B. das Kreuz) in der öffentlichen Schule zulässig sind. Die Rechtsfragen sind durch das Bundesverfassungsgericht dahingehend geklärt worden, dass die staatliche Pflichtschule in den Unterrichtsräumen kein Kreuz oder Kruzifix anbringen darf. Andererseits gebietet das Toleranzgebot, dass z.B. Andachten außerhalb des Unterrichts zulässig sein müssen, soweit die Teilnahme absolut freiwillig ist, und Schülerinnen und Schüler, die nicht daran teilnehmen wollen, sich in zumutbarer Weise entfernen können.

Für einige Mädchen islamischen Glaubens ist das Tragen bestimmter Kleidungsstücke (z.b. Kopftuch) Forderung ihres religiösen Bekenntnisses. Diese Forderung kann im Einzelfall mit der Verpflichtung einer schulpflichtigen Schülerin oder eines schulpflichtigen Schülers zur Teilnahme an den Unterrichtsveranstaltungen kollidieren.

Das NSchG verbietet es Schülerinnen nicht, ein Kopftuch als Ausdruck ihrer Religion zu tragen. Die staatliche Neutralitätspflicht, keine gezielte Beeinflussung im Dienste einer bestimmten politischen, ideologischen oder weltanschaulichen Richtung zu betreiben oder sich durch von ihm ausgehende oder ihm zuzurechnende Maßnahmen ausdrücklich mit einem bestimmten Glauben oder einer bestimmten Weltanschauung zu identifizieren, zwingt nicht dazu, Schülerinnen im Unterricht das Tragen von Kopftüchern zu verbieten, um andere Schülerinnen und Schüler etwa vor religiösen Vorstellungen zu schützen, die ein Frauenbild haben, das den Wertentscheidungen des Art. 3 Abs. 2 GG grundsätzlich widerspricht. Ein Verbot des Tragens von Kopftüchern würde sich diskriminierend darstellen. Die negative Glaubensfreiheit der übrigen Schülerinnen und Schüler wiegt nicht so schwer wie die Grundrechte der (Kopftuch tragenden) Schülerinnen. Anders als möglicherweise und im Ausnahmefall bei Lehrkräften eröffnet das Tragen von Kopftüchern durch Schülerinnen gerade nicht die Möglichkeit einer Beeinflussung der anderen Schülerinnen und Schüler sowie von Konflikten, die zu einer Störung des Schulfriedens führen und die Erfüllung des Erziehungsauftrages der Schule gefährden können. Das Tragen eines Kopftuches durch muslimische Schülerinnen im Unterricht ist daher grundsätzlich zulässig und nicht zu verbieten.

Auch im Sportunterricht ist das Tragen eines Kopftuches grundsätzlich zulässig, sofern die Sicherheit dadurch nicht beeinträchtigt wird. Dabei ist die jeweilige Fachlehrkraft für den Sport im Rahmen der ihr obliegenden Aufsichtspflichten dafür verantwortlich, dass nur Schülerinnen und Schüler am Sportunterricht teilnehmen, die entsprechend der jeweiligen Unterrichtseinheit gekleidet sind. Nach Nr. 2.1.8 der »Bestimmungen für den Schulsport« haben sowohl Lehrkräfte als auch Schülerinnen und Schüler grundsätzlich Sportbekleidung zu tragen.

Da die Lehrkraft nach § 62 NSchG die Aufsicht sicher zu stellen hat, kann sie Schülerinnen die Teilnahme am Sportunterricht verweigern, die nicht entsprechend gekleidet sind und deren Teilnahme ein erhöhtes Risiko für sie selbst oder Dritte in sich birgt. Daher muss die Sportlehrkraft in jedem Einzelfall prüfen, ob durch das Tragen von einem Kopftuch neben einer Gefährdung Dritter, ggf. durch die Nadeln, die das Kopftuch halten, auch eine mögliche Gefährdung der Trägerin selbst infrage kommt. Denkbar ist, dass die den Sportunterricht erteilende Lehrkraft die Schülerin nur von einzelnen Übungen befreit, in denen eine Verletzungsgefahr in Betracht kommt, aber die Schülerin z.b. an Leichtathletik, Volleyball, Badminton, Tanzen etc. durchaus teilnehmen lässt. Die Fachkonferenzen für Sport können auch durch Beschluss regeln, wie in Fällen, in denen keine ordnungsgemäße Sportkleidung vorhanden ist, gehandelt werden soll.

Eine Schülerin, die nicht am Schwimmunterricht teilnehmen möchte, weil ihre Religion es ihr verbietet, sich im Badeanzug und ohne Kopftuch zu zeigen, hat die Möglichkeit, eine Schwimmbekleidung zu wählen, die den islamischen Vorschriften entspricht (sog. Burkini, ein Ganzkörper-Badeanzug für muslimische Frauen). In Niedersachsen hat erstmals im Oktober 2012 eine zehnjährige Schülerin das Gymnasium verlassen, um nicht am Schwimmunterricht in Klasse 5 teilnehmen zu müssen, der an der angewählten IGS erst in Schuljahrgang 6 stattfinden wird. Rechtslage und Rechtsprechung sind aber eindeutig, dass der verpflichtende Schwimmunterricht für alle Schülerinnen und Schüler verbindlich ist, unabhängig davon, welche Schulform besucht wird.

Die Bundesarbeitsgemeinschaft der Immigrantenverbände in der Bundesrepublik Deutschland e.V. hat mit Schreiben an die KMK vom 18.10.2012 folgende Stellungnahme abgegeben:

»In Deutschland besteht Schulpflicht. Die Teilnahme am Unterricht, auch am Sportunterricht ist bindend. Ausnahmen sind nur z.B. bei ärztlicher Verordnung möglich. Trotz obergerichtlicher Entscheidungen (siehe Anlage) in verschiedenen Bundesländern hierzu, versuchen immer wieder Eltern islamischen Glaubens, diese sind hauptsächlich deutsche Staatsbürger mit Migrationshintergrund, Ausnahmeregelungen zu schaffen aber auch durch Klagen ihren Willen durchzusetzen. Leider willigen immer wieder Schulleiter/Schulleiterinnen hier ein, schaffen Ausnahmen und verstoßen gegen Schulgesetze des jeweiligen Landes. Das führt dazu, dass Mädchen ab 10 bis 11 Jahre in der Schule ohne Sport- und Schwimmunterricht auskommen müssen, dadurch benachteiligt werden. Dies führt vom Kindesalter an zu Ausgrenzung, Diskriminierung und vor allem mangelnder Bewegung und beeinträchtigt die gesunde Entwicklung des Kindes.

Wir möchten Sie bitten, sich kritisch mit diesem Thema auseinander zu setzen und sich gegen eine Befreiung vom Schwimm- und Sportunterricht aus Glaubensgründen auszusprechen und möglichst keine Ausnahmen in Ihrem Bundesland zu dulden, Mit unserer Unterstützung können Sie jederzeit rechnen.«

Eine »Totalverschleierung« einschließlich Gesichtsschleier (Burka) ist allerdings unzulässig. Die Schule könnte dieser Schülerin gegenüber ihrer grundgesetzlich verankerten Erziehungspflicht nicht nachkommen. Erziehung und Unterricht basieren stets auf wechselseitigen Handlungen zwischen Lehrkraft sowie Schülerinnen und Schülern, die sich natürlicherweise auch auf der nonverbalen Ebene abspielen. Ein derartiges Kommunizieren im Sinne von »Miteinander-in-Verbindung-Treten« mit Personen, deren Gesichter teilweise oder vollständig verschleiert sind, ist aber nicht möglich (vgl. § 58 Abs. 2 Satz 2).

Das BVerfG hat mit Beschluss vom 16.10.1979 Schulgebete grundsätzlich als zulässig erklärt, soweit sie auf absoluter Freiwilligkeit bei Schülerinnen und Schülern sowie Lehrkräften beruhen. Das BVerfG geht in dieser Entscheidung davon aus, dass das Schulgebet im Gegensatz zum Kreuzsymbol jeweils nur von kurzer Dauer sei, es nur der individuellen Glaubensausübung und nicht auch der Identifikation des Schulträgers mit dem jeweiligen Gebetstext diene und niemand einen Rechtsanspruch auf Abhaltung eines Schulgebets geltend machen könne. Als Ausweichmöglichkeiten kämen für die Schülerinnen und Schüler in Betracht, dem Klassenraum für den Zeitraum des Gebets fernzubleiben oder aber im Klassenraum sitzen zu bleiben und das Gebet nicht mitzusprechen. Schulgebete und Schulkreuze seien daher in keinem wesentlichen Punkt vergleichbar.

Durch den bloßen Besuch einer Kirche, Synagoge, Moschee oder einer anderen religiösen Begegnungsstätte während des Unterrichts liegt ein Eingriff in die grundrechtlich geschützte negative Religionsfreiheit nicht vor. Der Besuch einer Kirche, Synagoge, Moschee oder einer anderen religiösen Begegnungsstätte dient der Vermittlung von Wissen über Menschen anderer Kulturen und Religionen als Bereicherung des Unterrichts. Eine Weigerung der Schülerinnen und Schüler, an einem derartigen Besuch im Rahmen des Unterrichts teilnehmen zu wollen, ist unbeachtlich.

Zu Abs. 3: Das Neutralitätsgebot gilt nicht für die öffentlichen Schulen für Schülerinnen und Schüler eines Bekenntnisses, für die sog. Bekenntnisschulen (vgl. hierzu § 129 ff. NSchG).

Geltung für Schulen in freier Trägerschaft: Für diese Schulen gilt das Neutralitätsgebot nicht, da deren weltanschauliche Prägung häufig gerade Ausdruck ihrer Gestaltungsfreiheit ist. An das Toleranzgebot sind aber auch diese Schulen gebunden, wie sich aus der Verweisung im § 141 Abs. 1 Satz 1 NSchG ergibt.

Verweise, Literatur:

- Erl. »Besuche von Politikerinnen und Politikern in öffentlichen Schulen« vom 21.10.2020 (SVBl. S. 545; SRH 3.505)
- Erl. »Bestimmungen für den Schulsport« vom 01.09.2018 (SVBl. S. 477), zuletzt geändert durch Erl. vom 19.06.2020 (SVBl. S. 354)
- *Blumenhagen, Uwe*: Zur Befreiung islamischer Mädchen vom Sportunterricht. SVBl. 1994, S. 72
- *Bräth, Peter*: Religiöse Symbole an öffentlichen Schulen in Niedersachsen – Vom Kruzifix bis zum Schulgebet, Schulverwaltung, Ausgabe Niedersachsen, 2010, H. 9, S. 247
- *Metz, Günter*: Die Meinungsäußerungsfreiheit des Beamten, in: Metz (Hrsg.): Schulrecht für die Praxis. Nr. 1.2.2

(Gerald Nolte)

§ 4 Inklusive Schule

(1) ¹Die öffentlichen Schulen ermöglichen allen Schülerinnen und Schülern einen barrierefreien und gleichberechtigten Zugang und sind damit inklusive Schulen. ²Welche Schulform die Schülerinnen und Schüler besuchen, entscheiden die Erziehungsberechtigten (§ 59 Abs. 1 Satz 1).

(2) ¹In den öffentlichen Schulen werden Schülerinnen und Schüler mit und ohne Behinderung gemeinsam erzogen und unterrichtet. ²Schülerinnen und Schüler, die wegen einer bestehenden oder drohenden Behinderung auf sonderpädagogische Unterstützung angewiesen sind, werden durch wirksame individuell angepasste Maßnahmen unterstützt; die Leistungsanforderungen können von denen der besuchten Schule abweichen. ³Ein Bedarf an sonderpädagogischer Unterstützung kann in den Förderschwerpunkten Lernen, emotionale und soziale Entwicklung, Sprache, geistige Entwicklung, körperliche und motorische Entwicklung, Sehen und Hören festgestellt werden.

1   Allg.: Seine jetzige Fassung hat § 4 durch das »Gesetz zur Einführung der inklusiven Schule« vom 23. März 2012 erhalten. Damit hat der Gesetzgeber den die Schule betreffenden Teil der Übereinkunft der Vereinten Nationen vom 13.12.2006 über die Rechte von Menschen mit Behinderungen (Behindertenrechtskonvention – VN-BRK) in niedersächsisches Landesrecht umgesetzt. Diese Konvention ist nach ihrer Ratifizierung und ihrem Inkrafttreten am 26.03.2009 für alle Träger der öffentlichen Gewalt in der Bundesrepublik Deutschland und damit für den Bund, die Länder und die Kommunen völkerrechtlich verbindlich. Ihr Ziel ist es, »den vollen und gleichberechtigten Genuss aller Menschenrechte und Grundfreiheiten durch alle Menschen mit Behinderungen zu fördern, zu schützen und zu gewährleisten und die Achtung der ihnen innewohnenden Würde zu fördern« (Art. 1 VN-BRK). Nach dem Niedersächsischen Behindertengleichstellungsgesetz (NBGG) vom 25.11.2007 (Nds. GVBl. S. 661) haben Menschen eine Behinderung, wenn ihre körperliche Funktion, geistige Fähigkeit oder seelische Gesundheit mit hoher Wahrscheinlichkeit länger als sechs Monate von dem für das Lebensalter typischen Zustand abweicht und daher ihre Teilhabe am Leben in der Gesellschaft beeinträchtigt ist (§ 2 Abs. 2 NBGG). Sie sind von Behinderung bedroht, wenn die Behinderung zu erwarten ist (§ 2 SGB IX).

Nach Art. 24 VN-BRK haben die Vertragsstaaten den Menschen mit Behinderungen »ein integratives (englisch: »inclusive«) Bildungssystem auf allen Ebenen« zu gewährleisten. Dazu müssen sie den »Zugang zu einem integrativen, hochwertigen und unentgeltlichen Unterricht an Grundschulen und weiterführenden Schulen« sicherstellen. Mit Inkrafttreten der jetzigen Fassung des § 4 am 01.08.2012 beginnt die Umgestaltung der niedersächsischen öffentlichen und privaten Schulen in »inklusive Schulen«, in denen Schülerinnen und Schüler mit und ohne Behinderung gemeinsam erzogen und unterrichtet werden (siehe Anm. 3). Der Begriff »Inklusion« steht für den Wechsel vom staatlichen Fürsorgeprinzip hin

Allgemeine Vorschriften § 4   NSchG

zum Recht auf umfassende und uneingeschränkte Teilhabe jedes Einzelnen am gesellschaftlichen Leben.

Ob ihre behinderten Kinder eine allgemeine (inklusive) oder eine Förderschule besuchen, entscheiden die Erziehungsberechtigten (siehe Anm. 2). Gegen ihren Willen ist eine Zuweisung an eine Förderschule nicht mehr möglich (siehe jedoch die Anmerkungen zu § 59 Abs. 5 und zu § 69 Abs. 2). Bei der Schulwahl habe das Wohl des Kindes und seine Förderung im Mittelpunkt zu stehen, »wobei die Förderung den bislang erreichten Standard der Förderschulpädagogik nicht unterschreiten darf« (OVG Lüneburg, Beschluss vom 07.08.2014 – 2 ME 271/14). Ein Unterschreiten würde die Ziele der VN-BRK konterkarieren.

Die Umgestaltung in inklusive Schulen erfolgt im Sinne des von der Behindertenrechtskonvention zugelassenen »progressiven Realisierungsvorbehalts« jahrgangsweise aufsteigend und soll spätestens bis zum Jahre 2024 abgeschlossen sein. Bis dahin haben die Schulträger den Rechtsanspruch der Erziehungsberechtigten auf Wahl der Schulform dergestalt zu berücksichtigen, dass sie mindestens eine Schule jeder Schulform so ausstatten, dass sie den an eine inklusive Schule zu stellenden Anforderungen genügt (»Schwerpunktschule« – siehe Anmerkungen zu § 183c).

Bis auf die Förderschule mit dem Schwerpunkt Lernen bleiben alle Förderschulen bestehen. Am 31.7.2018 bestehende Förderschulen mit dem Schwerpunkt Lernen können befristet bis zum Ende des Schuljahres 2027/28 fortgeführt werden (siehe § 183c Abs. 5). Die Förderschulen mit dem Schwerpunkt Sprache erhalten einen unbefristeten Bestandsschutz; neue Schulen dieses Typs dürfen aber nicht mehr errichtet werden (siehe § 14 Abs. 2 und § 183c Abs. 7).

§ 4 gilt nicht nur für die allgemein bildenden Schulen. Ab dem Schuljahr 2018/19 besteht auch bezüglich der berufsbildenden Schulen der Rechtsanspruch auf eine inklusive Schule.

Gemeinsamen Unterricht von Schülerinnen und Schülern mit und ohne Behinderung gibt es nicht erst seit 2012. Bereits im Jahre 1993 hatte der Gesetzgeber mit der damaligen Fassung des § 4 (»Integration«) einen Vorrang der gemeinsamen Beschulung im Schulgesetz verankert. Allerdings standen die damaligen Regelungen unter dem Vorbehalt der Erfüllung der organisatorischen, personellen und sächlichen Gegebenheiten. Ein Rechtsanspruch der Eltern, für ihr behindertes Kind zwischen einer allgemeinen Schule und einer Förderschule zu wählen, bestand nicht. Von den seit 1993 eröffneten Möglichkeiten haben zahlreiche allgemein bildende Schulen durch Einrichtung von »Integrationsklassen« Gebrauch gemacht (§ 23 Abs. 4 NSchG 93). Von großer Bedeutung waren die »Regionalen Integrationskonzepte«, in deren Rahmen die Grundschulen Kinder mit Problemen beim Lernen, in der Sprache und beim Sprechen sowie im Verhalten gemeinsam mit anderen erzogen und unterrichtet haben. Mit diesen Konzepten ist die Grundlage dafür erarbeitet worden, dass alle Grundschulen mit dem Inklusionsstart im Jahre 2013/14 bereits inklusiv bezüglich der Förderschwerpunkte Lernen, Sprache sowie emotionale und soziale Entwicklung sind (siehe Anmerkung 2 zu § 183c).

Der durch das ÄndG 12 neu gefasste § 4 wurde erstmals für diejenigen Schülerinnen und Schüler mit sonderpädagogischem Unterstützungsbedarf wirksam, die sich im Schuljahr 2013/14 im 1. oder 5. Schuljahrgang befanden (siehe Anm. 1 zu § 183 c). Im Schuljahr 2016/17 besuchten im 1. bis 4. Schuljahrgang 66,3 % der Schülerinnen und Schüler mit sonderpädagogischem Unterstützungsbedarf eine Grundschule, im 5. bis 8. Schuljahrgang wählten 57,2 % eine allgemeine öffentliche Schule des Sekundarbereichs I. Dabei waren die Oberschule (38,0 %) und die Gesamtschule (33,2 %) die am stärksten angewählten Schulformen (Hauptschule 18,6 %, Gymnasium 5,1 %, Realschule 5,0 %).

Entsprechend unterschiedlich fielen nach Recherchen des Landesrechnungshofs (siehe Anm. 4) die Inklusionsquoten (Verhältnis der Zahl der Schülerinnen und Schüler mit sonderpädagogischem Unterstützungsbedarf zur Gesamtschülerzahl) aus: Hauptschule 14,6 %, Oberschule 6,7 %, IGS 6,3 %, KGS 3,9 %, Realschule 1,6 %, Gymnasium 0,5 % (Stand: Schuljahrgänge 5–8 im Schuljahr 2016/17).

Im Schuljahr 2019/20 besuchten von den 53313 Schülerinnen und Schülern mit sonderpädagogischem Unterstützungsbedarf im 1. bis 11. Schuljahrgang 35037 eine allgemeine öffentliche Schule (65,7 %).

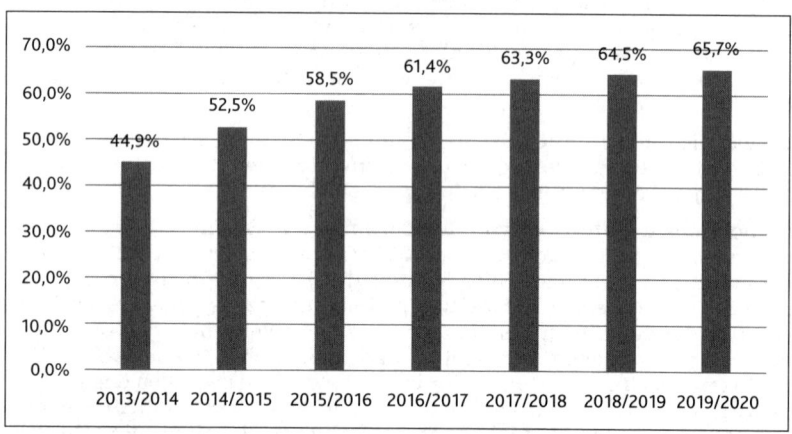

Anteil der inklusiv beschulten Schülerinnen und Schüler mit sonderpädagogischem Unterstützungsbedarf 2013–2020

Den Auftrag des § 178 bis zum 31.07.2020 die Auswirkungen des Gesetzes zur Einführung der inklusiven Schule zu überprüfen, hat die Landesregierung mit ihrem Bericht vom 10.08.2020 für den Zeitraum 2013 – 2019 erfüllt (Landtagsdrucksache 18/7189).

Zu Abs. 1: Mit Satz 1 wird definiert, was eine »inklusive Schule« ist. Die **2** öffentlichen Schulen schließen niemanden vom Schulbesuch aus, sondern ermöglichen **allen** Schülerinnen und Schülern einen »barrierefreien und gleichberechtigten Zugang«. Die Entscheidung über die Wahl der Schulform liegt bei den Erziehungsberechtigten. Die Eltern von Kindern mit Behinderungen entscheiden insbesondere darüber, ob ihre Kinder eine allgemeine Schule oder eine Förderschule besuchen. Nur in Ausnahmefällen ist durch die Schulbehörde eine Zuweisung zu einer Förderschule zulässig (siehe § 59 Abs. 5 und § 69 Abs. 2). Die Wahl der Schulform erfolgt nach § 59 Abs. 1 Satz 1 (nur) »im Rahmen der Regelungen des Bildungsweges«, die z.B. nähere Bestimmungen über die Aufnahmevoraussetzungen vorsehen können (siehe auch § 60). Im Zusammenhang mit den Entscheidungen der Erziehungsberechtigten hat die Schule den »Dialog« mit ihnen bezüglich der schulischen Entwicklung ihrer Kinder zu führen (§ 55 Abs. 2). Die Schule muss die Erziehungsberechtigten ferner über die erbrachten Leistungen und andere wesentliche, die Kinder betreffenden Vorgänge in geeigneter Weise unterrichten (§ 55 Abs. 3).

Der Begriff »Barrierefreiheit« bezieht sich nicht nur auf die Zugänglichkeit zu den Schulgebäuden (Rampen, Lifts), ihren Unterrichtsräumen, Freizeiteinrichtungen (z.B. Mensa) und Toiletten. Alle Lebensbereiche müssen für Menschen mit Behinderungen »in der allgemein üblichen Weise, ohne besondere Erschwernis und grundsätzlich ohne fremde Hilfe zugänglich und nutzbar« sein (§ 2 Abs. 3 NBGG). Insbesondere müssen die Lehr- und Lernmedien für Schülerinnen und Schüler mit Behinderungen geeignet sein. In Art. 9 VN-BRK (»Barrierefreiheit«) werden u. a. geeignete Maßnahmen verlangt, um den Zugang behinderter Menschen zu den neuen Informations- und Kommunikationstechnologien, einschließlich des Internets zu fördern. »Gleichberechtigung« bedeutet, dass es keine Einschränkung bei der Wahrnehmung der Unterrichts- und Freizeitangebote der Schule geben darf. Gleiche Rechte haben Schülerinnen und Schüler mit Behinderungen insbesondere bei der Wahl der weiterführenden Schulform im Anschluss an die Grundschule.

»Öffentliche Schulen« sind nach § 1 Abs. 3 die Schulen, die von den Gemeinden, den Landkreisen oder vom Land getragen werden. Jahrgangsweise aufsteigend »inklusiv« werden nicht nur die allgemein bildenden, sondern auch die berufsbildenden öffentlichen Schulen. Auch die Förderschulen sind inklusive Schulen mit der Folge, dass sie Kinder aufnehmen können, die nicht auf sonderpädagogische Unterstützung angewiesen sind (siehe § 14 Abs. 1 Satz 1). Dass das Inklusionsgebot auch für die Schulen in freier Trägerschaft gilt, ergibt sich aus § 141 Abs. 1 Satz 1. Darin wird bestimmt, dass § 4 zu den Vorschriften gehört, die für die Privatschulen »entsprechend« gelten.

Zu Abs. 2: Kennzeichen der inklusiven Schule ist, dass in ihr Schülerinnen **3** und Schüler mit und ohne Behinderung **gemeinsam** erzogen und unterrichtet werden. Wer wegen einer (bestehenden oder drohenden) Behinderung auf sonderpädagogische Unterstützung (bis 2012: »sonderpädagogische Förderung«) angewiesen ist, soll diese durch »wirksame individuell angepasste Maßnahmen« erhalten. Welche das sein können, wird das Kultusministerium in einer Neufassung des Erlasses »Sonderpädagogische Förderung« zu klären haben. Phasen, in denen auf sonderpädagogische Unterstützung Angewiesene getrennt von ihren Mitschülerinnen und Mitschülern besonders gefördert werden, sind durch das Gebot der gemeinsamen Erziehung und Unterrichtung nicht ausgeschlossen.

Dass die Leistungsanforderungen von denen der besuchten Schule abweichen können (Zieldifferenz), hat auch Auswirkungen auf die Beurteilung der Leistungen, die von den Schülerinnen und Schülern mit sonderpädagogischem Unterstützungsbedarf (in den Förderschwerpunkten Lernen und geistige Entwicklung) erbracht werden. Welche Konsequenzen das wiederum für Versetzungs- und Abschlussentscheidungen der Schule hat, wird in den entsprechenden Verordnungen (Verordnung über den Wechsel zwischen Schuljahrgängen und Schulformen, Abschlussverordnung – siehe Anm. 1 zu § 60) geregelt. Bestimmungen zum Nachteilsausgleich enthält der Erlass vom 01.02.2005 (Zum Notenschutz siehe *Johannes Rux* in Anm. 4).

Satz 3 nennt die Förderschwerpunkte, in denen ein Bedarf an sonderpädagogischer Unterstützung festgestellt werden kann. Eine förmliche Feststellung ist deshalb erforderlich, weil davon die Zuweisung zusätzlichen Lehr- und Assistenzpersonals abhängt. Zum Erlass einer Feststellungsverordnung wird das Kultusministerium durch § 60 Abs. 1 Nr. 4 ermächtigt (siehe Anm. 4 und Anm. 2 zu § 14).

Die Kriterien »behindert sein« und »auf sonderpädagogische Unterstützung angewiesen sein« sind nicht vollständig kongruent. Nicht jede Behinderung löst einen sonderpädagogischen Unterstützungsbedarf aus. Auch die Umkehrung gilt nicht uneingeschränkt: Wer im Förderschwerpunkt Lernen auf sonderpädagogische Unterstützung angewiesen ist, ist im Sinne des Behindertenrechts (NBGG, SGB IX) nicht unbedingt »behindert«.

4 Verweise, Literatur:

- »Gesetz zu dem Übereinkommen der Vereinten Nationen vom 13.12.2006 über die Rechte der Menschen mit Behinderungen ...« vom 31.12.2008 (BGBl., Teil II, Nr. 35, S. 1419)

- Inklusive Bildung von Kindern und Jugendlichen in Schulen, Beschluss der KMK vom 20.10.2011 (Schulrecht 301/21)

- Erl. »Sonderpädagogische Förderung« vom 01.02.2005 (SVBl. S. 49, berichtigt S. 135; SRH 4.625 – außer Kraft mit Ablauf des 31.12.2012)

- Pädagogische und rechtliche Aspekte der Umsetzung des Übereinkommens der Vereinten Nationen vom 13.12.2006 über die Rechte von Menschen mit Behinderungen, Beschluss KMK vom 18.11.2010 (Schulrecht 301/1)

- Verordnung zur Feststellung eines Bedarfs an sonderpädagogischer Unterstützung vom 22.01.2013 (Nds. GVBl. S. 23; SVBl. S. 66; SRH 4.605; Schulrecht 471/1)

- *Habermalz, Wilhelm:* Integration hat Vorrang – Zu einer Entscheidung des Bundesverfassungsgerichts, Schulverwaltung, Ausgabe Niedersachsen, 1998, H. 1, S. 22
- *Reichenbach, Peter:* Die Rechtsprechung der niedersächsischen Verwaltungsgerichte zur integrativen Unterrichtung behinderter Schülerinnen und Schüler, Niedersächsische Verwaltungsblätter, 2000, H. 9, S. 205
- *Nolte, Gerald:* Die Behindertenrechtskonvention – Rechtliche Stellung von Schülerinnen und Schülern mit Behinderungen verbessert, Schulverwaltung, Ausgabe Niedersachsen, 2009, H. 7–8, S. 206
- *Wocken, Heinz:* Über Widersacher der Inklusion und ihre Gegenreden, Aus Politik und Zeitgeschichte, 2010, Nr. 23
- *Waje, Marie-Christina:* Einführung der inklusiven Schule in Niedersachsen – Aktuelle Gesetzgebungsverfahren, Schulverwaltung, Ausgabe Niedersachsen, 2012, H. 1, S. 24
- *Saldern, Matthias von (Hrsg.):* Inklusion – Deutschland zwischen Gewohnheit und Menschenrecht, Norderstedt, 2012
- *Avenarius, Hermann:* Auf dem Weg zur inklusiven Schule? Schulverwaltung, Ausgabe Niedersachsen, 2012, H. 3, S. 66
- *Bräth, Peter:* UN-Behindertenrechtskonvention wird umgesetzt – Landtag verabschiedet Schulgesetznovelle, Schulverwaltung, Ausgabe Niedersachsen, 2012, H. 4, S. 98
- *Waje, Marie-Christina/Wachtel, Peter:* Zur Realisierung der inklusiven Schule in Niedersachsen, Schulverwaltungsblatt, 2013, H. 7, S. 277
- *Nolte, Gerald:* Fragen und Antworten zum Schulgesetz – Themenbereich Inklusion, Schulverwaltung, Ausgabe Niedersachsen, 2016, H. 4, S. 115
- *Wormland, Ute:* Die inklusive Schule ist eine Schule der Vielfalt – Das Rahmenkonzept Inklusive Schule und der erweiterte Inklusionsbegriff, Schulverwaltung, Ausgabe Niedersachsen, 2017, H. 3, S. 68
- *Rux, Johannes:* Schulische Inklusion, Die Öffentliche Verwaltung, 2017, H. 8, S. 309
- Landesrechnungshof: Jahresbericht 2018 zur Haushalts- und Wirtschaftsführung – Bemerkungen und Denkschrift zur Haushaltsrechnung des Landes Niedersachsen für das Haushaltsjahr 2016, Landtagsdrucksache 18/1000, S. 8–49
- Stand und Weiterentwicklung der Inklusion in den niedersächsischen Schulen, Antwort der Landesregierung auf eine Große Anfrage, Landtagsdrucksache 18/3259 vom 19.03.2019 und 18/3948 vom 12.06.2019
- Erster Bericht der Landesregierung über die Auswirkungen des Gesetzes zur Einführung der inklusiven Schule (Landtagsdrucksache 18/7189)
- *Nolte, Gerald:* Feststellung eines Bedarfs an sonderpädagogischer Unterstützung, Schulverwaltung, Ausgabe Niedersachsen, 2019, H. 11, S. 312

(Dieter Galas)

§ 5 Gliederung des Schulwesens

(1) Das Schulwesen gliedert sich in Schulformen und in Schulbereiche.

(2) Schulformen sind:
1. als allgemein bildende Schulen:
   a) die Grundschule,
   b) die Hauptschule,
   c) die Realschule,
   d) die Oberschule,
   e) das Gymnasium,
   f) die Gesamtschule,
   g) das Abendgymnasium,
   h) das Kolleg,
   i) die Förderschule;
2. als berufsbildende Schulen:
   a) die Berufsschule,
   b) die Berufsfachschule,
   c) die Berufseinstiegsschule,
   d) die Fachoberschule,
   e) die Berufsoberschule,
   f) das Berufliche Gymnasium,
   g) die Fachschule.

(3) Schulbereiche sind:
1. der Primarbereich; er umfasst die 1. bis 4. Schuljahrgänge,
2. der Sekundarbereich I; er umfasst die 5. bis 10. Schuljahrgänge der allgemein bildenden Schulen,
3. der Sekundarbereich II; er umfasst
   a) die 11. bis 13. Schuljahrgänge des Gymnasiums, der Gesamtschule und der Förderschule,
   b) das Abendgymnasium und das Kolleg sowie
   c) die berufsbildenden Schulen.

1 Zu Abs. 1: Das Schulwesen in Niedersachsen wird seit dem ÄndG 80 vorrangig nach Schulformen[1], nachrangig nach Schulbereichen gegliedert. In der Urfassung des NSchG von 1974 war die Reihenfolge umgekehrt. Für die

---

1 In anderen Bundesländern ist auch die Bezeichnung »Schularten« gebräuchlich.

Verwirklichung der schulpolitischen Ziele der jeweiligen Landesregierung hat die Reihenfolge keine ausschlaggebende Rolle gespielt.

Zu Abs. 2: Das NSchG 93 hat die durch das ÄndG 80 getroffene Unterscheidung der Schulformen in **Regelschulformen** und **Schulische Angebote** wieder aufgehoben. Der wesentliche Unterschied bestand darin, dass Schulträger nach Maßgabe des Bedürfnisses zur Errichtung von Regelschulen verpflichtet, zur Errichtung von Schulischen Angeboten (Gesamtschulen, Vorklassen, 10. Klassen an Haupt- und Förderschulen, Abendgymnasien und Kollegs) hingegen berechtigt, aber auch dann nicht verpflichtet waren, wenn ein eindeutiges Bedürfnis vorlag. Heute können nur noch die 10. Klassen an Hauptschulen und an Förderschulen sowie die Gesamtschulen als eine Art schulisches Angebot bezeichnet werden. Das ergibt sich aus § 106 Abs. 2 und Abs. 4. Das schulische Angebot »Vorklasse« gibt es seit dem 01.08.2002 nicht mehr. Einen besonderen Status haben die durch das ÄndG 11 eingeführten Oberschulen, zu deren Errichtung die Schulträger berechtigt, aber nicht verpflichtet sind (siehe § 106 Abs. 3).

Nicht mehr im Katalog der allgemein bildenden Schulformen enthalten ist die die Schuljahrgänge 5 und 6 umfassende Orientierungsstufe. Die beiden Schuljahrgänge werden wieder als Eingangsklassen an den weiterführenden Schulen geführt.

Während im NSchG 80 für den berufsbildenden Bereich lediglich die Schulform »berufsbildende Schulen« genannt war, sind jetzt die Berufsschule, die Berufsfachschule, die Berufseinstiegsschule, die Fachoberschule, die Berufsoberschule, das Berufliche Gymnasium (bis 2010: Fachgymnasium) und die Fachschule Schulformen. Sie haben eine eigenständige, den Schulformen des allgemein bildenden Schulwesens vergleichbare Bedeutung erlangt. Gleichwohl sollen die genannten Schulformen grundsätzlich organisatorisch und pädagogisch in einer Schule zusammengefasst werden (siehe § 106 Abs. 7).

Zu Abs. 3: Die hier verwendeten Bezeichnungen Primarbereich, Sekundarbereich I, Sekundarbereich II haben sich in den schulrechtlichen Bestimmungen nahezu aller Bundesländer durchgesetzt.

Durch das ÄndG 03 ist am Gymnasium (und an den Gymnasialzweigen der Kooperativen Gesamtschulen) die Schulzeit bis zum Abitur auf zwölf Jahre verkürzt worden. Für die Integrierten Gesamtschulen (und die nach Schuljahrgängen gegliederten Kooperativen Gesamtschulen) ist die entsprechende Verkürzung durch das ÄndG 09 erfolgt, aber durch das ÄndG 13 rückgängig gemacht worden. Dieser Schritt ist für die Gymnasien durch das ÄndG 15 erfolgt. Die Rückkehr zum neunjährigen Bildungsweg an Gymnasien (und an nach Schulzweigen gegliederten Kooperativen Gesamtschulen) beginnt mit dem Schuljahr 2015/16.

Bei den Förderschulen führt nur die Förderschule mit dem Förderschwerpunkt geistige Entwicklung einen Sekundarbereich II (11. und 12. Schuljahrgang).

(Dieter Galas)

§ 6 Grundschule

(1) ¹In der Grundschule werden Grundlagen für die Lernentwicklung und das Lernverhalten aller Schülerinnen und Schüler geschaffen. ²Es werden verschiedene Fähigkeiten entwickelt, insbesondere sprachliche Grundsicherheit in Wort und Schrift, Lesefähigkeit, mathematische Grundfertigkeiten und erste fremdsprachliche Fähigkeiten. ³Schülerinnen und Schüler werden in den Umgang mit Informations- und Kommunikationstechniken eingeführt. ⁴Die Grundschule arbeitet mit den Erziehungsberechtigten, dem Kindergarten und den weiterführenden Schulen zusammen.

(2) In der Grundschule werden Schülerinnen und Schüler des 1. bis 4. Schuljahrgangs unterrichtet.

(3) ¹Für schulpflichtige, aber noch nicht schulfähige Kinder kann bei einer Grundschule ein Schulkindergarten eingerichtet werden. ²Im Schulkindergarten werden die Kinder durch geeignete pädagogische Maßnahmen auf den Besuch des 1. Schuljahrgangs vorbereitet.

(4) ¹Grundschulen können den 1. und 2. Schuljahrgang als pädagogische Einheit führen, die von den Schülerinnen und Schülern in ein bis drei Schuljahren durchlaufen werden kann (Eingangsstufe). ²In diesem Fall findet Absatz 3 keine Anwendung. ³Eine Grundschule, die die Eingangsstufe führt, kann auch den 3. und 4. Schuljahrgang als pädagogische Einheit führen.

(5) ¹Die Grundschule bietet im 4. Schuljahrgang den Erziehungsberechtigten mindestens zwei Gespräche an, um sie über die individuelle Lernentwicklung ihres Kindes zu informieren und über die Wahl der weiterführenden Schulform zu beraten. ²Die Erziehungsberechtigten entscheiden in eigener Verantwortung über die Schulform ihrer Kinder (§ 59 Abs. 1 Satz 1).

1 Allg.: § 6 sieht keine Angaben mehr über die Mindestgröße der Grundschule vor. Der Gesetzgeber hat es mit dem ÄndG 93 dem Kultusministerium überlassen, durch Verordnung die Mindestgröße zu bestimmen. Weggefallen sind auch die Bestimmungen über die Vorklasse, die es seit dem 01.08.2002 nicht mehr gibt.

Mit dem Schuljahr 1999/2000 hat die Umstrukturierung der Grundschulen zu »Verlässlichen« Grundschulen mit festen Anfangs- und Schlusszeiten, einem freiwilligen Betreuungsangebot für die Schülerinnen und Schüler des 1. und 2. Schuljahrgangs und Englischunterricht ab dem 3. Schuljahrgang begonnen. Sie ist zum Schuljahr 2004/05 abgeschlossen worden. Die Umstrukturierung erfolgte »untergesetzlich«, d.h. auf dem Erlasswege, weshalb sich im Schulgesetz keine Bestimmungen über die Verlässliche Grundschule finden. Es liegt in der Zuständigkeit der Landesregierung, den Beginn und das Ende der täglichen Arbeit in der Schule festzusetzen. Zum 01.08.2002 bestehende Volle Halbtagsschulen, die nach dem ÄndG 02 nicht mehr eingerichtet werden durften, konnten bis zum Ende des Schuljahres 2009/10 fortgeführt werden.

Allgemeine Vorschriften § 6   **NSchG**

Aussagen zu den von der Grundschule angebotenen Sprachfördermaßnahmen finden sich in § 54a (Zur Situation der Grundschulen in Niedersachsen siehe auch Landtagsdrucksache 16/4710).

Zu Abs. 1: Angesichts der besonderen Bedeutung der Grundschule für die gesamte schulische Entwicklung der Schülerinnen und Schüler hat das ÄndG 03 den Bildungsauftrag erstmalig umfassend schulgesetzlich definiert. Bislang waren die einzelnen Aufgaben, z.b. der Beginn des Fremdsprachenunterrichts im 3. Schuljahrgang, weitgehend durch Erlass festgelegt worden. Auch der gesetzliche Auftrag, mit den Erziehungsberechtigten, dem Kindergarten und den weiterführenden Schulen zusammenzuarbeiten, war bereits seit 1981 durch den damaligen Erlass zur »Arbeit in der Grundschule« geregelt. Nach dem Erlass vom 02.05.2006 ist für die Weitergabe von Daten zur Entwicklung und zum Lernverhalten von Kindern im Kindergarten an die Grundschule die Zustimmung der Erziehungsberechtigten erforderlich.

Weggefallen ist durch das ÄndG 03 die Verpflichtung, den Bildungsauftrag für alle Schülerinnen und Schüler »gemeinsam« zu erfüllen. Darin ist aber nach den Ausschussberatungen des Gesetzes keine Abkehr vom Verständnis der Grundschule als einer Schule für alle Kinder des Volkes zu sehen.

Zu Abs. 2: Das ÄndG 03 hat die durch das ÄndG 02 geschaffene Möglichkeit wieder gestrichen, an der Grundschule unter bestimmten Voraussetzungen die Schuljahrgänge 5 und 6 als Förderstufe zu führen.

Zu Abs. 3: Der **bei** einer Grundschule einzurichtende **Schulkindergarten** wird unter den Schulformen des § 5 nicht genannt. Daraus kann geschlossen werden, dass es sich um eine Art schulisches Angebot handelt, zu dessen Errichtung die Schulträger nicht verpflichtet sind. Zum Stichtag 22.09.2014 gab es lediglich an 241 der 1706 öffentlichen Grundschulen bzw. Grundschulzweige Schulkindergärten.

Durch das ÄndG 93 ist der Begriff »Schulreife« durch »**Schulfähigkeit**« ersetzt worden. Der neue Begriff soll deutlich machen, dass sich der gemeinte Zustand nicht gleichsam von selbst einstellt, sondern das Ergebnis eines komplizierten Geflechts aus Veranlagung, Umwelt, individuellen Entwicklungen und gezielten Lernanreizen bildet. In Niedersachsen sind zu Beginn des Schuljahres 2007/08 insgesamt 4 967 Kinder (6 % der Schulpflichtigen) vom Schulbesuch zurückgestellt worden, von denen 3 698 einen Schulkindergarten besuchten. Nahezu drei Viertel der schulpflichtig gewordenen Kinder wurden also von den wenigen Grundschulen zurückgestellt, an denen ein Schulkindergarten geführt wird oder die die Betroffenen dem Schulkindergarten einer benachbarten Grundschule zuweisen können. In den vorangegangenen Schuljahren betrug die Zurückstellungsquote 7,2 % (2004/05), 6,9 % (2005/06) und 6,5 % (2006/07); im Schuljahr 2011/12 lag sie bei 6 %. Die Entscheidung über die Zurückstellung (und die Zuweisung zu einem Schulkindergarten) trifft die Schulleiterin oder der Schulleiter. Zum Beginn des Schuljahres zurückgestellte Kinder können u.U. zum Halbjahrswechsel eingeschult werden, wenn die Grundschule ihre Schuljahrgänge 1 und 2 als Eingangsstufe (siehe Anm. 5) führt (siehe Anm. 3 zu § 64).

5 **Zu Abs. 4:** Mit der die Schuljahrgänge 1 und 2 als pädagogische Einheit umfassenden Eingangsstufe steht den Grundschulen – neben der Zurückstellung vom Schulbesuch – ein weiteres Instrument zur Verfügung, mit schulpflichtigen, aber noch nicht schulfähigen Kindern umzugehen. Die zweijährige Eingangsstufe kann nämlich auch in drei Schuljahren durchlaufen werden, ohne dass das als »Sitzenbleiben« gilt (siehe § 60 Abs. 1 Nr. 2). Das Durchlaufen in drei Schuljahren wird wie ein zweijähriger Durchgang gewertet (§ 66 Satz 1), kann aber u. U. auf die Schulzeit angerechnet werden (§ 66 Satz 3).

Nach der Neuordnung der Beschlusszuständigkeiten durch die ÄndG 06/ ÄndG 07 entscheidet über die Einrichtung der Eingangsstufe nicht mehr die Gesamtkonferenz, sondern der Schulvorstand (siehe § 38a Abs. 3 Nr. 6). Einer Genehmigung durch die Schulbehörde bedarf es nicht. Der Unterricht in der Eingangsstufe wird nach dem Erlass »Die Arbeit in der Grundschule« in jahrgangsübergreifenden Klassen erteilt, wofür die Schule in Abhängigkeit von der Größe der »gemischten« Lerngruppen zusätzliche Lehrerstunden erhält. Nach der Verordnung über den Wechsel zwischen Schuljahrgängen und Schulformen (WeSchVO) entscheidet die Klassenkonferenz, wer die Eingangsstufe in drei Schuljahren durchläuft. Solche Schülerinnen und Schüler rücken nach dreijährigem Durchlauf ohne Versetzungsentscheidung in den 3. Schuljahrgang auf. Richtet eine Grundschule eine Eingangsstufe ein, verzichtet also auf Zurückstellungen vom Schulbesuch, kann folglich an ihr kein Schulkindergarten mehr geführt werden.

Die zweijährige Eingangsstufe kann auch in nur einem Schuljahr durchlaufen werden, wenn die Klassenkonferenz bei lernstarken Schülerinnen und Schülern das Überspringen des 2. Schuljahrgangs beschließt.

Im Schuljahr 2015/16 arbeiteten 142 der 1706 öffentlichen Grundschulen bzw. Grundschulzweige mit der Eingangsstufe.

Das ÄndG 15 hat den Grundschulen mit Eingangsstufe die Möglichkeit eröffnet, auch den 3. und 4. Schuljahrgang als pädagogische Einheit (»Ausgangsstufe«) zu führen. Damit soll ein ggf. auftretender Bruch des besonderen didaktisch-methodischen Konzepts (z.B. Umgang mit Heterogenität) beim Wechsel in den jahrgangsbezogenen Unterricht im 3. und 4. Schuljahrgang vermieden werden.

Über die Einrichtung der »Ausgangsstufe« entscheidet ebenfalls der Schulvorstand (siehe § 38a Abs. 3 Satz 1 Nr. 6). Nach dem 3. Schuljahrgang rücken die Schülerinnen und Schüler nicht automatisch in den 4. Schuljahrgang auf. Hierzu bedarf es nach der WeSchVO einer Versetzungsentscheidung durch die Klassenkonferenz.

6 **Zu Abs. 5:** Nach Abschaffung der Orientierungsstufe und der Zuordnung der Schuljahrgänge 5 und 6 an die weiterführenden Schulen durch das

»Gesetz zur Verbesserung von Bildungsqualität und zur Sicherung von Schulstandorten« vom 02.07.2003 obliegt es nun der Grundschule, ihren Absolventinnen und Absolventen Informationen über die geeignete weiterführende Schulform zu geben. An die Stelle der von der Klassenkonferenz am Ende des 4. Schuljahrgangs zu beschließenden, für die Erziehungsberechtigten gleichwohl nicht verbindlichen **Empfehlung** für den Besuch der weiterführenden Schule hat das ÄndG 15 Beratungsgespräche gesetzt. Mindestens zwei solcher Gespräche hat die Schule im 4. Schuljahrgang den Erziehungsberechtigten anzubieten. Damit wird die allgemeine Verpflichtung nach § 55 Abs. 2 (Dialog mit den Erziehungsberechtigten) und Abs. 3 (Bewertung von erbrachten Leistungen) konkretisiert. Ziel der Gespräche ist es, die Erziehungsberechtigten über die individuelle Lernentwicklung ihres Kindes zu informieren und ihnen »die Grundlagen für eine Prognose über den weiteren Bildungsweg ihres Kindes an die Hand zu geben« (Begründung des ÄndG 15, Drucksache. 17/2882, S. 27). Grundlage für die Beratungsgespräche sind der Leistungsstand der Schülerin oder des Schülers, die Lernentwicklung während der Grundschulzeit und das Arbeits- und Sozialverhalten. Die wesentlichen Ergebnisse der Gespräche sind nach dem Erlass »Die Arbeit in der Grundschule« schriftlich zu dokumentieren; die Erziehungsberechtigten erhalten eine Ausfertigung des Gesprächprotokolls.

Die Schule darf es nicht beim bloßen »Angebot« der Beratungsgespräche belassen; sie hat sich um das Zustandekommen mit **allen** Erziehungsberechtigten intensiv zu bemühen. Bei den Gesprächen handelt es sich um Einzelberatungen mit den jeweiligen Erziehungsberechtigten; »Sammeltermine« mit den Schülereltern einer ganzen Klasse sind in diesem Zusammenhang unzulässig. Die Erziehungsberechtigten sind zwar nach § 54 Abs. 6 verpflichtet, ihren Kindern »zu einem ihren Fähigkeiten und ihrer Entwicklung angemessenen Bildungsgang zu verhelfen«. Sie können aber nicht zur Teilnahme an den Beratungsgesprächen verpflichtet werden. Wird das Gesprächsangebot von den Erziehungsberechtigten nicht angenommen, kann die Schule gegebenenfalls ihren Beratungsauftrag auch schriftlich wahrnehmen. Eine sich aus § 55 Abs. 3 ergebende Verpflichtung zur Abgabe einer schriftlichen Schullaufbahnempfehlung besteht aber nicht.

Dass nach Satz 2 die Erziehungsberechtigten unabhängig vom Ausgang der Beratungsgespräche »in eigener Verantwortung« über die Wahl der Schulform im Sekundarbereich I entscheiden, ergibt sich auch aus § 59 Abs. 1 Satz 1. Danach haben die Erziehungsberechtigten »die Wahl zwischen den Schulformen und Bildungsgängen, die zur Verfügung stehen«.

Mit dem Wegfall der förmlichen Schullaufbahnempfehlung entfallen auch die Rechtsfolgen (ggf. »Abschulung«) beim Auseinanderklaffen von Empfehlung und gewählter Schulform (§ 59 Abs. 4 Satz 4 in der bis zum 31.07.2015 geltenden Fassung).

7 Verweise, Literatur:
- KMK-Beschluss »Empfehlungen zur Arbeit in der Grundschule« vom 2.7.1970 i.d.F. vom 11.06.2015
- Erl. »Die Arbeit in der Grundschule« vom 01.08.2020 (SVBl. S. 354; SRH 4.005)
- Erl. »Zusammenarbeit von Kindergarten und Grundschule – Weitergabe von Daten« vom 02.05.2006 (SVBl. S. 218), außer Kraft mit Ablauf des 31.12.2013
- Situation der Grundschulen in Niedersachsen, Antwort der Landesregierung auf eine Große Anfrage vom 30.11.2011 (Landtagsdrucksache 16/4710)
- *Galas, Dieter*: Zurück in die fünfziger Jahre? – Der Übergang von der Grundschule in die weiterführenden Schulen, Schulverwaltung, Ausgabe Niedersachsen/Schleswig-Holstein, 2002, H. 1, S. 15
- *Hopf, Arnulf*: Eine anschlussfähige Bildungskonzeption schaffen – Zur Kooperation von Kindergarten und Grundschule, Schulverwaltung, Ausgabe Niedersachsen, 2007, H. 5, S. 142
- *Wolter, Marlene*: Übergang von der Kita in die Schule – Das letzte Kindergartenjahr als Brückenjahr zur Grundschule, Schulverwaltung, Ausgabe Niedersachsen, 2007, H. 5, S. 145
- *Krug, Marianne*: Übergang vom Elementar- zum Primarbereich – Der Weg zu einer besseren Zusammenarbeit, Schulverwaltung, Ausgabe Niedersachsen, 2009, H. 2, S. 47
- *Wandelt, Martina*: Das letzte Kindergartenjahr als Brückenjahr zur Grundschule, Schulverwaltung, Ausgabe Niedersachsen, 2010, H. 9, S. 241
- *Thomas, Lutz*: Übergang Grundschule zur weiterführenden Schule, Schulverwaltung, Ausgabe Niedersachsen, 2011, H. 4, S. 107 (Teil 1); H. 5, S. 148 (Teil 2)
- *Von Zimmermann, Nina*: Die Arbeit in der Grundschule – Überarbeitung des Erlasses, Schulverwaltung, Ausgabe Niedersachsen, 2012, H. 11, S. 297
- *Nolte, Gerald*: Fragen und Antworten zum Schulgesetz, Teil 1: Themenbereich Grundschule, Schulverwaltung, Ausgabe Niedersachsen, 2015, H. 11, S. 295
- *Thomas, Lutz*: Beratungsgespräch beim Übergang in die weiterführende Schule, Schulverwaltung, Ausgabe Niedersachsen, 2016, H. 12, S. 330

(Dieter Galas)

Allgemeine Vorschriften §§ 7, 8　　　　　　　　　　　　　　　　　　**NSchG**

§ 7　– aufgehoben –

§ 8　Abschlüsse im Sekundarbereich I

¹Die Abschlüsse der weiterführenden Schulformen im Sekundarbereich I und die Voraussetzungen für den Erwerb dieser Abschlüsse werden durch die schulformspezifischen Schwerpunkte bestimmt. ²Die Abschlüsse sollen schulformübergreifend sein. ³Sie können auch nachträglich an berufsbildenden Schulen erworben werden.

Dass die am Ende des Sekundarbereichs I zu vergebenden Schulabschlüsse »schulformübergreifend« sein sollen, bestimmte schon das NSchG 74. Nach der gemäß § 60 Abs. 1 Nr. 6 (jetzt Nr. 5) ergangenen Abschlussverordnung vom 07.04.1994 werden an der Hauptschule, an der Realschule, an der Oberschule, am Gymnasium sowie an der Kooperativen und Integrierten Gesamtschule die folgenden Abschlüsse vergeben:

nach dem 9. Schuljahrgang:	Hauptschulabschluss
nach dem 10. Schuljahrgang:	Sekundarabschluss I – Hauptschulabschluss Sekundarabschluss I – Realschulabschluss Erweiterter Sekundarabschluss I

Es kann also am Gymnasium der Sekundarabschluss I – Hauptschulabschluss und an der Hauptschule der Erweiterte Sekundarabschluss I erworben werden. Die Festlegung des Gesetzgebers, dass die Abschlüsse »schulformübergreifend« sein sollen, steht mit der Bestimmung in einem gewissen Widerspruch, dass sie durch die »schulformspezifischen Schwerpunkte« bestimmt sein sollen.

Der Erweiterte Sekundarabschluss I berechtigt – unabhängig davon, an welcher Schulform er erworben wurde – zum Eintritt in die gymnasiale Oberstufe und in das Berufliche Gymnasium sowie nach Maßgabe der Aufnahmevoraussetzungen zum Besuch weiterer Schulen im Sekundarbereich II. Die oben genannten Abschlüsse können auch an der Förderschule mit dem Schwerpunkt emotionale und soziale Entwicklung, körperliche und motorische Entwicklung, Hören, Sehen und Sprache vergeben werden. Die Förderschule mit dem Schwerpunkt Lernen kann nach dem 9. Schuljahrgang den »Abschluss der Förderschule mit dem Schwerpunkt Lernen«, nach dem 10. Schuljahrgang den Hauptschulabschluss erteilen.

Die an den verschiedenen Schulformen erwerbbaren Abschlüsse sind nach den inhaltlichen Anforderungen gleichwertig, nach den Berechtigungen, die damit verbunden sind, jedoch identisch. Um die Identität zu betonen, hat das ÄndG 93 eine in § 13a Abs. 2 a. F. enthaltene Bestimmung gestrichen, wonach die Abschlüsse der Integrierten Gesamtschule denen der Hauptschule, der Realschule und des Gymnasiums gleichwertig sind. An den Gesamtschulen werden jetzt »dieselben Abschlüsse« vergeben wie im herkömmlichen Schulsystem (§ 12 Abs. 2). Dieselben Berechtigungen wie die Schulabschlüsse des Sekundarbereichs I vermitteln die nachträglich an berufsbildenden Schulen erworbenen.

Mit Ausnahme des an der Hauptschule erworbenen Erweiterten Sekundarabschlusses I werden die von der Hauptschule, der Realschule, der Oberschule, dem Gymnasium und der Gesamtschule erteilten Schulabschlüsse nach einer Vereinbarung der Kultusministerkonferenz bundesweit (mit Einschränkungen in Bayern) anerkannt.

Zum Erwerb eines Schulabschlusses am Ende des Sekundarbereichs I ist grundsätzlich die Teilnahme an einer Abschlussprüfung erforderlich. Eine schriftliche und mündliche Prüfung in bestimmten Fächern haben erstmals diejenigen Schülerinnen und Schüler abgelegt, die im Schuljahr 2003/04 in den 7. Schuljahrgang einer allgemein bildenden Schule eingetreten sind. Die Prüfungsaufgaben für die schriftlichen Prüfungen werden vom Kultusministerium landesweit einheitlich gestellt. Einzelheiten regeln die Verordnung über die Abschlüsse im Sekundarbereich I und die dazu erlassenen Ergänzenden Bestimmungen.

Keiner Abschlussprüfung unterziehen müssen sich die Schülerinnen und Schüler, die ein Gymnasium oder den Gymnasialzweig einer Kooperativen Gesamtschule oder einer Oberschule besuchen. Wer dort die Schule nach dem 10. Schuljahrgang verlässt, dem wird im Abgangszeugnis durch einen Gleichstellungsvermerk ein Sekundarabschluss I bescheinigt. Bei vorzeitigem Abgang aus dem 10. Schuljahrgang wird der Hauptschulabschluss bescheinigt.

Die Vergabe der Abschlüsse an den berufsbildenden Schulen regelt die »Verordnung über berufsbildende Schulen« (BbS-VO) vom 10.06.2009. Danach erwirbt z.B. den Sekundarabschluss I – Realschulabschluss, wer den Berufsschulabschluss und eine erfolgreiche Berufsausbildung nachweist. Beim Vorliegen eines bestimmten Zensurenbildes im Abschlusszeugnis kann auch der erweiterte Sekundarabschluss I erworben werden. Regelungen über die Gleichwertigkeit von Abschlüssen vor Inkrafttreten der BbS-VO enthält die »Verordnung über die Gleichwertigkeit von Abschlüssen im Bereich der beruflichen Bildung (BB-GVO)«. Darin ist auch bestimmt, dass einen dem Sekundarabschluss I – Realschulabschluss gleichwertigen Bildungsstand besitzt, wer die Meisterprüfung bestanden hat.

2 Verweise, Literatur:

- KMK-Vereinbarung »Schularten und Bildungsgänge im Sekundarbereich I« vom 03.12.1993 i.d.F. vom 26.03.2020 (KMK-Beschlusssammlung Nr. 102)
- Verordnung über berufsbildende Schulen (BbS-VO) vom 10.06.2009 (Nds. GVBl. S. 243; SVBl. S. 206; Schulrecht 511/11), zuletzt geändert durch Verordnung vom 31.08.2020 (Nds. GVBl. S. 282)
- Verordnung über die Gleichwertigkeit von Abschlüssen im Bereich der beruflichen Bildung (BB-GVO) vom 19.7.2005 (Nds. GVBl. S. 253; SVBl. S. 485; Schulrecht 414/55), zuletzt geändert durch Art. 2 der Verordnung vom 13.01.2017 (Nds. GVBl. S. 8)

Allgemeine Vorschriften § 9   **NSchG**

- Verordnung über die Abschlüsse im Sekundarbereich I der allgemein bildenden Schulen einschließlich der Freien Waldorfschulen (AVO-S I) vom 07.04.1994 (Nds. GVBl. S. 197; SVBl. S. 140; SRH 3.025; Schulrecht 414/1), zuletzt geändert durch Art. 4 der VO vom 23.09.2020 (Nds. GVBl. S. 332; SVBl. S. 482)
- Erl. »Ergänzende Bestimmungen zur Verordnung über die Abschlüsse im Sekundarbereich I der allgemein bildenden Schulen einschließlich der Freien Waldorfschulen« vom 19.11.2003 (SVBl. 2004, S. 16 und S. 55; SRH 3.030; Schulrecht 414/11), zuletzt geändert durch Erl. vom 3.5.2016 (SVBl. S. 332)
- Erl. »Abschlüsse und Berechtigungen nach der 9. und 10. Klasse« (SVBl. S. 30), außer Kraft getreten am 31.12.1999
- *Bade, Rolf*: Neugestaltung der Abschlussvergabe, der Abschlussprüfung sowie des Abschlussverfahrens, Schulverwaltung, Ausgabe Niedersachsen, 2006, H. 9, S. 236

(Dieter Galas)

§ 9   Hauptschule

(1) [1]**Die Hauptschule vermittelt ihren Schülerinnen und Schülern eine grundlegende Allgemeinbildung, die sich an lebensnahen Sachverhalten ausrichtet.** [2]**Im Unterricht wird ein besonderer Schwerpunkt auf handlungsbezogene Formen des Lernens gelegt.** [3]**Die Hauptschule stärkt Grundfertigkeiten, Arbeitshaltungen, elementare Kulturtechniken und selbständiges Lernen.** [4]**In der Hauptschule wird den Schülerinnen und Schülern entsprechend ihrer Leistungsfähigkeit und ihren Neigungen eine individuelle Berufsorientierung und eine individuelle Schwerpunktbildung im Bereich der beruflichen Bildung ermöglicht.** [5]**Die Hauptschule arbeitet dabei eng mit den berufsbildenden Schulen zusammen und macht berufsbildende Angebote zum Bestandteil des Unterrichts.** [6]**Die Schülerinnen und Schüler werden in der Hauptschule befähigt, nach Maßgabe der Abschlüsse ihren Bildungsweg vor allem berufs-, aber auch studienbezogen fortzusetzen.**

(2) **In der Hauptschule werden Schülerinnen und Schüler des 5. bis 9. Schuljahrgangs unterrichtet.**

(3) [1]**An der Hauptschule kann eine 10. Klasse eingerichtet werden.** [2]**Der Besuch der 10. Klasse ist freiwillig.** [3]**Der erfolgreiche Besuch der 10. Klasse vermittelt, abgestuft nach den erbrachten Leistungen, weitere schulische Abschlüsse.** [4]**Die 10. Schuljahrgänge sind durch besondere pädagogische Angebote zu begleiten, soweit es die organisatorischen, personellen und sächlichen Gegebenheiten der Schule erlauben.**

Allg.: Die Hauptschule ist nicht mehr die »haupt«-sächliche Schule für die Schülerinnen und Schüler. Der Anteil derjenigen, die diese Schulform besuchen, sank von 55,7 % im Jahre 1970 kontinuierlich ab. Im Schuljahr

1

2018/19 verteilten sich die Schülerinnen und Schüler des 5. Schuljahrgangs wie folgt auf die Schulformen des Sekundarbereichs I:

Hauptschule:	3, 7 %
Realschule:	13, 9 %
Oberschule:	21, 9 %
Gymnasium:	43, 6 %
Integrierte Gesamtschule:	16, 1 %
Freie Waldorfschule:	0,8 %

Dem abnehmenden Anteil an der Schülerschaft entspricht das Sinken der Zahl von Schulen mit Hauptschulklassen. Sie fiel von 955 im Jahre 1975 auf 262 im Schuljahr 2018/19. Unter diesen 262 Schulen sind 31 Haupt- und Realschulen, 12 Grund- und Hauptschulen und 84 Oberschulen mit Hauptschulzweig (weitere 36 Oberschulen sind noch mit einer jahrgangsweise auslaufenden Hauptschule verbunden). Außerdem gibt es Hauptschulzweige an den 36 Kooperativen Gesamtschulen. Nur noch 60 Schulen führen ausschließlich Hauptschulklassen.

2 **Zu Abs. 1:** Die detaillierte Festlegung des Bildungsauftrags der Hauptschule geht auf das »Gesetz zur Verbesserung von Bildungsqualität und zur Sicherung von Schulstandorten« vom 02.07.2003 zurück. Zuvor war ihr Auftrag nur sehr allgemein dahin gehend formuliert, dass die Hauptschülerinnen und Hauptschüler zu befähigen waren, »nach Maßgabe der Abschlüsse ihren Bildungsweg vor allem berufs-, aber auch studienbezogen fortzusetzen«. Der durch das ÄndG 09 noch einmal verstärkten Betonung der Berufsbezogenheit der Arbeit in der Hauptschule entspricht es, dass den Schülerinnen und Schülern nicht nur eine individuelle Berufsorientierung, sondern sogar eine »Schwerpunktbildung im Bereich der beruflichen Bildung« ermöglicht werden soll. Dazu passt auch, dass die Hauptschule verpflichtet ist, **eng** mit den berufsbildenden Schulen (nach § 25) zusammenzuarbeiten. Eine solche Verpflichtung gibt es bei den weiterführenden Schulformen nur noch für die Oberschule.

Die Hauptschule soll ihren Schülerinnen und Schülern eine »Allgemeinbildung« vermitteln, die sich durch das Adjektiv »grundlegend« von der der Realschule (»erweitert«) und des Gymnasiums (»breit und vertieft«) unterscheidet. Eine solche Differenzierung gibt es in ähnlicher Form auch in den Schulgesetzen anderer Bundesländer. Von ihr hat auch die KMK in ihrer Vereinbarung über die Schularten und Bildungsgänge im Sekundarbereich I Gebrauch gemacht. Mit der Ausrichtung an »lebensnahen Sachverhalten« und mit dem Praktizieren »handlungsbezogener Formen des Lernens« im Unterricht sollen die besonderen Lerninteressen der Hauptschülerschaft berücksichtigt werden. In diesem Zusammenhang muss wohl auch gesehen werden, dass die »Arbeitshaltungen« der Hauptschülerinnen und Hauptschüler gestärkt werden sollen. Entsprechendes findet sich im Gegensatz zum »selbstständigen Lernen« nicht in den Bildungsaufträgen der anderen weiterführenden Schulformen. Zu den »elementaren

Kulturtechniken« werden üblicherweise Lesen, Schreiben und Rechnen gezählt, aber inzwischen wohl auch der Umgang mit Informations- und Kommunikationstechniken.

Berufsorientierung bedeutet, die Schülerinnen und Schüler zur Aufnahme einer Berufstätigkeit zu befähigen und sie auf eine begründete Berufswahlentscheidung vorzubereiten. Berufsorientierende Maßnahmen sind z.b. Praxistage, zu denen u.a. Betriebspraktika, Betriebserkundungen und berufspraktische Projekte gehören. Nach dem Erlass vom 21.5.2017 stehen dafür schwerpunktmäßig im 9. und 10. Schuljahrgang insgesamt mindestens 60 Tage zur Verfügung. Weitere Einzelheiten enthält der Bericht der Landesregierung zu einer vom Landtag im Jahre 2011 verabschiedeten Entschließung zum Thema »Übergang Schule – Beruf« (Drucksache 16/4722).

Über die Aufgabe der Berufsorientierung hinaus geht die Verpflichtung der Hauptschule, den Schülerinnen und Schülern eine »individuelle Schwerpunktbildung im Bereich der **beruflichen Bildung**« zu ermöglichen und **berufsbildende Angebote** zum Bestandteil des Unterrichts zu machen. Mit dieser durch das ÄndG 09 erfolgten Erweiterung des Bildungsauftrages sollen die positiven Ergebnisse von Modellversuchen für alle Hauptschulen nutzbar gemacht werden. In diesen Modellversuchen (z.B. »Neustädter Modell«) haben Schülerinnen und Schüler des 9. und 10. Schuljahrgangs in Zusammenarbeit mit berufsbildenden Schulen Unterricht in Fachpraxis und Fachtheorie erhalten und darin Qualifikationen erworben, die eine Anrechnung als erstes Jahr der Berufsausbildung möglich machen. Bei den Ausschussberatungen des ÄndG 09 ist aber deutlich gemacht worden, dass an eine »Eins-zu-Eins«-Übertragung der Modellversuche auf alle Hauptschulen des Landes nicht gedacht ist. Die Umsetzung des Gesetzesauftrages, berufsbildende Angebote zum Bestandteil des Unterrichts zu machen, soll im Rahmen der jeweiligen Möglichkeiten der einzelnen Hauptschule und ihres Schulträgers erfolgen. Immerhin soll im Wege der »engen« Zusammenarbeit der jeweiligen Hauptschule mit einer berufsbildenden Schule nach § 25 vereinbart werden können, »erhebliche Teile der Stundentafel der Hauptschule von Berufsschullehrern abdecken zu lassen«. Ziel dabei soll es sein, dass die Schülerinnen und Schüler »die ihnen vorgestellten Berufsfelder kennen lernen und ihre Neigung dazu beurteilen können« (Schriftlicher Bericht zum ÄndG 09 – Landtagsdrucksache 16/1372, S. 2). Nach dem Erlass vom 21.5.2017 umfasst die berufliche Qualifizierung in Kooperation mit der berufsbildenden Schule 14 Wochenstunden an zwei Schultagen in den Schuljahrgängen 9 und 10. Damit sollen die Schülerinnen und Schüler eine berufliche Bildung erwerben können, die den Inhalten des ersten Ausbildungsjahres eines Ausbildungsberufes entspricht.

Den Beratungen des ÄndG 09 im Kultusausschuss zufolge löst die Erweiterung des Bildungsauftrages der Hauptschule unter dem Gesichtspunkt der Konnexität (Art. 57 Abs. 4 NV) bei den kommunalen Schulträgern keine Kostenfolgen aus. Die Träger hätten eine große Bandbreite an Gestaltungsmöglichkeiten und könnten bei der sächlichen Ausstattung der Hauptschulen (siehe § 113) ihre jeweilige Situation berücksichtigen. Eine

Erhöhung der Kosten für die Schülerbeförderung ist nach der Begründung des ÄndG »nicht auszuschließen« (Landtagsdrucksache 16/1206, S. 9). Führt die auf der Grundlage des § 25 zu vereinbarende Zusammenarbeit zwischen Hauptschule und berufsbildender Schule zu sächlichen Kosten, bedarf die Vereinbarung der Zustimmung der Schulträger sowie der Träger der Schülerbeförderung der beteiligten Schulen.

Ihren Bildungsweg nicht nur berufsbezogen, sondern auch studienbezogen fortzusetzen, sind die Schülerinnen und Schüler berechtigt, wenn sie am Ende des 10. Schuljahrgangs den Erweiterten Sekundarabschluss I erwerben (siehe Anm. 1 zu § 8). Sie können dann ein Berufliches Gymnasium (11. bis 13. Schuljahrgang) oder die gymnasiale Oberstufe (11.–13. Schuljahrgang) eines Gymnasiums oder einer Gesamtschule besuchen.

Ob der durch das ÄndG 09 erweiterte Bildungsauftrag der Hauptschule geeignet ist, das »Prinzip der Durchlässigkeit« des niedersächsischen Schulwesens »in alle Richtungen konsequent zu gewährleisten« (Begründung des Entwurfs des eingangs genannten Gesetzes vom 02.07.2003) wird sich erst noch erweisen müssen.

3 Zu Abs. 2: Nach Abschaffung der Orientierungsstufe werden an der Hauptschule (und an der Realschule und am Gymnasium) mit Beginn des Schuljahres 2004/05 wieder – strikt schulformbezogen – die Schuljahrgänge 5 und 6 geführt. Damit umfasst der Bildungsweg an der Hauptschule insgesamt fünf Jahre (Zur Einrichtung eines 10. Schuljahrgangs siehe Anm. 4). Ob sich mit der Verlängerung der Schulzeit an dieser Schulform die Erwartungen erfüllen lassen, insbesondere lernschwache Schülerinnen und Schüler könnten dadurch wirksam gefördert und damit die Zahl der Absolventinnen und Absolventen ohne Schulabschluss deutlich gesenkt werden, muss sich erweisen. Am Ende des Schuljahres 2008/09 blieben knapp 10 % ohne Hauptschulabschluss.

Nach der Verordnung über den Wechsel zwischen Schuljahrgängen und Schulformen findet an der Hauptschule am Ende jedes Schuljahres eine Versetzung statt.

4 Zu Abs. 3: Zur Einrichtung von 10. Schuljahrgängen (In den Sätzen 1 bis 3 – nicht aber in Satz 4 – wird abweichend von der sonst im Schulgesetz verwendeten Terminologie noch von »10. Klassen« gesprochen) an Hauptschulen sind die Schulträger nach Maßgabe der Schülerzahlen berechtigt (§ 106 Abs. 4), aber nicht verpflichtet. Die Einrichtung bedarf der Genehmigung durch die Schulbehörde (§ 106 Abs. 8 Satz 1). Obwohl das ÄndG 93 die Unterscheidung von Regelschulformen und Schulischen Angeboten aufgehoben hat, ist die 10. Klasse an Hauptschulen damit eine Art schulisches Angebot geblieben. Ein Bedürfnis für ihre Einrichtung liegt nach den Vorgaben des Kultusministeriums vor, wenn über einen längeren Zeitraum der Besuch von mindestens 16 Schülerinnen und Schülern gewährleistet ist.

Mit dem Schulversuch »10. Klasse an der Hauptschule« wurde Schülerinnen und Schülern in Niedersachsen erstmals im Schuljahr 1969/70 die Möglichkeit geboten, nach Abschluss ihrer Vollzeitschulpflicht im allgemein bildenden Schulwesen zusätzliche Qualifikationen und Berechtigungen (Realschulabschluss) zu erwerben. Im Schuljahr 2008/09 wurden an 461 (öffentlichen) Hauptschulen bzw. Hauptschulzweigen insgesamt 693 10. Klassen geführt. Der Anteil der Schülerinnen und Schüler des 10. Schuljahrgangs am vorherigen 9. Schuljahrgang liegt bei rund 66 %. Nur an 46 der rund 460 Hauptschulen bzw. Hauptschulzweige gab es keine 10. Klassen (Stand: Schuljahr 2008/09).

Die Forderung, dass alle Schülerinnen und Schüler zehn Jahre lang eine allgemein bildende Schule besuchen, hat u. a. der Deutsche Bildungsrat in seinem »Strukturplan für das Bildungswesen« von 1970 erhoben und die Schaffung der Voraussetzungen für die Verwirklichung dieser Forderung innerhalb von fünf Jahren für möglich gehalten. Die schulpolitische Diskussion um ein verbindliches allgemein bildendes 10. Schuljahr für alle ist bis heute nicht abgeschlossen.

Der Vorschrift des Satzes 2, wonach der Besuch der 10. Klasse an der Hauptschule freiwillig ist, hätte es nicht bedurft. Nach § 66 Satz 1 reichen nämlich neun Schuljahre zur Erfüllung der Schulpflicht im Primarbereich und im Sekundarbereich I aus. Insoweit ist auch der Besuch des 10. Schuljahrgangs an Oberschulen, Realschulen, Gymnasien und Gesamtschulen »freiwillig«.

Der Satz 3 ist erst durch das ÄndG 03 in Abs. 3 eingefügt worden. Dass nach dem 10. Schuljahrgang »weitere schulische Abschlüsse« erworben werden können, gilt allerdings schon seit langem: Es handelt sich um die in der Abschlussverordnung genannten Sekundarabschlüsse I (siehe Anm. 1 zu § 8). Im Vordergrund steht dabei der Sekundarabschluss I – Realschulabschluss, der von knapp 65 % der Schülerinnen und Schüler erreicht wird.

Auch Satz 4 stammt aus dem ÄndG 03. Nach der Begründung des Gesetzentwurfs sollen die »besonderen pädagogischen Angebote« die Durchlässigkeit in weiterführende Schulformen sicherstellen (Übergang in die gymnasiale Oberstufe?). Während der Ausschussberatungen des Gesetzentwurfs ist nicht geklärt worden, worin die nach den Möglichkeiten der Schule erfolgenden zusätzlichen Angebote bestehen sollen. Das ist auch in der Fassung des Erlasses »Die Arbeit in der Hauptschule« vom 21.5.2017 nicht geschehen.

Verweise, Literatur: 5
- KMK-Vereinbarung »Schularten und Bildungsgänge im Sekundarbereich I« vom 3.12.1993 i. d. F. vom 26.03.2020 (KMK-Beschlusssammlung Nr. 102)
- Erl. »Die Arbeit in der Hauptschule« v. 21.5.2017 (SVBl. S. 348; SRH 4.205; Schulrecht 440/1)
- Erl. »Berufliche Orientierung an allgemein bildenden Schulen« vom 17.9.2018 (SVBl. S. 556; SRH 5.010), berichtigt S. 710
- *Hohnschopp, Hartmut*: Möglichkeiten und Chancen durch die Berufsorientierung und -bildung – Weiterentwicklung von Haupt-, Realschule

und zusammengefasster Haupt- und Realschule, Schulverwaltung, Ausgabe Niedersachsen, 2010, Teil 1: H. 2, S. 45; Teil 2: H. 3, S. 81
- *Reinert, Peter:* Neue Grundsatzerlasse Haupt-, Real- und Oberschule – Verbesserung der Vergleichbarkeit und inhaltliche Neuerungen, Schulverwaltung, Ausgabe Niedersachsen, 2017, H. 10, S. 266
- *Peter, Petra:* Die Berufliche Orientierung (BO) als gesellschaftliche und pädagogische Herausforderung: Ihre Hintergründe, ihre rechtliche Verankerung und ein Blick in die Zukunft, Schulverwaltungsblatt, 2018, H. 10. S. 614

(Dieter Galas)

§ 10 Realschule

(1) ¹Die Realschule vermittelt ihren Schülerinnen und Schülern eine erweiterte Allgemeinbildung, die sich an lebensnahen Sachverhalten ausrichtet sowie zu deren vertieftem Verständnis und zu deren Zusammenschau führt. ²Sie stärkt selbständiges Lernen. ³In der Realschule werden den Schülerinnen und Schülern entsprechend ihrer Leistungsfähigkeit und ihren Neigungen eine Berufsorientierung und eine individuelle Schwerpunktbildung in den Bereichen Fremdsprachen, Wirtschaft, Technik sowie Gesundheit und Soziales ermöglicht. ⁴Das Angebot zur Schwerpunktbildung richtet sich nach den organisatorischen, personellen und sächlichen Gegebenheiten der einzelnen Schule; es sind mindestens zwei Schwerpunkte anzubieten. ⁵Die Schülerinnen und Schüler werden in der Realschule befähigt, ihren Bildungsweg nach Maßgabe der Abschlüsse berufs- oder studienbezogen fortzusetzen.

(2) ¹In der Realschule werden Schülerinnen und Schüler des 5. bis 10. Schuljahrgangs unterrichtet. ²§ 9 Abs. 3 Satz 4 gilt entsprechend.

1 **Allg.:** Niedersachsen war lange Zeit ein Realschulland. Außer in Schleswig-Holstein gab es in keinem anderen Bundesland einen vergleichbaren Anteil von Schülerinnen und Schülern, die die Realschule besuchen. Der relativ große Anteil eines Schülerjahrgangs (2008/09: 39,0 %) hing mit dem dichten Netz von Realschulangeboten im Flächenland Niedersachsen zusammen.

Eine neue Situation ist durch die Schaffung der Schulform Oberschule eingetreten, die mittelfristig die Hauptschule und die Realschule ersetzen soll (siehe § 10a). Im Schuljahr 2018/19 gab es nur noch 99 Schulen, die ausschließlich Realschulklassen führen.

2 **Zu Abs. 1:** Der Bildungsauftrag der Realschule hat seine jetzige Fassung durch das »Gesetz zur Verbesserung von Bildungsqualität und zur Sicherung von Schulstandorten« vom 02.07.2003 erhalten. Bis dahin war ihr Auftrag nur sehr allgemein dahin gehend formuliert, dass die Realschülerinnen und Realschüler zu befähigen waren, »nach Maßgabe der Abschlüsse ihren Bildungsweg berufs- oder studienbezogen fortzusetzen«. Die an

der Realschule zu vermittelnde Allgemeinbildung soll – anders als in der Hauptschule (»grundlegend«) und im Gymnasium (»breit und vertieft«) – »erweitert« sein. Diese Festlegung findet sich in ähnlicher Form auch in den Schulgesetzen anderer Bundesländer; von ihr hat auch die KMK in ihrer Vereinbarung über die Schularten und Bildungsgänge Gebrauch gemacht. Die in der Begründung des Entwurfs des eingangs genannten Gesetzes enthaltene Absicht, zur Stärkung der Realschule »insbesondere eine verbesserte inhaltliche Vorbereitung auf die Berufs- und Arbeitswelt« (Landtags-Drucksache 15/30) vorzusehen, hatte sich im Bildungsauftrag zunächst nur insoweit niedergeschlagen, als sich die Allgemeinbildung – wie an der Hauptschule – »an lebensnahen Sachverhalten« auszurichten hat. Anders als in der Hauptschule soll das aber mit »vertieftem Verständnis« geschehen und zur »Zusammenschau« führen.

Durch das ÄndG 09 ist der Bildungsauftrag der Realschule um die Berufsorientierung erweitert worden. Schülerinnen und Schüler sollen dadurch zur Aufnahme einer Berufstätigkeit befähigt und auf eine begründete Berufswahlentscheidung vorbereitet werden. Maßnahmen der Beruflichen Orientierung sind an mindestens 30 Tagen vorrangig in den Schuljahrgängen 8 bis 10 durchzuführen (siehe Erl. vom 17.9.2018). Darüber hinaus soll den Schülerinnen und Schülern eine individuelle Schwerpunktbildung in den Bereichen Fremdsprachen, Wirtschaft, Technik sowie Gesundheit und Soziales ermöglicht werden. Diese Profilbildung soll im Wahlpflichtbereich des 9. und 10. Schuljahrgangs mit dem Ziel erfolgen, die Schülerinnen und Schüler besser auf den Eintritt in eine duale Ausbildung und den Übergang in eine Berufsfachschule, eine Fachoberschule oder ein Berufliches Gymnasium (bis 2010 »Fachgymnasium«) vorzubereiten. Unabhängig von den »organisatorischen, personellen und sächlichen Gegebenheiten der einzelnen Schule« haben kleinere Realschulen neben dem Profil Fremdsprachen mindestens ein weiteres der vier Profile anzubieten. Durch das Angebot eines Profils wird kein eigener Bildungsgang (siehe Anm. 1 zu § 59) konstituiert. Das bedeutet, dass kein Anspruch besteht, auf eine andere Realschule auszuweichen, wenn an der zuständigen Realschule das gewünschte Profil nicht angeboten wird.

Die für die Hauptschule und die Oberschule vorgeschriebene enge Zusammenarbeit mit berufsbildenden Schulen verlangt das Gesetz nicht von der Realschule. Nach der Begründung des ÄndG 09 sollen die Realschulen aber eine solche Zusammenarbeit anstreben (Landtagsdrucksache 16/1206, S. 6 und 11). Inzwischen gibt der Erlass vom 21.5.2017 sie den Schulen ebenso auf wie das Angebot der beruflichen Qualifizierung. Die Schülerinnen und Schüler sollen eine berufliche Bildung erwerben können, die den Inhalten des ersten Ausbildungsjahres eines Ausbildungsberufes entspricht. Anders als bei der Hauptschule enthält der Gesetzestext auch hierzu keine Aussagen.

Schülerinnen und Schüler, die am Ende des 10. Schuljahrgangs den Erweiterten Sekundarabschluss I erwerben, können ihren Bildungsweg – unabhängig von ihrem gewählten Profil – »studienbezogen« nicht nur an einem Beruflichen Gymnasium (11. bis 13. Schuljahrgang), sondern auch in der gymnasialen Oberstufe (11. bis 13. Schuljahrgang) eines Gymnasiums oder einer Gesamtschule fortsetzen.

3 Zu Abs. 2: Nach Abschaffung der Orientierungsstufe werden an der Realschule wie an der Hauptschule und am Gymnasium mit Beginn des Schuljahres 2004/05 wieder – strikt schulformbezogen – die Schuljahrgänge 5 und 6 geführt. Damit umfasst der Bildungsweg an der Realschule insgesamt sechs Jahre.

Worin die »besonderen pädagogischen Angebote« bestehen, die nach Satz 2 den 10. Schuljahrgang »begleiten« sollen, hat das Kultusministerium im Erlass zur Arbeit in der Realschule vom 21.05.2017 dargelegt. Danach handelt es sich um »besondere Förderangebote« (Nr. 6.3.2) für Schülerinnen und Schüler, die auf eine Schule mit gymnasialer Oberstufe oder ein Berufliches Gymnasium übergehen wollen.

4 Verweise, Literatur:

- Erl. »Die Arbeit in der Realschule« v. 21.5.2017 (SVBl. S. 357; SRH 4.305; Schulrecht 450/1)

- Erl. »Berufliche Orientierung an allgemein bildenden Schulen« vom 17.9.2018 (SVBl. S. 556, S. 223; SRH 5.010), berichtigt S. 710

- *Harendza, Christel:* Realschulland Niedersachsen – Die Realschule gewinnt Profil und Akzeptanz, Schulverwaltung, Ausgabe Niedersachsen/Schleswig-Holstein, 2004, H. 5, S. 140

- *Hohnschopp, Hartmut:* Die Arbeit in der Realschule, in: *Ballasch, Heidemarie* u. a. (Hrsg.): Schulleitung und Schulaufsicht in Niedersachsen, Nr. 12.17

- *Hohnschopp, Hartmut:* Möglichkeiten und Chancen durch die Berufsorientierung und -bildung – Weiterentwicklung von Haupt-, Realschule und zusammengefasster Haupt- und Realschule, Schulverwaltung, Ausgabe Niedersachsen, 2010, Teil 1: H. 2, S. 45; Teil 2: H. 3, S. 81

- *Reinert, Peter:* Neue Grundsatzerlasse Haupt-, Real- und Oberschule – Verbesserung der Vergleichbarkeit und inhaltliche Neuerungen, Schulverwaltung, Ausgabe Niedersachsen, 2017, H. 10, S. 266

(Dieter Galas)

§ 10a Oberschule

(1) ¹In der Oberschule werden Schülerinnen und Schüler des 5. bis 10. Schuljahrgangs unterrichtet. ²Die Oberschule vermittelt ihren Schülerinnen und Schülern eine grundlegende, erweiterte oder vertiefte Allgemeinbildung und ermöglicht ihnen im Sekundarbereich I den Erwerb derselben Abschlüsse wie an den in den §§ 9, 10 und 11 genannten Schulformen. ³Sie stärkt Grundfertigkeiten, selbständiges Lernen, aber auch wissen-

schaftspropädeutisches Arbeiten und ermöglicht ihren Schülerinnen und Schülern entsprechend ihrer Leistungsfähigkeit und ihren Neigungen individuelle Schwerpunktbildungen. ⁴Die Schwerpunktbildung befähigt die Schülerinnen und Schüler, nach Maßgabe der Abschlüsse ihren Bildungsweg berufs-, aber auch studienbezogen fortzusetzen. ⁵Der Umfang der Schwerpunktbildung richtet sich nach den organisatorischen, personellen und sächlichen Gegebenheiten der einzelnen Schule. ⁶Die Oberschule arbeitet eng mit berufsbildenden Schulen zusammen.

(2) ¹In der Oberschule werden die Hauptschule und die Realschule als aufeinander bezogene Schulzweige geführt oder sie ist nach Schuljahrgängen gegliedert. ²Die Schule entscheidet jeweils nach Maßgabe der Sätze 3 und 4 sowie des Absatzes 3 Satz 3, in welchen Schuljahrgängen und Fächern der Unterricht jahrgangsbezogen oder schulzweigspezifisch erteilt wird. ³In der Oberschule soll ab dem 9. Schuljahrgang der schulzweigspezifische Unterricht überwiegen. ⁴Ist die Oberschule in Schulzweige gegliedert, so wird der Unterricht überwiegend in schulzweigspezifischen Klassenverbänden erteilt.

(3) ¹Die Oberschule kann um ein gymnasiales Angebot für die Schuljahrgänge nach Abs. 1 Satz 1 erweitert werden. ²§ 11 Abs. 1 gilt entsprechend. ³Für die Schülerinnen und Schüler des gymnasialen Angebots soll ab dem 7. Schuljahrgang und muss ab dem 9. Schuljahrgang der Unterricht überwiegend in schulzweigspezifischen Klassenverbänden erteilt werden.

Allg.: Als neue Schulform des Sekundarbereichs I ist die Oberschule durch 1 das »Gesetz zur Neuordnung der Schulstruktur in Niedersachsen« vom 16.03.2011 (ÄndG 11) eingeführt worden. In ihr werden die Hauptschule und die Realschule als **aufeinander bezogene** Schulzweige geführt (siehe Anm. 3); sie kann um ein gymnasiales Angebot erweitert werden (siehe Anm. 4). Damit gibt es in Niedersachsen neben der Gesamtschule eine weitere Schulform, die mehrere Bildungswege umfasst. An der Oberschule unterrichten Lehrkräfte mit der Lehrbefähigung für Schulformen der allgemein bildenden Schulen (siehe § 51 Abs. 1 Satz 1).

»Geborene« Schulträger der Oberschule sind die Landkreise und kreisfreien Städte (siehe § 102 Abs. 2). Die kreisangehörigen Gemeinden können sich aber die Schulträgerschaft übertragen lassen (siehe § 102 Abs. 3); das kommt insbesondere dann in Frage, wenn sie bereits Schulträger von Hauptschulen und Realschulen sind. Nach der Verordnung für die Schulorganisation (SchOrgVO) muss die Oberschule mindestens zweizügig geführt werden. Im Schuljahr 2015/16 hatten allerdings 4,9 % der damals 245 Oberschulen im 5. Schuljahrgang nur eine einzige Klasse eingerichtet (Landtagsdrucksache 17/5151).

Umfasst die Oberschule einen Gymnasialzweig, muss sie mindestens dreizügig geführt werden. Die Erweiterung um ein gymnasiales Angebot ist nur zulässig, wenn der Schulträger des öffentlichen Gymnasiums zustimmt, das die Schülerinnen und Schüler sonst besuchen würden. Das gymnasiale Angebot ist auch wegen seiner inneren Struktur (siehe Anm. 4) gleichsam ein Schulzweig *sui generis*. Während der Hauptschulzweig und der Realschulzweig »aufeinander bezogen« zu arbeiten haben, fehlt diese Verpflichtung für den Gymnasialzweig. Die Möglichkeit, an der Oberschule im Fall ausreichender Schülerzahlen auch eine gymnasiale Oberstufe zu führen, war zwar im Entwurf des Strukturgesetzes enthalten, ist aber während der Ausschussberatungen gestrichen worden (siehe jedoch § 183a Abs. 2).

Die kommunalen Schulträger sind berechtigt, jedoch nicht verpflichtet, neben oder anstelle von Hauptschulen, Realschulen und Gesamtschulen Oberschulen einzurichten (siehe § 106 Abs. 3). Geschieht das, entfällt die Verpflichtung, Hauptschulen und Realschulen vorzuhalten (eine Verpflichtung zur Führung von Gesamtschulen existiert nicht). Die Oberschule ist damit gleichsam eine »ersetzende« Schulform; allerdings kann sie kein Gymnasium ersetzen.

Die Errichtung von Oberschulen wird in der Regel »aufsteigend« mit dem 5. Schuljahrgang beginnen. Es ist aber auch zulässig, eine bestehende Hauptschule, eine Realschule, eine zusammengefasste Haupt- und Realschule oder eine Gesamtschule »in einem Zuge« in eine Oberschule »umzuwandeln«. Machen Schulträger von dieser Möglichkeit Gebrauch, gelten die besonderen Vorschriften für die Oberschule zunächst nur für den 5. Schuljahrgang. Für die übrigen Schuljahrgänge sind die Vorschriften weiter anzuwenden, die für die entsprechenden bisherigen Schulformen gelten (siehe § 183a Abs. 1). Oberschulen werden zunächst in erster Linie aus zusammengefassten Haupt- und Realschulen hervorgehen. Die frühere Möglichkeit, selbstständige Hauptschulen und Realschulen in einer Schule organisatorisch zusammenzufassen, endete mit Inkrafttreten des ÄndG 11 am 1. August 2011.

§ 106 Abs. 6 erlaubt eine organisatorische Zusammenfassung einer Oberschule mit einer Grundschule. Durch das ÄndG 15 ist die Einschränkung beseitigt worden, dass dies nur bei Oberschulen ohne gymnasiales Angebot zulässig ist.

Anders als bei den herkömmlichen weiterführenden Schulen rücken die Schülerinnen und Schüler am Ende des 5. Schuljahrgangs ohne Versetzungsentscheidung in den 6. Schuljahrgang auf. Die »Verordnung über den Wechsel zwischen Schuljahrgängen und Schulformen« (WeSchVO) überlässt es darüber hinaus der Oberschule, auch das »Aufrücken« in den 7. Schuljahrgang zu beschließen. Nach dem Erlass »Die Arbeit in der Oberschule« entscheidet darüber der Schulvorstand.

Die Anreize, Oberschulen zu errichten, sind außerordentlich groß: Ausstattung mit Funktionsstellen, reduzierte Unterrichtsverpflichtung für Hauptschul- und Realschullehrkräfte, Genehmigung als teilgebundene Ganztagsschule, Ausstattung mit Sozialpädagogen, Freiheit bei der inneren Gestaltung. Damit wird die Absicht des Gesetzgebers deutlich, Hauptschulen und Realschulen mittelfristig durch die Oberschule zu ersetzen.

Eine den Oberschulen vergleichbare Schulform hat es in Niedersachsen bereits vor 2011 gegeben. Das »Gesetz zur Weiterentwicklung des Schulwesens« vom 26.05.2002 sah in seinem im Jahre 2003 wieder aufgehobe-

Allgemeine Vorschriften § 10a

nen § 10a als neue Schulform die »Kooperative Haupt- und Realschule« vor. Darüber hinaus sind in Niedersachsen ab dem Schuljahr 1993/94 Schulversuche »Sekundarschule« als gleichsam integrierte Haupt- und Realschulen durchgeführt worden. Einige der gesetzlichen Bestimmungen zur Oberschule sind für die organisatorisch zusammengefasste Haupt- und Realschule bereits in den seit 2010 geltenden Grundsatzerlassen zur Arbeit in der Hauptschule und in der Realschule vorweggenommen.

Mit der Einführung der Oberschule hält Niedersachsen Anschluss an eine auch in anderen Bundesländern zu beobachtende Entwicklung des Schulwesens zur »Zweisäuligkeit«. Schulen mit mehreren außer-gymnasialen Bildungswegen gibt es in Brandenburg (Oberschule), Thüringen (Regelschule), Sachsen (Oberschule, früher: Mittelschule), Sachsen-Anhalt (Sekundarschule), Mecklenburg-Vorpommern (Regionale Schule), Berlin (Integrierte Sekundarschule), Hamburg (Stadtteilschule), Rheinland-Pfalz (Regionale Schule), Schleswig-Holstein (Regionalschule), Bremen (Oberschule) sowie im Saarland (Erweitere Realschule). Die Zusammenfassung in kooperativ oder integrativ arbeitenden Schulen ist eine Konsequenz aus dem veränderten Verhalten der Eltern beim Übergang ihrer Kinder in die weiterführenden Schulen, das zu Lasten der Hauptschule geht. Außerdem hilft sie bei sich abzeichnendem Rückgang der Schülerzahlen, ein wohnortnahes differenziertes Schulangebot sicherzustellen.

Zu Abs. 1: Die Oberschule ist grundsätzlich eine Schulform des Sekundarbereichs I, d. h., in ihr werden Schülerinnen und Schüler des 5. bis 10. Schuljahrgangs unterrichtet. Nur in dem besonderen – sich nicht abzeichnenden – Fall, dass gleichzeitig mit ihrer Errichtung eine Gesamtschule aufgehoben wird, die die gymnasiale Oberstufe führt, können in ihr auch Schülerinnen und Schüler des 11. bis 13. Schuljahrgangs unterrichtet werden (siehe § 183a Abs. 2). In diesem besonderen Fall können die Schülerinnen und Schüler nicht nur den Hauptschulabschluss (am Ende des 9. Schuljahrgangs) und die Sekundarabschlüsse I (am Ende des 10. Schuljahrgangs) erwerben. Sie haben dann auch Gelegenheit – nach neunjährigem Durchgang durch den Gymnasialzweig der Oberschule – die Abiturprüfung abzulegen.

Die Beschreibung des Bildungsauftrages der Oberschule orientiert sich an denen der herkömmlichen Schulformen. So soll die zu vermittelnde Allgemeinbildung »grundlegend« (wie an der Hauptschule), »erweitert« (wie an der Realschule) oder »vertieft« (wie am Gymnasium) sein. Dass die Absolventinnen und Absolventen der Oberschule befähigt werden sollen, ihren Bildungsweg »berufs-, aber auch studienbezogen« fortzusetzen, ist der Parallelvorschrift für die Hauptschule entlehnt (siehe § 9 Abs. 1 Satz 6). Von daher stammt auch die Verpflichtung der Oberschule, eng mit berufsbildenden Schulen zusammenzuarbeiten. Allerdings wird ihr anders als der Hauptschule nicht aufgegeben, berufsbildende Angebote zum Bestandteil des Unterrichts zu machen (siehe jedoch Erlass vom 21.5.2017). Die Einschränkung, dass die »Schwerpunktbildung« sich nach den organisatorischen, personellen und sächlichen Gegebenheiten der jeweiligen Schule zu richten habe, ist dem Realschul-Paragrafen entnommen (siehe § 10 Abs. 1 Satz 4).

Nach dem Grundsatzerlass vom 21.5.2017 hat die Oberschule für ihre Schülerinnen und Schüler einerseits einen berufspraktischen Schwerpunkt mit Maßnahmen zur Beruflichen Orientierung und Berufsbildung einzurichten (nach dem Erl. v. 17.9.2018 an mindestens 60 Tagen). Außerdem ist das Profil Fremdsprachen sowie eines der Profile Wirtschaft, Technik oder Gesundheit und Soziales anzubieten. Für daran teilnehmende Schülerinnen und Schüler sind nach dem Erl. v. 17.9.2018 Maßnahmen zur Beruflichen Orientierung in einem Umfang von mindestens 30 Tagen vorzusehen.

3 Zu Abs. 2: Die Oberschule umfasst in der Regel die beiden Schulformen Hauptschule und Realschule; sie ist entweder nach Schulzweigen oder nach Schuljahrgängen gegliedert.

Ist die Oberschule **nach Schulzweigen** gegliedert, so arbeiten diese als »aufeinander bezogene« Einheiten. Damit verlangt der Gesetzgeber eine deutlich über das übliche Maß der Zusammenarbeit der Schulzweige an organisatorisch zusammengefassten Schulen, z.B. an Haupt- und Realschulen, hinausgehende Kooperation (z.B. gemeinsame Fachkonferenzen, gemeinsame Grundsätze für die Leistungsbeurteilung, Erarbeitung schuleigener Lehrpläne auf der Grundlage der Kerncurricula). In erster Linie für die inhaltliche Abstimmung der Arbeit in den Schulzweigen verfügt die Oberschule – wie die Gesamtschule – über das höherwertige Amt einer Didaktischen Leiterin oder eines Didaktische Leiters. Auf der anderen Seite ist es nicht ausgeschlossen, für die Schulzweige eigene Schulzweigkonferenzen sowie einen eigenen Bereichseltern- bzw. Bereichsschülerrat einzurichten. Der nach Schulzweigen gegliederte Grundtypus der Oberschule zeichnet sich dadurch aus, dass schulzweigspezifische Klassenverbände, also Hauptschul- und Realschulklassen und gegebenenfalls Gymnasialklassen (siehe Anm. 4) gebildet werden. Der Unterricht soll zwar »überwiegend« in den schulzweigspezifischen Klassenverbänden erteilt werden (Satz 4), was aber schulzweigübergreifenden Unterricht nicht ausschließt. Nach Satz 3 wird jedoch verlangt, dass ab dem 9. Schuljahrgang der schulzweigspezifische Unterricht überwiegt. Der Gesetzgeber verwendet statt des Begriffs »schulzweigübergreifender Unterricht« den Begriff »jahrgangsbezogener Unterricht« (siehe Satz 2). Dieser Begriff wird deshalb als passender angesehen, weil von »schulzweigübergreifendem« Unterricht in einer nach Schuljahrgängen gegliederten Oberschule (siehe unten) schlecht gesprochen werden kann. Die Bewertung der Schülerleistungen richtet sich auch bezüglich des jahrgangsbezogenen Unterrichts »nach dem schulzweigspezifischen Leistungsniveau« (Schriftlicher Bericht – Landtagsdrucksache 16/3458, S. 4). Einzelheiten regelt der Erlass »Die Arbeit in der Oberschule«. Unabhängig von der Beratung durch die Grundschule (siehe § 6 Abs. 5) entscheiden die Erziehungsberechtigten, welchen Schulzweig ihr Kind besuchen soll.

In der **nach Schuljahrgängen** gegliederten Oberschule treten die Schulzweige als organisatorische Einheiten nicht in Erscheinung. Die unterschiedlichen Lernvoraussetzungen der Schülerinnen und Schüler spielen bei der Klassenbildung keine Rolle. In allen Klassen gibt es – gemessen an den in der Grundschule erbrachten Leistungen – lernschwache und lernstarke

Allgemeine Vorschriften § 10a — NSchG

Schülerinnen und Schüler. Auch in der nach Schuljahrgängen gegliederten Oberschule wird zwischen »jahrgangsbezogenem« und »schulzweigspezifischem« Unterricht unterschieden; dafür gelten dieselben Bestimmungen wie für den nach Schulzweigen gegliederten Typus, d. h. ab dem 9. Schuljahrgang soll der schulzweigspezifische Unterricht überwiegen. Maßstab für das »Überwiegen« ist nicht die Zahl der schulzweigspezifischen bzw. schulzweigübergreifend unterrichteten Fächer, sondern die der erteilten Wochenstunden.

Die Entscheidung über den Grundtypus – Gliederung nach Schulzweigen oder nach Schuljahrgängen – trifft nach Satz 2 innerhalb des vorgegebenen gesetzlichen Rahmens »die Schule«. Dabei muss es kein »Entweder – Oder« geben; eine Beschränkung der Jahrgangsgliederung auf einzelne (wohl meist untere) Schuljahrgänge liegt innerhalb des Entscheidungsspielraums der Schule. Wegen der besonderen Rolle des gymnasialen Zweiges (siehe Anm. 4) ist eine durchgängige Gliederung der Schule nach Schuljahrgängen in der Regel nur in den Schuljahrgängen 5 und 6 möglich. Die Schule entscheidet auch darüber, in welchen Fächern der Unterricht jahrgangsbezogen (schulzweigübergreifend) oder schulzweigspezifisch erteilt wird. Dabei sind bestimmte Vorgaben des Erlasses »Die Arbeit in der Oberschule« zu beachten. An den genannten Entscheidungen ist der kommunale Schulträger nicht beteiligt. Seinen Einfluss kann er jedoch im Rahmen seiner Vertretung im Schulvorstand geltend machen; dieses Gremium ist nämlich nach § 38a Abs. 3 Satz 1 Nr. 9 für die Entscheidungen zuständig.

Zu Abs. 3: Die Oberschule nach Abs. 2 kann um ein »**gymnasiales Angebot**« **4** erweitert werden. Der Gesetzgeber hat sich für diesen Begriff (statt des Begriffs »gymnasialer Zweig« oder »Gymnasialzweig«) entschieden, weil der Eindruck vermieden werden sollte, ein gymnasialer Schulzweig könne nur an eine nach Schulzweigen gegliederten Oberschule angefügt werden. In Abs. 3 Satz 4 in der bis zum 31.07.2015 geltenden Fassung ist jedoch von einem »gymnasialen Schulzweig« die Rede. Dass die Erweiterung um ein gymnasiales Angebot nur »für die Schuljahrgänge nach Abs. 1 Satz 1«, also für den 5. bis 10. Schuljahrgang, erfolgen kann, soll das Missverständnis vermeiden, an einer Oberschule könne grundsätzlich auch eine gymnasiale Oberstufe geführt werden (siehe jedoch § 183a Abs. 2). Während der Hauptschul- und der Realschulzweig nach Abs. 2 Satz 1 »aufeinander bezogen« geführt werden müssen (siehe Anm. 3), fehlt diese Verpflichtung beim gymnasialen Angebot mit der Folge einer größeren Eigenständigkeit (z.B. eigene Gymnasialklassen – siehe unten und Anm. 1).

Mit Satz 2 wird der in Absatz 1 beschriebene Bildungsauftrag der Oberschule dadurch modifiziert, dass »§ 11 Abs. 1« entsprechend gelten soll. Nach dieser Vorschrift vermittelt der Gymnasialzweig seinen Schülerinnen und Schülern eine »breite und vertiefte« Allgemeinbildung und befähigt sie, ihren »Bildungsweg an einer Hochschule, aber auch berufsbezogen fortzusetzen«.

Aus Satz 3 ergibt sich, dass der Gymnasialzweig in der Regel nur in den Schuljahrgängen 5 und 6 in die Gliederung der Oberschule nach Schuljahrgängen einbezogen werden kann. Der Unterricht im »gymnasialen

Angebot« soll nämlich bereits ab dem 7. Schuljahrgang und muss ab dem 9. Schuljahrgang in »schulzweigspezifischen« Klassenverbänden erteilt werden. Das Hinausschieben der Bildung eigener Gymnasialklassen in den 9. Schuljahrgang wird nur im Ausnahmefall, z.B. wegen geringer Schülerzahlen im Gymnasialzweig möglich sein. Durch die Bildung eigener Klassen wird allerdings schulzweigübergreifender Unterricht in einzelnen Fächern nicht vollständig ausgeschlossen. Die besondere Rolle des Gymnasialzweiges als eine Art »Schule in der Schule« hängt mit den Bestimmungen der KMK über die gegenseitige Anerkennung der Abiturzeugnisse zusammen. Von den 276 im Schuljahr 2016/17 arbeitenden Oberschulen hatten 39 die Genehmigung für ein gymnasiales Angebot erhalten.

Da es in der Oberschule in der Regel keine gymnasiale Oberstufe (Schuljahrgänge 11 bis 13) geben wird, müssen die Absolventinnen und Absolventen des 10. Schuljahrgangs, die die allgemeine Hochschulreife oder die Fachhochschulreife anstreben, auf ein Gymnasium, ein Berufliches Gymnasium oder eine Gesamtschule mit gymnasialer Oberstufe übergehen.

Die Erweiterung der Oberschule um ein gymnasiales Angebot bedarf der Genehmigung durch die Schulbehörde (siehe § 106 Abs. 8). Voraussetzung dafür ist nach der »Verordnung für die Schulorganisation« (SchOrgVO), dass der antragstellende Schulträger den Nachweis führt, dass der gymnasiale Zweig von mindestens 27 Schülerinnen und Schülern besucht werden wird (§ 4 Abs. 3 SchOrgVO). Dabei ist eine Prognose von mindestens zehn Jahren zugrunde zu legen (§ 6 Abs. 1 SchOrgVO). Weitere Genehmigungsvoraussetzung ist, dass der Besuch eines Gymnasiums im Gebiet des Landkreises (oder der kreisfreien Stadt) unter zumutbaren Bedingungen gewährleistet bleibt. Außerdem muss der Schulträger desjenigen Gymnasiums seine Zustimmung erteilen, das die Schülerinnen und Schüler sonst im Gebiet des Landkreises (oder der kreisfreien Stadt) besuchen würden (siehe § 106 Abs. 3 Satz 3). Mit dem weiteren Genehmigungsvorbehalt hat der Gesetzgeber den Bestand vorhandener Gymnasium ausdrücklich schützen wollen.

5 Verweise, Literatur:

- Verordnung für die Schulorganisation (SchOrgVO) vom 17. Februar 2011 (Nds. GVBl. S. 62; SVBl. S. 106; SRH 2.015; Schulrecht 272/19), zuletzt geändert durch Art. 2 des Gesetzes vom 19.6.2013 (Nds. GVBl. S. 165)

- Verordnung über den Wechsel zwischen Schuljahrgängen und Schulformen allgemein bildender Schulen (WeSchVO) vom 3.5.2016 (Nds. GVBl. S. 82; SVBl. S. 332; SRH 3.015; Schulrecht 412/1), zuletzt geändert durch Art. 1 der VO vom 23.09.2020 (Nds. GVBl. S. 332; SVBl. S. 482)

- Erlass »Die Arbeit in der Oberschule« vom 21.5.2017 (SVBl. S. 366; SRH 4.805; Schulrecht 430/1)

- Erl. »Verfahren zur Übertragung der Funktion einer Fachkonferenzleiterin oder eines Fachkonferenzleiters an der Oberschule« vom 9.8.2012 (SVBl. S. 466)

Allgemeine Vorschriften § 11 **NSchG**

- Erl. »Berufliche Orientierung an allgemein bildenden Schulen« vom 17.9.2018 (SVBl. S. 556; SRH 5.010), berichtigt S. 710
- *Ulrich, Karl-Heinz*: Errichtung von Oberschulen, Schulverwaltung, Ausgabe Niedersachsen, 2011, H. 2, S. 38
- *Bräth, Peter*: Oberschule – Schulform im Sekundarbereich I, Schulverwaltung, Ausgabe Niedersachsen, 2011, H. 5, S. 132; SRH D/I, S. 71
- *Reinert, Peter*: Angebot für viele Fälle – Neue Oberschulen, Schulverwaltung, Ausgabe Niedersachsen, 2012, H. 5, S. 144
- *Graschtat, Erwin*: Oberschulen in Niedersachsen – Erste Erfahrungen mit einer neuen Schulform aus schulorganisatorischer Sicht, Schulverwaltung, Ausgabe Niedersachsen, 2012, H. 6, S. 172
- *Reinert, Peter*: Datenerhebung an den Oberschulen – Schülerzahlen und Organisation des Unterrichts, Schulverwaltung, Ausgabe Niedersachsen, 2013, H. 1, S. 14
- *Schimpf, Wolfgang*: Die Zukunft des gegliederten Schulwesens – Überlegungen zum Zwei-Säulen-System, Schulverwaltung, Ausgabe Niedersachsen, 2017, H. 2, S. 51
- *Reinert, Peter*: Neue Grundsatzerlasse Haupt-, Real- und Oberschule – Verbesserung der Vergleichbarkeit und inhaltliche Neuerungen, Schulverwaltung, Ausgabe Niedersachsen, 2017, H. 10, S. 266

(Dieter Galas)

§ 11 Gymnasium

(1) ¹Das Gymnasium vermittelt seinen Schülerinnen und Schülern eine breite und vertiefte Allgemeinbildung und ermöglicht den Erwerb der allgemeinen Studierfähigkeit. ²Es stärkt selbständiges Lernen und wissenschaftspropädeutisches Arbeiten. ³Entsprechend ihrer Leistungsfähigkeit und ihren Neigungen ermöglicht das Gymnasium seinen Schülerinnen und Schülern eine individuelle Schwerpunktbildung und befähigt sie, nach Maßgabe der Abschlüsse ihren Bildungsweg an einer Hochschule, aber auch berufsbezogen fortzusetzen.

(2) ¹Im Gymnasium werden Schülerinnen und Schüler des 5. bis 13. Schuljahrgangs unterrichtet. ²Es kann ohne die Schuljahrgänge 11 bis 13 geführt werden.

(3) ¹Der 11. Schuljahrgang ist die Einführungsphase der gymnasialen Oberstufe. ²Die Qualifikationsphase der gymnasialen Oberstufe umfasst die Schuljahrgänge 12 und 13. ³Das Gymnasium setzt für die Qualifikationsphase Schwerpunkte im sprachlichen, naturwissenschaftlichen oder gesellschaftswissenschaftlichen Bereich; es kann weitere Schwerpunkte im musisch-künstlerischen und im sportlichen Bereich setzen.

NSchG

Allgemeine Vorschriften § 11

(4) ¹Der Besuch der Qualifikationsphase der gymnasialen Oberstufe dauert höchstens drei Jahre. ²Ein im Ausland verbrachtes Schuljahr wird nicht auf die Höchstzeit angerechnet. ³Zur Wiederholung einer nicht bestandenen Abiturprüfung wird von der Schule die Höchstzeit um ein weiteres Jahr verlängert. ⁴Die Schule kann in Härtefällen, die nicht von der Schülerin oder dem Schüler zu vertreten sind, eine weitere Verlängerung um ein weiteres Schuljahr zulassen.

(5) ¹In der Qualifikationsphase der gymnasialen Oberstufe wird fächerübergreifendes, vernetztes und selbständiges Denken und Lernen durch persönliche Schwerpunktsetzung der Schülerinnen und Schüler gefördert. ²Die Schülerinnen und Schüler nehmen in allen Schulhalbjahren der Qualifikationsphase am Unterricht in den Kernfächern und in den ihrer Schwerpunktbildung entsprechenden Fächern teil. ³Im Übrigen nehmen sie am Unterricht in Ergänzungsfächern und Wahlfächern teil.

(6) In der Qualifikationsphase der gymnasialen Oberstufe werden die Leistungen der Schülerinnen und Schüler in einem Punktsystem bewertet.

(7) ¹Die gymnasiale Oberstufe schließt mit der Abiturprüfung ab. ²Für die schriftliche Prüfung werden grundsätzlich landesweit einheitliche Aufgaben gestellt.

(8) ¹Die allgemeine Hochschulreife wird durch eine Gesamtqualifikation erworben, die sich zusammensetzt aus den Leistungen in der Abiturprüfung und aus den Vorleistungen des 12. und 13. Schuljahrgangs. ²§ 60 Abs. 1 Nr. 5 (vorzeitiger Erwerb eines Abschlusses) bleibt unberührt.

(9) Das Kultusministerium wird ermächtigt, durch Verordnung das Nähere zur Ausführung der Absätze 3 bis 8 zu regeln.

1 Zu Abs. 1: Absatz 1 beschreibt den Bildungsauftrag des Gymnasiums. Er hat seine jetzige Fassung durch das »Gesetz zur Verbesserung von Bildungsqualität und zur Sicherung von Schulstandorten« vom 02.07.2003 erhalten. Bis dahin war sein Auftrag nur sehr allgemein dahin gehend formuliert, dass Schülerinnen und Schüler zu befähigen waren, »nach Maßgabe der Abschlüsse den Bildungsweg an einer Hochschule, aber auch berufsbezogen fortzusetzen.« Die am Gymnasium zu vermittelnde Allgemeinbildung soll – anders als in der Hauptschule (»grundlegend«) und in der Realschule (»erweitert«) – »breit und vertieft« sein. Diese Differenzierung findet sich in ähnlicher Form auch in den Schulgesetzen anderer Bundesländer (für das Gymnasium meist ohne das Adjektiv »breit«); von ihr hat auch die KMK in ihrer Vereinbarung über die Schularten und Bildungsgänge Gebrauch gemacht. Am Gymnasium soll wie an den anderen Schulformen des gegliederten Schulwesens »selbständiges Lernen«, darüber hinaus »wissenschaftspropädeutisches Arbeiten« gestärkt werden. Unter (Wissenschafts-)Propädeutik wird allgemein die Einführung in die Vorkenntnisse verstanden, die zu einem wissenschaftlichen Studium gehören. Ziel des Durchgangs durch das Gymnasium ist das Erreichen der »allgemeinen Studierfähigkeit«.

Schwerpunktbildung ist nach dem Erlass »Die Arbeit in den Schuljahrgängen 5 bis 10 des Gymnasiums« durch Einrichtung eines Wahlpflichtbereiches ab dem 8. Schuljahrgang für alle Schülerinnen und Schüler oder durch klassenbezogenen Unterricht mit »besonderem Schwerpunkt« möglich (Bildung von »Profilen«). Solche Schwerpunkte können ab dem 8. Schuljahrgang für die alten Sprachen, die neuen Sprachen, den Bereich Mathematik/Naturwissenschaften sowie – bereits ab 6. Schuljahrgang – im Fach Musik eingerichtet werden. Der Unterricht mit »besonderem Schwerpunkt« tritt an die Stelle der bisherigen »Zweige« (zu den »Schwerpunkten« der gymnasialen Oberstufe siehe Anm. 3).

Gymnasien mit alt- oder neusprachlichem Unterrichtsschwerpunkt oder mit einem Unterrichtsschwerpunkt im Fach Musik sind nach dem Erlass »Ergänzende Bestimmungen zum Rechtsverhältnis zur Schule und zur Schulpflicht« Bildungsgänge, für die gegebenenfalls Schulbezirke gesondert festzulegen sind. Dagegen stellt ein Gymnasium mit dem Schwerpunkt Mathematik/Naturwissenschaften keinen eigenen Bildungsgang dar. Als »Bildungsgang« wird in diesem Gesetz die Unterform einer Schulform bezeichnet (siehe auch Anm. 2 zu § 59).

Zu Abs. 2: Nach Abschaffung der Orientierungsstufe durch das ÄndG 03 **2** werden am Gymnasium wie an der Hauptschule und an der Realschule mit Beginn des Schuljahres 2004/05 wieder – strikt schulformbezogen – die Schuljahrgänge 5 und 6 geführt. Andererseits hatte das ÄndG 03 die Schulzeit bis zum Abitur um ein Schuljahr verkürzt. Damit umfasste der Bildungsweg am Gymnasium acht »gymnasiale« Schuljahre (»G 8«). Erstmals hatten Schülerinnen und Schüler im Frühjahr 2011 die Abiturprüfung nach zwölf Schuljahren abgelegt. Nach einer KMK-Vereinbarung ist zwischen den Bundesländern die gegenseitige Anerkennung der Abiturzeugnisse unabhängig von der Frage, ob nach dem jeweiligen Landesrecht 12 oder 13 Schuljahre zu absolvieren sind, gesichert, sofern ab dem 5. Schuljahrgang insgesamt mindestens 265 Jahreswochenstunden Unterricht erteilt worden sind.

Durch das ÄndG 15 ist die Verkürzung der Schulzeit bis zum Abitur wieder rückgängig gemacht worden. Das Gymnasium umfasst für die Schülerinnen und Schüler wieder die Schuljahrgänge 5 bis 13 (»G 9«), die sich zu Beginn des Schuljahres 2015/16 im 5. bis 8. Schuljahrgang befanden. Im Frühjahr 2021 wird somit erstmals wieder die Abiturprüfung nach 13 Schuljahren abgelegt werden. Ein Jahr zuvor wird folglich an den Gymnasien eine »Abiturlücke« entstehen.

Die Möglichkeit, Gymnasien ohne die drei Schuljahrgänge umfassende Oberstufe (11. – 13. Schuljahrgang) zu führen, war bereits durch das »Gesetz zur Weiterentwicklung des Schulwesens« vom 25.06.2002 eröffnet worden. Im Schuljahr 2018/19 hatten von den 220 öffentlichen Gymnasien elf keine gymnasiale Oberstufe; von diesen elf Schulen befand sich ein neu gegründetes Gymnasium im »Aufwuchs«.

Zu Abs. 3: Mit den Begriffen »Einführungsphase« (früher »Vorstufe«) und **3** »Qualifikationsphase« (früher »Kursstufe«) hat das NSchG die im Bereich der KMK übliche Terminologie für die gymnasiale Oberstufe übernommen. Sie gilt auch für das Abendgymnasium und das Kolleg (§ 13) sowie für das Berufliche Gymnasium (bis 2010: Fachgymnasium – § 19). Für die die Schuljahrgänge 12 und 13 umfassende Qualifikationsphase sieht Satz 3 »Schwerpunkte« vor, von denen jedes Gymnasium den sprachlichen und den naturwissenschaftlichen Schwerpunkt vorhalten muss (§ 10 Abs. 4 VO-GO). Darüber hinaus soll außerdem der musisch-künstlerische und der gesellschaftswissenschaftliche Schwerpunkt angeboten werden. Für den sportlichen Schwerpunkt gilt eine Kann-Bestimmung.

4 Zu Abs. 4: In diesem Absatz wird die Höchstdauer des Besuchs der Qualifikationsphase auf drei Jahre festgesetzt, wobei ein nach Eintritt in den 11. Schuljahrgang im Ausland verbrachtes Schuljahr nicht auf die Höchstdauer angerechnet wird. Anspruch auf Verlängerung um ein Jahr haben Schülerinnen und Schüler, die die Abiturprüfung nicht bestanden haben. In Härtefällen ist eine weitere Verlängerung um ein weiteres Schuljahr möglich. Davon kann aber nur einmal Gebrauch gemacht werden. Werden alle Verlängerungsmöglichkeiten ausgeschöpft, kann eine Schülerin oder ein Schüler maximal sechs Jahre in der zweijährigen Qualifikationsphase verbleiben.

5 Zu Abs. 5: Satz 1 modifiziert den Bildungsauftrag des Gymnasiums nach Abs. 1 für die Qualifikationsphase der gymnasialen Oberstufe. Nach Satz 2 sind die Schülerinnen und Schüler verpflichtet, in den vier Schulhalbjahren der Qualifikationsphase am Unterricht in den »Kernfächern« teilzunehmen. Darunter sind die »basalen« (KMK-Terminologie) Fächer Deutsch, fortgeführte Fremdsprache und Mathematik zu verstehen. Die durchgehende Teilnahmeverpflichtung besteht auch für den Unterricht der beiden Fächer, die den gewählten »Schwerpunkt« (siehe Anm. 3) charakterisieren. Nicht durchgehend belegt werden müssen die übrigen Fächer.

6 Zu Abs. 6: Durch das ÄndG 03 ist die Bewertung der Schülerleistungen nach einem Punktsystem auf die Qualifikationsphase der gymnasialen Oberstufe beschränkt worden. Sie war vorher auch im ersten Jahr dieser Stufe zulässig. Eine gesetzliche Verankerung des die übliche Notenskala von 1 (»sehr gut«) bis 6 (»ungenügend«) modifizierenden Punktsystems von 15 Punkten bis 0 Punkten ist deshalb als erforderlich angesehen worden, weil nach der Rechtsprechung des Bundesverfassungsgerichts der Gesetzgeber selbst die wesentlichen Entscheidungen zu treffen hat und nicht der Exekutive überlassen darf. Erstaunlich ist aber in diesem Zusammenhang, dass die übliche Notenskala ihre Grundlage nicht im Schulgesetz, sondern in einem Erlass des Kultusministeriums (Erl. »Zeugnisse in den allgemein bildenden Schulen« vom 3. 5.2016) hat. Auf die Sechserskala hatten sich die Regierungschefs der deutschen Länder im »Hamburger Abkommen« zur Vereinheitlichung auf dem Gebiet des Schulwesens vom 28.10.1964 verständigt.

7 Zu Abs. 7: Für die schriftliche Abiturprüfung werden nach dem ÄndG 03 »grundsätzlich« landesweit einheitliche Aufgaben gestellt. Ausgenommen sind lediglich Prüfungsfächer, die nicht an allen Gymnasien des Landes angeboten werden (z.B. Pädagogik, Rechtskunde, Philosophie, Italienisch, Niederländisch). Einzelheiten ergeben sich aus der »Verordnung über die

Abschlüsse in der gymnasialen Oberstufe, im Beruflichen Gymnasium, im Abendgymnasium und im Kolleg« sowie aus den dazu ergangenen »Ergänzenden Bestimmungen«.

Das »Zentralabitur« fand erstmals im Jahre 2006 statt. Um die Vergleichbarkeit in der Abiturprüfung zu verbessern, haben die sechs Länder Bayern, Hamburg, Mecklenburg-Vorpommern, Niedersachsen, Sachsen und Schleswig-Holstein sich auf ein gemeinsames Vorgehen im Projekt »Länderübergreifende Abiturprüfung (LüA)« verständigt. Bereits zum Abitur 2014 sind der Prüfung in Deutsch, Englisch und Mathematik zwischen den Ländern abgestimmte Aufgaben zugrunde gelegt worden. Seit dem Jahr 2017 fließen die im Projekt »LüA« erarbeiteten Aufgaben in die Aufgabenpools des Instituts für Qualitätssicherung im Bildungswesen (IQB) mit ein und können damit auch von anderen Ländern genutzt werden.

Zu Abs. 8: Maßgeblich für das Bestehen der Abiturprüfung ist eine »Gesamtqualifikation«, in die nicht nur die Ergebnisse der schriftlichen und mündlichen Prüfungen eingehen, sondern auch die »Vorleistungen« aus der Qualifikationsphase. Einzelheiten regeln die »Verordnung über die Abschlüsse in der gymnasialen Oberstufe, im Beruflichen Gymnasium, im Abendgymnasium und im Kolleg« sowie die dazu ergangenen »Ergänzenden Bestimmungen«.

Der Hinweis in Satz 2 muss im Zusammenhang mit dem individuellen Überspringen eines Schuljahres gesehen werden. Er kann darüber hinaus aber auch als Grundlage für eine systemische Verkürzung der generell neunjährigen gymnasialen Schulzeit angesehen werden.

Zu Abs. 9: Von der Ermächtigung hat das Kultusministerium durch die »Verordnung über die gymnasiale Oberstufe (VO-GO)« und die »Verordnung über die Abschlüsse in der gymnasialen Oberstufe, im Beruflichen Gymnasium, im Abendgymnasium und im Kolleg (AVO-GOBAK)« Gebrauch gemacht (siehe Anm. 10).

Verweise, Literatur:

- Verordnung über die gymnasiale Oberstufe (VO-GO) v. 17.2.2005 (Nds. GVBl. S. 51; SVBl. S. 171; SRH 4.410; Schulrecht 463/213a), zuletzt geändert durch Art. 2 der VO vom 23.09.2020 (Nds. GVBl. S. 332; SVBl. S. 482)

- Verordnung über die Abschlüsse in der gymnasialen Oberstufe, im Beruflichen Gymnasium, im Abendgymnasium und im Kolleg (AVO-GOBAK) v. 19.5.2005 (Nds. GVBl. S. 169; SVBl. S. 352; SRH 4.420; Schulrecht 463/251), zuletzt geändert durch Art. 5 der VO vom 23.09.2020 (Nds. GVBl. S. 332; SVBl. S. 482)

- Erl. »Ergänzende Bestimmungen zur Verordnung über die gymnasiale Oberstufe (EB-VO-GO)« vom 17.2.2005 (SVBl. S. 177; SRH 4.415; Schulrecht 463/229), zuletzt geändert durch Erl. vom 4.9.2018 (SVBl. S. 571), berichtigt S. 645

- Erl. »Ergänzende Bestimmungen zur Verordnung über die Abschlüsse in der gymnasialen Oberstufe, im Beruflichen Gymnasium, im Abendgymnasium und im Kolleg (EB-AVO-GOBAK)« vom 19.5.2005 (SVBl. S. 361; SRH 4.430; Schulrecht 463/267), zuletzt geändert durch Erl. vom 4.9.2018 (SVBl. S. 574)
- Erl. »Die Arbeit in den Schuljahrgängen 5–10 des Gymnasiums« vom 23.6.2015 (SVBl. S. 301; SRH 4.405; Schulrecht 462/1), geändert durch Erl. vom 19.05.2020 (SVBl. S. 304)
- Erl. »Ergänzende Bestimmungen zum Rechtsverhältnis zur Schule und zur Schulpflicht« vom 1.12.2016 (SVBl. S. 705; SRH 2.205; Schulrecht 220/11)
- Erl. »Einheitliche Prüfungsanforderungen in der Abiturprüfung im Lande Niedersachsen« v. 1.10.2008 (SVBl. S. 350, berichtigt SVBl. S. 429; Schulrecht 463/1)
- *Bade, Rolf*: Zum Begriff des Bildungsgangs, Schulverwaltung, Ausgabe Niedersachsen, 2006, H. 4, S. 122
- *Bade, Rolf*: Bildungsstandards und länderübergreifende Abiturprüfung – Auf dem Wege zu mehr Gemeinsamkeit im Abitur, Schulverwaltung, Ausgabe Niedersachsen, 2012, H. 5, S. 134
- *Bade, Rolf*: Dreizehn Schuljahre bis zum Abitur – Umstellung ab dem Schuljahr 2015/2016, Schulverwaltung, Ausgabe Niedersachsen, 2014, H. 4, S. 100
- *Hoffmeister, Heiner/Stein, Andreas:* 9-jähriges Gymnasium in Niedersachsen – Grundzüge der beabsichtigten untergesetzlichen Regelungen, Schulverwaltung, Ausgabe Niedersachsen, 2015, H. 4, S. 100
- *Stein, Andreas:* Der Erlass »Die Arbeit in den Schuljahrgängen 5 bis 10 des Gymnasiums« – Ergänzende Hinweise und Erläuterungen, Schulverwaltungsblatt, 2015, H. 9, S. 458
- *Nolte, Gerald:* Fragen und Antworten zum Schulgesetz – Themenbereich Gymnasium, Schulverwaltung, Ausgabe Niedersachsen, 2015, H. 12, S. 336
- *Hoffmeister, Heiner/Stein, Andreas:* Neue Verordnungen zum Gymnasium, Schulverwaltung, Ausgabe Niedersachsen, 2016, H. 9, S. 239
- *Stein, Andreas:* G 9 in der gymnasialen Oberstufe – Aktuelle Verordnungen und weiterführende Kerncurricula, Schulverwaltung, Ausgabe Niedersachsen, 2018, H. 6, S. 178
- *Stein, Andreas:* »Zentralabitur« in Niedersachsen – Zur Entstehung von Prüfungsaufgaben mit landesweit einheitlichen Aufgabenstellungen, Schulverwaltung, Ausgabe Niedersachsen, 2020, H. 1, S. 22
- *Terhart, Ewald:* Das Abitur, die KMK und das IQB – Eine Korrektur, Schulverwaltung, Ausgabe Niedersachsen, 2020, H. 4, S. 105

(Dieter Galas)

§ 12 Gesamtschule

(1) ¹Die Gesamtschule ist unabhängig von den in den §§ 9, 10 und 11 genannten Schulformen nach Schuljahrgängen gegliedert. ²Sie vermittelt ihren Schülerinnen und Schülern eine grundlegende, erweiterte oder breite und vertiefte Allgemeinbildung und ermöglicht ihnen eine individuelle Schwerpunktbildung entsprechend ihrer Leistungsfähigkeit und ihren Neigungen. ³Sie stärkt Grundfertigkeiten, selbständiges Lernen und auch wissenschaftspropädeutisches Arbeiten und befähigt ihre Schülerinnen und Schüler, nach Maßgabe der Abschlüsse ihren Bildungsweg berufs- oder studienbezogen fortzusetzen.

(2) ¹In der Gesamtschule werden Schülerinnen und Schüler des 5. bis 13. Schuljahrgangs unterrichtet. ²An der Gesamtschule können dieselben Abschlüsse wie an den in den §§ 9, 10 und 11 genannten Schulformen erworben werden. ³§ 11 Abs. 3 bis 9 gilt entsprechend. ⁴Eine Gesamtschule kann abweichend von den Sätzen 1 und 2 ohne die Schuljahrgänge 11 bis 13 geführt werden; Satz 2 gilt entsprechend.

Allg.: Integrierte und Kooperative Gesamtschulen (IGS und KGS) gibt es in Niedersachsen seit 1971. Zu Beginn des Schuljahres 1971/72 nahmen auf Antrag der jeweiligen Schulträger 7 Integrierte und 2 Kooperative Gesamtschulen ihre Arbeit auf. Im Schuljahr 2017/18 gab es 95 öffentliche IGS und 36 öffentliche KGS.

Ihre gesetzliche Absicherung erhielten die Gesamtschulen durch das Gesetz zur Änderung schulrechtlicher Vorschriften vom 14.06.1973 (Nds. GVBl. S. 189). In das damalige Schulverwaltungsgesetz wurde eine Bestimmung aufgenommen, dass Schulversuche insbesondere mit Gesamtschulen in integrierter oder kooperativer Form durchgeführt werden können (§ 1d SchVG).

Bereits im NSchG 74 wurden die Gesamtschulen als reguläre Schulform der Sekundarbereiche I und II genannt. Ihre Sonderstellung bestand lediglich darin, dass die schulbehördlichen Genehmigungen zur Errichtung und Erweiterung vom Kultusministerium und nicht, wie sonst üblich, von den damaligen Bezirksregierungen zu erteilen waren. Eine Statusänderung brachte das ÄndG 80. Es machte die Gesamtschulen zu »Schulischen Angeboten«, zu deren Errichtung die Schulträger beim Vorliegen eines »besonderen Bedürfnisses« zwar berechtigt, aber nicht verpflichtet waren.

Das ÄndG 80 verhängte außerdem ein dreijähriges Errichtungsverbot für Integrierte Gesamtschulen (§ 155a a. F.). Nach Ablauf der bis zum 01.08.1983 reichenden Sperrfrist konnten Integrierte Gesamtschulen errichtet werden, »wenn benachbarte Regelschulen in ihrem Bestand nicht gefährdet werden und der Besuch von Regelschulen in zumutbarer Entfernung gewährleistet bleibt« (§ 13a Abs. 4 a. F.).

Das ÄndG 93 hat die Gliederung der Schulformen in Regelschulformen und in Schulische Angebote aufgehoben und nannte die Gesamtschulen gleichberechtigt unter den Schulformen der allgemein bildenden Schulen. Als Folge der Aufhebung der Unterscheidung von Regelschulen und Schulischen Angeboten wurden die Schulträger verpflichtet,»Schulen« (bisher:»Regelschulen«) nach Maßgabe des Bedürfnisses zu errichten, zu erweitern, einzuschränken, zusammenzulegen, zu teilen oder aufzuheben. Für die Errichtung von Gesamtschulen musste kein»besonderes« Bedürfnis mehr nachgewiesen werden. Im Grundsatz waren Gesamtschulen dort zu errichten, wo sie von einer ausreichenden Zahl von Eltern nachgefragt wurden und der Schulträger über die erforderliche Leistungsfähigkeit verfügte. Ein gegen die Gesamtschulregelungen des ÄndG 93 gerichtetes Normenkontrollverfahren vor dem Niedersächsischen Staatsgerichtshof ist 1996 erfolglos geblieben (Urteil vom 08.05.1996-StGH 3/94).

Das mit dem ÄndG 03 verhängte Errichtungsverbot für Integrierte und Kooperative Gesamtschulen (§ 12 Abs. 1 Satz 3 a. F.:»Neue Gesamtschulen dürfen nicht errichtet werden.«) ist zwar durch das ÄndG 08 aufgehoben worden. Der Gesetzgeber hatte aber die Genehmigungsvoraussetzungen verschärft und den Gesamtschulen wiederum den Status von Angebotsschulen zugewiesen, zu deren Errichtung die Schulträger berechtigt, aber auch beim Vorliegen einer eindeutigen Nachfrage nicht verpflichtet waren. Neue IGS durften errichtet werden, wenn im Gebiet des jeweiligen Landkreises (oder der kreisfreien Stadt) der Besuch einer Hauptschule und einer Realschule oder einer Oberschule sowie eines Gymnasiums unter zumutbaren Bedingungen gewährleistet blieb (§ 106 Abs. 2 in der bis zum 31.07.2015 geltenden Fassung). Die Gesamtschule wurde also – anders als die Oberschule, die an die Stelle von Hauptschulen und Realschulen treten kann (siehe § 106 Abs. 3) – keine»ersetzende« Schulform. Schulträger von Gesamtschulen konnten allerdings unter bestimmten Voraussetzungen von der Pflicht befreit werden, herkömmliche Schulen vorzuhalten (siehe § 106 Abs. 8 Satz 4 in der bis zum 31.07.2015 geltenden Fassung). Die gegebenenfalls Hauptschulen, Realschulen und Gymnasien im Sekundarbereich I ersetzende Schulform ist die Gesamtschule mit dem ÄndG 15 geworden (siehe § 106 Abs. 2).

Die von der »Verordnung für die Schulorganisation« (SchOrgVO) vom 17.02.2011 für eine neue IGS festgesetzte Mindestgröße von fünf parallelen Klassen pro Schuljahrgang (»Fünfzügigkeit«) ist mit dem ÄndG 13 auf vier reduziert worden. Ausnahmsweise können auch dreizügige IGS errichtet werden (§ 4 Abs. 1 SchOrgVO). Der die IGS beantragende Schulträger hat bezüglich der Mindestschülerzahlen eine Prognose für mindestens zehn Jahre zugrunde zu legen (§ 6 Abs. 1 SchOrgVO).

Das ÄndG 09 hat die besondere Form der nicht nach Schulzweigen, sondern nach Schuljahrgängen gegliederten KGS nicht mehr zugelassen, aber für die bestehenden Schulen Bestandsschutz gewährt. Ganz aus dem Schulgesetz gestrichen wurden die KGS durch das ÄndG 11; an ihre Stelle soll die Oberschule (siehe § 10a) treten. Am 31.07.2011 bestehende KGS dürfen jedoch weitergeführt werden (siehe § 183b Abs. 1). Die Bezeichnung »**Integrierte** Gesamtschule« taucht im Schulgesetz nicht mehr auf. Wegen des Bestandsschutzes für die KGS werden in der Praxis aber weiterhin die beiden Kürzel »IGS« und »KGS« Verwendung finden. Bei

Allgemeine Vorschriften § 12 **NSchG**

den Landtagsberatungen zum ÄndG 15 ist festgestellt worden, dass der im Schulgesetz verwendete Begriff »Gesamtschule« beide Formen umfasst. Wenn nicht durch besondere Vorschriften etwas anderes bestimmt wird, gelten für die KGS dieselben Bestimmungen wie für die (integrierte) »Gesamtschule nach § 12 Abs. 1« (Schriftlicher Bericht zum ÄndG 15, Drucksache 17/3598, S. 18).

Bezüglich der Schülerbeförderung gelten beide Varianten als jeweils eigene Schulform (siehe § 114 Abs. 3 Satz 4).

An der IGS unterrichten Lehrkräfte mit der Lehrbefähigung für Schulformen der allgemein bildenden Schulen (siehe § 51 Abs. 1 Satz 1).

Zu Abs. 1: Charakteristisches Merkmal der Integrierten Gesamtschule **2** (IGS) ist, dass sie nach Schuljahrgängen und nicht nach den herkömmlichen Schulformen gegliedert ist. Das bedeutet, dass die an ihr gebildeten Klassenverbände heterogen mit Schülerinnen und Schülern unterschiedlicher Lernvoraussetzungen zusammengesetzt sind. Der Bildungsauftrag der IGS orientiert sich an denen der Hauptschule, der Realschule und des Gymnasiums. Die zu vermittelnde Allgemeinbildung ist entweder »grundlegend« (wie an der Hauptschule – siehe § 9 Abs. 1), oder »erweitert« (wie an der Realschule – siehe § 10 Abs. 1) oder »breit und vertieft« (wie am Gymnasium – siehe § 11 Abs. 1). Wie an den drei genannten Schulformen soll »selbständiges Lernen« gestärkt werden. Aus dem Bildungsauftrag der Hauptschule ist die Stärkung von »Grundfertigkeiten« übernommen, auf den Bildungsweg des Gymnasiums zielt der Auftrag der IGS, »auch« wissenschaftspropädeutisches Arbeiten zu stärken. Der Realschule schließlich entspricht, dass Gesamtschülerinnen und Gesamtschüler nach Maßgabe ihrer Schulabschlüsse ihren Bildungsweg »berufs- oder studienbezogen« fortsetzen können sollen.

Die Arbeit der IGS richtet sich darauf, Schülerinnen und Schüler mit unterschiedlichen Lernvoraussetzungen gemeinsame Lernerfahrungen zu vermitteln und sie durch differenzierenden Unterricht individuell zu fördern. Nach dem Grundsatzerlass vom 01.08.2014 ist eine Fachleistungsdifferenzierung in Mathematik und Englisch ab Schuljahrgang 7, in Deutsch ab Schuljahrgang 8 und in den Naturwissenschaften ab Schuljahrgang 9 durchzuführen. Dabei wird der Unterricht in Kursen auf zwei Anspruchsebenen (G-Kurs mit grundlegenden, E-Kurs mit erhöhten Anforderungen) erteilt. Auf Beschluss der Gesamtkonferenz kann der Unterricht auch auf drei Anspruchsebenen durchgeführt werden. In den Schuljahrgängen 7 und 8 erfolgt in der Regel eine klasseninterne Kurszuweisung, wobei der Unterricht überwiegend im Klassenverband erteilt wird. Diese Vorgaben gehen auf eine KMK-Vereinbarung aus dem Jahre 1993 zurück.

Zu Abs. 2: Aus Satz 1 folgt, dass die Gesamtschule keinen Primarbereich **3** (Schuljahrgänge 1 bis 4) umfassen kann (zur Ausnahme der IGS Roderbruch in Hannover siehe § 182). Möglich ist allerdings eine organisatorische Zusammenfassung mit einer Grundschule (siehe § 106 Abs. 6 Satz 1 Nr. 1). Durch eine solche Zusammenfassung entsteht eine »Grund- und

Gesamtschule«, die von Schülerinnen und Schülern der Schuljahrgänge 1 bis 13 besucht werden kann. In ihr arbeiten die »Schulzweige« Grundschule und Gesamtschule unter einer einheitlichen Leitung organisatorisch und pädagogisch zusammen.

Die mit dem ÄndG 09 erfolgte Verkürzung der Schulzeit bis zum Abitur um ein Schuljahr ist durch das ÄndG 13 wieder rückgängig gemacht worden, ohne dass es zu einer Abiturprüfung nach achtjährigem Durchgang durch die Sekundarbereiche I und II der IGS gekommen ist. Nach wie vor werden an der IGS Schülerinnen und Schüler des 5. bis 13. Schuljahrgangs unterrichtet. Das gilt auch für die nach Schuljahrgängen gegliederten Kooperativen Gesamtschulen. Für die nach Schulzweigen gegliederten KGS hat das ÄndG 15 den 13. Schuljahrgang wieder hergestellt (siehe § 183b Abs. 2).

In der Frage der Schulabschlüsse gilt, dass an den Gesamtschulen dieselben Abschlüsse erworben werden können wie an der Hauptschule, der Realschule und am Gymnasium. Die Abschlüsse werden nach einer KMK-Vereinbarung vom 03.12.1993 bundesweit anerkannt, wenn die Struktur und die Arbeitsweise der Gesamtschulen, z.B. in der Frage der Fachleistungsdifferenzierung, der genannten Vereinbarung entsprechen. Dies hat das Kultusministerium in seinem Grundsatzerlass zur Arbeit in der Integrierten Gesamtschule sichergestellt.

In die im 11. Schuljahrgang geführte Einführungsphase der gymnasialen Oberstufe kann eintreten, wer am Ende des 10. Schuljahrgangs den Erweiterten Sekundarabschluss I erworben hat. Mit diesem Abschluss ist auch der Zugang zur Einführungsphase (11. Schuljahrgang) eines Gymnasiums oder eines Beruflichen Gymnasiums möglich. Am Ende des Schuljahres 2016/17 hatten 63 % der IGS-Schülerinnen und -schüler den Erweiterten Sekundarabschluss I erworben.

Für die Schuljahrgänge 12 und 13 (Qualifikationsphase) gelten dieselben gesetzlichen Vorschriften wie für die Schuljahrgänge 12 und 13 des Gymnasiums (siehe Anm. 3 bis 9 zu § 11). Auch die nach § 11 Abs. 9 erlassene »Verordnung über die gymnasiale Oberstufe« und die »Verordnung über die Abschlüsse in der gymnasialen Oberstufe, im Beruflichen Gymnasium, im Abendgymnasium und im Kolleg« sind für diese beiden Schuljahrgänge der IGS gültig.

Integrierte Gesamtschulen können auch ohne die Schuljahrgänge 11 bis 13 geführt werden. Dieser Fall kann eintreten, wenn die nach der Verordnung für die Schulorganisation (SchOrgVO) geforderte Mindestgröße der gymnasialen Oberstufe auch dann nicht erreicht wird, wenn es Zugänge von Schulen anderer Schulformen gibt. Als Mindestgröße werden drei parallele Lerngruppen pro Schuljahrgang mit mindestens je 18 Schülerinnen und Schüler verlangt (§ 4 Abs. 3 SchOrgVO). Der Verzicht auf die Schuljahrgänge 11 bis 13 kann auch aus der Absicht des Schulträgers folgen, eine gemeinsame Oberstufe für mehrere (kleine) IGS zu führen.

Beantragt ein Schulträger die Errichtung einer (Integrierten) Gesamtschule, kann die Schulbehörde zunächst nur die Genehmigung für die

Allgemeine Vorschriften § 12 **NSchG**

Schuljahrgänge 5 bis 10 erteilen (siehe § 106 Abs. 8 Satz 4). Im Schuljahr 2019/20 führten 57 von 98 öffentlichen IGS eine gymnasiale Oberstufe. Zu beachten ist aber, dass sich zahlreiche IGS noch im Aufbau befinden.

Verweise, Literatur: 4
- Verordnung für die Schulorganisation (SchOrgVO) vom 17.02.2011 (Nds. GVBl. S. 62; SVBl. S. 106; SRH 2.015; Schulrecht 272/19), zuletzt geändert durch Art. 2 des Gesetzes vom 19.06.2013 (Nds. GVBl. S. 165)
- KMK-Vereinbarung »Schularten und Bildungsgänge im Sekundarbereich I« vom 03.12.1993 i. d. F. vom 26.03.2020 (KMK-Beschlusssammlung Nr. 102)
- Erl. »Die Arbeit in den Schuljahrgängen 5–10 der Kooperativen Gesamtschule (KGS)« vom 03.08.2015 (SVBl. S. 410; SRH 4.520; Schulrecht 482/1), geändert durch Erl. vom 20.05.2020 (SVBl. S. 304)
- Erl. »Die Arbeit in den Schuljahrgängen 5–10 der Integrierten Gesamtschule (IGS)« vom 01.08.2014 (SVBl. S. 442; SRH 4.515; Schulrecht 483/1), geändert durch Erl. v. 17.09.2015 (SVBl. S. 496)
- *Bräth, Peter:* Die Gesamtschulregelungen im Schulgesetz 1993, Schulverwaltung, Ausgabe Niedersachsen, 1993, H. 9, S. 175
- *Galas, Dieter:* Gesamtschulregelungen des Schulgesetzes sind verfassungskonform, Schulverwaltung, Ausgabe Niedersachsen, 1996, H. 6/7, S. 163
- *Meyer, Christian/Schittko, Klaus:* 25 Jahre Gesamtschule in Niedersachsen, SVBl. 1996, H. 9, S. 393
- *Wobbe, Petra:* Gesamtschulen in Niedersachsen – Ihr schulgesetzlicher Rahmen im Wandel der letzten 40 Jahre, Schulverwaltung, Ausgabe Niedersachsen, 2008, H. 6, S. 185
- *Galas, Dieter:* Gesamtschulen in Niedersachsen – Schulrechtliche Entwicklungen 1971–2009, Niedersächsische Verwaltungsblätter, 2009, H. 11, S. 297
- *Nolte, Gerald:* Aufnahme in eine Gesamtschule – Kapazitätsgrenze und Losverfahren nach § 59a NSchG, Schulverwaltung, Ausgabe Niedersachsen, 2012, H. 5, S. 147
- *Herrlitz, Hans-Georg:* Der Streit um die Gesamtschule in Niedersachsen – Ein dokumentarischer Rückblick auf die Landtagsdebatten 1976 – 2012, Göttinger Beiträge zur erziehungswissenschaftlichen Forschung, Bd. 34, 2013
- *Graschtat, Erwin:* Gesamtschulen in Niedersachsen – Erste Erfahrungen mit den neuen rechtlichen Rahmenbedingungen, Schulverwaltung, Ausgabe Niedersachsen, 2014, H. 3, S. 84
- *Hoffmeister, Heiner:* Die Arbeit in der Integrierten Gesamtschule – Regelungen des neuen Grundsatzerlasses, Schulverwaltung, Ausgabe Niedersachsen, 2014, H. 9, S. 241

– Nolte, Gerald: Fragen und Antworten zum Schulgesetz – Themenbereich Gesamtschule, Schulverwaltung, Ausgabe Niedersachsen, 2016, H. 1, S. 11

(Dieter Galas)

§§ 12a, 12b   – aufgehoben –

§ 13   Abendgymnasium und Kolleg

(1) ¹Das Abendgymnasium vermittelt befähigten Berufstätigen, das Kolleg befähigten Erwachsenen mit Berufserfahrung unter angemessener Berücksichtigung des Alters eine breite und vertiefte Allgemeinbildung und ermöglicht ihnen den Erwerb der allgemeinen Studierfähigkeit. ²Es stärkt selbständiges Lernen und wissenschaftspropädeutisches Arbeiten. Entsprechend ihrer Leistungsfähigkeit und ihren Neigungen ermöglicht das Abendgymnasium oder das Kolleg seinen Schülerinnen und Schülern eine individuelle Schwerpunktbildung und befähigt sie, nach Maßgabe der Abschlüsse den Bildungsweg an einer Hochschule, aber auch berufsbezogen fortzusetzen.

(2) Im Abendgymnasium und im Kolleg wird unterrichtet, wer

1. eine Berufsausbildung abgeschlossen hat oder eine mindestens zweijährige geregelte Berufstätigkeit nachweisen kann,

2. mindestens 19 Jahre alt ist und

3. den Sekundarabschluss I – Realschulabschluss – erworben hat oder die Eignung in einem besonderen Verfahren nachweist.

(3) ¹Das Abendgymnasium und das Kolleg gliedern sich in die einjährige Einführungsphase und die zweijährige Qualifikationsphase. ²Im Übrigen gilt § 11 Abs. 3 Satz 3 und Abs. 4 bis 9 entsprechend. ³Der Unterricht im Abendgymnasium wird während der ersten eineinhalb Jahre neben einer beruflichen Tätigkeit besucht.

(4) ¹Am Abendgymnasium und Kolleg können Vorkurse eingerichtet werden, die den Zugang zu diesen Schulformen vermitteln und auf die Arbeitsweise in der Einführungs- und Qualifikationsphase vorbereiten. ²Das Kultusministerium wird ermächtigt, durch Verordnung die Aufnahme in die Vorkurse sowie deren Dauer und Abschluss zu regeln.

1 Allg.: Abendgymnasien und Kollegs sind Einrichtungen des Zweiten Bildungsweges, die Erwachsenen die Möglichkeit eröffnen, die Allgemeine Hochschulreife zu erwerben. Die Kollegs führen die Zusatzbezeichnung »Institut zur Erlangung der Hochschulreife«. Beide Schulformen gehören zum Sekundarbereich II der allgemein bildenden Schulen (§ 5 Abs. 2 und 3). Bis zum ÄndG 93 waren sie schulische Angebote, zu deren Errichtung Schulträger berechtigt, aber nicht verpflichtet waren. Die Landkreise und die kreisfreien Städte sind jetzt gem. § 106 Abs. 1 zur Errichtung der »Regel«-Schulen Abendgymnasium und Kolleg verpflichtet, wenn die Entwicklung

Allgemeine Vorschriften § 13 **NSchG**

der Schülerzahlen dies erfordert. Anzeichen dafür, dass es über die bestehenden Einrichtungen hinaus zur Gründung weiterer Schulen kommt, sind aber nicht erkennbar. Das hängt in erster Linie damit zusammen, dass es inzwischen weitere Möglichkeiten gibt, ohne Abitur ein Hochschulstudium zu beginnen. Zurzeit gibt es in Niedersachsen fünf Abendgymnasien in Braunschweig, Göttingen, Hannover, Oldenburg und Osnabrück sowie vier Kollegs in Braunschweig, Hannover, Oldenburg und Wolfsburg. Bis auf das Kolleg in Hannover werden die Kollegs vom Land getragen.

Nach KMK-Vereinbarungen über die Neugestaltung des Kollegs und des Abendgymnasiums erkennen die Bundesländer das an diesen Schulen erworbene Abitur gegenseitig an.

Zu Abs. 1: Abendgymnasium und Kolleg ermöglichen Erwachsenen den 2 Erwerb der allgemeine Studierfähigkeit. Dazu ist wie am Gymnasium eine »breite und vertiefte« Allgemeinbildung zu vermitteln und »selbständiges Lernen« und »wissenschaftspropädeutisches Arbeiten« zu stärken. Das soll unter angemessener Berücksichtigung des Alters der erwachsenen »Schülerinnen und Schüler« geschehen und sie befähigen, ihren Bildungsweg an einer Hochschule, aber auch berufsbezogen fortzusetzen.

Zu Abs. 2: In das Abendgymnasium oder das Kolleg werden Bewerbe- 3 rinnen und Bewerber aufgenommen, die eine mindestens zweijährige Berufsausbildung erfolgreich abgeschlossen haben oder eine mindestens zweijährige geregelte Berufstätigkeit nachweisen können. Die Führung eines Familienhaushaltes ist der Berufstätigkeit gleich gestellt. Eine durch die Bundesagentur für Arbeit nachgewiesene Arbeitslosigkeit kann auf die geforderte Dauer der Berufstätigkeit angerechnet werden. Zu den Aufnahmevoraussetzungen gehört ferner, dass die Bewerberinnen und Bewerber mindestens 19 Jahre alt sind und den Sekundarabschluss I – Realschulabschluss erworben haben. Kann dieser Abschluss nicht nachgewiesen werden, muss zunächst ein Vorkurs besucht und erfolgreich abgeschlossen werden (siehe Anm. 5).

Zu Abs. 3: Der Durchgang durch das Abendgymnasium und das Kolleg 4 dauert jeweils drei Jahre, wobei die Vorschriften für die gymnasiale Oberstufe entsprechend gelten. Er gliedert sich in die einjährige Einführungsphase und die zweijährige Qualifikationsphase und schließt mit der Abiturprüfung ab. An beiden Schulformen kann nach dem ersten Jahr der Qualifikationsphase auch der schulische Teil der Fachhochschulreife erworben werden.

Während die Kollegiatinnen und Kollegiaten von Anfang an Tagesunterricht erhalten, muss der Unterricht im Abendgymnasium während der Einführungsphase und des ersten Halbjahres der Qualifikationsphase neben einer beruflichen Tätigkeit besucht werden. Erst nach anderthalb Jahren beginnt die BAFöG-Förderung zur Sicherung des Lebensunterhalts. Am Kolleg erfolgt sie von Anfang an.

Zu Abs. 4: Von der Ermächtigung des Satzes 2 hat das Kultusministerium 5 durch die »Verordnung über das Abendgymnasium und das Kolleg« (siehe

Anm. 6) Gebrauch gemacht. Danach kann in den Vorkurs aufgenommen werden, wer mindestens den Sekundarabschluss I – Hauptschulabschluss (siehe Anm. 1 zu § 8) erworben hat. Der Vorkurs dauert am Abendgymnasium zwei Schulhalbjahre, am Kolleg ein halbes Schuljahr. Sein erfolgreicher Besuch berechtigt zum Eintritt in die Einführungsphase des Abendgymnasiums oder des Kollegs.

6 Verweise, Literatur:
- KMK-Vereinbarung »Gestaltung des Abendgymnasiums« vom 21.6.1979 i.d.F. vom 7.2.2013 (KMK-Beschlusssammlung, Nr. 240.1)
- KMK-Vereinbarung »Gestaltung des Kollegs« vom 21.6.1979 i.d.F. vom 7.2.2013 (KMK-Beschlusssammlung, Nr. 248.1)
- Verordnung über das Abendgymnasium und das Kolleg (VO-AK) vom 2.5.2005 (Nds. GVBl. S. 130; SVBl. S. 277; Schulrecht 464/1), zuletzt geändert durch Art. 3 der VO vom 23.09.2020 (Nds. GVBl. S. 332; SVBl. S. 482)
- Erl. »Ergänzende Bestimmungen zur Verordnung über das Abendgymnasium und das Kolleg (EB-VO-AK)« vom 2.5.2005 (SVBl. S. 285; Schulrecht 464/21), zuletzt geändert durch Erl. vom 1.11.2018 (SVBl. S. 701)
- *Bade, Rolf*: Oberstufen- und Abiturprüfungsverordnung – Ergänzende Hinweise und Erläuterungen, SVBl. 2007, H. 6, S. 210

(Dieter Galas)

§ 14 Förderschule

(1) [1]In der Förderschule werden insbesondere Schülerinnen und Schüler unterrichtet, die auf sonderpädagogische Unterstützung angewiesen sind und keine Schule einer anderen Schulform besuchen. [2]An der Förderschule können Abschlüsse der allgemein bildenden Schulen erworben werden. [3]Förderschulen können in den Förderschwerpunkten emotionale und soziale Entwicklung, geistige Entwicklung, körperliche und motorische Entwicklung, Sehen und Hören geführt werden.

(2) [1]Förderschulen sollen gegliedert nach Förderschwerpunkten (§ 4 Abs. 2 Satz 3) geführt werden. [2]In einer Förderschule können Schülerinnen und Schüler, die in unterschiedlichen Förderschwerpunkten auf sonderpädagogische Unterstützung angewiesen sind, gemeinsam unterrichtet werden, wenn dadurch eine bessere Förderung zu erwarten ist.

(3) [1]Die Förderschule ist zugleich Sonderpädagogisches Förderzentrum. [2]Das Sonderpädagogische Förderzentrum unterstützt die gemeinsame Erziehung und den gemeinsamen Unterricht an allen Schulen mit dem Ziel, den Schülerinnen und Schülern, die auf sonderpädagogische Unterstützung angewiesen sind, eine bestmögliche schulische und soziale Entwicklung zu gewährleisten.

Allgemeine Vorschriften § 14　　　　　　　　　　　　**NSchG**

(4) In der Förderschule können Schülerinnen und Schüler aller Schuljahrgänge unterrichtet werden.
(5) § 6 Abs. 3 und 4 sowie § 9 Abs. 3 gelten entsprechend.
(6) Absatz 1 Satz 3 sowie § 183c Abs. 5 Sätze 1 bis 3 und Abs. 7 gelten für die Untergliederung der Förderschulen (Absatz 2 Satz 1) und für an Schulen anderer Schulformen abweichend von § 4 Abs. 2 Satz 1 eingerichtete Lerngruppen entsprechend.

Allg.: Mit dem ÄndG 04 sind die Sonderschulen in »Förderschulen« umbenannt worden. Die Gesetzesbegründung (Landtagsdrucksache 15/720) führt dazu aus, dass die Bezeichnung »Förderschule« den Kern der sonderpädagogischen Arbeit, die umfassende Förderung der Schülerinnen und Schüler in allen Entwicklungsbereichen, hervorhebe und nicht mehr das Besondere oder das Abweichende betone. Zwar werde in allen Schulen gefördert, Unterricht und Erziehung von Schülerinnen und Schülern mit sonderpädagogischem Förderbedarf erhebe Förderung jedoch zum grundsätzlichen Programm in einem ganzheitlichen Sinne. Diese Schulform sei seit ihrem Entstehen von Stigmatisierungen begleitet worden, woran auch die bisherigen Umbenennungen (Hilfsschule → Sonderschule für Lernbehinderte → Schule für Lernhilfe) nichts hätten ändern können. Von der jetzigen Bezeichnung wird ein Beitrag erwartet, die Akzeptanz-Probleme zu mindern.

Die Bezeichnung »Förderschule« ist auch in anderen Bundesländern gebräuchlich; sie entspricht dem Sprachgebrauch der KMK. Bezeichnungen, die den Begriff »Sonderpädagogik« (z.B. sonderpädagogischer Unterstützungsbedarf, sonderpädagogisches Förderzentrum) enthalten, bleiben unverändert.

Die Förderschule hat die Aufgabe, Schülerinnen und Schüler mit sonderpädagogischem Unterstützungsbedarf und solche, bei denen sich ein solcher Bedarf zu entwickeln droht, zu unterrichten und zu erziehen. Dazu orientiert sie sich an der individuellen und sozialen Situation der Schülerinnen und Schüler und bereitet auf zukünftige Lebenssituationen mit dem Ziel vor, ein möglichst hohes Maß an beruflicher Eingliederung, gesellschaftlicher Teilhabe und selbstständiger Lebensgestaltung zu erreichen. Die Erfüllung des sonderpädagogischen Unterstützungsbedarfs erfolgt nicht nur durch Unterricht und Erziehung an der jeweiligen Förderschule, sondern auch im Rahmen ihrer Arbeit als Sonderpädagogisches Förderzentrum (siehe Abs. 3) gegenüber beeinträchtigten oder von Beeinträchtigungen bedrohten Schülerinnen und Schülern, die andere allgemein bildende Schulen besuchen. Die Erweiterung der Aufgaben der Förderschule, nämlich zugleich Sonderpädagogisches Förderzentrum zu sein, ist durch das ÄndG 93 erfolgt. Sie ist eine Konsequenz des ihm damaligen § 4 (»Integration«) enthaltenen Grundsatzes, dass Schülerinnen und Schüler **mit sonderpädagogischem Förderbedarf an allen Schulen** gemeinsam mit anderen unterrichtet und erzogen werden sollen. Das ÄndG 93 eröffnete den Schulträgern die Möglichkeit, Förderschulen mit allen allgemein bildenden Schulen (mit

Ausnahme des Abendgymnasiums und des Kollegs) organisatorisch zu einer Schule zusammenzufassen, die dann in Schulzweige gegliedert ist (siehe § 106 Abs. 6 Nr. 2). Werden einzelne Klassen von Förderschulen an anderen allgemein bildenden Schulen geführt (»Kooperationsklassen«), verbleiben diese hingegen organisatorisch in der Zuständigkeit der Förderschule.

Förderschulen können mit folgenden Förderschwerpunkten geführt werden (siehe Anm. 3): Emotionale und soziale Entwicklung, geistige Entwicklung, körperliche und motorische Entwicklung, Sehen (Sehbehinderte, Blinde) und Hören (Schwerhörige, Gehörlose) geführt werden. Die Schulen für Blinde, Gehörlose, Schwerhörige[2] und Taubblinde werden vom Land Niedersachsen getragen. Für sie ist das Sozialministerium zuständig; die schulfachliche Zuständigkeit liegt beim Kultusministerium. Förderschulen können auch die Förderung in mehreren Schwerpunkten verbinden (siehe Anm. 3).

Bereits mit dem Gesetz zur Einführung der inklusiven Schule vom 23. März 2012 wurde der Primarbereich der Förderschule mit dem Schwerpunkt Lernen aufgehoben. Nach dem ÄndG 15 sollten Schülerinnen und Schüler mit Bedarf an sonderpädagogischer Unterstützung im Förderschwerpunkt Lernen auch im Sekundarbereich I künftig nur noch allgemeine Schulen besuchen. Das hatte zur Folge, dass im Schuljahr 2017/18 kein 5. Schuljahrgang mehr geführt werden konnte. Die Übergangsvorschrift des § 183 c Abs. 5 i. d. F. des ÄndG 18 lässt aber auf Antrag des Schulträgers die Fortführung der Förderschulen Lernen längstens bis zum Ende des Schuljahres 2027/28 zu. Danach können am 31.7.2018 bestehende Förderschulen Lernen letztmalig zum Beginn des Schuljahres 2022/23 wieder einen 5. Schuljahrgang einrichten.

Am 31.7.2015 bestehende Förderschulen mit dem Förderschwerpunkt Sprache können unbefristet fortgeführt werden (siehe § 183c Abs. 6). Neue Schulen dieses Förderschultyps dürfen jedoch nicht mehr errichtet werden (zum Fortbestand von Sprachförderklassen siehe Anm. 7).

Die Bestimmungen für die Förderschule Lernen und die Förderschule Sprache korrespondieren mit der Bestimmung, dass ab dem Schuljahr 2013/14 **alle** Grundschulen bezüglich der Förderschwerpunkte Lernen und Sprache (sowie emotionale und soziale Entwicklung) inklusive Schulen sind (siehe § 183c Abs. 1 und Abs. 2). Bezüglich der übrigen vier Förderschwerpunkte (siehe § 4 Abs. 2 Satz 3) dürfen die kommunalen Schulträger befristet bis zum 31.07.2018, gegebenenfalls bis zum 31.07.2024 (siehe § 183 c Abs. 4) bestimmte Grundschulen als »Schwerpunktschulen« ausweisen.

Außer 165 (öffentlichen und privaten) Förderschulen mit dem Förderschwerpunkt Lernen gab es im Schuljahr 2013/14 in Niedersachsen 51 Förderschulen mit dem Schwerpunkt geistige Entwicklung sowie 63 sonstige Förderschulen (davon neun mit dem Schwerpunkt Sprache). Bei den Förderschulen mit dem Schwerpunkt emotionale und soziale Entwicklung ist der Anteil der privaten Schulen außerordentlich hoch. Im Schuljahr

---

2 Zwei der sechs Schulen für Schwerhörige befinden sich in kommunaler Trägerschaft.

Allgemeine Vorschriften § 14   **NSchG**

2015/16 gab es nur acht öffentliche Förderschulen, die eine Schulgliederung mit Schwerpunkt Emotionale und Soziale Entwicklung eingerichtet hatten. Auskunft über die Entwicklung der Anzahl der (öffentlichen und privaten) Förderschulen gibt die folgende Tabelle. Der Rückgang der Förderschulen insgesamt ist vorwiegend auf die Aufhebung vieler Förderschulen mit dem Schwerpunkt Lernen mit Beginn der inklusiven Beschulung an allgemeinen Schulen zurückzuführen (siehe oben).

Anzahl der Förderschulen								
Schuljahr	Förderschwerpunkt							gesamt
	Lernen	Sprache	Emot. u. soz. Entw.	Hören	Sehen	Körp. u. mot. Entw.	Geistige Entw.	
2011/2012	177	9	37	6	2	10	51	292
2012/2013	175	9	37	6	2	10	50	289
2013/2014	165	9	36	6	2	10	51	279
2014/2015	156	9	36	6	2	10	50	269
2015/2016	145	9	36	6	2	10	51	259
2016/2017	135	9	36	6	2	10	51	249
2017/2018	117	10	36	6	2	9	52	232
2018/2019	105	11	36	6	2	10	54	224
2019/2020	101	11	36	6	2	10	54	220

Anzahl der öffentlichen und privaten Förderschulen 2012 bis 2020

Erstmals zum Beginn des Schuljahres 2019/20 können Lehrkräfte mit dem Lehramt für Sonderpädagogik auch an allgemeinen Schulen eingestellt werden, sich dorthin versetzen lassen und auf Funktionsstellen bewerben.

Zu Abs. 1: Dass in den Förderschulen nicht nur Schülerinnen und Schüler 2 unterrichtet werden, die auf sonderpädagogische Unterstützung angewiesen sind, ergibt sich aus dem Wort »insbesondere« in Satz 1. Förderschulen sind damit auch **inklusive Schulen**, die **allen** Schülerinnen und Schülern einen barrierefreien und gleichberechtigten Zugang ermöglichen (siehe § 4). In welchem Umfang Eltern von Kindern ohne sonderpädagogischen Unterstützungsbedarf von dieser Möglichkeit Gebrauch machen werden, wird sich zeigen, wenn ab dem Schuljahr 2013/14 die durch das ÄndG 12 in das Schulgesetz eingefügten Inklusionsvorschriften wirksam werden (siehe § 183c Abs. 1).

Ob bei einer Schülerin oder einem Schüler sonderpädagogischer Unterstützungsbedarf vorliegt, wird förmlich festgestellt. Das Kultusministerium ist ermächtigt, hierfür durch Verordnung die Voraussetzungen und das Verfahren zu regeln (siehe § 60 Abs. 1 Nr. 4). Die »Verordnung zur Feststellung eines Bedarfs an sonderpädagogischer Unterstützung« vom 22.01.2013 sieht für die in Frage kommenden Schülerinnen und Schüler die Erstellung eines Fördergutachtens und die Bildung einer Förderkommission durch die zuständige Schule vor. Die Förderkommission ermittelt Art und Umfang der notwendigen individuellen Unterstützung. Einzelheiten des Verfahrens regeln die zu der Verordnung ergangenen »Ergänzenden Bestimmungen« vom 31.01.2013. Die Feststellung, ob ein Bedarf an sonderpädagogischer Unterstützung vorliegt, trifft auf Empfehlung der Förderkommission die Landesschulbehörde (ab 01.12.2020: Regionale Landesämter für Schule und Bildung). Gegebenenfalls werden Aussagen getroffen, die einen lernzieldifferenten Unterricht (siehe § 4 Abs. 2 Satz 2, 2. Halbsatz) für den Fall erlauben, dass keine Förderschule besucht werden soll. Bei ihrer Entscheidung soll die Schulbehörde nach der oben genannten Verordnung das Fördergutachten und die Empfehlung der Förderkommission zwar »berücksichtigen«, sie ist aber daran nicht gebunden.

Sonderpädagogischer Unterstützungsbedarf kann vorliegen, wenn eine körperliche, geistige oder psychische Beeinträchtigung oder eine Beeinträchtigung des sozialen Verhaltens bei der Schulanmeldung bekannt ist oder vermutet wird oder während des Schulbesuchs auffällig wird. Wird ein solcher Bedarf festgestellt, entscheiden die Erziehungsberechtigten, welche Schulform ihr Kind besuchen soll. Eine Zuweisung zu einer Förderschule ist nur mit ihrer Zustimmung zulässig (siehe § 4 Abs. 1 Satz 2).

Vom Ergebnis des Feststellungsverfahrens hängt unter anderem ab, in welcher Weise die »allgemeine« Schule mit zusätzlichem Personal für den Fall ausgestattet wird, dass die Eltern keine Beschulung an einer Förderschule wünschen. Die rechtsförmliche Feststellung eines sonderpädagogischen Unterstützungsbedarfs spielt auch eine Rolle bei der Berechnung der Finanzhilfe für die Schulen in freier Trägerschaft (siehe § 150 Abs. 2 und 7 sowie § 155 Abs. 1).

Die nach früherem Recht ergangene »Verordnung zur Feststellung sonderpädagogischen Förderbedarfs« vom 01.11.1997 ist zum 01.02.2013 außer Kraft getreten (siehe Anm. zu § 86 und § 183c Abs. 1).

Nach Recherchen des Landesrechnungshofs (siehe Anm. 8) verteilen sich im Schuljahr 2016/17 die Schülerinnen und Schüler mit festgestelltem sonderpädagogischem Unterstützungsbedarf wie folgt auf die einzelnen Förderschwerpunkte: Lernen 39 %, Geistige Entwicklung 19 %, Emotionale und Soziale Entwicklung 17 %, Sprache 13 %, Körperliche und Motorische Entwicklung 7 %, Hören 4 %, Sehen 1 %.

Satz 2 eröffnet die Möglichkeit des Erwerbs der Abschlüsse der allgemein bildenden Schulen an der Förderschule. Das Erreichen der Allgemeinen Hochschulreife ist nur an bestimmten Förderschulen möglich. Die nur noch übergangsweise existierende Schule mit dem Schwerpunkt Lernen vergibt nur noch einen Abschluss, nach dem 10. Schuljahrgang kann sie den Hauptschulabschluss erteilen. An der Förderschule mit dem Schwerpunkt geistige Entwicklung wird kein Schulabschluss vergeben.

Satz 3 nennt die Förderschultypen, die in Niedersachsen geführt werden können. Maßgeblich ist der jeweilige Förderschwerpunkt: Emotionale und

Allgemeine Vorschriften § 14　　　　　　　　　　　　**NSchG**

soziale Entwicklung, geistige Entwicklung, körperliche und motorische Entwicklung, Sehen und Hören. Nicht mehr genannt sind die Förderschulen mit den Förderschwerpunkten Lernen und Sprache (siehe hierzu Anm. 1 und § 183c Abs. 5 und 7).

Zu Abs. 2: Die Förderschulen sollen gegliedert nach den Förderschwerpunkten geführt werden, die in § 4 Abs. 2 Satz 3 genannt sind. Dabei handelt es sich um die Förderschwerpunkte Lernen, emotionale und soziale Entwicklung, Sprache, geistige Entwicklung, körperliche und motorische Entwicklung, Sehen und Hören (Zur Situation der Förderschulen mit den Förderschwerpunkten Lernen und Sprache siehe Anm. 1 und § 183c Abs. 5 und 7).　　**3**

Grundsätzlich sollen Schülerinnen und Schüler mit sonderpädagogischem Unterstützungsbedarf, die eine Förderschule besuchen, ihrer jeweiligen Beeinträchtigung entsprechend getrennt unterrichtet werden. Satz 2 erlaubt für den Fall, dass dadurch eine bessere Förderung zu erwarten ist, gemeinsamen Unterricht in unterschiedlichen Förderschwerpunkten.

Zu Abs. 3: Die Förderschule ist nicht nur für Unterricht und Erziehung der sie besuchenden Schülerinnen und Schüler zuständig. Als **Sonderpädagogisches Förderzentrum** unterstützt sie die gemeinsame Erziehung und den gemeinsamen Unterricht von Schülerinnen und Schülern mit sonderpädagogischem Unterstützungsbedarf und ohne solchen Bedarf in **allen** anderen Schulen. Zum Erreichen des Ziels, den Schülerinnen und Schülern, die auf sonderpädagogische Unterstützung angewiesen sind, »eine bestmögliche schulische und soziale Entwicklung zu gewährleisten«, übernimmt das Förderzentrum die Planung, Steuerung und Koordinierung des Einsatzes der Förderschullehrkräfte und der pädagogischen Mitarbeiter(innen) für alle Organisationsformen der sonderpädagogischen Förderung an den anderen »allgemeinen« Schulen. Förderschullehrkräfte arbeiten nach dem Erlass vom 01.02.2005 in Mobilen Diensten, in Kooperationsklassen und im Rahmen der sonderpädagogischen Grundversorgung (der Grundschulen). Zu den weiteren Aufgaben des Förderzentrums gehören die Organisation von Fortbildungsmaßnahmen für die Förderschullehrkräfte und für die Lehrkräfte der anderen Lehrämter, die Planung und Durchführung von Dienstbesprechungen, die Koordinierung des Verfahrens zur Feststellung eines Bedarfs an sonderpädagogischer Unterstützung (siehe § 60 Abs. 1 Nr. 4), die Beratung von Schulleitungen, Eltern und Schulträgern in Fragen der Inklusion, und die Vernetzung mit anderen Einrichtungen (Jugendhilfe, Sozialhilfe, Kinder- und Jugendpsychiatrie).　　**4**

Bestimmungen über die Arbeit der Förderschulen als Sonderpädagogisches Förderzentrum gibt es im Schulgesetz bereits seit 1993. Mit dem Wirksamwerden der durch das ÄndG 12 in das Schulgesetz eingefügten Inklusionsvorschriften (siehe § 4) wird die Aufgabe der Förderschule, »zugleich« Sonderpädagogisches Förderzentrum zu sein, erheblich ausgeweitet. So werden ab dem Schuljahr 2013/14 alle Grundschulen inklusiv bezüglich der Förderschwerpunkte Lernen, Sprache sowie emotionale und soziale Entwicklung sein (siehe § 183c Abs. 1 und Abs. 2). Außerdem entfällt künftig die Förderschule mit dem Schwerpunkt Lernen (siehe Anm. 5 zu § 183c).

Durch das »Auslaufen« der 156 öffentlichen Förderschulen mit dem Schwerpunkt Lernen (Stand: Schuljahr 2014/15) wird die Zahl der Förderschulen insgesamt drastisch sinken und damit als Förderzentrum nicht mehr zur Verfügung stehen. Die Niedersächsische Landesregierung hat deshalb angekündigt, ab dem Jahr 2017 mit dem Aufbau eines Netzwerks »Regionales Beratungs- und Unterstützungszentrum Inklusive Schule« als Teil der nachgeordneten Schulbehörde (ab 01.12.2020: Regionale Landesämter für Schule und Bildung) zu beginnen. Geplant ist, in jedem Landkreis und in jeder kreisfreien Stadt mindestens ein solches Zentrum einzurichten. Die ersten elf »RZI« haben im August 2017 ihre Arbeit aufgenommen. Im Schuljahr 2020/21 verfügen 39 von 46 Landkreisen und kreisfreien Städten über ein RZI.

Das Förderzentrum ist kein organisatorisch abgrenzbarer Teil einer Förderschule. Wird die Förderschule aufgehoben, entfällt damit auch ihre Aufgabe, Förderzentrum zu sein.

5 **Zu Abs. 4:** In der Förderschule können je nach Förderschwerpunkt Schülerinnen und Schüler der Schuljahrgänge 1 bis 13 unterrichtet werden (siehe § 5 Abs. 3). So werden an der Förderschule mit dem Schwerpunkt geistige Entwicklung die Schuljahrgänge 1 bis 12 geführt. Obwohl sie sich damit über den Primarbereich und die Sekundarbereiche I und II erstreckt, bildet sie eine organisatorische und pädagogische Einheit.

6 **Zu Abs. 5:** Hier wird auf die entsprechende Gültigkeit der Vorschriften über die Einrichtung von Schulkindergärten (§ 6 Abs. 3), Eingangsstufen (§ 6 Abs. 4) und 10. Klassen (§ 9 Abs. 3) hingewiesen.

7 **Zu Abs. 6:** Mit »Untergliederung der Förderschulen« und »Lerngruppen an Schulen anderer Schulformen« sind Förderklassen gemeint. Unter den von der Schulbehörde bisher ohne eine gesetzliche Grundlage genehmigten Förderklassen spielen die Sprachförderklassen eine besondere Rolle. Der durch das ÄndG 15 eingefügte Absatz 6 regelt u. a., dass Förderklassen mit dem Schwerpunkt Sprache zwar nicht neu eingerichtet, aber unbefristet fortgeführt werden können (siehe § 183c Abs. 7).

8 **Verweise, Literatur:**
- Niedersächsisches Behindertengleichstellungsgesetz (NBGG) vom 25.11.2007 (Nds. GVBl. S. 661), geändert durch Gesetz vom 03.04.2014 (Nds. GVBl. S. 90)
- Verordnung zur Feststellung sonderpädagogischen Förderbedarfs vom 01.11.1997 (Nds. GVBl. S. 458; SVBl. S. 384 – außer Kraft ab 01.02.2013)
- Verordnung zur Feststellung eines Bedarfs an sonderpädagogischer Unterstützung vom 22.01.2013 (Nds. GVBl. S. 23; SVBl. S. 66; SRH 4.605; Schulrecht 471/1)
- Erl. »Ergänzende Bestimmungen zur Verordnung zur Feststellung eines Bedarfs an sonderpädagogischer Unterstützung« vom 31.01.2013 (SVBl. S. 67; SRH 4.610; Schulrecht 471/7)

Allgemeine Vorschriften § 14 **NSchG**

- Erl. »Sonderpädagogische Förderung« vom 01.02.2005 (SVBl. S. 49; berichtigt S. 135; SRH 4.625; Schulrecht 471/111) – außer Kraft mit Ablauf des 31.12.2012
- Erl. »Arbeitszeit der Pädagogischen Mitarbeiterinnen und Mitarbeiter sowie der Betreuungskräfte an Förderschulen bzw. in der sonderpädagogischen Förderung « vom 15.11.2007 (SVBl. 2008, H. 1, S. 9) – außer Kraft mit Ablauf des 31.12.2014
- Erl. »Zuweisung von Pädagogischen Mitarbeiterinnen und Mitarbeitern für Schülerinnen und Schüler mit einem Bedarf an sonderpädagogischer Unterstützung« vom 07.05.2013 (SVBl. S. 220), geändert durch Erl. vom 04.06.2018 (SVBl. S. 346)
- KMK-Empfehlung »Sonderpädagogische Förderung in den Schulen der Bundesrepublik Deutschland« vom 05./06.05.1994 (SVBl. 1994, S. 263; Schulrecht 471/51)
- KMK-Empfehlungen zum Förderschwerpunkt emotionale und soziale Entwicklung vom 10.03.2000 (SVBl. S. 391)
- KMK-Empfehlungen zur schulischen Bildung, Beratung und Unterstützung von Kindern und Jugendlichen im sonderpädagogischen Schwerpunkt Lernen vom 13.03.2019
- Stand und Weiterentwicklung der Inklusion in den niedersächsischen Schulen, Antwort der Landesregierung auf eine Große Anfrage, Landtagsdrucksache 18/3259 vom 19.03.2019
- Erster Bericht der Landesregierung über die Auswirkungen des Gesetzes zur Einführung der inklusiven Schule (Landtagsdrucksache 18/7189)
- *Wachtel, Peter*: Zur Neuregelung der sonderpädagogischen Förderung in Niedersachsen, SVBl. 2005, H. 2, S. 88
- *Waje, Marie-Christina*: Feststellung eines Bedarfs an sonderpädagogischer Unterstützung – Neue Verordnung zur Umsetzung der inklusiven Schule, Schulverwaltung, Ausgabe Niedersachsen, 2013, H. 4, S. 115
- *Waje, Marie-Christina/Wachtel, Peter*: Zur Realisierung der inklusiven Schule in Niedersachsen, Schulverwaltungsblatt, 2013, H. 7, S. 277
- *Fricke, Reinhard*: Die Entwicklung der Förderschulen in Niedersachsen, Schulverwaltung, Ausgabe Niedersachsen, 2014, H. 7–8, S. 204
- *Schippmann, Thomas*: Erweiterte Fragen und Antworten zur inklusiven Beschulung, Schulverwaltung, Ausgabe Niedersachsen, 2016, H. 2, S. 53 (Teil 1); H. 3, S. 80 (Teil 2); H. 4, S. 107 (Teil 3)
- *Brunsch, Dagmar*: Neue Beratungs- und Unterstützungszentren für die inklusive Schule, Schulverwaltungsblatt, 2016, H. 12, S. 737
- *Lübker, Hans-Joachim*: Neue Fachbereiche Inklusive Bildung – Aufbau der ersten Regionalen Beratungs- und Unterstützungszentren Inklusive Schule (RZI), Schulverwaltung, Ausgabe Niedersachsen, 2017, H. 6, S. 171

- Landesrechnungshof: Jahresbericht 2018 zur Haushalts- und Wirtschaftsführung – Bemerkungen und Denkschrift zur Haushaltsrechnung des Landes Niedersachsen für das Haushaltsjahr 2016, Landtagsdrucksache 18/1000, S. 8–49
- *Schröder, Florian:* Rechtliche Grundlagen des Schulalltags – Teil 7: Das Recht der inklusiven Schule, Schulverwaltung, Ausgabe Niedersachsen, 2018, H. 6, S. 183
- *Witte, Michael:* Regionale Beratung und Unterstützung für die inklusiven Schulen, Schulverwaltung, Ausgabe Niedersachsen, 2019, H. 7–8, S. 208
- *Nolte, Gerald:* Feststellung eines Bedarfs an sonderpädagogischer Unterstützung, Schulverwaltung, Ausgabe Niedersachsen, 2019, H. 11, S. 312

(Dieter Galas)

§ 15 Berufsschule

(1) ¹Die Berufsschule vermittelt ihren Schülerinnen und Schülern eine fachliche und allgemeine Bildung, die eine breite berufliche Grundbildung einschließt und die Anforderungen der Berufsausbildung und der Berufsausübung berücksichtigt. ²Sie ermöglicht auch den Erwerb weiterer schulischer Abschlüsse und befähigt, nach Maßgabe dieser Abschlüsse den Bildungsweg in anderen Schulen im Sekundarbereich II fortzusetzen.

(2) ¹Die Berufsschule gliedert sich in die Grundstufe und die darauf aufbauenden Fachstufen. ²Sie wird in Form von Teilzeitunterricht oder in Form von Vollzeitunterricht in zusammenhängenden Teilabschnitten (Blockunterricht) geführt.

(3) Die Grundstufe dauert ein Jahr und vermittelt eine berufliche Grundbildung für einzelne oder mehrere Ausbildungsberufe.

(4) Die Fachstufen vermitteln für einzelne oder mehrere verwandte Ausbildungsberufe eine berufliche Fachbildung.

(5) Die Unterrichtszeit in der Berufsschule soll im Gesamtdurchschnitt mindestens zwölf Unterrichtsstunden je Unterrichtswoche betragen.

1 Allg.: Die Berufsschule ist eine Schulform der berufsbildenden Schulen, die von Jugendlichen oder Erwachsenen für die Dauer einer Berufsausbildung im Sinne des Berufsbildungsgesetzes (BBiG) bzw. des Gesetzes zur Ordnung des Handwerks (HwO) besucht wird. Sie ist die einzige Schulform, deren Richtlinien für den Unterricht an bundeseinheitliche KMK-Rahmenlehrpläne für die einzelnen Ausbildungsberufe gebunden sind. Die Berufsausbildung für die sogenannten anerkannten Ausbildungsberufe wird im dualen System durchgeführt. In der Berufsschule befinden sich nur Schülerinnen und Schüler, die einen Ausbildungsvertrag mit einem Ausbildungsbetrieb abgeschlossen haben.

Allgemeine Vorschriften § 15   **NSchG**

Die Berufsschule und die Ausbildungsbetriebe erfüllen damit in der dualen Berufsausbildung einen gemeinsamen Bildungsauftrag. Die Berufsschule ist dabei ein eigenständiger Lernort. Sie arbeitet als gleichberechtigter Partner mit den anderen an der Berufsausbildung Beteiligten zusammen.

Die Ziele der Berufsausbildung erfordern während des Bildungsganges ein intensives Zusammenwirken der beiden Lernorte Berufsschule und Betrieb, ohne dass damit jedoch eine Kooperation bei der Feststellung der Qualifikation in der Abschlussprüfung in Niedersachsen einhergeht. In der Abschlussprüfung, die allein von der zuständigen Stelle nach BBiG, HwO oder SeeArbG (Seearbeitsgesetz), bspw. der Industrie- und Handelskammer, der Handwerkskammer abgenommen wird, werden die Leistungsbewertungen der Berufsschule nicht berücksichtigt. In § 39 Abs. 3 des BBiG ist allerdings Folgendes geregelt: »Der Prüfungsausschuss kann zur Bewertung einzelner nicht mündlich zu erbringender Prüfungsleistungen gutachterliche Stellungnahmen, insbesondere berufsbildender Schulen einholen.« Dies bedeutet, dass eine evtl. Berufsschulabschlussprüfung, die von den berufsbildenden Schulen gestellt, durchgeführt und bewertet worden ist, vom Prüfungsausschuss anstelle der schriftlichen Prüfung in die Kammerprüfung übernommen werden kann.

Das Berufsbildungsgesetz eröffnet die Möglichkeit, dass Zeiten beruflicher Vorbildung auf die Ausbildungszeit angerechnet werden können. Die entsprechende Regelung in § 7 des im Jahr 2005 novellierten BBiG sieht vor, dass ab 01.08.2009 eine Anrechnung nur noch auf gemeinsamen Antrag der Auszubildenden und der Ausbildenden erfolgen darf. Da die Verhandlungsposition der Auszubildenden bei Abschluss eines Ausbildungsvertrages regelmäßig schwächer als die des Ausbildungsbetriebes sein wird, ist mit dieser Regelung die früher bestehende Anrechnungs»pflicht« abgeschafft. Eine Anrechnung wird nur dann greifen, wenn der Betrieb freiwillig zu einer Anrechnung bereit ist. Diese Möglichkeit jedoch gab es schon immer, auch ohne eine ausdrückliche Anrechnungsverpflichtung.

Aufgrund des Wegfalls der Anrechnungsverpflichtung sind mit dem ÄndG 08 die Regelungen über das Berufsgrundbildungsjahr (BGJ) abgeschafft worden. Nunmehr soll mit der neu gestalteten Berufsfachschule (§ 16 Nr. 2) den Schülerinnen und Schülern, die keinen Ausbildungsplatz bekommen haben, die Möglichkeit eröffnet werden, den Besuch dieser Schulform als erstes Ausbildungsjahr freiwillig angerechnet zu bekommen. Eine Anrechnung findet seitdem regional und berufsspezifisch uneinheitlich zu einem geringen Grad in Niedersachsen statt.

Zu Abs. 1: Im NSchG ist ausdrücklich vorgesehen, dass die Berufsschule **2** eine fachliche **und allgemeine** Bildung zu vermitteln hat; dies kommt in den Stundentafeln aller Ausbildungsberufe durch die Fächer im berufsübergreifenden Lernbereich wie Deutsch, Religion, Politik, Sport und Fremdsprache zum Ausdruck. Die Berufsschule will damit zur Erfüllung der Aufgaben im Beruf sowie zur Mitgestaltung der Arbeitswelt und Gesellschaft in sozialer und ökologischer Verantwortung befähigen.

NSchG — Allgemeine Vorschriften § 15

Erstmalig ist mit dem ÄndG 93 im NSchG die Möglichkeit für die berufsbildenden Schulen eingeräumt worden, sich an Maßnahmen Dritter zur beruflichen Fortbildung und Umschulung zu beteiligen. Diese ursprünglich in Satz 2 enthaltene Regelung ist mit dem ÄndG 10 aus dem Paragrafen für die Berufsschule herausgenommen und wegen der Ausweitung dieser Beteiligungsmöglichkeit auf alle Schulformen des berufsbildenden Schulwesens nunmehr in § 21 Abs. 3 aufgenommen worden.

In der Berufsschule können weitere schulische Abschlüsse erworben werden. Es sind dies:

1. der Hauptschulabschluss,
2. der Sekundarabschluss I – Hauptschulabschluss,
3. der Sekundarabschluss I – Realschulabschluss,
4. der Erweiterte Sekundarabschluss I,
5. die Fachhochschulreife (im Ergänzungsbildungsgang).

Im Zuge der Realisierung des Gleichwertigkeitsgedankens allgemeiner und beruflicher Bildung hat Niedersachsen als erstes Bundesland in der BbS-VO v. 28.06.1996 (§ 28) die Gleichstellung einer erfolgreichen Berufsausbildung mit dem Realschulabschluss ohne weitere einschränkende Bedingungen vorgenommen.

Das bedeutet, dass jede Absolventin und jeder Absolvent mit einer bestandenen Berufsabschlussprüfung vor der zuständigen Stelle und einem Berufsschulabschlusszeugnis unabhängig von ihrem/seinem Notendurchschnitt oder besonderen Fremdsprachenbedingungen den Realschulabschluss erwirbt. Solange diese Regelung über die entsprechende KMK-Rahmenvereinbarung hinausgeht, hat dieser Abschluss zunächst nur eine landesbezogene Bedeutung. Er berechtigt aber immerhin innerhalb Niedersachsens zum Besuch entsprechender weiterführender Bildungsgänge; einige Bundesländer haben im Zuge bilateraler Verhandlungen zugestimmt, die niedersächsischen Abschlüsse anzuerkennen. Sofern ein Berufsabschluss die Bedingungen der entsprechenden KMK-Rahmenvereinbarung erfüllt, wird der daraus zuerkannte Realschulabschluss bundesweit anerkannt. In der Verordnung über die Gleichwertigkeit von Abschlüssen im Bereich der beruflichen Bildung (BB-GVO) ist geregelt, dass alle Abschlüsse, die vor Inkrafttreten der jeweils aktuellen Fassung der BbS-VO erreicht wurden, auch rückwirkend zu einer Gleichwertigkeit führen. Die Gleichwertigkeit eines beruflichen Abschlusses aus der Vergangenheit mit einem allgemeinen Abschluss wird durch die berufsbildende Schule im Rahmen der Aufnahmeentscheidung geprüft.

3 Zu Abs. 2 bis 4: Die Berufsschule gliedert sich in die Grundstufe und die darauf aufbauenden Fachstufen. Die Grundstufe umfasst das erste Ausbildungsjahr, die Fachstufen I, II und III umfassen die weiteren Ausbildungsjahre.

Die Gesamtdauer der Berufsschule richtet sich nach der Dauer der betrieblichen Ausbildung. Es gibt zurzeit Ausbildungsberufe von zweijähri-

Allgemeine Vorschriften § 15 NSchG

ger Dauer (Grundstufe und Fachstufe I) bis zu dreieinhalbjähriger Dauer (Grundstufe und Fachstufen I bis III). Bei individueller Verkürzung oder Verlängerung der Ausbildungszeit wird auch der Berufsschulbesuch entsprechend verkürzt oder verlängert.

Bei der Beschulung von Auszubildenden im dualen System wird in Niedersachsen grundsätzlich das Ziel verfolgt, ein in der Fläche möglichst wohnort- bzw. betriebsnahes sowie qualitativ hochwertiges berufsschulisches Unterrichtsangebot vorzuhalten. Die berufsbildenden Schulen in Niedersachsen werden zz. durch eine entsprechende Budgetzuweisung in die Lage versetzt, Berufsschulklassen bereits ab sieben Schülerinnen und Schülern zu bilden, und erhalten dann 80 Prozent des Lehrkräftebudgets. Ab 14 Schülerinnen und Schülern werden 100 Prozent des Budgets zugewiesen. Bei der Gestaltung des Bildungsangebots in der Berufsschule bewegen sich die berufsbildenden Schulen stets im Spannungsfeld zwischen den ausbildenden Betrieben, den Schulträgern und dem Land. Das Land gibt lediglich in Form eines Stundenbudgets für Lehrkräfte einen Rahmen vor, die jeweiligen Schulträger müssen nach § 106 Abs. 1 Niedersächsisches Schulgesetz (NSchG) initiativ werden, wenn es die Entwicklung der Schülerzahlen erfordert. Die Schülerzahlen sind abhängig von der Ausbildungsbereitschaft der Betriebe in der Region.

In Verbindung mit § 21 NSchG werden in einer Klasse der Berufsschule einzelne oder mehrere Ausbildungsberufe unterrichtet. Die Klassenbildung in der Berufsschule ist im Dritten Abschnitt der Ergänzenden Bestimmungen für das berufsbildende Schulwesen (EB-BbS) geregelt. Danach ist unter bestimmten Voraussetzungen eine gemeinsame Beschulung von Schülerinnen und Schülern unterschiedlicher Ausbildungsberufe möglich. Ferner ist definiert, dass die Klassenbildung im Entscheidungs- und Verantwortungsbereich der einzelnen berufsbildenden Schule liegt. Basis hierfür ist das den berufsbildenden Schulen zur Verfügung gestellte Lehrkräftesollstundenbudget. Für die Berufsschule gilt dabei grundsätzlich, dass nicht Klassen als Organisationsform von Unterricht, sondern jahrgangsweise gegliederte Gruppen maßgeblich für die Budgetzuweisung sind. Für die Budgetzuweisung relevant ist entsprechend nicht die jeweilige Klassengröße, sondern die Anzahl von Schülerinnen und Schülern, die eine Gruppe bilden (unabhängig von der gebildeten Klassenzahl und der Aufteilung der Schülerinnen und Schüler, die eine Gruppe bilden, auf verschiedene Klassen). Die Zahl sieben ist entsprechend nicht als Mindestgröße einer Klasse definiert, sondern als Mindestzahl einer Gruppe, ab der eine berufsbildende Schule Budgetanteile erhält. Für die Beschulung von Gruppen mit weniger als sieben Schülerinnen und Schülern wird kein Budget zur Verfügung gestellt. Niedersachsen liegt damit mit einer Mindestschülerzahl von sieben Schülerinnen und Schülern in der Berufsschule weit unterhalb vergleichbarer Zahlen anderer Flächenbundesländer.

In einigen Ausbildungsberufen mit eher geringen Schülerzahlen werden Fachklassen überregional ggf. auf Landes- oder Bundesebene (siehe Splitterberufeliste der KMK) geführt.

Beim Berufsschulunterricht im Rahmen von dualen Studiengängen ist zwischen der Hochschule und der Berufsschule abzustimmen, wer welche Kompetenzen im Bereich der Theorie vermittelt, die nach Maßgabe des Studienplans der Hochschule, der Ausbildungsverordnung für den dualen Ausbildungsberuf, den Ergänzenden Bestimmungen für das berufsbildende Schulwesen und des einschlägigen Rahmenlehrplans erworben werden müssen. Dazu sollen Hochschule und Berufsschulen einen Kooperationsvertrag abschließen. Für den betrieblichen Teil der Ausbildung tragen die Betriebe und die zuständigen Stellen weiterhin die Verantwortung. Im Einzelfall kann auch entschieden werden, den betrieblichen Teil der Ausbildung in den Kooperationsvertrag mit einzubeziehen (Nr. 3.1.1.4 EB-BbS).

Die an einer Hochschule oder Universität erworbenen Prüfungs- und Studienleistungen ehemaliger Studentinnen und Studenten, die eine duale Berufsausbildung aufnehmen, können bei Aufnahme einer dualen Ausbildung von den berufsbildenden Schulen geprüft und angerechnet werden, was in der Folge zu einer kürzeren Zeit in der berufsbildenden Schule führen kann. Grundsätzlich gilt die Regelung auch für Personen, die nach einem erfolgreichen Hochschulstudium eine duale Berufsausbildung aufnehmen. Die Höhe der Anrechnung hängt von der inhaltlichen Nähe der Studienleistungen zur Ausbildung ab.

4 Zu Abs. 5: Die Gesamtunterrichtszeit in der Berufsschule ergibt sich als Produkt aus dem Faktor »Ausbildungszeit des jeweiligen Ausbildungsberufes in Jahren« und dem Faktor »12 Unterrichtsstunden pro Jahr«. Es ergeben sich daher 24 Unterrichtsstunden bei zweijährigen, 36 Unterrichtsstunden bei dreijährigen und 42 Unterrichtsstunden bei dreieinhalbjährigen Ausbildungsverträgen.

Die nachdrückliche Forderung eines Teils der ausbildenden Wirtschaft nach nur einem Tag Berufsschulunterrichts in der Woche hat 1995 dazu geführt, dass in einen Organisationserlass der »neunstündige« Berufsschultag als Möglichkeit geschaffen wurde. Die 36 Gesamtwochenstunden einer dreijährigen Ausbildung können damit auf viermal neun Stunden verteilt werden, die mit zwei Tagen im ersten Jahr und je einem Tag im zweiten und dritten Jahr unterrichtet werden. Es handelte sich dabei um einen Kompromiss zwischen Landesregierung und ausbildender Wirtschaft, um die Ausbildungsbereitschaft der Wirtschaft zu stärken. Die Schulen können jedoch in Abstimmung mit der Wirtschaft andere Organisationsmodelle festlegen.

Die Landesregierung hat jedoch keinen Zweifel daran gelassen, dass sie an dem schulgesetzlich festgelegten und auf KMK-Ebene abgestimmten Mindestumfang von durchschnittlich 12 Stunden pro Jahr festhalten wird.

Die Unterrichtszeit von 12 Stunden im Durchschnitt kann durch das Angebot von zusätzlichem Förderunterricht für einzelne Schülerinnen und Schüler überschritten werden.

Verweise, Literatur:

- Verordnung über berufsbildende Schulen (BbS-VO) vom 10.06.2009 (Nds. GVBl. S. 243; SVBl. S. 206), zuletzt geändert durch Verordnung vom 31.08.2020 (Nds. GVBl. Nr. 31/2020 S. 282)
- Ergänzende Bestimmungen für das berufsbildende Schulwesen (EB-BbS), RdErl. d. MK v. 10.06.2009 – (Nds. MBl. S. 538), zuletzt geändert durch RdErl. d. MK vom 25.01.2019 (Nds. MBl. S. 338)
- Verordnung über die Gleichwertigkeit von Abschlüssen im Bereich der beruflichen Bildung (BB-GVO) vom 19.07.2005 (Nds. GVBl. S. 253; SVBl. S. 485; Schulrecht 414/55), zuletzt geändert durch Art. 2 der VO vom 13.01.2017 (Nds. GVBl. S. 8; SVBl. S. 218)
- Handreichung für die Erarbeitung von Rahmenlehrplänen der Kultusministerkonferenz (KMK) für den berufsbezogenen Unterricht in der Berufsschule und ihre Abstimmung mit Ausbildungsordnungen des Bundes für anerkannte Ausbildungsberufe (Veröffentlichung des Sekretariats der Kultusministerkonferenz, aktualisiert 14.12.2018)
- KMK-Beschluss »Rahmenvereinbarung über die Berufsschule« vom 12.03.2015 i.d.F. vom 20.09.2019
- KMK-Beschluss »Rahmenvereinbarung über die Bildung länderübergreifender Fachklassen für Schüler in anerkannten Ausbildungsberufen mit geringer Zahl Auszubildender« vom 26.01.1984 i. d. F. vom 23.02.2018 (KMK-Beschlusssammlung Nr. 328) – Beilage nach dem Stand der 32. Fortschreibung (»Splitterberufe«) vom 25.06.2020; gültig ab 01.08.2020
- KMK-Beschluss »Erklärung der Kultusministerkonferenz zur Beibehaltung des Fachklassenprinzips in der Berufsschule vor dem Hintergrund des demografischen Wandels« vom 16.06.2016
- Handreichung für die Erarbeitung von Rahmenlehrplänen der Kultusministerkonferenz für den berufsbezogenen Unterricht in der Berufsschule und ihre Abstimmung mit Ausbildungsordnungen des Bundes für anerkannte Ausbildungsberufe (Veröffentlichung der KMK vom 14.12.2018)
- Elemente für den Unterricht der Berufsschule im Bereich Wirtschafts- und Sozialkunde gewerblich-technischer Ausbildungsberufe, (Beschluss der KMK vom 07.05.2008 i.d.F. vom 24.09.2020)
- KMK-Beschluss »Vereinbarung über den Erwerb der Fachhochschulreife in beruflichen Bildungsgängen« vom 05.06.1998 i. d. F. vom 09.03.2001 (KMK-Beschlusssammlung Nr. 469.1)
- KMK-Beschluss »Empfehlungen der Kultusministerkonferenz zur Umsetzung des Berufsbildungsreformgesetzes« vom 02.06.2005
- KMK-Beschluss »Erklärung der Kultusministerkonferenz für eine zukunftsorientierte Gestaltung der dualen Berufsausbildung« vom 09.12.2010
- KMK-Beschluss »Position der Kultusministerkonferenz zu Umfang und Organisation des Berufsschulunterrichts« vom 01.12.1995 (KMK-Beschlusssammlung Nr. 326)

- KMK-Beschluss »Bezeichnungen zur Gliederung des beruflichen Schulwesens« vom 08.12.1975 (KMK-Beschlusssammlung Nr. 319)
- KMK-Beschluss »Erklärung der Kultusministerkonferenz über Möglichkeiten der Ausgestaltung der Ausbildungsabschlussprüfung als gemeinsame Abschlussprüfung in der dualen Berufsausbildung« vom 26.06.1992 i. d. F. vom 16.02.2017)
- KMK-Beschluss »Empfehlung zu Umfang und Organisation des Berufsschulunterrichts sowie zur Beurlaubung von Berufsschülerinnen und Berufsschülern« vom 01.12.1995 i. d. F. vom 16.02.2017
- Handreichung für die Erarbeitung von Lehrplänen für Menschen mit Behinderung nach § 66 BBiG/§ 42 HwO vom 23.09.2011
- KMK-Beschluss »Rahmenvereinbarung über die Zertifizierung von Fremdsprachenkenntnissen in der beruflichen Bildung« vom 20.11.1998 i. d. F. vom 14.09.2017
- Erl. »Ordnungsmittel für den Unterricht in berufsbildenden Schulen« vom 31.08.2005 (SVBl. S. 576) überführt in den ersten Abschnitt (Einleitung) der Ergänzenden Bestimmungen für das berufliche Schulwesen (EB-BbS). Danach sind die in der Datenbank unter der Internet-Adresse http://www.nibis.de/nibis.phtml?menid=303 aufgeführten Rahmenlehrpläne der Kultusministerkonferenz sowie Niedersächsischen Richtlinien und Rahmenrichtlinien (Ordnungsmittel) für den Unterricht in berufsbildenden Schulen verbindlich.
- KMK-Beschluss »Empfehlung zum Sport an beruflichen Schulen« vom 18.11.2004
- KMK-Sekretariat: »Hochschulzugang über berufliche Bildung, Wege und Berechtigungen«; Information vom 08.09.2015
- Berufsbildungsgesetz (BBiG), Artikel 1 G. v. 23.03.2005 BGBl. I S. 931; zuletzt geändert durch Artikel 1 G. v. 12.12.2019 BGBl. I S. 2522

(Friedrich-Wilhelm Krömer)

§ 16   Berufsfachschule

(1) ¹Die Berufsfachschule führt Schülerinnen und Schüler nach Maßgabe ihrer schulischen Abschlüsse in einen oder mehrere Berufe ein oder bildet sie für einen Beruf aus. ²Darüber hinaus können die Schülerinnen und Schüler an der Berufsfachschule auch schulische Abschlüsse erwerben, die sie befähigen, nach Maßgabe dieser Abschlüsse ihren Bildungsweg in anderen Schulen im Sekundarbereich II fortzusetzen.

(2) ¹Die Berufsfachschule vermittelt den Schülerinnen und Schülern eine fachliche und allgemeine Bildung. ²Diese schließt, sofern die Berufsfachschule in einen oder mehrere Berufe einführt, eine berufliche Grundbildung für die einer Fachrichtung entsprechenden anerkannten Ausbildungsberufe ein.

Allgemeine Vorschriften § 16 **NSchG**

(3) ¹Pflegeschulen nach § 9 PflBG werden in Form einer Berufsfachschule geführt. ²Für öffentliche Pflegeschulen ist das Land Rechtsträger im Sinne des § 2 der Pflegeberufe-Ausbildungsfinanzierungsverordnung vom 2. Oktober 2018 (BGBl. I S. 1622). ³Auf die Kosten der öffentlichen Pflegeschulen finden die §§ 112 bis 113 nur Anwendung, soweit sich die Aufbringung der Kosten nicht nach den §§ 26 Abs. 2 bis 36 PflBG richtet. ⁴Pflegeschulen in freier Trägerschaft werden die Kosten, die durch die Erteilung von allgemein bildendem Unterricht entstehen, sowie die Investitionskosten im Sinne des § 27 Abs. 1 Satz 4 PflBG auf Antrag in angemessener Höhe erstattet, soweit diese nicht nach anderen Vorschriften ausgeglichen werden; die §§ 149 und 150 finden keine Anwendung. ⁵Das Kultusministerium wird ermächtigt, durch Verordnung

1. das Nähere zur Erstattung der Kosten nach Satz 4 zu regeln,

2. gemäß § 6 Abs. 2 Satz 3 PflBG einen verbindlichen Lehrplan als Grundlage für die Erstellung der schulinternen Curricula der Pflegeschulen zu erlassen,

3. gemäß § 7 Abs. 5 PflBG die Anforderungen an die Geeignetheit von Einrichtungen zur Durchführung von Teilen der praktischen Ausbildung nach § 7 Abs. 1 und 2 PflBG zu regeln sowie das während der praktischen Ausbildung zu gewährleistende Verhältnis von Auszubildenden zu Pflegekräften festzulegen,

4. Bestimmungen gemäß § 9 Abs. 3 PflBG zu treffen.

Allg.: Die Berufsfachschule gliedert sich in eine Reihe von Schulformen, die unterschiedliche Zugangsvoraussetzungen und Zielsetzungen aufweisen. Sie sind seit Juli 2000 nur noch in der BbS-VO geregelt. Es werden in Niedersachsen folgende Formen der Berufsfachschulen – jeweils in unterschiedlichen Fachrichtungen – geführt:

I. Einjährige Berufsfachschule mit den Fachrichtungen

1. Agrarwirtschaft
2. Bautechnik
3. Chemie, Physik und Biologie
4. Druck- und Medientechnik
5. Elektrotechnik
6. Fahrzeugtechnik
7. Farbtechnik und Raumgestaltung
8. Floristik
9. Gartenbau
10. Gastronomie
11. Hauswirtschaft und Pflege
12. Holztechnik

13. Körperpflege
14. Lebensmittelhandwerk
15. Metalltechnik
16. Textiltechnik und Bekleidung
17. Wirtschaft

In den Fachrichtungen können berufsbezogene Schwerpunkte nach regionalen Erfordernissen gebildet werden. In der Fachrichtung Hauswirtschaft und Pflege sind nur die Schwerpunkte Hauswirtschaft und/oder Persönliche Assistenz zulässig. In den Fachrichtungen Elektrotechnik, Metalltechnik und Wirtschaft sind berufsbezogene Schwerpunkte zu bilden.

In die einjährige Berufsfachschule kann nur aufgenommen werden, wer den Hauptschulabschluss nachweist. Wird die Berufsfachschule in einer Fachrichtung mit einem bestimmten berufsbezogenen Schwerpunkt geführt, so kann als Aufnahmevoraussetzung der Sekundarabschluss I – Realschulabschluss gefordert werden.

II. Zweijährige Berufsfachschule mit den Fachrichtungen
1. Agrarwirtschaft
2. Ernährung, Hauswirtschaft und Pflege
3. Sozialpädagogik
4. Technik
5. Wirtschaft

Mit Ausnahme der Fachrichtung Sozialpädagogik werden die anderen Fachrichtungen nur aufbauend auf der einjährigen Berufsfachschule mit einschlägiger Fachrichtung geführt. In der Klasse 2 der zweijährigen Berufsfachschule kann nur aufgenommen werden, wer den Abschluss einer einjährigen Berufsfachschule mit einem Notendurchschnitt von mindestens 3.0 nachweist.

III. Zwei- oder mehrjährige berufsqualifizierende Berufsfachschule mit den Fachrichtungen
1. Altenpflege
2. Atem-, Sprech- und Stimmlehrerin/Stimmlehrer
3. Biologisch-technische(r) Assistentin/Assistent
4. Chemisch-technische(r) Assistentin/Assistent
5. Elektro-technische(r) Assistentin/Assistent
6. Ergotherapie
7. Gestaltungstechnische(r) Assistentin/Assistent
8. Informatik
9. Kaufmännische Assistentin/Kaufmännischer Assistent

10. Kosmetik
11. Agrarwirtschaftlich-technische(r) Assistentin/Assistent
12. Pflegeassistenz
13. Pharmazeutisch-technische(r) Assistentin/Assistent
14. Schiffsbetriebstechnische(r) Assistentin/Assistent
15. Sozialpädagogische(r) Assistentin/Assistent
16. Sozialassistentin/Sozialassistent, Schwerpunkt Persönliche Assistenz
17. Informationstechnische(r) Assistentin/Assistent
18. Umweltschutz-technische Assistentin/Assistent

In den Berufsfachschulen der Fachrichtungen nach Satz 1 Nrn. 4, 11 und 14 können durch die oberste Schulbehörde Schwerpunkte gebildet werden. Die Fachrichtung Informatik muss entweder mit dem Schwerpunkt Softwaretechnologie oder Wirtschaftsinformatik oder Medieninformatik geführt werden. In der Fachrichtung kaufmännische Assistentin/Kaufmännischer Assistent ist nur die Bildung der Schwerpunkte Fremdsprachen und Korrespondenz sowie Informationsverarbeitung zulässig; es ist mindestens einer dieser Schwerpunkte zu bilden.

In die berufsqualifizierenden Berufsfachschulen kann in der Regel aufgenommen werden, wer den Sekundarabschluss – Realschulabschluss nachweist. In den Fachrichtungen Kosmetik und Pflegeassistenz reicht der Hauptschulabschluss, in der Fachrichtung Informatik muss die Fachhochschulreife nachgewiesen werden. Im Übrigen gibt es in einigen Fachrichtungen auch die Möglichkeit des »Quereinstiegs« in die Klasse 2 bei Vorhandensein spezifischer Vorbildungen (vgl. § 3 Anlage 4 zu § 33 BbS-VO).

Mit Urteil vom 24.10.2002 hat das BVerfG das Gesetz über die Berufe in der Altenpflege (Altenpflegegesetz – AltPflG) sowie zur Änderung des Krankenpflegegesetzes vom 17.11.2000 (BGBl. S. 1513) hinsichtlich der Gesetzgebungskompetenz des Bundes nach Art. 74 Nr. 19 GG für die Altenpflege für verfassungskonform und für die Altenpflegehilfe für verfassungswidrig erklärt. Daraufhin hat das BMFSFJ im Einvernehmen mit dem BMG und dem BMBF die Ausbildungs- und Prüfungsordnung für den Beruf der Altenpflegerin/des Altenpflegers erlassen.

In der ÄndVO 2003 Bbs-VO sind die Entscheidungen des BVerfG in niedersächsisches Recht umgesetzt worden. Die Altenpflegeausbildung wurde von einer dreijährigen Fachschule in eine dreijährige Berufsfachschule umgewandelt. Die formellen Versetzungs- und Prüfungsvorschriften wurden den für die übrigen in Niedersachsen bestehenden Schulformen angepasst, wobei die vom Bund gesetzten Standards der Bildungs- und Prüfungsvorschriften eingehalten wurden.

Mit der ÄndVO 2008 BbS-VO sind die Berufsfachschulen »Heilerziehungshilfe« und »Altenpflegehilfe« durch die Berufsfachschule »Pflegeassistenz« ersetzt worden.

2 Zu Abs. 1 und 2: Die einjährigen Berufsfachschulen vermitteln die Inhalte des ersten Ausbildungsjahres der Ausbildungsberufe, die der Fachrichtung und dem Schwerpunkt entsprechen. Sie decken damit einen Teil der Ausbildung (hier die berufliche Grundbildung) für diejenigen Schülerinnen und Schüler ab, die keinen dualen Ausbildungsplatz bekommen haben. Die Berufsfachschule schließt mit einer schriftlichen und praktischen Prüfung ab, die sich an im ersten Lehrjahr zu erwerbenden Kompetenzen orientieren soll. Dadurch soll erreicht werden, dass diese Schülerinnen und Schüler möglichst unter freiwilliger Anrechnung der einjährigen Berufsfachschule in die Fachstufenausbildung eines dualen Ausbildungsberufes einsteigen können.

Ab dem Schuljahr 2017/18 kann nur in die einjährige Berufsfachschule aufgenommen werden, wer an einem von einer außerschulischen öffentlichrechtlichen Einrichtung durchgeführten Beratungsgespräch über Möglichkeiten und Perspektiven einer beruflichen Ausbildung teilgenommen hat (§ 2 Absatz 1 Satz 2 der Anlage 3 zu § 33 BbS-VO).

Im Rahmen des Schulversuchs »Höhere Handelsschule dual (HH dual)« soll ab dem Schuljahr 2017/18 durch eine verstärkte Dualisierung und den Einsatz innovativer Beratungs- und Betreuungskonzepte in Zusammenarbeit mit den regionalen Akteuren der beruflichen Bildung erreicht werden, die Vermittlungschancen von Jugendlichen in die duale Berufsausbildung im Berufsbereich Wirtschaft zu erhöhen. Für diese Jugendlichen soll sich durch den Schulbesuch ihre Konkurrenzfähigkeit gegenüber Mitbewerberinnen und Mitbewerbern mit Abitur oder Fachhochschulreife verbessern. Da der Unterricht auf Berufsbereichsbreite angelegt wird, ergibt sich für die Absolventinnen und Absolventen auch eine größere Flexibilität bei der Berufswahlentscheidung.

Parallel dazu soll in einem weiteren Schulversuch »Höhere Handelsschule dual plus (HH dual plus)« geprüft werden, ob durch eine Intensivierung der praktischen Ausbildung (mind. 800 h) eine ›curriculare Symbiose‹ von einjähriger Berufsfachfachschule Wirtschaft für Realschulabsolventinnen undabsolventen und der Klasse 11 der Fachoberschule Wirtschaft und Verwaltung möglich ist. Absolventinnen und Absolventen können die Berechtigung zum Übergang in die Klasse 12 der Fachoberschule Wirtschaft und Verwaltung erwerben.

In beiden Schulversuchen ist die primäre Zielsetzung, den Übergang in eine duale Ausbildung im Bereich Wirtschaft und Verwaltung zu befördern.

Die zweijährige Berufsfachschule, die in Form der Klasse 2 auf einer einjährigen einschlägigen Berufsfachschule aufbaut, bietet denjenigen Schülerinnen und Schülern, die nach der einjährigen Berufsfachschule keinen Ausbildungsplatz bekommen haben, die Möglichkeit, ihre Ausbildungschancen durch den Erwerb eines Realschulabschlusses zu verbessern.

Die berufsqualifizierenden Berufsfachschulen bilden im Unterschied zu den vorgenannten Berufsfachschulen nicht nur teilweise, sondern ganz für einen Beruf aus. Es handelt sich dabei um sog. Berufsausbildungen nach Landesrecht, die nicht den Vorschriften des Berufsbildungsgesetzes unterliegen und daher auch nicht zu den dualen Ausbildungsberufen zählen. Mit dem erfolgreichen Besuch einer berufsqualifizierenden Berufsfachschule wird die Berechtigung erworben, die Berufsbezeichnung »Staatlich geprüfte(r) ...« entsprechend der jeweiligen Fachrichtung zu führen.

An den Berufsfachschulen können folgende schulische Abschlüsse erworben werden:

Sekundarabschluss I – Hauptschulabschluss

– wer die einjährige Berufsfachschule erfolgreich besucht hat

Sekundarabschluss I – Realschulabschluss

– wer die zweijährige Berufsfachschule erfolgreich besucht hat
– wer die Berufsfachschule Kosmetik oder Pflegeassistenz erfolgreich besucht hat

Erweiterter Sekundarabschluss I

– wer mit einem Realschulabschluss eine einjährige Berufsfachschule erfolgreich besucht hat, in der der Unterricht im berufsübergreifenden Lernbereich auf dem Realschulabschluss aufbauend erteilt wurde und einen Notendurchschnitt von 3,0 nachweist
– wer eine berufsqualifizierende Berufsfachschule in den Fachrichtungen der Nrn. 1, 3 bis 7, 9, 11 und 13 bis 17 erfolgreich besucht hat

Schulischer Teil der Fachhochschulreife

– wer eine mindestens zweijährige berufsqualifizierende Berufsfachschule erfolgreich besucht hat

Fachhochschulreife

– wer eine berufsqualifizierende Berufsfachschule und den Ergänzungsbildungsgang zum Erwerb der Fachhochschulreife erfolgreich besucht hat und bestimmte Zeiten beruflicher Tätigkeit nachweist

Zu Abs. 3: Mit ÄndG 19 regelt der neue Absatz 3 die öffentlichen und privaten Pflegeschulen einschließlich ihrer Finanzierung.

Satz 1 ordnet die neuen Pflegeschulen den Berufsfachschulen zu.

Die Finanzhilferegelungen für anerkannte Ersatzschulen werden abbedungen, weil die Kosten der Pflegeausbildung an allen Pflegeschulen ab dem 1. Januar 2020 durch Ausgleichsfonds nach Maßgabe des § 26 Abs. 2 sowie der §§ 27 bis 36 PflBG finanziert werde (Satz 2).

Aus diesem Grund regelt Satz 3, dass für öffentliche Pflegeschulen die Verteilung der Kosten nur dann nach den §§ 112 bis 113 a NSchG erfolgt, sofern es sich um die durch die Erteilung von allgemein bildendem Unterricht entstehenden Kosten handelt oder um Investitionskosten nach § 27 Abs. 1 Satz 4 PflBG.

Satz 4 Halbsatz 1 vermittelt den Trägern privater Pflegeschulen einen Anspruch auf Erstattung der Investitionskosten nach § 27 Abs. 1 Satz 4 PflBG, der gegenüber anderweitigen Refinanzierungsvorschriften nachrangig sein soll.

Halbsatz 2 ermächtigt das Kultusministerium, das Nähere zur Kostenerstattung durch Verordnung zu regeln. Durch die Verwendung dieses unbestimmten Rechtsbegriffs ist ein auskömmlicher Kostenausgleich der Träger sichergestellt, der gegebenenfalls durch Änderung auf untergesetzlicher Ebene angepasst werden kann.

Mit Satz 5 wird dem Land die Rechtsträgerschaft für öffentliche Pflegeschulen zugewiesen. Soweit in der Pflegeberufe-Ausbildungsfinanzierungsverordnung Rechte und Pflichten der Pflegeschulen geregelt werden, bezieht sich dies auf die Träger der Pflegeschulen. Öffentliche Pflegeschulen sind gemeinsame Anstalten ihrer Träger und des Landes. Es ist beabsichtigt, dass die Schulbehörde die Rechte und Pflichten wahrnimmt, die sich aus der Verordnung ergeben. Dies hat u.a. zur Folge, dass die Vereinnahmung der Ausgleichsweisungen aus dem Ausgleichsfonds durch die Schulbehörde erfolgt, und die Zuweisung für den Aufwand, den nicht das Land trägt, an den Schulträger durchleitet. Die Schulträgerschaft bleibt davon unberührt.

Satz 6 enthält die Ermächtigung zum Erlass von Verordnungen durch das Kultusministerium. Die Regelungsaufträge dafür ergeben sich aus § 6 Abs. 2 Satz 3 (verbindlicher Lehrplan), § 7 Abs. 5 Satz 1 (Eignung von Einrichtungen für die praktische Ausbildung) und § 9 Abs. 3 Satz 1 (Mindestanforderungen an Pflegeschulen) PflBG.

In der neuen Anlage 10 zu § 33 BbS-VO werden die Anforderungen an die Pflegeschulen, die Gliederung des Unterrichts sowie die Zwischenprüfung geregelt.

4 Verweise, Literatur:

- Verordnung über berufsbildende Schulen (BbS-VO) vom 10.06.2009 (Nds. GVBl. S. 243; SVBl. S. 206), zuletzt geändert durch Verordnung vom 31.08.2020 (Nds. GVBl. Nr. 31/2020 S. 282)

- Ergänzende Bestimmungen für das berufsbildende Schulwesen (EB-BbS), RdErl. d. MK v. 10.06.2009 – (Nds. MBl. S. 538), zuletzt geändert durch RdErl. d. MK vom 25.01.2019 (Nds. MBl. S. 338)

- Verordnung über die Gleichwertigkeit von Abschlüssen im Bereich der beruflichen Bildung (BB-GVO) vom 19.07.2005 (Nds. GVBl. S. 253; SVBl. S. 485; Schulrecht 414/55, zuletzt geändert durch Art. 2 der VO vom 13.01.2017 (Nds. GVBl. S. 8)

- Erl. »Ordnungsmittel für den Unterricht in berufsbildenden Schulen« vom 31.08.2005 (SVBl. S. 576) überführt in den ersten Abschnitt (Grundlagen der Ausbildung) der Ergänzenden Bestimmungen für das

Allgemeine Vorschriften § 16

berufliche Schulwesen (EB-BbS). Danach sind die in der Datenbank unter der Internet-Adresse http://www.nibis.de/nibis.phtml?menid=303 aufgeführten Rahmenlehrpläne der Kultusministerkonferenz sowie Niedersächsischen Richtlinien und Rahmenrichtlinien (Ordnungsmittel) für den Unterricht in berufsbildenden Schulen verbindlich.

- KMK-Beschluss »Rahmenvereinbarung über die Berufsfachschulen« vom 17.10.2013 i.d.F. vom 25.06.2020
- Kompetenzorientiertes Qualifikationsprofil für die Ausbildung sozialpädagogischer Assistenzkräfte an Berufsfachschulen (Beschluss der Kultusministerkonferenz vom 18.06.2020)
- KMK-Beschluss »Rahmenvereinbarung über die Ausbildung und Prüfung zum Staatlich geprüften technischen Assistenten/zur Staatlich geprüften technischen Assistentin und zum Staatlich geprüften kaufmännischen Assistenten/zur Staatlich geprüften kaufmännischen Assistentin an Berufsfachschulen« vom 30.09.2011 i. d. F. vom 25.06.2020
- KMK-Beschluss »Vereinbarung über den Erwerb der Fachhochschulreife in beruflichen Bildungsgängen« vom 05.06.1998 i. d. F. vom 09.03.2001 (KMK-Beschlusssammlung Nr. 469.1)
- KMK Beschluss »Rahmenvereinbarung über die Zertifizierung von Fremdsprachenkenntnissen in der beruflichen Bildung« vom 20.11.1998 i. d. F. vom 14.09.2017
- Dokumentation der Kultusministerkonferenz über landesrechtlich geregelte Berufsabschlüsse an Berufsfachschulen (Beschluss des Ausschusses für Berufliche Bildung vom 25.06.2020)
- KMK-Beschluss »Empfehlungen der Kultusministerkonferenz zur Umsetzung des Berufsbildungsreformgesetzes« vom 02.06.2005
- Erl. »Praktische Ausbildung für andere als ärztliche Heilberufe im Geltungsbereich des Niedersächsischen Schulgesetzes« vom 16.06.1998 (Nds. MBl. S. 995; SVBl. S. 256)
- Gesetz über Berufsbezeichnungen und die Weiterbildung in Gesundheitsfachberufen vom 16.12.1999 (Nds. GVBl. S. 426)
- Ausbildungs- und Prüfungsordnung für den Beruf der Altenpflegerin und des Altenpflegers (Altenpflege-Ausbildungs- und Prüfungsordnung – AltPflAPrV) vom 26.11.2002 (BGBl. I S. 4417)
- Gesetz über die Pflegeberufe (Pflegeberufegesetz – PflBG), Artikel 1 G. v. 17.07.2017 BGBl. I S. 2581 (Nr. 49); zuletzt geändert durch Artikel 3a G. v. 13.01.2020 BGBl. I S. 66; Geltung ab 01.01.2020

(Friedrich-Wilhelm Krömer)

§ 17 Berufseinstiegsschule

(1) Die Berufseinstiegsschule vermittelt ihren Schülerinnen und Schülern neben der allgemeinen auch eine fachliche Bildung, deren Schwerpunkt in der Vorbereitung auf eine berufliche Ausbildung oder auf eine Berufstätigkeit liegt.

(2) [1]In der Berufseinstiegsschule werden Schülerinnen und Schüler unterrichtet, die keinen Hauptschulabschluss haben oder die sonst erwarten lassen, dass sie ihre Kenntnisse und Fähigkeiten noch verbessern müssen, um die erforderliche Reife für das erfolgreiche Absolvieren einer beruflichen Ausbildung zu erlangen. [2]Die Berufseinstiegsschule umfasst die Klassen 1 und 2, die jeweils ein Jahr dauern. [3]In Klasse 1 werden nur Schülerinnen und Schüler aufgenommen, die zur Erlangung der erforderlichen Reife nach Satz 1 auf eine besondere individuelle Förderung angewiesen und zudem noch schulpflichtig sind. [4]Die übrigen Schülerinnen und Schüler werden unmittelbar in Klasse 2 aufgenommen. [5]An der Berufseinstiegsschule kann der Hauptschulabschluss nach Klasse 2 erworben werden.

(3) [1]Die Berufseinstiegsschule wird mit Vollzeitunterricht geführt. [2]Für Schülerinnen und Schüler, die an Einstiegsqualifizierungen nach § 54a des Dritten Buchs des Sozialgesetzbuchs (SGB III) teilnehmen, kann die Klasse 2 in Form von Teilzeitunterricht geführt werden.

(4) [1]Zusätzlich zu den Klassen 1 und 2 können an der Berufseinstiegsschule Sprach- und Integrationsklassen eingerichtet werden. [2]In diesen werden Schülerinnen und Schüler unterrichtet, die zur Erlangung der erforderlichen Reife nach Absatz 2 Satz 1 mindestens ihre Kenntnisse der deutschen Sprache verbessern müssen. [3]Der Wechsel in Klasse 1 oder in Klasse 2 ist nach Erlangung hinreichender Sprachkenntnisse bei Vorliegen der jeweiligen dafür geltenden Voraussetzungen möglich.

1 Zu Abs. 1: Durch die Neugestaltung der Berufseinstiegsschule (BES) wurden mit ÄndG 19 die bisher getrennten, jeweils ein Jahr dauernden Bildungsgänge »Berufsvorbereitungsjahr (BVJ)« und »Berufseinstiegsklasse (BEK)« in einer aufbauenden zweijährigen Schulform mit dem Ziel der individuellen Förderung zusammen geführt. Allerdings kann die Berufseinstiegsschule künftig auch nur in Klasse 1 oder nur in Klasse 2 besucht werden. Die Klasse 1 ersetzt künftig das BVJ und die Klasse 2 die BEK. Grundsätzlich ist die Berufseinstiegsschule für die Aufnahme von Schülerinnen und Schülern mit Bedarf an sonderpädagogischer Unterstützung geeignet.

Diese Änderungen folgen den positiven Erfahrungen aus dem Schulversuch »BEST (Berufseinstiegsstufe)« in den Jahren 2015 – 2017. Im Rahmen dieses Schulversuchs wurden die Handlungsempfehlungen des ›Bündnisses Duale Berufsausbildung‹ (BDB) zur Optimierung der Berufseinstiegsschule an acht berufsbildenden Schulen in Niedersachsen erprobt. Im Schulversuch wurde in erster Linie das Ziel verfolgt, leistungsschwächeren Schülerinnen und Schülern im Anschluss an den Bildungsgang einen direkten Einstieg in eine duale Ausbildung zu erleichtern. Der Bildungsgang ›BEST‹ beinhaltete

Allgemeine Vorschriften § 17   **NSchG**

eine verstärkte Dualisierung (bis zu einer vollständigen Auslagerung der Fachpraxis in Betriebe) sowie eine individuelle und koordinierte Betreuung und Beratung der Schülerinnen und Schüler.

Zu Abs. 2: Dieser Absatz regelt, welche Schülerinnen und Schüler in der Berufseinstiegsschule unterrichtet werden. Der Bildungsgang richtet sich insbesondere an schulpflichtige Schülerinnen und Schüler ohne Hauptschulabschluss. Satz 2 regelt, dass Schulabschlüsse der allgemein bildenden Schulen des Sekundarbereichs I erreicht werden können, und ist damit offener formuliert als die vorangegangene Fassung. Der Erwerb des Hauptschulabschlusses ist in Klasse 2 der Berufseinstiegsschule möglich, wie bisher auch nach der Berufseinstiegsklasse. Nach § 25 BbS-VO soll künftig der Erwerb des Hauptschulabschlusses in der Berufseinstiegsschule nur nach Klasse 2, nicht mehr nach Klasse 1, wie bisher nach dem BVJ, möglich sein. 2

Im Rahmen der Aufnahme in die Berufseinstiegsschule findet ein Beratungsgespräch in der berufsbildenden Schule statt, nach dem die Einstufung der Schülerinnen und Schüler in Klasse 1 oder in Klasse 2 erfolgt. Im Rahmen der verpflichtenden Beratung wird gleichzeitig prognostiziert, ob die oder der Jugendliche ein oder zwei Jahre Zeit benötigt, um den Hauptschulabschluss zu erreichen. Wird prognostiziert, dass die Schülerin oder der Schüler die Ausbildungsreife in einem Jahr erreichen kann (Das soll der ›Regelfall‹ sein.), erfolgt die Einstufung in die Klasse 2. Wird im Rahmen der Beratung festgestellt, dass die Schülerin oder der Schüler den Hauptschulabschluss voraussichtlich nicht innerhalb eines Jahres erreichen kann, erfolgt eine Einstufung in die Klasse 1 der Berufseinstiegsschule.

Bedingt durch die Zusammenführung der bisherigen getrennten Bildungsgänge steht den Schülerinnen und Schülern nach Beendigung der Klasse 1 der weitere Besuch der Berufseinstiegsschule in Klasse 2 offen.

Zu Abs. 3: Der Unterricht in der Berufseinstiegsschule ist grundsätzlich in Form von Vollzeitunterricht zu erteilen. 3

Satz 2 ermöglicht es künftig, nicht mehr schulpflichtige Teilnehmerinnen und Teilnehmer von Einstiegsqualifikationen nach § 54a des Dritten Buchs des Sozialgesetzbuchs (SGB III) in die Berufseinstiegsschule aufzunehmen. Für diese Schülerinnen und Schüler wird der Unterricht dann in Teilzeitform angeboten. Die betriebliche Einstiegsqualifizierung dient der Vermittlung und Vertiefung von Grundlagen für den Erwerb beruflicher Handlungsfähigkeit und wird durch die Bundesagentur für Arbeit gefördert.

Zu Abs. 4: In Absatz 4 wird geregelt, dass zusätzlich zu den Klassen 1 und 2 Sprach- und Integrationsklassen als Bildungsgang dieser Schulform eingerichtet werden können. In der künftigen Berufseinstiegsschule wird eine Sprachförderung angeboten, die auf maximal zwei Jahre ausgerichtet ist und in der die wesentlichen Elemente der Sprach- und Integrationsprojekte »SPRINT« und »SPRINT-dual« verstetigt wurden. 4

Schülerinnen und Schüler, die zur Erlangung der erforderlichen Ausbildungs- oder Berufsreife ihre Kenntnisse in der deutschen Sprache verbessern müssen, können in diesen Bildungsgang aufgenommen werden. Ein Wechsel in die Klasse 1 oder die Klasse 2 der Berufseinstiegsschule ist nach Erreichen der jeweiligen dafür geltenden Voraussetzungen jederzeit möglich. Das Vorliegen der notwendigen Sprachkenntnisse wird von der berufsbildenden Schule festgestellt. Darüber hinaus können diese Schülerinnen und Schüler unter bestimmten Voraussetzungen auch in andere Schulformen der berufsbildenden Schulen wechseln, zum Beispiel bei Abschluss eines Ausbildungsvertrages in die Berufsschule.

5 **Verweise, Literatur:**

- Verordnung über berufsbildende Schulen (BbS-VO) vom 10.06.2009 (Nds. GVBl. S. 243; SVBl. S. 206), zuletzt geändert durch Verordnung vom 31.08.2020 (Nds. GVBl. Nr. 31/2020 S. 282)

- Ergänzende Bestimmungen für das berufsbildende Schulwesen (EB-BbS), RdErl. d. MK v. 10.06.2009 – (Nds. MBl. S. 538), zuletzt geändert durch RdErl. d. MK vom 25.01.2019 (Nds. MBl. S. 338)

(Friedrich-Wilhelm Krömer)

§ 18 Fachoberschule

^{1}In der Fachoberschule werden Schülerinnen und Schüler mit dem Sekundarabschluss I – Realschulabschluss – oder einem gleichwertigen Abschluss

1. ohne berufliche Erstausbildung in den Schuljahrgängen 11 und 12,

2. nach einer beruflichen Erstausbildung im Schuljahrgang 12

unterrichtet. ^{2}Die Fachoberschule ermöglicht ihren Schülerinnen und Schülern eine fachliche Schwerpunktbildung und befähigt sie, ihren Bildungsweg an einer Fachhochschule fortzusetzen.

1 Die Fachoberschule (FOS) wird in den folgenden Fachrichtungen und Schwerpunkten geführt:

1. Wirtschaft und Verwaltung – es ist mindestens einer der folgenden Schwerpunkte zu bilden

    a. Schwerpunkt Wirtschaft

    b. Schwerpunkt Verwaltung und Rechtspflege

    c. Schwerpunkt Informatik

2. Technik – es ist mindestens einer der folgenden Schwerpunkte zu bilden

    a. Bautechnik

    b. Informationstechnik

    c. Mechatronik

    d. schulspezifischer Schwerpunkt

3. Gesundheit und Soziales – es ist mindestens einer der folgenden Schwerpunkte zu bilden
   a. Schwerpunkt Gesundheit-Pflege
   b. Schwerpunkt Sozialpädagogik
4. Gestaltung
5. Ernährung und Hauswirtschaft
6. Agrarwirtschaft, Bio- und Umwelttechnologie.

Mit der KMK-Rahmenvereinbarung über die Fachoberschule vom 16.12.2004 wurde die Struktur der Fachoberschulen vereinheitlicht und mehrere veraltete Rahmenvereinbarungen zu einer aktuellen zusammengefasst. Niedersachsen hat die Struktur der Rahmenvereinbarung vollständig übernommen und damit seine bisherige Struktur nachhaltig verändert. In den Stundentafeln der Fachoberschulen sind die Kernfächer Deutsch, Fremdsprache und Mathematik in allen Fachrichtungen vom Umfang her gleich verankert.

Ziel der Fachoberschule ist der Erwerb der Fachhochschulreife; dabei kann in jeder Fachrichtung eine »Allgemeine Fachhochschulreife« erworben werden, die die Studienberechtigung an jeder Fachhochschule der Bundesrepublik Deutschland einschließt. Einige Fachhochschulen verlangen jedoch zusätzlich eine einschlägige praktische Ausbildung, wenn die Fachhochschulreife in einer »fachfremden« Fachrichtung der Fachoberschule erworben wurde. An einigen Universitäten berechtigt die Fachhochschulreife auch zur Aufnahme eines Bachelor-Studiengangs.

Ohne eine berufliche Erstausbildung dauert der Bildungsgang zwei Jahre und umfasst die Schuljahrgänge 11 und 12. In der Klasse 11 ist ein Praktikum in außerschulischen Einrichtungen, Betrieben oder Verwaltungen im Umfang von mindestens 960 Stunden durchzuführen. Nach Abschluss der Klasse 11 findet eine Versetzung in die Klasse 12 statt.

Ab dem Schuljahr 2017/18 kann nur in die Klasse 11 aufgenommen werden, wer an einem von einer außerschulischen öffentlich-rechtlichen Einrichtung durchgeführten Beratungsgespräch über Möglichkeiten und Perspektiven einer beruflichen Ausbildung teilgenommen hat (§ 3, Absatz 1, Satz 2 der Anlage 5 zu § 33 BbS-VO).

In einem Schulversuch »Höhere Handelsschule dual plus (HH dual plus)« wird ab dem Schuljahr 2017/18 geprüft, ob durch eine Intensivierung der praktischen Ausbildung (mind. 800 h) eine ›curriculare Symbiose‹ von einjähriger Berufsfachfachschule Wirtschaft für Realschulabsolventinnen und absolventen und der Klasse 11 der Fachoberschule Wirtschaft und Verwaltung möglich ist. Absolventinnen und Absolventen können die Berechtigung zum Übergang in die Klasse 12 der Fachoberschule Wirtschaft und Verwaltung erwerben. Die primäre Zielsetzung des Schulversuchs ist es aber, den Übergang in eine duale Ausbildung im Bereich Wirtschaft und Verwaltung zu fördern.

Nach erfolgreich abgeschlossener Berufsausbildung in einem anerkannten Ausbildungsberuf (duale Berufsausbildung) oder in einer Berufsfachschule, die zu einem beruflichen Abschluss führt, kann die Schülerin oder der Schüler direkt in die Klasse 12 der Fachoberschule eintreten. In der Fachrichtung Gestaltung kann anstelle der Berufsausbildung auch eine hinreichende künstlerische Befähigung nachgewiesen werden.

Die Schulform wird durch eine schriftliche Prüfung in den Fächern Deutsch, Englisch, Mathematik sowie – fächer- oder lerngebietsübergreifend – aus dem berufsbezogenen Lernbereich abgeschlossen. Mit der bestandenen Abschlussprüfung wird die Fachhochschulreife erworben.

Mit der »Vereinbarung über den Erwerb der Fachhochschulreife in beruflichen Bildungsgängen« vom 05.06.1998 in der Fassung vom 09.03.2001 hat die KMK eine Rahmenvereinbarung beschlossen, die die Möglichkeit eröffnet, die Fachhochschulreife im Zusammenhang mit beruflichen Bildungsgängen direkt zu erwerben. In Niedersachsen sind davon die duale Berufsausbildung, die Ausbildung in berufsqualifizierenden Berufsfachschulen und die Ausbildung in anderen als ärztlichen Heilberufen betroffen. In der Vereinbarung wird festgelegt, dass dieser Abschluss bei Erfüllung bestimmter quantitativer und qualitativer Standards im Unterricht durch eine Abschlussprüfung erreicht werden kann. Es sind dafür 240 Stunden im sprachlichen Kompetenzbereich (davon jeweils mindestens 80 Stunden Deutsch und 80 Stunden fremdsprachlicher Unterricht), 240 Stunden im mathematisch-naturwissenschaftlich-technischen Bereich und 80 Stunden im gesellschaftswissenschaftlichen Bereich erforderlich. Mit der BbS-VO vom Juli 2000 sind die Bedingungen der KMK-Vereinbarung unmittelbar in niedersächsische Rechts- und Verwaltungsvorschriften übernommen worden. Sofern eine Schülerin oder ein Schüler den geforderten quantitativen Unterrichtsumfang erhalten hat und die in der Vereinbarung formulierten inhaltlichen Standards für die Kompetenzbereiche erfüllt sind, ist eine Abschlussprüfung in den Bereichen Deutsch, Fremdsprache sowie dem mathematisch-naturwissenschaftlich-technischen Bereich abzulegen, mit deren Bestehen durch die berufsbildende Schule das bundesweit anerkannte Zeugnis der Fachhochschulreife ausgestellt wird.

Für den Erwerb der Fachhochschulreife im Zusammenhang mit anderen beruflichen Bildungsgängen kann die Schule diese Ergänzungsbildungsgänge anbieten (Anlage 5 zu § 33 BbS-VO). Diese Ergänzungsbildungsgänge können bildungsgang- und/oder schulübergreifend organisiert werden. Voraussetzung für die Teilnahme an dem Ergänzungsbildungsgang ist, dass die Schülerinnen und Schüler vor Beginn der Ausbildung den Sekundarabschluss I – Realschulabschluss – erworben haben.

2 Verweise, Literatur:

- Verordnung über berufsbildende Schulen (BbS-VO) vom 10.06.2009 (Nds. GVBl. S. 243; SVBl. S. 206), zuletzt geändert durch Verordnung vom 31.08.2020 (Nds. GVBl. Nr. 31/2020 S. 282)

- Ergänzende Bestimmungen für das berufsbildende Schulwesen (EB-BbS), RdErl. d. MK v. 10.06.2009 – (Nds. MBl. S. 538), zuletzt geändert durch RdErl. d. MK vom 25.01.2019 (Nds. MBl. S. 338)

Allgemeine Vorschriften § 18a **NSchG**

- Erl. »Ordnungsmittel für den Unterricht in berufsbildenden Schulen« vom 31.08.2005 (SVBl. S. 576) überführt in den ersten Abschnitt (Grundlagen der Ausbildung) der Ergänzenden Bestimmungen für das berufliche Schulwesen (EB-BbS). Danach sind die in der Datenbank unter der Internet-Adresse http://www.nibis.de/nibis.phtml?menid=303 aufgeführten Rahmenlehrpläne der Kultusministerkonferenz sowie Niedersächsischen Richtlinien und Rahmenrichtlinien (Ordnungsmittel) für den Unterricht in berufsbildenden Schulen verbindlich.
- KMK-Beschluss »Rahmenvereinbarung über die Fachoberschule« vom 16.12.2014 i. d. F. vom 01.10.2010
- KMK-Beschluss »Rahmenvereinbarung über die Zertifizierung von Fremdsprachenkenntnissen in der beruflichen Bildung« vom 20.11.1998 i. d. F. vom 14.09.2017
- Beschluss »Vereinbarung über den Erwerb der Fachhochschulreife in beruflichen Bildungsgängen« der Kultusministerkonferenz vom 05.06.1998 i. d. F. vom 09.03.2001
- *Heinsohn, Detlev*: Neue Wege zur Fachhochschulreife, Schulverwaltung, Ausgabe Niedersachsen, 2011, H. 9, S. 231

(Friedrich-Wilhelm Krömer)

§ 18a Berufsoberschule

¹In der Berufsoberschule werden Schülerinnen und Schüler mit einer beruflichen Erstausbildung,

1. sofern sie den Sekundarabschluss I – Realschulabschluss – oder einen gleichwertigen Abschluss erworben haben, in den Schuljahrgängen 12 und 13,

2. sofern sie die Fachhochschulreife oder einen gleichwertigen Abschluss erworben haben, in dem Schuljahrgang 13

unterrichtet. ²**Die Berufsoberschule ermöglicht ihren Schülerinnen und Schülern eine fachliche Schwerpunktbildung und befähigt sie, ihren Bildungsweg in entsprechenden Studiengängen an einer Hochschule fortzusetzen.**

Die Berufsoberschule (BOS) kann in den folgenden Fachrichtungen geführt werden: 1

1. Wirtschaft und Verwaltung
2. Technik
3. Gesundheit und Soziales
4. Ernährung und Hauswirtschaft
5. Agrarwirtschaft, Bio- und Umwelttechnologie.

Die nach KMK-Definition eigentlich zweijährige BOS ist in Niedersachsen als Aufbauschulform konstruiert worden. An Stelle der Klasse 12 der BOS wird die Klasse 12 der FOS der entsprechenden Fachrichtung geführt (§ 18), so dass in der Klasse 12 eine Differenzierung zwischen Schülerinnen und Schülern der FOS und der BOS noch nicht möglich ist. Die Zugangsvoraussetzungen zur Klasse 13 der BOS setzen eine mindestens zweijährige erfolgreich abgeschlossene einschlägige Berufsausbildung voraus. Somit können Fachoberschülerinnen und -schüler, die über die Klasse 11 und ein Praktikum in die Klasse 12 der FOS eingetreten sind, nicht die Klasse 13 der BOS erreichen. Da eine der berufsbildungspolitischen Begründungen der BOS in der Aufwertung der Berufsausbildung liegt, ist diese Zugangsvoraussetzung unabdingbar. Am Ende der Klasse 12 ist die normale Abschlussprüfung der FOS abzulegen, so dass keine Versetzung im herkömmlichen Sinne in die Klasse 13 vorgesehen ist.

Die Aufnahmevoraussetzung für die Klasse 13 der BOS ist sowohl die erfolgreiche einschlägige Berufsausbildung als auch die Fachhochschulreife. Diese Bedingung wird nicht nur von denjenigen Schülerinnen und Schülern erfüllt, die unmittelbar nach bestandener Prüfung der FOS in die Klasse 13 der BOS gleicher Fachrichtung eintreten, sondern auch von »Seiteneinsteigern«, die in anderen Bildungsgängen oder Fachrichtungen der FOS die Fachhochschulreife erworben haben, sofern die Berufsausbildung für die Fachrichtung der BOS einschlägig ist. Dies gilt z.B. für Absolventinnen und Absolventen von Fachschulen (§ 20), von Berufsfachschulen, die zu einem beruflichen Abschluss führen (§ 16) oder von Gymnasien, Gesamtschulen und Beruflichen Gymnasien (§ 19) sowie für Auszubildende, die parallel zur erfolgreich abgeschlossenen dualen Ausbildung den Ergänzungsbildungsgang mit der Fachhochschulreife abgeschlossen haben.

Der schulische Teil der Fachhochschulreife oder eine Fachhochschulreife mit Praktikum reichen jedoch nicht aus. Die Entscheidung, welche Berufsausbildung als einschlägig zu bezeichnen ist, soll von der berufsbildenden Schule vorgenommen werden. Auf dem Wege des »seitlichen Einstiegs« ist damit auch für diejenigen Schülerinnen und Schüler die Möglichkeit eröffnet, in die Klasse 13 einer BOS einzutreten, die die Fachhochschulreife in der Fachrichtung einer FOS erworben haben, für die keine BOS-Fachrichtung vorgesehen ist (Gesundheit und Soziales sowie Gestaltung), wenn sie eine Berufsausbildung nachweisen, die für die Fachrichtung der BOS einschlägig ist. Damit stellen auch diese Fachrichtungen der FOS keine »Sackgassen« dar.

Am Ende der Klasse 13 der BOS wird – wie in Klasse 12 der FOS – ebenfalls eine schriftliche Abschlussprüfung in den Fächern Deutsch, Mathematik und Englisch und – fächer- oder lerngebietsübergreifend – einem fachrichtungsbezogenen Prüfungsfach durchgeführt, mit deren Bestehen man den Abschluss »fachgebundene Hochschulreife« erreicht. Im Zeugnis werden die durch diese Hochschulzugangsberechtigung zugelassenen Studienfachrichtungen aufgeführt (EB-BbS, Zweiter Abschnitt: Zeugnisse, Ziffer 3.3.6).

Mit der Einführung der BOS in Niedersachsen, die in Bayern und Baden-Württemberg bereits eine lange Tradition hat, ist eine nachdrückliche

Aufwertung der Berufsausbildung beabsichtigt gewesen. Die Aufnahme einer Berufsausbildung nach dem Sekundarbereich I wird damit zu einer attraktiven Alternative zum Eintritt in die Oberstufe eines Gymnasiums oder einer Gesamtschule oder das Berufliche Gymnasium. Die Zugangsvoraussetzung »Realschulabschluss« für die BOS muss dabei zu Beginn der Berufsausbildung nicht einmal vorliegen, weil diese Voraussetzung über die erfolgreiche Berufsausbildung und den Berufsschulabschluss durch die vorgenommene Gleichstellung regelmäßig erworben wird. Da dieser Bildungsgang in zwei Jahren zu einer Hochschulzugangsberechtigung führt, wird damit erstmalig in einer Schulform die Berufsausbildung »angerechnet«. Vor der Einführung der BOS war das Erreichen der Hochschulreife unabhängig von einer vorherigen Berufsausbildung in der gymnasialen Oberstufe, im Beruflichen Gymnasium oder im Kolleg immer erst in wenigstens drei Jahren möglich. Selbst Absolventinnen und Absolventen der Fachoberschule mit einer Fachhochschulreife mussten in der Regel die gesamten drei Jahre der gymnasialen Oberstufe oder des Beruflichen Gymnasiums durchlaufen, um die allgemeine Hochschulreife zu erreichen, da die Fremdsprachenbedingungen, durch die diese Zeit um ein Jahr verkürzt werden konnte, meistens nicht vorlagen. Insofern ist die Einführung der BOS sowohl als Aufwertung der Berufsausbildung als auch als Ausdruck des Gleichwertigkeitsgedankens allgemeiner und beruflicher Bildung von allen gesellschaftlichen Gruppen und politischen Parteien begrüßt worden.

Seit der Öffnung des Hochschulzugangs in Niedersachsen (§ 18 NHG) wird der Zugang zu einer (Fach-)Hochschule auch mit der Fachhochschulreife oder aufgrund beruflicher Vorbildung ermöglicht. Diese Entwicklung hat die Bedeutung der Schulform BOS in Niedersachsen sehr stark relativiert.

Die KMK hat am 05.06.1998 eine »Rahmenvereinbarung über die Berufsoberschule« beschlossen, nach der die allgemeine Hochschulreife in der Berufsoberschule vergeben werden kann, sofern bestimmte Bedingungen für die zweite Fremdsprache erfüllt werden. Diese Bedingungen sind

1. die Erfüllung der Fremdsprachenanforderungen nach dem »Hamburger Abkommen«, d.h. vier Jahre Fremdsprachenunterricht in den Klassenstufen 7 bis 10 als »versetzungserheblicher« Unterricht (Pflicht- oder Wahlpflichtunterricht; kein wahlfreier Unterricht). Diese Bedingung wird in Niedersachsen z. Z. nicht in der Realschule, sondern nur im Gymnasium oder ggfs. in der Gesamtschule erfüllt. Umfang und Benotung des Fremdsprachenunterrichts sind dabei unerheblich, oder

2. eine zertifizierte Fremdsprachenleistung eines Bildungsganges der beruflichen Bildung auf vergleichbarem Niveau von 1. (z.B. bestandene Abschlussprüfung der Berufsfachschule Wirtschaftsassistent-Schwerpunkt Fremdsprachen und Korrespondenz) oder

3. die Teilnahme am Unterricht in einer zweiten Fremdsprache im Umfang von 320 Unterrichtsstunden mit der Abschlussnote »Ausreichend«; eine Prüfung in der zweiten Fremdsprache ist nicht erforderlich, oder

4. das Bestehen einer Ergänzungsprüfung in einer zweiten Fremdsprache auf dem Niveau von 1.

Die nach den Ziffern 1. bis 4. vergebene allgemeine Hochschulreife ist damit in allen Bundesländern anerkannt und ist dem Abitur gleichzusetzen.

2 Verweise, Literatur:
- Verordnung über berufsbildende Schulen (BbS-VO) vom 10.6.2009 (Nds. GVBl. S. 243; SVBl. S. 206; Schulrecht 511/11), zuletzt geändert durch Verordnung vom 31.08.2020 (Nds. GVBl. Nr. 31/2020 S. 282)
- Ergänzende Bestimmungen für das berufsbildende Schulwesen (EB-BbS), RdErl. d. MK v. 10.6.2009 – (Nds. MBl. S. 538), zuletzt geändert durch RdErl. d. MK vom 25.1.2019 (Nds. MBl. S. 338)
- Erl.»Ordnungsmittel für den Unterricht in berufsbildenden Schulen« vom 31.8.2005 (SVBl. S. 576) überführt in den ersten Abschnitt (Grundlagen der Ausbildung) der Ergänzenden Bestimmungen für das berufliche Schulwesen (EB-BbS). Danach sind die in der Datenbank unter der Internet-Adresse http://www.nibis.de/nibis.phtml?menid=303 aufgeführten Rahmenlehrpläne der Kultusministerkonferenz sowie Niedersächsischen Richtlinien und Rahmenrichtlinien (Ordnungsmittel) für den Unterricht in berufsbildenden Schulen verbindlich.
- KMK-Beschluss »Rahmenvereinbarung über die Berufsoberschule« vom 25.11.1976 i.d.F. vom 19.03.2020
- Übersicht über zertifizierte Sprachprüfungen, die gemäß Ziffer 8c) der Rahmenvereinbarung über die Berufsoberschule (Beschluss der Kultusministerkonferenz vom 25.11.1976 in der jeweils gültigen Fassung) in den genannten Ländern als Nachweis der Kenntnisse in einer zweiten Fremdsprache anerkannt werden und zur Zuerkennung der Allgemeinen Hochschulreife führen (Veröffentlichung des Ausschusses für Berufliche Bildung vom 23.02.2018)
- KMK-Beschluss »Standards für die Berufsoberschule in den Fächern Deutsch, fortgeführte Fremdsprache, Mathematik« vom 26.6.1998 (KMK-Beschlusssammlung Nr. 471)

(Friedrich-Wilhelm Krömer)

§ 19 Berufliches Gymnasium

(1) [1]Das Berufliche Gymnasium vermittelt seinen Schülerinnen und Schülern eine breite und vertiefte Allgemeinbildung und ermöglicht ihnen entsprechend ihrer Leistungsfähigkeit und ihren Neigungen eine berufsbezogene individuelle Schwerpunktbildung sowie den Erwerb der allgemeinen Studierfähigkeit. [2]Im Beruflichen Gymnasium werden die Schülerinnen und Schüler in einen Berufsbereich eingeführt. [3]Nach Maßgabe der Abschlüsse können sie ihren Bildungsweg an einer Hochschule oder berufsbezogen fortsetzen.

(2) Im Beruflichen Gymnasium werden Schülerinnen und Schüler in der einjährigen Einführungsphase und in der zweijährigen Qualifikationsphase unterrichtet.

Allgemeine Vorschriften § 19   **NSchG**

(3) Die Zielsetzung der Einführungsphase ist es, den Schülerinnen und Schülern mit ihren hinsichtlich der Allgemeinbildung unterschiedlichen Voraussetzungen eine gemeinsame Grundlage für die Qualifikationsphase zu vermitteln und die Grundlagen in den Profilfächern zu legen.

(4) ¹In der Qualifikationsphase erwerben die Schülerinnen und Schüler durch fächerübergreifendes und projektorientiertes Arbeiten berufsbezogene Kompetenzen. ²Sie nehmen in allen Schulhalbjahren der Qualifikationsphase am Unterricht in Profil-, Kern- und Ergänzungsfächern teil.

(5) Für die Qualifikationsphase gilt § 11 Abs. 4 und 6 bis 8 entsprechend.

(6) Das Kultusministerium wird ermächtigt, durch Verordnung das Nähere zur Ausführung der Absätze 3 bis 5 zu regeln.

Allg.: Das niedersächsische Berufliche Gymnasium wurde bis zum ÄndG 10   1
als »Fachgymnasium« bezeichnet. Die Änderung der Bezeichnung bedeutet keine inhaltliche Änderung. Sie ist vorgenommen worden, um sich an den überwiegenden Sprachgebrauch der anderen Bundesländer anzupassen. Mit der Umbenennung ist gleichzeitig eine stärkere sprachliche Differenzierung zur Fachoberschule möglich. Damit soll auch dem in der Vergangenheit immer wieder aufkommenden Missverständnis vorgebeugt werden, am »Fach« gymnasium könne nur ein »Fach« abitur oder die Fachhochschulreife erworben werden. In allen Bundesländern, außer in Bayern, hat sich inzwischen die Bezeichnung Berufliches Gymnasium für diese Schulform etabliert.

Das Berufliche Gymnasium wird seit dem 01.08.2001 durch die BbS-VO und ihre Ergänzenden Bestimmungen geregelt (»Belegungsverpflichtungen«) und nicht mehr durch die VO-GOF. Während die jetzt als VO-GO bezeichnete Verordnung sowie ihre Ergänzenden Bestimmungen überhaupt nicht mehr für das Berufliche Gymnasium anzuwenden sind, werden die Vorschriften über die Abiturprüfung (»Einbringungsverpflichtungen«) weiterhin in der AVO-GOBAK sowie ihren Ergänzenden Bestimmungen geregelt. Die am Beruflichen Gymnasium erworbene Allgemeine Hochschulreife beinhaltet damit die gleichen Berechtigungen wie die eines allgemein bildenden Gymnasiums oder einer Gesamtschule mit gymnasialer Oberstufe. Die berufsbereichbezogene Schwerpunktbildung wird in den Fachrichtungen des Beruflichen Gymnasiums durch das die Fachrichtung bzw. den Schwerpunkt einer Fachrichtung prägende Profilfach (auf erhöhtem Anforderungsniveau) sowie drei weitere Profilfächer (auf grundlegendem Anforderungsniveau) zum Ausdruck gebracht.

Mit der Oberstufen- und Abiturreform vom 01.08.2005 wurden Strukturen, Stundentafeln sowie Prüfungsfächer im Beruflichen Gymnasium sehr grundsätzlich verändert. Neben der faktischen Abschaffung des Kurssystems wurden vor allem die Prüfungsfachkombinationen geändert. Es gibt keine Leistungs- und Grundkurse mehr, sondern nur noch Fächer mit erhöhtem sowie mit grundlegendem Anforderungsniveau. Eine Prüfungsfachkombination besteht aus fünf Prüfungsfächern, von denen vier schriftlich und – wie bisher – eines mündlich geprüft werden. Drei der vier schriftlichen Prüfungsfächer werden als Fächer mit erhöhtem, eines mit grundlegendem Anforderungsniveau geprüft. An die Stelle der mündlichen Prüfung im fünften Prüfungsfach kann ab dem Abitur 2021 auf Verlangen des Prüflings die sog. Präsentationsprüfung treten.

In allen Beruflichen Gymnasien Niedersachsens wird eine solide, fachrichtungsbezogene informationstechnologische und wirtschaftswissenschaftliche Grundbildung vermittelt. Die Profilfächer Informationsverarbeitung und Betriebs- und Volkswirtschaft (in der Fachrichtung Wirtschaft aufgeteilt auf zwei Fächer) müssen in der Qualifikationsphase belegt und in die Gesamtqualifikation mit vier Schulhalbjahren eingebracht werden. Das verpflichtende Profilfach Praxis muss mit zwei, kann aber auch mit vier Schulhalbjahren eingebracht werden. Mit ÄndG 19 soll der Begriff »Berufsbereich«, der auch in §§ 71, 72 BBiG Verwendung findet, verdeutlichen, dass innerhalb der Fachrichtungen des Beruflichen Gymnasiums berufsbezogene Inhalte vermittelt werden, die sich *mehreren* verwandten Berufen zuordnen lassen.

Für die drei Fachrichtungen und die jeweiligen Schwerpunkte des Beruflichen Gymnasiums ergeben sich nach der neuen Struktur ab dem 01.08.2011 folgende Prüfungsfachkombinationen:

Fachrichtung	Schwerpunkt	1. Prüfungsfach	2. oder 3. Prüfungsfach	4. oder 5. Prüfungsfach
Wirtschaft	–	Betriebswirtschaft mit Rechnungswesen-Controlling	Zwei Kernfächer[3]	Mindestens ein Profilfach (Informationsverarbeitung oder Volkswirtschaft) oder ein Kernfach oder ein Ergänzungsfach
Technik	Bautechnik	Technik	Zwei Kernfächer[3] oder ein Kernfach und ein Ergänzungsfach[4]	Betriebs- und Volkswirtschaft und ein Profilfach (Informationsverarbeitung) oder ein Kernfach[5] oder ein Ergänzungsfach[5]
	Elektrotechnik			
	Metalltechnik			
	Informationstechnik			
	Mechatronik			
	Gestaltungs- und Medientechnik			
Gesundheit und Soziales	Agrarwirtschaft	Agrar- und Umwelttechnologie		Mindestens ein Profilfach (Informationsverarbeitung oder Betriebs- und Volkswirtschaft) oder ein Kernfach[5] oder ein Ergänzungsfach[5]
	Gesundheit-Pflege	Gesundheit-Pflege		
	Ökotrophologie	Ernährung		
	Sozialpädagogik	Pädagogik/ Psychologie		

3   Deutsch, fortgeführte Fremdsprache, Mathematik.
4   Anstelle von Mathematik kann eine Naturwissenschaft gewählt werden.
5   Wenn als 2. oder 3. Prüfungsfach eine Naturwissenschaft gewählt wird, muss neben einem Profilfach ein Kernfach als 4. oder 5. Prüfungsfach gewählt werden.

Allgemeine Vorschriften § 19 NSchG

Zu Abs. 1: Grundsätzlich vermittelt das Berufliche Gymnasium – wie **2** auch die gymnasiale Oberstufe eines allgemeinbildenden Gymnasiums oder einer Gesamtschule – eine »breite und vertiefte Allgemeinbildung«. Auch im Rahmen der »berufsbezogenen« individuellen Schwerpunktbildung geht es wie am allgemein bildenden Gymnasium um den Erwerb der allgemeinen Studierfähigkeit. Mit dem ÄndG 19 wird verdeutlicht, dass in den schulischen Curricula aller Fachrichtungen der Erwerb berufsbereichsbezogener Kompetenzen vorgesehen ist.

Zu Abs. 2: Mit dem ÄndG 10 ist die Struktur des Beruflichen Gymna- **3** siums deutlicher im Gesetz abgebildet worden. So besagt Abs. 2, dass das Berufliche Gymnasium aus einer einjährigen Einführungsphase und einer zweijährigen Qualifikationsphase besteht. Die Zielsetzungen und Besonderheiten der beiden Phasen werden in den Absätzen 3 und 4 näher beschrieben.

Zu Abs. 3: Die besondere Aufgabe der Einführungsphase besteht darin, **4** die fachbezogenen Kompetenzen in den fortgeführten allgemeinbildenden Kern- und Ergänzungsfächern unterschiedlich vorgebildeter Schülerinnen und Schüler aus diversen Schulformen zu erweitern, zu festigen und zu vertiefen. Die Einführungsphase hat auch die Aufgabe, die Basiskompetenzen für die berufsbereichbezogenen Profilfächer zu legen. Diese Kompetenzen bilden zugleich die Eingangsvoraussetzungen für die Versetzung in die Qualifikationsphase.

Der Übergang vom gymnasialen Bildungsgang nach Klasse 9 in die Einführungsphase des Beruflichen Gymnasiums ermöglichte bis zum Schuljahr 2016/2017 auch Schülerinnen und Schülern im Beruflichen Gymnasium das Abitur nach acht Jahren.

Zu Abs. 4: In der Qualifikationsphase geht es um den Erwerb berufsbe- **5** reichsbezogener Kompetenzen durch fächerübergreifendes und projektorientiertes Arbeiten. In der Qualifikationsphase ist eine Projektarbeit mit beruflichem Bezug anzufertigen. Sie gibt den Schülerinnen und Schülern Gelegenheit zur vertieften selbstständigen wissenschaftspropädeutischen Arbeit. Die Projektarbeit ist auf der Grundlage des Profilfaches »Praxis« und der die Fachrichtung und ggf. den Schwerpunkt prägenden Profilfächer zu erstellen. Es können jedoch auch alle weiteren Fächer der Stundentafel in das Projekt einbezogen werden. Sie tritt im Beruflichen Gymnasium an die Stelle der Facharbeit in der gymnasialen Oberstufe.

Die Struktur der Qualifikationsphase verdeutlicht durch die Einteilung in Profil-, Kern- und Ergänzungsfächer die Besonderheit des Beruflichen Gymnasiums gegenüber der gymnasialen Oberstufe. Die Allgemeine Hochschulreife wird im Kontext der berufsbereichsbezogenen Fachrichtungen Wirtschaft, Technik sowie Gesundheit und Soziales erworben. Die Abiturientinnen und Abiturienten verfügen damit über einen Zusatznutzen. Bereits während des Schulbesuchs erwerben sie wesentliche Kompetenzen in den Grundqualifikationen vieler Berufsbereiche und für wissenschaftliche Studiengänge.

6 Zu den Abs. 5 und 6: Im Übrigen gelten die Vorschriften der gymnasialen Oberstufe auch für das Berufliche Gymnasium. Dies gilt insbesondere für die zentralen schriftlichen Prüfungen des Abiturs (Zentralabitur). Beginnend mit dem Abitur im Jahre 2006 sind im Beruflichen Gymnasium die allgemeinbildenden sowie die berufsbereichbezogenen schriftlichen Prüfungsfächer – mit Ausnahme der Fächer Informationsverarbeitung, Technik sowie Agrar- und Umwelttechnologie – zentral zu prüfen. Von der Ermächtigung hat das Kultusministerium durch die Verordnung über berufsbildende Schulen (BbS-VO) und die Verordnung über die Abschlüsse in der gymnasialen Oberstufe, im Beruflichen Gymnasium, im Abendgymnasium und im Kolleg (AVO-GOBAK) Gebrauch gemacht (siehe Anm. 7).

7 Verweise, Literatur:

– Verordnung über berufsbildende Schulen (BbS-VO) vom 10.06.2009 (Nds. GVBl. S. 243; SVBl. S. 206), zuletzt geändert durch Verordnung vom 31.08.2020 (Nds. GVBl. Nr. 31/2020 S. 282)

– Ergänzende Bestimmungen für das berufsbildende Schulwesen (EB-BbS), RdErl. d. MK v. 10.06.2009 – (Nds. MBl. S. 538), zuletzt geändert durch RdErl. d. MK vom 25.01.2019 (Nds. MBl. S. 338)

– Erl. »Ordnungsmittel für den Unterricht in berufsbildenden Schulen« vom 31.08.2005 (SVBl. S. 576) überführt in den ersten Abschnitt (Grundlagen der Ausbildung) der Ergänzenden Bestimmungen für das berufliche Schulwesen (EB-BbS): Danach sind die in der Datenbank unter der Internet-Adresse http://www.nibis.de/nibis.phtml?menid=303 aufgeführten Rahmenlehrpläne der Kultusministerkonferenz sowie Niedersächsischen Richtlinien und Rahmenrichtlinien (Ordnungsmittel) für den Unterricht in berufsbildenden Schulen verbindlich.

– Verordnung über die Abschlüsse in der gymnasialen Oberstufe, im Beruflichen Gymnasium, im Abendgymnasium und im Kolleg (AVO-GOBAK) v. 19.05.2005 (Nds. GVBl. S. 169; SVBl. S. 352; SRH 4.420; Schulrecht 463/251), zuletzt geändert durch VO vom 04.09.2018 (Nds. GVBl. S. 186; SVBl. S. 572)

– Erl. »Ergänzende Bestimmungen zur Verordnung über die Abschlüsse in der gymnasialen Oberstufe, im Beruflichen Gymnasium, im Abendgymnasium und im Kolleg (EB-AVO-GOBAK)« vom 19.05.2005 (SVBl. S. 361; SRH 4.430; Schulrecht 463/267), zuletzt geändert durch Erl. vom 04.09.2018 (SVBl. S. 574)

– Beschluss »Vereinbarung zur Gestaltung der gymnasialen Oberstufe in der Sekundarstufe II« der Kultusministerkonferenz vom 07.07.1972 i.d.F. vom 15.02.2018

– Listen zu den Ziffern 10.1, 10.2 und 11.2 der »Vereinbarung zur Gestaltung der gymnasialen Oberstufe und der Abiturprüfung«

– Musterentwurf für das Formular des Zeugnisses der Allgemeinen Hochschulreife (Gymnasiale Oberstufe) (Beschluss der KMK vom 08.01.1974 in der jeweils geltenden Fassung)

- Vereinbarung über Einheitliche Prüfungsanforderungen in der Abiturprüfung (Beschluss der Kultusministerkonferenz vom 01.06.1979 i.d.F. vom 24.10.2008) – EPA
- KMK-Beschluss »Rahmenvereinbarung über die Zertifizierung von Fremdsprachenkenntnissen in der beruflichen Bildung« vom 20.11.1998 i.d.F. vom 23.02.2018
- Hochschulzugang über berufliche Bildung, Wege und Berechtigungen (Information des Sekretariats der KMK vom 08.09.2015)
- *Frerichs, Cornelia, Krömer, Friedrich-Wilhelm:* Das Berufliche Gymnasium, Schulverwaltung, Ausgabe Niedersachsen, 2011, H. 9, S. 238
- Das Berufliche Gymnasium – Informationen für Eltern sowie für Schülerinnen und Schüler, die ab 2021 ihre Abiturprüfung ablegen werden. Hrsg. MK Niedersachsen (Stand: Juli 2020)

(Friedrich-Wilhelm Krömer)

§ 20 Fachschule

¹In der Fachschule werden Schülerinnen und Schüler nach Maßgabe ihrer schulischen Abschlüsse nach einer einschlägigen beruflichen Erstausbildung oder einer ausreichenden einschlägigen praktischen Berufstätigkeit mit dem Ziel unterrichtet, ihnen eine vertiefte berufliche Weiterbildung zu vermitteln. ²In der Fachschule können die Schülerinnen und Schüler auch schulische Abschlüsse erwerben, die sie befähigen, nach Maßgabe dieser Abschlüsse ihren Bildungsweg in anderen Schulen im Sekundarbereich II oder an einer Fachhochschule fortzusetzen.

Die Fachschule kann in einjähriger, eineinhalbjähriger und zweijähriger Form geführt werden. Es handelt sich grundsätzlich um eine Schulform, die auf einer beruflichen Erstausbildung oder mehrjährigen Berufserfahrung eine vertiefte berufliche Weiterbildung vermitteln. Während die Berufsschule sich nur an Fortbildungsmaßnahmen Dritter beteiligen darf, wird in den Fachschulen eigenständige berufliche Weiterbildung ohne betrieblichen Partner durchgeführt.

Die Fachschule kann in den folgenden Fachrichtungen geführt werden:

1. Bautechnik
2. Bergbautechnik
3. Bohr-, Förder- und Rohrleitungstechnik
4. Elektrotechnik
5. Färb- und Lacktechnik
6. Heizungs-, Lüftungs- und Klimatechnik
7. Holztechnik
8. Informatik

9. Fahrzeugtechnik
10. Lebensmitteltechnik
11. Maschinentechnik
12. Mechatronik
13. Medizintechnik
14. Metallbautechnik
15. Mühlenbau-, Getreide- und Futtermitteltechnik
16. Schiffbautechnik
17. Steintechnik
18. Umweltschutztechnik
19. Agrartechnik
20. Agrarwirtschaft
21. Betriebswirtschaft
22. Hotel- und Gaststättengewerbe
23. Holzgestaltung
24. Hauswirtschaft
25. Sozialpädagogik
26. Heilerziehungspflege
27. Heilpädagogik.

Die Ausbildung in der Fachschule dauert in den Fachrichtungen der Nrn. 1 bis 25 zwei Jahre, in der Fachrichtung Heilerziehungspflege drei Jahre und in der Fachrichtung – Heilpädagogik – eineinhalb Jahre bei Vollzeitunterricht und zweieinhalb Jahre bei Teilzeitunterricht. Die Fachschulen – Bohr-, Förder- und Rohrleitungstechnik – und – Agrarwirtschaft – können auch einjährig geführt werden.

Während der Ausbildung in den Fachrichtungen Sozialpädagogik und Heilerziehungspflege ist eine praktische Ausbildung in einschlägigen Einrichtungen durchzuführen. Die Schule leitet die Durchführung der praktischen Ausbildung an. Die berufsbezogenen Lernbereiche der Fachschule – Sozialpädagogik – werden in Modulen unterrichtet.

Die Aufnahmevoraussetzungen sind unterschiedlich; grundsätzlich ist bei der Aufnahme der Sekundarstufe I – Realschulabschluss – nachzuweisen. Da jedoch fast alle Fachschulbildungsgänge zusätzlich eine einschlägige Berufsausbildung erfordern, wird die Bedingung des Realschulabschlusses über die Gleichstellung von Berufsausbildung und Realschulabschluss in der Regel erfüllt. Bei den meisten Fachrichtungen muss neben einer zweijährigen Berufsausbildung eine dreijährige einschlägige Berufstätigkeit oder neben einer dreijährigen Berufsausbildung eine zweijährige einschlägige Berufsausbildung nachgewiesen werden. In einigen Fachrichtungen gibt es besondere davon abweichende Zugangsvoraussetzungen.

Allgemeine Vorschriften § 20   NSchG

In die Fachschule – Sozialpädagogik – kann nur aufgenommen werden, wer die Berechtigung zum Führen der Berufsbezeichnung »Staatlich geprüfte Sozialpädagogische Assistentin/Staatlich geprüfter Sozialpädagogischer Assistent« besitzt und im Abschlusszeugnis, das diese Berechtigung verleiht, mindestens befriedigende Leistungen im Fach Deutsch, im berufsbezogenen Lernbereich – Theorie und im berufsbezogenen Lernbereich – Praxis erreicht hat.

Mit dem Bestehen der Abschlussprüfung wird die Berechtigung erworben, die folgende Berufsbezeichnung zu führen:

1. Zweijährige Fachschule der in den Nrn. 1 bis 19 genannten Fachrichtungen: »Staatlich geprüfte Technikerin/Staatlich geprüfter Techniker«,
2. Zweijährige Fachschule der in den Nrn. 20 bis 22 genannten Fachrichtungen: »Staatlich geprüfte Betriebswirtin/Staatlich geprüfter Betriebswirt«,
3. Zweijährige Fachschule Hauswirtschaft: »Staatlich geprüfte hauswirtschaftliche Betriebsleiterin/Staatlich geprüfter hauswirtschaftlicher Betriebsleiter«,
4. Zweijährige Fachschule Floristik und Holzgestaltung: »Staatlich geprüfte Gestalterin/Staatlich geprüfter Gestalter«,
5. Zweijährige Fachschule Sozialpädagogik: »Staatlich anerkannte Erzieherin/Staatlich anerkannter Erzieher«,
6. Zweijährige Fachschule Heilpädagogik: »Staatlich anerkannte Heilpädagogin/Staatlich anerkannter Heilpädagoge«,
7. Dreijährige Fachschule Heilerziehungspflege »Staatlich anerkannte Heilerziehungspflegerin« oder »Staatlich anerkannter Heilerziehungspfleger«,
8. Einjährige Fachschule – Bohr-, Förder- und Rohrleitungstechnik –: »Staatlich geprüfte Schichtführerin/Staatlich geprüfter Schichtführer«,
9. Einjährige Fachschule – Agrarwirtschaft –: »Staatlich geprüfte Wirtschafterin/Staatlich geprüfter Wirtschafter«.

Wer an der Zweijährigen Fachschule der in den Nrn. 10 und 24 genannten Fachrichtungen in die Klasse 2 versetzt wurde und die Schule verlässt oder die Abschlussprüfung nicht bestanden hat und diese nicht wiederholt, erhält die Berechtigung die folgende Berufsbezeichnung zu führen:

1. Fachrichtung Lebensmitteltechnik: »Staatlich geprüfte Verkaufsleiterin/Staatlich geprüfter Verkaufsleiter«,
2. Fachrichtung Hauswirtschaft: »Staatlich geprüfte Wirtschafterin/Staatlich geprüfter Wirtschafter«.

Mit Urteil vom 24.10.2002 hat das BVerfG das Gesetz über die Berufe in der Altenpflege (Altenpflegegesetz – AltPflG) sowie zur Änderung des Krankenpflegegesetzes vom 17.11.2000 (BGBl. S. 1513) hinsichtlich der Gesetzgebungskompetenz des Bundes nach Art. 74 Nr. 19 GG für die Altenpflege für verfassungskonform und für die Altenpflegehilfe für verfassungswidrig erklärt. Daraufhin hat das BMFSFJ im Einvernehmen mit dem BMG und dem BMBF die Ausbildungs- und Prüfungsordnung für den Beruf der Altenpflegerin/des Altenpflegers erlassen.

In der ÄndVO 03 Bbs-VO sind die Entscheidungen des BVerfG in niedersächsisches Recht umgesetzt worden. Die Altenpflegeausbildung wurde von einer dreijährigen Fachschule in eine dreijährige Berufsfachschule umgewandelt. Die formellen Versetzungs- und Prüfungsvorschriften wurden den für die übrigen in Niedersachsen bestehenden Schulformen angepasst, wobei die vom Bund gesetzten Standards der Bildungs- und Prüfungsvorschriften eingehalten wurden.

Neben den oben beschriebenen Fachschulen hat die Fachschule Seefahrt einen eigenen Charakter. Sie wird geführt als Fachschule:

1. Nautischer Schiffsdienst (in fünf unterschiedlichen Bildungsgängen für verschiedene Kapitänspatente),
2. Technischer Schiffsdienst (in zwei unterschiedlichen Bildungsgängen zum Schiffsmaschinisten und zum Leiter der Maschinenanlage).
3. Schiffssicherheit und Gefahrenabwehr, Befähigungen für den Schiffsdienst auf besonderen Schiffstypen

Die Aufnahmevoraussetzungen bestehen grundsätzlich aus einer erfolgreichen einschlägigen Berufsausbildung sowie aus einer anschließenden Seefahrtzeit unterschiedlicher Dauer. In der Fachschule Seefahrt können der Sekundarabschluss I – Realschulabschluss –, wenn dieser nicht bereits bei Aufnahme erforderlich ist, der Erweiterte Sekundarabschluss I oder die Fachhochschulreife erworben werden.

2 Der Erwerb der Fachhochschulreife in der Fachschule wird nach der KMK-Vereinbarung über den Erwerb der Fachhochschulreife in beruflichen Bildungsgängen geregelt (§ 15 Abs. 1).

Nach Erfüllung der quantitativen und qualitativen Standards dieser Vereinbarung während des Unterrichts muss zum Erwerb der Fachhochschulreife eine Abschlussprüfung durchgeführt werden. Die Anforderungen an diese Prüfung werden mit der Abschlussprüfung zum originären Bildungsgang in der Regel erfüllt, so dass weitere Prüfungsteile nicht erforderlich sind. Insofern wird die Vereinbarung über den Erwerb der Fachhochschulreife in beruflichen Bildungsgängen durch alle niedersächsischen Fachschulbildungsgänge von zwei- oder mehrjähriger Dauer erfüllt.

3 **Verweise, Literatur:**
   - Verordnung über berufsbildende Schulen (BbS-VO) vom 10.06.2009 (Nds. GVBl. S. 243; SVBl. S. 206), zuletzt geändert durch Verordnung vom 31.08.2020 (Nds. GVBl. S. 243; SVBl. S. 206)
   - Ergänzende Bestimmungen für das berufsbildende Schulwesen (EB-BbS), RdErl. d. MK v. 10.06.2009 – (Nds. MBl. S. 538), zuletzt geändert durch RdErl. d. MK vom 25.01.2019 (Nds. MBl. S. 338)

- Verordnung über Schulen für andere als ärztliche Heilberufe vom 01.07.1996 (SaH-VO) (Nds. GVBl. S. 325, SVBl. S. 308) überführt in: Verordnung über berufsbildende Schulen (BbS-VO) vom 24.07.2000 (Nds. GVBl. S. 178; SVBl. S. 273)
- Ergänzende Bestimmungen zur Verordnung über Schulen für andere als ärztliche Heilberufe vom 02.07.1996 (SVBl. S. 320) überführt in: Ergänzende Bestimmungen zur Verordnung über berufsbildende Schulen (EB-BbS-VO) RdErl. v. 24.07.2000 (Nds. MBl. S. 367; SVBl. S. 303)
- Verordnung über die Gleichwertigkeit von Abschlüssen im Bereich der beruflichen Bildung (BB-GVO) vom 19.07.2005 (Nds. GVBl. S. 253; SVBl. S. 485; Schulrecht 414/55), zuletzt geändert durch Art. 2 der VO vom 13.01.2017 (Nds. GVBl. S. 8; SVBl. S. 218)
- Erl. »Ordnungsmittel für den Unterricht in berufsbildenden Schulen« vom 31.08.2005 (SVBl. S. 576) überführt in den ersten Abschnitt (Grundlagen der Ausbildung) der Ergänzenden Bestimmungen für das berufliche Schulwesen (EB-BbS). Danach sind die in der Datenbank unter der Internet-Adresse http://www.nibis.de/nibis.phtml?menid=303 aufgeführten Rahmenlehrpläne der Kultusministerkonferenz sowie Niedersächsischen Richtlinien und Rahmenrichtlinien (Ordnungsmittel) für den Unterricht in berufsbildenden Schulen verbindlich.
- KMK-Beschluss »Rahmenvereinbarung über Fachschulen« vom 07.11.2002 i. d. F. vom 10.09.2020
- Rahmenlehrplan für die Fachschule für Sozialpädagogik (Beschluss der Kultusministerkonferenz vom 18.06.2020)
- Kompetenzorientiertes Qualifikationsprofil zur Integration der Thematik »Wirtschaft 4.0« in die Ausbildung an Fachschulen für Wirtschaft, Beschluss der KMK vom 13.12.2019
- »Dokumentation der Kultusministerkonferenz über landesrechtlich geregelte Berufsabschlüsse an Fachschulen« (Beschluss des Ausschusses für Berufliche Bildung vom 25.06.2020)
- KMK-Beschluss: »Kompetenzorientiertes Qualifikationsprofil für die Ausbildung von Erzieherinnen und Erziehern an Fachschulen/Fachakademien« vom 24.11.2017
- Weiterentwicklung der Aus-, Fort- und Weiterbildung von Erzieherinnen und Erziehern – Gemeinsamer Orientierungsrahmen »Bildung und Erziehung in der Kindheit« – (Beschluss der Kultusministerkonferenz vom 16.09.2010, Beschluss der Jugend- und Familienministerkonferenz vom 14.12.2010)
- KMK-Beschluss »Rahmenvereinbarung über die Zertifizierung von Fremdsprachenkenntnissen in der beruflichen Bildung« vom 20.11.1998 i. d. F. vom 14.09.2017

(Friedrich-Wilhelm Krömer)

§ 21 Aufgabe und besondere Organisation berufsbildender Schulen

(1) An allen berufsbildenden Schulen werden die berufliche und die allgemeine Bildung gefördert.

(2) In den berufsbildenden Schulen wird Vollzeit- oder Teilzeitunterricht erteilt.

(3) ¹Öffentliche berufsbildende Schulen können sich mit Genehmigung der Schulbehörde an der Durchführung von Maßnahmen Dritter zur Berufsvorbereitung und Berufsbildung beteiligen, soweit bei ihnen dafür die organisatorischen, personellen und sächlichen Voraussetzungen vorhanden sind; für den Aufwand der Schule hat das Land ein angemessenes Entgelt zu erheben, dessen Höhe sich an dem entsprechenden Schülerbetrag nach § 150 Abs. 3 und 4 ausrichtet. ²Auf die Erhebung des Entgelts kann ganz oder teilweise verzichtet werden, wenn das Land ein besonderes Interesse an der Maßnahme hat und die Bildungsmaßnahme lediglich in einer Rechtsform geführt wird, die keinen Anspruch auf Beschulung auslöst, oder für einen Personenkreis angeboten wird, der einer besonderen Förderung bedarf.

(4) Die Schulformen nach § 5 Abs. 2 Nr. 2 werden nach Maßgabe der Sätze 2 und 3 in Bildungsgänge gegliedert, die ganz oder teilweise zu einem bestimmten Schul- oder Berufsabschluss führen. Die Schulformen nach § 5 Abs. 2 Nr. 2 Buchst. b bis g werden nach Fachrichtungen gegliedert; innerhalb der Fachrichtungen können sie nach Schwerpunkten gegliedert werden. Die Berufsschule kann nach berufsbezogenen Fachklassen gegliedert werden. Das Kultusministerium wird ermächtigt, durch Verordnung die Gliederung der Schulformen zu bestimmen.

1 Zu Abs. 1: Die Stundentafeln der berufsbildenden Schulformen umfassen Fächer, Lerngebiete, Lernfelder, Module und Qualifizierungsbausteine, die den Erwerb eher allgemein bildender oder berufs- und berufsbereichsbezogener Kompetenzen ermöglichen. Die bisherige Gliederung der Stundentafeln in einen allgemeinen Lernbereich und in einen berufsbezogenen Lernbereich ist aufgehoben worden. Der berufsbezogene Lernbereich umfasst die in der jeweiligen Stundentafel der EB-BbS unter diesem Begriff aufgeführten berufsbezogenen Fächer, Lerngebiete, Lernfelder, Module oder auch Qualifizierungsbausteine. Diesem Lernbereich sind auch die Profilfächer des Beruflichen Gymnasiums zuzuordnen. Der berufsübergreifende Lernbereich umfasst die in der jeweiligen Stundentafel der EB-BbS unter diesem Begriff aufgeführten Fächer. Diesem Lernbereich sind auch die Kern- und Ergänzungsfächer des Beruflichen Gymnasiums zuzuordnen. Auch in den Fächern des berufsübergreifenden Lernbereich soll ein Bezug zur Berufs- und Arbeitswelt hergestellt und damit eine Verknüpfung zwischen Allgemeinbildung und beruflicher Bildung erreicht werden. Der Bildungsauftrag der Schule (§ 2) gilt ausdrücklich auch für sämtliche Schulformen des berufsbildenden Schulwesens; er umfasst Aspekte der allgemeinen wie der beruflichen Bildung.

Allgemeine Vorschriften § 21   **NSchG**

Eine strenge Trennung zwischen beruflicher und allgemeiner Bildung allerdings wird für problematisch gehalten. Die Forderung nach der Ausprägung von Schlüsselqualifikationen in der Schule richtet sich gleichermaßen an die allgemeinbildende wie berufsbildende Schule und kann daher nicht in einen allgemeinen oder beruflichen Teil getrennt werden. Kommunikationsfähigkeit, Teamfähigkeit, Selbstständigkeit, Medienkompetenz, soziale und ökologische Verantwortung, Entscheidungsbereitschaft sind Schlüsselqualifikationen, ohne die berufliche Bildung nicht auskommt. Lernen vollzieht sich in **vollständigen Handlungen** der Lernenden auf Basis der Phasen Informieren bzw. Analysieren, Planen, Entscheiden, Durchführen, Kontrollieren bzw. Bewerten und Reflektieren.

Zu Abs. 2: Einige Schulformen der berufsbildenden Schulen werden von Schülerinnen und Schülern besucht, die in der Regel über eine berufliche Erstausbildung bzw. bereits über längere Berufserfahrung verfügen. Für diesen Schülerkreis wird die Möglichkeit geschaffen, eine weiterführende Schule in Teilzeitform neben ihrer beruflichen Tätigkeit zu besuchen, damit ihre wirtschaftliche Existenz durch den Schulbesuch nicht beeinträchtigt wird. In den Stundentafeln dieser Schulformen wird die Zahl der zu erteilenden Unterrichtsstunden allerdings grundsätzlich für Bildungsgänge mit Vollzeitunterricht angegeben. 2

Durch die Novellierung des Berufsbildungsgesetzes (und analog der Handwerksordnung) zum 01.01.2020 wurden im § 7a BBiG die Regelungen zur Teilzeitausbildung grundsätzlich neu gefasst. Dadurch entfällt die Notwendigkeit eines »berechtigten Interesses« für eine Teilzeitberufsausbildung. Die Teilzeitberufsausbildung wird damit von einer Ausnahmelösung für besondere Lebenslagen zu einer echten Gestaltungsoption für die Durchführung von Berufsausbildungen. Die Neuregelung öffnet die Teilzeitberufsausbildung somit auch für Personen, die nicht die bisher anerkannten Gründe wie Kindererziehung oder die Pflege von Angehörigen vorweisen können. Dadurch soll u. a. auch das Ziel verfolgt werden, Menschen mit Behinderung eine Teilzeitberufsausbildung als Option anstelle einer Ausbildung nach § 66 BBiG anbieten zu können. Geflüchtete, die ihre Familie durch eine die Ausbildung begleitende Erwerbstätigkeit unterstützen wollen oder müssen und in Vollzeit keine Ausbildung aufnehmen würden, soll dadurch ebenfalls die Möglichkeit gegeben werden, eine berufliche Qualifikation zu erwerben.

Das BBiG regelt den betrieblichen Teil der Berufsausbildung aufgrund der konkurrierenden Gesetzgebungskompetenz des Bundes für das Recht der Wirtschaft sowie für das Arbeitsrecht gemäß Art. 74 Abs. 1 Nr. 11 und 12 GG. Für den schulischen Teil der Berufsausbildung steht dem Bund keine Gesetzgebungskompetenz zu, siehe auch § 3 Abs. 1 BBiG. Aus dem BBiG kann sich daher kein Rechtsanspruch der Auszubildenden auf Teilzeitbeschulung ergeben. Vielmehr ist gemäß § 7a Abs. 1 S. 2 BBiG die Teilzeit im Arbeitsvertrag zu vereinbaren, d. h. der Arbeitgeber muss sein Einverständnis erklären.

Rechtlich ändert sich daher in Niedersachsen bezüglich des Berufsschulbesuchs durch die Neufassung des BBiG nichts.

3 Zu Abs. 3: Erstmalig wurde mit dem ÄndG 93 im NSchG die Möglichkeit für die Berufsschule eingeräumt, sich an Maßnahmen Dritter zur beruflichen Fortbildung und Umschulung zu beteiligen. Hiermit wurden die Aufgaben der Berufsschule über die der beruflichen Erstausbildung erweitert und Bereiche der Weiterbildung aufgenommen. Diese Regelung, die ursprünglich wegen des Bezugs zur Berufsschule im § 15 Abs. 1, Satz 2 verankert war, ist mit dem ÄndG 10 auf alle Schulformen des berufsbildenden Schulwesens ausgeweitet worden und nunmehr im übergreifenden Paragrafen für die berufsbildenden Schulen enthalten. Die Schule darf nicht als Träger einer Fortbildungs- oder Umschulungsmaßnahme auftreten, sie kann sich aber mit räumlichen, sächlichen und/oder personellen Ressourcen an einer Maßnahme beteiligen, soweit dafür die Voraussetzungen vorhanden sind. Mit dem ÄndG 96 wurde festgelegt, dass dem Maßnahmeträger vom Schulträger oder vom Land die Kosten für die Nutzung von Räumen oder Personal in Rechnung gestellt werden müssen. Auf die Erhebung des Entgelts kann nur in ganz besonderen im Gesetz beschriebenen Ausnahmefällen ganz oder teilweise verzichtet werden. Die Höhe des an dem Schülerbetrag nach § 150 Abs. 3 und 4 NSchG auszurichtenden Entgelts wird vom MK für jedes Schuljahr auf der Basis der Kostensituation des dem Beginn der Ausbildung vorhergehenden Schuljahres gesondert festgesetzt. Davon steht ein Sechstel der eingenommenen Entgelte dem Schulträger für sächliche und räumliche Kosten zu, der Rest steht dem Land für die Personalkosten zu (§ 54 Abs. 5).

Diese Regelung bringt damit die öffentlichen berufsbildenden Schulen in eine faire Wettbewerbssituation zu anderen Trägern beruflicher Fort- und Weiterbildung, die bereits in der Anhörung zum ÄndG 93 vorgetragen haben, dass die berufsbildende Schule auf dem Weiterbildungsmarkt einen Wettbewerbsvorteil habe, wenn sie Maßnahmen entgeltfrei anbieten dürfte.

Bei Bildungsmaßnahmen, die von den Arbeitsagenturen gefördert werden, wird das Entgelt im Einvernehmen mit der Regionaldirektion Niedersachsen – Bremen der Bundesagentur für Arbeit zwischen der Landesschulbehörde und den regionalen Arbeitsagenturen nach pauschalen Sätzen abgerechnet.

Über Umfang, Inhalt, Zeitraum und Ort der Beschulung sowie die Höhe des Entgelts ist zwischen dem Maßnahmeträger und der Landesschulbehörde ein öffentlich-rechtlicher Vertrag zu schließen.

Das Land und der Schulträger können ihre Anteile an dem eingenommenen Entgelt ganz oder teilweise der betreffenden Schule zur eigenen Bewirtschaftung zuweisen (§ 54 Abs. 5).

Für die an derartigen Maßnahmen beteiligten Lehrkräfte wird ihr Unterricht auf ihre Regelstundenzahl im Hauptamt angerechnet, sodass sie mit einem Teil ihrer Unterrichtsverpflichtung bei dem jeweiligen Maßnahmeträger tätig sind. Eine solche Beteiligung durch Lehrkräfte soll nicht zu einem zusätzlichen Lehrerbedarf an dieser Schule führen.

Mit den neuen Begriffen »Berufsvorbereitung und Berufsbildung« wird mit ÄndG 19 der Anwendungsbereich des § 21 NSchG erweitert. In Anlehnung an das Berufsbildungsgesetz (BBiG) werden alle Bereiche der Beruflichen

Bildung, auch die Berufsausbildung, erfasst. Gleichzeitig wird die bisherige Einschränkung auf die Beteiligung öffentlicher berufsbildender Schulen an der überbetrieblichen Berufsausbildung zur Schiffsmechanikerin oder zum Schiffsmechaniker aufgehoben.

Bislang lag die Zuständigkeit für die Entscheidung über die Beteiligung berufsbildender Schulen an Maßnahmen Dritter nach § 21 Abs. 3 allein beim Schulvorstand. Mit der geplanten Änderung des § 21 Abs. 3 wird das Erfordernis der Genehmigung durch die Schulbehörde eingeführt. Ein Genehmigungsvorbehalt durch die Schulbehörde soll sicherstellen, dass eine Beteiligung an Maßnahmen Dritter nicht die zu Lasten der Unterversorgung in der Berufsschule und den weiteren Bildungsangeboten der berufsbildenden Schulen geht.

Die Prüfung der Wahrung der Interessen anderer Bildungsanbieter und die Einbindung von Gremien ist über die Besetzung des Schulvorstands abgedeckt. Dieser besteht nach § 38b Abs. 4 Satz 1 Nr. 5 an berufsbildenden Schulen u.a. zu zwei Zwölfteln aus außerschulischen Vertreterinnen und Vertretern von an der beruflichen Bildung beteiligten Einrichtungen, darunter eine Vertreterin oder ein Vertreter der zuständigen Stellen nach § 71 BBiG, also den jeweils zuständigen Kammern. Die Schule kann neben dem Pflichtsitz auch noch weitere Sitze für Vertreter von zuständigen Stellen vorsehen.

Korrespondierend wird der § 38a NSchG, Absatz 3 um die Nummer 3 erweitert; die bislang im Gesetzentwurf nicht enthaltene Änderung dient der Präzisierung der Aufgaben des Schulvorstandes.

Zu Abs. 4.: Durch das ÄndG 10 ist die übergreifende Norm zur Strukturierung der Schulformen im berufsbildenden Schulwesen aufgenommen worden. Grundsätzlich gilt, dass die berufsbildenden Schulformen nach Bildungsgängen zu gliedern sind. Dies geschieht nicht im Gesetz sondern über die Verordnungsermächtigung nach Satz 4 in der BbS-VO. In den schulformbezogenen Anlagen zu § 33 der BbS-VO findet sich die Gliederung in Fachrichtungen. Ausgenommen davon ist lediglich die Berufsschule, die nach berufsbezogenen Klassen gegliedert werden kann. Innerhalb der Fachrichtungen können auch Bildungsgänge mit Schwerpunkten eingerichtet werden, wenn das die BbS-VO vorsieht oder die Schwerpunktfestlegung durch die Schulen erlaubt.

Verweise, Literatur:

- Verordnung über berufsbildende Schulen (BbS-VO) vom 10.06.2009 (Nds. GVBl. S. 243; SVBl. S. 206), zuletzt geändert durch Verordnung vom 31.08.2020 (Nds. GVBl. 31/2020 S. 282)
- Ergänzende Bestimmungen für das berufsbildende Schulwesen (EB-BbS), RdErl. d. MK v. 10.06.2009 – (Nds. MBl. S. 538), zuletzt geändert durch RdErl. d. MK vom 25.01.2019 (Nds. MBl. S. 338)
- Erl. »Klassenbildung an berufsbildenden Schulen« vom 19.06.2000 überführt in: Abschnitt 3 Ergänzende Bestimmungen für das berufsbildende Schulwesen (EB-BbS)

- KMK-Beschluss »Rahmenvereinbarung über die Berufsschule« vom 12.03.2015 i.d.F. vom 20.09.2019
- KMK-Beschluss »Rahmenvereinbarung über Fachschulen« vom 10.09.2020
- KMK-Beschluss »Rahmenvereinbarung über die Berufsoberschule« vom 25.11.1976 i. d. F. vom 19.03.2020
- KMK-Beschluss »Rahmenvereinbarung über die Fachoberschule« vom 16.12.2004 i. d. F. vom 01.10.2010
- KMK-Beschluss »Rahmenvereinbarung über die Berufsfachschulen« vom 17.10.2013 i.d.F. vom 25.06.2020
- KMK-Beschluss »Vereinbarung zur Gestaltung der gymnasialen Oberstufe in der Sekundarstufe II« der Kultusministerkonferenz vom 07.07.1972 i. d. F. vom 15.02.2018
- Erklärung der Kultusministerkonferenz »Zu Fragen der Gleichwertigkeit von allgemeiner und beruflicher Bildung« (Beschluss der KMK vom 02.12.1994)
- Handreichung für die Erarbeitung von Lehrplänen für Menschen mit Behinderung nach § 66 BBiG/§ 42 m HwO (Veröffentlichung der KMK vom 23.09.2011)
- KMK-Beschluss »Grundlagen und Maßnahmen zur Optimierung der Organisation des Berufsschulunterrichts« vom 12.09.1997
- Empfehlung der Kultusministerkonferenz zur individuellen Förderung in den beruflichen Schulen (Beschluss der Kultusministerkonferenz vom 14.05.2020)
- Empfehlung der Kultusministerkonferenz für einen sprachsensiblen Unterricht an beruflichen Schulen (Beschluss der KMK vom 05.12.2019)
- KMK-Beschluss »Rahmenvereinbarung über die Zertifizierung von Fremdsprachenkenntnissen in der beruflichen Bildung« vom 20.11.1998 i. d. F. vom 14.09.2017
- Regelungen für die gegenseitige Anerkennung von Abschlüssen beruflicher Schulen unter den Gegebenheiten und Auswirkungen der Corona-Pandemie, (Beschluss der Kultusministerkonferenz vom 21.04.2020)
- Berufsbildungsgesetz (BBiG), Artikel 1 G. v. 23.03.2005 BGBl. I S. 931; zuletzt geändert durch Artikel 1 G. v. 12.12.2019 BGBl. I S. 2522

(Friedrich-Wilhelm Krömer)

§ 22 Schulversuche

(1) ¹Zur Erprobung neuer pädagogischer und organisatorischer Konzeptionen sowie zur Überprüfung und Fortentwicklung vorhandener Modelle können Schulversuche durchgeführt werden; hierzu können auch Versuchsschulen eingerichtet werden. ²Bei Schulversuchen kann von den Schulformen der

Allgemeine Vorschriften § 22

§§ 6, 9 bis 12 und 14 bis 20 abgewichen werden. ³Zur Erprobung neuer Mitwirkungs- und Mitbestimmungsformen können Schulversuche auch als Schulverfassungsversuche durchgeführt werden.

(2) ¹Schulversuche werden nach Möglichkeit wissenschaftlich begleitet. ²Jede Phase eines Schulversuchs ist hinreichend zu dokumentieren.

(3) ¹Schulversuche bedürfen der Genehmigung der Schulbehörde. ²Die Genehmigung ist zu befristen; sie ist widerruflich. ³Sie wird auf Antrag des Schulträgers oder der Schule erteilt. ⁴Ein Antrag der Schule kann nur im Einvernehmen mit dem Schulträger gestellt werden. ⁵Schulverfassungsversuche können nur von der Schule im Benehmen mit dem Schulträger beantragt werden.

(4) Im Rahmen von Schulversuchen müssen die Schülerinnen und Schüler Abschlüsse erwerben können, die den vergleichbaren Abschlüssen anderer Schulen entsprechen.

Zu Abs. 1: Satz 1 nennt die Ziele von Schulversuchen: Erprobung neuer 1 pädagogischer und organisatorischer Konzepte sowie Überprüfung und Fortentwicklung vorhandener Modelle. Wird die Struktur einer Schule durch einen Schulversuch nachhaltig verändert, wird sie zu einer Versuchsschule. Als solche können z.B. die »Sekundarschulen« bezeichnet werden, an denen erprobt wurde, unter welchen Bedingungen Haupt- und Realschüler(innen) gemeinsam in einer integrierten Schule erfolgreich zu den Abschlüssen des Sekundarbereichs I geführt werden können (siehe Anm. 1 zu § 10a). Satz 2 gestattet es, bei Schulversuchen von der Struktur der Schulformen des allgemein bildenden und des berufsbildenden Schulwesens abzuweichen. Gegenüber der KMK besteht in solchen Fällen eine Anzeigepflicht. In der Anzeige muss dargelegt werden, in welcher Hinsicht der Schulversuch vom Hamburger Abkommen der Ministerpräsidenten der Länder sowie von den KMK-Vereinbarungen abweicht. Satz 3 ist durch das ÄndG 93 eingefügt worden. Er stellt klar, dass auch zur Erprobung neuer Mitwirkungs- und Mitbestimmungsformen Schulversuche durchgeführt werden können. Diese werden als Schulverfassungsversuche bezeichnet.

Zu Abs. 2: Schulversuche werden »nach Möglichkeit« wissenschaftlich 2 begleitet. Ihre Genehmigung muss nicht daran scheitern, dass keine geeigneten Wissenschaftler zur Begleitung gefunden werden. Die Dokumentationspflicht ist in erster Linie Angelegenheit der Schule, an der der Schulversuch durchgeführt wird. Zu den Versuchsauflagen gehört in der Regel die Verpflichtung, dem Kultusministerium in bestimmten Abständen über den Verlauf des Schulversuchs zu berichten.

Zu Abs. 3: Zuständige Schulbehörde für die Genehmigung eines Schul- 3 versuchs ist das Kultusministerium. Die von der obersten Schulbehörde erteilte Genehmigung ist widerruflich und befristet. Ein Widerruf kann insbesondere dann erfolgen, wenn von dem Schulversuch keine Ergebnisse mehr erwartet werden können. Die Befristung verlangt das Gesetz deshalb, weil nach Ablauf einer bestimmten Versuchszeit über die Übertragbarkeit der gewonnenen Ergebnisse auf das Regelschulwesen entschieden werden muss. Die vor dem 01.08.1980 unbefristet genehmigten Schulverfassungsversuche können bis auf Widerruf fortgeführt werden (siehe § 181). Nach dem Inkrafttreten des ÄndG 93 hat das Kultusministerium die auf den §§ 32-34 des NSchG 74 beruhenden Schulverfassungsversuche widerrufen (lassen). Anträge auf Durchführung eines Schulversuchs können vom Schulträger oder von der Schule selbst (Beschluss des Schulvorstands – siehe § 38a Abs. 2 Satz 1 Nr. 13) gestellt werden. Ein Antrag der Schule bedarf allerdings der Zustimmung des Schulträgers. Dessen starke Stellung ergibt sich aus der Verpflichtung, die sächlichen Kosten des Schulversuches zu tragen (siehe jedoch § 113 Abs. 2 Nr. 1). Schulverfassungsversuche können als rein schulinterne Angelegenheit nur von der Schule »im Benehmen« mit dem Schulträger beantragt werden. Die Benehmensklausel verlangt von der Schule, dass sie den Antrag mit dem Schulträger eingehend erörtert haben muss. Einer ausdrücklichen Zustimmung des Schulträgers bedarf es jedoch nicht.

4 Zu Abs. 4: Das Kultusministerium hat sicherzustellen, dass Schulen mit genehmigten Schulversuchen Abschlüsse vergeben, die dieselben Berechtigungen verleihen wie die vergleichbaren Abschlüsse der regulären Schulen. Die Gleichwertigkeit hat sich auch auf die bundesweite Anerkennung zu erstrecken. Seit 1990 hat sich die KMK auf eine großzügige Anerkennungspraxis bei Schulversuchen verständigt.

5 Verweise, Literatur:

- Durchführung von Schulversuchen und gegenseitige Anerkennung der entsprechenden Abschlüsse, Beschluss der KMK v. 16.2.1990 i.d.F. vom 21.6.2012 (KMK-Beschlusssammlung, Nr. 472)

- *Galas, Dieter*: Sekundarschulen in Niedersachsen, Schulverwaltung, Ausgabe Niedersachsen, 1993, H. 6/7, S. 125

(Dieter Galas)

§ 23 Ganztagsschule, Halbtagsschule

(1) ¹Allgemein bildende Schulen mit Ausnahme des Abendgymnasiums können mit Genehmigung der Schulbehörde als
1. offene Ganztagsschule,
2. teilgebundene Ganztagsschule oder
3. voll gebundene Ganztagsschule

geführt werden. ²Förderschulen, an denen wegen des Bedarfs an sonderpädagogischer Unterstützung ihrer Schülerinnen und Schüler ganztägiger Unterricht erteilt wird, sind keine Ganztagsschulen im Sinne dieser Vorschrift. ³Schulen, die nicht als Ganztagsschule genehmigt sind, gelten als Halbtagsschulen.

(2) ¹In der Ganztagsschule werden zusätzlich zum Unterricht nach der jeweiligen Stundentafel an mindestens vier Tagen der Woche außerun-

Allgemeine Vorschriften § 23 **NSchG**

terrichtliche Angebote gemacht. ²Die Schulbehörde kann offene und teilgebundene Ganztagsschulen genehmigen, die nur an drei Tagen der Woche außerunterrichtliche Angebote machen. ³Auf der Grundlage des Ganztagsschulkonzepts (Absatz 6) verbindet die Ganztagsschule Unterricht und außerunterrichtliche Angebote zu einer pädagogischen und organisatorischen Einheit. ⁴Unterricht und außerunterrichtliche Angebote einschließlich Pausen sollen acht Zeitstunden je Wochentag nicht überschreiten.

(3) ¹An der offenen Ganztagsschule nehmen die Schülerinnen und Schüler freiwillig an den außerunterrichtlichen Angeboten teil. ²Die außerunterrichtlichen Angebote finden in der Regel nach dem Unterricht statt.

(4) ¹Die voll gebundene Ganztagsschule bestimmt vier oder fünf, die teilgebundene Ganztagsschule zwei oder drei Wochentage, an denen die Schülerinnen und Schüler auch an den außerunterrichtlichen Angeboten teilnehmen müssen. ²An den übrigen Wochentagen ist die Teilnahme freiwillig. ³Für die Wochentage nach Satz 1 soll die Ganztagsschule Unterricht und außerunterrichtliche Angebote am Vormittag und am Nachmittag zu einem pädagogisch und lernpsychologisch geeigneten Tagesablauf verbinden (Rhythmisierung).

(5) ¹Schulen können mit Genehmigung der Schulbehörde Schulzüge als Ganztagsschulzüge führen. ²Die Absätze 1 bis 4 gelten entsprechend.

(6) ¹Die Genehmigung nach Absatz 1 Satz 1 oder Absatz 5 Satz 1 wird auf Antrag des Schulträgers, der Schule oder des Schulelternrats erteilt, wenn ein geeignetes Ganztagsschulkonzept vorliegt und die organisatorischen, personellen und sächlichen Voraussetzungen vorliegen. ²Ein Antrag der Schule oder des Schulelternrats kann nur im Einvernehmen mit dem Schulträger gestellt werden.

Allg.: Seine jetzige Fassung hat § 23 durch das ÄndG 15 erhalten. Erstmals haben dadurch die verschiedenen Formen der Ganztagsschule – offen, teilgebunden, voll gebunden – eine gesetzliche Grundlage erhalten (siehe Anm. 2). Die Unterscheidung richtet sich nach dem Grad der Verbindlichkeit der Teilnahme an den außerunterrichtlichen Angeboten der Schule (siehe Anm. 3).

Ganztagsschulen sollen den Bildungsauftrag des § 2 NSchG dadurch erfüllen, dass sie an bestimmten Tagen ganztägig ein ganzheitliches Bildungsangebot unterbreiten, das ergänzend zum Unterricht nach der Stundentafel der jeweiligen Schulform auch außerunterrichtliche Angebote umfasst (siehe Anm. 3). Sie sollen sich an den individuellen Lebens- und Lernbedürfnissen der Schülerinnen und Schüler orientieren und deren Selbst- und Sozialkompetenz stärken. Für alle Schülerinnen und Schüler müssen Ganztagsschulen ein warmes Mittagessen anbieten.

Eine Verpflichtung zum Besuch einer Ganztagsschule mit Pflichtangeboten besteht nicht. Das ergibt sich aus § 63 Abs. 4 Satz 1, wonach Schülerinnen und Schüler, die ihren Wohnsitz im Schulbezirk einer teilgebundenen oder einer voll gebundenen Ganztagsschule haben, eine Halbtagsschule oder eine offene Ganztagsschule desselben oder eines anderen Schulträgers besuchen können. Auch die Umkehrung gilt: Besuch einer Ganztagsschule, wenn der Wohnsitz im Schulbezirk einer Halbtagsschule liegt. Allerdings ist in diesem Fall der »andere« Schulträger nicht zur Aufnahme der »auswärtigen« Schülerinnen und Schüler verpflichtet (siehe hierzu § 105 Abs. 1 Nr. 2).

Zur Bestreitung der außerunterrichtlichen Angebote erhalten die Ganztagsschulen zusätzliche Lehrerstunden, deren Umfang sich nach der Zahl der Schülerinnen und Schüler richtet, die an den außerunterrichtlichen Angeboten teilnehmen. Die Zusatzstunden können teilweise »kapitalisiert« werden. Mit dem der Schule zur Verfügung stehenden »Kapital« können z.B. Kooperationen mit außerschulischen Partnern, etwa mit Sportvereinen, finanziert werden. Außer Lehrkräften können als Landesbedienstete auch Pädagogische Mitarbeiterinnen und Mitarbeiter eingesetzt werden. Diese sollen über eine abgeschlossene Ausbildung im Sozial- oder Erziehungsdienst verfügen. Zulässig ist auch der Abschluss von Kooperationsverträgen und – im Ausnahmefall – von freien Dienstleistungsverträgen. Der Erlass »Die Arbeit in der Ganztagsschule« verpflichtet die Ganztagsschulen zur Zusammenarbeit mit den Trägern der Kinder- und Jugendhilfe.

Die Zahl der Ganztagsschulen ist in den letzten Jahren außerordentlich gestiegen. Von 450 im Jahre 2005 stieg sie auf 1131 überwiegend offene Ganztagsschulen im Jahre 2010, nachdem das Investitionsprogramm »Zukunft Bildung und Betreuung 2003–2007« des Bundes neue Errichtungsimpulse ausgelöst hatte. Im Schuljahr 2017/18 gab es in Niedersachsen 1807 Öffentliche Ganztagsschulen; das sind etwa 69% aller öffentlichen allgemein bildenden Schulen (offen 77%, teilgebunden 19%, voll gebunden 4%). Im Schuljahr 2017/18 nahmen 53,5% der Schülerinnen und Schüler an öffentlichen allgemein bildenden Schulen Ganztagsangebote wahr.

Ab dem Jahr 2025 soll es einen Rechtsanspruch auf einen Ganztagsplatz für Grundschulkinder geben. Als wichtigen Schritt dorthin hat das Bundeskabinett am 13.11.2019 den Entwurf für ein Ganztagsfinanzierungsgesetz auf den Weg gebracht. Damit will der Bund die Länder beim Ausbau der kommunalen Bildungsinfrastruktur unterstützen. In Niedersachsen halten zum Stichtag 29.8.2019 ingesamt 1067 von 1646 öffentlichen Grundschulen und Grundschulweigen ein Ganztagsangebot vor (1030 offen, 31 teilgebunden, 6 voll gebunden).

Bis zum 31.07.2012 wurden in § 23 unter der Überschrift »Besondere Organisation allgemeinbildender Schulen« nicht nur Regelungen für die Ganztagsschulen, sondern auch für »Integrationsklassen« getroffen. Für diese besondere Organisation besteht in § 183c Abs. 8 eine Übergangsvorschrift. Das ÄndG 19 hat der Berufseinstiegsschule die Möglichkeit eröffnet, »Sprach- und Integrationsklassen« einzurichten. In ihnen sollen die Schülerinnen und Schüler ihre Kenntnisse der deutschen Sprache verbessern (siehe § 17 Abs. 4).

2 Zu Abs. 1: In Satz 1 wird klargestellt, dass bis auf das Abendgymnasium die allgemein bildenden Schulen aller Schulformen als Ganztagsschule

Allgemeine Vorschriften § 23　　　　　　　　　　　　　　　**NSchG**

geführt werden können. Spitzenplätze nehmen die Gesamtschulen und die Oberschulen ein. Von den 257 (öffentlichen und privaten) Gymnasien werden 187 als Ganztagsschulen geführt (Stand: Schuljahr 2013/14). Förderschulen, die wegen des sonderpädagogischen Unterstützungsbedarfs ihrer Schülerinnen und Schüler ganztägigen Unterricht erteilen, also keine außerunterrichtlichen Angebote unterbreiten können (z.B. Förderschulen mit dem Schwerpunkt geistige Entwicklung), sind nach Satz 2 keine Ganztagsschulen im Sinne von § 23.

Angesprochen werden in Absatz 1 die Genehmigungspflicht (siehe Anm. 7) sowie die Organisationsformen der Ganztagsschule **(offen, teilgebunden, voll gebunden)**. Wodurch sich die Formen unterscheiden, ergibt sich aus den Absätzen 3 und 4 (Anm. 4 und 5). Satz 3 definiert die Schulen, die nicht als Ganztagsschule genehmigt sind, als **Halbtagsschule**. Nach dieser Definition sind auch die Schulen, an denen an einem Nachmittag oder an mehreren Nachmittagen Unterricht erteilt wird, Halbtagsschulen.

Zu Abs. 2: Als **Ganztagsschule** wird die Schule definiert, die zusätzlich **3** zum Unterricht nach der Stundentafel der jeweiligen Schulform den Schülerinnen und Schülern **außerunterrichtliche Angebote** unterbreitet, und zwar an »mindestens vier Tagen« der fünf Tage (Montag bis Freitag) umfassenden Schulwoche. Mit der Ausnahme für den offenen und teilgebundenen Typus – außerunterrichtliche Angebote an nur drei Tagen – hat sich der Gesetzgeber die Definition der KMK für eine Ganztagsschule zu eigen gemacht.

Unter **außerunterrichtlichen Angeboten** sind Sport- und Bewegungsangebote, mathematisch-naturwissenschaftliche und sprachlich-geisteswissenschaftliche Angebote sowie Angebote der kulturellen Bildung, der musikalischen Bildung, der Sprachförderung und Sprachbildung und der Berufsorientierung zu verstehen. Dazu gehören auch Angebote zur Stärkung der Medienkompetenz und Angebote zur Entwicklung der Sozial- und Handlungskompetenz. Der Erlass »Die Arbeit in der Ganztagsschule« gibt der Schule auf, im Sinne einer ganzheitlichen Bildung auf »eine angemessene Vielfalt« der außerunterrichtlichen Angebote zu achten. Die Zeit für die Anfertigung von »Haus«-Aufgaben soll in den Tagesablauf integriert werden. Der genannte Erlass verlangt ferner, dass die Ganztagsschule allen Schülerinnen und Schülern ein »warmes Mittagessen« anbietet. Durch ein abwechslungsreiches und für eine gesunde Ernährung geeignetes Angebot von Getränken und Esswaren soll die gesundheitsbewusste Ernährung der Schülerinnen und Schüler gefördert werden.

Unterricht und außerunterrichtliche Angebote sollen zu einer pädagogischen und organisatorischen Einheit verbunden werden. Was das für die Verteilung der jeweiligen Angebote über den Schultag – Vormittag oder Nachmittag – bedeutet, wird wiederum in den Absätzen 3 und 4 konkretisiert. In diesem Zusammenhang spielt das bei der Antragstellung vorzulegende »Ganztagsschulkonzept« eine Rolle (siehe Anm. 7). Unterricht und außerunterrichtliche Angebote sollen zusammen – die Pausen eingeschlossen – acht Zeitstunden je Tag nicht überschreiten.

4 Zu Abs. 3: Charakteristikum für die **offene Ganztagsschule** ist die Freiwilligkeit der Teilnahme an den außerunterrichtlichen Angeboten der Schule. Diese müssen deshalb grundsätzlich nach dem Unterricht, in der Regel also im Anschluss an die Mittagspause, stattfinden. Nach dem Erlass »Die Arbeit in der Ganztagsschule« verpflichtet die Anmeldung zu solchen Angeboten jedoch für die Dauer eines Schulhalbjahres oder eines Schuljahres zur regelmäßigen Teilnahme. Die Anmeldung muss für alle, nicht etwa nur für einige außerunterrichtliche Angebote der Schule erfolgen.

5 Zu Abs. 4: In den beiden »gebundenen« Organisationsformen der Ganztagsschule sind die Schülerinnen und Schüler zur Teilnahme an außerunterrichtlichen Angeboten verpflichtet. In der **teilgebundenen** Form legt die Schule mindestens zwei Pflichttage fest. An den übrigen (ein oder zwei) Wochentagen mit Ganztagsangeboten ist die Teilnahme mit der Folge freiwillig, dass die Angebote – wie bei der offenen Ganztagsschule – nach dem Unterricht stattfinden müssen. Dabei verpflichtet die Anmeldung zur regelmäßigen Teilnahme. Für die Pflichttage verlangt Satz 4 dagegen die Rhythmisierung des Tagesablaufs. Das bedeutet, dass sich an diesen Tagen Unterricht und außerunterrichtliche Angebote in der Regel abwechseln sollen. Sie finden also sowohl am Vormittag als auch am Nachmittag statt. Die Stundenplangestaltung soll einen »pädagogisch und lernpsychologisch geeigneten Tagesablauf« sicherstellen (»Rhythmisierung«).

Die Pflichttage der teilgebundenen Ganztagsschule werden von der Schulleiterin oder dem Schulleiter festgelegt. Das wird im Benehmen mit dem Schulelternrat und dem Schülerrat geschehen. Die Festlegung muss darüber hinaus mit dem Schulträger und dem Träger der Schülerbeförderung abgestimmt werden. Werden die Pflichttage im Schulprogramm verankert, ist eine Entscheidung der Gesamtkonferenz erforderlich (§ 34 Abs. 2 Nr. 1).

In der **voll gebundenen** Ganztagsschule sind die Schülerinnen und Schüler an allen Tagen zur Teilnahme an den außerunterrichtlichen Angeboten verpflichtet, die die Schule vorhält. Für alle diese (mindestens vier) Tage gilt nach Satz 4, dass der Tagesablauf rhythmisiert sein soll, also Unterricht und außerunterrichtliche Angebote sich abwechseln, mithin sowohl am Vormittag als auch am Nachmittag stattfinden sollen.

6 Zu Abs. 5: Die Möglichkeit, an **Halbtagsschulen** einen oder mehrere **Ganztagsschulzüge** einzurichten, hat schon das ÄndG 93 eröffnet. Das Angebot ist aber nicht in großem Umfang angenommen worden. Die jetzige Fassung des Satzes 1 stammt aus dem ÄndG 15. Danach können **Schulen**, also auch **Ganztagsschulen,** Ganztagsschulzüge führen. Das ist so zu verstehen, dass Ganztagsschulen Schulzüge einer anderen Ganztagsschulform führen dürfen. Beispielsweise kann an einer teilgebundenen Ganztagsschule ein offener Schulzug eingerichtet werden. Nach der Begründung des ÄndG 15 soll die durch die Einrichtung von unterschiedlich organisierten Schulzügen erreichte Flexibilität dem jeweiligen Elterninteresse Rechnung tragen (Landtagsdrucksache 17/2882, S. 29). Nicht ausgeschlossen wäre an einer Schule die Einrichtung von Ganztagsschulzügen mit einem unterschiedlichen Grad der Teilnahmepflicht für die Schülerinnen und Schüler. Die entsprechende Organisation dürfte aber die Schulen überfordern und wird deshalb in der Praxis nicht vorkommen.

Dass Ganztagsschulzüge offen, teilgebunden oder voll gebunden sein können, ergibt sich aus Satz 2. Danach gelten die Absätze 1 bis 4 entsprechend. Für Ganztagsschulzüge gelten also bezüglich der Wochentage mit außerunterrichtlichen Angeboten, der Rhythmisierung des Tagesablaufs sowie der Teilnahmepflicht der Schülerinnen und Schüler dieselben Bestimmungen wie für Ganztagsschulen. Die Einrichtung von Ganztagsschulzügen bedarf der Genehmigung durch die Landesschulbehörde (ab 01.12.2020: Regionale Landesämter für Schule und Bildung) (siehe hierzu auch Anm. 7).

Ein Ganztagsschulzug umfasst in jedem Schuljahrgang eine Klasse. Nach dem Erlass »Die Arbeit in der Ganztagsschule« darf die Zahl der Ganztagsschulzüge »höchstens hälftig zur Gesamtzahl der Schulzüge« der jeweiligen Schule sein. In der Mehrheit der niedersächsischen Schulen könnte es deshalb höchstens einen Ganztagsschulzug geben. Der genannte Erlass sieht vor, dass die Einrichtung von Ganztagsschulzügen in der Regel nur aufsteigend mit dem 1. bzw. 5. Schuljahrgang erfolgen soll.

Auf eine Halbtagsschule mit Ganztagsschulzügen findet § 63 Abs. 4 Satz 1 (Zugang auf eine Halbtagsschule) keine Anwendung, da an einer solchen Schule keine Schülerin und kein Schüler zur Teilnahme an außerunterrichtlichen Angeboten verpflichtet werden kann. Andererseits kann eine offene, teilgebundene oder eine voll gebundene Ganztagsschule desselben oder eines anderen Schulträgers nur dann besucht werden, wenn es in den Ganztagsschulzügen der zuständigen Schule kein entsprechendes Angebot gibt (§ 63 Abs. 4 Satz 2).

Zu Abs. 6: Ganztagsschulen und Ganztagsschulzüge bedürfen der Genehmigung durch die Schulbehörde. Voraussetzung dafür ist die Vorlage eines geeigneten pädagogischen Konzepts. Außerdem müssen die organisatorischen, personellen und sächlichen Voraussetzungen gewährleistet sein. **7**

Der Antrag auf Errichtung einer Ganztagsschule oder von Ganztagsschulzügen kann vom Schulträger, der Schule oder vom Schulelternrat gestellt werden. Für die Schule ist ein Beschluss des Schulvorstandes erforderlich (siehe § 38a Abs. 3 Nr. 4). Da dem Antrag das Ganztagsschulkonzept als integrativer Teil des Schulprogramms beizufügen ist, ist in gewisser Weise auch die Gesamtkonferenz der Schule an der Antragstellung beteiligt (siehe § 34 Abs. 2 Nr. 1).

Wird der Antrag auf Errichtung der Ganztagsschule von der Schule selbst oder von deren Schulelternrat gestellt, ist dazu das Einvernehmen mit dem Schulträger erforderlich. Die starke Stellung des Schulträgers ergibt sich aus seiner Zuständigkeit für die Erfüllung der sächlichen Voraussetzungen. Gegebenenfalls bedarf es der Schaffung einer Mensa und von Freizeiteinrichtungen. Gegen den Willen einer Schule wird ein Antrag des Schulträgers nicht genehmigt werden können.

Ein Antragsrecht anderer Gremien oder Personen, z.B. von Erziehungsberechtigten besteht nicht. Die Schulbehörde wird aber in der Regel solche

»Anträge« an die zuständige Schule zur Beratung und Beschlussfassung weiterleiten.

Anträge zum jeweiligen Schuljahresbeginn müssen spätestens bis zum 1. Dezember des Vorjahres bei der nachgeordneten Schulbehörde (ab 01.12.2020: Regionale Landesämter für Schule und Bildung) eingehen. Dieser Termin gilt auch für Anträge auf Änderung der Organisationsform des Ganztagsbetriebes. Den Übergang von der offenen zur teilgebundenen Form regelte eine bis zum 31.12.2016 reichende Übergangsvorschrift (Erlass vom 15.08.2014). Dieser Erlass ließ es zu, dass zunächst nur an einem Tag für Schülerinnen und Schüler verpflichtende außerunterrichtliche Angebote unterbreitet werden.

8 Verweise, Literatur:

- Erl. »Die Arbeit in der Ganztagsschule« v. 1.8.2014 (SVBl. S. 386; SRH 4.701; Schulrecht 418/3), zuletzt geändert durch Erl. v. 10.4.2019 (SVBl. S. 291)

- »Ganztagsschulen – Fristen«, Bekanntmachung des MK vom 12.10.2015 (SVBl. S. 552)

- *Hämke, Frank*: Ganztagsschulen in Niedersachsen – Entwicklung, Organisationsformen, Rahmenbedingungen, Herausforderungen, Schulverwaltung, Ausgabe Niedersachsen, 2010, H. 9, S. 244

- *Nolte, Gerald*: Mittagsverpflegung in der Schule – Rechtliche Rahmenbedingungen, Schulverwaltung, Ausgabe Niedersachsen, 2010, H. 9, S. 237

- *Haverkamp, Hauke*: Außerschulische Partner und Fachkräfte, Schulverwaltung, Ausgabe Niedersachsen, 2012, H. 6, S. 177

- *Reimers, Angela*: Ganztagsschulen in Niedersachsen, Schulverwaltung, Ausgabe Niedersachsen, 2014, H. 3, S. 77

- *Hoffmeister, Heiner*: 25 Jahre Ganztagsschulen – auch in Niedersachsen, Schulverwaltung, Ausgabe Niedersachsen, 2014, H. 6, S. 179

- *Nolte, Gerald*: Fragen und Antworten zum Schulgesetz – Themenbereich Ganztagsschule, Schulverwaltung, Ausgabe Niedersachsen, 2016, H. 2, S. 47

- *Reimers, Angela*: Ganztagsschulen in Niedersachsen – Ergebnisse und Bilanz der StEG-Studie, Schulverwaltung, Ausgabe Niedersachsen, 2017, H. 1, S. 17

- *Reimers, Angela:* Entfaltet die Ganztagsschule in Niedersachsen ihre Wirkung?, Schulverwaltung, Ausgabe Niedersachsen, 2017, H. 2, S. 75

- *Nolte, Gerald/Reimers, Angela:* Qualität im Ganztag durch Kooperation mit außerschulischen Partnern – Erleichterung der multiprofessionellen Zusammenarbeit, Schulverwaltungsblatt, 2017, H. 5, S. 267 sowie Schulverwaltung, Ausgabe Niedersachsen, 2017, H. 9, S. 248

– *Kanwischer, Simon/Reimers, Angela:* Ganztagsschulkonzept – Schulprogramm der Ganztagsschule – Pädagogisches Konzept: Versuch einer Begriffsklärung, Schulverwaltungsblatt, 2018, H. 10, S. 615

(Dieter Galas)

§ 24 – aufgehoben –

§ 25 Zusammenarbeit zwischen Schulen sowie zwischen Schulen und Jugendhilfe

(1) ¹Schulen können eine ständige pädagogische und organisatorische Zusammenarbeit vereinbaren, um Planung und Durchführung des Unterrichts, insbesondere Lernziele, Lerninhalte und Beurteilungsgrundsätze, aufeinander abzustimmen, auf andere Weise die Durchlässigkeit zwischen den Schulformen zu fördern oder ein differenziertes Unterrichtsangebot zu ermöglichen. ²Schulen, die die durch Rechts- oder Verwaltungsvorschrift vorgeschriebene Mindestgröße unterschreiten, sollen eine derartige Zusammenarbeit mit benachbarten Schulen vereinbaren. ³Vereinbarungen nach den Sätzen 1 und 2 sind den Schulträgern der beteiligten Schulen anzuzeigen.

(2) Können durch die Zusammenarbeit sächliche Kosten im Sinne von § 113 Abs. 1 entstehen, so bedarf die Vereinbarung der Zustimmung der Schulträger der beteiligten Schulen.

(3) Schulen arbeiten mit den Trägern der öffentlichen und freien Jugendhilfe sowie anderen Stellen und öffentlichen Einrichtungen, deren Tätigkeit sich wesentlich auf die Lebenssituation junger Menschen auswirkt, im Rahmen ihrer Aufgaben zusammen.

Zu Abs. 1: Satz 1 nennt die Ziele der ständigen pädagogischen und organisatorischen Zusammenarbeit, die Schulen vereinbaren können. Da zu ihnen auch die Förderung der Durchlässigkeit zwischen den Schulformen gehört, ist die Zusammenarbeit nicht nur auf Schulen derselben Schulform beschränkt.

Sofern eine Zusammenarbeit vereinbart wird, um ein differenziertes Unterrichtsangebot zu ermöglichen, können Lehrkräfte schulübergreifend eingesetzt werden. Gemeinsame Unterrichtsveranstaltungen von Schulen verschiedener Schulformen können nach den Grundsatzerlassen zur Arbeit in den verschiedenen Schulformen des Sekundarbereichs I u.U. in Wahlpflichtkursen, Arbeitsgemeinschaften sowie in den Fächern Religion, Werte und Normen und Sport erteilt werden. In der zusammengefassten Haupt- und Realschule kann sich die Einrichtung schulzweigübergreifenden Unterrichts auf weitere Fächer erstrecken. Die Entscheidung über die Zusammenarbeit mit einer anderen Schule trifft der Schulvorstand gem. § 38a Abs. 3 Nr. 5.

Durch Satz 2 wird Schulen, die die vorgeschriebene Mindestgröße unterschreiten, die Zusammenarbeit mit benachbarten Schulen zur Pflicht gemacht. Sie kann nur im Ausnahmefall entfallen, beispielsweise wenn die Entfernungen zwischen ihnen zu groß sind (siehe auch § 4 der Verordnung für die Schulorganisation).

Satz 3 ist durch das ÄndG 96 eingefügt worden. Bis zum Inkrafttreten dieser Novelle bedurften Vereinbarungen zwischen Schulen der Genehmigung durch die Schulbehörden, die nur im Einvernehmen mit den beteiligten Schulträgern erteilt werden durfte. Jetzt ist den Schulen nur noch aufgegeben, ihren Schulträgern eine Vereinbarung **anzuzeigen** (siehe jedoch Anm. 2). Der Beteiligung der Schulbehörde bedarf es überhaupt nicht mehr. Diese kann jedoch im Wege der Fachaufsicht intervenieren, auf Veränderungen hinwirken und eine Vereinbarung aus den in § 120 Abs. 2 genannten Gründen sogar aufheben.

Der Abschluss einer Vereinbarung zur ständigen pädagogischen und organisatorischen Zusammenarbeit spielt eine Rolle für die Übertragung dienstrechtlicher Befugnisse (siehe Anm. 1 zu § 43) auf kleine Schulen mit weniger als 20 Vollzeit-Lehrkräften (Bildung von Schulverbünden, siehe Erlass vom 20.07.2007).

2 Zu Abs. 2: Können durch die zwischen Schulen vereinbarte Zusammenarbeit Kosten entstehen, die der Schulträger zu tragen hat (siehe § 113 Abs. 1), kann die Vereinbarung nur mit seiner Zustimmung geschlossen werden. Seine Zustimmung ist auch dann erforderlich, wenn sich erst im Verlauf der Zusammenarbeit ergibt, dass diese, anders als zunächst angenommen, sächliche Kosten auslöst. Zur Übernahme von Sachkosten, die sich aus einer ihm lediglich angezeigten Vereinbarung ergeben, ist der Schulträger nicht verpflichtet. Sind bereits vor der Zustimmung des Schulträgers Kosten entstanden und wird die Zustimmung verweigert, so kann eine Haftung für die Kosten in Betracht kommen.

3 Zu Abs. 3: Seine jetzige Fassung hat Abs. 3 durch das ÄndG 96 erhalten. Er stellt gleichsam das Gegenstück zu § 81 Nr. 3 SGB VIII (Kinder- und Jugendhilfe) dar, das die Träger der öffentlichen Jugendhilfe zur Zusammenarbeit mit den Schulen verpflichtet. Die den Schulen jetzt gesetzlich »im Rahmen ihrer Aufgaben« auferlegte Pflicht zur Zusammenarbeit wurde bereits durch den Erl. »Zusammenarbeit zwischen Schule, Jugendamt und freien Trägern der Jugendhilfe« v. 25.01.1994 angebahnt. Darin wird u.a. darauf hingewiesen, dass die Schulen durch das Jugendamt und die freien Träger der Jugendhilfe sozialpädagogische Beratung und Unterstützung, insbesondere für problembelastete Schülerinnen und Schüler, erhalten können. Bei der Sucht- und Gewaltprävention sollen gemeinsame Aktionen (Workshops, Theateraufführungen, Aktionswochen u.a.) durchgeführt werden.

Partner der Zusammenarbeit sind nicht nur die Träger der Jugendhilfe, sondern auch »andere Stellen und öffentliche Einrichtungen«, die mit jungen Menschen zu tun haben, beispielsweise die Tagesbildungsstätten und die Berufsberatung.

Allgemeine Vorschriften § 26   **NSchG**

Verweise, Literatur: 4
- Erl. »Zusammenarbeit zwischen Schule, Jugendamt und freien Trägern der Jugendhilfe« v. 25.1.1994 (Nds. MBl. S. 335; SVBl. S. 91 – außer Kraft getreten am 31.12.2006)
- Verordnung für die Schulorganisation (SchOrgVO) vom 17.2.2011 (Nds. GVBl. S. 62; SVBl. S. 106), zuletzt geändert durch Art. 2 des Gesetzes vom 19.6.2013 (Nds. GVBl. S. 165; SVBl. S. 297)
- Erl. »Bildung von Schulverbünden« vom 20.7.2007 (SVBl. S. 297) – außer Kraft mit Ablauf des 31.12.2012
- *Deiters, Friedrich Wilhelm/Schittko, Klaus/Teuber, Reinhard:* Zusammenarbeit zwischen Schule und Jugendhilfe in Niedersachsen – Analyse und Vorschläge zur Weiterentwicklung, SVBl. 2000, H. 4, S. 149
- *Alvarez, Inge/Fughe, Viktor:* Zur Zusammenarbeit zwischen Jugendhilfe und Schule – dargestellt aus der Sicht eines kommunalen Amtes für Jugend und Familie, Schulverwaltung, Ausgabe Niedersachsen, 2000, H. 11, S. 303
- *Hohnschopp, Hartmut:* Eigenverantwortliche Schule – Zusammenarbeit kleiner Schulen im Schulverbund, Schulverwaltung, Ausgabe Niedersachsen, 2007, H. 7–8, S. 204
- *Hohnschopp, Hartmut:* Gemeinsam geht es besser: Verbünde kleiner Schulen, in: *Busemann Bernd u.a. (Hrsg.):* Eigenverantwortliche Schule – Ein Leitfaden, Köln (LinkLuchterhand), 2007, S. 262

(Dieter Galas)

§ 26   – aufgehoben –

§ 26 (**Schulentwicklungsplanung**) ist durch Art. 11 des »Niedersächsischen Gesetzes zur landesweiten Umsetzung der mit dem Modellkommunen-Gesetz erprobten Erweiterung kommunaler Handlungsspielräume« (NEKHG) vom 28. Oktober 2009 (Nds. GVBl. S. 366) gestrichen worden. Die Landkreise sind nun nicht mehr verpflichtet, Schulentwicklungspläne aufzustellen und fortzuschreiben. Die in § 26 Abs. 7 a.F. enthaltene Ermächtigung des Kultusministeriums, durch Verordnung u.a. zu bestimmen, welche Größe die Schulen oder Teile von Schulen aufweisen sollen, findet sich jetzt in § 106 Abs. 9.

Die auf der Ermächtigung des § 26 Abs. 7 a.F. beruhende »Verordnung zur Schulentwicklungsplanung« vom 19. Oktober 1994 ist mit Ablauf des 31. Januar 2010 außer Kraft getreten. Als Nachfolgerin hat das Kultusministerium die »Verordnung für die Schulorganisation« (SchOrgVO) vom 17.2.2011 erlassen (siehe Anm. 10 zu § 106).

(Dieter Galas)

§ 27 Erwerb von Abschlüssen durch Nichtschülerinnen und Nichtschüler

¹Durch Prüfung können Nichtschülerinnen und Nichtschüler die Abschlüsse aller allgemein bildenden Schulen und, soweit die Prüfungsvoraussetzungen dies zulassen, auch die Abschlüsse der berufsbildenden Schulen erwerben. ²Bei der Zulassung und der Prüfung sind die Lebens- und die Berufserfahrung angemessen zu berücksichtigen.

1 Nichtschülerin oder Nichtschüler ist, wer den Abschluss einer Schulform anstrebt, aber keine Schule dieser Schulform besucht. Nichtschülerinnen und Nichtschüler müssen sich auch dann einer staatlichen Prüfung unterziehen, wenn sie sich in einem außerschulischen Lehrgang, etwa in der Volkshochschule, darauf vorbereitet haben. Die Prüfungen werden von Ausschüssen bzw. Kommissionen abgenommen, die von der Schulbehörde berufen werden. Das Verfahren wird durch Verordnungen geregelt, zu deren Erlass das Kultusministerium durch § 60 Abs. 1 Nr. 5 ermächtigt ist.

Angesichts der Tatsache, dass es sich bei den Kandidatinnen und Kandidaten in der Regel nicht um Jugendliche, sondern um Erwachsene handelt, verlangt Satz 2, dass bei der Zulassung zur Prüfung und bei der Prüfung selbst die Lebens- und die Berufserfahrung angemessen zu berücksichtigen sind. Die Antragsfristen zur Zulassung zur Prüfung werden im Internet unter www.landesschulbehoerde-niedersachsen.de bekannt gegeben. Die Prüfungen werden zweimal jährlich angeboten.

Wird der eigentlich angestrebte Schulabschluss verfehlt, kann dem Prüfling auf Antrag der qualitativ darunter liegende Abschluss, also z.B. statt des Erweiterten Sekundarabschlusses I der Realschulabschluss, zuerkannt werden. Jährlich nehmen etwa 3 000 Frauen und Männer an den schriftlichen und mündlichen Prüfungen teil.

2 Verweise, Literatur:
- Verordnung über die Prüfungen zum Erwerb der Abschlüsse des Sekundarbereichs I durch Nichtschülerinnen und Nichtschüler (NAVO-Sek I) vom 11.2.2016 (Nds. GVBl. S. 53; SVBl. S. 169; Schulrecht 416/1)
- Erl.»Ergänzende Bestimmungen zur Verordnung über die Prüfungen zum Erwerb der Abschlüsse des Sekundarbereichs I durch Nichtschülerinnen und Nichtschüler (EB-NAVO Sek I)« vom 4.3.2016 (Nds. MBl. S. 303; SVBl. S. 172; Schulrecht 416/11), zuletzt geändert durch Erl. vom 23.11.2020 (Nds. MBl. S. 1505)
- Verordnung über die Qualifikationsphase und die Abiturprüfung an Freien Waldorfschulen sowie über die Abiturprüfung für Nichtschülerinnen und Nichtschüler (AVO-WaNi) vom 2.5.2005 (Nds. GVBl. S. 139; SVBl. S. 299; Schulrecht 416/101), zuletzt geändert durch Art. 6 der VO vom 23.09.2020 (Nds. GVBl. S. 332; SVBl. S. 482)
- Erl.»Ergänzende Bestimmungen zurVerordnung über die Qualifikationsphase und die Abiturprüfung an Freien Waldorfschulen sowie über die

Abiturprüfung für Nichtschülerinnen und Nichtschüler (EB-AVO-WaNi)« vom 15.11.2012 (SVBl. 2013, S. 5, berichtigt S. 177; Schulrecht 416/115), geändert durch Erl. vom 1.11.2018 (SVBl. S. 707)
- Verordnung über die Abschlüsse im Sekundarbereich I der allgemein bildenden Schulen einschließlich der Freien Waldorfschulen (AVO-S I) vom 7.4.1994 (Nds. GVBl. S. 197; SVBl. S. 140; SRH 3.025; Schulrecht 414/1), zuletzt geändert durch Art. 4 der VO vom 23.09.2020 (Nds. GVBl. S. 332; SVBl. S. 482)
- Erl.»Ergänzende Bestimmungen zur Verordnung über die Abschlüsse im Sekundarbereich I der allgemein bildenden Schulen einschließlich der Freien Waldorfschulen« vom 19.11.2003 (SVBl. 2004, S. 16 und S. 55; SRH 3.030; Schulrecht 414/15), zuletzt geändert durch Erl. vom 3.5.2016 (SVBl. S. 332)
- Verordnung über berufsbildende Schulen (BbS-VO) vom 10.6.2009 (Nds. GVBl. S. 243; SVBl. S. 206; Schulrecht 511/11), zuletzt geändert durch Verordnung vom 31.08.2020 (Nds. GVBl. S. 282)

(Dieter Galas)

§ 28 Schuljahr und Schulferien

(1) ¹Das Schuljahr beginnt am 1. August jeden Jahres und endet am 31. Juli des folgenden Jahres. ²Soweit der Beginn oder das Ende der Sommerferien es erfordert, kann das Kultusministerium von diesen Terminen abweichen. ³Das Kultusministerium wird ermächtigt, durch Verordnung das Schuljahr für einzelne Schulformen abweichend festzulegen, soweit dies aus schulorganisatorischen Gründen erforderlich ist.

(2) Beginn und Ende der Schulferien an öffentlichen Schulen regelt das Kultusministerium.

Zu Abs. 1: Wegen der Bedeutung des Schuljahres für die Rechtsstellung der Schülerinnen und Schüler (z.B. Beginn der Schulpflicht gem. § 64 Abs. 1) hat der Gesetzgeber Beginn und Ende landeseinheitlich festgesetzt (1. August bis 31. Juli). Da die Lage der Sommerferien (»große Ferien«) den Vereinbarungen der KMK entsprechend unterschiedlich ist (siehe Anm. 2), kann das Kultusministerium von diesen Terminen abweichen und beispielsweise bestimmen, dass der Unterricht des neuen Schuljahres schon vor dem 1. August beginnt. Das Kultusministerium ist im Übrigen ermächtigt, durch Verordnung das Schuljahr für einzelne Schulformen auch abweichend festzulegen, wenn dies aus schulorganisatorischen Gründen notwendig ist. Von dieser Ermächtigung ist für bestimmte Schulformen der berufsbildenden Schulen Gebrauch gemacht worden. Die entsprechende Verordnung vom 63.03.1975 regelte in erster Linie die Anpassung an das landeseinheitlich festgesetzte Schuljahr. Heute ist sie nur noch für die Fachschule Seefahrt mit ihrem semesterweise durchgeführten Unterricht von Bedeutung. 1

2 Zu Abs. 2: Dem Kultusministerium bleibt es überlassen. Beginn und Ende der Ferien durch Erlass zu regeln. Das ist zuletzt durch den Erlass vom 15.06.2015 geschehen, in dem die Schulferien und unterrichtsfreien Tage in den Schuljahren 2017/18 bis 2023/24 festgesetzt wurden.

Bei der Festlegung der Ferien ist. das Kultusministerium an die Bestimmungen des »Hamburger Abkommens« gebunden, das die Ministerpräsidenten 1964 zur Vereinheitlichung auf dem Gebiet des Schulwesens in der Bundesrepublik geschlossen haben. Danach beträgt die Gesamtdauer der Ferien während eines Schuljahres unter Einschluss der Sonnabende 75 Werktage. Die Ferien sollen »in erster Linie nach pädagogischen Gesichtspunkten« festgesetzt werden.

Um die einheitliche Anwendung des Abkommens zu sichern, hat sich die KMK darauf verständigt, dass die als Ferientage festgelegten Werktage in der Regel mindestens zwölf Sonnabende enthalten sollen. Das Hamburger Abkommen bestimmt weiter. dass die Termine für die Sommerferien in den einzelnen Ländern regional zu staffeln sind und dass darüber die KMK für jedes Jahr eine Vereinbarung trifft. Diese sieht vor, dass die Sommerferien auf die Zeit von Mitte Juni bis Mitte September verteilt werden, wobei die Termine in den Ländern – mit Ausnahme von Baden-Württemberg und Bayern – bis zum Jahre 2002 nach einem »rollierenden« System wechselten. Eine Verpflichtung zur länderübergreifenden Terminabsprache bei den übrigen Ferien besteht nicht.

Für die Jahre 2003–2008 hatte die KMK eine modifizierte Regelung beschlossen: In diesem Zeitraum sollten drei Ländergruppen auf den vorderen Ferienterminen »rollieren«, zwei auf den hinteren. In Niedersachsen hätten danach ab 2003 die Sommerferien zwischen dem 5. Juli und dem 17. Juli begonnen und bis Mitte oder Ende August gedauert. Gegen diese Neuregelung hat es aber insbesondere von der Tourismusbranche heftige Kritik gegeben, weil dadurch der Zeitraum für die Sommerferien in den Bundesländern teilweise auf deutlich weniger als 80 Tage komprimiert würde (Auslastung der Urlaubsquartiere). Auf Drängen der Ministerpräsidentenkonferenz hat die KMK die Rückkehr zum alten System beschlossen, das ab 2005 für die Länder – bis auf Baden-Württemberg und Bayern – auch wieder den Beginn der Sommerferien ab 20. Juni vorsieht. In den Schuljahren 2017/13 bis 2024/25 beträgt der Sommerferienkorridor für die Bundesrepublik durchschnittlich 84,6 Tage. Die Tourismusbranche hält einen Zeitraum von 90 Tagen zur gleichmäßigeren Auslastung von Hotels, Pensionen und Ferienanlagen für wünschenswert.

Nach dem Vorbild anderer Bundesländer ist den Schulen in Niedersachsen erstmals im Schuljahr 1991/02 die Möglichkeit geboten worden, abweichend von der allgemeinen Ferienregelung in eigener Zuständigkeit Ferientage festzusetzen. In den Schuljahren 1994/95 bis 2001/02 waren ein bis zwei »bewegliche« Ferientage vorgesehen. Erfahrungen haben gezeigt, dass die frei verfügbaren Tage zur Schaffung von Kurzferien im Zusammenhang mit Feiertagen wie Himmelfahrt, 1. Mai, 3. Oktober und 31. Oktober genutzt worden sind. Dieses Bedürfnis nach Kurzferien ist bei der Festlegung der niedersächsischen Ferientermine seit dem Schuljahr 1994/95 landeseinheitlich erfüllt worden.

In ihrer Antwort auf eine Entschließung des Niedersächsischen Landtags hat die Landesregierung die Prüfung angekündigt, ab dem Schuljahr 2018/19 in Niedersachsen Winterferien einzuführen (Landtagsdrucksache 17/1702). Inzwischen ist entschieden worden, dass weder Winter- noch Pfingstferien eingeführt werden.

Nach der Zeugnisausgabe am Ende des ersten Schulhalbjahres liegen zwei Ferientage.

Verweise, Literatur: 3

- Erl. »Ferienordnung für die Schuljahre 2017/18 bis 2023/24« vom 15.06.2015 (SVBl. S. 312; Schulrecht 312/79; SRH 3.133), geändert durch Erl. vom 29.07.2020 (SVBl. S. 396)
- Unterrichtung »Schaffung einer ganzheitlich gut abgestimmten Ferienregelung« (Landtagsdrucksache 17/1702 vom 27.5.2014)
- *Seifert, Eckhart:* Wie entstehen Schulferien?, Schulverwaltung, Ausgabe Niedersachsen, 1997. H. 6, S. 186
- *Jünke, Carola:* Sommerferientermine 2018 bis 2024 festgelegt, Schulverwaltung, Ausgabe Niedersachsen, 2014, H. 11, S. 310; SRH D/I, S. 1
- *Dörbaum, Roswitha:* Ferienordnung für Niedersachsen – Festlegung der sogenannten »kleinen Ferien« 2017/18 bis 2023/24, Schulverwaltung, Ausgabe Niedersachsen, 2015, H. 9, S. 245

(Dieter Galas)

§ 29   Lehr- und Lernmittel

(1) ¹Lehr- und Lernmittel müssen dem Bildungsauftrag der Schule (§ 2) gerecht werden. ²Für Schulbücher gelten darüber hinaus die Vorschriften der Absätze 2 bis 4.

(2) ¹Schulbücher sind zu Unterrichtszwecken bestimmte Druckwerke für die Hand der Schülerin oder des Schülers, die im Unterricht für einen längeren Zeitraum benutzt werden können; dazu gehören nicht unterrichtsbegleitende Materialien. ²Den Schulbüchern stehen andere Lernmittel gleich, die nach Inhalt und Verwendungszweck Schulbüchern entsprechen.

(3) ¹Schulbücher dürfen an einer Schule nur eingeführt werden, wenn sie von der zuständigen Behörde genehmigt worden oder von der Genehmigungspflicht ausgenommen sind. ²Die Genehmigung darf nur versagt werden, wenn die Schulbücher nicht den Anforderungen des Absatzes 1 genügen oder mit Rechtsvorschriften, Lehrplänen (§ 122 Abs. 1) oder Rahmenrichtlinien unvereinbar sind. ³Die Genehmigung ist zu befristen.

(4) ¹Die Genehmigung und die Einführung von Schulbüchern regelt das Kultusministerium. ²Es kann bestimmte Arten von Schulbüchern wie Tabellenwerke, Wörterbücher, Literaturausgaben sowie Schulbücher für einzelne Fächer von der Genehmigungspflicht ausnehmen.

1 **Allg.**: Zum Aufsichtsrecht des Staates über das Schulwesen gehört, dass er die Zulassung von Lehr- und Lernmitteln für den Gebrauch im Unterricht verweigern kann, die zur Erfüllung des Bildungsauftrages (§ 2) nicht geeignet sind. Weil die Interessen der Autoren und Verleger durch eine Nichtzulassung massiv betroffen sind, hat der Gesetzgeber eine gesetzliche Grundlage zur Regelung der Genehmigung von Schulbüchern für unverzichtbar gehalten und diese mit dem ÄndG 93 in das NSchG eingefügt. Davor war die Genehmigung von Schulbüchern lediglich durch Erlass des Kultusministeriums geregelt. Lehr- und Lernmittel, die nicht Schulbücher sind, bedürfen keiner Genehmigung.

Lehrmittel sind Unterrichtsmaterialien, die zur Ausstattung der Schule gehören (Wandkarten, Diapositive, Filme, Schaubilder, Geräte der naturwissenschaftlichen Sammlungen, Computer usw.). Dazu zählen auch Fotokopien, die lediglich in einer Unterrichtsstunde (z.B. als Anschauungsmaterial) eingesetzt und auf Kosten des Schulträgers bereitgestellt werden. **Lernmittel** sind neben den **Schulbüchern** alle für die Hand der Schülerinnen und Schüler zum Gebrauch im Unterricht und zu seiner Vor- und Nachbereitung didaktisch und methodisch geeigneten und bestimmten Materialien (z.B. Arbeits- und Übungshefte, Hausaufgabenhefte, Schulplaner, Logbücher). Solche Materialien werden nicht unentgeltlich ausgeliehen, sondern müssen von den Erziehungsberechtigten finanziert werden. (Zur Frage der Zulässigkeit der Erstellung und Wiedergabe von digitalen und analogen Kopien urheberrechtlich geschützter Werke siehe *Torben Behrens* in Anmerkung 6). Zu **Schulbüchern** gehören auch Atlanten, Quellensammlungen, Tabellenwerke, Liederbücher, Wörterbücher, Lektürehefte, Lernprogramme und multimediale Unterrichtswerke (Bücher in Verbindung mit audiovisuellen Medien). Taschenrechner, Zirkelkästen, Zeichengeräte u. ä. sind **Lernmaterialien.**

2 **Zu Abs. 1:** Von Lehr- und Lernmitteln wird verlangt, dass sie dem Bildungsauftrag der Schule (§ 2) gerecht werden. Diese Forderung wird beispielsweise ein Schulbuch nicht erfüllen, das dem Grundsatz der Gleichberechtigung der Geschlechter nicht Rechnung trägt. Da Lehr- und Lernmittel mit Ausnahme der Schulbücher (siehe Anm. 4 und 5) keiner Genehmigungspflicht unterliegen, ist es Aufgabe der Lehrkräfte, darauf zu achten, dass sie zur Erfüllung des Bildungsauftrages geeignet sind. Das gilt auch für sog. Lern-Apps und andere digitale Medien (siehe Antwort der Landesregierung auf eine Kleine Anfrage – Drucksache 18/1875).

3 **Zu Abs. 2:** Abs. 2 definiert, was ein **Schulbuch** ist. Als »längerer Zeitraum« gilt im Primarbereich und im Sekundarbereich I mindestens ein Schuljahr, im Sekundarbereich II mindestens ein Kurshalbjahr. Eingeführte Schulbücher müssen im Unterricht als hauptsächliches Arbeitsmittel eingesetzt werden.

Den Schulbüchern stehen Lernmittel gleich, die keine Druckerzeugnisse sind, aber den Schulbüchern nach Inhalt und Verwendungszweck entsprechen, z.b. bestimmte Computer-Software. Unterrichtsbegleitende Materialien, etwa von den Rundfunkanstalten herausgegebenes Begleitmaterial zu Schulfernsehsendungen oder bestimmte Themenhefte für die gymnasiale Oberstufe, die nach den Rahmenrichtlinien nicht als Hauptarbeitsmittel für ein Schul- oder Kurshalbjahr in Frage kommen, sind keine Schulbücher im Sinne des Gesetzes.

Mit Urteil vom 12. März 2013 hat das Bundesarbeitsgericht in Erfurt – Az.: 9 AZR 455/11 – entschieden, dass das Land Niedersachsen verpflichtet ist, einer Lehrkraft Aufwendungsersatz für den Erwerb eines Schulbuches zu zahlen.

Zur Umsetzung dieses Urteils hat das Niedersächsische Kultusministerium folgende Handlungsempfehlung herausgegeben (www.mk.niedersachsen. de – Aktuelles – Aktuelle Erlasse):

1. Soweit Lehrkräfte den Bedarf an für den Unterricht benötigten Lehrbüchern, deren Verwendung von der Fachkonferenz oder Bildungsgangs- und Fachgruppen beschlossen wurde, geltend machen, ist zunächst zu prüfen, ob dieser Bedarf aus den an der Schule bereits in der Schulbibliothek o. Ä. vorhandenen Lehrbüchern gedeckt werden kann. Die Lehrkraft erklärt schriftlich, dass ihr das benötigte Buch nicht anderweitig zur Verfügung gestellt wurde (etwa durch Frei- oder Prüfexemplare).

2. Falls das Buch nicht in der Schulbibliothek vorhanden ist und der Lehrkraft das Buch auch anderweitig nicht zur Verfügung steht, hat die Schulleitung den Schulträger auf die Notwendigkeit der Beschaffung des Lehrbuches für die Schulbibliothek hinzuweisen.

3. Eine Anschaffung von Lehrbüchern kommt nur für die Schulbibliothek in Betracht; eine Eigentumsübertragung an die jeweilige Lehrkraft ist – der o. a. Rechtsprechung entsprechend – ausdrücklich ausgeschlossen. Die Lehrkraft ist darauf hinzuweisen, dass das Lehrbuch im einwandfreien Zustand zu belassen und nach Gebrauch zurückzugeben ist.

4. Die Erstattung der Kosten für ein privat angeschafftes Lehrbuch kommt nicht in Betracht.

5. Nachträgliche Zahlungen von Aufwendungsersatz durch das Land Niedersachsen für den bereits getätigten Erwerb von Schulbüchern führen zu steuerpflichtigem Arbeitslohn und sind durch die Lehrkräfte gegebenenfalls privat zu versteuern.

6. Im Übrigen kann aus der ergangenen Rechtsprechung nicht der Schluss gezogen werden, dass Lehrkräfte für sämtliche von ihnen selbst für erforderlich gehaltene Arbeitsmaterialien einen Kostenerstattungsanspruch haben. Das Land kann selbst darüber entscheiden, wie und auf welche Weise es die Lehrkräfte mit Arbeitsmitteln versorgt.

Nach einer Entscheidung des Verwaltungsgerichts Stade (AZ.: 4 A 3578/13) ist nach den Bestimmungen der §§ 108 Abs. 1 Satz 1 i. V. m. 113 Abs. 1

NSchG der Schulträger zur Anschaffung der Schulbücher für die Lehrkräfte verpflichtet und hat hierfür die Kosten zu tragen.

Die für Schulbücher genannten Grundsätze sind auch für die entsprechende Hardware-Ausstattung von Lehrkräften sogenannter Laptop- oder Tablet-Klassen anzuwenden (Landtagsdrucksache 18/3561 vom 25.04.2019). Es ist also Aufgabe des kommunalen Schulträgers, den Lehrkräften zum Zwecke der Vorbereitung und Durchführung des Unterrichts die erforderlichen Geräte zur leihweisen Nutzung zur Verfügung zu stellen.

4 **Zu Abs. 3:** An den allgemein bildenden und berufsbildenden Schulen Niedersachsens dürfen im Unterricht nur Schulbücher verwendet werden, die von der zuständigen Behörde genehmigt und an den Schulen **eingeführt** sind. Die Genehmigung von Schulbüchern für den Religionsunterricht erfolgt im Einvernehmen mit den zuständigen Religionsgemeinschaften.

Bestimmte Schulbücher können von der Genehmigungspflicht ausgenommen werden (siehe Anm. 5). Die Genehmigung eines Schulbuches darf nur versagt werden, wenn es dem Bildungsauftrag der Schule nicht gerecht wird oder mit Rechtsvorschriften oder mit Lehrplänen oder Rahmenrichtlinien (siehe § 122) unvereinbar ist. Der hohe Preis eines Schulbuches oder seine mangelhafte äußere Qualität können also keine Versagungsgründe sein.

Für die Genehmigung von Schulbüchern war bis 1997 das Kultusministerium zuständig. Im Zuge der seit 1996 in Niedersachsen betriebenen Schulverwaltungsreform ist diese Zuständigkeit ab 01.01.1998 auf das Niedersächsische Landesinstitut für schulische Qualitätsentwicklung (NLQ) verlagert worden. Dort wird auch das Niedersächsische Schulbuchverzeichnis erstellt. Es ist unter http://www.book4school.de/webseite/suchseite.html veröffentlicht.

Schulbücher werden nach einem vereinfachten Verfahren genehmigt. Die Schulbuchverlage fügen dem Genehmigungsantrag und einem Belegexemplar eine schriftliche Versicherung bei, dass das Buch mit den Bestimmungen des Erlasses vom 01.08.2014 (siehe Anm. 6) vereinbar ist. Das NLQ überprüft das Vorhandensein der schriftlichen Versicherung und nimmt stichprobenartig Einsicht in die zur Genehmigung vorgelegten Schulbücher im Hinblick auf die Einhaltung der Bestimmungen des genannten Erlasses. Eine detaillierte Überprüfung findet auch bei bereits genehmigten Schulbüchern nur statt, wenn es stichhaltige Anhaltspunkte für erhebliche Bedenken gegen das Buch gibt. Das gleiche Genehmigungsverfahren gilt auch für »digitale Schulbücher«.

Für »Lern-Apps« gibt es kein Zulassungs- und auch kein Prüfverfahren. Deren Auswahl und die von anderen digitalen Unterrichtsmedien obliegt der methodisch-didaktischen Entscheidung der pädagogischen Fachkräfte im Rahmen der eigenverantwortlichen Schule (siehe Landtagsdrucksache 18/1875 vom 18.10.2018).

5 **Zu Abs. 4:** Der Gesetzgeber hat das Kultusministerium ermächtigt, durch Erlass Einzelheiten der **Genehmigung** und der **Einführung** zu regeln. Insbesondere kann das Kultusministerium bei bestimmten Arten von Schul-

Allgemeine Vorschriften § 30 **NSchG**

büchern auf eine Genehmigung verzichten. Das Gesetz nennt als Beispiele Tabellenwerke, Wörterbücher und Literaturausgaben. Von der Genehmigungspflicht können auch Schulbücher für einzelne Fächer ausgenommen werden. Nach dem Erlass vom 01.08.2014 sind dies u. a. Schulbücher für Deutsch als Zweitsprache sowie fremdsprachige Schulbücher für fremdsprachig erteilten Unterricht in Sachfächern (»bilingualer« Unterricht). Im Bereich der berufsbildenden Schulen besteht eine Genehmigungspflicht nur für die Fächer Religion und Politik/Geschichte.

Nach der durch die ÄndG 06/ÄndG 07 erfolgten Neuordnung der Beschlusskompetenzen der Schulgremien ist für die Einführung von Schulbüchern die jeweilige Fachkonferenz zuständig (siehe Anm. 2 zu § 35).

Verweise, Literatur: 6

- Erl.»Genehmigung, Einführung und Benutzung von Schulbüchern an allgemein bildenden und berufsbildenden Schulen in Niedersachsen« vom 1.8.2014 (SVBl. S. 402; SRH 3.210; Schulrecht 260/17), geändert durch Erl. v. 1.11.2019 (SVBl. S. 574)

- »Bildung in der digitalisierten Welt«, Unterrichtung durch die Landesregierung zu der Entschließung des Niedersächsischen Landtags vom 20.11.2019 (Landtagsdrucksache 18/7058)

- *Nolte, Gerald:* Aufwendungsersatz für Schulbücher, Schulverwaltung, Ausgabe Niedersachsen, 2013, H. 11, S. 304

- *Nolte, Gerald:* Kosten für Schulbücher sind von Schulträgern zu tragen, Schulverwaltung, Ausgabe Niedersachsen, 2015, H. 11, S. 309

- *Behrens, Torben:* Urheberrecht in Schule, Schulverwaltung, Ausgabe Niedersachsen, 2017, H. 7-8, S. 199 (Teil 1); H. 9 S. 244 (Teil 2)

- *Schröder, Florian:* Rechtliche Grundlagen des Schulalltags – Teil 13: Rechtsfragen rund um das Urheberrecht, Schulverwaltung, Ausgabe Niedersachsen, 2019, H. 5, S. 147

(Dieter Galas)

§ 30 Erhebungen

(1) Für Zwecke der Schulverwaltung und der Schulaufsicht können schulbezogene statistische Erhebungen durchgeführt werden, soweit die für diese Zwecke bereits erhobenen Daten nicht ausreichen.

(2) Das Kultusministerium wird ermächtigt, durch Verordnung das Nähere über die Art der statistischen Erhebung, die Erhebungsmerkmale, die Auskunftspflicht, die Hilfsmerkmale, den Kreis der zu Befragenden, den Berichtszeitraum oder -zeitpunkt sowie bei Erhebungen, die regelmäßig wiederholt werden sollen, den zeitlichen Abstand dieser Wiederholungen zu regeln.

(3) Die Schülerinnen und Schüler sowie alle an der Schule tätigen Personen sind verpflichtet, an Erhebungen (Befragungen und Unterrichtsbeobachtungen) teilzunehmen, die der Erforschung und Entwicklung der Schulqualität dienen und von der Schulbehörde angeordnet oder genehmigt worden sind.

1 **Allg.**: § 30 ist einerseits Grundlage für den Fall, dass für Zwecke der Schulverwaltung und der Schulaufsicht bestimmte statistische Erhebungen durchgeführt werden sollen, andererseits ermöglicht er Befragungen und Unterrichtsbeobachtungen, die der Erforschung und Entwicklung der Schulqualität (u. a. auch der Durchführung einer Selbstevaluation im Rahmen des Qualitätsmanagements) dienen. Diese Untersuchungen sind nicht ohne eine entsprechende Rechtsgrundlage zulässig, denn der Einzelne ist gegen eine unbegrenzte Erhebung, Speicherung, Verwendung und Weitergabe seiner persönlichen Daten zunächst einmal verfassungsrechtlich geschützt.

Das Recht auf informationelle Selbstbestimmung ist zwar im GG nicht ausdrücklich erwähnt, es wurde aber vom Bundesverfassungsgericht in seinem sog. Volkszählungs-Urteil (Urt. v. 15.12.1983 – 1 BvR 209/83 – u.a.) verfassungsrechtlich aus Art. 2 Abs. 1 (allgemeine Handlungsfreiheit) in Verbindung mit Art. 1 Abs. 1 GG (Garantie der Menschenwürde) entwickelt. Dieses »Grundrecht auf Datenschutz« gewährleistet die Befugnis des Einzelnen, grundsätzlich selbst über die Preisgabe und Verwendung seiner persönlichen Daten zu bestimmen. Staatliche Einschränkungen dieses Rechts sind nur im überwiegenden Allgemeininteresse zulässig. Sie bedürfen der gesetzlichen Grundlage, aus der sich die Voraussetzungen und der Umfang der Beschränkungen für den Einzelnen klar und erkennbar ergeben (vgl. § 5 Abs. 1 Bundesstatistikgesetz, § 3 Abs. 2 Nds. Statistikgesetz).

Eine solche Rechtsgrundlage ist für den Schulbereich spezialgesetzlich durch § 30 einschließlich einer Verordnungsermächtigung für das Kultusministerium geschaffen worden.

Soweit die Schulverwaltung für eigene Verwaltungszwecke wie z.B. für die Unterrichtsversorgung Unterlagen benötigt, erhält sie diese aus den in der Schulverwaltung (Schulen, RLSB) bereits vorhandenen Daten (sog. Geschäftsstatistiken). Eine besondere Rechtsgrundlage ist hierfür nicht erforderlich.

2 **Zu Abs. 1:** Die Bestimmung erlaubt es, für Zwecke der Schulverwaltung und der Schulaufsicht Erhebungen durchzuführen. Die Erhebung darf nur auf schulbezogene statistische Daten ausgerichtet sein, d.h. die Erhebung muss einen konkreten Bezug zur Schule haben (Schülerbeförderung, Schulanwahl, Personaleinsatz, Entwicklung der Schülerzahlen u.v.a.m.). Durch die Formulierung »Schulverwaltung und Schulaufsicht« ist das Spektrum bzw. der Anwendungsbereich für berechtigte Erhebungen weit gefasst. Durch das Wort »soweit« wird die Berechtigung zur Datenerhebung allerdings abgegrenzt, denn es dürfen nur noch die Daten erhoben werden, über die Schulverwaltung und Schulaufsicht nicht bereits mit ausreichender Aussagekraft verfügen.

Allgemeine Vorschriften § 30 **NSchG**

Zu Abs. 2: Absatz 2 enthält eine Verordnungsermächtigung für das Kul- 3
tusministerium. Inhalt, Zweck und Ausmaß einer möglichen Verordnung
sind vom Gesetzgeber einerseits umfänglich, andererseits vergleichsweise
fest umrissen festgelegt worden, was die Annahme begründet, dass mit
einer solchen Bestimmung eher restriktiv umgegangen werden soll. MK
hat von der Ermächtigung bisher keinen Gebrauch gemacht.

Zu Abs. 3: Der Absatz wurde durch das ÄndG 06 im Zuge der Einführung 4
der eigenverantwortlichen Schule angefügt. Durch die Bestimmung werden
die Schülerinnen und Schüler sowie alle an der Schule tätigen Personen
(z. B. Schulleitung, Lehrkräfte, pädagogische Mitarbeiterinnen und Mitarbeiter, Personen, die außerunterrichtliche Angebote an Grundschulen
und Ganztagsschulen durchführen) verpflichtet, an Erhebungen – durch
den Klammerzusatz ist dieser Begriff näher konkretisiert auf Befragungen
und Unterrichtsbeobachtungen – teilzunehmen, die der Erforschung und
Entwicklung der Schulqualität dienen. Hierzu gehören nach der Begründung zum Regierungsentwurf (vgl. LT-Drs. 15/2824) auch internationale,
nationale, landesweite und regionale Schulleistungsuntersuchungen.

Der umschriebene Personenkreis ist nicht nur zur Teilnahme an einer
Erhebung verpflichtet, die Verpflichtung beinhaltet – wenn sie nicht ins
Leere gehen soll – für seine Angehörigen auch die Pflicht zu einer wahrheitsgemäßen Auskunft.

Die Erhebung muss von dem RLSB (vgl. § 120 Abs. 6) angeordnet oder
genehmigt worden sein. Die Verpflichtung zur Teilnahme an Befragungen
und Unterrichtsbeobachtungen, die der Erforschung und Entwicklung
der Schulqualität dienen, gilt nicht für Schülerinnen und Schüler, die
die konkrete Schule bereits verlassen haben. Eine Anwendung des § 30
in Bezug auf statistische Erhebungen bei ehemaligen Schülerinnen und
Schülern ist somit nicht möglich. Da das NSchG auf die Verarbeitung von
personenbezogenen Daten ehemaliger Schülerinnen und Schüler keine
Anwendung findet, ist somit die Nutzung der in einer Schule zu diesen
Personen noch befindlichen personenbezogenen Daten für eine Befragung
derselben nur möglich, wenn dieses nach den allgemeinen Voraussetzungen
des Niedersächsischen Datenschutzgesetzes zulässig ist. Die Befragung
ehemaliger Schülerinnen und Schüler gehört jedoch nicht zu den gesetzlich
beschriebenen Aufgaben von Schulen.

Der Gesetzgeber hat an dieser Stelle auf eine Verpflichtung von Eltern
und Erziehungsberechtigten verzichtet, ihre Teilnahme ist somit immer
freiwillig und ihr Einverständnis deshalb vorher einzuholen.

Zu beachten ist, dass genehmigte Erhebungen nach dem Erlass »Umfragen
und Erhebungen in Schulen« (vgl. Anm. 5) nicht automatisch eine Verpflichtung nach § 30 Abs. 3 auslösen, der Erforderlichkeit der Datenerhebung
nach § 31 würde nicht hinreichend Rechnung getragen. Hierzu ist es vielmehr notwendig, dass die Genehmigung ausdrücklich die verpflichtende
Teilnahme beinhaltet.

5 Verweise, Literatur:
- Erl. »Umfragen und Erhebungen in Schulen« vom 1.1.2014 (SVBl. S. 4; SRH 2.610), zuletzt geändert durch Erl. v. 01.12.2020 (SVBl. S. 591)
- Merkblatt »Durchführung von Umfragen und Erhebungen«, Der Landesbeauftragte für den Datenschutz Niedersachsen, 2014

(Gerald Nolte)

§ 31 Verarbeitung personenbezogener Daten

(1) ¹Schulen, Schulbehörden, Schulträger, Schülervertretungen und Elternvertretungen dürfen personenbezogene Daten der Schülerinnen und Schüler und ihrer Erziehungsberechtigten (§ 55 Abs. 1) verarbeiten, soweit dies

1. zur Erfüllung des Bildungsauftrags der Schule (§ 2),
2. zur Erfüllung der Fürsorgeaufgaben,
3. zur Erziehung oder Förderung der Schülerinnen und Schüler,
4. zur Erforschung oder Entwicklung der Schulqualität oder
5. zur Erfüllung von Aufgaben der Schulaufsicht

erforderlich ist. ²Schulen und Schulbehörden dürfen außerdem personenbezogene Daten der Personen verarbeiten,

1. die sich an einer Schule angemeldet haben,
2. auf deren Antrag ein Prüfungsverfahren nach § 27 durchgeführt wird oder
3. auf deren Antrag ein Verfahren auf Prüfung oder Anerkennung nach den aufgrund des § 60 Abs. 1 Nrn. 5 bis 7 erlassenen Vorschriften durchgeführt wird,

soweit dies zur Durchführung des jeweiligen Verfahrens erforderlich ist. ³Die Befugnis zur Verarbeitung nach Satz 1 oder Satz 2 umfasst jeweils auch die Befugnis zur Übermittlung an eine andere in Satz 1 oder 2 genannte Stelle zu einem in Satz 1 oder 2 genannten Zweck; im Übrigen dürfen die in den Sätzen 1 und 2 genannten Stellen personenbezogene Daten der Schülerinnen und Schüler und ihrer Erziehungsberechtigten oder der in Satz 2 genannten Personen an andere Stellen zu anderen Zwecken nur übermitteln, soweit dies nach den Absätzen 2 bis 10 oder nach besonderen Rechtsvorschriften zulässig ist.

(2) ¹Schulen und Schulbehörden dürfen personenbezogene Daten der Schülerinnen und Schüler und ihrer Erziehungsberechtigten auf Ersuchen übermitteln

1. den Landkreisen und kreisfreien Städten, soweit dies zur Erfüllung ihrer Aufgaben nach § 5 des Niedersächsischen Gesetzes über den öffentlichen Gesundheitsdienst erforderlich ist,

2. den Trägern der Schülerbeförderung oder den von ihnen nach § 114 Abs. 6 Satz 1 mit der Durchführung der Aufgaben betrauten Gemeinden und Samtgemeinden, soweit dies zur Erfüllung ihrer Aufgaben nach § 114 erforderlich ist,

3. der Landesunfallkasse Niedersachsen, soweit dies zur Erfüllung ihrer Aufgaben der gesetzlichen Unfallversicherung in Bezug auf die nach § 2 Abs. 1 Nr. 8 b des Siebten Buchs des Sozialgesetzbuchs kraft Gesetzes versicherten Schülerinnen und Schüler erforderlich ist, und

4. den berufsständischen Kammern, soweit dies zur Gewährleistung der Berufsausbildung oder zur Erfüllung der Aufgaben der jeweiligen Kammer nach § 76 des Berufsbildungsgesetzes erforderlich ist.

²Schulen und Schulbehörden dürfen personenbezogene Daten der Schülerinnen und Schüler und ihrer Erziehungsberechtigten ferner anderen öffentlichen Stellen übermitteln, soweit dies

1. zur Erfüllung einer gesetzlichen Auskunfts- oder Meldepflicht der Schule oder der Schulbehörde erforderlich ist oder

2. zur Erfüllung einer gesetzlichen Aufgabe der anderen Stelle erforderlich ist und die Voraussetzungen für eine Zweckänderung nach § 6 Abs. 2 Nr. 1, 2, 3 oder 5 des Niedersächsischen Datenschutzgesetzes vorliegen.

³Die in Satz 1 Nrn. 1 und 2 genannten Stellen dürfen die an sie übermittelten Daten nur zu dem Zweck verarbeiten, zu dessen Erfüllung sie ihnen übermittelt wurden; eine Weiterverarbeitung zu anderen Zwecken ist nur zulässig, soweit die Voraussetzungen für eine Zweckänderung vorliegen. ⁴Die Übermittlung an die in Satz 1 Nrn. 3 und 4 und Satz 2 genannten Stellen ist nur zulässig, wenn anzunehmen ist, dass die empfangene Stelle die Daten mit der Verordnung (EU) 2016/679 des Europäischen Parlaments und des Rates vom 27. April 2016 zum Schutz natürlicher Personen bei der Verarbeitung personenbezogener Daten, zum freien Datenverkehr und zur Aufhebung der Richtlinie 95/46/EG (Datenschutz-Grundverordnung) (ABl. EU Nr. L 119 S. 1, Nr. L 314 S. 72, 2018 Nr. L 127 S. 2) verarbeitet.

(3) ¹Schulen und Schulbehörden dürfen personenbezogene Daten der Schülerinnen und Schüler und ihrer Erziehungsberechtigten außerdem auf Ersuchen übermitteln

1. den Ersatzschulen und den Ergänzungsschulen in den Fällen der §§ 160 und 161, soweit dies erforderlich ist, um die Finanzhilfe abzurechnen oder zu gewährleisten, dass die Schulpflicht erfüllt wird,

2. den nach § 164 anerkannten Tagesbildungsstätten, soweit dies erforderlich ist, um zu gewährleisten, dass die Schulpflicht erfüllt wird, und

3. den außerschulischen Einrichtungen nach § 69 Abs. 3 und den Jugendwerkstätten nach § 69 Abs. 4, soweit dies erforderlich ist, um einen einzelfallbezogenen Förderplan aufzustellen oder zu gewährleisten, dass die Schulpflicht erfüllt wird.

²Schulen und Schulbehörden dürfen personenbezogene Daten der Schülerinnen und Schüler und ihrer Erziehungsberechtigten ferner auf Ersuchen übermitteln

1. den Stellen der betrieblichen oder außerbetrieblichen Berufsbildung, die gemeinsam mit berufsbildenden Schulen im Rahmen der dualen Ausbildung ausbilden, soweit dies zur Gewährleistung der Berufsausbildung erforderlich ist, oder

2. einer anderen nichtöffentlichen Stelle, soweit diese einen rechtlichen Anspruch auf Kenntnis der Daten glaubhaft macht,

und kein Grund zu der Annahme besteht, dass das schutzwürdige Interesse der betroffenen Person an der Geheimhaltung der Daten das Interesse an ihrer Übermittlung überwiegt. ³Die Übermittlung an die in den Sätzen 1 und 2 genannten Stellen ist nur zulässig, wenn sich die empfangende Stelle gegenüber der übermittelnden Stelle verpflichtet hat, die Daten nur für den Zweck zu verarbeiten, zu dessen Erfüllung sie ihr übermittelt wurden; eine Weiterverarbeitung zu anderen Zwecken ist nur zulässig, wenn eine Übermittlung nach Satz 1 oder Satz 2 zulässig wäre und die übermittelnde Stelle zugestimmt hat. ⁴Die in Satz 1 genannten Stellen dürfen den Schulen und Schulbehörden personenbezogene Daten der Schülerinnen und Schüler und ihrer Erziehungsberechtigten übermitteln, soweit dies zur Erfüllung der gesetzlichen Aufgaben der Schule oder der Schulbehörde erforderlich ist; Absatz 2 Satz 3 gilt entsprechend.

(4) ¹Schulen dürfen die in Absatz 6 Satz 3 genannten personenbezogenen Daten der Schülerinnen und Schüler und ihrer Erziehungsberechtigten auf Ersuchen übermitteln

1. den Agenturen für Arbeit, soweit dies zur Durchführung der Berufsberatung nach § 30 des Dritten Buchs des Sozialgesetzbuchs erforderlich ist,

2. den Trägern der Jugendhilfe zum Zwecke des Angebots, soweit des erforderlich ist, um

    a) sozialpädagogische Hilfen nach § 13 Abs. 1 des Achten Buchs des Sozialgesetzbuchs (SGB VIII) oder

    b) geeignete sozialpädagogisch begleitete Ausbildungs- und Beschäftigungsmaßnahmen nach § 13 Abs. 2 SGB VIII, auch in Verbindung mit § 27 Abs. 3 Satz 2 und § 41 Abs. 2 SGB VIII

    anzubieten, sowie

3. den Trägern der Grundsicherung für Arbeitsuchende nach § 6 des Zweiten Buchs des Sozialgesetzbuchs (SGB II), soweit dies erforderlich ist, um Leistungen der Beratung und der Eingliederung in Ausbildung nach § 1 Abs. 3 Nrn. 1 und 2 SGB II zu erbringen.

(5) ¹Internetbasierte Lern- und Unterrichtsplattformen dürfen nur eingesetzt werden, soweit diese den Anforderungen der Datenschutz-Grundverordnung und der zu ihrer Durchführung erlassenen Rechtsvorschriften entsprechen

Allgemeine Vorschriften § 31 **NSchG**

und die Schulleitung dem Einsatz zugestimmt hat. ²Die Schule darf für den Einsatz digitaler Lehr- und Lernmittel neben den personenbezogenen Daten der Schülerinnen und Schüler und ihrer Erziehungsberechtigten auch personenbezogene Daten der Lehrkräfte verarbeiten; im Übrigen gilt hierfür Absatz 1 Satz 1.

(6) ¹Die Meldebehörde der alleinigen Wohnung oder der Hauptwohnung übermittelt den Grundschulen zum Zwecke der Gewährleistung der Erfüllung der Schulpflicht personenbezogene Daten der im jeweiligen Schulbezirk gemeldeten Kinder, deren Schulpflicht nach § 64 Abs. 1 Satz 1 im folgenden Jahr beginnt, sowie der gesetzlichen Vertreterinnen oder Vertreter dieser Kinder. ²Satz 1 gilt entsprechend in Bezug auf die Kinder, die nach der Übermittlung nach Satz 1 und vor dem Beginn der Schulpflicht nach § 64 Abs. 1 Satz 1 durch Umzug innerhalb der Gemeinde den Schulbezirk wechseln oder in die Gemeinde zuziehen. ³Zu übermitteln sind folgende personenbezogene Daten:

1. zum Kind

    a) Familienname,

    b) Vornamen unter Kennzeichnung des gebräuchlichen Vornamens,

    c) Geburtsdatum und Geburtsort sowie bei Geburt im Ausland auch der Staat,

    d) Geschlecht,

2. zu den gesetzlichen Vertreterinnen oder Vertretern

    a) Familienname,

    b) Vornamen,

    c) Anschrift,

    d) Auskunftssperren nach § 51 des Bundesmeldegesetzes und bedingte Sperrvermerke nach § 52 des Bundesmeldegesetzes.

(7) ¹Wechselt eine schulpflichtige Schülerin oder ein schulpflichtiger Schüler die Schule innerhalb Niedersachsens, so übermittelt die abgebende Schule der aufnehmenden Schule die in Absatz 6 Satz 3 genannten personenbezogenen Daten der Schülerin oder des Schülers und der gesetzlichen Vertreterinnen oder Vertreter. ²Die aufnehmende Schule übermittelt der abgebenden Schule die Aufnahmeentscheidung. ³Bis zur Übermittlung der Aufnahmeentscheidung durch die aufnehmende Schule obliegt der abgebenden Schule die Gewährleistung der Erfüllung der Schulpflicht. ⁴Zieht eine Person, deren Schulpflicht nach § 64 Abs. 1 Satz 1 begonnen hat und die das 18. Lebensjahr noch nicht vollendet hat, aus einem anderen Bundesland oder dem Ausland zu, so übermittelt die Meldebehörde der alleinigen Wohnung oder der Hauptwohnung der Schulbehörde die in Absatz 6 Satz 3 genannten personenbezogenen Daten dieser Person und der gesetzlichen Vertreterinnen oder Vertreter zum Zwecke der Gewährleistung der Erfüllung der Schulpflicht.

NSchG — Allgemeine Vorschriften § 31

(8) Schulen dürfen auch diejenigen personenbezogenen Daten von Kindern in Kindergärten und deren Erziehungsberechtigten verarbeiten, die in Kindergärten bei der Wahrnehmung vorschulischer Förderaufgaben erhoben und an Schulen übermittelt werden, soweit die Verarbeitung zur Erziehung oder Förderung der Kinder in der Schule erforderlich ist.

(9) Schulen, Schulbehörden und die Behörde nach § 123 dürfen personenbezogene Daten aller an der Schule tätigen Personen auch verarbeiten, soweit es sich nicht um Personalaktendaten handelt und dies zur Erforschung und Entwicklung der Schulqualität erforderlich ist.

(10) Von den besonderen Kategorien personenbezogener Daten im Sinne des Artikels 9 Abs. 1 der Datenschutz-Grundverordnung dürfen aufgrund der Regelungen in den Absätzen 1 bis 3 nur verarbeitet werden

1. Gesundheitsdaten, soweit dies erforderlich ist,

    a) um die Schulfähigkeit festzustellen

    b) um die Aufgaben der Schülerbeförderung nach § 114 erfüllen zu können,

    c) um der Landesunfallkasse die Erfüllung ihrer Aufgaben der gesetzlichen Unfallversicherung zu ermöglichen,

    d) um die betroffene Person zu schützen,

    e) um festzustellen, ob ein Nachteilsausgleich zu gewähren ist,

    f) um einen Bedarf an sonderpädagogischer Unterstützung festzustellen oder eine solche Unterstützung anzubieten oder zu leisten,

    g) um festzustellen, ob die Schulpflicht erfüllt wird,

    h) aus Gründen des öffentlichen Interesses im Bereich der öffentlichen Gesundheit und des Infektionsschutzes,

    i) um die Aufgabe der obersten Schulbehörde nach § 157 Abs. 1 Satz 2 Nr. 2 erfüllen zu können,

2. Daten, aus denen religiöse oder weltanschauliche Überzeugungen hervorgehen, soweit dies zur Organisation des Unterrichts erforderlich ist,

3. Daten, aus denen die Herkunft hervorgeht, soweit dies erforderlich ist, um

    a) einen Bedarf an Maßnahmen zur Verbesserung der Sprachkenntnisse nach § 17 Abs. 4, an besonderen Sprachfördermaßnahmen nach § 64 Abs. 3 oder an der Erteilung herkunftssprachlichen Unterrichts festzustellen oder eine solche Maßnahme anzubieten oder durchzuführen,

    b) die Aufgabe der obersten Schulbehörde nach § 157 Abs. 1 Satz 2 Nr. 1 erfüllen zu können.

1 **Allg.:** Bei der Erfüllung des Unterrichts- und Erziehungsauftrages werden den Schulen zahlreiche persönliche Angaben über die ihnen anvertrauten Schülerinnen und Schüler sowie der Erziehungsberechtigten bekannt. Der

Allgemeine Vorschriften § 31   **NSchG**

grundrechtliche Schutz dieser personenbezogener Daten findet sich sowohl auf europäischer und auf nationaler als auch auf Landesebene wieder. So sieht die Charta der Grundrechte der Europäischen Union (EUGRCh) ausdrücklich den Schutz personenbezogener Daten in Art. 8 Abs. 1 EUGRCh vor. In diesem Kontext ist jedenfalls ergänzend auf den Schutzbereich des Art. 7 Var. 1 der EUGRCh zu verweisen, der das Privatleben des Einzelnen einem gesonderten grundrechtlichem Schutz unterstellt. Kinder, also Menschen, die das achtzehnte Lebensjahr noch nicht vollendet haben, werden durch die Vorgaben des grundrechtlichen Datenschutzes besonders geschützt, da sie sich der betreffenden Risiken, Folgen und Garantien und ihrer Rechte bei der Verarbeitung personenbezogener Daten möglicherweise weniger bewusst sind. Die Verarbeitung personenbezogener Daten von Kindern hat dementsprechend nicht nur auf allgemeine grundrechtliche Aspekte Rücksicht zu nehmen. Vielmehr sind zudem Aspekte des Kindeswohls und auch die besondere (Reife-)Situation der Minderjährigen gebührend zu berücksichtigen. In der Konsequenz verschärfen sich die ohnehin restriktiven grundrechtlichen Datenschutzvorgaben im Falle kindlicher Betroffener nochmals deutlich. Die Schule benötigt diese Daten, sammelt sie in Dateien oder Akten, verwendet sie und gibt sie u. U. an andere Stellen weiter. Auch ist es nicht ausgeschlossen, dass im Rahmen des Qualitätsmanagements gewonnene Erkenntnisse personifizierbar sind. Die Schule muss daher bei der Verwendung der personenbezogenen Daten, die zum Teil sehr sensible persönliche Bereiche insbesondere der einzelnen Schülerin oder des einzelnen Schülers berühren, die Bestimmungen des Datenschutzes genau beachten. Diese Bestimmungen bestimmen sich zunächst unmittelbar (ab dem 25.05.2018) nach der Verordnung (EU) 2016/679 des Europäischen Parlaments und des Rates vom 27.04.2016 zum Schutz natürlicher Personen bei der Verarbeitung personenbezogener Daten und zum freien Datenverkehr und zur Aufhebung der Richtlinie 95/46/EG (Datenschutz-Grundverordnung), die die EUGRCh konkretisiert (EG 1).

Die Niedersächsische Datenschutzbeauftragte hat zu den Verpflichtungen der Schulen aus der EU-Datenschutz-Grundverordnung einen Leitfaden herausgegeben.

Die **EU-Datenschutz-Grundverordnung 2016/679** ist eine Verordnung der **2** Europäischen Union, mit der die Regeln für die Verarbeitung von personenbezogenen Daten durch private Unternehmen und öffentliche Stellen EU-weit vereinheitlicht wurden. Dadurch wird einerseits der Schutz von personenbezogenen Daten innerhalb der Europäischen Union sichergestellt, andererseits der freie Datenverkehr innerhalb des Europäischen Binnenmarktes gewährleistet. Die Verordnung hat die Richtlinie 95/46/EG des Europäischen Parlaments und des Rates vom 24.10.1995 ersetzt. Die Verordnung wurde am 04.05.2016 im Amtsblatt der Europäischen Union (L 119/(EU) 2016/679) – Berichtigung L 314/72 vom 22.11.2016 – veröffentlicht und ist gemäß ihrem Artikel 99 am 25.05.2016 in Kraft getreten. Sie ist von den Mitgliedsstaaten zwei Jahre nach ihrem Inkrafttreten, d. h. seit dem **25.05.2018**, unmittelbar anzuwenden. Neben der EU-Datenschutz-

Grundverordnung ist gleichzeitig noch die Richtlinie (EU) 2016/680 des Europäischen Parlaments und des Rates vom 27.04.2016 zum Schutz natürlicher Personen bei der Verarbeitung personenbezogener Daten durch die zuständigen Behörden zum Zwecke der Verhütung, Ermittlung, Aufdeckung oder Verfolgung von Straftaten oder der Strafvollstreckung sowie zum freien Datenverkehr und zur Aufhebung des Rahmenbeschlusses 2008/977/JI des Rates in Kraft getreten. Diese Richtlinie ist als Ausnahme zur EU-Datenschutz-Grundverordnung anzusehen.

Die EU-Datenschutz-Grundverordnung etabliert hohe Datenschutzstandards, die einheitlich in der ganzen EU gelten. Eine einheitliche Verordnung ist als Teil des europäischen digitalen Binnenmarkts unmittelbar europaweit Gesetz geworden, mit der Folge, dass für die Nutzerinnen und Nutzer sowie die Datenverarbeiterinnen und Datenverarbeiter europaweit dieselben Rechte gelten. Die EU-Datenschutz-Grundverordnung gilt im nationalen Recht unmittelbar und in allen Teilen verbindlich. Die einzelnen Mitgliedsstaaten können auch keine strengeren Regeln aufstellen. Die EU-Datenschutz-Grundverordnung regelt das allgemeine und bereichsspezifische Datenschutzrecht allerdings nicht abschließend. Sie enthält zum einen an die Mitgliedsstaaten adressierte Regelungsaufträge, zum anderen auch Öffnungsklauseln, die den Mitgliedsstaaten zum Teil Handlungsoptionen eröffnen, Konkretisierungen, Ergänzungen oder auch Modifikationen vorzunehmen. Nach Auffassung des EuGH sind jedoch Vorschriften des nationalen Rechts, die lediglich eine europäische Verordnung wiederholen, mit dem Primärrecht unvereinbar, da dies »Unsicherheit sowohl über die Rechtsnatur der anwendbaren Vorschriften als auch über den Zeitpunkt ihres Inkrafttretens« hervorrufe und somit die unmittelbare Geltung der Verordnung beeinträchtige. Dies hat zur Folge, dass es ein in sich geschlossenes Datenschutzrecht in Deutschland nicht gibt. Die Regelungen im Niedersächsischen Datenschutzgesetz und die datenschutzrechtlichen Regelungen im Schulgesetz können die EU-Datenschutz-Grundverordnung nur in dem oben aufgezeigten Rahmen ergänzen.

Im Sinne dieser Verordnung bezeichnet der Ausdruck:

a) **Begriffsbestimmungen**

1. **»personenbezogene Daten«** alle Informationen, die sich auf eine identifizierte oder identifizierbare natürliche Person beziehen; als identifizierbar wird eine natürliche Person angesehen, die direkt oder indirekt, insbesondere mittels Zuordnung zu einer Kennung wie einem Namen, zu einer Kennnummer, zu Standortdaten, zu einer Online-Kennung oder zu einem oder mehreren besonderen Merkmalen, die Ausdruck der physischen, physiologischen, genetischen, psychischen, wirtschaftlichen, kulturellen oder sozialen Identität dieser natürlichen Person sind, identifiziert werden kann;

2. **»Verarbeitung«** jeden mit oder ohne Hilfe automatisierter Verfahren ausgeführten Vorgang oder jede solche Vorgangsreihe im Zusammenhang mit personenbezogenen Daten wie das Erheben, das Erfassen,

die Organisation, das Ordnen, die Speicherung, die Anpassung oder Veränderung, das Auslesen, das Abfragen, die Verwendung, die Offenlegung durch Übermittlung, Verbreitung oder eine andere Form der Bereitstellung, den Abgleich oder die Verknüpfung, die Einschränkung, das Löschen oder die Vernichtung;

3. »**Einschränkung der Verarbeitung**« die Markierung gespeicherter personenbezogener Daten mit dem Ziel, ihre künftige Verarbeitung einzuschränken;

4. »**Profiling**« jede Art der automatisierten Verarbeitung personenbezogener Daten, die darin besteht, dass diese personenbezogenen Daten verwendet werden, um bestimmte persönliche Aspekte, die sich auf eine natürliche Person beziehen, zu bewerten, insbesondere um Aspekte bezüglich Arbeitsleistung, wirtschaftliche Lage, Gesundheit, persönliche Vorlieben, Interessen, Zuverlässigkeit, Verhalten, Aufenthaltsort oder Ortswechsel dieser natürlichen Person zu analysieren oder vorherzusagen;

5. »**Pseudonymisierung**« die Verarbeitung personenbezogener Daten in einer Weise, dass die personenbezogenen Daten ohne Hinzuziehung zusätzlicher Informationen nicht mehr einer spezifischen betroffenen Person zugeordnet werden können, sofern diese zusätzlichen Informationen gesondert aufbewahrt werden und technischen und organisatorischen Maßnahmen unterliegen, die gewährleisten, dass die personenbezogenen Daten nicht einer identifizierten oder identifizierbaren natürlichen Person zugewiesen werden;

6. »**Dateisystem**« jede strukturierte Sammlung personenbezogener Daten, die nach bestimmten Kriterien zugänglich sind, unabhängig davon, ob diese Sammlung zentral, dezentral oder nach funktionalen oder geografischen Gesichtspunkten geordnet geführt wird;

7. »**Verantwortlicher**« die natürliche oder juristische Person, Behörde, Einrichtung oder andere Stelle, die allein oder gemeinsam mit anderen über die Zwecke und Mittel der Verarbeitung von personenbezogenen Daten entscheidet; sind die Zwecke und Mittel dieser Verarbeitung durch das Unionsrecht oder das Recht der Mitgliedstaaten vorgegeben, so kann der Verantwortliche beziehungsweise können die bestimmten Kriterien seiner Benennung nach dem Unionsrecht oder dem Recht der Mitgliedstaaten vorgesehen werden;

8. »**Auftragsverarbeiter**« eine natürliche oder juristische Person, Behörde, Einrichtung oder andere Stelle, die personenbezogene Daten im Auftrag des Verantwortlichen verarbeitet;

9. »**Empfänger**« eine natürliche oder juristische Person, Behörde, Einrichtung oder andere Stelle, der personenbezogene Daten offengelegt werden, unabhängig davon, ob es sich bei ihr um einen Dritten handelt oder nicht. Behörden, die im Rahmen eines bestimmten Untersuchungsauftrags nach dem Unionsrecht oder dem Recht der Mitgliedstaaten möglicherweise personenbezogene Daten erhalten, gelten jedoch nicht als Empfänger; die Verarbeitung dieser Daten durch die genannten

Behörden erfolgt im Einklang mit den geltenden Datenschutzvorschriften gemäß den Zwecken der Verarbeitung;

10. **»Dritter«** eine natürliche oder juristische Person, Behörde, Einrichtung oder andere Stelle, außer der betroffenen Person, dem Verantwortlichen, dem Auftragsverarbeiter und den Personen, die unter der unmittelbaren Verantwortung des Verantwortlichen oder des Auftragsverarbeiters befugt sind, die personenbezogenen Daten zu verarbeiten;

11. **»Einwilligung«** der betroffenen Person jede freiwillig für den bestimmten Fall, in informierter Weise und unmissverständlich abgegebene Willensbekundung in Form einer Erklärung oder einer sonstigen eindeutigen bestätigenden Handlung, mit der die betroffene Person zu verstehen gibt, dass sie mit der Verarbeitung der sie betreffenden personenbezogenen Daten einverstanden ist;

12. **»Verletzung des Schutzes personenbezogener Daten«** eine Verletzung der Sicherheit, die, ob unbeabsichtigt oder unrechtmäßig, zur Vernichtung, zum Verlust, zur Veränderung, oder zur unbefugten Offenlegung von beziehungsweise zum unbefugten Zugang zu personenbezogenen Daten führt, die übermittelt, gespeichert oder auf sonstige Weise verarbeitet wurden;

13. **»genetische Daten«** personenbezogene Daten zu den ererbten oder erworbenen genetischen Eigenschaften einer natürlichen Person, die eindeutige Informationen über die Physiologie oder die Gesundheit dieser natürlichen Person liefern und insbesondere aus der Analyse einer biologischen Probe der betreffenden natürlichen Person gewonnen wurden;

14. **»biometrische Daten«** mit speziellen technischen Verfahren gewonnene personenbezogene Daten zu den physischen, physiologischen oder verhaltenstypischen Merkmalen einer natürlichen Person, die die eindeutige Identifizierung dieser natürlichen Person ermöglichen oder bestätigen, wie Gesichtsbilder oder daktyloskopische Daten;

15. **»Gesundheitsdaten«** personenbezogene Daten, die sich auf die körperliche oder geistige Gesundheit einer natürlichen Person, einschließlich der Erbringung von Gesundheitsdienstleistungen, beziehen und aus denen Informationen über deren Gesundheitszustand hervorgehen.

3 **b) Grundsätze in Bezug auf die Verarbeitung personenbezogener Daten:** Die Grundsätze der Datenschutzbearbeitung sind in Art. 5 der EU-Datenschutz-Grundverordnung festgeschrieben. Sie lauten:

- Rechtmäßigkeit
- Verarbeitung nach Treu und Glauben
- Transparenz
- Zweckbindung
- Datenminimierung

Allgemeine Vorschriften § 31   **NSchG**

- Richtigkeit
- Speicherbegrenzung
- Integrität und Vertraulichkeit
- Rechenschaftspflicht

Schutzgüter der EU-Datenschutz-Grundverordnung sind personenbezogene Daten und freier Datenverkehr, nicht wie nach den Vorgaben des BVerfG das allgemeine Persönlichkeitsrecht (Art. 2 Abs. 1 GG). In den Erwägungsgründen (EG) 4 zur Datenschutz-Grundverordnung ist recht plastisch formuliert: *»Die Verarbeitung personenbezogener Daten sollte im Dienst der Menschheit stehen.«*

c) Verbot mit Erlaubnisvorbehalt: Die EU-Datenschutz-Grundverordnung normiert ein Verbot mit Erlaubnisvorbehalt. Die Verarbeitung personenbezogener Daten ist nur rechtmäßig, wenn Art. 6 Abs. 1 der EU-Datenschutz-Grundverordnung beachtet ist. Damit ist Art. 6 der EU-Datenschutz-Grundverordnung der Ausgangspunkt jeder datenschutzrechtlichen Prüfung. Danach ist die Verarbeitung personenbezogener Daten u. a. auf Grundlage einer Einwilligung (Art. 1 Abs. 1a DSGVO) oder für die Wahrnehmung einer im öffentlichen Interesse liegenden Aufgabe (Art. 1 Abs. 1e DSGVO) rechtmäßig, wobei im Schulgesetz durch die Absätze 1–10 von der Öffnungsklausel des Art. 6 Abs. 2 EU-Datenschutz-Grundverordnung Gebrauch gemacht worden ist.

d) Die **Einwilligung** in die Verarbeitung personenbezogener Daten war bis 2018 im NDSG geregelt. Aufgrund des Wiederholungsverbotes (EG 8) besteht nun keine Regelung mehr im NDSG. Während das NDSG grundsätzlich von der Schriftform ausging, ist nach EG 32 der EU-Datenschutz-Grundverordnung auch eine elektronische oder mündliche Form zulässig. Nach Art. 7 Abs. 2 der EU-Datenschutz-Grundversorgung müssen die Einwilligungserklärungen in verständlicher und leicht zugänglicher Form in einer klaren und einfachen Sprache verfasst und klar unterscheidbar von anderen Erklärungen präsentiert werden. Missbräuchliche Erklärungen sind unzulässig (EG 42). Es besteht ein Kopplungsverbot (EG 43) mit einer Einwilligung, die für den Vorgang nicht erforderlich ist. Die EU-Datenschutz-Grundverordnung verlangt zudem eine inhaltliche Prüfung der Angemessenheit der Einwilligung für den konkreten Verarbeitungskontext. Die Einwilligung muss freiwillig erfolgen.

Um sicherzustellen, dass die Einwilligung freiwillig erfolgt ist, sollte diese in besonderen Fällen, wenn zwischen der betroffenen Person und dem Verantwortlichen ein klares Ungleichgewicht besteht, insbesondere wenn es sich bei dem Verantwortlichen um eine Behörde (Schule) handelt, und es deshalb in Anbetracht aller Umstände in dem speziellen Fall unwahrscheinlich ist, dass die Einwilligung freiwillig gegeben wurde, keine gültige Rechtsgrundlage liefern (vgl. EG 43). Für den Schulalltag bedeutet dies, dass bei einer Datenverarbeitung der Schule auf der Grundlage einer erfolgten Einwilligung die Freiwilligkeit der Einwilligung nicht in Zweifel stehen darf. Die Abgabe der Einwilligungserklärung der oder des Betroffenen muss daher zweifelsfrei freiwillig erfolgen. Die oder der Betroffene muss also in der Lage sein, eine echte Wahl zu treffen, d.h. sie oder er darf im Zuge der Einholung der Einwilligung nicht vor vollendete Tatsachen gestellt werden oder sonst in seiner Entscheidungskraft (z.B. durch Gruppenzwang) eingeschränkt werden.

Die oder der Betroffene muss vor Abgabe der Einwilligungserklärung über den vorgesehenen Zweck der Erhebung, Verarbeitung oder Nutzung ihrer oder seiner personenbezogenen Daten im Einzelnen informiert werden. Dabei müssen alle weitere für den konkreten Fall entscheidungsrelevanten Informationen enthalten sein und diese müssen darüber hinaus auch hinreichend bestimmt sein, der Zweck der Verarbeitung darf also nicht zu allgemein gehalten werden. Die oder der Betroffene muss außerdem in der Lage sein, die Informationen leicht zu erkennen und auch als Einwilligung zu identifizieren. Zudem muss sichergestellt sein, dass die oder der Betroffene ihre oder seine Einwilligung jederzeit widerrufen kann, damit sie oder er weiterhin über ihr oder sein Persönlichkeitsrecht verfügen kann.

Bei der Einwilligung von Minderjährigen ist zunächst zu prüfen, ob und in welchem Umfang sie einwilligungsfähig sind. Für die Fähigkeit von Minderjährigen, eine Einwilligung rechtswirksam zu erklären, kommt es nicht auf die (uneingeschränkte) Geschäftsfähigkeit nach dem BGB mit Vollendung des 18. Lebensjahres, sondern allein auf die Einwilligungsfähigkeit einer Minderjährigen oder eines Minderjährigen an. Diese datenschutzrechtliche Einwilligungsfähigkeit liegt vor, wenn eine Minderjährige oder ein Minderjähriger nach ihrem oder seinem individuellen Entwicklungsstand in der Lage ist, die Bedeutung und Tragweite der ebenfalls individuell zu betrachtenden konkreten Datenverarbeitung zu beurteilen. Insoweit gibt es bei der Einwilligungsfähigkeit keine starre Altersgrenze. Daher kann in einfach gelagerten Fällen bereits eine 14-jährige Schülerin oder ein 14-jähriger Schüler die erforderliche Einwilligungsfähigkeit besitzen; in schwierigen Fällen von großer Bedeutung und Tragweite kann es auch einer fast volljährigen Schülerin oder einem fast volljährigen Schüler der erforderlichen Einwilligungsfähigkeit mangeln. Im Regelfall ist bei Schülerinnen und Schülern mit Erreichen des 9. Schuljahrgangs vom Vorliegen der Einwilligungsfähigkeit auszugehen (die Altersgrenze des Art. 8 der EU-Datenschutz-Grundverordnung von 16 Jahren gilt nur in Bezug auf Dienste der Informationsgesellschaft). Zusätzlich zu der Einwilligung der Schülerinnen und Schüler muss bis zur Vollendung des 18. Lebensjahres auch die Einwilligung der Erziehungsberechtigten eingeholt werden, da für eine wirksame Erklärung zusätzlich die Einwilligung des gesetzlichen Vertreters erforderlich ist.

Die Betroffenen sind in geeigneter Weise über die Bedeutung der Einwilligung, insbesondere über den Verwendungszweck der Daten, bei einer beabsichtigten Übermittlung auch über die Empfänger der Daten aufzuklären. Das heißt, die Betroffenen müssen auch über die Risiken (z.B. weltweite Abrufbarkeit, Veränderbarkeit und Nutzung in anderen Zusammenhängen), die mit der Veröffentlichung personenbezogener Daten im Internet verbunden sind, ausreichend informiert werden. Darüber hinaus sind sie unter Darlegung der Rechtsfolgen darauf hinzuweisen, dass sie die Einwilligung verweigern oder mit Wirkung für die Zukunft widerrufen können. Die Einwilligung zur Verarbeitung besonderer Kategorien personenbezogener Daten nach Art. 9 EU-Datenschutz-Grundverordnung (z.b.: rassische und ethnische Herkunft, religiöse und weltanschauliche Überzeugungen, genetische, biometrische Daten) muss sich ausdrücklich auf diesen Zweck erstrecken.

Erfolgt die Verarbeitung mit Einwilligung der betroffenen Person, hat die Schule gegebenenfalls eine Nachweispflicht, dass die betroffene Person ihre Einwilligung zu dem Verarbeitungsvorgang gegeben hat. Die Schule sollte daher eine vorformulierte Einwilligungserklärung in verständlicher und leicht zugänglicher Form in einer klaren und einfachen Sprache zur Verfügung stellen. Damit sie in Kenntnis der Sachlage ihre Einwilligung geben kann, sollte die betroffene Person mindestens wissen, wer der Verantwortliche ist und für welche Zwecke ihre personenbezogenen Daten verarbeitet werden sollen. Es kann nur dann davon ausgegangen werden, dass sie ihre Einwilligung freiwillig gegeben hat, wenn sie eine echte oder freie Wahl hat und somit in der Lage ist, die Einwilligung zu verweigern oder zurückzuziehen, ohne Nachteile zu erleiden (vgl. EG 42).

Die Einwilligungsfähigkeit bei Kindern liegt in Bezug auf Dienste der Informationsgesellschaft (z.B. bei Internetanbietern) bei 16 Jahren, kann aber bis auf 13 Jahre gesenkt werden.

e) Grundsatz der Transparenz – Informationspflichten

Der Grundsatz der Transparenz bedeutet, dass eine für die Öffentlichkeit oder die betroffene Person bestimmte Information präzise, leicht zugänglich und verständlich sowie in klarer und einfacher Sprache abgefasst ist und gegebenenfalls zusätzlich visuelle Elemente enthält (EG 58). Zur Erfüllung dieser Anforderungen hat der Verantwortliche geeignete Maßnahmen zu treffen. Die Informationspflichten bei der Verarbeitung personenbezogener Daten finden sich in den Art. 13 ff. der EU-Datenschutz-Grundverordnung. Die Unterrichtungspflicht erfasst im Wesentlichen:

aa) Zum Zeitpunkt der Erhebung

1. Bezeichnung der Verarbeitungstätigkeit

Die Bezeichnung der Verarbeitungstätigkeit soll allgemein verständlich sein und den jeweiligen Zweck erkennen lassen.

2. Name und Kontaktdaten des Verantwortlichen (Art. 13 Abs. 1 Buchst. a DSGVO)

Name, ladungsfähige Anschrift, E-Mail-Adresse und Telefonnummer der öffentlichen Stelle.

3. Kontaktdaten des Datenschutzbeauftragten (Art. 13 Abs. 1 Buchst. b DSGVO)

Dienstliche Anschrift, E-Mail-Adresse und Telefonnummer des behördlichen Datenschutzbeauftragten (der Name des behördlichen Datenschutzbeauftragten muss nicht genannt werden; es wird empfohlen eine Funktions-Email-Adresse einzurichten).

4. Zwecke der Verarbeitung (Art. 13 Abs. 1 Buchst. c Alt. 1 DSGVO)

Aufzählung aller Zwecke der Verarbeitung; die Zwecke müssen gemäß Art. 5 Abs. 1b EU-Datenschutz-Grundverordnung hinreichend bestimmt und eindeutig bezeichnet sein.

5. Rechtsgrundlage für die Verarbeitung (Art. 13 Abs. 1 Buchst. c Alt. 2 DSGVO)

Als Rechtsgrundlage kommen ggf. eine bereichsspezifische Rechtsgrundlage oder aber die in Art. 6 Abs. 1 EU-Datenschutz-Grundverordnung aufgezählten Tatbestände in Betracht.

§ 3 NDSG greift auf der Grundlage von Art. 6 Abs. 3 EU-Datenschutz-Grundverordnung die Regelung des Art. 6 Abs. 1e EU-Datenschutz-Grundverordnung auf. Danach ist eine Verarbeitung personenbezogener Daten zulässig, soweit sie zur Erfüllung einer in der Zuständigkeit der Verantwortlichen liegenden Aufgabe, deren Wahrnehmung im öffentlichen Interesse liegt oder in Ausübung öffentlicher Gewalt, die den Verantwortlichen übertragen wurde, erfolgt, erforderlich ist. Die Rechtsgrundlage zur Verarbeitung im berechtigten Interesse des Verantwortlichen (Art. 6 Abs. 1f DSGVO) kommt für Behörden im Rahmen ihrer hoheitlichen Aufgaben nicht in Betracht (Art. 6 Abs. 1 Unterabsatz 2 DSGVO). Bei besonderen Kategorien personenbezogener Daten nach Art. 9 Abs. 1 kommt ggf. eine bereichsspezifische Rechtsgrundlage oder aber Art. 9 Abs. 2 DSGVO bzw. § 17 Abs. 1 NDSG in Betracht. Sind mehrere Rechtsgrundlagen einschlägig, so sollte der Verantwortliche alle nennen. Zu beachten ist, dass besondere Rechtsgrundlagen dem NDSG vorgehen (vgl. § 1 Abs. 6 NDSG).

6. Empfänger oder Kategorien von Empfängern der personenbezogenen Daten (Art. 13 Abs. 1 Buchst. e DSGVO)

Diese Angabe ist zu machen, wenn auch Personen außerhalb der erhebenden Organisationseinheit die personenbezogenen Daten erhalten sollen.

Als Empfänger gelten:

- Andere Organisationseinheiten mit anderen Aufgaben innerhalb der öffentlichen Stelle,
- Auftragsverarbeiter,
- Dritte außerhalb der öffentlichen Stelle, d.h. auch andere öffentliche Stellen.

7. Absicht der Übermittlung der personenbezogenen Daten an ein Drittland oder eine internationale Organisation (Art. 13 Abs. 1 Buchst. f DSGVO)

Drittländer sind Länder außerhalb der Europäischen Union bzw. des Europäischen Wirtschaftsraums. Bei einer Übermittlung in Drittländer sind die Zulässigkeitsvoraussetzungen der Art. 44 bis 50 EU-Datenschutz-Grundverordnung zu beachten.

8. **Dauer der Speicherung der personenbezogenen Daten oder wenn dies nicht möglich ist, die Kriterien für die Festlegung dieser Dauer (Art. 13 Abs. 2 Buchst. a DSGVO)**

Anzugeben ist der Zeitpunkt, zu dem die Daten zur Erfüllung des Fachrechts einschließlich evtl. bestehender Dokumentations- oder Aufbewahrungspflichten nicht mehr erforderlich sind.

9. **Hinweis auf das Bestehen der Rechte der betroffenen Person (Art. 13 Abs. 2 Buchst. b DSGVO)**

Der Verantwortliche hat die betroffene Person auf die folgenden Rechte hinzuweisen:

- das Recht auf Auskunft gegen den Verantwortlichen in Bezug auf personenbezogene Daten (Art. 15 DSGVO),
- das Recht auf Berichtigung (Art. 16 DSGVO),
- das Recht auf Löschung – »Recht auf Vergessen werden« – (Art. 17 DSGVO),
- das Recht auf Einschränkung der Verarbeitung (Art. 18 DSGVO),
- das Recht auf Datenübertragbarkeit (Art. 20 DSGVO) und
- das Recht auf Widerspruch gegen die Verarbeitung (Art. 21 DSGVO).

10. **Widerrufsrecht bei Einwilligung (Art. 13 Abs. 2 Buchst. c DSGVO)**

Beruht die Verarbeitung auf einer Einwilligung der betroffenen Person (Art. 6 Abs. 1 Buchst. a oder Art. 9 Abs. 2 Buchst. a EU-Datenschutz-Grundverordnung, so ist die betroffene Person darüber zu informieren, dass die Einwilligung jederzeit für die Zukunft widerrufen werden kann. Die Rechtmäßigkeit der aufgrund der Einwilligung bis zum Widerruf erfolgten Datenverarbeitung wird durch diesen nicht berührt.

11. **Hinweis auf das Beschwerderecht bei einer Aufsichtsbehörde (Art. 13 Abs. 2 Buchst. d DSGVO)**

Der Verantwortliche hat die betroffene Person über ihr Beschwerderecht bei einer Aufsichtsbehörde nach Art. 77 EU-Datenschutz-Grundverordnung, d.h. bei dem oder der Landesbeauftragten für den Datenschutz zu informieren.

12. **Pflicht zur Bereitstellung von Daten (Art. 13 Abs. 2 Buchst. e DSGVO)**

Der Verantwortliche hat der betroffenen Person mitzuteilen,

- ob die Bereitstellung der personenbezogenen Daten gesetzlich oder vertraglich vorgeschrieben oder für einen Vertragsschluss erforderlich ist,
- ob die betroffene Person verpflichtet ist, die personenbezogenen Daten bereitzustellen, und
- welche möglichen Folgen die Nichtbereitstellung hätte.

Die verpflichtende Rechtsgrundlage ist und die Folgen bei der Nichtbereitstellung sind zu benennen.

13. Automatisierte Entscheidungsfindung (Art. 13 Abs. 2 Buchst. f DSGVO)
Im Falle einer automatisierten Entscheidungsfindung (einschl. eines Profilings) gem. Art. 22 Abs. 1 und 4 EU-Datenschutz-Grundverordnung hat der Verantwortliche der betroffenen Person das Bestehen der automatisierten Entscheidungsfindung sowie deren Folgen mitzuteilen.

Der Begriff »Einschränkung der Verarbeitung« (siehe Nr. 9) bedeutet ein »Recht auf Sperren« personenbezogener Daten. Der Berichtigungsanspruch umfasst auch das Recht der Vervollständigung unvollständiger Daten. Weiterhin besteht die Möglichkeit der oder des Betroffenen, in bestimmten Fällen allein aufgrund eines gegen die Verarbeitung eingelegten Widerspruchs die Löschung ihrer oder seiner Daten zu verlangen. Das »Recht auf Löschung (»Recht auf Vergessen werden«) nach Art. 17 Abs. 2 EU-Datenschutz-Grundverordnung beinhaltet im Wesentlichen die Verarbeitung personenbezogener Daten im Internet. Nach dem Recht auf Datenübertragbarkeit nach Art. 20 EU-Datenschutz-Grundverordnung kann die oder der Betroffene verlangen, die von ihr oder ihm auf der Basis einer Einwilligung oder eines Vertrages zur Verfügung gestellten Daten in einem strukturierten, gängigen und maschinenlesbaren Format zu erhalten. Die Regelung richtet sich erkennbar an die Anbieter sozialer Netzwerke, dem Wortlaut nach ist sie aber zum Beispiel auch auf Schülerlisten anzuwenden. Das Auskunftsrecht nach Art. 15 EU-Datenschutz-Grundverordnung entspricht im Wesentlichen dem, was der oder dem Betroffenen bereits im Rahmen der Unterrichtung mitgeteilt werden muss. Zusätzliche Anforderung ist, dass die oder der Verantwortliche dem Betroffenen eine Kopie der verarbeiteten personenbezogenen Daten kostenlos zur Verfügung stellen muss.

Nach Art. 15 Abs. 1 EU-Datenschutz-Grundverordnung steht der betroffenen Person ein abgestuftes Auskunftsrecht zu. Zum einen kann die betroffene Person von dem Verantwortlichen eine Bestätigung darüber verlangen, ob dort sie betreffende personenbezogene Daten verarbeitet werden. Auch eine Negativauskunft ist erforderlich, wenn der Verantwortliche entweder keine Daten zu dieser Person verarbeitet oder personenbezogene Daten unumkehrbar anonymisiert hat. Zum anderen kann die betroffene Person ganz konkret Auskunft darüber verlangen, welche personenbezogenen Daten vom Verantwortlichen verarbeitet werden (z.B. Name, Vorname, Anschrift, Geburtsdatum, Beruf, medizinische Befunde bei Lehrkräften). Die Auskunftserteilung an die betroffene Person kann nach Art. 12 Abs. 1 Sätze 2 und 3 EU-Datenschutz-Grundverordnung je nach Sachverhalt schriftlich, elektronisch oder – auf Wunsch der betroffenen Person – mündlich erfolgen. Der Verantwortliche stellt eine Kopie der Daten zur Verfügung (Art. 15 Abs. 3 Satz 1 EU-Datenschutz-Grundverordnung). Stellt die betroffene Person ihren Auskunftsantrag elektronisch, ist die Auskunft nach Art. 15 Abs. 3 Satz 2 EU-Datenschutz-Grundverordnung in einem gängigen elektronischen Format zur Verfügung zu stellen (z.B. im PDF-Format). Alle Kommunikationswege müssen angemessene Sicherheitsanforderungen erfüllen. Auskunftserteilungen müssen gemäß Art. 12 Abs. 3 EU-Datenschutz-Grundverordnung unverzüglich erfolgen, spätestens aber innerhalb eines Monats; nur in begründeten Ausnahmefällen kann die Monatsfrist überschritten werden, worüber die betroffene Person zu informieren ist (Art. 12 Abs. 3 Satz 3 EU-Datenschutz-Grundverordnung). Der Verantwortliche muss (vorbereitend) geeignete organisatorische Maßnahmen treffen, damit die betroffene Person eine beantragte Auskunft zeitnah und in verständlicher Form erhalten kann (Art. 12 Abs. 1 Satz 1 und Art. 5 Abs. 2 EU-Datenschutz-Grundverordnung). Die Auskunftserteilung an die betroffene Person (z.b. als Kopie) muss durch den Verantwortlichen regelmäßig unentgeltlich erfolgen, Art. 12 Abs. 5 Satz 1 EU-Datenschutz-Grundverordnung. Für weitere Kopien kann er ein angemessenes Entgelt fordern. Außerdem kann bei offenkundig unbegründeten oder exzessiven Anträgen ein angemessenes Entgelt für die Auskunft verlangt werden (Art. 12 Abs. 5 Satz 2 EU-Datenschutz-Grundverordnung, EG 63). Es muss sichergestellt werden, dass die zu beauskunftenden Daten nicht unbefugten Dritten zur Verfügung gestellt werden. Hierauf ist auch insbesondere bei mündlicher oder elektronischer Auskunftserteilung zu achten. Hat die oder der Verantwortliche begründete Zweifel an der Identität der natürlichen Person, so kann sie oder er zusätzliche Informationen anfordern, die zur Bestätigung der Identität der betroffenen Personen erforderlich sind (z.B. Postadresse der Antragstellerin oder des Antragstellers, nicht aber kompletten Personalausweis). Bei einer großen Menge von gespeicherten Informationen über die betroffene Person kann der Verantwortliche verlangen, dass präzisiert wird, auf welche Informationen oder Verarbeitungsvorgänge sich das Auskunftsersuchen konkret bezieht (EG 63 Satz 7). Offenkundig unbegründete oder exzessive Anträge einer betroffenen Person können zur Ablehnung oder zu einer Kostenerstattungspflicht führen (Art. 12 Abs. 5 Satz 2 EU-Datenschutz-Grundverordnung). Die betroffene Person muss jedoch (und zwar kostenfrei) ihr Recht in angemessenen Abständen wahrnehmen können, um sich der Verarbeitung bewusst zu sein und deren Rechtmäßigkeit überprüfen zu können (EG 63). Eine Ablehnung oder Kostenerstattung kommt daher nur in Ausnahmefällen in Betracht. Der Verantwortliche trägt die Beweislast für das Vorliegen eines unbegründeten oder exzessiven Antrags (Art. 12 Abs. 5 Satz 3 EU-Datenschutz-Grundverordnung).

bb) Informationspflicht für den Fall einer späteren Zweckänderung (Art. 13 Abs. 3 DSGVO)

Soweit der Verantwortliche eine Weiterverarbeitung der personenbezogenen Daten für einen anderen Zweck – also nicht für denjenigen, für den die personenbezogenen Daten ursprünglich erhoben wurden – beabsichtigt, hat der Verantwortliche die betroffene Person **vor dieser Weiterverarbeitung** über diesen anderen Zweck zu informieren sowie die Informationen nach **Art. 13 Abs. 2** EU-Datenschutzgrund-Verordnung (erneut) zu geben. Somit sind in diesem Fall von aa) die Nr. 4, sowie Nr. 8–13 EU-Datenschutz-Grundverordnung einschlägig. Sofern die Inhalte der ursprünglichen Informationen nach § 13 Abs. 1 EU-Datenschutz-Grundverordnung durch die Zweckänderung eine Wandelung erfahren haben, müssen – über den Wortlaut des Art. 13 Abs. 3 EU-Datenschutz-Grundverordnung hinaus – ggf. auch diese Informationen mit aufgenommen werden.

4 f) Folgende wichtige Verpflichtungen und Pflichten ergeben sich weiterhin:
– Führung Verzeichnis von Verarbeitungstätigkeiten (Art. 30 DSGVO)
In Schulen werden in der Regel eine Vielzahl personenbezogener Daten verarbeitet. Ab dem 25.05.2018 muss an Schulen daher ein Datenverzeichnis geführt werden, soweit in der Schule eine **regelmäßige** Verarbeitung von Schüler/Eltern und/oder Lehrkräftedaten stattfindet. Dieses Verzeichnis betrifft sämtliche – auch teilweise – automatisierte Verarbeitungen sowie – anders als noch bei § 8 NDSG (alt) vorgesehen – nichtautomatisierte Verarbeitungen personenbezogener Daten, die in einem Dateisystem gespeichert sind oder gespeichert werden sollen. Grundsätzlich ist jeder Verantwortliche (z.b. Schulleiter, Vorsitzender Förderverein) und auch jeder Auftragsverarbeiter (Art. 30 Abs. 2 DSGVO) zur Erstellung und Führung eines solchen Verzeichnisses verpflichtet. Es wird in der Praxis wegen der Unterschiede bei den eingesetzten Verfahren notwendigerweise oft aus einer Reihe von Einzelbeiträgen bestehen müssen. Das Verfahrensverzeichnis wird somit die Summe der einzelnen Verfahrensbeschreibungen sein. Eine Möglichkeit für jedermann, in das Verzeichnis von Verarbeitungstätigkeiten Einsicht zu nehmen, ist nach der EU-Datenschutz-Grundverordnung jedoch nicht vorgesehen.

Das Verzeichnis der Verantwortlichen muss nach Art. 30 Abs. 1 EU-Datenschutz-Grundverordnung wesentliche Angaben zur Verarbeitung beinhalten wie z.b. die Zwecke der Verarbeitung und eine Beschreibung der Kategorien der personenbezogenen Daten, der betroffenen Personen und der Empfänger. Es sollte zusätzlich eine Schutzbedarfsfeststellung vorgenommen werden, indem der jeweilige Schutzbedarf der unterschiedlichen personenbezogenen Daten ermittelt wird. Dabei werden zunächst typische Schadenszenarien ermittelt und anschließend der Schutzbedarf für die einzelnen personenbezogenen Daten abgeleitet. Bewährt hat sich die Einteilung in Schutzbedarfskategorien.

In Niedersachsen werden folgende Schutzbedarfskategorien verwendet:

Stufe A: frei zugängliche Daten, in die Einsicht gewährt wird, ohne dass der Einsichtnehmende ein berechtigtes Interesse geltend machen muss, zum Beispiel Adressbücher, Mitgliederverzeichnisse, Benutzerkataloge in Bibliotheken,

Stufe B: personenbezogene Daten, deren Missbrauch zwar keine besondere Beeinträchtigung erwarten lässt, deren Kenntnisnahme jedoch an ein berechtigtes Interesse des Einsichtnehmenden gebunden ist, zum Beispiel beschränkt zugängliche öffentliche Dateien, Verteiler für Unterlagen,

Stufe C: personenbezogene Daten, deren Missbrauch den Betroffenen in seiner gesellschaftlichen Stellung oder in seinen wirtschaftlichen Verhältnissen beeinträchtigen kann (Ansehen), zum Beispiel Einkommen, Sozialleistungen, Grundsteuer, Ordnungswidrigkeiten,

Stufe D: personenbezogene Daten, deren Missbrauch die gesellschaftliche Stellung oder die wirtschaftlichen Verhältnisse des Betroffenen erheblich beeinträchtigen kann (Existenz), zum Beispiel Unterbringung in Anstalten,

Straffälligkeit, Ordnungswidrigkeiten schwerwiegender Art, dienstliche Beurteilungen, psychologisch-medizinische Untersuchungsergebnisse, Schulden, Pfändungen, Konkurse,

Stufe E: Daten, deren Missbrauch Gesundheit, Leben oder Freiheit des Betroffenen beeinträchtigen kann, zum Beispiel Daten über Personen, die mögliche Opfer einer strafbaren Handlung sein können. Falls die Sensibilität nicht bekannt ist, ist von der höchsten Sensibilitätsstufe auszugehen. Denkbar ist auch, dass der Schutz empfindlicher Firmendaten ohne Personenbezug die Einstufung bestimmt.

Das Verzeichnis enthält folgende Angaben:

aa) Namen und die Kontaktdaten des Verantwortlichen und gegebenenfalls des gemeinsam mit ihm Verantwortlichen, des Vertreters des Verantwortlichen sowie eines etwaigen Datenschutzbeauftragten,

bb) Zweck der Verarbeitung,

cc) Beschreibung der Kategorien betroffener Personen und der Kategorien personenbezogener Daten,

dd) Kategorien von Empfängern (auch andere Lehrkräfte der eigenen Schule), gegenüber denen die personenbezogenen Daten offengelegt worden sind oder noch offengelegt werden,

ee) die vorgesehenen Fristen für die Löschung der verschiedenen Datenkategorien,

ff) eine allgemeine Beschreibung der technischen und organisatorischen Maßnahmen (Art. 32 Abs. 1 DSGVO), diese Maßnahmen schließen u. a. Folgendes ein:

aaa) Pseudonymisierung und Verschlüsselung personenbezogener Daten,

bbb) Fähigkeit, die Vertraulichkeit, Integrität, Verfügbarkeit und Belastbarkeit der Systeme und Dienste im Zusammenhang mit der Verarbeitung auf Dauer sicherzustellen,

ccc) Fähigkeit, die Verfügbarkeit der personenbezogenen Daten und den Zugang zu ihnen bei einem physischen oder technischen Zwischenfall rasch wiederherzustellen,

ddd) Verfahren zur regelmäßigen Überprüfung, Bewertung und Evaluierung der Wirksamkeit der technischen und organisatorischen Maßnahmen zur Gewährleistung der Sicherheit der Verarbeitung.

gg) Einhaltung der Grundsätze für die Verarbeitung personenbezogener Daten (Art. 5 DSGVO):

aaa) Rechtmäßigkeit, Verarbeitung nach Treu und Glauben, Transparenz,

bbb) Zweckbindung

ccc) Datenminimierung,

ddd) Richtigkeit,

eee) Speicherbegrenzung

fff) Integrität und Vertraulichkeit

Auf der Internetseite der Niedersächsischen Datenschutzbeauftragten ist ein übersichtliches Muster für ein Verfahrensverzeichnis (Verzeichnis von Verarbeitungstätigkeiten Verantwortlicher gem. Artikel 30 Abs. 1 DSGVO) eingestellt.

Mit der Erstellung des Verzeichnisses der Verarbeitungstätigkeiten sind keinesfalls alle von der EU-Datenschutz-Grundverordnung geforderten Dokumentationspflichten erfüllt. So müssen beispielsweise auch das Vorhandensein von Einwilligungen (Art. 7 Abs. 1 EU-Datenschutz-Grundverordnung) – z.b. Einwilligungen Fotos der Schülerinnen und Schüler auf der Homepage einzustellen –, die Ordnungsmäßigkeit der gesamten Verarbeitung (Art. 24 Abs. 11 EU-Datenschutz-Grundverordnung) und das Ergebnis von Datenschutz-Folgenabschätzungen (Art. 35 Abs. 7 EU-Datenschutz-Grundverordnung) durch entsprechende Dokumentationen nachgewiesen werden.

– **Durchführung Datenschutz-Folgeabschätzung (Art. 35 DSGVO)**

Auch bei einer rechtmäßigen Verarbeitung personenbezogener Daten entstehen Risiken für die betroffenen Personen. Deswegen sieht die EU-Datenschutz-Grundverordnung unabhängig von sonstigen Voraussetzungen für die Verarbeitung vor, dass durch geeignete Abhilfemaßnahmen (insbesondere durch technische und organisatorische Maßnahmen (TOMs) diese Risiken eingedämmt werden. Das Instrument einer Datenschutz-Folgenabschätzung (DSFA) sollte hierfür eingesetzt werden.

Eine DSFA ist ein spezielles Instrument zur Beschreibung, Bewertung und Eindämmung von Risiken für die Rechte und Freiheiten natürlicher Personen bei der Verarbeitung personenbezogener Daten. Die DSFA ist durchzuführen, wenn die Form der Verarbeitung, insbesondere bei der Verwendung neuer Technologien, aufgrund der Art, des Umfangs, der Umstände und der Zwecke der Verarbeitung voraussichtlich ein hohes Risiko zur Folge hat. Sie befasst sich insbesondere mit Abhilfemaßnahmen, durch die der Schutz personenbezogener Daten sichergestellt und die Einhaltung der Verordnung nachgewiesen werden kann (Art. 35 Abs. 1, 7 EU-Datenschutz-Grundverordnung sowie EG 84 und EG 90). Ob eine DSFA durchzuführen ist, ergibt sich aus einer Abschätzung der Risiken der Verarbeitungsvorgänge (»Schwellwertanalyse«). Ergibt diese ein voraussichtlich hohes Risiko, dann ist eine DSFA durchzuführen. Wird festgestellt, dass der Verarbeitungsvorgang kein hohes Risiko aufweist, dann ist eine DSFA nicht zwingend erforderlich. In jedem Fall ist die Entscheidung über die Durchführung oder Nichtdurchführung der DSFA mit Angabe der maßgeblichen Gründe für den konkreten Verarbeitungsvorgang schriftlich zu dokumentieren.

- **Umsetzung geeigneter technisch-organisatorischer Maßnahmen (Art. 24 DSGVO)**

In der EU-Datenschutz-Grundverordnung ist u.a. verankert dass die umgesetzten Maßnahmen auf dem Stand der Technik sein sollen und bei der Beurteilung das drohende Risiko und dessen Eintrittswahrscheinlichkeit berücksichtig werden müssen. Was unter »Stand der Technik« zu verstehen ist, wird in der EU-Datenschutz-Grundverordnung nicht konkretisiert. Allerdings ist dieser Fachbegriff nicht neu.

- **Überprüfung Auftragsverarbeiter (Art. 28 DSGVO)**

Die schulische Nutzung von elektronischen Klassenbüchern, Schulverwaltungsprogrammen, Elektronischen Lernplattformen (z.B. Moodle), Stunden- und Vertretungsplanprogrammen, Bildungsclouds sowie Homepages pp. dürfte – soweit dort nach einem Auftrag personenbezogene Daten verarbeitet werden – in der Regel eine Auftragsverarbeitung nach Art. 28 EU-Datenschutz-Grundverordnung darstellen. Immer dann, wenn Schüler-, Lehrerdaten oder Daten von Erziehungsberechtigten mittels gehosteter Software von Dritten verarbeitet werden oder bei der administrativen Betreuung bzw. der Installation von Softwareupdates diese Daten vom Dienstleister zur Kenntnis genommen werden können, bedarf es aus datenschutzrechtlicher Sicht eines sogenannten Vertrags zur Auftragsdatenverarbeitung.

Nach Art. 28 Abs. 3 EU-Datenschutz-Grundverordnung sind zu regeln:

- Gegenstand und Dauer der Verarbeitung
- Art und Zweck der Verarbeitung
- Art der personenbezogenen Daten und Kategorien von betroffenen Personen
- Umfang der Weisungsbefugnisse
- Verpflichtung der zur Verarbeitung befugten Personen zur Vertraulichkeit
- Sicherstellung von technischen & organisatorischen Maßnahmen
- Hinzuziehung von Subunternehmern
- Unterstützung des für die Verarbeitung Verantwortlichen bei Anfragen und Ansprüchen Betroffener
- Unterstützung des für die Verarbeitung Verantwortlichen bei der Meldepflicht bei Datenschutzverletzungen
- Rückgabe oder Löschung personenbezogener Daten nach Abschluss der Auftragsdatenverarbeitung
- Kontrollrechte des für die Verarbeitung Verantwortlichen und Duldungspflichten des Auftragsverarbeiters
- Pflicht des Auftragsverarbeiters, den Verantwortlichen zu informieren, falls eine Weisung gegen Datenschutzrecht verstößt.

- **Benennung eines Datenschutzbeauftragten (Art. 37 ff. DSGVO) und Einbindung**

Gemäß Artikel 39 Abs. 1b EU-Datenschutz-Grundverordnung obliegen dem Datenschutzbeauftragten zumindest folgende Aufgaben:
- Unterrichtung und Beratung der Verantwortlichen, der Auftragsverarbeiter und der Beschäftigten
- Überwachung der Einhaltung der DSGVO und nationalen Sonderregelungen – Sensibilisierung und Schulung
- Beratung und Überwachung im Zusammenhang mit der Datenschutz-Folgenabschätzung
- Zusammenarbeit mit der Aufsichtsbehörde

Mit den oben genannten Aufgaben verbunden ist eine Aufwertung der Position des Datenschutzbeauftragten, denn bis zum Jahr 2018 hatte er eine andere Stellung. Da der Datenschutzbeauftragte auch für die Überwachung der Einhaltung der datenschutzrechtlichen Regelungen verantwortlich ist, kommt ihm nicht nur eine allein beratende und unterstützende Funktion zu. Vielmehr ist er in stärkerem Maße auch für die Umsetzung der von ihm vorgeschlagenen Maßnahmen verantwortlich. Somit kann er auch in stärkerem Maße als bis 2018 für datenschutzrechtliche Verstöße haftbar gemacht werden. Die eigentliche Umsetzungspflicht der datenschutzrechtlichen Bestimmungen liegt damit bei der Schulleitung, welche einzelne Aufgaben delegieren kann.

Insbesondere auch aufgrund der Vielzahl von kleinen Schulsystemen und der Komplexität des Themas Datenschutz ist in Niedersachsen die Bestellung von Datenschutzbeauftragten in jeder Schule noch nicht flächendeckend erfolgt. In Kenntnis der Problematik wurde im Kultusministerium ein Konzept erarbeitet, welches den Schulen erleichtern soll, Datenschutzbeauftragte zu bestellen. An den nachgeordneten Schulbehörden (§ 119) sollen langfristig jeweils zwei »Beauftragte für Datenschutzangelegenheiten der Schulen«, also insgesamt 8, tätig sein, die sowohl über datenschutzrechtliche Kenntnisse als auch Informatikkenntnisse verfügen. Zum jetzigen Zeitpunkt sind von den 8 Stellen 4 besetzt. Zu den Aufgaben der »Beauftragen für Datenschutzangelegenheiten der Schulen« gehört vornehmlich die Beratung der örtlichen Datenschutzbeauftragten der Schulen. Daneben soll aber auch die Möglichkeit bestehen, dass die Beauftragten von einzelnen Schulen als Datenschutzbeauftragte gemäß Art. 37 EU-Datenschutz-Grundverordnung bestellt werden können.

- **Zusammenarbeit mit Aufsichtsbehörden (Art. 31 DSGVO)**

Kernaufgabe der Aufsichtsbehörden ist die Überwachung und Durchsetzung der Vorschriften zum Schutz personenbezogener Daten. Das sieht Art. 57 Abs. 1a EU-Datenschutz-Grundverordnung vor. Im Übrigen wurden die Aufgaben der Aufsichtsbehörden erweitert. So listet Art. 57 Abs. 11 EU-Datenschutz-Grundverordnung 22 Aufgaben auf.

Allgemeine Vorschriften § 31 **NSchG**

- **Unverzügliche Meldung von Datenpannen (Art. 33 Abs. 1 DSGVO)**

Gemäß Art. 33 Abs. 1 EU-Datenschutz-Grundverordnung hat der Verantwortliche die zuständige Aufsichtsbehörde bei Datenpannen, also bei jeder »Verletzung des Schutzes personenbezogener Daten« unverzüglich zu benachrichtigen. Die Meldepflicht gilt damit für jeden Fall der rechtswidrigen Datenverarbeitung, also auch bei jeder rechtswidrigen Zerstörung, Veränderung oder dem rechtswidrigen Verlust von Daten, auch bei versehentlicher Verletzung und nicht mehr nur dann, wenn Dritte unbefugt Zugriff auf Daten erlangen.

- **Adressat behördlicher Anordnungen (Art. 58 DSGVO)**

Die behördlichen Maßnahmen und Befugnisse sind in Art. 58 EU-Datenschutz-Grundverordnung geregelt. Zu nennen sind dabei Untersuchungs-, Abhilfe-, Aufklärungs-, Beratungs- und Genehmigungsbefugnisse. Grundsätzlich richten sich die Befugnisse gegen den sog. Verantwortlichen, also die Stelle, die über die Zwecke und Mittel der Verarbeitung personenbezogener Daten entscheidet. Neu ist dabei, dass die Behörde die entsprechenden Befugnisse auch gegenüber sog. Auftragsverarbeitern, also Stellen, die personenbezogene Daten im Auftrag des Verantwortlichen verarbeiten, durchgesetzt werden können. Die Niedersächsische Landesbeauftragte für den Datenschutz hat in Einzelfällen bislang Untersagungsverfügungen zur Nutzung von »WhatsApp« gegenüber Schulen nach § 58 Abs. 2 EU-Datenschutz-Grundverordnung ausgesprochen. Gegen einen solchen Verwaltungsakt kann Anfechtungsklage gemäß § 20 Abs. 3 NDSG erhoben werden. Wegen § 20 Abs. 3 Satz 2 NDSG hat die Anfechtungsklage aufschiebende Wirkung.

- **Haftung gem. Art. 82, 83 DSGVO bei Datenschutzverletzungen**

Wird gegen die Grundsätze für die Verarbeitung, gegen die Bedingungen gegen die Einwilligung oder gegen die Rechte von betroffenen Personen verstoßen, sieht die EU-Datenschutz-Grundverordnung Bußgelder vor, die in Nds. nach § 59 Abs. 2 NDSG bis zu 50 000 EUR betragen können. Damit sind auch Bußgelder gegenüber Schulen prinzipiell nicht ausgeschlossen. Geldbußen können von der Landesbeauftragten für den Datenschutz gegenüber Behörden allerdings nur dann verhängt werden, wenn der Datenschutz im Rahmen einer wirtschaftlichen Betätigung (Unternehmen am Wettbewerb) missachtet wird (vgl. Art. 83 Abs. 7 DSGVO, § 20 Abs. 5 NDSG). Dies dürfte bei Schulen eher die Ausnahme sein. Bußgelder gegen natürliche Personen sind dagegen weiterhin möglich.

Nach § 82 EU-Datenschutz-Grundverordnung hat jede Person bei einem Verstoß gegen die EU-Datenschutz-Grundverordnung, durch die sie einen materiellen oder immateriellen Schaden erleidet, einen Anspruch auf Schadensersatz gegen den Verantwortlichen oder den Auftragsverarbeiter.

Der Anspruch setzt Folgendes voraus:

- ein Verstoß gegen die EU-Datenschutz-Grundverordnung,
- einen materiellen oder immateriellen Schaden,
- ein Verschulden des Verantwortlichen oder des Auftragverarbeiters.

Der Verstoß muss bei der Verarbeitung von personenbezogenen Daten geschehen. Ein Beispiel hierfür ist die Verarbeitung von personenbezogenen Daten ohne eine Rechtsgrundlage. Bei einem materiellen Schaden spricht man von einem Vermögensschaden. Nach Art. 82 Abs. 1 EU-Datenschutz-Grundverordnung können auch immaterielle Schäden geltend gemacht werden, wenn z.b. personenbezogene Daten einem Dritten zugänglich gemacht werden, hierdurch aber kein Vermögensschaden entstanden ist. In diesem Fall hat der Geschädigte das Recht Schmerzensgeld zu verlangen. Des Weiteren muss ein Verschulden des Verantwortlichen oder Auftragsverarbeiters vorliegen. Ein Verschulden liegt vor, wenn der Verantwortliche oder der Auftragsverarbeiter den Datenschutzverstoß vorsätzlich oder fahrlässig herbeiführt.

5   In **Deutschland** bestimmt das Recht auf **informationelle Selbstbestimmung** das Recht des Einzelnen, grundsätzlich selbst über die Preisgabe und Verwendung seiner personenbezogenen Daten zu bestimmen. Es ist nach der Rechtsprechung des Bundesverfassungsgerichts (BVerfGE 65, 1 [BVerfG 15.12.1983 – 1 BvR 209/83], Volkszählungsurteil) ein Datenschutz-Grundrecht, das im Grundgesetz für die Bundesrepublik Deutschland nicht ausdrücklich erwähnt, aber aus Art. 2 Abs. 1, Art. 1 Abs. 1 GG abgeleitet wird. Daneben dient das weitere **Grundrecht auf Gewährleistung der Vertraulichkeit und Integrität informationstechnischer Systeme** (umgangssprachlich auch als **IT-Grundrecht, Computer-Grundrecht oder Grundrecht auf digitale Intimsphäre** bezeichnet) vornehmlich dem Schutz von persönlichen Daten, die in informationstechnischen Systemen gespeichert oder verarbeitet werden. Auch dieses Recht wird im Grundgesetz nicht eigens genannt, sondern wurde als spezielle Ausprägung des allgemeinen Persönlichkeitsrechts 2008 durch das Bundesverfassungsgericht (1 BvR 370/07, 1 BvR 595/07) derart formuliert bzw. aus vorhandenen Grundrechtsbestimmungen (Art. 2 Abs. 1, Art. 1 Abs. 1 GG) abgeleitet. Dieses Recht schützt den Betroffenen vor Zugriffen auf Computer, Netzwerke und vergleichbare Systeme, wenn diese Zugriffe sein Persönlichkeitsrecht gefährden. Dieses Grundrecht steht dem Recht auf informationelle Selbstbestimmung gleich. Es bedürfe – so das Bundesverfassungsgericht – der »lückenschließenden Gewährleistung« des Persönlichkeitsschutzes, um den »neuartigen Gefährdungen« durch technischen Fortschritt und durch den Wandel der Lebensverhältnisse zu begegnen. Die Grundrechte des Telekommunikationsgeheimnisses (Art. 10 Abs. 1 GG) und der Unverletzlichkeit der Wohnung (Art. 13 Abs. 1 GG) sowie das Recht auf informationelle Selbstbestimmung trügen diesem Schutzbedürfnis nicht hinreichend Rechnung, da sie jeweils »Schutzlücken« hinterließen.

Aufgrund der EU-Datenschutz-Grundverordnung kommt es damit zu einer undurchsichtigen **Doppelzuständigkeit** im Datenschutzrecht. Die EU-Datenschutz-Grundverordnung (in der Zuständigkeit des EuGH) gilt, soweit es um »Durchführung des Rechts der Union« geht, also im harmonisierten Bereich.

In den Bereichen, wo die EU-Datenschutz-Grundverordnung eine Öffnung für nationale Regelungen enthält (z.B. bei der Videoüberwachung) und der nationale Gesetzgeber von den Regelungsoptionen Gebrauch macht (z.B.

§ 14 NDSG), handelt es sich gerade nicht um harmonisiertes Recht und es bleibt bei der Zuständigkeit des BVerfG. Allerdings muss der EuGH überprüfen können, ob sich die nationale Regelung, die nur aufgrund der Verordnung überhaupt zulässig ist, im Bereich der Verordnung hält.

Die EU-Datenschutz-Grundverordnung enthält auch eine Vielzahl von **Öff-** **nungsklauseln** und Regelungsaufträgen für den nationalen Gesetzgeber. Dies betrifft insbesondere die Möglichkeit der Schaffung fachspezifischer Normen für bestimmte Bereiche. Das **Niedersächsische Datenschutzgesetz** (NDSG), welches aufgrund des Wiederholungsverbotes (siehe Anm. 2) kein Vollgesetz sein kann, setzt dieses um. Zu beachten ist allerdings, dass § 31 als besondere Rechtsgrundlage gegenüber dem NDSG vorrangig ist (§ 1 Abs. 6 NDSG). Anders als etwa in Bremen wird das niedersächsische Schuldatenschutzrecht nicht im Rahmen eines eigenständigen Schuldatenschutzgesetzes geregelt.

6

Verdrängt wird das NDSG durch Spezialvorschriften jedoch nur so weit, wie der Regelungsgehalt spezieller datenschutzrechtlicher Vorschriften reicht. Sind diese unvollständig, bleibt für die nicht geregelten Datenverarbeitungsvorgänge das NDSG anwendbar. Dies gilt zum Beispiel für das automatisierte Abrufverfahren (§ 7 NSchG).

a) Erweiterung der DSGVO durch das NDSG

aa) Erweiterung des Anwendungsbereichs

aaa) In **§ 2 Nr. 1 NDSG** wird der Anwendungsbereich der EU-Datenschutz-Grundverordnung erweitert. Dem Anwendungsbereich der EU-Datenschutz-Grundverordnung unterfallen unmittelbar nicht alle Bereiche der Verarbeitung personenbezogener Daten durch öffentliche Stellen. Dem Anwendungsbereich der EU-Datenschutz-Grundverordnung unterfallen alle ganz oder teilweise automatisierten Verarbeitungen personenbezogener Daten sowie die nichtautomatisierte Verarbeitung personenbezogener Daten, die in einem Dateisystem gespeichert werden. Damit unterfallen dem Anwendungsbereich neben der elektronischen Datenverarbeitung auch die Verarbeitung personenbezogener Daten in **Papierakten,** wenn diese einer gewissen Ordnung, z.B. nach einem Aktenplan, unterliegen. Nicht vom Anwendungsbereich der EU-Datenschutz-Grundverordnung erfasst ist hingegen die Datenverarbeitung in Akten oder Aktensammlungen, die nicht nach bestimmten Kriterien geordnet sind (vgl. Art. 2 Abs. 1 DSGVO, EG 15). Die personenbezogene Verarbeitung von Daten in ungeordneten Akten sowie, wenn sich die Datenverarbeitung ausschließlich auf den persönlichen oder familiären Bereich bezieht (Art. 2 Abs. 2 Nr. 2c DSGVO), ist von der EU-Datenschutz-Grundverordnung nicht umfasst.

§ 2 Nr. 1 NDSG sieht daher vor, dass die Regelungen der EU-Datenschutz-Grundverordnung abweichend von Art. 2 Abs. 1 EU-Datenschutz-Grundverordnung auch für die nichtautomatisierte Verarbeitung personenbezogener Daten, die in einem Dateisystem weder gespeichert sind noch gespeichert werden sollen, gelten. Mit dieser Regelung sollen alle ausschließlich in Papierform gespeicherten personenbezogenen Daten, welche nicht dem Anwendungsbereich der EU-Datenschutz-Grundverordnung unterfallen, dem allgemein geltenden Datenschutzregime unterworfen werden. Soweit in Papierform geführte Unterlagen von Behörden und öffentlichen Stellen zum Zweck der Auffindbarkeit und Auswertbarkeit registriert und damit »nach bestimmten Kriterien geordnet« werden, gilt für diese Datenverarbeitungen die EU-Datenschutz-Grundverordnung unmittelbar (vgl. EG 15). Mit § 2 Nr. 1 NDSG soll sichergestellt werden, dass auch für Daten in sonstigen Akten die allgemeinen Datenschutzvorschriften gelten.

In Schulen gibt es eine Vielzahl von Verarbeitungen personenbezogener Daten in Papierform. Als Beispiel kann die Dokumentation von mündlichen Noten durch einzelne Lehrkräfte genannt werden. Die meisten Lehrkräfte besitzen ein Notenbuch, in das sie zu Schuljahresbeginn die Namen aller ihrer Schülerinnen und Schüler eintragen und in dem sie dann im Laufe der Zeit alle Bewertungen notieren. Darüber hinaus werden an vielen Schulen die Zensuren auch in Notenbücher eingetragen, die an zentraler Stelle verwahrt werden. Grundsätzlich unterfallen alle ganz oder teilweise automatisierten Verarbeitungen personenbezogener Daten sowie die nichtautomatisierte Verarbeitung personenbezogener Daten, die in einem Dateisystem gespeichert werden dem unmittelbaren Anwendungsbereich der EU-Datenschutz-Grundverordnung. Vom Anwendungsbereich umfasst sind somit neben der elektronischen Datenverarbeitung auch die Verarbeitung personenbezogener Daten in Papierakten, wenn diese einer gewissen Ordnung, z.B. nach einem Aktenplan, unterliegen.

Aufgrund der Regelung in § 2 Nr. 1 NDSG, dass die EU-Datenschutz-Grundverordnung auch auf die nicht automatisierte Verarbeitung personenbezogener Daten Anwendung findet, die in einem Dateisystem weder gespeichert sind noch gespeichert werden sollen, unterfallen auch die sonstigen (nicht einer gewissen Ordnung folgenden) ausschließlich in Papierform gespeicherten personenbezogenen Daten der EU-Datenschutz-Grundverordnung. Nach Nr. 2.1 der Nds. AktO (Gem. RdErl. d. Ml, d. StK u. d. übr. Min. v. 18.08.2006, Nds. MBl. S. 1226) muss das Verwaltungshandeln nachvollziehbar und transparent sein. Es sind vollständige und beweiskräftige Akten zu bilden. Handakten dürfen keine Dokumente im Original enthalten. Akten sollen vorzugsweise elektronisch geführt werden. Nach § 5 Nds. AktO sind die Akten einer Dienststelle (Schule) in einem Datenmanagementsystem oder in einem Aktenverzeichnis nach einem einheitlichen Muster nachzuweisen. Für Noten und Beurteilungen der Schülerinnen und Schüler sieht der Niedersächsische Aktenplan beispielsweise das Kennzeichen 83202 vor. Für die Datenverarbeitung in Schulen bedeutet dies, dass personenbezogene Daten in vollständigen und beweiskräftigen Akten zu führen sind. Dies können Personalakten, Schülerakten oder nach bestimmten Kriterien geführte Sachakten sein. Unter Letzteres fällt auch die Eintragung von Schülernoten in Notenbücher, da auch diese dem Aktenplan unterliegen. Werden personenbezogene Daten in Akten, Notenbücher, usw. verarbeitet, dann müssen Maßnahmen getroffen werden, um sicherzustellen, dass Unbefugte auf diese Daten bei der Bearbeitung, der Aufbewahrung, dem Transport und der Vernichtung

Allgemeine Vorschriften § 31

nicht zugreifen können (z.b. verschlossene Schublade, abgeschlossenes Zimmer, verschlossene Tasche).

Soweit E-Mails und Schreibtexte (vorübergehend) auf einem PC gespeichert werden, gilt die EU-Datenschutz-Grundverordnung unmittelbar, da es sich um eine automatisierte Datenverarbeitung handelt. Sobald diese Daten dann ausgedruckt und zu der Papierakte genommen werden, liegt eine erneute manuelle Verarbeitung (sog. Medienbruch) vor, für die – da diese Listen in der Regel nach bestimmten Kriterien geführt werden –, die EU-Datenschutz-Grundverordnung ebenfalls unmittelbar gilt. Nur für personenbezogene Daten, die nicht in nach bestimmten Kriterien geführten Akten (z.b. unsortiert abgelegte Schriftstücke in Klarsichtfolie) abgelegt werden, gilt die Erweiterung über § 2 Nr. 1 NDSG. Allerdings wird davon ausgegangen, dass diese Tätigkeiten in Schulen kaum stattfinden, da die personenbezogenen Daten entsprechend der o.a. Grundsätze der Nachvollziehbarkeit und Transparenz entweder in Personalakten, Schülerakten oder in nach bestimmten Kriterien geführten Sachakten (manuell) gespeichert werden müssen.

Auch die Führung von **Anwesenheitslisten** z.b. auf Elternabenden unterfällt durch den erweiterten Anwendungsbereich der EU-Datenschutz-Grundverordnung.

bbb) § 2 Nr. 2 c NDSG: Aus der Kulturhoheit der Länder folgt, dass zentrale Fragen der Schulorganisation, der Erziehungsziele sowie der Unterrichtsinhalte der landesrechtlichen Regelungskompetenz unterfallen. Davon abzugrenzen ist aber die Frage nach der datenschutzrechtlichen Kompetenz, die nach den Vorgaben des Art. 16 Abs. 2 AEUV maßgeblich in der Hand der Europäischen Union liegt. **§ 2 Nr. 2c NDSG** erweitert im Übrigen den Anwendungsbereich des Art. 2 Abs. 2a EU-Datenschutz-Grundverordnung auch auf die Verarbeitung personenbezogener Daten im Rahmen einer Tätigkeit, die nicht in den Anwendungsbereich des Unionsrechts fällt. Damit ist das **Schulrecht,** welches wie oben dargestellt nicht dem Unionsrecht unterfällt, in jedem Fall auch vom Anwendungsbereich der EU-Datenschutz-Grundverordnung erfasst. Auch die Tätigkeit von **Abgeordneten** und **Fraktionen** unterfällt nicht dem Unionsrecht; die Grundlagen der parlamentarischen Arbeit ergeben sich allein aus den jeweiligen nationalen Regelungen. Durch § 2 Nr. 2c NDSG sind aber auch diese Tätigkeiten von der EU-Datenschutz-Grundverordnung umfasst.

bb) Besonders geschützte Daten

Angaben über die rassische und ethnische Herkunft, politische Meinungen, religiöse Überzeugungen, Gewerkschaftszugehörigkeit, Gesundheit, Sexualleben (vgl. Art. 4 Nr. 15 DSGVO, EG 35), genetische oder biometrische Daten (Art. 4 Nr. 13 DSGVO, EG 34; Art. 4 Nr. 14 DSGVO, EG 51) sind nach Art. 9 EU-Datenschutz-Grundverordnung besonders geschützt. Besonders schutzbedürftig sind auch alle Angaben, die direkt oder indirekt Informationen zu den in Art. 9 EU-Datenschutz-Grundverordnung angegebenen Datenkategorien vermitteln (z.b. Einnahme von Medikamenten). Andererseits wird auch künftig nicht jede mittelbare Angabe zu den besonderen Kategorien personenbezogener Daten die Anwendung der speziellen (strengen) Verarbeitungsbestimmungen nach sich ziehen. Art. 9 Abs. 1 EU-Datenschutz-Grundverordnung bestimmt ein grundsätzliches Verbot der Verarbeitung von Daten dieser Kategorien. Neben der ausdrücklichen Einwilligung (Art. 9 Abs. 2a DSGVO) kommen besondere Rechtsvorschriften oder spezielle Umstände im Einzelfall als Rechtfertigung für die Verarbeitung besonders schutzbedürftiger Angaben in Betracht: Das o. g. Verarbeitungsverbot gilt gemäß Art. 9 Abs. 2 EU-Datenschutz-Grundverordnung daher weiterhin nicht, wenn die Verarbeitung z.B. auf rechtlicher Grundlage aus Gründen eines erheblichen öffentlichen Interesses erforderlich ist. Zusätzlich zu den speziellen Anforderungen an eine Verarbeitung besonderer Kategorien personenbezogener Daten sollen nach EG 51 die allgemeinen Grundsätze und andere Bestimmungen der EU-Datenschutz-Grundverordnung, insbesondere hinsichtlich der Bedingungen für eine rechtmäßige Verarbeitung gelten. Bei besonders schutzbedürftigen Daten ist die Eingriffsintensität regelmäßig höher, weshalb höhere Anforderungen an die Rechtfertigung des Eingriffs zu stellen sind. Dies hat zur Folge, dass Art. 9 EU-Datenschutz-Grundverordnung den Art. 6 EU-Datenschutz-Grundverordnung nicht verdrängt, sondern dessen Voraussetzungen zusätzlich zu denen des Art. 6 EU-Datenschutz-Grundverordnung vorliegen müssen. Verantwortliche, die besondere Datenkategorien verarbeiten, haben in jedem Fall ein Verzeichnis aller ihrer Zuständigkeit unterliegenden Verarbeitungstätigkeiten zu führen (Art. 30 Abs. 5 DSGVO).

Im Falle einer umfangreichen Verarbeitung besonderer Kategorien personenbezogener Daten muss regelmäßig eine Datenschutz-Folgenabschätzung durchgeführt werden (Art. 35 Abs. 3b DSGVO) und es ist außerdem ein Datenschutzbeauftragter zu benennen, wenn in dieser umfangreichen Verarbeitung die Kerntätigkeit des Verantwortlichen oder des Auftragsverarbeiters liegt (Art. 37 Abs. 1c DSGVO).

Grundsätzlich dürfen unter Beachtung der in Art. 9 Abs. 2 EU-Datenschutz-Grundverordnung genannten Voraussetzungen alle in Frage kommenden Personen die von Art. 9 Abs. 1 EU-Datenschutz-Grundverordnung erfassten Daten verarbeiten. Soweit derartige Daten allerdings zu den in Art. 9 Abs. 2h EU-Datenschutz-Grundverordnung genannten Zwecken (insbesondere Gesundheitsvorsorge und medizinische Versorgung) verarbeitet werden, normiert Art. 9 Abs. 3 EU-Datenschutz-Grundverordnung spezifische Anforderungen an das Personal. Zwingende Voraussetzung für eine zulässige Verarbeitung ist dabei das Bestehen einer besonderen Geheimhaltungspflicht (Berufsgeheimnis oder Geheimhaltungsvorschrift), der die verarbeitende Person unterliegen muss.

Das NDSG enthält in § 17 Abs. 1 eine Öffnungsklausel »als **besondere Rechtsvorschrift**« der EU-Datenschutz-Grundverordnung zur Verarbeitung besonders geschützter Daten. Nach § 17 Abs. 1 Nr. 4 NDSG können besondere Kategorien personenbezogener Daten u. a. aus Gründen des öffentlichen Interesses im Bereich des Infektionsschutzes verarbeitet werden. Soweit es zum Schutz besonderer Kategorien personenbezogener Daten erforderlich ist, haben die Verantwortlichen und Auftragsverarbeiter angemessene und spezifische Maßnahmen zu treffen. Für den schulischen Bereich ist allerdings Abs. 10 Nr. 1 h die anzuwendende Spezialvorschrift (§ 1 Abs. 6 NDSG-»Besondere Rechtsvorschriften über die Verarbeitung personenbezogener Daten gehen den Vorschriften dieses Teils vor«).

cc) Übermittlung personenbezogener Daten an Behörden und an nicht öffentliche Stellen

Das NDSG sieht in § 5 Abs. 1 Satz 1 NDSG eine Regelung für die Übermittlung personenbezogener Daten an andere Behörden vor (»Die Übermittlung personenbezogener Daten an eine andere öffentliche Stelle ist zulässig, soweit sie zur Erfüllung der Aufgaben der übermittelnden Stelle oder der empfangenden Stelle erforderlich ist und die Daten für den Zweck erhoben worden sind oder die Voraussetzungen für eine Zweckänderung vorliegen«). Allerdings tritt das NDSG aufgrund des Spezialitätsgrundsatzes nach § 1 Abs. 6 NDSG (»Besondere Rechtsvorschriften über die Verarbeitung personenbezogener Daten gehen den Vorschriften dieses Teils vor«) hinter das NSchG zurück. In § 5 Abs. 1 Satz 2 NDSG ist die Übermittlung personenbezogener Daten an eine nicht öffentliche Stelle geregelt. Auch hier gilt der eben erwähnte Spezialitätsgrundsatz.

dd) Videoüberwachung

Das NDSG sieht in § 14 eine Spezialregelung bei der Videoüberwachung vor. Diese ist zukünftig zulässig, wenn sie zur Wahrnehmung einer im öffentlichen Interesse liegenden Aufgabe erforderlich ist. Bis 2018 war die Videoüberwachung von öffentlichen Gebäuden begrenzt auf die Ausübung des Hausrechts sowie auf den Schutz von Personen und Sachen. Eine Videoüberwachung an Schulen ist jedoch grundsätzlich weiterhin unzulässig (siehe Stichpunkt Videoüberwachung Anm. 21).

b) Einschränkung der DSGVO durch das NDSG

Das Niedersächsische Datenschutzgesetz schränkt die EU-Datenschutz-Grundverordnung an einigen Stellen aber auch wieder ein. Behörden können die Betroffenenrechte (Recht auf Information über die Datenverarbeitung, Recht auf Auskunft bzw. Benachrichtigung) beschränken (§§ 8–10 NDSG), haben aber die Gründe für eine Beschränkung der Betroffenenrechte in jedem Fall zu dokumentieren (§ 11 DSGVO). Allerdings müssten die in den §§ 8 bis 10 des Entwurfs vorgesehenen Beschränkungen der Betroffenenrechte aus den Artikeln 13 bis 15 EU-Datenschutz-Grundverordnung den Anforderungen nach Art. 23 Abs. 2 EU-Datenschutz-Grundverordnung genügen. Abgesehen von den Regelungen in Artikel 9 Abs. 3 und 4 des NDSG gibt es aber weder im NDSG noch im NSchG eine entsprechende Regelung, sodass Einschränkungen der Betroffenenrechte im Schulbereich ausgeschlossen sein dürften.

Auf Schulen in freier Trägerschaft finden die Datenschutzbestimmungen des NSchG keine Anwendung, Ausnahme ist bei Anerkannten Ersatzschulen der Bereich des § 148 Abs. 2. Dagegen findet die EU-Datenschutz-Grundverordnung auch auf Schulen in freier Trägerschaft Anwendung; dies gilt auch für Schulen in kirchlicher Trägerschaft, da die EU-Datenschutz-Grundverordnung Vorrang vor Art. 140 GG i. V. m. Art. 137 Abs. 3 WRV (sogenanntes Staatskirchenrecht) hat. Dabei ist aber Art. 17 AEUV zu beachten, wodurch der besondere Status der Kirchen und religiösen Vereinigungen unmittelbar im Vertragsrecht verankert ist. Insoweit bestimmt Art. 91 EU-Datenschutz-Grundverordnung, dass Kirchen und religiöse Vereinigungen oder Gemeinschaften eigene Datenschutzregeln anwenden dürfen, sofern sie mit der EU-Datenschutz-Grundverordnung in Übereinstimmung stehen. Im Übrigen gilt für Schulen in freier Trägerschaft das Bundesdatenschutzgesetz.

8 **Zu Abs. 1 Satz 1:** Nach Artikel 6 Abs. 1 Unterabsatz 1 Buchst. e und Abs. 3 der EU-Datenschutz-Grundverordnung ist die **Verarbeitung** personenbezogener Daten für die Wahrnehmung einer Aufgabe, deren Wahrnehmung im öffentlichen Interesse liegt oder in Ausübung öffentlicher Gewalt erfolgt, zwar zulässig, dies jedoch nur aufgrund einer gesonderten Rechtsgrundlage im Unionsrecht oder im nationalen Recht der Mitgliedstaaten. Die Regelungen in § 31 stellen jeweils eine solche Rechtsgrundlage dar. Sie sollen zwar grundsätzlich dem Ersten Teil des Niedersächsischen Datenschutzgesetzes (NDSG) vorgehen, dies jedoch nur, soweit hier keine besonderen Regelungen getroffen werden (§ 1 Abs. 6 NDSG). Durch Abs. 1 Satz 1 ist für den Bereich der Schulen festgelegt, für welchen Zweck die Daten der Schülerinnen und Schüler und ihrer Erziehungsberechtigten erhoben und weiterverarbeitet werden dürfen, nämlich nur zur Erfüllung des **Bildungsauftrages,** der **Fürsorgeaufgaben** in der Schule, zur **Erziehung** oder **Förderung** der Schülerinnen und Schüler oder zur Erforschung oder Erfüllung der **Schulqualität** sowie für die Aufgaben der **Schulaufsicht.** Diese Festlegung enthebt die Schulen der Pflicht, den Zweck für die Datenverarbeitung begründen zu müssen.

Die Regelungen in Abs. 1 Satz 1 umfassen in keinem Fall die Befugnis zur **Übermittlung** von personenbezogenen Daten; diese ist zwar begrifflich auch eine Verarbeitung (siehe Anm. 2), der nachfolgende Satz 3 sowie die nachfolgenden Absätze 2–10 sind jedoch spezieller und verdrängen daher insoweit die allgemeine Regelung in Abs. 1 Satz 1.

Unter Schulen sind die Schulleitungen, Lehrkräfte sowie die »Übrigen Mitarbeiterinnen und Mitarbeiter« nach § 53 zu verstehen.

Hinsichtlich einer Lehrkraft (und auch der Personen nach § 53) ist zwischen ihrer Eigenschaft als natürliche Person und ihrer Eigenschaft als Amtsträgerin oder Amtsträger zu unterscheiden. In ihrer Eigenschaft als natürliche Person kann sie selbst »betroffene Person« im Sinne des Artikels 4 Nr. 1 der EU-Datenschutz-Grundverordnung sein. Ihrem Schutz dienen insoweit Abs. 9 sowie die §§ 88 ff. NBG. Demgegenüber tritt die Lehrkraft den Schülerinnen und Schülern in ihrer Eigenschaft als Amtsträgerin oder Amtsträger als »ausführendes Organ« der Schule gegenüber; insoweit kann sie sich nicht auf den Schutz personenbezogener Daten berufen (vgl.

Allgemeine Vorschriften § 31

BVerwG, Beschluss vom 12.03.2008 – BVerwG 2 B 131.07 –; Nds. StGH; Urteil vom 24.10.2014 – StGH 7/13 – Nds. MBl. S. 723 [729]). Vielmehr ist z.b. die Schule grundsätzlich ohne Weiteres berechtigt, Dritten den Namen und die dienstlichen Kontaktdaten (Telefonnummer, E-Mail-Adresse) der Lehrkraft mitzuteilen (vgl. BVerwG, a. a. O. ferner § 5 Abs. 4 des Informationsfreiheitsgesetzes). Private Kontaktdaten dürfen hingegen ohne Einwilligung der Lehrkraft oder gesetzliche Ermächtigung von der Schule gegenüber Dritten nicht offengelegt werden. Vor diesem Hintergrund ist es auch zu verstehen, dass Lehrkräfte in Abs. 1 Satz 1 nicht aufgeführt sind: »Verantwortliche« im Sinne des Artikels 4 Nr. 7 der EU-Datenschutz-Grundverordnung ist gegenüber den Schülerinnen und Schülern und ihren Erziehungsberechtigten u. a. die Schule; die Lehrkräfte sind insoweit in ihrer Eigenschaft als Amtsträgerinnen oder Amtsträger angesprochen und der Schule zuzurechnen, weil sie »unter der unmittelbaren Verantwortung« der Schule zur Datenverarbeitung befugt sind (vgl. Artikel 4 Nr. 10 DS-GVO). Soweit sie in dieser Eigenschaft angesprochen sind, besteht kein weitergehendes Regelungsbedürfnis, weil Schüler- oder Elternvertretungen, wenn sie den Namen oder die dienstlichen Kontaktdaten einer Lehrkraft verarbeiten wollen, sich notfalls stets an die Schule wenden können, die diese Daten dann zur Verfügung stellen kann. Dies genügt, um den Schüler- und Elternvertretungen die Wahrnehmung ihrer Aufgaben zu ermöglichen. Eine darüber hinausgehende Verarbeitung privater Kontaktdaten durch Schüler- oder Elternvertretungen ist grundsätzlich nicht erforderlich und schon von vornherein nicht gesetzlich zugelassen. Sollen gleichwohl auch private Kontaktdaten einer Lehrkraft verarbeitet werden, so wäre hierfür eine Einwilligung der Lehrkraft erforderlich (aber auch ausreichend).

In der Verordnung über die Verarbeitung personenbezogener Daten von 9 Schülerinnen und Schülern sowie ihrer Erziehungsberechtigten vom 30.09.1994 (SVBl. S. 310) war in der Vergangenheit geregelt, welche Daten von den Schulen grundsätzlich und ohne Prüfung im Einzelfall verarbeitet und beim Übergang in eine andere Schule übermittelt werden durften. Durch die Änderung des Schulgesetzes im Jahre 2004 hat der Gesetzgeber allerdings die Ermächtigung zum Erlass einer Verordnung gestrichen, weil sich die detaillierte Aufzählung aller für zulässig gehaltenen Daten insbesondere für eigenverantwortliche Schulen als zu starr erwiesen hat. Damit sind Schulen gezwungen, nunmehr die Prüfung der Zulässigkeit und des Umfangs der Datenverarbeitung einzelfallbezogen vorzunehmen.

Zu Abs. 1 Satz 2: Schulen und Schulbehörden dürfen außerdem personen- 10 bezogene Daten der Personen verarbeiten, die sich an einer Schule angemeldet haben, auf deren Antrag ein Prüfungsverfahren nach § 27 durchgeführt wird (Nichtschülerprüfung) oder auf deren Antrag ein Verfahren auf Prüfung oder Anerkennung nach den aufgrund des § 60 Abs. 1 Nrn. 5 bis 7 erlassenen Vorschriften (z.B. Anerkennung ausländischer Bildungsnachweise, Anerkennung von Fortbildungsprüfungen, Anerkennung von Berufsqualifikationen) durchgeführt wird, soweit dies zur Durchführung des jeweiligen Verfahrens erforderlich ist.

Personen, die sich an eine Schule angemeldet haben, können Schülerinnen und Schüler sein, die nach § 64 Abs. 2 Satz 1 vom Schulbesuch zurückgestellt sind oder die von der Flexibilisierung des Schuleintritts nach § 64 Abs. 1 Satz 2 Gebrauch machen. Umfasst sind aber auch Schülerinnen und Schüler, die sich an eine Schule anmelden, wegen Erschöpfung der Aufnahmekapazität aber keine Aufnahme an der Schule finden.

Die Regelungen in Abs. 1 Satz 2 umfassen wie in Satz 1 in keinem Fall die Befugnis zur Übermittlung von personenbezogenen Daten; diese ist zwar begrifflich auch eine Verarbeitung (siehe Anm. 2), der nachfolgende Satz 3 sowie die nachfolgenden Absätze 2–10 sind jedoch spezieller und verdrängen daher insoweit die allgemeine Regelung in Abs. 1 Satz 2.

11 **Zu Abs. 1 Satz 3**: Satz 3 erfasst zum Beispiel den Fall, dass die Übermittlung von Schülerakten von Schule zu Schule (z.B. von einer Grundschule an eine weiterführende Schule oder von einer Hauptschule an eine berufsbildende Schule) oder von einer Schule an eine Schulbehörde (z.B. in Fällen des § 61 Abs. 7 oder des § 69 Abs. 2) datenschutzrechtlich zulässig ist, auch wenn die beteiligten Stellen nicht als einheitliche »datenverarbeitende Stelle« angesehen werden können. Die Formulierung gewährleistet dies, indem die in den Sätzen 1 und 2 genannten Stellen die Befugnis erhalten, zu den dort jeweils genannten Zwecken die Daten auch untereinander auszutauschen (sich wechselseitig zu übermitteln). Auch wenn z.B. aus dienstlichen Gründen per E-Mail Telefonlisten von Lehrkräften oder Schülerinnen und Schülern übermittelt werden, ist Satz 3 einschlägig (vgl. Anm. 21 Telefonketten). Zugleich wird im 2. Halbsatz klargestellt, dass die Datenübermittlung an andere Stellen zu anderen Zwecken nicht von Absatz 1, sondern ausschließlich von den nachfolgenden Absätzen oder ggf. besonderen Rechtsvorschriften erfasst wird.

Schülerakte: Jede Schule hat ihre eigene Aktenorganisation, wobei der Niedersächsische Aktenplan für allgemeine Angelegenheiten der Schülerinnen und Schüler das Kennzeichen 83 000 vorsieht. Um die Schülerakte einrichten zu können, erheben die Schulen bei der Anmeldung personenbezogene Daten der Schülerinnen und Schüler sowie der Erziehungsberechtigten. Es dürfen nur die Daten erhoben werden, die für die Erfüllung der Aufgaben der Schule erforderlich sind. Dies ist z.B. beim Beruf der Erziehungsberechtigten oder bei der Anzahl der Geschwister nicht der Fall. Mit Hilfe der bei der Anmeldung erhobenen Daten erstellt die Schule das Stammdatenblatt der Schülerin oder des Schülers und nimmt es zur Schülerakte. Neben den Schülerstammdaten enthält die Schülerakte Schullaufbahndaten. Dies sind z.B. der Beginn der Schulpflicht, Versetzungsentscheidungen sowie das Datum und der Grund des Schulaustritts. Weiterhin wird in der Schülerakte die Verhängung von Erziehungsmitteln und Ordnungsmaßnahmen dokumentiert. Bei einem Schulwechsel ist Rechtsgrundlage für die Weitergabe der Schülerakte Abs. 1 Satz 3 (nach Roßnagel handelt es sich datenschutzrechtlich bei der Weitergabe personenbezogener Daten innerhalb einer Schule, an andere Schulen beziehungsweise an Dienststellen der zuständigen Schulbehörde nicht um eine Datenübermittlung, da die Daten innerhalb derselben Daten verarbeitenden Stelle verbleiben). Bei der Weitergabe der Schülerakte an eine andere Schule wird nicht die vollständige Schülerakte an die aufnehmende Schule übermittelt. Aus datenschutzrechtlicher Sicht – Grundsätze der Erforderlichkeit und der Datenminimierung – dürfen lediglich die in der Schülerakte enthaltenen personenbezogenen Daten, welche für die aufnehmende Schule zur Erfüllung deren Aufgaben erforderlich sind, übermittelt werden. Dies sind die Schülerstammdaten, die Schullaufbahndaten und die dokumentierte individuelle Lernentwicklung. Besonders schützenswerte Daten (Gesundheitszeugnisse, sonderpädagogisches Fördergutachten) sind in einen verschlossenen Umschlag in der Schülerakte aufzubewahren). Nicht übermittelt werden dürfen nach Auffassung der nachgeordneten Schulbehörde Dokumentationen über Erziehungsmittel und Ordnungsmaßnahmen. Dagegen ist nach einem Beschluss des VG Berlin vom 28.02.2020 – VG 3 L 1028.19 – die Speicherung und Weitergabe von personenbezogenen Daten von Schülerinnen und Schülern über Pflichtverletzungen und deren pädagogische und rechtliche Folgen geboten, da die Auswahl einer zukünftigen pädagogischen Maßnahme stets auch von der Beurteilung des Verhaltens der Schülerin oder des Schülers in vergleichbaren zurückliegenden Situationen abhängig sei. Insofern besteht kein Anspruch auf »Bereinigung« einer Schülerakte bei einem Schulwechsel. Die übrigen Daten verbleiben in der Akte bei der abgebenden Schule und sind nach Ablauf der Aufbewahrungspflichten zu löschen. Die Schule ist verpflichtet, die Schülerakte vor dem Zugriff Unbefugter zu sichern. Um diese Vorgabe zu erfüllen, müssen die Unterlagen in abschließbaren Schränken aufbewahrt werden, die selbstverständlich nach Dienstschluss auch tatsächlich verschlossen werden. Daneben ist durch die Schulleitung festzulegen, wer Zugang zum Datenbestand in der Schule und damit zu den Schülerakten (aber auch den elektronischen Datenbeständen) haben darf. Nur diejenigen Lehrkräfte dürfen von den Inhalten der Schülerakten Kenntnis nehmen, die diese Schülerinnen und Schüler auch unterrichten. Speichert die Schule personenbezogene Daten von Schülerinnen, Schülern und Eltern mithilfe von elektronischer Datenverarbeitung, gelten für die Zugriffsrechte grundsätzlich dieselben Regelungen wie für Akten. Verlassen Schülerinnen und Schüler die Schule, ist der elektronische Datenbestand unverzüglich zu löschen.

Zu Abs. 2: Abs. 2 Satz 1 regelt in den Nrn. 1–4 die Übermittlung personenbezogener Daten der Schülerinnen und Schüler an **öffentliche Stellen**. Durch die Worte »auf Ersuchen« wird klargestellt, dass Schulen und Schulbehörden den anderen Stellen nicht ungefragt übermitteln können sollen. Zudem wird durch diese Formulierung verdeutlicht, wer aktenverarbeitende Stelle und damit Adressat eines evtl. Auskunftsersuchens ist.

Nr. 1: Datenübermittlung an Landkreise und kreisfreie Städten als Behörden des öffentlichen Gesundheitsdienstes für Aufgaben nach § 5 des Niedersächsischen Gesetzes über den öffentlichen Gesundheitsdienst. Die Zahngesundheitspflege gem. § 21 Abs. 1 Satz 1 SGB V ist gem. § 5 Abs. 3 NGöGD Aufgabe der Landkreise und kreisfreien Städte. In der Regel wird sie vom örtlichen Gesundheitsamt durchgeführt. Datenschutzrechtlich handelt es sich bei den Untersuchungsbefunden der Schülerinnen und Schüler um »Gesundheitsdaten« im Sinne des Art. 4 Nr. 15, Art. 9 EU-Datenschutz-Grundverordnung, die für die Eltern bestimmt sind. Die Schule dient lediglich als zentraler Ort für die Untersuchung. Eine Kenntnisnahme von den einzelnen Befunden durch die Lehrkräfte ist grundsätzlich nicht zulässig.

Nr. 2: Datenübermittlung an die Träger der Schülerbeförderung oder die von ihnen nach § 114 Abs. 6 Satz 1 mit der Durchführung der Aufgaben betrauten Gemeinden und Samtgemeinden für Aufgaben nach § 114. Soweit der Träger der Schülerbeförderung allerdings nur wissen möchte, welche Haltestellen durch den Schulbus angefahren werden müssen, ist für diesen Zweck es nicht erforderlich, personenbezogene Daten zu übermitteln. Es ist in diesem Fall ausreichend, die Haltestellen mit den entsprechenden Schülerzahlen zu benennen. Soweit der Träger der Schülerbeförderung aber z.B. eine Individualbeförderung durchführen muss, hat die Schule die hierfür erforderlichen Angaben zu machen.

Nr. 3: Datenübermittlung an die Landesunfallkasse Niedersachsen für Aufgaben der gesetzlichen Unfallversicherung für die nach § 2 Abs. 1 Nr. 8 b des Siebten Buchs des Sozialgesetzbuchs kraft Gesetzes versicherten Schülerinnen und Schüler. Die der Unfallkasse obliegenden Aufgaben der gesetzlichen Unfallversicherung nimmt in Niedersachsen der Gemeinde-Unfallversicherungsverband wahr.

Nr. 4: Datenübermittlung an die berufsständischen Kammern für die überbetriebliche Berufsausbildung oder zur Erfüllung der Aufgaben der jeweiligen Aufgaben nach § 76 Berufsbildungsgesetz: Den berufsständischen Kammern obliegen die Aufgaben der Überwachung der Berufsausbildungsvorbereitung, der Berufsausbildung und der beruflichen Umsetzung.

Zu Abs. 2 Satz 2: Datenübermittlung an eine andere öffentliche Stelle

Nicht selten werden Auskunftsbegehren öffentlicher Stellen gegenüber Schulen mit einem Verweis auf die zu leistende »Amtshilfe« begründet. Die allgemeine Amtshilfevorschrift des Verwaltungsverfahrensgesetzes reicht aber nicht aus, um die Übermittlung personenbezogener Daten zu legitimieren. Hierfür bedarf es einer speziellen datenschutzrechtlichen Rechtsgrundlage, sowohl für die Datenerhebung durch die anfordernde Stelle, als auch für die Übermittlung personenbezogener Daten durch die Schule. Solche Vorschriften existieren beispielsweise für die Staatsanwaltschaft und auch für die Polizei, soweit sie als Hilfsbeamter der Staatsanwaltschaft in Strafsachen ermittelt.

Nr. 1: Zur Erfüllung einer gesetzlichen Auskunfts- oder Meldepflicht der Schule oder der Schulbehörde:

Übermittlung personenbezogener Daten an Polizei und Staatsanwaltschaften: Nach § 138 StGB bestehen in Bezug auf besonders schwere Straftaten (z.B. Mord, Totschlag, Raub, Erpressung, Brandstiftung, gefährlicher Ein-

Allgemeine Vorschriften § 31   NSchG

griff in den Straßenverkehr) eine gesetzliche Anzeigepflicht. § 161 StPO bestimmt zudem, dass alle öffentlichen Behörden verpflichtet sind, an die Ermittlungsbehörden Auskünfte zu erteilen. Auch im Verhältnis zur Polizei, soweit diese Gefahrenabwehr betreibt, sowie zum Verfassungsschutz existieren entsprechende Vorschriften. Diese Grundsätze sind nicht nur bei Auskunftsersuchen anderer Stellen (z.B. der Polizei) zu berücksichtigen, sondern auch dann, wenn die Schule von sich aus Informationen über Schülerinnen und Schüler an dritte Stellen weiterzugeben beabsichtigt.

Erfasst sind durch Nr. 1 auch Auskunftspflichten der Schulen oder der Schulbehörden aufgrund des Infektionsschutzgesetzes (z.b. Meldepflicht nach § 34 Abs. 6 IfSG) oder des Bundesausbildungsförderungsgesetzes (BAföG). Die Leistungen nach dem BAföG werden gem. § 39 Abs. 2 BAföG von den Ländern im Rahmen der Auftragsverwaltung im Auftrag des Bundes von den Ländern ausgeführt. Nach § 47 BAföG sind Ausbildungsstätten verpflichtet, die erforderlichen Bescheinigungen, Bestätigungen und gutachterlichen Stellungnahmen abzugeben.

Nr. 2: Zur Erfüllung einer gesetzlichen Aufgabe der anderen Stelle erforderlich ist und die Voraussetzungen für eine Zweckänderung vorliegen:

Im Gegensatz zu der Nr. 1 geht es bei Nr. 2 nicht um eine gesetzliche Auskunfts- oder Meldepflicht. Neben der allgemeinen sich aus § 138 StGB ergebenden Anzeigeverpflichtung für geplante Straftaten sind die Lehrkräfte nach dem Gem. RdErl. d. MK, d. MI u. d. MJ »Sicherheits- und Gewaltpräventionsmaßnahmen in Schulen in Zusammenarbeit mit Polizei und Staatsanwaltschaft« v. 01.06.2016 darüber hinaus auch verpflichtet, bei Kenntnisnahme von strafrechtlich relevanten Geschehnissen die Schulleitung zu unterrichten. Die Schulleitung hat, sobald sie Kenntnis davon erhält, dass eine Straftat an ihrer Schule oder im unmittelbaren Zusammenhang mit der Schule gegen oder durch ihre Schülerinnen und Schüler begangen worden ist oder eine solche Straftat bevorsteht, unverzüglich die Polizei zu informieren.

Übermittlung personenbezogener Daten an das Jugendamt: Jede Form der personenbezogenen Kooperation zwischen Schule und Jugendhilfe/Jugendamt bedingt auf der einen Seite eine Datenübermittlung und auf der Empfängerseite eine Datenerhebung. Die **Datenübermittlung von der Schule an die Jugendhilfe** kann auf Abs. 2 Satz 2 Nr. 2 gestützt werden. Dem korrespondiert die Regelung der Datenerhebung durch die Jugendhilfe. Nach § 62 Abs. 1 SGB VIII dürfen Sozialdaten erhoben werden, »soweit ihre Kenntnis zur Erfüllung der jeweiligen Aufgabe erforderlich ist«. Da der Schule ein Fürsorgeauftrag gegenüber den Kindern erteilt ist, gehen deren Aufgaben teilweise in eine ähnliche Richtung wie die der Jugendhilfe (§ 1 Abs. 3 SGB VIII). Zu beachten ist in diesem Zusammenhang § 62 Abs. 2 SGB VIII. Danach sind die Daten über einen Jugendlichen bzw. über einen sonstigen Betroffenen grds. beim Betroffenen zu erheben (siehe dazu Stichpunkt: Hospitationen). Ohne dessen Mitwirkung – d.h. eine Übermittlung von der Schule auf direktem Wege ohne Einschaltung der Betroffenen – ist die Erhebung nach § 62 Abs. 3 SGB VIII zulässig,

217

wenn die dort genannten Voraussetzungen gegeben sind (z.b. die Erhebung beim Betroffenen ist nicht möglich, z.b. weil eine Kooperation verweigert wird, oder sie würde einen unverhältnismäßigen Aufwand erfordern und es bestehen keine Anhaltspunkte dafür, dass schutzwürdige Interessen des Betroffenen beeinträchtigt werden). Eine personenbezogene Kooperation zwischen Schule und Jugendamt kann immer nur im Einzelfall erfolgen. Bzgl. jedes Kindes bzw. Jugendlichen ist die Erforderlichkeit eines Austauschs zu prüfen. Pauschale personenbezogene Datenerhebungen in der Schule für Zwecke des Jugendamtes, z.b. zur Feststellung des Bedarfes an außerschulischen Betreuungsangeboten, sind nicht zulässig. Beispiele für die personenbezogene Informationsbeschaffung durch Ersuchen der Jugendämter gegenüber den Schulen (ohne den Willen der Betroffenen):

- Die Kenntnis des Verhaltens einer Schülerin oder eines Schülers im Unterricht oder gegenüber Mitschülerinnen und Mitschülern ist für das Jugendamt zur Hilfegewährung erforderlich (§ 62 Abs. 3 Nr. 2a SGB VIII).

- Eine Schülerin oder ein Schüler befindet sich in einer Not- und Krisensituation und die Information ist für die geeignete Hilfe im Rahmen der Inobhutnahme der Schülerin oder des Schülers erforderlich (§ 62 Abs. 3 Nr. 2c i.V. m. § 42 SGB VIII).

- Die Eltern lehnen ein Hilfeangebot ab und gefährden damit das Wohl des Kindes, sodass eine vormundschaftliche Entscheidung für die Gewährung einer notwendigen Hilfe nach dem SGB VIII herbeigeführt werden muss (§ 62 Abs. 3 Nr. 2d i.V. m. § 50 Abs. 3 SGB VIII; § 1666 BGB). Wirkt das Jugendamt in familien- und sonstigen vormundschaftsgerichtlichen Verfahren mit (§ 50 SGB VIII), so bedarf es dagegen stets der Einwilligung der Eltern, z.B. bei einer Sorgerechtsentscheidung nach Trennung und Scheidung der Eltern.

- Im jugendgerichtlichen Verfahren sind für die Berichterstattung für das Jugendgericht schulische Informationen für die Jugendgerichtshilfe nötig (§ 62 Abs. 3 Nr. 2a i.V. m. § 52 SGB VIII, § 38 JGG).

Eine **Verpflichtung** der Schulen zur Datenübermittlung von Amts wegen enthält das NSchG nicht, diese ist auch nicht aus § 25 Abs. 3 ableitbar. Eine Verpflichtung der Schulen zur Weitergabe personenbezogner Daten in Fällen der **Kindeswohlgefährdung** ergibt sich aber faktisch aus Bundesrecht (§ 4 Abs. 1 Nr. 7, Abs. 2 und 3 KKG, s. dazu § 71 Rz. 3). Daher ist eine Unterrichtung des Jugendamtes, ggf. auch ohne Einwilligung, z.B. in folgenden Konstellationen geboten:

- Es besteht der begründete Verdacht der Misshandlung, des sexuellen Missbrauchs oder der Vernachlässigung des Kindes.

- Das Kind begeht schwerwiegende Gewalthandlungen oder sonstige erhebliche Straftaten in der Schule (z.B. Drogenkonsum), ohne dass eine wirksame erzieherische Einwirkung der Eltern erkennbar ist.

- Wiederholter Verstoß gegen die Pflicht zur Teilnahme am Unterricht (§ 58).

Gegen den Willen der Schule darf das Jugendamt nicht in den Unterricht gehen (siehe Stichpunkt Hospitationen). Es gilt aber § 25 Abs. 3 zu beachten. Die **Datenübermittlung von der Jugendhilfe an die Schule** ist strengeren Anforderungen unterworfen als umgekehrt. Der Grund hierfür liegt in der besonderen Qualität der Jugendhilfedaten als Sozialdaten, die zum Schutz des für die Hilfe erforderlichen Vertrauensverhältnisses vom Gesetz als besonders sensibel eingestuft werden. Eine Übermittlung von Jugendhilfedaten für eigene Zwecke ist im Rahmen der Erforderlichkeit nach § 64 Abs. 1 SGB VIII zulässig. Auch zur Erfüllung von sonstigen sozialen Aufgaben ist die Übermittlung erlaubt (§ 69 SGB X), vorausgesetzt, dass der Erfolg der im Rahmen der Jugendhilfe gewährten Leistung nicht in Frage gestellt wird (§ 64 Abs. 2 SGB VIII). Wurden Daten einem Mitarbeiter eines Trägers der öffentlichen Jugendhilfe **zum Zweck persönlicher und erzieherischer Hilfe besonders anvertraut**, so unterliegen diese Angaben nach § 65 SGB VIII einem zusätzlichen besonderen Vertrauensschutz. Dieser hat zur Folge, dass eine Weitergabe an die Schule grds. nur mit Einwilligung des Betroffenen erfolgen darf. Etwas anderes gilt nur, wenn die Weitergabe zur Abwehr einer überwiegenden konkreten Gefahr nötig sein sollte (§ 65 Abs. 1 Nr. 3 SGB VIII, vgl. §§ 34, 203 StGB). Bei der Übermittlung von Sozialdaten an die Schule oder an andere, z.B. private Stellen ist die besondere **Zweckbindung und Geheimhaltungspflicht** des Empfängers nach § 78 Abs. 1 S. 1 u. 2 SGB X zu beachten. Der Empfänger darf die erhaltenen Daten nur zu dem Zweck verarbeiten oder nutzen, zu dem sie ihm befugt übermittelt worden sind. Die Schule hat also die Daten in demselben Umfang geheim zu halten wie die Jugendhilfe selbst. Viele Leistungen der Jugendhilfe werden von Einrichtungen und Diensten **in freier oder kommunaler Trägerschaft** erbracht. Diese sind nach § 61 Abs. 4 SGB VIII verpflichtet, die gleichen Regeln zu beachten, wie sie für das Jugendamt gelten. Wenn bei der Erbringung von Jugendhilfeleistungen, insbesondere im Rahmen von Beratungs- und Betreuungsgesprächen, ein »Anvertrauen« im Rahmen von persönlicher und erzieherischer Hilfe erfolgt, unterfallen die Daten dem erhöhten Vertrauensschutz des § 65 SGB VIII. Die Fachkräfte von Einrichtungen und Diensten der Jugendhilfe sind – nicht zuletzt auch aus fachlichen Gründen – gehalten, die Personensorgeberechtigten regelmäßig über die wesentlichen Inhalte der Gespräche mit der Schule zu informieren. Soll es zu z.B. zu einem Dialog zwischen **Hausaufgabenbetreuung** und Schule kommen, so bedarf es einer Einwilligung der Betroffenen bzw. der Sorgeberechtigten. Dabei ist zu beachten, dass im Regelfall die Einwilligung sich auf die schulischen Probleme des Kindes erstreckt; hinsichtlich darüber hinausgehender Fragen (z.B. seelische od. familiäre Hintergründe von Schulproblemen, Notwendigkeit zusätzlicher Fördermaßnahmen) bedarf es einer ausdrücklichen Bezugnahme in der Einwilligung.

Nr. 2 ist zwar bereits teilweise in § 5 Abs. 1 Satz 1 i. V. m. § 6 Abs. 2 NDSG enthalten, beschränkt die dort geregelten Übermittlungsbefugnisse aber mehrfach, indem zum einen nur auf die Aufgaben der empfangenden Stelle abgestellt wird und zum anderen diese Aufgaben der Stelle gesetzlich zugewiesen sein müssen. Außerdem werden die Voraussetzungen für eine Zweckänderung nach § 6 Abs. 2 Nr. 4 (Überprüfung der Angaben der betroffenen Person) und Nr. 6 NDSG (Daten aus öffentlich zugänglichen Quellen) ausgenommen, um die Zulässigkeit der Datenübermittlung auf besonders gewichtige Fälle zu beschränken.

Zu Abs. 2 Satz 3: Die Befugnis der Stellen nach Satz 1 Nrn. 1 und 2 zur Weiterverarbeitung der ihnen übermittelten Daten wird entsprechend § 25 Abs. 1 Sätze 2 und 3 BDSG beschränkt, also nur für zulässig erklärt, soweit der Übermittlungszweck eingehalten wird (1. Halbsatz) oder die gesetzlichen Voraussetzungen für eine Zweckänderung (insbesondere nach § 6 NDSG) vorliegen (2. Halbsatz). Auf diese Weise kann der Zweckbindungsgrundsatz der EU-Datenschutz-Grundverordnung auch auf die Weiterverarbeitung durch die Stellen, denen Daten übermittelt wurden, erstreckt werden.

Zu Abs. 2 Satz 4: Durch die Regelung soll gewährleistet werden, dass dem Zweckbindungsgrundsatz der EU-Datenschutz-Grundverordnung auch nach einer Übermittlung an andere Stellen Rechnung getragen wird. Die Regelung orientiert sich an § 5 Abs. 1 Satz 4 NDSG, der die Übermittlung von Daten an öffentlich-rechtliche Religionsgemeinschaften betrifft. Abweichend von jener Regelung muss nach Satz 4 allerdings nicht sichergestellt sein, dass die empfangene Stelle die ihr übermittelten Daten »im Einklang« mit der EU-Datenschutz-Grundverordnung stehen, vielmehr soll genügen, dass dies von der Schule oder der Schulbehörde anzunehmen ist. Damit werden die Schulen nicht mit der Notwendigkeit belastet, bei jeder Datenübermittlung eine Verpflichtungserklärung der empfangenden Stelle einzuholen. Ob und wie die empfangende Stelle tatsächlich gewährleistet, dass die von ihr vorgenommenen Weiterverarbeitung der ihr übermittelten Daten mit der EU-Datenschutz-Grundverordnung vereinbar ist, bleibt ihr überlassen. Die Regelung trägt der Rechtsprechung zum sogenannten »Doppeltürmodell« Rechnung, wonach sowohl abgebende als auch empfangende Stelle rechtliche Grundlage zur Datenverarbeitung benötigt.

13 Zu Abs. 3: Abs. 3 Satz 1 regelt die Übermittlung personenbezogener Daten der Schülerinnen und Schüler an **nicht öffentliche Stellen**. Durch die Worte »auf Ersuchen« wird klargestellt, dass Schulen und Schulbehörden den anderen Stellen nicht ungefragt übermitteln können sollen. Die Weiterverarbeitung (Übermittlung) muss eines der in Art. 23 Abs. 1 EU-Datenschutz-Grundverordnung genannten Zieles dienen, insbesondere einem »wichtigen Ziel des allgemeinen öffentlichen Interesses«.

Nr. 1: Datenübermittlung an Ersatzschulen und Ergänzungsschulen in den Fällen der §§ 160 und 161, soweit dies erforderlich ist, um die Finanzhilfe abzurechnen oder zu gewährleisten, dass die Schulpflicht erfüllt wird.

Nr. 2: Datenübermittlung an die nach § 164 anerkannten Tagesbildungsstätten, soweit dies erforderlich ist, um zu gewährleisten, dass die Schulpflicht erfüllt wird. Da nach § 162 die Schulpflicht an Tagesbildungsstätten erfüllt werden kann, ist ein Austausch personenbezogener Daten erforderlich. Das setzt auch einen gegenseitigen Abgleich von personenbezogenen Daten voraus.

Nr. 3: Datenübermittlung an die außerschulischen Einrichtungen nach § 69 Abs. 3 und den Jugendwerkstätten nach § 69 Abs. 4, soweit dies erforderlich ist, um einen einzelfallbezogenen Förderplan aufzustellen oder zu gewährleisten, dass die Schulpflicht erfüllt wird. Da nach § 69 Abs. 3 und 4 die Schulpflicht an außerschulischen Einrichtungen oder Jugendwerkstätten erfüllt werden kann, ist ein Austausch personenbezogener Daten erforderlich.

Zu Abs. 3 Satz 2:

Nr. 1: Datenübermittlung an die Stellen der betrieblichen oder außerbetrieblichen Berufsbildung, die gemeinsam mit berufsbildenden Schulen im Rahmen der dualen Ausbildung ausbilden, soweit dies zur Gewährleistung der Berufsausbildung erforderlich ist und kein Grund zu der Annahme besteht, dass das schutzwürdige Interesse der betroffenen Person an der Geheimhaltung der Daten das Interesse an ihrer Übermittlung überwiegt.

Nr. 2: Datenübermittlung an eine nicht öffentliche Stelle, bei Glaubhaftmachung eines Rechtsanspruchs auf personenbezogene Daten und kein Grund zu der Annahme besteht, dass das schutzwürdige Interesse der betroffenen Person an der Geheimhaltung der Daten das Interesse an ihrer Übermittlung überwiegt.

Bei einem **gerichtlichen festgestellten Auskunftsanspruch** gegen die Schule (z.B. im Falle eines Auskunftsverlangens des Namens eines vorsätzlich handelnden Schädigers, gegen den Schmerzensgeldansprüche geltend gemacht werden sollen), greift die Rechtsgrundlage der Nr. 2.

Der Unterschied zu § 5 Abs. 1 Satz 2 Nr. 2 NDSG besteht zum einen darin, dass es nach der Formulierung nicht auf jedes »berechtigte Interesse« an der Kenntnis der Daten ankommen soll, sondern – wie in NRW – ein »rechtlicher Anspruch« erforderlich ist. Da das Bestehen eines solchen Anspruchs im Einzelfall zweifelhaft sein kann, wird aber zum anderen der Anspruch auf Übermittlung nicht – wie in NRW – an das (oft nur schwer feststellbare) »Bestehen« eines solchen Anspruchs, sondern – wie im NDSG – daran geknüpft, dass ein solcher Anspruch gegenüber der Schule oder der Schulbehörde glaubhaft gemacht wird (z.B. durch Vorlage eines vollstreckbaren Titels). Die Formulierung zu der in diesem Fall notwendigen Interessenabwägung ist ebenfalls § 5 Abs. 1 Satz 2 Nr. 2 NDSG entnommen. Diese verdeutlicht, welches Interesse der betroffenen Person überwiegend schutzwürdig sein könnte, nämlich das an der Geheimhaltung der Daten, gegen welches Interesse dieses abzuwägen ist und welcher Maßstab gelten soll, nämlich dass »kein Grund zu der Annahme« eines Überwiegens des Geheimhaltungsinteresses der betroffenen Person bestehen darf. Ob dieses Interesse tatsächlich überwiegt, ist jedenfalls dann unerheblich, wenn der Schule oder der Schulbehörde ein Grund, der diese Annahme rechtfertigen würde, nicht bekannt ist.

Abs. 3 Satz 3: Durch die Regelung soll gewährleistet werden, dass dem Zweckbindungsgrundsatz der EU-Datenschutz-Grundverordnung auch nach einer Übermittlung an andere Stellen Rechnung getragen wird. Die »Sicherstellung« (vgl. § 5 Abs. 1 Satz 4 NDSG) kann etwa durch eine entsprechende Verpflichtungserklärung der empfangenden Stelle gegenüber der übermittelnden Stelle erreicht werden (vgl. § 5 Abs. 1 Satz 3 NDSG oder § 25 Abs. 2 Satz 1 BDSG). Ein Muster einer Verpflichtungserklärung ist auf der Internetseite der nachgeordneten Schulbehörde eingestellt.

Zu Abs. 3 Satz 4: Hier ist als »Gegenstück« zu Abs. 3 Satz 1 geregelt

1. die Übermittlung personenbezogener Daten von den Ersatzschulen und den Ergänzungsschulen in den Fällen der §§ 160 und 161 an die Schulen und Schulbehörden.

Zur Abrechnung der Finanzhilfe ist ein personengenauer Abgleich der angemeldeten Schülerinnen und Schüler erforderlich.

2. die Übermittlung personenbezogener Daten von den anerkannten Tagesbildungsstätten an die Schulen und Schulbehörden. Die Übermittlungsbefugnis ist erforderlich, um die Erfüllung der Schulpflicht zu überprüfen.

3. die Übermittlung personenbezogener Daten von den außerschulischen Einrichtungen und Jugendwerkstätten an die Schulen und Schulbehörden. Dies dient einerseits der Erstellung des Förderplans durch die Schule sowie der Überprüfung der Schulpflichterfüllung.

14 Zu Abs 4: Mit der Regelung wird dem Informationsbedürfnis der am Übergang von der Schule in den Beruf beteiligten Agenturen für Arbeit im Rahmen der Durchführung von Maßnahmen am Übergang von der Schule in den Beruf, der Träger der Jugendhilfe in Bezug auf Angebote sozialpädagogischer Hilfen im Rahmen der Jugendhilfe und geeigneter sozialpädagogisch begleiteter Ausbildungs- und Beschäftigungsmaßnahmen sowie der Träger der Grundsicherung für Arbeitsuchende, den sog. Jobcentern, zum Zwecke der Wahrnehmung der Aufgaben nach § 1 Abs. 3 SGB II sowie § 4 Abs. 2 SGB II Rechnung getragen. Diese Institutionen arbeiten als sogenannte »**Jugendberufsagenturen**« zusammen. »Jugendberufsagenturen« sollen die Leistungen an junge Menschen, die von verschiedenen sozialen Aufgabenträgern erbracht werden, bündeln. Hierzu zählen die Agentur für Arbeit, die Jobcenter und die Einrichtungen der Jugendhilfe.

Die Aufgabe der **Agentur für Arbeit** besteht in der Bereitstellung von Arbeitsförderungsmaßnahmen auf der Basis des Arbeitsförderungsgesetzes (SGB III).

Die regional tätigen **Jobcenter** betreuen unter anderem arbeitsuchende Jugendliche, soweit diese Arbeitslosengeld II nach dem Grundsicherungsgesetz beziehen (SGB II).

Schließlich sind die Einrichtungen der **Jugendhilfe** (kommunale Jugendämter/Landesjugendämter) für die Jugendhilfe nach Maßgabe des »Jugendhilfegesetzes« zuständig (SGB VIII). Die Aufgaben dieser sozialen Träger sind somit durch Bundesrecht festgelegt.

Eine feste Definition der »Jugendberufsagentur« und eine klare Abgrenzung zu anderen Kooperationsformen gibt es nicht. Bei den »Jugendberufsagenturen« (Behörde sui generes) handelt es sich daher nicht um eigenständige Daten verarbeitende Stellen, sondern um Netzwerke verschiedener Daten verarbeitender Stellen. In der Regel sind an diesen Netzwerken die Schulen (allgemein bildende Schulen, berufsbildende Schulen), die Bundesagentur für Arbeit, die Jobcenter, die Städte und Kreise mit ihren Ämtern für soziale Dienste und ggf. weitere Stellen beteiligt. Die Zusammensetzung dieser Netzwerke kann von Landkreis zu Landkreis und kreisfreier Stadt zu kreisfreier Stadt unterschiedlich sein. Die Einrichtung von »Jugendberufsagenturen« liegt daher in der Zuständigkeit von Kommunen, Jobcentern und Agenturen für Arbeit. Seit 2018 sind in Niedersachsen flächendeckend Strukturen der koordinierten Beratung aktiv oder im Aufbau.

Bei der »Jugendberufsagentur« geht es (mindestens) um die Zusammenarbeit der Kerninstitutionen von Jobcenter/Optionskommune, Agentur für Arbeit und Jugendamt sowie freien Trägern der Jugendhilfe. Eine Zusammenarbeit der Agentur für Arbeit, der Jobcenter und der Einrichtungen der Jugendhilfe bringt mit sich, dass Daten über die betreuten Jugendlichen ausgetauscht werden müssen. Für diesen Datenaustausch bestehen allgemeine und eine ganze Reihe spezifischer Datenschutzregelungen des Bundes. Die Regelung des § 31a Absatz 1 SGB III erweitert den gesetzlichen Beratungsauftrag der Agenturen für Arbeit um eine zusätzliche Informationsverpflichtung: Sie haben junge Menschen, die nach Beendigung der Schule voraussichtlich keine konkrete berufliche Perspektive haben, frühzeitig aktiv zu kontaktieren und über Unterstützungsmöglichkeiten zu informieren. Dabei wird auf die vorhandenen Kenntnisse abgestellt. Ein beruflicher Anschluss besteht zum Beispiel bei einer Berufsausbildung oder einem Studium, einem freiwilligen sozialen Jahr oder auch einem weiterführenden Schulbesuch. Zur Beurteilung der konkreten Anschlussperspektive kommt es auf eine objektive Prognose über die individuelle berufliche Zukunft des jeweiligen jungen Menschen an. Eine positive Prognose ist beispielsweise bei Abschluss eines konkreten Ausbildungs- oder Arbeitsvertrages, einer erfolgreichen oder erfolgsversprechenden Studienplatzbewerbung oder einer bestehenden oder zu erwartenden Schulbesuchszusage gegeben. Zudem wird die Berufsagentur für Arbeit ermächtigt, Sozialdaten von Jugendlichen an die Länder weiterzugeben, damit diese Unterstützungsangebote unterbreiten können. Die Ermächtigung dient dem Jugendberufsagenturen und ist quasi das Gegenstück zu der Ermächtigung in Abs. 4. Eine trägerübergreifende Übermittlung von Sozialdaten zwischen den Trägern ist mit schriftlicher Einwilligung möglich. Darüber hinaus ist nach § 69 Abs. 1 Nr. 1 des Zehnten Buches Sozialgesetzbuch (SGB X) die Übermittlung von Sozialdaten ohne Einwilligung möglich, soweit sie erforderlich ist für die Erfüllung einer gesetzlichen Aufgabe der übermittelnden Stelle nach dem Sozialgesetzbuch oder einer solchen Aufgabe des Dritten, an den die Daten übermittelt werden, wenn er – wie bei den vorliegenden Trägern gegeben – eine in § 35 des Ersten Buches Sozialgesetzbuch (SGB I) genannte Stelle ist.

Vor allem die enge Zusammenarbeit mit Schulen (allgemein bildende und berufsbildende Schulen) und Schulbehörden gilt in vielen »Jugendberufsagenturen« als Schlüssel zum Erfolg. Schulleitung, Lehrkräfte, Ausbildungslotsen, Berufseinstiegsbegleiterinnen und -begleiter und Schulsozialarbeiterinnen und -Sozialarbeiter sollen gemeinsam mit den Schülerinnen und Schülern Jobperspektiven entwickeln. Auf diese Weise soll verhindert werden, dass Schulabgängerinnen und Schulabgänger ohne berufliches Ziel dastehen. Vielfach sind die »Jugendberufsagenturen« daher auf die Übermittlung personenbezogener Daten von Schülerinnen und Schülern in den Abschlussklassen in Schulen angewiesen. Die ersten Informationen über Schülerinnen und Schüler, die aus Sicht der Schule die Unterstützungsleistung der »Jugendberufsagenturen« benötigen könnten, kommen in der Regel von der Schule. Die »Jugendberufsagenturen« können auf der Grundlage der übermittelten Daten dann die Schülerinnen und Schüler anschreiben und ihre Beratungsleistungen anbieten. Anschließend sind die Daten durch die »Jugendberufsagenturen« zu löschen, da die Einhaltung einer am Verarbeitungszweck bemessenen Speicherdauer zur Löschung verpflichtet, sofern der Zweck erreicht ist. Eine Datenübermittlung an eine der Stellen innerhalb der »Jugendberufsagentur« und der dann erfolgende Austausch der Netzwerkpartner untereinander, war ohne Abs. 4 nur auf der Grundlage einer Einwilligungserklärung der Schülerin oder des Schülers bzw. der Erziehungsberechtigten möglich. Soweit die Kenntnis der personenbezogenen Daten der Schülerinnen und Schüler und ihrer Erziehungsberechtigten für die vorgenannten Leistungsträger erforderlich ist, um die gesetzlichen Aufgaben rechtmäßig, vollständig und in angemessener Zeit erfüllen zu können, wird daher durch Abs. 4 die Datenübermittlung zugelassen. In diesem Zusammenhang ist nicht zuletzt die auch von den Partnern des Bündnisses für Duale Berufsausbildung geforderte Intensivierung der Zusammenarbeit zwischen Agentur für Arbeit, Träger der Jugendhilfe, Jobcenter, Schule, Schulbehörden und Schulträger bei der Unterstützung von Jugendlichen am Übergang zwischen Schule und Beruf im Rahmen einer koordinierten Beratungsstruktur hervorzuheben, die mit Abs. 4 unterstützt wird. Ähnliche Regelungen wie in Niedersachsen gibt es noch in Bremen, Hamburg und Berlin.

Die Datenübermittlung an die Jugendberufsagentur ist auf die in Abs. 6 Satz 3 genannten Daten beschränkt, beispielsweise ist eine Übermittlung von Schulnoten unzulässig. Der Gesetzgeber hat bewusst darauf verzichtet, den Personenkreis der Schülerinnen und Schüler auf einen bestimmten Personenkreis zu beschränken. Gegen eine weitergehende Einschränkung der Ermächtigung auf Schülerinnen und Schüler, deren künftiger Ausbildungsgang noch nicht feststeht, sind im Gesetzgebungsverfahren Bedenken dergestalt geäußert worden, dass die Übermittlung der Kontaktdaten auf beratungsbedürftige Schülerinnen und Schüler zu einer Stigmatisierung einzelner Schülerinnen und Schüler führen würde. Aus dem Grundsatz der Datenminimierung (Art. 5 Abs. 1c DSGVO) folgt jedoch, dass die Ermächtigung nur Schülerinnen und Schüler umfasst, die die Schule Richtung Arbeitsmarkt verlassen – oder absehbar verlassen werden (also z.b. kein Primarbereich und nur sehr begrenzt der Sekundarbereich I). Insoweit ist schon aus allgemeinen datenschutzrechtlichen Gründen eine Fokussierung auf die Schülerinnen und Schüler der Abschlussjahrgänge gegeben. Im Übrigen ist eine Übermittlung von Daten von Schülerinnen und Schüler, von denen ihre Schule positiv weiß, dass sie eine weitere (schulische oder Hochschul-) Ausbildung anschließen wollen oder bereits einen Ausbildungsplatz haben, ausgeschlossen.

Zu Abs. 5: Satz 1: Internetbasierte Lern- und Unterrichtsplattformen dürfen nur eingesetzt werden, soweit diese den Anforderungen der EU-Datenschutz-Grundverordnung entsprechen und die Schulleitung dem Einsatz zugestimmt hat. Dass internetbasierte Lern- und Unterrichtsplattformen in der Schule nur eingesetzt werden dürfen, wenn dies datenschutzrechtlich zulässig ist, ist selbstverständlich und dient nur der Klarstellung.

Mit der Landesinitiative des Vereins n-21 »**Niedersächsische Bildungscloud**« in Kooperation mit einer auf Bundesebene durch das Hasso-Plattner-Institut (HPI) entwickelten Schul-Cloud ist in Niedersachsen ein großes virtuelles Klassenzimmer in Form einer kollaborativen Lernplattform entstanden. Im Zuge der Corona-Pandemie 2020 in Deutschland ist die Niedersächsische Bildungscloud im Mai 2020 flächendeckend in Niedersachsen eingeführt worden. Die Niedersächsische Bildungscloud orientiert sich an den zentralen Zielsetzungen des Landeskonzeptes »Medienkompetenz in Niedersachsen – Ziellinie 2020«, das unter anderem die

- verbindliche Entwicklung von schulischen Medienkonzepten, die wiederum Bestandteile der Schulentwicklung aller Schulen werden;
- Bereitstellung digitaler Unterrichtsmaterialien für Lehrkräfte, Schülerinnen und Schüler;
- Entwicklung von Empfehlungen für die Hardwareausstattung/IT-Infrastruktur an Schulen sowie für deren Vernetzung und Wartung vor dem Hintergrund einer Orientierung auf schülereigene digitale Endgeräte (Bring-Your-Own-Device (BYOD)-Konzept);
- Ausstattung aller Schülerinnen und Schüler weiterführender Schulen mit persönlichen, eltern-/nutzerfinanzierten digitalen Endgeräten;
- flächendeckende Einführung von digitalen Lern- und Arbeitsumgebungen für alle Schülerinnen und Schüler vorsieht.

Dabei stellt die Bildungscloud eine Kombination pädagogischer und ausstattungsbezogener Inhalte dar. Es sollen alle relevanten und bislang an den Schulen zum Einsatz kommenden digitalen Lern- und Arbeitsplattformen integriert sowie weiterhin genutzt werden und im Zuge einer cloudtypischen Bereitstellung von Daten zur schulformübergreifenden Netzwerkarbeit zur Verfügung stehen. Die Daten werden auf Servern in kommunalen Rechenzentren gespeichert. Über diese Bildungscloud können Lehrkräfte auch Daten ihrer Schülerinnen und Schüler sicher verarbeiten. Das mobile Endgerät wird dabei lediglich als Eingabegerät genutzt;

die Daten werden ausschließlich auf den Servern der Bildungscloud verbleiben. Mit der Bildungscloud können Lehrkräfte ihren Schülerinnen und Schülern digital Lerninhalte zur Verfügung stellen, Arbeitsgruppen bilden, Informationen zur Verfügung stellen und sogar Dritte (Experten) an schulischer Kommunikation beteiligen. Das Bundesministerium für Bildung und Forschung bewertet das Schul-Cloud-Vorhaben des HPI nicht nur als pädagogisch getriebene Verbesserung, sondern – im Vergleich zu herkömmlichen Plattformen – als innovative und partizipative, d. h. von den teilnehmenden Schulen selbst getriebene technologische Weiterentwicklung, die aufgrund ihres Open-Source-Ansatzes grundsätzlich allen Ländern zur Nutzung offen steht.

Datenschutzrechtlichen Bedenken gegen die Verwendung eigener mobiler Endgeräte dürften mit diesem Konzept begegnet werden können.

Die Niedersächsische Bildungscloud bietet technisch auch die Möglichkeit eines sogenannten ID-Managements. Die Schüler-Identifikationsnummer (kurz Schüler-ID) soll laut Plänen der Kultusministerkonferenz als eindeutige und für die gesamte Schullaufbahn gültige Personenkennziffer eingeführt werden, um die persönlichen Daten von Schülern in einem bundeslandweiten Register zu erfassen. Eine Rechtsgrundlage hierfür fehlt aber noch in Niedersachsen.

Satz 2: Die Schule darf für den Einsatz digitaler Lehr- und Lernmittel personenbezogene Daten der Schülerinnen und Schüler, der Lehrkräfte und der Erziehungsberechtigten verarbeiten, soweit dies für die Aufgaben der Schulen erforderlich ist. Satz 2 erweitert hinsichtlich der Lehrkräfte den Datenrahmen des Abs. 1 und ist insoweit als Spezialvorschrift zu § 88 NBG anzusehen. Nach § 88 Abs. 1 NBG und § 12 NDSG darf der Dienstherr personenbezogene Daten einschließlich besonderer Kategorien personenbezogener Daten über Bewerberinnen und Bewerber sowie über Beamtinnen und Beamte, frühere Beamtinnen und Beamte und deren Hinterbliebene verarbeiten, soweit dies zur Begründung, Durchführung, Beendigung oder Abwicklung des Dienstverhältnisses oder zur Durchführung organisatorischer, personeller und sozialer Maßnahmen, insbesondere auch zu Zwecken der Personalplanung und des Personaleinsatzes, erforderlich ist oder eine Rechtsvorschrift, eine Vereinbarung nach § 81 des Niedersächsischen Personalvertretungsgesetzes oder eine Dienstvereinbarung dies erlaubt. Bei diesen Regelungen handelt es sich um Sondervorschriften über die Datenverarbeitung im Beschäftigungskontext im Sinne des Artikels 88 EU-Datenschutz-Grundverordnung, während Satz 2 eine Datenverarbeitung im Rahmen der Erfüllung des Bildungsauftrages der Schule betrifft, bei der grundsätzlich keine Personalaktendaten im Sinne des § 50 Satz 2 BeamtStG verarbeitet werden sollen. Insoweit handelt es sich hier um eine gegenüber § 88 NBG und § 12 NDSG speziellere Vorschrift.

Der Grund, warum hier die personenbezogenen Daten auch der Lehrkräfte einbezogen werden, liegt in den spezifischen Nutzungsbedingungen digitaler Lern- und Lernmittel. Diese können es nämlich erforderlich machen, auch private personenbezogene Daten von Lehrkräften zu verarbeiten, etwa wenn diese sich mit ihrer privaten IP-Adresse in einem internetbasierten System anmelden (müssen) und diese Daten dann dort gespeichert werden. Mithin besteht auch kein Widerspruch zwischen dieser Regelung und der Regelung in Absatz 1 Satz 1: Letztere bezieht sich nur auf die Eigenschaft der Lehrkräfte als Amtsträgerinnen oder Amtsträger und erlaubt keine Verarbeitung privater Daten (lässt aber die Möglichkeit der Verarbeitung solcher Daten mit Einwilligung der Lehrkraft zu). Die vorliegende Regelung schafft eine gesetzliche Grundlage, – nur – für den Einsatz digitaler Lehr- und Lernmittel und schafft nur insoweit eine gesetzliche Grundlage für die Verarbeitung von privaten Daten der Lehrkräfte (um insoweit die Notwendigkeit einer Einwilligung zu vermeiden).

Untergesetzlich sind weitere Voraussetzungen in dem Erlass »Nutzung eingeführter digitaler Endgeräte in Prüfungssituationen« geregelt.

Aufgrund der mit der Tabletbeschulung verbundene Datenverarbeitung ist keine Einwilligung mehr erforderlich. Dies gilt jedoch nicht für den Einsatz eines Mobile Device Managements (MDM) auf einem privateigenen Gerät der Schülerinnen oder Schüler, mit dem verhindert wird, dass die Schule auf den privaten Teil des Tablets zugreifen kann. Dieser Eingriff durch das MDM muss von einer rechtsgültigen Einwilligung gedeckt sein. Auch ergibt sich aus Abs. 5 nicht, dass Erziehungsberechtigte verpflichtet sind, dass das Kind mit einem Tablet privat ausgestattet wird.

Zu Abs. 6: Absatz 6 beinhaltet eine schulgesetzliche Grundlage für die Datenübermittlung zur Überwachung der Schulpflicht von Schülerinnen und Schülern für den Primarbereich. Satz 1 normiert die Datenübermittlung zwischen Meldebehörde und zuständiger Grundschule, damit Letztere aufgrund aktueller Schülerdaten in die Lage versetzt wird, die Schulpflicht der in dem folgenden Jahr erstmals schulpflichtig werdenden oder während ihrer Schulpflicht im Primarbereich zuziehenden Kinder überwachen zu können (Satz 2). In Satz 3 wird vor dem Hintergrund des Grundsatzes der Datenminimierung der Katalog an zu übermittelnden Daten auf das für den Zweck der Überwachung der Schulpflicht erforderliche Maß beschränkt.

Satz 3 Nr. 2 Buchst d: Die Übermittlung einer Auskunftssperre im Sinne des § 51 BMG bzw. eines bedingten Sperrvermerkes im Sinne des § 52 BMG dient der Verhinderung der Beeinträchtigung schutzwürdiger Interessen der von der Auskunftssperre oder des bedingten Sperrvermerks Betroffenen. Die in § 41 BMG geregelte Zweckbindung gilt insofern auch für die in § 31 genannten Stellen. Die jeweilige öffentliche Stelle wird dadurch darüber informiert, dass sie Daten einer besonders schutzbedürftigen Person erhalten hat, welche entsprechend sensibel zu behandeln sind. Diese Sperrvermerke beziehen sich auf Melderegisterauskünfte i. S. d. §§ 44 ff. BMG, nicht aber auf die – auch im Falle des § 31 vorliegende – regelmäßige Datenübermittlung der Meldebehörden an andere öffentliche Stellen im Sinne von § 36 BMG. Bei den in § 31 aufgeführten Stellen, an die Daten übermittelt werden, handelt es sich um andere öffentliche Stellen i. S. d. § 34 BMG i. V. m. § 2 Abs. 1 bis 3 und 4 Satz 2 BDSG.

§ 7a Abs. 1 Satz 2 NMeldVO bestimmt als Zeitpunkt den 15.01. bzw. »unverzüglich nach dem Umzug oder Zuzug«, bis wann den zuständigen Grundschulen die erforderlichen Daten durch die Meldebehörden zu übermitteln sind.

Abs. 6 schließt nicht aus, dass der Datentransfer an die Grundschule durch den Schulträger erfolgt, wenn Meldebehörde und Schulträger einer Kommune angehören.

Sofern niedersächsische Schülerinnen und Schüler ihre Schulpflicht in einem anderen Bundesland erfüllen wollen, gilt Nr. 3.1.3 des Erlasses »Ergänzende Bestimmungen zum Rechtsverhältnis zur Schule und zur Schulpflicht«. Danach sind für den Besuch allgemein bildender Schulen in angrenzenden Bundesländern die in einer Verwaltungsvereinbarung zwischen Niedersachsen und dem Nachbarbundesland oder zwischen den beteiligten Schulträgern getroffenen Regelungen zu beachten. Für den Schulbesuch öffentlicher Schulen im Land Bremen bedarf es einer Freistellungserklärung und für den Schulbesuch in Hamburg in bestimmten Fällen einer Genehmigung der nachgeordneten Schulbehörde. Für Schulbesuche in anderen angrenzenden Bundesländern, mit denen Niedersachsen keine Vereinbarung getroffen hat, werden keine Freistellungsbescheinigungen ausgestellt. In diesem Fall sollte sich die abgebende Schule bei der aufnehmenden Schule in dem anderen Bundesland vergewissern, dass dort die Schulpflicht erfüllt wird.

17 **Zu Abs. 7:** Die Regelung in Absatz 7 regelt die Datenübermittlung der abgebenden an die aufnehmende Schule im Falle eines Schulwechsels zur Überwachung der Schulpflicht. Mit den Vorgaben in den Sätzen 2 und 3 wird zur Überwachung der Schulpflicht die Übermittlung der Aufnahmeentscheidung durch die aufnehmende Schule an die abgebende Schule normiert und festgelegt, dass bis zur Übermittlung der Aufnahmeentscheidung der abgebenden Schule die Überwachung der Schulpflicht obliegt. Satz 4 stellt sicher, dass im Falle des Schulwechsels einer im Sekundarbereich schulpflichtigen Schülerin oder eines Schülers aus einem anderen Bundesland oder aus dem Ausland die Schulbehörde die für die Überwachung der Schulpflicht erforderlichen Daten erhält. Die abgebende Schule kann in diesen Fällen mangels Gesetzgebungskompetenz nicht zur Datenübermittlung an die aufnehmenden Schulen verpflichtet werden. Aufgrund der fehlenden rechtlichen Verpflichtung in § 63 Abs. 2 Satz 1, 2. Halbsatz zur Festlegung von Schulbezirken im Sekundarbereich I sowie aufgrund des Fehlens einer gesetzlichen Ermächtigung zur Festlegung von Schulbezirken im Sekundarbereich II steht anders als im Primarbereich nicht von vornherein fest, welche Schule die Schülerin oder der Schüler besucht. Aus diesem Grunde wird eine Datenübermittlung an die Schulbehörde vorgesehen, damit diese in die Lage versetzt wird, die Erziehungsberechtigten zu kontaktieren, um den Schulbesuch des schulpflichtigen Kindes zu überprüfen.

Eine gesetzliche Lücke besteht allerdings weiterhin bei Kindern beruflich Reisender. Diese sind in der Regel einer Stammschule an ihrem Hauptwohnsitz und verschiedenen Stützpunktschulen zugeordnet. Da Kinder beruflich Reisender nach § 29 Abs. 4 BMG, § 18 Abs. 4 NMG jedoch nicht meldepflichtig sind, wenn sie – wie häufig der Fall – unter 3 Monaten ihren tatsächlichen Aufenthalt ändern, werden sie von der gesetzlichen Regelung nicht vollständig erfasst.

Zu Abs. 8: Mit dem ÄndG 06 wurden die Datenübermittlungsbefugnisse **18** von Kindergärten an Schulen verdeutlicht. Kindergarten wie Grundschule haben gleichermaßen einen Bildungsauftrag. Deshalb ist die Weitergabe von Daten, d. h., der Austausch über Beobachtungen und Erkenntnisse, die im Kindergarten zur Entwicklung und zum Lernverhalten von Kindern gewonnen werden, ein wichtiges Mittel, um Kontinuität im Bildungsverlauf herzustellen. Im Interesse einer vertrauensvollen Zusammenarbeit zwischen Elternhaus, Kindergarten und Schule sollte dafür weiterhin die Einwilligung der Erziehungsberechtigten eingeholt werden. Die Einwilligung der Erziehungsberechtigten zum Austausch der Fachkräfte des Kindergartens mit den Lehrkräften der Schule über ihr Kind ist vom Kindergarten einzuholen.

Zu Abs. 9: Abs. 9 bezieht sich auf personenbezogene Daten, die keine **19** Personalaktendaten im Sinne des § 50 Satz 2 BeamtStG (Daten, die in einem unmittelbaren inneren Zusammenhang mit dem Dienstverhältnis stehen), sind. Diese (nicht mit dem Dienstverhältnis in einem inneren Zusammenhang stehenden) personenbezogenen Daten dürfen zur Erforschung und Entwicklung der Schulqualität verarbeitet werden. Der Schutz der **personenbezogenen Daten von Lehrkräften und anderen Bediensteten** richtet sich im Übrigen nicht nach dem NSchG, sondern nach § 88 Abs. 1 NBG. Nach § 88 Abs. 1 NBG darf der Dienstherr personenbezogene Daten einschließlich besonderer Kategorien personenbezogener Daten über Bewerberinnen und Bewerber sowie über Beamtinnen und Beamte, frühere Beamtinnen und Beamte und deren Hinterbliebene verarbeiten, soweit dies zur Begründung, Durchführung, Beendigung oder Abwicklung des Dienstverhältnisses oder zur Durchführung organisatorischer, personeller und sozialer Maßnahmen, insbesondere auch zu Zwecken der Personalplanung und des Personaleinsatzes, erforderlich ist oder eine Rechtsvorschrift, eine Vereinbarung nach § 81 des Niedersächsischen Personalvertretungsgesetzes oder eine Dienstvereinbarung dies erlaubt. Eine entsprechende Vereinbarung liegt mit der Vereinbarung gemäß § 81 NPersVG über die Einführung und Anwendung eines Personalmanagementverfahrens (PMV) in der niedersächsischen Landesverwaltung (Bek. d. MF v. 22.02.2013, Nds. MBl. S. 235) vor. Bei den im Rahmen einer Schulinspektion über das Schulleitungshandeln erhobenen Daten handelt es sich nicht um Personalaktendaten im Sinne des § 88 NBG. Ein unmittelbarer innerer Zusammenhang mit dem Dienstverhältnis besteht in Bezug auf die Ergebnisse einer Schulinspektion nicht, weil sich aus einer solchen keine Konsequenzen für das Beamtenverhältnis ergeben, in dem die betroffenen Schulleiterinnen und Schulleiter zum Land Niedersachsen stehen. Vielmehr handelt es sich um Daten, die der Fortentwicklung der beteiligten Schulen, nicht aber einer beamtenrechtlichen Beurteilung der Schulleiterin oder des Schulleiters bzw. der sonstigen Mitglieder der Schulleitung dienen sollen.

Die Zweckbestimmung »Erforschung oder Entwicklung der Schulqualität« ist in das Schulgesetz eingefügt worden, weil die den Schulen zur Qualitätsentwicklung angebotenen Instrumente teilweise vorsehen, dass personenbezogene Daten über das Verhalten von Schulleitungen, Funktionsträgern oder anderen in der Schule tätigen Personen erhoben werden, die durch die Zweckbestimmung des § 88 NBG nicht erfasst sind.

Soweit die Verarbeitung von personenbezogenen Daten an die Schulträger mit der Erforschung und Entwicklung der Schulqualität begründet wird, muss dargelegt werden, warum dieses Ziel nicht durch die Verarbeitung anonymisierter Daten zu erreichen ist. Insbesondere ist darzulegen, inwieweit gerade die Verarbeitung von personenbezogenen Daten der Erforschung und Entwicklung der Schulqualität – also der Steigerung der Unterrichtsqualität – dient. Rein planerische Interessen der Schulträger oder die Überwachung der Schulpflicht können hierbei keine Rolle spielen.

20 **Zu Abs. 10:** Abs. 10 behandelt die Verarbeitungsbefugnisse besonderer Kategorien personenbezogener Daten. Nach der Rechtsprechung des Europäischen Gerichtshofs (EuGH) zu den Grundrechten aus den Artikeln 7 und 8 der Europäischen Grundrechtecharta (EUGRCh), die ebenso wie das entsprechende Recht aus Artikel 16 Abs. 1 des Vertrages über die Arbeitsweise der Europäischen Union (AEUV) durch die EU-Datenschutz-Grundverordnung konkretisiert werden (vgl. EG 1), ist ein Eingriff in das Recht jeder Person auf den Schutz der sie betreffenden personenbezogenen Daten außer bei Einwilligung nur auf einer gesetzlichen Grundlage zulässig und wenn diese gesetzliche Grundlage selbst »klar und präzise« definiert, welche Daten zu welchen Zwecken verarbeitet werden dürfen, und zwar insbesondere dann, wenn besonders sensible personenbezogene Daten verarbeitet werden sollen (EuGH, Gutachten vom 26.07.2017). Daher werden die Daten, die verarbeitet werden dürfen, als auch die Zwecke, zu denen dies zulässig ist, konkret im Gesetz benannt.

Durch die Bezugnahme auf die Absätze 1 bis 3 ist neben der Verarbeitung auch die Übermittlung besonderer Kategorien personenbezogener Daten erfasst.

1. Gesundheitsdaten

a) Feststellung der Schulfähigkeit

Schuleingangsuntersuchung: Zur Feststellung der Schulfähigkeit ist die Verarbeitung von Gesundheitsdaten zulässig. Die Regelung zu den nicht schulfähigen Kindern befindet sich in § 64. Nach § 5 Abs. 2 NGöGD untersuchen die Landkreise und kreisfreien Städte die Kinder rechtzeitig vor der Einschulung ärztlich auf gesundheitliche Beeinträchtigungen, die geeignet sind, die Schulfähigkeit zu beeinflussen (Schuleingangsuntersuchungen). Der aufnehmenden Schule werden nur die für die Schulfähigkeit bedeutsamen Untersuchungsergebnisse mitgeteilt.

Zeugniserlass: Die Auflistung von entschuldigten Fehlzeiten kann (insbesondere bei einer starken Häufung) im Zeugnis auf krankheitsbedingte Fehlzeiten hindeuten. Insoweit wird die Auffassung vertreten, dass es sich hierbei um Gesundheitsdaten i.S.v. Art. 9 Abs. 1 der EU-Datenschutz-Grundverordnung handelt. Allerdings ist aus der Angabe von Fehlzeiten objektiv nicht ableitbar, dass es sich tatsächlich um krankheitsbedingte Fehlzeiten handelt, sodass es sich hierbei nicht um Gesundheitsdaten und damit besonders geschützte Daten handeln dürfte.

Die Rechtsgrundlage zur Auflistung der unentschuldigten Fehltage in den Zeugnissen ergibt sich bereits aus Abs. 1.

Unter Nr. a) können aber auch die Fälle fallen, bei denen es um besonders traumatisierte Kinder, z.B. aus Kriegsgebieten, geht und deren personenbezogene Daten über diese Erlebnisse verarbeitet werden.

b) Erfüllung der Aufgaben der Schülerbeförderung

Zur sachgerechten Erfüllung der Aufgaben der Schülerbeförderung sind die Träger der Schülerbeförderung auf Gesundheitsdaten angewiesen, z.B. zur Organisation einer Rollstuhlbeförderung.

c) Erfüllung der Aufgaben der Landesunfallkasse

Zur Bearbeitung von Schülerunfällen ist die Verarbeitung von Gesundheitsdaten erforderlich.

d) Selbstschutz

Hierunter fallen u.a. die Daten, die erforderlich sind, um die Schutzfristen nach dem Mutterschutzgesetz zu berechnen. Die Regelung greift aber auch, wenn eine Schülerin oder ein Schüler an einer bestimmten Krankheit leidet, die besondere Schutzvorkehrungen erfordert (z.B. besondere Verpflegung).

e) Feststellung eines Nachteilsausgleichs

Zur Gewährung eines Nachteilsausgleichs z.B. bei einer Behinderung ist die Verarbeitung von Gesundheitsdaten zulässig.

f) Feststellung eines Bedarfs an sonderpädagogischer Unterstützung

Nach § 2 Satz 3 der Verordnung zum Bedarf an sonderpädagogischer Unterstützung sind die Erziehungsberechtigten über die Erstellung eines sonderpädagogischen Fördergutachtens unverzüglich zu unterrichten. Datenschutzrechtlich handelt es sich bei den zu erhebenden Daten der Schülerinnen und Schüler um besonders geschützte Daten nach Art. 9 EU-Datenschutz-Grundverordnung.

g) Feststellung der Erfüllung der Schulpflicht

Zur sachgerechten Überprüfung der Schulpflicht ist die Verarbeitung von Gesundheitsdaten zum Beispiel erforderlich, wenn die Schulpflicht an Tagesbildungsstätten oder außerschulischen Lernorten und Jugendwerkstätten in den Fällen des § 69 Abs. 3 und Abs. 4 erfüllt wird.

h) Gründe der öffentlichen Gesundheit oder des Infektionsschutzes

Die Verarbeitung von Gesundheitsdaten ist zum Beispiel auch zur Verhängung von Schulbetretungsverboten oder der Überprüfung des Masern-Impfstatus nach dem Infektionsschutzgesetz zulässig. Es kann auch notwendig sein, die das Kind unterrichtenden Lehrkräfte (z.b. Sportlehrerinnen oder Sportlehrer) über eine ansteckende Krankheit eines Kindes zu informieren.

Wer als Lehrkraft von Amts wegen Kenntnis von einer Krankheit erlangt hat, ist darüberhinaus zur Verschwiegenheit verpflichtet. Lediglich, wenn es um die Abwendung einer akuten Gefahr oder um Meldungen von infektiösen Erkrankungen und eventuell ein Schulverbot (nach §§ 33 und 34 IfSG) geht, ist eine Durchbrechung dieses Prinzips unter Umständen unvermeidbar. Eine Übermittlung der Information über die HIV-Erkrankung an die Eltern sowie Schülerinnen und Schüler der Klasse oder andere Lehrkräfte ist also grundsätzlich nur mit Einwilligung der Eltern bzw. Sorgeberechtigten zulässig. Was Eltern der Lehrkraft über die Krankheit mitteilen, liegt in ihrem Ermessen. Eine spezielle Rechtsgrundlage, die die Weitergabe der Information an Dritte zulässt, ist nicht vorhanden. Somit muss das weitere Vorgehen in dieser Hinsicht mit den Eltern bzw. deren Sorgeberechtigten abgesprochen werden. Wünschen die Eltern bzw. Sorgeberechtigten nicht, dass die Mitschülerinnen und Mitschüler bzw. deren Eltern informiert werden, ist diesem Wunsch grundsätzlich Rechnung zu tragen. Sind dagegen die Erziehungsberechtigten damit einverstanden, dass Informationen über die Krankheit weitergegeben werden, sollte die Einwilligung der Eltern schriftlich erfolgen. Die Einwilligung kann jederzeit widerrufen werden.

In § 20 Abs. 9 Satz 1 IfSG ist eine Verpflichtung der betroffenen Personen vorgesehen, der Schule einen Nachweis über den Masern-Impfschutz vorzulegen. Bei dem Nachweis handelt es sich um ein besonders geschütztes Datum im Sinne des Art. 9 DSGVO. Die Rechtsgrundlage zur Verarbeitung dieser besonders geschützten Daten auf Seiten der Schule (Archivierung in Papierakten oder elektronische Speicherung) wird durch § 31 Abs. 10 gewährleistet. Die Schulen müssen aber hinsichtlich dieser Daten besondere Schutzmaßnahmen nach § 17 Abs. 2 bis 4 NDSG (z.B. verschlossene Briefumschläge) treffen.

i) Aufgaben der obersten Schulbehörde nach § 157 Abs. 1 Satz 2 Nr. 2

Die Regelung betrifft einen Ausnahmetatbestand bei sogenannten Konkordatsschulen, die der Beschulung von Schülerinnen und Schülern mit Bedarf an sonderpädagogischer Unterstützung Rechnung trägt.

2. Daten, aus denen die religiöse oder weltanschauliche Überzeugung hervorgeht, zur Organisation des Unterrichtes

Nummer 2 spielt eine Rolle insbesondere für die Frage, in welchem Umfang Religionsunterricht (Art. 7 Abs. 2 und 3 des Grundgesetzes) angeboten und organisiert werden muss.

3. Daten, aus denen die Herkunft hervorgeht

Das Tatbestandsmerkmal »Herkunft« bezieht sich auf die »rassische und ethnische Herkunft« im Sinne des Art. 9 Abs. 1 Datenschutz-Grundverordnung. Der Gesetzgeber hat lediglich aus semantischen Gründen die Begrifflichkeit aus der EU-Datenschutz-Grundverordnung nicht übernommen.

Buchstabe a meint zum einen die Fälle der Sprachförderung an den sogenannten Sprach- und Integrationsklassen der Berufseinstiegsschule (§ 17 Abs. 4), zum anderen Fälle, in denen wegen nicht ausreichender Deutschkenntnisse besondere Sprachfördermaßnahmen nach § 64 Abs. 3 erforderlich sind oder die Erteilung herkunftssprachlichen Unterrichts auf der Grundlage des Runderlasses des Kultusministeriums »Förderung von Bildungserfolg und Teilhabe von Schülerinnen und Schülern nichtdeutscher Herkunftssprache« vom 01.07.2014 (SVBl. S. 330) erfolgt.

Buchstabe b betrifft die Fälle, in denen bestimmte katholische Ersatzschulen auch dann gefördert werden können, wenn zwar der Anteil nichtkatholischer Schülerinnen und Schüler den Anteil von 30 % übersteigt, dies jedoch, weil die Aufnahme von Schülerinnen und Schülern »mit Migrationshintergrund« ermöglicht werden soll. Hierzu ist es erforderlich, die Herkunft der betreffenden Personen festzustellen und dieses Datum zu verarbeiten.

Fallbeispiele: 21

Abgeordnete/Fraktionen: siehe Anm. 6

Adresslisten: Die Weitergabe von Adresslisten mit privaten Adressen der Lehrkräfte an die Eltern-/Schülervertretung ist nur unter Voraussetzung einer rechtswirksamen Einwilligung zulässig (vgl. Anm. 8). Die Dienstadressen können dagegen weitergegeben werden.

Angaben zum Sorgerecht: Das Sorgerecht ist im BGB geregelt. Es sind folgende Fallkonstellationen zu unterscheiden: 1. Miteinander **verheiratete Eltern**: Gemeinsames Sorgerecht (§ 1626 BGB) = Mitteilung von Daten an beide Elternteile grundsätzlich zulässig. 2. **Dauernd getrennt lebende und/oder geschiedene Eltern**: Grundsätzlich gemeinsames Sorgerecht, es sei denn, gerichtlich ist Sorgerecht auf ein Elternteil übertragen (§ 1671 BGB) = Mitteilung grundsätzlich an beide Elternteile zulässig, aber bei gerichtlicher anderer Entscheidung Übermittlung nur an den festgelegten Sorgeberechtigten. 3. **Unverheiratete Partner mit gemeinsamen Kindern** (§ 1626a BGB): Gemeinsames Sorgerecht bei Abgabe einer Sorgerechtserklärung des Kindesvaters: Übermittlung an beide Elternteile, ansonsten nur an die Mutter. Im Aufnahmebogen der Schule kann die Frage nach dem Sorgerecht z.B. in folgender Form aufgenommen werden: »Haben Sie das alleinige Sorgerecht? (Bitte Gerichtsurteil vorlegen)«. Das komplette Urteil darf nicht zur Schülerakte genommen werden, nur das Rubrum. Der Nachweis der Sorgeberechtigung kann durch das Schulverwaltungspersonal auf dem Aufnahmebogen vermerkt werden.

Ansteckende oder übertragbare Krankheiten (HIV, Hepatitis): siehe Anm. 20.

Anwesenheitslisten: Anwesenheitslisten (z.b. auf Elternabenden) unterfallen der EU-Datenschutz-Grundverordnung, sodass für sie ein Verfahrensverzeichnis anzulegen ist. Datenverarbeitende Stelle ist die Schule.

Ausbildungsbetriebe: siehe Anm. 13.

Auskunftspflicht der Schule gegenüber Polizei, Staatsanwaltschaft und anderen öffentlichen Stellen: siehe Anm. 12.

BAföG: siehe Anm. 12.

Bekanntgabe von Notenspiegeln: Die Schule ist verpflichtet, die Erziehungsberechtigten über den Stand des Lernprozesses ihres Kindes zu informieren. Das geschieht durch die Bewertung der schriftlichen Arbeiten, durch Zeugnisse und in Beratungsgesprächen zwischen Lehrkräften und Eltern. Die Bekanntgabe eines Notenspiegels bei der Rückgabe einer bewerteten schriftlichen Arbeit geht über diese **Informationspflicht** hinaus. Das Bundesverwaltungsgericht verneint grundsätzlich einen Anspruch der Erziehungsberechtigten und Schülerinnen und Schüler auf Mitteilung eines Notenspiegels (BVerwG, Beschluss v. 03.07.1978). Die Entscheidung gehört in die pädagogische Verantwortung des einzelnen Lehrkraft oder in die Kompetenz der Gesamtkonferenz, wenn an der Schule einheitlich verfahren werden soll. Ein rechtlich durchsetzbarer Anspruch auf einen Notenspiegel besteht nach Auffassung des Bundesverwaltungsgerichts nur dann, wenn in einem »besonders gelagerten – übrigens nur schwer vorstellbaren – Einzelfall lediglich eine Mitteilung geeignet und daher unerlässlich wäre, den Leistungsstand des einzelnen Kindes zuverlässig zu erkennen. Wenn sich Notenspiegel auf die Zahlenangaben beschränken und mithin nur eine statistische Auswertung darstellen, ist eine Veröffentlichung allerdings rechtlich unbedenklich. Bei der Veröffentlichung eines Notenspiegels, d.h. der Bekanntgabe der Häufigkeit einzelner vergebener Noten in anonymisierter Form, lassen die übermittelten Daten keine direkten Rückschlüsse auf einzelne Personen zu und geben gleichwohl die erforderlichen Informationen hinsichtlich der Relation der eigenen Leistung zu den Leistungen der Mitschülerinnen und Mitschüler.

Bekanntgabe von Schulnoten bei Abschlussfeiern: Die Verkündung von Durchschnittsnoten bei Abschlussfeiern ist unzulässig. Es gibt keinen sachlich gerechtfertigten Grund, Noten und Leistungsverbesserungen von Schülerinnen und Schülern ohne deren Einwilligung öffentlich bekannt zu geben.

Bekanntgabe von Schulnoten im Klassenverband: Bei Schulnoten handelt es sich rechtlich um schützenswerte personenbezogene Daten. Deshalb ist aus datenschutzrechtlicher Sicht grundsätzlich eine ausdrückliche Einwilligung der Eltern (Sorgeberechtigten) und der einsichtsfähigen Schülerinnen und Schüler erforderlich, da es sich hierbei um eine Datenübermittlung an Einzelpersonen – nämlich die jeweils anderen Schülerinnen und Schüler – der Klasse handelt. Nach den Zeugnisbestimmungen geben die Erörterungen mit den Schülerinnen und Schülern über ihr Arbeits- und Sozialverhalten,

Allgemeine Vorschriften § 31 **NSchG**

ihre Lernfortschritte und ihren Leistungsstand sowie deren Bewertung wichtige und für die Selbstkontrolle notwendige Hinweise. Der Erlass setzt allerdings nicht zwingend eine Erörterung vor der Klasse voraus. Das Recht auf informationelle Selbstbestimmung muss gleichwohl im Schulbetrieb so weit zurücktreten, wie der Gruppenprozess dies erforderlich macht. Wenn es pädagogisch notwendig oder sinnvoll ist, besteht die Möglichkeit, die Zensuren im Klassenverband oder in der Lerngruppe in Form einer angemessenen – gegebenenfalls auch vergleichenden – Erörterung bekannt zu geben. Es ermöglicht der Lehrkraft die Erläuterung typischer oder besonderer Stärken und Schwächen an konkreten Beispielen und erleichtert die Einschätzung eigener Leistungen. Außerdem dient es der Transparenz und bietet den Schülerinnen und Schülern die Gewähr, dass die Notengebung dem Grundsatz der Chancengleichheit folgt. Ein Verlesen aller Noten oder eine Diskussion von Leistungen einzelner Schülerinnen und Schüler vor der Klasse darf aber nicht dazu führen, dass sich Schülerinnen oder Schüler gedemütigt oder herabgesetzt fühlen. Im Rahmen der Fürsorgepflicht der Schule sollte im Zweifelsfall der vertraulichen Besprechung der Noten der Vorzug gegeben werden.

Beispiele:

- Besprechung mit der einzelnen Schülerin oder dem einzelnen Schüler vorne am Lehrerpult während einer Stillarbeit der Klasse,

- Schülerinnen und Schüler schreiben die eigene Einschätzung ihrer mündlichen Note auf und die Lehrkraft äußert sich dazu mit einer Bemerkung wie z.B. »sehe ich genauso« oder »ich schätze dich eine halbe Note besser bzw. schlechter ein«.

Einschulung und Aufnahme in Schulen: Bei der Einschulung oder der Aufnahme an weiterführenden Schulen werden die Eltern – meistens mit einem Vordruck – gebeten, erforderliche Angaben über ihr Kind zu machen. Auf diesem Vordruck muss bereits erläutert werden, aufgrund welcher Rechtsvorschrift sie diese Angaben machen müssen (z.B. § 31 Abs. 1). Steht auf dem Vordruck nicht ausreichend Platz zur Verfügung, kann die Aufklärung auch auf einem separaten Merkblatt erfolgen. Für eine wirksame Datenerhebung und die rechtmäßige Weiterverarbeitung der Daten ist eine solche Aufklärung unbedingt erforderlich. Soweit Schulen darüber hinaus beabsichtigen, weitere Daten zu erheben, wie z.B. die Berufe der Eltern, die Zahl der Geschwister pp. ist dieses nur auf freiwilliger Basis möglich. Hierauf sind die Erziehungsberechtigten bei der Datenerhebung ausdrücklich hinzuweisen. Die Weitergabe der personenbezogenen Daten von Schülerinnen und Schülern an andere Eltern (welche anderen Kinder werden in die Klasse des eigenen Kindes eingeschult) ist nur auf der Grundlage einer rechtswirksamen Einwilligung zulässig (Ausnahme siehe Telefonkette).

Elektronische Schließanlagen/Pin-gesteuerte Kopierer: Grundsätzlich handelt es sich beim Einsatz von elektronischen Schließanlagen oder PIN-gesteuerten Kopierern um eine Maßnahme des Schulträgers. Daher ist nach Auffassung des Niedersächsischen Kultusministeriums die zuständige Personalvertretung nicht der jeweilige Schulpersonalrat, sondern der Personalrat des Schulträgers. Aus personalvertretungsrechtlicher Sicht fehle es an einer Maßnahme, die der Schulleitung zuzurechnen sei, da die Schulleitung im Rahmen der Anordnung des Schulträgers handele und dessen Aufgaben wahrnehme. Nach einem Urteil des OLG Hamm vom 09.03.2018 – 11 U 25/17 – umfasst die Verantwortung des Schulträgers für die Ausstattung allerdings nicht die Zuständigkeit für den Betrieb der Anlage nebst Datenverarbeitung. Das OLG Hamm verweist darauf, dass die Schulleitung für die Einhaltung des Datenschutzes verantwortlich sei. Der Schulträger könne keine Weisungen zur Verarbeitung von Daten an die Schulleitungen erteilen. Die Weisungszuständigkeit liege vielmehr bei den Schulbehörden. Folgt man dem OLG Hamm in seiner Urteilsbegründung, dann haben Schulträger im Rahmen von datenschutzrechtlich relevanten Ausstattungsfragen bei der Einführung von digitaler Technik wie Cloud-Computing nur noch eine randständige beratende Funktion als Finanzier- beziehungsweise Sachaufwandsträger ohne inhaltliche Entscheidungskompetenzen. Als datenverarbeitende und damit verantwortliche Stelle tritt damit die Schulleitung beziehungsweise die Schulaufsicht. Mit dieser Entscheidung wird die Mitbestimmung auf die Ebene des Schulpersonalrates gehoben. Daraus folgt, dass der Schulpersonalrat sowohl vorab zu informieren sowie im Rahmen seines Mitbestimmungsrechts zu fragen ist, ob er dem Einsatz und – wenn ja – in welcher Form zustimmt. Aber nicht nur die Erhebung, sondern auch die Auswertung von durch technische Einrichtungen gewonnenen Verhaltens- und Leistungsdaten unterliegt der Mitbestimmung. Erst danach ist ein Betrieb möglich. Im Ergebnis dürfte ein Mitbestimmungsrecht des Schulpersonalrats allerdings nur gegeben sein, wenn die Entscheidung darüber, ob und in welchem Umfang mit der Anlage personenbezogene Daten erhoben und verarbeitet werden, bei der Schule liegt. Dies dürfte bei den meisten Anlagen in den Schulen jedoch nicht der Fall sein. Alle elektronischen Schließanlagen, die personenbezogen betrieben werden, fallen unter die EU-Datenschutz-Grundverordnung. Anonymisierte Anlagen fallen nicht darunter. Für diese Anlagen ist auch kein datenschutzrechtliches Verfahrensverzeichnis erforderlich.

Elternabend: Es ist grundsätzlich nicht sachgerecht, wenn einzelfallbezogene Probleme der Lehrkräfte und der Schule mit Schülerinnen und Schülern und einzelnen Eltern und die sich daraus ergebenden Maßnahmen in der Öffentlichkeit eines Elternabends personenbezogen (insbesondere namensbezogen) genannt und beraten werden.

Elternvertretung: Die Verarbeitung personenbezogener Daten durch die Elternvertretung ist ausdrücklich in Abs. 1 genannt, soweit dies der Erfüllung des Bildungsauftrages dient. Die Weitergabe von personenbezogenen Daten von der Schule an die Elternvertretung ist unter diesem Rahmen also legitimiert. Elternvertretungen dürfen diese Daten zum Beispiel bei einem Elternabend direkt von den anderen Eltern erheben, soweit diese die Daten freiwillig mitteilen. Im Übrigen sind Elternvertretungen da-

Allgemeine Vorschriften § 31   **NSchG**

tenschutzrechtlich eine eigene verantwortliche Stelle nach Art. 4 Nr. 7 EU-Datenschutz-Grundverordnung. Die Elternvertretungen müssen dafür sorgen, dass die von ihnen elektronisch oder auf Papier verarbeiteten personenbezogenen Daten der betroffenen Eltern sowie Schülerinnen und Schüler oder Lehrkräfte vor unbefugtem Zugriff und Zugang geschützt werden (Art. 25 Abs. 2 DSGVO). Die Daten müssen gelöscht werden, wenn diese nicht mehr zur Aufgabenerfüllung der Elternvertretung benötigt werden (Art. 25 Abs. 2 Satz 2 DSGVO). Spätestens nach Ende der Tätigkeit als Elternvertreter sind sämtliche Unterlagen entweder dem Nachfolger zu übergeben oder zu vernichten. Eine Übermittlung von personenbezogenen Daten an Dritte ist nicht zulässig. Bei der Verarbeitung, insbesondere bei der Aufbewahrung, dem Speichern oder der Weitergabe personenbezogener Daten von Schülerinnen und Schülern, Eltern und Lehrkräften müssen die Elternvertretungen die ihnen obliegende Verschwiegenheitsverpflichtung wahren. Elternvertretungen müssen kein Verzeichnis der Verarbeitungstätigkeiten nach Art. 30 Abs. 5 EU-Datenschutz-Grundverordnung erstellen, da die Verarbeitung personenbezogener Daten nur gelegentlich erfolgt. Nach Art. 37 Abs. 1a EU-Datenschutz-Grundverordnung ist ein Datenschutzbeauftragter zu benennen, wenn die Verarbeitung personenbezogener Daten von einer Behörde oder öffentlichen Stelle durchgeführt wird. Bei der Verarbeitung personenbezogener Daten durch die Elternvertretung gilt neben der EU-Datenschutz-Grundverordnung das BDSG. Die Elternvertretung ist kein Organ der Schule und unterliegt nicht der Weisungsbefugnis der Schulleitung, sodass das Niedersächsische Datenschutzgesetz keine Anwendung findet. Nach § 5 Abs. 1 BDSG benennen öffentliche Stellen eine Datenschutzbeauftragte oder einen Datenschutzbeauftragten. Nach § 2 Abs. 2 BDSG sind öffentliche Stellen der Länder die Behörden, die Organe der Rechtspflege und andere öffentlich-rechtlich organisierte Einrichtungen eines Landes, einer Gemeinde, eines Gemeindeverbandes oder sonstiger der Aufsicht des Landes unterstehender juristischer Personen des öffentlichen Rechts sowie deren Vereinigungen ungeachtet ihrer Rechtsform. Dies trifft auf die Elternvertretung nicht zu, sodass kein Datenschutzbeauftragter zu bestellen ist. Im Unterricht hospitierende Eltern nehmen am Unterricht als Privatpersonen teil. Im Gegensatz zu Elternbeiräten unterliegen sie keinen Verschwiegenheitspflichten. Auch für sie gilt das Bundesdatenschutzgesetz.

E-Mails/Fax: Die Nutzung von E-Mails durch Lehrkräfte für die dienstlich-schulische Kommunikation mit Schülerinnen, Schülern, Eltern und anderen Personen und Stellen ist längst Praxis im Schulalltag. Dabei nutzen die Lehrkräfte hierfür insbesondere im häuslichen Bereich E-Mail-Adressen, die sie in der Regel selbst bei Providern eingerichtet haben. Eine dienstliche Notwendigkeit oder Verpflichtung, auch mittels E-Mail im dienstlich-schulischen Kontext zu kommunizieren, besteht für die Lehrkräfte jedoch nicht. Die E-Mail-Nutzung hat sich in den vergangenen Jahren eigenständig und dadurch unsystematisch und teilweise wildwüchsig entwickelt. Dies begründet Gefahren für den ordnungsgemäßen und datenschutzrechtlich zulässigen Umgang mit den personenbezogenen Daten der Betroffenen.

Die EU-Datenschutz-Grundverordnung verpflichtet Verantwortliche, bei einer Übermittlung von personenbezogenen Daten dem Schutzbedarf und den möglichen Risiken angemessene Maßnahmen zu treffen, um die Sicherheit der Verarbeitung bzw. Übermittlung zu gewährleisten. Bei E-Mails kann dieses z.b. durch Verschlüsselung erfolgen. Ein Fax bietet solche Möglichkeiten nicht und sollte aus diesem Grund nicht zur Übermittlung von personenbezogenen Daten mit einem erhöhten Schutzbedarf genutzt werden.

Entschuldigungen für Krankmeldungen: Das Fernbleiben vom Unterricht ist von den Erziehungsberechtigten bzw. von den volljährigen Schülerinnen und Schülern in der Regel nicht schriftlich zu entschuldigen. Es genügt generell eine mündliche, fernmündliche oder elektronische Benachrichtigung. Die Schulleitung kann jedoch auch ohne besondere Begründung eine schriftliche Mitteilung verlangen. Bei längeren Erkrankungen oder in sonstigen besonders begründeten Fällen kann die Schulleitung die Vorlage einer ärztlichen Bescheinigung verlangen. Bei längerem Fernbleiben vom Unterricht kann die Schulleitung die Vorlage einer ärztlichen Bescheinigung verlangen. In besonders begründeten Fällen kann die Schulleitung zusätzlich eine amtsärztliche Bescheinigung verlangen (das NGöGD sieht hierfür allerdings keine Rechtsgrundlage vor). Die Entschuldigungen können entweder selbst verfasst werden oder durch ein ärztliches Attest nachgewiesen werden. Das Verlangen, dass Schülerinnen und Schüler bei einer krankheits- oder menstruationsbedingten Entschuldigung vom Unterricht eine Bescheinigung vorzulegen haben, aus der der Grund der Erkrankung oder des Fehlens ersichtlich sein muss, ist datenschutzrechtlich unzulässig. (Es handelt sich hier um besonders geschützte Daten nach Art. 9 der EU-Datenschutz-Grundverordnung). Das Nähere regelt Nr. 3.3 der Ergänzenden Bestimmungen zum Rechtsverhältnis zur Schule und zur Schulpflicht. Die Schule benötigt die Entschuldigungen als Nachweis für ein begründetes Fehlen in der Schule und um die gesamten Abwesenheitstage für ein Schuljahr im Zeugnis zu dokumentieren. Die Speicherung solcher Entschuldigungen darf nicht im Klassenbuch erfolgen. Die Entschuldigungsschreiben dürfen nicht von Dritten zur Kenntnis genommen werden. Das Klassenbuch liegt üblicherweise in den Klassen aus, sodass in der Regel alle Schülerinnen und Schüler der Klasse Einblick nehmen können. Organisatorisch wie auch datenschutzrechtlich sinnvoll ist die Speicherung dieser Unterlagen in der jeweiligen Schülerakte. Nach Nr. 3.1.8 des Erlasses des MK zur »Aufbewahrung von Schriftgut in Schulen; Löschung personenbezogener Daten« sind die Entschuldigungsschreiben 1 Jahr nach Ablauf des Schuljahres, in dem sie entstanden sind, zu löschen.

Entsorgung von Datenträgern und Ausdrucken: Ausgemusterte Datenträger wie USB-Sticks und CDs, auf denen vormals personenbezogene Daten gespeichert/gesichert wurden, sind neu zu formatieren und gegebenenfalls mehrfach zu überschreiben oder physikalisch zu zerstören. EDV-mäßig erstellte Papierunterlagen (Computerausdrucke) mit personenbezogenen Daten sind in gleicher Weise wie manuell erstellte derartige Unterlagen

Allgemeine Vorschriften § 31 **NSchG**

so zu entsorgen, dass Unbefugten eine Einsichtnahme nur mit unverhältnismäßig großem Aufwand möglich wäre.

Fingerabdruck-Scanner: Die Einführung eines »Fingerabdruck-Scanners« an Schulen zum »Ein- und Auschecken« der Erziehungsberechtigten ist aus Fürsorgegesichtspunkten nicht erforderlich und entspricht nicht dem Grundsatz der Verhältnismäßigkeit. Insoweit ist davon auszugehen, dass Schulkinder – auch in der Grundschule – altersmäßig bereits in der Lage sind, selbstständig die Schule zu betreten bzw. zu verlassen, sodass »unübersichtliche« Situationen an Schulen durch Hinbringen und Abholen der Kinder eher die Ausnahme sein dürften. Im Übrigen ist durch organisatorische Maßnahmen (Hausmeister, Aufsicht der Lehrkräfte, gegebenenfalls zur Durchsetzung des Hausrechts die Polizei etc.) sicherzustellen, dass keine fremden Eindringlinge die Schule betreten. Soweit Schulen über diese Sicherheitsvorkehrungen hinaus personenbezogene Daten (hier Fingerabdrücke) erheben, speichern und verwenden wollen, würde dies einen unverhältnismäßigen Eingriff in das Erziehungsrecht der Eltern nach Art. 6 Abs. 2 GG und dem Recht auf einen Dialog mit der Schule aus § 55 Abs. 2 bzw. dem Unterrichtungsrecht nach § 55 Abs. 3 bedeuten.

Fördergutachten: siehe Anm. 20.

Fotos: Jede digitale Anfertigung eines Fotos, auf dem Personen erkennbar abgebildet sind, ist eine Erhebung und damit Verarbeitung eines personenbezogenen Datums im Sinne der EU-Datenschutz-Grundverordnung. Die Rechtmäßigkeitsvoraussetzungen einer Datenverarbeitung nach der EU-Datenschutz-Grundverordnung sind in Art. 6 geregelt. Hierzu gehören insbesondere die Einwilligung, die Verarbeitung für die Erfüllung eines Vertrages und die Verarbeitung zur Wahrung berechtigter Interessen. Ohne wirksame Einwilligung sind daher die Anfertigung und auch die Veröffentlichung von Fotos auf der Schulhomepage unzulässig. Folgende Einwilligung zur Darstellung von Bildern auf der Schulhomepage kann benutzt werden:

»Unsere Schule hat eine eigene Homepage, für deren Gestaltung die Schulleitung verantwortlich ist. Auf dieser Homepage möchten wir die Aktivitäten unserer Schule präsentieren. Dabei ist es auch möglich, dass Bilder Ihres Kindes (ohne Namensnennung) auf der Homepage abgebildet werden. Da solche Bildnisse ohne Einverständnis der oder des Betroffenen nicht angefertigt und verbreitet werden dürfen, benötigen wir hierfür Ihre Einwilligung. Wir weisen darauf hin, dass Informationen im Internet weltweit suchfähig, abrufbar und veränderbar sind. Sie haben selbstverständlich das Recht, diese Einwilligung jederzeit mit Wirkung für die Zukunft zu widerrufen. Ihnen stehen unter den in den jeweiligen Artikeln genannten Voraussetzungen folgende Rechte zu:

- das Recht auf Berichtigung nach Artikel 16 DSGVO,
- das Recht auf Löschung nach Artikel 17 DSGVO,
- das Recht auf Einschränkung der Verarbeitung nach Artikel 18 DSGVO,

- das Widerspruchsrecht nach Artikel 21 DSGVO,
- das Recht auf Beschwerde bei einer Aufsichtsbehörde nach Artikel 77 DSGVO.«

Einwilligung in die Veröffentlichung von Personenbildnissen

»Ich willige ein, dass Fotos und Videos von meinem Kind bei schulischen Veranstaltungen (Einschulungsfeier, Schulfest, Bundesjugendspiele) angefertigt und in folgenden Medien veröffentlicht werden dürfen:

- Homepage der Schule
- regionale Presseerzeugnisse (z.b. Käseblatt)

Ich bin darauf hingewiesen worden, dass die Fotos und Videos meines Kindes bei der Veröffentlichung im Internet oder in sozialen Netzwerken weltweit abrufbar sind. Eine Weiterverwendung und/oder Veränderung durch Dritte kann hierbei nicht ausgeschlossen werden. Soweit die Einwilligung nicht widerrufen wird, gilt sie zeitlich unbeschränkt. Die Einwilligung kann mit Wirkung für die Zukunft widerrufen werden. Der Widerruf der Einwilligung muss ausdrücklich gegenüber der Schule erfolgen. Eine vollständige Löschung der veröffentlichten Fotos und Videoaufzeichnungen im Internet kann durch die Schule nicht sichergestellt werden, da z.b. andere Internetseiten die Fotos und Videos kopiert oder verändert haben könnten. Schule, Land oder Schulträger können nicht haftbar gemacht werden für Art und Form der Nutzung durch Dritte wie z.b. für das Herunterladen von Fotos und Videos und deren anschließender Nutzung und Veränderung.«

Auch für die Anfertigung von Fotos für Schülerausweise durch die Schule oder einen anderen (kommerziellen) Fotografen ist eine Einverständniserklärung der Erziehungsberechtigten bzw. der insoweit einsichtsfähigen Schülerinnen und Schüler notwendig, denn die Datenübermittlung ist in diesen Fällen nicht durch die »Fürsorgeaufgaben« der Schule gedeckt. Im Übrigen sind nach Nr. 3.1.10 des Erlasses Aufbewahrung von Schriftgut in Schulen; Löschung personenbezogener Daten« Fotos von Schülerinnen und Schülern, die zum Zwecke der Ausstellung von Schülerausweisen oder Fahrausweisen gespeichert wurden, sofort nach Ende des Schuljahres, in dem sie gespeichert wurden, zu löschen.

Das Anfertigen und Veröffentlichen von Bildern, auf denen Personen zu erkennen sind, ist folglich schon eine Verarbeitung personenbezogener Daten. Wie oben dargestellt bedarf es dazu entweder der Einwilligung des Betroffenen oder einer anderen in der EU-Datenschutz-Grundverordnung geregelten Rechtsgrundlage. Was die Veröffentlichung angeht, sieht das Kunsturheberrechtsgesetz (KUG) allerdings von dem europäischen Datenschutzrecht gewisse Ausnahmetatbestände vor.

Nach § 23 KUG können etwa Bildnisse aus dem Bereich der Zeitgeschichte, Bilder von Versammlungen oder solchen, auf denen Personen nur als sogenanntes Beiwerk erscheinen, veröffentlicht werden, auch wenn die Abgelichteten nicht eingewilligt haben. Das OLG Köln hat mit Beschl. v. 18.06.2018 – Az.: 15 W 27/18 – entschieden, dass die Vorschriften des KUG für journalistische Zwecke auch unter der EU-Datenschutz-Grundverordnung weiterhin anwendbar sind. Das OLG Köln vertritt den Standpunkt, dass Art. 85 EU-Datenschutz-Grundverordnung zugunsten der Verarbeitung für journalistische Zwecke von der EU-Datenschutz-Grundverordnung abweichende nationale Gesetze erlaubt. Art. 85 EU-Datenschutz-Grundverordnung ordnet an, dass die Mitgliedsstaaten durch nationale Rechtsvorschriften das Recht »auf den Schutz personenbezogener Daten gemäß dieser Verordnung mit dem Recht auf freie Meinungsäußerung und Informationsfreiheit, einschließlich der Verarbeitung (...) zu (...) künstlerischen (...) in Einklang« zu bringen haben. Das hat der deutsche Gesetzgeber mit dem KUG getan. Diese Öffnungsklausel erlaubt nicht nur neue Gesetze, sondern kann auch bestehende Regelungen erfassen – soweit sie sich einfügen. Es ist allerdings zu berücksichtigen, dass das KUG keine Rechtsgrundlage für die Erhebung von Daten, also das Fotografieren an sich enthält; lediglich die Veröffentlichung ist dort geregelt. Für das Anfertigen von Personenfotos gilt also uneingeschränkt die EU-Datenschutz-Grundverordnung. Ohne Einwilligung der abgebildeten Personen dürfen somit nur noch Mitglieder der »institutionalisierten« Presse und des Rundfunks, also beispielsweise fest angestellte Fotografen, Bilder anfertigen und veröffentlichen. Es gibt weiterhin einige wenige Ausnahmeregelungen, die Schulen aber kaum weiterhelfen. Sie gelten für Analogfotografie, für Aufnahmen im rein persönlichen und familiären Kreis (die dann aber auch nicht im Internet veröffentlicht werden dürfen, siehe dazu nachfolgender Absatz), und für Abbildungen von Verstorbenen.

Wenn **Eltern (Großeltern)** anlässlich einer schulischen Veranstaltung, z.B. einer Aufführung an der ihre Kinder mitwirken, mittels Digitalkamera oder Smartphone (also mittels automatisierter Datenverarbeitung) Aufnahmen für sich selbst zu Erinnerungszwecken anfertigen, findet dagegen die EU-Datenschutz-Grundverordnung keine Anwendung. Die EU-Datenschutz-Grundverordnung sieht für diese Fälle eine sog. Haushaltsausnahme vor. Danach findet die EU-Datenschutz-Grundverordnung keine Anwendung, wenn die Datenverarbeitung durch natürliche Personen erfolgt und dies zu ausschließlich persönlichen oder familiären Zwecken ohne jede Gewinnerzielungsabsicht geschieht (Art. 2 Abs. 2 Nr. 2c DSGVO). Diese Ausnahme ist auch im Anwendungsbereich des BDSG geregelt. Nach der seit dem 25. Mai 2018 geltenden Fassung des BDSG ist nach § 1 Satz BDSG bei der Verarbeitung durch natürliche Personen zur Ausübung ausschließlich persönlicher oder familiärer Tätigkeiten der Anwendungsbereich des BDSG nicht eröffnet.

Das Anfertigen von Bildern ohne rechtswirksames Einverständnis des Betroffenen kann aber als eine Verletzung des allgemeinen Persönlichkeitsrechts nach Art. 1 Abs. 1 und Art. 2 Abs. 1 Grundgesetz angesehen werden. Dabei kommt es insbesondere auf die Umstände an, bei denen die Bilder aufgenommen werden. Schülerinnen und Schüler – insbesondere im Grundschulalter – sind hinsichtlich der Wahrung ihres allgemeinen Persönlichkeitsrechtes besonders schutzwürdig. Sie müssen im Rahmen der

Erfüllung ihrer Schulpflicht nach § 58 am Unterricht und den schulischen Veranstaltungen teilnehmen. Anders als im privaten Bereich haben sie nicht die Möglichkeit, der (Schul-) Öffentlichkeit auszuweichen und damit auch das Anfertigen von Fotografien zu unterbinden. Dagegen abzuwägen ist das Interesse der (anderen) Eltern, von ihren Kindern Erinnerungsaufnahmen anzufertigen, bei denen nicht auszuschließen ist, dass auch Kinder auf das Bild geraten, die nicht aufgenommen werden dürfen. Unter dem Gesichtspunkt eines möglichst umfassenden, grundgesetzlich verankerten Persönlichkeitsschutzes liegt insoweit beim Anfertigen von Fotos auf Schulveranstaltungen ohne rechtswirksame Einwilligung eine Verletzung des allgemeinen Persönlichkeitsrechtes vor. Bei Verletzungen durch private Dritte – wie Gäste auf einer Schulveranstaltung – ist zu beachten, dass die Betroffenen ihre Rechte auf dem Zivilrechtsweg geltend machen müssen.

Da die Schulleitung nach § 43 Abs. 2 Satz 2 bei schulischen Veranstaltungen für die Einhaltung der Rechts- und Verwaltungsvorschriften zu sorgen hat, muss sie den ggf. erklärten Willen von Eltern, die keine Einwilligung in das Fotografieren und das Filmen ihrer Kinder im schulischen Kontext erteilt haben, berücksichtigen. Die Schulleitung kann dem Rechnung tragen, in dem sie ein Fotografier- und Filmverbot im Rahmen der schulischen Veranstaltungen ausspricht. Dies mag bei den Eltern und Verwandten auf Unverständnis stoßen, kann aber im Einzelfall den zu erwartenden Verstößen gegenüber den Kindern, die nicht aufgenommen werden wollen, vorbeugen. Als Ausgleich können z.B. Lehrkräfte von der Schulleitung beauftragt werden, Aufnahmen von den Kindern, die eingewilligt haben, anzufertigen und den Eltern zur Verfügung zu stellen. Es bietet sich an, dass die Schule das Verbot in der Schulordnung regelt. Dies setzt nach § 34 Abs. 2 Nr. 2 einen Beschluss der Gesamtkonferenz voraus, wodurch eine Beteiligung der Schülerinnen und Schüler, Eltern und Lehrkräfte sichergestellt ist.

Gerichtlich festgestellter Auskunftsanspruch: siehe Anm. 13.

Hospitationen des Jugendamtes im Unterricht: Auch wenn die Hospitation im räumlichen Bereich der Schule stattfindet, findet insoweit keine Datenübermittlung durch die Schule an das Jugendamt (ebenso nicht durch das Jugendamt an die Schule) statt. Die Datenermittlung und mithin die Datenverarbeitung erfolgt allein durch das nicht dem Schulbetrieb zuzuordnende Jugendamt, welches in der Erfüllung seiner Aufgabe aus § 35a SGB VIII agiert und insoweit dem Sozialdatenschutz unterworfen ist. Da somit die Schule selbst keine Daten verarbeitet, ist nicht sie, sondern der Träger der Jugendhilfe die datenschutzrechtlich verantwortliche Stelle, für die auch spezialdatenschutzrechtliche Bestimmungen im Sozialrecht existieren. Die Hospitation ist keine Aufgabe der Schule, sondern des Jugendamtes, welches aufgrund des Untersuchungsgrundsatzes in § 20 SGB X alle wesentlichen entscheidungsrelevanten Tatsachen zu ermitteln hat. Dass die Träger der Jugendhilfe für die Erfüllung der Aufgaben nach dem SGB VIII die Gesamtverantwortung tragen, kommt insoweit in § 79 Abs. 1 SGB VIII zum Ausdruck. Die Pflicht zur Zusammenarbeit zwischen Schulen und Trägern der öffentlichen und freien Jugendhilfe normiert

Allgemeine Vorschriften § 31

§ 25 Abs. 3. Bei der Bestimmung des § 25 Abs. 3 handelt es sich um eine Kooperationsregelung, aus der keine eigenen subjektiven Rechte des Jugendamtes abgeleitet werden können (Recht auf Teilnahme). Zwar hat das Jugendamt aufgrund des Untersuchungsgrundsatzes in § 20 SGB X alle entscheidungserheblichen Tatsachen zu ermitteln, was auch den Besuch im Unterricht umfassen kann (zu beachten ist in diesem Zusammenhang § 62 Abs. 2 SGB VIII. Danach sind die Daten über einen Jugendlichen bzw. über einen sonstigen Betroffenen grds. beim Betroffenen zu erheben). Wenn sich aber eine Schule weigert, das Jugendamt in den Unterricht zu lassen und hierfür kein sachlicher Grund besteht, kann die Schule nur im Rahmen der schulischen Aufsicht (§ 120) angewiesen werden, den Besuch zuzulassen.

Inhaltskontrolle von Schüler-Handys: Die Inhaltskontrolle (Kenntnisnahme und Erhebung) der umfangreichen zum Teil vertraulichen Handydaten ist nicht vom Bildungsauftrag (§ 2) gedeckt. Bei den Inhaltsdaten von Schüler-Handys handelt es sich um vertrauliche Daten des Besitzers und Dritter. Diese Daten dürfen Lehrkräfte einer Schule nur mit Einwilligung der Betroffenen erheben. Beim Verdacht der Begehung von Straftaten hat eine Mitteilung an die Strafverfolgungsbehörden zu erfolgen, die dann entsprechende Durchsuchungen der Inhaltsdaten von Handys vornehmen können. Nach den derzeitigen gesetzlichen Bestimmungen ist es daher Lehrkräften nicht erlaubt, die auf Schüler-Handys gespeicherten Daten ohne deren Einwilligung zu durchsuchen. Liegen Anhaltspunkte für ein strafrechtlich relevantes Verhalten vor, so kann die Lehrkraft das Handy einziehen und der herbeigerufenen Polizei übergeben, die dann weitere Maßnahmen veranlassen kann.

Informationen aus dem häuslichen Bereich: Schülerinnen und Schüler dürfen im Unterricht nicht genötigt werden (z.B. durch einen Aufsatz), Informationen aus ihrem häuslichen Bereich (z.B. Arbeitslosigkeit der Eltern, Beruf der Eltern, Zahl der Geschwister, Urlaubsziele, Wohnverhältnisse etc.) preiszugeben. Zurückhaltung ist daher geboten, wenn Daten, Fakten, Gebräuche und Erfahrungen aus dem familiären Bereich der Schülerinnen und Schüler gesammelt, ausgewertet und im Unterricht erörtert werden, wie das manche Arbeitshefte der Schulbuchverlage, vor allem für die unteren Jahrgangsbereiche, vorsehen. Es ist darauf zu achten, dass Schülerinnen und Schüler sich nicht genötigt fühlen, gegen ihren Willen oder den ihrer Eltern im Unterricht personenbezogene Informationen aus der Familie preiszugeben. Zur Erfüllung des Bildungsauftrages wäre dies im Zweifel nicht erforderlich.

Integrationshelferinnen und -helfer (Schulbegleiterinnen und -begleiter) sind vom Anwendungsbereich des § 31 nicht erfasst. Diese Personen dürfen nur dann Einsicht in die Schülerakte nehmen, wenn eine datenschutzrechtlich ausreichende Einwilligungserklärung vorliegt. Personenbezogene Daten der Integrationshelferinnen und -helfer darf die Schule nur auf Grundlage einer wirksamen Einwilligung verarbeiten.

Jugendhilfe (Jugendamt): siehe Anm. 12.

Keylogger« (dt. Tasten-«Rekorder«) ist eine Hard- oder Software, die dazu verwendet wird, die Eingaben des Benutzers an einem Computer mitzuprotokollieren und dadurch zu überwachen oder zu rekonstruieren. Keylogger werden beispielsweise von Hackern verwendet, um an vertrauliche Daten – etwa Kennworte oder PIN – zu gelangen. Ein Keylogger kann dazu sämtliche Eingaben aufzeichnen oder gezielt auf Schlüsselwörter wie z.b. »Password« warten und dann erst aufzeichnen, um Speicherplatz zu sparen. U. a. aus Erziehungsgründen können »Keylogger« verwendet werden, wobei die Schülerinnen und Schüler hierüber in Kenntnis gesetzt werden sollten. Wenn die Schülerinnen und Schüler also Bescheid wissen, dass solche Programme im Einsatz sind und ausgewertet werden, ist das zulässig, denn es liegt ja schon im pädagogischen Interesse der Schule, dass die Schülerschaft nur auf den »erlaubten« Seiten surft. Der Einsatz der Programme sollte mit den Datenschutzbeauftragten der Schule abgestimmt sein.

Kirche: Die Weitergabe von personenbezogenen Daten von der Schule an kirchliche Organisationen ist nur auf der Grundlage einer wirksamen Einwilligung zulässig. Nach § 5 Abs. 1 Satz 4 NDSG ist eine Übermittlung personenbezogener Daten an öffentlich-rechtliche Religionsgesellschaften im Übrigen nur zulässig, sofern sichergestellt ist, dass bei dem Empfänger eine Datenverarbeitung im Einklang mit der Datenschutz-Grundverordnung erfolgt.

Klassenbuch: Ein Klassenbuch ist ein schulisches Dokument, in dem der behandelte Unterrichtsstoff, die Hausaufgaben und weitere wichtige Daten festgehalten werden. Nicht erforderlich und damit nicht zulässig ist es dagegen, personenbezogene Daten der Schülerinnen und Schüler über Noten und Zensuren bzw. Ermahnungen, Tadel, andere Erziehungsmittel oder Ordnungsmaßnahmen in einem Klassenbuch zu dokumentieren. Da Klassenbücher meist nicht ausreichend davor geschützt sind und auch schwer davor geschützt werden können, von einer Vielzahl von Personen in der Schule eingesehen zu werden, kommen Einträge einer Datenübermittlung gleich. Der inzwischen außer Kraft getretene Erlass des MK vom 07.06.1988 (SVBl. S. 244) – sogenannter Klassenbucherlass – sah daher in Nr. 2.1 vor, dass nur noch folgende personenbezogene Daten über Schülerinnen und Schüler in Klassenbüchern geführt werden durften:

- Namen und Geburtsdaten der Schülerinnen und Schüler,
- gegebenenfalls besondere Funktionen an der Schule,
- Hinweise auf die Teilnahme oder Nichtteilnahme an bestimmten Schulveranstaltungen,
- Namen, Anschriften und gegebenenfalls Telefonnummern, unter denen die Erziehungsberechtigten oder andere Angehörige erreichbar sind, gegebenenfalls deren Funktionen als Elternvertreter,
- bei berufsbildenden Schulen gegebenenfalls die Ausbildungsberufe der Schülerinnen und Schüler sowie die ausbildenden Firmen nebst Anschriften und Telefonnummern.

Die Eintragung der Namen, Anschriften und gegebenenfalls der Telefonnummern, unter denen die Erziehungsberechtigten oder andere Angehörige erreichbar sind, soll gewährleisten, dass diese Personen in Notfällen (z.B. Unfall oder plötzliche Erkrankung einer Schülerin oder eines Schülers) unverzüglich benachrichtigt werden können. Die Erziehungsberechtigten können jedoch verlangen, dass diese Eintragung in das Klassenbuch unterbleibt. In diesem Fall sind sie auf die sich daraus möglicherweise ergebenden Nachteile hinzuweisen. Mit schriftlicher Zustimmung der Erziehungsberechtigten können auch Erkrankungen einzelner Schülerinnen und Schüler und die in Notfällen zu ergreifenden Maßnahmen im Klassenbuch vermerkt werden. Soweit das Klassenbuch darüber hinaus personenbezogene Daten enthält, ist dieses nicht statthaft. Insbesondere dürfen Leistungsdaten wie Noten der Klassenarbeiten und Zensurenlisten nicht in das Klassenbuch aufgenommen werden. Auch die Eintragung einer mündlichen Ermahnung oder eines Tadels ist nicht zulässig.

Ein **elektronisches Klassenbuch** ist die elektronische Variante des schulischen Papierdokuments, in dem für jede Stunde der behandelte Unterrichtsstoff, die Fehlzeiten, Hausaufgaben, Verhalten von Schülerinnen und Schülern und andere wichtige Informationen eingetragen werden können. Die vielfältig verfügbaren Applikationen (Apps) für Smartphones und Tablets haben den Wunsch der Lehrkräfte zur Nutzung der elektronischen Variante verstärkt, allerdings dürfen auf diesen Geräten keine personenbezogenen Daten verarbeitet werden. Bei der Auswahl der Software gilt es insbesondere auf den Datenschutz zu achten. Schulen dürfen personenbezogene Daten der Schülerinnen und Schüler sowie der Eltern verarbeiten, soweit dies zur Erfüllung der ihnen durch Rechtsvorschrift übertragenen Aufgaben erforderlich ist. Grundsätzlich dürfen sich daher Schulen elektronischer Klassenbücher zur Erfüllung ihrer Aufgaben bedienen. Bei der Nutzung ist besonderes Augenmerk auf die erteilten Zugriffsrechte zu legen. Die personenbezogenen Daten der Schülerinnen und Schüler, Eltern und Lehrkräfte dürfen in der Schule nur den Personen zugänglich gemacht werden, die sie für die Erfüllung ihrer Aufgaben benötigen. Die eingetragenen Daten der Schülerinnen und Schüler sowie der Eltern dürfen darüber hinaus in aller Regel auch nicht von der Schule an Personen oder Stellen außerhalb der Schule (beispielsweise die Eltern anderer Schülerinnen und Schüler) übermittelt werden. Wenn daher eine Schule ein digitales Klassen- und Notizbuch anstelle des klassischen Klassenbuches einsetzt, muss sichergestellt werden, dass die dort vorgenommenen Eintragungen nur von den dazu befugten Lehrkräften erfolgen und nicht durch Unbefugte manipuliert werden können. Im papierenen Klassenbuch lassen sich Fälschungsversuche leicht feststellen. Wenn z.B. eine Schülerin oder ein Schüler versuchen sollte, den Eintrag über ein Unterrichtsversäumnis zu entfernen, dürfte dies schon mit etwas Aufwand verbunden sein, um diese Manipulation nicht erkennbar zu machen. Sind diese Daten aber elektronisch gespeichert, erhöht sich das Risiko der Manipulation. Im digitalen Klassen- und Notizbuch können weitere personenbezogene Daten bereitgestellt werden, die im papierenen Klassenbuch nicht gespeichert werden dürfen, weil das klassische Klassenbuch vor dem Zugang der (unbefugten) Schülerinnen und Schüler oder anderer Personen nicht ausreichend geschützt werden kann. Im digitalen Klassen- und Notizbuch dürfen neben den Namen der Schülerinnen und Schüler auch komplette Adressdaten (Namen der Eltern mit Wohnadresse einschließlich privater Telefonnummern und E-Mail-Adressen) gespeichert werden. Abhängig vom gewählten Funktionsumfang können auch von den Lehrkräften vergebene Zwischennoten und weitere Bemerkungen zum Leistungsverhalten der Schülerinnen und Schüler gespeichert werden (a. A.: LfD »Hinweise zur Einführung eines elektronischen Klassenbuchs«). Das digitale Klassen- und Notizbuch kann dann sogar den klassischen Lehrerkalender ersetzen. Zu beachten ist außerdem, dass die Informationen zu den einzelnen Schülerinnen und Schülern im Klassenbuch nach Art. 5 Abs. 1e EU-Datenschutz-Grundverordnung nur so lange gespeichert werden dürfen, wie sie für den Zweck, zu dem sie gespeichert wurden, erforderlich sind. In der Regel ist dies nach Ablauf eines Jahres nach der Zeugnisausgabe nicht mehr der Fall. Weil die personenbezogenen Daten beim Einsatz elektronischer Klassenbücher auch durch externe Dritte verarbeitet werden, muss die Schulleitung streng darauf achten, eine die Datensicherheit gewährleistende und zuverlässige Institution mit der Aufgabe der Verarbeitung zu betrauen. Für diese Datenverarbeitung gilt Art. 28 DSGVO. (Im Übrigen ist ein Mitbestimmungsrecht der Personalvertretung nach § 67 Abs. 1 Nr. 2 NPersVG gegeben, wenn ein digitales Klassenbuch in einer Schule eingesetzt wird, mit dem eine Überwachung des Verhaltens oder der Beschäftigten möglich ist).

Klassenkasse: Sparkassen bieten Schulen oft die Einrichtung von Sparkonten für die Klassenkassen an. Dabei wünschen sie als Voraussetzung die Übermittlung einer personenbezogenen Liste der in der Klasse befindlichen Schülerinnen und Schüler. Als Begründung werden teilweise gesetzliche Regelungen vorgeschoben, die jedoch nicht existieren oder nicht auf diesen Sachverhalt zutreffen. In Wirklichkeit sollen diese Informationen für Werbezwecke genutzt werden. Hierauf wird jedoch in den seltensten Fällen ausdrücklich hingewiesen. Sparkonten können nur durch volljährige Personen abgeschlossen werden; es empfiehlt sich, hierfür vertretungsberechtigte Elternvertreter auszuwählen.

Klassentreffen: Das Überlassen von (auch alten) Klassenbüchern zwecks Anfertigung von Kopien oder zum Auslegen bei Jubiläen zur Erinnerung an bedeutsame Ereignisse aus der Schulzeit wird von Organisatoren von Klassentreffen bei den Schulen immer wieder angefordert. Bei der Einsichtnahme in ein Klassenbuch würde der betreffende Personenkreis jedoch nur nicht nur Kenntnis von den eigenen Noten, Beurteilungen und Anmerkungen erhalten, sondern auch von denen seiner ehemaligen Mitschülerinnen und Mitschüler. Da es nicht zur Aufgabenerfüllung der Schule gehört, Klassentreffen vorzubereiten und die Klassenbücher auch nicht zum Zwecke der Ausgestaltung von Klassentreffen angelegt werden, ist es der Schule datenschutzrechtlich nicht erlaubt, die Klassenbücher Interessenten zur Verfügung zu stellen. Die Schule müsste zuvor, wenn man das Bereitstellen eines Klassenbuches für Jubiläen als berechtigtes Interesse unterstellt, alle im Klassenbuch genannten ehemaligen Schü-

Allgemeine Vorschriften § 31 — NSchG

lerinnen und Schüler anschreiben und die schriftliche Einwilligung zur Veröffentlichung der Daten einholen. Zudem müsste sie die Betroffenen darüber belehren, welche möglichen Auswirkungen die Bekanntgabe ihrer persönlichen Daten haben kann und dass sie ihr Einverständnis jederzeit widerrufen können. Das ist in der Regel durch eine Schule nicht zu leisten und wird von dieser deshalb zu Recht abgelehnt.

Kompetenzfeststellungsverfahren: Um Schülerinnen und Schülern eine Unterstützung zur zielgerichteten individuellen Entwicklung und Berufsorientierung zu geben, wurde in Niedersachsen ein **Kompetenzfeststellungsverfahren** zur Ermittlung der persönlichen Stärken und Entwicklungspotenziale von Jugendlichen im 8. Schuljahrgang landesweit an allen Hauptschulen, Realschulen, den entsprechenden Zweigen der Kooperativen Gesamtschulen, den Oberschulen und den Förderschulen im Förderschwerpunkt Lernen eingeführt. Bei dem Kompetenzfeststellungsverfahren werden personenbezogene Daten der Schülerinnen und Schüler verarbeitet. Insoweit ist jede Schule verpflichtet, ein Verzeichnis nach § 30 DSGVO zu erstellen. Nicht ausreichend ist es, die Angaben aus der Muster-Verfahrensbeschreibung des Kultusministeriums einfach zu übernehmen.

Lautsprecherdurchsagen: Der Zulässigkeit von schulöffentlichen Lautsprecherdurchsagen mit namentlicher Nennung der von Ordnungs- und Erziehungsmaßnahmen betroffenen Schülerinnen und Schüler steht zum einen das Grundrecht auf Schutz der Persönlichkeit (Art. 2 Abs. 1 GG i. V. mit Art. 1 Abs. 1 GG) und zum anderen der Grundsatz der Erforderlichkeit entgegen. Hinsichtlich letzterem ist zu konstatieren, dass die Betroffenen bzw. deren Erziehungsberechtigte problemlos persönlich über Art und Umfang der verhängten Maßnahmen unterrichtet werden.

Leistungssport (Talentscouts in Schulen): In einer Kooperationsvereinbarung des Niedersächsischen Kultusministeriums und dem LandesSportBund Niedersachsen vom 18.08.2017 ist festgelegt, dass sogenannte Talentscouts zur Talentsichtung in den Sportunterricht gehen dürfen. Die Weitergabe der personenbezogenen Daten der Schülerinnen und Schüler an die Talentscouts darf aber nur mit ausdrücklicher Einwilligungserklärung der Erziehungsberechtigten erfolgen. Talentscouts müssen im Übrigen vereinsübergreifend tätig werden.

Lichtbilder: Entscheidet sich die Schulleiterin oder der Schulleiter dafür, Lichtbilder systematisch für die Schulverwaltungsaufgaben zu nutzen, um z.B. den Lehrkräften Lichtbilder zusätzlich zu den Namen und den Adressdaten der Schülerinnen und Schüler ihrer Klassen bereit zu stellen, bleibt ihr oder ihm dies unbenommen.

Medienbildung: In den letzten Jahren hat die Medienbildung in Schulen an Bedeutung zugenommen. Da Medienbildung nicht nur die Vermittlung von Kenntnissen über Medien umfasst, sondern auch die Arbeit mit Medien, ist die IT-Ausstattung in Schulen in den letzten Jahren deutlich vorangeschritten. Im Folgenden werden einige IT-Ausstattungen angeführt, die nach derzeitigem Stand als wesentliche Entwicklung einzuordnen, jedoch zu den rechtlichen und technischen Voraussetzungen als wenig geklärt anzusehen sind.

- **Nutzung von Social-Media Plattformen** (z.B.: Facebook): Im Rahmen ihres Lehrauftrages sollten Schulen soziale Netzwerke als Lehrgegenstand benutzen, um bei den Schülerinnen und Schülern die Medien- und Datenschutzkompetenz zu erhöhen. Allerdings ist hierfür im Unterricht die nötige Distanz durch Nutzung anonymisierter Accounts zum Medium einzuhalten, um Risiken darzustellen. Angesichts der Vielzahl der ungeklärten rechtlichen und technischen Fragen rät die Niedersächsische Datenschutzbeauftragte davon ab, dass Schulen selber eine Social-Media-Plattform einrichten. Der EuGH hat mit Urteil vom 05.06.2018 – C-210/16 – entschieden, dass ein Betreiber einer Facebook-Fanpage gemeinsam mit Facebook für die Verarbeitung personenbezogener Daten auf einer Fanpage verantwortlich ist. Das Gericht erklärt, dass ein Fanpage-Betreiber Facebook die Möglichkeit gebe, Cookies zu setzen. Insbesondere mit Hilfe von durch Facebook zur Verfügung gestellten Filtern könne er die Kriterien festlegen, nach denen Statistiken erstellt werden. Dafür sei nicht ausschlaggebend, ob ein Zugang zu den betreffenden personenbezogenen Daten besteht. Der Betrieb einer Fanpage bei Facebook durch öffentliche Stellen wird daher als nicht datenschutzkonform zu bewerten sein.

- **E-Learning-Plattformen:** Schulen nutzen zunehmend internetbasierte Lernformen in verschiedenen Unterrichtszusammenhängen und Fächern. Sofern personenbezogene oder personenbeziehbare Daten auf schulexternen Speichern gespeichert werden oder sogar private Dritte (z.B. Zugriffsrechte der Firmen/Verlage, welche die Software zur Verfügung stellen) auf schulische Daten zugreifen können, ist dieses nicht durch die datenschutzrechtlichen Bestimmungen gedeckt. Die Entscheidung zum Einsatz solcher Plattformen trifft die Schule im Rahmen ihrer Eigenverantwortlichkeit.

Bei der Entscheidungsfindung können Schulen auf die Beratung durch die medienpädagogische Beratung des NLQ vor Ort in den Medienzentren und das Informationsangebot auf dem niedersächsischen Bildungsserver (http://datenschutz.nibis.de) zurückgreifen. Die Sensibilisierung für Fragen des Datenschutzes ist Teil der Beratung.

Haben Schulen den Beschluss zur verbindlichen Einführung einer Kooperationsplattform gefasst, sind die davon betroffenen Nutzergruppen über den Umgang mit ihren personenbezogenen Daten zu informieren. Hierfür stehen Mustervorlagen zur Verfügung.

Unter http://datenschutz.nibis.de ist eine Rubrik »Kooperationsplattformen« eingerichtet worden, die den Schulen umfassendes Informationsmaterial bis hin zu Mustervorlagen erforderlicher Dokumente bereitstellt.

Für die Unterstützung der behördlichen Datenschutzbeauftragten hat das NLQ gemeinsam mit der LfD ein Fortbildungskonzept erarbeitet, das durch ein Multiplikatorensystem regional umgesetzt wird. Die medienpä-

Allgemeine Vorschriften § 31   **NSchG**

dagogische Beratung bietet regelmäßig in ihren 6 Regionen entsprechende Veranstaltungen.
- **Niedersächsische Bildungscloud:** Siehe Anm. 15.
- **WLAN:** Zunehmend aktivieren Schulen WLAN-Architekturen, um den Schülerinnen und Schülern mittels mobiler EDV-Geräte (z.b. auch private Notebooks) die schulischen EDV-Systeme verfügbar zu machen. Tatsächlich und rechtlich zu klären ist die Frage, wie die Schule unzulässige Aktivitäten erfassen und protokollieren und mit einer Kontrolle der Endgeräte im Zusammenhang mit privaten Datenbeständen verbinden kann.
- **Digitales Lehrerzimmer:** Mit der Einführung eines digitalen Lehrerzimmers werden Lehrkräfte in die Lage versetzt, einen speziellen Raum für ihre eigenen Klassen oder Kurse zu eröffnen. Auch hier stellen sich datenschutzrechtliche Fragestellungen.
- **Social-Media-Monitoring:** Onlineprogramme zur Überwachung von Social-Media-Aktivitäten der Schülerinnen und Schüler **in ihrer Freizeit** in Bezug auf Beleidigungen, Cyber-Mobbing, Amok- oder Suizid-Drohungen, extremistische Propaganda sind mangels Rechtsgrundlage unzulässig. Der Einsatz derartiger Software durch und/oder im Auftrag von Schulen ist ein schwerwiegender Datenschutzverstoß. Zur Zulässigkeit von sogenannten Keyloggern im Unterricht siehe oben.
- **Homepage:** Für eine **Homepage** einer Schule im Internet ist es erforderlich, von allen Personen, die auch nur mit ihrem Namen darin in Erscheinung treten (sollen oder wollen), eine vorherige Einwilligung einzuholen (mit Ausnahme von Stundenplandaten ohne Personenbezug, vgl. Anm. 3). Besondere Bedeutung kommt in diesem Fall der Aufklärung über die möglichen Folgen und Risiken zu, ohne die die Einwilligung nicht wirksam ist. Schließlich sind die betroffenen Personen darauf hinzuweisen, dass sie ihre Einwilligung jederzeit für die Zukunft widerrufen können.

Mittagessen: Die Mittagessensversorgung an Schulen erfolgt in der Regel durch die Vergabe von Dienstleistungskonzessionen gegenüber Caterern, welche die Mittagessen – gegebenenfalls unter Hinzuziehung eines Abrechnungsdienstleisters – mit eigenem wirtschaftlichen Risiko an den jeweiligen Schulen anbieten. Die Weitergabe der Daten von Schülerinnen und Schülern an den Abrechnungsdienstleister durch die Schule kann nur auf der Grundlage einer wirksamen Einwilligung erfolgen.

Notenbesprechungen/Zensurenbesprechungen (siehe auch Bekanntgabe von Noten im Klassenverband) im Untersicht sind in der Regel zulässig. Der Lernprozess in der Schule vollzieht sich nicht nur als individueller Prozess der einzelnen Schülerin oder des einzelnen Schülers, sondern auch als Gruppenprozess. Das ergibt sich u. a. aus dem Bildungsauftrag (§ 2), wonach die Schule die Bereitschaft und die Fähigkeit der Schülerin und des Schülers fördern soll, für sich allein wie auch gemeinsam mit anderen zu lernen und Leistungen zu erzielen. Die Beobachtung, Feststellung und Bewertung der Lernergebnisse haben für Schülerinnen und Schüler die pädagogische Funktion der Bestätigung, Ermutigung, Hilfe zur Selbsteinschätzung und Korrektur. Individuelle Lernfortschritte sind dabei zu berücksichtigen. In besonderen Fällen sind die Erziehungsberechtigten über den Leistungsstand und über Lernschwierigkeiten gesondert zu informieren. Ohne die »Übermittlung personenbezogener Daten« ist dieser Gruppenprozess nicht möglich. Das Recht auf informationelle Selbstbestimmung muss darum so weit zurücktreten, wie der Schulbetrieb im Sinne des Gesetzgebers dies erforderlich macht.

Online-Meldeportale: Meldeportalen, mittels derer »Neutralitätsverstöße« von Lehrkräften gemeldet werden sollen, verstoßen gegen das Datenschutzrecht und auch gegen die Persönlichkeitsrechte der betroffenen Lehrkräfte. **Datenschutzrechtlich** ist davon auszugehen, dass personenbezogene Daten von Lehrkräften erhoben und verarbeitet werden, die die politische und weltanschauliche Haltung einer Lehrkraft betreffen. Solche Informationen sind nach Art. 9 EU-Datenschutz-Grundverordnung als besondere Kategorien personenbezogener Daten geschützt, ihre Verarbeitung ist grundsätzlich untersagt. Die engen Ausnahmen, die Art. 9 Abs. 2 EU-Datenschutz-Grundverordnung vorsieht, sind nicht einschlägig. Insbesondere kann nicht davon ausgegangen werden, dass die Verarbeitung nach Art. 9 Abs. 2 Buchst. g EU-Datenschutz-Grundverordnung aus Gründen eines erheblichen öffentlichen Interesses erforderlich ist. Bereits die Bejahung eines allgemeinen öffentlichen Interesses – außerhalb der Schulöffentlichkeit – erscheint fragwürdig. Ein erhebliches öffentliches Interesse daran, solche Daten zu erheben und zu sammeln, besteht nicht. Wenn die Informationen zusätzlich veröffentlicht werden, ist zudem eine Verletzung des **allgemeinen Persönlichkeitsrechts** gegeben. Ungeachtet dessen, können einzelne Einträge natürlich auch immer unrichtig und deshalb zu löschen sein. Nach der Rechtsprechung des BGH unterliegt der Betreiber einer Bewertungsplattform zudem, sobald ein Betroffener den Eintrag beanstandet, einer Pflicht zur gewissenhaften Prüfung der Beanstandung. Dies gilt in verstärktem Maße, wenn Einträge anonym vorgenommen werden können. Sollte außerdem die Möglichkeit bestehen, ein Foto der betroffenen Lehrkraft zu posten, wäre dies zusätzlich ein Verstoß gegen das Recht der **Lehrkraft am eigenen Bild**. Im Gegensatz zu den Meldeportalen ist im Fall des Lehrerbewertungsportals »**Spickmich**« zumindest eine Registrierung der Nutzerinnen und Nutzer erforderlich. Die Daten sind damit nicht allgemein zugänglich, der Abruf ist auf registrierte Personen beschränkt, die ein typisiertes berechtigtes Informationsinteresse an den zur Verfügung gestellten Daten geltend gemacht haben. Diesen Aspekt betont der BGH in seinem Urteil v. 23.06.2009, Az. VI ZR 196/08, ausdrücklich. Daher können Lehrkräfte dem Bewertungsportal »Spickmich« aus dem Recht auf informationelle Selbstbestimmung (Art. 2 Abs. 1 i. V. m. Art. 1 Abs. 1 GG) keine eigene Rechtsverletzung entgegensetzen.

Auch die Tätigkeit von Abgeordneten sind durch § 2 Nr. 2c NDSG von der EU-Datenschutzgrundverordnung umfasst. Meldeportale der Landtagsfraktionen sind noch aus einem anderen Grund unzulässig. Fraktionen

Allgemeine Vorschriften § 31 NSchG

dürfen Zuwendungen der Landeshaushalte nur für die Parlamentsarbeit einsetzen. Für das Bundesverfassungsgericht sind die Fraktionen Teil der »organisierten Staatlichkeit« mit eigenen spezifischen Aufgaben (BVerfG, Urt. v. 13.06.1989, Az. 2 BvE 1/88): Sie steuern und erleichtern die parlamentarische Arbeit, organisieren eine Arbeitsteilung unter ihren Mitgliedern, bereiten gemeinsame Initiativen vor und stimmen sie aufeinander ab und unterstützen eine umfassende Information der Fraktionsmitglieder. Dafür erhalten sie Fraktionszuschüsse, die sie für ihre in der Verfassung und Geschäftsordnung beschriebenen Aufgaben einsetzen können; insofern sind die Mittel für die Parlamentsarbeit bestimmt und zweckgebunden. Die politische Arbeit der Fraktionen, die keine Regierungsverantwortung tragen, ist auf Informationen angewiesen, die nicht von der Regierung stammen, die sie kontrollieren soll. Die Informationsbeschaffung durch Recherchen, Anhörungen, Enqueten, Ausschussreisen usw. fällt daher noch in den Bereich der zulässigen Parlamentsarbeit und darf aus den Fraktionszuschüssen bezahlt werden. Steht aber die Informationsbeschaffung nicht im Vordergrund – wie etwa bei Meinungsumfragen, Kinderfesten oder den Parteizwecken untergeordnete Wahlkampfunterstützung –, müssen die Landesrechnungshöfe diese Verwendung der Fraktionszuschüsse beanstanden. Dahinter steht die aus dem Demokratieprinzip (Art. 20 Abs. 3 GG) abgeleitete Forderung, dass die politische Willensbildung des Volkes von staatlichen Einflüssen – auch von solchen der staatlich finanzierten Fraktionen – freigehalten werden muss. Es muss eine strikte Trennung zwischen den Sphären der Fraktionen, der politischen Parteien und der ihnen nahe stehenden Stiftungen geben: Was Aufgabe des einen ist, darf nicht mit öffentlichen Mitteln des anderen übernommen oder beeinträchtigt werden (sog. Distanzgebot, BVerfG, Urt. v. 05.11.1975, Az. 2 BvR 193/74). Bei den Meldeportalen geht es allerdings um die Unterstützung von Schülerinnen und Schülern sowie Eltern, die sich gegen mutmaßliche Missstände in den Schulen vor Ort zur Wehr setzen sollen – also um Rechtsverfolgung und Interessendurchsetzung außerhalb des Parlamentsbetriebs. Die für Fraktionsaufgaben vorgesehenen Fraktionsmittel werden demnach in der Praxis für Aufgaben verwendet, die anderen Institutionen obliegen, etwa Gewerkschaften oder politischen Parteien. Gelangen die Landesrechnungshöfe bei ihrer Prüfung der Verwendung von Fraktionsmitteln zu dem Ergebnis, dass diese nicht bestimmungsgemäß verwendet wurden, müssen die Landtagspräsidenten die Haushaltsmittel zurückfordern (§ 33c Gesetz über die Rechtsverhältnisse der Abgeordneten des Niedersächsischen Landtages – NAbgG).

Personalakten: Personalakten müssen in abschließbaren Schränken aufbewahrt werden, die selbstverständlich nach Dienstschluss auch tatsächlich verschlossen werden. Im Übrigen richtet sich die Verarbeitung personenbezogener Daten von Lehrkräften nach § 88 NBG bzw. § 12 NDSG.

Protokolle: Wenn veröffentlichte Protokolle des Schulvorstands oder Konferenzen personenbezogene Daten enthalten, müssen bei Übermittlung mindestens die Namen geschwärzt werden. Auf jeden Fall ist sicherzustellen, dass kein Bezug zur Person mehr hergestellt werden kann.

Protokollierung von kurzfristigen Abwesenheiten (Gang zur Toilette) während des Unterrichtes: Das kurzzeitige Verlassen des Unterrichts durch eine Schülerin oder einen Schüler kann, vergleichbar einer Verspätung, im Klassenbuch erfasst werden. Allerdings ist es bei »kurzzeitigen Fehlzeiten« ausreichend, lediglich Namen, Vornamen und die Abwesenheitszeit zu protokollieren. Die Erfassung des Abwesenheitsgrundes (z.b. Toilettengang) ist für den genannten Zweck dagegen nicht erforderlich und damit datenschutzrechtlich unzulässig.

Schulorgane (Konferenz, Schulvorstand): Die Informations- und Unterrichtungspflichten der Schulleiterin oder des Schulleiters gegenüber den schulischen Organen sind umfassend. Die Schulleitung ist aber nur zu Auskünften verpflichtet, die aus konkretem innerschulischem Anlass angefordert werden. Sie finden im Übrigen auch ihre Grenzen, wenn der zusätzliche Aufwand zur umfangreichen Ermittlung statistischer Daten den Erkenntnisgewinn durch die Datenerhebung und den konkreten Anlass der Fragestellung nicht rechtfertigen würden. Ebenso ist bei der Weitergabe von statistischen Daten darauf zu achten, dass keine personenbezogenen Daten oder Daten, aus denen Rückschlüsse auf einzelne Personen gezogen werden können, an schulische Gremien weitergegeben werden dürfen (z.b. Fehlzeiten einzelner Lehrkräfte/Gruppen von Lehrkräften, Genehmigung von Klassenarbeiten einzelner Lehrkräfte o.Ä.).

Schulsozialarbeit: Nach § 13 Abs. 1 SGB VIII ist Schulsozialarbeit ein Unterfall der Jugendsozialarbeit. Sie ist ein Angebot der Jugendhilfe für sozial benachteiligte oder individuell beeinträchtigte Schülerinnen und Schüler zur Förderung ihrer schulischen Ausbildung und sozialen Integration mit sozialpädagogischen Mitteln. Weil Schulsozialarbeit eine Aufgabe nach dem SGB VIII ist, ist das Schulgesetz für die Wahrnehmung der Aufgabe nicht einschlägig. Schulsozialarbeiter nehmen keine Aufgaben der Schule, sondern der Jugendhilfe nach dem SGB VIII wahr. Die Dienst- und Fachaufsicht liegt nicht beim Schulleiter, sondern (für Fachkräfte des öffentlichen Trägers) beim Jugendamtsleiter. Die Aufgabe ist von Fachkräften nach § 72 SGB VIII durchzuführen; dies sind Sozialarbeiter/Sozialpädagogen als sog. Schulsozialarbeiter. Diese können daneben weitere Aufgaben der Jugendhilfe wahrnehmen, aber nicht als »Schulsozialarbeit«, sondern als (sonstige) soziale Arbeit an der Schule, die nicht notwendigerweise auch in der Schule stattfinden muss. Soweit sie beim öffentlichen Träger der Jugendhilfe angestellt sind, gilt für sie der Sozialdatenschutz nach dem SGB. Sie sind nach § 35 SGB I i. V. m. § 61 SGB VIII verpflichtet, das Sozialgeheimnis zu wahren (»originäre Bindung«). Gegen den Willen der Schulleitung dürfen die Schulsozialarbeiter nicht in den Unterricht gehen, allerdings ist auch hier § 25 Abs. 3 zu beachten. Nach § 13 Abs. 4 SGB VIII sollen die Maßnahmen der Schulsozialarbeit mit den Maßnahmen der Schulverwaltung, der Bundesagentur für Arbeit, der Träger betrieblicher und außerbetrieblicher Ausbildung sowie der Träger

Allgemeine Vorschriften § 31 **NSchG**

von Beschäftigungsangeboten abgestimmt werden. Aus dieser Kooperationsregel entstehen keine subjektiven Rechte der Jugendhilfe gegenüber der Schule (siehe Stichpunkt Hospitationen).

Schülerakte: Siehe Anm. 11.

Schüler-ID: Siehe Anm. 15.

Schüler Online: Schüler Online ist eine von einem IT-Dienstleister entwickelte Anwendung für das Übergangsmanagement von der Schule in den Beruf, welches in einigen Kommunen (z.b. Stadt Osnabrück) angewendet wird. Mit ihr können sich Schülerinnen und Schüler zu allen Bildungsgängen von weiterführenden Schulen – also an Berufsbildenden Schulen, des Sekundarbereichs II von Gymnasien oder an Gesamtschulen – anmelden. Ziel der Webanwendung ist es, via Internet eine schnelle und unbürokratische Anmeldung an weiterführenden Schulen zu ermöglichen. Administrative Arbeiten können auf diesem Wege reduziert, Beratungsbedarf identifiziert und Daten effizient ausgewertet werden – das Schülermanagement wird übersichtlich. Rechtlich handelt sich um ein automatisiertes Abrufverfahren nach § 7 NDSG. Danach ist die Einrichtung eines automatisierten Abrufverfahrens oder einer gemeinsamen automatisierten Datei, in oder aus der mehrere Daten verarbeitende öffentliche Stellen personenbezogene Daten verarbeiten, zulässig, soweit dies unter Berücksichtigung der Rechte und Freiheiten der betroffenen Personen und der Aufgaben der beteiligten Stellen angemessen ist und durch technische und organisatorische Maßnahmen Risiken für die Rechte und Freiheiten der betroffenen Personen vermieden werden können. Die Bearbeitungs- und Übermittlungsbefugnis der an Schüler Online beteiligten Schulen ergibt sich aus Abs. 1 Satz 3. Da im NSchG keine Regelungen zum automatisierten Abrufverfahren enthalten sind, ist § 7 NDSG direkt anwendbar.

Schülervertretung: Die Schülervertretung ist datenschutzrechtlich eine eigene verantwortliche Stelle (vgl. Elternvertretung).

Smartwatches: Einige als Uhr getragene Smartwatches enthalten eine Mithörfunktion: Damit können jederzeit aus der Ferne über das Internet das in der unmittelbaren Umgebung gesprochene Wort und sonstige Umgebungsgeräusche mitgehört werden. Die Mithörfunktion solcher Uhren kann strafrechtlich relevant sein, wenn diese Funktion insbesondere in einem Klassenraum aktiviert wird. Der Klassenraum stellt einen nicht öffentlich zugänglichen Ort dar. Wenn in einem solchen nicht öffentlich zugänglichen Raum verbal kommuniziert wird, findet dies somit nicht öffentlich statt. Wird die Mithörfunktion einer Smartwatch aus der Ferne aktiviert und das nicht-öffentlich gesprochene Wort heimlich mitgehört, stellt dies einen Straftatbestand nach § 201 Abs. 2 Nr. 1 StGB dar. Diese Tat ist mit Freiheitsstrafe bis zu drei Jahren oder mit Geldstrafe bedroht. Mit Geltung der EU-Datenschutz-Grundverordnung beschränkt sich die Verantwortlichkeit nicht auf Organisationen, sondern auch eine Privatperson ist für die Datenverarbeitung verantwortlich, wenn sie allein oder gemeinsam mit anderen über die Zwecke (Abhören) und die

Mittel (Einsatz einer Smartwatch) der Verarbeitung personenbezogener Daten entscheidet (Art. 4 Nr. 7 DSGVO). Eine Ausnahme bestünde nur im Fall der Ausübung ausschließlich persönlicher oder familiärer Tätigkeiten (Art. 2 Abs. 2 Buchst. c DSGVO) – diese Situation liegt aber beim Mithören im Klassenzimmer nicht vor. Nach der Rechtsauffassung der Bundesnetzagentur ist der Einsatz solcher Mithör-Smartwatches nach § 90 Telekommunikationsgesetz (TKG) verboten, weil sie Sendeanlagen oder Telekommunikationsanlagen darstellen, »die ihrer Form nach einen anderen Gegenstand vortäuschen oder die mit Gegenständen des täglichen Gebrauchs verkleidet sind und aufgrund dieser Umstände oder aufgrund ihrer Funktionsweise in besonderer Weise geeignet und dazu bestimmt sind, das nicht öffentlich gesprochene Wort eines anderen von diesem unbemerkt abzuhören oder das Bild eines anderen von diesem unbemerkt aufzunehmen«. Die Bundesnetzagentur kann die Vernichtung des Gegenstands anordnen und mit einem Zwangsgeld durchsetzen.

Sportvereine: Im Rahmen des Schulsports kooperieren viele Schulen mit Sportvereinen, damit die Schülerinnen und Schüler auch an Breitensportveranstaltungen der Vereine (z.b. Laufveranstaltungen) teilnehmen können. Viele Schulen bereiten die Schülerinnen und Schüler während des Unterrichtes auf diese Veranstaltung vor und organisieren die Anmeldungen zu dem sportlichen Ereignis. Ferner gibt es feste Sportveranstaltungen wie z.b. die Bundesjugendspiele, die ausschließlich von den Schulen organisiert werden. Die Sportvereine veröffentlichen auf ihren eigenen Webseiten die Teilnehmer an ihren Veranstaltungen und übermitteln damit personenbezogene Daten in das Internet. Sofern die Schulen die Anmeldungen der teilnehmenden Schülerinnen und Schüler organisieren und die personenbezogenen Daten dann an den Sportverein übermitteln, handelt es sich um eine Übermittlung an eine private Stelle (Sportverein), die von der rechtswirksamen Einwilligung der Eltern abhängig ist (kein Anwendungsfall von § 5 Abs. 1 Satz 2 NDSG). Da im Regelfall die Anmeldung automatisch eine Aufnahme der von der Schule gemeldeten Schülerinnen und Schüler in die Teilnehmerliste und damit verbunden die Internetveröffentlichung durch den Verein auslöst, treffen die Schule besondere Aufklärungs- und Sorgfaltspflichten gegenüber den Eltern.

Stundenpläne: Wenn Stundenpläne keine »personenbezogenen« Daten enthalten, wäre eine Veröffentlichung – auch im Internet – aus datenschutzrechtlicher Sicht unbedenklich. Bei der Veröffentlichung von Adressen muss aber immer eine Einwilligung vorliegen. Bei Lehrkräften ist es zulässig, Namen, Funktion, Unterrichtsfächer und Dienstadresse auf der Homepage einer Schule zu veröffentlichen, die Lehrkräfte müssen hierüber informiert werden. Auch die Veröffentlichung der dienstlichen E-Mail-Adresse ist ohne Zustimmung der einzelnen Lehrkraft zulässig (vgl.: VG Neustadt a.d.W., Urteil v. 06.02.2007 – Az. 6 K 1729/06. NW).

Telefonketten: Die Einrichtung sog. Telefonketten durch die Schule wird allgemein als zulässig angesehen. Denn die Übermittlung der Namen und Telefonnummern der Mitschülerinnen und Mitschüler sei zur Erfüllung der Fürsorgeaufgaben erforderlich, damit Schülerinnen und Schüler oder deren Eltern z.b. über kurzfristig ausfallende Randstunden noch rechtzeitig informiert werden können. Rechtsgrundlage ist in diesem Fall Abs. 1 Satz 3, wonach der »Schule« auch gestattet wird, aus dienstlichen Gründen (Bildungsauftrag) sich »untereinander« personenbezogene Daten zu übermitteln. Dies schließt die Übermittlung von Namen und Telefonnummern von Namen der Schülerinnen und Schüler sowie der Lehrkräfte mit ein (vgl. Anm. 11). Bei den Daten der Lehrkräfte darf es sich aber nicht um personenbezogene Daten handeln, die auf Grundlage des § 88 NBG erhoben werden. Bei den Daten der Erziehungsberechtigten wird empfohlen, diesbezüglich eine Einwilligung der Eltern einzuholen.

Übermitteln von Daten an die Erziehungsberechtigten: s. § 55 Abs. 4

Übermitteln von Daten an private Stellen und Einzelpersonen: Für Übermittlungen von personenbezogenen Daten an private Stellen (z.b. Firmen, Sparkassen, Banken) und Einzelpersonen ist grundsätzlich die Einwilligung der Sorgeberechtigten bzw. der volljährigen Schülerinnen und Schüler erforderlich. Diese Regelung für die Datenübermittlung gilt sowohl nach außen wie innerhalb der Schule. Die betroffenen Schülerinnen und Schüler bzw. die Erziehungsberechtigten sind darüber zu informieren, an wen die Daten übermittelt werden und dass sie ohne Nachteile die Einwilligung für die Zukunft widerrufen können.

Übermittlung von Namenslisten an die Presse: Zu Beginn und zum Ende der Sommerferien erscheinen regelmäßig Presseartikel, in denen komplette Namenslisten eines Schuljahrgangs Listen (Namen der Schülerinnen und Schüler, die entweder demnächst eingeschult werden oder die die Schule gerade verlassen haben) veröffentlicht werden. Schulen dürfen solche Listen nur übermitteln, wenn die Übermittlung durch eine Rechtsgrundlage gedeckt ist oder die Betroffenen eingewilligt haben. Abs. 1 bietet hierfür keine Rechtsgrundlage, sodass eine Einwilligung einzuholen ist. Die betroffenen Schülerinnen und Schüler bzw. die Erziehungsberechtigten sind darüber zu informieren, an wen die Namensliste übermittelt wird und dass sie ohne Nachteile die Einwilligung verweigern oder mit Wirkung für die Zukunft widerrufen können. Die Einwilligung ist unwirksam, wenn keine ausreichende Aufklärung erfolgt ist oder rechtswidrige Nachteile angedroht wurden.

Verarbeitung personenbezogener Daten auf privaten Informationstechnischen Systemen (IT-Systemen) von Lehrkräften: Der RdErl.»Verarbeitung personenbezogener Daten auf privaten Informationstechnischen Systemen (IT-Systemen) von Lehrkräften« vom 01.01.2020 ermöglicht den Lehrkräften an öffentlichen Schulen in Niedersachsen, dass in einem konkret festgelegten Rahmen personenbezogene Daten der Schülerinnen und Schüler auch zu Hause auf dem privateigenen PC verarbeitet werden dürfen. Ohne diese erlassliche Regelung wäre die Datenverarbeitung auf dem eigenen PC datenschutzrechtlich nicht zulässig. Bevor Lehrkräfte private IT-Systeme zur Verarbeitung personenbezogener Daten nutzen, bedürfen sie zunächst – wie bisher- der schriftlichen Genehmigung durch die Schulleiterin oder den Schulleiter. Die Genehmigung gilt grundsätzlich für fünf Jahre. Sofern vor Ablauf des Genehmigungszeitraums wesentliche Änderungen, wie z.B. ein Austausch des IT-Systems, vorgenommen werden, ist unverzüglich eine neue Genehmigung zu beantragen. Neben der Verarbeitung auf PCs oder Laptops ist auch die datenschutzkonforme Nutzung von privaten mobilen Endgeräten (Smartphones und Tablets) zulässig, indem die Daten auf einem gesicherten Server der Schule oder einem DSGVO-konformen Server eines Dritten gespeichert werden. Die Speicherung personenbezogener Daten auf dem Festspeicher des privaten mobilen Endgerätes ist somit nicht zulässig, wohl aber die Speicherung der Daten auf IServ oder in der sogenannten Niedersachsen-Cloud. Sofern zusätzliche Applikationen (gemeint sind spezielle Programme wie z.B. Notenverwaltungsprogramme) oder cloudbasierte Programme (z.b. elektronische Klassenbücher) für die Verarbeitung personenbezogener Daten genutzt werden sollen, muss die Schulleiterin oder der Schulleiter mit Fremdanbietern (Fremdanbieter sind alle Anbieter, die nicht Schule/Schulträger oder das Land Niedersachsen sind) zuvor einen Auftragsverarbeitungsvertrag i. S. v. Art. 28 Abs. 3 DSGVO schließen. Dies stellt sicher, dass auch der Fremdanbieter die datenschutzrechtlichen Vorgaben der EU-Datenschutz-Grundverordnung einhält. Die Lehrkräfte dürfen nur personenbezogene Daten verarbeiten, die sie im Rahmen ihrer dienstlichen Tätigkeit als Klassenlehrerin oder Klassenlehrer, Fachlehrerin oder Fachlehrer, Kursleiterin oder Kursleiter oder Tutorin oder Tutor zwingend benötigen.

Folgender Datenrahmen darf nicht überschritten werden:

Daten zur Schülerin oder zum Schüler

- Namen,
- Adressdaten,
- Geschlecht,
- Geburtsdatum, Geburtsort,
- Zugehörigkeit zu einer Religionsgemeinschaft,
- Klasse, Gruppe oder Kurs,
- Ausbildungsrichtung bzw. Ausbildungsberuf,
- Fächer,
- Fehlzeiten,
- Art, Datum und Ergebnisse von Leistungskontrollen,
- Zeugnisnoten und andere Zeugniseintragungen.

Daten zu Erziehungsberechtigten

- Namen,
- Adressdaten,
- Telefonnummern,
- E-Mail-Adressen.

Weitere Daten
- Namen anderer Lehrkräfte,
- Dienstliche Telefonnummern anderer Lehrkräfte,
- Dienstliche E-Mail-Adressen anderer Lehrkräfte,
- Adresse, Telefonnummer und E-Mail-Adresse des Ausbildungs- und Praktikumsbetriebs einer Schülerin oder eines Schülers,
- Ansprechpartnerin oder Ansprechpartner im Ausbildungs- und Praktikumsbetrieb einer Schülerin oder eines Schülers.

Von diesen Daten dürfen nur die Daten verarbeitet werden, die für die jeweilige Aufgabenerledigung tatsächlich erforderlich sind. Bei der Datenverarbeitung haben die Lehrkräfte grundsätzlich Datenschutz- und Datensicherungsmaßnahmen durchzuführen, d.h., es ist sicherzustellen, dass keine Unbefugten Zugriff auf die Daten nehmen können und die Daten auch hinreichend geschützt sind. Zudem sind Sicherungsmaßnahmen durchzuführen, die Schutz bieten, wenn das IT-System ausfällt. Lehrkräfte, die personenbezogene Daten verarbeiten wollen, müssen eine Verpflichtungserklärung gegenüber ihrer Schulleitung abgeben. In der Erklärung ist die Zusicherung abzugeben, dass der oder dem Landesbeauftragten für den Datenschutz Niedersachsen (LfD) auf Verlangen Zugang zu allen im Rahmen des Erlasses genutzten privaten IT-Systemen und Speichermedien zu gewähren ist, damit die gesetzlichen Kontrollaufgaben wahrgenommen werden können. Dem kann beispielsweise dadurch entsprochen werden, dass alle entsprechenden IT-Systeme und Speichermedien in die Schule gebracht und dort von der oder dem LfD auf die Einhaltung der datenschutzrechtlichen Vorgaben hin kontrolliert werden. Ein Zutrittsrecht in die Privatwohnung hat die LfD dagegen nicht. Hinweise und technische Hilfe zur Umsetzung des Erlasses einschließlich eines Musters einer Verpflichtungserklärung finden sich unter https://wordpress.nibis.de/datenschutz/regelungen-fuer-private-it-systeme.

Die Speicherung personenbezogener Daten auf dem Festspeicher privater mobiler Endgeräte (Smartphones und Tablets – es sind nur solche mit iOS, Android oder ChromeOS gemeint) ist ausdrücklich nicht zulässig. Auf Notebooks und PCs (wohl auch Tablets mit vollwertigem Windows- oder Linux-Betriebssystem) dürfen nach Einhaltung aller Regularien weiterhin Schülerdaten mit dem o.g. erweiterten Datenrahmen verarbeitet werden. Damit sind Notenverwaltungsprogramme auf Smartphones und Tablets von Lehrkräften unzulässig, weil Teile der Datenhaltung dabei auf dem Endgerät selbst geschehen. Ob es sich bei verschlüsselten Daten wirklich um personenbezogene Daten handelt, ist allerdings immer eine Einzelfallentscheidung.

Veröffentlichung von personenbezogenen Daten der Schülerinnen oder Schüler oder ihrer Erziehungsberechtigten im Internet: Die Veröffentlichung von personenbezogenen Daten von Schülerinnen und Schülern im Internet ist grundsätzlich für die Aufgabenerfüllung von öffentlichen

Schulen nicht erforderlich. Eine Veröffentlichung ist daher in der Regel nur mit vorheriger Einwilligung der Schülerinnen und Schüler und/oder ihrer Erziehungsberechtigten möglich.

Veröffentlichung von Vertretungsplänen: Durch Vertretungspläne werden Schülerinnen und Schüler sowie Erziehungsberechtigte und Lehrkräfte über Änderungen im Stundenplan informiert. Wenn ein Vertretungsplan keine personenbezogenen Daten (d. h. keine Namen oder Namenskürzel) der Lehrkräfte enthält, darf er als Aushang in der Schule und in einem passwortgeschützten Bereich auf der Homepage (Intranet) der Schule, zu dem nur Schülerinnen und Schüler, deren Eltern sowie Lehrkräfte dieser Schule Zugang haben, veröffentlicht werden. Wird der Vertretungsplan mit den Namen der Lehrkräfte oder mit Namenskürzeln (d. h. mit personenbezogenen Daten) erstellt, ist dies nur zulässig, wenn die Datenverarbeitung durch eine Rechtsgrundlage erlaubt ist. Nach § 88 Abs. 1 NBG darf der Dienstherr personenbezogene Daten einschließlich besonderer Kategorien personenbezogener Daten über Bewerberinnen und Bewerber sowie über Beamtinnen und Beamte, frühere Beamtinnen und Beamte und deren Hinterbliebene verarbeiten, soweit dies zur Begründung, Durchführung, Beendigung oder Abwicklung des Dienstverhältnisses oder zur Durchführung organisatorischer, personeller und sozialer Maßnahmen, insbesondere auch zu Zwecken der Personalplanung und des Personaleinsatzes, erforderlich ist oder eine Rechtsvorschrift, eine Vereinbarung nach § 81 des Niedersächsischen Personalvertretungsgesetzes oder eine Dienstvereinbarung dies erlaubt. Für die Verarbeitung personenbezogener Daten gelten ergänzend zur EU-Datenschutz-Grundverordnung die Bestimmungen des Niedersächsischen Datenschutzgesetzes, soweit sich aus § 50 BeamtStG oder aus diesem Gesetz nichts Abweichendes ergibt. Gemäß § 12 Abs. 1 NDSG findet diese Regelung auch auf Tarifpersonal Anwendung, da im TV-L oder sonstigen Tarifverträgen hierzu nichts anderes geregelt ist. Die persönlichen Stundenpläne der Lehrkräfte dürfen weder in der Schule ausgehängt noch ins Internet oder Intranet gestellt werden. Wenn Schülerinnen und Schüler oder Eltern wissen wollen, wie sie eine Lehrkraft erreichen können, besteht die Möglichkeit, bei der Schulleitung oder im Schulsekretariat nachzufragen. Eine Veröffentlichung der persönlichen Stundenpläne kommt nur für die Lehrkräfte in Betracht, die auf freiwilliger Basis eingewilligt haben. Die Einholung eines Einverständnisses ist in Beamten- und Beschäftigtenverhältnissen allerdings datenschutzrechtlich problematisch, da aufgrund der bestehenden Abhängigkeit der Beschäftigten zum Dienstherrn und Arbeitgeber eine derartige Erklärung häufig nicht freiwillig ist. Die zweifelsfreie Freiwilligkeit ist jedoch Voraussetzung für ein wirksames Einverständnis (EG 43).

Videoattrappen (Dummies): Der Einsatz von sogenannten »Dummies« (Videoattrappen) ist rechtlich bedenklich. Die Nachbildungen von Videokameras oder nicht funktionsfähige Kameras, die eine Überwachung nur Vortäuschen, fallen nicht unter § 14 NDSG, weil mit ihnen eine Beobachtung technisch nicht möglich ist. Nach der Rechtsprechung des Bundesverfassungsgerichtes dürfen die Betroffenen jedoch nicht darüber im Ungewissen gelassen werden, ob und wer über sie Informationen sammelt. Insoweit tragen die öffentlichen Stellen eine besondere Verantwortung gegenüber den Bürgerinnen und Bürgern dafür, dass ihr Handeln wahrhaftig und transparent gestaltet ist. Eine vorgetäuschte Videoüberwachung ist hiermit unvereinbar. Sie beeinträchtigt das Recht der Betroffenen auf informationelle Selbstbestimmung in gleicher Weise wie eine funktionierende Videoüberwachung, weil sie Einfluss auf die Verhaltensweise der Personen nimmt, die in den – vermeintlichen – Erfassungsbereich der Attrappe geraten. Das Anbringen einer Attrappe in Schulen ist mithin unzulässig.

Videoaufzeichnungen sind als pädagogische Methode im Unterricht grundsätzlich zulässig; Aufzeichnungen haben allerdings mit Einverständnis der Betroffenen zu erfolgen und sind umgehend nach der Unterrichtseinheit wieder zu löschen.

Videoüberwachung: Nach § 14 Abs. 1 NDSG ist eine Videoüberwachung zulässig, wenn sie zur Wahrnehmung einer im öffentlichen Interesse liegenden Aufgabe erforderlich ist. Eine Videoüberwachung an Schulen ist jedoch grundsätzlich unzulässig. Gewalttätige Konflikte, Vandalismus u. ä. ist daher mit anderen – pädagogischen – Mitteln zu begegnen. Nur in Fällen, in denen alle anderen Maßnahmen nicht zum Erfolg führen, kann ausnahmsweise die Videoüberwachung bestimmter Räumlichkeiten für einen begrenzten Zeitraum angezeigt sein. Die flächendeckende Überwachung von Eingangsbereichen, Fluren und Unterrichtsräumen ist hingegen generell unzulässig. Wenn beispielsweise das Schulgebäude immer wieder durch Vandalismus beschädigt oder durch Graffiti beschmiert wird und andere Maßnahmen (verstärkte Streifentätigkeit der Polizei, Kontrollen durch den Hausmeister etc.) erfolglos geblieben sind, kann es zulässig sein, eine Videoüberwachung einzusetzen. Dabei muss aber i. d. R. sichergestellt sein, dass die Videoüberwachung erst nach dem Ende des Schulbetriebes beginnt. Daher ist eine Videoüberwachung an Schulen nur unter strengen Voraussetzungen möglich ist. Während des Unterrichts scheidet eine solche generell aus. Außerhalb des Unterrichts ist der Einsatz von Videokameras als »verlängertes Auge« der Aufsichtsperson zum Schutz vor Gewalt und Vandalismus zulässig, sofern der Grundsatz der Verhältnismäßigkeit gewahrt wird. Hierzu zählt, dass Schülerinnen und Schülern die Möglichkeit des Rückzugs in unbeobachtete Bereiche erhalten bleibt bzw. Kameras Bilder nicht permanent, sondern im Wechsel auf einen Bildschirm projizieren. Eine Speicherung ist grundsätzlich unzulässig. Vor einer systematischen Videoüberwachung ist eine Datenschutz-Folgenabschätzung durchzuführen. Eine Ausnahme kann im Einzelfall die Überwachung der Fahrradständer oder des Fahrradkellers sein, da hier lediglich Sachen geschützt werden, die Nutzung freiwillig ist und der Aufenthalt sich nur auf einen kurzen Zeitraum beschränkt. Die Videoüberwachung ist aber in diesem Fall durch entsprechende Hinweisschilder kenntlich zu machen. Der Hinweis auf die Videoüberwachung und die verantwortliche Stelle ist deutlich sichtbar anzubringen. Er muss vor Betreten der überwachten Sphäre problemlos wahrnehmbar sein, damit die freie Entscheidung für oder gegen das Betreten dieser Bereiche möglich ist.

Webcams in Schulen: Einige Schulen haben – um über die Schule und/oder bestimmte schulische Angebote zu informieren – Webcams installiert und aktiviert. Solange nur Übersichtsaufnahmen angefertigt werden und die Bilder so unscharf sind, dass eine Identifizierbarkeit der abgebildeten Personen ausgeschlossen werden kann bzw. keine personenbeziehbaren Daten erfasst und übermittelt werden, sind Webcams datenschutzrechtlich unbedenklich. Sind dagegen Personen erkennbar oder können diese durch Aufnahmesteuerung oder Bildbearbeitung erkennbar gemacht werden, dürfen die Bilder nur mit der wirksamen Einwilligung aller abgebildeten Personen oder – soweit es diesen an der erforderlichen Einwilligungsfähigkeit fehlt – ihrer Erziehungsberechtigten im Internet veröffentlicht werden. Deshalb scheidet die Installation einer Webcam etwa in der Eingangshalle einer Schule generell aus. Da es bei einer Liveübertragung von Webcam-Bildern ins Internet in der Regel nicht möglich ist, eine vorherige Einwilligung aller Betroffenen einzuholen, kommt im Bereich der Schulen allenfalls eine Übertragung von groben Übersichtsaufnahmen in Frage. Sind dagegen beispielsweise alle Mitglieder der Tanz-AG einer Oberstufe darin einig, dass ihre Aufführung zeitgleich ins Internet übertragen werden soll, und willigen sie deshalb in die Datenübertragung mittels einer Webcam ein, stehen dem hierauf beschränkten Einsatz einer Webcam keine durchgreifenden Bedenken entgegen.

Weiterverwendung von beschriebenem Altpapier: Die Weiterverwendung und Ausgabe von beschriebenem Altpapier aus Sparsamkeit und Gründen des Umweltschutzes ist dann unzulässig, wenn auf der beschriebenen Seite personenbezogene Daten erkennbar sind.

WhatsApp: Grundsätzlich setzt Niedersachsen auf einen eigenverantwortlichen und verantwortungsbewussten Umgang durch Lehrkräfte und Schulleitungen mit den sogenannten sozialen Netzwerken und auch Messenger Diensten. Die allgemeinen datenschutzrechtlichen Bestimmungen sind unbedingt zu beachten, auf Datenschutzimplikationen von Plattformen wie WhatsApp, Facebook wird unter anderem im Rahmen der Medienkonzepte der Schulen hingewiesen. Es gilt immer zu bedenken, dass die Nutzung solcher Kanäle nicht unerhebliche datenschutzrechtliche Risiken birgt. Bei der Nutzung eines Messengers wie WhatsApp findet die Verarbeitung von personenbezogenen Daten statt. Der Nutzer muss sich anmelden, d.h. es entstehen sog. »Bestandsdaten« (§ 3 Satz 1 Nr. 3 Telekommunikationsgesetz (TKG)), Kommunikationsinhalte (Inhaltsdaten) werden ausgetauscht und dabei fallen jede Menge sog. »Verkehrsdaten« (§ 3 Satz 1 Nr. 30 TKG) an. Zudem werden mit der Anmeldung automatisch alle im Mobiltelefon gespeicherten Kontakte an den Anbieter übertragen. Für diese Datenverarbeitungen sind eine Rechtsgrundlage oder eine Einwilligung erforderlich. Der Nutzer von WhatsApp ist für die Übermittlung der in seinem Mobiltelefon gespeicherten Kontaktdaten von anderen Personen datenschutzrechtlich verantwortlich. Daher muss er vor der Anmeldung bei dem Messenger-Dienst über die entsprechende datenschutzrechtliche Erlaubnis verfügen. Im Schulbereich kommt als Rechtsgrundlage nur der § 31 in Frage. Danach ist eine Datenverarbeitung nur zulässig, wenn sie zum Zweck der Erfüllung des Bildungsauftrags der Schule (§ 2) oder der Fürsorgeaufgaben, zur Erziehung oder Förderung der Schülerinnen und Schüler oder zur Erforschung oder Entwicklung der Schulqualität erforderlich ist. Die Erforderlichkeit setzt voraus, dass der Zweck nur mit dieser Datenverarbeitung erreicht werden kann. Eine bloße Erleichterung des Schulalltages kann die Erforderlichkeit nicht begründen. Die Nutzung von WhatsApp ist daher nach § 31 nicht zulässig. Zudem darf eine Schule natürlich nicht den exklusiven Zugang zu kommerziell betriebenen Netzwerken als Informationskanal voraussetzen, d. h., es muss immer die Möglichkeit bestehen, die schulischen Informationen auch über einen anderen Weg (Infobrett, Aushang, Email, Durchsage etc.) zu bekommen. Die Landesbeauftragte für den Datenschutz Niedersachsen hat in einem Prüfverfahren nach § 58 Abs. 2 Buchst. f DSGVO einer Schule bereits die Nutzung des Messengerdienstes »WhatsApp« für die dienstliche Kommunikation der Schule untersagt. Zusätzlich hat sie mit Schreiben vom 19.10.2018 alle Schulen in Niedersachsen mit einem Merkblatt über die Unzulässigkeit der Nutzung von »WhatsApp« in der Schule informiert. Es handelt sich rechtlich um eine Warnung nach Art. 58 Abs. 2a EU-Datenschutz-Grundverordnung.

Zahngesundheitspflege: siehe Anm. 12.

Zugriff auf Notenlisten: Ein fächerübergreifender Zugriff von Lehrkräften auf die Notenlisten der von ihnen unterrichteten Schülerinnen und Schüler ist nur im konkreten Einzelfall zulässig, insbesondere zur Erfüllung ihrer Aufgaben als Mitglied der Klassenkonferenz. Darüber hinaus dürfen vor allem die Klassenleitungen und Oberstufenkoordinatoren fächerübergreifenden Zugriff auf die Notenlisten ihrer Schülerinnen und Schüler erhalten, um schulische oder häusliche Probleme erkennen zu können, die sich durch einen plötzlichen Leistungsabfall in mehreren Fächern gleichzeitig bemerkbar machen, sowie für die Zeugnisvorbereitung und -erstellung. Zur Erfüllung ihrer Aufgaben dürfen im konkreten Einzelfall auch die Schulleitungen und die Schulpsychologen/Beratungslehrkräfte Notenlisten von Schülerinnen und Schülern fächerübergreifend einsehen.

Verweise, Literatur:

22

- Verordnung (EU) 2016/679 zum Schutz natürlicher Daten, zum freien Datenverkehr und zur Aufhebung der Richtlinie 95/46/EG (Datenschutz-Grundverordnung); Amtsblatt der Europäischen Union (ABl. Nr. L 119 S. 1, Nr. L 314 S. 72; 2018 Nr. L 127 S. 2) vom 27.04.2016
- Nieders. Datenschutzgesetz (NDSG) vom 16.5.2018 (Nds. GVBl. S. 66; SRH 1.305; Schulrecht 243/1)
- Verordnung über die Verarbeitung personenbezogener Daten von Schülerinnen und Schülern sowie ihrer Erziehungsberechtigten vom 30.09.1994 (Nds. GVBl. S. 455; SVBl. S. 310 – außer Kraft getreten)

- Erl. »Verarbeitung personenbezogener Daten auf privaten Informationstechnischen Systemen (IT-Systemen) von Lehrkräften« vom 01.01.2020 (Nds. MBl. S. 154, SVBl. 2020, S. 63; SRH 1.310; Schulrecht 243/91)
- Erl. »Aufbewahrung von Schriftgut in öffentlichen Schulen; Löschung personenbezogener Daten« vom 29.05.2020 (Nds. MBl. S. 696; SVBl. S. 351; SRH 2.615)
- Erl. »Ergänzende Bestimmungen zum Rechtsverhältnis zur Schule und zur Schulpflicht, hier: §§ 58 bis 59 a, §§ 63 bis 67 und § 70 Niedersächsisches Schulgesetz (NSchG)« vom 01.12.2016 (SVBl. S. 705)
- Erl. »Zusammenarbeit von Kindergarten und Grundschule« vom 02.05.2006, SVBl. S. 218
- *Prinzhorn, Kerstin:* Umgang mit personenbezogenen Daten in der Schule, Schulverwaltung, Ausgabe Niedersachsen, 2009, S. 17
- *Prinzhorn, Kerstin:* Zensurenbesprechung vor der Klasse – mit dem Datenschutz vereinbar?, Schulverwaltung, Ausgabe Niedersachsen, 2008, S. 47
- *Haase, Rainer:* Änderungen im Datenschutzrecht für Schulen und Kindergärten, SVBl. 2004, S. 373
- *Nolte, Gerald:* Die rechtliche Verantwortung für eine Schulhomepage, Schulverwaltung, Ausgabe Niedersachsen, 2008, H. 7–8, S. 212
- *Prinzhorn, Kerstin:* Schülerfotos und Videoaufzeichnungen im Unterricht, Schulverwaltung, Ausgabe Niedersachsen, 2012, H. 1, S. 19
- *Ziebarth, Wolfgang:* Social-Media-Monitoring an Schulen? Schulrecht 2016, H. 1–2, S. 9
- *Nolte, Gerald:* Die neue EU-Datenschutz-Grundverordnung im schulischen Bereich, Pädagogische Führung 2016, H. 6, S. 233
- *Nolte, Gerald:* Rechtliche Fallstricke einer Schul-Homepage, Pädagogische Führung 2017, H. 7, S. 50
- Die Landesbeauftragte für den Datenschutz Niedersachsen: Leitfaden: Datenschutz-Grundverordnung – was ändert sich für Schulen; (Homepage, Themen, Schulen)
- *Reinhard, Marie-Christina:* Änderungen im Niedersächsischen Schulgesetz aufgrund des niedersächsischen Datenschutzrechts, SVBl. 2018, S. 370
- *Roßnagel, Alexander:* Rechtsgutachten: Datenschutzrechtliche Bewertung spezifischer Fragen der Schulstatistik in Hamburg, Kassel, Mai 2013
- *Abel, Joachim:* Datenschutzrechtliche Neuerungen für die Schule – Teil 1, Schulverwaltung, Ausgabe Baden-Württemberg, 2018, H. 9, S. 232

- *Nolte, Gerald:* Änderung des Datenschutzparagrafen im Niedersächsischen Schulgesetz, Schulverwaltung, Ausgabe Niedersachsen, 2018, H. 9, S. 245
- *Abel, Joachim:* Datenschutzrechtliche Vorgaben für Elternvertretungen an Schulen, Schulverwaltung, Ausgabe Niedersachsen, 2019, H. 12, S. 333
- *Nolte, Gerald:* Gesetz zur Änderung schulrechtlicher Vorschriften, Schulverwaltung, Ausgabe Niedersachsen, 2020, H. 2, S. 55
- *Dehnert, Hennig/Glahe, Annika/Kunze, Sina-Marie/Schulze, Ulrike:* Ein Jahr DSGVO in Schulen, RdJB 2019, S. 293
- *Kirchhoff, Guido:* Datenübermittlung an Jugendämter zur Abwehr von Kindeswohlgefährdungen, NJW 2020, S. 33

(Gerald Nolte)

Zweiter Teil
Schulverfassung

§ 32   Eigenverantwortung der Schule

(1) [1]Die Schule ist im Rahmen der staatlichen Verantwortung und der Rechts- und Verwaltungsvorschriften eigenverantwortlich in Planung, Durchführung und Auswertung des Unterrichts, in der Erziehung sowie in ihrer Leitung, Organisation und Verwaltung. [2]Die Rechte des Schulträgers bleiben unberührt.

(2) [1]Die Schule gibt sich ein Schulprogramm. [2]In dem Schulprogramm legt sie in Grundsätzen fest, wie sie den Bildungsauftrag erfüllt. [3]Das Schulprogramm muss darüber Auskunft geben, welches Leitbild und welche Entwicklungsziele die pädagogische Arbeit und die sonstigen Tätigkeiten der Schule bestimmen. [4]Der Zusammensetzung der Schülerschaft und dem regionalen Umfeld ist in dem Schulprogramm und in der Unterrichtsorganisation Rechnung zu tragen. [5]Die Schule beteiligt bei der Entwicklung ihres Schulprogramms den Schulträger und den Träger der Schülerbeförderung sowie die Schulen, mit denen sie zusammenarbeitet (§ 25 Abs. 1).

(3) [1]Die Schule überprüft und bewertet mindestens alle zwei Jahre den Erfolg ihrer Arbeit. [2]Sie plant Verbesserungsmaßnahmen und führt diese nach einer von ihr festgelegten Reihenfolge durch.

(4) [1]Die Schule bewirtschaftet ein Budget aus Landesmitteln nach näherer Bestimmung im Haushaltsplan des Landes. [2]Sie kann nach näherer Bestimmung des Kultusministeriums, die der Zustimmung des Finanzministeriums bedarf, Girokonten führen; dabei können Ausnahmen von den Vorschriften über Zahlungen, Buchführung und Rechnungslegung (§§ 70 bis 72, 75 bis 80 der Landeshaushaltsordnung) zugelassen werden.

1 Allg.: § 32 hat durch das »Gesetz zur Einführung der Eigenverantwortlichen Schule« vom 17.07.2006 (ÄndG 06) seine jetzige Fassung erhalten. Die Überschrift – Eigenverantwortung der Schule – lässt erwarten, dass in dieser Vorschrift nähere Regelungen für »den Weg von einer überregulierten Schule zur Eigenverantwortlichen Schule« (Begründung des ÄndG 06, Landtagsdrucksache 15/2824, S. 7) enthalten sind. Abs. 1 ist jedoch nahezu identisch mit dem bis zum Inkrafttreten des ÄndG 06 geltenden § 32 (»Stellung der Schule«) und bekräftigt, dass die Schule in Niedersachsen staatlich verantwortet und beaufsichtigt bleibt. Neu eingefügt wurde, dass die Schulen zur Erarbeitung eines Schulprogramms und zur regelmäßigen Überprüfung und Bewertung des Erfolgs ihrer Arbeit verpflichtet werden (Abs. 2 und 3). Dass die Schulen in Abs. 4 ermächtigt werden, zur Bewirtschaftung ihrer Mittel Girokonten zu führen, war längst überfällig.

Auf welche Weise die Schulen tatsächlich erweiterte Handlungsspielräume erhalten sollen, ergibt sich aus § 38a Abs. 3 Nr. 1. Danach entscheidet der Schulvorstand über »*die Inanspruchnahme der den Schulen im Hinblick auf ihre Eigenverantwortlichkeit von der obersten Schulbehörde eingeräumten Entscheidungsspielräume*«. Der Gestaltungsfreiraum für die Schulen besteht also darin, dass die oberste Schulbehörde bestimmte Erlasse oder Teile von Erlassen zur Abänderung oder Aufhebung durch die Schulen freigibt. Die Wortwahl »**oberste Schulbehörde**« zielt auf die **schulbehördlichen Aufgaben** ab, wie sie z.B. in § 120 geregelt sind. Davon nicht umfasst sind die Erlasse, die durch das »**Kultusministerium**« erlassen werden. Zwar ist nach § 119 Abs. 1 das Kultusministerium oberste Schulbehörde, es kommen aber mit der unterschiedlichen Wortwahl im NSchG unterschiedliche Funktionen zum Ausdruck.

Bei den Ausschussberatungen des ÄndG 06 sind weitergehende Vorstellungen, den Schulen unter bestimmten Voraussetzungen zu erlauben, in eigener Zuständigkeit von Verwaltungsvorschriften des Kultusministeriums abzuweichen (Gesetzentwurf der SPD-Fraktion, Landtagsdrucksache 15/2600), nicht zum Zuge gekommen. Mehrheitlich wurde die Auffassung vertreten,»dass die Verbindlichkeit von Landesvorgaben nicht von jeder Schule für sich beurteilt werden kann, sondern dass über den Abbau entbehrlicher Vorschriften auf Landesebene entschieden werden muss« (Landtagsdrucksache 15/3046, S. 2).

Auskunft darüber, welche Gestaltungsräume das Kultusministerium den Schulen eröffnet, gibt der Erlass »Übertragung erweiterter Entscheidungsspielräume an Eigenverantwortliche Schulen« vom 06.08.2020.

Im Übrigen ergibt sich die Eigenverantwortlichkeit der Schule durch beschränkte Befugnisse der Fachaufsicht (vgl. § 121 Abs. 1).

Dass die Schule eigenverantwortlich ist, bedeutet nicht, dass sie im Rechtssinne ein Selbstverwaltungsrecht mit Grundrechten im Verhältnis zu Schulträger und Land hat. Sie ist als nicht rechtsfähige Anstalt den Weisungen des Landes unterworfen. Sie hat mangels Rechtsfähigkeit und einer ausdrücklichen gesetzlichen Regelung einer Klagebefugnis auch nicht die

Möglichkeit, gegen die Weisung einer Schulbehörde zu klagen, die in die Eigenverantwortung der Schule eingreift. So wie die Schule weder gegen das Land noch den Schulträger klagen kann, so kann eine Konferenz oder ein Schulvorstand oder eine Schulleitung auch im eigenen Namen nicht gegen Land oder Schulträger klagen. Alle drei Organe der Schule handeln nach dem Gesetz allein für die Schule, nicht aus eigenem Recht. Sie haben keine eigenen subjektiven Rechte, sondern lediglich Wahrnehmungszuständigkeiten für die Aufgaben der Schule.

Zu Abs. 1: Abs. 1 ist nahezu identisch mit dem bis zum In-Kraft-Treten 2 des »Gesetzes zur Einführung der Eigenverantwortlichen Schule« vom 17.07.2006 (ÄndG 06) geltenden § 32. Durch das ÄndG 06 ist lediglich der Katalog der Felder, auf denen die Schule eigenverantwortlich agieren kann, um den Bereich »**Leitung**« erweitert worden.

Schule ist nicht einfach das letzte Glied in der Kette der Schulbehörden. Sie ist eine Einrichtung des kommunalen Trägers und des Landes besonderer Art und steht im Spannungsfeld nicht nur der Interessen ihrer Träger, sondern auch der Eltern, der Schülerinnen und Schüler sowie der in eigener pädagogischer Verantwortung unterrichtenden und erziehenden Lehrkräfte. Den Bildungsauftrag kann die Schule nur erfüllen, wenn sie in diesem komplexen Wirkungsgefüge über die erforderliche Eigenverantwortung zur Regelung ihrer Angelegenheiten verfügt. Der Begriff »eigenverantwortlich« in Satz 1 ist durch das ÄndG 03 an die Stelle des Begriffs »selbstständig« getreten. Nach dem schriftlichen Bericht über die parlamentarische Beratung des ÄndG 03 soll damit die Identifikation mit der Schule im Sinne einer Selbstverpflichtung gestärkt werden. Der Begriff »selbstständig« ließe zu wenig deutlich werden, dass die Schule staatlicher Aufsicht unterliege (Landtagsdrucksache 15/290). Rechtliche Konsequenzen für die Handlungsmöglichkeiten der Schulen dürften mit dem Begriffswechsel nicht verbunden sein.

Satz 1 sichert der Schule eine (begrenzte) Eigenverantwortung in den Kernbereichen ihres Auftrags: Unterricht und Erziehung sowie Leitung, Organisation und Verwaltung. Das bedeutet, dass die Schule für alle Maßnahmen in diesen Feldern selbst zuständig ist und in ihren Gremien die erforderlichen Entscheidungen trifft, ohne sich zuvor der Zustimmung der Schulbehörde zu vergewissern. Die Eigenverantwortung ist freilich nicht unbegrenzt. Die Schule hat als nichtrechtsfähige Anstalt kein Selbstverwaltungsrecht mit eigenen Rechten gegenüber ihren Trägern und folglich auch keine Klagebefugnis gegenüber Weisungen der Schulbehörden. Schulen können eigenverantwortlich nur im Rahmen der staatlichen Verantwortung sowie der Rechts- und Verwaltungsvorschriften handeln. Das bedeutet, dass die Schulbehörden jederzeit für alle Schulen verbindliche Vorschriften über die Gestaltung der Unterrichts- und Erziehungsarbeit erlassen können. Die Lehrkräfte sind nach § 50 Abs. 1 an Anordnungen der Schulaufsicht gebunden. Eingriffe der Schulbehörden im Wege der an sich umfassenden Fachaufsicht sollen jedoch so gehandhabt werden, dass die Eigenverantwortlichkeit der Schule nicht beeinträchtigt wird (siehe § 121).

Mit Urteil vom 27.06.2018 – 1 K 762/18 – hat das **Verwaltungsgericht Bremen** entschieden, dass einer Schulleiterin keine **Klagebefugnis** gegen eine Weisung der Schulbehörde zusteht, an einem Gymnasium die Beschulung von Kindern mit sonderpädagogischem Förderbedarf (hier: im Bereich Wahrnehmungs- und Entwicklungsförderung) in einem inklusiven Klassenverband zu ermöglichen. Die streitgegenständliche Weisung konnte ohne Überschreitung der Fachaufsicht getroffen werden, sodass sich keine Klagebefugnis aus einer etwaigen Verletzung der Eigenverantwortlichkeit des Gymnasiums ergebe. Das schulische Selbstverwaltungsrecht bestehe »im Rahmen der Gesetze, Rechtsverordnungen, Verwaltungsvorschriften sowie der Entscheidungen der Schulbehörden«. Die Entscheidung über die Einrichtung von Klassenverbänden liege – wie die Bereitstellung schulischer Ressourcen insgesamt – im Ermessen der Schulbehörde. Unabhängig davon finde das schulische Selbstverwaltungsrecht seine Grenze zudem in den im Rahmen der Fachaufsicht erteilten Weisungen der Schulbehörde. Die Weisung sei vorliegend durch die Fachaufsicht gedeckt. Dass es sich hierbei nicht um Entscheidungskompetenzen der Schulen handeln kann, liege auf der Hand. Könnte jede Schule im Rahmen der Eigenverantwortung entscheiden, wie viele Klassenzüge eingerichtet werden und ob in diesen Klassenzügen Kinder mit sonderpädagogischem Förderbedarf unterrichtet werden, wäre es der Schulbehörde nicht möglich, sicherzustellen, dass sie ihrem staatlichen Bildungsauftrag und dem gesetzgeberisch verordneten Inklusionsauftrag nachkommen kann. Allein daher haben die Schulen weder Allein- noch Mitentscheidungsrechte in diesen Fragen. Die Weisung verletze zudem nicht die schulische Selbstverwaltung, wonach Aufsichtsmaßnahmen darauf gerichtet sein müssen, dass die Schule ihre Aufgaben eigenverantwortlich in dem gesetzlich vorgegebenen Rahmen erfüllen kann und sie so zu gestalten sind, dass die konzeptionell begründete pädagogische Arbeit von Lehrkräften und Schulleitung sowie deren Handlungsspielräume in der Personal- und Qualitätsentwicklung in der erforderlichen Eigenständigkeit sowie die Beteiligung von Eltern und Schülerinnen und Schülern weitest möglich gewahrt und gestützt werden. Hieraus folge nicht, dass jede objektiv-rechtswidrige Maßnahme im Rahmen der Fachaufsicht die schulische Eigenständigkeit und die Rechte der Lehrkräfte und der Schulleitung verletze. Die Vorschrift sehe lediglich vor, dass Maßnahmen im Rahmen der Fachaufsicht auf das erforderliche Maß beschränkt bleiben, um die dort genannten Freiheiten nicht mehr als notwendig zu beschneiden. Sie begründet darüber hinaus kein subjektives Recht der Schulen bzw. der dort Beschäftigten, sich gegen objektiv-rechtliche Maßnahmen gerichtlich zu Wehr zu setzen.

Die Stellung der Schule ist durch das »Gesetz zur Einführung der Eigenverantwortlichen Schule« nicht verändert worden. Neue gesetzliche Bestimmungen zur Ausweitung der Eigenverantwortung sind in das Schulgesetz nicht eingefügt worden. Erweiterte Handlungsspielräume in pädagogischen Angelegenheiten haben die Schulen zum Beginn des Schuljahres 2007/08 durch den Erlass »Übertragung erweiterter Entscheidungsspielräume an Eigenverantwortliche Schulen« erhalten. Darin werden die Erlasse genannt, bei denen unter Beachtung von Auflagen einzelne Bestimmungen durch Entscheidungen der Schule (Konferenzen, Schulvorstand, Schulleitung) ersetzt werden können (siehe hierzu auch Anm. 1 und Anm. 4 zu § 38a). Auch die Stärkung der administrativen Befugnisse der Schule ist unabhängig vom ÄndG 06 erfolgt. Im Zuge der in Niedersachsen seit 1996 betriebenen Schulverwaltungsreform sind in erheblichem Umfang Aufgaben der staatlichen Schulbehörden auf die Schulen übertragen worden (siehe Anm. 1 zu § 43). Nach der Kritik des Landesrechnungshofs an der Eigenverantwortlichen Schule (»Schwachstellen insbesondere im administrativen Bereich«) hat die Landesregierung die Übertragung dienstrechtlicher Befugnisse auf die Grundschulen und auf kleine Schulen (Schulen unter 500-Lehrer-Soll-Stunden) wieder rückgängig gemacht. Das ist durch Neufassung des Erlasses zu den dienstrechtlichen Befugnissen vom 22.01.2018 geschehen.

Die Frage, ob auch dem **Parlament** Eingriffsbefugnisse in den Schulbetrieb zukommen, ist zu verneinen. Dem Parlament kommen nur gesetzgeberische Aufgaben und die parlamentarische Kontrolle der Schulbehörden zu. Eine eigene Mitwirkungskompetenz des Landesparlaments oder der Kommunalvertretungen am staatlichen Bildungsauftrag und an seiner Umsetzung in den staatlichen Schulen, insbesondere ein Mitwirkungsrecht für Abgeordnete des Landtags oder anderer Mandatsträger, sieht weder die Verfassung noch das Schulgesetz vor. Ein solches wäre auch nicht mit dem Gewaltenteilungsgrundsatzes zu vereinbaren. Es gibt daher auch keinen Anspruch von Abgeordneten des Landtages oder anderer Mandatsträger, zum Unterricht (der politischen Bildung) eingeladen oder auf sonstige Weise einbezogen zu werden.

Die zuständige **Ministerin** oder der zuständige **Minister** ist in ihrer oder seiner Funktion als Behördenchefin oder Behördenchef der obersten Schulaufsichtsbehörde und Ressortverantwortliche oder Ressortverantwortlicher jederzeit berechtigt, die Schulen zu besuchen und sich vor Ort zu informieren. Die »Besuche von Politikerinnen und Politikern in Schulen« sind im Übrigen im gleichnamigen Erlass (siehe Anm. 6) geregelt.

Satz 2 Der deklaratorische Hinweis in Satz 2 darauf, dass die Rechte des Schulträgers unberührt bleiben, findet sich ein weiteres Mal in § 38c Abs. 3.

Zu Abs. 2: Abs. 2 verpflichtet die Schulen, sich ein **Schulprogramm** zu geben. Ein solches Programm ist das schriftlich fixierte Handlungskonzept einer Schule, gleichsam ihr »Regiebuch« für eine selbstorganisierte und selbstverantwortete Schulentwicklung mit dem Ziel der nachhaltigen Verbesserung der Qualität der schulischen Arbeit. Darin soll in **Grundsätzen** festgelegt werden, wie der Bildungsauftrag (siehe § 2) erfüllt wird. Das Schulprogramm muss darüber hinaus Auskunft geben, welches **Leitbild** und welche **Entwicklungsziele** die pädagogische Arbeit und die sonstigen Aktivitäten der Schule bestimmen. In diesem Zusammenhang fällt auf, dass der Gesetzgeber es nicht für nötig gehalten hat, Aussagen über die Sicherung und Entwicklung der Qualität der schulischen Arbeit als verpflichtenden Bestandteil des Schulprogramms zu verlangen. Neben solchen Aussagen

3

kann ein Schulprogramm u. a. Auskünfte über die Förderung besonders leistungsstarker oder leistungsschwacher Schülerinnen und Schüler, über den Umgang mit Schülerinnen und Schülern mit Migrationshintergrund, über die Förderung des sozialen Lernens und der Werteerziehung, über die Öffnung der Schule gegenüber dem gesellschaftlichen Umfeld und die Zusammenarbeit mit außerschulischen Partnern, über die Berufs- und Arbeitsweltorientierung, über die Einbeziehung der Eltern und der Schülerinnen und Schüler sowie über ein Fortbildungskonzept für die Lehrkräfte geben. Zu den **Entwicklungszielen** eines Schulprogramms kann ferner die Absicht gehören, die Zahl der Klassenwiederholungen deutlich zu senken und die Zahl der höherwertigen Schulabschlüsse zu steigern. Das **Leitbild** der Schule kann geprägt sein durch ihren Willen, gesundheitsbewusste Schule, Schule ohne Rassismus, Europa-Schule oder Schule ohne Sitzenbleiben zu werden. Dass die Zusammensetzung der Schülerschaft und die Struktur des regionalen Umfeldes zu beachten ist, schreibt Satz 4 ausdrücklich vor. Bei den Ausschussberatungen des ÄndG 06 sind Unklarheiten über den Umfang des Begriffs »regionales Umfeld« nicht vollständig ausgeräumt worden (siehe 60. Sitzung des Kultusausschusses am 16.06.2006, Protokoll S. 8). Nach Meinung des Kultusministeriums soll damit auf die im Land Niedersachsen zum Teil gebildeten »**Bildungsregionen**« Bezug genommen werden. Im Kultusausschuss ist auch nicht weiter thematisiert worden, dass den beiden genannten Faktoren nicht nur im Schulprogramm, sondern auch in der »Unterrichtsorganisation« Rechnung getragen werden muss. Ein Schulprogramm wäre unvollständig, wenn es nicht Aussagen über die Schritte zur Erreichung der angestrebten Ziele enthielte.

Das **Schulprogramm** wird von der Gesamtkonferenz auf Vorschlag des Schulvorstandes beschlossen (siehe Anm. 3 zu § 34); sie wird dabei auf einen breiten Konsens Wert legen. Zur Erarbeitung des Schulprogramms wird der Schulvorstand sich mit der Gesamtkonferenz über die Einsetzung einer Steuerungsgruppe verständigen und dieser ausreichend Zeit zur Erstellung eines Entwurfs einräumen. Das von der Gesamtkonferenz zu beschließende Schulprogramm bedarf keiner Genehmigung durch die Schulbehörde. Vor einer Beschlussfassung müssen aber der Schulträger und der Träger der Schülerbeförderung beteiligt werden. Die Verwirklichung eines Schulprogramms kann nämlich mit höheren Sachkosten verbunden sein. Beteiligt werden müssen auch die Schulen, mit denen eine förmliche Zusammenarbeit nach § 25 vereinbart wurde. Beteiligung bedeutet, dass den genannten Partnern Gelegenheit gegeben werden muss, eigene Vorschläge zu unterbreiten und vor der endgültigen Beschlussfassung zum Entwurf des Schulprogramms Stellung zu nehmen.

Die Arbeit mit Schulprogrammen hat in Niedersachsen nicht erst im Jahre 2006 begonnen. Im Schuljahr 1998/99 hat das Niedersächsische Kultusministerium das Pilotprojekt »Schulprogrammentwicklung, Beratung und Evaluation« auf den Weg gebracht, an dem sich 40 Pilotschulen beteiligt haben (Einzelheiten siehe Landtagsdrucksache 15/1785). Neue Impulse, sich im Rahmen eines Schulprogramms und seiner Evaluation der Stärken

Schulverfassung § 32   **NSchG**

und Schwächen von Schulen zu vergewissern, hat das unbefriedigende Abschneiden deutscher Schülerinnen und Schüler bei internationalen Schulleistungsstudien (z.B. PISA 2000) ausgelöst.

Zu Abs. 3: Seit dem ÄndG 06 schreibt das Schulgesetz den Schulen erstmals ein Qualitätsmanagement vor. Der Orientierungsrahmen »Schulqualität in Niedersachsen« des Kultusministeriums soll die Schule bei ihrer Qualitätsentwicklung unterstützen, indem er einen Zielrahmen für ganzheitliche Schulqualität definiert. Im Sinne umfassender Qualitätsarbeit (Total Quality Management – TQM) sind relevante Aspekte von Qualität: vorbildliches Handeln der Schulleitung, Beteiligung der Beschäftigten, Personalentwicklung, Orientierung an den »Kundeninteressen«, gewissenhafter Umgang mit Partnern und Ressourcen, Festlegung lang- und kurzfristiger Ziele, die Ergebnisse von Abschlüssen und Qualifikationen, Unterricht, schulische Organisation sowie eine ständige Optimierung des Bildungsprozesses. Welches Verfahren für das Qualitätsmanagement (z.B. auf der Basis der European Foundation for Quality Management – EFQM) genutzt wird, ist nicht gesetzlich geregelt. Mit dem unveröffentlichten Erlass des Kultusministeriums vom 09.06.2004 sind die berufsbildenden Schulen verpflichtet worden, Qualitätsentwicklungsprozesse auf der Grundlage des EFQM-Modells zu betreiben.   **4**

Qualitätsmanagementverfahren stellen überwiegend einen offenen, aber gleichwohl umfassenden Referenzrahmen für eine systematische, dynamische, nachhaltige und kontinuierliche Qualitätsentwicklung dar (so auch EFQM). Da aber selten detaillierte Vorgaben hinsichtlich der Gestaltung der schulischen Prozesse sowie der Evaluation und Messung der schulischen Ergebnisse enthalten sind, haben die Schulen eine hohe Eigenverantwortung und einen großen Gestaltungsspielraum beim Aufbau und der Ausgestaltung ihres Qualitätsmanagements. Das Gesetz geht von einer Qualitätsentwicklung als einem kontinuierlichen Prozess aus. Als Grundorientierung für die Implementation eines schulischen Qualitätsmanagements sollten folgende Gestaltungsfelder dienen:

- die Bestimmung von Zielen (Qualitätskriterien und -standards, Beteiligung an der Zielbestimmung),
- die Evaluation der Zielerreichung (Verfahren der Zielüberprüfung, Fragen der Datenerhebung),
- die Planung von Konsequenzen (Umsetzung der Evaluationsergebnisse in Maßnahmen, Verbindlichkeit der Einführung der Maßnahmen) und
- die Umsetzung der Konsequenzen (Aufnahme möglicher Widerstände gegen Maßnahmen der Qualitätsentwicklung).

Nach § 43 Abs. 1 trägt die Schulleiterin oder der Schulleiter die Gesamtverantwortung für die Qualitätssicherung und Qualitätsentwicklung der Schule. Dieses bedeutet indessen nicht, dass sie oder er alleine Qualitätsmanagement betreibt. Der Begriff der Schulqualität ist ganzheitlichsystemisch zu betrachten, d. h. alle Schulbereiche werden in die Diskussion um die Verbesserung der Qualität schulischer Arbeit einbezogen. Maßgeblichen Anteil an der Bestimmung von Zielen hat das von der Gesamtkonferenz zu beschließende Schulprogramm. Schulleiterinnen und Schulleiter sollten »Steuergruppen« für Qualitätsmanagement einrichten, um so die Betrachtung und Entwicklung von Schulqualität insbesondere in allen Klassen- und Fachkonferenzen zu initiieren.

Über Grundsätze der Selbstevaluation (z.B. die Nutzung der Instrumente von SEIS – Selbstevaluation in Schulen –) wird vom Schulvorstand nach § 38a Abs. 3 Nr. 17d entschieden. Die Evaluation wird neben der Betrachtung von Statistiken (etwa zu Abschlussquoten, Notenschnitt pp.) auch Befragungen ggf. der Schülerinnen und Schüler, der Eltern oder auch der Mitarbeiterinnen und Mitarbeiter der Schule erfordern. Schülerinnen und Schüler sowie alle an der Schule Beschäftigten sind nach § 30 Abs. 3 verpflichtet, an solchen Erhebungen teilzunehmen. Eltern steht die Teilnahme frei. Grundsätzlich sind dabei gewonnene Erkenntnisse zu anonymisieren (vgl. im Übrigen § 31).

Selbstevaluation ist ein Bestandteil des Qualitätsmanagements und für sich alleine nicht ausreichend. Für einen kontinuierlichen Prozess sind jeweils auf die Evaluation aufbauend Konsequenzen zu planen und durchzuführen. Dabei werden die verschiedensten Bereiche der Schule betroffen sein können. Entscheidungen und Maßnahmen werden von einzelnen Lehrkräften genauso wie von Klassen- und Fachkonferenzen notwendig werden. Hierbei ist unbeschadet der Gesamtverantwortung der Schulleiterin oder des Schulleiters auf die Zuständigkeitsregelungen der §§ 34 ff. zu achten. Auch kann das Qualitätsmanagement Auswirkungen auf das von der Gesamtkonferenz fortzuschreibende Schulprogramm haben (siehe Anm. 3).

Das frühere Prinzip der Jährlichkeit ist durch das Änderungsgesetz 2019 zur Entlastung der Schulen durch einen obligatorischen 2-Jahres-Rhythmus ersetzt worden. Auch dieser erfordert nicht die Durchführung komplexer Verfahren für das Qualitätsmanagement alle zwei Jahre. Hier ist auch ein Rhythmus zulässig, der etwa ein Verfahren auf der Basis von EFQM in größeren Zeitabständen und dazwischen eine vereinfachte Überprüfung und Bewertung von Schlüsselergebnissen vorsieht.

5 **Zu Abs. 4:** Abs. 4 stammt wie die Abs. 2 und 3 aus dem »Gesetz zur Einführung der Eigenverantwortlichen Schule« vom 17.07.2006 (ÄndG 06). Zum Konzept der »Eigenverantwortlichen Schule« gehört die Möglichkeit, über die Verwendung zugewiesener Haushaltsmittel in eigener Zuständigkeit entscheiden zu können. Das ÄndG 06 hat für ein Budget aus Landesmitteln die gesetzliche Grundlage geschaffen (zu den Haushaltsmitteln des kommunalen Schulträgers siehe Anm. 1 zu § 111). Landesmittel zur eigenverantwortlichen Bewirtschaftung haben die Schulen bereits vor dem Inkrafttreten des ÄndG 06 erhalten, beispielsweise für Reisekosten anlässlich von Schulfahrten, für schulinterne Lehrerfortbildung, für den Ganztagsbetrieb, für die Einstellung von Vertretungs- oder Betreuungskräf-

Schulverfassung § 32

ten an Grundschulen. Die kassenmäßige Abwicklung des Budgets obliegt der Schule. Sie wird übergangsweise – wie schon in der Vergangenheit – von der nachgeordneten Schulbehörde (§ 119) unterstützt. Die Ausgaben für Personal werden weiterhin vom Landesamt für Bezüge und Versorgung (NLBV) zu Lasten des Schulbudgets geleistet.

In welchem Umfang den Schulen weitere Bereiche eröffnet werden, budgetierte Landesmittel eigenverantwortlich zu bewirtschaften, wird durch Abs. 4 Satz 1 nicht bestimmt. Entsprechende Regelungen bedürften gegebenenfalls der Veränderung der einschlägigen Vorschriften, jedenfalls aber entsprechender haushaltsrechtlicher Ermächtigung unter Beteiligung des Finanzministeriums und des Landtags. Dies gilt auch für die gegenseitige Deckungsfähigkeit von Personal- und Sachmitteln und für eine Übertragung der kassenmäßigen Abwicklung der budgetierten Mittel auf die Schulen. Abs. 4 Satz 1 ist keine gesetzliche Grundlage für ein gemeinsames Budget aus Mitteln des Landes und des kommunalen Schulträgers.

Die Bewirtschaftung des Budgets aus Landesmitteln (und des Budgets aus Mitteln des kommunalen Schulträgers – siehe Anm. 1 zu § 111) obliegt der Schulleiterin oder dem Schulleiter (siehe Anm. 5 zu § 43). Der von ihr oder ihm jährlich zu entwerfende Plan über die Verwendung der Haushaltsmittel wird vom Schulvorstand beschlossen, der auch über die Entlastung der Schulleiterin oder des Schulleiters entscheidet (siehe Anm. 4 zu § 38a).

Nach dem Erlass »Haushaltswirtschaftliche Vorgaben für das Budget der Schule« vom 31.07.2018 erhalten alle Schulen ein »Basis-Budget«, dessen Höhe sich nach den »Soll-Vollzeitlehrereinheiten« der jeweiligen Schule staffelt. Kleine Schulen erhalten mindestens 1000 Euro. Ein »erhöhtes Budget« gibt es für Ganztagsschulen die Lehrerstellen kapitalisiert haben, Grundschulen (Verlässlichkeit) und allgemein bildende Schulen, die dauerhaft Lehrerstunden in Budgetstunden umwandeln. Das Budget ist für alle Landesausgaben bestimmt (z.B. Reisekosten für Schulfahrten, schulinterne Fortbildung, Vergütung von Mehrarbeit, Abschluss von Arbeitsverträgen). Aufgaben der kommunalen Schulträger dürfen aus dem Budget aber nicht finanziert werden. 90 % der am Jahresende nicht verbrauchten Mittel werden automatisch in das Folgejahr übertragen.

Die für die Landesverwaltung im Allgemeinen geltenden Regelungen über Zahlungen, Buchführung und Rechnungslegung sind in den Verwaltungsvorschriften zu §§ 70 bis 72 und 74 bis 80 der Landeshaushaltsordnung (LHO) enthalten. Anders als die »normalen« Verwaltungsbehörden sind aber die rund 2800 öffentlichen Schulen Niedersachsens nicht an das Haushaltsvollzugssystem des Landes angeschlossen. Ein solcher Anschluss kommt vermutlich aus wirtschaftlichen Gründen auch in Zukunft nicht in Betracht. Daher sieht Abs. 4 Satz 2 Ausnahmen von den Vorschriften über Zahlungen, Buchführung und Rechnungslegung vor.

Die Möglichkeit, dass Schulen **Girokonten** führen können, ist in erster Linie eine Ermächtigung, dass Zahlungen abweichend von § 70 Satz 1 der Landeshaushaltsordnung auch außerhalb von »Kassen und Zahlstellen«

angenommen und geleistet werden dürfen. Die »Führung von Girokonten durch die Schulen/Online Banking« regelt der Erlass vom 01.08.2018. Öffentliche Schulen sind grundsätzlich nicht verpflichtet, ein eigenes Girokonto zu führen. Zahlungen im Zusammenhang mit der entgeltlichen Lernmittelausleihe, mit der Durchführung von Schulfahrten und für sonstige durchlaufende Mittel (z.B. EU-Mittel für Schulprogramme, die die Schulen direkt erhalten) sind über das Schulgirokonto – soweit vorhanden – abzuwickeln. Entscheiden sich Schulen zusätzlich, auch die Bewirtschaftung des eigenen Budgets über das Schulgirokonto durchzuführen, teilen sie der nachgeordneten Schulbehörde (§ 119) mit, ab welchem Zeitpunkt an das Schulgirokonto hierfür geführt werden soll. Das Schulgirokonto, welches nach dem o. a. Erlass grundsätzlich im Wege des **Online-Bankings** bewirtschaftet werden soll, kann bei einem Geldinstitut eigener Wahl geführt werden. Die Schulleiterin oder der Schulleiter ist berechtigt, auf den Namen der Schule mit dem Zusatz »Kontoinhaber: Land Niedersachsen« ein Girokonto bei einem Geldinstitut einzurichten und zu führen. Im Außenverhältnis zum Geldinstitut ist die Schulleiterin oder der Schulleiter berechtigt, die Schule allein zu vertreten und vertragliche Verpflichtungen, die im Zusammenhang mit der Kontoführung stehen, einzugehen. Sie oder er ist berechtigt, weitere Vertretungsberechtigte für die Schule zu benennen. Das Girokonto ist auf Guthabenbasis zu führen. Eine kostenlose Führung der Konten ist anzustreben. Personalausgaben (Zahlungen an Landesbedienstete zu Lasten des Schulbudgets) erfolgen ausschließlich durch das NLBV. Diese Zahlungen werden im Haushaltsvollzugssystem des Landes (HVS) für jede Schule unmittelbar auf der mittelbewirtschaftende Stelle (mbSt) erfasst und auf das Budget angerechnet. Die Schulen erhalten über diese Zahlungen vom NLBV monatlich eine Bruttopersonalkostenliste.

Zahlungsaufträge an die Bank sind von einer oder einem Kontobevollmächtigten zu unterzeichnen. Es gilt das Vieraugenprinzip. Zahlungsaufträge dürfen nur erteilt werden, wenn die sachliche und rechnerische Richtigkeit zur Zahlung vorher von einer oder einem fachlich zuständigen Bediensteten der Schule bestätigt und die Regelungen zur Buchführung beachtet wurden. Zahlungen auf dem Girokonto sollen grundsätzlich als Überweisung, Einzugsermächtigung, Lastschrift, Barzahlung oder mittels girocard (ehemals ec-Karte) erfolgen. Schecks dürfen nur im Ausnahmefall angenommen werden. Die Schulen können für das Girokonto personengebundene girocards beantragen. Eine Weitergabe dieser Karten an Dritte ist unzulässig. Zahlungen für Schulfahrten sind grundsätzlich unbar zu leisten. Für Barzahlungen während der Schulfahrt kann der Lehrkraft vorab aus den Zahlungen der Erziehungsberechtigten ein Teilbetrag zur Verfügung gestellt werden. Nach Abschluss der Schulfahrt ist der Teilbetrag gegen entsprechende Belege abzurechnen. Eigenbelege sind zulässig.

Die **Buchführung** soll mit DV-gestützten Systemen (DV-Buchführung) durchgeführt werden. Kombinierte Systeme, mit denen sowohl Zahlungen angewiesen als auch die Buchführung durchgeführt werden können, sind zulässig (z.B. StarMoney Business, Quicken, Lexware). Eine Abweichung von den Verwaltungsvorschriften zur Führung einer Haushaltsüberwachungsliste wird zugelassen. Schulen, die die Zahlungen aus ihrem Schulbudget über ein eigenes Girokonto mit einem kombinierten System abwickeln, erhalten für die dadurch entstehenden Kosten jährlich einen Betrag von 100 EUR zusätzlich für ihr Budget.

Bei der Buchführung sind jeder Buchung die zahlungsbegründenden Unterlagen zuzuordnen, aus denen sich Zweck und Anlass für den Bewirtschaftungsvorgang ergibt.

Die sachliche Richtigkeit bedeutet die Übernahme der Verantwortung dafür, dass

a) die zahlungsbegründenden Unterlagen vollständig und richtig sind,

b) die geltenden Vorschriften, insbesondere die Grundsätze der Wirtschaftlichkeit und Sparsamkeit, beachtet worden sind,

c) die Auszahlung notwendig und entsprechend den Rechtsgrundlagen und Vereinbarungen sachgemäß und vollständig ist,

d) Abschlagszahlungen, Vorauszahlungen oder sonstige, den Auszahlungsbetrag vermindernde Anlässe berücksichtigt worden sind und

e) ausreichende Haushaltsmittel verfügbar sind.

Die rechnerische Richtigkeit bedeutet die Übernahme der Verantwortung dafür, dass der anzunehmende oder der auszuzahlende Betrag sowie alle auf Berechnungen beruhenden Angaben in der Buchung und den begründenden Unterlagen richtig sind.

Die Anordnungsbefugnis bedeutet auf Basis der begründenden Unterlagen die Übernahme der Verantwortung dafür, dass die Feststellung der rechnerischen und sachlichen Richtigkeit von den dazu berechtigten Bediensteten abgegeben wurde (Freigabe von Zahlungen). Eine Kombination der Bescheinigung der sachlichen und rechnerischen Richtigkeit oder der sachlichen Richtigkeit mit der Anordnungsbefugnis ist zugelassen.

Die Erfassung oder Übernahme von Daten in der Buchführung darf nur aufgrund von Belegen erfolgen, die die Bescheinigungen der sachlichen und rechnerischen Richtigkeit enthalten. Die richtige und vollständige Erfassung der Daten ist auf den Belegen unter Angabe der lfd. Nummer, der Angabe des Haushaltsjahres sowie der zutreffenden Haushaltsstelle, zu vermerken und mit Namenszeichen zu versehen. Die oder der Anordnungsbefugte bescheinigt darüber hinaus die Freigabe der Zahlung mit Unterschrift auf den Belegen. Die Schule stellt ein Berechtigungskonzept auf. Darin wird dokumentiert, wer in der Schule für die Anordnung von Zahlungen, die Buchführung sowie das DV-System zuständig ist. Das Berechtigungskonzept ist kontinuierlich fortzuschreiben. Wird ein DV-System eingesetzt, ist dieses gegen unberechtigte Nutzung zu schützen. Das Berechtigungskonzept für ein DV-System muss folgende Funktionstrennungen vorsehen:

- Die Freigabe von Zahlungen darf nicht von Bediensteten erfolgen, die die rechnerische Richtigkeit des Belegs bescheinigt haben.

- Bedienstete, die Daten erfassen oder freigeben, dürfen Zugriffsrechte systemmäßig nicht für ihre eigene Person einrichten.
- Der o. a. Erlass sieht unter 4.4 auch die Möglichkeit von **Barkassen** (Transferskassen) vor. Die Bewirtschaftung von Barmitteln ist auf die Landesaufgaben Lernmittelausleihe und Schulfahrten begrenzt. Für die Einrichtung einer Transferkasse ist die Führung eines Schulgirokontos erforderlich. Die Verantwortung liegt bei der Schulleitung. Die Transferkasse darf nur einen laufenden Bestand von bis zu 500,- EUR aufweisen. Die Bargeldbestände sind diebstahlsicher z.b. in einem Schulsafe aufzubewahren.

Mit Erlass vom 29.10.2018 – 12.4-80101-3/2 – (nicht veröffentlicht) hat MK entschieden, dass Schülerfirmen ein eigenes Landeskonto bei den örtlichen Geldinstituten führen dürfen.

6 Verweise, Literatur:

- Niedersächsische Landeshaushaltsordnung (LHO) in der Fassung vom 30. April 2001 (Nds. GVBl. S. 276), zuletzt geändert durch Artikel 2 des Gesetzes vom 20.11.2019 (Nds. GVBl. S. 354)
- Erl.»Übertragung erweiterter Entscheidungsspielräume an Eigenverantwortliche Schulen« vom 06.08.2020 (Nds. MBl. S. 856; SVBl. S. 396; SRH 3.401; Schulrecht 305/3)
- Erl.»Eigenverantwortung der Schule; Bildung von Schulverbünden« vom 20.07.2007 (SVBl. S. 297 – außer Kraft mit Ablauf des 31.12.2012
- Erl.»Haushaltswirtschaftliche Vorgaben für das Budget der Schule« vom 31.07.2018 (SVBl S. 390; SRH 3.408), geändert d. RdErl. v. 29.11.2020 (SVBl. S 591)
- Erl.»Führung von Girokonten durch die Schulen/Online Banking« vom 01.08.2018 (SVBl. S. 392; SRH 3.4109), geändert d. RdErl. v. 30.11.2020 (SVBl. S. 592)
- Erl.»Führung von Girokonten durch öffentliche Schulen; hier Schülerfirmen« vom 29.10.2018 – 12.4-80101-3/2 – nicht veröffentlicht
- Erl.»Dauerhafte Umwandlung von Lehrerstellen in Budgetmittel (Hinweise zum Antragsverfahren)« vom 19.12.2017 (SVBl. 2018, S. 63; berichtigt S. 121; SRH 3.408)
- Erl.»Schulisches Qualitätsmanagement an berufsbildenden Schulen (orientiert an EFQM)« vom 14.10.2011 (SVBl. S. 445)
- Erl.»Steuerung der berufsbildenden Schulen durch Zielvereinbarungen« vom 08.07.2013 (SVBl. S. 302; geändert durch Erl. vom 14.5.2018 (SVBl. S. 346))
- RdErl.»Besuche von Politikerinnen und Politikern in öffentlichen Schulen« vom 21.10.2020 (SVBl. S. 545; SRH 3.505)
- Erl.»Orientierungsrahmen Schulqualität als Grundlage der Qualitätsentwicklung an allgemein bildenden Schulen« vom 16.07.2014 (SVBl. S. 442), geändert durch RdErl. d. MK v. 29.05.2019 (SVBl. S. 353)

- Erl. »Dienstrechtliche Befugnisse und sonstige personalrechtliche Aufgaben« vom 22.01.2018 (Nds. MBl. S. 66; SVBl. S. 113; SRH 8.110)
- *Bräth, Peter:* Staatliche Verantwortung für Eigenverantwortliche Schulen, Schulverwaltung, Ausgabe Niedersachsen, 2007, H. 11, S. 307
- *Avenarius, Hermann:* Verfassungsrechtliche Spielräume und Grenzen erweiterter schulischer Selbstverantwortung, Schulverwaltung, Ausgabe Niedersachsen, 2000, H. 11, S. 292
- *Kotter, Karl-Heinz:* Unsere Schule auf dem Weg in die Zukunft – Schulentwicklung nach dem EFQM-Modell, 3. Auflage, Wolnzach (Kastner), 2005
- *Knorr, Peter:* Qualitätsmanagement in der Schule – Sei's EFQM oder SEIS?, Schulverwaltung, Ausgabe Niedersachsen, 2006, H. 5, S. 140
- *Bräth, Peter:* Anmerkungen zum Gesetz zur Einführung der Eigenverantwortlichen Schule, Schulverwaltungsblatt, 2006, H. 9, S. 342
- *Grimme, Gisela/Hoffmann, Susanne:* Die Bedeutung des Schulprogramms im Qualitätsentwicklungsprozess einer Schule – Ein Erfahrungsbericht, Schulverwaltung, Ausgabe Niedersachsen, 2007, H. 5, S. 147
- *Grimme, Gisela/Hoffmann, Susanne:* Das Selbstevaluationsinstrument EFQM – Instrument zur systematischen Schulentwicklung, Schulverwaltung, Ausgabe Niedersachsen, 2009, H. 10, S. 266
- *Ballasch, Heidemarie:* Eigenverantwortliche Schule – Bilanzierung und Ausblick, Schulverwaltung, Ausgabe Niedersachsen, 2013, H. 5, S. 132
- *Schillings, Alke:* Orientierungsrahmen Schulqualität in Niedersachsen, Schulverwaltung, Ausgabe Niedersachsen, 2014, H. 5, S. 143
- *Hoffmeister, Heiner:* Eigenverantwortliche Schule gescheitert?, Schulverwaltung, Ausgabe Niedersachsen, 2016, H. 10, S. 260
- *Störmer-Mautz, Tanja:* Neufassung des Erlasses »Dienstrechtliche Befugnisse und sonstige personalrechtliche Aufgaben und Befugnisse«, SVBl. 2018, H. 3, S. 152
- *Kohlstedt, Claudia:* Neufassung der Runderlasse zum Schulbudget und zur Führung von Girokonten durch die Schulen (Online-Banking), SVBl. 2018, H. 8, S. 450

(Gerald Nolte)

§ 33 Entscheidungen der Schule

Die Konferenzen, die Bildungsgangs- und Fachgruppen, der Schulvorstand sowie die Schulleitung haben bei ihren Entscheidungen auf die eigene pädagogische Verantwortung der Lehrkräfte Rücksicht zu nehmen.

Die Vorschrift nennt die »Organe«, die in der Schule Entscheidungen treffen können: die Konferenzen (§ 34 Gesamtkonferenz, § 35 Teilkonferenzen), die Bildungsgangs- und Fachgruppen an berufsbildenden Schulen (§ 35a), der Schulvorstand (§§ 38a-c) und die Schulleitung (§ 43). Die Konferenzen können ihnen zustehende Entscheidungskompetenzen auf Ausschüsse übertragen (§ 39). Das gilt auch für die Bildungsgangs- und Fachgruppen (§ 35a Abs. 2 Satz 3). Schulleitung ist im Regelfall die Schulleiterin oder der Schulleiter. Hat eine Schule eine besondere Ordnung mit kollegialer Schulleitung erhalten (siehe § 44), ist diese Schulleitung i.S. des NSchG.

§ 33 gibt allen Beschlussgremien auf, bei ihren Entscheidungen auf die **eigene pädagogische Verantwortung** der Lehrkräfte Rücksicht zu nehmen. Das ÄndG 06 hat den Einschub gestrichen, dass »insbesondere deren methodische und didaktische Freiheit« zu beachten sei (siehe § 34 Abs. 3 a.F.). In den Ausschussberatungen zum ÄndG 06 ist hierzu dargelegt worden, dass mit der Streichung keine Rechtsänderung verbunden sei. Die genannten Freiheiten seien auch weiterhin Bestandteil der pädagogischen Verantwortung. Der Begründung des Regierungsentwurfs zum ÄndG 06 ist zu entnehmen, dass mit der Streichung des Einschubs das Missverständnis vermieden werden solle, mit der pädagogischen Verantwortung bestünde »eine ungebundene, der Schule insgesamt quasi vorgelagerte Freiheit« (Landtagsdrucksache 15/2824, S. 12).

Die **eigene pädagogische Verantwortung** (ausführlich Anm. 1 zu § 50, siehe ferner Anm. 2 zu § 122) sichert den Lehrkräften einen Gestaltungsspielraum in Fragen des Unterrichts und der Erziehung. Es handelt sich dabei aber nicht um eine personale, sondern um eine auf den Schulzweck, auf die Bildungsinteressen der Schülerinnen und Schüler bezogene Freiheit (Avenarius/*Fussel*). Weil der Gestaltungsraum, auf den die Gremien bei ihren Entscheidungen Rücksicht zu nehmen haben, den Lehrkräften nicht um ihrer selbst, sondern um ihrer Aufgabe willen gewährleistet ist, hat der niedersächsische Gesetzgeber offensichtlich den in der Literatur und in den Schulgesetzen einiger Länder verwendeten Begriff »pädagogische Freiheit« vermieden.

Von besonderer Bedeutung ist in diesem Zusammenhang die den Beschlussgremien auferlegte Zurückhaltung bei der Leistungsbewertung, für die die einzelne Fachlehrkraft die Verantwortung trägt. Das zuständige Gremium oder die Schulleitung kann eine (Zeugnis-)Zensur nicht abändern, sondern beim Vorliegen konkreter Anhaltspunkte für einen schwer wiegenden Fehler lediglich eine Überprüfung durch die Schulbehörde veranlassen.

Nur im Ausnahmefall kann die Schulleiterin oder der Schulleiter im Rahmen ihrer oder seiner Verantwortlichkeit für die Einhaltung der für die Notengebung allgemein geltenden Grundsätze zum Zwecke dieser Einhaltung einer Lehrkraft eine Weisung für die Benotung einer Klassenarbeit erteilen und im Falle der Nichtausführung der Weisung die von der Lehrkraft erteilte Note durch eine andere Note ersetzen (VGH Baden-Württemberg, Beschluss v. 27.01.1988 – 4 S 1133/86)

Schulverfassung § 34　　　　　　　　　　　　　　　　　　**NSchG**

Verweise, Literatur: 2
- *Woltering, Herbert:* Notengebung in der Schule, Schulverwaltung, Ausgabe Niedersachsen, 1997, H. 7/8, S. 221
- *Hoffmann, Joachim:* Die pädagogische Freiheit – Eine leere Worthülse? Schulverwaltung, Ausgabe Niedersachsen, 1999, H. 10, S. 260
- *Woltering, Herbert:* Schulleiterweisung und pädagogische Freiheit der Lehrkraft, Schulverwaltung, Ausgabe Niedersachsen, 2000, H. 2, S. 62
- *Niehues, Norbert:* Schul- und Prüfungsrecht, Bd. 1 Schulrecht, 3. Auflage, München, 2000, S. 239 (Die pädagogische Gestaltungsfreiheit des Lehrers)
- *Avenarius, Hermann/Fussel, Hans-Peter:* Schulrecht, 8. Auflage, Neuwied und Kriftel, 2010, S. 663 (Pädagogische Freiheit)

(Dieter Galas)

§ 34　Gesamtkonferenz

(1) In der Gesamtkonferenz wirken die an der Unterrichts- und Erziehungsarbeit der Schule Beteiligten in pädagogischen Angelegenheiten zusammen.

(2) Die Gesamtkonferenz entscheidet, soweit nicht die Zuständigkeit einer Teilkonferenz oder einer Bildungsgangs- oder Fachgruppe gegeben ist, über

1. das Schulprogramm,
2. die Schulordnung,
3. die Geschäfts- und Wahlordnungen der Konferenzen und Ausschüsse,
4. den Vorschlag der Schule nach § 44 Abs. 3 sowie
5. Grundsätze für
   a) Leistungsbewertung und Beurteilung,
   b) Klassenarbeiten und Hausaufgaben sowie deren Koordinierung.

(3) Die Schulleiterin oder der Schulleiter unterrichtet die Gesamtkonferenz über alle wesentlichen Angelegenheiten der Schule.

Allg.: Das »Gesetz zur Einführung der Eigenverantwortlichen Schule« 1 vom 17.07.2006 (ÄndG 06) hat das Gefüge der Schulverfassung erheblich verändert. Die Gesamtkonferenz hat ihre bisherige Stellung als oberstes Beschlussgremium der Schule eingebüßt und ihre »Allzuständigkeit« verloren. War sie früher grundsätzlich für Entscheidungen »in allen wesentlichen Angelegenheiten der Schule« (§ 34 Abs. 1 a.F.) zuständig, bleiben ihr seit 2006 nur noch wenige Beschlusskompetenzen (siehe Anm. 3). Der größte Teil der früheren administrativen und pädagogischen Zuständigkeiten der Gesamtkonferenz ist auf die Schulleitung (siehe § 43) oder auf den durch das ÄndG 06 neu geschaffenen Schulvorstand (siehe § 38a) übergegangen.

2 Zu Abs. 1: Die Gesamtkonferenz ist das Gremium der Schule, in dem alle an der Erziehungs- und Unterrichtsarbeit Beteiligten zusammenwirken. Worum es sich bei den **Beteiligten** handelt, ergibt sich aus § 36 Abs. 1: die Schulleiterin oder der Schulleiter, die Lehrkräfte, die der Schule zur Ausbildung zugewiesenen Referendarinnen und Referendare, Anwärterinnen und Anwärter, die pädagogischen Mitarbeiterinnen und Mitarbeiter, Vertreterinnen und Vertreter der »sonstigen« Mitarbeiterinnen und Mitarbeiter, der Erziehungsberechtigten und der Schülerinnen und Schüler. Zur Gesamtkonferenz gehören als beratende Mitglieder ferner Vertreterinnen oder Vertreter des kommunalen Schulträgers sowie – im berufsbildenden Bereich – der Arbeitnehmer und der Arbeitgeber.

Gegenstand des Zusammenwirkens in der Gesamtkonferenz sind **pädagogische Angelegenheiten**. In welchen Punkten Entscheidungsbefugnisse bestehen, ergibt sich aus Abs. 2. Administrative Entscheidungen werden von der Schulleitung (siehe § 43) oder dem Schulvorstand (siehe § 38a) getroffen. Diese beiden Organe haben aber auch Beschlusskompetenzen in pädagogischen Fragen.

Aus der Verpflichtung der Schulleitung, die Gesamtkonferenz über alle wesentlichen Angelegenheiten der Schule zu unterrichten (siehe Anm. 4) ergibt sich, dass sich das **Zusammenwirken** auch auf Gegenstände erstreckt, die nicht zu den Beschlusskompetenzen gehören. Die Gesamtkonferenz ist nicht gehindert, sich mit allen Angelegenheiten der Schule zu befassen und hierzu Stellungnahmen oder Empfehlungen abzugeben.

3 Zu Abs. 2: Das »Gesetz zur Einführung der Eigenverantwortlichen Schule« vom 17.07.2006 (ÄndG 06) hat die »Allzuständigkeit« der Gesamtkonferenz beseitigt und ihren Aufgabenkatalog drastisch reduziert (siehe Anm. 1). Einen Überblick über die Aufgaben, für die die Gesamtkonferenz »insbesondere« zuständig war, gibt der Konferenzerlass (Nr. 1.1) vom 10.01.2005 (SVBl. S. 125). Beschlusskompetenzen hat die Gesamtkonferenz heute nur noch in vier Punkten, in zwei weiteren Punkten kann sie lediglich über Grundsätze entscheiden. Hingewiesen werden soll besonders darauf, dass die Gesamtkonferenz durch das ÄndG 06 die Zuständigkeit für Grundsatzbeschlüsse für die Unterrichtsverteilung und die Stundenpläne, für die Regelung der Vertretungsstunden und für die Vergabe von Anrechnungsstunden verloren hat. Hierfür ist jetzt allein die Schulleiterin oder der Schulleiter zuständig (siehe Anm. 4 zu § 43).

Die Gesamtkonferenz beschließt zwar das **Schulprogramm** (siehe Anm. 3 zu § 32) und die **Schulordnung** (allgemeine Regelungen für das Verhalten in der Schule), kann in diesen Angelegenheiten aber erst tätig werden, wenn ihr vom Schulvorstand ein Vorschlag (Entwurf) zugeleitet wurde. Will die Gesamtkonferenz die Entwürfe verändern, hat sie vor einer Beschlussfassung das Benehmen mit dem Schulvorstand herzustellen (siehe Anm. 5 zu § 38a). Das bedeutet die Verpflichtung, eine Einigung zu versuchen; auf jeden Fall ist dem Schulvorstand Gelegenheit zu geben, zur endgültigen Beschlussvorlage Stellung zu nehmen.

Auch die Beschlussfassung über die Fortschreibung des Schulprogramms gehört zu den Aufgaben der Gesamtkonferenz.

Unabhängig von anderen Gremien ist die Gesamtkonferenz bei der Beschlussfassung über die **Geschäfts- und Wahlordnungen** der Konferenzen und Ausschüsse (Nr. 3). Bei der Beschlussfassung über eine schuleigene Ordnung für die Konferenzen (und die Konferenzausschüsse) kann sich die Gesamtkonferenz an den Bestimmungen des mit Ablauf des 31.07.2007 außer Kraft getretenen Konferenzerlasses (siehe Anm. 5) orientieren. Wahlordnungen sind erforderlich für die Entsendung der Lehrervertretung in den Schulvorstand (siehe Anm. 6 zu § 38b) oder in Konferenzausschüsse (siehe Anm. 2 zu § 39) sowie für die Wahl von zusätzlichen Mitgliedern in die kollegiale Schulleitung (siehe Anm. 4 zu § 44) und – gegebenenfalls – für die Wahl einer Vorsitzenden oder eines Vorsitzenden von Fachkonferenzen (siehe Nr. 4.5.2 des Konferenzerlasses). Vorschläge zur Besetzung höherwertiger Ämter an der Schule zu unterbreiten, fällt nach dem ÄndG 06 nicht mehr in die Zuständigkeit der Gesamtkonferenz. Das gehört jetzt zu den Aufgaben des Schulvorstands (siehe Anm. 4 zu § 38a). Für die Delegation der Lehrkräfte in den Schulvorstand kann die Wahlordnung Persönlichkeits- oder Listenwahl vorsehen. Bei Schulen mit mehreren Bildungswegen, z.B. Haupt- und Realschulen, ist eine Festlegung über die Verteilung der Mandate auf die Schulzweige möglich. Schulen, die beide Sekundarbereiche umfassen, können in ihrer Wahlordnung entsprechende Regelungen beschließen. Dagegen dürften Wahlordnungen unzulässig sein, die von vornherein bestimmte Personen (z.B. Mitglieder der Personalvertretung, Inhaberinnen und Inhaber höherwertiger Ämter) von der Wählbarkeit ausschließen oder nur bestimmte Personen zur Wahl zulassen. (Zur Wahl der Lehrerdelegation siehe auch Anm. 6 zu § 38b).

Die Zuständigkeit nach Nr. 4, der Schulbehörde Vorschläge zur Bestellung zusätzlicher Mitglieder in einer kollegialen Schulleitung zu unterbreiten (siehe Anm. 4 zu § 44), hat die Gesamtkonferenz durch das ÄndG 07 erhalten.

Bei der Entscheidung über **Grundsätze für Leistungsbewertung und Beurteilung** (Nr. 5 a) sowie für **Klassenarbeiten und Hausaufgaben** (Nr. 5 b) kann die Gesamtkonferenz die Spielräume ausschöpfen, die die Erlasse über die Zeugniserteilung, die schriftlichen Arbeiten und die Hausaufgaben (siehe Anm. 5) eröffnen. So kann die Gesamtkonferenz festlegen, ob das Arbeits- und Sozialverhalten der Schülerinnen und Schüler in standardisierter Form oder durch freie Formulierungen bewertet wird. Sie ist auch zuständig für einen Grundsatzbeschluss, ob Notenzeugnisse durch Berichtszeugnisse ersetzt werden, wenn der Erlassgeber einen entsprechenden Entscheidungsspielraum eingeräumt hat. Bei der Beschlussfassung über die in Nr. 5 a und Nr. 5 b genannten Angelegenheiten hat die Gesamtkonferenz zu beachten, ob die Zuständigkeit einer Teilkonferenz (siehe § 35) gegeben ist. In § 35 Abs. 2 Satz 2 Nr. 2 wird die Aufgabe der »Koordinierung der Hausaufgaben« ausdrücklich der Klassenkonferenz zugewiesen. Die Gewichtung schriftlicher Lernkontrollen gegenüber mündlichen oder anderen fachspezifischen Lernkontrollen liegt in der Zuständigkeit der Fachkonferenzen (siehe Anm. 2 zu § 35).

Bei Beschlüssen über Grundsätze ist für die Einzelfallentscheidung die Schulleiterin oder der Schulleiter, eine Teilkonferenz, an berufsbildenden Schulen eine Bildungsgangsgruppe oder eine Fachgruppe oder die einzelne Lehrkraft (im Rahmen des in eigener pädagogischer Verantwortung erteilten Unterrichts) zuständig. Die Gesamtkonferenz darf bei ihren Grundsatzbeschlüssen kein so dichtes Netz knüpfen, dass den für die Einzelentscheidung Zuständigen kein Gestaltungsspielraum mehr bleibt, insbesondere dürfen deren Handlungs- und Entscheidungsoptionen nicht gänzlich ausgeschlossen werden.

Das Schulgesetz weist der Gesamtkonferenz über den Katalog des Absatzes 2 hinaus noch weitere Aufgaben zu. Nach § 35 entscheidet sie über die Einrichtung und Zuständigkeit von Fachkonferenzen (Abs. 1) und weiteren Teilkonferenzen (Abs. 3) sowie nach § 36 Abs. 3 Satz 2 über die Zahl der Vertreterinnen und Vertreter der Erziehungsberechtigten und der Schülerinnen und Schüler in den Teilkonferenzen. Sie beschließt außerdem nach § 37 Abs. 1 Satz 1 über eine besondere Ordnung für die Konferenzen, nach § 44 Abs. 1 über die Beantragung einer kollegialen Schulleitung und nach § 44 Abs. 5 über den Antrag die höherwertigen Ämter der Schule zunächst mit zeitlicher Befristung zu übertragen. Die Gesamtkonferenz kann sich (oder einer Teilkonferenz) ferner die Entscheidung über bestimmte Ordnungsmaßnahmen oder die Genehmigung von bestimmten Ordnungsmaßnahmen vorbehalten (§ 61 Abs. 5 Satz 2).

4 Zu Abs. 3: Es entspricht der Rolle der Gesamtkonferenz als einem Gremium, in dem alle an der Unterrichts- und Erziehungsarbeit Beteiligten vertreten sind, den Begriff »**wesentliche Angelegenheiten**«, über die die Schulleitung zu unterrichten hat, weit auszulegen. Dazu gehören insbesondere die Maßnahmen, für die die Schulleiterin oder der Schulleiter selbst zuständig ist: Qualitätssicherung und Qualitätsentwicklung (§ 43 Abs. 1), Personalwirtschaft einschließlich der Personalentwicklung (§ 43 Abs. 2), Personaleinsatz (§ 43 Abs. 4 Nr. 4), Verwendung der Haushaltsmittel (§ 43 Abs. 4 Nr. 3), Eilmaßnahmen (§ 43 Abs. 3). Darüber hinaus ist die Gesamtkonferenz über Maßnahmen der Schulbehörde und Berichte der Schulinspektion, über Planungen des Schulträgers, die die Schule betreffen, sowie über die Vorbereitung, Beschlussfassung und Ausführung von Entscheidungen des Schulvorstands zu informieren. Zu unterrichten ist die Gesamtkonferenz ferner über wichtige Ergebnisse aus der Arbeit des Schulelternrats und des Schülerrats. Die Pflicht zur Unterrichtung kann die Schulleiterin oder der Schulleiter auch außerhalb der Sitzungen der Gesamtkonferenz dadurch erfüllen, dass sie oder er ein für die Schulöffentlichkeit vorgesehenes Mitteilungsblatt herausgibt. Voraussetzung ist allerdings, dass dieses Mitteilungsblatt jedem Mitglied der Gesamtkonferenz zugänglich ist. Die Herausgabe eines Mitteilungsblattes bietet sich deshalb an, weil die Schulleiterin oder der Schulleiter auch den Schulvorstand (§ 38a Abs. 2) und den Schulträger (§ 38c Abs. 2) über

»alle wesentlichen Angelegenheiten der Schule« zu unterrichten hat. Zur Informationspflicht der Schulleiterin oder des Schulleiters gehört auch die Beantwortung von Anfragen der Mitglieder der Gesamtkonferenz, die wesentliche Angelegenheiten der Schule betreffen. Die Gesamtkonferenz ist nicht gehindert, über die Gegenstände der Unterrichtung eine Aussprache zu führen und dazu gegebenenfalls Stellungnahmen, Empfehlungen oder Anregungen abzugeben.

Verweise, Literatur: 5
- Erl. »Zeugnisse in den allgemein bildenden Schulen« vom 03.05.2016 (SVBl. S. 303; SRH 3.005)
- Erl. »Schriftliche Arbeiten in den allgemein bildenden Schulen« vom 22.03.2012 (SVBl. S. 266)
- Erl. »Hausaufgaben an allgemein bildenden Schulen« vom 12.09.2019 (SVBl. S. 500; SRH 3.220)
- Erl. »Konferenzen und Ausschüsse der öffentlichen Schulen« vom 10.01.2005 (SVBl. S. 125; SRH 2.105; Schulrecht 311/11 – *aufgehoben mit Ablauf des 31.07.2007*)
- *Galas, Dieter*: Das Zusammenwirken von Gesamtkonferenz, Schulvorstand und Schulleitung, Schulverwaltung, Ausgabe Niedersachsen, 2006, H. 11, S. 298

(Dieter Galas)

§ 35 Teilkonferenzen

(1) [1]Für Fächer oder Gruppen von Fächern richtet die Gesamtkonferenz Fachkonferenzen ein. [2]Diese entscheiden im Rahmen der Beschlüsse der Gesamtkonferenz über die Angelegenheiten, die ausschließlich den jeweiligen fachlichen Bereich betreffen, insbesondere die Art der Durchführung der Lehrpläne und Rahmenrichtlinien (§ 122 Abs. 1 und 2) sowie die Einführung von Schulbüchern. [3]Bei Angelegenheiten, die nicht ausschließlich den fachlichen Bereich einer Fachkonferenz betreffen, entscheidet die Gesamtkonferenz, welche Konferenz für die Angelegenheit zuständig ist.

(2) [1]Für jede Klasse ist eine Klassenkonferenz zu bilden. [2]Diese entscheidet im Rahmen der Beschlüsse der Gesamtkonferenz über die Angelegenheiten, die ausschließlich die Klasse oder einzelne ihrer Schülerinnen und Schüler betreffen, insbesondere über

1. das Zusammenwirken der Fachlehrkräfte,
2. die Koordinierung der Hausaufgaben,
3. die Beurteilung des Gesamtverhaltens der Schülerinnen und Schüler (allgemeine Urteile),
4. wichtige Fragen der Zusammenarbeit mit den Erziehungsberechtigten,

5. Zeugnisse, Versetzungen, Abschlüsse, Übergänge, Überweisungen, Zurücktreten und Überspringen.

³Soweit die Schule nicht in Klassen gegliedert ist oder wenn eine Klasse von nicht mehr als zwei Lehrkräften unterrichtet wird, bestimmt die Gesamtkonferenz, welche Konferenz die Aufgaben nach Satz 2 wahrnimmt.

(3) ¹Die Gesamtkonferenz kann für weitere organisatorische Bereiche, insbesondere für Jahrgänge und Schulstufen, zusätzliche Teilkonferenzen einrichten. ²Diese entscheiden über Angelegenheiten, die ausschließlich den jeweiligen Bereich betreffen, sofern die Gesamtkonferenz sie ihnen übertragen hat.

(4) Teilkonferenzen können ihren Vorsitzenden mit deren Einverständnis bestimmte Aufgaben ihrer Zuständigkeitsbereiche zur selbständigen Erledigung übertragen.

(5) Die Absätze 1, 3 und 4 gelten nicht für die berufsbildenden Schulen.

1 **Allg.:** § 35 bestimmt die Einrichtung von Fachkonferenzen und die Bildung von Klassenkonferenzen. Darüber hinaus kann die Gesamtkonferenz an allgemein bildenden Schulen für weitere organisatorische Bereiche Teilkonferenzen einrichten, z.B. für einzelne Jahrgänge, Schulstufen oder Schulzweige, aber auch für Außenstellen, und ihnen Entscheidungskompetenzen zuweisen. An berufsbildenden Schulen gibt es mit Ausnahme von Klassenkonferenzen keine Teilkonferenzen mehr; sie sind durch Bildungsgangsgruppen und Fachgruppen ersetzt worden (siehe Anm. 6).

Nur Konferenzen und Bildungsgangs- und Fachgruppen können für ihren Zuständigkeitsbereich Beschlüsse fassen, die die an Schule Beteiligten binden, nicht aber Dienstbesprechungen der Lehrkräfte oder Personalversammlungen.

2 **Zu Abs. 1:** Die Gesamtkonferenz entscheidet, ob für jedes einzelne Unterrichtsfach eine eigene **Fachkonferenz** eingerichtet wird oder ob (verwandte) Fächer zu einer Gruppe zusammengefasst werden. So ist beispielsweise die Bildung einer gemeinsamen Fachkonferenz für die Fächer evangelische und katholische Religionslehre sowie Werte und Normen zulässig. Jedes an einer Schule unterrichtete Fach muss in einer Fachkonferenz vertreten sein. Daneben können auch für andere fachliche Gebiete, z.B. für den Freizeitbereich an Ganztagsschulen, Fachkonferenzen gebildet werden. Zum Zuständigkeitsbereich einer Fachkonferenz gehören die Angelegenheiten, die ausschließlich den jeweiligen **fachlichen Bereich** betreffen. Hierzu zählt »insbesondere« die Art der Durchführung der Lehrpläne und Rahmenrichtlinien (§ 122 Abs. 1 und 2), z.B. das Aufstellen schuleigener Lehrpläne. Zu den Angelegenheiten, die ausschließlich den jeweiligen fachlichen Bereich betreffen, gehören z.B. die Festsetzung der Zahl der schriftlichen Lernkontrollen und ihre Gewichtung im Vergleich zu mündlichen und anderen fachspezifischen Lernkontrollen. Dass die Fachkonferenzen über die Einführung von Schulbüchern entscheiden, ist durch das ÄndG 07 in § 35 Abs. 1 eingefügt worden.

Schulverfassung § 35   **NSchG**

Der einschränkende Hinweis auf den »Rahmen der Beschlüsse der Gesamtkonferenz« bezieht sich auf den Beschluss, mit dem die jeweilige Fachkonferenz eingerichtet wurde. Er regelt also nicht die Frage,»inwieweit die Kompetenzen der Schulorgane durch kompetenzmäßige Entscheidungen der anderen Schulorgane eingeschränkt« werden können (Schriftlicher Bericht über das ÄndG 06, Landtagsdrucksache 15/3415, S. 7). Gehört eine fachliche Angelegenheit zu mehr als einer Fachkonferenz, entscheidet die Gesamtkonferenz über die Zuständigkeit.

Zu Abs. 2: Die Bildung von **Klassenkonferenzen** ist nicht in das Belieben einer Schule gestellt. Klassenkonferenzen werden auch nicht wie die Fachkonferenzen von der Gesamtkonferenz eingerichtet, sondern zur Erledigung bestimmter Aufgaben Pflichteinrichtungen jeder Schule. Die Gesamtkonferenz kann nur entscheiden, welche Konferenz an die Stelle der Klassenkonferenz tritt, wenn die Schule oder ein Teil der Schule, etwa die Qualifikationsphase (12. und 13. Schuljahrgang) der gymnasialen Oberstufe, nicht nach Klassen gegliedert ist, oder wenn die Klasse von nicht mehr als zwei Lehrkräften unterrichtet wird. In diesen Fällen kann sie die Zuständigkeit an sich ziehen oder beispielsweise auf eine Jahrgangskonferenz übertragen. Erklärt sie sich selbst für zuständig, haben zwar in den in Satz 2 Nr. 5 genannten Angelegenheiten abweichend von § 36 Abs. 7 auch die Lehrkräfte Stimmrecht, die die betroffene Schülerin oder den betroffenen Schüler nicht unterrichtet haben. Das gilt aber nach der Entscheidung des Niedersächsischen Staatsgerichtshofs vom 08.05.1996 nicht für die Vertreterinnen und Vertreter der Erziehungsberechtigten und der Schülerinnen und Schüler (siehe Anm. 8 zu § 36 und Anm. 4 zu § 37).

3

Die Aufgaben der Klassenkonferenz werden in dem Katalog des Satzes 2 beispielhaft (»insbesondere«) genannt. Da die Klassenkonferenz über alle Angelegenheiten zu entscheiden hat, die ausschließlich die Klasse oder einzelne ihrer Schülerinnen und Schüler betreffen, kann der Katalog nicht abschließend sein. Das »Gesamtverhalten« der Schülerinnen und Schüler (Nr. 3) wird in erster Linie durch ihr Arbeits- und Sozialverhalten bestimmt. Die Verhängung einer Ordnungsmaßnahme kann die Gesamtkonferenz einer anderen als der an sich zuständigen Klassenkonferenz vorbehalten (siehe Anm. 6 zu § 61). Bei Entscheidungen über die in Nr. 5 genannten Angelegenheiten, die den Bildungsweg der Schülerinnen und Schüler betreffen, haben die Vertreterinnen und Vertreter der Eltern- und Schülerschaft in der Klassenkonferenz kein Stimmrecht (siehe hierzu auch Anm. 8 zu § 36).

Die Aufzählung in Satz 2 Nr. 5 ist durch das ÄndG 96 erweitert worden. Der Gesetzgeber wollte deutlich machen, dass alle Entscheidungen, die den Bildungsweg einer Schülerin oder eines Schülers betreffen, in die Zuständigkeit der Klassenkonferenz fallen. Zu solchen Entscheidungen gehören neben den Versetzungen und den Abschlüssen auch das Überspringen eines Schuljahrgangs, das freiwillige Zurücktreten sowie die Überweisung an eine Schule einer anderen Schulform (siehe hierzu auch §§ 59 und 60). In der Aufzählung fehlt der als »Aufrücken« bezeichnete Wechsel in den nächsthöheren Schuljahrgang ohne Versetzung.

4 Zu Abs. 3: Für weitere **organisatorische Bereiche** – Jahrgänge, Schulstufen, Schulzweige, Außenstellen der Schule – kann die Gesamtkonferenz allgemein bildender Schulen **zusätzliche Teilkonferenzen** einrichten. Mit dem Einrichtungsbeschluss sind die Aufgaben zu benennen, für die die Teilkonferenz zuständig sein soll. Dabei muss es sich um Angelegenheiten handeln, die ausschließlich den jeweiligen organisatorischen Bereich betreffen. Diese können fachlicher Art sein, aber auch aus anderen Gebieten stammen, für die Konferenzen zuständig sind. Die Gesamtkonferenz kann die Zuweisung von Entscheidungsbefugnissen für zusätzliche Teilkonferenzen revidieren. Sie kann auch die Einrichtung einer solchen Konferenz widerrufen. Deren Beschlüsse bleiben dann aber bis zu einer ausdrücklichen Aufhebung oder Änderung gültig (zur Zusammensetzung der Teilkonferenzen siehe Anm. 4 zu § 36).

Die Schulzweigkonferenz, z.B. für den Hauptschulzweig einer Haupt- und Realschule, kann als eine »kleine Gesamtkonferenz« angesehen werden. Für ihre Eltern- und Schülervertretung findet nämlich nach § 36 Abs. 3 Satz 4 die Beteiligungsstaffel für Gesamtkonferenzen Anwendung. Die für die Angelegenheiten des 5. und 6. Schuljahrgangs einer Integrierten Gesamtschule zuständige Teilkonferenz ist keine Schulzweig-, sondern eine Stufenkonferenz.

5 Zu Abs. 4: Dass Teilkonferenzen ihren Vorsitzenden bestimmte Aufgaben zur selbstständigen Erledigung übertragen, dürfte in der Praxis selten vorkommen. Umfassende Delegationen sind unzulässig, weil sich die Konferenzen ihrer Verantwortung als Kollegialorgan nicht entziehen dürfen. Außerdem würden dadurch die Mitbestimmungsrechte der Vertreterinnen und Vertreter der Eltern sowie der Schülerinnen und Schüler geschmälert. Die Übertragung von Zuständigkeiten an die Vorsitzenden kann von den Konferenzen jederzeit widerrufen werden. Während die Übertragung des Einverständnisses der Vorsitzenden bedarf, kann der Widerruf auch ohne ihre Zustimmung erfolgen. Bis zum In-Kraft-Treten des ÄndG 06 konnte auch die Gesamtkonferenz ihrer Vorsitzenden (Schulleiterin) oder ihrem Vorsitzenden (Schulleiter) Aufgaben zur selbstständigen Erledigung übertragen.

6 Zu Abs. 5: Dass die Absätze 1, 3 und 4 nicht für die berufsbildenden Schulen gelten, hat das ÄndG 10 bestimmt. Das bedeutet, dass es an berufsbildenden Schulen als Teilkonferenzen nur noch Klassenkonferenzen (Absatz 2) gibt. Anders als bei den allgemein bildenden Schulen können aber an den berufsbildenden Schulen den Vorsitzenden der Klassenkonferenz keine Aufgaben zur selbstständigen Erledigung übertragen werden (Absatz 4).

Generell sind die Teilkonferenzen an berufsbildenden Schulen durch Bildungsgangsgruppen und Fachgruppen ersetzt worden (siehe § 35a).

7 Verweise, Literatur:
 - Erl. »Konferenzen und Ausschüsse der öffentlichen Schulen« vom 10.1.2005 (SVBl. S. 125 – aufgehoben mit Ablauf des 31.7.2007)

(Dieter Galas)

§ 35a Bildungsgangs- und Fachgruppen an berufsbildenden Schulen

(1) ¹An berufsbildenden Schulen richtet die Schulleiterin oder der Schulleiter im Benehmen mit dem Schulvorstand Bildungsgangs- und Fachgruppen ein. ²Diesen gehören als Mitglieder an:

1. die in dem jeweiligen Bereich tätigen Lehrkräfte und pädagogischen Mitarbeiterinnen und Mitarbeiter und
2. die Referendarinnen und Referendare, die in dem jeweiligen Bereich eigenverantwortlich Unterricht erteilen.

³Für die Sitzungen der Bildungsgangs- oder Fachgruppen gilt § 36 Abs. 4 Sätze 1 und 2 sowie Abs. 5 Satz 1 entsprechend.

(2) ¹Die Bildungsgangs- und Fachgruppen entscheiden über die fachlichen und unterrichtlichen Angelegenheiten, die den jeweiligen Bildungsgang oder das Fach betreffen, insbesondere über

1. die curriculare und fachdidaktische Planung der Bildungsgänge und Fächer im Rahmen der Lehrpläne (§ 122),
2. die Planung, Durchführung und Evaluation von Maßnahmen zur Qualitätssicherung und zur Entwicklung der Qualität des Unterrichts,
3. die Abstimmung des Fortbildungsbedarfs,
4. die Einführung von Schulbüchern sowie
5. die Zusammenarbeit mit Betrieben und weiteren an der Aus- und Weiterbildung beteiligten Einrichtungen.

²Die Schulleiterin oder der Schulleiter kann den Bildungsgangs- oder Fachgruppen weitere Aufgaben übertragen. ³Bildungsgangs- und Fachgruppen können ihre Zuständigkeit für Entscheidungen über bestimmte Angelegenheiten einem Ausschuss übertragen. ⁴Über die Zusammensetzung des Ausschusses entscheidet die Bildungsgangs- oder Fachgruppe.

Allg.: Durch den mit dem ÄndG 10 neu eingefügten § 35a werden die bisher in § 35 Abs. 1 geregelten Fachkonferenzen für die berufsbildenden Schulen durch Bildungsgangs- und Fachgruppen abgelöst. Diese Änderung geht auf das in dem Schulversuch »Projekt Regionale Kompetenzzentren – ProReKo« erprobte Modell einer teambasierten Aufbauorganisation zurück. Der Leitgedanke dieser Neuausrichtung der berufsbildenden Schulen ist die Zielsetzung, die Ebene der Lehrkräfteteams der Bildungsgänge und Fächer zu stärken, in dem die Entscheidungen zur Realisierung des Qualitätsmanagements auf der Basis des Kernaufgabenmodells (KAM-BBS) dort getroffen werden, wo die Arbeitsprozesse anfallen. Bildungsgangs- und Fachgruppen sind ein wesentlicher Teil der schulischen Qualitätsarbeit. Durch die Nähe zum Kernprozess des Unterrichts können dort am besten die pädagogischen Fragen zur Qualität des Unterrichts eruiert und Konzepte und Maßnahmen dazu entwickelt, realisiert und evaluiert werden.

Letztlich sind die Gruppen »Qualitätszirkel« im Sinne einer »professionellen Lerngemeinschaft« *(H.-G. Rolff)*.

Neben der Stärkung der Kooperation von Lehrkräften ist die vertikale Einbindung dieser Teams in den Prozess des innerschulischen Qualitätsmanagements von besonderer Bedeutung. Die Bildungsgangs- und Fachgruppen haben klare gesetzliche Aufgaben – Entscheidungsbefugnisse und damit auch Verantwortlichkeiten – und sind einbezogen in die innerschulischen Strukturen und Prozesse der Aufbau- und Ablauforganisation. Sie sind bei ihrer Arbeit gebunden an die Entscheidungen und Beschlüsse der Organe der Schule (Schulleiterin/Schulleiter, Schulvorstand, Gesamtkonferenz). Und sie sind auch eingebunden in die schulinterne Steuerung über Ziele und Zielvereinbarungen, die sich aus der Umsetzung des KAM-BBS ergeben. In diesem Prozess der innerschulischen Steuerung über Zielvereinbarungen kommt ihnen als Basiseinheiten insoweit eine besondere Bedeutung zu. Dieser Prozess darf nicht einseitig als ein »top-down«-Prozess verstanden werden, sondern die Bildungsgangs- und Fachgruppen sollen »bottom-up« die Qualitätsentwicklung der Schule entscheidend »mitbestimmen«. Nur so ist die Zielkaskade, beginnend mit den Zielvereinbarungen zwischen der berufsbildenden Schule als Regionalem Kompetenzzentrum und der Niedersächsischen Landesschulbehörde, fundiert zu realisieren. Für alle Bildungsgänge, sowohl für den berufsbezogenen Lernbereich als auch für den berufsübergreifenden Lernbereich, sind kompetenzorientierte schulische Curricula anzulegen, die entsprechend der Leitlinie »SchuCu-BBS« zu erstellen, und zu implementieren sind. Damit wird die didaktisch-methodische Planung in allen Lernbereichen prozesshaft ausgerichtet und über die Jahresplanung zeitlich-organisatorisch für das jeweilige Schuljahr angeordnet.

2 **Zu Abs. 1:** Die Bildungsgangs- und Fachgruppen werden von der Schulleiterin oder dem Schulleiter im Benehmen mit dem Schulvorstand eingerichtet. Es ist nicht vorgeschrieben, dass für jeden Bildungsgang im Sinne der Definition von § 21 Abs. 4 eine eigene Bildungsganggruppe eingerichtet werden muss. Die Schulleiterin oder der Schulleiter kann auch einzelne oder mehrere i. d. R. fachlich verwandte Bildungsgänge in einer Bildungsganggruppe zusammenfassen. Auch bei den Fächern sind ggf. Zusammenfassungen oder Differenzierungen (z.B. nach Schulformen) möglich. Der Zuschnitt der Bildungsgangs- und Fachgruppen darf und wird in den einzelnen Schulen aufgrund der jeweiligen Gegebenheit vor Ort unterschiedlich sein. Die Einbindung des Schulvorstandes in die Entscheidung über den Zuschnitt macht deutlich, dass hier eine zentrale Weichenstellung auch für die innerschulischen Steuerungsprozesse getroffen wird.

Die gesetzliche Regelung der Bildungsgangs- und Fachgruppen in Nachfolge der Fachkonferenzen schließt nicht aus, dass es neben diesen Gruppen weitere Teams (z.B. Projektteams, Unterstützungsteams, Steuergruppen usw.) geben kann, die nicht gesetzlich vorgeschrieben sind, aber aufgrund der Organisationshoheit der Schulleitung eingerichtet werden und auch

Schulverfassung § 35a   **NSchG**

Teil der Aufbauorganisation einer Schule sind. Es ist möglich, dass die Schulen für ihre Bildungsgangs- und Fachgruppen intern auch den Begriff »Team« verwenden. Klar muss nur sein, dass es sich um die nach Gesetz vorgeschriebenen Bildungsgangs- und Fachgruppen handelt.

Mitglieder in den Bildungsgangs- und Fachgruppen sind alle in dem jeweiligen Bereich tätigen Lehrkräfte, die eigenverantwortlichen Unterricht erteilenden Referendare und Referendarinnen und die pädagogischen Mitarbeiter und Mitarbeiterinnen. Je nach Zuschnitt der Bildungsgangs- und Fachgruppen kann es notwendig sein, dass die Schulleiterin oder der Schulleiter in Ausübung ihrer/seiner Fürsorgepflicht bei der Festlegung der Verpflichtungen zur Wahrnehmung von Aufgaben im Rahmen der Eigenverantwortung der Schule und anderer schulischer Aufgaben (§ 51 Abs. 1 Satz 4) dafür Sorge trägt, dass die Lehrkräfte nicht durch die aktive Mitarbeit in zu vielen Bildungsgangs- und Fachgruppen überfordert werden. So könnte eine Beschränkung der aktiven Mitarbeit auf eine bestimmte Anzahl von »Kern« mitgliedschaften festgelegt werden. Allerdings muss dann gleichzeitig sichergestellt werden, dass die weiterhin den Gruppen formell angehörenden anderen Mitglieder Kenntnis von den Einladungen zu den Sitzungen erhalten, zur Teilnahme an den Sitzungen berechtigt und bei Teilnahme stimmberechtigt sind und dass sie Kenntnis von den Ergebnissen und Beschlüssen erhalten. Im Übrigen gelten die Regelungen der Teilkonferenzen zur Frage der Terminierung, der Teilnahmeberechtigung der Schulleiterin und des Schulleiters und der Beschlussmehrheiten entsprechend.

Im Unterschied zu den bisherigen Fachkonferenzen sind in den Bildungsgangs- und Fachgruppen keine Schüler- oder Elternvertreter als Mitglieder vorhanden. Die Gruppen sind insoweit bewusst als Lehrkräfte- und Mitarbeiterteams konzipiert, die nicht als Mitwirkungsgremien fungieren, sondern Teil der professionellen Aufgabenwahrnehmung und Qualitätsverantwortung auf der Basis des KAM-BBS sind.

Zu Abs. 2: In Abs. 2 wird zunächst in einer Generalklausel die gesetzliche Entscheidungszuständigkeit der Bildungsgangs- und Fachgruppen beschrieben: es geht um die fachlichen und unterrichtlichen Angelegenheiten des jeweiligen Bildungsgangs oder Faches. In einer nachfolgenden nicht abschließenden Aufzählung werden einzelne Zuständigkeiten aufgeführt. Aus der Auflistung dieser Angelegenheiten wird deutlich, dass es insbesondere um Fragen der unterrichtlichen Qualitätsentwicklung geht. Besonders hinzuweisen ist auch auf die Zuständigkeit der Gruppen für die Zusammenarbeit mit den Betrieben und weiteren an der Aus- und Weiterbildung beteiligen Einrichtungen. Hier nehmen die Gruppen eine besondere Form der Außenvertretung der Schule wahr, die für den Bereich der berufsbildenden Bildungsgänge von besonderer Bedeutung ist.

Die Schulleiterin oder der Schulleiter kann den Gruppen weitere Aufgaben übertragen, wobei es sich um Aufgaben der Schulleiterinnen und Schulleiter handeln muss, die auch übertragen werden können und nicht etwa nur von der Schulleitung selbst wahrgenommen werden dürfen. Zu den übertragbaren Aufgaben könnten z.b. Fragen der Vertretungsregelung oder haushaltsbewirtschaftende Maßnahmen (z.B. Teilbudgets) gehören.

Die Bildungsgangs- und Fachgruppen können ihre Zuständigkeit für Entscheidungen über bestimmte Angelegenheiten auf einen oder mehrere Ausschüsse übertragen. Dies ist eine weitere Möglichkeit, bei ggf. zu großen Gruppen oder im Sinne einer Spezialisierung sinnvolle Arbeitseinheiten zu ermöglichen. Diese Ausschüsse sind Ausschüsse eigener Art und nicht mit den Ausschüssen im allgemeinbildenden Bereich (§ 39) gleichzusetzen, d. h. die dort vorgesehenen Regelungen gelten für die Ausschüsse der Bildungsgangs- und Fachgruppen nicht. Über die Zusammensetzung der Ausschüsse entscheidet die Bildungsgangs- und Fachgruppe selbst. Es kann immer nur um Mitglieder aus ihren eigenen Reihen gehen. Bei der Bildung der Ausschüsse geht es um die Verlagerung von Entscheidungskompetenzen, sie sind also nicht etwa nur vorbereitende Untergruppen. Solche vorbereitenden Untergruppen können selbstverständlich auch gebildet werden, dürfen aber mit den gesetzlich ermöglichten Ausschüssen nicht verwechselt werden. Wegen der Verlagerung von Zuständigkeiten sind alle Mitglieder der Bildungsgangs- und Fachgruppe an die Festlegungen der Ausschüsse gebunden. Weil die Einrichtung der Ausschüsse von der Entscheidung der Bildungsgangs- und Fachgruppen abhängig ist, können die Ausschüsse allerdings auch jederzeit durch Beschluss der Bildungsgangs- und Fachgruppe wieder aufgelöst werden.

Die Bestimmung der Leitung einer Bildungsgangs- und Fachgruppe ist in § 43 Abs. 4 Nr. 3 geregelt.

4 Verweise, Literatur:

- *Rolff, Hans-Günter:* Konfluente Leitung – Führung aufteilen, Co-Management praktizieren und Prozesse gemeinsam gestalten. in: ders., Studien zu einer Theorie der Schulentwicklung. Weinheim und Basel: Beltz 2007, S. 79–93

- *Gerd Roggenbrodt:* Bildungsgangs- und Fachgruppen an berufsbildenden Schulen in Niedersachen, Schulverwaltung, Ausgabe Niedersachsen, 2011, H. 3, S. 82

- Schulisches Qualitätsmanagement an berufsbildenden Schulen auf der Grundlage des Kernaufgabenmodells BBS (KAM-BBS), RdErl. d. MK v. 19.05.2016, Bezug: RdErl. d. MK v. 14.10.2011 (SVBl. S. 445

- Ergänzende Bestimmungen für das berufsbildende Schulwesen (EB-BbS), RdErl. d. MK v. 10.06.2009 – (Nds. MBl. S. 538), zuletzt geändert durch RdErl. d. MK vom 25.01.2019 (Nds. MBl. S. 338)

- NLQ, Leitlinie ›Schulisches Curriculum Berufsbildende Schulen (SchuCu-BBS)‹, abgerufen 31. Oktober 2020 von https://schucu-bbs.nline.nibis.de/

- Funktionsstellen an berufsbildenden Schulen, RdErl. d. MK v. 01.03.2019 (SVBl. 4/2019 S. 169)

(Friedrich-Wilhelm Krömer)

§ 36 Zusammensetzung und Verfahren der Konferenzen

(1) ¹Mitglieder der Gesamtkonferenz sind
1. mit Stimmrecht:
   a) die Schulleiterin oder der Schulleiter,
   b) die weiteren hauptamtlich oder hauptberuflich an der Schule tätigen Lehrkräfte,
   c) so viele Vertreterinnen oder Vertreter der anderen Lehrkräfte, wie vollbeschäftigte Lehrkräfte nötig wären, um den von den anderen Lehrkräften erteilten Unterricht zu übernehmen,
   d) die der Schule zur Ausbildung zugewiesenen Referendarinnen und Referendare, Anwärterinnen und Anwärter,
   e) die hauptamtlich oder hauptberuflich an der Schule tätigen pädagogischen Mitarbeiterinnen und Mitarbeiter,
   f) eine Vertreterin oder ein Vertreter der sonstigen Mitarbeiterinnen und Mitarbeiter, die in einem Beschäftigungsverhältnis zum Land stehen,
   g) eine Vertreterin oder ein Vertreter der sonstigen Mitarbeiterinnen und Mitarbeiter, die in einem Beschäftigungsverhältnis zum Schulträger stehen,
   h) in Gesamtkonferenzen mit
      - mehr als 70 stimmberechtigten Mitgliedern nach den Buchstaben a bis d je 18,
      - 51 bis 70 stimmberechtigten Mitgliedern nach den Buchstaben a bis d je 14,
      - 31 bis 50 stimmberechtigten Mitgliedern nach den Buchstaben a bis d je zehn,
      - 11 bis 30 stimmberechtigten Mitgliedern nach den Buchstaben a bis d je sechs,
      - bis zu 10 stimmberechtigten Mitgliedern nach den Buchstaben a bis d je vier

   Vertreterinnen oder Vertreter der Erziehungsberechtigten sowie der Schülerinnen und Schüler;
2. beratend;
   a) die nicht stimmberechtigten Lehrkräfte,
   b) eine Vertreterin oder ein Vertreter des Schulträgers,
   c) je zwei Vertreterinnen oder Vertreter der Arbeitgeber und der Arbeitnehmer, sofern die Schule eine Berufsschule ist oder eine solche umfasst.

²In Abendgymnasien, Kollegs und Fachschulen gehören der Gesamtkonferenz doppelt so viele Vertreterinnen oder Vertreter der Schülerinnen und Schüler als stimmberechtigte Mitglieder an, wie sich aus Satz 1 Nr. 1 Buchst. h ergeben würde.

(2) Die Gesamtkonferenz kann allgemein beschließen, dass auch die beratenden Mitglieder stimmberechtigt sind.

(3) ¹Den Teilkonferenzen gehören als Mitglieder mit Stimmrecht an:

1. die in dem jeweiligen Bereich tätigen Lehrkräfte und pädagogischen Mitarbeiterinnen und Mitarbeiter,

2. die Referendarinnen und Referendare sowie die Anwärterinnen und Anwärter, die in dem jeweiligen Bereich eigenverantwortlich Unterricht erteilen, und

3. mindestens je eine Vertreterin oder ein Vertreter der Erziehungsberechtigten sowie der Schülerinnen und Schüler.

²Die Zahl der Mitglieder nach Satz 1 Nr. 3 wird durch die Gesamtkonferenz bestimmt. ³Sie darf die Zahl der Lehrkräfte, die Mitglieder nach Satz 1 Nr. 1 sind, nicht übersteigen. ⁴Sind Teilkonferenzen für Schulzweige eingerichtet, so ist die Zahl der Mitglieder nach Satz 1 Nr. 3 unter entsprechender Anwendung des Absatzes 1 Satz 1 Buchst. h nach der Zahl der Lehrkräfte zu bestimmen, die Mitglieder nach Satz 1 Nr. 1 sind; Absatz 1 Satz 2 gilt entsprechend. ⁵Den Fachkonferenzen gehören ferner als beratende Mitglieder die Lehrkräfte mit entsprechender Lehrbefähigung an, die nicht bereits Mitglieder nach Satz 1 Nr. 1 sind. ⁶Ist der Gegenstand einer Teilkonferenz eine Angelegenheit, die ausschließlich einzelne Schülerinnen oder Schüler betrifft, so sind neben den pädagogischen Mitarbeiterinnen und Mitarbeitern nach Satz 1 Nr. 1 nur diejenigen mit Stimmrecht ausgestatteten Lehrkräfte, Referendarinnen, Referendare, Anwärterinnen und Anwärter verpflichtet, an der Teilkonferenz teilzunehmen, die die Schülerinnen oder Schüler planmäßig unterrichten.

(4) ¹Die Termine der Sitzungen der Teilkonferenzen sind im Einvernehmen mit der Schulleiterin oder dem Schulleiter anzuberaumen. ²Die Schulleiterin oder der Schulleiter ist berechtigt, an den Sitzungen teilzunehmen, und kann Teilkonferenzen auch von sich aus einberufen, wenn sie oder er dies zur Erledigung wichtiger Aufgaben für erforderlich hält. ³Nimmt sie oder er in den Fällen des Absatzes 5 Satz 2 Nr. 2 an den Sitzungen teil, so führt sie oder er den Vorsitz. ⁴Gehört die Schulleiterin oder der Schulleiter in den Fällen des Satzes 3 der Klassenkonferenz als Mitglied an, so kann sie oder er den Vorsitz übernehmen.

(5) ¹Die Konferenzen beschließen mit der Mehrheit der abgegebenen, auf ja oder nein lautenden Stimmen, sofern nicht durch Rechts- oder Verwaltungsvorschriften etwas anderes bestimmt ist. ²Bei Entscheidungen über

1. Grundsätze der Leistungsbewertung und Beurteilung,

2. Zeugnisse, Versetzungen, Abschlüsse, Übergänge, Überweisungen, Zurücktreten und Überspringen,

Schulverfassung § 36

3. allgemeine Regelungen für das Verhalten in der Schule (Schulordnung) und
4. Ordnungsmaßnahmen (§ 61)

dürfen sich nur Vertreterinnen und Vertreter der Erziehungsberechtigten sowie der Schülerinnen und Schüler der Stimme enthalten.

(6) Ein Konferenzbeschluss ist auch dann gültig, wenn keine oder weniger Vertreterinnen und Vertreter bestellt sind, als Sitze in dieser Konferenz nach den Absätzen 1 bis 3 zur Verfügung stehen.

(7) [1]In den Teilkonferenzen haben bei Entscheidungen über die in Absatz 5 Sau 2 Nr. 2 genannten Angelegenheiten nur diejenigen Mitglieder Stimmrecht. die die Schülerin oder den Schüler planmäßig unterrichtet haben. [2]Die übrigen Mitglieder wirken an der Entscheidung beratend mit.

Allg.: Mitglieder der Konferenzen sind neben den beruflich an der Schule tätigen Lehrkräften. Mitarbeiterinnen und Mitarbeitern auch die sich im Vorbereitungsdienst befindenden Referendarinnen, Referendare, Anwärterinnen und Anwärter, ferner Vertreterinnen und Vertreter der Eltern, der Schülerinnen und Schüler, des Schulträgers sowie – an Berufsschulen – der Arbeitgeber und der Arbeitnehmer. Das NSchG unterscheidet zwischen Konferenzmitgliedern, die stimmberechtigt sind und solchen, die nur beratend mitwirken.

Eltern- und Schülerschaft sind in den Konferenzen grundsätzlich in gleicher Zahl vertreten. Von diesem Grundsatz kann allerdings abgewichen werden, wenn die Schule eine »Besondere Ordnung« (§ 37 Abs. 2) erhält. Das ÄndG 93 hat die Möglichkeit gestrichen, in den Konferenzen der organisatorischen Bereiche. z.B. den Klassenkonferenzen, die Elfern- und Schülervertretung von der Beratung bestimmter Angelegenheiten auszuschließen (§ 25 Abs. 2 Satz 5 NSchG 80). Nach derselben Novelle können nun auch Vertreterinnen und Vertreter der Schülerinnen und Schüler in den Konferenzen der Grundschule und der Förderschule mit dem Schwerpunkt geistige Entwicklung mitwirken (siehe § 73).

Das NSchG enthält nur an einer Stelle eine Bestimmung über die Verpflichtung zur Teilnahme an Konferenzsitzungen (siehe Anm. 4). Der Gesetzgeber hat es im Übrigen für völlig selbstverständlich gehalten, dass die Teilnahme an Konferenzen zum normalen Aufgabenbereich der hauptamtlichen und hauptberuflichen Lehrkräfte sowie der pädagogischen Mitarbeiterinnen und Mitarbeiter gehört, so dass diese zur Teilnahme verpflichtet sind (siehe auch § 51 Abs. 1 Satz 4). Zur Teilnahme an Konferenzen, in denen sie Stimmrecht haben, sind auch die Referendarinnen und Referendare sowie die Anwärterinnen und Anwärter verpflichtet. Dagegen besteht für die Vertreterinnen und Vertreter der verschiedenen Gruppen (z.B. der Erziehungsberechtigtem, der Schülerinnen und Schüler, der »anderen« Lehrkräfte) nach dem außer Kraft getretenen Konferenzerlass keine Verpflichtung zur Teilnahme. Die beratenden Mitglieder der Gesamtkonferenz und der Fachkonferenzen sind danach ebenfalls nicht zur Teilnahme an den Konferenzsitzungen verpflichtet. Nach dem außer Kraft getretenen Konferenzerlass entsteht eine Teilnahmepflicht auch nicht dadurch, dass die Gesamtkonferenz ihre beratenden Mitglieder gem. § 36 Abs. 2 NSchG mit Stimmrecht ausstattet. Die Belastung dieses Personenkreises sollte möglichst gering gehalten werden.

Die Sitzungen der Gesamtkonferenz und der Teilkonferenzen sind nicht öffentlich. auch nicht schulöffentlich. Personen, die nicht Mitglieder der Konferenzen sind, dürfen also grundsätzlich nicht an den Sitzungen teilnehmen. Die oder der Vorsitzende der Konferenz kann nach dem Konferenzerlass mit Zustimmung der Schulleiterin oder des Schulleiters jedoch Gästen die Anwesenheit zu einzelnen Tagesordnungspunkten gestatten. Das Recht zur Teilnahme an allen Konferenzen haben die Schulleiterin oder der Schulleiter (s. Anm. 5) sowie die für die Schule zuständigen Schulaufsichtsbeamtinnen oder -beamten.

2 **Zu Abs. 1:** Für die Stimmberechtigung in der **Gesamtkonferenz** spielt es keine Rolle, mit wievielen Stunden die hauptamtlichen (d. h. beamteten) und hauptberuflichen (d. h. im Angestelltenverhältnis tätigen) Lehrkräfte an der Schule tätig sind. Erteilen sie an mehreren Schulen Unterricht, sind sie in jeder Gesamtkonferenz stimmberechtigte Mitglieder.»Andere« Lehrkräfte sind nach der (im Marz 2007 aufgehobenen) Verordnung über die Berechnung der Zahl der Vertreterinnen oder Vertreter der anderen Lehrkräfte in der Gesamtkonferenz vom 09.06.1994 alle Personen, die nicht als hauptamtliche oder hauptberufliche Lehrkräfte an der Schule eigenverantwortlich Unterricht erteilen. Dazu gehören die nebenamtlichen und nebenberuflichen Lehrkräfte, die Leiterinnen und Leiter der Studienseminare, deren Vertreterinnen oder Vertreter sowie Lehrkräfte, die auf Grund von Gestellungsverträgen mit den Kirchen unterrichten. Nebenamtlich wird der Unterricht erteilt, wenn die Lehrkraft im öffentlichen Dienst hauptamtlich beschäftigt ist, aber nicht im Rahmen dieses Hauptamtes tätig wird.

Der Begriff »hauptberuflich« wurde bereits in der »Urfassung« des Niedersächsischen Schulgesetzes verwendet (§ 25 Abs. 1 NSchG 74). Damals wurde darunter eine Tätigkeit im Angestelltenverhältnis nach dem BAT mit mindestens der Hälfte der Regelstundenzahl einer vergleichbaren Lehrkraft verstanden. Orientiert man sich an der Rechtsprechung des Bundesverwaltungsgerichts (Urteil vom 25.05.2005 – 2 C 20.04), kann aber auch eine Tätigkeit geringeren Umfangs hauptberuflich ausgeübt werden, wenn sie nach den Lebensumständen der oder des Beschäftigten den Tätigkeitsschwerpunkt bildet. Nach dem Erlass vom 01.01.2010 sind nebenberuflich Beschäftigte solche Personen, deren Tätigkeit nicht mehr als ein Drittel der normalen Arbeitszeit in Anspruch nimmt. Danach können z.B. Hausfrauen und Studierende sowie Rentnerinnen und Rentner als nebenberufliche Lehrkraft beschäftigt werden.

Durch das ÄndG 93 haben die Referendarinnen und Referendare sowie die Anwärterinnen und Anwärter in der Gesamtkonferenz der Schule Stimmrecht erhalten, der sie zur Ausbildung zugewiesen sind. Das Stimmrecht

Schulverfassung § 36   **NSchG**

gilt unabhängig davon, ob sie an ihrer Ausbildungsschule eigenverantwortlichen Unterricht erteilen oder nicht. Der Gesetzgeber hat damit eine Regelung wiederhergestellt, die bereits im NSchG 74 bestanden hat und 1980 durch eine Vertretungsregelung wie bei den »anderen« Lehrkräften ersetzt wurde.

Während alle hauptamtlichen und hauptberuflichen pädagogischen Mitarbeiterinnen und Mitarbeiter (Erzieherinnen, Erzieher, Sozialpädagoginnen und Sozialpädagogen) in der Gesamtkonferenz stimmberechtigt sind, entsenden die »sonstigen« Mitarbeiterinnen und Mitarbeiter, die Landesbedienstete sind (z.b. Schulassistentinnen und Schulassistenten), lediglich eine stimmberechtigte Vertreterin oder einen stimmberechtigten Vertreter in die Gesamtkonferenz. Zu den »sonstigen« Mitarbeiterinnen oder Mitarbeitern gehören auch die nicht hauptamtlich/hauptberuflich tätigen pädagogischen Mitarbeiterinnen und Mitarbeiter (zum Begriff »hauptberuflich« siehe oben). Auch die an der Schule tätigen Mitarbeiterinnen und Mitarbeiter, die Bedienstete des Schulträgers sind (Schulsekretärinnen, Hausmeister), wählen eine stimmberechtigte Vertreterin oder einen Vertreter in die Gesamtkonferenz.

Die Zahl der in der Gesamtkonferenz stimmberechtigten Vertreterinnen und Vertreter der Eltern- und Schülerschaft hängt davon ab, wieviele Mitglieder die Gesamtkonferenz nach Abs. 1 Nr. 1 Buchst. a) bis d) hat, also wieviele stimmberechtigte Lehrkräfte, Referendarinnen, Referendare, Anwärterinnen und Anwärter ihr angehören. Die Zahl der pädagogischen Mitarbeiterinnen und Mitarbeiter bleibt unberücksichtigt. Das Gesetz zur Weiterentwicklung des Schulwesens vom 25.06.2002 hat in der bis dahin geltenden Beteiligungsstaffel die Zahl der Vertreterinnen und Vertreter der Eltern- und Schülerschaft verdoppelt, für deren Wahl die Elternwahlordnung und die Schülerwahlordnung gelten. Das kann an kleinen Schulen dazu führen, dass die Lehrkräfte nicht die Mehrheit der Konferenzmitglieder stellen. Beispielsweise stehen den sieben Lehrerinnen und Lehrern einer kleinen Hauptschule in der Gesamtkonferenz je vier Vertreterinnen und Vertreter der Eltern- und der Schülerschaft »gegenüber« (zu den Paritäten bei einer »besonderen Ordnung« für die Gesamtkonferenz siehe Anm. 3 zu § 37). Ändert sich die Zahl der stimmberechtigten Lehrkräfte und werden dadurch die Schwellenwerte für die Zahl der Vertreterinnen und Vertreter der Erziehungsberechtigten sowie der Schülerinnen und Schüler unter- oder überschritten, so müssen auch im laufenden Schuljahr entsprechende Anpassungen vorgenommen ggf. sogar Neuwahlen durchgeführt werden. Es ist Aufgabe der Schulleitungen, Schulelternrat und Schülerrat auf solche Veränderungen im Lehrerkollegium hinzuweisen.

In Abendgymnasien, Kollegs und Fachschulen, deren Schülerinnen und Schüler volljährig sind, verdoppelt sich die Zahl ihrer Vertreterinnen oder Vertreter. Diese Regelung ist durch das ÄndG 93 in das NSchG aufgenommen worden.

Beratende Mitglieder von Konferenzen haben Rede- und Antragsrecht. Diesen Status haben in der Gesamtkonferenz die nicht stimmberechtigten

Lehrkräfte, eine Vertreterin oder ein Vertreter des Schulträgers sowie je zwei Vertreterinnen oder Vertreter der Arbeitnehmer und der Arbeitgeber, wenn die Schule eine Berufsschule ist oder eine solche umfasst. Unbefriedigend ist, dass weder das Betreuungspersonal an Förderschulen noch die nicht hauptamtlich/hauptberuflich tätigen pädagogischen Mitarbeiterinnen und Mitarbeiter beratende Mitglieder der Gesamtkonferenz sind.

3 **Zu Abs. 2:** Das ÄndG 93 hat den Schulen die Möglichkeit eröffnet, die beratenden Mitglieder der Gesamtkonferenz mit Stimmrecht auszustatten. Ein entsprechender Beschluss der Gesamtkonferenz muss sich auf alle in Abs. 1 Nr. 2 genannten Gruppen erstrecken. Eine Beschränkung auf einzelne Gruppen etwa die Vertreterinnen und Vertreter der Arbeitgeber und der Arbeitnehmer, ist nicht zulässig. Bei der Abstimmung über einen Aufhebungsbeschluss sind die Mitglieder nach Abs. 1 Nr. 2 stimmberechtigt.

Eine Schule. die von dem Angebot des Abs. 2 Gebrauch macht, erspart sich, zu Beginn jedes Schuljahres die Wahl der stimmberechtigten Vertreterinnen oder Vertreter der »anderen« Lehrkräfte durchzuführen. Bei der Bestimmung der Zahl der Vertreterinnen und Vertreter der Eltern sowie der Schülerinnen und Schüler in der Gesamtkonlerenz (siehe Anm. 2 zu Abs. 1) wird aber immer nur die Zahl der »anderen« Lehrkräfte zugrundegelegt, die nach Abs. 1 Nr. 1 Buchst. c) Stimmrecht haben.

Die beratenden Mitglieder in Teilkonferenzen (siehe Anm. 4) können kein Stimmrecht erhalten.

4 **Zu Abs. 3:** Das Merkmal, das die Mitgliedschaft in einer Teilkonferenz begründet – »in dem jeweiligen Bereich tätig« – führt zu gewissen Abgrenzungsschwierigkeiten. Konferenzmitglieder sind außer den Vertreterinnen und Vertretern der Erziehungsberechtigten und der Schülerinnen und Schüler (siehe unten) **die in dem jeweiligen Bereich tätigen** Lehrkräfte, pädagogischen Mitarbeiterinnen und Mitarbeiter sowie die Referendarinnen und Referendare. Anwärterinnen und Anwärter, die dort eigenverantwortlich unterrichten. In einem Bereich »**tätig**« sind nicht nur Lehrkräfte, die dort zum Zeitpunkt der Konferenz unterrichten. Der mit Ablauf des Schuljahres 2006/07 außer Kraft getretene Konferenzerlass legte dieses Merkmal weiter aus und zählte zu den »Tätigen« auch diejenigen Lehrkräfte, die in dem Schuljahr, in dem die Teilkonferenz stattfindet, in dem Bereich planmäßig unterrichtet haben. Wer also in einem Fach Unterricht erteilt hat, das nur im 1. Schulhalbjahr angeboten wurde, bleibt auch im 2. Schuljahr stimmberechtigtes Teilkonferenzmitglied. Eine Dehnung des Begriffs »Tätigsein« über das Schuljahr hinaus ist allerdings nicht möglich.

Abgrenzungsschwierigkeiten gibt es bei den pädagogischen Mitarbeiterinnen und Mitarbeitern bezüglich ihrer »Tätigkeit« in bestimmten »Bereichen«. Für die Mitgliedschaft beispielsweise in einer Klassenkonferenz wäre die Zuordnung zu der entsprechenden Klasse Voraussetzung.

In Teilkonferenzen haben mindestens je eine Vertreterin oder ein Vertreter der Erziehungsberechtigten sowie der Schülerinnen und Schüler Stimmrecht. Ihre Zahl wird durch die Gesamtkonferenz festgesetzt, die darauf zu achten hat, dass beide Gruppen in gleicher Stärke vertreten sind und dass ihre Gesamtzahl die der stimmberechtigten Lehrkräfte nicht übersteigt. Bei der Bestimmung der Maximalzahl der Vertreterinnen und Vertreter der Eltern- und der Schülerschaft bleiben die pädagogischen Mitarbeiterinnen und Mitarbeiter sowie die Referendrinnen, Referendare, Anwärterinnen und Anwärter mit eigenverantwortlichem Unterricht unberücksichtigt. Gehören einer Teilkonferenz beispielsweise elf stimmberechtigte Lehrkräfte, eine pädagogische Mitarbeiterin sowie zwei Lehreranwärter mit eigenverantwortlichem Unterricht an, können maximal je fünf Vertreterinnen oder Vertreter der Eltern sowie der Schülerinnen und Schüler stimmberechtigtes Mitglied der Teilkonferenz werden. Die Lehrkräfte müssen also nicht die Hälfte der stimmberechtigten Konferenzmitglieder stellen. In dem genannten Beispiel stehen elf stimmberechtigten Lehrkräften 13 stimmberechtigte Konferenzmitglieder gegenüber, die nicht. Lehrkräfte sind.

Die Gesamtkonferenz wird bei der Festsetzung der Zahl der Vertreterinnen und Vertreter der Eltern- und der Schülerschaft in den Teilkonferenzen zu berücksichtigen haben, dass eine wegen Krankheit oder Teilnahme an Lehrerfortbildungsveranstaltungen nicht vollbesetzte Lehrerbank auch dann nicht zu einer Reduzierung der Zahl der Vertreterinnen und Vertreter der beiden Gruppen führt, wenn die Halbparität unterschritten wird. Eine Reduzierung kann aber u.U. notwendig werden, wenn Lehrkräfte während des Schuljahres abgeordnet, versetzt oder beurlaubt werden. Die Gesamtkonferenz braucht im Übrigen nicht für alle Klassenkonferenzen dieselbe Zahl von Vertreterinnen und Vertretern zu beschließen. Sie kann sie in Abhängigkeit von der Zahl der in der jeweiligen Klasse unterrichtenden Lehrkräfte unterschiedlich (aber für beide Gruppen gleich) festsetzen. Dasselbe gilt auch für die Fachkonferenzen.

Zur **Klassenkonferenz** gehören die Lehrkräfte, die **in der Klasse** unterrichten, weil sie in diesem Bereich »tätig« sind. Mitglied der Klassenkonferenz sind somit nicht nur die Lehrkräfte, die alle Schülerinnen und Schüler unterrichten. Mitglied ist auch, wer nur einen Teil der Klassenschülerschaft (z.B. im Fach Religion, in einem Wahlpflicht- oder Fachleistungskurs, in einer Arbeitsgemeinschaft), im Extremfall nur eine einzige Schülerin oder einen einzigen Schüler unterrichtet (zur Mitgliedschaft von pädagogischen Mitarbeiterinnen und Mitarbeitern siehe oben).

Die Stimmberechtigung erstreckt sich grundsätzlich auch auf Entscheidungen über diejenigen Schülerinnen und Schüler, die die Lehrkräfte nicht aus dem eigenen Unterricht kennen, z.B. auf die Beschlussfassung über Ordnungsmaßnahmen. Bei Entscheidungen, die den Bildungsweg einer Schülerin oder eines Schülers betreffen, z.B. bei Versetzungen und Abschlüssen, gibt es allerdings seit dem ÄndG 96 eine Stimmrechtsbeschränkung (siehe Anm. 8).

Bei **Schulzweigkonferenzen** hat der Gesetzgeber die Zahl der Vertreterinnen und Vertreter der Eltern- und der Schülerschaft dadurch festgesetzt, dass die Beteiligungsstaffel des Abs. 1 Anwendung findet. Berechnungsbasis ist die Zahl der in der Schulzweigkonferenz stimmberechtigten **Lehrkräfte**. Pädagogische Mitarbeiterinnen und Mitarbeiter sowie Referendarinnen und Referendare, Anwärterinnen und Anwärter mit eigenverantwortlichem Unterricht bleiben unberücksichtigt. Eine Erhöhung der Zahl der Eltern- und Schülervertreter(innen) bis zur Halbparität ist folglich in diesen Teilkonferenzen nicht möglich.

In **Fachkonferenzen** gibt es neben den stimmberechtigten auch beratende Mitglieder. Zu den stimmberechtigten Lehrkräften, pädagogischen Mitarbeiterinnen und Mitarbeitern gehören nur die in dem entsprechenden Fach oder Fachbereich »tätigen« Mitglieder. Das sind bei den Lehrkräften nur solche, die in dem Fach oder Fachbereich zum Zeitpunkt der Konferenzsitzung planmäßig Unterricht erteilen oder die in dem Schuljahr, in dem die Konferenz stattfindet, in dem Fach oder Fachbereich planmäßig unterrichtet haben. Die übrigen Lehrkräfte mit der entsprechenden Lehrbefähigung, die aber das Fach vorübergehend oder länger nicht unterrichten, sind beratende Mitglieder. Durch einen Wechsel vom stimmberechtigten zum beratenden Mitglied wird die Eigenschaft, Vorsitzende oder Vorsitzender einer Fachkonferenz zu sein, nicht berührt.

Die in Abs. 2 enthaltene Möglichkeit, beratende Mitglieder mit Stimmrecht auszustatten, gilt nur für die Gesamtkonferenz, nicht aber für die Fachkonferenzen.

Satz 6 stammt aus dem ÄndG 19. Die Beschränkung der Pflicht zur Teilnahme an Teilkonferenzen, in denen es ausschließlich um einzelne Schülerinnen und Schüler geht, soll der Entlastung der Lehrkräfte von nicht-unterrichtlichen Aufgaben dienen (siehe Landtagsdrucksache 18/4471, S. 30). An solchen Teilkonferenzen sollen »neben den pädagogischen Mitarbeiterinnen und Mitarbeitern« nur die stimmberechtigten Lehrkräfte, Referendarinnen und Referendare sowie Anwärterinnen und Anwärter teilnehmen müssen, die die betroffenen Schülerinnen oder die betroffenen Schüler planmäßig unterrichten (zu den pädagogischen Mitarbeiterinnen und Mitarbeitern siehe oben).

Von der Regelung des Satzes 6 sind in erster Linie die Klassenkonferenzen betroffen, in denen es um Erziehungsmittel und Ordnungsmaßnahmen (§ 61) oder um Entscheidungen über den Bildungsweg einzelner Schülerinnen und Schüler geht (siehe Anm. 8). Zu beachten ist bei Konferenzen nach § 61, dass auch die Mitglieder der Klassenkonferenz stimmberechtigt sind, die die betroffene Schülerin oder den betroffenen Schüler nicht unterrichten. Diese Mitglieder, also auch die Vertreterinnen und Vertreter der Eltern- und Schülerschaft, sind von der Teilnahme an der Sitzung der Klassenkonferenz nicht ausgeschlossen und behalten im Fall der Teilnahme auch ihr Stimmrecht.

Die beschränkte Verpflichtung zur Teilnahme an einer Teilkonferenz gilt nur, wenn es außer der nur einzelne Schülerinnen oder Schüler betreffenden Angelegenheit keine weiteren Tagesordnungspunkte gibt.

Überträgt die Gesamtkonferenz die Entscheidung über bestimmte Ordnungsmaßnahmen nach § 61 Abs. 5 auf eine andere Teilkonferenz, z.B.

auf die Jahrgangskonferenz, kann der Fall eintreten, dass die Vertreterinnen und Vertreter der Eltern- und Schülerschaft mehr als die Hälfte der Konferenzmitglieder stellen, wenn nur die nach Satz 6 zur Teilnahme Verpflichteten zur Sitzung erscheinen. Satz 3 findet hier keine Anwendung.

Zu Abs. 4: Bei der Anberaumung von Teilkonferenzen hat die Schulleitung 5 eine starke Stellung. Die Termine der Sitzungen können nämlich nur mit ihrer Zustimmung festgesetzt werden. Darüber hinaus kann die Schulleitung, die zur Teilnahme an den Sitzungen berechtigt ist, u. U. auch von sich aus Teilkonferenzen einberufen.

Nimmt die Schulleiterin oder der Schulleiter an einer Teilkonferenz teil, in der es um Entscheidungen über den Bildungsweg der einzelnen Schülerinnen und Schüler geht (Angelegenheiten nach »Abs. 5 Satz 2 Nr. 2«: Zeugnisse, Versetzungen, Abschlüsse, Übergänge, Überweisungen, Zurücktreten und Überspringen), muss sie oder er – ohne Stimmrecht – den Vorsitz führen. Satz 3 gilt zwar allgemein für alle Teilkonferenzen, Bildungswegentscheidungen werden aber in der Regel nur in Klassenkonferenzen (»Zeugniskonferenzen«) getroffen (siehe Anm. 4 zu § 35). Mit der Verpflichtung der Schulleiterin oder des Schulleiters, im Fall der Teilnahme an einer »Zeugniskonferenz« den Vorsitz zu führen, soll die Rechtssicherheit beim Zustandekommen der Entscheidungen erhöht und die Anwendung gleicher Entscheidungsmaßstäbe (z.B. bei der Anwendung der Ausgleichsregelungen) in allen Konferenzen sichergestellt werden. Es bleibt aber andererseits dabei, dass im Fall der Nichtteilnahme der Vorsitz bei der Klassenlehrerin oder dem Klassenlehrer verbleibt.

Etwas anderes gilt nach Satz 4, wenn die Schulleiterin oder der Schulleiter als unterrichtende Fachlehrkraft Mitglied der Klassenkonferenz ist und somit zur Teilnahme an der Konferenz verpflichtet ist. In diesem Fall ist sie oder er berechtigt, aber nicht verpflichtet, den Vorsitz zu übernehmen.

Zu Abs. 5: Bei **Abstimmungen** in Konferenzen ist ein Antrag angenom- 6 men, wenn auf ihn mehr Ja- als Nein-Stimmen entfallen. Enthaltungen bleiben unberücksichtigt. Bei Entscheidungen über Versetzungen und Schulabschlüsse gilt jedoch nach einem Erlass des Kultusministeriums bei Stimmengleichheit ein Antrag auf Versetzung oder Erteilung eines Abschlusses als angenommen. Rechts- oder Verwaltungsvorschriften können in besonderen Fällen eine qualifizierte Mehrheit verlangen. So bedarf eine »Besondere Ordnung« (siehe § 37 Abs. 1) der Zustimmung von zwei Dritteln der stimmberechtigten Mitglieder der Gesamtkonferenz. In diesem Fall haben Enthaltungen die Wirkung von Nein-Stimmen.

Abstimmen kann nur, wer in der Sitzung der Konferenz anwesend ist. Die schriftliche Stimmabgabe eines abwesenden stimmberechtigten Konferenzmitgliedes ist nicht zulässig. Dies folgt aus dem Grundsatz der Mündlichkeit, der das gesamte Verfahren demokratisch arbeitender Gremien durchzieht. Ihm liegt der Gedanke zugrunde, dass Beschlüsse Ergebnis eines Meinungsaustausches unter den anwesenden Mitgliedern der Gremien sein sollen. Der eigentliche Beschluss soll durch die vorangegangene

Diskussion, durch die Vielfalt der Argumente, der Reden und Gegenreden auf eine möglichst breite, von möglichst vielen Mitgliedern der Konferenz getragene Grundlage gestellt werden.

Bei Entscheidungen über Angelegenheiten, die für die Schülerinnen und Schüler von besonderer Wichtigkeit sind, etwa Versetzungen, Abschlüsse oder auch Ordnungsmaßnahmen, gestattet das NSchG den Lehrkräften keine Stimmenthaltung. Bei der Festsetzung einer Ordnungsmaßnahme müssen also auch diejenigen Lehrkräfte mit Ja oder Nein stimmen, die die betroffene Schülerin oder den betroffenen Schüler nicht selbst unterrichten (s. Anm. 4 – Zur Situation bei Versetzungs- und anderen Entscheidungen, die den Bildungsweg einer Schülerin oder eines Schülers betreffen, siehe Anm. 8). Das Recht zur Stimmenthaltung steht in den in Satz 2 Nr. 1–4 genannten Angelegenheiten nur den Vertreterinnen und Vertretern der Eltern und der Schülerinnen und Schüler zu. Nicht ganz nachzuvollziehen ist, warum der Gesetzgeber die Schulordnung zu diesen Angelegenheiten gezählt hat.

Vor geheimen Abstimmungen über die in Satz 2 Nr. 1–4 genannten Angelegenheiten sollte die Konferenzleitung die Lehrkräfte ausdrücklich darauf hinweisen, dass sie sich nicht enthalten dürfen. Gibt es Anzeichen für einen Verstoß gegen das Enthaltungsverbot, bestehen keine Bedenken, wenn die Vertreterinnen und Vertreter der Eltern- und Schülerschaft gekennzeichnete Stimmkarten erhalten.

7 **Zu Abs. 6:** Macht eine Gruppe, die zur Entsendung stimmberechtigter Vertreterinnen oder Vertreter in Konferenzen berechtigt ist, von dieser Möglichkeit keinen Gebrauch oder bestellt sie weniger als ihr zustehen, hat das keine Auswirkungen auf die Gültigkeit von Konferenzbeschlüssen. Den Gruppen ist dadurch die Möglichkeit genommen, durch Boykottmaßnahmen das Konferenzgeschehen lahmzulegen.

8 **Zu Abs. 7:** Seine jetzige Fassung hat Abs. 7 durch das ÄndG 96 erhalten. Damit hat der Gesetzgeber die Grundlage dafür geschaffen, das Stimmrecht von Mitgliedern von Teilkonferenzen bei Entscheidungen, die den Bildungsweg einer Schülerin oder eines Schülers betreffen, einzuschränken. Während dies für die Vertreterinnen und Vertreter der Eltern- und Schülerschaft schon immer galt, sind nunmehr von den übrigen Konferenzmitgliedern – Lehrkräfte, pädagogische Mitarbeiterinnen und Mitarbeiter, Referendarinnen und Referendare sowie Anwärterinnen und Anwärter mit eigenverantwortlichem Unterricht – nur diejenigen stimmberechtigt, die die Schülerin oder den Schüler, über die oder den beraten wird, planmäßig unterrichten oder unterrichtet haben. Die Zusammensetzung des Kreises der Konferenzmitglieder, die bei Entscheidungen über die in »Absatz 5 Satz 2 Nr. 2 genannten Angelegenheiten« stimmberechtigt sind, hängt also von den einzelnen Schülerinnen und Schülern ab. Sie kann sich wegen der Teilnahme am evangelischen oder katholischen Religionsunterricht, am Unterricht »Werte und Normen«, an Kursen des Wahlpflichtunterrichts und an Arbeitsgemeinschaften ständig verändern. Abs. 7 gilt zwar für alle Teilkonferenzen, betroffen sind aber in erster Linie die Klassenkonferenzen.

»Planmäßig« unterrichtet, wer nach dem Stundenplan der Schule in einer Klasse oder in einer Lerngruppe eingesetzt ist. Vertretungen, auch wenn sie sich über einen längeren Zeitpunkt erstrecken, gehören nicht zum »planmäßigen« Unterricht.

Abs. 7 Satz 2 stellt klar, dass die bei den Entscheidungen über die »in Absatz 5 Satz 2 Nr. 2 genannten Angelegenheiten« nicht stimmberechtigten Teilkonferenzmitglieder »beratend mitwirken«, also den Status eines beratenden Mitgliedes haben. Sie besitzen Rede- und Antragsrecht. Während in der Gesamtkonferenz und in den Fachkonferenzen beratende Mitglieder diesen Status »dauerhaft« haben, ist das in Teilkonferenzen, in denen über die »in Absatz 5 Satz 5 Nr. 2 genannten Angelegenheiten« entschieden wird, nur bei Eltern- und Schülervertretern der Fall. Bei Lehrkräften kann im Verlauf einer einzigen Konferenz, beispielsweise einer Versetzungskonferenz, der Status mehrfach zwischen »stimmberechtigt« und »beratend« wechseln.

Nach einem am 08.05.1996 verkündeten Urteil des Niedersächsischen Staatsgerichtshofs können die Vertreterinnen und Vertreter der Eltern- und Schülerschaft in Teilkonferenzen auch nicht mehr im Rahmen einer »Besonderen Ordnung« bei Entscheidungen über den Bildungsweg einzelner Schülerinnen und Schüler Stimmrecht erhalten (siehe Anm. 4 zu § 37).

Zu den in Absatz 5 Satz 2 Nr. 2 genannten Angelegenheiten gehören auch Entscheidungen über das Arbeits- und Sozialverhalten (»Kopfnoten«). Sie dürfen nur von den Lehrkräften beschlossen werden, die die betreffende Schülerin oder den betreffenden Schüler planmäßig unterrichtet haben. Das gilt auch für die Zulassung zu einer Nachprüfung im Fall der Nichtversetzung. Dagegen gibt es keine Stimmrechtsbeschränkung bei Kurszuweisungen und Umstufungen im Rahmen der Fachleistungsdifferenzierung. Dabei sind alle Mitglieder der Klassenkonferenz stimmberechtigt, also auch die Vertreterinnen und Vertreter der Eltern- und Schülerschaft.

Verweise, Literatur:

- Verordnung über die Berechnung der Zahl der Vertreterinnen oder Vertreter der anderen Lehrkräfte in der Gesamtkonferenz vom 09.06.1994 (Nds. GVBl. S. 265/S. 423: SVBl. S. 249/S. 295; aufgehoben mit Wirkung vom 16.03.2007)
- Verordnung über die Wahl der Elternvertretungen in Schulen, Gemeinden und Landkreisen sowie über die Wahl des Landeselternrats (Elternwahlordnung) vom 04.08.1997 (Nds. GVBl. S. 169; SVBl. S. 239; Schulrecht 331/11), geändert durch VO vom 04.03.2005 (Nds. GVBl. S. 78)
- Verordnung über die Wahl der Schülervertretungen in Schulen, Gemeinden und Landkreisen sowie über die Wahl des Landesschülerrats (Schülerwahlordnung) vom 04.08.1998 (Nds. GVBl. S. 606; SVBl. S. 254; Schulrecht 332/11), geändert durch VO vom 04.03.2005 (Nds. GVBl. S. 78)

- Erl. »Konferenzen und Ausschüsse der öffentlichen Schulen« vom 10.01.2005 (SVBl. S. 125 – außer Kraft getreten mit Ablauf des 31.07.2007)
- Erl. »Beschäftigungsverhältnisse der an den öffentlichen Schulen nebenamtlich und nebenberuflich tätigen Lehrkräfte« vom 01.01.2010 (SVBl. S. 4, geändert durch Erl. vom 06.05.2015 (SVBl. S. 241))
- Erl. »Beschäftigung von pädagogischen Mitarbeiterinnen und Mitarbeitern an öffentlichen Schulen« vom 01.07.2019 (SVBl. S. 344)
- *Galas. Dieter:* Konferenzen und Ausschüsse an öffentlichen Schulen in Niedersachsen. in: Ballasch. H. u. a. (Hrsg.): Schulleitung und Schulaufsicht in Niedersachsen. Nr. 16.1
- *Bade, Rolf:* Ergänzung der Zeugnisse und Angaben zum Arbeits- und Sozialverhalten sowie zum versäumten Unterricht – Begründungen, Hinweise. Erläuterungen. SVBl. 2001, H. 4, S. 147

(Dieter Galas)

§ 37 Besondere Ordnungen für die Konferenzen

(1) ¹Schulen können mit einer Mehrheit von zwei Dritteln der stimmberechtigten Mitglieder der Gesamtkonferenz eine besondere Ordnung für die Gesamtkonferenz beschließen. ²Der Beschluss gilt für höchstens sechs Schuljahre.

(2) ¹In der besonderen Ordnung kann bestimmt werden, dass der Gesamtkonferenz mehr stimmberechtigte Vertreterinnen oder Vertreter

1. der in § 36 Abs. 1 Satz 1 Nr. 1 Buchst. c genannten Lehrkräfte,
2. der in § 36 Abs. 1 Satz 1 Nr. 1 Buchst. f und g genannten sonstigen Mitarbeiterinnen und Mitarbeiter,
3. der Erziehungsberechtigten sowie
4. der Schülerinnen und Schüler

oder einzelner dieser Gruppen angehören, als in § 36 Abs. 1 Satz 1 Nr. 1 vorgesehen ist. ²Mindestens die Hälfte der Mitglieder müssen Lehrkräfte sein.

1 **Allg.:** Schulen, die für die beteiligten Gruppen eine stärkere Partizipation in der Gesamtkonferenz wünschen, steht dafür das Instrument der »Besonderen Ordnung« zur Verfügung. Dabei handelt es sich nicht mehr – wie noch im NSchG 74 – um einen Schulverfassungsversuch. Seit dem ÄndG 80 ist die Erprobung erweiterter Mitbestimmungsformen abgeschlossen. Es bleibt den Schulen überlassen, inwieweit sie von den angebotenen Möglichkeiten Gebrauch machen wollen.

2 **Zu Abs. 1:** Seit dem Inkrafttreten des ÄndG 96 können die Schulen selbst entscheiden, ob sie im Rahmen einer »Besonderen Ordnung« ihre Gesamtkonferenz um stimmberechtigte Vertreterinnen oder Vertreter der verschiedenen »Gruppen« erweitern wollen. Bislang war dafür die Genehmigung

Schulverfassung § 37 NSchG

der Schulbehörde erforderlich. Ein entsprechender Beschluss der Gesamtkonferenz bedarf einer Mehrheit von zwei Dritteln der **stimmberechtigten** – nicht nur der in einer Sitzung **anwesenden** – Mitglieder der Gesamtkonferenz. Mit dem qualifizierten Quorum will der Gesetzgeber sicherstellen, dass die Anwendung der erweiterten Mitbestimmungsmöglichkeiten von einer breiten Mehrheit getragen wird. Da die qualifizierte Mehrheit der stimmberechtigten Mitglieder erreicht werden muss, wird die Schule bei der Anberaumung der Gesamtkonferenz berücksichtigen müssen, dass die Abwesenheit jeder Lehrkraft, die sich auf einer Schulfahrt befindet oder an einer Lehrerfortbildungsveranstaltung teilnimmt, sich im Ergebnis als Nein-Stimme auswirkt. Das gilt auch für die Stimmenthaltungen.

Dem bisherigen Erfordernis der Befristung einer »Besonderen Ordnung« wird dadurch Rechnung getragen, dass ein entsprechender Gesamtkonferenzbeschluss für höchstens sechs Schuljahre gilt. Die Schule bestimmt also selbst, wie lange die erweiterte Mitbestimmung in der Gesamtkonferenz gelten soll. Nach Ablauf des Geltungszeitraums kann sie über eine (ebenfalls befristete) Fortführung beraten und beschließen. Ein erneuter Beschluss bedarf wiederum der qualifizierten Mehrheit und muss von der Gesamtkonferenz in der »Normal«-Zusammensetzung nach § 36 Abs. 1 (und ggf. Abs. 2) gefasst werden.

Zu Abs. 2: Das Angebot der erweiterten Mitbestimmung erstreckt sich **3** nach Abs. 2 auf eine andere Zusammensetzung der Gesamtkonferenz. Die »Besondere Ordnung« kann nämlich vorsehen, dass der Gesamtkonferenz mehr stimmberechtigte Vertreterinnen oder Vertreter der »anderen« Lehrkräfte, der sonstigen Mitarbeiterinnen und Mitarbeiter, der Eltern sowie der Schülerinnen und Schüler angehören als im Regelfall (§ 36 Abs. 1 Satz 1 Nr. 1). Die Erhöhung der Zahl kann für einzelne Gruppen unterschiedlich sein oder auf einzelne der genannten Gruppen beschränkt werden. Damit besteht die Möglichkeit, von dem Grundsatz abzuweichen, dass Vertreterinnen und Vertreter der Eltern- und der Schülerschaft in den Konferenzen in gleicher Zahl mitbestimmen. Will die Gesamtkonferenz einer Schule die Zahl der in Nr. 2 genannten »sonstigen Mitarbeiterinnen und Mitarbeiter« erhöhen, darf sie die Angehörigen dieser »Gruppe« nicht ungleich behandeln. Die Erhöhung muss für Landesbedienstete und Bedienstete des Schulträgers in gleicher Weise erfolgen.

In jedem Fall müssen mindestens die Hälfte der Mitglieder der Gesamtkonferenz Lehrkräfte mit Stimmrecht sein. Referendarinnen und Referendare sowie Anwärterinnen und Anwärter, die einer Schule zur Ausbildung zugewiesen sind, zählen nicht zu den Lehrkräften. Anders als bei Teilkonferenzen kann in der Gesamtkonferenz also nicht der Fall eintreten, dass den stimmberechtigten Lehrkräften eine »Mehrheit« von stimmberechtigten pädagogischen Mitarbeiterinnen und Mitarbeitern, Referendarinnen, Referendaren, Anwärterinnen und Anwärtern sowie Vertreterinnen und Vertretern der Eltern und der Schülerinnen und Schüler »gegenübersteht« (siehe jedoch Anm. 2 zu § 35).

Den durch das ÄndG 93 in das Schulgesetz eingefügten Absatz 3 (»Die **4** besondere Ordnung kann die Geltung des § 36 Abs. 7 ausschließen«) hat der Niedersächsische Staatsgerichtshof am 08.05.1996 in einem Normenkontrollverfahren für unvereinbar mit der Niedersächsischen Verfassung und vom Tage der Verkündung an für **nichtig** erklärt. Das Normenkontrollverfahren war 1994 von der CDU-Landtagsfraktion angestrengt worden.

Von der Möglichkeit, Vertreterinnen und Vertretern der Eltern- und Schülerschaft in Teilkonferenzen auch bei Versetzungs-, Abschluss- und anderen Entscheidungen, die den Bildungsweg einer Schülerin oder eines Schülers betreffen, das Stimmrecht zu gewähren, hatten 15 niedersächsische Schulen (12 Gesamtschulen und je eine Grundschule, Hauptschule und berufsbildende Schule) Gebrauch gemacht.

(Dieter Galas)

§ 38   Sitzungszeiten

[1]Konferenzen sowie Sitzungen der Bildungsgangs- und Fachgruppen finden in der unterrichtsfreien Zeit statt. [2]Konferenzen sind in der Regel so anzuberaumen, dass auch berufstätige Vertreterinnen und Vertreter der Erziehungsberechtigten daran teilnehmen können.

1   Konferenzen und die Sitzungen der Bildungsgangs- und Fachgruppen an berufsbildenden Schulen müssen in der unterrichtsfreien Zeit, also dann stattfinden, wenn nach dem Stundenplan der Schule kein Unterricht mehr vorgesehen ist. Der Gesetzgeber hat nicht gewollt, dass wegen der Gremiensitzungen Unterricht ausfällt. Allerdings ließ es der inzwischen wegen Zeitablaufs außer Kraft getretene Erlass »Inanspruchnahme von Unterrichtszeit für andere Angelegenheiten« zu, Unterrichtszeit am Nachmittag für Konferenzen zu nutzen. Der Beginn der Sitzungen ist in der Regel so festzusetzen, dass auch berufstätige Elternvertreter an der Sitzung teilnehmen können. Ein regelmäßiger Konferenzbeginn vor 16.00 Uhr dürfte diesem Erfordernis nicht gerecht werden. Ausnahmsweise ist ein früherer Zeitpunkt vertretbar, wenn beispielsweise eine ganze Serie von Konferenzen, z.B. Zeugniskonferenzen, durchgeführt werden muss und sichergestellt ist, dass nicht immer dieselbe Klassenkonferenz zu dem frühen Zeitpunkt beginnt. Stimmen **alle** Elternvertreterinnen und -vertreter zu, können Konferenzen auch am frühen Nachmittag stattfinden. Das NSchG enthält keine Bestimmungen zum Schutz der Mitwirkungsrechte der Schülervertreterinnen und -vertreter. Dennoch dürfte Übereinstimmung darüber bestehen, dass sich wegen der Teilnahme von gegebenenfalls auch jüngeren Schülerinnen und Schülern die Konferenzsitzungen nicht bis in die späten Abendstunden erstrecken sollen. Auch auf die besondere Situation der in der Regel berufstätigen Schülerinnen und Schüler an Abendgymnasien ist Rücksicht zu nehmen.

Angesichts der Reduzierung ihrer Aufgaben durch das ÄndG 06 (siehe Anm. 1 zu § 34) hat das ÄndG 07 die Bestimmung gestrichen, dass Gesamtkonferenzen mindestens viermal im Jahr stattfinden sollen. Die Konferenzen tagen nach Bedarf, die Klassenkonferenz mindestens vor den Zeugnis- bzw.

Versetzungsterminen. Fachkonferenzen sollen nach dem Konferenzerlass mindestens einmal pro Schulhalbjahr einberufen werden.

Verweise, Literatur:

- Erl. »Inanspruchnahme von Unterrichtszeit für andere Angelegenheiten« vom 1.6.1982 (SVBl. S. 128 – außer Kraft getreten)
- Erl. »Konferenzen und Ausschüsse der öffentlichen Schulen« vom 10.1.2005 (SVBl. S. 125 – außer Kraft getreten mit Ablauf des 31.7.2007)

(Dieter Galas)

§ 38a Aufgaben des Schulvorstandes

(1) Im Schulvorstand wirken der Schulleiter oder die Schulleiterin mit Vertreterinnen oder Vertretern der Lehrkräfte, der Erziehungsberechtigten sowie der Schülerinnen und Schüler zusammen, um die Arbeit der Schule mit dem Ziel der Qualitätsentwicklung zu gestalten.

(2) Die Schulleiterin oder der Schulleiter unterrichtet den Schulvorstand über alle wesentlichen Angelegenheiten der Schule, insbesondere über die Umsetzung des Schulprogramms sowie den Stand der Verbesserungsmaßnahmen nach § 32 Abs. 3.

(3) [1]Der Schulvorstand entscheidet über

1. die Inanspruchnahme der den Schulen im Hinblick auf ihre Eigenverantwortlichkeit von der obersten Schulbehörde eingeräumten Entscheidungsspielräume,
2. den Plan über die Verwendung der Haushaltsmittel und die Entlastung der Schulleiterin oder des Schulleiters.
3. Anträge an die Schulbehörde auf Genehmigung der Beteiligung einer berufsbildenden Schule an Maßnahmen Dritter (§ 21 Abs. 3),
4. Anträge an die Schulbehörde auf Genehmigung einer Ganztagsschule (§ 23 Abs. 1 Satz 1) oder eines Ganztagsschulzugs (§ 23 Abs. 5 Satz 1),
5. die Zusammenarbeit mit anderen Schulen (§ 25 Abs. 1),
6. das Führen der Eingangsstufe (§ 6 Abs. 4 Satz 1) und das Führen des 3. und 4. Schuljahrgangs als pädagogische Einheit (§ 6 Abs. 4 Satz 3),
7. die Vorschläge an die Schulbehörde zur Besetzung der Stelle der Schulleiterin oder des Schulleiters (§ 45 Abs. 1 Satz 3), der Stelle der ständigen Vertreterin oder des ständigen Vertreters (§ 52 Abs. 3 Satz 1) sowie anderer Beförderungsstellen (§ 52 Abs. 3 Satz 2),
8. die Abgabe der Stellungnahme zur Herstellung des Benehmens bei der Besetzung der Stelle der Schulleiterin oder des Schulleiters (§ 45 Abs. 2 Satz 1 und § 48 Abs. 2 Satz 1) und bei der Besetzung der Stelle der ständigen Vertreterin oder des ständigen Vertreters (§ 52 Abs. 3 Satz 3),

9. die Form, in der die Oberschule geführt wird (§ 10a Abs. 2 Satz 1) sowie die Erteilung jahrgangsbezogenen oder schulzweigspezifischen Unterrichts an der Oberschule (§ 10a Abs. 2 Satz 2),

10. die Ausgestaltung der Stundentafel,

11. Schulpartnerschaften,

12. die von der Schule bei der Namensgebung zu treffenden Mitwirkungsentscheidungen (§ 107),

13. Anträge an die Schulbehörde auf Genehmigung von Schulversuchen (§ 22),

14. Beschwerden gegen Verbote oder Auflagen nach § 81 Abs. 2 Satz 3,

15. Mitgliederzahl und Zusammensetzung des nach § 40 einzurichtenden Beirats,

16. Vorschläge der berufsbildenden Schulen an den Schulträger für Anträge auf Genehmigung schulorganisatorischer Entscheidungen sowie

17. Grundsätze für

   a) die Tätigkeit der pädagogischen Mitarbeiterinnen und Mitarbeiter an Grundschulen,

   b) die Durchführung von Projektwochen,

   c) die Werbung und das Sponsoring in der Schule und

   d) die Überprüfung der Arbeit der Schule nach § 32 Abs. 3.

²Soweit die Schule einen Plan der vorgesehenen Schulfahrten aufstellt oder konfessionell-kooperativen Religionsunterricht nach Maßgabe der hierfür geltenden Rechts- und Verwaltungsvorschriften einführt, bedarf dies jeweils der Zustimmung des Schulvorstandes.

(4) ¹Der Schulvorstand macht einen Vorschlag für das Schulprogramm und für die Schulordnung. ²Will die Gesamtkonferenz von den Entwürfen des Schulvorstandes für das Schulprogramm oder für die Schulordnung abweichen. so ist das Benehmen mit dem Schulvorstand herzustellen.

1 **Allg.:** Die §§ 38a bis c sind durch das »Gesetz zur Einführung der Eigenverantwortlichen Schule« vom 17.07.2006 (ÄndG 06) in das Schulgesetz eingefügt worden. Mit dem **Schulvorstand** hat der Gesetzgeber ein – neben der Gesamtkonferenz (siehe § 34) – zweites Kollegialorgan mit Entscheidungsbefugnissen geschaffen, in dem der Anteil der Vertreterinnen und Vertreter der Eltern- und Schülerschaft im Allgemeinen deutlich höher ist (»Halbparität«) als in der Gesamtkonferenz. Entsprechende Gremien gibt es seit längerem in den Schulgesetzen der meisten anderen Bundesländer, in denen sie überwiegend als »Schulkonferenz« (in Bayern: »Schulforum«, in Rheinland-Pfalz: »Schulausschuss«) bezeichnet werden. Der Schulvorstand war im Regierungsentwurf des »Gesetzes zur Einführung der Eigenverantwortlichen Schule« noch nicht enthalten. In den Ausschussberatungen des Gesetzentwurfs bestand Einigkeit, im Zuge der Entwicklung

der Schulen zu mehr Eigenverantwortung den Eltern (sowie den Schülerinnen und Schülern) ein größeres Gewicht bei den Entscheidungen der Schule einzuräumen. Ihren Anteil in der Gesamtkonferenz zu erhöhen, hätte aber zu sehr großen und damit eher unbeweglichen Entscheidungsgremien geführt. Die im Schulgesetz bereits seit dem ÄndG 80 enthaltene Möglichkeit, über eine »besondere Ordnung« die Zahl der Vertreterinnen und Vertreter der Eltern- und Schülerschaft in der Gesamtkonferenz bis zur Halbparität zu erhöhen (siehe § 37), ist deshalb von den Schulen auch nicht angenommen worden.

Vor In-Kraft-Treten des ÄndG 06 konnten Schulen ein dem Schulvorstand vergleichbares Gremium dadurch bilden, dass sie Beschlusszuständigkeiten der Gesamtkonferenz auf einen Ausschuss übertrugen (siehe § 39). Von dieser Möglichkeit haben aber nur wenige Schulen Gebrauch gemacht. Anders als der Ausschuss nach § 39 ist der Schulvorstand eine Pflichteinrichtung der Schule.

Zu Abs. 1: Die Vorschrift nennt die Akteure des Schulvorstandes – Schulleiterin oder Schulleiter, Vertreterinnen oder Vertreter der Lehrkräfte, der Erziehungsberechtigten sowie der Schülerinnen und Schüler – und nach Art einer Generalklausel das Ziel ihres **Zusammenwirkens:** Gestaltung der Arbeit der Schule mit dem Ziel der **Qualitätsentwicklung,**

Lehrkräfte sind die Personen, die an der Schule eigenverantwortlich unterrichten. Dabei kommt es auf die Zahl der erteilten Wochenstunden nicht an. Referendarinnen, Referendare, Anwärterinnen und Anwärter, die der Schule zur Ausbildung zugewiesen sind, gelten nur dann als Lehrkräfte, wenn sie eigenverantwortlichen Unterricht erteilen. Zu den »Lehrkräften« gehören auch die pädagogischen Mitarbeiterinnen und Mitarbeiter (siehe Anm. 5 zu § 38b). Wer **erziehungsberechtigt** ist, ergibt sich aus § 55 Abs. 1 (zur Verwendung des Begriffes »Eltern« siehe »Vorbemerkung zu §§ 88-99«).

Zu Abs. 2: Die Schulleiterin oder der Schulleiter hat den Schulvorstand – wie die Gesamtkonferenz (§ 34 Abs. 3) und den Schulträger (§ 38c Abs. 2) – über alle »wesentlichen Angelegenheiten« der Schule zu unterrichten. Dass Abs. 2 in diesem Zusammenhang »insbesondere« die Umsetzung des Schulprogramms und den Stand der Verbesserungsmaßnahmen nennt, entspricht der besonderen Aufgabe des Schulvorstandes, die Arbeit der Schule mit dem Ziel der Qualitätsentwicklung zu gestalten (siehe Anm. 2). Beispiele für »wesentliche Angelegenheiten« enthält Anm. 4 zu § 34. Der Schulvorstand kann über die Gegenstände der Unterrichtung eine Aussprache führen und dazu gegebenenfalls – auch wenn er nicht direkt zuständig ist – Stellungnahmen, Empfehlungen oder Anregungen abgeben.

Zu Abs. 3: Den Dualismus zwischen den beiden Gremien (Gesamtkonferenz, Schulvorstand), in denen Lehrkräfte, Eltern sowie Schülerinnen und Schüler gemeinsam agieren, hat der Gesetzgeber zugunsten des Schulvorstandes entschieden, indem er ihm den umfangreicheren, vor allem aber den wichtigeren Aufgabenkatalog zugewiesen hat. So entscheidet der Schulvorstand nach Nr. 4 über den Antrag, die Schule zur Ganztagsschule weiterzuentwickeln oder in ihr einen Ganztagsschulzug einzurichten. Der Schulvorstand ist ferner nach Nr. 5 zuständig für die Entscheidung über eine ständige pädagogische und organisatorische Zusammenarbeit mit einer anderen Schule (§ 25 Abs. 1) sowie nach Nr. 6 für die Einrichtung der Eingangsstufe an der Grundschule, in der die Schuljahrgänge 1 und 2 als pädagogische Einheit geführt werden (§ 6 Abs. 4 Satz 1). Er beschließt ferner darüber, auch den 3. und 4. Schuljahrgang als pädagogische Einheit zu führen. Auch der Antrag, einen Schulversuch durchzuführen oder sich an einem Schulversuch zu beteiligen (Nr. 13), fällt ebenso in die Zuständigkeit des Schulvorstandes wie die Entscheidungen zur Aufnahme von Schulpartnerschaften (Nr. 11). Die Zuständigkeit des Schulvorstandes bei der Namensgebung (Nr. 12) gilt für alle Beteiligungsformen, also nicht nur für den Fall eines Vorschlags der Schule, sondern auch für den Fall der Herstellung des Einvernehmens mit der Schule nach § 107 Satz 1, wenn der Schulträger den Namensvorschlag macht. Bei Besetzung der Stelle der Schulleiterin oder des Schulleiters, der Stelle der ständigen Vertreterin oder des ständigen Vertreters sowie anderer Beförderungsstellen nimmt der Schulvorstand nach Nr. 7 die der Schule nach § 45 Abs. 1 Satz 3 bzw. § 52 Abs. 3 Sätze 1 und 2 zustehenden Rechte wahr (Unterbreitung eines Besetzungsvorschlags). Der Schulvorstand ist nach Nr. 8 auch zuständig für das Verfahren der Benehmensherstellung, wenn die Schulbehörde dem Besetzungsvorschlag für die Schulleiterstelle nicht entsprechen will oder die Schule keinen Vorschlag vorgelegt hat (§ 45 Abs. 2 Satz 1). Seine Zuständigkeit ist auch gegeben bei der Benehmensherstellung in den Ausnahmefällen des § 48 Abs. 2 Satz 1 sowie bei der Besetzung der Stelle der ständigen Vertretung (§ 52 Abs. 3 Satz 3).

Ist der Schule die dienstrechtliche Befugnis zur Vornahme von Beförderungen übertragen worden (siehe Anm. 1 zu § 43), wird die Schulleiterin oder der Schulleiter den Schulvorstand (sowie die Gesamtkonferenz und den Schulträger) über Ausschreibungen von Beförderungsstellen und eingehende Bewerbungen zu unterrichten haben, weil es sich dabei um eine für die Schule »wesentliche Angelegenheit« handelt. Der Schulvorstand ist nicht gehindert, auf der Grundlage der Unterrichtung der Schulleitung einen Besetzungvorschlag zu unterbreiten. Ein Anspruch auf Einsichtnahme in die Bewerbungs- und Beurteilungsunterlagen besteht jedoch nicht.

In Fragen der Werbung und des Sponsorings in der Schule besitzt der Schulvorstand die Kompetenz, Grundsatzbeschlüsse zu fassen (Nr. 17c). Über welche Möglichkeiten die Schulen in diesem Bereich verfügen, zeigt eine »Mitteilung« des Kultusministeriums (siehe Anm. 6). Grundsatzbeschlüsse fassen kann der Schulvorstand auch für die Tätigkeit der pädagogischen Mitarbeiterinnen und Mitarbeiter an Grundschulen (Nr. 17a). Die Grundsatzbeschlüsse nach Nr. 17 dürfen aber nicht so detailliert sein, dass sie für Einzelentscheidungen der Schulleitung keinen Raum mehr lassen (siehe auch Anm. 3 zu § 34).

Von besonderem Gewicht ist die Zuständigkeit für die Beschlussfassung über den jährlich von der Schulleitung zu erstellenden Plan zur Verwendung

Schulverfassung § 38a

der der Schule vom Land und vom kommunalen Schulträger zugewiesenen Haushaltsmittel (Nr. 2). Über die Verwendung der Mittel im Einzelnen entscheidet die Schulleiterin oder der Schulleiter, sie oder er muss aber darüber gegenüber dem Schulvorstand Rechenschaft ablegen (siehe § 43 Abs. 4 Nr. 3). Üblicherweise erfolgt ein Beschluss des Schulvorstandes zu Beginn eines Haushaltsjahres. Bleibt er aus, kann die Schulleiterin oder der Schulleiter im Wege der vorläufigen Haushaltsführung tätig werden. In Anlehnung an Art. 66 der Niedersächsischen Verfassung können von ihr oder ihm die Ausgaben geleistet werden, die erforderlich sind, um die Geschäfte der Schule fortzuführen. Mit der Möglichkeit, nach Ablauf des Haushaltsjahres die Entlastung zu versagen, verfügt der Schulvorstand über ein bemerkenswertes Kontrollinstrument gegenüber der Schulleitung. Die Nicht-Entlastung löst zwar keine direkten Rechtsfolgen aus, dürfte aber in der Schulöffentlichkeit durchaus Beachtung finden und gegebenenfalls, insbesondere im Wiederholungsfall, von der Schulaufsicht registriert werden und zu Beratungsbesuchen bei der Schulleitung führen. Bei pflichtwidrigem Verhalten der Schulleiterin oder des Schulleiters sind auch dienstrechtliche Konsequenzen nicht ausgeschlossen. Anders als im Vereinsrecht kann die Erteilung der Entlastung hier aber nicht als Verzicht auf Schadensersatzansprüche ausgelegt werden, weil der Schulvorstand darüber oder über disziplinarrechtliche Konsequenzen für die Schulleiterin oder den Schulleiter nicht entscheiden kann.

Die Punkte Nr. 3 und Nr. 16 betreffen nur die berufsbildenden Schulen. Sie sind durch das ÄndG 10 in den Entscheidungskatalog für den Schulvorstand eingefügt worden. Der Gesetzgeber hat sie für so wichtig gehalten, dass er entsprechende Beschlüsse nicht allein der Schulleitung überlassen wollte. Es geht um die Beteiligung an Maßnahmen zur beruflichen Fortbildung und Umschulung (Nr. 3) sowie um die in § 106 Abs. 1 genannten schulorganisatorischen Maßnahmen (Nr. 16). Eine besondere Rolle spielt in diesem Zusammenhang die Beantragung neuer oder die Aufhebung vorhandener Bildungsgänge. Die durch das ÄndG 19 eingefügte Nr. 15 betrifft ebenfalls nur die berufsbildenden Schulen und muss im Zusammenhang mit § 40 Satz 1 gesehen werden.

Der Schulvorstand ist aber nicht nur für die Regelung der genannten organisatorisch-administrativen Angelegenheiten zuständig. Er besitzt in gewissem Umfang auch Zuständigkeiten in pädagogischen Fragen. Eröffnen die Erlasse des Kultusministeriums die Möglichkeit, die Stundentafel zu verändern, entscheidet über ihre Ausgestaltung der Schulvorstand (Nr. 10). So beschließt etwa der Schulvorstand der Grundschulen, ob nach der »Kontingentstundentafel« gearbeitet und wie diese ausgestaltet werden soll. An der Integrierten Gesamtschule kann der Schulvorstand über eine von der Stundentafel abweichende Verteilung der einzelnen Fachstunden auf die Schuljahrgänge entscheiden.

Nicht zur »Ausgestaltung« der Stundentafel gehören Entscheidungen über das Angebot besonderer Fremdsprachen, über die Einrichtung von Bläser-, Laptop- oder Forscherklassen sowie darüber, in welchen Fächern der Unterricht »bilingual« oder in Doppelstunden erteilt und welcher Förderunterricht angeboten wird.

Zum pädagogischen Feld gehört auch die Frage der inneren Struktur der durch das ÄndG 11 in das Schulgesetz eingefügten neuen Schulform Oberschule (Nr. 9). Hier hat der Schulvorstand der Oberschule zunächst die Grundsatzentscheidung zu treffen, ob die Schule vertikal nach Schulzweigen oder horizontal nach Schuljahrgängen gegliedert wird (siehe § 10a Abs. 2 Satz 1). Die Entscheidung muss nicht im Sinne eines Entweder-Oder für alle Jahrgänge gleich ausfallen. So kann beispielsweise die Gliederung nach Schuljahrgängen auf die unteren Jahrgänge beschränkt werden. Umfasst die Oberschule auch einen Gymnasialzweig, sind dessen Besonderheiten zu berücksichtigen (siehe Anm. 4 zu § 10a). Nicht ausgeschlossen ist, die Gliederung nach Schuljahrgängen nur für den Hauptschul- und den Realschulzweig vorzusehen. Über die genannte Grundsatzentscheidung hinaus fällt es in die Zuständigkeit des Schulvorstandes, die Fächer und Schuljahrgänge zu bestimmen, in denen der Unterricht schulformspezifisch oder schulformübergreifend (»jahrgangsbezogen«) erteilt wird. Dabei ist der Schulvorstand nicht völlig frei. So hat er zu berücksichtigen, dass ab dem 9. Schuljahrgang der schulformspezifische Unterricht »überwiegen« muss (§ 10a Abs. 2 Satz 3). Ist die Oberschule nach Schulzweigen gegliedert, muss der Unterricht »überwiegend« in schulformspezifischen Klassenverbänden erteilt werden (§ 10a Abs. 2 Salz 4). Zu beachten hat der Schulvorstand ferner die Bestimmungen des Erlasses zur Arbeit in der Oberschule (z.B. Differenzierung des Unterrichts in Fachleistungskurse).

In pädagogischer Hinsicht entscheidet der Schulvorstand auch, wenn er zur Durchführung von Projektwochen Grundsatzbeschlüsse fasst (Nr. 17b).

Mit dem Satz 2 hat der Gesetzgeber 2019 nachträglich eine gesetzliche Grundlage für zwei bestehende Erlass-Regelungen geschaffen. »Zustimmung« bedeutet, dass der Schulvorstand zwar abschließend entscheidet, aber nicht initiativ werden kann. Den Plan der vorgesehenen Schulfahrten erstellt nach dem Schulfahrten-Erlass die Schulleitung. Beim konfessionell-kooperativen Religionsunterricht liegt die Initiative bei den für den Religionsunterricht zuständigen Fachkonferenzen. Einzelheiten für diesen Unterricht enthält der Erlass »Regelungen für den Religionsunterricht und den Unterricht Werte und Normen« (siehe auch Anm. 1 zu § 125).

Nicht im Entscheidungskatalog des Absatzes 3 enthalten ist die Zuständigkeit des Schulvorstandes für die Herstellung des Einvernehmens mit dem Schulträger, wenn dieser einen Ausnahmeantrag nach § 129 Abs. 3 (Aufnahme bekenntnisfremder Kinder in eine Bekenntnisgrundschule) stellen will. Rechtlich fragwürdig ist die Praxis des Kultusministeriums, dem Schulvorstand durch Erlass weitere Entscheidungsbefugnisse zuzuweisen (z.B. Aufrücken in den 7. Schuljahrgang der Oberschule). Das gilt auch für die Zuweisung durch Verordnung (z.B. Fremdsprachenregelung im 11. Schuljahrgang der gymnasialen Oberstufe). Der Gesetzgeber hat sich bei dem Aufgabenkatalog des Absatzes 3 für eine abschließende Festlegung entschieden (siehe jedoch § 38b Abs. 4 Satz 2 und Abs. 8, § 129 Abs. 3 Satz 2, § 183b Abs. 3).

Besonders hingewiesen werden soll auf Zuständigkeiten des Schulvorstandes, die in engem Zusammenhang mit der größeren Eigenverantwortlichkeit von Schulen stehen. So besteht nach Nr. 17d eine Grundsatzkompetenz zur Regelung von Fragen, die die **Überprüfung** des Erfolgs der schulischen Arbeit nach § 32 Abs. 3 betreffen. Hierunter fällt beispielsweise die Entscheidung, nach welchem Verfahren die Überprüfung erfolgen soll. Beschlossen werden kann auch ein Überprüfungsrhythmus, nach dem nicht jedes Mal eine »Vollüberprüfung« vorgenommen werden muss. Grundsatzbeschlüsse zur **Bewertung** der Prüfergebnisse gehören aber nicht zu den Aufgaben des Schulvorstandes (siehe Anm. 4 zu § 32). Entscheidungsbefugnisse stehen dem Schulvorstand nach Nr. 1 dagegen in der Frage zu, **ob** im Hinblick auf die Eigenverantwortlichkeit der Schule die vom Kultusministerium eingeräumten Entscheidungsspielräume in Anspruch genommen werden sollen (siehe Anm. 1 zu § 32). Das »**Wie**« der Nutzung dieser Spielräume liegt aber beim dafür zuständigen Entscheidungsgremium (Schulleitung, Gesamtkonferenz, Teilkonferenz, Bildungsgangs- oder Fachgruppe). Bei der Gestaltung der Stundentafel entscheidet der Schulvorstand selbst. Um zu verhindern, dass das zuständige Gremium die Gestaltungsmöglichkeiten auf eine Weise nutzt, die im Schulvorstand nicht mehrheitsfähig ist, kann sich der Schulvorstand vorbehalten, einen endgültigen Beschluss über die Inanspruchnahme der Entscheidungsspielräume erst dann zu fassen, wenn ihm die Gestaltungsabsichten bekannt geworden und ihm die entsprechenden Entwürfe zugeleitet worden sind. Ein Beschluss des Schulvorstandes zur Nutzung der Gestaltungsmöglichkeiten kann von ihm auch wieder mit der Folge aufgehoben werden, dass die ursprüngliche Erlassvorschrift erneut in Kraft tritt. Dabei ist allerdings zu bedenken, dass ein einmal gefasster Beschluss Entwicklungen auslösen kann, die nicht kurzfristig geändert werden können.

In welchem Umfang Schulen von bestehenden Erlassen des Kultusministeriums abweichen dürfen, regelt der Erlass »Übertragung erweiterter Entscheidungsspielräume an Eigenverantwortliche Schulen« (siehe Anm. 6).

Zu Abs. 4: Abs. 4 regelt das Zusammenspiel von Schulvorstand und Gesamtkonferenz beim Zustandekommen des Schulprogramms (§ 32 Abs. 2) und der Schulordnung (allgemeine Regelungen für das Verhalten in der Schule). In diesen Angelegenheiten besitzt der Schulvorstand eine Art Initiativrecht gegenüber der Gesamtkonferenz. Die in diesen Fragen letztlich entscheidende Gesamtkonferenz kann erst tätig werden, wenn ihr der Schulvorstand einen Entwurf zugeleitet hat. Davon kann die Gesamtkonferenz zwar abweichen, hat aber vor der endgültigen Beschlussfassung über das Schulprogramm und die Schulordnung das »Benehmen« mit dem Schulvorstand herzustellen. Das bedeutet, dass die Gesamtkonferenz den Versuch unternehmen muss, eine Einigung zu erzielen. Dem Schulvorstand ist auf jeden Fall Gelegenheit zur Stellungnahme zur endgültigen Beschlussvorlage zu geben. Die Benehmensherstellung ist auch bei der Fortschreibung des Schulprogramms und der Schulordnung erforderlich.

6 Verweise, Literatur:
- Erl. »Wirtschaftliche Betätigung, Werbung, Informationen, Bekanntmachungen und Sammlungen in Schulen sowie Zuwendungen für Schulen« vom 01.12.2012 (SVBl. S. 598, SRH 2.605; Schulrecht 245/9)
- Zuwendungen, Spenden und Sponsoring für Schulen, Mitteilung aus dem Kultusministerium, SVBl. 2006, S. 145
- Erl. »Übertragung erweiterter Entscheidungsspielräume an Eigenverantwortliche Schulen« vom 06.08.2020 (Nds. MBl. S. 856; SVBl. S. 396; SRH 3.401; Schulrecht 305/3)
- *Galas Dieter:* Das Zusammenwirken von Gesamtkonferenz, Schulvorstand und Schulleitung, Schulverwaltung, Ausgabe Niedersachsen, 2006, H. 11, S. 298
- *Müller, Ulrike:* Der Schulvorstand als neues Gremium der niedersächsischen Schulverfassung, Schulverwaltung, Ausgabe Niedersachsen, 2007, H. 4, S. 104
- *Bade, Rolf/Bräth, Peter,* Der Schulvorstand der Eigenverantwortlichen Schule – Organisation und Aufgaben, Schulverwaltung, Ausgabe Niedersachsen, 2007, H. 6, S. 165; siehe auch SVBl. 2007, H. 6, S. 205
- *Nolte, Gerald:* Der Schulvorstand – Neues Organ in der niedersächsischen Schulverfassung seit dem 1. August 2007, Schulverwaltung, Ausgabe Niedersachsen, 2009, H. 10, S. 285 (Teil 1), H. 11, S. 315 (Teil 2)
- *Winkler, Petra:* Entscheidungsspielräume an Schulen – wer entscheidet? Beispiel: Teilnahme an Vergleichsarbeiten, Schulverwaltung, Ausgabe Niedersachsen, 2013, H. 6, S. 185

(Dieter Galas)

§ 38b Zusammensetzung und Verfahren des Schulvorstandes

(1) ¹Der Schulvorstand hat
1. bei Schulen mit bis zu 20 Lehrkräften 8 Mitglieder,
2. bei Schulen mit 21 bis 50 Lehrkräften 12 Mitglieder,
3. bei Schulen mit über 50 Lehrkräften 16 Mitglieder,
4. bei berufsbildenden Schulen mit bis zu 50 Lehrkräften 12 Mitglieder,
5. bei berufsbildenden Schulen mit über 50 Lehrkräften 24 Mitglieder.

²Dabei beträgt die Anzahl der Vertreterinnen und Vertreter der Lehrkräfte die Hälfte und die Anzahl der Vertreterinnen und Vertreter der Erziehungsberechtigten sowie der Schülerinnen und Schüler jeweils ein Viertel der Mitglieder nach Satz 1. ³Die Anzahl der Lehrkräfte nach Satz 1 richtet sich danach, wie viele vollbeschäftigte Lehrkräfte nötig wären, um den an der Schule von allen Lehrkräften erteilten Unterricht zu übernehmen. ⁴Der Schulvorstand entscheidet mit der Mehrheit der abgegebenen auf ja oder

Schulverfassung § 38b **NSchG**

nein lautenden Stimmen. ⁵Hat eine Schule weniger als vier Lehrkräfte, so nimmt die Gesamtkonferenz die Aufgaben des Schulvorstands wahr.

(2) ¹Der Schulvorstand an Grundschulen besteht aus Vertreterinnen und Vertretern der Lehrkräfte sowie der Erziehungsberechtigten. ²Die Anzahl der Vertreterinnen und Vertreter der Erziehungsberechtigten beträgt die Hälfte der Mitglieder nach Absatz 1 Satz 1.

(3) Der Schulvorstand besteht an Abendgymnasien und Kollegs je zur Hälfte aus Vertreterinnen und Vertretern

1. der Lehrkräfte und
2. der Schülerinnen und Schüler.

(4) ¹An berufsbildenden Schulen besteht der Schulvorstand zu je drei Zwölfteln aus

1. der Schulleiterin oder dem Schulleiter, ihrer oder seiner Stellvertreterin oder ihrem oder seinem Stellvertreter sowie von der Schulleiterin oder dem Schulleiter bestimmten Personen, die Leitungsaufgaben wahrnehmen,
2. Vertreterinnen und Vertretern der Lehrkräfte und der Mitarbeiterinnen und Mitarbeiter (§ 53 Abs. 1 Satz 1),
3. Vertreterinnen und Vertretern der Schülerinnen und Schüler

sowie

4. zu einem Zwölftel aus Vertreterinnen oder Vertretern der Erziehungsberechtigten,
5. zu zwei Zwölfteln aus außerschulischen Vertreterinnen und Vertretern von an der beruflichen Bildung beteiligten Einrichtungen, darunter eine Vertreterin oder ein Vertreter der zuständigen Stellen nach § 71 des Berufsbildungsgesetzes.

²Der Schulvorstand bestimmt, welche Einrichtungen Vertreterinnen und Vertreter nach Satz 1 Nr. 5 benennen können. ³Kann die Entscheidung nach Satz 2 nicht vom bisherigen Schulvorstand getroffen werden, so wirken an der Entscheidung nach Satz 2 nur die in Satz 1 Nrn. 1 bis 4 genannten Personen mit. ⁴Welche nach § 71 des Berufsbildungsgesetzes zuständige Stelle die Vertreterin oder den Vertreter nach Satz 1 Nr. 5 benennt, wird von den jeweils betroffenen zuständigen Stellen entschieden.

(5) Vertreterinnen und Vertreter der Lehrkräfte nach Absatz 1 sind die Schulleiterin oder der Schulleiter und die übrigen durch die Gesamtkonferenz bestimmten Lehrkräfte oder pädagogischen Mitarbeiterinnen und Mitarbeiter.

(6) ¹Es werden gewählt die Vertreterinnen und Vertreter

1. der Erziehungsberechtigten vom Schulelternrat,
2. der Schülerinnen und Schüler vom Schülerrat,

3. der Lehrkräfte und der pädagogischen Mitarbeiterinnen und Mitarbeiter von der Gesamtkonferenz; dabei haben Stimmrecht nur die Mitglieder der Gesamtkonferenz nach § 36 Abs. 1 Satz 1 Nr. 1 Buchst. a bis e. ²Für Personen nach Satz 1 Nrn. 1 bis 3 sind auch Stellvertreterinnen und Stellvertreter zu wählen. ³Die Vertreterinnen und Vertreter nach Satz 1 werden für ein Schuljahr oder für zwei Schuljahre gewählt. ⁴Für die Personen nach Satz 1 Nr. 1 gilt § 91 Abs. 1 und 3 bis 5 und für die Personen nach Satz 1 Nr. 2 gilt § 75 Abs. 2 bis 4 entsprechend.

(7) ¹Den Vorsitz im Schulvorstand führt die Schulleiterin oder der Schulleiter. ²Sie oder er entscheidet bei Stimmengleichheit.

(8) Der Schulvorstand kann weitere Personen als beratende Mitglieder berufen.

(9) § 38 gilt entsprechend.

1 **Zu Abs. 1:** Aus wie vielen Mitgliedern der Schulvorstand besteht, richtet sich nach der Größe der Schule, gemessen an der Zahl der »Vollzeitlehrereinheiten«. Diese ist nach Satz 3 die Anzahl der vollbeschäftigten Lehrkräfte, die nötig wären, um den an der Schule von allen Lehrkräften erteilten Unterricht zu übernehmen. Sie wird dadurch ermittelt, dass die Summe aller an der Schule erteilten Wochenstunden (Ist-Stunden) durch die nach der Arbeitszeitverordnung festgelegte Regelstundenzahl der jeweiligen Schulform dividiert wird. Ergibt sich bei der Division keine ganze Zahl, wird nach oben aufgerundet. Bei Schulen, die mehrere Schulformen umfassen (z.B. Haupt- und Realschulen), kann nach den Bestimmungen der (im März 2007 aufgehobenen) »Verordnung über die Berechnung der Zahl der Vertreterinnen und Vertreter der anderen Lehrkräfte in der Gesamtkonferenz« verfahren werden. Danach wird durch die jeweils niedrigste Regelstundenzahl dividiert, an Kooperativen Gesamtschulen durch 25 und an berufsbildenden Schulen durch 24. Wegen des großen Anteils teilzeitbeschäftigter Lehrkräfte ist die errechnete Zahl durchweg kleiner als die Zahl der »Köpfe«. Als Stichtag für die Berechnung bietet sich der Beginn des Schuljahres an. Bei der Berechnung der »Vollzeitlehrereinheiten« werden die im Rahmen des Mobilen Dienstes tätigen Lehrkräfte nur an ihrer Stammschule berücksichtigt.

Wie zu verfahren ist, wenn sich im Laufe des Schuljahres die Summe der erteilten Wochenstunden ändert und dadurch gegebenenfalls die Schwellenwerte des Satzes 1 für die Größe des Schulvorstandes unterbzw. überschritten werden, hat der Gesetzgeber nicht geregelt. Solche Änderungen können deshalb unberücksichtigt bleiben, weil der Anteil der im Schulvorstand vertretenen Gruppen nach Satz 2 unabhängig von der Gesamtzahl der Mitglieder in jedem Fall »halbparitätisch« konstant ist. Außerdem dürfte es nicht im Interesse der entsendenden Gremien (siehe Anm. 6) sein, im Laufe eines Schuljahres – u.U. sogar mehrfach – Zuwahlen oder Abwahlen durchzuführen.

Nachwahlen sollten aber dann stattfinden, wenn nach dem Ausscheiden von Mitgliedern des Schulvorstandes die Zahl der Stellvertreterinnen und Stellvertreter nicht mehr ausreicht, die für die drei Personengruppen (Lehrkräfte, Erziehungsberechtigte, Schülerinnen und Schüler) vorgesehene »Bank« im Schulvorstand vollständig zu besetzen. Sollte der Schwellenwert für die Größe des Schulvorstandes überschritten werden, spricht nichts dagegen, dass zum Beginn des folgenden Schuljahres für den Rest der »Wahlperiode« (siehe Anm. 6) Ergänzungswahlen durchgeführt werden.

Unabhängig von der Gesamtzahl der Mitglieder, acht oder zwölf oder 16, sind die Lehrkräfte (Schulleiterin oder Schulleiter eingeschlossen – siehe Anm. 5) nach Satz 2 mit der Hälfte der Sitze im Schulvorstand vertreten (Halbparität). Auf die Gruppen der Erziehungsberechtigten und der Schülerinnen und Schüler entfallen im Regelfall jeweils ein Viertel (zu Ausnahmen siehe Anm. 2 bis 4). Auch an den Förderschulen mit dem Schwerpunkt Geistige Entwicklung kann es eine Vertretung der Schülerschaft im Schulvorstand geben (siehe Anm. 1 zu § 74).

Wie bei den Konferenzen entscheidet der Schulvorstand nach Satz 4 bei Abstimmungen mit der Mehrheit der abgegebenen auf ja oder nein lautenden Stimmen. Das bedeutet, dass ein Antrag angenommen ist, wenn auf ihn mehr Ja- als Nein-Stimmen entfallen. Enthaltungen bleiben unberücksichtigt. Zur Regelung weiterer Verfahrensfragen, z.B. Einberufung auf Verlangen, Tagesordnung, Beschlussfähigkeit, Tagungsrhythmus, Niederschrift, kann sich der Schulvorstand eine Geschäftsordnung geben. Darin kann auch geregelt werden, wie zu verfahren ist, wenn eine Gruppe geschlossen gegen eine Vorlage votiert. Denkbar ist eine Art »zweiter Lesung« in der folgenden Sitzung. Regelungen zur Beschluss(un)fähigkeit müssten mit der Bestimmung verbunden werden, dass in der folgenden Sitzung in jedem Fall – also unabhängig von der Zahl der anwesenden Mitglieder – Beschlussfähigkeit besteht. Ist eine Angelegenheit von so großer Dringlichkeit, dass eine Beschlussfassung nicht aufgeschoben werden kann, steht der Schulleiterin oder dem Schulleiter das Instrument der Eilentscheidung (siehe Anm. 4 zu § 43) zur Verfügung.

Die Geschäftsordnung kann auch Bestimmungen darüber enthalten, inwieweit die Sitzungen ganz oder teilweise (z.B. für einzelne Tagesordnungspunkte) schulöffentlich (z. B für die Mitglieder der Gesamtkonferenz, des Schulelternrats und des Schülerrats) stattfinden sollen. Im Kultusministerium wird dagegen die Ansicht vertreten, dass an den Sitzungen des Schulvorstandes auch eine begrenzte Schulöffentlichkeit nicht teilnehmen darf, weil es im Schulgesetz dafür keine Rechtsgrundlage gibt (Antwort auf eine Kleine Anfrage, Landtagsdrucksache 15/4396). Bei der Erstellung einer Geschäftsordnung kann sich der Schulvorstand an den Bestimmungen des (mit Ablauf des 31.07.2007 außer Kraft getretenen) Konferenzerlasses orientieren. Ist die Lehrerbank bei Abstimmungen nicht voll besetzt, führt das nicht zu einer der Halbparität entsprechenden Reduzierung der Zahl der Vertreterinnen und Vertreter der Eltern- und Schülerschaft. Eine dem § 39 Abs. 4 i.V. m. § 36 Abs. 6 entsprechende Bestimmung, wonach der Beschluss eines Ausschusses auch dann gültig ist, wenn keine oder weniger Vertreterinnen oder Vertreter bestellt sind, als Sitze zur Verfügung stehen (siehe Anm. 5 zu § 39), enthält das Schulgesetz für den Schulvorstand zwar nicht. Sie dürfte aber auch für dieses Gremium anwendbar sein. Der Gesetzgeber kann nicht gewollt haben, dass durch den Boykott einer Gruppe die Mitbestimmungsrechte der beiden anderen Gruppen ausgehebelt werden. Werden überhaupt keine Vertreterinnen oder Vertreter gewählt, gehen die Beschlusszuständigkeiten des Schulvorstandes auf die Schulleiterin oder den Schulleiter über, die oder der in jedem Fall Mitglied des Schulvorstandes ist.

Die Geschäftsordnung des Schulvorstandes kann ferner nähere Regelungen über die »Inanspruchnahme der von der obersten Schulbehörde eingeräumten Entscheidungsspielräume« (§ 38a Abs. 3 Nr. 1) vorsehen (siehe Anm. 4 zu § 38a).

Satz 5 regelt den Sonderfall, dass an einer Schule weniger als vier Lehrkräfte (Vollzeitlehrereinheiten) tätig sind. An diesen Schulen nimmt die Gesamtkonferenz die Aufgaben des Schulvorstandes wahr. Dieser Fall tritt ein, wenn die Division der Summe aller erteilten Unterrichtsstunden durch die Regelstundenzahl der betreffenden Schulform (siehe oben) kleiner ist als vier (keine Aufrundung). Wird die Schwellenzahl »vier« überschritten, muss auch im laufenden Schuljahr ein Schulvorstand gebildet werden. In Gesamtkonferenzen mit weniger als vier Vollzeitlehrkräften kann nach der Beteiligungsstaffel des § 36 Abs. 1 Satz 1 Nr. 1 Buchst. h der Fall eintreten, dass die Lehrkräfte keine Mehrheit haben.

2 **Zu Abs. 2:** Für den Schulvorstand an Grundschulen gilt die Besonderheit, dass es keine Vertretung der Schülerschaft gibt. Ihr »Viertel« wird der Gruppe der Erziehungsberechtigten zugeschlagen, die damit die Hälfte der Mitglieder des Schulvorstandes stellt. Darin unterscheidet sich der Schulvorstand von der Gesamtkonferenz einer Grundschule, in der die Schülerschaft durch vom Schülerrat gewählte Vertreterinnen oder Vertreter mit Stimmrecht präsent sein kann (siehe Anm. zu §§ 73 und 74).

Der Schulvorstand einer Grund- und Hauptschule ist »normal« (1/2 – 1/4 – 1/4) zusammengesetzt. Da das Gesetz keine Regelungen über den Ausschluss von Schülerinnen und Schülern von der Wählbarkeit vorsieht, kann der Schülerrat einer Grund- und Hauptschule auch Schülerinnen oder Schüler des Primarbereichs in den Schulvorstand delegieren.

3 **Zu Abs. 3:** An Abendgymnasien und Kollegs kann es keine Vertretung der Erziehungsberechtigten geben, weil die Schülerinnen und Schüler volljährig sind. Sie stellen deshalb im Schulvorstand die Hälfte der Mitglieder.

4 **Zu Abs. 4:** Durch das ÄndG 10 hat der Schulvorstand an berufsbildenden Schulen eine Zusammensetzung erhalten, die von der der allgemein bildenden Schulen deutlich abweicht. In der Begründung des Gesetzentwurfs wird auf die spezifischen Erfordernisse der beruflichen Bildung, die besonderen Strukturen der berufsbildenden Schulen sowie auf die Übertragung der im Schulversuch »ProReKo« erprobten veränderten Aufbauorganisation hingewiesen (Landtagsdrucksache 16/2705). Daraus folge eine Beteiligung und angemessene Vertretung aller relevanten schulischen Gruppen.

Die vom Gesetzgeber gewollte Balance zwischen den im Schulvorstand vertretenen Gruppen erfordert eine durch zwölf teilbare Mitgliederzahl. Eine gegenüber den allgemein bildenden Schulen deutlich stärkere Stellung hat im Schulvorstand der berufsbildenden Schulen die Schulleitung. Während dort die Schulleiterin oder der Schulleiter gleichsam auf Kosten der Lehrervertretung nur einen Sitz hat, gibt es hier eine eigene Schulleitungs-»Bank« mit einem Viertel der Sitze. Dazu gehören außer der Schulleiterin oder dem Schulleiter die Stellvertreterin oder der Stellvertreter sowie weitere Personen mit Leitungsaufgaben, die von der Schulleiterin oder dem Schulleiter bestimmt werden. Bei einem Schulvorstand mit 24 Mitgliedern erhalten also vier Mitglieder ihr Mandat von der Schulleiterin oder dem Schulleiter. Nach der Begründung des Entwurfs zum ÄndG 10 ist die Schulleitung für die Erfüllung des Bildungsauftrages die »letztlich entscheidende Handlungsebene«, die in ihrer »strategischen Bedeutung angemessen« zu berücksichtigen sei (Landtagsdrucksache 16/2705, S. 9). Nach Absatz 7 führt die Schulleiterin oder der Schulleiter im Schulvorstand den Vorsitz; sie oder er entscheidet bei Stimmengleichheit.

Je ein Viertel der Sitze entfallen auf die Vertretung der Lehrkräfte und der Mitarbeiterinnen und Mitarbeiter sowie auf die Vertretung der Schülerinnen und Schüler. Das letzte Viertel setzt sich zu einem Zwölftel aus Vertreterinnen und Vertretern der Erziehungsberechtigten und zu zwei Zwölfteln aus außerschulischen Vertreterinnen und Vertretern zusammen.

Für die Wahl der »schulischen« Vertretungen gilt Absatz 6. Gibt es keinen Schulelternrat oder finden sich keine Vertreterinnen oder Vertreter der Erziehungsberechtigten, bleibt die Elternbank unbesetzt. Für die Bestimmung der Bank der »Außerschulischen« gilt, dass der Schulvorstand bestimmen kann, welche Einrichtungen, die an der beruflichen Bildung beteiligt sind, im Schulvorstand vertreten sein sollen. Dabei ist zu beachten, dass darunter mindestens ein Platz für eine Vertreterin oder einen Vertreter der zuständigen Stellen nach dem Berufsbildungsgesetz in dem Gremium vorzusehen ist. Im Rahmen der dualen Ausbildung in Betrieb und Berufsschule sind die zuständigen Stellen für die Aufsicht über den betrieblichen Teil der Ausbildung zuständig. Je nach den Ausbildungsberufen, die in den Berufsschulklassen der Schule vertreten sind, können für eine Schule mehrere zuständige Stellen in Betracht kommen. Die Schule muss dementsprechend alle für ihre Schule in Frage kommenden zuständigen Stellen anschreiben und um die Benennung einer Vertreterin oder eines Vertreters bitten. Die zuständigen Stellen müssen sich untereinander absprechen, welche Stelle die Vertretung wahrnimmt. Diese Stelle entscheidet dann auch, durch welche Person die Vertretung erfolgt. Die Schule kann neben dem Pflichtsitz auch noch weitere Sitze für Vertreter von zuständigen Stellen vorsehen. Dabei ist aber zu beachten, dass bei einem Vorstand mit 24 Mitgliedern maximal vier und bei einem 12er-Vorstand maximal zwei Sitze für die außerschulischen Vertreter vorhanden sind.

Für den Übergang in die neue Struktur des Vorstandes gilt, dass die Entscheidung über die außerschulischen Einrichtungen von dem »Rumpf«-

Vorstand bestehend aus der Schulleitungsbank, den Vertretern der Lehrkräfte, der Schüler und der Eltern getroffen wird. Die außerschulischen Vertreterinnen und Vertreter sind an keine Amtsperioden gebunden, die Personen können von den Einrichtungen jederzeit neu benannt werden. Das Schulgesetz schreibt auch nicht vor, dass für sie eine Stellvertreterin oder ein Stellvertreter zu benennen ist. Ein Austauschen von Einrichtungen bedarf eines Beschlusses des Schulvorstandes, über den Wechsel der zuständigen Stellen beim »Pflichtsitz« entscheiden die zuständigen Stellen selbst. Die Entscheidung der Schulvorstände, welche Einrichtungen vertreten sein sollen, wird sicherlich im Blick auf ihre berufliche Ausrichtung, die regionalen Bezüge und die Bedeutung von außerschulischen Einrichtungen der beruflichen Bildung für die eigene Schule geschehen. Bei einer Vielzahl möglicher außerschulischer Partner ist auch zu beachten, dass nicht berücksichtigte Einrichtungen im obligatorischen Beirat (§ 40) vertreten sein können. Eine Doppelmitgliedschaft in Vorstand und Beirat ist im Übrigen nicht ausgeschlossen.

Bei der parlamentarischen Beratung des ÄndG 10 sind verfassungsrechtliche Bedenken gegen die Mitgliedschaft von außerschulischen Vertreterinnen und Vertretern im Schulvorstand der berufsbildenden Schulen geäußert worden. Letztlich setzte sich die Auffassung durch, »dass das verbleibende rechtliche Risiko vom Gesetzgeber eingegangen werden sollte« (Schriftlicher Bericht zum ÄndG 10, Landtagsdrucksache 16/3025, S. 4).

5 **Zu Abs. 5:** Die Vorschrift stellt klar, dass zur Delegation der Lehrkräfte im Schulvorstand immer die Schulleiterin oder der Schulleiter gehört. Ist sie oder er, z.b. wegen einer Erkrankung, gehindert, an einer Sitzung teilzunehmen, tritt an ihre oder seine Stelle die Ständige Vertreterin oder der Ständige Vertreter. Zum Schulvorstand gehören ferner die von der Gesamtkonferenz gewählten Lehrkräfte und pädagogischen Mitarbeiterinnen oder Mitarbeiter. Anders als in § 36 Abs. 1 Satz 1 Nr. 1 wird in Abs. 5 bei den pädagogischen Mitarbeiterinnen und Mitarbeitern nicht zwischen »hauptberuflich« und »nebenberuflich« mit der Folge unterschieden, dass eine nebenberufliche pädagogische Mitarbeiterin kein Stimmrecht bei der Wahl der Lehrerbank hat, sich aber zum Mitglied des Schulvorstandes wählen lassen kann (Zu den Begriffen »hauptberuflich« und »nebenberuflich« siehe Anm. 2 zu § 36).

Als Lehrkraft gilt, wer an der Schule eigenverantwortlich Unterricht erteilt (siehe Anm. 2 zu § 38a). Der Einsatz der pädagogischen Mitarbeiterinnen und Mitarbeiter erfolgt nach dem Erlass vom 18.05.2004 (siehe Anm. 9).

6 **Zu Abs. 6:** Abs. 6 regelt, von welchen Gremien die Vertreterinnen und Vertreter der verschiedenen Gruppen in den Schulvorstand entsandt werden. Die Vertretung der Erziehungsberechtigten wird vom Schulelternrat, die Vertretung der Schülerschaft vom Schülerrat gewählt. Die beiden Gremien wählen auch Stellvertreterinnen oder Stellvertreter für ihre Delegation (Satz 2). Die Gewählten müssen nicht dem Schulelternrat bzw. dem Schülerrat angehören; eine Doppelmitgliedschaft in der Gesamtkonferenz und im Schulvorstand ist zulässig. Für das Ausscheiden aus dem Schulvorstand,

z.B. durch Abberufung, sowie für das (befristete) Fortführen des Amtes nach Ablauf der Wahlperiode gelten nach Satz 4 § 75 Abs. 2 bis 4 und § 91 Abs. 1 und 3 bis 5 entsprechend. Erziehungsberechtigte, die an der Schule tätig sind oder die Aufsicht über die Schule führen, sind nicht wählbar (§ 91 Abs. 1 Satz 2). Für die Wahlen gelten die Eltern- bzw. Schülerwahlordnung (siehe Anm. 10).

Die Vertreterinnen und Vertreter der Lehrkräfte und der pädagogischen Mitarbeiterinnen und Mitarbeiter sowie deren Stellvertreterinnen und Stellvertreter werden von der Gesamtkonferenz gewählt, wobei aber nur die Schulleiterin oder der Schulleiter, die hauptamtlich oder hauptberuflich an der Schule tätigen Lehrkräfte, Vertreterinnen oder Vertreter der »anderen« Lehrkräfte, die der Schule zur Ausbildung zugewiesenen Referendarinnen und Referendare, Anwärterinnen und Anwärter sowie die hauptamtlich oder hauptberuflich an der Schule tätigen pädagogischen Mitarbeiterinnen und Mitarbeiter (§ 36 Abs. 1 Satz 1 Nr. 1 Buchst. a bis e) wahlberechtigt sind. Die nebenberuflichen pädagogischen Mitarbeiterinnen und Mitarbeiter können sich demnach nicht an der Wahl beteiligen. Die bei der Wahl der Lehrervertretung für den Schulvorstand nicht stimmberechtigten Mitglieder der Gesamtkonferenz, in erster Linie die Vertreterinnen und Vertreter der Eltern- und Schülerschaft, haben bei diesem Tagesordnungspunkt den Status eines beratenden Mitgliedes. Ob sie bei der Nominierung der Kandidatinnen und Kandidaten, bei einer eventuellen Personaldiskussion und beim Wahlvorgang den Konferenzraum verlassen, bleibt ihnen überlassen. Für eine vorzeitige Abberufung der für die Lehrerbank Gewählten gibt es anders als bei der Eltern- und Schülerdelegation keine Rechtsgrundlage.

Wird die Wahl der Vertretung der Lehrkräfte und pädagogischen Mitarbeiter(innen) als Blockwahl durchgeführt, können von den Wahlberechtigten so viele Stimmen abgegeben werden, wie Sitze zu besetzen sind. Die von der Gesamtkonferenz zu beschließende Wahlordnung (siehe Anm. 3 zu § 34) kann vorsehen, dass eine Kumulation von Stimmen auf einzelne Bewerberinnen oder Bewerber zulässig ist. In der Wahlordnung kann ferner festgelegt werden, dass diejenigen Bewerberinnen und Bewerber, die nicht zum Zuge gekommen sind, in der Reihenfolge der auf sie entfallenen Stimmen als Stellvertreterinnen oder Stellvertreter fungieren. Bei ihnen handelt es sich um Abwesenheits-Vertreter(innen), die an die Stelle eines gewählten Mitgliedes treten, wenn dieses an einer Sitzung des Schulvorstandes nicht teilnehmen kann.

Es empfiehlt sich, in der Wahlordnung den Zeitraum von einem Schuljahr bzw. von zwei Schuljahren (siehe unten) als »Wahlperiode« mit der Folge zu verstehen, dass Nach- oder Ergänzungswahlen – wie bei der Eltern- und Schülerdelegation – nur für den Rest der Wahlperiode durchgeführt werden (Zur Frage von Nach- oder Ergänzungswahlen siehe auch Anm. 1). Die Beschlussfassung über die Wahlordnung erfolgt durch die Gesamtkonferenz in ihrer regulären Zusammensetzung; es sind also auch die Vertreterinnen und Vertreter der Eltern- und Schülerschaft stimmberechtigt.

Die Forderung des Niedersächsischen Gleichberechtigungsgesetzes (NGG), dass Kommissionen, Arbeitsgruppen, Vorstände, Beiräte und »gleichartige Gremien« zur Hälfte mit Frauen besetzt werden sollen (§ 8 NGG), kann bei Persönlichkeitswahl für den Schulvorstand nur insoweit erfüllt werden, dass weibliche Lehrkräfte von der Schulleitung ermutigt werden, sich zur Wahl zu stellen.

Die Mitglieder im Schulvorstand und ihre Stellvertreterinnen und Stellvertreter werden von den zuständigen Gremien für ein Schuljahr oder für zwei Schuljahre gewählt. Die Wahlperiode muss nicht für alle Personengruppen dieselbe sein.

7 Zu Abs. 7: Nach Satz 1 führt die Schulleiterin oder der Schulleiter den **Vorsitz** im Schulvorstand. Sie oder er hat die Sitzungen vorzubereiten, für einen ordnungsgemäßen Ablauf zu sorgen und die Beschlüsse auszuführen. Zum Vorsitz gehört auch die Leitung der Sitzungen des Schulvorstandes. In entsprechender Anwendung der Regelungen des (mit Ablauf des 31.07.2007 außer Kraft getretenen) Konferenzerlasses (Nr. 4.5.1) kann in der Geschäftsordnung bestimmt werden, dass die Schulleiterin oder der Schulleiter sich bei der Sitzungsleitung durch andere Mitglieder des Schulvorstandes unterstützen lässt. In diesem Fall spricht nichts dagegen, dass die Sitzungsleitung zeitweise an ein anderes Mitglied des Schulvorstandes abgegeben wird.

Satz 2 gibt der Schulleiterin oder dem Schulleiter gleichsam ein »doppeltes« Stimmrecht. Sie oder er entscheidet, wenn bei Abstimmungen ein Antrag ebenso viele Ja- wie Nein-Stimmen erhält. Bei der Entscheidung ist sie oder er frei und nicht unbedingt an das zuvor in der Abstimmung abgegebene Votum gebunden. Das Recht, bei Stimmengleichheit zu entscheiden, steht der Schulleitern oder dem Schulleiter als Vorsitzender oder Vorsitzendem der Gesamtkonferenz nicht zu.

8 Zu Abs. 8: Bei der Berufung weiterer Mitglieder muss sich der Schulvorstand nicht auf »schulische« Personen beschränken. In Betracht kommen Personen, die sich der Schule und ihrem Schulprogramm besonders verbunden fühlen und an dem Ziel der Arbeit des Schulvorstandes, die Qualität der Schule zu entwickeln (siehe Anm. 2 zu § 38a), mitwirken wollen. An berufsbildenden Schulen kommt die Berufung von Vertreterinnen oder Vertretern der Arbeitnehmer und Arbeitgeber in Frage. Der Status der Berufenen als **beratende** Mitglieder sichert ihnen ein Rederecht; an Abstimmungen können sie sich aber nicht beteiligen. Die Kosten für die Einladungen der weiteren Mitglieder zu den Sitzungen des Schulvorstandes sind vom kommunalen Schulträger aufzubringen. Zur Nutzung von innerschulischem Sachverstand ist es nicht erforderlich, den Kreis der beratenden Mitglieder stark auszudehnen. Die Geschäftsordnung des Schulvorstandes kann vorsehen, dass zu einzelnen Tagesordnungspunkten Fachleute als »Gäste« eingeladen werden.

9 Zu Abs. 9: Die entsprechende Geltung von § 38 bezieht sich auf die Anberaumung von Sitzungen des Schulvorstandes. Sie müssen in der unterrichtsfreien Zeit stattfinden und so terminiert werden, dass auch be-

Schulverfassung § 38c **NSchG**

rufstätige Vertreterinnen und Vertreter der Erziehungsberechtigten daran teilnehmen können (siehe hierzu Anm. 1 zu § 38). Eine Mindestzahl von Sitzungen hat der Gesetzgeber nicht festgelegt. Der Schulvorstand tagt nach Bedarf; Regelungen über die Sitzungshäufigkeit und die Einberufung von Sitzungen kann er in einer Geschäftsordnung festlegen.

Verweise, Literatur:

- Verordnung über die Wahl der Elternvertretungen in Schulen, Gemeinden und Landkreisen sowie über die Wahl des Landeselternrats (Elternwahlordnung) vom 4.6.1997 (Nds. GVBl. S. 169; SVBl. S. 239; SRH 6.105; Schulrecht 331/11, geändert durch VO vom 4.3.2005 (Nds. GVBl. S. 78)

- Verordnung über die Wahl der Schülervertretungen in Schulen, Gemeinden und Landkreisen sowie über die Wahl des Landesschülerrats (Schülerwahlordnung) vom 4.8.1998 (Nds. GVBl. S. 606; SVBl. S. 254; Schulrecht 332/11), geändert durch VO vom 4.3.2005 (Nds. GVBl. S. 78)

- Erl. »Konferenzen und Ausschüsse der öffentlichen Schulen« vom 10.1.2005 (SVBl. S. 125 – außer Kraft getreten mit Ablauf des 31.7.2007)

- Erl. »Beschäftigung von pädagogischen Mitarbeiterinnen und Mitarbeitern in der Grundschule« vom 18.5.2004 (SVBl. S. 321 – außer Kraft 1.1.2010)

- *Galas, Dieter*: Schulvorstände-Konstituierung und Geschäftsordnung, Schulverwaltung, Ausgabe Niedersachsen, 2007, H. 3, S. 68

- *Müller, Ulrike*: Der Schulvorstand als neues Gremium der niedersächsischen Schulverfassung – Zusammensetzung und Wahlen, Schulverwaltung, Ausgabe Niedersachsen, 2007, H. 4, S. 104

- *Müller, Ulrike*: Fragen und Antworten zum Schulvorstand – Zusammensetzung, Wahlen, Organisation und Aufgaben, Schulverwaltung, Ausgabe Niedersachsen, 2008, H. 2, S. 37; H. 3, S. 77; H. 9, S. 230

- *Kern, Matthias/Vogel, Hans-Jürgen*: Nichtöffentlichkeit der Schulvorstandssitzungen – Ein Diskussionsbeitrag aus Elternsicht, Schulverwaltung, Ausgabe Niedersachsen, 2008, H. 6, S. 177

- *Müller, Ulrike/Nolte, Gerald*: Schulvorstand – §§ 38a bis 38c NSchG, in: *Crysmann, Petra*: Schulrecht für die Praxis, Nr. 2.2.1

(Dieter Galas)

§ 38c Beteiligung des Schulträgers

(1) ¹Der Schulträger wird zu allen Sitzungen des Schulvorstandes eingeladen. ²Er erhält alle Sitzungsunterlagen. ³Eine Vertreterin oder ein Vertreter des Schulträgers kann an allen Sitzungen des Schulvorstandes mit Rede- und Antragsrecht teilnehmen. ⁴Sie oder er nimmt nicht an den Abstimmungen teil.

(2) Die Schulleiterin oder der Schulleiter unterrichtet den Schulträger über alle wesentlichen Angelegenheiten der Schule.

(3) Die übrigen Rechte des Schulträgers bleiben unberührt.

1 **Zu Abs. 1:** Während eine Vertreterin oder ein Vertreter des Schulträgers (beratendes) **Mitglied** in der Gesamtkonferenz ist (§ 36 Abs. 1 Satz 1 Nr. 2 Buchst. b), ist sie oder er im Schulvorstand (nur) **Teilnehmerin** oder **Teilnehmer** an den Sitzungen. Da die Teilnahme mit Rede- und Antragsrecht verbunden ist, bleibt aber der Unterschied zur beratenden Mitgliedschaft faktisch bedeutungslos. Der Gesetzgeber hat wohl zu verstehen geben wollen, dass insbesondere Schulträger mit vielen Schulen sich nicht verpflichtet fühlen müssen, an allen Sitzungen der Schulvorstände seiner Schulen teilzunehmen. Da er zu allen Sitzungen eingeladen wird (Satz 1) und auch alle Sitzungsunterlagen erhält (Satz 2), kann er im Einzelfall der Bedeutung der Sitzung entsprechend über seine Teilnahme entscheiden. Im Übrigen ist es dem Schulträger freigestellt, ob er sein Beteiligungsrecht generell durch eine bestimmte Vertretungsperson wahrnehmen lassen oder darüber von Fall zu Fall entscheiden möchte. Dass es im Schulvorstand auch den Status »beratendes Mitglied« gibt, folgt aus § 38b Abs. 8.

2 **Zu Abs. 2:** Die Schulleiterin oder der Schulleiter hat nicht nur die Gesamtkonferenz (§ 34 Abs. 3) und den Schulvorstand (§ 38a Abs. 2) über »alle wesentlichen Angelegenheiten der Schule« zu unterrichten, sondern auch den Schulträger. Beispiele für »wesentliche Angelegenheiten« nennt Anm. 4 zu § 34. Die Unterrichtung des Schulträgers wird schwerpunktmäßig in den Punkten erfolgen, die in seine Zuständigkeit fallen.

3 **Zu Abs. 3:** Dass die (übrigen) Rechte des Schulträgers »unberührt« bleiben, hat deklaratorischen Charakter. Eine ähnliche Klausel findet sich bereits in § 32 Abs. 1 Satz 2.

4 **Verweise, Literatur:**

Schröder, Florian: Rechtliche Grundlagen des Schulalltags – Teil 12: Das Verhältnis der Schule zum Schulträger, Schulverwaltung, Ausgabe Niedersachsen, 2019, H. 4, S. 123

(Dieter Galas)

§ 39 Ausschüsse

(1) ¹An allgemein bildenden Schulen kann jede Konferenz ihre Zuständigkeit zur Entscheidung über bestimmte Angelegenheiten einem Ausschuss übertragen. ²Diesem Ausschuss gehören Vertreterinnen und Vertreter

1. der Lehrkräfte,
2. der Erziehungsberechtigten sowie
3. der Schülerinnen und Schüler

Schulverfassung § 39 **NSchG**

an. ³Die Konferenz bestimmt die Zusammensetzung des Ausschusses. ⁴Die Gruppen nach Satz 2 Nrn. 2 und 3 müssen in gleicher Anzahl vertreten sein. ⁵Mindestens ein Drittel der Mitglieder müssen Lehrkräfte sein. ⁶Die Zuständigkeit zur Entscheidung über die in § 36 Abs. 5 Satz 2 genannten Angelegenheiten darf nur einem Ausschuss übertragen werden, in dem mindestens die Hälfte der Mitglieder Lehrkräfte sind. ⁷Die Mitglieder des Ausschusses brauchen keine Mitglieder der Konferenz zu sein.

(2) ¹Den Vorsitz in einem Ausschuss nach Absatz 1 führt die Vorsitzende oder der Vorsitzende der Konferenz. ²Sie oder er hat die Stellung eines beratenden Mitgliedes.

(3) An den Sitzungen des Ausschusses der Gesamtkonferenz kann eine Vertreterin oder ein Vertreter des Schulträgers beratend teilnehmen.

(4) § 36 Abs. 6 und 7 gilt entsprechend.

(5) ¹Jede Konferenz kann zur Vorbereitung von Beschlüssen Ausschüsse einsetzen. ²Dabei sind Aufgaben und Zusammensetzung der Ausschüsse zu bestimmen. ³Jedem Ausschuss gehört mindestens je eine Vertreterin oder ein Vertreter der Gruppen nach Absatz 1 Satz 2 Nrn. 2 und 3 an. ⁴Die Mitglieder der Gruppen in der Konferenz wählen jeweils die Vertreterinnen oder Vertreter ihrer Gruppe in den Ausschüssen. ⁵Die Konferenz kann die Vorbereitung von Beschlüssen auch einem Ausschuss nach Absatz 1 übertragen.

(6) ¹Die Sitzungstermine der Ausschüsse sind im Einvernehmen mit der Schulleiterin oder dem Schulleiter zu bestimmen. ²Die Schulleiterin oder der Schulleiter ist berechtigt, an den Sitzungen teilzunehmen, und kann Ausschüsse auch von sich aus einberufen, wenn sie oder er dies zur Erledigung wichtiger Aufgaben für erforderlich hält.

Allg.: Mit der Neufassung der Bestimmungen über Ausschüsse hat das NSchG 93 Konsequenzen aus den teilweise missglückten Regelungen gezogen, die durch das ÄndG 80 Eingang in das NSchG gefunden hatten. So war beispielsweise kaum nachvollziehbar, dass die damaligen Schüler-Lehrer-Ausschüsse nicht um stimmberechtigte Elternvertreterinnen oder -vertreter erweitert werden konnten. Wenig überzeugend war ferner, dass in Ausschüssen, die lediglich der Vorbereitung von Konferenzbeschlüssen dienten, außer den Lehrkräften nur Vertreterinnen und Vertreter der Eltern, nicht aber der Schülerinnen und Schüler Stimmrecht erhalten konnten. Die jetzigen Vorschriften knüpfen an entsprechende Regelungen im NSchG 74 an. Allen Ausschüssen gehören Vertreterinnen oder Vertreter der Lehrkräfte, der Eltern sowie der Schülerinnen und Schüler mit Stimmrecht an. In Ausschüssen mit Entscheidungsbefugnissen müssen mindestens ein Drittel der Mitglieder Lehrkräfte sein.

An den Ausschusssitzungen können nach dem Konferenzerlass die Mitglieder der den Ausschuss bildenden Konferenz teilnehmen. Ein Rederecht der Teilnehmerinnen und Teilnehmer ist nicht vorgesehen. Wie bei den

Konferenzen können darüber hinaus die Ausschussvorsitzenden die Teilnahme von Gästen gestatten (s. Anm. 1 zu § 36).

Dass nur an allgemein bildenden Schulen Beschlusskompetenzen der Konferenzen auf Ausschüsse übertragen werden können, gilt seit dem ÄndG 10. Der Gesetzgeber ist allerdings nicht konsequent geblieben. Er hat nämlich den Bildungsganggruppen und Fachgruppen, die an berufsbildenden Schulen an die Stelle von Teilkonferenzen getreten sind, die Möglichkeit eröffnet, ihre Zuständigkeit für Entscheidungen über bestimmte Angelegenheiten einem »Ausschuss« zu übertragen (§ 35a Abs. 2 Satz 3). Allerdings hat der Gesetzgeber nicht auf die Regelungen des § 39 Bezug genommen, so dass es sich um Ausschüsse besonderer Art handelt.

2 **Zu Abs. 1:** Jede Konferenz einer allgemein bildenden Schule kann einzelne Zuständigkeiten einem Ausschuss übertragen, dem Vertreterinnen und Vertreter der Lehrkräfte, der Eltern sowie der Schülerinnen und Schüler angehören müssen. Im Schulalltag wird diese Möglichkeit in erster Linie für Gesamtkonferenzen, weniger für Teilkonferenzen von Interesse sein. Nach der Neuordnung der Schulverfassung durch das »Gesetz zur Einführung der Eigenverantwortlichen Schule« vom 17.07.2006 – Reduzierung des Aufgabenkatalogs für Gesamtkonferenzen (siehe § 34), Einführung eines Schulvorstandes (siehe §§ 38a bis c) – dürfte aber auch für Gesamtkonferenzen kaum noch ein Anreiz bestehen, Zuständigkeiten auf einen Ausschuss zu übertragen.

Der Konferenzbeschluss zur Einrichtung des Eltern-Lehrer-Schüler-Ausschusses muss die Zuständigkeiten benennen, die übertragen werden sollen, sowie die Zusammensetzung bestimmen. Dabei ist zu beachten, dass Eltern sowie Schülerinnen und Schüler in gleicher Zahl vertreten sind und dass mindestens ein Drittel der Mitglieder Lehrkräfte sind. In Schulen, die ausschließlich von volljährigen Schülerinnen und Schülern besucht werden (Abendgymnasien, Kollegs) läuft die Vorschrift leer, dass in den Konferenzausschüssen die Eltern vertreten sein müssen. In diesen Fällen wird aus dem Eltern-Lehrer-Schüler-Ausschuss ein Lehrer-Schüler-Ausschuss, in dem die Vertreterinnen und Vertreter der Schülerinnen und Schüler – wenn die den Ausschuss einrichtende Konferenz das will – die Lehrkräfte majorisieren können.

Die Wahl der Vertreterinnen und Vertreter der Eltern sowie der Schülerinnen und Schüler, die nicht Mitglieder der jeweiligen Konferenz zu sein brauchen, erfolgt durch die zuständigen Gremien der Schüler- und Elternvertretung (siehe § 73 Satz 1, § 74 Abs. 1 Satz 2, § 76, § 89 Abs. 1 Satz 2, § 90 Abs. 3, § 92 Satz 1). Über die Wahl der Vertreterinnen und Vertreter der Lehrkräfte in den Ausschüssen finden sich im NSchG keine Bestimmungen. Nach dem Konferenzerlass sind dafür die stimmberechtigten Mitglieder der jeweiligen Konferenz zuständig, die Landesbedienstete sind. Pädagogische Mitarbeiterinnen und Mitarbeiter, Referendarinnen, Referendare, Anwärterinnen und Anwärter sowie Schulassistentinnen und Schulassistenten können nicht in einen Ausschuss gewählt werden.

Dagegen ist es möglich, eine »geringfügig beschäftigte« Lehrkraft als Lehrervertreter(in) in einen Ausschuss zu entsenden. Beschließt die jeweilige Konferenz die Zusammensetzung so, dass die Lehrkräfte weniger als die Hälfte der Mitglieder stellen, darf dem Ausschuss nicht die Zuständigkeit zur Entscheidung über

- Grundsätze der Leistungsbewertung und Beurteilung,
- Zeugnisse, Versetzungen, Abschlüsse, Übergänge, Überweisungen, Zurücktreten und Überspringen,
- allgemeine Regelungen für das Verhalten in der Schule (Schulordnung),
- Ordnungsmaßnahmen für Schüler(innen)

übertragen werden.

Die jeweilige Konferenz kann die Übertragung von Zuständigkeiten an einen Ausschuss ganz oder teilweise jederzeit widerrufen. Von dem Ausschuss gefasste Beschlüsse bleiben jedoch gültig, bis sie gegebenenfalls von der Konferenz aufgehoben oder abgeändert werden.

Zu Abs. 2: Den Vorsitz in den Konferenzausschüssen mit Beschlusskompetenzen führt die oder der Vorsitzende der einrichtenden Konferenz. Sie oder er hat die Stellung eines beratenden Mitgliedes mit Rede- und Antragsrecht. Vorsitzende oder Vorsitzender der Gesamtkonferenz ist die Schulleiterin oder der Schulleiter, in der Klassenkonferenz führt grundsätzlich die Klassenlehrerin oder der Klassenlehrer den Vorsitz. Vorsitzende oder Vorsitzender der übrigen Teilkonferenzen ist nach dem Konferenzerlass die Lehrkraft, die als Inhaberin oder Inhaber eines höherwertigen Amtes mit dieser Aufgabe betraut oder von der Schulbehörde damit beauftragt worden ist. Gibt es eine solche Lehrkraft nicht, wählen die Mitglieder der Teilkonferenz die Vorsitzende oder den Vorsitzenden für zwei Jahre.

Zu Abs. 3: An den Sitzungen des Eltern-Lehrer-Schüler-Ausschusses der Gesamtkonferenz einer Schule kann eine Vertreterin oder ein Vertreter des Schulträgers **beratend teilnehmen**. Sie oder er ist also kein Mitglied des Ausschusses, zur Teilnahme an den Sitzungen nicht verpflichtet, aber mit Rede- und Antragsrecht ausgestattet.

Zu Abs. 4: Die Arbeits- und Beschlussfähigkeit eines Konferenzausschusses ist nicht beeinträchtigt, wenn eine Gruppe keine oder weniger Vertreterinnen oder Vertreter bestellt, als ihr nach dem Einrichtungsbeschluss der Konferenz zustehen. Das gilt auch dann, wenn die Lehrkräfte – etwa als Zeichen des Protestes gegen angeblich oder tatsächlich sich verschlechternde Arbeitsbedingungen – darauf verzichten, eine Vertretung für den Ausschuss zu wählen, oder sich niemand der Wahl stellt. Anders als bei den Konferenzen können sich die Vertreterinnen und Vertreter der Lehrkräfte durch Stellvertreterinnen oder Stellvertreter bei Ausschusssitzungen vertreten lassen.

Wie in Teilkonferenzen haben die Vertreterinnen und Vertreter der Eltern- und der Schülerschaft bei Entscheidungen über Zeugnisse, Versetzungen,

Abschlüsse, Übergänge, Überweisungen, Zurücktreten und Überspringen kein Stimmrecht. Das gilt auch für den Gesamtkonferenzausschuss.

6 Zu Abs. 5: Abs. 5 regelt die Einrichtung und Zusammensetzung von Konferenzausschüssen, die lediglich der **Vorbereitung von Beschlüssen** dienen. Solchen ad-hoc-Ausschüssen muss mindestens je eine Vertreterin oder ein Vertreter der Eltern- und der Schülerschaft angehören. Darüber hinaus ist die einrichtende Konferenz frei. Insbesondere müssen Eltern sowie Schülerinnen und Schüler nicht in gleicher Zahl vertreten sein. Gewählt werden die Mitglieder in den ad-hoc-Ausschüssen durch die Konferenzmitglieder der drei Gruppen.

Mit der Vorbereitung von Beschlüssen kann eine Konferenz auch den Ausschuss beauftragen, auf den sie bestimmte Beschlusskompetenzen übertragen hat.

7 Zu Abs. 6: Bei der Anberaumung der Ausschusssitzungen hat die Schulleitung dieselbe starke Stellung wie bei den Teilkonferenzen. Die Termine können nur im Einvernehmen mit ihr festgesetzt werden. Unter bestimmten Umständen kann die Schulleitung von sich aus Ausschüsse einberufen. Das kommt besonders dann in Frage, wenn trotz Beratungs- und Entscheidungsbedarfs keine Ausschusssitzungen anberaumt werden. Wie an Teilkonferenzen kann die Schulleiterin oder der Schulleiter auch an allen Ausschusssitzungen teilnehmen.

Das NSchG sagt nichts über den Zeitpunkt der Sitzungen. Es enthält insbesondere nicht das Gebot, nur in der unterrichtsfreien Zeit zu tagen. Gleichwohl wird man vernünftigerweise für den Beginn der Sitzungen denselben Zeitraum vorsehen müssen wie bei den Konferenzen (siehe Anmerkungen zu § 38). Das sieht auch der Konferenzerlass vor.

8 Verweise, Literatur:

- Erl.»Konferenzen und Ausschüsse der öffentlichen Schulen« vom 10.1.2005 (SVBl. S. 125 – außer Kraft getreten mit Ablauf des 31.7.2007)
- *Galas, Dieter*: Konferenzen und Ausschüsse an öffentlichen Schulen, in Niedersachsen, in: *Ballasch, H. u. a. (Hrsg.)*: Schulleitung und Schulaufsicht in Niedersachsen, Nr. 16.1

(Dieter Galas)

§ 40 Beirat an berufsbildenden Schulen

¹An berufsbildenden Schulen ist ein Beirat einzurichten, der die Schule in Angelegenheiten der Zusammenarbeit zwischen Schule und an der beruflichen Bildung beteiligten Einrichtungen berät. ²Der Beirat kann sich über alle wesentlichen Angelegenheiten der Schule durch die Schulleiterin oder den Schulleiter unterrichten lassen.

Bis zum ÄndG 10 waren unter dem § 40 die besonderen Ausschüsse an berufsbildenden Schulen gesetzlich geregelt. Diese Ausschüsse waren ursprünglich geschaffen worden, um insbes. Beratungsaufgaben zur Begleitung der Einführung des BGJ zu übernehmen. In diesen Ausschüssen waren Vertreter der Arbeitgeber und Arbeitnehmer, der Schule und weiterer Institutionen vertreten. Diese Ausschüsse haben im Laufe der Zeit an Bedeutung verloren, eine entsprechende gesetzliche Regelung war damit überflüssig. Auf Grund der Erprobung von neuen Strukturen der schulinternen Steuerung im Rahmen des Projekts »Regionale Kompetenzzentren« ist aber die Notwendigkeit gesehen worden, gesetzliche Rahmenvorgaben für die Bildung von Beiräten an den berufsbildenden Schulen zu schaffen. Der Beirat einer Schule ist verpflichtend vorgesehen. Er wird eingerichtet vom Schulvorstand und hat die Aufgabe in Angelegenheiten der Zusammenarbeit zwischen der Schule und den an der beruflichen Bildung beteiligten Einrichtungen die Schulen zu beraten. Der Beirat hat das Recht, sich von der Schulleiterin oder dem Schulleiter über alle wesentlichen Angelegenheiten der Schule unterrichten zu lassen. Ohne diese Unterrichtung könnte er seine Aufgabe auch kaum sachgerecht wahrnehmen. Daraus wird deutlich, dass es insbesondere einer guten Kommunikation zwischen Schule und Beirat bedarf, damit die Beratungsaufgaben auch effektiv wahrgenommen werden können. Über die Größe des Beirats trifft das Gesetz keine Aussagen. Bei der Zusammensetzung ist sicherlich auf die jeweiligen regionalen und fachlichen Gegebenheiten der Schulen zu achten. Mitgliedschaften von außerschulischen Personen sowohl im Schulvorstand (§ 38b Abs. 4 Nr. 5) als auch im Beirat sind nicht ausgeschlossen. Die Einrichtung des Beirats ist im Übrigen auch zu unterscheiden von der Verpflichtung der Bildungsgangs- und Fachgruppen, die Zusammenarbeit mit Betrieben und weiteren an der Aus- und Weiterbildung beteiligten Einrichtungen (§ 35a Abs. 2 Nr. 5) zu pflegen. Hier ist der direkte Kontakt der Vertreter des jeweiligen Bildungsgangs mit den außerschulischen Partnern gefordert. Allerdings können sich über diese Kontakte auch Impulse für Tätigkeit des Beirats gegenüber dem Schulvorstand ergeben.

Mit ÄndG 19 ist dem Umstand Rechnung getragen worden, dass nach dem Wortlaut des § 38a, Abs. 3, Nummer 15 NSchG die Einrichtung eines Beirats nach § 40 NSchG obligatorisch ist und als solche nicht in das Ermessen des Schulvorstands fällt. Entscheiden kann der Schulvorstand (anders als in anderen Fällen des § 38a Abs. 3) danach vielmehr »nur« noch über die Größe und Zusammensetzung des Beirats.

(Friedrich-Wilhelm Krömer)

§ 41 Mitwirkungsverbot; Vertraulichkeit

(1) Mitglieder von Konferenzen, von Bildungsgangs- und Fachgruppen, von Ausschüssen und des Schulvorstands dürfen bei der Beratung und Beschlussfassung über diejenigen Angelegenheiten, die sie selbst oder ihre Angehörigen persönlich betreffen, nicht anwesend sein.

(2) [1]Persönliche Angelegenheiten von Lehrkräften, Erziehungsberechtigten, Schülerinnen und Schülern sowie Personalangelegenheiten sind vertraulich

zu behandeln. ²Darüber hinaus können Konferenzen, Bildungsgangs- und Fachgruppen, Ausschüsse und der Schulvorstand die Beratung einzelner Angelegenheiten für vertraulich erklären.

1 **Zu Abs. 1:** Die Bestimmung über ein Mitwirkungsverbot in bestimmten Fällen ist durch das ÄndG 93 in das NSchG eingefügt worden. Sind Mitglieder der genannten Gremien oder ihre Angehörigen **persönlich betroffen,** dürfen sie an der Beratung der entsprechenden Tagesordnungspunkte und an der Beschlussfassung nicht nur nicht teilnehmen; sie müssen den Konferenzraum für diese Zeit verlassen. Als **Vertreterinnen oder Vertreter** einer Gruppe können sie sich für die Dauer des Mitwirkungsverbots durch Stellvertreterinnen oder Stellvertreter ersetzen lassen.

Persönlich betroffen sind Lehrkräfte, wenn die Beratung und Beschlussfassung in einer Angelegenheit unmittelbare Auswirkung auf ihre personalrechtliche oder wirtschaftliche Stellung haben könnte (z.b. Beförderungsvorschläge, Beschaffung von Lehr- oder Lernmitteln von einer Firma, die einem Angehörigen gehört). Keine persönliche Betroffenheit liegt vor, wenn es um dienstliche oder schulische Angelegenheiten geht, auch wenn damit ein privater Reflex verbunden ist (z.b. Zuteilung von Anrechnungsstunden, Teilnahme an Schulfahrten, Beauftragung mit speziellen Aufgaben in der Schule, Entscheidung über eine kollegiale Schulleitung mit höherwertigen Ämtern auf Zeit). Elternvertreterinnen und Elternvertreter dürfen nicht anwesend sein, wenn beispielsweise in einer Versetzungskonferenz das eigene Kind aufgerufen wird. Das gilt auch für Schülervertreterinnen und Schülervertreter, wenn über sie selbst beraten wird, z.B. bei Warnungen bei der Gefährdung der Versetzung, Versetzungsentscheidungen, Abfassung von Schullaufbahnempfehlungen. Wird in einer Konferenz über die eigenen Kinder beraten, dürfen Lehrkräfte daran auch dann nicht teilnehmen, wenn sie sie selbst unterrichten.

Nicht persönlich betroffen ist die Schulleiterin oder der Schulleiter, wenn der Schulvorstand über ihre oder seine Entlastung entscheidet (§ 38a Abs. 3 Nr. 2). Die Entscheidung betrifft die Schulleiterin oder den Schulleiter nicht als Person, sondern in ihrer oder seiner Funktion.

Ob ein Mitwirkungsverbot vorliegt, sollte insbesondere immer dann geprüft werden, wenn es in Verfahren zur Festsetzung einer Ordnungsmaßnahme um Beleidigungen von Schülerinnen oder Schülern gegenüber Lehrkräften geht. Zwar kann von den Lehrkräften einer Schule erwartet werden, dass sie auch beleidigenden Äußerungen von Schülerinnen und Schülern sachgemessen gegenübertreten. Es kann aber im Einzelfall Anhaltspunkte dafür geben, dass eine beleidigte Lehrkraft persönlich betroffen ist und nicht unbefangen an der Beratung und Beschlussfassung über eine Ordnungsmaßnahme teilnehmen kann. Ein Mitwirkungsverbot dürfte dann bestehen, wenn eine Lehrkraft derart betroffen ist, dass eine Strafanzeige oder ein zivilrechtliches Vorgehen der Lehrkraft ernsthaft in Betracht kommt (VG Göttingen, Urteil vom 20.01.2005, Az.: 4 A 56/03). Das Verbot für eine befangene Lehrkraft, im Konferenzraum anwesend zu sein, besteht aber nur für die »Beratung und Beschlussfassung« über eine

Ordnungsmaßnahme. Nach einer Entscheidung des Verwaltungsgerichts Braunschweig vom 17.06.2003 (Az.: 6 B 229/03) ist die Anwesenheit in der Konferenz jedenfalls dann nicht zu beanstanden, wenn sie zur Sachverhaltsaufklärung erforderlich und dieser Teil der Konferenz deutlich von der anschließenden Beratung und Beschlussfassung getrennt ist.

Angehörige sind in analoger Anwendung des § 20 Abs. 5 des Verwaltungsverfahrensgesetzes: Verlobte, Ehegatten, Verwandte und Verschwägerte gerader Linie, Geschwister, Kinder der Geschwister, Ehegatten der Geschwister und Geschwister der Ehegatten, Geschwister der Eltern, Pflegeeltern und Pflegekinder.

Zu Abs. 2: Im Sinne dieser Vorschrift sind **persönliche Angelegenheiten** solche privaten Angelegenheiten, die gleichzeitig einen Bezug zur Arbeit der Schule haben, z.B. die häuslichen Schwierigkeiten eines Schülers oder einer Schülerin, wenn diese Auswirkungen auf seine oder ihre schulischen Leistungen haben. Bei der Beratung solcher Angelegenheiten gewonnene Informationen dürfen von Mitgliedern der Konferenzen, Ausschüsse und des Schulvorstands nicht weitergegeben werden. Das gilt auch für die Mitglieder der an berufsbildenden Schulen einzurichtenden Bildungsgangs- und Fachgruppen. Soweit überhaupt **Personalangelegenheiten** zur Beratung anstehen, besteht auch hier die Pflicht zur Verschwiegenheit. Darüber hinaus können die Gremien die Beratung einzelner Tagesordnungspunkte für vertraulich erklären. Die Pflicht zur Verschwiegenheit gilt in solchen Fällen nur für die **Beratung** und die sich daraus ergebenden Informationen, nicht aber für das Ergebnis selbst. **Rein private Angelegenheiten** der Lehrkräfte, der Eltern sowie der Schülerinnen und Schüler dürfen in Konferenzen und Ausschüssen nicht Gegenstand von Beratungen und Entscheidungen sein. 2

Für den Bruch der Vertraulichkeit sieht das NSchG keine Sanktionen vor. Die noch in der Vorläufigen Konferenzordnung von 1969 enthaltene Möglichkeit, Vertreterinnen und Vertreter der Eltern sowie der Schülerinnen und Schüler bei Verstößen gegen die Vertraulichkeit durch Konferenzbeschluss von der weiteren Teilnahme an Sitzungen auszuschließen, hatte keine Rechtsgrundlage. In Frage käme allerdings eine Abberufung durch die entsendenden Gremien (§ 75 Abs. 2 Nr. 1; § 91 Abs. 3 Nr. 1). Bei Lehrkräften kann ein Bruch der Vertraulichkeit dienst- oder arbeitsrechtliche Konsequenzen haben.

Verweise, Literatur: 3

- Erl. »Konferenzen und Ausschüsse der öffentlichen Schulen« vom 10.1.2005 (SVBl. S. 125 – außer Kraft getreten mit Ablauf des 31.7.2007)

(Dieter Galas)

§ 42 – (aufgehoben) –

§ 43 Stellung der Schulleiterin und des Schulleiters

(1) Jede Schule hat eine Schulleiterin oder einen Schulleiter, die oder der die Gesamtverantwortung für die Schule und für deren Qualitätssicherung und Qualitätsentwicklung trägt.

(2) ¹Die Schulleiterin ist Vorgesetzte und der Schulleiter ist Vorgesetzter aller an der Schule tätigen Personen, besucht und berät die an der Schule tätigen Lehrkräfte im Unterricht und trifft Maßnahmen zur Personalwirtschaft einschließlich der Personalentwicklung. ²Sie oder er sorgt für die Einhaltung der Rechts- und Verwaltungsvorschriften und der Schulordnung.

(3) ¹Die Schulleiterin oder der Schulleiter entscheidet in allen Angelegenheiten, in denen nicht eine Konferenz, der Schulvorstand, eine Bildungsgangsgruppe oder eine Fachgruppe zuständig ist. ²Sie oder er trifft die notwendigen Maßnahmen in Eilfällen, in denen die vorherige Entscheidung eines der in Satz 1 genannten Gremien nicht eingeholt werden kann, und unterrichtet hiervon das Gremium unverzüglich.

(4) Die Schulleiterin oder der Schulleiter führt die laufenden Verwaltungsgeschäfte; sie oder er hat dabei insbesondere

1. die Schule nach außen zu vertreten,

2. den Vorsitz in der Gesamtkonferenz und im Schulvorstand zu führen,

3. an berufsbildenden Schulen die Leiterin oder den Leiter einer Bildungsgangs- oder Fachgruppe im Benehmen mit dieser zu bestimmen,

4. jährlich einen Plan über die Verwendung der Haushaltsmittel zu erstellen, die Budgets (§ 32 Abs. 4 und § 111 Abs. 1) zu bewirtschaften und über die Verwendung der Haushaltsmittel gegenüber dem Schulvorstand Rechnung zu legen sowie

5. jährlich einen Plan über den Personaleinsatz zu erstellen.

(5) ¹Die Schulleiterin oder der Schulleiter hat innerhalb von drei Tagen Einspruch einzulegen, wenn nach ihrer oder seiner Überzeugung ein Beschluss einer Konferenz, des Schulvorstandes, eines Ausschusses, einer Bildungsgangsgruppe oder einer Fachgruppe

1. gegen Rechts- oder Verwaltungsvorschriften verstößt,

2. gegen eine behördliche Anordnung verstößt,

3. gegen allgemein anerkannte pädagogische Grundsätze oder Bewertungsmaßstäbe verstößt oder

4. von unrichtigen tatsächlichen Voraussetzungen ausgeht oder auf sachfremden Erwägungen beruht.

²Über die Angelegenheit hat die Konferenz, der Schulvorstand oder der Ausschuss in einer Sitzung, die frühestens am Tag nach der Einlegung des

Schulverfassung § 43 NSchG

Einspruchs stattfinden darf, nochmals zu beschließen. ³Hält die Konferenz, der Schulvorstand oder der Ausschuss den Beschluss aufrecht, so holt die Schulleiterin oder der Schulleiter die Entscheidung der Schulbehörde ein. ⁴In dringenden Fällen kann die Entscheidung vor einer nochmaligen Beschlussfassung nach Satz 3 eingeholt werden. ⁵Der Einspruch und das Einholen einer schulbehördlichen Entscheidung haben aufschiebende Wirkung. ⁶Die Sätze 1 bis 5 gelten in Bezug auf Entscheidungen, die der oder dem Vorsitzenden einer Teilkonferenz übertragen worden sind, entsprechend.

Allg.: Die Stellung der Schulleiterinnen und Schulleiter ist seit dem In-Kraft-Treten des NSchG 74 deutlich gestärkt worden. Waren sie ursprünglich nur eine Art Geschäftsführerin oder Geschäftsführer der Gesamtkonferenz, ist durch das ÄndG 80 und dann noch einmal durch das ÄndG 06 ein Rollenwechsel zu Vorgesetzten mit umfassenden Befugnissen in organisatorischen, administrativen, aber auch pädagogischen Angelegenheiten erfolgt. Sie sind aber nur insoweit unmittelbare Dienstvorgesetzte im Sinne von § 3 Abs. 2 NBG, als ihnen – unabhängig von schulgesetzlichen Bestimmungen – dienstrechtliche Befugnisse übertragen wurden (siehe unten). Dienstvorgesetzte oder Dienstvorgesetzter ist nach der genannten NBG-Vorschrift, wer für beamtenrechtliche Entscheidungen über die persönlichen Angelegenheiten der nachgeordneten Beamtinnen und Beamten zuständig ist. Für die Lehrkräfte (und die Schulleiterinnen und Schulleiter) ist generell die Leiterin oder der Leiter der nachgeordneten Schulbehörde (§ 119) unmittelbare Dienstvorgesetzte oder unmittelbarer Dienstvorgesetzter.

Aus dem ÄndG 80 stammen die Übertragung der Gesamtverantwortung, die Erweiterung der Vorgesetzteneigenschaft, das Recht zu Eilentscheidungen und die Verpflichtung zum Besuch der Lehrkräfte im Unterricht auch ohne besonderen Anlass. Das ÄndG 93 hat daran wenig geändert und lediglich die Verpflichtung zu Unterrichtsbesuchen aufgehoben. Die Schulleiterin oder der Schulleiter war aber berechtigt, nach pflichtgemäßem Ermessen u. U. sogar verpflichtet, Lehrkräfte im Unterricht zu besuchen und sie zu beraten. Mit der Ermessensvorschrift von 1993 wurden Rechtslage und schulische Realität in Übereinstimmung gebracht. Durch das ÄndG 03 ist die Besuchs- und Beratungspflicht wiederhergestellt worden. Die Leiterinnen und Leiter der niedersächsischen Schulen sind Vorgesetzte der an der Schule tätigen Personen, d. h. sie können Weisungen erteilen (siehe Anm. 3). In gewissem Umfang sind ihnen im Zuge der seit 1996 in Niedersachsen betriebenen Schulverwaltungsreform sogar Befugnisse übertragen worden, die früher zum unmittelbaren Dienstvorgesetzten ausgeübt wurden: Erteilung von Aussagegenehmigungen, Untersagung von Nebentätigkeiten, Festsetzung von Stillzeiten, Gewährung von Mandatsurlaub, Ausgabe von Bescheinigungen, die im Zusammenhang mit dem Dienstverhältnis zum Land stehen. Seit Anfang 2008 sind die Schulleiterinnen und Schulleiter darüber hinaus für die Anordnung von Mehrarbeit und für bestimmte Regelungen im Zusammenhang mit Teilzeitbeschäftigung nach 61 Abs. 3 und § 62 Abs. 4 NBG zuständig.

Mit dem ÄndG 06 ist an die Stelle der »Allzuständigkeit« der Gesamtkonferenz zur Entscheidung in allen wesentlichen Angelegenheiten der Schule ein fester Aufgabenkatalog getreten (siehe Anm. 3 zu § 34), in allen Angelegenheiten, die nicht in diesem Katalog – und dem des Schulvorstandes – enthalten sind, entscheidet nunmehr die Schulleiterin oder der Schulleiter (siehe Anm. 4). Zu den Aufgaben, die die Schulleiterin oder der Schulleiter höchstpersönlich wahrnehmen muss, s. § 44 Anm. 5.

Die Leiterinnen und Leiter der Gymnasien, Gesamtschulen und berufsbildende Schulen haben – entgegen weit verbreiteter Ansicht – keine stärkere Position als ihre Kolleginnen und Kollegen an anderen Schulformen. Nach dem Wegfall der Schulaufsichtsämter zum 01.02.1997 sind auch die Leiterinnen und Leiter der Grund-, Haupt-, Real- und Förderschulen (sowie Oberschulen) Dienststellenleiterin oder -leiter im Sinne des Personalvertretungsgesetzes. An diesen Schulformen kann daher ein Schulpersonalrat gebildet werden.

In dem Gem. RdErl. d. MK u. d. MS v. 22.01.2018 werden die dienstrechtlichen Befugnisse und sonstige personalrechtliche Aufgaben und Befugnisse sowie Zuständigkeiten nach dem Niedersächsischen Besoldungsgesetz geregelt.

a) **Dienstrechtliche Befugnisse**

Grundsätzlich übt das Niedersächsische Kultusministerium als oberste Landesbehörde die dienstrechtlichen Befugnisse im Geschäftsbereich des MK aus. Dies gilt auch für die Dienstposten im Schulaufsichtsdienst, die aufgrund ihrer Bewertung einem anderen Amt mit höherem Endgrundgehalt zugeordnet sind.

Hinsichtlich des Personals der nachgeordneten Schulbehörde (§ 119), des NLQ, der Studienseminare sowie der einzelnen Schulformen werden abweichend von dem o.a. Grundsatz mit dem o.a. Erlass der nachgeordneten Schulbehörde die dienstrechtlichen Befugnisse für die Beamtinnen und Beamten der Besoldungsgruppe A 15 mit Amtszulage sowie abwärts übertragen, soweit sie nicht wiederum den einzelnen Schulformen übertragen werden. (Ausnahme: Die Dienstposten der Fachbereichsleitungen in den Dezernaten 1 der RLSB und des NLQ (soweit BesGr. A 15))

Für die allgemein bildenden und berufsbildenden Schulen erfolgt die Übertragung der dienstrechtlichen Befugnisse (z.B. Abschluss befristeter Arbeitsverträge zur Einstellung von Vertretungslehrkräften, Begründung des Beamtenverhältnisses auf Probe [Einstellung], Verlängerung oder Herabsetzung der Probezeit, Beförderung bis zur Besoldungsgruppe A 14) je nach Schulform in einem gestaffelten Verfahren. Die berufsbildenden Schulen haben als einzige Schulform die dienstrechtliche Befugnis zur Abmahnung und Kündigung von Beschäftigten, allerdings nur, soweit sie eine juristische Beratung durch die nachgeordnete Schulbehörde (§ 119) in Anspruch nehmen.

Bei Realschulen, Hauptschulen, Oberschulen und Förderschulen setzt die Übertragung der dienstrechtlichen Befugnisse voraus, dass die Schulen nach Feststellung der nachgeordneten Schulbehörde (§ 119) auf absehbare Zeit über mindestens 500 Lehrkräftesollstunden verfügen.

Die dienstrechtlichen Befugnisse für die Schulleiterinnen und Schulleiter der Gymnasien, Abendgymnasien, Kollegs, Gesamtschulen, Oberschulen mit einer Schülerzahl von mehr als 540 sowie die berufsbildenden Schulen liegen beim Niedersächsischen Kultusministerium, für die Schulleiterinnen und Schulleiter der übrigen Schulformen bei der nachgeordneten Schulbehörde (§ 119).

Seit dem 01.03.2018 haben die Grundschulen keine dienstrechtlichen Befugnisse mehr, für sie übt die nachgeordnete Schulbehörde (§ 119) die dienstrechtlichen Befugnisse aus. Bei Grundschulen, die nach § 106 Abs. 6 mit einer anderen Schulform zusammengefasst sind, richtet sich die Übertragung der dienstrechtlichen Befugnisse nach den Bestimmungen für die andere Schulform. Nach § 3 Abs. 2 Nr. 2 i.V. mit § 2 Abs. 1 Nr. 4 NGG sind öffentliche Schulen Dienststellen i. S. des NGG, wenn sie befugt sind, Einstellungen, Beförderungen oder Übertragungen höherwertiger Tätigkeiten vorzunehmen. Insoweit sind Schulen Dienststellen im Sinne des § 3 Abs. 2 NGG, wenn ihnen die entsprechenden dienstrechtlichen Befugnisse obliegen. Grundschulen und kleine Schulen sind demnach keine Dienststellen mehr im Sinne des NGG. Die Frage, ob ein Schulpersonalrat gebildet wird, richtet sich nach dem NPersVG. Nach § 94 Abs. 1 NPersVG sind die öffentlichen Schulen und die Studienseminare Dienststellen im Sinne des NPersVG für den Bereich der öffentlichen Schulen und Studienseminare. Dies gilt unabhängig davon, ob den Schulen dienstrechtliche Befugnisse übertragen worden sind. Nach § 95 Abs. 1 Satz 1 NPersVG wird in Schulen ein Schulpersonalrat gebildet. Auch für Schulen gilt § 10 NPersVG, sodass bei Schulen mit weniger als fünf wahlberechtigten und drei wählbaren Beschäftigten kein (eigener) Schulpersonalrat zu bilden ist. Nach § 10 Abs. 2 NPersVG werden Dienststellen, in denen kein Personalrat nach § 10 Abs. 1 NPersVG zu bilden ist, von der zuständigen Mittelbehörde oder obersten Dienstbehörde im Einvernehmen mit der Stufenvertretung einer benachbarten Dienststelle zugeteilt. Nach der Gesetzesbegründung zum NPersVG (LT-Drucksache 13/2140, S. 10) soll wegen des allgemeinen Grundsatzes, dass alle Wahlberechtigten durch eine Personalvertretung zu vertreten sind, auch in kleinen Schulen nicht auf eine Personalvertretung (als gemeinsamer Personalrat mit einer anderen Schule) verzichtet werden.

Das Niedersächsische Kultusministerium hat im Januar 2020 angekündigt, die dienstrechtlichen Befugnisse für die pädagogischen Mitarbeiterinnen und Mitarbeiter wieder der nachgeordneten Behörde zurück zu übertragen.

b) Sonstige personalrechtliche Aufgaben und Befugnisse des Dienstvorgesetzten und des Arbeitgebers

Die sonstigen beamtenrechtlichen Aufgaben und Befugnisse (die keine dienstrechtlichen Befugnisse sind) sowie Aufgaben und Befugnisse nach dem TV-L und anderer Rechtsvorschriften werden nach Nr. 2 des o.a. Gem. RdErl. d. MK u. d. MS v. 22.01.2018 auf die Schulen und Studienseminare übertragen. Hier findet sich eine Unterscheidung zwischen den allgemein bildenden Schulen, den berufsbildenden Schulen sowie den Studienseminaren. Die Entscheidung über Dienstaufsichtsbeschwerden, die amtsärztliche Überprüfung privatärztlicher Atteste von Beamtinnen und Beamten sowie Beschäftigten, die Berechnung und Festsetzung von Mutterschutzfristen für Beamtinnen und Beschäftigte sowie der Elternzeit für Beamtinnen und Beamte sowie für Beschäftigte sowie die Entscheidung über den Eintritt in den Ruhestand von Beamtinnen und Beamten bei Erreichung der Altersgrenze ist nur auf die Leiterinnen und Leiter der berufsbildenden Schulen übertragen worden.

c) **Sonderurlaub, Arbeitsbefreiung, Erholungsurlaub**

Die Befugnisse im Zusammenhang mit der Entscheidung über Sonderurlaub für Beamtinnen und Beamte nach der Niedersächsischen Sonderurlaubsverordnung, über Sonderurlaub und Arbeitsbefreiung für Beschäftigte nach dem TV-L sowie über Erholungsurlaub richtet sich nach Nr. 3 und Nr. 4 des Gem. RdErl. d. MK u. d. MS v. 22.01.2018.

d) **Unterstützung der Schulen durch die Schulbehörde, Fachaufsicht**

Die Schulen werden nach Nr. 5 des o.a. Erlasses werden bei der Wahrnehmung der ihnen übertragenen Aufgaben und Befugnisse durch Dienstleistungen der nachgeordneten Schulbehörde (§ 119) unterstützt.

e) **Gewährung von Rechtsschutz, Vertretung vor Gericht**

Die Entscheidung über die Gewährung von Rechtsschutz bzw. die Vertretungsbefugnisse vor Gericht richtet sich nach Nr. 6 bzw. Nr. 8 des o.a. Erlasses.

f) **Befugnisse nach dem Niedersächsischen Besoldungsgesetz**

Die Entscheidung über Befugnisse für die Anerkennung von Zeiten als Erfahrungszeiten richten sich nach Nr. 7 des o.a. Erlasses.

2 **Zu Abs. 1:** Auch die kleinste Schule hat eine von der Schulbehörde bestellte Leiterin oder einen bestellten Leiter mit höherwertigem Amt. Eine Schulleiterin oder einen Schulleiter haben auch die Schulen, denen im Rahmen einer Besonderen Ordnung eine kollegiale Schulleitung genehmigt wurde. Ist die Schulleiterin oder der Schulleiter abwesend (Erkrankung, Dienstreise, Fortbildung), wird die Schule von der ständigen Vertreterin oder dem ständigen Vertreter geleitet. Wo es keine ständige Vertretung gibt (Schulen mit weniger als 180 Schülerinnen und Schülern), übernimmt in Absprache mit der Schulaufsicht die dienstälteste Lehrkraft die Leitung.

Dass die Schulleiterin oder der Schulleiter die **Gesamtverantwortung** »für die Schule« trägt, gilt seit dem ÄndG 93. Das Gesetz zur Einführung der Eigenverantwortlichen Schule vom 17.07.2006 (ÄndG 06) hat die Gesamtverantwortung für die »Qualitätssicherung und Qualitätsentwicklung« hinzugefügt. Zuvor hatten die Schulleiterinnen und Schulleiter für diesen Bereich lediglich zu »sorgen« gehabt, was die Verpflichtung bedeutet, die Sicherungs- und Entwicklungsprozesse in Gang zu bringen und erfolgreich

Schulverfassung § 43   **NSchG**

zu betreiben. Nunmehr sind sie auch für die Ergebnisse verantwortlich. Die Gesamtverantwortung erstreckt sich auf alle Bereiche der Schule: Unterricht, Erziehung, außerunterrichtliche Veranstaltungen, Schulleben, Eigenverwaltung. Damit die Schulleiterinnen und Schulleiter ihr gerecht werden können und damit die Schule jederzeit den ihr in § 2 erteilten Bildungsauftrag erfüllen kann, hat das NSchG ihnen das dafür nötige Instrumentarium an die Hand gegeben:

- Recht zur Entscheidung in Eilfällen in Angelegenheiten, für die sonst ein anderes Gremium zuständig wäre (siehe Abs. 3 Satz 2),
- Recht zur Entscheidung in allen Angelegenheiten, in denen nicht ein anderes Gremium zuständig ist (siehe Abs. 3 Satz 1),
- Recht zur Erteilung von Weisungen (siehe Abs. 2 Satz 1),
- Recht zum Besuch der Lehrkräfte im Unterricht und zu ihrer Beratung (siehe Abs. 2 Satz 1),
- Pflicht zur Beanstandung von Beschlüssen anderer Gremien (siehe Abs. 5),
- Ausübung des Hausrechts (§ 111 Abs. 2),
- Vorsitz in der Gesamtkonferenz und in ihrem Eltern-Lehrer-Schüler-Ausschuss (§ 39 Abs. 2) sowie im Schulvorstand (Abs. 4 Nr. 2),
- Recht zur Teilnahme an den Sitzungen aller Teilkonferenzen (§ 36 Abs. 4) und aller Ausschüsse (§ 39 Abs. 6),
- Recht zur Einberufung von Teilkonferenzen (§ 36 Abs. 4) und Ausschüssen (§ 39 Abs. 6) in bestimmten Fällen,
- Recht zur Mitbestimmung bei der Festlegung der Teilkonferenz- (§ 36 Abs. 4) und Ausschusstermine (§ 39 Abs. 6),
- Übernahme des Vorsitzes in bestimmten Teilkonferenzen (§ 36 Abs. 4).

Entsprechende Rechte haben die Leiterinnen und Leiter berufsbildender Schulen bezüglich der Bildungsgangs- und Fachgruppen (§ 35a Abs. 1 Satz 3).

Zu Abs. 2: 3

a) Aus der Vorgesetzteneigenschaft der Schulleiterin oder des Schulleiters folgt, dass sie oder er berechtigt ist, allen an der Schule tätigen Personen, also nicht nur den Lehrkräften, in dienstlichen Angelegenheiten **Weisungen** zu erteilen (siehe auch § 111 Abs. 2 Satz 2). Ihre oder seine auf den schulischen Dienstbetrieb bezogene Weisung ist kein Verwaltungsakt. Deswegen entfaltet der Widerspruch einer Lehrkraft gegen eine solche Weisung der Schulleitung, z.B. in einer Konfliktsituation Unterrichtsvorbereitungen oder Klassenarbeiten vorzulegen, auch keine aufschiebende Wirkung (OVG Lüneburg, Beschluss vom 03.08.1999, Az.: 5 M 2250/99). Grundsätzlich **weisungsfrei** ist der Bereich von Unterricht und Erziehung, in dem die Lehrkräfte in eigener pädagogischer Verantwortung tätig sind (siehe Anm. 1 zu § 33 und Anm. 1 zu § 50). Aus dem Katalog der Aufgaben, die der Schulleiterin oder dem Schulleiter auch in einer kollegialen Schulleitung vorbehalten bleiben (§ 44 Abs. 4 Satz 2), folgt, dass das Weisungsrecht nicht auf andere Personen übertragen werden kann. Auf sie delegierte Aufgaben erfüllen die Inhaberinnen und Inhaber höherwertiger Ämter im Auftrage der Schulleiterin oder des Schulleiters; sie können damit faktisch ein Weisungsrecht in Anspruch nehmen.

Als Ausfluss des Weisungsrechts kommt der Schulleiterin oder dem Schulleiter auch das Recht zu, **Dienstbesprechungen** anzuberaumen. Für die Einberufung und Durchführung gibt es keine Formvorschriften. Gegenstand der Dienstbesprechung kann alles sein, was die Schulleiterin oder der Schulleiter im Zusammenhang mit der Wahrnehmung der Gesamtverantwortung für wichtig hält.

Weiterhin kommt der Schulleiterin oder dem Schulleiter das Recht zu, bestimmte **Präsenzzeiten** für Lehrkräfte während der Schulferien zu bestimmen (VG Hannover, Urt. v. 19.04.2002 – 13 A 5390/00). Eine derartige Weisung findet ihre Rechtsgrundlage in § 51 Abs. 1 Satz 4, wonach jede Lehrkraft verpflichtet ist, Aufgaben im Rahmen der Eigenverwaltung der Schule und andere schulische Aufgaben außerhalb des Unterrichts zu übernehmen.

Lehrkräfte haben grundsätzlich den Weisungen ihrer Vorgesetzten nachzukommen, unabhängig davon, ob die Weisung rechtmäßig oder rechtswidrig erfolgt ist. Nur wenn das aufgetragene Verhalten strafbar, ordnungswidrig oder die Würde des Menschen verletzt (§ 36 Abs. 2 Satz 3 BeamtStG) sind Weisungen nicht zu befolgen. Bei einer rechtswidrigen Weisung haben die Lehrkräfte das Recht und die Pflicht zur Remonstration. Die **Remonstration** bewirkt den Übergang der Verantwortung auf den nächsthöheren Vorgesetzten (vgl. § 120 Anm. 4).

Gegenüber den **Konferenzen** und gegenüber dem **Schulvorstand** steht der Schulleiterin oder dem Schulleiter ein Weisungsrecht nicht zu. Sie oder er hat zwar das Recht, die Gesamtkonferenz oder bei Bedarf Teilkonferenzen einzuberufen; soweit sie oder er Vorsitzende oder Vorsitzender ist, hat sie oder er für die Tagesordnung zu sorgen. Bei Nichtentscheidung der Konferenz oder des Schulvorstandes hat die Schulleiterin oder der Schulleiter in Eilfällen die Notkompetenz nach Abs. 3 Satz 2 oder bei fehlerhaftem Beschluss das Einspruchsrecht nach Abs. 5.

Den vor der Konferenzsitzung oder Schulvorstandssitzung gestellten Antrag, einen Gegenstand auf die Tagesordnung zu setzen, für den Konferenz oder Schulvorstand nicht zuständig sind, kann die Schulleiterin oder der Schulleiter ablehnen. Wird innerhalb einer Sitzung der Antrag gestellt, so hat die Schulleiterin oder der Schulleiter über die Rechtslage aufzuklären, notfalls abstimmen zu lassen und gegebenenfalls Einspruch nach Abs. 5 einzulegen.

Die Ausweitung des Weisungsrechts auf das **Personal des Schulträgers** wird in § 111 Abs. 2 Satz 2 wiederholt. Insofern bedarf es der klarstellenden Regelung in § 111 Abs. 2 Satz 2 eigentlich nicht. Das Weisungsrecht ist aus der Vorgesetztenstellung abzuleiten (in § 3 Abs. 3 NBG ist geregelt, dass

Vorgesetzte oder Vorgesetzter ist, wer dafür zuständig ist, der Beamtin oder dem Beamten für die dienstliche Tätigkeit Weisungen zu erteilen). Anders als zum Beispiel § 26 Abs. 3 Satz 2, 2. Halbsatz Schulgesetz Rheinland-Pfalz (»Das Weisungsrecht nach Satz 1 Halbsatz 1 erstreckt sich auf das Verwaltungs- und Hilfspersonal sowie die Betreuungskräfte der Schule; das Weisungsrecht des Schulträgers bleibt im Übrigen unberührt«) wird das Weisungsrecht in Niedersachsen den Schulleitungen unbeschränkt zugesprochen (so z.B. auch § 42 Abs. 3 Schulgesetz Sachsen: »Für den Schulträger führt der Schulleiter die unmittelbare Aufsicht über die an der Schule tätigen, nicht im Dienst des Freistaates stehenden Mitarbeiter; er hat ihnen gegenüber die aus der Verantwortung für einen geordneten Schulbetrieb sich ergebende Weisungsbefugnis«). In Niedersachsen war vor Einführung der Eigenverantwortlichen Schule im Jahr 2006 das Weisungsrecht dagegen noch auf einen bestimmten Aufgabenbereich innerhalb der Schule beschränkt, diese Beschränkung ist jedoch mit der Stärkung der Stellung der Schulleitung durch die Eigenverantwortliche Schule aufgehoben worden. In der Gesetzesbegründung (Drs. 15/2824) ist dazu ausgeführt: »Die neue Nummer... macht die Stärkung des Schulleiters deutlich. Die Regelung entspricht weitgehend inhaltlich der Regelung des bisherigen Absatzes 3 sowie des § 111 Abs. 2 Satz 3, d. h., dass die Schulleiterin oder der Schulleiter selbstverständlich ein Weisungsrecht gegenüber allen an der Schule Beschäftigten behält«.

Die Schulleiterin oder der Schulleiter hat gegenüber dem Schulträgerpersonal allerdings nicht die Stellung eines sog. Dienstvorgesetzten. Sie oder er ist folglich nicht für dienst- bzw. arbeitsrechtliche Entscheidungen über die persönlichen Angelegenheiten, die das sog. Grundverhältnis bzw. den Kern des Arbeitsverhältnisses berühren (z.B. Einstellung, Beendigung, Disziplinarmaßnahmen, Beurlaubung, Anordnung von Überstunden, Abschluss von Dienstvereinbarungen) zuständig. Dies obliegt dem jeweiligen Schulträger als Dienstherr bzw. Arbeitgeber. Insoweit bleibt das arbeitsrechtliche Weisungsrecht des Schulträgers bestehen. Nach § 106 Gewerbeordnung kann der Arbeitgeber Inhalt, Ort und Zeit der Arbeitsleistung nach billigem Ermessen näher bestimmen, soweit diese Arbeitsbedingungen nicht durch den Arbeitsvertrag, Bestimmungen einer Betriebsvereinbarung, eines anwendbaren Tarifvertrages oder gesetzliche Vorschriften festgelegt sind. Dies gilt auch hinsichtlich der Ordnung und des Verhaltens der Arbeitnehmer im Betrieb. Bei Angelegenheiten, die sich aus dem Recht des kommunalen Schulträgers als Dienstherrn ergeben, insbesondere bei allen Entscheidungen in arbeits- und tarifrechtlichen Angelegenheiten, besteht eine Weisungsbefugnis der Schulleitung daher nur, wenn sie der Schulträger im Einzelfall auf den Schulleiter ausdrücklich übertragen hat.

Außerhalb des Weisungsrechts des Dienstvorgesetzten gilt das umfassende schulrechtliche Weisungsrecht des Abs. 2 jedoch auch für das Schulträgerpersonal. Der Arbeitnehmer muss, um seine Hauptpflicht aus dem Arbeitsvertrag zu erfüllen, die richtige Arbeit am richtigen Ort zur richtigen

Zeit leisten. Im Arbeitsvertrag ist in der Regel nicht abschließend geregelt, was genau der Arbeitnehmer tun muss, um seine Hauptpflicht zu erfüllen. Die Arbeitspflicht des Arbeitnehmers muss deshalb konkretisiert werden. Diesem Zweck dient das Direktionsrecht des Arbeitgebers, welches gesetzlich auf die Schulleiterin oder den Schulleiter übergeleitet ist. Daher ist die Schulleiterin oder der Schulleiter befugt, allen an der Schule Tätigen für ihre dienstliche Tätigkeit sachliche und persönliche Anweisungen zu geben sowie ihnen gegenüber Entscheidungen zu treffen. Wenngleich bei Ausübung des Weisungsrechts durch die Schulleiterin oder den Schulleiter auf die Eingruppierung (arbeits- oder tarifrechtliche Angelegenheit) des Schulträgerpersonals Rücksicht genommen werden muss, darf das schulgesetzlich verankerte Weisungsrecht nicht durch die Ausgestaltung des Arbeitsvertrages zwischen Schulträger und Schulträgerpersonal oder allgemeine Dienstanweisungen derart beschnitten werden, dass die Schulleiterin oder der Schulleiter ihrer oder seiner gesetzlichen Gesamtverantwortung nach Abs. 1 nicht gerecht werden kann. Insoweit haben schulische Angelegenheiten in der Regel Vorrang vor den Weisungen des Schulträgers (so auch *Rux*, Rz. 1043). Um die eingruppierungsrechtlich relevanten auszuübenden Tätigkeiten festzulegen, ist durch den Schulträger auch kein Negativkatalog nicht auszuführender Arbeiten aufzustellen, da sich die Eingruppierung immer nur an den tatsächlich übertragenden Aufgaben ausrichtet. Unzulässig wäre zum Beispiel, wenn ein Schulträger seinen Hausmeister anweist, nicht mehr während der Unterrichtszeit anwesend zu sein, sodass die Schulleitung eventuelle Arbeitsaufträge zur Sicherstellung eines ordnungsgemäßen Schulbetriebes (z.B.: Wartung Heizung, Beseitigung von Gefahrenquellen, Sicherstellung ausreichender Beleuchtung) nicht unmittelbar durchsetzen kann. Im Übrigen ist die Organisation des Schulbetriebes sowie die Durchführung des Unterrichtes eine staatliche Kernaufgabe, die der grundrechtlich verankerten Schulaufsicht untersteht. Daher muss sichergestellt sein, dass die Schule den Schulbetrieb so organisiert, dass die parlamentarisch verantwortliche Ministerin oder der parlamentarisch verantwortliche Minister in einem hierarchisch strukturierten Behördensystem durch Ausübung ihres oder seines Weisungsrechts auf alle wesentlichen Entscheidungen unmittelbar Einfluss nehmen kann. Dieses ist nicht gegeben, wenn ein nicht unwesentlicher Bereich der Schule in der Verantwortung von Beschäftigten liegt, die nicht der unmittelbaren Weisungsbefugnis des Staates unterliegen und somit nicht der umfassenden Aufsicht des Staates unterfallen. Nach der Rechtsprechung des Bundesverfassungsgerichtes [BVerfGE 93, 37 (70)] muss bei Entscheidungen von Bedeutung für die Erfüllung eines Amtsauftrages die Letztentscheidung eine dem Parlament verantwortlichen Verwaltungsträgers gesichert sein. In der hierarchisch strukturierten staatlich-administrativen Organisation muss es daher eine Person geben, die in der Weisungskette für das Handeln der Behörde verantwortlich ist. Art. 7 Abs. 1 GG bzw. Art. 4 Abs. 2 Satz 2 NV beinhaltet die grundsätzliche Berechtigung und Verpflichtung des Staates, Aufsichtsbefugnisse gegenüber dem gesamten öffentlichen Schulwesen geltend zu machen. Entgegen der häufig von Schulträgern geäußerten Ansicht gibt es auch keinen Rechtsgrundsatz, wonach an Schulen tätige Bedienstete, die in einem Dienst- oder Arbeitsverhältnis zum Schulträger stehen, nur für »Schulträgeraufgaben« eingesetzt werden dürfen. Umgekehrt hat das Verwaltungsgericht Lüneburg (Urteil vom 27.06.2007, Az.: 10 A 18/06) entschieden, dass Lehrkräfte auch zur Übernahme von Verwaltungsaufgaben verpflichtet sind. Insoweit greift auch die oftmals herangezogene Unterscheidung zwischen »inneren Schulangelegenheiten« und »äußeren Schulangelegenheiten«, die auf die Steinsche Städteordnung von 1808 zurückgeht, nicht, zumal sich beide Bereiche ohnehin nicht eindeutig voneinander trennen lassen.

Sogenannte Integrationshelfer oder Talentscouts des Leistungssports sind keine an der Schule tätigen Personen. Gleichwohl kann die Schulleiterin oder der Schulleiter im Rahmen des Hausrechtes diesem Personenkreis Weisungen erteilen.

b) Die Schulleiterin oder der Schulleiter hat alle Lehrkräfte unabhängig davon, ob dazu ein besonderer Anlass besteht, etwa eine Elternbeschwerde oder eine auffällige Häufung nicht ausreichender Zensuren in Klassenarbeiten, im Unterricht zu besuchen und im Anschluss daran ein Beratungsgespräch zu führen. Die Formulierung im Gesetz (»... besucht und **berät** die an der Schule tätigen Lehrkräfte **im Unterricht...**«) ist missverständlich. Der Gesetzgeber ist davon ausgegangen, dass mit der Bestellung zur Schulleiterin oder zum Schulleiter die für Besuch und Beratung erforderliche pädagogische Kompetenz als vorhanden angesehen werden kann. Die Besuchs- und Beratungspflicht muss insbesondere im Zusammenhang der Gesamtverantwortung der Schulleiterin oder des Schulleiters für die Qualitätssicherung und Qualitätsentwicklung (siehe Anm. 2) gesehen werden.

Die Entscheidung darüber, in welchen zeitlichen Abständen und in welcher Reihenfolge Lehrkräfte im Unterricht besucht werden, trifft die Schulleiterin oder der Schulleiter nach pflichtgemäßem Ermessen. Unangemeldete Unterrichtsbesuche sind zulässig (Beschl. des OVG Lüneburg vom 15.05.2009, Az.: 5 ME 39/6), sollten aber nur im Ausnahmefall vorgenommen werden. Ein Eingriff in das Unterrichtsgeschehen ist der Schulleitung verwehrt. Um den Eindruck gar nicht erst entstehen zu lassen, Unterrichtsbesuche als Disziplinierungsmittel gegenüber missliebigen Lehrkräften zu missbrauchen, ist jede Schulleitung gut beraten, ihre Besuchspraxis dem Lehrerkollegium und der Personalvertretung zu erläutern. Das Besuchsrecht ist nicht übertragbar, auch nicht auf andere Mitglieder einer kollegialen Schulleitung (siehe § 44 Abs. 4). Dem häufig geäußerten Einwand, eine Schulleiterin oder ein Schulleiter eines größeren Systems, könne ihrer oder seiner Besuchspflicht mangels Kapazitäten faktisch gar nicht nachkommen, ist der Gesetzgeber nicht gefolgt. Ohne Zustimmung der besuchten Lehrkraft darf sich die Schulleiterin oder der Schulleiter auch nicht von einer anderen Person, etwa einem Fachberater, begleiten lassen.

Aus dem Recht zum Unterrichtsbesuch folgt auch das Recht der Schulleiterin oder des Schulleiters, sich die Unterrichtsvorbereitung einschließlich der Klassenarbeiten vor dem Unterrichtsbesuch vorlegen zu lassen. Diese Anordnung dient der Überprüfung, ob sich die Lehrkraft bei der Unterrichtsgestaltung an die für sie nach § 50 Abs. 1 Satz 2 bindenden Vorgaben hält. Dieses Recht kann jedoch nicht als »Daueranforderung« ausgestaltet werden.

Unterrichtsbesuche haben nicht die Qualität eines Verwaltungsakts, weil es ihnen an einer Rechtswirkung nach außen fehlt. Sie können also nicht mit Widerspruch und Klage angefochten werden. Betroffene Lehrkräfte können aber ggf. den Beschwerdeweg beschreiten (§ 104 NBG).

c) Maßnahmen zur **Personalwirtschaft** hat die Schulleiterin oder der Schulleiter zu treffen, wenn der Schule ein Personalbudget zur Verfügung steht (siehe Anm. 1). Im Rahmen der **Personalentwicklung** soll sie oder er den an der Schule Tätigen Möglichkeiten eröffnen, ihre Leistungsfähigkeit und Leistungsbereitschaft noch besser zur Geltung zu bringen. Es sollen Perspektiven gezeigt, Belastungen erkannt und Anreize zur Wahrnehmung bestimmter Fortbildungsangebote gegeben werden. Dazu wird die Leiterin oder der Leiter mit den Betroffenen Gespräche führen. Die Niedersächsische Laufbahnverordnung (NLVO) spricht in diesem Zusammenhang von »strukturierten Mitarbeitergesprächen« (§ 2 Abs. 2 NLVO). Das förmliche Mitarbeiter-Vorgesetzten-Gespräch einschließlich der Möglichkeit des Abschlusses von Zielvereinbarungen steht als Instrument dann zur Verfügung, wenn darüber eine Vereinbarung mit der Personalvertretung zustande gekommen ist (zum **Personaleinsatz** siehe Anm. 5).

d) Die Sorge für die Einhaltung der **Rechtsvorschriften** (Gesetze, Verordnungen) und der **Verwaltungsvorschriften** (Erlasse, Verfügungen – siehe »Einführung« Nr. 2) sowie der **Schulordnung** (allgemeine Regelungen für das Verhalten in der Schule) erstreckt sich auf alle Bereiche der Schule: Unterricht, Erziehung, Schulleben, Umgang mit der Eltern- und Schülervertretung, Arbeit der Konferenzen und Ausschüsse usw. Diese Aufgaben erfüllt die Schulleiterin oder der Schulleiter dadurch, dass sie oder er sich Informationen verschafft, Kontrolle ausübt und gegenüber allen an der Schule Tätigen auf die Beachtung der Vorschriften hinwirkt. Unter Umständen wird sie oder er vom Weisungsrecht Gebrauch machen, Beschlüsse der Konferenzen, Ausschüsse, Bildungsgangs- oder Fachgruppen und des Schulvorstandes beanstanden (siehe Anm. 6) und gegebenenfalls der Schulbehörde berichten.

e) Beispiele Einhaltung Rechtsvorschriften:

Alkohol und Rauchen: Das Rauchen und der Konsum alkoholischer Getränke sind im Schulgebäude und auf dem Schulgelände während schulischer Veranstaltungen sowie bei Schulveranstaltungen außerhalb der Schule verboten. Die Schule entwickelt unter Einbeziehung der Schülerschaft und der Erziehungsberechtigten ein Präventionskonzept mit dem Ziel, die heutige und zukünftige Generation vor den gesundheitlichen, gesellschaftlichen, umweltrelevanten und wirtschaftlichen Folgen des Tabak- und Alkoholkonsums sowie des Passivrauchens zu schützen. Der Schulelternrat muss dem Konzept zustimmen. Das Präventionskonzept ist jährlich neu zu beschließen. In Schulen mit einem Schulprogramm ist das Präventionskonzept in die Schulprogrammentwicklung aufzunehmen. Im Einzelfall sind von dem Verbot alkoholischer Getränke Ausnahmen zulässig. Eine Befreiung von Schülerinnen und Schülern ist nur zulässig bei Schülerinnen und Schülern des Sekundarbereichs II, die das 16. Lebensjahr vollendet haben. Unter Anlegung eines strengen Maßstabs können von dem Verbot die Schulleiterin oder der Schulleiter bei besonderen Gelegenheiten (z.B. Schulentlassungsfeiern, Jubiläen usw.) sowie die Aufsicht führende Lehrkraft bei Schulveranstaltungen außerhalb der Schule befreien. Wenn an der Schulveranstaltung minderjährige Schülerinnen und Schüler teilnehmen, ist die Zustimmung der jeweiligen Klassenelternschaften erforderlich.

Annahme von Belohnungen, Geschenken und sonstigen Vorteilen: Der Gem. RdErl. des Niedersächsischen Ministeriums für Inneres und Sport, der Niedersächsischen Staatskanzlei und der übrigen Ministerien zum Verbot der Annahme von Belohnungen, Geschenken und sonstigen Vorteilen gilt auch für die Lehrkräfte (Beamtinnen und Beamte sowie Beschäftigte) sowie sonstige Schulbedienstete im Landesdienst. Die Lehrkräfte und sonstigen Schulbediensteten sind von der Schulleitung in regelmäßigen Abständen, mindestens jedoch einmal jährlich, über das Verbot der Annahme von Belohnungen, Geschenken und sonstigen Vorteilen zu belehren. Neu ist seit 2017: Die Belehrungen sind in nachvollziehbarer Weise zu dokumentieren.

Arbeitsschutz: Welche Aufgaben Schulleiterinnen und Schulleiter im Zusammengang mit dem Arbeitsschutz an Schulen zu erledigen haben (z.B. Bestellung von Sicherheitsbeauftragten, Einrichtung eines Arbeitsschutzausschusses), regelt der Erlass vom 02.01.2017. Die Verantwortung für die Einhaltung der arbeitsschutzrechtlichen Bestimmungen tragen die Schulleiterinnen und Schulleiter. Unter anderem haben die Schulleiterinnen und Schulleiter

- die in der Dienststelle Beschäftigten über die Belange von Sicherheit und Gesundheitsschutz bei der Arbeit zu informieren und zur Mitwirkung zu motivieren,

- für eine geeignete Organisation von Sicherheit und Gesundheitsschutz in der Dienststelle zu sorgen und auf die Bereitstellung der erforderlichen Mittel hinzuwirken,

- geeignete Personen als Sicherheitsbeauftragte zu bestellen und einen Arbeitsschutzausschuss einzurichten (nur bei Schulen mit regelmäßig mehr als 20 Beschäftigten),

- die Arbeitsbedingungen der Beschäftigten im Hinblick auf Gefährdung der Sicherheit und der Gesundheit zu beurteilen, Verbesserungsmaßnahmen zu planen, durchzuführen, auf Wirksamkeit zu prüfen und den gesamten Prozess zu dokumentieren (sogenannte Gefährdungsbeurteilung),

- Maßnahmen zu treffen, die zur Ersten Hilfe, Brandbekämpfung und Evakuierung der in der Schule anwesenden Personen erforderlich sind, und unter Beteiligung der Personalvertretung, der Gleichstellungsbeauftragten und der Schwerbehindertenvertretung die dafür zuständigen Beschäftigten schriftlich zu beauftragen,

- zu gewährleisten, dass die Beschäftigten befähigt sind, bei der Erfüllung ihrer Aufgaben die für die Sicherheit und den Gesundheitsschutz zu beachtenden Bestimmungen einzuhalten,
- die Beschäftigten im erforderlichen Umfang, mindestens aber jährlich über die Bestimmungen zur Aufrechterhaltung eines sicheren Dienstbetriebes und über bestehende Gefahren am Arbeitsplatz zu unterweisen,
- sich zu vergewissern, dass Beschäftigte anderer Arbeitgeber, die in der Dienststelle tätig werden, angemessene Anweisungen hinsichtlich möglicher Gefahren für Sicherheit und Gesundheit bei diesen Tätigkeiten erhalten haben,
- Mängel am Gebäude, am Grundstück oder an der Einrichtung der Dienststelle, die Sicherheit und Gesundheit gefährden können, unverzüglich dem zuständigen Schulträger anzuzeigen und auf ihre Beseitigung hinzuwirken; im Fall der Übertragung budgetierter Mittel eigenständig Maßnahmen zur Beseitigung der Mängel zu treffen und bei erheblicher Gefährdung sofortige Maßnahmen zur Gefahrenabwehr zu veranlassen,
- Meldungen von Unfällen der Beschäftigten weiterzuleiten und die Möglichkeit von Präventionsmaßnahmen zu prüfen.

Im Rahmen der Gefährdungsbeurteilung ist die Schulleiterin oder der Schulleiter verpflichtet, die Arbeitsbedingungen der Beschäftigten im Hinblick auf Gefährdung der Sicherheit und der Gesundheit unter Berücksichtigung aller Faktoren der Arbeitsumgebung einschließlich psychosozialer Belastungen, der Arbeitsorganisation, der arbeitenden Menschen und der auftretenden Wechselwirkungen zu erheben, zu beurteilen, Verbesserungsmaßnahmen zu planen, durchzuführen, auf Wirksamkeit zu prüfen, sich ändernden Gegebenheiten anzupassen und den gesamten Prozess zu dokumentieren. Zur Unterstützung der Schulen und Studienseminare bei der Umsetzung der arbeitsschutzrechtlichen Bestimmungen sind in der nachgeordneten Schulbehörde (§ 119) Stabsstellen für Arbeitsschutz und Gesundheitsmanagement in Schulen und Studienseminaren eingerichtet. Dort stehen Arbeitsmediziner und Arbeitspsychologen, Fachkräfte für Arbeitssicherheit sowie Beauftragte für Suchtfragen zur Verfügung. Beratungsleistungen können von den Schulen und Studienseminaren bei den jeweils zuständigen AUG-Beraterinnen und AUG-Beratern über das Portal »Beratung und Unterstützung« der nachgeordneten Schulbehörde (§ 119) abgerufen werden. Da der Arbeitsschutz ein Teilaspekt des beamtenrechtlichen Fürsorgeanspruchs ist, wendet sich das Arbeitsschutzgesetz grundsätzlich an den Arbeitgeber, der auch die Kostenpflicht hat. § 3 Abs. 3 ArbSchG verbietet im Übrigen die Kosten des Arbeitsschutzes den Beschäftigten aufzuerlegen.

Aufsichtspflicht: Die Schulleitung trägt für die Einhaltung der schulischen Aufsichtspflicht die Gesamtverantwortung.

Schulverfassung § 43 — NSchG

Beglaubigungen: Schulen dürfen nur die von ihnen ausgestellten Zeugnisse beglaubigen.

Beurlaubung vom Schulbetrieb (Unterrichtsbefreiung): Die Schulleitung kann Schülerinnen und Schüler in Niedersachsen maximal drei Monate vom Schulbesuch beurlauben. Im Niedersächsischen Schulgesetz ist keine Möglichkeit einer weiterreichenden Beurlaubung vorgesehen.

Bundeswehr: Informationen über die Bundeswehr im Pflichtteil des Schulunterrichts sind verfassungsrechtlich grundsätzlich zulässig. Dies gilt allein schon deshalb, weil die Streitkräfte Teil des Staates und verfassungsrechtlich verankert sind (u. a. Art. 65a, 87a und b, 115a GG). Die Leitung der Informationsveranstaltung muss aber bei der Schule verbleiben. Je umstrittener in der Öffentlichkeit die Inhalte der Veranstaltung sind, desto eher muss die Schule auf die Ausgewogenheit achten. Eine gezielte Beeinflussung der Schülerinnen und Schüler in eine bestimmte Richtung ist verfassungsrechtlich unzulässig. Geht es bei der Informationsveranstaltung um die verschiedenen Karrieremöglichkeiten im Bereich der Bundeswehr, ist es für eine neutrale und ausgewogene Informationsvermittlung erforderlich, den Schülerinnen und Schülern auch die Vielfalt beruflicher Werdegänge außerhalb der Bundeswehr aufzuzeigen. Geht es um politischere Themen, wie z.B. Einsätze der Bundeswehr im Ausland oder Übergriffe bei der Ausbildung von Rekruten, muss die Schule ausgewogene politische Sichtweisen vermitteln. Dies kann die Schule sicherstellen, indem sie z.B. zu einer Veranstaltung auch einen militärkritischen Vertreter einlädt oder im Vorfeld der Veranstaltung die Schülerinnen und Schüler für kritische Aspekte sensibilisiert. Was die Wehrdienstberatung anbelangt, kann ein Vertreter der Bundeswehr auf die Möglichkeit individueller Beratungsgespräche hinweisen; denn diese Termine sind ein staatliches Beratungsangebot in Ausgestaltung des Art. 12a GG. Es ist dann an der Schule eine ggf. erforderliche Neutralität herzustellen, z.B. indem die Lehrkraft auf weitere Beratungsangebote von z.B. kirchlichen Trägern hinweist. Solange keine einseitige Beeinflussung der Schülerinnen und Schüler vorliegt, darf ein Vertreter der Bundeswehr bei Gelegenheit der Informationsveranstaltung auch Termine mit interessierten Schülerinnen und Schülern vereinbaren; dies sollte, da nicht unmittelbar vom Lehrplan gedeckt, aber möglichst außerhalb der Unterrichtsstunde geschehen, also z.B. in der an die Unterrichtsstunde anschließenden Pause. Schulen können somit eigenverantwortlich darüber entscheiden, ob und wie sie freiwillige Angebote der Bundeswehr in ihren eigenen Unterricht einbauen.

Datenschutzbeauftragte: Nach Art. 37 DSGVO müssen an öffentlichen Schulen Datenschutzbeauftragte bestellt werden. An den vier Standorten der nachgeordneten Schulbehörden (§ 119) sollen langfristig jeweils zwei »Beauftragte für Datenschutzangelegenheiten der Schulen« pro RLSB bestellt werden, die sowohl über datenschutzrechtliche Kenntnisse als auch Informatikkenntnisse verfügen. Zu den Aufgaben der »Beauftragen für Datenschutzangelegenheiten der Schulen« gehört dann vornehmlich die Beratung der örtlichen Datenschutzbeauftragten der Schulen. Daneben soll aber auch die Möglichkeit bestehen, dass die Beauftragten von einzelnen Schulen als Datenschutzbeauftragte gemäß Art. 37 DSGVO bestellt werden können.

Dienstweg: Der Dienstweg ist in § 36 Abs. 2 BeamtStG geregelt: Bedenken gegen die Rechtmäßigkeit dienstlicher Anordnungen haben Beamtinnen und Beamte unverzüglich auf dem Dienstweg geltend zu machen. Wird die Anordnung aufrechterhalten, haben sie sich, wenn die Bedenken fortbestehen, an die nächst höhere Vorgesetzte oder den nächst höheren Vorgesetzten zu wenden. Wird die Anordnung bestätigt, müssen die Beamtinnen und Beamten sie ausführen und sind von der eigenen Verantwortung befreit. Dies gilt nicht, wenn das aufgetragene Verhalten die Würde des Menschen verletzt oder strafbar oder ordnungswidrig ist und die Strafbarkeit oder Ordnungswidrigkeit für die Beamtinnen oder Beamten erkennbar ist.

Erste Hilfe, Brandschutz, Evakuierung: Die Schulleitung hat dafür zu sorgen, dass die für Erste Hilfe, Brandschutz und Evakuierung erforderlichen Einrichtungen und Ausstattungsgegenstände instand gehalten oder bei Bedarf geschaffen werden. Die weiteren Anforderungen ergeben sich aus einem Erlass des MK.

E-Zigaretten: Nach Nr. 1 des RdErl. d. MK zum Rauchen und Konsum alkoholischer Getränke in der Schule vom 07.12.2012 (SVBl. S. 30) ist das Rauchen und der Konsum alkoholischer Getränke im Schulgebäude und auf dem Schulgelände während schulischer Veranstaltungen sowie bei Schulveranstaltungen außerhalb der Schule verboten. Da der Erlass eindeutig die pädagogische Zielsetzung verfolgt, Schülerinnen und Schüler präventiv vor den gesundheitlichen Gefahren des Rauchens zu schützen, sind auch E-Zigaretten von dem Verbot umfasst.

Facebook: Im Rahmen ihres Lehrauftrages sollten Schulen soziale Netzwerke als Lehrgegenstand benutzen, um bei den Schülerinnen und Schülern die Medien- und Datenschutzkompetenz zu erhöhen. Allerdings ist hierfür im Unterricht die nötige Distanz durch Nutzung anonymisierter Accounts zum Medium einzuhalten, um Risiken darzustellen. Explizite Regelungen oder gar ein Verbot zum Umgang mit sogenannten sozialen Netzwerken wie z.B. »Facebook« gibt es in Niedersachsen allerdings nicht. Es ist aber aus Gründen des Datenschutzes deutlich davon abzuraten, Facebook oder ähnliche kommerziell betriebene Netzwerke bei der schulischen Arbeit zu benutzen.

Ferienvertretung: Die Schulleitungen haben in eigener Verantwortung sicherzustellen, dass die Schule auch in den Ferien erreichbar ist. Es entspricht der Verwaltungspraxis, dass die Schulleitungen die Erreichbarkeit der Schule sowie etwaige Vertretungsregelungen für die Schulleitung der Schulbehörde mitteilen.

Filme in Schulen: Die Wiedergabe von privat erworbenen Filmen (DVD, Blue-ray, Videokassette) im Schulunterricht ist als nicht öffentlich einzustufen und daher erlaubt. Gleiches gilt für nicht nur vorübergehend gebildete Gruppen (z.B. in der gymnasialen Oberstufe oder bei klassenübergreifendem Religions- oder Sprachunterricht). Nur bei Filmvorführungen außerhalb des Klassenverbandes (Zusammenfassung mehrerer Klassen, Projekttage, Schulveranstaltungen etc.) dürfen Filme ausschließlich mit entsprechender Lizenzierung eingesetzt werden. Sofern daher ein Filmwerk vor einer Schulklasse oder einer anderen kleinen, regelmäßig zusammen unterrichteten Gruppe, etwa einer Seminargruppe von Referendarinnen und Referendaren an einem Studienseminar, wiedergegeben wird, ist die Nutzung dieser Werke nicht öffentlich. Damit liegt keine urheberrechtlich relevante Nutzungshandlung vor; eine Lehrkraft kann also beispielsweise einen Film vollständig vor der Klasse zeigen, weil es sich nicht um eine öffentliche Wiedergabe handelt. Ein Vergütungsanspruch wird dadurch nicht ausgelöst und der Erwerb einer Lizenz ist nicht erforderlich.

Fotokopieren an Schulen: Das Fotokopieren aus Schulbüchern an Schulen ist seit dem Jahr 2008 auf eine erweiterte rechtliche Grundlage gestellt worden, die das Urheberrechtsgesetz ergänzt. Ein Vertrag zwischen den Ländern der Bundesrepublik Deutschland und den Verwertungsgesellschaften VG Wort, VG Bild-Kunst, VG Musikedition sowie den Schulbuchverlagen, vertreten durch die Vereinigung der Schulbuch- und Bildungsmedienverlage (VdS Bildungsmedien), legt fest, in welchem Rahmen Kopien für Unterrichtszwecke konkret hergestellt werden dürfen. Damit ist für die Schulen Rechtssicherheit gegeben.

Fotos von Lehrkräften: Fotos von Lehrkräften dürfen nach einem Urteil des Verwaltungsgerichtes Koblenz vom 06.09.2019 – 5 K 101/19. KO – in einem schulischen Schuljahrbuch veröffentlicht werden, wenn sich die Lehrkraft freiwillig für die Fotos zur Verfügung gestellt hat. Die Veröffentlichung von Fotos auf der Schulhomepage ist aber nicht zulässig.

Freiheitsberaubung: Das Abschließen des Klassenraumes kann nach einem Urteil des Amtsgericht Neuss aus dem Jahr 2016 strafrechtlich den Tatbestand der Freiheitsberaubung sowie der Nötigung verwirklichen. Eine bestimmte Dauer der Freiheitsberaubung ist nicht erforderlich. Das Urteil ist allerdings vom Landgericht Düsseldorf im Jahr 2017 aufgehoben worden. Siehe auch Nachsitzen.

Gefährdungsbeurteilung: Der RdErl. des MK »Sicherheit und Gesundheitsschutz bei der Arbeit der Landesbediensteten in Schulen und Studienseminaren (Arbeitsschutz in Schulen)« überträgt die Arbeitgeberpflichten des Landes nach § 13 Abs. 1 Arbeitsschutzgesetz (ArbSchG) im Rahmen ihrer übrigen dienstlichen Pflichten und Befugnisse den Dienststellenleiterinnen und Dienststellenleitern (Schulleiterinnen oder Schulleiter). Die Schulleiterin oder der Schulleiter ist verpflichtet, die Arbeitsbedingungen der Beschäftigten im Hinblick auf Gefährdung der Sicherheit und der Gesundheit unter Berücksichtigung aller Faktoren der Arbeitsumgebung einschließlich psychosozialer Belastungen, der Arbeitsorganisation, der arbeitenden Menschen und der auftretenden Wechselwirkungen zu erheben, zu beurteilen, Verbesserungsmaßnahmen zu planen, durchzuführen, auf Wirksamkeit zu prüfen, sich ändernden Gegebenheiten anzupassen und den gesamten Prozess zu dokumentieren (Gefährdungsbeurteilung). Zur

Unterstützung der Schulen und Studienseminare bei der Umsetzung der arbeitsschutzrechtlichen Bestimmungen sind in den Regionalabteilungen der nachgeordneten Schulbehörde (§ 119) Stabsstellen für Arbeitsschutz und Gesundheitsmanagement (AUG) in Schulen und Studienseminaren eingerichtet. Dort stehen Arbeitsmediziner und Arbeitspsychologen, Fachkräfte für Arbeitssicherheit sowie Beauftragte für Suchtfragen zur Verfügung. Beratungsleistungen können von den Schulen und Studienseminaren bei den jeweils zuständigen AUG-Beraterinnen und AUG-Beratern über das Portal »Beratung und Unterstützung« der nachgeordneten Schulbehörde (§ 119) abgerufen werden.

Gesundheitsförderung: Nach der Empfehlung zur Gesundheitsförderung und Prävention in der Schule (Beschluss der KMK v. 15.11.2012) hat die Schulleitung in der Umsetzung des Gesundheitsmanagements und der Gesundheitsförderung im Rahmen der schulischen Personal- und Organisationsentwicklung eine zentrale Funktion und Verantwortung.

Hausrecht: Die Schulleiterin oder der Schulleiter übt das Hausrecht im Auftrag des Schulträgers aus. Im Fall eines öffentlich-rechtlichen Hausverbotes (s. Anm. 3 zu § 111) kann es mündlich ausgesprochen werden, ist aber anschließend schriftlich zu begründen. Von einer vorherigen Anhörung kann abgesehen werden, wenn das Hausverbot zur unmittelbaren Abwehr einer bereits eingetretenen Störung dient. Die oder der Betroffene kann gegen das Hausverbot mit Widerspruch und Anfechtungsklage vorgehen. Widerspruch und Klage haben nach § 80 Abs. 1 Satz 1 VwGO aufschiebende Wirkung, die Schule kann das Hausverbot aber für sofort vollziehbar erklären. Im Falle eines zivilrechtlichen Hausverbotes (s. Rz. 3 zu § 111) besteht die Möglichkeit, hiergegen im Wege einer Unterlassungsklage analog § 1004 Abs. 1 Satz 2 BGB vorzugehen. Für den Fall der Abwesenheit der Schulleiterin oder des Schulleiters übt die Vertreterin oder der Vertreter das Hausrecht aus. Für bestimmte Zeiten (z.B. Spätnachmittags) oder bestimmte Örtlichkeiten (z.B. Sportplatz) kann das Hausrecht auch einzelnen Lehrkräften oder dem Personal des Schulträgers (z.B. Hausmeister) übertragen werden.

Handy: Lehrkräfte dürfen zu erzieherischen bzw. pädagogischen Maßnahmen greifen, um Störungen vom Unterricht fernzuhalten. Zu diesen Maßnahmen gehört zum Beispiel die Einziehung von Gegenständen und somit auch von Handys. Dabei ist jedoch der Grundsatz der Verhältnismäßigkeit zu beachten. Die Einziehung darf somit nur zeitweise erfolgen. Stört eine Schülerin oder ein Schüler durch die Nutzung des Handys den Unterricht, so darf die Lehrkraft das Handy für die Dauer des Unterrichts oder auch für den Schultag wegnehmen. Die Wegnahme für mehrere Tage ist dagegen unzulässig (a. A. VG Berlin, Urteil v. 04.04.2017 – VG 3 K 797.15 –, wonach das Handy auch über das Wochenende eingezogen werden darf). Ebenfalls unzulässig ist eine vorsorgliche Wegnahme. Das Einziehen ist rechtlich als öffentlich-rechtliche Verwahrung anzusehen.

Hitzefrei: Für einzelne oder alle Klassen von Schulen des Primarbereichs und des Sekundarbereichs I kann durch die Schulleiterin oder den Schulleiter

Schulverfassung § 43   NSchG

Hitzefrei gegeben werden, wenn der Unterricht durch hohe Temperaturen in den Schulräumen erheblich beeinträchtigt wird und andere Formen der Unterrichtsgestaltung nicht sinnvoll erscheinen. Da Oberstufenschülerinnen und -schüler anders belastbar als Kinder und Jugendliche sind, sind sie von der generellen Regelung ausgenommen. Dennoch ist auf die gesundheitliche Verfassung der Schülerinnen und Schüler zu achten. Diese können sich auch bei Beeinträchtigungen aufgrund der hohen Temperaturen vom Unterricht befreien lassen. Sollte es den älteren Schülerinnen und Schülern trotz ausreichender Flüssigkeit und schattigen Pausen im Klassenraum zu heiß werden, bleibt es den Lehrkräften überlassen, ihren Unterricht unter anderen Bedingungen angenehmer zu gestalten. Eine Unterrichtsstunde kann beispielsweise auch im schattigen Hof, kühleren Kellerräumen oder in einem nahegelegenen Waldstück stattfinden. Darüber hinaus sollten Lehrkräfte und Schulleitung darauf achten, Prüfungen, Klausuren oder sportliche Aktivitäten nicht während großer Hitze durchzuführen.

Homepage: Für Urheberrechtsverletzungen auf der Homepage einer staatlichen Schule ist nicht der (kommunale) Schulträger verantwortlich, sondern das Land als Dienstherr oder Arbeitgeber des Lehrpersonals (Landgericht Hamburg Urt. v. 22.01.2013 – 310 O 27/12; OLG Frankfurt, Urt. v. 09.05.2017 – Az. 11 U 153/16; OLG Celle, Urt. v. 09.11.2015 – Az. 13 U 95/15). Die Letztverantwortung trifft somit die Schulleiterin oder den Schulleiter.

Hygieneplan: § 36 Abs. 1 Nr. 1 i.V. m. § 33 Infektionsschutzgesetz (IfSG) verpflichtet u. a. Schulen zur Festlegung von Hygieneplänen über innerbetriebliche Verfahrensweisen und regelt die Überwachung der Infektionshygiene durch Gesundheitsämter. Für die Erstellung der Pläne enthält das IfSG keine Vorgaben, sondern überlässt dies weitgehend dem Ermessen der jeweiligen Einrichtung. Für die baulichen Anlagen, deren Unterhaltung und Renovierung sowie für die Gebäudetechnik ist nach § 108 Abs. 1 Satz 1 NSchG der kommunale Schulträger zuständig. Die Schulleiterin oder der Schulleiter trägt die Gesamtverantwortung für die Schule. Gemeinsam mit dem Schulträger hat die Schulleitung dafür zu sorgen, dass ein Hygieneplan aufgestellt wird, in dem die innerbetrieblichen Verfahrensweisen zur Infektionshygiene für die Schule festgelegt werden. Näheres siehe § 108, Anm. 4.

Jugendschutz: Das Jugendschutzgesetz (JuSchG) dient dem Schutz von Kindern und Jugendlichen bis zur Vollendung des 18. Lebensjahres und enthält in Bezug auf diesen Personenkreis Abgabe- und Konsumverbote zu Alkohol, Tabak und andere nikotinhaltige Produkte in der Öffentlichkeit. Diese Verbote gelten auch für nikotinfreie Erzeugnisse, wie elektronische Zigaretten oder elektronische Shishas. Der Konsum von tabak- und nikotinfreien Wasserpfeifen ist ebenfalls vom Anwendungsbereich des Jugendschutzgesetzes erfasst.

Klassenkasse: Die private Führung von Konten von Lehrkräften für schulische Aufgaben ist unzulässig. Zahlungen aufgrund kurzfristig anstehender Leistungen (z.B. Erwerb von Eintrittskarten für Theater), kann die Schule per Überweisung oder bar leisten. Es handelt sich dann um Mittel in der kurzfristigen Verwahrung des Landes (öffentlich-rechtliche Verwahrung). Der Erlass »Führung von Girokonten durch die Schulen/Online-Banking« sieht unter 4.4 auch die Möglichkeit von Barkassen (Tranferskassen) vor. Die Bewirtschaftung von Barmitteln ist auf die Landesaufgaben Lernmittelausleihe und Schulfahrten begrenzt. Für die Einrichtung einer Transferkasse ist die Führung eines Schulgirokontos erforderlich. Die Verantwortung liegt bei der Schulleitung. Die Transferkasse darf nur einen laufenden Bestand von bis zu 500,-- EUR aufweisen. Die Bargeldbestände sind diebstahlsicher z.b. in einem Schulsafe aufzubewahren.

Klassenzuweisung: Das Verwaltungsgericht Hannover hat mit Beschluss vom 30.06.2017 – Az.: 6 B 5376/17 – entschieden, dass Schülerinnen und Schüler keinen Anspruch auf Zuweisung zu einer bestimmten Klasse haben. Insbesondere folge ein solcher Anspruch nicht aus dem grundgesetzlich geschützten Recht auf freie Entfaltung der Persönlichkeit nach Art. 2 Abs. 1 GG. Verfassungsrechtlich bedenklich sei eine schulorganisatorische Maßnahme erst dann, wenn sie für die Entwicklung des Kindes offensichtlich nachteilig sein würde.

Körperliche Durchsuchung: Schülerinnen und Schüler, die im Verdacht stehen, eine Straftat zu begehen oder gegen die Schulordnung zu verstoßen, können in der Schule während der Schulzeit nicht durch die Schulleitung oder Lehrkräfte einer einfachen körperlichen Untersuchung unterzogen werden. Gleichfalls ist es unzulässig, dass Lehrkräfte die von den Schülerinnen und Schülern mitgeführten Gegenstände (Kleidung, Schultaschen etc.) durchsuchen. Siehe auch § 58.

Körperliche Züchtigung: Die körperliche Züchtigung von Schülerinnen oder Schülern ist unzulässig. Darunter versteht man jede Form der Disziplinierung durch körperliche Gewalt. Ausnahme: In Notwehr- oder Nothilfesituationen ist körperliche Gewalt nach Gefahrenlage zulässig.

Körperverletzung: Es liegt keine vorsätzliche Körperverletzung vor, wenn eine Lehrkraft eine Schülerin oder einen Schüler ohne Züchtigungsabsicht am Arm zieht, um sie oder ihn aus der Klasse zu zerren (Landgericht Berlin, Beschluss vom 18.12.2009 [Az: 518 Qs 60/09]).

Korruptionsstraftaten: Artikel 9 des Zivilrechtsübereinkommens über Korruption des Europarates lässt es zu, Korruptionsstraftaten nach § 331 bis 337 StGB ohne Verstoß gegen die Verschwiegenheitspflicht (§ 37 Abs. 2 Satz 1 Nr. 3 BeamtStG) anzuzeigen.

Krankschreibung, Erscheinen im Dienst: Weiß die Schulleiterin oder der Schulleiter, dass eine Lehrkraft und eine sonstige Mitarbeiterin oder ein sonstiger Mitarbeiter arbeitsunfähig ist, besteht in der Regel keine Verpflichtung, die Person nach Hause zu schicken. Ist die Person offensichtlich schwer krank und nicht in der Lage zu arbeiten, muss der Arbeitgeber sie nach Hause schicken. Das gebietet die Fürsorgepflicht.

Schulverfassung § 43

Kranzspenden und Nachrufe: Der gem. RdErl. d. MI, d. StK u.d. übr. Ministerien v. 08.01.1993 (Nds. MBl. S. 130) i.d.F. v. 06.07.1994 (MBl. S. 1072) ist am 01.05.2005 außer Kraft getreten. Bereits in der Fassung von 1994 waren für ausgeschiedene Bedienstete keine Kranzspenden oder Nachrufe vorgesehen. Seit diesem Zeitpunkt ist es den nachgeordneten Behörden überlassen, wie sie mit den Kranzspenden und Nachrufanzeigen umgehen. Danach wird seit Jahren so verfahren, dass den ehemaligen Beschäftigten keine Kranzspenden und Nachrufe gewährt werden.

Eine öffentliche Anerkennung der Leistung der/des Verstorbenen für das Land Niedersachsen findet somit nicht statt.

Kritik an Vorgesetzten: Öffentliche Kritik an Vorgesetzten von Lehrkräften ist nur ausnahmsweise und unter der Einschränkung zulässig, dass sie in der Öffentlichkeit nicht mit falschen Angaben zur Sache, verkürzt wieder gegebenem Sachverhalt und verzerrender Darstellung der Rechtslage operieren dürfen. Dieses Verbot beschneidet sie nicht in unzulässiger Weise in ihrer Meinungsfreiheit. Von ihr – der Meinungsfreiheit – dürfen Lehrkräfte nur unter Beachtung der Regeln von Wahrheit und Fairness Gebrauch machen; anderenfalls überschreiten sie die Grenzen zulässiger Kritik.

Lausbefall: Nach §§ 33, 34 Abs. 5 Infektionsschutzgesetz (IfSG) hat bei Aufnahme des Kindes in der Schule eine verpflichtende Belehrung der Eltern bzw. Erziehungsberechtigten über die Informationspflicht gegenüber der Schule bei Kopflausbefall zu erfolgen. Sofern in einem Einzelfall dann aufgrund einer Mitteilung der Eltern bzw. Erziehungsberechtigten oder anhand anderer Umstände der ernsthafte Verdacht auf Kopflausbefall besteht, wobei eine körperliche Untersuchung durch die Schule nicht erfolgen darf, hat dann eine Mitteilung der Schulleitung an das zuständige Gesundheitsamt zu erfolgen. Im Übrigen hat eine verpflichtende Belehrung der Eltern bzw. Erziehungsberechtigten durch die Schulleitung zum Kopflausbefall mit Handlungsanweisungen und Durchführungserklärung zu erfolgen. Da für Schülerinnen und Schüler mit Kopflausbefall nach dem IfSG ein Betretensverbot besteht, hat die Schulleitung die befallenden Kinder vom Unterricht auszuschließen. Eine Einverständniserklärung der Eltern, dass die Kinder für die gesamte Zeit, die sie an der Schule verbringen, von Bevollmächtigten der Schule gelaust werden dürfen, ist nicht zulässig.

Lebensmittelunternehmer: Die Verantwortung für die Sicherheit der Speisen trägt der Lebensmittelunternehmer. Er ist dafür verantwortlich, dass die Anforderungen des Lebensmittelrechts in den seiner Kontrolle unterstehenden Mensen erfüllt werden. Übernehmen Schulen diese Aufgabe, sind sie Lebensmittelunternehmer.

Masern: Zum 01.03.2020 ist das sogenannte Masernschutzgesetz in Kraft getreten. Das Gesetz sieht zum einen im Hinblick auf schulpflichtige Kinder vor, dass vor Aufnahme in die erste Klasse ein Nachweis vorgelegt werden muss, dass ausreichender Impfschutz oder eine Immunität gegen Masern vorliegen. Zum anderen regelt das Gesetz, dass ein entsprechender

Nachweis für bereits in Schulen aufgenommene schulpflichtige Kinder bis zum 31.07.2021 erbracht werden muss. Schulpflichtige Kinder können aber auch nach Inkrafttreten des Gesetzes bei nicht erfolgter Impfung gegen Masern nicht vom Schulbesuch ausgeschlossen werden, da sie der Schulpflicht unterliegen. Bei Zuwiderhandlung gegen die Nachweispflicht in Schule können Bußgelder erhoben werden. Gemeinschaftseinrichtungen im Sinne des Gesetzes sind solche Einrichtungen, in denen überwiegend minderjährige Personen betreut werden. In dem Masernschutzgesetz werden beispielhaft Einrichtungen enumerativ aufgeführt. 1. Kindertageseinrichtungen und Kinderhorte, 2. die nach § 43 Absatz 1 des Achten Buches Sozialgesetzbuch erlaubnispflichtige Kindertagespflege, 3. Schulen und sonstige Ausbildungseinrichtungen 4. Heime und 5. Ferienlager. In den hier relevanten Einrichtungen nach 1–3 muss der Nachweis geführt werden. Staatlich berufsbildende Schulen sind in der Regel nicht erfasst.

Konkret ist für die beiden o.g. Personengruppen folgendes Verfahren im Gesetz vorgesehen:

aa) Schulpflichtige Kinder vor Aufnahme in die erste Klasse:

Schulpflichtige Kinder müssen vor ihrer Aufnahme in die erste Klasse einen Impfnachweis gegen Masern erbringen. Das Gesundheitsamt kann in diesem Zusammenhang bestimmen, dass der Nachweis der Masernimpfung, der vor der Aufnahme in die erste Klasse einer allgemein bildenden Schule vorzulegen ist, im Rahmen der Erhebungen nach § 34 Absatz 11 IfSG vorzulegen ist. § 34 Absatz 11 IfSG legt fest, dass bei Erstaufnahme in die erste Klasse einer allgemein bildenden Schule das Gesundheitsamt oder der von ihm beauftragte Arzt den Impfstatus zu erheben hat und die hierbei gewonnenen aggregierten und anonymisierten Daten über die oberste Landesgesundheitsbehörde dem Robert Koch-Institut zu übermitteln hat. Zukünftig könnte dann im Rahmen dieser Erhebung auch der Nachweis der Masernimpfung erbracht werden.

bb) Bereits in einer Schule aufgenommene schulpflichtige Kinder:

Personen, die am 01.03.2020 bereits in einer Schule aufgenommen sind, haben den Nachweis bis zum 31.07.2021 zu erbringen. Wenn der Nachweis nicht erbracht wird, benachrichtigt die Leitung der Einrichtung, hier die Schulleitung, unverzüglich das Gesundheitsamt, in dessen Bezirk sich die Einrichtung befindet, und übermittelt dem Gesundheitsamt personenbezogene Angaben. Das Gesundheitsamt kann sodann entscheiden, welche Maßnahmen zur Durchsetzung der Verpflichtungen aus dem Gesetz ergriffen werden. Das Gesundheitsamt kann aber lediglich gegenüber Personen, die keiner gesetzlichen Schulpflicht unterliegen, die in § 20 Abs. 12 IfSG genannten Verbote, wie z.B. das Betretungsverbot, erteilen. Aus der Gesetzesbegründung zum Masernschutzgesetz ergibt sich allerdings, dass ein entsprechendes Verbot (bei nicht schulpflichtigen Schülerinnen und Schülern) nicht in Frage kommen dürfte, wenn es sich um Personen handelt, die bislang keiner gesetzlichen Schulpflicht unterlagen, die Ausbildung an einer Schule oder sonstigen Ausbildungseinrichtung aber noch regulär beenden wollen. In Bezug auf schulpflichtige Kinder kommt lediglich als letzte Konsequenz ein Bußgeldverfahren in Betracht.

cc) Lehrkräfte:

Personen, die in Gemeinschaftseinrichtungen oder medizinischen Einrichtungen tätig sind wie Erzieherinnen und Erzieher, Lehrkräfte, Tagespflegepersonen und medizinisches Personal – soweit all diese Personen nach 1970 geboren sind – müssen ebenfalls einen Impfnachweis vorlegen. Bereits an der Schule tätige Lehrkräfte müssen insoweit einen ausreichenden Impfschutz nach Empfehlungen der ständigen Impfkommission oder eine Immunität gegen Masern bis zum 31.07.2021 der Leitung der jeweiligen Einrichtung nachweisen. Wenn der Nachweis nicht erbracht wird, muss das Gesundheitsamt informiert werden und kann die zur Vorlage verpflichteten Personen zu einer Beratung laden und weitere Maßnahmen ergreifen. Lehrkräfte, die trotz Bußgeldes bis zum 31. Juli 2021 keinen Impfnachweis erbringen, können Kitas oder Schulen nicht mehr betreten und dort auch nicht mehr beschäftigt werden. Arbeitsrechtliche Maßnahmen können die Folge sein, wie z.B. Abmahnungen oder auch Kündigungen. Bei verbeamteten Lehrkräften können beamtenrechtliche Maßnahmen angefangen von Abordnungen über Versetzungen bis hin zu Besoldungskürzungen und schlussendlich auch Disziplinarverfahren die Folge sein. Sofern Lehrkräfte verbeamtet sind, greift zudem § 14 Niedersächsisches Besoldungsgesetz, sodass der Verlust des Anspruchs auf Besoldung festgestellt werden kann. Beschäftigte ohne Impfnachweis verlieren ihren Entgeltanspruch aus dem Arbeitsverhältnis. Zwar müsste der Arbeitgeber den Beschäftigten nach § 56 Abs. 5 IfSG grundsätzlich eine Entschädigung vorstrecken, jedoch sieht § 56 Abs. 1 Satz 3 IfSG vor, dass keine Entschädigung erhält, wer das Zutritts- und Tätigkeitsverbot durch Inanspruchnahme einer vorgeschriebenen oder öffentlich empfohlenen Schutzimpfung oder anderen Maßnahme der Prophylaxe hätte vermeiden können.

dd) Sonstiges Schulpersonal und Ehrenamtliche:

Neben den Lehrkräften sind in der Einrichtung die in § 53 genannten Personen tätig. Das sind u.a. die pädagogischen Mitarbeiterinnen und Mitarbeiter, Schulassistentinnen und Schulassistenten, Personen die im Rahmen von Ganztagsbeschulung außerunterrichtliche Angebote durchführen sowie das Schulträgerpersonal. Erfasst sind durch das Masernschutzgesetz aber auch Hausmeister, Küchen- und Reinigungspersonal, Ehrenamtliche, Integrationshelferinnen und Integrationshelfer, Freiwilligendienstleistende sowie Praktikanten. Ob in einer Einrichtung anwesende Personen unter die Masernimpfpflicht fallen, hängt davon ab, ob diese Personen regelmäßig (nicht nur für wenige Tage) und nicht nur zeitlich ganz vorübergehend in der Einrichtung tätig sind. Nicht erfasst dürften daher sein: Erziehungsberechtigte z.B. bei gelegentlichen Elternabenden oder Unterrichtshospitationen, externe Handwerker, Politiker bei Schulbesuchen, Gäste bei Schulfesten.

ee) Ausnahmen:

Wer aus medizinischen Gründen nicht geimpft werden kann, muss ein ärztliches Attest vorlegen.

ff) Meldeverfahren:

Schülerinnen und Schüler und Lehrkräfte und weiteren in der Einrichtung tätigen Personen, die nach dem 31.12.1970 geboren sind, haben vor Beginn der Betreuung oder Tätigkeit gegenüber der Schulleitung entweder

1. ihren ausreichenden Impfschutz gegen Masern oder
2. eine Immunität gegen Masern oder medizinische Kontraindikation oder
3. eine Bestätigung einer anderen staatlichen Stelle oder einer anderen gesetzlich erfassten Gemeinschaftseinrichtung über den Nachweis nach Nr. 1 oder Nr. 2 zu erbringen.

Wenn der Nachweis nicht vorgelegt oder erbracht wird oder eine Impfung er zu einem späteren Zeitpunkt möglich oder vervollständigt werden kann, erfolgt eine unverzügliche Meldung an das Gesundheitsamt. Das Gesundheitsamt kann dann geeignete Maßnahmen treffen.

gg) Bußgeldverfahren:

Das Gesetz regelt die Bußgeldbewehrung der Pflicht zur Vorlage eines Nachweises und der Pflicht der Leitung der Einrichtung zur Benachrichtigung des Gesundheitsamtes. Als Maßnahme zur Durchsetzung der Verpflichtungen des Nachweises eines entsprechenden Impfschutzes gegen Masern kommt zukünftig die Veranlassung eines Bußgeldverfahrens nach § 73 Absatz 1a Nummer 7a IfSG in Betracht. Die Höhe des Bußgeldes richtet sich nach § 73 Abs. 2 IfSG und kann bis zu einer Höhe von 2.500 EUR festgesetzt werden. Die Verhängung eines Bußgeldes hat keinen unmittelbaren Einfluss auf die Schulpflicht.

hh) Datenschutz:

Zudem ist eine Verpflichtung der betroffenen Personen vorgesehen, der Schule einen Nachweis über den Impfschutz vorzulegen. Bei dem Nachweis handelt es sich um ein besonders geschütztes Datum im Sinne des Art. 9 DSGVO. Die Rechtsgrundlage zur Verarbeitung dieser besonders geschützten Daten in der Schule (Archivierung in Papierakten oder elektronische Speicherung) wird durch § 31 Abs. 10 Nr. 1 h gewährleistet. Die Schulen müssen aber hinsichtlich dieser Daten besondere Schutzmaßnahmen nach § 17 Abs. 2 bis 4 NDSG (z.B. verschlossene Briefumschläge) treffen.

Medikamente: Lehrkräfte sind – von der Notfallhilfe abgesehen – grundsätzlich nicht verpflichtet, Kindern regelmäßig Medikamente zu verabreichen, ihnen Hilfestellungen zu geben bzw. darauf zu achten, dass Kinder die Medikamente zur richtigen Zeit und in der richtigen Dosierung einnehmen oder sie zur Einnahme anzuhalten, wenn sie sich weigern. Es handelt sich hier um Maßnahmen im außerschulischen Verantwortungsbereich. Im Notfall sind aber auch Lehrkräfte zur Hilfeleistung verpflichtet. Zu erbringen

Schulverfassung § 43 **NSchG**

ist die erforderliche Hilfe, die nach den konkreten Umständen zumutbar, insbesondere ohne erhebliche eigene Gefahr und ohne Verletzung anderer wichtiger Pflichten möglich ist. In Notfällen können daher Lehrkräfte – wie jedermann – zur Verabreichung von Medikamenten verpflichtet sein.

Mobilität: Nach der Empfehlung zur Mobilitäts- und Verkehrserziehung in der Schule (Beschluss der KMK vom 07.07.1972 i. d. F. vom 10.05.2012) ist die Mobilitäts- und Verkehrserziehung eine übergreifende Bildungs- und Erziehungsaufgabe der Schule.

Mutterschutz: Verantwortlich für die Einhaltung der Regelungen des Mutterschutzgesetzes ist der jeweilige Arbeitgeber. Da im öffentlichen Schulwesen die Lehrkräfte in einem Beschäftigungsverhältnis zum Land sowie die Schülerinnen und Schüler in einem öffentlich-rechtlichen Schulverhältnis zum Land stehen, ist die jeweilige Schulleitung der öffentlichen Schule Verantwortliche. Bei Schulen in freier Trägerschaft ist dies der jeweilige Träger, der die Verantwortung jedoch auf die Schulleitung delegieren kann.

Um den Mutterschutz zu verbessern, müssen Schulleiterinnen und Schulleiter für jeden Arbeits- oder Schulplatz eine anlassunabhängige Gefährdungsbeurteilung – also egal, wer dort arbeitet (z.B. nur Männer) und ob eine Arbeitnehmerin oder Schülerin schwanger ist – vornehmen. Jeder Arbeits- oder Schulplatz muss daraufhin überprüft werden, ob hier besondere Schutzbedürfnisse für schwangere oder stillende Frauen bestehen (§ 10 Abs. 1 Nr. 1 MuSchG). (Insbesondere Grund-) Schulen können aber die Gefährdungsbeurteilung, die sie ohnehin anlasslos für Lehrkräfte durchzuführen haben, für Schülerinnen übernehmen. Unter Berücksichtigung des Ergebnisses der Gefährdungsbeurteilung ist zu ermitteln, ob Schutzmaßnahmen erforderlich und gegebenenfalls welche Schutzmaßnahmen durch eine Umgestaltung des Arbeitsplatzes erforderlich sein werden. Weiterhin ist zu ermitteln, ob eine Fortführung der Tätigkeit der Schwangeren an dem Arbeits- oder Schulplatz möglich sein wird (§ 10 Abs. 1 Nr. 2 MuSchG). Sobald die Schwangere der Schulleiterin oder dem Schulleiter mitgeteilt hat, dass sie schwanger ist, hat die Schulleiterin oder der Schulleiter die gegebenenfalls erforderlichen Schutzmaßnahmen festzulegen (§ 10 Abs. 2 MuSchG). Zudem muss die Schulleiterin oder der Schulleiter der Schwangeren ein Gespräch über Anpassungen der Arbeits- oder Lernbedingungen anbieten und gegebenenfalls weitere notwendige Schutzmaßnahmen festlegen. Bis die erforderlichen Schutzmaßnahmen getroffen sind, darf die Schwangere nicht weiter tätig sein (§ 10 Abs. 3 MuSchG). Die oben genannten Schritte sind zu dokumentieren und in der Schule ist darüber umfassend zu informieren (§ 14 MuSchG). Die weitere Pflicht der Schulleiterin oder des Schulleiters ist es die zuständige Aufsichtsbehörde (zuständiges Gewerbeaufsichtsamt) über die Schwangerschaft der Arbeitnehmerin oder Schülerin zu informieren (§ 27 MuSchG).

Weitere Pflichten der Schulleiterin oder des Schulleiters sind:

- Freistellung der Schülerin zur Wahrnehmung von ärztlichen Untersuchungen bei Schwangerschaft und Mutterschaft (§ 7 Abs. 1 MuSchG);

- Sicherstellung, dass schwangere oder stillende Schülerin sich in Pausen oder bei »Auszeiten« setzen, hinlegen oder ausruhen kann (§ 9 Abs. 3 Satz 1 MuSchG), wobei auf die vorhandene schulische Infrastruktur zurückgegriffen werden kann;
- Verpflichtung zum Aushang des Gesetzes (§ 26 MuSchG);
- Empfehlung: Benennung einer Vertrauenslehrkraft als Ansprechperson für schwangere und stillende Schülerinnen.

Nach § 9 Abs. 6 MuSchG hat der Arbeitgeber (Land) die Kosten für Zeugnisse und Bescheinigungen zu tragen. Davon sind auch Atteste des behandelnden Arztes sowie mögliche Fortbildungskosten umfasst. Schulgesetzlich sind im Innenverhältnis zwischen Land und Schulträger die Schulträger nach dem Kostenlastprinzip zur Übernahme der Sachkosten verpflichtet. Dies betrifft die Kosten für Zeugnisse, Bescheinigungen und Atteste.

Nachsitzen: Das sog. »Nachsitzen« ist kein unzulässiger Eingriff in die körperliche Bewegungsfreiheit der Schülerinnen und Schüler. Das »Nachsitzenlassen« ist als eine schulrechtlich zulässige Erziehungsmaßnahme anzusehen, die eine Lehrkraft verhängen darf, damit versäumter Unterrichtsstoff nachgeholt wird. Voraussetzung ist allerdings die vorherige Benachrichtigung der Erziehungsberechtigten. Kein »Nachsitzenlassen« ist das geringfügige Überziehen der Unterrichtsstunde über den Schulgong hinaus, da die Schulstunde durch die Lehrkraft und nicht durch einen Schulgong beendet wird. Von der Frage der schulgesetzlichen Zulässigkeit des »Nachsitzenlassens« ist die Frage zu unterscheiden, ob Lehrkräfte Schülerinnen und Schüler durch Ausübung von Zwang (z.B. Abschließen des Klassenraums von innen) daran hindern können, gegen ihren Willen den Klassenraum zu verlassen. Ein derartiges »erzwungenes Nachsitzen« könnte den Tatbestand einer Freiheitsberaubung nach § 239 StGB verwirklichen. Dort ist geregelt: »Wer einen Menschen einsperrt oder auf andere Weise der Freiheit beraubt, wird mit Freiheitsstrafe bis zu fünf Jahren oder mit Geldstrafe bestraft«. Objektiv liegt eine Freiheitsberaubung vor, wenn eine Lehrkraft ihre Schülerinnen und Schüler einsperrt oder auf andere Weise der Freiheit beraubt, solange es sich nicht um eine ganz kurzfristige Beschränkung der Fortbewegungsfreiheit handelt. Auch wenn – wie oben ausgeführt – das Schulrecht den Lehrkräften das Nachsitzen im Sinne einer Nacharbeit von versäumtem Unterrichtsstoff erlaubt, bedeutet dies jedoch nicht, dass eine Lehrkraft diese mit Gewalt – z.B. durch Abschließen des Klassenzimmers oder durch Blockade des Ausgangs – im Sinne eines »erzwungenen Nachsitzens« vollstrecken darf. Es ist schlicht unverhältnismäßig, den Schülerinnen und Schülern das Verlassen des Raumes mit Zwang oder Gewalt zu verwehren. Das heißt, selbst wenn das Nachsitzen tatsächlich schulrechtlich gerechtfertigt ist, ist zumindest das Verhalten des Durchsetzens nicht mehr von der schulrechtlichen Grundlage abgedeckt. Daher ist das Abschließen des Klassenraums, um zu verhindern, dass die Schülerinnen und Schüler den Raum verlassen können, selbst wenn die Lehrkraft mit im Klassenraum verbleibt, grundsätzlich als Freiheitsberaubung zu werten. Obwohl eine Mittel-Zweck-Relation wie

Schulverfassung § 43 **NSchG**

bei der Nötigung bei der Freiheitsberaubung keine Rolle spielt, so muss jedoch hier die Frage gestellt werden, ob sozial vertretbares Handeln den Tatbestand einer Freiheitsberaubung nicht ausschließt. Dies ist zumindest in den Fällen zu bejahen, bei denen sich die Schülerinnen und Schüler laut Stundenplan ohnehin in der Schule aufhalten müssen und das Schulgelände nicht verlassen dürften. Ob aber auch die Fälle darunter zu fassen sind, bei denen die Lehrkraft die Schülerinnen und Schüler über das Schulende hinaus »erzwungen« Nachsitzen lässt, dürfte zweifelhaft sein. Hier gilt: Je länger und intensiver der Entzug der Freiheitsrechte (Dauer, Intensität, Folgen wie Bus/Zug verpassen pp.), je eher wird tatsächlich von einer Freiheitsberaubung auszugehen sein.

Nebenakten: Zur Erfüllung der Schulleitungsaufgaben führt jede Schulleiterin und jeder Schulleiter über die an ihren Schulen beschäftigten Lehrkräfte sowie über die übrigen in einem unmittelbaren Dienstverhältnis zum Land stehenden Mitarbeiterinnen und Mitarbeiter an den Schulen (§ 53 Abs. 1 Satz 1) Personalnebenakten. Hierbei handelt es sich um Personalakten, die Unterlagen enthalten, deren Inhalt sich auch in der Grundakte oder in Teilakten befindet. Es ist daher sicherzustellen, dass die jeweiligen Unterlagen im Original oder als Doppel zur Aufnahme in die Grund- oder Teilakte an die zuständige Schulbehörde weitergeleitet werden. Bei der Aktenführung ist darauf zu achten, dass nur solche personenbezogenen Daten in die Akte aufgenommen werden, die in einem unmittelbaren inneren Zusammenhang mit dem Dienstverhältnis der Bediensteten stehen (Personalaktendaten) und deren Kenntnis zur Bearbeitung der Personalvorgänge in der Schule erforderlich ist.

Nebentätigkeit: Beamtinnen und Beamte können grundsätzlich eine Nebentätigkeit ausführen, solange die Nebentätigkeit nicht zu Konflikten mit dem dienstlichen Interesse oder zu einer übermäßigen Beanspruchung führt. In Bezug auf die Ausübung einer Nebentätigkeit sind § 40 BeamtStG, §§ 70 ff. NBG sowie die Niedersächsische Nebentätigkeitsverordnung zu beachten. Eine Nebentätigkeit muss, soweit sie anzeigepflichtig ist, dem Dienstvorgesetzten grundsätzlich einen Monat vorher schriftlich angezeigt werden (vgl. § 75 NBG, § 40 BeamtStG).

Online-Banking (Schulgirokonto): Über das Schulgirokonto können aus dem Schulbudget resultierende Zahlungsvorgänge abgewickelt werden. Das können u. a. sein: Abwicklung von Klassenfahrten, entgeltliche Ausleihe von Schulbüchern, Reisekostenabrechnungen der Lehrkräfte nach Klassenfahrten, Zahlung von Honoraren nach schulinternen Fortbildungen, Zahlungsvorgänge für Kooperationsverträge im Bereich der Ganztagsschulen. Verantwortlich für die ordnungsgemäße Abwicklung aller Zahlungsvorgänge aus dem Schulbudget ist die Schulleitung; sie ist rechenschaftspflichtig gegenüber dem Schulvorstand. Die Schulleitung ist gegenüber allen Bediensteten der Schule weisungsbefugt und kann Aufgaben der Kontoführung geeigneten Mitarbeiterinnen und Mitarbeitern in der Schule übertragen. Öffentliche Schulen sind grundsätzlich nicht verpflichtet, ein eigenes Girokonto zu führen. Zahlungen im Zusammenhang mit der entgeltlichen Lernmittelausleihe, mit der Durchführung von Schulfahrten und für sonstige durchlaufende Mittel (z.b. EU-Mittel) sind über das Schulgirokonto (soweit vorhanden) abzuwickeln.

Politikerinnen und Politiker in Schulen: Personen mit Mandaten oder Ämtern in kommunalen, staatlichen oder überstaatlichen Volksvertretungen oder Körperschaften haben jederzeit das Recht, sich über Probleme in den Schulen zu informieren. Sie bedürfen hierzu keiner Genehmigung. Im Interesse einer guten Zusammenarbeit sollten sie allerdings ihren Besuch mindestens drei Tage vorher ankündigen, damit sich die Schule darauf einrichten kann. Bei Besuchen, die nicht ausschließlich pädagogischen Zielsetzungen in der Schule gewidmet sind, ist die Zuständigkeit des Schulträgers zu beachten. Die Schulleiterin oder der Schulleiter sollten in diesen Fällen den Schulträger unverzüglich von einem angekündigten Besuch unterrichten. Es entspricht im Übrigen einer in Niedersachsen seit vielen Jahren bewährten Praxis, Fachkräfte außerhalb des Lehrerkollegiums für praxisbezogene Vorträge und Diskussionen zu gewinnen, die den Unterricht ergänzen. Die Schulen dürfen daher Personen nach Satz 1 sowie sonstige Vertreterinnen und Vertreter demokratischer Parteien einladen, in didaktisch und methodisch begründeten Fällen am Unterricht, insbesondere in den Fächern des gesellschaftswissenschaftlichen Aufgabenfeldes teilzunehmen. Die Besuche müssen sich in den planmäßigen Unterricht einfügen. Die Lehrkraft behält die Verantwortung für den Unterricht. Bei der Planung solcher Veranstaltungen sind Schülerinnen und Schüler sowie Eltern zu beteiligen (§ 80 Abs. 3 Satz 2, § 96 Abs. 4). Die Entscheidung über den Besuch von Politikerinnen und Politikern sowie über die Durchführung von Podiumsdiskussionen in Schulen obliegt der Schulleiterin oder dem Schulleiter, wobei die frühere Sperrfrist von vier Unterrichtswochen vor Wahlen entfallen ist. Bei Einladungen in den Unterricht hat die Lehrkraft stets darauf zu achten, dass die Sachverhalte im Unterricht insgesamt ausgewogen dargestellt werden. Die Schule hat dafür zu sorgen, dass bei diesen Einladungen, die im Laufe eines Jahres ausgesprochen werden, keine Partei bevorzugt oder benachteiligt wird. Sie ist zu parteipolitischer Neutralität verpflichtet. Bei Einladungen zu Podiumsdiskussionen hat die Schule die Auswahl aus der Zahl der zugelassenen Parteien nach deren Bedeutung (sog. Prinzip der abgestuften Chancengleichheit) vorzunehmen. Die Bedeutung einer Partei bemisst sich vorrangig nach den Ergebnissen vorausgegangener Wahlen. Um einer möglichen Entwicklung einer Partei innerhalb einer Legislaturperiode gerecht zu werden, sind nachrangig folgende Kriterien zu berücksichtigen: repräsentative Umfragen (sog. Prognosen), Mitgliederzahl, Umfang und Ausbau des Organisationsnetzes einer Partei, Beteiligung an Regierungen in Bund und Ländern und Vertretensein in Parlamenten.

Rettungsdienste: Seitens der gesetzlichen Unfallversicherer bestehen keine Bedenken, dass bei Bagatellverletzungen und solchen Verletzungen, die weder die Mobilität der oder des Verletzten einschränken noch das Risiko einer zusätzlichen gesundheitlichen Gefährdung bedeuten, auf eine von der

Schule selbst organisierte Beförderung (Taxi, Privat-Pkw) zurückgegriffen wird. Die Kosten für einen Taxi- oder Mietwagentransport werden durch die zuständige Unfallversicherung erstattet (vgl. Bek. d. Ml. v. 17.08.2017, Nds. MBl. S. 1316).

Schulfahrten: Zu den Aufgaben der Schulleiterin oder des Schulleiters gehört es, die verpflichtenden Erklärungen im Rahmen der Planung und Veranstaltung von Schulfahrten (persönlich) zu unterzeichnen und das Vorhaben als solches zu genehmigen. Bei diesen Bestimmungen handelt es sich nicht ausschließlich um Formvorschriften. Diese eigenverantwortliche Mitwirkung der Schulleitung bedingt die Pflicht, die für den eigenen Aufgabenbereich maßgeblichen Normen zu beachten (VG Stade, Urt. v. 10.05.2001 – Az.: 3 A 1226/00 –). Die Erlassregelung über die Unterzeichnung behördlicher Verpflichtungserklärungen dient nicht nur der Feststellung der an der Abgabe der Erklärung beteiligten Personen, sondern bestimmt zugleich auch deren rechtliche Verantwortlichkeit für den Inhalt der Erklärung. Mit Zeichnung wird diese Verantwortlichkeit übernommen. Dazu gehört, dass die Schulleiterin oder der Schulleiter sorgfältig prüft, ob die Erklärungen der Erziehungsberechtigten zur Übernahme der Ausfallkosten bei späterer Absage der Teilnahme an einer Schulfahrt ihres Kindes auch wirklich vorliegen.

Keine Schulfahrten sind Fahrten zu **außerschulischen Lernorten**. Diese auch als »interner Schulweg« oder »Unterrichtsweg« bezeichneten Wege sind die Wege, die zurückgelegt werden müssen, um von der Schulanlage zu einer anderen Stätte, an denen schulische Veranstaltungen durchgeführt werden, zu gelangen. Diese anderen Stätten werden als sog. außerschulische Lernorte (Ort außerhalb der Schule, den Schülerinnen und Lehrkräfte gemeinsam im Rahmen des Unterrichts zum Zweck des anschaulichen Lernens besuchen) bezeichnet. Dies ist beispielsweise dann der Fall, wenn die Schule keine eigene Sportanlage hat und die Schülerinnen und Schüler wegen der Entfernung zu einer Sportanlage gefahren werden müssen. Gleiches gilt z.B. für die Beförderung zu einer Werkstatt bei einer benachbarten Schule, die zur Durchführung des Unterrichts genutzt werden muss. Als »interner Schulweg« oder Unterrichtsweg ist auch der Weg zum Schwimmbad zur Durchführung des Schwimmunterrichts, zu einer Reithalle zur Durchführung des therapeutischen Reitens, zu einer Synagoge im Religionsunterricht bei der Behandlung des Unterrichtsthemas »Judentum« oder zu einer Kirche zur Durchführung einer schulischen Adventsveranstaltung anzusehen. Diese Fahrten fallen nach § 113 Abs. 1 Satz 1 in die Zuständigkeit des Schulträgers, d. h., der Schulträger hat die Durchführung dieser Fahrten zu gewährleisten. Die Schulträgerschaft gehört nach § 101 Abs. 2 zum eigenen Wirkungskreis der Schulträger.

Schülerfirma: Unter Schülerfirmen werden Gruppen von Schülern verstanden, die sich unter dem Dach einer Schule oder eines Schulfördervereins oder als selbstständige Körperschaft durch Vermarktung von Produkten und Dienstleistungen aktiv am Markt betätigen. Sie verfolgen jedoch in erster Linie eine pädagogische Zielsetzung (Oberfinanzdirektion Koblenz, Verfügung vom 20.10.2003 – S 0171 A – St 33 1). Ihre Arbeit ist im schulischen Bereich verankert und wird von Lehrkräften betreut. In Niedersachsen sind Schülerfirmen als Schulprojekte ohne eigenen Rechtsstatus zu betrachten und haben in erster Linie ein pädagogisches Anliegen. Eine Schule möchte mithilfe einer Schülerfirma handlungsorientiertes und praxisnahes Lernen fördern und damit die Kinder und Jugendlichen besser auf die Anforderungen von Ausbildung und Beruf vorbereiten. Die Projektstruktur soll es den Schülerinnen und Schülern ermöglichen, die Arbeit der Schülerfirma in vollem Umfang selbst zu überschauen, umzusetzen und zu verantworten. Entsprechend dieses Konzeptes sind Schülerfirmen keine realen Firmen, sondern definieren sich als Schulprojekte mit pädagogischen Zielsetzungen, die ähnlich einer »richtigen« Firma strukturiert sind. Das heißt, zum Beispiel, dass sich die Schülerinnen und Schüler an einer realen Rechtsform orientieren.

Dabei bleiben Schülerfirmen besondere Projekte, sind aber rechtlich genauso wie andere Schulprojekte, zum Beispiel Arbeitsgemeinschaften, zu betrachten. Die Gewinnerzielung darf für eine Schülerfirma nicht im Vordergrund stehen. Charakteristisch für eine Schülerfirma ist der Erwerb praktischer Erfahrungen. Eine Schülerfirma, die sich vom schulischen Bezug löst, sich nicht mehr im Rahmen der beschriebenen pädagogischen Zielsetzungen hält und vorwiegend der Gewinnerzielungsabsicht dient, kann nicht mehr als solche bezeichnet werden und fällt nicht mehr in den organisatorischen Verantwortungsbereich der Schule. In diesem Fall sollte die jeweilige Schule darauf hinwirken, dass entweder die wirtschaftliche Dimension auf die einer Schulveranstaltung beschränkt oder aber die völlige organisatorische Trennung von der Schule durchgeführt wird. Indiz für eine derartige Gewinnerzielungsabsicht ist ein Jahresumsatz, der 17.500 Euro überschreitet. Vor Gründung einer Schülerfirma muss die Zustimmung der jeweiligen Schulleiterin oder des jeweiligen Schulleiters vorliegen. Zudem kann eine Schülerfirma aus rechtlichen Gründen immer nur im Einvernehmen mit dem jeweiligen Schulträger handeln, wenn zum Beispiel Verbrauchsmaterialien des Schulträgers genutzt werden und aus einem Herstellungsprozess Erlöse erzielt werden (z.B.: Schulträger stellt Holz zur Verfügung, das durch die Schülerfirma zu Bänken verarbeitet wird). Außerdem ist die Formulierung einer Satzung notwendig, die hinsichtlich steuerlicher Aspekte eine wesentliche Rolle einnimmt. Darin muss mindestens festgehalten sein, dass es sich bei der Schülerfirma um ein anerkanntes Schulprojekt handelt, das vorrangig pädagogische Zwecke verfolgt und das nicht in Konkurrenz zu anderen Wirtschaftsunternehmen tritt. Schulen sind nach § 1 Abs. 3 Satz 2 nichtrechtsfähige Anstalten ihres Trägers und des Landes. Bereits aus der Tatsache, dass Schulen keine eigenständigen Rechtspersönlichkeiten sind, lässt sich ableiten, dass Schülerunternehmen ebenfalls keinen eigenen Rechtsstatus haben können. Sofern Schülerfirmen schuldrechtliche Vereinbarungen eingehen (z.B. Dienstleistungsverträge, Kaufverträge, Mietverträge etc.), handeln sie – da es sich bei Schülerfirmen um ein Landesprojekt handelt – in Vertretung des Landes Niedersachsen, mit der Folge, dass für etwaige Verluste das Land Niedersachsen einzutreten hat. Mit Erlass vom 28.09.2018 – 12.4-80 101-3/2 – (nicht veröffentlicht) hat MK entschieden, dass Schülerfirmen ein eigenes Landeskonto bei den örtlichen Geldinstituten führen dürfen.

Schülerschäden; Ersatz über den Kommunalen Schadensausgleich (KSA): Der KSA Hannover ist eine interne Selbsthilfeeinrichtung der Verwaltungen. Deshalb sind die Schulen und die Schulträger Ansprechpartner für die geschädigten Schülerinnen und Schüler. Versichert sind die Beschädigung oder das Abhandenkommen von Gegenständen; es besteht zudem ein Unfalldeckungsschutz. Haftpflichtdeckungsschutz (Schülerinnen und Schüler verursachen Schaden) gewährt der KSA in aller Regel nicht (Ausnahmen siehe unten). Im Zusammenhang mit dem Schulbesuch gewährt der KSA Deckungsschutz für das Abhandenkommen und die Beschädigung von Kleidungsstücken, Fahrrädern, Brillen und zum Schulbetrieb usw. bestimmten Sachen, soweit der Schaden nicht auf grobe Fahrlässigkeit der Schülerin oder des Schülers zurückzuführen ist. Die Entschädigung für den einzelnen Gegenstand bemisst sich nach den Kosten einer schülergerechten Ausstattung. Für **Fahrräder** wird eine Entschädigung von max. 500 EUR pro Schadensfall nur gewährt, wenn eine Benutzungserlaubnis der zuständigen Stelle (Schule) vorliegt. Zubehörteile von Fahrrädern fallen unter den Deckungsschutz, soweit sie der Verkehrssicherheit dienen. Verkehrssichere Zubehörteile sind Anbauteile, die nach der Straßenverkehrszulassungsordnung vorgeschrieben sind oder die Verkehrssicherheit sinnvoll erhöhen (z.B. Signalstangen bei jüngeren Schülerinnen und Schülern). Diese sind geschützt, wenn sie mit dem Fahrrad fest verbunden sind. Schäden an Tachometern oder Fahrradcomputern u. ä. werden dagegen nicht erstattet. Bei Verlust von Fahrrädern wird Ersatz nur geleistet, wenn sie mit einer Sperrvorrichtung gesichert waren. Bei Fahrraddiebstahl und Diebstahl festverbundener Zubehörteile sind Hausratversicherer vorleistungspflichtig. Leistungen werden bei Fahrraddiebstahl nur gewährt, wenn

- das Fahrrad mit einer verkehrsüblichen Sperrvorrichtung gesichert war,
- Anzeige bei der Polizei erstattet wurde, sowie das Fundbüro (nochmals) bemüht wurde und
- der Einstellungsbescheid der Staatsanwaltschaft im Original dem Antrag beigefügt bzw. nachgereicht wird.

Im Hinblick auf die Nachrangigkeit der Ersatzleistungen sind bei **Brillenschäden** (max. 200 EUR pro Schadenfall) folgende vorleistungspflichtige Stellen zu prüfen und ggfs. vorab in Anspruch nehmen zu lassen: Gesetzliche Krankenkassen, private Krankenversicherungen, Beihilfestellen oder bei Brillenschäden mit »unfallmäßigem Charakter« der zuständige Gemeinde-Unfallversicherungsverband. Weiterhin ist in allen Fällen zu prüfen, ob beim Optiker eine Brillenversicherung abgeschlossen ist, aus der Leistungen begehrt werden können.

Zum Schulgebrauch bestimmt ist eine Sache, die üblicherweise zum Schulbetrieb mitgeführt wird bzw. den Lernmitteln zuzuordnen ist oder auf Anforderung einer Lehrkraft zu Unterrichtszwecken mitgebracht wird. Hierzu zählen nicht die Gegenstände, die den persönlichen Bedürfnissen Rechnung tragen bzw. der aktiven Pausengestaltung dienen. Unter schülergerechter Ausstattung sind die Sachen zu verstehen, die in Art und Ausführung sowie im Wert üblicherweise von Schülerinnen und Schülern mitgeführt werden. Höherwertige Gegenstände unterfallen zwar grundsätzlich dem Schutzsystem, werden im konkreten Schadenfall aber nur mit einem durchschnittlichen Wert berücksichtig oder im Einzelfall den Wertgegenständen zugeordnet, die nicht erstattungsfähig sind. Kraftfahrzeuge (z.B. Mofas, Motorräder und Pkws) sind aufgrund versicherungsrechtlicher Vorschriften nicht geschützt. Haftpflichtdeckungsschutz besteht grundsätzlich nicht. Für von Schülerinnen und Schülern verursachte Drittschäden haften sie in der Regel persönlich (sofern deliktsfähig) bzw. ist die private Familien-Haftpflichtversicherung in Anspruch zu nehmen. Hiervon ausgenommen sind Haftpflichtansprüche, die von Dritten im Zusammenhang mit dem Schülerlotsendienst, dem Betriebspraktikum, der Betriebsbesichtigung, dem fachpraktischen Unterricht in außerschulischen Werkstätten oder dem Lehrgang zur Berufsvorbereitung beim Betriebspraktikum, dem Betrieb von Schülerfirmen gegen die Schülerinnen und Schüler geltend gemacht werden. Darüber hinaus sind auch die Teilnehmer an Radfahrprüfungen vor Haftpflichtansprüchen geschützt, soweit die Übungen und Prüfungen mit dem/der Verkehrserzieher/in sowohl auf dem Schulhof als auch im Straßenraum durchgeführt werden. Sollen Mofas für die Verkehrserziehung eingesetzt werden, muss eine Kfz-Haftpflichtversicherung (über den Halter) sichergestellt sein, um den/die berechtigte/n Führer vor persönlicher Inanspruchnahme im konkreten Schadenfall zu schützen. Der Haftpflichtdeckungsschutz für Personengruppen ist mit Ausnahme für Schülerlotsen, die unbegrenzte Deckung genießen, auf höchstens 3.000.000 EUR für Personenschäden oder Sachschäden und höchstens 100.000 EUR für Vermögensschäden begrenzt. Nicht ausgleichsfähig sind Aufwendungen für das Abhandenkommen oder die Beschädigung von Wertsachen, Schmuck, Bargeld, sonstigen Zahlungsmitteln, Urkunden aller Art, Fahrtausweisen, Schlüsseln, Geldbörsen und Brieftaschen, Mobiltelefone und Unterhaltungselektronik, für Schäden, die auf grobe Fahrlässigkeit der Schülerin oder des Schülers zurückzuführen sind (z.B. das Liegenlassen von Uhren o.ä.), für motorbetriebene Fahrzeuge, deren Zubehör und dafür bestimmten, spezifische Schutzkleidung, für Haftpflichtansprüche, die gegen Schülerinnen und Schüler mit Ausnahme der Schülerlotsen und Praktikantentätigkeiten geltend gemacht werden und für Schäden an Schuleigentum, der Lehrkräfte und der Erziehungsberechtigten.

Schulfotograf: Sponsoring-Vereinbarungen, in denen der Schulleitung Geld- oder Sachzuwendungen für die Schule oder eines Fördervereins als Gegenleistung für die Durchführung einer Schulfotoaktion versprochen werden, sind als unzulässige Drittvorteile anzusehen. Amtsträger, die im Rahmen ihrer dienstlichen Aufgaben zu entscheiden haben, ob sie eine Fotoaktion gestatten, zeigen sich schon durch das Aushandeln oder Fordern der Vorteile bereit, sich durch den Vorteil beeinflussen zu lassen. Sie müssen mit einem Strafverfahren nach § 331 ff. StGB rechnen.

Schulveranstaltung: Voraussetzung für die Annahme einer Schulveranstaltung ist nicht nur die formale Deklaration durch die Schulleitung, sondern die Schule muss auch die Verantwortung für Planung, Organisation und Durchführung tragen. In diesen Fällen besteht Unfallversicherungsschutz auch dann, wenn die Maßnahme nicht in dem Schulgebäude, sondern an einem anderen Ort, etwa dem Gebäude einer außerschulischen Bildungseinrichtung, stattfindet.

Sehtest: Kostenlose Sehtests an Schulen durch Augenoptiker sind nur zulässig, wenn der pädagogische sowie gesundheitliche Nutzen dieser Sehtests eindeutig gegenüber möglichen kommerziellen Interessen der Optiker-Firmen sowie der Krankenkasse den Vorrang einzuräumen ist. Insoweit dürfen die entsprechenden Optiker bzw. die Krankenkasse bei den Untersuchungen nur sehr zurückhaltend für ihr Unternehmen werben (etwa durch Verwendung eines Logos), nicht aber die Schülerinnen und Schüler direkt anwerben etc. (z.B. mittels Fragebogenaktionen oder Handzettel).

Sicherheits- und Gewaltpräventionsmaßnahmen in Schulen in Zusammenarbeit mit Polizei und Staatsanwaltschaft: Nach dem gleichlautenden Erl. d. MK ist in allen Schulen in Zusammenarbeit mit Schülerinnen und Schülern, Erziehungsberechtigten, Schulträgern sowie weiteren schulischen und außerschulischen Fachkräften das auf die Verhältnisse der Schule bezogene Sicherheits- und Gewaltpräventionskonzept aktuell zu halten. Das Sicherheits- und Präventionskonzept ist mit Schulelternrat und Schülerrat abzustimmen, in die Schulprogrammentwicklung einzubeziehen und den Schülerinnen und Schülern sowie den Erziehungsberechtigten in geeigneter Form zur Kenntnis zu geben. Für die Schule nimmt ein Mitglied der Schulleitung die Aufgabe wahr oder beauftragt eine geeignete Person des Kollegiums damit. Das Landeskriminalamt Niedersachsen hat 2009 eine Broschüre herausgegeben mit dem Titel: Zielgerichtete Gewalt und Amokläufe an Schulen.

Social-Media: Mit der Nutzung von Social Media sind nicht nur Chancen, sondern auch Risiken verbunden. Dies gilt in besonderem Maß für die öffentliche Verwaltung. Wenn sich Bedienstete einer Behörde in Social-Media-Angeboten äußern, sei es als Nutzerin oder Nutzer mit Bezug zu einer Behörde oder als Autoren einer Behördeninformation, so muss davon ausgegangen werden, dass diese grundsätzlich als öffentliche Äußerungen der Behörde wahrgenommen werden. Unbedachte bzw. falsche Äußerungen können nicht nur ein negatives Presseecho zur Folge haben, sondern auch Personen schädigen, die gemäß diesen Äußerungen handeln. Unter Umständen sind hiermit Schadensersatzforderungen verbunden. Unbedachte Äußerungen können auch dazu führen, dass kriminelle Handlungen erleichtert bzw. angeregt werden. Außerdem können öffentliche Äußerungen gegen gesetzliche Regelungen verstoßen, etwa gegen Datenschutzregelungen, wettbewerbsrechtliche Regelungen, gegen das Dienstrecht oder das Telemediengesetz.

Strafarbeiten: Strafarbeiten sind seit 1952 kein zulässiges Erziehungsmittel. Häusliche Übungsarbeiten sind dagegen möglich.

Täuschung mit Handy: In diesen Fällen darf eine Notensanktion ausgesprochen werden (z.b. wenn eine Schülerin oder ein Schüler bei einer schriftlichen Arbeit eine Täuschung oder einen Täuschungsversuch via Handy begeht). Allerdings ist zwischen mündlicher und schriftlicher Prüfung zu unterscheiden: Die Bewertung einer mündlichen Abschlussprüfung mit der Sanktionsnote »ungenügend« ist auch beim Mitführen eines Handys nicht in jedem Fall gerechtfertigt (VG Karlsruhe, Urteil vom 29.06.2011, 7 K 3433/10).

Waffen: Der Erlass »Verbot des Mitbringens von Waffen, Munition und vergleichbaren Gegenständen sowie von Chemikalien in Schulen« ist am 06.08.2014 in Kraft getreten. Auch Spielzeugwaffen (z.B. während des Karnevals) dürfen nur mit Einwilligung der Schulleitung mit in die Schule gebracht oder bei sich geführt werden. Dies gilt insbesondere für Nachbildungen von Waffen, die nicht unter das Führverbot für Anscheinswaffen fallen, aber dennoch aufgrund ihrer äußeren Erscheinung geeignet sind, Gefahrenlagen zu provozieren.

YouTube: Bei der Nutzung von YouTube ist aus datenschutzrechtlicher Sicht bzw. auf Grundlage der Altersbeschränkungen wie folgt zu unterscheiden: **Anschauen von YouTube-Videos im privaten Bereich:** Das Anschauen von YouTube-Videos durch eine Lehrkraft im persönlichen Bereich ist möglich. Das Anschauen durch die Schülerinnen und durch die Schüler bis zu einem Alter von 16 Jahren ist nicht möglich. Ab 16 Jahren mit Einwilligung der Erziehungsberechtigten ist das Anschauen möglich, freier Zugang ab 18 Jahren. Die Einrichtung einer personalisierten Nutzung via family link kann nicht verlangt werden. **Anschauen von YouTube-Videos im schulischen Bereich:** Eine Nutzung durch die Institution Schule, d. h. insb. durch die Lehrkräfte in Wahrnehmung ihrer dienstlichen Aufgaben, z.B. bei der Vorführung, ist möglich (urheberrechtliche Anmerkung: Das Vorführen eines Videos in der Klasse stellt urheberrechtlich keine öffentliche Vorführung dar). **Einstellen von YouTube-Videos im privaten Bereich:** Grundsätzlich möglich, wenn die datenschutzrechtlichen Vorgaben (Einwilligung bei der Verarbeitung personenbezogener Daten oder Beiträge ohne Personenbezug) eingehalten werden. Die o.a. Altersbeschränkungen gelten auch hier. **Einstellen von YouTube-Videos im schulischen Bereich:** Für die Institution Schule ist das Einstellen eines Videos im Rahmen der Nutzungsbedingungen von Youtube hinsichtlich der Altersbeschränkungen und bei Einhaltung der datenschutzrechtlichen Vorgaben (Einwilligung bei personenbezogenen Daten oder Videos ohne Personenbezug) grundsätzlich möglich. Zu beachten ist, dass aus datenschutzrechtlicher Sicht trotz grundsätzlicher Möglichkeit der Einholung einer datenschutzkonformen Einwilligung zur Veröffentlichung von Beiträgen mit personenbezogenen Daten der Schülerinnen oder Schüler davon abgeraten wird.

4 **Zu Abs. 3:** Die »Auffangvorschrift« des Satzes 1 sichert der Schulleiterin oder dem Schulleiter eine Art »Allzuständigkeit«: Entscheidungsbefugnis in allen Angelegenheiten, die nicht in den Aufgabenkatalogen der Konferenzen, der Bildungsgangs- und Fachgruppen oder des Schulvorstandes enthalten sind. Hierzu gehören beispielsweise die Unterrichtsverteilung und die Stundenpläne, die Regelung kurz- und langfristiger Vertretungen, die Erstellung von Aufsichtsplänen, die Anordnung von Mehr- oder Minderzeiten i. S. der Arbeitszeitverordnungsschule, die Gewährung von Stundenanrechnungen für die Lehrkräfte, die Erarbeitung von Raumplänen. In der Hand der Schulleiterin oder des Schulleiters liegen aber nicht nur organisatorische oder administrative, sondern auch pädagogische Angelegenheiten, z.B. Fragen der Unterrichtsdifferenzierung, der Freiarbeit und Wochenplanarbeit, die Einrichtung und Gestaltung besonderer Fördermaßnahmen, die Planung der Schulfahrten und der Schüleraustauschfahrten.

Mit dem Recht zu **Eilentscheidungen** nach Satz 2 hat schon das NSchG 80 die Schulleiterinnen und Schulleiter ausgestattet. Voraussetzung für seine Anwendung ist, dass eine für die ordnungsgemäße Arbeit der Schule notwendige Entscheidung getroffen werden muss und ein Beschluss des zuständigen Gremiums selbst dann nicht eingeholt werden kann, wenn die übliche Ladungsfrist verkürzt wird. Ein solcher Fall liegt beispielsweise vor, wenn eine Schülerin oder ein Schüler durch ihr oder sein Verhalten die Sicherheit von Menschen in der Schule ernstlich gefährdet oder der Unterricht nachhaltig und schwer beeinträchtigt wird. Hier wird die Schulleitung als Ordnungsmaßnahme den sofortigen Ausschluss vom Unterricht für einige Tage, gegebenenfalls bis zur ordnungsgemäßen Einberufung der zuständigen Klassenkonferenz verhängen können. Über die Eilentscheidung hat die Schulleitung das zuständige Gremium unverzüglich, d. h. ohne schuldhaftes Zögern zu informieren. Das kann auf mündlichem oder schriftlichem Wege geschehen. Einer Bestätigung bedarf die Eilentscheidung nicht. Andererseits hat das zuständige Beschlussgremium die Möglichkeit, die Angelegenheit erneut zu beraten und gegebenenfalls zu einer anderen Entscheidung zu kommen.

Zu Abs. 4: Nr. 1: Außenvertretung: Zu den **laufenden Verwaltungsgeschäften**, die in der Hand der Schulleiterin oder des Schulleiters liegen, zählt Abs. 4 beispielhaft, die Schule nach **außen** zu vertreten (Nr. 1). Lehrkräfte können sich in Schulangelegenheiten nur in ihrem oder seinem Auftrag an die Schulbehörde, den Schulträger, andere Behörden, Institutionen, Verbände, Einzelpersonen oder an die Öffentlichkeit (Presse) wenden. Lehrkräfte dürfen daher ohne Zustimmung der Schulleiterin oder des Schulleiters auch nicht das Briefpapier der Schule nutzen.

5

Die Schulleiterin oder der Schulleiter hat gegenüber dem Schulträger eine **Auskunftspflicht**, nicht aber gegenüber einzelnen Abgeordneten. Das **Auskunftsrecht von Abgeordneten** in kommunalen Parlamenten ergibt sich aus § 56 NKomVG und richtet sich gegen die Kommune. Der **Auskunftsanspruch von Mitgliedern des Landtages** gegenüber der Landesregierung ist verfassungsrechtlich in Art. 24 NV geregelt. Nach Art. 24. Abs. 1 NV hat die Landesregierung Anfragen von Mitgliedern des Landtages im Landtag und in seinen Ausschüssen nach besten Wissen unverzüglich und vollständig zu beantworten. Der Begriff der Anfrage umfasst die förmlichen parlamentarischen Interpellationsmöglichkeiten (große, kleine, dringliche

Anfragen) sowie formlose Fragen, die von Ausschussmitgliedern im Rahmen von Ausschusssitzungen gestellt werden.

Die Durchführung von **Ehemaligentreffen** in der Schule gehört nicht zu den dienstlichen Verpflichtungen von Schulleitungen im Rahmen der Außenvertretung. Im Sinne einer guten Öffentlichkeitsarbeit kann es jedoch wünschenswert sein, wenn Schulleitungen ihre Schule für Ehemaligenfeiern öffnen. Dies muss jedoch – da es sich um private Feiern außerhalb des eigentlichen Schulbetriebes handelt – mit dem Schulträger abstimmt sein. Unabhängig davon, dass keine dienstliche Verpflichtung zur Durchführung derartiger Treffen besteht, stellt aber eine derartige Teilnahme für die Schulleitung im Sinne einer guten Öffentlichkeitsarbeit die Ausübung des Dienstes dar. Arbeitszeitrechtlich ist die Wahrnehmung derartiger Termine der Leitungszeit zuzurechnen, deren Ausfüllung in der Selbstverantwortung der Schulleitung liegt. Versicherungsrechtlich stellt die Wahrnehmung derartige Termine die Teilnahme an einer dienstlichen Veranstaltung im Sinne des § 34 Abs. 2 Nr. 2 NBeamtVG dar, sodass derartige Tätigkeiten auch dienstunfallgeschützt sind.

Nr. 2: Zum **Vorsitz** in der Gesamtkonferenz und im Schulvorstand (Nr. 2) gehört die Vorbereitung der Sitzungen (Festlegung des Termins, Erstellung der Tagesordnung, Ausfertigung der Sitzungsunterlagen, Einladung der Mitglieder), die Verantwortung für ihren ordnungsgemäßen Ablauf und die Ausführung der Beschlüsse. Aus dem Vorbehaltskatalog für die Schulleiterin oder den Schulleiter einer Schule mit kollegialer Schulleitung folgt, dass der Vorsitz in der Gesamtkonferenz und im Schulvorstand nicht auf andere Personen übertragen werden kann (siehe Anm. 4 zu § 44). Zum Vorsitz gehört auch die Leitung der Sitzungen von Gesamtkonferenz und Schulvorstand. Der (mit Ablauf des 31.07.2007 außer Kraft getretene) Konferenzerlass sieht hierzu für die Gesamtkonferenz vor, dass sich die Schulleiterin oder der Schulleiter bei der Sitzungsleitung durch andere Mitglieder der Gesamtkonferenz »unterstützen« lassen kann (Nr. 4.5.1 des Erlasses). Das bedeutet, dass die Leitung der Sitzung zumindest zeitweise an ein anderes Mitglied abgegeben werden kann. Es spricht nichts dagegen, eine entsprechende Regelung in die Geschäftsordnung des Schulvorstandes (siehe Anm. 7 zu § 38b) aufzunehmen.

Nr. 3: Die durch das ÄndG 10 in den Katalog eingefügte Nr. 3 betrifft nur die berufsbildenden Schulen. Deren Leiterinnen und Leiter bestimmen die Leiterin oder den Leiter einer **Bildungsgangsgruppe** oder Fachgruppe. Das hat aber »im Benehmen« mit den Mitgliedern des jeweiligen Beschlussgremiums zu geschehen. Vom Gesetzgeber ist also eine nach Möglichkeit einvernehmliche Berufung gewollt; im Konfliktfall kann sich aber die Schulleiterin oder der Schulleiter gegen ein Votum der Mitglieder der Gruppen durchsetzen (Zur Situation an allgemein bildenden Schulen siehe Anm. 3 zu § 39). Die »Stärkung der Leitungs- und Managementebene« der berufsbildenden Schulen (Begründung des Entwurfs zum ÄndG 10, Landtagsdrucksache 16/2705, S. 9) hängt mit den Erfahrungen zusammen, die mit dem Schulversuch »ProReKo« gewonnen wurden.

Eine besondere Situation ist dann gegeben, wenn die Leitung einer Bildungsgangsgruppe oder Fachgruppe mit einem Beförderungsamt verbunden ist. Hier hat die Auswahl unter den Bewerberinnen und Bewerbern nach den üblichen dienstrechtlichen Grundsätzen der besten fachlichen Leistung, Befähigung und Eignung zu erfolgen.

Nr. 4: Die Schulleiterin oder der Schulleiter erstellt nach Nr. 4 jährlich einen **Plan** über die Verwendung der der Schule vom Land und vom Schulträger zugewiesenen **Haushaltsmittel** (siehe Anm. 5 zu § 32), über den der Schulvorstand beschließt (siehe Anm. 4 zu § 38a). Es ist deshalb folgerichtig, dass die Schulleitung nach Ablauf des Haushaltsjahres über die Verwendung der Haushaltsmittel gegenüber dem Schulvorstand Rechnung zu legen hat. Auf Verlangen des Schulvorstandes hat die Schulleitung auch während des Haushaltsjahres über den Stand der Verwendung der Mittel zu berichten. Die **Bewirtschaftung** der Budgets, z.B. Zahlungen, Buchführung, Rechnungslegung, liegt in der Hand der Schulleiterin oder des Schulleiters.

Nr.: 5: Der von der Schulleitung jährlich zu erstellende **Plan** über den **Personaleinsatz** (Nr. 5) regelt in erster Linie, in welchen Fächern, Klassen, Kursen oder anderen Lerngruppen Lehrkräfte Unterricht zu erteilen haben. In dem Plan ist auch der Unterrichtseinsatz in den gegebenenfalls vorhandenen Außenstellen und in den Schulzweigen festzulegen, wenn eine Schule mehr als eine Schulform umfasst. Die Schulleiterin oder der Schulleiter bestimmt auch, wer eine Klassenlehrerschaft zu übernehmen hat. Der Plan wird ferner Auskunft geben über die den einzelnen Lehrkräften nach der Arbeitszeitverordnung – Schule gewährten Ermäßigungen und Anrechnungen auf die Unterrichtsverpflichtung. Soweit erforderlich wird auch die Anordnung von Mehr- oder Minderzeiten Bestandteil des Plans über den Personaleinsatz sein. Beim Einsatz der pädagogischen Mitarbeiterinnen und Mitarbeiter wird die Leiterin oder der Leiter einer Grundschule zu beachten haben, dass der Schulvorstand hierzu Grundsätze beschlossen haben kann (siehe § 38a Abs. 3 Nr. 17 Buchst. a). Der Plan über den Personaleinsatz bedarf anders als der Plan über die Verwendung der Haushaltsmittel nicht der Zustimmung durch den Schulvorstand.

Zu Abs. 5: Die Schulleiterin oder der Schulleiter hat nicht nur das Recht, gegen einen Beschluss einer Konferenz, eines Ausschusses, einer Bildungsgangs- oder Fachgruppe oder des Schulvorstandes **Einspruch** einzulegen, wenn nach ihrer oder seiner Überzeugung einer der in diesem Absatz aufgeführten Fälle vorliegt. Sie oder er ist dazu verpflichtet. Der Einspruch hat **innerhalb von drei Tagen** zu erfolgen, wobei die Frist nicht mit der Beschlussfassung, sondern an dem Tage beginnt, an dem der Beschluss der Schulleitung bekannt wird. Da sich die Beanstandungspflicht nicht nur auf Beschlüsse der Gesamtkonferenz, ihres Eltern-Lehrer-Schüler-Ausschusses oder des Schulvorstandes, sondern auf die Entscheidungen aller Beschlussgremien erstreckt, hat die Schulleitung dafür Sorge zu tragen, dass ihr deren Protokolle unverzüglich vorgelegt werden. Der Einspruch wird gegenüber der oder dem Vorsitzenden des betroffenen Gremiums unter

Angabe der Gründe einzulegen sein. Wird ein Beschluss der Gesamtkonferenz, ihres Ausschusses oder des Schulvorstandes beanstandet, wird die Schulleitung dies in geeigneter Weise, z.b. im Mitteilungsbuch der Schule bekanntgeben oder sich in einem Schreiben an alle Gremienmitglieder wenden und ihre Gründe mitteilen. Zu den Einspruchsgründen wird auf die Anmerkungen zu § 121 Abs. 2 verwiesen.

Die Pflicht zur Beanstandung unzulässiger Beschlüsse gilt auch für Entscheidungen der oder des Vorsitzenden einer Teilkonferenz, der oder dem bestimmte Aufgaben zur selbstständigen Erledigung übertragen wurden (siehe § 35 Abs. 4).

Der Einspruch der Schulleitung hat **aufschiebende Wirkung**, d.h. der beanstandete Beschluss tritt nicht in Kraft. Über ihn hat das zuständige Gremium in einer Sitzung nochmals zu beschließen, die frühestens am Tage nach der Einlegung des Einspruchs stattfinden darf. Der Zeitpunkt ihrer Anberaumung liegt im pflichtgemäßen Ermessen der oder des Vorsitzenden. Darüber hinaus hat der außer Kraft getretene Konferenzerlass einem Fünftel der stimmberechtigten Mitglieder eines Beschlussgremiums das Recht eingeräumt, die Anberaumung einer Sitzung zu verlangen. Diese hat dann innerhalb von sieben Tagen stattzufinden. Lässt sich die Konferenz, der Ausschuss, die Bildungsganggruppe oder Fachgruppe oder der Schulvorstand nicht von den Einspruchsgründen überzeugen und hält den Beschluss aufrecht, hat die Schulleiterin oder der Schulleiter die Entscheidung der Schulbehörde einzuholen. Ist eine Angelegenheit dringlich, z.B. weil ein für den ordnungsgemäßen Schulbetrieb notwendiger Beschluss nicht hinauszuschieben ist, kann die **Entscheidung der Schulbehörde sofort nach Einlegen des Einspruchs eingeholt werden.**

Das Beanstandungsverfahren gegenüber Entscheidungen der oder des Vorsitzenden einer Teilkonferenz verläuft entsprechend.

Der außer Kraft getretene Erlass »Konferenzen und Ausschüsse der öffentlichen Schulen« sieht auch Einsprüche von Konferenz- oder Ausschussmitgliedern gegen Beschlüsse ihres Gremiums vor. Solche Einsprüche sind auf Verlangen der Schulbehörde vorzulegen; sie haben aber keine aufschiebende Wirkung.

7 Stellvertretende Schulleiterin oder stellvertretender Schulleiter

Im NSchG finden sich keine Bestimmungen, die näher bestimmen, welche Aufgaben die stellvertretende Schulleiterin oder der stellvertretende Schulleiter wahrzunehmen hat (vgl.: § 52, Anm. 2).

Für die verhinderte Schulleiterin oder den verhinderten Schulleiter handelt die ständige Vertreterin oder der ständige Vertreter. Ist keine ständige Vertreterin oder kein ständiger Vertreter ernannt (oder vom Dienst suspendiert), nimmt in der Regel die dienstälteste Lehrkraft die Aufgaben der stellvertretenden Schulleiterin oder des stellvertretenden Schulleiters wahr. Die stellvertretende Schulleiterin oder der stellvertretende Schulleiter, die oder der daher nicht zwangsläufig auch die ständige Vertreterin oder ständige Vertreter als Inhaber des entsprechenden Amtes sein muss, hat bei Verhinderung der Schulleiterin oder des Schulleiters die gleichen Rechte und Pflichten wie die Schulleiterin oder der Schulleiter. Deshalb ist eine besonders enge Zusammenarbeit mit der Schulleiterin oder dem Schulleiter Voraussetzung einer erfolgreichen gemeinsamen Arbeit.

Zusätzlich zu dieser ständigen Vertretungsfunktion werden die stellvertretende Schulleiterin oder der stellvertretende Schulleiter in der Regel Schulleitungsaufgaben im gegenseitigen Einvernehmen übertragen. Die stellvertretende Schulleiterin oder der stellvertretende Schulleiter hat gemeinsam mit der Schulleiterin oder dem Schulleiter und zusammen mit dem Lehrerkollegium dafür zu sorgen, dass die Schule dem Anspruch der Schülerinnen und Schüler auf eine gute Erziehungs- und Unterrichtsarbeit gerecht wird. Wie oben ausgeführt, ist der Handlungsspielraum der Stellvertretenden Schulleitungen aber rechtlich nicht im Einzelnen beschrieben und kann je nach Größe, Personalausstattung und Organisationsgrad sowie nach individuellen Kompetenzen und Interessenlagen variieren. Tätigkeitsbereich und Anforderungsprofil von stellvertretender Schulleiterin oder stellvertretendem Schulleiter entsprechen daher weitgehend dem Tätigkeitsbereich und Anforderungsprofil von Schulleiterin oder Schulleiter. Durch interne Absprachen und Festlegung im Geschäftsverteilungsplan werden der stellvertretenden Schulleiterin oder dem stellvertretenden Schulleiter Aufgabenbereiche zugeteilt, die diese in Eigenverantwortung und unter Beachtung allgemeiner Loyalitätsbefugnisse eigenverantwortlich wahrnehmen.

Im Falle einer nicht einvernehmlichen Aufgabenübertragung kann die Schulleiterin oder der Schulleiter in Ausübung ihres oder seines Weisungsrechtes einzelne Aufgaben auf die stellvertretende Schulleiterin oder den stellvertretenden Schulleiter delegieren. Bei der Aufgabendelegation hat die Schulleiterin oder der Schulleiter zunächst die Funktionsfähigkeit der Schule zu berücksichtigen. Der Umfang der delegierten Aufgaben wird auch von dem Umfang der Zahl der Anrechnungsstunden abhängen. Dabei ist die Schulleiterin oder der Schulleiter nicht an die traditionelle Aufgabenverteilung gebunden. Die stellvertretende Schulleiterin oder der stellvertretende Schulleiter hat keinen Anspruch auf bestimmte Aufgaben.

Die Aufgabendelegation sollte nach dem Grundsatz einer vernünftigen Behördenorganisation grundsätzlich als Dauerregelung erfolgen. Die am Schulleben Beteiligten müssen wissen, an wen sie sich im Bedarfsfall zu wenden haben. Soweit es der Schulleiterin oder dem Schulleiter aber nötig erscheint, Aufgaben von Fall zu Fall zu delegieren, ist die stellvertretende Schulleiterin oder der stellvertretende Schulleiter verpflichtet, auch solche Aufgaben zu erfüllen. Zweckmäßig erscheint, alle mit der Vertretungsregelung zusammenhängenden Entscheidungen, die zum Teil sehr schnell getroffen werden müssen, in einer Hand zu lassen. Wird diese Aufgabe von der stellvertretenden Schulleiterin oder dem stellvertretenden Schulleiter übernommen, so ist es zwar rechtlich zulässig, dass die Entscheidung darüber, ob die jeweilige Unterrichtsverpflichtung einer Lehrkraft zeitweise über- oder unterschritten werden soll (§ 4 Abs. 2 ArbZVO-Schule), wiederum der

Schulleiterin oder dem Schulleiter vorzuenthalten. Das ist aber rechtlich nicht geboten und auch nicht zweckmäßig und wäre im Übrigen auch nicht die Anordnung von Mehrarbeit. Will die stellvertretende Schulleiterin oder der stellvertretende Schulleiter die Delegationsentscheidung nicht akzeptieren, kann sie oder er bei der Schulbehörde um fachaufsichtliche Überprüfung bitten. Einige Aufgaben muss die Schulleiterin oder der Schulleiter höchstpersönlich wahrnehmen (vgl. den Vorbehaltskatalog in § 44 Abs. 4 Satz 2). Diese Aufgabe kommt der stellvertretenden Schulleiterin oder dem stellvertretenden Schulleiter nur im Falle der Abwesenheitsvertretung zu.

8 Verweise, Literatur:

- Erl. »Konferenzen und Ausschüsse der öffentlichen Schulen« vom 10.01.2005 (SVBl. S. 125 – außer Kraft getreten mit Ablauf des 31.07.2007)
- Erl. »Dienstrechtliche Befugnisse und sonstige personalrechtliche Aufgaben und Befugnisse« vom 22.1.2018 (Nds. MBl. S. 66; SVBl. S. 113; SRH 8.110)
- Erl. »Dienstliche Beurteilung der Lehrkräfte« vom 20.12.2011 (Nds. MBl. 2012, S. 74; SVBl. 2012, S. 115; Schulrecht 611/261), geändert durch Erl. vom 14.03.2013 (SVBl. S. 177)
- Erl. »Eigenverantwortung der Schule; Entlastung für die Übernahme von zusätzlichen Aufgaben an den allgemein bildenden Schulen« vom 7.6.2007 (SVBl. S. 237), geändert durch RdErl. vom 28.4.2010 (SVBl. S. 203)
- Niedersächsisches Gleichberechtigungsgesetz (NGG) vom 09.12.2010 (Nds. GVBl. S. 558), geändert durch Art. 15 des Gesetzes vom 17.11.2011 (Nds. GVBl. S. 422)
- Niedersächsische Laufbahnverordnung (NLVO) vom 30.03.2009 (Nds. GVBl. S. 118), zuletzt geändert durch VO vom 05.05.2020 (Nds. GVBl. S. 96)
- Erl. »Sicherheit und Gesundheitsschutz bei der Arbeit der Landesbediensteten in Schulen und Studienseminaren (Arbeitsschutz in Schulen)« vom 02.01.2017 (Nds. MBl. S. 60; SVBl. S. 48)
- *Woltering, Herbert:* Schulleiterweisung und pädagogische Freiheit der Lehrkraft, Schulverwaltung, Ausgabe Niedersachsen, 2000, H. 2, S. 62
- *Hoffmann, Erich:* Schulleiterin oder Schulleiter als Beruf, Teil I: Aufgaben und rechtliche Stellung, Schulverwaltung, Ausgabe Niedersachsen/Schleswig-Holstein, 2003, H. 1, S. 10; Teil II: Auswahl und Qualifizierung, H. 2, S. 53; Teil III: Arbeitszeit und Verwaltungsmanagement, H. 3, S. 76
- *Kiper, Hanna:* Zur Rolle der Schulleitung bei der Herstellung und Sicherung von Qualität, Schulverwaltung, Ausgabe Niedersachsen/Schleswig-Holstein, 2004, H. 6, S. 168
- *Galas, Dieter:* Das Zusammenwirken von Gesamtkonferenz, Schulvorstand und Schulleitung, Schulverwaltung, Ausgabe Niedersachsen, 2006, H. 11, S. 298

- *Lohmann, Armin/Boomgaarden, Hero:* Schätze heben und mehren: Personalentwicklung, in: *Busemann, Bernd u. a. (Hrsg.):* Eigenverantwortliche Schule – Ein Leitfaden, Köln (LinkLuchterhand), 2007, S. 134
- *Kreutzahler, Ulrich/Jänen, Hermann:* Führen und Verantworten: Neue Rolle der Schulleitung, in: Busemann, Bernd u. a. (Hrsg.): Eigenverantwortliche Schule – Ein Leitfaden, Köln (LinkLuchterhand), 2007, S. 229
- *Fleischer, Thomas/Guss, Norbert:* Personalentwicklung in der Schule, Teil I, Schulverwaltung, Ausgabe Niedersachsen, 2007, H. 11, S. 293; Teil II, H. 12, S. 324; Teil III, H. 1/2008, S. 13.
- *Eickmann, Manfred:* Mitarbeitergespräche und Zielvereinbarungsgespräche, Schulverwaltung, Ausgabe Niedersachsen, 2009, H. 11, S. 294
- *Böhm, Thomas:* Kann man eine Konferenz durch eine Dienstbesprechung ersetzen? Schulrecht, 2013, H. 3–4, S. 32
- *Jünke, Ernst:* Führen ohne Vorgesetztenfunktion – Personalentwicklung im mittleren Management der Schulen, Schulverwaltung, Ausgabe Niedersachsen, 2014, H. 9, S. 232
- *Hoegg, Günther:* Freiheitsberaubung oder schlichtes Verwaltungshandeln? b:sl – Beruf: Schulleitung, Regionalausgabe des Schulleitungsverband Niedersachsen e.V., April 2017, S. 39
- *Nolte, Gerald:* »Nachsitzenlassen« ist keine Freiheitsberaubung, Schulverwaltung, Ausgabe Niedersachsen, 2017, H. 6, S. 181
- *Störmer-Mautz, Tanja:* Neufassung des Erlasses »Dienstrechtliche Befugnisse und sonstige personalrechtliche Aufgaben und Befugnisse«, SVBl. 2018, S. 152 (SRH 8.110 i)
- *Nolte, Gerald:* Delegationsbefugnisse der Schulleitung, Schule leiten 2018, Heft 14, S. 52
- *Nolte, Gerald:* Medikamentenabgaben durch Lehrkräfte im Notfall Schulverwaltung, Ausgabe Niedersachsen, 2020, Heft 1, S. 25
- *Nolte, Gerald:* Schülerfirmen erst 2023 umsatzsteuerpflichtig, Schulverwaltung, Ausgabe Baden-Württemberg H. 12, S. 341

(Gerald Nolte)

§ 44 Kollegiale Schulleitung

(1) ¹Die Schulbehörde kann einer allgemein bildenden Schule auf ihren Antrag widerruflich eine besondere Ordnung genehmigen, die eine kollegiale Schulleitung vorsieht. ²Die besondere Ordnung muss bestimmen, aus wie viel Mitgliedern das Leitungskollegium besteht. ³Der Antrag bedarf einer Mehrheit von zwei Dritteln der stimmberechtigten Mitglieder der Gesamtkonferenz. ⁴Er kann nur im Benehmen mit dem Schulträger gestellt werden.

(2) ¹Zu den Mitgliedern einer kollegialen Schulleitung gehören
1. die Schulleiterin oder der Schulleiter,
2. die ständige Vertreterin oder der ständige Vertreter der Schulleiterin oder des Schulleiters,
3. die Inhaberinnen und Inhaber von höherwertigen Ämtern mit Schulleitungsaufgaben und
4. bis zu drei hauptamtliche oder hauptberufliche Lehrkräfte als zusätzliche Mitglieder.

²Die §§ 45, 48, 49 und 52 bleiben unberührt.

(3) ¹Die zusätzlichen Mitglieder des Leitungskollegiums (Absatz 2 Satz 1 Nr. 4) werden mit ihrem Einverständnis von der Schulbehörde auf Vorschlag der Schule für die Dauer von sechs Jahren bestellt; § 49 gilt entsprechend. ²Gründe für die Ablehnung eines Vorschlages werden der Schule nicht bekannt gegeben.

(4) ¹Das Leitungskollegium regelt nach Anhörung der Gesamtkonferenz die Wahrnehmung seiner Aufgaben durch eine Geschäftsordnung. ²Der Schulleiterin oder dem Schulleiter bleiben vorbehalten:
1. die Aufgaben nach § 43 Abs. 1 und 2, Abs. 4 Nrn. 1 und 2 und Abs. 5,
2. der Vorsitz im Leitungskollegium,
3. die dienstrechtlichen Befugnisse, soweit sie der Schule übertragen sind,
4. die Befugnisse nach § 86 Abs. 1 und § 111 Abs. 2.

(5) ¹Die besondere Ordnung nach Absatz 1 kann auch bestimmen, dass die höherwertigen Ämter mit Ausnahme des ersten Beförderungsamtes der Lehrkräfte an Gymnasien, Abendgymnasien und Kollegs mit einer Lehrbefähigung, die den Zugang zum zweiten Einstiegsamt der Laufbahn der Laufbahngruppe 2 der Fachrichtung Bildung eröffnet, zunächst zeitlich begrenzt für die Dauer von zwei Jahren übertragen werden. ²Wird diese Bestimmung der besonderen Ordnung vor Ablauf der Übertragungszeit widerrufen, so behalten die Inhaberinnen und Inhaber von Ämtern mit zeitlicher Begrenzung diese Ämter bis zum Ende der Übertragungszeit. ³Die Übertragung eines höherwertigen Amtes nach Satz 1 darf nicht vor Ablauf eines Jahres seit Beendigung der Probezeit erfolgen; § 20 Abs. 3 Satz 3 des Niedersächsischen Beamtengesetzes findet entsprechende Anwendung.

(6) ¹Erfüllt die bisherige Inhaberin oder der bisherige Inhaber eines Amtes mit zeitlicher Begrenzung nach Ablauf der Übertragungszeit die Voraussetzungen für eine erneute Übertragung dieses Amtes, so wird es auf Lebenszeit verliehen. ²Die Vorschriften über Stellenausschreibungen und die stellenwirtschaftlichen Bestimmungen bleiben unberührt. ³§ 20 Abs. 2 und 3 des Niedersächsischen Beamtengesetzes ist nicht anzuwenden.

(7) ¹Absatz 6 gilt entsprechend, wenn die bisherige Inhaberin oder der bisherige Inhaber eines Amtes mit zeitlicher Begrenzung nach Ablauf der Übertragungszeit die Voraussetzungen für die Übertragung eines anderen

Amtes mit zeitlicher Begrenzung erfüllt. ²Ist dies ein Amt mit höherem Endgrundgehalt als das zuvor wahrgenommene Amt mit zeitlicher Begrenzung, so wird vor seiner zeitlich begrenzten Übertragung zunächst ein Amt auf Lebenszeit verliehen, das mit demselben Endgrundgehalt verbunden ist wie das zuvor wahrgenommene Amt mit zeitlicher Begrenzung.

(8) ¹Ist vor Ablauf der Übertragungszeit mindestens ein weiteres Amt mit zeitlicher Begrenzung übertragen worden, so wird, wenn Ämter mit zeitlicher Begrenzung über einen Zeitraum von insgesamt zwei Jahren ununterbrochen wahrgenommen wurden, ein solches Amt nach Maßgabe der folgenden Sätze auf Lebenszeit verliehen. ²Ist das Endgrundgehalt des zuletzt übertragenen Amtes nicht höher als diejenigen der zuvor übertragenen Ämter, so ist das zuletzt übertragene Amt auf Lebenszeit zu verleihen. ³Ist das Endgrundgehalt des zuletzt übertragenen Amtes höher als das Endgrundgehalt eines der zuvor übertragenen Ämter, so wird ein Amt auf Lebenszeit verliehen, das dem wahrgenommenen Amt mit dem zweithöchsten Endgrundgehalt entspricht; die zeitliche Begrenzung des zuletzt übertragenen Amtes bleibt unberührt. ⁴Absatz 6 Satz 3 und der Vorbehalt hinsichtlich der stellenwirtschaftlichen Bestimmungen (Absatz 6 Satz 2) gelten entsprechend.

Allg.: Das ÄndG 93 hat für **alle** Schulformen die schon im NSchG 74 enthaltene Möglichkeit wiederhergestellt, eine **kollegiale Schulleitung** zu beantragen. Durch das ÄndG 80 war die Einrichtung auf Gesamtschulen beschränkt worden. Nicht wieder aufgegriffen hat der Gesetzgeber allerdings die »besondere« Form einer kollegialen Schulleitung, in der die Mitglieder des Leitungskollegiums weitgehend gleichberechtigt sind. In der Normalform der kollegialen Schulleitung verbleiben in der Hand der Schulleiterin oder des Schulleiters eine Reihe wichtiger Zuständigkeiten (siehe Anm. 5). Dass kollegiale Schulleitungen nicht an berufsbildenden Schulen eingerichtet werden können, hat das ÄndG 10 bestimmt.

Mit der Einrichtung einer kollegialen Schulleitung will der Gesetzgeber den Schulen die Möglichkeit anbieten, die der Schulleiterin oder dem Schulleiter überlassenen Angelegenheiten auf eine breitere personelle Basis zu stellen. Zu den Entscheidungen, die die Schulleiterin oder der Schulleiter allein treffen kann, gehören z.B.: Unterrichtsverteilung, Stundenpläne, Vertretungen, Aufsichten, (flexibler) Unterrichtseinsatz, Raumpläne. Die Aufgaben der Schulleiterinnen und Schulleiter sind durch das Gesetz zur Einführung der Eigenverantwortlichen Schule vom 17.07.2006 und die Übertragung dienstrechtlicher Befugnisse erheblich erweitert worden (siehe Anm. 1 zu § 43). Die Geschäftsordnung, die sich ein Leitungskollegium gibt, kann Regelungen vorsehen, wonach ein Mehrheitsbeschluss u.U. das für den Beschlussgegenstand zuständige Leitungsmitglied bindet. Solche Regelungen dürfen aber nicht dazu führen, dass die Schulleiterin oder der Schulleiter nicht mehr die Gesamtverantwortung für die Schule wahrnehmen kann.

Kollegiale Schulleitungen waren lange Zeit eine niedersächsische Besonderheit. Ähnliche Einrichtungen gibt es noch in Brandenburg (»erweiterte

Schulleitung«) und Bremen. An diese »landeseigentümliche Besonderheit« (Bundesverfassungsgericht) bindet der Gesetzgeber die Vergabe höherwertiger Ämter mit zeitlicher Begrenzung (siehe Abs. 5). Zeitämter sind in Niedersachsen seit mehr als 40 Jahren möglich. 1972 wurde in das damalige Schulverwaltungsgesetz eine Bestimmung eingefügt, die es erlaubte, an Orientierungsstufen und Schulversuchen höherwertige Ämter befristet zu übertragen. Das NSchG 74 übernahm diese Regelung für Orientierungsstufen. Für die anderen Schulformen sah das Gesetz im Rahmen von Schulverfassungsversuchen bereits die Verknüpfung von Zeit-Beförderungen mit einer kollegialen Schulleitung vor. Das ÄndG 80 ließ die zeitlich begrenzte Übertragung höherwertiger Ämter außer an Orientierungsstufen nur noch an Gesamtschulen zu. Voraussetzung bei den letzteren war wiederum eine »Besondere Ordnung« mit kollegialer Schulleitung. Die Übertragungsdauer – zuvor von den Schulen selbst bestimmt – wurde damals einheitlich auf neun Jahre festgesetzt (siehe Tabelle in Anm. 7).

Die Übertragung höherwertiger Ämter mit zeitlicher Begrenzung ist rechtlich umstritten. Das Bundesverfassungsgericht hat 1985 die Bremer Praxis, alle Schulleiter(innen), Stellvertreter(innen) sowie Abteilungsleiter(innen) für die Dauer von acht Jahren zu bestellen, für unvereinbar mit Bundesrecht erklärt (Az.: 2 BvL 16/82). Das Karlsruher Gericht hat allerdings »gewachsene« Ausnahmen von der durch das Bundesbesoldungsgesetz vorgeschriebenen grundsätzlichen Kongruenz von Amt in statusrechtlichem und funktionellem Sinne zugelassen. Der niedersächsische Gesetzgeber hat im Lichte dieser Rechtsprechung 1993 die generelle zeitlich befristete Übertragung der höherwertigen Ämter an der damaligen Regelschulform Orientierungsstufe aufgegeben. Durch hohe Antragshürden bei der Beantragung einer Besonderen Ordnung mit kollegialer Schulleitung und Zeitämtern soll dem Gebot des Bundesverfassungsgerichts Rechnung getragen werden, dass sich die Ausnahmen in »qualitativ wie quantitativ eng bemessenem Rahmen« halten. Sollte von Schulen wider Erwarten von der in Abs. 5 gebotenen Möglichkeit in einem solchen Umfang Gebrauch gemacht werden, dass der Ausnahmecharakter verloren geht, wird die Schulbehörde die Genehmigung der entsprechenden Anträge versagen müssen. Von der Möglichkeit, höherwertige Ämter befristet zu übertragen, haben in erster Linie Gesamtschulen Gebrauch gemacht.

In einem Normenkontrollverfahren hat der Niedersächsische Staatsgerichtshof in Bückeburg am 08.05.1996 festgestellt, dass § 44 Abs. 5 mit der Niedersächsischen Verfassung vereinbar ist (StGH 3/94). Das Verfahren zur Verfassungskonformität höherwertiger Ämter mit zeitlicher Begrenzung und zu zwei weiteren Bestimmungen des NSchG 93 (siehe Anm. 4 zu § 37 und Anm. 1 zu § 12) war 1994 von der CDU-Landtagsfraktion angestrengt worden.

Auch das OVG Lüneburg hat – trotz gewisser Zweifel – nicht die Überzeugung gewonnen, dass die Übertragung höherwertiger Ämter auf Zeit (§ 44 Abs. 5 NSchG) eine Verletzung des Grundgesetzes oder eines Bundesgeset-

Schulverfassung § 44 **NSchG**

zes darstellt (Urteil vom 13.11.2012 – Az.: 5 LB 79/12; siehe auch BVerwG, Beschl. v. 7.11.2014, Az.: 2 C 8.14). Die Bedenken bezogen sich u. a. auf die relativ lange Übertragungsdauer von damals sieben Jahren, in der das Amt im funktionellen Sinn und das Amt im statusrechtlichen Sinn auseinander fielen. Diese Bedenken hat der Gesetzgeber zum Anlass genommen, im ÄndG 15 die Übertragungsdauer von sieben auf zwei Jahre zu verkürzen. Damit ist auch eine Anpassung an die regelmäßige zweijährige Probezeit für Beamtinnen und Beamte in Ämtern mit leitender Funktion erfolgt (§ 5 Abs. 1 NBG). Für Inhaberinnen und Inhaber höherwertiger Ämter, denen das Amt nach altem Recht auf sieben Jahre übertragen worden ist, besteht nach der Übergangsbestimmung des § 180 die Möglichkeit, die Übertragungszeit auf zwei Jahre zu verkürzen.

Zu Abs. 1: Schulen der allgemein bildenden Schulformen können auf ihren Antrag eine »Besondere Ordnung« erhalten, die eine **kollegiale Schulleitung** vorsieht. Die Genehmigung wird von der Schulbehörde **widerruflich**, aber im Gegensatz zu den Besonderen Ordnungen für Konferenzen (siehe § 37) unbefristet erteilt. Der Antrag der Schule, der die Zahl der Mitglieder des vorgesehenen Leitungskollegiums bestimmen muss (siehe Abs. 2) bedarf der Zustimmung von mindestens zwei Dritteln der stimmberechtigten – nicht: der in der Sitzung anwesenden – Mitglieder der Gesamtkonferenz. Mit der Festsetzung dieses Quorums hat das ÄndG 93 die Antragshürden deutlich erhöht. Das ÄndG 80 verlangte für den Antrag (einer Gesamtschule) auf eine Besondere Ordnung mit kollegialer Leitungsstruktur keine qualifizierte Mehrheit. Der Gesetzgeber ist offensichtlich davon ausgegangen, dass die Arbeit einer Schule mit ihrer Besonderen Ordnung nur erfolgreich sein kann, wenn die kollegiale Schulleitung von einer breiten Mehrheit aller Beteiligten gewollt wird. 2

Der Antrag der Schule kann nur im Benehmen mit dem Schulträger gestellt werden. Diese Bestimmung verlangt von der Schule, dass sie den Antrag mit dem Schulträger eingehend erörtert haben muss. Einer ausdrücklichen Zustimmung bedarf es jedoch nicht.

Das Schulgesetz enthält keine Aussagen darüber, mit welcher Mehrheit eine Schule den Widerruf einer ihr genehmigten Besonderen Ordnung »beantragen« kann. Die Schulbehörde wird in der Regel auf der Fortführung nicht bestehen, wenn sie aufgrund eines Beschlusses der Gesamtkonferenz einer Schule erkennt, dass die Besondere Ordnung von der Mehrheit der Konferenzmitglieder nicht mehr gewollt wird.

Zu Abs. 2: »Geborene« Mitglieder einer kollegialen Schulleitung sind die in Nr. 1–3 genannten Personen. Die Schulleiterin oder der Schulleiter, die ständige Vertreterin oder der ständige Vertreter sowie die Inhaberinnen und Inhaber höherwertiger Ämter mit Schulleitungsaufgaben müssen ihr angehören. Zur Gruppe der zuletzt genannten Personen gehören die 2. Konrektoren, bestimmte Studiendirektoren zur Koordinierung schulfachlicher Aufgaben an Gymnasien (z.B. Oberstufenkoordinator), die Didaktischen Leiter, die Leiter der Sekundarstufen I und II an Integrierten Gesamtschulen, die Leiter der Schulzweige an Kooperativen Gesamtschulen. 3

Zu den »geborenen« Mitgliedern einer kollegialen Schulleitung können als **zusätzliche** Mitglieder bis zu drei hauptamtliche oder hauptberufliche Lehrkräfte der Schule treten, die nicht Inhaberin oder Inhaber eines höherwertigen Amtes sein müssen. Sie sind gleichberechtigte Mitglieder des Leitungskollegiums, auch wenn sie kein höherwertiges Amt mit Schulleitungsaufgaben innehaben. In welchem Umfang zusätzliche Mitglieder bestellt werden sollen, hat die Schule bei der Antragstellung zu entscheiden. Sie wird dabei bedenken müssen, dass es ihr nicht erspart bleiben wird, die zusätzlichen Schulleitungsmitglieder in einem gewissen Umfang aus dem Topf der ihr zur Verfügung stehenden Anrechnungsstunden zu entlasten. Die Arbeitszeitverordnung sieht für sie nämlich keine Anrechnungsstunden vor. Es besteht lediglich die Möglichkeit, die den »geborenen« Schulleitungsmitgliedern zustehenden Anrechnungsstunden mit ihrem Einverständnis im Leitungskollegium anders zu verteilen (§ 13 Nds. ArbZVO-Schule).

Die Formulierung »bis zu drei zusätzliche Mitglieder« lässt es zu, kollegiale Schulleitungen auch ohne zusätzliche Mitglieder zu beantragen. Beispielsweise kann die kollegiale Schulleitung einer Hauptschule nur aus dem Rektor und dem Konrektor bestehen. In einem solchen Leitungskollegium ist die Stellung des Konrektors stärker als bei »monokratischer« Leitung der Schule.

Für die Bestellung der »geborenen« Mitglieder einer kollegialen Schulleitung gelten die üblichen Vorschriften (§§ 45, 48 und 49 für die Schulleiterin oder den Schulleiter sowie § 52 für die weiteren Mitglieder mit höherwertigen Ämtern).

4 **Zu Abs. 3:** Die »zusätzlichen Mitglieder« des Leitungskollegiums werden der Landesschulbehörde nach § 34 Abs. 2 Nr. 4 von der Gesamtkonferenz vorgeschlagen. Für das Nominierungsverfahren kann sie eine Wahlordnung beschließen (siehe Anm. 3 zu § 34). Eine Bestellung von »zusätzlichen Mitgliedern« gegen den Willen der Schule ist nicht möglich. Die Schulbehörde kann zwar einen Bestellungsvorschlag der Schule ablehnen, wenn sie die vorgeschlagene Lehrkraft für ungeeignet hält. Eigene Bestellungsinitiativen kann sie aber nicht entwickeln. Die Gründe für die Ablehnung eines Vorschlags werden – zum Schutz der Lehrkraft – der Schule nicht bekanntgegeben. Sie dürfen aber der oder dem Betroffenen mitgeteilt werden.

Unabhängig davon, ob die »geborenen« Mitglieder ihr Amt auf Lebenszeit oder Zeit (siehe Abs. 5) erhalten, erfolgt die Bestellung der zusätzlichen Mitglieder auf sechs Jahre. Über die Bestellung ist der zuständige Schulträger von der Schulbehörde zu unterrichten.

5 **Zu Abs. 4:** Grundlage der Arbeit in einer kollegialen Schulleitung ist eine **Geschäftsordnung**, in der die Wahrnehmung der einzelnen Schulleitungsaufgaben durch die verschiedenen Leitungsmitglieder geregelt wird. In der Geschäftsordnung kann insbesondere bestimmt werden, in welchen Fällen ein Mehrheitsbeschluss das für eine Aufgabe zuständige Schulleitungsmitglied bindet. Bevor das Leitungskollegium die Geschäftsordnung beschließt, hat es die Gesamtkonferenz anzuhören.

Der Schulleiterin oder dem Schulleiter müssen die folgenden Aufgaben vorbehalten bleiben:
- Tragen der Gesamtverantwortung für die Schule und deren Qualitätssicherung und -entwicklung (§ 43 Abs. 1)
- Wahrnehmung des Weisungsrechts (§ 43 Abs. 2 Satz 1)
- Wahrnehmung des Besuchs- und Beratungsrechts (§ 43 Abs. 2 Satz 1)
- Treffen von Maßnahmen zur Personalwirtschaft einschließlich der Personalentwicklung (§ 43 Abs. 2 Satz 1)
- Sorge für die Einhaltung der Rechts- und Verwaltungsvorschriften und der Schulordnung (§ 43 Abs. 2 Satz 2)
- Wahrnehmung der Außenvertretung (§ 43 Abs. 4 Nr. 1)
- Vorsitz in der Gesamtkonferenz und im Schulvorstand (§ 43 Abs. 4 Nr. 2)
- Wahrnehmung des Einspruchsrechts (§ 43 Abs. 5)
- Vorsitz im Leitungskollegium
- Wahrnehmung der dienstrechtlichen Befugnisse
- Gestattung der Benutzung von Schulanlagen und Einrichtungen der Schule (§ 86 Abs. 1)
- Ausübung des Hausrechts und der Aufsicht über die Schulanlage (§ 111 Abs. 2 Satz 1)
- Wahrnehmung des Weisungsrechts gegenüber Bediensteten des Schulträgers (§ 111 Abs. 2 Satz 2)

Nicht zum Vorbehaltskatalog gehört das Recht, Eilentscheidungen zu treffen. Der Gesetzgeber ist davon ausgegangen, dass in der Schule zu jeder Zeit ein Beschluss des Leitungskollegiums herbeigeführt werden kann, wenn eine Entscheidung, die in die Zuständigkeit einer Konferenz oder des Schulvorstandes fällt, nicht aufgeschoben werden kann. Bei der Erfüllung der Vorbehaltsaufgaben kann die Schulleiterin oder der Schulleiter nicht durch einen Mehrheitsbeschluss des Leitungskollegiums gebunden werden.

Zu Abs. 5: Die Besondere Ordnung, mit der eine Schule eine kollegiale **6** Schulleitung erhält, kann **zusätzlich** bestimmen, dass alle höherwertigen Ämter zunächst zeitlich begrenzt für die Dauer von zwei Jahren übertragen werden. Nach Ablauf dieser Frist kann es zur Verleihung auf Lebenszeit kommen (siehe Anm. 7). Die Möglichkeit, nach Ablauf des Übertragungszeitraums (von damals sieben Jahren) das Amt auf Lebenszeit verliehen zu bekommen, hat die Schulgesetzänderung vom 11.10.2000 eröffnet. Zuvor konnten höherwertige Ämter immer nur auf neun Jahre übertragen werden (siehe auch § 180 in der bis zum 31.07.2015 geltenden Fassung). Die Verkürzung von sieben auf zwei Jahre ist durch das ÄndG 15 erfolgt (siehe auch Anm. 1 und Tabelle in Anm. 7).

Will eine Schule ihre höherwertigen Ämter mit zeitlicher Begrenzung vergeben lassen, ist dazu eine kollegiale Schulleitung notwendige Voraussetzung. Umgekehrt kann eine Besondere Ordnung mit kollegialer Schulleitung ohne Zeitämter genehmigt werden. Eine Besondere Ordnung mit Zeitämtern wird erst wirksam, wenn jeweils die höherwertigen Ämter einer Schule durch das Ausscheiden der auf Lebenszeit beförderten Inhaberinnen und Inhaber frei geworden sind.

Nicht auf Zeit übertragen werden kann das erste Beförderungsamt der Lehrkräfte mit einer Lehrbefähigung, die den »Zugang zum zweiten Einstiegsamt der Laufbahn der Laufbahngruppe 2 der Fachrichtung Bildung« (früher: »höherer Dienst«) eröffnet. Dabei handelt es sich um das Amt der Oberstudienrätin oder des Oberstudienrates an Gymnasien, Abendgymnasien und Kollegs. Der Gesetzgeber hat dieses Amt ausgenommen, weil es im Grunde ein »unechtes« Beförderungsamt ist, das faktisch zur beruflichen Biographie der Lehrkräfte des »höheren Dienstes« gehört. Bei der nach der Besoldungsgruppe A 14 besoldeten Jahrgangsleitung oder Fachbereichsleitung an Gesamtschulen handelt es sich um ein Amt eigener Art, das den Angehörigen aller Lehrerlaufbahnen offensteht. Es kann damit auf Zeit vergeben werden.

Während es die Bestimmungen des NSchG 80 zuließen, nicht alle, sondern lediglich die Leitungsämter einer (Gesamt-)Schule auf Zeit zu vergeben, verlangt die seit 1993 geltende Fassung des NSchG von der antragstellenden Gesamtkonferenz eine Entscheidung nach der Devise »Alle oder keine«. Beamteten Lehrkräften darf ein höherwertiges Amt auf Zeit frühestens ein Jahr seit Beendigung der Probezeit übertragen werden. Der Hinweis auf § 20 Abs. 3 Satz 3 NBG erlaubt es jedoch, das höherwertige Amt bereits nach Ablauf der Probezeit zu übertragen. Voraussetzung ist, dass während der Probezeit »hervorragende Leistungen« gezeigt worden sind.

Die Inhaberinnen und Inhaber von Zeitämtern erhalten für die Dauer der Wahrnehmung eine Zulage in Höhe des Unterschiedsbetrages zwischen den Dienstbezügen ihres Statusamtes und des höherwertigen Amtes. Diese Zulage wurde früher ruhegehaltfähig, wenn sie ununterbrochen länger als zehn Jahre gewährt wurde. Die Rechtsgrundlage dafür – § 46 Abs. 3 BBesG – ist allerdings mit dem sog. Versorgungsreformgesetz 1998 vom 29.06.1998 entfallen. Die Zulage ist nur noch für diejenigen Beamtinnen und Beamten ruhegehaltfähig, die bis zum 31.12.2007 in den Ruhestand getreten oder versetzt worden sind.

7 **Zu Abs. 6:** Mit den durch Gesetz vom 11.10.2000 eingefügten Absätzen 6–8 hat der Gesetzgeber die Konsequenzen daraus gezogen, dass durch das in Anm. 6 genannte Versorgungsreformgesetz des Bundes die Ruhegehaltfähigkeit der Stellenzulage entfallen ist, die für die Dauer der Wahrnehmung eines höherwertigen Amtes mit zeitlicher Begrenzung gewährt wird. Bewirbt sich die Inhaberin oder der Inhaber eines solchen Amtes nach Ablauf der Übertragungszeit erneut auf die ausgeschriebene Stelle und wird nach dem Prinzip der Bestenauslese für diese Stelle ausgewählt, so wird ihr oder ihm das Amt auf Lebenszeit übertragen.

Schulverfassung § 44 **NSchG**

1972–1980	1980–2000	2000–2015	ab 01.08.2015
von den Schulen bestimmt	9 Jahre	7 Jahre	2 Jahre
Übertragungszeitraum 1972–2015			

Wird nach Ablauf der zweijährigen Amtszeit das Amt auf Lebenszeit übertragen, wird ein Abweichen von den Bestimmungen des § 20 Abs. 2 und 3 NBG zugelassen. So wird auf das vor einer Beförderung regelmäßig vorgesehene Durchlaufen aller Ämter der jeweiligen Laufbahn verzichtet. Es entfällt ferner die Erprobungszeit nach § 20 Abs. 2 NBG, da sich die Beamtin oder der Beamte in dem auf Lebenszeit zu verleihenden Amt bereits zwei Jahre bewährt hat.

Mit dem Hinweis auf die Vorschriften über Stellenausschreibungen (§§ 45, 48, 52) wird klargestellt, dass nach Ablauf der Zweijahresfrist keine automatische Beförderung stattfindet, sondern das übliche Ausschreibungs- und Auswahlverfahren erfolgen muss. Erfüllt sein müssen auch die stellenwirtschaftlichen Bestimmungen, d. h., das Amt muss in der Besoldungsordnung des Bundes oder des Landes weiterhin vorgesehen sein und es muss eine Planstelle zur Verfügung stehen.

Zu Abs. 7: In Absatz 7 werden die Fälle geregelt, in denen sich die bisherige Inhaberin oder der bisherige Inhaber eines mit zeitlicher Begrenzung übertragenen Amtes nach Ablauf der zweijährigen Amtszeit erfolgreich um ein anderes Amt mit zeitlicher Begrenzung beworben hat. Handelt es sich hierbei um ein Amt mit demselben oder geringeren Endgrundgehalt, so wird nach Satz 1 (»Absatz 6 gilt entsprechend...«) das andere Amt sogleich auf Lebenszeit übertragen. Auch in diesen Fällen wird auf ein vorheriges Durchlaufen aller Ämter und auf eine Erprobungszeit verzichtet. 8

Ist das neue Amt hingegen mit einem höheren Endgrundgehalt verbunden, so wird nach Satz 2 im Zusammenhang mit der zeitlich befristeten Übertragung des neuen Amtes ein Amt auf Lebenszeit verliehen, das im Endgrundgehalt dem zuvor ausgeübten Amt entspricht. Mit dieser Regelung wird eine Schlechterstellung dieser Fallgruppe gegenüber den Fällen der Absätze 6 und 7 Satz 1 vermieden.

Zu Abs. 8: Absatz 8 regelt die Fälle, in denen in weiteres Amt mit zeitlicher Begrenzung übertragen wird, bevor die zweijährige Amtszeit beendet ist. Auch in diesen Fällen soll nach insgesamt zweijähriger ununterbrochener Wahrnehmung (mindestens zweier) höherwertiger Ämter eine echte Beförderung erfolgen. Welches Amt auf Lebenszeit verliehen wird, hängt von den Endgrundgehältern der wahrgenommenen Zeitämter ab. Ist das Endgrundgehalt des zuletzt übertragenen Amtes nicht höher als diejenigen der zuvor wahrgenommenen Ämter, wird in das zuletzt übertragene Amt befördert. Mit Satz 3 wird eine Regelung für den Fall getroffen, dass das Endgrundgehalt des zuletzt übertragenen Amtes höher ist als das eines der zuvor ausgeübten Ämter. In diesem Fall wird ein Amt auf Lebenszeit übertragen, das dem wahrgenommenen Amt mit dem zweithöchsten Endgrundgehalt entspricht. Von Bedeutung waren diese Bestimmungen in der Zeit, als die Übertragungs- 9 dauer noch sieben Jahre betrug (2000 bis 2015). Nach der Umstellung auf den Zweijahreszeitraum dürften sie kaum noch Anwendung finden. Auch in den Fällen des Absatzes 8 wird auf das Durchlaufen der Ämter der jeweiligen Laufbahn sowie auf die Erprobungszeit verzichtet. Es müssen freilich die stellenwirtschaftlichen Voraussetzungen erfüllt sein (siehe Anm. 7).

10 Verweise, Literatur:

- *Hage, Karl-Heinz:* Beamtenrecht gegen Schulreform? Zur Zulässigkeit befristeter Funktionsübertragung statt Beförderung im Schulwesen, Recht der Jugend und des Bildungswesens, 1983, S. 65

- Zur Frage der Vereinbarkeit des § 52 Absatz 1 des Bremischen Schulverwaltungsgesetzes – Übertragung der Schulleiterfunktion auf Zeit – mit Bundesrecht, Beschluss des Bundesverfassungsgerichts vom 03.07.1985 (Entscheidungen des Bundesverfassungsgerichts, Bd. 70, S. 251)

- *Wimmer, Raimund:* Anmerkungen zum Beschluss des Bundesverfassungsgerichts vom 03.07.1985, Recht der Jugend und des Bildungswesens, 1986, S. 251

- *Galas, Dieter:* Höherwertige Ämter auf Zeit an allen Schulen möglich, Schulverwaltung, Ausgabe Niedersachsen, 1993, H. 8, S. 147

- *Galas, Dieter:* Besetzung höherwertiger Ämter auf Zeit – Niedersächsisches Schulgesetz wird geändert, Schulverwaltung, Ausgabe Niedersachsen, 2000, H. 9, S. 329

- *Galas, Dieter:* Schulleitung auf Zeit? in: Rolff, Hans-Günter/Schmidt, Hans-Joachim (Hrsgb.): Brennpunkt Schulleitung und Schulaufsicht – Konzepte und Anregungen für die Praxis, Neuwied und Kriftel, 2002, S. 307

(Dieter Galas)

§ 45 Bestellung der Schulleiterinnen und Schulleiter

(1) ¹Das Land hat die Stellen der Schulleiterinnen und Schulleiter auszuschreiben. ²Der Schulträger ist zur Bekanntgabe der Ausschreibung berechtigt. ³Die Schule und der Schulträger sind über die Bewerbungen zu unterrichten und können Besetzungsvorschläge machen.

(2) ¹Vor Besetzung der Stellen nach Absatz 1 setzt sich die Schulbehörde mit der Schule und mit dem Schulträger ins Benehmen, falls sie deren Vorschlag nicht entsprechen will oder diese keinen Vorschlag vorgelegt haben. ²Kommt eine Einigung innerhalb von acht Wochen nicht zustande, so entscheidet die Schulbehörde. ³Auf Verlangen eines der Beteiligten findet in dieser Zeit eine mündliche Erörterung statt.

(3) Eine Lehrkraft, die der Schule angehört, soll zur Schulleiterin oder zum Schulleiter nur bestellt werden, wenn besondere Gründe dies rechtfertigen.

Schulverfassung § 45 NSchG

Allg.: § 45 trifft Regelungen zum Stellenbesetzungsverfahren der Schul- 1
leiterinnen und Schulleiter. Ausnahmen von den Bestimmungen sind in
§ 48 zu finden, eine Ergänzung zu beiden Paragrafen ist in § 49 geregelt.
Zur Besetzung weiterer Funktionsstellen trifft § 52 besondere Regelungen.

Die Schulleiterin oder der Schulleiter hat nach den schulgesetzlichen
Bestimmungen eine herausgehobene Stellung in der Schule. Sie oder er
trägt die Gesamtverantwortung für die Schule und ist Vorgesetzte oder
Vorgesetzter aller an der Schule tätigen Personen. Die Auswahl bei der
Stellenbesetzung dieser Landesbediensteten liegt in der Federführung des
Landes – vertreten durch die Schulbehörden –, auch das Letztentscheidungsrecht ist hier verortet. Gleichwohl sind Schulträger und Schule als
offenkundig von der Bestellung Betroffene in das Auswahlverfahren als
Beteiligte eingebunden und zur Mitwirkung aufgefordert.

Nach Art. 33 Abs. 2 GG hat jeder Deutsche nach seiner Eignung, Befähigung und fachlichen Leistung gleichen Zugang zu jedem öffentlichen Amt.
Öffentliche Ämter sind nach dem Prinzip der Bestenauslese zu besetzen.
Die verfassungsrechtliche Bestimmung dient einerseits dem öffentlichen
Interesse an einer bestmöglichen Besetzung des öffentlichen Dienstes.
Andererseits trägt sie dem berechtigten Interesse der Beamtinnen und
Beamten an einem angemessenen beruflichen Fortkommen dadurch Rechnung, dass sie ihnen ein Recht auf ermessens- und beurteilungsfehlerfreie
Einbeziehung in die Bewerberauswahl begründet.

Nach dem GG wird der Bestenauslesegrundsatz unbeschränkt und vorbehaltlos gewährleistet. Ein generelles Hausberufungsverbot (vgl. Anm. 4)
muss daher verfassungsrechtlichen Bedenken begegnen.

Der Gesetzgeber verwendet das Wort »Bestellung« im NSchG ausschließlich
in der Überschrift dieses Paragrafen. Gemeint ist die (dauerhafte) Besetzung von Stellen (vgl. Abs. 2 Satz 1), eine kommissarische Beauftragung
bzw. eine mit der Wahrnehmung der Geschäfte erfolgte Beauftragung wird
von der Bestimmung nicht erfasst.

Zu Abs. 1: Satz 1 verpflichtet das Land, alle Stellen der Schulleiterinnen 2
und Schulleiter auszuschreiben. Alle potentiellen Bewerberinnen und
Bewerber sollen so in die Lage versetzt werden, sich um eine Stellenbesetzung zu bewerben. Eine Ausschreibung führt ferner zu einer größeren
Anzahl von Bewerberinnen und Bewerbern, so dass eine größere Auswahl
für eine möglichst optimale Stellenbesetzung besteht.

Nähere Bestimmungen über die Art der Bekanntmachung, den Inhalt einer
Stellenausschreibung, die Zuständigkeit, das Verkündungsblatt o. Ä. trifft
das NSchG nicht. In der Praxis erfolgt die Ausschreibung in dem monatlich erscheinenden »Schulverwaltungsblatt für Niedersachsen«, das alle
niedersächsischen Schulen erhalten und das dort von den Bediensteten
eingesehen werden kann. Die Ausschreibungen aus dem SVBl. werden
auch auf der Internetseite des MK eingestellt.

Die Stellenausschreibungen sind im SVBl. nach folgendem Muster aufgebaut:
a) Name der Schule und Schulform;
b) Schulträger;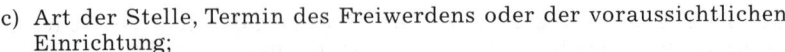
c) Art der Stelle, Termin des Freiwerdens oder der voraussichtlichen Einrichtung;
d) soweit erforderlich, zusätzliche Angaben über die Schule, die Stelle, die gewünschte fachliche oder persönliche Eignung, die Religionszugehörigkeit;
e) bei Besetzung auf Zeit: Dauer, für die die Stelle zu besetzen ist;
f) Name und Tel.-Nr. der zuständigen Dezernentin/des zuständigen Dezernenten oder
g) Name und Tel.-Nr. der Schulleiterin/des Schulleiters der für die Ausschreibung zuständigen Schule, Anschrift der Schule.
h) Angabe bei erneuter Ausschreibung: »(erneute Ausschreibung)« oder bei erneuter Ausschreibung nach dem Niedersächsischen Gleichstellungsgesetz (NGG): »(erneute Ausschreibung gemäß § 11 Abs. 2 NGG)«.

Auf die weiteren Vorbemerkungen zu den Ausschreibungen wird verwiesen.

Bewerbungen müssen spätestens vier Wochen nach dem Tage der Ausschreibung bei der nachgeordneten Schulbehörde eingehen. Als Tag der Ausschreibung gilt das auf dem Titelblatt des Heftes des SVBl. vermerkte Ausgabedatum.

Nach **Satz 2** ist auch der Schulträger zur Bekanntgabe der Ausschreibung berechtigt. Dieses Recht basiert auf der gemeinsamen Schulträgerschaft und spiegelt das Interesse des Schulträgers, eine Stellenbesetzung zu beschleunigen, eigene Besetzungsvorschläge machen zu können und zudem auch den Standort gezielt für engagierte Lehrkräfte, die sich oftmals auch anderweitig in der örtlichen Gemeinschaft einbringen, zu bewerben, wider.

Über Art und Weise der Bekanntgabe entscheidet der Schulträger. Die in der Stellenausschreibung des Landes gesetzte Bewerbungsfrist ist auch für die Bekanntgabe maßgebend. Bewerbungen, die an den Schulträger gerichtet werden, sind von ihm unverzüglich an die Schulbehörde abzugeben, damit für diese Lehrkräfte Chancengleichheit gewahrt wird.

Die Unterrichtung von Schule und Schulträger (Satz 3) muss sich aus datenschutzrechtlichen Gründen auf die für eine Personalauswahl notwendigsten Bewerberdaten beschränken. So dürfte es genügen, eine Übersicht über die eingegangenen Bewerbungen zu übermitteln, die Namen, Geburtsdaten, Familienstand, Lehrbefähigung einschließlich der Fächer und Ergebnisse der 1. und 2. Staatsprüfung, Anschrift der derzeitigen Schule, Amtsbezeichnung und gegebenenfalls derzeitige Funktion der Bewerberinnen und Bewerber enthalten sollte.

Das in **Satz 3** ferner ausdrücklich festgelegte Recht von Schule und Schulträger zur Vorlage von eigenen Besetzungsvorschlägen ist nicht an eine Frist gebunden. Die Schulbehörde wird aber tunlichst mit der Unterrichtung eine solche Frist setzen, um eine unnötige Verzögerung des Besetzungsverfahrens zu vermeiden.

Zu Abs. 2: Satz 1 schreibt der Schulbehörde als der personalverwaltenden Dienststelle vor, sich vor der Stellenbesetzung mit der Schule und mit dem Schulträger ins Benehmen zu setzen, falls sie deren Vorschlag nicht entsprechen will oder diese keinen Vorschlag vorgelegt haben. 3

Die Benehmensherstellung ist eine Form der Mitwirkung einer anderen Stelle bei einer zu treffenden Entscheidung, die gewissermaßen zwischen der Anhörung, bei der lediglich Gelegenheit gegeben wird, Vorstellungen einzubringen, und dem Einvernehmen, das das Einverständnis einer anderen Stelle fordert, liegt. Bei einer Entscheidung im Benehmen darf die mitwirkungsberechtigte Stelle ihre Ansichten der entscheidenden Stelle vortragen, letztere kann aber von der Position der anderen Stelle aus sachlichen Gründen abweichen und ohne deren Zustimmung entscheiden. Bei der Benehmensherstellung ist allerdings von einer gesteigerten Rücksichtnahme auszugehen, die sich im ernsthaften Bemühen um die Herstellung des Einvernehmens äußert.

In welcher Weise die Herstellung des Benehmens sowie eine mündliche Erörterung abzulaufen haben, ergibt sich aus dem NSchG nicht. Gewünscht ist jedenfalls eine intensive Abstimmung und ggf. Diskussion mit Schule und Schulträger.

Die Schulbehörde ist gehalten, auch die Besetzungsvorschläge und Einwände der Schule und des Schulträgers zu überdenken und abzuwägen.

Eine Auswahlentscheidung, die ohne die erforderliche Benehmensherstellung der zu Beteiligenden getroffen wurde, ist zwar rechtswidrig, aber nicht schon deshalb unwirksam. Die Fehlerhaftigkeit kann geheilt werden, wenn die versäumte Mitwirkung der zu Beteiligenden nachgeholt wird.

Die Frist für die Benehmensherstellung beginnt, wenn die Schulbehörde der Schule und dem Schulträger die von ihr favorisierte Bewerberin oder den von ihr favorisierten Bewerber benennt und die für die Unterrichtung erforderlichen Unterlagen zur Verfügung gestellt hat.

Will die Schulbehörde einem von der Schule (Schulvorstand gem. § 38a Abs. 3 Nrn. 7 und 8) und dem Schulträger übereinstimmend vorgelegten Vorschlag entsprechen, kann sie die Besetzung ohne weitere Beteiligung der beiden Stellen durchführen. Es liegt kein Dissens vor.

Die Schulbehörde muss dagegen vor der Stellenbesetzung das Benehmen mit Schule und Schulträger herstellen, wenn

a) die ausgewählte Bewerberin oder der ausgewählte Bewerber nicht dem Vorschlag der Schule oder des Schulträgers entspricht oder

b) die Schule oder der Schulträger keinen Vorschlag vorgelegt hat.

Die Schulbehörde ist dann verpflichtet, eine Einigung zu versuchen, indem sie den beiden Beteiligten die Gelegenheit zur Stellungnahme gibt.

Wird eine Einigung innerhalb von acht Wochen nicht erreicht, so entscheidet nach Fristablauf letztendlich die Schulbehörde **(Satz 2)**, sie hat das sog. Letztentscheidungsrecht.

Nach **Satz 3** findet auf Verlangen eines der Beteiligten in dieser Zeit, d.h. innerhalb der achtwöchigen Frist, eine mündliche Erörterung statt. Der Schulbehörde bleibt es unbenommen, von sich aus eine mündliche Erörterung anzubieten.

4   Zu Abs. 3: Die Bestimmung regelt ein sog. Hausberufungsverbot, das in Niedersachsen durch die Formulierung als Soll-Vorschrift zwar im Regelfall gelten soll, von dem aber unter bestimmten Umständen abgewichen werden muss.

Unter einer Hausberufung versteht man die Bestellung einer Schulleiterin oder eines Schulleiters an derselben Schule, an der sie oder er bislang unterrichtet oder außerdem eine Funktionsstelle wahrgenommen hat.

Die Vorschrift ist wegen der damit verbundenen Einschränkung des Prinzips der Bestenauslese rechtlich nicht unproblematisch. *Zwar* lassen sich Erwägungen für einen Ausschluss und damit eine Schlechterstellung einer Hausbewerberin oder eines Hausbewerbers anstellen (z.b. Verhinderung unlauterer Bevorzugung, höhere Akzeptanz, Autorität und Distanz von Fremdbewerbern, keine Vorbelastung durch alte Freundschaften und Gefälligkeiten oder Konflikte und Animositäten, Nutzung des Erfahrungsschatzes, der Verwendungsbreite, neuer Ideen und Innovationen von Fremdbewerbern), es handelt sich aber nicht um objektive Gründe, die bei der Bestenauslese eine Vorfestlegung auf Fremdbewerber rechtfertigen (vgl. VG Düsseldorf im Beschl. v. 15.02.2008 – 2 L 2145/07).

Die Auswirkungen der Ungleichbehandlung sind für eine Hausbewerberin oder einen Hausbewerber durchaus beträchtlich, weil es deren oder dessen beruflichen Aufstieg in einem gewachsenen beruflichen und privaten Umfeld verhindert. Dieser Eingriff wird auch nicht dadurch entscheidend gemildert, dass einer Hausbewerberin oder einem Hausbewerber der Weg zu einer Schulleitungsstelle an einer anderen Schule nicht verstellt ist.

Ein vollständiger Ausschluss von Hausbewerberinnen und Hausbewerbern aus einem Stellenbesetzungsverfahren würde gegen das verfassungsrechtlich verankerte Recht verstoßen, freien und gleichen Zugang zu öffentlichen Ämtern nach dem Prinzip der Bestenauslese zu haben (vgl. Hessischer VGH im Beschl. v. 13.06.1988 – 1 TG 2054/88). Vor diesem Hintergrund sieht das NSchG lediglich Einschränkungen für die Berufung von Hausbewerberinnen und Hausbewerbern vor. Das Gesetz lässt dann Ausnahmen bei der Bestellung zu, wenn sie durch »besondere Gründe« »gerechtfertigt« sind. Der Beurteilungsspielraum bei der Auslegung dieser unbestimmten Rechtsbegriffe räumt der Schulbehörde eigenständige Entscheidungsfreiheit ein.

Im Beschl. v. 25.04.2005 – 3 B 2/05 – hat das VG Osnabrück die Auffassung vertreten, dass Abs. 3 in Übereinstimmung mit höherrangigem Recht dahingehend auszulegen ist, dass »besondere Gründe« die Auswahl des sog.

Hausbewerbers »rechtfertigen«, wenn dieser im Sinn der Auswahlgrundsätze des Art. 33 Abs. 2 Grundgesetz »der Bessere« ist.

Als »besondere Gründe«, die eine Berücksichtigung einer Hausbewerberin oder eines Hausbewerbers »rechtfertigen« können, kommen in Betracht:

- Die Hausbewerberin oder der Hausbewerber ist deutlich qualifizierter (z.b. um eine Notenstufe bei der Beurteilung) als die anderen Bewerberinnen und Bewerber.

- Die Hausbewerberin oder der Hausbewerber hat längere Zeit erfolgreich als ständige Vertreterin oder als ständiger Vertreter der Schulleiterin oder des Schulleiters gewirkt.

- Keine oder keiner der auswärtigen Bewerberinnen und Bewerber ist uneingeschränkt geeignet.

- Einer Schulleiterin oder einem Schulleiter, der oder dem das Amt gemäß § 44 Abs. 5 auf Zeit übertragen worden ist, soll das Amt im Interesse der Kontinuität erneut übertragen werden.

- Die Hausbewerberin oder der Hausbewerber hat über längere Zeit die Schule erfolgreich kommissarisch geleitet (vgl. OVG Lüneburg, Urt. v. 27.05.2005 – 5 ME 57/05).

- Es liegt – trotz wiederholter Ausschreibung – nur die geeignete Bewerbung einer Lehrkraft aus der Schule vor.

Verweise, Literatur:

- Erl. »Regelungen zum Verfahren bei der Besetzung der Dienstposten und Arbeitsplätze der Schulleiterinnen und Schulleiter« v. 12.07.2018 (SVBl. S. 493; SRH 8.120), geändert durch Erl. v. 02.08.2018 (SVBl. S. 580)

- Die Schulleiterinnen und Schulleiter in Niedersachsen, Berichte zur Schul(verwaltungs)reform, Nr. III, Niedersächsisches Kultusministerium, November 2002

- *Boomgaarden, Hero/Lehmann, Jochen*: Schule leiten will gelernt sein, SVBl., 2003, H. 1, S. 16

- *Hoffmann, Erich*: Schulleiterin oder Schulleiter als Beruf – Teil II: Auswahl und Qualifizierung, Schulverwaltung, Ausgabe Niedersachsen/Schleswig-Holstein, 2003, H. 2, S. 53

(Karl-Heinz Ulrich)

NSchG

§ 46 – aufgehoben –

§ 47 – aufgehoben –

§ 48 Ausnahmen

(1) § 45 findet keine Anwendung,
1. wenn die Stelle mit einer Lehrkraft besetzt werden soll, die mehrere Jahre in der Schulverwaltung oder während einer Beurlaubung in leitender Stellung
   a) im Auslandsschuldienst oder
   b) im Dienst von Schulen in freier Trägerschaft
   tätig war,
2. wenn die Stelle aus dienstlichen Gründen mit der Inhaberin oder dem Inhaber eines entsprechenden Beförderungsamtes besetzt werden soll,
3. in den Fällen des § 48 Satz 1 der Niedersächsischen Landeshaushaltsordnung und des § 28 Abs. 4 des Niedersächsischen Beamtengesetzes,
4. bei Errichtung neuer Schulen, insbesondere bei Schulen im Entstehen, oder
5. für die Schulen im Geschäftsbereich des Sozialministeriums.

(2) ¹In den Fällen des Absatzes 1 Nrn. 1 bis 3 setzt sich die Schulbehörde vor Besetzung der Stelle mit der Schule und mit dem Schulträger ins Benehmen. ²Auf Verlangen der Schule oder des Schulträgers findet eine mündliche Erörterung statt. ³Kommt eine Einigung innerhalb von acht Wochen nicht zustande, so entscheidet die Schulbehörde. ⁴In den Fällen des Absatzes 1 Nr. 4 setzt sich die Schulbehörde mit dem Schulträger ins Benehmen. ⁵Dieser kann die in Satz 2 genannte Erörterung verlangen. ⁶Satz 3 ist anzuwenden.

1 **Allg.:** § 48 regelt Fälle der Schulleitungsbestellung, in denen wegen einer besonderen Sachlage eine Verpflichtung oder eine durchgreifende Rechtfertigung besteht, auf ein Ausschreibungs- und Besetzungsverfahren nach den Regelungen des § 45 ausnahmsweise zu verzichten.

Aufgrund der besonderen Sachlage sind die personalwirtschaftlichen Handlungsoptionen bei der Auswahlentscheidung verdichtet. Ein eigener Besetzungsvorschlag von Schule oder Schulträger ist in diesen Fällen deshalb gar nicht erst vorgesehen. Ferner ist das Verfahren zur Benehmensherstellung zum Teil mangels legitimierter Beteiligter eingeschränkt (vgl. Nr. 4: ausschließlich Schulträger) oder schulgesetzlich nicht vorgesehen (vgl. Nr. 5).

2 **Zu Abs. 1:** Die in den Nrn. 1 bis 5 abschließend aufgeführten Ausnahmetatbestände, die ein Abweichen von § 45 erforderlich machen oder zulassen, lassen sich in **acht Fallgruppen** darstellen:

Die Stelle soll mit einer Lehrkraft besetzt werden, die mehrere Jahre in der Schulverwaltung tätig war **(Nr. 1 1. Alternative)**.

Lehrkräfte, die mehrere Jahre in der Schulverwaltung tätig waren, haben einen erleichterten Zugang zu der Stelle einer Schulleiterin oder eines Schulleiters. Der Gesetzgeber geht davon aus, dass diese Bediensteten für die Tätigkeit in der Schulverwaltung bereits unter dem Gesichtspunkt einer möglichen späteren Verwendung als Schulleiterin oder Schulleiter oder deren ständige Vertreterin oder dessen ständiger Vertreters ausgewählt worden sind (vgl. Niederschrift der 44. Sitzung des Kultusausschusses am 07.02.1980, S. 8). Ferner erweitern einschlägige Verwaltungstätigkeiten in der Schulaufsicht den Erfahrungshorizont (vgl. RegEntw. ÄndG 80, Begr. zu Art. I Nr. 31 Buchst. b., S. 68) und die Verwendungsbreite und qualifizieren für die zunehmend von administrativen Aufgaben geprägte Schulleitungstätigkeit.

Gefordert ist ein mehrjähriger Einsatz in der Schulverwaltung, d.h., die Tätigkeit muss eine Dauer von zwei oder mehr Jahren aufweisen.

Die Stelle soll mit einer Lehrkraft besetzt werden, die während einer Beurlaubung in leitender Stellung im Auslandsschuldienst tätig war **(Nr. 1 2. Alternative Buchst. a)**.

Das NSchG erwähnt Lehrkräfte im Auslandsschuldienst nur am Rande des § 153 Abs. 3. Da es sich bei den Begünstigten um aus dem Schuldienst beurlaubte Lehrkräfte handeln muss, können nur die vom Bundesverwaltungsamt vermittelten Auslandsdienstlehrkräfte gemeint sein. Bundesprogrammlehrkräfte sowie Ortskräfte bzw. Ortslehrkräfte erfüllen diese persönliche Voraussetzung nicht. Gefordert ist ferner, dass die Lehrkraft im Auslandsschuldienst in leitender Stellung tätig war, d.h. als Schulleiterin oder Schulleiter, als stellvertretende Schulleiterin oder stellvertretender Schulleiter, als Koordinatorin oder Koordinator, Schulzweigleiterin oder Schulzweigleiter o.Ä. Die Wahrnehmung eines allgemeinen Beförderungsamtes (z.B. Oberstudienrätin/Oberstudienrat an Gymnasien) erfüllt diese Anforderung nicht, es muss nachweislich eine Leitungsfunktion wahrgenommen worden sein.

Die Stelle soll mit einer Lehrkraft besetzt werden, die während einer Beurlaubung in leitender Stellung im Dienst von Schulen in freier Trägerschaft tätig war **(Nr. 1 2. Alternative Buchst. b)**.

Nach § 152 Abs. 1 ist ein ständiger personeller Austausch zwischen den öffentlichen Schulen und Ersatzschulen zu fördern. Zu diesem Zweck können Lehrkräfte an den öffentlichen Schulen für bestimmte Zeit zum Dienst an Ersatzschulen beurlaubt werden. Die Zeit der Beurlaubung ist bei der Anwendung beamtenrechtlicher Vorschriften einer im öffentlichen Schuldienst im Beamtenverhältnis verbrachten Beschäftigungszeit gleichzustellen.

§ 48 Abs. 1 Nr. 1b greift den Austauschgedanken auf und gewährleistet die angemessene Eingliederung nach Rückkehr in den Schuldienst des Landes.

Gefordert wird auch hier, dass die Lehrkraft im Privatschuldienst in leitender Stellung tätig war, so dass das unter dem vorherigen Punkt Gesagte entsprechend gilt.

Die Stelle soll aus dienstlichen Gründen mit der Inhaberin oder dem Inhaber eines entsprechenden Beförderungsamtes besetzt werden **(Nr. 2)**.

Die Nr. 2 eröffnet der Schulbehörde die Möglichkeit, eine freie Schulleitungsstelle direkt mit der Inhaberin oder dem Inhaber eines entsprechenden Beförderungsamtes zu besetzen, wenn dienstliche Gründe dies erfordern. Eine solche Stellenbesetzung kann in Betracht kommen, wenn besonders schwierige Verhältnisse an der Schule (z.b. Schule in einem sozialen Brennpunkt, schwierige Verhältnisse nach längerer Vakanz, Spannungsverhältnis der bisherigen Schulleitung zum Kollegium oder Spannungen im Kollegium) den Einsatz bestimmter Persönlichkeiten (z.b. mit besonderer Sozialkompetenz, Team- und Konfliktfähigkeit) erforderlich machen.

Auch ein offenbar gewordenes Fehlverhalten, das nicht zur Entfernung aus dem Dienst oder zur Versetzung in ein Amt mit geringerem Endgrundgehalt führt, oder private Vorkommnisse, die sich für die Schule als nachteilig erweisen (vgl. RegEntw. ÄndG 80, Begr. zu Art. I Nr. 31 Buchst. b, S. 68), sollen ein solches Vorgehen rechtfertigen können.

Die Nummer kann entsprechend angewendet werden, wenn einer Schulleiterin oder einem Schulleiter, der oder dem ein Amt auf Zeit übertragen ist, dieses Amt nach Ablauf der Zeit erneut im Wege einer Anschlussberufung übertragen werden soll.

Die Stelle ist gem. § 48 Satz 1 LHO zu besetzen **(Nr. 3 1. Alternative)**.

Nach § 48 Satz 1 LHO sind freie Planstellen mit Beamtinnen oder Beamten zu besetzen, die bei der eigenen oder einer anderen Verwaltung des Landes entbehrlich geworden sind und die die erforderliche Vor- und Ausbildung besitzen.

Diese haushaltsrechtliche Vorgabe kann die Versetzung einer Schulleiterin oder eines Schulleiters erforderlich machen, wenn das ihr oder ihm übertragene Amt höher bewertet ist als es der derzeitigen Größe der Schule entspricht. Die durch den demografischen Wandel bedingten rückläufigen Schülerzahlen führen zu automatischen Veränderungen bei einigen Dienstpostenbewertungen. So wird die Rektorin oder der Rektor einer Grundschule, Hauptschule oder Grund- und Hauptschule mit mehr als 360 Schülerinnen und Schülern nach A 14 besoldet, die Rektorin oder der Rektor einer Grundschule, Hauptschule oder Grund- und Hauptschule mit mehr als 180 bis zu 360 Schülerinnen und Schülern erhält hingegen Bezüge nach A 13. Fällt die Schülerzahl (längerfristig) unter den Schwellenwert von 360, so besteht Handlungsbedarf für eine statuserhaltende Versetzung.

Die Stelle ist gem. § 28 Abs. 4 NBG zu besetzen **(Nr. 3 2. Alternative)**.

Nach § 28 Abs. 4 NBG kann bei der Auflösung oder einer wesentlichen Änderung des Aufbaus oder der Aufgaben einer Behörde oder der Verschmelzung von Behörden eine Beamtin oder ein Beamter, deren oder dessen Aufgabengebiet davon berührt ist, auch ohne ihre oder seine Zustimmung in ein anderes Amt mit geringerem Endgrundgehalt derselben oder einer anderen Laufbahn im Bereich desselben Dienstherrn versetzt werden, wenn eine dem bisherigen Amt entsprechende Verwendung nicht möglich ist. Das Endgrundgehalt muss mindestens dem des Amtes entsprechen, das die Beamtin oder der Beamte vor dem bisherigen Amt innehatte. Die Versetzung muss innerhalb eines Jahres nach der Auflösung oder Umbildung ausgesprochen werden.

Die Bestimmung kommt insbesondere bei der Zusammenlegung, Aufhebung, Teilung und Einschränkung von Schulen zum Tragen. Sie ermöglicht es der Schulbehörde, eine Schulleiterin oder einen Schulleiter weiterhin amtsangemessen einzusetzen.

Die Stelle soll im Zuge der Errichtung einer neuen Schule besetzt werden **(Nr. 4)**.

Eine neue Schule besteht vor dem Start oftmals nur aus einer Planungsgruppe, die ein Konzept erarbeitet hat. Erst mit Schuljahresbeginn ist die Schule als Anstalt errichtet und handlungsfähig. Gleichwohl weist eine Schule im Entstehen zunächst nur wenige Jahrgänge und Klassen, ein kleines Kollegium sowie noch nicht vollständige Eltern- und Schülervertretungen auf. Für ein Vorschlagsrecht der Schule im Aufbau fehlt damit eine hinreichende Basis. Der Gesetzgeber hat für diese Fälle in Absatz 2 eine Sonderbestimmung zu einer nur mit dem Schulträger durchzuführenden Benehmensherstellung ausgebracht. Oftmals wird die Leiterin oder der Leiter der Planungsgruppe zunächst zur kommissarischen Schulleiterin oder zum kommissarischen Schulleiter bestellt, bevor ihr oder ihm das Leitungsamt endgültig übertragen wird.

Unter Errichtung neuer Schulen wird man – wegen des besonderen Hinweises auf die Schulen im Entstehen – nicht nur die eindeutigen Fälle des § 106 Abs. 1 bis 3, in denen eine neu genehmigte Schule jahrgangsweise aufwächst, verstehen dürfen. Auch die sog. »Umwandlung« von Hauptschulen, Realschulen sowie Haupt- und Realschulen in Oberschulen (vgl. § 183a Abs. 1 Satz 2) führt zur Bildung von Schulen im Entstehen, die einen Sonderstatus haben. Ebenso kann eine durch vertikale Teilung entstandene Schule (z.B. durch Teilung einer sechszügigen Oberschule in zwei dreizügige Oberschulen) u.U. eine entsprechende Ausnahme rechtfertigen.

Das OVG Lüneburg hat im Beschl. v. 04.11.2004 – 2 ME 1243/04 – ferner die organisatorische Zusammenfassung einer bestehenden Hauptschule mit einer neu errichteten Realschule wegen der entstehenden neue Anstalt als Errichtung angesehen und eine Ausnahme von § 45 hier nicht in Zweifel gezogen.

Die Stelle ist im Geschäftsbereich des Sozialministeriums zu besetzen **(Nr. 5)**.

Die Landesbildungszentren für Hörgeschädigte mit ihren Standorten in Braunschweig, Hildesheim, Oldenburg und Osnabrück sowie das Landesbildungszentrum für Blinde in Hannover sind nichtrechtsfähige Anstalten des öffentlichen Rechts. Sie sind soziale Einrichtungen in der Trägerschaft des Landes Niedersachsen mit Schulen im Sinne des NSchG und ressortieren im Geschäftsbereich des Sozialministeriums. Dieses entscheidet über die Bestellung der Schulleiterinnen und Schulleiter.

3 Zu Abs. 2: Absatz 2 trifft zu den in Absatz 1 aufgeführten Ausnahmefällen, in denen die Stellenbesetzung ohne Ausschreibung, ohne Vorschlagsrecht der Schule und des Schulträgers sowie ohne Information der Schule und des Schulträgers über Bewerbungen erfolgen soll, Regelungen zur Erforderlichkeit einer Benehmensherstellung, zur Möglichkeit einer mündlichen Erörterung, zum Zeitrahmen für eine Verständigung sowie zum Letztentscheidungsrecht der Schulbehörde, sofern das Benehmen nicht hergestellt werden kann.

Die Verfahrensregelungen für die einzelnen Ausnahmetatbestände unterscheiden sich. In den Fällen des Absatzes 1 Nrn. 1 bis 3 setzt sich die Schulbehörde vor Besetzung der Stelle mit der Schule und mit dem Schulträger ins Benehmen. Auf Verlangen der Schule oder des Schulträgers findet eine mündliche Erörterung statt. Kommt eine Einigung innerhalb von acht Wochen nicht zustande, so entscheidet die Schulbehörde. In den Fällen des Absatzes 1 Nr. 4 setzt sich die Schulbehörde lediglich mit dem Schulträger ins Benehmen. Nur dieser kann eine mündliche Erörterung verlangen. Kommt eine Einigung nicht zustande, so entscheidet auch hier letztlich die Schulbehörde. Für die Fälle des Absatzes 1 Nr. 5 ist schulgesetzlich zum weiteren Verfahren nichts bestimmt.

Bezüglich der genannten Verfahrensschritte (Benehmensherstellung, Erörterung, Frist usw.) wird auf die Erläuterungen zu § 45 verwiesen.

4 Verweise, Literatur:
- Gem. Bek. d. MS u.d. MK v. 3.1.2005: »Organisation der Landesbildungszentren für Hörgeschädigte und des Landesbildungszentrums für Blinde« (Nds. MBl. S. 83; SVBl. S. 192, ber. S. 239)
- Erl. »Bewerbung und Beurlaubung von Lehrkräften für den Auslandsschuldienst, an Europäische Schulen und an Auslandsschulen im Geschäftsbereich des Bundesministeriums der Verteidigung« v. 30.7.2012 (SVBl. S. 462)

(Karl-Heinz Ulrich)

§ 49 Benachrichtigung des Schulträgers

Von jeder Besetzung der Stelle einer Schulleiterin oder eines Schulleiters ist der Schulträger zu unterrichten.

1 Allg.: Die Bestimmung regelt die Unterrichtungspflicht der Schulbehörde gegenüber dem Schulträger im Falle der Besetzung von Schulleitungsstellen. Die Pflicht zur Unterrichtung des Schulträgers von der Besetzung der Stellen der ständigen Vertreterinnen und Vertreter der Schulleiterinnen und Schulleiter sowie der »anderen (Beförderungs-) Stellen« ist in § 52 Abs. 4 geregelt.

Zum einzigen Satz: Die Bestimmung verpflichtet die Schulbehörde, den kommunalen Schulträger von jeder Stellenbesetzung einer Schulleiterin oder eines Schulleiters zu unterrichten; die Unterrichtung hat demnach ausnahmslos zu erfolgen. 2

Aus der Information müssen sich für den Schulträger die für seine Aufgabenwahrnehmung notwendigen Angaben entnehmen lassen.

Mit der Unterrichtung wird zugleich der Abschluss von Stellenbesetzungsverfahren nach den §§ 45 und 48 signalisiert.

Zu Form und Frist der Unterrichtung schweigt das Gesetz. Die Mitteilung wird als Teil eines Verwaltungsverfahrens in der Regel schriftlich erfolgen, eine mündliche Unterrichtung ist gleichwohl denkbar. Erforderlich ist jedenfalls ein aktives Tun der Schulbehörde, um den Schulträger über die Stellenbesetzung zu benachrichtigen. Im Rahmen der vertrauensvollen Zusammenarbeit von Schulbehörde und Schulträger (vgl. § 123) sind wichtige Informationen frühzeitig auszutauschen, so dass auch hier eine Benachrichtigung unverzüglich erfolgen sollte.

Eine nähere Begründung der Personalentscheidung ist nicht gefordert, sie ergibt sich oftmals aber bereits aus dem Verfahren zur Benehmensherstellung bzw. einer in diesem Zusammenhang anberaumten Erörterung.

Verweise, Literatur: 3

– Erl. »Regelungen zum Verfahren bei der Besetzung der Dienstposten und Arbeitsplätze der Schulleiterinnen und Schulleiter« v. 12.07.2018 (SVBl. S. 493; SRH 8.120), geändert durch Erl. v. 02.08.2018 (SVBl. S. 580)

(Karl-Heinz Ulrich)

Dritter Teil
Lehrkräfte sowie übrige Mitarbeiterinnen und Mitarbeiter

§ 50 Allgemeines

(1) [1]Die Lehrkräfte erziehen und unterrichten in eigener pädagogischer Verantwortung. [2]Sie sind an Rechts- und Verwaltungsvorschriften, Entscheidungen der Schulleiterin oder des Schulleiters oder der kollegialen Schulleitung, Beschlüsse des Schulvorstands, Beschlüsse der Konferenzen und deren Ausschüsse nach § 39 Abs. 1, Beschlüsse der Bildungsgangs- und Fachgruppen sowie an Anordnungen der Schulaufsicht gebunden.

(2) [1]Die Lehrkräfte an den öffentlichen Schulen stehen in einem unmittelbaren Dienstverhältnis zum Land. [2]Für die Erteilung von Religionsun-

terricht können Bedienstete der Religionsgemeinschaften des öffentlichen Rechts und deren öffentlichrechtlicher Verbände, Anstalten und Stiftungen beschäftigt werden.

1 **Allg.**: Nach Art. 4 Abs. 2 der NV steht das gesamte Schulwesen unter der Aufsicht des Staates. Art. 4 der NV wiederholt damit Art. 7 Abs. 1 des Grundgesetzes, der wortwörtlich Art. 144 Satz 1 1. Halbsatz der Weimarer Reichsverfassung übernommen hat. Hierzu steht § 50 Abs. 1 in einem Spannungsverhältnis, der die Unterrichtsgestaltung als wehrhaften »Kernbereich« von der staatlichen Schulaufsicht ausklammert.

2 **Zu Abs. 1**: Die Vorschrift regelt eine der grundsätzlichen »Freiheiten« der Lehrkräfte, durch die sich u. a. ihre Tätigkeiten von der Tätigkeit der meisten anderen öffentlichen Bediensteten unterscheidet: die »**pädagogische Verantwortung**«.

Das Bedürfnis nach einem pädagogischen Freiraum für Lehrkräfte hängt zusammen mit der besonderen beruflichen Tätigkeit. »*Pädagogisches Tun ist lebendige Arbeit mit jungen Menschen, mit ihrer Spontaneität und Kreativität, ihrer Aufgeschlossenheit, ihren Ansprüchen, aber auch ihren Problemen und Fragen, ihren Leistungsgrenzen und Verweigerungen. Der Pädagoge muss hierbei auf die geistige, seelische, menschliche Situation der Schüler eingehen, ihre Fragen und spontanen Aktionen aufnehmen, flexibel und einfühlsam agieren. Ein in diesem Sinne fruchtbares pädagogisches Verhältnis entsteht aber nicht, wenn der Lehrer sich als Vollstrecker vorgegebener Ziele und Normen versteht. Bedingung für sinnvolles pädagogisches Tun ist vielmehr, dass ein menschlicher Freiraum besteht*« (*Hennecke*).

Auf der anderen Seite folgt aus der staatlichen Verantwortung für die Schule, dass auch diejenigen Personen, die in der Schule tätig sind, in öffentlicher Verantwortung stehen. Lehrkräfte sind nicht nur selbstverantwortliche, engagierte Pädagoginnen und Pädagogen, sondern auch staatlich beauftragte Beamtinnen und Beamte oder Angestellte. Sie unterliegen damit auch der Bindung an Recht und Gesetz wie alle übrigen Amtsträger.

In diesem Spannungsverhältnis zwischen Freiheit und Bindung ist auch die pädagogische Verantwortung rechtlich einzuordnen. Der Gesetzgeber hat pädagogische Eigenverantwortung nicht nur in § 50 eingeräumt. Auch den Konferenzen, den Bildungsgangs- und Fachgruppen, dem Schulvorstand sowie der Schulleitung wird in § 33 die Rücksichtnahme auf die pädagogische Verantwortung der einzelnen Lehrkraft auferlegt. Und wenn gem. § 121 Abs. 2 die Schulbehörden pädagogische Bewertungen sowie unterrichtliche und pädagogische Entscheidungen im Wege der Fachaufsicht nur unter ganz bestimmten, genau beschriebenen Voraussetzungen aufheben oder ändern dürfen, so geschieht dies ebenfalls mit Rücksicht auf die pädagogische Verantwortung der einzelnen Lehrkraft.

Es ist versucht worden, diesen pädagogischen Freiraum rechtlich als Grundrecht zu qualifizieren und abzusichern, indem sie die Lehrfreiheit des Art. 5 Abs. 3 GG auch auf die Schulen übertrugen oder aus der Meinungsfreiheit

Lehrkräfte sowie übrige Mitarbeiterinnen und Mitarbeiter § 50

bzw. den Schulartikeln des Art. 7 GG entsprechende Rechtspositionen ableiteten. Diese Versuche werden aber von der überwiegenden Meinung und auch von der Rechtsprechung abgelehnt (vgl. *Rux/Niehues* Rz. 1103).

Auch als subjektiv-öffentliches Recht, das der Inhaber einklagen könnte, wird man die pädagogische Verantwortung nicht gelten lassen können, da diese nach ihrem Zweck den Lehrerinnen und Lehrern nicht als persönliches Recht, sondern um ihrer Aufgaben willen gewährt wird, sie also auf den Schulzweck der Erziehungs- und Bildungsarbeit bezogen ist.

Es besteht keine ungebundene, der Schule insgesamt quasi vorgelagerte Verantwortung. Es handelt sich vielmehr um eine pflichtgebundene Verantwortung, die ihren Grund und ihre Rechtfertigung in der Erziehungsaufgabe der Lehrkräfte findet. Es handelt sich nicht um eine personale, sondern um eine insbesondere auf den Bildungsauftrag bezogene Verantwortung. Sie ist den Lehrkräften daher in ihrer Funktion, um ihres jeweiligen Amtes willen gewährleistet. Es ist damit zum einen nur die gesetzmäßige, d. h. im Sinne der staatlichen Vorgaben (§ 50 Abs. 1) orientierte Gestaltung des Unterrichts freigestellt, zum anderen wird die Arbeit der Lehrkräfte bestimmt durch die innerschulischen Entscheidungen zu den Grundsätzen ihrer Arbeit. Die pädagogische Verantwortung umfasst in erster Linie die konkrete Darstellung und Vermittlung von Kenntnissen im Unterricht. Die Lehrkraft kann zum Beispiel ein Thema exemplarisch behandeln und dafür andere beiseitelassen oder innerhalb eines Lektürekanons der Kerncurricula auswählen. Die Wahl der Unterrichtsmethode gehört ebenfalls grundsätzlich zur pädagogischen Verantwortung der Lehrkräfte, auch wenn nicht zum Kernbereich dieses Rechtes. Möchte eine Lehrkraft im Fach politische Bildung zum Unterricht oder zu weiteren schulischen Veranstaltungen Sachkundige oder politisch Verantwortliche heranziehen, ist dies Bestandteil ihrer pädagogischen Verantwortung, soweit hierbei der Grundsatz der Ausgewogenheit beachtet wird.

Die Grenzen der pädagogischen Verantwortung nennt das Gesetz selbst, indem es die Lehrkräfte an Rechts- und Verwaltungsvorschriften, an Beschlüsse der Konferenzen und deren Ausschüsse, der Bildungsgangs- und Fachgruppe (an berufsbildenden Schulen) sowie an Anordnungen der Schulaufsicht bindet. Wo also Gesetze, Verordnungen, Erlasse oder Verfügungen der Schulbehörde oder Konferenzbeschlüsse von der einzelnen Lehrkraft ein bestimmtes Verhalten erwarten, ist diese gehalten, dem zu folgen. In diesem Zusammenhang ist auch das Recht der Schulleiterin oder des Schulleiters als Vorgesetzte oder Vorgesetzter, allen an der Schule tätigen Personen Weisungen zu erteilen (§ 43 Abs. 2), zu nennen. Auch insoweit wird der pädagogischen Verantwortung der Lehrkräfte Grenzen gesetzt (siehe auch Anm. 1 zu § 43). Aus ihr ergibt sich auch kein subjektives Abwehrrecht gegenüber einem Unterrichtsbesuch durch die Schulleiterin oder den Schulleiter (Beschl. des OVG Lüneburg vom 15.05.2009, Az.: 5 ME 39/09).

Die genannten Grenzen der pädagogischen Verantwortung sind auch dann wirksam, wenn sie sich unmittelbar auf den Unterricht der einzelnen Lehrkraft auswirken wie z. B. die Beachtung von Lehrplänen für den Unterricht oder von Anordnungen im Rahmen der Schulaufsicht. In all diesen Fällen kann sich eine Lehrkraft nicht darauf berufen, dass sie, gestützt auf die eigene pädagogische Verantwortung und auf eigene bessere fachliche und pädagogische Erkenntnisse, eine bestimmte Regelung oder Anordnung für falsch und damit für sie nicht verbindlich hält.

Ebenso müssen Lehrkräfte die durch Fachkonferenzbeschluss eingeführten genehmigten Schulbücher im Unterricht auch verwenden. Sie können sich nicht auf ihre pädagogische Verantwortung berufen, wenn sie das eingeführte Schulbuch oder grundsätzlich alle Schulbücher für ungeeignet halten (BVerwG, Beschluss v. 28.01.1994, Az: 6 B 24/93). Die pädagogische Verantwortung entbindet auch nicht von den Vorgaben des Lehrplans (BVerwG NVwZ 1994, 583 [BVerwG 28.01.1994 – 6 B 24/93]). Der Fachkonferenz obliegt somit nach § 35 Abs. 1 Satz 2 im innerschulischen Organisationsgefüge die alleinige Entscheidungsbefugnis, welches konkrete Schulbuch im Rahmen der zur Verfügung stehenden Haushaltsmittel eingeführt wird. Der Schulvorstand, an dessen Sitzungen eine Vertreterin oder ein Vertreter des Schulträgers mit Rede- und Antragsrecht gemäß § 38c Abs. 1 teilnehmen kann, entscheidet zwar über die geplante Verwendung der zur Verfügung stehenden Haushaltsmittel (§ 38a Abs. 3 Nr. 2). An diese Vorgaben hat sich die Fachkonferenz bei ihren Beschlüssen, insbesondere bei der Einführung von Schulbüchern als Lehr- oder Lernmittel, zu halten. Die pädagogische Entscheidung über das Schulbuch bleibt aber bei der Fachkonferenz.

Auf der anderen Seite muss eine Lehrkraft sich nicht kleinliche Eingriffe in ihre Unterrichtsgestaltung gefallen lassen. Gegenüber ungerechtfertigten Eingriffen in ihre pädagogische Verantwortung kann die einzelne Lehrkraft sich durch Gegenvorstellungen, Anträge oder Beschwerden zur Wehr setzen.

Die Grenzen der pädagogischen Verantwortung sind in der Praxis mitunter fließend und nicht immer eindeutig zu erkennen. Es wird daher – wie überall in der Schule – immer wieder darauf ankommen, dass alle Seiten – Lehrkräfte, Schulvorstand, Konferenzen, Schulleitungen und Schulaufsicht – verständnisvoll und kompromissbereit zusammenarbeiten.

Lehrkräfte müssen nach einem Urteil des Landgerichts Köln vom 06.12.2017 – Az. 12 O 135/17 – auch Kritik von Eltern zum Unterrichtsstil aushalten. Nur offensichtlich unwahr oder diskriminierend darf die Kritik nicht sein. Zu Lehrkräfte-Bewertungsportalen wie »spickmich.de« siehe § 58, Anm. 2.

Die Verwaltungsgerichte Frankfurt – Beschluss vom 5. Mai 2020, Az.: 9 L 1127/20.F – und Gießen – Beschluss vom 05.05.2020, Az.: 5 L 1592/20 GL – haben in zwei Beschlüssen entschieden, dass Lehrkräfte auch in **Corona-Zeiten** im Präsenzunterricht zu unterrichten haben.

3 **Zu Abs. 2:** Durch Satz 1 wird zunächst festgelegt, dass niemand an öffentlichen Schulen unterrichten darf, der nicht in einem unmittelbaren Dienstverhältnis zum Land steht. Der Begriff »unmittelbaren« beruht auf einer früheren Fassung des NBG, wonach ein Beamter, der das Land zum

Lehrkräfte sowie übrige Mitarbeiterinnen und Mitarbeiter § 50   **NSchG**

Dienstherrn hat, ein unmittelbarer Landesbeamter ist und ein Beamter, der eine Gemeinde, einen Landkreis oder eine der Aufsicht des Landes unterstehende andere Körperschaft, Anstalt oder Stiftung des öffentlichen Rechts zum Dienstherrn hat, ein mittelbarer Landesbeamter ist. Auch ausländische Lehrkräfte, die etwa im Austauschverfahren für kurze Zeit an einer Partnerschule unterrichten wollen, müssen hierfür ein befristetes Dienstverhältnis mit dem Land Niedersachsen eingehen. Aus dem gleichen Grund kann auch nicht zugelassen werden, dass Eltern oder andere Personen selbstständig und auf eigene Kosten Lehrkräfte beauftragen und sie den Schulen zur Erteilung von Unterricht zur Verfügung stellen. Eine **Fremdfinanzierung des Landespersonals** durch Dritte (Sponsoren, Fördervereine, Elternvereine pp.) ist unzulässig. Die Aufsichtsfunktion des Staates bedingt, dass der Staat sich zur Erfüllung seiner Aufgaben sein Personal selbst aussucht und letztendlich auch eigenständig finanziert. Zudem beinhaltet die Neutralitätsverpflichtung des Staates, dass nach außen nicht der Eindruck erweckt werden darf, dass möglicherweise Dritte durch Zuwendungen Einfluss auf die Erledigung von Landesaufgaben nehmen können. Zudem bestünde die Gefahr, dass auf diese Weise finanzierte Lehrkräfte in ihrer eigenen pädagogischen Verantwortung eingeschränkt werden. Zur Frage, inwieweit Eltern im Rahmen des § 62 Abs. 2 zur Wahrnehmung von Aufsichtspflichten herangezogen werden können, vgl. Anm. 3 zu § 62. Dennoch gibt es verschiedene Möglichkeiten, Eltern oder andere Personen in der Schule mitarbeiten zu lassen. Nach § 62 Abs. 2 NSchG können Erziehungsberechtigte mit der Wahrnehmung von Aufsichtspflichten betraut werden. Sowohl Eltern als auch andere Personen können in das Unterrichtsgeschehen einbezogen werden, wenn die Lehrkraft dies (z.B. im Rahmen des Prinzips »Öffnung von Schule«) für richtig hält, in der Regel während des Unterrichts anwesend ist und die Verantwortung für den Unterricht behält. Die Beteiligung von Erziehungsberechtigten und Vertreterinnen oder Vertretern außerschulischer Träger an besonderen schulischen Veranstaltungen (z.B. Orchester, Chor, Theater, Sport, Schulsanitätsdienst, Cafeteria und Kiosk) ist ebenso unbedenklich wie ihre Einbeziehung im Rahmen von Arbeitsgemeinschaften (z.B. Makramee, Astronomie und Töpfern). Diese Personen sind verpflichtet, den Weisungen der Schule Folge zu leisten.

Unbedenklich ist der Einsatz von nicht vom Land eingestellten Personen, wenn es sich eindeutig nicht um schulische Veranstaltungen handelt, wie z.B. Beaufsichtigung von Schülerinnen und Schülern und die Erteilung von Nachhilfestunden in den Räumen der Schule durch Personal, das von Fördervereinen vergütet wird und in den Räumen der Schule Schülerinnen und Schüler beaufsichtigt oder ihnen Nachhilfestunden erteilt.

Nach der früheren Fassung des Satzes 2 waren Lehrkräfte »grundsätzlich in das Beamtenverhältnis zu berufen«. Dieser Grundsatz ist durch das ÄndG 96 gestrichen worden. In der Gesetzesbegründung heißt es hierzu: »Durch die Streichung des Abs. 2 Satz 2 wird der Diskussion über den Status von Lehrkräften Rechnung getragen und klargestellt, dass dem

NSchG hinsichtlich der rechtlichen Gestaltung des nach Abs. 2 Satz 1 vorgeschriebenen Dienstverhältnisses keine über den Regelungsinhalt des Art. 33 Abs. 4 GG hinausgehende Bedeutung zukommen soll«. Damit ist zum Ausdruck gebracht, dass die Entscheidung, ob Lehrkräfte vorrangig als Beamtinnen oder Beamte eingestellt werden müssen, allein aus Art. 33 Abs. 4 GG zu beantworten ist und nicht von einer zusätzlichen niedersächsischen Gesetzesbestimmung abhängig sein soll. Das erscheint angesichts der kontroversen Diskussion über die Reichweite des Art. 33 Abs. 4 GG auch sinnvoll.

Im Lehrkräftebereich wird in Niedersachsen daher grundsätzlich im Beamtenverhältnis eingestellt, sofern die beamtenrechtlichen, fachlichen und pädagogischen Voraussetzungen dafür vorliegen. Sollte dies nicht der Fall sein, erfolgt eine Einstellung im **Tarifbeschäftigtenverhältnis**. Anfang 2016 gab es in Niedersachsen ca. 81 400 verbeamtete und ca. 7 300 tarifbeschäftigte Lehrkräfte. Das entspricht einer Quote von ca. 8,23 % an tarifbeschäftigten Lehrkräften. Beamtenrechtliche Gründe, die eine Einstellung im Beamtenverhältnis hindern, sind das Überschreiten der Höchstaltersgrenze, die Nationalität und die gesundheitliche Nichteignung. Darüber hinaus muss bei Vertretungsverträgen eine Einstellung im Tarifbeschäftigtenverhältnis vorgenommen werden, da ein beamtenrechtliches Instrument im Hinblick auf eine befristete Beschäftigung nicht gegeben ist. Eine Verbeamtung kann auch nicht erfolgen bei sogenannten »**Nichterfüllern**«. Diese Personengruppe erfüllt die fachlichen und/oder pädagogischen Voraussetzungen für die Übernahme in ein Beamtenverhältnis nicht; eine Laufbahnbefähigung für die Laufbahn der Laufbahngruppe 2 der Fachrichtung Bildung liegt nicht vor (z.B. Ein-Fach-Lehrkräfte). Des Weiteren kann eine sofortige Übernahme in ein Beamtenverhältnis nicht erfolgen, wenn im Rahmen des Erwerbs einer Lehrbefähigung durch Studium und berufliche Tätigkeit (§ 8 Niedersächsische Verordnung über die Laufbahn der Laufbahngruppe 2 der Fachrichtung Bildung) die erforderlichen Zeiten der beruflichen Tätigkeit noch nicht erfüllt sind. Ziel ist jedoch auch in diesen Fällen die Verbeamtung bei Erreichen der zeitlichen Voraussetzungen. Davon unabhängig kann eine Einstellung in ein Tarifbeschäftigtenverhältnis auch auf Verlangen einer Bewerberin oder eines Bewerbers erfolgen; es besteht keine Verpflichtung, sich bei Vorliegen der beamtenrechtlichen, fachlichen und pädagogischen Voraussetzungen verbeamten zu lassen. Es besteht daher für jede Bewerberin und jeden Bewerber grundsätzlich ein Wahlrecht, ob sie oder er die Tätigkeit als Lehrkraft in einem Beamten- oder in einem Tarifbeschäftigtenverhältnis ausüben will. Bewerberinnen oder Bewerber können sich bei der Einstellung als Lehrkraft also gegen eine Berufung in ein Beamtenverhältnis entscheiden, obwohl die beamtenrechtlichen, fachlichen und pädagogischen Voraussetzungen dafür vorgelegen hätten. Darüber hinaus ist es auch denkbar, dass sich Lehrkräfte, die bereits in einem Beamtenverhältnis stehen, entlassen lassen, um ihre Tätigkeit im unmittelbaren Anschluss in einem Tarifbeschäftigtenverhältnis fortzuführen. Schließlich besteht auch im Rahmen des Lehrertauschs die Möglichkeit, dass sich tarifbeschäftigte Lehrkräfte, die aus einem anderen Bundesland

Lehrkräfte sowie übrige Mitarbeiterinnen und Mitarbeiter § 50   NSchG

nach Niedersachsen wechseln möchten und dort nicht verbeamtet waren, gegen eine Verbeamtung entscheiden, obwohl sie in Niedersachsen in das Beamtenverhältnis hätten übernommen werden können. Aufgrund der bisherigen Erfahrungen aus dem Einstellungs- und dem Lehrertauschverfahren kann aber festgestellt werden, dass sich bislang Bewerberinnen und Bewerber nur sehr vereinzelt gegen eine Verbeamtung entschieden haben, wenn eine solche aufgrund der beamtenrechtlichen und fachlichen Voraussetzungen möglich gewesen wäre.

Daraus, dass Art. 7 Abs. 1 GG und Art. 4 Abs. 2 Satz 2 NV einen dem Staat im Rahmen seiner Schulhoheit erteilten Erziehungs- und Bildungsauftrag normiert und es sich bei den mit der Schulaufsicht verbundenen Aufgaben um obligatorische Staatsaufgaben handelt, folgt aber nicht zwingend, dass diese Aufgaben nur von verbeamteten Lehrkräften wahrgenommen werden dürfen. Man kann ein Schulwesen auch ohne verbeamtete Lehrkräfte organisieren. Einige andere Bundesländer verfahren so. Das Angestelltenverhältnis ist privatrechtlicher Natur. Für angestellte Lehrkräfte findet der Tarifvertrag für den öffentlichen Dienst der Länder (TV-L) Anwendung. Er regelt die wesentlichen Fragen des Arbeitsverhältnisses. Die Unterscheidung zwischen hauptberuflichen und nebenberuflichen Lehrkräften hat an Bedeutung verloren, nachdem auch Lehrkräfte, die nur mit einer geringen Stundenzahl unterrichten, unter den Geltungsbereich des TV-L fallen.

Das BVerfG hat in seiner Entscheidung vom 12.06.2018 zum **Streikverbot** für Beamtinnen und Beamte ausgeführt, dass beamtete Lehrkräfte als Angehörige der Staatsverwaltung im Sinne von Art. 11 Abs. 2 Satz 2 EMRK anzusehen seien. Im Bereich der Lehrkräfte an öffentlichen Schulen ergebe sich ein besonderes Interesse des Staates an der Aufgabenerfüllung durch Beamtinnen und Beamte. Zwar nähmen Lehrkräfte schwerpunktmäßig keine hoheitlichen Aufgaben wahr, aufgrund des hohen Stellenwertes des Schulwesens im Grundgesetz und den Landesverfassungen könne die Zugehörigkeit beamteter Lehrkräfte zur Staatsverwaltung nicht in Zweifel gezogen werden.

Dieser Argumentation ist beizutreten. Art. 33 Abs. 5 GG sieht ein einheitliches Beamtenverhältnis für alle Beamtinnen und Beamten auf Lebenszeit vor, weil das einheitliche Beamtenverhältnis ein hergebrachter Grundsatz des Berufsbeamtentums ist. Es ist ein hergebrachter Grundsatz des Berufsbeamtentums, da es zum »Kernbestand von Strukturprinzipien, die allgemein oder doch ganz überwiegend und während eines längeren, traditionsbildenden Zeitraums, mindestens unter der Reichsverfassung von Weimar, als verbindlich anerkannt und gewahrt worden sind« (BVerfGE 8, 332, 343 [BVerfG 02.12.1958 – 1 BvL 27/55]; 58, 68, 76 ff.; 106, 225, 232) gehört. Beamtenverhältnisse von verschiedener statusrechtlicher Qualität waren zu allen Zeiten unbekannt. Schon § 68 II 10 des Allgemeinen Landrechts für die preußischen Staaten von 1794 (ALR) bestimmte:

»Alle Beamte des Staates, welche zum Militairstande nicht gehören, sind unter der allgemeinen Benennung von Civilbedienten begriffen«. Es gab also abgesehen vom Militärwesen nur einen Typ von Beamten. Auch Lehrkräfte, die in früheren Zeiten ohne vollwertige Beamtenrechte ihren Dienstherren ausgeliefert waren (vgl. Hattenhauer. Geschichte des Beamtentums, Köln u. a., 1980, S. 122) wurde nach und nach der volle Beamtenstatus gewährt. So bestimmte § 65 II 12 ALR: »Die Lehrer bey den Gymnasiis und andern hohem Schulen werden als Beamte des Staats angesehen und genießen der Regel nach einen priviligierten Gerichtsstand«. Die übrigen Lehrkräfte, deren »Unterhalt und Obdach« durch die Gemeindebevölkerung zu tragen war (vgl. §§ 29 ff. II 12 ALR), erhielten durch Art. 23 Satz 2 der preußischen Verfassungsurkunde vom 31. Januar 1850 ebenfalls die vollen Beamtenrechte und -pflichten und behielten diese auch unter der Reichsverfassung von Weimar (vgl. Hattenhauer a. a. O., S. 311 f.). Auch dem Reichsbeamtengesetz vom 31.03.1873 (RGBl. S. 61) lässt sich keine Trennung nach Beamtengruppen entnehmen. Vielmehr gilt ein Beamtenrecht für alle Beamten. Mit der Ausweitung des Einsatzes von Angestellten gegen Ende des Kaiserreiches, der in der Weimarer Republik fortgeführt wurde, hat sich stattdessen die Zweispurigkeit des Rechts des öffentlichen Dienstes entwickelt, welches unterschiedliche Rechtsverhältnisse mit je eigenen Rechten und Pflichten für Beamtinnen und Beamten auf der einen und Arbeitern und Angestellten auf der anderen Seite kennt (vgl. Becker. Europäisches Gemeinschaftsrecht und deutsches Berufsbeamtentum, Hamburg, Münster, 1992, S. 60 ff.). Innerhalb dieser unterschiedlichen Rechtsverhältnisse galt jedoch ein Recht für alle (vgl. § 51 Anm. 1).

Nach einer Entscheidung des Bundesarbeitsgerichts vom 12.03.2013 ist das Land verpflichtet, den Lehrkräften Aufwendungsersatz für den Erwerb eines **Schulbuches** zu zahlen, welches von der Fachkonferenz eingeführt worden ist. Nachträgliche Zahlungen von Aufwendungsersatz für den Erwerb von Schulbüchern durch den Arbeitgeber (hier: Land Niedersachsen) führen allerdings zu steuerpflichtigem Arbeitslohn. Nach gefestigter Rechtsprechung des Bundesfinanzhofes sind Zahlungen des Arbeitgebers, die Werbungskosten ersetzen, im Jahre des Zuflusses steuerpflichtige Einnahmen bei der Einkunftsart, bei der die Aufwendungen vorher als Werbungskosten abgezogen worden sind (zuletzt Urteil vom 13.07.2000 – Az.: VI B 184799). Erstattungen für die Aufwendungen im laufenden Jahr und in Folgejahren, für die der Arbeitnehmer Ersatz erhält, stellen dagegen keinen Arbeitslohn dar, da insoweit für den Arbeitnehmer wegen des Aufwendungsersatzes schon keine Werbungskosten entstehen und die Kosten nicht bei der Steuererklärung als Werbungskosten angegeben werden dürfen.

Mit Urteil vom 01.12.2016 hat das Niedersächsische Oberverwaltungsgericht – 2 LC 260/6 – entschieden, dass im Verhältnis Land Niedersachsen/öffentlicher Schulträger die **kommunalen Schulträger** die Kosten für die Schulbücher für Lehrkräfte zu tragen haben. Insbesondere steht den kommunalen Schulträgern kein Beurteilungsspielraum in Bezug auf die »Notwendigkeit« der Ausstattung zu. Sofern Lehrkräfte das jeweilige Schulbuch als persönliches Eigentum erwerben wollen, um darin z.B.

persönliche Arbeitsnotizen vorzunehmen, müssen sie dieses Buch selbstverständlich auch persönlich erwerben.

Zu der Frage, wer in **Laptop/Tabletklassen** die Kosten für das **Lehrkräfte-Laptop/Tablet** einzustehen hat, kann auf die Ausführungen des OVG Lüneburg in dem Urteil vom 01.12.2016 (Az.: 2 LC 260/15) zu Schulbüchern verwiesen werden. Danach ist es Sache des kommunalen Schulträgers, die Bereitstellung von Schulbüchern, die von der Fachkonferenz eingeführt worden sind, zur leihweisen Nutzung durch (hier: angestellte) Lehrkräfte zum Zwecke der Vorbereitung und Durchführung des Unterrichts zu gewährleisten. Diese Grundsätze sind auch auf die Laptop/Tabletklassen anzuwenden. Gemäß § 108 Abs. 1 Satz 1 haben die Schulträger die erforderlichen Schulanlagen zu errichten, mit der notwendigen Einrichtung auszustatten und ordnungsgemäß zu unterhalten. Zur Ausstattung der Schulanlage mit der notwendigen Einrichtung gehört auch die Ausstattung der Schule mit den erforderlichen Lehrmitteln. Es ist selbstverständlich und nicht weiter begründungsbedürftig, dass eine Lehrkraft für eine sachgerechte Unterrichtsvorbereitung und -erteilung in Laptop/Tabletklassen über entsprechende Geräte verfügen muss. Für die Ausstattung der Schule mit den erforderlichen Lehrmitteln hat der Schulträger die Kosten zu tragen. Nach § 113 Abs. 1 tragen die Schulträger die gesamten sächlichen Kosten der öffentlichen Schulen, wozu auch die persönlichen Kosten gehören, die nicht nach § 112 das Land trage. Sächliche Kosten im Sinne des § 113 Abs. 1 sind alle Sachkosten der Schule, wie sie sich aus den gesetzlichen Aufgaben des Schulträgers ergeben. Sie sind im Wesentlichen alle diejenigen einmaligen oder laufenden Kosten, die durch die bauliche Errichtung, Einrichtung, Ausstattung und Unterhaltung der Schule entstehen. Bei dienstlichen Laptops/Tablets, die von den Lehrkräften im Rahmen der Ausübung ihres Dienstes als Lehrmittel genutzt werden, handelt es sich nicht um individuelle, persönliche Arbeitsmittel. Sie werden von den Lehrkräften im Regelfall ausschließlich zur Vorbereitung, Durchführung und Nachbereitung des Unterrichts benötigt. An dieser Rechtslage ändert sich auch nichts dadurch, dass der Dienstherr den Lehrkräften mit dem Erlass »Verarbeitung personenbezogener Daten auf privaten Informationstechnischen Systemen (IT-Systemen) von Lehrkräften« vom 01.01.2020 unter gewissen Voraussetzungen gestattet, ein persönliches Gerät für die dienstliche Aufgabenerledigung zu nutzen und in einem genau festgelegten Rahmen auch personenbezogene Daten der Schülerinnen und Schüler, der Lehrkräfte und der Erziehungsberechtigten zu verarbeiten. Dieser Erlass macht in Bezug auf die Kostenregelung zwischen Land, kommunaler Schulträger und Lehrkraft keine Aussage.

Den kommunalen Schulträgern steht kein Beurteilungsspielraum in Bezug auf die »Notwendigkeit« der Ausstattung zu. Eine »starre« Festlegung der Ausstattung kommt auch schon deshalb nicht in Betracht, weil dem beständigen Wandel z.B. der Technik und der Unterrichtsmethoden Rechnung getragen werden muss (OVG Lüneburg, Urteil vom 01.12.2015 (Az.: 2 LC 260/15)). Unbeschadet dessen müssen aber jedenfalls solche Ausstattungsgegenstände vorgehalten werden, die für den Schulbetrieb zwingend erforderlich sind; darüber kann der kommunale Schulträger im Interesse der Gleichwertigkeit der Bildungschancen nicht nach Maßgabe seiner finanziellen Leistungskraft disponieren. Die Länder sind ermächtigt und beauftragt, ihre Bildungspläne laufend an Veränderungen anzupassen. Dazu gehört es, digitales Lernen zum Unterrichtsgegenstand und zur Unterrichtsmethode zu machen. Dafür bedarf es keiner Änderung schulgesetzlicher Vorgaben. Digitales Lernen wird auf absehbare Zeit als ergänzendes Instrument im Unterricht eingesetzt werden und fügt sich daher in den geltenden schulrechtlichen Rahmen ein. Etwas anderes würde nur gelten, wenn digitales Lernen zu gänzlich neuen Formen der Individualisierung, der Unterrichtsorganisation, der Leistungsbewertung und der Vergabe von Schulabschlüssen führen würde. So stellen etwa **Laptop-/Tabletklassen** eine methodisch-didaktische, nicht aber eine fachlich-inhaltliche Besonderheit des Unterrichtsangebots einer Schule dar. Die methodisch-didaktischen Besonderheiten der Laptop-/Tabletklassen begründen dementsprechend auch keinen eigenständigen Bildungsgang, weil sie sich nicht in einer besonderen Gestaltung des Abschlusses niederschlagen. Zudem liegt kein Fall der Konnexität vor, weil die § 108, 112 und 113 in ihrem unveränderten Kern vor dem 01.01.2006 erlassen waren (vgl. Art. 57 Abs. 4 Satz 4 NV). Darüber hinaus hat keine neue Aufgabenübertragung stattgefunden, sondern seit langem geltendes Recht wird nur infolge eines Wandels von Anschauungen auf Sachverhalte angewandt, die bislang nicht »rechtlich« gelöst worden waren. Im September 2020 hat der Bund angekündigt, für die Ausstattung der Lehrkräfte mit Dienstlaptops 500 Mio. EUR zur Verfügung zu stellen.

Auf Lehrkräfte im Beamtenverhältnis sind alle Regelungen des Niedersächsischen Beamtenrechts anwendbar, auf das hier nur verwiesen werden kann. Insbesondere gelten das Laufbahnrecht, die allgemeinen und besonderen Beamtenpflichten und -rechte, das Disziplinarrecht, die Ansprüche auf Fürsorge, Urlaub, Besoldung, Beihilfe und Versorgung. Für die Arbeitszeit gelten die besonderen Vorschriften der Arbeitszeitverordnung an öffentlichen Schulen.

4 **Zu Abs. 2 Satz 3:** Nicht in einem Dienstverhältnis zum Land stehen die in Satz 3 genannten Bediensteten, die von den Kirchen aufgrund der mit dem Land abgeschlossenen **Gestellungsverträge** an das Land zur Erteilung von Religionsunterricht »ausgeliehen« werden. Nach den Gestellungsverträgen behalten diese Religionslehrkräfte ihr Dienstverhältnis zu der jeweiligen Kirche, erhalten aber vom Land einen Lehrauftrag und unterstehen der staatlichen Schulaufsicht und der Schulordnung sowie den Weisungen der Schulleitung. Auch an den Konferenzen und Prüfungen müssen sie teilnehmen. Das Land erstattet den Kirchen die Personalkosten.

5 **Hinweise, Literatur:**
- Niedersächsische Verordnung über die Arbeitszeit der Beamtinnen und Beamten an öffentlichen Schulen (Nds.ArbZVO-Schule) vom 14.5.2012 (Nds. GVBl. S. 106; SVBl. S. 360; SRH 7.205, Schulrecht 621/11), zuletzt geändert durch Verordnung vom 06.07.2017 (Nds. GVBl. S. 234)

- Erl. »Arbeitszeit der Lehrkräfte; Arbeitszeit der nach dem TV-L beschäftigten Lehrkräfte an den öffentlichen Schulen« vom 10.7.1998 (SVBl. S. 199), zuletzt geändert durch Erl. vom 02.07.2008 (SVBl. S. 245)
- Schulischer Einsatz anderer als der vom Land dafür eingestellten Personen (Hinweise in SVBl. 1997 S. 374)
- »Eigenverantwortung stärken – Personalkostenbudgetierung in Niedersachsen«, SVBl. 2000, S. 176
- *Hennecke, Frank:* Versuche einer juristischen Begründung von pädagogischer Freiheit, Recht der Jugend und des Bildungswesens, 1986, S. 233
- *Avenarius, Hermann/Heckel, Hans:* Schulrechtskunde, 7. Auflage, Neuwied/Kriftel, 2000 (Kap. 18 und 23)
- *Sauerwein, Hans:* Angestelltenverhältnisse der Lehrkräfte, in: Crysmann, Petra/Uhlig, Peter (Hrsg.): Schulrecht für die Praxis, Nr. 1.7
- *Metz, Günter:* Müssen Lehrkräfte Beamte sein? Eine Einführung in das Beamtenrecht, in: Crysmann, Petra/Uhlig, Peter (Hrsg.): Schulrecht für die Praxis, Nr. 1.2.1
- *Schubert, Rudolf:* Beschäftigung von Vertretungs- und Betreuungspersonal – Dienstrechtliche Aspekte, Schulverwaltung, Ausgabe Niedersachsen, 1999, H. 7/8, S. 206
- *Nolte, Gerald:* Kosten für Schulbücher sind von Schulträgern zu tragen, Schulverwaltung, Ausgabe Niedersachsen, 2015, H. 11, S. 309
- *Nolte, Gerald:* Lehrkraft hat keinen Anspruch auf Schmerzensgeld wegen Kritik am Unterrichtsstil, Schulverwaltung, Ausgabe Niedersachsen, 2018, H. 4, S. 115
- *Grzeszick, Bernd:* Konzept zur digitalen Ausstattung von Lehrerinnen und Lehrern, Landtagsdrucksache NRW 17/762

(Gerald Nolte)

§ 51 Dienstrechtliche Sonderregelungen

(1) [1]Die Lehrkräfte erteilen Unterricht grundsätzlich in solchen Fächern und Schulformen, für die sie die Lehrbefähigung erworben haben, die Lehrkräfte mit der Lehrbefähigung für Schulformen der allgemein bildenden Schulen auch in Gesamtschulen und Oberschulen. [2]Darüber hinaus haben die Lehrkräfte Unterricht in anderen Fächern und Schulformen zu erteilen, wenn es ihnen nach Vorbildung oder bisheriger Tätigkeit zugemutet werden kann und für den geordneten Betrieb der Schule erforderlich ist. [3]Vor der Entscheidung sind sie zu hören. [4]Sie sind verpflichtet, Aufgaben im Rahmen der Eigenverwaltung der Schule und andere schulische Aufgaben außerhalb des Unterrichts zu übernehmen.

(2) Die Lehrkräfte sind verpflichtet, sich zur Erhaltung der Unterrichtsbefähigung in der unterrichtsfreien Zeit fortzubilden.

NSchG Lehrkräfte sowie übrige Mitarbeiterinnen und Mitarbeiter § 51

(3) ¹Das äußere Erscheinungsbild von Lehrkräften in der Schule darf, auch wenn es von einer Lehrkraft aus religiösen oder weltanschaulichen Gründen gewählt wird, keine Zweifel an der Eignung der Lehrkraft begründen, den Bildungsauftrag der Schule (§ 2) überzeugend erfüllen zu können. ²Dies gilt nicht für Lehrkräfte an Schulen in freier Trägerschaft.

(4) ¹Absatz 3 gilt auch für Lehrkräfte im Vorbereitungsdienst, soweit sie eigenverantwortlichen Unterricht erteilen. ²Für sie können im Einzelfall Ausnahmen zugelassen werden.

1 **Allg.:** § 51 enthält die wesentlichen Pflichten der Lehrkräfte. Daneben haben Lehrkräfte die allgemeinen Beamtenpflichten bzw. die Pflichten aus dem TV-L zu erfüllen. Die Arbeitszeit der Lehrkräfte beurteilt sich nach der ArbZVO-Schule. Der Europäische Gerichtshof hat in seinem Urteil vom 14.05.2019 klargestellt, dass für die Einhaltung der Arbeitszeitrichtlinie der Europäischen Union die Arbeitszeit aller Beschäftigten vollständig erfasst werden muss. Dieses Urteil muss nun in nationales Recht umgesetzt werden.

a) Die allgemeinen Beamtenpflichten

haben ihre Grundlagen in dem das Beamtenverhältnis beherrschende Dienst- und Treueverhältnis zwischen Beamten und Dienstherrn. Das Beamtenstatusgesetz des Bundes (BeamtStG) und das Niedersächsische Beamtengesetz (NBG) nennen generalklauselartige Pflichten, aus denen konkrete Verhaltensgebote hergeleitet werden. Die wichtigsten allgemeinen Beamtenpflichten sind:

aa) Pflicht zum vollen persönlichen Einsatz (§ 34 BeamtStG).

Dazu gehören u. a.: Die Erfüllung der Arbeitszeit, das Verbot des ungenehmigten Fernbleibens vom Dienst sowie die Pflicht, Angaben über krankheitsbedingte Abwesenheit zu machen.

bb) Unparteiische und uneigennützige Amtsführung (§ 33 bzw. § 34 BeamtStG).

Dazu gehören u. a.: Verbot der Mitwirkung in eigenen Angelegenheiten (vgl. auch § 41 Abs. 1 NSchG), Verbot der Annahme von Belohnungen und Geschenken.

Nach § 33 Abs. 1 Satz 2 BeamtStG haben die Beamtinnen und Beamten ihre Aufgaben unparteiisch und gerecht zu erfüllen und ihr Amt zum Wohl der Allgemeinheit zu führen. Bei dieser Pflicht zur objektiven und neutralen Amtsführung handelt es sich um eine der grundlegendsten Beamtenpflichten, denn mangelnde Objektivität in der Amtsführung erschüttert das Vertrauen in eine saubere Verwaltung. Diese Pflicht fordert eine innerlich unbefangene Aufgabenerfüllung. Liegt ein persönliches Interesse am Ergebnis oder an der Durchführung einzelner Amtsaufgaben vor, so ist eine sachliche Entscheidung nicht mehr gewährleistet. In allen Fällen, in denen also ein Interessenkonflikt die Objektivität der Entscheidung beeinträchtigen kann, dürfen die Beamtinnen und Beamten

Lehrkräfte sowie übrige Mitarbeiterinnen und Mitarbeiter § 51 **NSchG**

somit die Amtshandlungen grundsätzlich nicht selbst wahrnehmen, denn sie sind durch die genannte Beamtenpflicht gehalten, bereits den bloßen Anschein einer Bevorzugung einzelner Personen zu vermeiden. Hiernach sind Amtshandlungen gegen sich selbst oder die eigenen Angehörigen generell unzulässig; egal ob sie begünstigender oder belastender Natur sind oder gar die Vorgesetzten diesen Amtshandlungen zugestimmt haben.

aaa) Nachhilfeunterricht

Soweit Lehrkräfte Schülerinnen und Schülern Nachhilfeunterricht erteilen wollen, benötigen sie dafür eine Nebentätigkeitserlaubnis. Die Nebentätigkeit darf allerdings nicht Anlass zu der Sorge geben, dass die Lehrkraft in einen Widerspruch zu ihren dienstlichen Pflichten gerät, ihre Unparteilichkeit oder Unbefangenheit verliert oder dem Ansehen der Schule schadet. Dieses ist insbesondere der Fall, wenn die Lehrkraft beispielsweise Schülerinnen und Schülern der eigenen Schule Nachhilfeunterricht erteilt. In einigen Bundesländern ist dieses Verbot ausdrücklich in einer Lehrerdienstordnung festgehalten (z.B. § 16 Abs. 2 Lehrerdienstordnung in Thüringen: Dem Lehrer ist nicht gestattet, bezahlten privaten Nachhilfeunterricht an Schüler der Klassen zu erteilen, in denen er regelmäßig unterrichtet. An Prüfungen eines Schülers, den er im Privatunterricht vorbereitet hat, darf er als Mitglied des Prüfungsausschusses nicht teilnehmen; § 7 Abs. 2 Lehrerdienstordnung Hessen: Lehrkräfte dürfen Schülerinnen und Schülern, die sie unterrichten, keinen entgeltlichen Nachhilfeunterricht erteilen). Aber auch in den Bundesländern, in denen es an einer entsprechenden Lehrerdienstordnung fehlt (z.B. Niedersachsen), dürfen Lehrkräfte ihren Schülerinnen und Schülern keinen bezahlten Nachhilfeunterricht geben.

bbb) Unterricht für eigene Kinder

In Rheinland-Pfalz regelt Nr. 7.12 der Dienstordnung für die Leiter und Lehrer an öffentlichen Schulen, dass die Lehrkräfte den eigenen Kindern keinen Unterricht in der Schule erteilen sollen. In den meisten anderen Bundesländern fehlt es an entsprechenden Regelungen. Auch in Niedersachsen gibt es keine Rechtsvorschrift, die es Lehrkräften ausdrücklich untersagt, das eigene Kind zu unterrichten oder für diesen Fall Vorgaben macht. Aus naheliegenden Gründen werden Schulleitungen bei der Stundenplanung allerdings in der Regel versuchen, zu vermeiden, dass Eltern, die als Lehrkräfte an der Schule ihrer Kinder tätig sind, diese unterrichten. Es gilt aber auch hier: Amtshandlungen gegen sich selbst oder die eigenen Angehörigen sind generell unzulässig; egal ob sie begünstigender oder belastender Natur sind oder gar die Vorgesetzten diesen Amtshandlungen zugestimmt haben. Eine Lehrkraft, die die eigenen Kinder unterrichtet, nimmt eine Amtshandlung gegenüber einem Angehörigen vor. Grundsätzlich ist es daher Lehrkräften schon aufgrund der Bundesregelung untersagt, die eigenen Kinder zu unterrichten. Eine speziellere Norm zur Sicherung der unparteiischen Amtsführung bildet in Niedersachsen § 53 NBG. Danach gelten die §§ 20 und 21 VwVfG entsprechend für dienstliche Tätigkeiten außerhalb eines Verwaltungsverfahrens. Nach § 21 VwVfG hat, wer in einem

Verwaltungsverfahren für eine Behörde tätig werden soll, den Leiter der Behörde oder den von diesem Beauftragten zu unterrichten und sich auf dessen Anordnung der Mitwirkung zu enthalten, wenn ein Grund vorliegt, der geeignet ist, Misstrauen gegen eine unparteiische Amtsausübung zu rechtfertigen. Durch die landesgesetzliche Norm wird hinsichtlich des Unterrichtungsverbotes für die eigenen Kinder noch eine Meldepflicht bei der Schulleiterin oder dem Schulleiter hinzugefügt.

cc) Rechtmäßigkeit der Amtsführung, Weisungsgebundenheit (§ 36 bzw. § 35 BeamtStG).

Dazu gehören u. a.: Die Bindung an Rechts- und Verwaltungsvorschriften, an Konferenzbeschlüsse (§ 50 Abs. 1 Satz 2 NSchG) sowie die Pflicht zum Gehorsam gegenüber Vorgesetzten.

Beamtinnen und Beamte sind gemäß § 35 BeamtStG verpflichtet, dienstliche Anordnungen ihrer Vorgesetzten auszuführen. Sie haben ihre Vorgesetzten zu beraten und zu unterstützen. Für die Rechtmäßigkeit ihrer dienstlichen Handlungen tragen Beamtinnen und Beamte persönliche Verantwortung. Haben sie Bedenken gegen die Rechtmäßigkeit dienstlicher Anordnungen, müssen sie diese unverzüglich bei ihrem bzw. ihrer unmittelbaren Vorgesetzten geltend machen (Remonstrationspflicht). Hält der bzw. die Vorgesetzte an der Anordnung fest, haben sie sich an die/den nächst höheren Vorgesetzten zu wenden. Bestätigt diese/r die Anordnung, muss sie ausgeführt werden, die betreffenden Beamtinnen und Beamten sind dann von ihrer eigenen Verantwortung befreit. Dies gilt nicht, wenn das aufgetragene Verhalten strafbar oder ordnungswidrig ist, und die Strafbarkeit oder Ordnungswidrigkeit erkennbar ist oder dadurch die Würde des Menschen verletzt wird.

dd) Zusammenarbeit und Beratung (§ 35 BeamtStG).

Dazu gehören u. a.: Die Pflicht zur Zusammenarbeit mit Vorgesetzten und Kollegen sowie die Pflicht zur gegenseitigen Beratung und Unterstützung.

ee) Verschwiegenheitspflicht (§ 37 BeamtStG, § 46 NBG).

Beamtinnen und Beamte haben über dienstliche Angelegenheiten Schweigsamkeit zu bewahren. Diese auch nach der Beendigung des Beamtenverhältnisses fortdauernde Verpflichtung erfasst grundsätzlich alle Umstände, die den Beamtinnen und Beamten bekannt geworden sind. Der Verschwiegenheitspflicht unterliegen sämtliche dienstliche Angelegenheiten, ob es sich nun um Verschlusssachen handelt oder nicht. Nur Sachverhalte, die bereits öffentlich bekannt sind oder vom Gewicht nicht der Vertraulichkeit bedürfen, dürfen offenbart werden. Lehrkräfte haben daher über alle Angelegenheiten, die ihnen bei ihrer dienstlichen Tätigkeit (z.B. in Konferenzen, bei Elternsprechtagen, als Beratungs- oder Verbindungslehrer) bekannt werden, Verschwiegenheit zu bewahren. Ausgenommen sind Tatsachen, die offenkundig sind oder wegen ihrer geringen Bedeutung keiner Geheimhaltung bedürfen. Unberührt bleibt ferner die Pflicht, Straftaten anzuzeigen und bei einer Gefährdung der freiheitlichen demokratischen

Lehrkräfte sowie übrige Mitarbeiterinnen und Mitarbeiter § 51 **NSchG**

Grundordnung für deren Erhaltung einzutreten. Eine Lehrkraft hat daher bei der Staatsanwaltschaft oder bei der Polizei Anzeige zu erstatten, wenn sie glaubhaft davon erfährt, dass Schülerinnen oder Schüler in Aktivitäten einer kriminellen Vereinigung verstrickt sind. Ein spezieller Verstoß gegen die Schweigepflicht liegt vor, wenn die Beamtinnen und Beamten gleichzeitig auch gegen ihre Loyalitätspflichten verstoßen. Dieses als »**Flucht in die Öffentlichkeit**« bezeichnete Fehlverhalten beinhaltet, dass die Beamtinnen und Beamten eine Angelegenheit aus dem Verantwortungsbereich ihrer Dienstherrn der Öffentlichkeit unterbreiten (Schweigepflichtverletzung), um von daher lenkenden Druck auf einen dienstinternen Meinungsbildungs- oder Entscheidungsvorgang zu erzeugen (Loyalitätspflichtverletzung).

ff) Verfassungstreuepflicht (§ 33 Abs. 1 BeamtStG).

Das aktive Bekenntnis zur freiheitlichen demokratischen Grundordnung ist unabdingbare Voraussetzung für die Beamtinnen und Beamten, die zu ihrem Dienstherrn in einem öffentlichen-rechtlichen Dienst- und Treueverhältnis stehen innerhalb der verfassungsrechtlichen Grenzen dürfen Beamtinnen und Beamte aber z.b. durch Mitarbeit in Bürgerinitiativen oder Foren am demokratischen Leben und Prozess teilnehmen. Dieses Recht findet seine Grenze, wenn die Ehre eines Menschen oder einer abgrenzbaren Gruppe von Menschen (z.B.: Juden, Ausländer, Asylanten) verletzt wird, also strafrechtlich der Tatbestand der Beleidigung, üblen Nachrede, Verleumdung, Volksverhetzung oder falschen Anschuldigung erfüllt ist. Politische Meinungsäußerungen von Beamtinnen und Beamten dürfen nicht Formen annehmen, die den Eindruck entstehen lassen könnten, sie werden bei ihrer Amtsführung nicht loyal gegenüber ihrem Dienstherrn und nicht neutral gegenüber jedermann sein. In diesem Rahmen folgt aus der den Beamtinnen und Beamten obliegenden Treuepflicht als hergebrachten Grundsatz des Berufsbeamtentums, dass die Meinungsäußerungsfreiheit bei Beamtinnen und Beamten nach Maßgabe des Erfordernisses ihres Amtes Einschränkungen unterliegt.

Der moderne Verwaltungsstaat mit seinen ebenso vielfältigen wie komplizierten Aufgaben, von deren sachgerechter, effizienter und pünktlicher Erfüllung das Funktionieren des gesellschaftlichen-politischen Systems und die Möglichkeit einen menschenwürdigen Lebens der Gruppen, Minderheiten und jedes Einzelnen Tag für Tag abhängt, ist auf einen intakten, loyalen, pflichtgetreuen, dem Staat und seiner verfassungsmäßigen Ordnung innerlich verbundenen Beamtenkörper angewiesen. Ist auf die Beamtenschaft kein Verlass mehr, so sind die Gesellschaft und ihr Staat in kritischen Situationen verloren (BVerfGE 39, S. 334 ff. [BVerfG 22.05.1975 – 2 BvL 13/73] [BVerfG 22.05.1975 – 2 BvL 13/73] [BVerfG 22.05.1975 – 2 BvL 13/73] [BVerfG 22.05.1975 – 2 BvL 13/73] [BVerfG 22.05.1975 – 2 BvL 13/73]). Beamtinnen und Beamte können nicht zugleich in der organisierten Staatlichkeit wirken und die damit verbundenen persönlichen Stellungen und Vorteile in Anspruch nehmen und aus dieser Stellung heraus die Grundlage des eigenen Handelns zerstören wollen. Der freiheitlich demokratische Rechtsstaat dürfe sich nicht in die Hand seiner

Zerstörer begeben (vgl.: BVerfGE, S. 334 ff). Das BVerwG hat mit seiner Entscheidung vom 17.11.2017 geurteilt, dass die Verfassungstreuepflicht auch durch das Tragen einer **Tätowierung mit verfassungsfeindlichem Inhalt** verletzt werden kann. Das OVG Sachsen-Anhalt bestätigte mit Urteil vom 15.03.2018 (Az.:10 L 9/17) die Entfernung aus dem Dienst, weil sich ein Beamtenehepaar mit einem Schreiben an das Sozialamt von der **Gültigkeit des Grundgesetzes** distanziert hatte. In die gleiche Richtung geht ein Beschluss des VG Potsdam vom 21.02.2017 (VG 2 L 144/17), wonach die Zugehörigkeit zum sogenannten **Reichsbürgertum** einen Entlassungsgrund aus dem Beamtenverhältnis bedeutet.

gg) Pflicht zur Mäßigung bei politischen Betätigungen (§ 33 Abs. 2 BeamtStG).

Für die Landesbeamtinnen und Landesbeamten statuiert § 33 Abs. S. 2 BeamtStG die Dienstpflicht, ihre Aufgaben unparteiisch und gerecht zu erfüllen. Das **Neutralitätsgebot** zählte schon für die Gründungsväter des Grundgesetzes zu den hergebrachten Prinzipien des Berufsbeamtentums: Die Beamtinnen und Beamten sollen, so das Bundesverfassungsgericht im Jahr 1957, »gegründet auf Sachwissen, fachliche Leistung und loyale Pflichterfüllung eine stabile Verwaltung sichern und damit einen ausgleichenden Faktor gegenüber den das Staatsleben gestaltenden politischen Kräften darstellen« (BVerfG, Beschl. v. 17.10.1957, Az. 1 BvL 1/57). Damit ist jedoch keine Lehrkraft gemeint, die sich jeder Äußerung zu politischen Themen enthalten muss: Der staatliche Bildungsauftrag nach Art. 7 Abs. 1 GG und die im NSchG ausgestaltete pädagogische Verantwortung decken Lehreinheiten und Diskussionen über Programme und Äußerungen politischer Parteien allemal ab. Nach dem sogenannten **Beutelsbacher Konsens**, der im Jahr 1976 auf Initiative der Landeszentrale für politische Bildung Baden-Württemberg erarbeitet worden ist und noch bis in die Gegenwart als geltender Standard für den politisch-historischen Unterricht an allen Schulen angesehen wird, gilt für die Lehrkräfte ein Indoktrinationsverbot, ein Gebot, politisch Kontroverses auch kontrovers darzustellen sowie das Gebot, Schülerinnen und Schüler dazu zu befähigen, ein eigenständiges Urteil über politische Themen zu gewinnen. Selbstverständlich sind Lehrkräfte zuallererst dazu verpflichtet, für die freiheitlich-demokratische Grundordnung und damit die Werte des Grundgesetzes und der Landesverfassung einzutreten. Zudem haben sie die Aufgabe, Schülerinnen und Schüler im Geiste der Demokratie, Menschenwürde und Gleichberechtigung zu erziehen. Die dafür notwendige Überparteilichkeit ist nicht mit Wertneutralität zu verwechseln. Es geht vielmehr darum, die Schülerinnen und Schüler auf die Wahrnehmung ihrer verfassungsmäßigen staatsbürgerlichen Rechte und Pflichten vorzubereiten und ihnen die dazu notwendige Urteils- und Entscheidungsfähigkeit zu vermitteln. Weil den Lehrkräften dabei keine bestimmte Darstellung einzelner politischer Richtungen vorgeschrieben oder verboten werden kann, verstößt es auch gegen die Neutralitätspflicht, ihnen beispielsweise kritische Äußerungen zu einzelnen Parteien zu verbieten.

Für die verbeamteten Lehrkräfte ergibt sich eine politische Neutralitätspflicht bereits aus § 33 Abs. 2 BeamtStG. Für die tarifbeschäftigten Lehrkräfte existiert jedoch keine vergleichbare tarifvertragliche Regelung, sodass sich eine etwaige Neutralitätspflicht nur aus der schulgesetzlichen Regelung zum Bildungsauftrag der Lehrkräfte, ergeben kann. Das BAG hat in seinem Urteil vom 02.03.1982 – 1 AZR 694/79 (NJW 82, 2888) – festgestellt, dass die Erziehungs- und Bildungsziele von den Lehrkräften gerade bei der Einführung in politische Problembereiche und bei der Behandlung politischer Streitfragen Objektivität, Behutsamkeit und Ausgewogenheit in der Darstellung der Gründe und der Gegengründe für die eine oder die andere Auffassung verlangen. Dabei brauchten die Lehrkräfte ihre eigene Meinung zwar nicht zu verbergen, dürften sie aber auch nicht in einer Weise anbringen, dass die Schülerinnen und Schüler den Eindruck gewinnen könnten, es werde erwartet, dass sie sich ihrer Meinung anschlössen. Die Lehrkräfte müssten stets darauf bedacht sein, dass eine sachbezogene Auseinandersetzung mit den behandelten politischen Problematiken stattfinde und die Schülerinnen und Schüler dadurch befähigt werden, sich selbständig ein eigenes politisches Urteil zu bilden.

Plaketten mit politischen Aussagen (z.B. Anti-Atom-Plakette) darf eine Lehrkraft nicht in der Schule tragen, weil das gegen das beamtenrechtliche Gebot zur Mäßigung und Zurückhaltung in politischen Fragen verstoßen und einen Missbrauch der Lehrkraft gegenüber den Schülerinnen und Schülern darstellen würde. Lehrkräfte sind auch außerhalb der Schule bei der politischen Betätigung zu der Mäßigung und Zurückhaltung verpflichtet, die ihr Amt gebietet. Dabei ist allerdings zu berücksichtigen, dass die Rechtsprechung dem Grundrecht auf freie Meinungsäußerung einen hohen Stellenwert einräumt. Bei Auseinandersetzungen mit dem Dienstherrn dürfen Beamtinnen und Beamte nicht die **Flucht in die Öffentlichkeit** antreten, sondern müssen den innerdienstlichen Beschwerdeweg beschreiten.

hh) Pflicht zum achtungsgebietenden Verhalten (§ 34 BeamtStG).

Aus der Pflicht zum achtungsgebietenden Verhalten gehört auch die Pflicht zum Tragen angemessener Kleidung. Lehrkräfte setzen den Bildungsauftrag der Schule um und haben eine gewisse Vorbildfunktion für ihre Schülerinnen und Schüler. Daraus folgt, dass eine Schulleitung Lehrkräfte anweisen kann, in der Schule angemessenes Schuhwerk zu tragen, eine Motorradkluft abzulegen oder keine Shorts, sehr kurze Röcke oder bauchfreie Kleidung zu tragen.

Auch bei **Leserbriefen** müssen die Vorgaben aus §§ 33 Abs. 2, 34 Satz 2 BeamtStG beachtet werden. Deshalb sollte auch hier die Meinung besonnen, tolerant und sachlich vertreten werden. Wenn dagegen in Leserbriefen durch die Beamtin oder den Beamten sprachlich grob gefasste und hart an der Beleidigung reichende Formulierungen gewählt werden, so wird die Pflicht zur Zurückhaltung und Mäßigung überschritten. Auch unangemessene Kommentare in sozialen Netzwerken wie **Facebook** können einen Verstoß gegen das Mäßigungsverbot und die Zurückhaltungspflicht darstellen, wenn sie damit einer unbegrenzten Öffentlichkeit zugänglich gemacht werden (VG München, Beschl. v. 08.07.2016 – 3 S 16.2664).

Die schuldhafte Verletzung von Pflichten kann Disziplinarmaßnahmen nach dem Niedersächsischen Disziplinargesetz und ggf. auch eine strafrechtliche oder zivilrechtliche Haftung auslösen.

ii) Allgemeine Treuepflicht – hier Streikverbot.

Im Beamtenrecht ist die Treuepflicht als beiderseitige Rechtspflicht anerkannt und Folge des als öffentlich-rechtliches Dienst- und Treueverhältnis ausgestalteten Beamtenverhältnisses; sie äußert sich z.B. im **Streikverbot** (Art. 33 Abs. 5 GG).

Mit Urteil vom 12.06.2018 hat das **Bundesverfassungsgericht (BVerfG)** entschieden, dass ein **Streikverbot** für verbeamtete Lehrkräfte verfassungsgemäß ist (2 BVR 1738/12 u. a.).

Damit kam das BVerfG – anders als die Vorinstanzen – zu dem Ergebnis, dass die Rechtsprechung des Europäischen Gerichtshofs für Menschenrechte betreffend Lehrkräfte in der Türkei, wonach Lehrkräften ein Streikrecht zusteht, grundsätzlich **nicht** auf Deutschland anwendbar sei.

Kernpunkt der juristischen Auseinandersetzung ist die Frage, inwieweit Art. 11 Abs. 1 der Europäischen Menschenrechtskonvention (EMRK) Vorrang vor Art. 33 Abs. 5 des Grundgesetzes zukommt. Der Europäische Gerichtshof für Menschenrechte leitet aus Art. 11 Abs. 1 EMRK ein Streikrecht der Staatsbediensteten – unabhängig von ihrem Rechtsstatus – grundsätzlich ab und geht davon aus, dass nur Angehörige der Streitkräfte, der Polizei und der engeren hoheitlichen Staatsverwaltung (Kernbereichsbeamte) – nicht jedoch Lehrkräfte (Randbereichsbeamte) – davon ausgenommen werden können.

Nach Auffassung des **Bundesverfassungsgerichtes** ist das Streikverbot für Beamtinnen und Beamte in Deutschland jedoch mit dem Grundsatz der Völkerrechtsfreundlichkeit des Grundgesetzes im Einklang und insbesondere auch mit den Gewährleistungen der Europäischen Menschenrechtskonvention vereinbar. Eine Kollisionslage zum europäischen Recht bestehe nicht. Art. 11 Abs. 1 EMRK gewährleiste jeder Person, sich frei und friedlich mit anderen zu versammeln und sich frei mit anderen zusammenzuschließen; dazu gehöre auch das Recht, zum Schutz ihrer Interessen Gewerkschaften zu gründen und Gewerkschaften beizutreten. Der Europäische Gerichtshof für Menschenrechte habe in der jüngeren Vergangenheit die Gewährleistungen des Art. 11 Abs. 1 EMRK wie auch die Eingriffsvoraussetzungen des Art. 11 Abs. 2 EMRK weiter präzisiert. Dieser Rechtsprechung komme eine Leit- und Orientierungswirkung zu, wobei jenseits des Anwendungsbereiches des Art. 46 EMRK die konkreten Umstände des Falles im Sinne einer Kontextualisierung in besonderem Maße in den Blick zu nehmen seien. Vor diesem Hintergrund ließen sich eine Konventionswidrigkeit der gegenwärtigen Rechtslage in Deutschland und damit eine **Kollision** zwischen nationalem Recht und Europäischer

Menschenrechtskonvention nicht feststellen. Art. 9 Abs. 3 GG sowie die hierzu ergangene Rechtsprechung des Bundesverfassungsgerichts, wonach auch deutsche Beamtinnen und Beamte ausnahmslos dem persönlichen Schutzbereich der Koalitionsfreiheit unterfallen, allerdings das Streikrecht als eine Einzelausprägung von Art. 9 Abs. 3 GG aufgrund kollidierenden Verfassungsrechts (Art. 33 Abs. 5 GG) von dieser Personengruppe nicht ausgeübt werden kann, stünden mit den konventionsrechtlichen Wertungen in Einklang. Unabhängig davon, ob das Streikverbot für deutsche Beamtinnen und Beamte einen Eingriff in Art. 11 Abs. 1 EMRK darstelle, sei es wegen der Besonderheiten des deutschen Systems des Berufsbeamtentums jedenfalls nach Art. 11 Abs. 2 Satz 1 EMRK beziehungsweise Art. 11 Abs. 2 Satz 2 EMRK gerechtfertigt. Das Streikverbot ist in Deutschland im Sinne von Art. 11 Abs. 2 Satz 1 EMRK gesetzlich vorgesehen. Die Beamtengesetze des Bundes und der Länder enthielten für alle Beamtinnen und Beamten konkrete Regelungen zum unerlaubten Fernbleiben vom Dienst beziehungsweise zur Weisungsgebundenheit. Mit diesen Vorgaben sei eine nicht genehmigte Teilnahme an Streikmaßnahmen unvereinbar. Im Übrigen sei das Streikverbot für Beamtinnen und Beamte eine höchstrichterlich seit Jahrzehnten anerkannte Ausprägung des Art. 33 Abs. 5 GG. Das Streikverbot erfülle auch die Anforderungen aus der Rechtsprechung des Europäischen Gerichtshofs für Menschenrechte, soweit danach die Rechtfertigung eines Eingriffs in Art. 11 Abs. 1 EMRK ein dringendes soziales beziehungsweise gesellschaftliches Bedürfnis voraussetzt und die Einschränkung verhältnismäßig sein muss. Vor diesem Hintergrund sei ein Streikverbot für deutsche Beamtinnen und Beamte und konkret für beamtete Lehrkräfte, die nach Auffassung des BVerfG der Staatsverwaltung im Sinne von Art. 11 Abs. 2 Satz 2 EMRK zuzurechnen seien, nach Art. 11 Abs. 2 Satz 1 EMRK gerechtfertigt. Insbesondere wäre die Zuerkennung eines Streikrechts für Beamtinnen und Beamte unvereinbar mit der Beibehaltung grundlegender beamtenrechtlicher Prinzipien. Dies beträfe vor allem die Treuepflicht der Beamtinnen und Beamten, das Lebenszeitprinzip sowie das Alimentationsprinzip, zu dessen Ausprägungen die Regelung der Besoldung durch Gesetz zähle. Die Zuerkennung eines Streikrechts für Beamtinnen und Beamte würde das System des deutschen Beamtenrechts, eine nationale Besonderheit der Bundesrepublik Deutschland, im Grundsatz verändern und damit in Frage stellen. In die nach Art. 11 Abs. 2 Satz 1 EMRK vorzunehmende Interessenabwägung mit den Rechten und Freiheiten anderer sei zudem einzustellen, dass das Streikverbot dem Recht auf Bildung und damit dem Schutz eines in Art. 2 ZP 1 EMRK und anderen völkerrechtlichen Verträgen verankerten Menschenrechts diene.

Zuvor hatte sich die Verwaltungsgerichtsbarkeit in Deutschland sehr unterschiedlich zum Streikrecht für verbeamtete Lehrkräfte geäußert.

In Umsetzung der Rechtsprechung des Europäischen Gerichtshofs für Menschenrechte und damit ausgehend von einer Kollisionslage zwischen dem Europäischen Recht und dem Grundgesetz gingen das **OVG Nordrhein-Westfalen** mit Urteil vom 07.03.2012 (NVwZ 2012, 890) sowie das

OVG Lüneburg (NVwZ 2012, 1272) mit Urteilen vom 12.06.2012 (NVwZ 2012, 1272) zuvor davon aus, dass Deutschland völkerrechtlich zwar die EMRK umsetzen müsse, der EMRK aber im deutschen Recht keine über den Rang eines einfachen Bundesgesetzes hinausgehende Wirkung zukommt. Daher könne das in Art. 33 Abs. 5 GG mit Verfassungsrang ausgestattete Streikverbot durch die EMRK nicht berührt werden.

Das **Bundesverwaltungsgericht** (BVerwG) hatte mit Urteil vom 27.02.2014 (BVerwG 2 C 1.13) geurteilt, dass die Bundesrepublik Deutschland völkervertrags- und verfassungsrechtlich verpflichtet sei, Art. 11 EMRK in seiner Auslegung durch den Europäischen Gerichtshof in der deutschen Rechtsordnung Geltung zu verschaffen.

Das Bundesverwaltungsgericht hatte mit dieser Rechtsprechung die Rechtsauffassung des OVG Nordrhein-Westfalen bestätigt. Danach sei die Bundesrepublik Deutschland zwar völkervertrags- und verfassungsrechtlich verpflichtet, Art. 11 EMRK in seiner Auslegung durch den Europäischen Gerichtshof in der deutschen Rechtsordnung Geltung zu verschaffen. Da dies jedoch noch nicht geschehen sei, enthalte die deutsche Rechtsordnung derzeit einen inhaltlichen Widerspruch in Bezug auf das Recht auf Tarifverhandlungen und das Streikrecht derjenigen Beamtinnen und Beamten, die außerhalb der hoheitlichen Staatsverwaltung tätig sind. Zur Auflösung dieser Kollisionslage zwischen deutschem Verfassungsrecht und der EMRK sei jedoch nur der Bundesgesetzgeber berufen, der nach Art. 33 Abs. 5, Art. 74 Nr. 27 GG das Statusrecht der Beamtinnen und Beamten zu regeln, und fortzuentwickeln hat. Hierfür stünden ihm verschiedene Möglichkeiten offen. So könne er etwa die Bereiche der hoheitlichen Staatsverwaltung, für die ein generelles Streikverbot gelte, bestimmen und für die anderen Bereiche der öffentlichen Verwaltung die einseitige Regelungsbefugnis der Dienstherren zugunsten einer erweiterten Beteiligung der Berufsverbände der Beamtinnen und Beamten einschränken. Für die Übergangszeit bis zu einer bundesgesetzlichen Regelung verbleibe es jedoch bei der Geltung des verfassungsunmittelbaren Streikverbots.

Bewertung: Im Gegensatz zum **BVerwG** geht das **BVerfG** einerseits davon aus, dass eine Kollisionslage zwischen Grundgesetz und der EMRK im Hinblick auf das Streikverbot für Lehrkräfte nicht besteht, da die zuständigen Spitzenorganisationen der Gewerkschaften ein Beteiligungsrecht bei der Vorbereitung allgemeiner Regelungen der beamtenrechtlichen Verhältnisse (§ 53 BeamtStG) hätten. Zudem sei unabhängig davon, ob das Streikverbot für Lehrkräfte einen Eingriff in Art. 11 Abs. 1 EMRK darstellt, der Eingriff jedenfalls nach Art. 11 Abs. 2 EMRK gerechtfertigt. Die Gewährleistung des staatlichen Bildungsauftrages sei ein legitimes Ziel und daher eine notwendige Maßnahme nach Art. 11 Abs. 2 Satz 1 EMRK. Die Unterschiede des EMRK-Verständnisses sind daher zwischen BVerwG und BVerfG grundlegend. Das BVerwG sieht im prinzipiellen Streikverbot eine Kollision zur EMRK, das BVerfG nicht. Daher enthält die BVerfG-Entscheidung anders als die BVerwG-Entscheidung keine Forderung an den Gesetzgeber, regelnd tätig zu werden. Eine Unterscheidung zwischen

Lehrkräfte sowie übrige Mitarbeiterinnen und Mitarbeiter § 51

Kernbereichsbeamten und Randbereichsbeamten ist nach der Rechtsprechung des BVerfG in Deutschland damit unzulässig. Inzwischen haben die Kläger Beschwerde beim Europäischen Gerichtshof für Menschenrechte eingelegt. Der Europäische Gerichtshof für Menschenrechte hat die Beschwerden gegen das Streikverbot zwischenzeitlich zugelassen.

b) Die Pflichten von Beschäftigten

Die Pflichten der Beschäftigten richten sich nach dem TV-L. Sie decken sich inhaltlich weitgehend mit den Beamtenpflichten.

Wer im Arbeitsverhältnis erkrankt, hat bis zur Dauer von sechs Wochen einen gesetzlichen Anspruch auf Fortzahlung des Arbeitsentgelts. Voraussetzung für die Entgeltfortzahlung ist, dass die Krankheit nicht durch eigenes Verschulden herbeigeführt wurde.

Zu Abs. 1 Sätze 1–3: Die grundsätzliche Pflicht der Lehrkräfte, Unterricht in den Fächern und Schulformen der eigenen Lehrbefähigung zu erteilen, gilt mit der Maßgabe, dass Lehrkräfte mit der Lehrbefähigung für die Schulformen der allgemein bildenden Schulen (also auch mit der Lehrbefähigung für das Lehramt an Gymnasien) an Gesamtschulen und Oberschulen eingesetzt werden können.

Nach Satz 2 können Lehrkräfte aber abweichend von Satz 1 auch in einem Unterricht eingesetzt werden, für den sie nicht die erforderliche Lehrbefähigung besitzen. Diese Einsatzmöglichkeit ist aber an zwei Voraussetzungen geknüpft:

- Der Unterrichtseinsatz muss für einen geordneten Unterrichtsbetrieb an der Schule erforderlich sein. Das wird man in der Regel bei – auch längerfristigem – krankheitsbedingten Ausfall von Fachlehrern und bei fächerspezifischen Engpässen annehmen können.

- Der Unterrichtseinsatz muss der Lehrkraft zugemutet werden können im Hinblick auf ihre Vorbildung oder nach ihrer bisherigen Tätigkeit. Zumutbar in Bezug auf die Vorbildung ist ein Unterricht in Fächern, die der Lehrbefähigung der Lehrkraft nahestehen (z.B. Unterricht in anderen Sprachen oder Unterricht in anderen naturwissenschaftlichen Fächern). Nach der bisherigen Tätigkeit ist ein Unterrichtseinsatz zumutbar, wenn die Lehrkraft in den Unterrichtsfächern oder in der Schulform, in der sie eingesetzt werden soll, bereits über eine Berufspraxis verfügt.

Die Schulleitungen und Schulverwaltungen verfügen hier bei der Planung des Unterrichtseinsatzes der Lehrkräfte über einen weiten Spielraum. Liegen die Voraussetzungen vor, so ist die Lehrkraft zur Unterrichtserteilung in den fremden Fächern verpflichtet. Hinsichtlich des Religionsunterrichtes ist auf die Bestimmung in § 127 Abs. 1 hinzuweisen. In der Praxis gibt es eine Vielzahl von Lehrkräften, die sich in Fächern, die sie nicht studiert haben, entweder durch Teilnahme an Fort- und Weiterbildungsmaßnahmen oder durch Selbststudium und Eigeninitiative weitergebildet haben und somit auch in der Lage sind, in diesen Fächern fundierten Unterricht geben zu können. Diese Lehrkräfte erteilen zwar nominell fachfremden Unterricht, jedoch ist dies im Schulalltag aufgrund ihrer selbsterworbenen Qualifikationen und Kenntnisse positiv zu werten. Schließlich werden diese Lehrkräfte in der Schule entsprechend ihrer tatsächlichen Fähigkeiten eingesetzt.

Auch eine Abordnung, bei der die neue Tätigkeit nicht einem Amt mit demselben Grundgehalt entspricht (z.b.: Abordnung einer Gymnasialkraft an eine Grundschule), ist nach § 27 Abs. 3 NBG grundsätzlich zulässig, wenn ein dienstlicher Grund vorliegt (z.b. Personalbedarf an der Grundschule) und die neue Tätigkeit für die Lehrkraft zumutbar ist. Bei dem vom Dienstherrn vorzunehmenden Abordnungsentscheidung ist das Recht der Beamtinnen und Beamten auf amtsangemessene Beschäftigung mit dem bestehenden dienstlichen Grund gegeneinander abzuwägen. Gewichtigere dienstliche Gründe können die Zumutbarkeitsschwelle geringfügig herabsetzen. Die Zustimmung der Beamtinnen und Beamten ist im Fall einer Abordnung von mehr als zwei Jahren erforderlich.

Die Erfahrung lehrt derzeitig, dass nicht für alle Fächer genügend qualifizierte Lehrkräfte auf dem Arbeitsmarkt vorhanden sind, sodass das Land Niedersachsen zur Deckung fachspezifischer Bedarfe die Bewerbung von Quereinsteigerinnen und Quereinsteigern zulässt. Dies sind Lehrkräfte, die ein anderes Hochschulstudium als ein Lehramtsstudium absolviert haben, dessen fachwissenschaftliche Inhalte im Wesentlichen den Fachwissenschaften mindestens eines Unterrichtsfaches, einer beruflichen Fachrichtung oder einer sonderpädagogischen Fachrichtung entsprechen. Eine Einstellung im Rahmen des Quereinstiegs ist sowohl in den Vorbereitungsdienst als auch direkt in den Schuldienst möglich.

Gegen den durch die Schulleitung festgelegten Stundenplan für die einzelne Lehrkraft kann diese nur sehr eingeschränkt vorgehen. Zwar handelt es sich um einen innerbehördliche Organisationsmaßnahme ohne Verwaltungsaktqualität, die geeignet ist, die individuelle Rechtsphäre der Lehrkräfte zu verletzen, so dass grundsätzlich eine Klage vor Gericht zulässig wäre. Dem Dienstherrn steht aber bei der Gestaltung des Stundenplans ein sehr weites organisatorisches Ermessen zu. Diese Ermessensentscheidung kann durch ein Verwaltungsgericht nur darauf überprüft werden, ob sie durch einen Ermessensfehler geprägt ist.

Beauftragt die Schulleitung eine Lehrkraft mit der Erteilung eines Unterrichtes, der nach den o. a. Grundsätzen unzumutbar ist, handelt es sich um einen anfechtbaren Verwaltungsakt; Widerspruch und Klage habe aufschiebende Wirkung (OVG Lüneburg v. 08.07.1980, DÖV 80, 107).

3 Zu Abs. 1 Satz 4: Die Vorschrift enthält den Hinweis auf die zahlreichen anderen Aufgaben, die Lehrkräfte im Zusammenhang mit ihrem Erziehungs- und Unterrichtsauftrag zu erfüllen haben.

Diese dienstrechtliche Verpflichtung bezieht auch die Übernahme anderweitiger Aufgaben mit ein, die außerhalb der eigentlichen Unterrichtserteilung bzw. dessen Vor- bzw. Nachbereitung liegen und sich auch auf die Zeit der

Schulferien sowie auf den Nachmittag (Ganztag) erstrecken können. Teilzeitbeschäftigte Beamtinnen und Beamte haben einen Anspruch darauf, nicht über ihre Teilzeitquote hinaus zur Dienstleistung herangezogen zu werden. Deshalb dürfen teilzeitbeschäftigte Lehrkräfte in der Summe ihrer Tätigkeiten (Unterricht, Vor- und Nachbereitung des Unterrichts, Teilnahme an Schulkonferenzen etc., aber auch Funktionstätigkeiten, d. h. nicht unmittelbar unterrichtsbezogene schulische Verwaltungsaufgaben, wie z.B. die Leitung der Schulbibliothek) nur entsprechend ihrer Teilzeitquote zur Dienstleistung herangezogen werden. Das bedeutet, dass der Teilzeitquote entweder bei der Übertragung von Funktionstätigkeiten Rechnung zu tragen ist oder ein zeitlicher Ausgleich durch entsprechend geringere Heranziehung zu anderen Aufgaben erfolgen muss (BVerwG, Urteil v. 16.07.2015 – 2 C 16.14).

Die Schulleiterinnen und Schulleiter müssen nach pflichtgemäßem Ermessen darüber entscheiden, welche Lehrkraft innerhalb des Kollegiums mit derartigen außerunterrichtlichen Tätigkeiten und Aufgaben betraut werden. Als Ausfluss des staatlichen Weisungsrechtes können die Schulleiterinnen und Schulleiter ihren Lehrkräften entsprechende Weisungen erteilen. Bei schwerbehinderten Lehrkräften ist in die Ermessensausübung mit einzubeziehen, dass unter Berücksichtigung der individuellen Leistungsfähigkeit der schwerbehinderten Lehrkräften besondere Regelungen für die Gestaltung der Arbeitszeit und der Arbeitspausen angezeigt sein können, Teilzeitbeschäftigte Beamtinnen und Beamte haben einen Anspruch darauf; nicht über ihre Teilzeitquote hinaus zur Dienstleistung herangezogen zu werden. Deshalb dürfen teilzeitbeschäftigte Lehrkräfte in der Summe ihrer Tätigkeiten (Unterricht, Vor- und Nachbereitung des Unterrichts, Teilnahme an Schulkonferenzen etc., aber auch Funktionstätigkeiten, d. h. nicht unmittelbar unterrichtsbezogene schulische Verwaltungsaufgaben, wie z.B. die Leitung der Schulbibliothek) nur entsprechend ihrer Teilzeitquote zur Dienstleistung herangezogen werden. Das bedeutet, dass der Teilzeitquote entweder bei der Übertragung von Funktionstätigkeiten Rechnung zu tragen ist oder ein zeitlicher Ausgleich durch entsprechend geringere Heranziehung zu anderen Aufgaben erfolgen muss (BVerwG, Urteil v. 16.07.2015 – 2 C 16.14).

Diese Aufgaben sind nicht immer schriftlich fixiert, sie ergeben sich aus der Eigenart des Lehrerberufs und gehören traditionell zu diesem Pflichtenkreis. Im Einzelnen gehören zu diesen Pflichten:

Unterricht und Erziehung: Dazu gehört die Pflicht zur sorgfältigen Vor- und Nachbereitung der Unterrichtsstunden, die Kontrolle der Hausaufgaben, die sorgfältige und zeitnahe Durchsicht und Korrektur der schriftlichen Arbeiten.

Für Lehrkräfte besteht eine grundsätzliche Pflicht zur Erteilung von Präsenzunterricht – auch während der **Corona-Pandemie**. Beamtinnen und Beamte haben nach § 34 BeamtStG sich mit vollem persönlichen Einsatz ihrem Beruf zu widmen. Das Gebot, zum Dienst [in der Schule] zu erscheinen, ist eine Grundpflicht der Beamtinnen und Beamten. Diese beamtenrechtliche Grundpflicht erfordert, sich während der vorgeschriebenen Zeit an dem vorgeschriebenen Ort aufzuhalten und dort die übertragenen dienstlichen Aufgaben wahrzunehmen. Wer dem Dienst vorsätzlich unerlaubt fernbleibt, missachtet zwangsläufig die Dienstpflichten zum vollen beruflichen Einsatz und zur Befolgung dienstlicher Anordnungen. Auch während der **Corona-Pandemie** gelten die allgemeinen arbeitszeitrechtlichen Regelungen. Es gehört zu den Besonderheiten des Lehrerberufes, dass ein wesentlicher Teil der Arbeitszeit in besonderem Maße selbstbestimmt sowie zeitlich und örtlich ungebunden ist. Diese weitgehend frei gestaltete Arbeitszeit ist einer klassischen Arbeitszeiterfassung nicht zugänglich. Der Arbeitszeitrahmen des § 60 NBG, wonach die regelmäßige Arbeitszeit im Jahresdurchschnitt 40 Stunden in der Woche nicht überschreiten darf, ist auch hier einzuhalten.

Fürsorge für die Schülerinnen und Schüler: Für die anvertrauten Kinder und Jugendliche hat die Lehrkraft die Verantwortung zu übernehmen. Daraus ergibt sich eine Fürsorgepflicht für die Schülerinnen und Schüler. Damit ist auch die Pflicht zur Bildungs- und Schullaufbahnberatung verbunden. In § 4 Abs. 1 Nr. 7 des Gesetzes zur Kooperation und Information im Kinderschutz (KKG) werden Verpflichtungen von Lehrkräften gegenüber minderjährigen Schülerinnen und Schülern normiert. Verpflichtet werden Lehrkräfte an öffentlichen Schulen ebenso wie an staatlich anerkannten privaten Schulen, wenn ihnen in Ausübung ihrer beruflichen Tätigkeit gewichtige Anhaltspunkte für die Gefährdung des Wohls eines Kindes oder eines Jugendlichen bekannt werden.

Zur **Aufsichtspflicht** siehe § 62.

Zusammenarbeit mit Eltern und Schülerinnen und Schülern: Zu den Pflichten der Lehrkräfte gehört auch die Bereitschaft zur Zusammenarbeit mit den Eltern und Schülerinnen und Schülern sowie mit den Eltern- und Schülervertretungen. So hat die Lehrkraft die Eltern zu beraten und über den Leistungsstand ihrer Kinder zu informieren – nicht nur bei Elternsprechtagen (vgl. die sog. »Dialogpflicht« § 55 Abs. 2). Gegenüber den Eltern- und Schülervertretungen bestehen bestimmte Auskunfts- und Unterrichtungspflichten (vgl. § 80 Abs. 4, § 96 Abs. 3 und 4).

Explizite Regelungen oder gar ein Verbot zum Umgang mit sogenannten **sozialen Netzwerken** wie z.B. »Facebook« gibt es in Niedersachsen nicht. Es wird aber auf Nachfragen deutlich davon abgeraten, Facebook oder ähnliche kommerziell betriebene Netzwerke bei der schulischen Arbeit zu benutzen (vgl. Nr. 1 zu § 31).

Es sind in jedem Fall die allgemeinen datenschutzrechtlichen Bestimmungen zu beachten, d. h., es dürfen keine personenbezogenen Daten von Lehrkräften, Schülerinnen oder Schülern oder sonstigen Dritten (z.B. Eltern, Schulsekretärin, Hausmeister, Betreuungskräfte) in einem öffentlich zugänglichen Rahmen erscheinen.

Lehrkräfte sowie übrige Mitarbeiterinnen und Mitarbeiter § 51   **NSchG**

Zudem darf eine Schule natürlich nicht den Zugang zu sozialen Netzwerken voraussetzen, d. h. es muss immer die Möglichkeit bestehen, die schulischen Informationen auch über einen anderen Weg zu bekommen.

Elternsprechtage: Sie gehören zum festen Bestand der Zusammenarbeit zwischen Schule und Elternhaus. Lehrkräfte sind verpflichtet, an Elternsprechtagen für Gespräche mit den Eltern zur Verfügung zu stehen (vgl. Erlass v. 20.08.2005).

Projekte: Sie sind Teil der pädagogischen Arbeit der Schule, z. T. auch durch Erlasse vorgeschrieben. Sie gehören unzweifelhaft zu den Dienstpflichten der Lehrkräfte.

Betreuung von Studenten und Ausbildung von Referendaren und Anwärtern: Auch diese Aufgaben gehören zum traditionellen Aufgabenbestand der Arbeit an der Schule. Die Lehrkräfte, die für diese Tätigkeit herangezogen werden, sind zur Erfüllung dieser Aufgaben verpflichtet.

Teilnahme an Schulfahrten: Schulfahrten gehören zum wesentlichen Bestand der Unterrichts- und Erziehungsarbeit in der Schule. Sie sind damit auch verpflichtende Aufgabe für die Lehrkräfte. Dieser Arbeitsumfang basiert auf der – im Vergleich zu anderen Beamtinnen und Beamten bestehenden – Besonderheit, dass die Arbeitszeit der Lehrkräfte nur hinsichtlich der eigentlichen Unterrichtsstunden exakt messbar ist, während ihre Arbeitszeit im Übrigen – also die Zeit, welche die Lehrkräfte etwa für die Unterrichtsvorbereitung, Aufsicht, Korrekturen, Elternbesprechungen, Konferenzen oder die Teilnahme an Schulfahrten aufwenden – nur grob pauschalierend geschätzt werden kann (OVG Lüneburg, Urteil vom 05.11.2013 – 5 LB 64/13). Da die Teilnahme einer im Beamtenverhältnis stehenden Lehrkraft an einer (mehrtägigen) Schulfahrt – pauschal – von ihrer Pflichtstundenzahl erfasst ist, stellt diese Teilnahme begrifflich keine Mehrarbeit dar. Dies gilt für voll- und teilzeitbeschäftigte Lehrkräfte gleichermaßen (OVG Lüneburg, Urteil vom 05.11.2013 – 5 LB 64/13). Zwar ist die Teilnahme an Schulfahrten mit Übernachtungen für Lehrkräfte freiwillig. Das entbindet die Lehrkräfte jedoch nicht von der Verpflichtung, wenn sie teilnehmen, die erforderlichen Aufgaben als Lehrkraft und Aufsichtsperson während der Schulfahrt zu erfüllen. Auch ist eine etwa im Rahmen von Arbeitskampfmaßnahmen ausgesprochene generelle Weigerung von Lehrkräften, an mehrtägigen Schulfahrten teilzunehmen, eine Verweigerung der Aufgabenerfüllung. Die Reisekostenvergütung für Lehrkräfte richtet sich nach § 84 Abs. 1 NBG. Danach erhält ein Beamtin oder ein Beamter die notwendigen Kosten einer Reise zur Erledigung eines Dienstgeschäftes (Dienstreise) und die angemessenen Kosten einer anderen dienstlich veranlassten Reise vergütet. Nach § 84 Abs. 2 NBG sind die Einzelheiten zu Art und Vergütung der Reisekostenvergütung durch Verordnung zu regeln. § 84 Abs. 1 Satz 3 NBG eröffnet die Möglichkeit, vor Antritt der Reise auf die Reisekostenvergütung ganz oder teilweise zu verzichten. Diese Regelung ist rechtlich zulässig, da die Reisekostenvergütung keinen Besoldungstatbestand darstellt und somit ein freiwilliger Verzicht möglich ist.

Medikamentenabgabe durch Lehrkräfte: Zu einer aktiven Verabreichung von Medikamenten an Schülerinnen und Schüler, beispielsweise in Form von Tabletten, Tropfen oder Salben, sind Lehrkräfte außerhalb von Notfällen nicht verpflichtet und ohne Einwilligung der Personensorgeberechtigten auch nicht berechtigt. Aus dem Dienst- oder Beschäftigtenverhältnis heraus ergibt sich keine Pflicht, medizinische Maßnahmen, wie z.b. die Medikation vorzunehmen. Die Bereithaltung und die Einnahme von Medikamenten oder die Durchführungen anderer medizinischer Anwendungen während der Schulbesuchszeiten obliegt daher der Selbstsorge der Schülerin oder des Schülers in der Verantwortung der Personensorgeberechtigten (bei Minderjährigen). Lehrkräfte sowie pädagogische Mitarbeiterinnen und Mitarbeiter können auf freiwilliger Basis die Verabreichung von Medikamenten oder die Durchführung von anderen medizinischen Hilfsmaßnahmen einschließlich der Sondenernährung und der Unterstützung bei der Nahrungsaufnahme übernehmen, soweit hierfür kein medizinisch geschultes Fachpersonal erforderlich ist und die Hilfsmaßnahmen grundsätzlich auch von medizinischen Laien ohne größeres gesundheitliches Risiko für Lehrkraft wie Schülerinnen und Schüler durchführbar sind. Dies setzt voraus, dass kein sonstiges Personal des Schulträgers, der Krankenkassen oder anderer Leistungsträger zur Verfügung steht und die Schülerin oder der Schüler nicht in der Lage ist, die medizinisch indizierte Maßnahme selbst durchzuführen. Die freiwillige Pflichtenübernahme zu möglichen medizinischen Hilfsmaßnahmen durch Lehrkräfte sollte ausschließlich auf Grundlage einer schriftlichen Vereinbarung zwischen Lehrkraft und Personensorgeberechtigten (oder mit dem allein sorgeberechtigten Elternteil) erfolgen. Die Vereinbarung muss stichwortartig die ärztliche Diagnose sowie präzise Festlegungen zum Zeitpunkt der Anwendung, zur Art der erforderlichen medizinischen Hilfsmaßnahme sowie zur Dosis einzunehmender Medikamente oder der Nahrung beinhalten. Darüber hinaus sind Angaben über etwaige Nebenwirkungen, Maßnahmen und Ansprechpartner im Notfall anzugeben. Dies gilt auch bei nicht verschreibungspflichtigen Medikamenten. In der Vereinbarung ist ebenfalls festzulegen, wer das Medikament bzw. die Sondennahrung verwahrt und wie dieses bzw. diese zu verwahren ist.

Präsenzpflicht während der Ferien: Lehrkräfte sind gegebenenfalls verpflichtet, einzelne angeordnete Präsenztage in den Schulferien anwesend zu sein und dort schulische Aufgaben (z.B.: Post, Ansprechpartner für Schülerinnen und Schüler, Erziehungsberechtigte, Schulträgerpersonal) zu übernehmen. Lehrkräfte müssen es hinnehmen, auch in der unterrichtsfreien Zeit zu dienstlichen Verrichtungen herangezogen zu werden.

4 Zu Abs. 2: Die Pflicht zur eigenen Fortbildung ergibt sich bereits für alle Beamtinnen und Beamte aus § 22 NBG. § 51 Abs. 2 wiederholt die Verpflichtung für Lehrkräfte und stellt zudem klar, dass diese zur eigenen Fortbildung auch die unterrichtsfreie Zeit in Anspruch nehmen müssen. Damit weist der Gesetzgeber auf die besondere Arbeitszeitregelung für Lehrkräfte hin, wonach den Lehrkräften während der Ferientage zwar keine

Lehrkräfte sowie übrige Mitarbeiterinnen und Mitarbeiter § 51   NSchG

Unterrichts- und Erziehungsarbeit abverlangt wird, aber die Ferientage, die die Zahl der Urlaubstage (z. Z. 30) im Kalenderjahr übersteigen, als Arbeitstage gelten (§ 2 Satz 1 Nds. ArbZVO-Schule). Bei der Gestaltung dieser »Arbeitstage in den Ferien« sind die Lehrkräfte grundsätzlich frei. Sie können aber zu Dienstleistungen herangezogen werden. Unabhängig hiervon haben die Lehrkräfte die Pflicht, die Zeit für die eigene Fortbildung zu nutzen.

Zur dienstlichen Beurteilung der Lehrkräfte: Die dienstliche Beurteilung 5
der Lehrkräfte richtet sich nach den Gem. RdErl. d. MK u. d. MS »Beurteilung der Lehrkräfte« vom 20.12.2011 (Nds. MBl. 2012, S. 74; SVBl. 2012, S. 115). Die Beurteilung der Lehrkräfte unterscheidet sich von den dienstlichen Beurteilungen der übrigen Beamtinnen und Beamten. Während andere Beamtinnen und Beamte in regelmäßigen Abständen (alle 3 bzw. 5 Jahre) beurteilt werden und dann der gesamte Tätigkeitszeitraum seit der letzten Beurteilung bewertet wird, werden Lehrkräfte nur aus besonderen Anlässen (Ablauf der Probezeit, Beförderung, Versetzungen, Beschwerden) beurteilt. Das Schwergewicht der Beurteilung liegt auf der Besichtigung von zwei von der Lehrkraft erteilten Unterrichtsstunden. Bei der Beurteilung für eine Beförderung kommen noch Besichtigungen in Funktion hinzu (Besichtigung bei der Konferenzleitung, bei einem Beratungsgespräch).

Die Beurteilung ist durch die zuständige Beamtin oder den zuständigen Beamten selbst vorzunehmen. Das schließt nicht aus, dass andere Beamtinnen und Beamte wie z.B. Fachberaterinnen oder Fachberater an der Beratung teilnehmen oder in Teilen vorbereitende Texte entwerfen, wie das im Beurteilungserlass vorgesehen ist. Entscheidend bleibt aber, dass die eigentliche Beurteilung eine eigenständige Entscheidung der zuständige Beamtin oder des zuständigen Beamten ist. Deshalb ist es auch nicht ausreichend, wenn der zuständige Beamte oder die zuständige Beamtin die von einem Fachberater entworfene Beurteilung ohne eigene Stellungnahme unterschreibt.

Zu Abs. 3: Durch das Gesetz zur Änderung des Niedersächsischen Schul- 6
gesetzes vom 29.04.2004 ist in Niedersachsen der Abs. 3 eingeführt worden, wonach das äußere Erscheinungsbild von Lehrkräften der Schule, auch wenn es aus religiösen oder weltanschaulichen Gründen gewählt wird, keine Zweifel an der Eignung der Lehrkraft begründen darf, den Bildungsauftrag der Schule überzeugend erfüllen zu können. In Baden-Württemberg, dem Saarland, Bremen, Hessen, Berlin, Nordrhein-Westfalen und Bayern sind seinerzeit parallel ebenfalls Gesetze verabschiedet worden, die das Tragen bestimmter religiöser Symbole oder Kleidungsstücke im Schuldienst bzw. in Hessen und Berlin im Beamtendienst generell untersagten. Die Regelungen in Baden-Württemberg, Bayern, Berlin, Saarland, Hessen und Nordrhein-Westfalen privilegierten im Gegensatz zur niedersächsischen sowie der bremischen Regelung die christlichen und jüdischen Symbole und Kleidungsstücke, was mit den christlichen und abendländischen Bildungs- und Kulturwerten oder Traditionen begründet wurde. Wegen verfassungsrechtlicher Bedenken (das Bundesverfassungsgericht hat in

seiner Entscheidung vom 24.09.2003 bereits die Forderung aufgestellt, dass ein Verbot religiöser Kleidung im Dienstverhältnis nur dann begründet und durchgesetzt werden kann, wenn Angehörige unterschiedlicher Religionsgemeinschaften gleichbehandelt werden), ist davon in Niedersachsen und Bremen zugunsten einer Einzelfallentscheidung abgesehen worden.

Bei dieser Einzelfallentscheidung war aber im Sinne der Gesetzesbegründung in Niedersachsen bei der Beurteilung des von muslimischen Lehrkräften getragenen Kopftuches die Mehrdeutigkeit der Botschaften, die mit dem Kopftuch nach dem objektiven Empfängerhorizont einhergeht, von besonderer Bedeutung. Das Kopftuch möge auch eine religiöse Überzeugung ausdrücken. Es sei bei vielen Musliminnen aber gleichzeitig Ausdruck einer mit den verfassungsrechtlichen Grundwerten und unseren Bildungszielen unvereinbaren Haltung. So demonstriere es symbolisch eine Wertevorstellung, die eine niedrigere Stellung der Frau in Staat, Gesellschaft und Familie verlange und außerdem ein Eintreten für einen islamischen Gottesstaat fordere. Die Weigerung von Musliminnen, das Kopftuch abzulegen, begründe – wegen des objektiven Empfängerhorizontes – in jedem Einzelfall Zweifel, den Bildungsauftrag überzeugend erfüllen zu können.

Die Regelung in Nordrhein-Westfalen, wonach die Darstellung christlicher und abendländischer Bildungs- und Kulturwerte oder Traditionen privilegiert wurde, ist mit Beschluss vom 27.01.2015 (BvR 1181/10 und BvR 471/10) durch das Bundesverfassungsgericht als verfassungswidrig und damit nichtig eingestuft worden. So erfordere ein angemessener Ausgleich der verfassungsrechtlich verankerten Positionen – der Glaubensfreiheit der Lehrkräfte, der negativen Glaubens- und Bekenntnisfreiheit der Schülerinnen und Schüler sowie der Eltern, des Elterngrundrechts und des staatlichen Erziehungsauftrags – eine einschränkende Auslegung der Verbotsnorm, nach der zumindest eine hinreichend konkrete Gefahr für die Schutzgüter vorliegen muss.

Aufgrund der Rechtsprechung des Bundesverfassungsgerichtes ist Satz 1 nunmehr verfassungskonform so auszulegen, dass ein Kopftuchverbot gegen eine Lehrkraft durch die Schulleitung oder Schulbehörde nur dann ausgesprochen werden kann, wenn eine hinreichend konkrete Gefährdung oder Störung des **Schulfriedens** oder der **staatlichen Neutralität** in einer beachtlichen Zahl von Fällen durch das Kopftuchtragen festgestellt wird. Dies wird aber nur in Ausnahmefällen der Fall sein können und einer Befristung unterliegen. Satz 1 kann daher grundsätzlich nicht als präventive Verbotsnorm aufgefasst werden.

Danach ist es grundsätzlich zulässig, dass Lehrkräfte ein islamisches Kopftuch oder andere religiös konnotierte Kopfbedeckungen im Dienst an öffentlichen Schulen tragen. Dies gilt entsprechend für die von Abs. 4 Satz 1 umfasste Personengruppe. Auf die dienstrechtliche Bestimmung des § 56 Abs. 1 NBG (Unzulässigkeit einer Verhüllung des Gesichts) ist hinzuweisen.

Ausnahmen können sich nach den Ausführungen des Bundesverfassungsgerichtes im Einzelfall aus einer konkreten Gefahrenlage ergeben. Dafür muss eine hinreichend konkrete Gefahr für die Schutzgüter des Schulfriedens oder der staatlichen Neutralität vorliegen. Aus einer solchen konkreten Gefahr folgt dann ein Eignungsmangel i. S. d. Satz 1, da der Bildungsauftrag zum einen unter Wahrung der Pflicht zu weltanschaulich-religiöser Neutralität zu erfüllen ist und er zum anderen nur erfüllt werden kann, wenn der dafür erforderliche Schulfrieden gewahrt wird.

Eine entsprechende hinreichend konkrete Gefährdung der genannten Schutzgüter ist nach den Ausführungen des Bundesverfassungsgerichtes etwa in einer Situation denkbar, in der – insbesondere von älteren Schülerinnen, Schülern oder Eltern – über die Frage des richtigen religiösen Verhaltens sehr kontroverse Positionen mit Nachdruck vertreten und in einer Weise in die Schule hineingetragen werden, welche die schulischen Abläufe und die Erfüllung des staatlichen Erziehungsauftrags ernsthaft beeinträchtigt, sofern die Sichtbarkeit religiöser Überzeugungen und Bekleidungspraktiken diesen Konflikt erzeugt oder schürt.

Auch bei Vorliegen einer konkreten Gefährdung sollte jedoch die Anordnung eines Bedeckungsverbotes das letzte Mittel sein und im Anschluss an die Ausführungen des Bundesverfassungsgerichtes im Interesse des Grundrechtsschutzes der Betroffenen zunächst z.b. eine andere Verwendungsmöglichkeit in Betracht gezogen werden.

Die Vorschrift gilt auch für Lehrkräfte im Vorbereitungsdienst (Absatz 4) und für pädagogische Mitarbeiterinnen und Mitarbeiter (§ 53 Absatz 2), nicht jedoch für Personen, die außerunterrichtliche Angebote an Ganztagsschulen oder Grundschulen durchführen, oder Praktikantinnen oder Praktikanten.

Dagegen brauchen Lehrkräfte an Schulen in freier Trägerschaft diese Beschränkung in ihrem Erscheinungsbild nicht zu beachten. Auch Lehrkräfte an öffentlichen Schulen dürfen, wenn sie Religionsunterricht erteilen,»in ihrem Erscheinungsbild ihre religiöse Überzeugung ausdrücken« (§ 127 Absatz 2)[1].

Die Absätze 3 und 4 richten sich nach ihrer systematischen Stellung im Gesetz an Lehrkräfte, die bereits in den Landesdienst eingestellt worden sind. Für diesen Personenkreis kann ein Verstoß gegen die Verhaltenspflicht in Abs. 3 eine Dienstpflichtverletzung darstellen und ein Disziplinarverfahren nach sich ziehen.

Die Vorschrift ist aber auch für das Einstellungsverfahren relevant. Auch bei der Einstellung in den Schuldienst darf das beabsichtigte Tragen solcher Kopfbedeckungen nicht als Eignungsmangel gewertet werden. Eine Bewerberin, die zum Ausdruck bringt, dass sie auch nach der Einstellung im Unterricht weiterhin ein Kopftuch tragen werde, muss nicht befürchten,

---

1 Siehe dazu Anmerkung zu § 127.

dass ihre Einstellung wegen eines persönlichen, insbesondere fachlichen Mangels abgelehnt wird.
Für die Anwendung des Abs. 3 bleibt festzustellen, dass (dienstrechtlich) Entscheidungen als Folge eines Verstoßes gegen Abs. 3 stets Einzelfallentscheidungen sind. Die Anforderungen an eine Prüfung, ob Zweifel an der Eignung vorliegen, sind dabei aber natürlich gegebenenfalls unterschiedlich.

7 **Zu Abs. 4:** In der Ausbildung der Lehrkräfte im Vorbereitungsdienst (Lehreranwärter, Studienreferendare) wird nach der Verordnung vom 13.07.2010 zwischen »betreutem Unterricht« bei ständiger oder gelegentlicher Anwesenheit der für den Unterricht verantwortlichen Lehrkraft und »eigenverantwortlichem Unterricht« unterschieden. Zum »betreuten Unterricht« gehören auch Hospitationen. Die Bestimmungen des Absatzes 3 gelten nur für den eigenverantwortlichen Unterricht. Eine Gestattung im Ausnahmefall hat der Gesetzgeber zugelassen, weil das Erreichen einer vollen Lehrbefähigung nur durch Absolvieren des staatlichen Vorbereitungsdienstes möglich ist. In der Praxis dürfte Satz 2 keine Rolle mehr spielen, da ein »Kopftuch-Verbot« ohnehin nur als letztes Mittel in Betracht zu ziehen ist.

8 **Verweise, Literatur:**
- Verordnung über die Ausbildung und Prüfung von Lehrkräften im Vorbereitungsdienst vom 13.07.2010 (Nds. GVBl. S. 288; SVBl. S. 325), zuletzt geändert durch VO vom 02.03.2017 (Nds. GVBl. S. 57; SVBl. S. 153)

- Niedersächsische Verordnung über die Arbeitszeit der Beamtinnen und Beamten an öffentlichen Schulen (Nds. ArbZVO-Schule) vom 14.05.2012 (Nds. GVBl. S. 106; SVBl. S. 360; SRH 7.205, Schulrecht 621/11), zuletzt geändert durch Verordnung vom 06.07.2017 (Nds. GVBl. S. 234)

- Erlass »Unterrichtsorganisation« vom 20.12.2013 (SVBl. 2014, S. 49; SRH 3.120), geändert durch Erl. v. 23.11.2018 (SVBl. 2019, S. 5)

- Erlass »Durchführung von Dienstbesprechungen und Gemeinschaftsveranstaltungen« vom 16.06.2003 (SVBl. S. 195) – *außer Kraft mit Ablauf des 31.12.2010*

- Erl. »Schulfahrten« vom 01.11.2015 (SVBl S. 548; SRH 3.605; Schulrecht 351/31), zuletzt geändert durch Erl. vom 01.11.2020 (SVBl. S. 538)

- Erl. »Medizinische Hilfsmaßnahmen, Sondenernährung und Hilfe bei der Nahrungsaufnahme« vom 10.05.2016 (26-1 AZ 84000) – nicht veröffentlicht –

- Gem. RdErl. »Dienstliche Beurteilung der Lehrkräfte« vom 20.12.2011 (Nds. MBl 2012 S. 74; SVBl. 2012 S. 115; Schulrecht 611/261), geändert durch Gem. RdErl. vom 14.03.2013 (Nds. MBl. S. 282; SVBl. S. 177)

- Erl. »Ergänzende Bestimmungen zu Verfahren und Zuständigkeiten bei der Erfüllung dienstlicher Beurteilungen der Lehrkräfte« vom 06.02.2012 (SVBl. S. 158; Schulrecht 611/271)

- RdErl. »Kopftuchbeschluss des Bundesverfassungsgerichts vom 27.01.2015 – 1 BvR 471/10, 1 BvR 1181/10 –; Auswirkungen auf Niedersachsen« v. 26.08.2015 (SVBl S. 419; SRH 3.511)
- *Bräth, Peter*: Staatliche Neutralität im Unterricht – Das Kopftuch-Urteil und seine Folgen, Schulverwaltung, Ausgabe Niedersachsen/Schleswig-Holstein, 2004, H. 1, S. 17
- *Bräth, Peter*: Religiöse Symbole an Öffentlichen Schulen in Niedersachsen – Vom Kruzifix bis zum Schulgebet, Schulverwaltung, Ausgabe Niedersachsen, 2010, H. 9, S. 247
- *Nolte, Gerald*: (Noch) kein Streikrecht für Lehrkräfte, Schulverwaltung, Ausgabe Niedersachsen 2013, H. 1, S. 23 (Teil 1); 2014, H. 7–8, S. 218 (Teil 2)
- *Kowalski, Susanne*: Social Media im Unterricht – Teil 4, Schulverwaltung, Ausgabe Niedersachsen, 2013, Heft 11, S. 296
- *Nolte, Gerald:* Medikamentenabgabe in der Schule, PraxisWissenSchulleitung, Kennziffer 43.40
- *Zakrewski, Ingo*: Medikamentenabgabe an Schulen, Schulverwaltung, Ausgabe NRW 2013, H. 12, S. 324
- *Crysmann, Petra/Hünecke, Ilka*: Die Kopftuchentscheidung des Bundesverfassungsgerichtes, Schulverwaltung Ausgabe Nds. 2015, H. 5, S. 132
- *Lungershausen, Helmut:* Kleider machen Leute – auch in der Schule Schule leiten 2017, H. 7, S. 40
- *Böhm, Thomas*: Der Lehrer in Motorradkluft, SchR 2012, H. 1–2, S. 4
- *Schnierle, Sebastian*: Grundsätze des Berufsbeamtentums, Schulverwaltung, Ausgabe Niedersachsen, 2017, H. 6, S. 182
- *Hünecke, Ilka/Aden, Jens*: Mut zum demokratischen Diskurs in der Schule, Schulverwaltung, Ausgabe Niedersachsen, 2019, H. 2, S. 54

(Gerald Nolte)

§ 52 Besetzung der Stellen der Lehrkräfte

(1) ¹Das Land hat die Stellen der ständigen Vertreterinnen und Vertreter der Schulleiterinnen und Schulleiter auszuschreiben. ²Die anderen Stellen sind in geeigneten Fällen auszuschreiben. ³Der Schulträger ist zur Bekanntgabe der Ausschreibung berechtigt.

(2) Im Benehmen mit dem Schulträger kann von der Ausschreibung der Stellen nach Absatz 1 Satz 1 aus den Gründen des § 48 Abs. 1 abgesehen werden.

(3) ¹Die Schule und der Schulträger sind bei Stellen nach Absatz 1 Satz 1 über die Bewerbungen zu unterrichten und können Besetzungsvorschläge

| **NSchG** | Lehrkräfte sowie übrige Mitarbeiterinnen und Mitarbeiter § 52

machen. ²Für die Schule gilt dies auch bei anderen Beförderungsstellen. ³Bei der Besetzung von Stellen nach Absatz 1 Satz 1 ist § 48 Abs. 2 entsprechend anzuwenden.

(4) Von der Besetzung der Stellen nach Absatz 1 Satz 1 und der anderen Beförderungsstellen ist der Schulträger zu unterrichten.

(5) Die Besetzung der Stellen der Lehrkräfte an öffentlichen Grundschulen und Hauptschulen richtet sich unbeschadet des Artikels 3 Abs. 3, des Artikels 7 Abs. 3 Satz 3 und des Artikels 33 Abs. 2 und 3 des Grundgesetzes nach der bekenntnismäßigen Zusammensetzung der Schülerschaft.

(6) Der Austausch von Lehrkräften zwischen Schulen, Schulbehörden und Hochschulen ist zu fördern.

(7) ¹Das Amt der Fachmoderatorin oder des Fachmoderators für Gesamtschulen wird zunächst zeitlich begrenzt für die Dauer von zwei Jahren übertragen. ²Erfüllt die bisherige Inhaberin oder der bisherige Inhaber dieses Amtes nach Ablauf der Übertragungszeit die Voraussetzungen für eine erneute Übertragung dieses Amtes, so wird es auf Lebenszeit verliehen; § 44 Abs. 6 Sätze 2 und 3 sowie Abs. 7 und 8 gilt entsprechend.

1 Allg.: Unter Stellen sind hier die Planstellen für beamtete Lehrkräfte und die Stellen für angestellte Lehrkräfte zu verstehen. Auch die Stellen für höherwertige Ämter auf Zeit (§ 44 Abs. 5) gehören hierher. Das Land als Dienstherr ist an den Leistungsgrundsatz nach Art. 33 Abs. 2 GG gebunden, wenn er ein Amt im statusrechtlichen Sinne nicht durch Umsetzung oder eine den Status nicht berührende Versetzung, sondern durch eine Beförderung vergeben will. Die Auswahlentscheidung ist nach dem Prinzip der Bestenauslese nach den Kriterien Eignung, Befähigung und fachliche Leistung vorzunehmen. Diese Kriterien geben Aufschluss darüber, ob die Beamtin oder der Beamte den Anforderungen ihres oder seines Amtes genügt und sich in einem höheren Amt voraussichtlich bewähren wird. Art. 33 Abs. 2 GG gilt für Beförderungen unbeschränkt und vorbehaltlos. Der Dienstherr darf das Amt nur derjenigen Bewerberin oder demjenigen Bewerber verleihen, die oder den er als am besten geeignete oder geeigneten ausgewählt hat (BVerwG, Urteil v. 04.11.2010 – 2 C 16.09 –).

Beamtinnen und Beamte haben grundsätzlich keinen Rechtsanspruch auf eine Beförderung oder auch nur die vorübergehende Übertragung eines höherwertigen Dienstpostens (Beförderungsdienstpostens). Sie haben aber Anspruch darauf, dass der Dienstherr das ihm bei der Entscheidung über ein derartiges Begehren eingeräumte Auswahlermessen unter Einhaltung etwaiger Verfahrensvorschriften fehlerfrei ausübt (Bewerbungsverfahrensanspruch). Sobald eine Stelle durch Ernennung (Aushändigung der Ernennungsurkunde) besetzt wurde, ist die statusrechtliche Maßnahme vollzogen. Dadurch ist die übergangene Bewerberin oder der übergangene Bewerber nicht mehr der Lage, sich selbst in die erstrebte Position zu bringen. Denn die Planstelle ist vergeben. Sie oder er hat dann keinerlei Rechtsschutz mehr gegen diese Entscheidung, das Bewerbungsverfahren ist damit erledigt. Der unterlegenen Beamtin oder dem unterlegenen Beamten steht eine Anfechtung der Ernennungsentscheidung des erfolgreichen Konkurrenten nicht zu (BVerfG 9.7.2007, 2 BvR 206/07, Rn 15). Nur dann, wenn die Stellenbesetzung im Widerspruch gegen eine ergangene einstweilige Sicherungsanordnung eines Verwaltungsgerichts erfolgte, verbieten es Art. 33 Abs. 2 i.V. m. Art. 19 Abs. 4 GG dem Dienstherrn, statusverändernde Maßnahmen zu treffen. Verstößt der Dienstherr hiergegen, hat die Beamtin oder der Beamte einen Anspruch auf Wiederherstellung. Erforderlichenfalls muss die Besoldung aus dem Haushalt bezahlt oder gegebenenfalls eine benötigte Planstelle geschaffen werden. Ausnahmsweise kann der unterlegenden Beamtin oder dem unterlegenen Beamten ein Schadensersatzanspruch aus dem Gesichtspunkt der Amts- oder Fürsorgepflichtverletzung beziehungsweise dem Beamtenverhältnis direkt zustehen. Allerdings sind die Erfolgsaussichten nicht sehr groß. Denn es genügt nicht, dass die unterlegene Bewerberin oder der unterlegene Bewerber einen Fehler im Auswahlverfahren nachweisen kann, sie oder er muss darüber hinaus auch noch den Beweis dafür erbringen, dass gerade sie oder er anstelle des ausgewählten Kandidaten befördert worden wäre. Selbst wenn dies gelingt, müsste ein Verschulden des Dienstherrn nachgewiesen werden. Der Weg zum Schadenersatz setzt ferner voraus, dass vorher erfolglos Rechtsschutz gegen die Auswahlentscheidung gesucht wurde, § 839 Abs. 3 BGB.

Über die Eignung des Bewerberfeldes kann der Dienstherr in einem gestuften Auswahlverfahren befinden. Bewerberinnen und Bewerber, die die allgemeinen Ernennungsbedingungen oder die laufbahnrechtlichen Voraussetzungen nicht erfüllen oder die aus sonstigen Eignungsgründen für die Ämtervergabe von vornherein nicht in Betracht kommen, können in einer ersten Auswahl ausgeschlossen werden und müssen nicht mehr in den an Art. 33 Abs. 2 GG zu messenden Leistungsvergleich einbezogen werden. Die Ermittlung der oder des – gemessen an den Kriterien der Eignung, Befähigung und fachlichen Leistung – am besten geeigneten Bewerberin oder Bewerbers hat anschließend in Bezug auf das konkret angestrebte Amt zu erfolgen. Maßgeblich ist insoweit der Aufgabenbereich des Amtes, auf den bezogen die einzelnen Bewerberinnen und Bewerber untereinander zu vergleichen sind und anhand dessen die Auswahlentscheidung vorzunehmen ist (vgl.: BVerfG v. 16.12.2016 – 2 BvR 1958/13; ZBR S. 128). Die Kriterien der Eignung, Befähigung und fachlichen Leistung können vom Dienstherrn für den Aufgabenbereich eines Amtes durch die Festlegung eines Anforderungsprofils bereits im Vorfeld der Auswahlentscheidung konkretisiert werden. Das Anforderungsprofil ist allein dem Organisationsermessen des Dienstherrn anheim gegeben. Daher kann der Dienstherr Eignungen, die etwa durch bestimmte Vorverwendungen erworben wurden, ein größeres Gewicht beimessen gegenüber einer noch besseren Beurteilungsnote (OVG Lüneburg v. 22.5.2000, 5 M 2228/00). Tendenziell bedeutet dies, dass der Dienstherr durch eine »geschickte« Vorgabe eines Anforderungsprofils das Verfahren auf eine bestimmte Kandidatin oder einen bestimmten Kandidaten zuschneiden kann. Damit würde das Prinzip der Bestenauslese ad absurdum geführt. Daher haben einige Gerichte das Anforderungsprofil auf sachwidrige Voraussetzungen hin überprüft. Ein einmal in der Stellenausschreibung festgelegtes Anforderungsprofil muss im laufenden Auswahlverfahren unverändert bleiben. Der Dienstherr kann nicht einfach je nach Bewerberlage von einzelnen Erfordernissen abrücken oder andere Anforderungen nachschieben, um ein gewünschtes Auswahlergebnis erzielen zu können. Ist der Dienstherr mit dem Ergebnis des Auswahlverfahrens nicht zufrieden, kann er es jederzeit aus sachlichen Gründen abbrechen und die Stelle mit einem neuen Anforderungsprofil erneut ausschreiben. Der Abbruch aus sachlichen Gründen verletzt keine Rechte der Kandidaten. Der Dienstherr kann dann im freien Ermessen entscheiden, eine Stelle durch Einstellung, Beförderung, Versetzung, Abordnung oder Umsetzung zu besetzen. Entschließt sich der Dienstherr im Rahmen seines Organisationsermessens für ein Auswahlverfahren, an dem sowohl Beförderungsbewerber als auch »reine« Umsetzungs- oder Versetzungsbewerber unterschiedslos teilnehmen, ist er aus Gründen der Gleichbehandlung gehalten, diese Auswahlkriterien auf sämtliche Bewerber anzuwenden (BVerwG, Urt. v. 25.11.2004, 2 C 9.04). Der Dienstherr kann aber auch während eines Auswahlverfahrens, das er mit einer unbeschränkten Ausschreibung begonnen hat, eine nachträgliche Beschränkung auf Beförderungsbewerber vornehmen.

Die Beurteilung der Eignung einer Bewerberin oder eines Bewerbers für das angestrebte Amt bezieht sich auch auf die künftige Amtstätigkeit der oder des Betroffenen und enthält damit zugleich eine Prognose im Sinne einer konkreten und einzelfallbezogenen Würdigung der gesamten Persönlichkeit. Bei der Auswahlentscheidung sind bei allen in Betracht kommenden Bewerberinnen und Bewerbern aktuelle Beurteilungen zugrunde zu legen. Vergleichbar sind nur Beurteilungen im selben statusrechtlichen Amt. Da die Anforderungen in einem höheren statusrechtlichen Amt regelmäßig größer sind als in einem niedrigeren, spricht das gleiche Gesamtergebnis, wenn es in einem höheren Amt erzielt wurde, für die bessere Qualifikation. Stets ist der volle Beurteilungszeitraum zugrunde zu legen. Sind zwei Bewerberinnen oder Bewerber nach der Gesamtnote leistungsmäßig gleich zu bewerten, sind die maßgebenden Beurteilungen inhaltlich differenziert auszuwerten. Nach der Entscheidung des BVerwG vom 19.12.2002, Az. 2 GG 31.01, sind die aktuellen Beurteilungen in erster Linie maßgebend. Sie geben den gegenwärtigen Leistungsstand wieder. Ältere dienstliche Beurteilungen können aber daneben als zusätzliche Erkenntnismittel berücksichtigt werden. Sie liefern Erkenntnisse über die Eignung, Befähigung und fachliche Leistung der oder des Beurteilten, vor allem auf im Hinblick auf Prognosen über die künftige Bewährung und voraussichtliche weitere Entwicklung (Entwicklungstendenzen). Wenn auch dann beide Bewerberinnen oder Bewerber gleichauf liegen, darf nach sogenannten Hilfskriterien entschieden werden. Als derartige nachrangige Hilfskriterien sind von der Rechtsprechung etwa anerkannt worden Frauen- und Schwerbehindertenförderung, Lebens-, Dienst- oder Beförderungsdienstalter, die Dauer der Wahrnehmung einer höherwertigen Dienstaufgabe, Erwägungen der Personalplanung. Hier hat der Dienstherr

Lehrkräfte sowie übrige Mitarbeiterinnen und Mitarbeiter § 52 NSchG

ein weites Feld in der Auswahl und Rangfolge von Hilfskriterien, das seine Grenze nur am Willkürverbot findet. Art. 33 Abs. 2 GG lässt es somit zu, bei wesentlich gleichem Gesamtergebnis der zugrunde liegenden Beurteilungen, dass der Dienstherr die Bewerberinnen und Bewerber im Anschluss an einen Vergleich der Gesamturteile anhand der für das Beförderungsamt wesentlich Einzelaussagen der dienstlichen Beurteilungen weiter vergleicht und anhand sogenannter Hilfskriterien die Bestenauslese vornimmt. Zur Sicherung des Gebotes effektiven Rechtsschutzes folgt aus Art. 33 Abs. 2 GG i. V. m. Art. 19 Abs. 4 GG die Verpflichtung, die wesentlichen Auswahlentscheidungen schriftlich niederzulegen. Nur durch eine schriftliche Niederlegung der wesentlichen Auswahlerwägungen kann die Mitbewerberin oder Mitbewerber gegebenenfalls durch Akteneinsicht sich ein Bild darüber machen, ob die Entscheidung des Dienstherrn hingenommen werden soll oder ob Anhaltspunkte für einen Verstoß gegen den Anspruch auf faire und chancengleiche Behandlung bestehen. In einem beamtenrechtlichen Konkurrentenstreitverfahren erstreckt sich das Recht auf Akteneinsicht grundsätzlich nur auf die Teile des Besetzungsvermerks, die sich auf die beiden Konkurrenten beziehen. Dabei kann auch nur die letzte dienstliche Beurteilung des Konkurrenten eingesehen werden.

Abgelehnte Bewerberinnen und Bewerber, die geltend machen, ihr Bewerbungsverfahrensanspruch in einem durchgeführten Auswahlverfahren zur Besetzung einer ausgeschriebenen Stelle sei durch eine fehlerhafte Auswahlentscheidung des Dienstherrn verletzt worden, können eine erneute Entscheidung über ihre Bewerbung beanspruchen, wenn ihre Erfolgsaussichten bei einer erneuten Auswahl offen sind, ihre Auswahl also möglich erscheint. Um zu verhindern, dass durch die Ernennung der möglicherweise zu Unrecht ausgewählten Bewerberinnen und Bewerber Fakten geschaffen werden, hat die Rechtsprechung von Bundesverfassungsgericht und Bundesverwaltungsgericht eine »Zwei-Wochen-Sperrfrist« entwickelt, in der der Dienstherr die Ernennung durch Aushändigung der Urkunde nicht vornehmen darf. Innerhalb dieser Frist, die in der Regel von den Verwaltungsgerichten mittels einer »Veränderungssperre« verfügt wird, hat die unterlegene Bewerberin oder der unterlegene Bewerber die Möglichkeit sogenannten einstweiligen Rechtsschutz beim zuständigen Verwaltungsgericht einzuholen. Die Antragstellerin oder Antragsteller muss in diesem Verfahren glaubhaft machen, dass das Auswahlverfahren oder die Auswahlkriterien fehlerhaft sind und sie oder er selbst im Falle einer ordnungsgemäß durchgeführten Auswahlentscheidung jedenfalls nicht chancenlos wäre. Es genügt, die Fehlerhaftigkeit der Auswahlentscheidung darzutun. Dem Dienstherrn ist es verwehrt, seine Auswahlentscheidung erstmals im verwaltungsgerichtlichen Eilverfahren darzulegen. Er hat diese Entscheidung bereits vorher schriftlich zu fixieren. Ein Vorgehen gegen die Auswahlentscheidung mit dem Argument, die eigene Beurteilung sei zu schlecht ausgefallen, ist in der Regel erfolglos, es sei denn, diese Beurteilung ist offensichtlich rechtswidrig. Parallel zu dem Eilantrag ist ein Widerspruch gegen die Entscheidung der Nichtberücksichtigung der eigenen Bewerbung erforderlich zur Vermeidung von Bestandskraft der Auswahlentscheidung.

Um zu verhindern, dass die oder der wohlmöglich zu Unrecht ausgewählte Bewerberin oder Bewerber bei zwischenzeitlicher Wahrnehmung eines höherwertigen Dienstposten einen Bewährungsvorsprung erlangt, darf im Falle eines Konkurrentenstreits auch der ausgeschriebene Dienstposten für die Dauer des Streitverfahrens nicht auf die ausgewählte Bewerberin oder den ausgewählten Bewerber übertragen werden.

Ein Verstoß gegen Art. 33 Abs. 2 GG kann sich daraus ergeben, dass ein Leistungsvergleich gar nicht möglich ist, weil es bereits an tragfähigen Erkenntnissen über das Leistungsvermögen, d.h. an aussagekräftigen dienstlichen Beurteilungen fehlt. Dienstliche Beurteilungen müssen daher aktuell sein, hinreichend differenziert sein und auf gleichen Bewertungsmaßstäben beruhen (BVerwG, Urteil v. 30.06.2011 – 2 C 19.10 –). Bei den im Lehrkräftebereich vorgesehenen Anlassbeurteilungen dürfte die Aktualität von dienstlichen Beurteilungen, die älter als ein Jahr sind, in der Regel zu verneinen sein.

Umsetzungen und Versetzungen sind nicht nach dem in Art. 33 Abs. 2 GG zum Ausdruck kommenden Grundsatz der Bestenauslese bei der Auswahlentscheidung zu behandeln, sondern können vielmehr im Rahmen der Organisationsfreiheit des Dienstherrn vorrangig bestellt werden, wenn besondere dienstliche Gründe dies erfordern oder zwingende persönliche Gründe vorliegen. Der Dienstherr hat dabei seine Auswahlentscheidung nach einem sehr weit gespannten pflichtgemäßen Ermessen zu treffen, wobei die Entscheidung nicht willkürlich sein darf.

2 Zu Absätzen 1–4:

Ständige Vertreterinnen und ständige Vertreter

a) Die Stellung und Aufgaben der ständigen Vertreterin oder des ständigen Vertreters sind weder im NSchG noch in Erlassen des Kultusministeriums geregelt (vgl. § 43 Anm. 7). Allgemein wird davon ausgegangen, dass Vertreterinnen oder Vertreter einerseits Abwesenheitsvertreter sind und andererseits ein bestimmtes Aufgabengebiet zur selbstständigen Erledigung übertragen erhalten. Die Schulleiterin oder der Schulleiter kann ihre oder seine Aufgaben ihrer oder seiner ständigen Vertreterin oder ihrem oder seinem ständigen Vertreter zur eigenverantwortlichen Wahrnehmung übertragen. Diese können dann in Erfüllung der übertragenen Aufgaben allen an der Schule tätigen Personen Weisungen erteilen; § 50 Abs. 1 Satz 1 bleibt dabei unberührt.

b) Vertreterin oder Vertreter können als Abwesenheitsvertreter alle Aufgaben der Schulleitung wahrnehmen. Lediglich bestimmte Aufgaben, die ihrem Wesen nach der Schulleiterin oder dem Schulleiter als höchstpersönliche Aufgaben zugewiesen sind, wie z.B. das Recht zum Besuch der Lehrkräfte im Unterricht (§ 43 Abs. 2) können Vertreterinnen oder Vertreter nur ausüben, wenn die Schulleiterin oder der Schulleiter längerfristig abwesend ist (siehe § 43 Anm. 7).

c) Durch die ausdrückliche Zuschreibung der Vorgesetztenfunktion und der Änderung des Vorbehaltskataloges in § 44 Abs. 4 bei Kollegialen Schulleitungen durch das ÄndG 2006 ist deutlich geworden, dass alle der Schulleiterin oder dem Schulleiter obliegenden Aufgaben prinzipiell – natürlich ohne Preisgabe der Gesamtverantwortung – delegierbar sind. Der Schulleiterin oder dem Schulleiter bleiben dabei aber die Aufgaben vorbehalten, die durch Rechtsvorschriften im Übrigen (außerhalb von § 43) ausdrücklich der Schulleiterin oder dem Schulleiter zugewiesen sind (wie die Befugnisse nach § 86 Abs. 1 und § 111 Abs. 2). Traditionell übernimmt die Vertreterin oder der Vertreter in der Regel die Personaleinsatzplanung, d.h. die Erstellung und Aktualisierung des Stundenplanes und des Vertretungsplanes.

Eine Rechtsvorschrift, die die kommissarische Wahrnehmung der Schulleitungstätigkeit zeitlich begrenzt, existiert nicht. Die Aufgaben werden von der Schulleiterin oder vom Schulleiter übertragen. Vertreterin oder Vertreter haben keinen eigenständigen Anspruch auf die Übertragung bestimmter Aufgabenbereiche. Die Aufgaben sollen aber auf Dauer überlassen werden. Schulleiterin oder Schulleiter sollten auch nicht durch Einzelmaßnahmen in diese Zuständigkeit eingreifen.

Eine Zulage für die langfristige Schulleitervertretung ohne Übertragung eines höherwertigen Amtes kann nicht beansprucht werden. Gemäß § 46 Abs. 1 BBesG erhält eine Beamtin oder ein Beamter, der oder dem die Aufgaben eines höherwertigen Amtes vorübergehend vertretungsweise übertragen werden, nach 18 Monaten der ununterbrochenen Wahrnehmung dieser Aufgaben eine Zulage, wenn in diesem Zeitpunkt die haushaltsrechtlichen und laufbahnrechtlichen Voraussetzungen für die Übertragung des Amtes vorliegen. Die haushaltsrechtlichen Voraussetzungen liegen nur vor, wenn sowohl der Dienstposten, dessen Aufgabe die Beamtin oder der Beamte vertretungsweise übernommen hat, als auch die entsprechende Planstelle vakant ist (nicht der Fall bei Krankheitsvertretung). Eine Rechtsvorschrift, die die kommissarische Wahrnehmung der Schulleitungstätigkeit begrenzt, existiert nicht. Der Dienstherr ist im Übrigen nicht gehalten, bei der Entscheidung über die Versetzung einer Beamtin oder eines Beamten in den Ruhestand wegen Dienstunfähigkeit die Interessen einer die Aufgaben des Dienstpostens vertretungsweise wahrnehmender Beamtin oder eines entsprechenden Beamten mit zu bedenken (OVG Lüneburg, Beschluss vom 28.03.2013, Az.: 5 LA 6/12).

d) Bestellung

Für die Bestellung der ständigen Vertreterinnen oder ständigen Vertreter gilt im Wesentlichen das gleiche Verfahren wie für die Bestellung der Schulleiterinnen und Schulleiter. Die Stellen müssen ausgeschrieben werden, der Schulträger ist zur Bekanntgabe berechtigt. Von der Ausschreibung kann aus den Gründen des § 48 Abs. 1 abgesehen werden. Schulträger und Schule sind über die Bewerbungen zu unterrichten und können Besetzungsvorschläge machen (Abs. 1 Satz 1 und 3, Abs. 3

Satz 1 und 3). Im Falle des Absehens von einer Ausschreibung hat eine Benehmensherstellung wie in den Fällen des Absehens von einer Ausschreibung bei Schulleitern zu erfolgen.

Die Schulbehörde hat nach Abs. 3 Satz 1 Schule (vertreten durch die Schulleitung) und Schulträger über die eingegangenen Bewerbungen um die Stelle der ständigen Vertreterin oder des ständigen Vertreters der Schulleiterin zu unterrichten. Nach Abs. 3 Satz 2 ist bei der Besetzung von anderen Beförderungsstellen durch die Schulbehörde nur die Schule (vertreten durch die Schulleitung) zu unterrichten. Die Schulleitung hat den Schulvorstand nach § 38a Abs. 2 über alle wesentlichen Angelegenheiten zu unterrichten.

Die in § 52 Abs. 3 Satz 3 angeführte entsprechende Anwendung des § 48 Abs. 2 bedeutet daher, dass im Falle des Absehens von einer Ausschreibung bei der Stelle der Stellvertreterin oder des Stellvertreters eine Benehmensherstellung zu erfolgen hat. Dies gilt auch, wenn ein Stellenbesetzungsverfahren abgebrochen und die Stelle aus dienstlichen Gründen im Wege der Versetzung mit der Inhaberin oder dem Inhaber eines entsprechenden Beförderungsamtes besetzt werden soll.

Hätte der Gesetzgeber gewollt, dass in allen Fällen, in denen die Schulbehörde nicht den Vorschlägen folgt, eine Benehmensherstellung erfolgen muss, hätte er im § 52 Abs. 3 Satz 3 (auch) § 45 Abs. 2 für entsprechend anwendbar erklären müssen. Motiv für die Regelung im ÄndG 1993 war, dass der Schulträger und die Schule nach § 52 Abs. 3 Satz 1 auch bei Stellvertreterinnen oder Stellvertretern über Bewerbungen zu unterrichten sind und Vorschläge machen können, diese Möglichkeit ihnen aber bei einem Absehen von einer Ausschreibung genommen ist. Während bei Schulleiterinnen oder Schulleitern nach § 48 Abs. 2 eine Benehmensherstellung erfolgt, wären Schule und Schulträger beim Absehen von einer Ausschreibung nach § 52 Abs. 2 gänzlich unbeteiligt. Um dieses Defizit auszugleichen, hat der Gesetzgeber in § 52 Abs. 3 Satz 3 (und deswegen hier) auf § 48 Abs. 2 verwiesen, um sicherzustellen, dass bei Stellvertreterbesetzungen ohne Ausschreibung eine Beteiligung von Schule und Schulträger stattfindet.

Andere Beförderungsstellen

Hierzu gehören bei den Gymnasien und berufsbildenden Schulen im Wesentlichen die Stellen der Oberstudienräte und der Studiendirektoren. Bei den Gesamtschulen sind es im Wesentlichen die Stellen der didaktischen Leiter, der Direktorstellvertreter, der Jahrgangsleiter, der Fachbereichsleiter, der Stufenleiter, der Fachmoderatoren. Auch die entsprechenden Besetzungen von Stellen der Ämter auf Zeit sind hierher zu rechnen.

Die Ausschreibungspflicht besteht hier nur für »geeignete« Stellen. Es ist üblich, im Schulverwaltungsblatt sämtliche Beförderungsstellen der Besoldungsgruppe A 15, bei den Gesamtschulen auch der Besoldungsgruppe A 14 auszuschreiben. Die Schulbehörde hat bei diesen Stellen

Lehrkräfte sowie übrige Mitarbeiterinnen und Mitarbeiter § 52 NSchG

nur die Schule über die Bewerbung zu unterrichten. Diese kann auch hier Besetzungsvorschläge machen.

Zu Abs. 5: Die Vorschrift richtet sich lediglich an die Schulbehörde, bei der 3
Zuweisung von Lehrkräften auf die bekenntnismäßige Zusammensetzung der Schülerschaft Rücksicht zu nehmen, d. h., dass z. B. eine überwiegend von katholischen Schülern besuchte Schule bei der Zuweisung von Lehrkräften auch überwiegend katholische Lehrkräfte erhalten soll. Auf die Einstellung in den Landesdienst hat die Vorschrift jedoch keine Auswirkung. Für die Einstellung gilt das Gleichheitsgebot des Grundgesetzes und § 8 NBG. Das Bundesverwaltungsgericht hat entschieden, dass bei einem Überschuss an Bewerberinnen oder Bewerbern nach Absatz 5 niemand aus konfessionellen Gründen vorgezogen werden darf. Bewerberinnen oder Bewerber dürfen eben nur aus fachlichen Gründen vorgezogen werden. Absatz 5 ist damit nur eine Regelung für die Verteilung von bereits eingestellten Lehrkräften auf die einzelnen Schulen (Urteil vom 24.11.1988, NJW 89, 921).

Zu Abs. 6: Die Vorschrift hat programmatischen Charakter. Ein unmittel- 4
barer Anspruch auf Abordnung oder Versetzung kann weder die einzelne Lehrkraft noch eine Hochschule hieraus ableiten.

Zu Abs. 7: Das Amt der Fachmoderatorin oder des Fachmoderators für 5
Gesamtschulen wird unabhängig davon, ob die Inhaberin oder der Inhaber an einer Gesamtschule tätig ist, die eine Besondere Ordnung nach § 44 Abs. 5 erhalten hat, generell zunächst mit zeitlicher Begrenzung übertragen. Die früher übliche Amtszeit von sieben Jahren ist durch das Gesetz vom 03.06.2015 auf zwei Jahre reduziert worden (siehe hierzu Anm. 1 und 7 zu § 44). Kommt es nach Ablauf der zweijährigen Übertragungszeit – nach Wiederbewerbung und Auswahlverfahren – zur Wiederbestellung, wird das Fachmoderatorenamt auf Lebenszeit übertragen (Zur Verkürzung der siebenjährigen Übertragungszeit siehe § 180).

Die Verweisung auf die Bestimmungen des § 44 Abs. 6, 7 und 8 stellt sicher, dass die Fachmoderatorinnen und Fachmoderatoren nicht schlechter gestellt werden als die Inhaberinnen und Inhaber höherwertiger Ämter mit zeitlicher Begrenzung, die an Schulen tätig sind, die eine Besondere Ordnung nach § 44 Abs. 5 erhalten haben. So wird bei der Verleihung des Fachmoderatorenamtes auf Lebenszeit auf das vor einer Beförderung regelmäßig vorgesehene Durchlaufen aller Ämter der jeweiligen Laufbahn verzichtet. Auch die Erprobungszeit gem. § 14 Abs. 2 Satz 1 Nr. 4 NBG entfällt (siehe hierzu Anm. 7 zu § 44). Nach der zweijährigen Amtszeit kann ferner ein an einer Schule mit Besonderer Ordnung nach § 44 Abs. 5 ausgewiesenes Amt auf Lebenszeit verliehen werden (siehe hierzu Anm. 8 und 9 zu § 44).

Fachmoderatorinnen und Fachmoderatoren üben für die Gesamtschulen eine Tätigkeit aus, die der der Fachberaterinnen und Fachberater für die Gymnasien und berufsbildenden Schulen vergleichbar ist. Das Fachmoderatorenamt kann von Lehrkräften mit einer Lehrbefähigung für ein Lehramt an allgemein bildenden Schulen wahrgenommen werden.

6 Verweise, Literatur:

- *Arpe, Holger/Doppke, Michael*: Die Rolle des Stellvertreters in einer modernen Schulleitung, Schulverwaltung, Ausgabe Niedersachsen, 1998, H. 11, S. 291

(Gerald Nolte)

§ 53 Übrige Mitarbeiterinnen und Mitarbeiter

(1) ¹Die Schulassistentinnen und Schulassistenten sowie die pädagogischen Mitarbeiterinnen und Mitarbeiter an den öffentlichen Schulen stehen in einem Beschäftigungsverhältnis zum Land. ²Für die Durchführung der außerunterrichtlichen Angebote an Ganztagsschulen oder an Grundschulen können außer den Lehrkräften und pädagogischen Mitarbeiterinnen und Mitarbeitern auch Personen eingesetzt werden, die für eine Einrichtung tätig sind, die sich verpflichtet hat, außerunterrichtliche Angebote durchzuführen. ³Das Verwaltungspersonal zur Personal- und Mittelbewirtschaftung an den öffentlichen berufsbildenden Schulen steht in einem Beschäftigungsverhältnis zum Land; es kann auch in einem Beschäftigungsverhältnis zu einer Einrichtung stehen, die sich verpflichtet hat, an diesen Schulen Verwaltungsleistungen zu erbringen. ⁴Die anderen Mitarbeiterinnen und Mitarbeiter stehen in einem Beschäftigungsverhältnis zum Schulträger oder zu einer Einrichtung, die sich verpflichtet hat, an der Schule Leistungen für den Schulträger zu erbringen.

(2) Für pädagogische Mitarbeiterinnen und Mitarbeiter gilt § 51 Abs. 3 entsprechend.

(3) Sowohl der Schulträger als auch das Land können an öffentlichen Schulen Arbeitsgelegenheiten im Sinne des § 16d des Zweiten Buchs des Sozialgesetzbuchs für erwerbsfähige Hilfebedürftige schaffen.

1 **Allg.:** Die Vorschrift regelt das Beschäftigtenverhältnis für das nichtlehrende Schulpersonal und unterscheidet zwischen den Bediensteten, die im Beschäftigtenverhältnis zum Land stehen, und den Beschäftigten, die im Beschäftigungsverhältnis zum Schulträger stehen. Sowohl das Land (Kooperationspartner, Verwaltungsdienstleister bei berufsbildenden Schulen) als auch die Schulträger (z.B. Reinigungsdienste) können sich zur Erfüllung ihrer Aufgaben Dritter »bedienen«.

Das NSchG trifft keine Regelungen zum Einsatz von **Ehrenamtlichen** in Schulen. Ehrenamtliche können gleichwohl Schulen im Unterricht, bei außerunterrichtlichen Angeboten und während sonstiger Schulveranstaltungen (z.B. Schulfahrten, Schulfeste) unterstützen. Es darf sich dabei nicht um unterrichtliche Tätigkeiten handeln. Sofern die Voraussetzungen des § 62 Abs. 2 vorliegen – geeignete Erziehungsberechtigte sowie mit deren Einverständnis geeignete Schülerinnen und Schüler – können Ehrenamtliche mit Aufsichtspflichten betraut werden. Eine Rechtsgrundlage zu Zahlungen von Aufwandsentschädigungen für Ehrenamtliche besteht derzeitig nicht.

Lehrkräfte sowie übrige Mitarbeiterinnen und Mitarbeiter § 53   NSchG

Zahlungen ohne Rechtsgrund dürfen aus Landesmitteln nicht erfolgen. In entsprechender Anwendung der Nr. 1 des RdErl. d. MK »Vorlage eines erweiterten Führungszeugnisses bei Tätigkeiten im schulischen Bereich« ist für die Tätigkeiten von Ehrenamtlichen im außerunterrichtlichen Bereich von Schulen generell das erweiterte Führungszeugnis nach § 30a Abs. 1 Nr. 2b BZRG zur Vorlage bei Behörden von der Schulleitung zu verlangen. Nach § 30a Abs. 1 Nr. 2b BZRG wird das erweiterte Führungszeugnis erteilt, wenn dieses Führungszeugnis für eine ehrenamtliche Beaufsichtigung, Betreuung, Erziehung oder Ausbildung Minderjähriger benötigt wird. Bei der Antragstellung ist eine schriftliche Aufforderung der Schule vorzulegen, in der diese bestätigt, dass die Voraussetzungen des § 30a Abs. 1 BZRG für die Erteilung eines solchen Führungszeugnisses vorliegen. Antragsvordrucke befinden sich im Internet. Das Führungszeugnis ist durch die betroffene Person persönlich unter Vorlage des Personalausweises oder Reisepasses bei der örtlichen Meldebehörde oder über das Online-Portal des Bundesamts für Justiz zu beantragen. Personen, die von der Meldepflicht befreit oder ohne festen Wohnsitz sind, können ihren Führungszeugnisantrag bei der Meldebehörde stellen, in deren Bezirk sie sich gewöhnlich aufhalten. Das Führungszeugnis wird durch das Bundesamt für Justiz ausgestellt. Ein Führungszeugnis zur Vorlage bei einer deutschen Behörde wird der betreffenden Behörde durch das Bundesamt für Justiz unmittelbar übersandt. Neben der persönlichen Antragstellung bei der Meldebehörde kann das Führungszeugnis dort auch schriftlich beantragt werden. In diesem Fall sind in dem formlosen Antragsschreiben an das Einwohnermeldeamt auch die Personendaten (Geburtstag, Geburtsname, evtl., abweichender Familienname, Vorname/n, Geburtsort, Staatsangehörigkeit, Anschrift) anzugeben. Die Unterschrift auf dem Antragsschreiben muss amtlich oder öffentlich beglaubigt sein. Soweit nicht bereits aus der Beglaubigung der Unterschrift ersichtlich, muss die Richtigkeit der Daten nachgewiesen werden. Die Beglaubigung ist eine amtliche Bescheinigung der Richtigkeit einer Unterschrift oder Abschrift, als öffentliche Beglaubigung durch einen Notar oder als amtliche Beglaubigung durch eine andere landesrechtlich hierzu ermächtigte Behörde. Schulen, staatliche Studienseminare oder Universitäten dürfen nur die von ihnen selbst ausgestellten Zeugnisse beglaubigen. Bei Ausübung einer ehrenamtlichen Tätigkeit in Schulen werden für die Ausstellung des erweiterten Führungszeugnisses keine Gebühren erhoben. Ehrenamtliche sind im Abstand von zwei Jahren durch die Schulen nach § 35 IfSG zu belehren. Die Belehrung ist durch eine entsprechende schriftliche Erklärung zu dokumentieren. Gem. § 35 Sätze 2 und 3 IfSG sind Protokolle der Belehrungen beim Arbeitgeber bzw. Dienstherrn 3 Jahre aufzubewahren. Ehrenamtliche an Schulen sind verpflichtet eine Verschwiegenheitserklärung dergestalt abzugeben, dass alle personenbezogenen Daten, die ihnen im Rahmen der ehrenamtlichen Tätigkeit in der Schule bekannt werden und alle Angelegenheiten, die die Lehrkräfte, die Schülerinnen und Schüler, die Erziehungsberechtigten und die sonstigen an der Schule tätigen Personen betreffen, vertraulich zu behandeln sind und hierüber gegenüber Dritten Verschwiegenheit zu bewahren ist. Diese Verpflichtung bleibt auch nach Beendigung der ehrenamtlichen Tätigkeit bestehen. Ehrenamtliche, die von der Schule zur Unterstützung herangezogen werden, unterfallen der gesetzlichen Unfallversicherung beim Gemeinde-Unfallversicherungsverband gemäß § 2 Abs. 1 Nr. 11 bzw. Abs. 2 Satz 1 SGB VII. Wirken Ehrenamtliche im Auftrage der Schule im Rahmen schulischer Veranstaltungen mit und liegen deren Aktivitäten im Interesse der Schule, kann durch das Land Sachschadensersatz für Gegenstände, die zur angemessenen Ausstattung benötigt werden, geleistet werden.

2   **Zu Abs. 1 Satz 1:** Von der Frage der Kostenlastverteilung in §§ 112, 113 ist die Frage zu unterscheiden, wer (Land oder Schulträger) für den Abschluss von Beschäftigungsverhältnissen zuständig ist. Hinsichtlich der übrigen Mitarbeiterinnen und Mitarbeiter an Schulen gilt die Regelung des Abs. 1. Gemäß Satz 1 NSchG stehen Schulassistentinnen und Schulassistenten sowie die pädagogischen Mitarbeiterinnen und Mitarbeiter in einem Beschäftigtenverhältnis zum Land.

Im Einzelnen:

Schulassistentinnen und Schulassistenten unterstützen die Lehrkräfte bei der Vorbereitung und Durchführung des Unterrichts, entlasten sie von Tätigkeiten, die sonst von Lehrkräften neben der eigentlichen Unterrichtstätigkeit wahrzunehmen sind und wirken bei schulischen Maßnahmen und Veranstaltungen mit.

Pädagogische Mitarbeiterinnen und Mitarbeiter unterstützen die Erziehungs- und Unterrichtsarbeit an den öffentlichen Schulen im Rahmen des Bildungsauftrages. Sie können als Fachkräfte für eine Vielzahl verschiedenartiger Tätigkeiten eingesetzt werden, erteilen aber keinen eigenverantwortlichen Unterricht. In Orientierung an ihren tatsächlichen Aufgaben und Tätigkeitsfeldern umfassen sie drei Gruppen von Beschäftigten.

a) Pädagogische Mitarbeiterinnen und Mitarbeiter als Fachkräfte für unterrichtsbegleitende Tätigkeiten und außerunterrichtliche Angebote.

b) Pädagogische Mitarbeiterinnen und Mitarbeiter als Fachkräfte für therapeutische Unterstützung

c) Pädagogische Mitarbeiterinnen und Mitarbeiter als sozialpädagogische Fachkräfte in der sozialen Arbeit in schulischer Verantwortung.

Einzelheiten enthält der Erlass vom 01.07.2019 (14.2.1)

Das Schulgesetz geht davon aus, dass der nach der festgelegten Stundentafel der jeweiligen Schulform festgelegte Unterricht ausschließlich durch Lehrkräfte erteilt wird. Gleichwohl besteht die Möglichkeit, dass pädagogische Mitarbeiterinnen und Mitarbeiter die Lehrkräfte im Unterricht unterstützen und bei kurzfristigen Ausfällen von Lehrkräften in Ausnahmefällen die Klassen beaufsichtigen. Ausgeschlossen ist jedoch, dass pädagogische Mitarbeiterinnen und Mitarbeiter – auch wenn sie eine Lehrbefähigung besitzen – Unterricht erteilen. Das Schulgesetz knüpft in der zentralen Vorschrift des § 50 Abs. 1 Satz 1 an den Begriff »Lehrkraft« und nicht an

Lehrkräfte sowie übrige Mitarbeiterinnen und Mitarbeiter § 53 **NSchG**

den Begriff der »Lehrbefähigung« an. Zudem gehen die Vorschriften zur Zusammensetzung der Konferenz (§ 36) und des Schulvorstandes (§ 38b) ebenfalls von der Unterscheidung der Personengruppen »Lehrkräfte« und »pädagogische Mitarbeiterinnen und Mitarbeiter« aus. Diese Systematik würde durchbrochen, wenn pädagogische Mitarbeiterinnen und Mitarbeiter auch Unterricht erteilen; in diesem Falle müssten sie der Gruppe der Lehrkräfte zuzuordnen sein.

Das Land erkennt mit dem Erlass »**Soziale Arbeit in schulischer Verantwortung**« die soziale Arbeit in schulischer Verantwortung als Landesaufgabe in Ergänzung zu den Aufgaben der Jugendhilfe an. Das Land wird mit dem Ausbau der sozialen Arbeit in schulischer Verantwortung dem schulischen Bildungsauftrag stärker gerecht, indem in den Schulen multiprofessionelle Teams dauerhaft gestärkt werden. Die sozialpädagogischen Fachkräfte in der sozialen Arbeit in schulischer Verantwortung sollen schwerpunktmäßig folgende Aufgaben wahrnehmen: Stärkung der sozialen Kompetenz der Schülerinnen und Schüler, Beratung und Begleitung einzelner Schülerinnen und Schüler, Beratung der Schulleitung, des Lehrerkollegiums sowie gegebenenfalls der Eltern, Förderung partizipativer Schulkultur, Netzwerkarbeit mit außerschulischen Partnern (vor allem der Kinder- und Jugendhilfe), Maßnahmen zur Integration, interkulturelle Angebote, Maßnahmen zur Berufsorientierung. Die Schulleitung ist gegenüber den sozialpädagogischen Fachkräften der sozialen Arbeit in schulischer Verantwortung weisungsbefugt. Die dienstrechtlichen Befugnisse für die sozialpädagogischen Fachkräfte liegen bei der nachgeordneten Schulbehörde (§ 119). Die Eingruppierung einer Sozialpädagogin oder eines Sozialpädagogen richtet sich nach dem Tarifvertrag für den öffentlichen Dienst der Länder (TV-L) in der Fassung des Änderungstarifvertrages Nr. 4 vom 02.11.2012 und Abschnitt 20 der Entgeltordnung zum TV-L. Der TV-L wurde zwischen den Gewerkschaften und der Tarifgemeinschaft deutscher Länder (TdL) vereinbart. Als Mitglied der TdL ist das Land Niedersachsen an diesen Tarifvertrag gebunden und kann von diesem nicht abweichen. Dies bedeutet konkret, dass das Land auch an die Festsetzungen der Entgeltordnung zum TV-L gebunden ist.

Von der sozialen Arbeit in schulischer Verantwortung deutlich zu unterscheiden ist die sogenannte **Schulsozialarbeit**, bei der jungen Menschen, die zum Ausgleich sozialer Benachteiligungen oder zur Überwindung individueller Beeinträchtigungen in erhöhtem Maße auf Unterstützung angewiesen sind, im Rahmen der Jugendhilfe sozialpädagogische Hilfen angeboten werden, die ihre schulische und berufliche Ausbildung, Eingliederung in die Arbeitswelt und ihre soziale Integration fördern.

Jugendsozialarbeit ist gemäß § 13 Abs. 1 Sozialgesetzbuch (SGB) VIII eine Aufgabe der Jugendhilfe und damit der Kommunen. Jugendsozialarbeit in Schulen – also die sogenannte Schulsozialarbeit (hierbei handelt es sich nicht um einen Rechtsbegriff) – liegt daher auch in der Zuständigkeit der Kommunen.

In der Praxis ist Schulsozialarbeit ein professionelles sozialpädagogisches Angebot, das durch verbindlich vereinbarte und gleichberechtigte Kooperation von Jugendhilfe und Schule als eigenständige Institution dauerhaft im Schulalltag verankert ist. Sie verbindet verschiedene Leistungen der Jugendhilfe miteinander und ist mit diesem Angebot im Alltag von Kindern und Jugendlichen ständig präsent und ohne Umstände erreichbar. Insofern ist Schulsozialarbeit als ein primäres Aufgabengebiet der Jugendhilfe eine kommunale und keine (unmittelbare) Landesaufgabe. Gesetzlich geregelt ist die Kooperation zwischen Jugendhilfe und Schule in § 81 SGB VIII bzw. § 25 Abs. 3.

Nicht zu den pädagogischen Mitarbeiterinnen und Mitarbeitern gehören »**Unterrichtshelferinnen und Unterrichtshelfer**« (sogenannte »**Integrationshelferin** oder **Integrationshelfer**«), die Kindern mit sonderpädagogischem Unterstützungsbedarf die Teilnahme am inklusiven Unterricht ermöglichen. Nach § 112 SGB IX (Leistungen zur Teilhabe an Bildung) soll jeder junge Mensch mit einer Behinderung – im Bedarfsfall mit (nachrangigen) unterstützenden Leistungen der Eingliederungshilfe – einen allgemeinen Bildungsabschluss zur Erreichung seiner Teilhabeziele entsprechend der Gesamtplanung erwerben können. Bei Eignung der behinderten Schülerin oder des behinderten Schülers unterstützt die Eingliederungshilfe den Besuch einer allgemeinen Schule bis zur Erlangung der Hochschulreife, unabhängig ob die Schulpflicht bereits erfüllt ist.

Den Schülerinnen und Schülern, die wegen einer bestehenden oder drohenden Behinderung auf Unterstützung angewiesen sind, wird die Schulassistenz ausgerichtet am individuellen Bedarf gewährt. Die betroffenen Kinder haben einen individuellen Rechtsanspruch auf diese Leistung, wenn eine Schulassistenz zur Teilnahme an der schulischen Bildung und/oder zur Erreichung des schulischen Erfolges notwendig ist.

In der Praxis ist es häufig schwierig abzugrenzen, wo der Aufgabenbereich des Systems Schule aufhört und der Aufgabenbereich der Schulbegleitung anfängt. Durch die bestehende Struktur ergeben sich für die inklusive Beschulung von Kindern und Jugendlichen mit Behinderung mehrere Zuständigkeiten: Für die Kernaufgaben der pädagogischen Arbeit ist die Schule verantwortlich, während es sich bei der Leistung zur Teilhabe an Bildung um eine Leistung der Eingliederungshilfe handelt. Hier wird zwischen Leistungen nach dem Sozialgesetzbuch Neuntes Buch (SGB IX) für Kinder und Jugendliche mit einer körperlichen oder geistigen Behinderung und Leistungen nach dem Sozialgesetzbuch Achtes Buch (SGB VIII) für Kinder und Jugendliche mit einer seelischen Behinderung unterschieden. In Niedersachsen liegt die sachliche Zuständigkeit bei den Landkreisen, kreisfreien Städten und der Region Hannover als örtlichen Trägern der Eingliederungshilfe und der Jugendhilfe. Diese nehmen die Aufgabe im eigenen Wirkungskreis wahr und entscheiden im Einzelfall vor Ort über Inhalt und Umfang der zu bewilligenden Leistungen. Dies kann zu regional sehr unterschiedlichen Handlungsweisen führen. Darüber hinaus zieht die Vielzahl unterschiedlicher Behinderungen einen individuellen

Lehrkräfte sowie übrige Mitarbeiterinnen und Mitarbeiter § 53   NSchG

höchst unterschiedlichen Assistenzbedarf (z.B. pädagogisch, medizinisch, pflegerisch, therapeutisch) nach sich, so dass es bisher keine allgemeinverbindlichen Regelungen zur Schulassistenz gibt.

Die Bezeichnung »**Integrationshelferin/Integrationshelfer**« ist weder ein geschützter Begriff, noch ist mit ihr ein einziges klar umrissenes Ausbildungs- und Berufsfeld verbunden. Integrationshelferinnen und Integrationshelfer können und müssen in Abhängigkeit ihres konkreten Einsatzes fall- und bedarfsweise unterschiedlich ausgebildet und mit unterschiedlichen Kompetenzen ausgestattet sein. Solche Helferinnen und Helfer sind nicht aktiv an der Durchführung des Unterrichts beteiligt, ihre Tätigkeit besteht im Wesentlichen darin, die Schülerinnen und Schüler mit Behinderungen bei der Bewältigung aller Wege, sowohl zur Schule als auch in der Schule, bei Toilettengängen und bei motorischen Verrichtungen zu unterstützen. Die Sorgeberechtigten des Kindes schließen eine privatrechtliche Vereinbarung mit dem Leistungsanbieter ab. Die eigentliche Schulbegleitung wird aber von Beschäftigten des Leistungsanbieters durchgeführt. Diesem können die Eltern also nicht einfach kündigen. Das Verwaltungsgericht Göttingen hat mit Beschluss vom 09.01.2020 – 4 B 196/19 – festgestellt, dass die Steuerungsverantwortung für Jugendhilfemaßnahmen beim Jugendamt liegt. Dieses könne in einem Bescheid über die Gewährung von Integrationshilfe auch vorsehen, dass ein konkreter freier Träger die Leistung erbringt. Hierüber kann sich die Schule nicht hinwegsetzen und die Integrationshelferin oder den Integrationshelfer ablehnen. Unterrichtshelferinnen und -helfer haben keine pädagogischen Aufgaben zu erfüllen, sie können nicht zur Wahrnehmung der Aufsicht nach § 62 herangezogen werden, sie haben keinerlei Weisungsbefugnisse gegenüber anderen Schülerinnen und Schülern, sie können nicht in schulischen Gremien mitwirken, müssen nicht an Dienstbesprechungen teilnehmen und unterliegen auch nicht dem schulischen Weisungsrecht der Schulleiterin oder des Schulleiters. Sie unterliegen allerdings dem Hausrecht und der Hausordnung des Schulträgers, welches über die Schulleiterin oder den Schulleiter ausgeübt wird. Zur Schulung von Integrationshelferinnen und Integrationshelfern bieten einige Kreisvolkshochschulen bzw. die Arbeitsagentur für Arbeit in Niedersachsen Qualifizierungen an, bei denen die Betroffenen im Einvernehmen mit der Schule auch ein Praktikum bzw. eine Hospitation in der Schule ableisten sollen. Diese Praktika können durch die Schule nur zugelassen werden, wenn es sich um sogenannte »Pflichtpraktika« handelt, da für diesen Fall keine Abgaben zur Sozialversicherung für das Land anfallen. Auch für diesen Fall gilt, dass ein erweitertes Führungszeugnis einzuholen und eine Belehrung nach § 35 IfSG zu erfolgen hat. Freiwillige Praktika können von der Schule nicht zugelassen werden.

Ebenfalls nicht zu den pädagogischen Mitarbeiterinnen und Mitarbeitern zählen die sogenannten **Freiwilligendienstleistenden.** Freiwillige, die einen **Bundesfreiwilligendienst (BFD)** oder einen **Jugendfreiwilligendienst (JFD)** absolvieren, können nach Maßgabe der die jeweiligen Freiwilligendienste regelnden Gesetze an Schulen eingesetzt werden. Es ist bei den Freiwilligendiensten grundsätzlich zwischen einem Einsatz von Freiwilligen an einer Schule als Einsatzstelle und dem Einsatz über einen außerschulischen Partner als Einsatzstelle zu unterscheiden. Mit Rücksicht auf die durch die jeweiligen Gesetze unterschiedlichen Einsatzmöglichkeiten regelt der Erlass vom 01.08.2019 den Einsatz von Freiwilligen für den BFD und den JFD gesondert.

BFD-Leistende können im Unterricht, außerhalb des Unterrichts und im Rahmen der Erbringung außerunterrichtlicher Angebote nach Maßgabe des Gesetzes über den Bundesfreiwilligendienst (BFDG) in der Schule eingesetzt werden. Schulen können Einsatzstellen zur Ableistung des Bundesfreiwilligendienstes sein. Im Rahmen von Kooperationen mit außerschulischen Partnern, die selbst Einsatzstellen sind, können BFD-Leistende auf Basis eines Kooperationsvertrages eingesetzt werden. BFD-Leistende dürfen keine Angebote in eigener pädagogischer Verantwortung erbringen. Ihr Einsatz ist arbeitsmarktneutral zu gestalten. Die nachgeordnete Schulbehörde ist Rechtsträger der Schulen als Einsatzstellen i. S. d. BFDG. Die nachgeordnete Schulbehörde ermächtigt Schulen auf Antrag, sich beim Bundesamt für Familie und zivilgesellschaftliche Aufgaben (BAFzA) als Einsatzstelle im Sinne von § 6 BFDG anerkennen und einer anerkannten Zentralstelle i. S. d. § 7 Abs. 1 BFDG zuordnen zu lassen. Mit dem Antrag ist eine Einsatzbeschreibung zu erstellen, die von der nachgeordneten Schulbehörde zu genehmigen ist. Sofern sich die Einsatzbeschreibung nicht ändert, muss diese Genehmigung nicht erneuert werden. Wenn BFD-Leistende in einer Schule als Einsatzstelle eingesetzt werden, sind sie ausschließlich dort zu beschäftigen. Wenn eine Schule Einsatzstelle im BFD ist, wird sie im Rahmen der Vereinbarung zwischen dem Bund und der oder dem BFD-Leistenden (§ 6 Abs. 1 BFDG) als solche benannt. Die Schule soll zur Erfüllung ihrer gesetzlichen oder sich aus der Vereinbarung ergebenden Aufgaben einen außerschulischen Partner als Träger oder eine Zentralstelle beauftragen. Ausnahmen sind im Einzelfall mit der nachgeordneten Schulbehörde abzustimmen.

Im Übrigen können im Rahmen der Zusammenarbeit mit außerschulischen Partnern BFD-Leistende auch durch Kooperationspartner eingesetzt werden. In diesen Fällen stellt der außerschulische Partner die Einsatzstelle und die Schule lediglich den Tätigkeitsort dar. An der Vereinbarung zwischen der oder dem Freiwilligen und dem außerschulischen Partner nach § 8 BFDG ist die Schule nicht beteiligt. Die Schule schließt in diesen Fällen mit dem außerschulischen Partner einen Kooperationsvertrag. Im Rahmen solcher Kooperationen mit außerschulischen Partnern können BFD-Leistende auch stundenweise und an mehreren Schulen als Tätigkeitsorten eingesetzt werden.

JFD-Leistende können im Unterricht und im Rahmen der Erbringung außerunterrichtlicher Angebote nach Maßgabe des Gesetzes zur Förderung von Jugendfreiwilligendiensten (JFDG) in Schulen eingesetzt werden. Schulen können unmittelbare Einsatzstellen im Rahmen einer Vereinbarung i. S. v. § 11 Abs. 2 JFDG oder »mittelbare« Einsatzstellen im Rahmen einer Vereinbarung zwischen einer oder einem JFD-Leistenden und einem Träger i. S. v. § 11 Abs. 1 JFDG sein. Freiwillige können auch im Rahmen von Kooperationen mit außerschulischen Partnern eingesetzt werden. Wenn eine Schule Einsatzstelle im JFD werden will, ist eine Einsatzbeschreibung zu erstellen, die von der nachgeordneten Schulbehörde zu genehmigen ist. Sofern sich die Einsatzbeschreibung nicht ändert, muss diese Genehmigung nicht erneuert werden. Ein Einsatz ist sowohl im Rahmen eines Freiwilligen Sozialen Jahres als auch im Rahmen eines Freiwilligen Ökologischen Jahres (FÖJ) möglich. Schulen können nach Maßgabe des Erlasses »Der Einsatz von Freiwilligendienstleistenden in öffentlichen Schulen« vom 01.08.2019 selbst unmittelbare Einsatzstellen zur Ableistung des JFD sein, indem sie eine trilaterale Vereinbarung mit einem Träger und einer oder einem JFD-Leistenden gem. § 11 Abs. 2 JFDG schließen. Die der Schule als Einsatzstelle gem. § 11 Abs. 2 Satz 1 JFDG zukommenden Aufgaben sollen darin auf den Träger übertragen werden. Zusätzlich schließt die Schule mit dem Träger eine Vereinbarung gemäß § 5 Abs. 4 JFDG. Diese Vereinbarung legt fest, in welcher Weise Träger und Schule die Ziele des Freiwilligendienstes, insbesondere soziale Kompetenz, Persönlichkeitsbildung sowie die Förderung der Bildungs- und Beschäftigungsfähigkeit der Freiwilligen gemeinsam verfolgen. Wenn JFD-Leistende in einer Schule als unmittelbare Einsatzstelle eingesetzt werden, ist der Freiwilligendienst ausschließlich an dieser Schule zu absolvieren.

Im Übrigen können JFD-Leistende im Rahmen der Zusammenarbeit mit außerschulischen Partnern auf Basis von Kooperationsverträgen an Schulen eingesetzt werden. In diesen Fällen setzt entweder der außerschulische Partner als Träger JFD-Leistende an einer oder mehreren Einsatzstelle(n) ein oder der außerschulische Partner bildet selbst die Einsatzstelle, sodass die Schule lediglich einer von gegebenenfalls mehreren Tätigkeitsorten ist. Wenn eine Schule mittelbare Einsatzstelle ist oder der außerschulische Partner die Einsatzstelle bildet und die Schule im Rahmen eines Kooperationsvertrages lediglich den Tätigkeitsort darstellt, sind auch ein stundenweiser Einsatz von JFD-Leistenden sowie ein Einsatz an mehreren Schulen möglich. Schulen können mittelbare Einsatzstellen im Rahmen von bilateralen Vereinbarungen zwischen einer oder einem JFD-Leistenden und einem Träger gem. § 11 Abs. 1 JFDG sein. Die Schule wird in dieser Vereinbarung als Einsatzstelle bezeichnet, ohne selbst an der Vereinbarung beteiligt zu sein (mittelbare Einsatzstelle). Im Rahmen einer Vereinbarung nach § 11 Abs. 1 JFDG können keine anderen als die in § 1 Abs. 1 JFDG benannten Aufgaben übertragen werden. Der Einsatz der oder des JFD-Leistenden in der Schule erfolgt auf Basis eines Kooperationsvertrages mit dem Träger als außerschulischem Partner.

Außerschulische Partner, die selbst Einsatzstelle i. S. d. JFDG sind, können JFD-Leistende im Ganztag oder außerhalb des Ganztages im Rahmen eines Kooperationsvertrages zur Erfüllung ihrer Pflichten einsetzen. Die Schule stellt dann lediglich den Tätigkeitsort dar. Der Schule erwachsen aus dem Rechtsverhältnis zwischen der oder dem Freiwilligen und dem Träger oder der Zentralstelle keine eigenen Rechte und Pflichten.

Zu Abs. 1 Satz 2: Kooperationsverträge mit außerschulischen Partnern

Neben den Lehrkräften sowie den pädagogischen Mitarbeiterinnen und Mitarbeitern können für die Durchführung von außerunterrichtlichen Angeboten an **Ganztagsschulen** oder an **Grundschulen** auch Personen eingesetzt werden, die für eine Einrichtung tätig sind, die sich verpflichtet hat, außerunterrichtliche Angebote durchzuführen. Dies sind in der Regel Personen, die von Kooperationspartnern wie z.b. Sportvereine, Musikschulen oder kommunalen Anbietern beschäftigt werden.

Das Niedersächsische Kultusministerium hat mit verschiedenen Dachverbänden (z.B. LandesSportBund, Allgemeiner Deutscher Tanzlehrerverband, Landesfeuerwehrverband, Landesjugendring, Landesmusikrat/Landesverband niedersächsischer Musikstunden, Landesverband der Kunstschulen, Landesvereinigung Kulturelle Jugendbildung, Landesverkehrswacht, Johanniterunfallhilfe) von Kooperationspartnern Rahmenvereinbarungen getroffen. Diese geben die Richtlinien der Kooperation zwischen Schule und Kooperationspartner vor. Damit sollen langjährige Kooperationen mit außerschulischen Partnern (z.B. Musik- und Kunstschulen, Sportvereine, Horte und weitere gemeinnützige Organisationen) beibehalten und weiter ausgebaut werden. Sofern Kooperationen zwischen Schulen und Kooperationspartnern stattfinden, kann der Tatbestand einer Personalgestellung nach dem **Arbeitnehmerüberlassungsgesetz (AÜG)** gegeben sein: Die Arbeitnehmerin oder der Arbeitnehmer des Kooperationspartners hat bei fortbestehendem Arbeitsverhältnis ihre oder seine arbeitsvertraglich geschuldete Arbeitsleistung bei einem Dritten (Schule) zu erbringen und wird durch die pädagogische Zusammenarbeit mit Schulleitung und Lehrkräften in den Betriebsablauf der Schule eingegliedert. Seit dem 01.12.2011 bedürfen diese Kooperationen einer kostenpflichtigen Erlaubnis. Die Kosten betragen für den Fall einer unbefristeten Erlaubnis derzeit 2 500 EUR pro Kooperationspartner (§ 2a AÜG). In § 1 Abs. 3 Nr. 2c AÜG findet sich seit dem 01.04.2017 eine Ausnahme vom Anwendungsbereich des AÜG für Überlassungen zwischen juristischen Personen des öffentlichen Rechts, sofern sie Tarifverträge des öffentlichen Rechts oder Regelungen der öffentlich-rechtlichen Religionsgemeinschaften anwenden. Die Regelung erfasst Überlassungen innerhalb des öffentlich-rechtlichen Bereichs und damit Überlassungen im Rahmen der Erfüllung öffentlicher Aufgaben, solange auf beiden Seiten der Arbeitnehmerüberlassung juristische Personen des öffentlichen Rechts stehen, die verfassungsrechtlich in besonderem Maße an Recht und Gesetz gebunden sind. Die Ausnahme erfasst nur Überlassungen zwischen öffentlich-rechtlich organisierten Arbeitgebern, bei denen Tarifverträge des öffentlichen Dienstes oder Regelungen der öffentlich-rechtlichen Religionsgemeinschaften gelten. Zu den öffentlich-rechtlichen Religionsgemeinschaften zählen u. a. die evangelischen Landeskirchen und die römisch-katholischen Bistümer. Das

Lehrkräfte sowie übrige Mitarbeiterinnen und Mitarbeiter § 53   **NSchG**

Arbeitnehmerüberlassungsgesetz findet zudem keine Anwendung, wenn folgende Grundsätze beachtet werden:
- Es bedarf eines gemeinsam erarbeiteten pädagogischen Konzeptes zwischen Schule und Kooperationspartner. In dieses pädagogische Konzept muss der Kooperationspartner seinen eigenen »Betriebszweck« einbringen.
- Der Kooperationspartner behält als Arbeitgeber weiterhin das alleinige Arbeitgeberdirektionsrecht nach § 106 GewO. Es ist aber unschädlich, dass die Arbeitnehmerin oder der Arbeitnehmer des Kooperationspartners während der Erbringung ihrer oder seiner Dienstleistung in der Schule in die schulorganisatorischen Abläufe eingegliedert ist und **im Rahmen der im Kooperationsvertrag festgelegten Maßnahmen** Einzelweisungen der Schulleitung entgegennimmt.
- Auch bei der tatsächlichen Durchführung des Arbeitseinsatzes in der Schule darf das Arbeitgeberdirektionsrecht nicht auf die Schulleitung übertragen werden. Unschädlich ist dabei, dass die Arbeitnehmerin oder der Arbeitnehmer die Arbeitsleistung räumlich in der Schule erbringt und hinsichtlich der zeitlichen Erbringung der Arbeitsleistung in das Schulgefüge (Stundenplan) eingegliedert ist. Die Teilnahme der Arbeitnehmerin oder des Arbeitnehmers an Dienstbesprechungen und – im Rahmen der schulgesetzlichen Bestimmungen – Konferenzen ist unschädlich.
- Das fachliche Weisungsrecht der Schulleitung umfasst keine disziplinarische Weisungsgewalt.

In ihrer Geschäftsanweisung zum Arbeitnehmerüberlassungsgesetz vom 01.04.2017 (Anlage zur Weisung 201703005) – hier Nr. 15 – erkennt die Bundesagentur für Arbeit an, dass bei Kooperationen von Trägern öffentlicher Schulen oder Ersatzschulen mit außerschulischen Partnern, insbesondere anerkannten Trägern der freien Jugendhilfe, keine Arbeitnehmerüberlassung vorliegt, wenn die beteiligten Arbeitgeber auf Grundlage einer abgestimmten pädagogischen Konzeption bei der Wahrnehmung ihrer jeweiligen Aufgabe eng zusammenarbeiten. Bei der Verfolgung eigener Betriebszwecke werden keine eigenen Mitarbeiterinnen oder Mitarbeiter zur Verfügung gestellt und damit überlassen (BAG, Urt. v. 25.10.2000 – 7 AZR 487/99). Die Erfüllung von originären oder vertraglich übernommenen Aufgaben des außerschulischen Partners bei der Bildung, Erziehung und Betreuung von Schülerinnen und Schülern ist nicht auf die Erbringung eigenständiger Angebote außerhalb der Unterrichtszeit beschränkt. Sie kann auch dann vorliegen, wenn der außerschulische Partner mit seinen Mitarbeiterinnen und Mitarbeitern bei der Umsetzung des abgestimmten pädagogischen Konzeptes (z.B. Ganztagsschulkonzept) eng mit dem Personal der Schule zusammenarbeitet.

Aus **Zuschüssen** der Schulträger können keine Kooperationsverträge mit Dritten finanziert werden. Mit Schulträgerzuschüssen kann die pädagogische Arbeit der Schulen grundsätzlich nicht finanziert werden. Die Steuerungsverantwortung und damit die Finanzierungsverantwortung für die Lehrkräfte, die pädagogischen Mitarbeiterinnen und Mitarbeiter sowie für die außerunterrichtlichen Angebote, die von Kooperationspartnern im Ganztag erbracht werden, liegt ausschließlich beim Land. Dieser Aufgabe kann sich das Land auch nicht entziehen und muss seiner Verantwortung durch eigene Haushaltsmittel nachkommen. Insofern sind allenfalls Spenden in den allgemeinen Landeshaushalt denkbar.

Zu Abs. 1 Satz 3: Verwaltungspersonal zur Personal- und Mittelbewirtschaftung

Mit dem Gesetz vom 12.11.2010 wurde anerkannt, dass die berufsbildenden Schulen zur Wahrnehmung der ihnen zuwachsenden Aufgaben bei der Personal- und Mittelbewirtschaftung Unterstützung benötigen und dass diese Unterstützung nicht durch fachfremden Einsatz von Lehrpersonal ersetzt werden soll. Es kann entsprechendes Personal eingestellt werden, welches nach Satz 1 dem Land zugeordnet wird; Satz 2 lässt aber auch die vertragliche Vergabe dieser Aufgabe an Dritte (z.B. den Schulträger) zu. Die Finanzlast ist in § 112 Abs. 1 geregelt. Der Umfang des den berufsbildenden Schulen zur Verfügung gestellten Landespersonals richtet sich nach den Budgetsollstunden der Schule. Vereinfacht heißt das: Eine berufsbildende Schule mit ca. 100 Vollzeitlehrereinheiten erhält eine volle Verwaltungskraft. Aus der Regelung des Abs. 1 Satz 3 darf nicht geschlossen werden, dass die im Dienste des Schulträgers stehenden Verwaltungskräfte (z.B.: Schulsekretärinnen) keine Aufgaben des Landes zu übernehmen haben. Die Regelung trägt vielmehr dem Umstand Rechnung, dass durch die landesseitige Übertragung dienstrechtlicher Befugnisse und sonstiger Aufgaben auf die berufsbildenden Schulen im Rahmen von Schaffung von Regionalen Kompetenzzentren in einem höheren Umfang Verwaltungsaufgaben auf die Schulen übertragen worden sind, die zuvor von der Schulbehörde (§ 119) wahrgenommen wurden. Insofern stellt Abs. 1 Satz 3 ein Zugeständnis des Landes an die Schulträger dar und ist eine systemfremde Durchbrechung des ansonsten im Schulgesetz geltenden Kostenlastprinzips. Für die allgemein bildenden Schulen ist mit deutlicher Verzögerung im Jahr 2016 ein Kostenausgleich durch eine Ergänzung des Niedersächsischen Finanzverteilungsgesetzes (§ 5 Abs. 2 NFVG) festgeschrieben worden. Danach erhalten die kommunalen Schulträger allgemein bildender Schulen einen jährlichen Ausgleichsbetrag von 8 Mio. EUR.

3 **Zu Abs. 1 Satz 4:** Die Gruppe ist mit dem Begriff »andere Mitarbeiter« nur unzureichend gekennzeichnet. Gemeint ist das Verwaltungspersonal, das der Schulträger zur Erfüllung seiner Aufgaben in der Schule einsetzt, wie Hausmeister, Verwaltungssekretärinnen, Reinigungspersonal. Deren Arbeitgeber ist der kommunale Schulträger. Hinsichtlich der Erledigung ihrer Aufgaben in der Schule unterstehen sie allerdings dem Weisungsrecht der Schulleiterin oder des Schulleiters, die ihre Vorgesetzten sind (§ 111 Abs. 2 Satz 2). Auch vom Schulträger teilweise an der Schule beschäftigte Personen sind vom Weisungsrecht der Schulleitung umfasst. Eine Beschränkung, dass nur ausschließlich oder weit überwiegend an der Schule beschäftigtes Personal gemeint sein könnte, ergibt sich aus dem NSchG nicht. In der Praxis gibt es bei kleinen Grundschulen Schulsekretärinnen

oder Hausmeister, die an mehreren Grundschulen (z.b. nur jeweils einen Tag) eingesetzt sind. Auch diese unterliegen unzweifelhaft im Rahmen des Einsatzplans des Schulträgers dem Weisungsrecht der jeweiligen Schulleitung. Sowie daher der Schulträger zur Erfüllung seiner Aufgaben ein »IT-Team« einsetzt, fallen diese Mitarbeiterinnen und Mitarbeiter für die Zeit ihres Einsatzes in der Schule unter § 53 Abs. 1 Nr. 4 NSchG. In der Gesamtkonferenz stellt diese Gruppe einen stimmberechtigten Vertreter (§ 36 Abs. 1 Nr. 1g).

Mit dem Änderungsgesetz 2015 ist dem Umstand Rechnung getragen worden, dass Schulträger vielfach ihre Aufgaben nicht mehr durch eigenes Personal erfüllen. Daher ist es auch möglich, dass die anderen Mitarbeiterinnen und Mitarbeiter des Schulträgers auch in einem Beschäftigungsverhältnis zu einer Einrichtung stehen können, die sich vertraglich verpflichtet hat, an der Schule Leistungen für den Schulträger zu erbringen.

Zu Abs. 2: Die Anforderungen an das äußere Erscheinungsbild des § 51 Abs. 3 gelten auch für pädagogische Mitarbeiterinnen und Mitarbeiter (s. Anm. 6 zu § 51).   **4**

Zu Abs. 3: Durch die Ergänzung mit dem ÄndG 06 ist es möglich, auch an Schulen Arbeitsgelegenheiten für erwerbsfähige Hilfebedürftige (sogenannte »Ein-Euro-Jobs«) zu schaffen. Es handelt sich bei Arbeitsgelegenheiten nach § 16d SGB II um Zusatzbeschäftigungen (offizielle Bezeichnung: Arbeitsgelegenheit mit Mehraufwandsentschädigung). Das ist nur der Fall, wenn die Tätigkeiten ohne die Förderung nicht, nicht in diesem Umfang oder erst zu einem späteren Zeitpunkt durchgeführt werden. Im Übrigen dürfen Zusatzjobs reguläre Beschäftigungsverhältnisse nicht verdrängen oder beeinträchtigen. Im Zuständigkeitsbereich des Landes ist deshalb insbesondere der Einsatz für Unterrichts- und Prüfungstätigkeit, für pädagogische Mitarbeit in unterrichtsbegleitender und therapeutischer Funktion sowie für das außerunterrichtliche Angebot an öffentlichen Ganztagsschulen oder Grundschulen, unzulässig. Für die Antragstellung ist danach zu differenzieren, ob primär Aufgaben erledigt werden sollen, die dem Zuständigkeitsbereich des Schulträgers zuzuordnen sind, oder solche, die vorrangig dem Aufgabenbereich des Landes zuzurechnen sind. Im zuerst genannten Fall stellt der Schulträger den Antrag. Dieser kann jedoch die Schulleitung generell oder im Einzelfall hierzu bevollmächtigen. Im zweiten Fall ist das Land Antragsteller. Die Schulleiterin oder der Schulleiter ist durch Erlass vom 24.11.2005 bevollmächtigt, den Antrag für das Land zu stellen.   **5**

Verweise, Literatur: **6**

- Erl. »Die Arbeit in der Ganztagsschule« vom 01.08.2014 (SVBl. S. 386, geändert d. Erl. vom 26.04.2017 (SVBl. S. 291) SRH 4.701; Schulrecht 418/3)

- Erl. »Arbeitsgelegenheiten nach § 16 Abs. 3 SGB II (sog. 1-Euro-Jobs) an Schulen« vom 24.11.2005 (SVBl. 2006, S. 9) – *aufgehoben durch Bek. d. StK v. 22.12.2010*

- RdErl. »Einsatz von außerschulischen Fachkräften im Zusammenhang mit ganztagsspezifischen Angeboten an Schulen« vom 21.03.2012 (SVBl. S. 260; ber. S. 565)
- RdErl. »Vorlage eines erweiterten Führungszeugnisses bei Tätigkeiten im schulischen Bereich« v. 01.09.2020 (SVBl. 544)
- RdErl. »Soziale Arbeit in schulischer Verantwortung« vom 01.08.2017 (SVBl. S. 429; SRH 3.350)
- RdErl. »Der Einsatz von Freiwilligendienstleistenden in öffentlichen Schulen« vom 01.08.2019 (SVBl. S. 351: berichtigt SVBl. S. 396)
- RdErl. »Beschäftigung von pädagogischen Mitarbeiterinnen und Mitarbeitern an öffentlichen Schulen« vom 01.07.2019 (SVBl. S. 344)
- *Green, Jens-Peter*: Entlastung durch Ehrenamtliche beim Übergang in den Regelunterricht, Schulverwaltung, Ausgabe Niedersachsen, 2018, H. 1, S. 13
- Vereinbarung zwischen der Niedersächsischen Landesregierung und den Kommunalen Spitzenverbänden Niedersachsen über die Kostenübertragung im Schulbereich, Bekanntmachung des MK vom 12.12.2016 (SVBl. 2017, S. 50)
- *Schubert, Rudolf*: Beschäftigung von Vertretungs- und Betreuungspersonal – Dienstrechtliche Aspekte, Schulverwaltung, Ausgabe Niedersachsen, 1999, H. 7/8, S. 206
- *Reinert, Peter*: Einsatz von Bundesfreiwilligen an Schulen, Schulverwaltung, Ausgabe Niedersachsen, 2012, H. 10, S. 272
- *Nolte, Gerald*: Bereitstellung eines Integrationshelfers, Schulverwaltung, Ausgabe Niedersachsen, 2014, H. 4, S. 117
- *Nolte, Gerald*: Änderung des Arbeitnehmerüberlassungsgesetzes, Schulverwaltung, Ausgabe Niedersachsen 2016, H. 11, S. 305
- *van den Hövel, Werner*: Rechtsfragen Schulischer Inklusion, Schulverwaltung Ausgabe NRW, 2017, H. 4, S. 126
- *Nolte, Gerald/Reimers, Angela*: Qualität im Ganztag durch Kooperation mit außerschulischen Partnern – Erleichterung der multiprofessionellen Zusammenarbeit, SVBl. 2017, H. 5, S. 265
- *Rux, Johannes*: Schulische Inklusion, DÖV 2017, S. 309

(Gerald Nolte)

Vierter Teil
Schülerinnen und Schüler

Erster Abschnitt
Allgemeines

§ 54 Recht auf Bildung

(1) ¹Das Land ist verpflichtet, im Rahmen seiner Möglichkeiten das Schulwesen so zu fördern, dass alle in Niedersachsen wohnenden Schülerinnen und Schüler ihr Recht auf Bildung verwirklichen können. ²Das Schulwesen soll eine begabungsgerechte individuelle Förderung ermöglichen und eine gesicherte Unterrichtsversorgung bieten. ³Unterschiede in den Bildungschancen sind nach Möglichkeit durch besondere Förderung der benachteiligten Schülerinnen und Schüler auszugleichen. ⁴Auch hochbegabte Schülerinnen und Schüler sollen besonders gefördert werden.

(2) ¹An den öffentlichen Schulen in Niedersachsen besteht unbeschadet des Absatzes 3 Schulgeldfreiheit. ²Für Schülerinnen und Schüler, die ihren Wohnsitz außerhalb Niedersachsens haben, gilt Satz 1 nur, soweit in dem Land des Wohnsitzes die Gegenseitigkeit verbürgt ist. ³Andernfalls haben diese Schülerinnen und Schüler ein angemessenes Schulgeld zu entrichten. ⁴Das Kultusministerium wird ermächtigt, durch Verordnung die Höhe und die Erhebung des in den Fällen des Satzes 3 zu entrichtenden Schulgeldes zu regeln.

(3) Das Land erhebt von Schülerinnen und Schülern öffentlicher berufsbildender Schulen, die im Rahmen einer Maßnahme beruflicher Bildung individuell gefördert und denen auf Grund eines Gesetzes die Lehrgangskosten erstattet werden, ein angemessenes Entgelt, das sich an dem Schülerbetrag nach § 150 Abs. 3 und 4 für die besuchte Schule ausrichtet, jedoch nicht über den Höchstbetrag der den Schülerinnen und Schülern zu erstattenden Lehrgangskosten hinausgehen darf.

(4) ¹Das Land soll in geeigneten Fällen im Einvernehmen mit dem Schulträger von Schülerinnen und Schülern, die an Ergänzungsangeboten zum Erwerb zusätzlicher Qualifikationen an Fachschulen teilnehmen, ein angemessenes Entgelt erheben. ²Von der Erhebung kann im Einzelfall in entsprechender Anwendung des § 11 Abs. 2 Satz 2 des Niedersächsischen Verwaltungskostengesetzes ganz oder teilweise abgesehen werden.

(5) ¹Ein Sechstel der nach den Absätzen 3 und 4 sowie der nach § 21 Abs. 3 Satz 1 eingenommenen Entgelte steht dem Schulträger zu. ²Das Land und der Schulträger können ihre Anteile an den eingenommenen Entgelten der betreffenden Schule ganz oder teilweise zur eigenen Bewirtschaftung zuweisen.

(6) Unbeschadet ihrer verfassungsmäßigen Rechte sind die Erziehungsberechtigten verpflichtet, im Rahmen ihrer Möglichkeiten den Schülerinnen und Schülern zu einem ihren Fähigkeiten und ihrer Entwicklung angemessenen Bildungsweg zu verhelfen.

(7) Jeder junge Mensch hat das Recht auf eine seinen Fähigkeiten und Neigungen entsprechende Bildung und Erziehung und wird aufgefordert, sich nach seinen Möglichkeiten zu bilden.

1   Allg.: Im Grundgesetz der Bundesrepublik Deutschland ist – im Gegensatz zu Art. 145 der Weimarer Reichsverfassung und Art. 4 Abs. 1 Nieders. Verfassung – ein Recht auf Bildung nicht ausdrücklich festgeschrieben. Letztendlich ergibt sich das Recht auf Bildung aber aus den im Grundgesetz enthaltenen Grundrechten. Bereits Art. 1 Abs. 1 GG verbietet es, Menschen Bildungschancen willkürlich vorzuenthalten oder Menschen willkürlich von Bildungsangeboten bzw. Bildungsteilhabe auszuschließen. Aus Art. 3 Abs. 3 GG folgt, dass niemand wegen seines Geschlechts, seiner Abstammung, seiner Rasse, seiner Sprache, seiner Heimat und Herkunft, seines Glaubens, seiner religiösen oder politischen Anschauungen oder wegen einer Behinderung benachteiligt oder bevorzugt werden darf. Art. 7 GG als einziger Schulartikel des Grundgesetzes enthält keine umfassende Ordnung des Schulwesens, sondern regelt Einzelfragen. In Art. 7 GG sind nur die Schulaufsicht des Staates (Abs. 1), der Religionsunterricht (Abs. 2 und 3), das Privatschulrecht (Abs. 4 und 5) sowie in Abs. 6 eine Einzelfrage des Schulaufbaus (»Vorschulen bleiben aufgehoben«) enthalten.

2   Zu Abs. 1 Satz 1: Die Pflicht des Landes zur Förderung des Schulwesens ergibt sich aus Art. 4 Abs. 2 der Nieders. Verfassung. Das Land hat diese Pflicht durch eine entsprechende Schulgesetzgebung, durch Beaufsichtigung des Schulwesens und durch die Bereitstellung der erforderlichen Haushaltsmittel zu erfüllen. Ein subjektives, einklagbares Recht von Schülerinnen, Schülern oder Erziehungsberechtigten kann daraus allerdings nicht hergeleitet werden, da es sich hier um eine programmatische Aussage handelt. Die Verpflichtung des Landes ist zudem auch noch dadurch eingeschränkt, dass es zur Förderung nur »im Rahmen seiner Möglichkeiten«, also insbesondere im Rahmen der finanziellen Möglichkeiten, verpflichtet ist.

Das mit der Förderpflicht des Landes korrespondierende Recht auf Bildung gewährt Erziehungsberechtigten sowie Schülerinnen und Schülern ebenfalls keine unmittelbaren Ansprüche gegen das Land. So kann beispielsweise nicht – gestützt auf diese Bestimmung – die Errichtung von Schulen, die Festlegung der Schulzeit oder die volle Unterrichtsversorgung verlangt werden. In der Rechtsprechung wurde – soweit ersichtlich – bisher kein »Anspruch auf Unterrichtserteilung« angenommen (offengelassen OVG Sachsen-Anhalt, Beschl. v. 08.06.2018, 3 M 178/18, NVwZ-RR 2018, S. 694). Es besteht auch kein Recht auf unverkürzten Unterricht. Aus dem Recht auf Bildung lässt sich ebenfalls kein Rechtsanspruch auf einen bestimmten Umfang des Fachunterrichts ableiten. Ebenso wenig kann aus dem Recht auf Bildung das Recht auf eine bestimmte Höchst-Klassenstärke zum Beispiel für einen hörgeschädigten Schüler abgeleitet werden (vgl.

BayVGH, Beschluss v. 04.09.2015 – Az. 7 CE 15.1791). Es besteht auch kein Anspruch einzelner Schülerinnen oder Schüler auf eine hinsichtlich der Herkunftssprache bestmögliche Verteilung der Schülerinnen und Schüler auf die einzelnen Klassen einer Jahrgangsstufe (VG Berlin, Urteil vom 26.09.2013 – Az.: 3 K 271/12). Ebenfalls kann kein Anspruch auf Einrichtung einer Laptop-Klasse hergeleitet werden.

Mit Urteil vom 16.04.2014 hat das Bundesverwaltungsgericht (Az.:6 C 11.13) entschieden, dass das Grundgesetz den Verordnungsgeber in Baden-Württemberg nicht verpflichtet, ein Schulfach »Ethik« für diejenigen Schülerinnen und Schüler in der Grundschule vorzuhalten, die nicht am Religionsunterricht teilnehmen. Danach ist das Land Niedersachsen nicht verpflichtet, ein Fach »Werte und Normen« in der Grundschule einzurichten (siehe Anm. 1 zu § 128).

Eine äußerste Grenze, die Rechtsansprüche von Schülerinnen und Schülern auf Erteilung von Unterricht zustehen lässt, ist überschritten, wenn nach der Bedeutung des Faches für den Bildungsweg, die Möglichkeit, Defizite künftig noch ausgleichen zu können, nicht besteht und dadurch ein Erreichen des Bildungszieles akut gefährdet ist. Nach dem VG Dresden v. 28.11.2006, 5 K 1782/05, steht einem Realschüler wegen übermäßigen Unterrichtsausfalls von mehr als 18 Prozent Anspruch auf Wiederholung der Abschlussprüfung im Fach Deutsch zu.

Gleichwohl bleibt das Recht auf Bildung ebenso wie die Förderpflicht des Landes ein Grundprinzip des Schulgesetzes, das sich in zahlreichen Einzelbestimmungen des Schulgesetzes konkretisiert. Das Niedersächsische Oberverwaltungsgericht wirft in seinem Beschluss vom 07.08.2014 – 2 ME 272/6 – die Frage auf, ob mit dem sukzessiven Fortfall der Primarstufe der Förderschule Lernen (vgl. § 14 Abs. 4 Satz 2 i.V.m. § 183 c) bei gleichzeitiger unzureichender Ausstattung der inklusiven Ausstattung ein Verfassungsverstoß begründet sein könnte.

Das Recht auf Bildung kann gesetzlich eingeschränkt sein, z.B. durch ein gesetzliches Schulbetretungsverbot nach § 34 Infektionsschutzgesetz (z.B. bei aufgetretener Erkrankung an Masern oder Verdacht auf Masernerkrankung) oder im Falle eines schulisch angeordneten Schulbetretungsverbotes nach § 28 IfSG z.B. bei Ansteckungsverdächtigen. Das IfSG ist auch die gesetzliche Grundlage für die Präsenz-Unterrichtsverbote aufgrund der **Corona-Pandemie** im Frühjahr 2020. Das Bayerische Verwaltungsgericht München hat in diesem Zusammenhand mit Beschluss vom 27.04.2020 – M 26 S 20.1663 – entschieden, dass die per Allgemeinverfügung angeordnete Schulschließung rechtmäßig sei. Bei Erfüllung der tatbestandlichen Voraussetzungen des § 28 Abs. 1 Satz 1 IfSG seien die notwendigen Schutzmaßnahmen zu treffen, soweit und solange es zur Verhinderung der Verbreitung übertragbare Krankheiten erforderlich ist. Das vollständige Unterrichtsverbot (mit Ausnahme der Abschlussklassen) sei in Abwägung der maßgeblichen Rechtsgüter auch angemessen. Insofern sei der im öffentlichen Interesse verfolgte Schutz des Lebens und der Gesundheit der Einzelnen sowie der Funktionsfähigkeit des Gesundheitssystems mit dem staatlichen Bildungs- und Erziehungsauftrag und dem korrespondierenden Recht der Schüler in Ausgleich zu bringen. In diesem Zusammenhang sei zum einen zu berücksichtigen, dass die bestehenden Angebote einer Beschulung zu Hause mittels moderner Kommunikationstechnologie zwar keinen gleichwertigen Ersatz für den Schulunterricht, aber jedenfalls für einen begrenzten Zeitraum eine gewisse Kompensation hierfür darstellen. Diese Form der Beschulung könne nur ausnahmsweise zur Verwirklichung des Bildungsauftrages und **des Bildungsrechts** ausreichen.

3   **Zu Absatz 1 Satz 2:** Der Begriff eines begabungsgerechten Schulwesens ist durch das ÄndG 03 im Zuge des damaligen Gesamtschulerrichtungsverbotes eingefügt worden und gibt einen Programmsatz wieder, der in der bildungspolitischen Diskussion häufig als Gegensatz zur Chancengleichheit verwendet wird. Das Schulsystem soll danach sicherstellen, dass leistungsstarke und leistungsschwächere Schülerinnen und Schüler nach ihrer individuellen Leistungsfähigkeit gefordert und gefördert werden. Um dieses Ziel zu erreichen, soll das Schulwesen mit seinen Schulformen Hauptschule, Realschule, differenzierte Oberschule und Gymnasium gestärkt und der gemeinsame Unterricht aller Schülerinnen und Schüler nach der Grundschule (wie z.b. in der ehemaligen Orientierungsstufe) vermieden werden. Trotz späterer Aufhebung des Gesamtschulerrichtungsverbotes im Jahr 2008 ist dieser Programmsatz erhalten geblieben.

Letztlich erweist sich der Grundsatz der Begabungsgerechtigkeit im Lichte des Artikels 7 GG und der ständigen Rechtsprechung des Bundesverfassungsgerichts als integrierter Bestandteil des Rechts auf Bildung für alle Schülerinnen und Schüler, der in Satz 1 seinen Niederschlag gefunden hat. Der Staat muss – so das Bundesverfassungsgericht – ein Schulsystem »gewährleisten, das allen jungen Menschen gemäß ihren Fähigkeiten die dem heutigen gesellschaftlichen Leben entsprechenden Bildungsmöglichkeiten eröffnet«.

Ein einklagbarer Anspruch kann auch aus Satz 2 nicht hergeleitet werden.

Dasselbe gilt für den ebenfalls in Satz 2 angesprochenen Grundsatz der »gesicherten Unterrichtsversorgung«. Wie sich aus der Gesetzesberatung ergibt, ist hier nicht die rechnerische (statistische) Unterrichtsversorgung gemeint, sondern der nach der Stundentafel vorgesehene Unterricht. Auch diese Forderung ist an die Landesregierung gerichtet und gewährt dem Einzelnen keinen einklagbaren Anspruch.

4   **Zu Abs. 1 Satz 3:** Der Ausgleich unterschiedlicher Bildungschancen ist ein weiteres Grundprinzip niedersächsischer Bildungspolitik, das in dieser Vorschrift – ebenfalls in Form einer programmatischen Aussage – seinen Niederschlag gefunden hat. Konkretisiert wird dieser Grundsatz an anderen Stellen im Gesetz, so z.B. im § 4 (Inklusive Schule), § 14 (Förderschulen), § 69 Abs. 1 (Krankenhausunterricht). Auch die Organisationserlasse der einzelnen Schulformen, insbesondere die Erlasse für Grundschulen und Gesamtschulen enthalten Vorschriften für die Förderung benachteiligter Schülerinnen und Schüler.

Schülerinnen und Schüler § 54   **NSchG**

Zu Absatz 1 Satz 4: Der Satz ist durch das ÄndG 03 eingefügt worden 5
und verpflichtet die Landesregierung zu Fördermaßnahmen für hochbegabte Schülerinnen und Schüler. Diese Forderung stellt eine konkrete Ausformung der Grundsätze aus den Sätzen 1 und 2 (Recht auf Bildung, Begabungsgerechtigkeit) dar. In Niedersachsen ist in den letzten Jahren begonnen worden, für hochbegabte Schülerinnen und Schüler flächendeckend besondere Lern- und Entwicklungsbedingungen zu schaffen. Beginnend mit dem Schuljahr 2002/2003 sind Kooperationsverbünde zur Hochbegabtenförderung eingerichtet worden. Kindertagesstätten, Grundschulen und weiterführende Schulen sollen danach durch eine vereinbarte Kooperation sicherstellen, dass besonders Begabte früh- und rechtzeitig erkannt, anerkannt, gefördert und umfassend integriert werden. Im Schuljahr 2019/2020 gab es in Niedersachsen 90 Kooperationsverbünde mit 512 Schulen und 123 Kindertageseinrichtungen. Deutlich mehr als zwei Drittel der beteiligten Schulen sind Grundschulen. Der Besuch einer Schule des Kooperationsverbundes »Förderung besonderer Begabungen« ist auch über Schulbezirksgrenzen möglich (§ 63 Abs. 3 Satz 4, Nr. 2).

Zu Abs. 2: Für den Bereich der Grundschulen sowie der weiterführenden 6
Schulen ergibt sich die Schulgeldfreiheit bereits aus Art. 28 Abs. 1 der UN-Kinderrechtskonvention. Auch Art. 14 Abs. 2 der Grundrechte-Charta der Europäischen Union vom 30.03.2010 sieht die Schulgeldfreiheit vor.

Das Prinzip der Schulgeldfreiheit bestand schon vor dem Inkrafttreten des Niedersächsischen Schulgesetzes 1974. Das Gesetz über die Verwaltung öffentlicher Schulen (Schulverwaltungsgesetz) vom 19.05.1954 war dem Bedürfnis einer umfassenden Neuregelung der Schulverwaltung geschuldet, weil das Land bis dahin aus vier Gebietsteilen verschiedenen Schulrechts bestand. Der Grundgedanke war, dass das Land als Schulaufsichtsbehörde und die Gemeinden und Kreise als kommunale Schulträger auf dem Gebiet des Schulwesens zusammenwirken. Das Schulverwaltungsgesetz beinhaltete u. a. die Neuregelung des gesamten Schullastenausgleichs. Dabei war geregelt worden, dass die Schulgeldeinnahmen in Zukunft dem Land zufließen sollten (§ 10 Abs. 3 Schulverwaltungsgesetz: »Das Schulgeld steht dem Lande zu«). Nach § 2 Abs. 1 der Verordnung über die Höhe und Erhebung des Schulgeldes an den öffentlichen Schulen in Niedersachsen (Schulgeldordnung) vom 26.10.1954 »wird an den Volksschulen, Sonderschulen, Mittelschulen und Berufsschulen kein Schulgeld erhoben« (Inkrafttreten mit Wirkung vom 01.10.1954). Mit dem Gesetz über die Schulgeldfreiheit an den öffentlichen Schulen in Niedersachsen vom 20.02.1955 wurde an den öffentlichen höheren Schulen und an den öffentlichen Berufsfach- und Fachschulen stufenweise Schulgeldfreiheit eingeführt (Inkrafttreten am 01.04.1955). Das Prinzip der Schulgeldfreiheit wurde in § 1 Abs. 1 des Zweiten Gesetzes über die Schulgeldfreiheit an den öffentlichen Schulen in Niedersachsen vom 14.12.1962 verankert. Die Regelung über die Schulgeldfreiheit wurde durch das Änderungsgesetz 1993 (Viertes Gesetz zur Änderung des Niedersächsischen Schulgesetzes) in § 54 Abs. 2 NSchG übernommen. Es gilt nur für die öffentlichen Schulen im Sinne von § 1

Abs. 3. Die Schulgeldfreiheit besteht grundsätzlich auch für Schülerinnen und Schüler, die ihren Wohnsitz außerhalb Niedersachsens haben, jedoch mit der einschränkenden Voraussetzung, dass die Gegenseitigkeit verbürgt ist, d. h. das Wohnsitzland ebenfalls kein Schulgeld für niedersächsische Schülerinnen und Schüler verlangt.

Soweit in Vereinbarungen mit anderen Bundesländern (z.B. mit Hamburg und Bremen) die Zahlung von Ausgleichsbeträgen oder Gastschulgeldern geregelt wird, handelt es sich nicht um Schulgeld im Sinne von Absatz 2, das von den Eltern aufgebracht werden müsste, sondern um Zahlungen des Landes.

Von der Verordnungsermächtigung in Satz 4 hat das Kultusministerium bisher keinen Gebrauch gemacht.

Die Schulgeldfreiheit bezieht sich auf die Unterrichtstätigkeit als personelle Leistung sowie auf die für den lehrplanmäßigen Unterricht notwendigen sächlichen Leistungen und die nach der Verkehrsauffassung üblichen Zusatzleistungen, etwa für besonderen Unterricht, schulärztliche Versorgung, Unfallversicherung, etc. Der Grundsatz der Schulgeldfreiheit bedeutet allerdings nicht, dass die schulische Ausbildung keinerlei Kosten zulasten der Schülerinnen und Schüler bzw. deren Erziehungsberechtigten verursachen darf. Auch das grundgesetzlich verankerte Sozialstaatsprinzip gebietet es nicht, dass eine schulische Ausbildung keinerlei Kosten verursachen darf oder dass jemand eine seinen Neigungen und Fähigkeiten entsprechende Ausbildung auf Kosten des Staates ohne zumutbare Eigenleistung erhält. Somit lässt sich aus der Regelung der Schulgeldfreiheit daher nicht generell entnehmen, dass sämtliche mit dem Schulbesuch verbundenen Aufwendungen vom Staat zu tragen sind. Die Schulgeldfreiheit erstreckt sich aber mindestens auf alle durch den Unterricht direkt entstehenden Kosten (Personalkosten, Sachkosten für die Ausstellung und Unterhaltung der Schulgebäude pp). Während sich in Niedersachsen die Schulgeldfreiheit (mit Ausnahme Abs. 3) auf den gesamten Bereich der Schulveranstaltungen einschließlich der außerunterrichtlichen Angebote bezieht, haben einige Bundesländer wie Baden-Württemberg, Bremen, Hessen, Mecklenburg-Vorpommern, Saarland, Sachsen und Sachsen-Anhalt die Schulgeldfreiheit auf eine Unterrichtsgeldfreiheit beschränkt; dort wird davon ausgegangen, dass für die Teilnahme an Schulveranstaltungen außerhalb des Unterrichts Elternbeiträge erhoben werden können. Dies gilt neben den Kosten für freiwillig angewählte Angebote von Ganztagsschulen insbesondere auch für Kosten, die durch Teilnahme der Schülerin oder des Schülers an Veranstaltungen neben dem üblichen Schulbetrieb (z.B. Theater, Museum, Oper) entstehen. Nur Mecklenburg-Vorpommern hat in seinem Schulgesetz in § 54 Abs. 1 Satz 2 eine ausdrückliche gesetzliche Ermächtigung zur Erhebung von Elternbeiträgen bei dem Besuch derartiger Veranstaltungen vorgesehen, in Berlin und Rheinland-Pfalz kann die Erstattungspflicht auch Kosten der Ganztagsschule erfassen. Während in Niedersachsen eine Kostenbeteiligung der Erziehungsberechtigten bei derartigen Veranstaltungen daher nur auf freiwilliger Basis erfolgen kann, umfasst nach einem Urteil des VG Sachsen vom 20.04.2016 – 4 K 1048/13 – die Ausstattungspflicht der Erziehungsberechtigten aber selbst in den Ländern, die nur eine Unterrichtsgeldfreiheit garantieren nicht die Kosten z.b. für eine Theateraufführung, wenn diese Bestandteil des Unterrichts ist. Zum Unterricht gehöre nicht nur das, was unmittelbar im Schulgebäude veranstaltet werde, sondern die garantierte Schulgeldfreiheit beziehe sich auch auf »Exkursionen«, also die Verlagerung des Unterrichts »aus dem Klassenzimmer heraus«. Diese Entscheidung ist allerdings vom OVG Sachsen v. 28.08.2018 (2 A 265/17) revidiert worden. Die Unentgeltlichkeit beziehe sich nicht auf Schuffahrten und Exkursionen außerhalb des Schulgebäudes.

Hinsichtlich der Ganztagsschulen erstreckt sich in Niedersachsen die Schulgeldfreiheit auf den gesamten Bereich von Schulen, somit sind hier Elternbeiträge für Ganztagsangebote nicht möglich. Die Kosten für die Bereitstellung eines Mittagessens im Rahmen von Ganztagsschulen sind nach herrschender Meinung (Avenarius, Schulrecht, Rz. 23.4) dagegen nicht von der Schulgeldfreiheit erfasst. Zum Teil ist in den Ländern gesetzlich oder untergesetzlich geregelt, dass die Erziehungsberechtigten die Kosten zu tragen haben oder daran zu beteiligen sind. In Niedersachsen gibt es dazu allerdings keine ausdrückliche Regelung.

Zu Abs. 3: Die im ÄndG 96 eingeführte Neuregelung, dass das Land im Rahmen bestimmter im Gesetz festgelegter Aufgabenbereiche, die berufsbildende Schulen anbieten, ein angemessenes Entgelt zu erheben hat, soll zu einer faireren Wettbewerbssituation zu anderen Trägern beruflicher Fort- und Weiterbildung führen. Nachdem bereits im ÄndG 93 die Möglichkeit geschaffen worden war, dass sich die Berufsschule an Maßnahmen Dritter zur beruflichen Fortbildung und beruflichen Umschulung beteiligen kann, sollen mit der Verpflichtung zur Erhebung eines Entgelts Bedenken privater Maßnahmenträger ausgeräumt werden, dass mit Steuergeldern eine Wettbewerbsverzerrung auf dem Fortbildungsmarkt entstehen kann.   7

Maßnahmen beruflicher Bildung wie z.B. Umschulungsmaßnahmen der Bundesanstalt für Arbeit, bei denen aufgrund eines Gesetzes (z.B. Arbeitsförderungsgesetz) die Lehrgangskosten erstattet werden, sind entgeltpflichtig. Nachdem dies im ÄndG 96 zunächst nur für Umschulungsmaßnahmen im engeren Sinne galt, hat das ÄndG 97 die Entgeltpflicht auf alle Maßnahmen beruflicher Bildung mit Lehrgangskostenerstattung ausgedehnt. Die Abrechnung dieses Entgelts wird zwischen dem Träger der Lehrgangskostenerstattung und der nachgeordneten Schulbehörde (§ 119) vorgenommen; die Teilnehmerinnen und Teilnehmer der Maßnahme sind davon in der Regel nicht betroffen. Es kommt in keinem Falle zu einer finanziellen Belastung der Teilnehmerinnen und Teilnehmer, da das Entgelt nicht über den Höchstbetrag der den Schülerinnen und Schülern zu erstattenden Lehrgangskosten hinausgehen darf.

Zu Abs. 4: Ergänzungsausbildungsangebote an Fachschulen, die z. Z. in den Fachrichtungen Umweltschutztechnik, Qualitätssicherungstechnik, Korrosionsschutztechnik sowie Betriebswirtschaft angeboten werden können, gehen über den originären Fachschulbildungsgang hinaus und werden nach der   8

Abschlussprüfung in der Regel halbjährig durchgeführt. Es sind daher fachlich sinnvolle Zusatzangebote zum Weiterbildungsangebot der Fachschulen, sie gehören allerdings nicht zum »Pflichtprogramm« dieser Schulform. Für dieses freiwillige Zusatzangebot zum Erwerb zusätzlicher Qualifikationen soll Entgelt erhoben werden, u. a. auch deshalb, um die Wettbewerbssituation auf dem Weiterbildungsmarkt nicht zu verzerren. Die Entscheidung ist allerdings im Einvernehmen mit dem Schulträger zu treffen, da durch diese Maßnahmen Anlagen, Räume und Sachmittel des Schulträgers mit betroffen sind. In Einzelfällen kann von der Erhebung abgesehen werden.

9 **Zu Abs. 5:** Da die entgeltpflichtigen Maßnahmen berufsbildender Schulen sowohl Personalkosten als auch sächliche Kosten verursachen, wird eine Aufteilung der eingenommenen Entgelte zwischen Land und Schulträger im Verhältnis 5:1 vorgenommen. Das in § 32 NSchG normierte Recht der Schulen, ihre Organisation und Verwaltung eigenverantwortlich zu gestalten sowie die im Zuge der Verwaltungsreform zunehmende Übertragung von Entscheidungsbefugnissen sowie des Budgetrechts auf die Schulen soll dazu führen, dass von der Regelung im Abs. 5 großzügig Gebrauch gemacht wird, den Schulen ihre Anteile an den eingenommenen Entgelten ganz oder teilweise zur eigenen Bewirtschaftung zu überlassen. Im Rahmen des Haushalts (Allgemeine Vorbemerkungen zu Kapitel 0720) stellt das Land den Schulen grundsätzlich 16,67 v.H. der Einnahmen zur eigenverantwortlichen Bewirtschaftung zur Verfügung.

10 **Zu Abs. 6:** Das Recht der Schülerinnen und Schüler auf Bildung wird ergänzt durch die Verpflichtung der Erziehungsberechtigten, den Schülerinnen und Schülern einen angemessenen Bildungsweg zu ermöglichen. Die Pflicht ergibt sich bereits aus Art. 6 Abs. 2 GG (»Pflege und Erziehung der Kinder sind das natürliche Recht der Eltern und die zuvörderst ihnen obliegende Pflicht«). Diese Pflicht zur Unterstützung der Bildungsentwicklung des Kindes gewährt diesem aus dem NSchG keine unmittelbar einklagbaren Rechte. Den Erziehungsberechtigten werden aber in § 71 Abs. 1 bestimmte Handlungspflichten auferlegt, deren Nichterfüllung als Ordnungswidrigkeit durch Bußgelder geahndet werden kann (§ 176). Die Pflicht zur Teilnahme an den Beratungsgesprächen am Ende des 4. Schuljahrgangs kann aus diesem Absatz nicht abgeleitet werden.

Stärkeren Schutz genießen die Kinder und Jugendlichen durch die familienrechtlichen Bestimmungen des BGB. In Angelegenheiten der Ausbildung und des Berufes nehmen die Eltern insbesondere auf Eignung und Neigung des Kindes Rücksicht (§ 1631a BGB). Die Schule oder auch die Schulaufsicht können sich direkt an das Familiengericht wenden, das seinerseits auf solche »Anregung« zur Gefahrabwendung bezüglich des Kindeswohls der Schülerin oder des Schülers (§ 1666 BGB) mit Ermittlungen von Amts wegen (§ 26 Familienverfahrensgesetz – FamFG) reagieren kann und muss. Als Bestandteil des familiengerichtlichen Kindesschutzverfahrens hat das FamFG in § 157 die »Erörterung der Kindeswohlgefährdung« eingeführt. Danach soll das Familiengericht mit den Eltern, dem Jugendamt und in geeigneten Fällen auch mit dem Kind erörtern, wie eine mögliche Gefährdung des Kindeswohls abgewendet werden kann. Möglich sind u. a. das Übertragen der Entscheidungsbefugnis auf einen von zwei streitenden Elternteilen nach § 1628 BGB, das Ersetzen einer Erklärung der Sorgeberechtigten nach § 1666 Abs. 2 BGB und die Entziehung des Sorgerechts durch das Familiengericht. Dieses kann auch partiell nur die Schulangelegenheiten betreffend geschehen. So kann den Erziehungsberechtigten das Aufenthaltsbestimmungsrecht und das Recht zur Vertretung in schulischen Angelegenheiten entzogen werden. Voraussetzung ist die hartnäckige Weigerung der Kindeseltern, die schulpflichtigen Kinder zur Schule zu schicken und dass sie damit das Kindeswohl in erheblichem Maße gefährden. Die Kinder haben ein geschütztes Anrecht auf angemessene Entwicklungs- und Lebenschancen, sodass eine von den Eltern praktizierte Schulverweigerung dem geistigen und seelischen Wohl der Kinder zuwider läuft (OLG Koblenz, Beschl. v. 11.05.2005 – 13 WF 282/05). Das OLG Köln hat mit Beschluss vom 02.12.2014 – 4 UF 97/13 – entschieden, dass die Einhaltung der Schulpflicht nicht allein öffentlichen Interessen diene, sondern auch dem Kindeswohl, weil dem Kind durch den Schulbesuch das Erlernen bestimmter sozialer Kompetenzen, aber auch der Erwerb formaler Bildungsabschlüsse ermöglicht wird, von dem künftige Lebenschancen abhängen. Von daher steht die Absicht der Kindeseltern, in ein Land ohne Schulpflicht auszuwandern, zu wollen, einer Sorgerechtsentziehung wegen beharrlicher Schulverweigerung nicht zwingend entgegen.

Im Rahmen der nach § 1666a BGB vorzunehmenden Abwägung der Vor- und Nachteile einer familiengerichtlichen Maßnahme ist insbesondere auch die Auswirkung auf die Entwicklung der Eltern-Kind-Beziehung zu berücksichtigen. Damit kommt die Entziehung des Aufenthaltsbestimmungsrechts und des Rechtes zur Vertretung in schulischen Angelegenheiten nur dann in Betracht, wenn keine andere Maßnahme ersichtlich ist, um der Gefährdung des Kindeswohls zu begegnen.

Eine Rechtsgrundlage für die Übertragung der familiengerichtlichen Befugnisse auf die Jugendrichterinnen und Jugendrichter findet sich in § 34 Abs. 2 Satz 1 JGG. Danach sollen dem Jugendrichter zusätzlich zu seiner Rolle als Strafrichter auch die familien- und vormundschaftsrichterlichen Erziehungsaufgaben für die Jugendlichen übertragen werden.

In Abs. 6 wird die Verpflichtung der Eltern begrenzt durch ihre verfassungsmäßigen Rechte; das ist insbesondere das aus Art. 6 Abs. 2 GG hergeleitete Recht der Eltern auf Pflege und Erziehung ihrer Kinder.

Ferner wird die Verpflichtung der Erziehungsberechtigten beschränkt durch ihre finanziellen Möglichkeiten.

Zum Begriff der Erziehungsberechtigten s. Anm. 2 zu § 55.

Zu Absatz 7: Die Vorschrift ist durch das ÄndG 03 neu in das Gesetz aufgenommen worden. Während in Absatz 1 Satz 1 die Verpflichtung des Landes geregelt wird, die Verwirklichung des Rechts auf Bildung zu fördern, enthält nunmehr § 54 am Ende – systematisch an einer etwas verfehlten Stelle – in Absatz 7 das Recht auf Bildung selbst. Angesichts des in Art. 4

der niedersächsischen Verfassung verankerten Grundrechts auf Bildung hätte es der Wiederholung im Gesetzestext zwar nicht bedurft, jedoch wird deutlich, dass der Gesetzgeber mit dieser Vorschrift verstärkend auf dieses wichtige Recht hinweisen wollte. Ein einklagbares individuelles Recht der Schülerin oder des Schülers kann aus dieser Formulierung nicht hergeleitet werden. Auf die Eigenverantwortung des Einzelnen, sich nach seinen Möglichkeiten zu bilden, weist der zweite Halbsatz hin. Das Recht auf Bildung vermittelt insoweit einen Anspruch auf allgemeine und gleiche Bildungschancen. Allerdings ist der Anspruch auf allgemeine und gleiche Bildungschancen nicht gleichzusetzen mit der Gewährleistung absoluter Gerechtigkeit in Fragen von Erziehung und Bildung; letzteres bleibt ein irrationales, metaphysisches Ideal. In der Bildung kann es keine egalisierende Gerechtigkeit im Sinne eines »Jedem das Gleiche« geben, weil die Individualität damit blockiert würde.

Im Zuge der **Corona-Pandemie** hat die Landesregierung auf Grundlage des Infektionsschutzgesetzes verordnungsrechtlich ein Verbot des Präsenzunterrichtes und das »Lernen zu Hause« angeordnet. Das Bayerische Verwaltungsgericht München hat in diesem Zusammenhang mit Beschluss vom 27. April 2020 – M 26 S 20.1663 – zum »Lernen zu Hause« ausgeführt, dass die bestehenden Angebote einer Beschulung zu Hause mittels moderner Kommunikationstechnologie zwar keinen gleichwertigen Ersatz für den Schulunterricht, aber jedenfalls für einen begrenzten Zeitraum eine gewisse Kompensation hierfür darstellen. Diese Form der Beschulung könne nur ausnahmsweise zur Verwirklichung des Bildungsauftrages und des Bildungsrechts ausreichen.

12 Verweise, Literatur:
- Erl. »Entgelt von Schülerinnen und Schülern, die im Rahmen einer Maßnahme beruflicher Bildung an öffentlichen berufsbildenden Schulen individuell gefördert werden, gemäß § 54 Abs. 3 NSchG und Beteiligung der Berufsschule an Maßnahmen Dritter zur beruflichen Fortbildung und beruflichen Umschulung nach § 15 Abs. 1 Satz 2 NSchG« vom 23.6.2004 (Nds. MBl. S. 457; SVBl. S. 356; Schulrecht 247/71), zuletzt geändert durch Erl. vom 10.4.2007 (Nds. MBl. S. 356), *aufgehoben ab 1.1.2012 durch Bek. v. 12.12.2011 (Nds. MBl. S. 914)*
- *Rux, Johannes/Niehues, Norbert:* Schulrecht, 5. Auflage 2013, RdNr. 184 ff. mit weiteren Nachweisen
- Erl. »Kooperationsverbünde *zur Hochbegabtenförderung* allgemein bildender Schulen« vom 6.9.2005 (SVBl. S. 527; Schulrecht 375/1)
- MK: Kooperationsverbünde zur Hochbegabtenförderung zum 1.8.2009 (SVBl. 2009, H. 9, S. 332)
- *Heinbokel, Annette:* Hochbegabung und das Überspringen von Klassen, Schulverwaltung Niedersachsen, 1995, H. 6/7, S. 133

- *Grossmann, Gesine/Plasse, Gertrud:* Hochbegabte Kinder in der Schule, in: *Ballasch, H. u. a. (Hrsg.):* Schulleitung und Schulaufsicht in Niedersachsen, Nr. 46.6
- *Stobbe, Margret:* Hochbegabtenförderung in Kooperationsverbünden allgemein bildender Schulen, in: *Ballasch, H. u. a. (Hrsg.):* Schulleitung und Schulaufsicht in Niedersachsen. Nr. 46.8
- *Hannemann, Anika/Münder, Johannes:* Schulpflichtverletzungen der Erziehungsberechtigten und Einschränkung der elterlichen Sorge, in: RdJB 2006, S. 244
- *Nolte, Gerald:* Staatliche Maßnahmen bei Gefährdung des Kindeswohls, Schulverwaltung, Ausgabe Niedersachsen, 2007, H. 11, S. 301
- Begabtenförderung und Chancengleichheit, Schulverwaltung Spezial, 2009, H. 1 (Themenheft)
- *Nolte, Gerald:* Masern in der Schule, Schulverwaltung, Ausgabe Niedersachsen, 2012, H. 9, S. 244
- Wissenschaftlicher Dienst Deutscher Bundestag: Fragen zur Verfassungsmäßigkeit von Schulschließungen und dadurch bedingtes Homeschooling zwecks Infektionsschutz, WD 3- 3000 – 127/20 – v. 29.05.2020

(Gerald Nolte)

§ 54a Sprachfördermaßnahmen

Schülerinnen und Schüler, deren Deutschkenntnisse nicht ausreichen, um erfolgreich am Unterricht teilzunehmen, sollen besonderen Unterricht zum Erwerb der deutschen Sprache oder zur Verbesserung der deutschen Sprachkenntnisse erhalten.

Allg.: § 54a ist durch das Gesetz zur Weiterentwicklung des Schulwesens vom 25.06.2002 in das Schulgesetz eingefügt worden. Er richtet sich an Kinder und Jugendliche, deren Deutschkenntnisse nicht ausreichen, um erfolgreich am Unterricht teilzunehmen. In erster Linie wird es sich dabei um Kinder ausländischer Herkunft handeln. Die Aufnahme gesetzlicher Bestimmungen in das Schulgesetz muss im Zusammenhang mit den Ergebnissen internationaler Schulleistungsstudien gesehen werden. Nach der PISA-Studie ist für Kinder aus Familien mit Migrationshintergrund die Sprachkompetenz die entscheidende Hürde in ihrer Bildungskarriere. Wird bis zum Ende der Grundschulzeit kein befriedigendes Niveau der Beherrschung der deutschen Sprache erreicht, sind spätere Kompensationen schwierig. Ernsthafte Defizite in der Sprachbeherrschung lassen sich hinsichtlich des Schulerfolges auch durch Leistungsstärken in anderen Bereichen nicht ausgleichen.

Sprachfördermaßnahmen für Kinder ausländischer Herkunft werden in niedersächsischen Schulen seit vielen Jahren durchgeführt. Der Erlass vom 01.07.2014 nennt Sprachlernklassen, Förderkurse »Deutsch als Zweitsprache« und Förderunterricht. Ab 2004 besteht u.U. die Verpflichtung zur Teilnahme an Sprachfördermaßnahmen vor Beginn der Schulpflicht (§ 64 Abs. 3).

2 § 54a wendet sich an die Schülerinnen und Schüler aller Schuljahrgänge des Primarbereichs und der beiden Sekundarbereiche (einschließlich der berufsbildenden Schulen), deren Deutschkenntnisse nicht ausreichen, um erfolgreich am Unterricht teilzunehmen. Die Sprachfördermaßnahmen der Schule erstrecken sich somit auch auf sogenannte »Seiteneinsteiger«, die ihrem Alter entsprechend nicht in den 1. Schuljahrgang aufgenommen werden. Durch die Bezeichnung der Sprachfördermaßnahmen als »Unterricht« ist klargestellt, dass für die Betroffenen die Pflicht zur Teilnahme besteht (siehe § 58). Für den »besonderen Unterricht« werden nach Nr. 5.5 des Klassenbildungserlasses Lehrerstunden zur Verfügung gestellt. Diese Stundenkontingente sind in der Stundentafel der Schule auszuweisen.

Besondere Bedeutung kommt dem Projekt DaZNet (Netzwerk für Deutsch als Zweitsprache, Bildungssprache, Interkulturelle Bildung und Mehrsprachigkeit) zu. In diesem Projekt des Landes Niedersachsen schließen sich Schulen verschiedener Schulformen – sukzessive auch Kindertagesstätten – zu Verbünden mit dem Ziel zusammen, gemeinsam an der Verbesserung der Sprachbildung ihrer Schülerinnen und Schüler zu arbeiten.

Sprachfördermaßnahmen für Kinder ausländischer Herkunft gab es in Niedersachsen bereits viele Jahre vor In-Kraft-Treten der »Soll«-Vorschrift des § 54a. Einzelheiten ergeben sich aus dem Erlass »Förderung von Bildungserfolg und Teilhabe von Schülerinnen und Schülern nichtdeutscher Herkunft«. Die Anzahl der Sprachlernklassen ist in den letzten Jahren deutlich gestiegen. Zum 01.08.2013 gab es in Niedersachsen 65 Sprachlernklassen, zum 01.08.2014 gab es 118 Sprachlernklassen und zum 01.08.2015 296 Sprachlernklassen.

3 Mit dem Gesetz zur Neuordnung der Schulstruktur in Niedersachsen vom 16.03.2011 ist der frühere Absatz 2 aus systematischen Gründen an dieser Stelle gestrichen und als § 64 Abs. 3 neu gefasst worden. In der Vergangenheit war bewusst auf eine Einbeziehung der Regelung über die verpflichtende Teilnahme an besonderen vorschulischen Sprachfördermaßnahmen in den Katalog der Schulpflicht verzichtet worden, um den appellativen Charakter der Vorschrift zu unterstreichen, denn es war zunächst nicht beabsichtigt, die vorschulische Sprachförderung wie die Schulpflicht zwangsweise durchzusetzen (LT-Drs. 14/3490 S. 8).

4 **Verweise, Literatur:**
- RdErl. »Förderung von Bildungserfolg und Teilhabe von Schülerinnen und Schülern nichtdeutscher Herkunftssprache« vom 1.7.2014 (SVBl. S. 330)
- *Schanz, Claudia*: Durchgängige Sprachbildung in der Praxis voranbringen, Schulverwaltung, Ausgabe Niedersachsen, 2013, H. 3, S. 73

– Schanz, Claudia: Förderung von Bildungserfolg und Teilhabe von Schülerinnen und Schülern mit nichtdeutscher Herkunftssprache – Bildungspolitische Hintergründe, Ziele und Schwerpunktsetzungen des gleichnamigen Grundsatzerlasses vom 1.7.2014, SVBl. 2014, H.9, S. 487

(Gerald Nolte)

§ 55 Erziehungsberechtigte

(1) ¹Erziehungsberechtigte im Sinne dieses Gesetzes sind diejenigen Personen, denen das Personensorgerecht für das Kind zusteht. ²Als erziehungsberechtigt gilt auch

1. eine Person, die mit einem personensorgeberechtigten Elternteil verheiratet oder durch Lebenspartnerschaft verbunden ist oder mit ihm in einer ehe- oder lebenspartnerschaftsähnlichen Gemeinschaft zusammenlebt, wenn das Kind ständig im gemeinsamen Haushalt wohnt,

2. eine Person, die an Stelle der Personensorgeberechtigten das Kind in ständiger Obhut hat, und

3. eine Person, die bei Heimunterbringung für die Erziehung des Kindes verantwortlich ist,

sofern die Personensorgeberechtigten der Schule den entsprechenden Sachverhalt mitgeteilt und dabei bestimmt haben, dass die andere Person als erziehungsberechtigt gelten soll.

(2) Die Schule führt den Dialog mit den Erziehungsberechtigten sowohl bezüglich der schulischen Entwicklung als auch des Leistungsstandes des Kindes, um entwicklungsspezifische Problemstellungen frühzeitig zu erkennen und gemeinsam mit den Erziehungsberechtigten zu bewältigen.

(3) Die Schule hat die Erziehungsberechtigten über die Bewertung von erbrachten Leistungen und andere wesentliche, deren Kinder betreffende Vorgänge in geeigneter Weise zu unterrichten.

(4) ¹Bei volljährigen Schülerinnen und Schülern, die das 21. Lebensjahr noch nicht vollendet haben, hat die Schule diejenigen Personen, die bei Eintritt der Schülerinnen und Schüler in die Volljährigkeit deren Erziehungsberechtigte im Sinne des Absatzes 1 gewesen sind, über besondere Vorgänge, insbesondere Sachverhalte, die zu Ordnungsmaßnahmen (§ 61 Abs. 3) Anlass geben oder die Versetzung in den nächsten Schuljahrgang oder den Abschluss gefährden, zu unterrichten, sofern die volljährige Schülerin oder der volljährige Schüler der Unterrichtung nicht widersprochen hat. ²Auf das Widerspruchsrecht sind die Schülerinnen und Schüler rechtzeitig vor Eintritt der Volljährigkeit hinzuweisen. ³Über einen Widerspruch, der keinen Einzelfall betrifft, sind die bisherigen Erziehungsberechtigten (Satz 1) von der Schule zu unterrichten.

Allg.: Die Vorschrift regelt seit dem ÄndG 03 nicht nur die Bestimmung des Begriffs Erziehungsberechtigte, sondern enthält vor allem auch weitgehende

1

Informations- und Auskunftsrechte der Erziehungsberechtigten gegenüber der Schule. Damit wird das Elternrecht auf Information konkretisiert, das sich aus dem Erziehungsrecht der Eltern (Art. 6 Abs. 2 GG) ergibt. Denn aus dieser Grundgesetzvorschrift ist »das Recht der Eltern auf Unterrichtung über Vorgänge in der Schule abzuleiten, deren Verschweigen die Ausübung des individuellen elterlichen Erziehungsrechts beeinträchtigen könnte« (BVerfG, Entscheidungen Band 59 Seite 316–381).

In Abs. 2 bis 4 NSchG ist die sich aus dem Schulrechtsverhältnis ergebende Notwendigkeit des Informationsaustausches zwischen der Schule und den Erziehungsberechtigten ihrer Schülerinnen und Schüler verankert. Diese Gesprächs- und Informationspflichten stellen für die Schulleitung sowie die Lehrkräfte Amtspflichten dar. In den Grundsatzerlassen der Schulformen (jeweils unter der Ziffer mit dem Titel »Zusammenarbeit mit den Erziehungsberechtigten«) wird näher ausgeführt, in welcher Weise diesem Gedanken der konstruktiven Zusammenarbeit zwischen Schule und Elternhaus Rechnung getragen werden kann. Dies kann z.B. geschehen durch Elternsprechtage, Elternabende, Informationsveranstaltungen oder Einzelberatungsgespräche. Der Grundschulerlass sieht ausdrücklich auch die **Hospitation von Erziehungsberechtigten** im Unterricht als ein mögliches Mittel der Zusammenarbeit zwischen Schule und Elternhaus vor. Hierbei handelt es sich um ein Höchstpersönlichkeitsrecht der Eltern und nicht um ein förmliches Verwaltungsverfahren, so dass eine anwaltliche Vertretung der Eltern ausgeschlossen ist. Weiterhin haben die Lehrkräfte gemäß § 96 Abs. 4 Inhalt, Planung und Gestaltung des Unterrichts mit den Klassenelternschaften zu erörtern. Diese Erörterung findet in der Regel in Versammlungen der Klassenelternschaften (Elternabenden) statt. Diese Erörterungen können sicherlich sachlicher und praxisorientierter geführt werden, wenn den Erziehungsberechtigten die Gelegenheit gegeben wird, den Unterricht zu besuchen. Elternbesuche müssen jedoch zwischen den einzelnen Eltern und der Klassen- bzw. Fachlehrkraft jeweils einzeln abgesprochen werden, damit durch den Besuch auch tatsächlich ein Eindruck vom Unterricht vermittelt werden kann. Wenn den Eltern auch grundsätzlich Einblick in den Unterricht gegeben werden sollte, so muss doch die Lehrkraft die letzte Entscheidung darüber haben, ob eine bestimmte Unterrichtsstunde für einen Elternbesuch geeignet ist oder nicht. Dabei kann es aber nicht um die Frage gehen, ob Unterrichtsbesuche von Eltern überhaupt vorzusehen sind, sondern nur darum, wann sie stattfinden sollen. Auch die Schulleitung kann auf Dauer Elternhospitationen nicht verwehren. Selbstverständlich dürfen Eltern nicht in den Unterricht eingreifen. Elternvertreterinnen und -vertreter haben keine darüber hinaus gehenden Möglichkeiten zu Unterrichtshospitationen. Im Gegensatz zu Elternbeiräten unterliegen sie keinen Verschwiegenheitspflichten. Erlangte Informationen, beispielsweise über den Unterrichtsstil der Lehrkraft, dürfen von ihnen festgehalten und anderen Personen bekannt gemacht werden. Natürlich hat die Schule bzw. die betroffene Lehrkraft das Recht, sich gegen unwahre Behauptungen zur Wehr zu setzen.

Schülerinnen und Schüler § 55 **NSchG**

Ein in einer Schulordnung ausgesprochenes pauschaliertes **Kopftuchverbot** oder **Verbot der Vollverschleierung** für weibliche Erziehungsberechtigte dürfte unzulässig sein. In Ausübung ihres Erziehungsrechtes können sich die Trägerinnen auf die Religionsfreiheit nach Art. 4 GG berufen. Es müssten also verfassungsimmanente Schranken gefunden werden, die das Grundrecht wirksam einschränken könnten. Eine derartige verfassungsimmanente Schranke könnte die sogenannte negative Religionsfreiheit für Schülerinnen und Schüler und der Lehrkräfte und sonstigen Bediensteten der Schule darstellen. Nach dem Grundsatz der praktischen Konkordanz ist eine Einschränkung eines schrankenlos gewährten Grundrechtes insoweit möglich, wie diese Einschränkung nötig ist, um einem anderen Grundrecht oder Verfassungsprinzip die Entfaltung zu gewährleisten. Bei der hier erforderlichen Abwägung ist festzustellen, dass bei den Erziehungsberechtigten, die sich im Regelfall nur aus besonderen Anlässen – z.B. Wahrnehmung ihrer Rechte aus §§ 6 Abs. 5, 55 Abs. 2 und 3 NSchG – in die Schule begeben und damit ihre grundrechtlich verankerte Erziehungspflicht wahrnehmen, ein Verbot einen wesentlich schwereren Grundrechtseingriff bedeuten würde, als bei Schülerinnen und Schülern, Lehrkräften sowie sonstigen schulischen Bediensteten, die auch außerhalb von Schule im Alltag damit rechnen müssen, auf vollverschleierte Trägerinnen zu treffen.

Zu Abs. 1: Der Begriff der Erziehungsberechtigten wird für den gesamten Bereich des NSchG definiert. Er hat insbesondere Bedeutung für die Wahrnehmung der Elternrechte bei der Elternvertretung oder für Entscheidungen im Rahmen der Schulpflicht und der Schullaufbahn. 2

Zu Satz 1: Die Erziehungsberechtigung knüpft an das Personensorgerecht an. Wem das Personensorgerecht für ein Kind zusteht, ergibt sich aus den familienrechtlichen Vorschriften des BGB (§§ 1626 ff.). Danach sind Erziehungsberechtigte

a) für ein eheliches Kind

Vater und Mutter gemeinsam oder der überlebende Elternteil nach dem Tode des anderen Elternteils oder der vom Familiengericht bestimmte Elternteil, wenn die Eltern getrennt leben oder ihre Ehe geschieden ist. Nicht erziehungsberechtigt ist der Ehegatte, dessen Personensorgerecht ruht oder entzogen wurde;

b) für ein nichteheliches Kind

Vater und Mutter gemeinsam, soweit das Familiengericht den Eltern auf Antrag eines Elternteils die gemeinsame elterliche Sorge auf beide Elternteile überträgt;

c) für ein an Kindesstatt angenommenes Kind

der Annehmende oder die Annehmenden (Ehepaar), wenn das Personensorgerecht nicht ruht oder entzogen wurde;

d) der vom Vormundschaftsgericht bestellte Vormund oder Pfleger, wenn ihm das Personensorgerecht übertragen wurde.

Steht den Eltern die elterliche Gewalt einschließlich des Personensorgerechts zu, so ist davon auszugehen, dass ein Elternteil zugleich für den anderen Elternteil handelt, solange sich der andere Elternteil nicht äußert und Anhaltspunkte für Meinungsverschiedenheiten zwischen den Eltern nicht vorliegen.

a) **Elterliche Sorge im Regelfall (»normale Ehe«)**

Sind Eltern miteinander verheiratet (seit dem 1.10.2017 kann die Ehe auch von zwei Personen gleichen Geschlechts geschlossen werden, § 1353 BGB), üben sie nach § 1626 BGB das gemeinsame Sorgerecht aus. Dies bedeutet, dass die Eltern alle ihr Kind betreffenden Entscheidungen gemeinsam zu treffen und auch gemeinsam der Schule mitzuteilen haben. Andererseits folgt aus der sogenannten passiven Elternvertretung bei Rechtsgeschäften nach § 1629 Abs. 1 Satz 2, 2. Halbsatz BGB, dass eine rechtsverbindliche Erklärung auch nur einem Elternteil gegenüber abgegeben werden kann – auch wenn der andere Elternteil hiermit nicht einverstanden ist. Als – Spezialregelung sieht § 55 Abs. 3 allerdings vor, dass die Schule die Erziehungsberechtigten über alle wesentlichen Vorgänge zu unterrichten hat, so dass in schulischen Angelegenheiten beide Sorgeberechtigten Ansprechpartner sind und bei schulischen Schreiben grundsätzlich auch getrennt im Adressfeld zu erscheinen haben. Dies betrifft zum Beispiel die Zustellung eines Bescheides über eine verhängte Ordnungsmaßnahme; hier ist der Bescheid in jedem Fall an beide Sorgeberechtigte sowie zusätzlich an die betroffene Schülerin oder an den betroffenen Schüler zu adressieren. Auch im Regelfall einer »normalen Ehe« muss aber zwischen Angelegenheiten von erheblicher Bedeutung und Angelegenheiten des täglichen Lebens unterschieden werden.

aa) **Angelegenheiten von erheblicher Bedeutung**

In Angelegenheiten von erheblicher Bedeutung haben die Sorgeberechtigten immer gemeinsam zu entscheiden und zu handeln. In diesen Angelegenheiten entscheiden allein die personensorgeberechtigten Eltern oder der amtlich bestellte Vormund. Angelegenheiten von erheblicher Bedeutung sind solche, die nur schwer abzuändernde Auswirkungen auf die Entwicklung des Kindes haben. Zu den wichtigen Entscheidungen, in denen beide Eltern gemeinsam entscheiden müssen, gehört auch die Entscheidung, wo das Kind eingeschult werden soll. Aber auch Entscheidungen über die Zurückstellung vom Schulbesuch, über die religiöse Erziehung, über Ordnungsmaßnahmen, über einen Schulwechsel, über die freiwillige Wiederholung einer Klasse und die Wahl der Hauptfächer gehören zu den Fragen von erheblicher Bedeutung. Auch die Veröffentlichung von Fotos eines Kindes ist als eine Angelegenheit von erheblicher Bedeutung im Sinne von § 1687 Abs. 1 Satz 1 BGB zu werten (OLG Oldenburg, Beschl. v. 24.05.2018 – 13 W 10/18). Das Bürgerliche Gesetzbuch geht in § 1627 BGB davon aus, dass die Eltern die elterliche Sorge in eigener Verantwortung und in gegenseitigem Einvernehmen zu treffen haben. Bei Meinungsverschiedenheiten müssen sie versuchen, sich zu einigen. Kann kein Einvernehmen erzielt werden, entscheidet das Familiengericht (§ 1628 BGB). Obwohl die Eltern der Schule

Angaben über die Sorgeberechtigung des Kindes mitzuteilen haben, ist es im Schulalltag für die Schulleitungen nicht immer einfach zu erkennen, wem die Sorgeberechtigung für ein Kind im Einzelnen zusteht. Insoweit kann beispielsweise eine bei unzureichenden Hintergrundinformationen erfolgte Aufnahmeentscheidung (= Verwaltungsakt im Sinne des § 35 VwVfG) unter Umständen rechtlich fehlerhaft und somit rechtswidrig sein, wenn sie tatsächlich unter Verstoß gegen Sorgerechtsbestimmungen des BGB zustande gekommen ist. Gleichwohl muss ein rechtswidriger Verwaltungsakt nicht zwingend zurückgenommen werden; vielmehr steht diese Entscheidung im pflichtgemäßen Ermessen der Schulleitung (§ 48 Abs. 1 VwVfG). Bei der Entscheidung muss der Rechtsgedanke der §§ 1626 ff. BGB – das Kindeswohl – entscheidend sein.

bb) Angelegenheiten des täglichen Lebens

In Angelegenheiten des täglichen Lebens kann die Schule in der Regel von einer Duldungsvollmacht nach § 173 BGB eines Elternteils gegenüber dem anderen Elternteil bzw. der gegenseitigen Vertretung beider Elternteile ausgehen. Das heißt, dass in diesen Angelegenheiten der Elternteil, der mit der Schule in Kontakt steht, regelmäßig durch den anderen Elternteil als bevollmächtigt gilt. Da die Duldungsvollmacht eine echte Vollmacht ist, die dadurch entsteht, dass ein Elternteil es bewusst duldet, dass der andere ihn vertritt, kann diese Vollmacht natürlich auch jederzeit durch ein Elternteil widerrufen werden. Angelegenheiten des täglichen Lebens sind Angelegenheiten, die häufig vorkommen und keine schwer abzuändernden Auswirkungen auf die Schullaufbahn des Kindes haben. Zu den Angelegenheiten des täglichen Lebens zählen zum Beispiel die Entschuldigung bei einer Krankheit, Anmeldung zum Förderunterricht, die Anordnung eines Erziehungsmittels, die Mitarbeit in schulischen Gremien (Konferenz, Schulvorstand, Elternvertretung), die Zeugnisunterschrift, die Auswahl von Wahlfächern etc. Sind diese Angelegenheiten betroffen, so reicht es, dass nur ein Elternteil als Ansprechpartner für die Schule fungiert.

cc) Gefahr im Verzug

Ein Elternteil reicht als schulischer Ansprechpartner auch aus, wenn Gefahr im Verzuge ist; der andere Elternteil ist unverzüglich zu unterrichten. Dies ergibt sich aus § 1629 Abs. 1 Satz 4 BGB. Dieser Fall dürfte im schulischen Alltag aber eher die Ausnahme sein.

dd) Pflegschaft, Tod

Den Eltern steht das Sorgerecht nicht zu, wenn eine Pflegerin oder ein Pfleger für die Besorgung der Angelegenheiten des Kindes bestellt worden ist. Nach dem Tod des einen Elternteils geht das Sorgerecht auf den anderen Elternteil über.

b) Gemeinsames Sorgerecht getrennt lebender oder geschiedener Eltern

Nach der nicht nur vorübergehenden Aufhebung der ehelichen Lebensgemeinschaft durch räumliche Trennung oder Scheidung verbleibt im Regelfall die elterliche Sorge bei beiden Eltern gemeinsam, es sei denn, ein Elternteil beantragt erfolgreich beim zuständigen Familiengericht das alleinige Sorgerecht. Somit haben beide Elternteile üblicherweise bis zur Scheidung und in der Regel auch darüber hinaus das gemeinsame Sorgerecht für ihr Kind. Folglich ist auch in den Fällen der gemeinsamen Sorge bei getrennt lebenden oder geschiedenen Eltern zwischen Angelegenheiten von erheblicher Bedeutung und Angelegenheiten des täglichen Lebens zu unterscheiden.

aa) Angelegenheiten von erheblicher Bedeutung

Das gemeinsame Sorgerecht bei getrennt lebenden oder geschiedenen Eltern findet allerdings nur noch dann Anwendung, wenn die Angelegenheiten für das Kind von erheblicher Bedeutung sind. In diesen Fällen haben beide Elternteile das Kind betreffende Entscheidungen stets gemeinsam, also einvernehmlich zu treffen (§§ 1627, 1629 Abs. 1 BGB). Schulische Schreiben von erheblicher Bedeutung sind daher auch in diesem Fall an beide Sorgeberechtigten zu adressieren.

bb) Angelegenheiten des täglichen Lebens

Bei den Angelegenheiten des täglichen Lebens trifft dagegen ausschließlich das Elternteil die Entscheidungen, bei dem sich das Kind mit Einwilligung des anderen Elternteils oder auf Grund einer gerichtlichen Entscheidung aufhält, das heißt, seinen Lebensmittelpunkt hat (wo es in der Regel übernachtet). In diesem Fall ist das Sorgerecht desjenigen Elternteils, bei dem das Kind nicht seinen gewöhnlichen Aufenthalt hat, gemäß § 1687 BGB beschränkt. Die Entscheidung in Angelegenheiten des täglichen Lebens liegt dann ausschließlich bei dem Elternteil, bei dem sich das Kind gewöhnlich aufhält. Hier reicht es also aus, dass die Schule die Post in Alltagsangelegenheiten (z.B. Kosten des schulischen Mittagessens, Kosten einer eintägigen Schulfahrt, Veränderung des Fahrplans des Schulbusses etc.) an den Sorgeberechtigten adressiert, bei dem sich das Kind üblicherweise aufhält.

c) Alleiniges Sorgerecht eines Elternteils

Wie oben ausgeführt, haben grundsätzlich die Sorgeberechtigten der Schule Auskunft über das Sorgerecht für das Kind zu erteilen. Falls die Erklärungen nicht (vollständig) vorliegen, sollte die Schule daher grundsätzlich zunächst einmal von dem »Normalfall« einer gemeinsamen Sorgeberechtigung zweier Elternteile ausgehen. Soweit dann beispielsweise nur ein Elternteil ein Kind an einer Schule anmelden will, muss sich die Schulleitung bei dem Aufnahmegespräch nach der Sorgerechtsregelung erkundigen und sich von dem Elternteil eine Vollmacht oder zustimmende Erklärung des anderen Elternteils oder eine einfache Kopie des familiengerichtlichen Urteils vorlegen lassen, welches die elterliche Sorge dem anmeldenden Elternteil übertragen hat. Mütter von nicht ehelichen Kindern können ihr alleiniges Sorgerecht durch ein sogenanntes Negativattest des Familiengerichts nachweisen. Auch bei alleiniger elterlicher Sorge kann der andere Elternteil einzelne, vom Familiengericht übertragene Rechte, z.B. ein Umgangsrecht, haben. Häufig wird auch bei gemeinsamer elterlicher Sorge einem Elternteil das Aufenthaltsbestimmungsrecht übertragen, bei Aufrechterhaltung der gemeinsamen elterlichen Sorge im Übrigen. Es ist auch möglich, dass den Eltern die elterliche Sorge teilweise zugesprochen wird (§ 1671 Abs. 1 und 2 BGB). Dies betrifft die Personensorge, insbesondere das Aufenthaltsbestimmungsrecht, die Gesundheitsfürsorge, das Erziehungsrecht, die Vermögenssorge, die Sorge in schulischen oder Ausbildungsangelegenheiten und die gesetzliche Vertretung. Letztlich gibt es viele denkbare, im Gesetz nicht näher beschriebene Varianten, wie das Familiengericht die elterliche Sorge verteilen kann. Entscheidend ist, dass es zum Wohl des Kindes sein muss. Dem Elternteil, der nicht Inhaber der elterlichen Sorge ist, steht für die Zeit, in der sich das Kind rechtmäßig bei ihm aufhält, die Entscheidungsbefugnis in Angelegenheiten des täglichen Lebens zu (§ 1687a i. V. m. § 1687 Abs. 1 Satz 4 BGB).

d) Gemeinsames Sorgerecht für Unverheiratete

Mit dem am 19.05.2013 in Kraft getretenen Gesetz zur Reform der elterlichen Sorge nicht miteinander verheirateter Eltern wird unverheirateten Vätern der Zugang zum Sorgerecht für ihre Kinder erleichtert. Zwar hat nach der Neuregelung des § 1626a BGB die Mutter mit der Geburt die alleinige Sorge (§ 1626a Abs. 3). Allerdings ermöglicht die Neuregelung die gemeinsame Sorge immer dann, wenn das Wohl des Kindes dieser nicht entgegensteht. Um zügig Klarheit über die Sorgerechtsfrage zu erhalten, findet ein abgestuftes Verfahren statt:

- Erklärt die Mutter nicht ihr Einverständnis zur gemeinsamen Sorge, kann der Vater zunächst zum Jugendamt gehen, um doch noch eine Einigung mit der Mutter zu erreichen. Wenn er diesen Weg für nicht erfolgversprechend hält, kann er auch gleich einen Sorgerechtsantrag beim Familiengericht stellen.

- Im gerichtlichen Verfahren erhält die Mutter Gelegenheit zur Stellungnahme zum Antrag des Vaters. Die Frist dafür endet frühestens sechs Wochen nach der Geburt. Durch diese Frist soll sichergestellt werden, dass die Mutter nicht noch unter dem Eindruck der Geburt eine Erklärung im gerichtlichen Verfahren abgeben muss.

- Gibt die Mutter keine Stellungnahme ab und werden dem Gericht auch auf sonstige Weise keine Gründe bekannt, die der gemeinsamen Sorge entgegenstehen, soll das Familiengericht in einem schriftlichen Verfahren, ohne Anhörung des Jugendamts und ohne persönliche Anhörung der Eltern entscheiden.

- Das schriftliche und sehr vereinfachte Verfahren findet jedoch nicht statt, wenn dem Gericht derartige Gründe bekannt werden. Diese Möglichkeit besteht auch in besonders gelagerten Ausnahmefällen, wenn beispielsweise erkennbar ist, dass das sprachliche Ausdrucksvermögen der Mutter stark eingeschränkt ist. Eine umfassende gerichtliche Prüfung ist mithin nur dort vorgesehen, wo sie zum Schutz des Kindes erforderlich ist. Dies trägt einer rechtstatsächlichen Untersuchung Rechnung, wonach bei Streit um das Sorgerecht häufig Gründe vorgebracht werden, die mit dem Kindeswohl nichts zu tun haben, sondern aus der Trennung der Eltern resultieren.

- Das Familiengericht spricht dem Vater das Sorgerecht zu, wenn die Übertragung dem Kindeswohl nicht widerspricht (negative Kindeswohlprüfung).
- Dem Vater wird der Zugang zur Alleinsorge auch ohne Zustimmung der Mutter eröffnet. Voraussetzung dafür ist, dass eine gemeinsame elterliche Sorge nicht in Betracht kommt und zu erwarten ist, dass die Übertragung auf den Vater dem Wohl des Kindes am besten entspricht.

Zu den Fragen, welche Rechte den Erziehungsberechtigten auf Grund des Sorgerechts gegenüber der Schule zustehen und wer im Einzelnen die sich daraus ergebenden Auskunfts- und Entscheidungsrechte gegenüber der Schule wahrnehmen darf, wird auf die Aufsätze unter Anm. 7 verwiesen.

3 **Zu Satz 2:** Zu den Erziehungsberechtigten zählt das NSchG aber auch bestimmte Gruppen von Personen, die mit Zustimmung der Personensorgeberechtigten das Kind betreuen. Diese Personen sollen auch berechtigt sein, den schulischen Lebensweg des Kindes zu begleiten. Voraussetzung ist jedoch in all diesen Fällen, dass die Personensorgeberechtigten hierzu ihre Zustimmung gegeben haben und dies der Schule mitgeteilt haben.

Mit Nr. 1 sollen im Interesse des Kindes diejenigen Personen, die neben dem sorgeberechtigten Elternteil praktisch an der Erziehung des Kindes beteiligt sind, den Erziehungsberechtigten gleichgestellt werden. Damit können unter den genannten Voraussetzungen der »Stiefvater« bzw. die »Stiefmutter« Elternrechte im Sinne des Schulgesetzes wahrnehmen, wenn das Kind ständig im gemeinsamen Haushalt wohnt. Seit 2010 gilt dies nun auch für Personen, die mit einem personensorgeberechtigten Elternteil durch Lebenspartnerschaft verbunden sind oder mit ihm in einer lebenspartnerschaftsähnlichen Gemeinschaft zusammenleben.

Nr. 2 betrifft die Fälle, dass die Personensorgeberechtigten für einen längeren Zeitraum das Kind Verwandten oder Freunden anvertrauen (müssen), die sich um das Kind kümmern und ihm Unterkunft, Pflege und Fürsorge gewähren.

Nr. 3 Bei der Heimunterbringung werden in der Regel Personen mit der Erziehung beauftragt. Gem. § 38 Abs. 1 Sozialgesetzbuch VIII sind diese Personen in der Regel berechtigt, den Personensorgeberechtigten in der Ausübung der elterlichen Sorge zu vertreten. Schulische Grundentscheidungen wie z.B. Wahl des Bildungsweges oder Übergänge in eine andere Schulform bleiben jedoch den Personensorgeberechtigten vorbehalten. Die Schule muss sich daher in diesen Angelegenheiten grundsätzlich an diese halten. Nr. 3 erleichtert dieses Verfahren insoweit, als die Erzieher oder entsprechende Personen als Erziehungsberechtigte i. S. des NSchG gelten.

4 **Zu Abs. 2:** Unter dem etwas unscharfen Begriff »die Schule führt den Dialog« wird man die Verpflichtung der Schule verstehen müssen, von sich aus das Gespräch mit den Eltern zu suchen, ihnen entsprechende Ange-

bote zu machen. Solche Gesprächsangebote sollen sich auf die schulische Entwicklung und den Leistungsstand des Kindes beziehen. Aber nicht für jedes Kind besteht die Dialogpflicht. Wie sich aus der Zielsetzung der Dialogpflicht ergibt, sollen dadurch »entwicklungsspezifische Problemstellungen frühzeitig erkannt und gemeinsam mit den Erziehungsberechtigten bewältigt werden«. Das heißt, nur dann, wenn solche Probleme erkennbar werden, hat die Schule den Dialog zu suchen. In welcher Weise die Schule den Dialog führt, hängt von den Umständen des Einzelfalles ab, z.B. von der Erreichbarkeit und Ansprechbarkeit (Ausländer!) der Eltern. Andererseits können Eltern nicht zu einem Gespräch gezwungen werden. Die Schule wird aber gegebenenfalls den Dialog immer wieder versuchen müssen. Das OVG Lüneburg hat mit Beschluss vom 08.01.2013 (Az.: 2 ME 451/6) festgestellt, dass die in § 55 Abs. 2 niedergelegte Pflicht der Schule zum Führen eines Dialogs der frühzeitigen Erkennung und gemeinsamen Bewältigung entwicklungsspezifischer Problemstellungen diene. Diese so umrissene Pflicht der Schule gelte daher nicht ausnahmslos und generell, sondern nur für den Fall eines Kindes, in dessen schulischer Entwicklung sich Auffälligkeiten zeigten. In welcher Form und Intensität sowie mit welchen Inhalten das Gespräch mit den Eltern geführt wird, hätten dabei in erster Linie die Lehrkräfte nach § 50 Abs. 1 in eigener pädagogischer Verantwortung zu entscheiden; ein Rechtsanspruch auf ein »Zwiegespräch« mit den Lehrkräften zu der Art und Weise der Unterrichtserteilung lasse sich dementsprechend nicht aus § 55 Abs. 2 herleiten.

Zu Absatz 3: Diese Vorschrift enthält eine ausdrückliche Unterrichtungspflicht der Schule, dem ein entsprechendes Recht der Erziehungsberechtigten entspricht. Die Unterrichtung hat sich einmal auf die Bewertung von erbrachten Leistungen zu erstrecken. Bei Klassenarbeiten z.B. kommt die Schule dieser Verpflichtung in der Regel nach, indem sie wie in der Praxis üblich, die Arbeiten von den Eltern unterschreiben lässt. (Aus den Worten »Kenntnis genommen« kann allerdings nicht abgeleitet werden, dass damit der Inhalt der Bewertung akzeptiert wird). In anderen Fällen kommen andere Möglichkeiten der Unterrichtung in Betracht wie z.B. auf Elternsprechtagen. Auch bei der Unterrichtungspflicht der Schule nach § 55 Abs. 3 steht den Lehrkräften ein weitgehender pädagogischer Verantwortungsbereich zu, der gerichtlich nur eingeschränkt überprüfbar ist. Ausreichend ist, dass die Schule und die Lehrkräfte ihrer Unterrichtungspflicht in »geeigneter Weise« nachkommen. So kann im Einzelfall auch die Unterrichtung der Erziehungsberechtigten im schriftlichen Wege ausreichend sein, zumal wenn die Schule im Übrigen den Erziehungsberechtigten im Wege von Elternsprechtagen regelmäßige persönliche Gespräche anbietet. Über diesen zu leisteten zeitlichen Umfang hinaus kann es im Einzelfall ausreichend sein, alle weiteren Informationen den Erziehungsberechtigten schriftlich zu erteilen, zumal wenn zu erwarten ist, dass eine weitere mündliche Unterrichtung der Erziehungsberechtigten nicht zielführend ist.

Eine weitere Unterrichtungspflicht besteht bei »anderen wesentlichen, die Kinder betreffenden Vorgängen«. Was unter diesem wenig aussagekräftigen unbestimmten Rechtsbegriff zu verstehen ist, wird sich nicht immer leicht ermitteln lassen. In jedem Fall muss es sich um Vorgänge von wichtiger Bedeutung handeln. Im schriftlichen Bericht des Gesetzgebungs- und Beratungsdienstes des Landtages (Drucksache 15/290) heißt es hierzu: »Der Gesetzeszweck besteht darin, die Erziehungsberechtigten über Vorgänge zu unterrichten, die das Grundverhältnis des Schulkindes betreffen können«. Hier kommt auch eine Überschneidung mit Absatz 2 in Betracht; denn »wesentliche Vorgänge« können zugleich auch »entwicklungsspezifische Problemstellungen« sein und die Dialogpflicht auslösen.

Fragen von wesentlicher Bedeutung sind somit solche, die nur schwer abzuändernde Auswirkungen auf die Entwicklung des Kindes haben. Hierzu gehören z.b. die Auswahl der weiterführenden Schule (OLG Brandenburg, Beschl. v. 13.07.2015, 3 UF 155/6), Mitteilung über existentielle Probleme (z.b. Drogenmissbrauch), die religiöse Erziehung, übrige schulische Verwaltungsakte, wie z.b. eine Nichtversetzungsentscheidung, Ordnungsmaßnahmen, Zurückstellung vom Schulbesuch. Nicht wesentliche Fragen von Bedeutung sind dagegen Teilnahme an außerunterrichtlichen Angeboten oder an den den Unterricht ergänzenden Förderangeboten.

Ein Anspruch der Erziehungsberechtigten, sich von der Schule eine genaue Aufstellung über alle ausgefallenen Unterrichtsstunden vorlegen zu lassen, lässt sich Abs. 3 nicht entnehmen. Die konkrete Stundenplangestaltung durch die Schule sowie die in der pädagogischen Verantwortung der jeweiligen Lehrkraft liegende Unterrichtsgestaltung oder die Durchführung von Projekttagen sind grundsätzlich keine wesentlichen Angelegenheiten. Insoweit kann bei einem nur gelegentlichen Unterrichtsausfall, der zudem noch nicht unmittelbar vor einer Prüfung zu verzeichnen ist, nicht von einem wesentlichen Vorgang ausgegangen werden. Anders verhält es sich dagegen, wenn die Unterrichtsausfälle ein solches Maß angenommen haben, dass die schulische Entwicklung der Schülerinnen und Schüler nachhaltig beeinträchtigt ist.

Eine schulgesetzliche Pflicht, dass sich die Erziehungsberechtigten die Zeugnisse ihrer Kinder in der Schule selbst abholen müssen, lässt sich aus Abs. 3 ebenfalls nicht herleiten.

Der Ausschluss eines Erziehungsberechtigten von der Teilnahme am Elternsprechtag ist nicht zu beanstanden, wenn ersichtlich ist, dass es diesem nicht darum geht, mit den Lehrkräften ein sachliches und auf die schulische Entwicklung und den Leistungsstand seines Kindes bezogenes Gespräch zu führen, sondern zu erwarten ist, dass er den Termin nur als Plattform für beleidigende Angriffe nutzen wird. Dies gilt insbesondere dann, wenn der andere Erziehungsberechtigte am Elternsprechtag teilnehmen kann und die Erziehungsberechtigten damit von der grundlegenden Information über die schulische Entwicklung und den Leistungsstand des gemeinsamen Kindes nicht gänzlich ausgeschlossen sind (vgl. VG Oldenburg (Oldenburg) Beschluss vom 11.12.2013 – Az: 5 B 6743/13).

Schülerinnen und Schüler § 55 **NSchG**

Zu Absatz 4: Der Absatz ist durch das ÄndG 03 eingefügt worden. Damit **6** reagierte der Gesetzgeber auf die insbesondere von Eltern als unbefriedigend empfundene Situation, dass die Schule den Eltern nach Eintritt der Volljährigkeit ihrer Kinder keine Auskunft mehr über ihre schulischen Verhältnisse geben durfte. In der bildungspolitischen Diskussion wurde auf eine Änderung dieser Rechtslage umso stärker gedrängt, nachdem es an einer Erfurter Schule im Jahre 2000 zu einem Amoklauf eines volljährigen Schülers gekommen war.

Absatz 4 enthält eine besondere Rechtsgrundlage für die Unterrichtung der ehemaligen Erziehungsberechtigten (zum Begriff des Erziehungsberechtigten siehe Abs. 1) über Vorgänge und Verhältnisse der volljährigen Schülerinnen und Schüler, die das 21. Lebensjahr noch nicht vollendet haben. Die Altersbegrenzung bis zur Vollendung des 21. Lebensjahres beruht darauf, »dass typischerweise zu diesem Zeitpunkt der Besuch der allgemein bildenden Schulen – auch im Sekundarbereich II – beendet ist« (Schriftlicher Bericht des Gesetzgebungs- und Beratungsdienstes des Landtages (Landtagsdrucksache 15/290).

Angesichts gewichtiger rechtlicher, insbesondere datenschutzrechtlicher Bedenken gegen eine Preisgabe der zum Teil sehr persönlichen Daten ist die Informationspflicht der Schule inhaltlich und formell eingeschränkt worden. Neben einem absoluten Widerspruchsrecht der volljährigen Schülerinnen und Schüler (siehe dazu unten) ist die Informationspflicht auf besondere Vorgänge beschränkt worden, die beispielhaft aufgezählt werden. Im schriftlichen Bericht des Gesetzgebungs- und Beratungsdienstes des Landtages heißt es hierzu: Es handelt sich um solche Vorgänge, »bei denen ein berechtigtes Interesse der Eltern typischerweise anzunehmen ist, weil die Eltern nämlich zivilrechtlich (unterhaltsrechtlich) für ihre Kinder auch nach deren Volljährigkeit einzustehen haben. Dies rechtfertigt eine Information der ehemaligen Erziehungsberechtigten jedenfalls über solche Sachverhalte, die Zweifel daran begründen, ob die Schulausbildung von der Schülerin oder von dem Schüler noch ernsthaft und mit Aussicht auf Erfolg betrieben wird.«

Die Informationspflicht wird begrenzt auf »besondere Vorgänge«. Die Schule muss also nicht über jede beobachtete Kleinigkeit informieren, sondern nur über besondere, d.h. besonders schwerwiegende Sachverhalte, die im Einzelnen beschrieben werden.

Sachverhalte, die Anlass zu Ordnungsmaßnahmen geben

Hierzu gehören einmal das Verhalten der Schülerinnen und der Schüler und die Vorfälle selbst, bei denen Ordnungsmaßnahmen nach § 61 Abs. 2 zulässig sind, also grobe Pflichtverstöße, Rechtsverstöße, nachhaltige Störung des Unterrichts, Leistungsverweigerung oder unentschuldigtes Fernbleiben vom Unterricht. Aber auch die Verfahrensschritte zur Durchführung eines Ordnungsmaßnahmen-Verfahrens sind mitteilungspflichtig wie z.B. die Einladung zur Klassenkonferenz einschließlich der Tagesordnung und die Beschlüsse der Konferenz. Die Schule ist jedoch nicht verpflichtet, die ehemaligen Erziehungsberechtigten zur Teilnahme an der Konferenz zuzulassen. Unberührt bleibt aber das bereits in § 61 Abs. 6 Satz 3 bestehende Recht der Schülerin oder des Schülers, sich von den Eltern in der Konferenz unterstützen zu lassen.

Sachverhalte, die die Versetzung oder den Abschluss gefährden.

Hierzu gehören alle festgestellten Vorgänge und Entwicklungen, die sich negativ auf die Chancen zum Erreichen der Versetzung oder des Abschlusses auswirken können wie z.b. häufiges Fehlen, Leistungsverweigerung, Leistungsabfall sowie die nach Nr. 2.7 der Ergänzenden Bestimmungen zur Verordnung über den Wechsel zwischen Schuljahrgängen und Schulformen der allgemein bildenden Schulen (EB-WeSchVO) vorgesehenen Mitteilungen über die Gefährdung der Versetzung.

Widerspruchsrecht der Schülerin oder des Schülers

Den datenschutzrechtlichen Interessen der volljährigen Schülerinnen und Schüler trägt der Gesetzgeber dadurch Rechnung, dass er ihnen ein uneingeschränktes Widerspruchsrecht einräumt. Dieses Widerspruchsrecht darf im Übrigen nicht mit dem Widerspruch im Rechtsbehelfsverfahren verwechselt werden. Um datenschutzrechtliche Bedenken auszuräumen, sind die Schülerinnen und Schüler auf das eingeführte Widerspruchsrecht rechtzeitig vor Eintritt der Volljährigkeit hinzuweisen (§ 55 Abs. 4). Hierbei ist nicht erforderlich, die Schülerinnen und Schüler individuell bei Eintritt ihrer Volljährigkeit zu informieren. Es reicht vielmehr eine Information der Klasse zu einem Zeitpunkt aus, der von der Volljährigkeit der Schülerinnen und Schüler nicht allzu weit entfernt ist.

Die volljährige Schülerin und der volljährige Schüler können der Weitergabe von Informationen an die ehemaligen Erziehungsberechtigten ausdrücklich widersprechen. Der Widerspruch hat die Wirkung, dass die Schule den ehemaligen Erziehungsberechtigten keine Auskunft mehr über die schulischen Verhältnisse ihrer Kinder geben darf. Gleichwohl erteilte Auskünfte und Informationen sind ein Verstoß gegen die Bestimmungen des Datenschutzes. Der Widerspruch sollte aus Gründen der Rechtsklarheit schriftlich der Schule mitgeteilt werden oder dort zu Protokoll (Schülerakte) gegeben werden. Die Schule muss die Schülerinnen und Schüler auf die Möglichkeit des Widerspruchs hinweisen, und zwar »rechtzeitig vor Eintritt der Volljährigkeit«, d. h. so frühzeitig, dass die Schülerinnen und Schüler bei Eintritt der Volljährigkeit über die Erklärung eines Widerspruchs entscheiden können.

Wird ein Widerspruch erhoben, ist die Schule verpflichtet, dies den ehemaligen Erziehungsberechtigten mitzuteilen. Das gilt jedoch nur für generelle Widersprüche, nicht für Widersprüche, die sich auf einen Einzelfall beziehen.

7 Verweise, Literatur:

- *Ritters, Inga:* Wem muss die Schule Auskunft geben? Die Rechte der Erziehungsberechtigten im Lichte des neuen Kindschaftsrechts, SVBl. 1999, H. 6, S. 136

Schülerinnen und Schüler § 56

- *Bräth, Peter:* Schullaufbahnentscheidungen: Eltern, Schule, Familiengericht – Wer trifft die Schullaufbahnentscheidungen für die Kinder? Schulverwaltung, Ausgabe Niedersachsen/Schleswig-Holstein, 2004, H. 2, S. 50
- *Paus, Astrid:* Information der Eltern volljähriger Schülerinnen und Schüler, Schulverwaltung, Ausgabe Niedersachsen/Schleswig-Holstein, 2005, H. 1, S. 12
- *Nolte, Gerald:* Staatliche Maßnahmen bei Gefährdung des Kindeswohls, Schulverwaltung, Ausgabe Niedersachsen, 2007, H. 11, S. 301
- *Müller, Petra:* Wenn Eltern sich trennen – Elternbeteiligung im Schulalltag nach Scheidung bzw. Trennung, Schulverwaltung, Ausgabe Niedersachsen, 2010, H. 4, S. 116
- *Nolte, Gerald:* Die Information der Erziehungsberechtigten nach dem Niedersächsischen Schulgesetz, Schulverwaltung, Ausgabe Niedersachsen, 2013 H. 4, S. 122
- *Achilles, Harald:* Zeugnis unterschrieben – Widerspruchmöglichkeit verloren?, Schulverwaltung, Ausgabe Baden-Württemberg 2013, H. 12, S. 335
- *Nolte, Gerald:* Elterliche Sorge im Schulalltag, Schulverwaltung, Ausgabe Niedersachsen, 2013, H. 9, S. 238 (Teil 1); H. 11, S. 307 (Teil 2)

(Gerald Nolte)

§ 56 Untersuchungen

(1) ¹Kinder sind verpflichtet zur Teilnahme an Schuleingangsuntersuchungen nach § 5 Abs. 2 des Niedersächsischen Gesetzes über den öffentlichen Gesundheitsdienst sowie an anerkannten Testverfahren, an ärztlichen Untersuchungen und an Untersuchungen, die für ein Sachverständigengutachten benötigt werden, wenn die Testverfahren und Untersuchungen
1. zur Feststellung der Schulfähigkeit
2. zur Feststellung, ob eine Schülerin oder ein Schüler auf sonderpädagogische Unterstützung angewiesen ist.
²Die Erziehungsberechtigten und die Kinder sind verpflichtet, die für Untersuchungen nach Satz 1 erforderlichen Auskünfte zu erteilen.

(2) Die Kinder dürfen im Rahmen der Mitwirkung nach Absatz 1 Satz 1 über die persönlichen Verhältnisse ihrer Erziehungsberechtigten befragt werden, wenn ihre Leistung und ihr Verhalten dies nahelegen und die Erziehungsberechtigten ihre Einwilligung erteilt haben.

(3) ¹Den Erziehungsberechtigten ist auf Antrag Einsicht in die Entscheidungsunterlagen für die Feststellungen nach Absatz 1 Satz 1 zu gewähren. ²Vor Entscheidungen nach § 64 Abs. 1 Satz 3 und Abs. 2, durch die Rechte

der Erziehungsberechtigten eingeschränkt werden, ist diesen Gelegenheit zur Besprechung der Ergebnisse der Untersuchungen nach Absatz 1 zu geben.

(4) ¹Im Rahmen der schulpsychologischen Beratung dürfen Tests nur mit schriftlicher Einwilligung der Erziehungsberechtigten angewandt werden. ²Den Erziehungsberechtigten ist Gelegenheit zur Besprechung der Ergebnisse zu geben.

1 **Allg.**: Mit ÄndG 06 sind die Bestimmungen zu Untersuchungen (§ 56 NSchG) neu gefasst und die Bestimmung, nach der Schülerinnen und Schüler zur Teilnahme an Maßnahmen der Schulgesundheitspflege verpflichtet sind (§ 57 NSchG), gestrichen worden.

Mit dem Gesetz über Änderungen im öffentlichen Gesundheitsdienst vom 24.03.2006 ist das am 01.01.2007 in Kraft getretene Gesetz über den öffentlichen Gesundheitsdienst (NGöGD, Nds. GVBl. S. 178) verabschiedet worden. § 5 NGöGD enthält Vorschriften zu den mit der Kinder- und Jugendgesundheit verbundenen öffentlichen Aufgaben. Die Landkreise und kreisfreien Städte schützen und fördern danach besonders die Gesundheit von Kindern und Jugendlichen. Dazu sollen sie insbesondere gemeinsam mit Tageseinrichtungen für Kinder und Schulen zielgruppen- und lebensraumbezogen auf die Prävention und auf eine gesunde Entwicklung von Kindern und Jugendlichen hinwirken.

Die Landkreise und kreisfreien Städte untersuchen darüber hinaus die Kinder rechtzeitig vor der Einschulung ärztlich auf gesundheitliche Beeinträchtigungen, die geeignet sind, die Schulfähigkeit zu beeinflussen (Schuleingangsuntersuchungen). Die Landkreise und kreisfreien Städte teilen den Erziehungsberechtigten die Untersuchungsergebnisse für ihr Kind mit. Der aufnehmenden Schule werden nur die für die Schulfähigkeit bedeutsamen Untersuchungsergebnisse mitgeteilt.

Der Gesetzgebungs- und Beratungsdienst des Landtages hatte während der Gesetzesberatungen des NGöGD darauf hingewiesen, dass die Verpflichtung der Gesundheitsämter insofern unvollständig sei, als es an einer klaren Rechtsgrundlage für die Teilnahmeverpflichtung der zu untersuchenden Kinder und für die Mitwirkung ihrer Eltern fehle. Die damaligen einschlägigen schulgesetzlichen Vorschriften der §§ 56 und 57 des Niedersächsischen Schulgesetzes enthielten nach Auffassung des Gesetzgebungs- und Beratungsdienstes aufgrund mehrfacher, nicht hinreichend miteinander abgestimmter Schulgesetzesänderungen eine Regelungslücke hinsichtlich der Pflicht der Kinder zur Teilnahme an derartigen ärztlichen Untersuchungen. Damit hätten die Kommunen ihrer Aufgabe nach § 5 Abs. 2 Satz 1 NGöGD nicht vollständig nachkommen können. Mit der Neufassung des § 56 NSchG mit dem ÄndG 06 ist diese Regelungslücke geschlossen worden.

Die Zahngesundheitspflege gem. § 21 Abs. 1 Satz 1 SGB V ist gem. § 5 Abs. 3 NGöGD Aufgabe der Landkreise und kreisfreien Städte. In der Regel wird sie vom örtlichen Gesundheitsamt durchgeführt. Datenschutzrechtlich handelt es sich bei den Untersuchungsbefunden der Schülerinnen und Schüler um »Gesundheitsdaten« im Sinne des Art. 4 Nr. 15, Art. 9 DSGVO, die für die Eltern bestimmt sind. Die Schule dient lediglich als zentraler Ort für die Untersuchung. Eine Kenntnisnahme von den einzelnen Befunden durch die Lehrkräfte ist grundsätzlich nicht zulässig. Eine Verpflichtung zur Teilnahme an derartigen prophylaxischen Untersuchungen ergibt sich aus den schulrechtlichen Vorschriften nicht (vgl. § 37 aufgehoben).

Zu Abs. 1: Nach § 56 NSchG sind Kinder ab 01.08.2007 zur Teilnahme an Schuleingangsuntersuchungen nach § 5 Abs. 2 NGöGD verpflichtet. Das Schulgesetz sieht zudem eine Verpflichtung vor zur Teilnahme ergänzender anerkannter Testverfahren, an ärztlichen Untersuchungen und an Untersuchungen, die für ein Sachverständigengutachten benötigt werden, wenn die Testverfahren und Untersuchungen zur Feststellung der Schulfähigkeit zur Feststellung, ob eine Schülerin oder ein Schüler auf sonderpädagogische Unterstützung angewiesen ist. **2**

Die Erziehungsberechtigten und die Kinder sind verpflichtet, die für die Untersuchungen erforderlichen Auskünfte zu erteilen. Kommen die Schülerinnen und Schüler oder die Erziehungsberechtigten ihrer Pflicht nicht nach, so sieht das NSchG keine Sanktionsmöglichkeit vor. Die Durchsetzung der gesetzlichen Mitwirkungs- und Informationspflichten durch Verwaltungszwang ist allerdings möglich, wenn die zuständige Ordnungsbehörde eine Verfügung zur Gefahrenabwehr erlässt.

Sowohl die Kinder, die Schülerinnen und Schüler als auch die Erziehungsberechtigten müssen diese Verfahren dulden. **3**

Die Kinder bzw. Schülerinnen und Schüler sind auch zur aktiven Mitwirkung bei den Verfahren und Untersuchungen verpflichtet.

Zu Abs. 2: Neben der Teilnahmepflicht trifft die betroffenen Kinder, Schülerinnen und Schüler auch die Pflicht, die erforderlichen Informationen zu geben. **4**

Diese Verpflichtung ist aber eingeschränkt, wenn Schülerinnen und Schüler dabei über persönliche Verhältnisse ihrer Erziehungsberechtigten befragt werden sollen. Eine solche Befragung ist nur mit der vorher erteilten Einwilligung der Erziehungsberechtigten und nur dann möglich, wenn sich aus den Leistungen und dem Verhalten der Schülerinnen und Schüler Anhaltspunkte für die Notwendigkeit solcher Fragen ergeben.

Zu Abs. 3: Auf die Einsicht in die Entscheidungsunterlagen haben die Erziehungsberechtigten einen Anspruch. Er erstreckt sich insbesondere auf Testergebnisse und Gutachten. Von einer Einschränkung des Rechts der Erziehungsberechtigten in Satz 2 wird man dann sprechen müssen, wenn die entscheidende Stelle (Schulleitung oder Schulbehörde) z.B. beabsichtigt, ein Kind vom Schulbesuch um ein Jahr zurückzustellen oder für eine Schülerin oder einen Schüler eine sonderpädagogische Maßnahme anzuordnen. In diesen Fällen müssen die Testergebnisse und Gutachten mit ihnen erörtert werden, zumindest muss ihnen dies angeboten werden. **5**

Zu Abs. 4: Testverfahren im Sinne der Psychodiagnostik dürfen im Rahmen der schulpsychologischen Beratung (über Aufgaben und Organisation der schulpsychologischen Beratung s.u. Anm. 2 zu § 120) nur mit vorheriger **6**

schriftlicher Einwilligung der Erziehungsberechtigten durchgeführt werden. Derartige Testverfahren dürfen auch nur von ausgebildeten Schulpsychologen, nicht von Beratungslehrern angewandt werden. Die Erziehungsberechtigten haben auch hier wie in den Fällen des Abs. 4 das Recht, eine Erörterung der Ergebnisse zu verlangen (Satz 2).

Hinsichtlich der Anforderungen an eine Einwilligung nach der DSGVO siehe § 31 Anm. 3.

7 Verweise, Literatur:

- *Avenarius, Hermann*: Im Rückblick: der lange Abschied vom besonderen Gewaltverhältnis – Eine Entscheidung des Bundesverfassungsgerichts und ihre Folgen für die Entwicklung des Schulrechts, in: Schulverwaltung, Ausgabe Baden-Württemberg 2005, Seite 8

- *Woltering, Herbert*: Schülerproteste bei Tag und bei Nacht – Verantwortlichkeiten von Schulleitung, Lehrkräften und Schulträger, Schulverwaltung, Ausgabe Niedersachsen, 1995, S. 117

(Gerald Nolte)

§ 57 – aufgehoben –

Die reichsrechtlichen Bestimmungen zum Gesundheitswesen (Gesetz über die Vereinheitlichung des Gesundheitswesens vom 03.07.1934 und die dazu erlassenen Durchführungsverordnungen) sind entbehrlich vgl. Anm. 1 zu § 56. Durch Art. 5 des am 1. Januar 2007 in Kraft getretenen Gesetzes über Änderungen im öffentlichen Gesundheitsdienst vom 24. März 2006 sind diese reichsrechtlichen Bestimmungen außer Kraft getreten.

Eine Bestimmung über die Verpflichtung der Schülerinnen und Schüler zur Teilnahme an Schulgesundheitsmaßnahmen in das Schulgesetz (§ 57) aufzunehmen erschien seiner Zeit dem Gesetzgeber sinnvoll, da nach § 3 Abs. 1, I d des Gesetzes über die Vereinheitlichung des Gesundheitswesens vom 03.07.1934 den Gesundheitsämtern die Durchführung der ärztlichen Maßnahmen der Schulgesundheitspflege (GVBl. Sb. II, 164, vgl. auch § 4 Abs. 6 der Ersten Durchführungs-VO) oblag (vgl. Woltering/Bräth, Niedersächsisches Schulgesetz, Anm. 1 zu § 57). Diese waren mit § 57 NSchG gemeint, wenn es um die Verpflichtung der Teilnahme an Maßnahmen der Schulgesundheitspflege ging.

Neben den Pflichten aus dem Infektionsschutzgesetz (IfSG) und den sich jetzt aus § 56 ergebenen verpflichtenden Teilnahme an Schuleingangsuntersuchungen und ergänzender Tests und Untersuchungen (s.o.) hätte sich § 57 allenfalls noch auf zahnärztliche Untersuchungen von Schülerinnen und Schülern beziehen können. Hier ist darauf hinzuweisen, dass bereits nach dem bisher dafür einschlägigen Erlass zur Durchführung der Jugendzahnpflege in Niedersachsen (Erl. d. MS v. 15.07.1987, Erl. d. MK v. 31.08.1987, SVBl. S. 267) keine Verpflichtung der Teilnahme für Schülerinnen und Schüler enthielt. Nach Ziff. III Nr. 1 dieses Erlasses hatten die Träger lediglich sicherzustellen, dass jedes Kind vom Zeitpunkt des Kindergartenbesuchs bis zur Beendigung des Schulbesuchs mindestens einmal jährlich an einer zahnärztlichen Untersuchung teilnehmen konnte. Nach Ziff. III Nr. 1 Satz 2 dieses Erlasses war dieses Angebot im Verhinderungsfall zu wiederholen, »es sei denn, die Erziehungsberechtigten oder der volljährige Schüler haben eine Teilnahme abgelehnt«.

Die Verpflichtung zur Durchführung von Maßnahmen zur Verhütung von Zahnerkrankungen (Gruppenprophylaxe) ergab sich nicht aus § 57. Für die Verpflichtung zur Durchführung dieser Maßnahmen hat sich für die Landkreise und kreisfreien Städte durch die Streichung des § 57 NSchG nichts geändert.

Nach § 21 des Fünften Buches – Gesetzliche Krankenversicherung – des Sozialgesetzbuches (SGBV) haben die Krankenkassen im Zusammenwirken mit den Zahnärzten und den für die Zahngesundheitspflege in den Ländern zuständigen Stellen gemeinsam und einheitlich Maßnahmen zur Erkennung und Verhütung von Zahnerkrankungen ihrer Versicherten, die das zwölfte Lebensjahr noch nicht vollendet haben, zu fördern und sich an den Kosten der Durchführung zu beteiligen. In Schulen in denen das durchschnittliche Kariesrisiko der Schüler überproportional hoch ist, sind die Maßnahmen bis zum 16. Lebensjahr durchzuführen. Die Maßnahmen sollen vorrangig in Gruppen, insbesondere in Kindergärten und Schulen, durchgeführt werden. Die Landkreise und kreisfreien Städte nehmen in Niedersachsen die Aufgaben der zuständigen Stellen für diese Zahngesundheitspflege nach § 5 Abs. 3 NGöGD wahr.

(Gerald Nolte)

Zweiter Abschnitt
Rechtsverhältnis zur Schule

§ 58 Allgemeine Rechte und Pflichten

(1) Schülerinnen und Schüler haben das Recht und die Pflicht, an der Erfüllung des Bildungsauftrags der Schule mitzuwirken.

(2) [1]Schülerinnen und Schüler sind verpflichtet, regelmäßig am Unterricht teilzunehmen und die geforderten Leistungsnachweise zu erbringen. [2]Sie dürfen durch ihr Verhalten oder ihre Kleidung die Kommunikation mit den Beteiligten des Schullebens nicht in besonderer Weise erschweren. [3]Dies gilt nicht, wenn einzelne Tätigkeiten oder besondere gesundheitliche Gründe eine Ausnahme erfordern.

Allg.: Das Rechtsverhältnis der Schülerin oder des Schülers zur Schule wird im Wesentlichen durch die Schulpflicht bestimmt (siehe dazu unten §§ 63 ff.). Indem die Schülerinnen und Schüler durch den Schulbesuch ihre gesetzlich vorgeschriebene Schulpflicht erfüllen, sind sie eingebun- 1 den in ein öffentlich-rechtliches Rechtsverhältnis, das ihnen Pflichten auferlegt und Rechte gewährt. Aber auch die Schülerinnen und Schüler, die nicht mehr der Schulpflicht unterliegen, aber dennoch an einer öffentlichen Schule angemeldet sind, unterliegen diesem öffentlich-rechtlichen Rechtsverhältnis, welches auch als **öffentlich-rechtliches Schulverhältnis** bezeichnet wird. Dieses Rechtsverhältnis wurde in der Vergangenheit von der Verwaltungsrechtslehre als ein besonderes Gewaltverhältnis bzw. als Anstaltsverhältnis zur »Anstalt« Schule bezeichnet (so noch § 42 Abs. 1 NSchG 80). Mit dieser Konstruktion hatte die Verwaltungsrechtslehre in vorkonstitutioneller Zeit versucht, einen Freiraum der Exekutive zu begründen, zu dem der Gesetzgeber keinen Zugriff hatte. Diese Lehre hatte aber unter der Geltung des Grundgesetzes bereits Einschränkungen erfahren, als das Bundesverfassungsgericht den Gesetzgeber verpflichtete, die wesentlichen Entscheidungen im Schulverhältnis durch Gesetz zu treffen. Das besondere Gewaltverhältnis ist inzwischen allgemein aufgegeben worden (vgl. Avenarius S. 325 ff.). So war es nur folgerichtig, dass das Änderungsgesetz 1993 den Hinweis auf das Anstaltsrecht endgültig aus dem NSchG entfernt hat (vgl. die Gesetzesbegründung: »Die Rechte und Pflichten der Beteiligten sind – wie erforderlich – gesetzlich ausformuliert. Eingriffe aufgrund eines »Anstaltsrechts«, die über die durch das Gesetz vorgesehenen hinausgehen, müssen schon wegen ihrer Grundrechtsbezogenheit ausscheiden«).

Die öffentlichen Schulen sind Teil des Staates und damit ausnahmslos unmittelbar an die Grundrechte gebunden, Art. 1 Abs. 3 GG, Art. 3 Abs. 2 NV. Grundsätzlich können sich daher Schülerinnen und Schüler – da sie grundrechtsfähig und grundrechtsmündig sind – auch während des laufenden Schulbetriebes auf ihre Grundrechte berufen. Zwar wird die Befugnis der Schülerinnen und Schüler die Grundrechte selbst geltend zu machen, sich also auch gegenüber der Schule auf ihre Grundrechte zu berufen, in der Regel durch das Elternrecht nach Art. 6 Abs. 2 GG überlagert (Ausnahme: Nach § 5 Satz 1 des Gesetzes über die religiöse Kindererziehung (RelKErzG) v. 15.07.1921, welches in seiner geänderten Form weiterhin anwendbar ist, steht dem Kind nach Vollendung des vierzehnten Lebensjahres die Entscheidung darüber zu, zu welchem religiösen Bekenntnis es sich halten will).

Soweit sich aus den Erziehungsmaßnahmen der Eltern aber nichts Gegenteiliges ergibt, können die Schülerinnen und Schüler nach eigenem Willen und eigener Vorstellung ihre Grundrechte geltend machen. Maßnahmen der Schule und der Schulbehörden bedürfen, soweit sie in diesen grundrechtlich geschützten Raum eingreifen und die Rechts- und Freiheitssphäre der Schülerinnen und Schüler wesentlich berühren, einer gesetzlichen Legitimation. Je grundrechtsintensiver der Eingriff ist, desto stärker muss der Gesetzgeber selbst die Verantwortung für entsprechende Entscheidungen übernehmen. Die staatliche Schule muss – je mehr Teilnahmezwang sie ausübt, umso stärker – die grundrechtliche Identität der ihr anvertrauten Schülerinnen und Schüler wahren. Da die Grundrechte als Freiheitsrechte grundsätzlich umfassend garantiert sind, sind nur die in die Grundrechte eingreifenden Beschränkungen zwingend gesetzlich zu legitimieren. Es ist durch den Gesetzgeber somit auch nicht erforderlich, die Rechte und Pflichten der Schülerinnen und Schüler in einem ausgewogenen Verhältnis darzustellen.

Anders als im Zusammenhang mit dem besonderen Gewaltverhältnis früher vertretenen Standpunkt ist das öffentlich-rechtliche Schulverhältnis als solches aber noch keine hinreichende Rechtsgrundlage für einen Grundrechtseingriff. Auch die allgemeine Schulpflicht nach Art. 4 Abs. 2 Satz 1 NV stellt keine derartige Rechtsgrundlage für Grundrechtseingriffe dar. Daher bedürfen alle Eingriffe der Schule in die Grundrechte der Schülerinnen und Schüler einer – in der Regel im Schulgesetz verankerten (z.B. § 63) – gesetzlichen Grundlage. Der Gesetzgeber steht somit in der Pflicht dafür Sorge zu tragen, dass im Unterricht und außerhalb des Unterrichts die Grundrechte der Schülerinnen und Schüler beachtet werden und zugleich ein Schulbetrieb gesichert wird, der den ebenfalls verfassungsrechtlich und schulgesetzlich vorgegebenen umfassenden Bildungsauftrag erfüllt.

Die aus dem staatlichen Bildungs- und Erziehungsauftrag regelmäßig resultierenden Pflichten und Beschränkungen, also die Pflichten, die dem staatlichen Bildungs- und Erziehungsauftrag immanent sind, greifen allerdings nicht in den Schutzbereich von Grundrechten ein. Insoweit dürfen die Grundrechte der Schülerinnen und Schüler in ihrem Wesensgehalt zwar nicht angetastet werden, jedoch in ihrer Wahrnehmung so eingegrenzt werden, wie es zur Erreichung des schulischen Auftrages erforderlich ist. Verfassungsrechtlich legitimierter Zweck im Rahmen der Verhältnismäßigkeit ist die Erfüllbarkeit des in § 2 einfachgesetzlich normierten Bildungsauftrags der Schule. Maßnahmen der Schule und der Schulbehörden zur Erfüllung des schulischen Bildungsauftrages bedürfen daher nicht der gesetzlichen Legitimation. Das Schulgesetz muss dieses öffentlich-rechtliche Rechtsverhältnis nicht in allen Einzelheiten normieren. Das Parlament kann und soll auch nicht sämtliche Details des Schulverhältnisses festlegen. Die Rechte und Pflichten der Schülerinnen und Schüler müssen – wie jede Regelung von Dauerverwaltungsverhältnissen – durch flexible, allgemeine Regeln geordnet werden. In dem öffentlich-rechtlichen Schulverhältnis, welches mit Aufnahme der Schülerin oder des Schülers in die Schule beginnt und mit der Entlassung aus der Schule endet, kann daher nur das, was dem Unterricht und der Erziehung in der Schule sowie der Fürsorge für die Schülerinnen und Schüler dient, was also vom Bildungs- und Erziehungsauftrag der Schule umfasst ist, den Schülerinnen und Schülern sowie deren Erziehungsberechtigten zur Pflicht gemacht werden.

Zu Abs. 1: Abs. 1 ist durch das Änderungsgesetz 2017 in das Schulgesetz eingeführt worden. Darin wird einfachgesetzlich ein allgemeiner Mitwirkungsgrundsatz für alle Schülerinnen und Schüler im Sinne einer Generalklausel statuiert. Neben einem allgemeinen Mitwirkungsrecht wird eine allgemeine Mitwirkungspflicht normiert. Anknüpfungspunkt für den Mitwirkungsgrundsatz ist die Erfüllung des einfachgesetzlich in § 2 normierten Bildungsauftrags der Schule. Mit der Anknüpfung an den 2

Bildungsauftrag wird die Mitwirkung an der Erfüllung der zentralen, in § 2 statuierten verbindlichen Vorgaben zum wesentlichen Maßstab des Verhaltens der Schülerinnen und Schüler erhoben. Dabei ist zu beachten, dass die in § 2 normierten Programmsätze namentlich die Grundlagen und Ziele des Unterrichts als Kernbereich des pädagogischen Wirkens in der Schule determinieren. Aber auch außerhalb des Unterrichts, etwa im Rahmen angewählter außerunterrichtlicher Angebote der Ganztagsschule, wird der Bildungsauftrag der Schule maßgeblich umgesetzt. Insofern ist speziell mit Blick auf die Ganztagsschule die pädagogische Einheit von Unterricht und außerunterrichtlichen Angeboten zu berücksichtigen. Mitwirkungsrechte der Schülerinnen und Schüler sind als Spezialregelung bereits in § 80 statuiert.

a) **Rechte der Schülerinnen und Schüler:** Als Rechte der Schülerinnen und Schüler sind vornehmlich die Grundrechte zu nennen, auf die sich die Schülerinnen und Schüler auch während des Schulverhältnisses berufen können.

Schülerinnen und Schülern steht das Recht der freien Meinungsäußerung auch innerhalb der Schule zu. Wie bei allen Menschen findet die **Meinungsfreiheit** ihre Schranken in den Vorschriften der allgemeinen Gesetze und in dem Recht der persönlichen Ehre (Art. 5 Abs. 2 GG). Zu den allgemeinen Gesetzen gehören auch das NSchG (§ 58) und der darin enthaltene Bildungsauftrag der Schule (§ 2). So kann z.B. das Recht auf Meinungsäußerung im Unterricht aus methodischen und didaktischen Gründen beschränkt werden. Lehrkräfte-Bewertungsportale wie »**spickmich.de**« sind von der Meinungsfreiheit geschützt, wenn auf dem Portal keine ehrverletzenden Äußerungen eingestellt werden. Der Umstand, dass die persönlichen Eigenschaften der Lehrkräfte bewertet werden, stellt keinen unzulässigen Eingriff in deren Persönlichkeitsrechte dar (BGHZ 181, 328, vgl. dazu § 31 Anm. 8). Auch unterliegt das politisch oder weltanschaulich motivierte Tragen von Plaketten keinen Einschränkungen. Zu Meinungsäußerungen durch Schülerzeitungen, s. u. § 87. **Unterrichtsboykott** und **Schulstreik** sind dagegen Meinungsäußerungen, die nicht durch das Grundrecht der Meinungsfreiheit geschützt sind. Hier handelt es sich um eine kollektive Leistungsverweigerung und damit um eine Verletzung der Teilnahmepflicht. Die Teilnahme an »wilden« Streiks an der Schule führt vielmehr dazu, dass BAföG-Bezieher, die an dem Streik teilgenommen haben, für den Zeitraum der Dauer des Streiks zur Rückzahlung der staatlichen Förderung verurteilt werden können (VGH Kassel, NVwZ-RR 1988, 88 [BVerwG 27.11.1987 – BVerwG 5 B 131.86]).

Differenzierter ist die Ausübung des **Demonstrationsrechts** während der Unterrichtszeit zu sehen. Schülerinnen und Schülern steht das Recht zur Teilnahme an öffentlichen Demonstrationen gem. Art. 5 Abs. 1 und Art. 8 Abs. 1 GG zu. Andererseits verlangt der Bildungsauftrag der Schule die Anwesenheit der Schülerin und des Schülers während der Unterrichtszeit. Es handelt sich hier, worauf Avenarius/Füssel hinweisen, auf ein Spannungsverhältnis zwischen zwei verfassungsrechtlich geschützten Positionen,

Schülerinnen und Schüler § 58 **NSchG**

das durch Rechtsgüterabwägung zu lösen ist. Das Schulrecht ermöglicht eine kurzfristige Beurlaubung vom Schulbesuch aus wichtigen Gründen. Auch die Teilnahme an einer Demonstration kann einen wichtigen Grund darstellen. »Will die Schule die Schülerinnen und Schüler zu mündigen Staatsbürgerinnen und Staatsbürgern erziehen, muss sie ihnen auch politische Betätigung in einem angemessenen Rahmen gestatten; hierbei ist es unerheblich, ob der Schule die durch die Kundgebung angestrebten Ziele erwünscht erscheinen oder nicht. Andererseits darf der Ablauf des Unterrichts nicht zur Disposition demonstrationsfreudiger Schülerinnen und Schüler gestellt werden. Eine Beurlaubung kann daher nur im Einzelfall und nur dann erteilt werden, wenn der durch die Demonstrationsteilnehmer ausgelöste Unterrichtsausfall geringfügig bleibt.« Es sind jeweils die besonderen Umstände zu berücksichtigen: Die konkrete Unterrichtssituation (z.B. geplante Klassenarbeit), der Leistungsstand der Klasse insgesamt und der demonstrationswilligen Schülerinnen und Schüler im Besonderen, die Zahl der beteiligten Schülerinnen und Schüler, Umfang und Häufigkeit der Absenzen« (*Avenarius/Füssel*, S. 482). Das VG Hamburg hat mit Urteil vom 04.04.2012 – 2 K 3422/10 – entschieden, dass kein Grund zur Teilnahme an einer Versammlung während der Unterrichtszeit vorliegt, wenn sich das Ziel der Demonstration nachhaltig und ohne zeitliche Einschränkung auch außerhalb der Unterrichtszeit verfolgen lässt. Entscheide sich eine Schülerin oder ein Schüler zur Teilnahme an einer Demonstration während der Unterrichtszeit, könne ein Eintrag im Zeugnis bei den unentschuldigten Fehlzeiten erfolgen.

Schülerinnen und Schüler, die an den »**Fridays for Future**«-Demonstrationen teilnehmen wollen, können sich auf ihr Grundrecht auf Meinungsfreiheit und Versammlungsfreiheit berufen. Die gilt umso mehr, als das Anliegen der Demonstration dem Verfassungsauftrag des Staates sowie dem Bildungsauftrag der Schule entspricht und entsprechend schutzwürdig ist. Allerdings haben die Schülerinnen und Schüler keinen unbeschränkten Anspruch auf Befreiung. Die Schule hat Unterrichtsbefreiung im Einzelfall und nur dann zu gewähren, wenn das mit der Demonstration verfolgte Ziel nicht mehr nach Beendigung des Unterrichts, also in der Freizeit, verwirklicht werden kann. Nur wenn wenig Unterricht ausfällt und es sich um eine herausgehobene Demonstration handelt, wird ein Anspruch auf Unterrichtsbefreiung in der Regel zu bejahen sein (a.A. Böhm).

Schülerinnen und Schüler können sich während des Schulverhältnisses auch auf ihre **Religionsfreiheit** nach Art. 4 Abs. 1 GG berufen. Die »positive Religionsfreiheit« ist dabei die Freiheit eines Menschen, eine Religionsgemeinschaft zu gründen oder sich ihr anzuschließen und an kultischen Handlungen, Feierlichkeiten oder sonstigen religiösen Praktiken teilzunehmen. Die »negative Religionsfreiheit« (Freiheit von Religion) ist die Freiheit eines Menschen, zu keiner oder nicht zu einer bestimmten Religionsgemeinschaft zu gehören bzw. eine solche verlassen zu können und auch nicht zu einer Teilnahme an kultischen Handlungen, Feierlichkeiten oder sonstigen religiösen Praktiken gezwungen oder genötigt zu werden.

Dazu gehört auch die Freiheit, die persönlichen religiösen/weltanschaulichen Überzeugungen nicht zu offenbaren.
Die elterlichen Grundrechte nach Art. 6 Abs. 2 Satz 1 GG sind dazu bestimmt, dem Kindeswohl zu dienen. Mit abnehmender Erziehungsbedürftigkeit bzw. zunehmender Selbstbestimmungsfähigkeit des Kindes werden die elterlichen Rechte aus Art. 6 Abs. 2 Satz 1 GG zurückgedrängt. Nach § 5 RelKErzG steht dem Kind nach Vollendung des vierzehnten Lebensjahres das volle Recht zu religiöser Selbstbestimmung (Religionsmündigkeit) zu. Die Religionsmündigkeit umfasst dabei nicht nur die freie Wahl des religiösen Bekenntnisses, sondern alle Entscheidungen in religiöser Hinsicht. Mit dem Erlöschen des elterlichen Bestimmungsrechtes aus Art. 6 Abs. 2 Satz 1 GG in religiösen Angelegenheiten des Kindes haben also die ansonsten erziehungsberechtigten Eltern kein Erziehungsrecht mehr in religiösen Angelegenheiten und daher auch kein Recht mehr, über die Religionsausübung ihres Kindes zu bestimmen. Dies bedeutet, dass ein Kind in Deutschland allein verantwortlich über seine Religion und die praktizierte Religionsausübung entscheiden darf. Die Eltern haben hier keine Mitspracherechte mehr, lediglich haben sie noch die Befugnis, das Kind in seinen eigenverantwortlichen religiösen Bemühungen zu unterstützen.

Schülerinnen ist es daher durch das niedersächsische Schulgesetz nicht untersagt, ein **Kopftuch** als Ausdruck ihrer Religion (positive Religionsfreiheit) zu tragen. Die staatliche Neutralitätspflicht, keine gezielte Beeinflussung im Dienste einer bestimmten politischen, ideologischen oder weltanschaulichen Richtung zu betreiben oder sich durch von ihm ausgehende oder ihm zuzurechnende Maßnahmen ausdrücklich mit einem bestimmten Glauben oder einer bestimmten Weltanschauung zu identifizieren, zwingt nicht dazu, Schülerinnen im Unterricht das Tragen von Kopftüchern zu verbieten, um andere Schülerinnen und Schüler etwa vor religiösen Vorstellungen zu schützen, die ein Frauenbild haben, das den Wertentscheidungen des Art. 3 Abs. 2 GG grundsätzlich widerspricht. Ein Verbot des Tragens von Kopftüchern würde sich vielmehr diskriminierend darstellen. Die negative Glaubensfreiheit der übrigen Schülerinnen und Schüler wiegt nicht so schwer wie die Grundrechte der (Kopftuch tragenden) Schülerinnen. Anders als möglicherweise bei Lehrkräften eröffnet das Tragen von Kopftüchern durch Schülerinnen gerade nicht die Möglichkeit einer Beeinflussung der anderen Schülerinnen und Schüler sowie von Konflikten, die zu einer Störung des Schulfriedens führen und die Erfüllung des Erziehungsauftrages der Schule gefährden können. Die religiös motivierte und als Ausdruck einer Glaubensüberzeugung zu interpretierende Bekleidung von Schülerinnen und Schülern hat nicht dieselbe Wirkung wie die so interpretierbare Bekleidung von Lehrkräften. Anders verhält es sich hingegen in Fällen einer »**Totalverschleierung**« durch Nikab oder Burka (s.u.). Das Tragen eines Kopftuches fällt auch bei Grundschülerinnen im **vorpubertären Alter** in den Schutzbereich des Art. 4 GG (vgl.: Rechtsgutachten des Wissenschaftlichen Dienstes des Deutschen Bundestages »Schule und Religionsfreiheit« vom 26.01.2017). Da ein Kopftuch in der Regel die Teilnahme am Unterricht nicht beeinträchtigt, lässt sich auch bei unter 14-jährigen Schülerinnen ein generelles Kopftuchverbot nicht mit dem staatlichen Bildungs- und Erziehungsauftrag gemäß Art. 7 Abs. 1 GG rechtfertigen.

Schülerinnen und Schüler haben aufgrund der positiven Religionsfreiheit grundsätzlich auch das Recht, während der Pausen religiöse Handlungen, zum Beispiel ein **Gebet**, durchzuführen. In das Recht der Mitschülerinnen und Mitschüler nicht gegen ihren Willen den religiösen Praktiken ausgesetzt zu werden, wird nicht eingegriffen, wenn sie z.b. auf dem Flur des Schulgebäudes betenden Schülerinnen und Schülern begegnen. Die oder der Einzelne hat in einer freien Gesellschaft kein Recht darauf, von fremden Glaubensbekundungen, kultischen Handlungen und religiösen Symbolen völlig verschont zu bleiben. Dies gilt auch für die Schule. Die Schule und der Staat identifizieren sich durch das Zulassen eines rituellen Gebetes in den Pausen nicht mit einer bestimmten Religion.

Zulässig ist auch die Durchführung eines sogenannten **Schulgebetes**, sofern Schülerinnen und Schüler nicht daran teilnehmen müssen (negative Religionsfreiheit). Nach einer Entscheidung des Oberverwaltungsgerichts Nordrhein-Westfalen (Beschl. v. 03.03.2010, Az.: 19 B 1592/09) ist ein Schulgebet an öffentlichen Schulen, z.B. in einer Klasse vor dem Unterricht oder vor dem Mittagessen, zulässig. Ein Schulgebet ist auch dann verfassungsrechtlich unbedenklich, wenn eine Schülerin oder ein Schüler oder die Eltern der Abhaltung des Gebetes widersprechen. Art. 4 Abs. 1 GG gewährt ihnen kein Recht, das Gebet anderer zu verhindern, sondern räumt ihnen nur das Recht ein, sich dem Schulgebet in zumutbarer Weise zu entziehen. Ihr Grundrecht auf negative Bekenntnisfreiheit wird nicht verletzt, wenn sie frei und ohne Zwang über die Teilnahme am Gebet entscheiden können. Die bei Beachtung des Toleranzgebotes regelmäßig vorauszusetzende Freiwilligkeit ist ausnahmsweise nur dann nicht gesichert, wenn eine Schülerin oder Schüler nach den Umständen des Einzelfalls nicht in zumutbarer Weise ausweichen kann. Dabei ist es beispielsweise zumutbar, dass die Schülerin oder der Schüler dem Raum, in dem andere beten, während des Gebets fernbleibt, indem sie oder er erst später hinzukommt oder ihn eher verlässt. Ebenfalls zumutbar ist es, wenn die Schülerin oder der Schüler während des Gebets im Klassenzimmer ist, aber an ihrem oder seinem Platz sitzen bleibt und das Gebet nicht mitspricht. Zur Zumutbarkeit gehört ferner, dass das Schulgebet nach Dauer und Häufigkeit sich in angemessenen Grenzen hält, was z.B. dann nicht zuträfe, wenn das Schulgebet zu Beginn und am Schluss einer jeden Unterrichtsstunde gesprochen würde.

Schülerinnen und Schüler haben dagegen keinen Anspruch auf Bereitstellung eines **Gebetsraumes**. Die Glaubensfreiheit gewährt (den muslimischen) Schülerinnen und Schülern keinen Anspruch auf staatliche Unterstützung bei der Ausübung ihres Glaubens. Die Einrichtung eines Gebetsraums würde eine solche staatliche Unterstützung darstellen. Die muslimischen Schülerinnen und Schüler können aus ihrer Glaubensfreiheit lediglich den Anspruch ableiten, während unterrichtsfreier Zeiten ihrer Gebetspflicht auf dem Schulgelände ungestört nachkommen zu können, es sei denn, dass durch die Verrichtung der Gebete der Schulfrieden nachweislich gestört wird. Die Schule sollte sich bemühen, im Wege des vertrauensvollen Dialogs mit allen Religionsgemeinschaften den muslimischen Schülerinnen und Schülern auf Wunsch die Möglichkeit zum ungestörten Gebet zu ermöglichen. Sofern die Schule trotz des Nichtbestehens eines Anspruches beabsichtigt, einen Gebetsraum einzurichten, ist diese Entscheidung mit dem Schulträger abzustimmen. Zudem sollte auf die Einrichtung eines Gebetsraums, der ausschließlich von muslimischen Schülerinnen und Schülern besucht werden darf, verzichtet werden. Stattdessen sollte der Raum für Schülerinnen und Schüler aller Religionen und Glaubensrichtungen offen stehen.

Nach der Entscheidung des Bundesverfassungsgerichtes vom 16.05.1995 – 1 BvR 1087/91 – ist die Pflicht zu staatlicher Neutralität in religiös-weltanschaulichen Fragen dann verletzt, wenn eine Schulordnung das Anbringen von **christlichen Kreuzen** oder **Kruzifixen** in öffentlichen Schulen zwingend vorschreibt. Da damit die Schülerinnen und Schüler ohne Ausweichmöglichkeit mit diesem christlichen Symbol zwangsweise konfrontiert werden, werde damit das elterliche Erziehungsrecht nach Art. 6 GG und die negative Glaubensfreiheit der Schülerinnen und Schüler gemäß Art. 4 GG beeinträchtigt. Das Anbringen von Kreuzen in Klassenzimmern überschreitet daher nach Meinung des Bundesverfassungsgerichtes die Grenze zulässiger religiös-weltanschaulicher Ausrichtung der Schule und ist damit grundsätzlich unzulässig. Wird daher in Klassenräumen oder anderen Bereichen der Schule ein christliches **Kreuz** aufgehängt, muss dieses abgehängt werden, falls Eltern oder Schülerinnen und Schüler unter Berufung auf ihre negative Glaubensfreiheit eine entsprechende Forderung erheben. Der Bayerische Verwaltungsgerichtshof hat auch Lehrkräften das Recht zugesprochen, das Abhängen eines Kreuzes zu fordern. Der EGMR hat in seiner Entscheidung vom 18. März 2011 (Az.: 30814/06) festgestellt, dass es grundsätzlich in den Beurteilungsspielraum der Mitgliedstaaten falle, ob ein Kreuz oder Kruzifix in Klassenräumen öffentlicher Schulen hängen sollen. Hierfür spreche bereits die Tatsache, dass diese Frage auch in den Mitgliedstaaten des Europarats unterschiedlich gehandhabt werde. Er hat festgestellt, dass das Aufhängen des Kreuzes nicht gegen die EMRK verstoße. Aus dem Urteil lässt sich nicht ableiten, dass es etwa eine Pflicht des Staates gebe, auf Wunsch einzelner Eltern ein Kreuz aufzuhängen. Die deutsche Rechtslage ist damit nicht von dem Urteil des EMRK berührt. Hierfür sind weiterhin die deutschen Gesetze und die Rechtsprechung des BVerfG und des BVerwG der Maßstab. Daher sind keine Änderungen etwaiger landesrechtlicher Regelungen notwendig. Der EGMR hat den konventionsrechtlichen Rahmen, innerhalb dessen die Mitgliedstaaten sich für oder gegen ein Kreuz in den Klassenräumen staatlicher Schulen entscheiden können, geklärt. Dabei hat es den Mitgliedstaaten ausdrücklich einen Spielraum für die Ausgestaltung gelassen. Dieser ist in Deutschland durch die Rechtsprechung des BVerfG und BVerwG auf eine konventionskonforme Weise vorgeformt und durch die Landesgesetzgebung ausgestaltet

Schülerinnen und Schüler § 58 — NSchG

worden. Es bleibt somit dabei, dass das Kreuz abgehängt werden muss, wenn Lehrkräfte, Eltern oder Schülerinnen und Schüler widersprechen.

Schülerinnen und Schüler haben im Rahmen des Schulverhältnisses das Recht, sich während des Unterrichts und der sonstigen Schulveranstaltungen einschließlich einer angemessenen Zeit davor und danach in den Schulräumen oder dem Schulgelände aufzuhalten (**Aufenthaltsrecht**). In dieses Recht darf nicht auf der Grundlage des Hausrechtes nach § 111 Abs. 2 eingegriffen werden. Erst wenn z.b. nach dem Infektionsschutzgesetz oder mit einer bestandskräftigen Ordnungsmaßnahme nach § 61 Abs. 3 Nr. 3 bis 6 in dieses Recht eingegriffen wird, gilt ein gesetzliches **Schulbetretungsverbot**. Anders stellt sich die Rechtslage dar, wenn sich die Schülerin oder der Schüler außerhalb der schulischen Zeiten im Schulgebäude oder auf dem Schulgelände aufhält.

Schülerinnen und Schüler sind nicht verpflichtet am »**Tag der offenen Tür**« ihrer Schule teilzunehmen, wenn diese Veranstaltung an einem Sonntag oder gesetzlichen Feiertag durchgeführt wird.

Schülerinnen und Schüler, die im Verdacht stehen, eine Straftat zu begehen oder gegen die Schulordnung zu verstoßen, können in der Schule während der Schulzeit nicht durch die Schulleitung oder Lehrkräfte einer einfachen **körperlichen Untersuchung** unterzogen werden. Gleichfalls ist es unzulässig, dass Lehrkräfte die von den Schülerinnen und Schülern mitgeführten Gegenstände (Kleidung, Schultaschen etc.) durchsuchen. Die körperliche Durchsuchung von Schülerinnen und Schülern ist grundsätzlich den strafrechtlichen Ermittlungsbehörden, also den Polizeibehörden, Zollfahndungen sowie der Staatsanwaltschaft vorbehalten. Nach § 94 Abs. 1 StPO können dabei Gegenstände, die als Beweismittel für die Untersuchung von Bedeutung sein können, in Verwahrung genommen oder in anderer Weise sichergestellt werden.

Bei der Durchsuchung der Kleidung sowie der Schülerin oder dem Schüler gehörenden Behältnissen oder bei **Taschenkontrollen** wird in das Höchstpersönlichkeitsrecht der Schülerinnen und Schüler eingriffen. Eine gesetzliche Befugnisnorm für Schulleitungen oder Lehrkräfte zur Durchführung von solchen Kontrollen gibt es nicht. Diese besteht in Form des § 102 StPO bei einem entsprechenden Verdacht nur für die Polizei oder die Staatsanwaltschaft. Ausgenommen von dieser Regelung sind Fälle, in denen Schülerinnen oder Schüler »**auf frischer Tat**« ertappt werden. In diesen Fällen ist den Lehrkräften gestattet, die betreffende Schülerin bzw. den betreffenden Schüler zu stellen und sie bzw. ihn bis zum Eintreffen der Polizei festzuhalten (§ 127 StPO). Da Kinder (Personen unter 14 Jahren) nicht strafmündig sind, darf die Strafprozessordnung für unter 14-Jährige allerdings nicht als Rechtsgrundlage herangezogen werden, somit kommt ein Festhalten nach § 127 Abs. 1 StPO bei Kindern nicht in Betracht. Aber: Zur Sicherung zivilrechtlicher Ansprüche darf die oder der Anspruchsberechtigte nach § 229 BGB erlaubte Selbsthilfe ausüben. Die Vorschrift kann auch auf Kinder angewendet werden. Für Schulleiter und Lehrkräfte ist eine Durchsuchung der Taschen daher nur dann zulässig, wenn die

Schülerin oder der Schüler einwilligt. Es empfiehlt sich insoweit, vorab (z.b. zum Schuljahresbeginn) eine schriftliche Einverständniserklärung der Erziehungsberechtigten bzw. der volljährigen Schülerin oder Schüler einzuholen. Die Erklärung ist jedoch jederzeit widerrufbar. Wenn eine solche Erklärung abgegeben wurde, ist dies jedoch kein Freibrief für jedwede Kontrolle. Es ist vielmehr immer der Verhältnismäßigkeitsgrundsatz zu beachten, d. h. Durchsuchungen dürfen trotzdem nur bei begründetem Verdacht, nicht aber willkürlich (z.b. Stichproben zur Abschreckung) durchgeführt werden. Um allgemeine Verhaltensregeln zu kontrollieren darf eine Tasche niemals durchsucht werden, da dieses unverhältnismäßig wäre. Unter Beachtung des Verhältnismäßigkeitsprinzips kann daher eine Taschenkontrolle nicht schon bei geringfügigen Verstößen (z.b. Verstoß gegen Rauchverbot oder Verstoß gegen Verbot der Handynutzung) durch die Schule durchgeführt werden. In keinem Fall kann die Taschenkontrolle mit der Ausübung körperlichen Zwangs durchgesetzt werden.

Schülerinnen und Schüler haben grundsätzlich das Recht, ein **Handy** mit in die Schule zu nehmen und es während bestimmter Zeiten auch zu benutzen. Ein generelles »**Handyverbot**«, welches den Schülerinnen und Schülern bereits die Mitnahme von Mobiltelefonen in die Schule untersagt, ist in der Regel unzulässig und ausnahmsweise nur dann gerechtfertigt, wenn auf andere Weise kein geordneter Schulbetrieb sichergestellt werden kann. Die Mutmaßung, dass Mobiltelefone möglicherweise zu Störungen des Schulbetriebes führen, reicht für ein solches Verbot noch nicht aus, da es durchaus berechtigte Interessen von Schülerinnen und Schülern gibt, das Mobiltelefon mit sich zu führen (z.b. schwere Erkrankung eines Elternteils). Es ist jedoch als zulässig anzusehen, ein Handyverbot in begründeten Einzelfällen per Einzelanweisung auszusprechen, wenn mit dem Handy nachgewiesenermaßen Missbrauch betrieben wurde. Darüber hinaus könnte per Schulordnung ein Nutzungsverbot von Handys während des Unterrichts und der außerunterrichtlichen Angebote ausgesprochen werden; diesbezüglich gilt die Zuständigkeit der Gesamtkonferenz nach § 34 Abs. 2 Nr. 2. Gemäß § 34 Abs. 2 Nr. 2 entscheidet die Gesamtkonferenz über die Schulordnung. In einer Schulordnung können Fragen der äußeren und der inneren Ordnung geregelt werden. Zur inneren Ordnung ist auch die Benutzung von Mobiltelefonen zu zählen. In die Schulordnung kann somit aufgenommen werden, dass Mobiltelefone während des Unterrichts und der außerunterrichtlichen Angebote nicht benutzt werden dürfen und ausgeschaltet werden müssen. Sollte gegen das Verbot verstoßen werden, kann das gesamte Mobiltelefon einschließlich der SIM-Karte eingezogen werden. Nach Unterrichtsschluss ist das Mobiltelefon der Schülerin oder dem Schüler wieder herauszugeben; eine Einziehung des Mobiltelefon über den Unterrichtstag hinaus ist unzulässig, da dadurch unverhältnismäßig in das Eigentumsrecht eingegriffen würde. Schülerinnen und Schüler sind von Verfassung wegen vor Eingriffen in ihr Eigentum und ihre allgemeine Handlungsfreiheit geschützt (Art. 14 GG, Art. 2 Abs. 1 GG). Solchen Eingriffe kann die oder der Betroffene bei einer noch andauernden Verletzung mit dem Antrag auf Erlass einer einstweiligen Verfügung (§ 123 VwGO) oder mit einer auf Herausgabe gerichteten Leistungsklage entgegentreten. (a. A. Pressemitteilung VG Berlin vom 17.04.2017 zu Urteil v. 04.04.2017 – VG 3 K 797.15 –, wonach keine Grundrechte berührt werden, wenn ein Smartphone über das Wochenende eingezogen wird – dieser Ansicht ist entgegenzutreten: Das Einziehen des Handys stellt einen Grundrechtseingriff dar, der nur dann zulässig ist, wenn sich die Schule auf eine Ermächtigungsgrundlage stützen kann. Eine Ermächtigungsgrundlage für das Einziehen des Handys über das Wochenende ist aber in den Bundesländern und auch in Niedersachsen aus § 58 nicht abzuleiten. Vielmehr sind die in den Schulgesetzen der Bundesländer vorgesehenen Eingriffsbefugnissse grundsätzlich auf den Schulbetrieb beschränkt. Mit Ablauf des Schultages erlischt in aller Regel das Besitzrecht der Schule an dem Gerät. Mit der Einziehung des Handys über das Wochenende überschreitet die Schule somit ihre Kompetenzen. Das Einziehen des Handys kann unter Berücksichtigung der Verhältnismäßigkeit während des Unterrichts – wohlmöglich auch während der Pausen – aber nicht über das Wochenende auf eine Ermächtigungsgrundlage gestützt werden).

Nicht erforderlich ist es, das Mobiltelefon der Schülerin oder dem Schüler nach Hause zu bringen. Wird das Mobiltelefon während des laufenden Schulbetriebes aufgrund einer Störung eingezogen, liegt eine sogenannte öffentlich-rechtliche Verwahrung vor. Für einen Verlust oder einer Beschädigung des Handys während der Zeit der öffentlich-rechtlichen Verwahrung durch eine Lehrkraft haftet das Land nach den Grundsätzen der Amtshaftung bei »normaler« Fahrlässigkeit. Die Haftungserleichterung des § 690 BGB gilt nicht für die öffentlich-rechtliche Verwahrung. Die Lehrkraft darf das Gerät nur in Gewahrsam nehmen. Das Handy durchsuchen, um beispielsweise zu überprüfen, ob die Schülerin oder der Schüler eine SMS verschickt hat, ist untersagt. Ansonsten läge eine Verletzung des Schutzes des Post- und Fernmeldegeheimnisses und des Rechtes auf informationelle Selbstbestimmung vor.

Schülerinnen und Schüler haben das Recht, dass ihnen die Lehrkräfte zu Beginn des Schul(halb)jahres die wesentlichen Kriterien der **Leistungsbewertung** (z.B.: Anzahl der schriftlichen Arbeiten, Gewichtung der schriftlichen, fachspezifischen und mündlichen Noten) mitteilen. Eine sachgerechte Beurteilung ihres Zeugnisses ist Schülerinnen und Schülern sowie deren Erziehungsberechtigten nur möglich, wenn sie Klarheit über die Bewertungskriterien der Lehrkräfte haben. Deshalb müssen sie darüber informiert werden, wie die Zensuren zustande gekommen und begründet sind und welche Folgerungen sich daraus für die weitere Arbeit ergeben. Insbesondere geben Erörterungen mit der Klasse über ihren Leistungsstand und ihre Bewertung, besonders vor der Zeugniserteilung, Schülerinnen und Schülern wichtige und für die Selbstkontrolle notwendige Hinweise. Um Schülerinnen und Schüler nicht zu überfordern, dürfen zu zensierende schriftliche Lernkontrollen nicht in beliebiger Anzahl geschrieben werden. Auf der anderen Seite darf eine bestimmte Mindestanzahl nicht unterschritten werden. Die jeweilige Anzahl zu zensierender schriftlicher

Arbeiten ist je Schulform und Jahrgangsstufe unterschiedlich festgelegt. Eine besonders hohe Durchfallquote reicht allein nicht aus, Mängel in der Leistungsbeurteilung zu unterstellen. Das OVG Lüneburg hat mit Beschluss vom 21.02.2019 – Az.: 2 ME 818/18 – einen Antrag eines Schülers zurückgewiesen, ihn aufgrund einer Verletzung von **Informationspflichten** zur Wiederholung der mündlichen Nachprüfung im Fach Politik im Rahmen der Abiturprüfung zuzulassen. Das Gericht betonte jedoch, dass bei der Abiturprüfung ein **Informations- und Beratungsanspruch** bestehe, der sich auf die rechtlichen Rahmenbedingungen der Prüfung sowie insbesondere auf ihren Ablauf, Art und Anzahl der geforderten Prüfungsleistungen und deren Gewichtung bezieht.

Die Verwertungsrechte an im schulischen Auftrag geschaffenen Werken stehen unabhängig vom Medium den Schülerinnen und Schülern zu, soweit sich nicht aus der Natur der Sache des Schulverhältnisses anderes ergibt, etwa bei der Aufbewahrung von Prüfungsarbeiten. Soweit Schülerinnen und Schüler im Rahmen von **Schülerarbeiten** eigene Werke herstellen, werden sie auch regelmäßig Eigentümer dieser Arbeiten. In der Regel wird man der Schule aber ein Besitzrecht aus Gründen der Zensurengebung und Notensicherung zusprechen müssen, welches dem Herausgaberecht der Schülerinnen und Schüler entgegengehalten werden kann. Insoweit können Prüfungsakten erst nach Abschluss des Prüfungsverfahrens eingesehen werden. Einzelne emotional gefärbte Anmerkungen der Lehrkräfte lassen noch keinen Schluss auf Befangenheit einer Lehrkraft zu.

Schülerinnen und Schüler haben grundsätzlich das Recht, an einer **Schulfahrt** (Klassenreise) teilzunehmen. Ausflüge stärken die Klassengemeinschaft, zudem kann eine Schülerin oder ein Schüler in eine Außenseiterrolle geraten, wenn sie oder er nicht an der Fahrt teilnehmen darf. Anders stellt sich der Sachverhalt dar, wenn die Schule einen **Schüleraustausch** durchführt und nicht genügend Plätze für alle interessierten Schülerinnen und Schüler zur Verfügung stehen. Hier muss die Auswahl nach einem ermessensfehlerfreien Verfahren (z.B. Losverfahren) erfolgen.

Nach Art. 3 Abs. 3 GG dürfen Schülerinnen und Schüler nicht **benachteiligt** werden, wegen ihres Geschlechtes, ihrer Abstammung, ihrer Rasse, ihrer Heimat und Herkunft, ihrer Glaubensrichtung, ihrer religiösen oder politischen Anschauungen oder einer Behinderung. Dieses **Benachteiligungsverbot** beinhaltet, dass auch Schüler am Handarbeits- oder Kochunterricht oder Schülerinnen an handwerklichen Angeboten der Schule teilnehmen dürfen.

Schülerinnen und Schüler haben auch ein Beschwerderecht gegenüber ihren Lehrkräften, wenn sie sich ungerecht behandelt fühlen. Diese **Fach-** oder **Dienstaufsichtsbeschwerde** muss keine bestimmte Form (z.B. einen Antrag) erfüllen, sondern sie kann z.B. per Brief oder Telefon an die Schulleitung oder die Schulbehörde gerichtet werden. Außerdem gibt es keine Frist für derartige Beschwerden. Mit dem formlosen Rechtsbehelf haben die Schülerinnen und Schüler dann auch das Recht zu erfahren, wie über die Beschwerde entschieden wurde (jedoch kein Recht auf Begründung der Entscheidung). Wenn der Beschwerde stattgegeben wird, muss der Beschwerdegrund durch die Schule behoben werden. Beschwerdegründe können sein: Beleidigungen, Mobbing, Piesacken oder Strafarbeiten (z.B. Hundertmal denselben Satz abschreiben müssen) durch Lehrkräfte. Selbst wenn Schülerinnen oder Schüler viel stören und die Lehrkraft davon genervt ist, darf die Lehrkraft Schülerinnen oder Schüler nicht beleidigen.

Schülerinnen und Schüler haben auch das Recht, gegen nicht prüfungs-, versetzungs- oder abschlussrelevante Zeugnisse oder einzelne Fachzensuren Beschwerde (sogenannte **Fachaufsichtsbeschwerde** oder **Notenbeschwerde**) einzulegen, wenn sie meinen, dass die Leistungsbewertung ungerecht oder sonst fehlerhaft zustande gekommen ist. Lehrkräfte sowie die Schulleitungen müssen diesen Beschwerden nachgehen und – bei berechtigter Kritik – für Abhilfe sorgen. Wenn der Konfliktpunkt auf schulischer Ebene nicht bereinigt werden kann, ist die nachgeordnete Schulbehörde als Fachaufsichtsbehörde (§ 121 Abs. 2, § 119 Abs. 2) einzuschalten. Diese kann auch – im Gegensatz zu der Schulleitung – entgegen der Auffassung der beurteilenden Lehrkraft eine Fachzensur verändern und gegebenenfalls »nach oben« (s. Verbesserung von Noten) auch korrigieren (Anm. 4). Eine gerichtliche Überprüfung ist in diesen Fällen in aller Regel jedoch nicht möglich. Erst wenn Zensuren oder Zeugnisse prüfungs-, versetzungs- oder abschlusswirksam werden, d. h. für die Gesamtentscheidung von Bedeutung sind, sind sie vor Gericht anfechtbar. Das Bundesverwaltungsgericht hat festgestellt, dass solche Entscheidungen von ihrem Rechtscharakter her Verwaltungsakte sind und der gerichtlichen Überprüfung unterliegen. Klagegegnerin ist in diesen Fällen regelmäßig die einzelne Schule, die die Note oder das Zeugnis erlassen hat. Kommt es zu einem gerichtlichen Verfahren, setzt sich die Schule mit der nachgeordneten Schulbehörde ins Benehmen und klärt ab, ob die Prozessbegleitung der Schule durch die Juristinnen oder Juristen der nachgeordneten Schulbehörde oder durch eine externe Rechtsanwältin oder einen externen Rechtsanwalt erfolgt. Häufig führt eine rechtliche Überprüfung des jeweiligen Sachverhaltes bei der nachgeordneten Schulbehörde im Vorfeld allerdings dazu, dass ein Klageverfahren im Vorfeld vermieden werden kann. Im Bereich des Schulrechts kommt es aufgrund der Eilbedürftigkeit in vielen Fällen zu Eilverfahren. Dennoch bedarf es grundsätzlich auch eines parallelen Hauptsacheverfahrens. Mit Hauptsacheverfahren werden das Widerspruchsverfahren und das Klageverfahren bezeichnet. Viele Hauptsacheverfahren gehen jedoch nicht über das Widerspruchsverfahren hinaus und gelangen deshalb nicht zu einer verwaltungsgerichtlichen Entscheidung. Das Hauptsacheverfahren unterscheidet sich vom Eilverfahren im Wesentlichen dadurch, dass im Eilverfahren niemals eine mündliche Verhandlung stattfindet und auch nur summarisch nach Aktenlage entschieden wird. Es wird auch nicht endgültig Recht gesetzt, sodass es keine Vorwegnahme in der Hauptsache geben darf. Im Hauptsacheverfahren findet grundsätzlich eine mündliche Verhandlung statt, in der auch Zeugen – z.B. Lehrkräfte – vernommen werden können. Die Beteiligten können aber auch – was im Schulbereich eher selten vorkommt – auf eine mündliche Verhandlung verzichten. Behördliche Entscheidungen, die sich durch Zeitablauf erledigt haben – etwa der Ausschluss vom Unterricht von einem Tag – können durch das Gericht auch nach ihrer Erledigung auf ihre Rechtmäßigkeit überprüft werden, wenn für die gerichtliche Feststellung ein besonderes Feststellungsinteresse (z.B. Wiederholungsgefahr) besteht.

In den schulrechtliche Verfahren geht es vielfach um Fälle, in denen den Schulen ein pädagogischer Entscheidungsspielraum eingeräumt ist. Das betrifft insbesondere Prüfungsentscheidungen, Versetzungsentscheidungen und auch Ordnungsmaßnahmen. In Beurteilungs- oder Ermessensspielräume kann das Gericht nicht ohne Weiteres eingreifen. **Prüfungsentscheidungen** werden grundsätzlich nicht inhaltlich, sondern nur daraufhin überprüft, ob die Prüferin oder der Prüfer die Verfahrensvorschriften eingehalten hat, von einem zutreffenden Sachverhalt ausgegangen ist, allgemein anerkannte Bewertungsmaßstäbe beachtet hat oder sich von sachfremden Erwägungen hat leiten lassen. Die Einschränkung der rechtlichen Kontrolle beruht darauf, dass der Prüferin oder dem Prüfer ein Beurteilungsspielraum zusteht, in den das Gericht nicht durch ein eigenes Werturteil eingreifen darf. Auch die Entscheidung darüber, ob die Antwort eines Prüflings richtig oder falsch sei, fällt somit prinzipiell allein in den prüfungsrechtlichen Beurteilungsspielraum der Prüferin oder des Prüfers.

b) Pflichten der Schülerinnen und Schüler: Zu den Pflichten der Schülerinnen und Schüler sind zum Beispiel die Pflicht zur Einhaltung der Schul- und Hausordnung, die Pflicht zum pünktlichen Erscheinen im Unterricht, die Pflicht zum Mitbringen der Schulbücher in die Schule, die Pflicht im Unterricht das Handy abzustellen, die Pflicht zur Einhaltung des Alkohol- und Rauchverbotes, die Pflicht zur Anfertigung von Hausarbeiten, die Pflicht zur Teilnahme an eintägiger Schulfahrt, die Pflicht zur Einhaltung der Pausenzeit, die Pflicht zur Übernahme des Tafeldienstes oder auch die Pflicht, im Sportunterricht geeignete Sportkleidung anzulegen und Körperschmuck abzulegen, zu zählen.

Während der **Corona-Pandemie** 2020 hat die Niedersächsische Landesregierung auf Grundlage des Infektionsschutzgesetzes durch Verordnung den Schulbesuch untersagt. Stattdessen wurden für Schülerinnen und Schüler Lernangebote für zu Hause angeboten. Nach Abs. 1 sind Schülerinnen und Schüler verpflichtet, an der »Erfüllung des Bildungsauftrages teilzunehmen«, dies schließt die bestmögliche Erledigung von Aufgaben und Lernerfolgskontrollen auch in häuslicher Umgebung (»**Lernen zu Hause**«) ein. Allerdings liegt bei Verletzung dieser Pflicht keine Schulpflichtverletzung vor, da sich diese nur auf den **Präsenzunterricht** beziehen kann. Das »Lernen zu Hause« ist nicht mit der ansonsten bestehenden »Schulbesuchspflicht« gleichzusetzen. Das VG Berlin hat mit Beschluss v. 07.08.2020 (VG 14 L 234/20) im Rahmen der Corona-Pandemie entschieden, dass die Schulen in Berlin ohne den Mindestabstand von 1,5 Metern öffnen durften, der ansonsten bei physischen sozialen Kontakten in der Öffentlichkeit einzuhalten war.

Ebenfalls haben die Schülerinnen und Schüler die Pflicht, ihren Lehrkräften, den Mitschülerinnen und Mitschülern sowie sonstigen Beteiligten des Schullebens gegenüber die notwenige **Achtung** und den notwendigen **Respekt** entgegenzubringen. **Mobbingverhalten** z.b. über WhatsApp ist daher unzulässig und kann eine Erziehungs- oder Ordnungsmaßnahme nach sich ziehen.

Zu den Pflichten volljähriger Schülerinnen und Schüler wird man auch die sonst den Erziehungsberechtigten obliegende **Ausstattungspflicht** zählen müssen (vgl. § 71 Anm. 2).

Das Bundesverfassungsgericht hat mit Beschluss vom 21.07.2009 – Az.: 1 BvR 1358/09 – entschieden, dass die Erziehungsberechtigten ihre Kinder im Regelfall nicht wegen religiöser Bedenken vom **Sexualkundeunterricht** oder Karnevalsveranstaltungen befreien lassen können. Die Schulpflicht habe dann Vorrang, wenn die Schule Neutralität und Toleranz gegenüber den erzieherischen Vorstellungen der Eltern wahre. Der Beschluss ist am 13.09.2011 vom EGMR – Az.: 319/08 u. a. – in einem Individualbeschwerdeverfahren bestätigt worden. Wenn Schülerinnen oder Schüler unentschuldigt nicht am Sexualkundeunterricht teilnehmen, stellt dies eine Leistungsverweigerung dar, auch wenn die Nichtteilnahme am Unterricht mit religiösen Gründen begründet wird. Hat eine Schülerin oder ein Schüler aus von ihr oder ihm zu vertretenden Gründen Unterricht versäumt und können die Leistungen aus diesem Grunde nicht beurteilt werden, so hat dies im Regelfall die Bewertung mit der Note »ungenügend« zur Folge. Das unentschuldigte Fehlen im Unterricht kann ggf. auch eine Schulpflichtverletzung darstellen. Ein Biologie-Schulbuch darf auch Bilder nackter Jungen und Mädchen zur Veranschaulichung der Veränderungen in der Pubertät sowie Erläuterungen zu verschiedenen Verhütungsmitteln enthalten. Ein in einem strenggläubigen katholischen Elternhaus aufgewachsener Schüler wird deshalb nicht vom Unterricht befreit, auch wenn Eltern die Passagen in dem Schulbuch für Kinderpornografie halten (VG Münster, Urteil vom 16.06.2006, 1 K 411/06).

Mit Urteil vom 11.09.2013 hat das Bundesverwaltungsgericht (Az.: 6 C 12.12 – Fall **Krabat**) entschieden, dass Erziehungsberechtigte gestützt auf religiöse Erziehungsvorstellungen nur in Ausnahmefällen die Befreiung ihrer Kinder von einer Unterrichtsveranstaltung verlangen können. Damit wurde die entgegenstehende Entscheidung des OVG NRW vom 22.12.2011 – Az.: 19 A 610/10 – geändert, wonach dem Schüler ein Befreiungsanspruch zuerkannt worden war.

Weisungsrecht der Lehrkräfte gegenüber den Schülerinnen und Schülern: Die Schule kann durch die Lehrkräfte wegen des Fehlens des »besonderen Gewaltverhältnisses« (s.o.) auf die Grundrechte der Schülerinnen und Schüler nur einwirken, soweit diese Befugnis durch Gesetz oder gesetzlich gedeckten Rechtssatz übertragen ist. Lehrkräfte können aber Schülerinnen und Schülern Weisungen erteilen, soweit die Weisungen das »Schulverhältnis« und keine Grundrechte betreffen. Insofern können die Lehrkräfte hinsichtlich der oben aufgeführten Beispiele (siehe Buchstabe

b) ihren Schülerinnen und Schülern auch Weisungen erteilen. Soweit durch Weisung aber in den grundrechtlich geschützten Bereich außerhalb des eigentlichen Schulverhältnisses eingegriffen wird (Weisung zur Wiedergutmachung oder zum Schadensausgleich, Weisung zur Entschuldigung bei begangenem Unrecht, Weisung zum Tragen einer bestimmten Schulkleidung, Weisung zur Teilnahme am Schulgebet, absolutes Handyverbot in Schulen), fehlt hierfür allerdings die Rechtsgrundlage.

Die Durchführung eines **Sozialdienstes** (z.B.: Tafeldienst, Ordnen von Tischen und Stühlen, Ausfegen des Klassenraumes) betrifft die Schülerinnen und Schüler regelmäßig nicht in ihren Grundrechten. Voraussetzung ist aber, dass die Schule mit derartigen Maßnahmen einen pädagogischen Zweck verfolgt und nicht nur zur dauerhaften Entlastung der Schulträgeraufgaben (Reinigungsaufgaben) handelt. Im Übrigen muss der Verhältnismäßigkeitsgrundsatz eingehalten werden. Die Regelung in einer Schulordnung, dass die Schülerinnen und Schüler viermal im Schuljahr einen Sozialdienst übernehmen müssen, ist noch als verhältnismäßig anzusehen.

Das **Reinigen der Toiletten** kommt als Erziehungsmaßnahme in Betracht, wenn eine Schülerin oder ein Schüler die Toilette verschmutzt hat. Demgegenüber haben nach § 108 Abs. 1 Satz 1 die Schulträger die erforderlichen Schulanlagen zu errichten, mit der notwendigen Einrichtung auszustatten und ordnungsgemäß zu unterhalten. Hierzu gehört auch die regelmäßige Reinigung des Schulgebäudes einschließlich der Toiletten. Dieser Verpflichtung kann sich der Schulträger nicht durch eine dauerhafte Verlagerung der Aufgabe auf die Schülerinnen und Schüler entziehen. Soweit aus pädagogischen Gründen Schülerinnen und Schüler im Rahmen von Erziehungsmitteln mit gewissen Aufräum- oder Putzarbeiten betraut werden sollen, ist für eine derartige Entscheidung allein die Schule (Schulleitung, Konferenz oder Lehrkraft) zuständig. Der Schulträger hat hier keine Entscheidungskompetenzen, sondern im Rahmen der Schulverfassung lediglich ein Antragsrecht.

Im Übrigen kann von Schülerinnen und Schülern erwartet werden, dass der **Toilettengang** während der Pause erledigt wird. Gleichwohl darf die Toilettenbenutzung während des Unterrichts nicht generell verboten werden, sondern nur, sofern ein begründeter Verdacht besteht, dass der Toilettengang missbräuchlich erbeten wird und daher aufschiebbar oder nicht notwendig ist. Wenn eine Lehrkraft ohne sachliche Rechtfertigung einen Toilettengang verweigert, kann dies strafrechtliche Konsequenzen haben (z.B.: Körperverletzung im Amt, § 340 StGB, Misshandlung von Schutzbefohlenen § 171 StGB). Der Grundsatz der Verhältnismäßigkeit ist zu beachten. Während einer Klassenarbeit, einer Klausur oder Prüfung sollten nicht mehrere Schülerinnen und Schüler zugleich zur Toilette gelassen werden.

Hinsichtlich **Nahrungsaufnahme** und **Trinken** im Unterricht kann die Schule die Schülerinnen und Schüler auf die Pausenzeiten verweisen. Auch das **Kauen von Kaugummis** im Unterricht kann durch die Schule untersagt werden. Während der Pausen kann das Kauen jedoch auch durch eine Schulordnung nicht untersagt werden; dies würde einen unverhältnismäßigen Eingriff in das Persönlichkeitsrecht der Schülerinnen und Schüler darstellen.

Lehrkräfte können den Schülerinnen und Schülern auch vorschreiben, dass Klausuren oder Hausarbeiten mit **Kugelschreiber** oder **Füllfederhalter** (und nicht mit **Bleistift**) in schwarzer oder blauer Schrift erstellt werden. Die Farbe Rot ist die gängige Korrekturfarbe. Auch das **Kippeln mit Stühlen** im Unterricht kann von Lehrkräften untersagt werden.

Die Einführung einer **Schuluniform** durch eine Schule stellt ebenso einen Grundrechtseingriff dar wie sonstige allgemeine Vorgaben über die Bekleidung oder das Erscheinungsbild der Schülerinnen und Schüler. Grundsätzlich tragen Schülerinnen und Schüler (bzw. ihre Erziehungsberechtigten) die alleinige Verantwortung für ihr äußeres Erscheinungsbild. Ihr Modegeschmack und das Verhalten sich dementsprechend zu kleiden, unterliegt dem Schutzbereich der allgemeinen Handlungsfreiheit (Art. 2 Abs. 1 GG) und des allgemeinen Persönlichkeitsrechts (Art. 2 Abs. 1 GG i.V.m. Art. 1 Abs. 1 GG). Für die Eltern gehört die Kleiderauswahl zu ihrem individuellen Erziehungsrecht (Art. 6 Abs. 2 GG). Wird durch die Schule das Tragen bestimmter Marken oder eines bestimmten Kleidungsstils verboten, so stellt dieses Verbot einen unzulässigen Eingriff in die oben genannten Grundrechte dar. Daher ist die Anordnung einer bestimmten Bekleidung nur zulässig, wenn der staatliche Bildungs- und Erziehungsauftrag im Einzelfall eine bestimmte Kleidung erfordert. So kann seitens der Schule für den Sport- und Schwimmunterricht ebenso eine geeignete Sport- oder Schwimmkleidung vorgegeben werden, wie zum Beispiel für besondere Schulveranstaltungen (z.B. Exkursionen) oder Schulfahrten (z.B. Ski-Kurse). Zur Besonderheit von religiösen Bekleidungsvorschriften s.o.

Ebenso stellen schulische Vorgaben zum **Erscheinungsbild** von Schülerinnen und Schülern einen Eingriff in die oben genannten Grundrechtspositionen dar. Insoweit dürfen schulische Vorgaben zu **Haartracht, Schminke, Körperschmuck** oder zum sogenannten »**Gammel Look**« schulischerseits nicht erfolgen. Insoweit fehlt es bereits an einer verfassungsrechtlich legitimen Zwecksetzung für ein derartiges Verbot.

Anders ist die Rechtslage zu beurteilen, wenn es um Fälle mangelnder **Hygiene** geht, etwa wenn von der Schülerkleidung deutliche Geruchsbelästigungen, Krankheiten oder Ungeziefer ausgehen. Hier können die Schülerinnen und Schüler durch (dezente) Weisungen der Schule gebeten werden, die Kleidung zu waschen bzw. zu wechseln. Ebenfalls unbedenklich sind Weisungen, wenn sich die Schülerinnen oder Schüler durch die Darstellung unbedeckter Körperteile **Gesundheitsgefährdungen,** zum Beispiel Nieren- oder Blasenentzündungen, aussetzen. Hier müssen die Lehrkräfte ihrer Schutz- und Fürsorgeverpflichtung nachkommen, die sie gegenüber den ihnen anvertrauten Schülerinnen und Schülern haben. Eine Verpflichtung, im schulischen Bereich aus epidemiologischen Gründen einen Mund-Nasen-Schutz **(Corona-Pandemie 2020)** zu tragen, bedarf einer gesonderten Rechtsgrundlage und kann durch die Schulleitung nicht einfach angewiesen werden.

Ebenfalls kann aus Fürsorgegesichtspunkten ein Verbot von **Hotpants** und **bauchfreien Tops** durch die Schule ausgesprochen werden. In Niedersachsen wird in Art. 4a Abs. 3 NV die ausdrückliche Pflicht des Staates postuliert, Kinder und Jugendliche vor Misshandlung zu schützen. Art. 4a Abs. 3 NV weist damit auch der Schule einen ausdrücklichen Schutzauftrag zu. Der Staat ist nicht nur berechtigt, sondern insbesondere auch verpflichtet, Kinder vor körperlicher und seelischer Vernachlässigung sowie Misshandlung zu schützen. Dazu gehört auch der Schutz vor Gefahren, die heranwachsende Schülerinnen und Schüler aufgrund ihrer Entwicklung möglicherweise noch nicht voll überblicken können. Aus Art. 4a Abs. 1 NV lässt sich zudem der Anspruch an die Schule ableiten, die Würde ihrer Schülerinnen und Schüler zu schützen. Die Verantwortung der Schule für die ihr anvertrauten Schülerinnen und Schüler bedingt, dass die von der Rechtsordnung vorgegebenen Werteentscheidungen im Rahmen der schulischen Erziehung berücksichtigt und umgesetzt werden müssen. Insoweit greift auch nicht der in den sozialen Medien häufig geäußerte Vorwurf, Schülerinnen werden durch derartige Verbote als Objekt sexueller Begierde oder als Provokateurinnen dargestellt, die selbst schuld seien, wenn sie Opfer eines Übergriffs würden. Ein schulisches Bekleidungsverbot, soweit es sich auf eindeutig sexuell aufreizende Kleidung in der Schule bezieht, ist vielmehr durch die Fürsorgeverpflichtung der Schule gedeckt und auch geboten. Die teilweise verbreitete Praxis,»locker« gekleidete Schülerinnen und Schüler zu zwingen ein **XL-Shirt** überzuziehen, ist dagegen rechtswidrig.

Auch das Tragen von **Basecaps, Mützen, Kapuzen** oder anderen – nicht aus religiösen Gründen – getragenen **Kopfbedeckungen** sowie von **Jacken** im Unterricht und während außerunterrichtlicher Angebote, kann durch die Schule im Einzelfall oder durch eine Schulordnung untersagt werden. Mit dem Tragen derartiger Kopfbedeckungen wird in der Regel ein mangelnder Respekt gegenüber der jeweiligen Lehrkraft und den Mitschülerinnen und Mitschülern zum Ausdruck gebracht, sodass ein entsprechendes Verbot aus dem staatlichen Bildungs- und Erziehungsauftrag unmittelbar abgeleitet werden kann. Während der Pausen oder bei Schulfahrten wird ein derartiges Verbot aber nicht aufrecht zu erhalten sein. Hier gilt der allgemeine Grundsatz, dass Schülerinnen und Schüler (bzw. ihre Erziehungsberechtigten) die alleinige Verantwortung für ihr äußeres Erscheinungsbild tragen. Schülerinnen kann aber nicht untersagt werden, ein **Kopftuch** als Ausdruck ihrer Religion zu tragen (s.o.).

In Deutschland besteht nach der Straßenverkehrsordnung keine generelle **Helmtragepflicht** für Radfahrer, weder im Privatbereich, noch bei Fahrten in Gruppen. Einem Radfahrer, der ohne eigenes Verschulden bei einem Verkehrsunfall verletzt wird, kann daher im Rahmen eines Anspruches auf Schadenersatz bzw. Schmerzensgeld nicht entgegengehalten werden, dass er keinen Helm getragen habe. Auch der Gemeinde- und Unfallversicherungsverband Hannover als Träger der gesetzlichen Schülerunfallversicherung schreibt das Tragen von Helmen für Schülerinnen und Schüler nicht zwingend vor. Da aber das Tragen eines Helmes schweren Kopfverletzungen bei einem Sturz oder einem Unfall vorbeugt, haben die Lehrkräfte entsprechend der Bestimmungen für den Schulsport darauf zu bestehen, dass während des Schulbetriebes Fahrten mit dem Fahrrad nur mit einem Helm durchgeführt werden. Dies gilt allerdings nicht für die Fahrten der Schülerinnen oder Schüler von zu Hause zur Schule bzw. wieder zurück; für diese Fahrten darf die Schule keine Pflicht zum Tragen eines Helmes aussprechen oder auch nicht bestimmen, dass ein Fahrradstellplatz nur dann zur Verfügung gestellt wird, wenn auf der Fahrt von zu Hause und zurück ein Helm getragen wird.

Zulässig ist ebenfalls die Weisung, aus hygienischen Gründen die **Hände zu waschen** und die in den Hygieneplänen der Schulen aufgestellten Hygieneregeln zu beachten. Schülerinnen und Schüler haben nicht nur im Unterricht mitzuarbeiten, sondern speziell nach dem Sportunterricht die gebotene **Körperpflege** und **Körperhygiene** vorzunehmen. Zudem haben sie sich so zu verhalten, dass ihre Mitschülerinnen und Mitschüler nicht durch unerträglichen Geruch unzumutbar belästigt oder gar der Gefahr durch Ansteckung vermeidbarer Erkältungskrankheiten ausgesetzt werden. Einem Verstoß gegen diese Schulverhaltenspflicht ist aber in erster Linie mit pädagogischen Mitteln zu begegnen. Das bedeutet, dass die Ursachen des Verhaltens erforscht werden und die Schülerinnen und Schüler zur Einhaltung der Körperpflege und Körperhygiene motiviert werden müssen. Gegebenenfalls sind auch die Erziehungsberechtigten in diese Bemühungen mit einzubeziehen. Erst wenn solche Maßnahmen nicht ausreichen, sind Erziehungsmittel oder Ordnungsmaßnahmen zu treffen. Die Nichteinhaltung von Körperpflege und Körperhygiene (ähnlich wie das Vergessen der Hausaufgaben) ist allerdings per se nicht zensierbar; Zensuren sind kein Mittel zur Wahrung der Schulordnung.

Schülerinnen und Schüler sind auch verpflichtet, eine **Mund-Nasen-Bedeckung** zu tragen, soweit dieses aus epidemiologischen Gründen aufgrund einer Verordnung oder Allgemeinverfügung nach dem Infektionsschutzgesetz angeordnet worden ist. Das **Verwaltungsgericht Neustadt** an der Weinstraße hat mit Beschluss vom 10.09.2020 entschieden, dass die Verwendung eines **Gesichtsvisiers** nicht mit einer Mund-Nasen-Bedeckung gleichgesetzt werden kann.

Das **Verwaltungsgericht Würzburg** hat Beschluss vom 17.09.2020 sowie das **OVG NRW** mit Beschluss vom 24.09.2020 (13 B 1368/20) entschieden, ein Attest, dass Kinder und Jugendliche von der Maskenpflicht in der Schule befreien soll, nicht zu pauschal sein darf. (so auch: **BayVGH**, Beschl. vom 26.10.2020 – Az. 20 CE 20.2185 –)

Zudem sind Schülerinnen und Schüler auch in den Wintermonaten verpflichtet, das regelmäßige **Lüften** des Klassenraums z.B. aus epidemiologischen Gründen zu dulden; ggfs. haben sie sich entsprechend warm zu bekleiden.

»**Rechts- oder linksradikale**« Bekleidung: Wird durch die Schule das Tragen bestimmter Marken oder eines bestimmten Kleidungsstils aus dem rechts- oder linksradikalen Milieu verboten, so stellt dieses Verbot einen Eingriff in Art. 2 Abs. 1 GG dar. Ein solcher ist jedoch bei rechts- oder linksradikaler Bekleidung grundsätzlich zulässig, wenn die Rechtsordnung der Bundesrepublik Deutschland das Tragen derartiger Kleidungsstücke untersagt. Die Grundrechte aus Art. 2 Abs. 1 GG finden dort eine Grenze, wo die Rechte anderer, das Sittengesetz und die verfassungsmäßige Ordnung (die Gesamtheit aller materiellen Rechtsnormen) verletzt werden. In diesem Sinne wird das Recht der Schülerinnen und Schüler auf freie Wahl der Kleidung explizit durch § 86a StGB – Verwenden von Kennzeichen verfassungswidriger Organisationen – eingeschränkt. Danach dürfen Kennzeichen verfassungswidriger Organisationen (auch auf Kleidungsstücken) nicht verwendet werden. Das Gleiche gilt für solche Zeichen, die den zuvor genannten Kennzeichen zum Verwechseln ähnlich sind (etwa das Tragen von SA- und SS-Uniformen ebenso wie das Tragen eines Hakenkreuz-Aufnähers). Verfassungsfeindliche Uniformierungen lassen sich insofern in der Schule verbieten. Soweit die von den Schülerinnen und Schülern getragenen Marken und Kleidungsstücke nicht von § 86a StGB erfasst werden, kommt ein Verbot durch die Schule nur in der Schulordnung nur dann in Betracht, wenn ernsthafte Störungen und Belästigungen von der von den Schülerinnen oder Schülern getragenen Kleidung ausgehen und der Schulfrieden und ein angstfreies Schulklima beeinträchtigt sind. Allein die mit einem bestimmten Kleidungsstück zum Ausdruck gebrachte rechts- oder linksextremistische Haltung vermag allerdings – jedenfalls unterhalb der Schwelle des Verwendens verfassungsfeindlicher Organisationen i. S. d. § 86a StGB – ein Verbot des Tragens – weder durch Schulordnung, noch durch Einzelweisung – nicht zu rechtfertigen. Die **freie Meinungsäußerung** genießt nach der Rechtsprechung des Bundesverfassungsgerichts einen besonders hohen Schutz mit der Folge, dass in Zweifelsfällen die freie Meinungsäußerung Vorrang vor anderen Schutzgütern erfährt. Dieser weitgehende Schutz muss auch in der Schule gelten, da dies der Ort ist, an dem die Schülerinnen und Schüler den verantwortlichen Umgang mit eigenen Meinungen und den Argumenten anderer einüben sollen.

Kleidung mit sogenannten »**Botschaften**« (z.B. »Ich hasse Schule«, »Schule ist doof«, »Wenn alles schläft und einer spricht, dann ist es Unterricht«) sind in einem gewissen Maße ebenfalls durch das Recht auf freie Meinungsäußerung gedeckt. Das gilt jedoch nicht für beleidigende oder herabwürdigende Botschaften gewaltverherrlichende, sexistische oder strafbewehrte Äußerungen.

3 Zu Abs. 2 Satz 1, 1. Alt.: Pflicht zur Teilnahme am Unterricht: Die Schulpflicht ist, wie in den anderen Ländern der Bundesrepublik, eine Schulbesuchspflicht. Die Schulpflicht erstreckt sich auf die regelmäßige Teilnahme am Unterricht und den übrigen verpflichtenden Veranstaltungen der Schule. Die Verpflichtung zur Teilnahme am Unterricht besteht darüber hinaus auch für jene Schülerinnen und Schüler, die nicht mehr schulpflichtig sind, aber dennoch eine öffentliche Schule besuchen. Der staatliche Bildungsauftrag (§ 2) richtet sich nicht nur auf die Aneignung von Wissen, sondern auch auf die Heranbildung verantwortlicher Staatsbürger, die an einer demokratischen und pluralistischen Gesellschaft teilhaben. Heimunterricht, auch unter staatlicher Kontrolle, ist im Hinblick auf diese Ziele nicht als gleich wirksam zu bewerten. Soziale Kompetenz im Umgang mit Andersdenkenden und bei der Vertretung einer von der Mehrheit abweichenden Ansicht können nur durch regelmäßigen Kontakt mit der Gesellschaft eingeübt werden. Dieses Ziel kann durch die mit dem regelmäßigen Schulbesuch verbundene Alltagserfahrung mit anderen Kindern wirksamer erreicht werden. Der Europäische Gerichtshof für Menschenrechte (EGMR) in Straßburg hat 2006 eine Individualbeschwerde betreffend **Homeschooling** verworfen (11.09.2006, Individualbeschwerde Nr. 35504/03). Die in Deutschland geltende Pflicht zum Besuch einer öffentlichen oder staatlich anerkannten privaten Schule verstößt danach nicht gegen die Menschenrechte der Eltern und Kinder. Die deutsche Regelung fällt in den Ermessensspielraum der Vertragsstaaten, den sie bei der Festlegung und Auslegung von Regelungen für ihre Bildungssysteme haben. Die Beschwerdeführer waren bereits mit ihrem Antrag auf Befreiung ihrer Kinder von der Grundschulpflicht und auf Genehmigung zum Heimunterricht nach den Vorgaben der nicht anerkannten, evangelikal geprägten »Philadelphia-Schule« zuvor in allen juristischen Instanzen in Deutschland gescheitert, zuletzt 2003 vor dem Bundesverfassungsgericht (29.04.2003 – 1 BvR 436/03).

Nicht unter den Begriff des »Homeschoolings« fällt das »**Lernen zu Hause**«, welches im Zuge der **Corona-Pandemie** aufgrund des verordnungsrechtlich angeordneten Verbots des Präsenzunterrichtes im April 2020 angeordnet worden war. Anders als beim Homeschooling werden beim »Lernen zu Hause« die Unterrichtsinhalte nach staatlichen Vorgaben erteilt. Das Bayerische Verwaltungsgericht München hat in diesem Zusammenhang mit Beschluss vom 27. April 2020 – M 26 S 20.1663 – ausgeführt, dass die bestehenden Angebote einer Beschulung zu Hause mittels moderner Kommunikationstechnologie zwar keinen gleichwertigen Ersatz für den Schulunterricht, aber jedenfalls für einen begrenzten Zeitraum eine gewisse Kompensation hierfür darstellen. Diese Form der Beschulung könne nur ausnahmsweise zur Verwirklichung des Bildungsauftrages und des Bildungsrechts ausreichen.

Die Pflicht zur Teilnahme am Unterricht erstreckt sich nicht nur auf die eigentlichen Unterrichtsstunden, sondern auf sämtliche Pflichtveranstaltungen der Schule wie Arbeitsgemeinschaften, Schulsportfeste, Einschulungsveranstaltungen, eintägige Schulfahrten. Mit der Wahl bestimmter Arbeitsgemeinschaften oder Wahlpflichtveranstaltungen werden diese für die Schülerin oder den Schüler verbindlich.

Schülerinnen und Schüler von offenen oder Formen der gebundenen **Ganztagsschulen** sind verpflichtet, auch an den außerunterrichtlichen Angeboten teilzunehmen, wenn sie sich für den Ganztagsbetrieb angemeldet haben. In Bezug auf die gebundenen Formen des Ganztags ergibt sich die Teilnahmepflicht bereits aus § 23 Abs. 4. Hinsichtlich der offenen Ganztagsschule fehlt eine entsprechende Verankerung der Teilnahmepflicht im NSchG. Auch der Wortlaut des Abs. 2 Satz 1 ist nur auf den »Unterricht« beschränkt. Die Teilnahmepflicht ergibt sich aber aus der freiwilligen Anmeldung für den Ganztagsbetrieb, der ein selbstverpflichtender Charakter zukommt. Soweit es zum pädagogischen Konzept einer Ganztagsschule gehört, dass alle Schülerinnen und Schüler gemeinsam an der **Mittagsverpflegung** teilnehmen, kann diese Verpflichtung nur soweit gehen, dass Schülerinnen oder Schüler während der Mittagsverpflegung zur Anwesenheit verpflichtet sind und ihre eigenen gegebenenfalls von zu Hause mitgebrachten Speisen verzehren dürfen. Die Abnahme (Bezahlung) und der Verzehr von Speisen können dagegen nicht verpflichtend gestaltet werden. Die Aufnahme von Nahrung gehört zum Kernbereich des Höchstpersönlichkeitsrechtes. Auch betriebswirtschaftliche Gründe zum Mensabetrieb dürfen nicht dazu führen, dass das höchstpersönliche Recht der Schülerinnen und Schüler zur eigenverantwortlichen Einnahme von Lebensmitteln außer Kraft gesetzt wird. Keine Schülerin und kein Schüler kann zum Abschluss eines privatwirtschaftlichen Kaufvertrages verpflichtet werden; der Besuch einer öffentlichen Schule darf auch nicht an die Verpflichtung zum Abschluss eines solchen Vertrages gekoppelt werden.

Im Rahmen ihrer Teilnahmepflicht am Unterricht und angewählten ausserunterrichtlichen Angeboten sind Schülerinnen und Schüler verpflichtet, sich aktiv am **digitalen Lernen** zu beteiligen. Sie müssen ihrem Alter und Lernstand entsprechend in die Lage versetzt werden, als Anwender und Urheber digitaler Informationen auch Fragen nach deren wirtschaftlicher Nutzung, des Datenschutzes, des Urheberschutzes und einer angemessenen eigenen Position der Sicherung ihrer Privatsphäre zu beantworten. Die in § 32 Abs. 1 Satz 1 geregelte Eigenverantwortung der Schule für Planung, Durchführung und Auswertung des Unterrichtes umfasst die Auswahl der Methoden und Mittel, mit denen Bildungsziele erreicht werden sollen. Dies betrifft als Methode des Unterrichtes auch die Frage, ob für Unterrichtszwecke ein Tablet eingesetzt werden soll. Bezüglich der Unterrichtsgestaltung und dem Einsatz von Lernmitteln steht der einzelnen Schülerin oder dem einzelnen Schüler sowie den Erziehungsberechtigten grundsätzlich kein Mitwirkungsrecht oder Mitentscheidungsrecht zu. Die Unterrichtsgestaltung und der Einsatz bestimmter Lehr- und Lernmittel fällt in das Schulorganisationsrecht des Staates nach Art. 7 Abs. 1 GG (VG Hannover, Urteil v. 19.12.2018, Az.: 6 A 8051/17). Einer ausdrücklichen Zustimmung der Erziehungsberechtigten bedarf digitales Lernen als Unterrichtsinhalt nicht, gleichwohl sind die Eltern im Rahmen der Unterrichtungspflicht natürlich über die wesentlichen Lerninhalte zu informieren. Die verfassungsrechtlich anerkannte Bildungs- und Integrationsfunktion der Schule würde jedoch nur unvollkommen Wirksamkeit erlangen, müsste die Schule bei der Unterrichtsgestaltung auf den kleinsten gemeinsamen Nenner der Erziehungsberechtigten Rücksicht nehmen.

Schülerinnen und Schüler sind verpflichtet, eine **Kirche, Synagoge oder Moschee** zu besuchen, wenn der Besuch Bestandteil des Unterrichtes ist und zu informativen Zwecken erfolgt. Die Besichtigung von Kirchen,

Synagogen oder Moscheen stellt keinen Eingriff in die Religionsfreiheit oder Religionsausübung dar, sofern während des Besuches keine religiösen Handlungen stattfinden. Zwar ist nach einer Entscheidung des Bundesverfassungsgerichtes vom 16.05.1995 – 1 BvR 1087/91 – die Pflicht zu staatlicher Neutralität in religiös-weltanschaulichen Fragen dann verletzt, wenn eine Schulordnung das Anbringen von christlichen Kreuzen oder Kruzifixen in öffentlichen Grundschulen zwingend vorschreibt. Damit würden die Schülerinnen und Schüler ohne Ausweichmöglichkeit mit diesem christlichen Symbol zwangsweise konfrontiert, womit das elterliche Erziehungsrecht nach Art. 6 GG und die negative Glaubensfreiheit der Schülerinnen und Schüler gemäß Art. 4 GG beeinträchtigt werde (s.o.). Das Anbringen von Kreuzen in Klassenzimmern überschreite daher nach Meinung des Bundesverfassungsgerichtes die Grenze zulässiger religiös-weltanschaulicher Ausrichtung der Schule und ist damit grundsätzlich unzulässig. Bei dem Besuch einer Kirche, Synagoge oder Moschee im Rahmen des Unterrichts macht sich der Staat diese religiösen Symbole aber eben ausdrücklich nicht zu eigen, sodass bei einem bloßen Informationsbesuch nicht von einem Eingriff in die Religionsfreiheit ausgegangen werden kann. Die oder der Einzelne hat in einer freien Gesellschaft kein Recht darauf, von fremden Glaubensbekundungen, kultischen Handlungen und religiösen Symbolen völlig verschont zu bleiben.

Die Schulleitung kann Schülerinnen und Schüler von der Pflicht zur Teilnahme an einzelnen oder allen Unterrichtsveranstaltungen bis zu 3 Monate befreien. Für längerfristige Befreiungen sind die Schulbehörden zuständig. Eine Befreiung vom Besuch der Schule ist lediglich in besonders begründeten Ausnahmefällen und nur auf schriftlichen Antrag möglich. Unmittelbar vor und nach den **Ferien** darf eine Befreiung nur ausnahmsweise in den Fällen erteilt werden, in denen die Versagung eine persönliche Härte bedeuten würde.

Das Verwaltungsgericht Hannover hat mit Beschluss vom 10.09.2020 – Az.: 6 B 4530/20 – entschieden, dass eine Schülerin in Corona-Zeiten keinen Anspruch auf Befreiung vom **Präsenzunterricht** hat.

Das Vorliegen eines entsprechenden Ausnahmefalls erfordere – gemäß den Vorgaben der Verwaltungsvorschrift des Niedersächsischen Kultusministeriums zur Befreiung vom Präsenzunterricht bei vulnerablen Angehörigen vom 03.09.2020 – unter anderem neben der Glaubhaftmachung der Zugehörigkeit des Angehörigen zu einer Risikogruppe, dass vom Gesundheitsamt für einen bestimmten Zeitraum eine Infektionsschutzmaßnahme an der Schule verhängt wurde. Im Falle der Schülerin fehle es an letzterer Voraussetzung. Es sei rechtlich nicht zu beanstanden, dass die Befreiung vom Präsenzunterricht daran geknüpft werde, ob das Gesundheitsamt eine entsprechende Infektionsschutzmaßnahme verhängt habe. Diese Verwaltungspraxis diene in legitimer Weise der Umsetzung der staatlichen Verpflichtung zum Schutze des Lebens und der körperlichen Unversehrtheit aus Art. 2 Abs. 2 Satz 2 GG.

Das **Oberverwaltungsgericht Münster** hat mit Beschluss vom 24.09.2020 – 13 B 1368/20 entschieden, dass eine Befreiung von der Maskenpflicht nur auf der Grundlage eines aussagekräftigen Attestes erfolgen kann. Dieses darf nicht nur allgemeine Beeinträchtigungen aufzeigen, die jedermann beim Tragen einer Maske ereilen. Dargelegt werden muss vielmehr, welche **konkreten gesundheitlichen Beeinträchtigungen** alsbald zu erwarten sind und woraus diese im Einzelnen resultieren.

Eine Unterrichtsbefreiung muslimischer Schülerinnen und Schüler zur Teilnahme am **Freitagsgebet in einer Moschee** kann in aller Regel nicht erfolgen, insbesondere kann eine Befreiung zur Teilnahme am Freitagsgebet keinesfalls regelmäßig erfolgen. Aus der in Art. 4 Abs. 1 GG verbürgten Glaubensfreiheit können muslimische Schülerinnen und Schüler zwar den Anspruch ableiten, den Gebetspflichten (fünf Mal am Tag) während des Schulbesuchs auf dem Schulgelände – jedoch außerhalb der Unterrichtszeit oder außerhalb verpflichtender Angebote im Rahmen der teil- oder voll gebundenen Ganztagsschule – nachzukommen, es sei denn, dass durch die Verrichtung der Gebete der Schulfrieden gestört wird. Die an den Schulen bestehenden Pausenzeiten reichen für die Erfüllung der islamischen Gebetspflichten aus. Aus religionswissenschaftlicher Sicht besteht keine Verpflichtung, an jedem Freitagsgebet teilzunehmen. Werden Freitagsgebete versäumt, kann dies durch eine Teilnahme an einem folgenden Freitagsgebet »geheilt« werden. Auch sind entgegenstehende Pflichten als »Entschuldigung« anerkannt; die staatliche Schulpflicht ist eine solche Pflicht. Daneben ist für muslimische Schülerinnen und Schüler und deren Erziehungsberechtigten eine Überprüfung zumutbar, ob es im Einzelfall terminliche Ausweichmöglichkeiten gibt. Inzwischen werden Freitagsgebete an vielen Orten auch zu Zeiten abgehalten, die die schulischen und beruflichen Pflichten zeitlich berücksichtigen. Hiervon können dann auch Schülerinnen und Schüler Gebrauch machen, sofern sich die entsprechende Moschee in zumutbarer Entfernung befindet. Eine nicht erteilte Genehmigung für die Befreiung von der Schulpflicht stellt somit keinen Eingriff in die Religionsfreiheit dar.

Eine Unterrichtsbefreiung von muslimischen Schülerinnen und Schülern kommt allerdings in Betracht, um an religiösen Veranstaltungen ihrer Religionsgemeinschaft z.b. anlässlich des **Opferfestes** oder des **Fastenbrechenfestes** teilzunehmen. Der RdErl. des MK »Unterricht an kirchlichen Feiertagen und Teilnahme an kirchlichen Veranstaltungen« vom 01.11.2012 sieht vor, Schülerinnen und Schülern, die nicht einer evangelischen Kirche oder der katholischen Kirche, sondern einer anderen Religionsgemeinschaft angehören, auf Antrag der Erziehungsberechtigten bzw. der volljährigen Schülerin oder des volljährigen Schülers für Feiertage ihrer Religionsgemeinschaft Gelegenheit zu geben, an einer religiösen Veranstaltung ihrer Religionsgemeinschaft teilzunehmen.

Auch während des **Ramadans** gilt grundsätzlich die schulische Teilnahmepflicht. Allerdings sollte im Unterricht aus Fürsorgegesichtspunkten auf die Besonderheiten des Fastenmonats Rücksicht genommen werden (z.B. möglichst kein Langstreckenlauf im Sportunterricht, statt dessen z.B. Erbringung einer Ersatzleistung im theoretischen Bereich – analog auch

Musikunterricht). Grundsätzlich wiegt jedoch der reibungslos abzuwickelnde Schulbetrieb schwerer als die Rücksichtnahme auf die Ausübung der Religion einzelner Schülerinnen und Schüler.

Muslimische Schülerinnen können regelmäßig keine Befreiung vom **koedukativen Schwimmunterricht** verlangen, wenn ihnen die Möglichkeit offen steht, hierbei einen sogenannten Burkini zu tragen. Das ergibt sich aus einem Urteil des Bundesverwaltungsgerichts vom 11.09.2013 (Az.: 6 C 25.12). Der Europäische Gerichtshof für Menschenrechte in Straßburg (Az.: 29086/12) hat am 10.01.2017 entschieden, dass zwei muslimische Mädchen aus der Schweiz am Schwimmunterricht ihrer Schule teilnehmen müssen. Schulen dürfen Mädchen verpflichten, am gemischten Schwimmunterricht teilzunehmen. Das Gericht sah zwar durch die Teilnahmepflicht die in der Europäischen Menschenrechtskonvention verbürgte Religionsfreiheit der muslimischen Schülerinnen berührt, dies sei aber gerechtfertigt. Das staatliche Interesse einer sozialen Integration durch den gemeinsamen Unterricht stehe über den religiös begründeten Wünschen der Eltern, ihre Töchter vom Schwimmen zu befreien. Dennoch müssen Schulen grundsätzlich Rücksicht auf religiöse Bedenken von Schülerinnen und Schülern nehmen. Das Bundesverwaltungsgericht hat am 25.08.1993 (NVwZ 94, 578) entschieden, dass Schulen verpflichtet sind, alle »zu Gebote stehenden, zumutbaren organisatorischen Möglichkeiten auszuschöpfen«, um wenigstens ab dem **Pubertätsalter** getrennten Sport- und Schwimmunterricht anzubieten (laut dem Bundesamt für Migration und Flüchtlingen nahmen im Jahr 2008 nur etwa 2% der muslimischen Schülerinnen nicht am gemischtgeschlechtlichen Schwimmunterricht teil).

Das Verwaltungsgericht Halle hat mit Beschluss vom 15.08.2019 – Az. 6 B 243/19 HAL – entschieden, dass eine Grundschülerin bei der Teilnahme am Schulschwimmunterricht entgegen der Haus- und Badeordnung des Schwimmbades in ihrer **Badebekleidung** duschen darf. Die Glaubensfreiheit sei als Teil des grundrechtlichen Wertesystems dem Gebot der Toleranz zugeordnet und insbesondere auf die Würde des Menschen bezogen (Art. 1 Abs. 1 GG). Sie umfasse das Tragen bestimmter Kleidung und stehe auch bereits Kindern zu, auch wenn diese bis zu ihrer Religionsmündigkeit zunächst von ihren Eltern vertreten werden. Da es im vorliegenden Fall lediglich um das vor dem Unterricht erfolgende Duschen gehe, welches nicht Bestandteil des Schwimmunterrichts ist und dem auch keine integrative Funktion zukomme, könne dies die religiösen Grundrechte der Schülerin nicht einschränken.

Ein **Unterrichtsboykott aus religiösen Gründen** verstößt gegen die Teilnahmepflicht aus § 58. Es steht nicht im Ermessen der Schülerinnen und Schüler oder deren Erziehungsberechtigten, bestimmte Unterrichtsinhalte abzulehnen und zu boykottieren. Sofern solche Boykotte vorkommen und mit religiösen Argumenten begründet werden, sollte die Schule ein Gespräch mit den Erziehungsberechtigten führen.

Das sog. »**Nachsitzen**« ist kein unzulässiger Eingriff in die körperliche Bewegungsfreiheit der Schülerinnen und Schüler. Es ist als Erziehungsmaßnahme zulässig, wenn mit dem Nachsitzen zum Beispiel schuldhaft versäumter Unterricht nachgearbeitet wird. Die Erziehungsberechtigten sind über das Nachsitzen zu benachrichtigen. Das Nachsitzen, ohne dass Unterrichtsinhalte nachgeholt werden, ist dagegen unzulässig, siehe auch § 43.

Nimmt die Schülerin oder der Schüler schuldhaft (vorsätzlich oder fahrlässig) an verpflichtenden Schulveranstaltungen nicht teil, so begeht sie oder er eine **Ordnungswidrigkeit**, die mit einer Geldbuße geahndet werden kann (§ 176). Die gleiche Konsequenz droht Erziehungsberechtigten, wenn sie ihre Kinder nicht dazu anhalten, an den Schulveranstaltungen oder den vorschulischen Feststellungen zum Sprachstand (§ 64 Abs. 3 Satz 2) teilzunehmen. Zu den Einzelheiten des Verfahrens wegen Ordnungswidrigkeiten und den möglichen jugendangemessenen Vollstreckungsmaßnahmen s.a. Anm. 2 zu § 71 und Anm. 1 zu § 176.

Jugendarbeitsschutz und Betriebspraktikum: Das Jugendarbeitsschutzgesetz (JArbSchG) berührt nicht nur »Arbeitsverhältnisse«, sondern geht von dem übergeordneten Begriff der »Beschäftigung« aus. Ein Schülerbetriebspraktikum ist eine »schulische Veranstaltung«, aber durchaus auch eine Beschäftigung, für die die Vorschriften über Pausen, Arbeitszeiten – insbesondere das Nachtarbeitsverbot- und Freizeit gelten. Insoweit gelten für Schülerinnen und Schüler dieselben Schutzvorschriften wie für Auszubildende. Nach § 2 Abs. 1 JArbSchG gilt als Kind im Sinne dieses Gesetzes, wer noch nicht 15 Jahre alt ist. Nach § 2 Abs. 2 JArbSchG ist Jugendlicher, wer 15, aber noch nicht 18 Jahre alt ist. Nach § 2 Abs. 3 JArbSchG finden auf Jugendliche, die der Vollzeitschulpflicht unterliegen, die für Kinder geltenden Vorschriften Anwendung. Nach § 5 Abs. 1 JArbSchG ist die Beschäftigung von Kindern grundsätzlich verboten. Nach § 5 Abs. 2 Nr. 2 JArbSchG gilt das grundsätzliche Beschäftigungsverbot für Kinder jedoch nicht für die Beschäftigung im Rahmen des Betriebspraktikums während der Vollzeitschulpflicht. Es kommen dabei nur leichte und für die Kinder geeignete Tätigkeiten bis zu sieben Stunden täglich und 35 Stunden wöchentlich in einem Zeitrahmen von 6 bis 20 Uhr in Betracht (§ 5 Abs. 2 i.V.m. § 7 Nr. 2 und § 14 Abs. 1 JArbSchG).

4   **Zu Abs. 2 Satz 1, 2. Alt.: Pflicht zur Erbringung von Leistungsnachweisen:** Die Teilnahmepflicht verlangt von Schülerinnen und Schülern, dass sie aktiv mitarbeiten. Es besteht daher eine Pflicht zur selbstständigen persönlichen Leistung. Die Schülerinnen und Schüler müssen deshalb nach § 58 die »geforderten Leistungsnachweise« erbringen. Dazu gehört die Teilnahme an schriftlichen und mündlichen Prüfungen, die Anfertigung von Klassenarbeiten, Klausurarbeiten und Tests. Bei schuldhafter Nichterfüllung dieser Pflichten sind Erziehungsmittel und Ordnungsmaßnahmen sowie ebenfalls ein Ordnungswidrigkeitsverfahren möglich. Die genannten Leistungsverweigerungen können daneben auch die Folge haben, dass die nicht erbrachten Leistungen als ungenügende Leistungen angesehen und bei Zeugnissen bzw. Versetzungen entsprechend gewertet werden (vgl. § 4 Abs. 2 WeSchVO). Unentschuldigt und damit schuldhaft versäumt ist der

Unterricht auch dann, wenn die Entschuldigung zu spät vorgelegt wird. Wenn es Schülerinnen oder Schüler nicht für notwendig erachten, sich z.b. im Falle einer Erkrankung zumindest kurz bei der Schule abzumelden, sei es mündlich oder schriftlich, dann geht der Nichteingang bzw. ein verspäteter Eingang der Entschuldigung durch die Post zu ihren Lasten (VG Stuttgart, Beschl. v. 01.10.2013, Az.: 12 K 2867/13).

Allerdings muss die Schule eindeutige Regelungen treffen und gegenüber den Schülerinnen und Schülern bzw. deren Erziehungsberechtigten bekanntgeben, an welcher Stelle in der Schule die Entschuldigungen abgegeben werden müssen. Geht eine Entschuldigung wegen eines Organisationsmangels in der Schule verspätet ein, kann dieser Umstand nicht zulasten der Schülerinnen oder Schüler gewertet werden. Schülerinnen und Schüler trifft im Übrigen eine Rügeobliegenheit, wenn sie einen unregelmäßigen Verfahrensablauf bei einer Klassenarbeit monieren wollen. Stärkere Beeinträchtigungen begründen keinen Anspruch auf eine bessere Note, sondern allenfalls einen Anspruch auf Wiederholung der Leistungsüberprüfung. Die Rügepflicht der Schülerinnen und Schüler reicht bei schriftlichen Leistungsüberprüfungen weiter als bei mündlichen. Bei einer Ordnungsmaßnahme nach § 61 Abs. 3 Nr. 3 kann die Pflicht zur Erbringung von Leistungsnachweisen nicht erfüllt werden, d.h. die Schülerin oder der Schüler fehlt »entschuldigt«. Ihr oder ihm ist aber Gelegenheit einzuräumen, den Leistungsnachweis nachträglich zu erbringen. Verschafft sich eine Schülerin oder ein Schüler unerlaubte Vorteile oder bedient sich unerlaubter Hilfsmittel, sodass eine selbstständige und reguläre Prüfungsleistung nur vorgetäuscht wird, liegt ein Täuschungsversuch vor (OVG NRW, Urt. v. 24.07.2013 – 14 A 880/11). Bedient sich eine Schülerin oder ein Schüler bei einem Leistungsnachweis eines nicht ausdrücklich zugelassenen Hilfsmittels (z.B. Handy, Smartphone) oder fremder Hilfe oder täuscht sie oder er in anderer Weise über den nachzuweisenden Leistungsstand, entscheidet die Lehrkraft nach pflichtgemäßem Ermessen und unter Beachtung des Verhältnismäßigkeitsprinzips über die zu treffende Maßnahme. Als Maßnahmen kommen in Betracht:

– Ermahnung und Androhung einer der nachfolgend beschriebenen Maßnahmen,

– Beendigung des Leistungsnachweises und anteilige Bewertung des bearbeiteten Teils, auf den sich die Täuschungshandlung nicht bezog,

– Beendigung des Leistungsnachweises ohne Bewertung, wobei der Schülerin oder dem Schüler Gelegenheit gegeben wird, den Leistungsnachweis unter vergleichbaren Bedingungen, jedoch mit veränderten Themen- und Aufgabenstellung aus der gleichen Unterrichtseinheit nachzuholen,

– Beendigung des Leistungsnachweises und Erteilung der Note »ungenügend« oder »null Punkte«.

Bereits das bloße Mitführen eines unerlaubten Hilfsmittels – der klassische **Spicker** in der Tasche – ist bereits ausreichend, um von einem Täuschungsversuch ausgehen zu können (BayVGH, Beschl. v. 11.03.2008 – 7 ZB 07.612). Nicht entscheidend ist es, ob das Hilfsmittel für die konkrete Bearbeitung förderlich sein könnte, wobei durchaus ein inhaltlicher Zusammenhang zwischen der Prüfungsleistung mit dem mitgeführten Hilfsmittel bestehen muss. Allerdings ist zwischen mündlicher und schriftlicher Prüfung zu unterscheiden: Die Bewertung einer mündlichen Abschlussprüfung mit der Sanktionsnote »ungenügend« ist auch beim Mitführen eines Handys nicht in jedem Fall gerechtfertigt (VG Karlsruhe, Urteil vom 29.06.2011, 7 K 3433/10). Zugelassene Hilfsmittel sind z.B. mit der Ladung konkret zu bezeichnen, sofern diese nicht nach der Art der Aufgabenstellung als selbstverständlich vorauszusetzen sind. Ein Täuschungsversuch liegt auch vor, wenn grundsätzlich zugelassene Hilfsmittel wie beispielsweise eine Formelsammlung persönliche Aufzeichnungen oder ergänzende Bemerkungen beinhalten. Unterstreichungen einzelner Wörter, die keine inhaltliche Bedeutung haben, werden dagegen als »nützliche Lesehilfe« eingestuft.

Eine besondere Form der Täuschung ist das **Plagiat**. Werden bereits erstellte oder ähnliche Textpassagen ohne Zitierung direkt übernommen oder nur geringfügig umformuliert, liegt ein Plagiat vor. Das gilt nicht nur für schriftliche Ausarbeitungen wie Haus- oder Abschlussarbeiten, sondern kann auch bei Klausuren eine Rolle spielen. So kann die Wiedergabe auswendig gelernter Texte gegebenenfalls den Anforderungen an eine eigenständige Leistung nicht genügen und damit eine negative Bewertung rechtfertigen.

Leistungsbewertungen: Da durch die Leistungsbewertungen in die Grundrechte der Schülerinnen und Schüler eingegriffen wird (Art. 2 Abs. 1 GG – freie Entfaltung der Persönlichkeit), die freie Wahl von Beruf und Ausbildungsstätte eingeschränkt werden kann (Art. 12 – Berufsfreiheit), muss die Leistungsbewertung der Schülerinnen und Schüler in jedem Fall nach eindeutigen und transparenten Kriterien vorgenommen werden. Dabei sind die drei wichtigsten Kriterien der Leistungsbewertung – **Notenwahrheit, Notenklarheit und Notentransparenz** – zu beachten. Lernkontrollen, die während des Lernprozesses stattfinden und der Überprüfung der Unterrichtsarbeit der Lehrkräfte dienen, eignen sich nicht für eine Leistungsbewertung der Schülerinnen und Schüler und scheiden für eine Notengebung aus. Ebenfalls der Benotung entzogen sind Verhaltensweisen von Schülerinnen und Schülern während des Lernprozesses, zum Beispiel Fleiß, Faulheit, Zuverlässigkeit, Pünktlichkeit. Darüber hinaus enthält der Bildungsauftrag der Schule Lernziele, die mangels objektiver Maßstäbe nicht zensiert werden können (z.B. Verantwortungsbewusstsein für die Umwelt). Eine Bewertung von Leistungen kann grundsätzlich erst am Ende oder nach Abschluss von Teilzielen einer Unterrichtseinheit erfolgen, wenn die Schülerinnen und Schüler mit den gestellten Anforderungen hinreichend vertraut gemacht worden sind. Lernkontrollen können grundsätzlich in mündlicher, schriftlicher oder fachspezifischer Form erbracht werden. Die Zensurengebung obliegt der eigenen pädagogischen Verantwortung der Lehrkräfte; sie muss aber sachlich und objektiv erfolgen, darf nicht gegen allgemein anerkannte pädagogische Grundsätze oder gültige Konferenzbeschlüsse verstoßen und muss allgemeine Vorgaben beachten. Eine subjektive Leistungsbewertung, die gleichwertige Leistungen von Schülerinnen und Schülern verschieden bewertet, ist grundsätzlich ausgeschlossen. Damit können Lehrkräfte keine »pädagogischen« Zensuren vergeben. Hier würde das Recht der Schülerinnen und Schüler auf »**Gleichheit vor der Zensur**« verletzt werden. Der prüfungsrechtliche Grundsatz der Chancengleichheit ist verletzt, wenn das Prüfungsverfahren durch **Lärm** erheblich gestört wird. Dies kann durch eine entsprechende Schreibverlängerung ausgeglichen werden.

Schülerinnen und Schüler müssen ihre Leistungen unter möglichst gleichen Bedingungen erbringen können und möglichst gleiche Erfolgschancen haben. Das Prinzip der **Chancengleichheit** und **Bildungsgerechtigkeit** verbietet nicht nur die Benachteiligung, sondern auch die **Bevorzugung** von Schülerinnen und Schülern. Die Lehrkraft darf daher die Inhalte einer Klausur nicht mit einigen Schülerinnen und Schülern besprechen und andere ausschließen oder gar als **Nachhilfelehrer** einzelne Schülerinnen und Schüler gezielt auf eine Klausur vorbereiten. Werden während einer Klausur Hinweise zur Bearbeitung gegeben, sind diese allen betroffenen Schülerinnen und Schülern zugänglich zu machen. Erfährt eine Lehrkraft, dass einigen Schülerinnen und Schülern die Aufgabenstellung bekannt ist, darf die Klausur nicht mehr gestellt werden. Der Grundsatz der Chancengleichheit verbietet es allerdings nicht, auf bereits (möglicherweise auch im Internet) publizierte Klausuren zurückzugreifen. Bei unveränderter Übernahme derartiger Klausuren können die Schülerinnen und Schüler zwar zufällig Glück oder das richtige Gespür gehabt haben, eine derartige Möglichkeit kann aber nie ausgeschlossen werden. Wenn Schülerinnen und Schüler insoweit faktisch einen Vorteil bei der Lösung der Klausur hatten, führt die positive Kenntnis in diesem Fall nicht zur Rechtswidrigkeit der Benotung.

Die im Rahmen der **Corona-Pandemie 2020** von der Schülerschaft vorgetragenen Bedenken, die Durchführung der Prüfungen gefährde ihr Leben sowie das ihrer Angehörigen, ist in dieser Allgemeinheit prüfungsrechtlich unbeachtlich. Die Verunsicherung der Prüflinge durch die Pandemie ist nicht anders zu beurteilen als beispielsweise durch familiäre Spannungen, Beziehungsprobleme oder ungewisse Zukunftsaussichten hervorgerufene Belastungen. Allerdings können den Rücktritt rechtfertigende wichtige Gründe vorliegen, die wie eine Prüfungsunfähigkeit wegen akuter Erkrankung bewirken können, dass der Prüfling nicht in der Lage ist, seine normalen Leistungen zu erbringen. Für besonders gefährdete Schülerinnen und Schüler hat die Schule spezielle Prüfungsbedingungen zu schaffen (z.B. gesonderter Prüfungsraum). Es handelt sich hierbei nicht um einen Nachteilsausgleich (s.u.), sondern nur um besondere Vorsichtsmaßnahmen.

Rundung von Noten: Lehrkräfte müssen nicht immer die Note vergeben, die sich rechnerisch aus den einzelnen Bewertungen der schriftlichen und mündlichen Schülerleistungen ergibt. Sie dürfen gerade auch für Versetzungszeugnisse negativ berücksichtigen, wenn sich die Leistungen zuletzt deutlich verschlechtert haben und gravierende Lücken im fachbezogenen Grundwissen bestehen. Lehrkräfte müssen nach den rechtlichen Vorschriften bei der Notenvergabe vielmehr in pädagogischer Verantwortung eine Gesamtbewertung vornehmen, die die Beobachtungen im Unterricht sowie die Lern- und Leistungsentwicklung berücksichtigt. Dies kann die Lehrkraft im Einzelfall zur Festsetzung einer Gesamtnote berechtigen, die von der sich rechnerisch aus den erbrachten Leistungen ergebenen Durchschnittsnote abweicht. Insbesondere dürfen die Lehrkräfte bestehende Lücken im fachbezogenen Grundwissen negativ berücksichtigen, die die Lernentwicklung in den kommenden Schuljahren erheblich beeinträchtigen können. Außerdem darf in die Notenbildung einfließen, dass einige der zuletzt erbrachten Leistungen, denen eine erhebliche Bedeutung bei der Beurteilung des Lern- und Leistungsstandes zukommt, eine Lernentwicklung mit negativer Tendenz erkennen lassen. Die Lehrkraft muss allerdings nachvollziehbar begründen, dass ein tragfähiger Grund dafür besteht, vom rechnerisch zu ermittelnden Leistungsbild abzuweichen (VG Braunschweig, Beschl. v. 10.08.2010 – 6 B 149/10 –). Jedenfalls dann aber, wenn eine Schülerin oder ein Schüler bei einer rechnerischen Betrachtung zwischen zwei Noten steht und ein Auf- oder Abrunden erforderlich ist, ist Raum für die Berücksichtigung weiterer pädagogischer Gesichtspunkte, wie beispielsweise der Leistungsentwicklung, der Leistungsbereitschaft, dem Arbeitsverhalten und etwa bestehenden Wissenslücken (OVG Lüneburg, Beschl. v. 17.01.2019, Az.: 2 ME 812/18).

Nachteilsausgleich: Ein zentraler Grundsatz der Leistungsbewertung ist das **Gebot der Chancengleichheit**. Es leitet sich ab aus Art. 3 Abs. 1 GG und Art. 12 Abs. 1 GG. Von allen Schülerinnen und Schülern sind dieselben Leistungen zu fordern, die anhand derselben Maßstäbe bewertet werden. Durch Gewährung eines **Nachteilsausgleichs** können bestimmte Rahmenbedingungen – z.B. eine körperliche Behinderung – kompensiert werden. Auf die Gewährung von Nachteilsausgleich besteht daher bei Schülerinnen und Schülern mit einer Behinderung ein gesetzlicher Anspruch, der sich vor allem aus Art. 3 Abs. 3 Satz 2 GG (Niemand darf wegen seiner Behinderung benachteiligt werden) herleitet. Ein gewährter Nachteilsausgleich wird nicht im Zeugnis erwähnt. Ist eine Schülerin oder ein Schüler wegen einer Behinderung oder einer sonstigen gesundheitlichen Beeinträchtigung eingeschränkt, so darf bei Leistungsfeststellungen das Gebot der Chancengleichheit nicht beeinträchtigt werden. Bevor die Schülerin oder der Schüler die Prüfung wegen Prüfungsunfähigkeit nicht mitschreibt, ist zu prüfen, ob nicht die Teilnahme durch Nachteilsausgleichsmaßnahmen ermöglicht werden kann. Von der Gewährung eines Nachteilsausgleichs ist die Abweichung von den allgemeinen Grundsätzen der Leistungsbewertung, d. h. die Anforderung an die Leistung sowie die Bewertung der Leistung selbst, deutlich zu unterscheiden. Das Anforderungsprofil darf durch die Gewährung von Nachteilausgleichsmaßnahmen nicht verändert werden. Ein Nachteilsausgleich kann daher nur für solche Behinderungen gewährt werden, die außerhalb der durch die jeweilige Prüfung zu ermittelnden Fähigkeiten liegen und das Prüfungsergebnis

Schülerinnen und Schüler § 58　　　　　　　　　　　　　　　　**NSchG**

negativ beeinflussen können. Berücksichtigt werden können daher die körperlichen Behinderungen eines Prüflings wie solche beim Schreiben, Sprechen und Zeichnen nur, wenn sich die Behinderungen lediglich auf die Umsetzung der durch die Prüfung nachzuweisenden Kenntnisse – wie regelmäßig bei der Legasthenie der Fall – beschränken. Die manuelle Fertigkeit des Schreibens und die Fähigkeit, sich sprachlich zu artikulieren, liegen häufig außerhalb der durch die Prüfung selbst zu ermittelnden Fähigkeiten. Deshalb können je nach Prüfung die Beeinträchtigung der rein mechanischen Darstellungsfähigkeit, auch wenn sie auf einem dauernden Defekt beruhen, eine rechtserhebliche Chancenungleichheit darstellen, die durch die Einräumung besonderer Prüfungsbedingungen auszugleichen sind. In den Einheitlichen Prüfungsanforderungen (EPA) für das Fach Sport sind bestimmte messbare Anforderungen festgelegt. Von diesen kann grundsätzlich nicht abgewichen werden, da ein Nachteilsausgleich nicht zu einem Absenken der Leistungsanforderungen führen darf. Für die Grundschule stellt die Behandlung derartiger Fälle kein Problem dar, wohl aber in der gymnasialen Oberstufe im Geltungsbereich der EPA. Im Hinblick auf das Diskriminierungsverbot des Art. 3 Abs. 3 GG müssen im Einzelfall Lösungen gefunden werden. Das Kultusministerium hat dazu die Broschüre »Im Sportunterricht sollen alle mitmachen können!« erstellt. In der Handreichung werden die Förderschwerpunkte Lernen, geistige Entwicklung, körperlich-motorische Entwicklung, sozial-emotionale Entwicklung, Sprache, Sehen und Hören unter dem sportpädagogischen Aspekt dargestellt. Die rund 100-seitige Broschüre enthält u. a. didaktische Methoden und Zugänge, informiert über Bewertungskriterien für Schülerinnen und Schüler und nennt Unterstützungsangebote. Der Schwerpunkt der Handreichung liegt in einem umfangreichen Praxisteil, in dem zu den sieben Erfahrungs- und Lernfeldern im Sportunterricht konkrete Übungen und Stundenbeispiele für den Primar- und Sekundarbereich I beschrieben und mögliche Differenzierungsmaßnahmen aufgezeigt werden.

Die Gewährung von Nachteilsausgleich ist ein **Verwaltungsakt** (VG Saarland, Urt. v. 05.03.2009 – 1 K 643/08 –; VG Schleswig, Beschl. v. 05.01.2017 – 9 B 45/16). Der Schule steht bei Gewährung eines Nachteilsausgleichs ein Beurteilungsspielraum zu, der fachaufsichtlich und gerichtlich nur eingeschränkt überprüfbar ist.

Notenschutz: Von der Gewährung des Nachteilsausgleich ist der sogenannte Notenschutz (= Nichtbewertung von Teilleistungen oder geringere Leistungsanforderungen) deutlich zu unterscheiden. Der Notenschutz berücksichtigt das individuelle Leistungsvermögen der Schülerinnen und Schüler und verstößt damit grundsätzlich gegen den Grundsatz der Chancengleichheit, da er von den Schülerinnen und Schülern eine modifizierte Leistung fordert, auf bestimmte Leistungen verzichtet, die Bewertungsmaßstäbe ändert oder ganz auf eine Bewertung verzichtet. Ein Notenschutz etwa in dem Sinne, dass Rechtschreibleistungen von vornherein nicht gewertet werden, ist daher in Niedersachsen nicht vorgesehen. Somit unterliegen Schülerinnen und Schüler mit einer Lese-Rechtschreibschwäche hinsichtlich möglicher

Punktabzüge grundsätzlich denselben Regelungen wie Schülerinnen und Schüler ohne diese Einschränkung. Würde von vornherein feststehen, dass eine Schülerin oder ein Schüler mit einer Lese-Rechtschreibschwäche keine Punktabzüge zum Beispiel für Rechtschreibfehler erhalten kann, so hätte sie oder er gegenüber den Mitschülerinnen und Mitschülern einen Vorteil etwa bei der Verwendung von schwierigen und komplizierten Worten. Eine Überkompensation der Nachteile würde nicht der Wiederherstellung der Chancengleichheit dienen, sondern umgekehrt diese verletzen. Auch bei Schülerinnen und Schülern, die sich auf Legasthenie berufen, stellt sich daher die Frage, ob sie dem gewählten Bildungsgang grundsätzlich gewachsen sind oder ob nicht ein anderer Bildungsweg für sie geeigneter wäre. Es ist nicht zulässig, bei festgestellter Legasthenie andere schulische Defizite sowie Eignungs- und Leistungsdefizite außer Acht zu lassen. Allerdings gibt es durchaus die Möglichkeit, im Zuge der Bewertung auf die Lese-Rechtschreibschwäche Rücksicht zu nehmen. Soweit Hinweise zum Notenschutz im Zeugnis (z.B. bei Bemerkungen) aufgenommen werden sollten, bedarf es hierfür einer – in Niedersachsen nicht vorhandenen – gesetzlichen Regelung.

Auch Schülerinnen und Schüler mit einer Behinderung haben keinen unmittelbar aus der Verfassung ableitbaren Anspruch auf Notenschutz. In diesem Fall kann aber Notenschutz zulässig sein, da eine generelle Versagung des Notenschutzes die begabungsgerechte Entfaltung der Schülerinnen und Schüler gefährden oder beeinträchtigen kann. Nach Auffassung von Rux bedarf es allerdings in diesem Fall keiner weiteren expliziten Regelung in Bezug auf die Zulässigkeit des Notenschutzes. Auch die Dokumentation im Zeugnis setze keine weitere Leitentscheidung des Gesetzgebers mehr voraus. Vielmehr sei diese Dokumentation zwingend geboten. Im Sinne der Rechtsklarheit sei es allerdings zu begrüßen, wenn die Gesetzgeber- und Verordnungsgeber die Voraussetzungen für das Verfahren für Notenschutz im Detail regeln.

Auch das OVG Lüneburg hat mit Beschluss vom 12.03.2018 – 2 ME 1/18 – dazu ausgeführt, dass das Gebot der Chancengleichheit nach Art. 3 Abs. 1 GG i.V.m. Art. 12 Abs. 1 GG und das Benachteiligungsverbot des Art. 3 Abs. 3 Satz 2 GG keinen Anspruch auf Notenschutz, d.h. auf eine Leistungsbewertung, die das individuelle Leistungsvermögen berücksichtige, begründet. Vielmehr sei es dem Landesgesetzgeber vorbehalten, grundlegende Entscheidungen über die Gewährung von Notenschutz für behinderte Schülerinnen und Schüler zu treffen; dies gelte insbesondere für die Gewährung von Notenschutz in Abschlussprüfungen und Vermerke über diese in Abschlusszeugnissen. Da es in Niedersachsen an einer gesetzlichen Regelung fehle, sei bereits deshalb die Gewährung von Notenschutz rechtswidrig. Nach der Rechtsprechung des OVG sei im Fall einer kombinierten Lese- und Rechtschreibstörung ein Nachteilsausgleich im Prüfungsverfahren grundsätzlich erforderlich. Ein darüber hinaus gehender Anspruch auf Notenschutz bestehe hingegen nach der gefestigten Rechtsprechung gerade nicht, sondern komme – ungeachtet des Umstandes, dass es hierfür einer gesetzlichen Grundlage bedarf – allenfalls als ultima ratio erst dann in Betracht, wenn Maßnahmen des Nachteilsausgleichs sich im Einzelfall als ungeeignet erwiesen haben.

Der Bayerische Verwaltungsgerichtshof hat mit Urteil vom 27.05.2014 – Az.: 7 B 14.22 – entschieden, dass Bemerkungen im Abiturzeugnis über **Notenschutz** für Legastheniker (etwa die Nichtbewertung von Rechtschreibleistungen) unzulässig sind. Im zugrunde liegenden Verfahren hatten zwei Abiturienten, denen fachärztlich »Legasthenie« attestiert worden war, gegen in ihren Abiturzeugnissen enthaltene Bemerkungen, nach denen unter anderem Rechtschreibfehler nicht bewertet wurden, geklagt. Nach Auffassung des Bayerischen Verwaltungsgerichtshofs fehlt es an einer gesetzlichen Grundlage für Bemerkungen über Notenschutz für Legastheniker im Abiturzeugnis. Über die Zulässigkeit von Maßnahmen des Notenschutzes einschließlich ihrer Folgen – etwa in Bezug auf das auszustellende Zeugnis – habe im Wesentlichen der parlamentarische Gesetzgeber zu entscheiden. Dies gelte jedenfalls bei schulischen Abschlussprüfungen, die für den beruflichen Werdegang bedeutsam seien. Denn wegen der mit Maßnahmen des Notenschutzes verbundenen Abweichungen von den allgemein geltenden Leistungsanforderungen sei der aus den Grundrechten auf Gleichbehandlung und Berufsfreiheit folgende Anspruch aller Prüflinge auf Chancengleichheit in erheblicher Weise betroffen. Maßnahmen des Notenschutzes in der Schule seien – ebenso wie entsprechende Zeugnisbemerkungen – rechtlich unzulässig, solange der Gesetzgeber im Rahmen seiner Gesetzgebungskompetenz hierzu keine Regelungen erlässt. Das Bundesverwaltungsgericht hat den Bayerischen Verwaltungsgerichtshof mit Urteil vom 29.07.2015 – Az.: 6 C 33.14, 6 C 35.14 – insoweit bestätigt, dass es für die Gewährung von Notenschutz einer gesetzlichen Grundlage bedarf. Das Fehlen einer gesetzlichen Grundlage gebe den betroffenen Schülern jedoch keinen Anspruch darauf, dass lediglich der Vermerk auf die abweichende Bewertung entfällt, ihre Note aber bestehen bleibt. Notenschutz lässt sich damit dem Bundesverwaltungsgericht zufolge nicht ohne dessen Dokumentation beanspruchen. Es besteht auch aus dem verfassungsrechtlichen Verbot, Menschen mit einer Behinderung wegen ihrer Behinderung zu benachteiligen (Art. 3 Abs. 3 Satz 2 GG), kein Anspruch auf Notenschutz ohne Dokumentation im Zeugnis.

Nicht mit dem unzulässigen Notenschutz zu verwechseln ist die – zulässige – sog. **zieldifferente Beschulung** gem. § 4 Abs. 2 Satz 2, 2. Halbsatz (»die Leistungsanforderungen können von denen der besuchten Schule abweichen«). Eine zieldifferente Beschulung ist möglich, wenn die Beschulung zu einem anderen Abschlussprofil als dem der gemeinsam besuchten Klasse führt und dies vorab und generell festgelegt wurde. In der WeSchVO finden sich dazu zahlreiche Regelungen.

Verbesserung von Noten: Rechtswidriges Verhalten einer Lehrkraft im Zusammenhang mit der Leistungsbewertung führt nicht zwangsläufig zu einer Verbesserung von Noten. Grundsätzlich hat jede Lehrkraft bei der Notengebung einen sog. Beurteilungsspielraum. Dieser ist durch ein Gericht nur eingeschränkt überprüfbar. Die Notengebung ist vom Anspruch her ein Erkenntnisprozess. Es steht nicht im Ermessen einer Lehrkraft, ob sie ein »gut« gibt oder ein »befriedigend«, sondern die Schülerleistung ist der Sache nach entweder gut oder nur befriedigend. Wenn bei der Notengebung ein offenkundiger Fehler (z.b. Additionsfehler bei der Addition von Zwischenpunkten, falsche Gewichtung von schriftlichen, mündlichen und fachspezifischen Leistungen) eingetreten ist, muss eine Notenverbesserung erfolgen. Weigert sich die Lehrkraft die Note anzuheben, kann nicht die Schulleitung, sondern nur die Schulbehörde im Rahmen der Fachaufsicht die Korrektur vornehmen (§ 121 Abs. 2). Ist nach der Korrektur rechtswidriger Fehler bei der Notengebung eine Notenanhebung nicht zwangsläufig, kann die Lehrkraft im Rahmen ihres Beurteilungsspielraums eine bessere Note festlegen. Ein Einschreiten der Fachaufsicht ist in diesen Fällen nicht möglich. Sind Umstände eingetreten, die nur darauf schließen lassen, dass die Schülerin oder der Schüler eine bessere Leistung erzielt hätte, wenn die Lehrkraft zum Beispiel die Beschlüsse der Fachkonferenz eingehalten hätte (z.b. eine bestimmte Lektüre im Unterricht zu verwenden), ist eine Notenanhebung ausgeschlossen. Benotet werden können nämlich nur tatsächlich erbrachte Leistungen, keine fiktiv erbrachten Leistungen. In diesen Fällen kann die Prüfung jedoch möglicherweise wiederholt werden.

Verböserung von Noten: § 1 Niedersächsisches Verwaltungsverfahrensgesetz i.V.m. § 48 Verwaltungsverfahrensgesetz stellt die Rücknahme eines rechtswidrigen begünstigenden Verwaltungsaktes in das Ermessen der jeweiligen Behörde (Schule, Lehrkraft). Bei der Ausübung ihres Ermessens hat die Behörde sowohl das Interesse des Begünstigten am Bestand der behördlichen Entscheidung als auch das öffentliche Interesse an einem rechtmäßigen Verwaltungshandeln zu berücksichtigen. Dabei ist insbesondere das schutzwürdige Vertrauen des Begünstigten zu berücksichtigen, das in der Regel mit dem Zeitablauf wächst. Besteht kein Vertrauensschutz, ist eine Rücknahme ohne Weiteres möglich, da niemand einen Anspruch darauf haben kann, dass eine Behörde an eine rechtswidrige Entscheidung gebunden ist, deren Rechtswidrigkeit der Betroffene kannte. Bei einer fehlerhaften Note besteht ein Vertrauensschutz der Schülerin oder des Schülers erst dann, wenn die oder der Betroffene im berechtigten Vertrauen auf die Rechtmäßigkeit der Entscheidung eine nicht mehr ohne erhebliche Beeinträchtigung rückgängig zu machende erhebliche Rechtsposition erlangt hat, also z.B. mit einem nicht rechtmäßigen Zeugnis, auf deren Rechtmäßigkeit sie oder er vertrauen durfte, einen Ausbildungsplatz erhalten hat. Mit der Rückgabe einer Klassenarbeit hat eine Schülerin oder ein Schüler noch keine derart geschützte Rechtsposition erlangt. Die Lehrkraft kann daher die Klassenarbeit zurücknehmen und »verschlechtern«, da die Schülerin oder der Schüler keinen Anspruch auf eine rechtswidrige Note hat. Die Lehrkraft ist aber nicht verpflichtet, so zu verfahren, da die Rücknahme in ihrem Ermessen steht.

Zeugnisse: Zeugnisse unterrichten in erster Linie die Schülerinnen und Schüler sowie deren Eltern über die schulische Entwicklung und den erreichten Leistungsstand. Soweit Zeugnisse nur Informationen über die erbrachten Leistungen enthalten, können gegen sie keine Rechtsmittel eingelegt werden. Die Nennung von entschuldigten und unentschuldigten Fehlzeiten auf einem Zeugnis ist lediglich eine Information über tatsächliche Anwesenheitszeiten und hat über diese Informationsfunktion hinaus für die Schülerinnen und Schüler keine Rechtsfolgen, es sei denn, sie befinden sich auf Abschluss- und »Bewerbungs«-zeugnissen. Nur im letzten Fall kann gegen die Aufnahme der Fehlzeiten mit Widerspruch und Anfechtungsklage vorgegangen werden. Zeugnisse erfüllen rechtlich den Urkundsbegriff. In den Zeugnisreinschriften darf daher weder radiert noch korrigiert werden. Ist eine Korrektur unvermeidlich, so hat diese die Schulleiterin oder der Schulleiter vorzunehmen. Ist ein Fach aus schulorganisatorischen Gründen (z.B. Lehrkräftemangel) nicht erteilt worden, ist anstelle der Note »nicht erteilt« einzutragen. Ist eine Schülerin oder ein Schüler vom Religionsunterricht abgemeldet, so ist der Vermerk »nicht teilgenommen« einzutragen. Wenn eine Schülerin oder ein Schüler vom Sportunterricht befreit worden ist, ist »befreit« einzutragen. Kann eine Schülerin oder ein Schüler wegen häufiger – aber entschuldigter – Unterrichtsversäumnisse nicht beurteilt werden, so ist anstelle einer Note der Vermerk »Kann nicht beurteilt werden« einzutragen. Damit die Schule den Nachweis führen kann, das Zeugnis den Eltern vorgelegt zu haben, sollte sie sich durch eine Unterschrift unter das Zeugnis die Kenntnisnahme bestätigen lassen. Mit der Unterschrift dokumentieren die Eltern ausschließlich, dass sie das Zeugnis zur Kenntnis genommen haben und infolge dessen über die Bewertungen der Leistungen ihres Kindes informiert sind. Eine rechtliche Verpflichtung zur Unterzeichnung des Zeugnisses ergibt sich aus dem Schulgesetz allerdings nicht. Soweit die Eltern »Kenntnis genommen« abzeichnen, kann daraus nicht geschlossen werden, dass die Eltern mit dem Inhalt des Zeugnisses einverstanden sind. Eltern brauchen also keine Befürchtung zu haben, mit einer Unterschrift unter ein Zeugnis ein »Anerkenntnis« abgegeben zu haben.

Zu Abs. 2 Satz 2: Pflicht, die Kommunikation durch Verhalten und Kleidung mit den Beteiligten des Schullebens nicht in besonderer Weise zu erschweren: Abs. 2 Satz 2 wurde mit dem Änderungsgesetz 2017 in das Schulgesetz eingefügt. Darin wird die konkrete Verpflichtung der Schülerinnen und Schüler normiert, die Kommunikation mit den Beteiligten des Schullebens durch Verhalten und Kleidung nicht in besonderer Weise zu erschweren. Der allgemeine Grundsatz der Mitwirkung in Abs. 1 wird in Abs. 2 Satz 2 konkretisiert. Die Gewährleistung der Kommunikation stellt eine Grundbedingung des schulischen Wirkens im Hinblick auf die Verwirklichung des in § 2 normierten Bildungsauftrages der Schule dar. Die Kommunikation zwischen den Schülerinnen und Schülern sowie den Lehrkräften und den weiteren Beteiligten des Schullebens setzt dabei auch das Erfassen der Körpersprache, insbesondere der Gesichtsmimik voraus. Die konkrete Mitwirkungspflicht, die das Verhalten und die Kleidung der Schülerinnen und Schüler betrifft, ist funktional von den Voraussetzungen des Bildungs- und Erziehungsauftrages her zu begründen (siehe *Wißmann*,

S. 31). Die Kommunikation darf nach dem Gesetzeswortlaut nicht *in besonderer Weise* erschwert werden. Eine Erschwerung der Kommunikation liegt dann vor, wenn die Kommunikation nicht ungehindert stattfinden kann, wenn also Kommunikationsbestandteile nur eingeschränkt oder gar nicht wahrnehmbar sind. Die Formulierung des Gesetzes verdeutlicht allerdings, dass nicht jede Erschwerung der Kommunikation bereits den Tatbestand der Verbotsnorm des Abs. 2 Satz 2 erfüllt. In besonderer Weise ist die Kommunikation dann erschwert, wenn derart gravierend und/oder zeitlich fortdauernd in den Kommunikationsvorgang eingegriffen wird, dass die Erfüllung des in § 2 statuierten Bildungsauftrages konkret gefährdet ist. Bei gewissen Bagatellerscheinungen – z.B. dem kurzfristigen Hand vor die Augen halten – kann nicht von einem besonderen Kommunikationserschwernis ausgegangen werden. Als Beispiele von Verhaltensweisen, die die Kommunikation z.B. mit der Lehrkraft in besonderer Weise erschweren können, lassen sich folgende Punkte nennen: Der Lehrkraft über einen signifikanten Zeitraum bewusst den Rücken zukehren, die Lehrkraft über einen solchen Zeitraum anschweigen oder umgekehrt niederbrüllen oder sich im Unterricht Kopfhörer aufsetzen. In all diesen Fällen kann der staatliche Bildungs- und Erziehungsauftrag funktional nicht erfüllt werden.

Neben dem Verhalten der Schülerinnen und Schüler ist auch die Kleidung in Bezug auf die Gewährleistung der Kommunikation maßgeblich. Wer z.B. im Unterricht einen Motorradhelm trägt, erschwert in aller Regel in besonderer Weise die Kommunikation mit seinen Lehrkräften. Im täglichen Schul- und Unterrichtsbetrieb kann auch die aus religiösen Gründen getragene **Vollverschleierung** als Kleidung von Schülerinnen eine derartige Erschwerung der Kommunikation in besonderer Weise darstellen, dass die Schule ihrem Bildungsauftrag nach § 2 nicht entsprechen kann. Die Kleidung ist explizit in die Aufzählung beispielhaft genannter Pflichten aufgenommen worden, um in Bezug auf das Verbot der Vollverschleierung den Voraussetzungen des Gesetzesvorbehalts zu genügen. Auf diese Weise übernimmt der Gesetzgeber für einen gesellschaftlich umstrittenen Fall die Verantwortung der Entscheidung, ohne dass damit ein ganz konkretes, religionsspezifisches Verhalten verboten und damit eine potenziell diskriminierende Einzelfallregelung getroffen wird. Das Tragen eines Gesichtsschleiers ist als Ausdruck der grundrechtlich geschützten Religionsfreiheit ist nach Art. 4 Abs. 1, 2 GG zu verstehen. In Schule stellt allerdings der staatliche Erziehungs- und Bildungsauftrag eine verfassungsrechtliche Gegengröße dar. Funktional rechtfertigt daher die Notwendigkeit des »offenen Gesichts« als Voraussetzung des Unterrichts in der Klasse ein derartiges Verbot. Die spezielle Bekleidungsvorschrift ist gerade dem Umstand geschuldet, dass die ständige Rückkopplung zwischen Lehrkräften sowie Schülerinnen und Schülern ein legitimes Kernelement ist, um zu erziehen und zu bilden – und nicht lediglich Unterrichtsinhalte bekanntzugeben. Die Achtung der Verschiedenheit führt gerade zur Pflicht gegenseitiger, kommunikativ symmetrischer Begegnung. Daher ist die Vollverschleierung einer Schülerin verboten. Im Ergebnis ist insofern die »Totalverschleierung« durch Nikab (lässt Augen frei, Verbreitungsgebiet

Arabische Halbinsel) oder Burka (kein Augenschlitz, Verbreitungsgebiet u. a. Afghanistan) durch Satz 2 im Schulleben untersagt. Das Verbot der Vollverschleierung gilt durch die Formulierung »mit den Beteiligten des Schullebens« nicht nur im Unterricht und den außerunterrichtlichen Angeboten, sondern auch in den Bereichen, in denen der Bildungsauftrag nicht primär umgesetzt wird, also in Pausenzeiten, während der Teilnahme an der schulischen Mittagsverpflegung, bei Unterrichtsgängen und bei Schulfahrten. Mit den »Beteiligten des Schullebens« sind das schulische Personal (Lehrkräfte, Personen nach § 53, Personal des Schulträgers), Mitschülerinnen und Mitschüler, Erziehungsberechtigte sowie schulische Gäste (z.B. Politikerinnen und Politiker, Vertreter des Schulträgers) umfasst. Da nach den Grundsätzen der praktischen Konkordanz der Eingriff in das Grundrecht auf Religionsfreiheit insgesamt auf das Notwendigste zu beschränken ist, erscheint die weite Einschränkung der Religionsfreiheit durch Abs. 2 Satz 2 und die Ausdehnung auf alle schulischen Aktivitäten als sehr weitgehend (so auch Westermann mit ausführlicher rechtlicher Würdigung der niedersächsischen Regelung). Außerhalb des Unterrichts und der außerunterrichtlichen Angebote, die gemäß § 23 mit dem Unterricht eine pädagogische Einheit bilden, erscheint der Eingriff in die Religionsfreiheit durch ein Verbot der Vollverschleierung zur Erfüllung des schulischen Bildungsauftrages nicht zwingend erforderlich. Insbesondere bei Schulfahrten verlassen die Schülerinnen und Schüler zudem den »Schutzraum Schule« und sind nicht nur den Blicken der Schulangehörigen, sondern den Blicken der Allgemeinheit ausgesetzt, sodass in diesen Fällen der Eingriff in die Religionsfreiheit besonders intensiv ist.

Bleibt eine Schülerin trotz des Verbots dabei, in Vollverschleierung die Schule zu besuchen, hat die Schulleitung unverzüglich die nachgeordnete Schulbehörde (§ 119) zu informieren. Die nachgeordnete Schulbehörde kann unter Würdigung des Einzelfalles die Schule im Hinblick auf geeignete Reaktionsmöglichkeiten beraten und unterstützen. Als Reaktion sollten zunächst unverzüglich Beratungsgespräche mit der Schülerin und den Erziehungsberechtigten eingeleitet werden, in denen die Rechtslage aufgezeigt und Konsequenzen verdeutlicht werden. Neben Erziehungsmitteln kommt aus dem Katalog der Ordnungsmaßnahmen des § 61 Abs. 3 in der Regel nur die Nr. 3 (Ausschluss bis zu 3 Monate vom Unterricht sowie den außerunterrichtlichen Angeboten) in Betracht. Die Nrn. 1, 2 und 4 sind keine tauglichen Maßnahmen, die Nrn. 5 und 6 sind im Fall der Vollverschleierung als unverhältnismäßig anzusehen. Mahrenholz stellt in diesem Zusammenhang aber grundsätzlich infrage, ob die Verhängung von Ordnungsmaßnahmen überhaupt ein geeignetes Mittel in den Fällen der Vollverschleierung ist. Nach seiner Auffassung kann die Durchsetzung des Verbots der Vollverschleierung mit Ordnungsmaßnahmen leicht eine Frage der Kraftprobe zwischen dem Staat und religiös-fundamentalistischen Gruppen werden. Es sei nicht auszuschließen, dass fundamentalistische Kräfte den Ausschluss vom Unterricht hinnehmen, um danach den Staat mit dem erneuten Erscheinen der verschleierten Schülerin zum Unterricht erneut in Verlegenheit zu setzen. Hier könne sich geradezu ein politisches Bestreben bemerkbar machen, durch Konflikte mit dem Staat diejenige Solidarisierung innerhalb des islamischen Bevölkerungsteils zu erzielen, den die fundamentalistische Seite ohne Konflikt mit dem Staat und ihre öffentliche Resonanz nicht erzielen könnte. Schon der erste Konflikt könne hier über die Landesgrenzen hinaus mehr präjudizieren, als die staatlichen Kräfte vorhersehen können. Mahrenholz ist zuzustimmen, dass ein Verstoß gegen das Verbot der Vollverschleierung nicht zwingend eine Ordnungsmaßnahme zur Folge haben muss. Vielmehr kann es sachgerecht sein, dass die Schule ausschließlich mit pädagogischen und präventiven Ansätzen zu überzeugen versucht, um eine Vollverschleierung bei Schülerinnen zu verhindern. Schulrechtlich in jedem Fall unzulässig wäre es, das Tragen einer Vollverschleierung wegen der »Erschwerung der Kommunikation« als Leistungsverweigerung zu bewerten und die Leistungen der Schülerin mit 0 Punkten zu bewerten. Zwar kann nicht in Abrede gestellt werden, dass sich durch die Vollverschleierung die Mitarbeit im Unterricht erschweren dürfte, was sich bei den Leistungsüberprüfungen z.B. im mündlichen Bereich, mittelbar negativ auf die Benotung auswirken kann, eine direkte Bewertung schulischen Fehlverhaltens kann jedoch nicht erfolgen. Schulrechtlich ebenfalls unzulässig wäre es, den Eingriff in die Religionsfreiheit mit dem Hausrecht zu begründen und ein Hausverbot zu erteilen. Das Hausrecht des Schulträgers, welches während des schulischen Betriebes von der Schulleiterin oder dem Schulleiter ausgeübt wird, rechtfertigt keinen Eingriff in den Schutzbereich des Art. 4 GG. Zudem könnte mit einem Hausverbot das Ziel einer Beschulung ohne Gesichtsschleier in aller Regel ebenfalls nicht erreicht werden.

6 **Zu Abs. 2 Satz 3:** Das Verbot in Abs. 2 Satz 2 besteht gem. Abs. 2 Satz 3 nicht, wenn einzelne Tätigkeiten oder gesundheitliche Gründe eine Ausnahme erfordern. Als Beispiel sei in diesem Zusammenhang das Tragen einer Atemschutzmaske durch eine Schülerin oder einen Schüler im Rahmen der Durchführung von Experimenten mit Chemikalien im Chemieunterricht genannt. Im Rahmen der **Corona-Pandemie 2020** wurde u.a. eine Maskenpflicht im Unterricht verordnet. Eine derartige Maskenpflicht, die auf eine Rechtsgrundlage gestützt werden muss, fällt auch unter die Ausnahmebestimmung.

7 **Verweise, Literatur:**
- Verordnung über den Wechsel zwischen Schuljahrgängen und Schulformen allgemein bildender Schulen (WeSchVO) vom 03.05.2016 (Nds. GVBl. S. 82; SVBl. S. 332; SRH 3.015), zuletzt geändert durch Art. 1 der VO vom 23.09.2020 (Nds. GVBl. S. 332; SVBl. S. 482)
- Begründung zum 4. Änderungsgesetz zum Niedersächsischen Schulgesetz, Drs. 12/3300, zu Nr. 40 (§ 42 NSchG)
- Mitteilung aus dem MK: Ersatzleistungen des Kommunalen Schadensausgleichs Hannover (KSA): Erweiterung für Fahrräder im Zusammenhang mit dem Schulbesuch, SVBl. 2017, H. 4, S. 151

- Erläuternde Hinweise zum Gesetz zur Verankerung der Pflichten von Schülerinnen und Schülern im Niedersächsischen Schulgesetz, Bekanntmachung des MK vom 22.08.2017 (SVBl. S. 552)
- *Von Zimmermann, Nina/Wachtel, Peter:* Nachteilsausgleich aus pädagogischer Perspektive, SVBl. 2013, S. 449
- *Ennuschat, Jörg:* Völker-, europa- und verfassungsrechtliche Rahmenbedingungen der Schulpflicht, RdJB 2007, S. 271
- *Wobbe, Petra:* Homeschooling weiter verboten, Schulverwaltung, Ausgabe Niedersachsen 2008, H. 1, S. 20
- *Achilles, Harald:* Schulpflichtverweigerung aus religiösen und weltanschaulichen Gründen, RdJB 2007, S. 322
- *Nolte, Gerald:* Weisungsbefugnis von Lehrkräften gegenüber Schülerinnen und Schülern, Schulverwaltung, Ausgabe Niedersachsen, 2007, H. 9, S. 249
- *Avenarius, Hermann/Füssel, Hans Peter:* Schulrecht, 8. Auflage, Kronach 2010
- *Avenarius, Hermann:* Im Rückblick; der lange Abschied vom besonderen Gewaltverhältnis – Eine Entscheidung des Bundesverfassungsgerichts und ihre Folgen für die Entwicklung des Schulrechts, Schulverwaltung, Ausgabe Baden-Württemberg 2005, H. 1, S. 8
- *Reimer, Franz (Hrsg.):* Homeschooling – Bedrohung oder Bewährung des freiheitlichen Rechtsstaats, Baden-Baden (Nomos), 2012
- *Nolte Gerald:* Zur Versammlungsfreiheit von Schülerinnen und Schülern, Schulverwaltung, Ausgabe Niedersachsen, 2013, H. 2, S. 53
- *Nolte Gerald:* Befreiung vom koedukativen Schwimmunterricht, Schulverwaltung, Ausgabe Niedersachsen, 2014, H. 1, S. 23
- *Böhm, Thomas:* Der kommunikationsisolierte Schüler, SchulRecht 2014, Heft 1–2, S. 7
- *Schönberger, Ulf:* Handys, Smartphones & Co in der Schule – Probleme und rechtliche Lösungsansätze Teil 1, Schulverwaltung Hessen/Rheinland-Pfalz 2014, H. 5, S. 158
- *Rohe, Mathias:* Muslimische Schülerinnen im Schwimmunterricht, Schulverwaltung, Ausgabe Bayern, 2013, H. 12, S. 338
- *Lambert, Johannes:* Religiöse Freiheit und Schulpflicht – Neue Rechtsprechung des Bundesverwaltungsgerichts, Schulverwaltung, Ausgabe Niedersachsen, 2014, H. 10, S. 260
- *Nolte, Gerald:* Verbot von Hotpants und bauchfreien Tops, Schulverwaltung, Ausgabe Niedersachsen, 2015, H. 10, S. 274
- *Lambert, Johannes:* Hotpants und Jogginghosen, Schulverwaltung, Ausgabe Baden-Württemberg, 2016, H. 2, S. 4.3

- *Mahrenholz, Ernst Gottfried:* Darf die Schulverwaltung einer Schülerin das Tragen eines Schleiers in der Schule verbieten? RdJB 1998, S. 287
- *Ladeur, Karl-Heinz:* »Burkaverbot« in der Schule – Art. 7 Abs. 1 GG als Grundlage für eine »Religionspolitik« des Staates? – Zum Beschluss des VG Osnabrück v. 22.08.2016 – Az.: 1 B 81/16 – RdJB 2016, S. 379
- *Wißmann, Hinnerk:* Verbot gesichtsbedeckender Verschleierung in der Schule, Münster 2017
- *Behrens, Torben/Nolte, Gerald:* Gesetz zur Verankerung der Pflichten von Schülerinnen und Schülern im Niedersächsischen Schulgesetz beschlossen, SVBl. 2017, S. 605 (siehe auch Schulverwaltung, Ausgabe Niedersachsen, 2017, H. 10, S. 280)
- *van den Hövel, Werner:* Integration wichtiger als Religionsfreiheit, Schulverwaltung, Ausgabe Baden-Württemberg 2017, H. 10, S. 288
- *Nolte, Gerald:* Dürfen Lehrkräfte ein Schülerhandy über das Wochenende einbehalten? Schulverwaltung, Ausgabe Niedersachsen, 2017, H. 11, S. 314
- *Nolte, Gerald:* Bewertung des Sozialverhaltens, Schulverwaltung, Ausgabe Niedersachsen, 2018, H. 1, S. 21
- *Böhm, Thomas:* Burka, Burkini, Kopftuch, Gebet und Kreuz, SchR 2017, H. 6, S. 164
- *Nolte, Gerald:* Muss ein Schüler mit in die Moschee? Schule leiten, 2017, H. 10, S. 50
- *Hoegg, Günther:* Der Toilettengang als juristisches Problem, Beruf: Schulleitung 2018, H. 3, S. 40
- *Antwort auf Kleine schriftliche Anfrage »Wie steht die Landesregierung zum Kopftuchtragen an Grundschulen?« (Drs. 18/03047)*
- *Westermann, Wiebke:* Das Vollverschleierungsverbot für Schülerinnen in der rechtlichen Diskussion, Dokumenten- und Publikationsserver der Georg-August Universität Göttingen, 2019
- *Nolte, Gerald:* Notengebung in der Schule, Schulverwaltung, Ausgabe Niedersachsen, 2019, H. 5, S. 143
- *Böhm, Thomas:* Schülerdemonstrationen während der Unterrichtszeit; SchR 2019, S. 100
- *Abel, Joachim:* Maskenpflicht an Schulen, Schulverwaltung Ausgabe Baden-Württemberg 2020, H. 12, S. 324

(Gerald Nolte)

Schülerinnen und Schüler § 59   NSchG

§ 59 Bildungsweg, Versetzung, Überweisung und Abschluss

(1) ¹Die Erziehungsberechtigten haben im Rahmen der Regelungen des Bildungsweges die Wahl zwischen den Schulformen und Bildungsgängen, die zur Verfügung stehen. ²Volljährige Schülerinnen und Schüler wählen selbst. ³Die verschiedenen Schulformen sind so aufeinander abzustimmen, dass für Schülerinnen und Schüler der Wechsel auf die begabungsentsprechende Schulform möglich ist (Prinzip der Durchlässigkeit).

(2) ¹Die Aufnahme in die Schulen im Sekundarbereich II kann von dem Nachweis eines bestimmten Abschlusses oder beruflicher Erfahrungen abhängig gemacht werden. ²Dies gilt nicht für die Aufnahme in die Berufsschule. ³Durch erfolgreichen Besuch des 10. Schuljahrgangs des Gymnasiums wird die Berechtigung erworben, jede Schule im Sekundarbereich II zu besuchen.

(3) Eine Schülerin oder ein Schüler kann im Sekundarbereich I von einer weiterführenden Schulform auf eine andere weiterführende Schulform übergehen, wenn von ihr oder ihm eine erfolgreiche Mitarbeit in der neugewählten Schulform erwartet werden kann.

(4) ¹Eine Schülerin oder ein Schüler kann den nächsthöheren Schuljahrgang einer Schulform oder eines Schulzweiges erst besuchen, wenn die Klassenkonferenz entschieden hat, dass von ihr oder ihm eine erfolgreiche Mitarbeit in diesem Schuljahrgang erwartet werden kann (Versetzung). ²In einzelnen Schulformen oder Schulzweigen oder zwischen einzelnen Schuljahrgängen kann von dem Erfordernis der Versetzung abgesehen werden. ³Eine Schülerin oder ein Schüler, die oder der zweimal nacheinander oder in zwei aufeinanderfolgenden Schuljahrgängen nicht versetzt worden ist, kann an die Schule einer anderen geeigneten Schulform überwiesen werden. ⁴Für die Überweisung an eine Förderschule ist Absatz 5 Satz 1 anstelle des Satzes 3 anzuwenden.

(5) ¹Eine Schülerin oder ein Schüler kann auf Vorschlag der Schule durch die Schulbehörde an die Schule einer anderen, für sie oder ihn geeigneten Schulform überwiesen werden, wenn sie oder er auch unter Beachtung der Anforderungen an eine inklusive Schule (§ 4) nur an der anderen Schule hinreichend gefördert werden kann und ihr oder sein Kindeswohl den Schulwechsel erfordert; die Schulbehörde hat in regelmäßigen Abständen zu überprüfen, ob die Voraussetzungen für die Überweisung weiterhin vorliegen. ²Eine Schülerin oder ein Schüler, die oder der an der Berufsfachschule nicht hinreichend gefördert werden kann, kann an eine Berufseinstiegsschule überwiesen werden. ³ Eine Schülerin oder ein Schüler, die oder der in Klasse 2 der Berufseinstiegsschule nicht hinreichend gefördert werden kann, kann in Klasse 1 überwiesen werden.

(6) Der erfolgreiche Abschluss des Schulbesuchs wird im Sekundarbereich II an Schulen, die die Schülerinnen und Schüler befähigen, ihren Bildungsweg an einer Hochschule fortzusetzen, durch eine Abschlussprüfung festgestellt.

1 Allg.: Das Recht der Eltern, für ihre Kinder die Schulformen und Bildungsgänge auszuwählen, ergibt sich aus Art. 6 Abs. 2 GG. Jedoch lässt sich hieraus nicht die Geltendmachung eines originären Teilhabegrundrechtes ableiten. Ein Individualanspruch auf Einrichtung einer bestimmten Bildungseinrichtung, eines bestimmten Bildungsganges oder auch auf Erteilung bestimmter Unterrichtsfächer besteht nicht.

2 Zu Abs. 1: Die Vorschrift des Satzes 1 konkretisiert das Elternrecht nach Art. 6 Abs. 2 GG, indem den Erziehungsberechtigten das Recht eingeräumt wird, für ihre Kinder die Schulformen und Bildungsgänge auszuwählen. Dem steht die Pflicht des Staates gegenüber, ein solches Wahlrecht zu ermöglichen.

Schulformen sind die in § 5 Abs. 2 abschließend genannten Schulformen.

Als »**Bildungsgang**« ist dabei die besondere fachliche, methodische, didaktische oder pädagogische Schwerpunktbildung in einem schulischen Angebot anzusehen, die sich im Allgemeinen – aber nicht immer – zugleich in einer besonderen Gestaltung des Abschlusses auswirkt. Dabei kann nicht jede Besonderheit etwa im Lehrstoff und/oder in den Lehr- und Erziehungsmethoden einen eigenständigen Bildungsgang begründen (OVG Lüneburg, Urteil v. 08.01.2014, – 2 LB 364/12 –).

Von einer solchen Schwerpunktbildung kann nicht schon bei jedem besonderen Fremdsprachenangebot ausgegangen werden (vgl. hierzu Nds. OVG, Urt. v. 20.12.1995 – 13 L 2013/93, NdsVBl. 1996, 240; Nds. OVG, Beschl. v. 21.11.2018 – 2 ME 512/18: Spanisch als 2. Pflichtfremdsprache begründet keinen eigenen Bildungsgang) noch dürfte jedes bilinguale Unterrichtskonzept diese Annahme rechtfertigen. Das ÄndG 96 hat durch Änderungen in § 63 Abs. 2 und 3 insoweit Klarheit geschaffen, als Bildungsgang eindeutig als Unterform einer Schulform formuliert worden ist. Das OVG Sachsen-Anhalt hat – unter Bezugnahme auf vergleichbares niedersächsisches Recht – mit Urteil vom 19.08.2014 (3 M 434/14) entschieden, dass bei den beiden Formen der Gesamtschule (IGS und KGS) keine unterschiedlichen Bildungsgänge vorliegen. Dagegen stellen die verschiedenen Förderschultypen Bildungsgänge der Schulform Förderschule dar. Innerhalb der Schulform Gymnasium sind die Schulen mit den Unterrichtsschwerpunkten Musik, neue Sprachen und alte Sprachen nach dem Erlass »Ergänzende Bestimmungen zum Rechtsverhältnis zur Schule und zur Schulpflicht« eigene Bildungsgänge (siehe Anm. 1 zu § 11). Unterbreitet eine Schule besondere bilinguale Unterrichtsangebote oder richtet »Laptop-Klassen« ein, wird dadurch kein eigenständiger Bildungsgang konstituiert (VG Göttingen, Az.: 4 A 75/05; VG Hannover, Urt. v. 19.07.2011 (6 A 22646/10), siehe SchVw NI, 1/2012, S. 21, OVG Lüneburg, Beschluss v. 09.09.2013 (2 ME 274/13)).

Allein das Prädikat »Montessori-Schule« beschreibt noch nicht zwangsläufig einen eigenständigen Bildungsgang. Maßgebend sind die besonderen Methoden und pädagogischen Konzepte der jeweils konkret zu vergleichenden Schulen.

Denselben Bildungsgang kann es nach niedersächsischem Schulrecht also nicht an verschiedenen Schulformen geben. Deshalb kann beispielsweise auch nicht – wie in anderen Bundesländern – von einem »Hauptschul-Bildungsgang« gesprochen werden, der wahlweise an einer Hauptschule, einer Oberschule oder einer Gesamtschule absolviert wird.

Das Wahlrecht der Erziehungsberechtigten gilt nicht uneingeschränkt, sondern nur »im Rahmen der Regelungen des Bildungsweges« und nur für »Schulformen und Bildungsgänge, die zur Verfügung stehen«.

So wird das Wahlrecht eingeschränkt durch die Regelungen über die Aufnahme (Abs. 2), die Übergänge (Abs. 3), die Überweisung nach Nichtversetzung (Abs. 4), die in den Verordnungen nach § 60 näher ausgeführt werden.

Nur die »zur Verfügung« stehenden Schulformen und Bildungsgänge können gewählt werden, d. h. solche, die im Rahmen des NSchG insbesondere gem. § 106 tatsächlich errichtet worden sind. Erziehungsberechtigte können nicht die Errichtung einer bestimmten Schulform oder eines Bildungsganges verlangen. Ist in einer Gemeinde eine von Erziehungsberechtigten für ihr Kind gewünschte Schulform nicht vorhanden, besteht die Möglichkeit, eine entsprechende Schule eines anderen Schulträgers zu besuchen (siehe hierzu Anm. 4 zu § 63).

Das Recht der Erziehungsberechtigten, für ihr Kind eine Gesamtschule oder Ganztagsschule zu wählen, kann dadurch eingeschränkt werden, dass die vom kommunalen Schulträger hierfür festgesetzte Aufnahmekapazität überschritten wird (siehe § 59 a).

Satz 3 definiert das »Prinzip der Durchlässigkeit«. Danach sind die verschiedenen Schulformen (des Sekundarbereichs I) so aufeinander abzustimmen, dass Schülerinnen und Schüler in beide Richtungen auf eine »begabungsentsprechende« Schulform übergehen können. Die Abstimmung der Schulformen kann dadurch erfolgen, dass deren Stundentafeln, die angebotenen Fächer und ihre Kerncurricula zu einander in Bezug gebracht werden. Eine solche Abstimmung wird jedoch durch die modifizierten Bildungsaufträge von Hauptschule, Realschule, Oberschule und Gymnasium (siehe §§ 9 Abs. 1, 10 Abs. 1, 10a, 11 Abs. 1) erschwert.

Nicht definiert wird der Begriff »begabungsentsprechend«. Dazu finden sich auch in den Gesetzesmaterialien keine Hinweise. In der Verordnung über den Wechsel zwischen Schuljahrgängen und Schulformen allgemein bildender Schulen (siehe Anm. 1 zu § 60) wird die Durchlässigkeit »nach oben« beim Vorliegen eines bestimmten Leistungsstandes gewährleistet. Insofern ist die Realschule die »begabungsentsprechende« Schulform für die Schülerinnen und Schüler der Hauptschule, die in ihren Zeugnissen bestimmte Zensurendurchschnitte nachweisen können (Zur Durchlässigkeit »nach unten« siehe Anm. 4). Statt des Begriffs »begabungsentsprechende Schulform« wird in Abs. 4 der Begriff »andere geeignete Schulform« verwendet (Zum Begriff »begabungsgerecht« siehe Anm. 3 zu § 54).

3 Zu Abs. 2: Der Sekundarbereich II umfasst nach § 5 Abs. 3 Nr. 3 die Schuljahrgänge 11 bis 13 des Gymnasiums, der Gesamtschule, der Förderschule, das Abendgymnasium und das Kolleg sowie alle berufsbildenden Schulen. Voraussetzung für die Aufnahme in den 11. Schuljahrgang des Gymnasiums und der Gesamtschule sowie in das Berufliche Gymnasium ist der Erweiterte Sekundarabschluss I (siehe Anm. 1 zu § 8). Für den Eintritt in das Abendgymnasium und das Kolleg wird der Sekundarabschluss I – Realschulabschluss oder der erfolgreiche Besuch eines »Vorkurses« verlangt. Weitere Aufnahmevoraussetzung ist der Abschluss einer Berufsausbildung oder eine mindestens dreijährige Berufstätigkeit (siehe Anm. 3 zu § 13).

Für berufsbildende Schulen gilt Folgendes:

Der Nachweis einer bestimmten Bedingung für die Aufnahme in einen Bildungsgang des Sekundarbereichs II ist eine Einschränkung der freien Wahl des Bildungsweges, die nur bei der Aufnahme in eine Schule des Sekundarbereichs II zulässig ist. Bereits im NSchG 80 war die Vorschrift enthalten, dass Aufnahmeeinschränkungen für die Berufsschule nicht möglich sind, da dies die freie Berufswahl beeinträchtigen würde. Mit der Regelung der Berufsschulpflicht im ÄndG 93 (§ 65 Abs. 2) ist auch deshalb eine Aufnahmebeschränkung nicht zulässig, da es sich bei der Berufsschule um eine Pflichtschule für alle Auszubildenden handelt.

Im berufsbildenden Schulwesen existiert neben der Berufsschule noch die Berufseinstiegsschule (§ 17) als Bildungsgang, für den kein weiterer schulischer Abschluss oder keine berufliche Erfahrung als Aufnahmevoraussetzung vorgeschrieben ist. Somit haben Absolventinnen und Absolventen des Sekundarbereichs I, die dort keinen schulischen Abschluss erreicht haben, in jedem Fall eine schulische Alternative, wenn sie keinen Ausbildungsvertrag abschließen konnten und daher die Berufsschule nicht besuchen können. Für die anderen Schulformen, in denen Schülerinnen und Schüler mit Sek-I-Abschluss ohne berufliche Qualifikation ihren Bildungsweg in der Schule fortsetzen können (Berufsfachschule, Fachoberschule – Klasse 11 und Berufliches Gymnasium) gelten unterschiedliche Aufnahmevoraussetzungen, die in den Anlagen 3, 4, 5 und 7 zu § 33 BbS-VO detailliert geregelt sind (siehe dazu §§ 16, 18 und 19). Mit Übergang in eine berufsqualifizierende Berufsfachschule nach Klasse 10 ist der Erwerb eines schulischen Berufsabschlusses möglich (siehe hierzu § 16). Die Aufnahme in die Schulformen Fachoberschule – Klasse 12, Berufsoberschule und Fachschulen setzt in der Regel einen beruflichen Abschluss voraus (siehe dazu §§ 18, 18a und 20).

Beim Übergang von der Klasse 10 in die Klasse 11 eines Gymnasiums handelt es sich nicht um eine »Aufnahme«; die Möglichkeit, »jede Schule im Sekundarbereich II« zu besuchen, gilt nur für diejenigen Schulformen, die als Aufnahmevoraussetzungen ausschließlich schulische Abschlüsse verlangen, also nicht für die Klasse 12 der Fachoberschule, die Berufsoberschule oder die Fachschule.

Zu Abs. 3: Im Interesse der Durchlässigkeit der Schulformen im Sekundarbereich I wird in der Vorschrift den Schülerinnen und Schülern das Recht eingeräumt, von jeder weiterführenden Schulform des Sekundarbereichs I auf jede andere überzugehen, d. h. freiwillig zu wechseln. Weiterführende Schulformen sind Hauptschule, Realschule, Oberschule, Gymnasium und Gesamtschule. Nach der Verordnung über den Wechsel zwischen Schuljahrgängen und Schulformen allgemein bildender Schulen besteht beim Vorliegen bestimmter Zensurendurchschnitte im Zeugnis ein Rechtsanspruch auf Übergang in eine »höhere« Schulform (siehe Anm. 1). Daneben kann auf Antrag der Erziehungsberechtigten die Klassenkonferenz den Übergang beschließen. Dabei hat sie die gesetzlichen Voraussetzungen zu prüfen, ob von der Schülerin oder dem Schüler in der neuen Schulform eine erfolgreiche Mitarbeit erwartet werden kann. Die aufnehmende Schule ist an den Beschluss gebunden.

4

Zu Abs. 4: Absatz 4 regelt die Grundlagen der Versetzung. Was unter Versetzung zu verstehen ist, wird in Satz 1 definiert als die Entscheidung darüber, ob eine Schülerin oder ein Schüler den nächsthöheren Jahrgang einer Schulform besuchen kann. Die Versetzung unterscheidet sich von dem Übergang (Abs. 3) dadurch, dass bei letzterem ein Wechsel der Schulform eintritt und dieser freiwillig ist.

5

Nicht immer ist eine Versetzung erforderlich (Satz 3). So gehen die Schülerinnen und Schüler ohne Versetzung über in den 2. Jahrgang der Grundschule und in bestimmte Schuljahrgänge der Förderschule im Schwerpunkt Lernen. Die Schülerinnen und Schüler des 5. Schuljahrgangs der Oberschule rücken ohne Versetzungsentscheidung in den 6. Schuljahrgang auf. Überhaupt keine Versetzungen gibt es im Sekundarbereich I der Integrierten Gesamtschule, in der Teilzeitberufsschule sowie in den Schulformen der berufsbildenden Schulen, die als Aufbauform geführt werden, wie die Zweijährige Berufsfachschule und die Berufsoberschule.

Die Entscheidung über die Versetzung ist von der Klassenkonferenz zu treffen. Gestützt auf die Noten der Fachlehrkräfte muss die Klassenkonferenz die prognostische Entscheidung treffen, ob von der Schülerin oder dem Schüler eine erfolgreiche Mitarbeit im nächsten Jahrgang erwartet werden kann. Einzelheiten regelt die Verordnung über Wechsel zwischen Schuljahrgängen und Schulformen allgemein bildender Schulen.

Die Konferenz kann bei einer Nichtversetzung unter bestimmten Umständen eine Nachprüfung zulassen, nach deren Bestehen die Schülerin oder der Schüler nachträglich versetzt ist.

Die Entscheidung über die Nichtversetzung ist ein Verwaltungsakt, der von den Erziehungsberechtigten bzw. den volljährigen Schülerinnen und Schülern im Verwaltungsrechtsweg angefochten werden kann. Widerspruch und Verpflichtungsklage haben aber keine aufschiebende Wirkung.

Satz 3 regelt den Sonderfall, dass eine Schülerin oder ein Schüler mehrfach nicht versetzt wird – und zwar entweder zweimal nacheinander oder in zwei aufeinander folgenden Schuljahrgängen (z.B. wenn der Schüler die Klasse 8 einmal wegen Nichtversetzung wiederholt hat und nach dem zweiten Durchlauf der Klasse 8 nicht in die Klasse 9 versetzt wird). In diesen Fällen darf nicht grundsätzlich davon ausgegangen werden, dass eine erfolgreiche weitere Mitarbeit im nächsthöheren Jahrgang nicht möglich ist. Die 2015 eingeführte Formulierung, dass die Schülerin oder der Schüler in eine für sie oder ihn geeignetere Schulform überwiesen werden kann, eröffnet der Klassenkonferenz einen weitreichenden Ermessensspielraum. Es kann nicht regelhaft davon ausgegangen werden, dass die Schülerin oder der Schüler im nächsthöheren Schuljahrgang nicht erfolgreich mitarbeiten kann. Fasst die Klassenkonferenz keinen Überweisungsbeschluss, rückt die Schülerin oder der Schüler nach der Verordnung über den Wechsel zwischen Schuljahrgängen und Schulformen allgemein bildender Schulen in den nächsthöheren Schuljahrgang auf. Im Fall eines Überweisungsbeschlusses übernimmt die aufnehmende Schule die Schülerin oder den Schüler in den nächsthöheren Schuljahrgang.

Die Überweisung von Schulkindern an eine Förderschule richtet sich ausschließlich nach Absatz 5. Daneben besteht keine Möglichkeit, Schulkinder auch dann an eine Förderschule zu überweisen, wenn sie in zwei aufeinanderfolgenden Schuljahrgängen oder zweimal nacheinander das Klassenziel nicht erreicht haben (Satz 3). Zu Schülerinnen und Schülern einer Hauptschule, die mehrfach nicht versetzt wurden, siehe § 66.

6 **Zu Abs. 5:** Satz 1 weist die Zuständigkeit für die Überweisung einer Schülerin oder eines Schülers an die Schule einer anderen, für sie oder ihn geeigneten Schulform, wenn sie oder er auch unter Beachtung der Anforderungen an eine inklusive Schule nur an der anderen Schule hinreichend gefördert werden kann und das Kindeswohl den Schulwechsel erfordert, der Schulbehörde zu. Eine Überweisung an eine Schule einer anderen Schulform (auch an eine Förderschule) kommt allerdings nur als allerletzte Möglichkeit in Betracht. Dies ergibt sich aus der Formulierung, dass das Schulkind nur an der anderen Schule »hinreichend gefördert werden kann«; diese Voraussetzung wird auch in den folgenden Sätzen 2 und 3 verwendet. In die gleiche Richtung zielt der Zusatz, dass das Kindeswohl die Überweisung erfordern muss. Aus dieser Formulierung wird deutlich, dass die Fördermöglichkeiten an der bisherigen Schule ausgeschöpft sein müssen und danach feststehen muss, dass das Kindeswohl den Schulwechsel erfordert. Die nachgeordnete Schulbehörde (119) hat in regelmäßigen Abständen zu überprüfen, ob die Voraussetzungen für die Überweisung weiterhin vorliegen. Da die Überweisung durch die Schulbehörde verfügt wird, findet ein Widerspruchsverfahren nicht statt. Eine Anfechtungsklage gegen die Überweisungsentscheidung hat aufschiebende Wirkung. Das Niedersächsische Oberverwaltungsgericht sieht in seinem Beschluss vom 07.08.2004 – 2 ME 272/14 – in Satz 1 neben dem Regelfall der Eingriffsverwaltung gegen den Willen der Erziehungsberechtigten auch eine Anspruchsgrundlage zugunsten der Eltern, die auf eigenen Antrag eine Überweisung auf eine Schule einer anderen Schulform begehren.

Mit den Sätzen 2 und 3 wird die Möglichkeit eröffnet, Schülerinnen und Schüler, die in Klasse 2 der Berufseinstiegsschule nicht hinreichend gefördert werden können, in Klasse 1 der Berufseinstiegsschule zu überweisen. Nach den Regelungen der Ergänzenden Bestimmungen für das berufsbildende Schulwesen bedarf es dazu eines Beschlusses der Klassenkonferenz und der Zustimmung der Schulleitung. Außerdem darf die Überweisung im Regelfall nicht früher als vier Wochen bzw. später als sechs Wochen nach Beginn des Unterrichts erfolgen. Dadurch soll erreicht werden, dass den Schülerinnen und Schülern in anderen Bildungsgängen Chancen geboten werden, ihre Ausbildungsfähigkeit bzw. ihr Arbeits- und Lernverhalten zu verbessern.

Zu Abs. 6: Die Abschlussprüfung im Sekundarbereich II der allgemein bildenden Schulen ist das Abitur, welches auch am Beruflichen Gymnasium abgelegt wird. Für Fachoberschulen und Fachschulen gibt es KMK-Rahmenvereinbarungen, die Abschlussprüfungen vorschreiben. Die KMK-Rahmenordnung über die Berufsfachschulen ist 1996 überarbeitet worden; die früher vorgeschriebene Abschlussprüfung für Berufsfachschulen, die zu einem schulischen Abschluss führen, wird darin nicht mehr zwingend gefordert. Niedersachsen – wie zahlreiche andere Bundesländer auch – hatte auf diese Abschlussprüfung zugunsten einer kontinuierlichen Leistungskontrolle mit der BbS-VO vom 28.06.1996 zunächst verzichtet. Mit der BbS-VO vom Juli 2000 wurde diese Abschlussprüfung jedoch wieder eingeführt, weil auch im allgemein bildenden Schulwesen am Ende des Sekundarbereichs I eine prüfungsähnliche Leistungsüberprüfung vorgenommen wurde. Die im ÄndG 96 vorgenommene Neufassung soll für die berufsbildenden Schulen die Möglichkeit eröffnen, die Notwendigkeit einer Abschlussprüfung für jeden Bildungsgang differenziert zu prüfen und über sie entscheiden zu können, wenn die Bildungsgänge nicht zu einer Hochschulzugangsberechtigung führen. Es sind dies im berufsbildenden Schulwesen die Schulformen Berufsfachschule, die zu einem beruflichen Abschluss führt, mit Zusatzangebot, Fachschule und Fachoberschule (Fachhochschulreife), Berufsoberschule (fachgebundene Hochschulreife), Berufliches Gymnasium (Allgemeine Hochschulreife). Für diese Schulformen sowie für das Gymnasium, Abendgymnasium und das Kolleg bleiben Abschlussprüfungen gesetzlich erforderlich.

Verweise, Literatur:

Wegen der Fundstellen für die im Text genannten Verordnungen wird auf die Zusammenstellung in Anm. 2 zu § 60 verwiesen.

- Erl. »Ergänzende Bestimmungen zur Verordnung über den Wechsel zwischen Schuljahrgängen und Schulformen allgemein bildender Schulen (EB-WeSchVO)« vom 03.05.2016 (SVBl. S. 340; SRH 3.020; Schulrecht 412/21)
- Verordnung über berufsbildende Schulen (BbS-VO) vom 10.06.2009 (Nds. GVBl. S. 243; SVBl. S. 206; Schulrecht 511/11), zuletzt geändert durch Verordnung vom 31.08.2020 (Nds. GVBl. S. 282)
- Erl. »Ergänzende Bestimmungen für das berufsbildende Schulwesen« (EB-BbS) vom 10.06.2009 (Nds. MBl. S. 538; SVBl. S. 238; Schulrecht

511/101), zuletzt geändert durch Erl. vom 25.01.2019 (Nds. MBl. S. 338, SVBl. S. 103)
- Erl. »Ergänzende Bestimmungen zum Rechtsverhältnis zur Schule und zur Schulpflicht« vom 01.12.2016 (SVBl. S. 705; SRH 2.205; Schulrecht 220/11)
- *Bade, Rolf*: Zum Begriff des Bildungsgangs, Schulverwaltung, Ausgabe Niedersachsen, 2006, H. 4, S. 122
- *Bräth, Peter*: Schullaufbahnentscheidungen: Eltern, Schule, Familiengericht – Wer trifft die Schullaufbahnentscheidungen für die Kinder? Schulverwaltung, Ausgabe Niedersachsen/Schleswig-Holstein, 2004, H. 2, S. 50
- *Eickmann, Manfred*: Neuordnung der beruflichen Grundbildung, Schulverwaltung, Ausgabe Niedersachsen, 2008, H. 11, S. 310
- *Nolte, Gerald*: Die Überweisung an eine andere Schule, Schulverwaltung, Ausgabe Niedersachsen, 2013, H. 4, S. 119

(Gerald Nolte)

§ 59a Aufnahmebeschränkungen

(1) [1]Die Aufnahme in Ganztagsschulen und Gesamtschulen kann beschränkt werden, soweit die Zahl der Anmeldungen die Aufnahmekapazität der Schule überschreitet. [2]Übersteigt die Zahl der Anmeldungen die Zahl der verfügbaren Plätze, so werden die Plätze durch Los vergeben. [3]Das Losverfahren kann dahin abgewandelt werden,

1. dass Schülerinnen und Schüler, die nicht ihren Wohnsitz oder gewöhnlichen Aufenthalt im Schulbezirk der Schule haben, diejenigen Schulplätze erhalten, die nicht an Schülerinnen und Schüler aus dem Schulbezirk der Schule vergeben worden sind,

2. dass Schülerinnen und Schüler vorrangig aufzunehmen sind, wenn dadurch der gemeinsame Schulbesuch von Geschwisterkindern ermöglicht wird, und

3. dass es bei Gesamtschulen zur Erreichung eines repräsentativen Querschnitts der Schülerschaft mit angemessenen Anteilen leistungsstärkerer wie leistungsschwächerer Schülerinnen und Schüler unter Berücksichtigung ihrer Leistungsbeurteilungen differenziert wird.

(2) Die Aufnahme in den Sekundarbereich I von Gesamtschulen kann nur beschränkt werden, wenn im Gebiet des Schulträgers

1. eine Hauptschule, eine Realschule und ein Gymnasium oder
2. eine Oberschule und ein Gymnasium

geführt werden.

(3) Die Aufnahme in Oberschulen kann nicht nach Absatz 1 beschränkt werden.

(4) ¹Die Aufnahme in eine berufsbildende Schule, die keine Berufsschule ist, kann beschränkt werden, wenn die Zahl der Anmeldungen die Aufnahmekapazität der Schule überschreitet. ²Für die Auswahl gelten folgende Grundsätze:
1. Bis zu zehn vom Hundert der vorhandenen Plätze sind an Bewerberinnen oder Bewerber zu vergeben, deren Ablehnung eine außergewöhnliche Härte darstellen würde.
2. Bis zu 40 vom Hundert der verbleibenden Plätze werden an Bewerberinnen oder Bewerber vergeben, die in einem früheren Schuljahr wegen fehlender Plätze nicht aufgenommen werden konnten; über die Rangfolge entscheidet die Dauer der Wartezeit, bei gleich langer Wartezeit entscheiden Eignung und Leistung.
3. Die übrigen Plätze werden nach Eignung und Leistung vergeben.

(5) Die Aufnahmekapazität einer Schule ist überschritten, wenn nach Ausschöpfung der verfügbaren Mittel unter den personellen, sächlichen und fachspezifischen Gegebenheiten die Erfüllung des Bildungsauftrags der Schule nicht mehr gesichert ist.

Allg.: § 59a ist durch das Gesetz zur Weiterentwicklung des Schulwesens vom 25.06.2002 in das Schulgesetz eingefügt worden. In ihm sind einerseits die zuvor für berufsbildende Schulen (§ 59 Abs. 5 a.F.) und für Gesamtschulen (§ 178 a.F.) geltenden Aufnahmebeschränkungen zusammengeführt worden. Andererseits hat es der Gesetzgeber im Hinblick auf den Anspruch auf Besuch einer Ganztagsschule (siehe Anm. 4 zu § 63) für notwendig gehalten, den kommunalen Schulträgern die Möglichkeit zu geben, für Ganztagsschulen Aufnahmekapazitäten festzusetzen. **1**

Für die Errichtung neuer Gesamtschulen müssen mehrere Voraussetzungen erfüllt sein (siehe Anm. 1, 3 und 4 zu § 12 und Anm. 3 zu § 106).

Die Möglichkeit, bei Überschreiten der Aufnahmekapazität die Aufnahme zu beschränken, ist im allgemein bildenden Schulwesen gesetzlich nur für Ganztagsschulen und Gesamtschulen geregelt (siehe jedoch Anm. 6).

Im Verhältnis zu § 104 Satz 3 stellt § 59a die speziellere Regelung dar, so dass über Schulträgervereinbarungen das Auswahlverfahren nicht gesteuert werden kann.

Zu Abs. 1 Satz 1: Die Aufnahme in eine Ganztagsschule oder in eine Gesamtschule kann beschränkt werden, wenn die Aufnahmekapazität der Schule überschritten wird. **2**

Kapazitätsbeschränkung: Durch das »Gesetz zur Verbesserung von Bildungsqualität und zur Sicherung von Schulstandorten« vom 02.07.2003 ist die Verordnung über die Aufnahme der Schülerinnen und Schüler in den Sekundarbereich I der Gesamtschule vom 22.11.1994 aufgehoben worden. Von der Ermächtigung des § 60 Abs. 1 Nr. 1, eine neue Aufnahmeverordnung zu erlassen, hat das Kultusministerium keinen Gebrauch gemacht, so dass es insoweit an normierten Kriterien fehlt, die geeignet sind, das Recht aller Schülerinnen und Schüler auf Bildung in gleicher Weise zu beschränken. Das Niedersächsische Oberverwaltungsgericht sieht es in seinen Beschlüssen vom 19.12.2007 (Az.: 2 ME 601/07) und 18.12.2008 (Az.: 2 ME 569/08) allerdings als zulässig an, die Kapazitätsbeschränkung pro Klasse auf der Grundlage des sogenannter Klassenbildungserlasses (siehe Anm. 7) festzustellen. In Nr. 2.1 des RdErl. d. MK zur Übertragung erweiterter Entscheidungsspielräume an Eigenverantwortliche Schulen vom 06.08.2020 (Nds. MBl. S. 856, SVBl. S. 396) ist den Schulen im Übrigen die Möglichkeit eingeräumt worden, von den Schülerhöchstzahlen abzuweichen, mit der Maßgabe, dass zusätzliche Ressourcen nicht bereitgestellt werden und der Pflichtunterricht nach Stundentafel sichergestellt ist.

Satz 2: Übersteigt die Zahl der Anmeldungen die Zahl der verfügbaren Plätze, muss ein Losverfahren durchgeführt werden, in das wegen § 63 Abs. 4 Nrn. 2 und 3 auch auswärtige Schülerinnen und Schüler einbezogen werden können, wenn der Schulträger keine Einwände gegen ihre Aufnahme erhebt (siehe hierzu auch Anm. 2 zu § 105).

Satz 3: Entscheidungen über die Abwandlung des Losverfahrens stellen seit dem 01.08.2007 (Einführung der Eigenverantwortlichen Schule) Angelegenheiten dar, die nach §§ 43 Abs. 3 Satz 1, 44 Abs. 4 Satz 2 zu den ausschließlichen Aufgaben der Schulleitung zählen. Wegen der Nr. 1 sollte aber das Benehmen mit dem Schulträger hergestellt werden. Die Schulleiterin oder der Schulleiter darf die Entscheidung nicht einem anderen Gremium, insbesondere nicht einem »Aufnahmeausschuss« überlassen. Die Schulleitung ist bei der Gestaltung des Losverfahrens grundsätzlich frei und kann darüber entscheiden, von welcher in Absatz 1 Satz 3 Nrn. 1 bis 3 genannten Möglichkeiten Gebrauch gemacht werden soll. Auch die Festlegung von Verfahrensregeln fällt in den Zuständigkeitsbereich der Schulleitung. Sie hat dafür Sorge zu tragen, dass das Aufnahmeverfahren ordnungsgemäß und nachvollziehbar durchgeführt wird. Die Entscheidungen des Aufnahmeverfahrens sollten in einer Niederschrift festgehalten werden.

Die Möglichkeiten zur Abwandlung des Losverfahrens nach den Nrn. 1 bis 3 können nicht nur einzeln, sondern auch nebeneinander Anwendung finden. Weitere Differenzierungsmöglichkeiten bestehen nicht; insbesondere hat der Gesetzgeber keine Härtefallregelung beschlossen. In seiner Entscheidung vom 07.08.2013 (2 ME 264/13) hat das Niedersächsische Oberverwaltungsgericht es als zweifelhaft angesehen, dass die Vorabauswahl von Schülerinnen und Schülern für Profilklassen (z. B. Orchester- oder Sportklasse) mit den Vorgaben in § 59a in Übereinklang zu bringen sind. Profilklassen sind in § 59a nicht angesprochen.

Erforderlich ist eine Dokumentation des Losverfahrens, aus der sich auch für die Erziehungsberechtigten der Bewerberinnen und Bewerber nachvollziehbar mindestens ergibt, wie (im Fall der Bildung von »Leistungstöpfen« nach Satz 3 Nr. 3) die Leistungsgruppen gebildet und voneinander abgegrenzt wurden, warum nach dieser und nicht nach anderen Varianten vorgegangen wird, wie mit Nachrückern verfahren werden soll und wie das Losverfahren auf dieser Grundlage im Einzelnen praktisch durchgeführt worden ist. Weder das Unterlassen der – gesetzlich nicht vorgeschriebenen – Protokollierung der Durchführung des Losverfahrens noch die Abwesenheit von Zeugen lässt nach Auffassung des OVG Nordrhein-Westfalen (Beschl. v. 11.01.2010 – 19 A 3316/08) allerdings darauf schließen, dass die Schulleiterin oder der Schulleiter das Losverfahren nicht durchgeführt hat. Mängel der Protokollierung oder Dokumentation können sich lediglich dahin auswirken, dass sie im Fall einer erforderlichen verwaltungsgerichtlichen Überprüfung der Aufnahmeentscheidung den der Schulleiterin oder dem Schulleiter obliegenden Nachweis erschweren, dass sie das Losverfahren tatsächlich ordnungsgemäß in einer Weise durchgeführt haben, die sicherstellt, dass das Ergebnis des Losverfahrens unter Ausgestaltung jeglichen sonstigen Einflusses nur vom Zufall abhängt und so jeder Aufnahmebewerber die gleiche Chance für die Aufnahme erhält.

Satz 3 Nr. 1: Hat der Schulträger für die Schule einen Schulbezirk (siehe § 63 Abs. 2) festgelegt, kann das Losverfahren dergestalt modifiziert werden, dass vorrangig die im Schulbezirk wohnenden Schülerinnen und Schüler aufgenommen werden, mithin nur die Plätze verlost werden, die nicht an Schülerinnen und Schüler aus dem Schulbezirk vergeben worden sind.

Im Primarbereich legen nach § 63 Abs. 2 NSchG die Schulträger für jede Schule einen Schulbezirk fest. Schülerinnen und Schüler, die in dem Schulbezirk der betreffenden Grundschule ihren Wohnsitz oder ständigen Aufenthalt haben, sind verpflichtet und berechtigt, die entsprechende Grundschule zu besuchen. Wird diese Grundschule als Ganztagsschule geführt, haben sie einen Anspruch am Ganztagsangebot dieser Schule teilzunehmen. Das Losverfahren nach § 59a NSchG kann in diesem Fall nur Anwendung finden, wenn in dem Schulbezirk neben der Ganztagsschule noch eine weitere Grundschule geführt wird.

Insoweit verdichtet sich das Wahlrecht der Schülerinnen und Schüler auf den Besuch einer Schule einer bestimmten Schulform und des gewählten Bildungsgangs (§ 54) auf den Rechtsanspruch auf Aufnahme an einer bestimmten Schule, wenn innerhalb der Schulform und des gewählten Bildungsganges im Gebiet des zuständigen Schulträgers nur diese eine Schule besucht werden kann. Dies ist etwa dann der Fall, wenn nach § 63 Abs. 2 Schulbezirke festgelegt worden sind und die Schülerin oder der Schüler gem. § 63 Abs. 3 Satz 1 verpflichtet ist, diejenige Schule der gewählten Schulform (und des gewählten Bildungsganges) zu besuchen, in deren Schulbezirk die Schülerin oder der Schüler ihren oder seinen Wohnort oder gewöhnlichen Aufenthalt hat. Dasselbe gilt für eine Schule, die als einzige dieser Schulform mit diesem Bildungsgang in zumutbarer Weise erreichbar ist (VG Hannover, Beschl. v. 27.07.2017 – Az.: 6 B 5080/17).

Eine Abwandlung des gesetzlich für die Auswahl von Schülerinnen und Schülern einer Gesamtschule vorgeschriebenen Losverfahrens dahin, dass vorrangig die am Standort der Schule wohnenden Schulkinder aufzunehmen sind, lässt das Schulgesetz nicht zu. Bezogen auf den Wohnsitz der Bewerberinnen und Bewerber kann das Losverfahren nur dahin modifiziert werden, dass die Bewerberinnen und Bewerber, die ihren Wohnsitz oder gewöhnlichen Aufenthalt nicht im Schulbezirk der Schule haben, diejenigen Plätze erhalten, die nicht an Bewerberinnen und Bewerber aus dem Schulbezirk der Schule vergeben werden (Satz 3 Nr. 1 NSchG). Diese Regelung ermöglicht also nur die vorrangige Berücksichtigung der Bewerberinnen und Bewerber, die ihren Wohnsitz oder gewöhnlichen Aufenthalt in dem vom Schulträger bestimmten Schulbezirk haben, und ermächtigt die Schule daneben zur nachrangigen Berücksichtigung von Bewerberinnen und Bewerbern aus anderen Schulbezirken. Die Entscheidung, ob das Losverfahren insoweit zu modifizieren ist, steht im Ermessen der Schulleitung. Eine ohne Verlagerung von Wohnsitz und Lebensmittelpunkt vorgenommene Schulanmeldung unter einer melderechtlichen Scheinanschrift ist als bewusste Umgehung der Rechtsordnung nichtig. Eine derartige Anmeldung ist so zu behandeln, als sei sie ohne Angabe einer Adresse erfolgt. Durch die unrechtmäßige Schulaufnahme erwächst der Schülerin oder dem Schüler ein Vorteil, den sie oder er bei Kenntnis der Schule von der wahren Sachlage nicht hätte erlangen können. Ein Vertrauen in den Fortbestand des Schulplatzes ist nicht schutzwürdig, weil der Vorteil durch arglistige Täuschung erwirkt worden ist (VG Berlin, Beschl. v. 08.10.2010 – 4 L 265.10).

Satz 3 Nr. 2: Das Losverfahren kann auch vorsehen, dass Geschwisterkinder vorrangig, also ohne an der Verlosung teilzunehmen, aufgenommen werden. Wird von dieser Modifizierungsmöglichkeit Gebrauch gemacht, spielt es keine Rolle, ob das die Aufnahme begehrende Geschwisterkind im Gebiet des Schulträgers wohnt oder nicht. Die Anwendung der Geschwisterregelung hat im Fall von Zwillingen/Mehrlingsfällen zur Folge, dass entweder beide Zwillinge bzw. alle Mehrlinge aufgenommen werden oder keiner. Das Niedersächsische Kultusministerium hat mit Einzelerlass vom 25.04.2017 bestimmt, dass alle Zwillinge/Mehrlinge mit einem eigenen Los an dem Losverfahren teilnehmen. Sobald ein Zwillings-/Mehrlingskind aus dem Topf gezogen wurde, sind alle Geschwisterkinder vorrangig aufzunehmen.

Satz 3 Nr. 3: Die dritte Möglichkeit zur Abwandlung des Losverfahrens steht nur den Gesamtschulen zur Verfügung. Sie erlaubt eine Differenzierung nach der Leistungsstärke der angemeldeten Schülerinnen und Schüler. Um einen »repräsentativen Querschnitt der Schülerschaft« aufzunehmen, können unter Berücksichtigung der Grundschulleistungen mehrere Leistungsgruppen (»Töpfe«) gebildet werden, aus denen die Lose getrennt gezogen werden. Für diese Differenzierungsmöglichkeit des Losverfahrens bei Überschreiten der Aufnahmekapazität einer Gesamtschule gibt es bereits seit 1979 eine Rechtsgrundlage. Dieses Verfahren wird in erster Linie von den Integrierten Gesamtschulen praktiziert, steht aber auch den Kooperativen Gesamtschulen zur Verfügung. Dort ist jedoch eine Beschränkung des Losverfahrens auf einzelne Schulzweige wegen der damit verbundenen Bedarfslenkung unzulässig.

Mangels verbindlicher Regelungen und Vorschriften ist es der Schule freigestellt, wie sie bei Anwendung eines qualifizierten Losverfahrens nach Absatz 1 Satz 3 von ihrem Ermessen Gebrauch macht und die Plätze unter

Beachtung eines repräsentativen Durchschnitts der Schülerschaft mit angemessenen Anteilen leistungsstarker und leistungsschwacher Schülerinnen und Schüler in einem Losverfahren unter Berücksichtigung differenzierter Leistungsbeurteilungen vergibt. § 3 der aufgehobenen AufnahmeVO zu § 178 (a.F.) sah vor, auf der Grundlage der Leistungsbeurteilungen drei anteilig zu berücksichtigende Leistungsgruppen zu bilden. Es bestehen auch nach Aufhebung der Verordnung keine rechtlichen Bedenken dagegen, das differenzierte Losverfahren weiterhin nach diesen Grundsätzen durchzuführen.

Ein Querschnitt für die Aufnahme in den 5. Schuljahrgang ist dann repräsentativ, wenn er jährlich neu auf der Grundlage des zur Anmeldung vorzulegenden Grundschulzeugnisses in den Fächern Deutsch, Mathematik und Sachkunde ermittelt wird. Zur Ermittlung des Querschnittes ist es ausreichend, die Zensuren aller angemeldeten Schülerinnen und Schüler zu entnehmen. Auf dieser Grundlage werden grds. drei anteilig zu berücksichtigende Leistungsgruppen gebildet.

Im Übrigen ist die Schulleitung der Gesamtschule frei in der Beurteilung der Angemessenheit der Anteile leistungsstärkerer und leistungsschwächerer Schülerinnen und Schüler. Werden hierfür Leistungsgruppen gebildet, legt die Schulleitung die Notendurchschnitte der Leistungsgruppen fest.

Nicht erforderlich ist, dass aus jeder Leistungsgruppe die gleiche Anzahl von Schülerinnen und Schülern ausgewählt wird. Entscheidend ist nur, dass die Summe der aufgenommenen Schülerinnen und Schüler einen repräsentativen Querschnitt ergibt, der dem Prinzip der Leistungsheterogenität Rechnung trägt und gewährleistet, dass die Gesamtschule ihren schulformspezifischen Bildungsauftrag erfüllen kann (VG Braunschweig, Beschl. v. 04.08.2010 – 6 B 120/10). Die Bildung eines gesonderten Lostopfes (so genannter vierter Lostopf) für Schülerinnen und Schüler mit sonderpädagogischem unterstützendem Schulungsbedarf entsprechend dem repräsentativen Querschnitt ist nicht zu beanstanden (OVG Nds Beschl. v. 07.08.2013 – 2 ME 264/13).

Gem. § 1a Nr. 6 WeSchVO werden Schülerinnen und Schüler mit Bedarf an sonderpädagogischer Unterstützung in den Förderschwerpunkten Lernen und geistige Entwicklung zieldifferent unterrichtet und Schülerinnen und Schüler mit Bedarf an sonderpädagogischer Unterstützung in den anderen Förderschwerpunkten zielgleich.

Folgende Modifizierungsarten sind in diesem Fall möglich:

a) Für zieldifferent unterrichtete Schülerinnen und Schüler kann zunächst ein auf ihren rechnerischen Anteil an der Aufnahmekapazität der Gesamtschule bezogenes Losverfahren vorab durchgeführt werden, das sich auf die Anteilquote der zieldifferent zu Beschulenden beschränkt. Dazu wird die Anzahl der angemeldeten Kinder, die zieldifferent unterrichtet werden, auf die sich für die Gesamtheit aller Bewerberinnen und Bewerber ergebende Aufnahmequote zurückgeführt. Sie errechnet sich aus dem Verhältnis der Anmeldungen zu den vorhandenen Plätzen. Daraus ergibt sich die Aufnahmequote. In einem zweiten Schritt werden die dann noch vorhandenen Plätze auf die Schülerinnen und Schüler ohne Bedarf an sonderpädagogischer Unterstützung und diejenigen, die zielgleich unterrichtet werden, verteilt. Zu beachten ist, dass sich die Anzahl der zur Verfügung stehenden Plätze wegen der vorgeschriebenen Doppelzählung von Schülerinnen und Schülern, die zieldifferent unterrichtet werden, um das Doppelte vermindert.

b) Die Gesamtschule kann zeitgleich mit der Bildung der drei Leistungsgruppen eine bestimmte Zahl der für die jeweiligen Leistungsgruppen vorab auszulosenden zieldifferent zu beschulenden Schülerinnen und Schüler festlegen. Die Gesamtzahl dieser besonderen Schülerplätze richtet sich an der Aufnahmequote der zieldifferent zu Beschulenden aus, s. oben. Hinsichtlich der Doppelzählung gilt das unter a) Ausgeführte.

c) Statt der rechnerischen Bildung einer Aufnahmequote wäre es auch denkbar, eine sog.»minimale Aufnahmekapazität« für zieldifferent zu beschulende Schülerinnen und Schüler festzustellen. Dabei würde eine Orientierung an dem Anteil der Schülerinnen und Schüler mit Bedarf an sonderpädagogischer Unterstützung in den Förderschwerpunkten Lernen oder geistige Entwicklung erfolgen, die bei den Grundschulen im Schulbezirk oder Einzugsbereich der Gesamtschule am Ende des ersten Schulhalbjahres im Schuljahrgang 4 zieldifferent unterrichtet werden.

Gesamtschulen ist es gestattet, auch mehr als die rechnerische Mindestkapazität ihrer Plätze für Schülerinnen und Schülern mit Bedarf an sonderpädagogischer Unterstützung, der eine zieldifferente Unterrichtung zur Folge hat, vorzuhalten. Schülerinnen und Schülern mit einem sonderpädagogischen Förderbedarf haben zwar keinen Anspruch auf eine bevorzugte Aufnahme, eine Bevorzugung von Menschen mit Behinderung ist aber auch nicht verboten.

Die Schule darf bei der Bestimmung der Leistungsgruppen und bei der Festlegung der Anteilsquoten auch die Leistungsverhältnisse der Schülerinnen und Schüler aller in ihrem Einzugsbereich gelegenen Grundschulen berücksichtigen. Das Schulgesetz verlangt dies – entgegen der früheren Regelung – zwar nicht mehr. Die Berücksichtigung ist aber mit den Vorgaben des Gleichheitsgrundsatzes jedenfalls dann vereinbar, wenn sie die Auswahl eines repräsentativen Querschnitts im Sinne des Prinzips der Leistungsheterogenität und des schulformspezifischen Bildungsauftrags der Gesamtschule gewährleistet.

3 Zu Abs. 2: Abs. 2 trägt dem Umstand Rechnung, dass Schulträgern bei Vorhalten von Schulen des gegliederten Schulwesen und einer Gesamtschule keine indirekte Ausbauverpflichtung hinsichtlich von Gesamtschulplätzen auferlegt werden soll. Da die Schulträger, die Gesamtschulen führen, nach Maßgabe des § 106 Abs. 2 von der Pflicht befreit sind, Schulen der Schulformen Hauptschule, Realschule und Gymnasium zu führen, sofern im Falle des Gymnasiums ein Besuch dieser Schulform unter zumutbaren Bedingungen gewährleistet bleibt, müssen sämtliche Schülerinnen und Schüler im Gebiet des Schulträgers auch an der Gesamtschule aufgenom-

Schülerinnen und Schüler § 59a   NSchG

men werden. Eine Beschränkung der Aufnahmekapazität ist nur dort noch gerechtfertigt, aber auch notwendig, wo Schulträger noch die Schulen des gegliederten Schulwesens vorhalten und weiterführen.

Zu Abs. 3: Absatz 3 ist durch das Gesetz zur Neuordnung der Schulstruktur 4 in Niedersachsen vom 16.03.2011 eingefügt worden, da Oberschulen überwiegend als Ganztagsschulen geführt werden sollen und Ganztagsschulen nach § 59a Abs. 1 die Aufnahme von Schulkindern beschränken dürfen. Für die Oberschule soll diese Möglichkeit jedoch nicht bestehen, weil die Oberschule in der Regel an die Stelle einer Haupt- und Realschule getreten ist und ein (Regel-)Schulangebot darstellt, das der Schulträger nicht mehr nach Belieben aufheben kann (§ 106 Abs. 3 Satz i.V. m. dem dortigen Absatz 1).

Zu Abs. 4: Die Regelungen zur Beschränkung der Aufnahmekapazität einer 5 berufsbildenden Schule sind bis 1985 in der Verordnung über berufsbildende Schulen zu finden gewesen; wegen der großen Bedeutung dieses Verfahrens, welches die freie Wahl des Bildungsweges einschränken kann, und eines Gerichtsbeschlusses zu diesem Problemkreis wurde es erforderlich, das Auswahlverfahren gesetzlich zu regeln.

Dies geschah mit einer Änderungsnovelle im Jahre 1985. Voraussetzung eines Auswahlverfahrens ist die vorherige Festlegung der Aufnahmekapazität der Schule; die Höhe der Aufnahmekapazität in den einzelnen Schulzweigen kann mit dem Schulträger abgestimmt sein bzw. durch den Schulträger festgelegt worden sein; dies gilt nicht für die Berufsschule. Das beschriebene Verfahren kann zu einem festgelegten Anmeldungszeitpunkt abgeschlossen werden, zumeist ist dies der Abschluss des Anmeldezeitraums im Februar eines jeden Jahres vor dem nächsten Schuljahresbeginn am 1.8. Nach Abwicklung des Auswahlverfahrens und Mitteilung an die aufgenommenen und abgewiesenen Bewerberinnen und Bewerber besteht kein Rechtsanspruch mehr auf Aufnahme in eine der Schulformen.

Für die Plätze, die nach Eignung und Leistung vergeben werden, ist es zulässig, Gesamtdurchschnittsnoten der letzten Zeugnisse als Auswahlkriterium heranzuziehen; es können jedoch auch nur die Noten bestimmter Fächer, die für die angestrebten Bildungsgänge besondere Bedeutung haben, in einen Notenvergleich eingehen. Die Auswahlkriterien nach Eignung und Leistung müssen von der Schule vor dem Verfahren festgelegt sein.

An Berufsschulen müssen dann grundsätzlich alle Bewerberinnen und Bewerber aufgenommen werden, wenn der betreffende Ausbildungsberuf am Standort beschult wird, da Auszubildende berufsschulpflichtig sind. Dies gilt nicht für auswärtige Bewerberinnen und Bewerber (siehe dazu § 105 Abs. 2), die dann nicht mehr aufgenommen werden müssen, wenn die Aufnahmekapazität der Schule erschöpft ist; allerdings darf für potentielle auswärtige Berufsschülerinnen und -schüler kein Aufnahmeverfahren nach § 59 Abs. 2 durchgeführt werden. Ihre Aufnahme wird nach zeitlichem Eingang vorgenommen.

Zu Abs. 5: Aufnahmebeschränkungen kann es auch für andere als die in 6 Absatz 1 (Ganztagsschulen, Gesamtschulen) und Absatz 3 (berufsbildende Schulen) genannten Schulen – auch Oberschulen- geben, wenn deren Aufnahmekapazität objektiv überschritten wird. Das Teilhaberecht auf Zugang zu einer bestimmten Schule besteht grundsätzlich nur im Rahmen deren normativ festgelegten Aufnahmekapazität. Der Gesetzgeber hat für Aufnahmebeschränkungen aber eine hohe Hürde errichtet.

Sie kommen erst dann in Betracht, wenn trotz Ausschöpfung aller Ressourcen die Erfüllung des Bildungsauftrages (siehe § 2) nicht mehr gesichert, d.h. gefährdet oder gar unmöglich ist. Bei bestehenden Schulen ist es kaum vorstellbar, dass das Land nicht in der Lage sein könnte, entsprechend der Nachfrage die erforderliche personelle und fachspezifische Versorgung in noch ausreichendem Umfang sicherzustellen. Dagegen könnten Raumprobleme einen kommunalen Schulträger zur Begrenzung der Zügigkeit (Anzahl der parallelen Klassen in einem Schuljahrgang) mit der Folge zwingen, dass bei Überschreitung der Aufnahmekapazität ein Auswahlverfahren durchgeführt werden muss (siehe auch Anm. 3 zu § 63). Dies ist vom Nieders. Oberverwaltungsgericht in seinem Beschluss vom 18.12.2008 ausdrücklich bestätigt worden (Az.: 2 ME 569/6). Darüber hinaus spiegelt sich nach der genannten OVG-Entscheidung die Aufnahmekapazität im Klassenbildungserlass des Kultusministeriums (siehe Anm. 7) wider. Die dort geregelte Klassenstärke sei »Ausfluss pädagogischer Erfahrungswerte, bei welcher Klassenstärke der schulische Bildungsauftrag noch effizient verwirklicht werden kann«.

Ist die Aufnahmekapazität überschritten, muss die betroffene Schule bei der Ausgestaltung des Auswahlverfahrens den Gleichheitssatz berücksichtigen und sachgerechte Auswahlkriterien festlegen (z.B. Entfernung von der Wohnung zur Schule). Eine Geschlechterquote verstößt gegen das Bevorzugungsverbot nach Art. 3 Abs. 3 NV. Die Anwendung einer »Geschwisterregelung« (siehe Abs. 1 Satz 3 Nr. 2) ist rechtlich umstritten, wird aber vom Kultusministerium für zulässig gehalten (siehe Landtagsdrucksache 15/892 a.A.: OVG Lüneburg; Beschluss vom 08.10.2003, Az.: 13 ME 343/6). Unzulässig dürften dagegen solche Kriterien sein, die auf die Leistungsfähigkeit der angemeldeten Schülerinnen und Schüler abstellen. Übersteigen nach Anwendung der Aufnahmekriterien die verbleibenden Aufnahmewünsche die Aufnahmekapazität, muss »eine Gleichbehandlung nach dem Zufallsprinzip stattfinden und auf ein Losverfahren zurückgegriffen werden« (OVG Lüneburg, Beschluss vom 08.10.2003, Az.: 13 ME 343/6). Die Entscheidung über die Ausgestaltung des Auswahlverfahrens trifft die Schulleiterin oder der Schulleiter. Das VG Hannover hat dazu mit Beschluss vom 19.07.2016 entschieden, dass die Aufnahmegrundsätze des Abs. 1 Satz 3 auch für nicht kraft Gesetz aufnahmebeschränkte Schulen gelten. Ein Ausnahmefall, bei dem die Erschöpfung der normativ vorgegebenen Aufnahmekapazität der Schule nicht zum Untergang des Rechtes auf Zugang zu einer bestimmten Schule führt, kann gegeben sein, wenn eine auf einer fehlerhaften Auswahlentscheidung beruhenden Ablehnung nicht nur das im Hinblick auf die Aufnahme in eine bestimmte Schule eines weiterführenden Bildungsganges bestehende Teilhaberecht der Schülerinnen und Schüler beeinträchtigt, sondern darüber hinaus ihr Recht auf Besuch dieses weiterführenden Bildungsganges. Insbesondere im Stadtgebiet verzichten Schulträger oftmals auf die Festsetzung von Schulbezirken. Es kommt dann vor, dass besonders »beliebte« Gymnasien oder Gesamtschulen mehr Anmeldungen als Plätze haben. In diesem Fall muss die Schule dann ggf. nachvollziehbar machen, aufgrund welcher objektiven Kriterien eine Anmeldung an dieser Schule keinen Erfolg hatte (vgl.: VG Hannover, Beschl. v. 19.08.2005 – 6 B 4154/05). Insoweit hat die gewünschte Schule nach pflichtgemäßem Ermessen über die Aufnahme zu entscheiden, soweit auch eine andere Schule im Schulbezirk bzw. in dem Gebiet des zuständigen Schulträgers zumutbar besucht werden kann. Dabei ist zu berücksichtigen, dass der Träger der Schülerbeförderung eine zumutbare Schülerbeförderung für die in seinem Gebiet wohnenden Schülerinnen und Schüler des Primarbereichs und des Sekundarbereichs I sicherzustellen hat. Der Verweis auf eine andere Schule als die Wunschschule setzt aber mit Blick auf das Zugangsrecht zu öffentlichen Einrichtungen voraus, dass die Aufnahmekapazität der angewählten Schule mit Blick auf die Zügigkeit erreicht ist. Allein das Interesse der gleichmäßigen Verteilung der Schülerinnen und Schülern, ohne dass die Wunschschule ausgelastet ist, kann eine Verweisung gegen den Willen der Erziehungsberechtigten nicht rechtfertigen. Auf jeden Fall kann dann aber eine andere Schule der gewählten Schulform besucht werden.

Zu der Frage, wie zu verfahren ist, wenn im Gebiet eines Schulträgers, der die Aufnahme in die Schulform Gesamtschule nicht nach Absatz 2 beschränken kann, eine kapazitätserschöpfte sowie eine zweite aufnahmefähige und aufnahmebereite Gesamtschule geführt wird, verhält sich § 59a nicht. Das Oberverwaltungsgericht Lüneburg hat mit Beschluss vom 14.09.2016 – 2 ME 183/6 – zur Aufnahme in den 5. Jahrgang einer Integrierten Gesamtschule festgestellt, dass sich das Recht der freien Schulwahl nicht auf eine konkrete Schule innerhalb des Schulträgerbezirks bezieht. Aus dem Recht auf Bildung aus Art. 4 Abs. 1 NV und § 54 NSchG lasse sich allein noch kein Rechtsanspruch auf Besuch einer bestimmten öffentlichen Schule herleiten, wenn mehrere in zumutbarer Weise erreichbare öffentliche Schulen derselben Schulform vorhanden sind bzw. denselben Bildungsgang anbieten. Wenn die jeweilige Schülerin oder der jeweilige Schüler die Möglichkeit hat, das in § 59 Abs. 1 NSchG auf die Wahl zwischen den Schulformen und Bildungsgängen gesetzlich konkretisiertes Recht auf Bildung dadurch zu verwirklichen, dass sie oder er im Zuständigkeitsbereich des Schulträgers eine andere Schule derselben Schulform besucht, die denselben Bildungsgang anbietet, muss sie oder er besondere Umstände für den Besuch der Wunschschule geltend machen. Welche Anforderungen an die Begrifflichkeit »besondere Umstände« zu stellen sind, hat das Oberverwaltungsgericht nicht dargelegt.

Das Verwaltungsgericht Hannover hatte in der Vorinstanz (Beschluss vom 19.07.2016 – 6 B 3097/16) nicht beanstandet, dass die beklagte Schule in ihrem Auswahlverfahren festgelegt hatte, Geschwisterkinder vorrangig aufzunehmen. Diese in Abs. 1 Satz 3 Nr. 2 eröffnete Regelung für solche Gesamtschulen, die nicht »ersetzend« im Sinne von § 106 Abs. 2 Satz 2 sind, sei »auch im freien Auswahlverfahren zulässig«. Dies wurde vom OVG in der oben genannten Entscheidung nicht in Frage gestellt.

Die Auswahl der Aufnahme an die Kooperation mit einem Sportverein anzuknüpfen, widerspricht allerdings dem Anspruch auf eine ermessensfehlerfreie Auswahlentscheidung (vgl.: VG Dresden, Beschl. v. 15.07.2015 – Az. 5 L 546/15). Gleiches gilt für spezielle Leistungstests oder Talentsichtungen, die zur bevorzugten Aufnahme an der Schule führen. In keinem Fall darf die Aufnahme in eine Schule auch von der Mitgliedschaft in einem Sportverein abhängig gemacht werden. Eine ermessensfehlerfreie Auswahlentscheidung kann dagegen auf ein Losverfahren gestützt werden, bei dem allen Schülerinnen und Schüler die gleichen Chancen auf Aufnahme eingeräumt werden.

Von der Verordnungsermächtigung in § 60 Abs. 1 Nr. 1 hat das Kultusministerium bisher für allgemein bildende Schulen keinen Gebrauch gemacht.

Die Festsetzung der Aufnahmekapazität einer Schule ist insbesondere bei berufsbildenden Schulen schwierig, weil die Vielfalt der beruflichen Bildungswege Alternativen zulässt. Dabei ist zu beachten, dass die Pflichtbeschulung in der Berufsschule in jedem Falle Vorrang vor allen anderen Schulformen hat, weil für sie keine Beschränkung der Aufnahmekapazität möglich ist. Da in der Berufsfachschule ebenfalls die Aufgabe der beruflichen Grundbildung abgedeckt wird und sie außerdem zur Erfüllung der 12-jährigen Schulpflicht erforderlich ist, muss diese Schulform u. U. in einer höheren Kapazität vorgehalten werden als reine »Angebotsschulformen« wie z.B. Fachoberschule oder Berufliches Gymnasium. Bei beschränkter Aufnahmekapazität einer berufsbildenden Schule ist es daher sinnvoll, die Zahl der einzurichtenden Parallelklassen in jedem Bildungsgang – mit Ausnahme der Berufsschule – mit dem Schulträger abzustimmen.

7 Verweise, Literatur:

- Erl. »Klassenbildung und Lehrkräftestundenzuweisung an den allgemein bildenden Schulen« vom 21.3.2019 (SVBl. S. 165; SRH 3.105)

- *Nolte, Gerald:* Aufnahme in eine Gesamtschule – Kapazitätsgrenze und Losverfahren nach § 59a NSchG, Schulverwaltung, Ausgabe Niedersachsen, 2009, H. 2, S. 51

- *Nolte, Gerald:* Aufnahme in eine Gesamtschule, Schulverwaltung, Ausgabe Niedersachsen, 2012, H. 5, S. 147

(Gerald Nolte)

§ 60 Regelungen des Bildungsweges

(1) Das Kultusministerium wird ermächtigt, durch Verordnung zu regeln:
1. die Aufnahme in Schulen der Sekundarbereiche I und II sowie in die Förderschule, wobei nähere Bestimmungen
   a) über die Aufnahmevoraussetzungen einschließlich der Voraussetzungen, unter denen die Aufnahme an berufsbildenden Schulen unter Berücksichtigung der außerschulischen Vorbildung erfolgt,
   b) über die Aufnahmekapazität, bei berufsbildenden Schulen auch unter Berücksichtigung der Auswirkungen auf die Bildungsgänge anderer Schulen, und
   c) über das Auswahlverfahren
   getroffen werden können.
2. die Versetzung, das Absehen vom Erfordernis der Versetzung, das Überspringen eines Schuljahrgangs, das freiwillige Zurücktreten, die Entlassung aus der Schule, die Überweisung an die Schule einer anderen Schulform in den Fällen des § 59 Abs. 4 Satz 3 und Abs. 5 Satz 1 und das Durchlaufen der Eingangsstufe nach § 6 Abs. 4 Satz 1 in ein bis drei Schuljahren,
3. die Abstimmung der Schulformen aufeinander im Hinblick auf das Prinzip der Durchlässigkeit (§ 59 Abs. 1 Satz 3) und die Voraussetzungen für den Wechsel von einer Schulform zur anderen,
4. die Voraussetzungen und das Verfahren für die Feststellung eines Bedarfs an sonderpädagogischer Unterstützung,
5. die Aufnahmeprüfungen sowie die Abschlüsse einschließlich der Abschlussprüfungen und des vorzeitigen Erwerbs eines Abschlusses,
6. die Anerkennung, dass eine Fortbildungsprüfung, die jemand nach einer erfolgreich absolvierten Berufsausbildung aufgrund des Berufsbildungsgesetzes, der Handwerksordnung oder des Seemannsgesetzes abgelegt hat, mit einem Abschluss im Sekundarbereich I gleichwertig ist,
7. die Voraussetzungen, unter denen schulische Vorbildungen (Abschlüsse, Kenntnisse und Fertigkeiten), die in einem anderen Bundesland oder im Ausland erworben wurden, als mit einem in Niedersachsen erworbenen Abschluss gleichwertig anerkannt werden, wobei für den Bereich der beruflichen Bildung vom Niedersächsischen Berufsqualifikationsfeststellungsgesetz (NBQFG) abgewichen werden kann,
8. das Verfahren für die in Nummer 7 genannten Anerkennungen, wobei die Zuständigkeit für die Anerkennung von schulischen Vorbildungen in Bezug auf Ausbildungen im Bereich der beruflichen Bildung abweichend von der nach § 8 Abs. 1 Satz 1 NBQFG erlassenen Verordnung geregelt und auch die Behörde eines anderen Bundeslandes als zuständige Stelle bestimmt werden kann, wenn das Bundesland einverstanden ist.

(2) ¹In den Verordnungen nach Absatz 1 Nr. 5 sind insbesondere zu regeln:
1. der Zweck der Prüfung,
2. die Zulassungsvoraussetzungen,
3. die Prüfungsfächer oder -gebiete,
4. das Prüfungsverfahren einschließlich der Zusammensetzung der Prüfungsausschüsse,
5. die Voraussetzungen für das Bestehen der Prüfung einschließlich der Bewertungsmaßstäbe und
6. die Folgen des Nichtbestehens und die Wiederholungsmöglichkeiten.

²In den Verordnungen nach Absatz 1 Nr. 5 können die Voraussetzungen geregelt werden, unter denen in eine Leistungsbewertung Einschätzungen zu in außerschulischen Einrichtungen erbrachte Leistungen, einbezogen werden dürfen, die durch in diesen außerschulischen Einrichtungen tätiges Personal vorgenommen werden.

(3) In einer Verordnung nach Absatz 1 Nr. 1 kann für bestimmte Bildungsgänge berufsbildender Schulen zum Schutz der Auszubildenden oder der von ihnen Betreuten vorgeschrieben werden, dass nur aufgenommen werden kann, wer für die Ausbildung

1. die notwendige gesundheitliche Eignung,

2 die notwendige persönliche Zuverlässigkeit

nachgewiesen hat.

(4) Inhalt und Ausmaß der Verordnungsermächtigung ergeben sich im Übrigen aus dem Bildungsauftrag der Schule (§ 2) und ihrer Pflicht, die Entwicklung der einzelnen Schülerin oder des einzelnen Schülers ebenso wie die Entwicklung aller Schülerinnen und Schüler zu fördern.

1 **Allg.:** Das Rechtsstaats- und Demokratieprinzip des Grundgesetzes verpflichten den Gesetzgeber, die wesentlichen Entscheidungen im Schulwesen selbst zu treffen und nicht der Schulverwaltung zu überlassen (Parlamentsvorbehalt). Zu den wesentlichen Angelegenheiten sind der Bildungsauftrag der Schule (§ 2), die Typus bestimmenden inhaltlichen Kennzeichen der verschieden Schulformen (§§ 6–20), die für die Schullaufbahn und damit für das elterliche Auswahlrecht entscheidenden Vorgaben, die Schulverfassung (§§ 32 ff.), das Schulverhältnis der Schülerinnen und Schüler (§ 58), die Schulaufnahme (§ 64 NSchG), die Schuldauer (§ 65 ff.), die Abgrenzung zwischen den Verantwortungsbereichen zwischen dem Staat und den Schulträgern und die Schulfinanzierung (§§ 101 ff., 112 ff.), Ordnungsmaßnahmen (§ 61), allgemeine Kriterien über die Errichtung, Aufhebung und die Organisation von öffentlichen Schulen (§ 106), der Ausbau und die Erweiterung von verpflichtenden Ganztagsangeboten (§ 23), Einschränkungen der Meinungsfreiheit der Schülerinnen und Schüler, die Einführung oder Änderung wertegebundener, insbesondere religiösweltanschaulich orientierten Unterrichts, die Entscheidung darüber, ob und

Schülerinnen und Schüler § 60 NSchG

inwieweit das Schulwesen allgemein für religiöse und weltanschauliche Bezüge geöffnet werden soll (§ 2 Abs. 1) sowie Regelungen für Schülerinnen und Schüler ohne hinreichende Deutschkenntnisse (§ 54a) zu zählen. Die Wortwahl in Abs. 1 »Kultusministerium« (siehe bespielhaft auch §§ 11 Abs. 9, 106 Abs. 9 – anders § 105 Abs. 3) wird im Schulgesetz insbesondere bei den Verordnungsermächtigungen verwendet. Die Wortwahl »oberste Schulbehörde« zielt auf die schulbehördlichen Aufgaben ab, wie sie z.B. in § 120 geregelt sind. Zwar ist nach § 119 Nr. 1 das Kultusministerium oberste Schulbehörde, es kommen mit der unterschiedlichen Wortwahl im NSchG aber unterschiedlichen Funktionen zum Ausdruck.

Zu Abs. 1: Die Verordnungsermächtigungen betreffen wichtige Fragen 2
der Rechte und Pflichten der Schülerinnen und Schüler. Zum Begriff der Verordnung wird auf die Vorbem. Nr. 2.3. verwiesen.

Es sind aufgrund der Ermächtigungen folgende Verordnungen erlassen worden:

Nr. 1 a: (Aufnahme in Schulen der Sekundarbereiche I und II)

– Verordnung über die gymnasiale Oberstufe (VO-GO) vom 17.02.2005 (Nds. GVBl. S. 51; SVBl. S. 171; SRH 4.410; Schulrecht 463/201), zuletzt geändert durch Art. 2 der VO vom 23.09.2020 (Nds. GVBl. S. 332; SVBl. S. 482)

– Verordnung über das Abendgymnasium und das Kolleg (VO-AK) vom 02.05.2005 (Nds. GVBl. S. 130; SVBl. S. 277; Schulrecht 464/1), zuletzt geändert durch Art. 3 der VO vom 23.09.2020 (Nds. GVBl. S. 332; SVBl. S. 482)

– Verordnung über berufsbildende Schulen (BbS-VO) vom 10.06.2009 (Nds. GVBl. S. 243; SVBl. S. 206; Schulrecht 511/11), zuletzt geändert durch Verordnung vom 31.08.2020 (Nds. GVBl. S. 282)

Nr. 1 b: Eine Verordnung mit näheren Bestimmungen über die Aufnahmekapazität von Schulen hat das Kultusministerium im allgemein bildenden Bereich bisher nicht erlassen (siehe Anm. 2 zu § 59a). Auch zur Aufnahme von Schülerinnen und Schülern ohne sonderpädagogischen Unterstützungsbedarf an Förderschulen hat das MK bislang keine Verordnung erlassen. Daher können durch Schülerinnen und Schüler grundsätzlich alle zur Verfügung stehenden Förderschultypen angewählt werden (vgl. § 14 Abs. 1 Satz 1).

Buchstabe b beinhaltet auch eine Grundlage für § 3 Satz 2 Nr. 4 BbS-VO (Kapazitätsfestsetzung unter Berücksichtigung der Auswirkungen auf benachbarte Schulen).

Nr. 1 c: Von dieser Verordnungsermächtigung hat das Kultusministerium keinen Gebrauch gemacht.

Nr. 2: (Versetzungen etc.)

– Verordnung über den Wechsel zwischen Schuljahrgängen und Schulformen allgemein bildender Schulen (WeSchVO) vom 03.05.2016 (Nds. GVBl. S. 82; SVBl. S. 332; SRH 3.015; Schulrecht 412/1), zuletzt geändert durch Art. 1 der VO vom 23.09.2020 (Nds. GVBl. S. 332; SVBl. S. 482)

Nr. 3: (Übergänge)

siehe Nr. 2

Nr. 4: (Feststellung des sonderpädagogischen Unterstützungsbedarfs)

- Verordnung zur Feststellung eines Bedarfs an sonderpädagogischer Unterstützung vom 22.01.2013 (Nds. GVBl. S. 23; SVBl. S. 66)

Nr. 5: (Aufnahmeprüfungen und Abschlüsse)

- Verordnung über die Abschlüsse in der gymnasialen Oberstufe, im Beruflichen Gymnasium, im Abendgymnasium und im Kolleg (AVO-GOBAK) v. 19.05.2005 (Nds. GVBl. S. 169; SVBl. S. 352; SRH 4.425; Schulrecht 463/251), zuletzt geändert durch Art. 5 der VO vom 23.09.2020 (Nds. GVBl. S. 332; SVBl. S. 482)

- Verordnung über die Abschlüsse im Sekundarbereich I der allgemein bildenden Schulen einschließlich der Freien Waldorfschulen (AVO-S I) vom 07.04.1994 (Nds. GVBl. S. 197; SVBl. S. 140; SRH 3.025; Schulrecht 414/1), zuletzt geändert durch Art. 4 der VO vom 23.09.2020 (Nds. GVBl. S. 332; SVBl. S. 482)

- Verordnung über die Gleichwertigkeit von Abschlüssen im Bereich der beruflichen Bildung (BB-GVO) v. 19.07.2005 (Nds. GVBl. S. 233; SVBl. S. 485, zuletzt geändert durch Art. 2 der VO vom 13.1.2017).

Wegen der Verordnungen für Nichtschülerprüfungen wird auf die Zusammenstellung in Anm. 2 zu § 27 verwiesen.

Nr. 6: (Anerkennung von Fortbildungsprüfungen)

Während im ÄndG 80 das Kultusministerium lediglich ermächtigt worden war, eine abgelegte Meisterprüfung mit einem Abschluss des Sekundarbereichs I als gleichwertig anzuerkennen, hat das ÄndG 93 diese Verordnungsermächtigung auf alle Fortbildungsprüfungen erweitert, die nach Berufsbildungsgesetz, Handwerksordnung oder Seearbeitsgesetz abgelegt wurden. Diese Erweiterung der Gleichwertigkeit ist vor allem dadurch begründet, dass es in zahlreichen Berufsfeldern und Berufszweigen keine Meisterprüfungen gibt (z.B. im gesamten kaufmännisch-verwaltenden Berufsbereich oder in den seemännischen Berufen). Die in diesen Berufsbereichen abgelegten Fortbildungsprüfungen werden als der Meisterprüfung gleichwertig angesehen und sollen damit nach der Verordnung über die Feststellung der Gleichwertigkeit von Abschlüssen im Bereich der beruflichen Bildung dem Sekundarbereich I – Realschulabschluss – gleichgestellt werden.

Auf die Verordnung über die Feststellung der Gleichwertigkeit von Abschlüssen im Bereich der beruflichen Bildung vom 19.07.2005 (Nds. GVBl. S. 253; SVBl. S. 485; Schulrecht 414/55) wird hingewiesen.

Nr. 7: (Anerkennung ausländischer Abschlüsse, Kenntnisse und Fertigkeiten)

Die Verordnungsermächtigung, die durch das ÄndG 96 eingefügt worden ist, beruht auf der Verpflichtung der Länder, im Interesse der Freizügigkeit innerhalb der Europäischen Union sowie der übrigen Vertragsstaaten

Schülerinnen und Schüler § 61 **NSchG**

(Island, Liechtenstein und Norwegen), Bildungsabschlüsse gegenseitig anzuerkennen. In den Verordnungen sollen vor allem die Voraussetzungen (Anerkennungsverfahren, Eignungsprüfung) festgelegt werden, um die Gleichstellung der auswärtigen Abschlüsse mit niedersächsischen Abschlüssen festzustellen.

Nr. 8: (Berufsqualifikation)
Thematisch geht es um eine Verordnungsermächtigung zur Festlegung einer zuständigen Stelle für die Aufgabenerfüllung nach Nummer 7, wenn das NBQFG – hier § 8 NBQFG – keine Anwendung finden soll. Die Zuständigkeitsregelungen für die Anerkennung von schulischen Vorbildungen in Bezug auf Ausbildungen im Bereich der beruflichen Bildung in der BB-GVO wurden zusammengeführt und das Nebeneinander von Zuständigkeitsregelungen in BB-GVO und in § 2 Satz 2 ZustVO-Berufsqualifikation beendet. Daher ist in der Verordnungsermächtigung in Nr. 8 bestimmt, dass in der aufgrund der einer nach Nr. 7 und 8 NSchG erlassenen Verordnung auch Zuständigkeitsregelungen abweichend von der auf der Grundlage des § 8 Abs. 1 Satz 1 NBQFG erlassenen ZustVO-Berufsqualifikation getroffen werden können.

Zu Abs. 2 bis 4: Um die verfassungsrechtlichen Anforderungen an die Verordnungsermächtigung zu erfüllen (»*Durch Gesetz können ... ermächtigt werden, Rechtsverordnungen zu erlassen. Dabei müssen Inhalt, Zweck und Ausmaß der erteilten Ermächtigung im Gesetz bestimmt werden*«, Art. 80 Abs. 1 GG, Art. 43 Abs. 1 Nieders. Verfassung), schreiben die Abs. 2 und 3 die zu regelnden Bereiche für den Inhalt von Verordnungen für Aufnahme- und Abschlussprüfungen sowie hinsichtlich der gesundheitlichen Eignung und der persönlichen Zuverlässigkeit für die Aufnahme einer Ausbildung vor. Abs. 4 sichert die Verordnungsermächtigung verfassungsrechtlich dadurch ab, dass hinsichtlich des Inhalts und des Ausmaßes der Verordnungsermächtigung auf den Bildungsauftrag der Schule sowie die Entwicklungspflicht der Schule verwiesen wird. Darin liegt zugleich der gesetzgeberische Auftrag für das Kultusministerium, sich beim Erlass von Verordnungen an diese Leitlinien zu halten. 3

(Gerald Nolte)

§ 61 Erziehungsmittel, Ordnungsmaßnahmen

(1) ¹Erziehungsmittel sind pädagogische Einwirkungen. ²Sie sind gegenüber einer Schülerin oder einem Schüler zulässig, die oder der den Unterricht beeinträchtigt oder in anderer Weise ihre oder seine Pflichten verletzt hat. ³Sie können von einzelnen Lehrkräften oder von der Klassenkonferenz angewendet werden.

(2) Ordnungsmaßnahmen sind zulässig, wenn Schülerinnen oder Schüler ihre Pflichten grob verletzen, insbesondere gegen rechtliche Bestimmungen verstoßen, den Unterricht nachhaltig stören, die von ihnen geforderten Leistungen verweigern oder dem Unterricht unentschuldigt fernbleiben.

(3) Ordnungsmaßnahmen sind:

1. Ausschluss bis zu einem Monat vom Unterricht in einem Fach oder in mehreren Fächern, ganz oder teilweise von den außerunterrichtlichen Angeboten oder ganz oder teilweise von mehrtägigen Schulfahrten,
2. Überweisung in eine Parallelklasse,
3. Ausschluss bis zu drei Monaten vom Unterricht sowie von den außerunterrichtlichen Angeboten,
4. Überweisung an eine andere Schule derselben Schulform oder, wenn eine solche Schule nicht unter zumutbaren Bedingungen zu erreichen ist, an eine Schule mit einem der bisherigen Beschulung der Schülerin oder des Schülers entsprechenden Angebot,
5. Verweisung von der Schule,
6. Verweisung von allen Schulen.

(4) ¹Eine Maßnahme nach Absatz 3 Nrn. 3 bis 6 setzt voraus, dass die Schülerin oder der Schüler durch den Schulbesuch die Sicherheit von Menschen ernstlich gefährdet oder den Schulbetrieb nachhaltig und schwer beeinträchtigt hat. ²Die Verweisung von einer oder allen Schulen darf nur im Sekundarbereich II, jedoch nicht bei berufsschulpflichtigen Schülerinnen und Schülern, angeordnet werden. ³Für die Dauer einer Maßnahme nach Absatz 3 Nr. 3 und nach Anordnung einer Maßnahme nach Absatz 3 Nr. 4, 5 oder 6 darf die Schülerin oder der Schüler das Schulgelände nicht betreten, während dort Unterricht oder eine andere schulische Veranstaltung stattfindet; Widerspruch und Anfechtungsklage haben keine aufschiebende Wirkung. ⁴Eine Maßnahme nach Absatz 3 Nr. 6 kann auch nach Verlassen der Schule von der bislang besuchten Schule angeordnet werden.

(5) ¹Über Ordnungsmaßnahmen entscheidet die Klassenkonferenz unter Vorsitz der Schulleitung. ² Die Gesamtkonferenz kann sich, einer Bildungsgangs- oder Fachgruppe oder einer Teilkonferenz nach § 35 Abs. 3

1. die Entscheidung über bestimmte Maßnahmen oder
2. die Genehmigung von Entscheidungen über bestimmte Maßnahmen allgemein vorbehalten.

(6) ¹Der Schülerin oder dem Schüler und ihren oder seinen Erziehungsberechtigten ist Gelegenheit zu geben, sich in der Sitzung der Konferenz, die über die Maßnahme zu entscheiden hat, zu äußern. ²Die Schülerin oder der Schüler kann sich sowohl von einer anderen Schülerin oder einem anderen Schüler als auch von einer Lehrkraft ihres oder seines Vertrauens unterstützen lassen. ³Eine volljährige Schülerin oder ein volljähriger Schüler kann sich auch von ihren oder seinen Eltern oder von einer anderen volljährigen Person ihres oder seines Vertrauens unterstützen lassen.

(7) Die Überweisung in eine Parallelklasse bedarf der Zustimmung der Schulleitung, die Überweisung an eine andere Schule, die Verweisung von

Schülerinnen und Schüler § 61   **NSchG**

der Schule und die Verweisung von allen Schulen bedürfen der Genehmigung der Schulbehörde, die für die bislang besuchte Schule zuständig ist.

Allg.: Seine jetzige Überschrift – »Erziehungsmittel, Ordnungsmaßnahmen« – hat § 61 durch das ÄndG 97 erhalten. Der Gesetzgeber wollte den »Erziehungsmitteln« mit ihrer Verankerung im Schulgesetz einen höheren Stellenwert zukommen lassen und sie gleichzeitig von den »Ordnungsmaßnahmen« abgrenzen. 1

a) Erziehungsmittel sind pädagogische Einwirkungen auf die Schülerinnen und Schüler. Erziehungsmittel betreffen allein das Schulverhältnis der Schülerin oder Schüler zum Staat. Sie greifen nicht in das Grundverhältnis der Schülerinnen und Schüler zur Schule ein und lassen die Schulpflicht und die damit verbundene Schulbesuchspflicht unberührt. Erziehungsmittel sind keine Verwaltungsakte und daher nicht mit einem Widerspruch angreifbar. Erziehungsmittel sind gerichtlich überprüfbar, allerdings besteht bei ihnen ein weiter pädagogischer Bewertungsspielraum der Schule. Den Gerichten ist es damit verwehrt, eine eigene Bewertung an die Stelle der Bewertung der Schule zu stellen (OVG Lüneburg, Beschl. v. 23.07.2020 – 2 PA 245/20).

b) Ordnungsmaßnahmen sind Verwaltungsakte, die mit Widerspruch und Klage vor dem Verwaltungsgericht angefochten werden können. Ordnungsmaßnahmen sollte die Schule so weit wie möglich vermeiden. Wird jedoch ihr Bildungsauftrag durch das Fehlverhalten einer Schülerin oder eines Schülers gefährdet, wird ihre Anwendung geboten sein, wenn Erziehungsmittel (siehe Anm. 2) nicht zu einer Verhaltensänderung der Schülerin oder des Schülers führen.

Ordnungsmaßnahmen wie Erziehungsmittel sollen einerseits erzieherisch auf die einzelne Schülerin oder den einzelnen Schüler wirken, haben aber andererseits zum Ziel, einen ordnungsgemäßen Schulbetrieb zu gewährleisten.

Die Frage, ob die in Abs. 3 genannten Ordnungsmaßnahmen, die alle zu einem (befristeten) Ausschluss aus der sozialen Gruppe führen, geeignet sind, insbesondere auf die »Problemschüler« erzieherisch einzuwirken, hat eine breite Diskussion über andere Reaktionen der Schule ausgelöst. Konzepte der Konfliktschlichtung und des Täter-Opfer-Ausgleichs finden unter dem Sammelbegriff »Mediation« zunehmend Resonanz. In vielen Schulen wird auch mit Bildungs- oder Erziehungsverträgen experimentiert, die von der Schule mit den Schülerinnen und Schülern und den Erziehungsberechtigten abgeschlossen werden. Dabei handelt es sich aber nicht um Verträge im Rechtssinne, sondern um Absprachen, die nicht mit rechtlichen Sanktionen belegt werden können und die nicht einklagbar sind. Solche Verträge sind vielmehr ein pädagogisches Mittel der moralischen Sicherung der wechselseitigen Zusagen aller an Schule Beteiligten.

c) Anwendungsbereich: Da es sich bei Ordnungsmaßnahmen um keine strafrechtliche Sanktion handelt, gibt es auch keine der Strafmündigkeit entsprechende **Altersgrenze**. Auch gegenüber Grundschülerinnen und Grundschülern sind Ordnungsmaßnahmen zulässig, wenn sie ihre Pflichten grob verletzen.

Gegen Kinder, die einen **Schulkindergarten** im Sinne von § 64 Abs. 2 Satz 2 bzw. an vorschulischen Sprachfeststellungsmaßnahmen gemäß § 64 Abs. 3 Satz 1 teilnehmen, können dagegen keine Ordnungsmaßnahmen verhängt werden, da diese noch nicht den Rechtsstatus von Schülerinnen und Schülern erlangt haben. Aus schulrechtlicher Sicht sind Kinder bis zur Aufnahme in die Schule noch nicht Schülerinnen und Schüler im Sinne des Schulgesetzes, ungeachtet dessen, dass der Schulkindergarten organisationsrechtlich Bestandteil der Schule ist.

d) Einleitung einer Ordnungsmaßnahme: Ob ein Ordnungsmaßnahmeverfahren überhaupt eingeleitet werden soll, liegt zunächst im **Entschließungsermessen** der Schulleiterin oder des Schulleiters (§ 43 Abs. 3 Satz 1). Daher hat die Schulleiterin oder der Schulleiter oder eine andere Lehrkraft zunächst einmal den Sachverhalt zu ermitteln. Führt die Schulleitung oder eine Lehrkraft aus Anlass eines Vorfalls ein Gespräch mit der Schülerin oder dem Schüler und lässt dazu ein schriftliches Protokoll zu dem Vorfall erstellen, ohne die sorgeberechtigten Eltern zu beteiligen, ist dieses Vorgehen durch den gesetzlichen Erziehungsauftrag der Schule gedeckt. Die Sachverhaltsermittlung der Schule obliegt nicht der Formstrenge des Strafprozessrechtes (OVG NRW, Beschl. v. 27.03.2107 – Az.: 19 A 508/16). Ebenso wenig bedarf es der Zustimmung der Eltern, wenn es zunächst darum geht aufzuklären, ob überhaupt ein Fehlverhalten vorliegt, dass Anlass zu einer Ordnungsmaßnahme gibt.

Das ÄndG 97 hat die Bestimmungen gestrichen, die die Schulen bei Einleitung eines Verfahrens wegen einer groben Pflichtverletzung durch eine Schülerin oder einen Schüler zu beachten hatten (§ 61 Abs. 4 a. F.). Es bleibt aber auch ohne sie Aufgabe der Schule, im Vorfeld das Erforderliche zur Aufklärung des Sachverhalts zu unternehmen. So wird die Schulleiterin oder der Schulleiter gegebenenfalls vorhandene Zeugen befragen und der oder dem Beschuldigten Gelegenheit zur Stellungnahme geben. Sie oder er kann damit auch eine Lehrkraft beauftragen. Es bietet sich für das weitere Verfahren (siehe Anm. 7) an, das wesentliche Ergebnis der Ermittlungen schriftlich festzuhalten.

Aus der Formulierung »Ordnungsmaßnahmen sind zulässig« wird deutlich, dass grundsätzlich auch bei groben Pflichtverletzungen keine Pflicht zur Einleitung eines Ordnungsmaßnahmeverfahrens besteht. Eine Pflicht zur Einleitung eines Ordnungsmaßnahmeverfahrens durch die Schule ist nur dann anzunehmen, wenn eine sogenannte »Ermessensreduzierung auf Null« vorliegt, also keine andere Entscheidung als die Einleitung eines Ordnungsmaßnahmeverfahrens rechtmäßig wäre. Eine »Ermessensreduzierung auf Null« ist regelmäßig bei der Begehung von schweren Straftaten gegeben.

e) Auswahl einer Ordnungsmaßnahme: Die Auswahl der jeweiligen Ordnungsmaßnahme stellt sich als eine pädagogische Ermessensentscheidung **(Auswahlermessen)** der zuständigen Klassenkonferenz dar. Diese pädagogische Bewertung einer schulischen Situation, die vor allem auch eine pädagogische und psychologische Beurteilung der Person und des Verhaltens der betreffenden Schülerin oder des betreffenden Schülers und etwaiger anderer Beteiligter verlangt, entzieht sich einer Bewertung nach allein rechtlichen Kriterien. Der Klassenkonferenz steht vielmehr wie auch sonst bei Wertbeurteilungen im pädagogischen Bereich ein gerichtlich nur eingeschränkt überprüfbarer Bewertungsspielraum zu. Die Prüfungskompetenz der Verwaltungsgerichte beschränkt sich daher darauf zu überprüfen, ob die Voraussetzungen für die Anwendung einer Ordnungsmaßnahme vorliegen, die bestehenden Verwaltungsvorschriften eingehalten worden sind, ob von einer vollständigen Tatsachengrundlage ausgegangen worden ist, ob von dem Ermessen ein dem gesetzlichen Zweck entsprechender Gebrauch gemacht worden ist, keine sachfremden Erwägungen angestellt worden sind und ob der Grundsatz der Verhältnismäßigkeit gewahrt wurde.

Die Schule muss bei der **Ermessensentscheidung** ihre pädagogischen Erwägungen daran ausrichten, ob das Verhalten der Schülerin oder des Schülers im Hinblick auf die unbeeinträchtigte Erfüllung des Bildungs- und Erziehungsauftrags nicht mehr hingenommen werden kann und ob der Schülerin oder dem Schüler in dieser Deutlichkeit und Konsequenz vor Augen geführt werden muss, dass ihr oder sein Verhalten nicht geduldet wird und nicht geduldet werden kann. Die Ordnungsmaßnahme muss in einem angemessenen Verhältnis zur Schwere des zu ahndenden oder zu unterbindenden Verhaltens stehen. Für die Richtigkeit der Auswahl einer Ordnungsmaßnahme unter dem Gesichtspunkt der Verhältnismäßigkeit kommt es vor allem darauf an, ob und in welchem Maße die Erziehungsverantwortung der Schule beeinträchtigt wurde.

f) Begründung und Zustellung einer Ordnungsmaßnahme: Jede Ordnungsmaßnahme sollte mit Begründung (vgl. aber § 2 Abs. 3 Nr. 3 Nds. VwVfG, wonach § 39 VwVfG nicht gilt) schriftlich der Schülerin oder dem Schüler und den Erziehungsberechtigten mitgeteilt werden. Auch im Falle des gemeinsamen Sorgerechts beider Erziehungsberechtigten müssen beide Erziehungsberechtigte im Adressfeld genannt werden. Sollten die Erziehungsberechtigten getrennt leben oder bereits geschieden sein, beide aber sorgeberechtigt sein, muss der Bescheid an beide Sorgeberechtigten mit der unterschiedlichen Postadresse zugesandt werden. Nach § 55 Abs. 4 hat auch bei volljährigen Schülerinnen und Schülern bis zum vollendeten 21. Lebensjahr die Übersendung des Bescheides an die Erziehungsberechtigten zu erfolgen, solange die volljährige Schülerin oder der volljährige Schüler der Unterrichtung nicht widersprochen hat.

g) Widerspruch gegen Ordnungsmaßnahme: Gegen jede Ordnungsmaßnahme kann Widerspruch eingelegt und gegen einen ablehnenden Widerspruchsbescheid kann vor dem zuständigen Verwaltungsgericht geklagt werden. Nach § 80 Abs. 3 Satz 1 Nr. 2 Niedersächsisches Justizgesetz bedarf es vor Erhebung der Anfechtungsklage des gemäß § 68 Abs. 1 Satz 1 VwGO vorgeschriebenen Widerspruchsverfahrens, wenn ein Verwaltungsakt, der von einer Schule erlassen worden ist, angefochten werden soll.

h) Abhilfeprüfung: Sofern Widerspruch erhoben wird, hat die Konferenz, die über die Ordnungsmaßnahme entschieden hat, eine Abhilfeprüfung vorzunehmen. Möglich ist auch eine Teilabhilfe. Die Abhilfekonferenz entfällt, wenn sich die Ordnungsmaßnahme zwischenzeitlich durch Zeitablauf erledigt hat. Sofern dem Widerspruch nicht vollumfänglich abgeholfen wird, hat die Schulleiterin oder der Schulleiter den Vorgang mit Bericht an die Widerspruchsbehörde (hier: nachgeordnete Schulbehörde, § 119) abzugeben (Weiteres siehe Nr. 7).

i) **Straftaten:** In welchen Fällen die Schule bei Straftaten, die in der Schule oder im unmittelbaren Zusammenhang mit der Schule gegen oder durch Schülerinnen oder Schüler begangen worden sind, die Polizei einzuschalten hat, regelt der Erlass über die Sicherheits- und Gewaltpräventionsmaßnahmen in Schulen in Zusammenarbeit mit Polizei und Staatsanwaltschaft vom 01.06.2016.

2 **Zu Abs. 1: Erziehungsmittel:** Im Rahmen ihrer pädagogischen Verantwortung verfügt jede Lehrkraft über eine ganze Skala von Möglichkeiten, auf kleinere Störungen und Konflikte im Unterricht – Unaufmerksamkeit, Unpünktlichkeit, Unvollständigkeit der Arbeitsmittel – zu reagieren: Ermahnung, Tadel, Gespräch unter vier Augen oder im kleinen Kreis, Abschluss von Vereinbarungen. Wird der Unterricht von Schülerinnen und Schülern beeinträchtigt oder verletzen sie in anderer Weise ihre Pflichten, sind als **pädagogische Einwirkungen** auch Erziehungsmittel zulässig, die ein bestimmtes Schülerverhalten vorschreiben oder verbieten, aber noch ohne rechtliche Auswirkungen auf die Rechtsstellung der Schülerin oder des Schülers bleiben. Eine abschließende Aufzählung aller Erziehungsmittel ist weder möglich noch wünschenswert, weil eine solche Auflistung die situationsangemessene pädagogische Entscheidungsfreiheit der Lehrkräfte unangemessen einschränken würde. Erziehungsmittel können von der Fachlehrkraft, von der Klassenlehrerin oder dem Klassenlehrer oder von der Klassenkonferenz »verhängt« werden.

Mit Erlass vom 13.09.1983 – außer Kraft getreten am 31.12.1996 – hatte das Kultusministerium einzelne Erziehungsmittel genannt. Den Entwurf eines Folgeerlasses hat das Kultusministerium im SVBl. 1998 (S. 72) veröffentlicht. Da bislang keine Neufassung in Kraft getreten ist, darf angenommen werden, dass das Kultusministerium den Schulen die Auswahl der Erziehungsmittel und die Grundsätze ihrer Anwendung überlassen will. Es bestehen keine Bedenken dagegen, dass sich die Schulen dabei an dem außer Kraft getretenen Erlass und an dem Erlassentwurf von 1998 orientieren.

a) **Zulässige Erziehungsmittel**

Als zulässige **Erziehungsmittel** nannte der frühere Erlass vom 13.09.1983
- *die Wiederholung nachlässig gefertigter Arbeiten,*
- *zusätzliche häusliche Übungsarbeiten,*
- *besondere schulische Arbeitsstunden unter Aufsicht,*
- *mündlicher oder schriftlicher Tadel,*
- *Wiedergutmachung eines angerichteten Schadens (keine Geldzahlung),*

- *Auferlegung besonderer Pflichten,*
- *Verweisung aus dem Unterrichtsraum.*

Zu den zulässigen Erziehungsmitteln wird man auch zählen können:
- *das Nachholenlassen schuldhaft versäumten Unterrichts,*
- *die Veränderung der Sitzordnung,*
- *soziale Dienste in der Schule (nicht außerhalb),*
- *die Verpflichtung, aus erzieherischen Gründen einen Aufsatz zu verfassen und in der Klasse vorzutragen,*
- *den Ausschluss von besonderen Klassen- oder Schulveranstaltungen,*
- *den Ausschluss von eintägiger Klassenfahrt ohne Übernachtung,*
- *die vorübergehende Wegnahme (Einziehung) von Gegenständen (z.B. Handy).*

Die Wegnahme von Gegenständen scheitert nicht am Eigentumsrecht der Schülerinnen und Schüler oder der Eltern, da das über Art. 14 GG garantierte Eigentumsrecht nicht das Recht verleiht, mit einem Gegenstand den Schulbetrieb zu stören oder Rechte anderer zu verletzen (vgl. Art. 14 Abs. 2 GG).

Das OVG Hamburg hat mit Beschluss vom 21.02.2019 – Az.: 1 Bs 10/19 – entschieden, dass eine schulische Anordnung, wonach Schülerinnen und Schüler, die erst nach Unterrichtsbeginn eintreffen, im Schulbüro bis zur Abholung durch eine Lehrkraft oder die Klassensprecherin oder den Klassensprecher warten müssen, eine zulässige Erziehungsmaßnahme ist.

Mit Beschluss vom 23.07.2020 hat das OVG Lüneburg – 2 PA 245/20 – entschieden, dass es sich bei dem Ausschluss von einer freiwilligen zweitägigen Schulveranstaltung um ein Erziehungsmittel (hier Projekt Hochseilgarten) und nicht um eine Ordnungsmaßnahme handelt, wenn die Schülerin oder der Schüler in dieser Zeit einer Parallelklasse zugewiesen wird. Eine derartige Maßnahme greife aufgrund der Freiwilligkeit des Projektes und der Möglichkeit der Beschulung in der Parallelklasse nicht in das Grundverhältnis zur Schule ein und lasse das damit korrespondierende Schulbesuchsrecht unberührt.

Rechtlich zweifelhaft ist, ob der »**Ausschluss vom restlichen Unterrichtstag**« als Erziehungsmaßnahme zulässig ist. Diese Maßnahme ist eine erzieherische Einwirkung, die aber nicht von einer einzelnen Lehrkraft ausgesprochen werden kann, da eine einzelne Lehrkraft Schülerinnen und Schüler vom Unterricht anderer Lehrkräfte nicht ausschließen kann.

b) Unzulässige Erziehungsmittel

Unzulässig ist die Praxis einiger Schulen, im Einvernehmen mit dem Schulelternrat als Erziehungsmittel den Ausschluss vom Unterricht für einen Tag oder für zwei Tage anzuwenden.

Unzulässig ist auch das »**Nachsitzenlassen**«, wenn es nicht zu dem Ziel angesetzt wird, Lernrückstände aufzuarbeiten. Bei Minderjährigen müssen bei der Nacharbeit von Unterrichtsstoff nach Unterrichtsende die Erziehungsberechtigten verständigt werden. Das Landgericht Düsseldorf hat mit Urteil v. 17.02.2017 (– 5 Ns 63/16 –) entschieden, dass das Festhalten von Schülerinnen und Schülern (hier 15 Minuten) über das Unterrichtsende hinaus nicht den Tatbestand einer Freiheitsberaubung erfüllt.

»**Eintragungen in das Klassenbuch**« sind wegen der damit verbundenen Verstöße gegen Datenschutzbestimmungen nicht mehr zulässig.

Eine Verpflichtung betroffener Schülerinnen und Schüler zur **Ableistung einer Dienstleistung außerhalb der Schule**, z.b. bei einer gemeinnützigen Organisation, darf allenfalls im Einvernehmen mit den Erziehungsberechtigten beschlossen werden.

Ungeeignet und unzulässig sind ferner **kränkende und ehrverletzende Äußerungen, Drohungen** und das Erregen von **Angst**.

Das Anlegen von sogenannten **Therapiewesten/Sandwesten** mit angeblich beruhigender Wirkung kann ebenfalls nicht als Erziehungsmittel verfügt werden.

Kollektivmaßnahmen dürfen nur angewandt werden, wenn sie durch das Verhalten aller Schülerinnen und Schüler einer Lerngruppe erforderlich werden.

3 Zu Abs. 2: Ordnungsmaßnahmen: Nur bei **groben Pflichtverletzungen** von Schülerinnen oder Schülern ist eine Ordnungsmaßnahme zulässig.

a) »**Innerschulische**« **grobe Pflichtverletzungen:**

Als innerschulische grobe Pflichtverletzungen kommen u. a. in Betracht:
- *nachhaltige Störung des Unterrichts,*
- *Leistungsverweigerung,*
- *unentschuldigtes Fernbleiben vom Unterricht.*

Es handelt sich um eine nicht abschließende Aufzählung. Dass grobe Pflichtverletzungen auch Verstöße gegen rechtliche Bestimmungen sein können, ist durch das ÄndG 97 in das Schulgesetz eingefügt worden. Der Gesetzgeber wollte damit die Schulen darauf hinweisen, dass beispielsweise auf Beleidigungen von Lehrkräften mit geeigneten Ordnungsmaßnahmen reagiert werden kann.

Bei der Verhängung von Ordnungsmaßnahmen hat die Schule den Grundsatz der Verhältnismäßigkeit zu beachten. Das bedeutet, dass die zu beschließende Maßnahme der Art und der Schwere des Fehlverhaltens angemessen sein muss. Das Gesetz geht nur von einer objektiv vorliegenden groben Pflichtverletzung aus. Ein Verschulden wird nicht vorausgesetzt (OVG Lüneburg, Beschl. v. 19.12.2019 – Az.:2 ME 743/19).

Mit Urteil vom 18.02.2014 hat das Verwaltungsgericht Berlin (VG 3 K 320.13) entschieden, dass ein Schüler, der sich an einer gewalttätigen Prügelei beteiligt, Schulordnungsmaßnahmen auch dann hinnehmen muss, wenn die Tat von anderen provoziert wurde. § 32 StGB (Notwehr) findet insoweit keine Anwendung. Daher kann eine Schule bei einer gewalttätigen Prügelei, bei der einzelne Tatbeiträge einer konkreten Person nicht zugerechnet werden können (»Wer hat angefangen?«), von einer »groben Pflichtverletzung« aller Kontrahenten ausgehen.

Im Interesse des Schulfriedens ist von Schülerinnen und Schülern grundsätzlich zu erwarten, dass sie körperliche Auseinandersetzungen, auch wenn diese von anderen ausgehen, meiden und sich solchen Situationen entziehen (OVG Münster, Beschl. v. 22.09.2020 – Aktenzeichen: 19 E 477/20).

b) »Außerschulische« grobe Pflichtverletzungen:

Auch auf ein Fehlverhalten **außerhalb des Schulgebäudes** oder des Schulgeländes kann mit einer Ordnungsmaßnahme reagiert werden, wenn es in einem unmittelbaren räumlichen und zeitlichen Zusammenhang mit dem Schulbesuch steht, sich also z.B. auf Schulfahrten, bei Sportfesten oder auf dem Schulweg ereignet.

Auch in der Freizeit erfolgende Internet-Eintragungen mit verunglimpfenden Inhalten – so genanntes »**Cybermobbing** « – können einen schulischen Bezug aufweisen und damit geeignet sein, schulische Ordnungsmaßnahmen auszulösen, wenn sie störend in den Schulbetrieb hineinwirken. Die Frage, ob darin eine grobe Pflichtverletzung liegt, das zum Beispiel die Verhängung eines Unterrichtsausschlusses rechtfertigt, hängt von den Umständen des Einzelfalls und insbesondere der Frage ab, ob die Betroffenen individualisierbar bezeichnet sind und sich mit dem Eintrag so die besonderen Gefahren des Internets realisiert haben (vgl.: VGH Baden-Württemberg, Beschl. v. 12.05.2011, Az.: 9 S 1056/11). Das Verwaltungsgericht Stuttgart hat mit Beschluss vom 16.03.2015 den Eilantrag eines 16-jährigen Gymnasiasten gegen seinen durch die Schulleiterin angeordneten sofortigen viertägigen Ausschluss vom Unterricht wegen unbefugter Weitergabe eines fremden Computer-Passwortes an Mitschüler abgelehnt (Az.: 12 K 1320/15).

Zu Abs. 3: Katalog der Ordnungsmaßnahmen: Die Ordnungsmaßnahmen mit Eingriffscharakter sind in Abs. 3 abschließend aufgezählt. Mit dem ÄndG 11 wurden die Ordnungsmaßnahmen aufsteigend von Nr. 1 bis Nr. 6 nach ihrer Schwere geordnet. Weitere Maßnahmen dieser Art sind unzulässig.

Die **körperliche Züchtigung** ist in niedersächsischen Schulen seit 1971 verboten. Sie verletzt das Grundrecht auf körperliche Unversehrtheit (Art. 2 Abs. 2 GG) und erfüllt in der Regel den Straftatbestand der Körperverletzung (§ 223 StGB) bzw. der Körperverletzung im Amt (§ 340 StGB). Lehrkräfte, die gegen dieses Verbot verstoßen, müssen mit disziplinar- und strafrechtlichen Konsequenzen rechnen. Etwas anderes gilt, wenn die Lehrkraft in einer Notwehr- oder Nothilfesituation handelt, um einen gegenwärtigen rechtswidrigen Angriff von sich oder einem anderen abzuwehren.

Nicht mehr im Katalog der Ordnungsmaßnahmen enthalten ist seit dem ÄndG 11 die »**Androhung**« bestimmter Maßnahmen. Ihre Herausnahme bedeutet aber nicht, dass sie von der zuständigen Konferenz nicht mehr – als Erziehungsmittel – beschlossen werden darf. Insbesondere den schwer wiegenden Maßnahmen nach Nr. 3 bis Nr. 6 sollte die »Androhung« vorausgehen. Das Verwaltungsgericht Braunschweig hat in seinem Beschluss vom 17.12.2002 die Verhängung der Ordnungsmaßnahme »Überweisung an eine andere Schule« ohne vorherige »Androhung« nur bei gravierendem Fehlverhalten dann als rechtlich zulässig angesehen, wenn die Androhung ihren Zweck, die betroffene Schülerin oder den betroffenen Schüler zu einer Verhaltensänderung zu bewegen, nicht mehr erreichen kann (Az.: 6 B 830/02).

Das allgemein gültige Gebot der Verhältnismäßigkeit einer belastenden Maßnahme bedeutet nicht, dass bei der Verhängung einer Ordnungsmaßnahme eine bestimmte Reihenfolge – vom mildesten zum schärfsten Mittel – eingehalten werden muss. Die Gründe, weshalb eine bestimmte Ordnungsmaßnahme für angemessen und eine »mildere« für nicht ausreichend gehalten worden ist, sind in der Konferenzniederschrift (siehe Anm. 5 und 6) festzuhalten. Auch der der betroffenen Schülerin oder dem betroffenen Schüler sowie den Erziehungsberechtigten zuzustellende Bescheid muss mit einer Begründung versehen werden, die nicht nur Aussagen zum festgestellten Fehlverhalten enthält, sondern aus der sich auch die wesentlichen Gesichtspunkte der Ermessensentscheidung ergeben.

Nr. 1: Der auf bis zu einem Monat befristete **Ausschluss vom Unterricht** nach Nr. 1 kann auf das Verbot der Teilnahme am Unterricht in einzelnen Fächern beschränkt werden. Insbesondere bei Ganztagsschulen (siehe § 23 Abs. 1) kann der Ausschluss auch auf die Nicht-Teilnahme an einigen oder sogar allen außerunterrichtlichen Angeboten der Schule gerichtet sein. Zudem ist seit dem Änderungsgesetz 2019 auch der Ausschluss ganz oder teilweise von mehrtägigen Schulfahrten aufgeführt. Damit hat der Gesetzgeber das Urteil des VG Osnabrück vom 27.01.2015 – 1 A 209/14 – umgesetzt. Unter mehrtägige Schulfahrten sind Schulfahrten sowie Kursfahrten mit Unterrichtsanteil zu verstehen. Soweit die Schulfahrt schon begonnen hat und die Konferenz deswegen nicht einberufen werden kann, kommt u. U. eine Eilentscheidung der Schulleitung in Betracht.

Der Ausschluss von einer verpflichtenden **(eintägigen) Schulfahrt** ist keine Ordnungsmaßnahme, sondern ein Erziehungsmittel. Ausgeschlossene Schülerinnen und Schüler können während der verpflichtenden Schulfahrt ihrer Schulpflicht uneingeschränkt durch Teilnahme am planmäßigen Unterricht einer anderen Klasse nachkommen. Beim vorzeitigen »Nachhauseschicken« von einer eintägigen Schulfahrt einer Schülerin oder eines Schülers bedarf es daher keiner Konferenzentscheidung.

Mit Beschluss vom 24.02.2015 – 1 Bs 28/6 – hat das Oberverwaltungsgericht Hamburg entschieden, dass eine Schule eine Schülerin oder einen Schüler unabhängig eines Verfahrens über Erziehungsmittel oder Ordnungsmaßnahmen vorbeugend von einer freiwilligen **(mehrtägigen) Schulfahrt** ausschließen kann. Das Gericht begründete die Entscheidung damit, dass bei Schulfahrten, bei denen die Teilnahme freiwillig ist – in der Regel bei mehrtägigen Schulfahrten – kein unmittelbarer Anspruch der Schülerinnen und Schüler bestehe, an der Schulfahrt teilzunehmen, sondern nur ein Anspruch auf fehlerfreie Entscheidung der Schule auf

Teilnahmeberechtigung. Hinsichtlich Organisation und Durchführung von Schulfahrten stehe den Schulen ein sehr weiter Organisations- und Ermessensspielraum zu, der auch Raum für generalisierende und pauschalierende Regelungen lasse. Bei freiwilligen Schulfahrten könnten einzelne Schülerinnen und Schüler aus vernünftigen Gründen auch außerhalb von Ordnungsmaßnahmen ausgeschlossen werden.

Die Begrifflichkeiten aus der BbS-VO (z.B. § 22 BbS-VO) »**Lerngebiete, Lernfelder, Module und Qualifizierungsbausteine**« finden sich nicht in Nr. 1, da diese Begrifflichkeiten gesetzlich nicht eingeführt sind. Sie lassen sich aber unter den im Schulgesetz verwendeten Fächer-Begriff subsumieren.

Nr. 2: Überweisung in Parallelklasse: Das Verwaltungsgericht Ansbach hat mit Urteil v. 18.07.2017 – 2 K 17.00250 – entschieden, dass die **Versetzung in eine Parallelklasse** bei einem massiven Mobbingverhalten (im Unterricht äußerte der Schüler u. a. gegenüber dem Mitschüler, wäre er mit Osama bin Laden in einem Raum eingesperrt, müsse man ihn statt Osama bin Laden erschießen) verhältnismäßig sei, auch wenn der Schüler dadurch die Förderung in der bisherigen hochbegabten Klasse verliert. Wer seine Mitschüler in sozialen Netzwerken oder Foren gezielt beleidigt oder angreift oder einen Klassenkameraden (unerlaubt) auf der Toilette filmt, muss mit Konsequenzen rechnen. Je nach Schwere des Verstoßes reichen diese von der Versetzung in eine Parallelklasse (VG Köln, Urteil vom 19.4.2011, 10 L 488/11, MMR 2012 S. 275) bis zum zeitweiligen Ausschluss vom Unterricht (VG Stade, Urteil vom 9.1.2012, 4 B 55/12). Auch das OVG Lüneburg hat durch Beschluss vom 08.06.2020 – 2 ME 179/20 – im einstweiligen Rechtsschutz bestätigt, dass die Überweisung in eine Parallelklasse bei Gewaltausübung (Schulhofschlägerei) rechtmäßig ist.

Nr. 3: Der bis zu drei Monate befristete **Ausschluss vom Unterricht sowie von den außerunterrichtlichen Angeboten** nach Nr. 3 bedeutet das Verbot, an allen unterrichtlichen und außerunterrichtlichen Veranstaltungen der Schule teilzunehmen. Für die Dauer dieser Ordnungsmaßnahme darf die betroffene Schülerin oder der betroffene Schüler das Schulgebäude und das Schulgelände nicht betreten, während dort Unterricht oder eine andere schulische Veranstaltung stattfindet (siehe Anm. 5). Mit der Möglichkeit, Schülerinnen und Schüler bis zu drei Monaten vom Unterricht sowie von den außerunterrichtlichen Angeboten auszuschließen, fällt das NSchG aus dem Rahmen der Schulgesetze der anderen Bundesländer (z.B. bis zu fünf Tagen in Sachsen-Anhalt, bis zu zwei Wochen in Brandenburg, bis zu vier Wochen in Bayern).

Bei einer Schülerin oder bei einem Schüler, die oder der vom Unterricht aufgrund einer Ordnungsmaßnahme ausgeschlossen worden ist, sind im Kopfteil des Zeugnisses die versäumten Unterrichtstage als »entschuldigte Fehltage« einzutragen. In der Regel ist aber nur das Versäumnis aufgrund einer Ordnungsmaßnahme nach § 61 Abs. 3 Nr. 3 aufzulisten – nicht der partielle Ausschluss nach § 61 Abs. 3 Nr. 1, solange es sich nicht um einen vollständigen Unterrichtstag handelt. Werden während dieser Fehltage

Klausuren geschrieben, so muss der Schülerin oder dem Schüler die Möglichkeit eingeräumt werden, eine Ersatzleistung zu erbringen.
Das OVG Lüneburg hat mit Beschluss v. 19.12.2019 – Az.: 2 ME 743/19 – entschieden, dass der Steinwurf auf einen Mitschüler (ohne diesen zu treffen) bei erheblichen Vorverfehlungen einen elfwöchigen Unterrichtsausschluss rechtfertigt.

Nr. 4: Bei der **Überweisung an eine andere Schule** nach Nr. 4 des Maßnahmenkatalogs ist grundsätzlich zu beachten, dass die andere Schule zur selben Schulform gehört, die von der betroffenen Schülerin oder dem betroffenen Schüler besucht wird.»Nicht zuletzt mit Rücksicht auf die Einführung der Oberschule kann aber auch eine andere Schulform in Betracht gezogen werden, wenn dort das schulische Angebot – insgesamt oder in einem Schulzweig – demjenigen entspricht, welches die Schülerin oder der Schüler bisher an ihrer oder seiner Schule in Anspruch genommen hat« (Schriftlicher Bericht zum ÄndG 11, Landtagsdrucksache 16/3458, S. 7). Voraussetzung ist allerdings, dass eine Schule derselben Schulform nicht unter zumutbaren Bedingungen zu erreichen ist (zur »Zumutbarkeit« siehe Anm. 1 zu § 114). Während eine Überweisung von einer Realschule an eine Oberschule bei Vorliegen der genannten Voraussetzung zulässig ist, gilt das nicht für eine Überweisung von einer Hauptschule an eine Förderschule, weil damit in unzulässiger Weise in das Recht der Erziehungsberechtigten nach § 59 Abs. 1 Satz 1 eingegriffen würde, für ihr Kind die Schulform zu wählen. Das OVG Lüneburg hat mit Beschluss vom 25.07.2016 – 2 ME 133/6 – entschieden, dass die Überweisung auf eine andere Schule angesichts der abstrakten Stufung der Maßnahmen in Abs. 3 unverhältnismäßig ist, wenn allein deshalb auf die einschneidendere Maßnahmen ausgewichen wird, weil eigentlich ausreichende mildere Maßnahmen aus Gründen, die die Schülerin oder der Schüler nicht zu vertreten hat, nicht verhängt werden können.

Die Überweisung nach Nr. 4 bedarf zwar der Genehmigung der Schulbehörde, nicht aber der Zustimmung oder Anhörung des Schulträgers (vgl. § 28 VwVfG i. V. m. § 2 Abs. 3 Nr. 3 Nds. VwVfG). Der Schulträger muss auch nicht bei der Genehmigung durch die Schulbehörde gehört werden, weil die Maßnahme nicht in sein Selbstverwaltungsrecht eingreift (OVG Lüneburg v. 02.10.1980, Az.: 13 A 42/801, DVBl. 1981, S. 872).

Nrn. 5+6: Die **Verweisung von der Schule** ist durch das ÄndG 11 in den Katalog der Ordnungsmaßnahmen aufgenommen worden. Sie ermöglicht betroffenen Schülerinnen und Schülern des Sekundarbereichs II (siehe Anm. 5), sich eigenständig an einer anderen Schule wieder anzumelden. Diese Möglichkeit wird durch die **Verweisung von allen Schulen** ausgeschlossen, die auch noch nach Verlassen der Schule verhängt werden kann.

Die Verweisung von der Schule oder von allen Schulen darf nach Absatz 4 Satz 2 nur für Schülerinnen und Schüler des Sekundarbereichs II (siehe § 5 Abs. 3 Nr. 3) beschlossen werden. Das gilt jedoch nicht für berufsschulpflichtige Schülerinnen und Schüler, die im Rahmen eines Berufsausbildungsverhältnisses eine Berufsschule besuchen (siehe § 65

Abs. 2 Satz 1). Die Verweisungsmöglichkeit erstreckt sich demnach auf Schülerinnen und Schüler der Schuljahrgänge 11 bis 13 des Gymnasiums, der Gesamtschule, der Förderschule, das Abendgymnasium und das Kolleg sowie der berufsbildenden Schulen (mit der genannten Ausnahme) unabhängig davon, ob sie noch schulpflichtig sind oder nicht. Wird bei Schulpflichtigen die Verweisung von allen Schulen ausgesprochen, ruht nach § 70 Abs. 5 die Pflicht zum Schulbesuch. Nach § 65 Abs. 1 endet die Schulpflicht grundsätzlich zwölf Jahre nach ihrem Beginn.

In der Antwort auf eine Kleine Anfrage (Landtagsdrucksache 17/6384) hat die Landesregierung mitgeteilt, dass in dem Zeitraum 2013 bis 2015 in keinem Fall eine Verweisung von allen Schulen ausgesprochen wurde. In fünf Fällen gab es eine Verweisung von der Schule. Die Überweisung an eine andere Schule wurde im Jahr 2013 in 203 Fällen, im Jahr 2014 in 222 Fällen und im Jahr 2015 in 261 Fällen ausgesprochen.

Zu Abs. 4: Satz 1: Der Ausschluss vom Unterricht sowie von den außerunterrichtlichen Angeboten bis zu drei Monaten, die Überweisung an eine andere Schule sowie die Verweisung von der Schule oder von allen Schulen kommen nur dann als Ordnungsmaßnahme in Frage, wenn durch das Schülerfehlverhalten **die Sicherheit von Menschen ernstlich gefährdet**, also ihre körperliche und seelische Unversehrtheit bedroht worden ist. Die vier genannten Ordnungsmaßnahmen stehen auch zur Verfügung, wenn der **»Schulbetrieb« nachhaltig und schwer beeinträchtigt worden** ist. Dieser Fall liegt z.B. vor, wenn durch ein Schülerfehlverhalten ein ordnungsgemäßer Unterricht nicht mehr erteilt werden konnte. Nach der Begründung des ÄndG 11 sollen durch die Verwendung des Begriffs »Schulbetrieb« auch die Fälle erfasst werden, in denen durch Pflichtverstöße von Schülerinnen und Schülern außerhalb des Unterrichts »das Vertrauensverhältnis zwischen den Schülerinnen und Schülern oder den Lehrkräften gegenüber erheblich gestört« wird (Landtagsdrucksache 16/3155, S. 14).

Satz 2: Die Verweisung von der Schule oder von allen Schulen darf nach Absatz 4 Satz 2 nur für Schülerinnen und Schüler des Sekundarbereichs II (siehe § 5 Abs. 3 Nr. 3) beschlossen werden. Das gilt jedoch nicht für berufsschulpflichtige Schülerinnen und Schüler, die im Rahmen eines Berufsausbildungsverhältnisses eine Berufsschule besuchen (siehe § 65 Abs. 2 Satz 1).

Satz 3: Wird eine Maßnahme nach Abs. 3 Nrn. 3-6 beschlossen, dürfen die betroffenen Schülerinnen und Schüler für die Dauer der Ordnungsmaßnahme weder das Schulgebäude noch das Schulgelände betreten **(Betretungsverbot)**, während dort Unterricht oder eine andere schulische Veranstaltung (z.B. Klassenfeier, Theateraufführung o. ä.) stattfindet. Den Betroffenen darf aber der Zugang zur Schule nicht verwehrt werden, wenn beispielsweise in ihren Räumen außerhalb der schulischen Nutzung des Schulgebäudes Veranstaltungen der Volkshochschule stattfinden. In Zweifelsfällen muss die Schulleiterin oder der Schulleiter im Rahmen des Hausrechts entscheiden (siehe § 111 Abs. 2). Widerspruch und Anfechtungsklage gegen das Verbot, das Schulgelände zu betreten, haben keine aufschiebende Wirkung. Mit der sofortigen Vollziehung des Verbots wird den Schulen eine gesonderte Anordnung nach § 80 Abs. 2 Satz 1 Nr. 4 der Verwaltungsgerichtsordnung und deren besondere Begründung (§ 80 Abs. 3 Satz 1 VwGO) erspart. Bei den Beratungen des ÄndG 12 ist noch einmal klargestellt worden, dass nur die Rechtsbehelfe keine aufschiebende Wirkung haben, die sich gegen Ordnungsmaßnahmen richten, die als unmittelbare Rechtsfolge ein Betretungsverbot (Abs. 3 Nrn. 3 bis 6) nach sich ziehen (Schriftlicher Bericht zum ÄndG 12, Landtagsdrucksache 16/4620, S. 8 – siehe auch Anm. 7).

Satz 4: Dass die Verweisung von allen Schulen auch noch nach Verlassen der Schule angeordnet werden kann, gilt seit dem ÄndG 11. Der Gesetzgeber wollte ausschließen, dass sich betroffene Schülerinnen und Schüler durch Abmelden von der Schule der Ordnungsmaßnahme »Verweisung von allen Schulen« entziehen und anschließend an einer anderen Schule wieder anmelden können.

6   **Zu Abs. 5: Zuständigkeit:** Zuständig für die Festsetzung einer Ordnungsmaßnahme ist grundsätzlich die **Klassenkonferenz** oder die **Konferenz nach § 35 Abs. 2 Satz 3**. Sie berät und beschließt unter dem Vorsitz der Schulleiterin oder des Schulleiters, die oder der dann selbst stimmberechtigt ist, wenn sie oder er in der betroffenen Klasse als Lehrkraft eingesetzt und damit Mitglied der Klassenkonferenz ist. Nach § 36 Abs. 3 Satz 6 sind nur diejenigen mit Stimmrecht ausgestatteten Lehrkräfte, Referendarinnen, Referendare, Anwärterinnen und Anwärter verpflichtet, an der Teilkonferenz teilzunehmen, die die einzelnen Schülerinnen oder Schüler planmäßig unterrichten. Vertretungsunterricht ist nicht als planmäßiger Unterricht zu verstehen. Mitglieder, die zur Teilnahme an der Klassenkonferenz nicht verpflichtet sind, können aber dennoch teilnehmen und behalten ihr Stimmrecht. Der Wortlaut soll auch den Fall erfassen, dass die Angelegenheit bzw. der Gegenstand der Teilkonferenz eine Gruppe von Schülerinnen und Schülern erfasst (z.B. bei Konflikten).

Die Gesamtkonferenz kann sich die Entscheidung über bestimmte Maßnahmen oder die Genehmigung der von einer Klassenkonferenz beschlossenen Ordnungsmaßnahme vorbehalten. Die Genehmigung eines von einer Teilkonferenz gefassten Beschlusses gibt es nur bei Ordnungsmaßnahmen. Das NSchG geht ansonsten von einer »schnitt-freien« Aufgabenverteilung der Konferenzen aus, für die es prinzipiell keine Über- oder Unterordnung gibt. Den Beschluss- oder Genehmigungsvorbehalt für bestimmte Ordnungsmaßnahmen kann die Gesamtkonferenz auch für eine Teilkonferenz nach § 35 Abs. 3 (»für weitere organisatorische Bereiche«), also für eine Jahrgangs-, Stufen- oder Schulzweigkonferenz oder – bei berufsbildenden Schulen – für eine Bildungsgangs- oder Fachgruppe aussprechen. Das NSchG bestimmt für diesen Fall nicht, dass bei einer entsprechenden Entscheidung der Teilkonferenz die Schulleiterin oder der Schulleiter den Vorsitz führt, daher führt in diesen Fällen die oder der Konferenzvorsitzende den Vorsitz. Der Vorsitz einer Konferenz über Ordnungsmaßnahmen innerhalb einer kollegialen Schulleitung kann auch durch ein anderes Mitglied der kollegialen Schulleitung wahrgenommen werden. In dem Vorbehaltskatalog des

Schülerinnen und Schüler § 61　　　　　　　　　　　　**NSchG**

§ 44 Abs. 4 Satz 2 sind sowohl die Eilmaßnahmen nach § 43 Abs. 3 Satz 2 als auch die Ordnungsmaßnahmen nach § 61 ausgenommen.

Zu Abs. 6: Anhörungsrecht: Der betroffenen Schülerin oder dem betroffenen **7** Schüler und auch den Erziehungsberechtigten ist in der Konferenzsitzung, in der über eine Ordnungsmaßnahme entschieden werden soll, Gelegenheit zu geben, zu den erhobenen Vorwürfen Stellung zu nehmen. Hierauf sollten die Betroffenen schon in der **Einladung zur Konferenzsitzung** hingewiesen werden. Ein Recht, sich vor der Konferenz zu den Beschuldigungen zu äußern, die der **Genehmigung** einer beschlossenen Ordnungsmaßnahme vorbehalten ist, besteht nicht.

a) Einladung zur Konferenzsitzung: Die Schülerin oder der Schüler, der oder dem eine grobe Pflichtverletzung vorgeworfen wird, ist darüber zu informieren, dass sie oder er sich in der Konferenz sowohl von einer Schülerin oder einem Schüler als auch von einer Lehrkraft ihres oder seines Vertrauens unterstützen lassen kann. Diese Information kann zweckmäßigerweise durch das Einladungsschreiben zur Sitzung der Konferenz erfolgen. Volljährige Schülerinnen und Schüler können sich auch noch von ihren Eltern oder von einer anderen volljährigen Person ihres Vertrauens unterstützen lassen. Die Einladung der »unterstützenden« Personen zur Konferenz fällt nicht in die Zuständigkeit der Schule. Dafür, dass sie über Ort und Zeitpunkt der Konferenzsitzung informiert werden, ist die betroffene Schülerin oder der betroffene Schüler verantwortlich.

b) Vertretung in der Konferenzsitzung: Neben den oben genannten Personen, kann sich die Schülerin oder der Schüler in dem gesamten Verfahren, also auch in der Konferenzsitzung, durch einen Bevollmächtigten, z.B. einen Rechtsanwalt, vertreten lassen. Das gilt auch für die Erziehungsberechtigten. Auf Verlangen ist die Vollmacht schriftlich nachzuweisen (§ 14 VwVfG). Bei mangelnden Deutschkenntnissen der Schülerin oder des Schülers oder der Erziehungsberechtigten können diese auf eigene Kosten eine Dolmetscherin oder einen Dolmetscher hinzuziehen. Soweit eine Schülerin oder ein Schüler nicht zu der Konferenzsitzung erscheint, kann auch »in Abwesenheit« eine Ordnungsmaßnahme verhängt werden.

c) Beratung und Beschlussfassung: Die Beratung und Beschlussfassung über die Festsetzung einer Ordnungsmaßnahme erfolgt ohne die betroffenen und unterstützenden Personen. Werden dabei neue Pflichtverletzungen bekannt, die für die Festsetzung einer Ordnungsmaßnahme von Bedeutung sein können, ist den Betroffenen erneut Gelegenheit zur Äußerung zu geben.

d) Bescheiderteilung: Wird eine Ordnungsmaßnahme beschlossen, teilt die Schulleitung dies der Schülerin oder dem Schüler sowie den Erziehungsberechtigten mit einer entsprechenden Begründung mit (vgl. aber § 2 Abs. 3 Nr. 3 Nds.VwVfG, wonach § 39 VwVfG nicht gilt); der Bescheid ist mit einer Rechtsbehelfsbelehrung zu versehen. Unter Umständen kann die Zustellung des Bescheides nach dem Verwaltungszustellungsgesetz, z.B. durch Postzustellungsurkunde, geboten sein. Auch im Falle des gemeinsamen Sorgerechtes beider Erziehungsberechtigter müssen beide Erziehungsberechtigte im Adressfeld genannt werden. Leben die Erziehungsberechtigten nicht in häuslicher Gemeinschaft, muss der Bescheid beiden Elternteilen zugestellt werden (siehe auch § 55). Nach § 55 Abs. 4 hat auch bei volljährigen Schülerinnen und Schülern bis zum vollendeten 21. Lebensjahr die Übersendung des Bescheides an die die Erziehungsberechtigten zu erfolgen, solange die volljährige Schülerin oder der volljährige Schüler der Unterrichtung nicht widersprochen hat.

e) Vollziehbarkeit der Ordnungsmaßnahmen nach Abs. 3 Nr. 1 und 2: Widerspruch und Anfechtungsklage haben bei Ordnungsmaßnahmen nach Abs. 3 Nr. 1 und Nr. 2 aufschiebende Wirkung.

Um auch in diesen beiden Fällen eine sofortige Vollziehbarkeit der Ordnungsmaßnahme zu erreichen, kann die zuständige Klassenkonferenz die sofortige Vollziehbarkeit gemäß § 80 Abs. 2 Nr. 4 Verwaltungsgerichtsordnung (VwGO) anordnen. Die Anordnung der sofortigen Vollziehung setzt jedoch voraus, dass sie im öffentlichen Interesse oder im überwiegenden Interesse eines Beteiligten erfolgt. In der nach § 80 Abs. 3 VwGO erforderlichen (gesonderten) Begründung für die Anordnung der sofortigen Vollziehung muss durch die Klassenkonferenz dargelegt werden, warum mit der Durchsetzung der Ordnungsmaßnahme nicht bis zum rechtskräftigen Abschluss eines Widerspruchs- oder eines sich evtl. anschließenden Klageverfahrens abgewartet werden kann.

f) Vollziehbarkeit der Ordnungsmaßnahmen nach Abs. 3 Nrn. 3 bis 6: Bei Ordnungsmaßnahmen nach § 61 Abs. 3 Nrn. 3 bis 6 ist die aufschiebende Wirkung von Widerspruch und Anfechtungsklage durch die Formulierung in § 61 Abs. 4 Satz 3 2. Halbsatz ausgeschlossen worden. In diesen Fällen braucht die Klassenkonferenz sich daher nicht mehr mit der Anordnung der sofortigen Vollziehung zu beschäftigen. Die sofortige Vollziehung kann allerdings in einem Verfahren auf vorläufigen Rechtsschutz nach § 80 Abs. 5 VwGO durch ein Verwaltungsgericht wieder ausgesetzt werden.

g) Wiederherstellung der aufschiebenden Wirkung durch ein Verwaltungsgericht: Nach § 80 Abs. 5 VwGO kann das Gericht die aufschiebende Wirkung von Widerspruch oder Anfechtungsklage anordnen, wenn die sofortige Vollziehung eines Verwaltungsaktes nicht im überwiegenden öffentlichen Interesse liegt. Das ist dann der Fall, wenn sich der angefochtene Verwaltungsakt nach der im Rahmen des § 80 Abs. 5 VwGO vorzunehmenden summarischen Überprüfung aller Wahrscheinlichkeit nach als nicht rechtmäßig darstellt, weil an der sofortigen Vollziehung einer rechtswidrigen Verfügung kein überwiegendes öffentliches Interesse anerkannt werden kann. Andererseits ist das überwiegende öffentliche Interesse an der sofortigen Vollziehbarkeit der Verfügung dann anzunehmen, wenn sich diese mit großer Wahrscheinlichkeit als rechtmäßig darstellt.

h) Abhilfeprüfung: Bei einem Widerspruch hat die zuständige Konferenz sich in einer weiteren Sitzung (Abhilfeprüfung) mit der Angelegenheit, insbesondere mit den ggf. vorgetragenen Widerspruchsgründen zu befassen. Ändert sich ihre Einschätzung, z.B. weil neue Gesichtspunkte geltend gemacht werden, wird sie die Ordnungsmaßnahme aufheben oder durch eine »mildere« ersetzen. Auch eine Teilabhilfe ist möglich. Wird dem Widerspruch nicht oder nicht in vollem Umfang abgeholfen, ist der Vorgang – versehen mit einem Bericht der Schulleitung – an die vorgesetzte Schulbehörde zur Entscheidung abzugeben. Die Abhilfeentscheidung kann nur zugunsten des Widerspruchsführers erfolgen (reformatio in peius). Deshalb hat die Ausgangsbehörde (Konferenz) im Widerspruchsverfahren nicht die umfassenden Entscheidungsbefugnisse wie später die Widerspruchsbehörde nach abgelehnter Abhilfe durch die Ausgangsbehörde (Konferenz). Die Widerspruchsbehörde kann allerdings den von der Ausgangsbehörde (Konferenz) erlassenen Bescheid verbösern.

Die über den Widerspruch beratende Konferenz tagt in ihrer gesetzlichen Zusammensetzung. Stimmrecht haben also auch solche Mitglieder, die bei der »Erst-Entscheidung« nicht anwesend sein konnten oder auf ihr Anwesenheitsrecht in der Klassenkonferenz nach § 36 Abs. 3 verzichtet haben. Nehmen die o. a. Personen aber freiwillig an der Erstentscheidung teil, so behalten sie ihr Stimmrecht. In diesem Falle sind im Falle eines Widerspruches auch bei der Abhilfekonferenz teilnahmeverpflichtet.

Die Abhilfekonferenz entfällt, wenn sich die Ordnungsmaßnahme zwischenzeitlich durch Zeitablauf erledigt hat. Sofern dem Widerspruch nicht vollumfänglich abgeholfen wird, hat die Schulleiterin oder der Schulleiter den Vorgang mit Bericht an die Widerspruchsbehörde (hier: nachgeordnete Schulbehörde, § 119) abzugeben.

i) Eilmaßnahmen: Duldet die Reaktion auf ein gravierendes Fehlverhalten, durch das etwa die Sicherheit anderer Schülerinnen und Schüler oder der Lehrkräfte ernstlich gefährdet wird, keinen Aufschub, kann die Schulleiterin oder der Schulleiter die erforderlichen Maßnahmen (**Eilmaßnahmen**) treffen (siehe § 43 Abs. 3 Satz 2). Unerlässlich ist, der oder dem Betroffenen zuvor rechtliches Gehör zu gewähren. Eilmaßnahmen sind nicht mit der Anordnung der sofortigen Vollziehung zu verwechseln. Eilmaßnahmen sind Maßnahmen, die die Schulleiterin oder der Schulleiter nach § 43 Abs. 3 Satz 2 im Rahmen ihrer oder seiner sogenannten Notkompetenz treffen kann. Eine Eilmaßnahme kommt immer dann in Betracht, wenn – auch unter Verkürzung der Ladungsfrist – die zuständige Konferenz nicht unverzüglich über die Angelegenheit entscheiden kann, sofortiges schulisches Handeln aber geboten ist. Ein solcher Fall liegt immer dann vor, wenn durch eine Schülerin oder einen Schüler eine akute Gefährdung ausgeht, die ein sofortiges schulisches Einschreiten erforderlich macht. Über die Eilentscheidung – z.B. sofortiger Unterrichtsausschluss bis zur Tagung der Konferenz – hat die Schulleiterin oder der Schulleiter die Klassenkonferenz (unter Vorsitz der Klassenlehrerin oder des Klassenlehrers) unverzüglich zu unterrichten. Eine Bestätigung der getroffenen Maßnahme durch die Klassenkonferenz ist gesetzlich allerdings nicht vorgesehen (so auch OVG Lüneburg, Beschluss v. 19.12.2019 – Az.:2 ME 743/19 –: Eine nachträgliche Bestätigung oder rückwirkende Ersetzung der von dem Schulleiter ausgesprochenen Eilmaßnahme durch die Klassenkonferenz ist gesetzlich nicht vorgesehen). Die Erziehungsberechtigten sollten unverzüglich – zunächst mündlich (telefonisch) – und anschließend schriftlich über die Eilmaßnahme unterrichtet werden. Da es sich auch bei der Eilmaßnahme um einen belastenden Verwaltungsakt (so auch OVG Lüneburg, Beschluss v. 19.12.2019 – Az.:2 ME 743/19 –: Bei einer von dem Schulleiter in Ausübung seiner Eilfallkompetenz nach § 43 Abs. 3 Satz 2 i. V. m. § 61 Abs. 3 erlassenen vorläufigen Schulordnungsmaßnahme und einer anschließenden Schulordnungsmaßnahme der Klassenkonferenz handelt es sich um zwei eigenständige Verwaltungsakte) handelt, hat eine Rechtsbehelfsbelehrung zu erfolgen. Zudem sollte der Sofortvollzug angeordnet werden.

8 **Zu Abs. 7:** Die Überweisung in eine Parallelklasse kann nur vollzogen werden, wenn ihr die Schulleitung zustimmt. Die Überweisung an eine andere Schule und die Schulverweisungen bedürfen der **Genehmigung** der für die Schule zuständigen Schulbehörde.

9 **Verweise, Literatur:**

- Erl. »Erziehungsmittel sowie Erziehungs- und Ordnungsmaßnahmen« v. 13.09.1983 (SVBl. S. 286/311), geändert durch Erl. v. 07.06.1988 (SVBl. S. 224) *(seit 31.12.1996 außer Kraft)*

- Erl. »Sicherheits- und Gewaltpräventionsmaßnahmen in Schulen in Zusammenarbeit mit Polizei und Staatsanwaltschaft« vom 01.06.2016 (Nds. MBl. S. 648; SVBl. S. 433; Schulrecht 314/31; SRH 2.417)

- *Blumenhagen, Uwe:* Erziehungsmittel und Ordnungsmaßnahmen, in: Crysmann, P./Uhlig, P. (Hrsg.): Schulrecht für die Praxis, Nr. 2.9 (3)

- *Peters, Anke:* Grundrechtseingriffe durch schulische Erziehungs- und Ordnungsmaßnahmen, Recht der Jugend und des Bildungswesens, 1994, H. 2, S. 229

- *Schippmann, Thomas:* Das Dilemma mit den Ordnungsmaßnahmen, Schulverwaltung, Ausgabe Niedersachsen, 1995, H. 4, S. 94

- *Hoegg, Günther:* Sind Schulausschlussmaßnahmen verfassungskonform? Recht der Jugend und des Bildungswesens, 1998, H. 3, S. 352

- *Blumenhagen, Uwe/Galas, Dieter/Habermalz, Wilhelm:* Schule ist nicht hilflos gegenüber Gewalt – Hinweise auf die rechtlichen Möglichkeiten, auf schwerwiegende Störungen der Unterrichts- und Erziehungsarbeit zu reagieren, SVBl. 1999, H. 7, S. 169

- *Lägel, Hartmut:* »Erziehungsmittel« und »Schulvereinbarung« – Eine wechselseitige Beziehung für eine Umgangskultur in der Schule, Schulverwaltung, Ausgabe Niedersachsen, 1999, H. 3, S. 82

- *Simsa, Christiane:* Strafe muss sein? – Zum Verhältnis von Schulordnungsrecht und Schulmediation, Recht der Jugend und des Bildungswesens, 1999, H. 2, S. 140

- *Galas, Dieter:* Erziehungsmittel, in: Ballasch, Heidemarie u. a. (Hrsg.): Schulleitung und Schulaufsicht in Niedersachsen, Nr. 44.1

- *Saller, Ralf D.:* Das Verfahren der Anordnung von Ordnungsmaßnahmen nach § 61 NSchG, Schulverwaltung, Ausgabe Niedersachsen, 2001, H. 11 (Teil 1), S. 310, H. 12 (Teil 2), S. 344; 2002, H. 1 (Teil 3), S. 24
- *Woltering, Herbert:* Erziehungsmittel, Ordnungsmaßnahmen, Hausverbote, Schulverwaltung, Ausgabe Niedersachsen/Schleswig-Holstein, 2002, H. 11, S. 305
- *Brune, Tim:* Ausgewählte Rechtsfragen im Zusammenhang mit der Verhängung von Ordnungsmaßnahmen, Schulverwaltung, Ausgabe Niedersachsen/Schleswig-Holstein, 2003, H. 6, S. 168
- *Bräth, Peter:* Voraussetzungen zur Verhängung von Ordnungsmaßnahmen, Schulverwaltung, Ausgabe Niedersachsen/Schleswig-Holstein, 2004, H. 10, S. 277
- *Galas, Dieter:* Erziehungsmittel und Ordnungsmaßnahmen – zu ihrer schulrechtlichen Entwicklung in Niedersachsen, Schulverwaltung, Ausgabe Niedersachsen/Schleswig-Holstein, 2005, H. 3, S. 84
- *Nolte, Gerald:* Erziehungsmittel und Ordnungsmaßnahmen an Schulen – Rechtliche Hinweise zu § 61 NSchG, Schulverwaltung, Ausgabe Niedersachsen, 2011, H. 10, S. 274
- *Nolte, Gerald:* Vorläufiger Rechtsschutz bei Erziehungsmitteln und Ordnungsmaßnahmen an Schulen, Schulverwaltung, Ausgabe Niedersachsen, 2012, H. 3, S. 83
- *Nolte, Gerald:* Die Überweisung an eine andere Schule, Schulverwaltung, Ausgabe Niedersachsen, 2013, H. 4, S. 119
- *Böhm, Thomas*: Abgrenzung von erzieherischen Maßnahmen und Ordnungsmaßnahmen: SchulRecht, 2018, H. 3, S. 68
- *Jülicher, Tim*: Cybermobbing in der Schule, NJW 2019, H. 39, S. 2801
- *Nolte, Gerald:* Ordnungsmaßnahmen bei Gewaltdelikten, Schule leiten, 2019, Heft 18, S. 52
- *Böhm, Thomas:* Verspätung und Ausschluss von der laufenden Unterrichtsstunde: SchulRecht, 2019, H. 6, S. 164

(Gerald Nolte)

§ 61a Ende des Schulverhältnisses in besonderen Fällen

Die Schule kann für nicht mehr schulpflichtige Schülerinnen und Schüler das Schulverhältnis beenden, wenn aufgrund von Schulversäumnissen nicht mehr zu erwarten ist, dass sie den Bildungsgang erfolgreich beenden können.

Die Beendigung des Schulverhältnisses ist strikt zu unterscheiden von dem Ende der Schulpflicht. Die Möglichkeit, das Schulverhältnis von Schülerinnen und Schülern in besonderen Fällen zu beenden, ist an die Voraussetzung geknüpft, dass die Schülerinnen und Schüler nicht mehr schulpflichtig sind.

D. h., diese Vorschrift greift nur, wenn die Grundregel des § 65 Abs. 1 (»Die Schulpflicht endet grundsätzlich zwölf Jahre nach ihrem Beginn«) erfüllt ist. So kann z. B. ein Schüler, der bei Eintritt in den 11. Schuljahrgang des achtjährigen Gymnasiums durch vorherige Klassenwiederholungen 12 Schulbesuchsjahre schon hinter sich hat und dessen Schulpflicht damit beendet ist, von der Möglichkeit der Beendigung des Schulverhältnisses betroffen sein. Für die Schülerinnen und Schüler, die nach dem Besuch des Sekundarbereichs I mindestens ein Jahr eine berufsbildende Schule in einer Schulform mit Vollzeitunterricht besucht haben, ist nach diesem Zeitraum ebenfalls die Schulpflicht beendet, das gilt auch nach dem Besuch der Klasse 11 der zweijährigen Fachoberschule; § 61a greift dann auch für sie (vgl. im Übrigen die anderen Sonderfälle der Beendigung der Schulpflicht in § 70 Abs. 6). Berufsschulpflichtige Schülerinnen oder Schüler (§ 65 Abs. 2) sind demgegenüber von der Regelung nicht betroffen.

Voraussetzung für die Beendigung des Schulverhältnisses ist, dass aufgrund von Schulversäumnissen nicht mehr zu erwarten ist, dass die Schülerin oder der Schüler den Bildungsgang erfolgreich beenden kann. Anlass für diese Regelung ist die nicht nur selten zu beobachtende Situation, dass nicht mehr schulpflichtige Schülerinnen oder Schüler durch umfängliche Schulversäumnisse nicht in der Lage waren, den kontinuierlichen Lernprozessen in der Klassen- oder Kursgemeinschaft zu folgen und damit auch die entsprechenden Kompetenzen vorweisen zu können, die einen erfolgreichen Abschluss des Bildungsgangs möglich machen. Von diesem in der Regel bewussten Verhalten, das manchmal auch ganz andere Zwecke verfolgt (z. B. Nichtabmeldung von der Schule zur Aufrechterhaltung des Kindergeldanspruchs) ist auch die Gestaltung der Lehr- und Lernprozesse der Klassen und Kurse negativ betroffen. Hierauf mit Erziehungsmitteln oder Ordnungsmaßnahmen zu reagieren, ist bei nicht mehr schulpflichtigen Schülerinnen oder Schülern sowohl im Blick auf die einzuhaltenden Verfahren als auch auf die hohen inhaltlichen Anforderungen an entsprechende Maßnahmen nach § 61 nicht zielführend.

Die Entscheidung über die Beendigung des Schulverhältnisses trifft die Schulleiterin oder der Schulleiter aufgrund einer prognostischen Einschätzung der Klassenkonferenz. Die Norm stellt nicht darauf ab, ob die Schulversäumnisse entschuldigt oder nicht entschuldigt waren. Da es sich insgesamt um eine Ermessensentscheidung handelt, sollte das Für und Wider im Einzelfall abgewogen und aktenkundig gemacht werden. Vor der Entscheidung ist die Schülerin oder der Schüler anzuhören, soweit dies möglich ist (Adresse bekannt). Da es sich bei der Entscheidung nach § 61a um einen belastenden Verwaltungsakt handelt, ist gegen diese Maßnahme Widerspruch möglich, der aufschiebende Wirkung hat. Eine Anordnung der sofortigen Vollziehung wird kaum begründbar sein, so dass zur Effektivität dieses Instrumentariums die schnelle Entscheidung über den Widerspruch durch Schule (Abhilfekonferenz) und nachgeordnete Schulbehörde geboten ist.

(Friedrich-Wilhelm Krömer)

Schülerinnen und Schüler § 62											NSchG

§ 62 Aufsichtspflicht der Schule

(1) ¹Die Lehrkräfte haben die Pflicht, die Schülerinnen und Schüler in der Schule, auf dem Schulgelände, an Haltestellen am Schulgelände und bei Schulveranstaltungen außerhalb der Schule zu beaufsichtigen. ²Die Aufsicht erstreckt sich auch darauf, dass die Schülerinnen und Schüler des Primarbereichs und des Sekundarbereichs I das Schulgrundstück nicht unbefugt verlassen.

(2) ¹Geeignete Mitarbeiterinnen und Mitarbeiter der Schule (§ 53 Abs. 1 Satz 1), Personen, die außerunterrichtliche Angebote durchführen, (§ 53 Abs. 1 Satz 2) sowie geeignete Erziehungsberechtigte können mit der Wahrnehmung von Aufsichtspflichten betraut werden. ²Auch geeignete Schülerinnen und Schüler können damit betraut werden, wenn das Einverständnis ihrer Erziehungsberechtigten vorliegt.

Allg.: Die Aufsichtspflicht ist eine wesentliche Amtspflicht der Lehrkräfte. 1 Sie müssen dafür Sorge tragen, dass die ihnen anvertrauten Kinder und Jugendlichen während des Unterrichts und der Schulveranstaltungen vor Schaden bewahrt werden und anderen keinen Schaden zufügen. Die Aufsicht besteht grundsätzlich auch gegenüber volljährigen Schülerinnen und Schülern. Sie ist jedoch deutlich eingeschränkt. Da diese Schülerinnen oder Schüler kraft Gesetzes für ihr eigenes Handeln verantwortlich sind, reicht in der Regel eine Belehrung über die drohenden Gefahren aus. Das Verlassen des Schulgrundstückes während der Pause kann volljährigen Schülerinnen oder Schülern nicht verboten werden. Das Maß der gebotenen Aufsicht bestimmt sich nach Alter, Eigenart und Charakter der Kinder, nach der Vorhersehbarkeit deren schädigenden Verhaltens sowie danach, was den Aufsichtspflichtigen in ihren jeweiligen Verhalten zugemutet werden kann. Entscheidend ist, was ein verständiger Aufsichtspflichtiger nach vernünftigen Anforderungen im konkreten Fall unternehmen muss, um Schädigungen des oder durch das zu beaufsichtigendes Kind zu verhindern.

Die Aufsichtspflicht erstreckt sich nicht nur auf minderjährige Schülerinnen und Schüler, sondern auch – wenn auch in einem eingeschränkten Maße – auf volljährige Schülerinnen und Schüler. Die Grundsätze der Aufsicht sind in allen öffentlichen Schulen in Deutschland gleich. Es gelten folgende Grundsätze zur Aufsichtsführung:

a) Kontinuierliche Aufsichtsführung

Die Aufsicht muss grundsätzlich ununterbrochen ausgeübt werden. Da die Lehrkraft nicht jedes einzelne Kind ständig im Auge behalten kann, müssen sich die Schülerinnen oder Schüler zumindest durch die Anwesenheit der Lehrkraft beaufsichtigt fühlen. Ist die Lehrkraft aus persönlichen oder aus dienstlichen Gründen gezwungen, den Ort der Aufsichtsführung zu verlassen, so muss sie alle zumutbaren Vorkehrungen treffen, um für die Zeit ihrer Abwesenheit Gefahren von den Schülerinnen oder Schülern oder durch die Schülerinnen oder Schüler abzuwenden. Ob hierfür Belehrungen ausreichen, ob ggf. die Bitte an die Lehrkraft der Nachbarklasse um

Aufsichtsführung oder die Beauftragung einer geeigneten Schülerin oder eines geeigneten Schülers mit der Aufsicht in Betracht kommt, richtet sich immer nach der Lage des Einzelfalles. Wesentlich ist auch hier, dass sich die Schülerinnen oder Schüler nicht völlig unbeaufsichtigt fühlen. Steht bereits einige Zeit vorher fest, dass wegen Abwesenheit der Lehrkraft die Klasse nicht von ihr beaufsichtigt werden kann, so ist von der Schule die ersatzweise Aufsichtsführung sicherzustellen. Kommt die Schule dieser Verpflichtung nicht oder nur unvollkommen nach, so trifft die Verantwortung für diesen Organisationsmangel die Schulleiterin oder den Schulleiter.

b) Aktive Aufsichtsführung

Die Lehrkraft darf sich in der Regel nicht mit Warnungen und Weisungen an die Schülerinnen oder Schüler zur Verhütung von Unfällen und Schäden begnügen. Sie muss vielmehr im Rahmen des ihr Möglichen und Zumutbaren Vorsorge für den Fall treffen, dass ihre Ermahnungen nicht beachtet werden. Bei Veranstaltungen mit erhöhtem Unfallrisiko darf keine gelockerte Aufsichtsführung durch die Lehrkraft stattfinden, Verbote muss sie erforderlichenfalls durchsetzen. So verletzt eine Lehrkraft beispielsweise ihre Aufsichtspflicht, wenn sie zwar die Schülerinnen oder Schüler bei einem Schulausflug in felsigem Gelände vor dem Klettern warnt, dann aber doch kletternde Schülerinnen oder Schüler nicht weiter beachtet. In einem solchen Fall muss sie eingreifen, etwa durch Anordnung, dass diese Schülerinnen oder Schüler sich für den Rest des Ausflugs unmittelbar bei der Lehrkraft aufhalten müssen. Unzuverlässige oder unvorsichtige Schülerinnen und Schüler bedürfen einer besonderen Aufsicht.

c) Präventive Aufsichtsführung

Die präventive Aufsichtsführung umfasst umsichtiges und vorausschauendes Handeln, z.B. bei der Pausenaufsicht, bei Schulfahrten, Wanderungen oder Klassenfeiern. Die Lehrkraft muss sich stets überlegen, ob durch die örtlichen oder zeitlichen Verhältnisse oder aus einem Verhalten der Schülerinnen oder Schüler Gefahren entstehen können und wie sie diese Gefahren abwenden kann. Dazu gehört z.B. die Anordnung eines ausreichenden Sicherheitsabstandes vor der Bushaltestelle beim Schulausflug ebenso wie die Warnung der Schülerinnen oder Schüler vor zurückschnellenden Ästen beim Waldlauf. Bei der Planung einer Schulwanderung ist es sinnvoll, das Ziel vorher zu erkunden, z.B. Angehen der Wanderstrecke, Besuch des Schullandheims oder der Jugendherberge.

d) Durchführung der Aufsichtspflicht

Die Aufsichtsmöglichkeiten der Schule lassen sich in vier Kategorien einteilen: Belehrung, Überwachung, Verbote, Unmöglichmachen. Der Inhalt der Aufsichtspflicht hängt von den Umständen des Einzelfalls ab. Dabei sind die Aufsichtsmaßnahmen u. a. abhängig von

– dem Alter und der Einsichtsfähigkeit der Schülerinnen und Schüler,

– dem konkreten Verhalten der Schülerinnen und Schüler,

Schülerinnen und Schüler § 62 NSchG

- den räumlichen Verhältnissen am Ort der Aufsichtsführung,
- erkennbaren, akuten Gefährdungsmomenten.

Die nachfolgend aufgelisteten Aufsichtsmöglichkeiten können daher aus rechtlicher Sicht einzeln ausreichen, aber auch zusammen erforderlich sein. Maßgebend ist, welche Maßnahmen aus objektiver Sicht in dem konkreten Fall als erforderlich aber auch ausreichend angesehen werden können, um eine Gefährdung der Schülerinnen und Schüler auszuschließen. Es kann einerseits von den aufsichtspflichtigen Lehrkräften nicht mehr verlangt werden, als erforderlich ist, anderseits dürfen die Schülerinnen und Schüler durch übertrieben strenge Aufsichtsführungen nicht unzulässig in ihrem Grundrecht auf freie Entfaltung der Persönlichkeit beschränkt werden.

aa) Belehrung

Die Pflicht zur Belehrung der Schülerinnen und Schüler beinhaltet, dass die Schülerinnen und Schüler über mögliche Gefahrenquellen informiert und aufgeklärt werden.

bb) Überwachung

Im Rahmen der Überwachungspflichten ist eine Unterscheidung zu treffen zwischen der allgemeinen Überwachungspflicht und einer anlassbezogenen Überwachungspflicht. Die allgemeine Überwachungspflicht beinhaltet die Pflicht, die Schülerinnen und Schüler generell zu beaufsichtigen, wobei eine ständige Überwachung einer einzelnen Schülerin oder eines einzelnen Schülers ohne weitere Anhaltspunkte nicht gefordert ist. Die allgemeine Überwachungspflicht trifft zunächst zuvörderst die Schulleiterin oder den Schulleiter, die oder der im Rahmen der schulischen Gesamtverantwortung nach § 43 Abs. 1 die Durchführung der Aufsichtspflicht sicherzustellen hat. Die Schulleiterin oder der Schulleiter muss die Aufsicht natürlich nicht selber führen, muss aber durch geeignete Maßnahmen sicherstellen, dass in der Schule und während schulischer Veranstaltungen die Schülerinnen und Schüler unter hinreichender Aufsicht stehen. Die Durchführung der Pausenaufsicht durch eine Lehrkraft fällt auch in den Bereich der allgemeinen Überwachungspflicht. Die anlassbezogenen Überwachung kommt in Betracht, wenn die aufsichtsführende Lehrkraft den Schülerinnen und Schülern gefährliche Handlungsweisen nicht verbietet, sondern sich mit einer Belehrung begnügt, wobei die Lehrkraft die Einhaltung dieser Belehrung dann konkret auf die einzelnen Schülerinnen und Schüler überwachen muss.

cc) Verbote

Ein Verbot kommt in Betracht, wenn eine in Aussicht genommene Handlung bereits gesetzlich verboten oder durch Erlasse des Niedersächsischen Kultusministeriums, Verfügungen der nachgeordneten Schulbehörde oder die jeweilige Schulordnung untersagt ist. Auch wenn davon ausgegangen werden muss, dass die aufsichtsbedürftigen Schülerinnen und Schüler die für die beaufsichtigte Handlung erforderlichen Fähigkeiten nicht besitzen, muss ein Verbot ausgesprochen werden. Der Ausspruch eines Verbotes ist ferner dann geboten, wenn (mehrfache) Belehrungen nicht ausreichen oder nicht befolgt werden oder die Gefahr eines besonders schweren Schadens besteht. Beim Ausspruch eines Verbotes ist aber auch stets der Verhältnismäßigkeitsgrundsatz zu beachten.

dd) Unmöglichmachen

Der stärkste Eingriff in die Rechte der Schülerinnen und Schüler ist das Unmöglichmachen einer verbotenen oder gefährlichen Handlung. Dazu gehört zum Beispiel die Inobhutnahme von gefährlichen Gegenständen. Das Unmöglichmachen ist nur zulässig, wenn gegen Strafvorschriften oder eklatant gegen die Schulordnung verstoßen wird oder wenn ein besonders schwerer Schaden zu befürchten ist oder der Schadenseintritt besonders wahrscheinlich erscheint. Auch bei diesen Maßnahmen ist stets der Verhältnismäßigkeitsgrundsatz zu beachten.

e) Dienstpflicht

Die Durchführung der Aufsicht gehört zu den grundlegenden Dienstpflichten der Lehrkräfte. Ihr entspricht der Amtshaftungsanspruch eines durch Verletzung der Aufsichtsführung geschädigten Dritten, der seinen Anspruch gemäß § 839 BGB i. V. m. § 832 BGB nicht gegen die Lehrkraft selbst, sondern gemäß Art. 34 GG gegen die anstellende Körperschaft, also das Land Niedersachsen, geltend machen muss. Die Schadensersatzpflicht setzt allerdings ein schuldhaftes Verhalten voraus, d. h. die Schadensersatzpflicht ist dann ausgeschlossen, wenn die Lehrkraft ihrer Aufsichtspflicht genügt hat oder wenn der Schaden auch bei gehöriger Aufsichtsführung entstanden wäre. Nach § 51 Abs. 1 Satz 4 NSchG sind Lehrkräfte verpflichtet, Aufgaben im Rahmen der Eigenverantwortung der Schule und andere schulische Aufgaben außerhalb des Unterrichts zu übernehmen. Diese dienstrechtliche Verpflichtung bezieht auch die Übernahme anderweitiger Aufgaben mit ein, die außerhalb der eigentlichen Unterrichtserteilung bzw. dessen Vor- bzw. Nachbereitung liegen und sich auch auf die Zeit der Schulferien erstrecken können. Maßgebend für die Erfüllung außerunterrichtlicher Tätigkeiten ist die Gewährung des Grundrechtes auf Bildung nach Art. 4 Abs. 1 der Niedersächsischen Verfassung sowie die Erfüllung des Bildungsauftrages nach § 2 NSchG. Die Schulleiterinnen und Schulleiter müssen nach pflichtgemäßem Ermessen darüber entscheiden, welche Lehrkraft innerhalb des Kollegiums mit derartigen außerunterrichtlichen Tätigkeiten betraut werden. Als Ausfluss des staatlichen Weisungsrechtes können die Schulleiterinnen und Schulleiter ihren Lehrkräften entsprechende Weisungen erteilen.

f) Unfallschutz

Nach § 2 Abs. 1 Nr. 8b SGB VII unterliegen Schülerinnen und Schüler während des Besuchs von allgemein- oder berufsbildenden Schulen und während der Teilnahme an unmittelbar vor oder nach dem Unterricht von der Schule oder im Zusammenwirken mit ihr durchgeführten Betreuungsmaßnahmen der gesetzlichen Unfallversicherung. Unter den Schutz der gesetzlichen Schüler-Unfallversicherung fallen Schülerinnen und Schüler der Grund-, Haupt-, Real-, Ober-, Förder-, Gesamtschulen, Gymnasien, Abendgymnasien und Kollegs sowie beruflichen Schulen, und zwar sowohl der Schulen in öffentlicher Trägerschaft wie auch Schulen in freier Trägerschaft (Privatschulen). Teilnehmerinnen und Teilnehmer an rechtlich vorgeschriebenen Maßnahmen für die Aufnahme in Schulen – z.B. von Schultauglichkeitsuntersuchungen – unterfallen ebenfalls dem gesetzlichen Dienstunfallschutz. Nicht unter den gesetzlichen Dienstunfallschutz fallen dagegen Kinder, die noch nicht in die Schule aufgenommen sind und lediglich an freiwilligen Angeboten der Schule teilnehmen. Bei der Teilnahme von Gastschülerinnen und Gastschülern an Schulfahrten oder Schullandheimaufenthalten besteht Unfallversicherungsschutz, wenn sie über die informatorische Teilnahme am Unterricht hinaus in die deutsche Schule integriert sind und dabei der Schulordnung unterliegen.

Die gesetzliche Unfallversicherung greift nur, wenn es sich um schulische Veranstaltungen handelt, d.h. Veranstaltungen, die im inneren Zusammenhang mit dem Schulbesuch stehen, durch ihn bedingt sind und in den organisatorischen Verantwortungsbereich der Schule fallen. Dazu zählen im Kernbereich:

- Unterricht und Pausen auf dem Schulgelände,
- Schulfahrten und Schulveranstaltungen außerhalb des Schulgeländes (z.B. Wanderungen),
- Tätigkeiten in der Schülermitverantwortung und deren Veranstaltungen auf dem Schulgelände,
- Betriebspraktika, soweit sie durch Verordnung oder Erlass vorgeschrieben sind (nach dem RdErl. d. MK zur »Berufliche Orientierung an allgemein bildenden Schulen« v. 17.09.2018 (SVBl. S. 556).

Im Einzelfall können Veranstaltungen von der Schulleiterin oder dem Schulleiter nach pflichtgemäßem Ermessen als schulische Veranstaltung anerkannt werden, wie z.B.:

- Schulfeste,
- Projekttage oder Projektwochen,
- Arbeitsgemeinschaften (Neigungs- und Förderkurse),
- freiwillige Betriebspraktika,
- Tätigkeiten in der Schülermitverantwortung und deren Veranstaltungen außerhalb des Schulgeländes (siehe oben),
- Schülerfirmen.

Veranstaltungen sind keine Schulveranstaltungen, wenn es sich um Freizeitveranstaltungen einzelner oder aller Schülerinnen und Schüler handelt, bei denen die Schule nur organisatorische Hilfestellung leistet (z.B. eigeninitiierte Abiturfeier). Auch durch die teilweise Anwesenheit und Beaufsichtigung durch Lehrkräfte erhalten solche Veranstaltungen nicht den gesetzlichen Versicherungsschutz.

Folgende Aktivitäten sind dem privaten Lebensbereich zuzuordnen und nicht vom gesetzlichen Unfallversicherungsschutz abgedeckt:

- Erledigung von Hausaufgaben oder Unterrichtsvorbereitung im häuslichen Bereich,
- Teilnahme an Nachhilfeunterricht außerhalb von Schulveranstaltungen,
- Aufenthalt auf dem Schulgelände außerhalb des Schulbesuchs,
- sonstige private Tätigkeiten wie Essen, Schlafen auf einer Klassenreise,
- Betreuungsaufgaben, die im organisatorischen Verantwortungsbereich sonstiger Träger liegen und nicht als schulische Veranstaltung genehmigt werden,
- Ferienangebote,
- Rauchen vor dem Schulgelände.

Die gesetzliche Unfallversicherung tritt unabhängig von Verursachung und Verschulden ein. Die geschädigten Schülerinnen und Schüler haben damit einen leistungsfähigen Kostenträger, der lediglich prüft, ob es sich tatsächlich um einen Schülerunfall handelt.

2 Zu Abs. 1:

a) Aufsicht auf dem Schulgelände: Die Aufsicht erstreckt sich auf den gesamten Zeitraum des Unterrichtsbetriebes und der Schulveranstaltungen. In besonderen Situationen kann es erforderlich werden, Aufsichtsmaßnahmen wie Kontrollgänge auch während des Unterrichts durchzuführen, etwa um Drogenhandel oder das Eindringen von fremden Personen zu verhindern. Die Lehrkräfte sind auch hierzu verpflichtet. Es sind im Einzelnen folgende Fallgruppen zu unterscheiden:

Fahrradfahren in der Schule: Nach den Bestimmungen für den Schulsport sind zur Einführung in das Radfahren Einsichten in sachgerechtes Verhalten auf den Wegstrecken (z.b. Ortskunde, Verkehrsregeln, Fahrverhalten in der Gruppe) und grundlegende Kenntnisse der Fachsprache, Materialkunde und Maßnahmen bei Unfällen zu vermitteln. Die Lehrkraft hat dafür zu sorgen, dass alle auf den Wegstrecken befindlichen Schülerinnen und Schüler ihrem Alter entsprechend beaufsichtigt werden. Grundsätzlich ist Radfahren im öffentlichen Verkehrsraum vom Schuljahrgang 5 an zulässig. Im Rahmen der Radfahrausbildung können Schülerinnen und Schüler der Schuljahrgänge 3 und 4 den öffentlichen Verkehrsraum bereits dann nutzen, wenn der von ihnen erreichte Ausbildungsstand dies zulässt. Die Anzahl der gleichzeitig auf öffentlichen Verkehrswegen übenden Schülerinnen und Schüler richtet sich nach deren Könnensstand. Um das notwendige Maß an Sicherheit zu gewährleisten, ist Folgendes zu beachten:

- Lehrkräfte müssen sich rechtzeitig davon überzeugen, dass alle notwendigen Sicherheitsvorkehrungen getroffen sind. Dazu gehören auch die Verkehrssicherheit der Fahrräder und die exakte Festlegung der Fahrstrecke. Soweit möglich, sind Radwege bzw. verkehrsarme Straßen auszuwählen.

Schülerinnen und Schüler § 62 NSchG

- Die Schülerinnen und Schüler sind vor Beginn der Veranstaltung über die Gefahren und Vorsichtsmaßnahmen zu belehren.
- Während des Radfahrens ist darauf zu achten, dass die Gruppe zusammenbleibt.
- Beim Radfahren muss ein Kopfschutz getragen werden.

Ferienbeginn: Nach der Ferienordnung schließt am letzten Tag vor den Ferien innerhalb eines Schuljahres der Unterricht nach der letzten stundenplanmäßigen Unterrichtsstunde. Am letzten Schultag vor den Sommerferien ist Unterrichtsschluss nach der 3. Unterrichtsstunde; für die allgemein bildenden Schulen gilt dies auch am Tage der Aushändigung der Halbjahreszeugnisse. Die Schülerbeförderung muss gewährleistet sein. Sofern allerdings nach Unterrichtsende die Schülerbeförderung nicht unmittelbar gewährleistet ist, behält die Schule die Aufsichtspflicht für ihre Schülerinnen und Schüler spätestens bis zum regulären Ende des Unterrichtsbetriebes.

Ganztagsschulen und Schulen mit ganztägigem Unterricht: Bei Ganztagsschulen und bei Schulen mit Vormittags- und Nachmittagsangeboten besteht grundsätzlich eine Aufsichtspflicht während der Mittagspause, wenn die Schülerinnen und Schüler während der Mittagspause nicht nach Hause fahren können. Es gibt jedoch keine Handhabe, die es der Schule oder dem Schulträger erlaubt, Schülerinnen und Schüler während der Mittagspause gegen ihren oder den Willen der Erziehungsberechtigten auf dem Schulgelände festzuhalten. Nur wenn es zum pädagogischen Konzept einer Ganztagsschule gehört, dass alle Schülerinnen und Schüler an einer gemeinsamen Mittagsverpflegung teilnehmen, kann die Anwesenheit während der Mittagspause verpflichtend gestaltet werden. Soweit eine Ganztagsschule mit einem außerschulischen Partner kooperiert – etwa dem schulischen Förderverein e.V. – können daher auch »Bedienstete« des Fördervereins mit der Wahrung der Aufsichtspflicht beauftragt werden. In diesem Zusammenhang ist aber zu beachten, dass die Schule im Rahmen ihrer Gesamtverantwortung (§ 43 Abs. 1 NSchG) für schulische Veranstaltungen in jedem Fall die Oberaufsicht behält. Insofern gebietet der Grundsatz der kontinuierlichen Aufsichtsführung, zumindest durch stichprobenartige Überprüfungen sicherzustellen, dass die Bediensteten des außerschulischen Kooperationspartners für die Betreuung der Schülerinnen und Schüler grundsätzlich geeignet sind und vor Ort ihrer Aufsichtspflicht in einem ausreichenden Maße nachkommen.

Multimediales Geschehen: Die Verantwortung für das multimediale Geschehen im Unterricht trägt zunächst die zuständige Lehrkraft. Bei der Nutzung des Internets während des Unterrichts sollten sich Lehrkräfte daher mindestens stichprobenartig darüber Gewissheit verschaffen, dass die Schülerinnen und Schüler keine unzulässigen Seiten, wie z.B. Gewalt verherrlichende Webseiten, aufrufen. Ergänzend ist auch der Einsatz von Filtersoftware ratsam. Die Aufsichtspflicht der Schule entfällt auch nicht, wenn die Erziehungsberechtigten ausdrücklich auf eine Aufsicht verzichtet haben. Wie auch in Bezug auf andere Gefahren besteht eine rechtlich ausreichende Aufsicht aus einer Abschätzung der Gefahrenlage unter Beachtung der Einsichtsfähigkeit der betreffenden Schülergruppe und der getroffenen technischen Vorkehrungen, einer eindeutigen und den Schülerinnen und Schülern hinreichend bekannten Nutzungsordnung und deren Einhaltung durch ausreichend häufige Kontrolle. Keine Schadensersatzansprüche des Schulträgers gegen die Lehrkraft bestehen, wenn wegen der Verletzung der Aufsichtspflicht Eigentum des Schulträgers verletzt wurde. Auf Antrag des Schulträgers kann jedoch im Einzelfall durch die nachgeordnete Schulbehörde zu prüfen sein, ob die Lehrkraft die Aufsichtspflicht grob fahrlässig oder vorsätzlich verletzt hat. Sofern dies zu bejahen ist, kann der Schaden dem Schulträger im Wege der Drittschadensliquidation zu ersetzen sein.

Hinsichtlich der Aufsichtsführung bei Zulassung digitaler »smarter« Medien im Unterricht ist zu beachten, dass das Amtsgericht Hersfeld mit Beschluss vom 15.05.2017 – F 120/17 EASO – festgestellt hat, dass durch die Nutzung von »WhatsApp« und die Eintragung von Kontaktpersonen in das eigene Smartphone-Adressbuch ohne deren ausdrückliche Einwilligung gegenüber diesen Personen eine deliktische Handlung begangen wird und die Gefahr besteht, von den betroffenen Personen kostenpflichtig abgemahnt zu werden. Nutzen Kinder oder Jugendliche unter 18 Jahren beispielsweise den Messenger Dienst »WhatsApp« trifft zwar zunächst die Eltern als Sorgeberechtigte die Pflicht, ihr Kind auch im Hinblick auf diese Gefahr bei der Nutzung des Messenger-Dienstes aufzuklären und erforderliche Schutzmaßnahmen im Sinne ihres Kindes zu treffen, bei schulischer Nutzung von Smartphones pp. obliegt aber die Aufsichtspflicht den Lehrkräften. Durch die automatische Weitergabe der Daten ohne eine Einwilligung der Kontakte verletzt jeder WhatsApp-Nutzer geltendes Recht und kann im Ergebnis abgemahnt und zur Unterlassung aufgefordert werden.

Nachbarklasse: Es genügt nicht, dass eine Schulklasse im Alter von 14–15 Jahren von der Lehrkraft im Nebenzimmer mit beaufsichtigt wird.

Naturwissenschaftlicher Unterricht: Der KMK-Beschluss über die Richtlinien zur Sicherung im naturwissenschaftlichen Unterricht enthält unter Nr. 1.2 und an anderen Stellen detaillierte Regelungen über das Verhalten von Lehrkräften und Schülerinnen bzw. Schülern in naturwissenschaftlichen Fachräumen und beim Experimentieren. Dabei werden insbesondere die Pflichten zur Unterrichtung der Schülerinnen und Schüler über die Gefahren sowie einzelne Aufsichtsmaßnahmen in diesen Unterrichtssituationen festgelegt.

Pausenaufsicht: Die Pausenaufsicht muss so organisiert werden, dass die aufsichtsführenden Lehrkräfte Einblick bekommen in alle Bereiche, in denen sich Schülerinnen und Schüler während der Pause aufhalten können. Notfalls müssen mehrere Lehrkräfte eingeteilt werden. Eine für die Pausenaufsicht eingeteilte Lehrkraft, die sich nicht in diesen Bereichen aufhält, verletzt ihre Aufsichtspflicht. Ebenso muss aber auch die Schul-

Schülerinnen und Schüler § 62 **NSchG**

leitung darauf achten, dass zur Pausenaufsicht eingeteilte Lehrkräfte, die wegen Krankheit ausfallen, auch hierbei vertreten werden.

Sicherheit des Schulgrundstücks: Für die Sicherheit des Schulgrundstückes und seiner Anlagen ist grundsätzlich der Schulträger verantwortlich (§ 108 Abs. 1). Auf ein pflichtgemäßes Verhalten des Schulträgers darf sich die Schulleitung aber nicht verlassen, da sie im Auftrage des Schulträgers das Hausrecht und die Aufsicht über die Schulanlagen ausübt (§ 111 Abs. 2 Satz 1). Die Schulleitung muss, wenn sie Gefahrenstellen auf dem Schulgrundstück erkannt hat, nicht nur den Schulträger unterrichten und um Abstellung ersuchen, sondern muss auch unverzüglich die Gefahrenstelle mindestens vorläufig absichern lassen.

Sportunterricht: Wohl kaum ein Unterrichtsbereich ist so gefahrenträchtig wie der Sportunterricht. Deshalb enthält der Erlass »Bestimmungen für den Schulsport« vom 01.09.2018 unter Nr. 2 und Nr. 3 eine Fülle von konkreten Sorgfalts- und Aufsichtsbestimmungen, die von den Lehrkräften peinlich genau eingehalten werden sollten. Insbesondere sei hier auf die Aufsichtsregelungen beim Schwimmunterricht hingewiesen, die auf konkreten Unfallerfahrungen beruhen.

Tiere in der Schule: Für das Halten von Tieren an niedersächsischen Schulen gibt es außer den allgemeinen tierschutzrechtlichen Bestimmungen keine weiteren Regelungen. Hinsichtlich des Versicherungsschutzes gilt im deutschen Recht bei der Haltung von Tieren grundsätzlich eine verschuldensunabhängige Gefährdungshaftung. Nach § 833 Satz 1 BGB ist die Tierhalterin oder der Tierhalter grundsätzlich für alle Schäden haftbar, die das Tier anrichtet Die Haltereigenschaft definiert sich – unabhängig vom Eigentum – nach der Sachherrschaft über das Tier und einem eigenen Interesse an der Verwendung oder der Gesellschaft des Tieres. Diese Gefährdungshaftung ist bedingt durch die spezifische Tiergefahr, die sich verwirklicht, wenn das Tier unberechenbar reagiert. Da im Bereich der Schule die Lehrkräfte die Aufsicht ausüben, geht die Sachherrschaft über das Tier und damit die Haftung in der Regel auf die aufsichtführende Lehrkraft über. Die Ersatzpflicht tritt nach § 833 Satz 2 BGB jedoch nicht ein, wenn der Schaden durch ein Haustier verursacht wird, das dem Beruf, der Erwerbstätigkeit oder dem Unterhalt des Tierhalters zu dienen bestimmt ist, und entweder der Tierhalter bei der Beaufsichtigung des Tieres die im Verkehr erforderliche Sorgfalt beobachtet oder der Schaden auch bei Anwendung dieser Sorgfalt entstanden sein würde. Assistenzhunde – nicht jedoch Schulhunde – sind unter diese Vorschrift zu subsumieren. Der Abschluss einer Hundehaftpflichtversicherung wird durch die eigentliche Tierhalterin oder den eigentlichen Tierhalter in beiden Fällen dringend empfohlen.

Umkleidekabine: Im Rahmen der Aufsichtspflicht haben Lehrkräfte Schülerinnen und Schüler auch vor Sachschäden zu bewahren. Dabei gelten die allgemeinen Grundsätze der Aufsichtsführung. Grundsätzlich wird die Sportlehrkraft darauf zu achten haben, dass während des Sportunterrichts die Umkleidekabinen mit den persönlichen Sachen der Schülerinnen und

Schüler abgeschlossen werden und Wertsachen an einem Ort aufbewahrt werden können, der gegen Diebstahl weitgehend geschützt ist.

Unterricht: Während des normalen Unterrichts bedarf es keiner besonderen Aufsichtsmaßnahmen, da die Lehrkräfte ja in der Klasse anwesend sind. Anders ist es, wenn die Lehrkräfte die Klasse während des Unterrichts verlassen. Da die Schülerinnen und Schüler dann ohne Aufsicht sind, verletzen die Lehrkräfte ihre Aufsichtspflicht, wenn sie – soweit überhaupt ein dringender Anlass zum Verlassen des Klassenraumes besteht – nicht einen anderen Kollegen bitten, die Klasse zu beaufsichtigen. Je nach Alter der Schülerinnen und Schüler und Zusammensetzung der Klasse können sie bei einem kurzfristigen Verlassen des Klassenraumes auch eine vertrauenswürdige Schülerin oder einen vertrauenswürdigen Schüler (bei Minderjährigen mit Einverständnis der Erziehungsberechtigten) mit der Aufsicht beauftragen.

Das Hinausschicken einer störenden Schülerin oder eines störenden Schülers aus dem Unterrichtsraum ist zwar als Erziehungsmittel anerkannt, die Maßnahme ist jedoch nur zulässig, wenn die Aufsicht über die Schülerin oder den Schüler auch nach dem Verlassen des Klassenraumes gewährleistet ist. Es empfiehlt sich, die Schülerin oder den Schüler in einen anderen Raum zu schicken, wo sie oder er beaufsichtigt werden kann (Lehrerzimmer).

Verlassen des Schulgrundstücks: Nach Abs. 1 Satz 2 erstreckt sich die Aufsicht auch darauf, dass die genannten jüngeren Schülerinnen und Schüler das Schulgrundstück nicht unbefugt verlassen. Die aufsichtsführenden Lehrkräfte haben hierauf zu achten und notfalls die Schülerinnen und Schüler am Verlassen des Grundstückes zu hindern. Wie sich aus dem Wortlaut »unbefugt« ergibt, kann einzelnen Schülerinnen oder Schülern das Verlassen des Grundstücks im Einzelfall gestattet werden. Mit Einverständnis der Erziehungsberechtigten kann Schülerinnen und Schülern das Verlassen generell etwa während der Freistunden erlaubt werden.

b) Aufsicht außerhalb des Schulgeländes

Erkrankung: Im Falle einer während des Schulbetriebes auftretenden Erkrankung eines Kindes kann, wenn die Eltern nicht erreichbar sind, das Kind mittels Privat-Pkw einer Lehrkraft bzw. Taxi zu einem Arzt oder in schwerwiegenden Fällen mittels Krankenwagen zum nächsten Krankenhaus befördert werden. In diesen Fällen sind Arzt oder Krankenhaus über die Nichterreichbarkeit der Eltern oder der weiteren »Notfallkontakte« zu unterrichten. Eine schulische Begleitung der Schülerin oder des Schülers auf der Taxifahrt oder während des Krankenhausaufenthaltes ist in der Regel nicht erforderlich. Seitens der gesetzlichen Unfallversicherer bestehen keine Bedenken, dass bei Bagatellverletzungen und solchen Krankheiten/ Verletzungen, die weder die Mobilität der oder des Verletzten/Erkrankten einschränken noch das Risiko einer zusätzlichen gesundheitlichen Gefährdung bedeuten, auf eine von der Schule selbst organisierte Beförderung (Taxi, Privat-Pkw) zurückgegriffen wird. Die Kosten für einen Taxi- oder

Mietwagentransport werden durch die zuständige Unfallversicherung erstattet (vgl. Bek. d. MI v. 17.08.2017, Nds. MBl. S. 1316).

Haltestellen: In dem wichtigen Grenzbereich zwischen Schulweg und Schulgelände, bei »Haltestellen am Schulgelände« hat Abs. 1 eine Aufsichtspflicht der Lehrkräfte festgelegt. Während das NSchG 80 noch von »Schulbushaltestellen« sprach, hat das ÄndG 93 die weitere Formulierung »Haltestellen« verwendet. Damit erstreckt sich die Aufsichtspflicht nunmehr auf alle Haltestellen von Schulbussen, Linienbussen oder Straßenbahnen, mit denen Schülerinnen und Schüler zur Schule kommen oder von dort nach Hause fahren.

»Am« Schulgelände bedeutet, dass die Haltestelle bzw. die Straße, an der die Haltestelle liegt, unmittelbar an das Schulgrundstück grenzen muss. Auch eine Haltestelle auf der gegenüberliegenden Straßenseite gehört noch zur Aufsichtspflicht der Schule, wie sich aus dem Erlass vom 05.08.1980 ergibt.

In seiner Entscheidung vom 15.07.2008 – VI ZR 212/07 – zum gesetzlichen Unfallversicherungsschutz vertritt der BGH die Rechtsauffassung, dass ein Unfall auch dann schulbezogen sein könne, wenn er sich außerhalb des Schulgeländes ereigne. In der Schule ergäben sich Unfallgefahren insbesondere auch aufgrund der gruppendynamischen Prozesse, die der Unterricht und das erzwungene Zusammensein im schulischen Bereich verursachen. Spielerisches oder auch aggressives Verhalten sei hier vielfach typisch und trete insbesondere vor Unterrichtsbeginn, in den Pausen und beim Verlassen der Schule auf, ohne dass es nach Unterrichtsende abrupt am Schultor ende oder seinen Bezug zum schulischen Geschehen verliere. Sofern sich spielerisches oder aggressives Verhalten nach Verlassen des Schulgeländes in diesem Sinn einer Lockerung der im Schulbetrieb erforderlichen Disziplin noch auf die innere schulische Verbundenheit von Schädiger und Verletztem zurückführen lassen, liege eine Prägung durch die Besonderheiten des Schulbetriebes vor, also eine Schulbezogenheit, die den Haftungsausschluss jedenfalls dann rechtfertige, wenn eine engere räumliche und zeitliche Nähe zu dem organisierten Betrieb der Schule bestehe. Nach Auffassung des Gerichts war im zugrunde liegenden Fall der Bezug zur Schule gegeben, weil sich die Beteiligten nach Unterrichtsende an der nahe gelegenen Bushaltestelle mit Schneebällen beworfen hatten. Der Bezug zum Schulbetrieb war auch deswegen nicht unterbrochen, weil zuvor auf dem Schulgelände keine Auseinandersetzung zwischen den Schülern stattgefunden habe, sondern es erst spontan zu den Schneeballwürfen an der Bushaltestelle gekommen war. Die Anspannung durch den Schulbesuch müsse sich nicht bereits beim Verlassen des Schulgrundstücks entladen. Vielmehr seien derartige Vorfälle gerade an einer Bushaltestelle in der Nähe der Schule typisch.

Schulfahrten: Auf Schulfahrten ergeben sich mitunter besonders schwierige Aufsichtsverhältnisse, da die Lehrkräfte die unmittelbare Kontrolle über das Verhalten der Schülerinnen und Schüler nicht immer ausüben können. Zur Aufsichtsführung auf Schulfahrten enthält der Erlass vom 01.11.2015 (SVBl. S. 548) Hinweise. Nach Nr. 11.1 dieses Erlasses darf einer Lehrkraft zwar die Benutzung des privateigenen Kfz ausnahmsweise genehmigt werden, wenn dies für die Durchführung zwingend erforderlich ist. Die Mitnahme von Schülerinnen und Schülern durch die Lehrkraft ist hierbei allerdings grundsätzlich nicht vorgesehen. Nur in zwingenden Fällen, in denen die Mitnahme von Schülerinnen und Schülern unabweislich erforderlich ist, kann hiervon im Einzelfall eine Ausnahme gemacht werden. Die Organisation einer Schulfahrt kann hiervon aber nicht abhängig gemacht werden. Ob die Benutzung des privateigenen Kfz durch die Lehrkraft zwingend erforderlich ist, hat die Schulleitung vor Antritt der Fahrt pflichtgemäß zu prüfen. Ein erhebliches dienstliches Interesse im Sinne des Reisekostenrechts begründet dies jedoch nicht. Diesen Grundsätzen liegt der Rechtsgedanke zu Grunde, dass im Falle eines Personen- oder Sachschadens keine vollständige Haftungsfreistellung für die Lehrkräfte gegeben ist. So können gegen sie im Falle eines grob fahrlässigen Verhaltens Regressforderungen des Gemeindeunfallversicherungsverbandes geltend gemacht werden. Die Lehrkraft sollte deshalb in jedem Falle im Vorfeld mit ihrer privaten Kfz-Versicherung schriftlich abklären, dass ausreichend Haftpflichtversicherungsschutz besteht. Im Übrigen ist bei der Mitnahme von Schülerinnen und Schülern durch Lehrkräfte im Rahmen schulischer Veranstaltungen auch die Aufsicht über die Schülerinnen und Schüler gemäß § 62 zu gewährleisten.

Wegen der haftungsrechtlichen Risiken, die sich für die einzelne Lehrkraft ergeben können, kann eine Lehrkraft nicht dazu verpflichtet werden, im Rahmen der Durchführung einer Schulveranstaltung selbst Schülerinnen und Schüler in einem Kfz zu befördern. Vielmehr obliegt dies ihrer freien Entscheidung.

Bei Schulfahrten mit Übernachtungen müssen die betreffenden Aufsichtspersonen darauf achten, dass alle Schülerinnen und Schüler zu einer bestimmten Zeit in den Schlafräumen sind und dass in diesen Schlafräumen die vorgeschriebene Ordnung eingehalten wird. Eine Überwachung der Anwesenheit der Schülerinnen und Schüler in den Schlafräumen während der Nacht ist hingegen nur erforderlich, wenn hierzu ein besonderer Anlass besteht. Der Aufsichtspflicht ist somit grundsätzlich genüge getan, wenn die betreffende Begleitperson sich zu einer bestimmten Zeit von der Anwesenheit der Schülerinnen und Schüler und der Einhaltung der nötigen Ordnung in den Schlafräumen überzeugt hat. Weitere Aufsichtsmaßnahmen sind den Lehrkräften nur dann zumutbar, wenn Anhaltspunkte dafür vorliegen, dass sich die Schülerinnen und Schüler nicht ordnungsgemäß unter Einhaltung der nötigen Nachtruhe in den Schlafräumen befinden.

Abgesehen von den Schlafenszeiten erlauben Lehrkräfte ihren Schülerinnen und Schülern häufig auch, sich **in Kleingruppen einige Stunden lang ohne Aufsicht zu bewegen**. Hier gilt der Grundsatz der Verhältnismäßigkeit: Je nach geistiger Reife der Schülerinnen und Schüler sollten diese mehr oder weniger viel Zeit alleine verbringen dürfen. Natürlich sollten die Begleitpersonen zu dieser Zeit in Notfällen oder bei Fragen **ständig erreichbar** sein: Dafür kann zum Beispiel im Vorfeld ein Ort verabredet werden, an dem die Lehrkräfte während des Ausflugs der Schülerinnen und Schüler zu finden ist. Falls die Schülerinnen und Schüler ein Handy mit auf die Klassenfahrt mitnehmen dürfen, ist außerdem eine Liste mit den Handynummern aller Mitfahrenden sinnvoll.

Schulweg: Auf dem Schulweg von der Wohnung zur Schule und zurück außerhalb des Schulgrundstückes unterliegen die Schülerinnen und Schüler nicht der Aufsicht der Schule. Für diesen Bereich ist die Aufsicht der Eltern gegeben. Auch in und während der Schülerbeförderung besteht keine Aufsichtspflicht der Schule.

Schülerinnen und Schüler sind nicht nur während des Schulbesuchs, sondern gemäß § 8 SGB VII auch auf dem Schulweg versichert. Voraussetzung ist, dass der Schulweg in einem ursächlichen, räumlichen und zeitlichen Zusammenhang mit dem Schulbesuch stehen muss. Die Wahl des Beförderungsmittels ist dabei nicht maßgebend (öffentliche Verkehrsmittel, Fahrrad, Privat-Pkw der Eltern bzw. der Schülerinnen oder Schüler, Fahrgemeinschaft, Fahren per Anhalter). Holen Schülerinnen und Schüler ein vergessenes, am gleichen Tag für den Schulunterricht benötigtes Lernmittel ohne großen Zeitaufwand aus der nahe der Schule gelegenen elterlichen Wohnung, genießen sie ebenfalls den Schutz der gesetzlichen Unfallversicherung.

Nicht versichert sind dagegen Abwege, Unterbrechungen des Schulweges für private Erledigungen oder eigenwirtschaftliche Tätigkeiten. Das Beschaffen einer Schülerfahrkarte ist stets eigenwirtschaftlich und damit unversichert.

c) Folgen von Aufsichtspflichtverletzungen: Da aufgrund der staatlichen Schulpflicht den Eltern als Sorgeberechtigten während der Schulzeit die unmittelbare Einwirkungsmöglichkeit auf ihre Kinder entzogen ist, tragen während dieser Zeit die Schulbehörden, die Schulleitung sowie die Lehrkräfte der öffentlichen Schulen in Niedersachsen die Verantwortung für die Beaufsichtigung der Schülerinnen und Schüler. Die Eltern als Sorgeberechtigte vertrauen während der Zeit des Unterrichts ihre Kinder der Schule an; daraus resultiert im Gegenzug ein Anspruch darauf, dass die Aufsichtspflicht durch die staatliche Schule entsprechend sorgfältig wahrgenommen wird. Die Durchführung der Aufsicht gehört zu den grundlegenden Dienstpflichten der Lehrkräfte. Ihr entspricht der Amtshaftungsanspruch eines durch Verletzung der Aufsichtsführung geschädigten Dritten, der seinen Anspruch gemäß § 839 BGB nicht gegen die Lehrkraft selbst, sondern gemäß Art. 34 GG gegen die anstellende Körperschaft, also das Land Niedersachsen, geltend machen muss. Die Schadensersatzpflicht setzt allerdings ein schuldhaftes Verhalten, d. h. vorsätzliches oder fahrlässiges Verhalten, voraus. Mit Urteil vom 13.12.2012 hat der Bundesgerichtshof – Az.: III ZR 226/12 – seine frühere Rechtsprechung im Bereich der Amtshaftung zur Beweislast in öffentlich-rechtlichen Aufsichtsverhältnissen aufgegeben. In der Rechtsprechung wurde zuvor davon ausgegangen, dass § 832 Abs. 1 BGB bei der Amtshaftung in öffentlich-rechtlichen Aufsichtsverhältnissen keine Anwendung findet. Durch die Anwendung des § 832 Abs. 1 BGB auf die Amtshaftung in öffentlich rechtlichen Aufsichtsverhältnissen wird die Haftung der Lehrkraft zunächst einmal unterstellt, unabhängig davon, ob der Dritte der Lehrkraft ein fahrlässiges oder vorsätzliches Verhalten nachweisen kann. Die Ersatzpflicht tritt nach § 832 Abs. 1 Satz 2 BGB allerdings dann nicht ein, wenn die Lehrkraft ihrer Aufsichtspflicht genügt hat oder wenn bei gehöriger Aufsichtsführung der Schaden auch entstanden wäre. Durch die Anwendbarkeit des § 832 Abs. 1 BGB müssen die Lehrkräfte (bzw. das dahinterstehende Land) daher nun den sogenannten »Entschuldungsbeweis«, also nicht vorsätzlich oder fahrlässig gehandelt zu haben, führen. Gelingt dies nicht, ist die Anstellungskörperschaft (Land Niedersachsen) zum Ersatz des Schadens verpflichtet. Allerdings kann das Land selbst die Lehrkraft nur bei erwiesenem Vorsatz oder erwiesener grober Fahrlässigkeit in Regress nehmen. Wie jede Amtspflichtverletzung kann auch eine Aufsichtspflichtverletzung disziplinarrechtliche oder strafrechtliche Folgen haben, insbesondere, wenn infolge der Aufsichtspflichtverletzung schwere Unfälle eingetreten sind oder ein besonders leichtfertiges Verhalten der Lehrkräfte festgestellt wird. Lehrkräfte sind deswegen gut beraten, wenn sie bei »gefährlichen« Aktivitäten sich an die konkreten Aufsichtsbestimmungen halten. Bei Schulfahrten empfiehlt es sich, für bestimmte Aktionen vorher die schriftliche Einverständniserklärung der Erziehungsberechtigten einzuholen.

Die finanziellen Folgen einer Aufsichtspflichtverletzung sind insoweit überschaubar und berechenbar, als Unfälle von Schülerinnen und Schülern in die gesetzliche Unfallversicherung einbezogen worden sind. Dadurch wird die Haftung der Lehrkräfte sowie der Mitschülerinnen und Mitschüler außer bei vorsätzlichem Herbeiführen eines Unfalls ausgeschlossen. Nur bei Vorsatz und grober Fahrlässigkeit einer Lehrkraft kann der Unfallversicherungsträger Rückgriff nehmen. Gemäß § 106 Abs. 1 SGB VII sind grundsätzlich im schulbezogenen Bereich die Schülerinnen und Schüler untereinander, aber auch die Schülerinnen und Schüler sowie die Lehrkräfte in Bezug auf Personenschäden haftungsprivilegiert, dies bedeutet, fügen sich Schülerinnen und Schüler untereinander bzw. die Lehrkraft den Schülerinnen oder Schülern oder umgekehrt einen Personenschaden zu, sind die Geschädigten auf die Leistungen aus der gesetzlichen Unfallversicherung verwiesen und können die Schädiger nicht darüber hinaus nach den allgemeinen gesetzlichen Vorschriften (§§ 823 ff. BGB, §§ 7 ff. StVG) in Anspruch nehmen. Insbesondere kann auch kein Schmerzensgeld gemäß § 847 BGB eingefordert werden.

Wenn sich der Unfall jedoch auf dem Weg zur Schule ereignet, kann gemäß § 106 Abs. 1 Nr. 3 i. V. m. § 105 Abs. 1 und § 8 Abs. 2 Nr. 1 bis 4 SGB VII neben der Leistung aus der gesetzlichen Unfallversicherung Schmerzensgeld nach § 847 BGB verlangt werden. Hat die Lehrkraft den Unfall grob fahrlässig verursacht, kann der Unfallversicherungsträger die Lehrkraft gemäß § 110 Abs. 1 SGB VII für die Heilbehandlungskosten in Regress nehmen. Nach der Rechtsprechung liegt grobe Fahrlässigkeit dann vor, wenn die übliche

Sorgfalt in besonders schwerem Maße verletzt wird, wenn nicht beachtet wird, was im gegebenen Fall jedem einleuchten müsste und wenn schon einfachste, ganz naheliegende Überlegungen nicht angestellt werden.

Zu Abs. 2: Nach dieser Vorschrift können alle in § 53 Abs. 1 Satz 1 und Satz 2 genannten Mitarbeiterinnen und Mitarbeiter der Schule, aber auch Schülerinnen und Schüler sowie Eltern mit der Wahrnehmung der Aufsichtspflichten betraut werden. In der Gesetzesfassung von 1993 wurden noch sämtliche Mitarbeiterinnen und Mitarbeiter der Schule einschließlich des Schulträgerpersonals für (grundsätzlich) »geeignet« gehalten. Mit den Änderungen von 2002 und 2003 wurden die Bediensteten des Schulträgers aber ausgenommen.

3

Die Schulen müssen sehr sorgfältig die Eignung feststellen und die Beauftragung dokumentieren. Welche Aufsichtsaufgaben übertragen werden können, hängt von der Schwierigkeit der Aufsichtsaufgabe und von der Eignung der Personen ab. Eine sehr detaillierte Regelung befindet sich in den Bestimmungen über die aufsichtsführenden Personen beim Schwimmunterricht im Erlass über Bestimmungen für den Schulsport. Bei Schulfahrten können ebenfalls andere Personen zur Aufsicht mit herangezogen werden. Zum Einsatz von Eltern bei der Wahrnehmung von Aufsichtsaufgaben vgl. auch die Hinweise des MK in SVBl. 1997 S. 374.

Verweise, Literatur:

4

- Erl.»Bestimmungen für den Schulsport« vom 01.09.2018 (SVBl. S. 477; SRH 3.515; Schulrecht 365/1), zuletzt geändert durch Erl. v. 19.06.2020 (SVBl. S. 354)

- Erl.»Schulfahrten« vom 01.11.2015 (SVBl. S. 548; SRH 3.605; Schulrecht 351/31), zuletzt geändert durch Erl. vom 01.11.2020 (SVBl. S. 538)

- Erl.»Aufsicht an Schulbushaltestellen und Aufsicht über Schüler im Bereich der Schule« vom 05.08.1980 (SVBl. S. 307; Schulrecht 315/1); der Erlass ist inzwischen durch Zeitablauf außer Kraft getreten, kann aber immer noch als Interpretationshilfe herangezogen werden.

- Schulischer Einsatz anderer als vom Land dafür eingestellten Personen (Hinweise des MK im SVBl. 1997 S. 374)

- *Dirnaichner, Udo:* Umfang der Aufsichtspflicht von Lehrkräften bei Schulfahrten, Schulverwaltung, Ausgabe Niedersachsen, 1995, H. 11, S. 262

- *Woltering, Herbert:* Aufsichtspflichten bei Veranstaltungen außerhalb der Schulanlagen, Schulverwaltung, Ausgabe Niedersachsen, 1995, H. 8, S. 166

- Aufsicht und Haftung in der Schule, Schulverwaltung Spezial, 2001, H. 3 (Themenheft)

- *Schröder, Sigrid:* Aufsichtspflicht an Haltestellen für den Schulbus, Schulverwaltung, Ausgabe Niedersachsen/Schleswig-Holstein, 2005, H. 2, S. 49

- *Möllering, Matthias:* Die Bestimmungen zum Schwimmunterricht und rechtliche Fragen zum Schwimmen im Schulsport, SVBl. 2005, H. 2, S. 92
- *Bott, Wolfgang:* Zum. Umfang der Aufsichtspflicht, Schulverwaltung, Ausgabe NRW, 2012, H. 4, S. 119
- *Nolte, Gerald:* Beweislastumkehr bei der Aufsichtspflicht, Schulverwaltung, Ausgabe Niedersachsen, 2013, H. 10, S. 227
- *Böhm, Thomas:* Aufsichtspflicht und Beweislast, Schulverwaltung, Ausgabe Bayern, 2013, H. 11, S. 311
- *Nolte, Gerald:* Aufsichtspflicht im Schulalltag, Schulverwaltung, Ausgabe Niedersachsen 2015, H. 1, S. 4
- *Achilles, Harald:* Wir Lehrer stehen doch mit einem Bein im Gefängnis!, Schulverwaltung, Ausgabe BW 2012, H. 5, S. 107

(Gerald Nolte)

Dritter Abschnitt
Schulpflicht

§ 63 Allgemeines

(1) [1]Wer in Niedersachsen seinen Wohnsitz, seinen gewöhnlichen Aufenthalt oder seine Ausbildungs- oder Arbeitsstätte hat, ist nach Maßgabe der folgenden Vorschriften zum Schulbesuch verpflichtet. [2]Entgegenstehende völkerrechtliche Bestimmungen und zwischenstaatliche Vereinbarungen bleiben unberührt.

(2) [1]Im Primarbereich legen die Schulträger für jede Schule einen Schulbezirk fest; im Sekundarbereich I können sie für Schulen, erforderlichenfalls für einzelne Bildungsgänge, Schulzweige oder einzelne Schuljahrgänge gesondert, einen Schulbezirk festlegen. [2]Bei der Festlegung ist das Wahlrecht nach § 59 Abs. 1 Sätze 1 und 2 zu beachten. [3]Ist eine Schule auf mehrere Standorte verteilt, so kann für jeden Standort ein eigener Schulbezirk festgelegt werden. [4]Für mehrere Schulen derselben Schulform, die sich an demselben Standort befinden, kann ein gemeinsamer Schulbezirk festgelegt werden. [5]Bieten mehrere solcher Schulen denselben Bildungsgang an, so kann auch für diesen Bildungsgang ein gemeinsamer Schulbezirk festgelegt werden.

(3) [1]Soweit für Schulen Schulbezirke festgelegt worden sind, haben die Schülerinnen und Schüler diejenige Schule der von ihnen gewählten Schulform zu besuchen, in deren Schulbezirk sie ihren Wohnsitz oder gewöhnlichen Aufenthalt haben, sofern sich aus diesem Gesetz nichts anderes ergibt. [2]Sind Schulbezirke für einzelne Bildungsgänge, Schulzweige oder Jahrgänge festgelegt worden, so gilt Satz 1 entsprechend. [3]In den Fällen des

Absatzes 2 Sätze 4 und 5 haben die Schülerinnen oder Schüler die Wahl zwischen den Schulen, für die ein gemeinsamer Schulbezirk festgelegt worden ist. ⁴Der Besuch einer anderen Schule kann gestattet werden, wenn

1. der Besuch der zuständigen Schule für die betreffenden Schülerinnen oder Schüler oder deren Familien eine unzumutbare Härte darstellen würde oder
2. der Besuch der anderen Schule aus pädagogischen Gründen geboten erscheint.

(4) ¹Schülerinnen und Schüler im Schulbezirk einer teilgebundenen oder voll gebundenen Ganztagsschule (§ 23 Abs. 1 Satz 1 Nrn. 2 und 3) können eine Halbtagsschule oder eine offene Ganztagsschule der gewählten Schulform desselben oder eines anderen Schulträgers besuchen. ²Schülerinnen und Schüler in einem Schulbezirk ohne Ganztagsschulangebot können eine Schule der gewählten Schulform desselben oder eines anderen Schulträgers mit Ganztagsschulangebot besuchen.

Allg.: § 63 trifft allgemeine Regelungen zur **Schulpflicht**, zur **Festlegung** 1 **von Schulbezirken** und zu **Ausnahmemöglichkeiten** von der Bindung an diese Bezirke.

Dass in Niedersachsen eine allgemeine Schulpflicht besteht, ist bereits in Art. 4 Abs. 2 Satz 1 NV bestimmt. Die §§ 63 ff. gestalten die verfassungsrechtliche Bestimmung einfachgesetzlich aus. Die Schulpflicht ist – wie auch in anderen Bundesländern – eine **Schulbesuchspflicht**, d. h., es besteht eine Verpflichtung zur Teilnahme am schulischen Unterricht. Sie dient zum einen der Durchsetzung des staatlichen Erziehungsauftrags (vgl. BVerfG, Beschl. v. 29.04.2003 – 1 BvR 436/03, DVBl. 2003, S. 999) und trägt zum anderen zur Verwirklichung des in Art. 4 Abs. 1 NV verbrieften Grundrechts auf Bildung bei.

Das Grundrecht aus Art. 6 Abs. 2 GG, das die Pflege und Erziehung der Kinder als das natürliche Recht der Eltern und die zuvörderst ihnen obliegende Pflicht anerkennt, erfährt durch den dem Staat in Art. 7 Abs. 1 GG erteilten Erziehungsauftrag eine dem Grundgesetz innewohnende Einschränkung. Der staatliche Erziehungsauftrag in der Schule ist dem elterlichen Erziehungsrecht dabei nicht nachgeordnet, sondern gleichgeordnet, weder dem Erziehungsauftrag des Staates noch dem Elternrecht kommt ein absoluter Vorrang zu. In der Folge steht das elterliche Erziehungsrecht in einem Spannungsverhältnis zur staatlich verordneten Schulbesuchspflicht.

Grundsätzlich ist der Gesetzgeber durch die staatliche Schulaufsicht und den darin enthaltenen staatlichen Erziehungsauftrag (Art. 7 Abs. 1 GG, Art. 4 Abs. 2 NV) ferner berechtigt, die Schulen, die zur Erfüllung der Schulpflicht zu besuchen sind, auch in örtlicher Hinsicht unter Anknüpfung an den Wohnsitz oder den gewöhnlichen Aufenthalt der oder des Schulpflichtigen festzulegen. Steuerndes Instrument und rechtliche Grundlage ist die – auf § 63 als gesetzliche Ermächtigungsgrundlage beruhende – Schulbezirkssatzung, da der Eingriff in das Elternrecht auf freie Wahl der schulischen Ausbildungsstätte in den Autonomiebereich des kommunalen Schulträgers fällt. Dadurch wird das Recht der Schülerin oder des Schülers (Art. 2 Abs. 1 GG, Art. 3 Abs. 2 NV) und deren oder dessen Eltern (Art. 6 Abs. 2 GG, Art. 3 Abs. 2 NV), die zu besuchende Schule zu wählen, in verfassungsmäßiger Weise beschränkt.

Da das staatliche Handeln auch im Bereich der Schulorganisation unter dem Grundsatz der Verhältnismäßigkeit steht, dürfen Rechte nicht in unzumutbarer Weise eingeschränkt werden. Das auch im Mittelpunkt des staatlichen Erziehungsauftrags stehende erzieherische Handeln der Eltern der Schülerinnen und Schüler kann daher unter Berücksichtigung der Grundsätze der Verhältnismäßigkeit und Zumutbarkeit eine Ausnahme von der Schulbezirkspflicht erfordern. Dazu genügen allerdings nicht allgemein auftretende Schwierigkeiten, die eine größere Zahl von schulpflichtigen Kindern und deren Eltern betreffen, hinzutreten müssen vielmehr besondere, individuelle Umstände, die eine vom Normalfall abweichende, unzumutbare Belastung durch den Besuch der zuständigen Schule ergeben (vgl. BayVGH, Beschl. v. 15.01.1990 – 7 CE 89.3167).

Besonders nachhaltig würde in Rechte der Eltern sowie der Schülerinnen und Schüler eingegriffen werden, wenn durch Schulbezirksfestlegungen nur bestimmte Schulformen oder Schulorganisationsformen zugänglich wären. Dies würde eine erhebliche Einschränkung der Wahlfreiheit bedeuten. In bestimmten Konstellationen ist daher bereits von Gesetzes wegen ein Ausweichen vor der Schulbezirksfestlegung einer nicht gewünschten Schulform sowie einer an eine Schule gebundenen nicht gewünschten besonderen Organisation grundsätzlich ermöglicht.

Durch das ÄndG 15 wurde der Absatz 5 der Vorschrift gestrichen. Nach der mit Ablauf des 31.07.2015 aufgehobenen Bestimmung durfte zuvor Schulpflichtigen der ersten sechs Schuljahrgänge Privatunterricht an Stelle des Schulbesuchs nur ausnahmsweise gestattet werden. Die Streichung der Regelung soll der Klarstellung dienen, dass die Schulpflicht in Niedersachsen als Schulbesuchspflicht ausgestaltet ist. Nach Auffassung des BVerfG (Beschl. v. 29.04.2003 – 1 BvR 436/03 – NVwZ 2003, S. 1113) wird das elterliche Erziehungsrecht, das auch die religiöse Orientierung einschließt (Art. 4 Abs. 1 GG), durch die allgemeine Schulpflicht in zulässiger Weise eingeschränkt. Die Schulpflicht kann durch den Besuch einer öffentlichen Schule, aber auch durch den Besuch bestimmter Schulen in freier Trägerschaft (vgl. §§ 139 ff.) erfüllt werden; durch die Teilnahme an privatem häuslichen Unterricht wird die Schulpflicht in der Regel nicht erfüllt (vgl. VG Lüneburg, Urt. v. 25.10.2016 – 4 A 90/15). Da für die Schuljahrgänge im Primarbereich »private Volksschulen« allerdings nur unter den erschwerten Bedingungen des Art. 7 Abs. 5 GG zugelassen werden können, ist die Erfüllung der Schulpflicht für die ersten sechs Schuljahre zu Zeiten der Orientierungsstufe durch Privatunterricht als Ausnahme zugelassen worden. Der Hauptanwendungsfall dieser Vorschrift, die im Kern aus dem Jahr 1973 stammte, waren die »Kinder beruflich Reisender«.

Diese werden in Niedersachsen aber seit einiger Zeit einer Stammschule (»Winterquartier«) zugeordnet (Anm. 6).

Zu Abs. 1: Die in Art. 4 Abs. 2 Satz 1 NV getroffene verfassungsrechtliche **2** Grundaussage zur **allgemeinen Schulpflicht** wird in Absatz 1 Satz 1 für den Geltungsbereich des NSchG konkretisiert. Zum Schulbesuch verpflichtet sind danach alle Kinder und Jugendliche,

- die in Niedersachsen ihren Wohnsitz haben,
- die in Niedersachsen ihren gewöhnlichen Aufenthalt haben oder
- die in Niedersachsen ihre Ausbildungs- oder Arbeitsstätte haben.

Der **Wohnsitz** im Sinne des NSchG ist anhand der Vorschriften in den §§ 7 bis 11 BGB zu bestimmen (vgl. OVG Lüneburg, Beschl. v. 23.08.1999 – 13 M 3175/99). Für die Bestimmung des **gewöhnlichen Aufenthalts** sind die tatsächlichen Verhältnisse maßgebend, die im engen Zusammenhang mit der Durchsetzung der Schulpflicht zu sehen sind.

Wohnsitz ist der Ort, an dem man sich ständig niederlässt (§ 7 BGB); ein minderjähriges Kind teilt grundsätzlich den Wohnsitz der Eltern (§ 11 BGB). Für Kinder und Jugendliche in einem Kinderheim gilt dieses als Wohnsitz. Nach dem Melderecht kann jeder Einwohner nur eine einzige Hauptwohnung haben. Das BVerwG hat im Urteil v. 30.09.2015 – 6 C 38.14 – festgestellt, dass ein Einwohner mit mehreren Wohnungen im Inland, der keine Wohnung vorwiegend benutzt und bei dem auch kein Schwerpunkt der Lebensbeziehungen an einem Ort festgestellt werden kann, gegenüber den Meldebehörden zu erklären hat, welche Wohnung Hauptwohnung ist. Für minderjährige Einwohner üben in diesen Fällen die Personensorgeberechtigten das Bestimmungsrecht aus. Können sich getrennt lebende, gemeinsam sorgeberechtigte Eltern nicht über die Hauptwohnung ihres Kindes einigen, ist die frühere Familienwohnung dessen Hauptwohnung, wenn ein Elternteil sie nach der Trennung weiter bewohnt. Die Unterscheidung in Haupt- und Nebenwohnung nach diesen objektiven Kriterien dient dazu, einen eindeutigen Anknüpfungspunkt für die Zuständigkeit zahlreicher Behörden sowie für Rechte und Pflichten festzulegen, welche an die Wohnung einer Person geknüpft sind. Zur Begründung eines sog. Scheinwohnsitzes oder eines Neben- oder Zweitwohnsitzes siehe Anm. 5.

Der Rechtsbegriff »**gewöhnlicher Aufenthalt**« einer Person beschreibt ein tatsächliches Verhältnis. Anhaltspunkte für eine nähere Begriffsbestimmung finden sich im Sozialgesetzbuch Teil I sowie in der Abgabenordnung. Danach hat jemand den gewöhnlichen Aufenthalt dort, wo er sich unter Umständen aufhält, die erkennen lassen, dass er an diesem Ort oder in diesem Gebiet nicht nur vorübergehend verweilt (vgl. § 30 Abs. 3 Satz 2 SGB I). Als gewöhnlicher Aufenthalt [...] ist stets und von Beginn an ein zeitlich zusammenhängender Aufenthalt von mehr als sechs Monaten Dauer anzusehen; kurzfristige Unterbrechungen bleiben unberücksichtigt (vgl. § 9 AO).

Dauer und Beständigkeit des Aufenthaltes sowie – als Indiz – die Absicht der oder des Betreffenden, diesen Aufenthalt beizubehalten, können bei der Auslegung des Begriffes »gewöhnlicher Aufenthalt« herangezogen werden. Die verschiedenen Funktionen, die der Begriff des gewöhnlichen Aufenthaltes im deutschen Recht zu erfüllen hat (einerseits Voraussetzung für Ansprüche, andererseits Bedingung für Verpflichtungen), lassen den Schluss zu, dass er nicht einheitlich zu verstehen ist, sondern vielmehr im Zusammenhang mit dem Regelungszweck zu interpretieren ist.

Der staatliche Lehr- und Erziehungsauftrag, der sich in der Durchsetzung der Schulpflicht widerspiegelt, muss bereits nach sehr kurzer Zeit greifen, um eine möglichst lückenlose Regelmäßigkeit des Schulbesuchs zu gewährleisten und um zu verhindern, dass die Schulbesuchspflicht beispielsweise durch ein Umherziehen von Ort zu Ort vereitelt werden kann.

Im niedersächsischen Schulrecht liegt ein die Schulpflicht begründender gewöhnlicher Aufenthalt deshalb bereits dann vor, wenn jemand – ohne sich in Niedersachsen ständig niederlassen zu wollen – mindestens fünf Tage hier wohnt. Die Schulpflicht beginnt in diesem Fall am ersten Tag des Aufenthaltes (vgl. Nr. 3.1.1 der Erg. Bestimmungen, Anm. 6).

Für einen gewöhnlichen Aufenthalt ist kennzeichnend, dass der Aufenthaltsort zum Schwerpunkt der Lebensbeziehungen gemacht wird. Zu dem Ort müssen stärkere familiäre und soziale Bindungen bestehen als zu jedem anderen Ort. Der Aufenthalt setzt ein »tatsächliches längeres Verweilen« an diesem Ort voraus (vgl. OVG Lüneburg, Beschl. v. 23.08.1999 – 13 M 3175/99). Eine Schülerin oder ein Schüler muss an diesem Ort wochentags auch die Nachmittage verbringen, das Abendessen einnehmen und übernachten. In einer nachmittäglichen Betreuung durch eine Tagesmutter für einige Stunden ist folglich noch nicht die Begründung eines Lebensmittelpunktes zu sehen.

Für Schülerinnen und Schüler, die im Rahmen der dualen Ausbildung eine Berufsschule besuchen müssen, wird die Schulpflicht in Niedersachsen begründet, wenn die **Ausbildungsstätte in Niedersachsen** liegt. Dies gilt auch dann, wenn der Wohnort der Schülerin oder des Schülers außerhalb Niedersachsens liegt. Aus dem Ausbildungsvertrag mit einer niedersächsischen Ausbildungsstätte entstehen Rechtsbeziehungen mit einer niedersächsischen »Zuständigen Stelle« (z.B. Industrie- und Handelskammer, Handwerkskammer, Ärztekammer u. Ä.) in Bezug auf die Eintragung des Ausbildungsvertrages in das Verzeichnis der Ausbildungsverhältnisse sowie auf die Ablegung der Zwischen- und Abschlussprüfung. Es ist daher sinnvoll, wenn sämtliche Auszubildenden eines niedersächsischen Ausbildungsbetriebes unabhängig von ihrem persönlichen Wohnort eine niedersächsische Berufsschule besuchen.

Die in Niedersachsen liegende **Arbeitsstätte** gilt dann als Anknüpfungspunkt für die Schulpflicht, wenn Schülerinnen und Schüler im Rahmen ihres Schulbesuches ein verpflichtendes Praktikum absolvieren müssen (z.B. Klasse 11 der Fachoberschule). Bei einer Praktikantenstelle außerhalb Niedersachsens gelten sie als auswärtige Schülerinnen und Schüler i. S. v. § 105 Abs. 2.

Schülerinnen und Schüler § 63   NSchG

Die Schulpflicht knüpft an den Wohnsitz oder den gewöhnlichen Aufenthalt der Schülerin oder des Schülers an, sie besteht mithin **unabhängig von der Staatsangehörigkeit**, ebenso wie **unabhängig von der Religionszugehörigkeit**. Auch **Kinder und Jugendliche mit einer ausländischen Nationalität** unterliegen in Deutschland der Schulpflicht (vgl. OVG Münster, Urt. v. 15.07.1975 – V A 1306/73, NJW 76, S. 341 [BVerwG 22.08.1975 – BVerwG IV C 7.73]). Die Schulpflicht ist grundsätzlich durch den Besuch einer deutschen öffentlichen Schule zu erfüllen. Die Pflicht zum Besuch staatlicher Schulen ist legitimer Ausdruck des Erziehungsauftrags des Staates (Art. 7 Abs. 1 GG). Sie schränkt das elterliche Recht auf Erziehung ihrer Kinder (Art. 6 Abs. 2 GG) und deren korrespondierendes Recht, entsprechend erzogen zu werden (Art. 2 Abs. 1 GG), in verfassungsmäßiger Art und Weise ein (vgl. BVerfG, Beschl. v. 29.04.2003 – 1 BvR 436/03 – u. Beschl. v. 15.11.1991 – 6 B 16.91 –, jew. m. w. N.). Speziell für ausländische, in Deutschland wohnhafte Kinder verfolgt die Pflicht zum Besuch staatlicher Schulen den Zweck, sie auf ein Leben im hiesigen Kulturraum vorzubereiten. Dazu gehört in erster Linie die Vermittlung deutscher Sprachkenntnisse. Erfolgreiche Integration in die Gesellschaft der Bundesrepublik Deutschland verlangt aber auch ein Vertrautmachen mit den Voraussetzungen für ein friedliches Zusammenleben der Bürgerinnen und Bürger in Freiheit, Gleichberechtigung und sozialer Verantwortung. Auch dies ist neben der Vermittlung von Wissen wesentlicher Auftrag der Schule (vgl. § 2). Gerade für das Zusammenleben von Menschen unterschiedlicher Nationalität und kultureller Herkunft bietet die Schule Raum, Toleranz unmittelbar zu erleben und einzuüben. Die Allgemeinheit hat ein berechtigtes Interesse daran, der Entstehung religiös oder weltanschaulich motivierter »Parallelgesellschaften« entgegenzuwirken und Minderheiten auf diesem Wege zu integrieren (vgl. BVerfG, a. a. O.). Nach dem Bildungsauftrag ist deshalb die Schule gehalten, einen Beitrag zur Integration von Schülerinnen und Schülern mit Migrationshintergrund zu leisten. Die infolge der Schulbesuchspflicht hervorgerufenen Beeinträchtigungen grundrechtlicher Freiheiten sind für die Betroffenen grundsätzlich zumutbar. Die Schwere dieser Beeinträchtigungen wird durch die verbleibende Möglichkeit der Einflussnahme der Eltern auf ihre Kinder außerhalb der Schule weitgehend abgemildert (vgl. OVG Koblenz, Beschl. v. 30.09.2004 – 2 B 11530/04).

Bei **Asylbegehrenden** und **unerlaubt eingereisten Ausländerinnen und Ausländern** beginnt die Schulpflicht nach dem Wegfall der Verpflichtung, in einer Aufnahmeeinrichtung im Sinne des § 44 Abs. 1 Asylgesetz oder § 15a Abs. 3 Aufenthaltsgesetz zu wohnen. Die Regelung zur Beschulung von Asylsuchenden und Flüchtlingen tragen damit der Tatsache Rechnung, dass eine schulische Integration tatsächlich erst nach der Zuweisung zu einer Gebietskörperschaft sinnvoll umzusetzen ist. Gleichwohl wird für diesen Kreis bereits frühzeitig ein Unterrichtsangebot gemacht. Der »Unterricht für Kinder und Jugendliche in der Landesaufnahmebehörde Niedersachsen (LAB-NI)« richtet sich nach dem Erlass vom 18.04.2019 – 25.2 (n. v.) und soll grundsätzlich vom ersten Tag an Zugang zu Bildung ermöglichen. Die Teilnahme am Unterricht erfolgt in Abhängigkeit von der Bildungsentscheidung der Erziehungsberechtigten sowie der gesundheitlichen Verfassung der Kinder und Jugendlichen (vgl. Antwort der LReg auf eine Kleine Anfrage in der Drs. 18/6144).

Wird die Abschiebung unerlaubt eingereister Ausländer, die weder einen Asylantrag gestellt haben noch in Abschiebehaft genommen sind, nach § 60a Aufenthaltsgesetz (Unmöglichkeit der Abschiebung aus tatsächlichen oder rechtlichen Gründen) vorübergehend ausgesetzt, so ist wegen der Ungewissheit der Ausreise die Voraussetzung des gewöhnlichen Aufenthalts und damit die Schulpflicht nach Absatz 1 anzunehmen, auch dann, wenn sie weiterhin in einer zentralen Gemeinschaftsunterkunft verbleiben.

Bis zum Inkrafttreten des sog. 2. Richtlinienumsetzungsgesetzes vom 25.11.2011 (BGBl. I, S. 2258) hatten Schulen nach § 87 Abs. 2 AufenthG eine **Übermittlungspflicht gegenüber der zuständigen Ausländerbehörde**, wenn sie von aufenthaltsrechtlich relevanten Umständen Kenntnis erlangten. Durch die am 26.11.2011 erfolgte Änderung des Aufenthaltsgesetzes sind Schulen sowie Bildungs- und Erziehungseinrichtungen nunmehr von den aufenthaltsrechtlichen Übermittlungspflichten ausgenommen.

Integration und Förderung von Schülerinnen und Schülern nichtdeutscher Herkunftssprache sind umfassend im RdErl. »Förderung von Bildungserfolg und Teilhabe von Schülerinnen und Schülern nichtdeutscher Herkunftssprache« (RdErl. d. MK v. 01.07.2014, SVBl. S. 330, geändert durch Erl. v. 04.11.2019, SVBl. S. 624) geregelt. Hier sind auch Hinweise zur Schulpflicht gegeben.

Nach § 9 Satz 1 Niedersächsisches Maßregelvollzugsgesetz (Nds. MVollzG) soll **Personen in Unterbringungseinrichtungen** (d. h. in psychiatrischen und kinder- und jugendpsychiatrischen Krankenhäusern, Entziehungsanstalten) Gelegenheit zur Schulausbildung gegeben werden.

Satz 2 stellt auf Sonderbestimmungen oder Vereinbarungen ab (z.B. für Kinder von Angehörigen der diplomatischen Vertretungen oder von Angehörigen in Deutschland stationierter Streitkräfte), die eine Anwendung des Satzes 1 überlagern.

Für die Setzung von Völkerrecht gibt es keinen gemeinsamen Gesetzgeber, »völkerrechtliche Bestimmungen« entstehen durch völkerrechtliche Verträge, die als Gewohnheitsrecht durch allgemeine Übung und die Anerkennung ihrer rechtlichen Verbindlichkeit Wirkung entfalten.

Zu den »zwischenstaatlichen Vereinbarungen« zählen neben bilateralen Freundschafts- und Konsularverträgen insbesondere das Wiener Übereinkommen vom 18.04.1961 über diplomatische Beziehungen (BGBl. II, 1964, Nr. 38, S. 959 ff.) sowie das Wiener Übereinkommen vom 24.04.1963 über konsularische Beziehungen (BGBl. II, 1969, Nr. 59, S. 1587 ff.).

Völkerrechtliche Bestimmungen und zwischenstaatliche Vereinbarungen können den außerhalb ihres Heimatlandes lebenden Personen einen Sonderstatus einräumen, der sie der Hoheitsgewalt des Landes, in dem sie leben, entzieht. Soweit völkerrechtliche Bestimmungen oder zwischenstaatliche

Vereinbarungen entgegenstehen, sind Kinder und Jugendliche, insbesondere solche der exterritorialen Personen, von der Schulpflicht befreit. Von der Schulpflicht befreit sind auch die Kinder von Angehörigen der ausländischen Streitkräfte, die in eigenen Schulen der Streitkräfte nach den Bildungs- und Lehrplänen des Heimatlandes unterrichtet werden können. Ein freiwilliger Besuch einer öffentlichen Schule oder einer Schule in freier Trägerschaft ist ihnen gleichwohl möglich.

Kinder und Jugendliche, die eine **in Deutschland betriebene ausländische Schule** (z.B. stationierter Streitkräfte) besuchen sollen, benötigen dafür eine Ausnahmegenehmigung in Anlehnung an die Bestimmungen des Absatzes 3. Es muss ein berechtigtes Interesse an einem solchen Schulbesuch durch persönliche Umstände nachgewiesen werden, z.B. die Schülerin oder der Schüler hält sich nur vorübergehend in Deutschland auf (Diplomatenkinder), sie oder er zieht nachweislich in absehbarer Zeit ins Ausland oder sie oder er wird den künftigen Lebensschwerpunkt im Ausland haben (vgl. OVG Lüneburg, Urt. v. 29.09.1981 – 13 OVG A 46/81, NJW 82 S. 124 [BAG 19.05.1981 – 1 ABR 109/78]).

Die Schulpflicht wird in Niedersachsen regelmäßig durch den Besuch einer öffentlichen Schule (§§ 63 ff.) oder einer genehmigten Ersatzschule (§ 143 Abs. 3) erfüllt. Beim Besuch bestimmter Ergänzungsschulen ruht die Schulpflicht lediglich (§ 160), die Zeit des Schulbesuchs in diesen Einrichtungen wird auf die Schulbesuchspflicht – ggf. bis zu deren Erfüllung – angerechnet. Tagesbildungsstätten sind keine Schulen im Sinne des Schulgesetzes, gleichwohl kann in diesen Bildungs-, Förder- und Betreuungseinrichtungen eine bestimmte Schülergruppe, nämlich Schülerinnen und Schüler, die einer sonderpädagogischen Unterstützung im Förderschwerpunkt geistige Entwicklung bedürfen, die Schulpflicht erfüllen (§ 162).

Grundsätzlich kann der Schulpflicht außerdem durch den **Besuch jeder inlanddeutschen öffentlichen Schule** genügt werden. Aus Absatz 1 Satz 1 folgt nicht, dass niedersächsische Schülerinnen und Schüler verpflichtet sind, eine niedersächsische Schule zu besuchen. Die Erziehungsberechtigten haben in Ausübung ihres Erziehungsrechts aus Art. 6 Abs. 2 GG die Wahl, auch **Schulen außerhalb eines Bundeslandes** für ihre Kinder auszuwählen. Ob niedersächsische Schülerinnen und Schüler in Schulen anderer Bundesländer aufgenommen werden, obliegt allein der Entscheidung der dortigen Schulbehörden. Mittels sog. »Freistellungserklärungen« kann die nachgeordnete Schulbehörde bescheinigen, dass diese Schülerinnen und Schüler durch den Besuch einer »auswärtigen« Schule ihre Schulpflicht nicht verletzen. Die »Freistellungserklärungen« haben insoweit allerdings nur deklaratorische Bedeutung.

In zwei Sonderfällen ist der Besuch von Schulen außerhalb Niedersachsens durch **Gastschulvereinbarungen** geregelt (**Freie Hansestadt Bremen:** Vereinbarung zwischen dem Land Niedersachsen und der Freien Hansestadt Bremen über die Gegenseitigkeit des Besuchs öffentlicher Schulen vom 18.09.2017 – n. v.; **Freie und Hansestadt Hamburg:** Abkommen zur

Ergänzung des Abkommens über die Verbürgung der Gegenseitigkeit und Gleichbehandlung für den Besuch von öffentlichen Schulen vom 13.06.1996 – SVBl. 1999, S. 159). In diesen Vereinbarungen ist festgelegt, dass die Aufnahme in die Schule des anderen Bundeslandes erst nach **Erteilung einer Freistellungserklärung** der für den Wohnsitz des Kindes zuständigen Schulbehörde erfolgen kann (siehe hierzu VG Stade, Beschl. v. 23.07.2010 – 3 B 878/10). Einzelheiten zum Verwaltungsverfahren und zur Mitwirkung niedersächsischer Schulbehörden sind dem RdErl. d. MK zum »Besuch öffentlicher Schulen in den Ländern Bremen und Hamburg durch niedersächsische Schülerinnen und Schüler« v. 06.06.1999 (SVBl. S. 156) i. d. F. v. 20.06.2001 (SVBl. S. 282) zu entnehmen.

Vereinbarungen über Gastschulverhältnisse mit weiteren Bundesländern bestehen nicht. Der Gesetzgebungs- und Beratungsdienst des Landtags ist in seiner gutachtlichen Stellungnahme vom 22.10.1996 – 0012-85 – zu dem Ergebnis gekommen, dass die Verwaltungsvereinbarungen nicht der Form eines Staatsvertrages bedürfen (vgl. Drs. 13/2433).

Hinsichtlich der Erstattung der Kosten der Schülerbeförderung gilt: Besuchen Kinder mit Wohnsitz oder Aufenthaltsort in Niedersachsen Schulen in anderen Bundesländern, besteht ein Anspruch allenfalls nach § 114 Abs. 4 Satz 1. Wird dementsprechend nicht die nächste Schule besucht, bei deren Besuch ein Anspruch auf Beförderung oder Erstattung bestünde, behält die Schülerin oder der Schüler grundsätzlich den Erstattungsanspruch für die notwendigen Kosten zur nächstgelegenen Schule (fiktive Erstattung). Die Kostenbegrenzung des § 114 Abs. 3 Satz 5 auf die teuerste Zeitkarte des ÖPNV im Gebiet des Trägers der Schülerbeförderung greift hier nicht, da kein Ausnahmetatbestand des § 114 Abs. 3 Satz 2 vorliegt (z.B. Gestattung oder Schulbesuch im Rahmen des Absatzes 4). Für den Träger der Schülerbeförderung ist die fiktive Erstattung für den Weg zur nächsten Schule in der Regel günstiger als die Übernahme der Kosten der teuersten Zeitkarte.

Neben neun Bundesländern grenzen an Niedersachsen die niederländischen Provinzen Overijssel, Drente und Groningen an. Ob und unter welchen Voraussetzungen eine Schülerin oder ein Schüler mit Wohnsitz oder gewöhnlichem Aufenthalt in Niedersachsen ihre oder seine Schulpflicht als Pendlerin oder Pendler in den Niederlanden erfüllen kann, ist aus dem Gesetz nicht abzulesen. Durch die Anknüpfungspunkte »Wohnsitz« und »gewöhnlichen Aufenthalt« spricht vieles dafür, dass die Schulpflicht im Regelfall durch den Besuch einer niedersächsischen und im Ausnahmefall an einer inlanddeutschen Schule in einem Anrainerbundesland zu erfüllen ist (so auch EB zum Rechtsverhältnis zur Schule und zur Schulpflicht, Anm. 6; die frühere Aussage, dass der Schulpflicht »nur« durch den Besuch einer inlanddeutschen Schule genügt werden kann, ist in den EB allerdings nicht mehr enthalten); dies entspricht auch der gelebten Praxis. In einem vereinigten Europa sollte ein aus dem Freizügigkeitsrecht ableitbares Recht auf einen Schulbesuch aber auch in Anrainerstaaten unter besonderen, eine Ausnahme rechtfertigenden Umständen gegeben sein. Ein solcher persönlicher Umstand kann allerdings nicht allein in dem Wunsch gesehen werden, eine Schule im grenznahen Ausland besuchen zu wollen. Vielmehr ist das öffentliche Interesse an der Erfüllung der Schulpflicht durch Besuch einer deutschen Schule mit dem Individualinteresse an einer Ausnahme und den nachteiligen Folgen an einer Ablehnung abzuwägen. Das Wohl einer Schülerin oder eines Schülers kann bei Vorliegen eines besonders wichtigen Grundes unter Berücksichtigung des Grundsatzes der Verhältnismäßigkeit die Zulassung einer Ausnahme erfordern. So sollte der **Besuch einer niederländischen Schule** insbesondere möglich sein, wenn eine Schülerin oder ein Schüler sich nur vorübergehend in Niedersachsen aufhält und zeitnah ein Umzug in die Niederlande nachweisbar bevorsteht. Denkbar ist auch, dass Niederländer mit Wohnsitz in Niedersachsen aufgrund eigener Verwurzelung die Unterrichtung ihrer Kinder im Nachbarland in der Herkunftssprache wünschen, weil sie dort auch für deren Zukunft die stärkeren sozialen und familiären Lebensbeziehungen oder auch späteren beruflichen Bindungen erwarten.

Die Freistellung sollte erfolgen, wenn gewährleistet ist, dass an der von der Schülerin oder dem Schüler gewählten Bildungseinrichtung eine Ausbildung vermittelt wird, die den in den §§ 2 und 3 normierten Bildungszielen und Rechtsgedanken entspricht (vgl. VG Braunschweig, Beschl. v. 21.06.2001 – 6 B 50/01). Von Vorteil für die Entscheidungsfindung kann es sein, wenn die Anschlussfähigkeit zu bestimmten Übergangszeitpunkten gewährleistet bleibt, (auch) Deutsch Unterrichtssprache ist oder ein deutschsprachiges Umfeld besteht. Ein Schulbesuch in den Niederlanden darf jedenfalls nicht darauf angelegt sein, Kinder der Schulpflicht zu entziehen. Die Schule, die in den Niederlanden besucht werden soll, muss nach Art und Anlage geeignet sein, die Erfüllung der Schulpflicht zu gewährleisten.

Zuständige Behörde für Anträge auf Erteilung einer Freistellungserklärung ist in diesen Fällen der Standort Osnabrück der nachgeordneten Schulbehörde. Die Schulbehörde sollte im Fall einer positiven Entscheidung die Erziehungsberechtigten oder die volljährige Schülerin oder den volljährigen Schüler schriftlich darüber belehren, dass an der gewünschten Schule nicht die Abschlüsse erreicht werden können, die das deutsche Schulwesen vorsieht und dass ein späterer Übergang auf deutsche Schulen wegen unterschiedlicher Lehrpläne und Lerninhalte erschwert sein kann.

Zu Abs. 2: Die Festlegung von Schulbezirken steht in einem unmittelbaren Zusammenhang mit der Schulpflicht, denn Schulbezirke bestimmen, an welcher Schule die Schulpflicht zu erfüllen ist. Die in Schulbezirkssatzungen getroffenen Festlegungen der kommunalen Schulträger schränken die Grundrechte der Eltern sowie der Schülerinnen und Schüler aus Art. 6 Abs. 2 bzw. Art. 2 Abs. 1 GG ein.

Wie die Schulpflicht findet die Bindung an Schulbezirksfestlegungen ihre verfassungsrechtliche Legitimation in Art. 7 Abs. 1 GG, der dem Staat umfassende Befugnisse zur Organisation, Planung und Beaufsichtigung des Schulwesens sowie einen eigenen Erziehungsauftrag einräumt. Das vom Gesetzgeber grundsätzlich als vorrangig bewertete **öffentliche Inte-**

resse an einer sinnvollen Ausnutzung und Benutzung der mit öffentlichen Mitteln geschaffenen schulischen Einrichtungen steht dem Interesse des schulpflichtigen Kindes und seiner Eltern gegenüber, die nach ihren persönlichen Wünschen und familiären Gegebenheiten am besten entsprechende Schule besuchen zu können.

Aus der Bestimmung ergeben sich zunächst unterschiedliche Vorgaben für die drei im NSchG definierten Schulbereiche (vgl. § 5 Abs. 3 Nrn. 1 bis 3): Im **Primarbereich** »sind« Schulbezirke festzulegen, im **Sekundarbereich I** »können« Schulbezirke festgelegt werden. Hingegen fehlt es für den **Sekundarbereich II** an einer speziellen gesetzlichen Ermächtigung für den Satzungsgeber, einen Eingriff in die grundrechtlich geschützte Individualsphäre vornehmen zu dürfen, folglich ist der Sekundarbereich II Schulbezirksfestlegungen nicht zugänglich.

Eine ausdrückliche Verpflichtung, Schulbezirksfestlegungen zu treffen, besteht nur für die Schulträger von Schulen mit Primarbereich. Der Primarbereich umfasst die 1. bis 4. Schuljahrgänge, die bekanntermaßen vornehmlich an reinen Grundschulen geführt werden. Einen Primarbereich gibt es jedoch auch an bestimmten organisatorisch zusammengefassten Schulen (GHS, GOBS, GHRS, GIGS u. GKGS) sowie ausnahmsweise an der IGS Roderbruch (vgl. § 182). Außerdem kann es an Förderschulen einen Primarbereich geben.

Neben organisatorischen Belangen – z.B. einer möglichst gleichmäßigen Aus- und Belastung der einzelnen Schulen – spricht für die Verfassungsmäßigkeit der Bildung der Schulbezirke im Primarbereich das verfassungsrechtlich zulässige sozialpolitische Ziel, allen schulpflichtigen Kindern eines Schulbezirks unabhängig von ihrer sozialen Herkunft in einem einheitlichen Bildungsgang grundlegende Kenntnisse, Fähigkeiten und Fertigkeiten zu vermitteln und dadurch für alle – unabhängig vom weiteren Bildungsweg – eine gemeinsame Grundlage für die schulische Bildung zu ermöglichen: Ferner rückt die Schulbezirkspflicht den Aspekt der »kurzen Wege« für die noch sehr jungen Schülerinnen und Schüler und die Nähe der Sorgeberechtigten in den Vordergrund. Die damit verbundenen Einschränkungen für die Schülerinnen und Schüler und ihre Sorgeberechtigten sind in aller Regel nicht unangemessen und nicht unzumutbar (vgl. BVerfG, Beschl. v. 19.06.2013 – 1 BVR 2253/09). Zu den möglichen Auswirkungen einer Aufhebung der Grundschulbezirksbindung wird auf den in der Anm. 6 angeführten Werkstattbericht der Bertelsmann Stiftung und des Zentrums für interdisziplinäre Regionalforschung (ZEFIR) hingewiesen.

Insbesondere bei kleineren Gemeinden und Samtgemeinden, die Träger nur einer der insgesamt rund 1 700 Grundschulen sind, entspricht der festgelegte Schulbezirk in der Regel dem Gemeindegebiet. Werden in einer Gemeinde oder Samtgemeinde mehrere Grundschulen geführt, können die Gemeinden ihr Gebiet in mehrere Schulbezirke unterteilen (z.B. Stadt- oder Ortsteile, Mitgliedsgemeinden einer Samtgemeinde oder durch Straßen, Gewässer o.ä. räumlich genau umrissene Gebiete). Sie können aber auch für Schulen einen gemeinsamen Schulbezirk festlegen, der die freie Anwahl einer der

Schulen im Bezirk ermöglicht. Denkbar ist ferner die Festlegung von sich überschneidenden Schulbezirken, in deren »Schnittmenge« ebenfalls eine freie Wahl möglich ist.

Ein bei einer Grundschule eingerichteter **Schulkindergarten** (vgl. § 6 Abs. 3) für schulpflichtige, aber noch nicht schulfähige Kinder kann genau genommen nicht automatisch den Schulbezirksfestlegungen der Grundschule unterliegen, denn er wird nicht vom »Primarbereich« umfasst; ein Schulkindergarten bereitet vielmehr auf den 1. Schuljahrgang des Primarbereichs vor. Gleichwohl ist es sinnvoll und im Hinblick auf präjudizierende Vorfestlegungen auch erforderlich, den Zugang zu einem Schulkindergarten möglichst passend zu einer späteren Schule im Primarbereich vorab zu steuern. Ist für eine Schule ein Schulbezirk festgelegt worden, so haben Schülerinnen und Schüler, in deren Bezirk diese Schule liegt, diese zu besuchen (Absatz 3 Satz 1). Da ein Schulkindergarten organisatorischer Teil einer Grundschule ist, folgt die Zuweisung zum Schulkindergarten der Schulbezirksbestimmung der um diesen Organisationsteil erweiterten Grundschule. Auch das Recht der Gemeinden zur Organisation ihres örtlichen Schulwesens im eigenen Wirkungskreis (vgl. § 5 Abs. 1 Nr. 1 u. § 10 Abs. 1 NKomVG) in Verbindung mit dem Recht der zuständigen Grundschule, eine Verpflichtung zum Besuch eines (bestimmten) Schulkindergartens aussprechen zu dürfen (vgl. Absatz 2 Satz 2), spricht für ein satzungsrechtliches Steuerungsrecht des Schulträgers.

Seit dem Inkrafttreten des ÄndG 02 besteht für die Schulträger nicht mehr die Verpflichtung, für **Schulen des Sekundarbereichs I** Schulbezirksfestlegungen treffen zu müssen. Es steht seither im pflichtgemäßen Ermessen der Schulträger, ob und ggf. für welche in ihrer Trägerschaft stehende Schulen sie Schulbezirke festlegen wollen. Die Schulträger können ebenso für einzelne Bildungsgänge, Schulzweige oder einzelne Schuljahrgänge Schulbezirke festlegen. Bei der Festlegung ist das Wahlrecht der Erziehungsberechtigten sowie der volljährigen Schülerinnen oder der volljährigen Schüler, zwischen Schulformen und Bildungsgängen wählen zu dürfen, zu beachten (**Satz 2**).

Aus der Verpflichtung zu Schulbezirksfestlegungen im Primarbereich und der Option, im Sekundarbereich I Schulbezirke festlegen zu können, ergibt sich für organisatorisch zusammengefasste Schulen mit einem Schulzweig des Primarbereichs (z.B. Grund- und Hauptschule, Grund-, Haupt- und Realschule, Grund- und Oberschule, Grund- und Integrierte Gesamtschule), dass für deren Primarbereich ein eigener Schulbezirk festzulegen ist. Für Schulzweige im Sekundarbereich I dieser Schulen liegt es hingegen im Ermessen des Schulträgers, gesonderte (oftmals gebietsmäßig erweiterte) Schulbezirke oder einen gemeinsamen Schulbezirk festzulegen.

Eine originär zu besuchende Schule jenseits der Grundschule gibt es nicht. Insbesondere führt (irgend-) eine Schulbezirksfestsetzung nicht dazu, dass jede Schülerin oder jeder Schüler diese Schule zu besuchen hat. Ist z.B. der Schulbezirk für eine Realschule festgesetzt, betrifft dies Schülerinnen und Schüler, welche ein Gymnasium oder eine Hauptschule besuchen

wollen, von vornherein nicht. Ist für die gewählte Schulform kein Schulbezirk festgesetzt, kommt es auf andere Schulbezirksfestsetzungen – wie im gewählten Beispiel für eine Realschule – von vornherein nicht an (vgl. OVG Lüneburg, Urt. v. 14.05.2013 – 2 LB 151/12, SchVw NI H. 11/2013).
Der **Begriff des Bildungsgangs** ist im NSchG nicht definiert. Nach ständiger Rechtsprechung der niedersächsischen Verwaltungsgerichtsbarkeit bezeichnet der schulrechtlich einheitliche Rechtsbegriff des Bildungsgangs eine besondere fachliche, methodische, didaktische und/oder pädagogische Schwerpunktbildung in einem schulischen Angebot, die sich über einen längeren Beschulungszeitraum auch in einer besonderen Gestaltung der Stundentafel und im Allgemeinen – aber nicht immer – zugleich in einer besonderen Gestaltung des Abschlusses auswirkt (u. a. OVG Niedersachsen, Beschl. v. 21.11.2018 – 2 ME 512/18, Urt. v. 08.01.2014 – 2 LB 364/12, Urt. v. 06.05.2013 – 2 LB 151/12). Bildungsgänge in diesem Sinne sind innerhalb der Schulform Gymnasium die alt- oder neusprachlichen und musischen Unterrichtsschwerpunkte (Erl. d. MK v. 13.02.2006 – 35-83 109 N n. v.). Innerhalb der Schulform Förderschulen sind die unterschiedlichen Förderschwerpunkte als Bildungsgänge zu erachten. Bei Unterschieden im Bildungsangebot innerhalb einer Schulform, insbesondere bei dem 10. Schuljahrgang an der Hauptschule und der Förderschule, handelt es sich nicht um besondere Bildungsgänge. Auch die Ganztagsschule oder die Halbtagsschule mit Ganztagsschulzug stellen keine Bildungsgänge dar. Entsprechendes gilt für sog. Notebookklassen sowie für Profilklassen, wie etwa die sog. Bläserklassen. Die zwei Organisationsformen der Oberschule, d. h. die Oberschule ohne gymnasiales Angebot und die Oberschule mit gymnasialem Angebot, sind nicht Bildungsgänge dieser Schulform (Erl. d. MK v. 07.04.2011 – 35 1401/1 N n. v.).

Ein gesonderter Bildungsgang an einer IGS ist nicht bereits mit Rücksicht darauf anzuerkennen, dass dort eine gymnasiale Oberstufe besteht, während für eine andere IGS im Aufbau noch keine Entscheidung dahin getroffen worden ist, diese auf Dauer ohne Oberstufe zu führen, was zwar nicht die Gewissheit, wohl aber das Risiko der Erforderlichkeit eines späteren Schulwechsels mit sich bringt. Ein Schulwechsel zwischen Sekundarbereich I und II wird für sich genommen zur Abgrenzung von Bildungsgängen nicht herangezogen. Ein solcher Wechsel mag zwar als unerwünscht anzusehen sein, die Schulträger sind jedoch nicht gehalten, in jeder Schule, welche einen Sekundarbereich I führt, auch einen sich daran anschließenden Sekundarbereich II bereit zu halten. Von Schülerinnen und Schülern kann eine erfolgreiche Umorientierung in aller Regel erwartet werden (vgl. OVG Lüneburg, Urt. v. 14.05.2013 – 2 LB 151/12 (SchVw NI H. 11/2013).

In seinen Entscheidungen vom 08.01.2014 – 2 LB 364/12 –, vom 25.03.2014 – 2 LB 147/12 – und vom 06.08.2014 – 2 ME 251/14 – hat sich das OVG Lüneburg intensiv mit den besonderen Angebots- und Erscheinungsformen des bilingualen Unterrichts auseinandergesetzt. Das Gericht stellt in Leitsätzen u. a. fest, dass ein für die Annahme eines Bildungsgangs grundsätzlich erforderlicher Abschluss auch ein international bzw. im europäischen Ausland anerkannter Abschluss sein kann. Ferner kann auch eine Grundschule einen besonderen Bildungsgang anbieten, obgleich sie keinen Abschluss vermittelt. Das OVG stellt zugleich heraus, dass jeweils nach den Umständen des Einzelfalls zu klären ist, ob die unterschiedlichen Erscheinungsformen bilingualen Unterrichts die Anforderungen einer für die Annahme eines eigenständigen Bildungsgangs erforderlichen besonderen Schwerpunktbildung erfüllen. Entscheidend ist dabei der Vergleich des bilingualen Angebots der gewählten Schule mit dem Bildungsangebot der räumlich näher gelegenen Schule, z.b. hinsichtlich der Bandbreite von Fächern, die bilingual unterrichtet werden.

Schulzweige kennt das Schulgesetz bei organisatorisch zusammengefassten Schulen (vgl. § 106 Abs. 6) sowie bei der Schulform Oberschule, bei der die Hauptschule und die Realschule »als aufeinander bezogene Schulzweige« geführt werden können (vgl. § 10a Abs. 2 Satz 1), und bei der Organisationsform Kooperative Gesamtschule, bei der die Hauptschule, die Realschule und das Gymnasium ebenfalls »als aufeinander bezogene Schulzweige« in einer Schule verbunden sind (vgl. § 183b Abs. 1 Satz 1). Eine gesonderte Festlegung von Schulbezirken nach Schulzweigen hat insbesondere bei Schulen, die als organisatorisch zusammengefasste Schulen einen Primarbereich und einen Sekundarbereich I führen (z.B. GHS, GHRS, GOBS, GIGS) Bedeutung, denn für deren Primarbereich muss ein Schulbezirk festgelegt werden, für deren Sekundarbereich I hingegen kann, sofern ein Bedarf an einer Festlegung überhaupt besteht, – wegen des größeren Einzugsbereichs – ein abweichender Schulbezirk angezeigt sein. Auch für Förderschulzweige an allgemein bildenden Schulen kann ein schulzweigspezifischer Schulbezirk erforderlich sein.

An einer GHRS und einer HRS arbeiten die ursprünglichen Schulformen Hauptschule und Realschule zwar »organisatorisch und pädagogisch« zusammen, für die Schulzweige gelten aber die Vorschriften für die jeweilige Schulform entsprechend (vgl. § 106 Abs. 6 Sätze 2 und 3). Für die beiden Schulzweige im Sekundarbereich I kann eine gesonderte Schulbezirksfestlegung erfolgen. Etwas anderes muss hingegen für die »aufeinander bezogenen Schulzweige« an einer Oberschule und an einer Kooperativen Gesamtschule gelten, denn diese bilden miteinander eine pädagogische Einheit (siehe Anm. 3 zu § 10a). Wird an einer Oberschule ein »gymnasiales Angebot« (§ 10a Abs. 4) geführt, kann dafür aber ein gesonderter Schulbezirk festgelegt werden (siehe Anm. 1 und 4 zu § 10a); auf § 106 Abs. 3 Satz 3 wird allerdings hingewiesen.

Auch für einzelne **Schuljahrgänge** einer Schule können gesonderte Schulbezirke festgelegt werden, sofern es sich als erforderlich erweist. Das kann z.B. bei einem 10. Schuljahrgang an einer Hauptschule (Mindestschülerzahl 16) oder einer Förderschule (Mindestschülerzahl 10) der Fall sein, wenn diese Angebote wegen der geringen Nachfrage nur an einzelnen Schulen eingerichtet sind, aber für ein größeres Gebiet gelten sollen.

Ferner kommt diese Möglichkeit auch bei jahrgangsweise stark schwankenden Schülerzahlen sowie bei der jahrgangsweisen Erweiterung einer

Schule in Betracht. Dabei ist sicherzustellen, dass sich für die einzelne Schülerin oder den einzelnen Schüler keine besondere Härte (z.b. ein zusätzlicher Schulwechsel innerhalb einer Schulstufe) ergibt.

Nach **Satz 3** kann bei einer Schule, die auf **mehrere Standorte** verteilt ist, für jeden Standort ein eigener Schulbezirk festgelegt werden. Das NSchG erläutert den Begriff der Standorte nicht, aus § 106 Abs. 9 Satz 1 Nr. 3 sowie § 3 SchOrgVO lässt sich jedoch herleiten, dass eine Schule (als Hauptstelle oder Stammschule) Außenstellen führen darf. Nicht gemeint sein können sog. Nebenstellen, die fußläufig von der Hauptstelle zu erreichen sind und für die ein gesonderter Schulbezirk schon deshalb keinen Sinn macht. Unterschiedliche **Schulbezirke für Hauptstelle und Außenstelle** findet man oftmals im ländlichen Raum, wo beispielsweise der 5. und der 6. Jahrgang eines Gymnasiums, einer Oberschule oder einer Gesamtschule ortsnah oder wegen des vorhandenen Raumangebots an unterschiedlichen Standorten unterrichtet werden und die Schülerinnen und Schüler erst ab dem 7. Jahrgang gemeinsam in der Stammschule untergebracht sind. Auch bei einer Grundschule sind eine Hauptstelle und eine Außenstelle mit abweichender Schulbezirksfestlegung denkbar, um unter schulorganisatorischen Gesichtspunkten den Schulbesuch zu steuern (vgl. VG Gießen, Beschl. v. 30.07.2014 – 7 L 1800/14).

Wird für Hauptstelle und Außenstelle kein jeweils eigener Schulbezirk festgelegt, so ist der Fall so zu behandeln, als bestünde ein gemeinsamer Schulbezirk für beide Schulstandorte, denn es gibt rechtlich nur eine einzige Schule mit Hauptstelle und Außenstelle (vgl. VG Lüneburg, Urt. v. 18.09.2012 – 4 A 2111/11).

Im Übrigen wird auf die Ausführungen in Anm. 4 verwiesen.

Für mehrere Schulen derselben Schulform, die sich an demselben Standort befinden, kann nach **Satz 4** ein **gemeinsamer Schulbezirk** festgelegt werden; dabei sind sowohl die Zusammenfassung aller Schulen wie auch die Zusammenfassung einzelner Schulen zu einem gemeinsamen Schulbezirk denkbar. Solche gemeinsamen Schulbezirke sollen gebildet werden, wenn eine ausreichende Größe aller Schulen sowie eine gleichmäßige Auslastung der Schulanlagen auch ohne einzelne Schulbezirke gesichert werden können und für das Land und den Träger der Schülerbeförderung keine Mehrkosten für die Schülerbeförderung entstehen. Wird ein gemeinsamer Schulbezirk gebildet, so gilt er nicht nur für das Gebiet innerhalb des Standortes, sondern für das gesamte Gebiet, für das die beteiligten Schulen zuständig werden sollen.

Bieten mehrere solcher Schulen denselben Bildungsgang an, so kann nach **Satz 5** auch für diesen Bildungsgang ein gemeinsamer Schulbezirk festgelegt werden.

Die Festlegung von Schulbezirken bedarf aus Gründen der Deregulierung und Verwaltungsvereinfachung seit 01.09.2002 (ÄndG 02) nicht mehr der Genehmigung durch die Schulbehörde.

Für die Schulen im **Sekundarbereich II** fehlt es an einer gesetzlichen Ermächtigung für den kommunalen Satzungsgeber, Schulbezirke festlegen zu dürfen. In der Folge kann der Sekundarbereich II an Gymnasien, Gesamtschulen, Förderschulen, Abendgymnasien, Kollegs sowie berufsbildenden Schulen frei angewählt werden. Die Obergrenze bildet die Aufnahmekapazität der jeweiligen Schule.

Grundsätzlich ist für eine rechtswirksame Festlegung von Schulbezirken eine **satzungsrechtliche Regelung** erforderlich (vgl. OVG Lüneburg, Urt. v. 21.05.1992 – 13 L 148/90 –, bestätigt durch BVerwG, Beschl. v. 06.06.1995 – 6 C 13.93), eine verwaltungsinterne Regelung oder eine Allgemeinverfügung (§ 35 Satz 2 VwVfG) reichen zur Bildung oder Änderung eines Schulbezirks nicht aus (vgl. VGH Kassel, Urt. v. 25.04.1983 –VI N 3/82, NVwZ 1984 S. 116 (117)). Satzungen sind öffentlich bekannt zu machen, sie sind zudem oftmals auf den Internetseiten der Kommunen unter den Rubriken »Gemeinde-, Stadt- bzw. Kreisrecht« oder »Satzungen und Verordnungen« eingestellt.

Die Schulträgerschaft gehört zum eigenen Wirkungskreis der kommunalen Schulträger (§ 101 Abs. 2), die Kommunen können in diesem Autonomiebereich ihre eigenen Angelegenheiten durch **Satzung** regeln (§ 10 Abs. 1 NKomVG). Im Rahmen der Satzungsgewalt können abstrakt-generelle Regelungen für eine unbestimmte Anzahl von Personen und Fällen erlassen werden, die jedermann – auch die Kommune selbst – binden. Der Erlass einer Satzung ist eine **Normsetzung** i. S. des Art. 20 Abs. 3 GG. Satzungen müssen inhaltlich hinreichend bestimmt sein, so dass auch Rechtslaien ihren Inhalt und ihre Wirkung erfassen können. Schließlich muss eine Satzung verhältnismäßig sein, was u. a. durch sachgerechte Befreiungsregelungen erreicht werden kann. **Schulbezirksfestlegungen** werden wegen ihrer grundrechtsrelevanten Regelungen durch Satzung getroffen. Nur durch wirksame Satzungen über Schulbezirke lässt sich die Pflicht der Schülerinnen und Schüler begründen, sich bei der Wahl der Schule nach den vorgegebenen örtlichen Zuständigkeiten der Schulen zu richten.

Für die Bestimmung der Schulbezirke und der danach zuständigen Pflichtschule ist die zum Zeitpunkt des Schuljahresbeginns (vgl. § 28 Abs. 1: grundsätzlich der 1. August eines jeden Jahres) gültige Schulbezirkssatzung maßgeblich (OVG Lüneburg, Beschl. v. 31.07.2018 – 2 ME 405/18).

Der Rechtsauffassung, dass die kommunalen Grenzen auch ohne besonderen Beschluss der kommunalen Vertretung Schulbezirksgrenzen darstellen (vgl. Anm. 5 zu § 63 in NSchG-Handkommentar Woltering/Bräth, 4. Auflage) wird man – neben dem Einwand, dass § 63 Abs. 2 Satz 1 zumindest für den Primarbereich ein aktives Tun der Kommune fordert – entgegen halten können, dass Schulbezirksgrenzen allein schon wegen ihrer bindenden Wirkung und des Eingriffs in die Freizügigkeit ausdrücklich durch Satzung zu bestimmen sind, sofern sie nicht bereits durch Gesetz festgelegt sind (wie z.B. in § 25 Abs. 2 Satz 1 des Schulgesetzes des Freistaates Sachsen). Würden kommunale Grenzen aus sich heraus eine entsprechende Bindungswirkung entfalten, wäre auch im Sekundarbereich II ein Verlassen des Gebietes der Kommune nur im Ausnahmefall möglich. Im Primarbereich wäre bei Grundschulen in kleinen Gemeinden eine Satzung entbehrlich, im Sekundarbereich I würde der bewusste Verzicht auf eine satzungsrechtliche Regelung gleichwohl zu einer Festlegung auf die Gebietsgrenzen führen.

Sofern ein Schulträger ein Verlassen seines Gebietes verwehren will, hat er zumindest die Gebietsgrenze als Schulbezirk satzungsrechtlich zu bestimmen (so auch VG Göttingen, Beschl. v. 23.07.2009 – 4 B 134/09). Dies entspricht auch der gängigen Praxis.

Nach § 10 Abs. 1 NKomVG können die Kommunen ihre eigenen Angelegenheiten durch Satzung regeln. Durch die ausdrückliche Beschränkung auf »eigene Angelegenheiten« ist die Befugnis, Satzungen zu erlassen, sowohl räumlich (Gemeindegebiet) als auch personell (Einwohnerinnen und Einwohner sowie Personen mit einem vergleichbaren Status) eingeschränkt. Kommunale Schulträger sind folglich auch nicht berechtigt, Schulbezirke für in ihrem Gebiet gelegene Schulen durch einseitige satzungsrechtliche Regelung auf das Gebiet oder auf Gebietsteile eines anderen Schulträgers zu erstrecken; die »Einteilungsbefugnis« endet an der Gebietsgrenze.

Gleichwohl können Schulbezirke auch Bereiche anderer, in der Regel benachbarter Schulträger einschließen, wenn die Schulträger dies unter Beachtung des § 104 vereinbart haben. Es bedarf hierzu allerdings einer **komplementären Satzung** der abgebenden Kommune (vgl. VG Braunschweig, Urt. v. 30.03.2011 – 6 A 269/10 –, SchVw NI, H. 7-8/2011). Der Schulträger, in dessen Gebiet die aufnehmenden Schulen gelegen sind, kann dann Schulbezirke auf Gebietsteile des anderen Schulträgers erstrecken. Der andere Schulträger kann die Schülerinnen und Schüler aus seinem Gebiet durch Satzung verpflichten, die betreffenden auswärtigen Schulen zu besuchen.

Unabhängig davon können – ohne dass es einer solchen Vereinbarung oder einer Gestattung durch die Schulbehörde bedarf – Schülerinnen und Schüler aus dem Gebiet außerhalb des Schulbezirks aufgenommen werden, wenn der Schulträger, in dessen Gebiet die Schülerin oder der Schüler ihren oder seinen Wohnsitz oder ständigen Aufenthalt hat, eine Schule dieser Schulform oder besonderen Organisationsform nicht vorhält oder deren Kapazität erschöpft ist.

Erziehungsberechtigte können die Gültigkeit der satzungsrechtlichen Schulbezirksfestlegungen in einem **Normenkontrollverfahren** vor dem Oberverwaltungsgericht überprüfen lassen (§ 47 VwGO). Voraussetzung für eine Antragsbefugnis ist, dass sie geltend machen können, durch die Schulbezirkssatzung oder ihre Anwendung unmittelbar in ihren eigenen Rechten verletzt zu sein oder in absehbarer Zeit verletzt zu werden (vgl. OVG Lüneburg, Urt. v. 22.04.2013 – 2 KN 57/11 –, insbesondere zur Prüfung einer Verletzung des Gebots gerechter Abwägung der widerstreitenden öffentlichen und privaten Interessen sowie OVG Lüneburg, Beschl. v. 04.09.2015 – 2 ME 252/15). Hierzu bedarf es der hinreichend substantiierten Darlegung von Tatsachen, die dies zumindest als möglich erscheinen lassen. Ferner muss nach ihren Darlegungen eine Rechtswidrigkeit der Norm und

Schülerinnen und Schüler § 63 NSchG

damit eine eigene Rechtsverletzung immerhin in Betracht kommen (OVG Lüneburg, Beschl. v. 17.06.2011 – 2 MN 31/11).
Das OVG Lüneburg hat sich in einem Normenkontrollverfahren (Urt. v. 08.04.2015 – 2 KN 351/13) mit den Auswirkungen einer Nichtbeteiligung von Gemeinde- bzw. Kreiselternräten im Normsetzungsverfahren auseinandergesetzt und festgestellt, dass § 99 Abs. 1 in unmittelbarer Anwendung keine förmliche Beteiligung gebietet. Das OVG kommt zu dem Ergebnis, dass in der in Normsetzungsverfahren nur in Betracht kommenden entsprechenden Anwendung § 99 Abs. 1 den Schulträger zwar verpflichtet, die Gemeinde- bzw. Kreiselternräte über deren Aufgaben betreffende Normsetzungsvorhaben rechtzeitig und hinreichend zu informieren und ihnen die Möglichkeit zur Äußerung zu geben, das Normsetzungsverfahren aber bei einer Verletzung dieser Pflicht nicht an einem beachtlichen Verfahrensmangel leidet.

Schulen in freier Trägerschaft haben keine Schulbezirke, weil für sie weder Standortkommune noch Träger zu bindenden Schulbezirksfestlegungen legitimiert sind. Den Trägern dieser Schulen bleibt es gleichwohl unbenommen, niedersächsische Schülerinnen und Schüler nur aus einem bestimmten Bereich des Landes aufzunehmen; die nachgeordnete Schulbehörde ist gehalten, in geeigneten Fällen hierüber mit den Schulträgern Absprachen zu treffen. Bei der Bemessung der Schulbezirke für benachbarte öffentliche Schulen des gleichen Bildungsgangs, wie ihn die Schule in freier Trägerschaft anbietet, ist der Schüleranteil zu berücksichtigen, der voraussichtlich diese Schule besuchen wird.

Vom Schulbezirk ist der **Einzugsbereich** einer Schule zu unterscheiden. Ein Einzugsbereich ist ein räumlich abgegrenztes Gebiet, aus dem sich die Schülerschaft zu der öffentlichen Schule hin orientiert. Der Begriff des Einzugsbereichs kommt aus der Raumplanung. Aus dem Einzugsbereich wird die Schule mit Schülerinnen und Schülern versorgt. Der Bereich ist ein Planungsrahmen für schulorganisatorische Entscheidungen, für einen zweckentsprechenden Schulbau, für die Organisation der Schülerförderung u. Ä. Gem. § 5 SchOrgVO haben die Schulträger für ihre Schulen Einzugsbereiche (§ 106 Abs. 5 Satz 1 Nr. 1) festzulegen. Oftmals sind Einzugsbereich und Schulbezirk deckungsgleich (z.B. das Gemeindegebiet bei Grundschulen in kleinen Gemeinden), Einzugsbereiche können aber auch über das Gebiet des Schulträgers hinausgehen (z.B. bei weiterführenden Schulen und Förderschulen).

Schülerinnen und Schüler, die die nach Satz 2 zuständige Schule besuchen müssen, dürfen aus Kapazitätsgründen nicht abgewiesen werden. Bei räumlichen Engpässen muss der Schulträger entweder die Schulbezirksgrenzen ändern oder entsprechend seiner Verpflichtung nach § 106 Abs. 1 auf andere Weise für Abhilfe sorgen.

Soweit innerhalb des Gebiets eines Schulträgers kein oder für mehrere Schulen ein **gemeinsamer Schulbezirk** festgelegt worden ist (**Sätze 4 und 5**), haben die Erziehungsberechtigten die Wahl, welche Schule besucht werden soll. Kommt es hierbei zu einem Bewerberüberhang für einzelne

Schulen, muss zunächst versucht werden, im Wege einer einvernehmlichen Regelung die überzähligen Bewerberinnen und Bewerber auf andere Schulen zu verteilen. Gelingt dies nicht, muss ein Auswahlverfahren nach sachlichen Kriterien durchgeführt werden (z.b. räumliche Entfernung der Wohnung von der Schule). Dabei ist die Anwendung einer Geschwisterregelung rechtlich umstritten (vgl. OVG Lüneburg, Beschl. v. 08.10.2003 – 13 ME 343/03), wird aber vom Kultusministerium als rechtlich zulässig angesehen (LT-Drs. 15/892). Unzulässig dürften solche Kriterien sein, die auf die Leistungsfähigkeit der Schülerinnen und Schüler abstellen. Übersteigen nach Anwendung der Aufnahmekriterien die verbleibenden Aufnahmewünsche die Aufnahmekapazität, muss eine »Gleichbehandlung nach dem Zufallsprinzip stattfinden und dabei auf ein Losverfahren zurückgegriffen werden« (OVG Lüneburg a. a. O.).

Nach dem erwähnten OVG-Beschluss ist der Schulträger nicht verpflichtet, den Besuch einer bestimmten Schule zu garantieren, sofern die Schülerinnen und Schüler die Möglichkeit haben, sowohl die gewünschte Schulform wie auch den gewünschten Bildungsgang innerhalb des Gebietes des Schulträgers zu durchlaufen.

Zur **Kapazitätsgrenze** hat das OVG ausgeführt, dass ein Recht auf Bildung an einer bestimmten Schule seine Grenze an dem Bildungsanspruch der Mitschülerinnen und Mitschüler findet. Die Kapazitätsgrenze ist grundsätzlich dann erreicht, wenn auf der Grundlage des Erlasses über die Klassenbildung (d. h. RdErl.»Klassenbildung und Lehrkräftestundenzuweisung an den allgemein bildenden Schulen«) die Schülerhöchstzahl von Klassen ausgeschöpft ist.

4 **Zu Abs. 3:** Die Verpflichtung zum Besuch der Pflichtschule nach **Satz 1** besteht nur, soweit diese der gewählten Schulform entspricht und den Bildungsgang anbietet, den die Schülerin oder der Schüler besuchen möchte, die Verpflichtung steht insoweit unter der Prämisse des Wahlrechts (§ 59 Abs. 1) der Erziehungsberechtigten und der volljährigen Schülerinnen und volljährigen Schüler (OVG Lüneburg, Beschl. v. 21.11.2018 – 2 ME 512/18).

Die Vorschrift spricht zunächst den Grundsatz aus, dass alle Schülerinnen und Schüler – im Rahmen der von ihnen gewählten Schulform oder des von ihnen gewählten Bildungsganges – diejenige Schule besuchen müssen, in deren Schulbezirk sie wohnen oder sich gewöhnlich aufhalten; diese Schule wird landläufig als »örtlich zuständige Schule« bzw. »**zuständige Schule**« bezeichnet.

Die vorstehend in Parenthese wiedergegebene Einschränkung soll verdeutlichen, dass die Schulbezirksfestlegung zum einen nur für die jeweils ausgewählte Schulform maßgeblich ist. Für eine Schülerin oder einen Schüler, die oder der beispielsweise ein schulbezirksfreies Gymnasium besuchen möchte, ist eine Schulbezirksfestlegung für eine Oberschule somit unbeachtlich. Ebenso verhält es sich zum anderen mit einem bestimmten Bildungsgang. So ist der Schulbezirk des zuständigen Gymnasiums dann nicht bindend, wenn von einer Schülerin oder einem Schüler etwa ein

Gymnasium mit einem altsprachlichen oder mit einem musischen Unterrichtsschwerpunkt besucht werden soll.

Die Bindung an festgelegte Schulbezirke gilt nach **Satz 2** entsprechend für Bezirke einzelner Bildungsgänge, Schulzweige oder Jahrgänge (vgl. Anm. 3).

Ist für mehrere Schulen derselben Schulform, die sich an demselben Standort befinden, ein gemeinsamer Schulbezirk festgelegt worden, so kann jede Schule in diesem Bezirk frei angewählt werden. Eine solche freie Anwahl ist auch möglich, wenn für mehrere Schulen derselben Schulform, die sich an demselben Standort befinden, für denselben Bildungsgang ein gemeinsamer Schulbezirk festgelegt worden ist (vgl. Satz 3).

Das Elternrecht und das Interesse des schulpflichtigen Kindes dürfen durch organisatorische Entscheidungen über die Frage, in welcher Schule die Schulpflicht zu erfüllen ist, nicht in unzumutbarer Weise beeinträchtigt werden. Das Verhältnismäßigkeitsprinzip verlangt das Abwägen von Maßnahmen im öffentlichen Interesse gegenüber den dadurch entstehenden Eingriffen in private Interessen und Grundrechte (vgl. u. a. OVG Lüneburg, Beschl. v. 04.09.2015 – 2 ME 252/15). Dieser ungeschriebene Verfassungsgrundsatz kann in besonderen individuellen Situationen **Ausnahmen von der Schulbezirkspflicht** erfordern. Eine vom Normalfall abweichende Ausnahmesituation kann nur angenommen werden, wenn die Nachteile des Besuchs der zuständigen Pflichtschule ungleich schwerer wiegen als das öffentliche Interesse an der Erfüllung der Schulbezirksfestlegung (vgl. VG Göttingen, Urt. vom 27.05.2004 – 4 A 194/03). Hingegen sind Gründe, die typischerweise eine Vielzahl von Schülerinnen und Schülern und deren Erziehungsberechtigte treffen oder die sich aus der erforderlichen, geografisch präzisen Abgrenzung der Schulbezirke ergeben, regelmäßig nicht ausreichend, um eine besondere Ausnahmesituation zu begründen. Auch reine Zweckmäßigkeitserwägungen für den Tagesablauf der Schülerinnen und Schüler oder der Erziehungsberechtigten reichen für eine Ausnahme nicht aus.

Da das Gesetzesrecht das Satzungsrecht verdrängen kann, verdrängt eine auf der Grundlage einer gesetzlichen Bestimmung erteilte Ausnahme eine satzungsrechtliche Schulbezirksfestlegung. Der Gesetzgeber hat in Absatz 3 Satz 4 eine Bestimmung verankert, nach der an Sinn und Zweck der Regelungen des § 63 ausgerichtete (d. h. u. a. die Interessen der kommunalen Schulträger sowie der Träger der Schülerbeförderung wahrend), sachgerechte Ausnahmeentscheidungen zugunsten der Schülerinnen und Schüler im Einzelfall ermöglicht sind.

Nach **Satz 4** kann der Besuch einer anderen (als der »zuständigen«) Schule gestattet werden, wenn

- der Besuch der zuständigen Schule für die betreffenden Schülerinnen oder Schüler oder deren Familien eine **unzumutbare Härte** darstellen würde oder
- der Besuch der anderen Schule **aus pädagogischen Gründen geboten erscheint**.

Die Darlegung einer unzumutbaren Härte und von pädagogischen Gründen verlangt mehr als das Anführen vernünftiger und sachlicher Gründe oder den Hinweis auf reine Unbequemlichkeiten, die sich mit dem Besuch der zuständigen Schule ergeben könnten; eine solche Härte ist erst dann anzunehmen, wenn die Nachteile, die eine Schülerin oder ein Schüler bei dem Besuch der zuständigen Pflichtschule zu erleiden hätte, ungleich schwerer sind als das öffentliche Interesse an einer sinnvollen Verteilung der Schülerinnen und Schüler auf die von dem aufgrund des Wohnsitzes zuständigen Schulträger angebotenen Schulen. Die Annahme einer unzumutbaren Härte und pädagogischer Gründe muss sich aus der besonderen Situation des Einzelfalls ergeben, der es schließlich rechtfertigt, der sich hierauf berufenden Schülerin oder des sich hierauf berufenden Schülers ausnahmsweise eine Sonderstellung einzuräumen. (vgl. insbes. OVG Lüneburg, Beschl. v. 20.08.2012 – 2 ME 343/12 -, Beschl. v. 04.09.2015 – 2 ME 252/15 -, Beschl. v. 13.09.2016 – 2 ME 180/16 – sowie Beschl. v. 02.08.2018 – 2 ME 432/18).

Wann der Besuch der zuständigen Schule eine unzumutbare Härte darstellt, wird in § 63 Abs. 3 Satz 4 Nr. 1 nicht näher bestimmt. Der unbestimmte Rechtsbegriff der »**unzumutbaren Härte**«, der gerichtlich vollständig überprüfbar ist, unterliegt damit den allgemeinen Auslegungsregeln. Die Annahme einer eine Ausnahme rechtfertigenden »Härte« setzt regelmäßig voraus, dass ein atypischer Sachverhalt vorliegt, bei dem die Anwendung der für den Regelfall geschaffenen Rechtsvorschrift, den Leitvorstellungen des Gesetzgebers nicht mehr entspricht. Mit der Härtefallregelung des § 63 Abs. 3 Satz 4 Nr. 1 sollen regelmäßig die schwerwiegenden Umstände erfasst werden, denen sich eine Schülerin und ein Schüler bzw. ihre oder seine Familie nicht entziehen kann (OVG Niedersachsen, Beschl. v. 31.07.2018 – 2 ME 405/18 m. w. N. zur Auslegung des Tatbestandsmerkmals »Härte« in anderen Rechtsgebieten auch BVerwG, Urt. v. 12.04.2017 – 2 C 16.16, Urt. v. 05.10.1972 – 5 C 71.71 – zur Härteklausel des § 88 Abs. 3 BSHG; Beschl. v. 30.09.1998 – 1 B 92.98 zu § 19 AuslG 1990; Beschl. v. 13.05.1991 – 3 B 36.91 zu § 301b LAG).

Der unbestimmte Rechtsbegriff muss bei der Rechtsanwendung im Einzelfall präzisiert und ausgefüllt werden. Ein »Härtefall« ist zunächst einmal ein atypischer Sachverhalt, der erheblich von dem vom Gesetzgeber vorgesehenen Normalfall abweicht und für den deshalb eine Ausnahmeentscheidung gerechtfertigt erscheint. Der Begriff der Härte wird durch den Zusatz »unzumutbar« deutlich gesteigert. Es ist daher zusätzlich zu prüfen, ob die Bestimmung eine Person in ihrer spezifischen Situation übermäßig hart und unverhältnismäßig oder in hohem Maße unbillig trifft. Es müssen außergewöhnliche, schwerwiegende, atypische und möglichst nicht selbstverschuldete Umstände vorliegen. Das Vorhandensein oder Nicht-Vorhandensein einer unzumutbaren Härte hängt von einem Abwägen der Interessen beider Seiten ab, wobei man zu dem Ergebnis kommt, dass die ins Auge gefasste Entscheidung für die eine Seite deutlich belastendere Konsequenzen (nur schwer oder nie wieder gut zu machende Nachteile) hat als für die andere.

Schülerinnen und Schüler § 63 **NSchG**

Von einer unzumutbaren Härte wird immer nur dann auszugehen sein, wenn aufgrund der Besonderheit des Einzelfalles es unerträglich für das Kind oder dessen Familie wäre, wenn es zum Besuch der zuständigen Schule gezwungen würde.
Anerkannt worden ist das Vorliegen einer unzumutbaren Härte z.b. in folgenden (Einzel-) Fällen:

- Umzug der Erziehungsberechtigten während des Schuljahrs oder kurz vor Erreichen eines Abschlusses. Eine Ausnahmegenehmigung zum Verbleib in der bisherigen Schule sollte bis zum Ende des Schuljahres oder bis zum Ende einer pädagogischen Einheit erteilt werden (dies ist in der Regel auch pädagogisch geboten). Pädagogische Einheiten bilden die Klassen 1 und 2, die Klassen 3 und 4 sowie die Klassen 9 und 10 (außer bei Hauptschulen); in den übrigen Klassen kommt es entscheidend auf das pädagogische Konzept der zuständigen Schule und den Einzelfall an.

- Extreme Länge des entstehenden Schulweges (der Schulträger wird allerdings zu prüfen haben, ob die Festlegung des Schulbezirks sachgerecht war).

- Medizinische Gründe, z.b. nachweisliche Allergien auf die in der Schule vorhandenen Teppichböden oder anderen Einrichtungsgegenstände.

Nicht anerkannt worden ist das Vorliegen einer unzumutbaren Härte z.B. in folgenden Fällen:

- Betreuungssituation von Schülerinnen und Schülern im Sekundarbereich I aufgrund der Berufstätigkeit beider Elternteile (vgl. OVG Lüneburg, Beschl. v. 24.08.2012 – 2 ME 336/12).

- Schulwegbegleitung und Betreuung kann mit Blick auf die Arbeitszeit weit überwiegend durch die Eltern gewährleistet werden (OVG Lüneburg, Beschl. v. 14.09.2007 – 2 ME 575/07 – u. VG Braunschweig, Beschl. v. 03.08.2010 – 6 B 126/10).

- Inanspruchnahme einer Schülerbeförderung ohne Begleitung durch die Eltern ist Schulanfängern zuzumuten (OVG Lüneburg, Beschl. v. 02.08.2018 – 2 ME 432/18).

- Negativer Einfluss der in der Nähe der Grundschule wohnenden Großmutter (vgl. VG Braunschweig, Urt. v. 25.08.1997 – 6 A 61170/97).

- Verhinderung einer Sorgerechtsregelung zuwiderlaufenden Kontaktaufnahme durch die Großeltern (vgl. VG Braunschweig, Beschl. v. 11.09.2014 – 6 B 228/14).

- Freundschaftliche Verbindungen, denn diese Faktoren unterliegen einem ständigen Wandel und sind einer objektiven Überprüfung nicht zugänglich (vgl. z.B. VG Hamburg, Beschl. v. 11.08.2012 – 2 E 1607/11, SchVw NI, H. 9/2012, u. OVG Lüneburg, Beschl. v. 29.01.1995 – 13 M 5328/95).

- Verlust langjährig aufgebauter sozialer Bindungen (vgl. VG Düsseldorf, Beschl. v. 07.08.2001 – 1 L 1340/01).
- Kind kann Veränderungen nur sehr schwer verarbeiten und ist auf Personen im Umfeld der gewünschten Grundschule angewiesen (vgl. HambOVG, Beschl. v. 08.08.2019 – 1 Bs 179/19).
- Veränderung der Lebenssituation und damit verbundenen Eingewöhnungsschwierigkeiten (vgl. OVG Lüneburg, Beschl. v. 04.09.2015 – 2 ME 252/15).
- Kein Anspruch auf Besuch der Schule, die nach den Lebensumständen der Eltern – z.b. wegen des Arbeitswegs – am günstigsten anzufahren ist (OVG Lüneburg, Beschl. v. 02.08.2018 – 2 ME 432/18).
- Wunsch nach übersichtlicher Schule mit kleinen Klassen und Erhaltung der Kindergartenfreundschaften (vgl. VG Wiesbaden, Beschl. v. 09.08.2017 – 6 L 4416/17. Wi).
- Besuch der gewünschten Grundschule durch Kindergartenfreunde (OVG Niedersachsen, Beschl. v. 31.07.2018 – 2 ME 405/18).
- Trennung von Kindergartenfreunden.
- Schwierigkeiten, denen ältere Geschwister an der zuständigen Schule ausgesetzt gewesen sind, rechtfertigen grundsätzlich keine Gestattung, erst recht dann nicht, wenn eines der Geschwister an der Schule den Erweiterten Sekundarabschluss I erworben hat und eines der Geschwister diese Schule bereits vor fünf Jahren verlassen hat. Eine durchgreifende Voreingenommenheit der jetzigen Lehrkräfte gerade gegenüber der Antragstellerin kann demnach allein hieraus nicht hergeleitet werden (vgl. OVG Lüneburg, Beschl. v. 20.08.2012 – 2 ME 343/12).
- Geschwistern ist bereits eine Ausnahme erteilt worden (vgl. OVG Lüneburg, Beschl. v. 07.09.2004 – 13 ME 386/04 – sowie VG Potsdam, Beschl. v. 25.08.2000 – 2 L 1074/00).
- Ältere Schwester oder älterer Bruder wurde zuvor aufgrund einer falschen Wohnungsangabe einer anderen Schule zugewiesen (»Kein Anspruch auf Gleichheit im Unrecht«).
- Ein Anspruch auf Fehlerwiederholung besteht nicht (vgl. OVG Lüneburg, Beschl. v. 20.08.2012 – 2 ME 343/12).
- Wechsel zwischen Standorten einer Grundschule, wenn dadurch am abgebenden Standort eine Kombiklasse der Jahrgangsstufen 1 und 2 geführt werden müsste (VG Gießen, Beschl. v. 30.07.2014 – 7 L 1800/14).
- Allein der Hinweis auf den Schulalltag erleichternde Umstände im Fall des Besuchs derselben Schule durch Geschwister vermag einen Ausnahmefall nicht zu rechtfertigen (vgl. OVG Lüneburg, Beschl. v. 20.08.2012 – 2 ME 343/12).
- Enorme Strömungen der Schülerwege im Landkreis (vgl. OVG Lüneburg, Beschl. v. 20.08.2012 – 2 ME 343/12).

Schülerinnen und Schüler § 63 **NSchG**

- Kinder des Bekanntenkreises gehen zur gewünschte Schule (VG Braunschweig Beschl. v. 25.08.1997 – 6 A 61168/97 – sowie Beschl. v. 24.07.1995 – 6 A 61114/95).
- Alle Nachbarskinder aus dem nahen Umkreis besuchen die gewünschte Schule (vgl. VG Schleswig-Holstein, Beschl. v. 25.07.2002 – 9 B 47/02).
- Hausaufgabenbetreuung und Kommunionsunterricht erfolgen in der Nähe der Wunschschule (vgl. VG Braunschweig, Beschl. v. 06.08.1999 – 6 B 147/99).
- Temporäre Baumaßnahmen (vgl. VG Leipzig, Beschl. v. 21.06.2017 – 4 L 419/17).
- Schulweg von 1,9 km ist für einen Schüler der ersten Klasse zumutbar (vgl. VG Braunschweig, Beschl. v. 10.07.2003 – 6 B 174/03).
- Außerschulische Aktivitäten sind grds. ohne Relevanz für die Erteilung einer Ausnahmegenehmigung (vgl. VG Braunschweig, Beschl. v. 20.08.1998 – 6 A 61275/97).
- Pflege geschlossener Freundschaften in der Freizeit und an den Schulbesuch anknüpfende Freizeitaktivitäten (vgl. OVG Lüneburg, Beschl. v. 04.09.2015 – 2 ME 252/15).

Der Begriff der unzumutbaren Härte dient im Übrigen nicht dazu, mit der Gestattung des Besuchs einer anderen Schule Umstände zu berücksichtigen, für die der Träger der Schülerbeförderung aus § 114 Abs. 1 und 2 zuständig ist und die dieser zu regeln hat (vgl. VG Hannover, Beschl. v. 22.08.2003 – 6 B 3510/03).

Auf einige Härtegründe, die von den Antragsstellern im Zusammenhang mit dem Tatbestandsmerkmal der »unzumutbaren Härte« häufig angeführt werden, soll im Folgenden näher eingegangen werden, um Missverständnissen vorzubeugen.

In dem Bemühen, die erstrebte Ausnahmeregelung für ihr Kind zu erhalten, werden von Erziehungsberechtigten oftmals **ärztliche Atteste** vorgelegt, aus denen sich ergibt, dass das Kind aus ärztlicher Sicht die gewünschte Schule zu besuchen habe. Solche Atteste können nur dann das Verfahrensergebnis beeinflussen, wenn sich aus ihnen nachvollziehbar ergibt, dass beim Besuch der zuständigen Schule eine Erkrankung des Kindes oder eine Verstärkung einer Erkrankung zu befürchten ist. Handelt es sich um Erkrankungen aus dem psychischen Bereich, so sollte dieses von einer Ärztin oder einem Arzt mit einer entsprechenden Spezialisierung bestätigt werden.

Die **Berufstätigkeit beider Elternteile** begründet grundsätzlich für sich genommen nicht die Annahme einer unzumutbaren Härte i. S. d. § 63 Abs. 3 Satz 4 Nr. 1, weil ein derartiger Umstand heute nicht (mehr) als Ausnahmesituation und atypischer Sachverhalt anzusehen ist, sondern typischerweise eine größere Anzahl von Schülerinnen und Schülern und deren Familien betrifft. Etwas anderes kann im Einzelfall aber dann gelten, wenn mit der berufsbedingten Belastung der Erziehungsberechtigten weitere

Umstände einhergehen, die sich erheblich auf die Betreuungssituation des schulpflichtigen Kindes auswirken und von den Sorgeberechtigten nicht in zumutbarer Weise abgewendet werden können (OVG Niedersachsen, Beschl. v. 31.07.2018 – 2 ME 405/18). Bedeutsam sind in diesen Fällen die **Betreuungsbedürftigkeit** des Kindes und **weitere außergewöhnliche Schwierigkeiten**. In der Grundschule kann die Betreuungsbedürftigkeit bei hinzutretenden besonderen Umständen eine Ausnahme rechtfertigen, im Sekundarbereich I kommt es auf den Einzelfall an, wobei im Regelfall eine Ausnahmeregelung nicht in Betracht zu ziehen sein wird.

Durch den Nachweis einer Betreuungsstelle im Bereich der gewünschten Schule entsteht allerdings keine Genehmigungsautomatik nach Absatz 3. Wenn die zuständige Schule von der Betreuungsstelle aus mit zumutbarem Schulweg erreichbar ist (bei Grundschulkindern bis zu 2 Kilometern bzw. 45 Minuten), kann die erforderliche Betreuung ohne wesentliche Einschränkung geleistet werden; der Ausnahmetatbestand »unzumutbare Härte« wird nicht erfüllt.

Der Umstand, dass die gewünschte Schule näher zur Betreuungsstelle liegt, reicht für eine Ausnahme nicht aus.

Die **Betreuungsnotwendigkeit** und die **Betreuungssituation** müssen nachgewiesen werden (Arbeitszeitbescheinigungen der oder des Erziehungsberechtigten, Bescheinigung der Betreuungsperson oder der Betreuungsstelle).

Eine »beabsichtigte« Berufstätigkeit und eine damit eventuell verbundene Betreuungssituation im Bereich der gewünschten Schule kann nur als Grund akzeptiert werden, wenn der Zeitpunkt der Arbeitsaufnahme bereits nachweislich feststeht bzw. glaubhaft gemacht werden kann.

Die Ausnahmegenehmigung kann in diesen Betreuungsfällen (auch unter dem Aspekt einer Beförderungsverpflichtung durch den Träger der Schülerbeförderung) auf zwei Jahre befristet werden. Erforderlichenfalls ist dann, nach Prüfung des weiterhin bestehenden Betreuungsbedarfs, eine weitere Ausnahmegenehmigung zu erteilen.

Ebenso ist ein **bevorstehender Umzug** der Erziehungsberechtigten in das Einzugsgebiet der gewünschten Schule nur dann als Grund tragfähig, wenn er hinreichend konkret bevorsteht und auch belegt werden kann (z.B. durch einen abgeschlossenen Mietvertrag, einen notariellen Kaufvertrag eines Hauses). Eine geschaltete Wohnungs- oder Baugrundstückssuchanzeige erfüllt diese Anforderungen nicht.

Der Kontakt einer Schülerin oder eines Schülers zu einer Schulfreundin oder einem Schulfreund, die oder der in die gewünschte Schule aufgenommen wurde, gebietet grundsätzlich nicht die Annahme eines Härtefalles. Zwar dürfte es sich aus Sicht der Erziehungsberechtigten um ein gewichtiges Kriterium handeln. Gleichwohl können die **freundschaftlichen Verbindungen** der Schülerinnen und Schüler bei der Verteilung der verfügbaren Schulplätze keine Berücksichtigung finden. Denn diese Faktoren unterliegen einem ständigen Wandel und sind einer objektiven Überprüfung nur schwer zugänglich (vgl. z.B. VG Hamburg, Beschl. v. 11.08.2011 – 2 E 1607/11). Auch beim **Tatbestandsmerkmal »aus pädagogischen Gründen geboten«** handelt es sich um Gründe, die sich aus der besonderen Situation des Einzelfalles ergeben müssen. Pädagogische Ausnahmegründe müssen in der individuellen Situation der Schülerin oder des Schülers begründet sein. Abzustellen ist immer auf den jeweiligen Einzelfall. Für die Annahme pädagogischer Gründe müssen atypische Umstände vorliegen, die deutlich über die Belastungen hinausgehen, die regelmäßig mit dem Besuch der Pflichtschule verbunden sind und bei deren Vorliegen es den auf den Normalfall bezogenen Leitvorstellungen des Gesetzgebers nicht mehr entspräche, die betroffene Schülerin oder den betroffenen Schüler der zuständigen Pflichtschule zuzuweisen; diese Umstände müssen zugleich den Besuch der Wunschschule gebieten (vgl. OVG Lüneburg, Beschl. v. 21.11.2018 – 2 ME 51/18). Bei der Rechtsanwendung ist das Wort »**geboten**« im Kontext mit der Gesamtregelung des § 63 und mit seiner geschichtlichen Entwicklung (vgl. amtliche Begründung zu Nr. 15 des Entwurfs zum ÄndG 97) eher im restriktiven, beschränkenden Sinne von »angezeigt, unerlässlich, vonnöten« als im großzügigeren Sinne von »zweckmäßig, empfehlenswert, geraten« zu verstehen.

Pädagogische Gründe, die im Einzelfall den Besuch einer anderen Schule geboten erscheinen lassen, können z.B. sein:

- Schwierigkeiten der Schülerin oder des Schülers in ihrer oder seiner Klassengemeinschaft oder erheblich gestörte Beziehungen zu Lehrkräften. Diese Schwierigkeiten sind jedoch nur dann als pädagogischer Grund anzuerkennen, wenn der begehrte Schulwechsel Abhilfe erwarten lässt. Liegen die Ursachen im Verhalten der Schülerin oder des Schülers, ist zunächst auf eine Veränderung des eigenen Verhaltens hinzuwirken. Ist der Wechsel in eine Parallelklasse Erfolg versprechend, käme eine Ausnahme ebenfalls nicht infrage.

- Krankhafte Störungen und Gesundheitsbeeinträchtigung wg. Schul-Mobbings durch Mitschüler, die sich zu einer festen Bande zusammengeschlossen haben (vgl. VG Meiningen, Urt. v. 24.03.1999 – 8 K 654/98).

- Teilnahme an Projekten der Hochbegabtenförderung (Kooperationsverbund Hochbegabtenförderung).

- Angstzustände eines Schülers, die ihren Grund in einer von der bisherigen Schule wesentlich mit herbeigeführten Konfliktlage zum Elternhaus haben (vgl. VG Braunschweig, Beschl. v. 24.10.2000 – 6 B 448/00).

- Nachhaltige Störung im Verhältnis zwischen der Schule und einem Erziehungsberechtigten (vgl. VGH Baden-Württemberg, Beschl. v. 02.12.2015 – 9 S 1957/15).

- Wunsch, eine in der zuständigen Schule nicht angebotene Fremdsprache zu erlernen, im besonderen Einzelfall (vgl. VG Göttingen, Urt. v. 27.05.2004 – 4 A 194/03).

- Pädagogisch-psychologische und soziale Gründe und Schwierigkeiten einer Schülerin oder eines Schülers in ihrer Klassengemeinschaft oder erheblich gestörte Beziehungen zwischen der Schülerin oder dem Schüler und/oder ihrer oder seiner Erziehungsberechtigten auf der einen und den Lehrkräften auf der anderen Seite können in besonders gelagerten Einzelfällen als pädagogische Gründe im Sinne des Absatzes 3 Satz 4 Nr. 2 in Betracht kommen (vgl. OVG Lüneburg, Beschl. v. 19.08.2010 – 2 ME 276/10).
- Verwandtschaft zwischen Schülerin oder Schüler und einer Lehrkraft.

Zur Klarstellung werden im Folgenden Hinweise gegeben, die im Zusammenhang mit dem Tatbestandsmerkmal »aus pädagogischen Gründen geboten« bedeutsam sind:

Sofern ein Gymnasium mit einem altsprachlichen, neusprachlichen oder musischen Unterrichtsschwerpunkt besucht werden soll (eigene Bildungsgänge, vgl. Anm. 3), ist die Erteilung einer Ausnahme nicht erforderlich.

Beim besonderen Schwerpunkt in alten Sprachen wird Griechisch als dritte Pflichtfremdsprache in den Schuljahrgängen 7 bis 9 erteilt; im Schuljahr 10 kann Griechisch an Stelle der ersten oder zweiten Pflichtfremdsprache oder als Wahlfremdsprache fortgeführt werden.

Beim besonderen neusprachlichen Schwerpunkt an einer Schule wird eine an der Schule genehmigte Fremdsprache als dritte Pflichtfremdsprache in den Schuljahrgängen 7 bis 9 erteilt, die nicht erste oder zweite Pflichtfremdsprache ist. Im 10. Schuljahr kann die dritte Pflichtfremdsprache an Stelle der ersten oder zweiten Pflichtfremdsprache oder als Wahlfremdsprache fortgeführt werden.

In den beiden sprachlichen Schwerpunkten wird eine zusätzliche Pflichtfremdsprache eingeführt, die in der Folge über einen längeren Beschulungszeitraum betrieben wird und insbesondere versetzungsrelevant ist.

Innerhalb der Schulform Gymnasium sind ein besonderer Schwerpunkt in alten Sprachen sowie ein besonderer Schwerpunkt in neuen Sprachen als Bildungsgänge anzusehen. Da diese Bildungsgänge erst in der 7. Klasse beginnen, kann eine Aufnahme aus diesem Grund allerdings nicht bereits in die 5. Klasse erfolgen.

Der besondere Schwerpunkt in Musik ist insbesondere wegen seines über einen längeren Beschulungszeitraum gegebenen besonderen Einflusses auf die Gestaltung der Stundentafel und wegen der stundenmäßigen Gleichstellung des Faches Musik mit einem Langfach als eigener Bildungsgang anzusehen.

Das Angebot einer bestimmten Wahlfremdsprache oder der bilinguale Unterricht stellen hingegen keinen besonderen Bildungsgang dar. Auch sog. Profilklassen (z.B. Bläserklassen, Forscherklassen) sind nicht als »Bildungsgang« im Sinne des § 59 anzusehen, daher wäre hier ein Antrag auf Erteilung einer Ausnahmegenehmigung zu stellen und individuell zu begründen.

Ein besonderes schulisches Angebot ist nur dann beachtlich, wenn dessen Wahrnehmung hinreichend konkret erscheint (vgl. OVG Lüneburg, Beschl. v. 07.09.2004 – 13 ME 386/04).

Nicht anerkannt worden ist das Vorliegen von pädagogischen Gründen, die den Besuch einer anderen als der zuständigen Schule geboten erscheinen lassen, z.b. in folgenden Fällen:

- Negative Einstellung der Eltern zur zuständigen Schule, die eine Ablehnung bei dem Schüler hervorrufen (vgl. OVG Lüneburg, Beschl. v. 07.09.2004 – 13 ME 386/04).
- Geschwistern wurde bereits eine Ausnahmebewilligung erteilt (vgl. OVG Lüneburg, Beschl. v. 07.09.2004 – 13 ME 386/04).
- Ältere Schwester besucht bereits die gewünschte Grundschule; Mutter ist alleinerziehend (was »kein Alleinstellungsmerkmal ist«) und berufstätig (vgl. HessVGH, Beschl. v. 01.08.2019 – 7 B 1427/19).
- Kinder des Bekanntenkreises gehen zur gewünschten Schule (vgl. VG Braunschweig, Beschl. v. 25.08.1997 – 6 A 61168/97).
- Kritik am Geist einer Schule oder an den Lehrkräften, die an dieser Schule tätig sind.
- Unzufriedenheit mit der Unterrichtsversorgung, Unterbringung oder Ausstattung der Schule.
- Erhalt von Freundschaftsgruppen oder freundschaftlichen Verbindungen (vgl. u. a. VG Hamburg, Beschl. v. 11.08.2011 – 2 E 1607/11).
- Beeinträchtigung eines Schülers durch den Schulnamen, der mit dem Vornamen des ehemaligen Ehemanns der Mutter identisch ist (OVG LSA, Beschl. v. 15.10.2008 – 3 M 536/08).
- Latein als Wahlsprache ab Klasse 5, während das zuständige Gymnasium Latein erst ab dem darauffolgenden Schuljahrgang anbietet (vgl. OVG Lüneburg, Beschl. v. 24.08.2012 – 2 ME 336/12).
- Italienisch als 3. Fremdsprache ab Klasse 8 (vgl. VG Stuttgart, Urt. 08.07.2014 – 12 K 2397/14).
- Spanisch als Angebot ab Klasse 6, während das zuständige Gymnasium ab dem 8. und ab dem 11. Jahrgang Spanisch als 3. Pflichtfremdsprache anbietet (vgl. OVG Lüneburg, Beschl. v. 21.11.2018 – 2 ME 51/18).
- Beabsichtigte Sprachbelegung (Japanisch) im Sekundarbereich II im Fall eines Fünftklässlers (vgl. VG Braunschweig, Beschl. v. 31.07.2002 – 3 B 63/02 u. Beschl. v. 21.07.1999 – 6 B 161/99, hier zusätzlich noch mit der Teilnahme am muttersprachlichen Unterricht in Italienisch in der Nähe des gewünschten Gymnasiums begründet).
- Möglichkeit zum Durchlaufen einer besseren schulischen Entwicklung an einer Grundschule als an einer Grund- und Hauptschule (vgl. VG Schleswig-Holstein, Beschl. v. 25.07.2002 – 9 B 47/02).
- »Bessere Schule«.

- Eingliederung in eine ungewohnte Umgebung und Klassengemeinschaft (vgl. VG Göttingen, Beschl. v. 03.08.2009 – 4 B 184/09).
- Schwierigkeiten eines Schülers in der Klassengemeinschaft, spezielle Förderung bei Lese-Rechtschreibschwäche, gestörte Beziehung zur Klassenlehrkraft (vgl. VG Lüneburg, Beschl. v. 08.12.2016 – 4 B 153/16).
- »Hoher Ausländeranteil«.
- Elternteil ist als Lehrkraft an der anderen Schule tätig.

Nach **Satz 4** kann der Besuch einer »anderen« als der zuständigen Schule gestattet werden. »**Andere Schule**« in diesem Sinne ist gewöhnlich eine Schule, die sich als Organisationseinheit von der zuständigen Schule unterscheidet, d. h., es handelt sich bei der »zuständigen Schule« und der »anderen Schule« um zwei verschiedene Anstalten. Allerdings kann es auch innerhalb derselben Schule durch Schulbezirksfestlegungen zu Verwerfungen kommen, durch die Rechte und Interessen der Eltern und des Kindes in unzumutbarer Weise beeinträchtigt werden können. Nämlich immer dann, wenn für **Hauptstelle und Außenstelle** kein gemeinsamer Schulbezirk festgelegt wurde, sondern unterschiedliche Festlegungen gelten. In solchen Fällen sind Stammschule und Außenstelle zu behandeln wie unterschiedliche Schulen, d. h., es besteht in entsprechender Anwendung des Satzes 4 die Möglichkeit eines Schulwechsels von einer Hauptstelle zur Außenstelle bzw. von einer Außenstelle zur Hauptstelle (vgl. VG Gießen, Beschl. v. 30.07.2014 – 7 L 1800/14. GI). Den betroffenen Schülerinnen und Schülern steht hinsichtlich der Zuordnung zu einem Standort ein Anspruch auf eine ermessensfehlerfreie Entscheidung nach Kriterien der Schule zu (vgl. HambOVG, Beschl. v. 08.08.2019 – 1 Bs 179/19).

Eine einschränkende, allein am Wortlaut orientierte Interpretation würde zu fragwürdigen Ergebnissen führen. Denn dann könnte der Schulbezirk bei Vorliegen von Ausnahmegründen (theoretisch) zu allen Schulen verlassen werden, außer zum anderen Standort der eigenen Schule. In den Fällen einer Schule mit mehreren Standorten mit separaten Schulbezirken ist mithin eine sinnvolle Auslegung des Begriffes »andere Schule« geboten. Damit ist gleichwohl nicht gesagt, dass es Ausnahmen ausschließlich zum anderen Standort derselben Schule geben kann. Wenn z.B. die »unzumutbare Härte« durch Besuch einer Nachbarschule am ehesten beseitigt wird, so wäre die Ausnahme dorthin zu erteilen. Auf die Ausführungen des VG Lüneburg im Urt. v. 18.09.2014 – 4 A 2111/11 – wird in diesem Zusammenhang verwiesen.

Die Zulassung einer Ausnahme von der Pflicht zum Besuch einer anderen als der zuständigen Schule bedarf nach **Satz 4** der »**Gestattung**«, d. h. der Erteilung einer Genehmigung. Sie setzt einen Antrag (Formular) voraus. Der Antrag ist bei der Schule, die nach Absatz 3 und der Schulbezirkssatzung zu besuchen ist, zu stellen. Im Fall eines gemeinsamen Schulbezirks ist der Antrag bei der Schule, die derzeit besucht wird oder die bei der Einschulung der Wohnung oder dem gewöhnlichen Aufenthalt der Schülerin oder des Schülers am nächsten liegt, einzureichen. Die zuständige

Schule beteiligt mit einem Votum zu dem Antrag die gewünschte Schule, den Schulträger der gewünschten Schule und den Träger der Schülerbeförderung. Halten beide Schulen den Antrag für begründet, entscheidet die zuständige Schule mit einem schriftlichen Bescheid an den oder die Antragsteller. Der Schulträger, der Träger der Schülerbeförderung sowie die gewünschte Schule erhalten eine Durchschrift der Entscheidung zur Kenntnis.

Halten eine oder beide Schulen den Antrag für nicht begründet, ist der Vorgang dem jeweiligen Standort der nachgeordneten Schulbehörde zur Entscheidung vorzulegen.

Zu Abs. 4: Das Elternrecht darf durch schulorganisatorische Entscheidungen über die Frage, in welcher Schule die Schulpflicht zu erfüllen ist, nicht in unzumutbarer Weise beeinträchtigt werden. Diesen grundlegenden Anforderungen tragen die Bestimmungen des Absatzes 4 Rechnung. Kraft Gesetzes sind hier Ausnahmen vorgesehen, die ein **Ausweichen von der Schulbezirksfestlegung** einer an eine Schule gebundene nicht gewünschten Organisation (vgl. § 23) ermöglichen.

Satzungsrechtliche Schulbezirksfestlegungen der kommunalen Schulträger sollen bestimmen, welche örtliche Schule (der gewählten Schulform, vgl. Abs. 3 Satz 1) Schülerinnen und Schüler im Regelfall besuchen sollen; Schulbezirke sollen Schülerströme lenken und für eine gleichmäßige Auslastung der Schulen sorgen. Schulbezirke sollen hingegen nicht eine zu besuchende Schulform oder Organisationsform unausweichlich vorbestimmen. Schülerinnen und Schüler sollen nicht gezwungen werden, eine bestimmte Schulform oder Organisationsform zu besuchen, wenn im Gebiet desselben Schulträgers oder eines anderen Schulträgers eine Schule der jeweils gewählten Schulform oder gewünschten Organisationsform vorhanden ist.

Hinsichtlich der Bestimmung des Wohnsitzes und des gewöhnlichen Aufenthalts wird auf Anm. 2 verwiesen.

In den Sätzen 1 und 2 des Absatzes 4 sind zwei grundsätzlich angelegte Ausweichmöglichkeiten vorgesehen:

Nach **Satz 1** können Schülerinnen und Schüler im **Schulbezirk einer teilgebundenen oder voll gebundenen Ganztagsschule** (§ 23 Abs. 1 Satz 1 Nrn. 2 und 3) eine Halbtagsschule oder eine offene Ganztagsschule der gewählten Schulform desselben oder eines anderen Schulträgers besuchen.

Ganztagsschulen sind weder Schulformen noch Bildungsgänge, sie sind eine Organisationsform allgemein bildender Schulangebote. Wie sich aus Absatz 2 herleiten lässt, haben Ganztagsschulen keine eigenen Schulbezirke, sie unterliegen vielmehr der Schulbezirksfestlegung der jeweiligen Schulform, an der ein Ganztagsbetrieb angeboten wird.

Ganztagsschulen machen ihren Schülerinnen und Schülern ganztägige unterrichtliche und außerunterrichtliche Angebote. Zu den Angeboten, die Ganztagsschulen üblicherweise zusätzlich zum Unterricht der

Halbtagsschule machen, gehören die Mittagspause und das Mittagessen, Fördermaßnahmen, Verfügungsstunden, Arbeitsgemeinschaften sowie Arbeits- und Übungsstunden. Eine der Schulpflicht unterliegende ganztägige Erziehung der Kinder berührt – u. a. durch die zeitliche Ausdehnung der Abwesenheit der Kinder – das Erziehungsrecht der Eltern (OVG Bremen, Beschl. v. 07.09.2007 – 1 B 242/07).

Die Bestimmung trägt dem Wunsch von Teilen der Eltern Rechnung, ihre Kinder eine Schule mit Halbtagsbetrieb oder ohne verpflichtende Teilnahmen am Ganztagsbetrieb besuchen zu lassen.

Von Ganztagsschulen mit einem voll- oder teilweise verpflichtenden Angebot wird daher ein Ausweichen zu einer Halbtagsschule oder zum Halbtagsangebot einer Halbtagsschule mit Ganztagschulzug ermöglicht.

Denkbar ist auch, dass Schülerinnen und Schüler, die ihren Wohnsitz oder gewöhnlichen Aufenthalt im Schulbezirk einer Ganztagsschule mit einem voll- oder teilweise verpflichtendem Angebot haben, eine offene Ganztagsschule derselben Schulform desselben oder eines anderen Schulträgers besuchen wollen. Auch hierdurch könnten sich die Schülerinnen und Schüler einer verpflichtenden Teilnahme am Ganztagsangebot wirksam entziehen.

Nach **Satz 2** können Schülerinnen und Schüler in einem **Schulbezirk ohne Ganztagsschulangebot** eine Schule der gewählten Schulform desselben oder eines anderen Schulträgers mit Ganztagsschulangebot besuchen.

Ganztagsschulen weiten schulische Unterrichts-, Förder- und Betreuungsangebote auf die Nachmittagsstunden aus. Sie ermöglichen damit eine intensivere Förderung der Schülerinnen und Schüler. Wegen des ganztägigen Schulbetriebs erleichtern sie den Elternteilen darüber hinaus die Ausübung einer Berufstätigkeit.

Die Bestimmung trägt dem Wunsch von Eltern Rechnung, die ihre Kinder eine Schule mit Ganztagsbetrieb besuchen lassen möchten.

Nach dem Wortlaut der Bestimmung ist ein Ausweichen zu jeder Angebotsform einer Ganztagsschule möglich, selbst zur offenen Ganztagsschule, die kein verpflichtendes Angebot macht.

Eine Wechselmöglichkeit besteht dagegen nicht, sofern die Schülerin oder der Schüler in einen Ganztagsschulzug einer Halbtagsschule aufgenommen werden kann, denn damit ist eine Vor-Ort-Lösung möglich und naheliegend.

Der Gesetzgeber hat in Absatz 4 die anwählbaren Schulen »desselben Schulträgers« oder »eines anderen Schulträgers« alternativ und gleichrangig nebeneinander gestellt. Es wird dadurch der Eindruck erweckt, dass – in jedem Fall – ein freies Wahlrecht zwischen den Anbietern bestehen könnte. Hier sind jedoch unterschiedliche Fallkonstellationen mit voneinander abweichenden Ergebnissen denkbar, je nachdem, ob der (Wohnsitz-) Schulträger eine Lenkungsentscheidung durch Schulbezirkssatzung getroffen hat:

Schülerinnen und Schüler § 63

Absatz 4 ist einerseits im Zusammenhang mit dem zum Teil korrespondierenden § 105 Abs. 1, insbesondere aber im Kontext mit seinem vorangestellten Absatz 3 Satz 1, der innerhalb dieser Rechtsnorm einen Grundsatz aufstellt, zu sehen. Grundgedanke des Absatzes 4 ist, dass keine Schülerin oder kein Schüler gezwungen werden soll, eine besondere Organisationsform zu besuchen, die abgelehnt wird. Nach Sinn und Zweck der in Rede stehenden Bestimmung im Zusammenhang mit Absatz 3 Satz 1 geht es im Weiteren darum, einer Schülerin oder einem Schüler, deren oder dessen Schulträger eine bestimmte Organisationsform nicht vorhält, (dann) den Besuch der gewünschten Schulform im Gebiet eines anderen Schulträgers zu ermöglichen. Absatz 4 muss einschränkend dahingehend ausgelegt werden, dass diese Norm nur zum Tragen kommt, soweit der Schulträger des Wohnsitzes oder des gewöhnlichen Aufenthalts der Schülerin oder des Schülers kein entsprechendes Angebot vorhält, das aufgrund einer Schulbezirksfestlegung zu besuchen wäre. Hält der Schulträger ein entsprechendes Angebot mit Schulbezirksbindung vor, gilt allein Absatz 3 Satz 1. Begründet wird diese Auffassung zum einen mit der Systematik des Gesetzes (vorrangig § 63 Abs. 3, § 63 Abs. 4 nur als Ausnahme) und zum anderen auch damit, dass es nicht Sinn und Zweck des Absatzes 4 sein kann, dass ggf. ein Schulangebot eines Schulträgers durch an sich dort Schulpflichtige unterlaufen werden kann, weil ein anderer Schulträger (z.B. wegen günstigerer Verkehrsanbindung) für diese Schülerinnen und Schüler attraktiver ist. Kurz gesagt: Das Wahlrecht kraft Gesetzes besteht nach Sinn und Zweck ersichtlich nicht, um satzungsmäßig gezogenen Schulbezirken einer Schule der gewünschten Schulform auszuweichen (vgl. VG Göttingen, Beschl. v. 23.07.2009 – 4 B 134/09).

Andererseits ist es nicht Sinn und Zweck des Absatzes 4, die Grenzen des Schulträgergebiets zu schützen. Die Bestimmung zielt im Kern darauf ab zu gewährleisten, dass keine Schülerin oder kein Schüler gezwungen wird, die Schule einer Organisationsform zu besuchen, die abgelehnt wird.

Aus Absatz 4 lässt sich nicht entnehmen, dass sich die Wahlmöglichkeit vorrangig auf das Gebiet des eigenen Schulträgers bezieht und zunächst Schulen in der Schulträgerschaft des eigenen Schulträgers zu besuchen sind (VG Göttingen, Beschluss vom 23.07.2009 – 4 B 134/09).

Hat der Schulträger eine Lenkungsentscheidung durch Schulbezirkssatzung versäumt oder unterlassen, so erstreckt sich die freie Wahl der Schulform auch auf die Wahl des anbietenden Schulträgers (vgl. VG Göttingen a. a. O.)

Der Gesetzgeber spricht im Übrigen von »anderen«, nicht hingegen von »benachbarten« Schulträgern, wie er es in anderen Bestimmungen (z.B. § 104 Satz 3, § 131 Abs. 3, § 137 Satz 1) tut. Das würde auch keinen Sinn machen, weil nicht alle Kommunen Schulträger insbesondere der weiterführenden Schulen sind und sie auch nicht ein umfassendes Schulangebot machen müssen. Es versteht sich allerdings von selbst, dass bei dem anderen Schulträger an den unter zumutbaren Bedingungen erreichbaren Träger gedacht ist.

Hinsichtlich der Frage, ob und inwieweit auswärtige Schülerinnen und Schüler, die die Möglichkeit des Schulbesuchs nach Absatz 4 wählen, in die gewählte Schule aufzunehmen sind, wird auf die Ausführungen in Anm. 2 zu § 105 verwiesen.

Die Gründung eines **Zweitwohnsitzes** im Schulbezirk der gewünschten Schule allein bewirkt in der Regel noch nicht die Zuständigkeit dieser Schule. Maßgeblich ist vielmehr die Hauptwohnung, d. h. der Ort, an dem die Schülerin oder der Schüler tatsächlich seinen gewöhnlichen Aufenthalt hat.

Die Gerichtsbarkeit hat sich in den vergangenen Jahren wiederholt mit der **Angabe von Scheinwohnsitzen** befassen müssen. Liegen Anhaltspunkte für eine Verletzung melderechtlicher Vorschriften vor, so kann nicht nur diese **Ordnungswidrigkeit** (§§ 37, 38 Nds. Meldegesetz) geahndet werden, auch der bewusst angelegte Verstoß gegen die Rechtsordnung mit dem Ziel, sich mit der Scheinanschrift durch Täuschung einen Vorteil zu verschaffen, kann sich im Ergebnis nachteilig auswirken.

Das VG Berlin hat in den Beschlüssen vom 30.11.2005 – VG 14 A 62.05 – und 25.08.2005 – VG 14 A 78.05 – (SchVw NI, H. 3/2007) entschieden, dass eine ohne Verlagerung von Wohnsitz und Lebensmittelpunkt vorgenommene Anmeldung unter einer Scheinanschrift **als bewusste Umgehung der Rechtsordnung nichtig** sei. Eine derartige Anmeldung sei so zu behandeln, als sei sie ohne Angabe einer Adresse erfolgt. Das habe zur Folge, dass diese Anmeldung – wenn überhaupt – erst an letzter Stelle zu berücksichtigen sei, nachrangig zu allen übrigen Anmeldungen mit ordnungsgemäßer Adresse. Es sei dabei ohne Belang, ob die zum Schein angemeldeten Schülerinnen und Schüler möglicherweise ebenfalls einen Aufnahmeanspruch gehabt hätten, wenn sie ihren tatsächlichen Wohnsitz angegeben hätten. Wer mithilfe einer Scheinanmeldung für seine Kinder Schulplätze an einer bestimmten Schule erschleichen wolle, könne nicht beanspruchen, dass hilfsweise die richtige Anschrift Berücksichtigung finde, wenn die Manipulation aufgedeckt wird. Zudem müsse die Schulbehörde schon aus Gründen der Verwaltungspraktikabilität bei dem begründeten Verdacht einer Scheinanmeldung nicht im Einzelnen prüfen, wo der eigentliche Wohnsitz begründet sein könnte und ob dieser einen Aufnahmeanspruch vermitteln würde. Falls Schülerinnen und Schüler mit einer Scheinanmeldung einen Platz erhalten hätten und andere Schülerinnen und Schüler, die infolge der Scheinanmeldung zu Unrecht leer ausgegangen seien, hiergegen klagen, müssten sie die den anderen Schülerinnen und Schülern entstehenden Prozesskosten tragen.

Im Beschl. vom 08.08.2017 – 9 L 416.17 – hat das VG Berlin ausgeführt, dass die für die Aufnahmeentscheidung zuständige Schulbehörde bei der Frage, ob die Wohnung einer Bewerberin oder eines Bewerbers im Einschulungsbereich der Schule liegt, grundsätzlich die melderechtlichen Verhältnisse und Angaben der Sorgeberechtigten zugrunde zu legen hat. Ergeben sich jedoch aus besonderen Umständen des Einzelfalles offensichtliche Anhaltspunkte dafür, dass diese Angaben nicht den tatsächlichen Wohnverhältnissen entsprechen könnten, so ist die Schule hieran nicht gebunden (vgl. VG Berlin, Beschl. v. 25.08.2014 – VG 9 L 329.14 u. v. 28.08.2014 – VG 9 L 416.14, jeweils m. w. N.). Ob und inwieweit im Einzelfall Ermittlungen zur Aufklärung der Wohnverhältnisse erforderlich sind, entscheidet die Behörde von Amts wegen, sofern Veranlassung zur Aufklärung besteht. Eine derartige Veranlassung besteht insbesondere bei Schulen, für die es eine große Nachfrage nach Schulplätzen gibt und bei denen sich bereits in Vorjahren Hinweise auf Scheinanmeldungen ergeben haben (vgl. VG Berlin, Beschl. v. 25.08.2014, a. a. O.).

Das VG Berlin hat im Beschl. vom 11.08.2006 – VG 9 A 160 – (SchVw NI, H. 11/2006) ferner festgestellt, dass sich eine schlichte Ummeldung ohne Verlagerung des Wohnsitzes als bewusste Umgehung der Rechtsordnung darstellt und keinen Einschulungsanspruch im Einzugsbereich der Meldeadresse begründet. Das VG Lüneburg hat im Beschl. v. 21.09.2005 – 4 B 5 1/05 – (SchVw NI, H. 2/2006) unter Hinweis auf die ermittelten räumlichen Gegebenheiten einen angegebenen Wohnsitz in Zweifel gezogen. Auch das VG Berlin hat im Beschl. v. 16.07.2007 – VG 9 A 162.07 – (SchVw NI, H. 12/2007) klargestellt, dass die Schule, wenn sich offensichtliche Anhaltspunkte dafür ergeben, dass Angaben nicht den tatsächlichen Wohnverhältnissen entsprechen, an die Angaben der Eltern nicht gebunden ist und Nachweise über die tatsächliche Wohnung des einzuschulenden Kindes verlangen darf.

Mit Beschl. vom 08.10.2010 – 4 L 265.10 – (SchVw NI, H. 3/2011) hat das VG Berlin ferner festgestellt, dass durch die unrechtmäßige Schulaufnahme der Schülerin oder dem Schüler ein Vorteil erwächst, den sie oder er bei Kenntnis der Schule von der wahren Sachlage nicht hätte erlangen können. Ein Vertrauen in den Fortbestand des Schulplatzes ist nicht schutzwürdig, weil der Vorteil durch arglistige Täuschung erwirkt worden ist.

In Zeiten rückläufiger Schülerzahlen, hoher Beförderungskosten und möglicher Gastschulgelder haben viele Schulträger ein wachsames Auge auf derartige Wanderungsbewegungen.

Verweise, Literatur:

- Verordnung über Zuständigkeiten im Bereich der Bildung (ZustVOBildung) vom 27.08.2012 (Nds. GVBl. 2012, S. 344), vgl. § 2 Durchführung der Schulpflicht

- Verordnung über sachliche Zuständigkeiten für die Verfolgung und Ahndung von Ordnungswidrigkeiten (ZustVO-OWi) vom 17.11.2014 (Nds. GVBl. S. 311; Schulrecht 140/129), zuletzt geändert durch VO v. 06.06.2018 (Nds. GVBl. S. 128)

- Erl. »Ergänzende Bestimmungen zum Rechtsverhältnis zur Schule und zur Schulpflicht« vom 01.12.2016 (SVBl. S. 705, SRH 2.205)

- Erl. »Schulische Bildung von Kindern aus Familien beruflich Reisender an allgemein bildenden Schulen« vom 16.03.2002 (SVBl. S. 125), außer Kraft, eine Neufassung wird zurzeit erarbeitet

- *von dem Knesebeck, Dietrich*: Ausnahmen vom Besuch der zuständigen Schule, Schulverwaltung, Ausgabe Niedersachsen, 1998, H. 3, S. 89
- *Fischer, Manfred*: Entscheidungen über den Besuch einer anderen Schule aus kommunaler Sicht, Schulverwaltung, Ausgabe Niedersachsen, 1998, H. 7/8, S. 222
- *Niemöller, Angelika*: Ausnahmegenehmigung und Scheinwohnsitz, Schulverwaltung, Ausgabe Niedersachsen, 1999, H. 11, S. 318
- *Altdörfer, Renate/Habermalz, Wilhelm*: Zum Schulbesuch niedersächsischer Schülerinnen und Schüler in öffentlichen Schulen der Länder Hamburg und Bremen, SVBl. 1999, S. 173
- *Woltering, Herbert*: Haus- und Fernunterricht im Konflikt mit der gesetzlichen Schulpflicht, Schulverwaltung, Ausgabe Niedersachsen/Schleswig-Holstein, 2002, H. 1, S. 9
- *Woltering, Herbert*: Probleme mit den Schulbezirken, Schulverwaltung, Ausgabe Niedersachsen/Schleswig-Holstein, 2002, H. 6/7, S. 184
- *Wobbe, Petra*: Homeschooling weiter verboten – Schulbesuchspflicht bleibt zulässig, Schulverwaltung, Ausgabe Niedersachsen, 2008, H.1, S. 20
- *Gross, Thomas*: Gleich und gleich gesellt sich gern – Zu den sozialen Folgen freier Grundschulwahl-, Werkstattbericht, Bertelsmann Stiftung, ZEFIR 2016
- *Kreuter, Sven*: Schulbesuch im Ausland und europäisches Recht, DÖV, 2017, H. 23, S. 937

(Karl-Heinz Ulrich)

§ 64 Beginn der Schulpflicht

(1) [1]Mit dem Beginn eines Schuljahres werden die Kinder schulpflichtig, die das sechste Lebensjahr vollendet haben oder es bis zum folgenden 30. September vollenden werden. [2]Für Kinder, die das sechste Lebensjahr in dem Zeitraum vom 1. Juli bis zum 30. September vollenden, können die Erziehungsberechtigten den Schulbesuch durch schriftliche Erklärung gegenüber der Schule um ein Jahr hinausschieben; die Erklärung ist vor dem Beginn des in Satz 1 genannten Schuljahres bis zum 1. Mai gegenüber der Schule abzugeben. [3]Auf Antrag der Erziehungsberechtigten können Kinder, die zu Beginn des Schuljahres noch nicht schulpflichtig sind, in die Schule aufgenommen werden, wenn sie die für den Schulbesuch erforderliche körperliche und geistige Schulfähigkeit besitzen und in ihrem sozialen Verhalten ausreichend entwickelt sind. [4]Diese Kinder werden mit der Aufnahme schulpflichtig.

(2) [1]Schulpflichtige Kinder, die körperlich, geistig oder in ihrem sozialen Verhalten nicht genügend entwickelt sind, um mit der Aussicht auf Erfolg

Schülerinnen und Schüler § 64

am Unterricht der Grundschule oder einer Förderschule teilzunehmen, können vom Schulbesuch um ein Jahr zurückgestellt werden. ²Sie können verpflichtet werden, zur Förderung ihrer Entwicklung einen Schulkindergarten zu besuchen.

(3) ¹Kinder, deren Deutschkenntnisse nicht ausreichen, um erfolgreich am Unterricht teilzunehmen, sind verpflichtet, im Jahr vor der Einschulung nach näherer Bestimmung durch das Kultusministerium an besonderen schulischen Sprachfördermaßnahmen teilzunehmen. ²Die Schule stellt bei den gemäß Absatz 1 Satz 1 künftig schulpflichtigen Kindern fest, ob die Voraussetzungen des Satzes 1 vorliegen. ³Auf Kinder im Sinne des Satzes 1 sind die Sätze 1 und 2 nicht anzuwenden soweit kommunale oder freie Träger von Kindertagesstätten für sie besondere Sprachfördermaßnahmen anbieten, die nicht in der Verantwortung der Schule durchgeführt werden.

Allg.: Einfachgesetzlich ist der Beginn der Schulpflicht in Niedersachsen in § 64 ausgestaltet. Dies ist deshalb erforderlich, weil der Beginn der Schulpflicht nicht in der Niedersächsischen Verfassung festgelegt ist und diese daher der Konkretisierung durch ein Gesetz im Sinne des Art. 4 Abs. 4 NV bedarf. 1

Zu Abs. 1: Satz 1: Der Beginn der Schulpflicht knüpft formell an das Geburtsdatum an. Das ÄndG 08 hat den maßgeblichen Stichtag für den Beginn der Schulpflicht, vom 30. Juni auf den 30. September verlegt. Damit hat der Gesetzgeber eine Möglichkeit aufgegriffen, die die Kultusministerkonferenz bereits im Jahre 1997 eröffnet hatte. Die damalige Vereinbarung zur Flexibilisierung des Schuleintritts wurde u. a. mit dem im internationalen Vergleich hohen durchschnittlichen Einschulungsalter der Kinder in Deutschland begründet. Die Verlegung des Stichtages erfolgte nicht in einem Zuge, sondern in drei Jahresschritten. Die Festsetzung des 30. September als Stichtag für den Beginn der Schulpflicht war schon einmal im Schulgesetz enthalten. Die durch das ÄndG 97 eingefügte Verschiebung wurde aber 1999 wegen des damit verbundenen höheren Lehrerbedarfs wieder rückgängig gemacht. 2

Das Lebensalter wird gemäß § 187 Abs. 2 Satz 2, § 188 Abs. 2 Alt. 2 BGB berechnet. Das sechste Lebensjahr ist demnach am Tag vor dem Geburtstag vollendet, an dem das Kind sechs Jahre alt wird. Wer daher am 01.10.2010 geboren ist, hat am 30.09.2016 das sechste Lebensjahr vollendet. Schulpflichtig für das jeweilige Schuljahr sind danach die Kinder, die in der Zeit vom 02.10. bis 01.10. des darauf folgenden Jahres geboren wurden. Beispielsweise sind schulpflichtig für das Schuljahr 2021/2022 die Kinder, die in der Zeit vom 02.10.2014 bis 01.10.2015 geboren wurden.

Satz 2: Nach Satz 2 kann durch schriftliche Erklärung der Eltern die Einschulung der Kinder, die das sechste Lebensjahr zwischen dem 01. Juli und dem 30. September eines Jahres vollenden und damit mit Beginn des Schuljahres (01. August) schulpflichtig werden, auf das darauf folgende Schuljahr verschoben werden. Wer am 1. Juli seinen sechsten Geburtstag hat, vollendet das sechste Lebensjahr am 30. Juni um 24.00 Uhr. Ein Kind, das am 1. Juli sechs Jahre alt wird, ist also ein sog. Muss-Kind im Sinne

599

von Abs. 1 Satz 1. Wer am 30. September das sechste Lebensjahr vollendet, hat am 1. Oktober Geburtstag. Mit dieser Regelung bleibt es bei dem Grundsatz des Satzes 1, dass die Schulpflicht in dem Schuljahr beginnt, in dem ein Kind das sechste Lebensjahr bis zum 30. September vollendet. Es ist lediglich eine schriftliche Erklärung bei der zuständigen Grundschule erforderlich, ohne dass weitere Voraussetzungen vorliegen müssen. Nachforschungen der Schule über die Gründe der Elternentscheidung soll es nicht geben. Die schriftliche Erklärung der Eltern ist somit nicht als Antrag zu verstehen, so dass der Schule bei der Abgabe der Erklärung keinerlei inhaltlicher Entscheidungsspielraum zukommt. Die Erklärung kann bis zum 01. Mai des Jahres, in dem die Kinder schulpflichtig werden, gegenüber der Grundschule erfolgen. Die Möglichkeit des Aufschiebens des Schuleintritts gilt auch bei Grundschulen mit Eingangsstufe (§ 6 Abs. 4 Satz 1) und Grundschulen mit einem Schulkindergarten (§ 6 Abs. 3).

Eine Anrechnung auf die 9-jährige Mindestschulzeit im Primarbereich und Sekundarbereich nach § 66 Satz 3 durch die Schule kann hinsichtlich des aufgeschobenen Jahres nicht erfolgen.

Kinder, die von der Flexibilisierung Gebrauch machen und für die der Schulbesuch um ein Jahr hinausgeschoben wird, haben einen Rechtsanspruch in einer Tageseinrichtung aufgenommen zu werden. Nach § 24 Abs. 3 Satz 1 SGB VIII hat ein Kind, das das dritte Lebensjahr vollendet hat, bis zum Schuleintritt Anspruch auf Förderung in einer Tageseinrichtung. Der Anspruch ist gegenüber dem örtlichen Träger der Jugendhilfe geltend zu machen oder gegenüber der Gemeinde, die statt dem örtlichen Träger der Jugendhilfe die Förderung der Kinder in Kindertagesstätten nach § 13 Nds. AG SGB VIII wahrnimmt. Ein Anspruch auf eine bestimmte Tageseinrichtung (Wunscheinrichtung) ergibt sich aus § 24 Abs. 3 Satz 1 SGB VIII allerdings nicht, so dass die Kinder keinen Rechtsanspruch haben, nach Aufschieben den Kindergartenbesuch in ihrer bisherigen Einrichtung fortsetzen zu können.

Sind Eltern miteinander verheiratet, üben sie nach § 1626 BGB das gemeinsame Sorgerecht aus. Dies bedeutet, dass die Eltern die o. a. Erklärung als eine Angelegenheit von erheblicher Bedeutung (§ 1628 BGB) gemeinsam der Schule mitzuteilen haben. Das Bürgerliche Gesetzbuch geht in § 1627 BGB davon aus, dass die Eltern die elterliche Sorge in eigener Verantwortung und in gegenseitigem Einvernehmen zu treffen haben. Bei Meinungsverschiedenheiten müssen sie versuchen, sich zu einigen. Kann kein Einvernehmen erzielt werden, entscheidet auf Antrag eines Elternteils das Familiengericht (§ 1628 BGB). Nach der nicht nur vorübergehenden Aufhebung der ehelichen Lebensgemeinschaft durch räumliche Trennung oder Scheidung verbleibt im Regelfall die elterliche Sorge bei beiden Eltern gemeinsam, es sei denn, ein Elternteil beantragt erfolgreich beim zuständigen Familiengericht das alleinige Sorgerecht.

In den Gesetzesberatungen ist deutlich geworden, dass die Frist 01. Mai vorrangig als Schutzfrist für die Träger der Kindertageseinrichtungen zu verstehen ist. Darüber, ob Kinder, die den Schulbesuch hinausschieben, einen Kindergarten besuchen oder nicht, trifft das Schulgesetz im Übrigen keine Aussage. Der Rechtsanspruch ergibt sich aus dem Bundesrecht. Nach § 24 Abs. 3 SGB VIII hat ein Kind, das das dritte Lebensjahr vollendet hat, bis zum Schuleintritt Anspruch auf Förderung in einer Tageseinrichtung. Soweit Eltern unverschuldet die Frist 01. Mai versäumen, besteht die Möglichkeit, dass sie bei der Schule einen Antrag auf Wiedereinsetzung in den vorigen Stand nach § 32 VwVfG stellen. Der Antrag ist innerhalb von zwei Wochen nach Wegfall des Hindernisses zu stellen. Die Tatsachen zur Begründung des Antrags sind bei der Antragstellung oder im Verfahren über den Antrag glaubhaft zu machen. Innerhalb der Antragsfrist ist die versäumte Handlung nachzuholen. Ist dies geschehen, so kann Wiedereinsetzung auch ohne Antrag gewährt werden

Im umgekehrten Fall, wenn sich die Eltern zunächst für das Aufschieben des Schuleintritts entschieden haben und sich nach dem 01. Mai für den Schulbesuch umentscheiden, ist die Schule in der Regel gehalten, diese Schülerinnen und Schüler aufzunehmen. Dieses folgt bereits aus dem verfassungsrechtlich verankerten Recht auf Bildung (Art. 4 Abs. 1 NV). Der Stichtag 01. Mai verbietet es der Schule somit nicht, Kinder noch aufzunehmen, wenn es sich die Eltern doch noch anders überlegen.

Kinder, die von der Möglichkeit des Aufschiebens des Schulbesuchs Gebrauch machen, müssen gleichwohl weiterhin an den Schuleingangsuntersuchungen teilnehmen (§ 56 NSchG). Für den Fall, dass die Eltern dieser Kinder sich noch umentscheiden sollten (s. o.), muss die Schule eine hinreichende Entscheidungsgrundlage für eine eventuelle Zurückstellung nach § 64 Abs. 2 NSchG haben.

Zum Schuljahr 2018/2019 haben landesweit 2871 Kinder von der Flexibilisierung des Schuleintritts Gebrauch gemacht. Im Schuljahr 2019/2020 hat sich diese Zahl ungefähr verdreifacht.

Satz 3: Kinder, die am Stichtag das sechste Lebensjahr noch nicht vollendet haben, können ebenfalls aufgenommen werden (sog. »Kann-Kinder«), Voraussetzung ist allerdings, dass sie die für den Schulbesuch erforderliche körperliche, geistige und soziale Schulfähigkeit besitzen. Die Entscheidung über die Aufnahme von Kann-Kindern trifft die Schulleiterin oder der Schulleiter. Wird sie abgelehnt, ist die Entscheidung zu begründen und mit einer Rechtsbehelfsbelehrung zu versehen. Bei der Entscheidung steht der Schulleitung ein gerichtlich nur eingeschränkt überprüfbarer Beurteilungsspielraum zu (OVG Lüneburg, Beschl. v. 23.09.2011 – 2 ME 263/11 – siehe SchVw NI, 1/2012, S. 23). Widerspruch und Klage hiergegen haben keine aufschiebende Wirkung. Nach Satz 4 werden die »Kann-Kinder« mit der Aufnahme in die Schule (1. Schultag) schulpflichtig.

Zu Abs. 2: Ergeben sich bei der Schulaufnahme Zweifel an der Schulfähigkeit des Kindes, so muss – ggf. unter Heranziehung eines schul- oder amtsärztlichen Gutachtens – geprüft werden, ob das Kind vom Schulbesuch zurückgestellt werden muss. Eine Zurückstellung ist seit dem Schuljahr 2005/06 nicht mehr zulässig, wenn der Unterricht im 1. Schuljahrgang bereits begonnen hat. Unzulässig ist nach dem Erlass vom 29.08.1995 die Zurückstellung von Kindern ausländischer Herkunft lediglich wegen nicht ausreichender deutscher Sprachkenntnisse.

Eine Zurückstellung ist nur einmal zulässig. Die Entscheidung über die Zurückstellung sowie über die Zuweisung zum Schulkindergarten trifft die Schulleiterin oder der Schulleiter. Sie ist schriftlich zu begründen und mit einer Rechtsbehelfsbelehrung zu versehen. Widerspruch und Verpflichtungsklage zur Aufnahme der Schülerin oder des Schülers haben keine aufschiebende Wirkung. Nach dem Erlass vom 29.08.1995 (siehe Anm. 5) sind zuvor die Erziehungsberechtigten zu hören.

Die Schule hat bei ihrer Ermessensentscheidung nach Abs. 2 Satz 1 mit einzubeziehen, wenn die Einschulung eines Kindes bereits auf schriftliche Erklärung der Eltern nach Abs. 1 Satz 2 auf das darauf folgende Schuljahr verschoben wurde. Im Regelfall wird es daher bei einer maximal einjährigen Verschiebung der Einschulung bleiben.

Obwohl die Eltern der Schule Angaben über die Sorgeberechtigung für das Kind mitzuteilen haben, ist es im Schulalltag für die Schulleitungen nicht immer einfach zu erkennen, wem die Sorgeberechtigung für ein Kind im Einzelnen zusteht. Insoweit kann beispielsweise eine bei unzureichenden Hintergrundinformationen erfolgte Zurückstellung (= Verwaltungsakt im Sinne des § 35 VwVfG) unter Umständen rechtlich fehlerhaft und somit rechtswidrig sein, wenn sie tatsächlich unter Verstoß gegen Sorgerechtsbestimmungen des BGB zustande gekommen ist. Gleichwohl muss ein rechtswidriger Verwaltungsakt nicht zwingend zurückgenommen werden; vielmehr steht diese Entscheidung im pflichtgemäßen Ermessen der Schulleitung (§ 48 Abs. 1 VwVfG). Bei der Entscheidung muss der Rechtsgedanke der §§ 1626 ff. BGB – das Kindeswohl – entscheidend sein.

Zurückstellung vom Schulbesuch und Zuweisung zu einem Schulkindergarten sind zwei getrennte Vorgänge (OVG Lüneburg, Beschluss v. 18.12.2012, – 2 ME 362/12 –). Ein Automatismus, wonach aus der Zurückstellung die Verpflichtung zum Besuch eines eventuell vorhandenen Schulkindergartens folgt, besteht nicht. Eine Zuweisung ist nur zulässig, wenn im Sinne von Satz 2 (»zur Förderung ihrer Entwicklung«) dargelegt werden kann, dass der Besuch des Schulkindergartens auch geeignet ist, den zuvor individuell festgestellten Entwicklungsrückstand abzubauen. Ein hiergegen eingereichter Widerspruch bzw. eine Anfechtungsklage hat aufschiebende Wirkung.

Zum Schuljahresbeginn zurückgestellte Kinder können auf Antrag der Eltern zum Beginn des 2. Schulhalbjahres eingeschult werden, wenn bis dahin ihre Schulfähigkeit festgestellt werden kann. Das gilt auch für die Kann-Kinder (siehe Anm. 2). Voraussetzung ist nach dem Erlass vom 28.01.2009 allerdings, dass die aufnehmende Grundschule ihre Schuljahrgänge 1 und 2 als Eingangsstufe führt (siehe Anm. 5 zu § 6). Auf die Zulassung zusätzlicher Einschulungstermine während des 1. Schuljahres hatte sich die KMK bereits im Jahre 1997 (280. Plenarsitzung am 23./24.10.1997) verständigt.

Zu Abs. 3: Absatz 3 Sätze 1 und 2 begründet die Pflicht für Kinder, bereits vor Beginn der Schulpflicht an schulischen Sprachfördermaßnahmen teilzunehmen, wenn sie nicht über ausreichende Deutschkenntnisse verfügen. Aufgrund des Satzes 3 betrifft diese Regelung nur noch rund 3 % eines Einschulungsjahrgangs. Bei fehlenden Deutschkenntnissen der Kinder steht es den Eltern somit nicht frei, diese an Sprachfördermaßnahmen teilnehmen zu lassen. Ob diese Voraussetzung vorliegt, stellt die zuständige Grundschule bei der bereits in das Vorjahr vorzuziehenden Anmeldung der Kinder fest, die bis zum 30. September des Einschulungsjahres ihr sechstes Lebensjahr vollenden (Abs. 1 Satz 1). Näheres regelt der Erlass vom 01.07.2018. Rechtliche Zweifel an der Zulässigkeit der »Pflicht vor der Schulpflicht« sind bei den Landtagsberatungen nicht geltend gemacht worden (siehe jedoch *Johann Bader*, 2007).

Indem die Teilnahme an besonderen schulischen Sprachfördermaßnahmen Teil der Schulpflicht ist, ist die Nichtteilnahme sanktionsbewehrt. Damit ist die in § 176 in Verbindung mit dem Gesetz über Ordnungswidrigkeiten vorgesehene Erhebung einer Geldbuße möglich.

Nach § 176 handelt ordnungswidrig, wer der Schulpflicht einschließlich der besonderen schulischen Sprachfördermaßnahmen nach § 64 Abs. 3 nicht nachkommt und wer als Erziehungsberechtigte nach § 71 NSchG Schulpflichtige nicht dazu anhält, am Unterricht und an sonstigen Veranstaltungen der Schule regelmäßig teilzunehmen und die ihnen obliegenden Pflichten zu erfüllen.

Die Ahndung als Ordnungswidrigkeit unterliegt dem Opportunitätsprinzip, d. h. die **Ordnungsbehörde** kann, muss aber nicht tätig werden. Es gilt das Prinzip der Verhältnismäßigkeit. Das bedeutet, dass die Schwere des Fehlverhaltens, das pädagogische Ziel und die Ahndung als Ordnungswidrigkeit in einem vernünftigen Verhältnis zueinander stehen müssen. Es wird also im Einzelfall abzuwägen sein, ob eine Ahndung sinnvoll ist. Allein die Bewehrung mit der Möglichkeit soll die Pflicht zur Teilnahme unterstreichen.

Gemäß § 176 Abs. 2 kann die Ordnungswidrigkeit nach Abs. 1 (Nichteinhaltung der Schulpflicht) mit einer Geldbuße geahndet werden. Die Höhe der etwaigen Geldbuße beträgt nach § 17 des Gesetzes über Ordnungswidrigkeiten mindestens 5,- € und höchstens 1 000,- €; bei fahrlässigen Verstößen kann jedoch nur eine Geldbuße von nicht mehr als 500,- € festgesetzt werden. Zuständig für dieses Verfahren sind die Kommunen, die aufgrund von entsprechenden Meldungen der Schulen tätig werden müssen.

Die Anwendung des Schulzwanges nach § 177 in Verbindung mit dem Niedersächsischen Polizei- und Ordnungsbehördengesetz (NPOG) (Kinder können der Schule zwangsweise zugeführt werden) ist gesetzlich nicht vorgesehen und daher ausgeschlossen.

Durch **Satz 3** wird bestimmt, dass auf Kinder, deren Deutschkenntnisse nicht ausreichen, um erfolgreich am Unterricht teilzunehmen, die Regelungen zur Sprachstandsfeststellung und zu der vorschulischen Sprachförderung nicht anzuwenden sind, soweit kommunale oder freie Träger von Kindertagesstätten für sie besondere Sprachfördermaßnahmen anbieten, die nicht in der Verantwortung der Schule durchgeführt werden. Mit dieser Regelung wird gesetzgeberisch sichergestellt, dass die im Frühjahr regelmäßig stattfindenden sehr aufwändigen Sprachstandfeststellungen durch die Grundschullehrkräfte in rund 97 % der Fälle (insgesamt rund 70 000 pro Einschulungsjahrgang) nicht durchgeführt werden müssen. Nur für die Kinder (rund 3 %), die keine Tageseinrichtung besuchen, muss die Schule das bisherige System der Sprachstandsfeststellung fortführen und vorschulische Sprachfördermaßnahmen zusammen mit den Kindern des 1. Schuljahrgangs vornehmen.

5 Verweise, Literatur:

- Erl.»Sprachfördermaßnahmen vor der Einschulung« vom 01.07.2018 (SVBl. S. 345)

- Erl.»Ergänzende Bestimmungen zum Rechtsverhältnis zur Schule und zur Schulpflicht« vom 01.12.2016 (SVBl. S. 705; SRH 2.205; Schulrecht 220/11)

- Erl.»Aufnahme (Einschulung) von Kindern zum Schulhalbjahr in Grundschulen mit Eingangsstufe« vom 28.01.2009 (nicht veröffentlicht)

- Auswirkungen der Flexibilisierung des Schuleintritts, Antwort der Landesregierung vom 19.10.2020 auf eine Kleine Anfrage (Landtagsdrucksache 18/7709)

- *Ballasch, Heidemarie*: Sprachbildung und Sprachförderung – Bildungspolitisches Handlungsfeld, Schulverwaltung, Ausgabe Niedersachsen, 2013, H. 2, S. 45

- Deutsches PISA-Konsortium (Hrsg.): PISA 2000 – Basiskompetenzen von Schülerinnen und Schülern im internationalen Vergleich, Opladen, 2001

- *Windolph, Edeltraud*: Sprachfeststellung und Sprachförderung vor der Einschulung, Schulverwaltung, Ausgabe Niedersachsen/Schleswig-Holstein, 2003, H. 7/8, S. 204

- *Meyn, Egon*: Sprachförderung vor der Einschulung – Planungs- und Organisationshinweise aus einer Pilotschule, Schulverwaltung, Ausgabe Niedersachsen/Schleswig-Holstein, 2003, H. 7/8, S. 207

- *Bader, Johann*: Verfassungsrechtliche Probleme der Kindergartenbesuchspflicht und vorschulischen Sprachförderung, NVwZ, 2007, H. 5, S. 537

- *Hoffmeister, Heiner*: Sprachförderung und Integration – Sprachförderung als Voraussetzung zur Integration zugewanderter Kinder und Jugendlicher, Schulverwaltung, Ausgabe Niedersachsen, 2015, H. 12, S. 324

- *Achilles, Harald:* Schulpflicht deutscher Prägung – diktatorisches Element innerhalb der Demokratie? SchuR 2017, H. 3, S. 68

– *Nolte, Gerald:* Gesetz zur Änderung des Niedersächsischen Schulgesetzes, Schulverwaltung, Ausgabe Niedersachsen, 2018, H. 5, S. 132

(Gerald Nolte)

§ 65   Dauer der Schulpflicht

(1) Die Schulpflicht endet grundsätzlich zwölf Jahre nach ihrem Beginn.

(2) ¹Auszubildende sind für die Dauer ihres Berufsausbildungsverhältnisses berufsschulpflichtig. ²Wer an Maßnahmen der beruflichen Umschulung in einem anerkannten Ausbildungsberuf oder an einer Einstiegsqualifizierung nach § 54a SGB III teilnimmt, kann für die Dauer der Maßnahmen oder der Einstiegsqualifizierung die Berufsschule besuchen, soweit ein entsprechendes Bildungsangebot zur Verfügung steht.

Allg.: Einfachgesetzlich ist die Dauer der Schulpflicht in Niedersachsen in § 65 ausgestaltet. Dies ist deshalb erforderlich, weil die Dauer der Schulpflicht nicht in der Niedersächsischen Verfassung (NV) festgelegt ist und diese daher der Konkretisierung durch ein Gesetz im Sinne des Art. 4 Abs. 4 NV bedarf. 1

Zu Abs. 1: Das NSchG geht von einer allgemeinen zwölfjährigen Schulpflicht aus, die normalerweise in den ersten neun Jahren in der Grundschule und danach in den Schulen des Sekundarbereichs I verbracht wird (§ 66 Satz 1). Die zwölf Jahre beziehen sich auf Schuljahre. 2

Zu Abs. 2: Satz 1: Mit dem ÄndG 93 ist die Begründung einer »Berufsschulpflicht«, die es in Niedersachsen in den bisherigen Schulgesetzen vorher nicht gegeben hatte, eingeführt worden. Die Pflicht zum Besuch der Berufsschule erstreckt sich auf **jedes** duale Berufsausbildungsverhältnis in einem anerkannten Ausbildungsberuf nach BBiG, HWO und SeeArbG, auch wenn nach einer Erstausbildung weitere Berufsausbildungsverhältnisse eingegangen werden. Dies gilt auch für Schülerinnen und Schüler, die nach Abs. 1 ihre zwölfjährige Schulpflicht grundsätzlich beendet haben oder für die nach § 70 Abs. 6 Satz 2 die Beendigung der Schulpflicht durch die Schulbehörde festgestellt wurde. Die Pflicht zum Besuch der Berufsschule kann also lebenslang bestehen, wenn ein Ausbildungsvertrag in einem anerkannten Ausbildungsberuf abgeschlossen wird. Die Ausbildungsverträge im Rahmen einer niedersächsischen Berufsakademie gelten nach dem Niedersächsischen Berufsakademiegesetz nicht als Berufsausbildungsverhältnisse i. S. v. § 65 Abs. 2 NSchG und begründen damit keine Berufsschulpflicht. 3

Die Berufsschulpflicht gilt nicht für Teilnehmerinnen und Teilnehmer von durch die Bundesanstalt für Arbeit geförderten Umschulungsmaßnahmen in anerkannten Ausbildungsberufen. Ob es sich um eine Maßnahme der beruflichen Umschulung handelt, geht aus dem abgeschlossenen Vertrag hervor. Sofern die berufsbildenden Schulen über freie Kapazitäten verfügen, **kann** die Berufsschule für die Dauer der Maßnahme besucht werden. Teilnehmerinnen und Teilnehmer von Umschulungsmaßnahmen, die von der Berufsschule aufgenommen wurden, gelten als Schülerinnen und Schüler i. S. v. § 58 und sind daher verpflichtet, am gesamten Unterricht teilzunehmen und die geforderten Leistungsnachweise zu erbringen. Es ist daher nicht zulässig, dass Umschülerinnen und Umschüler z.b. nur am berufsbezogenen Unterricht der Berufsschule teilnehmen.

Zur Frage des Berufsschulunterrichts im Rahmen von dualen Studiengängen siehe unter § 15 Anm. 3.

Zu Abs. 2: Satz 2: Satz 2 regelt die Einräumung eines Schulbesuchsrechts außerhalb der Schulpflicht. Es wird klargestellt, dass Teilnehmerinnen und Teilnehmer von Umschulungsmaßnahmen und von Einstiegsqualifikationen nach § 54a SGB III (EQ-Maßnahmen) nach erfüllter oder ruhender Schulpflicht die Möglichkeit haben, am Berufsschulunterricht teilzunehmen. Die Schulpflicht kann durch die Teilnahme an einer EQ-Maßnahme nicht erfüllt werden. Weiter wird klargestellt, dass die Aufnahme dieses Schülerkreises voraussetzt, dass die personellen und organisatorischen Voraussetzungen an der berufsbildenden Schule vorliegen. Für die Schülerinnen und Schüler ist der Besuch der berufsbildenden Schule kostenfrei.

4 Verweise, Literatur:

- Erl. »Ergänzende Bestimmungen für das berufsbildende Schulwesen« (EB-BbS) vom 10.06.2009 (Nds. MBl. S. 538; SVBl. S. 238; Schulrecht 511/101), zuletzt geändert durch Erl. vom 25.01.2019 (Nds. MBl. S. 338, SVBl. S. 103)

- KMK-Beschluss »Empfehlungen zu Einzelregelungen für die (Berufs-)Schulpflicht« vom 30.01.1981 (KMK-Beschlusssammlung Nr. 828)

- KMK-Beschluss »Empfehlung zur Beurlaubung von Berufsschülern« vom 30.05.1980 (KMK-Beschlusssammlung Nr. 829)

(Gerald Nolte)

§ 66 Schulpflicht im Primarbereich und im Sekundarbereich I

[1]Alle Schulpflichtigen besuchen mindestens neun Jahre lang Schulen im Primarbereich und im Sekundarbereich I; das Durchlaufen der Eingangsstufe (§ 6 Abs. 4) wird dabei vorbehaltlich der Sätze 2 und 3 mit zwei Jahren als Schulbesuch berücksichtigt. [2]Ausnahmen können zugelassen werden, wenn Schülerinnen oder Schüler ein Schuljahr übersprungen oder eine Schule im Ausland besucht haben. [3]Auf die Schulzeit können die Dauer einer Zurückstellung vom Schulbesuch (§ 64 Abs. 2) und das dritte Schuljahr in der Eingangsstufe angerechnet werden. [4]Die Dauer eines Ruhens der Schulpflicht (§§ 70, 160) wird angerechnet. [5]Die Sätze 3 und 4 gelten nicht, wenn Schulpflichtige durch ein weiteres Schulbesuchsjahr voraussichtlich den Hauptschulabschluss erreichen.

1 **Allg.:** Die neunjährige Schulbesuchspflicht im Primarbereich und im Sekundarbereich I kann nur in folgenden Fällen verkürzt werden:

Schülerinnen und Schüler § 66 — NSchG

- Bei Schülerinnen und Schülern, die ihre Schulpflicht ganz oder teilweise in ihrem Herkunftsland erfüllt haben (Satz 2). Bei Aussiedlern, die im Herkunftsland nach einem achtjährigen Schulbesuch ihre Schulpflicht erfüllt haben, wird die Ausnahme allgemein zugelassen.
- Bei Schülerinnen und Schülern, die einen Schuljahrgang übersprungen haben (Satz 2). Die Voraussetzungen für das Überspringen eines Schuljahrganges ergeben sich aus § 10 WeSchVO.
- Bei Schülerinnen und Schülern, die gem. § 64 Abs. 2 vom Schulbesuch zurückgestellt worden sind. Diese Zeit kann auf die Schulbesuchszeit angerechnet werden. Auf Nr. 5.2 des Erlasses vom 01.12.2016 wird hingewiesen.
- Bei Schülerinnen und Schülern, für die das Ruhen der Schulpflicht angeordnet worden ist. Diese Zeit muss auf die Schulbesuchszeit angerechnet werden.

Die Zeit der Zurückstellung oder des Ruhens der Schulzeit darf jedoch dann nicht angerechnet werden, wenn anzunehmen ist, dass der oder die Schulpflichtige durch den weiteren Schulbesuch für ein Jahr den Hauptschulabschluss erreichen werden (Satz 5).

Durchlaufen Schülerinnen und Schüler die zweijährige Eingangsstufe der Grundschule (siehe § 6 Abs. 4) in drei Schuljahren, wird das grundsätzlich mit zwei Jahren Schulbesuch berücksichtigt. Diese Schülerinnen und Schüler müssen also mindestens zehn Jahre Schulen im Primarbereich und im Sekundarbereich I besuchen. Satz 3 lässt es allerdings zu, dass das dritte Jahr in der Eingangsstufe auf die Schulzeit angerechnet werden kann. Mit den Anrechnungsbestimmungen der Zeit in der Eingangsstufe hat der Gesetzgeber dem Durchlaufen der beiden ersten Schuljahrgänge in drei Schuljahren einen anderen Status als der Nichtversetzung in den nächst höheren Schuljahrgang geben wollen (siehe auch § 60 Abs. 1 Nr. 2). Das Wiederholen eines Schuljahrgangs wird immer als ein Schulbesuchsjahr gewertet.

Die neunjährige Schulbesuchspflicht im Primarbereich und im Sekundarbereich I ist keine Schulbesuchshöchstzeit. So kann zum Beispiel eine Schülerin oder ein Schüler in der Hauptschule nach mehrfacher Wiederholung von Klassen seine gesamte Schulpflicht erfüllen. Hat eine Schülerin oder ein Schüler jedoch den 9. oder 10. Schuljahrgang erreicht, dann gelten die besonderen Wiederholungsregelungen des § 26 der Abschlussverordnung mit der Folge, dass sie oder er nach erfolglosem Ausschöpfen der Regelung die Hauptschule verlassen muss.

Die Entscheidungen nach den Sätzen 2 und 3 werden nach dem ÄndG 97 nicht mehr von der Schulbehörde, sondern von der Schule getroffen.

Verweise, Literatur: 2

- Verordnung über die Abschlüsse im Sekundarbereich I der allgemein bildenden Schulen einschließlich der Freien Waldorfschulen (AVO-Sek I) vom 07.04.1994 (Nds. GVBl 1994, S.197), zuletzt geändert durch VO v. 03.05.2016 (Nds. GVBl. S. 89, SVBl. S. 330)

- RdErl. »Förderung von Bildungserfolg und Teilhabe von Schülerinnen und Schülern nichtdeutscher Herkunftssprache« vom 01.07.2014 (SVBl. S. 330; SRH 3.315)
- Erl. »Ergänzende Bestimmungen zum Rechtsverhältnis zur Schule und zur Schulpflicht« vom 01.12.2016 (SVBl. S. 705; SRH 2.205; Schulrecht 220/11)
- *Blumenhagen, Uwe*: Zu den Ergänzenden Bestimmungen zur Schulpflicht und zum Rechtsverhältnis zur Schule, SVBl. 1995 S. 337

(Gerald Nolte)

§ 67   Schulpflicht im Sekundarbereich II

(1) Im Anschluss an den Schulbesuch nach § 66 ist die Schulpflicht im Sekundarbereich II durch den Besuch einer allgemein bildenden oder einer berufsbildenden Schule zu erfüllen.

(2) ¹Auszubildende erfüllen ihre Berufsschulpflicht durch den Besuch einer Berufsschule, die den Bildungsgang des gewählten Ausbildungsberufs führt. ²Auszubildende, die eine Berufsschule in einem anderen Bundesland besuchen möchten, haben dies der Schulbehörde anzuzeigen.

(3) Jugendliche, die nicht in einem Berufsausbildungsverhältnis stehen, haben ihre Schulpflicht, sofern sie keine allgemein bildende Schule im Sekundarbereich II weiterbesuchen, nach Maßgabe ihrer im Sekundarbereich I erworbenen Abschlüsse durch den Besuch einer berufsbildenden Schule mit Vollzeitunterricht zu erfüllen.

(4) ¹Jugendliche, die nicht in einem Berufsausbildungsverhältnis stehen und die aufgrund der Art oder des Umfangs ihres Bedarfs an sonderpädagogischer Unterstützung

1. eine für sie geeignete außerschulische Einrichtung besuchen,
2. an einer Maßnahme der beruflichen Eingliederung in einer Werkstatt für behinderte Menschen teilnehmen oder
3. in einem Berufsbildungswerk beruflich ausgebildet werden,

erfüllen ihre Schulpflicht durch den Besuch der Berufsschule mit Teilzeit- oder Blockunterricht. ²Schülerinnen und Schüler, die auf sonderpädagogische Unterstützung angewiesen sind und sich im Berufsbildungsbereich einer Werkstatt für behinderte Menschen befinden, können die Berufsschule besuchen, auch wenn sie nicht mehr schulpflichtig sind.

(5) Das Kultusministerium wird ermächtigt, durch Verordnung für das ganze Land oder für das Gebiet einzelner Schulträger zu bestimmen, dass Auszubildende einzelner Berufe ihre Berufsschulpflicht durch Teilnahme am Unterricht in Bildungsgängen zu erfüllen haben, die in Anwendung von § 104 eingerichtet wurden, wenn die personellen, räumlichen und schulorganisatorischen Voraussetzungen dafür geschaffen sind.

Schülerinnen und Schüler § 67 **NSchG**

Allg.: Die Schulpflichtbestimmungen für den Sekundarbereich II wurden im ÄndG 93 in einem eigenen Paragrafen zusammengefasst, weil die Schulpflicht im Sekundarbereich II außerhalb der allgemein bildenden Schulen durch die Einführung der Berufsschulpflicht (§ 65 Abs. 3) inhaltlich gravierende Änderungen erfahren hat. **1**

Zu Abs. 1: Nach neun- bzw. zehnjährigem Schulbesuch im Primarbereich sowie im Sekundarbereich I sind in der Regel drei bzw. zwei weitere Jahre in einer allgemein bildenden oder berufsbildenden Schule zu absolvieren, um die Schulpflicht zu erfüllen, wenn sie nicht durch Feststellung der Schulbehörde nach § 70 Abs. 6 Satz 2 für vorzeitig beendet erklärt wird. Dabei ist es selbstverständlich möglich, diesen Schulbesuch in den Schulformen des Sekundarbereichs II zu kombinieren, indem z.B. nach der Klasse 11 auf einem Gymnasium eine Berufsfachschule besucht wird. **2**

Bei aus dem Ausland neu zugewanderten Jugendlichen, bei denen die Erfüllung der Schulpflicht nach § 66 Satz 1 tatsächlich nicht festgestellt werden kann, entscheiden die Erziehungsberechtigten unter Einbeziehung der beteiligten Schulen, ob eine weiterführende allgemein bildende Schule oder eine berufsbildende Schule besucht werden soll. Insbesondere pädagogische und regionale Fördermöglichkeiten sind hierbei zu berücksichtigen. Soweit diese Jugendlichen im Laufe des ersten Schulhalbjahres ihres Einreisejahres das 16. Lebensjahr vollenden, ist davon auszugehen, dass sie mit ihrem Schulbesuch ihre Schulpflicht nach § 67 erfüllen.

Zu Abs. 2: Die in § 65 Abs. 2 geregelte Berufsschulpflicht für Auszubildende ist unabhängig von der zwölfjährigen Zeitdauer der Schulpflicht zu verstehen. Sie wird grundsätzlich durch den Besuch der Berufsschule erfüllt. **3**

Satz 1 stellt klar, dass nur Berufsschulen als »Ausbildungsschulen« infrage kommen, die eine Fachklasse für den gewählten Ausbildungsberuf vorhalten. Damit wird unterbunden, dass Schülerinnen und Schüler ihre Berufsschulpflicht an einer Berufsschule erfüllen können, die keine Fachklassen für den Ausbildungsberuf vorhalten.

Satz 2: Für Schülerinnen und Schüler, die im Rahmen der dualen Ausbildung eine Berufsschule besuchen, wird die Schulpflicht in Niedersachsen begründet, wenn die Ausbildungsstätte in Niedersachsen liegt. Dies gilt auch dann, wenn der Wohnort der Schülerin oder des Schülers außerhalb Niedersachsens liegt. Im Gegensatz zu Regelungen anderer Bundesländer ist aber nicht geregelt, welche niedersächsische berufsbildende Schule die zuständige Berufsschule ist. Das heißt, wenn der mutmaßlich nicht seltene Fall eintritt, dass der Wohnsitz oder der Ort des gewöhnlichen Aufenthalts vom Sitz der Ausbildungsstätte abweicht, die Berufsschulpflicht prinzipiell an jeder Berufsschule erfüllt werden kann. Dadurch, dass es keine »zuständige« Berufsschule gibt, erlangt das Land ohne die Regelung des Satz 2 auch keine Kenntnis darüber, welche Auszubildenden eine Berufsschule in einem anderen Bundesland oder in einer anderen Region Niedersachsens besuchen.

Zu Abs. 3: Jugendliche, die nach ihrer Entlassung aus allgemein bildenden Schulen vor Ablauf ihrer zwölfjährigen Schulpflicht keinen Berufsausbil- **4**

dungsvertrag abschließen wollen oder können, erfüllen ihre Schulpflicht durch den Besuch einer berufsbildenden Schule mit Vollzeitunterricht. Dies kann je nach noch erforderlicher Restdauer zur Erfüllung der Schulpflicht eine Berufsfachschule, eine Fachoberschule, ein Berufliches Gymnasium oder eine bestimmte Fachschule sein. Nach einjährigem Besuch einer derartigen Vollzeitschule endet die Schulpflicht unabhängig davon, ob damit zwölf Schulbesuchsjahre erreicht worden sind (vgl. § 70 Abs. 6).

5 **Zu Abs. 4:** Hier werden die Voraussetzungen geregelt, unter denen Jugendliche, die nicht in einem Ausbildungsverhältnis stehen, ihre Schulpflicht ausnahmsweise nicht durch den Besuch einer berufsbildenden Schule mit Vollzeitunterricht – wie es der Abs. 3 vorschreibt –, sondern durch die Teilnahme am Teilzeitunterricht in der Grundstufe und in den Fachstufen der Berufsschule erfüllen. Es muss sich dabei um Jugendliche handeln, die Beeinträchtigungen in körperlicher, geistiger und psychischer Hinsicht oder ihres sozialen Verhaltens aufweisen, so dass sie einer sonderpädagogischen Unterstützung bedürfen. Die besondere Unterstützungsbedürftigkeit kann durch Tests oder Gutachten (vgl. § 56 Abs. 1) festgestellt werden.

Berufsbildungswerke (z.B. Lingen, Annastift Hannover) sind keine Schulen im Sinne des Schulgesetzes, sondern Stätten der praktischen Ausbildung zum Zwecke der Rehabilitation.

6 **Zu Abs. 5:** Diese Verordnungsermächtigung soll dann ausgefüllt werden, wenn für bestimmte Berufe mit geringen Zahlen Auszubildender Landes- oder Bezirksfachklassen gebildet werden müssen, bei denen die Jugendlichen internatsmäßig untergebracht werden, weil eine tägliche Anreise an den wöchentlichen Berufsschultagen nicht zugemutet werden kann. Wenn die personellen, räumlichen und schulorganisatorischen Voraussetzungen geschaffen sind, kann Blockunterricht (durchgehender Unterricht während einer oder mehrerer Wochen) angeordnet werden. Das Kultusministerium hat von der Verordnungsermächtigung bislang keinen Gebrauch gemacht. Auf weitere Ausführungen zu § 105 Abs. 3 wird verwiesen.

Der Verweis auf § 104 zielt darauf ab, dass Schulträger proaktiv für bestimmte Berufe mit geringen Zahlen Auszubildender überregionale (schulträgerübergreifende) Fachklassen bilden. Je nachdem, wie sich der Einzugsbereich einer solchen, überregional eingerichteten Fachklasse gestaltet, kann der Unterricht von der berufsbildenden Schule entweder als Teilzeitunterricht oder als Blockunterricht, ggf. mit Unterbringungsmöglichkeit, eingerichtet werden.

Die Landesregierung plant im Regelfall die Einführung von Blockunterricht nicht zentral. Nach Nr. 3.11.3 der Ergänzenden Bestimmungen für das berufsbildende Schulwesen (EB-BbS) ist die Einführung von Blockbeschulung von der berufsbildenden Schule mit den örtlichen, an der Berufsausbildung beteiligten Trägern öffentlicher Belange abzustimmen, soweit nicht eine Verordnung nach § 105 Abs. 3 NSchG entgegensteht. Für Berufsschülerinnen und Berufsschüler, die zur Teilnahme am Blockunterricht auf eine auswärtige Unterbringung angewiesen sind, wurde zwischen 1992 und 1994 ein Zu-

Schülerinnen und Schüler § 68　　　　　　　　　　　　　　　**NSchG**

schuss zu den Ausgaben für Unterkunft und Verpflegung in Höhe von zuletzt 14 DM gewährt. Es handelte sich hierbei um eine freiwillige Leistung des Landes. Aufgrund der angespannten Haushaltslage musste die Förderung zum 01.08.1994 gestrichen werden. Der Landtag hatte bereits in seiner 40. Sitzung am 08.11.1995 – auf eine Empfehlung des Ausschusses für Haushalt und Finanzen – beschlossen, selbst bei günstigeren finanziellen Rahmenbedingungen – die aber auch heute nicht vorliegen – ein Wiederaufleben der Förderung von seiner ausdrücklichen Zustimmung abhängig zu machen. Seitdem ist nicht erkennbar, dass der Landtag wieder Haushaltsmittel für diesen Zweck zur Verfügung stellen wird, zumal der erforderliche Betrag bei deutlich über 1 Mio. Euro liegen würde und ein erheblicher Verwaltungsaufwand entstünde. Seit 1995 gab es im Übrigen in dieser Angelegenheit zahlreiche Landtagseingaben, die allesamt erfolglos blieben.

Unabhängig von einer Verordnung nach Abs. 5 wird in einigen Ausbildungsberufen in Abstimmung mit der ausbildenden Wirtschaft ein landesweiter Blockunterricht durch Erlass des MK angeordnet, um eine ordnungsgemäße überbetriebliche Unterweisung außerhalb des Berufsschulunterrichts zu gewährleisten (z.B. Verwaltungsfachangestellte oder Verwaltungsfachangestellter; Sozialversicherungsfachangestellte oder Sozial- versicherungsfachangestellter). Das Kultusministerium hat 2019 angekündigt, eine Verordnung zu erlassen.

Verweise, Literatur:　　　　　　　　　　　　　　　　　　　　　　　　　7

- Verordnung über berufsbildende Schulen (BbS-VO) vom 10.6.2009 (Nds. GVBl. S. 243; SVBl. S. 206; Schulrecht 511/11), zuletzt geändert durch Verordnung vom 31.08.2020 (Nds. GVBl. S. 282)
- Erl. »Ergänzende Bestimmungen für das berufsbildende Schulwesen« (EB-BbS) vom 10.6.2009 (Nds. MBl. S. 538; SVBl. S. 238; Schulrecht 511/101), zuletzt geändert durch Erl. vom 25.1.2019 (SVBl. S. 103, Nds. MBl. S. 338)
- Erl. »Erfüllung der Schulpflicht« von aus dem Ausland neu zugewanderten Jugendlichen (Az. 42.8) v. 21.08.2017 (n. v.)
- KMK-Beschluss »Empfehlungen zu Einzelregelungen für die (Berufs-) Schulpflicht« vom 30.1.1981 (KMK-Beschlusssammlung Nr. 828)
- KMK-Beschluss »Empfehlung zur Beurlaubung von Berufsschülern« vom 30.5.1980 (KMK-Beschlusssammlung Nr. 829)
- *Eickmann, Manfred*: Neuordnung der beruflichen Grundbildung, Schulverwaltung, Ausgabe Niedersachsen, 2008, H. 11, S. 310

(Gerald Nolte)

§ 68　　– aufgehoben –

§ 68 (»Schulpflicht bei sonderpädagogischem Förderbedarf«) ist durch das »Gesetz zur Einführung der inklusiven Schule« vom 23. März 2012 (Nds. GVBl. S. 34) aufgehoben worden. Die Vorschrift ist gleichwohl in der bis zum 31. Juli 2012 geltenden Fassung übergangsweise weiter anzuwenden. Dies ergibt sich aus § 183c Abs. 1. Übergangsweise anzuwenden sind folglich auch die Verordnung zur Feststellung sonderpädagogischen Förderbedarfs vom 1. November 1997 (Nds. GVBl. S. 458) sowie der dazu ergänzende Erlass vom 6. November 1997 (SVBl. S. 385).

(Gerald Nolte)

§ 69 Schulpflicht in besonderen Fällen

(1) Schülerinnen und Schülern, die infolge einer längerfristigen Erkrankung die Schule nicht besuchen können, soll Unterricht zu Hause oder im Krankenhaus in angemessenem Umfang erteilt werden.

(2) [1]Schülerinnen und Schüler können auf Vorschlag der Schule von der Schulbehörde an eine Schule einer für sie geeigneten Schulform überwiesen werden, wenn sie die Sicherheit von Menschen ernstlich gefährden oder den Schulbetrieb nachhaltig und schwer beeinträchtigen. [2]Die Schulbehörde hat in regelmäßigen Abständen zu überprüfen, ob die Voraussetzungen für die Überweisung weiterhin vorliegen.

(3) [1]Schülerinnen und Schüler im Sekundarbereich I, die in besonderem Maße auf sozialpädagogische Hilfe angewiesen sind, können ihre Schulpflicht, solange sie auf diese Hilfe angewiesen sind, ganz oder teilweise in einer außerschulischen Einrichtung erfüllen. [2]Die Erfüllung der Schulpflicht erfolgt auf der Grundlage eines einzelfallbezogenen Förderplans, der von der Schule, die von der Schülerin oder dem Schüler zu besuchen wäre, und der Einrichtung gemeinsam aufzustellen ist.

(4) [1]Schulpflichtige Jugendliche im Sekundarbereich II, die nicht in einem Berufsausbildungsverhältnis stehen und in besonderem Maße auf sozialpädagogische Hilfe angewiesen sind, können ihre Schulpflicht durch den Besuch einer Jugendwerkstatt erfüllen, die auf eine Berufsausbildung oder eine berufliche Tätigkeit vorbereitet. [2]In besonders begründeten Ausnahmefällen kann die Berufseinstiegsschule (§ 17 Abs. 3 Satz 2) auch die Erfüllung der Schulpflicht durch den Besuch einer anderen Einrichtung mit der in Satz 1 genannten Aufgabenstellung gestatten. [3]Die Erfüllung der Schulpflicht erfolgt auf der Grundlage eines einzelfallbezogenen Förderplans, der von der Einrichtung nach Satz 1 oder 2 und der Berufseinstiegsschule (§ 17 Abs. 3 Satz 2) gemeinsam aufzustellen ist.

(5) Schulpflichtige Kinder und Jugendliche, die sich in Justizvollzugsanstalten oder in geschlossener Heimerziehung befinden, können in den Räumen der Einrichtung unterrichtet werden.

1 **Allg.:** § 69 regelt die Schulpflicht in besonderen Fällen, insbesondere wenn Schülerinnen und Schüler aus tatsächlichen Gründen nicht in der Lage sind, ihre Schulpflicht durch den Besuch einer (geeigneten) Schule zu erfüllen. Im Kern dient § 69 dem Schutz des Rechts auf Bildung (§ 54) und der Sicherung der Erfüllung der Schulpflicht in besonderen Lebenssitua-

tionen. Denn grundsätzlich ist die Schulpflicht eine Schulbesuchspflicht, d. h. eine Pflicht die Schule aufzusuchen und am dortigen Schulunterricht teilzunehmen (vgl. § 63).

Zu Abs. 1: Absatz 1 regelt die Schulpflicht für längerfristig erkrankte Schülerinnen und Schüler. Diese haben Anspruch auf Unterricht zu Hause oder im Krankenhaus. Voraussetzung ist eine langfristige Erkrankung, die allerdings noch nicht zu einer dauernden Behinderung geworden sein darf; denn dann gelten die Bestimmungen über die sonderpädagogische Unterstützung (§§ 4, 14). Die Regelung verlangt daher die Feststellung einer längerfristigen Erkrankung, die dazu führt, dass die Schülerin oder der Schüler gehindert ist, die Schule zu besuchen. Damit erfasst die Norm typischerweise diejenigen Fälle, in denen Schülerinnen und Schüler auf Grund einer Erkrankung für längere Zeit oder in regelmäßigen Abständen zu Hause oder im Krankenhaus einschließlich der Abteilungen für Kinder- und Jugendpsychiatrie oder in ähnlichen Einrichtungen stationär behandelt werden und die Schule deshalb nicht besuchen können.

Einzelheiten (Mindestdauer der Erkrankung, Antragstellung, Befristung, Zahl der Wochenstunden) hat früher Nr. 8.6 des Erlasses »Sonderpädagogische Förderung« vom 01.02.2005 (außer Kraft) geregelt. Dieser Erlass ist zwar bereits zum 31.12.2012 ausgelaufen, kann in diesem Punkt aber weiterhin angewendet werden. Zuständig für Entscheidungen über den Unterricht zu Hause ist die Schule, die von der erkrankten Schülerin oder dem erkrankten Schüler besucht wird. Krankenhausunterricht wird von der Schulbehörde angeordnet, in deren Gebiet das Krankenhaus liegt. Mit den Grundsätzen für die Beauftragung von Lehrkräften mit Krankenhausunterricht vom 28.09.2010 (Az.: 32.3 – nicht veröffentlicht) wird der Besonderheit des Krankenhausunterrichtes Rechnung getragen. Damit die Einrichtungen über einen verlässlichen Umfang an Lehrerstunden verfügen, wird für die Zuweisung der Lehrerstunden die durchschnittliche Belegungszahl der Einrichtungen zugrunde gelegt. Die Personalauswahl erfolgt durch die nachgeordnete Schulbehörde entsprechend der Abstimmung mit der Einrichtung über die Fächer und Lehrbefähigungen. Da der Unterricht im Krankenhaus eine anspruchsvolle Tätigkeit ist, werden Lehrkräfte ausgewählt, die für die Besonderheiten dieses Unterrichtes aufgeschlossen sind und über hinreichende Berufserfahrung verfügen. Um die Reintegration der Schülerinnen und Schüler in den Schulalltag zu gewährleisten, wird darauf Wert gelegt, dass die in den Einrichtungen unterrichtenden Lehrkräfte weiterhin Kontakt mit ihren Stammschulen behalten. Die Erstellung des Stundenplans für die einzelnen Schülerinnen und Schüler im Krankenhausunterricht erfolgt durch die Einrichtung, wobei das jeweilige Krankheitsbild, die Belastbarkeit und die Belange der aktuell in der Einrichtung befindlichen Kinder und Jugendlichen berücksichtigt werden. Als Richtwert ist vorgesehen, dass die Schülerinnen und Schüler in psychiatrischen Kliniken mindestens 15 Unterrichtswochenstunden in der Summe aus Einzel- und Gruppenunterricht erhalten. Die organisatorische Abstimmung zwischen Einrichtung und Schule soll die Erfordernisse beider Einrichtungen berücksichtigen und insbesondere auch die Verlässlichkeit des Krankenhausunterrichts sicherstellen. Um die bestmögliche Wirksamkeit von Unterricht und Krankenhausbehandlung zu erreichen, wird die Zusammenarbeit von Lehrkräften und behandelnden wie betreuenden Fachkräften sowie der Austausch in regelmäßigen Dienstbesprechungen durch MK begrüßt. Das Verwaltungsgericht Hannover hat durch Gerichtsbescheid vom 10.02.2016 – 6 A 4659/15 – festgestellt, dass es aus verfassungsrechtlicher Sicht nicht zu beanstanden sei, wenn im Falle einer Befreiung von der Schulbesuchspflicht der Landesgesetzgeber nicht die Erstattung von damit verbundenen Kosten vorsieht, sondern die oder der Betroffene auf die Regelungen des SGB zu verweisen ist.

Von einer längerfristigen Erkrankung ist grundsätzlich dann auszugehen, wenn diese den Schulbesuch voraussichtlich länger als vier Wochen ausschließt. Es muss sich dabei um eine tatsächliche Erkrankung handeln. Seelische Belastungen, die gegebenenfalls von einem Kinderarzt bescheinigt werden, rechtfertigen keinen Hausunterricht. Auf Anforderung der Schule oder der Schulbehörde ist von den Erziehungsberechtigten oder der volljährigen Schülerin oder dem volljährigem Schüler auf eigene Kosten eine ärztliche oder fachärztliche Bescheinigung vorzulegen.

Die Genehmigung oder Anordnung des Haus- und Krankenhausunterrichtes ist zu befristen und mit einem Widerrufsvorbehalt zu versehen.

Ein Anspruch auf Kostenübernahme gegen das Land oder den Schulträger für privat eingestellte Hilfskräfte besteht nicht. Als Kostenträger kann hier nur der örtliche Sozialhilfeträger in Betracht kommen.

3 **Zu Abs. 2:** Absatz 2 sieht die Überweisung an eine andere Schule derselben oder einer anderen Schulform außerhalb einer Ordnungsmaßnahme nach § 61 NSchG vor. Die Regelung, die sich auf alle Schülerinnen und Schüler einschließlich derer, die auf eine sonderpädagogischer Unterstützung angewiesen sind, bezieht, ermöglicht, dass die nachgeordnete Schulbehörde bei besonders schwerem Fehlverhalten, das die Sicherheit von Menschen ernstlich gefährdet oder den Schulbetrieb nachhaltig und schwer beeinträchtigt und eine Überweisung an eine andere Schule erfordert, eine Überweisung vornimmt. Der Schutz der anderen am Schulleben beteiligten Personen sowie die Aufrechterhaltung des ordnungsgemäßen Schulbetriebs können das Recht der Erziehungsberechtigten auf freie Schulformwahl (vgl. § 59 Abs. 1 Satz 1) einschränken. Wenn zu erwarten ist, dass die Schülerin oder der Schüler auch bei Überweisung an eine Schule derselben Schulform künftig erhebliche Störungen herbeiführen wird, soll als letztes Mittel und bei Wahrung des Verhältnismäßigkeitsgrundsatzes die Möglichkeit der Überweisung an die Schule einer anderen Schulform bestehen. Für Schülerinnen und Schüler mit Bedarf an sonderpädagogischer Unterstützung kann dies auch die Überweisung an eine geeignete Förderschule bedeuten, wenn eine Überweisung an eine andere inklusive Schule nicht ausreicht. Da die Überweisung durch die Schulbehörde verfügt wird, findet ein Widerspruchsverfahren nicht statt. Eine Anfechtungsklage

Schülerinnen und Schüler § 69 **NSchG**

gegen die Überweisungsentscheidung hat, anders als bei § 61 Abs. 3 Nr. 4, aufschiebende Wirkung. Satz 2 regelt, dass die Schulbehörde in regelmäßigen Abständen zu überprüfen hat, ob die Voraussetzungen weiterhin vorliegen. Die aufnehmende Schule wird hierzu eine Stellungnahme gegenüber der Schulbehörde abzugeben haben.

Zu Abs. 3: Schülerinnen und Schüler im Sekundarbereich I, die aufgrund **4** sozialer und individueller Benachteiligungen in besonderem Maße einer sozialpädagogischen Unterstützung bedürfen, können gegebenenfalls in außerschulischen Einrichtungen besser gefördert werden, weil sie durch schulische Arbeits- und Organisationsformen nur schwer anzusprechen sind. Für diesen Personenkreis ist im ÄndG 2012 die Möglichkeit geschaffen worden, die Schulpflicht im Rahmen einer einzelfallbezogenen Förderung zu erfüllen. Im Rahmen einer solchen individuellen Förderung können auch außerschulische Lernorte einbezogen werden. Entscheidend ist, dass diese anderen Einrichtungen zur Förderung der Schülerinnen und Schüler beitragen und vorab ein verbindlicher Förderplan erstellt wird. Die Voraussetzungen, unter denen eine andere Einrichtung die Aufgaben übernehmen kann, sollen einvernehmlich zwischen der Schule einerseits, der anderen Einrichtung und ggf. der Jugendhilfe andererseits abgestimmt werden.

Ziel dieser besonderen Formen der Schulpflichterfüllung ist vor allem die Wiederheranführung an die Schule. Somit kommt eine Maßnahme nach Abs. 3 nur ausnahmsweise und nicht auf Dauer in Betracht. Zur Absicherung der Vorläufigkeit und der optimalen Förderung der Schülerinnen und Schüler ist die Aufstellung eines einzelfallbezogenen Förderplans im Zusammenwirken von Schule und außerschulischen Einrichtung vorgesehen. Schulabschlüsse können nur an der Schule – also erst nach Rückkehr dorthin – und nicht an der außerschulischen Einrichtung erworben werden. Die Entscheidung über Maßnahmen trifft die Schule. Die Schülerinnen und Schüler unterliegen in dieser Zeit der gesetzlichen Unfallversicherung (Schüler an privaten Einrichtungen (z.B. Jugendwerkstätten), die in Erfüllung der Schulpflicht besucht werden).

Hinsichtlich der **Leistungsbeurteilung** von Jugendlichen, die eine außerschulische Einrichtung besuchen, ist gesetzlich wenig determiniert und rechtlich bislang kaum ausgelotet, wie die in Abs. 3 geregelte zeitweise Schulpflichterfüllung außerhalb der Schule für den Sekundarbereich I im Einzelnen zu handhaben ist. Über Zeugnisse beschließt nach § 35 die Klassenkonferenz. Außerhalb des öffentlichen Schulwesens sind nur anerkannte Ersatzschulen zur Erteilung von Zeugnissen berechtigt (§ 148). Sonstige außerschulische Einrichtungen im Sinne des Abs. 3 fallen hierunter nicht, auch nicht Jugendwerkstätten für den Bereich des Sekundarbereichs II im Sinne des Abs. 4. Die Einzelbenotung obliegt nach § 50 Abs. 1 ihrerseits den Lehrkräften der (zeugnisbefugten) Schulen nach Maßgabe der jeweiligen Curricula und der Grundsätze der Gesamtkonferenz für die Leistungsbewertung und Beurteilung (§ 34 Abs. 2 Nr. 5) sowie der Notendefinition gemäß Beschluss der Kultusministerkonferenz vom 03.10.1968. Eine unmittelbare Leistungsbewertung durch Außenstehende kommt hiernach nicht in Betracht. Der nach Abs. 3 Satz 2 erforderliche »einzelfallgezogene Förderplan« bietet die Möglichkeit, die Grundsätze der Benotung mit der Schule abzustimmen. Die Gewichtung externer Beiträge bleibt auch in solchen Fällen zuvörderst Sache der Lehrkraft im Rahmen ihres pädagogischen Beurteilungsspielraums (§ 50 Abs. 1 Satz 1). Sie muss dabei – wenn die außerschulische Einrichtung sich in Gestalt einer Einzelbenotung geäußert hat – zur Wahrung des prüfungsrechtlichen Grundsatzes der Chancengleichheit neben Vorgaben nach § 50 Abs. 1 Satz 2 jedenfalls berücksichtigen, welchen Zeitraum die Maßnahme im Verhältnis zum Schulhalbjahr in Anspruch genommen hat, nach welchen Notendefinitionen beurteilt worden ist, in welchem Verhältnis die Lehrinhalte zum einschlägigen Curriculum gestanden haben und ob der Gesamtrahmen, in dem die zu bewertenden Leistungen erfolgt sind, beachtliche Unterschiede zum Umfeld der schulischen Leistungserbringung mit der eventuellen Folge einer Verschiebung des prüfungsrechtlichen Vergleichsmaßstabs aufweist (vgl. OVG Lüneburg, Beschl. v. 02.01.2017, Az.: 2 LA 190/6).

5 **Zu Abs. 4:** Bestimmte Jugendliche, die aufgrund sozialer und individueller Benachteiligungen in besonderem Maße einer sozialpädagogischen Förderung bedürfen und eigentlich im Sekundarbereich II die Berufseinstiegsschule (§ 17) besuchen müssten, können manchmal in außerschulischen Einrichtungen besser gefördert werden, weil sie durch schulische Arbeits- und Organisationsformen nur schwer anzusprechen sind. Für diesen Personenkreis ist bereits im ÄndG 93 die Möglichkeit geschaffen worden, die Schulpflicht außerhalb der Schule mit dem Besuch einer Jugendwerkstatt zu erfüllen. Das ÄndG 97 räumte zusätzlich die Möglichkeit ein, die Schulpflicht im Rahmen einer einzelfallbezogenen Förderung zu erfüllen. Im Rahmen einer solchen individuellen Förderung können auch außerschulische Lernorte einbezogen werden. Entscheidend ist, dass diese anderen Einrichtungen zur Förderung des Jugendlichen beitragen und vorab ein verbindlicher Förderplan erstellt wird. Die Voraussetzungen, unter denen eine Jugendwerkstatt oder andere Einrichtung die Aufgaben übernehmen kann, sollen einvernehmlich zwischen Berufsbildender Schule einerseits, Jugendwerkstatt oder anderen Einrichtung und der Jugendhilfe andererseits abgestimmt werden. Gemeinsames Ziel für diese besonderen Formen der Schulpflichterfüllung ist die Vorbereitung auf Berufsausbildung oder Berufstätigkeit. Bei anschließendem Abschluss eines Berufsausbildungsvertrages gilt wiederum die Berufsschulpflicht für Auszubildende nach § 65 Abs. 2. Jugendliche, die eine Jugendwerkstatt besuchen, sind nicht mehr »Schülerinnen und Schüler« einer Schule. Nach Aufnahme sind die Jugendwerkstätten nunmehr zuständig für die Umsetzung der Berufsvorbereitungsmaßnahmen.

Die Verweildauer in der Jugendwerkstatt endet mit dem Ende des Schuljahres. Damit ist das Ziel erreicht, dass die Jugendlichen die vorgeschriebene Schulpflicht erfüllt haben. Die Förderung ist auf diese Zielsetzung begrenzt. Sollte ein Jugendlicher nach Erfüllung seiner Schulpflicht weitergehenden Unterstützungsbedarf haben, steht es im Ermessen der Jugendwerkstatt, ihm im Rahmen der Jugendwerkstattförderung weiter zu betreuen. Nach Angaben des Sozialministeriums wurden in landesweit 95 Jugendwerkstätten zwischen 2015 bis Ende 2018 mehr als 13 000 junge Menschen auf den Beruf vorbereitet. Seit dem 01.07.2015 sind die Jugendwerkstätten als Angebote der Jugendhilfe definiert (§ 13 SGB VIII). Damit wurde die Jugendwerkstattförderung auf reine Jugendhilfeleistungen umgestellt. Durch diese Neuausrichtung wurde sichergestellt, dass es keine Überschneidungen mit Leistungen der Sozialgesetzbücher II und III gibt.

Verweise, Literatur: 6
- RdErl.»Sonderpädagogische Förderung« vom 01.02.2005, SVBl. S. 49; außer Kraft getreten am 31.12.2012
- Erl.»Grundsätze für die Beauftragung von Lehrkräften mit Krankenhausunterricht« vom 28.09.2010 (nicht veröffentlicht)
- Erl.»Ergänzende Bestimmungen zum Rechtsverhältnis zur Schule und zur Schulpflicht« vom 01.12.2016 (SVBl. S. 705, SRH 2.205, Schulrecht 220/11)
- Niedersächsisches Kultusministerium:»Materialien Handlungskompetenz im Berufsvorbereitungsjahr (BVJ)«, 2011, (www.bvj.nibis.de)
- *Hoops, Günther:*»Individuelle Förderung lernbeeinträchtigter Jugendlicher«, Schulverwaltung Ausgabe NI SH, Nr. 7/8, 2003, S. 211

(Gerald Nolte)

§ 70 Ruhen und Ende der Schulpflicht in besonderen Fällen

(1) Die Schulbehörde kann für schulpflichtige Jugendliche, die eine Schule im Ausland besucht haben und einer besonderen Förderung in der deutschen Sprache bedürfen, für die Dauer der Teilnahme an den erforderlichen Sprachkursen das Ruhen der Schulpflicht anordnen.

(2) [1]Eine Schülerin ist drei Monate vor und zwei Monate nach der Geburt ihres Kindes nicht verpflichtet, die Schule zu besuchen. [2]Im Übrigen kann die Schule die Schulpflicht auf Antrag einer schulpflichtigen Mutter mit Zustimmung der Erziehungsberechtigten widerruflich ruhen lassen, wenn sie durch den Besuch der Schule daran gehindert würde, ihr Kind in ausreichendem Maße zu betreuen.

(3) Die Schulbehörde kann die Schulpflicht auf Antrag der Erziehungsberechtigten widerruflich ruhen lassen, wenn schulpflichtige Jugendliche nach zehn Schulbesuchsjahren einen besonderen außerschulischen Bildungsweg durchlaufen sollen.

(4) Die Pflicht zum Besuch einer berufsbildenden Schule ruht
1. für Beamtinnen und Beamte im Vorbereitungsdienst sowie für Dienstanfängerinnen und Dienstanfänger,

NSchG   Schülerinnen und Schüler § 70

2. für Schulpflichtige, die Schulen für andere als ärztliche Heilberufe besuchen, solange diese Schulen nicht nach § 1 Abs. 5 Satz 2 in den Geltungsbereich dieses Gesetzes einbezogen sind,

3. für Schulpflichtige, die einen Freiwilligendienst ableisten,

4. für Schulpflichtige, die nach dem Erwerb des schulischen Teils der Fachhochschulreife ein mindestens einjähriges geleitetes berufsbezogenes Praktikum zum Erwerb der Fachhochschulreife ableisten, und

5. für Schulpflichtige, die der Bundeswehr als Soldatin oder Soldat angehören.

(5) Die Pflicht zum Schulbesuch einer Schule im Sekundarbereich II ruht in den Fällen des § 61 Abs. 3 Nr. 6.

(6) ¹Die Schulpflicht endet für Schulpflichtige,

1. deren Schulpflicht nach Absatz 4 für mindestens ein Jahr geruht hat,

2. die mindestens ein Jahr lang eine berufsbildende Schule mit Vollzeitunterricht, eine außerschulische Einrichtung nach § 67 Abs. 4 Satz 1 Nr. 1, eine Jugendwerkstatt oder eine andere Einrichtung nach § 69 Abs. 4 besucht haben oder

3. die die allgemeine Hochschulreife erworben haben.

²Die Schulbehörde kann vor Ablauf der Schulpflicht feststellen, dass die bisherige Ausbildung von Schulpflichtigen im Sekundarbereich II einen weiteren Schulbesuch entbehrlich macht; mit dieser Feststellung endet die Schulpflicht.

1 Allg.: Das Ruhen der Schulpflicht hebt die Schulpflicht nicht auf, entbindet die Schülerin oder den Schüler aber befristet von der Schulbesuchspflicht. Die Zeit des Ruhens der Schulpflicht ist auf die Dauer der Schulpflicht anzurechnen (s. § 66).

Das NSchG 80 hatte das Ruhen der Schulpflicht noch für solche Kinder und Jugendliche vorgesehen, die körperlich, geistig oder in ihrem sozialen Verhalten derart behindert sind, dass sie nicht gefördert werden können. Diesen Tatbestand hat das ÄndG 93 entfallen lassen, um auch für diese Kinder und Jugendliche den Anspruch auf Förderung zu betonen.

2 Zu Abs. 1: Die Vorschrift gilt nur für diejenigen Fälle, bei denen die erforderlichen Deutschkenntnisse in speziellen Sprachförderlehrgängen außerhalb der Schule vermittelt werden sollen. In der Regel werden die entsprechenden Fördermaßnahmen im Rahmen der Schule angeboten, so dass der Schulbesuch nicht unterbrochen werden muss.

3 Zu Abs. 2: Da Schülerinnen nicht in einem Beschäftigungsverhältnis zu ihrer Schule stehen, richtete sich bis zum 31.12.2017 der Schutz von Schülerinnen in Niedersachsen vor und nach der Geburt nicht nach dem Mutterschutzgesetz, sondern ausschließlich nach dem NSchG. Abs. 2 Satz 1 regelt, dass eine Schülerin drei Monate vor der Geburt und zwei Monate nach der Geburt ihres Kindes nicht verpflichtet ist, die Schule zu besuchen.

Diese Vorschrift entspricht dem Beschäftigungsverbot für Schwangere nach dem Mutterschutzgesetz, wobei die Frist vor der Geburt mit drei Monaten deutlich länger als die Frist nach dem Mutterschutzgesetz (6 Wochen) ist. Die schwangere Schülerin ist berechtigt, auch während der Frist die Schule zu besuchen, etwa um eine Abschlussprüfung zu besuchen. Um ein ausreichendes einheitliches Schutzniveau für alle schwangeren und stillenden Frauen zu erreichen, wurde zum 01.01.2018 der Anwendungsbereich des Mutterschutzgesetzes insbesondere im Hinblick auf den Gesundheitsschutz erweitert und erfasst seither auch Frauen, die in arbeitnehmerähnlichen Strukturen tätig sind (Hintergrund ist die europäische Mutterschutz-RL (92/85EWG)). Schülerinnen werden demzufolge in den Anwendungsbereich des Mutterschutzgesetzes einbezogen, soweit die jeweilige Ausbildungsstelle (z.B. Schule) Ort, Zeit und Ablauf von Ausbildungsveranstaltungen verpflichtend vorgibt oder die Schülerinnen ein im Rahmen der schulischen Ausbildung verpflichtend vorgegebenes Praktikum ableisten. Vom Mutterschutzgesetz sind daher sämtliche im Verantwortungsbereich der Schule liegenden Veranstaltungen umfasst wie die verpflichtenden Angebote nach der Stundentafel, AG-Angebote, Schulfahrten, Schülerbetriebspraktika, Schülervertretung, Jugend trainiert für Olympia etc. sowie freiwillige und verpflichtende außerunterrichtliche Angebote im Rahmen der Ganztagsschule. Nicht erfasst sind »schulfremde« Angebote wie privater Nachhilfeunterricht in der Schule, Vereinssport in der Schule pp.

Im Regelfall sind die mutterschutzrechtlichen Bestimmungen unabdingbar und gelten unabhängig von der Einwilligung der Frauen. Eine Ausnahme findet sich bei der Erwerbstätigkeit in der Schutzfrist **vor der Entbindung** nach § 3 Abs. 1 Mutterschutzgesetz und bei der Schutzfrist **nach der Entbindung für Schülerinnen** nach § 3 Abs. 3 Mutterschutzgesetz. In diesen Fällen können die Frauen nach den gesetzlichen Vorgaben auf die Inanspruchnahme der grundsätzlich bestehenden Schutzfrist verzichten. Entscheiden sich die Schülerinnen während des Mutterschutzes gegen eine Prüfung oder eine Hausarbeit, darf das für sie nicht zum Nachteil sein. Gegebenenfalls ist ein Nachteilsausgleich z.B. in Form eines Nachschreibetermins zu gewähren. Die Vorlage eines ärztlichen Attestes ist bei Verzicht auf die Mutterschutzfrist grundsätzlich nicht erforderlich.

aa) Schutzpflicht vor der Entbindung

Während der Schutzpflicht vor der Entbindung darf die Schule die werdende Mutter nicht beschulen. Auf eigenen Wunsch kann die Schülerin jedoch weiter zur Schule gehen. Es handelt sich um ein **nicht zwingendes Beschäftigungsverbot.** Damit soll die Wahlfreiheit der Schwangeren gestärkt und ihre schulische Entwicklung gestärkt werden. Soweit keine medizinischen Bedenken bezüglich der Gesundheit von Mutter oder (ungeborenem) Kind entgegenstehen, kann die Schülerin auch im Mutterschutz ihren Schulbesuch fortsetzen. Eine solche Einwilligung zur Weiterbeschulung ist ausdrücklich und eindeutig gegenüber der Schule zu erklären und kann jederzeit für die Zukunft widerrufen werden (§ 3 Abs. 1 Satz 2 Mutterschutzgesetz). Die schwangere Schülerin entscheidet also selbst, ob sie auf den Schutz des

Mutterschutzgesetzes verzichtet. Wenn sie sich allerdings vor der Geburt in der Lage fühlt, Prüfungsleistungen zu erbringen und aus medizinischer Sicht dem nichts entgegensteht, kann sie aufgrund ihrer Schwangerschaft bei Prüfungen nicht auf eine Bearbeitungszeitverlängerung bestehen. In diesem Fall ist nur noch das allgemeine Prüfungsrecht relevant.

bb) Schutzpflicht nach der Entbindung

In der Zeit nach der Entbindung besteht grundsätzlich ein **absolutes Beschäftigungsverbot**, allerdings verbunden mit einer **sogenannten Optout-Regelung**, nach der Schülerinnen etwa für Klausuren, Prüfungen, Hausarbeiten oder Pflichtveranstaltungen Ausnahmen beantragen können. Die Erklärung muss ausdrücklich gegenüber der Schule erfolgen, ein bloßes »Erscheinen zum Unterricht« während der nachgeburtlichen Schutzfrist reicht nicht. Die Opt-out-Regelung kann durch die Schülerin ebenfalls nur für die Zukunft geltend gemacht werden, d. h., dass nach Prüfungsbeginn eine Berufung auf Prüfungsunfähigkeit ausgeschlossen ist. Die Betroffenen entscheiden also selbst, ob sie Schutz beanspruchen oder nicht. Da Schutzgedanke des Mutterschutzgesetzes der persönliche Schutz der Schülerinnen ist, ist bei minderjährigen Schülerinnen im Regelfall auf die selbstbestimmte Erklärung der Schülerinnen und nicht auf eine evtl. entgegenstehende Stellungnahme der Erziehungsberechtigten abzustellen (Stichwort: ehrgeizige Eltern). Der Gesetzeswortlaut »darf« in § 3 Abs. 3 Satz 1 MuSchG räumt der Schulleitung allerdings ein Ermessen ein, ob sie dem »Verlangen« der Schülerin nachkommen will. Der Schutzgedanke des Mutterschutzgesetzes verbietet, dass eine gerade entbundene Schülerin an schulischen Veranstaltungen (insbesondere Prüfungen) teilnimmt und sich dabei gesundheitlichen Gefährdungen aussetzt. Die Schulleitung kann sich daher eine fachärztliche oder amtsärztliche Bescheinigung vorlegen lassen, aus der sich die gesundheitliche Unbedenklichkeit des Schulbesuchs (insbesondere der Prüfungsteilnahme) ergibt. Kann diese Unbedenklichkeit ärztlicherseits nicht bestätigt werden oder wird von der Schülerin eine solche Bescheinigung nicht vorgelegt, so darf die Schulleitung die Schülerin nicht an schulischen Veranstaltungen (insbesondere Prüfungen) teilnehmen lassen (Ermessenreduzierung auf Null). Das ärztliche »Beschulungsverbot« (§ 16) bleibt unberührt.

Schülerinnen, die sich in der dualen Berufsausbildung (Teilzeitunterricht) befinden, werden wie Beschäftigte behandelt. Für sie gilt die Opt-out-Regelung daher nicht. Die Schulleitung ist für den Arbeits- und Gesundheitsschutz und damit auch für den Mutterschutz zuständig.

cc) Verhältnis Mutterschutzgesetz zum Schulgesetz

Zwar sind die Regelungen im Niedersächsischen Schulgesetz und im Mutterschutzgesetz in weiten Teilen deckungsgleich, dennoch sind die Regelungen im Schulgesetz in Bezug auf die Schutzfrist **vor der Geburt** (3 Monate) deutlich weitergehender als im Mutterschutzgesetz (6 Wochen). Andererseits sind die Regelungen im Mutterschutzgesetz deutlich strenger, indem sie während der Schutzfristen von einem grundsätzlichen Beschäftigungsverbot ausgehen, während das Schulgesetz nur davon spricht, dass während der Schutzfristen eine Teilnahmepflicht am Unterricht nicht besteht. Insoweit stellt sich die Frage, welches Gesetz grundsätzlich vorrangig ist. Hier gilt, dass wegen der vorrangigen Gesetzgebungsbefugnis des Bundes während der durch das neue Mutterschutzgesetz festgesetzten Fristen (6 Wochen vor der Geburt, in der Regel 8 Wochen nach der Geburt) zwingend das Mutterschutzgesetz anzuwenden ist; die schulgesetzlichen Regelungen treten hier außer Kraft. Soweit aber die schulgesetzliche Frist weitergehend ist, kann die weitergehende schulgesetzliche Regelung Anwendung finden. Daher hat Abs. 2 nach wie vor einen eigenen Anwendungsbereich, der nicht durch das Mutterschutzgesetz entfallen ist. Die Schulleitung vertritt insofern das Land als Arbeitgeber. Insofern spricht auch die Schulleitung erforderlichenfalls ein Verbot an der Teilnahme des Unterrichts (einschließlich Klausuren, mündliche Prüfungen etc.) oder der Teilnahme an anderen schulischen Veranstaltungen (z.B. Schulfahrten) aus.

Zu Abs. 3: Mit dieser Regelung, die durch das ÄndG 93 eingeführt worden ist, soll den Schülerinnen und Schülern mit besonderer Begabung die Möglichkeit einer besonderen Förderung außerhalb der Schule eingeräumt werden. Über den Antrag entscheidet die Schule (ÄndG 97). **4**

Zu Abs. 4: Nr. 1: Von der Pflicht zum Besuch einer berufsbildenden Schule nach § 67 Abs. 1 werden Personen, die bestimmte Ausbildungsgänge durchlaufen, praktisch befreit. Neben den Beamtinnen und Beamten auf Widerruf, die sich im Vorbereitungsdienst für eine Beamtenlaufbahn befinden, gibt es Dienstanfängerinnen und Dienstanfänger, die eine Ausbildung für bestimmte Beamten- und Angestelltenpositionen ableisten, ohne sich während dieser Ausbildungszeit bereits im Beamtenverhältnis auf Widerruf zu befinden. Diese werden den Beamtinnen und Beamten auf Widerruf gleichgestellt, da sie nach ihrer Ausbildung in vergleichbaren Funktionen im öffentlichen Dienst tätig sind. **5**

Die in Abs. 4 **Nr. 2** genannten Schulen für andere als ärztliche Heilberufe wurden seit dem ÄndG 80 bisher als Schulen für nichtärztliche Heilberufe bezeichnet. Wegen der gegenüber den ärztlichen Berufen als diskriminierend empfundenen Bezeichnung »nichtärztliche Heilberufe« wurde der etwas umständliche Begriff »andere als ärztliche Heilberufe« eingeführt. Das Niedersächsische Gesetz über Schulen für Gesundheitsfachberufe und Einrichtungen für die praktische Ausbildung (NSchGesG) vom 22.11.2016 (Nds. GVBl. S. 250) trifft Regelungen für Schulen für neun Gesundheitsfachberufe. Der Begriff »Gesundheitsfachberufe« ist der in der Fachsprache mittlerweile übliche Begriff für die sogenannten »nichtärztlichen Heilberufe« oder »andere als ärztliche Heilberufe«. Schulen für Gesundheitsfachberufe bilden zu Berufen wie beispielsweise Logopäden/innen, Notfallsanitäter/innen, Podologen/innen oder Orthoptisten/innen aus. Diese Schulen gelten als Schulen der besonderen Art, denn sie arbeiten in der Regel eng mit Einrichtungen, wie beispielsweise Krankenhäusern oder Praxen, zusammen. Anleiterinnen und Anleiter werden häufig aus dem beruflichen Umfeld rekrutiert. Die Ausbildung ist aber auch während dieses praktischen Ausbildungsteils dennoch vollschulisch organisiert und die Verantwortung für die gesamte Ausbildung obliegt der jeweiligen Schule. Diese Schulen wurden aufgrund ihrer besonderen Struktur bereits seit 1974 aus dem Anwendungsbereich des Niedersächsischen Schulgesetzes ausgenommen (vgl. § 1 Abs. 5 Satz 1 Nr. 3). Durch die fehlende Anwendung des NSchG auf diese Schulen sind eigenständige Regelungen notwendig. Für Schülerinnen und Schüler, die eine Schule für einen Gesundheitsfachberuf besuchen, ruht die Schulpflicht (Abs. 4 Nr. 2). Wenn dann die Schulpflicht mindestens ein Jahr geruht hat, endet die Schulpflicht endgültig (Abs. 6 Satz 1 Nr. 1), andernfalls lebt sie wieder auf.

Nachdem die Berufsfachschulen Beschäftigungs- und Arbeitstherapie bereits mit VO vom 23.04.1980 sowie Pharmazeutisch-technischer Assistent/ Pharmazeutisch-technische Assistentin bereits mit VO vom 10.05.1981 in das NSchG einbezogen wurden, sind mit VO vom 23.07.1993 weitere Schulen für andere als ärztliche Heilberufe in den Geltungsbereich des NSchG einbezogen worden. Im ÄndG 03 sind diese Schulen aufgezählt (§ 1 Abs. 5, Satz 2).

Für Schülerinnen und Schüler, die eine dieser Schulen besuchen, gilt die Schulpflicht nach § 67 Abs. 1. i. V. m. § 65 Abs. 1; während des Besuch anderer Schulen für andere als ärztliche Heilberufe ruht die Schulpflicht.

Nr. 3 dient der Umsetzung des Gesetzes über den Bundesfreiwilligendienst (Bundesfreiwilligendienstgesetz – BFDG) vom 28.04.2011 (BGBl. I S. 687).

Mit dem Gesetz über den Bundesfreiwilligendienst vom 28.04.2011 (BGBl. I S. 687) ist in Deutschland der Bundesfreiwilligendienst als Reaktion auf die Aussetzung der Wehrpflicht und damit auch des Zivildienstes eingeführt worden. Der Bundesfreiwilligendienst soll die bestehenden in der Länderhoheit stehenden Freiwilligendienste Freiwilliges Soziales Jahr und Freiwilliges Ökologisches Jahr ergänzen und das bürgerschaftliche Engagement fördern. Der Bundesfreiwilligendienst wird vom Bund finanziert. Die Einsatzstellen des Freiwilligen Sozialen Jahres sowie des Freiwilligen Ökologischen Jahres werden von anerkannten Trägern nach § 10 JFDG mit Zustimmung des Landes zugleich als Einsatzstellen des Bundesfreiwilligendienstes nach dem Bundesfreiwilligendienstes anerkannt.

Im Bundesfreiwilligendienst engagieren sich Frauen und Männer für das Allgemeinwohl, insbesondere im sozialen, ökologischen und kulturellen Bereich sowie im Bereich des Sports und der Integration. Freiwillige im Sinne des Bundesfreiwilligendienstgesetzes sind Personen, die – wie beim Freiwilligen Sozialen Jahr und beim Freiwilligen Ökologischen Jahr – die Vollzeitschulpflicht (neunjährige Schulbesuchspflicht des § 66) erfüllt haben.

Der Bundesfreiwilligendienst wird wie das Freiwillige Soziale Jahr und das Freiwilligen Ökologische Jahr in der Regel für eine Dauer von zwölf zusammenhängenden Monaten geleistet. Die Mindestdauer beträgt sechs Monate. Der Dienst kann bis zu der Gesamtdauer von insgesamt 18 Monaten verlängert werden. Er kann ausnahmsweise bis zu einer Dauer von 24 Monaten geleistet werden, wenn dies im Rahmen eines besonderen pädagogischen Konzepts begründet ist. Auf den Bundesfreiwilligendienst finden die Regelungen zum Taschengeld und die sozialversicherungsrechtlichen

Bestimmungen entsprechende Anwendung, die für Freiwilliges Soziales Jahr und Freiwilliges Ökologisches Jahr nach dem JFDG gelten.

Mit der **Nr. 4** wird eine Gesetzeslücke geschlossen. Ohne diese Regelung könnten Schülerinnen und Schüler, die nach dem ersten Jahr der Qualifikationsphase den schulischen Teil der Fachhochschulreife erworben haben und die gymnasiale Oberstufe zwecks Ableistung des berufsbezogenen Teils der Fachhochschulreife verlassen, nicht sofort ein Praktikum zum Erwerb der »vollen« Fachhochschulreife absolvieren.

Nr. 5 dient der Umsetzung des Wehrpflichtgesetzes. Erfasst werden Soldatinnen und Soldaten auf Zeit sowie Soldatinnen und Soldaten, die einen freiwilligen Wehrdienst ableisten.

Zu Abs. 5: Die Schulpflicht ruht auch für diejenigen schulpflichtigen Schülerinnen und Schüler, die aufgrund einer Ordnungsmaßnahme von allen Schulen verwiesen worden sind. Auf die Ausführungen in Anm. 5 zu § 61 wird verwiesen. **6**

Zu Abs. 6: Mit dem ÄndG 08 ist der Absatz 6 neu aufgenommen worden, in dem über die Ruhensvorschriften der vorangegangenen Absätze hinausgehend die für die berufsbildende Schule relevanten Vorschriften über das Ende der Schulpflicht zusammengefasst sind. Nach Nr. 1 endet die Schulpflicht, wenn sie in den Fällen des Abs. 4 mindestens ein Jahr geruht hat. Außerdem endet die Schulpflicht nach Nr. 2 für diejenigen Schülerinnen und Schüler, die mindestens 1 Jahr eine berufsbildende Schule mit Vollzeitunterricht besucht haben. Das gilt auch für den Besuch bestimmter Einrichtungen nach § 67 Abs. 4 Satz 1 Nr. 1 und § 69 Abs. 4. Dies hat zur Konsequenz, dass für diese Schülerinnen und Schüler nur eine 10jährige Schulbesuchspflicht besteht. Die frühere Regelung, dass die Schulpflicht nach dem einjährigen Besuch einer Vollzeitschule nur ruhte, beim weiteren »freiwilligen« Besuch einer berufsbildenden Schule aber wieder auflebte, ist damit entfallen. Diese Regelung hatte die nicht zu vermittelnde Konsequenz, dass das Fernbleiben von diesem weiteren Bildungsgang eine Ordnungswidrigkeit darstellte. Es gibt gute Gründe, den Schülerinnen und Schülern die Freiheit zu geben, andere Wege einzuschlagen (z.B. die Aufnahme einer Arbeit, die Ableistung eines Praktikums), auch wenn sie die zwölfjährige Schulpflicht nicht erfüllt haben. Im Übrigen sind spezifische Förderungen der Arbeitsverwaltung auch abhängig vom Ende der Schulpflicht. Das Ende der Schulpflicht bedeutet andererseits nicht, dass die nicht mehr schulpflichtigen Jugendlichen keine berufsbildende Schule besuchen dürfen. Ihr Recht auf Bildung (§ 54) bleibt bestehen. So können beispielsweise Schülerinnen und Schüler mit dem Förderschwerpunkt GE nach 10 Jahren Schulbesuch an allgemein bildender Schulen und einem Jahr Schulbesuch einer berufsbildenden Schule mit Vollzeitunterricht auch noch – entsprechend einer Förderschule mit dem Förderschwerpunkt geistige Entwicklung – einen 12. Schuljahrgang absolvieren. Die Beschulung erfolgt in diesen Fällen auf der Grundlage eines individuellen Förderplans. Bei Begründung eines Berufsausbildungsverhältnisses werden Jugendlichen, deren Schulpflicht nach Nr. 2 geendet hat, nach § 65 Abs. 2 (wieder) **7**

berufsschulpflichtig. Es besteht die Möglichkeit, dass eine Schülerin oder ein Schüler nach neunjährigem Schulbesuch im Sekundarbereich I ein Berufsausbildungsverhältnis begründet, das nach einem weniger als dreijährigen Zeitraum beendet wird. In diesem Fall kann gemäß Satz 2 des Abs. 6 die Schulpflicht vor Ablauf von zwölf Jahren als beendet erklärt werden. Die Feststellung, dass ein weiterer Schulbesuch entbehrlich ist, darf nach den Ergänzenden Bestimmungen für das berufsbildende Schulwesen jedoch nur in einem der folgenden Fälle getroffen werden, wenn

1. Auszubildende ein mindestens dreijähriges Berufsausbildungsverhältnis wegen vorzeitiger Zulassung zur Abschlussprüfung oder Kürzung der Ausbildungszeit erfolgreich beenden,

2. Auszubildende die Abschlussprüfung, die aus organisatorischen Gründen vor Ablauf der dreijährigen Ausbildungszeit durchgeführt wird, bestehen,

3. Auszubildende ein Berufsausbildungsverhältnis, dessen Dauer weniger als drei Jahre beträgt, in der vorgesehenen Zeit oder vorzeitig erfolgreich beenden,

4. Auszubildende eine Stufe einer Stufenausbildung nach zwei Jahren erfolgreich beenden, es sei denn, dass sie die weitere Stufe unmittelbar anschließen,

5. Auszubildende eine Stufenausbildung erfolgreich beenden, deren Dauer bis zum Abschluss der letzten Stufe weniger als drei Jahre beträgt,

6. Auszubildende ihre Ausbildung abbrechen, kein neues Berufsausbildungsverhältnis begründen und die Berufsschule mindestens zwei Jahre besucht haben,

7. Auszubildende in einem Ausbildungsberuf, bei dem die Abschlussprüfung in eine Kenntnis- und eine Fertigkeitsprüfung unterteilt ist, die Abschlussprüfung insgesamt nicht bestanden, jedoch in der Kenntnisprüfung mindestens ausreichende Leistungen erbracht haben und die Kenntnisprüfung nicht wiederholen müssen,

8. Aussiedlerinnen und Aussiedler sowie Ausländerinnen und Ausländer, die nach Beginn eines Schuljahres in die Bundesrepublik Deutschland einreisen, im Laufe dieses Schuljahres das 18. Lebensjahr vollenden und kein Berufsausbildungsverhältnis eingehen oder

9. Schülerinnen und Schüler, die den schulischen Teil der Fachhochschulreife in der gymnasialen Oberstufe erworben haben, ein einjähriges berufsbezogenes Praktikum nach § 1 Abs. 3 AVO-GOBAK ableisten.

Nr. 3 ist mit dem Änderungsgesetz 2015 in das Schulgesetz eingeführt worden. Schülerinnen und Schüler, die bereits nach 11 Schulbesuchsjahren z.B. durch Überspringen das Abitur erreicht haben, sollen ebenfalls ihre Schulpflicht erfüllt haben. Die Berufsschulpflicht nach § 65 Abs. 2 Satz 1 bleibt hiervon unberührt.

Verweise, Literatur: 8
- Verordnung über berufsbildende Schulen (BbS-VO) vom 10.6.2009 (Nds. GVBl. S. 243; SVBl. S. 206; Schulrecht 511/11), zuletzt geändert durch Verordnung vom 31.08.2020 (Nds. GVBl. S. 282)
- *Eickmann, Manfred*: Neuordnung der beruflichen Grundbildung, Schulverwaltung, Ausgabe Niedersachsen, 2008, H. 11, S. 310
- *Nolte, Gerald*: Für Schülerinnen gilt zukünftig das Mutterschutzgesetz, Schulverwaltung, Ausgabe Niedersachsen, 2016, H. 9, S. 245
- Amtliche Mitteilung des MK: Änderung des Mutterschutzgesetzes mit Neuerungen für Mutterschutz in Schulen und Studienseminaren (SVBl. 2019, S. 109)
- *Schraa, Ursel*: Schwangere Schülerinnen, Schulverwaltung Ausgabe Baden-Württemberg, H. 12, S. 339

(Gerald Nolte)

§ 71 Pflichten der Erziehungsberechtigten und Ausbildenden

(1) ¹Die Erziehungsberechtigten haben dafür zu sorgen, dass die Schülerinnen und Schüler am Unterricht und an den sonstigen Veranstaltungen der Schule einschließlich der besonderen schulischen Sprachfördermaßnahmen nach § 64 Abs. 3 regelmäßig teilnehmen und die ihnen obliegenden Pflichten erfüllen; sie haben sie dafür zweckentsprechend auszustatten. ²Die Ausstattungspflicht umfasst auch die Übernahme der Kosten von Schulfahrten, an denen die Schülerinnen und Schüler teilnehmen.

(2) Ausbildende und ihre Beauftragten haben

1. den Auszubildenden die zur Erfüllung der schulischen Pflichten und zur Mitarbeit in Konferenzen, in deren Ausschüssen, im Schulvorstand und in der Schülervertretung erforderliche Zeit zu gewähren und
2. die Auszubildenden zur Erfüllung der Schulpflicht anzuhalten.

Allg: Das Grundgesetz erkennt die Pflege und Erziehung der Kinder als 1 das natürliche Recht der Eltern und die zuvörderst ihnen obliegende Pflicht an. Andererseits enthält diese Vorschrift keinen ausschließlichen Erziehungsanspruch der Eltern. Der Staat ist in der Schule nicht auf das ihm zugewiesene Wächteramt beschränkt. Der staatliche Erziehungsauftrag in der Schule ist in seinem Bereich dem elterlichen Erziehungsrecht nicht nach-, sondern gleichgestellt. Diese gemeinsame Erziehungsaufgabe von Eltern und Schule, welche die Bildung der eigenen Persönlichkeit des Kindes zum Ziel hat, ist in einem sinnvoll aufeinander bezogenen Zusammenwirken zu erfüllen. Die Schulgesetze der Länder sehen grundsätzlich vor, dass der Besuch öffentlicher Schulen schulgeldfrei ist (in Niedersachsen § 54 Abs. 2 Satz 1). Für den Bereich der Grundschulen ergibt sich die Schulgeldfreiheit zudem aus Art. 28 Abs. 1 der UN-Kinderrechtskonvention.

Für den Besuch einer öffentlichen Schule als öffentliche Anstalt wird somit in Deutschland keine Benutzungsgebühr erhoben. Der Grundsatz der Schulgeldfreiheit bedeutet allerdings nicht, dass die schulische Ausbildung keinerlei Kosten zulasten der Schülerinnen und Schüler bzw. deren Erziehungsberechtigten verursachen darf. Auch das grundgesetzlich verankerte Sozialstaatsprinzip gebietet es nicht, dass eine schulische Ausbildung keinerlei Kosten verursachen darf oder dass jemand eine seinen Neigungen und Fähigkeiten entsprechende Ausbildung auf Kosten des Staates ohne zumutbare Eigenleistung erhält. Somit lässt sich aus der Regelung der Schulgeldfreiheit nicht generell entnehmen, dass sämtliche mit dem Schulbesuch verbundenen Aufwendungen vom Staat zu tragen sind, die Schulgeldfreiheit erstreckt sich aber mindestens auf alle durch den Unterrichtsbetrieb entstehenden Kosten. Außerhalb dieses Bereiches trifft die Erziehungsberechtigten eine Ausstattungspflicht (in Nds. § 71 Abs. 1).

Während zum Beispiel in Niedersachsen, Hamburg und Nordrhein-Westfalen sich die Schulgeldfreiheit (in Nds. und HH sind gewisse Ausnahmen gesetzlich geregelt) sogar auf den gesamten Bereich der Schulveranstaltungen einschließlich der außerunterrichtlichen Angebote bezieht, haben einige Bundesländer wie Baden-Württemberg, Bremen, Hessen, Mecklenburg-Vorpommern, Saarland, Sachsen und Sachsen-Anhalt die Schulgeldfreiheit auf eine Unterrichtsgeldfreiheit beschränkt; dort wird davon ausgegangen, dass für die Teilnahme an Schulveranstaltungen außerhalb des Unterrichts Elternbeiträge erhoben werden können. Dies gilt neben den Kosten für freiwillig angewählte Angebote von Ganztagsschulen insbesondere auch für Kosten, die durch Teilnahme der Schülerin oder des Schülers an Veranstaltungen neben dem üblichen Schulbetrieb (z.B. Theater, Museum, Oper) entstehen. Nur Mecklenburg-Vorpommern hat in seinem Schulgesetz in § 54 Abs. 1 Satz 2 eine ausdrückliche gesetzliche Ermächtigung zur Erhebung von Elternbeiträgen bei dem Besuch derartiger Veranstaltungen vorgesehen, in Berlin und Rheinland-Pfalz kann die Erstattungspflicht auch Angebote der Ganztagsschule erfassen.

2 Zu Abs. 1 Satz 1: Während § 58 die Pflichten der Schülerinnen und Schüler umschreibt, werden in § 71 die Pflichten der Erziehungsberechtigten und der Ausbildenden normiert. Danach sind die Erziehungsberechtigten (s. § 55) verpflichtet, dafür zu sorgen, dass Schülerinnen und Schüler an den genannten Veranstaltungen der Schule einschließlich der besonderen schulischen Sprachfördermaßnahmen nach § 64 Abs. 3 teilnehmen und die ihnen obliegenden Pflichten (s. § 58) erfüllen.

a) Einwirkung auf eigene Kinder: Die Erziehungsberechtigten müssen aktiv das schulische Leben der Schülerinnen und Schüler begleiten und – ggf. auch in Zusammenarbeit mit der Schule – die Schülerin oder den Schüler im Sinne eines erfolgreichen Schulbesuchs beeinflussen. Dies beinhaltet zunächst, die Schülerinnen und Schüler dazu anzuhalten, am Unterricht und sonstigen Veranstaltungen teilzunehmen (wobei nur die verpflichtenden Angebote gemeint sein können) und die ihnen nach § 58 obliegenden Pflichten zu erfüllen.

Nach einem Beschluss des Bay VGH vom 05.11.2018 (Az.: 7 ZB 18.864) werden die Erziehungsberechtigten auch durch die Entziehung des Rechtes zur Regelung der schulischen Angelegenheiten ihres Kindes und des Rechts zur Aufenthaltsbestimmung, soweit es die Durchführung des Schulbesuchs betrifft, sowie die Bestellung eines Ergänzungspflegers nicht ihrer Verantwortung entledigt, die Schulpflicht ihrer Kinder sicherzustellen. Familiengerichtliche Maßnahmen können insbesondere nicht dazu führen, dass ein Verhalten der Erziehungsberechtigten, das der Verletzung der Schulpflicht nicht entgegenwirkt oder sie gar geradezu bezweckt, sanktionslos bleiben kann, weil ein Ergänzungspfleger die Erfüllung der Schulpflicht durch das schulpflichtige Kind sicherstellen soll. Seine Aufgabe lässt die Verantwortung der Eltern unberührt. Familiengerichtliche Maßnahmen nach § 1666 BGB, insbesondere nach dessen Abs. 3 Nr. 2 dienen der Abwendung der Gefährdung des Kindeswohls und sind aufgrund des gerade bei einem Eingriff in das Grundrecht nach Art. 6 Abs. 2 GG zu beachtenden Grundsatzes der Verhältnismäßigkeit auf das zur Abwendung der Gefährdung Notwendige beschränkt.

b) Ausstattungspflicht: Daneben trifft die Erziehungsberechtigten auch die Pflicht, die Schülerin oder den Schüler sachlich und finanziell auszustatten (z.B. Kleidung, Fahrtkosten, Lernmittel, soweit sie nicht von der Schule zur Verfügung gestellt werden). Zu der Ausstattungspflicht der Erziehungsberechtigten gehören die typischen Gegenstände einer Schulausstattung, wie z.B. Schulranzen, Sportzeug, Schreib- und Rechenmaterial (Füller, Kugelschreiber, Blei- und Malstifte, Taschenrechner, Geodreieck, Hefte und Mappen). Dazu zu zählen sind auch sogenannte »Hausaufgabenhefte«; sogenannte »Schulplaner« oder »Schülertimer« nach Auffassung des Kultusministeriums dagegen nicht. Bei Kopien ist zu unterscheiden, ob es sich um Lern- oder Lehrmaterialien handelt. Soweit es sich bei den Kopien um Lernmaterial für die Schülerinnen und Schüler handelt (z.B. Kopien aus einem Schulbuch), können diese Kosten auf die Erziehungsberechtigten umgelegt werden. Öffentliche Schulträger haben dagegen keinen Anspruch gegenüber den Erziehungsberechtigten auf die Erstattung von Kopierkosten für Lehrmaterial der Lehrkräfte. Es obliegt dem Schulträger, die sächlichen Kosten für den Schulbetrieb, zu denen auch die Lehrmittel für die Lehrkräfte gehören, zu tragen. Die Herstellung von Unterrichtskopien unterfällt insoweit dem Begriff der Lehrmittel.

Nicht mehr zu den typisierenden Gegenständen einer Schulausstattung sind besonders teure **Taschenrechner** oder **Laptops** zu zählen. In diesem Fall ist der jeweilige Schulträger in der Verpflichtung. Nach derzeitiger Rechtsprechung zu grafikfähigen Taschenrechnern (OVG Sachsen, Urt. v. 02.12.2014 – 2 A 281/13, VG Dresden, Urt. v. 17.11.2015 – 5 K 239414), die in einem ähnlichen Kostenrahmen wie Laptops oder Tablets liegen dürften, liegt die Kostenlast für derartige Geräte bei den Schulträgern. Das OVG Sachsen hat mit vorgenanntem Urteil folgendes ausgeführt: »Zur Ausstattung gehören dabei grundsätzlich all die Gegenstände, mit denen die Eltern ihr Kind für die Schule ausstatten, d. h. die das Kind von zu

Hause zum Unterricht in die Schule mitbringt. Dazu zählen insbesondere solche Gebrauchs- und Arbeitsmittel, die für eine zweckentsprechende und erfolgreiche Teilnahme des Kindes am Unterricht unerlässlich sind. Als in diesem Sinne notwendige und übliche Grundausstattung anzusehen, sind etwa ein Schulranzen oder Schulrucksack, Schreibhefte, Papier und Malblöcke, Schreibmaterial wie Blei- oder Buntstifte, Füller und Patronen, Zeichengeräte wie Lineal und Geodreieck sowie Zirkel- und Malkästen. Vom Ausstattungsbegriff umfasst werden darüber hinaus solche Gegenstände, die, wie Sportbekleidung oder Musikinstrumente, auch außerhalb des Unterrichts verwendet werden. Zur üblichen Grundausstattung mag auch ein einfacher Taschenrechner gehören, wie er in der Regel in jedem Haushalt vorhanden ist. Für einen grafikfähigen Taschenrechner trifft dies indessen ebenso wie eine Verwendung im Rahmen außerschulischer Aktivitäten allenfalls ausnahmsweise zu. Dieser wird deshalb der Sphäre der Schule und damit dem Schulträger zuzurechnen sein.«

Abs. 1 trifft keine Regelungen hinsichtlich volljähriger Schülerinnen und Schüler. Hier ist auf § 58 zu verweisen.

aa) Kosten der Schülerbeförderung: Soweit im Niedersächsischen Schulgesetz keine Beförderungs- oder Kostenansprüche für die Schülerbeförderung verankert sind (z.B. Schülerbeförderung in der Einführungsphase des Beruflichen Gymnasiums), ergibt sich die Kostentragungspflicht der Sorgeberechtigten schulrechtlich aus Abs. 1 (VG Hannover, Urt. v. 09.11.2011, Az.: 6 A 3447/11). Diese in Abs. 1 ausdrücklich hervorgehobene schulrechtliche Pflicht entspricht der Pflicht zur elterlichen Sorge für ihre Kinder (§§ 1626 Abs. 1, 1631 Abs. 1), die neben der Verantwortung für einen sicheren Schulweg auch das Tragen der damit verbundenen Kosten bedingt.

bb) Digitale Bildung: In der derzeitigen Wissensgesellschaft gewinnt die digitale Bildung allerdings zunehmend an Bedeutung. Der Erwerb zukunftsfähiger Kompetenzen im kritischen Umgang mit digitalen Medien und Informationen ist deshalb ebenso wie der Aufbau einer grundständigen IT-Kompetenz integraler Bestandteil heutiger Bildungsziele. Der Einsatz digitaler Medien erleichtert individualisiertes und kooperatives Lernen, unterstützt inklusive Bildungssettings und verbessert dadurch die Qualität und die Chancengerechtigkeit der Bildungssysteme. In Niedersachsen werden daher zunehmend Formen Mobilen Lernens angeboten. Mobiles Lernen umfasst sämtliche Systeme, welche den Lernenden erlauben, auf verteilte Datenbestände zuzugreifen und miteinander zu kommunizieren, ohne auf kabelgebundene Strom- und Kommunikationsnetze angewiesen zu sein. Mobile Endgeräte sind transportabel, verfügen über eine eigene Stromversorgung und drahtlose Kommunikationsmöglichkeiten. Konkret fasst man darunter u. a.

- Laptops (Notebooks),
- Tablets,
- Personal Digital Assistant – Geräte,
- Mobiltelefone und Smartphones.

Mobile Endgeräte (Laptops, Tablets pp.) sind mit Blick auf die Funktionalität als digitales Schulbuch als **Lernmittel** zu klassifizieren. Gleichzeitig stellen digitale Endgeräte aber auch **Lehrmittel** dar. Denn die Lehrkraft kann die mobilen Endgeräte zur Unterstützung seines Unterrichts einsetzen.

Im Kontext von Schule wird von »Mobilem Lernen« oder »Digitaler Bildung« bisher im Zusammenhang mit der Einrichtung von Laptoppools oder Laptopklassen gesprochen. Da die o. a. Geräte nicht als klassische Lernmittel zum Lernen wie zum Beispiel Lektüren, Schulbücher, Atlanten, Taschenrechner etc. angesehen werden können, die der Ausstattungspflicht der Erziehungsberechtigten unterliegen, gibt es in den Bundesländern unterschiedliche Strategien, um derartige Laptoppools oder Laptopklassen zu ermöglichen. Mit dem Beschluss der Landesregierung zum Landeskonzept »Medienkompetenz in Niedersachsen – Ziellinie 2020« hat Niedersachsen bereits 2016 festgeschrieben, dass perspektivisch alle Schülerinnen und Schüler an den weiterführenden Schulen mit digitalen Endgeräten ausgestattet werden sollen. Um die Schulen mit mobilen Endgeräten auszustatten, wird in Niedersachsen zunehmend das Konzept »**Bring Your Own Device**« (BYOD) unter der gezielten Nutzung offener Bildungsmaterialien (»Open Educational Resources«) verfolgt. Damit knüpft Niedersachsen an ein Strategiepapier der KMK »Bildung in der digitalen Welt« aus Dezember 2016 an, in dem ebenfalls das Modell BYOD favorisiert wird. BYOD ist die Bezeichnung dafür, private mobile Endgeräte wie Laptops, Tablets oder Smartphones in die Netzwerke von Schulen zu integrieren. Darunter verstanden werden auch Organisationsrichtlinien, die regeln sollen, auf welche Art und Weise Schülerinnen oder Schüler ihre eigenen elektronischen Bürogeräte (Smartphones, Notebooks, Tablets) zu schulischen Zwecken, insbesondere für den Zugriff auf Netzwerkdienste und das Verarbeiten und Speichern organisations- oder unternehmensinterner Daten, nutzen dürfen. BYOD soll den Nutzern eine größere Wahlfreiheit bringen und der Organisation eine bessere Orientierung an persönlichen Bedürfnissen ermöglichen. Im Bildungsbereich bietet BYOD ökonomische und ökologische Potenziale: Statt dass Schulen mit finanziellem Aufwand schuleigene Geräte beschaffen müssen, sollen die zunehmend privat bereits verfügbaren Geräte der Lernenden auch für schulische Zwecke genutzt werden können. Mit dem Erlass »Nutzung eingeführter digitaler Endgeräte in Prüfungssituationen« hat Niedersachsen künftig den Einsatz mobiler Endgeräte in Prüfungen geregelt. Die zugelassenen Hilfsmittel für Prüfungen wie Taschenrechner, Wörterbücher oder Formelsammlungen sollen unter bestimmten Voraussetzungen zukünftig auch über Smartphones oder Tablet-Computer eingesetzt werden können. Der angekündigte Erlass definiert die notwendigen Voraussetzungen für den Einsatz mobiler Endgeräte in Prüfungen ebenso wie die technischen Anforderungen, die die Geräte zu diesem Zweck erfüllen müssen. Grundvoraussetzung ist, dass die Geräte in der betreffenden Prüfungsgruppe vorher bereits über einen längeren Zeitraum im Unterricht eingesetzt wurden und über einen Prüfungsmodus verfügen. Mit dem Prüfungsmodus wird technisch sichergestellt, dass der Netzwerkzugriff sowie Schnittstellen zu externen Geräten unterbunden und interne Kameras sowie Mikrofone deaktiviert sind. Die Prüflinge haben im Prüfungsmodus somit nur Zugriff auf die jeweils zugelassenen Hilfsmittel. Sind diese Anforderungen erfüllt, können mobile Endgeräte zukünftig grundsätzlich in allen Fächern in den schriftlichen Prüfungen zum Einsatz kommen. Die Geräte der Schülerinnen und Schüler müssen allerdings hinsichtlich zentraler Leistungsmerkmale wie Geschwindigkeit und Bedienkomfort einen vergleichbaren Standard aufweisen. Mobile Endgeräte können damit zukünftig in der Abiturprüfung den computeralgebrafähigen Taschenrechner ebenso wie andere Hilfsmittel – z.B. Wörterbücher oder Formelsammlungen – durch entsprechende Programme oder Apps ersetzen. Die Regelungen sollen analog auch für Vergleichs- und Abschlussarbeiten mit landesweit einheitlichen Aufgabenstellungen gelten. Darüber hinaus enthält der Erlass Regelungen für den Einsatz mobiler Endgeräte in schriftlichen Lern- und Leistungskontrollen sowie weiteren Prüfungssituationen.

Im Übrigen darf kein Elternteil gezwungen sein, für sein Kind ein mobiles Gerät auf eigene Kosten anzuschaffen. Sofern die Erziehungsberechtigten nicht in der Lage sind, ihren Kindern ein technisch ausreichend gut ausgestattetes Gerät zu Verfügung zu stellen, muss die Schule (Schulträger) ein derartiges Gerät bereitstellen. Im Rahmen des sogenannten »**Masterplans Digitalisierung**« (2018) plant die Landesregierung allerdings, »*digitale Endgeräte als Lernmittel anzuerkennen und sie in die Ausstattungspflicht miteinzubeziehen*«. Dies soll bedeuten, dass die **Erziehungsberechtigten für die Kosten der Endgeräte** aufkommen sollen. In rund 25 Einzelerlassen an verschiedene öffentliche Schulen hat das Niedersächsische Kultusministerium den Inhalt des Masterplans in diesem Sinne bereits umgesetzt. Ein Erfordernis für eine gesetzliche Regelung zur Einführung digitaler Endgeräte besteht jedoch nicht (so auch Gesetzentwurf ÄndG 19, Landtagsdrucksache 18/4471). Dazu sei angemerkt, dass es einer schulrechtlichen Anerkennung von Lernmitteln lediglich für den Bereich der Schulbücher bedarf (siehe § 29). § 71 NSchG regelt dagegen die Pflichten der Erziehungsberechtigten und Ausbildenden. Das Verwaltungsgericht Hannover hat mit Urteil vom 19.12.2018 – Az.: 6 A 8051/17 – offengelassen, ob die Kosten für die Anschaffung eines Tablets angesichts der damit verbundenen Kosten von der Ausstattungspflicht umfasst sind.

Im Rahmen der **Corona-Pandemie** 2020 haben die Bundesregierung und die Länder beschlossen, benachteiligte Schülerinnen und Schüler, die über kein mobiles Endgerät verfügen, im Rahmen eines »Sofortausstattungsprogramms« zu unterstützen. Zusammen mit dem Landesanteil wurden 51,7 Mio. EUR im Rahmen einer Förderrichtlinie an die Schulträger ausgekehrt, die den Schülerinnen und Schülern die Geräte leihweise zur Verfügung gestellt haben.

Der Gegenansatz zu BYOD ist CYOD (»**Choose Your Own Device**«) und bezeichnet die Strategie, dass Schulen (Schulträger) für alle ihre Schülerinnen und Schüler die gleichen Geräte anschaffen. Dabei bleiben die Endgeräte im Eigentum der Schulträger. Der Hauptvorteil von CYOD besteht in der Kohärenz der technischen Systeme. Wenn alle Geräte beim gleichen Hersteller eingekauft werden und auf dem gleichen Betriebssystem basieren, ist es sehr viel einfacher, die Geräte untereinander zu vernetzen und die Netzwerke dabei nach innen und außen abzusichern. Zudem ist in jedem Fall im Unterricht das Gebot der Chancengleichheit gewährleistet. Der Hauptnachteil von CYOD ist ökonomischer Natur: Es muss eine teure Schulhardware angeschafft und gewartet werden. Dieses Modell dürfte daher allein unter Kostengesichtspunkten für die wenigsten Schulträger leistbar sein. Darüber hinaus stellte sich die Frage der Sinnhaftigkeit vor dem Hintergrund, dass die Geräte vielfach im privaten Umfeld bereits vorhanden sind.

GYOD (»**Get Your Own Device**«) ist dagegen ein Nutzungskonzept, wonach Schülerinnen und Schüler bestimmte mobile Endgeräte für den schulischen Bereich auf eigene Kosten anschaffen müssen und eine private Nutzung ausgeschlossen wird. Hiermit wäre dann aber ein rechtlich bedenklicher Eigentumseingriff verbunden. Schülerinnen und Schüler bzw. deren Eltern zum Kauf eines bestimmten Gerätes zu verpflichten, ist ein schwieriges Unterfangen. Die Praxis zeigt, dass individuelle Anforderungen der Beteiligten kaum unter einen Hut zu bringen sind. Für die einen ist das Standard-Gerät zu teuer, für die anderen ist es nicht leistungsfähig genug, einige haben bereits zu Hause einen anderen Gerätebestand etabliert und viele akzeptieren nicht, warum sie verpflichtet sein sollten, ein solches Gerät zu beschaffen.

cc) **Ausstattungspflicht versus Schulgeldfreiheit**: Unterricht – auch in Form von sogenannten Projektunterricht (z.B. Zirkusprojekte, Musikprojekte, Sicherheitstraining) – hat grundsätzlich schulgeldfrei durch Lehrkräfte zu erfolgen. Die Ausstattungspflicht der Erziehungsberechtigten aus Abs. 1 bedeutet die Ausstattung der Schülerinnen und Schüler für die Teilnahme am Unterricht und sonstigen Schulveranstaltungen. Die Ausstattungspflicht aus Abs. 1 ist so auszulegen, dass damit der Unterricht selber nicht finanziert wird, hier handelt es sich um eine ausschließlich staatliche Aufgabe, die mit der bestehenden Schulpflicht korrespondiert. Nach einem Urteil des **OVG Sachsen** vom 28.08.2018 – 2 A 265/17 – umfasst die Ausstattungspflicht der Eltern auch die Kosten für eine **Theateraufführung**, selbst wenn diese Bestandteil des Unterrichtes ist. Damit hat das OVG Sachsen einem Urteil des VG Sachsen vom 20.04.2016 – 4 K 1048/13 – ausdrücklich widersprochen. Zum Unterricht gehöre nach Auffassung des VG Sachsen nicht nur das, was unmittelbar im Schulgebäude veranstaltet werde, sondern die garantierte Schulgeldfreiheit (in Nds. § 54 Abs. 2 Satz 1) beziehe sich auch auf »Exkursionen«, also die Verlagerung des Unterrichts »aus dem Klassenzimmer heraus«. Das VG Sachsen hatte klargestellt, dass sowohl die Fahrtkosten von 7,00 € als auch die Eintrittskarte von 4,00 € nicht von Erziehungsberechtigten oder den Schülerinnen und Schülern zu tragen seien, sondern ausschließlich vom kommunalen Schulträger. Vieles spreche dafür, diese Rechtslage auch auf

Wandertage und Schullandheimaufenthalte zu übertragen, wenn sie von der Schule als Pflichtveranstaltung festgesetzt werden (in Niedersachsen nur bei eintägigen Schulfahrten möglich). Nach dem OVG Sachsen werden dagegen Schulveranstaltungen außerhalb des in der Schule oder zur Schule gehörenden Baulichkeiten und Einrichtungen stattfindenden Unterrichts nicht von der Schulgeldfreiheit erfasst. Bei dieser Beurteilung bleibe es auch in Ansehung dessen, dass die Veranstaltungen im Rahmen des Deutsch- und Musikunterrichts durchgeführt wurden. Zudem gehe es in der Sache nicht um unmittelbar unterrichtsbezogene Aufwendungen. Die Kosten des Eintritts für die Theateraufführung und die Konzerte sowie der Busfahrt seien nicht bei der Schule bzw. dem Schulträger, sondern bei Dritten aus Anlass dieser Veranstaltungen entstanden.

Unbedenklich ist eine Beteiligung Externer am Unterricht (kostenloser Vortrag eines Polizeibeamten zum Thema Verkehrserziehung). Die Kosten für die Bereitstellung eines Mittagessens im Rahmen von Ganztagsschulen sind nach herrschender Meinung (*Avenarius*, Rz. 23.4) nicht von der Schulgeldfreiheit erfasst.

dd) Entgeltliche Leihe (Miete) von Lernmitteln (Schulbücher etc.): In Niedersachsen gibt es seit dem Schuljahr 2004/05 das Modell der **entgeltlichen Ausleihe von Lernmitteln.**

Zuvor bestanden folgende Regelungen: Nach dem »Niedersächsischen Gesetz über Lernmittelhilfe« vom 02.04.1981 (Nds. GVBl. 55) wurde den Erziehungsberechtigten zur Anschaffung von Lernmitteln (Druckwerke) Lernmittelgutscheine ausgeteilt. Diese betrugen im Primarbereich 30 DM und im Sek. I-Bereich 50 DM im Schuljahr. Die Gewährung der Gutscheine ist an das Unterschreiten von Einkommensgrenzen geknüpft worden (Alleinerziehende 24.000 DM, Ehepaare/nicht verheiratete Paare 36.000 DM).

Mit dem »Niedersächsischen Gesetz über Lernmittelfreiheit« vom 24.04.1991 (Nds. GVBl. S. 174) ist die Lernmittelfreiheit in Niedersachsen eingeführt worden. Dem Gesetz ging ein Vorschaltgesetz vom 12.07.1990 (Nds. GVBl. 275) voraus, welches mit dem 91er-Gesetz sogleich wieder aufgehoben wurde. Die Lernmittelfreiheit war seinerzeit so konzipiert, dass den Schülerinnen und Schülern die Lernmittel (in der Regel Schulbücher – keine Atlanten, was seinerzeit ein Streitpunkt war) leihweise zur Verfügung gestellt wurden. Diese Bücher blieben durch die Leihe im Eigentum des Landes und mussten durch die Schülerinnen und Schüler pfleglich behandelt werden. In Einzelfällen der grob fahrlässigen/Beschädigung hat das Land Ersatzansprüche gegen die Eltern geltend gemacht, was ein relativ aufwendiges Verwaltungsverfahren zur Folge hatte (Sichtung/Prüfung der Bücher nach jedem Schuljahr, evtl. kleinere Instandsetzungen eines Buches, Geltendmachung von Ersatzansprüchen). Die Leihe war in der Regel auf drei Jahre begrenzt, nach Ablauf von drei Schuljahren konnten die Erziehungsberechtigten die Bücher in der Regel kostenfrei übernehmen. Die Bücherbestellung ist seinerzeit durch die Schulen erfolgt. Die Einzelheiten des Ausleihverfahrens sind durch die Verordnung zur Durchführung des Nds. Gesetzes über Lernmittelfreiheit vom 28.03.1995 (Nds. GVBl. S. 85) geregelt worden.

Mit dem Haushaltsbegleitgesetz 2004 vom 12.12.2003 (Nds. GVBl. S 446) wurde die 1991 eingeführte Lernmittelfreiheit zum 31.07.2004 gestrichen (Art. 19 des Gesetzes). Die entgeltliche Ausleihe ist seither erlasslich geregelt. Nach dem RdErl. d. MK v. 01.01.2013 (SVBl. S. 30) bieten alle öffentlichen Schulen den Erziehungsberechtigten sowie den volljährigen Schülerinnen und Schülern an, Lernmittel gegen ein Entgelt auszuleihen. Die Schulen entscheiden, ob sie Schülerinnen und Schüler an Gymnasien, Gesamtschulen und Beruflichen Gymnasien in der Qualifikationsphase in das Verfahren einbeziehen. Durch dieses Modell der entgeltlichen Lernmittelausleihe müssen die meisten Eltern von schulpflichtigen Kindern die Lernmittel nicht vollständig auf eigene Kosten anschaffen, sondern haben ein Angebot erhalten, mit dem sie bis zu zwei Dritteln von den Kosten für Lernmittel entlastet werden können.

Von der Zahlung des Entgelts für die Ausleihe freigestellt sind Empfängerinnen und Empfänger von Leistungen nach dem

- Sozialgesetzbuch Zweites Buch – Grundsicherung für Arbeit Suchende
- Sozialgesetzbuch Achtes Buch – Schülerinnen und Schüler, denen Hilfe zur Erziehung mit Unterbringung außerhalb des Elternhauses gewährt wird (im Wesentlichen Heim- und Pflegekinder)
- Sozialgesetzbuch Zwölftes Buch – Sozialhilfe
- § 6a Bundeskindergeldgesetz (Kinderzuschlag)
- Wohngeldgesetz (WoGG) nur in den Fällen, wenn durch Wohngeld die Hilfebedürftigkeit im Sinne des § 9 des Zweiten Buches Sozialgesetzbuch, des § 19 Abs. 1 und 2 des Zwölften Buches Sozialgesetzbuch vermieden oder beseitigt wird (siehe § 7 Abs. 1 Satz 3 Nr. 2 WoGG)
- Asylbewerberleistungsgesetz.

Bei Familien mit drei oder mehr schulpflichtigen Kindern sollen für jedes Kind nur 80 Prozent des von der jeweiligen Schule festgesetzten Entgelts für die Ausleihe erhoben werden. Darüber hinaus kann die Schule bei der Festsetzung des Entgelts die sozialen Verhältnisse berücksichtigen.

Das Landessozialgericht Niedersachsen-Bremen (LSG) hat mit Urteil vom 11.12.2017 – Az.: L 11 AS 349/17 – entschieden, dass Schulbücher (im Gegensatz zu grafikfähigen Taschenrechnern) weder unter das Bildungs- und Teilhabepaket des Bundes fallen noch durch den sozialhilferechtlichen Regelsatz abgedeckt sind und daher als Mehrbedarfsleistungen beansprucht werden können. Im Übrigen können Eltern nicht verlangen, dass in der Schule bestimmte Schulbücher verwendet werden (VG Berlin, Urteil v. 07.01.2016 (VG 3 K 84.15)).

ee) **Wettbewerbsrecht:** Lehrkräfte dürfen beim Kauf von Unterrichtsmaterialien zwar die Empfehlung aussprechen, auf bestimmte Qualitätsstandards zu achten, es ist ihnen aber grundsätzlich verwehrt, strikte Vorgaben für den Kauf eines speziellen **Markenprodukts** auszusprechen oder für bestimmte **Markenprodukte** zu werben. In diesem Zusammenhang darf allerdings die

Tatsache nicht verkannt werden, dass sich im allgemeinen Sprachgebrauch Namen verschiedener Markt beherrschender Firmen als Synonym für bestimmte Produkte allgemein verfestigt haben. So wird oftmals der Name des Markenprodukts (z.B. »Uhu«) für bestimmte Materialien (»Klebstoff«) verwandt, ohne dass damit zwingend das bestimmte Markenprodukt gemeint ist. Bei bestimmten Markenprodukten ist die Marktbeherrschung sogar so groß, dass sogenannte »No-Name-Artikel« gar nicht oder kaum erhältlich sind oder gegenüber den Markenprodukten in der Qualität stark abfallen, sodass es faktisch ein Monopol dieser Produkte gibt. Aufgrund dieser allgemeinen Sprachentwicklung ist somit nicht gänzlich auszuschließen, dass sich Lehrkräfte bei der Bestimmung der erforderlichen Unterrichtsmaterialien nicht immer hinreichend differenziert ausdrücken und den Namen des Markenproduktes vermeiden. Zudem besteht bei bestimmten Produkten (insbesondere Taschenrechnern) aus schulfachlicher Sicht die Notwendigkeit, dass alle Schülerinnen und Schüler im Unterricht, bei Hausaufgaben und auch bei Leistungsüberprüfungen über ein Gerät mit identischen Eigenschaften verfügen müssen. In diesen Fällen kann sich die Empfehlung der Lehrkräfte auf ein bestimmtes Produkt reduzieren.

ff) Medikamente: Die regelmäßige Einnahme von **Medikamenten** der Schülerinnen und Schüler ist auch während des Schulbetriebes Angelegenheit der Personensorgeberechtigten. Die Verantwortung für die richtige Zeit und die Dosierung liegt bei ihnen. Allerdings können Lehrkräfte auf freiwilliger Basis Medikamente an Schülerinnen und Schüler verabreichen. Da die medizinische Versorgung Bestandteil der elterlichen Personensorge ist, bedarf es hierfür der Einwilligung der Personensorgeberechtigten. Deshalb ist grundsätzlich eine Vereinbarung zwischen der Lehrkraft und den Eltern erforderlich, wonach während des Schulbesuchs die Lehrkraft berechtigt ist, Medikamente an die Schülerinnen und Schüler zu verabreichen. Hierdurch wird die Personensorge für die Schülerin oder den Schüler teilweise auf die Lehrkraft übertragen, mit der Folge, dass die Verantwortung für die Medikamentengaben für die Zeit des Schulbesuchs von den Personensorgeberechtigten auf sie übergeht.

gg) Impfkosten: Ausbildungsbedingte **Impfkosten** für Schülerinnen und Schüler sind nicht zu den Schulkosten nach §§ 112, 113 zu zählen, sondern sind dem persönlichen Lebensbereich der Schülerinnen und Schüler bzw. deren Eltern zuzurechnen. Sie fallen damit schulrechtlich unter die Ausstattungspflicht der Eltern nach § 71. Für Schülerinnen und Schüler besteht insbesondere keine Gleichstellung in Bezug auf § 3 Abs. 3 ArbSchG. Nach § 3 Abs. 3 ArbSchG darf der Arbeitgeber die Kosten für Arbeitsschutzmaßnahmen nicht auf die Beschäftigten umlegen. Unter den Anwendungsbereich des Arbeitsschutzgesetzes fallen gem. § 2 Abs. 2 ArbSchG »Beschäftigte«. Als Beschäftigte werden u. a. solche Personen anerkannt, welche in Betrieben ein arbeitnehmerähnliches Beschäftigungsverhältnis zu ihrem Arbeitgeber auf Grundlage ihrer Ausbildung haben. Schülerinnen und Schüler fallen nicht unter den Begriff der Beschäftigten nach § 2 Abs. 2 ArbSchG, da sie nicht bei einem Arbeitgeber beschäftigt sind. Somit findet das Arbeitsschutzgesetz und damit auch das Kostenauferlegungsverbot des § 3 Abs. 3 ArbSchG für Schülerinnen und Schüler keine Anwendung. Zwar stellt § 2 Abs. 9 Satz 2 Nr. 1 Biostoffverordnung (BioStoffV) Schülerinnen und Schüler mit Beschäftigten gleich, dies gilt jedoch für die allgemeinen Vorschriften der Biostoffverordnung. Durch die Gleichstellung der Schülerinnen und Schüler mit den Beschäftigten soll sichergestellt werden, dass die Schülerinnen und Schüler nicht größeren Gefahren ausgesetzt werden, als z.b. angestellte Arbeitnehmerinnen und Arbeitnehmer. Die Gleichstellung von Schülerinnen und Schülern mit Beschäftigten im Rahmen der Biostoffverordnung führt nicht automatisch zur Anwendung des § 3 Abs. 3 ArbSchG. Im § 18 Abs. 2 ArbSchG heißt es, dass durch Verordnung bestimmt werden kann, dass »bestimmte Vorschriften des Gesetzes zum Schutze anderer ... genannten Personen« anzuwenden sind. Dies bedeutet, dass die Rechtsverordnungen ausdrücklich die Anwendung der entsprechenden Regelungen des Arbeitsschutzgesetzes bestimmen müssen. Da die Biostoffverordnung die Anwendung des § 3 Abs. 3 ArbSchG nicht vorsieht bzw. regelt, findet das Kostenauferlegungsverbot für Schülerinnen und Schüler keine Anwendung.

hh) Mund-Nasen-Bedeckung: Im Rahmen der **Corona-Pandemie** 2020 wurde vielfach eine Maskenpflicht im öffentlichen Raum verhängt. Im schulischen Bereich muss dabei zwischen einer Maskenpflicht für Schülerinnen und Schüler sowie einer Maskenpflicht für Lehrkräfte und das sonstige schulische Personal unterschieden werden. Bei den Masken gibt es einen Mund-Nasen-Schutz (MNS) oder eine textile Barriere im Sinne eines MNS (sogenannte »community mask« oder Behelfsmaske). Damit können Tröpfchen, die man z.b. beim Sprechen, Husten oder Niesen ausstößt, abgefangen werden. Das Risiko, eine andere Person durch Husten, Niesen oder Sprechen anzustecken, kann dadurch verringert werden (Fremdschutz). Denkbar ist zunächst, dass das zuständige Gesundheitsministerium im Rahmen einer Verordnung eine Maskenpflicht auf bestimmte öffentliche Bereiche (öffentlicher Personennahverkehr, Schule, Einzelhandel etc.) erstreckt. Die Maskenpflicht kann sich dann auch auf die Schülerbeförderung im öffentlichen Raum erstrecken. Kostenträger sind in diesem Fall die Erziehungsberechtigten bzw. volljährigen Schülerinnen und Schüler, die sich wie alle Nutzer im ÖPNV der Maskenpflicht unterwerfen müssen und die Masken auch zu beschaffen und zu bezahlen haben. Soweit einzelne Schülerinnen und Schüler ohne Maske den ÖPNV nutzen wollen, können sie ihren Beförderungsanspruch nicht geltend machen. Sie müssen dann auf anderem Wege (zu Fuß, Fahrrad, Motorrad, Auto etc.) zur Schule gelangen. Eingeführt wurde auch eine Maskenpflicht im schulischen Bereich, in den Pausenzeiten sowie im Unterricht. Soweit eine Verordnung des zuständigen Gesundheitsministeriums eine Maskenpflicht im schulischen Bereich vorsieht (oder eine Allgemeinverfügung des örtlichen zuständigen Gesundheitsamtes bezogen auf einzelne Schulen in dem jeweiligen Zuständigkeitsbereich), unterliegt diese Pflicht der Ausstattungspflicht gemäß Abs. 1 Halbsatz 2. D. h. die Erziehungsberechtigten bzw. volljährigen Schülerinnen und Schüler (§ 58 Abs. 1) haben die Masken auf eigene Kosten zu besorgen.

Soweit Schülerinnen und Schüler trotz Maskenpflicht ohne Maske erscheinen, können sie von bestimmten Aktivitäten ausgeschlossen werden. Das **Oberverwaltungsgericht Münster** hat mit Beschluss vom 24.09.2020 – 13 B 1368/20 entschieden, dass eine Befreiung vom Präsenzunterricht nur auf der Grundlage eines **aussagekräftigen** Attestes erfolgen kann. Dieses darf nicht nur allgemeine Beeinträchtigungen aufzeigen, die jedermann beim Tragen einer Maske ereilen. Dargelegt werden muss vielmehr, welche konkreten gesundheitlichen Beeinträchtigungen alsbald zu erwarten sind und woraus diese im Einzelnen resultieren.

ii) Sanktionen: Bei einem Verstoß gegen diese Pflichten bestehen Sanktionsmöglichkeiten gegen die Erziehungsberechtigten. Diese sind dem Bildungs- und Erziehungsauftrag folgend, in erster Linie darauf gerichtet, dass die Kinder die Schule besuchen, weniger auf Bestrafung. Selbst wenn eine Bestrafung erfolgt, müssen die Kinder ggf. zwangsweise der Schule zugeführt werden. Durch eine Strafe hat sich die Angelegenheit nicht erledigt und die Erziehungsberechtigten haben nach einer Bestrafung nicht quasi die Legitimation zu einer fortdauernden Schulverweigerung erworben.

Alle Maßnahmen unterliegen dem Verhältnismäßigkeitsgrundsatz, d. h. es müssen zunächst die weniger beeinträchtigenden Maßnahmen ergriffen werden. In jedem Fall setzen diese Maßnahmen eine Unterrichtung des Ordnungsamtes des Schulträgers durch die Schule voraus.

jj) Kindeswohlgefährdung: Soweit die Schule Hinweise hat, dass das Kindeswohl beeinträchtigt ist, ist es Pflicht der Schule, die Zusammenarbeit mit der Jugendhilfe und/oder der Polizei zu suchen. Insoweit wird auf die Erlasse »Zusammenarbeit zwischen Schule, Jugendamt und freien Trägern der Jugendhilfe« vom 21.01.1994 (SVBl. S. 91) – aufgehoben durch Bek. v. 21.11.2006 – und »Sicherheits- und Gewaltpräventionsmaßnahmen in Schulen in Zusammenarbeit mit Polizei und Staatsanwaltschaft« vom 01.06.2016 (Nds. MBl. S. 648; SVBl. S. 433) hingewiesen.

Die Tatsache, dass eine Schülerin im Grundschulalter ein **Kopftuch** trägt, begründet noch nicht den Tatbestand der **Kindeswohlgefährdung**. Für die Frage nach dem Kindeswohl sowie dem Recht auf freie Entfaltung der Persönlichkeit ist zu berücksichtigen, dass Schülerinnen, die das 14. Lebensjahr bereits vollendet haben, als religionsmündig anzusehen sind und ihnen daher nach Art. 4 Abs. 2 GG die Entscheidung, ob sie im Sinne einer ungestörten Religionsausübung ein Kopftuch tragen, persönlich obliegt. Grundschülerinnen sind in der Regel jedoch jünger, sodass bei ihnen die Einsichtsfähigkeit in die Bedeutung und Tragweite der Glaubensfreiheit noch fehlen kann. Insoweit ist jedoch zu beachten, dass Art. 6 Abs. 2 GG Eltern das Recht zur Pflege und Erziehung ihrer Kinder garantiert und i. V. m. Art. 4 Abs. 1 GG auch das Recht zur Kindererziehung in religiöser und weltanschaulicher Hinsicht umfasst. In dem Spannungsfeld zwischen dem nach Art. 6 Abs. 2 Satz 1 GG garantierten Recht der Eltern auf Pflege und Erziehung ihrer Kinder und dem Kindeswohl beschreibt der Begriff der Kindeswohlgefährdung die Interventionsschwelle des Staates in das Elternrecht. Von einer Kindeswohlgefährdung im Sinne des § 1666 Abs. 1

Satz 1 BGB kann vor dem Hintergrund verfassungsgerichtlicher Rechtsprechung erst im Fall einer »gegenwärtigen, in einem solchen Maß vorhandenen Gefahr, dass sich bei weiterer Entwicklung ohne Intervention eine erhebliche Schädigung des körperlichen, geistigen oder seelischen Wohls des Kindes mit ziemlicher Sicherheit voraussehen lässt« gesprochen werden (BVerfG, Beschl. v. 19.11.2014, Az. 1 BvR 1178/14, FamRZ 2015, 112; BVerfG, Beschl. v. 03.02.2017, Az. 1 BvR 2569/16, FamRZ 2017, 524; BGH in FamRZ 16, 1752). Diese Voraussetzungen werden im Regelfall allein durch das Tragen eines Kopftuchs auch im Grundschulalter nicht erfüllt. Bei Maßnahmen im Rahmen einer Kindeswohlgefährdung geht es nicht darum, einen wie auch immer definierten Erziehungsstil abzuwehren, sondern vielmehr darum, eine konkrete Gefahrensituation abzuwenden. Ob die vorstehend beschriebene Interventionsschwelle überschritten ist, wäre im Rahmen einer konkreten Einzelfallprüfung festzustellen. Es kann nicht der Rückschluss gezogen werden, dass allein das Kopftuchtragen von Grundschülerinnen per se unvereinbar mit dem Kindeswohl ist und das Kind dadurch in seiner freien Entfaltung der Persönlichkeit beeinträchtigt wäre.

Im Einzelfall, z.B. bei Schulverweigerern, können sich die Schulen auch unmittelbar an das Familiengericht wenden, wenn anderenfalls ein erforderliches schnelles Eingreifen des Familiengerichts nicht gewährleistet ist.

Die Maßnahmen im Einzelnen:

Bußgeld: Nach § 176 Abs. 1 handelt ordnungswidrig, wer als Erziehungsberechtigter Schulpflichtige nicht dazu anhält, am Unterricht und an sonstigen Veranstaltungen der Schule regelmäßig teilzunehmen und die ihnen obliegenden Pflichten zu erfüllen.

Zwangsweise Zuführung: Nach § 177 NSchG können Kinder und Jugendliche, die ihrer Schulpflicht nicht nachkommen, der Schule zwangsweise zugeführt werden.

Straftat: Das dauerhafte Verhindern des Schulbesuches kann für Erziehungsberechtigte eine strafrechtliche Verfolgung nach sich ziehen, denn nach § 171 StGB wird wegen Verletzung der Fürsorge- oder Erziehungspflicht mit einer Freiheitsstrafe bis zu drei Jahren oder mit Geldstrafe bestraft, wer diese Pflicht gegenüber einer Person unter sechzehn Jahren gröblich verletzt und dadurch den Schutzbefohlenen in die Gefahr bringt, in seiner körperlichen oder psychischen Entwicklung erheblich geschädigt zu werden.

Sorgerechtsentzug: Nach § 1666 BGB ist die Entziehung des Sorgerechts durch das Amtsgericht (Familiengericht) möglich, auch partiell nur die Schulangelegenheiten betreffend (vgl. im Einzelnen Anm. 10 zu § 54).

§ 1666 Abs. 1 BGB setzt voraus, dass durch missbräuchliche Ausübung der elterlichen Sorge, durch Vernachlässigung des Kindes, durch unverschuldetes Versagen der Eltern oder durch das Verhalten eines Dritten das Wohl des Kindes gefährdet wird und die Eltern nicht gewillt oder in der Lage sind, die Gefahr abzuwenden. Liegt der Tatbestand des § 1666

Abs. 1 BGB vor, hat das Familiengericht die zur Abwendung der Gefahr erforderlichen Maßnahmen zu treffen. Diese offene Formulierung gibt den Gerichten vielfältige Gestaltungsmöglichkeiten, wie z.b. gerichtliche Ge- und Verbote an die Eltern und öffentliche Hilfen wie etwa Leistungen der Kinder- und Jugendhilfe, Auflagen, das Kind ärztlich untersuchen zu lassen, es regelmäßig zur Schule zu bringen, Hilfen zur Erziehung anzunehmen pp. In der Praxis ist allerdings der teilweise oder vollständige Entzug des Sorgerechts die Regel. Entgegen der herkömmlichen Annahme kommen familiengerichtliche Maßnahmen nicht erst in Betracht, wenn das Kind aus einer Familie herausgenommen werden muss, vielmehr kann eine deutlich frühere Einschaltung des Familiengerichtes geboten sein, um auf diese Weise dem Kind frühzeitiger und damit wirkungsvoller zu helfen.

kk) Anhaltspunkte für eine Kindeswohlgefährdung: Nach § 4 Abs. 1 Nr. 7 des Gesetzes zur Kooperation und Information im Kinderschutz (KKG) sollen Lehrkräfte, denen in Ausübung ihrer beruflichen Tätigkeit gewichtige Anhaltspunkte für die Gefährdung des Wohls eines Kindes bekannt werden, die Situation mit der betroffenen Schülerin oder dem betroffenen Schüler und den Personenberechtigten erörtern und soweit erforderlich bei den Personensorgeberechtigten auf die Inanspruchnahme von Hilfen hinwirken, soweit hierdurch der wirksame Schutz der Schülerinnen und Schüler nicht gefährdet wird. Im Grundsatz trifft diese Verpflichtung alle Lehrkräfte, die Kenntnis von Anhaltspunkten für eine Kindeswohlgefährdung haben. Unabhängig davon, ob Hilfen in Anspruch genommen werden oder ob davon ausgegangen wird, dass auch ohne Hilfen die Kindeswohlgefährdung behoben werden kann, besteht nach § 4 Abs. 3 KKG die Verpflichtung der Lehrkräfte zu beobachten, ob die Gefährdung tatsächlich abgewandt wird. Besteht die Kindeswohlgefährdung fort, ist eine erneute Erörterung mit den Personensorgeberechtigten und der betroffenen Schülerin oder dem betroffenen Schüler erforderlich; in diesem Fall ist auf die erstmalige Inanspruchnahme von Hilfen oder die Inanspruchnahme anderer, besser geeignet erscheinender Hilfen hinzuwirken. Bei der Erörterung sind die Personensorgeberechtigten und die betroffene Schülerin oder der betroffene Schüler vorab darauf hinzuweisen, dass die Lehrkraft befugt ist, das Jugendamt zu informieren, wenn ein Abwenden der Gefährdung erfolglos bleibt und die Lehrkraft daher das Tätigwerden des Jugendamtes für erforderlich hält. Die Lehrkraft ist nach § 4 Abs. 3 KKG befugt, dem Jugendamt die für eine Information des Jugendamtes erforderlichen Daten wie Name, Alter, Anschrift sowie die Anhaltspunkte für eine Kindeswohlgefährdung mitzuteilen. Lehrkräfte, die sich in ihrer Einschätzung hinsichtlich des Vorliegens einer Kindeswohlgefährdung nicht sicher sind, haben gegenüber dem Träger der öffentlichen Jugendhilfe – also dem Landkreis oder der kreisfreien Stadt, konkret gegenüber dem Jugendamt – nach § 4 Abs. 2 Satz 1 KKG einen Anspruch auf Beratung durch eine in Fragen des Kinderschutzes erfahrene Fachkraft. Dieser Fachkraft dürfen die für die Beratung erforderlichen Daten pseudonymisiert übermittelt werden. Eine Erhebung von Daten bei Dritten (Nachbarn, Ärzten, Trainern in Sportvereinen) scheidet dagegen aus.

Mit Beschluss vom 26.09.2016 hat das OLG Brandenburg (10 UF 62/16) entschieden, dass eine Kindeswohlgefährdung vorliegt, wenn die Kindesmutter nicht fähig ist, zuverlässig den Alltag des schulpflichtigen Kindes zu strukturieren, sodass es zu häufigen Fehlzeiten in der Schule kommt. Das OLG Frankfurt am Main hat mit Beschluss 15.07.2015 – 5 UF 50/15 entschieden, dass ein minderjähriger Schüler bis zum Ende seiner gesetzlichen Schulpflicht gegen seine Sorgeberechtigten den gesetzlichen Mindestunterhalt nach §§ 1601, 1603 Abs. 2 BGB beanspruchen kann, obwohl er seit längerer Zeit nicht mehr zur Schule gegangen war. Es liege bei bestehender gesetzlicher Schulpflicht in der Verantwortungssphäre der Sorgeberechtigten, für einen Schulbesuch ihres Sohnes die erforderlichen erzieherischen Maßnahmen zu treffen.

Zu Abs. 1 Satz 2: Durch Satz 2, der durch das ÄndG 97 eingeführt worden ist, ist nunmehr klargestellt, dass die Kosten von Schulfahrten von den Erziehungsberechtigten zu tragen sind. Dazu gehören insbesondere die Kosten für die Beförderung, die Unterkunft und Verpflegung. **3**

Schulfahrten sind Schulveranstaltungen, die mit Fahrtzielen außerhalb des Schulstandortes verbunden sind. Der Erlass »Schulfahrten« rechnet dazu auch Schullandheimaufenthalte und Schüleraustauschfahrten.

Entscheidendes Merkmal einer Schulfahrt ist es, dass die Fahrt/Reise integrierter Bestandteil der Unternehmung ist. Mehrtägige Fahrten mit Übernachtungen sind stets Schulfahrten. Auch eintägige Veranstaltungen mit einem außergewöhnlichen Reiseaufwand sind als Schulfahrten einzustufen. Außerschulische Lernorte sind dagegen solche, die in relativer Nähe zur Schule liegen und mit keinem außergewöhnlichen Reiseaufwand verbunden sind und die allein deswegen aufgesucht werden, um hier »Unterricht« an einem anderen Ort abzuhalten.

Bei Schulfahrten finden in der Regel keine Leistungsüberprüfungen bzw. Leistungsbewertungen statt, ausgeschlossen ist dieses jedoch nicht. Die Teilnahme an (mehrtägigen) Schulfahrten ist stets sowohl für Lehrkräfte als auch für Schülerinnen und Schüler freiwillig.

Bei Fahrten zu außerschulischen Lernorten kommen hinsichtlich der Beförderungs- oder Erstattungspflicht in Bezug auf die Schülerinnen und Schüler die Regelungen im Rahmen des § 114 (Beförderungs- oder Erstattungspflicht der Träger der Schülerbeförderung) nicht zur Anwendung.

Nach dem Erlass »Schulfahrten« sind die Erziehungsberechtigten frühzeitig in die Planung der Schulfahrten einzubeziehen und über die voraussichtlichen Kosten zu informieren. Zudem muss durch die Schule vor Abschluss des Beförderungs- oder Beherbergungsvertrages eine **Kostenübernahmeerklärung** der Eltern oder volljährigen Schülerinnen und Schüler eingeholt werden. Die Verträge dürfen erst dann abgeschlossen werden, wenn die Erklärungen nach Nr. 8 Satz 5 des Schulfahrtenerlasses der Erziehungsberechtigten oder der volljährigen Schülerinnen und Schüler vorliegen und damit die Finanzierung gesichert ist. Danach verpflichten sich die Erziehungsberechtigten oder volljährigen Schülerinnen und Schüler, entstehende Ausfallkosten bei Nichtteilnahme und erforderliche **Rückhol- und Rückreisekosten** bei vorzeitiger Beendigung der Teilnahme an der Schulfahrt des eigenen Kindes zu tragen, sofern die Kosten nicht durch eine Reiserücktrittsversicherung gedeckt sind. Die Nichtteilnahme einzelner Schülerinnen oder Schüler aus persönlichen Gründen, zum Beispiel Krankheit, lässt die Pflicht zur Zahlung von Stornokosten unberührt. Die Kostenübernahmeerklärung der Schülerinnen oder Schüler bzw. Sorgeberechtigten dient nicht nur dazu, die Kostentragungspflicht festzulegen, sondern es soll zugleich sichergestellt werden, dass die Kostenbelastung für die Teilnehmerinnen und Teilnehmer möglichst gering und überschaubar bleibt **(Grundsatz der Kostensicherheit).** Dies ergibt sich aus dem Sinn und Zweck der Anmeldung zur Klassenfahrt unter Berücksichtigung der Interessenlage der am Schulverhältnis Beteiligten. Mit der teilweisen Überwälzung von anteiligen Kosten anderer Angemeldeter wäre eine Kalkulierbarkeit für Schülerinnen und Schüler und Eltern nicht gewährleistet. Entsprechend hat das **OVG Koblenz** in einem Urteil vom 09.10.2003 – 2 A 11188/03. OVG – entschieden, dass die Eltern eines **vor der Schulfahrt** erkrankten Kindes die Kosten für die Reise nicht zurückbekommen. Eine schriftliche Anmeldung zur Klassenfahrt enthalte grundsätzlich zugleich die verbindliche Zusage der Eltern, für ihr Kind anfallende Kosten auch dann zu übernehmen, wenn dieses krankheitsbedingt die Fahrt nicht antreten kann. In dem Verwaltungsrechtsstreit hatten die Erziehungsberechtigten auf Erstattung geklagt. Dass Gericht argumentierte, dass weder der Schule noch anderen Eltern zumutbar sei, das Risiko der Erkrankung zu tragen. Rein rechtlich zähle die Klassenfahrt zu einer Schulveranstaltung und somit gelte die Unterrichtspflicht auch für Wanderungen, Studienfahrten, Ausflügen etc. im schulischen Rahmen. Teilnahme und Kostenübernahme werden hierfür durch die Erziehungsberechtigten schriftlich versichert. Das heißt: Wird das Kind vor Fahrtantritt krank, müssten die vollen Kosten der Klassenfahrt getragen werden. Bei fast allen Klassenfahrten-Anbietern wird allerdings im Buchungsverlauf eine Reiserücktrittsversicherung angeboten, die in meisten Fällen sehr erschwinglich ist. Das **VG Schleswig** hat mit Gerichtsbescheid vom 25.01.2006 – 9 A 107/05 – zudem festgestellt, dass die Erziehungsberechtigten auch unvorhersehbare Auslagen einer Lehrkraft für einen **Arztbesuch** einer Schülerin oder eines Schülers zu tragen haben. In dem Fall bejahte das Gericht einen Anspruch aus dem öffentlich-rechtlichen Vertrag auf Zahlung von 77,00 EUR für die Erstattung der Aufwendungen für die ärztliche Behandlung während der Ski-Klassenfahrt. Im Rahmen der Klassenfahrt sei der Klassenlehrer berechtigt und verpflichtet, im Rahmen der Fürsorgepflicht auch die gesundheitliche Versorgung seiner Schülerinnen und Schüler zu gewährleisten, zumal sie weit entfernt von den Eltern mit der Gruppe unterwegs sind und es sich dabei um routinemäßige ärztliche Untersuchungen handelt, die im Rahmen von Ski-Klassenfahrten üblicherweise vorkommen können. Da es zu den dienstlichen Pflichten der Lehrkräfte gehört, für die Personensorge während der Klassenfahrt zu sorgen, sind auch die insoweit angefallenen Aufwendungen erstattungsfähig.

Im Übrigen haben die Eltern die Möglichkeit, die ihnen bereits übergebene Arzt-Rechnung bei ihrer Krankenkasse einzureichen und sich dort die Aufwendungen erstatten zu lassen.
Auch das **VG Berlin** hat mit Urteil vom 13.03.2012 – 3 K 316.11 – entschieden, dass bei einem Rücktritt von der Klassenfahrt **kurz vor Reisebeginn** die Erziehungsberechtigten keinen Anspruch auf Rückerstattung des Reisepreises gegen die Schule haben. Denn die anderen an der Schülerfahrt teilnehmenden Schülerinnen und Schüler bzw. deren Eltern müssen grundsätzlich darauf vertrauen dürfen, dass ihnen keine weiteren Kosten zur Last fallen als diejenigen, die in der von ihnen unterzeichneten Einwilligungserklärung genannt sind. Die Verlässlichkeit der diesen Kosten zugrundeliegenden Kalkulation wäre jedoch infrage gestellt, wenn an die Möglichkeit der Beendigung des Vertragsverhältnisses durch einzelne Teilnehmerinnen und Teilnehmer der Fahrt nur geringe Anforderungen gestellt würden und damit im Zeitpunkt der Anmeldung für die verbleibenden Teilnehmerinnen und Teilnehmer das nicht abzuschätzende Risiko der Übernahme der insoweit dennoch anteilig anfallenden Kosten bestünde. Der Schulleiter hatte in dem Fall den Erziehungsberechtigten darauf aufmerksam gemacht, dass ihr Sohn im Fall grober disziplinarischer Verstöße auf ihre Kosten nach Hause geschickt werden könnte. Daraufhin meldeten die Erziehungsberechtigten ihren Sohn von der Fahrt ab. Das **OVG Münster** hat in einem Urteil von 30.04.2010 (Az.: 19 A 993/07) entschieden, dass die Schule (Land) die Reisekosten für einen erkrankten Schüler und nachgereister Mutter ins Ausland **während der Schulfahrt** außerhalb der vereinbarten Beförderung nicht übernehmen muss. Aus dem Schulverhältnis ergebe sich die Pflicht der Eltern, ihr Kind von der Schule in ihre alleinige Obhut zurückzuübernehmen, sobald seine Teilnahmepflicht am Unterricht oder an einer sonstigen Schulveranstaltung endet und soweit ihnen dies nach den tatsächlichen Umständen möglich und zumutbar ist. Vergleicht man den Fall mit einer plötzlichen Erkrankung des Kindes in der Schule, wird klar, dass Eltern im Rahmen ihrer Sorgfaltspflicht das Kind abholen müssen, sobald die Teilnahmepflicht erlischt. Eine integrierte Reiseabbruchversicherung bzw. Reisekrankenversicherung im Versicherungspaket deckt die Kosten für einen Rücktransport. **Heimweh** ist nach den üblichen Versicherungsbedingungen allerdings kein Grund für eine Kostenerstattung und ist dementsprechend nicht mitversichert. Eltern, die also ihr heimwehgeplagtes Kind frühzeitig von der Klassenfahrt abholen, müssen die entstandenen Reisekosten selbst tragen. Im Übrigen sind bei der Nichtdurchführung der Reise die Regelungen des Bürgerlichen Gesetzbuchs (BGB) zum Reisevertragsrecht und die Allgemeinen Geschäftsbedingungen der Vertragspartner maßgebend. In der Regel enthalten diese Bestimmungen zu den Stornierungsfristen und Stornierungskosten. Die Kostentragungspflicht hängt davon ab, wer für die Absage der Veranstaltung die Verantwortung trägt. Liegt die Ursache in der Sphäre der »Schule«, können vom Reiseveranstalter in angemessenem Rahmen Stornierungskosten pauschal (d. h. ohne Nachweis, dass die Kosten tatsächlich entstanden sind) geltend gemacht werden. Sind

die Pauschalen nicht angemessen, muss sich der Vertragspartner ersparte Aufwendungen beziehungsweise anderweitige Nutzungsmöglichkeiten anrechnen lassen. Keine Entschädigung steht dem Reiseveranstalter zu, wenn am Bestimmungsort oder in dessen unmittelbarer Nähe **unvermeidbare, außergewöhnliche Umstände** auftreten, die Durchführung der Pauschalreise oder die Beförderung von Personen an den Bestimmungsort erheblich beeinträchtigen, § 651 h Absatz 3 Satz 1 BGB. Eine Kündigung aufgrund dieser unvermeidbaren und außergewöhnlichen Umstände kann in der Regel erst vorgenommen werden, wenn das Auswärtige Amt vor Reisen warnt oder eine Warnung durch das zuständige Bundesaußenministerium erfolgt ist. Wird die Reise wegen Erkrankung der begleitenden Lehrkräfte abgesagt, trägt das Land die Kosten.

Das **VG Hannover** mit Urteil vom 27.02.2002 – 6 A 1660/01 – und das **VG Braunschweig** mit Urteil vom 22.06.2004 – 6 A 149/04 – haben entschieden, dass Streitigkeiten über die Kostenbeteiligung der Eltern an einer Schulfahrt (Klassenfahrt) im Verwaltungsrechtsweg auszutragen sind. Die schriftliche Erklärung der Übernahme der anteiligen Kosten einer Klassenfahrt führe auch dann zu einer wirksamen Zahlungsverpflichtung der Eltern, wenn die Erklärung nur von einem Elternteil unterzeichnet ist und sich die Annahmeerklärung der Schule nicht auf dem Erklärungsschreiben findet. Die Regelung in § 2 Abs. 3 Nr. 3 Niedersächsisches Verwaltungsverfahrensgesetz (Nds. VwVfG) über den Ausschluss öffentlich-rechtlicher Verträge im Schulrecht gelte nicht für organisatorische, der Erziehungs- und Bildungsarbeit der Schulen vorgelagerte Maßnahmen wie die für eine Klassenfahrt notwendigen Vereinbarungen mit den Eltern. Danach gelten für die Tätigkeit der Schulen bei der Anwendung des Niedersächsischen Schulgesetzes zwar nur bestimmte Vorschriften des Bundes-Verwaltungsverfahrensgesetzes, wobei die Vorschriften über den öffentlich-rechtlichen Vertrag nicht erwähnt werden. Bei Vereinbarungen über die Durchführung von Klassenfahrten handelt es sich jedoch um organisatorische, der Erziehungs- und Bildungsarbeit der Schulen vorgelagerte Maßnahmen, bei denen eine »Anwendung des NSchG« im Sinne von § 2 Abs. 3 Nr. 3 Nds. VwVfG nicht stattfindet und für die der Abschluss öffentlich-rechtlicher Verträge daher nicht ausgeschlossen ist. Eine andere Auslegung würde den Wertungen entgegenstehen, die den schulrechtlichen Bestimmungen über Klassenfahrten zugrunde liegen. Die gesetzliche Pflicht zur Übernahme der Kosten durch die Erziehungsberechtigten in Satz 2 besteht unabhängig von der Tatsache, dass die erforderlichen Verträge von der Schule im Namen des Landes Niedersachsen abgeschlossen werden. Hierzu siehe Anm. 5 zu § 113.

Hinsichtlich der Ausschreibungspflicht bei Schulfahrten gilt Folgendes: Grds. setzt der Abschluss eines Dienstleistungsvertrages durch einen öffentlichen Auftraggeber immer ein Vergabeverfahren voraus. Bis zu einem Auftragswert von 1.000 EUR netto können Verträge ohne Einhaltung eines besonderen Verfahrens im Wege des Direktauftrags nach § 14 UVgO geschlossen werden, wobei die Haushaltsgrundsätze der Sparsamkeit und Wirtschaftlichkeit zu beachten sind.

Bei teureren Dienstleistungen ist als Vergabeart regelmäßig die Verhandlungsvergabe ohne Teilnahmewettbewerb zu wählen. Nach § 7 Abs. 1 NWertVO kann die Vergabe bei einem Auftragswert bis 50.000 EUR (netto) im Wege der Beschränkten Ausschreibung ohne Teilnahmewettbewerb erfolgen, nach § 7 Abs. 2 NWertVO bis zu einem Auftragswert von 25.000 EUR (netto) im Wege der Verhandlungsvergabe (früher freihändige Vergabe). Da die die meisten Schulfahrten unter § 7 Abs. 2 fallen, reicht es in diesen Fällen aus, wenn weitestgehend formlos drei Angebote eingeholt werden. Problematisch ist es mit der Informationspflicht. Nach § 46 UVgO ist jeder Bieter über die Zuschlagserteilung zu unterrichten, hierbei sind zunächst keine Formvorschriften zu beachten. Wenn der Wert 20.000 EUR (netto) überschreitet, ist nach § 16 NTVergG eine detailliertere Information der Bieter sowie eine Wartefrist vor Abschluss des Vertrages vorgeschrieben.

Zu Abs. 2: Auch die Ausbildenden haben im Interesse des Schulbesuchs der Auszubildenden Pflichten zu erfüllen. Dazu gehört einmal die Verpflichtung, ihnen für die Teilnahme an den schulischen Veranstaltungen die nötige Arbeitsbefreiung zu gewähren. Darüber hinaus obliegt ihnen auch die Pflicht, die Auszubildenden aktiv zur Schulpflichterfüllung anzuhalten.

Ein Verstoß gegen diese Pflichten kann gem. § 176 Nrn. 2 und 3 als Ordnungswidrigkeit mit einem Bußgeld geahndet werden.

Verweise, Literatur:

- Erlass »Schulfahrten« vom 01.11.2015 (SVBl. S. 548; SRH 3.605; Schulrecht 351/1), zuletzt geändert durch Erl. vom 01.11.2020 (SVBl. S. 538)
- *Bräth, Peter:* Durchsetzung der Schulbesuchspflicht, RdJB 2007, S. 317
- *Nolte, Gerald:* Staatliche Maßnahmen bei Gefährdung des Kindeswohls, Schulverwaltung, Ausgabe Niedersachsen, 2007, H. 11, S. 301
- *Hoffmann, Birgit:* Kinderschutz durch und in Schule, Schulverwaltung, Ausgabe Niedersachsen, 2012, H. 3, S. 6
- *Nolte, Gerald:* Ausstattungspflicht der Eltern, Schule leiten, 2017, Heft 9, S. 52
- *Maiß, Joachim:* BYOD, Schulverwaltung, Ausgabe Niedersachsen, 2018, H. 1, S. 16
- *Sternberg, Michael:* Die Niedersächsische Bildungscloud, Schulverwaltung, Ausgabe Niedersachsen, 2018, H. 7–8, S. 207
- *Nolte, Gerald:* Schulbücher und Tablets fallen nicht unter das Bildungs- und Teilhabepaket, Schulverwaltung, Ausgabe Niedersachsen, 2018, H. 7–8, S. 212
- *Nolte, Gerald:* Rechtsfragen bei Klassenfahrten, Schulverwaltung, Ausgabe Niedersachsen, 2019, H. 4, S. 117

(Gerald Nolte)

Vierter Abschnitt
Schülervertretungen, Schülergruppen, Schülerzeitungen

Vorbemerkung zu §§ 72–87:

1   Allg.: Schülerinnen und Schüler haben nicht nur in der von ihnen besuchten Schule Mitwirkungsrechte. Darüber hinaus wirken sie auf der Gemeinde- und Kreisebene (§ 82) sowie auf Landesebene (§ 170) mit. Außerdem können sie stimmberechtigte Vertreterinnen oder Vertreter in die kommunalen Schulausschüsse (§ 110) und in den Landesschulbeirat (§ 171) entsenden. Interessenvertretung findet ferner durch die Mitarbeit in Schülergruppen (§ 86) und durch die Herausgabe von Schülerzeitungen (§ 87) statt. Die Mitarbeit in den Schülergremien ist freiwillig; niemand kann zur Annahme eines Mandates oder zur Mitarbeit in einer Schülergruppe oder in der Redaktion einer Schülerzeitung verpflichtet werden. Die Schule hat die Arbeit der Schülervertretungen zu fördern (§ 80 Abs. 3 und Abs. 4). In der nachgeordneten Schulbehörde (§ 119) sind dazu Schülervertretungsberater (SV-Berater) tätig. Eingriffe in die Arbeit der Schülervertretungen durch die Schulleitung oder die Schulbehörden sind nur zulässig, wenn der Bildungsauftrag der Schule (§ 2) gefährdet ist oder die Erhaltung der Sicherheit der an der Schule Tätigen diese erfordert. Es besteht kein Recht, an die Schülervertretung gerichtete Briefe zu öffnen, herausgehende Schreiben zu kontrollieren oder die Gegenstände ihrer Arbeit zu bestimmen. Aufsichten sollen so ausgeübt werden, dass sich die Schülerinnen und Schüler in ihrer Arbeit nicht beeinträchtigt fühlen müssen. Die Schulen haben die Möglichkeit, Einzelheiten der Aufsichtsführung, insbesondere deren Intensität, nach den Erfordernissen des Einzelfalls zu bestimmen. Im Regelfall wird eine Schule geeignete Schülerinnen und Schüler gem. § 62 Abs. 2 mit der Wahrnehmung der Aufsichtspflicht betrauen.

2   Verweise, Literatur:
   - Erl.»Förderung und Beratung der Schülervertretungen« vom 25.3.1985 (SVBl. S. 91; Schulrecht 332/21, außer Kraft getreten am 31.7.1999)
   - *Eickmann, Manfred:* Mitwirkung der Schülerinnen und Schüler in der Schule, in: *Crysmann, P./Uhlig, P.* (Hrsg.): Schulrecht für die Praxis, Nr. 2.7 (1)
   - *Bischoff, Horst-Dieter* u.a.: 20 Jahre Schülervertretungsarbeit in Niedersachsen – Eine Erhebung zum Selbstverständnis und zur künftigen Ausgestaltung, SVBl. 1994, H. 1, S. 16
   - *Litty, Hansgeorg/Kirchhoff, Adalbert:* SV-Handbuch, Lose-Blatt-Sammlung
   - *Kirchhoff, Adalbert* u.a.: Die Arbeit der Schülervertretungen in den Schulen des Landes Niedersachsen – Ergebnisse einer landesweiten Befragung, SVBl. 1995, H. 4, S. 119

- Die Arbeit der Schülervertretungen in den Schulen des Landes Niedersachsen, Bericht des Instituts für Entwicklungsplanung und Strukturforschung, Nr. 101.95, Hannover, 1995
- *Kirchhoff, Adalbert/Warnking, Gregor:* Schulleitung und Schülervertretung – Kooperation statt Konfrontation, Schulverwaltung, Ausgabe Niedersachsen, 1995, H. 8, S. 150
- *Galas, Dieter:* Schülervertretung in der Schule, in: *Ballasch, H.* u.a. (Hrsg.): Schulleitung und Schulaufsicht in Niedersachsen, Nr. 18.6
- SV-Beratung – Materialien, NLI-Beiträge, Nr. 72, 2003

§ 72 Allgemeines

(1) ¹**Schülerinnen und Schüler wirken in der Schule mit durch:**

1. **Klassenschülerschaften sowie Klassensprecherinnen und Klassensprecher,**
2. **den Schülerrat sowie Schülersprecherinnen und Schülersprecher,**
3. **Vertreterinnen und Vertreter in Konferenzen, Ausschüssen und im Schulvorstand.**

²**Die Mitwirkung soll zur Erfüllung des Bildungsauftrags der Schule (§ 2) beitragen.**

(2) ¹**In den Ämtern der Schülervertretung sollen Schülerinnen und Schüler gleichermaßen vertreten sein.** ²**Ferner sollen ausländische Schülerinnen und Schüler in angemessener Zahl berücksichtigt werden.**

Zu Abs. 1: In der Schule wirken Schülerinnen und Schüler auf Klassenebene durch die **Klassenschülerschaft** (Gesamtheit der Schülerinnen und Schüler einer Klasse) sowie durch **Klassensprecherinnen** und **Klassensprecher**, auf Schulebene durch den Schülerrat sowie durch **Schülersprecherinnen** und **Schülersprecher** mit. Für die Konferenzen, Ausschüsse und den Schulvorstand wählen sie stimmberechtigte Vertreterinnen und Vertreter. Die Mitwirkung der Schülerinnen und Schüler soll auf allen Ebenen zur Erfüllung des Bildungsauftrages (§ 2) beitragen. Satz 2 enthält zugleich einen Hinweis an Schulen und Schulbehörden dass sie sich gegenüber den Schülerinnen und Schülern bei deren Tätigkeiten im Rahmen des Abschnitts Schülervertretung auch selbst an den Bildungsauftrag zu halten haben. Besondere Formen der Aufsicht, z.B. Kontrolle der an die Schülervertretung gerichteten Post, lassen sich durch Satz 2 nicht begründen. **1**

Zu Abs. 2: Dass in den Ämtern der Schülervertretung Schülerinnen und Schüler gleichermaßen vertreten sein sowie ausländische Schülerinnen und Schüler angemessen berücksichtigt werden sollen, hat appellativen Charakter. Diese Bestimmung, die durch das ÄndG 93 in das NSchG eingefügt wurde, ist im Zusammenhang mit dem ebenfalls 1993 neugefassten Bildungsauftrag (§ 2) zu sehen. Danach sollen Schülerinnen und Schüler fähig werden, ihre Beziehungen zu anderen Menschen nach dem Grundsatz **2**

der Gleichberechtigung der Geschlechter zu gestalten und mit Menschen anderer Nationen und Kulturkreise zusammenzuleben. Die Verwirklichung der Gleichberechtigung der Geschlechter sowie die Berücksichtigung ausländischer Schülerinnen und Schüler können aber letztlich nur das Bewusstsein beeinflussen und auffordernden Charakter haben. Da keine »Quotenregelung« für die Wahlen vorgeschrieben ist, bleibt eine Verletzung der Vorschrift ohne rechtliche Folgen.

(Gerald Nolte)

§ 73 Klassenschülerschaft

¹In jeder Klasse vom 5. Schuljahrgang an (Klassenschülerschaft) werden eine Klassensprecherin oder ein Klassensprecher (Klassenvertretung), deren oder dessen Stellvertreterin oder Stellvertreter sowie die Vertreterinnen oder Vertreter in der Klassenkonferenz und deren Ausschuss nach § 39 Abs. 1 gewählt. ²Im Primarbereich und im Förderschwerpunkt geistige Entwicklung einer Förderschule kann nach Satz 1 gewählt werden.

1 **Allg.:** Die Bestimmung konkretisiert den Kreis der nach § 72 Abs. 1 Satz 1 Nr. 1 auf Klassenebene Mitwirkenden. § 73 definiert zugleich die Begriffe der Klassenschülerschaft und der Klassenvertretung, die in den Paragrafen des Vierten Abschnitts wiederholt aufgegriffen werden. Die Mitwirkungsmöglichkeiten sind nach Satz 1 ab dem 5. Schuljahrgang für eine Inanspruchnahme allgemein eröffnet, sie können nach Satz 2 auf Wunsch der Schülerinnen und Schüler auf bestimmte Bereiche ausgeweitet werden.

2 **Zum einzigen Absatz: Satz 1** räumt jeder Klassenschülerschaft zunächst das Recht ein, aus ihrer Mitte eine Klassenvertretung, d.h. eine Klassensprecherin oder einen Klassensprecher, zu wählen, die oder der die Klasse insbesondere gegenüber der Klassenlehrkraft, den sonstigen Lehrkräften der Klasse und der Schulleitung sowie im Schülerrat der Schule vertritt. Ferner darf die Klassenschülerschaft eine Stellvertreterin oder einen Stellvertreter der Klassenvertretung wählen.

Außerdem ist die Klassenschülerschaft befugt, aus ihrer Mitte die Vertreterinnen und Vertreter in der Klassenkonferenz (§ 35 Abs. 2) und in deren Ausschuss (§ 39 Abs. 1) zu wählen.

Das Wahlrecht für die genannten Vertreterinnen und Vertreter besteht ab dem 5. Schuljahrgang.

Auch die Schülerinnen und Schüler des Primarbereichs sowie die Schülerinnen und Schüler im Förderschwerpunkt geistige Entwicklung einer Förderschule können Klassensprecherinnen und Klassensprecher, deren Stellvertreterinnen und Stellvertreter sowie Vertreterinnen und Vertreter für die Klassenkonferenz und deren »Eltern-Lehrer-Schüler«-Ausschuss wählen **(Satz 2).** Ob entsprechende Wahlen durchgeführt werden, hängt nicht von der Entscheidung der Klassenlehrkraft oder einer Konferenz, sondern vom Wunsch der Schülerinnen und Schüler ab. Aufgabe der Lehrkräfte ist es, die Schülerinnen und Schüler über dieses Wahl-, Mitsprache- und Gestaltungsrecht zu informieren und bei Wahlen soweit erforderlich Hilfestellung zu leisten.

(Karl-Heinz Ulrich)

§ 74 Schülerrat

(1) ¹Die Klassenvertretungen bilden den Schülerrat der Schule. ²Dieser wählt die Schülersprecherin oder den Schülersprecher und eine Stellvertreterin oder einen Stellvertreter oder mehrere Stellvertreterinnen oder Stellvertreter aus seiner Mitte sowie die Vertreterinnen oder Vertreter in der Gesamtkonferenz, in den Teilkonferenzen, außer denen für organisatorische Bereiche, und in den entsprechenden Ausschüssen nach § 39 Abs. 1.

(2) Wird eine Schule von mindestens zehn ausländischen Schülerinnen oder Schülern besucht und gehört von ihnen niemand dem Schülerrat an, so können die ausländischen Schülerinnen und Schüler aus ihrer Mitte ein zusätzliches Mitglied und ein stellvertretendes Mitglied des Schülerrats wählen.

Allg.: Da seit dem ÄndG 93 auch in den Schulen des Primarbereichs und in den Förderschulen mit dem Schwerpunkt geistige Entwicklung Schülervertreterinnen und -vertreter von den Klassenschülerschaften gewählt werden können (§ 73 Satz 2), gelten die Bestimmungen über die Schülerräte auch für die Schulformen, die zuvor ohne Schülervertretung waren. Werden an den Grundschulen und an den Förderschulen mit dem Schwerpunkt geistige Entwicklung Klassensprecherinnen und -sprecher gewählt und ein Schülerrat gebildet, kann dieser also auch Vertreterinnen oder Vertreter der Schülerschaft für die Konferenzen wählen. An Förderschulen mit dem Schwerpunkt geistige Entwicklung gilt dies auch für den Schulvorstand. Wird kein Schülerrat gebildet, bleiben die den Schülerinnen und Schülern zustehenden Sitze in den Gremien unbesetzt. In diesem Fall haben die Lehrkräfte im Schulvorstand einer Förderschule mit dem Schwerpunkt geistige Entwicklung eine Zwei-Drittel-Mehrheit. 1

Zu Abs. 1: Der Schülerrat einer Schule besteht im Regelfall aus den **Klassenvertretungen**, d.h. aus den **Klassensprecherinnen** und **Klassensprechern** (siehe jedoch § 78). Es handelt sich also um eine repräsentative Vertretung der Schülerschaft einer Schule. Das NSchG kennt zwar Schülerversammlungen (z.B. § 80 Abs. 1 Satz 1), hat diese aber in der Regel nicht mit Beschlusskompetenzen ausgestattet. 2

Der Schülerrat wählt **aus seiner Mitte** die **Schülersprecherin** oder den **Schülersprecher**. Die oder der Gewählte muss also im Regelfall selbst Klassensprecherin oder Klassensprecher sein. Das gilt auch für die Stellvertreterinnen und Stellvertreter, nicht jedoch für die Vertreterinnen und Vertreter in der Gesamtkonferenz, in den Fachkonferenzen und in den entsprechenden Eltern-Lehrer-Schüler-Ausschüssen sowie im Schulvorstand (siehe Anm. 6 zu § 38b). Für die Wahl der Schülervertretung der Jahrgangs-, Stufen- oder Schulzweigkonferenzen gilt § 76. Dass auch für den Schulvorstand Vertreterinnen oder Vertreter der Schülerschaft gewählt werden, ergibt sich aus § 38b Abs. 6 Satz 1 Nr. 2. Der Schülerrat einer Schule kann nach § 78 Abs. 2 Nr. 1 eine besondere Ordnung beschließen, die abweichend von § 74 Abs. 1 Satz 2 bestimmt, dass die Schülersprecherin oder der Schülersprecher durch die Schülerinnen und Schüler einer Schule unmittelbar gewählt wird. Diese Formulierung beinhaltet zum einen die Abweichung von § 74 Abs. 1 Satz 2 NSchG und zum anderen fehlen hier die Worte »aus der Mitte des Schülerrates«. Nur für diesen Fall der unmittelbaren Wahl der Schülersprecherin oder des Schülersprechers durch die Schülerinnen und Schüler der Schule gilt also, dass die Schülersprecherin oder der Schülersprecher nicht Mitglied im Schülerrat, sondern nur Schülerin oder Schüler der Schule sein muss. Wenn sie oder er nicht Mitglied im Schülerrat und damit auch im Schülerrat auch nicht stimmberechtigt ist, so kann die Geschäftsordnung ihre oder seine Stellung im Schülerrat näher bestimmen. Dies gilt auch für den Fall, dass der Schülerrat beschlossen hat, dass ein Sprecherteam nach § 78 Abs. 2 Nr. 2 die Aufgaben der Sprecherin oder des Sprechers wahrnimmt.

3 **Zu Abs. 2:** Die Bestimmung über die Zuwahl eines ausländischen Mitgliedes in den Schülerrat für den Fall, dass ihm keine ausländische Schülerin oder kein ausländischer Schüler angehört, ist durch das ÄndG 93 in das NSchG eingefügt worden.

(Gerald Nolte)

§ 75 Wahlen

(1) Die Inhaberinnen und Inhaber der in den §§ 73 und 74 genannten Ämter der Schülervertretung (Schülervertreterinnen und Schülervertreter) werden jeweils für ein Schuljahr gewählt.

(2) Schülervertreterinnen und Schülervertreter scheiden aus ihrem Amt aus,

1. wenn sie mit einer Mehrheit von zwei Dritteln der Wahlberechtigten abberufen werden oder
2. wenn sie von ihrem Amt zurücktreten oder
3. wenn sie die Schule nicht mehr besuchen oder
4. wenn sie dem organisatorischen Bereich, für den sie gewählt worden sind, nicht mehr angehören.

(3) Schülervertreterinnen und Schülervertreter, die die Schule nicht verlassen haben, führen nach Ablauf der Wahlperiode ihr Amt bis zu den Neuwahlen, längstens für einen Zeitraum von drei Monaten, fort.

(4) Das Kultusministerium wird ermächtigt, das Verfahren der Wahlen und der Abberufung durch Verordnung zu regeln.

Schülerinnen und Schüler § 76   **NSchG**

Zu Abs. 1: Klassen- und Schülersprecherinnen und -Sprecher, ihre Stell- **1**
vertreterinnen und Stellvertreter sowie die Vertreterinnen und Vertreter
der Schülerinnen und Schüler in den Konferenzen und Ausschüssen werden zusammenfassend als **Schülervertreterinnen und Schülervertreter**
bezeichnet. Abs. 1 bestimmt, dass ihre Amtszeit ein Schuljahr beträgt. Das
gilt auch für die Mitgliedschaft im Schulvorstand (siehe Anm. 6 zu § 38b).
Das Mandat endet mit Ablauf des Schuljahres auch dann, wenn im Laufe
des Schuljahres Nachwahlen durchgeführt wurden.

Zu Abs. 2: Diese Bestimmung regelt das vorzeitige Ausscheiden der Schü- **2**
lervertreterinnen und -Vertreter aus ihrem Amt. Bei der **Abberufung** ist
zu beachten, dass diese von zwei Dritteln aller Wahlberechtigten, also
nicht nur der in einer Sitzung Anwesenden vorgenommen werden muss.
Schülersprecherinnen und -Sprecher verlieren ihr Amt nicht, wenn sie
nicht mehr Klassensprecherinnen oder -Sprecher sind.

Zu Abs. 3: Die durch das ÄndG 80 in das NSchG aufgenommene Regelung **3**
stellt sicher, dass die Schülervertretung zu Beginn eines Schuljahres auf
allen Ebenen funktionsfähig ist. Das jeweilige Amt kann nämlich nach
Ablauf der Wahlperiode bis zu den Neuwahlen, jedoch längstens für drei
Monate **fortgeführt** werden. Voraussetzung dafür ist freilich, dass die
Schülervertreterinnen oder -Vertreter die Schule nicht verlassen haben.

Zu Abs. 4: Von der Ermächtigungsverordnung hat das Kultusministerium **4**
durch Erlass der **Schülerwahlordnung** vom 04.08.1998 Gebrauch gemacht.

Verweise, Literatur: **5**

– Verordnung über die Wahl der Schülervertretungen in Schulen, Gemeinden und Landkreisen sowie die Wahl des Landesschülerrats (Schülerwahlordnung) vom 4.8.1998 (Nds. GVBl. S. 606; SVBl. S. 254; Schulrecht
332/11), geändert durch VO vom 4.3.2005 (Nds. GVBl. S. 78)

(Gerald Nolte)

§ 76   Besondere Schülerräte

Sind in einer Schule neben den Klassenkonferenzen Teilkonferenzen für
weitere organisatorische Bereiche eingerichtet worden (§ 35 Abs. 3), so
bilden die Klassenvertretungen dieser Bereiche je einen Bereichsschülerrat,
auf den die Vorschriften für den Schülerrat entsprechend anzuwenden sind.

Hat eine Schule für weitere organisatorische Bereiche Teilkonferenzen,
also Jahrgangs-, Stufen- oder Schulzweigkonferenzen eingerichtet (§ 35
Abs. 3), können dafür besondere Schülerräte gebildet werden, für die die
Vorschriften für den Schülerrat entsprechend gelten. Die **Bereichsschülerräte** bestehen aus den Klassensprecherinnen und Klassensprechern des
jeweiligen organisatorischen Bereichs. Die Räte wählen aus ihrer Mitte
Bereichsschülersprecherinnen oder -sprecher, deren Stellvertreterinnen
oder -vertreter sowie die Schülervertreter(innen) für die entsprechen-

de Bereichskonferenz und den entsprechenden Eltern-Lehrer-Schüler-Ausschuss. Wie die Schülerräte können die Bereichsschülerräte unter bestimmten Voraussetzungen um ein zusätzliches ausländisches Mitglied erweitert werden.

(Gerald Nolte)

§ 77 Abweichende Organisation der Schule

(1) Soweit die Schule im Sekundarbereich I nicht in Klassen gegliedert ist, treten die Schülerschaften der entsprechenden organisatorischen Gliederungen an die Stelle der Klassenschülerschaften.

(2) ¹Im Sekundarbereich II werden die Sprecherinnen und Sprecher, soweit Klassenverbände nicht bestehen, für jeden Jahrgang, soweit auch Jahrgangsverbände nicht bestehen, für jede Stufe gewählt. ²Für je 20 Schülerinnen und Schüler ist eine Sprecherin oder ein Sprecher zu wählen. ³Diese sind Mitglieder des Schülerrats und im Falle des § 76 auch Mitglieder des Bereichsschülerrats.

1 § 77 regelt die Schülervertretung für den Fall, dass eine Schule nicht in Klassen gegliedert ist. Von besonderer Bedeutung sind die Bestimmungen für die Qualifikationsphase der gymnasialen Oberstufe der Gymnasien und Gesamtschulen, der Abendgymnasien und Kollegs sowie der Beruflichen Gymnasien. Die Schülerinnen und Schüler der beiden Schuljahrgänge wählen gemeinsam für je 20 Schülerinnen und Schüler eine **Sprecherin** oder einen **Sprecher**. Diese gehören dem Schülerrat der Schule an und haben dieselben Rechte wie die Klassensprecherinnen und -sprecher. Hat die Schule eine Stufenkonferenz eingerichtet, sind die gewählten Sprecherinnen und Sprecher Mitglieder des entsprechenden Bereichsschülerrats.

2 Verweise, Literatur:
- Verordnung über die Wahl der Schülervertretungen in Schulen, Gemeinden und Landkreisen sowie über die Wahl des Landesschülerrats (Schülerwahlordnung) vom 4.8.1998 (Nds. GVBl. S. 606; SVBl. S. 254; Schulrecht 332/11), geändert durch VO vom 4.3.2005 (Nds. GVBl. S. 78)

(Gerald Nolte)

§ 78 Regelungen durch besondere Ordnung

(1) ¹Die Schülerinnen und Schüler einer Schule können eine besondere Ordnung für die Schülervertretung beschließen. ²Diese Ordnung kann abweichend von § 74 Abs. 1 Satz 1 bestimmen, dass

1. dem Schülerrat zusätzlich zu den Klassensprecherinnen und Klassensprechern oder an deren Stelle ihre Stellvertreterinnen und Stellvertreter angehören,

2. dem Schülerrat weitere Mitglieder angehören, die von den Schülerinnen und Schülern der Schule unmittelbar gewählt werden; die Zahl dieser weiteren Mitglieder darf die Zahl der Klassensprecherinnen und Klassensprecher einschließlich der nach § 77 gewählten Mitglieder des Schülerrats nicht übersteigen.

(2) Der Schülerrat einer Schule kann eine besondere Ordnung beschließen, in der abweichend von § 74 Abs. 1 Satz 2 und § 38b Abs. 6 Satz 1 Nr. 2 bestimmt werden kann, dass

1. die Schülersprecherin oder der Schülersprecher, ihre oder seine Stellvertreterinnen oder ihre oder seine Stellvertreter sowie die Vertreterinnen oder Vertreter im Schulvorstand, in der Gesamtkonferenz, den Fachkonferenzen und deren Ausschüssen nach § 39 Abs. 1 durch die Schülerinnen und Schüler der Schule unmittelbar gewählt werden,

2. die Aufgaben der Schülersprecherin oder des Schülersprechers von mehreren Sprecherinnen oder Sprechern gemeinsam wahrgenommen werden.

Zu Abs. 1: Die Schülerinnen und Schüler einer Schule können für ihren Schülerrat eine **besondere Ordnung** beschließen. Danach können dem Schülerrat zusätzlich die Stellvertreterinnen und Stellvertreter der Klassensprecherinnen oder -sprecher angehören. Zur Entlastung der Klassensprecher(innen) kann die besondere Ordnung aber auch vorsehen, dass an ihrer Stelle die Stellvertreter(innen) den Schülerrat bilden. Abweichend vom Regelfall des § 74 Abs. 1 können dem Schülerrat auf Beschluss der **Schülerschaft** weitere Mitglieder angehören, die von ihr direkt gewählt werden.

Zu Abs. 2: Diese Bestimmung gibt dem Schülerrat selbst die Möglichkeit, in einer besonderen Ordnung vorzusehen, dass die Schülervertreterinnen und Schülervertreter auf Schulebene nicht durch den Schülerrat, sondern durch die Schülerschaft unmittelbar gewählt werden. Die unmittelbare Wahl kann sich auf einzelne Positionen, z.B. auf die Schülervertreterinnen und Schülervertreter in der Gesamtkonferenz beschränken. Die von der Schülerschaft Gewählten müssen nicht Mitglieder des Schülerrates sein. Das gilt auch für die Schülersprecherin oder den Schülersprecher.

Der Schülerrat kann ferner beschließen, dass an die Stelle der Schülersprecherin oder des Schülersprechers ein Sprecherkollegium tritt.

(Gerald Nolte)

§ 79 Geschäftsordnungen

Klassenschülerschaften und Schülerräte geben sich eine Geschäftsordnung.

Allg.: Geschäftsordnungen beinhalten Verfahrensregelungen, nach denen Sitzungen einer Gruppe geordnet ablaufen sollen, insbesondere um mögliche Konflikte zu vermeiden oder lösen zu helfen. Geschäftsordnungen werden üblicherweise im Rahmen der erstmaligen Versammlung bzw. der konstituierenden Sitzung schulischer Gremien durch Mehrheitsbeschluss der Stimmberechtigten beschlossen.

2 **Zum einzigen Absatz:** Die Formulierung »geben sich eine Geschäftsordnung« suggeriert eine gesetzliche Verpflichtung der Klassenschülerschaften sowie der Schülerräte, sich eine formelle Geschäftsordnung geben zu müssen. Eine entsprechende Beschlussfassung durch die Schülervertretungen ist jedoch nicht erzwingbar, das Fehlen einer formellen Geschäftsordnung hat keinerlei rechtliche Wirkungen. Die Formulierung sollte eher als ein nachdrücklicher Appell verstanden werden, frühzeitig die Regeln für die künftige Zusammenarbeit aufzustellen, um einen ordnungsgemäßen Ablauf der Sitzungen zu gewährleisten.

Sofern eine Geschäftsordnung nicht beschlossen wird, gelten für die Versammlungen der Klassenschülerschaften oder für die Sitzungen der Schülerräte die ungeschriebenen allgemeinen Regeln eines demokratischen Miteinanders. An die Stelle einer Geschäftsordnung treten dann übliche Verfahrensgrundsätze, wie z.B. Einladung, Ladungsfristen, Tagungsordnung, Abstimmung (Ja-/Nein-Stimmen) und Protokoll.

Geschäftsordnungen enthalten üblicherweise Regelungen zu folgenden Bereichen: Leitung, Ladung und Ladungsfrist, Beschlussfähigkeit, Tagesordnung, Recht zur Antragstellung, Redeordnung, Redezeitbeschränkungen, Art der Beschlussfassung, Geschäftsverteilung, Sitzungsdauer, Fertigung von Niederschriften.

Es versteht sich von selbst, dass Geschäftsordnungen demokratischen und rechtsstaatlichen Grundsätzen entsprechen müssen. Sie haben sich im Rahmen des geltenden Rechts zu bewegen.

Geschäftsordnungen entfalten keine Außenwirkung; außerhalb der Gruppe stehende Dritte können sich weder auf eine Einhaltung berufen noch eine Verletzung eigener Rechte o.Ä. ableiten.

Soweit eine Geschäftsordnung beschlossen wird, bindet sie jedes Mitglied der Versammlung oder des Gremiums. Ein Verstoß gegen die Geschäftsordnung stellt eine Rechtsverletzung dar, führt jedoch nicht zur Unwirksamkeit des betreffenden Beschlusses.

Eine Verpflichtung zur Teilnahme an den Sitzungen besteht nicht und kann weder durch eine Geschäftsordnung noch durch einen Beschluss begründet werden.

Geschäftsordnungen gelten nur für die Dauer der Wahl- bzw. der Amtsperiode. Änderungen der Geschäftsordnungen sind grundsätzlich jederzeit durch Mehrheitsbeschluss zulässig. Beschlossene Geschäftsordnungen bedürfen weder der Genehmigung der Schule noch der Schulbehörde oder des Schulträgers.

(Karl-Heinz Ulrich)

Schülerinnen und Schüler § 80   NSchG

§ 80   Mitwirkung in der Schule

(1) ¹Von den Klassenschülerschaften und dem Schülerrat sowie in Schülerversammlungen der Schule und der in den §§ 76 und 77 Abs. 1 bezeichneten organisatorischen Bereiche und Gliederungen können alle schulischen Fragen erörtert werden. ²Private Angelegenheiten von Lehrkräften sowie von Schülerinnen und Schülern dürfen nicht behandelt werden. ³An den Schülerversammlungen der Schule nehmen nur die Schülerinnen und Schüler vom 5. Schuljahrgang an teil; § 73 Satz 2 gilt entsprechend.

(2) ¹Die Vertreterinnen und Vertreter im Schulvorstand, in den Konferenzen und Ausschüssen berichten dem Schülerrat oder der jeweiligen Klassenschülerschaft regelmäßig über ihre Tätigkeit. ²§ 41 bleibt unberührt. ³Der Schülerrat kann den Schülerinnen und Schülern der Schule über seine Tätigkeit berichten.

(3) ¹Schülerrat und Klassenschülerschaften sind von der Schulleitung, dem Schulvorstand, der zuständigen Konferenz oder den Bildungsgangs- und Fachgruppen vor grundsätzlichen Entscheidungen, vor allem über die Organisation der Schule und die Leistungsbewertung, zu hören. ²Inhalt, Planung und Gestaltung des Unterrichts sind mit den Klassenschülerschaften zu erörtern.

(4) Schulleitung und Lehrkräfte haben dem Schülerrat und den Klassenschülerschaften die erforderlichen Auskünfte zu erteilen.

(5) ¹Die Sprecherinnen und Sprecher vertreten die Schülerinnen und Schüler gegenüber Lehrkräften, Konferenzen, Schulvorstand, Schulleitung und Schulbehörden. ²Alle Schülervertreterinnen und Schülervertreter können von den Schülerinnen und Schülern mit der Wahrnehmung ihrer Interessen beauftragt werden.

(6) ¹Der Schülerrat kann sich unter den Lehrkräften der Schule Beraterinnen und Berater wählen. ²Der Schülerrat kann beschließen, dass stattdessen diese Wahl von den Schülerinnen und Schülern der Schule unmittelbar durchgeführt wird.

(7) Die Benutzung der Schulanlagen ist für die Versammlungen nach den Absätzen 1 bis 3 sowie für die Beratungen der Schülervertreterinnen und Schülervertreter gestattet.

(8) ¹Für Versammlungen und Beratungen ist im Stundenplan der Schulen wöchentlich eine Stunde, im Stundenplan der Teilzeitschulen monatlich eine Stunde, innerhalb der regelmäßigen Unterrichtszeit freizuhalten. ²Während der Unterrichtszeit dürfen jährlich je vier zweistündige Schülerversammlungen und Schülerratssitzungen stattfinden; weitere Sitzungen während der Unterrichtszeit bedürfen der Zustimmung der Schulleitung. ³Im Übrigen finden Versammlungen und Beratungen in der unterrichtsfreien Zeit statt.

Zu Abs. 1: Die Bestimmung, dass von der Schülervertretung alle **schuli-**   1
schen Fragen erörtert werden können, ist weit auszulegen. Gegenstand

der Beratungen sind daher nicht nur Angelegenheiten, die den Unterricht berühren. Die Schülervertreterinnen und -vertreter, die Klassenschülerschaften und die Schülerversammlungen können sich darüber hinaus mit allen Fragen befassen, die die eigene Schule, etwa ihre Lehrerversorgung, ihre räumliche Situation oder ihre Ausstattung betreffen. Zulässig ist auch die Behandlung allgemeiner schulpolitischer Fragen, z.B. der Gestaltung der gymnasialen Oberstufe, der Schulgesetzgebung, der Entgeltlichen Ausleihe von Schulbüchern, aber auch der Studentenförderung. Andererseits hat die Schülervertretung kein allgemeinpolitisches Mandat. Die Aufsicht der Schule über SV-Veranstaltungen nach § 80 erstreckt sich darauf, dass nur schulische Fragen behandelt werden. Die Schule ist jedoch nicht verantwortlich dafür, in welcher Art und Weise schulische Angelegenheiten erörtert werden, solange nicht der Bildungsauftrag gefährdet wird. Schulleitung und Lehrkräfte haben auch keinen Anspruch darauf, den Standpunkt der Schule zu den behandelnden Fragen jederzeit darlegen zu dürfen. Die Schülervertretung ist jedoch zur Zusammenarbeit mit der Schulleitung verpflichtet; sie muss ihr also im erforderlichen Umfang Gelegenheit geben, in wichtigen Fragen ihre Ansicht darzulegen.

Ausdrücklich ausgenommen ist die Befassung mit privaten Angelegenheiten der Lehrkräfte sowie der Schülerinnen und Schüler. Dies muss auch für die privaten Angelegenheiten des Personals nach § 53 gelten. Zu den privaten Angelegenheiten gehören neben dem Intimbereich und den Einzelheiten des Gesundheitszustandes auch vermögensrechtliche und wirtschaftliche Umstände, politische sowie konfessionelle Bindungen, die Zugehörigkeit zu Arbeitnehmer- oder Arbeitgeberorganisationen und auch die Angelegenheiten der übrigen Familienmitglieder der betroffenen Personen. Eine allgemeine Kritik, die nicht auf eine einzelne Person bezogen ist, ist dagegen zulässig. Während bis zum Inkrafttreten des ÄndG 93 die Teilnahme an Schülerversammlungen nur für die Schülerinnen und Schüler vom 5. Schuljahrgang an möglich war, können sich jetzt auch Schülerinnen und Schüler des Primarbereichs und der Förderschulen mit dem Förderschwerpunkt Geistige Entwicklung versammeln, wenn es an ihrer Schule eine Schülervertretung gibt.

2 Zu Abs. 2: Die Schülervertreterinnen und -vertreter haben den sie entsendenden Gremien regelmäßig über ihre Tätigkeit zu berichten. Adressaten der Berichte sind der Schülerrat und die Klassenschülerschaften, die zur Wahrnehmung ihrer Rechte auf umfassende und rechtzeitige Informationen aus der Arbeit der Konferenzen und Ausschüsse sowie des Schulvorstands angewiesen sind. Nicht berichtet werden darf über die Angelegenheiten, die nach § 41 Abs. 2 vertraulich zu behandeln sind: Persönliche Angelegenheiten von Lehrkräften, Erziehungsberechtigten, Schülerinnen und Schülern sowie Personalangelegenheiten. Dies gilt darüber hinaus auch für solche Punkte, deren Beratung Konferenzen oder Ausschüsse für vertraulich erklärt haben. Während die Schülervertreterinnen und -vertreter in den Konferenzen, Ausschüssen und im Schulvorstand zur Berichterstattung verpflichtet sind, gilt dies nicht für den Schülerrat. Der ist zwar berechtigt,

Schülerinnen und Schüler § 80 NSchG

aber nicht verpflichtet, die Schülerinnen und Schüler der Schule über seine Arbeit zu informieren.

Zu Abs. 3: Die Schulleitung, der Schulvorstand, die zuständige Konferenz **3** haben oder – bei berufsbildenden Schulen – die Bildungsgangsgruppen und Fachgruppen haben den Schülerrat und die Klassenschülerschaften **vor grundsätzlichen Entscheidungen** zu **hören,** d. h. sie rechtzeitig und umfassend zu informieren und ihnen Gelegenheit zur Willensbildung und zur Stellungnahme sowie zu Vorschlägen zu geben. Als besonders wichtige Punkte nennt Abs. 3 die Organisation der Schule und die Leistungsbewertung. Erfolgt eine vorherige Anhörung nicht, so ist die jeweilige Entscheidung nicht ordnungsgemäß zustande gekommen. Die Schülervertretung hat dabei das Recht zur Fachaufsichtsbeschwerde oder Gegenvorstellung. Das VG Hannover hat mit Beschluss vom 01.10.1980 für Streitigkeiten zwischen Schülervertretung und Schulleitung den Verwaltungsrechtsweg als eröffnet angesehen. Die Schülervertretung sei zwar kein Organ der Schule, sie habe jedoch ein gesetzliches Mandat zur Vertretung der Schülerschaft gegenüber den in Abs. 5 Satz 1 genannten Personen und Gremien. Dies sei keine bloß »innerbetriebliche« Sprecherfunktion, der gegenüber etwa das schulische Weisungsrecht der Schulleitung vorginge. Im Rahmen des Bildungsauftrages der Schule, der nach § 72 Abs. 1 Satz 2 auch über der SV-Arbeit stehe, gehe es darum, die Schülerinnen und Schüler zu staatsbürgerlicher Verantwortung und dabei auch zu zunehmender Selbständigkeit zu erziehen. Dafür hat die Schule den Schülerinnen und Schülern die erforderliche Gestaltungsfreiheit (§ 2 Abs. 2) einzuräumen. Dies spreche dafür, dass die Schule der Schülervertretung auch einen Rechtsanspruch auf die gesetzlichen Mitwirkungs- und Gestaltungsrechte einräumen muss.

Satz 2 verpflichtet alle in einer Klasse unterrichtenden Lehrkräfte, **Inhalt, Planung und Gestaltung des Unterrichts** mit den Klassenschülerschaften **zu erörtern.** Diese Pflicht besteht unabhängig davon, ob die Schülerinnen und Schüler die Erörterung verlangen oder nicht. Erörterung bedeutet nicht nur, dass die Lehrkraft einseitig ihre Vorstellungen mitteilt. Der Klassenschülerschaft ist vielmehr Gelegenheit zur Aussprache, zur Stellungnahme und zu Vorschlägen zu geben. Eine Erörterung geht inhaltlich über eine bloße Anhörung hinaus und verlangt, dass sich die Lehrkräfte mit den Stellungnahmen der Klassenschülerschaften inhaltlich auseinandersetzen. Die Schülerinnen und Schüler sind aber nicht berechtigt, von sich aus über die Inhalte des Unterrichtes zu bestimmen.

Zu Abs. 4: Zur Wahrnehmung ihrer Rechte ist die Schülervertretung auf **4** Informationen angewiesen. Die Pflicht, den Schülerrat und die Klassenschülerschaften insbesondere vor Sitzungen der Gremien rechtzeitig und umfassend zu informieren, hat das NSchG der Schulleitung und den Lehrkräften, z.B. den Klassen- und Konferenzleitungen auferlegt. Die für die Arbeit der Schülervertretung erforderlichen Auskünfte sollen nicht erst auf Verlangen gegeben werden und sich nicht nur auf von der Schule beabsichtigte Maßnahmen beschränken. Die Unterrichtung soll auch auf mögliche Konsequenzen hinweisen und Alternativen aufzeigen.

5 Zu Abs. 5: Zu den Aufgaben der Schülervertretung gehört, die Interessen der Schülerinnen und Schüler gegenüber den Lehrkräften, der Schulleitung, den Konferenzen, dem Schulvorstand und den Schulbehörden wahrzunehmen. Die Sprecherinnen und Sprecher vertreten nach Satz 1 die Schülerinnen und Schüler in Angelegenheiten, die die gesamte Schülerschaft einer Klasse, eines organisatorischen Bereiches oder der Schule betreffen. Damit reicht das Mandat der Schülervertreter über den Bereich der Schule hinaus. Die Vertretung des Schülerrates oder der Klassenschülerschaft vor dem Verwaltungsgericht im Falle einer Klage wegen Nichtbeachtung der Beteiligungsrechte nach Abs. 3 und Abs. 4 oder wegen widerrechtlicher Einschränkung der Betätigungsrechte nach § 81 richtet sich nach der Verwaltungsgerichtsordnung. Danach ist die SV parteifähig (§ 61 Nr. 2 VwGO). Die Schülersprecher sind ohne Rücksicht auf ihr Lebensalter prozessfähig, da sie als geschäftsfähig für die Vertretung der Rechte der SV anzusehen sind (vgl. § 62 Abs. 1 und 2 VwGO). Notfalls bestellt das Gericht einen besonderen Vertreter (§ 62 Abs. 3 VwGO, § 57 ZPO). Mit der Wahrnehmung der Interessen in Einzelfällen können nach Satz 2 alle Schülervertreterinnen und -vertreter (siehe hierzu § 75 Abs. 1) beauftragt werden. Einer Zustimmung der Eltern bei der Erteilung eines derartigen individuellen Mandates bedarf es nicht. Soweit minderjährige Schülerinnen und Schüler allerdings in zivil-, verwaltungs- oder strafrechtlichen Verfahren vertreten werden sollen, kommt nur eine Vertretung durch die Erziehungsberechtigten bzw. von Letzteren beauftragten Personen in Betracht. Satz 2 bezieht sich nur auf die innerschulische oder innerbehördliche Vertretung.

Eine Vertretung minderjähriger Schülerinnen oder Schüler vor Gericht ist daher nicht möglich.

6 Zu Abs. 6: Seit dem Inkrafttreten des ÄndG 93 besteht die Möglichkeit, Beraterinnen oder Berater für den Schülerrat unmittelbar durch die Schülerinnen und Schüler einer Schule zu wählen. Ob von dieser Möglichkeit Gebrauch gemacht wird, entscheidet der Schülerrat. Der Gesetzgeber hat es offen gelassen, auf welche Weise in einem solchen Fall gewählt wird. Im Regelfall wird die Wahl in einer Schülerversammlung erfolgen. Der Schülerrat kann aber auch die Durchführung einer »Brief«-Wahl beschließen. Diese kommt insbesondere dann in Frage, wenn kein geeigneter Raum für die Aufnahme aller Schülerinnen und Schüler zur Verfügung steht.

Die Dauer der Wahlperiode wird vom Schülerrat festgesetzt. Für eine gewählte Lehrkraft endet das Beratungsamt auf jeden Fall, wenn sie nicht mehr zum Lehrerkollegium der Schule gehört. Für die Berater(innen) des Schülerrats hat sich als Bezeichnung »SV-Berater(in)« durchgesetzt. Damit wird eine Verwechslung mit den für allgemeine Beratungsaufgaben in der Schule geschaffenen Beratungslehrerinnen und -lehrern vermieden.

7 Zu Abs. 7: Die Benutzung der Schulanlagen, insbesondere der Räume, die für die Erfüllung der Aufgaben der Schülervertretung oder für ihre Beratung erforderlich sind, bedarf nicht der Genehmigung durch die Schulleitung. Sie ist Kraft Gesetzes gestattet. Unabhängig davon wird es Absprachen zwischen der Schülervertretung und der Schulleitung über Zeitpunkt,

Art und Dauer der Benutzung geben müssen (siehe auch § 81 Abs. 2). Im Gegensatz zu § 81 Abs. 2 Satz 2 ist hier nicht von Einrichtungen die Rede. Verpflichtet ist hier der Schulträger nach § 85.

Zu Abs. 8: Zur Erleichterung der Arbeit der Schülervertretung gestattet das Gesetz die Anberaumung von Versammlungen, Sitzungen und Beratungen während der regelmäßigen Unterrichtszeit. Um Unterrichtsausfall zu vermeiden, verlangt der in der Praxis häufig nicht beachtete Satz 1, dass im Stundenplan der Schulen wöchentlich eine Schulstunde freizuhalten ist. Das gilt nach dem ÄndG 93 nunmehr auch für die Schulen des Primarbereichs sowie für die Förderschulen mit dem Förderschwerpunkt Geistige Entwicklung, wenn dort Schülervertreter(innen) gewählt werden. An den (Teilzeit-)Berufsschulen ist monatlich eine Schulstunde im Stundenplan freizuhalten. Darüber hinaus kann die Schülervertretung je vier zweistündige Schülerversammlungen und Sitzungen des Schülerrats pro Schuljahr während der Unterrichtszeit in Anspruch nehmen, wobei der Termin mit der Schulleitung abzustimmen ist. Die Schulleitung kann weitere Sitzungen während der Unterrichtszeit genehmigen, wobei sie das Interesse der Schülervertretung an Veranstaltungen während der Unterrichtszeit gegen die Verpflichtung zur Durchführung eines ordnungsgemäßen Unterrichtsbetriebes abzuwägen hat. Soweit die Schülerversammlungen in der Schule stattfinden und der Schulleitung angezeigt sind, besteht eine **Aufsichtspflicht** der Schule. Das bedeutet jedoch nicht das Recht, eine Zensur im Hinblick auf die behandelten Themen auszuüben. Solange die Versammlung dabei bleibt, schulische Fragen zu erörtern, kann die Schulleitung in entsprechender Anwendung des § 81 Abs. 2 Satz 3 nur einschreiten, wenn der Bildungsauftrag der Schule oder die Erhaltung der Sicherheit es erfordert. Nur unter diesen beiden schwerwiegenden Gesichtspunkten ist ganz allgemein ein Eingriff in die Arbeit der Schülervertretung zulässig. Da es zum Auftrag der Schule gehört, den Schülerinnen und Schülern Gestaltungsfreiheit bei der Gestaltung ihrer eigenen Angelegenheiten zu gewähren (§ 2 Abs. 2), ist an die Voraussetzungen für Verbote und Auflagen ein strenger Maßstab anzulegen.

So darf die Schulleitung im Allgemeinen nicht die Post des Schülerrats öffnen oder sich zu Kontrollzwecken Protokolle vorlegen lassen. Im Regelfall kann die nach § 62 aus Sicherheitsgründen vorgeschriebene Aufsicht im Schülerrat einer älteren Schülerin oder einem älteren Schüler zu übertragen werden. Besteht allerdings begründeter Verdacht, dass der Schülerrat sich rechtswidrig verhält, kann die Schulleitung von sich aus an dessen Sitzungen teilnehmen. Das gilt auch bei ernsthafter Gefährdung des Bildungsauftrages.

Verweise, Literatur:

- Erl. »Schulformübergreifende Beratung für Schulen in Niedersachsen; Beraterinnen und Berater für Schulvertretung (SV-Beraterinnen und SV-Berater)« vom 01.02.2017 (SVBl. S. 93)

(Gerald Nolte)

§ 81 Veranstaltungen und Arbeitsgemeinschaften

(1) ¹Schülerrat und Klassenschülerschaften können eigene Veranstaltungen durchführen und Schülerarbeitsgemeinschaften einrichten. ²Ihnen kann mit ihrer Zustimmung auch die Verwaltung schulischer Einrichtungen übertragen werden.

(2) ¹Die Schulleitung ist über die Veranstaltungen und die Einrichtung von Arbeitsgemeinschaften vorher zu unterrichten. ²Die Benutzung von Schulanlagen und Einrichtungen der Schule ist zu gestatten; Zeitpunkt, Art und Dauer der Benutzung sind mit der Schulleitung abzustimmen. ³Die Schulleitung kann Auflagen machen oder die Benutzung verbieten, wenn der Bildungsauftrag der Schule (§ 2) oder die Erhaltung der Sicherheit es erfordert. ⁴Gegen ein Verbot oder eine Auflage nach Satz 3 kann bei der Schule Beschwerde eingelegt werden.

(3) Veranstaltungen und Arbeitsgemeinschaften finden grundsätzlich in der unterrichtsfreien Zeit statt.

1 Zu Abs. 1: Die im Satz 1 genannten eigenen Veranstaltungen von Schülerrat und Klassenschülerschaften sind andere als die in § 80 aufgeführten Versammlungen, Sitzungen und Beratungen, die zur Wahrnehmung der Mitwirkungsrechte der Schülervertretung notwendig sind. Hier handelt es sich um Vortrags- oder Diskussionsveranstaltungen, Sportwettkämpfe, Konzerte, Filmvorführungen, Ausstellungen, Aufführungen, Schulfeiern, Hausaufgabenhilfen, Sammlungen usw. Dazu gehören auch ständige Aktivitäten wie die Einrichtung eines Schüleraufenthaltsraumes oder das Betreiben einer Cafeteria. Veranstaltungen zu politischen Themen sind zulässig. Zu beachten ist jedoch, dass die Schülervertretung kein allgemeinpolitisches Mandat hat und dass die Gesamtheit der politischen Veranstaltungen, nicht dagegen die einzelne Veranstaltung, politisch ausgewogen sein muss.

Alle Veranstaltungen der Schülervertretung sind schulische Veranstaltungen, so dass teilnehmende Schülerinnen und Schüler Anspruch auf den gesetzlichen Versicherungsschutz haben. Finden sie im Schulgebäude oder auf dem Schulgrundstück statt, besteht für die Schule die Pflicht, Aufsichten zu stellen. Als Aufsichten können auch geeignete Schülerinnen und Schüler eingesetzt werden (siehe § 62 Abs. 2). Das über Veranstaltungen der Schülervertretung Gesagte gilt auch für von ihr organisierte Arbeitsgemeinschaften.

Mit ihrer Zustimmung kann der Schülervertretung auch die Verwaltung schulischer Einrichtungen, etwa der Schülerbücherei oder der Cafeteria übertragen werden. In einem solchen Fall bleibt es aber bei der Gesamtverantwortung der Schulleiterin oder des Schulleiters.

2 Zu Abs. 2: Veranstaltungen und Arbeitsgemeinschaften der Schülervertretung bedürfen keiner Genehmigung; die Schulleitung ist über die Durchführung vor Beginn lediglich zu unterrichten. Die Schülervertretung

Schülerinnen und Schüler § 82 **NSchG**

hat einen Anspruch auf die Benutzung der Schulanlagen (z.B. allgemeine Unterrichtsräume, Fachunterrichtsräume, Aula, Sporthalle, Sportplatz) und der Einrichtungen der Schule (z.B. Filmvorführgeräte, Videorecorder, Musikinstrumente, Sportgeräte, Werkzeuge). Mit der Schulleitung sind Zeitpunkt, Art und Dauer der Benutzung abzustimmen. Die Schulleitung kann nur dann Auflagen machen oder die Benutzung gar verbieten, wenn die im Satz 3 genannten Gründe vorliegen: Gefährdung des Bildungsauftrages der Schule oder der Sicherheit der Lehrkräfte sowie der Schülerinnen und Schüler. Der Bildungsauftrag ist beispielsweise gefährdet bei Veranstaltungen, in denen zu Verstößen gegen gesetzliche Bestimmungen aufgerufen wird oder in denen das Gebot der Toleranz, der Gleichberechtigung der Geschlechter und der Völkerverständigung verletzt wird.

Ist die Schülervertretung der Meinung, dass Verbot oder Auflagen zu Unrecht erfolgt sind, kann sie bei der Schule Beschwerde einlegen. Darüber entscheidet nach § 38a Abs. 3 Nr. 14 der Schulvorstand. Dessen Entscheidung kann von der Schulleiterin oder dem Schulleiter gegebenenfalls beanstandet werden (§ 43 Abs. 5). Der Schülervertretung steht gegen eine ihr rechtswidrig erscheinende Entscheidung der Verwaltungsrechtsweg offen.

Zu Abs. 3: Wegen der Veranstaltungen und Arbeitsgemeinschaften der Schülervertretung darf grundsätzlich kein Unterricht ausfallen. Nur ausnahmsweise kann die Schulleitung die Durchführung während der Unterrichtszeit gestatten. 3

(Gerald Nolte)

§ 82 Gemeinde- und Kreisschülerräte

(1) ¹In Gemeinden und Samtgemeinden, die Träger von mehr als zwei Schulen sind, wird ein Gemeindeschülerrat und in Landkreisen ein Kreisschülerrat gebildet. ²In Städten führt der Gemeindeschülerrat die Bezeichnung Stadtschülerrat.

(2) ¹Der Gemeindeschülerrat wird von den Schülerräten der im Gemeindegebiet befindlichen öffentlichen Schulen und der Schulen in freier Trägerschaft, an denen die Schulpflicht erfüllt werden kann, gewählt. ²Jeder Schülerrat einer Schule wählt aus seiner Mitte ein Mitglied und ein stellvertretendes Mitglied des Gemeindeschülerrats. ³Umfasst eine allgemein bildende Schule mehrere Schulformen, so gilt jeder Schulzweig als selbstständige Schule; die demselben Schulzweig zugehörenden Mitglieder des Schülerrats gelten als selbstständiger Schülerrat.

(3) ¹Der Kreisschülerrat wird von den Schülerräten

1. aller im Kreisgebiet befindlichen

    a) öffentlichen Schulen und

    b) Schulen in freier Trägerschaft, an denen die Schulpflicht erfüllt werden kann, sowie

2. der in der Trägerschaft des Landkreises stehenden, außerhalb des Kreisgebietes befindlichen Schulen

gewählt. ²Absatz 2 Sätze 2 und 3 gilt entsprechend.

(4) Mitglieder der Schülerräte nach § 74 Abs. 2 können aus ihrer Mitte je ein zusätzliches Mitglied und ein stellvertretendes Mitglied des Gemeinde- und des Kreisschülerrats wählen.

(5) Der Gemeinde- oder Kreisschülerrat wählt aus seiner Mitte eine Sprecherin oder einen Sprecher oder mehrere Sprecherinnen oder Sprecher.

1 Zu Abs. 1: Ist eine Gemeinde oder Samtgemeinde Trägerin von mindestens drei Schulen, wird ein **Gemeindeschülerrat** (in Städten: Stadtschülerrat) gebildet. Nach dem Inkrafttreten des ÄndG 93 muss es sich nicht mehr um Schulen des Sekundarbereichs I oder II handeln, weil nunmehr auch an den Schulen des Primarbereichs und an den Förderschulen im Förderschwerpunkt geistige Entwicklung Schülerräte gebildet werden können. **Kreisschülerräte** müssen in allen Landkreisen eingerichtet werden.

In der Gebietskörperschaft »Region Hannover« ist der Kreisschülerrat unter der Bezeichnung »Regionsschülerrat« für das gesamte Gebiet der Region (ehemaliger Landkreis Hannover plus Landeshauptstadt Hannover) zuständig (§ 160 Abs. 5 NKomVG).

2 Zu Abs. 2: Der Gemeindeschülerrat besteht aus den Vertreterinnen und Vertretern aller im Gemeindegebiet befindlichen öffentlichen Schulen und Schulen in freier Trägerschaft, an denen die Schulpflicht erfüllt werden kann (Ersatzschulen). Entsendungsberechtigt sind also nicht nur die von der Gemeinde selbst getragenen Schulen, sondern auch die in der Trägerschaft des Landkreises oder des Landes (Kollegs, Internatsgymnasien). Tagesbildungsstätten, an denen geistig behinderte Kinder und Jugendliche ihre Schulpflicht erfüllen können, sind keine Schulen.

Jeder Schülerrat wählt aus seiner Mitte ein Mitglied und ein stellvertretendes Mitglied des Gemeindeschülerrats. Die Größe dieses Gremiums hängt also von der Anzahl der im Gemeindeelternräten (§ 97 Abs. 3) gibt es für dieses Wahlverfahren keine Obergrenze. Allgemein bildende Schulen, die mehrere Schulformen umfassen, entsenden für jeden Schulzweig ein Mitglied in den Gemeindeschülerrat, eine Grund- und Hauptschule also zwei Mitglieder. Obschon in Schulzweige gegliedert, sind die Oberschule und die Kooperative Gesamtschule einheitliche Schulen, die folglich nur einen einzigen Vertreter entsenden. Organisatorisch zusammengefasste Haupt- und Realschulen stellen hingegen zwei Mitglieder.

3 Zu Abs. 3: In den **Kreisschülerrat** entsenden die Schülerräte aller im Kreisgebiet befindlichen öffentlichen Schulen und Schulen in freier Trägerschaft, an denen die Schulpflicht erfüllt werden kann, je ein Mitglied aus ihrer Mitte. Wie bei den Gemeindeschülerräten kommt es bei den öffentlichen Schulen nicht darauf an, von welcher Gebietskörperschaft sie getragen werden. Nach dem ÄndG 93 wählen nun auch die Schülerräte

Schülerinnen und Schüler § 83   **NSchG**

ein Mitglied in den Kreisschülerrat, deren Schulen vom Landkreis getragen werden, sich aber außerhalb des Kreisgebietes befinden. Damit kann der Fall eintreten, dass ein und dasselbe Mitglied zwei Kreisschülerräten angehört. Eine solche Situation ist beispielsweise in der kreisfreien Stadt Oldenburg möglich, in der es ein vom Landkreis Oldenburg getragenes Gymnasium gibt.

Zu Abs. 4: Die zusätzlichen ausländischen Mitglieder in den Schülerräten (§ 74 Abs. 2) der wahlberechtigten Schulen können aus ihrer Mitte je ein zusätzliches Mitglied in den Gemeinde- und Kreisschülerrat entsenden und ein stellvertretendes Mitglied wählen. Dieses Recht besteht auch dann, wenn sich unter den regulären Mitgliedern bereits eine ausländische Schülerin oder ein ausländischer Schüler befindet. Nach der Schülerwahlordnung wird die Möglichkeit, ein zusätzliches ausländisches Mitglied in den Gemeinde- oder Kreisschülerrat zu wählen, an das Vorhandensein von mindestens drei Wahlberechtigten geknüpft.   **4**

Zu Abs. 5: Zu Sprecherinnen und Sprechern der Gemeinde- und Kreisschülerräte können nur die Mitglieder, nicht aber die stellvertretenden Mitglieder gewählt werden. Wieviele Sprecherinnen oder Sprecher gewählt werden, entscheidet der Gemeinde- oder Kreisschülerrat selbst.   **5**

Verweise, Literatur: **6**

– *Kurz, Sigrid:* Zur Arbeit der Gemeinde- und Kreisschülerräte, SVBl. 1983, H. 4, S. 133

(Gerald Nolte)

§ 83 Wahlen und Geschäftsordnung

(1) ¹Die Mitglieder der Gemeinde- und Kreisschülerräte werden für zwei Schuljahre gewählt. ²§ 75 Abs. 2 und 3 gilt entsprechend. ³Das Kultusministerium wird ermächtigt, das Wahlverfahren durch Verordnung zu regeln.

(2) Die Gemeinde- und Kreisschülerräte geben sich eine Geschäftsordnung.

Zu Abs. 1: Anders als die Amtszeit der Schülervertreterinnen und -vertreter auf der Ebene der Schule, die ein Schuljahr beträgt (§ 75 Abs. 1), dauert die Wahlperiode der Mitglieder der Gemeinde- und Kreisschülerräte zwei Schuljahre.   **1**

Sie scheiden vorzeitig aus denselben Gründen aus ihrem Amt aus, die für die Schülervertreter (innen) auf Schulebene gelten (§ 75 Abs. 2). Wie diese führen die Mitglieder der Gemeinde- und Kreisschülerräte nach Ablauf der Wahlperiode ihr Amt bis zu den Neuwahlen, maximal jedoch drei Monate, fort. Voraussetzung ist allerdings, dass sie ihre Schule nicht verlassen haben (§ 75 Abs. 3).

Von der Ermächtigung des Abs. 1 Satz 3 hat das Kultusministerium durch Erlass der Schülerwahlordnung vom 04.08.1998 Gebrauch gemacht.

2 **Zu Abs. 2:** In Abs. 2 NSchG ist geregelt, dass sich Gemeinde- (bzw. Stadt-) und Kreisschülerräte eine Geschäftsordnung geben. Eine Geschäftsordnung hat die Aufgabe, zunächst den internen Umgang in einem Schülervertretungsgremium (z.b. Ladung zu Sitzungen, Leitung von Sitzungen, Redeordnung, Antragsrecht, Abstimmungsverfahren, Niederschriften u. Ä.) festzulegen. Für den Inhalt einer Geschäftsordnung ist allein das Schülervertretungsgremium verantwortlich, das diese für sich beschlossen hat. Die Geschäftsordnung muss sich aber an »höherrangiges Recht« (z.B. NSchG, Schülerwahlordnung) anpassen, bzw. darf nicht dagegen verstoßen. Ansonsten wären entsprechende Passagen unwirksam und es gilt an deren Stelle automatisch das höherrangige Recht. Regelungen über Geschäftsordnungen im kommunalen Bereich nach dem NKomVG gelten insoweit nur für kommunale Gremien (z.b. die Schulausschüsse), nicht aber für Gremien der Schülervertretung auf Basis des NSchG. Der Gemeinde- (bzw. Stadt-) und Kreisschülerrat ist kein Gremium der Kommunalverfassung. Der für kommunale Gremien geltende Grundsatz der Öffentlichkeit greift daher nicht durch, zudem sieht das NSchG ihn so nicht vor. Das NSchG geht vielmehr regelmäßig von internen Beratungsgremien aus, zugelassen sind jeweils nur die Mitglieder, die kraft Gesetzes in dieses Gremium gewählt worden sind. Tragender Grundgedanke ist, durch die Nichtöffentlichkeit zu gewährleisten, dass eine unbeobachtete und unbeeinflusste freie Beratung stattfinden kann.

Verweise, Literatur:

- Verordnung über die Wahl der Schülervertretungen in Schulen, Gemeinden und Landkreisen sowie über die Wahl des Landesschülerrats (Schülerwahlordnung) vom 4.8.1998 (Nds. GVBl. S. 606; SVBl. S. 254; Schulrecht 332/11), geändert durch VO vom 4.3.2005 (Nds. GVBl. S. 78)

(Gerald Nolte)

§ 84 Aufgaben der Gemeinde- und Kreisschülerräte

(1) [1]Die Gemeinde- und Kreisschülerräte können Fragen beraten, die für die Schülerinnen und Schüler der Schulen ihres Gebietes von besonderer Bedeutung sind. [2]Schulträger und Schulbehörde haben ihnen für ihre Tätigkeit die notwendigen Auskünfte zu erteilen und Gelegenheit zur Stellungnahme und zu Vorschlägen zu geben.

(2) Die Gemeinde- und Kreisschülerräte haben darauf zu achten, dass die Belange aller im Gemeinde- oder Kreisgebiet vorhandenen Schulformen angemessen berücksichtigt werden.

(3) § 72 Abs. 1 Satz 2 gilt entsprechend.

1 **Zu Abs. 1:** Satz 1 beschreibt die Aufgaben der Gemeinde- und Kreisschülerräte nur sehr allgemein, so dass sie im Grunde die Beratungsgegenstände selbst bestimmen können. Von **besonderer Bedeutung** für die Schülerinnen und Schüler der Schulen ihres Gebietes sind beispielsweise Fragen der

Unterrichtsversorgung und der Ausstattung der Schulen, der Schulraumbedarfsplanung, der Schülerbeförderung, der Errichtung, Erweiterung, Einschränkung, Zusammenlegung, Teilung oder Aufhebung von Schulen sowie der Auswirkungen dieser schulorganisatorischen Maßnahmen auf das gesamte Schulgefüge. Insbesondere ist den Gemeinde- und Kreisschülerräten die Aufgabe zugewiesen, Schülervertreterinnen oder -vertreter für die kommunalen Schulausschüsse vorzuschlagen (siehe § 110). Den Kreisschülerräten obliegt ferner die Wahl der Mitglieder des Landesschülerrats (siehe § 170 Abs. 2). Ein allgemeinpolitisches Mandat haben die Gemeinde- und Kreisschülerräte nicht.

Partner der örtlichen Schülervertretungen sind die Schulträger und die Schulbehörden, die die für deren Arbeit notwendigen Auskünfte zu erteilen haben. Darüber hinaus haben sie den Gemeinde- und Kreisschülerräten Gelegenheit zu Stellungnahmen und zu Vorschlägen zu geben. Das setzt voraus, dass Schulbehörden und Schulträger die örtlichen Schülervertretungen von sich aus rechtzeitig und umfassend über ihre Planungen unterrichten.

Zu Abs. 2: Abs. 2 hat appellativen Charakter. 2

Zu Abs. 3: Die Arbeit der Gemeinde- und Kreisschülerräte soll wie die der 3
Schülervertretung auf Schulebene zur Erfüllung des Bildungsauftrags der Schule beitragen. Aktivitäten, die beispielsweise das Gebot der Toleranz, der Gleichberechtigung der Geschlechter und der Völkerverständigung missachten, sind daher unzulässig. Das gilt auch für Aufrufe, gegen gesetzliche Bestimmungen zu verstoßen.

(Gerald Nolte)

§ 85 Finanzierung der Schülervertretungen

(1) ¹Der Schulträger stellt den Schülervertretungen der einzelnen Schulen (§ 72) den zur Wahrnehmung ihrer Aufgaben notwendigen Geschäftsbedarf und die erforderlichen Einrichtungen zur Verfügung. ²Den Vertreterinnen und Vertretern im Schulvorstand, in den Konferenzen und Ausschüssen sowie den Mitgliedern des Schülerrats, die Berufsschulen mit Teilzeitunterricht besuchen, ersetzt der Schulträger auf Antrag die notwendigen Fahrtkosten. ³Darüber hinaus können die Schulträger Zuschüsse zu den Kosten leisten, die den Schülervertretungen durch ihre Tätigkeit im Rahmen dieses Gesetzes entstehen.

(2) ¹Die in Absatz 1 Sätze 1 und 3 genannten Aufgaben erfüllt für den Gemeindeschülerrat die Gemeinde, für den Kreisschülerrat der Landkreis. ²Den Mitgliedern dieser Schülerräte ersetzt die Gemeinde oder der Landkreis auf Antrag die notwendigen Fahrtkosten.

(3) Die nach § 73 wahlberechtigten Schülerinnen und Schüler einer Schule können beschließen, dass der Schülerrat freiwillige Beiträge und Spenden entgegennehmen darf.

(4) ¹Der Schülerrat beschließt über die Verwendung der Mittel nach Absatz 1 Satz 3 und Absatz 3. ²Über die Verwendung dieser Mittel ist gegenüber dem Schülerrat, über die Verwendung der Mittel nach Absatz 1 Satz 3 ist außerdem auch gegenüber dem Schulträger ein Nachweis in geeigneter Form zu führen. ³Für den Gemeinde- und den Kreisschülerrat gelten die Sätze 1 und 2 entsprechend.

1 **Allg.**: Die Finanzierung der Schülervertretungen an den einzelnen Schulen erfolgt durch den Schulträger. Die Schülervertretungen können mangels Rechtsfähigkeit kein eigenes Bankkonto einrichten, auch der Girokontoerlass des Landes lässt das nicht zu.

2 **Zu Abs. 1**: Für die Wahrnehmung ihrer Pflichtaufgaben stellt der Schulträger den Schülervertretungen der einzelnen Schulen (Klassenschülerschaften, Klassensprecher(innen), Schülerrat, Schülersprecher(innen), Vertreter(innen) im Schulvorstand, in Konferenzen und Ausschüssen) den notwendigen Geschäftsbedarf und die erforderlichen Einrichtungen zur Verfügung. Zum Geschäftsbedarf gehören beispielsweise Schreibmaschine, Papier, Möglichkeiten zum Vervielfältigen, Schulgesetz, Schulverwaltungsblatt, Bücher und Fachzeitschriften, soweit diese die Arbeit der Schülervertretung betreffen. Telefon- und Portokosten sind ebenfalls vom Schulträger zu übernehmen. Dagegen besteht nach Satz 3 kein Anspruch auf Finanzierung oder Bezuschussung der Veranstaltungen der Schülervertretung nach § 81. Der Schülervertretung wird aber ein eigener Raum in der Schule als eine Art Geschäftszimmer für Sitzungen und Beratungen sowie für die Aufbewahrung ihrer Unterlagen zur Verfügung zu stellen sein.

Die Schülervertreterinnen und -vertreter im Schulvorstand, in den Konferenzen und Ausschüssen haben Anspruch auf Erstattung der notwendigen Fahrtkosten, wenn sie an Sitzungen außerhalb der Unterrichtszeit teilnehmen. Das gilt auch für Schülerratsmitglieder von Berufsschulen mit Teilzeitunterricht, die an Tagen zu Sitzungen in die Schule kommen müssen, an denen sie keinen Unterricht haben.

3 **Zu Abs. 2**: Für die Finanzierung der Arbeit der Gemeinde- und Kreisschülerräte gilt Abs. 1 entsprechend. Kostenträger sind die Gemeinden bzw. die Landkreise.

4 **Zu Abs. 3**: Über die Finanzierung seiner Arbeit nach Abs. 1 hinaus kann der Schülerrat freiwillige Beiträge und Spenden entgegennehmen, die nicht nur von den Schülerinnen und Schülern der Schule selbst kommen müssen. Voraussetzung ist allerdings, dass die Schülerschaft der Entgegennahme zustimmt.

5 **Zu Abs. 4**: Die Schülerräte der Schulen, die Gemeinde- und die Kreisschülerräte beschließen über die Verwendung der freiwilligen Zuwendungen der Gemeinden und Landkreise sowie der Beiträge und Spenden. Die Mittel dürfen nur zur Erledigung der gesetzlichen Aufgaben der Schülervertretung verwendet werden. Die Empfänger haben gegenüber der bewilligenden Schülervertretung einen Nachweis in geeigneter Form zu

führen. Den Schulträgern ist nachzuweisen, dass ihre Zuwendungen dem Veranstaltungszweck entsprechend verwendet wurden.

Verweise, Literatur: 6

- RdErl.»Führung von Girokonten durch die Schulen/Online-Banking« v. 01.08.2018 (SVBl. S. 392), geändert d. RdErl. v. 30.11.2020 (SVBl. S. 592)

(Gerald Nolte)

§ 86 Schülergruppen

(1) Schließen sich Schülerinnen und Schüler einer Schule zur Verfolgung von Zielen zusammen, die innerhalb des Bildungsauftrags der Schule (§ 2) liegen (Schülergruppen), so gestattet ihnen die Schulleiterin oder der Schulleiter die Benutzung von Schulanlagen und Einrichtungen der Schule, wenn nicht die Erfüllung des Bildungsauftrags der Schule (§ 2) gefährdet ist oder Belange der Schule oder des Schulträgers entgegenstehen.

(2) Schülergruppen, deren Mitglieder das 14. Lebensjahr vollendet haben, können in der Schule für eine bestimmte politische, religiöse oder weltanschauliche Richtung eintreten.

Allg.: Schülergruppen entstehen durch den Entschluss einzelner Schülerinnen oder Schüler, die wie immer geartete gemeinsame Ziele im Rahmen der Schule oder der Klassengemeinschaft oder einer anderen Gruppe verfolgen. Schulische Bildungsarbeit ist nicht erforderlich, sodass auch Hobbygruppen unter § 86 fallen. Allerdings ist Selbstgestaltung der Schülerinnen und Schüler Voraussetzung, bloßer Konsum entspricht nicht dem Bildungsauftrag der Schule. Schülergruppen brauchen keine Satzung, keine Geschäftsordnung und müssen auch keine Mitgliederlisten führen. Der einzige Rechtsrahmen, in dem sich Schülergruppen bewegen müssen, sind die Einhaltung der allgemeinen Gesetze, der Bildungsauftrag der Schule sowie die Hausordnung. Da Schülergruppen keine Schulveranstaltungen sind, entfällt der gesetzliche Versicherungsschutz. Lehrkräfte sind nach § 62 nur bei Veranstaltungen innerhalb der Schule, nicht aber bei Veranstaltungen außerhalb der Schule verpflichtet, Aufsicht zu führen. Schülergruppen können den Verwaltungsrechtsweg beschreiten. 1

Zu Abs. 1: Die in § 86 genannten **Schülergruppen** sind keine Einrichtungen der Schülervertretung. Es handelt sich vielmehr um freie Zusammenschlüsse einzelner Schülerinnen und Schüler. Einzige Voraussetzung für ihre Gründung ist, dass durch die mit dem Zusammenschluss verbundenen Aktivitäten Ziele verfolgt werden, die innerhalb des Bildungsauftrags der Schule liegen. Einer Genehmigung oder Anerkennung bedarf es nicht. Veranstaltungen der Schülergruppen finden grundsätzlich in der unterrichtsfreien Zeit statt; es handelt sich nicht um Veranstaltungen der Schule. 2

Während bis zum Inkrafttreten des ÄndG 93 die Schulleitung zu bestimmen hatte, inwieweit den Schülergruppen Schulanlagen und Einrichtungen der Schule zur Benutzung überlassen werden konnten, hat sie ihnen seitdem die Benutzung zu gestatten. Die Gestattung kann mit Auflagen verbunden oder versagt werden, wenn die Erfüllung des Bildungsauftrags gefährdet ist. Dies gilt auch, wenn der Benutzung Belange der Schule oder des Schulträgers entgegenstehen. Im Hinblick auf Zeitpunkt, Art und Dauer der Benutzung haben die Veranstaltungen der Schule oder des Schulträgers also Vorrang vor denen der Schülergruppen. Anders als die Schülervertretungen haben Schülergruppen nicht das Recht, gegen Auflagen oder Nichtgestattung die Entscheidung der Gesamtkonferenz einzuholen. Ihnen bleibt der Beschwerdeweg zur Schulbehörde.

3 **Zu Abs. 2:** Während die Bildung von Schülergruppen grundsätzlich unabhängig vom Alter der Schülerinnen und Schüler erfolgen kann, verlangt das NSchG in bestimmten Fällen ein Mindestalter. Wollen Schülergruppen für eine bestimmte politische, religiöse oder weltanschauliche Richtung eintreten, müssen ihre Mitglieder das 14. Lebensjahr vollendet haben. Der Gesetzgeber hat sich für das Alter entschieden, in dem die Schülerinnen und Schüler religionsmündig werden. Anders als die Schülervertretungen sind die Schülergruppen nach Abs. 2 nicht zur politischen, religiösen oder weltanschaulichen Neutralität verpflichtet. Sie haben das Privileg, sich im Schulgebäude und auf dem Schulgrundstück zu ihrer Richtung zu bekennen, dafür aktiv zu werden und zu werben. Privilegiert sind allerdings nur eigene Aktivitäten der Schülergruppen. Der Erlass »Besuche von Politikerinnen und Politikern in Schulen« erlaubt deshalb nur unter bestimmten Umständen Veranstaltungen der Schülergruppen mit Politikern in der Schule. Es spricht aber nichts dagegen, wenn eine Schülergruppe an einem von der Schule zur Verfügung gestellten Schwarzen Brett Informationsmaterial aushängt, das sie nicht selbst erstellt hat. Auch Unterschriftsaktionen können nur verboten werden, soweit die Verbote das »Grundverhältnis« betreffen und Störungen des Schulbetriebes zu befürchten sind (Beispiele: Verbot, die Unterschriftslisten während des Unterrichts anzufertigen, wenn hierdurch eine Störung des Unterrichts zu befürchten ist), der Bildungs- und Erziehungsauftrag (§ 2) der Schule nicht gewährleistet werden kann oder direkter oder indirekter Zwang auf die Schülerinnen und Schüler ausgeübt wird, sich an der Aktion zu beteiligen. Außerhalb dieses eng begrenzten Bereichs ist es der Schule dagegen verwehrt, in die Meinungsfreiheit der Schülerinnen und Schüler einzugreifen und das Sammeln von Unterschriften zu verbieten. Allerdings muss auch in diesem Fall sichergestellt bleiben, dass kein unangemessener Eingriff in die Neutralitätsverpflichtung der Schule erfolgt.

4 **Verweise, Literatur:**
 - Erl. »Besuche von Politikerinnen und Politikern in öffentlichen Schulen« v. 21.10.2020 (SVBl. S. 545; SRH 3.505)

(Gerald Nolte)

Schülerinnen und Schüler § 87 **NSchG**

§ 87 Schülerzeitungen

(1) Schülerzeitungen und Flugblätter, die von Schülerinnen oder Schülern einer oder mehrerer Schulen für deren Schülerschaft herausgegeben werden, dürfen auf dem Schulgrundstück verbreitet werden.

(2) Die verantwortlichen Redakteurinnen und Redakteure können sich von der Schule beraten lassen.

(3) Schülerzeitungen und Flugblätter unterliegen dem Presserecht sowie den übrigen gesetzlichen Bestimmungen.

Allg.: Durch das ÄndG 93 sind die Vorschriften zur Verbreitung von Schülerzeitungen und Flugblättern auf dem Schulgrundstück völlig neu gefasst worden. Schon nach altem Recht durften Schülerzeitungen und Flugblätter im Gegensatz zu anderen Druckerzeugnissen im Schulgebäude und in den Schulanlagen verbreitet, d. h. kostenlos verteilt oder verkauft werden. Allerdings mussten der Schulleitung drei Exemplare der Druckerzeugnisse drei Schultage vor der vorgesehenen Verbreitung übergeben werden. Diese konnte zwar keine Zensur ausüben, aber unter bestimmten Voraussetzungen (Verstoß gegen gesetzliche Verbote, ernstliche Gefährdung des Bildungsauftrages) ein vorläufiges Verbot der Verbreitung auf dem Schulgrundstück aussprechen, das gegebenenfalls von der Schulbehörde bestätigt werden konnte.

Bei der Neufassung ist der Gesetzgeber davon ausgegangen, dass Schülerinnen und Schüler mit der Herausgabe einer Schülerzeitung ihr Grundrecht auf Pressefreiheit ausüben, das keinen schulrechtlichen Einschränkungen unterworfen sein soll. Deshalb liegt die Herausgabe von Schülerzeitungen und Flugblättern in der alleinigen Verantwortung der Schülerredaktionen und steht nunmehr völlig außerhalb der Verantwortung der Schule. Die Vorlagepflicht und die Möglichkeit des Verbreitungsverbots sind daher konsequenterweise gestrichen worden.

Zu Abs. 1: Schülerzeitungen und Flugblätter sind Druckerzeugnisse, die von Schülerinnen und Schülern einer oder mehrerer Schulen für deren Schülerschaft herausgegeben werden. Jeder Schule, an der die Verbreitung erfolgen soll, muss mindestens ein Herausgeber angehören. Gehören Nichtschülerinnen oder Nichtschüler zu den Herausgebern, handelt es sich nicht mehr um eine Schülerzeitung oder ein (Schüler-)Flugblatt mit der Folge, dass kein Privileg zur Verbreitung auf dem Schulgrundstück besteht. Insbesondere sind die Publikationen der Schüler- und Jugendorganisationen der politischen Parteien keine Schülerzeitungen im Sinne von § 87.

Bei der Veröffentlichung einer Online-Schülerzeitung im **Internet** und damit in einem ungeschützten und weltweit abrufbaren Bereich handelt es sich nicht mehr um eine Schülerzeitung im Sinne des Abs. 1, weil es sich nicht mehr um eine Zeitung ausschließlich für die Schülerschaft der Schulen der Herausgeber handelt. Möglich ist aber eine Veröffentlichung im geschützten Schulintranet.

2 **Zu Abs. 2:** Die verantwortlichen Redakteure haben das Recht, sich bei der Erstellung ihrer Druckerzeugnisse von der Schule beraten zu lassen. Eine Pflicht zur Inanspruchnahme von Beratung besteht jedoch nicht. Adressat der Ratsuchenden wird in erster Linie die Schulleitung sein. Die Redakteure können sich aber auch an eine Beratungslehrkraft oder an eine von der Schülervertretung gewählte Beraterin oder einen Berater wenden.

3 **Zu Abs. 3:** Abs. 3 hat deklaratorischen Charakter; er soll die Schülerredaktionen auf ihre gestiegene Verantwortung bei der Erstellung und Verbreitung von Schülerzeitungen und Flugblättern hinweisen. Die Vorschrift stellt keine Erweiterung des Anwendungsbereichs des Presserechts auf die genannten Druckerzeugnisse dar, die im Normalfall nicht auf **Massenherstellung** angelegt sind und auf die das Presserecht dann keine Anwendung findet (§ 7 Abs. 1 Niedersächsisches Pressegesetz). Das Grundrecht der Pressefreiheit nach Art. 5 Abs. 1 Satz 2 GG gilt auch für Schülerzeitungen. Aus Art. 5 Abs. 1 Satz 3 GG, dem absoluten Zensurverbot, folgt ein Verbot für die Schulleitung zur Zensur von Schülerzeitungen. Schülerinnen und Schüler können nur dann zur aktiven Teilnahme an der öffentlichen Willensbildung erzogen werden, wenn sie nicht befürchten müssen, durch eine Äußerung in einer Schülerzeitung den späteren Berufsweg zu gefährden. Unter dem Zensurverbot wird dabei nur die Vorzensur, d. h. einschränkende Maßnahmen vor der Herstellung oder Verbreitung eines Druckwerkes verstanden. Ferner liegt eine Zensur nur dann vor, wenn eine Inhaltsprüfung stattfindet. Bei Schulen in freier Trägerschaft ist das in Art. 5 Abs. 1 Satz 3 GG statuierte Zensurverbot nicht unmittelbar anwendbar. Die Kontrollfunktion der Presse macht es notwendig, dass die Presse die Möglichkeit hat, die Quelle einer Information zu schützen – insbesondere dann, wenn bei Bekanntwerden der Weitergabe von Informationen durch eine Person eben jene Schaden davontragen würde. So kann dennoch die Wahrheit veröffentlicht werden. Grundlage des Informationsschutzes ist das schutzwürdige Vertrauensverhältnis zwischen Journalist und Informant. Der Informationsschutz geht einher mit einem Durchsuchungs- sowie Beschlagnahmeverbot. Jedoch beschränkt es sich, und damit auch die aufgeführten Verbote, auf die Identität von Informanten und die von ihnen erlangten Informationen und klammert selbst recherchierte und bereits veröffentlichte Informationen aus.

Die Landesverbände der Jugendpresse Deutschland geben den Jugend-Presseausweis heraus. Dieser wird vom Deutschen Journalisten-Verband, der Deutschen Journalistinnen- und Journalisten-Union in ver.di und der European Youth Press unterstützt. Der Jugend-Presseausweis ist der anerkannte Presseausweis für junge Journalistinnen und Journalisten. Mit ihm können Schülerinnen und Schüler journalistische Tätigkeiten glaubhaft nachweisen und als Vertreterin oder Vertreter der Presse ausweisen.

Folgende presserechtliche Anforderungen sind zu beachten.

1. Pflicht zu wahrheitsgemäßer Berichterstattung (§ 6 Niedersächsisches Pressegesetz)

Die Presse muss die Richtigkeit der von ihr verbreiteten Tatsachen prüfen. Tatsachen sind Geschehnisse der Vergangenheit oder Gegenwart, die dem Beweis zugänglich sind. Handelt es sich jedoch um Meinungsäußerungen, die durch Elemente der Stellungnahme, des Meinens und Dafürhaltens geprägt sind, so beschränkt sich die Sorgfaltspflicht auf die Beachtung der persönlichen Ehre, d. h. vor allem den Ausschluss unzulässiger Schmähkritik. Bei der Bewertung von Meinungsäußerungen gibt es keine Kategorien wie »richtig« oder »falsch«. Die Grenze zur Schmähkritik ist jedoch überschritten, wenn das abwertende Urteil zur bloßen Verächtlichmachung der Person herabsinkt.

2. Bestellung eines verantwortlichen Redakteurs:

Nach § 9 Niedersächsisches Pressegesetz muss mindestens ein verantwortlicher Redakteur bestellt werden. Da es sich bei Schülerzeitungen um Druckwerke handelt, die von Schülerinnen und Schülern für Schülerinnen und Schüler derselben Schule geschrieben werden, kann zum verantwortlichen Redakteur auch eine Minderjährige oder ein Minderjähriger bestellt werden (§ 9 Abs. 2 Niedersächsisches Pressegesetz). Die Aufgabe des verantwortlichen Redakteurs besteht darin, den gesamten zu veröffentlichenden Stoff auf seine Strafbarkeit hin zu prüfen und Veröffentlichungen strafbaren Inhalts zu verhindern. Zu Lasten des verantwortlichen Redakteurs eines periodischen Druckwerks wird vermutet, dass er den Inhalt eines unter seiner Verantwortung erschienenen Textes gekannt und den Abdruck gebilligt hat.

3. Impressumspflicht (§ 8 Niedersächsisches Pressegesetz):

Die sog. Impressumspflicht soll es den Behörden wie auch Dritten ermöglichen, die für den Inhalt des Druckwerks Verantwortlichen jederzeit straf-, zivil- und presserechtlich haftbar zu machen. Genannt sein müssen der Drucker und Verleger, beim Selbstverlag der Verfasser oder Herausgeber. Bei Zeitungen müssen ferner Name und Anschrift des verantwortlichen Redakteurs und die für den Anzeigenteil verantwortliche Person genannt sein. Bei Schülerzeitungen wird die Zusammensetzung der an ihrer Erstellung beteiligten Personengruppe, die Auflage und die Häufigkeit ihres Erscheinens je nach Schulart und Schulgröße variieren. Vermutlich wird es meist keinen Verleger oder Herausgeber im presserechtlichen Sinne geben, auch ist nur bei Zeitungen im Sinne des Niedersächsischen Pressegesetzes die Bestellung eines verantwortlichen Redakteurs notwendig. In solchen Fällen erscheint es sinnvoll, im Impressum die an der Erstellung der Schülerzeitung Beteiligten zu nennen.

4. Trennung von redaktionellem Teil und Anzeige- und Reklametexten:

Bei Zeitungen im Sinne des Niedersächsischen Pressegesetzes müssen redaktioneller Teil und Anzeigen- und Reklametexte voneinander getrennt sein, um die Glaubwürdigkeit der Presse zu bewahren (§ 10 Nieder sächsisches Pressegesetz). Da die Schülerzeitungen völlig außerhalb der Verantwortung der Schule liegen, besteht nicht die Verpflichtung zur politischen, religiösen oder weltanschaulichen Neutralität.

5. Anspruch auf Abdruck einer Gegendarstellung (§ 11 Niedersächsisches Pressegesetz):

Bei Zeitungen hat jede Person oder Behörde, die durch eine von der Presse aufgestellte Tatsachenbehauptung unmittelbar betroffen ist, Anspruch auf Abdruck einer Gegendarstellung. Der Abdruck muss unverzüglich, und zwar in demselben Teil der Zeitung und mit derselben Schrift wie der Abdruck des beanstandeten Textes ohne Einschaltungen und Weglassungen erfolgen.

6. Verantwortlichkeit für strafbare Handlungen:

Die Verantwortlichkeit für strafbare Handlungen, die mittels eines Druckwerks begangen werden, bestimmt sich nach den allgemeinen Strafgesetzen. Bei Schülerinnen und Schülern sind in diesem Zusammenhang die entsprechenden Altersgrenzen zu beachten. Wer bei Begehung der Tat noch nicht vierzehn Jahre alt ist, ist schuldunfähig (§ 19 StGB) bzw. handelt nicht vorwerfbar (§ 12 OWiG). Ab Vollendung des 14. Lebensjahres ist ein Jugendlicher strafrechtlich verantwortlich, wenn er zur Zeit der Tat nach seiner sittlichen und geistigen Entwicklung reif genug ist, das Unrecht der Tat einzusehen und nach dieser Einsicht zu handeln (§ 3 JGG). Dieselben Ausführungen gelten auch bei der Frage nach der Möglichkeit der Ahndung einer Ordnungswidrigkeit (§ 12 Abs. 1 OWiG). Grundsätzlich kommen im Rahmen von Schülerzeitungen v.a. Straftaten gegen die persönliche Ehre, wie Beleidigung (§ 185 StGB), üble Nachrede (§ 186 StGB) und Verleumdung (§ 187 StGB) in Betracht.

4 Verweise, Literatur:

- *Förschner, Günter:* Schülerzeitungen, Schulverwaltung, Ausgabe Niedersachsen, 2015, H. 5, S. 141 (Teil 1 Beitrag zu Bildung, Kompetenzerwerb und Demokratieerziehung)

(Gerald Nolte)

Fünfter Teil
Elternvertretung

Vorbemerkung zu §§ 88–99:

1 Allg.: »Aufgaben und Wahl von Elternvertretungen« sind bereits 1948 in einem Erlass des Kultusministeriums geregelt worden. Erste gesetzliche Grundlage war das Gesetz über die Verwaltung öffentlicher Schulen vom 19.05.1954, das die Wahl von **Elternvertretungen** in allen allgemein bildenden Schulen verlangte. Aus historischen Gründen, und weil der Begriff »Vertretung der Erziehungsberechtigten« zu unhandlich ist, ist es bei der

Bezeichnung »**Eltern**«-Vertretung für die verschiedenen Gremien geblieben, in denen das Elternrecht kollektiv wahrgenommen wird. Außerhalb der Gremienbezeichnungen verwendet das NSchG den Begriff »Eltern« nur noch, wenn der leibliche Vater und die leibliche Mutter gemeint sind (z.B. § 61 Abs. 6 Satz 3; zum Begriff »Erziehungsberechtigte(r)« siehe § 55).

Wie die Schülerinnen und Schüler haben auch die Erziehungsberechtigten Mitwirkungsrechte nicht nur in der Schule, die von ihren Kindern besucht wird. Darüber hinaus wirken sie auf Gemeinde- und Kreisebene (§ 97) sowie auf Landesebene (§ 169) mit. Außerdem können sie stimmberechtigte Vertreterinnen und Vertreter in die kommunalen Schulausschüsse (§ 110) und in den Landesschulbeirat (§ 171) entsenden. Schulleitungen und Schulbehörden haben die Arbeit der Elternvertretungen zu unterstützen. Das gilt aber nur insoweit, als gesetzliche Aufgaben wahrgenommen werden. Ein vom Schulelternrat oder einer anderen Elternvertretung beschlossener Aufruf zum Unterrichtsboykott darf von der Schule weder vervielfältigt noch an die Schülerinnen und Schüler ausgegeben werden.

Eingriffe in die Arbeit der Elternvertretungen durch die Schulleitungen oder die Schulbehörden sind unzulässig. Insbesondere besteht kein Recht, an den Schulelternrat gerichtete Briefe zu öffnen, herausgehende Schreiben zu kontrollieren, gegen den Willen der Elternvertretung an deren Sitzungen teilzunehmen oder die Gegenstände ihrer Arbeit zu bestimmen. Auf der anderen Seite ist die Elternvertretung nicht berechtigt, unmittelbar in den Schulbetrieb einzugreifen. Dass sich Unterricht und Erziehung im Rahmen der Rechts- und Verwaltungsvorschriften halten, ist allein Aufgabe der Schulleitung. Diese kann Elternvertreterinnen und -Vertretern nach Absprache den Besuch von Unterricht gestatten. An den mündlichen Abiturprüfungen kann ein Mitglied des Schulelternrats teilnehmen.

Verweise, Literatur: 2

- *Galas, Dieter:* Elternvertretung in der Schule, in: Ballasch, H. u.a. (Hrsg.): Schulleitung und Schulaufsicht in Niedersachsen, Nr. 18.7
- *Meyenberg, Rüdiger:* Elternschaft und Schule, Handbuch für praktische Elternarbeit in Niedersachsen, Hannover, 2. Aufl., 1993
- *Ehlers, Klaus/Schwab, Hans:* Zur Zusammenarbeit von Schule und Eltern, in: Ballasch, H. u.a. (Hrsg.): Schulleitung und Schulaufsicht in Niedersachsen, Nr. 18.5
- Die Arbeit der Elternvertretungen an den Schulen Niedersachsens, Bericht des Instituts für Entwicklungsplanung und Strukturforschung (IES), Hannover, 1996
- *Häger, Hartmut:* Elternarbeit aus der Sicht der Schulaufsicht, Schulverwaltung, Ausgabe Niedersachsen, 1999, H. 10, S. 269

Erster Abschnitt
Elternvertretung in der Schule

§ 88 Allgemeines

(1) Die Erziehungsberechtigten wirken in der Schule mit durch:
1. Klassenelternschaften,
2. den Schulelternrat,
3. Vertreterinnen und Vertreter im Schulvorstand, in Konferenzen und Ausschüssen.

(2) In den Klassenelternschaften haben die Erziehungsberechtigten bei Wahlen und Abstimmungen für jede Schülerin oder jeden Schüler zusammen nur eine Stimme.

(3) [1]In den Ämtern der Elternvertretung sollen Frauen und Männer gleichermaßen vertreten sein. [2]Ferner sollen Erziehungsberechtigte ausländischer Schülerinnen und Schüler in angemessener Zahl berücksichtigt werden.

1 **Zu Abs. 1:** In der Schule wirken die Erziehungsberechtigten auf Klassenebene durch die **Klassenelternschaft** (Gesamtheit der Erziehungsberechtigten von Schülerinnen und Schülern einer Klasse), auf Schulebene durch den **Schulelternrat** mit. Für die Konferenzen und Ausschüsse sowie für den Schulvorstand wählen sie stimmberechtigte Vertreterinnen und Vertreter.

2 **Zu Abs. 2:** Da bei Wahlen und Abstimmungen in Klassenelternschaften die Erziehungsberechtigten für jede Schülerin oder jeden Schüler nur eine Stimme abgeben können, müssen sich gemeinsam an einer Sitzung teilnehmende Erziehungsberechtigte einer Schülerin oder eines Schülers auf ihr Stimmverhalten einigen. Gelingt das nicht, ist eine Stimmabgabe nicht möglich. Aus der Formulierung »für jede Schülerin oder jeden Schüler« folgt aber, dass ein Elternpaar zwei Stimmen für den Fall hat, dass zwei Kinder dieselbe Klasse besuchen.

Der Einigungszwang auf **eine** Stimme besteht nur in den Klassenelternschaften und gilt deshalb nicht bei Wahlen und Abstimmungen in den Gremien, in denen es eine Vertretung der Eltern gibt: Schulvorstand, Gesamtkonferenz, Teilkonferenzen, Ausschüsse. Beide Elternteile einer Schülerin oder eines Schülers sind in das jeweilige Gremium wählbar und haben dann auch jeweils eine Stimme. Andernfalls würde für die Gruppe der Erziehungsberechtigten eine Stimme verloren gehen.

3 **Zu Abs. 3:** Dass in den Ämtern der Elternvertretung Frauen und Männer gleichermaßen vertreten sein sowie Erziehungsberechtigte ausländischer Schülerinnen und Schüler angemessen berücksichtigt werden sollen, ist durch das ÄndG 93 eingefügt worden. Diese Bestimmung hat appellativen Charakter.

(Dieter Galas)

§ 89 Klassenelternschaften

(1) ¹Die Erziehungsberechtigten der Schülerinnen und Schüler einer Klasse (Klassenelternschaft) wählen die Vorsitzende oder den Vorsitzenden und deren oder dessen Stellvertreterin oder Stellvertreter. ²Die Klassenelternschaft wählt außerdem die Vertreterinnen oder Vertreter in der Klassenkonferenz und deren Ausschuss nach § 39 Abs. 1 sowie eine entsprechende Anzahl von Stellvertreterinnen oder Stellvertretern. ³Die Sätze 1 und 2 gelten nicht für Klassen, die zu mehr als drei Vierteln von Volljährigen besucht werden.

(2) ¹Die Vorsitzende oder der Vorsitzende lädt die Klassenelternschaft mindestens zweimal im Jahr zu einer Elternversammlung ein und leitet deren Verhandlungen. ²Eine Elternversammlung ist auch dann einzuberufen, wenn ein Fünftel der Erziehungsberechtigten, die Schulleitung oder die Klassenlehrerin oder der Klassenlehrer es verlangt.

Zu Abs. 1: Die Erziehungsberechtigten der minderjährigen Schülerinnen und Schüler einer Klasse bilden die Klassenelternschaft; die Eltern Volljähriger gehören nicht dazu.

Die Wahl des Vorsitzes und der Stellvertretung hat die Klassenelternschaft nach der Elternwahlordnung vom 04.06.1997 innerhalb eines Monats nach dem Ende der Sommerferien vorzunehmen. Für die Klassenkonferenz ist mindestens eine Elternvertreterin oder ein Elternvertreter zu wählen (siehe § 36 Abs. 3 Satz 1 Nr. 3). Wie viele Elternvertreterinnen oder -vertreter Mitglied in der Klassenkonferenz sind, entscheidet die Gesamtkonferenz der jeweiligen Schule. Beschließt die Klassenkonferenz die Einrichtung eines Eltern-Lehrer-Schüler-Ausschusses (§ 39 Abs. 1), sind auch dafür Elternvertreterinnen oder -vertreter zu wählen.

Die Wahl einer Elternvertretung unterbleibt in solchen Klassen, die zu mehr als drei Vierteln von volljährigen Schülerinnen und Schülern besucht werden.

Zu Abs. 2: Lädt die oder der Vorsitzende trotz eines bestehenden Bedürfnisses die Klassenelternschaft nicht zu einer Sitzung ein, kann ihre Einberufung erzwungen werden. Das Recht dazu haben ein Fünftel der Erziehungsberechtigten, die Schulleitung und die Klassenlehrerin oder der Klassenlehrer. Unter Umständen kann auch eine Abwahl der oder des Vorsitzenden erfolgen (siehe § 91 Abs. 3 Nr. 1).

Verweise, Literatur:

- Verordnung über die Wahl der Elternvertretungen in Schulen, Gemeinden und Landkreisen sowie über die Wahl des Landeselternrats (Elternwahlordnung) vom 04.06.1997 (Nds. GVBl. S. 169; SVBl. S. 239; SRH 6.105; Schulrecht 331/11), geändert durch VO vom 04.03.2005 (Nds. GVBl. S. 78)

(Dieter Galas)

§ 90 Schulelternrat

(1) ¹Die Vorsitzenden der Klassenelternschaften bilden den Schulelternrat. ²In der Berufsschule gehören auch die Vorsitzenden der Bereichselternschaften dem Schulelternrat an.

(2) Wird eine Schule von mindestens zehn ausländischen Schülerinnen oder Schülern besucht und gehört von deren Erziehungsberechtigten niemand dem Schulelternrat an, so können diese Erziehungsberechtigten aus ihrer Mitte ein zusätzliches Mitglied und ein stellvertretendes Mitglied des Schulelternrats wählen.

(3) Der Schulelternrat wählt die Elternratsvorsitzende oder den Elternratsvorsitzenden und eine Stellvertreterin oder einen Stellvertreter oder mehrere Stellvertreterinnen oder Stellvertreter aus seiner Mitte sowie die Vertrete rinnen oder Vertreter und eine gleiche Anzahl von Stellvertreterinnen oder Stellvertretern in der Gesamtkonferenz, in den Teilkonferenzen, außer denen für organisatorische Bereiche, und in den entsprechenden Ausschüssen nach § 39 Abs. 1.

(4) ¹Die Vorsitzende oder der Vorsitzende lädt den Schulelternrat mindestens zweimal im Jahr zu einer Sitzung ein. ²Eine Sitzung des Schulelternrats ist auch einzuberufen, wenn ein Fünftel der Mitglieder oder die Schulleitung es unter Angabe des Beratungsgegenstandes verlangt.

1   Zu Abs. 1: Der **Schulelternrat** einer Schule besteht aus den Vorsitzenden der Klassenelternschaften, es sei denn, durch eine besondere Ordnung nach § 94 wird eine andere Zusammensetzung bestimmt. An Berufsschulen gehören zusätzlich die Vorsitzenden der Bereichselternschaften (siehe § 92 Satz 2) dem Schulelternrat an. Die durch das ÄndG 80 eingefügte Vorschrift berücksichtigt die Schwierigkeiten in der Berufsschule bei der Bildung von Schulelternräten, weil häufiger keine Vorsitzenden der Klassenelternschaften gewählt wurden.

2   Zu Abs. 2: Die Bestimmung über die mögliche Erweiterung des Schulelternrates um ein zusätzliches Mitglied, das Erziehungsberechtigte oder Erziehungsberechtigter einer ausländischen Schülerin oder eines ausländischen Schülers ist, stammt anders als die Parallelvorschrift für die Schülervertretung (§ 74 Abs. 2) bereits aus dem ÄndG 80. Liegen die Voraussetzungen für die Wahl eines **zusätzlichen Mitgliedes** vor, lädt die Schulleitung die Erziehungsberechtigten der ausländischen Schülerinnen und Schüler zur Wahlversammlung ein (§ 6 der Elternwahlordnung vom 04.06.1997). Wird ein zusätzliches Mitglied in den Schulelternrat gewählt, hat es keinen minderen Status als die regulären Mitglieder.

3   Zu Abs. 3: Die oder der **Elternratsvorsitzende** wird **aus der Mitte** des Schulelternrates gewählt. Sie oder er muss also grundsätzlich den Vorsitz einer Klassenelternschaft führen, es sei denn, dass der Schulelternrat durch eine besondere Ordnung (siehe § 94 Satz 2 Nr. 1) anders zusammengesetzt wird. Wählbar ist nach den »Erläuterungen zur Elternwahlordnung« des Kultusmi-

nisteriums auch eine Stellvertreterin oder ein Stellvertreter, die oder der in der Wahlsitzung des Schulelternrates die Vorsitzende oder den Vorsitzenden einer Klassenelternschaft vertritt. Im Falle einer Wahl hat aber die oder der Vorsitzende in Sitzungen des Schulelternrates im Allgemeinen kein Stimmrecht (siehe auch Anm. 3 zu § 91). Anders als bei der Schülervertretung (siehe § 78 Abs. 2 Nr. 1) ist eine unmittelbare Wahl der oder des Elternratsvorsitzenden durch die gesamte Elternschaft der Schule nicht vorgesehen.

Während auch die Stellvertreterin oder der Stellvertreter bzw. die Stellvertreterinnen oder die Stellvertreter aus der Mitte des Schulelternrates gewählt werden müssen, gilt dies nicht bei den übrigen Elternvertretungen. Die Vertreterinnen und Vertreter in der Gesamtkonferenz und den Fachkonferenzen sowie in den jeweiligen Eltern-Schüler-Lehrer-Ausschüssen müssen nicht Mitglied des Schulelternrates sein. Das gilt auch für die vom Schulelternrat zu wählende Vertretung im Schulvorstand (siehe Anm. 6 zu § 38b). Die oder der Schulelternratsvorsitzende und ihre oder seine Stellvertreter(innen) bilden nur dann einen »Vorstand« wenn der Schulelternrat von der Möglichkeit einer »besonderen Ordnung« Gebrauch macht (siehe Anmerkung zu § 94).

Zu Abs. 4: Die der Regelung für die Klassenelternschaften (siehe § 89 Abs. 2) **4** entsprechende Bestimmung darüber, wie oft bzw. auf wessen Verlangen eine Sitzung des Schulelternrates einzuberufen ist, stammt aus dem ÄndG 93. Die Einfügung hat sich als erforderlich erwiesen, weil in der Praxis von der Möglichkeit unzureichend Gebrauch gemacht wurde, entsprechende Regelungen in einer Geschäftsordnung (siehe § 95) zu treffen.

Die Schulelternratssitzungen sind grundsätzlich nicht öffentlich. Es ist aber zulässig, die Erziehungsberechtigten der Schule über die Ergebnisse der Sitzungen zu informieren (siehe § 96 Abs. 2 Satz 2).

Verweise, Literatur: **5**

- Verordnung über die Wahl der Elternvertretungen in Schulen, Gemeinden und Landkreisen sowie über die Wahl des Landeselternrats (Elternwahlordnung) vom 04.06.1997 (Nds. GVBl. S. 169; SVBl. S. 239; Schulrecht 331/11), geändert durch VO vom 04.03.2005 (Nds. GVBl. S. 78; SVBl. S. 192)
- Erläuterungen zur Elternwahlordnung, SVBl. 1997, H. 6, S. 249; korrigiert in H. 12, S. 423

(Dieter Galas)

§ 91 Wahlen

(1) [1]Wahlberechtigt und wählbar sind die Erziehungsberechtigten. [2]Nicht wählbar ist, wer in einem Beschäftigungsverhältnis zum Land oder zum Schulträger an der Schule tätig ist oder mit Aufgaben der Aufsicht über die Schule betraut ist.

Elternvertretung § 91

(2) ¹Die Inhaberinnen und Inhaber der in den §§ 89 und 90 genannten Ämter der Elternvertretung (Elternvertreterinnen und Elternvertreter) werden für zwei Schuljahre gewählt. ²Dauert ein Bildungsabschnitt weniger als zwei Schuljahre, so erfolgt die Wahl für einen entsprechend kürzeren Zeitraum.

(3) Elternvertreterinnen und Elternvertreter scheiden aus ihrem Amt aus,

1. wenn sie mit einer Mehrheit von zwei Dritteln der Wahlberechtigten abberufen werden,
2. wenn sie aus anderen Gründen als der Volljährigkeit ihrer Kinder die Erziehungsberechtigung verlieren,
3. wenn im Falle des § 55 Abs. 1 Satz 2 die dort genannten Voraussetzungen entfallen sind oder die dort genannte Bestimmung widerrufen wird,
4. wenn sie von ihrem Amt zurücktreten,
5. wenn ihre Kinder die Schule nicht mehr besuchen,
6. wenn ihre Kinder dem organisatorischen Bereich, für den sie als Elternvertreterinnen oder Elternvertreter gewählt worden sind, nicht mehr angehören oder
7. wenn sie aufgrund eines Beschäftigungsverhältnisses zum Land oder zum Schulträger eine Tätigkeit an der Schule aufnehmen oder
8. wenn sie mit Aufgaben der Aufsicht über die Schule betraut werden.

(4) Die Mitglieder des Schulelternrats sowie die Vertreterinnen und Vertreter in den Konferenzen und Ausschüssen, deren Kinder die Schule noch nicht verlassen haben, führen nach Ablauf der Wahlperiode ihr Amt bis zu den Neuwahlen, längstens für einen Zeitraum von drei Monaten, fort.

(5) Das Kultusministerium wird ermächtigt, das Verfahren der Wahlen und der Abberufung durch Verordnung zu regeln.

1 Zu Abs. 1: Grundsätzlich haben alle Erziehungsberechtigten (der minderjährigen Schülerinnen und Schüler) das aktive und passive Wahlrecht für die Ämter der Elternvertretung. An der Schule Tätige können zwar wählen, aber nicht gewählt werden. Bei diesem Personenkreis handelt es sich nicht nur um die Lehrkräfte, Referendarinnen und Referendare, Anwärterinnen und Anwärter oder die pädagogischen Mitarbeiterinnen und Mitarbeiter. Dazu gehören auch die Schulassistentinnen und Schulassistenten, das Verwaltungspersonal an berufsbildenden Schulen sowie das Personal des Schulträgers (Schulsekretärinnen, Hausmeister, ggf. Reinigungskräfte). Wählbar sind dagegen Erziehungsberechtigte, die für eine Einrichtung tätig sind, die sich verpflichtet hat, außerunterrichtliche Angebote durchzuführen (siehe § 53 Abs. 1 Satz 2).

Nicht wählbar sind ferner diejenigen Erziehungsberechtigten, die mit Aufgaben der Aufsicht über die Schule betraut sind. Das sind diejenigen Schulaufsichtsbeamtinnen oder -beamten, die die unmittelbare oder mittelbare Befugnis zu fachlichen Weisungen gegenüber der Schule haben. Nicht zur Schulaufsicht gehören die Bediensteten der kommunalen Schulämter. In die in den §§ 89 und 90 genannten Ämter der Elternvertretung einer Schule kann aber gewählt werden, wer als Lehrkraft, Schulassistent, Schulsekretärin usw. an einer anderen Schule tätig ist.

Wird eine Tätigkeit an der Schule nach der Wahl aufgenommen, führt das ebenso wie die Betrauung mit Aufsichtsaufgaben zum Ausscheiden aus dem Amt (siehe Anm. 3).

Zu Abs. 2: Während die Schülervertretungen nur für ein Schuljahr gewählt werden (siehe § 75 Abs. 1), dauert die Amtszeit der Elternvertreterinnen und -Vertreter grundsätzlich zwei Schuljahre. Das gilt auch für die Mitgliedschaft im Schulvorstand (siehe Anm. 6 zu § 38b). Das Mandat endet nach der Elternwahlordnung am Ende der zweijährigen Wahlperiode auch dann, wenn wegen des Ausscheidens von Elternvertreterinnen oder -Vertretern Nachwahlen stattgefunden haben.

Dauert ein Bildungsabschnitt weniger als zwei Schuljahre, z.B. in den einjährigen Berufsfachschulen oder in der Einführungsphase der gymnasialen Oberstufe an Gymnasien, Gesamtschulen oder Beruflichen Gymnasien, ist die Amtszeit entsprechend kürzer.

Zu Abs. 3: Abs. 3 regelt das vorzeitige **Ausscheiden** der Elternvertreterinnen und -Vertreter aus ihrem Amt. Ein Verlust des Mandates tritt nur ein, wenn einer der genannten Fälle vorliegt. Ein Elternratsvorsitzender bleibt also im Amt, wenn er von seinem Amt als Vorsitzender einer Klassenelternschaft zurücktritt. Er ist dann allerdings nicht mehr Mitglied des Schulelternrates (siehe § 90 Abs. 1 Satz 1) und hat dort kein Stimmrecht mehr (siehe auch Anm. 3 zu § 90).

Bei der **Abberufung** (Nr. 1) ist zu beachten, dass diese von zwei Dritteln der Wahlberechtigten, nicht nur der in der Abberufungssitzung Anwesenden vorgenommen werden muss. Während bis zum Inkrafttreten des ÄndG 93 Elternvertreterinnen und -Vertreter mit Ablauf des Schuljahres aus ihrem Amt ausscheiden mussten, in dem sie ihre Erziehungsberechtigung verloren, können sie jetzt bei Volljährigkeit ihrer Kinder bis zum Ablauf der Wahlperiode im Amt bleiben, es sei denn, sie verlieren aus anderen Gründen ihre Erziehungsberechtigung (Nr. 2). Aus dem ÄndG 93 stammt auch Nr. 3 des Kataloges. Danach verlieren Elternvertreter(innen), die als erziehungsberechtigt gelten (siehe § 55), ihr Amt, wenn die in § 55 Abs. 1 Satz 2 genannten Voraussetzungen entfallen sind oder die dort genannte Bestimmung widerrufen wird. Besucht kein Kind einer Elternvertreterin oder eines Elternvertreters mehr die Schule, führt das nach Nr. 5 zum Ausscheiden aus allen in den §§ 89 und 90 genannten Ämtern und aus dem Schulvorstand (siehe Anm. 6 zu § 38 b). Mit den in Nr. 6 angesprochenen »organisatorischen Bereichen« sind die Klassen, Jahrgänge, Schulstufen oder Schulzweige gemeint (siehe § 92 und Anm. 4 zu § 35). Eine Elternvertreterin oder ein Elternvertreter verliert also das Amt, in das sie oder er von der Klassenelternschaft gewählt wurde, wenn das Kind der Klasse nicht mehr angehört (z.B. Nichtversetzung, Überspringen eines Schuljahrgangs, Überweisung in eine Parallelklasse, Auflösung der Klasse).

Entsprechendes gilt für die Ebene der Bereichselternräte (siehe § 92). Für die vom Schulelternrat vergebenen Ämter ist die »Schule« der in Nr. 6 genannte organisatorische Bereich, weshalb auf dieser Ebene die Nrn. 5 und 6 praktisch zusammenfallen.

Nr. 7 und Nr. 8 stammen aus dem ÄndG 15. Zur Vermeidung von Interessenkonflikten darf ein Elternamt nicht fortgeführt werden, wenn eine berufliche Tätigkeit an der Schule aufgenommen wird. Das gilt auch für den Fall, dass eine Elternvertreterin oder ein Elternvertreter während der laufenden Amtsperiode mit Aufgaben der Aufsicht über die Schule betraut wird (siehe hierzu auch Anm. 1).

4 Zu Abs. 4: Die durch das ÄndG 80 aufgenommene Regelung stellt sicher, dass die Elternvertretung nach Ablauf der Wahlperiode weitgehend funktionsfähig bleibt. Bestimmte Ämter können nämlich bis zu den Neuwahlen, längstens jedoch für drei Monate **fortgeführt** werden, sofern die Kinder der Elternvertreterinnen und -Vertreter die Schule noch nicht verlassen haben. Seit dem ÄndG 93 gilt dies nicht mehr nur für die Mitglieder des Schulelternrates, sondern auch für die Elternvertretung in den Konferenzen, in den Ausschüssen sowie im Schulvorstand (siehe Anm. 6 zu § 38b). Ausgenommen bleibt weiterhin der Vorsitz und die Stellvertretung der Klassenelternschaften. § 91 Abs. 4 geht also nicht so weit wie die Parallelvorschrift für die Schülervertretung, nach der **alle** Vertreterinnen und Vertreter ihr Amt fortführen (siehe § 75 Abs. 3).

5 Zu Abs. 5: Von der Ermächtigung des Abs. 5 hat das Kultusministerium durch Erlass der Elternwahlordnung vom 04.06.1997 Gebrauch gemacht.

6 Verweise, Literatur:

- Verordnung über die Wahl der Elternvertretungen in Schulen, Gemeinden und Landkreisen sowie über die Wahl des Landeselternrats (Elternwahlordnung) vom 04.06.1997 (Nds. GVBl. S. 169; SVBl. S. 239; Schulrecht 331/11), geändert durch VO vom 04.03.2005 (Nds. GVBl. S. 78)

- Erläuterungen zur Elternwahlordnung, SVBl. 1997, H. 6, S. 249; korrigiert in H. 12, S. 423

(Dieter Galas)

§ 92 Besondere Elternräte und Elternschaften

[1]Sind in der Schule neben den Klassenkonferenzen Teilkonferenzen für weitere organisatorische Bereiche eingerichtet worden (§ 35 Abs. 3), so bilden die Vorsitzenden der Klassenelternschaften dieser Bereiche je einen Bereichselternrat, auf den die Vorschriften für den Schulelternrat entsprechend anzuwenden sind. [2]**An der Berufsschule bilden die Klassenelternschaften eines Bereichs jeweils eine Bereichselternschaft; § 90 Abs. 3 und 4 gilt entsprechend.**

Hat die Gesamtkonferenz einer Schule für weitere organisatorische Bereiche Teilkonferenzen eingerichtet, z.B. Jahrgangs-, Stufen- oder Schulzweigkonferenzen (siehe § 35 Abs. 3), können dafür besondere Elternräte gebildet werden, für die die Vorschriften für den Schulelternrat entsprechend gelten. Diese **Bereichselternräte** bestehen aus den Vorsitzenden der Klassenelternschaften des jeweiligen organisatorischen Bereichs. Die Räte wählen aus ihrer Mitte die Vorsitzende oder den Vorsitzenden sowie die Stellvertretung. Die Vertreterinnen und Vertreter für die entsprechende Bereichskonferenz und deren Eltern-Lehrer-Schüler-Ausschuss müssen keine Mitglieder des Bereichselternrates sein. Die Bereichselternräte können unter bestimmten Voraussetzungen um ein zusätzliches Mitglied erweitert werden, das Erziehungsberechtigte(r) einer ausländischen Schülerin oder eines ausländischen Schülers ist. Für die Sitzungshäufigkeit und die Einberufung von Sitzungen gelten dieselben Regelungen wie für den Schulelternrat (siehe § 90 Abs. 4).

Satz 2 stammt aus dem ÄndG 80 und soll der besonderen Situation der Berufsschule Rechnung tragen. Der Sinn dieser Vorschrift liegt vor allem darin, dass eine Elternvertretung auch für diejenigen Berufsschulklassen zuständig sein soll, in denen keine Klassenelternvertretung gebildet werden kann, weil die Mehrzahl der Schülerinnen und Schüler einer Klasse bereits volljährig ist oder mangelndes Elterninteresse vorliegt. Die Entscheidung über die Einrichtung von Bereichen in der Berufsschule nach § 92 Satz 2 trifft der Schulelternrat in eigener Verantwortung, da es sich ausschließlich um eine organisatorische Angelegenheit der Elternvertretung handelt. Dabei sind fachlich zusammengehörende Berufsschulklassen als Bereich zu verstehen. Es sind auch dann Bereichselternvertretungen zu bilden, wenn die Gesamtkonferenz keine Bereichskonferenzen innerhalb der Berufsschule eingerichtet hat. Die Bereichselternschaft in der Berufsschule setzt sich abweichend von § 90 Satz 1 aus sämtlichen Erziehungsberechtigten innerhalb dieses Bereichs zusammen. Sie wählt eine Vorsitzende oder einen Vorsitzenden sowie eine Stellvertreterin oder einen Stellvertreter. Die oder der Vorsitzende ist Mitglied im Schulelternrat.

(Dieter Galas)

§ 93 Abweichende Organisation der Schule

(1) Soweit die Schule im Sekundarbereich I nicht in Klassen gegliedert ist, treten die Elternschaften der entsprechenden organisatorischen Gliederungen an die Stelle der Klassenelternschaften.

(2) Soweit im Sekundarbereich II keine Klassenverbände bestehen, wählen die Erziehungsberechtigten der minderjährigen Schülerinnen und Schüler des Sekundarbereichs II für je 20 minderjährige Schülerinnen und Schüler eine Vertreterin oder einen Vertreter als Mitglied des Schulelternrats und im Falle des § 92 auch als Mitglied des Bereichselternrats sowie eine Stellvertreterin oder einen Stellvertreter.

§ 93 regelt die Elternvertretung für den Fall, dass eine Schule nicht in Klassen gegliedert ist. Im Sekundarbereich I treten dann die Elternschaften der den Klassen entsprechenden organisatorischen Gliederungen an die Stelle der Klassenelternschaften.

Von besonderer Bedeutung sind die Bestimmungen für die Qualifikationsphase der gymnasialen Oberstufe der Gymnasien und Gesamtschulen sowie der Beruflichen Gymnasien. Dort wählen die Erziehungsberechtigten der (minderjährigen) Schülerinnen und Schüler der beiden Schuljahrgänge aus ihrer Mitte für je 20 minderjährige Schülerinnen und Schüler eine Vertreterin oder einen Vertreter. Die Gewählten sind Mitglieder des Schulelternrates. Hat die Schule eine Stufenkonferenz eingerichtet, gehören sie dem entsprechenden Bereichselternrat an. (Nach-)Wahlen zur Elternvertretung der Qualifikationsphase finden zu Beginn jedes Schuljahres statt.

(Dieter Galas)

§ 94 Regelungen durch besondere Ordnung

[1]Der Schulelternrat kann eine besondere Ordnung für die Elternvertretung in der Schule beschließen. [2]Diese Ordnung kann abweichend von den §§ 90 und 91 Abs. 2 bestimmen, dass

1. dem Schulelternrat zusätzlich zu den Vorsitzenden der Klassenelternschaften oder an deren Stelle ihre Stellvertreterinnen oder Stellvertreter angehören,

2. ein Vorstand des Schulelternrats aus mehreren Personen gebildet wird,

3. die Vorsitzenden der Klassenelternschaften und des Schulelternrats, ihre Stellvertreterinnen oder Stellvertreter und die Vertreterinnen oder Vertreter in den Konferenzen und Ausschüssen nur für ein Schuljahr gewählt werden.

Eine besondere Ordnung für die Elternvertretung einer Schule kann nur vom Schulelternrat, nicht aber von der gesamten Elternschaft beschlossen werden. In dieser Hinsicht unterscheidet sich § 94 von der Parallelvorschrift für die Schülervertretung (§ 78 Abs. 1).

Die besondere Ordnung kann bestimmen, dass der Schulelternrat um die stellvertretenden Vorsitzenden der Klassenelternschaften erweitert wird. Sie kann aber auch vorsehen, dass der Schulelternrat ausschließlich durch die Stellvertreterinnen und Stellvertreter gebildet wird (Nr. 1). Eine solche Regelung erspart den Vorsitzenden der Klassenelternschaften ein weiteres Mandat und dient damit ihrer Entlastung. Gemäß Nr. 2 kann der Schulelternrat beschließen, dass an die Stelle der oder des Elternratsvorsitzenden ein Vorstand tritt, der aus mehreren Personen besteht. Dazu werden in der Regel die oder der Vorsitzende, ihre oder seine Stellvertreter(innen) sowie ggf. weitere »Beisitzer« gehören. In einem solchen Fall haben alle Mitglieder des Vorstandskollegiums die gleichen Rechte. Nach der besonderen Ordnung kann schließlich bestimmt werden, dass die Amtszeit für alle Elternvertreterinnen und -vertreter oder für einige von ihnen, z.B. die Vertretung in der Gesamtkonferenz, nicht zwei Schuljahre, sondern nur ein Schuljahr beträgt (Nr. 3). Dass die Elternvertretung im Schulvorstand für ein Schuljahr oder für zwei Schuljahre gewählt werden kann, ergibt sich bereits aus § 38b Abs. 6 Satz 3.

Weitere Abweichungen von den gesetzlichen Bestimmungen kann eine besondere Ordnung nicht vorsehen. Insbesondere besteht keine Möglichkeit, die Elternvertreterinnen und -vertreter auf Schulebene unmittelbar durch die gesamte Elternschaft der Schule wählen zu lassen. Auch in dieser Hinsicht unterscheidet sich § 94 von der entsprechenden Vorschrift für die Schülervertretung (siehe § 78 Abs. 2 Nr. 1).

(Dieter Galas)

§ 95 Geschäftsordnungen

Klassenelternschaften und Schulelternräte geben sich eine Geschäftsordnung.

Allg.: Geschäftsordnungen beinhalten Verfahrensregelungen, nach denen Sitzungen einer Gruppe geordnet ablaufen sollen, insbesondere um mögliche Konflikte zu vermeiden oder lösen zu helfen. Geschäftsordnungen werden üblicherweise im Rahmen der erstmaligen Versammlung bzw. der konstituierenden Sitzung schulischer Gremien durch Mehrheitsbeschluss der Stimmberechtigten beschlossen. 1

Zum einzigen Absatz: Die Formulierung »geben sich eine Geschäftsordnung« suggeriert eine gesetzliche Verpflichtung der Klassenelternschaften sowie der Schulelternräte, sich eine formelle Geschäftsordnung geben zu müssen. Eine entsprechende Beschlussfassung durch die weisungsunabhängigen Elternvertretungen ist jedoch nicht erzwingbar, das Fehlen einer formellen Geschäftsordnung hat keinerlei rechtliche Wirkungen. Die Formulierung sollte eher als ein nachdrücklicher Appell verstanden werden, frühzeitig die Regeln für die künftige Zusammenarbeit aufzustellen, um einen ordnungsgemäßen Ablauf der Sitzungen zu gewährleisten. 2

Sofern eine Geschäftsordnung nicht beschlossen wird, gelten für die Elternversammlungen oder für die Sitzungen des Elternrats die ungeschriebenen allgemeinen Regeln eines demokratischen Miteinanders. An die Stelle einer Geschäftsordnung treten dann übliche Verfahrensgrundsätze, wie z.B. Einladung, Ladungsfristen, Tagesordnung, Abstimmung (Ja-/Nein-Stimmen) und Protokoll.

Geschäftsordnungen enthalten üblicherweise Regelungen zu folgenden Bereichen: Leitung, Ladung und Ladungsfrist, Beschlussfähigkeit, Tagesordnung, Recht zur Antragstellung, Redeordnung, Redezeitbeschränkungen, Art der Beschlussfassung, Geschäftsverteilung, Sitzungsdauer, Fertigung von Niederschriften.

Es versteht sich von selbst, dass Geschäftsordnungen demokratischen und rechtsstaatlichen Grundsätzen entsprechen müssen. Sie haben sich im Rahmen des geltenden Rechts zu bewegen.

Geschäftsordnungen entfalten keine Außenwirkung; außerhalb der Gruppe stehende Dritte können sich weder auf eine Einhaltung berufen noch eine Verletzung eigener Rechte o.Ä. ableiten.

Soweit eine Geschäftsordnung beschlossen wird, bindet sie jedes Mitglied der Versammlung oder des Gremiums. Ein Verstoß gegen die Geschäftsordnung stellt eine Rechtsverletzung dar, führt jedoch nicht zur Unwirksamkeit des betreffenden Beschlusses.

Eine Verpflichtung zur Teilnahme an den Sitzungen besteht nicht und kann weder durch eine Geschäftsordnung noch durch einen Beschluss begründet werden.

Geschäftsordnungen gelten nur für die Dauer der Wahl- bzw. der Amtsperiode. Änderungen der Geschäftsordnungen sind grundsätzlich jederzeit durch Mehrheitsbeschluss zulässig. Beschlossene Geschäftsordnungen bedürfen weder der Genehmigung der Schule noch der Schulbehörde oder des Schulträgers.

Einen Musterentwurf einer Geschäftsordnung für die Klassenelternschaft hat der Niedersächsische Landeselternrat auf seiner Internetseite (www.landeselternrat-nds.de) eingestellt.

(Karl-Heinz Ulrich)

§ 96 Mitwirkung der Erziehungsberechtigten in der Schule

(1) [1]Von den Klassenelternschaften und dem Schulelternrat sowie in Versammlungen aller Erziehungsberechtigten der Schule und der in den §§ 92 und 93 Abs. 1 bezeichneten organisatorischen Bereiche und Gliederungen können alle schulischen Fragen erörtert werden. [2]Private Angelegenheiten von Lehrkräften sowie von Schülerinnen und Schülern dürfen nicht behandelt werden.

(2) [1]Die Vertreterinnen oder Vertreter im Schulvorstand, in den Konferenzen und Ausschüssen berichten dem Schulelternrat oder der Klassenelternschaft regelmäßig über ihre Tätigkeit; § 41 bleibt unberührt. [2]Der Schulelternrat kann in Versammlungen aller Erziehungsberechtigten der Schule über seine Tätigkeit berichten.

(3) [1]Schulelternrat und Klassenelternschaften sind von der Schulleitung, dem Schulvorstand, der zuständigen Konferenz oder den Bildungsgangs- und Fachgruppen vor grundsätzlichen Entscheidungen, vor allem über die Organisation der Schule und die Leistungsbewertung, zu hören. [2]Schulleitung und Lehrkräfte haben ihnen die erforderlichen Auskünfte zu erteilen.

(4) [1]Die Lehrkräfte haben Inhalt, Planung und Gestaltung des Unterrichts mit den Klassenelternschaften zu erörtern. [2]Dies gilt vor allem für Unter-

richtsfächer, durch die das Erziehungsrecht der Eltern in besonderer Weise berührt wird. ³Die Erziehungsberechtigten sind insbesondere über Ziel, Inhalt und Gestaltung der Sexualerziehung rechtzeitig zu unterrichten, damit die Erziehung im Elternhaus und die Erziehung in der Schule sich soweit wie möglich ergänzen. ⁴Die Sexualerziehung in der Schule soll vom Unterricht in mehreren Fächern ausgehen. ⁵Sie soll die Schülerinnen und Schüler mit den Fragen der Sexualität altersgemäß vertraut machen, ihr Verständnis für Partnerschaft, insbesondere in Ehe und Familie, entwickeln und ihr Verantwortungsbewusstsein stärken. ⁶Dabei sind ihr Persönlichkeitsrecht und das Erziehungsrecht der Eltern zu achten. ⁷Zurückhaltung, Offenheit und Toleranz gegenüber verschiedenen Wertvorstellungen in diesem Bereich sind geboten.

(5) Erziehungsberechtigte können einzelne Mitglieder des Schulelternrats mit der Wahrnehmung ihrer Interessen beauftragen.

Zu Abs. 1–3: Die Abs. 1–3 entsprechen den für die Schülermitwirkung in der Schule geltenden Vorschriften des § 80 Abs. 1–4 mit Ausnahme von § 80 Abs. 3 Satz 2. Die dort gemachten Ausführungen unter den Anm. 1–4 gelten deshalb für die Mitwirkung der Erziehungsberechtigten in der Schule entsprechend. Auch für die Elternvertretung gilt, dass sie vor grundsätzlichen Entscheidungen nicht erst dann zu hören ist, wenn sie dies verlangt. Dass in solchen Fällen die Schulleitung (für die Gesamtkonferenz und den Schulvorstand), die zuständige Konferenz oder – an berufsbildenden Schulen – die Bildungsgangsgruppen und Fachgruppen initiativ werden müssen, ergibt sich unzweifelhaft daraus, dass das ÄndG 80 die Wörter »auf ihr Verlangen« aus Abs. 3 Satz 1 gestrichen hat. 1

Zu Abs. 4: Alle in einer Klasse unterrichtenden Lehrkräfte sind verpflichtet, **Inhalt, Planung und Gestaltung des Unterrichts** nicht nur mit der Klassenschülerschaft (siehe § 80 Abs. 3 Satz 2), sondern auch mit der Klassenelternschaft zu erörtern, es sei denn, diese verzichtet darauf. Erörterung bedeutet nicht, dass die Lehrkraft einseitig ihre Vorstellungen mitteilt. Der Klassenelternschaft ist vielmehr Gelegenheit zur Aussprache, zur Stellungnahme und zu Vorschlägen zu geben. Die Lehrkraft soll offen sein für Anregungen, Bedenken und Kritik aus der Elternschaft; ihre methodische und didaktische Freiheit kann aber nicht eingeschränkt werden. 2

Die Sätze 2–7 stammen aus dem ÄndG 80. Mit ihnen hat der Gesetzgeber die Unterrichtsfächer betont, die das Erziehungsrecht der Eltern besonders berühren. Dazu gehören neben dem Fach Religion z.B. auch Deutsch, Werte und Normen, Politik. Insbesondere die Sexualerziehung soll in enger Zusammenarbeit mit dem Elternhaus erfolgen. Mit den in den Sätzen 4 bis 7 formulierten Grundsätzen hat der niedersächsische Gesetzgeber die Vorgaben umgesetzt, die sich aus der Sexualkundeentscheidung des Bundesverfassungsgerichts zur schulischen Sexualerziehung ergeben (Urteil vom 21.12.1977, Az.: 1 BvL 1/75, 1 BvR 147/75). Bei Wahrung dieser Grundsätze, insbesondere bei Beachtung des Verbots der Indoktrination der Schülerinnen und Schüler (siehe Satz 7) besteht keine Möglichkeit der Befreiung vom Sexualkundeunterricht. Das gilt auch, wenn die Vielfalt sexueller und geschlechtlicher Identitäten und gleichgeschlechtlicher Lebensformen Gegenstand des Unterrichts ist.

3 **Zu Abs. 5:** Einzelne Mitglieder des Schulelternrats können von Erziehungsberechtigten mit der Wahrnehmung ihrer Interessen gegenüber Lehrkräften, der Schulleitung, den Konferenzen oder den Schulbehörden beauftragt werden.

4 **Verweise, Literatur:**
- *Dorow, Joachim:* Sexualerziehung in der Schule, in: *Crysmann, P./ Uhlig, P (Hrsg.):* Schulrecht für die Praxis, Nr. 2.9 (9)
- Schulen müssen der Vielfalt sexueller und geschlechtlicher Identitäten gerecht werden – Persönlichkeitsentwicklung der Kinder und Jugendlichen fördern – Diskriminierung vorbeugen. Entschließung des Niedersächsischen Landtags vom 15.12.2014 (Drucksache 17/3652)

(Dieter Galas)

Zweiter Abschnitt
Elternvertretung in Gemeinden und Landkreisen

§ 97 Gemeinde- und Kreiselternräte

(1) ¹In Gemeinden und Samtgemeinden, die Träger von mehr als zwei Schulen sind, wird ein Gemeindeelternrat und in Landkreisen ein Kreiselternrat gebildet. ²In Städten führt der Gemeindeelternrat die Bezeichnung Stadtelternrat.

(2) ¹Den Gemeindeelternrat wählen die Schulelternräte der im Gemeindegebiet befindlichen öffentlichen Schulen und der Schulen in freier Trägerschaft, an denen die Schulpflicht erfüllt werden kann. ²Den Kreiselternrat wählen die Schulelternräte

1. aller im Kreisgebiet befindlichen

a) öffentlichen Schulen und

b) Schulen in freier Trägerschaft, an denen die Schulpflicht erfüllt werden kann, sowie

2. der in der Trägerschaft des Landkreises stehenden, außerhalb des Kreisgebietes befindlichen Schulen.

³Jeder Schulelternrat wählt aus seiner Mitte je ein Mitglied und ein stellvertretendes Mitglied. ⁴Umfasst eine allgemein bildende Schule mehrere Schulformen, so gilt jeder Schulzweig als selbständige Schule; die demselben Schulzweig zugehörenden Mitglieder des Schulelternrats gelten als selbständiger Schulelternrat.

(3) ¹Würden aus dem Wahlverfahren nach Absatz 2 mehr als 28 Mitglieder hervorgehen, so wählen die Schulelternräte der im Gemeinde- oder Kreis-

gebiet befindlichen öffentlichen Schulen sowie der in der Trägerschaft des Landkreises befindlichen Schulen außerhalb des Kreisgebietes aus ihrer Mitte je zwei Delegierte, die den Gemeinde- oder Kreiselternrat getrennt nach Grundschulen, Hauptschulen, Realschulen, Oberschulen, Gymnasien, Gesamtschulen, Förderschulen und berufsbildenden Schulen wählen. ²Umfasst eine Schule mehrere dieser Schulformen, so gilt jeder Schulzweig als selbständige Schule; die demselben Schulzweig zugehörenden Mitglieder des Schulelternrats wählen aus ihrer Mitte zwei Delegierte. ³Es werden für Schulformen mit

4 bis 9 Schulen	3 Mitglieder,
10 bis 24 Schulen	4 Mitglieder,
25 und mehr Schulen	5 Mitglieder

des Gemeinde- oder Kreiselternrats und eine gleich große Zahl von Stellvertreterinnen und Stellvertretern gewählt. ⁴Für Schulformen mit ein bis drei Schulen verbleibt es bei dem Wahlverfahren nach Absatz 2.

(4) ¹Im Fall des Absatzes 3 wählen die Schulelternräte der Schulen in freier Trägerschaft getrennt nach den vorhandenen Schulformen aus ihrer Mitte für jede Schulform ein Mitglied und ein stellvertretendes Mitglied des Gemeinde- oder Kreiselternrats. ²Absatz 2 Satz 4 gilt entsprechend.

(5) Mitglieder der Schulelternräte nach § 90 Abs. 2 können aus ihrer Mitte je ein zusätzliches Mitglied und ein stellvertretendes Mitglied des Gemeinde- und Kreiselternrats wählen.

(6) ¹Der Gemeinde- und der Kreiselternrat wählen je einen Vorstand, der aus einer Vorsitzenden oder einem Vorsitzenden, einer stellvertretenden Vorsitzenden oder einem stellvertretenden Vorsitzenden und bis zu drei Beisitzenden besteht. ²§ 88 Abs. 3 gilt entsprechend.

Zu Abs. 1: In Gemeinden und Samtgemeinden, die Träger von mindestens drei Schulen sind, wird ein **Gemeindeelternrat** gebildet, der in Städten die Bezeichnung **Stadtelternrat** führt. In den Landkreisen muss in jedem Fall ein **Kreiselternrat** eingerichtet werden. 1

In der 2001 gebildeten Gebietskörperschaft »Region Hannover« ist der Kreiselternrat unter der Bezeichnung »Regionselternrat« für das gesamte Gebiet der Region (ehemaliger Landkreis Hannover plus Landeshauptstadt Hannover) zuständig (§ 160 Abs. 5 NKomVG).

Zu Abs. 2: Der **Gemeindeelternrat** besteht aus den Vertreterinnen und Vertretern aller im Gemeindegebiet befindlichen öffentlichen Schulen und Schulen in freier Trägerschaft, an denen die Schulpflicht erfüllt werden kann (Ersatzschulen). Entsendungsberechtigt sind also nicht nur die von der Gemeinde selbst getragenen Schulen, sondern auch diejenigen, die sich in der Trägerschaft des Landkreises oder des Landes (Kollegs, Internatsgymnasien) befinden. Der **Kreiselternrat** ist entsprechend zusammengesetzt. Nach dem ÄndG 93 entsenden nun auch diejenigen Schulen ein 2

Mitglied in den Kreiselternrat, die zwar vom Landkreis getragen werden, sich aber außerhalb des Kreisgebietes befinden. Tagesbildungsstätten, an denen geistig behinderte Kinder und Jugendliche ihre Schulpflicht erfüllen können, sind keine Schulen.

Unabhängig von der Größe der entsendungsberechtigten Schulen wählen die Schulelternräte je ein Mitglied und ein stellvertretendes Mitglied in den Gemeinde- und in den Kreiselternrat. **Allgemein bildende** Schulen, die mehrere Schulformen umfassen, wählen für jeden Schulzweig ein Mitglied und ein stellvertretendes Mitglied. Eine Grund- und Hauptschule kann also jeweils zwei Mitglieder in den Gemeinde- und in den Kreiselternrat entsenden. Sie (und die stellvertretenden Mitglieder) werden von den Mitgliedern des Schulelternrates gewählt, die ihr Mandat vom jeweiligen Schulzweig erhalten haben. Obschon in Schulzweige gegliedert, sind die Oberschulen und die Kooperativen Gesamtschulen einheitliche Schulen, die folglich nur einen einzigen Vertreter entsenden. Organisatorisch zusammengefasste Haupt- und Realschulen stellen hingegen zwei Mitglieder. Bemerkenswert ist, dass die Schulzweigregelung nicht für die berufsbildenden Schulen gilt, in denen die Schulformen nach § 106 Abs. 7 grundsätzlich in einer Schule zusammengefasst sein sollen.

Dass der Schulelternrat seine Vertretung für die Elternräte oberhalb der Schule »aus seiner Mitte« wählen muss, gilt seit dem ÄndG 96. Wie bei der Schülervertretung (siehe § 82 Abs. 2 Satz 2) sollen die verschiedenen Stufen der Elternvertretung personell miteinander verzahnt werden, damit das Wissen um die Probleme an der »Basis« auch in den überschulischen Vertretungen vorhanden ist.

3 **Zu Abs. 3:** Würde nach dem Wahlverfahren des Abs. 2 ein Gemeinde- oder Kreiselternrat mit mehr als 28 Mitgliedern entstehen, bestimmt Abs. 3 für die öffentlichen Schulen ein **Delegiertenwahlverfahren**. Dadurch sollen zu große Räte verhindert und die Arbeitsfähigkeit der Elternvertretungen sichergestellt werden. Für die Gemeinde- und Kreisschülerräte gibt es kein mittelbares Wahlverfahren (siehe § 82, Anm. 2).

Nach Schulformen getrennt wählen die Delegierten nach dem Schlüssel des Satzes 3 die Mitglieder und die stellvertretenden Mitglieder des Gemeinde- und Kreiselternrats, die nach § 7 Abs. 2 der Elternwahlordnung aus ihrer Mitte kommen müssen. Dabei gelten die berufsbildenden Schulen abweichend von § 5 Abs. 2 Nr. 2 als eine Schulform. Umfasst eine (allgemein bildende) Schule mehrere Schulformen, gelten die Bestimmungen des Abs. 3 für die Schulzweige entsprechend. Für Schulformen mit bis zu drei Schulen findet immer unmittelbare Wahl nach Abs. 2 statt.

4 **Zu Abs. 4:** Abs. 4 regelt die Entsendung der Vertreterinnen und Vertreter der Ersatzschulen, wenn das Wahlverfahren nach Abs. 2 zu mehr als 28 Mitgliedern in den Gemeinde- oder Kreiselternräten führen würde. In diesem Fall wählen die Schulelternräte getrennt nach den vorhandenen Schulformen – bei mehr als einer Schule in einer gemeinsamen Wahlveranstaltung – aus ihrer Mitte je ein Mitglied und ein stellvertretendes

Mitglied. Bei der Gliederung einer (allgemein bildenden) Ersatzschule in Schulzweige gelten die Bestimmungen des Abs. 2 Satz 4 entsprechend, d.h. jeder Schulzweig gilt als selbstständige Schule.

Zu Abs. 5: Die zusätzlichen Mitglieder in den Schulelternräten, die Erziehungsberechtigte ausländischer Schülerinnen und Schüler sind (siehe § 90 Abs. 2), können in einer gemeinsamen Wahlveranstaltung aus ihrer Mitte je ein zusätzliches Mitglied und ein stellvertretendes Mitglied in den Gemeinde- und Kreiselternrat wählen. Nach der Elternwahlordnung wird die durch das ÄndG 93 eröffnete Entsendungsmöglichkeit an das Vorhandensein von wenigstens drei Wahlberechtigten geknüpft.

Zu Abs. 6: Der Gemeinde- und der Kreiselternrat wählen je einen Vorstand, der mindestens aus einer oder einem Vorsitzenden sowie aus einer oder einem stellvertretenden Vorsitzenden bestehen muss. Die Räte können darüber hinaus bis zu drei Beisitzende in den Vorstand wählen. Dabei sollen sie darauf achten, dass in den Vorstandsämtern Frauen und Männer gleichermaßen vertreten sind und dass die Erziehungsberechtigten ausländischer Schülerinnen und Schüler angemessen berücksichtigt werden.

Verweise, Literatur:

- Verordnung über die Wahl der Elternvertretungen in Schulen, Gemeinden und Landkreisen sowie über die Wahl des Landeselternrats (Elternwahlordnung) vom 04.06.1997 (Nds. GVBl. S. 169; SVBl. S. 239; Schulrecht 331/11), geändert durch VO vom 04.03.2005 (Nds. GVBl. S. 78)

(Dieter Galas)

§ 98 Wahlen und Geschäftsordnung

(1) ¹Das Kultusministerium wird ermächtigt, das Wahlverfahren durch Verordnung zu regeln. ²Die Wahlen werden von den Gemeinden, Samtgemeinden und Landkreisen durchgeführt. ³Im Übrigen gilt § 91 Abs. 1 bis 3 Nrn. 1 bis 4, 7 und 8 sowie Abs. 4 entsprechend; § 91 Abs. 3 Nr. 5 findet mit der Maßgabe Anwendung, dass Elternvertreterinnen und Elternvertreter erst dann aus ihrem Amt ausscheiden, wenn keines ihrer Kinder mehr eine Schule im Gebiet der Gemeinde oder des Landkreises besucht.

(2) Gemeinde- und Kreiselternräte geben sich eine Geschäftsordnung.

Von der Ermächtigung des Abs. 1 Satz 1 hat das Kultusministerium durch Erlass der Elternwahlordnung vom 04.06.1997 Gebrauch gemacht. Für die Wahlberechtigung, die (Nicht-)Wählbarkeit, die Dauer der Wahlperiode, das vorzeitige Ausscheiden sowie die Fortführung des Amtes nach Ablauf der Wahlperiode gelten die Bestimmungen für die Elternvertreterinnen und -vertreter auf Schulebene »entsprechend«. Für die Gemeinde- und Kreiselternräte sind danach Erziehungsberechtigte nicht wählbar, die an einer Schule tätig sind oder mit Aufgaben der Aufsicht über eine Schule betraut sind, die sich im Gebiet der Gemeinde oder des Landkreises befindet (siehe Anm. 1 zu § 91). Ausgenommen von der »entsprechenden« Geltung ist § 91 Abs. 3 Nr. 6. Elternvertreterinnen und Elternvertreter müssen nicht aus dem Gemeinde- oder Kreiselternrat ausscheiden, wenn ihre Kinder zwar noch eine Schule im Gemeinde- oder Kreisgebiet besuchen, aber nicht mehr dem organisatorischen Bereich angehören, für den sie als Elternvertreterinnen und Elternvertreter gewählt worden sind (z.b. nach einem Schulwechsel der Kinder von der Grundschule in die Realschule). Diese erst mit dem ÄndG 97 geschaffene Regelung ermöglicht es, dass entstandener Sachverstand und örtliche Kenntnisse möglichst für die gesamte ohnehin nur zweijährige Wahlperiode nutzbar bleiben. Aus dem Gemeinde- oder Kreiselternrat muss (vorzeitig) ausscheiden, wer nach der Wahl an einer Schule im Gemeinde- oder Kreisgebiet eine Tätigkeit aufnimmt (§ 91 Abs. 3 Nr. 7). Das gilt auch, wenn Aufgaben der Aufsicht über eine Schule übernommen werden (§ 91 Abs. 3 Nr. 8).

Für die Durchführung der Wahlen der Gemeinde- und Kreiselternräte sind die Gemeinden, Samtgemeinden und Landkreise nicht nur in organisatorischer Hinsicht verantwortlich; sie tragen auch die dadurch entstehenden Kosten.

2 Verweise, Literatur:

- Verordnung über die Wahl der Elternvertretungen in Schulen, Gemeinden und Landkreisen sowie über die Wahl des Landeselternrats (Elternwahlordnung) vom 04.06.1997 (Nds. GVBl. S. 169; SVBl. S. 239; Schulrecht 331/11), geändert durch VO vom 04.03.2005 (Nds. GVBl. S. 78)
- Erläuterungen zur Elternwahlordnung, SVBl. 1997, H. 6, S. 249; korrigiert in H. 12, S. 423

(Dieter Galas)

§ 99 Aufgaben der Gemeinde- und Kreiselternräte

(1) [1]Die Gemeinde- und Kreiselternräte können Fragen beraten, die für die Schulen ihres Gebietes von besonderer Bedeutung sind. [2]Schulträger und Schulbehörde haben ihnen die für ihre Arbeit notwendigen Auskünfte zu erteilen und rechtzeitig Gelegenheit zur Stellungnahme und zu Vorschlägen zu geben. [3]Das gilt insbesondere für schulorganisatorische Entscheidungen nach § 106 Abs. 1.[4]Sind nach § 97 Abs. 1 keine Gemeindeelternräte zu bilden, so beteiligen die Schulträger die Schulelternräte.

(2) [1]Die Vorstände der Gemeinde- und Kreiselternräte haben darauf zu achten, dass die Belange aller in ihrem Bezirk vertretenen Schulformen angemessen berücksichtigt werden. [2]Ist in einem Gemeinde- oder Kreiselternrat ein Beschluss gegen die Stimmen aller anwesenden Vertreterinnen und Vertreter einer Schulform gefasst worden, so ist ihm auf deren Verlangen deren Stellungnahme beizufügen.

1 Zu Abs. 1: In Satz 1 werden die Aufgaben der Gemeinde- und Kreiselternräte nur sehr allgemein beschrieben, so dass die Räte ihre Aufgaben im Grunde

selbst bestimmen können. Von **besonderer Bedeutung** für die Schulen ihres Gebietes sind beispielsweise Fragen der Unterrichtsversorgung und der Ausstattung der Schulen, der Schulraumbedarfsplanung, der Schülerbeförderung. Auf die schulorganisatorischen Entscheidungen der Schulträger wie Errichtung, Erweiterung, Einschränkung, Zusammenlegung, Teilung oder Aufhebung von Schulen wird in Satz 3 ausdrücklich hingewiesen. Den Elternvertretungen ist auch Gelegenheit zur Stellungnahme vor der Festlegung von Schulbezirken durch Satzung zu geben. Ein Verstoß des Schulträgers gegen das Mitwirkungsrecht der Elternvertretungen ist zwar rechtswidrig, führt aber nicht zur Nichtigkeit der Satzung. Denn die Elternvertretungen sind interne Mitwirkungsgremien des Schulträgers, die weder eigene Rechte zur Anfechtung von Entscheidungen des Schulträgers noch Rechtsansprüche auf bestimmte materielle Entscheidungen gerichtlich geltend machen können (OVG Lüneburg, Urteil vom 08.04.2015 – 2 KN 351/13).

Beratungsgegenstand der Räte sind selbstverständlich auch die Auswirkungen solcher Entscheidungen auf das gesamte Schulgefüge der Gemeinde oder des Landkreises. Insbesondere ist den Gemeinde- und Kreiselternräten die Aufgabe zugewiesen, Elternvertreterinnen und -vertreter für die kommunalen Schulausschüsse vorzuschlagen (siehe § 110). Die Kreiselternräte und die Stadtelternräte der kreisfreien Städte müssen von den Landkreisen an der Erarbeitung von Schulentwicklungsplänen beteiligt werden. Den Kreiselternräten obliegt ferner die Wahl der Mitglieder des Landeselternrats (siehe § 169 Abs. 2).

Partner der örtlichen Elternvertretungen sind die Schulträger und die Schulbehörden, die die für deren Arbeit notwendigen Auskünfte zu erteilen haben. Darüber hinaus haben sie den Gemeinde- und Kreiselternräten Gelegenheit zu Stellungnahmen und zu Vorschlägen zu geben. Das setzt voraus, dass die Schulbehörden und Schulträger die örtlichen Elternvertretungen von sich aus rechtzeitig und umfassend über ihre Planungen unterrichten.

Wird kein Gemeindeelternrat gebildet, weil die Gemeinde Schulträger von weniger als drei Schulen ist (siehe § 97 Abs. 1), treten die Schulelternräte an die Stelle des Gemeindeelternrats. Eine entsprechende Bestimmung fehlt übrigens bei der Parallelvorschrift über die örtlichen Schülervertretungen (siehe § 84 Abs. 1).

Zu Abs. 2: Die Vorstände der Gemeinde- und Kreiselternräte haben darauf zu achten, dass in ihren Gremien nicht einseitig zugunsten einzelner Schulformen gearbeitet wird. Dass die Belange aller Schulformen angemessen berücksichtigt werden, haben sie auch gegenüber dem Schulträger und den Schulbehörden geltend zu machen.

Der Minderheitenschutz des Satzes 2 fehlt in der Parallelvorschrift über die entsprechenden Schülervertretungen (siehe § 84 Abs. 2).

(Dieter Galas)

Dritter Abschnitt
Kosten

§ 100 Kosten

(1) ¹Der Elternvertretung in der Schule sind vom Schulträger die zur Wahrnehmung ihrer Aufgaben erforderlichen Einrichtungen und der notwendige Geschäftsbedarf zur Verfügung zu stellen. ²Den Mitgliedern des Schulelternrats sowie den Vertreterinnen und Vertretern im Schulvorstand, in den Konferenzen und den Ausschüssen ersetzt der Schulträger auf Antrag die notwendigen Fahrtkosten. ³Darüber hinaus kann der Schulträger Zuschüsse zu den Kosten leisten, die den Elternvertretungen durch ihre Tätigkeit im Rahmen dieses Gesetzes entstehen.

(2) Die in Absatz 1 genannten Aufgaben erfüllt für den Gemeindeelternrat die Gemeinde, für den Kreiselternrat der Landkreis.

(3) Bei Internatsgymnasien und Landesbildungszentren werden

1. allen im Land Niedersachsen wohnenden Erziehungsberechtigten die notwendigen Fahrt- und Übernachtungskosten für zwei Elternversammlungen jährlich,

2. den Mitgliedern des Schulelternrats, der Konferenzen und Ausschüsse sowie des Schulvorstands die notwendigen Fahrt- und Übernachtungskosten

erstattet.

1 Zu Abs. 1: Für die Wahrnehmung ihrer Pflichtaufgaben stellt der Schulträger der Elternvertretung der einzelnen Schulen (Klassenelternschaften, Vorsitzende der Klassenelternschaften, Schulelternrat, Elternratsvorsitzende, Elternvertreterinnen und -vertreter im Schulvorstand, in den Konferenzen und Ausschüssen) den notwendigen **Geschäftsbedarf** und die erforderlichen Einrichtungen zur Verfügung. Zum Geschäftsbedarf gehören beispielsweise Schreibmaschine, Papier, Möglichkeiten zum Vervielfältigen, Schulgesetz, Schulverwaltungsblatt, Bücher und Fachzeitschriften, soweit diese die Arbeit der Elternvertretung betreffen. Telefon- und Portokosten sind ebenfalls vom Schulträger zu übernehmen. In der Regel wird der Schriftverkehr der Elternvertretungen an den Schulen (z.B. Briefe, Einladungen, Protokolle) durch die Schulsekretariate erledigt. Die Elternvertretungen haben ferner zur Erfüllung ihrer Aufgaben einen Anspruch auf Überlassung der erforderlichen **Einrichtungen** der Schule. Gemeint sind damit in erster Linie geeignete Räume zur Durchführung von Sitzungen der Klassenelternschaften und des Schulelternrats sowie von Versammlungen aller Erziehungsberechtigten der Schule. Die Verpflichtung der Schulträger, die erforderlichen Einrichtungen und den notwendigen Geschäftsbedarf zur Verfügung zu stellen, besteht nur hinsichtlich der Erfüllung der gesetzlichen Aufgaben der Elternvertretungen. Planung und Durchführung

von Demonstrationen oder die Organisation eines Unterrichtsboykotts gehören nicht dazu.

Auf Antrag ersetzt der Schulträger den Mitgliedern des Schulelternrats und den Elternvertreterinnen und -vertretern im Schulvorstand, in den Konferenzen und Ausschüssen die notwendigen Fahrtkosten. Eine Verpflichtung zur Erstattung der Fahrtkosten, die im Zusammenhang mit der Arbeit der Klassenelternschaften entstehen, besteht nur für die Elternvertreterinnen und -vertreter in den Klassenkonferenzen. Freiwillige Zuschüsse zu den Kosten, die Elternvertretungen durch ihre Tätigkeit im Rahmen des Schulgesetzes entstehen, etwa durch die Teilnahme an einer Informationsveranstaltung des Gemeinde- oder Kreiselternrats, sind möglich. Dies hat das ÄndG 80 durch die Einfügung von Satz 3 klargestellt.

Zu Abs. 2: Für den Gemeindeelternrat hat die Gemeinde, für den Kreiselternrat der Landkreis die erforderlichen Einrichtungen und den notwendigen Geschäftsbedarf zur Verfügung zu stellen sowie die entsprechenden Fahrtkosten zu ersetzen. Für Sitzungen werden den Räten Räume in Schulen, gegebenenfalls auch gemeinde- bzw. kreiseigene Räume zur Verfügung gestellt werden. 2

Zu Abs. 3: Abs. 3 regelt die Kostenerstattung für die Arbeit der Elternvertretungen an den drei niedersächsischen Internatsgymnasien in Bad Harzburg, Bederkesa und Esens, deren Schulträger das Land Niedersachsen ist. Die gleichen Bestimmungen gelten für die ebenfalls vom Lande getragenen Landesbildungszentren für Blinde (in Hannover) und Hörgeschädigte (in Braunschweig, Hildesheim, Oldenburg und Osnabrück). 3

(Dieter Galas)

Sechster Teil
Schulträgerschaft

§ 101   Schulträgerschaft

(1) Die Schulträger haben das notwendige Schulangebot und die erforderlichen Schulanlagen vorzuhalten (Schulträgerschaft).

(2) Die Schulträgerschaft gehört zum eigenen Wirkungskreis der Schulträger.

Allg.: Der Sechste Teil des NSchG behandelt die Schulträgerschaft. Traditionell werden in Niedersachsen wie in den meisten anderen Flächenländern der Bundesrepublik die Verantwortlichkeit und die Kosten für die Schule zwischen den kommunalen Gebietskörperschaften und dem Staat in der Weise aufgeteilt, dass die kommunalen Körperschaften für die Errichtung, Organisation, Unterhaltung und Verwaltung der einzelnen Schule verantwortlich sind, während es Aufgabe des Staates (Landes) ist, für die inhaltliche Erfüllung des Unterrichts- und Erziehungsauftrages, für die pädagogische und organisatorische Seite des Schulsystems sowie für die 1

Einstellung und Bezahlung der Lehrkräfte zu sorgen. Die Gemeinsamkeit der Aufgaben kommt im NSchG an verschiedenen Stellen zum Ausdruck: So bereits eingangs in § 1 Abs. 3 Satz 2 (»Die öffentlichen Schulen... sind nichtrechtsfähige Anstalten ihres Trägers und des Landes«), weiterhin durch eine Vielzahl von auferlegten Einvernehmens- und Benehmensherstellungen sowie späterhin im Kooperationsgebot des § 123 Abs. 1 und 2, der Schulbehörden und kommunale Schulträger zu vertrauensvoller Zusammenarbeit in Schulangelegenheiten verpflichtet. Diese gemeinsame Verantwortlichkeit wird auch als ein »Kondominium« (gemeinsame Herrschaft) von Staat und Kommune bezeichnet. Was kommunalverfassungsrechtlich in Niedersachen als Kommune definiert ist, ergibt sich aus § 1 Abs. 1 NKomVG.

Die Schulträgerschaft umfasst im Wesentlichen die folgenden Aufgaben:

1. Antragstellung, Erteilung des Einvernehmens oder Benehmensherstellung für die Genehmigung von Schulversuchen (§ 22),
2. Antragstellung sowie Erteilung des Einvernehmens bei der Einrichtung von Ganztagsschulen und zum Führen von Ganztagsschulzügen (§ 23),
3. Zustimmung zu sachkostenträchtigen Vereinbarungen über die Zusammenarbeit von Schulen (§ 25),
4. Mitwirkung im Schulvorstand (§ 38c) und in Konferenzen der Schule (§ 36 Abs. 1 Nr. 2),
5. Mitwirkung bei der Besetzung von Schulleitungs- und anderen Beförderungsstellen (§§ 45, 48, 52),
6. Beschäftigung des nichtstaatlichen Schulpersonals (§ 53),
7. Schulpflichtangelegenheiten (§§ 63 ff. i.V.m. ZustVO-OWi),
8. Festlegung von Schulbezirken (§ 63) sowie Bildung von Einzugsbereichen (§ 5 SchOrgVO),
9. Finanzierung der Schüler- und Elternvertretungen (§ 85 bzw. § 100),
10. Erhebung sowie Zahlung von Gastschulgeld (§ 105),
11. Vorhaltung des notwendigen Schulangebots durch Errichtung, Aufhebung und Organisation von Schulen (§ 106),
12. Namensgebung von Schulen (§ 107),
13. Bildung von kommunalen Schulausschüssen (§ 110),
14. Beschaffung und Unterhaltung des notwendigen Schulraums durch Bau, Anmietung oder auf andere Weise (§§ 108, 113, 115),
15. Ausstattung der Schule und Zuweisung von Haushaltsmitteln an die Schulen (§§ 108, 111 Abs. 1),
16. Bereitstellung der finanziellen Mittel (§ 113) für die räumliche und sächliche Ausstattung der Schule (z.B. Bücher, Unterrichtsmaterialien, Kopierer),

17. Mittelfinanzierung der Kreisschulbaukasse (§ 117),
18. Zusammenarbeit mit den Schulbehörden (§ 123),
19. Schülerunfallversicherung (SGB VII) und Verkehrssicherungspflicht.

Zu Abs. 1: Die Bestimmung enthält durch den Klammerzusatz eine Definition des Begriffs der Schulträgerschaft. Zugleich trifft sie die gesetzliche Festlegung der Kernpflichten des Schulträgers, und zwar das notwendige Schulangebot und die erforderlichen Schulanlagen vorzuhalten. Umschlossen sind davon auch die aufgrund ihres engen Zusammenhangs zu diesen zentralen Aufgaben innewohnenden Obliegenheiten, die nur zum Teil im NSchG explizit aufgeführt sind.

Mit der Pflicht, das »notwendige Schulangebot« vorzuhalten, haben die Schulträger dafür zu sorgen, dass den in ihrem Gebiet lebenden Schülerinnen und Schülern ein ausreichendes Angebot an Schulen und Schulformen zur Verfügung steht. Das geschieht in der Regel durch die Errichtung und Unterhaltung von entsprechenden Schulen (§§ 106, 108). Soweit die Schülerzahlen hierfür nicht ausreichen, kann der Schulträger auch verpflichtet sein, durch Bildung eines Zweckverbandes oder durch Abschluss von Vereinbarungen mit benachbarten Schulträgern die Beschulung der in seinem Gebiet wohnenden Schülerinnen und Schüler – ggf. unter Zahlung eines Gastschulgeldes – sicherzustellen (§§ 104, 105, 106 Abs. 2 Satz 5).

Die Verpflichtung, »die erforderlichen Schulanlagen vorzuhalten« wird konkretisiert durch die Pflicht zur Errichtung und Organisation von Schulen (§ 106) sowie durch den Gesetzesauftrag zur Errichtung, Ausstattung und Unterhalten der Schulanlagen (§ 108 Abs. 1).

Zu Abs. 2: Die Bestimmung regelt die kommunalrechtliche Einordnung der Schulträgerschaft. Der Gesetzgeber qualifiziert die Aufgaben der Schulträgerschaft als Aufgaben des eigenen Wirkungskreises (§ 5 NKomVG) und bringt dadurch zum Ausdruck, dass die kommunalen Schulträger hier eine echte Selbstverwaltungsaufgabe erfüllen.

Während der Staat bei den Aufgaben des übertragenen Wirkungskreises, bei dem die Gemeinden und Landkreise staatliche Aufgaben im Auftrag erfüllen, durch die Fachaufsicht unmittelbar in die Aufgabenerledigung eingreifen kann, kann er bei der Erledigung der Aufgaben des eigenen Wirkungskreises nur die Einhaltung der Rechtsvorschriften (Gesetze und Verordnungen) überwachen. Die kommunalen Gebietskörperschaften unterliegen insoweit nicht der Fachaufsicht und können somit auch nicht durch Einzelweisungen zu einem bestimmten sachgemäßen Verhalten gezwungen werden.

Bei den Schulträgeraufgaben wird die Selbstständigkeit der kommunalen Schulträger allerdings durch die gemeinsame Verantwortung von Staat und Kommune für die Schule stark eingeschränkt. Der Staat übt nicht nur durch die unmittelbare Dienst- und Fachaufsicht über die Schulen und Lehrkräfte einen starken Einfluss auf die Institution Schule aus, sondern greift auch in unterschiedlicher Weise durch Genehmigungs- und Zustimmungsvorbehalte und durch andere Beteiligungsrechte in die eigentlichen Schulträgeraufgaben ein.

4 Verweise, Literatur:
- *Avenarius, Hermann:* Kommunale Verantwortung für innere Schulangelegenheiten? – Die Beziehungen zwischen Schule, Land und Kommune aus rechtlicher Perspektive, Schulverwaltung Ausgabe Niedersachsen, 2015, H. 3, S. 73

(Karl-Heinz Ulrich)

§ 102 Schulträger

(1) Schulträger der Grundschulen sind die Gemeinden, die Samtgemeinden und die öffentlich-rechtlich Verpflichteten in gemeindefreien Gebieten.

(2) Schulträger für die übrigen Schulformen sind die Landkreise und die kreisfreien Städte.

(3) Die Schulbehörde überträgt einer kreisangehörigen Gemeinde oder Samtgemeinde auf deren Antrag die Schulträgerschaft für allgemeinbildende Schulformen, wenn die Übertragung mit der Entwicklung eines regional ausgeglichenen Bildungsangebots zu vereinbaren ist.

(4) [1]Vor der Entscheidung über den Antrag auf Übertragung der Schulträgerschaft ist der Landkreis zu hören. [2]Die Schulbehörde kann die Schulträgerschaft auf Antrag auf einen Teil des Gemeindegebietes beschränken, dessen Grenzen im Benehmen mit den anderen beteiligten Schulträgern festzulegen sind.

(5) [1]Wird es auf Grund einer Übertragung der Schulträgerschaft erforderlich, die Trägerschaft für einzelne Schulen von den[1)] bisherigen auf einen anderen Schulträger zu übertragen, so haben die Gemeinde oder die Samtgemeinde und der Landkreis die notwendigen Vereinbarungen zu treffen. [2]Kommt keine Einigung zustande, so entscheidet die Schulbehörde.

(6) Auf Antrag der Gemeinde oder der Samtgemeinde hebt die Schulbehörde die Übertragung der Schulträgerschaft nach Absatz 3 auf, wenn die Gemeinde oder die Samtgemeinde und der Landkreis die notwendigen Vereinbarungen getroffen haben.

(7) Das Land kann Schulträger von Schulen besonderer Bedeutung, insbesondere mit überregionalem Einzugsbereich, sein.

1 Allg.: § 102 bestimmt, wer Schulträger einer öffentlichen Schule kraft Gesetzes ist und wer es nach den gesetzlichen Bestimmungen werden kann. Die Bestimmung findet eine Ergänzung in § 104 Satz 1, wonach die

---

1 Durch ein sog. gesetzgeberisches Versehen steht hier anstelle des Artikels »dem« der Artikel »den«.

Schulträgerschaft von geborenen Schulträgern auch auf Zweckverbände übertragen werden kann.

Der Gesetzgeber hat an der traditionell geltenden Regelung festgehalten, dass Träger der öffentlichen Schulen grundsätzlich kommunale Körperschaften sind (Abs. 1 bis 3) und das Land nur in besonderen Fällen ausnahmsweise Schulträger sein kann (Abs. 7). Dies entspricht der grundsätzlichen Auflösung des Spannungsverhältnisses zwischen dem zentralen Bestimmungsrecht des Staates gemäß Art. 7 Abs. 1 GG und dem Recht der kommunalen Selbstverwaltung gemäß Art. 28 Abs. 2 GG auf dem Gebiet des Schulwesens (vgl. BVerfGE 26, 228, 239; OVG Lüneburg, Urt. v. 02.09.1980 – 13 A 10/80 –, OVGE 35, 492).

Die Bestimmungen orientieren sich im Wesentlichen daran, ob die Schulträgerschaft für eine Schulform gemeinhin örtliche oder überörtliche Bezüge hat. Grundschulen haben arteigen einen starken Bezug zur örtlichen Gemeinschaft, folglich ist den Gemeinden das Recht auf die Schulträgerschaft für diese Schulform gewährleistet. Der Einzugsbereich der Schulformen in den Sekundarbereichen I und II erstreckt sich hingegen regelmäßig über das Gebiet der »typischen« Gemeinde hinaus, damit hat die Aufgabe der Schulträgerschaft überörtliche Bezüge. Dies hat zu einer »Hochzonung« der Trägerschaft für die in Rede stehenden Schulformen auf die Landkreise und kreisfreien Städte geführt (zur Zuordnung vgl. OVG Rheinl.-Pf. Urt. v. 07.06.2011 – 2 A 10213/11). Das mit dieser »Hochzonung« verfolgte Ziel der Sicherung leistungsfähiger, auch im ländlichen Raum Niedersachsens erreichbarer Schulangebote ist ein bedeutsames Gemeinschaftsgut. Hieran gemessen muss für den Bereich der weiterführenden Schulen das Selbstverwaltungsrecht der einzelnen Gemeinde zurücktreten. Der Eingriff in das Selbstverwaltungsrecht der Gemeinden wird durch das ihnen eingeräumte Recht, auf Antrag auch für die übrigen allgemein bildenden Schulformen Schulträger werden zu können (Abs. 3), sowie durch die Besitzstandsregelung des § 186, wonach die Gemeinden, für die ihre Schulträgerschaft am 01.08.1980 bestanden hat, abweichend von § 102 Abs. 2 weiter Schulträger der allgemein bildenden Schulformen bleiben, abgemildert. Dadurch wächst die Aufgabe nicht aus dem Gewährleistungsbereich des Art. 28 Abs. 2 GG heraus, denn der Gemeinde bleibt ein hinreichend weitreichendes Betätigungsfeld (vgl. zum Zuständigkeitsvorrang BVerfG, Beschl. v. 19.11.2014 – 2 BvL 2/13).

Der Gesetzgeber unterscheidet durch die vorgegebene Systematik geborene und gekorene Schulträger. Von einem geborenen Schulträger spricht man, wenn eine kommunale Körperschaft die Schulträgereigenschaft ab Entstehung (d.h. von Anbeginn, gewachsen oder kraft Gesetzes) hat (vgl. Abs. 1 und 2), von einem gekorenen Schulträger spricht man dagegen, wenn die Schulträgereigenschaft von der kommunalen Körperschaft erst durch eine zusätzliche Handlung (z.B. durch Genehmigung eines entsprechenden Antrags) entsteht (vgl. Abs. 3).

Die Gemeinden, die ab einer bestimmten Größe oder aus historischen Gründen auch als Städte bezeichnet werden, sind Gebietskörperschaften und in ihrem Gebiet die ausschließlichen Träger der gesamten öffentlichen Aufgaben, soweit Rechtsvorschriften nicht ausdrücklich etwas anderes bestimmen (§ 2 Abs. 2 NKomVG).

Nach dem NKomVG gibt es in Niedersachsen verschiedene Arten von Gemeinden: Es gibt kreisfreie Städte (§ 14 Abs. 6 NKomVG) sowie kreisangehörige Gemeinden, die in ihrem jeweiligen Gebiet in ihrer Gesamtheit den Landkreis bilden. Die kreisangehörigen Gemeinden unterscheidet man in drei Gruppen: einfache kreisangehörige Gemeinden (§ 14 Abs. 1 NKomVG), selbstständige Gemeinden (§ 14 Abs. 3 NKomVG) und große selbstständige Städte (§ 14 Abs. 5 NKomVG).

Samtgemeinden sind freiwillige Zusammenschlüsse von Gemeinden eines Landkreises (Gemeindeverbände, vgl. § 2 Abs. 3 NKomVG). Ihre Mitgliedsgemeinden bleiben rechtlich selbstständig und geben nur bestimmte Aufgaben auf Grund gesetzlicher Vorschrift und eventueller vertraglicher Vereinbarung an die Samtgemeinden ab. In § 98 Abs. 1 Satz 1 Nr. 2 NKomVG ist spezialgesetzlich bestimmt, dass die Samtgemeinden die Aufgaben der Trägerschaft der allgemein bildenden öffentlichen Schulen für ihre Mitgliedsgemeinden wahrnehmen.

Ein gemeindefreies Gebiet ist ein Gebiet, das nach den Vorschriften des § 23 Abs. 4 NKomVG als gemeindefreies Grundstück nicht zum Gebiet einer politischen Gemeinde gehört (z.B. Truppenübungsplätze in der Heide und ihr umliegendes Gebiet im Eigentum der Bundesrepublik Deutschland, der Verwaltungsbezirk Harz im Landkreis Goslar). Die den Gemeinden obliegenden öffentlichen Aufgaben des eigenen und des übertragenen Wirkungskreises erfüllt im gemeindefreien Gebiet der Grundeigentümer (öffentlich-rechtlich Verpflichteter).

Kreisfreie Städte sind in Niedersachsen die Städte Braunschweig, Delmenhorst, Emden, Göttingen (Sonderstatus), Hannover (Sonderstatus), Oldenburg, Osnabrück, Salzgitter, Wilhelmshaven und Wolfsburg (§ 14 Abs. 6 NKomVG).

Die Landkreise und die Region Hannover sind Gemeindeverbände und Gebietskörperschaften. Sie sind, soweit in Rechtsvorschriften nichts anderes bestimmt ist, in ihrem Gebiet die Träger der öffentlichen Aufgaben, die von überörtlicher Bedeutung sind oder deren zweckmäßige Erfüllung die Verwaltungs- oder Finanzkraft der ihnen angehörenden Gemeinden und Samtgemeinden übersteigt. Sie unterstützen die ihnen angehörenden Gemeinden und Samtgemeinden bei der Erfüllung ihrer Aufgaben und sorgen für einen angemessenen Ausgleich der Gemeindelasten.

Die für die zurzeit 36 Landkreise geltenden Regelungen anderer Rechtsvorschriften sind auf die Region Hannover entsprechend anzuwenden, soweit nichts anderes bestimmt ist (§ 3 NKomVG). Nach § 163 Abs. 1 Satz 1 NKomVG sind die Landeshauptstadt Hannover und die übrigen regionsangehörigen Gemeinden Träger der öffentlichen Schulen, soweit nicht die Region Hannover zuständig ist. Letztere ist Träger der berufsbildenden Schulen, der Förderschulen mit Ausnahme der Förderschulen im Förderschwerpunkt Lernen, der Abendgymnasien und der Kollegs. Nach

§ 160 Abs. 5 Satz 3 NKomVG sind § 102 Abs. 3 bis 5 im gesamten Gebiet der Region Hannover nicht anzuwenden.

Eine Besonderheit gilt für das 1969 errichtete niedersächsische Gymnasium Wesermünde, das »exterritorial« in der kreisfreien Stadt Bremerhaven und damit im Bundesland Freie Hansestadt Bremen liegt, aber seit 1977 in der Trägerschaft des die Stadt landseitig umschließenden Landkreises Cuxhaven geführt wird. Das Gymnasium wurde ursprünglich vom damaligen Landkreis Wesermünde wegen der Lage und der optimalen Verkehrsverbindungen im bremischen Bremerhaven gegründet.

Zu Abs. 1: Die Gemeinden, die Samtgemeinden und die öffentlich-rechtlich Verpflichteten in gemeindefreien Gebieten (Anm. 1) sind geborene Schulträger der Schulform Grundschule. Diese Schulträgerschaft umfasst auch die Trägerschaft für einen bei einer Grundschule ggf. geführten Schulkindergarten (vgl. § 6 Abs. 3).

Der Gesetzgeber stellt auf die Schulform Grundschule ab, nicht auf den Schulbereich Primarbereich, der die 1. bis 4. Schuljahrgänge umfasst. Für den Primarbereich in Förderschulen richtet sich die originäre Schulträgerschaft deshalb nach Absatz 2.

Mitgliedsgemeinden von Samtgemeinden können zwar Schulstandort sein (vgl. § 2 SchOrgVO), nicht aber Schulträger (vgl. § 5 Abs. 1 Nr. 2, § 98 Abs. 1 Satz 1 Nr. 2 NKomVG).

Zu Abs. 2: Absatz 2 bestimmt, dass geborene Schulträger für die übrigen Schulformen (vgl. § 5 Abs. 2) die Landkreise und die kreisfreien Städte (Anm. 1) sind. Die kreisfreien Städte können als Gemeinden dementsprechend geborene Schulträger aller Schulformen sein, die Landkreise können alle Schulformen – mit Ausnahme der Grundschule – in ihrer Trägerschaft führen. Im Rahmen der Beratungen des ÄndG 15 wurde intensiv diskutiert, ob auch ein Landkreis Schulträger einer organisatorisch zusammengefassten »Grund- und Gesamtschule« (vgl. § 106 Abs. 6 Satz 1 Nr. 1) sein darf, wenn er sich zuvor die Trägerschaft für die Grundschule von einer kreisangehörigen Gemeinde durch Vereinbarung übertragen lässt. Letztlich wurde aber den Bedenken der kommunalen Spitzenverbände NST und NSGB Rechnung getragen und auf diese Gestaltungsmöglichkeit verzichtet (vgl. Schriftl. Bericht i. d. Drs. 17/3598 S. 14).

Im Sinne einer Besitzstandswahrung bleiben nach § 186 Gemeinden und Samtgemeinden abweichend von § 102 Abs. 2 Schulträger der allgemein bildenden Schulformen, für die ihre Schulträgerschaft am 01.08.1980 bestanden hat.

Zu Abs. 3: Die Bestimmung ermöglicht kreisangehörigen Gemeinden und Samtgemeinden den Zugang zur Schulträgerschaft für alle allgemein bildenden Schulformen. Diese Gemeinden haben einen Rechtsanspruch darauf, dass ihnen – sofern die Voraussetzungen vorliegen – die Schulträgerschaft für allgemein bildende Schulformen von der nachgeordneten Schulbehörde übertragen wird. Voraussetzungen sind:

1. Ein Antrag der Gemeinde oder Samtgemeinde. Der Antrag setzt einen Ratsbeschluss (§ 58 Abs. 1 Nr. 19 NKomVG) voraus. Gegen den Willen der Gemeinde oder der Samtgemeinde ist eine Übertragung nicht möglich.
2. Die Übertragung muss mit der »Entwicklung eines regional ausgeglichenen Bildungsangebots« vereinbar sein. Diese Formulierung eines unbestimmten Rechtsbegriffs ist aus dem im Jahre 2009 aufgehobenen § 26 (Schulentwicklungsplanung) übernommen worden. Das Ziel der »Entwicklung eines regional ausgeglichenen Bildungsangebots« ist § 106 Abs. 5 Satz 1 Nr. 4 und der dazu ergangenen Verordnung für die Schulorganisation zu entnehmen. Übergeordnetes Ziel ist danach, ein regional ausgeglichenes Bildungsangebot im gesamten Land Niedersachsen zu entwickeln. Es soll gewährleistet werden, dass Schulen der einzelnen Schulformen so über die Region bzw. das Land verteilt sind, dass alle Schülerinnen und Schüler grundsätzlich die gleichen Möglichkeiten des Zugangs zu schulischen Bildungseinrichtungen und zu den darin zu erlangenden Bildungsabschlüssen unter zumutbaren äußeren Bedingungen haben. Es soll somit verhindert werden, dass es im Land für bestimmte Bildungsangebote sog. weiße Flecken auf der Landkarte gibt, also Räume, in denen die dort wohnenden Schülerinnen und Schüler entsprechende Bildungsangebote gar nicht oder nur unter unverhältnismäßig hohem zeitlichen und finanziellen Aufwand an entfernten Standorten wahrnehmen können. Ebenso soll aber auch eine unmäßige Ballung bestimmter Bildungsangebote auf engem Raum verhindert werden, wenn diese nicht durch die Bildungsnachfrage in eben diesem Raum selbst schon gerechtfertigt ist oder doch die reale Möglichkeit besteht, dass damit auch Schülerinnen und Schüler aus einem weiteren Bereich zumutbar versorgt werden können. Generell kann gesagt werden, dass verhindert werden soll, dass sich das Angebot an Schulen und Bildungsgängen allein in Abhängigkeit von örtlich kommunalen Zufälligkeiten der Initiative und unter Umständen auch der Finanzlage am einzelnen Ort, aber unangepasst an die Verhältnisse angrenzender und schließlich auch größerer Bereiche entwickelt (vgl. VG Hannover, Urt. v. 18.05.2016 – 6A 3582/15).

Ein Antrag kann jederzeit gestellt werden, er muss folglich nicht vor Errichtung von Schulen eingereicht werden.

Die Schulträgerschaft für berufsbildende Schulformen kann nicht auf die Gemeinden oder Samtgemeinden übertragen werden. Die verschiedenen Schulformen der berufsbildenden Schulen (§ 5 Abs. 2 Nr. 2) werden grundsätzlich organisatorisch und pädagogisch in einer Schule zusammengefasst (§ 106 Abs. 7 1. Halbsatz). Bereits die enge fachliche Verbindung in diesen Schulen und deren großer überörtlicher Einzugsbereich erfordern eine Konzentrierung an einem zentralen, größeren Standort.

5 **Zu Abs. 4:** Der Landkreis kann eine Übertragung der Schulträgerschaft auf die Gemeinde oder Samtgemeinde selbst nicht verhindern; er ist lediglich zu einem Antrag der Gemeinde oder Samtgemeinde von der nachgeordneten Schulbehörde zu hören. Im Rahmen der Anhörung des

Regierungsentwurfs zum ÄndG 15 hat der NLT gefordert, die Übertragung der Schulträgerschaft unter den »Vorbehalt der Zustimmung des Landkreises« zu stellen, NSGB und NST hingegen haben dies erwartungsgemäß abgelehnt (Drs. 17/2882 S. 35). Der Landtag hat diese Forderung des NLT nicht weiterverfolgt und umgesetzt.

Die Anhörung ist Teil des Verwaltungsverfahrens. Der Landkreis hat, da in seine Rechte eingegriffen werden soll, die Möglichkeit, den eigenen Standpunkt vorzubringen. Er wird entweder von der nachgeordneten Schulbehörde nach Antragseingang entsprechend angeschrieben oder er äußert sich bereits im Zuge einer Weiterleitung des Antrags der Gemeinde oder Samtgemeinde an die Schulbehörde.

Die Entscheidung über die Übertragung trifft die nachgeordnete Schulbehörde. Es handelt sich um einen an die Gemeinde oder Samtgemeinde gerichteten teilweise begünstigenden, teilweise wegen der finanziellen Folgen auch belastenden, rechtsgestaltenden Verwaltungsakt. Gegen eine Ablehnung des Antrages bzw. gegen eine gegenüber dem Antrag der Gemeinde oder Samtgemeinde abweichende Übertragungsentscheidung kann die Gemeinde oder Samtgemeinde Widerspruch einlegen und – sofern einem Widerspruch nicht abgeholfen wird – Klage vor dem Verwaltungsgericht erheben.

Mit der Übertragung übernimmt die Gemeinde oder Samtgemeinde in vollem Umfang das Recht und die Pflicht, für ein ausreichendes Schulangebot in der übertragenen Schulform zu sorgen (siehe §§ 101, 106).

Die Übertragung bezieht sich grundsätzlich auf das gesamte Gemeindegebiet. Ausnahmsweise kann gem. Abs. 4 Satz 2 die Übertragung auch auf einzelne Gemeindeteile beschränkt werden, z.B., wenn Schülerinnen und Schüler aus einem Ortsteil zweckmäßiger in einer benachbarten, außerhalb des Gemeindegebiets gelegenen Schule des Landkreises beschult werden können.

Bei der Entscheidung der Schulbehörde handelt es sich um einen Verwaltungsakt mit Dauerwirkung für die Zukunft (ex nunc). Die Möglichkeit, durch eine Nebenbestimmung eine zeitliche Befristung festzulegen, sieht das Gesetz nicht vor.

Zu Abs. 5: Die Bestimmung ermöglicht in Einzelfällen nachträglich notwendig werdende Korrekturen der Übertragung der Schulträgerschaft, die z.B. durch Wanderungsbewegungen im Einzugsbereich von Schulen erforderlich sein können. Grundsätzlich sollen sich die Landkreise und Gemeinden oder Samtgemeinden über derartige Änderungen in eigener Zuständigkeit verständigen. Im Falle einer Nichteinigung entscheidet die Schulbehörde.

Hinsichtlich des Übergangs von Schulvermögen wird auf die Sonderregelung in § 187 Abs. 3 verwiesen.

Zu Abs. 6: Anders als die Übertragung der Schulträgerschaft, war deren Rückübertragung spezialgesetzlich – z.B. schul- oder kommunalverfassungsgesetzlich – lange Zeit nicht geregelt. Eine Rückübertragung der

Schulträgerschaft auf den Landkreis war nur in der Weise möglich, dass die Schulbehörde den Verwaltungsakt der Übertragung mit Wirkung für die Zukunft nach allgemeinen verwaltungsrechtlichen Regelungen »widerruft.« Da die Übertragung ein für die Gemeinde oder Samtgemeinde begünstigender Verwaltungsakt ist, ist ein Widerruf gegen ihren Willen wegen möglicher schutzwürdiger Interessen nur unter den besonderen Voraussetzungen des § 49 Verwaltungsverfahrensgesetz möglich. Als Begründung für einen Widerruf kommt in Betracht, dass die Gemeinde ihre Pflichten als Schulträger beispielsweise mangels finanzieller Leistungsfähigkeit nicht erfüllt hat.

Im Vergleich zu einer Rückübertragung in einem streitigen Verfahren galten erleichterte Rücknahmebedingungen dann, wenn die Gemeinde oder Samtgemeinde den Widerruf der Übertragung selbst begehrte, weil sie dann aus freien Stücken auf die gewährte Begünstigung verzichten wollte. Allerdings waren in derartigen Fällen bei der Entscheidung der nachgeordneten Schulbehörde gleichwohl die schutzwürdigen Interessen des durch die Rückübertragung belasteten Landkreises (sog. Drittwirkung) zu beachten.

Durch das ÄndG 15 wurde der Absatz 6 in den Paragrafen eingefügt. Die Bestimmung dient nunmehr der Klarstellung, dass auch eine Rückübertragung der Schulträgerschaft von einer Gemeinde oder einer Samtgemeinde auf ihren Landkreis möglich ist, die entsprechend den Regelungen zur Übertragung erfolgt. Die Aufhebung durch die nachgeordnete Schulbehörde setzt voraus, dass sich der abgebende Schulträger Gemeinde oder Samtgemeinde und der aufnehmende Schulträger Landkreis über alle Übertragungsfolgen geeinigt und über die geeinigten Aspekte eine Vereinbarung getroffen haben; dies muss in einem Antrag der Gemeinde oder Samtgemeinde an die Schulbehörde dargelegt werden.

Gegenstände einer solchen Vereinbarung können sein das Nutzungsrecht für Schulgrundstücke und die Klärung sonstiger Besitzverhältnisse, der Übergang des beweglichen Inventars, ein Vermögensausgleich, die Verteilung von Betriebskosten, eine Personalüberleitung sowie die Übernahme von Personalaufwendungen, die (außerschulische) Nutzung der Sportanlagen, die Eigentumsübertragung für technische Einrichtungen, Hardware, EDV sowie Telefonanlagen, die Übertragung der Nutzungsrechte für Softwarelizenzen, der Eintritt in bestehende vertragliche Vereinbarungen u. v. a. m.

Neben der Rückübertragung auf Antrag bleiben die allgemeinen Regelungen des Verwaltungsverfahrensgesetzes anwendbar.

8 **Zu Abs. 7:** Die Bestimmung stellt eine Ausnahmeregelung vom Grundsatz der kommunalen Schulträgerschaft dar. Die Schulträgerschaft liegt selbst für Schulen besonderer Bedeutung und somit auch für Schulen mit überregionalem Einzugsbereich primär bei den kommunalen Körperschaften. Diese haben durch vielfältige Formen der kommunalen Zusammenarbeit (z.B. durch Zusammenschluss zu einem Schulzweckverband oder durch Abschluss einer Vereinbarung nach § 104) geeignete Möglichkeiten, eine solche Schulträgeraufgabe wahrzunehmen. Im Falle einer Nichteinigung

Schulträgerschaft § 103

beteiligter Schulträger kann auch nach § 105 Abs. 3 Satz 1 der Erlass einer Verordnung zur Übertragung der Schulträgerschaft in Betracht kommen (vgl. OVG Lüneburg, Urt. v. 02.09.1980 – 13 A 10/80 –, DVBl. 1981, S. 871). Es liegt im Ermessen des Landes, die Schulträgerschaft für derartige Schulen zu übernehmen. Das ist bisher nur in wenigen Einzelfällen geschehen. Das Land Niedersachsen ist Schulträger der Internatsgymnasien in Bad Harzburg, Bad Bederkesa und Esens, der Staatlichen Seefahrtschule Cuxhaven sowie der Kollegs in Braunschweig, Oldenburg und Wolfsburg. Es ist weiterhin Träger der Landesbildungszentren für Hörgeschädigte und des Landesbildungszentrums für Blinde, die u. a. schulische Bildungseinrichtungen führen; die Bildungszentren ressortieren im Geschäftsbereich des Sozialministeriums.

Verweise, Literatur: 9

- Verordnung über die Verwaltung gemeindefreier Gebiete vom 15.07.1958 (Nds. GVBl. S. 174), zuletzt geändert durch Verordnung vom 09.09.2008 (Nds. GVBl. S. 305)

- *Toboll, Reinhard:* Der Schulträgerwechsel: Gesetzliche Möglichkeit ohne reale Erfolgsaussicht? – Eine Bestandsaufnahme der rechtlichen Ausgangssituation und praktische Lösungsansätze –, Schulverwaltung, Ausgabe Niedersachsen 2011, H. 6, S. 180

- Gem. Bek. d. MS u. d. MK »Organisation der Landesbildungszentren für Hörgeschädigte und des Landesbildungszentrums für Blinde« v. 03.01.2005 (Nds. MBl. S. 83; SVBl. S. 192, ber. S. 239)

- Ausgestaltung der Schulträgerschaft der Kollegs, Haushaltsplan Einzelplan 07 (MK), Erläuterungen zu Kapitel 0714

(Karl-Heinz Ulrich)

§ 103 Übertragung der laufenden Verwaltung

(1) ¹Die Landkreise haben den kreisangehörigen Gemeinden und Samtgemeinden, die Standort einer Schule in der Trägerschaft des Landkreises sind, auf Antrag die laufende Verwaltung dieser Schule zu übertragen. ²Die Übertragung auf Mitgliedsgemeinden von Samtgemeinden ist ausgeschlossen.

(2) ¹Die Gemeinden und Samtgemeinden verwalten die Schulen im Namen und auf Kosten des Landkreises; die Landkreise können zur Durchführung dieser Aufgabe Weisungen erteilen. ²Die Beteiligten regeln die Einzelheiten durch Vereinbarung; diese muss insbesondere die Haftung regeln.

Allg.: Die Vorschrift gibt den kreisangehörigen Gemeinden und Samtgemein- 1 den, die die Pflichten einer übertragenen Schulträgerschaft (§ 102 Abs. 2 i.V.m. Abs. 3) nicht in vollem Umfang übernehmen können oder wollen, zumindest die Möglichkeit, die Geschäfte der laufenden Verwaltung von Schulen auf ihrem Gebiet (vgl. § 23 NKomVG), die in der Trägerschaft des

Landkreises stehen, zu übernehmen. Sie eröffnet einen Weg, das Tagesgeschäft der Schulverwaltung nicht in einer entfernt liegenden Kreisstadt, sondern ortsnah auf der gemeindlichen Ebene (vgl. Art. 28 Abs. 2 Satz 1 GG) erledigen zu können. Durch eine Anbindung an die örtliche Gemeindeverwaltung können Problemstellungen mitunter schneller und effektiver gelöst werden, auch Kooperationen, z.B. mit örtlichen Kindertagesstätten, Vereinen o.Ä., können begünstigt sein.

Der Begriff der »laufenden Verwaltung« ist ein unbestimmter Rechtsbegriff. Zu den Geschäften der laufenden Verwaltung zählen solche, die nach Regelmäßigkeit und Häufigkeit zu den herkömmlichen und üblichen Geschäften der Verwaltung gehören, deren Erledigung nach feststehenden Grundsätzen und Verwaltungsregeln routinemäßig erfolgt, die nach Umfang und Schwierigkeit in rechtlicher und tatsächlicher Hinsicht sowie hinsichtlich der finanziellen Auswirkungen nicht von über den Einzelfall hinausgehender grundsätzlicher, weittragender Bedeutung sind und deshalb eine besondere Beurteilung erfordern. Danach sind beispielsweise Genehmigungen, Erlaubnisse, Versagungen sowie Feststellungen in Routineangelegenheiten regelmäßig Geschäfte der laufenden Verwaltung.

2   **Zu Abs. 1:** In Satz 1 wird der Rechtsanspruch der kreisangehörigen Gemeinden und Samtgemeinden gegenüber den Landkreisen auf Übertragung der Geschäfte der laufenden Verwaltung von Schulen in ihrem Gebiet festgeschrieben. Der Anspruch ist nicht an die Erfüllung bestimmter Voraussetzungen geknüpft, er kann jederzeit für alle oder einzelne Schulen im Gebiet geltend gemacht werden. Die Übertragung der Geschäfte der laufenden Verwaltung setzt eine Antragstellung der kreisangehörigen Gemeinden und Samtgemeinden bei den Landkreisen voraus. Gestellten Anträgen ist zu entsprechen (eine Ausnahme gilt für die Region Hannover, die nach Ermessen entscheidet, vgl. § 160 Abs. 5 Satz 4 NKomVG), allerdings muss zugleich der Abschluss einer Vereinbarung nach Abs. 2 Satz 2 sichergestellt sein.

Satz 2 stellt klar, dass die Übertragung der laufenden Verwaltung einer Schule in der Trägerschaft des Landkreises auf die Mitgliedsgemeinden von Samtgemeinden ausgeschlossen ist. Da Mitgliedsgemeinden von Samtgemeinden weder sog. geborene Schulträger von Grundschulen (vgl. § 102 Abs. 1), erst recht nicht sog. gekorene Schulträger der »übrigen Schulformen« (vgl. § 102 Abs. 2 i.V.m. Abs. 3) sein können, scheidet konsequenterweise eine Wahrnehmung von Schulträgeraufgaben der laufenden Verwaltung aus (vgl. auch § 98 Abs. 1 Satz 1 Nr. 2 NKomVG).

3   **Zu Abs. 2:** Der erste Halbsatz des Satzes 1 klärt zum einen die Zurechnung der Handlungsverantwortung und zum anderen die Tragung der Kostenlast im Falle einer Aufgabenübertragung.

Im zweiten Halbsatz wird das Weisungsrecht der Landkreise gegenüber den Gemeinden und Samtgemeinden im Rahmen der Erledigung der übertragenen Aufgaben herausgestellt. Solche Weisungen können beispielsweise durch Verwaltungsvorschriften, allgemeine Anordnungen oder Einzelanordnungen erteilt werden.

Nach Satz 2 haben die beteiligten kommunalen Körperschaften Einzelheiten der Aufgabenübertragung durch Vereinbarung zu regeln. Bis auf die ausdrückliche Verpflichtung, Regelungen zur Haftung treffen zu müssen, sind die Beteiligten bezüglich der näheren Ausgestaltung der Vereinbarung frei. Inhalt einer solchen Vereinbarung können z.b. die Bestimmung von Abgrenzungskriterien für die laufende Verwaltung, eine Festlegung von Grundsätzen des Rechnungswesens, ein Schlüssel für eine anteilige Personal- und Sachkostenverteilung, die Festsetzung von Wertgrenzen bei finanzwirksamen Handlungen sowie Kündigungsmöglichkeiten sein.

(Karl-Heinz Ulrich)

§ 104 Zusammenschlüsse von Schulträgern

[1]Schulträger im Sinne von § 102 Abs. 1 und 2 können die Schulträgerschaft auf Zweckverbände übertragen. [2]Im Übrigen können alle Schulträger zur Erfüllung einzelner Aufgaben Vereinbarungen miteinander treffen, [3]Benachbarte Schulträger können auch die Aufnahme von Schülerinnen und Schülern vereinbaren; von Schulträgern des Sekundarbereichs I kann eine derartige Vereinbarung jedoch nur für einzelne Gebietsteile oder Schulformen getroffen werden.

Allg.: Die kommunalen Schulträger erfüllen ihre gesetzlichen Pflichtaufgaben aus den §§ 101, 106 und 108 in der Regel dadurch, dass sie das notwendige Schulangebot und die erforderlichen Schulanlagen selbst und in eigener Verantwortung vorhalten. § 104 gestattet bestimmten Schulträgern, die Aufgabe der Schulträgerschaft als Ganzes auf Zweckverbände zu übertragen, sowie allen Schulträgern, durch Vereinbarung Teilaufgaben zu überantworten. Sie haben dann auf diese Weise dafür Sorge zu tragen, dass die Schülerinnen und Schüler aus ihrem Gebiet ein ausreichendes Bildungsangebot vorfinden. 1

Zu Satz 1: Satz 1 stellt klar, dass in bestimmten Fällen Zweckverbände an die Stelle der Schulträger treten können, insoweit trifft § 102 keine abschließende Regelung zur Schulträgerschaft. Mehrere kommunale Körperschaften können sich nach dem Niedersächsischen Gesetz über die kommunale Zusammenarbeit zu einem Zweckverband zusammenschließen, der bestimmte Aufgaben der Beteiligten übernimmt oder für diese durchführt. Zweckverbände sind Körperschaften des öffentlichen Rechts mit eigenen Organen. 2

Allerdings beschränkt § 104 Satz 1 die Möglichkeit der Zweckverbandsgründung auf die in § 102 Abs. 1 und 2 genannten sog. »geborenen Schulträger«. Gemeinden, denen die Schulträgerschaft gemäß § 102 Abs. 3 übertragen worden ist (sog. »gekorene Schulträger«), können diese nicht auf einen Zweckverband übertragen. Auch ein Zweckverbandszusammenschluss aus geborenen und gekorenen Schulträgern ist somit nicht zulässig. Da nach der spezialgesetzlichen Bestimmung in § 163 Abs. 1 Satz 1 NKomVG in der Region Hannover die Landeshauptstadt und die übrigen regionsangehörigen Gemeinden Träger der öffentlichen Schulen sind, soweit nicht nach § 160 Abs. 5 NKomVG die Region Hannover zuständig ist (diese ist Träger der berufsbildenden Schulen, der Förderschulen mit Ausnahme der Förderschulen im Schwerpunkt Lernen, der Abendgymnasien und der Kollegs), können sich hier auch die Gemeinden als geborene Schulträger zu Zweckverbänden zusammenschließen.

3 Zu den Sätzen 2 und 3: Satz 2 gestattet allen Schulträgern, in einer Zweckvereinbarung die Erledigung einzelner Schulträgeraufgaben, folglich nicht die Erfüllung der gesamten Schulträgeraufgaben, miteinander zu vereinbaren. Eine Zweckvereinbarung ist ein öffentlich-rechtlicher Vertrag, mit dem kommunale Körperschaften vereinbaren, dass eine der beteiligten Körperschaften einzelne Aufgaben der anderen beteiligten Körperschaften übernimmt oder für diese durchführt. Eine partielle Zusammenarbeit kann beispielsweise begründet werden für die gemeinsame Nutzung von Schul- und Sportanlagen. Ebenso können Aspekte einer schulischen Zusammenarbeit nach § 25 im Rahmen einer solchen Vereinbarung begleitend geregelt werden, sofern und soweit Angelegenheiten der beteiligten Schulträger berührt sind (z.B. hinsichtlich der Personal- und Sachkosten).

Nach Satz 3 können benachbarte Schulträger auch die Aufnahme von Schülerinnen und Schülern vereinbaren (vgl. VG Braunschweig v. 20.09.2007 – 6 A 89/07 –, SchVw NI 04/2008). Für eine Vereinbarung über die Aufnahme von Schülerinnen und Schülern gelten allerdings Besonderheiten: Die Aufnahme von Schülerinnen und Schülern kann nur zwischen benachbarten, d.h. – bei der vom Gesetzgeber wegen der Erreichbarkeit der Schulen hier vermutlich beabsichtigten engen Auslegung – zwischen aneinander angrenzenden Schulträgern, vereinbart werden. Im Sekundarbereich I darf sich eine Vereinbarung nur auf die Aufnahme von Schülerinnen und Schülern aus bestimmten Gebietsteilen, z.B. aus einem Randgebiet, oder für bestimmte Schulformen, wobei – a maiore ad minus – darunter auch kleinere Schulgliederungen, wie z.B. Schulzweige und Schulangebote, zu fassen sein dürften, beziehen. Mit den Einschränkungen will der Gesetzgeber erreichen, dass ein Schulträger sich nicht im vollen Umfang seiner Schulträgerschaftsaufgaben entledigen kann. Die Einschränkungen nach Satz 3 Halbsatz 2 gelten nur für Schulträger des Sekundarbereichs I, d.h., für den Primarbereich sowie für den Sekundarbereich II an Gymnasien, Gesamtschulen und berufsbildenden Schulen können Vereinbarungen frei getroffen werden.

Eine Vereinbarung nach Satz 3 verschafft weder ein subjektives Recht auf Zugang zu einer bestimmten Schule noch entsteht durch sie eine Rechtspflicht zu deren Besuch, es bedarf vielmehr einer entsprechenden Umsetzung durch Festlegungen in einer Schulbezirkssatzung (vgl. Urt. d. VG Braunschweig v. 30.03.2011 – 6 A 269/10 – SchVw NI 7–8/2011, S. 222; Urt. d. OVG Niedersachsen v. 21.05.1992 – 13 L 148/90 –).

(Karl-Heinz Ulrich)

§ 105 Aufnahme auswärtiger Schülerinnen und Schüler

(1) Schülerinnen und Schüler des Primarbereichs oder des Sekundarbereichs I, die ihren Wohnsitz oder gewöhnlichen Aufenthalt nicht im Gebiet des Schulträgers haben (auswärtige Schülerinnen und Schüler), sind in die Schule aufzunehmen, wenn sie

1. im Schulbezirk der Schule (§ 63 Abs. 2) wohnen,
2. die Möglichkeit des Schulbesuchs nach § 63 Abs. 4 Satz 1 wählen,
3. die Schule nach § 61 Abs. 3 Nr. 4, § 63 Abs. 3 Satz 4, §§ 137 oder 138 Abs. 5 besuchen dürfen oder
4. ihren Wohnsitz oder gewöhnlichen Aufenthalt im Gebiet eines Schulträgers haben, in dem keine Hauptschule, keine Realschule oder kein Gymnasium geführt wird, und sie eine Schule dieser Schulform besuchen möchten.

(2) ¹In die Schulen des Sekundarbereichs II sind auswärtige Schülerinnen und Schüler aufzunehmen, soweit die Aufnahmekapazität der Schule nicht überschritten wird; für berufsbildende Schulen, ausgenommen Berufsschulen, gilt § 59a Abs. 4 Satz 2 entsprechend. ²Auszubildende, die eine Berufsschule mit Teilzeitunterricht oder Blockunterricht besuchen, gelten als auswärtige Schülerinnen oder Schüler, wenn ihre Ausbildungsstätte nicht im Gebiet des Schulträgers liegt.

(3) ¹Ist eine Schule für einen Bereich zu errichten oder weiterzuführen, der zum Gebiet mehrerer Schulträger gehört, und kommt zwischen den beteiligten Schulträgern weder ein Zweckverband noch eine Vereinbarung (§ 104) zustande, so kann durch Verordnung einem der Schulträger die Trägerschaft auch für das Gebiet der anderen Beteiligten im erforderlichen Ausmaß übertragen werden. ²Die nachgeordnete Schulbehörde wird zum Erlass von Verordnungen nach Satz 1 ermächtigt.

(4) ¹Wird eine Schule mindestens zu einem Viertel von auswärtigen Schülerinnen oder Schülern besucht, die aus dem für die Schule maßgeblichen Einzugsbereich kommen, oder muss der Schulträger ein Schülerwohnheim bereitstellen, so kann dieser von den für die auswärtigen Schülerinnen und Schüler zuständigen Schulträgern einen kostendeckenden Beitrag verlangen. ²Das Kultusministerium wird ermächtigt, durch Verordnung pauschalierte Beiträge festzusetzen, wobei es für die Schulformen, die Schulzweige, die Schuljahrgänge und erforderlichenfalls auch für Berufsfelder und Fachrichtungen der berufsbildenden Schulen unterschiedliche Sätze festsetzen kann. ³Die Kosten für das Baugrundstück und die Erschließung sind bei der Festsetzung des Beitrages nicht zu berücksichtigen.

(5) Absatz 4 gilt nicht im Verhältnis zwischen Landkreis und kreisangehörigen Gemeinden und zwischen kreisangehörigen Gemeinden eines Landkreises untereinander.

(6) ¹Die Absätze 3 und 4 gelten für Bildungsgänge berufsbildender Schulen entsprechend. ²Bei der Berechnung des Anteils der auswärtigen Schülerin-

nen und Schüler werden jeweils die Schülerinnen und Schüler von Klassen derselben Fachrichtung innerhalb derselben Schulform oder von Klassen derselben Ausbildungsberufe in der Berufsschule zusammengezählt.

(7) ¹Zu den auswärtigen Schülerinnen und Schülern im Sinne des Absatzes 4 Satz 1 zählen auch minderjährige Schülerinnen und Schüler, die in einem Wohnheim untergebracht sind. ²Der Beitrag zu den Kosten der Schule ist in diesen Fällen von den Schulträgern des Wohnsitzes der Erziehungsberechtigten zu leisten.

(8) Haben Klassen an berufsbildenden Schulen einen länderübergreifenden Einzugsbereich, so erstattet das Land dem niedersächsischen Schulträger die für die Beschulung der nichtniedersächsischen Schülerinnen und Schüler entstehenden Sachkosten nach einheitlichen Sätzen, soweit nicht zwischen den Schulträgern oder Ländern andere Regelungen bestehen.

1 **Allg.:** Nach Artikel 28 Abs. 2 GG muss den Gemeinden das Recht gewährleistet sein, alle Angelegenheiten der örtlichen Gemeinschaft im Rahmen der Gesetze in eigener Verantwortung zu regeln. Ein vergleichbares Recht wird auch den Gemeindeverbänden eingeräumt. Zu den sog. Selbstverwaltungsangelegenheiten gehört traditionell auch die Schulträgerschaft (vgl. § 101 Abs. 2) und damit die Verpflichtung, sich der Verantwortung der im eigenen Gemeindegebiet wohnenden Schülerinnen und Schüler anzunehmen. Artikel 7 Abs. 1 GG stellt demgegenüber das gesamte Schulwesen unter die Aufsicht des Staates und räumt mithin staatliche Befugnisse insbesondere zur Organisation, Planung, Leitung und Beaufsichtigung des Schulwesens ein (vgl. BVerwGE 18, 38/39). Schutzwürdige überörtliche Interessen und ähnlich bedeutsame Beweggründe für die staatliche Aufgabenerfüllung lassen in diesem skizzierten Spannungsfeld staatliche Gestaltung sowie staatliche Eingriffe zu. Dem Grundsatz der Verhältnismäßigkeit ist dabei allerdings Rechnung zu tragen, z.B. durch Regelungen zur Kostenlastverteilung.

In § 105 spiegeln sich – gesetzlich verankert – derartige gestaltende Eingriffe des Staates wider. Der Grundsatz des Schulgesetzes, dass jeder Schulträger nur verpflichtet ist, für die in seinem Gebiet wohnenden Schülerinnen und Schüler die Schulanlagen vorzuhalten (vgl. §§ 101, 106, 108), wird maßvoll durchbrochen, denn in bestimmten, konkret bezeichneten Fällen sind die Schulträger verpflichtet, auch auswärtige Schülerinnen und Schüler (d. h. Schülerinnen und Schüler, die ihren Wohnsitz oder gewöhnlichen Aufenthalt nicht im Gebiet des Schulträgers haben) in ihre Schulen aufzunehmen. Für den Ausgleich übermäßiger Belastungen des zur Aufnahme verpflichteten Schulträgers, beispielsweise bei einem großen Anteil auswärtiger Schülerinnen und Schüler, sind Regelungen getroffen. Es darf nicht verkannt werden, dass die zur Aufnahme verpflichteten Schulträger durchaus auch Positives für ihre Schule und ihre Gemeinde, wie z.B. bessere Schulauslastung, höhere Kaufkraft und mögliche Wanderungsgewinne, aus dem Schulbesuch Auswärtiger ableiten können.

Soweit Schulen über die gesetzliche Verpflichtung hinaus freiwillig auswärtige Schülerinnen und Schüler aufnehmen wollen, können sie dies nur tun, wenn sie freie Kapazitäten haben, die nicht durch Schülerinnen und Schüler aus dem Einzugsbereich ausgefüllt sind. Außerdem muss der Schulträger dem zustimmen. Dem aufnehmenden Schulträger steht es frei, mit dem Schulträger, aus dessen Gebiet die Schülerinnen und Schüler kommen, Vereinbarungen im Sinne von § 104 Sätze 2 und 3 – insbesondere auch über eine Beteiligung an den Sachkosten – zu treffen (vgl. VG Braunschweig, Urt. v. 20.09.2007 – 6 A 89/07).

Zu Abs. 1: In der Einleitung des Absatzes 1 ist zunächst definiert, was **2** unter auswärtigen Schülerinnen und Schülern im Sinne der Bestimmung zu verstehen ist: Es sind dies Schülerinnen und Schüler, die ihren Wohnsitz oder gewöhnlichen Aufenthalt nicht im Gebiet des Schulträgers (vgl. § 23 NKomVG) haben. Wohnsitz ist der Ort, an dem man sich ständig niederlässt; ein minderjähriges Kind teilt grundsätzlich den Wohnsitz der Eltern (vgl. §§ 7, 8 u. 11 BGB). Den gewöhnlichen Aufenthalt hat jemand dort, wo er sich unter Umständen aufhält, die erkennen lassen, dass er an diesem Ort oder in diesem Gebiet nicht nur vorübergehend verweilt.

Im Folgenden werden dann zunächst die Fälle aufgeführt, in denen im Primarbereich und im Sekundarbereich I auswärtige Schülerinnen und Schüler aufgenommen werden müssen. In diesen Schulbereichen müssen (Primarbereich) oder können (Sekundarbereich I) Schulbezirke festgelegt sein.

Absatz 1 Nr. 1 bestimmt eine Aufnahmeverpflichtung, wenn der Schulbezirk (vgl. § 63 Abs. 2) über die politischen Grenzen (vgl. § 23 NKomVG) eines Schulträgerbereichs hinausreicht.

Derartige Fälle treten beispielsweise auf, wenn in einer zentral gelegenen Kreisstadt mehrere Gymnasien in der Trägerschaft der Stadt geführt werden und die Schülerströme aus dem Umland gezielt auf verschiedene Schulen gelenkt werden sollen. In diesen Fällen werden mit den benachbarten Gemeinden die Stadtgrenzen überschreitende Schulbezirke bestimmt. Dies kann durch eine Vereinbarung und deren Umsetzung durch komplementäre Satzungen der beteiligten Schulträger erfolgen (vgl. VG Braunschweig Urt. v. 30.03.2011 – 6 A 269/10). Die Bestimmung regelt im Grunde Selbstverständliches, wenn gebietsübergreifende Schulbezirke einen Sinn ergeben sollen.

Absatz 1 Nr. 2 bestimmt Aufnahmeverpflichtungen, wenn Schülerinnen und Schüler, die ihren Wohnsitz oder gewöhnlichen Aufenthalt im Schulbezirk einer teilgebundenen oder voll gebundenen Ganztagsschule haben, eine Halbtagsschule oder eine offene Ganztagsschule der gewählten Schulform eines anderen Schulträgers besuchen wollen (§ 63 Abs. 4 Satz 1). Keine Aufnahmepflicht besteht hingegen für Schülerinnen und Schüler, die im Gebiet einer Halbtagsschule wohnen und eine Ganztagsschule eines anderen Schulträgers besuchen wollen (§ 63 Abs. 4 Satz 2).

Ferner besteht nach der 1. Option in Absatz 1 Nr. 3 eine Aufnahmeverpflichtung, wenn für Schülerinnen und Schüler als Ordnungsmaßnahme eine Überweisung an eine andere Schule derselben Schulform oder, wenn eine solche Schule nicht unter zumutbaren Bedingungen zu erreichen ist, an eine Schule mit einem der bisherigen Beschulung der Schülerin oder des Schülers entsprechenden Angebot angeordnet worden ist (§ 61 Abs. 3 Nr. 4). Hier wirkt sich eine Maßnahme aus dem pädagogischen Bereich als Eingriff in die kommunale Selbstverwaltung eines Schulträgers aus. Dies findet seine Rechtfertigung in dem Anliegen, die Ordnungsmaßnahme – unter gleichwohl noch zumutbaren Bedingungen für die Schülerin oder den Schüler – vollziehen zu können, wenn das Angebot des eigenen Schulträgers eine Umsetzung der Maßnahme nicht ermöglicht.

Nach der 2. Option der vorgenannten Bestimmung sind auswärtige Schülerinnen und Schüler fernerhin aufzunehmen, wenn der Besuch einer anderen Schule aus pädagogischen Gründen oder als Härtefall ausnahmsweise gestattet worden ist (§ 63 Abs. 3 Satz 4). In diesen Fällen bedarf es zunächst der Prüfung und der Feststellung, dass der Besuch der zuständigen Schule für die betreffenden Schülerinnen und Schüler oder deren Familien eine unzumutbare Härte darstellen würde oder der Besuch der anderen Schule aus pädagogischen Gründen geboten erscheint. Abgebende und aufnehmende Schule haben sich bezüglich des Schulwechsels zu verständigen.

Eine 3. Option nach der Bestimmung besteht, wenn Schülerinnen und Schüler unter den Voraussetzungen der §§ 137 und 138 Abs. 5 in sog. Bekenntnisschulen (vgl. Vorbemerkung zu den §§ 129–138) aufgenommen werden oder ihnen ausweichen wollen.

Die durch das ÄndG 15 eingefügte Nr. 4 stellt dem Recht auf den Besuch einer Schule der Schulformen Hauptschule, Realschule und Gymnasium die Aufnahmepflicht des anderen Schulträgers gegenüber. Eine Aufnahmepflicht auswärtiger Schülerinnen und Schüler für den Besuch der »Angebotsschulen« Oberschule (vgl. § 106 Abs. 3) und Gesamtschule (vgl. § 106 Abs. 2) wird dagegen nicht begründet. Auch setzt das Vorhandensein einer die Schulformen Hauptschule und Realschule ersetzenden Oberschule nicht die Aufnahmeverpflichtung des anderen Schulträgers außer Kraft, wie auch *Gerald Nolte* in seinem Aufsatz »Die Reichweite der Aufnahmepflicht für auswärtige Schüler« (Anm. 10) ausführt.

3 **Zu Abs. 2:** Für den Sekundarbereich II gilt als Konsequenz aus § 63 Abs. 2 Satz 1 eine eingeschränkte Aufnahmepflicht. Da es für die Schulbereiche und Schulen des Sekundarbereichs II (gymnasiale Oberstufe, Abendgymnasien, Kollegs und berufsbildende Schulen) keine vom Schulträger festzulegenden Schulbezirke gibt, gilt hier grundsätzlich die freie Wahl der Schule ohne Rücksicht auf den Wohnsitz oder den gewöhnlichen Aufenthalt. Um eine drohende Überfüllung zu vermeiden, sind die Schulen zur Aufnahme auswärtiger Schülerinnen und Schüler nur verpflichtet, »soweit die Aufnahmekapazität nicht überschritten wird«. Das bedeutet, dass zunächst alle Schülerinnen und Schüler aufgenommen werden müssen, die im Gebiet des Schulträgers ihren Wohnsitz oder gewöhnlichen Aufenthalt haben (§ 63 Abs. 1). Anzumerken ist, dass der Gesetzgeber keine Kriterien vorgegeben hat, nach denen die Schulleitung die auswärtigen Schülerinnen und Schüler ggf. auszuwählen hat.

Für die Schulformen des berufsbildenden Schulwesens – mit Ausnahme der Berufsschule – ist das Aufnahmeverfahren bei beschränkter Kapazität in § 59a Abs. 4 Satz 2 geregelt. Dieses Auswahlverfahren mit seinen Grundsätzen ist auch anzuwenden, wenn die Aufnahmekapazität einer Schule für auswärtige Schülerinnen und Schüler überschritten wird. Auszubildende, die eine Berufsschule mit Teilzeitunterricht oder Blockunterricht – d. h. Vollzeitunterricht, der in zeitlich zusammengefassten Unterrichtsblöcken erteilt wird – besuchen, gelten als auswärtige Schülerinnen und Schüler, wenn ihre Ausbildungsstätte nicht im Gebiet des Schulträgers liegt. Anknüpfungspunkt für die Bestimmung des Status ist folglich der Standort der Ausbildungsstätte und nicht der Wohnsitz oder der gewöhnliche Aufenthalt der Schülerin oder des Schülers. Für diese Auszubildenden gelten die gleichen Aufnahmebedingungen wie für Schülerinnen und Schüler der allgemein bildenden Schulen. Auch hier ist ein Verfahren nicht vorgeschrieben.

Zu Abs. 3: Die Vorschrift regelt die »zwangsweise« Übertragung der Schulträgerschaft für eine Schule mit überörtlicher Bedeutung auf einen von der Schulbehörde bestimmten Schulträger, wenn die für den Schulbetrieb an sich zuständigen Schulträger sich zuvor nicht auf eine Schulträgerschaft durch Zusammenschluss zu einem Zweckverband oder durch Abschluss einer Zweckvereinbarung nach § 104 auf ein gemeinsames Vorgehen einigen konnten. Verhandlungen der Schulträger müssen der Maßnahme nicht vorausgegangen sein. Wegen des Eingriffs in den eigenen Wirkungskreis der insoweit beschwerten kommunalen Körperschaft ist hierfür eine gesetzlich abgesicherte Verordnung notwendig, die von der nachgeordneten Schulbehörde zu erlassen ist. Zuständig ist der jeweilige Standort der nachgeordneten Schulbehörde, in dessen Zuständigkeitsbereich die beteiligten Schulträger liegen, bzw. – bei Schulträgern in mehreren Zuständigkeitsbereichen – der Standort, in dessen Zuständigkeitsbereich der von ihm bestimmte Schulträger die Schule zu führen hat. Inhalt der Verordnung ist die im erforderlichen Ausmaß bestimmte Ausweitung der Verantwortung des Schulträgers über sein Gebiet hinaus. Die anderen beteiligten kommunalen Körperschaften gehen diesbezüglich ihrer Verantwortlichkeit – je nach Erforderlichkeit – ganz oder für ein bestimmtes Gebiet verlustig.

Vor Erlass einer Verordnung sind die betroffenen Schulträger und Träger öffentlicher Belange zu hören. Die Verordnung darf rückwirkend nur in Kraft gesetzt werden, wenn alle betroffenen Schulträger zustimmen oder aufgrund der besonderen Verhältnisse damit rechnen mussten (vgl. Sechster Abschnitt Nr. 1.2.1 EB-BbS).

Im Rahmen der Beantwortung einer Kleinen Anfrage (Drs. 17/2011) wurden von der Landesregierung die erlassenen Verordnungen nach dem Stand vom 16.09.2014 aufgelistet. 24 Verwaltungsvorschriften – zwischen 1977 und 1984 in Kraft gesetzt – regeln die Übertragung der Schulträgerschaft auf von der Schulbehörde bestimmte Kommunen. Es handelt sich insbesondere um eher regional vertretene Berufe (Molkereifachmann, Milchwirtschaftlicher Laborant, Tierwirt) sowie um mittlerweile seltene Berufe (sog. »Splitterberufe«) mit größerem Aktionsradius (Müller, Graveure, Schornsteinfeger). Der VGH Mannheim (Urt. v. 28.06.2016 – 9 S 1904/14) sowie das VG Schleswig-Holstein (Urt. v. 15.05.2019 – 9 A 79/18) haben sich mit Ansprüchen der Schülerinnen und Schüler wegen des durch den Besuch der auswärtigen berufsbildenden Schulen verursachten Mehrbedarfs, z.b. für Unterbringungs- und Betreuungskosten, befasst.

5 **Zu Abs. 4:** Absatz 4 regelt einen Kostenausgleich (durch Zahlung eines sog. Gastschulbeitrags) zugunsten des durch die Aufnahme auswärtiger Schülerinnen und Schüler belasteten Schulträgers. Für die auswärtigen Schülerinnen und Schüler, die in eine Schule aufgenommen werden müssen, weil sie im Einzugsbereich der Schule wohnen, kann der Schulträger grundsätzlich eine finanzielle Beteiligung von den anderen Schulträgern verlangen (vgl. OVG Lüneburg, Urt. v. 24.05.2007 – 2 LB 1/07 –, SchVw NI, H. 12/2007, S. 338). Nach der Bestimmung entsteht die Pflicht zur Zahlung eines Beitrages aber erst dann, wenn die Zahl der auswärtigen Schülerinnen und Schüler einen Anteil von einem Viertel oder mehr der Schülerschaft ausmacht. Der Wortlaut macht weiterhin zur Anspruchsvoraussetzung, dass für die betreffende Schule bzw. für die Klasse oder den Schulzweig und das betreffende Schuljahr eine planerische Festsetzung des Einzugsbereichs vorhanden ist, eine tatsächliche Beschulung allein reicht folglich nicht aus. Der festgelegte Auswärtigenanteil und das Abstellen auf einen festgesetzten Einzugsbereich machen ein gezieltes Abwerben (»Schülerklau«) und einen dadurch vermeintlich erwirkten Anspruch auf Zahlung eines Gastschulbeitrags unattraktiv. Einzugsbereich ist nach § 106 Abs. 5 Satz 1 Nr. 1 der räumliche Bereich, auf den sich das Schulangebot beziehen soll (vgl. § 5 SchOrgVO).

Ebenso entsteht eine Kostenbeteiligungspflicht, wenn der Schulträger wegen der verpflichtenden Aufnahme auswärtiger Schülerinnen und Schüler ein Schülerwohnheim bereitstellen muss. Der Anspruch des aufnehmenden Schulträgers ist hier nicht von einem bestimmten Auswärtigenanteil oder einem festgelegten Einzugsbereich abhängig.

Der durch die Aufnahme auswärtiger Schülerinnen und Schüler belastete Schulträger besitzt gegen den abgebenden Schulträger einen Anspruch auf einen kostendeckenden Beitrag. Er kann seine Forderungen im Einzelnen gegenüber dem Zahlungspflichtigen Schulträger geltend machen und ggf. im Wege einer Leistungsklage durchsetzen. Es besteht natürlich auch die Möglichkeit, einvernehmlich eine Vereinbarung nach § 104 Satz 3 zu treffen und darin die Zahlung pauschalierter Beiträge – ggf. mit einer Anpassungsklausel – zu verabreden.

Satz 2 des Absatzes 4 enthält eine Ermächtigung für das Kultusministerium, pauschalierte Beiträge durch Verordnung festzusetzen, wobei es für die Schulformen, die Schulzweige, die Schuljahrgänge und erforderlichenfalls auch für Berufsfelder und Fachrichtungen der berufsbildenden Schulen unterschiedliche Sätze festsetzen kann. Durch den Erlass einer solchen Verordnung könnten die Realisierung von Einzelforderungen, streitige Verhandlungen, ein aufwendiger Kostennachweis usw. entbehrlich werden.

Anderseits zeigt die Praxis, dass sich die kommunalen Schulträger auch ohne staatliche Setzung in diesem Problemfeld zu verständigen wissen. Angemerkt sei, dass die Möglichkeit. Gastschulbeiträge auf der Grundlage einer freiwilligen Vereinbarung – ungeachtet des Auswärtigenanteils und festgelegter Einzugsbereiche – zu zahlen, unberührt bleibt.

Zu Abs. 5: Die Bestimmung präzisiert den Grundsatz des Aufgaben- und **6** Kostenverbundes beim Landkreis als geborenem Schulträger. Ein Anspruch auf kostendeckende Beiträge entsteht nicht innerhalb eines Landkreises, zwischen Landkreis und kreisangehöriger Gemeinde bzw. kreisangehörigen Gemeinden untereinander, da hier der Schullastenausgleich in den §§ 117, 118 abschließend geregelt ist (vgl. aber § 160 Abs. 5 Satz 3 sowie § 163 Abs. 1 NKomVG für die Region Hannover sowie VG Hannover, Urt. v. 09.06.2005 – 6 A 2087/04 –, SchVw NI, H. 2/2006, S. 56).

Nach § 169 Abs. 7 NKomVG findet abweichend von § 105 Abs. 5 der § 105 Abs. 4 im Verhältnis zwischen dem Landkreis Göttingen und der Stadt Göttingen Anwendung, soweit beide Kommunen Träger von Schulformen desselben Schulbereichs sind. Dabei gelten abweichend von § 105 Abs. 1 Schülerinnen und Schüler, die ihren Wohnsitz oder gewöhnlichen Aufenthalt im Gebiet der Stadt Göttingen haben, als auswärtige Schülerinnen und Schüler in Bezug auf das Gebiet des Landkreises Göttingen.

Zu Abs. 6: Die gesonderte Berechnungsmöglichkeit des Anteils auswärtiger **7** Schülerinnen und Schüler bei Klassen derselben Fachrichtung innerhalb derselben Schulform und bei Klassen derselben Ausbildungsberufe in der Berufsschule soll dem Schulträger ermöglichen, auch dann einen kostendeckenden Beitrag zu verlangen, wenn die 25 %-Bedingung des Abs. 4 für die Gesamtschülerzahl nicht erreicht wird. Dies gilt insbesondere dann, wenn in bestimmten Klassen von Ausbildungsberufen durch Bildung von Bezirks- oder Landesfachklassen der Anteil Auswärtiger besonders hoch ist, dieser Anteil an der Gesamtschülerzahl jedoch nicht ein Viertel erreicht. Es soll weiterhin verhindert werden, dass auswärtige Schülerinnen und Schüler aus Kostengründen in besonderen Klassen beschult werden.

Zu Abs. 7: Die Vorschrift trifft eine Regelung für die Fälle, in denen min- **8** derjährige Schülerinnen und Schüler in einem Wohnheim untergebracht werden müssen, das nicht mit der Schule verbunden ist (folglich nicht in einem Schülerwohnheim i. S. des Absatzes 4). Hierbei handelt es sich oftmals um Schülerinnen und Schüler mit sonderpädagogischem Unterstützungsbedarf, die in einem Pflegeheim untergebracht sind. Da diese Schülerinnen und Schüler ihren Wohnsitz am Schulstandort haben, gelten sie nicht als »auswärtig«. Das würde zu einer ungerechten Belastung des Schulträgers von Förderschulen führen. Deshalb soll hier der Schulträger herangezogen werden, in dessen Gebiet die Erziehungsberechtigten (Heimatschulträger) wohnen. Auf volljährige Schülerinnen und Schüler findet die Bestimmung keine Anwendung.

Das OVG Lüneburg hat mit Urteil vom 25.03.2013 – 2 LB 18/11 – (SchVw NI, H. 11/2013, S. 309) entschieden, dass ein staatlicher Schulträger, der seine gesetzliche Verpflichtung zur Vorhaltung einer Förderschule durch einen Beschulungsvertrag mit einem privaten Schulträger erfüllt und so die Beschulung der sich in seinem Gebiet in Pflegefamilien und Wohnheimen ständig aufhaltenden Schülerinnen und Schüler mit sonderpädagogischem Unterstützungsbedarf sicherstellt, gegen die auswärtigen Jugend-, Sozialhilfe- und Schulträger, in deren Gebiet die Erziehungsberechtigten ihren Wohnsitz haben, keinen Anspruch auf Erstattung der dem privaten Schulträger vertraglich geschuldeten Schulgelder hat.

9 Zu Abs. 8: Die Bundesländer verlangen zumeist keine Gastschulbeiträge, wenn Berufsschulklassen einen länderübergreifenden Einzugsbereich haben; dies gilt sowohl für Klassen, die für einige Bundesländer gemeinsam geführt werden als auch für solche, die einen bundesweiten Einzugsbereich haben (z.b. Bundesfachklasse für Brunnenbauerinnen und Brunnenbauer an der BBS Ammerland). Den Kostenbeitrag für die niedersächsischen Schulträger muss daher das Land übernehmen, es wird hier allerdings nicht von kostendeckenden Beiträgen gesprochen, sondern vielmehr von pauschalen Sätzen. Direkte Vereinbarungen zwischen niedersächsischen Schulträgern und anderen Ländern oder Schulträgern anderer Länder sind möglich, in diesen Fällen wird die Sachkostenerstattung Niedersachsens angerechnet. Auf die ausführlichen Regelungen in der Nr. 3 des Sechsten Abschnitts der EB-BbS wird verwiesen.

10 Verweise, Literatur:

- KMK Beschluss »Berufsschulbeiträge« vom 19.01.1951 (KMK-Beschlusssammlung Nr. 345)

- KMK Beschluss »Gastschulbeiträge für Berufsschüler« vom 14./15.05.1964 (KMK-Beschlusssammlung Nr. 346)

- KMK-Rahmenvereinbarung über die Bildung länderübergreifender Fachklassen für Schülerinnen und Schüler in anerkannten Ausbildungsberufen mit geringer Zahl Auszubildender v. 26.01.1984 i. d. F. v. 23.02.2018

- Erl. »Ergänzende Bestimmungen für das berufsbildende Schulwesen (EB-BbS)« v. 10.06.2009 (Nds. MBl. S. 538; SVBl. S. 238), zuletzt geändert durch Erl. vom 25.01.2019 (Nds. MBl. S. 338; SVBl. S. 103)

- Erl. »Gebühren für die Bereitstellung eines Internatsplatzes an einem Niedersächsischen Internatsgymnasium« v. 01.03.2019 (SVBl. S. 171)

- *Sommerfeld, Jan:* Die Reichweite der Aufnahmepflicht für auswärtige Schüler, Kostenerstattungsanspruch und verfassungsrechtliche Grenzen gem. § 105 Abs. 1 Nr. 4 NSchG bei der Führung von Oberschulen; NST-Nachrichten 6–7/2016 S. 137

- *Nolte, Gerald:* Die Reichweite der Aufnahmepflicht für auswärtige Schüler – Eine Replik zu dem Beitrag in den NST-Nachrichten für Juni/Juli 2016, NST-Nachrichten 9/2016 S. 199

(Karl-Heinz Ulrich)

§ 106 Errichtung, Aufhebung und Organisation von öffentlichen Schulen

(1) Die Schulträger sind verpflichtet, Schulen zu errichten, zu erweitern, einzuschränken, zusammenzulegen, zu teilen oder aufzuheben, wenn die Entwicklung der Schülerzahlen dies erfordert.

(2) [1]Die Schulträger sind berechtigt, Gesamtschulen zu errichten, wenn die Entwicklung der Schülerzahlen dies rechtfertigt. [2]Führt ein Schulträger eine Gesamtschule, so ist er von der Pflicht befreit, Hauptschulen und Realschulen zu führen. [3]Von der Pflicht, Gymnasien zu führen, ist er nur befreit, wenn der Besuch eines Gymnasiums unter zumutbaren Bedingungen gewährleistet ist. [4]Absatz 1 bleibt im Übrigen unberührt. [5]Soweit Satz 3 den Besuch eines Gymnasiums außerhalb des Gebiets des Landkreises oder der kreisfreien Stadt voraussetzt, tritt die Befreiung nur ein, wenn der Schulträger darüber mit dem Schulträger des auswärtigen Gymnasiums eine Vereinbarung gemäß § 104 Satz 2 abgeschlossen hat.

(3) [1]Die Schulträger sind berechtigt, Oberschulen zu errichten, wenn die Entwicklung der Schülerzahlen dies rechtfertigt. [2]Führt ein Schulträger eine Oberschule, so ist er von der Pflicht befreit, Hauptschulen und Realschulen zu führen. [3]Die Erweiterung einer Oberschule um ein gymnasiales Angebot ist zulässig, wenn der Besuch eines Gymnasiums im Gebiet des Landkreises oder der kreisfreien Stadt unter zumutbaren Bedingungen gewährleistet bleibt und der Schulträger desjenigen Gymnasiums zustimmt, das die Schülerinnen und Schüler sonst im Gebiet des Landkreises oder der kreisfreien Stadt besuchen würden. [4]Absatz 1 bleibt im Übrigen unberührt.

(4) Die Schulträger sind berechtigt, 10. Klassen an Hauptschulen und an Förderschulen zu führen, wenn die Entwicklung der Schülerzahlen dies rechtfertigt.

(5) [1]Schulträger haben bei schulorganisatorischen Entscheidungen nach den Absätzen 1 bis 3

1. die Vorgaben nach Absatz 9 Satz 1 Nr. 2 sowie die Vorgaben zur Festlegung von räumlichen Bereichen, auf die sich das Bildungsangebot am Schulstandort bezieht (Einzugsbereich), einzuhalten,
2. das vom Schulträger zu ermittelnde Interesse der Erziehungsberechtigten oder der volljährigen Schülerinnen und Schüler zu berücksichtigen,
3. die raumordnerischen Anforderungen an Schulstandorte und Einzugsbereiche zu erfüllen sowie
4. zu berücksichtigen, dass schulorganisatorische Maßnahmen der Entwicklung eines regional ausgeglichenen Bildungsangebots nicht entgegenstehen sollen.

[2]Haben berufsbildende Schulen einen schulträgerübergreifenden Einzugsbereich, so setzt sich der Schulträger vor schulorganisatorischen

NSchG

Schulträgerschaft § 106

Entscheidungen nach Absatz 1 mit den anderen betroffenen Schulträgern ins Benehmen.

(6) ¹Die Schulträger können

1. Grundschulen mit Hauptschulen, mit Oberschulen oder mit Gesamtschulen sowie
2. Förderschulen mit allen allgemein bildenden Schulen mit Ausnahme des Kollegs und des Abendgymnasiums

organisatorisch in einer Schule zusammenfassen; die Schule wird dabei entsprechend den Schulformen in Schulzweige gegliedert. ²Die Schulzweige arbeiten organisatorisch und pädagogisch zusammen. ³Für die Schulzweige gelten die Vorschriften für die jeweilige Schulform entsprechend.

(7) Die Schulformen der berufsbildenden Schulen werden grundsätzlich organisatorisch und pädagogisch in einer Schule zusammengefasst; die Schule wird dabei entsprechend den Schulformen gegliedert.

(8) ¹Die Schulträger bedürfen für schulorganisatorische Entscheidungen nach den Absätzen 1 bis 4 und 6 der Genehmigung der Schulbehörde. ²Die Genehmigung zur Errichtung und Erweiterung von Schulen mit Ausnahme der Berufsschule kann auch dann versagt werden, wenn nach den personellen, sächlichen und fachspezifischen Gegebenheiten die Erfüllung des Bildungsauftrages der Schule nicht gesichert ist. ³§ 176 Abs. 1 Satz 2 des Niedersächsischen Kommunalverfassungsgesetzes (NKomVG) ist nicht anzuwenden. ⁴Wird die Genehmigung für eine Schule der in § 5 Abs. 3 Nr. 3 Buchstabe a genannten Schulformen beantragt, so kann die Schulbehörde zunächst den Sekundarbereich I genehmigen.

(9) ¹Das Kultusministerium wird ermächtigt, durch Verordnung zu bestimmen,

1. welche Anforderungen unter raumordnerischen Gesichtspunkten an Schulstandorte und Einzugsbereiche zu stellen sind,
2. welche Größe die Schulen oder Teile von Schulen unter Berücksichtigung der Erfordernisse eines differenzierenden Unterrichts aufweisen sollen,
3. unter welchen Voraussetzungen Schulen Außenstellen führen dürfen und
4. wie die Einzugsbereiche und Standorte der einzelnen Schulen aufeinander abgestimmt werden sollen.

²Vor Erlass der in Satz 1 Nrn. 1 bis 4 genannten Verordnungen ist der Landtag rechtzeitig zu unterrichten.

1 Allg.: Durch Art. 11 des »Niedersächsischen Gesetzes zur landesweiten Umsetzung der mit dem Modellkommunen-Gesetz erprobten Erweiterung kommunaler Handlungsspielräume« (NEKHG) vom 28.10.2009 (Nds. GVBl. S. 366) ist § 106 als grundlegende Vorschrift über schulorganisatorische Entscheidungen der kommunalen Schulträger neu gefasst worden. Die

Neufassung wurde einerseits notwendig, weil durch das genannte Gesetz § 26 (Schulentwicklungsplanung) aus dem Schulgesetz gestrichen wurde. Andererseits wollte der Gesetzgeber nicht vollständig auf mit der früheren Schulentwicklungsplanung verbundene Steuerungsfunktionen verzichten. Nicht mehr enthalten in § 106 ist seither der unbestimmte Rechtsbegriff des »Bedürfnisses«. Während bis Ende Oktober 2009 kommunale Schulträger über schulorganisatorische Maßnahmen (z.B. Errichtung, Zusammenlegung, Aufhebung von Schulen) erst entscheiden konnten, nachdem die Schulbehörde ein entsprechendes »Bedürfnis« festgestellt hatte, liegt die Verantwortung für solche Maßnahmen nach Wegfall des »Zwischenverfahrens« (Schriftlicher Bericht zum oben genannten Gesetz, Landtagsdrucksache 16/1787, S. 8) jetzt allein beim Schulträger. Maßstab dafür sind im Wesentlichen die »Entwicklung der Schülerzahlen« (siehe Anm. 2) und das »Interesse der Erziehungsberechtigten« (siehe Anm. 6). Geblieben ist es selbstverständlich dabei, dass die schulorganisatorischen Entscheidungen der Schulträger der Genehmigung durch die Schulbehörde bedürfen (siehe Anm. 9). In der Praxis hat sich durch die Neufassung von § 106 nicht viel geändert, weil auch bisher schon die Feststellung des Bedürfnisses und die Genehmigung der beantragten Maßnahme von der nachgeordneten Schulbehörde gleichsam in einem Zuge erfolgten.

Durch das ÄndG 15 wurde die Vorschrift zum 01.08.2015 erneut maßgeblich verändert. Seither können Gesamtschulen unter bestimmten Voraussetzungen als »ersetzende Schulform« geführt werden, einer verordnungsrechtlichen Feststellung der Befreiung von der Pflicht, Schulen des sog. gegliederten Systems zu führen (§ 106 Abs. 8 Satz 4 a.F.), bedarf es nicht mehr. Ferner kann jetzt auch eine Oberschule mit gymnasialem Angebot und auch eine Gesamtschule mit einer Grundschule organisatorisch zusammengefasst werden. Schulformen mit beiden Sekundarbereichen (insbes. Gymnasien, Gesamtschulen) können bezüglich der Schulbereiche nun in zeitlich getrennten Verfahren (zunächst Errichtung eines Sekundabereichs I, später Erweiterung um einen Sekundarbereich II) genehmigt werden.

Zu Abs. 1: Mit den Bestimmungen des Absatzes 1 wird die in § 101 normierte 2 Pflicht der Schulträger (Gemeinden, Samtgemeinden, öffentlich-rechtlich Verpflichtete in gemeindefreien Gebieten, Landkreise, kreisfreie Städte) konkretisiert, das notwendige Schulangebot und die erforderlichen Schulanlagen vorzuhalten. Die Schulträger sind danach verpflichtet, Schulen zu errichten, zu erweitern, einzuschränken, zusammenzulegen, zu teilen oder aufzuheben.

Maßstab und verpflichtender Anlass für die schulorganisatorischen Entscheidungen ist die »Entwicklung der Schülerzahlen«. Die Methode, mit welcher ein Schulträger die Entwicklung der Schülerzahlen seiner vorhandenen oder geplanten Schulen prognostisch ermittelt, wird ihm weder im NSchG noch in der SchOrgVO vorgeschrieben. Der Gesetzgeber hat es mit der Novellierung des § 106 ausschließlich dem Schulträger überlassen, eine zuverlässige Methode der Entwicklungsprognose zu entwickeln, was ihm zugleich die Möglichkeit bietet, die Besonderheiten der Schülerströme in seinem Gebietsbereich zu beachten und diese in die Vorhersage einzubeziehen. Das bedeutet, dass sich der Schulträger dabei auch der gutachterlichen Einschätzung eines Beratungsunternehmens bedienen und von diesem diejenigen Elemente für die Vorhersage der Entwicklung der Schülerzahlen erarbeiten lassen kann, welche einen sachlich nachvollziehbaren Bezug zu der voraussichtlichen Größe einer Schule und ihrer Jahrgänge im Mindestprognosezeitraum aufweisen (vgl. BVerwG, Beschl. v. 07.01.1992 – 6 B 32.91, DVBl. 1992, S. 1025 ff.). Dagegen können die von einer schulorganisatorischen Maßnahme betroffenen Erziehungsberechtigten angesichts der eingeschränkten rechtlichen Überprüfung von Planungsentscheidungen nicht verlangen, dass einzelne sachlich begründete Prognosegrundlagen entweder ausgeblendet oder anders gewichtet werden (vgl. VG Hannover, Beschl. v. 17.07.2012 – 6 B 3873/12).

Ob die Entwicklung der Schülerzahlen ein bestimmtes Schulangebot »erfordert« (Absatz 1) oder »rechtfertigt« (Absätze 2 und 3), ist an bestimmten Steuerungskriterien (Zügigkeit, Klassenstärke, Nachhaltigkeit usw.) festzumachen. Die wesentlichen Steuerungskriterien legt die Verordnung für die Schulorganisation (vgl. insbes. §§ 4 u. 6 SchOrgVO) fest. Darüber hinaus sind die Vorgaben des Absatzes 5 zu beachten (siehe Anm. 6).

Die **Errichtung** einer Schule ist die ursprüngliche Schaffung einer neuen Anstalt öffentlichen Rechts. Der Begriff ist organisationsrechtlich zu verstehen, er meint nicht den Bau einer Schule. Die Errichtung einer Außenstelle (zu einer »Stammschule«) wird als Unterfall der Errichtung einer Schule angesehen (vgl. § 3 SchOrgVO sowie VG Lüneburg, Urt. v. 15.06.2010 – 4 A 151/0 5, OVG Lüneburg, Beschl. v. 27.05.2011 – 2 LA 307/10, VG Hannover, Urt. v. 08.03.2006 – 6 A 1903/05). Die Auslagerung von Klassen in eine fußläufig zu erreichende »Nebenstelle« hat in der Regel nicht den Status der Errichtung einer Außenstelle.

Grundsätzlich erfolgt die Errichtung einer Schule jahrgangsweise aufsteigend. Eine Ausnahme besteht für Oberschulen (vgl. § 183a Abs. 1 Satz 2). Diese können einerseits jahrgangsweise aufsteigend neu errichtet werden, andererseits können sie auch durch »Umwandlung« bestehender Hauptschulen, Realschulen, Haupt- und Realschulen sowie Gesamtschulen komplett entstehen (vgl. Schriftlicher Bericht zum ÄndG 11, Landtagsdrucksache 16/3458 S. 12). Da das Schulgesetz die Umwandlung einer Schule nicht als schulorganisatorische Maßnahme ausdrücklich ausweist, gleichwohl aber eine neue Anstalt öffentlichen Rechts errichtet wird, ist hier von einem besonderen Fall der Errichtung einer Schule auszugehen.

Erweiterung bedeutet nicht die Erhöhung der Zahl der Klassen einer Schule, sondern ist das Anfügen eines neuen Organisationsteils an eine vorhandene Schule (qualitative Vergrößerung des Bildungsangebots), z.B. die Einrichtung eines Schulkindergartens an einer Grundschule, die Erweiterung einer Oberschule um ein gymnasiales Angebot, das Anfügen einer gymnasialen Oberstufe an ein Gymnasium oder an eine Gesamtschule sowie die Erweiterung einer berufsbildenden Schule um ein berufliches Gymnasium.

Demzufolge ist die **Einschränkung** einer Schule die Herausnahme eines Organisationsteils aus einer vorhandenen Schule, z.B. die Einschränkung einer Grund- und Hauptschule auf eine Hauptschule oder auf eine Grundschule. Entweder fällt der herausgenommene Organisationsteil fort, hört also auf zu bestehen (eine Grund- und Hauptschule wird auf eine Hauptschule eingeschränkt, die Schülerinnen und Schüler der Grundschule müssen künftig eine andere Grundschule besuchen), oder der herausgenommene Organisationsteil wird an eine andere Schule angefügt, diese wird also gleichzeitig entsprechend erweitert (eine Grund- und Hauptschule wird auf eine Hauptschule eingeschränkt, der Grundschulzweig wird einer Oberschule – zu einer Grund- und Oberschule – angegliedert).

Eine **Zusammenlegung** (nicht zu verwechseln mit der organisatorischen Zusammenfassung, siehe Absatz 6 und Anm. 7) ist die Verschmelzung von Schulen derselben Schulform – beispielsweise zweier Grundschulen oder zweier Realschulen – zu einer neuen Schule.

Die **Teilung** einer Schule ist die Umwandlung einer bestehenden Schule in zwei oder mehrere neue selbstständige Schulen. So kann beispielsweise eine Grund- und Hauptschule in eine selbstständige Grundschule und eine selbstständige Hauptschule geteilt werden. Eine Schule kann auch geteilt werden, wenn sie in allen geführten Jahrgangsstufen geteilt wird, weil sie in ihrem Umfang zu groß ist (z.B. Teilung einer vierzügigen Grundschule in zwei zweizügige Grundschulen).

Die **Aufhebung** (»Schließung«) einer Schule ist die Abschaffung einer bisher vorhandenen Anstalt des öffentlichen Rechts und bedeutet schließlich das Ende einer Schule.

Zu Abs. 2: Die Vorschrift ist für das Führen von Gesamtschulen »lex specialis« gegenüber der allgemeinen für alle anderen Schulformen geltenden Regelung des Absatzes 1.

Durch das ÄndG 15 wurde die Regelung neu gefasst und die Gesamtschule zur »ersetzenden Schulform« aufgewertet. Kommunale Schulträger, die eine Gesamtschule führen, sind nicht mehr gehalten, die Schulen des sog. gegliederten Schulwesens oder, sofern eine Oberschule bereits die Schulformen Hauptschule und Realschule ersetzt, die Schulform Oberschule vorzuhalten. Schülerinnen und Schüler müssen als Alternative jedoch die Möglichkeit behalten, unter »zumutbaren Bedingungen« ein Gymnasium zu besuchen. Bei der Errichtung einer neuen Gesamtschule ist die gleichzeitige Aufhebung der Schulen anderer Schulformen ist die Erreichbarkeit eines Gymnasiums Tatbestandsvoraussetzung.

Nach Satz 1 sind die Schulträger berechtigt, Gesamtschulen zu errichten, wenn die Entwicklung der Schülerzahlen dies rechtfertigen. Während Absatz 1 die kommunalen Schulträger verpflichtet, Schulen nach Maßgabe der Entwicklung der Schülerzahlen zu errichten, zu erweitern usw., sieht Absatz 2 für die Schulform Gesamtschule eine entsprechende Berechtigung der Schulträger vor.

Auch wenn – mit Blick auf die Entwicklung der Schülerzahlen – der Unterschied von »rechtfertigen« (Absätze 2 und 3) und »erfordern« (Absatz 1) ein bescheiden gradueller sein dürfte, passt das Merkmal »erfordern« doch nur für Fälle, in denen eine Verpflichtung in Rede steht, nicht für freiwillige Angebote.

Auch beim Vorliegen eines nachhaltigen Elterninteresses an Gesamtschulplätzen für ihre Kinder (siehe Anm. 6), liegt es in der Entscheidung der Schulträger, ob eine Gesamtschule errichtet wird oder nicht. Das gilt auch für die übrigen in Absatz 1 genannten schulorganisatorischen Akte, z.B. für die Erweiterung einer Gesamtschule des Sekundarbereichs I um eine gymnasiale Oberstufe. Auch nach Errichtung einer Gesamtschule sind die Schulträger nicht verpflichtet, im Fall eines weitergehenden Bedürfnisses weitere Gesamtschulen zu errichten.

Da die Schulträger, die Gesamtschulen führen, nach Maßgabe des § 106 Abs. 2 von der Pflicht befreit werden, Schulen der Schulformen Hauptschule, Realschule und Gymnasium zu führen, sofern im Fall des Gymnasiums ein Besuch dieser Schulform unter zumutbaren Bedingungen gewährleistet bleibt, müssen sämtliche Schülerinnen und Schüler im Gebiet des Schulträgers auch an der Gesamtschule aufgenommen werden. Eine Beschränkung der Aufnahmekapazität ist nur dort noch gerechtfertigt, aber auch notwendig, wo im Gebiet des Schulträgers noch die Schulen des sog. gegliederten Schulwesens vorgehalten werden. Daher kann nach § 59a Abs. 2 die Aufnahme in den Sekundarbereich I von Gesamtschulen nur beschränkt werden, wenn im Gebiet des Schulträgers eine Hauptschule, eine Realschule und ein Gymnasium oder eine Oberschule und ein Gymnasium geführt werden. Die Möglichkeit der Aufnahmebeschränkung trägt dem Umstand Rechnung, dass keine Pflicht zur Errichtung von Gesamtschulen besteht. Der Wegfall dieser Möglichkeit würde zu einem faktischen Zwang zum Ausbau von Gesamtschulen führen.

Satz 2 stellt fest, dass ein Schulträger, der eine Gesamtschule führt, von der Pflicht befreit ist, Hauptschulen und Realschulen zu führen. Die Oberschulen werden hier richtigerweise nicht mit aufgeführt, weil insoweit nach Absatz 3 keine Verpflichtung zur Führung dieser Schulform besteht.

Von der Pflicht, Gymnasien zu führen, ist ein Schulträger einer Gesamtschule nach Satz 3 nur befreit, wenn der Besuch eines Gymnasiums »unter zumutbaren Bedingungen« gewährleistet ist, Maßstab für die »Zumutbarkeit« des Besuchs eines Gymnasiums dürfte derjenige sein, den die Rechtsprechung für die Schülerbeförderung entwickelt hat (vgl. Drs. 16/306 S. 8). Danach können im Sekundarbereich I Wegezeiten von je 60 Minuten für die Hin- und Rückfahrt sowie Wartezeiten vor und nach dem Unterricht von insgesamt 75 Minuten noch als zumutbar angesehen werden (siehe Anm. 3 zu § 114).

Die seit Inkrafttreten des ÄndG 15 gegebene Möglichkeit, Gesamtschulen als ersetzende Schulform zu führen, macht die früher in § 106 Abs. 8 Satz 4 NSchG a.F. ausgebrachte Verordnungsermächtigung für eine Einzelfallentscheidung durch Ministerverordnung entbehrlich. Die »Verordnung über die Befreiung von Schulträgern einer Gesamtschule von der Pflicht zur Führung anderer Schulformen vom 01.07.2010 (Nds. GVBl. S. 260)«, nach der 28 Schulträger (21 Gemeinden und 7 Landkreise) einer (Kooperativen oder Integrierten) Gesamtschule eine Befreiung zugebilligt worden ist, wurde durch das ÄndG 15 allerdings nicht aufgehoben, sie dürfte – sofern sich die Frage einer existierenden Befreiung vor dem Hintergrund der Neufassung des Absatzes 2 im Einzelfall überhaupt stellt – als versteinerte Regelung weiterhin bestehen, denn der Verordnungsgeber kann mangels gültiger und fortbestehender Ermächtigung weder Änderungen noch Ergänzungen an ihr vornehmen (vgl. Aufsatz »Die Aufhebung einer Rechtsverordnung nach Wegfall der Verordnungsermächtigung«, Anm. 11).

Mit dem in Satz 4 gegebenen Hinweis, dass Absatz 1 im Übrigen unberührt bleibt, wird zum Ausdruck gebracht, dass die Gesamtschule bei den übrigen schulorganisatorischen Entscheidungen den Anforderungen der sog. Regelschulen unterliegt. Das bedeutet auch, dass eine Gesamtschule, die im Gebiet des Schulträgers Hauptschulen und Realschulen sowie Gymnasien ersetzt, so auszubauen ist, dass alle Schülerinnen und Schüler im Gebiet des Schulträgers, die die Gesamtschule anwählen, aufgenommen werden können.

Wie bereits angeführt, ist nach Satz 3 ein Schulträger einer Gesamtschule von der Pflicht, Gymnasien zu führen, nur dann befreit, wenn der Besuch eines Gymnasiums unter zumutbaren Bedingungen gewährleistet ist. Nach Satz 5 tritt diese Befreiung, soweit der Besuch eines Gymnasiums außerhalb des Gebiets des Landkreises oder der kreisfreien Stadt erforderlich wird, nur ein, wenn der Schulträger darüber mit dem Schulträger des auswärtigen Gymnasiums eine Vereinbarung gemäß § 104 Satz 2 abgeschlossen hat.

Geborene Schulträger der Gymnasien sind die Landkreise und kreisfreien Städte. Üblicherweise werden innerhalb dieser Kommunen mehrere Gymnasien (etwa 5 im Durchschnitt) angeboten, so dass problemlos unter zumutbaren Bedingungen ein Besuch dieser Schulform erfolgen kann. Insbesondere bei Landkreisen mit großem Kreisgebiet und bei Landkreisen und kreisfreien Städten, die auf die Gesamtschule als ersetzende Schulform setzen, wird bei einer bestimmten Konstellation auf das Gymnasialangebot eines anderen Schulträgers zugegriffen werden müssen.

Kooperative Gesamtschulen können seit Inkrafttreten des ÄndG 11 nicht mehr neu errichtet werden, bestehende Kooperative Gesamtschulen dürfen nach einer Übergangsvorschrift weitergeführt werden und sich weiterentwickeln. Sowohl eine organisatorische Zusammenfassung mit einer Grundschule (vgl. Absatz 6 Satz 1 Nr. 1) als auch die Erweiterung einer KGS um eine gymnasiale Oberstufe sind damit möglich (vgl. § 183b Abs. 2 i.V.m. § 106 Abs. 1).

Zu Abs. 3: Mit dem ÄndG 11 hat der Niedersächsische Landtag die Oberschule als weiterführende Schulform im Schulgesetz verankert (siehe § 10a). Die Oberschule kann in zwei Organisationsformen errichtet werden,

4

nämlich als Oberschule ohne gymnasiales Angebot oder als Oberschule mit gymnasialem Angebot. Die Oberschule kann (ergänzend) neben Hauptschulen, Realschulen, Gymnasien und Gesamtschulen geführt werden. Die genannten Schulformen können folglich auch weiterhin selbstständig geführt werden. Auch bis zum 01.08.2011 organisatorisch zusammengefasste Haupt- und Realschulen können fortgeführt werden; eine organisatorische Zusammenfassung von Hauptschulen und Realschulen ist jedoch nicht mehr möglich (siehe Absatz 6), weil die Möglichkeit zur Errichtung einer Oberschule gewissermaßen an die Stelle dieser Maßnahme getreten ist. Die Oberschule kann aber auch (ersetzend) anstelle von Hauptschule und Realschule errichtet werden.

Die Errichtung einer Oberschule mit einem gymnasialen Angebot sowie die (spätere) Erweiterung einer Oberschule um ein gymnasiales Angebot sind nach Satz 3 zulässig, wenn der Besuch eines Gymnasiums im Gebiet des Landkreises oder der kreisfreien Stadt unter zumutbaren Bedingungen gewährleistet bleibt und der Schulträger desjenigen (öffentlichen) Gymnasiums zustimmt, das die Schülerinnen und Schüler sonst im Gebiet des Landkreises oder der kreisfreien Stadt besuchen würden. Der Gesetzgeber hat weder die Zustimmung noch eine mögliche Ablehnung des Schulträgers des Gymnasiums an Voraussetzungen oder Bedingungen geknüpft. Die Entscheidung des Schulträgers des Gymnasiums ist folglich beispielsweise nicht notwendigerweise zu begründen. Sie ist bei der Entscheidung der Schulbehörde als erfüllte oder nicht erfüllte Voraussetzung zu werten.

Die Oberschule mit gymnasialem Angebot wird ohne gymnasiale Oberstufe geführt. Von der ursprünglich vorgesehenen Möglichkeit, die gymnasiale Oberstufe einer in eine Oberschule umgewandelten Gesamtschule zu übernehmen, haben die Schulträger keinen Gebrauch gemacht. Die dafür ausgebrachte Rechtsgrundlage (§ 183a Abs. 2 a.F.) wurde durch das ÄndG 19 aufgehoben.

Bis zum 31.07.2015 konnten Oberschulen ohne gymnasiales Angebot unter erleichterten Bedingungen errichtet werden, wenn bei ihrer Errichtung gleichzeitig eine organisatorisch zusammengefasste Haupt- und Realschule aufgehoben wurde (vgl. § 4 Abs. 3 SchOrgVO).

In Satz 4 wird zum Ausdruck gebracht, dass die Oberschule bei schulorganisatorischen Entscheidungen den Anforderungen der Regelschulen unterliegt.

5 **Zu Abs. 4:** Auch wenn es eine entsprechende Nachfrage gibt, sind Schulträger berechtigt, aber nicht verpflichtet, an Hauptschulen und Förderschulen 10. Klassen zu führen. Obwohl das ÄndG 93 die Unterscheidung von Schulischen Angeboten und Regelschulformen aufgehoben hat, bleiben die 10. Klassen an den beiden genannten Schulformen eine Art schulisches Angebot (siehe Anm. 4 zu § 9).

Nach § 6 Abs. 2 SchOrgVO ist das Führen einer 10. Klasse an den genannten Schulformen gerechtfertigt, wenn für mehrere aufeinander folgende Schuljahre mindestens 16 bzw. 10 Schülerinnen und Schüler für die Klasse

Schultträgerschaft § 106 **NSchG**

gewährleistet sind. Da es sich bei einer 10. Klasse nur um einen Teil der beiden Schulformen handelt, sind die Anforderungen an den zeitlichen Bestand dieser Funktionseinheit geringer als für vergleichsweise langfristig angelegte Maßnahmen wie z.b. die Errichtung von Schulen nach den Absätzen 1 bis 3.

Zu Abs. 5: Erfordert die Entwicklung der Schülerzahlen schulorganisatorische Maßnahmen, haben die Schulträger bei ihren Entscheidungen die Vorgaben des Absatzes 5 zu beachten. Das sind nach Satz 1 Nr. 1 die Festlegungen zur Größe von Schulen oder Teilen von Schulen, die sich aus der SchOrgVO ergeben (siehe Anm. 10). Einzuhalten sind nach Nr. 1 ferner die in dieser Verordnung enthaltenen Vorgaben zur Festlegung von »Einzugsbereichen« der Schulen (vgl. § 5 SchOrgVO). »Einzugsbereich« darf nicht mit »Schulbereich« (vgl. § 5 Abs. 3) oder »Schulbezirk« (vgl. § 63) verwechselt werden. Der »Einzugsbereich« einer Schule bezeichnet das Gebiet, aus dem die Schülerinnen und Schüler kommen, die von der Schule aufgenommen werden. Der Einzugsbereich kann das Gebiet des Schulträgers überschreiten.

Nach Nr. 2 hat der Schulträger vor schulorganisatorischen Entscheidungen das »Interesse« der Erziehungsberechtigten oder der volljährigen Schülerinnen und Schüler nicht nur zu »ermitteln«, sondern auch zu »berücksichtigen«, d. h., er muss Erwartungen bzw. Interessenbekundungen ergründen, vorgetragene Vorstellungen und Wünsche würdigen und diese in die Beratungen seiner zuständigen Gremien mit einbeziehen. Der Träger der öffentlichen Gewalt hat damit auch bei der Planung einer schulorganisatorischen Maßnahme das für jede rechtsstaatliche Planung geltende Gebot, die von einer Maßnahme berührten öffentlichen und privaten Belange gegeneinander und untereinander gerecht abzuwägen, zu beachten. Das Gebot gerechter Abwägung ist nach ständiger Rechtsprechung des BVerwG dann verletzt, wenn eine Abwägung überhaupt nicht stattfindet oder in die Abwägung an Belangen nicht eingestellt wird, was nach Lage der Dinge in sie eingestellt werden muss, oder die Bedeutung der betroffenen Belange verkannt oder der Ausgleich zwischen ihnen in einer Weise vorgenommen wird, der zur objektiven Gewichtigkeit einzelner Belange außer Verhältnis steht (vgl. OVG Rheinland-Pfalz, Beschl. v. 13.02,1986 - 7 B 15/86 -, NVwZ 1986, S. 1036 m. w. N).

Zur Ermittlung der Vorstellungen der Erziehungsberechtigten sowie der volljährigen Schülerinnen und Schüler kann der Schulträger u. a. bei ihnen Umfragen durchführen, wenn es Anhaltspunkte für ein bestimmtes Interesse gibt, z.B. durch die Resolution eines Schulelternrates, den Beschluss eines Gemeindeelternrates (siehe § 99 Abs. 1), eine Unterschriftenaktion, die Arbeit einer Initiativgruppe für die Errichtung einer bisher nicht vorgehaltenen Schule.

Bei der Ermittlung des Interesses an der Errichtung einer sog. weiterführenden Schule bietet es sich für eine sachgerechte Prognose an, die Erziehungsberechtigten von Kindern, die die Grundschulen (ggf. auch das letzte Kindergartenjahr vor der Einschulung) im Einzugsbereich besuchen, zu befragen. Grundsätzlich entscheidet der Schulträger, wie die Befragung durchgeführt wird; eine vorherige Abstimmung mit der nachgeordneten Schulbehörde ist jedoch zu empfehlen.

Von den Schulträgern zu erfüllen sind nach Satz 1 Nr. 3 ferner die raumordnerischen Anforderungen an Schulstandorte und Einzugsbereiche (vgl. hierzu OVG Lüneburg, Urt. v. 22.04.2013 – 2 KN 57/11). Welche Anforderungen das sind, ergibt sich insbesondere aus den §§ 2 und 5 SchOrgVO (siehe Anm. 10). Dass die Entscheidungen der Schulträger nach Satz 1 Nr. 4 der »Entwicklung eines regional ausgeglichenen Bildungsangebots« nicht entgegenstehen sollen, sollte eine Selbstverständlichkeit sein. Möglicherweise wollte der Gesetzgeber diesen allgemeinen Grundsatz gleichsam als Reminiszenz an die im Jahre 2009 gestrichenen Vorschriften zur Schulentwicklungsplanung (§ 26 Abs. 1 Satz 1 a. F.) im Schulgesetz weiterhin enthalten wissen.

Abs. 5 Satz 2 verlangt für das berufsbildende Schulwesen, dass bei schulträgerübergreifenden Einzugsbereichen den Belangen anderer betroffener Schulträger hinreichend Rechnung getragen wird. Da für das Vorhalten einer berufsbildenden Schule ausreichende Schülerzahlen oftmals nur schulträgerübergreifend zustande kommen, bedarf es eines zwischen den Schulträgern abgestimmten, und nicht konkurrierenden Verhaltens.

7 **Zu Abs. 6:** Die Bestimmung erweitert die Möglichkeiten für die Schulträger, ihre Schullandschaft zu gestalten, indem sie in konkret festgelegten Fällen bestehende Schulen verschiedener Schulformen **organisatorisch** in einer Schule **zusammenfassen** können.

Nach Satz 1 Nr. 1 können Grundschulen mit Hauptschulen, mit Oberschulen (sowohl mit gymnasialem Angebot als auch ohne gymnasiales Angebot) oder mit Gesamtschulen (sowohl IGS als auch KGS) organisatorisch zusammengefasst werden.

Die Bestimmung wurde durch das ÄndG 15 dahin gehend geändert, dass die ursprünglich geregelte Einschränkung auf Oberschulen »ohne gymnasiales Angebot« aufgehoben und eine Erweiterung der Kombination der Grundschule mit der Schulform Gesamtschule zugelassen wurde.

Dass nicht auch die Schulformen Grundschule und Gymnasium organisatorisch zusammenfassbar sein sollen, ist darin begründet, dass damit die erst im 4. Schuljahrgang zu treffende Entscheidung für den Besuch der weiterführenden Schule präjudiziert wäre (vgl. Drs. 17/2882).

Anders als bei der IGS Hannover-Roderbruch, die als Gesamtschule mit Primarbereich und Sekundarbereichen geführt wird (vgl. Anm. 2 zu § 182), sollen organisatorisch zusammengefasste Grund- und Gesamtschulen als nach Schulzweigen gegliederte Schulen betrieben werden.

Voraussetzung für die organisatorische Zusammenfassung von Grundschulen mit den in Nr. 1 aufgeführten weiterführenden Schulen ist, dass die Gemeinde oder Samtgemeinde auch Träger der weiterführenden Schule ist. An dem Grundsatz, dass Schulträger für die Grundschulen gemäß § 102

Abs. 1 nur die Gemeinden und Samtgemeinden nicht aber Landkreise sein können, hat der Gesetzgeber vorerst festgehalten (siehe Vorlage 95 zu Drs. 17/2882, ÄndG 15).

Bestehende organisatorisch zusammengefasste Haupt- und Realschulen, Grund-, Haupt- und Realschulen sowie Haupt-, Real- und Förderschulen können fortgeführt werden (vgl. § 183), sie unterliegen den schulorganisatorischen Entscheidungsmöglichkeiten der Schulträger.

Nach Satz 1 Nr. 2 können – den gewandelten Anschauungen über die Erfüllung sonderpädagogischen Förderbedarfs entsprechend (siehe §§ 4, 14, 68) – Förderschulen mit allen allgemein bildenden Schulen mit Ausnahme des Kollegs und des Abendgymnasiums organisatorisch zusammengefasst werden.

Durch die organisatorische **Zusammenfassung** entsteht wie bei der **Zusammenlegung** (siehe Anm. 2) eine neue Schule mit einem Lehrerkollegium unter einer einheitlichen Leitung. Die bisher selbstständigen Teile werden nach Satz 1 2. Halbsatz organisatorisch als Schulzweige geführt, diese sind nach Satz 2 gehalten, organisatorisch und pädagogisch zusammenzuarbeiten. Für die Schulzweige können eigene Konferenzen eingerichtet (§ 35 Abs. 3 und § 36 Abs. 3 Satz 4) sowie Bereichsschülerräte (§ 76) und Bereichselternräte (§ 92) gebildet werden. Die Zusammenfassung von Schulen verschiedener Schulformen bedarf der schulbehördlichen Genehmigung (siehe Anm. 9).

Satz 3 stellt klar, dass für die Schulzweige einer organisatorisch zusammengefassten Schule die Vorschriften für die jeweiligen in ihr zusammengefassten Schulformen gelten. Das schließt die Vorschriften zur Festlegung von Schulbezirken für den Primarbereich nach § 63 Abs. 2 sowie die Möglichkeit der Aufnahmebeschränkung nach § 59a ein. Geltung haben damit u. a. auch die sog. Grundsatzerlasse (»Die Arbeit in der Grundschule«, »Die Arbeit in der Hauptschule« usw.).

Zu Abs. 7: Absatz 7 enthält das Gebot, die Schulformen der berufsbildenden Schulen grundsätzlich zu einer Schule zusammenzufassen, die Schule wird dabei entsprechend den Schulformen gegliedert. Diese Schulen müssen nicht alle in § 5 Abs. 2 Nr. 2 genannten Schulformen umfassen, beispielsweise werden berufliche Gymnasien und Fachschulen nicht in allen berufsbildenden Schulen geführt. Ferner hat die Fachschule Seefahrt einen eigenen Charakter, sie kann entsprechend der Fachrichtung geführt werden als Fachschule Nautischer Schiffsdienst, Fachschule Technischer Schiffsdienst und Schiffssicherheit sowie Fachschule Gefahrenabwehr, Befähigungen für den Schiffsdienst auf besonderen Schiffstypen. Auffällig ist, dass der Gesetzgeber die Bezeichnung »Schulzweig« für die zusammengefassten Schulformen nicht verwendet. Die Zusammenfassung soll nicht nur in organisatorischer Hinsicht erfolgen, sondern auch pädagogisch wirksam werden.

Zu Abs. 8: Die schulorganisatorischen Entscheidungen der Schulträger über die Errichtung, Erweiterung, Einschränkung, Zusammenlegung, Teilung und Aufhebung von Schulen sowie über das organisatorische

8

9

Zusammenfassen von Schulen bedürfen nach Satz 1 der Genehmigung durch die nachgeordnete Schulbehörde. Das gilt auch für die Einrichtung eines 10. Schuljahrgangs an einer Hauptschule oder an einer Förderschule. Nach Art. 7 Abs. 1 GG steht das gesamte Schulwesen unter der Aufsicht des Staates. Zur Schulaufsicht gehört auch die Befugnis des Staates zur zentralen Ordnung, Gestaltung und Organisation des Schulwesens mit dem Ziel, ein Schulsystem zu gewährleisten, das allen Schülerinnen und Schülern ihren Fähigkeiten entsprechende Bildungsmöglichkeiten eröffnet. Es ist Aufgabe des Staates, für die Leistungsfähigkeit des Schulwesens und der einzelnen Schulen zu sorgen und dabei allen überörtlichen Gegebenheiten und sachlichen Forderungen Rechnung zu tragen. Dem Staat stehen die Schulplanung und die Möglichkeit der Einwirkung auf Errichtung, Organisationsänderung und Aufhebung der einzelnen öffentlichen Schule zu, zumal er mit den laufenden Personalkosten, den Finanzleistungen für Schülerbeförderung, für Systemadministration u. v. a. m. den Hauptanteil der mit dem Betrieb einer Schule verbundenen Kosten trägt. Ergänzend sei erwähnt, dass öffentliche Schulen nach § 1 Abs. 3 Satz 2 nichtrechtsfähige Anstalten ihres Trägers und des Landes sind.

In den letzten Jahren hat es wiederholt Bürgerbegehren im Zusammenhang mit schulorganisatorischen Entscheidungen kommunaler Schulträger gegeben. Gegenstand eines Bürgerbegehrens können nur Angelegenheiten des eigenen Wirkungskreises der Kommune sein (vgl. § 101 Abs. 2), für die die Vertretung (Rat, Kreistag, Regionsversammlung) nach § 58 Abs. 1 oder 2 NKomVG zuständig ist [...]. Nach § 58 Abs. 1 Nr. 11 NKomVG beschließt die Vertretung über die Errichtung, Gründung, Übernahme, wesentliche Erweiterung, Aufhebung oder Auflösung von kommunalen Anstalten. Nach Satz 2 des § 32 Abs. 2 NKomVG ist ein Bürgerbegehren u. a. allerdings unzulässig über Angelegenheiten, die ein gesetzwidriges Ziel verfolgen. Man wird hinsichtlich der Zulässigkeit eines Bürgerbegehrens daher unterscheiden müssen zwischen Bürgerbegehren, die nach Entscheidung der Vertretung aber vor Beteiligung der Schulbehörde durchgeführt werden, und Bürgerbegehren, die erst nach Ausspruch der Genehmigung der Schulbehörde erfolgen.

Letztere sind gegen von der Schulbehörde bereits geprüfte und »für rechtens befundene Entscheidungen der Vertretung« gerichtet und liegen nicht mehr in freier Kompetenz des Schulträgers. Folgt man dieser Bewertung, so sind jedenfalls diese Bürgerbegehren, weil sie ein gesetzeswidriges Ziel und die Aufhebung einer für richtig befundenen Entscheidung verfolgen, unzulässig (vgl. Beitrag »Bürgerbegehren gegen Aufhebung einer Schule«, NST-N 3-4/2014 S. 32).

Die nach Satz 2 gegebene Möglichkeit, die Genehmigung zur Errichtung oder Erweiterung berufsbildender Schulen mit Ausnahme der Berufsschule zu versagen, wenn nach den personellen, sächlichen und fachspezifischen Gegebenheiten die Erfüllung des Bildungsauftrags an dieser Schule nicht gesichert – d. h. gefährdet oder gar unmöglich ist – wurde der Schulbehörde durch das ÄndG 97 eingeräumt. Der Schulbehörde fehlte bis dahin die Möglichkeit, bei Errichtung und Erweiterung von Schulen die Genehmigung zu versagen. Im berufsbildenden Schulwesen überwiegen die fachspezifischen Anforderungen derart, dass bei Errichtung und Erweiterung von Schulen auch sichergestellt sein muss, dass die Erfüllung des konkreten Bildungsauftrags dieser Schule, d. h. die mögliche Erreichung des Ausbildungsziels, gesichert ist. Dieses gilt allerdings nicht im selben Maße für die Berufsschule, wegen der Berufsschulpflicht (siehe § 65 Abs. 3 und § 67 Abs. 2) ist diese von der Regelung ausgenommen.

Durch Satz 3 ist die Anwendung der Vorschrift des § 176 Abs. 1 Satz 2 NKomVG ausgeschlossen, wonach ein Antrag eines Schulträgers als genehmigt gilt (Genehmigungsfiktion), wenn über ihn nicht binnen drei Monaten entschieden worden ist. Es hat sich herausgestellt, dass die genannte Frist bei schwierigen schulorganisatorischen Entscheidungen nicht in jedem Fäll eingehalten werden kann.

Nach § 11 Abs. 2 Satz 1 bzw. nach § 12 Abs. 2 Satz 1 »werden« im Gymnasium und in der Gesamtschule Schülerinnen und Schüler des 5. bis 13. Schuljahrgangs unterrichtet, nur ausnahmsweise können diese Schulformen ohne die Schuljahrgänge des Sekundarbereichs II geführt werden. § 14 Abs. 4 Satz 1 stellt für die Förderschule fest, dass dort Schülerinnen und Schüler »aller Schuljahrgänge« – folglich auch der Jahrgänge im Sekundarbereich II – unterrichtet werden können. Bei der Errichtung der genannten Schulformen müsste folglich von Anbeginn eine Genehmigung sowohl für den Sekundarbereich I als auch für den Sekundarbereich II ausgesprochen werden. Bei einer Neuerrichtung ist aber ungewiss, ob nach einem jahrgangsweisen Aufbau tatsächlich hinreichend qualifizierte Schülerinnen und Schüler für einen Übergang in den Sekundarbereich II zur Verfügung stehen werden. Insbesondere bei einem neu errichteten zwei- oder dreizügigen Gymnasium oder bei einer neu errichteten drei- oder vierzügigen Gesamtschule ist fraglich, ob nach dem Aufwachsen mindestens 54 Schülerinnen und Schüler (vgl. § 4 Abs. 1 Nr. 7 i. V. m. Abs. 3 SchOrgVO: 3 x 18 = 54) mit Erweitertem Sekundarabschluss I für einen Übergang in die gymnasiale Oberstufe anstehen. Schulträger, die diese Schulformen errichten wollten, wurden daher über Jahre hinweg von der Schulbehörde gebeten, Anträge auf Errichtung der Schulen (zunächst) auf den Sekundarbereich I zu beschränken. Erst nach Durchlaufen des 8. Schuljahrgangs wurde eine Prognose hinsichtlich der Erweiterung der dann einigermaßen etablierten Schule um eine gymnasiale Oberstufe angestellt und ein Antrag für einen Sekundarbereich II erörtert. Durch das ÄndG 15 wurde das bereits praktizierte Verfahren mit einer Rechtsgrundlage abgesichert. Seither bestimmt Satz 4, dass die Genehmigung für eine Schule der in § 5 Abs. 3 Nr. 3 Buchst. a genannten Schulformen – gemeint sind hier die Schulformen Gymnasium, Gesamtschule und Förderschule – auch gestuft erteilt werden »kann«, d. h., zunächst kann die Errichtung der Schulform für den Sekundarbereich I genehmigt und späterhin eine Erweiterung um einen Sekundarbereich II zugelassen werden. Denkbar ist gleichwohl, dass z.B. bei Genehmigung der Errichtung einer nachweislich fünfzügig geführten

Gesamtschule bzw. eines entsprechend breit angelegten Gymnasiums von vornherein auch eine gymnasiale Oberstufe bewilligt wird.

10 **Zu Abs. 9:** Abs. 9 ist durch das Gesetz vom 28.10.2009 (siehe Anm. 1) angefügt worden. Mit der darin enthaltenen Verordnungsermächtigung ist dem Kultusministerium nach dem Wegfall der Vorschriften zur Schulentwicklungsplanung (Aufhebung des § 26) ein Steuerungsinstrument bezüglich der schulorganisatorischen Entscheidungen der kommunalen Schulträger geblieben. Worauf sich die Ermächtigung bezieht, ist wortgleich aus der Ermächtigung des aufgehobenen § 26 Abs. 7 Satz 1 a. F. übernommen worden. Besonders hingewiesen werden soll auf die Festlegung der Größe der Schulen der einzelnen Schulformen (Mindest- und Höchstzahl der parallelen Klassen pro Schuljahrgang) und darauf, unter welchen Voraussetzungen Schulen Außenstellen führen dürfen.

Die aufgrund der Ermächtigung des aufgehobenen § 26 erlassene »Verordnung zur Schulentwicklungsplanung« (VO-SEP) vom 19.10.1994 ist mit Ablauf des 31.01.2010 außer Kraft getreten (wobei gleichwohl über § 7 SchOrgVO für berufsbildende Schulen der 2. Abschnitt der VO-SEP, der die Planungsgrundsätze festgelegt hat, übergangsweise entsprechend zur Anwendung kommt).

11 **Verweise, Literatur:**

- Verordnung zur Schulentwicklungsplanung (VO-SEP) vom 19.10.1994 (Nds. GVBl. S. 460), zuletzt geändert durch Art. 2 Abs. 3 des Gesetzes vom 02.07.2008 (Nds. GVBl. S. 246) – außer Kraft getreten mit Ablauf des 31.01.2010 (vgl. aber § 7 SchOrgVO)

- Verordnung für die Schulorganisation (SchOrgVO) vom 17.02.2011 (Nds. GVBl. S. 62; Schulrecht 272/19), geändert durch Art. 2 des Gesetzes vom 19.06.2013 (Nds. GVBl. S. 165)

- *Ulrich, Karl-Heinz:* Herausforderung Demografie, Schulverwaltung, Ausgabe Niedersachsen, 2007, H. 10, S. 266

- *Ulrich, Karl-Heinz:* Errichtung von Oberschulen, Schulverwaltung, Ausgabe Niedersachsen, 2011, H. 2, S. 38

- *Bräth, Peter:* Oberschule – Schulform im Sekundarbereich I, Schulverwaltung, Ausgabe Niedersachsen, 2011, H. 5, S. 132

- *Ulrich, Karl-Heinz:* Verordnung für die Schulorganisation rechtmäßig, Schulverwaltung, Ausgabe Niedersachsen, 2012, H. 4, S. 121

- *Harks, Thomas:* Die Aufhebung einer Rechtsverordnung nach Wegfall der Verordnungsermächtigung, NVwZ, H. 24/2016, S. 1773

(Karl-Heinz Ulrich)

§ 107 Namensgebung

¹Der Schulträger kann im Einvernehmen mit der Schule dieser einen Namen geben. ²Über einen entsprechenden Vorschlag der Schule hat der Schulträger innerhalb einer angemessenen Frist zu entscheiden.

Allg.: Schulen können neben einer amtlichen Bezeichnung, die sich nach dem Erlass »Bezeichnung und Siegelführung der Schulen« (Anm. 4) richtet, einen Schulnamen führen. Sofern einer Schule ein Name gegeben wurde, kann der Name in die amtliche Bezeichnung aufgenommen werden, d. h., der Name ist neben dieser Bezeichnung zu führen.

Schulen sind gemeinsame Anstalten des Schulträgers und des Landes (vgl. § 1 Abs. 3 Satz 2), deshalb ist auch die Namensgebung eine gemeinsame Angelegenheit des Schulträgers und des Landes, das in dieser Angelegenheit von der Schule vertreten wird. § 107 regelt die Kooperation von Schulträger und Schule bei der Namensgebung. Eine Zustimmung der Schulbehörde zur Namensgebung ist nicht mehr erforderlich, im Falle einer rechtswidrigen Benennung oder der Verletzung allgemeingültiger Rechtsgrundsätze (z.b. Vergabe eines rechtserheblich irreführenden Namens, Verwechslungsgefahr) bleibt ihr jedoch die Möglichkeit, aufsichtliche Maßnahmen einleiten zu lassen oder selbst vorzunehmen.

Für die Namensgebung kommen Namen herausragender Persönlichkeiten (z.b. Geschwister-Scholl-Schule, Goetheschule, Astrid-Lindgren-Schule), regionale sowie geografische Angaben (z.b. Hümmling-Gymnasium, Gymnasium »In der Wüste«, Stadtwaldschule) Namen von Einrichtungen oder Institutionen (z.B. Ratsgymnasium, Bürgerschule) sowie Namen mit einem Bezug zum Berufsfeld der Schule (z.B. Seefahrtschule, Multimedia-Berufsschule) in Betracht.

Der Vorteil eines Schulnamens wird u. a. in einer stärkeren Identifikation der am Schulleben Beteiligten mit ihrer Schule gesehen. Schulnamen werden oftmals nach einem Vorbild vergeben, dessen Lebenswerk oder Schicksal der Schule u. a. ein Leitbild vorgibt.

Hinsichtlich der Bezeichnung der Schulen in freier Trägerschaft und der freien Unterrichtseinrichtungen wird auf § 140, bezüglich der Bezeichnung von anerkannten Tagesbildungsstätten wird auf § 163 verwiesen.

Zu Satz 1: Die Bestimmung räumt dem Schulträger das Recht ein, einer in seiner Trägerschaft befindlichen Schule einen Namen zu geben. Hierzu bedarf es des Einvernehmens mit der betroffenen Schule. Einvernehmen ist das Einverständnis einer anderen Stelle, das herbeigeführt werden muss, bevor eine Maßnahme getroffen werden kann. Vor einer Namensgebung durch den Schulträger muss folglich das Einverständnis der Schule vorliegen. Nach § 38a Abs. 3 Nr. 12 entscheidet der Schulvorstand über die von der Schule bei der Namensgebung zu treffenden Mitwirkungsentscheidungen.

Es bietet sich an, das Einvernehmen der Schule vor der abschließenden Beschlussfassung des dafür zuständigen kommunalen Gremiums (§ 58

Abs. 3 NKomVG) einzuholen, denkbar – wenngleich weniger ratsam – ist aber auch, das Einverständnis nach der Beschlussfassung herbeizuführen.

3 **Zu Satz 2:** Nach Satz 2 kann auch die Schule – nach einer Entscheidung des Schulvorstandes – die Initiative für eine Namensgebung ergreifen und dem Schulträger einen Vorschlag unterbreiten. Der Schulträger hat innerhalb einer angemessenen Frist über den Vorschlag zu entscheiden. Diese Fristsetzung ist eine Mahnung des Gesetzgebers, das Verfahren der Entscheidungsfindung zügig durchzuführen. Bei der Bestimmung des Zeitraums einer hier noch als angemessen anzusehenden Frist ist zu bedenken, dass beim Schulträger ggf. vorbereitende Beratungen und Beschlussempfehlungen in Ausschüssen (Schulausschuss, Hauptausschuss) sowie eine abschließende Beratung und Beschlussfassung der Vertretung der Kommune zu erfolgen haben. Den Beratungen und der Beschlussfassung wird eine angemessene und kritische Würdigung des Namens (u. a. Recherche über die Persönlichkeit, Prüfung der Namens- und Persönlichkeitsrechte des Namensgebers – ggf. hinsichtlich eines postmortalen Persönlichkeitsschutzes –, Prüfung und Bewertung eines schutzwürdigen Interesses an der Beibehaltung eines bereits geführten Namens im Falle einer Umbenennung), gelegentlich auch ein Dialog in der Öffentlichkeit vorgeschaltet sein.

4 **Verweise, Literatur:**

- Erl. »Bezeichnung und Siegelführung der Schulen« vom 11.12.2013 (Nds. MBl. 2014, S. 9; SVBl. 2014, S. 50), geändert durch Erl. v. 30.07.2019 (Nds. MBl. S. 1191; SVBl. S. 518)
- *Meyer, Andreas:* Schulnamen in Internetdomains, Schulverwaltung, Ausgabe Bayern, 2002, H. 9, S. 315
- *Ulrich, Karl-Heinz,* Namensgebung von Schulen in Niedersachsen – Eine rechtliche und eine tatsächliche Betrachtung, Schulverwaltung Ausgabe Niedersachsen, 2012, H. 11/2012 u. H. 12/2012)

(Karl-Heinz Ulrich)

§ 108 Schulanlagen und Ausstattung der Schule

(1) ¹Die Schulträger haben die erforderlichen Schulanlagen zu errichten, mit der notwendigen Einrichtung auszustatten und ordnungsgemäß zu unterhalten. ²Zu den erforderlichen Schulanlagen der Schulen mit regionalem oder überregionalem Einzugsbereich gehören auch Schülerwohnheime.

(2) Raumprogramme für neue Schulanlagen und für Um- und Erweiterungsbauten, durch die die Verwendbarkeit von Schulanlagen wesentlich beeinflusst wird, sind im Benehmen mit der Schulbehörde aufzustellen.

(3) Das Kultusministerium und die Arbeitsgemeinschaft der Kommunalen Spitzenverbände können insbesondere aus pädagogischen und hygienischen Gründen sowie aus Gründen der Sicherheit und des Umweltschutzes ge-

meinsame Empfehlungen über Umfang und Ausgestaltung der Schulgrundstücke und Schulanlagen sowie über die Einrichtung der Schulgebäude und die Ausstattung der Schulen mit Lehr- und Lernmitteln erlassen.
(4) ¹Die Landkreise sind verpflichtet, die kreisangehörigen Schulträger bei der Ausstattung ihrer Schulen mit audiovisuellen Medien zu unterstützen. ²Die Landkreise und kreisfreien Städte sollen die Versorgung der Schulen mit audiovisuellen Medien koordinieren; sie haben im Benehmen mit der Schulbehörde eine geeignete Fachkraft mit der Durchführung dieser Aufgabe zu betrauen. ³Diese kann das Land unentgeltlich zur Verfügung stellen.

Allg.: In § 108 wird die zweite in § 101 Abs. 1 aufgeführte wesentliche Schulträgeraufgabe, nämlich die erforderlichen Schulanlagen vorzuhalten, durch gesetzliche Vorgaben zur baulichen Errichtung sowie zur Ausstattung und Unterhaltung von Schulanlagen konkretisiert. Ferner wird das Zusammenwirken von Land und kommunalen Schulträgern bei der Ausgestaltung, Einrichtung sowie Ausstattung der Schulen geregelt und den Landkreisen die Verpflichtung auferlegt, ihren kreisangehörigen Schulträgern bei der Ausstattung mit audiovisuellen Medien behilflich zu sein. 1

Die Regelungen des § 108 stehen im Spannungsverhältnis zwischen kommunaler Selbstverwaltung (Art. 28 Abs. 2 GG) und staatlicher Schulaufsicht (Art. 7 Abs. 1 GG). Diese verfassungsrechtlichen Aufgabenverteilungsprinzipien stehen nicht gleichrangig nebeneinander, vielmehr sind nach der Rechtsprechung des BVerfG Beschränkungen der kommunalen Selbstverwaltung dann möglich, wenn der Kernbereich der Selbstverwaltungsgarantie unangetastet bleibt (vgl. u. a. BVerfG, Beschl. v. 24.02.2006 – 6 P 4/04 u. Beschl. v. 19.11.2014 – 2 BvL 2/13 m. w. N., ferner auch richtungweisend BVerwG, Urt. v. 11.03.1966 – VII C 141.65). Der Schutz des Kernbereichs von Art. 28 Abs. 2 Satz 1 GG verbietet Regelungen, die eine eigenständige organisatorische Gestaltungsfähigkeit der Kommunen ersticken würden, jenseits des Kernbereichs kann der Gesetzgeber aber durchaus Regelungen zur Ausgestaltung des Umfangs und der Reichweits der Selbstverwaltungsangelegenheiten treffen. Insbesondere zur zentralen Ordnung und Organisation des Schulwesens sowie zur Wahrung der Chancen- und Bildungsgerechtigkeit kann der Gesetzgeber den Kommunen einengende Vorgaben machen. Den Staat trifft die Verpflichtung, auf eine annähernde Gleichwertigkeit der Bindungsbedingungen zu achten, eine gewisse Vereinheitlichung durch Festlegung von Standards ist deshalb geboten.

Zu Abs. 1: Das Gesetz verlangt von den Schulträgern die Errichtung der erforderlichen Schulanlagen, die Ausstattung der Schulanlagen mit der notwendigen Einrichtung sowie die ordnungsgemäße Unterhaltung der Schulanlagen. 2

Schulanlagen sind die baulichen Anlagen und die sonstigen Einrichtungen, die sich auf dem Schulgrundstück befinden. Hierzu gehören vor allem das Schulgebäude mit den Unterrichtsbereichen, der Verwaltungs-, Lehrkräfte-, Gemeinschafts- und Freizeitbereich, die Betriebsräume, Sportstätten, Cafeterien und Mensen sowie die Frei-, Grün- und Verkehrsflächen. Zur

Ausstattung einer Schulanlage zählen im Wesentlichen das Inventar der Unterrichts-, Fachunterrichts-, Verwaltungs- und Betriebsräume, Sammlungen, Werkzeuge, Maschinen, Geräte, Musikinstrumente, Landkarten, Medien und weitere Lehrmittel. Zur Unterhaltung der Schulanlagen gehören insbesondere Instandhaltungen, Instandsetzungen und Ersatzbeschaffungen, die die Anlagen und Ausstattungsgegenstände in einem für die schulische Verwendung funktionsfähigen Zustand halten.

Was als erforderlich (bei der Errichtung von Schulanlagen), notwendig (bei deren Ausstattung) und ordnungsgemäß (bei deren Unterhaltung) anzusehen ist, entscheidet der Schulträger in eigener Zuständigkeit. Anfallende Kosten hat der Schulträger als sächliche Kosten nach § 113 Abs. 1 zu tragen.

In Satz 2 wird klargestellt, dass zu den erforderlichen Schulanlagen der Schulen mit regionalem oder überregionalem Einzugsbereich auch Schülerwohnheime gehören, also Gebäude u. ä., die für die Unterkunft von Personen gedacht sind, die eine schulische Bildungseinrichtung besuchen. Im Bereich der Förderschulen (insbes. bei regional agierenden Förderschulen im Förderschwerpunkt Emotionale und soziale Entwicklung) sowie der berufsbildenden Schulen (insbesondere bei den überregional tätigen und seltenen Schulen für sog. »Splitterberufe«) kann der Schulbesuch mit der Unterbringung in einem Schülerwohnheim verbunden sein, weil tägliche Fahrten zwischen Wohnsitz und Schule nicht unter zumutbaren Bedingungen gewährleistet werden können. Der Schulträger muss sowohl für das Wohnheim sorgen als auch den Heimbetrieb sicherstellen.

3 **Zu Abs. 2:** Vor dem Hintergrund, dass Schulen Anstalten ihres (kommunalen) Trägers und des Landes sind (§ 1 Abs. 3 Satz 2) und dass das gesamte Schulwesen unter der Aufsicht des Staates steht (Art. 7 Abs. 1 GG), legt Absatz 2 fest, dass bestimmte Raumprogramme für Schulanlagen vom Schulträger im Benehmen mit der Schulbehörde aufzustellen sind: Der Benehmensherstellung unterliegen die Raumprogramme für »neue« Schulanlagen und für Um- und Erweiterungsbauten (an Bestandsbauten), durch die die Verwendbarkeit von Schulanlagen wesentlich beeinflusst wird.

Ein Raumprogramm stellt einen detaillierten Überblick der Bauaufgabe dar und dient als Grundlage der Gebäudeplanung. Mit Hilfe eines Raumprogramms können Umfang und Ausstattung der wesentlichen Gebäudenutzungen dargestellt werden. Ein Raumprogramm wird üblicherweise anhand einer tabellarischen Liste der Räume aufgestellt. In der Liste sind Angaben zu Art und Größe aller zur Hauptnutzfläche gehörenden Räume (Unterrichts- und Unterrichtsnebenräume, Gemeinschaftsräume, Verwaltungs- und Lehrkräfteräume) enthalten.

Zum Raumprogramm muss der Schulträger das Benehmen mit der nachgeordneten Schulbehörde herstellen, d. h., er muss seine Planungen der Schulbehörde vorlegen, mit dieser ggf. erörtern und Vorschläge und Anregungen der Schulbehörde (z.B. schulfachliche Beratung im Hinblick auf die Vorgaben der Grundsatz- und Klassenbildungserlasse) nach Möglichkeit berücksichtigen. Die Benehmensherstellung ist eine Form der Mitwirkung, bei der der zu beteiligenden Stelle Gelegenheit zur Stellungnahme mit dem ernsthaften Ziel der Verständigung zu geben ist. Von der Äußerung der beteiligten Stelle kann aus sachlichen Gründen abgewichen werden. Die abschließende Entscheidung trifft folglich der Schulträger.

Unter Neubau versteht man ein Bauwerk, das vom Fundament bis zum Dach völlig neu erbaut wird. Ein Umbau ist die Veränderung einer bestehenden Schulanlage in Form, Gestalt oder Ausführung, um sie für andere, erweiterte oder zusätzliche Zwecke nutzbar zu machen oder ihren Ursprungszweck zu verändern (z.B. Umbau einer Grundschule in eine Oberschule). Unter einem Erweiterungsbau versteht man die bauliche Erweiterung einer bestehenden Schulanlage durch Räume oder Teilen davon – in horizontaler oder vertikaler Richtung – eines schon bestehenden Gebäudes.

Um- und Erweiterungsbauten unterliegen nur dann der Benehmensherstellung, wenn durch sie die »Verwendbarkeit von Schulanlagen wesentlich beeinflusst« wird. Entscheidend für eine Beteiligung der Schulbehörde ist demnach, ob eine Baumaßnahme zu einer relevanten Zweckänderung führt.

Zu Abs. 3: Für die in Absatz 3 enthaltene Aussage, dass das Kultusministerium und die Arbeitsgemeinschaft der kommunalen Spitzenverbände zu bestimmten Belangen gemeinsame Empfehlungen erlassen können, hätte es von Rechts wegen einer gesetzlichen Bestimmung nicht bedurft. Zum einen sind Empfehlungen – schon nach dem allgemeinen Sprachverständnis – unverbindliche Ratschläge, Anweisungen und Verhaltensmaßregeln, die auf ein gewünschtes Ergebnis abzielen; sie haben keine rechtliche Verbindlichkeit wie gesetzliche oder untergesetzliche Normen. Zum anderen können Empfehlungen jederzeit von jedem, allein oder gemeinsam mit anderen, ausgesprochen werden. Die Bestimmung ist vor dem Hintergrund der rechtlichen Gemengelage (Schulaufsicht: Art. 7 Abs. 1 GG, kommunale Selbstverwaltung: Art. 28 Abs. 2 GG, Anhörung der kommunalen Spitzenverbände: Art. 57 Abs. 1 u. 6 NV sowie Kondomainat: § 1 Abs. 3 Satz 2) und der teils unterschiedlichen Interessenlagen von Land und Kommunen eher als nachdrückliche Aufforderung zu verstehen, sich vor der Abgabe bestimmter Empfehlungen auf einen für beide Seiten zu vertretenden Inhalt zu verständigen. Gemeinsam abgegebene Empfehlungen entfalten zumeist eine stärkere faktische Bindungswirkung für die Adressaten.

Gleichwohl ist die Bestimmung, dass das Kultusministerium – als oberste staatliche Schulbehörde – und die Arbeitsgemeinschaft der kommunalen Spitzenverbände – als »Schulterschluss« dreier Vereine – gemeinsame Empfehlungen erlassen können, außergewöhnlich.

In der Praxis ist der Bestimmung bisher wenig Erfolg beschieden. Die 1988 noch nach altem Recht vom Kultusministerium bekannt gegebenen Schulbauhandreichungen (Anm. 6) konnten trotz in den Jahren 1994 und 2000 vom Kultusministerium unternommener Versuche zu einer Fortschreibung mangels eines einheitlichen Votums der drei Verbände nicht als gemeinsame Empfehlung erlassen werden. Architekturbüros greifen bei Neu-, Um- und

Erweiterungsbauten in Niedersachsen mangels aktueller landeseigener Empfehlungen auf die Schulbauhandreichungen anderer Bundesländer zurück, wenn sie Planungshinweise zu Raumprogrammen, Freiflächen, Barrierefreiheit usw. recherchieren. Dieser Zustand ist unbefriedigend. Es sollte deshalb dringend ein eigenes inhaltliches und räumliches Konzept entwickelt werden, das die Effizienz, Bedarfsgerechtigkeit und Zukunftsfähigkeit von Bauvorhaben sicherstellt. Investitionen in Schulbau sind Investitionen in die Zukunft, die dringend auf neue pädagogische und organisatorische Anforderungen reagieren müssen.

Auch die Absicht, einen »Rahmenhygieneplan« (Anm. 6) als gemeinsame Empfehlung zu erlassen, hat nicht die Unterstützung der Interessenverbände der kommunalen Körperschaften gefunden. Die vom Niedersächsischen Landesgesundheitsamt herausgegebene »Arbeitshilfe zur Erstellung des Hygieneplans für die Schule auf der Grundlage des § 36 Infektionsschutzgesetz« spiegelt lediglich den für die Benehmensherstellung vonseiten des Landes erarbeiteten »Entwurf eines Rahmenhygieneplans« wider. Es bleibt den Schulen unbenommen, sich bei der Festlegung innerbetrieblicher Verfahrensweisen zur Infektionshygiene in Hygieneplänen (§ 36 Abs. 1 i. V. m. § 33 Infektionsschutzgesetz) »an dieser Arbeitshilfe zu orientieren«. Eine gemeinsame Empfehlung von Land und Kommunen hätte dieser wichtigen Aufgabe mehr Aufmerksamkeit und Verbindlichkeit verliehen, so dass sie auch flächendeckend umgesetzt worden wäre. Eine in den Jahren 2016 bis 2019 durchgeführte Untersuchung in der Region Hannover hat ergeben, dass mehr als die Hälfte der Schulen nicht über einen Hygieneplan verfügte, außerdem wurden bei vielen Schulen zum Teil gravierende Hygienemängel festgestellt. Im Vorfeld und erst recht während der sog. Coronakrise (COVID-19-Pandemie) im Jahr 2020 wurde offenkundig, welche Folgen die Verweigerung der Benehmensherstellung zu einem gemeinsam getragenen Rahmenhygieneplan haben kann, denn es wurde deutlich, dass weder für alltägliche und schon gar nicht für besondere Situationen verlässliche Hygienestandards an den Schulen gegeben waren. Mit dem Leitfaden »Niedersächsischer Rahmen-Hygieneplan Corona Schule« musste von Kultusministerium und Landesgesundheitsamt in einer Zeit, in der es vordringlichere Probleme zu bewältigen gab, eiligst ein Konzept erstellt und mit den Schulträgern abgestimmt werden, dass die Wiederaufnahme des Schulbetriebs gewährleisten sollte.

Um die Schwierigkeiten zu verstehen, auf die der Erlass gemeinsamer Empfehlungen stößt, muss man sich Folgendes vor Augen führen: In Niedersachsen gibt es drei kommunale Spitzenverbände: Der Niedersächsische Landkreistag e. V. (NLT) ist die Vereinigung der 36 Landkreise und der Region Hannover. Der Niedersächsische Städte- und Gemeindebund e. V. (NSGB) spricht für über 400 kreisangehörige Städte, Gemeinden und Samtgemeinden. Dem Niedersächsischen Städtetag e. V. (NST) gehören 128 Städte und Gemeinden sowie die Region Hannover, die Seestadt Bremerhaven und der Zweckverband Großraum Braunschweig (als außerordentliche Mitglieder) an. Die drei Spitzenverbände vertreten die Interessen ihrer

Schulträgerschaft § 108

Mitglieder insbesondere gegenüber der Landesregierung. Es liegt auf der Hand, dass es – trotz vieler Gemeinsamkeiten – bereits innerhalb der drei Verbände zahlreiche unterschiedliche Interessenlagen, Strömungen und Ansichten gibt und dass es schon nicht leicht ist, eine grundlegende Verbandsposition zu finden.

In der Arbeitsgemeinschaft der kommunalen Spitzenverbände haben sich NLT, NSGB und NST zur Wahrnehmung gemeinsamer Anliegen und Belange zusammengeschlossen. Auch hier bestehen – z.b. bedingt durch unterschiedliche politische Machtverhältnisse, Größe und Finanzkraft der Kommunen sowie durch die Trägerschaft für bestimmte Schulformen – unterschiedliche Interessenlagen, so dass unter Umständen drei divergierende Verbandspositionen aufeinander abzustimmen sind. Dass dies nicht immer gelingt, liegt auf der Hand. Bei einer beabsichtigten Setzung von Mindestanforderungen oder Standards, die für die Kommunen möglicherweise Kosten nach sich ziehen, reagieren die Verbände erwartungsgemäß einheitlich verhalten.

In der vorstehenden Problembeschreibung ist noch nicht berücksichtigt, dass natürlich auch das Land im Rahmen der Schulaufsicht, des Gesundheits- und Umweltschutzes, seiner Fürsorgepflicht usw. bei der Abgabe von Empfehlungen im Sinne des Absatzes 3 eigene Interessen und Zielsetzungen hat, diese aktiv verfolgt und durchzusetzen versucht. Und natürlich lässt sich auch das Land als Verhandlungspartner von Kostenfragen leiten.

Es wird nach alledem schwierig bleiben, einvernehmliche Empfehlungen zu erlassen. Dass der Regelungsgehalt des Absatzes 3 in der Praxis ins Leere geht und in durchaus bedeutsamen Bereichen wie bauliche Anforderungen, Sicherheit, Umweltschutz und Hygiene eine sachgerechte Steuerung nicht gesichert ist, sollte jedoch auch dem Gesetzgeber zu denken und Anlass zum Handeln geben.

Zu Abs. 4: Satz 1 verpflichtet die Landkreise, die kreisangehörigen Schulträger bei der Ausstattung ihrer Schulen mit audiovisuellen Medien zu unterstützen. Die Schulträger sind nach § 113 Sachaufwandsträger und für die Beschaffung der notwendigen Lehrmittel zuständig. Da es wirtschaftlicher ist, Filme, Dias, Tonbänder, Videokassetten, DVDs, CD-ROMs, Speicherkarten usw., die nicht ständig in einer Schule benötigt werden, gleichwohl aber sachgerecht archiviert und gepflegt werden müssen, zentral zu beschaffen und nach Bedarf an die Schulen auszugeben, ist eine partnerschaftliche Organisation und Unterstützung durch die Landkreise vernünftig. Die Sätze 2 und 3 sichern schulgesetzlich die Arbeit der kommunalen Medienzentren (Kreis- und Stadtbildstellen) in den Landkreisen und kreisfreien Städten ab. Zu den Aufgaben dieser Einrichtungen gehören z.B. die Ermittlung und Koordinierung des Medienbedarfs, das Ausleihen audiovisueller Medien und Geräte an Schulen und andere Bildungseinrichtungen, die Durchführung von Fortbildungsveranstaltungen, die Wartung und Reparatur von Geräten sowie die Beratung bei der Medienauswahl und der Beschaffung von Medien und Geräten. Die Beschäftigten der Kreis- und Stadtbildstellen sind grundsätzlich Bedienstete der kommunalen

5

Körperschaften. Die Leiterinnen und Leiter der kommunalen Bildstellen, die Beraterinnen und Berater in den kommunalen Medienzentren (Kreis- und Stadtbildstellen) und die medienpädagogischen Beraterinnen und Berater für Lernen mit digitalen Medien im Unterricht sind Lehrkräfte im Landesdienst, die die pädagogischen Aufgaben im Nebenamt wahrnehmen und dafür Anrechnungsstunden nach § 12 bzw. § 15 Nds. ArbZVO-Schule erhalten (Anm. 6). Zum Begriff der Benehmensherstellung im Zusammenhang mit der Beauftragung einer Fachkraft vgl. Anm. 3.

6 Verweise, Literatur:

- Erl. »Handreichungen zu Umfang und Ausgestaltung der Schulgrundstücke und Schulanlagen für allgemein bildende und berufsbildende Schulen (Schulbauhandreichungen)« v. 18.08.1988 (SVBl. S. 300; Schulrecht 274/1). Diese Handreichungen sind zum 31.12.2000 ohne Nachfolgeregelung außer Kraft getreten. Bei den Handreichungen handelte es sich um Planungshilfen für die kommunalen Schulträger. Es bleibt den Schulträgern unbenommen, die Handreichungen weiterhin als Planungshilfe heranzuziehen.

- Erl. »Richtlinie über bauaufsichtliche Anforderungen an Schulen (SchulbauR)« v. 11.08.2000 (Nds. MBl. S. 519), geändert durch Erl. v. 12.11.2012 (Nds. MBl. S. 997; SVBl. 2013, S. 33)

- Unfallverhütungsvorschrift »Schulen«, Normen für die Gestaltung von Unterrichtsräumen, Bek. d. MK v. 05.03.2004 (SVBl. S. 224)

- »Arbeitshilfe zur Erstellung des Hygieneplans für die Schule auf der Grundlage des § 36 Infektionsschutzgesetz« – Schulhygieneplan 2017; Niedersächsisches Landesgesundheitsamt, Dezember 2017 (siehe Ergänzung zum Vorwort)

- Leitfaden »Niedersächsischer Rahmen-Hygieneplan Corona Schule«; Niedersächsisches Kultusministerium, Stand: 05.08.2020

- Erl. »Lehrkräfte als medienpädagogische Beraterinnen und Berater für Lernen mit digitalen Medien« v. 13.04.2011 (SVBl. S. 152)

(Karl-Heinz Ulrich)

§ 109 Koordinierung des öffentlichen Verkehrsangebotes

Die Landkreise und kreisfreien Städte haben sich unabhängig von ihrer Aufgabe als Schulträger darum zu bemühen, dass die Fahrpläne und die Beförderungsleistungen der öffentlichen Verkehrsmittel in ihrem Gebiet den Bedürfnissen der Schülerinnen und Schüler hinreichend Rechnung tragen.

1 **Allg.:** Nach § 3 Abs. 2 Satz 1 NKomVG haben die Landkreise und die Region Hannover eine faktische Allzuständigkeit für den überörtlichen Aufgabenbereich; über § 18 NKomVG haben die kreisfreien Städte eine vergleichbare Verantwortlichkeit und Kompetenz. Die Landkreise, die Region Hannover und die kreisfreien Städte haben gemäß § 4 Abs. 1 Nie-

der sächsisches Nahverkehrsgesetz Trägeraufgaben für den öffentlichen Personennahverkehr in ihrem jeweiligen Gebiet. Diesen Kommunen obliegen außerdem nach der Verordnung über Zuständigkeiten im Bereich Verkehr (ZustVO-Verkehr) Aufgaben nach dem Personenbeförderungsgesetz und den aufgrund dieses Gesetzes erlassenen Verordnungen. Ihnen ist überdies nach § 114 die Aufgabe der Schülerbeförderung als Aufgabe im eigenen Wirkungskreis zugewiesen. Aus diesen Gründen wendet sich der Gesetzgeber in § 109 an sie und überträgt ihnen Koordinierungsaufgaben, um beispielsweise im Verhandlungswege verträgliche Bedingungen bei der Beförderung der Schülerinnen und Schüler zu ermöglichen.

Konkrete rechtliche Eingriffsmöglichkeiten stehen den genannten Kommunen nicht zur Verfügung. Die Bestimmung verpflichtet sie aber auch nicht zu finanziellen Leistungen, um die Koordinierungsaufgaben sicherzustellen.

Zum einzigen Absatz: Die Bestimmung nimmt die Landkreise, die Region Hannover (vgl. § 3 Abs. 3 NKomVG) und die kreisfreien Städte in die Pflicht, die Beförderungsbedingungen in ihrem Gebiet mit den Interessen der Schülerinnen und Schüler angemessen zu harmonisieren. Durch die Formulierung, dass diese Koordinierungsaufgabe unabhängig von der Aufgabe als Schulträger wahrzunehmen ist, werden einerseits die sachliche Trennung von den originären Schulträgeraufgaben, andererseits die überörtliche Bedeutung der Aufgabe und auch die erweiterte Verantwortlichkeit der genannten kommunalen Körperschaften betont. Der Auftrag, sich um ein verträgliches Bedienungsangebot »bemühen« zu müssen, verdeutlicht allerdings, dass die Möglichkeiten der Steuerung und Einflussnahme der mit der Aufgabe betrauten Kommunen als durchaus begrenzt angesehen werden. Die Bestimmung fordert von den Kommunen permanente Anstrengungen, um das Bedienungsangebot an eine sich verändernden Verkehrsnachfrage für die Schülerinnen und Schüler anzugleichen. Die Wortwahl bestimmt zugleich die Lesart: Grundsätzlich sollen sich nicht Schulzeiten an den Fahrplänen und Beförderungsleistungen, sondern die Fahrpläne und Beförderungsleistungen an den Schulzeiten ausrichten. Schülerinnen und Schüler sind eine Nutzergruppe mit eigenen Bedürfnissen. Schülerinnen und Schüler gehören unterschiedlichen Schuljahrgängen, Schulbereichen und Schulformen an, sie sind physisch und psychisch uneinheitlich belastbar. Das Bedienungsangebot muss an die Bedürfnisse dieser Nutzergruppe verständig anknüpfen und den Erfordernissen gerecht werden. Das Bedienungsangebot trägt den Bedürfnissen der Schülerschaft dann hinreichend Rechnung, wenn die Verkehrsnachfrage im Sinne einer ausreichenden Bedienung mit Verkehrsleistungen befriedigt wird. Dafür sollte sie sich an vier wesentlichen Bedürfnissen orientieren: Teilnahme am Unterricht, Wahrnehmung von Ganztagsschulangeboten, Teilnahme an außerunterrichtlichen Veranstaltungen der Schule, Verkehrssicherheit.

Verweise, Literatur:

- Empfehlungen zur Abstimmung von Unterrichtszeiten und Fahrplänen (Erarbeitet von einem Arbeitskreis des Kultusministeriums, der kom-

munalen Spitzenverbände und des Instituts für Entwicklungsplanung und Strukturforschung, SVBl. 1983 S. 128)
- Erl. »Unterrichtsorganisation« vom 20.12.2013 (SVBl. 2014, S. 49; SRH 3.120), geändert durch RdErl. v. 23.11.2018 (SVBl. 2019, S. 5)

(Karl-Heinz Ulrich)

§ 110 Kommunale Schulausschüsse

(1) Die Schulträger mit Ausnahme des Landes bilden einen oder mehrere Schulausschüsse, für die die folgenden besonderen Vorschriften gelten.

(2) [1]Die Schulausschüsse setzen sich aus Abgeordneten der Vertretung des Schulträgers und aus einer vom Schulträger zu bestimmenden Zahl stimmberechtigter Vertreterinnen oder Vertreter der in seiner Trägerschaft stehenden Schulen zusammen. [2]Jedem Schulausschuss müssen mindestens je eine Vertreterin oder ein Vertreter der Lehrkräfte, der Erziehungsberechtigten sowie der Schülerinnen und Schüler angehören. [3]Den Schulausschüssen, die sowohl für allgemeinbildende als auch für berufsbildende Schulen zuständig sind, müssen mindestens je zwei Vertreterinnen oder Vertreter der Lehrkräfte, der Erziehungsberechtigten sowie der Schülerinnen und Schüler angehören; jeweils eine Vertreterin oder ein Vertreter muss der jeweiligen Personengruppe an den berufsbildenden Schulen angehören, [4]Die Abgeordneten der Vertretung des Schulträgers müssen in der Mehrheit sein. [5]Die Vertreterinnen oder Vertreter der Schülerinnen und Schüler müssen mindestens 14 Jahre alt sein.

(3) [1]In Angelegenheiten, die berufsbildende Schulen betreffen, nimmt mindestens je eine Vertreterin oder ein Vertreter der Organisationen der Arbeitgeberverbände und der Arbeitnehmerverbände mit Stimmrecht an den Sitzungen des Schulausschusses teil. [2]Absatz 2 Sätze 1 und 4 gilt entsprechend.

(4) [1]Die Vertretung des Schulträgers beruft die Mitglieder nach Absatz 2 Sätze 2 und 3 auf Vorschlag der jeweiligen Gruppe und nach Absatz 3 auf Vorschlag der jeweiligen Organisation. [2]Die Vorschläge sind bindend. [3]Vertreterinnen und Vertreter nach Absatz 2 Sätze 2 und 3 müssen als hauptamtliche oder hauptberufliche Lehrkräfte an einer Schule des Schulträgers beschäftigt sein, eine solche Schule als Schülerinnen oder Schüler besuchen oder Erziehungsberechtigte einer Schülerin oder eines Schülers an einer solchen Schule sein. [4]Eine Vertreterin oder ein Vertreter scheidet aus dem Amt aus, wenn die Voraussetzungen des Satzes 3 wegfallen oder sie oder er vom Amt zurücktritt; für die Vertreterinnen und Vertreter der Erziehungsberechtigten gilt im Übrigen § 91 Abs. 1 Satz 2 und Abs. 3 Nrn. 2 bis 5, 7 und 8 entsprechend. [5]Das Kultusministerium wird ermächtigt, durch Verordnung das Berufungsverfahren näher zu regeln.

1 Allg.: Kommunale Schulausschüsse zählen zu den sog. Ausschüssen nach besonderen Rechtsvorschriften (vgl. § 73 NKomVG). Gegenüber den allgemeinen Bestimmungen des Kommunalverfassungsrechts ist § 110 eine

sondergesetzliche Regelung. Die allgemeinen kommunalverfassungsrechtlichen Bestimmungen finden deshalb nur unter bestimmten Voraussetzungen auf die Schulausschüsse ergänzend Anwendung. Kommunale Ausschüsse haben grundsätzlich keine Entscheidungskompetenzen, vielmehr bereiten sie als Unterorgane Beschlüsse des Hauptausschusses sowie der Vertretung, d. h. des Rates, des Samtgemeinderates, des Kreistages bzw. der Regionsversammlung, durch Vorberatungen sowie durch Empfehlungen zur Beschlussfassung vor. Hierdurch kann eine wirksame Entlastung der Vertretung erreicht werden, etwa um dort in den Sitzungen entbehrliche Erörterungen und Erläuterungen zu vermeiden.

Zur Aufgabe der Schulausschüsse zählt in erster Linie die Beratung schulischer Angelegenheiten, die sich aus der Schulträgerschaft für die eigenen Schulen ergeben. Allerdings können auch über die originären Schulträgeraufgaben hinausgehende, sonstige Schulangelegenheiten beraten werden.

Alle Mitglieder des Schulausschusses haben ein volles Stimmrecht (vgl. § 73 Satz 2 NKomVG) und das Recht, Anträge zu stellen, das Auskunftsverlangen nach § 56 Satz 2 NKomVG ist hingegen nur den Mitgliedern der Vertretung eingeräumt.

Die Rechte und Pflichten der Mitglieder richten sich nach dem Kommunalverfassungsrecht. Sie sind nicht an Weisungen der sie entsendenden Gruppe gebunden, d. h., sie haben ein weisungsfreies Mandat. Gleichwohl wird zu erwarten sein, dass die entsandten Gruppenvertreterinnen und Gruppenvertreter sich zu einer Kooperation und Kommunikation mit den sie entsendenden Gruppen, die sie letztlich repräsentieren, veranlasst sehen.

Das Verfahren in den Ausschüssen richtet sich nach der Geschäftsordnung des jeweiligen Schulträgers (vgl. § 72 NKomVG).

Zu Abs. 1: Absatz 1 bestimmt die gesetzliche Verpflichtung für bestimmte Schulträger, Schulausschüsse einzusetzen, Schulausschüsse gehören damit zu den sog. Pflichtausschüssen. Die Schulträger können einen Schulausschuss für ihr gesamtes schulisches Angebot bilden, sie können aber auch mehrere Schulausschüsse – beispielsweise für Schulformen (vgl. § 5 Abs. 2) oder Schulbereiche (vgl. § 5 Abs. 3) – einrichten.

Schulträger im Sinne des § 110 Abs. 1 können neben den Landkreisen, kreisfreien Städten, Gemeinden und Samtgemeinden auch Schulzweckverbände (vgl. § 104 Satz 1) sein. Ausgenommen von der Verpflichtung ist ausdrücklich das Land Niedersachsen, in dessen Trägerschaft sich beispielsweise Internatsgymnasien befinden. Bei den öffentlich-rechtlich Verpflichteten in gemeindefreien Gebieten (vgl. § 102 Abs. 1), d. h. in Gebieten, die zu keiner politischen Gemeinde gehören (z.B. Truppenübungsplätze in der Heide und ihr umliegendes Gebiet im Eigentum der Bundesrepublik Deutschland), entfällt die Verpflichtung in Ermangelung einer kommunalen Vertretungskörperschaft.

Die Bestimmung stellt ferner deutlich den Charakter der nachfolgenden Regelungen als sondergesetzliche Vorschriften heraus.

3 Zu Abs. 2: Satz 1 bestimmt zunächst die Zusammensetzung der Schulausschüsse. Das Gesetz unterscheidet einerseits zwischen den Mitgliedern der Vertretung der Kommune (§ 45 NKomVG), d. h. den Ratsfrauen und Ratsherren oder den Kreistagsabgeordneten bzw. den Regionsabgeordneten, und den Vertreterinnen und Vertretern der verschiedenen Gruppen (Lehrkräfte, Erziehungsberechtigte, Schülerinnen und Schüler, vgl. Satz 2) andererseits.

Durch das ÄndG 15 wurde Satz 3, der bis dahin lediglich (mindestens) »eine Vertreterin oder einen Vertreter der Eltern« vorsah, geändert. Die Änderung hat dem Wunsch nach Gleichstellung der Erziehungsberechtigten mit den Lehrkräften sowie den Schülerinnen und Schülern Rechnung getragen. In der Praxis wurde allerdings bereits zuvor größtenteils so verfahren, denn die bisherige Regelung ließ auch zwei Vertreterinnen und Vertreter der Erziehungsberechtigten zu (Mindestzahlregelung).

Die Zahl der Mitglieder sowie die Bestimmung der Anzahl der Gruppenvertreterinnen und Gruppenvertreter können von der Vertretung der Kommune – per Beschluss oder in der Geschäftsordnung – festgelegt werden. Die Vertretung der Kommune kann an der Mindestanzahl festhalten, sie kann aber auch die Anzahl der Gruppenvertreterinnen und Gruppenvertreter erhöhen und einzelne Gruppen dabei begünstigen. Wesentlicher Grundsatz bei der Zusammensetzung eines Schulausschusses ist aber, dass die Mitglieder der Vertretung der Kommune in der Mehrheit sein müssen (Satz 4). Auf diese Weise wird der Charakter als kommunaler Ausschuss gesichert.

Satz 5 bestimmt, dass die Vertreterinnen oder Vertreter der Schülerinnen und Schüler mindestens 14 Jahre alt sein müssen. In Gemeinden, Samtgemeinden sowie Schulzweckverbänden, die ausschließlich Grundschulen in ihrer Trägerschaft führen, sind Schülervertretungen damit nicht zu bilden (vgl. § 3 Abs. 4 der Berufungsverfahrensverordnung).

4 Zu Abs. 3: Die Vertreterinnen und Vertreter der Arbeitgeber- und Arbeitnehmerorganisationen werden nur für die Beratung der Angelegenheiten der berufsbildenden Schulen hinzugezogen, ihr Stimmrecht bezieht sich allein auf diese Angelegenheiten. Insoweit unterscheiden sie sich von den Gruppenvertreterinnen und Gruppenvertretern der Lehrkräfte, der Erziehungsberechtigten sowie der Schülerinnen und Schüler der berufsbildenden Schulen, die nach Absatz 2 Satz 3 berufen werden und umfassend in allen Schulausschussangelegenheiten mitberaten und mitbestimmen können. Soweit die Geschäftsordnung der Vertretung der Kommune es zulässt, können die Interessenvertreterinnen und Interessenvertreter aber auch während der Beratung der anderen Tagesordnungspunkte – ohne Stimmrecht – anwesend sein.

Die Anzahl der Vertreterinnen und Vertreter der o. a. Organisationen wird von der Vertretung der Kommune festgelegt. Zu beachten ist, dass – da sich für die Beratung von Angelegenheiten der berufsbildenden Schulen die Zahl der Vertreterinnen und Vertreter um die Vertreterinnen und Vertreter der Arbeitgeber- und Arbeitnehmerorganisationen erhöht – auch die Zahl

Schulträgerschaft § 110

der Mitglieder der Vertretung der Kommune entsprechend erhöhen muss, um gemäß Absatz 2 Satz 4 deren Mehrheit zu gewährleisten.

Zu Abs. 4: Die Vertretung der Kommune hat die Vorschläge der Gruppen sowie der Organisationen der Arbeitgeberverbände und der Arbeitnehmerverbände bei ihren Berufungsentscheidungen zu übernehmen. Sie hat keine Möglichkeit, auf die personellen Entscheidungen der Gruppen oder Organisationen einzuwirken. Gleichwohl kann die Vertretung der Kommune erforderlichenfalls prüfen, ob die allgemeinen Voraussetzungen für eine Berufung (z.b. Wählbarkeit nach § 49 Abs. 2 NKomVG, Berufungshindernis nach § 71 Abs. 7 Satz 1 NKomVG, d. h. Unvereinbarkeit von beruflicher Tätigkeit und Mandat) vorliegen. Das OVG Niedersachsen hat mit Urteil vom 15.02.2011 – 10 LB 79/10 – (SchVw NI H 5/2011, S. 154; Nds. VBl. 6/2011, S. 162) im Falle einer Vertreterin der Elternschaft, die zeitgleich beim Schulträger beschäftigt war, bestätigt, dass Bedienstete einer Kommune nicht Mitglieder eines bei ihr gebildeten Schulausschusses sein können. In dieser Entscheidung hat das OVG auch aufgezeigt, dass zur Wahrung der organschaftlichen Interessen der Gruppen deren Rechte aus § 110 Abs. 4 Sätze 1 und 2 i.V.m. der Berufungsverfahrensverordnung nach den Grundsätzen des Kommunalverfassungsstreitverfahrens geltend gemacht werden können. Die Beteiligtenfähigkeit der Gruppen ergibt sich in derartigen Fällen aus § 61 Nr. 2 VwGO, die Klagebefugnis lässt sich in entsprechender Anwendung des § 42 Abs. 2 VwGO wegen einer möglichen Verletzung organschaftlicher Rechte geltend machen, Klagegegner ist die Vertretung, denn ihr wäre eine Rechtsverletzung anzulasten.

Seit Inkrafttreten des ÄndG 15 nennt das Gesetz selbst die persönlichen Voraussetzungen für die Berufung der Mitglieder der Kommunalen Schulausschüsse. Eine Erweiterung der Verordnungsermächtigung ist damit entbehrlich geworden.

Die Sätze 3 und 4 wurden durch das ÄndG 15 eingefügt. Grund für die Änderung war, dass in der Verordnung von 1996 (Anmerk. 6) auch einige persönliche Berufungsvoraussetzungen geregelt wurden, obgleich die Verordnungsermächtigung nur von Regelungen zum »Berufungsverfahren« spricht. Eine Regelung der Wählbarkeitsvoraussetzungen wurde nun direkt im Gesetz aufgenommen, die an die Stelle der betreffenden Verordnungsregelungen (§ 2 Abs. 2, § 3 Abs. 3, § 4 Sätze 3 und 4 und § 6 Abs. 3 der VO) tritt (vgl. Schriftlicher Bericht zum ÄndG 15, Drs. 17/3598 S. 15).

Nach Satz 3 müssen Vertreterinnen und Vertreter nach Absatz 2 Sätze 2 und 3 als hauptamtliche oder hauptberufliche Lehrkräfte an einer Schule des Schulträgers beschäftigt sein, eine solche Schule als Schülerinnen oder Schüler besuchen oder Erziehungsberechtigte einer Schülerin oder eines Schülers an einer solchen Schule sein.

Ob eine Lehrkraft »hauptamtlich« oder »hauptberuflich« an einer Schule des Schulträgers »beschäftigt« ist, wird nach den beamtenrechtlichen bzw. tarifrechtlichen und sozialversicherungsrechtlichen Bestimmungen zu bewerten sein.

Der Schulausschuss ist ein kommunales Gremium, das nach Absatz 1 an die Schulträgerschaft geknüpft ist. Folgerichtig müssen die Mitglieder des Schulausschusses auch aus den in der Trägerschaft stehenden Schulen kommen (Absatz 2 Satz 1). Es handelt sich nicht um ein Elternvertretungsgremium, sondern um ein kommunales Gremium. In der Berufungsverfahrensverordnung ist noch einmal über § 4 Satz 3 i. V. m. § 3 Abs. 3 klargestellt, dass nur Erziehungsberechtigte berufen werden können, deren Kinder eine Schule des Schulträgers besuchen. Nach § 4 der Berufungsverfahrensverordnung steht dem Gemeinde-, Stadt-, Kreis- oder Regionselternrat ein »Vorschlagsrecht« für die Mitglieder im Schulausschuss zu. Dieses Vorschlagsrecht beinhaltet weder, dass das Mitglied im Schulausschuss auch Mitglied in der kommunalen Elternvertretung sein noch dass zwingend ein Austausch mit der kommunalen Elternvertretung stattfinden muss. Dies wird von Elternvertreterinnen und Elternvertretern häufig nicht richtig eingeschätzt und dargestellt. Die Auswahl an möglichen vorzuschlagenden Erziehungsberechtigte ist sehr groß, denn sie beschränkt sich nicht auf die Mitglieder in der kommunalen Elternvertretung, sondern umfasst sämtliche Erziehungsberechtigte, die minderjährige Kinder an einer Schule haben, die in Trägerschaft der Kommune steht.

Eine Vertreterin oder ein Vertreter scheidet nach Satz 4 1. Halbsatz aus dem Amt aus, wenn die Voraussetzungen des Satzes 3 wegfallen oder sie oder er vom Amt zurücktritt. Folglich scheiden Lehrkräfte aus, wenn sie nicht mehr als hauptamtliche oder hauptberufliche Lehrkräfte an einer Schule des Schulträgers beschäftigt sind, Schülerinnen und Schüler scheiden aus, wenn sie nicht mehr eine Schule des Schulträgers besuchen, und Erziehungsberechtigte scheiden aus, wenn sie kein Kind mehr an einer Schule des Schulträgers haben. Das Ausscheiden tritt kraft Gesetzes ein. Ferner scheiden die genannten Vertreterinnen und Vertreter aus, wenn sie ihren Rücktritt erklären.

Nur für die Vertreterinnen und Vertreter der Erziehungsberechtigten gelten nach Satz 4 2. Halbsatz im Übrigen § 91 Abs. 1 Satz 2 und Abs. 3 Nrn. 2 bis 5, 7 und 8 entsprechend. Nach § 91 Abs. 1 Satz 2 ist nicht wählbar, wer an der Schule tätig ist oder die Aufsicht über die Schule führt. Nach § 4 Satz 4 der Berufungsverfahrensverordnung können Erziehungsberechtigte, die an einer Schule des Schulträgers tätig sind, die Aufsicht über eine solche Schule führen oder die von einer solchen Tätigkeit beurlaubt sind, nicht vorgeschlagen werden. Damit sollen Interessenkonflikte vermieden werden. »Tätig« im Sinne der Verordnung sind die an der Schule unterrichtenden Lehrkräfte im weiteren Sinne, d. h. die zugleich in unterrichtlicher wie auch in erzieherischer Funktion tätig sind. An einer Schule »tätig« sind ferner alle Personen, die zum Schulpersonal im Sinne von § 53 zählen. Dies sind Schulassistentinnen und Schulassistenten, die pädagogischen Mitarbeiterinnen und pädagogischen Mitarbeiter der Schule, das bei einem Kooperationspartner beschäftigte Betreuungspersonal und die beim Schulträger beschäftigten anderen Mitarbeiterinnen und Mitarbeiter. Zum Betreuungspersonal gehören auch außerschulische Fachkräfte für die Durchführung ganztagsspezifischer Angebote von Ganztagsschulen, wenn mit diesen nicht ein Vertragsverhältnis als freie Mitarbeiterin oder freier Mitarbeiter, sondern ein Arbeitsvertrag geschlossen worden ist.

Gemäß der angeführten Nummern des § 91 Abs. 3 scheiden Elternvertreterinnen und Elternvertreter aus ihrem Amt aus, wenn sie aus anderen Gründen als der Volljährigkeit ihrer Kinder die Erziehungsberechtigung verlieren (Nr. 2), wenn im Falle des § 55 Abs. 1 Satz 2 die dort genannten Voraussetzungen entfallen sind oder die dort genannte Bestimmung widerrufen wird (Nr. 3), wenn sie von ihrem Amt zurücktreten (Nr. 4), wenn ihre Kinder die Schule nicht mehr besuchen (Nr. 5), wenn sie aufgrund eines Beschäftigungsverhältnisses zum Land oder zum Schulträger eine Tätigkeit an der Schule aufnehmen (Nr. 7) oder wenn sie mit Aufgaben der Aufsicht über die Schule betraut werden (Nr. 8).

Die Ermächtigung des Kultusministeriums zum Erlass einer Verordnung in Satz 5 beschränkt sich inhaltlich darauf, ausschließlich das Berufungsverfahren näher zu regeln. Das Ministerium hat von der Verordnungsermächtigung Gebrauch gemacht und eine Berufungsverfahrensverordnung erlassen; zu der Verordnung wurden Erläuterungen veröffentlicht (vgl. Anm. 6).

Verweise, Literatur:

- Verordnung über das Berufungsverfahren für die kommunalen Schulausschüsse vom 17.10.1996 (Nds. GVBl. S. 432; SVBl. S. 458; Schulrecht 333/103)

- MK-Erläuterungen »Neue Verordnung über das Berufungsverfahren für die kommunalen Schulausschüsse«, Nichtamtlicher Teil des SVBl. 1996 S. 471

- Antwort der LReg auf die Mündliche Anfrage Nr. 6 »Rechte von hinzugewählten Ausschussmitgliedern in Räten« (Drs. 17/6785)

(Karl-Heinz Ulrich)

§ 111 Übertragung von Rechten des Schulträgers auf die Schule

(1) ¹Der Schulträger soll seinen Schulen Mittel zur eigenen Bewirtschaftung zuweisen. ²Soweit diese unmittelbar pädagogischen Zwecken dienen, sollen sie für gegenseitig deckungsfähig erklärt werden.

(2) ¹Die Schulleiterin oder der Schulleiter übt das Hausrecht und die Aufsicht über die Schulanlage im Auftrag des Schulträgers aus. ²Die Schulleiterin ist Vorgesetzte und der Schulleiter ist Vorgesetzter der an der Schule beschäftigten Mitarbeiterinnen und Mitarbeiter, die im Dienst des Schulträgers stehen.

Allg.: Die Bestimmung enthält zum einen die an die Schulträger gerichtete Aufforderung, ihre Schulen mit erweiterten Handlungs- und Entscheidungsbefugnissen bei der Mittelbewirtschaftung auszustatten, um ihnen eine flexible Haushaltsführung zu ermöglichen, zum anderen definiert sie die Stellung der Schulleiterinnen und Schulleiter als Vorgesetzte und Weisungsbefugte sowie als für einen geordneten Schulbetrieb Verantwortliche.

Die Regelungen verschaffen den Schulen größere inhaltliche Freiheiten, mehr Verantwortlichkeiten, einen größeren finanziellen Spielraum sowie dienstrechtliche Befugnisse.

2 Zu Abs. 1: Die Regelung erteilt den Schulträgern den Auftrag, den Schulen bei der Verwaltung von Haushaltsmitteln einen möglichst breiten eigenen Entscheidungsspielraum einzuräumen.

In Betracht kommen für eine eigene Bewirtschaftung im Sinne des Satzes 1 vor allem Mittel des sächlichen Verwaltungs- und Betriebsaufwandes wie z.B. Mittel für die Anschaffung von Lehrmitteln, Büchern und Zeitschriften sowie für Geschäftsbedarf und sonstige Ausstattung. Aus einer Zusammenschau mit Satz 2 lässt sich ableiten, dass die Mittel nicht unmittelbar pädagogischen Zwecken dienen müssen.

Da die Schulträgerschaft zum eigenen Wirkungskreis gehört (vgl. § 101 Abs. 2), ist die Bestimmung als Soll-Vorschrift ausgebracht, so dass sie gegenüber den Schulträgern nur eine begrenzte Verbindlichkeit entfaltet. Bei Vorliegen besonderer, atypischer Umstände (denkbar wäre z.B. eine äußerst kritische Finanzsituation, die einer Mittelzuweisung entgegensteht) ist ausnahmsweise ein Abweichen von der gesetzlich angeordneten Regelung denkbar.

Der Schulträger hat zu entscheiden, ob und inwieweit die Zuweisung von Mitteln zur eigenen Bewirtschaftung erfolgen soll. Eine Benehmens- oder Einvernehmensherstellung mit den Schulen ist nicht vorgesehen, gleichwohl wird eine sinnvolle und praktikable Übertragung der Bewirtschaftungsbefugnisse nur einvernehmlich realisiert werden können.

Unter Bewirtschaftung versteht man gemeinhin die sinnvolle und wertschöpfende Nutzung von vorhandenen Ressourcen. War ursprünglich unter Bewirtschaftung im Sinne des Satzes 1 allein die Entscheidungsbefugnis der Schule über die ihr für einen bestimmten Zweck und in einem bestimmten Rahmen zur Verfügung gestellten Haushaltsmittel zu verstehen, nicht hingegen auch die Befugnis für die haushaltsmäßige Umsetzung (Feststellung und Anordnung von Kassenanweisungen), so hat sich die Reichweite der Berechtigung in den vergangenen Jahren ausgedehnt. Nunmehr können die Kommunen für die in ihrer Trägerschaft stehenden Schulen nach § 127 Abs. 1 Satz 2 1. Halbsatz NKomVG Zahlungsanweisungs- und Bewirtschaftungsbefugnisse über bestimmte Haushaltspositionen oder die Kassengeschäfte ganz oder zum Teil der Schulleiterin oder dem Schulleiter übertragen, ohne dass deren oder dessen Einverständnis erforderlich ist. Mit Zustimmung der Schulleiterin oder des Schulleiters ist auch eine Übertragung auf andere Personen, die nicht zwingend Beschäftigte der Schule sein müssen, möglich (§ 127 Abs. 1 Satz 2 2. Halbsatz NKomVG).

Haushaltsmittel stehen einer Schule nicht schon dann zur Bewirtschaftung zur Verfügung, wenn sie im Haushaltplan der Kommune an einer bestimmten Stelle (z.B. Produkt, Kostenträger) ausgebracht sind. Die Zuweisung erfolgt – nach Inkrafttreten des Haushaltsplans – durch besondere Verfügung des Schulträgers. In einer sog. haushaltslosen Zeit gibt der Schulträger der Schule entsprechende Anweisungen zur vorläufigen Haushaltsführung. Die Schulleiterin oder der Schulleiter führt die laufenden Verwaltungsgeschäfte und hat dabei u. a. jährlich einen Plan über die Verwendung der Haushaltsmittel zu erstellen und die Budgets zu bewirtschaften (§ 43 Abs. 4 Nr. 4). Sie oder er ist für die Einhaltung der haushaltsrechtlichen Bestimmungen innerhalb der Schule verantwortlich. Insoweit ist die Schulleiterin oder der Schulleiter auch an die Weisungen der Hauptverwaltungsbeamtin oder des Hauptverwaltungsbeamten (vgl. § 85 NKomVG) des Schulträgers gebunden, die diese oder dieser zur Durchführung des Haushalts erlassen hat. Der Schulvorstand entscheidet über den Plan und – nach Vollzug – über die Entlastung der Schulleiterin oder des Schulleiters (§ 38a Abs. 3 Nr. 2).

Die in Satz 2 angesprochene Deckungsfähigkeit ist eine haushaltsrechtliche Ermächtigung, die eine Verschiebung von Haushaltsmitteln zwischen verschiedenen Haushaltspositionen zum Zweck der flexiblen Haushaltsführung ermöglicht.

Nach dem Haushaltsgrundsatz der sachlichen Bindung dürfen Haushaltsansätze nur für den im Haushaltsplan vorgesehenen Zweck eingesetzt werden. Eine Ausnahme von diesem Grundsatz ist die Deckungsfähigkeit. Deckungsfähigkeit ist die Möglichkeit, bei einer Haushaltsposition oder bei mehreren Haushaltspositionen aufgrund von Einsparungen bei einer anderen Haushaltsposition oder mehreren anderen Haushaltspositionen höhere Ausgaben als veranschlagt zu leisten. Einseitige Deckungsfähigkeit liegt vor, wenn der deckungsberechtigte Ansatz nur verstärkt und der deckungspflichtige Ansatz nur für die Verstärkung des deckungsberechtigten Ansatzes herangezogen werden darf. Gegenseitige Deckungsfähigkeit liegt vor, wenn die Haushaltspositionen wechselseitig zur Verstärkung der jeweiligen Ansätze herangezogen werden dürfen.

Die Schulträger können im Rahmen des kommunalen Haushaltsrechts bei der Zuweisung von Mitteln Haushaltspositionen für einseitig oder gegenseitig deckungsfähig erklären. Sinnvoll ist eine gegenseitige Deckungsfähigkeit beispielsweise bei Mitteln für den Geschäftsbedarf.

In Satz 2 sind die Schulträger hingegen ausdrücklich aufgefordert, Mittel für gegenseitig deckungsfähig zu erklären, soweit sie unmittelbar pädagogischen Zwecken dienen. Die Schulen sollen dadurch in die Lage versetzt werden, die ihnen zugewiesenen Mittel entsprechend ihrer eigenen pädagogischen Prioritätensetzung zu verteilen, auch abweichend von den ursprünglich im Haushaltsplan festgelegten (u. U. fremdbestimmten) Zwecken.

Ganz im Sinne des § 111 liegt in Zeiten knapper Ressourcen sowie eigenverantwortlicher Schule die **Budgetierung** von Haushaltsmitteln. Weil Schulen abgeschlossene Organisationseinheiten bilden, eignen sie sich bestens für den Einsatz dieses Instruments.

Kern einer Budgetierung ist die Übertragung der Ressourcenverantwortung von einem zentralen Entscheidungsträger hin zu einem dezentralen

Entscheidungsträger. Dahinter steht die Einsicht, dass die Entscheidung über den Einsatz von Haushaltsmitteln am besten »vor Ort« getroffen wird, weil dort über die Notwendigkeit und den Nutzen einzelner Ausgaben am ehesten Klarheit besteht. Budgetierung soll zu mehr Effizienz und Effektivität des Verwaltungshandelns führen, indem Kompetenz vor Ort mit dem Eigeninteresse, möglichst sparsam mit den zur Verfügung stehenden Mitteln umzugehen, verbunden wird.

Um dieses Ziel zu erreichen, bedarf es allerdings einer Lockerung der strengen und starren Bestimmungen des Haushaltsrechts. Die einzelne Schule muss aus dem Haushalt des Schulträgers ein Global- oder Pauschalbudget zugeteilt bekommen, das zu einer eigenverantwortlichen, flexiblen, das Haushaltsjahr übergreifenden Bewirtschaftung zur Verfügung steht.

Um eine flexible Bewirtschaftung zu erreichen, sollten den Schulen folgende Ausnahmen von den allgemeinen Haushaltsgrundsätzen zugebilligt werden:

- Vom Grundsatz der sachlichen Bindung von Hauhalsmitteln können durch das Ausbringen von Regelungen zur gegenseitigen oder einseitigen Deckungsfähigkeit Ausnahmen zugelassen werden.

- Der Grundsatz der Jährlichkeit kann durch die Übertragbarkeit von Ausgaberesten ins nächste Haushaltsjahr durchbrochen werden.

- Der Grundsatz der Gesamtdeckung kann insofern aufgehoben werden, als schulzweckbezogene Mehreinnahmen für Mehrausgaben der Schulen – und nicht für sonstige Ausgaben der Kommune – verwendet werden können.

Diese Optionen eröffnen den Handlungsspielraum, der effizienteres und effektiveres Handeln erst möglich macht.

Weist der Schulträger der Schule Haushaltsmittel zur eigenen Bewirtschaftung zu, so ist die Schulleiterin oder der Schulleiter gegenüber dem Schulträger für die Verwendung des Budgets verantwortlich.

Zahlreiche kommunale Schulträger machen mittlerweile von der Möglichkeit der Einräumung einer Budgetbewirtschaftung Gebrauch und verschaffen den Schulen auch in finanzieller Hinsicht einen zusätzlichen Freiraum. Die bisher gemachten Erfahrungen werden insgesamt positiv bewertet.

Nicht von § 111 berührt wird die Budgetierung von Landesmitteln (vgl. § 32 Abs. 4).

In diesem Zusammenhang seien noch weitere Formen der Bereitstellung finanzieller Mittel angesprochen, die über die Bereiche Sport und Kultur alltägliche Realität geworden sind und auch im Schulbereich Einzug gehalten haben: Förderung durch Spenden, Schenkungen und Sponsoring. Angesichts einer dauerhaft angespannten Finanzlage haben alle Bundesländer auch die Schule für die Annahme dieser »Drittmittel« geöffnet, um mit zusätzlichen Einnahmen notwendige oder zusätzliche Ausgaben finanzieren zu können.

Spenden sind freiwillige Leistungen in Form einer Geld-, Sach- oder Leistungsspende, die ohne Gegenleistung, aber in der Regel mit einer gewissen Zweckbestimmung gegeben werden. Die Unterstützung erfolgt entweder unmittelbar an die Schulen oder mittelbar durch die gemeinnützigen (Schul-)Fördervereine.

Schenkung ist eine Zuwendung, durch die jemand aus seinem Vermögen einen anderen bereichert.

Unter **Sponsoring** versteht man die Förderung in Form von Geld-, Sach- und Dienstleistungen mit der Erwartung, eine die eigenen Marketingziele unterstützende Gegenleistung (Imagewerbung in der Öffentlichkeit) zu erhalten. Oftmals wird ein Sponsoringvertrag geschlossen, in dem Sponsor und Empfänger Art und Umfang der jeweils zu erbringenden Leistungen regeln.

Die Schulen haben bei der Einwerbung sowie beim Umgang mit Spenden oder sonstigen Zuwendungen die Bestimmungen des hierzu ergangenen Erlasses (Anm. 4) zu beachten, wonach u. a. die Zuwendungen, wenn sie mit Werbung verbunden sind, nur entgegengenommen werden können, wenn der Werbeeffekt hinter dem pädagogischen Nutzen deutlich zurückbleibt. Das schließt beispielsweise das Aufstellen von Werbetafeln mit Produktwerbung grundsätzlich aus, denn einer solchen dauerhaften Werbung könnten sich Schülerinnen und Schüler nicht entziehen. Gleichwohl ist zu bedenken, dass insbesondere Sportplätze, Sporthallen und Schwimmbäder kommunale Einrichtungen sind, die neben dem Schulbetrieb mit einem hohen zeitlichen Anteil nachmittags, abends und an Wochenenden auch dem Vereinssport zur Verfügung stehen. Letzterer ist mittlerweile ohne Sponsoring in Verbindung mit Firmenwerbung kaum denkbar. Bandenwerbung, Werbung an Zeitmessanlagen u. ä. in Sportstätten wird weitgehend zu dulden sein, ein ab- oder verhängen sämtlicher Werbebanner für die Dauer des Sportunterrichts ist kaum zu gewährleisten.

Auch die Rechte der Schulträger müssen beachtet werden, insbesondere wenn auf dem Schulgrundstück Einrichtungen aufgestellt werden (z.B. Rücksichtnahme auf Fluchtwege bei Spielgeräten) oder aus Sachspenden Folgekosten (z.B. für einen Klavierstimmer) entstehen können.

Für die Einwerbung und die Entgegennahme des Angebots von Spenden, Schenkungen und ähnliche Zuwendungen ist kommunalverfassungsrechtlich die Hauptverwaltungsbeamtin oder der Hauptverwaltungsbeamte der Kommune zuständig (§ 111 Abs. 7 NKomVG). Auch diese Zuständigkeit kann nach § 127 Abs. 2 NKomVG auf die Schulleiterinnen und Schulleiter der in der Trägerschaft der Kommune stehenden Schulen übertragen werden, damit diese die Zuwendungen für ihre Schulen einwerben und Angebote entgegennehmen dürfen. Ferner kann die Befugnis der Hauptverwaltungsbeamtin oder des Hauptverwaltungsbeamten nach § 25a Abs. 1 Gemeindehaushalts- und -kassenverordnung, Zuwendungen mit einem Wert von bis zu 100 Euro annehmen zu dürfen, auf die Schulleiterinnen und Schulleiter übertragen werden.

3 **Zu Abs. 2:** Nach Satz 1 übt die Schulleiterin oder der Schulleiter das Hausrecht und die Aufsicht über die Schulanlage im Auftrag des Schulträgers aus. Die Bestimmung stellt sicher, dass die Leitung der Schule nicht nur auf pädagogischem Gebiet, sondern auch hinsichtlich der Hausbenutzung und Verwaltung in einer Hand liegt. Sie dient einer vereinfachten und schnelleren Aufrechterhaltung der Funktionsfähigkeit des Schulbetriebs.

Das **Hausrecht** der Schulleiterin oder des Schulleiters dient der Aufrechterhaltung oder der Wiederherstellung der Sicherheit und Ordnung des Schulbetriebs als zwingende Voraussetzung für eine ordnungsgemäße Erfüllung der Aufgabe der Schule, Schülerinnen und Schüler zu erziehen und zu bilden (vgl. § 2).

Das Hausrecht ist durch das Schulgelände räumlich begrenzt. Bei Störungen, die von einer Stelle außerhalb des Schulgeländes ausgehen, die gleichwohl aber Auswirkungen auf den Schulbetrieb haben (z.B. Flugblattverteiler auf dem Bürgersteig, Ruhestörung durch Straßenmusiker), kann die Schulleiterin oder der Schulleiter das zuständige Ordnungsamt oder die Polizei um Hilfe bitten.

Der Ausübung des Hausrechts unterliegen insbesondere die Einhaltung der Haus- bzw. Schulordnung, die Beachtung des Alkoholverbots und des Rauchverbots (zu einem absoluten Rauch- und Alkoholverbot vgl. Urt. d. VG Stade v. 17.10.2017 – 4 A 342/16), die Einhaltung des sog. Waffenerlasses (siehe Anm. 4), die Entscheidung über das Anbringen von Plakaten sowie das Verteilen schulfremder Druckschriften, die Entscheidung über den Verkauf von Gegenständen in der Schule, das Recht zur Vergabe von Räumlichkeiten (ggf. auch außerhalb der Unterrichtszeiten, soweit ein Vorbehalt des Schulträgers nicht besteht) sowie die Fundsachenverwaltung. Die Schulleiterin oder der Schulleiter hat ferner dafür zu sorgen, dass die für Erste Hilfe, Brandschutz und Evakuierung erforderlichen Einrichtungen und Ausstattungsgegenstände instand gehalten oder bei Bedarf geschaffen werden (siehe Anm. 4).

Maßnahmen in Ausübung des Hausrechts haben in der Regel öffentlichrechtlichen Charakter, denn sie dienen der Durchsetzung öffentlicher Interessen (Gewährleistung der hoheitlichen Aufgabenerfüllung in öffentlichen Zwecken dienenden Räumlichkeiten), es handelt sich dann um Verwaltungsakte.

Die Ausübung des Hausrechts ist hingegen als zivilrechtlich einzustufen, wenn Maßnahmen nicht im Zusammenhang mit der Erfüllung einer hoheitlichen Aufgabe stehen, sondern wenn Störungen im Rahmen privatrechtlicher Beziehungen außerhalb schulischer Veranstaltungen entgegengewirkt werden soll.

Das Hausrecht beinhaltet das Recht, über den Zutritt und den Aufenthalt von Personen zu entscheiden, sowie das Recht zur Aufstellung von Verhaltens- und Ordnungsregeln im räumlichen Verfügungsbereich. Zu den sich aus dem Hausrecht ergebenden Befugnissen gehört auch der Erlass eines Hausverbotes. Das Hausverbot beschränkt sich nicht nur auf den sog. Platzverweis, also die mündliche Aufforderung zum Verlassen des Schulgeländes, sondern umfasst auch ein Hausverbot für das Schulgebäude oder gesamte Schulgelände. Störungen können als Hausfriedensbruch nach § 123 StGB strafbar sein.

Unter welchen Voraussetzungen ein Hausverbot erlassen werden darf, ist im Gesetz nicht ausdrücklich geregelt. Aus dem präventiven Charakter des Hausverbotes und dem systematischen Zusammenhang der Regelung ergibt sich, dass ein solches Verbot nur erlassen werden darf, wenn unter Berücksichtigung der bereits geschehenen Vorfälle und der sonstigen Umstände des Einzelfalles die Gefahr besteht, dass sich gleichartige Störungen der geordneten Unterrichts- und Erziehungsarbeit wiederholen.

Das Hausverbot steht im Ermessen der Schulleiterin oder des Schulleiters. Es darf insbesondere weder dem Zweck des § 111 Abs. 2 Satz 1 widersprechen noch gegen den Grundsatz der Verhältnismäßigkeit (Art. 28 Abs. 1 Satz 1, Art. 20 Abs. 3 GG, Art. 1 Abs. 2 NV) verstoßen. Der Grundsatz der Verhältnismäßigkeit verlangt, dass das Hausverbot geeignet und erforderlich ist, den mit ihm verfolgten Zweck zu erreichen. Das ist nur dann der Fall, wenn keine die Belastete oder den Belasteten weniger belastende, aber gleich wirksame Maßnahme zur Verfügung steht. Außerdem muss sich das Hausverbot unter Berücksichtigung aller Interessen als eine angemessene Reaktion auf das festgestellte Verhalten der oder des Betroffenen qualifizieren lassen.

Ein Verbot kann auch ohne vorherige Androhung verhältnismäßig sein, wenn ein schwerwiegender Fall vorliegt, in dem die bloße Androhung keine wirksame Antwort auf die von der oder dem Betroffenen ausgehenden Störungen der Unterrichts- und Erziehungsarbeit darstellt.

Der Erlass eines Hausverbotes ist nicht verfahrensfehlerhaft, wenn die oder der Belastete zwar vor Erlass nicht zu den entscheidungserheblichen Tatsachen angehört worden ist, eine Anhörung jedoch nachgeholt wird.

Das Hausrecht dient der Abwehr von Störungen durch Außenstehende bzw. Schulfremde. Lehrkräfte, übrige Mitarbeiterinnen und Mitarbeiter sowie Beschäftigte des Schulträgers können natürlich nicht als außenstehende Anstaltsbenutzerinnen und Anstaltsbenutzer angesehen werden. Störungen durch diesen Personenkreis im inneren Bereich der Schule können nur durch dienstrechtliche Maßnahmen (z.B. Verbot der Führung der Dienstgeschäfte, vorläufige Dienstenthebung oder Suspendierung) abgewehrt werden. Anstaltsinterne Konflikte sollen nicht mit Mitteln des Hausrechts geregelt werden, ihnen ist mit dienstrechtlichen Handlungen zu begegnen.

Erziehungsberechtigten ist es zur Wahrnehmung ihrer elterlichen Rechte und Pflichten grundsätzlich gestattet, sich auf dem Schulgelände aufzuhalten. Die Teilnahme an Sitzungen der Klassenelternschaft, des Schulelternrats, des Schulvorstands sowie der Konferenzen wäre andernfalls ebenso wenig möglich wie ein Aufsuchen des Schulsekretariats, eine Hospitation im Unterricht sowie eine Anwesenheit am Elternsprechtag. Suchen Erziehungsberechtigte außerhalb eines schulischen Zusammenhangs die Schule auf, so gelten sie als Außenstehende.

Die Schulleiterin oder der Schulleiter darf Eltern einer Schülerin oder eines Schülers für die Schulanlage ein (vorübergehendes) Hausverbot erteilen und den Kontakt zwischen Lehrkräften und Eltern beispielsweise auf Briefverkehr reduzieren, wenn sie durch ihr Verhalten den Hausfrieden und dadurch den Schulbetrieb derart stören, dass die geordnete Unterrichts- und Erziehungsarbeit an der Schule beeinträchtigt ist. Unter Berücksichtigung der bereits geschehenen Vorfälle und der sonstigen Umstände des Einzelfalles muss die Gefahr bestehen, dass sich gleichartige Störungen wiederholen.

Ein unbefristetes Hausverbot kann allenfalls bei schwerwiegenden oder sich häufenden Störungen verfügt werden.

Ferner denkbar ist die Verfügung eines Hausverbots durch die Schulleitung gegen einen nicht sorgeberechtigten Elternteil, wenn der sorgeberechtigte Elternteil der Teilnahme des nicht sorgeberechtigten Elternteils an Veranstaltungen in der Schule (z.B. Sitzungen der Klassenelternschaft) widerspricht, jedenfalls dann, wenn die oder der Nichtsorgeberechtigte den Schulbetrieb durch störende Eingriffe in schulische Veranstaltungen wiederholt stört. Das VG Mainz hat mit Beschluss vom 05.07.2013 – 6 L 744/13 – in einem Eilverfahren die sofortige Vollziehung eines Hausverbots bestätigt, das eine Schule gegenüber dem Vater eines Schülers wegen des Vorwurfs einer Tätlichkeit gegenüber dem Schulleiter verhängt hatte. Das VG Aachen hat im Urteil vom 25.04.2008 – 9 K 1428/06 – das ausgesprochene Hausverbot gegen eine Mutter, die wiederholt ohne Terminvereinbarung und ohne vorher eingeholtes Einverständnis des Personenrechtspflegers versucht hatte, Gesprächstermine in der Schule zu vereinbaren bzw. wahrzunehmen, anerkannt. Weitere Entscheidungen liegen vom VG Braunschweig (Urt. v. 10.03.2005 – 6 A 159/03 – Eingriff in den lfd. Unterrichtsbetrieb), vom OVG Nordrhein-Westfalen (Beschl. v. 26.10.2005 – 19 B 1473/05 – Störung des Schulbetriebs) sowie OVG Rheinland-Pfalz (Beschl. v. 04.05.2005 – 2 B 10439/05 – massive Störung der Kommunikation) vor.

Das VG Oldenburg hat mit Beschluss vom 11.12.2013 – 5 B 6743/13 –, bestätigt durch das OVG Lüneburg im Beschluss vom 27.03.2014 – 2 ME 1/14 –, festgestellt dass der Ausschluss eines Erziehungsberechtigten von der Teilnahme am Elternsprechtag nicht zu beanstanden ist, wenn ersichtlich ist, dass es diesem nicht darum geht, mit den Lehrkräften ein sachliches und auf die schulische Entwicklung und den Leistungsstand seines Kindes bezogenes Gespräch zu führen, sondern zu erwarten ist, dass er den Termin nur als Plattform für beleidigende Angriffe nutzen wird. Dies gilt insbesondere dann, wenn der andere Erziehungsberechtigte am Elternsprechtag teilnehmen kann und die Erziehungsberechtigten damit von der grundlegenden Information über die schulische Entwicklung und den Leistungsstand des gemeinsamen Kindes nicht gänzlich ausgeschlossen sind. Das Gericht hat allerdings zugleich ausdrücklich festgestellt, dass die Auffassung, der Ausschluss vom Elternsprechtag komme einem Hausverbot gleich, in jeder Hinsicht unzutreffend ist.

Schülerinnen und Schüler einer Schule haben einerseits aufgrund der Schulpflicht die Verpflichtung und andererseits im Rahmen des Schulverhältnisses das Recht, sich während der Unterrichtszeiten und sog. Rüstzeiten (z.b. Wartezeiten bei Schülerbeförderung) sowie während der Teilnahme an sonstigen Schulveranstaltungen auf dem Schulgelände aufzuhalten. Für sie gilt die spezialgesetzliche Bestimmung in § 61 Abs. 4 Satz 3, nach der im Zusammenhang mit einer Ordnungsmaßnahme (z.b. Ausschluss vom Unterricht, Verweisung von der Schule) ein Verbot zum Betreten des Schulgeländes während des Unterrichts oder anderer schulischer Veranstaltungen gilt. Das Hausrecht ist hier Teil der praktischen Durchsetzung einer angewendeten Ordnungsmaßnahme.

Sofern eine Störung nicht im engen funktionellen Zusammenhang mit dem Schulbetrieb steht, sondern im Rahmen einer sonstigen Nutzung außerhalb des Anstaltszwecks (z.b. Konzert, Sportveranstaltung) eintritt, können auch Schülerinnen und Schüler als »Unbefugte« gelten, so dass sie im Rahmen des Hausrechts von der Schulanlage verwiesen werden können.

Schülerinnen und Schüler anderer Schulen gelten grundsätzlich als Schulfremde, weil sie zu der fremden Schule in keinem Rechtsverhältnis stehen. Hier ist das Hausrecht direkt anwendbar. Etwas anderes gilt dann, wenn sie schulische Veranstaltungen an der fremden Schule wahrnehmen. Die für diese Schülerinnen und Schüler zuständige Schule kann bei Störungen vorrangig Erziehungs- und Ordnungsmaßnahmen festlegen.

Schülerinnen und Schüler, die im Verdacht stehen, eine Straftat zu begehen oder gegen die Schulordnung zu verstoßen, können in der Schule während der Schulzeit nicht durch die Schulleitung oder Lehrkräfte einer einfachen körperlichen Untersuchung unterzogen werden. Gleichfalls ist es unzulässig, dass Lehrkräfte die von den Schülerinnen und Schülern mitgeführten Gegenstände (Kleidung, Schultaschen etc.) durchsuchen. Die körperliche **Durchsuchung** von Schülerinnen und Schülern ist grundsätzlich den strafrechtlichen Ermittlungsbehörden, also den Polizeibehörden, Zollfahndungen sowie der Staatsanwaltschaft vorbehalten. Nach § 94 Abs. 1 Strafprozessordnung können dabei Gegenstände, die als Beweismittel für die Untersuchung von Bedeutung sein können, in Verwahrung genommen oder in anderer Weise sichergestellt werden.

Ferner übt die Schulleiterin oder der Schulleiter im Auftrag des Schulträgers die **Aufsicht über die Schulanlage** aus.

Die Beaufsichtigung beinhaltet insbesondere die Verantwortung für die Verwaltung, die Pflege und die Sorge für den sicheren Zustand der Schulanlage einschließlich der Inventarisierung. Dazu gehört u. a. auch, dass erkannte Gefahrenquellen und Mängel der Verkehrssicherheit des Gebäudes oder der Außenanlagen (z.B. defekte Elektroinstallationen, gelöste Dachpfannen, herabfallende Äste, drohende Eiszapfen und Dachlawinen) unverzüglich dem Schulträger angezeigt und ggf. vorläufige Sicherungsmaßnahmen getroffen werden.

Bei Beschädigungen an den Anlagen und der Ausstattung der Schule muss die Schulleiterin oder der Schulleiter den Sachverhalt und ggf. die Verantwortlichen ermitteln.

Zur Aufsicht gehört außerdem eine verbindliche Aufsichtsregelung für die Schule (z.b. Pausenaufsicht, Beaufsichtigung der Schulklassen oder Lerngruppen bei Verhinderung der Lehrkräfte).

Die Schulleiterin oder der Schulleiter ist persönlich verantwortlich für die Einhaltung des Niedersächsischen Gesetzes zum Schutz vor den Gefahren des Passivrauchens. Ein Verstoß gegen das Rauchverbot kann als Ordnungswidrigkeit gegen sie oder ihn verfolgt werden.

Vor dem Hintergrund von Gewalt, Vandalismus und Missbrauch sehen viele Schulen und Schulträger in der abschreckenden Wirkung einer **Videoüberwachung** eine Möglichkeit, diesen Problemen entgegenzutreten. In der Folge waren die Datenschutzbeauftragten der Länder in den vergangenen Jahren wiederholt mit Fragen zur rechtlichen Zulässigkeit einer Videoüberwachung an und in Schulen befasst. Die Landesbeauftragte für den Datenschutz Niedersachsen hat eine umfassende Orientierungshilfe für die Beurteilung der Zulässigkeit der Durchführung einer Videoüberwachung herausgegeben (Anm. 4).

Durch den Hinweis, dass die in Satz 1 genannten Aufgaben »**im Auftrag des Schulträgers**« ausgeübt werden, wird deutlich, dass die Verpflichtungen nicht von der staatlichen Schulaufsicht abgeleitet sind, sondern dass die Beauftragung vielmehr an die Überlassung der Schulanlage für den Schulbetrieb durch den Schulträger anknüpft. Die Schulleiterin oder der Schulleiter ist in diesen Angelegenheiten dem Schulträger gegenüber verantwortlich, dieser kann ihr oder ihm jederzeit »Gebrauchsanweisungen« für die Aufgabenerledigung im Allgemeinen oder auch in einem Einzelfall geben. Gleichwohl hat der Schulträger diesbezüglich nicht die Rechte einer oder eines Vorgesetzten. Lässt sich eine Instruktion des Schulträgers z.B. mit den pädagogischen Anforderungen des Schulbereichs nicht vereinbaren und verweigert die Schulleiterin oder der Schulleiter die Ausführung der Anweisung, muss – sofern eine Einigung vor Ort nicht möglich ist – die Schulbehörde eingeschaltet werden (vgl. § 120 Abs. 5).

Satz 2 erweitert, die **Vorgesetztenstellung** und **Weisungsbefugnis** der Schulleiterin oder des Schulleiters.

Alle in einem Beamtenverhältnis oder in einem Arbeitsverhältnis Beschäftigten unterliegen einem dienstrechtlichen Weisungsrecht bzw. Direktionsrecht ihres Dienstherrn bzw. ihres Arbeitgebers. Beamtinnen und Beamte sind verpflichtet, die dienstlichen Anordnungen ihrer Vorgesetzten auszuführen und deren allgemeine Richtlinien zu befolgen (vgl. § 35 BeamtStG). Anordnungen sind Erklärungen der oder des sachlich und örtlich zuständigen Vorgesetzten, durch die ein bestimmtes Tun oder Unterlassen verlangt wird. Das arbeitsrechtliche Direktionsrecht beinhaltet das Recht des Arbeitgebers, die im Arbeitsvertrag rahmenmäßig umschriebene Leistungspflicht der oder des Beschäftigten nach Zeit, Ort, Art und Inhalt der Arbeitsleistung näher zu bestimmen. Für die in einem Beamtenverhältnis oder einem Arbeitsverhältnis Beschäftigten ergibt sich die Pflicht, dem Weisungsrecht Folge zu leisten (sog. Weisungsgebundenheit).

Ergänzend zu § 43 Abs. 2 Satz 1, nach dem die Schulleiterin Vorgesetzte und der Schulleiter Vorgesetzter aller an der Schule tätigen Personen ist, bestimmt Satz 2, dass die Schulleiterin Vorgesetzte und der Schulleiter Vorgesetzter auch der an der Schule beschäftigten Mitarbeiterinnen und Mitarbeiter ist, die im Dienst des Schulträgers stehen. Der Gesetzgeber stellt damit neben die beamtenrechtliche bzw. arbeitsrechtliche Vorgesetztenstellung, die sich direkt aus dem Beamtenverhältnis oder Arbeitsverhältnis zum Land oder zum kommunalen Schulträger ergibt, noch eine aus der Gesamtverantwortung für die Schule und den Schulbetrieb abgeleitete schulrechtliche Vorgesetztenstellung, die innerhalb der gemeinsamen Anstalt Schule (vgl. § 1 Abs. 3 Satz 2) wirkt. Damit ist die Schulleiterin oder der Schulleiter befugt, allen an der Schule Tätigen für ihre dienstliche Tätigkeit sachliche und persönliche Anweisungen zu geben sowie ihnen gegenüber Entscheidungen zu treffen. Dies gilt auch hinsichtlich der Sicherheit und Ordnung und bezüglich des Verhaltens während der Betätigung in der Schule.

Die Schulleiterin oder der Schulleiter hat allerdings nicht die Stellung eines sog. Dienstvorgesetzten. Sie oder er ist folglich nicht für dienst- bzw. arbeitsrechtliche Entscheidungen über die persönlichen Angelegenheiten, die das sog. Grundverhältnis bzw. den Kern des Arbeitsverhältnisses berühren (z.B. Einstellung, Beendigung, Disziplinarmaßnahmen, Beurlaubung, Anordnung von Überstunden, Abschluss von Dienstvereinbarungen) zuständig. Dies obliegt dem jeweiligen Schulträger als Dienstherr bzw. Arbeitgeber.

Im Übrigen wird auf die ausführliche Darstellung in Anm. 3 zu § 43 verwiesen.

Verweise, Literatur: 4

- Erl. »Wirtschaftliche Betätigung, Werbung, Informationen, Bekanntmachungen und Sammlungen in Schulen sowie Zuwendungen für Schulen« vom 01.01.2012 (SVBl. S. 598)

- Erl. »Rauchen und Konsum alkoholischer Getränke in der Schule« vom 07.12.2012 (SVBl. S. 30)

- Erl. »Besuche von Politikerinnen und Politikern in öffentlichen Schulen« v. 21.10.2020 (SVBl. S. 545; SRH 3.505)

- Erl. »Verbot des Mitbringens von Waffen, Munition und vergleichbaren Gegenständen sowie von Chemikalien in Schulen« v. 06.08.2014 (Nds. MBl. S. 543; SVBl. S. 458; SRH 2.420), geändert durch Erl. v. 26.07.2019 (Nds. MBl. S. 1158; SVBl. S. 518)

- Erl. »Erste Hilfe, Brandschutz und Evakuierung in Schulen« v. 27.06.2016 (SVBl. S. 437; Nds. MBl. S. 765), zuletzt geändert durch Erl. v. 15.01.2019 (Nds. MBl. S. 338; SVBl. S. 107, hier mit ergänzenden Hinweisen auf S. 100)

- Mitteilung aus dem MK »Zuwendungen, Spenden und Sponsoring für Schulen« (SVBl. 2006, S. 145)

- *Lemme, Klaus-Henning*: Finanzielle Eigenständigkeit von Schulen, in Ballasch, H. u. a. (Hrsg.): Schulleitung und Schulaufsicht in Niedersachsen, Nr. 21.4
- *Hoffmann, Erich:* Zur Entwicklung der Budgetierung von Landesmitteln für Schulen; Schulverwaltung, Ausgabe Niedersachsen/Schleswig-Holstein 2002, Heft 5, S. 11
- *Radtke, Dieter:* Werbung und Sponsoring in Schulen, Schulverwaltung, Ausgabe Niedersachsen, 1999, Heft 7/8, S. 204
- *Nolte, Gerald:* Nichtraucherschutz an Schulen in Niedersachsen, Schulverwaltung, Ausgabe Niedersachsen, 2007, Heft 10, S. 280
- *Hacke, Michaela, Prinzhorn, Kerstin, Stein, Uwe:* Sponsoring, Werbung und Spenden für Schulen in Niedersachsen, SVBl. 11/2010, S. 453
- *Nolte, Gerald:* Entgegennahme und Annahme von Zuwendungen durch Schulen – Rechtliche Rahmenbedingungen beim Sponsoring von Schulen, Schulverwaltung, Ausgabe Niedersachsen, 2010, Heft 7/8, S. 213
- *Nolte, Gerald:* Rechtsextremismus im schulischen Bereich – Verbot von Bomberjacken und Springerstiefeln, Schulverwaltung, Ausgabe Niedersachsen, 2001, Heft 9, S. 250
- Orientierungshilfe zur Videoüberwachung an öffentlichen Schulen. Die Landesbeauftrage für den Datenschutz Niedersachsen, Stand Juni 2019, Download www.lfd.niedersachsen.de

(Karl-Heinz Ulrich)

Siebenter Teil
Aufbringung der Kosten

§ 112   Personalkosten

(1) Das Land trägt die persönlichen Kosten für die Lehrkräfte, die Schulassistentinnen und Schulassistenten und die pädagogischen Mitarbeiterinnen und Mitarbeiter an öffentlichen Schulen sowie das Verwaltungspersonal zur Personal- und Mittelbewirtschaftung an öffentlichen berufsbildenden Schulen; dazu gehört nicht das Personal von Schülerwohnheimen (§ 108 Abs. 1 Satz 2).

(2) ¹Zu den persönlichen Kosten gehören die Personalausgaben im Sinne des Landeshaushaltsrechts und die Reisekosten. ²Das Land trägt auch die Kosten der wissenschaftlichen Begleitung von Schulversuchen.

1   Allg.: Nach § 1 Abs. 3 Satz 2 sind öffentliche Schulen Anstalten ihres kommunalen Trägers und des Landes. Die §§ 112, 113 stellen die Grundzüge der Kostenlastverteilung zwischen Land und kommunalen Schulträgern bei der Schulfinanzierung klar. § 112 legt den Beschäftigtenkreis fest, für

den das Land die persönlichen Kosten trägt, und bestimmt, welche Kosten für die Beschäftigten zu tragen sind.

Zu Abs. 1: Die Vorschrift bestimmt abschließend den Kreis der Beschäftigten, für den das Land als Dienstherr bzw. Arbeitgeber die Personalkosten zu tragen hat (vgl. § 50 Abs. 2 Satz 1 sowie § 53 Abs. 1 Satz 1 und Satz 3 1. Alternative). Mit den Lehrkräften ist zunächst das unterrichtende Personal aufgeführt, mit den Schulassistentinnen und Schulassistenten sowie den pädagogischen Mitarbeiterinnen und Mitarbeitern folgen dann die Beschäftigtengruppen, die die Lehrkräfte z.b. durch technische Assistenz im Zusammenhang mit der Unterrichtserteilung entlasten oder die die pädagogische Tätigkeit der Lehrkräfte unterstützen und begleiten. 2

Das »Betreuungspersonal« (vgl. z.B. Tätigkeitsdarstellung in Nr. 2 des Erl. d. MK v. 28.09.1982, SVBl. S. 297, außer Kraft) ist durch das ÄndG 15 aus dem Beschäftigtenkreis (§ 53 Abs. 1 Satz 1 a.F.) getilgt worden, nachdem Beschäftigte dieser Tätigkeitsbezeichnung nicht mehr von Seiten des Landes im Schulddienst eingesetzt werden. Einen Teil der Aufgaben haben im Zuge der Weiterentwicklung des Schulwesens pädagogische Mitarbeiterinnen und Mitarbeiter übernommen, ein anderer Teil obliegt nach der Rechtsentwicklung der Eingliederungshilfe nach dem SGB sog. Integrationshelferinnen und Integrationshelfern. Außerdem hat es wiederholt Irritationen bzw. Verwechslungen im Zusammenhang mit dem von Kooperationspartnern gestellten Personal an Ganztagsschulen gegeben (vgl. Schriftl. Bericht i.d. Drs. 17/3598).

Durch das ÄndG 10 wurde der Beschäftigtenkreis erweitert um das Verwaltungspersonal zur Personal- und Mittelbewirtschaftung an öffentlichen berufsbildenden Schulen. Dass das Land die persönlichen Kosten für dieses durch seine auszuübenden Tätigkeiten konkret bestimmte Verwaltungspersonal trägt, ist im Hinblick auf den bisher in der Regelung erfassten und gewachsenen Beschäftigtenkreis ein gewisser Systembruch, weil die Verwaltungstätigkeiten nicht in einem engeren Zusammenhang mit der Unterrichtserteilung stehen. Da die Personal- und Mittelbewirtschaftung an berufsbildenden Schulen als eine überwiegend landesseitige Aufgabe gesehen wird und um einen fachfremden Lehrkräfteeinsatz zu verhindern, wurde dem Land die Kostenträgerschaft auferlegt.

Für Beschäftigtengruppen, die in Absatz 1 nicht aufgeführt sind, trägt das Land nicht die persönlichen Kosten. Die Erwähnung des Personals von Schülerwohnheimen in Halbsatz 2, für die das Land, wenn es nicht selbst Träger der Schule ist, keine Personalkosten trägt, ist nur beispielhaft.

Zu Abs. 2: Persönliche Kosten sind die Personalausgaben im Sinne des Landeshaushaltsrechts sowie die Reisekosten. Nach den Verwaltungsvorschriften zur Haushaltssystematik Niedersachsens gehören zu den Personalausgaben insbesondere Dienstbezüge und Nebenleistungen der Beamtinnen und Beamten, Versorgungsbezüge und Altersteilzeitzuschläge, Beschäftigungsentgelte der Arbeitnehmerinnen und Arbeitnehmer sowie der Auszubildenden, Zahlungen an die Sozialversicherungsträger 3 und in eine Versorgungsrücklage, Mehrarbeits- und Überstundenentgelte sowie Zeitzuschläge für Überstunden, Trennungsgeldentschädigungen und Umzugskostenvergütung, Beihilfen, Unterstützungen und Fürsorgeleistungen (vgl. Gruppierungsplan Hauptgruppe 4). Da Reisekosten haushaltsrechtlich den sächlichen Verwaltungsausgaben zugeordnet sind (vgl. Gruppierungsplan Hauptgruppe 5), aber einen direkten Bezug zur Ausübung der dienstlichen Tätigkeiten der Beschäftigten haben, werden sie als persönliche Kosten »deklariert« und gesondert erwähnt. Reisekosten sind Erstattungsleistungen für Dienstreisen und Dienstgänge, die einen direkten Bezug zur Ausübung der dienstlichen Tätigkeiten haben. Die Reisekostenvergütung umfasst im Wesentlichen die Fahrtkostenerstattung, die Wegstreckenentschädigung, das Tages- und Übernachtungsgeld sowie sonstige Kosten, die durch eine Reise veranlasst sind.

Reisekostenrechtliche Bestimmungen finden sich in § 84 NBG sowie in § 23 Abs. 4 TV-L, die Erstattung von Reisekosten für Schulfahrten ist darüber hinaus im sog. Schulfahrtenerlass geregelt.

Sofern Dienstreisen der o.a. Beschäftigten im überwiegenden Interesse des kommunalen Schulträgers durchgeführt werden, etwa im Rahmen der Planung von Schulbauten zur Besichtigung von auswärtigen Schulen, übernimmt nicht das Land, sondern der Schulträger die Reisekosten.

Satz 2 stellt klar, dass das Land auch bei der wissenschaftlichen Begleitung von Schulversuchen die persönlichen Kosten trägt. Für eine Kostentragung ist Voraussetzung, dass der zugrunde liegende Schulversuch gem. § 22 Abs. 3 genehmigt worden ist. Da die Bestimmung bei den Personalkosten angesiedelt ist, sind die für die wissenschaftliche Begleitung entstehenden Sachkosten nicht vom Land zu tragen. Allerdings kann nach § 113 Abs. 2 Nr. 1 eine Vereinbarung zur Kostentragung der Sachkosten zwischen Land und kommunalem Schulträger getroffen werden.

(Karl-Heinz Ulrich)

§ 112a – (aufgehoben) –

Die mit Inkrafttreten des ÄndG 19 am 31.12.2019 ausgelaufene Regelung betraf eine mit dem ÄndG 10 eingeführte Vorschrift zur Bewirtschaftung eines gemeinsamen Budgets aus Mitteln des Landes und des Schulträgers an berufsbildenden Schulen. Im Gesetzentwurf der LReg wurde zur Begründung für die Aufhebung der Regelung angeführt, von der Möglichkeit der Schaffung eines gemeinsamen Budgets von Schulträger und berufsbildender Schule sei in der Praxis nur wenig Gebrauch gemacht worden. Alle Vereinbarungen seien mittlerweile gekündigt worden, so dass das Bedürfnis für die Vorschrift entfallen sei (Drs. 18/4471 S. 34).

(Karl-Heinz Ulrich)

§ 113 Sachkosten

(1) ¹Die Schulträger tragen die sächlichen Kosten der öffentlichen Schulen. ²Dazu gehören auch die persönlichen Kosten, die nicht nach § 112 das Land trägt.

(2) Von Absatz 1 abweichende Vereinbarungen zwischen Land und Schulträger sind möglich
1. bei Schulversuchen,
2. bei unterrichtsergänzenden Schulveranstaltungen, die zum Erreichen des Bildungszieles einer berufsbildenden Schule vorgesehen sind.

(3) Die Kosten der Abgeltung urheberrechtlicher Vergütungsansprüche für die Vervielfältigung von Unterrichtsmaterialien trägt das Land.

(4) ¹Im Rahmen ihrer Haushaltsmittel gewähren die Schulträger Beihilfen für Schülerinnen und Schüler bei Schulfahrten. ²Die zur Durchführung von Schulfahrten erforderlichen Verträge werden von der Schule im Namen des Landes abgeschlossen.

(5) ¹Hat sich das Land in einer Vereinbarung mit einem anderen Land verpflichtet, Ausgleichszahlungen für den Besuch von Schulen des anderen Landes durch niedersächsische Schülerinnen und Schüler zu leisten, so können die Schulträger, in deren Gebiet die Schülerinnen oder Schüler ihren Wohnsitz oder gewöhnlichen Aufenthalt oder ihre Ausbildungs- oder Arbeitsstätte haben, zur Erstattung eines angemessenen Anteils der Ausgleichszahlungen herangezogen werden. ²Das Kultusministerium wird ermächtigt, das Nähere durch Verordnung zu regeln.

Allg.: § 113 bestimmt, dass im Allgemeinen die Schulträger die sächlichen Kosten der Schulen tragen, dass zu den Sachkosten auch die Personalkosten für die »anderen Mitarbeiterinnen und Mitarbeiter« (§ 53 Abs. 1 Satz 3) zählen, dass das System der Kostenlastverteilung hinsichtlich der Sachkosten in bestimmten Fällen zugunsten der Schulträger durch Vereinbarung durchbrochen werden kann, dass das Land die Kosten der Abgeltung urheberrechtlicher Vergütungsansprüche für die Vervielfältigung von Unterrichtsmaterialien übernimmt, dass die Schulträger nach Maßgabe eines nach pflichtgemäßen Ermessen aufgestellten Haushalts angehalten sind, den Schülerinnen und Schülern Beihilfen für Schulfahrten zu gewähren und dass die Schulträger zur Erstattung von Ausgleichzahlungen des Landes im Rahmen von Gastschulvereinbarungen herangezogen werden können.

Der schulgesetzlichen Kostenlastverteilung liegt das Kostenlastprinzip, nicht jedoch das Verursacherprinzip zu Grunde. Insoweit kommt es bei Finanzierung einer Aufgabe nicht darauf an, wer diese eingeführt hat. Aufgabenzuweisungen und Aufgabenübertragungen sowie sonstige Veränderungen in der Struktur von Schule und Schulaufsicht berühren die Grundsätze der Kostenlastverteilung nicht, sie bestehen auch bei sich ändernden realen Verhältnissen fort. Neuerungen, Entwicklungen und

Wandlungen bedingen folglich nicht automatisch Kompensationsmaßnahmen im Rahmen des Konnexitätsprinzips (Art. 57 Abs. 4 NV).

2 **Zu Abs. 1:** In der Aufgabenverteilung zwischen Land und kommunalen Schulträgern regelt Satz 1 in Ergänzung zu § 112 die grundsätzliche Zuständigkeit für die Sachkosten. Als Grundsatz gilt: den Schulträgern obliegen die sächlichen Kosten.

Sachkosten sind im Wesentlichen alle Aufwendungen, die zur Schaffung, Unterhaltung und zur Nutzung der Schulgebäude und Schulanlagen erforderlich sind und die der Deckung des Sachbedarfs der Schulen dienen.

Zu den sächlichen Kosten gehören dementsprechend insbesondere die Kosten für

- die Errichtung, Unterhaltung und Bewirtschaftung der Schulgebäude und Schulanlagen, Aufwendungen für Kreditzinsen für Schulgebäude und Schulanlagen sowie Mietzinsen oder ähnliche regelmäßig wiederkehrende Zahlungen, soweit Gebäude Dritter als Schulgebäude genutzt werden,
- die Ausstattung der Schulgebäude und Schulanlagen mit Einrichtungsgegenständen sowie deren laufende Unterhaltung und Instandsetzung,
- die Benutzung anderer Gebäude und Anlagen für schulische Zwecke,
- der laufende Geschäftsbedarf,
- Lehrmittel, die für einen ordnungsgemäßen Unterricht erforderlich sind,
- Schutzausrüstungen nach arbeitsschutzrechtlichen Bestimmungen,
- die Versicherungen der Schülerinnen und Schüler,
- die Einrichtung und der Geschäftsbedarf der Schüler- und Elternvertretungen,
- den Geschäftsbedarf der Schulpersonalvertretungen (§ 37 i.V.m. § 94 NPersVG),
- die Kosten des Betriebs eines Wohnheimes, in dem die Schülerinnen und Schüler zum Zwecke des Schulbesuches untergebracht sind,
- die Unterstützung von Schülerinnen und Schülern bei Schulfahrten (Beihilfen).

Hinsichtlich der Schulbücher der Schülerinnen und Schüler für den Unterricht gilt Folgendes: Nach § 71 Abs. 1 haben die Erziehungsberechtigten dafür zu sorgen, dass die Schülerinnen und Schüler am Unterricht und an den sonstigen Veranstaltungen der Schule regelmäßig teilnehmen. Sie haben sie dafür zweckentsprechend auszustatten. Die Erziehungsberechtigten haben grundsätzlich die Kosten für die Schulbücher und Verbrauchsmaterialien zu tragen. Um die Erziehungsberechtigten von den Anschaffungskosten zu entlasten, bietet das Land Niedersachsen freiwillig das Modell der entgeltlichen Ausleihe von Lernmitteln an. Wenn die Erziehungsberechtigten sich für dieses Modell entscheiden, kauft die Schule im Auftrag des Landes Niedersachsen die von den Erziehungsberechtigten ausgewählten Schulbücher und vermietet diese gegen einen Mietzins; unter bestimmten Voraussetzungen werden Befreiungen und Ermäßigungen eingeräumt. Eigentümer der Schulbücher bleibt das Land. Das Land ist somit für die ordnungsgemäße Erfüllung der Mietverträge zuständig. Eine Aufgabenzuständigkeit des Schulträgers gemäß § 113 Abs. 1 Satz 1 liegt nicht vor, da die Sachausstattung mit Schulbüchern originär den Erziehungsberechtigten obliegt.

Hinsichtlich der Schulbücher für Lehrkräfte gilt Folgendes: Mit Urteil vom 12.03.2013 hatte das Bundesarbeitsgericht (BAG) in Erfurt – Az.: 9 AZR 455/11 – entschieden, dass das Land Niedersachsen verpflichtet ist, einer Lehrkraft Aufwendungsersatz für den Erwerb eines Schulbuches zu zahlen. Die damals noch offen gebliebene Frage, ob das Land Niedersachsen im Innenverhältnis zu den Schulträgern einen öffentlich-rechtlichen Erstattungsanspruch hinsichtlich der entsprechenden Kosten hat, hat das OVG Lüneburg mit Urteil vom 01.12.2016 – 2 LC 260/15 – zu Gunsten des Landes Niedersachsen entschieden. Zur Ausstattung der Schulanlage mit der notwendigen Einrichtung gehört auch die Ausstattung der Schule mit den erforderlichen Lehrmitteln. Lehrmittel sind, wie sich dem zusammengesetzten Begriff selbst entnehmen lässt, Mittel zum Lehren, also solche Unterrichtsmittel, die von den Lehrkräften für die Vorbereitung und Durchführung des Unterrichts benötigt werden. Schulbücher sind solche Lehrmittel und für die Durchführung eines ordnungsgemäßen Unterrichts erforderlich. Dabei müssen die Lehrkräfte über Schulbücher in der gleichen Auflage wie die Schülerinnen und Schüler verfügen. Schulbücher können demnach sowohl Lehr- als auch Lernmittel sein. Ob hingegen Lehrbücher, die regelmäßig Lösungen zu den in den Schulbüchern enthaltenen Aufgaben enthalten, für den Unterricht erforderlich sind und damit als von dem Schulträger anzuschaffendes Lehrmittel einzuordnen sind, dürfte im Hinblick auf die Befähigung einer Lehrkraft, eine den Schülerinnen und Schülern gestellte Aufgabe selbst lösen zu können, bezweifelt werden.

Eine Pflicht des Schulträgers, die Kosten für Sonderausstattungen bzw. für persönliche Arbeitsmittel der Lehrkräfte zu tragen, besteht nicht (z.B. bandscheibengerechter Schreibtischstuhl, orthopädische Sicherheitsschuhe).

Zu den Sachkosten gehören – obwohl die begriffliche Zuordnung haushaltssystematisch regelwidrig ist – nach Satz 2 kraft Gesetzes auch die persönlichen Kosten, die nicht nach § 112 das Land trägt.

Persönliche Kosten, die demzufolge nach § 113 vom Schulträger aufzubringen sind, sind beispielsweise die Kosten für

- Schulhausmeisterinnen und Schulhausmeister sowie Hausarbeiterinnen und Hausarbeiter,

- sog. Schulverwaltungskräfte (z.B. Schulsekretärinnen, Schulverwaltungsassistenz, Verwaltungsfachangestellte, Schreibkräfte),

- Bibliothekskräfte (z.b. Bibliothekarinnen und Bibliothekare, Bibliotheksassistenz)
- DV-Administratorinnen und DV-Administratoren,
- Schulsozialarbeiterinnen und Schulsozialarbeiter in der schulbezogenen Jugendhilfe,
- Küchen- und Servicepersonal sowie Reinigungskräfte,
- Personal von Schülerwohnheimen.

Hinsichtlich der Personalkosten für DV-Administratorinnen und DV-Administratoren sei darauf hingewiesen, dass nach § 5 Niedersächsisches Finanzverteilungsgesetz, der mit »Zusatzleistungen für Systembetreuung in Schulen« überschrieben ist, die Schulträger nach den §§ 102 und 195 NSchG vom Land für die Wartung und Pflege der Computersysteme und -netzwerke in den Schulen jährlich 11 Mio. Euro erhalten. Dieser Betrag wird nach der Zahl der Schülerinnen und Schüler an den Schulen der Schulträger auf die Schulträger aufgeteilt. Diese Leistung des Landes wird in der Erwartung erbracht, dass auch die Schulträger einen entsprechenden Betrag aufbringen. Ferner erhalten die Schulträger für die Verwaltungstätigkeit in den öffentlichen allgemein bildenden Schulen jährlich 8 Mio. Euro.

3 **Zu Abs. 2:** Absatz 2 lässt in zwei Fällen Ausnahmen von dem in Absatz 1 aufgestellten Grundsatz zu.

Nach Nr. 1 können Land und Schulträger bei Schulversuchen (§ 22) eine abweichende Vereinbarung hinsichtlich der Sachkostenlast treffen, d. h., das Land kann in derartigen Fällen neben den Personalkosten im Sinne des § 112 auch anfallende Sachkosten übernehmen Dies folgt aus der Überlegung, dass bei der Erprobung neuer pädagogischer und organisatorischer Konzeptionen in Schulversuchen oftmals Mehrkosten im Sachkostenbereich anfallen, die im Hinblick auf die Interessenlagen an der Erprobung eines Modells den Schulträgern nicht in jedem Fall aufgebürdet werden können. Eine Vereinbarung über die Übernahme von Sachkosten im Rahmen eines Schulversuchs wird sich allerdings auf die unmittelbar durch den Schulversuch verursachten (zusätzlichen) Kosten beschränken müssen. Eine Entlastung von Fixkosten, die unabhängig von dem Schulversuch zu tragen sind (sog. »Eh-da-Kosten«), weil sie ohnehin anfallen und bezahlt werden müssen, ist von der Bestimmung nicht beabsichtigt.

In Nr. 2 ist ferner für unterrichtsergänzende Schulveranstaltungen, die zum Erreichen des Bildungszieles einer berufsbildenden Schule vorgesehen sind, die gesetzliche Grundlage gegeben, mit den Schulträgern vom Regelfall abweichende Kostenverteilungsvereinbarungen zu treffen. Die Bestimmung bezieht sich auf die in manchen berufsbildenden Bildungsgängen praktizierte Ausbildung in außerschulischen Lehrgängen (z.B. ausgelagerter Unterricht an einer Lehranstalt für Agrartechnik – DEULA –). Da diese Lehrgänge insbesondere aufgrund des notwendigerweise vorgehaltenen großen (landwirtschaftlichen) Maschinenparks sehr kostenaufwendig sind,

Aufbringung der Kosten § 113 **NSchG**

andererseits aber den schulischen Unterricht ersetzen, kann das Land in Abweichung von der normalen Kostenverteilung einen höheren Anteil der Sachkosten übernehmen (vgl. Begr. zum RegEntw. ÄndG 93, Niedersächsischer Landtag, Drucksache 12/3300).

Ergänzend sei angemerkt, dass Kultusministerium und Schulträger nach der Experimentierklausel des § 113a auch außerhalb von Vereinbarungen nach Absatz 2 Ausnahmen von der Regelung der Aufgaben- und Kostenverteilung der §§ 112 und 113 treffen können, insbesondere im Interesse einer Personalkostenbudgetierung.

Zu Abs. 3: Die Vorschrift ist durch das ÄndG 93 eingefügt worden. Sie **4** trägt den urheberrechtlichen Regelungen Rechnung, wonach auch für das auszugsweise Kopieren an Schulen Vergütungen zu zahlen sind (§ 53 Urheberrechtsgesetz). Die Höhe der Vergütung wird in einem Gesamtvertrag mit der Verwertungsgesellschaft WORT, die die ihr anvertrauten Nutzungsrechte und Vergütungsansprüche von Autoren und Verlagen für die Nutzung geistigen Eigentums treuhänderisch wahrnimmt, pauschaliert berechnet. Um ein verwaltungsaufwendiges Abrechnungsverfahren zu vermeiden und um die Erziehungsberechtigten von einer Inanspruchnahme für diese Kosten zu entlasten (§ 71 Abs. 1; VGH Bayern, Urt. v. 04.05.1994 – 7 B 92.2935 –), wurde die Kostentragungspflicht des Landes festgelegt.

Zu Abs. 4: Absatz 4 enthält zwei Bestimmungen, die in einem Zusammen- **5** menhang mit den Kosten für Schulfahrten stehen. Schulfahrten sind Schulveranstaltungen, mit denen definierte Bildungs- und Erziehungsziele verfolgt werden; dazu zählen auch Schüleraustauschfahrten und Schullandheimaufenthalte (Anm. 7).

Satz 1 bestimmt, dass die Schulträger im Rahmen ihrer Haushaltsmittel Beihilfen für Schülerinnen und Schüler bei Schulfahrten gewähren. Trotz des missverständlichen Wortlauts (»gewähren«), der auf eine gebundene Verwaltung hindeutet, handelt es sich wegen des Haushaltsvorbehalts im Ergebnis um freiwillige Leistungen, bei denen es im pflichtgemäßen Ermessen der Schulträger steht, ob und in welcher Höhe sie solche Ausgaben im Haushalt vorsehen. Die einzelne Schülerin oder der einzelne Schüler hat darauf keinen Rechtsanspruch.

Satz 2 wurde durch das ÄndG 97 aufgenommen, um für eine Klarstellung hinsichtlich des Verantwortungsbereichs für Schulfahrten bei Vertragsabschlüssen zu sorgen. Er enthält die klarstellende Regelung, dass die zur Durchführung von Schulfahrten erforderlichen Verträge von der Schule im Namen des Landes abgeschlossen werden. Die Verträge bedürfen der Schriftform und der Unterschrift der Schulleiterin oder des Schulleiters. Sie dürfen erst dann abgeschlossen werden, wenn die Verpflichtungserklärungen der Erziehungsberechtigten zur Kostenübernahme vorliegen (Anm. 7).

In § 71 Abs. 1 Satz 2 ist klargestellt, dass im Innenverhältnis die Erziehungsberechtigten die Kosten für Schulfahrten im Rahmen ihrer Ausstattungspflicht zu tragen haben.

6 Zu Abs. 5: Die durch das ÄndG 97 eingeführte Regelung dient dem finanziellen Ausgleich zwischen kommunalen Schulträgern und dem Land, wenn das Land sich in Vereinbarungen mit anderen Ländern zur Zahlung von Ausgleichsbeträgen für niedersächsische Schülerinnen und Schüler verpflichtet hat, die Schulen in den anderen Ländern besuchen. Solche Verträge bestehen vor allem mit den Ländern Hamburg und Bremen. Diese Vereinbarungen decken in der Regel alle Erstattungsforderungen der anderen Länder einschließlich der Sachkosten ab, so dass von dem anderen Land keine Forderungen zur Erstattung der Sachkosten gestellt werden können. Entsprechend dem Prinzip der Kostenteilung zwischen Land und kommunalen Schulträgern sollen letztere an den Ausgleichszahlungen angemessen beteiligt werden, da sie insoweit von den Sachkosten für diese Schülerinnen und Schüler entlastet werden.

Von der Verordnungsermächtigung des Satzes 2 hat das Land durch die Verordnung über die Heranziehung von Schulträgern zur Erstattung von Ausgleichszahlungen Gebrauch gemacht. Mit ihr werden die kommunalen Schulträger zur Erstattung eines Teils der Ausgleichszahlungen verpflichtet, die das Land Niedersachsen an die Länder Hamburg und Bremen zu leisten hat.

7 Verweise, Literatur:
- Verordnung über die Heranziehung von Schulträgern zur Erstattung von Ausgleichszahlungen vom 14.5.2002 (Nds. GVBl. S. 170), zuletzt geändert durch VO vom 18.2.2020 (Nds. GVBl. S. 32)
- Abkommen über die Verbürgung der Gegenseitigkeit und Gleichbehandlung für den öffentlichen Schulbesuch zwischen der Freien und Hansestadt Hamburg und dem Land Niedersachsen v. 10.7.1963 (SVBl. S. 35.), geändert durch das Abkommen zur Ergänzung des Gegenseitigkeitsabkommens v. 13.6.1996 (n. v.) sowie durch die Vereinbarung zur Änderung des vom 13.6.1996 datierten Abkommens (SVBl. 2/2020 S. 71)
- Erl. »Schulfahrten« vom 1.11.2015 (SVBl. S. 548; SRH 3.605; Schulrecht 351/31), zuletzt geändert durch Erl. vom 1.11.2020 (SVBl. S. 538)
- Vereinbarung zwischen der Niedersächsischen Landesregierung und den Kommunalen Spitzenverbänden Niedersachsen über die Kostentragung im Schulbereich; Bek. d. MK v. 12.12.2016 – 16.2 – 81306 (SVBl. H. 2/2017, S. 50)

(Karl-Heinz Ulrich)

§ 113a Experimentierklausel

¹Zur Erprobung von Modellen der eigenverantwortlichen Steuerung von Schulen kann das Kultusministerium im Einvernehmen mit dem Schulträger auch außerhalb von Vereinbarungen nach § 113 Abs. 2 Ausnahmen von den Vorschriften der §§ 112 und 113 Abs. 1 zulassen, soweit erwartet werden kann, dass dadurch die Wirtschaftlichkeit und Leistungsfähigkeit

in der Verwaltung der Schulen verbessert wird. ²§ 22 Abs. 2 und 3 Satz 2 gilt entsprechend.

Allg.: Experimentierklauseln sind ein Instrument, um Reformprozesse 1
durch Erprobung eines Vorhabens auf den Weg zu bringen; sie dienen
u.a. der Fortentwicklung der Rechtsvorschriften. Durch die vorstehende
Experimentierklausel ist die Exekutive von der Legislative ermächtigt
worden, von bestimmten, eng begrenzten schulgesetzlichen Bindungen
zeitlich befristet abzuweichen und in experimentierenden Schritten die
Praxistauglichkeit eines neuen Modells zu überprüfen.

§ 113a ermöglicht die Erprobung von bestimmten Modellen, die keine
Schulversuche im Sinne von § 22 sind, und sichert diese rechtlich ab.
Nach der Bestimmung können Ausnahmen von § 112 (Personalkosten, die
das Land trägt) und § 113 Abs. 1 (Sachkosten, die in die Zuständigkeit
des kommunalen Schulträgers fallen) zugelassen werden. Voraussetzung
dafür ist, dass durch das zu erprobende Modell die Wirtschaftlichkeit
und Leistungsfähigkeit in der Verwaltung der Schulen verbessert wird.
Dabei kommen Verbesserungen im System Schule (Steuerung, Abbau von
Verwaltungsaufwand, Beseitigung bzw. Minderung von Unterrichtsausfällen) ebenso in Betracht wie Effizienzgewinne in der staatlichen und
kommunalen Schulverwaltung.

Auf der Grundlage des § 113a wurde zwischen 2000 und 2010 an 50 großen Schulen die »Personalkostenbudgetierung an allgemein bildenden
und berufsbildenden Schulen in Niedersachsen (PKB-Schulen)« in einem
Modellversuch erprobt. Die teilnehmenden Schulen erhielten erweiterte
personalrechtliche Befugnisse und die Zuweisung von Haushaltsmitteln
für Personalausgaben in einem Budget. Sie wurden damit in die Lage
versetzt, selbstständig befristete Verträge für Vertretungsunterricht oder
anderen stundenweisen Unterrichtseinsatz abzuschießen. Ferner konnten
Lehrkräfte in begrenztem Umfang von außerunterrichtlichen Tätigkeiten
entlastet werden, indem entsprechende Aufgaben extern oder an nichtlehrendes Personal vergeben wurden. § 113a war auch die Grundlage
dafür, dass aus Landesmitteln Ausgaben für Sachkosten geleistet werden
konnten. Es entstanden von Land und Schulträgern gemeinsam gespeiste
Schulbudgets, die es den Schulen ermöglichten, ihre Ausgaben »aus einem
Topf« zu finanzieren.

In einem weiteren Modellversuch wurde zwischen 2003 und 2007 an 19 berufsbildenden Schulen die Entwicklung zu regionalen Kompetenz- oder
Qualifizierungszentren erprobt. Im Rahmen des Projekts »Berufsbildende
Schulen in Niedersachsen als regionale Kompetenzzentren (ProReKo)«
sollte festgestellt werden, inwieweit die Verbesserung der Qualität des
Unterrichts und der Schule insgesamt durch größere Selbstständigkeit
und Gestaltungsmöglichkeiten der Schule zu erreichen ist. Zum Erreichen
dieses Ziels hatten die Schulen u.a. ein gemeinsames Budget erhalten, das
sämtliche Personal- und Sachmittel des Landes sowie Mittel des Schulträgers
umfasst. Die positiv erprobten Ergebnisse des Schulversuchs sollen gemäß
Landtagsbeschluss vom 18.02.2010 (Drs. 16/2243) auf die berufsbildenden

Schulen des Landes übertragen werden (vgl. Unterrichtung der LReg in der Drs. 16/2791 zu ersten Ergebnissen). Anfang 2007 verabschiedete der Niedersächsische Städtetag 45 Thesen zur kommunalen Bildungspolitik; Kernforderung war eine modellhafte Erprobung einer Kommunalisierung von Grundschulen in mehreren Städten. Mitte 2008 plädierte auch der Niedersächsische Landkreistag in einem Positionspapier zur Fortsetzung der Verwaltungsmodernisierung für eine modellhafte Erprobung eines Schulangebots aus einer Hand. Der Niedersächsische Städte- und Gemeindebund, der einen Großteil der Grundschulträger vertritt, lehnte seinerzeit hingegen eine Kommunalisierung des Lehrpersonals strikt ab. Die Antwort der damaligen Landesregierung auf eine Mündliche Anfrage »Was plant die Landesregierung bei der Kommunalisierung von Schulen?« (Anlage 37 zum Stenografischen Bericht der Sitzung vom 20.02.2009, S. 3 832) fiel vor dem Hintergrund dieser Gemengelage verhalten aus. Seither wurde der Vorstoß nicht weiterverfolgt.

2 Zum einzigen Absatz: Nach **Satz 1** kann das Kultusministerium zur Erprobung neuer Modelle der Steuerung von Schulen Ausnahmen von den Kostenlastregelungen der §§ 112, 113 Abs. 1 zulassen. Hierzu bedarf es des Einvernehmens mit dem kommunalen Schulträger. Zielvorgabe und wesentliche Voraussetzung ist, dass erwartet werden kann, dass durch das Vorhaben die Wirtschaftlichkeit und Leistungsfähigkeit in der Verwaltung der Schulen verbessert wird.

§ 113a ist bewusst bei den Bestimmungen zur Kostenlastverteilung angesiedelt worden, um die Abgrenzung zu den Schulversuchen nach § 22, die im Wesentlichen der »Erprobung neuer pädagogischer und organisatorischer Konzeptionen« dienen sollen, deutlich zu machen. Vorhaben nach § 113a zählen somit grundsätzlich nicht zu den zulassungspflichtigen oder anzeigepflichtigen Schulversuchen i.S. des KMK-Beschlusses über die Durchführung von Schulversuchen.

Die Anwendung des § 113 Abs. 2 ist ausgeschlossen. Diese Bestimmung ist auf die dort genannten Ausnahmefälle beschränkt (vgl. Anmerk. 3 zu § 113).

Die Experimentierklausel steht unter einem Genehmigungsvorbehalt des MK. Vor der Erprobung eines Modells bedarf es des Einvernehmens mit dem Schulträger, insbesondere soweit Folgelasten für diesen möglich sind (vgl. Begründung in der Drs. 14/2058). Einvernehmen bedeutet, dass vor Erteilung einer Ausnahme durch das MK das Einverständnis der Kommune vorliegen muss. Eine Ausnahme, die ohne das Einvernehmen des Schulträgers zugelassen wurde, ist rechtswidrig, aber nicht zwingend nichtig (vgl. § 44 Abs. 3 VwVfG). Die fehlende Mitwirkung des Schulträgers kann nachgeholt werden (vgl. § 45 Abs. 1 VwVfG).

Es muss erwartet werden können, dass durch das zu erprobende Vorhaben die Wirtschaftlichkeit und Leistungsfähigkeit in der Verwaltung der Schulen verbessert wird. Es bedarf demnach einer Prognose, ob und inwieweit Verbesserungen hinsichtlich Effizienz und nachhaltiger Leistung anzunehmen sind.

Ausnahmen können zugelassen werden, »soweit« Verbesserungen erwartet werden können. Durch diese Konjunktion werden dem Umfang der zu erteilenden Ausnahmen folglich Schranken gesetzt. Nach **Satz 2** gilt § 22 Abs. 2 und 3 Satz 2 entsprechend. Gemäß § 22 Abs. 2 werden Schulversuche nach Möglichkeit »wissenschaftlich begleitet«, jede Phase eines Schulversuchs ist »hinreichend zu dokumentieren«. Gemäß § 22 Abs. 3 Satz 2 ist die Genehmigung für einen Schulversuch zu »befristen« und sie ist »widerruflich«. Eine entsprechende Anwendung dieser Bestimmungen bedeutet, dass neue Modelle im Sinne des Satzes 1 grundsätzlich wissenschaftlich begleitet und angemessen dokumentiert werden sollen. Die Experimentierphase soll zeitlich begrenzt angelegt und der jederzeitige Widerruf des Vorhabens soll möglich sein.

Die wissenschaftliche Begleitung soll der Entwicklung und Ausgestaltung der Modellidee und des Konzepts dienen. Sie kann insbesondere die Durchführung und Ziele festlegen und überprüfen, beim prozessbegleitenden Informationsaustausch beraten und moderieren. Schließlich kann sie Ergebnisse bewerten, Schlussfolgerungen ziehen und Übertragungsmöglichkeiten einschätzen. Für die Dokumentation können im Phasenverlauf Meilensteinberichte, Zwischenbericht und Abschlussbericht erstellt werden.

Um die gewonnenen Erkenntnisse nutzbar zu machen, ist jede Phase der Modellerprobung hinreichend zu dokumentieren. Entscheidungen, Einzelschritte, Maßnahmen und Ergebnisse sind vollständig, korrekt, strukturiert und verständlich festzuhalten. Die Dokumentationspflicht kann der teilnehmenden Schule, der Schulverwaltung oder der wissenschaftlichen Begleitung übertragen sein. Gewonnene Erkenntnisse können ggf. Grundlage für weitere gesetzgeberische Aktivitäten, z.B. für eine Verbreitung oder einen Transfer auf andere Bereiche, sein.

Eine zeitliche Befristung der erteilten Ausnahmen ist erforderlich, damit Modelle auch Testläufe bleiben und nicht unter dem Deckmantel einer Erprobung als Dauerlösung etabliert werden. Die Dauer der Befristung ist von Sinn und Zweck des zu erprobenden Modells abhängig, d.h., innerhalb der gesetzten Frist muss ein sinnvoller Testdurchlauf mit verwertbaren Ergebnissen möglich sein. Da es im Wesentlichen um den Einsatz von Stellen und Haushaltsmitteln geht, bieten sich Haushaltsjahre, ggf. auch Schuljahre als Ausgangs- und Endzeitpunkt des befristeten Modells an.

Die Modelle müssen schließlich widerruflich angelegt sein, um unverzüglich auf besonders heftige oder nicht vorhersehbare Störfälle reagieren zu können. Das Kultusministerium als die nach Satz 1 für die Erteilung der Ausnahmen zuständige Behörde kann die zugelassenen Ausnahmen ganz oder teilweise für die Zukunft widerrufen, um eine Kurskorrektur vorzunehmen.

Verweise, Literatur: 3
- Eigenverantwortung stärken – Personalkostenbudgetierung an Schulen in Niedersachsen, Mitteilungen aus dem Niedersächsischen Kultusministerium, SVBl. 2000, H. 5, S. 176

- *Hoffmann, Erich:* Modellversuch »Personalkostenbudgetierung an Schulen« – Erweiterung der finanziellen Eigenverantwortung von Schulen in Niedersachsen, Schulverwaltung, Ausgabe Niedersachsen, 2001, H. 4, S. 108
- *Hoffmann, Erich:* Zur Entwicklung der Budgetierung von Landesmitteln für Schulen, Schulverwaltung, Ausgabe Niedersachsen, 2002, H. 9, S. 250
- *Uhlig, Peter:* Personalkostenbudgetierung – Eine Zwischenbilanz, Schulverwaltung, Ausgabe Niedersachsen/Schleswig-Holstein, 2004, H. 9, S. 241
- *Akkermann, Helga/Koller, Ulrike:* Personalkostenbudgetierung als Teil der Steuerung in der Eigenverantwortlichen Schule – Warum ein Modellversuch zum Regelfall werden sollte, Schulverwaltung, Ausgabe Niedersachsen, 2010, H. 7–8, S. 196
- Abschlussbericht »Schulversuch Berufsbildende Schulen in Niedersachsen als regionale Kompetenzzentren – ProReKo«, Niedersächsisches Kultusministerium 2008
- *Ulrich, Karl-Heinz:* Kommunalisierung von Schulen – Neue Gestaltungschancen durch die Celler Thesen zur kommunalen Bildungspolitik?, Schulverwaltung, Ausgabe Niedersachsen, 2007, H. 7–8, S. 208

(Karl-Heinz Ulrich)

§ 114 Schülerbeförderung

(1) ¹Die Landkreise und kreisfreien Städte sind Träger der Schülerbeförderung. ²Sie haben die in ihrem Gebiet wohnenden Kinder, die einen Schulkindergarten besuchen oder die an besonderen Sprachfördermaßnahmen gemäß § 64 Abs. 3 teilnehmen, sowie die in ihrem Gebiet wohnenden Schülerinnen und Schüler

1. der 1. bis 10. Schuljahrgänge der allgemein bildenden Schulen,
2. der 11. und 12. Schuljahrgänge im Förderschwerpunkt geistige Entwicklung der Förderschulen,
3. der Berufseinstiegsschule,
4. der ersten Klassen von Berufsfachschulen, soweit die Schülerinnen und Schüler diese ohne Sekundarabschluss I – Realschulabschluss – besuchen,

unter zumutbaren Bedingungen zur Schule zu befördern oder ihnen oder ihren Erziehungsberechtigten die notwendigen Aufwendungen für den Schulweg zu erstatten. ³Die Schülerbeförderung gehört zum eigenen Wirkungskreis der Landkreise und kreisfreien Städte.

(2) ¹Die Landkreise und kreisfreien Städte bestimmen die Mindestentfernung zwischen Wohnung und Schule, von der an die Beförderungs- oder

Erstattungspflicht besteht. ²Sie haben dabei die Belastbarkeit der Schülerinnen und Schüler und die Sicherheit des Schulweges zu berücksichtigen. ³Die Beförderungs- oder Erstattungspflicht besteht in jedem Fall, wenn Schülerinnen oder Schüler wegen einer dauernden oder vorübergehenden Behinderung befördert werden müssen.

(3) ¹Die Beförderungs- oder Erstattungspflicht besteht nur für den Weg zur nächsten Schule der von der Schülerin oder dem Schüler gewählten Schulform. ²Abweichend von Satz 1 gilt eine Schule als nächste Schule, wenn

1. sie wegen der Festlegung von Schulbezirken besucht werden muss (§ 63 Abs. 3 Sätze 1 und 2),

2. sie wegen der Festlegung eines gemeinsamen Schulbezirks besucht werden darf (§ 63 Abs. 3 Satz 3),

3. sie aufgrund einer Überweisung nach § 59 Abs. 5 Satz 1, § 61 Abs. 3 Nr. 4, § 69 Abs. 2 Satz 1 oder einer Gestattung nach § 63 Abs. 3 Satz 4 besucht wird,

4. sie aus dem in § 63 Abs. 4, § 137 oder § 138 Abs. 5 genannten Grund besucht wird und diese Schule die nächstgelegene mit dem nach § 63 Abs. 4, § 137 oder § 138 Abs. 5 gewählten Schulangebot ist,

5. sie, falls eine Förderschule besucht wird, die nächste Förderschule mit dem Förderschwerpunkt ist, der dem Bedarf an sonderpädagogischer Unterstützung entspricht, oder

6. sie, falls eine Berufseinstiegsschule oder eine Berufsfachschule besucht wird, die nächste Schule derselben Schulform mit dem gewählten Bildungsgang ist.

³Schulen, die wegen einer Aufnahmebeschränkung (§ 59 a) nicht besucht werden können, bleiben außer Betracht. ⁴Als Schulform im Sinne des Satzes 1 gilt auch die jeweils gewählte Form

1. der Gesamtschule nach § 12 oder § 183b Abs. 1 oder

2. der Oberschule nach § 10a Abs. 2 oder 3.

⁵Liegt die nächste Schule außerhalb des Gebiets des Trägers der Schülerbeförderung, so kann dieser seine Verpflichtung nach Absatz 1 auf die Erstattung der Kosten der teuersten Zeitkarte des öffentlichen Personennahverkehrs beschränken, die er für die Schülerbeförderung in seinem Gebiet zu erstatten hätte; dies gilt nicht, wenn eine Hauptschule, eine Realschule oder ein Gymnasium gewählt wird und eine Schule der gewählten Schulform nur außerhalb des Gebiets des Trägers der Schülerbeförderung unter zumutbaren Bedingungen erreichbar ist oder wenn eine Förderschule besucht wird.

(4) Wird nicht die Schule besucht, bei deren Besuch ein Erstattungsanspruch bestünde, so werden die notwendigen Aufwendungen für den Weg zu der besuchten Schule erstattet, jedoch nur, soweit sie die nach Absatz 3 erstattungsfähigen Aufwendungen nicht überschreiten.

(5) Ein Erstattungsanspruch besteht nicht, wenn für den Weg
1. zu der besuchten Schule oder
2. zu derjenigen Schule, die nach Absatz 3 als nächste Schule gilt, eine Beförderungsleistung des Trägers der Schülerbeförderung in Anspruch genommen werden kann.

(6) ¹Die Landkreise können mit den kreisangehörigen Gemeinden und Samtgemeinden vereinbaren, dass von diesen die den Landkreisen als Träger der Schülerbeförderung obliegenden Aufgaben durchgeführt werden. ²Die Landkreise erstatten den Gemeinden und Samtgemeinden ihre Kosten mit Ausnahme der Verwaltungskosten.

1 **Allg.:** Die Übernahme der Schülerbeförderung bzw. die Erstattung der notwendigen Aufwendungen für den Schulweg ist Teil der Bemühungen der öffentlichen Hand, den Schulbesuch im Rahmen der Schulpflicht weitgehend kostenfrei zu halten und bestmögliche Chancengleichheit für die Schülerinnen und Schüler herzustellen. Grundsätzlich sind die Erziehungsberechtigten (vgl. § 55) zur Sicherstellung des Schulbesuchs und zur Übernahme der damit verbundenen Kosten verpflichtet, denn sie haben u.a. nach § 71 Abs. 1 dafür zu sorgen, dass die Schülerinnen und Schüler am Unterricht und an den sonstigen Veranstaltungen der Schule regelmäßig teilnehmen und dass sie dafür zweckentsprechend ausgestattet sind. Gleichwohl hat der Gesetzgeber Veranlassung gesehen, die Beförderung der Schülerinnen und Schüler zur Schule nicht als ausschließliche Aufgabe der Erziehungsberechtigten sowie die Fahrtkosten nicht als »reine Elternkosten« zu qualifizieren.

Die Schülerbeförderung in seiner heutigen Bedeutung sowie die Übernahme der Schülerfahrkosten nahmen ihren Anfang in den sechziger Jahren, als Schülerinnen und Schüler durch Zusammenlegung und Aufhebung von Schulen, Konzentration des Schulangebots in Schulzentren und ein verändertes Anwahlverhalten nicht mehr eine Schule am Wohnort oder in dessen Nähe besuchen konnten, sondern deutlich größere Entfernungen zwischen Elternhaus und Schule in Kauf zu nehmen hatten. Es erschien unbillig, den Erziehungsberechtigten die dadurch veränderte Organisation der Beförderung ihrer Kinder sowie die dadurch entstehenden Kosten aufzubürden. Bildungspolitischen Setzungen folgend haben die schulgesetzlichen Bestimmungen zur Schülerbeförderung seither eine Vielzahl von Änderungen erfahren.

In den vergangenen Jahren hat sich insbesondere die Verwaltungsgerichtsbarkeit einer großen Anzahl von Streitigkeiten und der Beantwortung von Zweifelsfragen annehmen müssen. Allein die Rechtsprechungsdatenbank des Niedersächsischen Oberverwaltungsgerichts führt unter dem Suchwort »Schülerbeförderung« mehr als 170 Urteile und Beschlüsse zu den unterschiedlichsten Aspekten dieses vielschichtigen, schulrechtlichen Themenkomplexes auf.

Es sei herausgestellt, dass es nach wie vor weder einen allgemeinen Anspruch der Schülerinnen und Schüler oder der Erziehungsberechtigten noch einen verfassungsrechtlichen Auftrag zur Übernahme sämtlicher Kosten durch die öffentliche Hand gibt. Weder die staatliche Verpflichtung zum besonderen Schutz der Familie gemäß Artikel 6 Abs. 1 GG noch das durch Artikel 6 Abs. 2 Satz 1 GG gewährleistete Recht der Eltern, den Bildungsweg ihrer Kinder zu bestimmen, begründen einen Anspruch darauf, dass die öffentliche Hand die Kosten der notwendigen Schülerbeförderung (vollständig) übernimmt; entsprechendes gilt für das Grundrecht der Schülerinnen und Schüler aus Artikel 2 Abs. 1 GG auf freie Entfaltung ihrer Persönlichkeit. Auch das in Artikel 20 Abs. 1 GG verankerte Sozialstaatsprinzip gebietet keine Freistellung der unterhaltspflichtigen Eltern von allen durch den Schulbesuch ihrer Kinder verursachten Kosten und damit auch keine (vollständige) Erstattung notwendiger Schülerbeförderungskosten (vgl. u. a. VGH Baden-Württemberg, Beschl. v. 07.11.1995 – 9 S 1848/93). Auch das OVG Lüneburg hat im Beschluss vom 30.06.2015 – 2 LA 452/14 – diese Rechtsauffassung noch einmal bestätigt:»Die nach Maßgabe des Landesrechts für die Schülerbeförderung gewährte Leistung ist – verfassungsrechtlich gesehen – eine freiwillige Leistung der öffentlichen Hand, ohne dass die staatliche Verpflichtung zum besonderen Schutz der Familie (Art. 6 Abs. 1 GG), das durch Art. 6 Abs. 2 Satz 1 GG gewährleistete Elternrecht, das Grundrecht des Schülers auf Bildung (Art. 2 Abs. 1 GG) sowie das in Art. 20 Abs. 1 GG verankerte Sozialstaatsprinzip einen (verfassungsrechtlichen) Anspruch darauf begründen, dass die öffentliche Hand die Kosten der Schülerbeförderung übernimmt (BVerwG, Beschl. v. 04.06.2013 – 6 B 22.13, Urt. v. 02.12.2014 – 2 LB 353/12; OVG Rheinl.-Pfalz, Urt. v. 18.12.2014 – 2 A 10506/14, Beschl. v. 23.07.2013 – 2 A 10634/13, Bay. VGH, Beschl. v. 03.12.2010 – 7 ZB 10.2368). Von seiner damit bestehenden Gestaltungsfreiheit macht der niedersächsische Gesetzgeber auch weiterhin (vgl. Gesetz zur Änderung des Nds. Schulgesetzes v. 03.06.2015, Nds. GVBl. S. 90, Art. 1 Nr. 41, 42 und 55) Gebrauch«.

Wissenswert ist, dass die Schülerbeförderung mittelbar vom Land finanziert wird, da die kommunalen Träger für die Durchführung dieser Aufgabe nach dem Finanzausgleichsgesetz entsprechend erhöhte Schlüsselzuweisungen erhalten.

Bezüglich der Beförderung zu Schulen in freier Trägerschaft und zu den sog. Konkordatsschulen wird auf § 141 Abs. 3 und § 156 Abs. 3 verwiesen.

Für Schülerinnen und Schüler, die durch das ÄndG 15 einen im Schuljahr 2014/2015 bestehenden Anspruch ab dem Schuljahr 2015/2016 verloren hätten, wurde aus Gründen des Vertrauensschutzes in § 189 eine Übergangsregelung geschaffen.

Zu Abs. 1: In den Sätzen 1 und 3 wird festgestellt, dass die Landkreise (vgl. § 3 NKomVG) und kreisfreien Städte (vgl. § 14 Abs. 6 NKomVG) Träger der Schülerbeförderung sind und dass sie diese Obliegenheit als Aufgabe des eigenen Wirkungskreises erfüllen; anders als beispielsweise bei der Schulträgerschaft ist eine Übertragung der Trägerschaft für die Schülerbeförderung auf kreisangehörige Gemeinden und Samtgemeinden nicht möglich (siehe aber Absatz 6 und dazu Anm. 7 hinsichtlich der Durchführung der Aufgabe). 2

Die Selbstverwaltungsaufgabe »Schülerbeförderung« wird von den Landkreisen und kreisfreien Städte eigenständig wahrgenommen, die Körperschaften unterstehen dabei nur der staatlichen Rechtsaufsicht, im vorliegenden Fall der Kommunalaufsicht (vgl. §§ 170 ff. NKomVG).
Im eigenen Wirkungskreis haben kommunale Körperschaften zur Regelung ihrer eigenen Angelegenheiten Satzungsgewalt (vgl. § 10 NKomVG). Die Landkreise und kreisfreien Städte legen in ihren Schülerbeförderungssatzungen, für deren Ausgestaltung sie einen weiten Gestaltungsspielraum haben, insbesondere die Voraussetzungen für einen Anspruch auf Schülerbeförderung (z.b. Mindestentfernungen, Wegezeiten, Wartezeiten. Beförderungsmittel) oder auf Kostenerstattung sowie das Antrags- und Abrechnungsverfahren fest. Individuelle Ansprüche von Schülerinnen und Schülern sowie von deren Erziehungsberechtigten bestehen ausschließlich auf Grund der Satzungen. Die Satzungen sind in den jeweiligen amtlichen Bekanntmachungsblättern der kommunalen Körperschaften veröffentlicht (vgl. § 11 NKomVG), die meisten Landkreise und kreisfreien Städte haben ihre Satzungen auch auf ihren Internetseiten eingestellt.

Nach Satz 2 besteht die Pflicht zur Beförderung oder zur Kostenerstattung für die im Kreisgebiet bzw. im Gebiet der kreisfreien Stadt wohnenden Kinder der Schulkindergärten sowie für die in diesen Gebieten wohnenden Schülerinnen und Schüler; Anknüpfungspunkt ist folglich die Wohnung der zu befördernden Person.

In Satz 2 ist abschließend der anspruchsberechtigte Personenkreis aufgeführt: Neben den Kindern, die einen Schulkindergarten (vgl. § 6 Abs. 3, § 14 Abs. 5 u. § 64 Abs. 2) besuchen, erstreckt sich die Beförderungs- oder Erstattungspflicht auch auf Kinder, die vor ihrer Einschulung an Sprachfördermaßnahmen (vgl. § 64 Abs. 3) teilzunehmen haben.

Nach diesen Kindergruppen werden in den dann folgenden Nummern anspruchsberechtigte Schülergruppen festgelegt. Nach Satz 2 Nr. 1 haben zunächst alle Schülerinnen und Schüler der 1. bis 10. Schuljahrgänge der allgemein bildenden Schulen einen Beförderungs- oder Erstattungsanspruch. Der Gesetzgeber hat ausdrücklich auf Schuljahrgänge, nicht auf Schulbereiche (vgl. § 5 Abs. 3), abgestellt, außerdem sind Schülerinnen und Schüler, die berufsbildende Schulen besuchen, von dieser Nummer nicht erfasst (vgl. VG Hannover, Urt. v. 09.11.2011 – 6 A 3447/11 –, SchVw NI H. 5/2012). Entscheidend sind allein die Schulform und die Zugehörigkeit zu einem Schuljahrgang, die gesetzliche Regelung knüpft dagegen nicht an die Zahl der Jahre des Schulbesuchs an. Gemäß Satz 2 Nr. 2 sind ferner die 11. und 12. Schuljahrgänge im Förderschwerpunkt geistige Entwicklung der Förderschulen anspruchsberechtigt.

Durch das ÄndG 08 ist das Berufsgrundbildungsjahr abgeschafft worden. Unter Satz 2 Nr. 3 waren bis dahin die Schülerinnen und Schüler des schulischen Berufsgrundbildungsjahres und des Berufsvorbereitungsjahres aufgeführt. Nunmehr sind unter dieser Nummer die Schülerinnen und Schüler in der Berufseinstiegsschule (vgl. § 17), die Berufseinstiegsklasse und Berufsvorbereitungsjahr umfasst, in die Schülerbeförderung mit einbezogen.

In Satz. 2 Nr. 4 ist durch das ÄndG 08 die Regelung für die Berufsfachschulen auf die mit der Neuordnung der beruflichen Grundbildung verbundene Neugestaltung der Berufsfachschule mit der Eingangsvoraussetzung Hauptschulabschluss angepasst worden. Begünstigt sind die Schülerinnen und Schüler der ersten Klasse von Berufsfachschulen, soweit sie diese ohne Sekundarabschluss I – Realschulabschluss – besuchen.

Das OVG Lüneburg hat im Beschluss vom 30.11.2016 – 2 LA 216/16 – festgestellt, dass der niedersächsische Gesetzgeber für berufsbildende Schulen in der abschließenden Regelung des § 114 Abs. 1 Satz 2 keine umfänglichen Beförderungs- und Erstattungsansprüche vorgesehen hat. Die Besonderheiten der Einführungsphase des beruflichen Gymnasiums und die Möglichkeit, vom (allgemein bildenden) Gymnasium bereits nach der 9. Klasse in diese Einführungsphase zu wechseln, rechtfertigen nicht die Annahme, dass § 114 Abs. 1 Satz 2 NSchG eine vom Gesetzgeber nicht wahrgenommene Regelungslücke aufweist. Die Entscheidung des Gesetzgebers, das berufliche Gymnasium als Schule des Sekundarbereichs II insgesamt von der Leistung der Schülerbeförderung auszunehmen, unterliegt unter Gleichbehandlungsgesichtspunkten (Art. 3 Abs. 1 GG) keinen durchgreifenden Bedenken.

Der Bayerische Verwaltungsgerichtshof hat in seinem Beschluss vom 24.02.2017 – 7 ZB 16 1642 – festgestellt, es widerspreche nicht dem Gleichheitssatz (Art. 3 Abs. 1 GG), wenn das dortige Schulwegkostenfreiheitsgesetz für den Besuch des Kollegs als Schule des Zweiten Bildungswegs einen Anspruch auf Kostenfreiheit des Schulwegs nicht vorsehe. Der Besuch derartiger Schulen werde nach dem Bundesausbildungsförderungsgesetz (BAföG) gefördert. Für den Ausschluss von der Kostenfreiheit des Schulwegs, auf den es ohnehin keinen verfassungsrechtlichen Anspruch gebe, bestehe damit ein sachlich einleuchtender Grund.

Den in Satz 2 genannten Gruppen steht ein unmittelbarer Anspruch auf Beförderung bzw. auf Erstattung gegen die Träger der Schülerbeförderung zu. Den Trägern der Schülerbeförderung bleibt es aber unbenommen, den vom Gesetzgeber festgelegten Personenkreis freiwillig zu erweitern. Allerdings haben sie im Interesse einer sparsamen und wirtschaftlichen Haushaltswirtschaft das Wirtschaftlichkeitsgebot (vgl. § 110 Abs. 2 NKomVG) zu beachten.

Das am 25.03.2011 in Kraft getretene Gesetz zur Ermittlung von Regelbedarfen und zur Änderung des Zweiten und Zwölften Buches Sozialgesetzbuch sieht für leistungsberechtigte Schülerinnen und Schüler nach dem SGB II und dem SGB XII, die für den Besuch der nächstgelegenen Schule des gewählten Bildungsgangs auf Schülerbeförderung angewiesen sind, die Übernahme der dafür erforderlichen tatsächlichen Aufwendungen vor, soweit diese nicht von Dritten übernommen werden und es der leistungsberechtigten Person nicht zugemutet werden kann, die Aufwendungen aus dem Regelbedarf zu bestreiten. Durch eine Änderung des Bundeskindergeldgesetzes (BKKG) ist der Anspruch auch für Kinder eröffnet worden, die Kinderzuschlag oder Wohngeld beziehen.

Für die Berechtigten nach dem SGB II und dem SGB XII liegt die Zuständigkeit bei den kommunalen Trägern, d. h. bei den Landkreisen und kreisfreien Städten, die diese Aufgabe im eigenen Wirkungskreis wahrnehmen. Die Aufgabe nach § 6b BKGG ist gem. § 7 Abs. 3 BKGG den Ländern als eigene Aufgabe zugewiesen. Niedersachsen hat in dem am 25.05.2011 beschlossenen Gesetz zur Ausführung des Nds. AG SGB II und des § 6b des BKGG hierfür ebenfalls die Landkreise und kreisfreien Städte als Träger dieser Leistungen bestimmt. Auch sie nehmen die Aufgaben im eigenen Wirkungskreis wahr.

Durch Runderlass des MI vom 12.05.2011 – 41.22–12235–8.4.6 (n. v.) – ist sichergestellt, dass die Regelungen auch für nach dem Asylbewerberleistungsgesetz leistungsberechtigte Kinder angewandt werden können.

Die in Satz 2 aufgeführten Kinder sowie Schülerinnen und Schüler sind unter zumutbaren Bedingungen zur Schule zu befördern oder ihnen oder ihren Erziehungsberechtigten sind die notwendigen Aufwendungen für den Schulweg zu erstatten; die Anspruchsberechtigung richtet sich entweder auf die Beförderung zur Schule oder auf den Ersatz der notwendigen Aufwendungen.

Der Gesetzgeber verlangt eine Beförderung unter »zumutbaren Bedingungen«. Hierbei handelt es sich um einen unbestimmten Rechtsbegriff. Unter dem Aspekt der Zumutbarkeit darf die Schülerbeförderung zum einen die Schülerinnen und Schüler nicht unangemessen belasten, zum anderen muss sie sicher sein. Neben den individuellen Interessen der betroffenen Schülerinnen und Schüler haben auch die berührten öffentlichen Interessen bei der Würdigung zumutbarer Bedingungen Bedeutung (vgl. VG Göttingen, Urt. v. 01.02.2005 – 4 A 3/03 –, SchVw NI 7–8/2005).

Hinsichtlich der Beförderung haben die Träger der Schülerbeförderung die Möglichkeit, die Schülerinnen und Schüler im öffentlichen Personennahverkehr (Linienverkehr mit regelmäßiger Verkehrsverbindung) zur Schule fahren zu lassen oder sie selbst im Freistellungsverkehr (z.B. Schulbus, Mietwagen, Taxi) zu befördern.

Der BayVGH hat im Beschluss vom 21.01.2013 – 7 ZB 12.2357 – festgestellt, dass der Träger der Schülerbeförderung seine gesetzliche, aber verfassungsrechtlich nicht gebotene Verpflichtung zur Schülerbeförderung grundsätzlich im Zusammenwirken mit Unternehmen des öffentlichen Personenverkehrs erfüllt. Kosten für die Schülerbeförderung mit anderen Verkehrsmitteln – wie zum Beispiel privaten Kraftfahrzeugen – sind nur in Ausnahmefällen zu erstatten, nämlich dann, wenn deren Einsatz notwendig oder insgesamt wirtschaftlicher ist. Dem oder den Erziehungsberechtigten der zu befördernden Schülerin oder des zu befördernden Schülers steht kein Wahlrecht bezüglich des Beförderungsmittels zu, vielmehr hat die Schülerbeförderung durch öffentliche Verkehrsmittel Vorrang. Zum

Umfang des Anspruchs auf Beförderung zählt auch der Transport von Sachen, die von einer Schülerin oder einem Schüler für den Schulweg, den Schultag und für die Teilnahme am Unterricht sowie für die übrigen Unterrichtsveranstaltungen benötigt werden (vgl. VG Hannover, Urt. v. 12.02.2007 – 6 A 5257/06, SchVw NI 12/2007). Es liegt gleichwohl in der Verantwortung der Eltern und der Schule, die (Gewichts-) Belastung durch die Schultasche in angemessenen Grenzen zu halten (vgl. VG Hannover, Urt. v. 08.09.2004 – 6 A 63/03, SchVw NI 2/2006).

Der Erstattungsanspruch nach Satz 2 ist beschränkt auf die »notwendigen Aufwendungen« für den Schulweg der Schülerin oder des Schülers. Durch Verwendung des unbestimmten Rechtsbegriffs der »notwendigen Aufwendungen« in § 114 Abs. 1 hat der Gesetzgeber die nähere Konkretisierung, welche für den Schulweg erbrachten Aufwendungen in welcher Höhe zu erstatten sind, dem Träger der Schülerbeförderung im Rahmen seiner Satzungsautonomie überlassen (vgl. OVG Lüneburg, Urt. v. 02.12.2014 – 2 LB 353/12).

Notwendige Aufwendungen können sein z.B. die Kosten für die Fahrt auf der kürzesten verkehrsüblichen Streckenführung im Pkw der Erziehungsberechtigten oder die Entschädigung für eine Mitnahme im Wagen eines Dritten. Die Zeitversäumnis, die ein Erziehungsberechtigter hat, der die Schülerbeförderung angesichts der Unzumutbarkeit der Benutzung des öffentlichen Personennahverkehrs mit dem eigenen Pkw durchführt, ist keine »notwendige Aufwendung« im Sinne des § 114 Abs. 1 Satz 2 (vgl. OVG Lüneburg a. a. O.).

Das OVG Lüneburg hat im Beschluss v. 30.06.2015 – 2 LA 452/14 – festgestellt, dass der in § 114 Abs. 1 erwähnte Erstattungsanspruch nur im Hinblick auf Aufwendungen geltend gemacht werden kann, die tatsächlich erbracht und entsprechend belegt worden sind. Der Ersatz mutmaßlich entstandener Kosten fällt nicht darunter. Über § 114 hinausgehende verfassungsrechtliche oder sonstige gesetzliche Ansprüche auf eine allgemeine kostenlose Beförderung zur Schule bestehen nicht. Das Verwaltungsgericht Stade hat mit Urteil vom 23.01.2018 – 4 A 982/16 – bestätigt, dass der Träger der Schülerbeförderung in ihrer Schülerbeförderungssatzung eine Ausschlussfrist für Erstattungsanträge bestimmen können. Hierbei handelt es sich um eine typische behördliche Vorgehensweise, die eine zeitnahe Abrechnung auch mit Blick auf den kommunalen Haushalt gewährleisten soll (vgl. Nds. OVG, Urt. v. 29.01.2010 – 2 LA 257/09; VG Oldenburg, Urt. v. 02.11.2016 – 5 A 602/16; VG Göttingen, Urt. v. 18.06.2013 – 6 A 81/11). Eine solche Frist ist auch mit Blick auf § 31 Abs. 2 VwVfG zulässig. Anspruchsberechtigte müssen weder auf die Norm, in der die Frist geregelt ist, noch auf die Rechtsfolgen, die sich aus der Fristversäumnis ergeben, hingewiesen werden. Durch eine Veröffentlichung z.B. im Amtsblatt oder im Internet erlangt eine Schülerbeförderungssatzung die erforderliche Außenwirkung (vgl. § 11 Abs. 1 Satz 2 NKomVG). Insoweit haben Anspruchsberechtigte die Möglichkeit der Kenntnisnahme, ob sie die Regelung tatsächlich zur Kenntnis genommen haben, ist ohne Bedeutung.

Die Beförderungs- oder Erstattungspflicht bezieht sich nur auf den Weg zur Schule, nicht auf Fahrten während des Schulbetriebs zwischen verschiedenen Unterrichtsorten, auch nicht auf die Beförderung bei Schulfahrten (vgl. § 71 Abs. 1 Satz 2), aus Anlass von Schullandheimaufenthalten, Studienfahrten, Jahresausflügen, Betriebsbesichtigungen und ähnlichen Veranstaltungen. Die Beförderungs- oder Erstattungspflicht besteht hingegen im Zusammenhang mit schulischen Betreuungsangeboten am Nachmittag.

3 **Zu Abs. 2: Satz 1** ermächtigt die Träger der Schülerbeförderung, in ihren Beförderungssatzungen den Beförderungs- und Erstattungsanspruch von einer bestimmten Mindestentfernung abhängig zu machen und ggf. auch die Messpunkte »Wohnung« und »Schulweg« näher zu bestimmen (vgl. VG Hannover, Urt. v. 31.05.2010 – 6 A 5926/09, SchVw NI 11/2010; OVG Lüneburg, Beschl.v. 12.08.2011 – 2 LA 283/10 –, SchVw NI 12/2011). Durch entsprechende rechtliche Festlegungen können Anspruchsvoraussetzungen in Abhängigkeit zu den örtlichen Gegebenheiten konkretisiert und insbesondere die Kosten der Schülerbeförderung begrenzt werden.

Der Schulweg beginnt grundsätzlich an der Haustür des Wohngebäudes der Schülerin oder des Schülers (vgl. VG Hannover, Urt. v. 07.10.2002-6 B 4159/02 – sowie OVG Lüneburg zu getrennt lebenden Eltern im Urt. v. 20.06.2006 – 13 ME 108/06, SchVw NI 1/2007, sowie im Beschl. v. 16.11.2012 – 2 ME 359/12, SchVw NI 7–8/2013) und endet am nächstliegenden Eingang der Schulanlage, und zwar am nächsten – für Schülerinnen und Schüler benutzbaren – Eingang zum Schulgebäude (VG Hannover, Urt. v. 31.05.2010 – 6 A 5926/09, SchVw NI 11/2010). Bei der Messung der Mindestentfernung ist generell der kürzeste benutzbare Weg zu Grunde zu legen.

Die Beförderungs- oder Erstattungspflicht besteht nur für den Schulweg, d. h., sie ist grundsätzlich nur für die Strecke von der Wohnung zur Schule und den entsprechenden Rückweg gegeben. Mit Schule sind die betreffenden Schulanlagen, also Schulgebäude, Sportstätten, Mehrzweckhallen, Funktionsflächen u.Ä., gemeint.

Nicht als Schulweg im Sinne von § 114 NSchG gilt der sog. interne Schulweg (Unterrichtsweg). Als »interner Schulweg« oder Unterrichtsweg sind die Wege zu bezeichnen, die während der Schulzeit zurückgelegt werden müssen, um von der Schulanlage zu anderen Stätten, an denen schulische Veranstaltungen durchgeführt werden, zu gelangen. Diese anderen Stätten werden als sog. außerschulische Lernorte bezeichnet. Dies ist beispielsweise dann der Fall, wenn die Schule keine eigene Sportanlage hat und die Schülerinnen und Schüler wegen der Entfernung zu einer Sportanlage gefahren werden müssen. Gleiches gilt z.B. für die Beförderung zu einer Werkstatt bei einer benachbarten Schule, die zur Durchführung des Unterrichts genutzt werden muss. Als »interner Schulweg« oder Unterrichtsweg ist auch der Weg zum Schwimmbad zur Durchführung des Schwimmunterrichts, zu einer Reithalle zur Durchführung des therapeutischen Reitens oder zu einer Kirche zur Durchführung einer schulischen Adventsveranstaltung anzusehen. Diese Fahrten fallen nach § 113 Abs. 1 Satz 1 in die Zuständigkeit des Schulträgers, d. h., der Schulträger hat die Durchführung dieser Fahrten zu gewährleisten (vgl. Antwort der LReg auf die Mündliche Anfrage Nr. 25 in der Drs. 17/5910 S. 49 u. z.B. Urt. d. VG Berlin v. 27.01.2014 – 3 K 553.11).

Nach Satz 2 ist bei der Festlegung von Mindestentfernungen die »Belastbarkeit der Schülerinnen und Schüler« ebenso zu berücksichtigen wie die »Sicherheit des Schulwegs«. An diesen zwei normativen Kriterien muss sich die Ausübung der Gestaltungsbefugnis des Satzungsgebers messen lassen.

Sowohl die physische als auch die psychische Belastbarkeit von Schülerinnen und Schülern der Schulbereiche, Schulformen und Schuljahrgänge kann die Festlegung unterschiedlicher Mindestentfernungen sachlich rechtfertigen. So lässt die Belastbarkeit von Schülerinnen und Schülern im Primarbereich durchaus kürzere Mindestentfernungen zu als die Konstitution von Schülerinnen und Schülern im Sekundarbereich I, in dem durchaus wegen der rasant fortschreitenden körperlichen Entwicklung und des Leistungsvermögens auch eine weitere Untergliederung nach Schuljahrgängen (z.B. 5. und 6. Klasse sowie 7. bis 10. Klasse) denkbar ist. Üblicherweise ist in den Schülerbeförderungssatzungen für den Grundschulbereich eine Mindestentfernung von 2 km festgelegt, im 5. und 6. Schuljahrgang sind oftmals 3 km angesetzt und ab dem 7. Schuljahrgang sind 4 km ausgewiesen.

In der Rechtsprechung ist geklärt, dass unter Berücksichtigung der allgemeinen altersgemäßen Belastbarkeit für Schülerinnen und Schüler im Sekundarbereich I ein Schulweg von einer Dauer von 60 Minuten – je nach Schulweglänge zu Fuß oder mit Verkehrsmitteln – in einer Richtung zumutbar ist (OVG Lüneburg, Beschl. v. 24.08.2012 – 2 ME 336/12). Die Grenze der zusätzlich zu betrachtenden Wartezeit vor dem Unterricht wird bei rund 25 Minuten und nach dem Unterricht bei rund 45 Minuten angesetzt. Keine dieser Zeiten bildet jedoch eine feste Obergrenze, die bei der gerichtlichen Kontrolle als normativer Maßstab unmittelbar anwendbar wäre. In der praktischen Handhabung durch die Landkreise und kreisfreien Städte wird für den Primarbereich die Höchstgrenze jeweils in eine Richtung bei 45 Minuten Schulwegzeit sowie die Wartezeit in der Schule in der Regel bei 20 Minuten vor dem Unterricht und 30 Minuten nach dem Unterricht angesehen. Bei einem Wohnsitz und Schulbesuch im ländlichen Raum sowie bei einem freiwilligen Besuch einer Schule mit landkreisweitem Einzugsbereich oder mit besonderem Bildungsangebot – z.B. bei einem benachbarten Schulträger – hat die Rechtsprechung allerdings auch längere Schulwegzeiten für noch zumutbar akzeptiert. Von der Wartezeit in der Schule kann ausnahmsweise nach oben abgewichen werden, wenn es sich lediglich um einzelne Tage in der Woche handelt, wenn die Fahrtzeit nicht sehr lang ist oder die örtliche Verkehrslage – insbesondere in dünn besiedelten Gebieten – besonders schwierig ist. Nach Auffassung der Gerichte kann die Wartezeit in der Schule für die Erledigung von Schulaufgaben oder auf andere Weise genutzt werden.

Auch die Sicherheit des Schulwegs vermag als Kriterium unterschiedliche Festlegungen zu rechtfertigen. Als Sicherheitsaspekte können örtliche, verkehrsspezifische Gegebenheiten von Bedeutung sein, die für die Schülerin oder den Schüler Gefahren mit sich bringen, wie z.B. das Fehlen von Gehwegen, eine fehlende bauliche Trennung zwischen Fahrbahn und Geh- und Radweg, die Notwendigkeit der Querung höher frequentierter Straßen ohne Schülerlotsen oder Ampelregelung, die auf dem Verkehrsweg zugelassene Höchstgeschwindigkeit, die Art und Frequenz der Verkehrsbelastung, die Übersichtlichkeit des Straßenbereichs, die Einsehbarkeit der Streckenführung, das Fehlen einer Straßen- oder Gehwegbeleuchtung sowie die Breite und Beleuchtung der jeweiligen Straße.

Sicherheitsaspekte können sich aber nicht nur aus Gefährdungen durch den Straßenverkehr ergeben, sondern auch mit der gesteigerten Wahrscheinlichkeit des Eintritts sonstiger Schadensereignisse in Verbindung stehen. Hierzu gehört auch die Gefahr krimineller Übergriffe, denen eine Schülerin oder ein Schüler ausgesetzt sein kann, wenn sie oder er zu einem risikobelasteten Personenkreis gehört und sich auf dem Schulweg in einer schutzlosen Situation befindet, der sie oder er nicht ausweichen kann und die nach den örtlichen Verhältnissen eine rechtzeitige Hilfeleistung durch Dritte nicht erwarten lässt (vgl. u. a. OVG Lüneburg, Urt. v. 11.09.2013 – 2 LC 101/11, SchVw NI 5/2014).

Gleichwohl ist im Hinblick auf im Allgemeinen mit dem Straßenverkehr verbundene Gefahren und allgemeine Lebensrisiken nicht jedes theoretisch gegebene Risiko des Schulwegs als durchgreifender Gefahrenaspekt zu würdigen. Es müssen vielmehr Anhaltspunkte vorliegen, die eine »besondere Gefährlichkeit« des Schulwegs ausmachen.

Für die Beurteilung der besonderen Gefährlichkeit eines Schulweges sind nicht die – unter Umständen noch so verständlichen – subjektiven Befürchtungen und Sorgen von Eltern sowie Schülerinnen und Schülern, sondern die »objektiven Gegebenheiten« maßgebend (vgl. u. a. OVG Lüneburg, Urt. v. 11.09.2013 – 2 LB 165/12, SchVw NI 5/2014). Der Begriff »Gefahr« bzw. »gefährlich« ist allgemein als Wahrscheinlichkeit der Schädigung von Rechtsgütern wie Leben, Leib und körperliche sowie persönliche Unversehrtheit zu verstehen. Das zusätzliche Merkmal »besonders« umschreibt und verlangt die gesteigerte Wahrscheinlichkeit des Schadenseintritts. (vgl. u. a. OVG Rheinland-Pfalz, Beschl. v. 05.08.2004 – 2 A 11235/04. OVG –, VG Koblenz, Urt. v. 22.09.2009 – 7 K 1421/08. KO – u. VG Neustadt a. d. Weinstraße, Urt. v. 22.06.2016 – 2 K 824/15. NW, VG Gießen, Urt. v. 29.04.2015 – 7 K 2496/14. GI mit diversen weiteren Nachweisen).

Übliche Risiken, denen Schülerinnen und Schüler auf dem Weg zur Schule, insbesondere im modernen Straßenverkehr, ausgesetzt sind, sollen schülerbeförderungsrechtlich unbeachtlich sein. Nur wenn konkrete Umstände hinzutreten, die das Schadensrisiko als überdurchschnittlich hoch erscheinen lassen, soll unabhängig von der Länge des Schulweges der Anspruch auf Beförderung oder Fahrtkostenerstattung begründet werden.

Bei der Beurteilung der Gefährlichkeit eines Schulweges ist auf Gefahren, Erschwernisse und sonstige Umstände abzustellen, die die Schülerinnen und Schüler normalerweise zu bewältigen haben. Auf gelegentlich auftretende extreme Straßenverhältnisse – etwa infolge von Schneefall oder Eisregen – kommt es dagegen nicht an (OVG Lüneburg, Urt. v 11.09.2013 – 2 LB 165/12 –; OVG Mecklenburg-Vorpommern, Beschl. v. 22.01.2013 – 2 M 187/12).

Insbesondere die Aspekte Mindestentfernung, Belastbarkeit und Sicherheit sind von den Verwaltungsgerichten in den vergangenen Jahren in einer Vielzahl von Entscheidungen überprüft worden; aus den Urteilen und Beschlüssen hat sich eine gefestigte Praxis entwickelt, die sich auch in den Satzungen der Träger der Schülerbeförderung widerspiegelt und die sich als sachgerecht erwiesen hat.

Nach Satz 3 besteht die Beförderungs- oder Erstattungspflicht in jedem Fall, wenn Schülerinnen oder Schüler wegen einer dauernden oder vorübergehenden Behinderung befördert werden müssen. Der Begriff »Behinderung« bezieht sich nur auf die Unfähigkeit, den Schulweg ohne fremde Hilfe zurücklegen zu können, und ist im Regelfall durch ein ärztliches Attest nachzuweisen.

Zu Abs. 3: Durch das ÄndG 15 wurde der Umfang der Verpflichtung zur **4** Schülerbeförderung durch die Landkreise und kreisfreien Städte verändert. Für die Schülerinnen und Schüler bleibt die Beförderung zur nächsten Schule der gewählten Schulform grundsätzlich gewährleistet, für besondere Bildungsgänge innerhalb der allgemein bildenden Schulformen wird diese Verpflichtung aber begrenzt. Der unscharfe und von den Verwaltungsgerichten zunehmend weit ausgelegte Begriff des »Bildungsgangs« ist aus den Regelungen zur Schülerbeförderung gestrichen worden, stattdessen werden nun die Fälle, in denen eine Beförderungs- oder Erstattungspflicht besteht, in einer neuen und übersichtlichen Regelungssystematik aufgelistet. Soweit nur außerhalb des Gebiets des Trägers der Schülerbeförderung eine Hauptschule, eine Realschule oder ein Gymnasium unter zumutbaren Bedingungen erreichbar ist oder eine Förderschule besucht wird, besteht weiterhin eine unbeschränkte Beförderungs- oder Erstattungspflicht durch den Träger der Schülerbeförderung. Das Gesetz stellt klar, dass der Beförderungs- oder Erstattungsanspruch auch besteht, wenn einer Kooperativen Gesamtschule zu Gunsten einer Integrierten Gesamtschule bzw. umgekehrt ausgewichen werden soll bzw. wenn man eine Oberschule mit gymnasialem Angebot besuchen will. Wenn in diesen Fällen die nächste Schule nur außerhalb des Gebiets des Trägers der Schülerbeförderung liegt, kann der Träger der Schülerbeförderung aber wie bisher die Erstattung der Kosten auf die teuerste Zeitkarte des öffentlichen Personennahverkehrs beschränken, die er für die Schülerbeförderung in seinem Gebiet zu erstatten hätte (vgl. Anm. 8).

Das OVG Lüneburg hat im Urteil vom 14.11.2018 – 2 LC 1768/17 – festgestellt, dass der Begriff der Schulform in § 114 Abs. 3 Satz 1 demjenigen in § 4 Abs. 1 Satz 2 und § 5 Abs. 2 und § 59 Abs. 1 entspricht. Wählen Eltern für den Schulbesuch ihres Kindes die nächstgelegene Förderschule mit passendem Förderschwerpunkt (vgl. § 114 Abs. 3 Satz 2 Nr. 5), können sie schülerbeförderungsrechtlich nicht darauf verwiesen werden, dass die nächstgelegene geeignete Schule eine Grundschule mit angegliederter

Lerngruppe und entsprechendem Förderschwerpunkt gemäß § 14 Abs. 6 darstellt. Das gilt unabhängig davon, ob der Förderbedarf des Kindes auch an der Grundschule gedeckt werden kann. Das Wahlrecht der Eltern ist auch im Schülerbeförderungsrecht zu beachten.

Die Regelungen des Absatzes 3 dienen einer sachgerechten Kostenbegrenzung. Sie begrenzen in Satz 1 die Verpflichtung der Landkreise und kreisfreien Städte zur Beförderung oder zur Kostenerstattung grundsätzlich auf den Weg zur nächstgelegenen Schule (gemessen am Schulweg, nicht an der Luftlinienentfernung) der von der Schülerin oder dem Schüler gewählten Schulform.

In Satz 2 werden als Abweichung von der zuvor in Satz 1 getroffenen Grundaussage bestimmte Schulen als »nächste Schule« vom Gesetz festgelegt; auf Anordnung des Gesetzes ist diese Festlegung als gegeben anzunehmen (sog. gesetzliche Fiktion):

Als »nächste Schule« gilt eine Schule, wenn sie wegen der Festlegung von Schulbezirken besucht werden muss (Satz 2 Nr. 1). Die Vorschrift stellt ab auf § 63 Abs. 3 Sätze 1 und 2, die bei festgelegten Schulbezirken die freie Schulanwahl auf eine bestimmte zu besuchende Schule eingrenzt.

Als »nächste Schule« gilt eine Schule ferner, wenn sie wegen der Festlegung eines gemeinsamen Schulbezirks besucht werden darf (Satz 2 Nr. 2). Nach dem in der Regelung angeführten § 63 Abs. 3 Satz 3 haben Schülerinnen und Schüler die Wahl zwischen den Schulen, für die ein gemeinsamer Schulbezirk festgelegt worden ist. Da das Gesetz eine Wahlmöglichkeit zwischen den im gemeinsamen Schulbezirk geführten Schulen derselben Schulform einräumt, muss als »nächste Schule« auch die vom Wohnsitz oder gewöhnlichen Aufenthalt entferntere Schule eine Beförderung bzw. eine Kostenerstattung ermöglichen, andernfalls wäre die Anwahl nicht wirklich frei.

Eine Schule gilt außerdem als »nächste Schule«, wenn sie aufgrund einer Überweisung nach § 59 Abs. 5 Satz 1, § 61 Abs. 3 Nr. 4, § 69 Abs. 2 Satz 1 oder einer Gestattung nach § 63 Abs. 3 Satz 4 besucht wird (Satz 2 Nr. 3). Im Fall einer Überweisung nach § 59 Abs. 5 Satz 1 erfordert das »Kindeswohl« einen Schulwechsel; dieser Wechsel soll sich hinsichtlich der Beförderung bzw. einer Kostenerstattung nicht hinderlich oder nachteilig auswirken. Bei Überweisungen nach § 61 Abs. 3 Nr. 4 handelt es sich um einen verfügten Schulwechsel als Ordnungsmaßnahme. Die von der Schulbehörde verfügte Überweisung nach § 69 Abs. 2 Satz 1 kann außerhalb einer Ordnungsmaßnahme erfolgen, wenn Schülerinnen und Schüler die Sicherheit von Menschen ernstlich gefährden oder den Schulbetrieb nachhaltig und schwer beeinträchtigen (sog. »Drittschutz«). Schließlich – wenn auch in dieser Nummer im Kontext zu den Fällen der Überweisung etwas ungewöhnlich platziert – legt auch eine Gestattung nach § 63 Abs. 3 Satz 4, also in den Fällen, in denen der Besuch einer anderen Schule gestattet wurde, weil der Besuch der zuständigen Schule eine unzumutbare Härte darstellen würde oder der Schulbesuch aus pädagogischen Gründen geboten erscheint, die »andere Schule« schülerbeförderungsrechtlich als »nächste Schule« fest.

Daneben gilt eine Schule als »nächste Schule« wenn sie aus dem in § 63 Abs. 4, § 137 oder § 138 Abs. 5 genannten Grund besucht wird und diese Schule die nächstgelegene mit dem nach § 63 Abs. 4, § 137 oder § 138 Abs. 5 gewählten Schulangebot ist (Satz 2 Nr. 4). Nach § 63 Abs. 4 können Schülerinnen und Schüler im Schulbezirk einer teilgebundenen oder voll gebundenen Ganztagsschule eine Halbtagsschule oder eine offene Ganztagsschule der gewählten Schulform desselben oder eines anderen Schulträgers besuchen, Schülerinnen und Schüler in einem Schulbezirk ohne Ganztagsschulangebot können eine Schule der gewählten Schulform desselben oder eines anderen Schulträgers mit Ganztagsschulangebot besuchen. Die Bestimmung regelt folglich die Möglichkeiten des Ausweichens von teil- oder vollgebundenen Ganztagsschulen bzw. der gezielten Anwahl von Ganztagsschulangeboten. Die Bestimmung knüpft an den tatsächlichen Besuch einer bestimmten Schule bei Bestehen einer in § 63 Abs. 4 verankerten Wahlmöglichkeit an und beschreibt damit einen objektiven Tatbestand (vgl. VG Hannover, Urt. v. 20.11.2012 – 6 A 3964/12).

Die §§ 137 und 138 Abs. 5 regeln die Fälle, in denen Schülerinnen und Schüler Bekenntnisschulen besuchen wollen.

Allein durch Ausübung des Wahlrechts wird die (Ausweich-) Schule aber nicht durch die gesetzliche Fiktion zur »nächste Schule« die Schule muss auch die nächstgelegene mit dem nach § 63 Abs. 4, § 137 oder § 138 Abs. 5 gewählten Schulangebot sein.

Als »nächste Schule« gilt fernerhin eine Schule, wenn sie, falls eine Förderschule besucht wird, die nächste Förderschule mit dem Förderschwerpunkt ist, der dem Bedarf an sonderpädagogischer Unterstützung entspricht (Satz 2 Nr. 5). Ferner ist für Schülerinnen und Schüler mit Bedarf an sonderpädagogischer Unterstützung in § 183c eine Übergangsvorschrift für übergangsweise bestehende »Schwerpunktschulen« sowie für im Förderschwerpunkt Lernen befristet einzurichtende »Lerngruppen« enthalten; auf Abs. 6 zu dieser Vorschrift wird verwiesen.

Als »nächste Schule« gilt schließlich eine Schule, wenn sie, falls eine Berufseinstiegsschule oder eine Berufsfachschule besucht wird, die nächste Schule derselben Schulform mit dem gewählten Bildungsgang ist (Satz 2 Nr. 6).

Kann eine Schule wegen einer Aufnahmebeschränkung (vgl. § 59a) nicht besucht werden, bleibt sie nach Satz 3 bei der Bestimmung der »nächsten Schule« außer Betracht. Dass eine Schule wegen einer Aufnahmebeschränkung nicht besucht werden kann, ergibt sich erst aus der abschlägigen Behördenentscheidung in einem entsprechenden Aufnahmeverfahren (vgl. OVG Lüneburg, Urt. v. 14.05.2013 – 2 LB 151/12, SchVw NI 11/2013).

Satz 4 stellt klar, dass als Schulform im Sinne des Satzes 1 auch die jeweils gewählte Form der Gesamtschule nach § 12 (Integrierte Gesamtschule) oder § 183b Abs. 1 (Kooperative Gesamtschule) oder der Oberschule nach § 10a Abs. 2 (Oberschule ohne gymnasiales Angebot) oder § 10a Abs. 3 (Oberschule mit gymnasialem Angebot) gilt.

Auch Satz 5 dient der finanziellen Entlastung der Träger der Schülerbeförderung. Sofern die nächste Schule, zu der der Träger nach den Absätzen 1 bis 3 befördern muss, außerhalb seines Gebietes liegt, kann dieser seine Verpflichtung auf die Erstattung der teuersten Zeitkarte für sein Gebiet beschränken. Dies gilt allerdings nicht, wenn eine Hauptschule, eine Realschule oder ein Gymnasium gewählt wird und eine Schule der gewählten Schulform nur außerhalb des Gebiets des Trägers der Schülerbeförderung unter zumutbaren Bedingungen erreichbar ist oder wenn eine Förderschule besucht wird. Diese Regelung wurde eingefügt, um Schülerinnen und Schülern, die weiterhin eine Hauptschule, eine Realschule oder ein Gymnasium besuchen wollen, diese aber wegen der Einrichtung einer Gesamtschule als ersetzenden Schulform im eigenen Landkreis unter zumutbaren Bedingungen nicht mehr erreichbar ist, einen Ausgleich der dann entstehenden Kosten für die Schülerbeförderung zu sichern. Eine Deckelung der Pflicht zur Erstattung wäre aber nur gerechtfertigt, wenn im Gebiet des Trägers der Schülerbeförderung noch Schulen des gegliederten Schulwesens besucht werden könnten. Die Schulform Oberschule ist hier nicht genannt, weil sie eine Angebotsschule ist.

Für den Besuch der Schulform Förderschule gilt die Einschränkung ebenfalls nicht.

Das OVG Lüneburg hat mit Urteil vom 02.12.2014 – 2 LB 353/12 – festgestellt, dass von der Regelung des § 114 auch die Schülerbeförderung zu einer in einem benachbarten Bundesland liegenden »nächsten Schule« erfasst wird. § 114 differenziert nicht danach, ob die »nächste Schule« in Niedersachsen oder in einem benachbarten Bundesland liegt. Es bedürfte aber einer ausdrücklichen Beschränkung (vgl. OVG Greifswald, Urt. v. 24.04.2001 – 2 L 235/00), um für solche Fälle einen Anspruch auszuschließen, denn einen allgemeinen Grundsatz, dass Schülerfahrkosten für Schulwege, die in ein benachbartes Bundesland führen, nicht übernommen werden, gibt es nicht (vgl. Bay. VGH, Urt. v. 13.04.2011 – 7 B 10.1423, u. v. 17.06.2005 – 7 B 04.1558). Wie etwa die Vereinbarung der Gegenseitigkeit des Besuchs öffentlicher Schulen zwischen den Ländern Niedersachsen und Bremen sowie das Abkommen zur Ergänzung des Abkommens über die Verbürgung der Gegenseitigkeit und Gleichbehandlung für den Besuch von öffentlichen Schulen zwischen dem Land Niedersachsen und der Freien und Hansestadt Hamburg zeigen, wird auf Landesebene auch davon ausgegangen, dass ein Schulbesuch unter Umständen in benachbarten Bundesländern erfolgen kann.

5 **Zu Abs. 4:** Die Vorschrift enthält eine Einschränkung des Erstattungsanspruchs aus Absatz 1 Satz 2. In der Bestimmung ist der Fall geregelt, dass von einer Schülerin oder einem Schüler nicht die Schule besucht wird, bei deren Besuch ein Anspruch auf Erstattung der notwendigen Aufwendungen bestünde. In einem solchen Fall werden lediglich die notwendigen

Aufwendungen für den Weg zu dieser, also zu der beförderungsrechtlich nächstgelegenen Schule erstattet. Mit dieser Einschränkung wahrt der Gesetzgeber das in Absatz 1 Satz 2 normierte Prinzip der Schülerbeförderung, wonach der Landkreis oder die kreisfreie Stadt einerseits die Wahl hat, entweder eine Beförderung vorzunehmen oder nachträglich die Kosten zu erstatten und die Schülerinnen und Schüler sowie ihre Erziehungsberechtigten andererseits daher nicht zwischen Beförderung und Erstattung wählen können.

Zu Abs. 5: Absatz 5 stellt klar, dass ein Erstattungsanspruch ausgeschlossen ist, wenn für den Weg zu der tatsächlich besuchten Schule oder zu derjenigen Schule, die nach Absatz 3 als »nächste Schule« gilt, eine kostenfreie Beförderungsleistung des Trägers der Schülerbeförderung in Anspruch genommen werden kann. Aus der Bestimmung wird deutlich, dass Beförderungsanspruch und Erstattungsanspruch nicht nebeneinander bestehen und wahlweise in Anspruch genommen werden können, sondern dass im Falle der Möglichkeit zur Inanspruchnahme einer Beförderungsleistung zu der tatsächlich besuchten Schule oder zu der als »nächste Schule« anzusehenden Einrichtung weder ein Anspruch auf Erstattung fiktiver noch tatsächlicher Aufwendungen für Fahrten zu diesen Schulen entsteht.

Zu Abs. 6: Die Bestimmung ermöglicht es den Landkreisen, die ihnen als Träger der Schülerbeförderung obliegenden Aufgaben von ihren kreisangehörigen Gemeinden und Samtgemeinden durchführen zu lassen. Die Nutzung dieser Möglichkeit ist insbesondere in den Landkreisen oder Gebietsteilen von Landkreisen von Vorteil, in denen sich der Schwerpunkt der Schülerbeförderung jeweils auf flächenmäßig große Gemeindegebiete beschränkt und nur ausnahmsweise ein gebietsübergreifender Transfer zu organisieren ist.

Für die Übertragung bzw. die Übernahme der Durchführung der Aufgaben bedarf es einer im gegenseitigen Einverständnis getroffenen Vereinbarung der beteiligten kommunalen Körperschaften. Eine Übertragung gegen den Willen der Gemeinden und Samtgemeinden ist folglich nicht möglich, sie haben andererseits auch keinen Anspruch gegen den Landkreis auf Übernahme der in Rede stehenden Aufgaben. Die Durchführung der Aufgaben durch kreisangehörige Gemeinden und Samtgemeinden entbindet die Landkreise nicht von der Trägerschaft für die Schülerbeförderung, sie bleibt Selbstverwaltungsangelegenheit (vgl. VG Hannover, Urt. v. 03.06.2004 – 6 A 5608/03 –). Die Landkreise behalten das Recht zu rechtlichen und fachlichen Weisungen. Mit Ausnahme der ihnen durch die Aufgabenwahrnehmung entstehenden Verwaltungskosten haben die Landkreise den Gemeinden und Samtgemeinden die anfallenden Kosten für die Beförderung und für die zu leistenden Erstattungen zu ersetzen.

Verweise, Literatur:

- Erl. »Unterrichtsorganisation« vom 20.12.2013 (SVBl. 2014, S. 49; SRH 3.120), geändert durch RdErl. v. 23.11.2018 (SVBl. 2019 S. 5)

- Erl. »Kosten der Richtlinien der Gemeinde-Unfallversicherungsverbände für die Beförderung von Schülern mit Schulbussen (GUV 15.3)« v. 25.08.1980 (SVBl.S. 333)[1].
- Erl. »Sicherheit an Schulbushaltestellen« vom 05.08.1980 (SVBl. S. 306)[1]
- Erl. »Aufsicht durch Erziehungsberechtigte beim Schülertransport« v. 16.02.1976 (SVBl. S. 63)[1].
- Bericht der Nds. Landeskommission Schülertransport von 1979 »Empfehlungen zur Verbesserung der Qualität der Schülerbeförderung« (nicht rechtsverbindlich)
- Antwort auf eine Kleine Anfrage zum Thema »Ausrüstung von Kraftomnibussen mit Sicherheitsgurten« (Landtags-Drs. 17/1250 S. 64)
- Antwort auf eine Kleine Anfrage zum Thema »Anschnallpflicht in Schulbussen« (Landtags-Drs. 17/3937)
- *Prinzhorn, Kerstin:* Schülerbeförderungskosten im Sekundarbereich II, Schulverwaltung, Ausgabe Niedersachsen, 2012, H. 9, S. 241
- *Nolte, Gerald:* Die Schulgesetznovelle 2015, SVBl. Nichtamtlicher Teil, S. 340
- *Nolte, Gerald:* Fragen und Antworten zum Schulgesetz – Schülerbeförderung, Schulverwaltung, Ausgabe Niedersachsen, 2016, H. 3, S. 84

(Karl-Heinz Ulrich)

§ 115 Förderung des Schulbaus durch das Land

(1) ¹Das Land kann Schulträgern nach Maßgabe des Landeshaushalts Zuwendungen zu Neu-, Um- und Erweiterungsbauten, zum Erwerb von Gebäuden für schulische Zwecke sowie zur Erstausstattung von Schulen gewähren, um eine gleichmäßige Ausgestaltung der Schulanlagen zu sichern. ²Die Zuwendungen können Zuweisungen oder zinslose Darlehen oder beides sein. ³Die Kosten für das Baugrundstück und die Erschließung gehören nicht zu den zuwendungsfähigen Kosten.

(2) ¹Zuwendungen können auch für die Modernisierung von Schulanlagen gewährt werden, soweit dies zur Deckung des Schulraumbedarfs erforderlich ist. ²Die Kosten für Modernisierungen sind zuwendungsfähig, wenn durch die Modernisierung die vorhandenen Schulanlagen den schulischen Anforderungen angepasst und in ihrem Gebrauchswert nachhaltig verbessert werden.

(3) Zuwendungen können auch für die Ausstattung mit besonderen Einrichtungen gewährt werden.

---

1 Die hier aufgeführten Erlasse sind zwar inzwischen wegen Zeitablaufs außer Kraft getreten. Sie können gleichwohl zur Interpretation des Gesetzestextes herangezogen werden.

(4) Bei der Vergabe der Mittel sind die Leistungsfähigkeit des Schulträgers und die Dringlichkeit des Vorhabens zu berücksichtigen.

(5) ¹Schulträger, die Zuwendungen beantragen wollen, haben vorher das Raumprogramm und den Vorentwurf für den Bau mit einem Kostenvoranschlag der Schulbehörde zur Genehmigung vorzulegen. ²Das Kultusministerium kann verbindliche Richtwerte für die zuwendungsfähigen Kosten festlegen.

Allg.: Nach § 101 Abs. 1 haben die Schulträger die erforderlichen Schulanlagen vorzuhalten, nach § 108 Abs. 1 haben sie die erforderlichen Schulanlagen zu errichten, mit der notwendigen Einrichtung auszustatten und ordnungsgemäß zu unterhalten, nach § 113 Abs. 1 Satz 1 tragen sie die sächlichen Kosten der öffentlichen Schulen. Das Schulgesetz macht demzufolge an mehreren Stellen hinreichend deutlich, das die Schulträger die Kostenlast für die Schulanlagen, deren Einrichtung und Unterhaltung zu tragen haben. 1

Gleichwohl weist § 115 für das Land als Ausfluss der Verantwortung des Staates aus den »Schulartikeln« 7 GG und 4 NV eine Möglichkeit aus, sich an bestimmten Schulbaukosten sowie bestimmten Ausstattungskosten finanziell zu beteiligen.

Wegen der angespannten Haushaltslage des Landes, zugleich aber auch angesichts des Abschlusses der großen Schulbaumaßnahmen sind in den vergangenen Jahren allerdings keine Förderungsmittel mehr in den Landeshaushalt eingestellt worden, so dass die Bestimmung an praktischer Bedeutung verloren hat. Im Zuge der Förderprogramme »Investitionsprogramm Zukunft Bildung und Betreuung – IZBB«, das in der Zeit von 2003 bis 2009 beim Auf- und Ausbau von Ganztagsschulen eingesetzt worden ist, sowie »Konjunkturpaket II – Bau und Ausstattung, Medienausstattung, Innovations- und Zukunftszentren an berufsbildenden Schulen«, das 2009 und 2010 zur Ausführung kam, wurde allerdings beim Erlass der jeweiligen Förderrichtlinien des Kultusministeriums Rückgriff auf die wesentlichen Vorgaben des § 115 genommen.

Zu Abs. 1: Das Land ist bei der Entscheidung über die Vergabe von Zuwendungen für den Schulbau der kommunalen Schulträger frei. Dies wird einerseits deutlich durch die Kann-Bestimmung, die das Ermessen zum Ausdruck bringt, und andererseits durch die Worte »nach Maßgabe des Landeshaushalts«, die jegliche Förderung davon abhängig macht, dass der Gesetzgeber überhaupt Haushaltsmittel bereitstellt und nicht einen sog. Leertitel (Titel ohne Ansatz) ausbringt. Mit der Begründung, eine gleichmäßige Ausgestaltung der Schulanlagen sichern zu wollen, wird zuwendungsrechtlich in Satz 1 der Beweggrund und das Interesse für eine finanzielle Beteiligung des Landes an den Kosten des Schulbaus und der Ausstattung geliefert. Haushaltsrechtlich sind Zuwendungen Leistungen an Stellen außerhalb der Landesverwaltung zur Erfüllung bestimmter Zwecke (vgl. § 23 LHO sowie VV zu § 23 LHO). Zuwendungen dürfen nur veranschlagt werden, wenn das Land an der Erfüllung durch solche Stellen 2 ein erhebliches Interesse hat, das ohne die Zuwendungen nicht oder nicht im notwendigen Umfang befriedigt werden kann.

Unter Neubau versteht man ein Bauwerk, das vom Fundament bis zum Dach völlig neu erbaut wird. Der Anteil vorhandener Bausubstanz ist dem prägenden Neubauanteil untergeordnet.

Im Laufe der Zeit können sich die Ansprüche an die technische Ausstattung, an die Raumaufteilung oder an die Nutzflächen einer Schulanlage ändern. Auch andere Nutzungen (z.B. Herrichtung eines Kellerraums in einen Werkraum, Neugestaltung eines Klassenraums als Medienraum) können gewünscht sein. Ein Umbau ist die Veränderung der Schulanlage in Form, Gestalt oder Ausführung, um sie für andere, erweiterte oder zusätzliche Zwecke nutzbar zu machen oder ihren Ursprungszweck zu verändern (z.B. Umbau einer Grundschule in eine Oberschule).

Unter einem Erweiterungsbau versteht man die bauliche Erweiterung durch Räume oder Teilen davon – in horizontaler oder vertikaler Richtung – eines schon bestehenden Gebäudes.

Zuwendungen können auch zum Erwerb von Gebäuden (allerdings ohne die Kosten für das Baugrundstück und seine Erschließung) gewährt werden, die für Schulzwecke genutzt werden.

Auch die Erstausstattung von Schulen kann gefördert werden. Hierunter ist die erstmalige Ausstattung einer neuen Schulanlage oder eines erworbenen Gebäudes zu verstehen, Ergänzungs- oder Ersatzbeschaffungen sind nicht zuwendungsfähig.

Nach Satz 2 können die Zuwendungen Zuweisungen (als nicht rückzahlbare Leistungen) oder zinslose Darlehen (als rückzahlbare Leistungen nach einem Tilgungsplan) oder beides (nebeneinander) sein.

Satz 3 stellt klar, dass die Kosten für das Baugrundstück und die Erschließung nicht zu den zuwendungsfähigen Kosten gehören.

3 Zu Abs. 2: Nach der Bestimmung kann auch die Modernisierung von Schulanlagen gefördert werden, soweit dies zur Deckung des Schulraumbedarfs erforderlich ist. Unter Modernisierung ist nicht die den Schulträgern obliegende Instandhaltung, Instandsetzung und Sanierung von Schulanlagen zu verstehen, gemeint ist vielmehr eine nachhaltige Verbesserung des Gebrauchswertes der Schulanlagen im Interesse einer besseren schulischen Nutzung. Eine zuwendungsfähige Modernisierungsmaßnahme muss der Deckung des Schulraumbedarfs dienen, sie darf folglich nicht auf eine Erneuerung anderweitig genutzter Räume (z.B. für außerschulische Zwecke) gerichtet sein. Typische Modernisierungsmaßnahmen sind beispielsweise die Schalldämmung von Unterrichtsräumen, die Installation eines neuen Beleuchtungssystems oder Alarmierungssystems sowie die Installation von Abluftanlagen in Fachunterrichtsräumen.

4 Zu Abs. 3: Die Bestimmung ermöglicht die Gewährung von Zuwendungen für eine Ausstattung mit besonderen Einrichtungen. Mit besonderen Einrichtungen sind Mobiliar, Inventar, Geräte, Hilfsmittel und weitere Ausstattungen gemeint, die über die übliche Schulausstattung vergleichbarer Schulen hinausgehen. Denkbar sind Ausstattungen von Mensen und Cafeterien in Ganztagsschulen, die Einrichtung und Ausstattung von Mediatheken, die Beschaffung digitaler Tafeln (Interactive Whiteboards) wie z.b. Smartboards oder ActiveBoards, von Laptops und Musikinstrumenten u. v. a. m. Es ist nicht gefordert, dass es sich um eine Erstausstattung handelt, es kann beispielsweise auch eine Ersatz- oder Ergänzungsbeschaffung erfolgen.

Zu Abs. 4: Über die Vergabe der im Haushalt eingestellten Mittel hat die Bewilligungsbehörde nach pflichtgemäßem Ermessen zu entscheiden. Der Gesetzgeber hat in Absatz 4 zwei bei der Ermessensausübung zu beachtende Vergabekriterien, nämlich die Leistungsfähigkeit des Schulträgers und die Dringlichkeit des Vorhabens, festgelegt. Diese Kriterien haben maßgeblich Einfluss auf die Höhe und die Zeitfolge der Zuwendungen. **5**

Die Leistungsfähigkeit bezieht sich auf die finanzielle Situation des Schulträgers. Die Finanzstärke des einzelnen Schulträgers kann nur im Vergleich zu anderen Schulträgern beurteilt werden. Die Kommunalaufsichtsbehörden verfügen über geeignete Bewertungskriterien und Dokumentationen, um die Finanzlage einschätzen und vergleichen zu können. Anhand dieser Erkenntnisse lässt sich ein Ranking vornehmen. Die Bestimmung lässt es durchaus zu, finanzstarke Schulträger wegen ihrer wirtschaftlichen Lage von der Förderung auszuschließen, besonders finanzschwache Schulträger können hingegen relativ hohe Zuwendungen erhalten.

Die Dringlichkeit des Vorhabens ist die Notwendigkeit, eine wichtige Handlung kurzfristig zu erledigen. Die Dringlichkeit des Vorhabens kann aus einer subjektiven Einschätzung folgen oder auf objektiven Gegebenheiten beruhen. Wenn mehrere dringliche Vorhaben miteinander konkurrieren, muss eine Bewertung vorgenommen und eine Reihenfolge nach zeitlicher Priorität festgelegt werden.

Auch Absatz 4 trägt insofern dem Grundsatz Rechnung, dass die Schulträger die Schulanlagen aus eigenen Mitteln zu errichten, auszustatten und zu unterhalten haben.

Zu Abs. 5: Nach Satz 1 können Zuwendungen von einem Schulträger erst dann beantragt werden, wenn zuvor das Raumprogramm (vgl. auch § 108 Abs. 2) und der Vorentwurf für den Bau sowie der Kostenvoranschlag von der nachgeordneten Schulbehörde genehmigt worden sind. **6**

Satz 2 räumt dem Kultusministerium die Möglichkeit ein, verbindliche Richtwerte für die zuwendungsfähigen Kosten festzusetzen. Diese Kostenrichtwerte sind vergleichbare Wertrelationen (Durchschnittskosten) aufgrund einer breit angelegten Untersuchung und Auswertung beispielhafter, bereits erstellter Schulneubauten. Die Kostenermittlung im Bauwesen erfolgt auf der Grundlage der DIN 276. Kostenrichtwerte können als Maßstab für die Wirtschaftlichkeit und Angemessenheit eines Bauvorhabens dienen und damit Grundlage für die Berechnung und Festsetzung der zuwendungsfähigen Kosten sein.

Als Folge des ausgebrachten Leertitels für die Schulbauförderung im Haushaltsplan hat das Kultusministerium letztmalig 1981 Kostenrichtwerte festgesetzt, seither wurden die Werte nicht fortgeschrieben.

(Karl-Heinz Ulrich)

§ 116 Aufgabe von Schulanlagen

¹Werden Schulanlagen, die nach dem 1. Januar 1966 mit Landesmitteln gefördert worden sind, nicht mehr für kommunale, soziale, kulturelle oder sportliche Zwecke genutzt oder werden sie veräußert, so ist dem Land grundsätzlich ein angemessener Wertausgleich für die gewährten Zuwendungen zu leisten. ²Eine Wertminderung der Schulanlage seit der Fertigstellung ist zu berücksichtigen. ³Die Landesregierung wird ermächtigt, das Nähere durch Verordnung zu regeln.

1 Allg.: Bis zum NSchG 1974 fehlte es an einer gesetzlichen Grundlage für die Behandlung der Zuwendungen für Schulanlagen, die mit Landesmitteln gefördert worden sind und nicht mehr zweckentsprechend verwendet werden; die Bestimmung ist seither inhaltlich unverändert geblieben.

Die z.B. nach § 115 oder im Rahmen spezieller Förderprogramme aus Landesmitteln geförderten Schulanlagen stehen im Eigentum der kommunalen Schulträger. Durch die staatliche Förderung erhalten die Anlagen einen Wertzuwachs, der Schulträger erlangt insoweit einen »Zugewinn«. Werden die baulichen Anlagen nach Verwendung der Landeszuwendung nicht mehr für schulische Zwecke genutzt und erfolgt auch nicht eine öffentlichen Zwecken dienende Nachnutzung, so hat das Land wegen der Zweckentfremdung grundsätzlich einen Erstattungsanspruch auf einen adäquaten Wertausgleich gegen den Zuwendungsempfänger.

2 Zu Satz 1: Zu den Schulanlagen gehören alle Gebäude und sonstigen baulichen Anlagen, die dem Unterrichtsauftrag der Schule gedient haben. Dazu gehören auch Schulsportanlagen und Lehrerdienstwohnungen.

Die Schulträger sind von einer Leistung des Wertausgleichs befreit, sofern, solange und soweit die Schulanlagen für öffentliche Zwecke, d.h. – vom Gesetzgeber hier abschließend aufgezählt – für kommunale, soziale, kulturelle oder sportliche Zwecke, genutzt werden. Unter diese Zweckbestimmungen fallen beispielsweise die Nutzung für die Kreis-, Stadt- und Gemeindeverwaltung oder für Organe der Kommunen, die Nutzung als Kindertagesstätte (Krippe, Kindergärten, Hort) oder Altenheim, als Bürger-, Gemeinde- und Dorfgemeinschaftshäuser, als Schulungsräume für die Jugend- und Erwachsenenbildung, als Einrichtung für kulturelle Veranstaltungen, als Bibliothek oder Bücherei sowie als Fitness- oder Gymnastikräume. Eine anderweitige Nutzung sowie eine Veräußerung der Schulanlagen führen hingegen im Regelfall zu einem Entschädigungsanspruch des Landes gegenüber der Kommune; eine teilweise Aufgabe der Anlage ist anteilmäßig zu berücksichtigen.

Nach dem Gesetzeswortlaut ist »grundsätzlich«, d.h. in der Regel, ein angemessener Wertausgleich zu leisten. Ausnahmen von der Leistungsverpflichtung sind folglich möglich und in der Bandbreite vom teilweisen bis hin zum vollständigen Verzicht denkbar. In die Ermessensausübung bei der Festsetzung könnte einfließen, ob die Zweckentfremdung z.b. durch einen Rückgang der Schülerzahlen, durch eine geänderte Schulgesetzgebung mit Auswirkungen auf die Schulstruktur oder eine Gebietsreform eingetreten ist. Auch Satz 2, wonach eine nach der Fertigstellung zwischenzeitlich eingetretene Wertminderung von Amts wegen zu berücksichtigen ist, bestätigt diesen Entscheidungsspielraum.

Der Wertausgleich soll angemessen sein, d.h., er muss sachgerecht und wertentsprechend bemessen sein.

Zu Satz 2: Der Wert von Schulanlagen kann sich aus zahlreichen Gründen vermindern, so dass ein Ausgleich zum Neuwert nicht sachgerecht wäre. Satz 2 schreibt deshalb vor, dass bei einer Ausgleichsleistung eine Wertminderung der Schulanlage seit der Fertigstellung zu berücksichtigen ist. Ursachen einer Wertminderung können beispielsweise Verschleiß durch Gebrauch, ruhender Verschleiß (z.B. Verwitterung, Korrosion) sowie technisches oder wirtschaftliches Veralten sein. Die Wertminderung wird mit der Abschreibung erfasst.

Zu Satz 3: Die Bestimmung enthält eine Ermächtigung für die Landesregierung, Einzelheiten des Wertausgleichs und des Verfahrens durch Verordnung zu regeln. Mit Verordnung vom 29.05.1975 hat die Landesregierung entsprechende Regelungen erlassen (siehe Anm. 5).

Verweise, Literatur:

- Verordnung über die Forderungen des Landes bei der Aufgabe von Schulanlagen vom 29.5.1975 (Nds. GVBl. S. 195; Schulrecht 274/109)
- Verwaltungsvorschrift zu § 44 Landeshaushaltsordnung (VV-LHO)

(Karl-Heinz Ulrich)

§ 117 Beteiligung der Landkreise an den Schulbaukosten

(1) ¹Die Landkreise gewähren den kreisangehörigen Gemeinden, Samtgemeinden und deren Zusammenschlüssen
1. im Primarbereich Zuwendungen in Höhe von mindestens einem Drittel der notwendigen Schulbaukosten für Neu-, Um- und Erweiterungsbauten, zum Erwerb von Gebäuden für schulische Zwecke und für Erstausstattungen,
2. in den Sekundarbereichen Zuwendungen in Höhe von mindestens der Hälfte dieser Kosten.

²§ 115 Abs. 1 Satz 3 und Abs. 5 Satz 2 ist anzuwenden.

(2) Wird ein Gebäude für schulische Zwecke geleast und hat der Schulträger nach dem Vertrag das Recht, das Eigentum an dem Gebäude nach Ablauf der Vertragsdauer zu erwerben (Kaufoption), so können Zuwendungen gewährt werden für

1. die Leasingraten in dem Umfang, in dem sie zur Anrechnung auf den Gesamtkaufpreis geleistet werden,
2. den bei Wahrnehmung der Kaufoption zu entrichtenden Restkaufpreis,

wenn das Leasing gegenüber den andernfalls aufzuwendenden Schulbau- und Finanzierungskosten wirtschaftlicher ist.

(3) Zuwendungen können auch für größere Instandsetzungen, für die Ausstattung von Schulen mit besonderen Einrichtungen und für die Anschaffung von Fahrzeugen für die Schülerbeförderung gewährt werden.

(4) ¹Die Zuwendungen können Zuweisungen oder zinslose Darlehen oder beides sein. ²Bei der Vergabe der Mittel ist neben der Leistungsfähigkeit des Schulträgers die Dringlichkeit des Vorhabens zu berücksichtigen.

(5) ¹Die Landkreise errichten zur Finanzierung des Schulbaus eine Kreisschulbaukasse; sie ist ein zweckgebundenes Sondervermögen des Landkreises. ²Aus ihr erhalten der Landkreis und die kreisangehörigen Schulträger Mittel zu den in den Absätzen 1 bis 3 genannten Vorhaben. ³Die Landkreise erfüllen mit den Zuwendungen aus der Kreisschulbaukasse ihre Verpflichtungen nach Absatz 1.

(6) ¹Die Mittel der Kreisschulbaukasse werden, soweit die Rückflüsse aus gewährten Darlehen nicht ausreichen, zu zwei Dritteln vom Landkreis und zu einem Drittel von den kreisangehörigen Gemeinden und Samtgemeinden aufgebracht. ²Die Beiträge der Gemeinden und Samtgemeinden sind nach der Zahl der in ihnen wohnenden Schülerinnen und Schüler des 1. bis 4. Grundschuljahrgangs zu bestimmen. ³Die Höhe der Beiträge regelt der Landkreis. ⁴Durch die Leistung der Beiträge erfüllen die Schulträger zugleich ihre Verpflichtung, Rücklagen für den Schulbau zu bilden.

1 Allg.: Nach § 3 Abs. 2 Satz 2 NKomVG unterstützen die Landkreise die ihnen angehörenden Gemeinden und Samtgemeinden bei der Erfüllung ihrer Aufgaben und sorgen für einen angemessenen Ausgleich der Gemeindelasten. Der Leitgedanke dieser Ausgleichsfunktion der Landkreise spiegelt sich hinsichtlich der Schullasten u.a. in § 117 wider. Dort hat der Gesetzgeber die Landkreise zur Bezuschussung von Schulbauvorhaben verpflichtet und ihnen als notwendiges Finanzierungsinstrument die Kreisschulbaukasse zur Verfügung gestellt.

Die Kreisschulbaukasse ist eine niedersächsische Besonderheit. Die wesentlichen Regelungen zu diesem sog. zweckgebundenen Sondervermögen finden sich inhaltlich nahezu unverändert seit vielen Jahrzehnten im NSchG.

§ 117 ist im gesamten Gebiet der Region Hannover nicht anzuwenden (§ 160 Abs. 5 Satz 3 NKomVG). Die Schulbaumaßnahmen der regionsangehörigen Gemeinden, die nach § 163 Abs. 1 Satz 1 NKomVG Träger der öffentlichen

Aufbringung der Kosten § 117   **NSchG**

Schulen sind, soweit nicht die Region Hannover zuständig ist, sollen von diesen vollständig selbst finanziert werden.

Zu Abs. 1: Kreisangehörige Gemeinden und Samtgemeinden sowie deren Zusammenschlüsse (vgl. § 104) haben nach Satz 1 gegen den Landkreis einen Anspruch auf Gewährung von Zuwendungen in der Höhe des hier jeweils für Schulbereiche gesetzlich festgelegten Anteils der notwendigen Schulbaukosten. **2**

Im Primarbereich, in dem die Gemeinden und Samtgemeinden Träger der Grundschulen in ihrem Gebiet sind und vorrangig Daseinsvorsorge für die örtliche Gemeinschaft betreiben, ist der Anspruch auf eine Zuwendung auf mindestens ein Drittel der Kosten festgeschrieben. In den Sekundarbereichen, in denen die Landkreise wegen der oftmals überörtliche Bezüge geborene Schulträger sind und in denen Gemeinden und Samtgemeinden eine Schulträgerschaft grundsätzlich nur auf Antrag übertragen ist, ist der Anspruch auf eine Zuwendung auf mindestens die Hälfte der Kosten festgesetzt. Die Bestimmung garantiert Mindestanteile, weitere freiwillige Leistungen, selbst Zuwendungen bis zu 100 Prozent im Einzelfall, sind möglich.

Der Anspruch bezieht sich nicht nur auf die notwendigen Kosten für Neu-, Um- und Erweiterungsbauten, sondern auch auf die unabweislichen Kosten für den Gebäudeerwerb und für Erstausstattungen. Nach Satz 2 ist § 115 Abs. 1 Satz 3 und Abs. 5 Satz 2 anzuwenden. Die genannten Bestimmungen besagen, dass die Kosten für das Baugrundstück und die Erschließung nicht zu den zuwendungsfähigen Kosten gehören (§ 115 Abs. 1 Satz 3) und dass das Kultusministerium verbindliche Richtwerte für die zuwendungsfähigen Kosten festlegen kann (§ 115 Abs. 5 Satz 2).

Zu Abs. 2: Bis Ende 1997 waren Zuwendungen aus der Kreisschulbaukasse an die Eigentümerstellung des Schulträgers am Schulgebäude gebunden. Mit der durch das ÄndG 97 eingefügten Bestimmung wurde dem Bedürfnis der kommunalen Schulträger entsprochen, notwendige Schulbauten im Rahmen neuer Bau- und Finanzierungsformen durchführen zu können. Die Bestimmung bietet den Schulträgern seither die Möglichkeit, das Leasing als moderne Form der Baufinanzierung zu nutzen. Dass der Schulträger das Gebäude zu einem späteren Zeitpunkt zwingend erwirbt, ist nicht Voraussetzung für eine Zuwendungsgewährung. Es reicht aus, dass der Schulträger eine vertragliche Kaufoption nach Ablauf der Vertragsdauer hat. **3**

Ein Leasingvertrag ist rechtlich gesehen ein atypischer Mietvertrag, der eine Nutzungsüberlassung regelt. Die Ausgestaltung von Leasingverträgen ist sehr unterschiedlich. Nach der Rechtskonstruktion des Leasingverfahrens ist es beispielsweise möglich, dass ein Bauträger auf einem Grundstück des Schulträgers, an dem ihm ein Erbbaurecht eingeräumt wird, nach dessen Wünschen ein Schulgebäude errichtet. Der Schulträger zahlt dafür regelmäßig Leasingraten, die einen Mietanteil und einen Kaufpreisanteil enthalten. Am Ende des Vertragszeitraums ist er berechtigt, das Gebäude für einen geringen Betrag – zumeist zehn Prozent der ursprünglichen Herstellungskosten – zu erwerben.

Das Verfahren kann für den Bauträger Steuervorteile bringen und kann gegenüber dem Bauen durch öffentliche Bauherren preisgünstiger sein. Zuwendungen aus der Kreisschulbaukasse dürfen nur auf den Kaufpreisanteil an den Leasingraten sowie auf den Restkaufpreis bei Wahrnehmung der Erwerbsoption geleistet werden.

Wesentliche Voraussetzung für die Gewährung von Zuwendungen an einen Schulträger als Leasingnehmer ist, dass das Leasing gegenüber den sonst erforderlichen Schulbau- und Finanzierungskosten wirtschaftlicher ist. Beim anzustellenden Wirtschaftlichkeitsvergleich sind folglich die Kosten des Leasings den andernfalls aufzuwendenden Schulbaukosten und den Finanzierungskosten (einschließlich Kreditzinsen u. Ä.) gegenüberzustellen.

4 **Zu Abs. 3:** Über die Pflichtzuwendungen hinaus kann der Landkreis auch für größere Instandsetzungsarbeiten (z.B. Modernisierung der sanitären Anlagen, energetische Sanierungsmaßnahmen), für die Anschaffung besonderer Einrichtungsgegenstände sowie für die Anschaffung von Fahrzeugen für die Schülerbeförderung Zuwendungen gewähren. Es steht im Ermessen des Landkreises, ob und in welcher Höhe er hierfür Leistungen erbringt. Die Schulträger haben folglich lediglich einen Anspruch auf eine ermessensfehlerfreie Entscheidung des Landkreises (vgl. VG Stade, Urt. v. 22.03.2012 – 4 A 99/12). Der Begriff der größeren Instandsetzungen ist definiert in § 2 Abs. 2 der »Verordnung über die Kosten für die Schulen der Sekundarbereiche, zu denen die Landkreise den kreisangehörigen Gemeinden und Samtgemeinden Zuweisungen zu gewähren haben« vom 18.06.1975 (GVBl. S. 218). Größere Instandsetzungen sind danach Maßnahmen, die bei Schulanlagen mit einem Neubauwert von weniger als rd. 2,6 Mio. Euro Kosten in Höhe von mindestens rd. 64 000 Euro verursachen; bei einem höheren Neubauwert liegt dieser Kostenwert entsprechend höher (vgl. VG Stade a. a. O.). Laufende Reparaturen hingegen sind grundsätzlich eine reine Schulträgerangelegenheit (vgl. aber § 118).

Im neuen doppischen Rechnungswesen der Kommunen stellen Instandsetzungen und ggf. auch Leasingraten oder Einrichtungen keine Investitionen dar. Die Definition von Investitionen orientiert sich nicht mehr an Betragsgrenzen. Um diese Problematik zu bereinigen, wäre eine Anpassung des § 117 wünschenswert.

Mit besonderen Einrichtungen sind Mobiliar, Inventar, Geräte, Hilfsmittel und weitere Ausstattungen gemeint, die über die übliche Schulausstattung vergleichbarer Schulen hinausgehen. Denkbar sind Ausstattungen von Mensen und Cafeterien in Ganztagsschulen, die Einrichtung und Ausstattung von Mediatheken, die Beschaffung digitaler Tafeln (Interactive Whiteboards) wie z.B. Smartboards oder ActiveBoards, von Laptops und Musikinstrumenten u. v. a. m. Es ist nicht gefordert, dass es sich um eine Erstausstattung handelt, es kann beispielsweise auch eine Ersatz- oder Ergänzungsbeschaffung erfolgen.

Seit dem ÄndG 80 sind nur noch die Landkreise und kreisfreien Städte Träger der Schülerbeförderung (vgl. § 114 Abs. 1 Satz 1), die Gewährung von Zuwendungen für die Anschaffung von Fahrzeugen für die Schülerbeförderung dürfte keine praktische Bedeutung haben.

Zu Abs. 4: Nach Satz 1 können die Zuwendungen Zuweisungen (als nicht rückzahlbare Leistungen) oder zinslose Darlehen (als rückzahlbare Leistungen nach einem Tilgungsplan) oder beides (nebeneinander) sein; ausschlaggebend für die Auswahl der Art der Zuwendung wird insbesondere die Leistungsfähigkeit des Schulträgers sein.

Satz 2 bestimmt, dass bei der Vergabe der Mittel neben der Leistungsfähigkeit des Schulträgers die Dringlichkeit des Vorhabens zu berücksichtigen ist. Nur bei der Vergabe dieser Zuwendungen im Rahmen einer Ermessensentscheidung kommt es auf die Leistungsfähigkeit der Gemeinde an, nicht hingegen bei den Pflichtzuwendungen nach Absatz 1. Dringlichkeit ist die Notwendigkeit, ein Vorhaben kurzfristig – also mit zeitlicher Priorität – zu realisieren. Wenn mehrere dringliche Vorhaben miteinander konkurrieren, muss eine Bewertung vorgenommen und eine Reihenfolge (Dringlichkeitsreihe z.B. nach einer Schulentwicklungsplanung) festgelegt werden.

Die Landkreise haben zur Gewährung von Zuwendungen aus der Kreisschulbaukasse Satzungen erlassen.

Zu Abs. 5: Absatz 5 bestimmt das Finanzierungsinstrument, mit dem die Landkreise – verpflichtet und nach Ermessen – Zuwendungen für Vorhaben nach den Absätzen 1 bis 3 gewähren. Nach Satz 1 2. Halbsatz ist die Kreisschulbaukasse ein zweckgebundenes Sondervermögen des Landkreises.

Die Kreisschulbaukasse ist allerdings kein Sondervermögen im Sinne des Kommunalrechts (vgl. die Enumeration in § 130 Abs. 1 NKomVG), das Vermögen unterliegt den schulrechtlichen Bestimmungen. Im kommunalen Haushaltsrecht ist die Darstellung der Kreisschulbaukasse als zweckgebundenes Sondervermögen nicht möglich. Derzeitig erfolgt die Darstellung der Kreisschulbaukasse als zweckgebundene Rücklage im Kernhaushalt der Landkreise. Die Zweckgebundenheit ist damit gewährleistet, eine separate Darstellung außerhalb der Landkreishaushalte erfolgt jedoch nicht.

Satz 3 stellt klar, dass die Kreisschulbaukasse mindestens die Beiträge des Landkreises zu den Schulbauten der kreisangehörigen Gemeinden aufbringen muss.

In den vergangenen Jahren haben sich durch Schulstrukturreformen, durch den Wegfall der gesetzlichen Verpflichtung zu einer Schulentwicklungsplanung durch die Landkreise – die auch den Planungsrahmen für einen zwecksprechenden Schulbau schaffen sollte (vgl. § 26 NSchG a. F.) – sowie durch die Einführung des doppelten Haushalts- und Rechnungswesens (»Doppik«) Veränderungen ergeben, die einen modifizierten Umgang mit der Regelung in Absatz 5 erfordern.

Nach Absatz 5 errichten die Landkreise zur Finanzierung des Schulbaus eine Kreisschulbaukasse. Dieser Gesetzeswortlaut lässt es zu, dass – zumindest zeitweilig – auf die Einrichtung einer Kreisschulbaukasse verzichtet werden kann, wenn alle Beteiligten, d. h. Landkreis, kreisangehörige Schulträger sowie deren Zusammenschlüsse, damit einverstanden sind. Dies wäre z.b. dann denkbar und zulässig, wenn erkennbar in absehbarer Zeit die Finanzierung umfangreicher Schulbauvorhaben nicht ansteht. Es stellt sich in einer solchen Phase die Frage, warum (z.b. in Zeiten knapper Kassen) durch eine Umlage ein Vermögen aufgebaut werden soll, dass eine Zeit lang brach liegen würde.

Ein kategorischer Errichtungszwang bzw. ein Dauerbetrieb für eine Kreisschulbaukasse ist dem Gesetzeswortlaut nicht zu entnehmen. Auch der Gesetzgeber hat einer anderen Sichtweise und den veränderten Rahmenbedingen in einem Fall bereits Rechnung getragen: In der Region Hannover findet § 117 NSchG keine Anwendung. Die Schulbaumaßnahmen der regionsangehörigen Gemeinden werden von diesen vollständig selbst finanziert. Die Kreisschulbaukasse des ehemaligen Landkreises Hannover wurde aufgelöst. Hier ist bereits eine Verlagerung und Aufwertung der kommunalen Verantwortung erfolgt.

Eine vergleichbare Situation findet sich in Landkreisen, in denen die kreisangehörigen Gemeinden und Samtgemeinden freiwillig Träger der weiterführenden Schulen sind. Für diese Schulträger stellt sich die Frage, warum sie eine Umlage in ein Sondervermögen einbringen sollen, das dann – eine gewisse Gleichförmigkeit vorausgesetzt – entsprechend ihrer Beträge späterhin wieder ausgekehrt wird. Dem Grundgedanken eines finanziellen Ausgleichs ist in solchen Fällen schließlich auch Rechnung getragen, wenn jeder Schulträger seine Schulbaumaßnahmen selbst finanziert. Es bedarf dazu nicht zwingend eines Geldkreislaufs.

Der in § 117 normierte Rechtsanspruch der kreisangehörigen Schulträger auf eine feste Beteiligung des Landkreises an den Schulbaukosten wird durch eine Vereinbarung aller Beteiligten (z.b. auf der Grundlage des § 104 Satz 2) schließlich nicht aufgehoben. Solange eine einvernehmliche Vereinbarung zwischen einem Landkreis und allen kreisangehörigen Schulträgern existiert, an der sich die beteiligten Vertragspartner nicht reiben, weil sich deren Vor- und Nachteile ausgleichen, und die die Schulbaufinanzierung ebenso gut oder sogar einfacher und effektiver auf andere Weise sicherstellt, begegnet eine solche Regelung keinen grundlegenden Bedenken. Es darf nicht verkannt werden, dass jederzeit durch eine einseitige Aufkündigung der Vereinbarung durch einen der Beteiligten zu den durch § 117 gesicherten Rechtsansprüchen zurückgekehrt werden kann.

7 **Zu Abs. 6:** Der Absatz regelt die Aufbringung der Mittel der Kreisschulbaukasse. Das Sondervermögen wird vorrangig aus den Rückflüssen gewährter Schulbaudarlehen gespeist, ergänzend sind die Mittel zu zwei Dritteln vom Landkreis und zu einem Drittel von den kreisangehörigen Gemeinden und Samtgemeinden aufzubringen.

Die Gemeinden und Samtgemeinden sind – abhängig von ihrer Leistungsfähigkeit – über die Kreisumlage indirekt und als Wohnort von Grundschulkindern direkt an der Aufbringung der Mittel beteiligt, und zwar unabhängig davon, ob sie selbst Schulträger sind (vgl. Urt. d. OVG Rheinland-Pfalz v. 07.06.2011 – 2 A 10213/11 – SchVw NI 2/2012).

Satz 2 stellt als Schlüssel für den Beitrag der Gemeinde zur Schulbaukasse nicht auf die Zahl der Schülerinnen und Schüler in den Grundschulen der Gemeinde oder Samtgemeinde, sondern auf die Zahl der in ihr wohnenden Grundschülerinnen und Grundschüler ab. Förderschülerinnen und Förderschüler im Primarbereich bleiben dabei unberücksichtigt, zumal die Förderschulen in der Regel in die Zuständigkeit des Landkreises fallen (§ 102 Abs. 2).

Nach Satz 3 legt der Landkreis die Höhe der für das jeweilige Haushaltsjahr aufzubringenden Beiträge fest.

Satz 4 stell klar, dass die Schulträger durch die Leistung der Beiträge zur Kreisschulbaukasse zugleich ihre Verpflichtung, Rücklagen für den Schulbau zu bilden, erfüllen. Eine solche Verpflichtung ergab sich früher aus § 95 NGO, heute ist die Bildung einer zweckgebundenen Rücklage nach § 123 Abs. 1 Satz 2 NKomVG i.V. m. § 54 Abs. 4 Nr. 1.2.4 der Gemeindehaushalts- und -kassenverordnung (GemHKVO) in das Ermessen der Kommune gestellt.

Es ist unbeachtlich, in welchem Umfang eine Gemeinde an der Aufbringung der Mittel für die Kreisschulbaukasse mitgewirkt hat. Die Einzahlungen in die Kreisschulbaukasse stellen keine Ansparungen für spätere eigene Schulbaumaßnahmen dar (vgl. OVG Lüneburg, Urt. v. 20.09.2000 – 13 L 1149/00 –, sowie VG Stade, Urt. v. 22.03.2012 – 4 A 99/12 –)

Verweise, Literatur:

- Verordnung über die Kosten der Schulen der Sekundarbereiche, zu denen die Landkreise den kreisangehörigen Gemeinden und Samtgemeinden Zuweisungen zu gewähren haben vom 18.6.1975 (GVBl. S. 218)
- Hinweise der »AG Umsetzung Doppik« zum neuen kommunalen Haushalts- und Rechnungswesen in Niedersachsen, Niedersächsisches Ministerium für Inneres und Sport (2010)

(Karl-Heinz Ulrich)

§ 118 Beteiligung der Landkreise an den sonstigen Kosten

(1) ¹Zu den nicht unter § 117 fallenden Kosten der Schulen der Sekundarbereiche gewähren die Landkreise den kreisangehörigen Gemeinden und Samtgemeinden Zuweisungen in Höhe von mindestens 50 und höchstens 80 vom Hundert. ²Das Kultusministerium wird ermächtigt, durch Verordnung näher zu bestimmen, zu welchen Kosten die Landkreise nach Satz 1 Zuweisungen zu gewähren haben.

(2) ¹Das Kultusministerium wird ferner ermächtigt, im Einvernehmen mit dem Innenministerium durch Verordnung den Mindestsatz von 50 vom Hundert für die Fälle zu erhöhen, in denen ein erheblicher Anteil der Schülerinnen und Schüler im Kreisgebiet die Schulen des Landkreises besucht. ²Dabei ist der Mindestsatz um so höher festzusetzen, je höher in den Sekundarbereichen der Anteil der von dem Landkreis beschulten Schülerinnen und Schüler an der Gesamtheit der Schülerinnen und Schüler

ist, die die Schulen der Gemeinden, der Samtgemeinden und des Landkreises besuchen. ³In der Verordnung ist auch zu bestimmen, in welchem Umfang dabei die Schülerinnen und Schüler zu berücksichtigen sind, die Teilzeitunterricht besuchen.

1 **Allg.:** Der Leitgedanke der in § 3 Abs. 2 Satz 2 NKomVG normierten Ausgleichsfunktion der Landkreise spiegelt sich konkretisiert in § 118 wider. Der Gesetzgeber hat in dieser Bestimmung die Landkreise verpflichtet, sich unterstützend auch an weiteren Kosten der Schulen der Sekundarbereiche zu beteiligen.

§ 118 ist im gesamten Gebiet der Region Hannover nicht anzuwenden (§ 160 Abs. 5 Satz 3 NKomVG). Die regionsangehörigen Gemeinden, die nach § 163 Abs. 1 Satz 1 NKomVG Träger der öffentlichen Schulen sind, soweit nicht die Region Hannover zuständig ist, müssen die Schulträgerkosten vollständig selbst finanzieren.

2 **Zu Abs. 1:** Wie § 117 räumt auch § 118 den kreisangehörigen Gemeinden und Samtgemeinden einen Anspruch auf eine Gewährung von Zuweisungen (als nicht rückzahlbare Leistungen) gegenüber ihren jeweiligen Landkreisen ein. Der Anspruch ist allerdings beschränkt auf die Schulen der Sekundarbereiche I und II und bezieht sich zunächst allgemein auf die »nicht unter § 117 fallenden Kosten«.

Die Zuweisungen müssen mindestens 50 und dürfen höchstens 80 vom Hundert der Kosten abdecken. Eine Erhöhung des Mindestsatzes ist nach den Bestimmungen des Absatzes 2 möglich. Die festgesetzte Obergrenze soll bewirken, dass die Schulträgerschaft der kreisangehörigen Gemeinden nicht durch ein Abwälzen der Kostenlast auf den Landkreis zu einer inhaltsleeren Hülse wird, die Gemeinden sollen durch eine angemessene Eigenbeteiligung selbst Verantwortung übernehmen.

Die Zuweisungen werden zu den den kreisangehörigen Gemeinden tatsächlich entstehenden Kosten gewährt (vgl. VG Hannover, Urt. v. 09.06.2005 – 6 A 2087/04 –, SchVw NI H. 2/2015, S. 56), erstattungsfähig sind nicht nur die »erforderlichen«, »notwendigen« bzw. »unabweisbaren« Kosten. Durch den auch die Gemeinden bindenden Haushaltsgrundsatz der Sparsamkeit und Wirtschaftlichkeit sowie durch die unumgängliche Eigenbeteiligung ist eine gewisse Selbstdisziplinierung sichergestellt. Eine steuernde Einflussnahme durch den Landkreis ist denkbar, indem er eine Pauschalierung der Kostenerstattung mit den gemeindlichen Schulträgern vereinbart und dabei für bestimmte oder auch für alle Kostenarten feste Beträge festlegt.

Durch die Beschränkung des Anspruchs auf die Schulen der Sekundarbereiche I und II sind Kosten des Primarbereichs nicht erstattungsfähig. Bei organisatorisch zusammengefassten Grund- und Hauptschulen, Grund-, Haupt- und Realschulen sowie Grund- und Oberschulen sind die erstattungsfähigen Kosten für den Sekundarbereich I anteilig herauszurechnen.

Satz 2 enthält eine Ermächtigung für das Kultusministerium, durch Verordnung zu konkretisieren, zu welchen Kosten die Landkreise Zuweisungen

Aufbringung der Kosten § 118 **NSchG**

zu gewähren haben. Das Ministerium hat von dieser Verordnungsermächtigung Gebrauch gemacht (siehe Anm. 4). Nach der Verordnung sind das im Wesentlichen die Kosten für die Unterhaltung und Bewirtschaftung der Schulanlagen, die Kosten für die Ausstattung der Schulen einschließlich der Ersatz- und Ergänzungsbeschaffungen sowie der Unterhaltung, die Kosten für näher bestimmtes Schulträgerpersonal sowie weitere Kosten der laufenden Verwaltung. In einem Negativkatalog wurden zur Klarstellung zudem die nicht zu berücksichtigenden Kosten aufgelistet.

Zu Abs. 2: Führt neben kreisangehörigen Gemeinden auch der Landkreis Schulen in den Sekundarbereichen I und II, so trifft die Gemeinden eine Doppelbelastung, denn sie haben neben den Kosten für die eigenen Schulen durch die von ihnen zu entrichtende Kreisumlage auch die Kostenlast der landkreiseigenen Schulen zu tragen. Eine Erhöhung der Mindestzuweisung kann hier zu einer gewissen Entlastung beitragen. Absatz 2 lässt daher eine Erhöhung des Mindestsatzes durch eine sog. Ministerverordnung zu, wenn ein hoher Prozentsatz der Sekundarschülerinnen und Sekundarschüler die Schulen des Landkreises besucht. Je mehr Schülerinnen und Schüler in landkreiseigenen Schulen beschult werden, umso höher können die Mindestzuweisungen an die Gemeinden sein. In der erlassenen Verordnung (siehe Anm. 4) ist der Mindestsatz von 50 vom Hundert der Kosten nach Schüleranteilen gestaffelt auf bis zu 65 vom Hundert erhöht worden. 3

Der Verordnungsermächtigung entsprechend wurde auch bestimmt, in welchem Umfang dabei die Schülerinnen und Schüler zu berücksichtigen sind, die Teilzeitunterricht (z.B. an Berufsschulen oder Fachschulen in Teilzeitform) besuchen. Auch wurde geregelt, wie ggf. der zuwendungsfähige Anteil der Kosten bei einer gemischten Benutzung von Schulanlagen (z.B. Mitbenutzung für schulfremde Zwecke) zu berechnen ist.

Verweise, Literatur: 4

– Verordnung über die Kosten der Schulen der Sekundarbereiche, zu denen die Landkreise den kreisangehörigen Gemeinden und Samtgemeinden Zuweisungen zu gewähren haben vom 18.6.1975 (Nds. GVBl. S. 218; Schulrecht 274/111).

– Verordnung über die Mindestbeteiligung der Landkreise an den (...) Kosten und über die Berechnung der Kosten bei gemischter Benutzung von Schulanlagen vom 21.7.1975 (Nds. GVBl. S. 228; Schulrecht 274/107), geändert durch Verordnung vom. 11.2.1981 (Nds. GVBl. S. 11; SVBl. S. 93)

(Karl-Heinz Ulrich)

Achter Teil
Staatliche Schulbehörden, Schulinspektion

Vorbemerkung zu §§ 119–123a

1 **Allg.:** Der achte Teil befasst sich mit dem Aufbau der Schulbehörden (§ 119) und ihren Aufgaben, insbesondere der Schulaufsicht (§§ 120, 120a, 121) und ihren verschiedenen Erscheinungsformen (§§ 122, 123, 123a). Nach Art. 7 Abs. 1 Grundgesetz steht das gesamte Schulwesen unter der Aufsicht des Staates. Fast mit dem gleichen Wortlaut bestimmt Art. 4 Abs. 2 Satz 2 der Niedersächsischen Verfassung: Das gesamte Schulwesen steht unter der Aufsicht des Landes. Unter dem Sammelbegriff der staatlichen Schulaufsicht, wie sie das Grundgesetz meint, wird die Gesamtheit der staatlichen Befugnisse zur Organisation, Planung, Leitung und Beaufsichtigung des Schulwesens verstanden. Diese im Grundgesetz gemeinte Schulaufsicht umfasst insbesondere die beiden Elemente

- Überwachung und Kontrolle der inneren und äußeren Schulangelegenheiten (Schulaufsicht im engeren Sinne),

- die Organisation, Planung und Leitung des Schulwesens. Dazu gehören die organisatorische Gliederung der Schule, die Festlegung der Struktur des Ausbildungssystems, die Festlegung der inhaltlichen Vorgaben (Lehrpläne, Rahmenrichtlinien) sowie die Sicherstellung der personellen und sächlichen Voraussetzungen des Unterrichts.

2 Die Schulaufsicht im engeren Sinn (für die im Folgenden die Bezeichnung Schulaufsicht verwendet wird) vollzieht sich in den traditionellen Formen der Staatsaufsicht (Rechtsaufsicht, Fachaufsicht, Dienstaufsicht).

Rechtsaufsicht ist die Aufsicht (Kontrolle), ob die unterstellte Dienststelle rechtmäßig handelt; d. h. ob Rechts- und Verwaltungsvorschriften eingehalten werden. Die Zweckmäßigkeit des Handelns darf bei der Rechtsaufsicht nicht geprüft werden. Eingriffe und Weisungen sind nur dann zulässig, wenn ein Rechtsverstoß vorliegt.

Die **Fachaufsicht** geht über die Rechtsaufsicht hinaus, indem sie kontrolliert, ob das Handeln der Dienststelle auch **zweckmäßig**, d. h. fachlich verantwortbar ist. Die aufsichtführende Behörde kann z.B. eingreifen, wenn sie das Handeln der nachgeordneten Stelle für unzweckmäßig oder für fachlich bedenklich hält.

Gegenstand der **Dienstaufsicht** sind die dienstlichen Tätigkeiten der nachgeordneten Dienststellen und das dienstliche und außerdienstliche Verhalten der einzelnen Bediensteten. Sie umfasst auch die Befugnis zu dienstrechtlichen Maßnahmen.

3 **Beratung.** Neben den genannten Formen der Aufsicht hat in zunehmendem Maße die Beratung als wesentliches Mittel der Schulaufsicht an Bedeutung gewonnen. Während noch bis in die sechziger Jahre Schulaufsicht von der

strikten Staatsaufsicht geprägt war, die mehr dem staatlichen Polizei- und Ordnungsrecht entsprach und im Wesentlichen mit den Mitteln der Kontrolle, insbesondere mit Erlassen, Verfügungen und Weisungen arbeitete, setzte sich nach 1970 die Auffassung durch, dass den Grundsätzen der pädagogischen Eigenverantwortung der Schulen und der Lehrkräfte eher eine Schulaufsicht entsprach, die in ihrer Fachaufsicht eingeschränkt war und bei der die Beratung stärker im Vordergrund stand. So ging bereits das NSchG 74 von einer eingeschränkten Fachaufsicht aus, die bis heute – allerdings unterbrochen durch das NSchG 80 – gilt (s. dazu die Ausführungen zu § 121). Der Schulgesetzentwurf des Deutschen Juristentages von 1980 ging sogar noch einen Schritt weiter, indem er die Aufsicht über die Schulen auf eine reine Rechtsaufsicht beschränkte. Dem ist die Gesetzgebung allerdings nicht gefolgt. Ebenso enthielt bereits das NSchG 74 als wesentliche Aufgabe der Schulbehörden die Beratung der Schulen.

Qualitätssicherung, Qualitätskontrolle. Im Zuge der weiteren Entwicklung der Schulverwaltungsreform ist die Qualitätskontrolle zu einem wesentlichen Schwerpunkt der Aufgaben des Staates für das Schulwesen geworden. Seit Frühjahr 2005 nimmt die »Schulinspektion« (die im Übrigen organisatorisch getrennt von den Schulbehörden arbeitet) die Aufgaben der Qualitätskontrolle der Schulen wahr und gibt ihnen Impulse für die Qualitätsverbesserung. 4

Gerichtliche Kontrolle: Noch in den 1950er Jahren – also bereits unter der Geltung des Grundgesetzes vom 23. Mai 1949 – beschäftigten sich Rechtspraxis und Rechtswissenschaft mit der Frage, ob nicht im Bildungswesen eine Prüfungsgewalt als eigene Staatsgewalt neben die Gesetzgebung, die Verwaltung und die Rechtsprechung trete. Eine negative Entscheidung des Prüfungsgremiums sollte damit nicht durch die Verwaltungsgerichte überprüft werden können. Derartige Überlegungen hatten angesichts der durch Art. 19 Abs. 4 GG gewährleisteten effektiven Rechtsschutzgewährung gegen alle Rechtsverletzungen durch die öffentliche Gewalt nicht lange Bestand, so dass sich auch im Prüfungsrecht nicht die Frage nach dem Rechtsschutz überhaupt, sondern lediglich nach dessen Umfang stellte. Zunächst wurden Prüfungsentscheidungen grundsätzlich nicht inhaltlich, sondern nur daraufhin überprüft, ob der Prüfer die Verfahrensvorschriften eingehalten hat, von einem zutreffenden Sachverhalt ausgegangen ist, allgemein anerkannte Bewertungsmaßstäbe beachtet hat oder sich von sachfremden Erwägungen hat leiten lassen. Die Einschränkung der rechtlichen Kontrolle beruht darauf, dass dem Prüfer ein Beurteilungsspielraum zusteht, in den das Gericht nicht durch ein eigenes Werturteil eingreifen darf. Auch die Entscheidung darüber, ob die Antwort eines Prüflings richtig oder falsch sei, fiel somit prinzipiell allein in den prüfungsrechtlichen Beurteilungsspielraum des Prüfers. Das war über Jahrzehnte hinweg die ständige Rechtsprechung, bis das Bundesverfassungsgericht in zwei Grundsatzentscheidungen vom 17. April 1991 erklärte, diese Rechtsprechung sei für Prüfungen, die für den Zugang zu Berufen bedeutsam sind, nicht in vollem Umfang mit den Grundrechten zu 5 vereinbaren. Danach sind fachliche Meinungsverschiedenheiten zwischen Prüfling und Prüfer nicht generell der gerichtlichen Kontrolle entzogen. Ein Prüfling hat das Recht, substantiierte Einwendungen vorzubringen und ist daher auch mit der Behauptung zu hören, seine Antwort auf die Prüfungsfrage sei zutreffend oder zumindest vertretbar gewesen; sie darf nicht als falsch bewertet werden, auch wenn sie der Prüfer selbst für unzutreffend hält. Damit findet nunmehr auf entsprechend substantiierte Einwendungen hin auch eine fachwissenschaftliche Richtigkeitskontrolle von Prüfungsentscheidungen statt. Das hat den Umfang und die Intensität der Rechtsschutzgewährung wie auch der verwaltungsgerichtlichen Tätigkeit deutlich erweitert. Teilweise andere Grundsätze gelten nach der Rechtsprechung jedoch für **schulische Prüfungen**, die nicht – jedenfalls nicht in vollem Umfang – den für **berufsbezogene Prüfungen** entwickelten strengen Maßstäben richterlicher Kontrolldichte unterliegen (OVG Saarlouis, Beschl. v. 07.11.1997 – 8 V 21/97 –).

6 Verweise, Literatur:

- *Bräth, Peter*: Staatliche Verantwortung für eigenverantwortliche Schulen, in: Schulverwaltung, Ausgabe Niedersachsen 2007, H. 11, S. 307 und ZBV, 2008, H. 1, S. 13

- *Bräth, Peter*: Staatliche Verantwortung für ein Beratungs- und Unterstützungssystem bei eigenverantwortlichen Schulen, in: Schulverwaltung, Ausgabe Niedersachsen, 2006, S. 333

- *Uhlig, Peter*: Aufgaben und Organisation der Landesschulbehörde, SVBl. 2008, H. 1, S. 23; SRH 2.005i

- *Bade, Rolf*: Unterstützungssystem für die Eigenverantwortliche Schule – aber wie?, Schulverwaltung, Ausgabe Niedersachsen, 2006, S. 296

- Errichtung der Niedersächsischen Schulinspektion, Beschluss der Landesregierung vom 19.4.2005 (Nds. MBl. S. 292; SVBl. S. 271; SRH 2.006)

- *Sinemus, Ursula*: Zur Entwicklung eines Leitbildes für die Schulaufsicht in Niedersachsen, Schulverwaltungsblatt, 1998, H. 6, S. 189

- *Habermalz, Wilhelm*: Der verfassungsrechtliche und schulgesetzliche Auftrag der Schulaufsicht, Schulverwaltung, Ausgabe Niedersachsen/Schleswig-Holstein, 2002, H. 3, S. 74

- *Rosenbusch, Heinz S.*: Schulaufsicht im Wandel der Zeit, in: *Ballasch, H.* u. a. (Hrsg.): Schulleitung und Schulaufsicht in Niedersachsen, Nr. 51.4

- *Andresen, Carl-Clemens:* Rechtsstaatliche Grundsätze im Verwaltungshandeln, Schulverwaltung, Ausgabe Niedersachsen, 2018, H. 11, S. 306

(Gerald Nolte)

Staatliche Schulbehörden, Schulinspektion § 119 **NSchG**

§ 119 Schulbehörden (siehe Anhang S. 1105)

Schulbehörden sind
1. das Kultusministerium als oberste Schulbehörde,
2. die Landesschulbehörde als nachgeordnete Schulbehörde.

Allg.: Der Aufbau der Schulbehörden war bis 1997 dreigliedrig. Über den 1 im Jahr 1980 eingerichteten Schulaufsichtsämtern als untere Schulbehörden (zuständig für die damaligen Grund-, Haupt-, Realschulen, Sonderschulen und Orientierungsstufen) wirkten die früheren Bezirksregierungen mit ihren Standorten in Braunschweig, Hannover, Lüneburg und Osnabrück (nur Schulabteilung) als obere Schulbehörden und das Kultusministerium als oberste Schulbehörde. Im Rahmen der Schulverwaltungsreform wurden durch das ÄndG 96 die drei Ebenen der Schulbehörden mit Wirkung vom 01.02.1997 auf die zwei Ebenen Kultusministerium als oberste Schulbehörde und Bezirksregierungen als nachgeordnete Schulbehörden reduziert. Die bisherigen Schulaufsichtsämter, die im Flächenland Niedersachsen in jedem Landkreis und jeder kreisfreien Stadt eingerichtet waren, wurden aufgelöst.

Mit der Auflösung der Bezirksregierungen zum 31.12.2004 war an deren Stelle als nachgeordnete Schulbehörde die Niedersächsische Landesschulbehörde (NLSchB) getreten. Die Landesschulbehörde hatte im Wesentlichen die Aufgaben der Schulabteilungen der früheren Bezirksregierungen übernommen. Der Sitz der Behördenleitung war Lüneburg. An den Standorten Braunschweig, Hannover, Lüneburg und Osnabrück waren örtlich verantwortliche Regionalabteilungen der NLSchB eingerichtet worden, die auch landesweite Aufgaben wahrnehmen konnten. Ihr Verantwortungsbereich deckte sich mit dem der früheren Regierungsbezirke. Den Regionalabteilungen waren insgesamt neun unselbstständige Außenstellen für die Schulformen Grundschule, Hauptschule, Realschule und Förderschule sowie für die Schulpsychologie zugeordnet. Zu den Kernaufgaben der NLSchB gehörte die Versorgung der öffentlichen Schulen mit Personal und die Unterstützungsleistungen für die Schulen.

Mit Kabinettsbeschluss vom 03.07.2019 (n. v.) hatte die Landesregierung beschlossen, die Landesschulbehörde als landesweit tätige Behörde mit Ablauf des 30.11.2020 aufzulösen und stattdessen vier regionale Landesämter in Braunschweig, Hannover, Lüneburg und Osnabrück mit direkter Anbindung an das Niedersächsische Kultusministerium zu errichten. Ziel dieser Neustrukturierung im Geschäftsbereich des Kultusministeriums war es, durch eine Verschlankung der Kommunikations- und Entscheidungswege eine direkte Steuerung zwischen Steuerungs- (MK) und operative Ebene (nachgeordnete Schulbehörde) zu erleichtern. Die Niedersächsische Landesschulbehörde als landesweit zuständige Landesbehörde wurde somit aufgelöst. Der weitere Beschluss vom 01.09.2020 (Nds. MBl. 929) regelt den Übergang von einer Landesbehörde zu vier Regionalen Landesämtern für Schule und Bildung (RLSB) detailliert. Die benannten vier Landesämter haben eine regional beschränkte Zuständigkeit und unterstehen dem MK direkt. Der Wegfall einer »Steuerungsebene« bedeutet eine rein organisatorische Änderung. Ansprechpartner des Niedersächsischen Kultusministeriums ist nicht länger die NLSchB mit Zentrale in Lüneburg, sondern die jeweilige Behörde (also das jeweilige Landesamt) direkt. Es bleibt verwaltungstechnisch bei einem dreigliedrigen Aufbau mit den Ebenen MK (oberste Schulbehörde) – Landesämter (nachgeordnete Schulbehörde) – Schulen und Studienseminare (den Landesämtern nachgeordnete Behörden).

Standorte, an denen Aufgaben der RLSB wahrgenommen werden: (Zugeordnete Landkreise und kreisfreie Städte oder Gemeinden)

RLSB Braunschweig: Stadt Braunschweig, Landkreis Gifhorn, Landkreis Goslar, Landkreis Helmstedt, Landkreis Peine, Stadt Salzgitter, Landkreis Wolfenbüttel, Stadt Wolfsburg

Außenstelle Göttingen: Landkreis und Stadt Göttingen, Landkreis Northeim

RLSB Hannover: Region Hannover, Landkreis Schaumburg

Außenstelle Holzminden: Landkreis Hameln-Pyrmont, Landkreis Hildesheim, Landkreis Holzminden

Außenstelle Syke: Landkreis Diepholz, Landkreis Nienburg (Weser)

RLSB Lüneburg: Landkreis Harburg, Landkreis Lüchow-Dannenberg, Landkreis Lüneburg, Landkreis Uelzen

Außenstelle Celle: Landkreis Heidekreis, Landkreis Celle

Außenstelle Cuxhaven: Landkreis Cuxhaven, Landkreis Stade

Außenstelle Rotenburg/W.: Landkreis Rotenburg (Wümme), Landkreis Osterholz, Landkreis Verden

RLSB Osnabrück: Stadt Osnabrück, Landkreis Osnabrück

Außenstelle Meppen: Landkreis Emsland, Landkreis Grafschaft Bentheim

Außenstelle Oldenburg: Landkreis Ammerland, Landkreis Cloppenburg, Stadt Delmenhorst, Landkreis Friesland, Stadt und Landkreis Oldenburg, Landkreis Vechta, Landkreis Wesermarsch, Stadt Wilhelmshaven

Außenstelle Aurich: Landkreis Aurich, Stadt Emden, Landkreis Leer, Landkreis Wittmund

Zum Aufbau der Schulbehörden ist allgemein zu sagen, dass beide Ebenen in einem Über- und Unterordnungsverhältnis zueinander stehen. Die oberste Schulbehörde kann die nachgeordnete Schulbehörde anweisen. Auch Beschwerden über Entscheidungen der Schule sollen grundsätzlich zunächst bei der nachgeordneten Schulbehörde eingelegt werden, weil diese aufgrund der besseren Vertrautheit mit den örtlichen Verhältnissen meist in der Sache schneller und angemessener entscheiden kann. Eltern sowie Schülerinnen und Schüler brauchen allerdings keinen »Dienstweg« einzuhalten, müssen aber damit rechnen, dass das angerufene Kultusministerium die Sache zur Erledigung an die nachgeordnete Schulbehörde abgibt bzw. sich zunächst von dieser berichten lässt. Lehrkräfte sind dagegen verpflichtet, bei Eingaben an das Kultusministerium den Dienstweg einzuhalten, d. h. Eingaben und Beschwerden über die nachgeordnete Schulbehörde vorzulegen.

Dienstweg: Der Dienstweg ist in § 36 Abs. 2 Beamtenstatusgesetz (BeamtStG) geregelt: Bedenken gegen die Rechtmäßigkeit dienstlicher Anordnungen haben Beamtinnen und Beamte unverzüglich auf dem Dienstweg geltend zu machen. Wird die Anordnung aufrechterhalten, haben sie sich, wenn die Bedenken fortbestehen, an die nächst höhere Vorgesetzte oder den nächst höheren Vorgesetzten zu wenden. Wird die Anordnung bestätigt, müssen die Beamtinnen und Beamten sie ausführen und sind von der eigenen Verantwortung befreit. Dies gilt nicht, wenn das aufgetragene Verhalten die Würde des Menschen verletzt oder strafbar oder ordnungswidrig ist und die Strafbarkeit oder Ordnungswidrigkeit für die Beamtinnen oder Beamten erkennbar ist. Die Bestätigung hat auf Verlangen schriftlich zu erfolgen. Nach § 104 Niedersächsisches Beamtengesetz (NBG) können Beamtinnen und Beamte Anträge stellen und Beschwerden vorbringen; hierbei haben sie den Dienstweg einzuhalten. Der Beschwerdeweg bis zur obersten Dienstbehörde steht offen. Richtet sich die Beschwerde gegen die unmittelbare Vorgesetzte oder Dienstvorgesetzte oder den unmittelbaren Vorgesetzten oder Dienstvorgesetzten, so kann sie bei der oder dem nächst höheren Vorgesetzten oder Dienstvorgesetzten eingereicht werden. Nach § 28 der Gemeinsamen Geschäftsordnung der Landesregierung (GGO) ist der Schriftverkehr mit nachgeordneten Behörden und Dienststellen der Landesverwaltung sowie mit den der Aufsicht des Landes unterstehenden Körperschaften, Anstalten und Stiftungen des öffentlichen Rechts in der Regel über die den Ministerien unmittelbar nachgeordneten Aufsichtsbehörden zu leiten. Alle Beamtinnen und Beamte sind daher verpflichtet, sich wegen der Abstellung vermeintlicher Missstände zunächst auf dem Dienstweg an ihre Vorgesetzten zu wenden. Ihnen ist es aber verwehrt, über diesen Rahmen hinaus dienstliche Angelegenheiten in die Öffentlichkeit zu bringen.

Das **Kultusministerium** als oberste Schulbehörde ist zugleich über die Person der Ministerin oder des Ministers als Mitglied der politisch verantwortlichen Landesregierung Nahtstelle zwischen der Verwaltung (Exekutive) und dem Parlament (Legislative). Nach den Vorschriften der Niedersächsischen Verfassung wird der Kultusminister vom Ministerpräsidenten berufen. Seinen Geschäftsbereich leitet er innerhalb der vom Ministerpräsidenten bestimmten Richtlinien der Politik selbstständig und unter eigener Verantwortung (Art. 37 Abs. 1 Satz 2 der Niedersächsischen Verfassung).

Das Niedersächsische Landesinstitut für schulische Qualitätsentwicklung (NLQ) (§ 123a) ist nicht Schulbehörde im Sinne des § 119. Damit hat es auch nicht die Aufgaben, vor allem auch nicht die Befugnisse nach §§ 120, 121, insbesondere kein Weisungsrecht gegenüber den Schulen. Schulen und Studienseminare sind ebenfalls keine »Schulbehörden«.

2 Verweise, Literatur:
- Neuausrichtung der Niedersächsischen Landesschulbehörde, Beschl. d. Landesregierung vom 15.06.2010 (Nds. MBl. S. 622; SVBl. S. 332)
- *Alm, Iris/Kütemeyer, Ulrich/Temming, Helmut:* Pläne zur Zukunft der Landesschulbehörde veröffentlicht, Schulverwaltung, Ausgabe Niedersachsen, 2010, H. 4, S. 104
- *Liersch, Corinna/Eisner, Werner:* Neuausrichtung der Niedersächsischen Landesschulbehörde, Schulverwaltung, Ausgabe Niedersachsen, 2011, H. 4, S. 116
- *Liersch, Corinna/Eisner, Werner:* Qualitätsmanagement in der Niedersächsischen Landesschulbehörde, Schulverwaltung, Ausgabe Niedersachsen, 2011, H. 6, S. 176
- Neuordnung des Geschäftsbereichs des Niedersächsischen Kultusministeriums, Beschl. d. Landesregierung vom 01.09.2020 (Nds. MBl. S. 929; SVBl. S. 470)

(Gerald Nolte)

§ 120 Aufgaben und Zuständigkeiten (siehe Anhang S. 1105)

(1) [1]Die Schulbehörden haben die Entwicklung des Schulwesens zu planen, zu gestalten und die Schulen und Schulträger zu beraten. [2]Sie nehmen die Aufgaben der schulpsychologischen Beratung wahr.

(2) Die Schulbehörden haben darauf hinzuwirken, dass das Schulwesen den geltenden Vorschriften entspricht.

(3) Die Schulbehörden üben die Fachaufsicht über die Schulen aus.

(4) Eine Schulbehörde kann an Stelle einer nachgeordneten Behörde tätig werden, wenn diese eine Weisung innerhalb einer bestimmten Frist nicht befolgt oder wenn Gefahr im Verzuge ist.

(5) Die Schulbehörden üben die Aufsicht über die Verwaltung und Unterhaltung der Schulen durch die Schulträger, unbeschadet der Befugnisse der Kommunalaufsichtsbehörden, aus.

(6) Die nachgeordnete Schulbehörde ist zuständig, soweit nichts anderes durch Rechts- oder Verwaltungsvorschrift bestimmt ist.

(7) Die oberste Schulbehörde kann im Einvernehmen mit der fachlich zuständigen obersten Landesbehörde Befugnisse der Schulbehörden auf andere Landesbehörden übertragen.

1 **Allg.:** Die Schulbehörden haben neben ihren Aufsichtsaufgaben vor allem konstruktive Aufgaben wie die Entwicklung und Förderung des Schulwesens. Die Planung ist weitgehend Aufgabe des Kultusministeriums. Dieses hat – gestützt auf die bildungspolitischen Vorgaben des Parlaments – die wesentlichen bildungspolitischen Leitlinien zu entwickeln und umzusetzen,

Staatliche Schulbehörden, Schulinspektion § 120 **NSchG**

dabei vor allem die künftige Entwicklung des Schulwesens zu prognostizieren und die Voraussetzungen für die Unterrichtsversorgung zu schaffen. Die Gestaltung des Schulwesens sowie die Förderung der Schulen ist Aufgabe aller Schulbehörden.

Zu der Aufgabe der Beratung s. § 120a. Die Beratung der Schulträger wird vor allem bei der Schulentwicklungsplanung sowie bei Schulbau- und Ausstattungsmaßnahmen in Betracht kommen.

Keine Schulbehörde ist das Niedersächsische Landesinstitut für schulische Qualitätsentwicklung (NLQ) in Hildesheim. Das Institut ist eine organisatorisch selbstständige nachgeordnete Landesbehörde (s. § 123a).

Zu Abs. 1 Satz 1: Die Schulbehörden nehmen ihre Aufgabe zur Planung und **2** Gestaltung des Schulwesens durch Verordnungen, Erlasse und Verfügungen wahr (siehe Einführung Nr. 2.3 und Nr. 2.4). Diese dienen der Konkretisierung, Interpretation sowie Ergänzung der gesetzlichen Vorschriften und beruhen auf den Aufsichtsbefugnissen der Schulbehörden. Das **Verwaltungsgericht Bremen** hat mit Urteil vom 27.06.2018 – 1 K 762/18 – entschieden, dass die Schulbehörde im Rahmen ihrer Organisationsbefugnis berechtigt ist, nach pflichtgemäßem Ermessen über die Zügigkeit der einzelnen Schulen und in diesem Rahmen auch über die Einrichtung von Inklusionsklassenzügen zu entscheiden. In der Einrichtung des Inklusionszugs am Gymnasium durch die Schulbehörde liege kein Verstoß gegen den Vorbehalt des Gesetzes (Wesentlichkeitsgebot). Der Grundsatz des Vorbehalts des Gesetzes verlange, dass staatliches Handeln in bestimmten grundlegenden Bereichen durch förmliches Gesetz legitimiert werde. Der Gesetzgeber sei verpflichtet, alle wesentlichen Entscheidungen selbst zu treffen, und dürfe sie nicht anderen Normgebern überlassen. Wann es einer Regelung durch den parlamentarischen Gesetzgeber bedarf, lasse sich nur im Blick auf den jeweiligen Sachbereich und auf die Eigenart des betroffenen Regelungsgegenstandes beurteilen. Die verfassungsrechtlichen Wertungskriterien seien dabei den tragenden Prinzipien des Grundgesetzes, insbesondere den darin verbürgten Grundrechten, zu entnehmen. Bestehe eine Leitentscheidung des Gesetzgebers hinsichtlich wesentlicher Regelungsbereiche, sei es jedoch mit dem Wesentlichkeitsgebot vereinbar, wenn er die weitere Konkretisierung der Verwaltung durch Rechtsverordnungen, Verwaltungsvorschriften oder der Rechtsanwendung im Einzelfall überlasse. Diese allgemeinen Grundsätze gelten auch für den Bereich des Schulrechts. Auch hier müssen zwar die wesentlichen Entscheidungen gesetzlich verankert werden, nicht jedoch alle Einzelheiten, da dies den Rahmen des Gesetzesumfangs und der gesetzgeberischen Möglichkeiten sprengen und einen Verlust an Flexibilität bedeuten würde, wenn jede organisatorische Entscheidung durch Gesetzesänderung mit entsprechend aufwendigen Verfahren erfolgen müsste. Konkret sei daher die Einführung einer gymnasialen Oberstufe wegen der damit verbundenen Auflösung des Klassensystems eine wesentliche, vom Gesetzgeber zu treffende Entscheidung. Gleiches gelte für die Einführung einer (verpflichtenden) Förderstufe und generell für die Frage, welche Schulformen eingeführt werden sollen. Dabei bleibe die Ausgestaltung der jeweiligen Schulformen dem Landesgesetzgeber vorbehalten; eine Verbindlichkeit für die Schulorganisation der Länder durch herkömmliche Schulformbezeichnungen bestehe nicht und wäre mit der Gesetzgebungszuständigkeit der Länder auch nicht zu vereinbaren. Die Schulform »Gymnasium« sei daher weder grundgesetzlich garantiert noch könne sie durch Bundesgesetz für die Länder verbindlich festgelegt werden. Zudem obliege es der Schulverwaltung, die vom Gesetzgeber vorgesehenen Schulformen hinsichtlich der Bildungs- und Erziehungsziele durch Rechtsverordnungen weiter zu konkretisieren und Lehr- und Stoffpläne durch Verwaltungsvorschriften zu erlassen. Außerdem dürfe die Schulverwaltung in dem vom Gesetzgeber vorgegebenen Rahmen selbst entscheiden, an welchen Standorten Schulen eines Schultyps eingerichtet und andere Schulen geschlossen werden. Hierzu bedürfe es grundlegender, durch Rechtsverordnung festzulegender Rahmenkriterien, auf deren Grundlage die Schulverwaltung im Einzelfall die Einrichtung oder Schließung durch schlichten Organisationsakt vornehmen kann. Gemessen an diesen Grundsätzen sei der Vorbehalt des Gesetzes hinsichtlich der Beschulung von Kindern mit sonderpädagogischem Förderbedarf an allgemein bildenden Schulen und somit auch an Gymnasien gewahrt. Bei der inklusiven Beschulung an Gymnasien werde kein neuer, nicht vom Land zugelassener Bildungsgang geschaffen. Der Auftrag zur inklusiven Beschulung werde lediglich auch am Gymnasium umgesetzt. Der gymnasiale Bildungsgang an sich, wie er vom Landesgesetzgeber vorgesehen sei, werde hierdurch nicht verändert. Die regulären Schülerinnen und Schüler lernen trotz der inklusiven Beschulung die Inhalte, welche sie auf das Abitur vorbereiten auf ihrem Anforderungsniveau unter Berücksichtigung der Lernfähigkeit dieser Schülerinnen und Schüler mit einem erhöhten Lerntempo. Die Inklusionsschülerinnen und -schüler werden dementsprechend nicht in dem gymnasialen Bildungsgang zum Abitur, sondern parallel hierzu an den Gymnasien inklusiv auf einem ihren jeweiligen Möglichkeiten entsprechenden Anforderungsniveau unterrichtet und gefördert. Aufgrund der nicht nur **zieldifferent**, sondern auch in weiten Teilen – gerade in den Kernfächern – in äußerer Differenzierung erfolgenden inklusiven Beschulung von Inklusionsschülerinnen und -schülern sei nicht ersichtlich, dass die regulären Schülerinnen und Schüler des gymnasialen Bildungsgangs das erhöhte Lerntempo wegen Verzögerungen bzw. Störungen nicht oder jedenfalls schlechter werden halten können.

Zu Abs. 1 Satz 2: Die schulpsychologische Beratung tritt neben die Beratung, die als Bestandteil des Unterrichts- und Erziehungsauftrages Aufgabe aller Lehrerinnen und Lehrer ist. Die schulpsychologische Beratung soll Probleme in der Schule mit Hilfe psychologischer Erkenntnisse analysieren und durch eine darauf aufbauende Beratung oder Behandlung bei der Lösung der Probleme helfen (siehe Erl. »Schulpsychologische Beratung«). Allgemein vollzieht sich die Tätigkeit der Schulpsychologinnen und Schulpsychologen in zwei Schwerpunkten:

- in der auf die Person der Schülerin oder des Schülers bezogenen Arbeit (Einzelfallhilfe)
- in der auf die Gestaltung von Schule bezogenen Arbeit (Systemberatung).

Die Schulpsychologinnen und Schulpsychologen sind zwar als Dezernentinnen und Dezernenten neben den Schulaufsichtsbeamten tätig, sie sind aber keine Schulaufsichtsbeamten. Wegen des besonderen sensiblen Charakters ihrer Tätigkeit, vor allem wegen des besonderen Vertrauensverhältnisses zum jeweiligen Ratsuchenden ist das Beratungsgeheimnis durch eine besondere Strafandrohung geschützt. § 203 StGB droht den Schulpsychologen, die anvertraute Geheimnisse an Dritte weitergeben, Gefängnis oder Geldstrafe an. Daraus ergibt sich für diesen Personenkreis ein Spannungsverhältnis zwischen ihrer Pflicht zur Zusammenarbeit mit der Schule und den anderen Schulaufsichtsbeamten und der Pflicht, das Beratungsgeheimnis zu wahren. Nach den Erfahrungen der Praxis ist es aber weitgehend gelungen, beide Bedürfnisse miteinander in Einklang zu bringen, insbesondere wenn es der Schulpsychologin oder dem Schulpsychologen gelingt, den Ratsuchenden davon zu überzeugen, in seinem eigenen Interesse einzuwilligen in die Weitergabe von bestimmten Informationen an die betreffenden Lehrkräfte oder die Schulleitung.

Organisatorisch ist die Schulpsychologie gemeinsam mit dem Arbeitsschutz und dem Gesundheitsmanagement in einem Fachdezernat der nachgeordneten Schulbehörden und in den Außenstellen angesiedelt (siehe Anm. 1 zu § 119).

Zu Abs. 2: Die Vorschrift beschreibt die Rechtsaufsicht als einen wesentlichen Teil der Schulaufsicht (im Einzelnen s. Anm.1 der Vorbemerkungen zu § 119). 3

Im Rahmen der Rechts- und Fachaufsicht sind die Schulbehörden darauf beschränkt, den Schulen Weisungen zu erteilen. Die Ausübung der Rechtsaufsicht beschränkt sich dabei auf die Überprüfung, ob die Schule gegen zwingende Vorschriften verstoßen hat. Soweit eine Lehrkraft zum Beispiel bei der Notengebung einen gewissen Beurteilungsspielraum hat, ist dieser durch die Schulbehörden nur eingeschränkt überprüfbar. Auch soweit der Schule ein Ermessensspielraum zusteht, z.B. bei der Frage der Einleitung von Ordnungsmaßnahmen, kommt die Ausübung der Rechtsaufsicht nur dann in Betracht, wenn die Schule einen Ermessensfehler – zum Beispiel durch Nichtausübung des Ermessens – begangen hat. Im Rahmen der aufsichtlichen Überprüfung kann in solchen Fällen nur überprüft werden, ob sich die Schule im Rahmen bestimmter Regeln bewegt hat, also ob die Behörde überhaupt ihr Ermessen ausgeübt hat, ob sie alle wesentlichen Umstände des Einzelfalls in die Abwägung einbezogen hat, ob die Gewichtung stimmt etc. (Stichwort: Ermessensfehlerfreie Entscheidung). Eine pflichtgemäße Ermessensausübung liegt daher vor, wenn die Behörde das ihr eingeräumte Ermessen wahrgenommen hat, d. h., die in Betracht kommenden Handlungsalternativen ermittelt und deren Wirksamkeit sowie ihre Auswirkungen auf den Einzelnen und die Allgemeinheit festgestellt hat, eine ziel- und zweckgerichtete Entscheidungsfindung vorgenommen bzw. deutlich gemacht und bei aufgetretenen Zielkonflikten die widerstreitenden Belange gewichtet und gegeneinander abgewogen hat und aufgrund einer Abwägung der für und gegen die Maßnahme sprechenden Umstände unter Beachtung des Verhältnismäßigkeitsgrundsatzes geprüft hat, ob bzw. dass eine bestimmte Maßnahme geboten ist.

4   **Zu Abs. 3:** Zur Fachaufsicht vgl. Anm. 1 der Vorbemerkungen zu § 119. Die Fachaufsicht erstreckt sich auf die rechtmäßige und zweckmäßige Wahrnehmung der den Schulen zugewiesen Aufgaben. Während in den Schulgesetzen von Baden-Württemberg, Bayern, Hamburg, Sachsen und Schleswig-Holstein die Fachaufsicht völlig unbeschränkt ausgeübt wird, ist sie in Niedersachsen in § 121 nur eingeschränkt ausgestaltet. Bei diesen Beschränkungen wird aber der grundlegende Charakter des Handels der Schulaufsicht und der staatlichen Verantwortung für das staatliche Schulwesen nicht außer Kraft gesetzt. Grundlegende Voraussetzung für die Bejahung einer **Klagebefugnis für Klagen von Beamtinnen und Beamten gegen Maßnahmen des Dienstherrn** ist es, dass die Beamtin oder der Beamte eine Verletzung in ihren bzw. seinen Rechten geltend macht. Dies erfordert, dass die Maßnahme oder Unterlassung in ein geltend gemachtes Recht gerade der Beamtin oder des Beamten eingreifen. Ist dies der Fall, ist es eine Frage der Begründetheit der Klage, ob der Eingriff gegenüber der Beamtin oder dem Beamten rechtswidrig erfolgt ist. Es reicht daher nicht aus, wenn eine Verletzung von Normen beanstandet wird, die allein öffentlichen, z.B. dienstlichen Interessen oder dem Schutz von Rechten Dritter zu dienen bestimmt sind. Mangels eigener Rechtsbetroffenheit sind beamtenrechtliche Klagen gegen solche Weisungen des Dienstherrn, die sich darauf beschränken, die Aufgabenerfüllung der Beamtinnen und Beamten in einer von den Vorgesetzten als recht- und zweckmäßig angesehenen Weise zu steuern (sog. rein innerdienstliche Weisungen), unzulässig. Hierdurch werden Rechte der Beamtinnen und Beamten regelmäßig nicht mit Außenwirkung berührt; sie sind lediglich im Rahmen der gebotenen Beratung und Unterstützung des Dienstherrn verpflichtet, auf Bedenken gegen die Zweck- oder Rechtmäßigkeit angeordneter Maßnahmen hinzuweisen. Darüber hinaus seien ggf. fortbestehende Bedenken durch eine förmliche Remonstration geltend zu machen. Darin erschöpfen sich die bei Meinungsverschiedenheiten zwischen Dienstherrn und Beamtinnen und Beamten bestehenden Rechte und Pflichten der Beamtinnen und Beamten; für eine gerichtliche Geltendmachung ist kein Raum. Eine Einbeziehung von Gerichten in innerdienstliche Meinungsverschiedenheiten über die gebotene Art der Aufgabenerfüllung, z.B. in einer Art Organstreitverfahren ist nicht vorgesehen, denn die Gerichte haben zu respektieren, dass dienstliche Belange des Dienstherrn in Ausübung des ihm zustehenden Organisationsrechts maßgebend geprägt werden durch verwaltungspolitische Entscheidungen, die nur beschränkter gerichtlicher Überprüfung unterliegen. Bereits das **Remonstrationsverfahren** stellt weder einen individuellen Rechtsschutz dar, noch soll es einen solchen ersetzen. Es dient

einzig der Haftungsentlastung der Beamtinnen und Beamten. Denn sie sind verpflichtet, auch rechtswidrige Weisungen auszuführen. Ein subjektives Recht, nur zu rechtmäßiger Aufgabenerfüllung angewiesen zu werden, besteht nicht. Die Gehorsamspflicht endet erst in Evidenzfällen – bei besonders schwerwiegendem Verfassungsverstoß. Diese grundsätzliche Befolgungspflicht entspricht einem hergebrachten Grundsatz des Berufsbeamtentums i. S. d. Art. 33 Abs. 5 GG. Sie rechtfertigt sich aus dem die Gehorsamspflicht tragenden Grund der zu wahrenden Funktionstüchtigkeit der öffentlichen Verwaltung und der deshalb gebotenen Effektivität des Entscheidungsprozesses und Handlungsvollzugs. Könnte die einzelne Beamtin oder der einzelne Beamte den Ablauf und Vollzug einer in den Bereich ihrer oder seiner Dienstaufgaben fallenden Verwaltungsentscheidung hemmen, wenn sie oder er aufgrund einer abweichenden Rechtsauffassung die weisungsgemäß auszuführende Amtshandlung für »schlicht« rechtswidrig hält, wäre angesichts der Fülle offener und nicht abschließend geklärter Rechtsfragen ein effektives Arbeiten der Verwaltung nicht möglich und damit die Erfüllung der ihr übertragenen öffentlichen Aufgaben ernsthaft gefährdet. Das aber wäre mit Art. 33 Abs. 5 GG unvereinbar, der die Institution des Berufsbeamtentums in ihrer Funktionsfähigkeit im Interesse der Allgemeinheit erhalten und gewährleisten will.

Das **Verwaltungsgericht Bremen** hat mit Urteil vom 27.06.2018 – 1 K 762/18 – entschieden, dass eine Schulleitung nicht in eigenen Rechten verletzt ist, wenn die Schulbehörde die Einrichtung einer Inklusionsklasse verfügt. Denn weder die einer Lehrkraft eingeräumte pädagogische Verantwortung noch die Befugnisse einer Schulleitung umfassen die Organisationskompetenz, über die Einrichtung einer Inklusionsklasse zu bestimmen. Dies obliege allein der Schulbehörde. Die Befugnisse einer Schulleitung reichen nur soweit, wie sie ihr von der Schulbehörde verliehen worden sind. Die pädagogische Verantwortung verleiht der Lehrkraft kein subjektiv öffentliches Recht gegenüber Maßnahmen der Schulaufsicht. Die mit der pädagogischen Verantwortung einer Lehrkraft eingeräumte pädagogische Verantwortung findet ihren Grund und ihre Rechtfertigung in der Erziehungsaufgabe einer Lehrkraft. Sie ist allein der Funktion bzw. dem Amt und nicht der persönlichen Sphäre der Lehrkraft zugeordnet und damit eine auf den Schulzweck und die Bildungsinteressen der Schülerinnen und Schülern bezogene Verantwortung.

Zu Abs. 4: Das hier geregelte »Selbsteintrittsrecht« der Schulbehörden stellt eine Durchbrechung der Zuständigkeitsregelungen dar und ist nur unter strengen Voraussetzungen zulässig. Mit dem »Selbsteintritt« handelt die Schulbehörde anstelle der Schule oder der nachgeordneten Schulbehörde; sie ersetzt beispielsweise die Beurlaubung einer Schülerin oder eines Schülers, legt statt der Gesamtkonferenz eine Ordnungsmaßnahme fest oder legt anstelle der Schulleiterin oder der Schulleiters Einspruch gegen einen Konferenzbeschluss gem. § 43 Abs. 5 ein.

Voraussetzung ist jedoch, dass entweder die Schulbehörde die Schule vorher förmlich unter Fristsetzung zu einem bestimmten Verhalten angewiesen hat und die Schule dieser Weisung nicht gefolgt ist oder dass Gefahr im Verzuge ist. Das »Selbsteintrittsrecht« steht unter der weiteren Einschränkung des § 121, d. h, soweit sich der Selbsteintritt auf pädagogische Bewertungen bezieht, sind die Grenzen des § 121 Abs. 2 zu beachten.

6 **Zu Abs. 5:** Während die Schulbehörden durch die Fachaufsicht eine sehr weitgehende Aufsicht über die Schule ausüben können, steht ihnen über die Schulträger nur die Rechtsaufsicht zu, d. h. die Möglichkeit, die Einhaltung von Rechtsvorschriften zu überprüfen, da es sich bei der Schulträgerschaft um eine Aufgabe des eigenen Wirkungskreises handelt. Zu den Begriffen Fachaufsicht und Rechtsaufsicht s. Anm. 1 der Vorbemerkungen zu § 119. Es kommt hinzu, dass die Rechtsaufsicht über die kommunalen Gebietskörperschaften Kommunalaufsicht ist, die von den Kommunalaufsichtsbehörden wahrgenommen wird. Die Kommunalaufsicht über die kreisangehörigen Gemeinden und Samtgemeinden führt der Landkreis, über die Landkreise, kreisfreien Städte sowie die Region Hannover und die großen selbstständigen Städte das Innenministerium.

Die Schulbehörden haben daher in diesem Bereich nur die Möglichkeit, Verstöße der Schulträger festzustellen, zu beanstanden und im Wege der gebotenen Zusammenarbeit nach § 123 auf Abhilfe zu drängen. Ein Weisungsrecht steht ihnen nicht zu. Ein Einschreiten gegen die Schulträger ist nur durch die Kommunalaufsichtsbehörden möglich, an die sich die Schulbehörden wenden müssen.

Die Kommunalaufsicht kann mit ihren Mitteln beanstanden, anordnen und eine Ersatzvornahme treffen. Die Anwendung des stärksten Mittels der Kommunalaufsicht, die Bestellung eines Beauftragten (Staatskommissars) dürfte kaum in Betracht kommen.

Die Aufsicht über die Schulen in freier Trägerschaft ist ebenfalls im Wesentlichen Rechtsaufsicht (s. Anm. 1 zu § 167).

7 **Zu Abs. 6:** Die Vorschrift stellt eine Zuständigkeitsvermutung zugunsten der nachgeordneten Schulbehörde auf. Wer in einem Verwaltungsverfahren Klagegegner richtet sich nach § 78 Abs. 1 VwGO: Danach ist eine Klage zu richten

1. gegen den Bund, das Land oder die Körperschaft, deren Behörde den angefochtenen Verwaltungsakt erlassen oder den beantragten Verwaltungsakt unterlassen hat; zur Bezeichnung des Beklagten genügt die Angabe der Behörde,

2. sofern das Landesrecht dies bestimmt, gegen die Behörde selbst, die den angefochtenen Verwaltungsakt erlassen oder den beantragten Verwaltungsakt unterlassen hat.

Das Land hat mit § 79 NJG von der Regelungskompetenz in § 78 Abs. 1 Nr. 2 VwGO Gebrauch gemacht. Es gilt also das »Behördenprinzip« wonach die Klage gegen die Behörde – sprich Schule – selbst zu richten ist. Nach § 78 Abs. 1 Nr. 2 VwGO ist eine Klage (und in entsprechender Anwendung ein Antrag auf Gewährung einstweiligen Rechtsschutzes), sofern das Landesrecht dies bestimmt, gegen die Behörde selbst, die den angefochtenen Verwaltungsakt erlassen oder den beantragten Verwaltungsakt unterlassen hat, zu richten. § 79 Abs. 2 NJG trifft die Anordnung, dass, wenn eine Landesbehörde den angefochtenen Verwaltungsakt erlassen oder den beantragten Verwaltungsakt unterlassen hat, die Klage gegen diese zu richten ist. Dementsprechend regelt § 79 Abs. 1 NJG, dass auch Landesbehörden i. S. d. § 61 Nr. 3 VwGO beteiligtenfähig sind. Eine öffentliche Schule stellt eine Landesbehörde im vorgenannten Sinne dar, ist also im Verwaltungsprozess beteiligtenfähig und im Hinblick auf von der Schule selbst erlassene bzw. unterlassene Verwaltungsakte auch richtiger Klagebzw. Antragsgegner. Gemäß § 1 Abs. 3 Satz 2 NSchG sind die öffentlichen Schulen nichtrechtsfähige Anstalten ihres Trägers und des Landes. Hierin kommt zwar einerseits zum Ausdruck, dass den öffentlichen Schulen keine rechtliche Selbstständigkeit zukommt, andererseits aber auch, dass der Landesgesetzgeber sie mit einer gewissen Selbstständigkeit zur Erfüllung des ihnen gem. § 2 NSchG erteilten Bildungsauftrags ausgestattet hat. Letzteres ergibt sich auch aus § 32 Abs. 1 Satz 1 NSchG, wonach die Schule im Rahmen der staatlichen Verantwortung und der Rechts- und Verwaltungsvorschriften eigenverantwortlich in Planung, Durchführung und Auswertung des Unterrichts, in der Erziehung sowie in ihrer Leitung, Organisation und Verwaltung ist. Eine öffentliche Schule unterfällt daher jedenfalls dem funktionalen Behördenbegriff. Auch der Landesgesetzgeber geht unzweifelhaft davon aus, dass öffentliche Schulen Behörden darstellen, was in § 80 Abs. 2 Satz 1 Nr. 2 NJG zum Ausdruck kommt, wonach für Verwaltungsakte, die von Schulen erlassen wurden, die Durchführung eines Vorverfahrens entgegen der allgemeinen Regelung in § 80 Abs. 1 NJG nicht entfällt (OVG Lüneburg, Beschl. v. 17.09.2018 – 2 ME 486/18; Nds. VBl. 2019, S. 155).

Nach V. 2c) des Gem. RdErl. d. StK u. sämtl. Min. v. 12.07.2012 (Nds. MBl. S. 578), zuletzt geändert d. RdErl. v. 01.11.2020 (Nds. MBl. S. 1274) vertreten die Regionalen Landesämter für Schule und Bildung Braunschweig, Hannover, Lüneburg und Osnabrück die Schulen in Verfahren der Verwaltungsgerichtsbarkeit, wenn das Land an dem Verfahren (§ 63 Nrn. 1–3 VwGO) beteiligt ist.

Diese Regelung findet sich auch in Nr. 8 des Erlasses »Dienstrechtliche Befugnisse und sonstige personalrechtliche Aufgaben und Befugnisse sowie Zuständigkeiten nach dem Niedersächsischen Besoldungsgesetz« vom 22.01.2018 (Nds. MBl. S. 66; SVBl. S. 113)

Verweise, Literatur: 8

– Erl. »Schulpsychologische Beratung« vom 31.10.2011 (Nds. MBl. S. 830; SVBl. 2012, S. 33; SRH 3.340; Schulrecht 380/1), geändert durch Erl. vom 22.6.2016 (SVBl. S. 450)

– *Bräth, Peter:* Staatliche Verantwortung für eigenverantwortliche Schulen, in: Schulverwaltung, Ausgabe Niedersachsen 2007, H. 11, S. 307 und ZBV, 2008, H. 1, S. 13

- *Bräth, Peter:* Verträge zwischen Schule und Schulbehörde als neues Handlungsrecht, Schulverwaltung, Ausgabe Niedersachsen, 2003, H. 3, S. 85
- *Kappher, Wilfried/Gies, Jochen/Bräth, Peter:* Neue Formen der Zusammenarbeit von Schulen, Schulträger und Schulbehörde, Schulverwaltung, Ausgabe Niedersachsen 2003, S. 142
- *Bräth, Peter:* Neue Formen der Zusammenarbeit – Teil II, Schulverwaltung, Ausgabe Niedersachsen 2004, S. 72
- *Habermalz, Wilhelm:* Die strafrechtliche Sicherung des Beratungsgeheimnisses für Schulpsychologen und Beratungslehrer, in: *Ballasch, Heidemarie/Kemeter, Björn/Wachtel, Peter* (Hrsg.): Schulleitung und Schulaufsicht in Niedersachsen, Nr. 52.7
- *Nolte, Gerald:* Inklusive Beschulung am Gymnasium, Schulverwaltung, Ausgabe Niedersachsen, 2018, H. 11, S. 308

(Gerald Nolte)

§ 120a Beratung und Unterstützung

Die Schulbehörden gewährleisten die Beratung und Unterstützung der Schulen.

1 **Allg.:** Bereits vor dem ÄndG 06 betonte das Schulgesetz die Beratungsfunktion der Schulbehörden noch vor der Aufsichtsfunktion (vgl. der insoweit fortbestehende § 120 Abs. 1). Der Gestaltungsauftrag des Staates erfordert auch bei Erweiterung von Gestaltungsspielräumen und klaren Verantwortlichkeitsstrukturen eine Beratung und Unterstützung der Schulen. Beratung und Unterstützung ist umfassend erforderlich, denn die Aufsicht muss unter unterschiedlichen Aspekten (schulfachlich/pädagogisch, schulrechtlich, organisatorisch, dienstrechtlich) sichergestellt werden. Schulischer Beratungsbedarf wird sich nur selten auf isolierte Kompetenzen beziehen, sondern häufiger eine Reihe unterschiedlicher Kompetenzen berühren. So wird etwa abweichendes Verhalten von Schülerinnen und Schülern den erzieherischen Aspekt neben dem schulrechtlichen, dem datenschutzrechtlichen bis hin zum ggf. strafrechtlichen berühren. Das auf das abweichende Verhalten folgende Lehrerhandeln wird unter dienstrechtlichen Aspekten zu betrachten sein, während die Frage des Umganges mit dem Verhalten an der Schule Fragen des Erziehungskonsenses berühren und ggf. eine systemische, ggf. Moderation erfordernde, schulpsychologische Dimension annehmen kann.

Durch die Aufnahme dieser Bestimmung mit dem ÄndG 06 ist eine völlige Entstaatlichung der Beratung und Unterstützung ausgeschlossen. Hieraus darf allerdings nicht geschlossen werden, dass eine umfängliche Veränderung von Schulaufsicht und Schulverwaltung unmöglich ist. Aus § 120a ergibt sich nicht zwingend, dass der Aufgabenvollzug vollständig in das für hoheitliches Verwaltungshandeln typische System der hierarchischen

Staatliche Schulbehörden, Schulinspektion § 120a **NSchG**

Verwaltungsorganisation eingebunden sein muss. Vielmehr ergeben sich hier auch Möglichkeiten der Einbeziehung Dritter bei Beratungsaufgaben. Bei Beratungs- und Unterstützungsaufgaben steht es dem Staat weitgehend frei, in welchem Umfang er diese selbst vorhält oder sich teilweise auf eine Gewährleistungsverantwortung zurückzieht. Je weiter er sich allerdings auf eine Gewährleistungsverantwortung zurückzieht, desto deutlicher sind dann die Steuerung dieses Aufgabenbereiches und das Überprüfen des Erreichens des Aufgabenzweckes zu bestimmen.

Auch für die Beratung gilt der Grundsatz des § 121 Abs. 1, dass auf die Eigenverantwortlichkeit der einzelnen Schule Rücksicht zu nehmen ist. Zwar hat die Schulaufsicht auf die Einheitlichkeit des Schulwesens schon im Hinblick auf Gleichbehandlung der Schülerinnen und Schüler im Berechtigungswesen zu achten (vgl. auch § 54). Eine gewisse ungleiche Entwicklung kann dabei aber im Hinblick auf die in § 32 statuierte Eigenverantwortlichkeit der Schulen in Kauf genommen werden.

Mit ihrem Kabinettsbeschluss vom 01.09.2020 hat die Landesregierung bestimmt, dass die schulfachliche Aufsicht und die Beratungs- und Unterstützungsleistungen der RLSB auf Augenhöhe agieren. »Die schulfachliche Aufsicht und das Beratungs- und Unterstützungssystem sind eng miteinander verzahnt. Ein Wirken aus einem Guss für die Abnehmerinnen und Abnehmer wird regional sowie schulformbezogen und schulformübergreifend sichergestellt. Flächendeckend werden unter Einbindung des NLQ Teams gebildet, die Beratungsanfragen in ihrer unterschiedlichen Dimension zuordnen und multiprofessionell bearbeiten können.

Die Beratungs- und Unterstützungsangebote können unter Beachtung der Eigenverantwortlichkeit der Abnehmerinnen und Abnehmer bedarfsgerecht in Anspruch genommen werden. Das Portfolio des Beratungs- und Unterstützungssystems, welches bislang vor allem systembezogene Dienstleistungen angeboten hat, wird im Hinblick auf Möglichkeiten zur Einzelfallberatung ausgebaut und erweitert.«

Verweise, Literatur: 2

- Erl. »Schulformbezogene Fachberatung an Grundschulen, Hauptschulen, Realschulen, Oberschulen und Förderschulen sowie sonderpädagogische Förderung einschließlich Gymnasien und Gesamtschulen« vom 30.4.2013 (SVBl. S. 217; SRH 3.331), geändert durch Erl. vom 09.05.2018 (SVBl. S. 346)

- Erl. »Fachberaterinnen und Fachberater an Gymnasien und berufsbildenden Schulen sowie Fachmoderatorinnen und Fachmoderatoren an Gesamtschulen« vom 28.02.2009 (SVBl. S. 93 – außer Kraft)

- Erl. »Schulformübergreifende Beratung für Schulen in Niedersachsen« vom 04.04.2011 (SVBl. S. 152; SRH 3.320)

- Erl. »Lehrkräfte als medienpädagogische Beraterinnen und Berater für Lernen mit digitalen Medien« vom 13.04.2011 (SVBl. S. 152; SRH 3.325)

- *Bräth, Peter:* Staatliche Verantwortung für eigenverantwortliche Schulen, in: Schulverwaltung, Ausgabe Niedersachsen 2007, H. 11, S. 307 und ZBV, 2008, H. 1, S. 13
- *Bräth, Peter:* Staatliche Verantwortung für ein Beratungs- und Unterstützungssystem bei eigenverantwortlichen Schulen, Schulverwaltung, Ausgabe Niedersachsen, 2006, S. 333
- *Bade, Rolf:* Beratungs- und Unterstützungssystem für die Eigenverantwortliche Schule, Schulverwaltung, Ausgabe Niedersachsen, 2007, H. 7/8, S. 197
- *Bade, Rolf:* Unterstützungssystem für die Eigenverantwortliche Schule – aber wie?, Schulverwaltung, Ausgabe Niedersachsen, 2006, H. 11, S. 296
- *Hohnschopp, Hartmut:* Schulformbezogene Beratung an Grundschulen, Hauptschulen, Realschulen und Förderschulen, Schulverwaltung, Ausgabe Niedersachsen, 2009, H. 5, S. 133

(Gerald Nolte)

§ 121 Fachaufsicht

(1) [1]**Die Fachaufsicht soll so gehandhabt werden, dass die Eigenverantwortlichkeit der Schule (§ 32) nicht beeinträchtigt wird,** [2]**Auch außerhalb eines Widerspruchsverfahrens (§ 68 der Verwaltungsgerichtsordnung) ist der Schule grundsätzlich Gelegenheit zu geben, die von ihr getroffene Maßnahme vor der Entscheidung der Schulbehörde noch einmal zu überprüfen.**

(2) **Die Schulbehörden können pädagogische Bewertungen sowie unterrichtliche und pädagogische Entscheidungen im Rahmen der Fachaufsicht nur aufheben oder abändern, wenn**

1. **diese gegen Rechts- oder Verwaltungsvorschriften verstoßen,**

2. **bei ihnen von unrichtigen Voraussetzungen oder sachfremden Erwägungen ausgegangen wurde oder**

3. **sie gegen allgemein anerkannte pädagogische Grundsätze oder Bewertungsmaßstäbe verstoßen,**

1 **Allg.:** Die Vorschrift regelt die Fachaufsicht als besondere Form der Aufsicht über die Schulen, insbesondere die im Vergleich zu Aufsicht über andere staatliche Stellen eingeschränkte Fachaufsicht. Zu den Begriffen Aufsicht und Fachaufsicht s. Anm. 1 der Vorbemerkungen zu § 119. Schulaufsicht ist zunächst Fachaufsicht und damit umfassende Kontrolle der Unterrichts- und Erziehungsarbeit der Schule. Schulaufsichtsbeamte überprüfen daher nicht nur, ob die Entscheidungen und Maßnahmen der Schule mit den geltenden Rechts- und Verwaltungsvorschriften, mit Erlassen und Verfügungen übereinstimmen, sondern auch, ob diese Maßnahmen pädagogisch zweckmäßig und angemessen sind.

Im Hinblick auf die Unterrichts- und Erziehungsarbeit, die auf eigenverantwortlich gestaltete pädagogische Freiräume der einzelnen Lehrkraft und der Schule angewiesen ist, hat das Gesetz die Fachaufsicht in zwei Punkten eingeschränkt: Durch das Gebot, auf die Eigenverantwortung der Schule Rücksicht zu nehmen und durch das Gebot, bestimmte pädagogische Bewertungen sowie unterrichtliche und pädagogische Entscheidungen nur unter ganz bestimmten Voraussetzungen aufzuheben oder zu ändern.

Wenngleich diese Einschränkungen nur in wenigen Fällen praktisch werden dürften, weil die Schulaufsicht die genannten Grenzen ohnehin einhält, so geht von ihnen doch eine wichtige Aussage des Gesetzgebers aus zugunsten der Eigenverantwortung der Schule und der pädagogischen Verantwortung der einzelnen Lehrkraft, die von den Schulbehörden zu beachten ist.

Eine untergesetzliche Regelung zur Ausübung der Fachaufsicht bei der Wahrnehmung von Aufgaben und Befugnissen findet sich in dem Erlass vom 22.01.2018.

Zu Abs. 1 Satz 1: Zum Begriff der Eigenverantwortlichkeit (bis zum ÄndG 03 »Selbstständigkeit«) siehe Anm. 1 zu § 32. Zu dem geschützten Bereich der Schule gehört auch die eigene pädagogische Verantwortung der einzelnen Lehrkraft im Sinne von § 50 Abs. 1 Satz 1. Die Eigenverantwortung der einzelnen Schulen darf selbstverständlich nicht dazu führen, dass diese tun und lassen, was sie wollen, und unterrichtliche Inhalte sowie pädagogische Methoden nach ihrem freien Belieben festlegen. Das Grundgesetz (Art. 7 Abs. 1) sowie die Niedersächsische Verfassung (Art. 4 Abs. 2 Satz 2) gebieten ein gewisses Maß an staatlichem Einfluss auf die einzelne, mit eigenen Gestaltungsbefugnissen ausgestattete Schule. Der Staat ist daher verfassungsrechtlich verpflichtet, regulierend auf die Schulen einzuwirken und diese zu kontrollieren, insbesondere um ein weitgehend einheitliches Qualitätsniveau zu gewährleisten. Die Vorschrift sieht somit lediglich vor, dass Maßnahmen im Rahmen der Fachaufsicht auf das erforderliche Maß beschränkt bleiben, um die Eigenverantwortlichkeit der Schule nicht mehr als notwendig zu beschneiden. Sie begründet darüber hinaus aber kein subjektives Recht der Schulen bzw. der dort Beschäftigten, sich gegen objektiv-rechtliche Maßnahmen gerichtlich zu Wehr zu setzten. Das **Verwaltungsgericht Bremen** hat mit Urteil vom 27.06.2018 – 1 K 762/18 – entschieden, dass eine Weisung der Schulbehörde, die Beschulung von (bis zu) fünf Schülerinnen und Schülern mit einem sonderpädagogischen Förderbedarf in einem inklusiven Klassenverband zu ermöglichen, nicht über das Erforderliche hinausgeht. In die pädagogische Arbeit der Lehrkräfte, die Handlungsspielräume der Schulleitung und die Eigenverantwortlichkeit der Schule werde mit einer derartigen Weisung nicht weiter als erforderlich eingegriffen. Die Aufsichtsbefugnisse des Landes dürfen jedoch nicht dazu führen, dass die Eigenverantwortung der Schulen, von der eine qualitätssteigernde Wirkung zu erwarten ist, rechtlich sowie tatsächlich leer läuft. Bestünden nach wie vor unbeschränkte Fachaufsichtsbefugnisse, müssten die Schulen stets ein Einschreiten der Schulbehörden befürchten, was den Gedanken der eigenverantwortlichen Schule konterkarieren würde.

3 Zu Abs. 1 Satz 2: Die Vorschrift dient ebenfalls dem Ziel, die Eigenverantwortlichkeit der Schule zu achten und zu stärken. Was im Widerspruchsverfahren nach § 68 der Verwaltungsgerichtsordnung selbstverständlich ist, nämlich dass die Behörde, deren Entscheidung angefochten ist, vor einer Entscheidung der Widerspruchsbehörde noch einmal Gelegenheit erhält, den Bescheid zu überprüfen, soll den Schulen auch in allen anderen Fällen zugestanden werden, wenn die Schulbehörden Maßnahmen der Schulen überprüfen. Vor einer Entscheidung der Schulbehörde muss daher die Schule Gelegenheit zur Stellungnahme bekommen, ggf. nach erneuter Beratung in der Konferenz. Versäumt die Schulbehörde die Anhörung der Schule, ist die ergangene Entscheidung gleichwohl rechtsgültig. Rechtsmittel stehen der Schule nicht zu.

4 Zu Abs. 2: Das ÄndG 93 hat die Vorschrift, die bereits im NSchG 74 enthalten und durch das ÄndG 80 entfernt worden war, wieder eingeführt. Sie umschreibt die Einschränkung der Fachaufsicht, wie sie bereits durch die Rechtsprechung entwickelt worden ist und macht sie damit auch zu einer gesetzlichen Vorgabe für die Handhabung der Schulaufsicht.

Die Einschränkung gilt nur, soweit die pädagogische Verantwortung der Lehrkräfte reicht, nämlich für pädagogische Bewertungen (z.B. Benotungen, Benotung von Schülerarbeiten, Zeugniszensuren) sowie unterrichtliche und pädagogische Entscheidungen (z.B. methodische und didaktische Festlegungen).

Für die fachaufsichtliche Überprüfung rein organisatorischer und verwaltungsmäßiger Entscheidungen gilt die Einschränkung des Absatzes 2 dagegen nicht (z.B. Festlegung des Schulbeginns, Öffnungszeiten der Bücherei, Verkauf von Speisen und Getränken, die gesamte Personaleinsatzplanung einschließlich der Vertretungsregelung). Viele Entscheidungen beruhen sowohl auf verwaltungsorganisatorischen wie auf pädagogischen Erwägungen. Wieweit die Fachaufsicht im konkreten Einzelfall reicht, hängt jeweils davon ab, mit welcher Begründung sie derartige »gemischte« Maßnahmen ändern will.

Der Eingriff in pädagogische Bewertungen und Entscheidungen ist nur unter den in den Nummern 1–3 genannten Fällen möglich (vergleiche dazu § 58 Anm. 4). Im Gegensatz zu den Schulbehörden können Schulleitungen im Rahmen ihrer Verantwortung für den Schulbetrieb keine Weisungen für die **Benotung von einzelnen Klassenarbeiten** geben, wenn sie der Meinung sind, dass bei der Benotung fachliche Grundsätze verletzt worden sind. Nur wenn es sich um offenkundige Rechenfehler beim Zustandekommen einer Zensur handelt, kann eine Weisung im Einzelfall in Betracht kommen. Möglich ist jedoch, dass die Schulleitungen der Lehrkraft die Weisung zur Überprüfung der Zensur geben. Soweit die Schulbehörde im Rahmen ihrer Fachaufsicht Noten abändert, hat die betroffene Lehrkraft dagegen keine Möglichkeit des Rechtsschutzes. Eine derartige Aufsichtsmaßnahme greift lediglich in eine Position ein, die der Lehrkraft als Reflex des von ihr wahrgenommenen Amtes an einer öffentlichen Schule zukommt.

Staatliche Schulbehörden, Schulinspektion § 122 **NSchG**

Zu Nr. 1: Zu den Verwaltungsvorschriften gehören die Erlasse des Kultusministeriums sowie die Verfügungen der nachgeordneten Schulbehörde. Auch die Verletzung von Verfahrensvorschriften berechtigt zum Einschreiten. Das Verwaltungsverfahrensgesetz gilt für Schulen nach § 2 Abs. 3 Nr. 3 Nds. VwVfG in wesentlichen Punkten nicht (keine Anhörpflicht, keine Pflicht zur schriftlichen Begründung, keine förmliche Zustellung).

Zu Nr. 2: Eine Entscheidung geht dann von unrichtigen Voraussetzungen aus, wenn sie auf einem Sachverhalt oder einer Rechtslage beruht, die in Wirklichkeit nicht gegeben war oder ist. Sachfremde Erwägungen sind solche, die willkürlich und ohne sachlichen Bezug zum schulischen Einzelfall getroffen werden. Hier kommen insbesondere Verstöße gegen den Gleichheitsgrundsatz in Betracht. Eine Korrektur ist auch zulässig und geboten, wenn die Schule bei der zu korrigierenden Maßnahme von unrichtigen Voraussetzungen ausgegangen ist oder sachfremde Erwägungen angestellt wurden. Sachfremd ist auch eine pädagogische Bewertung, bei der ohne ausreichenden Grund von einer allgemein üblichen Bewertungspraxis abgewichen wurde oder Schülerinnen und Schüler sonst willkürlich unterschiedlich beurteilt wurden.

Zu Nr. 3: Anerkannte pädagogische Grundsätze sind z.B. Grundregeln über die inhaltliche und methodische Konzeption des Unterrichts, wie sie sich oft aus Kerncurricular oder aus Grundsatzbeschlüssen der Konferenzen ergeben. Hierzu gehören auch Regeln über die Beurteilung und Leistungsmessung. Solche Regeln sind allerdings häufig in Rechts- und Verwaltungsvorschriften enthalten, so dass es sich auch um Verstöße im Sinne der Nr. 1 handelt.

Ob bei Verstößen der Schule gegen die genannten Kriterien tatsächlich ein fachaufsichtlicher Eingriff erfolgt, liegt im pflichtgemäßen Ermessen der Schulbehörde. Nach dem schriftlichen Bericht zum ÄndG 93 ist es »im Einzelfall möglich, einen Rechtsverstoß auf sich beruhen zu lassen, zumal auch sonst die Ausübung aufsichtlicher Befugnisse durchweg dem Opportunitätsprinzip unterliegt« (Landtagsdrucksache 12/6389, S. 43).

Verweise/Literatur: 5
- Gem. RdErl. d. MK u. d. MS »Dienstrechtliche Befugnisse und sonstige Aufgaben und Befugnisse sowie Zuständigkeiten nach dem Niedersächsischen Besoldungsgesetz« vom 22.01.2018 (Nds. MBl. S. 66; SVBl. S. 113)

(Gerald Nolte)

§ 122 Lehrpläne für den Unterricht

(1) [1]Der Unterricht in allgemein bildenden Schulen wird auf der Grundlage von Lehrplänen (Kerncurricula) erteilt. [2]Diese werden vom Kultusministerium erlassen. [3]Sie beschreiben fachbezogene Kompetenzen, über die Schülerinnen und Schüler am Ende des Primarbereichs, des Sekundarbereichs I und des Sekundarbereichs II verfügen sollen. [4]Die Lehrpläne

konkretisieren die Ziele und Vorgaben für Schulformen und Schuljahrgänge (Bildungsstandards). ⁵Sie benennen die allgemeinen und fachlichen Ziele der einzelnen Unterrichtsfächer, bestimmen die erwarteten Lernergebnisse und legen die verbindlichen Kerninhalte des Unterrichts fest. ⁶Die Lehrkräfte haben die Aufgabe, den Unterricht in eigener pädagogischer Verantwortung derart zu gestalten, dass die fachbezogenen Kompetenzen erworben, die Bildungsstandards erreicht und dabei die Interessen der Schülerinnen und Schüler einbezogen werden.

(2) ¹Der Unterricht in berufsbildenden Schulen wird auf der Grundlage von Rahmenrichtlinien erteilt. ²Diese werden vom Kultusministerium erlassen und müssen die allgemeinen und fachlichen Ziele der einzelnen Unterrichtsfächer sowie didaktische Grundsätze, die sich an den Qualifikationszielen des jeweiligen Unterrichtsfaches zu orientieren haben, enthalten sowie verbindliche und fakultative Unterrichtsinhalte in einem sinnvollen Verhältnis so zueinander bestimmen, dass die Lehrkräfte in die Lage versetzt werden, die vorgegebenen Ziele in eigener pädagogischer Verantwortung zu erreichen und Interessen der Schülerinnen und Schüler einzubeziehen.

(3) Bevor Lehrpläne nach Absatz 1 und Rahmenrichtlinien erlassen werden, unterrichtet das Kultusministerium rechtzeitig den Landtag über den Entwurf und die Stellungnahme des Landesschulbeirats.

1 Allg.: § 122 (bisherige Überschrift »Rahmenrichtlinien für den Unterricht«) hat seine jetzige Fassung durch das ÄndG 06 erhalten. Damit hat der Gesetzgeber nach dem unbefriedigenden Abschneiden der deutschen Schülerinnen und Schüler in internationalen Schulleistungsstudien (z.B. PISA 2000) Ergebnisse der intensiven erziehungswissenschaftlichen Forschungen der letzten Jahre über die Grundlagen des Unterrichts aufgegriffen und ihnen einen gesetzlichen Rahmen gegeben. Ausgangspunkt für die Lehrpläne der allgemein bildenden Schulen (Kerncurricula – siehe Anm. 2) sind die von der KMK für bestimmte Fächer verabschiedeten **Bildungsstandards** für die Grundschule, den Hauptschulabschluss, den Mittleren Schulabschluss der verschiedenen Schulformen und die Allgemeine Hochschulreife. Sie legen fest, welche Kompetenzen die Schülerinnen und Schüler bis zu einer bestimmten Jahrgangsstufe erworben haben sollen. Bildungsstandards werden so konkret beschrieben, dass sie in Aufgabenstellungen umgesetzt und prinzipiell mit Hilfe von Testverfahren erfasst werden können.

2 Zu Abs. 1: Der Unterricht in den allgemein bildenden Schulen wird nicht mehr auf der Grundlage von Rahmenrichtlinien, sondern auf der Grundlage von »**Lehrplänen (Kerncurricula)**« erteilt. Im Sprachgebrauch der Schulbehörden wird dabei die Bezeichnung »Kerncurriculum/Kerncurricula« verwendet. Kerncurricula konkretisieren die von der KMK beschlossenen Bildungsstandards und beschreiben die Kompetenzen, über die Schülerinnen und Schüler am Ende der Schulstufen (Primarbereich, Sekundarbereich I und Sekundarbereich II) verfügen sollen. Sie enthalten die allgemeinen und fachlichen Ziele der einzelnen Unterrichtsfächer, legen die verbindlichen Kerninhalte des Unterrichts fest und bestimmen die erwarteten Lernergebnisse. Die Umsetzung erfolgt in der »eigenen pädagogischen

Verantwortung« der Lehrkräfte (siehe Anm. 1 zu § 50); bestehende Freiräume sollen zur Einbeziehung der Interessen der Schülerinnen und Schüler genutzt werden.

Die Kompetenz zum Erlass von Kerncurricula liegt beim Kultusministerium, die Entwürfe werden von Fachkommissionen erstellt, die das Kultusministerium beruft. Der Landesschulbeirat hat das Recht, für jede dieser Kommissionen bis zu drei sachverständige Mitglieder zu benennen (siehe § 171 Abs. 3). Kerncurricula werden in Niedersachsen – anders als beispielsweise in Hessen – nicht als Rechtsverordnung, sondern als Verwaltungsvorschrift erlassen. Solange noch nicht für alle Fächer, Schuljahrgänge und Schulformen Kerncurricula verbindlich gemacht worden sind, wird der Unterricht weiterhin auf der Grundlage der bestehenden Rahmenrichtlinien erteilt (siehe § 189a).

Zu Abs. 2: In den berufsbildenden Schulen wird der Unterricht in der Berufsschule auf der Grundlage von Rahmenlehrplänen erteilt, die von der Kultusministerkonferenz bundesweit einheitlich erlassen werden. Diese KMK-Rahmenlehrpläne werden von Niedersachsen jeweils durch Erlass unverändert als niedersächsische Verwaltungsvorschrift umgesetzt und erhalten damit mit den Charakter von Rahmenrichtlinien.

KMK-Rahmenpläne und Rahmenrichtlinien für die berufsbildenden Schulen bilden die sog. »Ordnungsmittel für den Unterricht in berufsbildenden Schulen«, die jeweils aktuell unter der Internet-Adresse http://www.nibis.de/nibis.phtml?menid=303 zusammengefasst dargestellt werden.

Zu Abs. 3: Vor Erlass von Lehrplänen und Rahmenrichtlinien hat das Kultusministerium den Landtag über den Entwurf sowie über die dazu abgegebene Stellungnahme des Landesschulbeirates zu unterrichten. Im Landesschulbeirat wirken die am Schulwesen unmittelbar beteiligten Gruppen und die mittelbar beteiligten Einrichtungen und Verbände zusammen (siehe § 171 Abs. 1). Der Landtag ist so rechtzeitig zu unterrichten, dass sich seine Ausschüsse gegebenenfalls noch mit dem Entwurf befassen können. Einer Zustimmung des Parlaments vor Erlass der Lehrpläne und Rahmenrichtlinien bedarf es nicht.

Nicht unterrichtet werden muss der Landtag vor Erlass von KMK-Rahmenlehrplänen.

Landeselternrat und Landesschülerrat sind vor Erlass von Lehrplänen und Rahmenrichtlinien ebenfalls zu beteiligen. Da es dabei um »allgemeine Bestimmungen über Bildungsziele« geht (§ 169 Abs. 3 Satz 4 Nr. 1), können die genannten Gremien das Kultusministerium u.U. zur Unterrichtung der Landesregierung zwingen, falls es ihren Stellungnahmen nicht folgen will.

Verweise, Literatur:

- Bildungsstandards der Kultusministerkonferenz – Erläuterungen zur Konzeption und Entwicklung, von der KMK zur Kenntnis genommen am 16.12.2004, Luchterhand-Verlag

- Erl. »Kerncurricula, Rahmenrichtlinien und Curriculare Vorgaben für das allgemein bildende Schulwesen« vom 01.10.2020 (SVBl. S. 472; Schulrecht 417/1) (wird jährlich fortgeschrieben)
- Erl. »Ordnungsmittel für den Unterricht in berufsbildenden Schulen« vom 31.08.2005 (SVBl. S. 576) überführt in den ersten Abschnitt (Einleitung) der Ergänzenden Bestimmungen für das berufliche Schulwesen (EB-BbS). Danach sind die in der Datenbank unter der Internet-Adresse http://www.nibis.de/nibis.phtml?menid=303 aufgeführten Rahmenlehrpläne der KMK sowie niedersächsischen Richtlinien und Rahmenrichtlinien (Ordnungsmittel) für den Unterricht in berufbildenden Schulen verbindlich
- Rahmenlehrpläne und Rahmenrichtlinien für das berufsbildende Schulwesen, Schulverwaltungsblatt, 2020, H. 2, S. 104
- Schreiben, Lesen und Rechnen als Grundkompetenzen in der Grundschule stärken, Entschließung des Niedersächsischen Landtags vom 01.07.2020 (Drucksache 18/6928)
- *Herkommer, Lotte:* Die Umsetzung von Richtlinien und Rahmenrichtlinien in der beruflichen Bildung in Niedersachsen, in: *Ballasch, H. u. a.* (Hrsg.): Schulleitung und Schulaufsicht in Niedersachsen, 42.2
- *Klieme, Eckhard:* Zur Entwicklung nationaler Bildungsstandards – Eine Expertise, Berlin, 2003
- *Avenarius, Hermann:* Bildungsstandards und Schulrecht, Schulverwaltung, Ausgabe Niedersachsen, 2006, H. 1, S. 4
- *Kiper, Hanna:* Die Bildungsstandards der KMK für den Mittleren Schulabschluss, Schulverwaltung, Ausgabe Niedersachsen, 2006, H. 5, S. 136
- *Kiper, Hanna:* Kerncurriculum und Bildungsstandards in der Grundschule, Schulrecht, K 42.1
- *Henke, Roland:* Bildungsauftrag konkret: Standards und Kerncurricula, in: *Busemann, Bernd* u. a. (Hrsg.): Eigenverantwortliche Schule – Ein Leitfaden, Köln (LinkLuchterhand), 2007, S. 181

(Dieter Galas)

§ 123 Verhältnis zu kommunalen Körperschaften

(1) [1]Die Schulbehörden und die Landkreise oder die kreisfreien Städte arbeiten in Schulangelegenheiten vertrauensvoll zusammen. [2]Sie unterrichten sich gegenseitig über diejenigen Angelegenheiten des eigenen Zuständigkeitsbereichs, die wesentliche Auswirkungen auf die Wahrnehmung der Aufgaben des anderen Teils haben. [3]Insbesondere unterrichten sie sich gegenseitig über Angelegenheiten

1. der Entwicklung des regionalen Bildungsangebots,
2. der Auswahl eines Standorts einer Schule innerhalb eines Ortes,

Staatliche Schulbehörden, Schulinspektion § 123   **NSchG**

3. der Schulbauplanung und -finanzierung,
4. der Bestimmung des Schulbezirks von Schulen,
5. der Schülerbeförderung,
6. der Einführung und Erweiterung von Schulformen sowie der Fortentwicklung des Schulwesens, soweit davon die Schulträgerschaft berührt wird,
7. der Ausstattung von Schulanlagen.

⁴Bei allen wichtigen Maßnahmen soll der andere Teil so frühzeitig unterrichtet werden, dass er seine Auffassung darlegen kann, bevor über die Maßnahme entschieden wird. ⁵Jeder Teil kann verlangen, dass die Angelegenheit gemeinsam erörtert wird.

(2) Die in Absatz 1 geregelte Pflicht zur Zusammenarbeit besteht auch zwischen den Schulbehörden und den kreisangehörigen Gemeinden und Samtgemeinden, soweit wichtige Entscheidungen zu treffen sind, die sich aus der Schulträgerschaft ergeben oder diese berühren.

(3) Die Absätze 1 und 2 gelten nicht für Personalangelegenheiten.

Allg.: Im Spannungsfeld von Artikel 7 Abs. 1 GG, nach dem das gesamte Schulwesen unter der Aufsicht des Staates steht, und Artikel 28 Absatz 2 GG, wonach die kommunale Selbstverwaltung gewährleistet sein muss, hat der Gesetzgeber in § 1 Abs. 3 bestimmt, dass öffentliche Schulen nichtrechtsfähige Anstalten ihres kommunalen Schulträgers und des Landes sind. § 123 ist einerseits Ausdruck der gemeinsamen Verantwortung von Land und kommunalen Schulträgern für die gemeinsame Anstalt Schule, andererseits spiegelt er auch ein Stück weit die staatliche Rechtsaufsicht wider. Die Bestimmung trifft Regelungen zum Verhältnis der staatlichen Schulbehörden zu den kommunalen Körperschaften, um die notwendige Zusammenarbeit zwischen den Schulträgern und den Schulbehörden sicherzustellen und um die Einhaltung staatlicher Vorgaben zur Ordnung und Organisation des Schulwesens zu gewährleisten. Sie ergänzt die speziellen Regelungen im NSchG, in denen ein staatlicher Genehmigungsvorbehalt geregelt ist (z.B. § 106 Abs. 8) oder in denen eine Zustimmung, ein Einvernehmen (z.B. § 54 Abs. 4, § 113a), ein gemeinsames Handeln (z.B. § 108 Abs. 3) oder eine Unterrichtung (z.B. § 49) gefordert werden.   1

Zu Abs. 1: Satz 1 verlangt von den Schulbehörden des Landes (vgl. § 119) und – zunächst und herausgehoben (vgl. Abs. 2) – von den Landkreisen sowie den kreisfreien Städten eine vertrauensvolle Zusammenarbeit bei der Aufgabenerledigung.   2

Das Gebot der vertrauensvollen Zusammenarbeit ist unmittelbar geltendes Recht, an das die Beteiligten gebunden sind. Das Gebot stellt die Gemeinsamkeit bei der Aufgabenerledigung heraus. Das Gesetz verlangt nicht lediglich eine »Zusammenarbeit«, sondern eine »vertrauensvolle Zusammenarbeit«, d. h. eine bestimmte Art und Weise des Zusammenwirkens. Es wird dadurch an die innere Einstellung und Aufgeschlossenheit appelliert, den anderen Beteiligten in seiner Stellung und Funktion zu akzeptieren und zu respektieren. Land und Kommunen dürfen nicht gegeneinander arbeiten, um das gemeinsame Ziel zu behindern oder zu stören. Das Ziel sollte vielmehr eine gemeinsame, gleichgerichtete Arbeit sein. Unterrichtung und mögliche Erörterung müssen unter dem Gebot der vertrauensvollen Zusammenarbeit von einem ernsten, gegenseitigen Willen zur Einigung – ggf. in Form eines Kompromisses – getragen sein.

Mit Unterrichtung (Satz 2) ist eine wechselseitige, umfassende Information des jeweiligen Gegenübers gemeint, damit verbietet es sich gleichsam, bedeutsame Einzelheiten bewusst zurückzuhalten oder zu kaschieren.

Wesentliche Auswirkungen auf die Aufgabenwahrnehmung des anderen Teils haben eigene Angelegenheiten dann, wenn sie für den anderen bedeutsam, unabdingbar, ausschlaggebend bzw. von entscheidender Bedeutung sind. Ob wesentliche Auswirkungen beim anderen Beteiligten zu erwarten sind, ist nicht nur im Zusammenhang mit grundsätzlichen Angelegenheiten zu prüfen, auch bedeutsame Einzelfälle können für den anderen Beteiligten in ihrer Wirkung durchaus gewichtig sein.

In Satz 3 werden wichtige Aufgabenbereiche genannt, in denen die Landkreise und die kreisfreien Städte eigene Zuständigkeiten haben bzw. als Schulträger betroffen sind oder für die das Land zuständig ist. Die Auflistung in den Nrn. 1 bis 7 ist beispielhaft (»insbesondere«), also nicht als abschließend zu betrachten. Die beispielhafte Aufzählung spiegelt dabei einen Maßstab wider, an dem nicht aufgeführte Angelegenheiten im Wege der Auslegung zu messen sind (z.B. Bestimmung von Schwerpunktschulen durch die Schulträger im Zuge der Einführung der inklusiven Schule gem. § 183c oder die Durchführung der Mittagsverpflegung in Ganztagsschulen).

Im Einzelnen:

Entwicklung des regionalen Bildungsangebots (Nr. 1)

Das NSchG verlangt bei weitreichenden Entscheidungen (vgl. § 102 Abs. 3, § 106 Abs. 5 Satz 1 Nr. 4), dass diese mit der Entwicklung eines regional ausgeglichenen Bildungsangebots in Einklang zu stehen haben. Zwar sind die Landkreise und kreisfreien Städte nicht mehr verpflichtet, Schulentwicklungspläne aufzustellen (vgl. § 26 a. F.), gleichwohl wurde die Schulentwicklungsplanung als solche nicht der Beliebigkeit überlassen. So sind die Ziele der Raumordnung und der Landesplanung gleichwohl zu beachten, auch die SchOrgVO enthält Planungsgrundsätze, die der Entwicklung eines sachgerechten Bildungsangebots dienen. Im Interesse eines möglichst wohnortnahen, regional ausgeglichenen, vielfältigen und zukunftsfesten Bildungsangebots sollen sich Schulträger und Schulbehörden über die Entwicklung unterrichtet halten.

Auswahl eines Standorts einer Schule innerhalb eines Ortes (Nr. 2)

Die §§ 2, 3 und 5 der vom MK erlassenen SchOrgVO treffen allgemeine Regelungen zu den Schulstandorten, zu möglichen Außenstellen sowie zu den Einzugsbereichen bestimmter Schulformen. Eine Unterrichtung der

Staatliche Schulbehörden, Schulinspektion § 123   **NSchG**

Schulbehörde soll die Einhaltung der verordnungsrechtlichen Vorgaben sicherstellen. Das Land als Dienstherr bzw. Beschäftigungsarbeitgeber der Lehrkräfte und weiterer Beschäftigter hat ferner u. a. Interessenlagen hinsichtlich der Einsatzorte seiner Bediensteten. Außerdem hat eine Schulstandortentscheidung unter Umständen Auswirkungen auf die Erreichbarkeit des notwendigen oder eines umfassenden Bildungsangebots. Eine Unterrichtung soll ein ggf. erforderliches Nachsteuern ermöglichen.

Schulbauplanung und -finanzierung (Nr. 3)

Bauvorhaben und deren Finanzierung fallen in den Zuständigkeitsbereich der kommunalen Schulträger (vgl. § 108 sowie §§ 113, 115, 116, 117). Während z.b. für Raumprogramme eine Benehmensherstellung von Schulträger und Schulbehörde nach § 108 Abs. 2 ausdrücklich gesetzlich bestimmt ist, geben Schulbaurichtlinien und weitere bauordnungsrechtliche Vorschriften Planungshinweise für den Schulbau, deren Berücksichtigung gewährleistet sein muss oder sein sollte. Zeitweise werden auch staatliche Zuwendungsprogramme gefahren, die die Schulträger bei der Finanzierung bestimmter Maßnahmen unterstützen (z.b. Ganztagsschulausbau, energetische Sanierung). Fehlplanungen und Fehlinvestitionen lassen sich vermeiden, wenn Schulträger und Schulbehörde frühzeitig das Gespräch suchen.

Bestimmung des Schulbezirks von Schulen (Nr. 4)

Die Festlegung von Schulbezirken durch die kommunalen Schulträger (vgl. § 63 Abs. 2) führt zu einer Steuerung der Schülerströme sowie zu einer Verpflichtung zur Aufnahme bestimmter Schülerinnen und Schüler. In der Folge wird möglicherweise eine Ausweichmöglichkeit (vgl. § 63 Abs. 4) eröffnet, kann sich eine Gestattung zum Verlassen des Schulbezirks im Einzelfall (vgl. § 63 Abs. 3) ergeben oder sind Kapazitätsbeschränkungen (vgl. § 59a) denkbar. Schulbezirksfestlegungen haben oftmals zudem Auswirkungen auf die Schülerbeförderung. Da die nachgeordnete Schulbehörde beispielsweise in Gestattungsverfahren originär zuständige Behörde ist, ist für sie die Kenntnis von der Festlegung von Schulbezirken unerlässlich.

Schülerbeförderung (Nr. 5)

Die Rahmenbedingungen für die Durchführung der Schülerbeförderung sind schulgesetzlich in den §§ 109, 114, 189 geregelt. Daneben sind u. a. Bestimmungen des Niedersächsischen Nahverkehrsgesetzes und des Personenbeförderungsgesetzes zu beachten. Das Land finanziert den Trägern der Schülerbeförderung über das Finanzausgleichsgesetz einen erheblichen Teil ihrer Ausgaben. Die kommunalen und staatlichen Verpflichtungen sind mithin verzahnt, so dass eine frühzeitige gegenseitige Unterrichtung geboten ist.

Einführung und Erweiterung von Schulformen sowie der Fortentwicklung des Schulwesens, soweit davon die Schulträgerschaft berührt wird (Nr. 6)

Die Einführung neuer Schulformen – wie zuletzt die Einführung der Schulform Oberschule im Jahr 2011 – sowie die Erweiterung von Schulformen – wie z.B. bei der »Erweiterung« der Schulform Gesamtschule um einen »Primarbereich« – haben Auswirkungen auf die Schulträgerschaft der kommunalen Schulträger, denn sie verändern die Schullandschaft schnell und nachhaltig. Auch Maßnahmen zur Fortentwicklung des Schulwesens – wie die Abschaffung der Schulform Orientierungsstufe, die Neuordnung der beruflichen Grundbildung oder die Dauer der Schulzeit bis zum Erwerb der Allgemeinen Hochschulreife an Gesamtschulen und Gymnasien – berühren die Aufgaben der Schulträger. Die vorgenannten Maßnahmen haben beispielsweise Auswirkungen auf Schulanlagen, deren Ausstattung und die Raumprogramme. Eine frühzeitige Unterrichtung, ein Austausch und eine Abstimmung von Schulbehörden und Schulträgern können Probleme ausräumen.

Ausstattung von Schulanlagen (Nr. 7)

Der Erlass allgemeiner Empfehlungen zur Ausstattung von Schulanlagen richtet sich nach § 108 Abs. 3 und liegt danach in den Händen des MK und der Arbeitsgemeinschaft der kommunalen Spitzenverbände Niedersachsens. Unberührt davon ist die individuelle Ausstattung einer Schule, für die der Schulträger nach § 108 Abs. 1 zu sorgen hat. Sofern beispielsweise die Erfüllung von Mindestanforderungen nicht gesichert erscheint oder aber besondere Ausstattungsmaßnahmen beabsichtigt sind, wird eine Unterrichtung und gemeinsame Erörterung erfolgen müssen.

Die Unterrichtungspflicht besteht nach Satz 4 bei allen wichtigen Maßnahmen, d. h. für Handlungen, die grundlegend, von wesentlicher Bedeutung bzw. von großer Tragweite sind. Das Gesetz legt ferner ausdrücklich fest, dass diesbezüglich die Unterrichtung so frühzeitig zu erfolgen hat, dass die andere Seite ihre Auffassung noch rechtzeitig vor einer abschließenden Entscheidung darlegen kann. Bei der Bestimmung des Zeitraums einer hier noch als angemessen anzusehenden Frist ist zu bedenken, dass beim Schulträger ggf. vorbereitende Beratungen und Beschlussempfehlungen in Ausschüssen (Schulausschuss, Hauptausschuss) sowie eine abschließende Beratung und Beschlussfassung der Vertretung der Kommune zu erfolgen haben. Bei der den Schulbehörden einzuräumenden Frist ist zu berücksichtigen, dass ggf. eine Abstimmung zwischen oberster und nachgeordneter Schulbehörde erforderlich ist und dass u. U. auch die Kommunalaufsicht oder andere Fachbehörden eingeschaltet werden müssen. Vorentscheidungen oder vollendete Tatsachen können als Verstoß gegen die vertrauensvolle Zusammenarbeit gewertet werden.

Eine bestimmte Form ist für die Unterrichtung nicht vorgegeben, sie kann schriftlich oder mündlich erfolgen. Je nach Maßnahme, deren Bedeutung und deren Umfang, sowie der Notwendigkeit einer bestimmten Beweissicherung wird über die sinnvollste Form zu entscheiden sein.

Nach Satz 5 kann jeder Teil verlangen, dass die Angelegenheit gemeinsam erörtert wird. Schulbehörden und kommunale Schulträger können demnach – ohne nähere Angabe von Gründen – eine gemeinsame Besprechung einfordern. Der Teilnehmerkreis ist aus der Sache heraus zunächst auf Vertretungen dieser Behörden beschränkt. Die Hinzuziehung Dritter bedarf einer entsprechenden Absprache. Die Regelung sichert eine zügige gemeinsame Befassung mit einer Angelegenheit und kann bewirken, dass ein oftmals langwieriger und umfangreicher Schriftverkehr entfallen kann. Es verstößt gegen das Gebot der vertrauensvollen Zusammenarbeit, Differenzen, Disharmonien o.Ä. in die Öffentlichkeit zu tragen. Das gilt sowohl für die sog. Dienststellenöffentlichkeit wie für die mediale Öffentlichkeit. Das gilt insbesondere dann, wenn darauf abgezielt wird, die andere Seite zu desavouieren, denn ein solches Verhalten beeinflusst oder zerstört das Vertrauensverhältnis.

Zu Abs. 2: Der Absatz bestimmt, dass die in Absatz 1 geregelte Pflicht zur Zusammenarbeit auch zwischen den Schulbehörden und den kreisangehörigen Gemeinden und Samtgemeinden besteht, soweit wichtige Entscheidungen zu treffen sind, die sich aus der Schulträgerschaft ergeben oder diese berühren.

Der Gesetzgeber hat für die kreisangehörigen Gemeinden und Samtgemeinden bewusst eine eigenständige Regelung getroffen, denn diese Kommunen sind nur bei den Grundschulen geborene Schulträger, bei den weiterführenden Schulen können sie nur auf Antrag (gekorener) Schulträger sein. Ferner sind sie beispielsweise mit Aufgaben der Schülerbeförderung oder der Planung eines regionalen Bildungsangebots regelmäßig nicht betraut.

Die in Absatz 1 geregelte Pflicht zur Zusammenarbeit – einschließlich der gegenseitigen und frühzeitigen Unterrichtung – gilt auch im Verhältnis dieser Kommunen zu den Schulbehörden. Jedenfalls dann, soweit es sich um zu treffende wichtige Entscheidungen handelt und die Entscheidungen sich aus der Schulträgerschaft ergeben oder diese berühren. Es muss demnach eine enge Verknüpfung zu originären Schulträgeraufgaben geben.

In der Praxis werden die Kontakte zwischen den kommunalen Schulträgern und den Schulbehörden auf verschiedenen Ebenen in vielfältiger Weise gepflegt. Neben regelmäßigen sog. Spitzengesprächen der Behördenleitung des MK mit den Präsidenten sowie den Geschäftsführern der drei kommunalen Verbände finden Treffen auf Arbeitsebene des MK mit den für den Schulbereich zuständigen Verbandsvertretungen statt. Auf der Ebene der nachgeordneten Schulbehörde besteht oftmals ein langjähriger, enger Kontakt und Austausch zwischen den Kommunen und den jeweils zuständigen schulfachlichen Dezernentinnen und Dezernenten sowie zwischen den Personal- sowie Rechtsdezernaten und den Schulämtern.

Zu Abs. 3: Die Vorschrift stellt klar, dass Personalangelegenheiten von der Pflicht zur vertrauensvollen Zusammenarbeit und der Unterrichtungspflicht ausgenommen sind. Bei allen beamtenrechtlichen, arbeitsvertraglichen und dienstvertraglichen Angelegenheiten der Landesbediensteten sind die Schulbehörden grundsätzlich nicht zur Zusammenarbeit mit den kommunalen Schulträgern verpflichtet, wie umgekehrt die Schulträger Personalangelegenheiten der in den Schulen beschäftigten kommunalen Bediensteten (z.B. Hausmeister, Schulverwaltungskräfte, Reinigungspersonal) nicht mit den Schulbehörden erörtern müssen.

Obwohl demgemäß keine Pflicht zur Zusammenarbeit und Unterrichtung in Personalangelegenheiten besteht, kann es sich im Einzelfall empfehlen und unter Umständen auch unerlässlich sein, vertrauensvoll auch bestimmte Personalangelegenheiten mit der anderen Seite zu erörtern, wenn diese davon in ihren eigenen Interessen gravierend berührt wird, beispielsweise bei schwer wiegenden Vorwürfen des Schulträgers gegen die Amtsführung der Schulleitung oder bei arbeitsrechtlich relevanten Verfehlungen der kommunalen Beschäftigten.

Ausnahmen ergeben sich in den gesetzlich geregelten Fällen, in denen die Schulträger zu beteiligen sind (z.b. bei der Besetzung von Schulleitungsstellen und anderen Beförderungsstellen, vgl. §§ 45, 48 Abs. 2, 49, 52 Abs. 2 bis 4).

5 Verweise, Literatur:

- *Bräth, Peter:* Neue Formen der Zusammenarbeit von Schulen, Schulträger und Schulbehörde; Teil I, Schulverwaltung, Ausgabe Niedersachsen/Schleswig-Holstein, 2003, H. 5, S. 142, Teil II, Schulverwaltung Ausgabe Niedersachsen/Schleswig-Holstein, 2004, H. 3, S. 72
- *Ulrich, Karl-Heinz:* Kommunalisierung von Schulen – Neue Gestaltungschancen durch die Celler Thesen zur kommunalen Bildungspolitik?, Schulverwaltung, Ausgabe Niedersachsen, 2007, H. 7, S. 208

(Karl-Heinz Ulrich)

§ 123a Qualitätsermittlung, Schulinspektion, Evaluation

(1) Eine der obersten Schulbehörde nachgeordnete Behörde ermittelt die Qualität der einzelnen öffentlichen Schulen und darüber hinaus die Qualität des Schulsystems mit dem Ziel, Maßnahmen der Qualitätsverbesserung zu ermöglichen.

(2) Der Behörde obliegt die Durchführung von Schulinspektionen und erforderlicher weiterer Evaluationen zu Einzelaspekten des Schulsystems.

(3) [1]Die Behörde ermittelt die Qualität der einzelnen Schulen auf der Grundlage eines standardisierten Qualitätsprofils. [2]Eine Bewertung einzelner Lehrkräfte findet nicht statt.

(4) Die Ergebnisse werden an die Schule, den Schulträger und an die nachgeordnete Schulbehörde übermittelt.

1 Allg.: Mit seiner Einführung durch das Gesetz zur Einführung der Eigenverantwortlichen Schule vom 17.07.2006 war in § 123a zunächst die konkrete Behördenbezeichnung benannt worden. In der ersten Fassung vom 17.07.2006 lautete Absatz 1:»Die Schulinspektion ermittelt als nachgeordnete Behörde der obersten Schulbehörde die Qualität der einzelnen Schulen des Landes und darüber hinaus die Qualität des Schulsystems für Maßnahmen der Qualitätsverbesserung«. Vorangegangen war die Einführung der Schulinspektion nach niederländischem Vorbild durch Kabi-

Staatliche Schulbehörden, Schulinspektion § 123a   **NSchG**

nettsbeschluss gemäß Art. 38 Abs. 1 NV als eine dem MK nachgeordnete Behörde, die in Bad Iburg bei Osnabrück verortet wurde. Zunächst war nicht vorgesehen, die Schulinspektion gesetzlich zu verankern, da dies mangels Eingriffsbefugnisse der Behörde nicht geboten sei. Dennoch ist eine entsprechende Regelung im letzten Beratungsdurchgang des Gesetzes zur Eigenverantwortlichkeit der Schule aufgenommen worden. Mit Beschluss vom 09.11.2010 hat die Niedersächsische Landesregierung mit Wirkung vom 01.01.2011 als die in Absatz 1 genannte Behörde das »Niedersächsische Landesinstitut für schulische Qualitätsentwicklung« (NLQ) errichtet. Das Institut mit Sitz in Hildesheim ist Nachfolgeeinrichtung des Niedersächsischen Landesamtes für Lehrerbildung und Schulentwicklung (NiLS) und der Niedersächsischen Schulinspektion (NSchI). Die beiden Einrichtungen wurden mit Ablauf des 31.12.2010 aufgelöst und ihre bisherigen Aufgaben auf das NLQ übertragen. Diese umfassen:

Schulinspektion und Grundsatzaufgaben der Evaluation,

Qualitätsentwicklung,

Qualifizierung von Leitungspersonal,

Information und Kommunikation (z.B. Bereitstellung und Betreuung des Niedersächsischen Bildungsservers (NiBiS).

Zu Abs. 1–3: Das dem Kultusministerium nachgeordnete NLQ ist nicht 2
Schulbehörde im Sinne des § 119. Damit hat es auch nicht die Aufgaben und Befugnisse nach den §§ 120 und 121, insbesondere kein Weisungsrecht gegenüber den Schulen.

Die Regelungen des Achten Teils (Staatliche Schulbehörden, Schulinspektion) gehen von der Gleichrangigkeit der nachgeordneten Schulbehörden (Landesämter für Schule und Bildung) und dem NLQ aus. Die organisatorische und personelle Trennung von Schulbehörden mit Eingriffsbefugnissen einerseits und dem NLQ andererseits, ist bewusst gewählt worden. Sie dient dazu, dem NLQ eine neutrale, beobachtende Rolle bei den Evaluationen zu ermöglichen und gerade nicht in Funktion der Schulaufsicht auftreten zu müssen.

An den Schulen werden Schulinspektionen (neuer Begriff: »**Focus-Evaluationen**«) durchgeführt mit dem Ziel, detaillierte Kenntnisse über die Qualität der Arbeit in den einzelnen Schulen des Landes und darüber hinaus über die Qualität des niedersächsischen Schulsystems insgesamt zu gewinnen. Die Ergebnisse sollen für gezielte Maßnahmen der Qualitätsverbesserung genutzt werden. Das Gesetz hat auf die Festschreibung der Zeitpunkte und Anlässe von Focus-Evaluationen verzichtet. Das NLQ ermittelt die Qualität der einzelnen Schulen durch Analyse der Stärken und Verbesserungspotenziale auf der Grundlage eines standardisierten Qualitätsprofils. Die Focus-Evaluation umfasst eine Analyse der Entwicklungsdaten, Unterrichtsbeobachtungen bei einem nicht unerheblichen Teil der Lehrkräfte, Gespräche mit der Schulleitung sowie mit Lehrkräften, Eltern, Schülerinnen und Schülern – bei berufsbildenden Schulen auch mit Ausbildungspartnern – und einen Schulrundgang unter Beteiligung des Schulträgers. Die Focus-Evaluation soll nur noch freiwillig durchgeführt werden. Eine Bewertung einzelner Lehrkräfte findet dabei aber nicht statt. Bei den für eine Schulinspektion erhobenen Daten handelt es sich nicht um solche Bewertungen. Bei der Bewertung des Schulleitungshandelns geht es hier nicht um die Bewertung von Unterricht, sondern um die Bewertung der Tätigkeit der Schulleitung in ihrer Verantwortung für die Schule und deren Qualitätssicherung und Qualitätsentwicklung (vgl. Anm. 2 zu § 43).

3 Zu Abs. 4: Die Ergebnisse der Focus-Evaluation werden an die Schule, den Schulträger und an die nachgeordnete Schulbehörde übermittelt. Den Inspektionsbericht muss die Schulleitung an den Personalrat, den Schulelternrat, den Schülerrat sowie an die schulischen Gremien (Gesamtkonferenz, Schulvorstand) weiterleiten. Eine Veröffentlichung des Inspektionsberichts und eine Weitergabe des Inspektionsberichts an Dritte sieht das Schulgesetz nicht vor.

Für den Umgang des Schulträgers mit dem Evaluationsbericht gelten die allgemeinen Grundsätze über den Umgang mit dienstlichen Vorgängen und Sitzungsunterlagen etc. (Datenschutzrecht). Rats- und Ausschussmitglieder und kommunale Bedienstete sind nicht »Dritte« im o. a. Sinne. Eine Weitergabe innerhalb des »Dienstbetriebs« des Schulträgers ist damit grundsätzlich zulässig. Dabei wird zu beachten sein, dass der Evaluationsbericht Personaldaten im Sinne des Datenschutzrechts (z. B. personifizierbare Bewertung der Schulleitung) enthalten kann und so die Informationsrechte der kommunalen Mandatsträger einerseits mit dem Recht auf informationelle Selbstbestimmung der Betroffenen andererseits kollidieren könnten. Es gelten hier die Grundsätze des angemessenen und verantwortungsbewussten Umgangs mit Unterlagen, die einer Person aufgrund einer bestimmten Funktion überlassen werden. Zur Beachtung des Datengeheimnisses durch Mandatsträger sind diese verpflichtet, personenbezogene Daten nur zu dem Zweck zu verarbeiten, der für seine Aufgabenerfüllung vorgesehen ist. Verstöße stellen eine Ordnungswidrigkeit nach § 59 Abs. 1 NDSG dar, die mit einer Geldbuße bis zu 50 000 Euro geahndet werden können (§ 59 Abs. 2 NDSG); im Einzelfall kann ein Verstoß sogar strafbar sein (§ 60 Abs. 1 NDSG). Zusätzlich zu beachten ist die Verpflichtung zur Amtsverschwiegenheit, die u. a. alle Gegenstände betrifft, die in nichtöffentlicher Sitzung behandelt werden. Soweit Aussagen im Evaluationsbericht, die personifizierbar sind (z. B. Aussagen über Schulleitungshandeln), berührt sind, kann eine Behandlung der Inspektionsergebnisse auch im Rat nur in nichtöffentlicher Sitzung erfolgen. Eine Erörterung ohne diese personifizierbaren Qualitätskriterien ist dagegen auch im Rahmen öffentlicher Sitzungen möglich. Eine Weitergabe des Evaluationsberichts an Dritte (z. B. Presse, öffentliche »Auslegung« des Inspektionsberichts in der Sitzung) ist in keinem Fall zulässig.

Einzelheiten über Ziele, Aufgaben, Durchführung und Ablauf einer Schulinspektion regelt der Erlass vom 16.07.2014.

Staatliche Schulbehörden, Schulinspektion § 123a

Verweise, Literatur:
- Verwaltungsmodernisierung 2010; Organisations- und Standortentscheidungen im Geschäftsbereich des MK, Beschl. d. LReg vom 09.11.2010, (Nds. MBl S. 1139; SVBl. 2011 S. 4)
- Erl. »Schulinspektionen in Niedersachsen« vom 16.07.2014 (SVBl. S. 439; Schulrecht 250/39)
- Erl. »Orientierungsrahmen Schulqualität in Niedersachsen als Grundlage der Qualitätsentwicklung an allgemein bildenden Schulen« vom 16.07.2014 (SVBl. S. 442; Schulrecht 250/55), geändert d. RdErl. d. MK v. 29.05.2019 (SVBl. S. 353)
- Erl. »Schulinspektion an berufsbildenden Schulen in Niedersachsen« vom 31.7.2018 (SVBl. S. 491)
- *Reismann, Jens:* Schulinspektion in Niedersachsen, SVBl 2006, S. 183
- *Wenzel, Birgit:* Umgang mit Inspektionsberichten unter datenschutzrechtlichen Aspekten, Schulverwaltung, Ausgabe Niedersachsen, 2008, H. 4, S. 113
- *Hoffmeister, Heiner/Minderop, Dorothea:* Schulinspektion in Niedersachsen – Konstanten und Neuerungen, Schulverwaltung, Ausgabe Niedersachsen, 2011, II. 11, S. 296
- Niedersächsische Schulinspektion: »Periodischer Bericht« 2008
- *Hoffmeister, Heiner/Homeier, Wulf/Till, Uwe:* Die zukünftige Schulinspektion in Niedersachsen, Schulverwaltung, Ausgabe Niedersachsen, 2013, H. 2, S. 36
- *Hoffmeister, Heiner/Homeier, Wulf:* Schulinspektion in Niedersachsen – Ergebnisse der ersten Runde, Schulverwaltung, Ausgabe Niedersachsen, 2014, H. 3, S. 71
- *Böhm, Michael/Till, Uwe:* Das dialogorientierte Inspektionsverfahren in Niedersachsen, Schulverwaltung, Ausgabe Niedersachsen, 2014, H. 7–8, S. 196
- *Ballasch, Heidemarie:* Wirksamkeit und Nutzen von Schulinspektionen – Ergebnisse aus zwei Studien in Niedersachsen, Schulverwaltung, Ausgabe Niedersachsen, 2017, H. 2, S. 72

(Gerald Nolte)

Neunter Teil
Religionsunterricht, Unterricht Werte und Normen

Vorbemerkung zu §§ 124–128:

Im 9. Teil des Schulgesetzes sind durch das ÄndG 93 in den §§ 124–128 die Vorschriften über den Religionsunterricht und den Ersatzunterricht neu geordnet bzw. geändert worden. Nach den bislang geltenden Regelungen gab es – einzigartig in den Ländern der Bundesrepublik – zwei Arten von Ersatzunterricht für den Religionsunterricht, nämlich den **religionskundlichen** Unterricht (§ 104 Abs. 2 a. F) und den mittlerweile **Werte und Normen** genannten Unterricht nach § 104 Abs. 3 a. F. Da für zwei Arten von Ersatzunterricht kein Bedarf bestand, sind die beiden genannten Ersatzunterrichte mit ihren wesentlichen Inhalten in **dem ordentlichen Lehrfach Werte und Normen** zusammengefasst worden (siehe § 128).

Die bisherige Regelung konnte nur historisch verstanden werden. Bestimmungen über religionskundlichen Unterricht enthielt erstmals das »Gesetz über das öffentliche Schulwesen in Niedersachsen« vom 14.09.1954. Nach § 5 Abs. 6 dieses »Schulgesetzes« war für Schülerinnen und Schüler, die am Religionsunterricht nicht teilnahmen, vom fünften Schuljahrgang ab religionskundlicher Unterricht als ordentliches Lehrfach einzurichten, sobald dazu mindestens zwölf Schülerinnen und Schüler **angemeldet** wurden. Es handelte sich beim religionskundlichen Unterricht also nicht um eine Pflichtalternative zum Religionsunterricht. Besonders interessiert am religionskundlichen Unterricht war die damalige Freireligiöse Landesgemeinschaft Niedersachsen (heutiger Name: Humanistischer Verband). In dem mit dieser Gemeinschaft abgeschlossenen Staatsvertrag vom 08.06.1970 verpflichtete sich das Land Niedersachsen, »darauf bedacht zu bleiben, dass der in § 5 Abs. 6 des Niedersächsischen Schulgesetzes an den öffentlichen Schulen vorgesehene religionskundliche Unterricht neben dem Religionsunterricht im Sinne der christlichen Bekenntnisse gleichberechtigt erteilt wird«.

Bei der Zusammenfassung der schulrechtlichen Vorschriften zu einem einheitlichen Schulgesetz im Jahre 1974 hat der Gesetzgeber anders als 1954 die Schaffung einer Pflichtalternative zum Religionsunterricht für erforderlich gehalten. Grund dafür waren offensichtlich die sich häufenden Abmeldungen vom Religionsunterricht und die wachsende Zahl von Schülerinnen und Schüler, die keiner Religionsgemeinschaft angehören und daher in der Regel auch keinen Religionsunterricht besuchen. Der Gesetzgeber hielt es seinerzeit für nicht verantwortbar, dass Schülerinnen und Schüler die Schule verlassen, ohne sich mit den für unsere Kultur grundlegenden religiösen und weltanschaulichen Werten, Ideen und Institutionen auseinandergesetzt zu haben. Diejenigen, die die konfessionell gebundene Unterrichtung aus Gewissensgründen ablehnen, sollten zu einer äquivalenten unterrichtlichen Alternative verpflichtet werden. Dem Religionsunterricht statusmäßig gleichgestellt wurde der »Unterricht

Werte und Normen« erst 1993, als er durch das ÄndG 93 zum ordentlichen Unterrichtsfach erhoben wurde.

Nach dem Inkrafttreten des NSchG 74 zeigte sich bald, dass von der Alternative »Religionskundlicher Unterricht« praktisch kein Gebrauch gemacht wurde. Dass dieser Unterricht an den niedersächsischen Schulen nahezu überhaupt nicht eingerichtet wurde, hängt mit hoher Wahrscheinlichkeit auch damit zusammen, dass die Schulen mit der Organisation von Religionsunterricht und Ersatzunterricht für vier Schülergruppen überfordert waren: getrennter Religionsunterricht für evangelische und katholische Schülerinnen und Schüler, religionskundlicher Unterricht für solche, die sich dazu angemeldet hatten, und Unterricht Werte und Normen für konfessionslose und solche Schülerinnen und Schüler, die sich vom Religionsunterricht abgemeldet hatten.

Nach der Streichung des religionskundlichen Unterrichts durch das ÄndG 93 werden die vom Land mit dem Staatsvertrag von 1970 eingegangenen Verpflichtungen durch den neuen § 128 erfüllt. Der Gesetzgeber hat dort nämlich die wesentlichen Bestimmungen der beiden bisherigen Ersatzunterrichte zusammengefasst. Die Qualifizierung des neuen Faches Werte und Normen als »ordentliches« Lehrfach entspricht dem Status des früheren religionskundlichen Unterrichts. Damit wird zum Ausdruck gebracht, dass die teilnehmenden Schülerinnen und Schüler die gleichen Rechte und Pflichten haben wie die den Religionsunterricht besuchenden. Als Prüfungsfach in der gymnasialen Oberstufe konnte das Fach Werte und Normen erstmals in der Abiturprüfung 2011 gewählt werden (siehe § 190).

Schon für den früheren Religionskundlichen Unterricht galt, dass er erst ab dem 5. Schuljahrgang angeboten werden konnte. Daran hat sich auch mit der Schaffung des Faches Werte und Normen durch das ÄndG 93 nichts geändert. Allerdings hat das Kultusministerium im Oktober 2019 angekündigt, das Fach Werte und Normen schrittweise bis zum Schuljahr 2025/26 an allen Grundschulen als ordentliches Unterrichtsfach einzuführen (siehe § 128).

(Dieter Galas)

§ 124 Religionsunterricht

(1) ¹Der Religionsunterricht ist an den öffentlichen Schulen ordentliches Lehrfach. ²Für mindestens zwölf Schülerinnen oder Schüler desselben Bekenntnisses ist an einer Schule Religionsunterricht einzurichten.

(2) ¹Über die Teilnahme am Religionsunterricht bestimmen die Erziehungsberechtigten. ²Nach der Vollendung des 14. Lebensjahres steht dieses Recht den Schülerinnen und Schülern zu. ³Die Nichtteilnahme am Religionsunterricht ist der Schulleitung schriftlich zu erklären.

(3) Für Fachschulen für sozialpädagogische, heilpädagogische oder heilerziehungspflegerische Berufe gelten die Absätze 1 und 2 entsprechend; an

den übrigen Fachschulen sollen Arbeitsgemeinschaften im Fach Religion eingerichtet werden, wenn sich zu ihnen mindestens zwölf Schülerinnen oder Schüler eines Bekenntnisses anmelden.

1 **Zu Abs. 1:** In Übereinstimmung mit Art. 7 Abs. 3 Satz 1 GG qualifiziert das NSchG den Religionsunterricht als **ordentliches Lehrfach**. Der Religionsunterricht ist danach eine staatliche und keine kirchliche Angelegenheit. Das Land hat daher für die Erfüllung der organisatorischen, sächlichen und personellen Voraussetzungen zu sorgen. Andererseits gehört der Religionsunterricht insofern in den Verantwortungsbereich der Kirchen bzw. der Religionsgemeinschaften, als sie nach Maßgabe ihrer Grundsätze über Ziele und Inhalte des Unterrichtsfachs Religion entscheiden (siehe § 125). Dabei müssen die allgemeinen Erziehungsziele der staatlichen Schule gewahrt bleiben. Der Religionsunterricht ist in diesem Sinne »res mixta« von Kirche und Staat.

»Ordentliches Lehrfach« bedeutet, dass der Religionsunterricht weder räumlich noch sachlich aus dem Bereich der Schule ausgeklammert werden darf; ihm gebührt ein fester Platz im Lehrplan und in der gesamten Unterrichtsorganisation. Religionsunterricht ist Pflichtfach für die nichtkonfessionslosen Schülerinnen und Schüler, sofern sie sich nicht von ihm abgemeldet haben. Ordentliches Lehrfach bedeutet ferner, dass es sich nicht etwa nur um ein »Unterrichtsprinzip« handeln darf, sondern um ein selbstständiges Unterrichtsfach, in dem für die teilnehmenden Schülerinnen und Schüler auch Zensuren erteilt werden, die versetzungs- und ausgleichsrelevant sind. Nach dem Erlass vom 10.05.2011 ist es den Schulen verwehrt, durch Beschluss des Schulvorstandes oder einer Konferenz den Religionsunterricht für einen bestimmten Schuljahrgang auszusetzen.

Die Lehrkräfte, die Religionsunterricht erteilen, haben dieselben Rechte und Pflichten wie die anderen Lehrerinnen und Lehrer.

Die Schule hat nicht nur evangelischen und katholischen Religionsunterricht anzubieten. Auch für andere christliche oder nichtchristliche Religionsgemeinschaften ist grundsätzlich Religionsunterricht vorzusehen, wenn die Schule von mindestens zwölf Schülerinnen oder Schülern desselben Bekenntnisses besucht wird. Dabei kommt es nicht darauf an, dass die Mindestzahl in einem Schuljahrgang oder gar in einer Klasse erreicht wird. Zur Erfüllung des Gesetzesauftrages wird die Schule u. U. jahrgangsübergreifenden Religionsunterricht zu organisieren haben. Die Einrichtung eines solchen Religionsunterrichtes setzt voraus, dass das Land Niedersachsen mit der betreffenden Religionsgemeinschaft Übereinstimmung über die Lehrpläne erzielt hat. Für muslimische Schülerinnen und Schüler wird Religionsunterricht jahrgangsweise aufsteigend ab dem Schuljahr 2013/2014 eingeführt (siehe Anm. 1 zu § 125).

Dass Religionsunterricht in allen Schuljahrgängen mit zwei Wochenstunden eingerichtet werden muss, ist untergesetzlich geregelt (z.B. in den Erlassen zur Arbeit in den jeweiligen Schulformen). Voraussetzung dafür

Religionsunterricht, Unterricht Werte und Normen § 124 NSchG

ist das Einvernehmen mit den Kirchen (z.B. Art. 7 Abs. 2 des 1965 mit der katholischen Kirche abgeschlossenen Konkordats).

Ist an einer Schule für die Schülerinnen und Schüler einer Religionsgemeinschaft kein Religionsunterricht eingerichtet worden, weil die Mindestschülerzahl nicht erreicht wurde oder weil keine Lehrkräfte zur Verfügung stehen, können diese Schülerinnen und Schüler am Religionsunterricht einer anderen Religionsgemeinschaft teilnehmen (siehe Erl. d. MK v. 10.05.2011).

Nach Satz 1 ist Religion nur an öffentlichen Schulen ordentliches Lehrfach. Diese Bestimmung entspricht Art. 7 Abs. 3 Satz 1 GG. An Schulen in freier Trägerschaft muss daher kein Religionsunterricht eingerichtet werden (siehe hierzu auch Anm. 1 zu § 141). Öffentliche bekenntnisfreie Schulen, in denen nach Art. 7 Abs. 3 Satz 1 GG kein Religionsunterricht erteilt werden muss, gibt es in Niedersachsen nicht.

Zu Abs. 2: Schülerinnen und Schüler, die einer Religionsgemeinschaft **2** angehören, sind grundsätzlich verpflichtet, am Religionsunterricht ihres Bekenntnisses oder ihrer Religionsgemeinschaft teilzunehmen, falls sie nicht ordnungsgemäß vom Religionsunterricht abgemeldet worden sind. Das Recht dazu steht in Übereinstimmung mit Art. 7 Abs. 2 GG den Erziehungsberechtigten zu. Nach Vollendung des 14. Lebensjahres entscheiden die Schülerinnen und Schüler selbst über ihre Teilnahme am Religionsunterricht. Dieses Alter ergibt sich aus § 5 des Gesetzes über die religiöse Kindererziehung. Bereits nach Vollendung des zwölften Lebensjahres darf das Kind nicht gegen seinen Willen vom Religionsunterricht abgemeldet werden.

Die Abmeldung muss schriftlich erfolgen. Sie soll zwar nach dem Erlass vom 10.05.2011 nur zum Ende eines Schulhalbjahres erfolgen, sie ist aber jederzeit zulässig; sie kann widerrufen werden. Vom Zeitpunkt der Abmeldung an besteht die Verpflichtung zur Teilnahme am Unterricht Werte und Normen nach den Bestimmungen des § 128. Die (Wieder-)Anmeldung zum Religionsunterricht und das damit verbundene Ausscheiden aus dem Unterricht Werte und Normen kann aus schulorganisatorischen Gründen von der Schule erst zum Beginn eines Schulhalbjahres für wirksam erklärt werden. In das auf den Zeitpunkt der Abmeldung (im Extremfall: kurz vor der Zeugniskonferenz) folgende Zeugnis wird keine Zensur für Religion aufgenommen.

Schülerinnen und Schüler, die sich vom Religionsunterricht ihrer Religionsgemeinschaft abgemeldet haben, können nach dem Erlass des MK vom 10.05.2011 an einem anderen Religionsunterricht teilnehmen, falls die Mehrheit der an der Schule tätigen Religionslehrkräfte der aufnehmenden Religionsgemeinschaft nach Beratung in der zuständigen Fachkonferenz dem zustimmt. Dasselbe gilt auch für Schülerinnen und Schüler, die keiner Religionsgemeinschaft angehören; für sie entfällt damit die Verpflichtung, den Unterricht Werte und Normen zu besuchen.

Im Fall des Austritts aus der Religionsgemeinschaft endet die Pflicht zur Teilnahme am Religionsunterricht, ohne dass es einer förmlichen Abmeldung bedürfte.

3 Zu Abs. 3: Fachschulen sind nach § 20 Einrichtungen, in denen Schülerinnen und Schülern nach einer beruflichen Erstausbildung oder einer praktischen Berufstätigkeit eine vertiefte berufliche Weiterbildung vermittelt wird. Sie sind zwar öffentliche Schulen, in denen aber abweichend von Abs. 1 Satz 1 kein Religionsunterricht erteilt werden muss. Dass die Gewährleistung des Art. 7 Abs. 3 Satz 1 GG, wonach Religionsunterricht in den öffentlichen Schulen ordentliches Lehrfach ist, die Fachschulen nicht erfasst, ist eine in der Literatur vertretene, aber wohl nicht völlig unumstrittene Auffassung.

Lediglich in den Fachschulen Heilerziehungspflege, Heilpädagogik und Sozialpädagogik ist Religion ordentliches Lehrfach; dafür gelten die Absätze 1 und 2 entsprechend. Das bedeutet insbesondere, dass Schülerinnen und Schüler zur Teilnahme am Religionsunterricht ihrer Konfession verpflichtet sind. Melden sie sich davon ab, müssen sie nach § 128 am Unterricht Werte und Normen teilnehmen, sofern die Schule diesen Unterricht eingerichtet hat.

An den übrigen Fachschulen sollen Arbeitsgemeinschaften im Fach Religion eingerichtet werden, wenn sich nach Abs. 1 Satz 2 dafür mindestens zwölf Schülerinnen oder Schüler desselben Bekenntnisses angemeldet haben. Während üblicherweise die Zugehörigkeit zu einer Religionsgemeinschaft die Verpflichtung zur Teilnahme am entsprechenden Religionsunterricht auslöst (siehe Anm. 2), bedarf es hier einer (freiwilligen) »Anmeldung«.

Abs. 3 geht auf eine Bestimmung im 1965 geschlossenen Konkordat zurück (§ 5 der Anlage zum Konkordat).

4 Verweise, Literatur:

- Erl. »Regelungen für den Religionsunterricht und den Unterricht Werte und Normen« vom 10.05.2011 (SVBl. S. 226; SRH 3.510; Schulrecht 130/131 – außer Kraft seit 01.01.2018)

- *Schippmann, Thomas:* Teilnahme bekenntnisfremder Schüler am Religionsunterricht, Schulverwaltung, Ausgabe Niedersachsen, 1994, H. 1, S. 21

- *Bade, Rolf:* Organisatorische Regelungen für den Religionsunterricht und den Unterricht Werte und Normen – Erlasskommentierung, Schulverwaltungsblatt 2012, H. 3, S. 191; SRH 3.510 i

- Religion in der Schule – Thema des Monats, Schulverwaltungsblatt, 2018, H. 1, S. 31

(Dieter Galas)

§ 125 Mitwirkung der Religionsgemeinschaften am Religionsunterricht

¹Der Religionsunterricht wird in Übereinstimmung mit den Grundsätzen der Religionsgemeinschaften erteilt. ²Die Schulbehörden erlassen die Richtlinien und genehmigen die Lehrbücher im Einvernehmen mit den Religionsgemeinschaften.

Dass der Religionsunterricht – unbeschadet des staatlichen Aufsichtsrechts – in Übereinstimmung mit den Grundsätzen der Religionsgemeinschaften zu erteilen ist, bestimmt schon Art. 7 Abs. 3 Satz 2 GG. Das bedeutet, dass die Schülerinnen und Schüler im evangelischen bzw. katholischen Religionsunterricht Bekenntnis und Lehre ihrer Kirche kennenlernen, Zugang dazu gewinnen und sich damit auseinandersetzen sollen. Die Glaubenssätze der jeweiligen Religionsgemeinschaft »als bestehende Wahrheiten zu vermitteln, ist seine Aufgabe« (BVerfGE 74, 244). 1

Andererseits hat eine Diskussion darüber begonnen, an den Schulen bereits vorhandene Ansätze für ein verstärktes ökumenisches Miteinander u. a. zu Modellen für einen konfessionell geöffneten Religionsunterricht weiterzuentwickeln. Die Kirchen selbst sprechen in diesem Zusammenhang von »ökumenischer Kooperation im konfessionell bestimmten Religionsunterricht« (siehe Anm. 1 und 2 zu § 124). Nach dem Erlass des MK vom 10.05.2011 kann die Schule für einzelne Lerngruppen, Klassen oder Schuljahrgänge in allen Schulformen unter bestimmten Voraussetzungen (u. a. Zustimmung des Schulvorstandes – siehe § 38a Abs. 3 Satz 2) für evangelische und katholische Schülerinnen und Schüler einen gemeinsamen – »konfessionell-kooperativen« – Religionsunterricht einrichten. Soll das für mehr als die Hälfte der Schuljahrgänge geschehen, bedarf ein entsprechender Antrag der Schule der Zustimmung der Landesschulbehörde. Der gemeinsame Unterricht ist schulrechtlich Religionsunterricht der Religionsgemeinschaft, der die unterrichtende Lehrkraft angehört. Nach dem Stand vom 01.09.2011 wurde an 394 öffentlichen Grundschulen konfessionell-kooperativer Religionsunterricht erteilt, darunter in allen vier Schuljahrgängen an insgesamt 118 Schulen. Im Schuljahr 2018/19 besuchten an den Schulen des Sekundarbereichs I 24,4 % der Schülerschaft den konfessionell-kooperativen Religionsunterricht, an der IGS waren es 47,9 %.

Derzeit besteht in Niedersachsen die Möglichkeit, neben evangelischem und katholischem Religionsunterricht auch serbisch-orthodoxen und jüdischen Religionsunterricht einzurichten. Die rechtlichen Voraussetzungen sind ferner für die Erteilung von alevitischem Religionsunterricht gegeben.

An den niedersächsischen Schulen wurde für die muslimischen Schülerinnen und Schüler lange Zeit kein Religionsunterricht erteilt, weil keine verfasste Religionsgemeinschaft vorhanden war, mit der im Einvernehmen über Grundsätze, Richtlinien und Lehrbücher hergestellt werden konnte. Fragen muslimischen Glaubens und muslimischer Lehre konnten allerdings im Rahmen des herkunftssprachlichen Unterrichts behandelt werden. Mit Beginn des Schuljahres 2003/04 ist an acht Grundschulen der Schulversuch »Islamischer Religionsunterricht« gestartet worden. Im Jahr 2008 erfolgte eine Evaluation des wissenschaftlich begleiteten Schulversuchs (Information des Nds. Kultusministeriums vom 06.10.2008).

Inzwischen ist der von den islamischen Verbänden Ditib und Schura Anfang 2012 gegründete »Beirat für den islamischen Religionsunterricht in Niedersachsen« von der Landesregierung als Ansprechpartner, aber nicht als Religionsgemeinschaft im Sinne von Art. 7 Abs. 3 GG, anerkannt worden. Der Beirat ist die Vertretung zahlreicher Moscheevereine in Niedersachsen (siehe auch die Antwort der Landesregierung auf eine Kleine Anfrage – Landtagsdrucksache 16/4648).

Mit der Einführung des ordentlichen Lehrfachs »Islamische Religion« als »Beirats-Modell« (von der Landesregierung auch als »Übergangsregelung« bezeichnet) ist im Schuljahr 2013/14 in den Grundschulen (jahrgangsweise aufsteigend) begonnen worden (Erl. d. MK vom 02.05.2013 – 33-82105/1-01/13 – nicht veröffentlicht). Im Sekundarbereich I erfolgte die Einführung beginnend mit dem 5. Schuljahrgang ab dem Schuljahr 2014/15. Eine organisatorische Trennung in eine sunnitische und eine schiitische Variante ist nicht vorgesehen. Für die Schülerinnen und Schüler islamischen Glaubens ist der Unterricht »Islamische Religion« ein Pflichtfach (zur Abmeldung siehe Anm. 2 zu § 124). Im Schuljahr 2016/17 betrug der Anteil der muslimischen Schülerinnen und Schüler an der Gesamtschülerschaft der öffentlichen allgemein bildenden Schulen in Niedersachsen 8,1 %. Im Jahr 2018 wurde an 62 Schulen islamischer Religionsunterricht erteilt (Landtagsdrucksache 18/4371).

Der Unterricht im Fach »Islamische Religion« wird von staatlichen Lehrkräften auf der Grundlage von staatlichen Lehrplänen erteilt, über die wegen des konfessionellen Charakters des Unterrichts grundsätzlich Einvernehmen mit dem Beirat herzustellen ist. (Zur Lehrerlaubnis für die Lehrkräfte siehe Anm. 1 zu § 127).

Die Einvernehmensklausel des Satzes 2 sichert den Religionsgemeinschaften Mitwirkungsrechte nicht nur bei der Ausgestaltung der Lehrpläne für den Unterricht (siehe § 122), sondern auch bei der Genehmigung der Schulbücher (siehe § 29).

Bei der Endfassung des Kerncurriculums für den islamischen Religionsunterricht im Primarbereich hat das Kultusministerium kein Einvernehmen mit dem Beirat für den islamischen Religionsunterricht herstellen können und sich über die Zustimmungsverweigerung hinweggesetzt. Der Beirat hatte u. a. beanstandet, dass die »Ablehnung diskriminierender und ausschließender Verhaltensweisen auch im Kontext der Vielfalt sexueller Identitäten« im Unterricht zu thematisieren sei (siehe auch Anm. 2 und 4 zu § 96). Das Kultusministerium sieht hierzu und zu weiteren Beanstandungen die zentralen Glaubenssätze des Islam nicht berührt (siehe Landtagsdrucksache 18/3437 vom 26.03.2019).

Verweise, Literatur:
- Erl. »Regelungen für den Religionsunterricht und den Unterricht Werte und Normen,« vom 10.05.2011 (SVBl. S. 226; SRH 3.510; Schulrecht 130/131), außer Kraft seit 01.01.2018
- *Kampermann, Ernst/Klöppel, Walter:* Religionsunterricht in Niedersachsen, Schulverwaltung, Ausgabe Niedersachsen, 1999, H. 1, S. 18
- *Kampermann, Ernst/Klöppel, Walter:* Erfahrungen mit neuen Regelungen zum Religionsunterricht, Schulverwaltung, Ausgabe Niedersachsen, 2000, H. 2, S. 50
- *Heckel, Martin:* Unterricht in Islam an deutschen Schulen – seine Gründe und Formen, Voraussetzungen und Grenzen, Recht der Jugend und des Bildungswesens, 2004, H. 1, S. 39
- *Ballasch, Heidemarie/Uslucan, Haci-Halil:* Schulversuch »Islamischer Religionsunterricht« – Zusammenfassende Darstellung der Ergebnisse der wissenschaftlichen Begleitung, Schulverwaltung, Ausgabe Niedersachsen, 2008, H. 12, S. 334
- *Bade Rolf:* Organisatorische Regelungen für den Religionsunterricht und den Unterricht Werte und Normen – Erlasskommentierung, Schulverwaltungsblatt, 2012, H. 5, S. 191 (SRH 3.510 i)
- *Aden, Jens:* Islamischer Religionsunterricht stärkt die Integration, Schulverwaltung, Ausgabe Niedersachsen, 2017, H. 9, S. 241

(Dieter Galas)

§ 126 Einsichtnahme in den Religionsunterricht

[1]Unbeschadet des staatlichen Aufsichtsrechts haben die Religionsgemeinschaften das Recht, sich davon zu überzeugen, ob der Religionsunterricht in Übereinstimmung mit ihren Grundsätzen erteilt wird. [2]Die näheren Umstände der Einsichtnahme sind vorher mit den staatlichen Schulbehörden abzustimmen. [3]Die Religionsgemeinschaften können als Beauftragte für die Einsichtnahme Religionspädagoginnen oder Religionspädagogen an Hochschulen oder geeignete Beamtinnen oder Beamte des staatlichen Schuldienstes oder im Einvernehmen mit der Schulbehörde auch andere erfahrene Pädagoginnen oder Pädagogen bestellen; soweit die Religionsgemeinschaften von diesem Recht keinen Gebrauch machen, können sie bei Zweifeln, ob in bestimmten Einzelfällen der Religionsunterricht in Übereinstimmung mit ihren Grundsätzen erteilt wird, durch eine Sachverständige oder einen Sachverständigen ihrer Oberbehörde, die oder der im Einvernehmen mit der Schulbehörde zu bestellen ist, Einsicht nehmen.

Von der Aufsicht des Staates über das gesamte Schulwesen (Art. 7 Abs. 1 GG) ist der Religionsunterricht nicht ausgenommen. So finden beispielsweise die Bestimmungen über die Fachaufsicht (siehe §§ 120 und 121) auch darauf Anwendung. Die Schulleiterin oder der Schulleiter kann Lehrkräfte im Religionsunterricht besuchen und sie beraten (siehe § 43 Abs. 2).

Das Recht der Religionsgemeinschaften auf **Einsichtnahme** in den Religionsunterricht ist begrenzt auf die inhaltliche Prüfung, ob er sich in Übereinstimmung mit den Grundsätzen der Religionsgemeinschaft befindet. Insbesondere besteht keine Befugnis, Lehrkräften Weisungen zu erteilen oder in den Unterricht einzugreifen. Bei Beanstandungen können die kirchlichen Beauftragten für die Einsichtnahme lediglich ein Eingreifen der Schulbehörden bewirken. Die katholische Kirche hat darüber hinaus die Möglichkeit, Lehrkräften die Erlaubnis (missio canonica) zu entziehen, katholischen Religionsunterricht zu erteilen. Über dieses Instrument verfügen die evangelischen Landeskirchen erst seit Einführung der kirchlichen Bevollmächtigung (Vokation) zum 01.11.2006 (siehe Anm. 1 zu § 127).

Aufgrund von Art. 7 des 1965 mit dem Heiligen Stuhl abgeschlossenen Konkordats steht den katholischen Bischöfen in Niedersachsen persönlich das Recht zu, katholischen Religionsunterricht in den Schulen zu besuchen.

(Dieter Galas)

§ 127 Erteilung von Religionsunterricht

(1) Keine Lehrkraft ist verpflichtet, Religionsunterricht zu erteilen oder die Leitung von Arbeitsgemeinschaften im Fach Religion an Fachschulen zu übernehmen.

(2) Bei der Erteilung von Religionsunterricht dürfen Lehrkräfte in ihrem Erscheinungsbild ihre religiöse Überzeugung ausdrücken.

1 Zu Abs. 1: Die Bestimmung ist eine Ausnahme von der grundsätzlichen Pflicht aller Lehrkräfte, in den Fächern, für die sie die Lehrbefähigung erworben haben, oder auch in anderen Fächern Unterricht zu erteilen (siehe § 51 Abs. 1). Sie hat ihren Ursprung in Art 7 Abs. 3 Satz 3 GG und ist eine logische Folgerung aus dem Grundrecht auf Religionsfreiheit. Lehrkräften, die von ihrem Recht Gebrauch machen, die Erteilung von Religionsunterricht abzulehnen, dürfen dadurch keine dienstlichen oder persönlichen Nachteile erwachsen. Es kann sich allerdings die Frage einer Versetzung oder (Teil-)Abordnung an eine andere Schule stellen, wenn eine Lehrkraft, die aus Gewissensgründen keinen Religionsunterricht mehr erteilen will, aufgrund ihrer sonstigen Lehrbefähigung und der besonderen unterrichtlichen Situation nicht mehr voll an ihrer Schule eingesetzt werden kann.

Zur Erteilung von katholischem Religionsunterricht bedarf es der kirchlichen Bevollmächtigung (missio canonica). Ab 01.11.2006 benötigen neu in den Schuldienst eintretende Lehrkräfte, die evangelischen Religionsunterricht erteilen wollen, dazu die Erlaubnis der evangelischen Kirche (Vokation). Bislang galt sie für Lehrkräfte als erteilt, wenn sie einer evangelischen Landeskirche angehören. Voraussetzung für die kirchliche Bestätigung ist jetzt darüber hinaus die Teilnahme an kirchlichen Einführungs- und Qualifizierungsmaßnahmen. Eine Lehrerlaubnis (»Ijaza«) werden auch die Lehrkräfte benötigen, die in den niedersächsischen Schulen ab dem Schuljahr 2013/14 islamischen Religionsunterricht erteilen wollen. Die Lehrerlaubnis wird vom »Beirat für den islamischen Religionsunterricht in Niedersachsen« vergeben, der von den islamischen Verbänden Ditib und Schura als Ansprechpartner für die Landesregierung gegründet wurde.

Zu Abs. 2: Diese Bestimmung ist mit dem ÄndG 04 in das Schulgesetz eingefügt worden und muss im Zusammenhang mit § 51 Abs. 3 gesehen werden. Bei der Beratung des ÄndG 04 ergab sich die Schwierigkeit, dass einerseits die Besonderheiten des Religionsunterrichts berücksichtigt werden sollten, andererseits aber der Eindruck vermieden werden musste, dass Religionslehrkräfte nicht an den Bildungsauftrag der Schule gebunden wären (siehe Anm. 6 zu § 51). Die gefundene Formulierung wollte den Lehrkräften im Religionsunterricht die Möglichkeit bieten, ihrer religiösen Überzeugung in größerem Maße als in § 51 Abs. 3 zugelassen Ausdruck zu verleihen. Mit der Kopftuchentscheidung des Bundesverfassungsgerichts vom 27.01.2015 (1 BvR 471/10,1 BvR 1181/10) hat die Vorschrift an Bedeutung verloren. Nach der genannten Entscheidung kann es nämlich grundsätzlich kein pauschales Verbot religiöser Bekundungen durch das äußere Erscheinungsbild von Lehrkräften geben. Das betrifft nicht nur den Religionsunterricht, sondern gleichermaßen alle Unterrichtsfächer (siehe Anm. 6 zu § 53).

Verweise, Literatur:

- Rahmenrichtlinien zur Erteilung der Kirchlichen Unterrichtserlaubnis und der Missio canonica für Lehrkräfte mit der Fakultas »Katholische Religionslehre«, Beschluss der Deutschen Bischofskonferenz vom September 1973

- Vereinbarung zwischen dem Land Niedersachsen und der Konföderation evangelischer Kirchen in Niedersachsen über die kirchliche Bestätigung von Religionslehrkräften vom 4. Oktober 2006 (Nds. MBl S. 949; SVBl. S. 406)

- Bek. »Fachfremdes Unterrichten in Evangelischer Religion; Neuregelung ab 1.2.2018« vom 1.2.2018 (SVBl. S. 63)

- *Gäfgen-Track, Kerstin:* Kirchliche Bestätigung von Religionslehrkräften; SVBl. 2006, H. 11, S. 425; SRH 7.301 i

(Dieter Galas)

§ 128 Unterricht Werte und Normen

(1) ¹Wer nicht am Religionsunterricht teilnimmt, ist statt dessen zur Teilnahme am Unterricht Werte und Normen verpflichtet, wenn die Schule diesen Unterricht eingerichtet hat. ²Für diejenigen, für die Religionsunterricht ihrer Religionsgemeinschaft als ordentliches Lehrfach eingeführt

NSchG — Religionsunterricht, Unterricht Werte und Normen § 128

ist, entsteht die Verpflichtung nach Satz 1 erst nach Ablauf eines Schuljahres, in dem Religionsunterricht nicht erteilt worden ist. ³Die Schule hat den Unterricht Werte und Normen als ordentliches Lehrfach vom 5. Schuljahrgang an einzurichten, wenn mindestens zwölf Schülerinnen oder Schüler zur Teilnahme verpflichtet sind. ⁴In der gymnasialen Oberstufe, im Beruflichen Gymnasium, im Abendgymnasium und im Kolleg kann die Verpflichtung zur Teilnahme am Unterricht Werte und Normen auch durch die Teilnahme am Unterricht im Fach Philosophie erfüllt werden, wenn die Schule diesen Unterricht eingerichtet hat.

(2) Im Fach Werte und Normen sind religionskundliche Kenntnisse, das Verständnis für die in der Gesellschaft wirksamen Wertvorstellungen und Normen und der Zugang zu philosophischen, weltanschaulichen und religiösen Fragen zu vermitteln.

1 Zu Abs. 1: Der Ersatzunterricht Werte und Normen ist von Schülerinnen und Schülern zu besuchen, die keiner Religionsgemeinschaft angehören oder sich vom Religionsunterricht abgemeldet haben bzw. von ihren Erziehungsberechtigten abgemeldet wurden. Zur Teilnahme verpflichtet sind auch Schülerinnen und Schüler, für deren Bekenntnis das Land keinen Religionsunterricht als ordentliches Lehrfach eingeführt hat. Betroffen von dieser Regelung, die aus dem Gesetz zur Weiterentwicklung des Schulwesens vom 25.06.2002 stammt, waren in erster Linie muslimische Schülerinnen und Schüler (siehe Anm. 1 zu § 125). Ist für ein Bekenntnis Religionsunterricht vom Land als ordentliches Lehrfach eingeführt, entsteht nach Satz 2 die Verpflichtung zur Teilnahme am Unterricht Werte und Normen erst, wenn der Religionsunterricht an einer Schule länger als ein Schuljahr nicht erteilt worden ist. Evangelische und katholische Schülerinnen und Schüler müssen also den Ersatzunterricht besuchen, wenn sie an ihrer Schule in einem Schuljahr keinen Religionsunterricht erhalten haben und auch im folgenden Schuljahr kein Religionsunterricht ihres Bekenntnisses erteilt wird. Ein solcher Fall kann u. U. eintreten, wenn geeignete Lehrkräfte fehlen oder wenn die Mindestzahl von zwölf Schülerinnen und Schülern nicht erreicht wird (siehe § 124 Abs. 1). Von der Regelung des Satzes 2 sind in erster Linie die muslimischen Schülerinnen und Schiller betroffen. Für sie ist zwar »Islamische Religion« als ordentliches Lehrfach landesweit eingeführt (siehe Anm. 1 zu § 125) tatsächlich gibt es diesen Religionsunterricht bislang nur an wenigen Schulen des Sekundarbereichs I. Im Schuljahr 2017/18 erhielten nur 1,9 % der muslimischen Schülerinnen und Schüler islamischen Religionsunterricht.

Bis zum Inkrafttreten der Neuregelung durch das Gesetz zur Weiterentwicklung des Schulwesens (01.08.2003) mussten christliche Schülerinnen und Schüler, die keinen Religionsunterricht erhielten, und ihre muslimischen Mitschülerinnen und Mitschüler in keinem Fall am Unterricht Werte und Normen teilnehmen.

Dass die Verpflichtung konfessionsloser Schülerinnen und Schüler zur Teilnahme am Unterricht Werte und Normen rechtlich zulässig ist, hat das Bundesverwaltungsgericht 1998 am Beispiel eines Schülers aus Baden-

Württemberg entschieden. Die Befugnis des Staates, neue und zusätzliche Unterrichtsfächer wie das Fach »Ethik« einzurichten, ergäbe sich aus Art. 7 Abs. 1 GG. Das »Komplementärfach« müsse aber weltanschaulich und religiös neutral unterrichtet werden, wobei die Vermittlung der für das Zusammenleben essentiellen und unerlässlichen Grundwerte dadurch nicht ausgeschlossen sei (BVerwG 6 C 11.97). Einen Vorlagebeschluss des Verwaltungsgerichts Hannover, das § 128 Abs. 1 für verfassungswidrig hält, hat das Bundesverfassungsgericht 1999 aus formalen Gründen für unzulässig erklärt (BVerfG 1 BvL 26/97).

Andererseits besteht keine Verpflichtung des Gesetzgebers, für nicht am Religionsunterricht teilnehmende Schülerinnen und Schüler einen Ersatzunterricht anzubieten. Dass es keinen Rechtsanspruch auf Einrichtung eines solchen Unterrichts gibt, hat das Bundesverwaltungsgericht am Beispiel eines Rechtsstreites in Baden-Württemberg entschieden (Urteil vom 16.04.2014, Az.: 6 C 11.13). In diesem Bundesland gibt es – wie zurzeit noch in Niedersachsen – keinen »Ethik«-Unterricht in der Grundschule.

Unterricht Werte und Normen ist an den Schulen der beiden Sekundarbereiche als **ordentliches Lehrfach** (siehe Vorbemerkung zu §§ 124–28 und Anm. 1 zu § 124) einzurichten, wenn mindestens zwölf Schülerinnen oder Schüler zur Teilnahme verpflichtet sind. Gegebenenfalls muss der Ersatzunterricht klassen- oder jahrgangsübergreifend organisiert werden. Ein Recht der Lehrkräfte, die Erteilung von Unterricht im Fach Werte und Normen aus Gewissensgründen abzulehnen, besteht nicht, weil es sich um ein weltanschaulich neutrales Fach handelt. Zu seiner Erteilung können alle Lehrkräfte herangezogen werden, wenn ihnen dies nach Vorbildung oder bisheriger Tätigkeit zugemutet werden kann (siehe § 51 Abs. 1). Grundsätzlich geeignet zum Einsatz im Fach Werte und Normen dürften z.B. Lehrkräfte mit der Befähigung für Deutsch, Geschichte, Philosophie oder Politik sein. Wenn mit einer entsprechenden Lehrbefähigung ausgestattete Lehrkräfte zur Verfügung stehen, kann das Ersatzfach auch Prüfungsfach im Abitur werden (siehe § 190). Die rechtlichen Voraussetzungen für den Erwerb der Lehrbefähigung für das Fach Werte und Normen sind in den Prüfungsordnungen für die 1. und 2. Phase der Lehrerausbildung vorhanden.

Dass nach Satz 3 der Unterricht Werte und Normen erst ab dem 5. Schuljahrgang einzurichten ist, galt schon für den religionskundlichen Unterricht, den es zwischen 1954 und 1993 gab (siehe Vorbemerkung zu §§ 124–128). Erkenntnisse darüber, ob Werte und Normen auch im Primarbereich als ordentliches Lehrfach eingerichtet werden soll, erwartete das Kultusministerium von einer »Erprobungsphase«, die an zehn ausgewählten Grundschulen im Schuljahr 2017/18 gestartet wurde. Im folgenden Schuljahr wurde die Erprobungsphase auf 40 Grundschulen ausgeweitet (siehe SVBl. 6/2018, S. 302).

Im Schuljahr 2018/19 gehörten 28,6% der Grundschülerschaft (Schuljahrgänge 1 bis 4) keiner Religionsgemeinschaft an (siehe Tabelle).

Religionszugehörigkeit		Unterrichtsfach	Teilnahme am Unterricht absolut	Teilnahme am Unterricht in %
evangelisch	109.376 (39,5%)	evangelische Religion	137.030	49,50%
katholisch	43.768 (15,8%)	katholische Religion	23.034	8,30%
		konfessionell-kooperativ	87.130	31,50%
muslimisch	26.482 (9.6%)	islamische Religion	2.708	1,00%
sonstige	18.037 (6,5%)			
ohne	79.067 (28,6%)			
insgesamt	276.730 (100%)		249.902	90,30%

Religionszugehörigkeit und Teilnahme am Religionsunterricht in der Grundschule (Stand: 23.8.2018)

Das Kultusministerium hat im Oktober 2019 angekündigt, das Fach Werte und Normen im Rahmen einer vom Schuljahr 2021/22 bis zum Schuljahr 2025/26 reichenden Übergangsphase an allen Grundschulen als ordentliches Unterrichtsfach einzuführen. Die entsprechende Änderung des Satzes 3 soll im Jahr 2024 erfolgen.

Satz 4 stammt aus dem ÄndG 03. Er eröffnet den Schülerinnen und Schülern der gymnasialen Oberstufe, des Abendgymnasiums und des Kollegs sowie des Beruflichen Gymnasiums die Möglichkeit, die Verpflichtung zur Teilnahme am Fach Werte und Normen auch durch Teilnahme am Unterricht im Fach Philosophie zu erfüllen. Philosophie wird dadurch gleichsam zu einem zweiten Ersatzfach für Schülerinnen und Schüler, die nicht am Religionsunterricht teilnehmen,»wenn die Schule diesen Unterricht eingerichtet hat«. Zur Einrichtung gehört, dass Philosophie durchgängig und nicht nur in einzelnen Schulhalbjahren angeboten wird. Ein lediglich von einzelnen Lehrkräften geschaffenes Unterrichtsangebot, z.B. als (freiwillige) Arbeitsgemeinschaft, reicht nicht aus.

2 **Zu Abs. 2:** Die Ziele des Unterrichts Werte und Normen hat das ÄndG 93 dadurch erweitert, dass auch **religionskundliche Kenntnisse** und der Zugang zu **weltanschaulichen Fragen** zu vermitteln sind. Diese Eiweiterung macht deutlich, dass in dem »neuen« Unterricht Werte und Normen wesentliche Inhalte des bisherigen religionskundlichen Unterrichts aufgegangen sind (siehe Vorbemerkung zu §§ 124–128).

Die Bezeichnung »Werte und Normen«, die sich in Niedersachsen seit 1974 herausgebildet hat, hat sich als Name für das Ersatzfach durchgesetzt.

Überlegungen, hierfür wie in anderen Bundesländern die Bezeichnung »Ethik« zu verwenden, sind aus inhaltlichen Gründen verworfen worden. »Philosophie« ist als Name für ein Unterrichtsfach in der gymnasialen Oberstufe bereits vergeben (siehe Anm. 1).

Verweise, Literatur: 3

- Erl. »Regelungen für den Religionsunterricht und den Unterricht Werte und Normen« vom 10.05.2011 (SVBl. S. 226, SRH 3.510, Schulrecht 130/131 – außer Kraft seit 1.1.2018)
- »Situation des Faches Werte und Normen an niedersächsischen Schulen«, Antwort der Landesregierung vom 12.10.2015 auf eine Kleine Anfrage (Landtagsdrucksache 17/4427)
- *Stäblein, Friedrich:* Die Entwicklung des Faches Werte und Normen in Niedersachsen, Schulverwaltung, Ausgabe Niedersachsen, 1997, H. 11, S. 291
- *Haupt, Johann-Albrecht:* Werte und Normen – verfassungswidrig? Zum Vorlagebeschluss des Verwaltungsgerichts Hannover vom 20.08.1997 Schulverwaltung, Ausgabe Niedersachsen, 1997, H. 11, S. 297
- *Stäblein, Friedrich:* KMK-Bericht zum Ethikunterricht in den Ländern der Bundesrepublik Deutschland, Schulverwaltung, Ausgabe Niedersachsen, 1998, H. 11, S. 297
- *Galas, Dieter:* Grundlagen und Organisation des Unterrichts »Werte und Normen«, in: Ballasch, H. u. a. (Hrsg.): Schulleitung und Schulaufsicht in Niedersachsen, Nr. 48.5
- *Bade, Rolf:* Organisatorische Regelungen für den Religionsunterricht und den Unterricht Werte und Normen – Erlasskommentierung, Schulverwaltungsblatt, 2012, H. 3, S. 191 (SRH 3.510 i)
- *Baßmann-Podworny, Daniela/Warmbold, Till:* Werte und Normen – Besondere Chancen für interkulturelles Lernen, Schulverwaltung, Ausgabe Niedersachsen, 2016, H. 7–8, S. 209
- *Baßmann-Podworny, Daniela:* Fachfremd unterrichtende Lehrkräfte im Unterrichtsfach »Werte und Normen«, Schulverwaltung, Ausgabe Niedersachsen, 2018, H. 9, S. 239
- Werte und Normen demnächst auch an Grundschulen – Mitteilung aus dem Niedersächsischen Kultusministerium, Schulverwaltungsblatt, 2019, H. 12, S. 619
- *Baßmann-Podworny, Daniela:* Werte und Normen – Ein neues Fach für die Grundschule, Schulverwaltung, Ausgabe Niedersachsen, 2020, H. 1, S. 19

(Dieter Galas)

Zehnter Teil
Grundschulen für Schülerinnen und Schüler des gleichen Bekenntnisses

Vorbemerkung zu den §§ 129-138

1 **Allgemeines:** Der Zehnte Teil des Schulgesetzes befasst sich mit den Grundschulen für Schülerinnen und Schüler des gleichen Bekenntnisses, die im allgemeinen Sprachgebrauch und in der Literatur auch als »Bekenntnisschulen« oder »Konfessionsschulen« bezeichnet werden. Es handelt sich um öffentliche Grundschulen, in denen Schülerinnen und Schüler nach den Grundsätzen eines bestimmten religiösen Bekenntnisses unterrichtet und erzogen werden.

In Niedersachsen sind die öffentlichen Schulen grundsätzlich sog. Gemeinschaftsschulen, d. h., alle Schülerinnen und Schüler »werden ohne Unterschied des Bekenntnisses oder der Weltanschauung gemeinsam erzogen und unterrichtet« (vgl. § 3 Abs. 2 Satz 1). Die Bekenntnisschulen bilden hiervon eine historisch begründete Ausnahme, weil das Land nach Art. 6 Abs. 1 Satz 1 des Konkordats zwischen dem Heiligen Stuhl und dem Land Niedersachsen (Anm. 9) die Beibehaltung und Neuerrichtung von katholischen Bekenntnisschulen im Primarbereich (Schuljahrgänge 1 bis 4) zu gewährleisten hat. Da die schulgesetzlichen Vorschriften nicht konfessionsspezifisch ausgestaltet sind, können auch andere als katholische Bekenntnisschulen errichtet und betrieben werden (vgl. auch BVerwG, Urt. v. 19.02.1992 – 6 C 3/91).

2 **Abgrenzung und Trägerschaft:** Das Schulgesetz unterscheidet im Zehnten Teil zwischen Grundschulen für Schülerinnen und Schüler »des gleichen Bekenntnisses«, d. h. den Bekenntnisschulen, und Grundschulen für Schülerinnen und Schüler »aller Bekenntnisse«. Mit Letzteren sind die Grundschulen im Sinne des § 6 gemeint, also Bildungseinrichtungen, in denen Schülerinnen und Schüler unabhängig von ihrer Religionszugehörigkeit gemeinsam unterrichtet werden (sog. Gemeinschaftsschulen).

Daneben führt das Gesetz die sog. »80 %-Schulen« an, dabei handelt es sich um Gemeinschaftsschulen, die nach den konkordatären Bestimmungen einen besonderen Schutz genießen, weil sie einen ausnehmend hohen Anteil (80 v. H.) an Schülerinnen und Schülern des katholischen Bekenntnisses haben.

Träger der genannten Grundschularten sind nach § 102 Abs. 1 die Gemeinden, die Samtgemeinden und die öffentlich-rechtlich Verpflichteten in gemeindefreien Gebieten.

Mit den in Art. 7 Abs. 5 GG erwähnten Bekenntnisschulen sind private Volksschulen gemeint, d. h. konfessionelle Schulen in freier Trägerschaft (vgl. § 144 Abs. 1 Satz 2). Allerdings geht Art. 7 Abs. 5 GG davon aus, dass auch öffentliche Volksschulen (d. h. nach heutiger Lesart: Grundschulen) als

Gemeinschaftsschulen, Bekenntnis- oder Weltanschauungsschulen eingerichtet sein können, denn nach dieser Vorschrift ist eine private Volksschule als Gemeinschaftsschule, als Bekenntnis- oder Weltanschauungsschule nur zuzulassen,»wenn eine öffentliche Volksschule dieser Art in der Gemeinde nicht besteht«. Daraus folgt, dass der Landesgesetzgeber dem Grundsatz nach bei der Wahl der Schulform für die öffentliche Volksschule in der Entscheidung für eine der genannten Formen oder auch für mögliche Zwischenformen frei ist. Dies entspricht der weitgehenden Gestaltungsfreiheit der Länder im Schulwesen (vgl. BVerfG, Beschl. v. 07.09.2017 – 1 BvR 984/17 m. w. N.)

Pädagogische Ausrichtung und Lehrkörper: In den Grundschulen für 3 Schülerinnen und Schüler des gleichen Bekenntnisses werden die Kinder nach den Grundsätzen eines bestimmten Bekenntnisses unterrichtet und erzogen. Religiöse Angebote gehören zum Schulalltag. Sie spiegeln sich im Unterricht und in der Aufbereitung der Lerninhalte wider. Religionsunterricht, ein gemeinsames Schulgebet, regelmäßige Schulgottesdienste, Teilnahme an Fest- und Feiertagen des Kirchenjahres und ggf. auch eine Schulwallfahrt geben dem Schulalltag eine kirchliche Prägung. Das Lehrerkollegium einer solchen Schule setzt sich vorherrschend aus Lehrkräften zusammen, die der gleichen Konfession wie die Schülerinnen und Schüler angehören (Bekenntnishomogenität von Schülerschaft und Lehrerschaft).

Aufnahmebeschränkung für bekenntnisfremde Schülerinnen und Schüler: 4 Nach § 129 Abs. 3 i.V. m. § 157 Abs. 1 dürfen bis zu 30 v. H. der Schülerinnen und Schüler an einer Schule »bekenntnisfremd« sein. Von dieser Obergrenze können nach der Bekenntnisschulen-Aufnahmeverordnung Ausnahmen zugelassen werden, so dass die Schulen einen höheren Anteil bekenntnisfremder Kinder aufnehmen können, ohne den konfessionellen Status der Schule in Frage zu stellen. Die meisten Schulen haben sich inzwischen bekenntnisfremden und bekenntnisfreien Schülerinnen und Schülern geöffnet, mehr als die Hälfte der Bekenntnisschulen hält die genannte Obergrenze nicht ein.

Anzahl der Schulen und Schülerzahl: In Niedersachsen werden zum 5 Stichtag 23.08.2018 105 Grundschulen für Schülerinnen und Schüler des gleichen Bekenntnisses geführt. Sie befinden sich meist in den vorwiegend katholischen Landesteilen im Emsland und in Südoldenburg. Bekenntnisschulen bestehen aber auch in den übrigen Landesteilen, vorwiegend in den größeren Städten. Von den 105 Bekenntnisschulen sind drei Schulen für Schülerinnen und Schüler des evangelischen Bekenntnisses. Die Bekenntnisschulen werden von ca. 17 000 Schülerinnen und Schülern besucht.

Für Grundschulen für Schülerinnen und Schüler des gleichen Bekenntnisses 6 werden, obgleich es sich bei den öffentlichen Bekenntnisschulen nicht um einen eigenen Bildungsgang handelt, gesonderte Schulbezirke festgelegt. Die Schulbezirke können auch Gebiete anderer Schulträger einschließen, wenn die Schulträger dies unter Beachtung des § 104 vereinbart haben; hierzu bedarf es komplementärer Satzungen der beteiligten Schulträger. Außerdem ist sicherzustellen, dass der Schulbezirk einer Bekenntnisschule zugleich in den Schulbezirk einer oder mehrerer Grundschulen für

Schülerinnen und Schüler aller Bekenntnisse in zumutbarer Entfernung einbezogen wird (vgl. EB zu § 63 ff, Anm. 10).

7 Organisatorische Maßnahmen: Für die Umwandlung von Bekenntnisschulen in Grundschulen aller Bekenntnisse sowie für die Zusammenlegung von Bekenntnisschulen mit 80 %-Schulen oder anderen Gemeinschaftsgrundschulen gelten nach § 135 besondere Verfahrensregelungen und Schutzvorschriften.

8 Sonderregelungen: Im Bereich des ehemaligen Landes Oldenburg gelten als überkommenes Recht besondere Regelungen für die Errichtung und den Betrieb von Grundschulen (u. a. zur Aufnahme bekenntnisfremder Schülerinnen und Schüler, zur Zusammensetzung des Lehrkörpers und zum Angebot von Gemeinschaftsgrundschulen).

9 Schulaufsicht: Die Grundschulen für Schülerinnen und Schüler des gleichen Bekenntnisses unterstehen wie die Grundschulen für Schülerinnen und Schüler aller Bekenntnisse der staatlichen Schulaufsicht nach den §§ 120 ff.

10 Verweise, Literatur:
- BVerfG, Urt. v. 26.03.1957 – 2 BvG 1/55 –
- Konkordat zwischen dem Heiligen Stuhl und dem Deutschen Reich v. 20.07.1933 (RGBl. II 5.679), vgl. Art. 23 u. 24
- Konkordat zwischen dem Heiligen Stuhle und dem Lande Niedersachsen v. 26.02.1965 (Nds. GVBl. S. 191), zuletzt geändert am 08.05.2012 (Nds. GVBl. S. 245), vgl. Art. 6
- Erl. »Ergänzende Bestimmungen zum Rechtsverhältnis zur Schule und zur Schulpflicht« vom 01.12.2016 (SVBl. S. 705, SRH 2.205)
- Verordnung über die Aufnahme bekenntnisfremder Schülerinnen und Schüler in Grundschulen für Schülerinnen und Schüler des gleichen Bekenntnisses (Bekenntnisschulen-Aufnahmeverordnung) v. 11.08.2011 (Nds. GVBl. S. 278), geändert durch Verordnung v. 22.01.2013 (Nds. GVBl. S. 23)
- *Galas, Dieter:* 80 %-Schulen – Eine vergessene Institution im niedersächsischen Schulrecht, Schulverwaltung, Ausgabe Niedersachsen, 2001, H. 8, S. 205
- *Galas, Dieter:* Umwandlung von Bekenntnisschulen erleichtert, Schulverwaltung, Ausgabe Niedersachsen, 2011, H. 5, S. 157
- *Beckermann, Benedikt:* Öffentliche Bekenntnisschulen in Niedersachsen als Auslaufmodell? – Bemerkungen zu § 135 Abs. 5 Nds. SchulG, NdsVBl. 5/2016 S. 129
- *Böhm, Thomas:* Rechtsgrundlagen öffentlicher Bekenntnisschulen; Schulrecht H. 1, 2018, S. 4

(Karl-Heinz Ulrich)

§ 129 Allgemeines

(1) Auf Antrag von Erziehungsberechtigten sind öffentliche Grundschulen für Schülerinnen und Schüler des gleichen Bekenntnisses zu errichten.

(2) Der Lehrkörper einer solchen Schule setzt sich aus Lehrkräften zusammen, die dem gleichen Bekenntnis wie die Schülerinnen und Schüler angehören.

(3) ¹Schülerinnen und Schüler, die diesem Bekenntnis nicht angehören, können aufgenommen werden, soweit dadurch der Anteil der bekenntnisfremden Schülerinnen und Schüler an der Gesamtschülerzahl den in § 157 Abs. 1 Satz 1 genannten Vomhundertsatz nicht überschreitet. ²Das Kultusministerium kann auf Antrag des Schulträgers, der nur im Einvernehmen mit der Schule gestellt werden kann, eine Ausnahme zulassen; über die Erteilung des Einvernehmens der Schule entscheidet der Schulvorstand. ³Das Kultusministerium wird ermächtigt, das Nähere, insbesondere die Voraussetzungen für eine Ausnahme nach den Sätzen 2 und 4 sowie die Auswahl und das Aufnahmeverfahren, durch Verordnung zu regeln. ⁴Durch die Verordnung können vorübergehende oder auf örtlichen Besonderheiten beruhende Ausnahmen nach Satz 2 zugelassen werden. ⁵§ 52 Abs. 5 findet entsprechende Anwendung.

Allg.: § 129 macht als einleitende Vorschrift für den Zehnten Teil, der sich mit den »Grundschulen für Schülerinnen und Schüler des gleichen Bekenntnisses« befasst, allgemeine Vorgaben, die in den nachfolgenden Paragrafen konkretisiert, detaillierter ausgeführt oder eingeschränkt werden.

Die Vorschrift hat ihre Wurzeln in Art. 146 Satz 4 der Weimarer Reichsverfassung von 1919 (»Innerhalb der Gemeinden sind [...] auf Antrag von Erziehungsberechtigten Volksschulen ihres Bekenntnisses oder ihrer Weltanschauung einzurichten, soweit hierdurch ein geordneter Schulbetrieb [...] nicht beeinträchtigt wird«) und in den Art. 23 und 24 des sog. Reichskonkordats von 1933.

§ 8 des Gesetzes über das öffentliche Schulwesen in Niedersachsen vom 14.09.1954 (Nds. GVBl. S. 89) sah in seinen Absätzen 1 bis 3 der heutigen Vorschrift bereits stark ähnelnde Regelungen vor, allerdings war seinerzeit noch von der Errichtung öffentlicher »Volksschulen«, also von Schulen, die die Klassen 1 bis 8 bzw. 9 umfassten, die Rede. Nach einer Änderung des Art. 6 Abs. 1 des Konkordats mit dem Heiligen Stuhl im Mai 1973, die im Zuge von Schulreformen die Bestandsgarantie für Bekenntnisschulen auf den Primarbereich einschränkte, wurde durch Art. II Nr. 4 des Gesetzes zur Änderung schulrechtlicher Vorschriften vom 14.06.1973 (Nds. GVBl. S. 189) das Wort »Volksschulen« durch das Wort »Grundschulen« ersetzt. 1974 wurde § 8 SchG als § 109 a. F. in das Stammgesetz des NSchG übernommen. Für den Sekundarbereich I der damaligen (Bekenntnis-)Volksschulen wurde der Kirche die Möglichkeit eingeräumt, an bestimmten Standorten Schulen in kirchlicher Trägerschaft mit einem besonderen Status der staatlichen Finanzierung zu errichten (»Konkordatsschulen« – siehe §§ 154 – 157).

Die Absätze 1 und 2 sind seither nur leicht redaktionell verändert worden. Absatz 3, der Regelungen zur Aufnahme bekenntnisfremder Schülerinnen und Schüler trifft, wurde späterhin angefügt, wiederholt nachgebessert und erweitert; er hat seine aktuelle Fassung durch das ÄndG 11 erhalten.

Grundsätzlich sind in Niedersachsen die öffentlichen Schulen sog. Gemeinschaftsschulen, in denen alle Schülerinnen und Schüler »ohne Unterschied des Bekenntnisses und der Weltanschauung gemeinsam erzogen und unterrichtet« werden (§ 3 Abs. 2 Satz 1). Eine Ausnahme bilden die Grundschulen für Schülerinnen und Schüler des gleichen Bekenntnisses, die in den §§ 129 – 138 ihre Grundlage haben. Diese öffentlichen Schulen werden üblicherweise als »Bekenntnisschulen«, gelegentlich auch als »Konfessionsschulen« bezeichnet. Sie dürfen nicht mit den oben genannten (privaten) »Konkordatsschulen« verwechselt werden. Nach dem Stand vom 18.08.2016 gibt es in Niedersachsen 102 katholische und drei evangelische Bekenntnisschulen. Ihre Schulträger sind die Gemeinden bzw. Samtgemeinden; Lehrkräfte, pädagogische Mitarbeiterinnen und Mitarbeiter sowie die Schulassistentinnen und Schulassistenten sind Landesbedienstete.

Bekenntnisschulen gibt es außer in Niedersachsen nur noch in Nordrhein-Westfalen; dort haben sie Verfassungsrang (Art 12 Abs. 3 Satz 2 Verf NRW). In Bayern gibt es seit 1968 keine Bekenntnisschulen mehr. An den dortigen Volksschulen können aber Klassen für Schülerinnen und Schüler des gleichen Bekenntnisses eingerichtet werden.

2   **Zu Abs. 1**: Gemäß Art. 6 Abs. 1 1. Halbsatz des Konkordats zwischen dem Heiligen Stuhle und dem Lande Niedersachsen (Anm. 5) gewährleistet das Land die Beibehaltung und Neuerrichtung von katholischen Bekenntnisschulen im Primarbereich (Schuljahrgänge 1 – 4). Mit der Gewährleistung der »Beibehaltung« von Bekenntnisschulen wird seitens des Landes Niedersachsen eine institutionelle Garantie für dieses besondere Schulangebot gegeben; der Bestand einzelner Schulen ist dadurch nicht geschützt.

Die Gewähr für die »Neuerrichtung« von Bekenntnisschulen wird in Art. 6 Abs. 2 Satz 1 des Konkordats weiter konkretisiert: »Auf Antrag von Eltern oder sonstigen Erziehungsberechtigten werden im Bereich örtlicher oder überörtlicher Schulträger katholische Bekenntnisschulen errichtet, wenn eine angemessene Gliederung der beantragten Schule gesichert erscheint und die schulische Versorgung anderer Schüler im Bereich des Schulträgers gewahrt wird.«

Absatz 1 greift einen wesentlichen Teil dieser ratifizierten Vereinbarung auf und legt fest, dass auf Antrag von Erziehungsberechtigten öffentliche Grundschulen für Schülerinnen und Schüler des gleichen Bekenntnisses zu errichten sind.

Abweichend von § 106, der die Erforderlichkeit der Errichtung von Grundschulen von der Entwicklung der Schülerzahlen sowie von der Entscheidung des für den Bereich zuständigen kommunalen Schulträgers und von einem von ihm lediglich zu ermittelnden »Elterninteresse« abhängig macht, fordert Absatz 1 für die Errichtung von Grundschulen für Schülerinnen und Schüler des gleichen Bekenntnisses einen Initiativantrag der Erziehungsberechtigten. Die Initiative für die Errichtung einer Bekenntnisschule muss somit von den Erziehungsberechtigten ausgehen, ein kommunaler Schulträger kann von Amts wegen allein angesichts einer positiven Entwicklung konfessioneller Schülerzahlen nicht die Errichtung einer Bekenntnisschule veranlassen. Die Antragskompetenz der Erziehungsberechtigten ist nicht nur der o. a. konkordatären Bestimmung, sondern auch der Formulierung in Art. 7 Abs. 5 GG (und Art. 146 Abs. 2 WRV) nachempfunden und liegt in der Ausübung ihrer Religions- und Glaubensfreiheit gemäß Art. 4 Abs. 1 und 2 GG und der von ihnen – als Ausfluss ihres Erziehungsrechts aus Art. 6 Abs. 2 GG – gewünschten Verknüpfung ihres Bekenntnisses zur Schule begründet.

Nach dem Wortlaut des Absatzes 1 ist der Antrag – neben den Voraussetzungen des § 130 – ein zwingendes Erfordernis für die Errichtung einer Bekenntnisschule. Fehlt es an einem Antrag bzw. wird die nach § 131 Abs. 2 vorgeschriebene Zahl der Anträge nicht erreicht, kann eine Bekenntnisschule nicht errichtet werden.

Das noch im Konkordat formulierte Nebeneinander von »Eltern und sonstigen Erziehungsberechtigten« wurde durch den schulgesetzlich zwischenzeitlich weitgehend üblichen und umfassenden Begriff der »Erziehungsberechtigten« ersetzt. Erziehungsberechtigte im Sinne des NSchG sind diejenigen Personen, denen das Personensorgerecht für das Kind zusteht (vgl. § 55 Abs. 1 Satz 1). Eine in § 55 Abs. 1 Satz 2 genannte andere, den Erziehungsberechtigten gleichgestellte Person kann das Antragsrecht aus § 129 ausüben, sofern die Personensorgeberechtigten dem Schulträger den entsprechenden Sachverhalt nach § 55 Abs. 1 Satz 2 Nrn. 1 bis 3 mitgeteilt und dabei bestimmt haben, dass die andere Person als erziehungsberechtigt gelten soll.

Auf einen begründeten Antrag hin haben die Erziehungsberechtigten einen Anspruch auf die Errichtung einer Bekenntnisschule. Dieses ergibt sich aus der Festlegung in der Formulierung, dass öffentliche Grundschulen für Schülerinnen und Schüler des gleichen Bekenntnisses zu errichten »sind«, die dem Schulträger kein Entscheidungsermessen einräumt. Der Anspruch der Erziehungsberechtigten ist allerdings ausschließlich auf die Errichtung einer Schule gerichtet, andere schulorganisatorische Maßnahmen, wie z.B. die Erweiterung oder Einschränkung der Schule, können von den Erziehungsberechtigen in entsprechender Anwendung des § 129 Abs. 1 nicht beansprucht werden. Im Übrigen wird auf die speziellen Vorschriften in § 135 zur Zusammenlegung und Umwandlung von Schulen und auf die dortige Kommentierung – auch zu einer organisatorischen Zusammenfassung mit einer anderen Schule – verwiesen. Zu der Maßnahme »Teilung einer Schule« wird nachfolgend noch Stellung bezogen.

Der Gesetzgeber hat die konfessionelle Ausrichtung der Bekenntnisschulen offen formuliert (vgl. fest umrissener § 26 Abs. 3 Schulgesetz NRW), so dass unter »Bekenntnis« nicht nur ein christliches Bekenntnis zu verstehen ist; die §§ 129 – 138 gelten folglich auch für die Errichtung von Bekenntnisschulen anderer Religionsgemeinschaften. Sofern die erforderliche Anzahl von Erziehungsberechtigten (§ 131) dies beantragt, besteht ein Anspruch auf Errichtung. Eine institutionelle Garantie der besonderen Schulart »Bekenntnisschule« wurde vom Land Niedersachsen allerdings nur gegenüber der Römisch-katholischen Kirche sowie gegenüber den Evangelischen Landeskirchen gegeben (vgl. Art. 6 des Konkordats zwischen dem Heiligen Stuhle und dem Lande Niedersachsen bzw. Art. 14 Satz 2 des Ergänzungsvertrages vom 04.03.1965 zum Vertrag des Landes Niedersachsen mit den Evangelischen Landeskirchen in Niedersachsen vom 19.03.1955).

Schulgesetzlich nicht befriedigend geregelt ist, ob und ggf. in welchem Verfahren eine Bekenntnisschule im Falle eines Überschreitens der Höchstzügigkeit (bei Grundschulen ist dies gem. § 4 Abs. 1 Nr. 1 SchOrgVO eine Vierzügigkeit) geteilt werden darf. Ein unkritischer Rückgriff auf § 106 Abs. 1, wonach Schulträger verpflichtet sind, Schulen zu teilen, wenn die Entwicklung der Schülerzahlen dies erfordert, begegnet jedenfalls einigen Bedenken. Bei der Prüfung dieser Rechtsfrage darf zunächst nicht verkannt werden, dass sich die bekenntnismäßige Zusammensetzung der Bekenntnisschulen in den vergangenen Jahrzehnten deutlich verändert hat. Gab es in den 1950er und 1960er Jahren keine oder nur eine Handvoll bekenntnisfremder Schülerinnen und Schüler an Bekenntnisschulen, so liegt deren Anteil in einzelnen Kommunen derzeit häufig bei 30 v. H., zum Teil sogar bei mehr als 50 v. H. Diese Entwicklung wirft nicht nur die Frage auf, ob und ab welchem Anteil Bekenntnisfremder eine Bekenntnisschule ihren Bekenntnischarakter verliert (vgl. VG Gelsenkirchen, Beschl. v. 09.05.2008 – 4 L 1143/07), erst recht, wenn man bedenkt, dass die sog. »80 %-Schulen« Gemeinschaftsschulen sind, sondern sie führt insbesondere zu der Fragestellung, ob die Teilung bei einem erheblichen Anteil Bekenntnisfremder zu rechtfertigen ist. Die Teilung – als ein Unterfall der Errichtung von Schulen – darf doch nur dann im Ergebnis zu zwei Bekenntnisschulen – gleichsam zu einer »Klonung« – führen, wenn für beide Schulen das in § 131 Abs. 2 vorgesehene Quorum von Elternanträgen erfüllt sein würde. Andernfalls könnten ohne die notwendige Anzahl von Schülerinnen und Schülern des gleichen Bekenntnisses Bekenntnisschulen vermehrt werden, obwohl die Errichtung einer Gemeinschaftsschule Vorrang hätte.

Nach Nr. 7 des Abschließenden Sitzungsprotokolls zum Konkordat vom 26.02.1965 sollen »nach allgemeinen Verwaltungsgrundsätzen im Falle der Überfüllung von Schulen des katholischen Bekenntnisses neue Schulen dieser Art von Amts wegen gemäß § 5 Schulverwaltungsgesetz unter Ausschluss der §§ 9 bis 13 des Schulgesetzes errichtet« werden. Hierzu ist zunächst festzustellen, dass § 5 des erwähnten Schulverwaltungsgesetzes die schulorganisatorische Maßnahme »Teilung« nicht kannte, lediglich die Errichtung von Schulen ist hier angeführt. Gewichtiger aber ist, dass ein Sitzungsprotokoll das verfassungsrechtlich garantierte Selbstverwaltungsrecht eines kommunalen Schulträgers nicht derart zu prägen bzw. zu beschneiden in der Lage ist, hierzu hätte es einer gesetzlichen

Grundschulen f. Schüler(innen) d. gleichen Bekenntnisses § 129 **NSchG**

Regelung bedurft. Fehlt es bei der beabsichtigten Teilung einer Bekenntnisschule wegen der dauerhaften Überschreitung der Höchstzügigkeit an Anträgen der Erziehungsberechtigten nach § 131, entstehen durch die Teilung zwei Schulen für Schülerinnen und Schüler aller Bekenntnisse (Gemeinschaftsschulen); (a. A. ohne Begründung Brockmann/Littmann/Schippmann, § 131 Anm. 1.3).

Zu Abs. 2: Die Regelung schreibt vor, dass sich die Gesamtheit der Lehrenden an einer Schule für Schülerinnen und Schüler des gleichen Bekenntnisses aus Lehrkräften, die dem Bekenntnis der Schülerschaft angehören, zusammenzusetzen hat. Diese Vorgabe findet sich bereits in Art. 24 Satz 1 des sog. Reichskonkordats von 1933, dessen Kontinuität durch die Präambel des Niedersachsenkonkordats von 1965 deutlich gemacht wurde (vgl. Abschnitt II der Begründung zum Entwurf eines Gesetzes zum Konkordat, Drs. 529). Die in der Vorschrift postulierte »Bekenntnishomogenität von Schülerschaft und Lehrerschaft« an Bekenntnisschulen gehört zu den charakteristischen Merkmalen, in denen sie sich von Gemeinschaftsschulen unterscheiden (siehe jedoch § 52 Abs. 5 und Anm. 5).

3

Da die Schulbehörden bei Bekenntnisschulen wie auch bei allen anderen öffentlichen Schulen die Unterrichtsversorgung sicherstellen müssen, kann es vorkommen, dass, wenn Lehrkräfte des gleichen Bekenntnisses nicht zur Verfügung stehen, vorübergehend auch Lehrkräfte eines anderen Bekenntnisses an den Bekenntnisschulen eingesetzt werden, um den Unterrichtsbetrieb zu gewährleisten. Zur Sicherung des Unterrichts ist eine solche Maßnahme – auch vor dem Hintergrund von Art. 7 Abs. 1 GG – sachgerecht und durchaus zulässig (vgl. eindeutige Regelung in § 26 Abs. 6 Satz 4 Schulgesetz NRW). Die Schulbehörden haben sich allerdings angemessen darum zu bemühen, die eingesetzten Lehrkräfte eines anderen Bekenntnisses sobald wie möglich durch Lehrkräfte des gleichen Bekenntnisses zu ersetzen.

Ob Erziehungsberechtigte einen einklagbaren Anspruch auf den Einsatz ausschließlich bekenntnisgleicher Lehrkräfte gegen das Land haben und ob dieses verpflichtet ist, zur Versorgung von Bekenntnisschulen bekenntnisgleiche Lehrkräfte im gesamten Bundesgebiet anzuwerben und einzustellen, ist umstritten (zum Anspruch der Eltern auf bekenntnisangehörige Lehrkräfte vgl. das erstinstanzliche Urteil des VG Oldenburg v. 27.05.1993 – 2 A 2814/91 m. w. N., wonach ein solches Teilhaberecht aus Art. 4 Abs. 1 i. V. m. Art. 6 Abs. 2 GG abgeleitet wird.). Ein solcher Anspruch wäre praxisfern und weit entfernt von der Lebenswirklichkeit. Das gilt insbesondere für die Unterrichtsversorgung mit den sog. »Fächern des besonderen Bedarfs«, denn bei einem Lehrkräftemangel wird von verantwortlicher Stelle in erster Linie die Stellenbesetzung für das Mangelfach und in zweiter Linie die Bekenntniszugehörigkeit einer Fachlehrkraft ins Auge zu fassen sein.

Die historisch überkommene Regelung in Absatz 2 begegnet angesichts der rückläufigen Zahl der Mitgliedschaften in den Kirchen mittlerweile aber nicht nur praktischen Umsetzungsschwierigkeiten, sondern auch rechtlichen Bedenken. Die Verfassungsgrundsätze aus Art. 3 Abs. 3 (Diskriminierungsverbot) und Art. 7 Abs. 3 Satz 3 i. V. m. Art. 4 Abs. 1 GG

(Religions- und Weltanschauungsfreiheit, vgl. auch § 127 Abs. 1) sind sowohl bei der Personalauswahl als auch beim Personaleinsatz geltendes Recht. Ferner hat jeder Deutsche gemäß Art. 33 Abs. 2 GG nach seiner Eignung, Befähigung und fachlichen Leistung gleichen Zugang zu jedem öffentlichen Amt. Überdies sind gemäß § 9 Beamtenstatusgesetz bei Beamtinnen und Beamten Ernennungen nach Eignung, Befähigung und fachlicher Leistung ausdrücklich ohne Rücksicht auf Religion oder Weltanschauung vorzunehmen. Schließlich ist auch ein Verstoß gegen das Allgemeine Gleichbehandlungsgesetz (ugs. Antidiskriminierungsgesetz), ein höherrangiges Bundesgesetz, in Betracht zu ziehen. Ziel dieses Gesetzes ist es, Benachteiligungen u. a. wegen der Religion oder Weltanschauung zu verhindern oder zu beseitigen. Zur Verwirklichung dieses Ziels erhalten die durch das Gesetz geschützten Personen Rechtsansprüche gegen Dienstherrn bzw. Arbeitgeber, wenn diese ihnen gegenüber gegen die gesetzlichen Diskriminierungsverbote verstoßen (vgl. Aufsatz »Die staatliche Bekenntnisschule im Lichte des AGG«, Anm. 5). Es ist zu besorgen, dass gegen diese grundlegenden Vorgaben verstoßen wird, sofern die Einstellung von Lehrkräften von der Bekenntniszugehörigkeit abhängig gemacht wird. Die Schulbehörden werden lediglich beim Einsatz bereits eingestellter Lehrkräfte Rücksicht auf deren Religionszugehörigkeit nehmen dürfen.

4 Zu Abs. 3: Es würde dem Charakter der Bekenntnisschulen aber auch den Erwartungen der Erziehungsberechtigten, die ihre Kinder in deren Bekenntnis unterrichtet und erzogen wissen wollen, widersprechen, wenn in diesen Schulen bekenntnisfremde Schülerinnen und Schüler unbegrenzt Aufnahme finden würden. Der Gesetzgeber hat daher deren Aufnahme zahlenmäßig eingeschränkt. Bis einschließlich des NSchG 96 konnten bekenntnisfremde Schülerinnen und Schüler nur aufgenommen werden, solange für sie kein eigener Religionsunterricht eingerichtet werden musste. Nach § 124 Abs. 1 bedeutet dies, dass nur maximal elf Schülerinnen und Schüler eines fremden Bekenntnisses aufgenommen werden durften. Diese Beschränkung wurde vielfach umgangen, indem Eltern ihre Kinder vom Religionsunterricht abmeldeten oder gar aus der Kirche austraten. Mit dem ÄndG 96 hatte der Gesetzgeber versucht, eine behutsame Öffnung dadurch zu erreichen, dass bekenntnisfremde Schülerinnen und Schüler aus den in § 63 Abs. 3 Satz 4 genannten Gründen (unzumutbare Härte, pädagogische Gründe) ohne Anrechnung auf die Höchstzahl aufgenommen werden konnten. Da auch diese Regelung nicht zu einer befriedigenden Lösung führte, hat der Gesetzgeber im ÄndG 97 bestimmt, dass bekenntnisfremde Schülerinnen und Schüler ohne Rücksicht auf die etwa erforderliche Einrichtung eines entsprechenden Religionsunterrichts »in geringem Umfang« aufgenommen werden dürfen. Eine Konkretisierung dieses unbestimmten Rechtsbegriffs ist durch das ÄndG 11 erfolgt. Grundsätzlich ist die Obergrenze für die Aufnahme Bekenntnisfremder auf 30 v. H. gemessen an der Gesamtschülerzahl (nicht an der Schülerzahl eines einzelnen Schuljahrgangs) festgesetzt worden. Dieser Vomhundertsatz entspricht der »in § 157 Abs. 1 Satz 1« genannten Zahl, die für die Finanzhilfe für die »Konkordatsschulen« eine Rolle spielt.

Grundschulen f. Schüler(innen) d. gleichen Bekenntnisses § 129

Da es sich um eine Obergrenze handelt, kann für die jeweilige Schule auch bestimmt werden, dass dort grundsätzlich keine bekenntnisfremden Schülerinnen und Schüler aufgenommen werden, ferner kann auch ein niedrigerer Anteil als 30 v. H. festgelegt werden. Eine solche Entscheidung würde aber dann an eine Grenze stoßen, wenn von der Schule trotz vorhandener Aufnahmekapazität Bekenntnisfremde abgewiesen werden und für diese eine Gemeinschaftsschule in zumutbarer Weise nicht erreichbar wäre. Hier müsste ggf. durch die Schulaufsicht eine Lösung herbeigeführt werden.

Das Kultusministerium kann nach **Satz 2 1. Halbsatz** auf Antrag des Schulträgers eine Ausnahme von der 30 %-Grenze zulassen. Ein solcher Antrag des Schulträgers kann nur im Einvernehmen mit der Schule gestellt werden, wodurch die gemeinsame Herrschaft von Kommune und Land über die Schule gemäß § 1 Abs. 3 Satz 2 zum Ausdruck kommt. Über die Erteilung des Einvernehmens der Schule entscheidet nach der speziellen Regelung in **Satz 2 2. Halbsatz** der Schulvorstand (§ 38b Abs. 1 Satz 4).

Satz 3 enthält für das Kultusministerium eine Verordnungsermächtigung. Danach kann das Ministerium das Nähere, insbesondere die Voraussetzungen für eine Ausnahme nach den Sätzen 2 und 4 sowie die Auswahl und das Aufnahmeverfahren, verordnungsrechtlich regeln. Mit der Verordnung über die Aufnahme bekenntnisfremder Schülerinnen und Schüler in Grundschulen für Schülerinnen und Schüler des gleichen Bekenntnisses (Bekenntnisschulen-Aufnahmeverordnung, Anm. 5) hat das MK von der Ermächtigung Gebrauch gemacht.

Nach § 1 der Bekenntnisschulen-Aufnahmeverordnung kann eine **Ausnahme** nach Absatz 3 Satz 2 nur zugelassen werden, wenn dadurch an den Grundschulen des Schulträgers ein Ausgleich der Anteile von Schülerinnen und Schülern mit Migrationshintergrund angestrebt wird oder eine gemeinsame Beschulung von Schülerinnen und Schülern mit Bedarf an sonderpädagogischer Unterstützung und Schülerinnen und Schülern ohne Bedarf an sonderpädagogischer Unterstützung erleichtert wird (vgl. daran angelehnt § 157 Abs. 1 Satz 2). Ob bei einer Schülerin oder einem Schüler ein Migrationshintergrund vorliegt, lässt sich beispielsweise anhand der in der Migrationshintergrund-Erhebungsverordnung vom 29.09.2010 (BGBl. I, S. 1372) festgelegten Merkmale bestimmen bzw. auf diese stützen. Der z.B. für eine verbesserte Integration für erforderlich erachtete Ausgleich muss an Grundschulen desselben Schulträgers angestrebt werden.

Die zweite Ausnahmemöglichkeit trägt dem Inklusionsgedanken Rechnung. Die Möglichkeit einer gemeinsamen Beschulung von Schülerinnen und Schülern mit und ohne Unterstützungsbedarf rechtfertigt ein moderates Abweichen von der Obergrenze.

Durch das Wort »nur« wird deutlich, dass es über die genannten hinaus keine weiteren Ausnahmegründe gibt.

Nach **Satz 4** können durch die Verordnung »vorübergehende oder auf örtlichen Besonderheiten beruhende Ausnahmen« nach Satz 2 zugelassen werden. Der Verordnungsgeber hat in § 1 Satz 2 der Bekenntnisschulen-

Aufnahmeverordnung nur zeitlich begrenzte Abweichungen zugelassen, denn eine zugelassene Ausnahme ist auf höchstens vier Schuljahre zu befristen. Der Zeitraum entspricht an einer Grundschule einem »Jahrgangsdurchlauf«. Sofern bereits ein kürzerer Zeitraum für Abhilfe sorgen kann, ist dieser festzusetzen. Für die erneute Erteilung einer Ausnahme sind die Rahmenbedingungen neu zu erheben und zu würdigen.

Auf örtlichen Besonderheiten beruhende Ausnahmen sind in der Verordnung zurzeit nicht aufgeführt. Denkbar wären hier beispielsweise eine »Insellage«, eine grenznahe oder abgeschiedene Lage, die die Erreichbarkeit von Ausweichschulen maßgeblich erschwert. Die Besonderheit muss nicht zwingend eine geografische Eigenheit sein, vorstellbar ist ferner eine Örtlichkeit mit einem außergewöhnlich hohen Zuzug von Kindern mit Migrationshintergrund oder von Flüchtlingskindern.

Im Schuljahr 2011/2012 wurde die 30 %-Grenze an 39 Schulen zum Teil deutlich überschritten; an sieben Schulen war der Anteil bekenntnisfremder Schülerinnen und Schüler größer als 50 % (LT-Drs. 16/4710, Anm. 5).

Liegen für die Aufnahme in eine Bekenntnisschule mehr Anmeldungen für bekenntnisfremde Schülerinnen und Schüler vor als die Schule aufnimmt, so sind gemäß § 2 Abs. 2 Satz 1 der Bekenntnisschulen-Aufnahmeverordnung vorrangig die Schülerinnen und Schüler aufzunehmen, denen gemäß § 63 Abs. 3 Satz 4 der Besuch einer Bekenntnisschule gestattet ist oder die eine Schwester oder einen Bruder haben, die oder der den 1., 2. oder 3. Schuljahrgang der Schule besucht.

Nach § 63 Abs. 3 Satz 4 kann der Besuch einer anderen als der zuständigen Schule gestattet werden, wenn der Besuch der zuständigen Schule für die betreffenden Schülerinnen und Schüler oder deren Familien eine »unzumutbare Härte« darstellen würde oder der Besuch der anderen Schule »aus pädagogischen Gründen geboten« erscheint. Zur Auslegung dieser unbestimmten Rechtsbegriffe wird auf die Anm. 4 zu § 63 verwiesen.

Die Geschwister-Regelung, die eine privilegierte Aufnahme von Schwester oder Bruder vorsieht, ist auf die ersten drei Schuljahrgänge begrenzt, weil nur so die dieser familienfreundlichen Regelung innewohnende Überlegung eines zeitgleichen Schulbesuchs realistisch ist.

Nach Aufnahme der bevorrechtigten Kinder und deren Anrechnung auf die gesetzte Quote bekenntnisfremder Schülerinnen und Schüler ist nach § 2 Abs. 2 Satz 2 der Bekenntnisschulen-Aufnahmeverordnung in Anwesenheit einer Vertreterin oder eines Vertreters des Schulträgers ein Losverfahren durchzuführen. Damit soll ein Ausleseverfahren verhindert werden, das rechtlich bedenkliche Auswahlkriterien vorsieht oder das aus anderen Gründen willkürlich verläuft.

Nach § 2 Abs. 1 der Bekenntnisschulen-Aufnahmeverordnung entscheidet über die Aufnahme von bekenntnisfremden Schülerinnen und Schülern in eine Grundschule für Schülerinnen und Schüler des gleichen Bekenntnisses die Schulleiterin oder der Schulleiter.

Die Entscheidung über die Aufnahme bekenntnisfremder Schülerinnen und Schüler ist eine Ermessensentscheidung, Die Schule hat dieses Ermessen gemäß §§ 1 Abs. 1, 2 Abs. 3 Nr. 3 NVwVfG i.V. m. § 40 VwVfG entsprechend dem Zweck der Ermächtigung auszuüben und dabei die gesetzlichen Grenzen des Ermessens einzuhalten. Nach niedersächsischem Landesrecht besteht keinesfalls ein gebundener gesetzlicher Anspruch auf Aufnahme bekenntnisfremder Schülerinnen und Schüler in eine Bekenntnisschule. Vielmehr können solche Kinder und ihre Erziehungsberechtigten lediglich verlangen, dass über ihren Aufnahmeantrag unter Beachtung der einschlägigen Zuständigkeits-, Form- und Verfahrensvorschriften, insbesondere denen der Bekenntnisschulen-Aufnahmeverordnung, ermessensfehlerfrei, d. h. insbesondere nicht willkürlich, entschieden wird (VG Hannover, Beschl. v. 07.09.1999 – 6 B 3834/99 n. v. und Urt. v. 25.06.2003 – 6 A 1136/03).

Nach **Satz 5** findet § 52 Abs. 5 entsprechende Anwendung. D. h., die Besetzung der Stellen der Lehrkräfte an öffentlichen Grundschulen richtet sich unbeschadet des Art. 3 Abs. 3, des Art. 7 Abs. 3 Satz 3 und des Art. 33 Abs. 2 und 3 GG nach der bekenntnismäßigen Zusammensetzung der Schülerschaft. Die Verweisung bedeutet, dass die Schulbehörde gehalten ist, entsprechend den aufgenommenen bekenntnisfremden Schülerinnen und Schülern auch Lehrkräfte, die deren Bekenntnis angehören, der Schule zuzuweisen.

Verweise, Literatur:

- Enzyklika Divini illius magistri, Rundschreiben des Papstes Pius XI. vom 31.12.1929 »über die christliche Erziehung der Jugend« (vgl. Festschreibung der kath. Bekenntnisschule Ziff. 80 ff.)
- Konkordat zwischen dem Heiligen Stuhle und dem Lande Niedersachsen vom 26.02.1965 (Nds. GVBl. S. 191), zuletzt geändert am 08.05.2012 (Nds. GVBl. S. 245)
- Verordnung über die Aufnahme bekenntnisfremder Schülerinnen und Schüler in Grundschulen für Schülerinnen und Schüler des gleichen Bekenntnisses (Bekenntnisschulen-Aufnahmeverordnung) vom 11.08.2011 (Nds. GVBl. S. 278; Schulrecht 420/41), geändert durch Art. 2 der VO vom 22.01.2013 (Nds. GVBl. S. 23)
- Die niedersächsische Schule vor und nach dem Konkordat, Niedersächsische Landeszentrale für politische Bildung, Hannover, 1965
- Urteil des Verwaltungsgerichts Hannover vom 25.06.2003 – 6 A 1136/03 –
- *Simon, Christian*: Das religiöse Fundament der niedersächsischen Schulgesetze im Parteienstreit der Fünfziger Jahre, Nieders. Jahrbuch für Landesgeschichte, Bd. 66, 1994, S. 261
- *Woltering, Herbert*: Öffentliche Bekenntnisgrundschulen – Ein schulrechtliches Ärgernis in Niedersachsen? Schulverwaltung, Ausgabe Niedersachsen, 1994, Heft 3, S. 69
- *Radtke, Dieter*: Zum Niedersächsischen Konkordat, Niedersächsische Verwaltungsblätter, 1997, H. 3, S. 49

- *Galas, Dieter*: 40 Jahre Niedersachsen-Konkordat, Schulverwaltung, Ausgabe Niedersachsen/Schleswig-Holstein, 2005, H. 5, S. 151
- Antwort auf die Große Anfrage »Situation der Grundschulen in Niedersachsen« (Drs. 16/4287)
- *Thormann, Martin*: Kreuz, Kopftuch und Bekenntnisschule – Zum Verhältnis von Staat und Religion im deutschen Schulwesen, Die Öffentliche Verwaltung, 2011, H. 24, S. 945
- *Hartmann, Sebastian*: Die staatliche Bekenntnisschule im Lichte des AGG. Die Öffentliche Verwaltung, 2015, H. 20, S. 875

(Karl-Heinz Ulrich)

§ 130 Antragsvoraussetzungen

Schulen nach § 129 dürfen nur dann errichtet werden, wenn daneben der Fortbestand oder die Errichtung mindestens einzügiger Grundschulen für Schülerinnen und Schüler aller Bekenntnisse mit zumutbaren Schulwegen möglich bleibt.

1 Allg.: Die Vorschrift hat ihre Wurzeln in § 9 Abs. 1 des Gesetzes über das öffentliche Schulwesen in Niedersachsen aus dem Jahr 1954 (Anm. 3). Mit einem der geltenden Fassung ähnlichen Wortlaut hat sie Aufnahme in das sog. Stammgesetz des Schulgesetzes von 1974 gefunden (§ 103 NSchGE/§ 110 NSchG a. F.), allerdings wurde seinerzeit noch der Fortbestand oder die Errichtung mindestens »zweizügiger« Grundschulen für Schülerinnen und Schüler aller Bekenntnisse vorgeschrieben. Mit dem Zweiten Gesetz zur Änderung des NSchG vom 21.07.1980 (Nds. GVBl. S. 261) wurde »wegen des Geburtenrückgangs und der sinkenden Schülerzahlen« (Anm. 3) die Mindestgröße der Grundschule schulgesetzlich »auf wenigstens einen Zug« festgelegt (§ 5 Abs. 1 Satz 2 1. Halbsatz NSchG a. F.); auch die Vorschrift zu den Antragsvoraussetzungen (§ 110 NSchG a. F.) wurde zugleich entsprechend geändert. Diese heute in § 6 nicht mehr vorhandene schulgesetzliche Festlegung auf eine Mindestzügigkeit von einem Zug ist hingegen in § 130 erhalten geblieben.

§ 130 sichert und unterstützt – ebenso wie u. a. § 135 Abs. 4 und § 136 – den Vorrang der Gemeinschaftsschule, denn der Zugang zu einer Schule für Schülerinnen und Schüler aller Bekenntnisse muss unter zumutbaren Bedingungen gewährleistet bleiben oder im Wege der Neuerrichtung einer Gemeinschaftsschule gesichert werden, wenn eine Schule für Schülerinnen und Schüler des gleichen Bekenntnisses errichtet werden soll. Bestehen an der Gewährleistung dieses Angebots durchgreifende Zweifel, darf eine Schule für Schülerinnen und Schüler des gleichen Bekenntnisses nicht errichtet werden.

2 **Zum einzigen Satz:** Die Errichtung einer Grundschule für Schülerinnen und Schüler des gleichen Bekenntnisses ist nur zulässig, wenn neben der

neuen Schule eine bereits existierende Grundschule für Schülerinnen und Schüler aller Bekenntnisse mindestens einzügig fortbestehen kann oder wenn neben der neuen Schule die Errichtung einer mindestens einzügigen Gemeinschaftsschule möglich bleibt.

»Einzügigkeit« bedeutet, dass die zu erhaltende oder die zu errichtende Grundschule jahrgangsweise gegliedert sein muss (»vierklassige« Grundschule, vgl. Drs. 9/1085 S. 59). Jahrgangsübergreifender Unterricht, auch wenn er sich nicht auf alle Jahrgangsstufen erstreckt (z.B. Jahrgänge 1 und 2 oder Jahrgänge 3 und 4 in sog. Kombiklassen), steht der Annahme einer Einzügigkeit entgegen.

Der Besuch einer Gemeinschaftsschule muss »mit zumutbaren Schulwegen« möglich bleiben. Was bei Schulwegen »zumutbar« ist, sagt das Gesetz weder hier noch an anderer Stelle. Ähnliche Bestimmungen mit vergleichbarem Regelungsansatz finden sich allerdings in § 106 und in § 114, allerdings ist hier von »zumutbaren Bedingungen« die Rede. Da die Bestimmung aus einer Zeit stammt, in der Schülerbeförderung weder den heutigen Stellenwert noch das aktuelle Angebot hatte, wird man den »Schulweg« nicht allein als Entfernung vom Wohnsitz zum Schulstandort begreifen dürfen, sondern vielmehr im übertragenen Sinne interpretieren müssen und dabei den zeitlichen Aspekt stärker herauszustellen haben. Auf die Ausführungen zum Begriff »zumutbare Bedingungen« bei der Schülerbeförderung (vgl. Anm. 3 zu § 114) kann dementsprechend verwiesen werden. Bei der Beurteilung der »zumutbaren Schulwege« bzw. zumutbaren Bedingungen ist selbstverständlich zu beachten, dass es sich bei den Betroffenen um Grundschülerinnen und Grundschüler mit entsprechender Konstitution handelt.

Verweise, Literatur: 3

- Gesetz über das öffentliche Schulwesen in Niedersachsen v. 14.09.1954 (Nds. GVBl. S. 89)
- Entwurf eines Zweiten Gesetzes zur Änderung des Niedersächsischen Schulgesetzes, Regierungsentwurf v. 08.10.1979 (Drs. 9/1085 S. 30, 58, 59, 81)

(Karl-Heinz Ulrich)

§ 131 Antragsverfahren

(1) [1]Antragsberechtigt sind die Erziehungsberechtigten der Schülerinnen und Schüler, die ihren Wohnsitz oder gewöhnlichen Aufenthalt im Einzugsbereich der Grundschulen desselben Schulträgers haben. [2]Die Schülerinnen und Schüler müssen dem Bekenntnis angehören, für das die Schule beantragt wird, und in dem in Satz 1 genannten Einzugsbereich eine Grundschule für Schülerinnen und Schüler aller Bekenntnisse besuchen.

(2) [1]In einem Einzugsbereich (Absatz 1 Satz 1) mit einer Einwohnerzahl von weniger als 5000 müssen Anträge für mindestens 120 Schülerinnen

oder Schüler gestellt werden. ²Diese Zahl (Antragszahl) steigt für je angefangene weitere 2000 Einwohnerinnen und Einwohner um 60, jedoch nicht über 240 hinaus.

(3) ¹Die Schulbehörde kann auch die Antragstellung aus einem Gebiet zulassen, das die Einzugsbereiche der Grundschulen benachbarter Schulträger mit umfasst. ²Voraussetzung dafür ist, dass

1. den Schülerinnen oder Schülern der Weg zu der beantragten Schule zugemutet werden kann und
2. alle beteiligten Schulträger zustimmen.

³Die Antragszahl bestimmt sich nach der Gesamteinwohnerzahl des Antragsbereichs; doch müssen in demjenigen Einzugsbereich (Absatz 1 Satz 1), in dem die beantragte Schule errichtet werden soll, mindestens 75 vom Hundert der Antragszahl erreicht werden, die nach Absatz 2 für ihn allein erforderlich sein würde.

(4) ¹Der Antrag muss von den Antragstellenden persönlich bis zum 31. Oktober des laufenden Schuljahres beim Schulträger zu Protokoll erklärt werden. ²Die Erklärung kann zurückgenommen werden.

1 Allg.: Die Vorschrift geht in ihrem Kern zurück auf § 10 des Gesetzes über das öffentliche Schulwesen in Niedersachsen aus dem Jahr 1954. In der Begründung zum Gesetzentwurf der Regierung heißt es zu der vorgeschlagenen Regelung (§ 7 SchGE) knapp: »§ 7 trifft Bestimmungen über die Antragsberechtigung«.

Die Vorschrift ist mehrfach an veränderte schulgesetzliche Rahmenbedingung (u. a. Wegfall der Volksschule, Verschiebung des Schuljahresbeginns) angepasst sowie erweitert und konkretisiert worden.

§ 131 legt die Antragsberechtigten persönlich und örtlich fest, macht Vorgaben zur Antragszahl in Abhängigkeit zur Einwohnerzahl und bestimmt das Antragsverfahren näher.

2 Zu Abs. 1: Nach Satz 1 sind die Erziehungsberechtigten der Schülerinnen und Schüler, die ihren Wohnsitz oder gewöhnlichen Aufenthalt im Einzugsbereich der Grundschulen desselben Schulträgers haben, antragsberechtigt.

Erziehungsberechtigte im Sinne des NSchG sind diejenigen Personen, denen das Personensorgerecht für das Kind zusteht (vgl. § 55 Abs. 1 Satz 1). Eine in § 55 Abs. 1 Satz 2 genannte andere, den Erziehungsberechtigten gleichgestellte Person kann das Antragsrecht aus § 129 ausüben, sofern die Personensorgeberechtigten dem Schulträger den entsprechenden Sachverhalt nach § 55 Abs. 1 Satz 2 Nrn. 1 bis 3 mitgeteilt und dabei bestimmt haben, dass die andere Person als erziehungsberechtigt gelten soll.

Der Wohnsitz im Sinne des NSchG ist anhand der Vorschriften in den §§ 7 bis 11 BGB zu bestimmen (vgl. OVG Lüneburg, Beschl. v. 23.08.1999 – 13 M 317 5/99). Wohnsitz ist der Ort, an dem man sich ständig niederlässt (§ 7 BGB); ein minderjähriges Kind teilt grundsätzlich den Wohnsitz der Eltern (§ 11 BGB).

Der Rechtsbegriff »gewöhnlicher Aufenthalt« einer Person beschreibt ein tatsächliches Verhältnis. Anhaltspunkte für eine nähere Begriffsbestimmung finden sich im Sozialgesetzbuch Erstes Buch – Allgemeiner Teil – sowie in der Abgabenordnung. Danach hat jemand den gewöhnlichen Aufenthalt dort, wo er sich unter Umständen aufhält, die erkennen lassen, dass er an diesem Ort oder in diesem Gebiet nicht nur vorübergehend verweilt (vgl. § 30 Abs. 3 Satz 2 SGB I). Als gewöhnlicher Aufenthalt [...] ist stets und von Beginn an ein zeitlich zusammenhängender Aufenthalt von mehr als sechs Monaten Dauer anzusehen; kurzfristige Unterbrechungen bleiben unberücksichtigt (vgl. § 9 AO).

Dauer und Beständigkeit des Aufenthaltes sowie – als Indiz – die Absicht der oder des Betreffenden, diesen Aufenthalt beizubehalten, können bei der Auslegung des Begriffes »gewöhnlicher Aufenthalt« herangezogen werden. Die verschiedenen Funktionen, die der Begriff des gewöhnlichen Aufenthaltes im deutschen Recht zu erfüllen hat (einerseits Voraussetzung für Ansprüche, andererseits Bedingung für Verpflichtungen), lassen den Schluss zu, dass er nicht einheitlich zu verstehen ist, sondern vielmehr im Zusammenhang mit dem Regelungszweck zu interpretieren ist.

Der Einzugsbereich ist ein räumlich abgegrenztes Gebiet, aus dem sich die Schülerschaft zu einer öffentlichen Schule hin orientiert. Aus dem Einzugsbereich wird eine Schule mit Schülerinnen und Schülern versorgt. Gem. § 5 Abs. 1 SchOrgVO haben die Schulträger für ihre Schulen Einzugsbereiche (§ 106 Abs. 5 Satz 1 Nr. 1) festzulegen. Die Einzugsbereiche der Grundschulen sollen das Gebiet des Schulträgers nicht überschreiten (§ 5 Abs. 2 SchOrgVO).

Als »Einzugsbereich der Grundschulen desselben Schulträgers« wird man das Gebiet der Gemeinde oder Samtgemeinde verstehen müssen, in der eine Schule für Schülerinnen und Schüler des gleichen Bekenntnisses errichtet werden soll, denn für alle Schülerinnen und Schüler im Gebiet des kommunalen Schulträgers muss die Erfüllung der Grundschulpflicht gesichert sein.

Nach **Satz 2** müssen die Schülerinnen und Schüler dem Bekenntnis angehören, für das die Schule beantragt wird, und in dem in Satz 1 genannten Einzugsbereich eine Grundschule für Schülerinnen und Schüler aller Bekenntnisse besuchen. Die Vorschrift stellt klar, dass die Schülerinnen und Schüler, für die eine Grundschule des gleichen Bekenntnisses errichtet werden soll, eben diesem Bekenntnis angehören müssen. Das Bekenntnis der den Antrag stellenden Erziehungsberechtigten ist hingegen unbeachtlich.

Dem Gesetzeswortlaut nach müssen die Schülerinnen und Schüler bereits eine (Gemeinschafts-) Grundschule im Einzugsbereich besuchen. Der Gesetzgeber ging bei der Umsetzung der Verträge mit den Kirchen offensichtlich ausschließlich von einer »Übernahme« von bereits beschulten Schülerinnen und Schülern einer (Gemeinschafts-) Grundschule in eine zu errichtende Grundschule für Schülerinnen und Schüler des gleichen Bekenntnisses aus, d.h. von der Gründung einer Schule, die von Anbeginn über vier besuchte Jahrgangsstufen verfügt. Das ist schon deshalb nicht möglich, weil der potentielle erste Schuljahrgang bei der Antragstellung noch gar nicht eingeschult und der noch an der Antragstellung beteiligte vierte Schuljahrgang zum Zeitpunkt der Schulerrichtung auf weiterführende Schulen gewechselt sein wird. Der Gesetzgeber hat offensichtlich außer Acht gelassen, dass Schulen für Schülerinnen und Schüler des gleichen Bekenntnisses nicht mehr als acht- bzw. neunklassige »Volksschulen«, sondern nur noch als Grundschulen neu errichtet werden können. Auch die Tatsache, dass nach § 133 Abs. 3 unter Umständen ein zeitliches Hinausschieben der Einschulung um maximal zwei Jahre möglich ist, macht deutlich, dass eine »Übernahme« einen gedachten Idealfall widerspiegelt.

Möglich sein muss – wie auch bei Gemeinschaftsschulen – ein jahrgangsweises Aufwachsen einer Grundschule für Schülerinnen und Schüler des gleichen Bekenntnisses ab Klasse 1. Die Antragszahlen müssten dann auf potentielle künftige Jahrgänge abstellen. Ob ein Bedarf an einer klarstellenden Neuregelung besteht, darf allerdings bezweifelt werden, da eher die Aufhebung oder Zusammenlegung von Schulen ein Thema sind als deren Neuerrichtung.

3   **Zu Abs. 2:** Nach **Satz 1** müssen in dem Einzugsbereich im Sinne des Absatzes 1 Satz 1 mit einer Einwohnerzahl von weniger als 5 000 für mindestens 120 Schülerinnen oder Schüler Anträge gestellt werden. Nach **Satz 2** steigt diese Zahl (Antragszahl) für je angefangene weitere 2 000 Einwohnerinnen und Einwohner um 60, jedoch nicht über 240 hinaus.

Da Zielsetzung die Errichtung einer mindestens einzügigen Schule mit vier Jahrgängen sein muss, muss eine Mindestantragszahl von 120 Schülerinnen und Schülern erreicht werden. Die Antragszahl bei großen Einzugsbereichen ist auf 240 begrenzt, folglich hat auch die Zügigkeit eine Obergrenze.

Das Verhältnis von Antragszahl zu Einwohnerzahl ist seit 1954 nicht verändert worden, obgleich sich der Anteil der grundschulpflichtigen Kinder über die Jahrzehnte verändert hat. 1950 und 1960 wurden jeweils rd. 116 000 Geburten gezählt. Allein von 1994 (rd. 81 500 Geburten), über 2004 (rd. 70 500 Geburten) bis 2014 (rd. 66 500 Geburten) haben sich in Niedersachsen die Geburtenzahlen deutlich verändert. Die Einwohnerzahl ist von 6,8 Mio. in 1950 auf rd. 7,9 Mio. in 2005 gestiegen. Der Anteil der 6- bis 11-jährigen an der Bevölkerung dürfte sich nach alledem inzwischen merklich verändert haben. Auch Klassenteiler nach dem sog. Klassenbildungserlass und allgemeine Planzahlvorgaben nach der SchOrgVO legen heute bekanntermaßen etwas geringere Werte fest. Gleichwohl: die gesetzliche Vorschrift ist maßgebend und es bedarf letztlich einer bestimmten, ausreichenden Anzahl schulpflichtiger Kinder, um eine funktionsfähige Grundschule zu errichten.

4   **Zu Abs. 3:** Die Schulbehörde (vgl. § 120 Abs. 6) kann nach **Satz 1** auch die Antragstellung aus einem Gebiet zulassen, das die Einzugsbereiche der Grundschulen benachbarter Schulträger mit umfasst. Voraussetzung dafür ist nach **Satz 2**, dass den Schülerinnen und Schülern der Weg zu der

beantragten Schule objektiv zugemutet werden kann und alle beteiligten Schulträger zustimmen.

Eine Ausdehnung des Einzugsbereichs über das Gebiet des Schulträgers hinaus auf Gebiete benachbarter Kommunen ist ferner nur mit deren Zustimmung zulässig. Andernfalls würden den anderen Gemeinden die dort zum Schulbesuch verpflichteten Schülerinnen und Schüler entzogen (»Schülerklau«). Als »benachbart« wird man Kommunen anzusehen haben, die mit dem Schulträger eine gemeinsame Gemeindegrenze haben. Hier ist der Begriff – anders als in § 137 – planungsrechtlich, d. h. im Sinne von »angrenzend«, auszulegen, denn Einzugsgebiete sollten zusammenhängend liegen.

Bezüglich der »Zumutbarkeit des Schulwegs« wir auf die Anm. 2 zu § 130 verwiesen.

Nach **Satz 3** bestimmt sich die Antragszahl nach der Gesamteinwohnerzahl des Antragsbereichs; doch müssen in demjenigen Einzugsbereich (Absatz 1 Satz 1), in dem die beantragte Schule errichtet werden soll, mindestens 75 vom Hundert der Antragszahl erreicht werden, die nach Absatz 2 für ihn allein erforderlich sein würde. Die Vorschrift macht deutlich, dass der Löwenanteil der Schülerschaft der begehrten neuen Schule aus dem direkten Umfeld des künftigen Schulstandortes kommen muss. Damit wird verhindert, dass der Radius um die gewünschte Schule so weit vergrößert oder so definiert wird, bis die erforderliche Antragszahl erreicht werden kann. Auch vertretbare Schulwege bzw. Beförderungszeiten werden durch diese Maßgabe begünstigt.

Zu Abs. 4: Nach **Satz 1** müssen die Antragstellenden persönlich beim Schulträger erscheinen und ihren Antrag zu Protokoll erklären. Antragstellende sind die Erziehungsberechtigten. Im Regelfall steht die Sorge für die Person des Kindes den Eltern gemeinsam zu, dann ist die Erklärung von beiden Elternteilen abzugeben. Da Eltern sich auch sonst vertreten können, kann ein Elternteil den anderen vertreten, so dass nicht beide Eltern persönlich erscheinen müssen. Eine anderweitige Vertretung durch andere Personen ist jedoch nicht zulässig. Ein Antrag, der nicht bis zum 31. Oktober zu Protokoll erklärt wurde, kann nicht gewertet werden, da der Termin das Ende einer Ausschlussfrist vorgibt. Bleibt deshalb der Antrag auf Errichtung erfolglos, so gilt § 134. Liegen hingegen genügend Anträge vor und wird der Errichtung stattgegeben, so kann der Antragsteller, der den Antrag verspätet abgegeben hat, trotzdem sein Kind zur neu errichteten Schule anmelden.

Satz 2 erlaubt es den Antragstellenden, ihre Erklärung zurückzunehmen. Ob dies nur bis zum 31. Oktober möglich ist oder auch noch danach, wird nicht deutlich. Sinn macht allerdings nur eine Rücknahme innerhalb der gesetzten Frist, andere Interpretationen würden Manipulationen bei der Antragszahl ermöglichen.

5

6 Verweise, Literatur:
- Entwurf eines Gesetzes über das öffentliche Schulwesen in Niedersachsen v. 04.02.1954, Drs. 1268 (Regierungsvorlage), (§ 7 SchGE)
- Gesetz über das öffentliche Schulwesen in Niedersachsen v. 14.09.1954 (Nds. GVBl. S. 89), (§ 10 SchG)

(Karl-Heinz Ulrich)

§ 132 Weitere Voraussetzungen

¹Die Errichtung der Schule setzt voraus, dass bis zum 31. Januar des laufenden Schuljahres eine ausreichende Anzahl von Kindern für diese Schule angemeldet ist. ²Die Errichtung der Schule ist abzulehnen, wenn ihr Bestand nicht für mindestens vier Jahre gewährleistet erscheint.

1 **Allg.:** Die Vorschrift entstammt dem »Gesetz über das öffentliche Schulwesen in Niedersachsen« aus dem Jahr 1954 und wurde – marginal verändert (vgl. Anm. 4) – in das sog. Stammgesetz des NSchG von 1974 (vgl. § 112 a. F.) übernommen. Sie regelt »weitere Voraussetzungen« für die Errichtung einer Schule für Schülerinnen und Schüler des gleichen Bekenntnisses. Die Bestimmung legt fest, bis zu welchem Stichtag die für die Errichtung einer solchen Schule notwendige Anzahl von Anmeldungen von Grundschülerinnen und Grundschülern vorliegen muss und für welchen Mindestzeitraum der Schulbetrieb aufgrund einer hinreichend validen Prognose über die zu erwartende Schülerzahl gesichert sein muss.

2 **Zu Satz 1:** Die Bestimmung legt einen konkreten Stichtag für das Ende der Anmeldefrist fest. Danach können nur bis zum 31. Januar des laufenden Schuljahres die Anmeldungen für die Schülerinnen und Schüler erfolgen.

Die Formulierung »die Errichtung setzt voraus« macht unmissverständlich deutlich, dass die Einhaltung des Termins als zwingende Voraussetzung für den einzuleitenden Errichtungsvorgang erfüllt sein muss. Die Behörden sind gehalten, diesen Stichtag zu beachten; eine Verlängerung der Anmeldefrist von Amts wegen ist nicht möglich.

Der 31. Januar als Endzeitpunkt der Anmeldefrist liegt drei Monate nach Ende der Antragsfrist (vgl. § 131 Abs. 4: 31. Oktober) und kennzeichnet zugleich das rechnerische Schulhalbjahresende (vgl. § 28 Abs. 1 Satz 1). Es bleibt bis zum schulrechtlichen Schuljahresbeginn (01. August eines jeden Jahres) ein halbes Jahr für die Antragsprüfung und Bescheidung, für die Einrichtung und Arbeit einer Planungsgruppe, für das Schulraumprogramm und die Schulraumbereitstellung (vgl. aber § 133 Abs. 3) sowie für die Sicherstellung der Lehrkräfteversorgung.

3 **Zu Satz 2:** Nach der Vorschrift ist die Errichtung einer beantragten Schule abzulehnen, wenn ihr Bestand nicht für mindestens vier Jahre gewährleistet erscheint. Schulträger und Schulbehörde haben kein Ermessen bezüglich einer Ablehnung des Antrages, sofern Zweifel bezüglich der Erfüllung des

Grundschulen f. Schüler(innen) d. gleichen Bekenntnisses § 132   NSchG

unbestimmten Rechtsbegriffs eines für den Zeitraum gesichert erscheinenden Bestandes der Schule bestehen; die Behörden haben die Genehmigung in solchen Fällen zu versagen.

Der Bestand der Schule ist für mindestens vier Jahre gewährleistet, wenn die Zahl der zu erwartenden Schülerinnen und Schüler in den ersten Klassenstufen den klassenweise gegliederten Aufbau einer Grundschule möglich macht. Es ist in dieser Vorschrift nicht gefordert, dass von Anbeginn eine Grundschule mit vier Jahrgängen errichtet werden kann, in der Regel wird ein jahrgangsweiser Aufbau erfolgen.

Nach § 1 Abs. 2 Satz 2 sind Schulen alle auf Dauer eingerichtete Bildungsstätten, in denen [...] Unterricht [...] mindestens für die Dauer von sechs Monaten erteilt wird. Im wohlverstandenen Interesse der Schülerinnen und Schüler muss eine Schule, die auf ein bestimmtes Ziel ausgerichtet ist, auch auf eine gewisse Dauer angelegt sein. Zumindest ein »Durchlauf« muss gewährleistet sein, um den Schülerinnen und Schülern einen Schulwechsel in dem besuchten Bildungsabschnitt zu ersparen.

Für die übrigen öffentlichen Schulen regelt § 6 SchOrgVO verordnungsrechtlich die erforderliche »Nachhaltigkeit schulorganisatorischer Entscheidungen«. Die in Satz 2 getroffene gesetzliche Vorschrift geht allerdings dieser verordnungsrechtlichen Regelung vor und privilegiert die Schulen für Schülerinnen und Schüler des gleichen Bekenntnisses gegenüber den übrigen öffentlichen Grundschulen bezüglich der geforderten Nachhaltigkeit deutlich.

Ob der Bestand für mindestens vier Jahre gewährleistet erscheint, lässt sich z.B. anhand einer Befragung der Erziehungsberechtigten im definierten Einzugsbereich der geplanten Schule ermitteln. Dazu könnten u. a. die Erziehungsberechtigten der Kindergartenjahrgänge (§ 1 Abs. 2 Nr. 1 b KiTaG) bezüglich des vorgesehenen Schullaufbahnbeginns ihrer Kinder befragt werden.

Zur Anzahl der anzumeldenden Schülerinnen und Schüler ist im Zehnten Teil des Gesetzes keine Aussage gemacht. Da auch Schulen für Schülerinnen und Schüler des gleichen Bekenntnisses öffentliche Schulen sind, wird hier § 4 Abs. 3 SchOrgVO heranzuziehen sein, der für die Schulform Grundschule eine Mindestschülerzahl von 24 je Zug vorschreibt.

Verweise, Literatur: 4
- Entwurf eines Gesetzes über das öffentliche Schulwesen in Niedersachsen, Drs. 1268 (Regierungsvorlage), (§ 8 SchG, Ursprungsfassung)
- Drittes Gesetz zur Änderung des Gesetzes über das öffentliche Schulwesen in Niedersachsen v. 17.05.1966 (Nds. GVBl. S. 110), (§ 11 SchG, Änderung des Stichtages wg. Änderung des Schuljahresbeginns)
- Entwurf eines Niedersächsischen Schulgesetzes v. 03.10.1973 (Drs. 7/2190, (§ 105 NSchGE/§ 111 NSchG a. F., geltende Fassung)

(Karl-Heinz Ulrich)

§ 133 Entscheidung

(1) ¹Über den Antrag entscheidet der Schulträger. ²Die Entscheidung bedarf der Genehmigung durch die Schulbehörde. ³Erforderlichenfalls kann diese auch an Stelle des Schulträgers entscheiden.

(2) Wird dem Antrag stattgegeben, so ist eine Schule nach § 129 zum Beginn des nächsten Schuljahres zu errichten.

(3) ¹Können die für die neue Schule erforderlichen Räume zu diesem Termin nicht bereitgestellt werden, so kann die Errichtung der Schule um höchstens zwei Jahre hinausgeschoben werden. ²Eine dahingehende Entscheidung des Schulträgers muss bis zum 31. Mai des laufenden Schuljahres getroffen worden sein. ³Sie bedarf der Genehmigung der Kommunalaufsichtsbehörde; die Genehmigung kann nur im Einvernehmen mit der Schulbehörde erteilt werden.

1 **Allg.:** Die Vorschrift entstammt dem »Gesetz über das öffentliche Schulwesen in Niedersachsen« aus dem Jahr 1954 (§ 9 SchGE/§ 12 SchG) und wurde in das sog. Stammgesetz des NSchG von 1974 (vgl. § 113 a. F.) übernommen; sie wurde über die Jahrzehnte hinweg lediglich redaktionell leicht verändert. § 133 regelt für das Antragsverfahren nach § 131 die Entscheidungszuständigkeit, trifft eine Festlegung hinsichtlich des regelmäßigen Errichtungstermins und regelt die Prozedur, sofern der Errichtungstermin mangels Räumlichkeiten verschoben werden muss.

2 **Zu Abs. 1:** Nach **Satz 1** entscheidet der Schulträger über den Antrag auf Errichtung einer Grundschule für Schülerinnen und Schüler des gleichen Bekenntnisses. Insoweit besteht eine Parallele zu § 106 Abs. 1, denn auch nach dieser Vorschrift liegt die Entscheidung über die schulorganisatorische Maßnahme »Errichtung einer Schule« in der Hand des kommunalen Trägers. Auf § 58 Abs. 1 Nr. 11 NKomVG, der die Zuständigkeit der Vertretung (Rat, Kreistag, Regionsversammlung) für die Errichtung von kommunalen Anstalten regelt, wird verwiesen.

Parallel zu der Bestimmung in § 106 Abs. 8 Satz 1, nach der die Schulträger für die Wirksamkeit ihrer schulorganisatorischen Entscheidungen der Genehmigung der Schulbehörde bedürfen, ist auch nach **Satz 2** die Entscheidung des Schulträgers über die Errichtung einer neuen Grundschule für Schülerinnen und Schüler des gleichen Bekenntnisses durch die nachgeordnete Schulbehörde (vgl. § 120 Abs. 6) zu genehmigen, um Wirksamkeit zu entfalten. Auch eine Grundschule für Schülerinnen und Schüler des gleichen Bekenntnisses ist nach § 1 Abs. 3 Satz 2 eine »gemeinsame Anstalt ihres Trägers und des Landes« (sog. Kondominium).

Eine schulgesetzliche Besonderheit findet sich in **Satz 3**. Nach dieser Vorschrift soll die Schulbehörde »erforderlichenfalls« auch an Stelle des Schulträgers entscheiden »können«, sie regelt folglich die Möglichkeit einer aufsichtlichen »Ersatzvornahme« der Schulbehörde. Es handelt sich um eine von der Schulbehörde zu treffende Ermessensentscheidung, die

Grundschulen f. Schüler(innen) d. gleichen Bekenntnisses § 133 NSchG

von der Erfüllung des unbestimmten Rechtsbegriffes »erforderlichenfalls« abhängig ist. Der Begriff der »Erforderlichkeit« beschreibt das Verhältnis eines Mittels zu einem erstrebten Zweck. Erforderlich ist eine behördliche Maßnahme im Verwaltungsrecht dann, wenn es zur Erreichung des angestrebten Zwecks kein geeignetes Mittel gibt, das den Einzelnen oder die Allgemeinheit weniger beeinträchtigt.

In der Regierungsvorlage v. 04.02.1954 (Anm. 5) wird zur Begründung dieser außergewöhnlichen Option Folgendes angeführt: »Die Frage, ob eine Schule nur für Schüler des gleichen Bekenntnisses zu errichten oder fortzuführen ist, gehört zu den inneren Schulangelegenheiten, für welche die Schulaufsichtsbehörde die im Hinblick auf Art. 7 des Bonner Grundgesetzes von ihr nicht abzunehmende Verantwortung trägt. Daraus ergibt sich das Recht der Schulaufsichtsbehörde, die Entscheidung ggf. auch an sich zu ziehen und sie anstelle des Schulträgers zu treffen.«

Der Gesetzgeber hält es demnach für angezeigt und mit Blick auf Art. 28 Abs. 2 GG, der den Gemeinden das Recht gewährleistet, alle Angelegenheiten der örtlichen Gemeinschaft im Rahmen der Gesetze in eigener Verantwortung zu regeln, auch für rechtlich vertretbar, dass die Schulbehörde über den Antrag auf Errichtung der Schule zu Lasten des Schulträgers entscheidet, sofern dieser seine Entscheidung nach Ablauf der Anmeldefrist verweigert oder seine Entscheidung ohne eine dies rechtfertigende Begründung hinauszögert.

Im Hinblick darauf, dass das Land nach den Vereinbarungen mit den Kirchen die Beibehaltung und Neuerrichtung von Grundschulen für Schülerinnen und Schüler des gleichen Bekenntnisses zu gewährleisten hat und dass nach Art. 7 Abs. 1 GG das gesamte Schulwesen unter der Aufsicht des Staates steht, sowie unter dem Aspekt, dass auch dem Erziehungsrecht der Eltern aus Art. 6 Abs. 2 GG genüge getan werden muss, wird die kommunale Selbstverwaltung insoweit eingeschränkt werden dürfen.

Zu Abs. 2: Die Vorschrift stellt klar, dass eine öffentliche Grundschule für 3 Schülerinnen und Schüler des gleichen Bekenntnisses zum Beginn des nächsten Schuljahres zu errichten ist, wenn dem Errichtungsantrag von Seiten des Schulträgers im Laufe des vorhergehenden Schuljahres stattgegeben und diese Entscheidung sodann von der Schulbehörde genehmigt worden ist. Für die beiden »Anstaltsträger« (§ 1 Abs. 3 Satz 2) bedeutet dieses, dass sie die sächlichen und personellen Voraussetzungen ab diesem Termin erfüllen müssen.

Zu Abs. 3: Nach **Satz 1** kann die Errichtung der Schule um höchstens zwei 4 Jahre hinausgeschoben werden, sofern die für die neue Schule erforderlichen Räume zu diesem Termin nicht bereitgestellt werden können. Diese Bestimmung, die schulgesetzlich seit 1954 besteht und aus der Zeit des Wiederaufbaus nach dem Zweiten Weltkrieg stammt, wurde seinerzeit im Regierungsentwurf (Anm. 5) wie folgt begründet: »Abs. 3 trägt der auch heute noch in einzelnen Gebietsteilen bestehenden Schulraumnot Rechnung. Er soll in besonders gelagerten Ausnahmefällen dem Schulträger eine angemessene Zeit geben, innerhalb welcher er den evtl. erforderlich werdenden Mehrbedarf an Schulraum bereitzustellen hat.«

Auch heute noch ist es dem Schulträger nach dieser Vorschrift möglich, die Errichtung einer genehmigten Schule für Schülerinnen und Schüler des gleichen Bekenntnisses um maximal zwei Jahre zu verschieben, sofern die notwendigen Räumlichkeiten nicht sogleich zur Verfügung stehen. Es dürfte allerdings nicht ausreichen, wenn es dem Schulträger selbst an eigenen Schulräumen mangelt. Sofern geeignete Räumlichkeiten unter zumutbaren Bedingungen angemietet oder geleast werden können, wird der Schulträger sich nicht auf die Vorschrift zurückziehen können. In Zeiten stagnierender oder rückläufiger Schülerzahlen und eines hinreichenden Angebots an geeigneten Liegenschaften dürfte diese Bestimmung ohnehin kaum noch praktische Bedeutung haben.

Nach **Satz 2** muss die Entscheidung des Schulträgers über einen späteren Errichtungstermin als den Beginn des kommenden Schuljahres spätestens bis zum 31. Mai des laufenden Schuljahres getroffen worden sein. Eine solche Entscheidung bedarf nach **Satz 3 1. Halbsatz** der Genehmigung der Kommunalaufsichtsbehörde, um Wirksamkeit zu entfalten. Die Kommunalaufsicht üben – je nach Status der Gemeinde – das Innenministerium, die Landkreise oder die Region Hannover aus (vgl. § 171 Abs. 1 bis 3 NKomVG). **Satz 3 2. Halbsatz** legt zudem fest, dass die Genehmigung der Kommunalaufsichtsbehörde nur im Einvernehmen mit der Schulbehörde erteilt werden kann, es bedarf folglich des Einverständnisses der nachgeordneten Schulbehörde. Dieses Verfahren stellt sowohl eine kommunalaufsichtliche als auch eine fachaufsichtliche Prüfung der Entscheidung des Schulträgers sicher.

5 Verweise, Literatur:
- Entwurf eines Gesetzes über das öffentliche Schulwesen in Niedersachsen v. 04.02.1954, Drs. 1268 (Regierungsvorlage), S. 2518
- Entwurf eines Niedersächsischen Schulgesetzes v. 03.10.1973 (Drs. 7/2190), (§ 106 NSchGE/§ 113 NSchG a. F.)

(Karl-Heinz Ulrich)

§ 134 Wiederholung des Antrags

¹**Ein erfolglos gebliebener Antrag kann erst nach Ablauf von zwei Jahren wiederholt werden.** ²**Die Frist beginnt mit dem Ablauf desjenigen Schuljahres, in dem über den Antrag entschieden worden ist.**

1 Allg.: Die Vorschrift entstammt dem »Gesetz über das öffentliche Schulwesen in Niedersachsen« aus dem Jahr 1954 und wurde unverändert in das sog. Stammgesetz des NSchG von 1974 übernommen (Anm. 4).

Vor dem Hintergrund, dass Rechtssicherheit und Vertrauensschutz zu den wesentlichen Elementen des Rechtsstaates gehören, soll die Regelung verhindern, dass unmittelbar oder kurze Zeit nach Ablehnung eines Antrages auf Errichtung einer Schule für Schülerinnen und Schüler des gleichen Bekenntnisses bereits eine Neuaufnahme des Verfahrens und eine erneute Entscheidung von den Antragstellenden begehrt werden können. Die Antragsablehnung hat eine vorübergehend nicht antastbare Feststellungs- und Bindungswirkung. Diese dient dem Schutz des Schulträgers und der Schulbehörde sowie dem Rechtsfrieden.

Der Gesetzgeber geht mit der Festlegung der Zweijahresfrist davon aus, dass sich die für eine Entscheidung erheblichen Tatsachen – hier insbesondere geprägt durch das Interesse der Erziehungsberechtigten an einer konfessionsgebundenen Schule – erst nach einer längeren Zeit maßgeblich und nachhaltig verändern können. Eine in der Regierungsvorlage des Gesetzentwurfs von 1954 ursprünglich vorgesehene Dreijahresfrist wurde in den Gesetzesberatungen kurzerhand verworfen (Anm. 4).

Zu Satz 1: Die Vorschrift legt fest, dass ein erfolglos gebliebener Antrag erst nach Ablauf von zwei Jahren wiederholt werden kann; Fristanfang und Fristende sind nach Satz 2 zu bestimmen. Ein vor Ablauf der Frist eingereichter Antrag ist unbeachtlich, er müsste nach Ablauf der Sperrfrist erneut vorgelegt werden, um einen Anspruch auf erneute Prüfung und Bescheidung durch Schulträger oder Schulbehörde auszulösen. **2**

Zu Satz 2: Aus der Bestimmung lässt sich entnehmen, wann die Sperrfrist für eine erneute Antragsstellung beginnt, in Verbindung mit Satz 1 lässt sich dann bestimmen, wann sie endet. **3**

Die Frist beginnt danach mit dem Ablauf desjenigen Schuljahres, in dem über den Antrag von Schulträger oder Schulbehörde entschieden worden ist. Nach § 28 Abs. 1 Satz 1 beginnt das Schuljahr grundsätzlich am 1. August eines jeden Jahres und endet am 31. Juli des folgenden Jahres. Ist z.B. über den Antrag am 10.03.2016 entschieden worden, so beginnt die Sperrfrist – nach Ende des Schuljahres am 31.07.2016 – am 01.08.2016 und sie endet am 31.07.2018. Am 01.08.2018 könnte frühestmöglich ein neuer Antrag gestellt werden; in diesem Beispielsfall endet die Antragsfrist nach § 131 Abs. 4 am 31.10.2018.

Verweise, Literatur: **4**

- Entwurf eines Gesetzes über das öffentliche Schulwesen in Niedersachsen, Drs. 1268 (Regierungsvorlage)

- Niederschrift über die 75. Sitzung des Kultusausschusses am 11.06.1954, S. 22

- Entwurf eines Niedersächsischen Schulgesetzes v. 03.10.1973 (Drs. 7/2190), (§ 107 NSchGE/§ 114 NSchG a. F.)

(Karl-Heinz Ulrich)

§ 135 Zusammenlegung und Umwandlung von Schulen

(1) Bei den Maßnahmen zur Bildung besser gegliederter Schulen ist auf die bekenntnismäßige Zusammensetzung der Schülerschaft Rücksicht zu nehmen.

(2) ¹Schulen nach § 129 sind grundsätzlich nur mit Schulen gleicher Art zu vereinigen. ²Dasselbe gilt für solche Schulen für Schülerinnen und Schüler aller Bekenntnisse, bei denen mindestens 80 vom Hundert der Schülerschaft dem gleichen Bekenntnis angehören. ³Die in Satz 1 genannten Schulen können mit den in Satz 2 genannten Schulen vereinigt werden, wenn Schulen gleicher Art in zumutbarer Entfernung nicht vorhanden sind.

(3) ¹Wenn Schulen nach § 129 oder die in Absatz 2 Satz 2 genannten Schulen nicht oder nur zum Teil jahrgangsweise gegliedert sind und durch Anwendung des Absatzes 2 die Bildung einer besser gegliederten Schule nicht zu erreichen ist, können diese Schulen auch mit anderen Schulen vereinigt werden. ²Sind Schulen nach § 129 oder die in Absatz 2 Satz 2 genannten Schulen jahrgangsweise gegliedert, so können sie dennoch mit anderen Schulen vereinigt werden, wenn für jede der betroffenen Schulen der Schulträger und die Erziehungsberechtigten von mehr als der Hälfte der Schülerschaft zustimmen.

(4) Wenn an einer Vereinigung von Schulen zur Bildung einer besser gegliederten Schule

1. eine Schule für Schülerinnen und Schüler aller Bekenntnisse oder

2. bekenntnisverschiedene Schulen für Schülerinnen und Schüler des gleichen Bekenntnisses beteiligt sind,

so entsteht eine Schule für Schülerinnen und Schüler aller Bekenntnisse.

(5) ¹Eine Schule nach § 129 soll in eine Schule für Schülerinnen und Schüler aller Bekenntnisse umgewandelt werden, wenn bei einer Abstimmung die Mehrheit der Erziehungsberechtigten der Umwandlung zustimmt. ²Über die Umwandlung entscheidet der Schulträger; die Entscheidung bedarf der Genehmigung der Schulbehörde. ³Abstimmungen über eine Umwandlung finden statt, wenn

1. die Erziehungsberechtigten von mindestens 10 vom Hundert der Schülerinnen und Schüler dies schriftlich beantragen,

2. der Schulträger dies beschließt oder

3. der Anteil der bekenntnisfremden Schülerinnen und Schüler an der Gesamtschülerzahl den in § 157 Abs. 1 Satz 1 genannten Vomhundertsatz in vier aufeinander folgenden Schuljahren überschreitet.

⁴§ 134 ist entsprechend anzuwenden.

1 Allg.: Die Vorschrift geht zurück auf die Vereinbarung in Art. 6 Abs. 1 des Konkordats zwischen dem Heiligen Stuhle und dem Lande Niedersachsen von 1965 (Anm. 7). Sie wurde noch im selben Jahr mit ihren Kernaussagen

Grundschulen f. Schüler(innen) d. gleichen Bekenntnisses § 135   **NSchG**

als § 14 in das Gesetz über das öffentliche Schulwesen in Niedersachsen (SchG) aufgenommen und 1974 in das Stammgesetz des Schulgesetzes überführt (§ 108 NSchGE, § 115 a. F.). Die Absätze 1 bis 4 wurden seither nur redaktionell leicht verändert; Absatz 5, der Vorschriften zur Umwandlung von Bekenntnisschulen in Schulen für Schülerinnen und Schüler aller Bekenntnisse (Gemeinschaftsschulen) enthält, wurde durch das ÄndG 96 angefügt und hat durch das ÄndG 11 seine aktuelle Fassung erhalten. Danach »soll« (bis 2011: »kann«) eine Bekenntnisschule in eine Gemeinschaftsschule »umgewandelt« werden, wenn die Mehrheit der Erziehungsberechtigten das verlangt. Bis 2011 war dazu noch ein Antrag der Erziehungsberechtigten von mehr als zwei Dritteln der dem Mehrheitsbekenntnis angehörenden Schülerinnen und Schüler erforderlich.

§ 135 dient der Sicherung der im Konkordat zugesagten Beibehaltung von Schulen für Schülerinnen und Schüler des gleichen Bekenntnisses, wobei es sich hierbei um einen institutionellen Schutz, nicht hingegen um eine Garantie für jede einzelne Schule handelt. Nach den konkordatären Bestimmungen können diese Schulen »grundsätzlich nur mit gleichen Schulen zusammengefasst werden; entsprechendes gilt für Schulen, die als einzige Schule im Bereich eines Schulträgers einen weit überwiegenden Anteil katholischer Schüler haben«. Schutz genießen somit nicht nur Bekenntnisschulen, sondern auch (Gemeinschafts-)Grundschulen, die im Bereich einer Gemeinde oder Samtgemeinde als einzige Schule einen ausnehmend hohen Anteil (80 v. H.) an Schülerinnen und Schülern des katholischen Bekenntnisses haben. Entsprechendes gilt für evangelische Bekenntnisschulen und (Gemeinschafts-)Grundschulen mit hohem evangelischen Konfessionsanteil in der Schülerschaft, da der Schutz des Staates im Bereich des Schulwesens unter Beachtung des Gleichheitsgrundsatzes allen anerkannten Religionsgemeinschaften in gleicher Weise zuteil werden muss.

§ 135 stellt in einem gestuften Verfahren bestimmte Anforderungen an die »Vereinigung« von Bekenntnisschulen und »80 %-Schulen« untereinander und mit »unter 80-prozentigen« Gemeinschaftsschulen. Ferner werden Vorgaben für eine mögliche »Umwandlung« von Bekenntnisschulen gemacht.

Nach Absatz 1 stehen die nach den Absätzen 2 und 3 möglichen Maßnahmen zur Vereinigung von Schulen unter dem Vorbehalt, dass diese einer besseren Gliederung dienen müssen. Die Absätze 2 bis 4 regeln von den nach § 106 Abs. 1 und 6 für einen kommunalen Schulträger möglichen Schulorganisationsakten nur den Fall der »Zusammenlegung« von mehreren selbstständigen Grundschulen zu einer neuen Anstalt. Zu dem in § 106 nicht ausdrücklich erwähnten, aber gleichwohl praktizierten Fall der »Umwandlung« einer Schule in eine Schule anderer Art – als Unterfall der Errichtung einer neuen Anstalt (vgl. Anm. 2 zu § 106) – trifft Absatz 5 eine eigenständige Regelung.

Nicht geregelt ist die ersatzlose Aufhebung (»Schließung«) einer Bekenntnisschule. Eine Aufhebung ist gleichwohl dann nicht nur möglich, sondern auch geboten, wenn die Gesamtschülerzahl einer Bekenntnisschule die nach dem Schulgesetz geforderte Mindestschülerzahl von 12 (§ 1 Abs. 2) unterschreitet. Denn dann ist die Einrichtung nicht mehr Schule im Sinne des Schulgesetzes und geht als Anstalt unter.

2 **Zu Abs. 1:** Alle Maßnahmen nach § 135 stehen unter dem Leitsatz, dass bei schulorganisatorischen Maßnahmen zur Bildung besser gegliederter Schulen auf die bekenntnismäßige Zusammensetzung der Schülerschaft Rücksicht zu nehmen ist. Zu dieser Bestimmung waren 1966 Durchführungsbestimmungen erlassen worden (Anm. 7), die besagten, dass die »Bildung besser gegliederter Schulsysteme« die »Gliederung der Schulen in Jahrgangsklassen« zum Ziel haben muss.

Neben dem Anspruch einer (institutionellen) Bestandssicherung der durch das Konkordat gewährleisteten Schulen wohnt dem Leitsatz gleichsam ein Bekenntnis zu einer besser bzw. voll gegliederten Grundschule inne, einer Grundschule, die zumindest in Jahrgangsklassen 1 bis 4 und nicht als »Zwergschule« in sog. Kombiklassen mit jahrgangsübergreifendem Unterricht geführt wird. Unvollständig gegliederte Bekenntnisschulen oder unvollständig gegliederte »80%-Grundschulen« sollen ggf. mit dem Ziel einer Gliederung in Jahrgangsklassen letztendlich auch mit anderen Grundschulen zu (Gemeinschafts-)Grundschulen zusammengelegt werden. Maßnahmen zur Bildung besser gegliederter Schulen erschöpfen sich allerdings nicht in der Herbeiführung einer jahrgangsweisen Gliederung (Einzügigkeit) der Schulen (vgl. VG Osnabrück, Urt. v. 16.06.1999 – 3 A 3/99, NdsVBl. Heft 4 2000, S. 96), die mehrzügige jahrgangsweise Gliederung einer Schule ist aus schulfachlicher Sicht wegen deren höherer Effizienz und Leistungsfähigkeit zu begrüßen.

Der Leitsatz bzw. das darin ausgesprochene Gebot richtet sich an die Entscheidungsträger, d. h. an den jeweiligen kommunalen Schulträger, der eine schulorganisatorische Entscheidung im eigenen Wirkungskreis trifft, und an die Schulbehörde als die zuständige Genehmigungsbehörde für eine solche getroffene Entscheidung. Beide Entscheidungsträger müssen ihre Erwägungen an Absatz 1 ausrichten.

3 **Zu Abs. 2:** Satz 1 stellt den obersten Grundsatz auf, dass Schulen für Schülerinnen und Schüler des gleichen Bekenntnisses nur mit Schulen »gleicher Art«, also ausschließlich mit Grundschulen für Schülerinnen und Schüler des gleichen Bekenntnisses, vereinigt werden sollen. Die so gebildete neue Schule hat nach der Vereinigung weiterhin den Status einer Bekenntnisschule. Die Festlegung »gleicher Art« bezieht sich nicht allein auf die Eigenschaft der beteiligten Grundschulen als Bekenntnisschulen, sondern zusätzlich auf das Merkmal »bekenntnisgleich«, denn die Vereinigung bekenntnisverschiedener Bekenntnisschulen führt mangels gleicher Bekenntnisorientierung im Ergebnis stets zu einer Gemeinschaftsschule.

Unter »Vereinigung« ist die »Zusammenlegung« von Schulen im Sinne von § 106 Abs. 1 zu verstehen, d. h. die Verschmelzung von Schulen derselben Schulform zu einer neuen Schule.

Nach **Satz 2** gilt dasselbe für solche Schulen für Schülerinnen und Schüler aller Bekenntnisse, bei denen mindestens 80 vom Hundert der Schülerschaft dem gleichen Bekenntnis angehören, d. h., auch »80 %-Schulen« sollen vorrangig miteinander verbunden werden. Die so gebildete neue Schule hat nach der Zusammenlegung weiterhin den Status einer (»80 %«-) Gemeinschaftsschule.

Der nach den konkordatären Bestimmungen unbestimmte Rechtsbegriff eines »weit überwiegenden Anteils katholischer Schüler« wurde für die Rechtsanwendung vom Gesetzgeber mit einem Anteil von »mindestens 80 v. H. der Schülerschaft« ausgelegt. Tatsächlich geht diese Auslegung allerdings zurück auf eine Festlegung im »Abschließenden Sitzungsprotokoll« über die Konkordatsverhandlungen vom 26.02.1965.

In **Satz 3** wird in einem ersten, öffnenden Schritt zugelassen, dass Schulen für Schülerinnen und Schüler des gleichen Bekenntnisses mit Schulen für Schülerinnen und Schüler aller Bekenntnisse, bei denen mindestens 80 vom Hundert der Schülerschaft dem gleichen Bekenntnis angehören, vereinigt werden dürfen, wenn Schulen gleicher Art in zumutbarer Entfernung nicht vorhanden sind. Nach Absatz 4 Nr. 1 hat eine solche aus Bekenntnisschule und »80 %-Schule« neu gebildete Schule den Status einer Gemeinschaftsschule, wenngleich die Bekenntnisorientierung evident ist. Die »Zumutbarkeit« der Entfernung richtet sich insbesondere nach dem Alter der Grundschülerinnen und Grundschüler, nach den Verkehrsverbindungen oder Beförderungsmöglichkeiten, nach der Länge der Wegstrecke und nach der Verkehrssicherheit (vgl. u. a. Durchführungsbestimmungen von 1966, Anm. 7).

Eine Vereinigung von Schulen nach Absatz 2 bedarf einer Entscheidung des Schulträgers und der Genehmigung der Schulbehörde (vgl. § 1 Abs. 3 Satz 2, § 106 Abs. 1 i.V.m. Abs. 8 Satz 1), der Zustimmung der Erziehungsberechtigten bedarf die Maßnahme hingegen nicht, weil sie aus Rechtsgründen zur nachhaltigen Sicherung »notleidender« Schulen erfolgt. Außerdem ist der Eingriff in den Bekenntnischarakter der Schule minimal.

Zu Abs. 3: Die Vorschrift lässt – nach den in Absatz 2 eingeräumten ersten **4** und vorrangigen Optionen zur Zusammenlegung von Schulen – in **Satz 1** eine weitere Option zur Vereinigung von unzureichend gegliederten (»notleidenden«) Bekenntnisschulen und »80 %-Schulen« zu. Danach dürfen diese auch mit »anderen Schulen« vereinigt werden, wenn durch Anwendung des Absatzes 2 die Bildung einer besser gegliederten Schule nicht zu erreichen ist. Auch diese schulorganisatorischen Maßnahmen sollen dem Betrieb von »Zwergschulen« entgegenwirken. Sowohl aus Rechtsgründen als auch aus pädagogischen Gründen für besser gegliederte Grundschulen sind dem Schulträger diese Zusammenlegungen ohne Beteiligung der Erziehungsberechtigten möglich. Nach der Vereinigung hat eine neu gebildete Schule gemäß Absatz 4 den Status einer Gemeinschaftsschule.

In **Satz 2** wird dem Schulträger schließlich die Möglichkeit eingeräumt, auch voll gegliederte Bekenntnisschulen und voll gegliederte »80 %-Schulen« mit »anderen Schulen« zusammenzulegen. »Andere Schulen« können sein: Schulen für Schülerinnen und Schüler aller Bekenntnisse sowie Bekenntnisschulen und »80 %-Schulen« anderer Glaubensrichtung. Dafür, dass die »anderen Schulen« ebenfalls voll gegliedert sein müssen, liefert das Gesetz weder einen Beleg noch einen Grund. Mit dem Wort »dennoch« grenzt der Gesetzgeber die Fälle des Satzes 2 von den Fällen des Absatzes 2 und des Absatzes 3 Satz 1, bei denen es an einer jahrgangsweisen Gliederung mangelt, ab.

Voraussetzung ist in diesen besonderen Fällen der Zusammenlegung die Zustimmung der Erziehungsberechtigten der Schülerinnen und Schüler der betroffenen Schulen, denn es gibt für diese Maßnahme keinen zwingenden rechtlichen oder pädagogischen Handlungsbedarf, sondern vielmehr die Zielsetzung, eine besser gegliederte Schule mit mehr Möglichkeiten zu schaffen und diese nachhaltig zu sichern. Für ein solches Mitwirkungsrecht der Erziehungsberechtigten spricht auch, dass im Zuge der Optimierung des schulischen Betriebs die deutliche Bekenntnisorientierung mindestens einer der beteiligten Schulen bei der Vereinigung verloren geht. Zustimmen müssen jeweils die Erziehungsberechtigten von mehr als der Hälfte der Schülerschaft. Außerdem müssen die von der beabsichtigten »Vereinigung« betroffenen Schulträger zustimmen.

Das Verwaltungsgericht Oldenburg hat sich im Beschluss vom 06.07.2004 – 5 B 2063/04 – am Rande mit der Frage befasst, ob auch für die Zusammenlegung von jahrgangsweise gegliederten Bekenntnisgrundschulen untereinander ein Elternvotum erforderlich ist. Das Gericht deutet in der Entscheidungsbegründung an, dass bei einer solchen Zusammenlegung eine Zustimmung der Erziehungsberechtigten nicht erforderlich sei, zum einen, weil eine voll gegliederte Bekenntnisschule nicht »andere Schule« im Sinne des Absatzes 2 sein könne, zum anderen, weil die Ausrichtung der neu gebildeten Schule als Bekenntnisschule nicht betroffen sei. Auch das Verwaltungsgericht Osnabrück hat in seinem Urteil vom 16.06.1999 – 3 A 3/99 (a. a. O. festgestellt, dass die Zusammenlegung von Bekenntnisschulen desselben Bekenntnisses nicht der Zustimmung der Erziehungsberechtigten bedarf.

5 **Zu Abs. 4:** Als Rechtsfolgevorschrift zu den Absätzen 2 und 3 legt Absatz 4 fest, dass im Zuge der Zusammenlegung von verschiedenartigen Grundschulen immer dann eine Schule für Schülerinnen und Schüler aller Bekenntnisse entsteht und fortgeführt wird, wenn entweder zwei bekenntnisverschiedene Bekenntnisschulen zusammengeschlossen werden oder wenn an einem Zusammenschluss eine Bekenntnisschule und eine Gemeinschaftsschule beteiligt sind. Die – selbstverständliche – Rechtsfolge einer Vereinigung zweier bekenntnisgleicher Schulen für Schülerinnen und Schüler des gleichen Bekenntnisses führt die Vorschrift nicht an.

Die Bestimmung privilegiert die Gemeinschaftsgrundschule und stellt sicher, dass niemand in Folge eines Schulorganisationsaktes des Schulträgers zum Besuch einer Schule für Schülerinnen und Schüler eines – ggf. anderen – Bekenntnisses gezwungen ist.

Grundschulen f. Schüler(innen) d. gleichen Bekenntnisses § 135 NSchG

Die Bestimmung ist aus historischen Gründen so angelegt, dass sie von der Zusammenlegung von Grundschulen verschiedener Ausrichtung ausgeht. Nicht geregelt hingegen ist eine organisatorische Zusammenfassung (§ 106 Abs. 6 Satz 1) einer Grundschule für Schülerinnen und Schüler des gleichen Bekenntnisses oder einer »80 %-Grundschule« mit einer Hauptschule, einer Oberschule, einer Gesamtschule oder einer Förderschule. Per se untersagt ist eine solche Maßnahme nicht, das Konkordat selbst beinhaltet den Begriff »Zusammenfassung« und das NSchG spricht von »Vereinigung«. Da auch in diesen Fällen eine neue Anstalt entsteht, kann diese nur den Charakter einer Gemeinschaftsschule haben. Der Bekenntnischarakter der Grundschule bzw. der besondere Status würde im Zuge der organisatorischen Zusammenfassung für den Grundschulzweig aufgegeben werden.

Zu Abs. 5: Die Vorschrift regelt die Möglichkeit der »Umwandlung« einer Bekenntnisschule in eine Schule für Schülerinnen und Schüler aller Bekenntnisse. Der Gesetzgeber verwendet in **Satz 1** den Begriff der »Umwandlung«, bei den schulorganisatorischen Maßnahmen in den diesbezüglich zentralen Bestimmungen des § 106 ist diese Handlungsweise nicht hinterlegt. Organisationsrechtlich ist dieser Begriff so zu interpretieren, dass eine Schule nicht wie üblich jahrgangsweise aufsteigend errichtet bzw. jahrgangsweise ausschleichend aufgehoben wird, sondern diese als Anstalt in einem Zuge in ihrer Ausrichtung umgestaltet wird.

Eine Umwandlung der Grundschule setzt zunächst eine Abstimmung der Erziehungsberechtigten voraus. Eine Abstimmung stellt ein Verfahren zur Entscheidung von Sachfragen dar. Wie das Abstimmungsverfahren im Einzelnen ablaufen soll, ist in Niedersachsen – anders als in Nordrhein-Westfalen (siehe dortige »Bestimmungsverfahrensverordnung – BestVerfVO«) – nicht näher geregelt. Unter Beachtung der gesetzlichen Rahmenbedingungen entscheidet die Stelle, die die Abstimmung durchführt – also der Schulträger –, über deren Art und Weise. Dazu bedarf es einiger grundsätzlicher Überlegungen und Festlegungen, um das Verfahren transparent zu gestalten und dem Abstimmungsergebnis Akzeptanz zu verschaffen. So sollten beispielsweise eine anstehende Abstimmung den Abstimmungsberechtigten rechtzeitig angekündigt und eine ausreichende Vorlaufzeit für die bevorstehende Abstimmung eingeplant werden. In einem Abstimmungsverzeichnis sollten die zu einem bestimmten Stichtag Abstimmungsberechtigten abschließend aufgeführt werden. Ferner empfiehlt sich die Durchführung einer sachlich geführten Informationsveranstaltung (z.B. Elternversammlung in der Schule, Informationsveranstaltung des Schulträgers) sowie die Herausgabe von Informationsmaterial (z.B. Schreiben, Flyer, Stimmzettelmuster). Die Erziehungsberechtigten sollten frühzeitig über die Abstimmungsmodalitäten aufgeklärt werden, so dass Fragen (z.B. zur Ausübung der elterlichen Sorge, zur Anzahl der Stimmen, zur Gültigkeit der Stimme bei nicht zweifelsfreier Willenserklärung) rechtzeitig abgeklärt werden können. Die Stimmabgabe, z.B. Stimmzettel in Wahlurne oder Brief per Post, ist zu regeln. Ferner sollte vorab die Auszählung

(Schulträgerbedienstete, Elternvertreter, öffentlich oder nichtöffentlich) sowie die Feststellung und die Bekanntgabe des Ergebnisses festgelegt sein.

Eine Umwandlung soll erfolgen, wenn bei einer Abstimmung die Mehrheit der Erziehungsberechtigten der Umwandlung zustimmt. Maßgeblich für die Feststellung, ob eine Umwandlung erfolgen soll, ist die Mehrheit der insgesamt möglichen Stimmen und nicht die Mehrheit der tatsächlich abgegebenen Stimmen.

Zur Abstimmung sind alle Erziehungsberechtigten der die Schule besuchenden Schülerinnen und Schüler – gleich welcher Konfession, also auch die Erziehungsberechtigten der bekenntnisfremden Schülerinnen und Schüler – berechtigt.

Es müssen Erziehungsberechtigte sein, deren Kind oder deren Kinder die zur Abstimmung gestellte Grundschule aktiv besuchen. Nicht abstimmungsberechtigt sind folglich die Erziehungsberechtigten, für deren Kinder der Besuch der Schule zukünftig erst ansteht.

Erziehungsberechtigte, die mehrere Kinder in einer Klasse oder an der Schule haben, können für jedes ihrer Kinder gemeinsam eine Stimme abgeben. Die Zahl der möglichen abzugebenden Stimmen richtet sich folglich nach der Zahl der Kinder (vgl. § 88 Abs. 2).

Erziehungsberechtigte werden bei einer Abstimmung im Rahmen der ihnen übertragenen elterlichen Sorge nach § 1627 BGB tätig. Dieses Sorgerecht ist ihnen gemeinsam übertragen, d. h., sie müssen dieses in gegenseitiger Verantwortung und in gegenseitigem Einvernehmen ausüben. Bei Meinungsverschiedenheiten müssen sie sich einigen, ansonsten entscheidet das Familiengericht nach § 1628 BGB.

§ 88 sieht vor, dass »Erziehungsberechtigte in den Klassenelternschaften bei Wahlen und Abstimmungen für jede Schülerin oder jeden Schüler zusammen nur eine Stimme haben«. Daraus folgt, dass sich die Erziehungsberechtigten in den genannten Fällen untereinander einigen müssen, in welchem Sinne abgestimmt werden soll und wer von ihnen die Stimme abgibt. Werden Stimmen von Erziehungsberechtigten unterschiedlich abgegeben, so ist der Wille der Abstimmungsberechtigten nicht zweifelsfrei zu entnehmen; diese Stimmen sind ungültig.

Hat sich die Mehrheit der Erziehungsberechtigten in einer Abstimmung für eine Umwandlung der zur Abstimmung gestellten Grundschule ausgesprochen, ist der Schulträger am Zuge. Er entscheidet nach **Satz 2 1. Halbsatz** über die Maßnahme »Umwandlung der Bekenntnisschule in eine Gemeinschaftsschule«. Diese Bestimmung entspricht der in § 106 Abs. 1 bis 4 und 6 für schulorganisatorische Entscheidungen des kommunalen Schulträgers getroffenen Regelung. Nach **Satz 2 2. Halbsatz** bedarf die Entscheidung des Schulträgers sodann noch der Genehmigung der Schulbehörde. Diese Vorschrift kommt § 106 Abs. 8 gleich. Satz 2 spiegelt demnach § 1 Abs. 3 Satz 2 wider, wonach Schulen Anstalten ihres Trägers und des Landes sind (sog. Kondominium). Da Satz 1 eine Soll-Vorschrift ist, dürfen Schulträger und Schulbehörde nur in Ausnahmefällen von der gesetzlich vorgesehenen Rechtsfolge, d. h. im Regelfall »Umwandlung«, abweichen.

Satz 3 legt das Einleitungsverfahren für durchzuführende Abstimmungen fest. Nach **Satz 3 Nr. 1** hat eine Abstimmung über eine Umwandlung zu erfolgen, wenn die Erziehungsberechtigten von mindestens 10 vom Hundert der Schülerinnen und Schüler diese schriftlich beantragen. Damit ist es einer Elterninitiative, die eine Umwandlung erreichen möchte, möglich, in einem ersten Verfahrensschritt einen Antrag zu stellen.

Satz 3 Nr. 2 gibt ferner dem kommunalen Schulträger das Initiativrecht, ein Verfahren zur Umwandlung der Schulart in Gang zu setzen und ein Votum der Erziehungsberechtigten über eine Umwandlung zu verlangen. Ausschlaggebend für eine Schulträgerinitiative werden in der Regel schulentwicklungsplanerische Erwägungen sein. Eine solche Initiative des Schulträgers kommt beispielsweise in Frage, wenn das Grundschulangebot in einer Gemeinde allein Bekenntnisgrundschulen umfasst und der Schulträger dafür sorgen möchte, dass auch Gemeinschaftsschulen auf kurzem Weg für die Kinder in seinem Gebiet erreichbar sind. Das Initiativrecht des Schulträgers stellt gleichwohl nicht in Frage, dass die Entscheidung über die jeweilige Schulart der Schulform Grundschule in einer Gemeinde vom Abstimmungsverhalten der Erziehungsberechtigten abhängig ist.

Schließlich muss nach **Satz 3 Nr. 3** eine Abstimmung der Erziehungsberechtigten über eine Umwandlung erfolgen, wenn der Anteil der bekenntnisfremden Schülerinnen und Schüler an der Gesamtschülerzahl den in § 157 Abs. 1 Satz 1 genannten Vomhundertsatz (»30 %-Grenze«) in vier aufeinander folgenden Schuljahren überschreitet. Da diese Bestimmung zum 01.08.2011 in Kraft getreten ist, müssen seit Ende des Schuljahres 2014/2015 in zahlreichen betroffenen Bekenntnisschulen Abstimmungen durchgeführt werden. Hinter dieser Bestimmung steht offensichtlich die Annahme, dass sich der Charakter und das gelebte Profil einer Bekenntnisschule ändert, wenn eine große Zahl der Schülerinnen und Schüler aus einem Elternhaus kommt, das nicht der Glaubensgemeinschaft der die Schule tragenden Personen und Lehrkräfte angehört. Diesen veränderten gesellschaftlichen und letztlich schulischen Realitäten sollen sich die Erziehungsberechtigten stellen. Bei Abstimmungen in der Stadt Lohne hat es im Oktober 2015 in keiner der sechs Bekenntnisgrundschulen eine Mehrheit für die Umwandlung gegeben.

Die nach **Satz 4** vorgesehene entsprechende Anwendung des § 134 bedeutet nach reiner Lesart des Wortlauts, dass ein erfolglos gebliebener »Antrag auf Umwandlung« einer Bekenntnisschule in eine Grundschule für Schülerinnen und Schüler aller Bekenntnisse erst nach Ablauf von zwei Jahren wiederholt werden kann; Anfang und Ende der Zweijahresfrist sind nach § 134 Satz 2 zu bestimmen. Die Vorschrift soll der Gefahr entgegenwirken, dass nach einem gescheiterten Umwandlungsverfahren bereits nach kurzer Zeit ein erneutes Verfahren eingeleitet wird. Die Vorschrift soll auch einer Verunsicherung von Erziehungsberechtigten, deren Kind bereits die Schule besucht oder die den Schulbesuch ihres Kindes planen, vorbeugen.

§ 134 bezieht sich im Regelungszusammenhang mit den ihm vorangestellten §§ 129 ff. auf einen »Antrag der Erziehungsberechtigten« auf Errichtung einer Bekenntnisschule. Im Zusammenhang mit den drei möglichen Abstimmungsgründen (Antrag der Erziehungsberechtigten, Beschluss des Schulträgers, Überschreiten des für die Aufnahme von Bekenntnisfremden geltenden Vomhundertsatzes) des Absatzes 5 Satz 3 stellt sich die Frage, ob das nach Satz 4 angeordnete »Moratorium« für alle drei Abstimmungsgründe gilt oder ob es nur für erneute Anträge der Erziehungsberechtigten Bedeutung hat.

Bei Anfügung des Absatzes 5 durch das Fünfte Gesetz zur Änderung des NSchG vom 20.05.1996 (Nds. GVBl. S. 232) war lediglich der Abstimmungsgrund »Antrag der Erziehungsberechtigten« vorgesehen, erst späterhin (ÄndG 2011) wurden die zwei weiteren Abstimmungsgründe durch einen Änderungsantrag der Koalitionsfraktionen kurzerhand in den Text eingefügt. Nicht nur der Wortlaut des § 134, auch der Kontext eines Umwandlungsantrags zu einem Errichtungsantrag und die Gesetzeshistorie sprechen für die Annahme, dass nur nach einem abgelehnten Antrag eine Wartefrist ausgelöst wird. Ein Aufschub von Beschlüssen des Schulträgers wäre im Hinblick auf deren fortwährende Verpflichtung aus § 106 Abs. 1 und deren Recht auf Selbstverwaltung auch nicht angebracht. Ebenso wird einem fortgesetzten Ignorieren der Regelung des § 129 Abs. 2 vielmehr mit regelmäßigen Abstimmungen über eine Umwandlung der Schule und nicht mit Duldung der Missachtung zu begegnen sein. Eine präzisere Regelung in Satz 4 durch Bezugnahme auf Satz 3 Nr. 1 wäre wünschenswert. Im Übrigen wird auf die Kommentierung zu § 134 verwiesen.

7 Verweise, Literatur:

- Konkordat zwischen dem Heiligen Stuhle und dem Lande Niedersachsen v. 26.02.1965 und Gesetz zu dem Konkordat mit dem Heilige Stuhle v. 01.07.1965 (Nds. GVBl. S. 191)

- Entwurf eines Zweiten Gesetzes zur Änderung des Gesetzes über das öffentliche Schulwesen in Niedersachsen v. 02.04.1965, Regierungsvorlage, Drs. Nr. 530 (§ 14 SchG)

- Zweites Gesetz zur Änderung des Gesetzes über das öffentliche Schulwesen in Niedersachsen vom 05.07.1965 (Nds. GVBl. S. 205), (§ 14 SchG)

- Drittes Gesetz zur Änderung des Gesetzes über das öffentliche Schulwesen in Niedersachsen v. 17.05.1966 (Nds. GVBl. S. 110), (§ 14 SchG)

- Durchführungsbestimmungen zum Schulgesetz, RdErl. d. Nds. KultM v. 12.07.1966 (Nds. MBl. S. 893; SVBl. S. 230), außer Kraft

- Die niedersächsische Schule vor und nach dem Konkordat, Niedersächsische Landeszentrale für Politische Bildung, 1965

- Zu den Durchführungsbestimmungen zum Schulgesetz, Erläuterungen (SVBl. 1966 S. 251)
- *Galas, Dieter:* 80 %-Schulen – Eine vergessene Institution im niedersächsischen Schulrecht, Schulverwaltung, Ausgabe Niedersachsen, 2001, H. 8, S. 205
- *Galas, Dieter:* Umwandlung von Bekenntnisschulen erleichtert, Schulverwaltung, Ausgabe Niedersachsen, 2011, H. 5, S. 157
- *Beckermann, Benedikt:* Öffentliche Bekenntnisschulen in Niedersachsen als Auslaufmodell? – Bemerkungen zu § 135 Abs. 5 Nds. SchulG, Niedersächsische Verwaltungsblätter, 2016, H. 5, S. 129

(Karl-Heinz Ulrich)

§ 136 Errichtung von Grundschulen für Schülerinnen und Schüler aller Bekenntnisse

Besteht im Gebiet eines Schulträgers keine ausreichende Anzahl von öffentlichen Grundschulen für Schülerinnen und Schüler aller Bekenntnisse, so sind eine oder mehrere solcher Schulen zu errichten, sobald eine genügende Zahl von Schülerinnen oder Schülern für diese Schulen angemeldet ist.

Allg.: Die Vorschrift geht zurück auf § 15 Abs. 4 Satz 1 des Gesetzes über das öffentliche Schulwesen in Niedersachsen (SchG) aus dem Jahr 1954 und wurde – nach Änderung durch das Zweite Gesetz zur Änderung dieses Gesetzes (danach § 15 Abs. 2 SchG) – in das sog. Stammgesetz von 1974 (vgl. § 109 NSchGE/§ 116 NSchG a. F.) übernommen. Seither wurde die Bestimmung nur geringfügig redaktionell verändert.   **1**

Die Vorschrift soll sicherstellen, dass in Gebieten, die stark von Grundschulen für Schülerinnen und Schüler des gleichen Bekenntnisses geprägt sind bzw. maßgeblich von ihnen versorgt werden, auch das Angebot einer ausreichenden Anzahl von Grundschulen für Schülerinnen und Schüler aller Bekenntnisse gewährleistet wird. Die bevorzugte Stellung der Grundschule für Schülerinnen und Schüler aller Bekenntnisse und die Grundrechte der Eltern aus Art. 4 Abs. 1 GG (Religionsfreiheit) und Art. 6 Abs. 2 Satz 1 GG (elterliches Erziehungsrecht) gebieten es, den Erziehungsberechtigten eine solche Gemeinschaftsgrundschule unter zumutbaren Bedingungen anzubieten. Schließlich darf das Wahlrecht der Eltern zwischen den vom Staat zur Verfügung gestellten Schulformen nicht mehr als notwendig begrenzt werden (vgl. Urt. d. BVerfG v. 06.12.1972 – 1 BvR 230/70 und 95/71). Dass niemand zum Besuch einer Schule für Schülerinnen und Schüler eines Bekenntnisses gezwungen werden soll, ist ein verfassungsrechtlich legitimer Gedanke (vgl. Beschl. d. BVerfG v. 17.12.1975 – 1 BvR 548/68).

Zum einzigen Satz: Die Bestimmung schreibt den kommunalen Schulträgern von Grundschulen (vgl. § 102 Abs. 1) vor, dass sie eine oder mehrere Grundschulen für Schülerinnen und Schüler aller Bekenntnisse zu errichten haben, sofern in ihrem Gebiet keine ausreichende Anzahl von   **2**

Gemeinschaftsgrundschulen vorhanden ist. Einzige Voraussetzung ist, dass eine »genügende Zahl« von Schülerinnen und Schülern für die Realisierung dieser schulorganisatorischen Maßnahme »angemeldet« wird. Welche Anzahl von Schülerinnen und Schülern als genügend anzusehen ist und wo die Schülerinnen und Schüler anzumelden sind, ist an dieser Stelle gesetzlich nicht konkret bestimmt.

§ 136 steht in einer engen Verbindung zu § 106 Abs. 1; er verstärkt die ohnehin nach § 106 Abs. 1 bestehende Verpflichtung der kommunalen Schulträger, Schulen zu errichten, wenn die Entwicklung der Schülerzahlen dies erfordert, um die Obliegenheit, dieses erst recht tun zu müssen, wenn in ihrem Gebiet keine ausreichende Anzahl von Gemeinschaftsgrundschulen vorhanden ist. Die Tatsache, dass ein kommunaler Schulträger Grundschulen für Schülerinnen und Schüler des gleichen Bekenntnisses vorhält, entbindet ihn nicht von der Pflicht, darüber hinaus eine ausreichende Anzahl von Gemeinschaftsgrundschulen anbieten zu müssen.

Ob die Entwicklung der Schülerzahlen ein bestimmtes Schulangebot nach § 106 Abs. 1 i.V.m. § 136 »erfordert«, ist an bestimmten Steuerungskriterien (Zügigkeit, Klassenstärke, Nachhaltigkeit usw.) festzumachen. Die wesentlichen Steuerungskriterien legt die SchOrgVO fest.

Bezüglich der »genügenden Zahl« von Schülerinnen und Schülern ist § 4 Abs. 3 SchOrgVO heranzuziehen, der für die Schulform Grundschule eine Mindestschülerzahl von 24 je Zug vorschreibt. Hinsichtlich der Zügigkeit wird man sich an § 4 Abs. 1 Nr. 1 SchOrgVO zu orientieren haben, der eine Mindestzügigkeit von einem Zug vorsieht; eine Einzügigkeit als Mindestgröße entspricht im Übrigen auch der Forderung des § 130.

§ 136 verlangt, dass die Errichtung einer Gemeinschaftsgrundschule zu erfolgen hat, sobald eine genügende Zahl von Schülerinnen und Schülern »für diese Schule angemeldet« ist. Diese Bestimmung macht keinen Sinn, denn die ins Auge gefasste neue Anstalt Gemeinschaftsgrundschule existiert für eine Anmeldung noch nicht, sie soll schließlich erst errichtet werden. Gemeint sein kann nur eine – z.B. auf einer vom Schulträger veranlassten Elternbefragung basierende – Prognose über mögliche Anmeldungen für den Fall der Errichtung der gewünschten Grundschule.

Da im § 136 die §§ 131 ff nicht für entsprechend anwendbar erklärt werden, finden diese keine Anwendung. D. h., die für Schulen für Schülerinnen und Schüler des gleichen Bekenntnisses geltenden Bestimmungen zu Antrags- und Anmeldeverfahren, Fristen und Terminen sowie zu einer Ersatzvornahme der Organisationsentscheidung durch die Schulbehörde sind beim Umgang mit § 136 unbeachtlich.

Im südlichen Teil des ehemaligen Landes Oldenburg gibt es mehrere Gemeinden, in denen es keine Grundschule für Schülerinnen und Schüler aller Bekenntnisse gibt (siehe auch Anm. 4 zu § 129 und Anm. 2 zu § 135).

Grundschulen f. Schüler(innen) d. gleichen Bekenntnisses § 137 NSchG

Verweise, Literatur: 3
- Entwurf eines Gesetzes über das öffentliche Schulwesen in Niedersachsen vom 04.02.1954 (§ 12 Abs. 2 SchGE), Drs. 1268 (Regierungsvorlage), S. 2511 u. S. 2518
- Gesetz über das öffentliche Schulwesen in Niedersachsen v. 14.09.1954 (Nds. GVBl. S 89)
- Entwurf eines Zweiten Gesetzes zur Änderung des Gesetzes über das öffentliche Schulwesen in Niedersachsen v. 07.04.1965, Drs. 530 (Regierungsvorlage), S. 10
- Entwurf eines Niedersächsischen Schulgesetzes v. 03.10.1973, Drs. 7/2190

(Karl-Heinz Ulrich)

§ 137 Aufnahme auswärtiger Schülerinnen und Schüler

¹In eine Schule nach § 129 können Schülerinnen und Schüler aus dem Gebiet eines benachbarten Schulträgers aufgenommen werden. ²§ 129 Abs. 3 bleibt unberührt.

Allg.: Die Vorschrift regelt die Aufnahme auswärtiger Schülerinnen und 1 Schüler in Schulen für Schülerinnen und Schüler des gleichen Bekenntnisses. Die Beschränkungen und Ausnahmeregelungen des § 129 Abs. 3 sind dabei zu beachten.

Die Regelung hat ihren Ursprung im Zweiten Gesetz zur Änderung des Gesetzes über das öffentliche Schulwesen von 1965 (§ 15a SchG, späterhin § 16 SchG), sie sollte »den Besuch einer Schule für Schüler eines Bekenntnisses auch über die Grenzen von Schulträgern hinweg erlauben« (Begründung im Regierungsentwurf, Drs. Nr. 530). Die Vorschrift wurde späterhin in das Stammgesetz von 1974 (§ 116 a. F.) übernommen. Auch hier galt noch, dass es sich bei den auswärtigen Schülerinnen und Schülern um solche des gleichen Bekenntnisses handeln musste, dass deren Aufnahme der Genehmigung der Schulbehörde bedurfte und dass diesen Kindern der Schulweg zuzumuten sein musste.

Durch das Zweite Gesetz zur Änderung des Niedersächsischen Schulgesetzes vom 21.07.1980 (Nds. GVBl. S. 261) erfolgte die Bekanntmachung einer Neufassung (§ 117 a. F.), in der sowohl auf die Beschränkung auf die »Schülerinnen und Schüler desselben Bekenntnisses« als auch auf das Erfordernis der »Zumutbarkeit des Schulwegs« verzichtet wurde. Damit wurde ermöglicht, dass auch Grundschülerinnen und Grundschüler eine Schule im Sinne des § 129 eines benachbarten Schulträgers besuchen können, auch wenn sie selbst der Bekenntnisausrichtung der Schule nicht angehören. Zudem wurde die Zumutbarkeitsgrenze für die auswärtigen Schülerinnen und Schüler hinsichtlich des Schulwegs geöffnet.

Im Zuge der Deregulierungsmaßnahmen zur Umsetzung der Schulverwaltungsreform (ÄndG 97) ist schließlich auf den »Genehmigungsvorbehalt der Schulbehörde« verzichtet worden.

Auf eine korrespondierende Vorschrift in § 105 Abs. 1 Nr. 3 wird verwiesen (vgl. Anm. 2 zu § 105).

2 Zu Satz 1: Nach **Satz 1** können in eine Schule für Schülerinnen und Schüler des gleichen Bekenntnisses auch Schülerinnen und Schüler aus dem Gebiet eines benachbarten Schulträgers aufgenommen werden. Die auswärtigen Schülerinnen und Schüler müssen nicht demselben Bekenntnis angehören, wie die Schülerinnen und Schüler der aufnehmenden Grundschule; auf die Anmerkung 3 wird hingewiesen.

Aus der Tatsache, dass seit dem ÄndG 80 der »Schulweg« für die auswärtigen Schülerinnen und Schüler nicht mehr »zumutbar« sein muss, lässt sich der Schluss ziehen, dass der Begriff »benachbart« an dieser Gesetzesstelle nicht (mehr) eng im Sinne von »angrenzend«, sondern nach Sinn und Zweck der Bestimmung vielmehr als »nahe gelegen« bzw. »in der Nähe befindlich« auszulegen ist. Es kommt daher nicht auf eine gemeinsame Grenze des abgebenden und des aufnehmenden Schulträgers, sondern auf deren räumliche Nähe zueinander an. Bei der Gleichsetzung der Begriffe »benachbart« und »angrenzend« würden sich auch angesichts der unterschiedlich großen Schulträgergebiete nicht zu rechtfertigende Unterschiede im Hinblick auf die im Einzelfall jeweils zulässigen Entfernungen ergeben, was vom Gesetzgeber nicht gewollt sein kann. Es darf außerdem nicht verkannt werden, dass Begriffe wie »Entfernung« und »Erreichbarkeit« mit dem Angebot und dem Ausbau der Schülerbeförderung über die Jahre hinweg eine veränderte Bedeutung bekommen haben.

Die Bestimmung stellt im Übrigen auf das »Gebiet« eines benachbarten Schulträgers, nicht auf einen definierten »Einzugsbereich« im Gebiet dieses Schulträgers ab.

Über die Aufnahme entscheidet die Schulleiterin oder der Schulleiter der aufnehmenden Grundschule. Auf § 105 Abs. 1 Nr. 3 wird hingewiesen.

3 Zu Satz 2: Nach **Satz 2** bleibt § 129 Abs. 3 von der Grundaussage des Satzes 1 unberührt, die Ausnahmemöglichkeiten und Beschränkungen dieser Regelung sind folglich zu beachten. Kurz gefasst heißt das:

– Schülerinnen und Schüler, die der Bekenntnisausrichtung der Grundschule nicht angehören, können aufgenommen werden, soweit dadurch der Anteil der bekenntnisfremden Schülerinnen und Schüler an der Gesamtschülerzahl 30 v. H. nicht überschreitet;

– die Genehmigung einer Ausnahme von der 30 %-Grenze ist durch das Kultusministerium möglich, wenn sie vom Schulträger im Einvernehmen mit der Schule (Beschluss des Schulvorstands) beantragt wird;

– die Schulbehörde ist gehalten, entsprechend den aufgenommenen bekenntnisfremden Schülerinnen und Schülern auch Lehrkräfte, die deren Bekenntnis angehören, der Schule zuzuweisen.

Grundschulen f. Schüler(innen) d. gleichen Bekenntnisses § 138   **NSchG**

Die Schule kann auch festlegen, dass grundsätzlich keine oder deutlich weniger als 30 v. H. bekenntnisfremde Schülerinnen und Schüler aufgenommen werden. Im Übrigen wird auf die Anmerkung 4 zu § 129 verwiesen.

Verweise, Literatur: 4
- Entwurf eines Zweiten Gesetzes zur Änderung des Niedersächsischen Schulgesetzes, Regierungsentwurf v. 08.10.1979 (Drs. 9/1085)
- Entwurf eines Sechsten Gesetzes zur Änderung des Niedersächsischen Schulgesetzes, Regierungsentwurf v. 24.06.1997 (Drs. 13/3060)

(Karl-Heinz Ulrich)

§ 138 Sonderregelung für den Bereich des ehemaligen Landes Oldenburg

(1) Im Bereich des ehemaligen Landes Oldenburg gelten die folgenden besonderen Regelungen.

(2) Abweichend von § 129 Abs. 3 können auf Antrag der Erziehungsberechtigten auch Schülerinnen und Schüler aufgenommen werden, die diesem Bekenntnis nicht angehören, wenn ihnen der Weg zu anderen Schulen nicht zugemutet werden kann.

(3) § 129 Abs. 2 findet für den dem Mehrheitsbekenntnis angehörenden Schüleranteil Anwendung; für den übrigen Schüleranteil findet § 52 Abs. 5 Anwendung.

(4) ¹Besteht im Gebiet eines Schulträgers keine Grundschule für Schülerinnen und Schüler aller Bekenntnisse, so findet bei der Errichtung von Schulen nach § 129 § 130 keine Anwendung. ²Besteht im Gebiet eines Schulträgers nur eine Schule nach § 129, so muss auch bei Errichtung einer weiteren Schule gleicher Art die zweizügige Gliederung der bestehenden Schule gewährleistet sein.

(5) Besteht im Gebiet eines Schulträgers keine Grundschule für Schülerinnen und Schüler aller Bekenntnisse, so können Schülerinnen und Schüler in eine benachbarte Grundschule für Schülerinnen und Schüler aller Bekenntnisse aufgenommen werden, wenn ihnen der Weg zu dieser Schule zugemutet werden kann.

Allg.: Die Vorschrift hat eine rund einhundertjährige (Vor-)Geschichte, 1 die im Folgenden skizziert wird, nicht zuletzt auch, um die Legitimation dieser regionalen Sonderregelung zu hinterfragen und um eine zeitgemäße Ausrichtung des Zehnten Teils des Schulgesetzes anzuregen.

§ 23 Satz 2 der Verfassung für den Freistaat Oldenburg von 1919 sah vor, dass die »Einteilung in evangelische und katholische Volksschulen« bestehen bleiben sollte. Für Schülerinnen und Schüler anderer Religionszugehörigkeit oder Kinder, die keiner Religionsgemeinschaft angehören, sollten allerdings Gemeinschaftsschulen eingerichtet werden können. Diese

Verfassungsregelung und die zugehörigen schulrechtlichen Bestimmungen verloren durch die sog. »Gleichschaltungsgesetze« von 1933 und durch das Gesetz über den Neuaufbau des Reichs von 1934 ihre Gültigkeit. In der Zeit des Nationalsozialismus wurde die »Deutsche Gemeinschaftsschule« als Regelschule eingeführt, gleichwohl wurden in Artikel 23 des Reichskonkordats von 1933 die Beibehaltung und die Neuerrichtung katholischer Bekenntnisschulen garantiert.

Die Vorläufige Niedersächsische Verfassung (VNV) von 1951 sah dann in Art. 55 Abs. 1 vor, dass das im Zeitpunkt des Zusammenschlusses des Landes Niedersachsen u. a. im Bereich des ehemaligen Landes Oldenburg in Kraft gewesene Recht mit den inzwischen vorgenommenen Änderungen fortgilt, soweit es der Verfassung nicht widerspricht. Unter den »Übergangsvorschriften« des Gesetzes über das öffentliche Schulwesen von 1954 stellte sodann § 31 Abs. 1 klar, dass die Vorschriften der §§ 23 und 24 der Verfassung für den Freistaat Oldenburg sowie u. a. § 18 Abs. 2 des Schulgesetzes für das Herzogtum Oldenburg von 1910 (»Die Schulen sind konfessionell einzurichten.«) unberührt bleiben sollten. Zur Begründung wurde angeführt, dass Art. 55 Abs. 2 VNV i. V. m. den §§ 23 und 24 der Verfassung des Freistaates Oldenburg eine andere Regelung verbiete.

1969 wurde § 23 der Verfassung des Freistaates Oldenburg aufgehoben. Mit den §§ 30 bis 34 wurden umfassende »Übergangsregelungen« für das Gebiet des ehemaligen Landes Oldenburg in das damalige Schulgesetz eingefügt. Im Stammgesetz von 1974 wurden die §§ 30 bis 34 SchG schließlich in einem neuen § 118 NSchG zusammengefasst; die seinerzeit eingeführte Vorschrift hat auch heute noch beinahe unverändert Bestand.

Mit Inkrafttreten der Niedersächsischen Verfassung am 01.06.1993 wurde die VNV außer Kraft gesetzt, deren Artikel 55, der dem »Schutz des überkommenen Rechts« diente, entfiel ersatzlos. Lediglich Artikel 72 NV (vorher Artikel 56 VNV) sieht allgemein vor, dass die kulturellen und historischen Belange der ehemaligen Länder Hannover, Oldenburg, Braunschweig und Schaumburg-Lippe durch Gesetzgebung und Verwaltung zu wahren und zu fördern sind. Ferner sind die »überkommen heimatgebundenen Einrichtungen« dieser Länder weiterhin dem heimatlichen Interesse dienstbar zu machen und zu erhalten. Ob diese Bestimmung darauf ausgelegt oder geeignet ist, auch den Fortbestand der Bekenntnisschulen als Einrichtungen im Bereich des ehemaligen Landes Oldenburg zu gewährleisten (so *Woltering/Bräth*, Handkommentar zum Niedersächsischen Schulgesetz, 4. Auflage, Anm. 1 zu § 138, sowie *Schippmann* in der Erläuterung Nr. 1 zu § 138 in *Brockmann/Littmann/Schippmann*, Niedersächsisches Schulgesetz, Kommentar 6/2016) muss angezweifelt werden. Die Landesregierung hat in ihren hierzu ergangenen Beschlüssen jedenfalls keine entsprechende Aussage gemacht.

Es bleibt festzuhalten, dass im Bereich des ehemaligen Landes Oldenburg seit Jahrzehnten Sonderregelungen für die Errichtung und den Betrieb von Grundschulen gelten. Obwohl die die Vorschrift ursprünglich tragenden (verfassungs-)rechtlichen Gründe über die Jahre weggefallen sind, wurden die besonderen Regelungen nicht angetastet, die Region hat schulorganisationsrechtlich nach wie vor einen besonderen Status. Mit den konkordatären Bestimmungen lässt sich dieser Sonderstatus nicht rechtfertigen, denn dieser wurde vorab und aus anderen Gründen geschaffen.

Zu Abs. 1: Die Vorschrift stellt klar, dass im Bereich des ehemaligen Landes **2** Oldenburg bezüglich der Bestimmungen des Schulgesetzes Sonderregelungen gelten, die in den ihr nachfolgenden Absätzen 2 bis 5 abschließend aufgeführt sind.

Sonderregelungen sind von den üblichen, sonst geltenden Regelungen sich unterscheidende besondere Regelungen. Sofern und soweit Sonderregelungen gelten, gehen sie den allgemeinen Regelungen vor.

Da sich der räumliche Geltungsbereich des Schulgesetzes auf das Land Niedersachsen beschränkt (§ 1 Abs. 1), gelten seine Bestimmungen nur für die Teilgebiete des ehemaligen Landes Oldenburg, die in Niedersachsen liegen. Das Gebiet umfasst die Landkreise Ammerland, Cloppenburg, Friesland, Oldenburg, Vechta und Wesermarsch sowie die kreisfreien Städte Delmenhorst, Oldenburg (Oldb) und Wilhelmshaven. Ferner sind die Gemarkung Landwürden in der Gemeinde Loxstedt im Landkreis Cuxhaven, die Gemeinde Stuhr im Landkreis Diepholz sowie der Ortsteil Idafehn der Gemeinde Ostrhauderfehn im Landkreis Leer in diesem Gebiet gelegen.

Zu Abs. 2: Nach § 129 Abs. 3 ist an Grundschulen für Schülerinnen und **3** Schüler des gleichen Bekenntnisses die Aufnahme bekenntnisfremder Schülerinnen und Schüler begrenzt; die Obergrenze für die Aufnahme »Bekenntnisfremder« liegt grundsätzlich bei 30 v. H. der Gesamtschülerzahl der jeweiligen Schule, das MK kann auf der Grundlage der Bekenntnisschulen-Aufnahmeverordnung Ausnahmen von dieser Obergrenze zulassen. Nach § 138 Absatz 2 kann im Bereich des ehemaligen Landes Oldenburg von dieser Vorschrift und somit von der Obergrenze abgewichen werden, wenn die Erziehungsberechtigten eine Beschulung ihres (bekenntnisfremden) Kindes an einer Grundschule für Schülerinnen und Schüler des gleichen Bekenntnisses beantragen und dem Kind der Weg zu anderen Schulen nicht zugemutet werden kann. D. h., diese Erweiterung gilt über § 129 Abs. 3 und § 1 der Bekenntnisschulen-Aufnahmeverordnung hinaus (vgl. Antwort der LReg zu der Kleinen Anfrage »Umwandlung von Bekenntnisschulen« in der Drs. 16/1012 S. 2).

Eine solche »Unzumutbarkeit« kann sich insbesondere ergeben aufgrund des Alters oder aus dem Gesundheitszustand der Grundschülerin oder des Grundschülers, aus einer Beurteilung der verfügbaren Verkehrsverbindungen oder Beförderungsmöglichkeiten, aus einer Würdigung der Länge der Wegstrecke oder aus einer Bewertung der Verkehrssicherheit.

Die Entscheidung über die Aufnahme bekenntnisfremder Schülerinnen und Schüler steht im Ermessen der Schulleitung (»Kann-Bestimmung«), die dieses Ermessen gemäß §§ 1 Abs. 1, 2 Abs. 3 Nr. 3 NVwVfG i. V. m. § 40 VwVfG entsprechend dem Zweck der Ermächtigung auszuüben und dabei die gesetzlichen Grenzen des Ermessens einzuhalten hat. Schülerinnen und Schüler bzw. ihre Erziehungsberechtigten können verlangen, dass über

NSchG Grundschulen f. Schüler(innen) d. gleichen Bekenntnisses § 138

ihren Aufnahmeantrag unter Beachtung der einschlägigen Zuständigkeits-, Form- und Verfahrensvorschriften ermessensfehlerfrei, d. h. insbesondere nicht willkürlich, entschieden wird.

Diese »besondere Regelung« ist im Wesentlichen darauf zurückzuführen, dass nach § 23 Satz 2 der Verfassung des Freistaates Oldenburg »die Einteilung der Volksschulen in evangelische und katholische« erfolgte und nur ausnahmsweise und unter erschwerten Bedingungen (vgl. § 19 Schulgesetz für das Herzogtum Oldenburg) der Betrieb von Gemeinschaftsschulen denkbar war. Der Volksschulbereich und späterhin der Grundschulbereich bestanden in der Folge ausschließlich aus Bekenntnisschulen, sodass in diesem Landesteil die Aufnahme bekenntnisfremder Schülerinnen und Schüler unter erleichterten Bedingungen zugelassen wurde bzw. zugelassen werden musste.

Ob aus dem Wort »auch« – neben der Erweiterung gegenüber § 129 Abs. 3 – überdies geschlossen werden kann, dass die Anzahl der bekenntnisfremden Schülerinnen und Schüler nicht größer sein darf als die Anzahl der Schülerinnen und Schüler des für die Schule maßgeblichen Bekenntnisses, lässt sich weder belegen noch sicher herleiten. Jedenfalls vermag auch eine deutliche Überzahl bekenntnisfremder Schülerinnen und Schüler (»Verlust der bekenntnismäßigen Homogenität der Schülerschaft«) nicht den rechtlichen Status der Schule automatisch in eine Gemeinschaftsschule zu verändern (vgl. Drs. Nr. 457 aus dem Jahr 1968 und auch OVG Münster im Beschl. v. 04.09.2013 – 19 B 1042/13). Für eine Umwandlung der Schulart bedarf es eines geordneten Verfahrens. Dies ist auch deshalb geboten, weil Schulorganisationsakte weitreichende Folgen für die örtliche Schullandschaft haben. Für die »Vereinigung« (Zusammenlegung) und die »Umwandlung« (als Sonderform der Errichtung) von Schulen für Schülerinnen und Schüler des gleichen Bekenntnisses gilt auch hier § 135, da § 138 hierzu keine Sonderregelung trifft.

An zahlreichen Bekenntnisschulen im Bereich des ehemaligen Landes Oldenburg liegt der Anteil bekenntnisfremder Schülerinnen und Schüler deutlich über der Obergrenze, insbesondere an den Standorten, an denen es nach wie vor keine Schule für Schülerinnen und Schüler aller Bekenntnisse gibt. Bleibt die Überschreitung – beginnend mit dem 01.08.2011 – für (weitere) vier Jahre bestehen, muss es gemäß § 135 Abs. 5 Satz 3 Nr. 3 an diesen Schulen Abstimmungen der Erziehungsberechtigten über die Umwandlung in eine Schule für Schülerinnen und Schüler aller Bekenntnisse geben (siehe Anm. 6 zu § 135). Die weiteren Optionen des § 135 Abs. 5 Nr. 1 und 2 bleiben unberührt.

4 **Zu Abs. 3:** Absatz 3 enthält eine abweichende Regelung zu § 129 Abs. 2, wonach sich der Lehrkörper einer Bekenntnisschule aus Lehrkräften zusammensetzt, die dem gleichen Bekenntnis wie die Schülerinnen und Schüler angehören (»Homogenität von Schüler- und Lehrerschaft«; vgl. auch Art. 24 des Konkordats zwischen dem Heiligen Stuhl und dem Deutschen Reich i. V. m. der Präambel des Konkordats zwischen dem Heiligen Stuhle und dem Lande Niedersachsen). Nach dem **1. Halbsatz** findet § 129

Abs. 2 »für den dem Mehrheitsbekenntnis angehörenden Schüleranteil« Anwendung. Für den »übrigen Schüleranteil« findet nach dem **2. Halbsatz § 52 Abs.** 5 Anwendung, sodass sich für diesen die Besetzung der Stellen der Lehrkräfte nach der bekenntnismäßigen Zusammensetzung der Schülerschaft richtet. Aus der Formulierung ist zu schließen, dass für die Schülerinnen und Schüler des betreffenden Bekenntnisses zwingend bekenntnisgleiche Lehrkräfte eingesetzt werden müssen, während für die bekenntnisfremden Schülerinnen und Schüler nur die allgemeine Pflicht des Landes besteht, nach Möglichkeit bekenntnisgleiche Lehrkräfte einzusetzen. Dies bedeutet, dass im Bereich des ehemaligen Landes Oldenburg den Erziehungsberechtigten bzw. den Schülerinnen und Schülern kein einklagbarer Anspruch auf eine bekenntnishomogene Zusammensetzung der Lehrerschaft zusteht, erst recht können sie sich nicht dagegen wehren, dass die Schülerinnen und Schüler im bloßen Vertretungsfall von einer nicht bekenntnisangehörigen Lehrkraft unterrichtet werden (vgl. OVG Lüneburg, Urt. v. 19.10.1994 – 13 L 3892/93, Anm. 7).

Zu Abs. 4: Nach **Satz 1** findet bei der Errichtung von Schulen für Schülerinnen und Schüler des gleichen Bekenntnisses die Vorschrift des § 130, nach der im Falle der Errichtung einer Bekenntnisschule der Fortbestand oder die Errichtung einer mindestens einzügigen Gemeinschaftsschule möglich bleiben muss, keine Anwendung, selbst dann nicht, wenn im Gebiet des Schulträgers keine Grundschule für Schülerinnen und Schüler aller Bekenntnisse besteht. D. h., Bekenntnisschulen können vom Schulträger errichtet werden, ohne dass es in seinem Gebiet eine Gemeinschaftsschule geben muss. Dem Vorrang der Gemeinschaftsschule wird somit im Bereich des ehemaligen Landes Oldenburg schulgesetzlich kein Stellenwert gegeben. Gleichwohl bleibt es dem kommunalen Schulträger natürlich unbenommen, eine Grundschule i. S. des § 6 zu errichten. 5

Satz 2 schützt bereits vorhandene Schulen für Schülerinnen und Schüler des gleichen Bekenntnisses, in dem die Errichtung einer weiteren Bekenntnisschule gleicher Art, d. h. gleicher Bekenntnisorientierung, im Gebiet des Schulträgers nur dann zulässig ist, wenn eine zweizügige Gliederung der vorhandenen Schule gewährleistet bleibt. Die Regelung soll offensichtlich im Interesse der »Bildung besser gegliederter Schulen« (vgl. § 135 Abs. 1) das Entstehen von »Zwergschulen« verhindern.

Beide Vorschriften spielen in der Praxis angesichts stagnierender oder rückläufiger Schülerzahlen zurzeit kaum eine Rolle.

Zu Abs. 5: In den Gemeinden, in denen es nur Bekenntnisschulen gibt, sollen die Schülerinnen und Schüler, auch diejenigen, die dem entsprechenden Bekenntnis angehören, auf eine Schule für Schülerinnen und Schüler aller Bekenntnisse eines benachbarten Schulträgers ausweichen dürfen. Damit wird dem Grundsatz Rechnung getragen, dass keine Schülerin oder kein Schüler gezwungen werden kann, eine Bekenntnisschule zu besuchen, wenn in der Nachbarschaft eine Gemeinschaftsschule vorhanden ist. 6

Der Begriff »benachbart« wird in dieser Vorschrift nicht eng im Sinne von »angrenzend«, sondern nach Sinn und Zweck der Bestimmung vielmehr als »nahe gelegen« bzw. »in der Nähe befindlich« auszulegen sein. Es kommt jedenfalls nicht auf eine gemeinsame Grenze des abgebenden und des aufnehmenden Schulträgers, sondern vielmehr auf deren räumliche Nähe zueinander an.

Die »Zumutbarkeit« richtet sich u. a. nach dem Alter und dem Gesundheitszustand der Grundschülerin oder des Grundschülers, nach den verfügbaren Verkehrsverbindungen und Beförderungsmöglichkeiten, nach der Länge der Wegstrecke und nach der Verkehrssicherheit.

Nach § 105 Abs. 1 Nr. 3 sind diese auswärtigen Schülerinnen und Schüler in den angewählten Schulen aufzunehmen.

7 Verweise, Literatur:

- Verfassung für den Freistaat Oldenburg v. 17.06.1919 (Old. GBl. 1919 Nr. 46 S. 391, ber. S. 32), (§§ 23, 24)

- Schulgesetz für das Herzogtum Oldenburg vom 04.02.1910 in der Fassung des Schulgesetzes vom 01.08.1939 (Old. GBl. Bd. 49 S. 433), (§§ 18 Abs. 2, 19, 21 Satz 2)

- Vorläufige Niedersächsische Verfassung (VNV) vom 13.04.1951 (Nds. GVBl. S. 103), (Artikel 55)

- Fünftes Gesetz zur Änderung des Gesetzes über das öffentliche Schulwesen in Niedersachsen v. 04.07.1969 (Nds. GVBl. S. 140), (§§ 30–34)

- Verordnung über die Aufnahme bekenntnisfremder Schülerinnen und Schüler in Grundschulen für Schülerinnen und Schüler des gleichen Bekenntnisses (Bekenntnisschulen-Aufnahmeverordnung) v. 11.08.2011 (Nds. GVBl. S. 278; Schulrecht 420/41), geändert durch Art. 2 der VO v. 22.01.2013 (Nds. GVBl. S. 23)

- Zur Zuweisung einer konfessionslosen Lehrkraft an eine öffentliche katholische Grundschule im Gebiet des ehemaligen Landes Oldenburg, OVG Lüneburg, Urt. v. 19.10.1994 – 13 L 3892/93 (NdsVBl. H. 6 1995 S. 136)

- *Beckermann, Benedikt:* Verfassungsrechtliche Kontinuitäten im Land Oldenburg, Baden-Baden, (Nomos), 2016

(Karl-Heinz Ulrich)

Elfter Teil
Schulen in freier Trägerschaft

Vorbemerkung zu den §§ 139–167:

Allg.: Der Elfte Teil des Schulgesetzes befasst sich in sechs Abschnitten mit 1
den Schulen in freier Trägerschaft (Ersatzschulen, Ergänzungsschulen), aber
auch mit deren Abgrenzung zu anderen, nichtschulischen Einrichtungen
(Freie Unterrichtseinrichtungen, Tagesbildungsstätten). Nach Eröffnung
allgemeiner Bestimmungen für die Schulen in freier Trägerschaft folgen
zunächst die Vorschriften für die Ersatzschulen sowie für die Ersatzschulen
in kirchlicher Trägerschaft, die aus öffentlichen Schulen hervorgegangen
sind. Die Regelungen für die zweite große Gruppe der sog. freien Schulen,
die Ergänzungsschulen, schließen sich an. Ein Abschnitt ist sodann den
Tagesbildungsstätten gewidmet, bevor eine spezielle Vorschrift zur staatlichen Schulaufsicht diesen Gesetzesteil abschließt.

Abgrenzung: Schulen in freier Trägerschaft sind Schulen, deren Träger 2
weder Kommunen, kommunale Schulzweckverbände noch das Land,
sondern private – natürliche oder juristische – Personen sind. Sie sind
als Institution durch die Privatschulgarantie des Art. 7 Abs. 4 GG sowie
des Art. 4 Abs. 3 NV geschützt. Diese Garantie umfasst das Recht auf
Errichtung, auf weitgehend freie Gestaltung des Schulbetriebs, auf freie
Wahl der Lehrkräfte und freie Auswahl der Schülerinnen und Schüler.
Dabei sind gleichwohl bestimmte verfassungsrechtliche und gesetzliche
Vorgaben zu beachten. Von der Privatschulgarantie umfasst ist nach der
Rechtsprechung des Bundesverfassungsgerichts auch die Verpflichtung
des Staates, die Ersatzschulen – auch finanziell – zu fördern.

Freie Schulen und sonstige Einrichtungen: Das Gesetz unterscheidet bei den 3
Schulen in freier Trägerschaft zwischen Ersatzschulen und Ergänzungsschulen.

Ersatzschulen sind solche, die in ihren Lern- und Erziehungszielen öffentlichen Schulen entsprechen (§ 142). Sie bedürfen der staatlichen Genehmigung,
und ihnen wird, wenn sie dauernd die an öffentliche Schulen gestellten
Anforderungen erfüllen, eine staatliche Anerkennung verliehen (§ 148).

Ersatzschulen besonderer Art sind die aus den früheren öffentlichen katholischen Bekenntnisschulen hervorgegangenen sog. Konkordatsschulen
(§§ 154 ff.). Sie sind anerkannte Ersatzschulen in kirchlicher Trägerschaft
mit einem besonderen, auf dem Konkordat zwischen dem Heiligen Stuhle
und dem Land Niedersachsen beruhenden Status. Sie haben grundsätzlich
alle Rechte und Pflichten anerkannter Ersatzschulen.

Ergänzungsschulen sind Schulen, die nicht als Ersatz für öffentliche
Schulen dienen. Sie bedürfen keiner Genehmigung, ihre Errichtung ist
lediglich anzuzeigen (§ 158). Bestimmten Ergänzungsschulen kann eine
staatliche Anerkennung verliehen werden, aus der sich bestimmte Rechte
und Pflichten ergeben (§ 161).

Nur anerkannte Ersatzschulen, Ersatzschulen von besonderer pädagogischer Bedeutung und die nach § 161 Abs. 3 anerkannten allgemein bildenden Ergänzungsschulen erhalten staatliche Finanzhilfe (§§ 149, 150).

Obwohl **Tagesbildungsstätten** (§§ 162 ff.) keine Schulen sind, werden sie gesetzessystematisch im Elften Teil des Schulgesetzes unter der Überschrift »Schulen in freier Trägerschaft« aufgeführt. Gründe hierfür sind wohl, dass sie ebenfalls in freier Trägerschaft geführt werden, dass bestimmte Kinder und Jugendliche dort ihre Schulpflicht erfüllen können und dass auch sie begrenzt der Schulaufsicht (§ 167) unterliegen.

Freie Unterrichtseinrichtungen (§ 140) sind Einrichtungen, die nach ihrer Organisationsform sowie nach ihren Lehrgegenständen, Lehrplänen und Lehrzielen keine Schulen sind. Es handelt sich vielmehr um Kurse, Lehrgänge oder Lektionen, in denen kleine Schülergruppen in einem kurzen Zeitraum Kenntnisse vermittelt bekommen oder in Fertigkeiten unterwiesen werden (z.b. Kurse zur Vorbereitung auf schulische Abschlüsse, Nachhilfegruppen, Fernunterricht). Vermutlich werden sie in diesem Teil des Schulgesetzes erwähnt, um sie nachdrücklich von den öffentlichen Schulen und Privatschulen abzugrenzen.

Die sog. »Bekenntnisschulen« bzw. »Konfessionsschulen«, d. h. die Grundschulen für Schülerinnen und Schüler des gleichen Bekenntnisses (§§ 129 ff.), sind keine Schulen in freier Trägerschaft, sondern öffentliche Schulen in kommunaler Trägerschaft mit staatlicher Lehrkräfteversorgung.

4 **Trägerschaft und pädagogische Ausrichtung:** Nach § 1 Abs. 4 Satz 1 sind Schulen in freier Trägerschaft im Sinne des Schulgesetzes die Schulen, deren Träger entweder natürliche oder juristische Personen des privaten Rechts oder Religions- oder Weltanschauungsgemeinschaften sind, die die Rechte einer Körperschaft des öffentlichen Rechts besitzen. Kommunen oder deren Zweckverbände, also Gebietskörperschaften und Gemeindeverbände, können somit nicht Schulträger von Ersatzschulen oder Ergänzungsschulen sein. Auch einer gesellschaftsrechtlichen Errichtung und dem Betrieb einer Schule in freier Trägerschaft im Zusammenwirken mit einer Person des privaten Rechts (z.B. in Form eines Vereins oder einer GmbH) wird man als Umgehung der schulgesetzlichen Definition eine Absage erteilen müssen.

Nach ihrer Trägerschaft und ihrer pädagogischen Ausrichtung lassen sich insbesondere folgende Unterscheidungen treffen:

Evangelische Schulen gibt es in der Trägerschaft der Landeskirchen (Ev.-luth. Landeskirche in Braunschweig, Ev.-luth. Landeskirche Hannovers, Ev.-Luth. Kirche in Oldenburg, Ev.-Luth. Landeskirche Schaumburg-Lippe, Ev.-ref. Kirche) oder kirchlicher Organisationen (u. a. Schulstiftungen, Schulwerke, Schulverbände), hierzu gehören auch die Schulen des Christlichen Jugenddorfwerks Deutschland e. V.

Bei den **Katholischen Schulen** sind Träger die Diözesen (Hildesheim, Osnabrück und Offizialatsbezirk Vechta), kirchliche Schulstiftungen, Schulwerke oder Ordensgemeinschaften.

Schulen in freier Trägerschaft Vorbemerkung §§ 139–167 **NSchG**

Nicht zu verwechseln mit den evangelischen Schulen sind die **Evangelikalen Schulen**. Hierbei handelt es sich um freie, allgemein bildende Bekenntnisschulen, die sich durch ihre evangelikale Prägung von den übrigen evangelischen Konfessionsschulen unterscheiden. Fächerübergreifend orientieren sich die Unterrichtsinhalte strikt an der Bibel. Dies führt mitunter zu Spannungen im Hinblick auf die Umsetzung der Lehrpläne, z.B. bezüglich des Sexualkundeunterrichts, der Akzeptanz sexueller Vielfalt und der Vermittlung der Evolutionstheorie. In Niedersachsen werden acht evangelikale Bekenntnisgrundschulen geführt.

Waldorfschulen sind genehmigte »Ersatzschulen von besonderer pädagogischer Bedeutung« und beruhen auf der Pädagogik Rudolf Steiners. Es handelt sich um Schulen in der Art von Gesamtschulen mit eigenem Lehrplan und eigener Lehrerbildung. Träger sind eingetragene Vereine.

Montessorischulen Die Montessori-Pädagogik ist ein von der Ärztin und Reformpädagogin Maria Montessori entwickeltes pädagogisches Bildungskonzept, das die Zeitspanne vom Kleinkind bis zum jungen Erwachsenen abdeckt. Entscheidende Elemente der Montessori-Pädagogik sind der offene Unterricht sowie die Freiarbeit, die den Schülerinnen und Schülern die Möglichkeit gibt, sich den Lerninhalten zuzuwenden, für die sie sich am meisten interessieren. Als Grundgedanke dieser Pädagogik gilt die Aufforderung »Hilf mir, es selbst zu tun«. Neben einigen Schulen in freier Trägerschaft arbeiten auch öffentliche Schulen und Kindertagesstätten nach der Montessori-Lehre.

Waldschulen (auch Freiluftschulen) entstanden als Teil der sog. Waldschulbewegung, die ihren Anfang zu Beginn des 20. Jahrhunderts in der Nähe von Grün- bzw. Naturschutzgebieten abseits von den Wohngebieten Berlins genommen hat. Sie waren ursprünglich rein heilpädagogisch begründete reformpädagogische Bildungseinrichtung und gelten als Vorläufer und Wegbereiter der heutigen Ganztagsschulen. Unter dem Begriff Waldschule werden im heutigen Sprachgebrauch eher wald- bzw. umweltpädagogische Einrichtungen verstanden.

Die ersten **Freien Alternativschulen** wurden in den frühen 1970er Jahren im Anschluss an die 68er-Bewegung und die antiautoritäre Kinderladenbewegung von Elterninitiativen gegründet. Alternativschulen haben ein vielfältiges Erscheinungsbild, zugleich aber Gemeinsamkeiten; ihre Strukturen bleiben veränderbar. Die Schulen verstehen sich als inklusive Lern- und Lebensorte mit einem alternativen, beweglichen pädagogischen Konzept. Selbstbestimmtem Lernen und demokratischer Entscheidungsfindung sind breite Entfaltungsmöglichkeiten eingeräumt.

Landerziehungsheime sind »Ersatzschulen besonderer pädagogischer Prägung«. Es handelt sich um reformpädagogisch orientierte Internatsschulen der Schulform Gymnasium im Sinne des Reformpädagogen Hermann Lietz.

Die **Internationalen Schulen** in Niedersachsen sind staatlich anerkannte, allgemein bildende Ergänzungsschulen (§ 161). Sie vergeben keine deutschen Abschlüsse, Bildungsziele und Lehrpläne sind darauf ausgerichtet, am Ende der 12. Klasse das »International Baccalaureate Diploma/Diplôme du

Baccalauréat International« (IB-Diploma) zu vergeben, das in zahlreichen Ländern zum Hochschulzugang berechtigt. Ein verfassungsrechtlicher Anspruch auf öffentliche Finanzhilfe besteht für diese Ergänzungsschulen nicht, gleichwohl gewährt der niedersächsische Gesetzgeber diesen Schulen Finanzhilfe in Anlehnung an die §§ 149, 150.

5 **Anzahl und Schüleranteil:** In Niedersachsen gab es im Schuljahr 2014/2015 insgesamt rd. 300 Schulen in freier Trägerschaft (davon rd. 170 allgemein bildende und rd. 130 berufsbildende Schulen). Bei den Ersatzschulen sind praktisch alle Schulformen des allgemein bildenden Schulwesens vertreten; sie wurden von rd. 53 000 Schülerinnen und Schülern besucht, wobei der Anteil der Schülerschaft an Gymnasien in freier Trägerschaft mit rd. 24 000 Schülerinnen und Schülern sehr hoch war. Im berufsbildenden Bereich gibt es vor allem Berufsfachschulen und Fachschulen in den Fachrichtungen Wirtschaft, Technik oder Sozialwesen als Schulen in freier Trägerschaft. Die berufsbildenden Ersatzschulen wurden im o. a. Schuljahr von rund 20 000 Schülerinnen und Schülern besucht. Niedersachsen weist mit 5,9 % den geringsten Anteil an Schulen in freier Trägerschaft aller Länder auf und liegt mit einem Wert von 5,2 % der Schülerinnen und Schüler, die in Schulen in freier Trägerschaft beschult werden, unter dem Bundesdurchschnitt von 7,2 % (vgl. Bildung in Niedersachsen 2017 im Spiegel der nationalen Bildungsberichterstattung, Niedersächsisches Kultusministerium, S. 18).

6 **Schulaufsicht:** Nach Art. 7 Abs. 1 GG, Art. 4 Abs. 2 Satz 2 NV steht »das gesamte Schulwesen« unter der Aufsicht des Staates. Somit sind auch die Schulen in freier Trägerschaft und in mancher Hinsicht auch die Tagesbildungsstätten der staatlichen Schulaufsicht unterstellt. Im Vergleich zur Aufsicht über öffentliche Schulen sind hier aber nur begrenzte Aufsichts- und Weisungsrechte eingeräumt. Die Schulbehörden haben jedenfalls das Recht, die freien Schulen und die anerkannten Tagesbildungsstätten zu besichtigen, Einblick in den Unterrichtsbetrieb zu nehmen sowie Berichte und Nachweise zu fordern.

7 **Verweise, Literatur:**

- *Avenarius, Hermann/Füssel, Hans-Peter:* Schulrecht, 8. Auflage, Köln und Kronach 2010

- *Vogel, Johann Peter:* Das Recht der Schulen und Heime in freier Trägerschaft, 3. Aufl. 1997

- *Jach, Frank-Rüdiger (Hrsg.):* Bildung und Erziehung in freier Trägerschaft – Das Recht der Privatschulen, Kindergärten und Heime, Loseblattwerk

- *Kümper, Boas:* Konkurrenzsituation zwischen öffentlichen und privaten Schulen aus Sicht des Bundesverfassungsgerichts (DVBl., H. 4/2016, S. 225)

- *Hermann, Klaus:* Kooperationen von Kommunen und Schulen in freier Trägerschaft – Neue Impulse für eine bedarfsgerechte Schulversorgung (VerwArch, H. 1/2016, S. 86)

(Karl-Heinz Ulrich)

Erster Abschnitt
Allgemeines

§ 139 Verhältnis zum öffentlichen Schulwesen

¹Schulen in freier Trägerschaft ergänzen im Rahmen des Artikels 7 Abs. 4 und 5 des Grundgesetzes das öffentliche Schulwesen und nehmen damit eine wichtige Aufgabe zur Herstellung der Vielfalt im Schulwesen wahr. ²Die Zusammenarbeit zwischen anerkannten Schulen in freier Trägerschaft und öffentlichen Schulen ist zu fördern; § 25 Abs. 1 Satz 1, Abs. 2 und 3 gilt entsprechend.

Allg.: § 139 umreißt Stellung und Bedeutung von Schulen in freier Trägerschaft im niedersächsischen Schulwesen und betont deren wertvolle Rolle bei der Förderung der verfassungsrechtlich gewollten schulischer Angebotsvielfalt. Ferner fordert die Bestimmung – verortet im Abschnitt »Allgemeines« des Gesetzesteils »Schulen in freier Trägerschaft« – eine Förderung der Zusammenarbeit von öffentlichen Schulen und Schulen in freier Trägerschaft und deutet geeignete Themenfelder solcher Kooperationen an. **1**

Zu Satz 1: Die Vorschrift stellt die verfassungsrechtlich garantierte Stellung der Schulen in freier Trägerschaft heraus und betont deren im öffentlichen Interesse liegende Rolle bei der Schaffung eines pluralistischen Schulwesens. **2**

Nach dem Gesetzeswortlaut »ergänzen« die Schulen in freier Trägerschaft das öffentliche Schulwesen. Sie komplettieren – aus staatlicher Sicht – im Bezugssystem »Schulwesen« zusammen mit den öffentlichen Schulen die Gesamtheit und Vielfalt der Bildungseinrichtungen. Aus der Wortwahl zu schließen, dass der Gesetzgeber öffentliche Schulen und Schulen in freier Trägerschaft nicht gleichwertig nebeneinander stellt, sondern dass öffentliche Schulen eine Vorrangstellung haben und Schulen in freier Trägerschaft gewissermaßen nur Beiwerk sind, greift zu kurz und wird der Bedeutung der Schulen in freier Trägerschaft vor dem Hintergrund ihrer Tradition und im Hinblick auf ihre Innovationskraft nicht gerecht. Das Wort »ergänzen« kann durchaus auch im Sinne von »bereichern, vervollkommnen und erweitern« interpretiert werden.

Nach Artikel 7 Abs. 4 Satz 2 GG unterstehen private Schulen als Ersatz für öffentliche Schulen den Landesgesetzen. Der Aussage, dass sich Schulen in freier Trägerschaft »im Rahmen des Artikels 7 Abs. 4 und 5 GG« zu bewegen haben, kommt an dieser Gesetzesstelle keine deklaratorische Bedeutung zu, vielmehr werden durch diese landesgesetzliche Regelung die verfassungsrechtlichen Gewährleistungen konform übernommen. Die landesrechtliche Bestimmung gibt damit verfassungskonform auch diesen dem Schulgesetz weitgehend verpflichteten Schulen einen Handlungsrahmen mit Rechten und Pflichten vor.

3 **Zu Satz 2:** Im 1. Halbsatz fordert der Gesetzgeber zunächst allgemein gehalten dazu auf, die Zusammenarbeit zwischen anerkannten Schulen in freier Trägerschaft und öffentlichen Schulen zu fördern.

Diese Anweisung richtet sich – schulgesetzlich betrachtet – in erster Line an die staatliche Schulaufsicht, denn diese übt die Rechts- und Fachaufsicht aus (vgl. § 120 Abs. 2 u. 3) und »hat die Einhaltung der Vorschriften des Schulgesetzes zu gewährleisten« (vgl. § 167 Abs. 1 Satz 1). Da das Schulgesetz sowohl für die öffentlichen Schulen als weitgehend auch für die Schulen in freier Trägerschaft gilt (vgl. § 1 Abs. 1), sind auch diese gehalten, die rechtlichen Bestimmungen aktiv mit Leben auszufüllen, zumindest aber müssen sie bereit sein, die staatliche Förderung der Zusammenarbeit anzunehmen.

Die Förderung der Zusammenarbeit ist ausdrücklich auf die »anerkannten« Schulen in freier Trägerschaft bezogen, erfasst sind somit sowohl anerkannte Ersatzschulen (§ 148) als auch anerkannte Ergänzungsschulen (§ 161). Eine Zusammenarbeit von öffentlichen Schulen mit nicht anerkannten Ersatzschulen oder mit nicht anerkannten Ergänzungsschulen ist dadurch aber nicht ausgeschlossen, sie wird sich ggf. auf ausgewählte, geeignete Bereiche beschränken müssen.

Denkbar ist eine Zusammenarbeit beispielsweise bei themenbezogenen Besprechungen und Abstimmungen, bei gemeinsamen Unterrichtseinheiten, beim Angebot von Arbeitsgemeinschaften, beim Austausch von Lehrkräften unabhängig von der Spezialregelung in § 152, bei der Durchführung gemeinsamer außerunterrichtlicher Veranstaltungen, bei Hospitationen sowie bei der Durchführung von Fort- und Weiterbildungsveranstaltungen.

Im 2. Halbsatz werden einzelne Regelungen des § 25 für »entsprechend« anwendbar erklärt. Durch den Verweis auf § 25 Abs. 1 Satz 1 (Vereinbarung einer ständigen pädagogischen und organisatorischen Zusammenarbeit) und auf Abs. 3 (Zusammenarbeit mit den Trägern der öffentlichen und freien Jugendhilfe sowie anderen Stellen und öffentlichen Einrichtungen, deren Tätigkeit sich wesentlich auf die Lebenssituation junger Menschen auswirkt) werden bedeutsame Möglichkeiten einer Zusammenarbeit konkret benannt. Durch die Verweisung auf § 25 Abs. 2 wird zugleich klargestellt, dass für die Fälle, in denen den Schulträgern durch die beabsichtigte Zusammenarbeit sächliche Kosten im Sinne von § 113 Abs. 1 entstehen können (»Vertrag zu Lasten Dritter«), diese der Vereinbarung über die Kooperation zustimmen müssen.

4 **Verweise, Literatur:**
- *Avenarius, Hermann:* Die Herausforderung des öffentlichen Schulwesens durch private Schulen, Rechtsgutachten, Mai 2011, GEW/Max-Traeger-Stiftung

(Karl-Heinz Ulrich)

§ 140 Bezeichnung der Schulen in freier Trägerschaft und der freien Unterrichtseinrichtungen

(1) ¹Schulen in freier Trägerschaft haben eine Bezeichnung zu führen, die eine Verwechslung mit öffentlichen Schulen ausschließt. ²Zumindest aus einem Untertitel der Bezeichnung muss hervorgehen, ob es sich bei der Schule um eine Ersatzschule (§ 142) oder um eine Ergänzungsschule (§ 158 Abs. 1) handelt. ³Im Übrigen sind die für die Bezeichnung öffentlicher Schulen geltenden Regeln zu beachten. ⁴Ein Zusatz, der auf staatliche Genehmigung oder Anerkennung hinweist, ist zulässig.

(2) Freie Unterrichtseinrichtungen dürfen keine Bezeichnungen führen, die zur Verwechslung mit Schulen im Sinne dieses Gesetzes Anlass geben können.

Allg.: Die Bestimmung enthält Regelungen zur Kenntlichmachung der Schulen in freier Trägerschaft und zur Bezeichnung freier Unterrichtseinrichtungen. Sie soll sicherstellen, dass der Charakter einer schulischen Einrichtung für Interessenten bzw. Außenstehende aus deren Kennzeichnung erkennbar ist.

Die Regelungen sollen die Unterscheidbarkeit gewährleisten

- von Schulen in freier Trägerschaft und öffentlichen Schulen (Abs. 1 Satz 1),
- von Ersatzschulen und Ergänzungsschulen (Abs. 1 Satz 2) sowie
- von freien Unterrichtseinrichtungen und Schulen (Abs. 2)

und mithin Verwechslungen ausschließen.

Für die Namensgebung öffentlicher Schulen gilt § 107, Regelungen für die Bezeichnung anerkannter Tagesbildungsstätten trifft § 163.

Zu Abs. 1: Satz 1 verpflichtet die Träger der sog. freien Schulen, ihren Bildungsstätten eine Bezeichnung zu geben, die eine Verwechslung mit öffentlichen Schulen ausschließt. Dabei reicht allein der zwingende Hinweis (»aus einem Untertitel«), dass es sich um eine Ersatzschule oder um eine Ergänzungsschule handelt, im Allgemeinen nicht aus, um die Unterscheidbarkeit eindeutig zu gewährleisten (Satz 2). Je größer die Namensparallelität zwischen einer Schule in freier Trägerschaft und einer öffentlichen Schule ist (z.B. durch Schulform, Ortsbezeichnung, Name), desto bedeutsamer werden weitere Unterscheidungsmerkmale.

Nach Satz 3 sind ferner die für die Bezeichnung öffentlicher Schulen geltenden Regeln (vgl. Anmerkung 4) zu beachten. Zu diesen Regeln gehört, dass die Bezeichnung der allgemein bildenden Schulen u. a. aus der Bezeichnung der Schulform(en) besteht, bei berufsbildenden Schulen besteht sie aus den Worten »Berufsbildende Schule(n)«. Dementsprechend haben auch Schulen in freier Trägerschaft einen solchen Hinweis zu geben. Allerdings darf nur eine fachliche Bezeichnung verwandt werden, die den Bestimmungen über die Schulformen (§§ 6, 9 bis 20) tatsächlich entspricht.

Satz 4 stellt klar, dass die Zusätze »staatlich genehmigt« oder »staatlich anerkannt« geführt werden dürfen, verpflichtend ist ein solcher Namenszusatz allerdings nicht.

Eine Namensgebung i. S. des § 107 ist denkbar, sie ist bei konfessionsgebundenen Schulen auch durchaus üblich (z.b. Philipp Melanchthon Gymnasium, Gymnasium Marienschule Hildesheim).

3 **Zu Abs. 2:** Die Bezeichnung »Schule« ist außerhalb des Schulwesens im engeren Sinne durchaus gebräuchlich (Hundeschule, Segelschule, Tanzschule, Fahrschule usw.), Verwechslungen mit Schulen im Rechtssinne sind hier regelmäßig nicht zu besorgen. Gleichwohl hält der Gesetzgeber es für angezeigt, bestimmten Bildungsanbietern von schulartigen Lernzielen oder schulnahen Leistungen das Führen einer Bezeichnung, die zur Verwechslung mit einer Schule oder mit einer Schulform Anlass geben könnte, ausdrücklich zu untersagen.

Die in Absatz 2 angeführten, »freien Unterrichtseinrichtungen« werden im NSchG nur in dieser Bestimmung erwähnt. Es handelt sich im Umkehrschluss – um Einrichtungen, die keine Schulen i. S. des NSchG sind (§ 1 Abs. 2). Diese Einrichtungen fallen weder unter die Institutsbzw. Einrichtungsgarantie des Art. 7 Abs. 4 GG noch unterliegen sie der staatlichen Schulaufsicht (§§ 120, 121, 167). Allerdings hat die staatliche Schulaufsicht die Einhaltung der Vorschriften des NSchG – somit auch des § 140 Abs. 2 – zu gewährleisten.

Freie Unterrichtseinrichtungen sind Einrichtungen, die nach ihrer Organisationsform sowie nach ihren Lehrgegenständen, Lehrplänen und Lehrzielen keine Schulen sind. Es handelt sich vielmehr um Kurse, Lehrgänge oder Lektionen, in denen kleine Schülergruppen in einem kurzen Zeitraum Kenntnisse vermittelt bekommen oder in Fertigkeiten unterwiesen werden (z.B. Kurse zur Vorbereitung auf schulische Abschlüsse, Nachhilfegruppen, Sprachlehrgänge, Computerkurse). Freie Unterrichtseinrichtungen dürfen nicht den Eindruck erwecken, dass sie öffentliche Schulen oder Privatschulen im Sinne des NSchG seien.

4 **Verweise, Literatur:**
 - RdErl. »Bezeichnung und Siegelführung der Schulen« v. 11.12.2013 (Nds. MBl. Nr 1/2014 S. 9; SVBl. 2/2014 S. 50), geändert durch Erl. v. 30.07.2019 (Nds. MBl. S. 1191; SVBl. S. 518)

(Karl-Heinz Ulrich)

§ 141 Geltung anderer Vorschriften dieses Gesetzes

(1) [1]Für Ersatzschulen sowie für Ergänzungsschulen in den Fällen der §§ 160 und 161 gelten die §§ 2, 3 Abs. 2 Satz 2, §§ 4 bis 6 und §§ 9 bis 22 entsprechend. [2]Im Rahmen des Bildungsauftrags der Schule (§ 2) kann ein auf religiöser oder weltanschaulicher Grundlage eigenverantwortlich geprägter und gestalteter Unterricht erteilt werden.

Schulen in freier Trägerschaft § 141

NSchG

(2) ¹Die §§ 72 bis 81, 85 und 87 gelten für die in Absatz 1 genannten Schulen, soweit der Schulträger keine abweichende Regelung getroffen hat. ²Eine abweichende Regelung muss mindestens

1. für die Schule und die Klassen oder die ihnen entsprechenden organisatorischen Gliederungen eine Schülervertretung vorsehen,

2. eine Teilnahme von Schülerinnen und Schülern an Konferenzen in den Fällen zulassen, in denen sie die Erörterung bestimmter Anträge wünschen, mit Ausnahme von Anträgen zur Unterrichtsverteilung und zu den Stundenplänen, zur Anrechnung von Stunden auf die Unterrichtsverpflichtung der Lehrkräfte, zur Regelung der Vertretungsstunden und zur Tätigkeit der pädagogischen Hilfskräfte sowie zu den in § 36 Abs. 5 Satz 2 Nr. 2 genannten Beratungsgegenständen,

3. eine Anhörung der Schülervertretung vor grundsätzlichen Entscheidungen über die Organisation der Schule, den Inhalt des Unterrichts und die Leistungsbewertung sowie eine Erörterung der Unterrichtsplanung und -gestaltung mit den betroffenen Schülerinnen und Schülern vorsehen.

(3) ¹§ 113 Abs. 3 und § 114 sind entsprechend anzuwenden. ²Wenn eine Ersatzschule von besonderer pädagogischer Bedeutung besucht wird, besteht die Beförderungs- oder Erstattungspflicht (§ 114 Abs. 3) für den Weg zur nächsten entsprechenden Ersatzschule von besonderer pädagogischer Bedeutung mit dem gewünschten Bildungsgang.

Allg.: Vor dem Hintergrund, dass nach Art. 7 Abs. 4 Satz 3 GG private 1
Schulen in ihren Lehrzielen und Einrichtungen sowie in der wissenschaftlichen Ausbildung ihrer Lehrkräfte »nicht hinter den öffentlichen Schulen zurückstehen« dürfen, dass unsere verfassungsmäßige Ordnung der Gestaltungsfreiheit bei Errichtung und Betrieb von freien Schulen beispielsweise durch die Grundrechte gleichwohl Schranken setzt und dass natürlich auch Schulen in freier Trägerschaft Verantwortung und Verpflichtungen im Bildungswesen haben, trifft § 141 Regelungen zur »entsprechenden« Anwendung schulgesetzlicher Bestimmungen auf Ersatzschulen und »Ergänzungsschulen in den Fällen der §§ 160 und 161«. Die Regelung führt einen großen Teil der auf bestimmte Schulen in freier Trägerschaft adäquat anwendbaren Vorschriften des NSchG auf. Zusätzlich finden einige hier nicht genannte Bestimmungen des NSchG Anwendung auf Schulen in freier Trägerschaft, weil es in den Vorschriften ausdrücklich bestimmt ist (z.B. § 1 Abs. 1, 2 und 4, § 51 Abs. 3, § 82 Abs. 2 Satz 1 und Abs. 3 Satz 1 Nr. 1 Buchst. b, § 97 Abs. 2 Satz 1 und Satz 2 Nr. 1 Buchst. b sowie Abs. 4 Satz 1, § 139 Satz 2, § 167 Abs. 1 Satz 2, § 169 Abs. 1 Nr. 3, § 170 Abs. 1 Nr. 3 sowie § 171 Abs. 1 Nr. 4) oder weil sie in einem engen Kontext zu den genannten Bestimmungen stehen (z.B. §§ 183b, 185, 189).

Zu Abs. 1: Obwohl die Schulen in freier Trägerschaft im Rahmen der ihnen 2
eingeräumten Gestaltungsfreiheit leben und arbeiten sollen, müssen bestimmte Vorschriften des Schulgesetzes auch für sie stimmig gelten – und zwar insbesondere für Ersatzschulen und für solche Ergänzungsschulen,

bei denen während des Schulbesuchs die Schulpflicht ruht (§ 160) oder denen die Anerkennung verliehen wurde (§ 161).

Folgende Vorschriften des NSchG gelten nach **Satz 1** ausdrücklich für diese Schulen »entsprechend«: § 2 Bildungsauftrag der Schule, § 3 Abs. 2 Satz 2 (sog. Gebot positiver Toleranz: »In Erziehung und Unterricht ist die Freiheit zum Bekennen religiöser und weltanschaulicher Überzeugungen zu achten und auf die Empfindungen Andersdenkender Rücksicht zu nehmen.«), § 4 Inklusive Schule, § 5 Gliederung des Schulwesens, § 6 Grundschule, § 9 Hauptschule, § 10 Realschule, § 10a Oberschule, § 11 Gymnasium, § 12 Gesamtschule, § 13 Abendgymnasium und Kolleg, § 14 Förderschule, § 15 Berufsschule, § 16 Berufsfachschule, § 17 Berufseinstiegsschule, § 18 Fachoberschule, § 18a Berufsoberschule, § 19 Berufliches Gymnasium, § 20 Fachschule, § 21 Aufgabe und besondere Organisation berufsbildender Schulen und § 22 Schulversuche.

Zusammengefasst bedeutet das, dass die im Bildungsauftrag (§ 2) zum Ausdruck gebrachten Grundvorstellungen sowie Erziehungs- und Bildungsziele der niedersächsischen Schule auch dem Unterricht und der Vermittlung von Wert- und Normvorstellungen in den genannten Schulen in freier Trägerschaft angemessen zugrunde liegen müssen und dass § 3 zwar insgesamt für diese Schulen in freier Trägerschaft keine Geltung beanspruchen kann, weil diese ja gerade in der Betonung des Bekenntnisses und der Weltanschauung frei sein sollen, sie aber gleichwohl gehalten sind, die Grundsätze der Bekenntnisfreiheit und der Toleranz in Erziehung und Unterricht zu beachten (§ 3 Abs. 2 Satz 2). Schließlich müssen die Ersatzschulen und die »Ergänzungsschulen in den Fällen der §§ 160 und 161« die Bestimmungen über die Inklusive Schule, über die Gliederung des Schulwesens und über die einzelnen Schulformen (davon nicht umfasst sind allerdings z.B. Anforderungen an Zügigkeit von Schulen und Vorgaben zur Klassenbildung) sowie über Schulversuche – soweit es angebracht ist – beachten (§§ 4 bis 6 und 9 bis 22).

Der durch das ÄndG 09 in Absatz 1 Satz 1 eingefügte 2. Halbsatz, nach dem »Ersatzschulen von besonderer pädagogischer Bedeutung« an einem 13-jährigen Bildungsgang bis zum Abitur festhalten konnten, wurde durch das ÄndG 15 wieder gestrichen.

Nach **Satz 2** kann im Rahmen des Bildungsauftrags der Schule (§ 2) ein auf religiöser oder weltanschaulicher Grundlage eigenverantwortlich geprägter und gestalteter Unterricht erteilt werden. Die Bestimmung berücksichtigt das besondere Interesse von religiös und weltanschaulich geprägten Schulen bei der Anwendung des § 2, der insgesamt einen verbindlichen Rahmen vorgibt, die Schwerpunkte des Unterrichts entsprechend der eigenen Prägung zu setzen. Eine solche Schwerpunktsetzung oder -verschiebung hat jedoch die vom Bildungsauftrag gesetzten Grenzen und Mindestanforderungen zu respektieren.

3 **Zu Abs. 2:** Die in **Satz 1** konkret benannten gesetzlichen Bestimmungen über Schülervertretungen, Schülergruppen und Schülerzeitungen gelten

Schulen in freier Trägerschaft § 141 NSchG

grundsätzlich unmittelbar für die in Absatz 1 genannten Ersatzschulen und Ergänzungsschulen, allerdings kann der Schulträger – auch in feinen Unterschieden oder größeren Teilbereichen – abweichende Regelungen treffen. Abweichende Regelungen müssen jedoch folgende Mindestanforderungen erfüllen:

- Nach **Satz 2 Nr. 1** muss eine abweichende Regelung des Schulträgers mindestens für die Schule und die Klassen oder die ihnen entsprechenden organisatorischen Gliederungen eine Schülervertretung vorsehen. Mit dieser Vorgabe soll den Schülerinnen und Schülern ein Mindestmaß an Gelegenheit zur Teilnahme an der Willensbildung innerhalb der Schule und – über Gemeinde-, Kreis- und Landesschülerrat – auch außerhalb der besuchten Schule gegeben werden.

- Nach **Satz 2 Nr. 2** muss eine abweichende Regelung des Schulträgers mindestens eine Teilnahme von Schülerinnen und Schülern an Konferenzen in den Fällen zulassen, in denen sie die Erörterung bestimmter Anträge wünschen, mit Ausnahme von Anträgen zur Unterrichtsverteilung und zu den Stundenplänen, zur Anrechnung von Stunden auf die Unterrichtsverpflichtung der Lehrkräfte, zur Regelung der Vertretungsstunden und zur Tätigkeit der pädagogischen Hilfskräfte sowie zu den in § 36 Abs. 5 Satz 2 Nr. 2 genannten Beratungsgegenständen (d. h. Zeugnisse, Versetzungen, Abschlüsse, Übergänge, Überweisungen, Zurücktreten und Überspringen). Auch hier fordert der Gesetzgeber ein Minimum an Mitwirkung der Schülerinnen und Schüler an allgemeinen Beratungsgegenständen in der Schule ein. Die Erörterung der dem Kernbereich der Organisationsgewalt des Schulträgers zuzurechnenden Themen ist ausdrücklich ausgeschlossen. In den Konferenzen muss allerdings keine ständige Vertretung der Schülerinnen und Schüler vorgesehen sein, sie kann vielmehr themenbezogen von Fall zu Fall zugelassen werden.

- Nach **Satz 2 Nr. 3** muss eine abweichende Regelung des Schulträgers mindestens eine Anhörung der Schülervertretung vor grundsätzlichen Entscheidungen über die Organisation der Schule, den Inhalt des Unterrichts und die Leistungsbewertung sowie eine Erörterung der Unterrichtsplanung und -gestaltung mit den betroffenen Schülerinnen und Schülern vorsehen. D. h., die Schule muss die Schülervertretung rechtzeitig über entsprechende Vorhaben unterrichten, ihr hinreichend Gelegenheit zu einem Meinungsaustausch innerhalb dieses Gremiums sowie zu einer mündlichen Aussprache mit der Schulleitung geben und ihr ggf. auch eine schriftliche Stellungnahme für das Vorbringen des eigenen Standpunktes zugestehen.

Die Anwendung von Regelungen zur Elternvertretung in der Schule – entsprechend wären hier die §§ 88 bis 96 heranzuziehen – schreibt das Schulgesetz in dieser Rechtsnorm nicht vor. Der Gesetzgeber hat sich möglicherweise davon leiten lassen, dass die Rechtsbeziehungen der Erziehungsberechtigten zu einer Schule in freier Trägerschaft nicht durch die Übernahme staatlicher Regelungen gestaltet werden sollten, sondern vielmehr in einem privatrechtlichen Schulvertrag zu vereinbaren sind. Im

Übrigen bleibt es den Erziehungsberechtigten unbenommen, nach eigenen Vorstellungen eine Interessenvertretung zu bilden und sich beim Schulträger Gehör zu verschaffen. Im Gemeinde-, Kreis- sowie im Landeselternrat ist eine Elternvertretung der freien Schulen grundsätzlich vorgesehen.

4 Zu Abs. 3: Die Verweisung auf die entsprechende Anwendung des § 113 Abs. 3 in **Satz 1** bedeutet, dass das Land auch für Ersatzschulen und Ergänzungsschulen die Kosten der Abgeltung urheberrechtlicher Vergütungsansprüche für die Vervielfältigung von Unterrichtsmaterialien übernimmt. Gegenstand des Gesamtvertrages der Länder mit der Verwertungsgesellschaft WORT ist die Honorierung der nach § 53 Abs. 3 UrhG gesetzlich erlaubten Nutzungen von Werken sowie die vertragliche Ermöglichung von Nutzungen von Unterrichtsmaterialien und grafischen Aufzeichnungen von Werken der Musik für den Unterrichts- und Prüfungsgebrauch im analogen und digitalen Bereich.

Der Gesetzgeber ist aus verfassungsrechtlicher Sicht nicht gehalten, Schülerinnen und Schüler von öffentlichen und privaten Schulen schulwegkostenrechtlich einheitlich zu behandeln. Daraus, dass sich die Ersatzschulen in privater Trägerschaft befinden, ergibt sich bereits ein sachgerechter Grund für die Differenzierung. Der Staat ist insbesondere nicht verpflichtet, durch staatliche Förderleistungen im Bereich des Privatschulwesens die finanziellen Belastungen der betroffenen Eltern der Schülerinnen und Schüler, die mit der eigenen Entscheidung für den Besuch einer Ersatzschule verbunden und damit nicht vom Staat verursacht sind, auszugleichen. Die Einbeziehung nur bestimmter Ersatzschulen in die Schülerbeförderung ist eine schul- und sozialpolitische, nicht jedoch eine verfassungsrechtliche Frage (vgl. BayVerfGH, Urt. v. 07.07.2009 – 15-VII-08). Der Gesetzgeber darf einen freiwillig eingeräumten Anspruch auf die Übernahme von Schülerbeförderungskosten aus fiskalischen Gesichtspunkten begrenzen und bei der Festlegung der nächstgelegenen Schule pädagogische oder organisatorische Schwerpunkte einer Schule unberücksichtigt lassen (vgl. grds. VerfGH Rheinland-Pfalz, Urt. v. 29.11.2011 – VGH B11/10 – und OVG Rheinland-Pfalz, Beschl. v. 23.07.2013 – 2 A 10634/13. OVG m.w.N.).

Die Verweisung in **Satz 1** auf § 114 bezieht die Schülerinnen und Schüler der in Absatz 1 genannten Ersatzschulen und Ergänzungsschulen grundsätzlich in die schulgesetzlichen Regelungen zur Schülerbeförderung mit ein; auch diese Regelungen sind »entsprechend« anzuwenden. Neben den allgemeinen schülerbeförderungsrechtlichen Vorschriften des § 114 sind folglich auch bei der Bestimmung der »nächsten Schule« nach § 114 Abs. 3 Satz 1 zum Vergleich der Entfernungen nicht nur Schulen in freier Trägerschaft, sondern auch öffentliche Schulen heranzuziehen. Das bedeutet, dass eine Beförderungspflicht oder ein Erstattungsanspruch immer dann besteht, wenn die Schule in freier Trägerschaft die nächstgelegene Schule ist. Liegt die Schule in freier Trägerschaft dagegen weiter entfernt als die Schule, bei deren Besuch ein Anspruch auf Beförderung oder Erstattung der notwendigen Aufwendungen bestünde, so werden nur die notwendigen Aufwendungen für den Weg zu dieser nächsten Schule erstattet (sog.

fiktive Erstattung). Auf § 114 und die Kommentierung zu dieser Vorschrift wird verwiesen.

Satz 2 ist durch das ÄndG 15 angefügt worden. Die Bestimmung stellt bezüglich der Schülerbeförderung zusätzlich klar, dass im Falle des Besuchs einer »Ersatzschule von besonderer pädagogischer Bedeutung« die Beförderungs- oder Erstattungspflicht (§ 114 Abs. 3) für den Weg zur nächsten entsprechenden »Ersatzschule von besonderer pädagogischer Bedeutung« mit dem gewünschten Bildungsgang besteht. D. h., der Träger der Schülerbeförderung kann auch für den Besuch einer »Ersatzschule von besonderer pädagogischer Bedeutung« seine Leistungsverpflichtung beschränken.

Der Begriff der »Ersatzschule von besonderer pädagogischer Bedeutung« wird im NSchG in den §§ 149 Abs. 1 und 150 Abs. 5 Satz 1 verwendet, ohne näher erläutert zu werden. Zu diesen Schulen zählen gemeinhin die Freien Waldorfschulen und viele der sog. Freien Alternativschulen (vgl. z.B. Anmerk. 4 der Vorbemerkung zu den §§ 139 – 167, Drs 16/1372 S. 4 u. OVG Lüneburg im Urt. vom 30.11.1983 – 13 A 56/83), die in begrenztem Rahmen von dieser Bestimmung hinsichtlich eines Beförderungs- oder Erstattungsanspruchs begünstigt werden. Begrifflich nicht erfasst sind die Ersatzschulen, für die ein »besonderes pädagogisches Interesse« von der Schulbehörde festgestellt worden ist, d. h. für lediglich genehmigte Grundschulen, denn ein »besonderes pädagogisches Interesse« im Sinne des § 144 Abs. 1 Satz 2 ist begrifflich etwas anderes als eine »besondere pädagogische Bedeutung« im Sinne des § 149 Abs. 1.

Mit § 114 korrespondiert der durch das ÄndG 15 eingefügte § 189, der eine Übergangsregelung für die Schülerbeförderung trifft. Danach ist § 114 in der bis zum 31.07.2015 geltenden Fassung auf Schülerinnen und Schüler weiter anzuwenden, solange sie den Besuch derjenigen Schule fortsetzen, die sie im Schuljahr 2014/2015 zuletzt besucht haben. Auch diese Bestimmung muss konsequenterweise auf die in Absatz 1 genannten Ersatzschulen und Ergänzungsschulen Anwendung finden. Auf § 189 und die Kommentierung zu dieser Vorschrift wird verwiesen.

Verweise, Literatur: 5

– *Jäschke, Moritz L./Müller, Tobias:* Kopftuchverbote gegenüber Schülerinnen an öffentlichen und privaten Schulen, DÖV, H. 7, 2018, S. 279

(Karl-Heinz Ulrich)

Zweiter Abschnitt
Ersatzschulen

§ 142 Allgemeines

¹Schulen in freier Trägerschaft sind Ersatzschulen, wenn sie in ihren Lern- und Erziehungszielen öffentlichen Schulen entsprechen, die im Lande Niedersachsen vorhanden oder grundsätzlich vorgesehen sind. ²Abweichungen in den Lehr- und Erziehungsmethoden und in den Lehrstoffen sind zulässig.

1 **Allg.:** Nach den Bestimmungen des Art. 7 Abs. 4 Satz 1 bis 3 GG wird das Recht zur Errichtung von »privaten Schulen« gewährleistet. Private Schulen als »Ersatz für öffentliche Schulen« bedürfen der Genehmigung des Staates und unterstehen den Landesgesetzen. Die Genehmigung ist zu erteilen, wenn die privaten Schulen »in ihren Lehrzielen und Einrichtungen [...] nicht hinter den öffentlichen Schulen zurückstehen«. Art. 4 Abs. 3 Satz 1 NV gewährleistet das Recht zur Errichtung von »Schulen in freier Trägerschaft«; weder die Ersatzschule noch die Ergänzungsschule werden hier konkret genannt, auf sie wird unter Verweis auf Art. 7 Abs. 4 GG lediglich hingedeutet. § 1 Abs. 1 grenzt beim Geltungsbereich des Schulgesetzes schließlich ab zwischen öffentlichen Schulen und »Schulen in freier Trägerschaft«, dort allerdings mit dem Klammerzusatz »Privatschulen«, so dass eine Beziehung zwischen den Begriffen hergestellt wird.

Während das Grundgesetz den ungenauen und missverständlichen Begriff der »privaten Schulen« verwendet, stellt § 142 auf die weithin gebräuchliche Bezeichnung »Schulen in freier Trägerschaft« ab, die den durch die Privatschulfreiheit gewährleisteten freiheitlichen Charakter dieser Schulen (freie Gestaltung der Schule, freie Wahl der Lehrkräfte, freie Auswahl der Schülerinnen und Schüler) zum Ausdruck bringt; umgangssprachlich wird häufig auch von »freien Schulen« gesprochen.

Weil Art. 7 Abs. 4 GG zunächst allgemein von »privaten Schulen« spricht und sich dann einer Schulart, nämlich der »privaten Schulen als Ersatz für öffentliche Schulen«, und den von ihr zu erfüllenden Anforderungen widmet, wird davon ausgegangen, dass es neben den Ersatzschulen noch eine weitere Schulart unter den privaten Schulen geben kann, die anderen, geringeren Anforderungen unterliegt. Diese Schulart wird als Ergänzungsschule bezeichnet, die, wie es der Name schon sagt, eine Ergänzung des herkömmlichen Angebots darstellt. Im NSchG wird sie von der Ersatzschule in § 158 Abs. 1 schlicht durch die Definition »Schulen in freier Trägerschaft, die nicht Ersatzschulen nach § 142 sind, sind Ergänzungsschulen« abgegrenzt.

§ 142 legt in Anlehnung an die grundgesetzliche Umschreibung landesgesetzlich fest, unter welchen inhaltlichen Bedingungen eine Schule in freier Trägerschaft eine Ersatzschule ist.

Das Plenum der Ständigen Konferenz der Kultusminister der Länder hat am 10.08.1951 eine Ländervereinbarung »Privatschulen« getroffen (SVBl. 10/1951 S. 217). In § 3 dieser Vereinbarung wurden auf der Grundlage des Art. 7 GG die »Ersatzschulen« definiert. Diese Definition wurde etwas verkürzt in den § 3 des niedersächsischen Privatschulgesetzes vom 12.07.1957 (Nds. GVBl. 1957 S. 81) übernommen und findet sich noch heute nahezu wortgleich in § 142 wieder, wobei in § 122 des sog. Stammgesetzes vom 30.05.1974 kurzerhand das Wort »Lehrziele« durch das Wort »Lernziele« ersetzt worden ist. Aus den Beratungsprotokollen zum Stammgesetz lässt sich für diese begriffliche Änderung und die Abweichung vom Grundgesetz, die durchaus einen Wechsel in der Sichtweise zum Ausdruck bringt, keine konkrete Begründung entnehmen, außer, dass es sich um eine redaktionelle Änderung handelt.

Zu Satz 1: Die Bestimmung definiert, was Schulen in freier Trägerschaft kennzeichnet, um sie in Niedersachsen als Ersatzschulen anzusehen. Kennzeichnend ist, dass sie in ihren »Lernzielen« und »Erziehungszielen« öffentlichen Schulen, die »im Lande Niedersachsen vorhanden oder grundsätzlich vorgesehen« sind, entsprechen. Damit knüpfen die Genehmigungsvoraussetzungen an den in Art. 7 Abs. 4 Satz 2 GG verfassungsrechtlich vorgegebenen Ersatzschulbegriff an. Ersatzschulen müssen sich in ihrem Gesamtzweck an dem orientieren, was im Bereich der öffentlichen Schulen für die Inhalte der einzelnen Schulformen prägend ist. 2

Diese Definition in Satz 1 wird ergänzt durch § 141 Abs. 1 Satz 1, der anordnet, dass für Ersatzschulen die §§ 2, 3 Abs. 2 Satz 2, §§ 4 bis 6, 9 bis 22 und 23 Abs. 3 entsprechend gelten. Nach dieser Vorschrift gelten nicht nur die allgemeinen Lern- und Erziehungsziele (§§ 2 bis 4), sondern auch die Regelungen über die Gliederung des Schulwesens (§ 5) und die Bestimmungen über die Inhalte der Schulformen (§§ 6 ff.) entsprechend.

Das Landesrecht bestimmt, welche öffentlichen Schulen es gibt, denen eine Ersatzschule entsprechen kann (vgl. BVerfG, Beschl. v. 09.03.1994 – 1 BvR 1369/90 u. Beschl. vom 08.07.2011 – 1 BvR 759/08 u. 1 BvR 733/09). Die in Niedersachsen »vorhandenen« oder »grundsätzlich vorgesehenen« öffentlichen Schulen gliedern sich gemäß § 5 Abs. 2 in die dort aufgezählten Schulformen. In dieser Schulstruktur müssen sich Ersatzschulen wiederfinden. Eine Schulform, die zwar in anderen Bundesländern, nicht aber in Niedersachsen geführt wird, kann mangels landesrechtlicher Festlegung in Niedersachsen nicht als Ersatzschule betrieben werden. Der Föderalismus (Art. 20 Abs. 1, Art. 28 Abs. 1 GG) hat zur Folge, dass unterschiedliche Schulstrukturen in den verschiedenen Ländern grundsätzlich – im Rahmen des verfassungsrechtlich Zulässigen – zu respektieren sind (vgl. BVerwG, Urt. v. 18.12.1996 – 6 C 6.95). Wegen der im verfassungsrechtlichen Ersatzschulbegriff angelegten Akzessorietät des Ersatzschulwesens zum öffentlichen Schulwesen ist auch hinzunehmen, dass einer Schule in freier Trägerschaft unter Umständen in einem Land die Ersatzschulqualität abzusprechen ist, obwohl sie ihr in einem anderen Land zukäme.

Die Lernziele sind dem Grundsatz nach im Schulgesetz für die verschiedenen Schulformen und deren Untergliederungen geregelt. Anzulegender Maßstab der Lernziele sind die gesetzten Bildungsziele der entsprechenden öffentlichen Schulform, die auf einen bestimmten Abschluss des schulischen Bildungsgangs der jeweiligen Schulform und Fachrichtung gerichtet sind. Entscheidend ist, ob am Ende des jeweiligen Bildungsgangs das Niveau des Bildungsprogramms der öffentlichen Schule im Ergebnis erreicht wird (u. a. BVerfG, Beschl. v. 08.06.2011 – 1 BvR 759/08 u. 1 BvR 733/09). Bei der Schulform Grundschule, die nicht auf einen Abschluss gerichtet ist, wird als Maßstab angelegt, dass für die Schülerinnen und Schüler der Übergang zu den weiterführenden Schulen nach dem 4. Schuljahrgang gewährleistet ist.

Die Erziehungsziele sind im Schulgesetz, hier insbesondere im Bildungsauftrag (§ 2), abgebildet (vgl. auch § 141 Abs. 1 Satz 1).

»Entsprechen« bedeutet nicht notwendigerweise eine formale Entsprechung der Lern- und Erziehungsziele der Ersatzschule zu denjenigen der öffentlichen Schule in vollem Umfang, Abweichungen sind grundsätzlich zulässig. Gleichwohl muss aber im Gesamtzweck eine größtmögliche Angleichung an die entsprechende öffentliche Schule feststellbar sein.

Sofern eine Schule in freier Trägerschaft in ihren Lern- und Erziehungszielen einer öffentlichen Schulform nicht hinreichend entspricht und sie daher nicht als Ersatzschule genehmigt werden kann, so hat die Einrichtung nicht automatisch den Status einer genehmigungsfreien Ergänzungsschule (VGH Bayern, Urt. vom 12.02.1980 – 1275 VII 78).

Wann eine öffentliche Schule zwar nicht vorhanden, aber »grundsätzlich vorgesehen« ist, ist – sicherlich bedingt durch nicht vorhersehbare diverse Schulreformprogramme seit Abfassen des Gesetzestextes – zwischenzeitlich etwas ungenau geregelt. Die Frage muss im Zusammenhang mit anderen Rahmenvorgaben betrachtet und beantwortet werden. Vereinfacht ausgedrückt muss es sich um einen Schultyp handeln, dessen Errichtung und Betrieb nach schulrechtlichen Bestimmungen zulässig ist, der aber als öffentliche Schule tatsächlich nicht geführt wird.

So ist z.B. die Berufsfachschule Fachrichtung Atem-, Sprech- und Stimmlehrerin/Atem-, Sprech- und Stimmlehrer in der Verordnung über berufsbildende Schulen (BbS-VO) grundsätzlich vorgesehen. Als öffentliche Schule ist diese Berufsfachschule mit dieser Fachrichtung nicht vorhanden, sie existiert gleichwohl als Schule in freier Trägerschaft.

Auch die gemäß § 182 in ihrem Bestand gesicherten »Schulen mit besonderem pädagogischen Auftrag«, die abweichend von der in den §§ 5 bis 20 geregelten Gliederung des Schulwesens weitergeführt werden können (z.B. IGS Hannover-Roderbruch mit einem Primar- und den Sekundarbereichen, Glocksee-Schule Hannover, Michelsenschule Hildesheim), sind zwar »vorgesehen«, sie könnten aber gegenwärtig nicht mehr neu errichtet werden. Folglich scheidet auch hier die Genehmigung für die Errichtung und den Betrieb einer entsprechend ausgerichteten Ersatzschule aus. Das Verwaltungsgericht Hannover hat sich im Urteil vom 08.03.2006 – 6 A 1460/04 –

mit der Genehmigung einer Schule mit »einheitlicher Primarstufe und Sekundarstufe I« befasst und festgestellt, dass eine solche Schule eine in Niedersachsen vorhandene oder grundsätzlich vorgesehene Schule nicht ersetzen kann.

Die Weiterentwicklung des öffentlichen Schulwesens ist legitim, sie ist genau genommen ein verfassungsrechtlich angelegter, fortwährender Auftrag. Staatliches Wirken bei der Fortentwicklung des öffentlichen Schulwesens bleibt jedoch gelegentlich nicht ohne Folgen auf »entsprechende« Ersatzschulen. Wird die Schulstruktur oder werden die Strukturen einzelner öffentlicher Schulen und die sie prägenden Merkmale verändert, so müssen sich auch die »entsprechenden« Ersatzschulen der neuen Schulstruktur oder den neuen Organisationsformen innerhalb einer angemessenen Übergangsfrist anpassen. Wird eine Ersatzschule nicht entsprechend angepasst, so verliert sie ihre Ersatzschuleigenschaft und die Schulbehörde hat die Genehmigung nach § 147 Abs. 1 zurückzunehmen.

Die Abschaffung der Schulform Orientierungsstufe durch das ÄndG 03 hat mithin dazu geführt, dass auch der Betrieb von »entsprechenden« Ersatzschulen dieser Schulform nicht mehr möglich war, Träger von Ersatzschulen dieser Schulform waren daher gehalten, dieses schulische Angebot auslaufen zu lassen.

Der durch das ÄndG 12 geregelte Wegfall der Schuljahrgänge 1 bis 4 der öffentlichen Förderschule mit dem Förderschwerpunkt Lernen hat zur Folge, dass auch an den entsprechenden Förderschulen in freier Trägerschaft im Primarbereich nicht mehr betrieben werden darf. Im Sekundarbereich I sollen die Förderschulen Lernen nach dem ÄndG 15 i. V. m. dem ÄndG 18 längstens bis zum Schuljahr 2022/2023 geführt werden können, entsprechendes muss für die entsprechenden Ersatzschulen gelten.

Auch nachzuvollziehen war für Ersatzschulen die Rückkehr von »G 8« zu »G 9«, die ebenfalls durch das ÄndG 15 für die öffentlichen Gymnasien geregelt worden war.

Zu Satz 2: Nach Satz 2 sind Abweichungen in den Lehr- und Erziehungsmethoden und in den Lehrstoffen zulässig. Begrifflich differenziert wird in den Sätzen 1 und 2 demnach zwischen »Lernzielen« und »Lehrmethoden« sowie zwischen »Erziehungszielen« und »Erziehungsmethoden«. 3

»Lehrmethode« ist die Art und Weise des Verfahrens beim Lehren (Unterrichtsweg), dazu gehören u. a. das pädagogische Konzept und der individuelle Unterrichtsstil; das Gewicht der Betrachtung liegt beim Lehrenden. »Erziehungsmethode« ist die planvolle Verfahrensweise bei der Erziehung, d. h. die Handlungsweise beim Einüben bestimmter Kompetenzen bei Kindern und Jugendlichen, um deren Sozialisation zu steuern. »Lehrstoff« ist der im Unterricht zu vermittelnder Stoff, d. h., es sind die theoretischen und praktischen Informationen, mit denen sich Lernende zu befassen haben und die sie sich aneignen sollen.

Da eine Gleichwertigkeit – nicht eine Gleichartigkeit – der Ersatzschulen mit öffentlichen Schulen gefordert wird, entsprechende Lern- und Erziehungsziele als Maßstäbe diesbezüglich für bedeutsamer anerkannt werden, um Schülerinnen und Schüler von Ersatzschulen vor einem ungleichwertigen Schulerfolg zu schützen, und Ersatzschulen vor dem Hintergrund der ihnen verfassungsrechtlich zugestandenen Gestaltungsfreiheit grundsätzlich nicht vorgeschrieben werden soll, »wie« (auf welchem Weg und mit welchen Mitteln) sie ihren Bildungsauftrag erfüllen sollen, sind Unterschiede bei Lehrmethoden, Erziehungsmethoden und Lehrstoffen im Vergleich zu öffentlichen Schulen möglich.

4 Verweise, Literatur:

- Avenarius, Hermann: Die Herausforderung des öffentlichen Schulwesens durch private Schulen, Rechtsgutachten, Mai 2011, GEW/Max-Traeger-Stiftung
- Merkblatt »Schulen in freier Trägerschaft – Errichtung einer Ersatz-/Ergänzungsschule nach dem Niedersächsischen Schulgesetz«, Regionales Landesamt für Schule und Bildung

(Karl-Heinz Ulrich)

§ 143 Genehmigung

(1) Ersatzschulen dürfen nur mit vorheriger Genehmigung der Schulbehörde errichtet und betrieben werden.

(2) ¹Die Genehmigung beschränkt sich auf die Schulform und innerhalb einer Schulform auf die Fachrichtung, für die sie ausgesprochen worden ist. ²Bei berufsbildenden Schulen kann die Genehmigung darüber hinaus auf einzelne Teile einer Schulform und auf Schwerpunkte einer Fachrichtung beschränkt werden.

(3) Mit der Genehmigung erhält die Schule das Recht, schulpflichtige Schülerinnen und Schüler aufzunehmen.

1 Allg.: Nach Art. 7 Abs. 4 Satz 2 GG und Art. 4 Abs. 3 Satz 2 NV ist das in Art. 7 Abs. 4 Satz 1 GG und Art. 4 Abs. 3 Satz 1 NV verfassungsrechtlich gewährleistete Recht zur Errichtung von Ersatzschulen unmittelbar eingeschränkt, denn nach diesen verfassungsrechtlichen Regelungen bedürfen private Schulen als Ersatz für öffentliche Schulen der Genehmigung des Staates und sie unterstehen den Landesgesetzen. Diese Vorgaben werden in § 143 dahingehend konkretisiert umgesetzt, dass Ersatzschulen nur mit vorheriger Genehmigung der Schulbehörde »errichtet« und »betrieben« werden dürfen. Dass die NSchG über den Wortlaut des Art. 7 Abs. 4 Satz 2 GG und Art. 4 Abs. 3 Satz 2 NV hinaus die Genehmigungspflicht auch auf den »Betrieb« der Ersatzschule erstreckt, steht mit der verfassungsrechtlichen Errichtungsgarantie im Einklang, denn ihre Einrichtung als schulische Institution (Schulleitung, Kollegium, Konfe-

renzen, Aufnahmeverfahren usw.) gewinnt für das unter der Aufsicht des Staates stehende Schulwesen dann entscheidende Bedeutung, wenn die Ersatzschule mit dem Beginn des Unterrichts ihren Betrieb aufnimmt. Das Genehmigungserfordernis hat den Sinn, die Allgemeinheit vor unzureichenden Bildungseinrichtungen zu schützen. Durch die Erteilung der Genehmigung wird festgestellt, dass Bedenken gegen die Errichtung der Schule nicht bestehen und dass der Besuch der Schule als Erfüllung der Schulpflicht gilt (BVerfG, Beschl. v. 14.11.1969 – 1 BvL 24/64).

Zu Abs. 1: Nach Art. 7 Abs. 4 Satz 2 GG bedürfen Ersatzschulen der Genehmigung des Staates und unterstehen den Landesgesetzen. Absatz 1 regelt landesgesetzlich dieses Genehmigungserfordernis und überträgt der nachgeordneten Schulbehörde diesbezüglich die Prüfungs- und Entscheidungszuständigkeit. Ein Anspruch auf Erteilung der Genehmigung ist nur unter den in Art. 7 Abs. 4 Satz 3 und Abs. 5 GG aufgeführten Voraussetzungen verfassungsverbürgt.

Die Genehmigung ist ein (gebührenpflichtiger) Verwaltungsakt (§ 35 VwVfG) und setzt einen Antrag des Schulträgers voraus. Der Schulträger trägt die Darlegungs- und Beweislast für das Vorliegen der Genehmigungsvoraussetzungen.

Die wesentlichen Vorbedingungen sind in den §§ 142, 144 und 145 angeführt. Im Genehmigungsverfahren ist somit eine umfangreiche Prüfung der inhaltlichen, sächlichen und personellen Voraussetzungen der zu errichtenden Schule erforderlich.

Erst wenn dem Schulträger die Genehmigung vorliegt, darf er die Ersatzschule einrichten und betreiben.

Umstritten ist in der Literatur (Anm. 5), ob die Genehmigung einer Ersatzschule im Falle der Gefährdung einer öffentlichen Schule versagt werden kann (»Standortkonkurrenz«), denn schließlich trägt der Staat die Verantwortung für ein funktionierendes Miteinander von öffentlichen Schulen und Schulen in freier Trägerschaft. Der Staat muss einerseits das Grundrecht der Privatschulfreiheit garantieren und andererseits ein öffentliches Angebot gewährleisten. Überwiegendes spricht dafür, dieses Spannungsverhältnis zugunsten der Ersatzschule aufzulösen.

Eine gesetzliche Regelung, nach der die Aufhebung einer Schule in freier Trägerschaft nach den gesetzlichen Vorschriften für die Aufhebung einer öffentlichen Schule zu erfolgen hat (vgl. u. a. § 106), gibt es nicht, eine solche Regelung wäre auch verfassungsrechtlich nicht legitimiert. Ein privater Schulträger ist in seiner Entscheidung frei, ob er den Schulbetrieb einer Ersatzschule aufrechterhält und wann er den Betrieb einstellt. Allein der Umstand, dass eine Ersatzschule staatlich genehmigt oder sogar anerkannt worden ist – mithin der Träger grundsätzlich die Gewähr dafür geboten hat, die Genehmigungsvoraussetzungen dauerhaft und zuverlässig zu erfüllen – führt zu keiner anderen Betrachtung. Denn hiermit ist nicht verknüpft, dass die Erziehungsberechtigten oder die volljährigen Schülerinnen und Schüler einen über die schulvertraglichen Kündigungsfristen hinausgehenden Vertrauensschutz in den Fortbestand der Ersatzschule bzw. die Teilhabe am Schulbetrieb für sich beanspruchen können. Die gesetzlich verankerte Genehmigungspflicht dient dem Schutz der Allgemeinheit, insbesondere der Schülerinnen und Schüler, vor unzureichenden Bildungseinrichtungen (vgl. BVerfG, Beschl. v. 14.11.1969 – 1 BvL 24/64), sie ist aber keine Garantie für die dauerhafte Existenz einer Ersatzschule (vgl. OVG Sachsen-Anhalt, Beschl. v. 15.08.2016 – 3 M 145/16).

3 **Zu Abs. 2.:** Die Bestimmung sichert die Entsprechung der Ersatzschulen zu den im Landesrecht typisierten öffentlichen Schulformen sowie zu deren möglichen speziellen Gliederungen (vgl. § 141 Abs. 1 Satz 1 i.V. m. §§ 5 ff). Die von der Schulbehörde erteilte Genehmigung soll danach den Aufgaben- und Wirkungskreis der Einrichtung konkret benennen bzw. fest umrissen begrenzen. Zum Schutz der Schülerinnen und Schüler vor nicht gleichwertigen Bildungsangeboten soll die Bestimmung eine den Anforderungen nicht gerecht werdende Umstellung oder Ausweitung des Unterrichtsangebotes der Ersatzschule verhindern.

Die Genehmigung beschränkt sich nach Satz 1 zuvörderst auf die »Schulform«, die die Ersatzschule anbieten wird. Die schulgesetzlich vorgesehenen Schulformen sind in § 5 Abs. 2 Nr. 1 für die allgemein bildenden Schulen und in § 5 Abs. 2 Nr. 2 für die berufsbildenden Schulen aufgelistet. Bei Förderschulen muss die Genehmigung eine Aussage über den Förderschwerpunkt treffen.

Nach § 142 Satz 1 sind Schulen in freier Trägerschaft Ersatzschulen, wenn sie in ihren Lern- und Erziehungszielen öffentlichen Schulen entsprechen, die im Lande Niedersachsen vorhanden oder grundsätzlich vorgesehen sind. Diese Regelung lässt den Schluss zu, dass es den Trägern der Ersatzschulen möglich sein muss, neben den separaten Schulformen auch die vom Schulgesetz in § 106 Abs. 6 – und übergangsweise in § 183 – für öffentliche Schulen zugelassenen verbundenen Schulformen, d. h. u. a. Grund- und Hauptschulen, Grund- und Oberschulen, Haupt- und Realschulen, in einer Schule zu führen. In der Praxis kennt das Schulgesetz auch bereits seit Jahrzehnten organisatorisch zusammengefasste Schulen, z.B. bei den sog. Konkordatsschulen nach §§ 154 Abs. 1, die bereits als Hauptschule mit Orientierungsstufe und späterhin als Haupt- und Realschule geführt wurden. Ferner erwähnt § 149 Abs. 2 bei den Wartefristregelungen die Erweiterung einer Schulform um einen Schulzweig.

Eine organisatorische Zusammenfassung setzt zunächst einmal voraus, dass mindestens zwei bestehende »Schulen« zusammengefasst werden. Um überhaupt Schule im Sinne des Schulgesetzes zu sein, muss eine Einrichtung mindestens 12 Schülerinnen und Schüler aufweisen und auf Dauer ausgerichtet sein (vgl. § 1 Abs. 2). Um der Forderung des Gesetzgebers nach einer »organisatorischen und pädagogischen Zusammenarbeit der Schulzweige« nachkommen zu können, müssen die Schulzweige dazu auch praktisch in der Lage sein, d. h., eine Schule muss einen Ausbaustand erreicht haben, der eine solche Zusammenarbeit ermöglicht. Wenn

Schulen in freier Trägerschaft § 143 NSchG

eine (Grund-)Schule mit allen Jahrgängen gleichzeitig startet, bedeutet dies nicht per se, dass in allen Jahrgängen hinreichend Schülerinnen und Schüler für eine organisatorische und pädagogische Zusammenarbeit der Schulzweige vorhanden sind. Es wird im Einzelfall zu entscheiden sein, ob und wann die Voraussetzungen für eine Zusammenfassung vorliegen.

Eine organisatorische Zusammenfassung von Schulen berührt massiv den Status, die innere Organisation und Ausgestaltung, sodass allein eine Anzeige der veränderten Organisationsform und des geänderten Betriebs nicht ausreichen kann. Durch eine solche schulorganisatorische Maßnahme entsteht rechtlich eine neue Schule, ohne dass die bisherigen Schulen untergehen; sie werden vielmehr als Schulzweige weitergeführt. Daraus folgt, dass zum einen die Schulen, die zusammengefasst werden sollen, jeweils genehmigt sein müssen und zum anderen, dass die organisatorische Zusammenfassung ebenfalls genehmigungspflichtig ist. Dies ist auch § 143 Abs. 1 i.V. m. Abs. 2 zu entnehmen.

Innerhalb einer Schulform beschränkt sich die Genehmigung auf die »Fachrichtung«, für die sie ausgesprochen worden ist. Nach § 21 Abs. 4 Satz 2 1. Halbsatz werden die Schulformen nach § 5 Abs. 2 Nr. 2 Buchst. b bis g nach Fachrichtungen gegliedert. Eine Fachrichtung ist ein Zweig eines Fachgebietes und bietet eine branchenspezifische Differenzierungsmöglichkeit für staatlich anerkannte Ausbildungsberufe. So kann beispielsweise die einjährige Berufsfachschule nach der BbS-VO in 17 verschiedenen Fachrichtungen geführt werden.

Die Genehmigung kann bei berufsbildenden Schulen darüber hinaus auf einzelne »Teile einer Schulform« beschränkt werden (Satz 2 1. Alternative). Teile von Schulformen sind z.B. bei der Fachschule die einjährige Fachschule und bei der Fachoberschule das alleinige Führen der Klasse 12 (vgl. Regierungsentwurf zu § 143, Drs. 13/1650 S. 23).

Nach § 21 Abs. 4 Satz 2 2. Halbsatz können die nach Fachrichtungen gegliederten Schulformen innerhalb der Fachrichtungen nach »Schwerpunkten« gegliedert werden. Auf solche (beruflichen bzw. berufsbezogenen) Schwerpunkte kann sich die Genehmigung ebenfalls beschränken (Satz 2 2. Alternative).

Fachrichtungen und Schwerpunkte gelten im Sinne von § 143 dann als solche, wenn für sie eigene Studentafeln vorliegen. Differenzierte »Zentralfächer« in einigen Fachschulen (z.B. Betriebswirtschaft, Hotel und Gaststättengewerbe) sind nicht als Schwerpunkte anzusehen und können daher in der Genehmigung nicht zu Einschränkungen führen.

Zu Abs. 3.: Die Genehmigung gibt der Schule das Recht, schulpflichtige Schülerinnen und Schüler aufzunehmen. Schülerinnen und Schüler können an einer genehmigten Ersatzschule folglich ihre Schulpflicht (vgl. §§ 63 ff) erfüllen. Nach dem Einschulungsstichtag geborene Kinder (sog. »Kann-Kinder«) können erst aufgenommen werden, wenn zuvor an einer öffentlichen Grundschule ihre Schulfähigkeit festgestellt worden ist.

4

Die Aufnahme erfolgt durch einen privatrechtlichen Beschulungsvertrag in Form eines zivilrechtlichen Dienstvertrages (§ 611 BGB) und begründet das Schulverhältnis der aufgenommenen Kinder zur Ersatzschule.

Die Ersatzschule muss die Erfüllung der Schulpflicht der bei ihr angemeldeten Schülerinnen und Schüler überwachen und bei Ordnungswidrigkeiten auf eine Ahndung nach § 176 Abs. 1 hinwirken.

Das Recht, Berechtigungen mit Außenwirkung bzw. Abschlüsse zu vergeben, erhält die Schule erst mit der Anerkennung gem. § 148. Bis dahin können Schülerinnen und Schüler Abschlüsse der allgemein bildenden Schulen oder der berufsbildenden Schulen nur im Wege der Externenprüfung bzw. sog. Nichtschülerprüfung (§ 27) erwerben. Dieser Weg ist allerdings nicht bei allen genehmigten, aber noch nicht anerkannten Ersatzschulen gangbar, insbesondere im Bereich der nichtärztlichen Heilberufe lassen die Ausbildungsbestimmungen diese Alternative oftmals nicht zu.

5   Verweise, Literatur:

- *Kümper, Boas:* Konkurrenzsituation zwischen öffentlichen und privaten Schulen aus Sicht des Bundesverfassungsgerichts (DVBl., H. 4/2016, S. 225)

- *Brosius-Gersdorf, Frauke:* Schulaufsicht des Staates über freie Schulen und Privatschulautonomie – ein Spannungsverhältnis (Recht und Bildung, H. 1/16, S. 2)

- *Pieroth, Bodo; Barczak, Tristan:* Versagung der Genehmigung von privaten Ersatzschulen zum Schutz öffentlicher Schulen (Recht und Bildung, H. 1/12, S. 3)

(Karl-Heinz Ulrich)

§ 144   Schulische Voraussetzungen der Genehmigung

(1) ¹Die Genehmigung ist zu erteilen, wenn die Ersatzschule in ihren Lernzielen und Einrichtungen sowie in der Ausbildung ihrer Lehrkräfte nicht hinter den öffentlichen Schulen zurücksteht und wenn eine Sonderung der Schülerinnen und Schüler nach den Besitzverhältnissen der Eltern nicht gefördert wird. ²Für Grundschulen und Hauptschulen in freier Trägerschaft sind die Vorschriften des Artikels 7 Abs. 5 des Grundgesetzes maßgebend.

(2) Dass die innere und äußere Gestaltung der Ersatzschule von den Anforderungen abweicht, die an entsprechende öffentliche Schulen gestellt werden, steht der Genehmigung nicht entgegen, wenn die Gestaltung der Ersatzschule als gleichwertig anzusehen ist.

(3) ¹Die Anforderungen an die wissenschaftliche Ausbildung der Lehrkräfte sind nur erfüllt, wenn eine fachliche und pädagogische Ausbildung sowie Prüfungen nachgewiesen werden, die der Ausbildung und den Prüfungen der Lehrkräfte an den entsprechenden öffentlichen Schulen gleichwertig sind. ²Auf diesen Nachweis kann verzichtet werden, wenn die wissenschaftliche und pädagogische Eignung der Lehrkraft durch andersartige gleichwertige

Leistungen nachgewiesen wird. ³Der Nachweis der pädagogischen Eignung kann im Rahmen der Tätigkeit an der Ersatzschule innerhalb einer von der Schulbehörde zu bestimmenden Frist erbracht werden.

Allg.: Die Bestimmung regelt in Anlehnung an die verfassungsrechtlichen Vorgaben in Artikel 7 Abs. 4 und 5 GG die »schulischen Voraussetzungen« für die Erteilung einer Genehmigung zur Errichtung und zum Betrieb einer Ersatzschule, weitere (»sonstige«) Voraussetzungen werden in § 145 angeführt. Werden alle Voraussetzungen erfüllt, so besteht ein Rechtsanspruch auf Erteilung einer Genehmigung. 1

Zu Abs. 1: Die Vorschrift bestimmt in **Satz 1** drei zentrale schulische Voraussetzungen für die Erteilung einer Genehmigung einer Ersatzschule. 2

Erste Voraussetzung ist, dass die Ersatzschule nicht in ihren Lernzielen und Einrichtungen hinter den öffentlichen Schulen zurückstehen darf.

Anzulegender Maßstab der Lernziele sind die gesetzten Bildungsziele der entsprechenden öffentlichen Schulform, die auf einen bestimmten Abschluss des schulischen Bildungsgangs gerichtet sind. Der Begriff der Lehrziele (bzw. Lernziele) besitzt eine fachlich-inhaltliche Komponente und lenkt die Genehmigungsprüfung insoweit auf die Frage, ob die von der Ersatzschule vermittelten fachlichen Kenntnisse und die Allgemeinbildung dem nach geltendem Recht vorgeschriebenen Standard öffentlicher Schulen entsprechen (vgl. BVerfG, Beschl. v. 08.06.2011 – 1 BvR 759/08. 1 BvR 733/09, BVerwG, Urt. v. 30.01.2013 – 6 C 6.12, BVerwGE 145, 333). Unter Einrichtung ist die gesamte äußere und innere Gestaltung der Schule zu verstehen, angefangen bei den Schuleinrichtungen (vgl. § 145), über die innere Organisation mit einer Gliederung in Jahrgangsstufen, Klassen, Lerngruppen oder Kurse, mit Stundentafeln sowie Lehrer-Schüler-Relation und Klassenteilern bis hin zu einer Ferienregelung und zu angemessenen Mitwirkungsrechten in der Schule.

Lernziele und Einrichtungen dürfen in ihrer Bewertung nicht »schlechter« sein als sie es bei vergleichbaren öffentlichen Schulen sind, allerdings ist Absatz 2 zu beachten. In der Praxis wird man auf eine sehr weitgehende Übereinstimmung mit den Lernzielen und Einrichtungen der öffentlichen Schulen achten müssen, um dann im Einzelfall nach einer Gesamtwürdigung entscheiden zu können, inwieweit Abweichungen die gebotene Gleichwertigkeit beeinträchtigen.

Der VGH Baden-Württemberg hat im Urteil vom 03.05.2018 – 9 S 653/16 – festgestellt, dass eine Ersatzschule, die keinen Religionsunterricht anbietet, nicht im Sinne des Art. 7 Abs. 4 Satz 3 GG in ihren Lehrzielen hinter öffentlichen Schulen zurücksteht. Das Anbieten und Abhalten von Religionsunterricht stellt keine Genehmigungsvoraussetzung dar. Verfassungsrechtliche Vorgaben, denen – im Sinne eines für die Ersatzschulen verbindlichen Standards – entnommen werden könnte, dass dem Staat in dieser Erziehungsfrage eine maßgebliche Bestimmungsmacht eingeräumt ist, sind nicht ersichtlich. Das Grundgesetz unterscheidet in Art. 7 GG deutlich zwischen öffentlichen Schulen (Art. 7 Abs. 3 Satz 1) und Privatschulen (Art. 7 Abs. 4 und 5) und sieht den Religionsunterricht ausdrücklich nur für öffentliche Schulen vor. Mit der Forderung nach Einrichtung eines Religionsunterrichts als Voraussetzung einer Ersatzschulgenehmigung würde tiefgehend in den Kerninhalt der den Privatschulen durch Art. 7 Abs. 4 GG eingeräumten Gestaltungsfreiheit eingegriffen, die sich gerade auch auf die Erziehungsziele und die weltanschauliche-religiöse Basis bezieht. Dies gilt auch mit Blick auf den engen Zusammenhang der Privatschulfreiheit mit der verfassungsrechtlichen Gewährleistung der negativen Religionsfreiheit (Art. 4 Abs. 1 GG), auf die sich auch der Privatschulträger berufen kann.

Zweite Voraussetzung ist, dass die Ersatzschule nicht in der Ausbildung ihrer Lehrkräfte hinter der Ausbildung der Lehrkräfte an öffentlichen Schulen zurückstehen darf. Nach Artikel 7 Abs. 4 Satz 3 GG ist die Genehmigung für die Errichtung und den Betrieb einer Ersatzschule zu erteilen, wenn sie in der »wissenschaftlichen« Ausbildung ihrer Lehrkräfte nicht hinter den öffentlichen Schulen zurücksteht. Auf die konkreten Anforderungen in und die erläuternden Ausführungen zu Absatz 3 wird verwiesen.

Dritte Voraussetzung ist, dass die Ersatzschule eine Sonderung der Schülerinnen und Schüler nach den Besitzverhältnissen der Eltern nicht fördern darf. Das Gesetz nimmt hier wörtlich die Formulierung des Artikels 7 Abs. 4 Satz 3 GG auf, den Begriff »Besitzverhältnisse« wird man heute mit »Vermögenssituation« bzw. »wirtschaftliche Verhältnisse« übersetzen müssen. Die Vorschrift will – ausgehend vom Grundsatz des sozialen Rechtsstaates – verhindern, dass Ersatzschulen entstehen, die aufgrund der Schülerauswahl und des erhobenen Schulgeldes nur Kindern aus wohlhabenden Bevölkerungsschichten offenstehen.

Das sog. Sonderungsverbot ist eine Genehmigungsvoraussetzung. Bei einem Verstoß gegen das Sonderungsverbot entfällt der Genehmigungsanspruch und nach der Rechtsprechung des Bundesverfassungsgerichts selbst die Genehmigungsfähigkeit der Ersatzschule insgesamt (vgl. BVerfG, Urt. v. 08.04.1987 – 1 BvL 8/84 u. 1 BvL 16/84). Das Bundesverfassungsgericht hat das Genehmigungserfordernis, dass eine Sonderung der Schülerinnen und Schüler nach den Besitzverhältnissen der Eltern nicht gefördert wird, dahingehend ausgelegt, dass die Ersatzschule in dem Sinne allgemein zugänglich sein muss, dass sie grundsätzlich ohne Rücksicht auf die Wirtschaftslage der Schülerin oder des Schülers und seiner Eltern besucht werden kann (BVerfG a. a. O.).

Schulbehörden, Rechtsprechung, Literatur und Rechtswissenschaft haben Kriterien und Leitsätze entwickelt, anhand derer die Einhaltung des Sonderungsverbots untersucht und beurteilt werden kann. Im Folgenden werden – ohne Priorisierung – die wesentlichen Gesichtspunkte aufgeführt:

- Ein Zugang zur Schule muss aus allen sozialen Schichten ohne Rücksicht auf deren Wirtschaftslage möglich sein (»allgemeine Zugänglichkeit«).
- Das Sonderungsverbot ist kein Schulgelderhebungsverbot, es verbietet nicht generell die Erhebung eines Schulgeldes. Ein Mindestschulgeld kann erhoben werden.

- Bereits die Erhebung eines sehr geringfügigen Schulgeldes kann sozial selektiv wirken und die elterliche Wahlfreiheit beeinträchtigen.
- Eine absolute Schulgeldobergrenze wird man nicht definieren können. Das Sonderungsverbot schützt den freien Zugang zu Ersatzschulen, nicht hingegen wohlhabende Eltern.
- Das Sonderungsverbot verbietet es nicht, einkommensstarke Eltern zu belasten.
- Eine Gebührenstaffelung nach den Einkommensverhältnissen der Eltern kann durchaus hohe Beträge vorsehen, solange das durchschnittliche Schulgeld eine angemessene Höhe nicht übersteigt. D. h., der Regelsatz muss einer verfassungsrechtlichen Höhe entsprechen.
- Eine Grenze, ab der eine Sonderung der Schülerinnen und Schüler nach den Besitzverhältnissen der Eltern gefördert wird, lässt sich nicht mit einem Betrag festlegen.
- Eine Methode zur Vermeidung einer Sonderung kann den Trägern nicht vorgeschrieben werden. Möglich sind verschiedene Systeme und deren Abwandlungen sowie Kombinationen von Methoden.
- Das Sonderungsverbot verbietet es nicht, an die Einkommensverhältnisse der Eltern anzuknüpfen, wenn gerade dadurch die Zugänglichkeit der Schule offen gehalten wird.
- Eine einkommensabhängige progressiv schrittweise Steigerung des Schulgeldes ist grundsätzlich zulässig.
- Nach der wirtschaftlichen Leistungsfähigkeit der Eltern gestaffelte Schulgeldregelungen genügen nicht per se der Beachtung des Sonderungsverbots.
- Es muss Ermäßigungen für wirtschaftlich bedürftige Schülerinnen und Schüler geben (Sozialstaffelung für finanzschwächere Elternhäuser), ggf. bis hin zu Freiplätzen für Geringverdiener oder Hilfeempfänger in SGB II-Haushalten.
- Erleichterungen sind in einem Umfang zu gewähren, der es auch einer für die Größe der Schule angemessenen Anzahl finanziell bedürftiger Schülerinnen und Schüler ermöglicht, die Schule zu besuchen.
- Einige wenige Freiplätze oder Schulgeldstipendien in Ausnahmefällen für besonders begabte oder besonders arme Kinder gewährleisten die allgemeine Zugänglichkeit in diesem Sinne nicht.
- Aus dem Sonderungsverbot geht nicht die Verpflichtung der Ersatzschulen hervor, dass sich die soziale Zusammensetzung der Gesellschaft in der Zusammensetzung ihrer Schülerschaft widerspiegeln muss.
- Die soziale Selektivität (Trennschärfe, Ausmaß) der Ersatzschule ist ein wichtiger Indikator. Ein Indiz kann sein, dass an der jeweiligen Ersatzschule signifikant mehr finanziell bedürftige Schülerinnen und Schüler sind als sich in dem Umfeld der Ersatzschule (soziale Zusammensetzung

des Einzugsbereichs der Ersatzschule) befinden. Eine Ergebnisgleichheit bezüglich der sozialen Zusammensetzung kann im Hinblick auf eine geforderte individuelle begabungs- und leistungsbezogene Eignung für die jeweilige Schulform allerdings nicht gefordert werden. Auch muss bedacht werden, dass oftmals auch öffentliche Schulen eine soziale Selektivität aufweisen.

- Die Schulvielfalt, d. h. das Angebot einer Vielzahl von Schulformen, kann eine unterschiedliche Betrachtung der Schulgeldforderungen erforderlich machen.

- Die Frage von »Leistung« und »Gegenleistung« kann in Betracht gezogen werden. Der Träger einer weiterführenden Schule mit aufwendiger personeller und apparativer Ausstattung kann ein höheres Schulgeld verlangen als der Träger einer Grundschule.

- So genannten Gründungseltern können auch höhere Geldleistungen abverlangt werden, denn es geht bei deren Kindern nicht um den Zugang zur Ersatzschule, sondern um die Beteiligungsanteile bzw. Eigenleistung der Eltern an der Schulgründung. Ihnen geht es um die Verwirklichung eines eigenen pädagogischen Konzepts und die Errichtung und den Betrieb der von ihnen gegründeten Schule.

- Das Schulgeld bezieht sich auf den Pflichtschulbetrieb, d. h. auf die Teilnahme am Pflichtschulbetrieb bzw. auf die Beschulung nach dem Lehrplan. Kosten für sonstige Leistungen (z.B. Internatsunterbringung, Verpflegung, Freizeitangebote, Materialien), die auch an öffentlichen Schulen nicht von der Schulgeldfreiheit des § 54 Abs. 2 Satz 1 erfasst sind, gehören nicht dazu.

- Eine einmalig anfallende Aufnahmegebühr kann anerkannt werden. Diese muss sich am monatlichen Schulgeld messen lassen und darf den Zugang zur Schule nicht von vornherein maßgeblich erschweren.

- Freiwillige Spenden wohlhabender Eltern bedeuten für sich betrachtet noch nicht eine Sonderung nach den Besitzverhältnissen.

Die jeweiligen Aufnahme- und Beschulungsbedingungen sollten sich aus einer Gebührenordnung oder Satzung des Schulträgers entnehmen lassen oder durch einen entsprechenden Beschluss eines Trägergremiums dokumentiert sein.

Nach § 10 Abs. 1 Nr. 9 EStG können Schulgeldzahlungen für ein Kind, für das der Steuerpflichtige einen Kinderfreibetrag oder Kindergeld erhält, als Sonderausgaben abgezogen werden. Der abziehbare Betrag beläuft sich auf 30 v. H. des Schulgeldes, höchstens jedoch auf 5 000 Euro, dies entspricht einem Schulgeld i. H. v. ca. 16 666 Euro. Vom Abzug ausgenommen sind Aufwendungen für Unterkunft, Betreuung, Verpflegung und für normalen Schulbedarf, wie Bücher, Hefte, Stifte oder andere Schulmaterialien; gleiches gilt für Zahlungen an das Projekt »Klassenzimmer unter Segeln«.

Für die Berücksichtigung von Schulgeldzahlungen als Sonderausgaben kommt es nach dem Erlass des BMF vom 09.03.2009 (BStBl. I S. 487)

Schulen in freier Trägerschaft § 144 **NSchG**

allein auf den erreichten oder beabsichtigten Abschluss an. Führt eine in der Europäischen Union bzw. im Europäischen Wirtschaftsraum belegene Privatschule oder eine Deutsche Schule im Ausland zu einem anerkannten Schul-, Jahrgangs- oder Berufsabschluss oder bereitet sie hierauf vor, kommt ein Sonderausgabenabzug in Betracht. Daher sind im Inland nicht nur Entgelte an staatlich genehmigte oder nach Landesrecht erlaubte allgemein bildende und berufsbildende Ersatzschulen sowie an allgemein bildende anerkannte Ergänzungsschulen einbezogen, sondern auch solche an andere Schulen (z.b. berufsbildende Ergänzungsschulen einschließlich der Schulen des Gesundheitswesens) und solche Einrichtungen, die auf einen Beruf oder einen allgemein bildenden Abschluss vorbereiten. Zu den Einrichtungen, die auf einen Schul-, Jahrgangs- oder Berufsabschluss ordnungsgemäß vorbereiten, gehören solche, die nach einem staatlich vorgegebenen, genehmigten oder beaufsichtigten Lehrplan ausbilden. Hierzu gehören auch Volkshochschulen und Einrichtungen der Weiterbildung in Bezug auf die Kurse zur Vorbereitung auf sog. Nichtschülerprüfungen zum Erwerb des Haupt- oder Realschulabschlusses, der Fachhochschulreife oder des Abiturs, wenn die Kurse hinsichtlich der angebotenen Fächer sowie in Bezug auf Umfang und Niveau des Unterrichts den Anforderungen und Zielsetzungen der für die angestrebte Prüfung maßgeblichen Prüfungsordnung entsprechen. Dagegen sind Besuche von Nachhilfeeinrichtungen, Musikschulen, Sportvereinen, Ferienkursen (z.B. Feriensprachkursen) u. Ä. nicht einbezogen. Auch Entgelte an private Grundschulen können erfasst sein; der Schulbesuch von Grund- oder Förderschulen wird von der Norm durch den Verweis auf Jahrgangsabschlüsse umfasst. Dies gilt aber regelmäßig erst ab Beginn der öffentlich-rechtlichen Schulpflicht (vgl. BFH-Urteil v. 16.11.2005, BStBl. 2006 II S. 377).

Satz 2 setzt für Grundschulen und Hauptschulen in freier Trägerschaft weitere Genehmigungsvoraussetzungen fest, in dem er namentlich für diese beiden Schulformen die Regelungen des Artikels 7 Abs. 5 GG für maßgebend erklärt. Nach dieser verfassungsrechtlichen Vorschrift ist eine »Volksschule« nur zuzulassen, »wenn die Unterrichtsverwaltung ein besonderes pädagogisches Interesse anerkennt« (**1. Option**) oder, »auf Antrag von Erziehungsberechtigten, wenn sie als Gemeinschaftsschule, als Bekenntnis- oder Weltanschauungsschule errichtet werden soll und eine öffentliche Volksschule dieser Art in der Gemeinde nicht besteht« (**2. Option**).

Der in Artikel 7 Abs. 5 GG verwendete Begriff der »Volksschule« ist im heutigen allgemeinen Sprachgebrauch nach einer Vielzahl von Änderungen in der Schulstruktur nicht mehr verbreitet. Gleichwohl ist die hier formulierte Einschränkung der Privatschulfreiheit zu beachten und zeitgemäß zu interpretieren. Historisch betrachtet und stark vereinfacht ausgedrückt ist unter »Volksschule« die Schule zu verstehen, an der lediglich Mindestanforderungen für eine Erfüllung der Schulpflicht gestellt werden. In § 4 Abs. 3 des sog. Hamburger Abkommens der KMK von 1964 heißt es, dass Grundschule und Hauptschule auch die »Bezeichnung Volksschule« tragen können, d. h. allerdings auch, dass bereits zu dieser Zeit die Schulart »Volksschule« abgeschafft und durch die Schulformen Grundschule und Hauptschule ersetzt worden ist. Umstritten ist, ob die Beschränkung für die Schulform Hauptschule in Anbetracht ihrer Weiterentwicklung (z.B. Schulzeitverlängerung auf 9 bzw. 10 Jahre, Angebot von Fremdsprachen, verschiedene Abschlüsse sind erreichbar) noch verfassungsgemäß ist, von praktischer Bedeutung ist die Klärung dieser Frage mangels eines Interesses am Betrieb dieser Schulform in freier Trägerschaft aber nicht. Im Allgemeinen wird die Vorschrift nur noch auf die Schulform Grundschule bezogen; dabei wird die Anwendbarkeit des Art. 7 Abs. 5 GG auch nicht dadurch infrage gestellt, dass nach einem Landesrecht eine Grundschule auch die Jahrgänge 5 und 6 umfasst oder dass der Grundschulunterricht in eine besondere Schulform oder einen Bildungsgang integriert ist (vgl. BVerfG, Beschl. v. 16.12.1992 – 1 BvR 167/87). Die Tatsache, dass kommunale Schulträger die Oberschule oder die IGS als ersetzende Schulformen für die Schulform Hauptschule anbieten können (vgl. § 106 Abs. 2 u. 3), rechtfertigt nicht die Annahme, dass für deren Errichtung als Ersatzschule ein besonderes pädagogisches Interesse nachzuweisen wäre.

Verhindert werden soll mit der verfassungsrechtlichen bzw. mit der sie aufgreifenden schulgesetzlichen Bestimmung, dass Privatschulen ein einseitiges Bild der Gesellschaft widerspiegeln. Der öffentlichen »Volksschule« wird verfassungsrechtlich ein Vorrang eingeräumt, weil in ihr Kinder aller Bevölkerungsschichten Aufnahme finden. Hinter dieser Zielsetzung steht eine sozialstaatlichem und egalitär-demokratischem Gedankengut verpflichtete Absage an Klassen, Stände und sonstige Schichtungen (vgl. z.B. BVerfG, Beschl. v. 11.12 2000 – 1 BvL 15/00).

Nach der **1. Option** des Artikels 7 Abs. 5 GG muss ein »besonderes pädagogisches Interesse« von der Unterrichtsverwaltung – das ist in Niedersachsen gemäß § 143 Abs. 1 die Schulbehörde – anerkannt werden. Bei dieser Formulierung handelt sich um einen unbestimmten Rechtsbegriff, der der Schulbehörde einen gewissen Beurteilungsspielraum bei der Auslegung überlässt. Das Bundesverfassungsgericht hat diesen Spielraum in seinem grundlegenden Beschluss vom 16.12.1992 – 1 BvR 167/87 – durch mehrere Orientierungssätze weitgehend eingeschränkt und aufgezeigt, welche Überlegungen anzustellen sind, wenn es um die Anerkennung eines »besonderen pädagogischen Interesses« für die Errichtung einer privaten Grundschule geht. Aus den Entscheidungsgründen des BVerfG lassen sich für die 1. Option die folgenden Überlegungen, Prüfschritte und Prüfkriterien ableiten:

- Das jeweilige pädagogische Konzept muss im Einzelfall mit den Konzepten der staatlichen Schulverwaltung verglichen und seine Besonderheiten und Risiken müssen individuell nach pädagogisch-fachlichen Gesichtspunkten bewertet werden.

- Bei der näheren Bestimmung des Begriffs »besonderes pädagogisches Interesse« verbietet es sich angesichts dessen objektivierender Qualifizierung als »pädagogisch«, dieses mit dem jeweiligen Interesse des

Schulträgers, der Erziehungsberechtigten oder der Unterrichtsverwaltung gleichzusetzen. Gemeint sind vielmehr das öffentliche Interesse an der Erprobung und Fortentwicklung pädagogischer Konzepte sowie das Interesse an der angemessenen pädagogischen Betreuung spezieller Schülergruppen, welchen das öffentliche Schulwesen keine hinreichenden Angebote macht oder machen kann.

- Ob ein »besonderes pädagogisches Interesse« besteht, beurteilt sich nach fachlichen Maßstäben, wobei auf die gesamte Bandbreite pädagogischer Lehrmeinungen Rücksicht zu nehmen ist.

- Die »Besonderheit« muss die Vorzüge aufwiegen, welche der Verfassungsgeber einer »Schule für alle« zugeschrieben hat. Da diese gemeinschaftsbezogen sind, kann für die Beurteilung des »Besonderen« kein anderer Maßstab gelten.

- Das Merkmal »besonders« ist einerseits im Hinblick auf die öffentliche Volksschule, andererseits im Hinblick auf die schon genehmigten privaten Volksschulen zu bestimmen.

- Wegen des grundsätzlichen Vorrangs der öffentlichen Grundschule darf dem Begriff des »besonderen pädagogischen Interesses« kein Verständnis zugrunde gelegt werden, das eine flächendeckende Zulassung von privaten Grundschulen mit demselben Alternativkonzept erlaubt.

- Artikel 7 Abs. 5 GG verlangt allerdings auch keine Einmaligkeit des pädagogischen Konzepts und schließt deshalb nicht aus, dass es in einer größeren Zahl privater Grundschulen erprobt und durchgeführt wird.

- Die praktische Erprobung eines vergleichbaren Konzepts nimmt einer weiteren Erprobung nicht die vorausgesetzte Besonderheit; die einmalige Anerkennung eines entsprechenden Konzepts genügt für sich allein nicht, vereinzelte ähnliche oder gleiche Privatschulvorhaben abzulehnen.

- Ein »besonderes pädagogisches Interesse« als Rechtfertigung für eine Ausnahme von dem Grundsatz der »Schule für alle« setzt eine sinnvolle Alternative zum bestehenden öffentlichen und privaten Schulangebot voraus, welche die pädagogische Erfahrung bereichert und der Entwicklung des Schulsystems insgesamt zugutekommt.

- Die »Besonderheit« eines pädagogischen Interesses setzt nicht voraus, dass das fragliche Konzept in jeder Hinsicht neu oder gar einzigartig ist. Vernünftigerweise ist nicht zu erwarten, dass auf dem Felde der Erziehung grundlegend neue Konzepte entwickelt werden, die ohne Vorbild sind. Es muss deshalb grundsätzlich ausreichen, dass ein pädagogisches Konzept wesentliche neue Akzente setzt oder schon erprobte Konzepte mit neuen Ansätzen von einigem Gewicht kombiniert. Für die Frage, ob darin ein hinreichendes Maß an Erneuerung zu finden ist, kommt es auf eine Gesamtbetrachtung an.

- Die Erprobung pädagogischer Konzepte in privaten Grundschulen unterliegt keiner engen zeitlichen Begrenzung, nach deren Abschluss

das erprobte Konzept entweder mangels Bewährung zu verwerfen oder in das gesamte Schulwesen zu übernehmen wäre.
- Der Anerkennung eines »besonderen pädagogischen Interesses« steht der Sache nach nicht entgegen, dass ein langfristiges Nebeneinander der privaten mit öffentlichen Schulen abzusehen ist.
- Die »Besonderheit« eines privaten pädagogischen Konzepts entfällt nicht bereits dann, wenn Landesgesetze und staatliche Planungen bestimmte Veränderungen im öffentlichen Schulwesen zwar vorsehen, diese aber noch nicht verwirklicht sind. Maßstab ist insoweit vielmehr der tatsächliche Zustand des öffentlichen Schulwesens, dem allenfalls noch unmittelbar bevorstehende Reformen zugerechnet werden können.

Der rechtliche Entscheidungsrahmen der Schulbehörde ist durch die vom Bundesverfassungsgericht formulierten Orientierungssätze konturiert worden. Danach prüft die Schulbehörde das vorgelegte pädagogische Konzept im Einzelfall nach pädagogisch-fachwissenschaftlichen Gesichtspunkten und nimmt individuell einen Vergleich mit bestehenden pädagogischen Konzepten sowie eine prognostische Beurteilung vor, ob sich das pädagogische Konzept unter Berücksichtigung der personellen und sächlichen Voraussetzungen des Schulvorhabens verwirklichen lässt, seine Erprobung und Durchführung zu einer Bereicherung des Schulwesens führt und ob unter den vorhandenen Rahmenbedingungen das Interesse der Schülerinnen und Schüler an einer angemessenen Erziehung nicht gefährdet ist.

Zur Begründung des besonderen pädagogischen Interesses ist die Vorlage detaillierter Curricula erforderlich, aus denen sich die jeweiligen Lernziele in den einzelnen Fächern bezogen auf die jeweiligen Jahrgangsstufen 1 bis 4 ergeben. Der zeitliche Umfang der einzelnen Unterrichtsangebote kann durch die Vorlage von Stundentafeln, Jahresarbeitsplänen etc. nachgewiesen werden. Durch die Schulbehörde muss ferner geprüft werden, ob vom Schulträger für den jeweiligen Unterricht vorgesehenen Lehrkräfte so ausgebildet oder vorbereitet sind, dass sie das betreffende pädagogische Konzept tatsächlich umsetzen können.

Der Antragsteller, d. h. der künftige Schulträger, trägt die »Darlegungslast« für das von ihm zur Prüfung gestellte pädagogische Interesse. Es ist nicht Sache der Schulbehörde, nach einem denkbaren pädagogischen Konzept für die beantragte private Grundschule selbst zu »suchen« oder nur skizzenhaft vorgestellte Konzeptionen anhand allgemein verfügbarer pädagogischer Erkenntnisse »auszudeuten«; der Antragsteller muss das von ihm entwickelte Konzept vielmehr auf das konkrete Vorhaben bezogen so substanziiert darlegen, dass der Schulbehörde ein Vergleich mit bestehenden pädagogischen Konzepten und eine prognostische Beurteilung seiner Erfolgschancen und der möglicherweise mit ihm verbundenen Risiken und Gefahren für die Entwicklung der Schülerinnen und Schüler ohne Weiteres möglich ist.

Die Unterrichtsverwaltung hat ein vorhandenes pädagogisches Interesse ins Verhältnis zum grundsätzlichen verfassungsrechtlichen Vorrang der öffentlichen Grundschule zu setzen. Eine Anerkennung hat zu erfolgen,

Schulen in freier Trägerschaft § 144 NSchG

wenn das pädagogische Interesse an der privaten Grundschule dem sozialstaatlichen Interesse an einer öffentlichen Grundschule überwiegt. In diesem Zusammenhang bedeutet das Erfordernis der »Anerkennung«, dass ein auf die Prüfung der genannten Voraussetzung gerichtetes behördliches Verfahren stattfindet.

Die **2. Option** regelt besondere Genehmigungsvoraussetzungen für private Gemeinschafts-, Bekenntnis- oder Weltanschauungsschulen. Diese verfassungsrechtliche Regelung ist als Ausfluss des Artikels 4 Abs. 1 GG (Freiheit des religiösen und weltanschaulichen Bekenntnisses) sowie des Artikels 6 Abs. 2 GG (Elternrecht) zu verstehen.

Nach der hier einschlägigen Lesart versteht man unter »Gemeinschaftsschulen« (auch Simultanschulen oder Schulen für Schülerinnen und Schüler aller Bekenntnisse genannt) Schulen, in denen Schülerinnen und Schüler unterschiedlicher Konfessionen und Weltanschauungen gemeinsam unterrichtet und erzogen werden. Da die kommunalen Schulträger nach den §§ 101, 106 grundsätzlich verpflichtet sind, öffentliche Grundschulen in erreichbarer Nähe vorzuhalten, bleibt in der heutigen Zeit für den Betrieb von Gemeinschaftsschulen in freier Trägerschaft praktisch kein Raum.

Die Begriffe »Bekenntnisschule« und »Weltanschauungsschule« stellen nicht nur auf die Bekenntnisse der anerkannten Religionsgemeinschaften und Weltanschauungsgemeinschaften ab, sondern auf jedes Bekenntnis und jede Weltanschauung im Schutzbereich des Artikels 4 Abs. 1 GG. Das religiöse oder weltanschauliche Bekenntnis muss der Schule, dem Unterricht und der Erziehung ihr Gepräge geben; auch die Zusammensetzung des Lehrkräftekollegiums spielt an diesen Schulen eine bedeutsame Rolle.

Unter Weltanschauungsschulen i. S. von Art. 7 Abs. 5 GG sind nur solche Schulen zu verstehen, in denen eine Weltanschauung die Schule sowie ihren gesamten Unterricht prägt. Dabei wird eine Weltanschauung i. S. des Art. 4 Abs. 1 GG vorausgesetzt, also ein subjektiv verbindliches Gedankensystem, das sich mit Fragen nach dem Sinnganzen der Welt und insbesondere des Lebens der Menschen in dieser Welt befasst und das zu sinnentsprechenden Werturteilen führt. Überzeugungen zu einzelnen Teilaspekten des Lebens genügen nicht. Eine Schule wird von einer Weltanschauung geprägt, wenn deren ganzheitliches Gedankensystem für die Gestaltung von Erziehung und Unterricht in den verschiedenen Fächern nicht nur methodisch, sondern auch inhaltlich – bei der Behandlung der jeweils berührten Sinn- und Wertfragen – grundlegend ist und wenn Elternschaft, Schülerschaft und Lehrkräfte – abgesehen von offenzulegenden Ausnahmen – eine gemeinsame weltanschauliche Überzeugung haben oder annehmen wollen; dies muss durch ein Minimum an Organisationsgrad der Weltanschauungsgemeinschaft gewährleistet sein. Die Weltanschauungsschule ist nach dem Grundgesetz ein Unterfall der in Art. 7 Abs. 5 GG angesprochenen bekenntnisfreien Schule und nicht umgekehrt. Bekenntnisfreie Schulen, die nicht Weltanschauungsschulen sind, können als private Volksschulen nicht genehmigt werden. Die Möglichkeit, private Volksschulen wegen ihrer weltanschaulichen oder religiösen Ausrichtung zuzulassen, besteht nur um der positiven Bekenntnisfreiheit willen und nicht zu dem Zweck, vor (vermeintlichen) Verstößen gegen das Neutralitätsgebot in der Praxis der öffentlichen Regelschule auszuweichen. Wenn der Unterricht an öffentlichen Gemeinschaftsschulen das Neutralitätsgebot verletzt, ist dagegen durch Rechtsmittel Abhilfe zu suchen (vgl. BVerwG, Urt. v. 19.02.1992 – 6 C 5.91).

Bekenntnisschulen i. S. von Art. 7 Abs. 5 GG sind nicht nur Schulen der evangelischen Landeskirchen, der katholischen Kirche und der jüdischen Gemeinden, sondern Schulen jeglicher Bekenntnisse. Vorausgesetzt wird die Homogenität des Bekenntnisses von Eltern, Schülerinnen und Schülern sowie Lehrkräften, das die Schule und den gesamten Unterricht prägt (vgl. BVerwG, Urt. v. 19.02.1992 – 6 C 3/91). In den Bekenntnisschulen werden die Schülerinnen und Schüler nach den Grundsätzen eines bestimmten Bekenntnisses unterrichtet und erzogen. Religiöse Angebote gehören zum Schulalltag. Sie spiegeln sich im Unterricht und in der Aufbereitung der Lerninhalte wider. Religionsunterricht, ein gemeinsames Schulgebet, regelmäßige Schulgottesdienste, Teilnahme an Fest- und Feiertagen des Kirchenjahres und ggf. auch eine Schulwallfahrt geben dem Schulalltag eine kirchliche Prägung.

Die für Schulen der 2. Option angeführte Antragstellung durch Erziehungsberechtigte fußt auf dem Elternrecht aus Artikel 6 Abs. 2 GG und findet sich u. a. auch in dem für öffentliche Bekenntnisschulen in §§ 129 ff. vorgeschriebenen Verfahren wieder (vgl. auch Artikel 147 Abs. 2 Weimarer Reichsverfassung und Art. 23 des sog. Reichskonkordats). Der Antrag muss die für den Betrieb einer Schule erforderliche Anzahl an potenziellen Schülerinnen und Schülern dokumentieren. Aus der geforderten Antragstellung durch Erziehungsberechtigte ist allerdings nicht abzuleiten, dass diese zwingend auch Träger der von ihnen begehrten Schule sein müssen, ein Antrag der Erziehungsberechtigten kann auch im Einvernehmen mit einem etablierten bzw. erfahrenen Träger zu dessen Gunsten gestellt werden.

Eine private Gemeinschafts-, Bekenntnis- oder Weltanschauungsschule soll ferner nur eine »Lücke« im öffentlichen Schulwesen schließen dürfen, denn die verfassungsrechtliche Regelung fordert, dass »eine öffentliche Volksschule dieser Art in der Gemeinde nicht besteht«. Unter »Gemeinde« wird man jedoch wohl nicht nur die einzelne Gebietskörperschaft verstehen dürfen, andernfalls käme z.B. der jeweiligen Größe des Gemeindegebiets eine nicht beabsichtigte, aber dennoch entscheidungserhebliche Bedeutung zu. Auch könnte ein Träger gezielt eine Gemeinde ohne eigenes öffentliches Angebot als Standort auswählen und damit dieses Prüfkriterium hintertreiben. Den Begriff der Gemeinde wird man vielmehr als Einzugsgebiet, aus dem Schülerinnen und Schüler unter zumutbaren Bedingungen eine entsprechende öffentliche Schule erreichen können, auslegen müssen.

3 Zu Abs. 2: Nach der Regelung steht der Erteilung einer Genehmigung nicht entgegen, dass die innere und äußere Gestaltung der Ersatzschule von den Anforderungen abweicht, die an entsprechende öffentliche Schulen gestellt werden, wenn die Gestaltung der Ersatzschule als »gleichwertig«

anzusehen ist. Eine formale Entsprechung bzw. Formidentität ist demnach nicht zwingend erforderlich, vielmehr sind Abweichungen zu tolerieren, wenn die Ersatzschule bei einer Gesamtbetrachtung aller (Gleichwertigkeits-)Gesichtspunkte insgesamt als gleichwertig angesehen werden kann.

Zu Abs. 3: Die Vorschrift konkretisiert die in Absatz 1 genannte Genehmigungsvoraussetzung, dass die private Schule hinsichtlich der Ausbildung ihrer Lehrkräfte nicht hinter den öffentlichen Schulen zurückstehen darf. Bei der Prüfung dieser Voraussetzung sind mehrere Stufen zu beachten. Im Regelfall wird zu prüfen sein, ob die Lehrkräfte einer Ersatzschule die Voraussetzungen für ein (laufbahnmäßiges) Lehramt an öffentlichen Schulen – bestehend aus Studium, Prüfungen und Vorbereitungsdienst – erfüllen **(Satz 1)**. Fehlen diese Voraussetzungen, wird auf einen gleichwertigen Ausbildungsgang zu achten sein **(Satz 2)**. Es müssen die fachliche und pädagogische Ausbildung sowie entsprechende Prüfungen nachgewiesen werden, die den Lehramtsprüfungen gleichwertig sind. Hier kommen beispielsweise fachverwandte Studienabschlüsse in Betracht. Schließlich kann die wissenschaftliche und pädagogische Eignung hilfsweise auch durch andersartige gleichwertige Leistungen nachgewiesen werden. Gleichartige wissenschaftliche Leistungen können sein wissenschaftliche Arbeit, langjährige Arbeit mit wissenschaftlichen Fachfragen im Rahmen einer pädagogischen Tätigkeit, auch Kompetenzerwerb durch Selbststudium. Die pädagogisch gleichwertigen Leistungen können durch langjährige Unterrichtserfahrung erworben und nachgewiesen werden, wobei hier mit Zustimmung der Schulbehörde die Eignung durch Unterrichtstätigkeit an der betreffenden Ersatzschule auch zu einem späteren Zeitpunkt nachgewiesen werden kann **(Satz 3)**.

Verweise, Literatur:

- *Wegricht, Christiane:* Das Sonderungsverbot gem. Art. 7 Abs. 4 Satz 3 zweiter Halbsatz GG und die staatliche Festlegung von Höchstgrenzen für Schulgeld – eine grundrechtsdogmatische Betrachtung, Recht und Bildung H. 1/15, S. 3
- *Wrase, Michael/Helbig, Marcel:* Das missachtete Verfassungsgebot – Wie das Sonderungsverbot nach Art. 7 IV 3 GG unterlaufen wird, NVwZ H. 22/2016, S. 1591
- *Wrase, Michael/Jung, Laura/Helbig, Marcel:* Defizite der Regulierung und Aufsicht von privaten Ersatzschulen in Bezug auf das Sonderungsverbot nach Art. 7 Abs. 4 Satz 3 GG, Wissenschaftszentrum Berlin für Sozialforschung (2017)
- *Vogel, Johann Peter:* Missachtung des Sonderungsverbots nach Art. 7 (4) Satz 3 GG, Recht und Bildung H. 1/17, S. 2
- *Hardorp, Detlef:* Die Mär von den konsolidierten Schulgeldhöhen – Zu *Michael Wrase* und *Marcel Helbig:* »Das missachtete Verfassungsgebot – Wie das Sonderungsverbot nach Art. 7 IV 3 GG unterlaufen wird«, Recht und Bildung H. 1/17, S. 5

- *Brosius-Gersdorf, Frauke:* Schulaufsicht über Schulen in freier Trägerschaft in Niedersachsen, Rechtsgutachten im Auftrag der Landesarbeitsgemeinschaft der Freien Waldorf- und Rudolf-Steiner-Schulen in Niedersachsen (2016), S. 94 ff.
- *Brosius-Gersdorf, Frauke:* Das missverstandene Sonderungsverbot für private Ersatzschulen (Art. 7 Abs. 4 Satz 3 Halbs. 2 GG), Rechtsgutachten im Auftrag der Friedrich-Naumann-Stiftung für die Freiheit (2017)

(Karl-Heinz Ulrich)

§ 145 Sonstige Voraussetzungen der Genehmigung

(1) Voraussetzung der Genehmigung ist ferner, dass

1. die wirtschaftliche und rechtliche Stellung der Lehrkräfte genügend gesichert ist,
2. keine Tatsachen vorliegen, aus denen sich ergibt, dass der Träger oder die Leiterin oder der Leiter der Schule
   a) nicht die für die Verwaltung oder Leitung der Schule erforderliche Eignung besitzt oder
   b) keine Gewähr dafür bietet, nicht gegen die verfassungsmäßige Ordnung zu verstoßen,
3. die Schuleinrichtungen den allgemeinen gesetzlichen und ordnungsbehördlichen Anforderungen entsprechen.

(2) Die wirtschaftliche und rechtliche Stellung der Lehrkräfte an einer Ersatzschule ist nur genügend gesichert, wenn

1. über das Arbeitnehmerverhältnis ein schriftlicher Vertrag abgeschlossen ist,
2. der Anspruch auf Urlaub und die regelmäßige Pflichtstundenzahl festgelegt sind,
3. die Entgelte bei entsprechenden Anforderungen hinter den Entgelten der Lehrkräfte an gleichartigen oder gleichwertigen öffentlichen Schulen nicht wesentlich zurückbleiben und in regelmäßigen Zeitabschnitten gezahlt werden und
4. für die Lehrkräfte eine Anwartschaft auf Versorgung erworben wird, die wenigstens den Bestimmungen der gesetzlichen Rentenversicherung entspricht.

(3) Für Ordenslehrkräfte entfallen die Vorschriften des Absatzes 1 Nr. 1 und des Absatzes 2.

1 **Allg.:** § 145 regelt – die schulischen Voraussetzungen in § 144 ergänzend – die »sonstigen« Genehmigungsvoraussetzungen für die Errichtung und den Betrieb einer Ersatzschule. Die Bestimmung dient zum einen dem öffentlichen Interesse an einem langfristig angelegten, ordnungsgemäßen

Schulbetrieb und zum anderen dem Schutz der Lehrkräfte sowohl während ihrer Unterrichtstätigkeit als auch nach ihrem aktiven Schuldienst. Im Kern geht es im Interesse einer verantwortlichen und verlässlichen Führung und langfristigen Sicherung der Schule um die Eignung und Zuverlässigkeit des Schulträgers und der Schulleitung. Ferner werden Anforderungen an die Einrichtung gestellt sowie Mindeststandards des Arbeits- und Sozialrechts an die wirtschaftliche und rechtliche Sicherung der Lehrkräfte formuliert, die u. a. die längerfristige Beschäftigung qualifizierten Lehrpersonals sicherstellen sollen.

Zu Abs. 1: Die wirtschaftliche und rechtliche Sicherung der Lehrkräfte ist eine wichtige, bereits durch Art. 7 Abs. 4 Satz 4 GG verfassungsrechtlich vorgegebene Genehmigungsvoraussetzung, durch die mittelbar sichergestellt werden soll, dass Ersatzschulen qualifiziertes Lehrpersonal anwerben und im Beschäftigungsverhältnis längerfristig halten können. Voraussetzung für eine Genehmigung ist nach **Nr. 1** daher zunächst, dass die »wirtschaftliche und rechtliche Stellung« der Lehrkräfte »genügend« gesichert« ist. Der Gesetzgeber hat diese recht unbestimmten Prüfkriterien im Absatz 2 konkretisiert, auf die Kommentierung hierzu wird verwiesen. **2**

Nach **Nr. 2a** darf es weder beim Schulträger noch bei der Schulleitung Anhaltspunkte für eine mangelnde Eignung bezüglich der Verwaltung und der Leitung der Schule geben. Sowohl Träger als auch Schulleitung müssen für die verantwortliche und zuverlässige Führung der Ersatzschule persönlich geeignet sein. »Eignung« in diesem Sinne sind alle Eigenschaften und Kennzeichen, die zur Wahrnehmung der konkreten Aufgaben befähigen. Hierzu gehören u. a. persönliche, charakterliche sowie fachliche Fähigkeiten, Kenntnisse und Fertigkeiten wie auch wirtschaftliche und politische Vertrauenswürdigkeit.

Nach **Nr. 2b** muss die verfassungsmäßige Ordnung (vgl. Art. 2 Abs. 1 GG, Art. 2 Abs. 2 NV) gewahrt werden. Dementsprechend zählt zur Eignung auch die Verfassungstreue. Letztlich ist der Staat von Verfassung wegen gehalten und dafür verantwortlich, die Einhaltung der Rechtsordnung auch in der Ersatzschule zu gewährleisten.

Die **Nr. 3** setzt voraus, dass die »Schuleinrichtungen« der Ersatzschule den allgemeinen gesetzlichen und den ordnungsbehördlichen Anforderungen entsprechen. Der Begriff der »Schuleinrichtungen« unterscheidet sich durch die Konkretisierung vom Begriff der »Einrichtungen« in § 144 Abs. 1 Satz 1. Er umfasst im Wesentlichen die erforderliche Schulanlage, deren Einrichtung und Ausstattung mit Mobiliar sowie mit Lehr- und Lernmitteln. Zu gewährleisten sind vom Schulträger insbesondere Feuerschutz, Arbeitsschutz, Arbeitssicherheit und Verkehrssicherheit.

Zu Abs. 2: Die Bestimmung greift den unbestimmten Rechtsbegriff der »genügenden Sicherung der rechtlichen und wirtschaftlichen Stellung der Lehrkräfte« aus Absatz 1 Nr. 1 auf und listet Mindestanforderungen, die als Beleg für die Annahme der hinreichenden Absicherung dienen, auf. **3**

Die wirtschaftliche und rechtliche Stellung der Lehrkräfte wird vom Gesetzgeber als genügend gesichert erachtet, wenn u. a. über das Arbeitnehmerverhältnis ein schriftlicher Vertrag abgeschlossen ist **(Nr. 1)**. Nach dem Gesetz über den Nachweis der für ein Arbeitsverhältnis geltenden wesentlichen Bedingungen (Nachweisgesetz) sind Arbeitgeber grundsätzlich verpflichtet, die wesentlichen Bedingungen eines Arbeitsvertrages aufzuzeichnen, die Niederschrift zu unterzeichnen und der Arbeitnehmerin oder dem Arbeitnehmer auszuhändigen. Daher dürfte es grundsätzlich keine Probleme bereiten, auch einen schriftlichen Arbeitsvertrag für das Dienstverhältnis der Lehrkräfte zum Schulträger auszufertigen und der Genehmigungsbehörde als Nachweis vorzulegen.

Ferner muss der Anspruch auf Urlaub und die regelmäßige Pflichtstundenzahl festgelegt sein **(Nr. 2)**. Grundsätzlich besteht ein Mindesturlaubsanspruch nach dem Bundesurlaubsgesetz; für beamtete Lehrkräfte gilt in Niedersachsen die Niedersächsische Erholungsurlaubsverordnung, tarifbeschäftigte Lehrkräfte haben einen Urlaubsanspruch nach dem TV-L. Lehrkräfte an öffentlichen Schulen erhalten den ihnen zustehenden Erholungsurlaub während der Schulferien. Unter Pflichtstunden werden die Unterrichtsstunden zuzüglich der sog. Abminderungsstunden (Anrechnungs- und Ermäßigungsstunden) verstanden. Die Regelpflichtstundenzahl ist die durch Rechtsvorschrift oder Vertrag festgelegte Pflichtstundenzahl bei Vollzeitlehrkräften. Die individuelle Pflichtstundenzahl entspricht bei vollbeschäftigten Lehrkräften der Regelpflichtstundenzahl und bei teilzeitbeschäftigten und bei stundenweise beschäftigten Lehrkräften der anteilig reduzierten Stundenzahl.

Nach § 2 Abs. 1 Nr. 7 Nachweisgesetz ist die vereinbarte Arbeitszeit und nach § 2 Abs. 1 Nr. 8 Nachweisgesetz ist die Dauer des jährlichen Erholungsurlaubs schriftlich niederzulegen. Auch diese wesentlichen Inhalte eines Arbeitsvertrages sind somit grundsätzlich ohnehin zu dokumentieren. Arbeitszeit und Urlaubsanspruch lassen Rückschlüsse auf die Arbeitsbelastung der Lehrkräfte zu, in Zusammenschau mit dem Arbeitsentgelt lässt sich ferner einschätzen, ob Arbeitsleistung und Entgelt in einer angemessenen Relation stehen.

Außerdem dürfen die Entgelte bei entsprechenden Anforderungen nicht wesentlich hinter den Entgelten der Lehrkräfte an gleichartigen oder gleichwertigen öffentlichen Schulen zurückbleiben und sie müssen in regelmäßigen Zeitabschnitten gezahlt werden **(Nr. 3)**. Die Schulträger müssen sich demnach an den Rahmenbedingungen und Tarifen des öffentlichen Schuldienstes orientieren, sie müssen dieses im Grunde ohnehin tun, um sich »am Markt« behaupten zu können. In Anlehnung an das für Beamtinnen und Beamte geltende Alimentationsprinzip wird ein Arbeitsentgelt zu zahlen sein, das es der Lehrkraft gestattet, die Lehrtätigkeit hauptberuflich zu betreiben, ohne gezwungen zu sein, eine weitere Tätigkeit auszuüben. Ihr soll gewissermaßen ein der beruflichen Stellung entsprechendes,»standesgemäßes Leben« ermöglicht sein.

Das Sächsische Oberverwaltungsgericht hat in seinem Beschluss vom 07.06.2007 – 2 BS 96/07 – zu diesem Prüfkriterium folgende Informationen zu einem Vergleichsmaßstab zusammengetragen: »Die ganz überwiegende verfassungsrechtliche Kommentarliteratur geht von dem Gehalt der Lehrer an vergleichbaren öffentlichen Schulen als Vergleichsmaßstab aus (vgl. *Jarass/Pieroth*, GG, 8. Aufl., Art. 7 RdNr. 23; *Hemmrich*, in: *Münch/ Kunig*, GG, 5. Aufl., Art. 7 RdNr. 43; *Maunz*, in: *Maunz/Dürig*, GG, Art. 7 RdNr. 78 und *Robbers*, in: v. *Mangoldt/Klein/Stark*, GG, 5. Aufl., Art. 7 Abs. 4 RdNr. 200). Eine genügende Sicherung der wirtschaftlichen Stellung der Lehrkräfte wird dabei angenommen, wenn die Leistungen des privaten Schulträgers den Leistungen der öffentlichen Schule annähernd entsprechen oder um 10 bis 20 % geringer ausfallen. [...] Nichts anderes ergibt sich aus der im schulrechtlichen Schrifttum vertretenen Auffassung, wonach die Bezahlung der Lehrkräfte zwar nicht in jeder Hinsicht an die für den öffentlichen Schuldienst geltenden Regelungen angepasst werden muss, die Bezüge aber so bemessen sein müssen, dass es den Lehrkräften möglich ist, ein standesgemäßes Leben zu führen (vgl. *Niehues/Rux*, Schulrecht, 4. Aufl., RdNr. 979 ff. und *Avenarius/Heckel*, Schulrechtskunde, 7. Aufl. S. 212). Einen Maßstab dafür, welches Gehalt zur Führung eines standesgemäßen Lebens erforderlich ist, bilden wiederum die Bezüge der Lehrer im öffentlichen Schuldienst. Denn das Alimentationsprinzip verpflichtet den Dienstherrn, den Beamten und seine Familie angemessen zu alimentieren und ihm nach seinem Dienstrang, nach der mit seinem Amt verbundenen Verantwortung und nach Maßgabe der Bedeutung des Berufsbeamtentums für die Allgemeinheit entsprechend der Entwicklung der allgemeinen wirtschaftlichen und finanziellen Verhältnisse und des allgemeinen Lebensstandards einen angemessenen Lebensunterhalt zu gewähren (vgl. BVerfG, Beschl. v. 12.12.2003 – 2 BvL 3/00). Die beamtenrechtliche Besoldung und die hinsichtlich des Nettoeinkommens in etwa vergleichbare Bezahlung der angestellten Lehrer im öffentlichen Schuldienst bietet somit einen gewissen Anhaltspunkt für die Angemessenheit der Bezahlung.«

Im Urteil vom 26.04.2006 – 5 AZR 549/05 – hat sich das Bundesarbeitsgericht ausführlich mit einer sittenwidrigen Vergütung von Lehrkräften privater Ersatzschulen auseinandergesetzt.

Eine Zahlbarmachung des Arbeitsentgelts in üblichen Zeitabschnitte, d. h. in der Regel monatlich, dürfte sich von selbst verstehen. Ein Abstellen der Entgeltzahlung auf den (fremdbestimmten) Mittelzufluss der Finanzhilfe oder den Zahlungseingang eines erhobenen Schulgeldes wäre jedenfalls unzureichend.

Schließlich müssen die Lehrkräfte eine Anwartschaft auf Versorgung erwerben, die wenigstens den Bestimmungen der gesetzlichen Rentenversicherung entspricht **(Nr. 4)**.

Nach dem Willen des Gesetzgebers ist demnach nicht nur das aktive Dienstverhältnis zu betrachten, auch eine angemessene Alterssicherung muss gewährleistet sein. Dabei wird allerdings keine beamtenähnliche Versorgung gefordert, sondern ein Anspruch auf eine übliche Absicherung im Alter, im Falle verminderter Erwerbsfähigkeit sowie der Hinterbliebenen. Auf den ersten Blick wirken die Anforderungen einengend, bei genauerer Betrachtung bleibt den Schulträgern für die genügende wirtschaftliche und rechtliche Sicherung der Lehrkräfte durchaus eine verfassungsrechtlich gewollte vielfältige Gestaltungsfreiheit.

4 **Zu Abs. 3:** Ordensgemeinschaften bzw. Orden sind – oftmals klösterliche – Lebensgemeinschaften von Männern oder Frauen, die sich durch ein Ordensgelübde (Profess = Bekenntnis) zu der Lebensform der Gemeinschaft (i. S. der Ordensregeln) bekennen und an die Gemeinschaft binden. Gelobt werden üblicherweise Gehorsam, Armut, ehelose Keuschheit und die Bindung an die Ordensgemeinschaft. Das öffentliche Ablegen des Gelübdes hat kirchenrechtliche Folgen, u. a. hinsichtlich der Erwerbsfähigkeit und der Besitzfähigkeit der Ordensmitglieder. Ordensmitglieder sind – weil sie bei Krankheit, Pflegebedürftigkeit und im Alter von der Gemeinschaft versorgt werden und wegen der Bindung an den Orden nicht arbeitslos werden können – oftmals sozialversicherungsfrei gestellt. Vor diesem Hintergrund entfallen für Ordenslehrkräfte die Vorschriften des Absatzes 1 Nr. 1 und die sie konkretisierenden Bestimmungen des Absatzes 2. Mit anderen Worten: Die gelobte Bindung an die Gemeinschaft macht einen schriftlichen (Arbeits-) Vertrag entbehrlich, das Armutsgelübde steht der Annahme eines angemessenen Entgelts entgegen, Urlaubsanspruch, Arbeitspensum sowie Versorgung ergeben sich aus den Ordensregeln. Weltliche Regelungen stoßen hier an Grenzen, gleichwohl wird im Ergebnis eine adäquate Absicherung der Ordenslehrkräfte in rechtlicher und wirtschaftlicher Hinsicht zu unterstellen sein.

(Karl-Heinz Ulrich)

§ 146 Anzeigepflicht bei wesentlichen Änderungen

Jeder Wechsel in der Schulleitung und jede wesentliche Änderung der wirtschaftlichen und rechtlichen Stellung der Lehrkräfte sowie der Schuleinrichtungen sind der Schulbehörde anzuzeigen.

1 **Allg.:** Die Erteilung einer Errichtungs- und Betriebsgenehmigung nach § 143 Abs. 1 basiert auf einer Momentaufnahme und zum Teil auf Prognosen, entsprechendes gilt für die staatliche Anerkennung (§ 148 Abs. 1) sowie für die schulbehördliche Feststellung eines besonderen pädagogischen Interesses (§ 144 Abs. 1 Satz 2) oder einer besonderen pädagogischen Bedeutung (§ 149 Abs. 1) einer Ersatzschule. Ersatzschulen sind jedoch nicht statisch, sondern lebendig und dynamisch, sie müssen sich fortwährend weiterentwickeln, um sich veränderten Herausforderungen, Erfordernissen, Entwicklungen, Erwartungen und Marktbedingungen anzupassen. Dadurch ergeben sich Veränderungen gegenüber dem ursprünglich von der Schulbehörde genehmigten oder mit Sonderrechten bedachten Zustand. Da die staatliche Schulaufsicht nach § 167 Abs. 1 Satz 1 die Einhaltung

Schulen in freier Trägerschaft § 146

NSchG

der schulgesetzlichen Vorschriften zu gewährleisten hat, muss sie fortwährend die Aufrechterhaltung der Genehmigungs-, Anerkennungs- und Feststellungsvoraussetzungen überwachen und ggf. gemäß § 147 Abs. 1 mit einem Mängelbeseitigungsverfahren einschreiten.

§ 146 verpflichtet die Träger der Ersatzschulen, der Schulbehörde wesentliche Änderungen der für die Genehmigung maßgebenden Voraussetzungen für den Schulbetrieb anzuzeigen. Es bleibt im Einzelfall zu prüfen, ob eine Veränderung so erheblich ist, dass sie einer erneuten schulbehördlichen Genehmigung bedarf.

Insbesondere aus den Regelungen und Gedanken der §§ 140 ff., 150 Abs. 10, 154 Abs. 5 und 167 sowie aus dem Grundsatz der vertrauensvollen Zusammenarbeit lassen sich weitere Auskunfts- und Informationspflichten ableiten, die eine Überwachung des Fortbestandes der Genehmigungs-, Anerkennungs- und Feststellungsvoraussetzungen durch die Schulbehörde erleichtern können.

Zum einzigen Absatz: Nach § 167 Abs. 2 bedarf die Schulleitung an Ersatzschulen zur Ausübung der Tätigkeit der Genehmigung der Schulbehörde; u. a. ist die für die Leitung erforderliche Eignung ein wesentliches Prüfkriterium nach § 145 Abs. 1 Nr. 2 Buchstabe b. Folglich ist jeder Wechsel in der Schulleitung anzeigepflichtig, um den gesetzlichen Prüfauftrag erfüllen zu können. **2**

Nach Artikel 7 Abs. 4 Satz 4 GG ist die Genehmigung einer privaten Schule zu versagen, wenn die wirtschaftliche und rechtliche Stellung der Lehrkräfte nicht genügend gesichert ist. § 145 Abs. 1 Nr. 1 greift diese verfassungsrechtliche Vorgabe auf und listet in seinem Absatz 2 die wesentlichen Anforderungen an eine genügende Absicherung auf. Treten substanzielle Änderungen bezüglich der Erfüllung dieser Anforderungen ein (z.B. Absenkung der Höhe des Gehalts oder Veränderung des Zeitabschnitts der Gehaltszahlung, Erhöhung der Pflichtstundenzahl, grundlegende Änderung des Urlaubsanspruchs), so sind diese der Schulbehörde anzuzeigen.

Nach § 145 Abs. 1 Nr. 3 müssen die Schuleinrichtungen den allgemeinen gesetzlichen und ordnungsbehördlichen Anforderungen entsprechen. Dementsprechend müssen die für den Schulbetrieb erforderlichen Schulanlagen mit der für das Schulangebot notwendigen Einrichtung ausgestattet sein. Ferner sind Feuerschutz, Arbeitsschutz, Arbeitssicherheit, Verkehrssicherheit usw. zu gewährleisten. Wesentliche Änderungen der Schuleinrichtungen sind mithin anzeigepflichtig, damit die Genehmigungsbehörde ihre aufsichtliche Funktion über die Schule ausüben kann.

»Wesentlich« sind alle Änderungen, wenn sie von tragender bzw. entscheidender Bedeutung für die erteilte Genehmigung sind und die Schulbehörde zu einem Nachsteuern oder letztlich auch zu einer Rücknahme der erteilten Genehmigung veranlassen könnten.

Schulbehörde im Sinne der Bestimmung ist die Genehmigungsbehörde, nach § 143 Abs. 1 i. V. m. § 120 Abs. 6 ist dies die nachgeordnete Schulbehörde.

Eine Frist für die Offenbarung von entscheidungserheblichen Änderungen ist in der Vorschrift nicht bestimmt, sie dürfte ihr allerdings innewohnen, so dass von einer Pflicht zur unverzüglichen Anzeige der Vorhaben und Ereignisse auszugehen ist. Im Interesse eines geordneten Schulbetriebs ist es ratsam, die Schulbehörde auch in Zweifelsfällen umgehend von bevorstehenden oder vollzogenen bedeutsamen Änderungen zu unterrichten.

Eine Verletzung der Anzeigepflicht ist in § 176 nicht als zu ahndende Ordnungswidrigkeit aufgeführt. Die Schulbehörde kann allerdings gegenüber Ersatzschule und Schulträger u. a. von den in § 167 Abs. 1 Satz 2 angeführten schulaufsichtlichen Maßnahmen Gebrauch machen.

Neben der Anzeigepflicht für bedeutsame Änderungen in der Schulleitung, bei der wirtschaftlichen und rechtlichen Stellung der Lehrkräfte sowie bei den Schuleinrichtungen gibt es weitere Veränderungen, von denen die Schulbehörde unverzüglich Kenntnis haben sollte, weil sie für den Betrieb der Ersatzschule und für die daraus resultierenden Rechte und Pflichten von tragender Bedeutung sind. Im Folgenden sind diese gewichtigen Änderungen, über die die Schulbehörde vom Schulträger unaufgefordert unterrichtet werden sollte, aufgeführt und im jeweiligen Klammerzusatz mit der sie tragenden Begründung versehen. Zu diesen anzeigepflichtigen Änderungen zählen folgende Angelegenheiten:

- jeder Wechsel der Trägerschaft sowie jede wesentliche Änderung beim Träger, insbesondere ein Wechsel der vertretungsberechtigten Personen, eine Änderung der Rechtsform des Trägers und eine Änderung der Anschrift des Trägers (erforderlich für eine Überprüfung der Einhaltung der Vorschriften der §§ 1 Abs. 4, 145 Abs. 1 Nr. 2, 147 Abs. 1 und 3 sowie 149 ff.),

- jede wesentliche Änderungen des pädagogischen Konzepts (Genehmigungsvoraussetzung nach § 144 Abs. 1 sowie erforderlich für eine Überprüfung der Einhaltung der Vorschriften der §§ 142, 143 144 und 148),

- eine Unterbrechung, ein Ruhendstellen und die Aufgabe des Schulbetriebs (erforderlich für eine Überprüfung der Einhaltung der Vorschriften des § 147 Abs. 2),

- eine Wiederaufnahme des Schulbetriebs nach einem Ruhendstellen oder einer Unterbrechung (erforderlich für eine Überprüfung der Einhaltung der Vorschriften des § 147 Abs. 2),

- das Erzielen oder Erstreben eines erwerbswirtschaftlichen Gewinns nach § 149 Abs. 4 Satz 1 oder das Aufgeben der Verfolgung gemeinnütziger Zwecke durch den Träger der Ersatzschule in einem Fall des § 149 Abs. 4 Satz 2 (erforderlich für eine Überprüfung der Einhaltung der Vorschriften des § 149 Abs. 4),

- jede Änderung der Bezeichnung der Schule (erforderlich für eine Überprüfung der Einhaltung der Vorschriften des § 140),

- jede Änderung des Standortes der Schule (vgl. VG Hannover, Urt. v. 25.09.2013 – 6 A 5650/13), insbesondere bei Gemeinschaftsschulen, Bekenntnisschulen und Weltanschauungsschulen im Hinblick auf die Standortvorbedingung gemäß Art. 7 Abs. 5 2. Alt. GG (Genehmigungsvoraussetzung nach § 143 Abs. 1 und § 145 Abs. 1 Nr. 3),

- jede wesentliche Änderung der räumlichen Unterbringung (z.B. Errichtung von Nebenstellen und Außenstellen), Verlegung und jede wesentliche bauliche Veränderung der den Schulbetrieb dienenden Räume (Genehmigungsvoraussetzung nach § 143 Abs. 1 und § 145 Abs. 1 Nr. 3),

- jede Änderungen eines Bildungsgangs (erforderlich für eine Überprüfung der Einhaltung der Vorschriften der §§ 142, 143 144 und 148),

- jede Änderung einer Schulgeldregelung (Genehmigungsvoraussetzung nach § 144 Abs. 1 Satz 1),

- Umstände, die zu einer Beeinträchtigung des jeweiligen Schulangebots unter Berücksichtigung der Erfordernisse eines differenzierenden Unterrichts führen können, z.B. Probleme bei der Sicherstellung der Unterrichtsversorgung oder bei der Bildung organisatorisch tragfähiger Lerngruppen (erforderlich für eine Überprüfung der Einhaltung der Vorschriften der §§ 142, 143 144 und 148),

- Absinken der Schülerzahl unter zwölf Schülerinnen und Schüler (Genehmigungsvoraussetzung nach § 1 Abs. 2 Satz 1).

Da sich die Anerkennung einer Ersatzschule auf die Schulform und die Fachrichtung erstreckt (§ 148 Abs. 1 Satz 3), unterliegen Änderungen diesbezüglich nicht der Anzeigepflicht, sondern der Genehmigungspflicht.

Verweise, Literatur: 3

- Rücknahme einer Schulgenehmigung bei ungenügender Schülerzahl, VG Lüneburg, Beschl. v. 08.12.2010 – 4 B 58/10, SchVw NI, H. 3/2011, S. 92

- Sittenwidrige Vergütung von Lehrkräften privater Ersatzschulen, BAG, Urt. v. 26.04.2006 – 5 AZR 549/05 –, SchVw NI, H. 7–8/2006

(Karl-Heinz Ulrich)

§ 147 Zurücknahme, Erlöschen und Übergang der Genehmigung

(1) Die Genehmigung ist zurückzunehmen, wenn die Voraussetzungen für die Genehmigung im Zeitpunkt der Erteilung nicht gegeben waren oder später weggefallen sind und dem Mangel trotz Aufforderung der Schulbehörde innerhalb einer bestimmten Frist nicht abgeholfen worden ist.

(2) Die Genehmigung erlischt, wenn der Träger die Schule nicht binnen eines Jahres eröffnet, wenn sie geschlossen oder ohne Zustimmung der Schulbehörde ein Jahr lang nicht betrieben wird.

(3) ¹Die Genehmigung geht auf einen neuen Träger über,
1. wenn dieser eine Religions- oder Weltanschauungsgemeinschaft ist, die die Rechte einer Körperschaft des öffentlichen Rechts besitzt, oder
2. wenn die Schulbehörde vor dem Wechsel der Trägerschaft den Übergang der Genehmigung ausdrücklich zugelassen hat.

²In allen übrigen Fällen erlischt die Genehmigung, wenn der Träger der Schule wechselt. ³Ist der Träger eine natürliche Person, so besteht die Genehmigung noch sechs Monate nach deren Tod fort. ⁴Die Schulbehörde kann diese Frist auf Antrag verlängern.

1 **Allg.:** Die Bestimmung trifft Regelungen über die Rücknahme einer erteilten Genehmigung durch die Schulbehörde, zum Erlöschen einer Genehmigung kraft Gesetzes sowie zum Übergang einer Genehmigung auf einen anderen Träger. Im öffentlichen Interesse, insbesondere im wohlverstandenen Interesse der Schülerinnen und Schüler sowie der an der Ersatzschule Beschäftigten des Schulträgers ist es erforderlich, den Schulbetrieb in bestimmten Fällen zu beenden oder umgehend in geordnete Bahnen zu lenken.

2 **Zu Abs. 1:** Nach der Vorschrift ist die Schulbehörde verpflichtet, eine erteilte Genehmigung zurückzunehmen, wenn sich herausstellt, dass die vom Gesetzgeber in den §§ 144, 145 geforderten schulischen, organisatorischen und persönlichen Genehmigungsvoraussetzungen bereits bei Erteilung der Genehmigung nicht vorlagen, oder wenn entscheidungserhebliche Genehmigungsvoraussetzungen späterhin wegen einer wesentlicher Änderung tatsächlich nicht mehr vorliegen. Die Bestimmung setzt vor der Rücknahme der Genehmigung voraus, dass dem festgestellten Mangel trotz Aufforderung des Trägers durch die Schulbehörde innerhalb einer bestimmten Frist nicht abgeholfen worden ist. Die Schulbehörde ist daher gehalten, dem Schulträger den festgestellten Mangel konkret vor Augen zu führen, ihn innerhalb einer für die Beseitigung des Mangels angemessenen Frist zu dessen Behebung aufzufordern und ihn unmissverständlich auf die drohende Rücknahme der Genehmigung für den Fall der nicht fristgerechten Behebung des Mangels hinzuweisen. Als angemessen kann eine Frist angesehen werden, die es dem Verpflichteten auch ermöglicht, die begehrte Maßnahme tatsächlich durchzuführen. Damit ist für die Fristbemessung im Einzelfall darauf abzustellen, welche Maßnahmen zur Durchführung erforderlich sind (OLG Frankfurt, Urteil vom 27.06.2007 – 17 U 265/06).

Der Schulbehörde ist kein Ermessen eingeräumt, das öffentliche Interesse gebietet ein bestimmtes und umgehend auszuführendes schulaufsichtliches Handeln.

3 **Zu Abs. 2:** Das Gesetz sieht in drei Fällen ein automatisches Erlöschen der erteilten Genehmigung vor:

Die Genehmigung erlischt kraft Gesetzes, wenn der Träger die Ersatzschule nicht binnen eines Jahres (nach Wirksamwerden der Genehmigung) eröffnet bzw. zugänglich macht. Der Träger ist folglich gehalten, die Einrichtung anzubieten und deren Betrieb aufzunehmen. Dafür ist ihm vom Gesetzgeber eine angemessene Frist eingeräumt, innerhalb derer er aktiv werden muss. Nach Ablauf der Jahresfrist erlischt die Genehmigung.

Ferner erlischt die Genehmigung kraft Gesetzes, wenn der Träger die Ersatzschule endgültig schließt; mit der Schließung tritt die Rechtswirkung ein.

Außerdem erlischt die Genehmigung kraft Gesetzes, wenn die Ersatzschule ein Jahr lang ohne Zustimmung der Schulbehörde nicht betrieben wird. Ein Ruhen des Betriebs kann folglich von der Schulbehörde auf Antrag des Trägers der Ersatzschule – vorab oder unter Umständen auch während einer bereits eingetretenen kürzeren Ruhensphase – zugelassen werden. Bei der schulbehördlichen Entscheidung bezüglich eines beantragten Ruhens ist von Bedeutung, ob mit hinlänglicher Wahrscheinlichkeit eine Wiederaufnahme des Betriebs nach Ablauf des Ruhens zu erwarten ist, um nicht eine Umgehung der anderen Erlöschensgründe zu hintertreiben. Nach Ablauf der Jahresfrist eines nicht gestatteten Ruhens erlischt die Genehmigung.

Es bedarf in diesen Fällen keiner förmlichen Entscheidung oder Feststellung der Schulbehörde. Eine gleichwohl angezeigte entsprechende Mitteilung der nachgeordneten Schulbehörde über den Eintritt der Rechtswirkung hat keine konstitutive, sondern lediglich eine klarstellende Bedeutung.

Zu Abs. 3: Nach Satz 1 Nr. 1 geht eine erteilte Genehmigung auf einen 4 neuen Träger über, wenn dieser eine Religions- oder Weltanschauungsgemeinschaft ist, die die Rechte einer Körperschaft des öffentlichen Rechts besitzt. Der Gesetzgeber sieht bei diesen Trägern die Eignung als Schulträger allgemein als erfüllt an. Eine spätere Rücknahme wegen Fehlens oder Wegfalls der gesetzlichen Genehmigungsvoraussetzungen ist gleichwohl nicht ausgeschlossen.

Nach Satz 1 Nr. 2 geht eine erteilte Genehmigung auf einen neuen Träger über, wenn die Schulbehörde dies ausdrücklich vorher zugelassen hat.

Der Übergang der Genehmigung erfolgt in diesen beiden vereinfachten Übertragungsvarianten in dem Umfang, der auch dem bisherigen Träger nach § 143 eingeräumt wurde. Nach Satz 2 erlischt eine erteilte Genehmigung in allen anderen Fällen eines Trägerwechsels kraft Gesetzes. Der neue Träger hat folglich die Erteilung einer neuen Genehmigung zu beantragen, sofern er die Einrichtung als genehmigte Ersatzschule weiterführen möchte.

Die Sätze 3 und 4 treffen Regelungen für den Fall, dass eine natürliche Person Träger der Ersatzschule ist und verstirbt. Die Genehmigung besteht in diesen Fällen noch sechs Monate nach dem Todesfall fort, so dass zunächst eine angemessene Zeit gegeben ist, um die Einrichtung fortzuführen, den Fortbestand der Einrichtung zu klären und ggf. einen neuen Träger einen neuen Genehmigungsantrag stellen zu lassen. Die Schulbehörde kann – während deren Laufzeit – die Sechsmonatsfrist auf Antrag übergangsweise verlängern. Antragsberechtigt können nur die Rechtsnachfolger oder ein Nachlasspfleger des verstorbenen Trägers sein. Die Gründe, die eine Verlängerung rechtfertigen können, sind vom Gesetzgeber nicht angeführt. Es können nur solche sein, die eine angemessene Abwicklung der Einrichtung im Interesse der Beteiligten ermöglichen oder die einem neuen Träger für die Antragstellung einer Genehmigung zugebilligt werden sollten. Die Dauer einer Verlängerung wird sich an der vom Gesetzgeber im Allgemeinen als ausreichend angesehenen Sechsmonatsfrist zu orientieren haben. Auch während der Übergangszeit bleibt die Schulbehörde zum Einschreiten verpflichtet, falls die sonstigen Genehmigungsvoraussetzungen nicht erfüllt werden.

5 Verweise, Literatur:
- Sofortvollzug der Rücknahme einer Ersatzschulgenehmigung, VG Hannover, Beschl. v. 6.2.2008 – 6 B 1008/08 –, SchVw NI, H. 5/2008
- Beurteilung der Gleichwertigkeit einer Ersatzschule, Hess. VGH, Urt. v. 24.1.2011 – 7 B 2472/10 –
- Rücknahme einer Schulgenehmigung bei ungenügender Schülerzahl, VG Lüneburg, Beschl. v. 8.12.2010 – 4 B 58/10 –, SchVw NI, H. 3/2011

(Karl-Heinz Ulrich)

§ 148 Anerkannte Ersatzschulen

(1) ¹Einer Ersatzschule, die die Gewähr dafür bietet, dass sie dauernd die an gleichartige oder gleichwertige öffentliche Schulen gestellten Anforderungen erfüllt, ist auf ihren Antrag die Eigenschaft einer anerkannten Ersatzschule zu verleihen. ²Die Anerkennung bedarf der Schriftform. ³Sie erstreckt sich auf die Schulform und die Fachrichtung, für die sie ausgesprochen worden ist.

(2) ¹Anerkannte Ersatzschulen sind verpflichtet, bei der Aufnahme und Versetzung von Schülerinnen und Schülern sowie bei der Abhaltung von Prüfungen die für öffentliche Schulen geltenden Bestimmungen zu beachten. ²Bei Abschlussprüfungen führt eine Beauftragte oder ein Beauftragter der Schulbehörde den Vorsitz. ³Mit der Anerkennung erhält die Ersatzschule das Recht, Zeugnisse zu erteilen, die dieselbe Berechtigung verleihen wie die der öffentlichen Schulen. ⁴Auf Antrag kann dieses Recht auf die Abschluss- oder Reifeprüfung beschränkt werden.

(3) Die Anerkennung ist zurückzunehmen, wenn
1. die Voraussetzungen für die Anerkennung im Zeitpunkt der Erteilung nicht gegeben waren oder später weggefallen sind und dem Mangel trotz Aufforderung der Schulbehörde innerhalb einer bestimmten Frist nicht abgeholfen worden ist,
2. die Schule wiederholt gegen die ihr nach Absatz 2 Satz 1 obliegenden Verpflichtungen verstößt.

1 Allg.: Bereits im Jahr 1951 hat das Plenum der Ständigen Konferenz der Kultusminister der Länder eine Ländervereinbarung »Privatschulen« getroffen (SVBl. 10/1951 S. 217). Nach § 5 Abs. 1 dieser Vereinbarung kann

einer Privatschule, die die Gewähr dafür bietet, dass sie dauernd die an gleichartige oder verwandte öffentliche Schulen gestellten Anforderungen erfüllt, die Eigenschaft einer »anerkannten Privatschule« verliehen werden. Nach § 5 Abs. 2 der Vereinbarung erhält die Privatschule durch die Anerkennung Befugnisse öffentlicher Schulen, insbesondere das Recht, nach den allgemein für öffentliche Schulen geltenden Vorschriften Prüfungen abzuhalten und Zeugnisse zu erteilen [...]. Über § 8 Privatschulgesetz haben die damals vereinbarten Rahmenregelungen späterhin den Weg in das NSchG gefunden.

Der Ersatzschulbegriff in Art. 7 Abs. 4 Satz 2 GG umfasst nicht das Recht der Privatschule, nach den für öffentliche Schulen geltenden Vorschriften Prüfungen abzuhalten und mit gleicher Außenwirkung wie öffentliche Schulen Zeugnisse zu verteilen. Die Verleihung von sog. »Öffentlichkeitsrechten«, mit deren Wahrnehmung die Privatschule als Beliehene hoheitliche Funktionen ausübt, kann der Gesetzgeber von einer besonderen Anerkennung abhängig machen, auf die Art. 7 Abs. 4 GG keinen Anspruch gewährt und für deren Erteilung besondere, über die Genehmigungsvoraussetzungen des Art. 7 Abs. 4 Satz 3 GG hinausgehende Anforderungen im Landesrecht gestellt werden dürfen. Insbesondere kann der Gesetzgeber die Anerkennung einer genehmigten Ersatzschule und die damit verbundene Verleihung der Öffentlichkeitsrechte von der Anpassung der Schule an Anforderungen abhängig machen, die für öffentlichen Schulen gelten. Es liegt im Wesen der Öffentlichkeitsrechte, dass das für die Ersatzschulgenehmigung maßgebende Prinzip der Gleichwertigkeit gegenüber dem Prinzip der Gleichartigkeit weitgehend zurücktreten muss. Auch wenn Art. 7 Abs. 4 GG somit keinen Anspruch auf Anerkennung gewährt, dürfen die Länder das Institut der Anerkennung und die mit ihm verbundenen wirtschaftlichen Vorteile jedoch nicht dazu benutzen, die Ersatzschulen zur Anpassung an die öffentlichen Schulen in einem der Sache nach nicht gebotenen Umfang zu veranlassen oder unter Verletzung des Gleichheitsgebots einzelne Privatschulen gegenüber anderen Schulen zu benachteiligen. Es würde mit Art. 7 Abs. 4 GG nicht zu vereinbaren sein, wenn die Ersatzschulen ohne sachlichen Grund zur Aufgabe ihrer Selbstbestimmung veranlasst würden (vgl. BVerwG, Beschl. v. 01.10.2015 – 6 B 15.15 – m.w.N. in den Beschl. v. 14.11.1969 – 1 BvL 24/64 – u. v. 11.06.1974 – 1 BvR 82/71 – sowie in den Urt. v. 18.11.1983 – 7 C 114.81 – u. v. 13.12.2000 – 6 C 5.00).

Genehmigte Ersatzschulen benötigen folglich eine landesgesetzliche Einräumung des Rechtsinstituts der »staatlichen Anerkennung«, um den öffentlichen Schulen weitgehend gleichgestellt zu werden, insbesondere im Hinblick auf die Berechtigung, Prüfungen abzunehmen und Schulabschlüsse zu vergeben. Die staatliche Anerkennung ist ferner Voraussetzung für die Gewährung von Finanzhilfeleistungen nach den §§ 149, 150. Die Träger der Ersatzschulen streben aus den vorgenannten Gründen in aller Regel die staatliche Anerkennung für ihre Einrichtung an. Andererseits schränken sie sich damit auch in ihrer pädagogischen Gestaltungsfreiheit ein, denn sie unterliegen fortan u.a. den Prüfungs-, Zeugnis und Versetzungsbestimmungen. Schließlich können auch sog. Externenprüfungen bzw. Nichtschülerprüfungen zu Abschlüssen führen.

Bei der Bezeichnung der Ersatzschulen ist ein Zusatz, der auf die Anerkennung hinweist, zulässig (§ 140 Abs. 1 Satz 4).

2 **Zu Abs. 1:** Zentrale Anerkennungsvoraussetzung nach **Satz 1** ist, dass die Ersatzschule die Gewähr dafür bietet, dass sie dauernd die an gleichartige oder gleichwertige öffentliche Schulen gestellten Anforderungen erfüllt.

Die Anforderungen an eine gleichartige öffentliche Schule beziehen sich auf Schulformen oder Fachrichtungen, die es im öffentlichen Schulwesen gibt. Gleichwertige öffentliche Schulen sind zum Vergleich heranzuziehen, wenn es im öffentlichen Schulwesen eine solche Schule nicht gibt.

Die Ersatzschule muss die »Gewähr« dafür bieten, dass sie die gestellten Anforderungen »dauernd« erfüllt. Die Schule muss demnach den formulierten Ansprüchen mit verlässlicher Sicherheit genügen und die bewertungsrelevanten Fakten müssen die behördliche Prognoseentscheidung tragen, dass dieser Zustand langfristig anhaltend gegeben sein wird. Schulen sind im wohlverstandenen Interesse der Schülerinnen und Schüler Einrichtungen, die nicht für den Augenblick, sondern langfristig betrieben werden sollen. Sie sollen von Schülergenerationen durchlaufen werden können und dürfen nicht Spielball vorübergehender wirtschaftlicher Interessen sein. Der Bestimmung liegt der gleiche Gedanke zugrunde, wie dem § 6 Abs. 1 SchOrgVO, der für öffentliche Schulen eine stabile langfristige Prognose der Schülerzahlen abverlangt und der die Nachhaltigkeit schulorganisatorischer Entscheidungen sichern hilft.

Wann die Verleihung der Anerkennung frühestens möglich ist, lässt sich aus dem Gesetz nicht durch eine konkrete zeitliche Vorgabe einer »Anlaufzeit« entnehmen. Bevor festgestellt werden kann, ob die Ersatzschule die an gleichartige oder gleichwertige öffentliche Schulen gestellten Anforderungen auf Dauer erfüllt, muss die Schule eine diese Feststellung ermöglichende Zeit bestanden haben. Die Feststellung, ob eine Schule die Gewähr bietet, dauernd die genannten Anforderungen zu erfüllen, lässt sich oft nur treffen, wenn der Ausbildungsgang – in Schulform und Fachrichtung – an der Schule einmal ganz durchgelaufen ist.

Nach § 149 Abs. 1 gewährt das Land den Trägern der »anerkannten Ersatzschulen« sowie der Ersatzschulen von besonderer pädagogischer Bedeutung »nach Ablauf von drei Jahren seit der Aufnahme des Schulbetriebs« der Schule auf Antrag Finanzhilfe als Zuschuss zu den laufenden Betriebskosten. Vor diesem Hintergrund wird man in der Regel eine Anlaufzeit von etwa drei Jahren ansetzen können. Das BVerfG hat im Beschl. v. 09.03.1994 – 1 BvR 682, 712/88 – zur üblicherweise dreijährigen »Durststrecke« festgestellt, dass Wartefristen mit der staatlichen Schutz- und Förderpflicht grundsätzlich vereinbar sind. Sie haben den Zweck, den Einsatz öffentlicher Mittel an einen Erfolgsnachweis zu binden. Die Gestaltungsfreiheit des Gesetzgebers umfasst auch die Befugnis zu entscheiden, wann er diesen

Nachweis als erbracht ansieht. Das darf aber nicht dazu führen, dass die Wartefrist sich als Sperre für die Errichtung neuer Schulen auswirkt. Der VGH Baden-Württemberg hat in seinem Urteil vom 23.10.2012 – 9 S 2188/11 (openJur 2013, 15 309) bestätigt, dass es verfassungsrechtlich zulässig ist, wenn die privatschulrechtlichen Bestimmungen Baden-Württembergs von Ersatzschulen verlangen, dass vor der Verleihung der Eigenschaft einer anerkannten Ersatzschule die für öffentliche Schulen geltenden Anforderungen, insbesondere die Aufnahme- und Versetzungsbestimmungen sowie die Regeln über die Zeugniserteilung, »während eines Zeitraums von grundsätzlich drei Jahren« eingehalten werden. Eine solche Bewährungsfrist vor der staatlichen Anerkennung ist geeignet, sicherzustellen, dass nur solche Schulen anerkannt werden und in der Folge öffentlich anerkannte Prüfungen durchführen und Zeugnisse erteilen, die auf Dauer dazu in der Lage und bereit sind, die für öffentliche Schulen geltenden Bestimmungen zu beachten.

Die Verleihung der staatlichen Anerkennung zu einem früheren Zeitpunkt ist gleichwohl möglich, wenn sich aufgrund der von der Schulbehörde gewonnenen Eindrücke bereits frühzeitiger positiv feststellen lässt, dass die Ersatzschule dauernd die an gleichartige oder gleichwertige öffentliche Schulen gestellten Anforderungen erfüllt. So kann beispielsweise bei einer berufsbildenden Schule mit einem zweijährigen Ausbildungsgang bereits ein einmaliger Durchlauf des Ausbildungsgangs ausreichen, um sich seitens der RSLB einen Eindruck von der Leistungsfähigkeit des Schulbetriebs zu verschaffen und um den Nachweis der dauerhaften Gewährleistung als erbracht anzusehen. Auch bei erfahrenen, angesehenen Schulträgern, die bereits eine vergleichbare Einrichtung oder sogar eine Vielzahl von Ersatzschulen betreiben, ist es denkbar, dass frühzeitig über die Verleihung der Anerkennung entschieden wird.

Unterbrechungen der Anlaufzeit dürften dann schädlich sein, wenn z.B. die Genehmigung erloschen war oder sie zurückgenommen werden musste. Auch gravierende Mängel, die nicht unverzüglich beseitigt wurden, dürften sich nachteilig auf die Anlaufzeit auswirken. Schulferien gehören hingegen zum Schulbetrieb und können nicht als eine für die Anlaufzeit schädliche Unterbrechung angesehen werden. Es ist mithin durchaus denkbar, dass ein für die Verleihung der Anerkennung im Allgemeinen üblicher Zeitraum in bestimmten Fällen überschritten wird.

Die Verleihung der Eigenschaft einer anerkannten Ersatzschule bedarf eines Antrages des Schulträgers. Mit Antragstellung beginnt das Verwaltungsverfahren nach § 22 VwVfG. Im Antrag ist deutlich zu machen, für welche Schulform und Fachrichtung die Anerkennung begehrt wird (vgl. Satz 3).

Die für das Verwaltungsverfahren zuständige Behörde ist – anders als für das Genehmigungsverfahren nach § 143 Abs. 1 – in der Vorschrift nicht ausdrücklich genannt, nach § 120 Abs. 6 liegt die Zuständigkeit aber auch hier bei der RSLB.

Um sich einen Überblick über die Erfüllung der Anerkennungsvoraussetzungen zu verschaffen, kann die Schulbehörde die in § 167 Abs. 1 skizzierten Instrumente einsetzen, d.h., sie kann die Schule besuchen, Einblick in den Unterricht nehmen, Berichte anfordern und Nachweise fordern.

Nach **Satz 2** bedarf die Anerkennung der Schriftform. Bezüglich des Schriftformerfordernisses von Verwaltungsakten sowie möglicher Rechtsfolgen bei Nichtbeachtung der Formvorschrift wird auf § 1 Abs. 1 Nds. VwVfG i.V.m. § 37 Abs. 3 VwVfG sowie § 44 VwVfG verwiesen.

Die Anerkennung erstreckt sich nach **Satz 3** auf die Schulform und die Fachrichtung, für die sie ausgesprochen worden ist. Diese Vorgabe ist angelehnt an § 143 Abs. 2 Satz 1, wonach bereits die Genehmigung fest umrissen zu begrenzen ist.

Sofern alle Voraussetzungen vorliegen, hat die Ersatzschule einen Anspruch auf Verleihung der beantragten staatlichen Anerkennung durch die Schulbehörde.

3 **Zu Abs. 2:** Nach **Satz 1** ergibt sich aus der Verleihung der Anerkennung für die Ersatzschule die Pflicht, die staatlichen Bestimmungen anzuwenden, die die Aufnahme und die Versetzung der Schülerinnen und Schüler sowie die Abhaltung von Prüfungen regeln (vgl. § 60 und Kommentierung zu dieser Rechtsvorschrift). Aus dieser Bestimmung wird die »Beleihung« der anerkannten Ersatzschule mit zentralen hoheitlichen Rechten und Pflichten deutlich.

Aus der Bindung an die für öffentliche Schulen geltenden Bestimmungen folgt, dass anerkannte Ersatzschulen beispielsweise selbst entwickelte Aufnahme- oder Zwischenprüfungen nicht einführen dürfen, auf die Sonderregelung in Satz 4 wird gleichwohl hingewiesen.

Nach **Satz 2** führt bei Abschlussprüfungen eine Beauftragte oder ein Beauftragter der Schulbehörde den Vorsitz. Die oder der Beauftragte handelt bei der Wahrnehmung des Prüfungsvorsitzes demnach im Rahmen eines Auftragsverhältnisses, sie oder er kann, muss aber nicht in einem Dienstverhältnis zur Schulbehörde stehen. Denkbar ist, dass z.B. eine geeignete Schulleiterin oder ein geeigneter Schulleiter der Ersatzschule mit der Wahrnehmung des Vorsitzes beauftragt wird. Die Formulierung fordert allerdings die Beauftragung einer konkret bestimmten oder bestimmbaren Person, daher kann die Auswahl der oder des Beauftragten nicht in das Belieben einer hierzu ermächtigten Einrichtung, z.B. eines Studienseminars oder einer Schule, gestellt werden.

Mit der Anerkennung erhält die Ersatzschule nach **Satz 3** zugleich das Recht, Zeugnisse zu erteilen, die dieselbe Berechtigung verleihen wie die der öffentlichen Schulen. Der Ersatzschule wird folglich das Recht zu einer hoheitlichen bzw. öffentlich-rechtlichen Entscheidung nach den für öffentliche Schulen geltenden Bestimmungen übertragen, sie wird insoweit »mit Hoheitsrechten beliehen«.

Das nach Satz 3 verliehene Recht, Zeugnisse zu erteilen, kann nach **Satz 4** auf einen gesonderten, bei der Schulbehörde zu stellenden Antrag des

Trägers der Ersatzschule auf die Abschluss- oder Reifeprüfung beschränkt werden, Die Schulbehörde hat nach pflichtgemäßem Ermessen über einen solchen Antrag zu entscheiden. Im Wege einer solchen Beschränkung gewinnt die Ersatzschule die (Gestaltungs) Freiheit, sich im Rahmen des eigenen Schulkonzepts von den für öffentliche Schulen geltenden Bestimmungen auf dem Weg zum Schulabschluss ein Stück weit abzusetzen. Bei Schulen, die organisatorisch, methodisch und/oder didaktisch etwas andere Wege gehen als die öffentlichen Schulen, ist eine solche Beschränkung naheliegend.

Zu Abs. 3: Die Bestimmung regelt spezialgesetzlich die Aufhebung einer 4 verliehenen Anerkennung. Sofern die Voraussetzungen der Nr. 1 oder der Nr. 2 vorliegen, hat die nachgeordnete Schulbehörde (vgl. § 120 Abs. 6) eine bereits zuerkannte Anerkennung aufzuheben, der erlassene Verwaltungsakt wird durch diesen »Gegenakt« beseitigt.

Nach **Nr. 1** ist die Anerkennung zurückzunehmen, wenn die Voraussetzungen für die Anerkennung im Zeitpunkt der Erteilung nicht gegeben waren oder später weggefallen sind und dem Mangel trotz Aufforderung der Schulbehörde innerhalb einer bestimmten Frist nicht abgeholfen worden ist.

Vor einer abschließenden Entscheidung ist der Schulträger von der Schulbehörde aufzufordern, identifizierte Mängel innerhalb einer festgesetzten Frist zu beseitigen. Diese Aufforderung ersetzt eine gemäß § 28 VwVfG vor der Rücknahme vorzunehmende Anhörung.

Nach **Nr. 2** ist die Anerkennung zurückzunehmen, wenn die Schule wiederholt gegen die ihr nach Absatz 2 Satz 1 obliegenden Verpflichtungen verstößt. Nach dieser Bestimmung sind anerkannte Ersatzschulen verpflichtet, bei der Aufnahme und Versetzung von Schülerinnen und Schülern sowie bei der Abhaltung von Prüfungen die für öffentliche Schulen geltenden Bestimmungen zu beachten. Vor Rücknahme der Anerkennung ist der Schulträger von der Schulbehörde nach § 28 VwVfG anzuhören. Eine versäumte Anhörung kann unter bestimmten Voraussetzungen geheilt werden (§§ 68 ff. VwGO).

Durch die Aufhebung einer verliehenen Anerkennung fällt die Ersatzschule in den Status einer genehmigten Ersatzschule zurück, es sei denn, zugleich mit der Aufhebung der Anerkennung wird auch die erteilte Genehmigung nach § 147 Abs. 1 zurückgenommen oder die Genehmigung erlischt nach § 147 Abs. 2, weil die Schule vom Träger sofort geschlossen wird.

Verweise, Literatur: 5

- Erl. »Bezeichnung und Siegelführung der Schulen« v. 11.12.2013 (Nds. MBl. 1/2014 S. 9; SVBl. 2/2014 S. 50), geändert durch Erl. v. 30.07.2019 (Nds. MBl. S. 1191; SVBl. S. 518)
- *Kümper, Boas:* Verfassungsrechtliche Aspekte der Anerkennung von Privatschulen: freiheitsrechtliche und institutionelle Dimensionen, Die Öffentliche Verwaltung, H. 20/2015, S. 864

(Karl-Heinz Ulrich)

§ 149 Finanzhilfe

(1) Das Land gewährt den Trägern der anerkannten Ersatzschulen sowie der Ersatzschulen von besonderer pädagogischer Bedeutung nach Ablauf von drei Jahren seit der Aufnahme des Schulbetriebs der Schule auf Antrag Finanzhilfe als Zuschuss zu den laufenden Betriebskosten.

(2) ¹Wird das Unterrichtsangebot der Ersatzschule eines finanzhilfeberechtigten Trägers nur durch eine andere Organisation einer bereits vorhandenen Schulform oder durch einen anderen Schwerpunkt einer bereits vorhandenen Fachrichtung geändert oder ergänzt, so gewährt das Land die Finanzhilfe auf Antrag vom Zeitpunkt der Anerkennung nach § 148 an. ²Wird das Unterrichtsangebot der Ersatzschule eines finanzhilfeberechtigten Trägers lediglich um einen Schulzweig einer anderen Schulform, eine andere Förderschulart, eine andere Schulform einer schon vorhandenen Fachrichtung oder um eine Fachrichtung einer Schulform erweitert, die bereits in einer verwandten Fachrichtung geführt wird, so gewährt das Land die Finanzhilfe bezüglich des erweiterten Angebotes auf Antrag bereits nach Ablauf eines Jahres nach der Genehmigung für das erweiterte Angebot nach § 143. ³Kommt für das erweiterte Angebot eine Anerkennung nach § 148 in Betracht, so wird die entsprechende Finanzhilfe frühestens vom Zeitpunkt dieser Anerkennung an gewährt.

(3) Bei einem Wechsel des Trägers der Schule beginnt die Frist des Absatzes 1 nur dann erneut zu laufen, wenn die Genehmigung nach § 147 Abs. 3 Satz 2 erloschen ist.

(4) ¹Der Anspruch auf Finanzhilfe besteht nicht oder erlischt, wenn der Träger der Ersatzschule einen erwerbswirtschaftlichen Gewinn erzielt oder erstrebt. ²Ist der Träger einer Ersatzschule eine Körperschaft (§ 51 Satz 2 der Abgabenordnung), so hat er nur dann einen Anspruch auf Finanzhilfe, wenn er ausschließlich und unmittelbar gemeinnützige Zwecke verfolgt (§ 52 der Abgabenordnung).

(5) ¹Der Anspruch ist für jedes Schuljahr (§ 28) innerhalb einer Ausschlussfrist von einem Jahr nach Ablauf des Schuljahres geltend zu machen. ²Auf Antrag gewährt das Land Abschlagszahlungen.

1 Allg.: Art. 7 Abs. 4 GG legt den für die Schulgesetzgebung zuständigen Ländern die Pflicht auf, das private Ersatzschulwesen neben dem öffentlichen Schulwesen zu fördern und in seinem Bestand zu schützen. Aus Art. 7 Abs. 4 Satz 1 GG folgt kein verfassungsunmittelbarer Anspruch auf Gewährung staatlicher Finanzhilfe, schon gar nicht in bestimmter Höhe. Der grundrechtliche Schutzanspruch des einzelnen Trägers einer Ersatzschule ist lediglich darauf gerichtet, dass der Gesetzgeber diejenigen Grenzen und Bindungen beachtet, die seinem politischen Handlungsspielraum durch die Schutz- und Förderpflicht zugunsten des Ersatzschulwesens als Institution gesetzt sind (BVerfG, Beschl. v. 09.03.1994 – 1 BvR 682/88, 1 BvR 712/88). Eine Finanzhilfe in Form einer vollständigen Übernahme der von einer Ersatzschule aufgewendeten finanziellen Mittel ist verfassungsrechtlich

nicht zwingend. Der Gesetzgeber vernachlässigt seine Pflichten erst dann gröblich, wenn bei weiterer Untätigkeit der Bestand des Ersatzschulwesens evident gefährdet wäre. Ob und wann eine solche Situation eingetreten ist, lässt sich letztlich nur aufgrund einer Gesamtschau aller maßgeblichen Umstände beurteilen (BVerwG, Beschl. v. 18.12.2000 – 6 B 15.00).

Der Bestand des Ersatzschulwesens hängt davon ab, dass die Träger der Ersatzschulen im Stande sind, die Genehmigungsvoraussetzungen des Art. 7 Abs. 4 Satz 3 und 4 GG gleichzeitig und auf Dauer zu erfüllen; dieses Existenzminimum der Institution Ersatzschule muss sichergestellt sein. Soll die staatliche Förderung ihrem Umfang nach sicherstellen, dass die Genehmigungsvoraussetzungen des Art. 7 Abs. 4 Satz 3 und 4 GG auf Dauer erfüllt werden, ist es zunächst Aufgabe des Gesetzgebers, selbst eine Bewertung der Kostensituation vorzunehmen. Der Gesetzgeber kann sich an den Kosten des öffentlichen Schulwesens orientieren und seine Hilfe danach ausrichten, Ersatzschulen können nicht beanspruchen, eine bessere Ausstattung als vergleichbare öffentliche Schulen zu erhalten (BVerfG, Urt. v. 08.04.1987 – 1 BvL 8/84, 1 BvL 16/84). Es liegt beispielsweise im Rahmen der eingeräumten weitgehenden Gestaltungsfreiheit, den privaten Schulträgern eine Förderung nach einem festen Vomhundertsatz der vergleichbaren Personalkosten öffentlicher Schulen zu gewähren (BVerwG, Beschl. v. 26.07.2005 – 6 B 24.05). Die Gestaltungsfreiheit gestattet es aber u. a. auch, ganz oder teilweise von einer direkten finanziellen Förderung abzusehen und sie durch ein System von Personal- und/oder Sachleistungen – etwa durch Beurlaubung von Lehrkräften oder durch Überlassung von Schulgebäuden und anderen Einrichtungen – zu ersetzen (BVerfG, Urt. v. 08.04.1987 – a. a. O.; siehe diesbez. auch die Beurlaubungsvorschriften in § 152 Abs. 3 u. § 155 Abs. 2 Satz 1).

Verfassungsrechtlich geboten ist demzufolge eine staatliche Förderung nur insoweit, als sie den Bestand des Ersatzschulwesens als Institution gerade noch absichert. Das bedeutet zugleich, dass die staatliche Förderung fortwährend nur geringfügig über dem Existenzminimum der Institution Ersatzschule liegen müsste. Eine solche Förderung wäre realitätsfern und praktisch kaum durchzuführen. Es muss über das verfassungsrechtlich gebotene Minimum ein Handlungsspielraum eröffnet sein, den der Gesetzgeber z.B. mit Blick auf das öffentliche Schulwesen oder auf politische Zielsetzungen ausfüllen kann (vgl. BVerwG, Urt. v. 14.12.2011 – 6 C 18.10 sowie BVerfG, Beschl. v. 09.03.1994 – 1 BvR 1369/90 – BVerfGE 90, 128 <144>).

Nach Art. 4 Abs. 3 Satz 2 NV haben Schulen in freier Trägerschaft »Anspruch auf staatliche Förderung«, wenn sie nach Art. 7 Abs. 4 und 5 GG genehmigt sind und die Voraussetzungen für die Genehmigung auf Dauer erfüllen. Die Vorschrift macht somit die bundesverfassungsrechtlichen Normen zu den privaten Schulen zum Inhalt der Landesverfassung. Zudem erfolgt eine relevante Ergänzung der NV gegenüber dem GG durch die ausdrückliche Erwähnung eines Anspruchs der Träger freier Schulen auf öffentliche Finanzhilfe, der, wie eingangs erwähnt, durch die Rechtsprechung des BVerfG für die Ersatzschulen entwickelt und anerkannt ist.

Sachlich stellt die NV keine näheren Anforderungen an die Förderung. In Ausführung dieser verfassungsrechtlichen Vorgaben gibt § 149 bestimmten Ersatzschulen einen gesetzlichen Anspruch auf Finanzhilfe.

2 **Zu Abs. 1:** Einen Anspruch auf Finanzhilfe haben zum einen die Träger »anerkannter Ersatzschulen« (§ 148), nicht hingegen die Träger von Ersatzschulen, die lediglich genehmigt (§ 143) sind.

Das VG Hannover hat im Urteil vom 18.05.2017 – 6 A 11548/14 – festgestellt, es gehe nicht davon aus, dass § 149 Abs. 1 NSchG verfassungswidrig sei. Weder die in dieser Regelung geforderte Anerkennung noch die dreijährige Wartefrist vor Einsetzen der staatlichen Förderung verstießen gegen Art. 7 Abs. 4 GG oder Art. 4 Abs. 3 NV. Zwar sprächen sowohl das GG als auch die NV nur von der Genehmigung von Ersatzschulen und erwähnten deren staatliche Anerkennung nicht. Jedoch bestimme Art. 4 Abs. 3 NV, dass das Nähere ein Gesetz regele. Dieses Gesetz sei das NSchG und hier insbesondere der § 149 NSchG. Das VG, das OVG Lüneburg und auch das BVerwG hätten diese Regelung bisher in ständiger Rechtsprechung angewandt, ohne Bedenken an deren Verfassungsmäßigkeit geäußert zu haben – weder im Hinblick auf die Anerkennung einer Ersatzschule noch im Hinblick auf die zu durchlaufende Wartefrist von drei Jahren. Und auch das BVerfG habe diese Regelung bereits für verfassungsgemäß erachtet (BVerfG, Beschl. v. 22.08.1995 – 1 BvR 1692/95 m. w. N.). Vordem hat das BVerfG im Beschl. v. 14.11.1969 – 1 BvL 24/64 festgestellt, dass das GG nicht die Heraushebung einer Gruppe der Ersatzschulen als anerkannte Ersatzschule verbietet und dass deren Ausgestaltung dem Landesgesetzgeber obliegt.

Einen Anspruch auf Finanzhilfe haben zum anderen die Träger der »Ersatzschulen von besonderer pädagogischer Bedeutung«. Der Begriff der »Ersatzschule von besonderer pädagogischer Bedeutung« wird im NSchG in den §§ 141 Abs. 3, 149 Abs. 1 und 150 Abs. 5 Satz 1 verwendet, ohne dort näher erläutert zu werden. Es fehlt an Kriterien, nach denen das Vorliegen einer »besonderen pädagogischen Bedeutung« einer Ersatzschule beurteilt werden kann. Auch ein Vergleich mit den Vorgängervorschriften führt nur wenig weiter. Nach § 9 des Privatschulgesetzes und späterhin nach § 129 Abs. 1 NSchG 1975 (Nds. GVBl. 1975 S. 255) gewährte das Land ursprünglich bestimmten anerkannten Schulen, den Freien Waldorfschulen sowie den »Ersatzschulen, die als Versuchs- oder Reformschulen von besonderer pädagogischer Bedeutung waren«, eine Finanzhilfe. § 129 Abs. 1 NSchG 1980 (Nds. GVBl. 1980 S. 425) vereinfachte diese Regelung dahin, dass allen anerkannten Ersatzschulen Finanzhilfe gewährt wurde [...] und »Ersatzschulen von besonderer pädagogischer Bedeutung«. Das Vierte Gesetz zur Änderung des NSchG vom 23.06.1993 (Nds. GVBl. 1993 S. 178) führte schließlich zur jetzigen Fassung. In anderen Bundesländern sind in den Regelungen zur Privatschulfinanzierung die ähnlich angelegten unbestimmten Rechtsbegriffe der »Ersatzschulen eigener Art« (NRW) sowie der »Schulen besonderer pädagogischer Prägung« (HE) zu finden. Eine weitgehende Vergleichbarkeit dieser Begriffe kann angenommen werden. »Ersatzschulen eigener Art« sind Schulen in freier Trägerschaft, die besondere pädagogische Reformgedanken verwirklichen, sie dürfen hinsichtlich der Erziehungsinhalte und Erziehungsmethoden von öffentlichen Schulen abweichen. Mit Beschluss vom 31.05.1999 – 7 UE 2961/95 – hat sich der Hessische Verwaltungsgerichtshof mit der Auslegung des Begriffs der »Schulen besonderer pädagogischer Prägung« befasst und ist dabei folgender Begriffsbestimmung gefolgt: Als Schulen besonderer pädagogischer Prägung können diejenigen angesehen werden, die – erstens – Aufgaben wahrnehmen, die öffentliche Schulen im Regelfall nicht oder nicht ausreichend wahrnehmen können, deren Wahrnehmung aber notwendig erscheint, um aus Gründen der Chancengleichheit mögliche soziale Benachteiligungen, Benachteiligungen von körperlich oder geistig Behinderten oder Geschädigten und von Minderheiten ethnischer Art auszuschließen, oder die – zweitens – begründet organisatorisch, methodisch und/oder didaktisch andere Wege gehen als die öffentlichen Schulen und überprüfbar Lern- und Erziehungsziele der öffentlichen Schulen erweitern.

In Niedersachsen werden gemeinhin die Freien Waldorfschulen als »Ersatzschulen von besonderer pädagogischer Bedeutung« angesehen, ferner wurde einigen sog. Freien Alternativschulen dieser Status verliehen. Einem Vorstoß der Landesregierung, für »Ersatzschulen von besonderer pädagogischer Bedeutung« eine Regelung mit Kriterien für deren Statusverleihung sowie zur Bestimmung der Rechte und Pflichten zu schaffen (siehe Nr. 26 in der Drs. 18/4471) ist der Landtag bislang nicht gefolgt.

Eine Förderung erfolgt nur »auf Antrag«. Ein Antrag bewirkt sowohl eine Entscheidung über einen Anspruch auf Finanzhilfe dem Grunde nach als auch eine Entscheidung über die Höhe des Finanzhilfeanspruchs.

Die Förderung setzt grundsätzlich erst nach einer sog. »Durststrecke« von drei Jahren nach Aufnahme des Schulbetriebs ein. Solche Wartefristen vor Einsetzen der staatlichen Finanzhilfe sind mit der staatlichen Schutz- und Förderpflicht grundsätzlich vereinbar. Sie haben den Zweck, den Einsatz öffentlicher Mittel an einen Erfolgsnachweis zu binden. Dies gilt insbesondere vor dem Hintergrund, dass bei einer neu gegründeten Schule nicht von vornherein absehbar ist, ob sie auf Dauer Bestand haben wird. Jede neu gegründete Ersatzschule begibt sich in Konkurrenz zu vorhandenen öffentlichen und privaten Schulen. Sie muss den bereits vorhandenen Schulen Schülerinnen und Schüler abgewinnen und diese an sich binden. Hierfür muss sie sich pädagogisch bewähren. Ob ihr dies gelingt, darf der Gesetzgeber eine Zeitlang abwarten, ehe er zur ständigen Förderung übergeht (BVerfG, Beschl. v. 09.03.1994 – 1 BvR 682/88, 1 BvR 712/88).

Die Gestaltungsfreiheit des Gesetzgebers umfasst auch die Befugnis zu entscheiden, wann er den Erfolgsnachweis als erbracht ansieht. Das darf aber nicht dazu führen, dass die Wartefrist sich als Sperre für die Errichtung neuer Schulen auswirkt (BVerfG, Urt. v. 09.03.1994 – 1 BvR 682/88, 1 BvR 712/88). Der Staat darf seine Finanzhilfe von einer hinreichend soliden Existenzbasis der Ersatzschule abhängig machen, die der Gründung Aussicht auf dauerhaften Bestand verleiht. Die Schutzpflicht hat ihren Grund in der verfassungsrechtlichen Gewährleistung individueller Freiheit. Art. 7

Abs. 4 Satz 1 GG geht von dem herkömmlichen Bild der Privatschule aus. Sie verdankt ihre Existenz dem ideellen und materiellen Engagement ihrer Gründer und Träger. Diese füllen einen ihnen eingeräumten Freiheitsraum in eigener Initiative aus, die auch die wirtschaftlichen Grundlagen einschließt; sie müssen bereit sein, die damit verbundenen Risiken in Kauf zu nehmen. Der Staat darf erwarten, dass der Schulträger seinem Interesse an der Verwirklichung eigener Ziele und Vorstellungen im schulischen Bereich eigenes finanzielles Engagement folgen lässt, er beteiligt sich nur an diesem zuvörderst privaten Engagement (BVerfG, a. a. O.).

Der Landesgesetzgeber darf im Rahmen seiner Gestaltungsfreiheit ferner berücksichtigen, dass öffentliche Mittel effektiv zu verwenden sind. Bei neu gegründeten Ersatzschulen ist nicht absehbar, ob sie auf Dauer Bestand haben werden. Im Genehmigungsverfahren wird nicht auf diese Frage abgestellt, sondern es werden nur die formellen Genehmigungsvoraussetzungen des Art. 7 Abs. 4 Satz 3 und 4 GG geprüft. Jede neu gegründete Ersatzschule begibt sich in Konkurrenz zu vorhandenen öffentlichen und freien Schulen. Sie muss den bereits vorhandenen Schulen Schülerinnen und Schüler abgewinnen und diese an sich binden. Hierfür muss sie sich pädagogisch bewähren. Ob ihr dies gelingt, darf der Gesetzgeber eine Zeitlang abwarten, ehe er zu einer ständigen Förderung übergeht (BVerfG, a. a. O.).

Gegen die Zulässigkeit einer Wartefrist spricht auch nicht, dass im Fall des Scheiterns einer Schule die bis dahin geleisteten Zuschüsse nicht völlig nutzlos gewesen sein mögen. Der Staat will mit seiner Privatschulförderung in ein funktionierendes Ersatzschulwesen investieren. Gemessen daran sind öffentliche Mittel nicht effektiv verwandt, wenn sie statt einer lebensfähigen, von der Bevölkerung angenommenen Einrichtung einer Schule zufließen, die sich – aus welchen Gründen auch immer – eines solchen Zuspruchs nicht lange erfreuen kann (BVerfG, a. a. O.).

Der Gesetzgeber darf bei der Bemessung von Wartefristen allerdings die Gründe nicht außer Acht lassen, aus denen sich der Anspruch der privaten Ersatzschulen auf Schutz und Förderung herleitet. Wartefristen dürfen nicht dazu führen, dass private Ersatzschulen überhaupt nicht mehr gegründet werden können. Wirken sie als Sperren für die Errichtung neuer Schulen, sind sie mit Art. 7 Abs. 4 GG unvereinbar (BVerfG, a. a. O.).

Aus der Unmöglichkeit einer vollen Selbstfinanzierung folgt noch nicht, dass jede Wartefrist als faktische Gründungssperre wirkt. Der Gesetzgeber darf ein eigenes finanzielles Engagement der Schulträger voraussetzen. Nicht gefordert werden kann aber die Bereitschaft, in dem erforderlichen Umfang eigenes Vermögen für Gründung und Betrieb einer privaten Ersatzschule auf Dauer einzusetzen. Dies könnte einem Träger angesichts der Kosten einer Ersatzschule, wie sie namentlich durch den Staat vorgegeben sind, nicht zugemutet werden. Anders verhält es sich, wenn nur eine absehbare und vorübergehende Zeit zu überbrücken ist. Auf Dauer muss dem Schulträger oder den ihn tragenden Kräften Entlastung in Aussicht stehen, sollen sie nicht aufgeben und damit das private Ersatzschulwesen zum Erliegen bringen. Schränken Wartefristen dem Schulträger diese

Perspektive übermäßig ein, wirken sie als faktische Errichtungssperre (BVerfG, a. a. O.).

Legt der Gesetzgeber, um Gewissheit über den Erfolg der Schule zu erlangen, eine lange Wartefrist fest und besteht die Schule später den Erfolgstest, muss er allerdings einen wie immer gearteten Ausgleich vorsehen, damit die Wartefrist nicht zur faktischen Errichtungssperre wird. Ob eine Förderungsregelung mit Art. 7 Abs. 4 GG vereinbar ist, lässt sich letztlich nur aufgrund einer Gesamtschau beurteilen, in die außer der Dauer der Wartezeit, insbesondere auch während dieser Zeit geleistete freiwillige Staatszuschüsse, Schulgelderstattungen, die Höhe der nach Ablauf der Wartefrist einsetzenden Leistungen und etwaige Ausgleichszahlungen einzubeziehen sind (BVerfG, a. a. O.).

Das Bundesverfassungsgericht hat in seiner grundlegenden Entscheidung ferner geäußert, dass der Gesetzgeber auch dem Umstand sinkender Schülerzahlen im öffentlichen Schulwesen als Folge des Geburtenrückganges Rechnung tragen darf, er ist nicht verpflichtet, ohne Rücksicht hierauf die privaten Ersatzschulen zu unterstützen (vgl. BVerfG, Urt. v. 08.04.1987 – 1 BvL 8, 1 BvL 16/84). In einer Zeit rückläufiger Schülerzahlen müssen eine unüberlegte Errichtung von Schulen verhindert und besondere Bedacht auf die wirtschaftliche Solidität einer Neugründung genommen werden. In diesem Zusammenhang hat der Blick auf bereits bestehende Schulen sein Gewicht. Ihnen sollen nicht durch unsolide und deshalb voraussichtlich nicht bestandsfähige Schulen vorübergehend Schülerinnen und Schüler entzogen werden, wodurch diese Schulen selbst wiederum in wirtschaftliche Schwierigkeiten geraten könnten, obwohl sie an sich über eine solide Grundlage verfügen. Wartezeiten vor Beginn einer staatlichen Förderung sind folglich auch zum Schutz bestehender Schulen notwendig.

Der Staat darf, ohne seine Schutzpflicht zu vernachlässigen, um der effektiven Vergabe öffentlicher Mittel willen die wirtschaftliche Solidität von Schulneugründungen verlangen und als »Test« hierauf bei neu gegründeten Ersatzschulen den Trägern eine höhere Eigenleistung zumuten. Er darf die Förderung von der pädagogischen Bewährung abhängig machen. Er darf bei der Ersatzschulförderung folgerichtig danach differenzieren, ob die Ersatzschule diesen »Test« bestanden und sich bewährt hat; er kann dafür vor dem Hintergrund seiner weiten Gestaltungsfreiheit willkürfrei an den vollen Aufbau der Ersatzschule anknüpfen (BVerfG, Urt. v. 09.03.1994 – 1 BvR 682/88, 1 BvR 712/88).

Von den Trägern wird nach alledem erwartet, dass sie vor Einsetzen der staatlichen Förderung selbst eine gesicherte Basis nachweisen, Engagement für ihre pädagogischen Ziele sowie Eigenleistung einbringen und Gewähr für einen dauerhaften Bestand bieten. Ob eine neue anerkannte Ersatzschule die Gewähr dafür bietet, dass sie die Anforderungen auf Dauer erfüllt, die den Anspruch auf Finanzhilfe auslösen, lässt sich erst nach einer gewissen Bewährungszeit feststellen (vgl. auch Amtliche Begründung zum Entwurf des Privatschulgesetzes v. 27.10.1956, Drs. 3/457 S. 1382 (1390) sowie Amtliche Begründung zum Entwurf des Gesetzes zur Änderung des Privatschulgesetzes v. 03.10.1966, Drs. 5/923 S. 1 ff. (6)). Auch bei öffentlichen Schulen muss eine Nachhaltigkeit bei schulorganisatorischen Entscheidungen belegt sein (vgl. § 6 SchOrgVO). Bei finanzhilfeberechtigten Schulträgern von Ersatzschulen wird ein Zeitraum von drei Jahren des Schulbetriebs folglich als Beleg für die notwendige Nachhaltigkeit bzw. dauerhafte Erfüllung ihres Schulangebots angesehen.

Eine Sonderregelung enthält § 183a Abs. 2 für die Schulform Oberschule, um die »Umwandlung« von finanzhilfeberechtigten Hauptschulen und Realschulen in diese Schulform zu unterstützen: Ersetzt der Träger einer Ersatzschule ein Unterrichtsangebot ab dem 5. Schuljahrgang, für das er finanzhilfeberechtigt ist, durch die Schulform Oberschule, so gewährt das Land die Finanzhilfe für die Oberschule auf Antrag abweichend von § 149 Abs. 1 vom Zeitpunkt ihrer Genehmigung und Anerkennung an. Mit dieser Regelung wird sichergestellt, dass bei »Umwandlung« einer finanzhilfeberechtigten Ersatzschule in eine Oberschule, was formalrechtlich der »Errichtung« einer neuen Schule entspricht, nicht erneut eine dreijährige Wartefrist für die Gewährung der staatlichen Finanzhilfe einsetzt. Die Finanzhilfe für die neue Schule wird aufsteigend ab dem 5. Schuljahrgang vom Zeitpunkt ihrer Genehmigung und Anerkennung geleistet. Genehmigung und Anerkennung dürfen in diesem Fall in einem Zuge erfolgen (so auch Erl. d. MK v. 20.06.2011 – 24.2-81100/04 (57), n. v.). Im Gesetzgebungsverfahren wurde möglicherweise übersehen, dass es nicht nur »anerkannte« Ersatzschulen, sondern auch finanzhilfeberechtigte Ersatzschulen »von besonderer pädagogischer Bedeutung« gibt. Beide Ersatzschularten sind nach § 149 Abs. 1 finanzhilfeberechtigt. Als Ersatzschulen von besonderer pädagogischer Bedeutung wurden und werden u. a. Hauptschulen, Realschulen sowie Haupt- und Realschulen u. a. als sog. Freie Alternativschulen (siehe Anm. 4 in der Vorbemerkung zu den §§ 139 – 167) geführt, die zwischenzeitlich in Oberschulen umgewandelt worden sind oder deren Umwandlung noch ansteht. Für diese Ersatzschulen kann finanzhilferechtlich nichts anderes gelten; hilfsweise kann für diese Ersatzschulen die Gewährung einer Zuwendung nach § 151 Abs. 1 in Betracht gezogen werden.

Der maßgebliche Zeitpunkt für den Beginn der »Durststrecke« ist die tatsächliche Aufnahme des Schulbetriebs durch die Aufnahme und Unterrichtung von Schülerinnen und Schülern. Dass dies nur bei Vorliegen einer Genehmigung zulässig ist, ergibt sich schon aus § 143 (vgl. ÄndG 15).

Ausdrücklich wird die Finanzhilfe als »Zuschuss zu den laufenden Betriebskosten« qualifiziert. Ein Anspruch auf eine Vollfinanzierung aller Kosten oder auf Vollfinanzierung bestimmter Kostenarten (z.B. sämtlicher Personalkosten) wird dadurch ausgeschlossen. Vielmehr wird durch das Wort »Zuschuss« betont, dass die Betriebskosten nur zu einem Teil finanziert werden. »Laufende Betriebskosten« sind im Wesentlichen die laufenden Personalkosten sowie die laufenden Sachkosten (z.B. Unterhaltung und Bewirtschaftung der Schulanlagen und der Geschäftsbedarf), also alle wiederkehrenden Kosten. Wegen möglicher Zuwendungen zu den Investitionskosten wird auf § 151 verwiesen.

Durch Art. 7 des Haushaltsbegleitgesetzes 2017 wurde das Gesetz über finanzielle Leistungen des Landes wegen der Einführung der inklusiven Schule mit Wirkung vom 01.01.2017 geändert, u. a. wurde ein neuer § 2 in das Gesetz eingefügt, der einen finanziellen Ausgleich für die mit der Einführung der inklusiven Schule an Ersatzschulen sowie an Ergänzungsschulen in den Fällen der §§ 160 und 161, ausgenommen Förderschulen, verbundenen Sachkosten vorsieht. Der finanzielle Ausgleich wird in Form einer jährlichen Pauschale, abhängig von den Schülerzahlen, gewährt. Der ermittelte schülerbezogene Betrag belief sich für das Jahr 2019 auf 34,11 Euro.

Zu Abs. 2: Die Vorschrift lässt in bestimmten Fällen unter bestimmten Voraussetzungen eine veränderte Wartefrist zu. 3

Nach **Satz 1** gewährt das Land die Finanzhilfe auf Antrag vom Zeitpunkt der Anerkennung nach § 148 an, wenn das Unterrichtsangebot der Ersatzschule eines finanzhilfeberechtigten Trägers lediglich

- durch eine andere Organisation einer bereits vorhandenen Schulform oder

- durch einen anderen Schwerpunkt einer bereits vorhandenen Fachrichtung

»geändert« oder »ergänzt« wird.

Eine Änderung durch eine andere Organisation einer bereits vorhandenen Schulform (1. Spiegelstrich) tritt beispielsweise durch einen Wechsel von Teilzeitunterricht in Vollzeitunterricht oder von Vollzeitunterricht in Teilzeitunterricht (vgl. § 21. Abs. 2) ein, eine Ergänzung erfolgt durch ein diesbezüglich zusätzliches Unterrichtsangebot.

Von der im vorstehenden 2. Spiegelstrich angesprochenen Änderung oder Ergänzung durch einen anderen Schwerpunkt einer bereits vorhandenen Fachrichtung (vgl. § 21 Abs. 3) sind im Wesentlichen die Zweijährigen Fachschulen betroffen. Diese Fachschulen werden in Fachrichtungen mit mehreren Schwerpunkten in der Weise geführt, dass die Schülerinnen und Schüler aller Schwerpunkte im ersten Schuljahr zunächst gemeinsam beschult werden. Erst im zweiten Schuljahr wird eine Differenzierung nach Schwerpunkten vorgenommen. Schwerpunktbildung und Organisation des zweiten Schuljahres werden oftmals entsprechend der Nachfrage der Schülerinnen und Schüler aufgrund der Arbeitsmarktlage geändert und ergänzt. Daher ist es sachgerecht, die Erweiterung des Unterrichtsangebotes um einen weiteren Schwerpunkt wie die Erweiterung um eine andere Organisationsform einer bereits vorhandenen Schulform zu behandeln und Finanzhilfe vom Zeitpunkt der Anerkennung nach § 148 an zu gewähren.

Wird das Unterrichtsangebot der Ersatzschule eines finanzhilfeberechtigten Trägers lediglich um

- einen Schulzweig einer anderen Schulform,

- eine andere Förderschulart,

- eine andere Schulform einer schon vorhandenen Fachrichtung oder
- eine Fachrichtung einer Schulform, die bereits in einer verwandten Fachrichtung geführt wird,

erweitert, so gewährt das Land nach **Satz 2** die Finanzhilfe bezüglich des erweiterten Angebotes auf Antrag bereits nach Ablauf eines Jahres nach der Genehmigung für das erweiterte Angebot nach § 143. Hinter dieser Regelung einer verkürzten Wartefrist steht der Gedanke, dass der Träger zwar eine wirtschaftliche Solidität und das Know-how für eine von ihm betriebene Ersatzschule bereits nachgewiesen hat, diese Anstrengungen nun aber Erfolg versprechend auf ein neu zu etablierendes Angebot ausdehnen muss.

Die Fälle der Erweiterung des Unterrichtsangebots um einen Schulzweig einer anderen Schulform (1. Spiegelstrich) sind mit den Fällen einer organisatorischen Zusammenfassung von Schulen nach § 106 zu vergleichen. Denkbar ist beispielsweise die Erweiterung einer Hauptschule um einen Förderschulzweig (§ 106 Abs. 6 Satz 1 Nr. 2), aber auch die Erweiterung einer Oberschule um ein gymnasiales Angebot (§ 10a Abs. 3 Satz 1 i. V. m. § 106 Abs. 1).

Mit dem Begriff der »Förderschulart« (2. Spiegelstrich) sind die möglichen Förderschwerpunkte einer Förderschule gemeint, d. h. die Förderschwerpunkte Emotionale und soziale Entwicklung, Geistige Entwicklung, Körperliche und motorische Entwicklung, Sehen sowie Hören. Die Erweiterung des Unterrichtsangebots um eine andere Förderschulart tritt beispielsweise auf, wenn eine etablierte Förderschule mit dem Förderschwerpunkt Körperliche und motorische Entwicklung um einen Förderschwerpunkt Geistige Entwicklung erweitert wird.

Die Erweiterung des Unterrichtsangebots um eine andere Schulform einer schon vorhandenen Fachrichtung (3. Spiegelstrich) tritt in der Praxis dann auf, wenn das Angebot »Berufsfachschule« auf das zusätzliche Angebot »Fachschule« ausgedehnt wird.

Bei den Fällen der Erweiterung des Unterrichtsangebots um eine Fachrichtung einer Schulform, die bereits in einer verwandten Fachrichtung geführt wird (4. Spiegelstrich), wird eine weitgehende Vergleichbarkeit der Ausbildungsgänge in deren Art und Anlage gefordert.

Kommt für das erweiterte Angebot eine Anerkennung nach § 148 in Betracht, so wird nach **Satz 3** die entsprechende Finanzhilfe frühestens vom Zeitpunkt dieser Anerkennung an gewährt. Die Jahresfrist nach Satz 2 wird im Fall einer verzögerten Anerkennung folglich ausgedehnt.

4   Zu Abs. 3: Ein Wechsel des Schulträgers einer sich bereits in der Wartefrist befindenden Ersatzschule oder ein Schulträgerwechsel bei einer längst mit Finanzhilfe bezuschussten Ersatzschule muss nicht in jedem Fall wie ein Neuanfang bewertet werden und eine erneute Wartefrist bzw. »Durststrecke« auslösen. Nach Absatz 3 beginnt die Wartefrist bzw.

Schulen in freier Trägerschaft § 149 — NSchG

»Durststrecke« im Fall eines Wechsels des Schulträgers nur dann erneut zu laufen, wenn die Genehmigung nach § 147 Abs. 3 Satz 2 erloschen ist. Nach § 147 Abs. 3 Satz 1 geht die Genehmigung auf einen neuen Träger über, wenn dieser eine Religions- oder Weltanschauungsgemeinschaft ist, die die Rechte einer Körperschaft des öffentlichen Rechts besitzt, oder wenn die Schulbehörde vor dem Wechsel der Trägerschaft den Übergang der Genehmigung ausdrücklich zugelassen hat. In allen übrigen Fällen erlischt nach Satz 2 der Bestimmung die Genehmigung, wenn der Träger der Schule wechselt, der neue Träger muss sich dann um die Erteilung einer neuen Genehmigung und Anerkennung bemühen und die Gewährung von Finanzhilfe wiederum beantragen.

Zu Abs. 4: Unabhängig von ihrer Qualität und ihrem Erfolg kann für eine **5** Ersatzschule, deren Träger einen erwerbswirtschaftlichen Gewinn erzielt oder einen erwerbswirtschaftlichen Gewinn erstrebt, Finanzhilfe nicht beansprucht werden. Der Schulträger einer solchen Ersatzschule soll sich an der staatlichen Finanzhilfe nicht bereichern. Nach **Satz 1** besteht in diesen Fällen kein Anspruch auf Finanzhilfe bzw. ein Anspruch erlischt.

Wird bei einer Überprüfung (im Rahmen von § 150 Abs. 10) festgestellt, dass der Träger einer Ersatzschule Gewinn erwirtschaftet hat, muss der Schulträger ausgezahlte Finanzhilfebeträge zurückzahlen.

Ist der Träger einer Ersatzschule eine »Körperschaft (§ 51 Satz 2 Abgabenordnung – AO)«, so hat er nach **Satz 2** nur dann einen Anspruch auf Finanzhilfe, wenn er ausschließlich und unmittelbar »gemeinnützige Zwecke (§ 52 AO)« verfolgt.

Nach § 51 Abs. 1 Satz 2 AO sind unter »Körperschaften« die Körperschaften, Personenvereinigungen und Vermögensmassen im Sinne des Körperschaftsteuergesetzes zu verstehen.

Eine Körperschaft verfolgt nach § 52 Abs. 1 AO »gemeinnützige Zwecke«, wenn ihre Tätigkeit darauf gerichtet ist, die Allgemeinheit auf materiellem, geistigem oder sittlichem Gebiet selbstlos zu fördern. Eine Förderung der Allgemeinheit ist nicht gegeben, wenn der Kreis der Personen, dem die Förderung zugutekommt, fest abgeschlossen ist, zum Beispiel Zugehörigkeit zu einer Familie oder zur Belegschaft eines Unternehmens, oder infolge seiner Abgrenzung, insbesondere nach räumlichen oder beruflichen Merkmalen, dauernd nur klein sein kann. Absatz 2 Satz 1 dieser Bestimmung listet die der Förderung der Allgemeinheit dienenden Bereiche (u. a. Förderung der Religion, der Jugendhilfe, Kunst, Kultur, Sport, Erziehung, Volks- und Berufsbildung) auf. Sofern der von einer Körperschaft verfolgte Zweck nicht unter die Auflistung fällt, aber die Allgemeinheit auf materiellem, geistigem oder sittlichem Gebiet entsprechend selbstlos gefördert wird, kann auch dieser Zweck für gemeinnützig erklärt werden.

Zu Abs. 5: Die staatliche Haushaltsplanung und Haushaltsbewirtschaftung **6** machen es erforderlich, dass bestehende Ansprüche rechtzeitig geltend gemacht werden. Eine Ausschlussfrist soll bewirken, dass offene Fragen kurzfristig und umfassend bereinigt werden, sie dient letztlich auch der Rechtssicherheit. Nach Ablauf der Ausschlussfrist erlischt der betreffende Anspruch auch dann, wenn der Anspruchsberechtigte, zu dessen Ungunsten die Ausschlussfrist wirkt, die Geltendmachung innerhalb der Frist schuldlos versäumt oder die Rechtslage falsch beurteilt hat. Zur Wahrung der eigenen Rechte hat sich der Anspruchsberechtigte die erforderlichen Kenntnisse selbst zu verschaffen. Von den Schulbehörden sind Ausschlussfristen von Amts wegen zu beachten.

Nach **Satz 1** ist der Anspruch für jedes Schuljahr innerhalb einer Ausschlussfrist von einem Jahr nach Ablauf des Schuljahres geltend zu machen. Das Schuljahr ist in § 28 bestimmt, es dauert grundsätzlich vom 1. August eines jeden Jahres bis zum 31. Juli des folgenden Jahres. Das Schuljahr läuft folglich grundsätzlich am 31. Juli eines jeden Jahres ab, so dass danach die Ausschlussfrist zu laufen beginnt.

Nach **Satz 2** werden auf Antrag des Schulträgers Abschlagszahlungen auf die zu erwartende Finanzhilfe vom Land gewährt. Zweck der Abschlagszahlungen ist es, finanzielle Belastungen durch Leistungen in Zeitabschnitten zu verteilen. Schließlich haben die Schulträger mit den Entgelten für Lehrkräfte, Liegenschafts- sowie Sachkosten laufende Zahlungsverpflichtungen zu erfüllen. Im Regelfall werden in monatlichen Teilbeträgen 90 v. H. des Finanzhilfebetrages des vorherigen Abrechnungszeitraumes als Abschlagszahlung gewährt.

7 Verweise, Literatur:

- *Sidortschuk, Klaus*: Finanzhilfe für Schulen in freier Trägerschaft in Niedersachsen, Schulverwaltung, Ausgabe Niedersachsen, 2007, H. 9, S. 246

- *Brosius-Gersdorf, Frauke:* Verkürzte Wartefrist für die Finanzhilfe bei Schulträgern mit mehreren Ersatzschulen – Zur Auslegung des § 149 Niedersächsisches Schulgesetz (NdsVBl., H. 11/2019, S. 333)

(Karl-Heinz Ulrich)

§ 150 Berechnung der Finanzhilfe

(1) [1]Die Finanzhilfe für ein Schuljahr setzt sich aus einem Grundbetrag nach Absatz 2 und zusätzlichen Leistungen nach den Absätzen 8 und 9 zusammen. [2]Hat das Land beamtete Lehrkräfte unter Fortzahlung der Bezüge zum Dienst an der Ersatzschule beurlaubt, so vermindert sich der Grundbetrag um die Beträge, die das Land für die beurlaubten Lehrkräfte aufgewendet hat (bereinigter Grundbetrag).

(2) [1]Der Grundbetrag ergibt sich aus der Vervielfachung der Durchschnittszahl der Schülerinnen und Schüler der Ersatzschule nach den Sätzen 2 bis 4 mit dem vom Kultusministerium festzusetzenden Schülerbetrag nach Maßgabe der Absätze 3 bis 6; er kann sich nach Maßgabe des Absatzes 7 erhöhen. ²Die Durchschnittszahl ist der Mittelwert der Zahlen der Schülerinnen und Schüler am 15. November und am 15. März des Schuljahres, an Förderschulen jedoch der Mittelwert der Zahlen der Schülerinnen und Schüler an den genannten Stichtagen, für die ein Bedarf an sonderpädagogischer Unterstützung festgestellt worden ist, der dem Schwerpunkt der Schule entspricht, oder die auf Veranlassung der Schulbehörde die Förderschule besuchen und für die eine entsprechende Feststellung bevorsteht. ³Schülerinnen und Schüler, die im Rahmen einer Maßnahme der beruflichen Bildung individuell gefördert werden und denen aufgrund eines Gesetzes Lehrgangskosten erstattet werden, bleiben bei der Errechnung der Durchschnittszahl unberücksichtigt. ⁴Abweichend von Satz 3 werden aber Schülerinnen und Schüler berücksichtigt, die wegen einer gesundheitlichen Schädigung oder der Auswirkung einer Behinderung zu ihrer Wiedereingliederung in den Beruf der besonderen Hilfen eines Berufsförderungswerkes bedürfen.

(3) ¹Der Schülerbetrag ergibt sich durch Vervielfachung des Stundensatzes nach Satz 2 nach Art des einzusetzenden Lehrpersonals oder Zusatzpersonals mit den Stunden je Schülerin oder Schüler (Schülerstunden) nach Absatz 4 oder 6. ²Die Stundensätze betragen

1. für Lehrpersonal an allgemein bildenden Schulen an

   a) Grundschulen   1 680 Euro,
   b) Hauptschulen   1 712 Euro,
   c) Realschulen   2 009 Euro,
   d) Oberschulen   1 968 Euro,
   e) Gymnasien   2 373 Euro und
   f) Förderschulen   1 974 Euro;

2. für Zusatzpersonal an Förderschulen   819 Euro sowie

3. für Lehrpersonal an berufsbildenden Schulen für

   a) Theorielehrkräfte   2 308 Euro,
   b) Fachlehrer   1 885 Euro und
   c) Fachpraxislehrer   1 333 Euro.

³Die Stundensätze werden um den Vomhundertsatz fortgeschrieben, um den sich die Jahresgehaltssumme aus dem Grundgehalt der letzten Stufe der Besoldungsgruppe A 13 des gehobenen Dienstes, des Familienzuschlages der Stufe 2, der Allgemeinen Stellenzulage nach Nummer 27 Abs. 1 der Vorbemerkungen zu den Bundesbesoldungsordnungen A und B und der entsprechenden Sonderzahlungen nach dem Landesbesoldungsgesetz verändert. ⁴Maßgeblich ist das am 1. August des Schuljahres geltende Besoldungsrecht. ⁵Zum Lehrpersonal im Sinne dieser Vorschrift zählen alle Personen, die in eigener pädagogischer Verantwortung unterrichten; dazu gehören nicht die Unterricht in eigener Verantwortung erteilenden

Beamtinnen und Beamten auf Widerruf. [6]Zum Zusatzpersonal an Förderschulen zählen die pädagogischen Mitarbeiterinnen und Mitarbeiter.

(4) [1]Das Kultusministerium wird ermächtigt, durch Verordnung die Zahl der Schülerstunden gesondert für jede Schulform, bei Gymnasien gesondert nach Sekundarbereich I und II, bei Förderschulen für jeden Schwerpunkt und gesondert nach Lehr- und Zusatzpersonal sowie bei berufsbildenden Schulen für jeden Bildungsgang und gesondert nach den Gruppen des Lehrpersonals nach Absatz 3 Satz 2 Nr. 3 zu bestimmen. [2]Der Bestimmung sind zugrunde zu legen

1. für berufsbildende Schulen

   a) die vorgeschriebene Regelstundenzahl und die vorgesehene Stundenzahl des Lehrpersonals und

   b) die maßgebliche Klassengröße sowie

2. für allgemein bildende Schulen die tatsächlichen Verhältnisse der öffentlichen Schulen oder, wenn keine hinreichende Vergleichsmöglichkeit besteht, die Kriterien nach Nummer 1.

(5) [1]Bei Ersatzschulen von besonderer pädagogischer Bedeutung und bei Ersatzschulen, deren Jahrgangsgliederung von derjenigen der öffentlichen Schulen abweicht, ist die entsprechende öffentliche Schule im Sinne von Absatz 4 Satz 2 für die Schuljahrgänge 1 bis 4 die Grundschule und für die Schuljahrgänge 5 bis 13 das Gymnasium. [2]Führt eine Ersatzschule nicht über den 10. Schuljahrgang hinaus, so ist hinsichtlich der Schuljahrgänge 5 bis 10 die ihr entsprechende öffentliche Schule die Realschule. [3]Die Sätze 1 und 2 gelten nicht für Förderschulen.

(6) [1]Der nach den Absätzen 3 bis 5 ermittelte Schülerbetrag ist für jede finanzhilfeberechtigte Ersatzschule mit dem Betrag zu vergleichen, der sich ergibt, wenn anstelle der durch Verordnung bestimmten Schülerstunden die Schülerstunden der finanzhilfeberechtigten Schule aus dem jeweiligen Schuljahr eingesetzt werden. [2]Maßgeblich für den Vergleich sind die in die amtlich veröffentlichten statistischen Feststellungen für das erste Schulhalbjahr aufgenommenen Unterrichtsstunden und Schülerzahlen. [3]Der jeweils niedrigere Betrag ist als Schülerbetrag für die finanzhilfeberechtigte Schule festzusetzen.

(7) [1]Für Schülerinnen und Schüler, die auf sonderpädagogische Unterstützung angewiesen sind und gemeinsam mit anderen Schülerinnen und Schülern unterrichtet werden, wird der Schülerbetrag wie folgt erhöht: [2]Für jede erteilte Jahresunterrichtsstunde, die dem festgestellten Bedarf an sonderpädagogischer Unterstützung entspricht, wird zusätzlich der Stundensatz nach Absatz 3 Satz 2 Nr. 1 Buchst. f gewährt. [3]Es wird jedoch höchstens die Zahl der sonderpädagogischen Unterrichtsstunden berücksichtigt, die einer öffentlichen Schule zugewiesen würden.

(8) [1]Als Zuschuss zu den Sozialversicherungsbeiträgen für das Lehr- und Zusatzpersonal wird ein Erhöhungsbetrag gewährt. [2]Der Erhöhungsbetrag ergibt sich aus der Summe der Teilerhöhungsbeträge, die sich jeweils

errechnen aus 80 vom Hundert des bereinigten Grundbetrages (Absatz 2, Absatz 1 Satz 2) als Bemessungsgrundlage und dem darauf anzuwendenden Vomhundertsatz der am 1. August des Schuljahres geltenden Arbeitgeberbeiträge zur

1. gesetzlichen Arbeitslosenversicherung,
2. gesetzlichen Krankenversicherung,
3. gesetzlichen Pflegeversicherung sowie
4. gesetzlichen Rentenversicherung

und dem vom Versorgungsverband bundes- und landesgeförderter Unternehmen e.V. festgesetzten Umlagevomhundertsatz. ³Der Erhöhungsbetrag wird auf die Summe der Beträge festgesetzt, die der Schulträger für Direktversorgungsleistungen für Ordenslehrkräfte und für Versicherungen, die den in Satz 2 genannten Versicherungen entsprechen, ausgegeben hat, jedoch höchstens auf den Betrag, der sich ergibt, wenn die erbrachten einzelnen Leistungen und Beiträge, die einzelnen Teilerhöhungsbeträge nach Satz 2 und deren Summe jeweils den angemessenen Umfang nicht überschreiten. ⁴Ausgaben für eine angemessene Altersversorgung, die nicht unmittelbar Bezugsrechte für das Lehr- oder Zusatzpersonal oder deren Hinterbliebene, sondern eine Bezugsberechtigung des Schulträgers begründen, werden im Rahmen der in Satz 3 vorgesehenen Begrenzung berücksichtigt, wenn die Leistungen aus der Altersversorgung

1. allein der Erfüllung einer Versorgungszusage des Schulträgers gegenüber dem Lehr- oder Zusatzpersonal dienen und
2. die Ansprüche der Versorgungsempfängerinnen und Versorgungsempfänger oder deren Hinterbliebenen

   a) von dem Träger der Insolvenzsicherung nach § 14 des Gesetzes zur Verbesserung der betrieblichen Altersversorgung vom 19. Dezember 1974 (BGBl. I S. 3610), zuletzt geändert durch Artikel 1 des Gesetzes vom 2. Dezember 2006 (BGBl. I S. 2742), oder

   b) entsprechend einer Bestimmung in der Altersversorgungsregelung der Ersatzschule durch eine Vorverpfändung an die bezugsberechtigte Person gewährleistet werden.

⁵Sind an die Ersatzschule Beamtinnen oder Beamte ohne Bezüge beurlaubt, so vermindert sich der nach Satz 2 ermittelte Erhöhungsbetrag mit Ausnahme des Anteils für die Krankenversicherung und für die Pflegeversicherung um den Betrag, der dem Anteil der von den beurlaubten Beamtinnen und Beamten zu erteilenden Unterrichtsstunden an allen zu erteilenden Unterrichtsstunden entspricht. ⁶Das Kultusministerium wird ermächtigt, durch Verordnung nähere Bestimmungen zur Angemessenheit von Direktversorgungsleistungen und von Leistungen zur Sozialversicherung zu treffen.

(9) Sind Träger finanzhilfeberechtigter Schulen nach § 8 des Sechsten Buchs des Sozialgesetzbuchs verpflichtet, aus dem Landesdienst beurlaubte

NSchG Schulen in freier Trägerschaft § 150

Lehrkräfte bei deren Ausscheiden aus dem Landesdienst nachzuversichern, so erstattet ihnen das Land auf Antrag die dazu erforderlichen Beiträge.

(10) Die Schulbehörden und der Landesrechnungshof sind berechtigt, alle die Finanzhilfe betreffenden Angaben bei den Schulen und Schulträgern zu überprüfen, die zugehörigen Unterlagen einzusehen und Auskünfte zu verlangen.

1 **Allg.**: § 150 enthält Vorschriften zur Berechnung der den Trägern der anerkannten Ersatzschulen und der Ersatzschulen von besonderer pädagogischer Bedeutung (§ 149) gewährten Finanzhilfe. Da nach § 161 Abs. 3 auch bestimmten anerkannten allgemein bildenden Ergänzungsschulen (Internationale Schulen) Finanzhilfe gewährt werden kann, gelten für diese Schulen die Absätze 1 bis 6 sowie 10 des § 150 entsprechend.

Die Regelungen bestehen im Wesentlichen – und im Kern unverändert – seit 2007, es hat seither lediglich einige redaktionelle Anpassungen gegeben.

Die Finanzhilfe wird als pauschaler Zuschuss zu den laufenden Betriebskosten (Personal- und Sachkosten) gewährt. Sie ist eng an die Ausgaben des Landes für die öffentlichen Schulen angelehnt. Aufwendungen für Sozialversicherungen und eine angemessene Altersversorgung sind als Erhöhungsbetrag Bestandteil der Finanzhilfe, etwaige Beitragssatz- bzw. Umlageänderungen dieser Versicherungen werden nachvollzogen.

Art. 7 Abs. 4 GG legt den für die Schulgesetzgebung zuständigen Ländern die Pflicht auf, das private Ersatzschulwesen neben dem öffentlichen Schulwesen zu fördern und in seinem Bestand zu schützen. Soll Art. 4 Abs. 4 Satz 1 GG nicht zu einem wertlosen Individualgrundrecht auf Gründung existenzunfähiger Ersatzschulen und zu einer nutzlosen institutionellen Garantie verkümmern, so muss diese Verfassungsnorm zugleich als eine Verpflichtung des Gesetzgebers verstanden werden, die Ersatzschulen zu schützen und zu fördern. In welcher Weise der Gesetzgeber seiner Förderpflicht nachkommt, schreibt ihm das Grundgesetz nicht vor.

Die Möglichkeit der Selbstfinanzierung durch die Erhebung annähernd kostendeckender Schulgelder ist den Ersatzschulen durch Art. 7 Abs. 4 Satz 3 Halbsatz 2 GG praktisch genommen, weil durch sie – auch angesichts der Schulgeldfreiheit der öffentlichen Schulen – eine »Sonderung der Schüler nach den Besitzverhältnissen der Eltern« zumindest gefördert würde (BVerfG, Urt. v. 08.04.1987 – 1 BvL 8/84,1 BvL 16/84).

Aus Art. 7 Abs. 4 Satz 1 GG folgt kein verfassungsunmittelbarer Anspruch auf Gewährung staatlicher Finanzhilfe, schon gar nicht in bestimmter Höhe. Der grundrechtliche Schutzanspruch des einzelnen Trägers einer Ersatzschule ist lediglich darauf gerichtet, dass der Gesetzgeber diejenigen Grenzen und Bindungen beachtet, die seinem politischen Handlungsspielraum durch die Schutz- und Förderpflicht zu Gunsten des Ersatzschulwesens als Institution gesetzt sind (BVerfG, Beschl. v. 09.03.1994 – 1 BvR 682, 1 BvR 712/88). Eine Finanzhilfe in Form einer vollständigen Übernahme der von der anerkannten Ersatzschule aufgewendeten finanziellen Mittel ist daher verfassungsrechtlich nicht geboten. Der Gesetzgeber vernachlässigt diese Pflicht erst dann gröblich, wenn bei weiterer Untätigkeit der Bestand des Ersatzschulwesens evident gefährdet wäre. Ob und wann eine solche Situation eingetreten ist, lässt sich letztlich nur aufgrund einer Gesamtschau aller maßgeblichen Umstände beurteilen (BVerwG, Beschl. v. 18.12.2000 – 6 B 15.00).

Der Bestand des Ersatzschulwesens hängt davon ab, dass die Träger der Ersatzschulen im Stande sind, die Genehmigungsvoraussetzungen des Art. 7 Abs. 4 Satz 3 und 4 GG gleichzeitig und auf Dauer zu erfüllen. Dieses Existenzminimum der Institution Ersatzschule muss sichergestellt sein. Art. 7 Abs. 4 GG gebietet aber keine vollständige Übernahme der Kosten, die den Ersatzschulen durch die Erfüllung der Genehmigungsvoraussetzungen entstehen. Der Staat ist nur verpflichtet, einen Beitrag bis zur Höhe dieses Existenzminimums zu leisten (BVerfG, Urt. v. 08.04.1987 a. a. O. u. im Urt. v. 21.12.2011 – 6 C 18.10). Soll die staatliche Förderung ihrem Umfang nach sicherstellen, dass die Genehmigungsvoraussetzungen des Art. 7 Abs. 4 Satz 3 und 4 GG auf Dauer erfüllt werden, ist es zunächst Aufgabe des Gesetzgebers, selbst eine Bewertung der Kostensituation vorzunehmen. Der Gesetzgeber kann sich an den Kosten des öffentlichen Schulwesens orientieren und seine Hilfe danach ausrichten (BVerfG, Urt. v. 08.04.1987 a. a. O.). Orientiert der Gesetzgeber sich an den Kosten des öffentlichen Schulwesens, liegt es im Rahmen der ihm eingeräumten weitgehenden Gestaltungsfreiheit (BVerfG, Urt. v. 08.04.1987 a. a. O.), den privaten Schulträgern eine Förderung nach einem festen Vomhundertsatz der vergleichbaren Personalkosten öffentlicher Schulen zu gewähren (BVerwG, Beschl. v. 26.07.2005 – 6 B 24.05).

Art. 7 Abs. 4 Satz 1 GG geht von dem herkömmlichen Bild der Privatschule aus. Sie verdankt ihre Existenz dem ideellen und materiellen Engagement ihrer Gründer und Träger. Diese füllen einen ihnen eingeräumten Freiheitsraum in eigener Initiative aus, die auch die wirtschaftlichen Grundlagen einschließt; sie müssen bereit sein, die damit verbundenen Risiken in Kauf zu nehmen. Der Staat darf erwarten, dass der Schulträger seinem Interesse an der Verwirklichung eigener Ziele und Vorstellungen im schulischen Bereich eigenes finanzielles Engagement folgen lässt.

Zu Abs. 1: Satz 1 legt einleitend fest, wie sich die Finanzhilfe für ein Schuljahr zusammensetzt. Sie besteht danach aus einem Grundbetrag, dessen Berechnung sich aus den Bestimmungen des Absatzes 2 ergibt, und aus zusätzlichen Leistungen, die nach Absatz 8 (arbeitgeberseitige Beitragszahlungen zu den Zweigen der Sozialversicherung, Entrichtung einer Umlage zu einer Altersversorgung) und Absatz 9 (Entrichtung von Nachversicherungsbeiträgen für die Rentenversicherung) gewährt werden.

Die Vorschrift in **Satz 2** soll eine »Doppelförderung« durch das Land ausschließen. Sofern Lehrkräfte vom Land unter Fortzahlung der Bezüge zum Dienst an Ersatzschulen beurlaubt worden sind, ist der Grundbetrag um die vom Land hierfür aufgewendeten Beiträge zu kürzen, da dem Träger der Ersatzschule für diese Lehrkräfte insoweit keine Ausgaben für

Gehaltszahlungen entstehen; der Grundbetrag wird um diese geleisteten Aufwendungen des Landes »bereinigt«. Zur Ermittlung des bereinigten Grundbetrages werden die für alle unter Fortzahlung der Bezüge zum Dienst an der Ersatzschule beurlaubten Landesbediensteten nach Mitteilung des Niedersächsischen Landesamtes für Bezüge und Versorgung (NLBV) tatsächlich gewährten Bezüge von der Summe des Grundbetrags der Schule abgezogen; auch der bereinigte Grundbetrag wird in einer Summe für die gesamte Schule ausgewiesen.

3 **Zu Abs. 2:** In **Satz 1 Halbsatz 1** ist geregelt, wie sich der Grundbetrag errechnet, nämlich aus der Vervielfachung der Durchschnittszahl der Schülerinnen und Schüler der Ersatzschule nach den Sätzen 2 bis 4 mit dem vom Kultusministerium festzusetzenden Schülerbetrag nach Maßgabe der Absätze 3 bis 6. Nach **Satz 1 Halbsatz 2** kann sich der Grundbetrag nach Maßgabe des Absatzes 7 erhöhen, d. h. durch Gewährung eines erhöhten Schülerbetrages für die Schülerinnen und Schüler, die auf sonderpädagogische Unterstützung angewiesen sind und gemeinsam mit anderen Schülerinnen und Schülern unterrichtet werden.

Die »Durchschnittszahl« der Schülerinnen und Schüler der Ersatzschule ist nach **Satz 2** der Mittelwert der Zahlen der Schülerinnen und Schüler am 15. November und am 15. März des Schuljahres, an Förderschulen jedoch der Mittelwert der Zahlen der Schülerinnen und Schüler an den genannten Stichtagen, für die ein Bedarf an sonderpädagogischer Unterstützung festgestellt worden ist, der dem Schwerpunkt der Schule entspricht, oder die auf Veranlassung der Schulbehörde die Förderschule besuchen und für die eine entsprechende Feststellung bevorsteht. Das OVG Lüneburg hat mit Urteil vom 04.07.2012 – 2 LB 239/11 (SchVw NI H. 12/2012) festgestellt, dass der in Ansatz zu bringende Mittelwert voraussetzt, dass die Schülerinnen und Schüler an den Stichtagen des 15. November und 15. März tatsächlich unterrichtet oder hieran lediglich durch äußere Umstände (Krankheit, Witterungsverhältnisse, Teilnahme an einem Praktikum, Schulstreik etc.) gehindert wurden. Es reicht nicht aus, dass ein gültiger zivilrechtlicher Schulvertrag bestand. Das BVerwG hat mit Beschluss vom 02.10.2012 – 6 B 41/12 – das OVG-Urteil bestätigt.

Die beiden Stichtage im November und März sind ersichtlich deshalb gewählt worden, weil zu diesen Zeitpunkten die tatsächlichen Schwankungen in den Schülerzahlen für das erste und das zweite Schulhalbjahr (Ab- und Zugänge) im Wesentlichen abgeklungen, die Schülerzahlen zu diesen Stichtagen mithin verlässlich sind und die Zahl der tatsächlich beschulten Schülerinnen und Schüler wiedergeben (vgl. OVG Lüneburg a. a. O.).

Die in Satz 2 enthaltenen, auf Förderschulen bezogenen Ergänzungen dienen der Klarstellung und ermöglichen eine Einbeziehung der Schülerinnen und Schüler, die auf Veranlassung der Schulbehörde die Schule zwar bereits besuchen, für die aber das entsprechende Gutachten zum sonderpädagogischen Förderbedarf noch nicht abschließend fertiggestellt ist.

Die **Sätze 3 und 4** sollen sicherstellen, dass das Land keine höheren Finanzmittel für Umschülerinnen und Umschüler an einer Schule in freier Trägerschaft als für entsprechende Schülerinnen und Schüler an einer öffentlichen Schule einzusetzen hat. Durch das ÄndG 96 war geregelt worden, dass Schülerinnen und Schüler, die eine öffentliche berufsbildende Schule im Rahmen einer Umschulung besuchen und einen gesetzlichen Anspruch auf Erstattung von Lehrgangskosten haben, entgeltpflichtig sind. Dadurch werden die Personalkosten an einer öffentlichen Schule zum überwiegenden Teil durch dieses Entgelt abgedeckt. Für Schulen in freier Trägerschaft müsste das Land für den gleichen Personenkreis die volle Finanzhilfe übernehmen, wenn man diese Personen nicht bei der Errechnung der Durchschnittszahlen unberücksichtigt lassen würde, wie dies nun allerdings gesetzlich vorgeschrieben ist. Zu den »Lehrgangskosten« zählen dabei alle im Zusammenhang mit der Umschulungsmaßnahme stehenden Kosten, wie beispielsweise Schulgeld, Anmelde- und Prüfungsgebühren. Für Förderungen nach dem BAföG gilt das nicht, weil hier die Kosten für den Lebensunterhalt der Schülerin oder des Schülers bezuschusst werden und somit keine Lehrgangskosten (vgl. RdVerf. d. NLSchB v. 22.07.2010 – LG 5.62-81104 n. v.).

Zu Abs. 3: Der Schülerbetrag ergibt sich nach **Satz 1** durch Berechnung, **4** indem ein zu gewährender Betrag je Unterrichtsstunde (»Stundensatz«, vgl. Satz 2) mit der Zahl der Jahreswochenstunden multipliziert wird, die je Schülerin oder je Schüler (»Schülerstunden«, vgl. Abs. 4 oder 6) zu finanzieren ist.

In **Satz 2** sind die bei Inkrafttreten des ÄndG 2007, d. h. die am 01.08.2007 geltenden Stundensätze für das Lehrpersonal sowie für das Zusatzpersonal aufgeführt. Sie sind aus den Ausgaben des Landes für die entsprechenden öffentlichen Schulen und ergänzenden Sollsetzungen hergeleitet worden. Die Ermittlung der Ausgangswerte, d. h. von »Stundensatz« und »Schülerstunden«, wird in der Begründung zum Gesetzentwurf des ÄndG 2007 in der Landtagsdrucksache 15/3730 auf den Seiten 14 und 15 ausführlich dargestellt.

Der schulformspezifische Stundensatz für Oberschulen wurde im Zuge der Einführung der Schulform Oberschule in die niedersächsische Schullandschaft durch das ÄndG 11 in Satz 2 Nr. 1 unter Buchst. d) eingefügt. Öffentliche Referenzschulen zur Festlegung des Stundensatzes für Oberschulen waren seinerzeit noch nicht vorhanden. Wie bei den anderen Stundensätzen in Satz 2 wurde deshalb eine – hier allerdings fiktive – Berechnung auf der Basis des Schuljahres 2007/08 (Wirksamwerden der Finanzhilfereform) vorgenommen. Der Berechnung wurde seinerzeit zugrunde gelegt, dass die für die Oberschule in Aussicht genommene Funktionsstellenstruktur im Wesentlichen der der Realschule entsprechen sollte, dass die Besoldung der Lehrkräfte, die sich aus Hauptschullehrkräften und Realschullehrkräften rekrutieren sollte, nicht durchgängig auf der Basis der BesGr. A 13 erfolgen würde und dass die für die Schulform in Aussicht genommene Regelstundenzahl der dort eingesetzten Lehrkräfte unter der Regelstundenzahl der Lehrkräfte an Realschulen liegen sollte. Der danach festgesetzte Stundensatz, der für Abrechnungen für ab dem Schuljahr 2011/12 errichtete private Oberschulen notwendigerweise nach Satz 3 fortgeschrieben bzw. erhöht wurde, sollte überprüft und gegebenenfalls geändert werden, sobald valide Daten von öffentlichen Oberschulen nach deren Einführung vorliegen (vgl. Begründung im Gesetzentwurf, Drs. 16/3155 S. 16).

Satz 3 enthält eine Regelung zur regelmäßigen Fortschreibung der in Satz 2 im Zuge der Novellierung des § 150 festgelegten Stundensätze. Die Stundensätze sollen an der Besoldungsrechtsentwicklung – sowohl bei Änderungen des Grundgehaltes als auch bei Zahlungen auf der Grundlage des Landesbesoldungsrechts – teilnehmen, da die Ausgaben im Schulwesen weit überwiegend aus Personalausgaben bestehen. Damit ist eine Koppelung der ausgabenbezogenen Basis für die Festsetzung der Finanzhilfe an das öffentliche Schulwesen gesichert. Die jeweils aktuellen Stundensätze sind auf der Internetseite des MK unter der Rubrik »Schulen in freier Trägerschaft« eingestellt, dort ist auch eine Übersicht über die Entwicklung der Stundensätze seit 2007 zu finden. Die Formulierung in Satz 3 bildet nicht mehr die aktuelle Rechtslage ab. Die Laufbahngruppe des »gehobenen Dienstes« gibt es in Niedersachsen seit der Neuordnung des Laufbahnrechts im Jahre 2009 nicht mehr, man spricht hier nun von der Laufbahngruppe 2, in der das erste Einstiegsamt ein Amt der Besoldungsgruppe A 9 ist. Die »Allgemeine Stellenzulage« wird zwischenzeitlich nicht mehr nach einer bundesrechtlichen Vorschrift gewährt, sondern nach der Anlage 9 zu § 38 NBesG. Diese Änderungen werden nachzuzeichnen sein.

Maßgebliche besoldungsrechtliche Grundlage sind nach **Satz 4** die am 1. August des Schuljahres geltenden bundes- und landesrechtlichen Besoldungsbestimmungen.

Satz 5 definiert, wer dem Lehrpersonal im Sinne des § 150 angehört. Danach zählen zum Lehrpersonal alle Personen, die in eigener pädagogischer Verantwortung unterrichten (**1. Halbsatz**); dazu gehören sollen nicht die Unterricht in eigener Verantwortung erteilenden Beamtinnen und Beamten auf Widerruf (**2. Halbsatz**). Da seit Anfang der 90er-Jahre auch Referendarinnen und Referendare sowie Anwärterinnen und Anwärter im Vorbereitungsdienst zu einem Teil eigenverantwortlichen Unterricht erteilen (vgl. § 7 Abs. 1 Satz 1 APVO-Lehr) wurde durch Artikel III Nr. 1 des Gesetzes vom 12.07.1994 (Nds. GVBl. S. 304) der zweite Halbsatz, wonach dieser Personenkreis, der einen Anwärtergrundbetrag bezieht, nicht zum Lehrpersonal zählen soll, eingefügt. Wäre hier keine klarstellende Regelung getroffen worden, hätten die von diesem Personenkreis erteilten Unterrichtsstunden in die bei den öffentlichen Schulen erteilten Stunden mit einbezogen werden müssen. Da die Schulen in freier Trägerschaft proportional bedient werden, wäre das diesen Schulen zugutegekommen. Es war ferner zu berücksichtigen, dass Schulen in freier Trägerschaft – mit wenigen Ausnahmen – keine Referendarinnen und Referendare sowie Anwärterinnen und Anwärter ausbilden, so dass eine solche Vergünstigung nicht sachgerecht gewesen wäre (vgl. Niederschriften der Kultusausschusssitzung v. 02.06.1994 S. 5 und der Plenarsitzung v. 15.07.1994 S. 10137).

Nach **Satz 6** ist beim Zusatzpersonal an Förderschulen in freier Trägerschaft nur von pädagogischen Mitarbeiterinnen und Mitarbeitern auszugehen, die Unterscheidung zwischen diesen und Betreuungskräften ist mit dem ÄndG 2007 entfallen; das NSchG nimmt diese Unterscheidung (vgl. § 53 Abs. 1 Satz 1 a. F.) seit dem ÄndG 15 durchgängig nicht mehr vor.

Zu Abs. 4: Die Vorschrift enthält die Ermächtigung für den Erlass einer sog. Ministerverordnung. Von dieser Verordnungsermächtigung hat das Kultusministerium mit der FinHVO (Anm. 12) Gebrauch gemacht.

In den Anlagen 1 und 2 zu § 1 Abs. 1 FinHVO sind für die Schulformen (bei allgemein bildenden Schulen) und für die Bildungsgänge (bei berufsbildenden Schulen) die Schülerstunden, also die je Schülerin oder je Schüler maximal zu finanzierenden Unterrichtsstunden des Lehrpersonals und die entsprechenden Arbeitsstunden des Zusatzpersonals bestimmt. Die Festsetzung für die Schulform Gymnasium erfolgt für die Sekundarbereiche I und II getrennt, um den an öffentlichen Schulen in beiden Bereichen unterschiedlichen Verhältnissen auch bei der Finanzhilfe entsprechen zu können.

Die in der FinHVO festgesetzten Schülerstunden gelten bis zu einer Änderung der Verordnung fort. Damit wurde eine im früheren Verfahren der Kritik ausgesetzte jährliche – teilweise stark ausgeprägte – und die Planungssicherheit der Träger beeinträchtigende Schwankung der Schülerbeträge beseitigt.

Einer hinreichenden Planungssicherheit für die Träger wurde dadurch eine höhere Bedeutung zugemessen als einer jährlichen unmittelbaren Übernahme der Veränderungen im öffentlichen Schulwesen (vgl. Begründung im Gesetzentwurf der LReg, Drs. 15/3730).

Zu Abs. 5: Die Vorschrift legt für Schulen, für die es z.B. wegen ihres pädagogischen Konzepts oder ihrer Gliederung keine 1:1 vergleichbare Schulform unter den öffentlichen Schulen gibt, die jeweilige Referenzschule fest, um vergleichbare Verhältnisse zu gewährleisten. Nach **Satz 1** ist bei Ersatzschulen von besonderer pädagogischer Bedeutung und bei Ersatzschulen, deren Jahrgangsgliederung von derjenigen der öffentlichen Schulen abweicht, die entsprechende öffentliche Schule im Sinne von Absatz 4 Satz 2 für die Schuljahrgänge 1 bis 4 die Grundschule und für die Schuljahrgänge 5 bis 13 das Gymnasium. Zu den Ersatzschulen von besonderer pädagogischer Bedeutung, die über den 10. Schuljahrgang hinaus bis zur 13. Jahrgangsstufe führen, gehören beispielsweise die Freien Waldorfschulen.

Satz 2 enthält eine Festlegung für solche Ersatzschulen, die nicht über den 10. Schuljahrgang hinausführen. Für diese Schulen ist für die Berechnung hinsichtlich der Schuljahrgänge 5 bis 10 die Realschule die entsprechende öffentliche Schule.

Satz 3 stellt klar, dass die Regelungen in den Sätzen 1 und 2 nicht für Förderschulen gelten.

7 **Zu Abs. 6:** Die Regelung legt eine Obergrenze für die Festsetzung der Finanzhilfe fest. Sie beinhaltet eine bei der Festsetzung der Schülerbeträge durchzuführende Vergleichsberechnung, durch die sichergestellt wird, dass Finanzhilfe für die tatsächlich vorgehaltenen Schülerstunden, höchstens aber für eine personelle Ausstattung, wie sie entsprechend der Festsetzung auch an öffentlichen Schulen vorhanden ist, gewährt wird. Bleibt die einzelne Schule in freier Trägerschaft mit ihrem Unterrichtseinsatz pro Schülerin oder pro Schüler hinter demjenigen der vergleichbaren öffentlichen Schulen zurück, so reduziert sich auch die Finanzhilfe.

Die Vergleichsberechnung erfolgt unter Verwendung der an der Schule in freier Trägerschaft erteilten Unterrichtsstunden (für das Zusatzpersonal an Förderschulen entsprechend), d. h., die Unterrichtsstunden werden durch die Schülerzahl geteilt und als Stunden je Schülerin oder je Schüler, mithin als Schülerstunden (nach den Verhältnissen an der freien Schule) ausgewiesen und mit dem feststehenden Stundensatz multipliziert. Das Ergebnis ist der Schülerbetrag nach den Verhältnissen an der privaten Schule.

Nach **Satz 3** wird der geringere der beiden Schülerbeträge – der nach den Verhältnissen an öffentlichen Schulen oder der nach Verhältnissen an der freien Schule – bei der Finanzhilfe gewährt.

Grundsätzlich bleibt also die Ausgabenentwicklung der öffentlichen Schulen Maßstab für die Höhe der Finanzhilfe. Das Land will den Schulen in freier Trägerschaft die Finanzierung einer den öffentlichen Schulen entsprechenden Ausstattung ermöglichen, eine darüber hinausgehende Ausstattung aber dem Engagement und der finanziellen Verantwortung des jeweiligen Trägers überlassen. Zugleich wird durch die Vergleichsberechnung aber auch sichergestellt, dass eine möglicherweise unter dem Standard für öffentliche Schulen liegende Ausstattung und damit – relativ betrachtet – geringere Aufwendungen des Trägers nicht aus öffentlichen Mitteln überfinanziert werden.

8 **Zu Abs. 7:** Die Bestimmung ist im Zuge der Einführung der inklusiven Schule durch das ÄndG 2012 verändert worden. **Satz 1** regelt die Gewährung eines erhöhten Schülerbetrages für die Schülerinnen und Schüler, die auf sonderpädagogische Unterstützung angewiesen sind und gemeinsam mit anderen Schülerinnen und Schülern unterrichtet werden. Der Bedarf an sonderpädagogischer Unterstützung muss im Einzelfall festgestellt und dokumentiert sein.

Nach **Satz 2** wird für jede erteilte Jahresunterrichtsstunde, die dem festgestellten Bedarf an sonderpädagogischer Unterstützung entspricht, zusätzlich der Stundensatz nach Absatz 3 Satz 2 Nr. 1 Buchst. f gewährt. Die Voraussetzungen für die Gewährung des erhöhten Betrages sind, dass die Jahresunterrichtsstunde nicht nur in einem Plan ausgewiesen, sondern tatsächlich erteilt worden ist, und dass die Jahresunterrichtsstunde auch zu dem im Einzelfall festgestellten Bedarf an sonderpädagogischer Unterstützung passt. Um Ersatzschulen nicht besser zu stellen als öffentliche Schulen, sieht **Satz 3** eine Begrenzung des erhöhten Schülerbetrages vor, denn es wird höchstens die Zahl der sonderpädagogischen Unterrichtsstunden berücksichtigt, die einer öffentlichen Schule zugewiesen werden würden. Die Anzahl der sonderpädagogischen Unterrichtsstunden, die einer öffentlichen Schule zugewiesen werden, ist im sog. Klassenbildungserlass festgelegt.

Zu Abs. 8: Die Vorschrift regelt die Beteiligung des Landes an den Sozialversicherungsbeiträgen und den Umlagen zu einer Alters- und Hinterbliebenenversorgung. Seit dem ÄndG 07 sind die Aufwendungen für alle zentralen Sozialversicherungen im Erhöhungsbetrag enthalten, auch Veränderungen der Beitragssätze werden seither nachvollzogen.

Nach **Satz 1** wird als Zuschuss zu den Sozialversicherungsbeiträgen für das Lehr- und Zusatzpersonal ein Erhöhungsbetrag gewährt. Durch diesen Erhöhungsbetrag beteiligt sich das Land an der arbeitgeberseitigen Beitragszahlungen zu den Zweigen der Sozialversicherung und einer betrieblichen Altersversorgung.

Die **Sätze 2 und 3** sind im Nachgang zum ÄndG 2007 durch das Haushaltsbegleitgesetz 2010 eingefügt worden. Mit Wirkung vom 01.08.2010 erfolgte hier eine Präzisierung, in welchem Umfang bei der Abrechnung der Finanzhilfe für Schulen in freier Trägerschaft Sozialversicherungsbeiträge für das Unterrichtspersonal und ggf. das Zusatzpersonal als angemessen zu berücksichtigen sind. Die durch die Änderung jetzt präziser beschriebene – und seit Inkrafttreten der Finanzhilfereform am 01.08.2007 angewendete – Berechnungsweise stellt sicher, dass auch die Summe der Leistungen innerhalb der einzelnen Sozialversicherungsarten nur in angemessenem Umfang berücksichtigt werden dürfen. Dem liegt zugrunde, dass aus Mitteln der Finanzhilfe für die Schulen in freier Trägerschaft nur eine solche Personalausstattung bezuschusst wird, die die an öffentlichen Schulen vorgehaltene Personalausstattung nicht übersteigt. Ohne die gesetzliche Klarstellung bestünde die Möglichkeit, dass zum Beispiel durch Einsparung der im öffentlichen Dienst üblichen Zusatzversorgungsbeiträge Rentenversicherungsbeiträge für Personal, das eine die an öffentlichen Schulen vorgehaltene Personalausstattung bei Weitem übersteigt, erstattungsfähig würden (vgl. Begründung zum Gesetzentwurf in Drs. 17/1640).

Die Rechengrößen in der Sozialversicherung, aus denen sich die Sozialbeiträge der Arbeitgeber entnehmen lassen, werden jährlich u. a. von den Krankenkassen öffentlich bekanntgemacht, sie sind auch auf der Internetseite des MK unter der Rubrik »Schulen in freier Trägerschaft« eingestellt. Abzustellen ist auf den anzuwendenden Vomhundertsatz der am 1. August des Schuljahres geltenden Arbeitgeberbeiträge zur gesetzlichen Arbeitslosenversicherung, Krankenversicherung, Pflegeversicherung sowie Rentenversicherung.

Ferner ist der vom Versorgungsverband bundes- und landesgeförderter Unternehmen e.V. (VBLU) festgesetzte Umlagevomhundertsatz anzusetzen. Der VBLU ist ein Fachverband auf dem Gebiet der betrieblichen Altersversorgung für soziale Einrichtungen. Mitglieder sind u. a. Vereine, Verbände und Stiftungen im Umfeld des öffentlichen Dienstes, auch den Bildungseinrichtungen in freier Trägerschaft ist ein Beitritt möglich. Zielsetzung des VBLU ist das Angebot einer zusätzlichen Alters-, Erwerbsminderungs- und Hinterbliebenenversorgung für Arbeitnehmerinnen und Arbeitnehmer. Mit RdVerf. v. 03.03.2009 – 81104 (n. v.) hat die nachgeordnete Schulbehörde einen »Kriterienkatalog Zusatzversorgungsleistungen« festgelegt, der bei der Prüfung, ob eine »angemessene Zusatzversorgung« aufgebaut wird, Hilfestellung gibt. Bemessungsgrundlage für die Beiträge des Arbeitgebers ist ein Anteil von 80 v. H. des bereinigten Grundbetrages nach Absatz 2 i. V. m. Absatz 1 Satz 2 (vgl. Anm. 2).

Satz 3 enthält eine Regelung zur Prüfung der Angemessenheit bezüglich der Zusatzleistungen für Versicherungen. Der in der Vorgängerregelung noch verwendete Begriff der »Sozialversicherung« ist durch den weitergehenden Begriff der »Versicherungen« ersetzt worden, diese weite Auslegung spiegelt sich auch im Leistungskatalog des § 3 FinHVO wider. Die Wendung »den genannten Versicherungen entsprechen« meint die inhaltliche Entsprechung bezüglich der versicherten Risikos, nicht den organisatorischen Aufbau der Versicherung. Der Nachsatz des Satzes 3 bezieht die Angemessenheitsgrenze auf drei Stufen; insoweit kann auch die Verordnung nach Satz 6 zu allen drei Stufen Näheres bestimmen.

Satz 4 stellt auf die Fälle einer gewährleisteten Altersversorgung ab, bei denen nicht das Lehr- oder Zusatzpersonal oder deren Hinterbliebene unmittelbar eigene Bezugsrechte haben, sondern der Schulträger (weiterleitender) Bezugsberechtigter ist. Voraussetzung ist zunächst, dass die Ausgaben einer »angemessenen« Altersversorgung dienlich sind. Ferner dürfen die Leistungen aus der Altersversorgung ausschließlich der Erfüllung einer Versorgungszusage des Schulträgers gegenüber dem Lehr- oder Zusatzpersonal dienen, eine darüber hinausgehende Gewinnerzielungsabsicht des Schulträgers darf finanziell nicht unterstützt werden. Schließlich muss die Einhaltung der Versorgungszusage des Trägers gegenüber dem Lehr- oder Zusatzpersonal oder deren Hinterbliebenen vor Zahlungsunfähigkeit (Insolvenzsicherung der Zusage) oder dem Zugriff Dritter (Vorverpfändung an die bezugsberechtigte Person durch eine Bestimmung in der betrieblichen Altersversorgungsregelung) hinreichend geschützt sein. Auch für diese Ausgaben zu einer Altersversorgung gilt die in Satz 3 vorgesehene Begrenzung.

Nach **Satz 5** vermindert sich der nach Satz 2 ermittelte Erhöhungsbetrag mit Ausnahme des Anteils für die Krankenversicherung und für die Pflegeversicherung um den Betrag, dem der Anteil der von den beurlaubten Beamtinnen und Beamten zu erteilenden Unterrichtsstunden an allen zu erteilenden Unterrichtsstunden entspricht, sofern an die Ersatzschule Beamtinnen oder Beamte ohne Bezüge beurlaubt sind. In der Begründung zu dieser Bestimmung (Vorlage 4 zu Drs. 15/3730) wird festgehalten, dass in § 150 – soweit nichts anderes ausgeführt wird – bei den Unterrichtsstunden stets auf die den statistischen Daten zu entnehmenden Jahreswochenunterrichtsstunden abgestellt wird.

Nach **Satz 6** ist das Kultusministerium ermächtigt, durch Verordnung nähere Bestimmungen zur Angemessenheit von Direktversorgungsleistungen und von Leistungen zur Sozialversicherung zu treffen. Das Ministerium hat von dieser Verordnungsermächtigung durch Erlass der FinHVO (Anm. 12) Gebrauch gemacht. Nach § 3 Abs. 1 Satz 1 FinHVO ist eine Direktversorgungsleistung oder eine Leistung zur Sozialversicherung angemessen im Sinne des Absatzes 8, durch die oder aufgrund derer die bezugsberechtigte Person höchstens Leistungen erhält, wie sie ihr auf der Basis ihres Arbeitseinkommens einschließlich der im öffentlichen Dienst üblichen Zusatzversorgung zustünde. In § 3 Abs. 2 FinHVO ist sodann im Einzelnen aufgelistet, in welchen Fällen diese Voraussetzungen als erfüllt anzusehen sind.

Zu Abs. 9: Sind Träger finanzhilfeberechtigter Schulen nach § 8 SGB VI verpflichtet, aus dem Landesdienst beurlaubte Lehrkräfte bei deren Ausscheiden aus dem Landesdienst nachzuversichern, so erstattet ihnen das Land auf der Grundlage dieser Regelung auf Antrag die dazu erforderlichen Beiträge.

Dem komplizierten Gebiet des Sozialversicherungsrechts und des Beamtenversorgungsrechts kann man sich mit der Lektüre des umfangreichen RdErl. d. MF vom 10.11.2020 (Anm. 12) annähern. Vereinfacht und verkürzt dargestellt gilt Folgendes:

Gemäß § 5 Abs. 1 Nr. 1 SGB VI sind Beamtinnen und Beamte auf Lebenszeit, auf Zeit, auf Probe (siehe hierzu auch § 3 NLVO-Bildung) sowie auf Widerruf im Vorbereitungsdienst (siehe hierzu auch § 5 Abs. 5 Nr. 2 APVO-Lehr) versicherungsfrei in der gesetzlichen Rentenversicherung, weil ihnen aufgrund ihres Beamtenverhältnisses von ihrem Dienstherrn eine »Anwartschaft auf Versorgung bei verminderter Erwerbsfähigkeit und im Alter sowie auf Hinterbliebenenversorgung gewährleistet« wird. Diese auf die jeweilige Beschäftigung beschränkte Befreiung von der Versicherungspflicht kann auf andere in ihrer Eigenart versicherungspflichtige Tätigkeiten »erstreckt« werden. Es kann mithin eine »Erstreckung der gewährleisteten Versorgungsanwartschaft« aus der originären Tätigkeit auf eine andere Beschäftigung erfolgen, so dass die anderweitige Beschäftigung ebenfalls versicherungsfrei gestellt ist. Scheiden Beamtinnen und Beamte ohne Anspruch oder Anwartschaft auf Versorgung aus einer versicherungsfreien Beschäftigung aus, so sind sie in der gesetzlichen Rentenversicherung nachzuversichern, d. h., für sie sind Rentenversicherungsbeiträge vom Dienstherrn oder von dem Beschäftigungsarbeitgeber, auf den die Versicherungsfreiheit erstreckt wurde, nachzuentrichten. Die oder der Versicherte wird dadurch im Grundsatz so gestellt, als ob während der nachversicherten Beschäftigung Pflichtbeiträge entrichtet worden wären. Bei den Nachversicherungsbeiträgen erfolgt keine Aufteilung in Arbeitgeber- und Arbeitnehmeranteile, so dass die nachzuversichernde Person an der Beitragszahlung nicht beteiligt wird.

Eine Auszahlung der Nachversicherungsbeiträge an die nachzuversichernde Person selbst ist nach dem SGB VI ausgeschlossen. Eine Nachversicherung bei der Versorgungsanstalt des Bundes und der Länder (VBL) oder einer anderen Zusatzversorgungseinrichtung ist nicht möglich, da diese gesetzlich nicht vorgeschrieben ist.

Bei der Erstattung nach Absatz 9 handelt es sich gemäß Absatz 1 um eine zusätzliche Leistung im Rahmen der Finanzhilfe. Auch sie unterliegt nach § 149 Abs. 5 Satz 1 einer Ausschlussfrist von einem Jahr nach Ablauf des Schuljahres, in dem der Anspruch entstanden ist.

Auf die Träger der nach § 161 Abs. 3 anerkannten allgemein bildenden Ergänzungsschulen findet Absatz 9 keine Anwendung.

11 **Zu Abs. 10:** Die Vorschrift ergänzt die Bestimmungen zur staatlichen Schulaufsicht in § 167 und gibt sowohl den Schulbehörden als auch dem Landesrechnungshof bezüglich aller die Finanzhilfe betreffenden Angaben ein umfassendes Recht zu Prüfungen, das auch Einsicht in die entsprechenden Unterlagen einschließt und ferner ein Fragerecht mit einer korrespondierenden Auskunftspflicht der Schulen beinhaltet.

Nach Artikel 70 Abs. 1. NV prüft der Landesrechnungshof die Rechnung sowie die Wirtschaftlichkeit und Ordnungsmäßigkeit der Haushalts- und Wirtschaftsführung des Landes. Einzelheiten der Prüfungen sind in den §§ 88 ff. LHO geregelt. Da sich die Prüfung nach den Bestimmungen der LHO vorrangig auf Stellen innerhalb der Landesverwaltung beschränkt, erstreckt Absatz 10 das Prüfungsrecht ausdrücklich auch auf die Empfänger der Finanzhilfe. Die Vorschrift korrespondiert inhaltlich mit den Regelungen der §§ 91, 95 und 104 LHO.

Soweit nicht andere Rechtsvorschriften dem entgegenstehen, haben die Schulträger die zugehörigen Unterlagen für die Dauer von mindestens zehn Jahren, beginnend mit der Unanfechtbarkeit der jeweiligen Finanzhilfefestsetzung, aufzubewahren (vgl. auch Nr. 4.7.2 der VV zu den §§ 70 ff LHO). Andere Rechtsvorschriften können z.b. sozialversicherungs- oder steuerrechtliche Spezialregelungen sein.

Nach § 161 Abs. 3 Satz 5 gilt Absatz 10 konsequenterweise entsprechend für anerkannte Ergänzungsschulen, denen vom Land in entsprechender Anwendung der §§ 149, 150 Finanzhilfe gewährt wird. Für die Praxis bedeutet das, dass auch die Internationalen Schulen bezüglich der die Finanzhilfe betreffenden Angaben der Schulaufsicht und der Prüfungsberechtigung des Landesrechnungshofes unterliegen.

12 **Verweise, Literatur:**

- Entwurf eines Gesetzes zur Reform der Finanzhilfe für Schulen in freier Trägerschaft, Gesetzentwurf der LReg (Drs. 15/3750)
- Verordnung über die Berechnung der Finanzhilfe für Schulen in freier Trägerschaft (FinHVO) vom 07.08.2007 (Nds. GVBl. S. 415; Schulrecht 230/19), zuletzt geändert durch VO vom 30.11.2016 (Nds. GVBl. S. 276)

- Erl. »Finanzhilfe für Schulen in freier Trägerschaft« vom 01.08.2007 (SVBl. S. 300) – außer Kraft getreten mit Ablauf des 31.12.2014 (Nds. MBl. S. 963)
- *Sidortschuk, Klaus:* Finanzhilfe für Schulen in freier Trägerschaft in Niedersachsen, Schulverwaltung Ausgabe Niedersachsen, 2007, H. 9, S. 246
- Erl. »Versicherungsfreiheit und Befreiung von der Versicherungspflicht in der gesetzlichen Kranken- und Rentenversicherung, Beitragsfreiheit zur Bundesagentur für Arbeit und Nachversicherung in der Rentenversicherung für die Bediensteten des öffentlichen Dienstes« d. MF vom 10.11.2020 (Nds. MBl. S. 1424)
- Übersicht über die Finanzierung der Privatschulen in den Ländern der Bundesrepublik Deutschland, Zusammenstellung des Sekretariats der KMK (Beschl. der KMK v. 12.03.2004 i. d. F. v. 25.02.2016)

(Karl-Heinz Ulrich)

§ 151 Zuwendungen

(1) Das Land kann den in § 149 Abs. 1 genannten Ersatzschulen vor dem Ablauf von drei Jahren seit ihrer Genehmigung (§ 143) nach Maßgabe des Landeshaushalts auf Antrag Zuwendungen zu den laufenden Personal- und Sachkosten gewähren, wenn dies zur Sicherung eines leistungsfähigen und vielfältigen Bildungsangebotes erforderlich ist.

(2) ¹Das Land kann den in § 149 genannten Ersatzschulen unter den Voraussetzungen des Absatzes 1 Zuwendungen zu den Kosten der Neu-, Um- und Erweiterungsbauten sowie der Erstausstattung von Schulen gewähren. ²Die Kosten für das Baugrundstück und die Erschließung gehören nicht zu den zuwendungsfähigen Kosten. ³Im Übrigen gilt § 115 Abs. 5.

(3) § 149 Abs. 3 gilt entsprechend.

Allg.: § 151 Abs. 1 durchbricht den in § 149 Abs. 1 aufgestellten Grundsatz, dass eine finanzielle Förderung von anerkannten Ersatzschulen und Ersatzschulen von besonderer pädagogischer Bedeutung erst nach einer Wartezeit (sog. »Durststrecke«) von drei Jahren nach Aufnahme des Schulbetriebs einsetzen soll. Die Regelung räumt dem Land die Möglichkeit ein, diesen Ersatzschulen auf deren Antrag hin bereits während dieser Wartezeit zweckgebundene Zuwendungen zu den ihnen entstehenden Kosten (laufende Personal- und Sachkosten) als Starthilfe zu gewähren; der Wartezeit kann damit ihre Schärfe genommen werden. Haushaltsrechtlich sind Zuwendungen freiwillige Geldleistungen des Staates zur Erfüllung bestimmter Zwecke, an denen der Staat ein besonderes Interesse hat. Da der Staat die Leistungen freiwillig erbringt, besteht kein Rechtsanspruch des Zuwendungsempfängers.

2 Zu Abs. 1: Nach dieser Regelung kann das Land den Trägern bestimmter Ersatzschulen bereits während der dreijährigen Wartezeit Zuwendung zu den laufenden Betriebskosten gewähren.

Die durch den Hinweis auf § 149 Abs. 1 konkret bestimmten Ersatzschulen sind die »anerkannten Ersatzschulen« sowie die »Ersatzschulen von besonderer pädagogischer Bedeutung« (vgl. Anm. 2 zu § 149).

Die Zuwendung darf frühestens nach Erteilung der Genehmigung (§ 143) gewährt werden, der Bewilligungszeitraum ist auf drei Jahre seit Erteilung der Genehmigung festgelegt.

Der Gesetzgeber hat in der Bestimmung vom Instrument des Haushaltsvorbehalts Gebrauch gemacht (»nach Maßgabe des Landeshaushalts«). Von einem Haushaltsvorbehalt wird gesprochen, wenn eine Handlung unter dem Vorbehalt der Verfügbarkeit von entsprechenden, im Haushaltsplan veranschlagten Haushaltsmitteln steht. Sind Haushaltsmittel nicht im Haushalt bereitgestellt, so ist das Entstehen eines Anspruchs auf Mittelvergabe ausgeschlossen.

Voraussetzung ist ferner, dass die Gewährung einer Zuwendung erforderlich ist, um ein leistungsfähiges und vielfältiges Bildungsangebot zu sichern. Das bei der Prüfung zu betrachtende Bildungsangebot umfasst nicht allein das Angebot, dass die antragstellende Ersatzschule oder andere Ersatzschulen in deren Umfeld machen, es sind vielmehr auch die regionalen Angebote des öffentlichen Schulwesens mit in den Blick zu nehmen. Es sind das Bildungsangebot der Schulen im direkten Umfeld der Ersatzschule und das der in zumutbarer Entfernung erreichbaren Schulen zu berücksichtigen. Die Gewährung einer Zuwendung darf nicht zu einer Schieflage führen. Die Begünstigung der geförderten Ersatzschule darf sich nicht zulasten anderer Schulen auswirken, die das Bildungsangebot mit gewährleisten.

Die Zuwendung muss vom Schulträger beantragt werden, sie darf folglich nicht von Amts wegen gewährt werden. Über einen gestellten Antrag ist von der Schulbehörde nach pflichtgemäßem Ermessen (»Kann-Bestimmung«) zu entscheiden (vgl. VG Hannover, Urt. v. 02.03.2017–6A 6017/15).

Sind alle Voraussetzungen erfüllt, können Zuwendungen zu den laufenden Personal- und Sachkosten gewährt werden. Bezüglich der Begriffe »Personalkosten« und »Sachkosten« wird auf die §§ 112, 113 verwiesen. Es muss sich allerdings um »laufende (Betriebs-) Kosten handeln, folglich um Aufwendungen, die regelmäßig und nicht einmalig, wie z.B. eine Gehaltsabfindung oder die Kosten für den Einbau einer Heizungsanlage, anfallen.

In den vergangenen Jahren waren fehlende Haushaltsmittel der entscheidende Grund dafür, dass Zuwendungen für neu genehmigte Ersatzschulen praktisch nicht gezahlt wurden. Eine Änderung dieser Situation wird auch in Zukunft kaum zu erwarten sein. Diese Praxis ist gleichwohl von der Rechtsprechung nicht in Frage gestellt worden. So hat das OVG Lüneburg im Beschluss vom 25.7.1995 – 13 M 4561/95 – festgestellt, dass der Kläger unabhängig vom Haushalt einen Anspruch auf Förderung nur dann haben könnte, wenn die Regelung im Haushaltsgesetz verfassungswidrig und eine Sachentscheidung zugunsten der Klägerin geboten wäre. Dies würde voraussetzen, dass der Anspruch Verfassungsrang hätte und durch das einfache Haushaltsgesetz nicht ausgeschlossen werden könnte oder dass dieser Ausschluss aus anderen Gründen verfassungswidrig wäre.

Zu Abs. 2: Das Bundesverfassungsgericht hat zur Ausgestaltung der staatlichen Förderung von Ersatzschulen im Beschluss vom 9.3.1994 – BvR 1369/90 – (DVBl. 94, 751 ff.) festgestellt, dass der Staat bei der Bemessung der Zuschüsse die Kosten von Schulbaumaßnahmen nicht vollständig unberücksichtigt lassen darf. Hinsichtlich der Ausgestaltung – d. h. Art und Weise sowie der Höhe – der Förderung hat der Gesetzgeber jedoch einen weiten Spielraum und damit Gestaltungsfreiheit. Die Regelung in § 151 Abs. 2 dürfte aufgrund einer Gesamtschau insgesamt im Rahmen des zugebilligten Spielraums liegen, da die Bestimmung zum einen grundsätzlich eine Möglichkeit zur Gewährung von staatlichen Zuwendungen zu Bau- und Ausstattungskosten vorsieht, der Staat zum anderen nach den §§ 149, 150 eine insgesamt ausreichende Finanzhilfe gewährt und schließlich ein Vergleich mit dem öffentlichen Schulwesen keine gravierenden Verwerfungen aufweist.

Satz 1 stellt die nach Absatz 2 eröffnete Fördermöglichkeit zunächst unter die Voraussetzungen des Absatzes 1: Zuwendungsempfänger muss der Träger einer Ersatzschule im Sinne des § 149 sein, im Landeshaushalt müssen entsprechende Haushaltsmittel ausgebracht sein, vom Schulträger muss ein Antrag gestellt werden und die Zuwendung muss zur Sicherung eines leistungsfähigen und vielfältigen Bildungsangebotes erforderlich sein.

Sind diese Voraussetzungen erfüllt, so können die Kosten für Neu-, Um- und Erweiterungsbauten sowie die Kosten der Erstausstattung gefördert werden (vgl. § 115 Abs. 1 Satz 1).

Die Kosten für das Baugrundstück und die Erschließung gehören nach Satz 2 nicht zu den zuwendungsfähigen Kosten (vgl. § 115 Abs. 1 Satz 3), das Bundesverfassungsgericht hat diese Regelung (d. h. § 131 Abs. 2 a. F.) im Beschluss vom 9.3.1994 (a. a. O.) ausdrücklich als »nicht zu beanstanden« bestätigt.

Nach Satz 3 gilt im Übrigen § 115 Abs. 5. Nach dieser Bestimmung haben Schulträger, die Zuwendungen beantragen wollen, vorher das Raumprogramm und den Vorentwurf für den Bau mit einem Kostenvoranschlag der Schulbehörde zur Genehmigung vorzulegen. Das Kultusministerium kann verbindliche Richtwerte für die zuwendungsfähigen Kosten festlegen (vgl. Anm. 6 zu § 115).

Aufgrund einer anhaltend schwierigen Haushaltslage ist es dem Land zumeist nicht möglich, Haushaltsmittel für die Gewährung von Zuwendungen für den Schulbau kommunaler oder freier Schulträger zur Verfügung zu stellen. Das Land behandelt im Ergebnis die öffentlichen Schulen nicht anders als die Schulen in freier Trägerschaft. Den Forderungen des Bundesverfassungsgerichts, das in seinen Entscheidungen vom 8.4.1987

(1 BvL 8/84 und 1 BvL 16/84) und vom 9.3.1994 (a. a. O.) festgestellt hat, dass sich der Landesgesetzgeber hinsichtlich der finanziellen Zuwendungen an den Kosten des öffentlichen Schulwesens zu orientieren hat, wird insoweit entsprochen.

4 **Zu Abs. 3:** Nach dieser Vorschrift gilt § 149 Abs. 3 entsprechend. Die hier angezogene Bestimmung besagt, dass bei einem Schulträgerwechsel die Frist des § 149 Abs. 1 (sog.»Durstrecke«) nur dann erneut zu laufen beginnt, wenn die Genehmigung nach § 147 Abs. 3 Satz 2 erloschen ist (vgl. Anm. 4 zu § 149 u. Anm. 4 zu § 147).

5 **Verweise, Literatur:**

– Unterrichtung des Landtags »Wohltat und Plage einer Förderung Teil II – Ganztagsschulen: Investitionsprogramm ›Zukunft Bildung und Betreuung‹ 2003 – 2007« (Drs. 16/680, Fördermittel für Schulen i. fr. Tr., S. 26)

(Karl-Heinz Ulrich)

§ 152 Austausch der Lehrkräfte zwischen öffentlichen Schulen und Ersatzschulen

(1) ¹Ein ständiger personeller Austausch zwischen den öffentlichen Schulen und Ersatzschulen ist zu fördern. ²Zu diesem Zweck können Lehrkräfte an den öffentlichen Schulen für bestimmte Zeit zum Dienst an Ersatzschulen beurlaubt werden. ³Die Zeit der Beurlaubung ist bei der Anwendung beamtenrechtlicher Vorschriften einer im öffentlichen Schuldienst im Beamtenverhältnis verbrachten Beschäftigungszeit gleichzustellen. ⁴Bei der Rückkehr in den öffentlichen Schuldienst wird Umzugskostenvergütung nach dem Bundesumzugskostengesetz gewährt.

(2) Die Lehrkräfte sind unter Fortfall der Bezüge zu beurlauben.

(3) ¹Auf Antrag der Schulträger können Lehrkräfte zum Dienst an Förderschulen auch unter Fortzahlung der Bezüge beurlaubt werden. ²In diesen Fällen können Schulträger Lehrkräften, denen bei einer Verwendung an einer öffentlichen Förderschule eine Zulage zustände, diese in gleicher Höhe gewähren; die Zulage wird erstattet. ³Beschäftigt eine Förderschule, der nach § 149 Finanzhilfe gewährt wird, auch vom Land unter Fortzahlung der Bezüge beurlaubte Lehrkräfte, so sind auf die nach § 150 zu berechnende Finanzhilfe die vom Land an die beurlaubten Lehrkräfte gezahlten Bezüge anzurechnen.

1 **Allg.:** Die Vorschrift spricht sowohl für die staatlichen Schulbehörden als auch für die Ersatzschulen die Verpflichtung aus, einen fortwährenden personellen Austausch zwischen den öffentlichen Schulen und den Ersatzschulen zu initiieren und zu unterstützen, um auf diese Weise eine Zusammenarbeit und einen gegenseitigen Erfahrungsaustausch zu begünstigen. Die Bestimmung dient der Umsetzung der in § 139 Satz 2 1. Halbsatz ausgesprochenen Aufforderung, die Zusammenarbeit zwischen

anerkannten Schulen in freier Trägerschaft und öffentlichen Schulen zu fördern (Drs. 17/5059, Anm. 5).

In der Praxis stößt die Realisierung der Regelung oftmals auf Schwierigkeiten, weil entweder zu wenig Lehrkräfte von öffentlichen Schulen an Ersatzschulen unterrichten wollen oder weil die Schulbehörden Lehrkräfte, die für die Unterrichtsversorgung insbesondere in den sog.»Fächern des besonderen Bedarfs« an öffentlichen Schulen dringend benötigt werden, aus dienstlichen Gründen nicht für den Ersatzschuldienst beurlauben möchten. Um der gesetzlichen Verpflichtung im Hinblick auf die erforderliche Personalrekrutierung leichter nachkommen zu können, regelt § 152 einzelne grundsätzliche dienstrechtliche Erleichterungen, die einer gewissen Besitzstandswahrung sowie einer karrieremäßigen Weiterentwicklung der Lehrkräfte dienlich sind.

Zu Abs. 1: Satz 1 spricht die Verpflichtung an die Schulbehörden und die Ersatzschulen aus, sich für einen laufenden Personalaustausch zwischen den öffentlichen Schulen und den Ersatzschulen einzusetzen.

2

Da Ersatzschulen bzw. deren Schulträger keine Dienstherrnfähigkeit besitzen (vgl. § 2 BeamtStG:»das Recht, Beamtinnen und Beamte zu haben«), können beamtete Lehrkräfte des Landes weder an Ersatzschulen abgeordnet noch an sie versetzt werden. Als dienstrechtlichen Lösungsweg für eine Personalgestellung sieht **Satz 2** daher vor, dass die Lehrkräfte der öffentlichen Schulen »für bestimmte Zeit« zum Dienst an Ersatzschulen beurlaubt werden »können«. Eine Beurlaubung ist demnach zum einen schon von Gesetzes wegen als befristete Maßnahme angelegt. Bei den beurlaubten Lehrkräften handelt es sich schließlich um Beamtinnen und Beamte, die vorrangig für ihren Dienstherrn Land Niedersachsen ihre Amtsaufgaben zu erfüllen haben und die – als Ausfluss des Austauschgedankens – ihre im Privatschuldienst gemachten Erfahrungen späterhin für diesen gewinnbringend einsetzen sollen. Die an einer Beurlaubung interessierten Landesbeamtinnen und Landesbeamten haben zum anderen keinen Rechtsanspruch auf eine Beurlaubung. Die Bewilligung einer beantragten Freistellung für den Ersatzschuldienst ist vielmehr in das pflichtgemäße Ermessen des Dienstherrn gestellt (»Kann«-Bestimmung). Der Dienstherr entscheidet, ob und für welche Dauer im jeweiligen Einzelfall eine Beurlaubung erfolgen kann. Im Rahmen seiner Ermessensausübung hat der Dienstherr zu prüfen, ob und inwieweit dienstliche Belange einer Beurlaubung entgegenstehen. Dienstliche Belange, die dem Antrag von Beamtinnen und Beamten auf Beurlaubung überhaupt oder in ihrer (beantragten) Dauer entgegengehalten werden können, sind alle organisatorischen und personalwirtschaftlichen Aspekte, die das dienstliche Interesse an der sachgemäßen und reibungslosen Erfüllung der originär übertragenen Aufgaben betreffen. U. a. können die Situation eines Bewerbermangels oder eine fachspezifische Unterversorgung ein einer Beurlaubung entgegenstehender Belang sein. Dass insbesondere diese beiden Belange in Art und Ausprägung nicht statisch sind, sondern Veränderungen unterliegen und somit jeweils aktuell angemessen bewertet und bei der Entscheidungsfindung mit einfließen müssen, ist selbstredend. Eine Prognose, für welche Dauer dienstliche Belange einer Beurlaubung nicht entgegenstehen, lässt sich nur für einen überschaubaren Zeitraum abgeben. Es ist im Gesetz weder eine Mindest- noch eine Höchstdauer für die Beurlaubung vorgegeben. Im Interesse der Stundenplangestaltung und der Unterrichtskontinuität werden Beurlaubungen zum Schuljahresanfang oder Schulhalbjahresanfang beginnen bzw. Schuljahresende oder Schulhalbjahresende enden müssen. Beurlaubungen sollten mindestens auf ein Schuljahr ausgelegt sein, um den Unterrichtsverlauf über diesen Zeitabschnitt zu begleiten und kennenzulernen.

Im Privatschulgesetz war bis Ende 1973 eine Beurlaubungshöchstdauer von zehn Jahren festgelegt, die damalige Festlegung hatte allerdings auch versorgungsrechtliche Gründe. Eine solche Vorgabe ist nicht in das Stammgesetz des NSchG aufgenommen worden, was man einerseits als Öffnung, andererseits auch als Abkehr von einer zu lang angelegten Höchstdauer deuten kann. Die frühere Frist mag allerdings als Richtmaß dienen, wenn geprüft wird, ob eine Beurlaubungsdauer noch dem Austauschgedanken entspricht.

Dem »Austauschgedanken« des § 152, d. h. eine schulische Zusammenarbeit und einen Erfahrungsaustausch zu fördern, widerspricht es, wenn Lehrkräfte lediglich formal in den öffentlichen Schuldienst eingestellt werden, um sie dann sofort längerfristig für eine Tätigkeit an einer Ersatzschule zu beurlauben. Ebenso wird man einer zeitlich unbefristeten Beurlaubung, einer Beurlaubung »auf Lebenszeit« oder »bis zur Pensionsgrenze« eine Absage erteilen müssen (siehe aber die für sog. Konkordatsschulen geltende besondere Regelung in § 155 Abs. 2 Satz 1).

In der Praxis legt die nachgeordnete Schulbehörde die Dauer von Beurlaubungen landesweit und schulformübergreifend grundsätzlich auf bis zu sechs Jahre fest. Dieser Zeitraum orientiert sich am durchschnittlichen Verbleib einer Schülerin oder eines Schülers im Sekundarbereich I. Danach ist eine einmalige Verlängerung um bis zu drei Jahre möglich. Eine Überschreitung des Zeitraums von neun Jahren wird nur in begründeten Einzelfällen zugelassen, insbesondere wenn die Lehrkraft eine schulstrukturtragende Funktionsstelle wahrnimmt, die Lehrkraft eine begonnene besondere Aufgabe unbedingt zu Ende führen sollte (z.B. Abiturjahrgang, Projekt), der Eintritt der Lehrkraft in den Ruhestand zeitnah bevorsteht, die Beendigung der Beurlaubung eine unzumutbare persönliche Härte für die Lehrkraft darstellen würde oder eine Weiterbeurlaubung im Interesse des Landes geboten erscheint. Auf die Antworten der Landesregierung auf Kleine Anfragen in den Drs. 18/940 und 18/1302 wird hingewiesen.

Satz 3 bestimmt, dass die Zeit der Beurlaubung einer Lehrkraft an eine Ersatzschule bei der Anwendung beamtenrechtlicher Vorschriften einer im öffentlichen Schuldienst im Beamtenverhältnis verbrachten Beschäftigungszeit gleichzustellen ist. Nach beamtenrechtlichen Vorschriften zurückzulegende Zeiten sind beispielsweise bei der Probezeit (§ 19 NBG, § 7 NLVO), der Erprobungszeit (§ 10 NLVO), der Jubiläumsdienstzeit (DJubVO) und der Zeit bis zu einer Beförderung (§ 20 NBG) vorgesehen. Die Anrechnung der Dienstzeiten an Ersatzschulen ist ferner bei der Festsetzung versorgungsrechtlicher Dienstzeiten möglich. So können z.b. gemäß § 11 Abs. 1 Satz 1 Nr. 1b NBeamtVG Zeiten im nichtöffentlichen Schuldienst unter bestimmten Voraussetzungen als ruhegehaltfähige Dienstzeit berücksichtigt werden.

Nach § 3 NLVO-Bildung können Lehrkräfte im Dienst des Landes die Probezeit ganz oder teilweise während eines Urlaubs mit oder ohne Dienstbezüge ausdrücklich auch an einer anerkannten Ersatzschule ableisten.

§ 45, der Regelungen zum Stellenbesetzungsverfahren der Schulleitungen öffentlicher Schulen beinhaltet, findet nach § 48 Abs. 1 Nr. 1b keine Anwendung, wenn die Stelle mit einer Lehrkraft besetzt werden soll, die während einer Beurlaubung in leitender Stellung im Dienst von Schulen in freier Trägerschaft tätig war.

Umzugskostenvergütung wird Beamtinnen und Beamten grundsätzlich gewährt für Umzüge aus Anlass der Versetzung aus dienstlichen Gründen an einen anderen Ort als den bisherigen Dienstort (§§ 85, 120 NBG). Wie bereits erwähnt, ist eine Abordnung oder Versetzung an Ersatzschulen rechtlich nicht möglich. **Satz 4** sieht zur Vermeidung einer unbilligen Wirkung daher vor, dass bei der Rückkehr der beurlaubten Lehrkraft in den öffentlichen Schuldienst Umzugskostenvergütung nach dem Bundesumzugskostengesetz gewährt wird. Eine Gewährung von Umzugskostenvergütung im Rahmen des Ausspruchs der Beurlaubung ist gesetzlich nicht vorgesehen.

Zu Abs. 2: Nach der Vorschrift erfolgt die Beurlaubung der Lehrkräfte an die Ersatzschulen grundsätzlich unter Fortfall der Bezüge, eine Ausnahme von diesem Grundsatz ist nach Absatz 3 für die Beurlaubung an Förderschulen in freier Trägerschaft möglich.

Beurlaubte Lehrkräfte haben einen Doppelstatus: sie sind einerseits beamtete Lehrkräfte des Landes und sie stehen andererseits zugleich in einem privatrechtlichen Beschäftigungsverhältnis zum Ersatzschulträger.

Die Lehrkräfte schließen mit den Ersatzschulträger einen Dienstvertrag, aus dem damit begründeten Dienstverhältnis erhalten sie ein Arbeitsentgelt. Ihre Rechte und Pflichten richten sich nach dem Dienstvertrag (Einstufung, Entgelt, Unterrichtsverpflichtung, Arbeitsort etc.). Bezüglich der wirtschaftlichen und rechtlichen Stellung der Lehrkräfte gelten die Bestimmungen des § 145 Abs. 1 Nr. 1 und Abs. 2.

Die Lehrkräfte unterstehen hinsichtlich des Einsatzes an der Ersatzschule den Weisungen der Schulleitung.

Aufgrund des Dienstvertrages können die Schulträger der Ersatzschulen die beurlaubten Lehrkräfte auch in solchen Positionen bzw. Funktionen beschäftigen, die ihrem originären Amt nicht entsprechen. So kann eine Ersatzschule einer Lehrkraft eine zulagenfähige Funktion, ein »Beförderungsamt« oder eine Schulleitungsfunktion übertragen. Auf das Beamtenverhältnis wirkt sich die Wahrnehmung einer höherwertigen Tätigkeit grundsätzlich nicht aus. Das Land ist beispielsweise nicht gehalten, die Lehrkräfte – während oder nach Ablauf der Beurlaubung – deshalb zu befördern, weil sie an einer Ersatzschule als Schulleiterin oder Schulleiter beschäftigt sind oder waren.

4 Zu Abs. 3: Die Vorschrift durchbricht den zuvor in Absatz 2 aufgestellten Grundsatz, dass Beurlaubungen stets unter Fortfall der Bezüge erfolgen. Nach **Satz 1** können Lehrkräfte zum Dienst an Förderschulen auch unter Fortzahlung der Bezüge beurlaubt werden, sofern der Schulträger einer solchen Ersatzschule dies beantragt. Es sind an die Schulform Förderschule demnach sowohl Beurlaubungen unter Fortfall der Bezüge als auch Beurlaubungen unter Fortzahlung der Bezüge möglich. Letztere setzen einen entsprechenden Antrag des Schulträgers voraus. Da Förderschulen in freier Trägerschaft oftmals regionale Disparitäten und Defizite in der öffentlichen Unterrichtsversorgung förderungsbedürftiger Schülerinnen und Schüler ausgleichen, kommt der Gesetzgeber diesen Ersatzschulen insoweit entgegen, als eine Bezügefortzahlung während der Beurlaubung ermöglicht wird. Die Bezüge werden in diesen Fällen weiterhin vom Land an die beurlaubten Lehrkräfte gezahlt.

Hinzu kommt, dass in diesen Fällen die Schulträger der Ersatzschulen den beurlaubten Lehrkräften, denen bei einer Verwendung an einer öffentlichen Förderschule eine Zulage zustände (vgl. § 19 NBesG, ZulagenVO-Lehr), diese in gleicher Höhe gewähren können. Diese Zulagen werden – sofern sie korrekt festgestellt und angewiesen worden sind – dem Schulträger vom Land erstattet (**Satz 2**).

Satz 3 hat die Zielsetzung, eine unzulässige »Doppelförderung« einer finanzhilfeberechtigten Ersatzschule zu vermeiden. Eine ähnliche Bestimmung mit gleicher Absicht ist auch in § 150 Abs. 1 Satz 2 zu finden. Nach Satz 3 sind auf die nach § 150 zu berechnende Finanzhilfe die vom Land an die beurlaubten Lehrkräfte gezahlten Bezüge anzurechnen, sofern eine Förderschule, der nach § 149 Finanzhilfe gewährt wird, auch vom Land unter Fortzahlung der Bezüge beurlaubte Lehrkräfte beschäftigt.

5 Verweise, Literatur:
- Antwort der Landesregierung auf die Kleine Anfrage »Unterrichtsversorgung an den allgemein bildenden Schulen in freier Trägerschaft« v. 26.01.2016 (Drs. 17/5059)
- Gem. RdErl »Versicherungsfreiheit und Befreiung von der Versicherungspflicht in der gesetzlichen Kranken- und Rentenversicherung, Beitragsfreiheit zur Bundesagentur für Arbeit und Nachversicherung in der Rentenversicherung für die Bediensteten des öffentlichen Dienstes« v. 10.11.2020 (Nds. MBl. S. 1424)
- Gem. RdErl. »Durchführung des BeamtVG; Berücksichtigung von Zeiten einer Beurlaubung ohne Dienstbezüge als ruhegehaltfähige Dienstzeit sowie Erhebung von Versorgungszuschlägen« v. 14.03.2011 (Nds. MBl. S. 246)

- Niedersächsische Verordnung über die Laufbahn der Laufbahngruppe 2 der Fachrichtung Bildung (NLVO-Bildung) v. 19.05.2010 (Nds. GVBl. S. 218)
- Verordnung über Stellenzulagen für Lehrkräfte mit besonderen Funktionen (ZulagenVO-Lehr) v. 23.06.2010 (Nds. GVBl. S. 254; SVBl. S. 285), geändert durch Art. 5 des Gesetzes vom 16.03.2011 (Nds. GVBl. S. 83)

(Karl-Heinz Ulrich)

§ 153 Bezeichnung der Lehrkräfte

(1) Religionsgemeinschaften des öffentlichen Rechts und deren öffentlich-rechtliche Verbände, Anstalten und Stiftungen können Lehrkräften, die an den von ihnen oder ihnen angeschlossenen kirchlichen Institutionen getragenen Schulen auf Grund des Kirchenbeamtenrechts beschäftigt werden, die im öffentlichen Schuldienst vorgeschriebenen Amtsbezeichnungen mit dem Zusatz »im Kirchendienst« verleihen, wenn die Lehrkräfte die Voraussetzungen erfüllen, die an die entsprechenden Lehrkräfte im öffentlichen Schuldienst gestellt werden.

(2) ¹Mit Genehmigung der Schulbehörde können Träger einer anerkannten Ersatzschule ihren hauptberuflichen Lehrkräften, welche die laufbahnrechtlichen Voraussetzungen für die Verwendung im öffentlichen Schuldienst erfüllen, für die Dauer der Beschäftigung an der Schule das Führen einer der Amtsbezeichnung vergleichbarer Lehrkräfte an öffentlichen Schulen entsprechenden Bezeichnung mit dem Zusatz »im Dienst an Schulen in freier Trägerschaft« gestatten. ²Das Führen der Bezeichnung darf frühestens von dem Zeitpunkt an gestattet werden, in dem die Lehrkraft im öffentlichen Dienst zur Beförderung heranstünde. ³Ein Recht auf eine der Bezeichnung entsprechende Verwendung im öffentlichen Schuldienst wird dadurch nicht begründet.

(3) ¹Lehrkräften, die durch Vermittlung des Bundesverwaltungsamts in den Auslandsschuldienst verpflichtet und dafür aus dem öffentlichen Schuldienst beurlaubt worden sind, kann für die Dauer ihrer Verwendung als Schulleiterin oder Schulleiter, stellvertretende Schulleiterin oder stellvertretender Schulleiter oder Fachberaterin oder Fachberater das Führen einer der Amtsbezeichnung vergleichbarer Lehrkräfte an öffentlichen Schulen entsprechenden Bezeichnung mit dem Zusatz »im Auslandsschuldienst« gestattet werden. ²Die Berechtigung hierzu erteilt die Schulbehörde auf Vorschlag des Bundesverwaltungsamts. ³Das Führen der Bezeichnung darf frühestens von dem Zeitpunkt an gestattet werden, in dem die Lehrkraft im öffentlichen Dienst zur Beförderung heranstünde. ⁴Ein Recht auf eine der Bezeichnung entsprechende Verwendung im öffentlichen Schuldienst wird dadurch nicht begründet.

Allg.: Beamtete Lehrkräfte an öffentlichen Schulen führen Amtsbezeichnungen (§ 57 NBG), die sich im Wesentlichen an der Laufbahngruppe, der

1

erworbenen Laufbahnbefähigung (z.B. Lehramt an Realschulen, Lehramt an Gymnasien), der dienstlichen Stellung und Funktion (z.B. Schulleiterin, Fachmoderator für Gesamtschulen) und dem schulformspezifischen Einsatz (z.B. Rektorin/Rektor oder Oberstudiendirektorin/Oberstudiendirektor) orientieren. Amtsbezeichnungen sind förmlich in Besoldungsordnungen (Bundesbesoldungsordnung, Niedersächsische Besoldungsordnung) vom Gesetzgeber festgesetzt und kennzeichnen öffentliche Ämter. Sie sind gesetzlich geschützt und dürfen nicht frei von jedermann verwendet werden. § 132a StGB stellt das unbefugte Führen von Amtsbezeichnungen – auch von solchen, die ihnen zum Verwechseln ähnlich sind – unter Strafe. Denn diese Bezeichnungen suggerieren die Zugehörigkeit zu einer Personengruppe, der die Öffentlichkeit besondere Vertrauenswürdigkeit sowie herausgehobene Funktionen, Fähigkeiten oder Verdienste zuschreibt.

Lehrkräfte im Kirchendienst, im Dienst an Schulen in freier Trägerschaft und im Auslandschuldienst bekleiden keine öffentlichen Ämter, sie verfügen jedoch oftmals über die dafür notwendige Befähigung und sie üben an den Schulen den Ämtern vergleichbare Tätigkeiten aus. Daher ist es naheliegend, dass sie eine entsprechende Titelführung für ihre Dienststellung einfordern, um nicht der allgemein gebräuchlichen, nicht differenzierenden Bezeichnung »Lehrkraft« oder »Lehrerin/Lehrer« zu unterliegen. Auch ihre kirchlichen Dienstherrn bzw. ihre Beschäftigungsarbeitgeber haben in Anbetracht der Konkurrenzsituation und des Wettbewerbs der unterschiedlichen Systeme ein großes Interesse daran, auch über die Bezeichnung des Lehrpersonals einen Anstrich von Qualität und Vertrauenswürdigkeit zu vermitteln.

Vor diesem Hintergrund trifft § 153 Regelungen für eine Verwendung von im öffentlichen Schuldienst üblichen Amtsbezeichnungen von Lehrkräften und ermöglicht durch ein deutliches Abwandeln der Amtsbezeichnungen ein (befugtes) Führen eines Titels. Um eine Verwechslung auszuschließen, ist ein den Träger kennzeichnender Zusatz (»im Kirchendienst«, »im Dienst an Schulen in freier Trägerschaft«, »im Auslandsschuldienst«) hinzuzufügen.

Die Zulässigkeit für das Führen der Titel knüpft an das Erfüllen formaler beamten- und laufbahnrechtlicher Voraussetzungen an.

In den Fällen des Absatzes 1 ist den kirchlichen Trägern, die einen öffentlich-rechtlichen Status eigener Art und Dienstherrnfähigkeit besitzen, selbst das Recht eingeräumt, ihren Kirchenbeamtinnen und Kirchenbeamten eine Bezeichnung zu verleihen. In den Fällen des Absatzes 2 bedarf die Gestattung zum Führen einer Bezeichnung der Genehmigung der RLSB, in den Fällen des Absatzes 3 muss eine Berechtigung für die Titelführung durch die RLSB erteilt werden.

Der Gesetzgeber macht in den Fällen der Absätze 2 und 3 deutlich, dass aus einer Titelführung Ansprüche für eine spätere Verwendung im öffentlichen Schuldienst nicht abgeleitet werden können. Für Lehrkräfte im Kirchenbeamtenverhältnis fehlt ein solcher klarstellender Hinweis, jedoch versteht sich von selbst, dass ein Anspruch nicht allein durch eine ähnliche Amtsbezeichnung hergeleitet werden kann. Allerdings darf man nicht verkennen, dass das Kirchenbeamtenrecht einschließlich der Bewertung kirchlicher Ämter sehr stark an das staatliche Recht angelehnt ist und dass z.B. bereits § 4 der Vereinbarung v. 30.12.1957 zum sog. Loccumer Vertrag (KABl. 1958 S. 4) Zugeständnisses für einen Übertritt von Lehrkräften in den öffentlichen Schuldienst macht.

Zu Abs. 1: Bereits 1957 wurde in einer Vereinbarung zum sog. Loccumer **2** Vertrag festgeschrieben, dass das Land keine Einwendungen dagegen erhebt, dass die evangelischen Landeskirchen an Lehrkräfte, die im Schuldienst an Privatschulen nach den Grundsätzen des kirchlichen Beamtenrechts beschäftigt werden, die im öffentlichen Schuldienst gebräuchlichen Amtsbezeichnungen mit dem Zusatz »im Kirchendienst« verleihen. Die evangelischen Landeskirchen ihrerseits hatten seinerzeit zugesichert, solche Amtsbezeichnungen nur an Lehrkräfte zu verleihen, die die Voraussetzungen erfüllen, die an die entsprechenden Lehrkräfte im öffentlichen Schuldienst gestellt werden (vgl. § 5 der Vereinbarung v. 30.12.1957). Diese Regelung wurde 1967 in das PrivSchG übernommen und auf alle Religionsgemeinschaften des öffentlichen Rechts ausgedehnt, späterhin wurden die Bestimmungen Bestandteil des NSchG.

Das Verfassungsrecht stellt in Art. 140 GG i.V.m. Art. 137 Abs. 5 WRV den Religionsgemeinschaften den besonderen Status der Körperschaft des öffentlichen Rechts zur Verfügung. Für die Verleihung der Körperschaftsrechte sind nach Art. 30 GG die Länder zuständig. Zu den vorkonstitutionell als Körperschaft des öffentlichen Rechts bestehenden Religionsgemeinschaften gehören insbesondere die evangelischen Landeskirchen und die römisch-katholische Kirche. Mit diesem öffentlich-rechtlichen Status sind bestimmte Privilegien verbunden. Zu diesen Privilegien gehört für die Religionsgemeinschaften des öffentlichen Rechts und für ihre angeschlossenen Untergliederungen auch das Recht, Lehrkräften die im öffentlichen Schuldienst vorgeschriebenen Amtsbezeichnungen zu verleihen.

Die Lehrkräfte müssen für die Verleihung von Amtsbezeichnungen auf Grund des Kirchenbeamtenrechts beschäftigt werden, d. h. es muss sich um Kirchenbeamtinnen und Kirchenbeamte handeln, eine Beschäftigung in einem Arbeitsverhältnis (»dritter Weg«) erfüllt diese Voraussetzung nicht.

Das Führen einer Amtsbezeichnung knüpft an das Erfüllen formaler beamten- und laufbahnrechtlicher Voraussetzungen an, dabei ist auf die entsprechenden Lehrkräfte im öffentlichen Schuldienst abzustellen.

Die Träger der kirchlichen Schulen sind aufgrund des Kirchenbeamtenrechts schulgesetzlich befugt, selbst die Amtsbezeichnungen zu verleihen, einer weiteren Genehmigung der Schulbehörde bedarf es nicht. Die Entscheidung liegt im Ermessen des kirchlichen Schulträgers.

Zu Abs. 2: »Diese Bestimmung ist auf vielfach geäußerten Wunsch der **3** betreffenden Lehrkräfte und der Träger der Privatschulen eingefügt worden« (vgl. Niederschrift der 84. Sitzung des Landtages am 8.2.1967). Der seinerzeit sog. Titelparagraph war durchaus umstritten, im Dienstrechtsausschuss, im Kultusausschuss und letztlich im Landtagsplenum wurde über die Erweiterung des Paragrafen um diesen Absatz heftig debattiert. Die Gestattung kann nur von anerkannten Ersatzschulen (vgl. § 148) ausgesprochen werden, genehmigte Ersatzschulen haben dieses Sonderrecht hingegen nicht.

Die Gestattung ist eine Ermessensentscheidung des Ersatzschulträgers. Bevor die Bezeichnung verliehen wird, bedarf es – im Unterschied zu den Fällen des Absatzes 1, bei denen wegen der ausgeprägten Anlehnung des Kirchenbeamtenrechts an das staatliche Beamtenrecht eigenständige Entscheidungen des Trägers zugelassen sind – einer Genehmigung der nachgeordneten Schulbehörde im Einzelfall. Die Schulbehörde hat anhand der schulrechtlichen und dienstrechtlichen Vorschriften zu prüfen und zu entscheiden, ob die Voraussetzungen für das Führen der angestrebten Bezeichnung vorliegen, ein Ermessen hat die Schulbehörde dabei nicht.

Das Führen der Titel knüpft nach den Sätzen 2 und 3 an das Erfüllen formaler beamten- und laufbahnrechtlicher Voraussetzungen an. Es ist dabei auf die entsprechenden Lehrkräfte im öffentlichen Schuldienst abzustellen. Dementsprechend sind insbesondere die grundsätzlichen Bestimmungen des NBG, der NLVO sowie der NLVO-Bildung sowie deren allgemeine Ausnahmeregelungen zugrunde zu legen. Individuelle Ausnahmen, wie sie der Landespersonalausschuss für Landesbeamtinnen und Landesbeamte ermöglichen könnte, sind hingegen nicht denkbar.

Mit dem Inkrafttreten des neuen NBG im Jahr 2009 ist die Anstellung, d. h. die erstmalige Übertragung eines Amtes im statusrechtlichen Sinne (ugs. »Wegfall z. A.«), als eigenständiger Ernennungsfall fortgefallen. Mit der Begründung eines Beamtenverhältnisses auf Probe, auf Lebenszeit und auf Zeit wird seither gleichzeitig ein Amt verliehen. Im Zuge der Änderung des Beamtenrechts sind in der Vorschrift die Worte »Anstellung oder« gestrichen worden. Dies hat nach dem jetzigen Wortlaut des Gesetzestextes die zweifelsohne unbeabsichtigte Folge, dass einer Lehrkraft, die direkt nach dem Vorbereitungsdienst eine Stelle an einer Ersatzschule annimmt, im Regelfall erst nach vier Jahren (§§ 19, 20 NBG) – und nicht bereits bei der Einstellung – gestattet werden kann, (z.B.) die Bezeichnung »Studienrätin oder Studienrat im Dienst an Schulen in freier Trägerschaft« zu führen, während eine Kollegin oder ein Kollege im öffentlichen Schuldienst sofort die Amtsbezeichnung »Studienrätin« oder »Studienrat« führen darf. Die geltende Regelung bildet die im Beamtenrecht eingetretene Änderung nicht richtig ab. § 153 Abs. 2 Satz 2 wird daher zu korrigieren sein. Auch wenn hier ein gesetzgeberisches Versehen vorliegt, ist es der Exekutive verwehrt, im Vorgriff auf eine zukünftige Änderung des NSchG bereits vorab nach eigenen Vorstellungen bzw. eigener Rechtsetzung zu verfahren. Die betroffenen Lehrkräfte an Schulen in freier Trägerschaft erleiden weder einen finanziellen Schaden noch andere messbare Nachteile.

Von der Regelung sind nur hauptberufliche Lehrkräfte begünstigt. Eine Lehrtätigkeit wird üblicherweise dann hauptberuflich ausgeübt, wenn sie entgeltlich ist, gewolltermaßen den Schwerpunkt der beruflichen Tätigkeit darstellt, in der Regel den überwiegenden Teil der Arbeitskraft in Anspruch nimmt und dem durch Ausbildung und Berufswahl geprägten Berufsbild entspricht oder nahekommt. Nebenberuflich oder stundenweise beschäftigte Lehrkräfte erfüllen diese Voraussetzung nicht.

Die Gestattung zum Führen der Bezeichnung ist auf die Dauer der Beschäftigung an der Ersatzschule befristet, ein Weiterführen des Titels – beispielsweise mit dem Zusatz »außer Dienst« (a. D.) – ist nicht zulässig.

Satz 3 stellt ferner klar, dass aus der Titelführung Ansprüche für eine spätere Verwendung im öffentlichen Schuldienst nicht abgeleitet werden können.

Zu Abs. 3: Die Bestimmung für die in den Auslandsschuldienst beurlaubten **4** Lehrkräfte wurde durch das ÄndG 1980 an den Paragrafen angefügt. In der Begründung zu dem vorausgehenden Gesetzentwurf wird ausgeführt, dass an den Dienst an Auslandsschulen beurlaubte Lehrkräfte hinsichtlich der Führung von Amtsbezeichnungen den an Schulen in freier Trägerschaft beurlaubten Lehrkräften gleichgestellt werden sollen, weil sie herausgehobene Funktionen (z.B. Schulleiterin oder Schulleiter, Fachberaterin oder Fachberater u. a.) zwar jeweils nur für eine bestimmte Zeit ausüben, sie andererseits mangels entsprechender Beamtenvorschriften aber nicht auf Zeit befördert werden können.

Nach Satz 1 muss es sich bei den durch diese Bestimmung Begünstigten um aus dem öffentlichen Schuldienst beurlaubte Lehrkräfte handeln. Gemeint sein können damit folglich nur die vom Bundesverwaltungsamt vermittelten Auslandsdienstlehrkräfte; Bundesprogrammlehrkräfte sowie Ortskräfte bzw. Ortslehrkräfte erfüllen diese persönliche Voraussetzung nicht. Das Bundesverwaltungsamt ist eine Bundesoberbehörde, es erledigt eine Vielzahl von Bundesaufgaben, u. a. auch im Bereich des Auslandsschulwesens.

Die Gestattung ist zeitlich befristet auf die Dauer der Verwendung als Schulleiterin oder Schulleiter, als stellvertretende Schulleiterin oder stellvertretender Schulleiter oder als Fachberaterin oder Fachberater; auch der begünstigte Personenkreis ist damit abschließend benannt.

Satz 2 regelt das Verfahren. Danach kann das Bundesverwaltungsamt der Schulbehörde einen Vorschlag auf Erteilung einer Gestattung für das Führen einer Amtsbezeichnung unterbreiten, die nachgeordnete Schulbehörde erteilt nach Prüfung die Berechtigung zum Führen der Amtsbezeichnung mit dem kennzeichnenden Zusatz »im Auslandsschuldienst«.

Die Gestattung darf nach Satz 3 frühestens von dem Zeitpunkt an ausgesprochen werden, in dem die Lehrkraft im öffentlichen Dienst zu einer der in Rede stehenden Beförderungen heranstehen würde.

Satz 4 stellt klar, dass ein Recht auf eine der Bezeichnung entsprechende Verwendung im öffentlichen Schuldienst dadurch nicht begründet wird.

Auch in einem Beschluss vom 14.2.1996 i. d. F. vom 23.9.2010 zur Beurlaubung von Lehrkräften für den Auslandsschuldienst hat die KMK klargestellt, dass aus der Wahrnehmung einer besonderen Tätigkeit im Ausland kein Anspruch auf Beförderung und bei Rückkehr in den Inlandsdienst kein Anspruch auf Einweisung in eine Funktionsstelle ableitbar ist. Gleichwohl wird an dieser Stelle auf § 48 Abs. 1 Nr. 1 hingewiesen.

5 **Verweise, Literatur:**
- Vereinbarung des Landes Niedersachsen mit den Evangelischen Landeskirchen in Niedersachsen gem. Artikel 5 Abs. 2 des Vertrages vom 19.3.1955 v. 30.12.1957 (KABl. 1958 S. 4); Bek. d. MK. v. 5.12.1957 (Nds. MBl. 52/1957 S. 970)
- Gesetz über die Förderung Deutscher Auslandsschulen (Auslandsschulgesetz–ASchulG) vom 26.8.2013 (BGBl. I S. 3306)
- Verwaltungsvereinbarung zwischen dem Bundesminister des Auswärtigen und den Kultusministern der Länder in der Bundesrepublik Deutschland zum Einsatz von Lehrkräften im deutschen Auslandsschulwesen und zum Gesetz über die Förderung Deutscher Auslandschulen vom 5.12.2013 (VwV ASchulG)
- Beurlaubung von Lehrkräften für den Auslandsschuldienst, Beschl. d. KMK v, 14.2.1996 i.d.F. v. 23.9.2010
- *Nolte, Gerald*: Neues Auslandsschulgesetz, Schulverwaltung, Ausgabe Niedersachsen, 2013, H. 12, S. 341

(Karl-Heinz Ulrich)

Dritter Abschnitt
Ersatzschulen in kirchlicher Trägerschaft, die aus öffentlichen Schulen hervorgegangen sind

Vorbemerkung zu den §§ 154–157

1 **Allgemeines:** Ersatzschulen besonderer Art sind die sog.»Konkordatsschulen«, so genannt, weil sie ihre Existenz dem Konkordat zwischen dem Heiligen Stuhl und dem Land Niedersachsen verdanken. Die Schulen sind aus ursprünglich öffentlichen katholischen Volksschulen hervorgegangen. Bei der Umwandlung der öffentlichen Volksschulen (mit den Jahrgängen 1 bis 9) in Grundschulen (Primarbereich) und Hauptschulen musste auch die Frage der katholischen Volksschulen geregelt werden. Staat und Kirche verständigten sich schließlich darauf, dass sich die Kirche mit der Beschränkung der öffentlichen Bekenntnisschulen auf den Primarbereich einverstanden erklärte, während das Land der Kirche die Umwandlung einiger Volksschulen in Schulen in freier Trägerschaft des Sekundarbereichs I zugestand. Diese Schulen konnten anerkannte Ersatzschulen (ursprünglich in den Schulformen Orientierungsstufe und Hauptschule) in Trägerschaft der katholischen Kirche werden, für die der Staat die

Personalkosten der Lehrkräfte tragen und sich auch an den sächlichen Kosten beteiligen wollte.

Das Land Niedersachsen und der Heilige Stuhl vereinbarten diese Regelung in einem Vertrag vom 21.05.1973 zur Änderung des Konkordats sowie in einer Vereinbarung vom 15./16.05.1973. Diese Regelung wurde durch Änderung des damaligen Privatschulgesetzes in staatliches Recht umgesetzt und später in das NSchG übernommen. Mit dem ÄndG 80 ist die Erweiterung der Konkordatsschulen um einen Realschulzweig ermöglicht worden. Die Vorschriften haben durch dieses Änderungsgesetz außerdem eine Änderung hinsichtlich einer großzügigeren Finanzhilferegelung erfahren. Aufgrund der Durchführungsvereinbarung zum Konkordat vom 29.10.1993 wurden die Bestimmungen über die Konkordatsschulen im NSchG durch das Gesetz vom 12.07.1994 neu gefasst, insbesondere wurden die Texte dem damaligen Rechtszustand nach der Umwandlung angepasst und die Erstattung der Personalkosten auf die im Konkordat vorgesehene Regelung reduziert.

Die Bestimmungen der §§ 154 ff. beruhen im Wesentlichen auf entsprechenden Übereinkünften in der Durchführungsvereinbarung, deren Fassung vom 08.05.2012 die Möglichkeit der Umwandlung der konkordatären Haupt- und Realschulen in Oberschulen eröffnet hat (siehe Anm. 1 zu § 154).

Abgrenzung und Trägerschaft: Die Konkordatsschulen nach § 154 Abs. 1 sowie die aufgrund staatskirchenrechtlicher Vereinbarung mit ähnlichem Status betriebenen Schulen sind staatlich anerkannte Ersatzschulen. Träger dieser freien Schulen sind die Bistümer sowie die Landeskirche Hannovers, die Verwaltung der Schulen übernehmen größtenteils dafür eingerichtete Schulstiftungen sowie das Evangelische Schulwerk. 2

Pädagogische Ausrichtung und Lehrkörper: In den Konkordatsschulen werden die Schülerinnen und Schüler nach den Grundsätzen des katholischen Glaubens unterrichtet und erzogen. Religiöse Angebote gehören zum Schulalltag. Sie spiegeln sich im Unterricht und in der Aufbereitung der Lerninhalte wider. Religionsunterricht, ein gemeinsames Schulgebet, regelmäßige Schulgottesdienste, Teilnahme an Fest- und Feiertagen des Kirchenjahres und ggf. auch eine Schulwallfahrt geben dem Schulalltag eine kirchliche Prägung. In evangelischen Schulen gehören Schulgottesdienste, Andachten und eine besondere Aufmerksamkeit gegenüber religiösen Festen sowie der verbindliche Religionsunterricht zum schulischen Selbstverständnis, sie sind inklusive Schulen und zeigen soziales und diakonisches Lernen. 3

Das Lehrerkollegium dieser Schulen setzt sich vorherrschend aus Lehrkräften zusammen, die der gleichen Konfession wie die Schülerinnen und Schüler angehören.

Zu einem Großteil werden im Landesdienst stehende Lehrkräfte zum Dienst an die Schulen beurlaubt. Ferner sind beamtete sowie angestellte Lehrkräfte der Kirchen an den Schulen eingesetzt.

Aufnahmebeschränkung für bekenntnisfremde Schülerinnen und Schüler: Nach § 157 Abs. 1 dürfen an den Konkordatsschulen bis zu 30 v. H. der 4

Schülerinnen und Schüler an einer Schule nichtkatholisch sein. Von dieser Obergrenze können vom MK Ausnahmen zugelassen werden, so dass die Schulen einen höheren Anteil nichtkatholischer Kinder aufnehmen können, ohne den konfessionellen Status der Schule in Frage zu stellen. Die meisten Schulen haben sich inzwischen bekenntnisfremden und bekenntnisfreien Schülerinnen und Schülern geöffnet.

5 Anzahl der Schulen: In Niedersachsen werden 14 Konkordatsschulen geführt. Daneben werden aufgrund staatskirchenrechtlicher Vereinbarung drei katholische und fünf evangelische Schulen mit einem ähnlichen Status betrieben.

6 Erhebung eines Schulgeldes: Das Schulgesetz enthält bezüglich eines Schulgeldes lediglich in § 144 Abs. 1 Satz 1 den für alle Ersatzschulen geltenden Hinweis auf das Sonderungsverbot nach Art. 7 Abs. 4 Satz 3 GG. Weder nach dem Gesetzeswortlaut der §§ 154 ff. noch nach den konkordatären Vereinbarungen ist die Erhebung eines Schulgeldes an den Konkordatsschulen explizit ausgeschlossen. Allerdings wurde in den parlamentarischen Unterlagen (Drs. 12/6381 S. 4) von Seiten der Abgeordneten eindeutig die Erwartungshaltung zum Ausdruck gebracht, dass vor dem Hintergrund der vereinbarten Kostenerstattung von den Trägern ein Schulgeld nicht erhoben wird.

7 Schulaufsicht: Die Konkordatsschulen sowie die aufgrund staatskirchenrechtlicher Vereinbarung mit ähnlichem Status betriebenen Schulen unterstehen als Ersatzschulen der staatlichen Schulaufsicht nach § 167.

8 Verweise, Literatur:

- *Galas, Dieter*: Konkordatsschulen – Eine niedersächsische Besonderheit, Niedersächsische Verwaltungsblätter, 2004, H. 7, S. 177
- *Galas, Dieter*: 40 Jahre Niedersachsen-Konkordat, Schulverwaltung, Ausgabe Niedersachsen/Schleswig-Holstein, 2005, H. 5, S. 151
- *Simon, Christian:* Das religiöse Fundament der niedersächsischen Schulgesetze im Parteienstreit der Fünfziger Jahre, Niedersächsisches Jahrbuch für Landesgeschichte 66, 1994, S. 261

(Karl-Heinz Ulrich)

§ 154 Allgemeines

(1) ¹Die Vorschriften dieses Abschnitts gelten für folgende Ersatzschulen in kirchlicher Trägerschaft, die aus öffentlichen Schulen hervorgegangen sind:
- je eine Haupt- und Realschule in Cloppenburg, Duderstadt, Göttingen, Hannover, Lingen, Meppen, Oldenburg, Papenburg, Vechta, Wilhelmshaven, Wolfsburg und
- je zwei Haupt- und Realschulen in Hildesheim und in Osnabrück.

²Eine Schule nach Satz 1 kann auf Antrag des kirchlichen Schulträgers als Oberschule geführt werden, wenn die Entwicklung der Schülerzahlen dies rechtfertigt.

(2) ¹Voraussetzung für die Beibehaltung der in Absatz 1 genannten Schulen ist, dass sie in ihrer Gliederung den unter vergleichbaren Bedingungen stehenden öffentlichen Schulen entsprechen und dass die öffentlichen Schulträger, in deren Gebiet die betreffende Schule besteht, eine entsprechende öffentliche Schule aufrechterhalten können. ²Eine Oberschule nach Absatz 1 Satz 2 kann auf Antrag des kirchlichen Schulträgers um ein gymnasiales Angebot erweitert werden, wenn der Schulträger desjenigen öffentlichen Gymnasiums zustimmt, das die Schülerinnen und Schüler sonst im Gebiet des Landkreises oder der kreisfreien Stadt besuchen würden, und die Entwicklung der Schülerzahlen dies rechtfertigt.

(3) Für die Vergleichbarkeit der Bedingungen im Sinne des Absatzes 2 sind folgende Faktoren zu berücksichtigen:

a) die Einwohnerzahl, die Ausdehnung und die Verkehrsverhältnisse der betreffenden Gemeinde,

b) die absehbare Veränderung der Bevölkerung nach Zahl und Gliederung,

c) die Stärke der jeweiligen Schuljahrgänge.

(4) § 149 Abs. 5 gilt für die Geltendmachung von Ansprüchen nach den §§ 155 und 156 entsprechend.

(5) Die nachgeordnete Schulbehörde und der Landesrechnungshof sind berechtigt, bei den in Absatz 1 genannten Schulen und ihren Trägern alle die Geldleistungen des Landes betreffenden Angaben an Ort und Stelle zu überprüfen, die dazugehörigen Unterlagen einzusehen und Auskünfte zu verlangen.

Allg.: In Artikel 6 Abs. 1 des Konkordats von 1965 (Anm. 7) gewährleistete das Land die Beibehaltung und Neuerrichtung von »Volksschulen« als katholische Bekenntnisschulen. In der Folge der Abschaffung der einheitlichen Volksschule (Klassen 1 bis 9) wurde Artikel 6 des Konkordats durch den Änderungsvertrag vom 21.05.1973 (Anm. 7) geändert. Während in Absatz 1 die Gewährleistung der (öffentlichen) Bekenntnisschulen auf den Primarbereich eingeschränkt wurde, wurde in einem neuen Absatz 3 die »Errichtung, Beibehaltung und Unterhaltung von Orientierungsstufen und Hauptschulen in Trägerschaft der katholischen Kirche« durch das Land gewährleistet. Dadurch wurde an ursprünglich 16 Orten die Umwandlung bisheriger »Oberstufen« von öffentlichen katholischen Bekenntnisschulen in Hauptschulen und Orientierungsstufen in katholischer Trägerschaft ermöglicht (vgl. Abschn. II Nr. 2 der Vereinbarung zu Artikel 6 im Notenwechsel vom 15./16.05.1973, Anm. 7).

Durch Artikel I Nr. 3 des Zweiten Gesetzes zur Änderung des Privatschulgesetzes (Anm. 7) wurde Ende 1973 ein Abschnitt II a in das Privatschulgesetz eingefügt, der – seinerzeit auf die Zukunft gerichtet – Regelungen zu »Ersatzschulen, die aus öffentlichen Schulen hervorgehen« traf. Die Vorschriften sahen in einem § 13a vor, dass unter bestimmten Voraussetzungen an in der Vorschrift festgelegten 16 Standorten 18 ausgewählte Schulen, die bis zum 31.07.1973 als öffentliche Volksschulen für Schülerinnen und Schüler des katholischen Bekenntnisses geführt worden sind, verselbstständigt und in anerkannte Ersatzschulen – Orientierungsstufen und Hauptschulen – in kirchlicher Trägerschaft umgewandelt werden können. Die Regelungen dieses Paragrafen wurden in den § 135 Abs. 1 a. F. des sog. Stammgesetzes des NSchG von 1974 übernommen. Bis zum 01.08.1977 wurde in 15 Fällen eine Umwandlung vollzogen, an den Standorten Georgsmarienhütte, Lohne und Nordhorn wurde die eingeräumte Option nicht wahrgenommen.

Durch das Gesetz vom 21.07.1980 (Anm. 7) wurde dem § 135 a. F. ein Absatz 6 angefügt, der es den kirchlichen Trägern erlaubte, die Konkordatsschulen um einen Realschulzweig zu erweitern. Nach Überführung der Regelungen in den § 154 wurde durch das ÄndG 1994 (Anm. 7) gewissermaßen eine Bestandsaufnahme vorgenommen, in der der damals erreichte Rechtszustand beschrieben wurde.

In Folge der Abschaffung der Schulform Orientierungsstufe zum 01.08.2004 durch das ÄndG 03 mussten auch die Ersatzschulen dieses Angebot aufgeben; § 154 wurde durch Artikel I Nr. 21 des Änderungsgesetzes vom 29.04.2004 (Anm. 7) entsprechend angepasst.

Durch das Gesetz vom 17.07.2012 (Anm. 7) wurde es zugelassen, die Konkordatsschulen als Oberschulen führen zu dürfen. Ferner wurde es ermöglicht, in Oberschulen umgewandelte Schulen um ein gymnasiales Angebot zu erweitern (vgl. Schriftlicher Bericht, Drs. 16/5007).

2 **Zu Abs. 1:** Die Regelung stellt einleitend fest, für welche besondere Gruppe von Ersatzschulen der Dritte Abschnitt des Elften Teils des Schulgesetzes zur Anwendung kommt. Danach gilt dieser Abschnitt für die sog. Konkordatsschulen. Es handelt sich bei diesen Schulen um eine geringe Anzahl von anerkannten Ersatzschulen, die aufgrund ihrer durch staatskirchenvertragliche Vereinbarung eingeräumten außergewöhnlichen Stellung eine besondere Form der Finanzhilfe in Form einer Personalkostenerstattung erhalten. In **Satz 1** werden die Ersatzschulen, für die die §§ 154 bis 157 gelten, relativ abstrakt aufgeführt. Es bedarf mittlerweile einer systematischen Recherche, welche Ersatzschulen derzeit konkret von den Vorschriften erfasst sind, denn im Laufe der Jahre haben sich die ursprünglich ausgewählten Schulen weiterentwickelt. Die nach den beiden Spiegelstrichen angeführten Festlegungen bilden das Schulangebot an Konkordatsschulen gegenwärtig nur noch rechtshistorisch ab. Ursprünglich war die kirchliche Trägerschaft für katholische Volksschulen, dann für Orientierungsstufen und Hauptschulen und späterhin für Haupt- und Realschulen (vgl. Abschnitt II Nr. 2 Satz der KokordatDVbg ND, Anm. 7) zugesichert worden. Durch die Weiterentwicklung der Schullandschaft wurde den kirchlichen Trägern schließlich die Möglichkeit eingeräumt, Oberschulen zu führen (vgl. Abschnitt II Nr. 2 Satz 2 der KokordatDVbg ND, Anm. 7), selbst ein gymnasiales Angebot kann von ihnen an den Oberschulen gemacht werden. Damit hat sich der Staat mittlerweile weit von den ursprünglichen

Zusicherungen bzw. Zugeständnissen entfernt, denn eine Oberschule, womöglich noch mit einem gymnasialen Angebot, hat nicht mehr viel mit der einstmals zugestandenen Volksschule gemein.

Bei den von **Satz 1 Spiegelstriche 1 und 2** direkt erfassten Ersatzschulen handelt es sich konkret um folgende: OBS Marienschule (Cloppenburg), OBS Bonifatius-Schule II (Göttingen), OBS Ludwig Windhorst-Schule (Hannover), OBS Marienschule (Lingen), OBS Johannesschule (Meppen), OBS Paulusschule (Oldenburg), OBS Michaelschule (Papenburg), OBS Ludgerusschule (Vechta), OBS Franziskusschule (Wilhelmshaven), OBS Eichendorff-Schule (Wolfsburg), RS Albertus-Magnus-Schule (Hildesheim), OBS St.-Augustinus-Schule (Hildesheim), OBS Domschule (Osnabrück) sowie OBS Thomas Morus-Schule (Osnabrück).

Die Aufzählung der Schulen ist abschließend. Nur die an den genannten Standorten noch existierenden Konkordatsschulen haben den privilegierten Status. Am Standort Duderstadt (einstmals HRS St. Ursula-Schule) wurde die aus einer öffentlichen Schule hervorgegangene Ersatzschule aufgrund einer schulorganisatorischen Entscheidung des kirchlichen Trägers (Errichtung der Ersatzschule IGS St. Ursula-Schule) aufgegeben; Ansprüche nach den §§ 154 ff. sind damit für diesen Standort ersatzlos untergegangen. Durch Umorganisation der Hildesheimer Don-Bosco-Schule und der (H/RS) St.-Augustinus-Schule/Albertus-Magnus-Schule sind die RS Albertus-Magnus-Schule und die OBS St.-Augustinus-Schule entstanden.

Andere Ersatzschulen der katholischen Kirche an diesen oder anderen Standorten haben nicht den originären Status der Ersatzschulen im Sinne der §§ 154 ff. Sie können allerdings durch anderweitige Vereinbarung einen den Konkordatsschulen angenäherten Status erhalten. So hat das seinerzeit in der Trägerschaft des Bistums Hildesheim stehende und als öffentliche Schule geführte Gymnasium Josephinum in Hildesheim durch den Vertrag zur Änderung des Konkordats vom 08.05.1989 (Nds. GVBl. S. 268) seit dem 01.08.1989 die Rechtsstellung einer anerkannten Ersatzschule. Auch das Hildegard-von-Bingen-Gymnasium Twistringen in Trägerschaft des Bistums Osnabrück hat nach dem Gesetz vom 08.06.2010 (Nds. GVBl. S. 232) einen entsprechenden Status verliehen bekommen. Ein entsprechender Status ist schließlich durch das vorgenannte Gesetz ab dem 01.08.2010 dem in Trägerschaft des Bistums Hildesheim stehenden Gymnasium Eichendorffschule in Wolfsburg zugestanden worden. Für die Beurlaubung von Lehrkräften und für die Erstattung der Aufwendungen für das Unterrichtspersonal der drei genannten Ersatzschulen gelten die gleichen staatlichen Bestimmungen wie für die Konkordatsschulen. Bei diesen Schulen unterbleibt allerdings u. a. eine Sachkostenerstattung nach § 156.

Zwischen der Evangelisch-lutherischen Landeskirche Hannovers und dem Land Niedersachsen besteht eine Vereinbarung, nach der neben dem Gymnasium Andreanum in Hildesheim diese Landeskirche an vier weiteren Standorten anerkannte Ersatzschulen mit besonderer Rechtsstellung betreiben kann. Gegenstand der besonderen Rechtsstellung ist insbesondere, dass für diese Schulen die persönlichen Kosten – wie bei den Konkordatsschulen – ohne Wartefrist (vgl. § 149) erstattet werden und dass Lehrkräfte des Landes unter Fortzahlung der Bezüge an diese Schulen beurlaubt werden können. Die vier weiteren Schulstandorte sind nach der Vereinbarung einvernehmlich mit dem Land festzulegen. Die Festlegung ist zwischenzeitlich erfolgt zugunsten der Evangelischen Grundschule Waldschule Eichelkamp in Wolfsburg, des Evangelischen Gymnasiums Nordhorn, des Philipp-Melanchthon-Gymnasiums Meine sowie der Evangelischen IGS Wunstorf. Für die Lehrkräfte dieser Schulen sind die Bestimmungen des § 155 entsprechend anzuwenden. Im Übrigen gelten die Vorschriften des NSchG über die Schulen in freier Trägerschaft mit Ausnahme des § 154 und der §§ 156 bis 161.

Das Gesetz vom 17.07.2012 (Anm. 7), mit dem die Änderungen konkordatärer Bestimmungen ratifiziert und in staatliches Schulrecht umgesetzt wurden, hat die »Umwandlung« der Konkordatsschulen in Oberschulen ermöglicht. Von der Möglichkeit der Umwandlung in eine Oberschule wurde inzwischen für 13 Konkordatsschulen Gebrauch gemacht (Stand: Schuljahr 2017/2018), die Albertus-Magnus-Schule in Hildesheim wird weiterhin als Realschule geführt.

Nach **Satz 2** kann eine Schule nach Satz 1 auf Antrag des kirchlichen Schulträgers als Oberschule geführt werden, wenn die Entwicklung der Schülerzahlen dies rechtfertigt. Die »Umwandlung« (vgl. Anm. 2 zu § 106) fordert – wie § 106 Abs. 3 –, dass die Entwicklung der Schülerzahlen diese schulorganisatorische Maßnahme rechtfertigt. In den Konkordatsänderungen vom 08.05.2012 (Anm. 7) heißt es hierzu, dass die Umwandlung nach »Maßgabe der für die entsprechenden öffentlichen Schulen geltenden Regelungen« zu erfolgen hat. Zu diesen Regelungen gehört u. a. die SchOrgVO, nach der eine Oberschule (ohne gymnasiales Angebot) über einen längeren Zeitraum mindestens zweizügig mit einer Schülerzahl von mindestens 48 (2 x 24) Schülerinnen und Schülern geführt werden muss.

Träger der Ersatzschulen in kirchlicher Trägerschaft, die aus öffentlichen Schulen hervorgegangen sind, ist die Katholische Kirche. Dies kann die Diözese, die örtliche Kirchengemeinde, der Gesamtverband der Kirchengemeinden eines Ortes oder auch jede andere kirchliche Organisation (Orden) sein. Konkret sind dies für die Konkordatsschulen die Diözesen Hildesheim und Osnabrück sowie das Bischöflich-Münstersche Offizialat in Vechta. In Abschnitt II Nr. 10 der KokordatDVbg ND (Anm. 7) gehen Kirche und Land ausdrücklich davon aus, dass kirchliche Trägerschaft auch vorliegt, wenn die Schulen in eine von diesen Schulträgern errichtete öffentlich-rechtliche kirchliche Körperschaft, Anstalt oder Stiftung mit eigener Rechtspersönlichkeit eingebracht werden.

3 **Zu Abs. 2:** Die Absätze 2 und 3 stellen für die Beibehaltung der in Absatz 1 genannten Schulen Anforderungen auf.

Satz 1 entspricht in seinem Wortlaut im Wesentlichen Abschnitt II Nr. 3 Satz 1 der KonkordatDVbg ND (Anm. 7), wobei dort vorausgesetzt wird, dass im Bereich des »jeweiligen öffentlichen Schulträgers« eine »Schule für Schülerinnen und Schüler aller Bekenntnisse« unter den den schulischen und pädagogischen Erfordernissen entsprechenden Voraussetzungen aufrechterhalten werden kann. Es wird dort demnach nicht von einer »entsprechenden öffentlichen Schule« gesprochen.

Die Formulierung, dass die Schulträger eine entsprechende öffentliche Schule »aufrechterhalten« können, lässt die Annahme zu, dass es um die Bestandserhaltung einer bereits existierenden Schule geht, nicht hingegen um die Möglichkeit, eine entsprechende Schule neu errichten zu können. Diese Sichtweise wäre allerdings bedenklich, denn die kommunalen Schulträger müssen nach den §§ 101, 106 ein Angebot an öffentlichen Schulen machen. Gemeint sein kann demnach nur, dass ein entsprechendes Angebot einer öffentlichen Schule vom örtlich verantwortlichen kommunalen Schulträger auch neben dem Ersatzschulangebot des kirchlichen Trägers realisiert werden kann.

Die örtlich verantwortlichen Schulträger für die angeführten Konkordatsschulen sind verschiedenartig: Für die entsprechenden Schulen sind kreisfreie Städte, hier Oldenburg, Osnabrück, Wilhelmshaven und Wolfsburg, zuständig. Hinzu kommen Göttingen (vgl. § 195) und Hannover (§ 163 Abs. 1 Satz NKomVG) mit ihrem Sonderstatus. Für die übrigen Schulen ist der jeweilige Landkreis zuständig, es sei denn, die Standortkommune hat die Schulträgerschaft für die in Frage kommenden Schulformen für sich reklamiert (§ 102 Abs. 3).

Durch die Veränderung der »hervorgegangenen Schulen« von der Schulform Hauptschule über zusammengefasste Haupt- und Realschulen hin zur Schulform Oberschule stellt sich schließlich die Frage, welche schulische Einrichtung als »entsprechende öffentliche Schule« heranzuziehen ist: eine Hauptschule, eine zusammengefasste Haupt- und Realschule, eine Realschule oder eine Oberschule. Ein öffentlicher Schulträger muss nicht zwingend eine Oberschule führen, er kann auch eine Hauptschule, Realschule oder Haupt- und Realschule anbieten, er kann sogar von der Pflicht, diese Angebote vorzuhalten, befreit sein, wenn er eine Gesamtschule führt. Eine Antwort auf diese Frage wird sich nur bei einer Betrachtung des jeweiligen Einzelfalls geben lassen.

Die Konkordatsschulen sind demnach trotz ihrer Absicherung durch das Konkordat nicht »unsterblich«. Die Konsequenzen im Falle einer Nichterfüllung der vorgenannten Voraussetzungen sind im Gesetz nicht ausdrücklich aufgezeigt. Sie dürften aber – analog zu § 157 Abs. 3 – in einem Wegfall der Privilegien, die ihnen gegenüber sonstigen Ersatzschulen eingeräumt sind, liegen. Insbesondere wird für eine »nicht beizubehaltende« Schule nur noch die Gewährung von Finanzhilfe nach den §§ 149, 150 in Betracht kommen.

»Konkordats«-Oberschulen können nach **Satz 2** wie öffentliche Oberschulen um ein gymnasiales Angebot erweitert werden (siehe Anm. 4 zu § 10a). Auch bei ihnen muss die Entwicklung der Schülerzahlen eine solche organisatorische Erweiterung rechtfertigen. Der kirchliche Schulträger müsste in entsprechender Anwendung der Bestimmungen der SchOrgVO den Nachweis führen, dass über einen Zeitraum von zehn Jahren der gymnasiale Schulzweig von mindestens 27 Schülerinnen und Schülern je Schuljahrgang besucht wird. Wie bei den öffentlichen Oberschulen ist für die Erweiterung darüber hinaus die Zustimmung des Schulträgers desjenigen öffentlichen Gymnasiums erforderlich, das die Schülerinnen und Schüler sonst im Gebiet des Landkreises oder der kreisfreien Stadt besuchen würden (vgl. § 106 Abs. 3).

In welchem Umfang die kirchlichen Schulträger von der Möglichkeit der Erweiterung der Oberschulen um ein gymnasiales Angebot Gebrauch machen werden, ist nicht absehbar. Sie werden zu berücksichtigen haben, dass es an fast allen Konkordatsschulstandorten bereits das Angebot eines selbstständigen Gymnasiums in katholischer Trägerschaft gibt. Im Schuljahr 2017/2018 macht lediglich die Oberschule Ludwig-Windthorst-Schule in Hannover ein gymnasiales Angebot.

4   Zu Abs. 3: Nach Absatz 2 ist eine Voraussetzung für die Beibehaltung der Konkordatsschulen, dass sie in ihrer Gliederung den unter vergleichbaren Bedingungen stehenden öffentlichen Schulen entsprechen. Absatz 3 konkretisiert, welche Kriterien für die Feststellung einer »Vergleichbarkeit der Bedingungen« heranzuziehen sind, es handelt sich dabei im Wesentlichen um Merkmale aus der Bevölkerungsgeografie. Die Vorschrift entspricht in ihrem Wortlaut im Wesentlichen Abschnitt II Nr. 3 Satz 2 der Konkordat-DVbg ND (Anm. 7).

Gemäß **Buchstabe a** sind die Einwohnerzahl, die Ausdehnung und die Verkehrsverhältnisse der betreffenden Gemeinde bedeutsam. Nach § 28 Abs. 1 Satz 1 NKomVG ist Einwohnerin oder Einwohner einer Kommune, wer in dieser Kommune den Wohnsitz oder gewöhnlichen Aufenthalt hat. Die »Einwohnerzahl« ist folglich die Anzahl dieser Einwohnerinnen und Einwohner. Die »Ausdehnung« der Gemeinde ist die Fläche bzw. das Areal der kommunalen Gebietskörperschaft. Die »Verkehrsverhältnisse« werden gekennzeichnet durch den Ausbau von verkehrswichtigen innerörtlichen Straßen sowie durch Zubringerstraßen zum zwischenörtlichen und überörtlichen Verkehrsnetz, aber auch durch den öffentlichen Nahverkehr.

Die absehbare Veränderung der Bevölkerung nach Zahl und Gliederung ist nach **Buchstabe b** von Bedeutung. Dabei ist die zu betrachtende »Bevölkerungszahl« die Anzahl der Personen, die in einem bestimmten Gebiet leben. Bei der »Gliederung« ist die Einteilung nach sozialen Merkmalen, u. a. Geschlecht, Alter, Nationalität, Migrationshintergrund, Religionszugehörigkeit und Status, von Bedeutung.

Nach **Buchstabe c** ist ferner die Stärke der jeweiligen Schuljahrgänge, d. h. die Anzahl der Schülerinnen und Schüler je Jahrgang, maßgeblich.

Bei der Prüfung, ob eine Konkordatsschule den unter vergleichbaren Bedingungen stehenden öffentlichen Schulen entspricht, hat die Schulbehörde die vorgenannten Faktoren zu berücksichtigen. Aus der Verpflichtung, jedenfalls diese Faktoren berücksichtigen zu müssen, lässt sich der Schluss ziehen, dass es auch noch weitere Kriterien für eine Vergleichbarkeit geben kann, die Aufzählung ist mithin nicht abschließend.

Zu Abs. 4: Nach dieser Vorschrift gilt § 149 Abs. 5 für die Geltendmachung von Ansprüchen nach den §§ 155 (Persönliche Kosten) und 156 (Sächliche Kosten) im Interesse einer ordnungsgemäßen Haushaltsplanung und Haushaltsbewirtschaftung entsprechend. D. h., auch hier ist der Anspruch auf Kostenerstattung für jedes Schuljahr (§ 28 Abs. 1) innerhalb einer Ausschlussfrist von einem Jahr nach Ablauf des Schuljahres (31.07.) geltend zu machen. Auf Antrag gewährt das Land auf die Kostenerstattungsansprüche Abschlagszahlungen. Im Übrigen wird auf die Kommentierung zu § 149 Abs. 5 verwiesen.   5

Zu Abs. 5: Wie in § 150 Abs. 10 für die übrigen finanzhilfeberechtigten Ersatzschulen geregelt, ist auch in Absatz 5 ein Prüfungsrecht der Schulbehörde und des Landesrechnungshofs bezüglich der Mittelverwendung vorgesehen. Die Regelungen unterscheiden sich im Wortlaut dadurch, dass nach § 150 Abs. 10 für beide Schulbehörden, d. h. für MK und RLSB, deren Zuständigkeit geregelt ist, eine Prüfung vornehmen zu dürfen, in Absatz 5 wird hingegen die Zuständigkeit der nachgeordneten Schulbehörde, d. h. des RLSB, bestimmt. Ferner findet sich in Absatz 5 die Formulierung »an Ort und Stelle«, die zeitgemäß wohl im übertragenen Sinne von »ggf. vor Ort und unverzüglich« bzw. »augenblicklich« zu interpretieren ist. Der abweichende Wortlaut beruht darauf, dass die beiden Vorschriften zur Überprüfung der Mittelverwendung zeitlich versetzt in Kraft gesetzt worden sind und der Wortlaut in Absatz 5 an Abschnitt II Nr. 11 der KokordatDVbg ND angelehnt ist. Bezüglich weiterer aufsichtsrechtlicher Befugnisse wird auf § 167 verwiesen.   6

Verweise, Literatur: 7

- Vertrag zwischen dem Heiligen Stuhle und dem Lande Niedersachsen v. 26.02.1965 (Nds. GVBl. S. 191)

- Vertrag zwischen dem Heiligen Stuhle und dem Lande Niedersachsen v. 21.05.1973 (Nds. GVBl. S. 376) zur Änderung des Konkordats v. 26.02.1965

- Notenwechsel zwischen dem Niedersächsischen Ministerpräsidenten und dem Apostolischen Nuntius in Deutschland mit einer Vereinbarung zu Artikel 5 Abs. 2 und Artikel 6 des am 26.02.1965 unterzeichneten Konkordats zwischen dem Heiligen Stuhle und dem Lande Niedersachsen nebst Zusatzprotokoll v. 15./16.05.1973 (LT-Drs. 7/1986 S. 9)

- Zweites Gesetz zur Änderung des Privatschulgesetzes v. 27.11.1973 (Nds. GVBl. S. 476)

- Zweites Gesetz zur Änderung des Niedersächsischen Schulgesetzes v. 21.07.1980 (Nds. GVBl. S. 261)

- Gesetz zu dem Vertrag zur Änderung des Konkordats mit dem Heiligen Stuhle v. 12.07.1994 (Nds. GVBl. S. 304)

- Gesetz zur Änderung des Niedersächsischen Schulgesetzes und des Niedersächsischen Besoldungsgesetzes v. 29.04.2004 (Nds. GVBl. S. 140)
- Konkordat zwischen dem Heiligen Stuhle und dem Lande Niedersachsen (Konkordat ND) v. 01.07.1965 (Nds. GVBl. S. 191), zuletzt geändert durch Art. 1 des Gesetzes v. 08.06.2010 (Nds. GVBl. S. 232) und Art. 1 des Gesetzes v. 17.07.2012 (Nds. GVBl. S. 244)
- Gesetz zu den Verträgen zur Änderung von Verträgen zwischen dem Heiligen Stuhl und dem Land Niedersachsen und zur Änderung des Niedersächsischen Schulgesetzes v. 17.07.2012 (Nds. GVBl. S. 244), dazu Beratungsvorlagen in den Landtags-Drs. 16/4842, 16/4987 u. 16/5007
- Durchführungsvereinbarung zu Artikel 5 Abs. 2 und Artikel 6 des am 26.02.1965 unterzeichneten Konkordats zwischen dem Heiligen Stuhle und dem Lande Niedersachsen (KonkordatDVbg ND) v. 29.10.1993 (Nds. GVBl. 1994, S. 304, 310), zuletzt geändert durch Art. 2 des Gesetzes v. 08.06.2010 (Nds. GVBl. S. 232), Art. 1 des Gesetzes v. 29.06.2011 (Nds. GVBl. S. 206) und Art. 2 des Gesetzes v. 17.07.2012 (Nds. GVBl. S. 244)
- Vereinbarung zwischen dem Land Niedersachsen und der Evangelisch-lutherischen Landeskirche Hannovers über Schulen in freier Trägerschaft der Evangelisch-lutherischen Landeskirche Hannovers v. 30.11.1977, ratifiziert mit Gesetz v. 20.04.1978 (Nds. GVBl. S. 327), geändert durch Vereinbarung vom 16.05.2007, ratifiziert durch Gesetz v. 12.07.2007 (Nds. GVBl. S. 339)
- Galas, Dieter: Konkordatsschulen sollen Oberschulen werden – Landtag beschließt Änderung des Konkordats, Schulverwaltung, Ausgabe Niedersachsen, 2012, H. 11, S. 310)
- Antwort der Landesregierung vom 17.06.2004 auf die Kleine Anfrage »Konkordatsschulen in Hildesheim« (LT-Drs. 15/1109)

(Karl-Heinz Ulrich)

§ 155 Persönliche Kosten für Lehrkräfte

(1) [1]Das Land trägt nach Maßgabe der Absätze 2 und 3 die persönlichen Kosten für die Lehrkräfte an den in § 154 Abs. 1 genannten Schulen. [2]Dabei wird jedoch höchstens diejenige Zahl von Lehrkräften berücksichtigt, die sich aufgrund des Verhältnisses von Schüler- und Lehrerzahlen (Schüler-Lehrer-Relation) an den entsprechenden öffentlichen Schulen auf Landesebene ergibt. [3]Das Kultusministerium wird ermächtigt, die Schüler-Lehrer-Relation durch Verordnung zu bestimmen. [4]Der Bestimmung ist das Verhältnis der Summe der von allen Lehrkräften der Schulen einer Schulform zu leistenden Regelstunden zu der für die Lehrkräfte an dieser Schulform maßgeblichen Regelstundenzahl zugrunde zu legen. [5]§ 150 Abs. 4 Satz 2 Nr. 2 gilt entsprechend. [6]Entsprechend Satz 4 ist die Zahl der Lehrkräfte an den in § 154 Abs. 1 genannten Schulen zu ermitteln, und zwar gemeinsam für alle Schulen eines kirchlichen Schulträgers, die

derselben Schulform zugehören. [7]Überschreitet die nach Satz 6 ermittelte Zahl der Lehrkräfte an den Schulen eines kirchlichen Schulträgers, die derselben Schulform zugehören, die für diese Schulen nach Satz 2 maßgebliche Höchstzahl, so werden die für alle schuleigenen Lehrkräfte dieser Schulform tatsächlich getragenen Kosten gemäß Absatz 3 Sätze 1 und 2 Nr. 1 sowie der entsprechende Abgeltungsbetrag nach Absatz 3 Satz 3 nur in Höhe eines Betrages erstattet, der wie folgt zu ermitteln ist: [8]Die Summe der tatsächlich getragenen Kosten gemäß Satz 7 ist durch die Zahl der schuleigenen Lehrkräfte zu teilen und mit derjenigen Zahl zu multiplizieren, die sich als Differenz zwischen der nach Satz 2 maßgeblichen Höchstzahl und der Zahl der nach Absatz 2 Satz 1 beurlaubten Lehrkräfte ergibt. [9]Werden Schülerinnen und Schüler mit einem festgestellten Bedarf an sonderpädagogischer Unterstützung gemeinsam mit anderen Schülerinnen und Schülern unterrichtet, so wird die Zahl der Lehrkräfte, die den hierfür erforderlichen Stunden entspricht, bei der Ermittlung nach Satz 6 abgezogen. [10]§ 150 Abs. 7 Satz 3 gilt entsprechend.

(2) [1]Zum Dienst an den in § 154 Abs. 1 genannten Schulen werden mit ihrer Zustimmung Lehrkräfte im Landesdienst befristet oder unbefristet unter Fortzahlung der Bezüge beurlaubt. [2]In diesen Fällen können die Schulträger Lehrkräften, denen bei einer Verwendung an öffentlichen Schulen nach dem Besoldungsrecht eine Zulage oder wegen der Wahrnehmung herausgehobener Funktionen höhere Bezüge zustünden, diese in gleicher Höhe gewähren. [3]Dasselbe gilt im Falle einer ergänzenden Versorgung auch für den auf die Zulage oder auf die höheren Bezügeanteil (Unterschiedsbetrag) entfallenden Versorgungsbeitrag. [4]Die Zulage oder der Unterschiedsbetrag und der Versorgungsbeitrag werden erstattet. [5]Für alle nach Satz 1 beurlaubten Lehrkräfte trägt das Land auch die Reisekostenvergütungen, die Umzugskostenvergütungen, das Trennungsgeld und die Beiträge zur gesetzlichen Unfallversicherung. [6]Die Zeit der Beurlaubung ist bei der Anwendung beamtenrechtlicher Vorschriften einer im öffentlichen Schuldienst im Beamtenverhältnis verbrachten Beschäftigungszeit gleichzustellen. [7]Die Sätze 1 bis 6 gelten für Lehrkräfte, die in einem Arbeitnehmerverhältnis stehen, entsprechend.

(3) [1]Für die Lehrkräfte, die nicht beurlaubte Landesbedienstete sind, erstattet das Land den kirchlichen Schulträgern die tatsächlich getragenen persönlichen Kosten bis zur Höhe der Bezüge oder Entgelte vergleichbarer Lehrkräfte an einer entsprechenden öffentlichen Schule. [2]Daneben werden nach Maßgabe staatlicher Grundsätze erstattet:

1. für Lehrkräfte, die in einem Arbeitnehmerverhältnis stehen, bis zur Höhe der tatsächlichen Aufwendungen die Arbeitgeberanteile zur Sozialversicherung und zur gesetzlichen Unfallversicherung sowie die laufenden Beiträge zu Zusatzversorgungen bis zur Höhe des vom Versorgungsverband bundes- und landesgeförderter Unternehmen e.V. festgesetzten Umlagevomhundertsatzes vom versicherungspflichtigen Einkommen,

2. für beamtete Lehrkräfte der Kirchen im Schuldienst die Aufwendungen nach den Beihilfevorschriften,

3. für beamtete Lehrkräfte der Kirchen im Schuldienst, die der kirchliche Schulträger bei ihrem Ausscheiden aus dem Kirchendienst nach den Bestimmungen des Sechsten Buchs Sozialgesetzbuch nachzuversichern hat, die dazu erforderlichen Beiträge, soweit für sie nicht Beiträge nach Nr. 4 Buchstabe a erstattet worden sind,

4. für beamtete Lehrkräfte der Kirchen,

   a) für die der kirchliche Schulträger Beiträge an eine Versorgungskasse leistet, die als rechtsfähige kirchliche Anstalt öffentlichen Rechts geführt wird und die lebenslängliche Versorgung nach den Grundsätzen der versorgungsrechtlichen Bestimmungen des Landes Niedersachsen sicherstellt, Aufwendungen bis zu 30 vom Hundert der ruhegehaltfähigen Dienstbezüge,

   b) die sich im Ruhestand befinden und die im Schuldienst tätig waren, die Aufwendungen nach den Bestimmungen des Niedersächsischen Beamtenversorgungsgesetzes, soweit für die Lehrkräfte nicht Beiträge nach Buchstabe a erstattet worden sind, und nach den Beihilfevorschriften.

[3]Ein Erstattungsanspruch nach Satz 2 Nr. 4 Buchst. b bleibt auch nach Aufhebung einer in § 154 Abs. 1 genannten Schule, an der die Lehrkraft tätig war, bestehen. [4]Darüber hinaus gewährt das Land zur Abgeltung sämtlicher sonstiger Personalausgaben einen Pauschalbetrag in Höhe von 1 vom Hundert der nach Satz 1 zu erstattenden Beträge.

1 **Allg.:** § 155 regelt die Erstattung der persönlichen Kosten der Lehrkräfte an den sog. Konkordatsschulen. Die Regelungen gehen auf § 136 a. F. des Stammgesetzes von 1974 zurück, sie wurden wiederholt an aktuelle Entwicklungen angepasst. Die heutigen Bestimmungen basieren im Wesentlichen auf dem Gesetz zur Reform der Finanzhilfe für Schulen in freier Trägerschaft (ÄndG 07). Späterhin haben insbesondere die Einführung der Schulform Oberschule sowie die Einführung der inklusiven Schule zu weiteren Änderungen geführt. Zuletzt wurden mit dem ÄndG 19 redaktionelle Änderungen vorgenommen und der Absatz 3 um eine Störfallregelung im Satz 3 ergänzt.

Neben den Konkordatsschulen findet die Vorschrift Anwendung für das Gymnasium Josephinum in Hildesheim, das Hildegard-von-Bingen-Gymnasium Twistringen und das Gymnasium Eichendorffschule in Wolfsburg (vgl. Anm. 2 zu § 154).

Für die Lehrkräfte der Schulen Gymnasium Andreanum Hildesheim, Ev. Gymnasium Nordhorn, Philipp Melanchthon Gymnasium Meine, Ev. Grundschule Waldschule Eichelkamp Wolfsburg sowie Ev. IGS Wunstorf sind gemäß § 3 Abs. 1 der Vereinbarung zwischen dem Land Niedersachsen und der Ev.-luth. Landeskirche Hannovers über Schulen in freier Trägerschaft die Bestimmungen des § 155 entsprechend anzuwenden. Im Übrigen

Schulen in freier Trägerschaft § 155

gelten nach § 3 Abs. 2 der Vereinbarung die Bestimmungen des NSchG über die Schulen in freier Trägerschaft mit Ausnahme des § 154 und der §§ 156 bis 161. Der Ausschluss der §§ 158 bis 161 erklärt sich durch deren ausschließliche Geltung für die Ergänzungsschulen unter den freien Schulen. Die Nichtanwendbarkeit der §§ 154, 156 und 157 führt allerdings dazu, dass für diese Ersatzschulen z.B. sich das Prüfungsrecht von nachgeordneter Schulbehörde und LRH nicht nach § 154 Abs. 3, sondern nach § 150 Abs. 10 richtet, keine sächlichen Kosten (§ 156) vom Land übernommen werden, insbesondere aber, dass für sie keine Obergrenze von 30 v. H. bei der Aufnahme bekenntnisfremder Schülerinnen und Schüler gilt.

Die Vorschrift hat nach dem Stand von 2019 somit in Niedersachsen für lediglich 22 Schulen Bedeutung.

Zu Abs. 1: Zunächst legt **Satz 1** den Grundsatz fest, dass das Land die Personalkosten der Lehrkräfte der Konkordatsschulen trägt, und zwar entweder durch Beurlaubung von öffentlichen Bediensteten unter Fortzahlung der Bezüge für beamtete bzw. des Entgelts für tarifbeschäftigte Lehrkräfte oder durch Erstattung der Personalkosten für die von den Schulträgern selbst beschäftigten Lehrerinnen und Lehrer, schränkt diesen Richtsatz sodann aber dadurch ein, dass bei Gewährung der Staatsleistungen die in den Absätzen 2 und 3 des § 155 niedergelegten Maßgaben zu beachten sind. Durch die ausdrückliche Beschränkung auf die Gruppe der Lehrkräfte wird deutlich, dass Personalkosten für andere Beschäftigtengruppen (z.B. Schulassistentinnen und Schulassistenten, Schulverwaltungskräfte; Hausmeisterinnen und Hausmeister, pädagogische Mitarbeiterinnen und Mitarbeiter) vom Land nicht getragen werden.

Um die Anzahl der an den Konkordatsschulen beschäftigten Lehrkräfte in einer allgemein üblichen Personalstärke zu halten, trägt das Land die Personalkosten nicht unbegrenzt, sondern nur soweit die Schüler-Lehrer-Relation an der Ersatzschule derjenigen an der entsprechenden öffentlichen Schulform entspricht. **Satz 2** schreibt daher vor, dass höchstens diejenige Zahl von Lehrkräften berücksichtigt wird, die sich aufgrund des Verhältnisses von Schülerzahlen zu Lehrerzahlen (Schüler-Lehrer-Relation) an den entsprechenden öffentlichen Schulen auf Landesebene ergibt (vgl. hierzu Abschließendes Sitzungsprotokoll, Anm. 5).

Durch das ÄndG 07 wurde das Kultusministerium ermächtigt, nach **Satz 3** die Schüler-Lehrer-Relation durch Verordnung zu bestimmen. Von der Verordnungsermächtigung hat das MK mit der FinHVO (Anm. 5) Gebrauch gemacht; die Schüler-Lehrer-Relation ist in § 2 FinHVO sowohl für die Konkordatsschulen als auch für die Schulen im Sinne der Vereinbarung zwischen dem Land Niedersachsen und der hannoverschen Landeskirche über Schulen in freier Trägerschaft der Ev.-luth. Landeskirche Hannovers bestimmt. Eine Bestimmung der Schüler-Lehrer-Relation für die Schulform Gesamtschule fehlt in der Verordnung zurzeit noch, durch die Übernahme der IGS Wunstorf in die Trägerschaft der hannoverschen Landeskirche im Jahr 2011 hat sich hier nach dem Vollausbau der Sekundarbereiche im Schuljahr 2018/2019 ein Handlungsbedarf ergeben.

Satz 4 legt fest, wie die Schüler-Lehrer-Relation, d. h. das Verhältnis von Schülerinnen und Schülern je Lehrkraft, für die verordnungsrechtliche Festlegung zu bestimmen ist. Danach ist der Bestimmung das Verhältnis der Summe der von allen Lehrkräften der Schulen einer Schulform zu leistenden Regelstunden zu der für die Lehrkräfte an dieser Schulform maßgeblichen Regelstundenzahl zugrunde zu legen. Diese Regelung (Berechnung der Vollzeitlehrereinheiten nach dem Bruttoprinzip) entspricht den Festlegungen in den konkordatären Bestimmungen (vgl. Abschn. II Nr. 4 der Durchführungsvereinbarung sowie Nr. 9 des Abschließenden Sitzungsprotokolls, Anm. 5). Regelungsgehalt ist dabei nicht allein die Umrechnung in Vollzeitlehrereinheiten, sondern auch die Festlegung, dass auf der Basis von Regelstunden und nicht Unterrichtsstunden umzurechnen ist. Die Schüler-Lehrer-Relation ist der jährlich erscheinenden Statistikbroschüre »Die niedersächsischen allgemein bildenden Schulen in Zahlen« (Tabelle 18) zu entnehmen.

Nach **Satz 5** gilt § 150 Abs. 4 Satz 2 Nr. 2 entsprechend. D. h., bei der Bestimmung sind für allgemein bildende Schulen die tatsächlichen Verhältnisse der öffentlichen Schulen zugrunde zu legen oder, wenn keine hinreichende Vergleichsmöglichkeit besteht, als Kriterien die vorgeschriebene Regelstundenzahl, die vorgesehene Stundenzahl des Lehrpersonals und die maßgebliche Klassengröße.

Die in **Satz 6** enthaltene Berechnungsvorgabe entstammt ebenfalls den konkordatären Bestimmungen. Wie auch in Satz 4 wird für die an den Konkordatsschulen vorgehaltenen Lehrkräfte nach dem Bruttoprinzip umgerechnet. Die Vollzeitlehrereinheiten sind für alle Schulen eines kirchlichen Schulträgers, die derselben Schulform zugehörig sind, zu errechnen als der Quotient aus der Summe aller von den Lehrkräften an diesen Ersatzschulen geleisteten Unterrichtsstunden und der maßgeblichen Regelstundenzahl der Lehrkräfte.

Wenn die Lehrerzahl der Schule bzw. aller Schulen derselben Schulform eines kirchlichen Schulträgers (beurlaubte staatliche und schuleigene Lehrkräfte zusammen) die nach der Schüler-Lehrer-Relation der öffentlichen Schulen zulässige Lehrerzahl übersteigt, wird der Erstattungsbetrag für die Personalkosten der eigenen Lehrkräfte des Schulträgers anteilig gekürzt. Die Sätze 7 und 8 sind wegen des Doppelpunktes bei der Anwendung als Satzgefüge zu sehen.

Nach **Satz 8** sind für die Ermittlung des anteilig zu kürzenden Erstattungsbetrags zunächst die tatsächlich getragenen Kosten nach **Satz 7** zusammenzuzählen. Dazu zählen – verkürzt dargestellt – die für schuleigene Lehrkräfte tatsächlich getragenen persönlichen Kosten bis zur Höhe der Bezüge oder des Entgelts vergleichbarer Lehrkräfte an einer entsprechenden öffentlichen Schule (Abs. 3 Satz 1), ferner für angestellte Lehrkräfte bis zur Höhe der tatsächlichen Aufwendungen die Arbeitgeberanteile zur Sozialversicherung und zur gesetzlichen Unfallversicherung sowie die laufenden Beiträge zu Zusatzversorgungen bis zur Höhe des vom VBLU festgesetzten Umlagevomhundertsatzes (Abs. 3 Satz 2 Nr. 1)

Schulen in freier Trägerschaft § 155

und schließlich der Pauschalbetrag auf die Dienstbezüge bzw. auf das Arbeitsentgelt (Abs. 3 Satz 4). Die Summe dieser Beträge ist durch die Zahl der schuleigenen Lehrkräfte zu teilen. Dieser ermittelte Betrag ist mit der Zahl zu multiplizieren, die sich ergibt, wenn man von der nach Satz 2 errechneten Höchstzahl (d. h., die Zahl, die angibt, für welche Anzahl von Lehrkräften die Kosten höchstens erstattet werden) die Zahl der aus dem Landesdienst beurlaubten Lehrkräfte abzieht. Das Ergebnis ist der gekürzte Erstattungsbetrag für die schuleigenen Lehrkräfte.

Mit dem ÄndG 12 ist auch für die Verwirklichung der Inklusion an Konkordatsschulen eine dem § 150 Abs. 7 nachgebildete Finanzierung ermöglicht worden. Werden Schülerinnen und Schüler mit einem festgestellten Bedarf an sonderpädagogischer Unterstützung gemeinsam mit anderen Schülerinnen und Schülern unterrichtet, so wird gemäß **Satz 9** die Zahl der Lehrkräfte, die den hierfür erforderlichen Stunden entspricht, bei der Ermittlung nach Satz 6 abgezogen. Intention der Regelung ist es, den Trägern von Konkordatsschulen den erforderlichen personellen Aufwand zu erstatten, der bei einer inklusiven Beschulung entsteht. § 150 Abs. 7 Satz 3 gilt nach **Satz 10** entsprechend. Das bedeutet, dass höchstens die Zahl der sonderpädagogischen Unterrichtsstunden berücksichtigt wird, die einer öffentlichen Schule zugewiesen würden. Die Vorschrift sieht demzufolge eine Begrenzung des erhöhten Schülerbetrages vor, denn es wird höchstens die Zahl der sonderpädagogischen Unterrichtsstunden berücksichtigt, die einer öffentlichen Schule zugewiesen werden würden. Die Anzahl der sonderpädagogischen Unterrichtsstunden, die einer öffentlichen Schule zugewiesen werden, ist im sog. Klassenbildungserlass festgelegt.

Zu Abs. 2: Das Lehrpersonal an den Konkordatsschulen wird zum größten Teil von aus dem Landesdienst beurlaubten Lehrkräften gestellt. Die Bestimmung in **Satz 1** ist Spezialvorschrift gegenüber § 152 Abs. 1 und 2 und bedeutet eine wesentliche Besserstellung gegenüber anderen anerkannten Ersatzschulen. Die Beurlaubung für eine Dienstleistung an einer Konkordatsschule bedarf der vorherigen Zustimmung der Beamtin oder des Beamten, gegen ihren Willen darf eine Lehrkraft nicht für den Ersatzschuldienst, auch nicht an einer Konkordatsschule, freigestellt werden. Die Beurlaubung kann befristet, d. h. für eine kalendermäßig bestimmte Zeit oder einen bestimmbaren Zeitraum (z.B. für das Schuljahr 2020/2021), ausgesprochen werden, sie kann aber auch unbefristet, also zeitlich nicht begrenzt, erfolgen. Während der Beurlaubung werden die Bezüge weitergewährt.

Anlässlich der Paraphierung einer Vereinbarung zu Artikel 5 Abs. 2 und Artikel 6 des am 26.02.1965 unterzeichneten Konkordats wurde am 22.12.1972 folgende Frage einer Klärung zugeführt: »Ein vom Lande an eine dieser möglichen Privatschulen beurlaubter Lehrer darf sich nicht in Gegensatz zu den an einer solchen Privatschule geltenden Grundsätzen stellen. Wünscht der private Schulträger die Aufhebung der Beurlaubung, so wird die zuständige Schulaufsichtsbehörde die Gründe hierfür ernsthaft prüfen und dem Wunsch unter Beachtung der beamtenrechtlichen Vorschriften nach Möglichkeit entsprechen« (vgl. Anlage 2 zur Niederschrift über die 83. Sitzung des Kultusausschusses des Niedersächsischen Landtages am 21.06.1973).

Satz 2 ermächtigt die kirchlichen Schulträger, Lehrkräften, denen bei einer Verwendung an öffentlichen Schulen nach dem Besoldungsrecht eine Zulage oder wegen der Wahrnehmung herausgehobener Funktionen höhere Bezüge zuständen, diese in gleicher Höhe zu gewähren. Im Falle einer ergänzenden Versorgung erstreckt sich nach **Satz 3** diese Vergünstigung auch auf einen auf die Zulage oder auf den höheren Bezügeanteil entfallenden Versorgungsbeitrag. Die Wahrnehmung herausgehobener Aufgaben, Funktionen oder Ämter wird dadurch auch versorgungswirksam. Gewähren die kirchlichen Schulträger den beurlaubten Landesbeamtinnen und Landesbeamten die in den Sätzen 2 und 3 angeführten Leistungen, so werden ihnen diese gemäß **Satz 4** erstattet.

Reisekostenvergütungen, Umzugskostenvergütungen, Trennungsgeld und Beiträge zur gesetzlichen Unfallversicherung gehören als Nebenleistungen nicht zur Alimentation einer Beamtin oder eines Beamten. Es handelt sich vielmehr um Kostenerstattungen bzw. Ersatzleistungen, die vom Dienstherrn u. a aus Fürsorgegründen erbracht werden. Nach **Satz 5** trägt das Land diese Leistungen auch für die beurlaubten Lehrkräfte.

Satz 6 soll sicherstellen, dass den aus dem Landesdienst beurlaubten Lehrkräften aus der Beurlaubung keine status- und versorgungsrechtlichen Nachteile erwachsen. Bei der Anwendung beamtenrechtlicher Vorschriften ist die Zeit einer Beurlaubung deshalb einer im öffentlichen Schuldienst im Beamtenverhältnis verbrachten Beschäftigungszeit gleichzustellen. Die Gleichstellung kann z.b. bei der Erprobungszeit, der Probezeit und bei versorgungsrechtlichen Regelungen von Bedeutung sein.

Nach **Satz 7** gelten die Sätze 1 bis 6 für Lehrkräfte, die in einem Arbeitnehmerverhältnis stehen, entsprechend. D. h., die vorstehend auf beamtete Lehrkräfte ausgerichteten Vorschriften finden auch für tarifbeschäftigte Lehrkräfte Anwendung, wegen der Statusunterschiede allerdings analog bzw. sinngemäß.

Die Verleihung bzw. Gestattung von Bezeichnungen der Lehrkräfte richtet sich nach § 153 Abs. 1 und 2.

4 **Zu Abs. 3:** Beschäftigen die kirchlichen Schulträger eigene Lehrkräfte, so erstattet ihnen das Land gemäß **Satz 1** die von ihnen zu tragenden Personalkosten, allerdings nur bis zur Höhe der Bezüge oder des Entgelts vergleichbarer Lehrkräfte an einer entsprechenden öffentlichen Schule (vgl. Abschn. II Nr. 4 KonkordatDVbg ND, Anm. 5). Die Personalkostenerstattung erfolgt sowohl für Lehrkräfte, die in einem Arbeitnehmerverhältnis stehen, als auch für beamtete Lehrkräfte der kirchlichen Schulträger, sie ist allerdings in der Höhe begrenzt durch die Kosten, die an einer der Ersatzschulen entsprechenden öffentlichen Schule anfallen würden. Entsprechende öffentliche Schulen sind für die Konkordatsschulen i. S. des § 154 die Oberschule sowie die Hauptschule und die Realschule. Für

Schulen in freier Trägerschaft § 155

die nach staatskirchenvertraglichen Vereinbarungen nach § 155 zu behandelnden Schulen sind dies die Grundschule, das Gymnasium und die IGS.
Neben der Personalkostenerstattung nach Satz 1 sind nach Satz 2 Nrn. 1 bis 4 weitere Aufwendungen, die dem Schulträger aus seiner Arbeitgebereigenschaft erwachsen, erstattungsfähig.
Nach **Satz 2 Nr.** 1 werden nach Maßgabe staatlicher Grundsätze für Lehrkräfte, die in einem Arbeitnehmerverhältnis stehen, bis zur Höhe der tatsächlichen Aufwendungen die Arbeitgeberanteile zur Sozialversicherung und zur gesetzlichen Unfallversicherung sowie die laufenden Beiträge zu Zusatzversorgungen bis zur Höhe des vom Versorgungsverband bundes- und landesgeförderter Unternehmen e. V. festgesetzten Umlagevomhundertsatzes vom versicherungspflichtigen Einkommen erstattet. Die Vorschrift regelt die Beteiligung des Landes an den Sozialversicherungsbeiträgen (Arbeitslosenversicherung, Krankenversicherung, Pflegeversicherung, Rentenversicherung, Unfallversicherung) sowie an den Umlagen zu einer Alters- und Hinterbliebenenversorgung.

Ferner werden nach **Satz 2 Nr.** 2 für beamtete Lehrkräfte der Kirchen im Schuldienst die Aufwendungen nach den Beihilfevorschriften nach Maßgabe staatlicher Grundsätze erstattet. Beamtinnen und Beamte, deren Kinder sowie deren Ehepartner, soweit diese nicht selbst sozialversicherungspflichtig sind, haben aufgrund der Fürsorgepflicht des Dienstherrn einen Anspruch auf eine finanzielle Unterstützung (Beihilfe) in Krankheits-, Geburts-, Pflege- und Todesfällen. Diese tritt gewissermaßen an die Stelle des Arbeitgeberanteils zur gesetzlichen Krankenversicherung bei Arbeitnehmerinnen und Arbeitnehmern. Die Beihilfe ist Teil der Alimentation und damit der hergebrachten Grundsätze des Berufsbeamtentums. Die Bemessungssätze bei der Erstattung der Aufwendungen sind personenbezogen gestaffelt. In Niedersachsen regeln insbesondere § 80 NBG sowie die Niedersächsische Beihilfeverordnung (NBhVO) die Gewährung von Beihilfe an aktive und pensionierte Landesbeamtinnen und Landesbeamte sowie an ihre berücksichtigungsfähigen Angehörigen.

Nach Maßgabe staatlicher Grundsätze werden nach **Satz 2 Nr. 3** für beamtete Lehrkräfte der Kirchen im Schuldienst, die der kirchliche Schulträger bei ihrem Ausscheiden aus dem Kirchendienst nach den Bestimmungen des SGB VI »nachzuversichern« hat, die dazu erforderlichen Beiträge, soweit für sie nicht Beiträge nach Satz 2 Nr. 4 Buchstabe a erstattet worden sind, ausgeglichen. Scheiden Beamtinnen und Beamte ohne Anspruch oder Anwartschaft auf Versorgung aus einer versicherungsfreien Beschäftigung aus, so sind sie in der gesetzlichen Rentenversicherung nachzuversichern, d. h., für sie sind Rentenversicherungsbeiträge vom Dienstherrn bzw. Beschäftigungsarbeitgeber, auf den die Versicherungsfreiheit erstreckt wurde, nachzuentrichten. Die oder der Versicherte wird dadurch im Grundsatz so gestellt, als seien während der nachversicherten Beschäftigung Pflichtbeiträge entrichtet worden. Tritt für den kirchlichen Schulträger ein solcher Nachversicherungsfall ein, so hat er die Beiträge nachzuentrichten. Das Land hat ihm diese Beiträge grundsätzlich zu erstatten. Die Erstattung entfällt, soweit das Land zuvor Beiträge nach Satz 2 Nr. 4 Buchstabe a erstattet hat, denn in diesem Fall ist das Land gewissermaßen bereits in Vorleistung gegangen.

Nach **Satz 2 Nr. 4 Buchstabe a** werden zusätzlich nach Maßgabe staatlicher Grundsätze für beamtete Lehrkräfte der Kirchen, für die der kirchliche Schulträger Beiträge an eine Versorgungskasse leistet, die als rechtsfähige kirchliche Anstalt öffentlichen Rechts geführt wird und die lebenslängliche Versorgung nach den Grundsätzen der versorgungsrechtlichen Bestimmungen des Landes Niedersachsen sicherstellt, Aufwendungen bis zu 30 v. H. der ruhegehaltfähigen Dienstbezüge erstattet. Die Vorschrift wurde durch das ÄndG 07 aufgenommen und sorgt für eine Gleichbehandlung mit den Kirchenbeamtinnen und Kirchbeamten, für die an anderen anerkannten Ersatzschulen eine Erstattung von Beiträgen zur Altersvorsorge an eine kirchliche Versorgungskasse im Rahmen der Finanzhilfe nach § 150 Abs. 8 i. V. m. § 3 Abs. 2 Satz 1 Nr. 1 Buchst. f FinHVO vorgesehen ist. Die Änderung wird das Land langfristig von den Versorgungslasten für diese Kirchenbeamtinnen und Kirchenbeamten, für die andernfalls eine Erstattung der tatsächlichen Versorgungsbezüge bei Eintritt des Versorgungsfalls zum Tragen gekommen wäre, entbinden. Der Hinweis auf die »Grundsätze der versorgungsrechtlichen Bestimmungen des Landes Niedersachsen« wurde ausgebracht, weil die kirchlichen Stellen die versorgungsrechtlichen Vorschriften des Landes nicht unmittelbar anwenden (vgl. Schriftlicher Bericht, Drs. 15/3950, S. 5); eine exakte Übereinstimmung der Regelung der Versorgungskasse und der versorgungsrechtlichen Regelungen des Landes wird demnach nicht gefordert. Als Höchstgrenze der Erstattung wurde der vom Land entsprechend zugrunde gelegte Vomhundertsatz der ruhegehaltfähigen Dienstbezüge festgeschrieben.

Für beamtete Lehrkräfte der Kirchen, die sich im Ruhestand befinden und die im Schuldienst tätig waren, werden nach **Satz 2 Nr. 4 Buchstabe b** sowohl die Aufwendungen nach den Bestimmungen des Niedersächsischen Beamtenversorgungsgesetzes, soweit für die Lehrkräfte nicht Beiträge nach Buchstabe a erstattet worden sind, als auch die Aufwendungen nach den Beihilfevorschriften erstattet. Bezüglich der Beihilfeleistungen wird auf die Ausführungen zu Satz 2 Nr. 2 verwiesen. Auch für Ruhestandsbeamtinnen und Ruhestandsbeamte der Kirchen, die im Schuldienst tätig waren, erfolgt eine Erstattung einer vom kirchlichen Träger gewährten Beihilfe. Für diese Ruhestandsbeamtinnen und Ruhestandsbeamten werden ferner die Versorgungsleistungen (z.B. Ruhegehalt, Hinterbliebenenversorgung) übernommen. Da seit dem ÄndG 07 nach Satz 2 Nr. 4 Buchstabe a Beiträge an eine Versorgungskasse erstattet werden können und keine Doppelleistung erfolgen soll, wird durch das Wort »soweit« eine Begrenzung und Kontrolle ermöglicht.

In **Satz 3** ist durch das ÄndG 19 eine Störfallregelung eingefügt worden. Nach dieser Vorschrift bleibt ein Erstattungsanspruch nach Satz 2 Nr. 4 Buchst. b auch nach Aufhebung einer in § 154 Abs. 1 genannten Schule, an der die Lehrkraft tätig war, bestehen. Weder bei Abschluss der Konkordat-

DVbg ND noch bei den Beratungen der ursprünglich getroffenen gesetzlichen Regelungen stand zu besorgen, dass eine Konkordatsschule durch eine schulorganisatorische Maßnahme des Trägers als Einrichtung untergehen könnte (z.b. durch Aufhebung oder durch »Umwandlung« in eine andere, nicht von § 154 zugelassene Schulform, was letztlich ebenfalls einer Aufhebung gleichkommt). Für den Fall der Schließung einer Konkordatsschule fehlte es an einer fortgeltenden, nachgehenden Erstattungsregelung, so dass nur aktiv betriebene Schulen abgerechnet werden konnten. Da hinter der Regelung des Satzes 2 Nr. 4 Buchst. b der Gedanke steht, dass das Land mittelbar das Ruhgehalt für diese ehemaligen Lehrkräfte dauerhaft übernimmt, wurde festgelegt, dass eine Erstattung auch dann zu erfolgen hat, wenn die Konkordatsschule, an der die Lehrkraft zuletzt tätig war und entsprechende Versorgungsansprüche erworben hat, aufgehoben wird.

Zur Abgeltung sämtlicher sonstiger Personalausgaben gewährt das Land nach **Satz 4** einen Pauschalbetrag in Höhe von 1 v. H. der nach Satz 1 zu erstattenden Beträge. Bei den nach Satz 1 zu erstattenden Beträgen handelt es sich um die Dienstbezüge der schuleigenen Beamtinnen und Beamten sowie um die Entgelte der schuleigenen Beschäftigten. Aus deren Summe wird die Pauschale ermittelt. Die Vorschrift dient der Vermeidung des Aufwandes für die Einzelerstattung von Kleinbeträgen (vgl. Gesetzentwurf der LReg, Drs. 12/6190) weiterer in Frage kommender Personalausgaben (z. B Reisekosten, Trennungsgeld, Umzugskosten, Sachschadenersatz, Fortbildungsveranstaltungen).

Verweise, Literatur: 5

- Verordnung über die Berechnung der Finanzhilfe für Schulen in freier Trägerschaft (FinHVO) v. 07.08.2007 (Nds. GVBl. S. 415), zuletzt geändert durch VO vom 30.11.2016 (Nds. GVBl. S. 276)

- Vereinbarung zwischen dem Land Niedersachsen und der Evangelisch-lutherischen Landeskirche Hannovers über Schulen in freier Trägerschaft der Evangelisch-lutherischen Landeskirche Hannovers v. 30.11.1977, ratifiziert mit Gesetz v. 20.04.1978 (Nds. GVBl. S. 327), geändert durch Vereinbarung vom 16.05.2007, ratifiziert durch Gesetz v. 12.07.2007 (Nds. GVBl. S. 339)

- Durchführungsvereinbarung zu Artikel 5 Abs. 2 und Artikel 6 des am 26.02.1965 unterzeichneten Konkordats zwischen dem Heiligen Stuhle und dem Lande Niedersachsen (KonkordatDVbg ND) vom 19.10.1993 (Nds. GVBl. S. 312), zuletzt geändert durch Art. 2 des Gesetzes v. 17.07.2012 (Nds. GVBl. S. 244)

- Abschließendes Sitzungsprotokoll vom 29.10.1993 (Nds. MBl. S. 1242), geändert am 30.03.2004 (Nds. MBl. S. 393), zuletzt geändert durch Vereinbarung vom 08.05.2012 (nicht bekannt gemacht)

(Karl-Heinz Ulrich)

§ 156 Sächliche Kosten, Schulbau, Schülerbeförderung

(1) ¹Das Land beteiligt sich an den laufenden sächlichen Kosten für die in § 154 Abs. 1 genannten Schulen. ²Der Anteil des Landes errechnet sich durch Vervielfachung der Durchschnittszahl der Schülerinnen und Schüler mit dem staatskirchenvertraglich vereinbarten Betrag pro Schülerin und Schüler. ³Die Durchschnittszahl ist der Mittelwert der Zahlen der am 15. November und 15. März eines jeden Schuljahres an diesen Schulen unterrichteten Schülerinnen und Schüler.

(2) Das Land beteiligt sich an den Kosten für Neu-, Um- und Erweiterungsbauten nach Maßgabe der für öffentliche Schulen geltenden Vorschriften.

(3) § 114 Abs. 1, 2 und 3 Sätze 1 bis 4, Abs. 4 bis 6 ist für Schülerinnen und Schüler der in § 154 Abs. 1 genannten Schulen mit der Maßgabe anzuwenden, dass die Beförderungs- oder Erstattungspflicht auch für den Weg zur nächsten der in § 154 Abs. 1 genannten Schulen besteht.

1 **Allg.:** Für die öffentlichen Schulen gilt die Kostenlastverteilung der §§ 112, 113. Vereinfacht ausgedrückt trägt danach das Land die Personalkosten und die kommunalen Schulträger übernehmen die Sachkosten. Für die aus öffentlichen Schulen hervorgegangenen Konkordatsschulen wurden Sonderregelungen gegenüber den übrigen Schulen in freier Trägerschaft (vgl. §§ 149, 150) erlassen, die den kirchlichen Schulträgern die Trägerschaft erleichtern. Das Land übernimmt nicht nur Personalkosten (§ 155), sondern beteiligt sich auch an bestimmten Sachkosten. Eine Mitfinanzierung der sächlichen Kosten durch die früheren kommunalen Schulträger hat das Land gesonderten Absprachen zwischen den Kommunen und den kirchlichen Schulträgern überlassen. Ausgangspunkt für dieses Sonderrecht war die Überlegung, dass die kirchlichen Schulträger bei der Umwandlung der »Oberstufe« der öffentlichen Volksschulen in Ersatzschulen nicht mit den vollen Sachkosten belastet werden sollten. Um den kirchlichen Schulträgern die Übernahme der Schulen aus der kommunalen Trägerschaft zu erleichtern, sollte sich das Land mit 15 v. H. beteiligen, während ein Anteil von 50 v. H. von den örtlichen öffentlichen Schulträgern erwartet wurde.

Abschnitt II Nr. 5 der KonkordatDVbg ND zu Artikel 5 Abs. 2 und Artikel 6 des Konkordats (Anm. 5) enthält die Zusage des Landes, das Bemühen der Kirche zu unterstützen, eine hälftige Übernahme (50 v. H.) der Sachkosten durch den (örtlichen öffentlichen) Schulträger zu erlangen. Dieser Zusage ist das Land mit Schreiben des damaligen Kultusministers vom 22.01.1973 an die Hauptverwaltungsbeamten der entsprechenden Schulträger nachgekommen; die Kommunen wurden darin gebeten, sich den insoweit an sie herangetragenen Wünschen der kirchlichen Stellen aufgeschlossen zu zeigen. Eine Rechtsgrundlage, die mögliche Zuwendungen von Kommunen einer schulrechtlichen Aufsicht unterstellt, ist nicht vorhanden. Damit besteht für das Land keine rechtliche Handhabe, diesbezüglich Auskünfte von den Kommunen oder den Trägern der Schulen zu verlangen. Deshalb hat das Land auch keine Kenntnis vom gegenwärtigen Bestand möglicher

Vereinbarungen zwischen den örtlichen Schulträgern und der Katholischen Kirche über eine Beteiligung an den Sachkosten für die Konkordatsschulen (Drs. 15/1109, Anm. 5). Gleichwohl ist bekannt, dass sich insbesondere die Standortkommunen u. a. wegen des Entlastungseffekts bei diesen Ersatzschulen engagieren, sei es durch die Bereitstellung von Liegenschaften oder durch finanziellen Zuwendungen.

Das Land zahlt keine Sachkostenanteile für die Ersatzschulen mit konkordatsähnlichem Status (katholische Gymnasien in Hildesheim, Twistringen und Wolfsburg). Diesen Schulen werden im Wesentlichen die Personalkosten erstattet, außerdem können Lehrkräfte des Landes dorthin unter Fortzahlung der Dienstbezüge beurlaubt werden. Ersatzschulen mit einem vergleichbaren Status befinden sich auch in der Trägerschaft evangelischer Landeskirchen (siehe Anm. 2 zu § 154 u. Anm. 1 zu § 191).

Die Vorschriften des § 156 sind bei einem bestimmten Anteil nichtkatholischer oder auswärtiger Schülerinnen und Schüler an der Gesamtschülerzahl der Schule nicht anzuwenden (vgl. § 157).

Zu Abs. 1: Das Land Niedersachsen beteiligt sich nach **Satz 1** an den laufenden sächlichen Kosten der kirchlichen Schulträger für die in § 154 genannten Schulen (sog. Konkordatsschulen). Diese gesetzliche Bestimmung setzt die Abmachung aus Abschnitt II Nr. 6 Satz 1 der KonkordatDVbg ND (Anm. 5) um.

Bezüglich des Begriffs der »sächlichen Kosten« wird auf die Auslegung in der Anmerkung 2 zu § 112 verwiesen. Die sächlichen Kosten müssen »laufend« anfallen, es muss sich demnach um ständig wiederkehrende Aufwendungen, die im Zusammenhang mit dem Schulbetrieb stehen, handeln.

Zu den sächlichen Kosten gehören nicht Schulbaukosten (siehe aber Abs. 2) und Grunderwerbskosten für Schulzwecke (vgl. Abschn. II Nr. 6 2. Absatz Satz 1 KonkordatDVbg ND).

In Abschn. II Nr. 6 2. Absatz Satz 2 KonkordatDVbg ND ist ferner festgeschrieben, dass § 113 Abs. 1 Satz 2 Anwendung findet. Das bedeutet, dass zu den berücksichtigungsfähigen laufenden sächlichen Kosten auch die Kosten für das an der Schule beschäftigte Personal, wie z.B. Schulverwaltungskräfte, Hausmeisterinnen und Hausmeister, Kantinenkräfte und Reinigungskräfte, zählen.

Aus der Formulierung »das Land beteiligt sich« ist zu entnehmen, dass das Land nicht sämtliche anfallende Sachkosten übernimmt, sondern dass es nur einen Teilbetrag bzw. einen Anteil beisteuert. Nach **Satz 2** errechnet sich der Anteil des Landes durch Vervielfachung der Durchschnittszahl der Schülerinnen und Schüler mit dem staatskirchenvertraglich vereinbarten Betrag pro Schülerin und Schüler. Es ist folglich eine Multiplikation mit zwei Faktoren, nämlich einer vorab zu bestimmenden Schüler-Durchschnittszahl mit einen festgelegten Schülerbetrag, durchzuführen.

Satz 3 regelt die Bestimmung des ersten Faktors, d. h. der Durchschnittszahl der Schülerinnen und Schüler. Die Durchschnittszahl ist danach der

Mittelwert der Zahlen der am 15. November und am 15. März eines jeden Schuljahres an diesen Schulen unterrichteten Schülerinnen und Schüler. Die Stichtage liegen im ersten bzw. zweiten Schulhalbjahr an Zeitpunkten, an denen die Schülerzahlen erfahrungsgemäß gefestigt sind. Aus den an diesen Stichtagen ermittelten Schülerzahlen ist der Mittelwert, d. h. das arithmetische Mittel, zu bestimmen.

Beim zweiten Faktor handelt es sich um einen zwischen Staat und Kirche vereinbarten Betrag. In Abschnitt II Nr. 6 Satz 1 KonkordatDVbg ND hat sich das Land verpflichtet, sich mit 15 v. H. des Gesamtbetrages an den laufenden Sachkosten zu beteiligen. Hierbei wird gemäß Abschnitt II Nr. 6 Satz 2 KonkordatDVbg ND seit dem 01.08.2010 ein Betrag von 132 Euro (15 v. H. von 880 Euro) je Schülerin oder Schüler pro Schuljahr zugrunde gelegt (vgl. Drs. 16/3538, Anm. 5). Bei einer wesentlichen Veränderung der laufenden Sachkosten aller Konkordatsschulen kann jeder der Vertragsschließenden eine Anpassung dieses Betrages verlangen. Dabei wird als wesentlich eine Veränderung der laufenden Sachkosten aller Konkordatsschulen um mehr als 10 v. H. gegenüber der letzten Festsetzung angesehen. Das Ergebnis derartiger Verhandlungen muss durch eine Änderung der Durchführungsvereinbarung (staatskirchenvertraglich) umgesetzt werden. Die Regelung, dass der Betrag staatskirchenvertraglich zu vereinbaren ist, hat den Vorteil, dass eine Anpassung nicht zusätzlich einer aufwändigen Änderung des Schulgesetztes oder einer Verordnung bedarf. Die Billigung einer erhöhten Landesbeteiligung erfolgt durch den Landtag durch die Verabschiedung eines Gesetzes zu der Übereinkunft zur Änderung der Durchführungsvereinbarung zum Konkordat.

Durch Artikel 7 des Haushaltsbegleitgesetzes 2017 wurde das Gesetz über finanzielle Leistungen des Landes wegen der Einführung der inklusiven Schule mit Wirkung vom 01.01.2017 geändert, u. a. wurde ein neuer § 2 in das Gesetz eingefügt, der einen finanziellen Ausgleich für die mit der Einführung der inklusiven Schule an Ersatzschulen sowie an Ergänzungsschulen in den Fällen der §§ 160 und 161 NSchG, ausgenommen Förderschulen, verbundenen Sachkosten vorsieht. Der finanzielle Ausgleich wird in Form einer jährlichen Pauschale, abhängig von den Schülerzahlen, gewährt. Der ermittelte schülerbezogene Betrag belief sich für das Jahr 2019 auf 34,11 Euro.

3 Zu Abs. 2: Investitionskosten sind vom kirchlichen Schulträger aufzubringen (vgl. Abschn II Nr. 7 Satz 1 KonkordatDVbg ND). Absatz 2 sieht (vereinbarungsgemäß) allerdings vor, dass sich das Land auch bei den Konkordatsschulen an den Kosten für Neu-, Um- und Erweiterungsbauten nach Maßgabe der für öffentliche Schulen geltenden Vorschriften beteiligt.

Die Regelung ist Spezialvorschrift gegenüber der Zuwendungsregelung für Ersatzschulen in § 151 Abs. 2. Maßgebend für eine Beteiligung des Landes an den Baukosten sind die für öffentliche Schulen geltenden Vorschriften, diese sind insbesondere in § 115, der die Förderung des Schulbaus durch das Land regelt, zu finden. Danach kann das Land den Schulträgern öffentlicher Schulen »nach Maßgabe des Landeshaushalts«

Zuwendungen gewähren. Derartige Zuwendungen stehen demzufolge nicht nur unter einem Haushaltsvorbehalt, sondern liegen auch im Ermessen des Zuwendungsgebers.

Eine Beteiligung an den Kosten für eine Erstausstattung ist in § 156 nicht vorgesehen, weil es sich bei den Konkordatsschulen um bereits bestehende Schulen handelt.

Bezüglich der Grenzen, die das Bundesverfassungsgericht für die Ausgestaltung der staatlichen Förderung gesetzt hat, wird auf die Anmerkung 3 zu § 151 verwiesen. Die Begriffe Neubau, Umbau und Erweiterungsbau werden in der Anmerkung 2 zu § 115 abgegrenzt.

Zu Abs. 3: Die Vorschrift erklärt bezüglich der Schülerbeförderung die zentralen Regelungen des § 114 für anwendbar, allerdings mit einer die Ansprüche erweiternden Maßgabe. Durch die Verweisung auf § 114 werden die Schülerinnen und Schüler der Konkordatsschulen den Schülerinnen und Schülern öffentlicher Schulen gleichgestellt, die Träger der Schülerbeförderung haben diese Schülerinnen und Schüler zur nächsten Konkordatsschule zu befördern oder die Kosten zu erstatten. Dabei ist die nach § 114 Abs. 3 Satz 5 mögliche Begrenzung der Erstattung auf die Kosten einer Zeitkarte ausdrücklich ausgenommen. 4

Einen Beförderungs- und Erstattungsanspruch aus § 156 Abs. 3 i. V. m. § 114 haben selbstverständlich auch nichtkatholische Schülerinnen und Schüler.

Verweise, Literatur: 5

– Durchführungsvereinbarung zu Artikel 5 Abs. 2 und Artikel 6 des am 26.02.1965 unterzeichneten Konkordats zwischen dem Heiligen Stuhle und dem Lande Niedersachsen (KonkordatDVbg ND) vom 19.10.1993 (Nds. GVBl. S. 312), zuletzt geändert durch Art. 2 des Gesetzes v. 17.07.2012 (Nds. GVBl. S. 244)

– Gesetz zu dem Vertrag zur Änderung des Konkordats mit dem Heiligen Stuhle vom 12.07.1994 (Nds. GVBl. S. 304, 308)

– Antwort der Landesregierung auf die Kleine Anfrage »Konkordatsschulen in Hildesheim« v. 17.06.2004 (Drs. 15/1109)

– Entwurf eines Gesetzes zu der Übereinkunft zur Änderung der Durchführungsvereinbarung zum Konkordat zwischen dem Heiligen Stuhl und dem Land Niedersachsen und zur Änderung des Niedersächsischen Schulgesetzes vom 05.04.2011 (Drs. 16/3538)

(Karl-Heinz Ulrich)

§ 157 Anteil nichtkatholischer oder auswärtiger Schülerinnen und Schüler

(1) ¹Die Vorschriften der §§ 155 und 156 mit Ausnahme des § 155 Abs. 3 Satz 2 Nr. 4 Buchst. b sind für eine der in § 154 Abs. 1 genannten Schulen nicht anzuwenden, wenn an ihr der Anteil nichtkatholischer Schülerinnen und Schüler 30 vom Hundert übersteigt. ²Die oberste Schulbehörde kann auf Antrag des kirchlichen Schulträgers und im Einvernehmen mit dem kommunalen Schulträger Ausnahmen von Satz 1 zulassen, soweit dadurch

1. die Aufnahme von Schülerinnen und Schülern mit Migrationshintergrund ermöglicht oder

2. der gemeinsame Unterricht von Schülerinnen oder Schülern, die auf sonderpädagogische Unterstützung angewiesen sind, mit anderen Schülerinnen und Schülern erleichtert wird.

(2) ¹Wird durch die Aufnahme auswärtiger Schülerinnen und Schüler in eine der in § 154 Abs. 1 genannten Schulen die durch Rechts- oder Verwaltungsvorschriften bestimmte Mindestgröße der für den Wohnort dieser Schülerinnen und Schüler zuständigen öffentlichen Hauptschule oder Realschule beeinträchtigt, so soll die Schulbehörde mit dem kirchlichen Schulträger hierüber verhandeln, um die Mindestgröße der öffentlichen Schulen sicherzustellen. ²Führen die Verhandlungen nicht zu einer die Mindestgröße sicherstellenden Einigung, so sind die Vorschriften der §§ 155 und 156 mit Ausnahme des § 155 Abs. 3 Satz 2 Nr. 4 Buchst. b nicht anzuwenden, wenn der Anteil der auswärtigen Schülerinnen und Schüler an der in Satz 1 genannten Schule 10 vom Hundert übersteigt.

(3) Bei den in § 154 Abs. 1 genannten Schulen, auf die nach Absatz 1 oder 2 die §§ 155 und 156 mit Ausnahme des § 155 Abs. 3 Satz 2 Nr. 4 Buchst. b nicht anzuwenden sind, bestimmt sich die Höhe der Finanzhilfe nach § 150.

1 **Allg.:** Die Vorschrift enthält in Ergänzung zu § 154 Abs. 2 Regelungen, die dem Schutz öffentlicher Schulen im Umfeld der Konkordatsschulen dienen sollen. So fordert das Gesetz für die Zubilligung der Sonderrechte einer Konkordatsschule, dass diese als Ausdruck der bekenntnismäßigen Homogenität der Schülerschaft grundsätzlich mindestens 70 v. H. katholische Schülerinnen und Schüler beschult; von der Erfüllung dieser Anforderung kann folgenlos nur in zwei festgelegten und vom MK als solche anerkannte Ausnahmesituationen abgesehen werden (Absatz 1). Daneben wird die Aufnahme einer bestimmten Größenordnung auswärtiger Schülerinnen und Schüler sanktioniert, sofern dadurch die Mindestgröße und damit der Bestand der zuständigen Schule am Wohnort der auswärtigen Schülerin oder des auswärtigen Schülers beeinträchtigt wird (Absatz 2). Die Regelungen bewirken, dass eine Konkordatsschule, die sich zu weit von ihrem ursprünglichen Errichtungszweck und überkommenen Bild entfernt, insbesondere finanzhilferechtlich im Wesentlichen wie eine herkömmliche Ersatzschule zu behandeln ist (Absatz 3).

Zu Abs. 1: Nach **Satz 1** sind die Vorschriften der §§ 155 und 156 mit Ausnahme des § 155 Abs. 3 Satz 2 Nr. 4 Buchst. b für eine der in § 154 Abs. 1 genannten Schulen nicht anzuwenden, wenn an ihr der Anteil nichtkatholischer Schülerinnen und Schüler 30 v. H. an der Gesamtschülerschaft der Schule übersteigt. Die Regelung gibt im Wesentlichen die Ziffer 9 im Abschnitt II der KonkordatDVbg ND (Anm. 5) wieder. **2**

Die in § 154 Abs. 1 genannten Schulen sind nur die dort angeführten Konkordatsschulen. Andere Ersatzschulen der katholischen Kirche oder der evangelischen Landeskirchen, die durch staatskirchenvertragliche Vereinbarungen in Teilbereichen einen vergleichbaren Status haben (Gymnasium Josephinum Hildesheim, Hildegard-von-Bingen-Gymnasium Twistringen, Gymnasium Eichendorffschule Wolfsburg, Gymnasium Andreanum Hildesheim, Evangelische Grundschule Waldschule Eichelkamp Wolfsburg, Evangelisches Gymnasium Nordhorn, Philipp-Melanchthon-Gymnasium Meine, Evangelische IGS Wunstorf), werden von § 157 nicht erfasst.

Die besonderen Anrechte einer Konkordatsschule bleiben erhalten, solange die Schule mindestens 70 v. H. katholische Schülerinnen und Schüler aufweist. Überschreitet der Anteil nichtkatholischer Schülerinnen und Schüler 30 v. H., so gefährdet dies zwar nicht den Bestand der Konkordatsschule, die Rechtsfolge eines – nicht genehmigten – Überschreitens der Obergrenze besteht vielmehr darin, dass die Schule dann u. a. lediglich Finanzhilfe nach § 150, also nicht die wesentlich attraktivere Personalkostenerstattung, beanspruchen kann (siehe Anm. 4).

Der Gesetzgeber spricht bei den Konkordatsschulen von einem Anteil »nichtkatholischer Schülerinnen und Schüler«, hingegen wird bei den Bekenntnisschulen in § 129 Abs. 3 in einem vergleichbaren Kontext auf »bekenntnisfremde Schülerinnen und Schüler« abgestellt. Beide Formulierungen spiegeln durch das undifferenzierte Herausstellen von Gegensätzen eine vereinfachte Sichtweise wider. Zur Religionsfreiheit als Grund- und Menschenrecht gehört aber auch die Freiheit, keiner Religion oder keiner bestimmten Religion angehören zu müssen. Mit der Umschreibung »bekenntnisfremde und bekenntnisfreie Schülerinnen und Schüler« würde man den Personenkreis treffender charakterisieren.

Für die Festlegung des Prozentsatzes auf 30 gibt es im Schulgesetz keinen Anhaltspunkt; die Zahl ist Ergebnis der Verhandlungen zwischen dem Land und den Diözesen. Der hier festgelegte Wert wird auch von § 129 Abs. 3 Satz 1 für die Bekenntnisschulen in Bezug genommen. Ursprünglich war ein Wert von 10 v. H., späterhin ein Wert von 20 v. H. vereinbart worden. Durch die Erhöhung des Grenzwertes und das Hinzufügen von Ausnahmetatbeständen entfernen sich die Konkordatsschulen immer weiter von ihrem Errichtungszweck, von dem überkommenen Bild und dem ursprünglichen Profil, so dass die Rechtfertigung für ihre Besserstellung hinsichtlich der besonderen Finanzierungsbedingungen und der erleichterten materiellrechtlichen Errichtungsvoraussetzungen gegenüber anderen freien Schulen im Hinblick auf Art. 3 Abs. 1 GG durchaus Zweifeln begegnet (vgl. Kritik im Schriftlichen Bericht zum ÄndG 04, Drs. 15/988,

S. 4 u. 5, im Schriftlichen Bericht zum ÄndG 12, Drs. 16/5007, S. 1 u. 2, sowie von Dieter Galas, Anm. 5).

Eine Obergrenze bzw. eine starre rechtliche Vorgabe für ein höchstmögliches Überschreiten sieht das Schulgesetz nicht vor, so dass der Anteil der bekenntnisfremden oder bekenntnisfreien Schülerinnen und Schüler an der Schülerschaft einer Konkordatsschule auch 50 v. H. übersteigen kann. Bei einer solchen Quote könnte man bei einer öffentlichen Bekenntnisschule den Bekenntnischarakter und die daraus resultierenden Ansprüche in Frage stellen, bei einer Konkordatsschule bekommt die Freiheit der Schulen in freier Trägerschaft hinsichtlich der Aufnahme von Schülerinnen und Schülern Geltung. Allerdings verlangt der Charakter einer Bekenntnis- bzw. Konfessionsschule grundsätzlich auch eine identitätsstiftende bekenntnismäßige Homogenität der Schülerschaft, die es lediglich ausnahmsweise, nicht aber natürlich zulässt, dass sie von bekenntnisfremden oder bekenntnisfreien Kindern besucht wird. Eine höhere Quote als 50 v. H. würde nicht nur den Bekenntnischarakter der Schule aushöhlen, sondern auch den privilegierten Status offen in Frage stellen. Die Ersatzschule würde sich mit einer überwiegenden Schülerzahl an Bekenntnisfremden oder Bekenntnisfreien zu weit von dem überkommenen Bild der Konfessionsschulen und deren Ausrichtung entfernen, so dass die Rechtfertigung für ihre Besserstellung z.B. hinsichtlich der besonderen Ausgestaltung der Finanzhilfe gegenüber anderen Oberschulen in freier Trägerschaft erheblichen Zweifeln begegnen würde. Landesrechnungshof sowie Gesetzgebungs- und Beratungsdienst des Landtages haben sich in der Vergangenheit hierzu bereits entsprechend (ablehnend) geäußert – zur Diskussion standen seinerzeit sogar deutlich geringere Quoten bekenntnisfremder oder bekenntnisfreier Schülerinnen und Schüler.

Die Feststellung, bei der Beratung im Kultusausschuss sei eine Zusammensetzung der Schülerschaft von 50 v. H. katholische Schülerinnen und Schüler, 15 v. H. Schülerinnen und Schüler mit Migrationshintergrund (nicht katholisch), 5 v. H. Schülerinnen und Schüler mit sonderpädagogischem Unterstützungsbedarf (nicht katholisch) und 30 v. H. bekenntnisfremde Schülerinnen und Schüler als »noch gesetzeskonform bestätigt« worden und »die gute finanzielle Ausstattung bliebe erhalten« (so Brockmann in Nr. 2.2 zu § 157 im Kommentar Brockmann/Littmann/Schippmann zum NSchG 2017), lässt sich bei Durchsicht der Niederschrift (vgl. Niederschrift 108. Sitzung des KultA am 29.06.2012, S. 12) nicht belegen. Die Erteilung einer Ausnahme bleibt eine Gratwanderung zwischen der Privilegierung eines bestimmten Bekenntnisses und der Ausgrenzung Andersgläubiger.

Die Änderung der KonkordatDVbg ND vom 08.05.2012 (Anm. 5) hat die 30 %-Grenze insoweit etwas durchlässiger gemacht, als die oberste Schulbehörde im Einvernehmen mit dem kommunalen Schulträger nach **Satz 2** in zwei Situationen einen höheren Anteil zulassen kann, sofern der kirchliche Schulträger eine Ausnahme beantragt:

Nach **Satz 2 Nr. 1** kann eine Ausnahme zugelassen werden, soweit dadurch die Aufnahme von bekenntnisfremden oder bekenntnisfreien Schülerinnen und Schülern mit Migrationshintergrund »ermöglicht« wird. Ob bei einer Schülerin oder einem Schüler ein Migrationshintergrund vorliegt, lässt sich beispielsweise anhand der in der Migrationshintergrund-Erhebungsverordnung festgelegten Merkmale bestimmen oder auf den Definitionenkatalog zur Schulstatistik der KMK stützen (u. a. keine deutsche Staatsangehörigkeit, nichtdeutsches Geburtsland, nichtdeutsche Verkehrssprache in der Familie bzw. im häuslichen Umfeld).

Die in Nr. 1 gewählte Formulierung kann das Missverständnis auslösen, dass unterhalb der 30 %-Grenze keine (bekenntnisfremden oder bekenntnisfreien) Schülerinnen und Schüler mit Migrationshintergrund aufgenommen werden dürfen. In Abschnitt II Nr. 9 Satz 2 Buchst. a KonkordatDVbg ND (Anm. 5) sind katholische Kirche und Land übereingekommen, dass durch die Aufnahme die Integration von Schülerinnen und Schülern mit Migrationshintergrund dadurch »erleichtert« werden soll. Der Gesetzgeber hat in der (schulbezogenen) Nr. 1 hingegen das genauere Wort »ermöglicht« gewählt, weil es hier nur um den Fall gehen kann, dass bekenntnisfremde oder bekenntnisfreie Kinder mit Migrationshintergrund aufgenommen werden sollen (anders insoweit der vergleichbare § 1 Satz 1 Nr. 1 der Bekenntnisschulen-Aufnahmeverordnung, Anm. 5, wonach »ein Ausgleich der Anteile von Schülerinnen und Schülern mit Migrationshintergrund angestrebt wird«).

Ferner kann nach **Satz 2 Nr. 2** eine Ausnahmegenehmigung erteilt werden, soweit dadurch der gemeinsame Unterricht von Schülerinnen oder Schülern, die auf sonderpädagogische Unterstützung angewiesen sind, mit anderen Schülerinnen und Schülern »erleichtert« wird. Diese (lerngruppen- bzw. klassenbezogene) Ausnahmemöglichkeit trägt – wie die insoweit vergleichbare Vorschrift in § 1 Satz 1 Nr. 2 der Bekenntnisschulen-Aufnahmeverordnung – dem Inklusionsgedanken Rechnung. Die Möglichkeit der gemeinsamen Beschulung von Schülerinnen und Schülern mit und ohne sonderpädagogischen Unterstützungsbedarf rechtfertigt ein moderates Abweichen von der Obergrenze.

Erforderlich für die Prüfung und Erteilung einer Ausnahmegenehmigung ist ein Antrag des kirchlichen Schulträgers. Zuständig für die Maßnahme ist die »oberste Schulbehörde«, das ist nach § 119 Nr. 1 das MK. Zuständige kommunale Schulträger, deren Einverständnis vor Erteilung der Ausnahmegenehmigung einzuholen ist, können nur die Kommunen sein, die im Einzugsgebiet, in dem der Standort der Konkordatsschule liegt, ein entsprechendes Angebot an öffentlichen Schulen vorhalten müssen; das sind die Landkreise oder kreisfreien Städte (§ 102 Abs. 2), ggf. auch die Gemeinden oder Samtgemeinden (§ 102 Abs. 3 sowie § 195 Abs. 2).

Nach der mit dem ÄndG 04 geänderten und mit dem ÄndG 12 erweiterten Verfahrensregelung kann das MK Ausnahmen auf Antrag des kirchlichen Schulträgers und im Einvernehmen mit dem kommunalen Schulträger zulassen (vgl. Abschnitt II Nr. 9 KonkordatDVbg ND, Anm. 5). Eine Ausnahme wird vor dem Hintergrund von Artikel 28 Abs. 2 GG sowie der §§ 1 Abs. 3 Satz 2, 101 und 102 folglich im Rahmen eines mehrstufigen Verwaltungsaktes (MK unter Beteiligung einer Kommune) erteilt.

Es bleibt den kommunalen Schulträgern im Übrigen unbenommen, der Erteilung einer Erlaubnis für die Beschulung eines höheren Anteils nichtkatholischer Schülerinnen und Schüler nur für eine befristete Zeit zuzustimmen (vgl. Gesetzentwurf zum ÄndG 12, Drs. 16/4842, S. 8).

Durch das Wort »soweit« wird deutlich gemacht, dass Ausnahmen nicht beliebig zugelassen werden dürfen, sondern nur in dem Maße erteilt werden dürfen, wie sie erforderlich sind. Eine Genehmigung zum Überschreiten der 30 %-Grenze wird daher auch zu widerrufen sein, wenn die Ausnahmevoraussetzungen nicht mehr vorliegen. Wird eine vom MK erteilte Ausnahmegenehmigung nicht eingehalten, so tritt auch hier die Rechtswirkung ein, dass für die Schule die Vorschriften der §§ 155 und 156 mit Ausnahme des § 155 Abs. 3 Satz 2 Nr. 4 Buchst. b nicht weiter anzuwenden sind.

Bis zur Neufassung des Satzes 2 durch das Gesetz vom 17.07.2012 (Nds. GVBl. S. 244) konnten Ausnahmen ausdrücklich nur »befristet« zugelassen werden. Diese Beschränkung des Verwaltungsaktes »Ausnahmegenehmigung« war lediglich ein Indiz dafür, dass grundsätzlich keine Bedenken bestanden, eine Genehmigung mit dieser konkret benannten Nebenbestimmung (§ 36 Abs. 2 Nr. 1 VwVfG) zu versehen. Da die Entscheidung vom MK nach pflichtgemäßen Ermessen zu treffen ist (Kann-Bestimmung) und da auch der kommunale Schulträger sein Einverständnis auf eine begrenzte Zeit beschränken kann, kann sie auch weiterhin für einen bestimmten Zeitraum befristet – und auch mit anderen Nebenbestimmungen (z.B. Widerrufsvorbehalt, Auflage) – ausgesprochen werden. In dem zu Grunde liegenden Gesetzentwurf (Drs. 16/4842) wurde allerdings zum Ausdruck gebracht, dass durch die Gesetzesänderung der Ausspruch einer dauerhaften Gestattung begünstigt werden sollte.

Im Schuljahr 2019/2020 hatte das MK für neun der 14 nach § 154 Abs. 1 gewährleisteten Schulen eine Ausnahmegenehmigung erteilt, in der Regel bis zur Höhe von 40 v. H., in Einzelfällen auch bis zur Höhe von 50 v. H. nichtkatholischer Schülerinnen und Schüler.

Das Bistum Hildesheim hat angekündigt, zum Schuljahr 2020/2021 im Rahmen eines Kooperationsvertrages mit der Stadt Göttingen (siehe § 195) mehr als 50 v. H. nichtkatholische Schülerinnen und Schüler an der Bonifatiusschule II in Göttingen aufnehmen zu wollen. Die Schule wird dann als anerkannte Ersatzschule aus der privilegierten Personalkostenerstattung in die Finanzhilfe nach § 150 fallen, Ansprüche gemäß § 155 Abs. 3 Satz 2 Nr. 4 Buchst. b bleiben allerdings erhalten. Landeslehrkräfte werden dann nicht mehr unbefristet oder unter Fortzahlung der Bezüge, sondern nur unter Fortfall der Bezüge nach § 152 Abs. 2 an die Schule beurlaubt werden dürfen. Ob die freiwillige Abkehr von der Bekenntnishomogenität als dauerhafter Verzicht auf den Status einer Konkordatsschule, als Verlust der Identität als Bekenntnis- bzw. Konfessionsschule oder als Verwirkung der mit dem Status einstmals eingeräumten Privilegien gedeutet werden kann, wird späterhin zu prüfen und zu entscheiden sein.

Zu Abs. 2: Bereits § 154 Abs. 2 Satz 1 fordert zum Schutz öffentlicher **3** Schulen die Einhaltung der Bedingung, dass ein entsprechendes Angebot einer öffentlichen Schule von dem örtlich verantwortlichen kommunalen Schulträger auch neben dem Ersatzschulangebot des kirchlichen Trägers gemacht werden kann. Absatz 2 hat eine ähnliche Zielrichtung: Die Vorschrift will verhindern, dass die privilegierte Konkordatsschule, für die kein kommunaler Schuleinzugsbereich gilt und für deren Besuch ein von einer Kommune für eine öffentliche Schule festgelegter Schulbezirk verlassen werden darf, eine solche Sogwirkung auf auswärtige Schülerinnen und Schüler hat, dass die Existenz der für deren Wohnort zuständigen entsprechenden öffentlichen Schulen beeinträchtigt wird.

Ob eine Beeinträchtigung vorliegt, ist durch einen Abgleich mit den Anforderungen der SchOrgVO festzustellen. Es ist zu prüfen, ob die öffentlichen Schulen, die die auswärtigen Schülerinnen und Schüler bei Nichtanwahl der Ersatzschule besuchen würden, die erforderliche Zügigkeit und Mindestschülerzahl aufweisen. Ist eine Beeinträchtigung einer öffentlichen Schule oder sogar mehrerer öffentlicher Schulen festzustellen, soll gem. **Satz 1** die nachgeordnete Schulbehörde mit dem kirchlichen Schulträger über Maßnahmen zur Beendigung der Beeinträchtigung verhandeln.

Durch die Soll-Vorschrift ist ein Eintreten in Verhandlungen nicht in das Belieben der nachgeordneten Schulbehörde gestellt, vielmehr besteht für die Schulbehörde die grundsätzliche Verpflichtung, auf den kirchlichen Schulträger zuzugehen und ihm die Aufnahme entsprechender Verhandlungen anzubieten.

Führen diese Verhandlungen nicht zu einem Ergebnis, das die Mindestgröße der gefährdeten öffentlichen Schule sichert, d. h., weigert sich z.B. der Träger der Konkordatsschule, seine Aufnahmepraxis zu ändern, dann verliert der kirchliche Träger nach **Satz 2** seine Ansprüche nach den §§ 155, 156 mit Ausnahme der Ansprüche nach § 155 Abs. 3 Satz 2 Nr. 4 Buchst. b (vgl. Absatz 3), wenn der Anteil auswärtiger Schülerinnen und Schüler mehr als 10 v. H. beträgt; dabei ist unerheblich, ob die auswärtigen Schülerinnen und Schüler katholisch, bekenntnisfremd oder bekenntnisfrei sind.

Für die Festlegung des Prozentsatzes auf 10 gibt es lediglich den Anhaltspunkt, dass im Stammgesetz von 1974 in § 138 Abs. 1 a. F. der noch zugebilligte Anteil nichtkatholischer Schülerinnen und Schüler auf 10 v. H. begrenzt war. Möglicherweise sollte das Primat der öffentlichen Schule im Falle einer Öffnung der Ersatzschule durch eine einheitliche Obergrenze gesichert werden.

Zu Abs. 3: Absatz 3 stellt fest, dass sich bei den Konkordatsschulen, auf die **4** nach Absatz 1 oder Absatz 2 die §§ 155 (»Persönliche Kosten für Lehrkräfte«) und 156 (»Sächliche Kosten, Schulbau, Schülerbeförderung«) mit Ausnahme des § 155 Abs. 3 Satz 2 Nr. 4 Buchst. b (»Erstattung von Ruhestandsbezügen und Beihilfeleistungen in besonderen Fällen«) nicht anzuwenden sind, die Höhe der Finanzhilfe nach § 150 bestimmt. Es entfällt somit die besondere staatliche Finanzhilfe, die im Wesentlichen aus einer Personalkostenerstattung und einem besonderen Sachkostenbetrag besteht. An ihre Stelle tritt die für anerkannte Ersatzschulen übliche Finanzhilfe nach § 150, d. h., der kirchliche Träger erhält einen Zuschuss zu den laufenden Betriebskosten. Der Träger stellt sich dadurch in aller Regel finanziell schlechter. Ferner gelten für die Schülerbeförderung sodann die Bestimmungen für die übrigen Ersatzschulen (vgl. § 141 Abs. 3 Satz 1) und bei Schulbaumaßnahmen kommen die Vorschriften des § 151 Abs. 2 zur Anwendung. Landeslehrkräfte dürfen dann nicht mehr unbefristet oder unter Fortzahlung der Bezüge nach § 155 Abs. 2 Satz 1 an diese Ersatzschulen beurlaubt werden, eine Beurlaubung ist dann nur unter Fortfall der Bezüge nach § 152 Abs. 2 zulässig.

Durch das ÄndG 19 sind in Absatz 1 Satz 1, Absatz 2 Satz 2 und Absatz 3 jeweils die Worte »mit Ausnahme des § 155 Abs. 3 Satz 2 Nr. 4 Buchst. b« als Störfallregelung eingefügt worden. Die Störfallregelung bewirkt, dass ein Erstattungsanspruch auf Ruhestandsbezüge und Beihilfeleistungen für ehemals beamtete Lehrkräfte der Kirche nicht von der Einhaltung einer Quote bekenntnisfremder oder bekenntnisfreier Schülerinnen und Schüler abhängig ist. Der Erstattungsanspruch bleibt für die Ersatzschule, an der die Lehrkraft tätig war, bestehen. Hinter der Regelung steht der Gedanke, dass das Land mittelbar das Ruhgehalt für diese ehemaligen Lehrkräfte dauerhaft zu übernehmen hat (vgl. Schriftlicher Bericht zum ÄndG 19 in der Drs. 18/5416 S. 20 ff.).

Bevor die Schulbehörde die Nichtanwendbarkeit der §§ 155, 156 mit Ausnahme der Vorschrift in § 155 Abs. 3 Satz 2 Nr. 4 Buchst. b feststellt, hat sie den kirchlichen Schulträger anzuhören (§ 28 VwVfG) und ihm Gelegenheit zur Stellungnahme zu geben.

In den Fällen des Absatzes 1 wird der Beginn der Leistungsumstellung mangels einer dies regelnden besonderen Bestimmung auf den Zeitpunkt festzustellen sein, ab dem die Beschulung von mindestens 70 v. H. katholischer Schülerinnen und Schüler nicht mehr erfolgt und eine diese Konstellation zulassende Ausnahmegenehmigung des MK nicht vorliegt bzw. eine erteilte Ausnahmegenehmigung nicht eingehalten wird. In den Fällen des Absatzes 2 ist eine Anspruchsänderung erst dann möglich, wenn von der nachgeordneten Schulbehörde ein Scheitern der Verhandlungen festgestellt worden ist.

5 Verweise, Literatur:

- *Galas, Dieter*: Konkordatsschulen – Eine niedersächsische Besonderheit, Niedersächsische Verwaltungsblätter, 2004, H. 7, S. 177
- Verordnung über die Aufnahme bekenntnisfremder Schülerinnen und Schüler in Grundschulen für Schülerinnen und Schüler des gleichen Bekenntnisses (Bekenntnisschulen-Aufnahmeverordnung) v. 11.08.2011 (Nds. GVBl. S. 278), geändert durch Art. 2 der VO v. 22.01.2013 (Nds. GVBl. S. 23)
- *Pieroth, Bodo/Barczak, Tristan*: Die Freien Schulen in der Standortkonkurrenz – Die Verfassungswidrigkeit der Versagung der Genehmigung

von privaten Ersatzschulen bei Bestandsgefährdung von öffentlichen Schulen, Rechtsgutachten, Münster, Oktober 2011
- Änderung des abschließenden Sitzungsprotokolls v. 29.10.1993 in der Anlage zur Übereinkunft zum Konkordat mit dem Heiligen Stuhle, Bek. d. MK. v. 12.05.2004 (Nds. MBl. S. 393), zuletzt geändert durch Vereinbarung vom 08.05.2012 (nicht bekannt gemacht)
- Durchführungsvereinbarung zu Artikel 5 Abs. 2 und Artikel 6 des am 26.02.1965 unterzeichneten Konkordats zwischen dem Heiligen Stuhle und dem Lande Niedersachsen (KonkordatDVbg ND) vom 19.10.1993 (Nds. GVBl. S. 312), zuletzt geändert durch Art. 2 des Gesetzes v. 17.07.2012 (Nds. GVBl. S. 244)

(Karl-Heinz Ulrich)

Vierter Abschnitt
Ergänzungsschulen

§ 158 Allgemeines

(1) Schulen in freier Trägerschaft, die nicht Ersatzschulen nach § 142 sind, sind Ergänzungsschulen.

(2) ¹Die Errichtung einer Ergänzungsschule ist der Schulbehörde vor Aufnahme des Unterrichts anzuzeigen. ²Der Anzeige sind der Lehrplan sowie Nachweise über den Schulträger, die Schuleinrichtungen und die Vorbildung der Leiterin oder des Leiters und der Lehrkräfte sowie eine Übersicht über die vorgesehene Schülerzahl beizufügen.

(3) ¹Jeder Wechsel des Schulträgers und der Schulleitung, jede Einstellung von Lehrkräften sowie jede wesentliche Änderung der Schuleinrichtungen sind der Schulbehörde anzuzeigen. ²Bei der Einstellung von Schulleiterinnen und Schulleitern und Lehrkräften sind Nachweise über deren Vorbildung beizufügen.

Allg.: Die Bestimmung enthält generelle Vorgaben zur Ergänzungsschule. Eingangs wird die Ergänzungsschule definiert. Ferner enthält § 158 Vorschriften über Anzeigepflichten gegenüber der Schulaufsicht (§ 167) im Falle der Errichtung einer solchen Einrichtung und für die Fälle wesentlicher Änderungen der Betriebsvoraussetzungen nach der Errichtung; der Paragraf korrespondiert insoweit mit den Regelungen des § 159. 1

Ergänzungsschulen sind Einrichtungen im allgemein bildenden sowie im berufsbildenden Bereich, die das öffentliche Schulsystem und die Ersatzschulen – wie der Name schon sagt – »ergänzen«. Sie bieten Formen von Schulen und Unterrichtsinhalte an, die das staatliche Schulsystem nicht oder in der besonderen Ausgestaltung nicht kennt. Diese Schulen sind verstärkt im Bereich der beruflichen Bildung tätig, und zwar dort, wo es für einige – meist moderne – Berufe (noch) keine staatlichen Ausbildungseinrichtungen mit bestimmten Qualifikationsprofilen gibt (z.b. im Bereich Informations- und Kommunikationstechnologie, Gesundheitswesen, Kunst und Kultur, Freizeitgestaltung, Finanzen). Die Ausbildung erfolgt regelmäßig an Hand selbst oder in Zusammenarbeit mit Berufs- oder Interessenverbänden erarbeiteter Ausbildungspläne oder nach Konzeptionen von Handwerkskammern, Industrie- und Handelskammern, Landwirtschaftskammern oder Innungen.

2 **Zu Abs. 1:** Der Gesetzgeber hat mit einer Negativdefinition festgelegt, was Ergänzungsschulen sind, nämlich Schulen in freier Trägerschaft, die nicht Ersatzschulen sind. Ergänzungsschulen dürfen demnach als »Nichtersatzschulen« die Voraussetzungen des § 142 nicht erfüllen. Bei den Einrichtungen muss es sich jedenfalls um Schulen handeln, es erfolgt somit auch eine klare Abgrenzung zu den freien Unterrichtseinrichtungen (vgl. Anm. 3 zu § 140) und den Tagesbildungsstätten, die nicht die Kriterien einer Schule erfüllen. Ergänzungsschulen müssen die Mindestvoraussetzungen des § 1 Abs. 2 erfüllen, d.h., sie müssen auf Dauer eingerichtete Bildungsstätten sein, in denen nach einem Bildungsplan allgemein bildender oder berufsbildender Unterricht für mindestens 12 Schülerinnen und Schüler und mindestens für die Dauer von sechs Monaten erteilt wird.

Ergänzungsschulen müssen allerdings nicht die besonderen schulgesetzlichen Anforderungen erfüllen, die im Wesentlichen bereits von Verfassung wegen für Ersatzschulen gelten. Sie unterscheiden sich von Ersatzschulen insbesondere dadurch, dass

– sie keiner Genehmigung bedürfen (Anzeigepflicht),

– ihre Lehrkräfte keine Unterrichtsgenehmigung benötigen,

– sie weitgehend von der Bindung an staatliche Lernziele und Schulformen freigestellt sind,

– sie in ihrer Unterrichtsgestaltung und in ihren Abschlüssen frei sind und

– sie nur in geringem Umfang der staatlichen Aufsicht unterliegen.

3 **Zu Abs. 2:** Ergänzungsschulen unterliegen nicht dem für Ersatzschulen ausdrücklich vorgeschriebenen Genehmigungsverfahren (vgl. insoweit auch Art. 7 Abs. 4 GG), ihre Errichtung ist nach Satz 1 der RLSB (vgl. § 120 Abs. 6) vor Aufnahme des Unterrichts lediglich anzuzeigen. Durch die Anzeige soll die Schulbehörde Kenntnis von der Schulerrichtung erlangen, damit sie ihre Aufsichtspflicht wahrnehmen und die Einhaltung der Vorschriften des NSchG gewährleisten kann (vgl. § 167 Abs. 1 Satz 1). Die Anzeige dient nur der Überprüfung der äußeren Ordnungsmäßigkeit des Schulangebotes, eine inhaltliche Überprüfung findet nicht statt.

Die Anzeige wird vom Gesetzgeber nicht bereits vor der Errichtung der Schule gefordert, sondern (rechtzeitig) vor der erstmaligen Aufnahme des Unterrichts an der Ergänzungsschule. Sie muss schriftlich erfolgen, ist im Übrigen jedoch an keine Form gebunden.

In Satz 2 ist festgelegt, was der Schulbehörde im Rahmen der Anzeige der Schulerrichtung im Einzelnen vorzulegen ist:

Die Anzeige muss zunächst einen Nachweis über den Schulträger enthalten. Träger von Schulen in freier Trägerschaft können sein entweder natürliche oder juristische Personen des privaten Rechts oder Religions- oder Weltanschauungsgemeinschaften, die die Rechte einer Körperschaft des öffentlichen Rechts besitzen (§ 1 Abs. 4). Damit sind Körperschaften des öffentlichen Rechts – wie z.B. kommunale Gebietskörperschaften – von der Trägerschaft ausgeschlossen.

Der Schulträger wird Dokumente über seinen Status bzw. seine Rechtsform vorzulegen haben (z.B. Eintragung im Vereins-, Handels-, Partnerschafts- oder Genossenschaftsregister, Verleihung der Körperschaftsrechte). Bei natürlichen Personen werden Name, Vorname, Geburtstag, Anschrift sowie ein Lebenslauf einzureichen sein. Erforderlich sind natürlich auch die Mitteilung der Anschrift des Schulstandortes sowie die Bezeichnung der Schule (vgl. § 140).

Nach § 159 Abs. 1 kann die Errichtung einer Ergänzungsschule von der Schulbehörde untersagt werden, wenn der Schulträger nicht den Anforderungen entspricht, die zum Schutze der Schülerinnen und Schüler oder der Allgemeinheit an sie zu stellen sind. Zum Nachweis der Integrität wird ein polizeiliches Führungszeugnis sowie ein Erweitertes Führungszeugnis der natürlichen Person bzw. der Handlungsberechtigten beizubringen sein.

Der Anzeige ist weiterhin der Lehrplan beizufügen. Das Schulgesetz setzt in § 122 Lehrpläne mit Kerncurricula gleich. Nach dieser Bestimmung beschreiben Lehrpläne fachbezogene Kompetenzen, über die Schülerinnen und Schüler verfügen sollen. Sie konkretisieren die Ziele und Vorgaben für Schulformen und Schuljahrgänge und benennen die allgemeinen und fachlichen Ziele der einzelnen Unterrichtsfächer, bestimmen die erwarteten Lernergebnisse und legen die verbindlichen Kerninhalte des Unterrichts fest.

Es sei erwähnt, dass der Begriff des Lehrplans erst durch das ÄndG 06 in § 122 aufgenommen wurde, in der Vorgängerbestimmung des § 158 (vgl. § 139 a.F.) findet sich der Begriff allerdings bereits seit 1976. An Ergänzungsschulen wird man deshalb etwas andere Anforderungen stellen müssen als an öffentliche Schulen oder Ersatzschulen.

Idealerweise legt der Schulträger ein aussagekräftiges pädagogisches Konzept vor. Dies enthält insbesondere Angaben zur vorgesehenen Klassenstärke, zu den zu beschulenden Jahrgängen, zum Aufnahmerhythmus, zur Dauer der Ausbildung sowie zu erreichbaren Abschlüssen. Von Interesse ist ferner, ob Teilzeit- oder Vollzeitunterricht erteilt werden soll.

Der Anzeige sind ferner Nachweise über die Schuleinrichtungen beizufügen. Der hier verwendete Begriff der »Schuleinrichtungen« ist enger gefasst als der Begriff der »Einrichtungen« in Art. 7 Abs. 4 GG sowie im daraus abgeleiteten § 144. Anknüpfend an § 159 Abs. 1, wonach die »Einrichtungen« den Anforderungen entsprechen müssen, die zum Schutz der Schülerinnen und Schüler oder der Allgemeinheit an sie zu stellen sind, müssen die Schuleinrichtungen die allgemeinen gesetzlichen und ordnungsbehördlichen Anforderungen erfüllen. Es müssen geeignete und baurechtlich als solche genehmigte Schulräume vorhanden sein, die als Eigentum, geleast oder zur Miete langfristig zur Verfügung stehen.

Die bauaufsichtlichen Anforderungen an Schulen sind in der Schulbaurichtlinie, einem RdErl. des MS, geregelt. Darüber hinaus gelten für die Gebäude privater Ergänzungsschulen, wie für alle Schulgebäude, aber auch weitere besondere bauordnungsrechtliche Bestimmungen – wie z.B. die Versammlungsstättenverordnung – sowie insbesondere brandschutztechnische Sonderbestimmungen.

Die Anzeige sollte Angaben zur Anzahl, Größe und Ausstattung der Unterrichtsräume und anderer zur Nutzung vorgesehener Räumlichkeiten sowie zur Größe und Beschaffenheit der Außenanlagen enthalten. Es empfiehlt sich die Vorlage von Protokollen o.Ä. der zuständigen Stellen für die Bau-, Gesundheits-, Arbeits- und Brandschutzabnahme der Räumlichkeiten und Anlagen.

Außerdem sind der Anzeige Nachweise über die Vorbildung der Leiterin oder des Leiters und der Lehrkräfte der Ergänzungsschule beizufügen. Schulleitung und Lehrkräfte müssen den Anforderungen entsprechen, die auf Grund von gesetzlichen Bestimmungen (u.a. Infektionsschutzgesetz) vorgeschrieben oder allgemein zum Schutz der Schülerinnen und Schüler oder der Allgemeinheit an sie zu stellen sind (§ 159). Die Schulleitung muss demnach die Eignung und Befähigung für die Leitung und Verwaltung der Schule besitzen. Lehrkräfte müssen hinreichend geeignet und befähigt sein, den von ihnen abverlangten Unterricht zu erteilen. Für Schulleitung und Lehrkräfte sind daher Dokumente über die Ausbildung, die Teilnahme an Fort- und Weiterbildungen sowie den beruflichen Werdegang beizubringen.

Schließlich ist eine Übersicht über die vorgesehene Schülerzahl vorzulegen. Sie dient u.a. dem Nachweis darüber, dass die gesetzliche Mindestzahl von 12 Schülerinnen und Schülern erreicht wird, ferner lassen sich zum Schutz der Schülerinnen und Schüler aus der Übersicht Angaben zur Schüler-Lehrer-Relation bzw. zu den Klassenfrequenzen ableiten.

4 Zu Abs. 3: Absatz 3 trägt der notwendigen Überprüfung möglicher Veränderungen nach Unterrichtsaufnahme in der Schule Rechnung. Dort ist geregelt, welche Änderungen der Schulbehörde anzuzeigen sind, damit diese die Schulaufsicht sachgerecht ausüben und die Einhaltung der Vorschriften des NSchG gewährleisten kann.

Mit dem Schulträger und der Schulleitung sind zunächst die zentralen Verantwortlichen und direkten Ansprechpartner genannt. Deren Wechsel ist selbstverständlich anzuzeigen, wobei beim Schulträger nicht nur ein Träger- oder Rechtsformwechsel, sondern auch ein Wechsel einer oder eines für den Schulträger Handlungsberechtigten als anzeigepflichtig angesehen werden muss.

Ferner ist auch jede Einstellung von Lehrkräften anzeigepflichtig. Gemeint sein kann hier allerdings nur jede »echte« Neueinstellung. Eine sich unmittelbar an ein befristetes Arbeitsverhältnis anschließende Vertragsverlängerung oder Dauerbeschäftigung wird man anders bewerten müssen, weil sie nicht zu einem Personalwechsel führt.

Nach Satz 2 sind bei der Einstellung von Schulleiterinnen und Schulleitern sowie Lehrkräften Nachweise über deren Vorbildung beizubringen; auf Anmerkung 3 wird diesbezüglich verwiesen.

Eine Anzeigepflicht besteht auch bei allen wesentlichen Änderungen der Schuleinrichtung. Wesentlich sind alle Änderungen, wenn sie von tragender bzw. entscheidender Bedeutung für den Schulbetrieb sind und die Schulbehörde zu einem schulaufsichtlichen Handeln veranlassen könnten.

Eine Frist für die Offenbarung von wesentlichen Änderungen ist in der Vorschrift nicht bestimmt, sie dürfte ihr allerdings innewohnen, so dass von einer Pflicht zur unverzüglichen Anzeige der Vorhaben, Maßnahmen und Ereignisse auszugehen ist. Im Interesse eines geordneten Schulbetriebs ist es ratsam, die Schulbehörde auch in Zweifelsfällen umgehend von bevorstehenden oder vollzogenen bedeutsamen Änderungen zu unterrichten.

Eine Verletzung der Anzeigepflicht ist in § 176 nicht als zu ahndende Ordnungswidrigkeit aufgeführt. Die Schulbehörde kann allerdings gegenüber Schule und Schulträger u. a. von den in § 167 Abs. 1 Satz 2 angeführten schulaufsichtlichen Maßnahmen Gebrauch machen. Nach § 159 kommt ferner eine Untersagung der Errichtung oder Fortführung in Betracht.

Auf – unter Umständen bußgeldbewehrte – Anzeigepflichten nach z.B. gewerbe-, sozialversicherungs- oder steuerrechtlichen Bestimmungen wird hingewiesen.

Ob sich der Schulträger freiwillig anderweitiger Kontrollen, z.B. Zertifizierungen unabhängiger privater oder sonstiger staatlicher Stellen, unterwirft, unterliegt seiner freien Entscheidung.

Verweise, Literatur: 5

- Regionales Landesamt für Schule und Bildung, Merkblatt »Schulen in freier Trägerschaft«, Errichtung einer Ersatz-/Ergänzungsschule nach dem NSchG

(Karl-Heinz Ulrich)

§ 159 Untersagung der Errichtung oder Fortführung

(1) Die Errichtung oder Fortführung einer Ergänzungsschule kann von der Schulbehörde untersagt werden, wenn Schulträger, Leiterin oder Leiter, Lehrkräfte oder Einrichtungen der Ergänzungsschule den Anforderungen nicht entsprechen, die zum Schutz der Schülerinnen und Schüler oder der Allgemeinheit an sie zu stellen sind, und den Mängeln trotz Aufforderung

der Schulbehörde innerhalb einer bestimmten Frist nicht abgeholfen worden ist.

(2) ¹Das Kultusministerium wird ermächtigt, durch Verordnung Höchstzahlen für die Schülerzahlen in den Klassen oder den entsprechenden organisatorischen Gliederungen zu bestimmen. ²Es dürfen keine höheren Anforderungen als an vergleichbare öffentliche Schulen gestellt werden.

1 **Allg.**: Während bei einer Ersatzschule die erteilte Genehmigung zurückzunehmen ist, sofern Mängel auftreten, die trotz Aufforderung nicht abgestellt werden (vgl. § 147), kommt bei einer anzeigepflichtigen Ergänzungsschule nur eine Untersagung der Errichtung oder der Fortführung in Betracht. Absatz 1 enthält zum Schutz der Schülerinnen und Schüler sowie der Allgemeinheit eine gefahrenabwehrrechtliche Rechtsgrundlage und normiert darin abschließend mögliche Eingriffstatbestände (vgl. VG Hannover, Urt. v. 19.06.2004 – 6 A 3109/03). Absatz 2 ermächtigt zum Erlass einer Verordnung, um im Bedarfsfall Kapazitätsgrenzen für Lerneinheiten von Ergänzungsschulen festlegen zu können.

2 **Zu Abs. 1**: Nach Art. 7 Abs. 1 GG steht das gesamte Schulwesen – einschließlich des Privatschulwesens – unter der Aufsicht des Staates. In Ausübung dieser Schulaufsicht kann die nachgeordnete Schulbehörde nach § 159 Abs. 1 die Errichtung oder Fortführung einer Ergänzungsschule untersagen, sofern bestimmte Anforderungen nicht, nicht mehr, nicht vollständig oder ordnungsgemäß erfüllt werden. Bei den »Anforderungen, die zum Schutze der Schüler oder der Allgemeinheit zu stellen sind«, handelt es sich um einen unbestimmten Rechtsbegriff, der gerichtlich überprüfbar ist.

Eine Untersagung ist danach möglich, wenn der Schulträger nicht den Anforderungen entspricht, die zum Schutz der Schülerinnen und Schüler oder der Allgemeinheit an ihn zu stellen sind. Dazu gehört, dass er die ihm obliegenden gesetzlichen und vertraglichen Pflichten jederzeit sorgfältig beachtet und in vollem Umfang seriös erfüllt. Deshalb ist von ihm persönliche Eignung und Zuverlässigkeit sowie wirtschaftliche Stabilität und Leistungsfähigkeit zu fordern. Es besteht ein öffentliches Interesse daran, sicherzustellen, dass der Unterrichtsbetrieb verlässlich und ordnungsgemäß gewährleistet ist und im Interesse der an der Schule angemeldeten Schülerinnen und Schüler auch längerfristig gewährleistet bleibt.

Der Schulträger ist auch für eine nicht irreführende oder gegen Wettbewerbsvorschriften verstoßende Bezeichnung der Schule (vgl. § 140 Abs. 1 Satz 1) verantwortlich. Der Charakter einer schulischen Einrichtung muss für Interessenten und Außenstehende aus deren Kennzeichnung erkennbar sein (vgl. bezüglich der Verwendung der Bezeichnung »Berufsfachschule« Urt. d. VG Düsseldorf v. 27.11.2009 – 18 K 5202/08).

Eine Untersagung ist ferner möglich, wenn die Leiterin oder der Leiter oder wenn Lehrkräfte nicht den Anforderungen entsprechen, die zum Schutz der Schülerinnen und Schüler oder der Allgemeinheit an sie zu stellen sind. Von diesen ist insbesondere persönliche Zuverlässigkeit sowie fachliche und pädagogische Eignung zu fordern. Ein strafrechtlich relevantes Fehlverhalten (z.B. sexueller Missbrauch von Schutzbefohlenen, Verbreitung pornografischer und gewaltverherrlichender Filme und Dateien, Verstoß gegen das Betäubungsmittelgesetz, verfassungsfeindliche Aktivitäten) offenbart charakterliche Mängel und erschüttert die persönliche Zuverlässigkeit und Seriosität.

Eine Untersagung ist schließlich möglich, wenn die Einrichtungen der Ergänzungsschule nicht den Anforderungen entsprechen, die zum Schutz der Schülerinnen und Schüler oder der Allgemeinheit an sie zu stellen sind. Solche Anforderungen stellen beispielsweise bauordnungsrechtliche Bestimmungen, Brandschutzvorschriften und brandschutztechnische Bestimmungen (z.B. Versammlungsstättenverordnung, Schulbaurichtlinie), Bestimmungen zum Arbeits- und Gesundheitsschutz sowie zur (Infektions-) Hygiene. Von der Schule und deren Einrichtung dürfen keine Gefahren für die Sicherheit und Ordnung ausgehen.

Die Aufsicht umfasst allerdings nicht das Erreichen bestimmter Bildungsziele, die der Schulträger in Aussicht stellt, auch ist eine Prüfung der Unterrichtsqualität nur begrenzt denkbar.

Die Vorschrift spricht zunächst vom Untersagen der »Errichtung« einer Ergänzungsschule, gemeint sein kann – vor dem Hintergrund des § 158 Abs. 2 Satz 1 – aber nur die Aufnahme des Unterrichtsbetriebs an einer errichteten Ergänzungsschule. Ferner kann für eine bereits betriebene Ergänzungsschule ein Betriebsverbot erlassen werden (vgl. VG Hannover, Beschl. v. 06.02.2008 – 6 B 1008/08, SchVw NI, 2008, H. 5, S. 155).

Indem der Gesetzgeber der Schulbehörde ein pflichtgemäßes Ermessen einräumt, kann die Schulverwaltung eigenständig über ihr Tätigwerden entscheiden. Damit liegt es in ihrer Hand, »ob« sie tätig werden möchte und wenn sie dies bejaht, »wie« sie tätig werden will. Durch die Freiheit der Schulbehörde, nicht in jedem Fall handeln zu müssen (vgl. hingegen z.B. § 18c Schulgesetz des Landes Sachsen-Anhalt: »ist zu untersagen«), können unnötige staatliche Eingriffe verhindert und dadurch dem Übermaßverbot Rechnung getragen werden.

Eine Untersagung setzt voraus, dass einem Mangel oder mehreren Mängeln trotz Aufforderung der Schulbehörde innerhalb einer bestimmten Frist nicht abgeholfen worden ist. Es bedarf folglich zunächst einer formalen Aufforderung durch die Schulbehörde, eine bestimmte Handlung vorzunehmen oder zu unterlassen bzw. ein bestimmtes Verhalten an den Tag zu legen oder zu unterlassen. Die »Abmahnung« sollte eine Schilderung des beanstandeten Sachverhalts, einen damit verbundenen Hinweis auf einen Regelverstoß oder eine Pflichtverletzung, eine Aufforderung zu einem bestimmten Tun oder Unterlassen innerhalb angemessener Frist – ggf. in Gegenüberstellung mit dem vorgesehenen Idealzustand – und die Androhung der Untersagung der Errichtung oder Fortführung der Schule für den Fall der Nichterfüllung enthalten. Sie ist an keine besondere Form gebunden, zur Beweissicherung und Dokumentation (z.B. für den Fall eines Rechtsstreites) bietet sich allerdings die Schriftform an. Die für eine Mängelbeseitigung einzuräumende Frist ist nach den Umständen des Einzelfalls zu bemessen, d. h., innerhalb der gesetzten Frist muss Abhilfe tatsächlich möglich sein. Abmahnung und Fristsetzung machen allerdings nur dann Sinn, wenn die Beseitigung eines Mangels dem Schulträger oder der Schulleitung durch eine bestimmte Handlung oder ein bestimmtes Verhalten überhaupt möglich ist.

Absatz 1 regelt nicht unmittelbar den potenziellen Verfügungsadressaten. Dieser ist grundsätzlich der jeweilige Schulträger. Dem Wortsinn nach kann die Fortführung einer Ergänzungsschule demjenigen untersagt werden, der die Schule »führt«. Ergänzungsschulen können von natürlichen und juristischen Personen betrieben und damit geführt werden. Die staatliche Schulaufsicht, der die Schulen in freier Trägerschaft nach § 167 Abs. 1 unterliegen, betrifft als Rechtssubjekte mithin die jeweiligen Schulträger. Träger einer Ergänzungsschule ist dabei die Person oder Personenmehrheit, die über das »Ob« und das »Wie« des (weiteren) Betreibens der Schule in freier Trägerschaft entscheidet (vgl. Hessischer VGH, Urt. v. 27.05.2014 – 7 B 823/08). Selbstverständlich muss auch die einer Untersagung vorausgehende Abmahnung an den Schulträger gerichtet sein.

3   **Zu Abs. 2:** Der Absatz enthält in Satz 1 eine Ermächtigung zum Erlass einer Verordnung durch das Kultusministerium (sog. Ministerverordnung), mit der Schülerhöchstzahlen für Klassen oder für entsprechende organisatorische Gliederungen (z.B. Lerngruppen, Kurse) bestimmt werden könnten. Von dieser Verordnungsermächtigung hat das Ministerium bislang keinen Gebrauch gemacht. Nach Satz 2 wären die verordnungsrechtlichen Bestimmungen für Ergänzungsschulen durch die an vergleichbare öffentliche Schulen gestellten Anforderungen begrenzt, was eigentlich ein Widerspruch ist, da es für Ergänzungsschulen vergleichbare öffentliche Schulen nicht gibt. Als Orientierungshilfen könnten gleichwohl die Erlasse »Klassenbildung und Lehrkräftestundenzuweisung an den allgemein bildenden Schulen« (sog. Klassenbildungserlass) und die »Ergänzenden Bestimmungen für das berufsbildende Schulwesen (EB-BbS)« sowie die »Verordnung für die Schulorganisation (SchOrgVO)« herangezogen werden. Sofern und solange sich die Ergänzungsschulen von sich aus in groben Zügen an diesen Bestimmungen orientieren, wird es für das Kultusministerium keinen Handlungsbedarf für den Erlass einer Verordnung geben.

4   **Verweise, Literatur:**
   – Verordnung für die Schulorganisation (SchOrgVO) vom 17.02.2011 (Nds. GVBl. S. 62; SVBl. S. 106; SRH 2.015; Schulrecht 272/19), zuletzt geändert durch Art. 2 des Gesetzes vom 19.06.2013 (Nds. GVBl. S. 165)
   – Erl. »Klassenbildung und Lehrkräftestundenzuweisung an den allgemein bildenden Schulen« vom 21.03.2019 (SVBl. S. 165; SRH 3.105)

(Karl-Heinz Ulrich)

§ 160 Ruhen der Schulpflicht

¹Die Schulbehörde kann für eine Ergänzungsschule, die einen Unterricht von mindestens 24 Wochenstunden erteilt, die Feststellung treffen, dass während des Besuchs dieser Ergänzungsschule die Schulpflicht ruht. ²Die Feststellung bedarf eines schriftlichen Bescheides, der an den Schulträger zu richten ist. ³Hat die Schulbehörde über einen Antrag auf Feststellung nicht spätestens drei Monate nach Vorliegen der vollständigen Unterlagen entschieden, so gilt die Feststellung als getroffen; im Übrigen findet § 42a des Verwaltungsverfahrensgesetzes (VwVfG) Anwendung. ⁴Werden die Feststellungsvoraussetzungen nicht mehr erfüllt, so hat der Schulträger dies der Schulbehörde mitzuteilen.

Allg.: Die Schulpflicht muss an öffentlichen Schulen oder an Ersatzschulen erfüllt werden, an Ergänzungsschulen kann sie nicht erfüllt werden (vgl. u. a. BVerfG, Beschl. v. 14.11.1969 – BvL 24/64 – u. BVerwG, Urt. v. 18.12.1996 – 6 C 6.95). § 160 räumt für Schülerinnen und Schüler allerdings die Möglichkeit ein, dass beim Besuch bestimmter Ergänzungsschulen die Schulpflicht ruht, d. h., dass sie während des Besuchs dieser Schule nicht zum Besuch einer anderen Schule verpflichtet sind. Voraussetzung ist, dass die Ergänzungsschule zur Erreichung grundlegender Lernziele ein bestimmtes Unterrichtskontingent mit bestimmten Bildungsinhalten anbietet und dass die Schulbehörde dies förmlich in einem schriftlichen Bescheid an den Schulträger festgestellt hat. Wenn Schülerinnen und Schüler den Besuch an dieser Ergänzungsschule beenden, lebt die Schulpflicht wieder auf, soweit sie nicht zwischenzeitlich durch Zeitablauf erledigt bzw. erfüllt ist, denn die Dauer des Ruhens der Schulpflicht wird auf die Dauer der Schulbesuchspflicht angerechnet (§ 66 Satz 4). 1

Das Institut des Ruhens der Schulpflicht bei dem Besuch einer Ergänzungsschule wird nicht vom Schutzbereich der Privatschulgarantie des Art. 7 Abs. 4 Satz 1 GG erfasst. Das Grundgesetz verbietet insoweit nicht die Heraushebung einer Gruppe der Privatschulen als »anerkannte Ersatzschulen«, und die nur diesen Schulen verliehenen Befugnisse im Zusammenhang mit der Erfüllung der staatlichen Schulpflicht sind keine Berechtigungen, die nach Art. 7 Abs. 4 Satz 1 GG allen Privatschulen zukommen müssten (vgl. BVerfG, Urt. v. 14.11.1969 a. a. O.). Wenn die Einrichtungs- und Bestandsgarantie des Art. 7 Abs. 4 Satz 1 GG danach den Ergänzungsschulen nicht den Anspruch einräumt, wie anerkannte Ersatzschulen zur Erfüllung der staatlichen Schulpflicht beizutragen, kann auch das bloße Ruhen der Schulpflicht bei ihrem Besuch nicht von dem Schutzbereich der Privatschulgarantie erfasst werden (VG Hannover, Urt. v. 27.9.2007 – 6 A 4313/06).

Im Übrigen enthält § 160 weitere Verfahrensvorschriften zu der o. a. Feststellung.

Zum einzigen Absatz: Nach **Satz 1** kann die Schulbehörde für eine Ergänzungsschule die Feststellung treffen, dass während ihres Besuchs für die Schülerinnen und Schüler die Schulpflicht ruht. Voraussetzung ist, 2 dass die Ergänzungsschule einen Unterricht von mindestens 24 Wochenstunden erteilt. Der Gesetzgeber hat hier auf den ersten Blick lediglich eine rein quantitative Vorbedingung festgelegt, deren Erfüllung anhand eines festgelegten, verbindlichen und in seiner Ausführung grundsätzlich zu gewährleistenden Stundenplans überprüft werden kann. Die daneben darzulegende qualitative Komponente ist in einem vorzulegenden Lehrplan nach § 158 Abs. 2 Satz 2 zu sehen. Der Gesetzgeber geht offensichtlich davon aus, dass bei einem entsprechend ausgestalteten Stundenkontingent von 24 Wochenstunden zum einen eine hinreichende Beschulung sichergestellt ist und zum anderen die Beschulung einen solchen Umfang hat, dass daneben weder ein weiterer Schulbesuch noch eine berufliche Tätigkeit möglich sind.

Die nachgeordnete Schulbehörde hat über den Antrag auf Feststellung nach pflichtgemäßem Ermessen zu entscheiden. Mit Blick auf das Ruhen der Schulpflicht hat sie Erwägungen anzustellen, ob und inwieweit die Ergänzungsschule kompatibel zu öffentlichen Schulen ist. Unabdingbare Voraussetzung für die Feststellung des Ruhens der Schulpflicht ist, dass die Schülerinnen und Schüler, die im Verlauf ihres schulischen Bildungsweges vorübergehend eine Ergänzungsschule besuchen, nach dem Verlassen dieser Schule ihren Bildungsweg erfolgreich fortsetzen können (vgl. VG Hannover, Urt. v. 19.8.2004 – 6 A 3109/03). Die Ergänzungsschule muss folglich die erforderlichen Kenntnisse und Fähigkeiten zur Teilnahme am schulischen, gesellschaftlichen und beruflichen Leben so vermitteln, dass die Schülerinnen und Schüler mit Aussicht auf Erfolg am Unterricht einer öffentlichen Schule oder einer Ersatzschule teilnehmen können.

Art. 7 Abs. 1 GG und Art. 4 Abs. 2 Satz 2 NV verlangen, dass die Schulbehörde prüft und abwägt, in welchem Maße Organisation sowie Unterrichts- und Erziehungsarbeit der Ergänzungsschule dem staatlichen Bildungsauftrag aus § 2 Rechnung tragen. Dabei kann im Einzelfall auch die Frage, ob der Schulträger die erforderliche Zuverlässigkeit zur Übernahme der gesetzlichen Pflichten aus § 141 erfüllt, eine Rolle spielen (vgl. VG Hannover, Gerichtsbescheid v. 24.7.2003 – 6 B 1906/03). § 160 zählt zu den schulgesetzlichen Normen über die Schulpflicht, die das in Art. 4 Abs. 1 und 2 NV im Rahmen der allgemeinen Schulpflicht und der Schulaufsicht des Landes garantierte Recht auf Bildung näher regeln und über die das Land nach § 54 Abs. 1 auf die Verwirklichung gleicher Bildungschancen aller in Niedersachsen wohnenden Schülerinnen und Schüler hinwirken muss. Dabei erfasst der Begriff der staatlichen Schulaufsicht nicht nur die Beaufsichtigung von Institutionen, sondern auch die Durchsetzung der allgemeinen Schulpflicht. Diese von Art. 7 Abs. 1 GG und Art. 4 Abs. 2 Satz 2 NV vorgegebene staatliche Aufgabe kann effektiv nur dann wahrgenommen werden, wenn bei den für bestimmte Ergänzungsschulen getroffenen, allgemein wirkenden Entscheidungen über die generelle Befreiung von der Schulpflicht nicht nur formelle Entscheidungskriterien zugrunde gelegt werden, sondern auch inhaltlich geprüft wird, ob die rechtlichen Vorgaben des § 141 eingehalten werden und deshalb mit dem Besuch der betreffenden Ergänzungsschule die Erfüllung des staatlichen Bildungsauftrags aus § 2 gewährleistet wird (vgl. Gerichtsbescheid des VG Hannover a. a. O.).

Die Feststellung, dass während des Besuchs der Ergänzungsschule die Schulpflicht ruht, bedarf nach **Satz 2** eines schriftlichen Bescheides, der an den Schulträger zu richten ist. Die Schulbehörde erlässt mit der Entscheidung einen die Erfüllung des gesetzlichen Tatbestandes feststellenden Verwaltungsakt in Gestalt einer Allgemeinverfügung nach § 35 Satz 2 VwVfG (vgl. VG Hannover, Gerichtsbescheid v. 24.7.2003 – 6 B 1906/03), d. h. einen Verwaltungsakt mit einer konkret-generellen Regelung, die einen bestimmten Einzelfall für eine unbestimmte Anzahl von Adressaten regelt. Unmittelbar Begünstigter des Verwaltungsaktes ist der antragstellende Schulträger. Mittelbar begünstigt sind aber auch die Schülerinnen und Schüler, deren Schulpflicht ruht; sie können sich dies vom Schulträger schriftlich bestätigen lassen.

Der feststellende Verwaltungsakt wirkt sich allerdings auf die Rechte des Schulträgers der von der Feststellung erfassten Ergänzungsschule nicht nur als ein sog. rechtlicher Reflex in der Gestalt besserer Wettbewerbschancen mit anderen Schulträgern aus. Vielmehr knüpfen an die Feststellung der tatbestandlichen Voraussetzungen des Ruhens der Schulpflicht unmittelbar die Rechtsfolgen des § 141 an, insbesondere die Pflicht zur Erfüllung des Bildungsauftrags der Schule zur Beachtung der Bekenntnisfreiheit religiös und weltanschaulich Andersdenkender sowie die Pflicht zur Wahrung der gesetzlich vorgesehen Schulformen und Schulbereiche (§ 141 Abs. 1 Satz 1). Eine solche Aktualisierung rechtlicher Pflichten beinhaltet zugleich das Recht, die sonst nur für öffentliche Schulen und Ersatzschulen vorgesehene Gliederung des Schulwesens für sich in Anspruch zu nehmen. Zugleich versetzt sie den Träger der Ergänzungsschule in die Lage, auch schulpflichtige Schülerinnen und Schüler aufzunehmen, ohne dadurch gegen die objektiv-gesetzlichen Verbote aus § 176 Abs. 1 Nr. 1 und 2 zu verstoßen und Anlass zu schulaufsichtlichen Maßnahmen nach § 159 Abs. 1 zu geben (vgl. VG Hannover a. a. O.).

Satz 3 dient der Umsetzung von Artikel 13 der Dienstleistungsrichtlinie (Richtlinie 2006/123/EG des Europäischen Parlaments und des Rates vom 12.12.2006 über Dienstleistungen im Binnenmarkt). Ziel dieser EU-Richtlinie ist es, rechtliche und administrative Hindernisse zu beseitigen. Die in der Richtlinie vorgesehenen Vereinfachungsmaßnahmen sollten das Erbringen und die Inanspruchnahme von Dienstleistungen erleichtern.

Artikel 13 Abs. 4 Satz 1 der Dienstleistungsrichtlinie schreibt die Genehmigungsfiktion bei einer nicht fristgerechten behördlichen Bescheidung vor (s. auch Anm. 4 zu § 161 und § 161a).

Die Regelung entspricht der einvernehmlichen Auffassung der Schulrechtsreferentinnen und Schulrechtsreferenten der Länder bei der KMK, dass weder die öffentlichen Schulen noch die privaten Ersatzschulen in den Anwendungsbereich der Dienstleistungsrichtlinie fallen. Ergänzungsschulen hingegen unterliegen generell nicht der Schulaufsicht im eigentlichen

Sinne und erheben für den Schulbesuch überwiegend kostendeckende Schulgelder oder sonstige Entgelte und unterfallen daher dieser EU-Richtlinie (vgl. LT-Drs. 16/2705 S. 6).

Satz 3 1. Halbsatz setzt die verpflichtende Vorgabe des Artikels 13 Abs. 3 und 4 Satz 1 der Dienstleistungsrichtlinie um, wonach Anträge als genehmigt gelten (Genehmigungsfiktion), wenn sie nicht innerhalb einer Frist von drei Monaten bearbeitet worden sind (vgl. Begründung zum Gesetzentwurf des ÄndG 10, LT-Drs. 16/2705 S. 10).

Der Gesetzgeber hat in Satz 3 für das Genehmigungsverfahren (vgl. Art. 4 Nr. 6 der Dienstleistungsrichtlinie) eine Entscheidungsfrist von drei Monaten festgelegt; diese Frist beginnt nach Vorliegen der vollständigen Unterlagen. Es wird folglich nicht allein auf das Datum der Antragstellung abgestellt, maßgebend ist der Eingang der kompletten Dokumente, die dem Antrag Entscheidungsreife geben. Nach § 42a Abs. 1 VwVfG muss allerdings der Antrag hinreichend bestimmt sein, d. h., es muss für die Schulbehörde eindeutig feststellbar sein, was der Antragsteller begehrt.

In **Satz 3 2. Halbsatz** ist festgelegt, dass »im Übrigen« § 42a VwVfG Anwendung findet. Durch diesen Verweis wird die Genehmigungsfiktion, d. h. die Fiktion eines beantragten begünstigenden Verwaltungsaktes nach Ablauf einer bestimmten Frist, angeordnet. Der Verwaltungsakt wird in diesen Fällen nicht erlassen, sondern fingiert; die beantragte Genehmigung gilt kraft Gesetzes als erteilt. Per se nicht unterstellt werden kann die Rechtmäßigkeit des so konstruierten Verwaltungsaktes, die Behörde müsste ggf. seine Aufhebung durch Rücknahme oder Widerruf in Erwägung ziehen und durchsetzen.

Voraussetzung für den Eintritt der Fiktion ist das Fehlen einer Entscheidung der Schulbehörde innerhalb der dafür festgelegten Dreimonatsfrist. Die Genehmigungsfiktion tritt dann mit Fristablauf ein. Der Fristablauf ersetzt die Bekanntgabe des fingierten Verwaltungsaktes. Die Genehmigungsfiktion hat die gleiche Wirkung wie eine von der Behörde aktiv erlassene und dem Antragsteller gegenüber bekannt gemachte Entscheidung.

Nach § 42a Abs. 2 Satz 3 VwVfG kann die Dreimonatsfrist von der Behörde einmal angemessen verlängert werden, wenn dies wegen der Schwierigkeit der Angelegenheit gerechtfertigt ist. Die Fristverlängerung ist zu begründen und rechtzeitig mitzuteilen. Rechtzeitig ist die Mitteilung natürlich nur dann, wenn sie vor Ablauf der Dreimonatsfrist dem Antragsteller zugeht. In der Begründung ist die Schwierigkeit anzuführen, die eine Verlängerung der Frist nach Auffassung der Behörde rechtfertigt. Die Angemessenheit der Nachfrist ist an der noch auszuräumenden Schwierigkeit zu ermitteln. Die Mitteilung über die beabsichtigte Verlängerung unterliegt keiner Formvorschrift, aus Gründen der Beweisführung sollte von der Behörde allerdings die Schriftform gewählt werden.

Der durch die Fiktion begünstigte Antragsteller verfügt verständlicherweise nicht über einen schriftlichen Beleg, mit dem er die fingierte Genehmigung nachweisen kann. Nach § 42a Abs. 3 VwVfG ist aber demjenigen, dem der

Verwaltungsakt hätte bekannt gegeben werden müssen, auf Verlangen der Eintritt der Genehmigungsfiktion schriftlich zu bescheinigen. Der Antragsteller hat somit einen Anspruch gegen die Schulbehörde auf schriftliche Bescheinigung, dass die Genehmigungsfiktion eingetreten ist.

Nach **Satz 4** hat der Schulträger die nachgeordnete Schulbehörde über den Wegfall der Feststellungsvoraussetzungen zu unterrichten. Eine Frist für diese Mitteilungsverpflichtung ist in der Vorschrift nicht bestimmt, sie dürfte ihr allerdings innewohnen, so dass von einer Pflicht zur unverzüglichen Anzeige auszugehen ist.

Verweise, Literatur:

- *Avenarius, Hermann*: Die Herausforderung des öffentlichen Schulwesens durch private Schulen – Aktuelle Rechtsfragen in einer angespannten Beziehung, Rechtsgutachten (Mai 2011)

(Karl-Heinz Ulrich)

§ 161 Anerkannte Ergänzungsschulen

(1) [1]Einer Ergänzungsschule kann die Eigenschaft einer anerkannten Ergänzungsschule verliehen werden, wenn sie der Ausbildung für einen bestimmten Beruf dient, der Unterricht nach einem genehmigten Lehrplan erteilt wird und die Abschlussprüfung nach einer genehmigten Prüfungsordnung unter dem Vorsitz einer Beauftragten oder eines Beauftragten der Schulbehörde stattfindet. [2]Bildet die Ergänzungsschule für einen bestimmten Beruf aus, so kann ihr mit der Anerkennung gestattet werden, ihren Schülerinnen und Schülern die Berechtigung zu verleihen, eine entsprechende Berufsbezeichnung mit dem Zusatz »geprüfte oder geprüfter« zu führen. [3]Die Anerkennung bedarf der Schriftform. [4] § 148 Abs. 3 ist entsprechend anzuwenden.

(2) [1]Schulen in freier Trägerschaft, die der Ausbildung von Heilpraktikerinnen und Heilpraktikern dienen, wird auf Antrag unter den Voraussetzungen des Absatzes 1 Satz 1 die Eigenschaft einer anerkannten Ergänzungsschule verliehen, wenn sie ihre Schülerinnen und Schüler mindestens 18 Monate lang durch einen mindestens halbtägigen Unterricht in wenigstens drei im Heilpraktikerwesen nicht nur vereinzelt vertretenen Behandlungsmethoden umfassend ausbilden. [2]Die Landesregierung wird ermächtigt, die Anforderungen des Satzes 1 einschließlich der Voraussetzungen für die Genehmigung der Lehrpläne und der Prüfungsordnungen nach Absatz 1 Satz 1 durch Verordnung näher zu regeln. [3]Im Übrigen gilt Absatz 1 Sätze 2 bis 4 entsprechend.

(3) [1]Einer allgemein bildenden Ergänzungsschule kann auf Antrag des Schulträgers die Eigenschaft einer anerkannten Ergänzungsschule verliehen werden, wenn deren Schulabschluss darauf ausgerichtet ist, das »International Baccalaureate Diplome/Diplôme du Baccalauréat International« zu vergeben. [2]Die Anerkennung bedarf der Schriftform. [3]§ 148

Abs. 3 Nr. 1 ist entsprechend anzuwenden. ⁴Den Trägern der nach Satz 1 anerkannten Ergänzungsschulen gewährt das Land Finanzhilfe in entsprechender Anwendung des § 149 Abs. 1 und des § 150 Abs. 1 bis 6. ⁵§ 150 Abs. 10 gilt entsprechend.

(4) ¹Hat die Schulbehörde über einen Antrag auf Verleihung nicht spätestens drei Monate nach Vorliegen der vollständigen Unterlagen entschieden, so gilt die Eigenschaft einer anerkannten Ergänzungsschule als verliehen; im Übrigen findet § 42a VwVfG Anwendung. ²Werden die Verleihungsvoraussetzungen nicht mehr erfüllt, so hat der Schulträger dies der Schulbehörde mitzuteilen.

1 **Allg.**: § 161 trifft Regelungen zur Verleihung einer staatlichen Anerkennung an Ergänzungsschulen, die sich durch besondere Bildungsgänge, ihr Unterrichtsangebot sowie weitere Besonderheiten von anderen Ergänzungsschulen abheben. Nach der Verleihung der Anerkennung ist die Ergänzungsschule u. a. berechtigt, unter staatlichem Vorsitz nach einer schulbehördlich genehmigten Regelung Prüfungen durchzuführen, schulische Abschlüsse zu vergeben und Zeugnisse auszustellen. Die Anerkennung bewirkt außerdem, dass über § 141 eine Vielzahl von Bestimmungen des Schulgesetzes für diese Ergänzungsschulen Geltung haben. Ferner zählen sie nach § 139 Satz 2 zu den Schulen in freier Trägerschaft, mit denen öffentliche Schulen zusammenarbeiten sollen. Unter bestimmten Voraussetzungen kann die Schulbehörde nach § 160 Satz 1 außerdem die Feststellung treffen, dass während des Besuchs der Ergänzungsschule die Schulpflicht ruht. Auch wenn der staatlich anerkannten Ergänzungsschule gewisse Sonderrechte eingeräumt werden, so ist sie der staatlich anerkannten Ersatzschule nicht gleichgestellt. Im Wettbewerb der Privatschulen ist die Verleihung dieser Eigenschaft für viele Ergänzungsschulen allerdings eine Aufwertung und ein Aushängeschild.

2 **Zu Abs. 1**: Während die »Errichtung einer Ergänzungsschule« der Schulbehörde vor Aufnahme des Unterrichts nach § 158 Abs. 2 lediglich anzuzeigen ist, bedarf es zur Verleihung der Eigenschaft einer »anerkannten Ergänzungsschule« der Durchführung eines Verwaltungsverfahrens und bestimmter Regelungen durch Verwaltungsakte.

Die Verleihung der Eigenschaft einer anerkannten Ergänzungsschule setzt nach **Satz 1** voraus, dass die Ergänzungsschule »der Ausbildung für einen bestimmten Beruf dient«, der »Unterricht nach einem genehmigten Lehrplan erteilt wird« (vgl. zum Begriff des Lehrplans Anm. 3 zu § 158) und die »Abschlussprüfung nach einer genehmigten Prüfungsordnung« unter dem »Vorsitz einer Beauftragten oder eines Beauftragten der Schulbehörde« stattfindet. Die Ausbildung der Ergänzungsschule muss der Ausbildung für einen bestimmten Beruf »dienen«, d. h., sie darf nicht nur allgemein auf eine Berufsausübung vorbereiten oder bei einer allgemein Ausbildung mithelfen, sondern sie muss im Rahmen der Ausbildung für einen bestimmten Beruf gezielt behilflich sein, indem sie hilfreich unterstützt.

Aus der Formulierung, dass die »Abschlussprüfung nach einer genehmigten Prüfungsordnung« zu erfolgen hat, ist nicht nur abzuleiten, dass die Prüfungsordnung vorab von der Schulbehörde geprüft, genehmigt und bekannt gegeben sein muss, sondern auch, dass an anerkannten Ergänzungsschulen ein Abschluss nur nach Ablegen einer Prüfung erreicht werden kann. Das reine Durchlaufen eines Lehrgangs oder einer Schulung mit einer regelmäßigen Teilnahme am Unterricht o. ä. reichen demnach nicht aus.

Die Abschlussprüfung muss unter dem Vorsitz einer Beauftragten oder eines Beauftragten der Schulbehörde stattfinden. Die Bestimmung entspricht § 148 Abs. 2 Satz 2. Die oder der Beauftragte handelt bei der Wahrnehmung des Prüfungsvorsitzes im Rahmen eines Auftragsverhältnisses, sie oder er kann, muss aber nicht in einem Dienstverhältnis zur Schulbehörde stehen. Denkbar ist, dass z.B. eine geeignete Schulleiterin oder ein geeigneter Schulleiter mit der Wahrnehmung des Prüfungsvorsitzes beauftragt wird. Die Formulierung fordert allerdings die Beauftragung einer konkret bestimmten oder bestimmbaren Person, daher kann die Auswahl der oder des Beauftragten nicht in das Belieben einer hierzu ermächtigten Einrichtung, z.B. eines Studienseminars oder einer Schule, gestellt werden.

Satz 1 ist eine Kannbestimmung, d. h., die Schulbehörde trifft eine Ermessensentscheidung. Werden die Voraussetzungen des Satzes 1 (u. a. Lehrplan genehmigt, Feststellung eines dem Lehrplan entsprechenden Unterrichts, Prüfungsordnung genehmigt und umgesetzt) von der Ergänzungsschule erfüllt, verdichtet sich der Ermessensspielraum allerdings auf die Entscheidung »Anerkennung«.

Sofern die Ergänzungsschule »für einen bestimmten Beruf ausbildet«, kann ihr nach **Satz 2** mit der Verleihung der Anerkennung gestattet werden, ihren Schülerinnen und Schülern die Berechtigung zu verleihen, eine entsprechende Berufsbezeichnung mit dem Zusatz »geprüfte oder geprüfter« zu führen. Die Gestattung macht die Schule aber nicht zu einem »öffentlich Beliehenen«, der Zusatz ist lediglich Beleg für den der Schule zuerkannten Status. Beabsichtigt ist mit diesem Qualitätssiegel zum einen eine Aufwertung derjenigen berufsbildenden Ergänzungsschulen, die nicht nur für einen Beruf vorbereiten oder ihm »dienen«, sondern die eine vollständige Berufsausbildung übernehmen. Zum anderen ist damit eine Wertschätzung für erfolgreiche Absolventinnen und Absolventen verbunden.

Aus Absatz 4 ergibt sich, dass die Verleihung der Anerkennung vorab eines Antrags des Schulträgers bei der nachgeordneten Schulbehörde bedarf.

Satz 3 regelt als gesetzliches Formerfordernis, dass die Verleihung der Anerkennung schriftlich abgefasst werden muss. Bezüglich des Schriftformerfordernisses von Verwaltungsakten sowie möglicher Rechtsfolgen bei Nichtbeachtung der Formvorschrift wird auf § 1 Abs. 1 Nds. VwVfG i.V. m. § 37 Abs. 3 VwVfG sowie § 44 VwVfG verwiesen.

Nach **Satz 4** ist § 148 Abs. 3 entsprechend anzuwenden, d. h., die Aufhebung der Anerkennung soll sich bei Ergänzungsschulen an den gesetzlichen Bestimmungen orientieren, die für die Aufhebung der Anerkennung von

Ersatzschulen gelten. Demnach hat die nachgeordnete Schulbehörde (vgl. § 120 Abs. 6) eine bereits zuerkannte Anerkennung aufzuheben, wenn die Voraussetzungen des § 148 Abs. 3 Nr. 1 oder der Nr. 2 – bezogen auf eine Ergänzungsschule – vorliegen.

Nach Nr. 1 ist die Anerkennung zurückzunehmen, wenn die Anerkennungsvoraussetzungen (vgl. Satz 1) im Zeitpunkt der Verleihung nicht gegeben waren oder später weggefallen sind und dem Mangel trotz Aufforderung der Schulbehörde innerhalb einer bestimmten Frist nicht abgeholfen worden ist. Eine Aufhebung der Anerkennung kommt beispielsweise dann in Betracht, wenn in der Zeit nach Verleihung der Anerkennung wesentliche Punkte des genehmigten Lehrplans nicht beachtet werden. Eine Aufhebung der Anerkennung setzt aber zunächst voraus, dass einem Mangel trotz Aufforderung der Schulbehörde innerhalb einer bestimmten Frist nicht abgeholfen worden ist. Es bedarf folglich zunächst einer formalen Aufforderung durch die Schulbehörde, eine bestimmte Handlung vorzunehmen oder zu unterlassen bzw. ein bestimmtes Verhalten an den Tag zu legen oder zu unterlassen. Die für die Mängelbeseitigung einzuräumende Frist ist nach den Umständen des Einzelfalls zu bemessen, d. h., innerhalb der gesetzten Frist muss eine Abhilfe tatsächlich möglich sein. Die Aufforderung ersetzt eine gemäß § 28 VwVfG vor der Rücknahme vorzunehmende Anhörung.

Nach Nr. 2 ist die Anerkennung zurückzunehmen, wenn die Schule wiederholt gegen die ihr nach § 148 Abs. 2 Satz 1 obliegenden Verpflichtungen verstößt. Nach dieser Bestimmung sind anerkannte Ersatzschulen verpflichtet, bei der Aufnahme und Versetzung von Schülerinnen und Schülern sowie bei der Abhaltung von Prüfungen die für öffentliche Schulen geltenden Bestimmungen zu beachten. Diese Tatbestandsmerkmale einer Rücknahme der Verleihung sind entsprechend auf anerkannte Ergänzungsschulen zu übertragen. Eine Aufhebung der Anerkennung hat beispielsweise dann zu erfolgen, wenn es wider Erwarten nicht zu der geforderten Abschlussprüfung unter dem Vorsitz einer oder eines Beauftragten der Schulbehörde kommt. Vor Rücknahme der Anerkennung ist der Schulträger von der Schulbehörde nach § 28 VwVfG anzuhören. Eine versäumte Anhörung kann unter bestimmten Voraussetzungen geheilt werden (vgl. §§ 68 ff. VwGO).

Durch die Aufhebung einer verliehenen Anerkennung fällt die Ergänzungsschule in den Status einer angezeigten Ergänzungsschule zurück, es sei denn, zugleich mit der Aufhebung der Anerkennung wird auch die Fortführung der Schule nach § 159 Abs. 1 untersagt oder die Schule wird vom Schulträger mit Wirksamkeit der Aufhebung sofort geschlossen.

Auch eine der Schule verliehene Berechtigung, ihren Schülerinnen und Schülern eine Berufsbezeichnung mit dem Zusatz »geprüfte oder geprüfter« zu führen, ist zurückzunehmen, wenn die Verleihungsvoraussetzungen von der Schule nicht mehr erfüllt werden; die Gestattung nach Satz 2 ist an die staatliche Anerkennung gebunden.

3 Zu Abs. 2: Mit dem ÄndG 97 sind Heilpraktikerschulen erstmalig in den Bereich des Schulgesetzes aufgenommen worden. Zielsetzung der Einbeziehung in das NSchG war eine Qualitätsverbesserung der Heilpraktikerausbildung, indem u. a. eine Unterrichtsdauer von mindestens 18 Monaten gefordert wird, die zuvor von Heilpraktikerausbildungsgängen vielfach nicht erreicht worden war.

Nach **Satz 1** müssen die Schulen für die Verleihung der Anerkennung zunächst die Voraussetzungen des Absatzes 1 Satz 1 erfüllen, d. h., es bedarf eines Antrags des Trägers, der Unterricht im Heilpraktikerwesen muss nach einem genehmigten Lehrplan erteilt werden und die Abschlussprüfung muss nach einer genehmigten Prüfungsordnung unter dem Vorsitz einer Beauftragten oder eines Beauftragten der Schulbehörde stattfinden. Bezüglich des Unterrichtsangebots wird es als ausreichend erachtet, wenn die Schülerinnen und Schüler in wenigstens drei im Heilpraktikerwesen nicht nur vereinzelt vertretenen Behandlungsmethoden umfassend ausgebildet werden (siehe RdErl v. 14.10.1998, Anm. 6). Der Unterricht muss mithin nicht das gesamte Spektrum der von der Heilpraktikerschaft praktizierten Formen der Heilbehandlung abbilden, es wird vielmehr ein Mindestmaß an bestimmten inhaltlichen Ansprüchen eingefordert.

Das vorsitzende Mitglied der Prüfungskommission muss nach dem Gesetzeswortlaut nicht zwingend eine Bedienstete oder ein Bediensteter der nachgeordneten Schulbehörde sein, es kann auch eine außenstehende geeignete und sachverständige Person von der Schulbehörde mit der Durchführung der Prüfung beauftragt werden.

Satz 2 enthält für die Landesregierung eine Verordnungsermächtigung. In einer solchen Kabinettsverordnung können die Anforderungen des Absatzes 2 Satz 1 sowie die Voraussetzungen für die Genehmigung der Lehrpläne und der Prüfungsordnungen nach Absatz 1 Satz 1 näher geregelt und konkretisiert werden. Die Landesregierung hat von der Verordnungsermächtigung jedoch bislang keinen Gebrauch gemacht, obgleich der Gesetzgeber die Ermächtigung seinerzeit eher als Verpflichtung denn als Option verstanden wissen wollte. Seitens der zuständigen Ressorts besteht u. a. die Sorge, dass die Heilpraktikerausbildungsstätten durch eine verordnungsrechtliche Regelung aufgewertet und dadurch zu nah an den Status von Ersatzschulen herangeführt werden würden.

Im RdErl v. 14.10.1998 (Anm. 6) hat das MK konkretere Hinweise zur Anwendung des § 161 Abs. 2 NSchG gegeben. Danach setzt die Anerkennung als Ergänzungsschule neben der Erfüllung der in Absatz 2 genannten Anforderungen den Nachweis voraus, »dass mindestens die im RdErl. des MS vom 22.02.1995 (Nds. MBl. S. 375) hinsichtlich der Überprüfung geforderten Sachgebiete inhaltlich vermittelt werden«. Zur Überprüfung der Anforderung, dass »wenigstens in drei« im Heilpraktikerwesen nicht nur vereinzelt vertretenen Behandlungsmethoden »umfassend auszubilden« ist, ist die vom MS erstellte Liste (Anlage 1 zum vorgenannten MS-Erlass) heranzuziehen. Es wird zugleich darauf hingewiesen, dass einzelne Behandlungsmethoden nicht dem Heilpraktikerwesen zuzuordnen sind (siehe Negativliste – Anlage 2 zum vorgenannten MS-Erlass) und daher für die Anerkennung als Ergänzungsschule nicht in Frage kommen können. Der

Anforderung des Absatzes 2 hinsichtlich des Ausbildungsumfangs (18 Monate) wird durch den Nachweis entsprochen, dass der Schulträger die oben genannte Ausbildung bei Vollzeitunterricht mit jeweils mindestens 30 Wochenstunden Unterricht bei 60 Unterrichtswochen (eineinhalb Jahre) durch geeignetes Fachpersonal in entsprechenden Räumen vermittelt. Es wird schließlich klargestellt, dass die Abschlussprüfung am Ende des Bildungsganges an anerkannten Ergänzungsschulen keine Prüfung zu einem Berufsabschluss darstellt.

Es irritiert, dass der vorgenannte RdErl. des MS vom 22.02.1995 (Nds. MBl. S. 375) durch den RdErl. des MS vom 01.03.2007 (Nds. MBl. S. 253) außer Kraft gesetzt wurde, auch letzterer Erlass wurde durch die »Richtlinie zur Durchführung der Verfahrens zur Erteilung einer Erlaubnis nach dem Heilpraktikergesetz« vom 25.02.2015 (Nds. MBl. S. 294) zwischenzeitlich ersetzt. Eine klarstellende Regelung des MK zur aktuellen Interpretation wäre daher wünschenswert.

Nach **Satz 3** gelten die Sätze 2 bis 4 des Absatzes 1 entsprechend; auf die Kommentierung hierzu unter Anm. 2 wird hingewiesen.

4 **Zu Abs. 3:** Nach **Satz 1** kann einer allgemein bildenden Ergänzungsschule auf Antrag des Schulträgers die Eigenschaft einer anerkannten Ergänzungsschule verliehen werden, wenn deren Schulabschluss darauf ausgerichtet ist, das »International Baccalaureate Diploma/Diplôme du Baccalauréat International« (IB-Diploma) zu vergeben.

Ein nach den Bestimmungen der »International Baccalaureate Organisation« bzw. des »Office du Baccalauréat International« erworbenes IB-Diploma wird in vielen Ländern als Qualifikation für ein Studium an einer Universität anerkannt. In Deutschland wird es nach einem KMK-Beschluss (Anm. 6) bundesweit als Hochschulzugangsberechtigung anerkannt, wenn es nach einem Besuch von mindestens zwölf aufsteigenden Jahrgangsstufen an Schulen mit Vollzeitunterricht erworben worden ist und weitere von der KMK festgelegte Bedingungen erfüllt.

Da es im staatlichen Schulwesen Niedersachsens keine vergleichbare öffentliche Schule unter den allgemein bildenden Schulformen gibt, kann ein solches privates Schulangebot nicht als Ersatzschule genehmigt und anerkannt werden. Durch die gesetzliche Bestimmung in § 161 Abs. 3 kann diesen Schulangeboten allerdings ein Status gegeben werden, der es ihnen ermöglicht, schulpflichtige Schülerinnen und Schüler zu beschulen und der ihnen – obgleich sie nicht Ersatzschule sind – einen Anspruch auf staatliche Finanzhilfe verschafft. Der Status der Schule als »anerkannte allgemein bildende Ergänzungsschule« bewirkt zudem, dass die von den Erziehungsberechtigten zu zahlenden Schulgelder als begrenzter Sonderausgabenabzug im Sinne von § 10 Abs. 1 Nr. 9 des Einkommensteuergesetzes geltend gemacht werden können (zur Berücksichtigung von Schulgeldzahlungen als Sonderausgaben siehe Anm. 2 zu § 144 Abs. 1).

Es soll nicht unerwähnt bleiben, dass der Sonderstatus dieser Schulen von Schulrechtlern kritisiert wird. Anmeldegebühren zwischen 1 500 und

2500 Euro sowie ein monatliches Schulgeld von oftmals 1000 Euro und mehr führen dazu, dass diese Schulen ihre Schülerinnen und Schüler aus finanziell starken Schichten beziehen. Das verfassungsrechtlich angelegte Sonderungsverbot aus Artikel 7 Abs. 4 GG, das dort zwar ausdrücklich auf Ersatzschulen ausgerichtet ist und deshalb für die im GG namentlich nicht erwähnten Ergänzungsschulen nicht zur Anwendung kommen muss, wird von seinem Rechtsgedanken her nicht gewürdigt. Durch die staatliche Anerkennung, für die es verfassungsrechtlich keine echte Grundlage gibt, die Finanzhilfegewährung in weitgehend entsprechender Anwendung der Bestimmungen der Ersatzschulen, für die es ebenfalls keine ausdrückliche verfassungsrechtliche Legitimation gibt, und durch die Zuerkennung des Abschlusses als Hochschulzugangsberechtigung wird diesen besonderen Ergänzungsschulen aber eine privilegierte Stellung gegeben, die eine Auseinandersetzung mit dem Sonderungsverbot zumindest angezeigt erscheinen lässt.

In Niedersachsen werden zwei Schulen im Sinne der o. a. Bestimmung geführt, nämlich die »International School Hannover Region« und die »International School Braunschweig-Wolfsburg«. Ihre Ansiedlung ist auch zurückzuführen auf in der Region Hannover-Braunschweig angesiedelte international tätige Unternehmen, wie z.b. den Automobilhersteller Volkswagen, den Automobilzulieferer Continental, den Technologiekonzern Siemens, den Touristikkonzern TUI sowie den Backwarenhersteller Bahlsen. Unter den zwölf Anteilseignern der »International School Hannover Region« sind die Unternehmen Bahlsen, Continental, Talanx, VW Nutzfahrzeuge, Deutsche Messe AG und Nord/LB. Die »International School Braunschweig-Wolfsburg« steht in der Trägerschaft des Christlichen Jugenddorfwerk Deutschlands gemeinnütziger e. V.

Die Kinder der ausländischen Führungskräfte dieser Großunternehmen sind wegen der berufsbedingten Situation der Eltern oftmals nur wenige Jahre in Deutschland und sind an einer international anerkannten Schulbildung interessiert. An der »International School Hannover Region« waren im Schuljahr 2018/19 rund 600 Schülerinnen und Schüler aus 63 Nationen angemeldet.

Die Verleihung der Anerkennung muss nach **Satz 2** schriftlich abgefasst werden; auf die Anmerkung 2 wird verwiesen.

Nach **Satz 3** ist bezüglich der Rücknahme einer verliehenen Anerkennung (nur) die Nr. 1 des § 148 Abs. 3 entsprechend anzuwenden. D. h., die Anerkennung ist zurückzunehmen, wenn die Anerkennungsvoraussetzungen (vgl. Satz 1) im Zeitpunkt der Verleihung nicht gegeben waren oder später weggefallen sind und dem Mangel trotz Aufforderung der Schulbehörde innerhalb einer bestimmten Frist nicht abgeholfen worden ist.

Satz 4 regelt die wesentliche Zielrichtung der Vorschrift, denn nach dieser Bestimmung gewährt das Land (ausschließlich) den Trägern dieser anerkannten (allgemein bildenden) Ergänzungsschulen Finanzhilfe in entsprechender Anwendung des § 149 Abs. 1 und des § 150 Abs. 1 bis 6. Diese

Ergänzungsschulen werden weitgehend mit anerkannten Ersatzschulen gleichbehandelt. Da aber nicht alle Absätze des § 150 für entsprechend anwendbar erklärt sind – es fehlen die Absätze 7, 8 und 9 –, gibt es Leistungseinschränkungen gegenüber den Ersatzschulen, u. a. stehen diesen Ergänzungsschulen Beiträge zur Altersversorgung der Lehrkräfte nicht zu.

Das OVG Lüneburg hat mit Urteil vom 11.07.2012 – 2 LC 617/6 – festgestellt, dass Kann-Kinder bei dem im Rahmen der Berechnung der Finanzhilfe für nach § 161 Abs. 3 anerkannte Ergänzungsschulen gemäß § 150 Abs. 2 Satz 2 in Ansatz zu bringenden Schülermittelwert auch dann zu berücksichtigen sind, wenn die Schulfähigkeit dieser Kinder zuvor nicht von einer öffentlichen Grundschule gemäß § 64 Abs. 2 Satz 2 festgestellt worden ist.

Durch Artikel 7 des Haushaltsbegleitgesetzes 2017 wurde das Gesetz über finanzielle Leistungen des Landes wegen der Einführung der inklusiven Schule mit Wirkung vom 01.01.2017 geändert, u. a. wurde ein neuer § 2 in das Gesetz eingefügt, der einen finanziellen Ausgleich für die mit der Einführung der inklusiven Schule an Ersatzschulen sowie an Ergänzungsschulen in den Fällen der §§ 160 und 161, ausgenommen Förderschulen, verbundenen Sachkosten vorsieht. Der finanzielle Ausgleich wird in Form einer jährlichen Pauschale, abhängig von den Schülerzahlen, gewährt. Der ermittelte schülerbezogene Betrag belief sich für das Jahr 2019 auf 34,11 Euro.

Nach Nr. 3.2 der Richtlinie über die Gewährung von Zuwendungen zur Verbesserung der IT-Infrastruktur und der IT-Ausstattung in Schulen vom 08.08.2019 (Nds. MBl. S. 1159) sind auch die Träger der anerkannten Ergänzungsschulen nach § 161 Abs. 3 Zuwendungsempfänger im Rahmen des Ausbaus der digitalen schulischen Bildungsinfrastruktur. Mit den Zuwendungen werden Maßnahmen für die Verbesserung der Ausstattung mit IT-Systemen und die Vernetzung von Schulen unterstützt.

§ 150 Abs. 10 gilt gemäß **Satz 5** entsprechend. Danach sind die Schulbehörden und der Landesrechnungshof berechtigt, alle die Finanzhilfe betreffenden Angaben bei den Schulen und Schulträgern zu überprüfen, die zugehörigen Unterlagen einzusehen und Auskünfte zu verlangen.

5 **Zu Abs. 4: Satz 1** dient der Umsetzung der europäischen Dienstleistungsrichtlinie, die eine Genehmigungsfiktion bei einer nicht fristgerechten behördlichen Bescheidung vorsieht. Auf die Anmerkung 2 zu § 160 und die Anmerkungen zu § 161a wird verwiesen.

Nach **Satz 2** hat der Schulträger die nachgeordnete Schulbehörde über den Wegfall der Verleihungsvoraussetzungen zu unterrichten. Eine Frist für diese Mitteilungsverpflichtung ist in der Vorschrift nicht bestimmt, sie dürfte ihr allerdings innewohnen, so dass von einer Pflicht zur unverzüglichen Anzeige auszugehen ist.

6 **Verweise, Literatur:**

- *Kümper, Boas:* Verfassungsrechtliche Aspekte der Anerkennung von Privatschulen: freiheitsrechtliche und institutionelle Dimensionen, Die Öffentliche Verwaltung, 2015, H. 20, S. 864

- *Galas, Dieter:* Internationale Schule, Schulverwaltung, Ausgabe Niedersachsen/Schleswig-Holstein, 2002, H. 1, S. 3
- Vereinbarung über die Anerkennung des »International Baccalaureate Diploma/Diplôme du Baccalauréat International« – Beschluss der Kultusministerkonferenz vom 10.03.1986 i. d. F. vom 07.03.2019
- Gesetz über die berufsmäßige Ausübung der Heilkunde ohne Bestallung (Heilpraktikergesetz) v. 17.02.1939 (RGBl. I S. 251), zuletzt geändert durch Art. 17e des Gesetzes v. 23.12.2016 (BGBl. I S. 3191)
- Erste Durchführungsverordnung zum Gesetz über die berufsmäßige Ausübung der Heilkunde ohne Bestallung (Heilpraktikergesetz) v. 18.02.1939 (RGBl. I S. 259), zuletzt geändert durch Art. 17f i. V. m. Art. 18 Abs. 4 des Gesetzes v. 23.12.2016 (BGBl. I S. 3191)
- Erl. »Richtlinie zur Durchführung des Verfahrens zur Erteilung einer Erlaubnis nach dem Heilpraktikergesetz« v. 01.09.2018 (Nds. MBl. S. 820, ber. S. 874), geändert durch Erl. v. 27.07.2020 (Nds. MBl. S. 741)
- Erl. »Heilpraktikerinnen und Heilpraktiker, hier: Ergänzungsschulen gemäß § 161 Abs. 2 NSchG« v. 14.10.1998 (Nds. MBl. S. 1398; SVBl. 1999 S. 11) i. V. m. dem außer Kraft getretenen RdErl. des MS vom 22.02.1995 (Nds. MBl. S. 375)
- *Kluth, Winfried:* Die Geltung des Sonderungsförderungsverbots für Ergänzungsschulen und internationale Schulen, Recht & Bildung, 2019, H. 1, S. 17

(Karl-Heinz Ulrich)

§ 161a Abwicklung über eine einheitliche Stelle

Die Verfahren nach diesem Abschnitt können über eine einheitliche Stelle nach den Vorschriften des Verwaltungsverfahrensgesetzes abgewickelt werden.

Allg.: Die durch das ÄndG 10 eingefügte Vorschrift setzt die verpflichtende Vorgabe des Art. 6 Abs. 1 DLRL (Anm. 3) um. Ziel der Dienstleistungsrichtlinie ist die Verbesserung des EG-Binnenmarktes für die grenzüberschreitende Erbringung von Dienstleistungen. Dafür sollen Dienstleistungserbringer sämtliche zur Aufnahme einer Dienstleistungstätigkeit erforderlichen Verfahren und Formalitäten sowie die Beantragung der für die Ausübung ihrer Dienstleistungstätigkeit erforderlichen Genehmigungen über eine aus ihrer Sicht einheitliche Stelle (in der DLRL: »einheitlicher Ansprechpartner«) abwickeln können. Außerdem schreibt die Richtlinie eine Genehmigungsfiktion bei einer nicht fristgerechten behördlichen Bescheidung vor (Art. 13 DLRL). Diese Verfahrensregelungen haben auf Bundesebene zur Ergänzung des Verwaltungsverfahrensgesetzes (VwVfG) um die §§ 71a bis 71e (»Einheitliche Stelle«) und in § 42a (»Genehmigungsfiktion«) geführt. In Niedersachsen erfolgt die Übernahme dieser Regelungen im Wege einer

1

dynamischen Verweisung im Niedersächsischen Verwaltungsverfahrensgesetz (NVwVfG) (vgl. Gesetzesbegründung in der Drs. 16/2705).

Die vorgenannten verfahrensrechtlichen Bestimmungen kommen allerdings nur zur Anwendung, wenn ihre Geltung im jeweiligen Fachrecht ausdrücklich angeordnet wird, wie z.b. in § 160 Satz 3 2. Halbsatz und § 161 Abs. 4 Satz 1 2. Halbsatz bezüglich der Genehmigungsfiktion und wie in § 161a bezüglich der einheitlichen Stelle.

Nach § 1 NEAG (Anm. 3) sind einheitliche Stellen für dieses Verfahren die örtlich zuständigen Landkreise, kreisfreien Städte und großen selbstständigen Städte sowie das Wirtschaftsministerium. Nach § 71a VwVfG erschöpfen sich die Aufgaben der einheitlichen Stelle in den Vermittlungs-, Informations- und Beratungspflichten der §§ 71b ff. VwVfG.

In der Praxis werden Anträge nach den §§ 160 und 161 von der einheitlichen Stelle an die nach § 119 zuständige nachgeordnete Schulbehörde weitergeleitet.

2 Zum einzigen Satz: Nach der Vorschrift können die Verfahren nach dem Abschnitt, dem § 161a zugeordnet ist, über eine einheitliche Stelle nach den Vorschriften des Verwaltungsverfahrensgesetzes abgewickelt werden; die Geltung der verfahrensrechtlichen Bestimmungen in den §§ 71a bis 74e VwVfG ist damit ermöglicht (Anm. 1).

Die Regelung ist somit ausdrücklich beschränkt auf die Verfahren nach dem Vierten Abschnitt des Elften Teils des Schulgesetzes, d. h. allein auf Verwaltungsverfahren im Zusammenhang mit Ergänzungsschulen.

Das VwVfG ist ein Bundesgesetz und regelt – kurz gesagt – das Verwaltungsverfahren für die Ausführung von Bundesrecht. Niedersachsen hat mit dem NVwVfG auf eine eigene »Vollregelung« seines Verwaltungsverfahrensrechts, die über eine sog. Simultangesetzgebung möglich wäre, verzichtet, sich auf wenige vom VwVfG des Bundes abweichende Regelungen beschränkt sowie im Übrigen dynamisch auf das VwVfG verwiesen. Danach ist in Niedersachsen das Verfahren über eine einheitliche Stelle in § 1 Abs. 1 NVwVfG i. V. m den §§ 71a bis 71e VwVfG geregelt.

Verwaltungsverfahren bezüglich des Betriebs und der Anerkennung von Ergänzungsschulen müssen nicht über eine einheitliche Stelle ausgeführt werden, sie »können« über sie abgewickelt werden; der direkte Weg zur nachgeordneten Schulbehörde bleibt den Dienstleistern folglich unbenommen.

3 Verweise, Literatur:
- Richtlinie 2006/123/EG des Europäischen Parlaments und des Rates v. 12.12.2006 über Dienstleistungen im Binnenmarkt – Dienstleistungsrichtlinie (DLRL) – (ABl. EU Nr. L 376 S. 36)
- Niedersächsisches Gesetz über Einheitliche Ansprechpartner (NEAG) v. 16.12.2009 (Nds. GVBl. S. 481)

(Karl-Heinz Ulrich)

Fünfter Abschnitt
Tagesbildungsstätten

§ 162 Erfüllen der Schulpflicht

¹Kinder und Jugendliche, die auf sonderpädagogische Unterstützung im Förderschwerpunkt geistige Entwicklung angewiesen sind, können ihre Schulpflicht auch durch den Besuch einer anerkannten Tagesbildungsstätte erfüllen. ²Mit der Anerkennung erhält die Tagesbildungsstätte das Recht, Beurteilungen vorzunehmen.

Allg.: Die Schulpflicht wird in Niedersachsen regelmäßig durch den Besuch einer öffentlichen Schule (§§ 63 ff.) oder einer genehmigten Ersatzschule (§ 143 Abs. 3) erfüllt. Beim Besuch bestimmter Ergänzungsschulen ruht die Schulpflicht lediglich (§ 160), die Zeit des Schulbesuchs in diesen Einrichtungen wird auf die Schulbesuchspflicht – ggf. bis zu deren Erfüllung – angerechnet. **1**

Tagesbildungsstätten sind keine Schulen im Sinne des Schulgesetzes, gleichwohl kann in diesen Bildungs-, Förder- und Betreuungseinrichtungen eine bestimmte Schülergruppe, nämlich Schülerinnen und Schüler, die einer sonderpädagogischen Unterstützung im Förderschwerpunkt geistige Entwicklung bedürfen, die Schulpflicht erfüllen. Da die schulische Leistungsbeurteilung in staatlicher Kompetenz und Gestaltung liegt, muss diese Befugnis, sofern geeignete Dritte zur Ausübung ermächtigt werden sollen, an diese durch eine hinreichende Rechtsvorschrift übertragen werden.

Zu Satz 1: Tagesbildungsstätten haben in Niedersachsen eine lange Geschichte, so finden sich bereits im Schulgesetz von 1975 Vorschriften, die sich mit der Erfüllung der Schulpflicht beim Besuch dieser Einrichtungen befassen (vgl. §§ 50, 164 NSchG 75). Tagesbildungsstätten werden als teilstationäre Einrichtungen der Eingliederungshilfe von einem Träger der Freien Wohlfahrtsverbände betrieben. Wenn eine solche Einrichtung bestimmte Mindestanforderungen erfüllt, kann ihr auf Antrag des Trägers die staatliche Anerkennung verliehen werden (§ 164). Kinder und Jugendliche, die auf sonderpädagogische Unterstützung im Förderschwerpunkt geistige Entwicklung angewiesen sind, können dann in dieser Einrichtung ihre Schulpflicht erfüllen. Und tatsächlich genießen Tagesbildungsstätten bei den Erziehungsberechtigten eine große Akzeptanz, denn fast ein Drittel der Kinder und Jugendlichen mit Unterstützungsbedarf im Förderschwerpunkt geistige Entwicklung besucht Tagesbildungsstätten (Stand 2006, LT-Drs. 15/3989). **2**

Auch wenn Tagesbildungsstätten nur einen schulähnlichen Status haben, gilt für sie der im NSchG festgelegte Erziehungs- und Bildungsauftrag. Die pädagogischen und therapeutischen sowie die inhaltlichen und organisatorischen Angebote in den Tagesbildungsstätten orientieren sich grundsätzlich an denen der Förderschulen mit dem Förderschwerpunkt geistige Entwicklung.

3 **Zu Satz 2:** Die Regelung räumt anerkannten Tagesbildungsstätten das Recht ein, Beurteilungen vorzunehmen. Denn auch beim Besuch dieser Einrichtungen sollen Erziehungsberechtigte (vgl. Art. 6 Abs. 2 GG) sowie Schülerinnen und Schüler (vgl. Art. 2 Abs. 1 GG) Gelegenheit haben, sich über die Bewertung bestimmter Leistungen orientieren zu können. Wegen der Eigenart der Einrichtungen gelten allerdings Besonderheiten bei den Beurteilungen. Eine numerische Leistungsbewertung in allgemeingültigen Ziffernnoten oder Punkten wird hier nicht für angezeigt gehalten, als angebracht angesehen wird vielmehr eine individuelle Beurteilung durch frei formulierte (Lernentwicklungs-) Berichte in Textform.

Vorgaben zur Leistungsbeurteilung von Schülerinnen und Schülern mit Unterstützungsbedarf im Förderschwerpunkt geistige Entwicklung finden sich im Erlass »Sonderpädagogische Förderung« sowie im sog. »Zeugniserlass«; an diesen Bestimmungen haben sich die Tagesbildungsstätten zu orientieren. Nach Abschnitt I Nr. 2.2 des erstgenannten Erlasses werden in der Förderschule mit dem Förderschwerpunkt geistige Entwicklung Klassenarbeiten und schriftliche Überprüfungen nicht gefordert. Die Bewertung der Lernfortschritte erfolgt durch ein Zeugnis am Schuljahresende, bei Schulwechsel und bei Entlassungen. Die Zeugnisse enthalten Berichte über die Fortschritte in den einzelnen Lernbereichen und Fächern statt einer Benotung von Leistungen. Grundlage dafür sind die individuellen Förderpläne und Klassenpläne. Die Schülerinnen und Schüler rücken unabhängig vom Leistungsstand in den nächsten Schuljahrgang auf. Beim Verlassen der Schule erhält die Schülerin oder der Schüler ein Abgangszeugnis, das in freier Form den allgemeinen Leistungsstand in allen Lernbereichen und Fächern beschreibt.

Ergänzend regelt der Zeugniserlass in Nr. 5.8.3, dass in dieser Förderschulart am Ende eines Schuljahres, bei Schulwechsel und bei Entlassungen Berichtszeugnisse erteilt werden. Die Zeugnisse enthalten anstelle der Benotung von Leistungen Aussagen über die Fortschritte in den verschiedenen Lernbereichen sowie zum Arbeits- und Sozialverhalten. Die erreichten Kenntnisse, Fähigkeiten und Fertigkeiten sind möglichst genau zu beschreiben. Beim Verlassen der Schule erhält die Schülerin oder der Schüler ein Zeugnis, das in freier Form den erreichten Leistungsstand beschreibt und angibt, ob die Schulpflicht erfüllt wurde.

4 Verweise, Literatur:
- Erl. »Zeugnisse in den allgemein bildenden Schulen« vom 3.5.2016 (SVBl. S. 303; SRH 3.005; Schulrecht 411/1)
- Erl. »Sonderpädagogische Förderung« v. 1.2.2005 (SVBl. S. 49) – außer Kraft mit Ablauf des 31.12.2012

(Karl-Heinz Ulrich)

§ 163 Bezeichnung der Tagesbildungsstätte

¹Anerkannte Tagesbildungsstätten haben eine Bezeichnung zu führen, die eine Verwechslung mit Förderschulen ausschließt. ²Aus der Bezeichnung muss hervorgehen, dass es sich um eine Tagesbildungsstätte handelt. ³Ein Zusatz, der auf die Anerkennung als Tagesbildungsstätte hinweist, ist zulässig.

Allg.: Weil anerkannte Tagesbildungsstätten keine Schulen im Sinne des Schulgesetzes sind (vgl. § 1 Abs. 1, § 167 Abs. 1 Satz 2), trifft § 163 Sonderregelungen für die Vergabe von Bezeichnungen für diese Einrichtungen. Für öffentliche Schulen gilt § 107, für Schulen in freier Trägerschaft findet § 140 Anwendung.   1

Zum einzigen Absatz: Nach den Sätzen 1 und 2 haben anerkannte Tagesbildungsstätten eine Bezeichnung zu führen, die eine Verwechslung mit Förderschulen ausschließt, und aus der ausdrücklich hervorgehen muss, dass es sich bei der Einrichtung um eine Tagesbildungsstätte handelt. Die Kennzeichnungspflicht soll gewährleisten, dass Dritte aus der Bezeichnung eindeutig erkennen können, dass es sich nicht um eine Förderschule, sondern um eine Einrichtung anderer Art, Anlage und Trägerschaft handelt. Damit ist nicht allein der Gebrauch des Begriffs Förderschule unzulässig, sondern auch die Verwendung von Bezeichnungen, die einer Verwechslung mit der Schulform Förderschule Vorschub leisten könnte, wie beispielsweise »Schule für Behinderte«, »Schule für besondere Förderbedarfe« oder der Rückgriff auf die frühere Bezeichnung »Sonderschule«.   2

Per se ist aber nicht ausgeschlossen, dass das Wort Schule Bestandteil der Bezeichnung sein kann; in diesen Fällen bedarf es allerdings der Erteilung einer Genehmigung durch die RSLB. Mit dem Zusatz »Staatlich anerkannte Tagesbildungsstätte« zu einem individuellen Namen der Einrichtung ist der Forderung nach einer Unterscheidung bzw. der Vermeidung einer Verwechslung in der Regel Genüge getan.

Bei der Festlegung eines individuellen Namens für eine Tagesbildungsstätte bietet es sich an, die für die Namensgebung von öffentlichen Schulen geltenden allgemeinen Grundsätze zu bedenken.

Satz 3 stellt lediglich klar, dass ein Zusatz, der auf die Anerkennung als Tagesbildungsstätte hinweist, zulässig ist.

Verweise, Literatur: 3

- Antwort der Landesregierung auf die Kleine Anfrage »Tagesbildungsstätten für Schülerinnen und Schüler mit sonderpädagogischem Förderbedarf mit dem Förderschwerpunkt geistige Entwicklung« (Landtagsdrucksache 15/3989)

(Karl-Heinz Ulrich)

§ 164 Anerkennung der Tagesbildungsstätte

(1) Eine Tagesbildungsstätte soll für den Besuch von Kindern und Jugendlichen, die auf sonderpädagogische Unterstützung im Förderschwerpunkt geistige Entwicklung angewiesen sind, von der Schulbehörde auf Antrag als geeignet anerkannt werden, wenn

1. der Träger der Tagesbildungsstätte einem Freien Wohlfahrtsverband angehört,
2. Standort und Einzugsbereich der Tagesbildungsstätte mit den Standorten und Einzugsbereichen der Förderschulen zu vereinbaren sind,
3. die Leiterin oder der Leiter der Tagesbildungsstätte sowie die dort tätigen Gruppenleiterinnen und Gruppenleiter nach Ausbildung oder bisheriger Tätigkeit über die erforderliche Befähigung verfügen.

(2) Das Kultusministerium wird ermächtigt, die Voraussetzungen der Befähigungen nach Absatz 1 Nr. 3 durch Verordnung näher zu regeln.

1 **Allg.:** An einer Tagesbildungsstätte kann die Schulpflicht nur dann erfüllt werden, wenn die Einrichtung zuvor von der zuständigen Schulbehörde als eine dafür geeignete Institution anerkannt worden ist (vgl. § 162). § 164 bestimmt die Voraussetzungen, die zur Erlangung der staatlichen Anerkennung erfüllt sein müssen, und ermächtigt zudem das Kultusministerium, bezüglich der erforderlichen persönlichen Voraussetzungen der Leitungskräfte der Tagesbildungsstätten verordnungsrechtliche Regelungen zu schaffen.

Die Aufhebung eines bereits erlassenen Verwaltungsaktes »Anerkennung« richtet sich nach den Bestimmungen des VwVfG. Sie kommt beispielsweise in Betracht, wenn die Anerkennung durch Angaben zu den Voraussetzungen der Nrn. 1 bis 3 des Absatzes 1 erwirkt wurde, die in wesentlicher Beziehung unrichtig oder unvollständig waren oder die darin enthaltenen Vorbedingungen entfallen.

Ferner kann die Anerkennung nach § 166 kraft Gesetzes erlöschen, wenn der Betrieb der Einrichtung nicht aufgenommen wird, der Träger die Einrichtung endgültig schließt oder sie ein Jahr lang ohne Zustimmung der Schulbehörde nicht betrieben wird.

2 **Zu Abs. 1:** Die Vorschrift bestimmt die für die Anerkennung zuständige Behörde (vgl. § 120 Abs. 6) und nennt die wesentlichen Anerkennungsvoraussetzungen.

Zuständige Schulbehörde ist die RLSB. Sie spricht die Anerkennung nur auf Antrag des Trägers der Einrichtung aus. Nach § 167 übt sie die »Schulaufsicht« über die Tagesbildungsstätten aus.

Voraussetzung für die Anerkennung der Tagesbildungsstätte ist zunächst nach Nr. 1, dass deren Träger einem Freien Wohlfahrtsverband angehört. In Deutschland sind sechs Spitzenverbände der Freien Wohlfahrtspflege zu der »Bundesarbeitsgemeinschaft der freien Wohlfahrtspflege« zusammengeschlossen (Arbeiterwohlfahrt, Deutscher Caritasverband, Deutsches Rotes Kreuz, Der Paritätische, Diakonie Deutschland, Zentralwohlfahrtsstelle der Juden in Deutschland). Sie haben jeweils eine Vielzahl von Mitgliedsverbänden sowie Mitgliedsorganisationen, die gemeinnützig tätig sind (in Niedersachsen z.B. eine Vielzahl von Einrichtungen der Lebenshilfe).

Nach Nr. 2 ist weitere Voraussetzung, dass Standort und Einzugsbereich der Tagesbildungsstätte mit den Standorten und Einzugsbereichen der Förderschulen zu vereinbaren sind. Die Bestimmung hat eine Steuerungsfunktion (vgl. Schriftl. Bericht zum NEKHG, LT-Drs. 16/1787 S. 8). Sie soll möglichst verhindern, dass Tagesbildungsstätten an Standorten oder in Einzugsbereichen (vgl. § 5 Abs. 1 u. 3 SchOrgVO) anerkannt werden, die bereits von öffentlichen Förderschulen mit dem Förderschwerpunkt Geistige Entwicklung abgedeckt und damit von ihnen bereits versorgt werden. Es ist schließlich der Sache nicht dienlich, wenn sich die Einrichtungen Konkurrenz machen; gleichwohl ist ein Nebeneinander durchaus erwünscht (vgl. LT-Drs. 15/3889 S. 2).

Um zugleich die Erfüllung bestimmter pädagogischer Mindestanforderungen sicherzustellen, müssen nach Nr. 3 die Leiterin oder der Leiter der Tagesbildungsstätte sowie die dort tätigen Gruppenleiterinnen und Gruppenleiter nach Ausbildung oder bisheriger Tätigkeit über die erforderliche Befähigung verfügen. Die »erforderliche Befähigung« – es handelt sich hier um einen sog. unbestimmten Rechtsbegriff – kann demnach sowohl durch Ausbildung als auch durch eine einschlägige berufliche Tätigkeit und die dadurch gewonnenen gleichwertigen Fähigkeiten und Erfahrungen und natürlich auch durch beide Befähigungen nachgewiesen werden.

Von 1980 bis 1993 waren im § 142c a.F. die persönlichen Voraussetzungen für die Leitung (grundsätzlich: Lehrkraft mit der Befähigung für das Lehramt für Sonderpädagogik) sowie für die Gruppenleitung (schwerpunktmäßig: sog. Beschäftigte des Sozial- und Erziehungsdienstes) ausgewiesen. Die Bestimmung ist entfallen und sollte durch eine Verordnung (vgl. Anm. 3) ersetzt bzw. modifiziert werden können. Als Orientierungshilfe wird man die damalige Regelung aber nach wie vor heranziehen dürfen.

Zu Abs. 2: Die Bestimmung enthält eine Verordnungsermächtigung für das Kultusministerium, die Voraussetzungen der Befähigungen für die Leiterin oder den Leiter der Tagesbildungsstätte sowie für die dort tätigen Gruppenleiterinnen und Gruppenleiter näher zu regeln. Das Ministerium kann demnach fest umrissen festlegen, welche Anforderungen an eine Ausbildung oder eine frühere Tätigkeit gestellt werden, damit diese als geeignete Befähigung anerkannt werden kann. Von der Verordnungsermächtigung hat das MK allerdings bislang keinen Gebrauch gemacht. Ein wesentlicher Grund dafür dürfte darin liegen, dass eine als notwendig angesehene Anhebung der Qualifikationen Kostenfolgen hätte, die angesichts knapper Kassen über Finanzhilfeleistungen nicht aufgefangen werden könnten.

Ein Überblick über die tatsächliche Qualifikation der Gruppenleiterinnen und Gruppenleiter ergibt sich aus der Antwort auf eine Kleine Anfrage aus dem Jahr 2007 (vgl. LT-Drs. 15/3989 S. 3). Danach sind in dieser Funktion überwiegend Heilpädagoginnen und Heilpädagogen, Erzieherinnen und Erzieher sowie Sozialpädagoginnen und Sozialpädagogen tätig.

4 Verweise, Literatur:

- Verordnung zur Durchführung des Niedersächsischen Gesetzes zur Ausführung des Zwölften Buchs des Sozialgesetzbuchs (DVO Nds. AG SGB XII) vom 27.6.2011 (Nds. GVBl. S. 178), zuletzt geändert durch Verordnung v. 11.7.2013 (Nds. GVBl. S. 207)
- Landesrahmenvereinbarung zwischen dem Land, den kommunalen Spitzenverbänden, und der Landesarbeitsgemeinschaft der Freien Wohlfahrtspflege
- Antwort auf die Kleine Anfrage »Tagesbildungsstätten für Schülerinnen und Schüler mit sonderpädagogischem Förderbedarf mit dem Förderschwerpunkt geistige Entwicklung« (LT-Drs. 15/3989)

(Karl-Heinz Ulrich)

§ 165 Anzeigepflicht bei Änderungen

Jede Änderung der Anerkennungsvoraussetzungen ist der Schulbehörde anzuzeigen.

1 **Allg.**: Die Vorschrift folgt den von Sinn und Zweck vergleichbaren Bestimmungen für die Ersatzschulen in § 146 sowie für die Ergänzungsschulen in § 158 Abs. 3. Sie verpflichtet den Träger der staatlich anerkannten Tagesbildungsstätte, der Schulbehörde Änderungen der der Anerkennung zugrunde liegenden entscheidungserheblichen Tatsachen zur Kenntnis zu geben, um der Schulaufsicht, die nach § 167 Abs. 1 Satz 1 die Einhaltung der Vorschriften zu gewährleisten hat, die Überwachung des Fortbestandes der Anerkennungsvoraussetzungen zu erleichtern.

Die Anerkennung einer Tagesbildungsstätte ist nach den Bestimmungen des VwVfG zurückzunehmen, wenn die Voraussetzungen für die Anerkennung weggefallen sind und einem Mangel trotz Aufforderung der Schulbehörde seitens des Trägers nicht abgeholfen worden ist.

2 **Zum einzigen Absatz:** Der Anzeigepflicht unterliegen sämtliche Änderungen, die bei den in § 164 Abs. 1 aufgeführten (drei) Anerkennungsvoraussetzungen eintreten.

Eine Frist für die Anzeige von entscheidungserheblichen Änderungen ist in der Vorschrift nicht bestimmt, sie dürfte ihr allerdings innewohnen, so dass von einer Pflicht zu einer unverzüglichen Anzeige der Veränderungen auszugehen ist.

Schulbehörde im Sinne der Bestimmung ist die Behörde, die die staatliche Anerkennung ausspricht; nach § 164 Abs. 1 i.V.m. § 120 Abs. 6 ist dies die RLSB.

Eine Verletzung der Anzeigepflicht ist in § 176 nicht als zu ahndende Ordnungswidrigkeit aufgeführt. Die Schulbehörde kann allerdings gegenüber Schule und Schulträger u.a. von den in § 167 Abs. 1 Satz 2 angeführten schulaufsichtlichen Maßnahmen Gebrauch machen.

(Karl-Heinz Ulrich)

§ 166 Erlöschen der Anerkennung

Die Anerkennung erlischt, wenn der Träger die Tagesbildungsstätte nicht binnen eines Jahres eröffnet, wenn sie geschlossen oder ohne Zustimmung der Schulbehörde ein Jahr lang nicht betrieben wird.

Allg.: Nach der Bestimmung bewirkt ein bestimmtes Tun oder Unterlassen des Trägers einer Tagesbildungsstätte ein Erlöschen der staatliche Anerkennung kraft Gesetzes. Es bedarf in diesen Fällen keiner förmlichen Entscheidung oder Feststellung der Schulbehörde. Eine gleichwohl angezeigte entsprechende Mitteilung der RLSB über den Eintritt der Rechtswirkung hat keine konstitutive, sondern lediglich eine klarstellende Bedeutung. 1

Zum einzigen Absatz: Das Gesetz sieht in drei Fällen ein automatisches Erlöschen der erteilten Anerkennung vor: 2

Die Anerkennung erlischt kraft Gesetzes, wenn der Träger die Tagesbildungsstätte nicht binnen eines Jahres (nach Wirksamwerden der staatlichen Anerkennung) eröffnet bzw. zugänglich macht. Der Träger ist folglich gehalten, die Einrichtung anzubieten und deren Betrieb aufzunehmen. Dafür ist ihm vom Gesetzgeber eine angemessene Frist eingeräumt, innerhalb derer er aktiv werden muss. Nach Ablauf der Jahresfrist erlischt die Anerkennung.

Ferner erlischt die Anerkennung kraft Gesetzes, wenn der Träger die Tagesbildungsstätte endgültig schließt; mit der Schließung tritt die Rechtswirkung ein.

Außerdem erlischt die Anerkennung kraft Gesetzes, wenn die Tagesbildungsstätte ein Jahr lang ohne Zustimmung der Schulbehörde nicht betrieben wird. Ein Ruhen des Betriebs kann folglich von der Schulbehörde auf Antrag des Trägers der Einrichtung – vorab oder unter Umständen auch während einer bereits eingetretenen kürzeren Ruhensphase – zugelassen werden. Bei der schulbehördlichen Entscheidung bezüglich eines beantragten Ruhens ist von Bedeutung, ob mit hinlänglicher Wahrscheinlichkeit eine Wiederaufnahme des Betriebs nach Ablauf des Ruhens zu erwarten ist, um nicht eine Umgehung der anderen Erlöschensgründe zu hintertreiben. Nach Ablauf der Jahresfrist eines nicht gestatteten Ruhens erlischt die Anerkennung.

(Karl-Heinz Ulrich)

Sechster Abschnitt
Schulaufsicht

§ 167 Schulaufsicht

(1) ¹Die staatliche Schulaufsicht hat die Einhaltung der Vorschriften dieses Gesetzes zu gewährleisten. ²Die Schulbehörden haben insbesondere das Recht, die Schulen in freier Trägerschaft und die anerkannten Tagesbildungsstätten zu besichtigen, Einblick in den Unterrichtsbetrieb zu nehmen sowie Berichte und Nachweise zu fordern.

(2) ¹Die Schulleitung an Ersatzschulen bedarf zur Ausübung der Tätigkeit der Genehmigung der Schulbehörde. ²Die Genehmigung darf nur versagt oder widerrufen werden, wenn die Voraussetzungen des § 144 Abs. 3 oder des § 145 Abs. 1 Nr. 2 nicht erfüllt sind oder wenn Tatsachen vorliegen, die bei Schulleiterinnen oder Schulleitern öffentlicher Schulen zu einer Beendigung des Dienstverhältnisses führen oder die Entfernung aus dem Dienst rechtfertigen würden.

(3) Die Ausübung der Tätigkeit einer Lehrkraft kann nach Anhörung des Schulträgers untersagt werden, wenn in der Person der Lehrkraft die Voraussetzungen des § 144 Abs. 3 nicht erfüllt sind oder wenn Tatsachen vorliegen, die bei Lehrkräften öffentlicher Schulen zu einer Beendigung des Dienstverhältnisses führen oder die Entfernung aus dem Dienst rechtfertigen würden.

1 **Allg.:** Nach Art. 7 Abs. 1 GG, Art. 4 Abs. 2 Satz 2 NV steht das gesamte Schulwesen unter der Aufsicht des Staates bzw. des Landes. Grundgesetz und Landesverfassung garantieren damit die staatliche Aufsicht sowohl über das öffentliche Schulwesen als auch über die Schulen in freier Trägerschaft. Allerdings muss die Schulaufsicht die grundrechtliche Stellung der Privatschulfreiheit, die insbesondere die Gestaltungsfreiheit in pädagogischer und organisatorischer Hinsicht einschließt, berücksichtigen. Aufsichtsrechte und Eingriffsrechte gegenüber dem öffentlichen Schulwesen und den Schulen in freier Trägerschaft unterscheiden sich folglich. So ist die Schulaufsicht gegenüber den Schulen in freier Trägerschaft (zu denen gesetzessystematisch nach dem Elften Teil des Schulgesetzes auch die Tagesbildungsstätten zählen, obgleich sie keine Schulen sind), in erster Linie eine Rechtsaufsicht, wie sich auch aus Absatz 1 Satz 1 deutlich ergibt. In den Bereichen, in denen die Schulträger bzw. Schulen als ein mit öffentlicher Gewalt »beliehenes Unternehmen« (BVerwG, Urt. v. 18.10.1963 – VII C 45.62) inhaltliche und pädagogische Vorgaben beachten müssen, wie z.B. die anerkannten Ersatzschulen die Vorschriften über Aufnahme und Versetzung von Schülerinnen und Schülern sowie bei der Abhaltung von Prüfungen (§ 148 Abs. 2), nimmt die Aufsicht allerdings über die Rechtsaufsicht hinaus den Charakter einer Fachaufsicht an. Das hat insofern praktische Konsequenzen, als in Angelegenheiten der Fachaufsicht die Schulbehörden auch die fachliche Zweckmäßigkeit von

Entscheidungen der Schule überprüfen können. Die Schulbehörden haben bei der Ausübung der Fachaufsicht gleichwohl die allgemeinen Grenzen des § 121 einzuhalten. Mit Blick auf die Absätze 2 und 3 des § 167 sind in begrenztem Umfang ferner dienstaufsichtliche Elemente zu identifizieren. Adressat aufsichtlicher Maßnahmen ist grundsätzlich der Schulträger. Greift die Schulbehörde im Rahmen der Aufsicht ein, so sind von ihr getroffene Regelungen Verwaltungsakte, die auf dem Verwaltungsrechtsweg angefochten werden können.

Die privatrechtlichen Beziehungen zwischen Lehrkräften, Schülerinnen und Schülern, Erziehungsberechtigten und Schulträger sind nicht Gegenstand der Schulaufsicht; auftretende Streitigkeiten werden in der Regel zivilrechtlich zwischen den Parteien ausgetragen werden müssen.

Die Schulaufsicht wird von den staatlichen Schulbehörden nach den §§ 119 bis 123 wahrgenommen.

Zu Abs. 1: Nach **Satz 1** hat die Schulaufsicht die Einhaltung der Regelungen des Schulgesetzes zu gewährleisten. Die Bestimmung ist landesrechtliche Grundlage für die von den Schulbehörden auszuübende Rechtsaufsicht. Da das Schulgesetz u. a. auch gefahrenabwehrrechtliche u. ä. Regelungen in Bezug nimmt und deren Einhaltung zu Betriebsvoraussetzungen der schulischen Einrichtungen macht, erstreckt sich die Aufsicht auch auf deren Beachtung durch die Einrichtungsträger. Insbesondere bei Ersatzschulen hat die Schulbehörde fortwährend zu überwachen, ob die Genehmigungsvoraussetzungen erfüllt bleiben und die erforderliche Gleichwertigkeit gesichert ist und bleibt (vgl. § 147 Abs. 1).

Nach **Satz 2** ist die Schulaufsicht berechtigt, nicht nur die Schulen in freier Trägerschaft zu besichtigen, sie kann auch die Tagesbildungsstätten, die nicht den Status einer Schule i. S. des Schulgesetzes haben, in Augenschein nehmen. Das Wort »insbesondere« macht deutlich, dass die Besichtigung nur eines von mehreren denkbaren Aufsichtsinstrumenten ist.

Die »Besichtigung« ist – anders als die Anforderung eines Berichts oder von Nachweisen – nicht an einen bestimmten Anlass oder Zweck gebunden, sie darf als Instrument der Aufsicht gleichwohl nicht rechtsmissbräuchlich, z.B. durch ständige oder gehäufte Besuche oder durch Eingriffe in den Unterrichtsbetrieb, eingesetzt werden. Besichtigungen der Einrichtungen sollten dem Schulträger bzw. dem Träger der Tagesbildungsstätte rechtzeitig mitgeteilt und mit ihm zeitlich abgesprochen werden, soweit nicht der Zweck der Besichtigung dadurch in Frage gestellt wird.

Zur Informationsbeschaffung und Unterrichtung verfügt die Schulaufsicht über die in Satz 2 genannten Möglichkeiten der »Anforderung eines Berichts« sowie der »Forderung von Nachweisen«. Einen Bericht wird die Schulaufsicht zur Aufklärung bestimmter Handlungen und Sachverhalte anfordern. Nachweise sind z.B. Belege, Bescheinigungen, Testate und Zeugnisse, die das Bestehen eines Sachverhalts bestätigen. Insbesondere zum

Nachweis der Genehmigungsvoraussetzungen und der Anerkennungsvoraussetzungen werden Berichte und Nachweise eingefordert werden dürfen. Als Instrumente stehen der Schulaufsicht die Anhörung und die Weisung, rechtsrelevante Mängel abzustellen (i. d. R. mit angemessener Fristsetzung zur Abhilfe), zur Verfügung. Darüber hinaus bleibt den Schulaufsichtsbehörden schließlich die Möglichkeit, eine erteilte Genehmigung oder eine ausgesprochene Anerkennung zu widerrufen.

Für die Überprüfung im Zusammenhang mit der staatlichen Finanzhilfe gewährt § 150 Abs. 10 den Schulbehörden ein besonderes Prüfungs- und Einsichtsrecht. Die Schulbehörden sind danach berechtigt, alle die Finanzhilfe betreffenden Angaben bei den Schulen und Schulträgern zu überprüfen, die zugehörigen Unterlagen einzusehen und Auskünfte zu verlangen.

Schließlich gewähren die Schulbehörden auch den Ersatzschulen, Ergänzungsschulen sowie den Tagesbildungsstätten »Beratung und Unterstützung«, insbesondere dann, wenn es um die Erfüllung der Anerkennungsvoraussetzungen, Genehmigungsvoraussetzungen und Finanzhilfeansprüche geht.

3   Zu Abs. 2: Auch die Schulleitungen von Ersatzschulen bedürfen nach **Satz 1** zur Ausübung ihrer Leitungstätigkeit der Genehmigung der Schulbehörde. Die Gleichwertigkeit der Ersatzschulen mit den öffentlichen Schulen erfordert nicht nur die Gleichwertigkeit der wissenschaftlichen Ausbildung der Lehrkräfte, sondern auch die Sicherung der organisatorischen und verwaltungstechnischen Voraussetzungen des Schulbetriebs. Aus diesem Grund ist an die Qualifikation der Schulleitung an Ersatzschulen wie an öffentlichen Schulen ein vergleichbarer Maßstab anzulegen. Die Schulbehörde hat nach **Satz 2** im Genehmigungsverfahren zu prüfen

- ob die Voraussetzungen des § 144 Abs. 3 vorliegen. Dazu gehört vor allem eine wissenschaftlich insbesondere fachliche und pädagogische Ausbildung für die Schulform der Ersatzschule, deren Leitung übernommen werden soll (vgl. Anmerkung 4 zu § 144);

- ob Tatsachen vorliegen, dass die Schulleiterin oder der Schulleiter die Eignung für die Verwaltung oder Leitung einer Schule nicht besitzt (§ 145 Abs. 1 Nr. 2, vgl. Anm. 2 zu § 145). Aus der Formulierung ist zu schließen, dass grundsätzlich eine Eignung vermutet werden kann. Nur dann, wenn der Schulbehörde Tatsachen bekannt sind, die Zweifel an der Eignung begründen (z.B. eine strafgerichtliche Verurteilung oder eine Entlassung bei einer anderen Schule wegen einer dienstrechtlichen Verfehlung), hat die Schulbehörde die Eignung gezielt zu überprüfen;

- ob Tatsachen vorliegen, dass die Schulleiterin oder der Schulleiter Gewähr dafür bieten, dass sie oder er nicht gegen die verfassungsmäßige Ordnung verstößt (§ 145 Abs. 1 Nr. 2). Auch hier ist aus der Formulierung auf eine anlassbezogene Prüfung der Schulbehörde zu schließen;

- ob Tatsachen vorliegen, die bei Schulleiterinnen und Schulleitern öffentlicher Schulen zu einer Beendigung des Dienstverhältnisses führen oder deren Entfernung aus dem Dienst rechtfertigen würden.

Solche Tatsachen sind zum Beispiel der Verlust der Beamtenrechte nach Verurteilungen wegen bestimmter schwerwiegender Straftaten (§ 24 BeamtStG) oder die Entfernung aus dem Dienstverhältnis wegen schwerer dienstlicher Verfehlungen, bei Tarifbeschäftigten die Kündigung aus wichtigem Grund.

Die Genehmigung ist zu erteilen, wenn keine Versagungsgründe vorliegen. Werden nachträglich Tatsachen bekannt, die zu einer Versagung der Genehmigung geführt hätten, kann die Schulbehörde die Genehmigung widerrufen.

Zu Abs. 3: Die Vorschrift ermöglicht es, Lehrkräften, die für die Ausübung ihres Berufs ungeeignet sind oder sich späterhin als ungeeignet erweisen, die Ausübung der Unterrichtstätigkeit zu untersagen. 4

Obwohl die Genehmigung von Ersatzschulen an die Erfüllung der strengen Anforderungen an die Lehrkräfte in § 144 Abs. 1 und 3 sowie § 145 Abs. 1 und 2 gebunden ist, ist es nicht ausgeschlossen, dass Schulträger nicht ausreichend qualifizierte Lehrkräfte beschäftigen, ohne dass die Schulbehörde davon Kenntnis erlangt. Um ihrem Auftrag, die Einhaltung der Vorschriften des Schulgesetzes zu gewährleisten (vgl. Absatz 1), gerecht werden zu können, ist die Schulbehörde gehalten, im Rahmen des Genehmigungsverfahrens für die Ersatzschulen die Eignung der Lehrkräfte zu überprüfen sowie später durch Anforderung von Unterlagen in regelmäßigen Abständen sich über Neueinstellungen zu informieren. Die nachträgliche Untersagung ist insoweit eingeschränkt, als sie nur ausgesprochen werden kann, wenn die in Absatz 3 genannten Voraussetzungen erfüllt bzw. nicht erfüllt sind. Im Übrigen wird auf die Ausführungen unter Anmerkung 3 verwiesen.

Es sei angemerkt, dass Schulen in freier Trägerschaft mitunter sog. Tendenzbetriebe sind, d.h., es handelt sich um Unternehmen oder Betriebe, die unmittelbar und überwiegend beispielsweise konfessionellen Bestimmungen oder Zwecken dienen (z.B. Religionsgemeinschaften), so dass deren Träger anerkanntermaßen besondere Anforderungen an die Lehrkräfte und deren Konfession, Verhalten und Loyalität stellen können. Ein direkter Vergleich zu den Lehrkräften im Landesdienst ist daher nur begrenzt möglich.

Nicht erfasst von der Bestimmung sind u. a. Pädagogische Mitarbeiterinnen und Pädagogische Mitarbeiter, Schulassistentinnen und Schulassistenten sowie Schulverwaltungskräfte. Bei diesen Beschäftigten kann die Schulbehörde den Einrichtungsträgern lediglich Beratung anbieten und die aus Sicht der Schulaufsicht im Einzelfall erforderlichen arbeitsrechtlichen Maßnahmen nahelegen.

Verweise, Literatur: 5

– Erl. »Private bergmännische berufsbildende Schulen; hier Schulaufsicht« v. 23.09.1970 (SVBl. S. 295)

(Karl-Heinz Ulrich)

Zwölfter Teil
Vertretungen beim Kultusministerium und Landesschulbeirat

Vorbemerkung zu den §§ 168–175

Allgemeines

§ 168 Absatz 1 sieht vor, dass bei der obersten Schulbehörde, d. h. beim Niedersächsischen Kultusministerium, mit dem Landeselternrat (§ 169), dem Landesschülerrat (§ 170) und dem Landesschulbeirat (§ 171) drei Gremien zu bilden sind, die als Interessenvertretung der am Schulwesen unmittelbar sowie mittelbar Beteiligten gesetzliche Mitwirkungsrechte in schulischen Angelegenheiten haben.

Die Vorgabe, dass Landeselternrat, Landesschülerrat und Landesschulbeirat beim Kultusministerium zu bilden sind, bedeutet auch, dass das Ministerium die Konstituierung dieser Interessenvertretungen sowohl auf den Weg zu bringen als auch zu begleiten hat und sodann deren Handlungsfähigkeit nach seinen Möglichkeiten unterstützt.

Landeselternrat

Beim Kultusministerium wird als Vertretung der Erziehungsberechtigten der Schülerinnen und Schüler aller Schulformen (ausgenommen sind Abendgymnasium und Kolleg) ein Landeselternrat gebildet. Die Mitglieder des Landeselternrats werden von den Elternvertreterinnen und Elternvertretern in den Kreiselternräten und in den Stadtelternräten der kreisfreien Städte aus ihrer Mitte gewählt. Sie vertreten sowohl die Erziehungsberechtigten der Schülerinnen und Schüler an öffentlichen Schulen als auch an Schulen in freier Trägerschaft. Der Landeselternrat hat gegenüber dem Kultusministerium Mitwirkungs-, Anhörungs- und Beratungsrechte, insbesondere wirkt er in allen wichtigen allgemeinen Fragen des Schulwesens mit, soweit die Belange der Erziehungsberechtigten berührt werden.

Landesschülerrat

Beim Kultusministerium wird als Vertretung der Schülerinnen und Schüler ein Landesschülerrat gebildet. Im Landesschülerrat sind Schülerinnen und Schüler aller Schulformen (ausgenommen ist die Grundschule) vertreten. Die Mitglieder des Landesschülerrats werden von den Schülervertreterinnen und Schülervertretern in den Kreisschülerräten und in den Stadtschülerräten der kreisfreien Städte aus ihrer Mitte gewählt. Sie vertreten sowohl die Schülerinnen und Schüler der öffentlichen Schulen als auch die der Schulen in freier Trägerschaft. Der Landesschülerrat hat gegenüber dem Kultusministerium Mitwirkungs-, Anhörungs- und Beratungsrechte; insbesondere wirkt er in allen wichtigen allgemeinen Fragen des Schulwesens mit, soweit die Belange der Schülerinnen und Schüler berührt werden.

Landesschulbeirat

Beim Kultusministerium wird ein Landesschulbeirat gebildet, in dem die am Schulwesen unmittelbar beteiligten Gruppen und die mittelbar beteiligten Einrichtungen und Verbände zusammenwirken. Der Landesschulbeirat besteht aus Vertreterinnen und Vertretern der Lehrkräfte, der Erziehungsberechtigten sowie der Schülerinnen und Schüler, ferner sind in ihm vertreten die Schulen in freier Trägerschaft, die Hochschulen, die Erwachsenenbildung, die sog. großen Kirchen, die kommunalen Schulträger sowie die Organisationen der Arbeitgeber- und der Arbeitnehmerverbände, schließlich auch eine gemeinsame Vertreterin oder ein gemeinsamer Vertreter des Landesverbandes der Jüdischen Gemeinde von Niedersachsen und des Landesverbandes der Israelitischen Kultusgemeinden von Niedersachsen, je eine Vertreterin oder ein Vertreter der Freien Humanisten Niedersachsen, der islamischen Glaubensverbände und der Alevitischen Gemeinde Deutschland sowie zwei Vertreterinnen oder Vertreter kommunaler Ausländerbeiräte.

Der Landesschulbeirat hat gegenüber dem Kultusministerium Mitwirkungs-, Anhörungs- und Beratungsrechte; insbesondere wirkt er bei allen allgemeinen Fragen mit, die für das Schulwesen von grundsätzlicher Bedeutung sind.

Ehrenamtliche Tätigkeit

Die Mitglieder im Landeselternrat, Landesschülerrat und Landesschulbeirat üben ihre Tätigkeit ehrenamtlich aus.

Verfahrensvorschriften

Für die genannten drei Beratungs- und Mitwirkungsgremien regelt § 173 – weitgehend einheitlich – das Verfahren ihrer Arbeit.

Bundeselternrat

Der Bundeselternrat ist eine Arbeitsgemeinschaft in der Rechtsform eines nicht rechtsfähigen Vereins, zu der sich einige Landeselternvertretungen auf freiwilliger Basis zusammengeschlossen haben. Gewissermaßen als »Dachorganisation« der Landeselternvertretungen hat es sich der Bundeselternrat zur Aufgabe gemacht, die Elternvertreterinnen und Elternvertreter in den Ländern bei der Mitwirkung in der Schule zu unterstützen und Kontakte zu bestimmten Bundesministerien, zur KMK sowie zu Institutionen, Politik und Verbänden zu knüpfen. Organe sind die Delegiertenversammlung, der Hauptausschuss und der Vorstand. Für seine Arbeit hat der Bundeselternrat schulformspezifische Ausschüsse für die allgemein bildenden Schulen sowie für die berufsbildenden Schulen gebildet. Die Arbeit des Bundeselternrats sowie die dafür erforderlichen Aktivitäten der Ländervertreter werden von einem Großteil der Länder unterstützt.

Anfang 2018 hat der Landeselternrat Niedersachsen seine Mitgliedschaft im Bundeselternrat abermals gekündigt.

Bundesschülerkonferenz

Die Bundesschülerkonferenz ist die »Ständige Konferenz der Landesschülervertretungen der Länder«, allerdings sind nicht alle Landesschülervertretungen Mitglied dieses Gremiums. Zahlreiche Landesschülervertretungen zogen sich wiederholt aus der Bundesschülerkonferenz zurück. Zwischen acht und elf der insgesamt 16 deutschen Landesschülervertretungen sind in der Bundesschülerkonferenz aktiv.

Bestandteile des Gremiums sind die Mitgliedsländer, das aus deren Delegierten bestehende Plenum, der Vorstand und die Ausschüsse. Die Bundesschülerkonferenz führt jährlich mehrere Plenartagungen an wechselnden Orten durch. Ziele sind der gegenseitige Austausch und die Erarbeitung gemeinsamer Positionen.

Verweise, Literatur:

- *Schmidt, Hans-Joachim:* Schulische Gremien – Mitglieder, Aufgaben und Kompetenzen, Carl Link Verlag 2017

- Leitfaden zur Elternarbeit in Niedersachsen, Landeselternrat Niedersachsen 2015

- *Hanck, Swantje; Dehn, Peter:* Tips für Eltern und Elternvertreter in Niedersachsen, Postskriptum-Verlagsgesellschaft 1980

- *Hartong, Konrad:* Was tun im Schulelternrat; Landeszentrale für politische Bildung 1979

- *Schwab, Hans:* Eltern & Schule, Arbeitshilfe für Elternvertreterinnen und Elternvertreter, Selbstverlag 2014

(Karl-Heinz Ulrich)

Erster Abschnitt
Zusammensetzung und Aufgaben

§ 168 Allgemeines

(1) [1]Beim Kultusministerium werden als Vertretung der Erziehungsberechtigten ein Landeselternrat und als Vertretung der Schülerinnen und Schüler ein Landesschülerrat gebildet. [2]Beim Kultusministerium wird ferner ein Landesschulbeirat gebildet, in dem die am Schulwesen unmittelbar beteiligten Gruppen und die mittelbar beteiligten Einrichtungen und Verbände zusammenwirken.

(2) [1]Das Kultusministerium richtet für den Landeselternrat eine eigene Geschäftsstelle ein und regelt im Benehmen mit ihm deren personelle und sächliche Ausstattung. [2]Es bestellt auf Vorschlag des Landeselternrats das in der Geschäftsstelle tätige Personal. [3]Die Regelung der Arbeitszeit des Personals soll den besonderen Belangen des Landeselternrats möglichst

Vertretungen beim Kultusministerium § 168   **NSchG**

weitgehend Rechnung tragen. ⁴Die Bediensteten sind in sachlicher Hinsicht den Weisungen des Landeselternrats zu unterstellen.

(3) Das Kultusministerium schafft die erforderlichen personellen und sächlichen Voraussetzungen für die Tätigkeit des Landesschülerrats.

Allg.: Die Vorschrift sieht in Absatz 1 vor, dass bei der obersten Schulbehörde mit dem Landeselternrat (§ 169), dem Landesschülerrat (§ 170) und dem Landesschulbeirat (§ 171) drei Gremien zu bilden sind, die als Interessenvertretung der am Schulwesen unmittelbar sowie mittelbar Beteiligten gesetzliche Mitwirkungsrechte in schulischen Angelegenheiten haben. In den Absätzen 2 (Landeselternrat) und 3 (Landesschülerrat) findet sich eine Konkretisierung der Verpflichtung des Landes, diese beiden Vertretungen durch entsprechende personelle und sächliche Ausstattung arbeitsfähig zu halten. 1

Zu Abs. 1: Die Vorschrift benennt die auf Landesebene einzurichtenden Gremien, die gegenüber dem MK Mitwirkungs-, Anhörungs- und Beratungsrechte haben, nämlich den Landeselternrat als Vertretung der Erziehungsberechtigten, den Landesschülerrat als Vertretung der Schülerinnen und Schüler sowie den Landesschulbeirat, der aus Repräsentanten der am Schulwesen unmittelbar beteiligten Gruppen sowie mittelbar beteiligten Einrichtungen und Verbände besteht. Aus der Formulierung, dass die genannten Gremien »beim Kultusministerium zu bilden« sind, ist zu schließen, dass es sich bei ihnen nicht um eigenständige Organe handelt. Daraus folgt ferner, dass ihr Mitwirkungs- und Beratungsauftrag auf das Kultusressort – und dort konkret auf den Schulbereich – beschränkt ist; ein allgemein politisches Mandat haben die drei Gremien nicht. 2

Die Vorgabe, dass Landeselternrat, Landesschülerrat und Landesschulbeirat beim MK zu bilden sind, bedeutet auch, dass das MK die Konstituierung dieser Interessenvertretungen auf den Weg zu bringen und zu begleiten hat und sodann deren Handlungsfähigkeit nach seinen Möglichkeiten unterstützt.

Zu Abs. 2: Mit den hier durch das ÄndG 80 eingefügten Bestimmungen über Einrichtung und Betrieb einer Geschäftsstelle für den Landeselternrat wurden Streitigkeiten über die rechtliche Stellung des Landeselternrats beendet. Davor war dem Landeselternrat vom MK zugestanden worden, im eigenen Namen Geschäftsräume anzumieten und eigenes Personal einzustellen. Unter Hinweis darauf, dass der Landeselternrat kein Rechtssubjekt sei und als Institution der Selbstverwaltung im politischen Sinne zum Geschäftsbereich des MK und damit zur Landesverwaltung gehöre, hatte der Landesrechnungshof diese Verfahrensweise beanstandet. Seither sieht eine zentrale Regelung in **Satz 1** vor, dass das MK für den Landeselternrat eine eigene Geschäftsstelle einrichtet und das Ministerium im Benehmen mit diesem Gremium deren personelle und sächliche Ausstattung regelt. Im ersten Satzteil wird dem Landeselternrat der Anspruch auf die Einrichtung einer eigenen Geschäftsstelle eingeräumt. Die konkrete Ausgestaltung der Einrichtung einer Geschäftsstelle unterliegt nicht dem Erfordernis 3 einer Benehmensherstellung von MK und Vertretung, gleichwohl wird zu erwarten sein, dass das Ministerium seine Planungen im Rahmen einer vertrauensvollen Zusammenarbeit mit dem Gremium erörtert. Welche Organisationsform das MK für die Geschäftsstelle auswählt, obliegt im Rahmen der Organisationshoheit der Behörde deren freier Entscheidung. Im zweiten Satzteil wird festgelegt, dass das MK im Benehmen mit der Vertretung die personelle und sächliche Ausstattung der Geschäftsstelle zu regeln hat. Die Vorschrift soll sicherstellen, dass dem Landeselternrat das zur Erfüllung seiner gesetzlichen Aufgaben erforderliche Personal und die dafür notwendige sächliche Ausstattung zur Verfügung stehen. Die hier vorgeschriebene Benehmensherstellung ist eine Form der Mitwirkung einer anderen Stelle bei einer zu treffenden Entscheidung, die gewissermaßen zwischen der Anhörung, bei der lediglich Gelegenheit gegeben wird, Vorstellungen einzubringen, und dem Einvernehmen, das das Einverständnis einer anderen Stelle fordert, liegt. Bei einer Entscheidung »im Benehmen« darf die mitwirkungsberechtigte Stelle ihre Ansichten der entscheidenden Stelle vortragen, letztere kann aber von der Position der anderen Stelle aus sachlichen Gründen abweichen und ohne deren Zustimmung entscheiden. Bei der Benehmensherstellung ist allerdings von einer gesteigerten Rücksichtnahme auszugehen, die sich im ernsthaften Bemühen um die Herstellung des Einvernehmens äußert.

Zwischen dem Landeselternrat und dem in der Geschäftsstelle tätigen Personal muss ein besonderes Vertrauensverhältnis bestehen, das von Loyalität, Identifikation und Kooperationsbereitschaft geprägt ist. Um die Erfüllung dieser Anforderung zu gewährleisten, soll das MK gemäß **Satz 2** auf Vorschlag des Landeselternrats das in der Geschäftsstelle tätige Personal bestellen. Dieses Vorschlagsrecht kann aber nur eine ähnliche Wirkung entfalten dürfen wie eine Benehmensherstellung, denn aus sachlichen Gründen (z.B. wegen mangelnder persönlicher Voraussetzungen der oder des Vorgeschlagenen oder wegen Verweigerung der Zustimmung des Personalrats zu der Maßnahme) muss dem Ministerium eine Nichtbefolgung des Personalvorschlags der Vertretung möglich sein. Eine »Abbestellung«, d. h., eine Kündigung dieser Beschäftigten, deren Umsetzung innerhalb des MK sowie deren Abordnung oder Versetzung an andere Behörden, ist nicht von der Zustimmung des Landeselternrats abhängig.

Im Landeselternrat werden die Erziehungsberechtigten von ehrenamtlich tätigen Mitgliedern vertreten. Viele Mitglieder gehen einer hauptberuflichen Tätigkeit nach, haben familiäre Verpflichtungen und engagieren sich zudem u. a. in Klassenelternschaften, Schulelternräten und kommunalen Gremien. Hinzu kommen zum Teil weite, zeitaufwändige Anreisen zu den Sitzungen des Plenums oder zu den Vorstands- und Ausschusssitzungen. Die Sitzungstermine liegen in der Folge oftmals in den späten Nachmittagsstunden, Sitzungen des Plenums finden regelmäßig freitags ganztägig statt. Auch Sitzungen an Samstagen – üblicherweise jedenfalls die Konstituierende Sitzung – sind denkbar. Um diesen Anforderungen gerecht zu werden, soll nach **Satz 3** die Regelung der Arbeitszeit des Personals den besonderen Belangen des Landeselternrats möglichst weitgehend Rechnung tragen. Es handelt sich um eine Soll-Vorschrift, die durch die Ergänzung »möglichst weitgehend« gleichsam relativiert wurde. Die Arbeitszeit des Personals der Geschäftsstelle ist angemessen an diesen Anforderungen auszurichten. Zur Anordnung von Überstunden ist der Landeselternrat hingegen nicht befugt. Eine solche Weisung kann nur der Arbeitgeber erteilen. Im weitesten Sinne gehört auch die Urlaubsplanung der Beschäftigten zur Gestaltung der Arbeitszeit, daher sollte auch die Genehmigung von Urlaub durch das MK im Benehmen mit dem Landeselternrat erfolgen.

Die in der Geschäftsstelle des Landeselternrats Beschäftigten stehen im Landesdienst. Hinsichtlich der Ausübung des Direktionsrechts des Arbeitgebers hat der Gesetzgeber allerdings eine Besonderheit vorgesehen: Nach **Satz 4** sind die Bediensteten in sachlicher Hinsicht den Weisungen des Landeselternrats zu unterstellen. Der Landeselternrat wird dadurch mit einem begrenzten Weisungsrecht sozusagen beliehen. Die Vorschrift soll bei der Art und Weise der Aufgabenerledigung für die Interessenvertretung der Erziehungsberechtigten eine gewisse Unabhängigkeit vom MK gewährleisten.

Zu Abs. 3: Auch diese Vorschrift stammt aus dem ÄndG 80. Sie weicht in 4 bemerkenswerter Weise von den Regelungen des Absatzes 2 ab. So ist das MK nicht verpflichtet, für den Landesschülerrat eine eigene Geschäftsstelle einzurichten und auf dessen Vorschlag Personal einzustellen. Allerdings besteht die Verpflichtung, durch Schaffung der personellen und sächlichen Voraussetzungen den Landesschülerrat in die Lage zu versetzen, seine Rechte und Pflichten wahrzunehmen. Das bedeutet, dass der Vertretung der Schülerinnen und Schüler Räumlichkeiten für ihre Tätigkeit sowie in ausreichendem Umfang Personal zur Verfügung gestellt werden müssen. Seit einigen Jahren haben Landeselternrat und Landesschülerrat gemeinsame Räumlichkeiten mit Vorstandsbüros, Besprechungs- und Sitzungsräumen. Es sind dort auch zwei Geschäftsstellen eingerichtet, die angemessen mit Personal ausgestattet sind. Auch die sächlichen Voraussetzungen sind bestmöglich erfüllt. Die gesetzliche Unterscheidung dürfte in der gelebten Praxis kaum noch Bedeutung haben.

Für den Landesschulbeirat fehlt es an den Absätzen 2 und 3 vergleichbaren Vorschriften, da er nicht Interessenvertretung, sondern ein dem MK zugeordnetes Beratungsgremium ist (vgl. § 174 Abs. 2). Die Aufgaben einer Geschäftsstelle werden von einem Fachreferat im Ministerium wahrgenommen.

Verweise, Literatur: 5

- Landeselternrat Niedersachsen, Berliner Allee 19, 30175 Hannover, Tel. 0511-64643680, Internetauftritt www.ler-nds.de

- Landesschülerrat, Berliner Allee 19, 30175 Hannover, Tel. 0511-1317917, Internetauftritt www.lsr-nds.de

(Karl-Heinz Ulrich)

§ 169 Landeselternrat (siehe Anhang S. 1105)

(1) Im Landeselternrat werden die Erziehungsberechtigten der Schülerinnen und Schüler

1. der öffentlichen
   a) Grundschulen,
   b) Hauptschulen,
   c) Realschulen,
   d) Oberschulen,
   e) Gymnasien,
   f) Gesamtschulen,
   g) Förderschulen
   durch je vier Mitglieder,
2. der öffentlichen berufsbildenden Schulen durch acht Mitglieder,
3. der Schulen in freier Trägerschaft, an denen der Schulpflicht genügt werden kann, durch vier Mitglieder

vertreten.

(2) ¹Die Mitglieder des Landeselternrats werden getrennt nach den in Absatz 1 genannten Gruppen von den Elternvertreterinnen und Elternvertretern dieser Gruppen in den Kreiselternräten und in den Stadtelternräten der kreisfreien Städte aus ihrer Mitte gewählt. ²Die Wahlen werden in der Weise durchgeführt, dass im Gebiet jedes der bis zum 31. Dezember 2004 bestehenden Regierungsbezirke für die in Absatz 1 Nrn. 1 und 3 genannten Gruppen je ein Mitglied und je ein Ersatzmitglied, für die Gruppe der öffentlichen berufsbildenden Schulen (Absatz 1 Nr. 2) zwei Mitglieder und zwei Ersatzmitglieder gewählt werden. ³Für die einzelnen Gruppen können nur solche Erziehungsberechtigten gewählt werden, deren Kinder zur Zeit der Wahl eine Schule dieser Gruppe besuchen. ⁴Die nach § 97 Abs. 5 gewählten Mitglieder der Stadtelternräte kreisfreier Städte und der Kreiselternräte im Gebiet jedes der bis zum 31. Dezember 2004 bestehenden Regierungsbezirke können aus ihrer Mitte ein zusätzliches Mitglied und ein Ersatzmitglied wählen.

(3) ¹Der Landeselternrat wirkt in allen wichtigen allgemeinen Fragen des Schulwesens mit, soweit die Belange der Erziehungsberechtigten berührt werden. ²Entsprechende allgemeine Regelungen sind zwischen dem Kultusministerium und dem Landeselternrat vertrauensvoll und verständigungsbereit zu erörtern. ³Der Landeselternrat hat dabei das Recht und die Pflicht, das Kultusministerium zu beraten, ihm Vorschläge zu machen und Anregungen zu geben. ⁴Der Landeselternrat wirkt insbesondere beratend mit

1. beim Erlass allgemeiner Bestimmungen über Bildungsziele und Bildungswege der Schulen und die Struktur des Schulsystems,

2. beim Erlass von Empfehlungen nach § 108 Abs. 3,
3. beim Erlass allgemeiner Regelungen nach den §§ 60 und 61,
4. in grundsätzlichen Fragen der Schülervertretung und Schülerpresse,
5. bei Maßnahmen zur Behebung oder Linderung von Notständen im Erziehungs- und Bildungswesen,
6. in grundsätzlichen Fragen des Schüleraustausches mit ausländischen Schulen,
7. beim Erlass von Rahmenvorschriften für Schulordnungen,
8. beim Erlass allgemeiner Bestimmungen über Lernmittel,
9. in grundsätzlichen Fragen der Einteilung des Schuljahres sowie der Ferienordnung,
10. in grundsätzlichen Fragen der Elternvertretung und
11. bei Regelung der wöchentlichen Unterrichtstage.

⁵Die Mitwirkung betrifft auch entsprechende Gesetz- und Verordnungsentwürfe des Kultusministeriums.

(4) ¹Lehnt der Landeselternrat den Erlass einer allgemeinen Regelung nach Absatz 3 Satz 4 Nrn. 1, 3, 4, 5, 7, 8, 10 oder 11 innerhalb der in § 173 Abs. 4 Satz 1 bestimmten Frist mit schriftlicher Begründung ab, so ist die beabsichtigte Regelung innerhalb von vier Wochen nach Eingang der begründeten Ablehnungsmitteilung beim Kultusministerium zwischen diesem und dem Landeselternrat erneut zu erörtern. ²Kommt dabei eine Einigung nicht zustande und lehnt der Landeselternrat in derselben Sitzung mit den Stimmen von mehr als zwei Dritteln seiner gesetzlichen Mitglieder die beabsichtigte Regelung nochmals ab, so hat das Kultusministerium vor deren Erlass die Landesregierung zu unterrichten.

(5) Das Kultusministerium unterrichtet den Landeselternrat über wichtige allgemeine Angelegenheiten des Schullebens und erteilt dem Landeselternrat die für dessen Aufgaben erforderlichen Auskünfte.

(6) Der Landeselternrat berichtet ein- oder zweimal im Jahr in einer Versammlung mit den Vorsitzenden der Kreiselternräte und der Elternräte der kreisfreien Städte über seine Tätigkeit und nimmt Vorschläge und Anregungen entgegen.

Allg.: Die Vorschrift regelt die Zusammensetzung des Landeselternrats, die Grundzüge der Wahl seiner Mitglieder, seine Mitwirkungs- und Beratungsrechte bzw. -pflichten, das Verfahren der Zusammenarbeit und in Konfliktfällen mit dem MK sowie die Verpflichtung für das Gremium, den Austausch mit seiner Basis zu pflegen.

Zu Abs. 1: Der Absatz legt die Zusammensetzung des Landeselternrats nach Schulformen und Trägerschaft fest. Vertreten sind die Erziehungsberechtigten der Schülerinnen und Schüler nahezu aller allgemein bildenden und berufsbildenden Schulformen. Die Schulformen Abendgymnasium und

Kolleg sind nicht aufgeführt, weil deren Schülerinnen und Schüler erwachsen sind. Mit 28 Mitgliedern stellen die öffentlichen allgemein bildenden Schulen fast drei Viertel der Mitglieder. Die öffentlichen berufsbildenden Schulen haben acht Mitglieder, hinzu kommen vier Vertreterinnen und Vertreter der (allgemein bildenden sowie berufsbildenden) Schulen in freier Trägerschaft, an denen die Schulpflicht erfüllt werden kann (vgl. § 143 Abs. 3). Darüber hinaus kann es vier zusätzliche Mitglieder durch gewählte Erziehungsberechtigte ausländischer Schülerinnen und Schüler (vgl. Abs. 2 Satz 4) geben. Das Gremium hat folglich grundsätzlich 40, ggf. bis zu maximal 44 Mitglieder. Das zahlenmäßige Verhältnis der Mitglieder bildet allenfalls in groben Zügen die jeweiligen Schülerzahlen und Anzahl der Schulen je Schulform ab und soll sicherstellen, dass die Schulformen angemessen vertreten werden.

3 **Zu Abs. 2:** Einzelheiten der hier in Grundzügen geregelten Wahl der Mitglieder des Landeselternrats legt die Elternwahlordnung (Anm. 8) im Einzelnen fest.

Nach **Satz 1** werden die Mitglieder des Landeselternrats nach einem bestimmten Modus »aus der Mitte« der Elternvertreterinnen und Elternvertreter der Kreiselternräte und der Stadtelternräte der kreisfreien Städte gewählt. »Aus der Mitte« bedeutet, dass sie diesen Gremien als Mitglieder angehören müssen.

Satz 2 trifft eine Festlegung zu den Teilräumen des Wahlgebiets sowie zu der Anzahl der in diesen Wahlkreisen jeweils zu wählenden Mitglieder und Ersatzmitglieder.

Satz 3 bestimmt, dass für die einzelnen Gruppen nur solche Erziehungsberechtigten gewählt werden können, deren Kinder zur Zeit der Wahl eine Schule dieser Gruppe besuchen. Entscheidend ist demnach, dass ein Kind der Kandidatin oder des Kandidaten zum Zeitpunkt der Wahl die Schulform besucht, für die die Kandidatur durch die ursprüngliche Gruppenzugehörigkeit ermöglicht ist. Der Schulformwechsel eines Kindes – ggf. auch unmittelbar – vor der Wahl führt somit zu einer Nichtwählbarkeit des Erziehungsberechtigten für die Gruppe, sofern kein (weiteres) Kind der Kandidatin oder des Kandidaten die Schulform zur Zeit der Wahl besucht. Ein Schulformwechsel von Kindern nach der Wahl bleibt ohne Konsequenzen. **Satz 4** ist durch das ÄndG 93 in das NSchG eingefügt worden. Wie bei den Gemeinde- und Kreiselternräten ist damit auch für den Landeselternrat die Möglichkeit geschaffen worden, dass die Belange der Erziehungsberechtigten ausländischer Schülerinnen und Schüler durch zusätzliche Mitglieder – je ein Mitglied aus den vier bis zum 31. Dezember 2004 bestehenden Regierungsbezirken – wahrgenommen werden. Diese zusätzlichen gesetzlichen Mitglieder haben dieselben Rechte und Pflichten wie die Mitglieder nach Absatz 1.

4 **Zu Abs. 3:** Der Gesetzgeber hat dem Landeselternrat in **Satz 1** ein Mitwirkungsrecht in allen wichtigen allgemeinen Fragen des Schulwesens eingeräumt, sofern Belange der Erziehungsberechtigten berührt werden.

Der sich in **Satz 2** anschließende Auftrag des Gesetzes, entsprechende allgemeine Regelungen, also keine Einzelfälle, sondern vielmehr Gesetzentwürfe, Verordnungsentwürfe, Erlassentwürfe, Entwürfe von Rahmenrichtlinien und Empfehlungen, vertrauensvoll und verständigungsbereit innerhalb der in § 173 Abs. 4 Satz 1 genannten Frist von sechs Wochen zu erörtern, verpflichtet MK und Landeselternrat, nicht von vornherein mit vorgefassten, endgültigen Standpunkten zusammenzutreffen, sondern sich für Argumente der anderen Seite offen zu zeigen (vgl. Schriftlicher Bericht zum ÄndG 80). Aus der in Absatz 4 enthaltenen Konfliktregelung ergibt sich jedoch, dass es zwischen MK und Landeselternrat nicht in jedem Fall zur Einigung kommen muss. Im Übrigen wäre ein Einigungszwang wegen der parlamentarischen Verantwortung der Kultusministerin oder des Kultusministers verfassungsrechtlich bedenklich.

Satz 3 konkretisiert den Auftrag des Landeselternrats in Art und Umfang. Dieser hat im Rahmen seiner Mitwirkung nicht nur das Recht, sondern auch die Pflicht, das MK zu beraten, ihm Vorschläge zu machen und Anregungen zu geben.

In **Satz 4** wird in elf Nummern aufgeführt, in welchen Angelegenheiten der Landeselternrat insbesondere beratend mitwirkt. Das Wort »insbesondere« macht deutlich, dass es sich bei dem Mitwirkungskatalog nicht um eine abschließende Aufzählung von Beratungsgegenständen, sondern um typische, die Interessen von Erziehungsberechtigten besonders berührende Angelegenheiten handelt. Ersichtlich ist durch die Wortwahl (»allgemein«, »grundsätzlich«) aber auch, dass es hier nicht um einzelfallbezogene Themen geht. Wie sich aus Absatz 4 Satz 1 ergibt, haben die Nummern 1, 3, 4, 5, 7, 8, 10 und 11 einen anderen Status bei der Beteiligung als die Nummern 2, 6 und 9 (sowie die in der beispielhaften Aufzählung nicht aufgeführten, gleichwohl aber ebenso bedeutsamen Themen). Bei den Beratungsgegenständen der Nummern 2, 6 und 9 sind dem MK bezüglich gewünschter Änderungen weitgehend die Hände gebunden, weil z.B. durch Verhandlungsergebnisse, KMK-Beschlüsse oder gesetzliche Vorgaben, Vereinbarungen (u.a. bundesweite Ferienplanung, zentrale Abschlussprüfungen, Erasmus-Programme der EU) und Setzungen (z.B. baurechtliche und hygienerechtliche Vorschriften) zwingend einzuhalten sind.

Zu den Beratungsgegenständen im Einzelnen:

Nr. 1: Erlass allgemeiner Bestimmungen über Bildungsziele und Bildungswege der Schulen und die Struktur des Schulsystems

Bildungsziele sind Unterrichts- und Erziehungsziele (vgl. Anm. 1 zu § 2 Abs. 1); vor Erlass von Lehrplänen und Rahmenrichtlinien hat daher eine Beteiligung zu erfolgen (vgl. Anm. 4 zu § 122 Abs. 2). Unter den Bildungswegen der Schulen sind deren Struktur und Organisation zu verstehen. Die Struktur des Schulsystems umfasst nur die grundsätzlichen Fragen zum Aufbau und zur Gliederung des Schulwesens, zur Festlegung der Schulformen sowie deren Abgrenzung und Beziehung zueinander. Diese Fragen sind im Ersten Teil des NSchG und hier speziell in den §§ 5 bis

21 geregelt (OVG Lüneburg, Beschl. v. 13.02.2012 – 2 MN 244/11 – u. v. 22.02.2010 – 2 ME 311/09).

Nr. 2: Erlass von Empfehlungen nach § 108 Abs. 3

Auf die Anmerkung 4 zu § 108 Abs. 3 wird verwiesen.

Nr. 3: Erlass allgemeiner Regelungen nach den §§ 60 und 61

§ 60 enthält Verordnungsermächtigungen zu maßgeblichen Regelungen des Bildungsweges, § 61 regelt die Erziehungsmittel und Ordnungsmaßnahmen.

Nr. 4: Grundsätzliche Fragen der Schülervertretung und Schülerpresse

Auf die §§ 72 bis 85, auf die Bestimmungen im Zwölften Teil sowie auf die Kommentierung zu diesen Vorschriften wird verwiesen, bezüglich der Schülerpresse vgl. § 87.

Nr. 5: Maßnahmen zur Behebung oder Linderung von Notständen im Erziehungs- und Bildungswesen

Nach dem Beschluss des OVG Lüneburg vom 22.02.2010 – 2 ME 311/09 – setzt der Begriff der Notstände i. S. der Nr. 5 eine Beeinträchtigung eines Teils des Erziehungs- und Bildungswesens von gravierendem Gewicht in qualitativer oder quantitativer Hinsicht voraus; bloße Beeinträchtigungen reichen nicht aus.

Nr. 6: Grundsätzliche Fragen des Schüleraustausches mit ausländischen Schulen

Maßnahmen des Schüleraustauschs sind gegenseitige länderübergreifende Besuche von Klassen, Schülergruppen oder einzelnen Schülerinnen und Schülern. Fragen können z.B. bezüglich der Förderbedingungen, der Teilnehmerauswahl, der strategischen Partnerschaften mit außerschulischen Akteuren sowie der Evaluation zu erörtern sein.

Nr. 7: Erlass von Rahmenvorschriften für Schulordnungen

Schulordnungen enthalten allgemeine Regelungen für das Verhalten in der Schule (vgl. § 36 Abs. 5 Satz 2 Nr. 3). Rahmenvorschriften sind Bestimmungen, die nur Grundzüge einer rechtlichen Regelung enthalten und im Übrigen eine Gestaltung von substantiellen Gewicht belassen.

Nr. 8: Erlass allgemeiner Bestimmungen über Lernmittel

Auf § 29 und die Kommentierung zu dieser Vorschrift wird verwiesen.

Nr. 9: Grundsätzliche Fragen der Einteilung des Schuljahres sowie der Ferienordnung

Auf § 28 und die Kommentierung zu dieser Vorschrift wird verwiesen.

Nr. 10: Grundsätzliche Fragen der Elternvertretung

Auf die §§ 88 bis 100, auf die Bestimmungen im Zwölften Teil sowie auf die Kommentierung zu diesen Vorschriften wird verwiesen.

Nr. 11: Regelung der wöchentlichen Unterrichtstage

Regelungen hierzu sind im Erlass zur »Unterrichtsorganisation« getroffen. Nach **Satz 5** betrifft die Mitwirkung auch entsprechende Gesetz- und Verordnungsentwürfe des MK. Dieses Recht, das MK auch hierzu zu beraten, ihm Vorschläge zu machen und Anregungen zu geben, entstammt dem ÄndG 80. Der Gesetzgeber stellt auf Gesetzesentwürfe des MK ab, es kann sich folglich nur um Entwürfe handeln, die die Landesregierung in den Landtag einzubringen beabsichtigt. Auch als Verordnungsgeber wird das MK genannt. Gemeint sein können nur sog. Ministerverordnungen des MK sowie Verordnungen der Landesregierung nach dem NSchG, für die das MK die Federführung hat. Verordnungsentwürfe anderer Ressorts sind hiervon nicht erfasst.

Eine vom MK nicht durchgeführte Beteiligung des Landeselternrats macht gleichwohl getroffene Regelungen, Empfehlungen und Entscheidungen nicht per se fehlerhaft oder gar unwirksam, da sich die Beteiligung auf ein Anhörungs- und Beratungsrecht beschränkt. Das Gremium kann allerdings im Rahmen einer Feststellungsklage verwaltungsgerichtlich eine Verletzung seiner schulgesetzlichen Rechte feststellen lassen. Eine solche Feststellungsklage kann der Landeselternrat auch betreiben, wenn zwischen MK und ihm streitig ist, ob in einer bestimmten Angelegenheit der Tatbestand der Beteiligung erfüllt ist. Das Gremium ist nach § 61 Nr. 2 VwGO fähig, an einem Verfahren beteiligt zu sein, weil ihm als Vereinigung ein Recht zustehen kann.

Zu Abs. 4: Für acht der elf Beratungsgegenstände aus Absatz 3 Satz 4 sieht Absatz 4 ein besonderes Verfahren vor, nach **Satz 1** handelt es sich um die Nrn. 1, 3, 4, 5, 7, 8, 10 und 11. Bei diesen Beratungsgegenständen hat der Landeselternrat ein suspensives (aufschiebendes) Vetorecht. Lehnt der Landeselternrat den Erlass einer allgemeinen Regelung nach einer dieser Nummern innerhalb der in § 173 Abs. 4 Satz 1 bestimmten Sechswochenfrist mit schriftlicher Begründung ab, so ist die beabsichtigte Regelung innerhalb von vier Wochen nach Eingang der begründeten Ablehnungsmitteilung beim MK zwischen diesem und dem Landeselternrat erneut zu erörtern.

Nach § 173 Abs. 4 Satz 1 ist dem Landeselternrat Gelegenheit zu geben, zu den Vorlagen des MK innerhalb einer Frist von sechs Wochen abschließend Stellung zu nehmen. Es handelt sich um eine sog. Ausschlussfrist, nach deren Ablauf eingehende Voten oder nachgereichte Begründungen muss das MK nicht berücksichtigen.

Die Sechswochenfrist gibt MK und Landeselternrat im gemeinsamen und wohlverstandenen Interesse an guter Schule die Möglichkeit, den Beratungsgegenstand ggf. mehrfach mit dem Ziel einer Verständigung zu erörtern. Das MK hat dabei auch die Gelegenheit, Änderungs- und Ergänzungsvorschläge des Landeselternrats oder anderer Beteiligter in den zur Abstimmung anstehenden Entwurf der allgemeinen Regelung bereits zu übernehmen.

Das Gesetz fordert im Falle der Ablehnung des Erlasses einer allgemeinen Regelung durch den Landeselternrat eine schriftlich begründete Mitteilung an das MK. Bei einem ablehnenden Votum des Gremiums müssen innerhalb der Frist zwingend auch die tragenden Gründe dargelegt werden. Die schlichte Mitteilung, dass das Gremium den Erlass der Regelung ablehnt, reicht nicht aus. Ebenso wird eine Begründung ohne Wirkung bleiben müssen, wenn sie den Rahmen der Mitwirkungsrechte des Landeselternrats nicht einhält.

Nach Eingang der (schriftlich begründeten) Ablehnung beim MK hat innerhalb von vier Wochen eine erneute Erörterung zwischen dem Ministerium und dem Landeselternrat zu erfolgen. Kommt eine Einigung dabei nicht zustande und lehnt das Gremium in der Sitzung, in der die Vorlage erörtert wird, mit den Stimmen von mehr als zwei Dritteln seiner maximal (36+4+4=) 44 Mitglieder den Regelungsentwurf erneut ab, so hat das MK vor Erlass der beabsichtigten Regelung die Landesregierung über den Nichteinigungsfall zu unterrichten. Der Landeselternrat hat also auch bei qualifizierten Mehrheiten nicht die Möglichkeit, Regelungen des MK auf Dauer zu verhindern.

Der Beschluss, der das suspensive Veto auslöst, muss »in derselben Sitzung« gefasst werden, in der die strittige Angelegenheit »erneut« mit dem MK erörtert wird. Mit dieser Bestimmung will der Gesetzgeber verhindern, dass durch (mehrfaches) Vertagen einer Erörterung und Beschlussfassung der Erlass einer abgelehnten Regelung über einen längeren Zeitraum verzögert wird.

Der Beschluss muss mit den Stimmen von mehr als zwei Dritteln der »gesetzlichen Mitglieder« des Landeselternrats gefasst werden, also mit einer qualifizierten Mehrheit. Der Gesetzgeber stellt nicht auf die in der Sitzung zufällig anwesenden und abstimmenden oder tatsächlichen Mitglieder ab, sondern auf die Anzahl der gesetzlichen Mitglieder, d. h., die Zahl, die sich aus dem Gesetz (§ 169 Abs. 1 i.V.m. Abs. 2 Satz 4) ergibt; Vakanzen mindern die Zahl der gesetzlichen Mitglieder nicht.

Die Unterrichtung des Kabinetts über ein Veto des Landeselternrats hat nur dann zu erfolgen, wenn das MK beabsichtigt, die Regelung gleichwohl auf den Weg zu bringen.

Nach Unterrichtung der Landesregierung ist das MK frei in seiner Entscheidung über das weitere Vorgehen. Theoretisch denkbar ist allerdings, dass die Ministerpräsidentin oder der Ministerpräsident in bestimmten Fällen von ihrer oder seiner Richtlinienkompetenz (Art. 37 Abs. 1 NV) Gebrauch macht oder dass die Landesregierung bei einem von ihr zu beschließenden Verordnungs- oder Gesetzentwurf (Art. 37 Abs. 2 Nr. 1 NV) in der strittigen Frage letztlich anders entscheidet. Ferner bleibt die Möglichkeit, mit einer neuen oder deutlich veränderten Vorlage erneut ein Mitwirkungsverfahren einzuleiten.

6 **Zu Abs. 5:** Die Pflicht des MK, den Landeselternrat zu unterrichten und ihm Auskünfte zu erteilen, erstreckt sich auf wichtige allgemeine Angelegenheiten des Schullebens, also auch auf solche, in denen Belange der

Erziehungsberechtigten nicht berührt werden. Gegenüber Absatz 3, in dem von »allen« wichtigen allgemeinen Fragen des Schulwesens die Rede ist, ist die Unterrichtungspflicht gleichwohl etwas schmaler angelegt. Die Einschätzung, ob eine Angelegenheit »wichtig« ist, liegt beim MK. Dabei wird es zu bedenken haben, ob der Landeselternrat an bestimmten Themen vorab ein besonderes Interesse bekundet hat. Die Unterrichtung durch das Ministerium kann sowohl mündlich, z.b. in einer Plenarsitzung oder in einem Gespräch mit dem Vorstand, als auch schriftlich erfolgen. Sie sollte vom Ministerium rechtzeitig und umfassend vorgenommen werden.

Entsprechendes gilt für die Auskunftserteilung. Hier ist zu beachten, dass die begehrten Auskünfte für die Aufgabenwahrnehmung des Landeselternrats erforderlich sein müssen, sie müssen also in dessen Handlungsrahmen (vgl. insbes. Absatz 3) liegen. Ein »Selbsteintrittsrecht« für die sog. Stufenvertretungen zu handeln, d. h. z.B. für Klassenelternschaften, Schulelternräte, Stadt- oder Kreiselternräte, besteht nicht. Ein Akteneinsichtsrecht ist durch den Anspruch auf Auskunftserteilung nicht eingeräumt.

Zu Abs. 6: Die Verpflichtung des Landeselternrats, jährlich ein- oder zweimal mit den Vorsitzenden der Elternräte auf Kreisebene zusammenzukommen, ist durch das ÄndG 93 in das NSchG aufgenommen worden. Solche Treffen sollen der Information über die Arbeit des Landeselternrats und der Verbesserung seiner Arbeit durch die Entgegennahme von Vorschlägen und Anregungen seiner Basis dienen.

Verweise, Literatur:

- Verordnung über die Wahl der Elternvertretungen in Schulen, Gemeinden und Landkreisen sowie über die Wahl des Landeselternrats (Elternwahlordnung) vom 04.06.1997 (Nds. GVBl. S. 169; SVBl. S. 239; Schulrecht 331/11), geändert durch VO vom 04.03.2005 (Nds. GVBl. S. 78; SVBl. S. 192)

(Karl-Heinz Ulrich)

§ 170 Landesschülerrat

(1) Im Landesschülerrat werden die Schülerinnen und Schüler

1. der öffentlichen

   a) Hauptschulen,

   b) Realschulen,

   c) Oberschulen,

   d) Gymnasien,

   e) Gesamtschulen,

   f) Förderschulen

   durch je vier Mitglieder,

2. der öffentlichen berufsbildenden Schulen durch acht Mitglieder,
3. der Schulen in freier Trägerschaft, an denen die Schulpflicht erfüllt werden kann, durch vier Mitglieder

vertreten.

(2) Für die Wahl gilt § 169 Abs. 2 entsprechend.

(3) ¹Der Landesschülerrat wirkt in allen wichtigen allgemeinen Fragen des Schulwesens mit, soweit die Belange der Schülerinnen und Schüler berührt werden. ²Im Übrigen gilt § 169 Abs. 3 bis 5 entsprechend.

(4) Der Landesschülerrat berichtet ein- oder zweimal im Jahr in einer Versammlung mit den Sprecherinnen und Sprechern der Kreisschülerräte und der Schülerräte der kreisfreien Städte über seine Tätigkeit und nimmt Vorschläge und Anregungen entgegen.

1 Allg.: Die Vorschrift regelt die Zusammensetzung des Landesschülerrats, die Grundzüge der Wahl seiner Mitglieder, seine Mitwirkungs- und Beratungsrechte bzw. -pflichten, das Verfahren der Zusammenarbeit und in Konfliktfällen mit dem MK sowie die Verpflichtung für das Gremium, den Austausch mit seiner Basis zu pflegen.

2 Zu Abs. 1: Der Absatz legt die Zusammensetzung des Landesschülerrats nach Schulformen und Trägerschaft fest. In dem (mindestens) 36 Mitglieder umfassenden Gremium sind nach dem Wortlaut der Regelung die Schulformen Grundschule, Abendgymnasium und Kolleg nicht vertreten. Nach § 73 werden erst ab dem 5. Schuljahrgang Schülervertretungen gewählt, daher gibt es für die Schulform Grundschule keine Stufenvertretung und keine Mandate im Landesschülerrat. Die Nichterwähnung der Schulformen Abendgymnasium und Kolleg beruht vermutlich auf einem sog. gesetzgeberischen Versehen, zumal sie in § 13 als eigenständige Schulformen neben dem Gymnasium (§ 11) ausgewiesen sind. Nach den Vorschriften über die Schülervertretung in den §§ 72 ff. haben auch die Abendgymnasien und die Kollegs Schülervertretungen in den Schulen, ferner können sie nach § 82 auch in den Gemeinde- und Kreisschülerräten über ihren Schülerrat vertreten sein. Im Wege der Lückenausfüllung nehmen die Schülerinnen und Schüler dieser Schulformen an der Wahl der Gruppenvertreter für die Gymnasien teil.

Zur Mitgliedschaft ausländischer Schülervertreterinnen und Schülervertreter wird auf Absatz 2 verwiesen (Anm. 3).

3 Zu Abs. 2: Einzelheiten der Wahl der Mitglieder des Landesschülerrats regelt die Schülerwahlordnung (Anm. 6). Wie in den Gemeinde- und Kreisschülerräten ist durch das ÄndG 93 auch für den Landesschülerrat die Möglichkeit geschaffen worden, dass die Belange der ausländischen Schülerinnen und Schüler durch zusätzliche ausländische Mitglieder – je ein Mitglied aus den vier bis zum 31. Dezember 2004 bestehenden Regierungsbezirken – wahrgenommen werden. Diese zusätzlichen Mitglieder haben dieselben Rechte und Pflichten wie die Mitglieder nach Absatz 1. Das Gremium hat folglich insgesamt 40 gesetzliche Mitglieder.

Zu Abs. 3: Der Landesschülerrat hat ein Mitwirkungsrecht in allen wichtigen allgemeinen Fragen des Schulwesens, sofern Belange der Schülerinnen und Schüler berührt sind. Die Ausführungen zu § 169 Absätze 3 bis 5 gelten entsprechend auch für die Vertretung der Schülerinnen und Schüler. Der Landesschülerrat hat demnach ebenfalls in bestimmten Angelegenheiten ein suspensives Vetorecht. 4

Zu Abs. 4: Die Ausführungen zu § 169 Abs. 6 gelten entsprechend für den Landesschülerrat. 5

Verweise, Literatur: 6

- Verordnung über die Wahl der Schülervertretungen in Schulen, Gemeinden und Landkreisen sowie über die Wahl des Landesschülerrats (Schülerwahlordnung) vom 04.08.1998 (Nds. GVBl. S. 606; SVBl. S. 254; Schulrecht 332/11), geändert durch VO vom 04.03.2005 (Nds. GVBl. S. 78)

(Karl-Heinz Ulrich)

§ 171 Landesschulbeirat

(1) Der Landesschulbeirat besteht aus

1. sechs Lehrkräften, die auf Vorschlag der Verbände vom Kultusministerium berufen werden,

2. sechs Erziehungsberechtigten, die vom Landeselternrat gewählt werden,

3. sechs Schülerinnen oder Schülern, die vom Landesschülerrat gewählt werden,

4. a) je einer Vertreterin oder einem Vertreter der Schulen in freier Trägerschaft, der Hochschulen und eines Dachverbandes der Erwachsenenbildung,

   b) drei Vertreterinnen oder Vertretern der kommunalen Schulträger,

   c) je drei Vertreterinnen oder Vertretern der Arbeitgeberverbände und der Arbeitnehmerverbände,

   d) zwei Vertreterinnen oder Vertretern der Kirchen,

   e) einer Vertreterin oder einem Vertreter des Humanistischen Verbandes Niedersachsen,

   f) einer gemeinsamen Vertreterin oder einem gemeinsamen Vertreter des Landesverbandes der Jüdischen Gemeinden von Niedersachsen und des Landesverbandes der Israelitischen Kultusgemeinden von Niedersachen,

   g) einer Vertreterin oder einem Vertreter der islamischen Landesverbände,

   h) einer Vertreterin oder einem Vertreter der Alevitischen Gemeinde Deutschland,

   i) zwei Vertreterinnen oder Vertretern kommunaler Ausländerbeiräte, die vom Kultusministerium auf Vorschlag der entsprechenden Einrichtungen und Organisationen berufen werden.

(2) ¹Der Landesschulbeirat wirkt bei allen allgemeinen Fragen mit, die für das Schulwesen von grundsätzlicher Bedeutung sind. ²Das Kultusministerium ist verpflichtet, den Landesschulbeirat hierzu zu hören. ³Es unterrichtet ihn über die entsprechenden Vorhaben und gibt ihm die erforderlichen Auskünfte. ⁴Der Landesschulbeirat kann dem Kultusministerium Vorschläge und Anregungen unterbreiten. ⁵Er erhält Gelegenheit zur Stellungnahme zu allen das Schulwesen betreffenden Gesetz- und Verordnungsentwürfen des Kultusministeriums.

(3) Das Kultusministerium hat bei der Bildung von Fachkommissionen, die die Aufgabe haben, Entwürfe für Lehrpläne und Rahmenrichtlinien (§§ 122 und 189a) auszuarbeiten, dem Landesschulbeirat Gelegenheit zu geben, je nach der Größe der Kommission bis zu drei sachverständige Mitglieder zu benennen.

1 **Allg.:** Bei der Erfüllung seines Erziehungsauftrags ist der Staat auf die Mitwirkung aller Träger von Rechten und Pflichten auf dem Gebiet der Erziehung und Bildung angewiesen. Der zu diesem Zweck beim Kultusministerium gebildete Landesschulbeirat ist ein Beratungsgremium, in dem die am Schulwesen unmittelbar beteiligten Gruppen und die mittelbar beteiligten Einrichtungen und Verbände institutionell zusammengefasst zusammenwirken.

Der Landesschulbeirat hat gegenüber dem Kultusministerium Mitwirkungs-, Anhörungs- und Beratungsrechte; insbesondere wirkt er bei allen allgemeinen Fragen mit, die für das Schulwesen von grundsätzlicher Bedeutung sind.

Die Zusammensetzung des Beirats bringt es mit sich, dass Bildung und Erziehung ganzheitlich und gesamtgesellschaftlich gesehen werden. Das Gremium bietet die Möglichkeit, die Positionen und Interessen der anderen an Schule beteiligten und interessierten Gruppen, Einrichtungen oder Verbände kennen zu lernen und im Sinne eines gesellschaftlichen Konsenses zu bedenken. Die gemeinsamen Sitzungen in einem geschützten Raum dienen dem Austausch der Mitglieder untereinander. Dem Kultusministerium ermöglichen die regelmäßigen Sitzungen des Landesschulbeirats eine frühzeitige Information über wichtige bildungspolitische Vorhaben.

Der in der Regierungsvorlage des ÄndG 97 vorgesehenen Streichung des Landesschulbeirats aus dem NSchG ist der Landtag nicht gefolgt.

2 **Zu Abs. 1:** Die Bestimmung regelt die Zusammensetzung des Landesschulbeirats.

In den Nrn. 1 bis 3 werden mit den Lehrkräften, den Erziehungsberechtigten sowie mit den Schülerinnen und Schülern zunächst die am Schulwesen unmittelbar beteiligten Gruppen aufgeführt, die Mitglieder in den Landesschulbeirat entsenden. In Nr. 4 sind sodann die mittelbar beteiligten

Einrichtungen und Verbände genannt, die in dem Gremium von Mitgliedern vertreten sein sollen.

Die Mitglieder nach den Nrn. 2 und 3 werden vom Landeselternrat bzw. vom Landesschülerrat gewählt, die Mitglieder nach den Nrn. 1 und 4 werden vom Kultusministerium berufen.

Nach Nr. 1 gehören dem Beirat sechs Lehrkräften an, die auf Vorschlag der Verbände (Gewerkschaften und Berufsverbände) vom Kultusministerium berufen werden. Vorschlagsberechtigt sind die Gewerkschaft Erziehung und Wissenschaft Niedersachsen, der Deutsche Lehrerverband Niedersachsen und der Verband Bildung und Erziehung – Landesverband Niedersachsen –.

Nach Nr. 2 gehören dem Beirat sechs Erziehungsberechtigte an, die vom Landeselternrat gewählt werden. Die Erziehungsberechtigten müssen aus der Mitte des Landeselternrats ausgewählt werden.

Ferner gehören dem Gremium nach Nr. 3 sechs Schülerinnen oder Schüler an, die vom Landesschülerrat aus seiner Mitte gewählt werden.

Es ist im NSchG nicht vorgegeben, dass von den Gruppenvertreterinnen und Gruppenvertretern die Schulformen, Schulbereiche, Lehrämter oder die Rechtsstellung der Lehrkräfte, das Sorgerecht der Erziehungsberechtigten, Altersstruktur o. Ä. (repräsentativ) abgebildet sein müssen. Allerdings kann in besonderen Rechtsvorschriften bestimmt sein, dass darauf hinzuwirken ist, dass Frauen und Männer gleichermaßen sowie auch Menschen mit Behinderungen angemessen im Gremium vertreten sind.

Im Landesschulbeirat sollen nach Nr. 4 Buchst. a ferner die Schulen in freier Trägerschaft, die Hochschulen und die Einrichtungen der Erwachsenenbildung vertreten sein. Für die Schulen in freier Trägerschaft (vgl. Elfter Teil des NSchG), kann eine Person auf Vorschlag der Arbeitsgemeinschaft Freier Schulen Niedersachsen e.V. im Einvernehmen mit dem Verband Deutscher Privatschulen Niedersachsen-Bremen e.V. für das Gremium vorgeschlagen werden. Die Landeshochschulkonferenz Niedersachsen, Zusammenschluss und Interessenvertretung von rund 20 niedersächsischen Hochschulen, kann einen Vorschlag für die Hochschulen unterbreiten. Der Niedersächsische Bund für freie Erwachsenenbildung e.V. kann als Dachverband freier und öffentlicher Träger einen Berufungsvorschlag für eine Vertreterin oder einen Vertreter der Erwachsenenbildung machen.

Die drei Vertreterinnen oder Vertreter der kommunalen Schulträger nach Nr. 4 Buchst. b werden auf Vorschlag der Arbeitsgemeinschaft der kommunalen Spitzenbände Niedersachsens berufen. In dieser Arbeitsgemeinschaft haben sich Niedersächsischer Landkreistag e.V., Niedersächsischer Städte- und Gemeindebund e.V. und Niedersächsischer Städtetag e.V. zur Wahrnehmung gemeinsamer Anliegen und Belange zusammengeschlossen.

Auf Vorschlag der Unternehmerverbände Niedersachsen e.V., einer Dachorganisation für über 60 Arbeitgeber- und Wirtschaftsverbände aus den Bereichen Industrie, Handel, Dienstleistungen, Handwerk sowie Landwirtschaft, werden drei Vertreterinnen oder Vertretern der Organisationen der Arbeitgeberverbände berufen. Als Spitzenorganisation vertreten die Unternehmerverbände die wirtschafts- und sozialpolitischen Interessen der niedersächsischen Wirtschaft gegenüber dem Ministerium. Auf Vorschlag des Deutschen Gewerkschaftsbundes, dem größten Dachverband von Einzelgewerkschaften, und des Niedersächsischen Beamtenbundes und Tarifunion, einer gewerkschaftlichen Spitzenorganisation für den öffentlichen Dienst in Niedersachsen, werden drei Vertreterinnen oder Vertreter der Organisationen der Arbeitnehmerverbände berufen (Nr. 4 Buchst. c).

Unter den in Nr. 4 Buchst. d genannten Kirchen, die zwei Vertreterinnen oder Vertreter vorschlagen können, versteht man die traditionellen christlichen Religionsgemeinschaften, d. h. die evangelische Kirche und die römisch-katholische Kirche. Die Vertreterinnen oder Vertreter werden von der Konföderation evangelischer Kirchen in Niedersachsen, einem Zusammenschluss von fünf evangelischen niedersächsischen Landeskirchen, sowie vom Katholischen Büro Niedersachsen, der Kontaktstelle der drei niedersächsischen Diözesen, vorgeschlagen.

Der unter Nr. 4 Buchst. e aufgeführte Humanistische Verband Niedersachsen (bis 2007 Freie Humanisten Niedersachsen) ist der niedersächsische Landesverband des Humanistischen Verbandes Deutschlands. Es handelt sich um eine Körperschaft des öffentlichen Rechts, in der die Funktionen einer humanistischen Weltanschauungsgemeinschaft und einer Interessenvertretung kirchenfreier Menschen eng miteinander verknüpft sind. Der Humanistische Verband Niedersachsen kann eine Vertreterin oder einen Vertreter vorschlagen.

Mit dem ÄndG 15 wurde der Beirat um die nach Nr. 4 in den Buchstaben f, g und h aufgeführten Entsendungsberechtigten erweitert; die erstmalige Berufung der Vertreterinnen und Vertreter erfolgte nach der korrespondierenden Übergangsregelung in § 184 im ersten Kalendervierteljahr 2018.

In der Begründung zum Gesetzentwurf der Landesregierung (Drs. 17/2882) wird dazu ausgeführt, dass aufgrund der steigenden Anzahl der Schülerinnen und Schüler aber auch der Lehrkräfte islamischen Glaubens sowie auch durch die Einführung von islamischem Religionsunterricht als ordentliches Unterrichtsfach die Verbände, die bisher Ansprechpartner für das Land in Fragen des islamischen Lebens in Niedersachsen sind, auch im Landesschulbeirat vertreten sein sollen. Im selben Maß gilt dies entsprechend für die jüdischen Verbände in Niedersachsen wie auch für die Alevitische Gemeinde.

Die gemeinsame Vertreterin oder der gemeinsame Vertreter der islamischen Verbände (Nr. 4 Buchst. g) soll auf Vorschlag der Verbände Schura Niedersachsen – Landesverband der Muslime in Niedersachsen – und DITIB – Landesverband der Islamischen Religionsgemeinschaften in Niedersachsen und Bremen e.V. – berufen werden.

Die Berufung eines weiteren gemeinsamen Mitglieds soll auf Vorschlag des Landesverbandes der Jüdischen Gemeinden von Niedersachsen und des Landesverbandes Israelitischer Kultusgemeinden von Niedersachsen (Nr. 4 Buchst. f) erfolgen. Beide Verbände sind Körperschaften des öffentlichen Rechts und Ansprechpartner der Landesregierung und der Landesinstitutionen für Fragen der jüdischen Religionsausübung.

Schließlich soll noch ein Mitglied von der Alevitischen Gemeinde Deutschland e.V. (Nr. 4 Buchst. h) vorgeschlagen und vom Kultusministerium in den Beirat berufen werden. Verkürzt ausgedrückt ist das Alevitentum eine eigenständige Religion mit besonderen Bezügen zum Islam, d.h. eine Art islamische »Konfession«. Die Aleviten werden üblicherweise zu den Muslimen gerechnet, sie selbst sind allerdings uneins darüber, ob das angemessen ist oder nicht. Der Gesetzgeber hat auch deshalb einer getrennten Entsendungsberechtigung in den Buchstaben g und h den Vorzug gegeben.

Von den kommunalen Ausländerbeiräten können nach Nr. 4 Buchst. i zwei Vertreterinnen oder Vertreter vorgeschlagen werden. Kommunale Ausländerbeiräte artikulieren in ihren jeweiligen Kommunen die Interessen der zugewanderten Bevölkerung. Aus der Arbeitsgemeinschaft Kommunaler Ausländerbeiräte Niedersachsen ist im Jahr 2001 der Niedersächsische Integrationsrat hervorgegangen, der als Vertretungsorgan auf Landesebene Vorschläge unterbreiten kann.

Der Landesschulbeirat hat danach insgesamt 38 Mitglieder.

Ohne Vorschläge der in der Nr. 4 aufgeführten Einrichtungen und Organisationen kann das Kultusministerium Berufungen nicht vornehmen. An unterbreitete Vorschläge ist das Ministerium grundsätzlich gebunden, anders als bei § 110 Abs. 4 Satz 2 fehlt es hier an der ausdrücklichen Vorgabe, dass die Vorschläge bindend sind. Werden mehr Vorschläge eingereicht als jeweils Mitglieder zu berufen sind, kann das Ministerium unter den Vorgeschlagenen auswählen, in der Praxis versucht das Ministerium in derartigen Situationen allerdings zunächst zu vermitteln.

Erforderlichenfalls kann das Kultusministerium prüfen, ob die allgemeinen Voraussetzungen für eine Berufung zu der ehrenamtlichen Tätigkeit vorliegen. Denkbar wäre, dass bedeutsame Vorstrafen, schwerwiegende Strafverfahren, laufende Disziplinarverfahren, die Zugehörigkeit zu verbotenen Organisationen o.Ä. einer Berufung entgegenstehen.

Zu Abs. 2: Absatz 2 legt die wesentlichen Aufgaben des Landesschulbeirats fest. Der Beirat hat danach ein allgemeines Mitwirkungsrecht. Er wirkt beratend bei allen allgemeinen Fragen mit, die für das Schulwesen von grundsätzlicher Bedeutung sind. Mit der Beschränkung, dass nur allgemeine Fragen beraten werden sollen, wird einem Austausch über einzelfallbezogene Probleme entgegengetreten. Ob und inwieweit eine Frage von grundsätzlicher Bedeutung ist, ist bezogen auf das Schulwesen zu beantworten. Eine beispielhafte Aufzählung, wie sie in § 169 Abs. 3 Satz 4 Nrn. 1 bis 11 als Orientierungshilfe enthalten ist, fehlt, so dass Interpretationsmöglichkeiten eröffnet sind. Der Gesetzgeber hat dem

Kultusministerium eine sog. Entscheidungsprärogative, also einen gewissen Beurteilungsspielraum darüber zugebilligt, ob einer Angelegenheit grundsätzliche Bedeutung zukommt. Zur näheren Bestimmung können Satz 5 und Abs. 3 als Rahmen herangezogen werden.

Damit der Landesschulbeirat seine Rechte uneingeschränkt wahrnehmen kann, ist das Kultusministerium verpflichtet, ihn über entsprechende Vorhaben zu unterrichten und ihm die erforderlichen Auskünfte zu erteilen.

Der Landesschulbeirat kann dem Kultusministerium nach Satz 4 Vorschläge und Anregungen unterbreiten. Das Gremium hat auch die Möglichkeit zur Eigeninitiative, die es durch Einholen von Auskünften, Vorschlägen usw. vorbereiten und ausüben kann.

An Stellungnahmen des Gremiums ist das Ministerium nicht gebunden, es muss die unterbreiteten Vorschläge und Anregungen vor weiteren Schritten allerdings in Erwägung ziehen. Anders als beim Landeselternrat und beim Landesschülerrat besteht kein suspensives Vetorecht, auch sonstige besondere Regelungen für Konfliktfälle sind nicht vorgesehen.

Nach Satz 5 ist dem Beirat Gelegenheit zur Stellungnahme zu allen das Schulwesen betreffenden Gesetz- und Verordnungsentwürfen des Kultusministeriums zu geben. Die Bestimmung geht davon aus, dass Gesetzentwürfe im Regelfall von der Landesregierung in den Landtag eingebracht werden und dass Entwürfe von Rechtsverordnungen regelmäßig von der Landesregierung (sog. Kabinettsverordnungen) oder vom Kultusministerium (sog. Ministerverordnungen) erstellt werden. Seit einigen Jahren ist jedoch zunehmend festzustellen, dass Gesetzentwürfe zur Änderung des NSchG aus der »Mitte des Landtags« eingebracht werden und auch schulrechtliche Verordnungen im Rahmen von sog. Artikelgesetzen verändert werden. Diese Vorlagen erfüllen nicht den Tatbestand des Satzes 5, weil sie nicht »vom Kultusministerium erstellt« werden. Allerdings erfolgt zu diesen Gesetz- und Verordnungsentwürfen regelmäßig eine öffentliche Erörterung im federführenden Ausschuss des Landtags, bei der die verschiedenen Interessenverbände Gelegenheit zur mündlichen und schriftlichen Stellungnahme bekommen.

4 Zu Abs. 3: Bei der Bildung von Fachkommissionen für die Ausarbeitung von Lehrplänen und Rahmenrichtlinien (vgl. § 122) erhält der Landesschulbeirat vorab Gelegenheit, je nach Größe der jeweiligen Kommission bis zu drei sachverständige Mitglieder für die Mitwirkung zu benennen. Diese sachkundigen Mitglieder müssen nicht, können aber aus der Mitte des Beirats stammen. Theoretisch denkbar ist, dass das Kultusministerium Vorschläge mit der Begründung zurückweist, dass die Benannten nicht über den geforderten Sachverstand verfügen. Die Berufung der Mitglieder in die Kommissionen erfolgt durch das NLQ.

Von den Rahmenrichtlinien sind die Rahmenlehrpläne für den berufsfeld- und berufsbezogenen Unterricht der berufsbildenden Schulen zu unterscheiden. Auf solche Rahmenlehrpläne, die auf Bund-Länder-Ebene erarbeitet und mit den Ausbildungsordnungen abgestimmt werden, findet Abs. 3 keine Anwendung.

Verweise Literatur: 5
- Verordnung über die Berufung und die Wahl der Mitglieder des Landesschulbeirats vom 22.12.1999 (Nds. GVBl. S. 441; SVBl. 2000 S. 91), geändert durch VO vom 19.6.2017 (Nds. GVBl. S. 229; SVBl. S. 498)
- Verordnung über die Erstattung der Auslagen der Mitglieder des Landeselternrats, des Landesschülerrats und des Landesschulbeirats sowie die Gewährung von Sitzungsgeldern vom 25.4.2005 (Nds. GVBl. S. 129)
- Geschäftsordnung des Landesschulbeirats beim Niedersächsischen Kultusministerium

(Karl-Heinz Ulrich)

Zweiter Abschnitt
Verfahrensvorschriften

§ 172 Amtsdauer

(1) ¹Die Amtszeit des Landesschülerrats beträgt zwei Jahre, die Amtszeit des Landeselternrats beträgt drei Jahre. ²Die Mitglieder führen nach Ablauf ihrer Amtszeit das Amt bis zum Beginn der Amtszeit ihrer Nachfolgerinnen oder Nachfolger, längstens für einen Zeitraum von drei Monaten, fort. ³Dem Landesschulbeirat gehören die Mitglieder nach § 171 Abs. 1 Nrn. 1, 2 und 4 für die Dauer von drei Jahren, die Mitglieder nach § 171 Abs. 1 Nr. 3 für die Dauer von zwei Jahren an.

(2) Die Mitgliedschaft in den Vertretungen oder im Landesschulbeirat endet, wenn

1. ein Mitglied nicht mehr Lehrkraft oder Schülerin oder Schüler an einer Schule in Niedersachsen ist,
2. ein von Erziehungsberechtigten oder vom Landeselternrat gewähltes Mitglied kein Kind mehr hat, das eine Schule in Niedersachsen besucht,
3. ein Mitglied von seinem Amt zurücktritt.

Allg.: Die Vorschrift legt in Absatz 1 die Amtszeit von Landeselternrat und 1 Landesschülerrat fest und bestimmt ferner die Dauer der Zugehörigkeit der Mitglieder zum Landesschulbeirat. In Absatz 2 werden die Gründe für eine vorzeitige Beendigung der Mitgliedschaft aufgeführt; sie stellen auf den Eintritt eines bestimmten Ereignisses ab.

Zu Abs. 1: Satz 1 legt die Amtszeit des Landesschülerrats auf zwei Jahre 2 fest, die Amtszeit des Landeselternrats läuft ein Jahr länger und beträgt somit drei Jahre. Die Formulierung der Vorschrift macht deutlich, dass sich die Amtszeit für den Landesschülerrat und den Landeselternrat auf

die Gremien als Einheit und nicht auf das einzelne Mitglied bezieht (vgl. Begründung der LReg in der Drs. 13/3060).
Nach Ablauf der Amtszeit sind die Ämter in diesen Gremien neu- oder ggf. wiederzubesetzen. Bei Nachwahlen während der laufenden Amtszeit wird nur für den verbleibenden Rest der Amtszeit nachbesetzt (vgl. Begründung der LReg in der Drs. 13/3060). Die Begrenzung der Ausübungsdauer der Ämter ist Ausdruck des Demokratieprinzips.

Die Amtszeit des Landeselternrats und des Landesschülerrats beginnt mit der ersten, konstituierenden Sitzung der neugewählten Mitglieder (§ 9 Abs. 2 Satz 2 Elternwahlordnung, § 9 Abs. 2 Satz 2 Schülerwahlordnung), die Amtszeit ist folglich nicht von Schuljahren abhängig.

Nach **Satz 2** führen die Mitglieder nach Ablauf ihrer Amtszeit das Amt bis zum Beginn der Amtszeit ihrer Nachfolgerinnen oder Nachfolger, längstens für einen Zeitraum von drei Monaten, fort. Die Vorschrift soll die Handlungsfähigkeit der Gremien sicherstellen. Probleme, die sich beim Wechsel der Amtsperioden ergeben könnten, sollen vermieden werden (vgl. Begründung der LReg in der Drs. 13/3060). Die Beendigungsgründe nach Absatz 2 bleiben unberührt.

Für den Landesschulbeirat gilt nach **Satz 3**, dass ihm die vom Landesschülerrat gewählten Schülerinnen und Schüler für die Dauer von zwei Jahren, die übrigen Mitglieder für die Dauer von drei Jahren angehören. Nach der Verordnung über die Berufung und die Wahl der Mitglieder des Landesschulbeirats (siehe Anm. 2 zu § 175) beginnt die Amtszeit der vom MK zu berufenden Mitglieder mit dem Zeitpunkt ihrer Berufung, die der vom Landeselternrat und Landesschülerrat zu wählenden Mitglieder mit der Annahme der Wahl. Ersatzmitglieder rücken für die Dauer der Amtszeit des von ihnen zu ersetzenden Mitglieds ein.

3 **Zu Abs. 2:** Die Vorschrift nennt die Fälle, in denen die Mitgliedschaft in den Vertretungen oder im Landesschulbeirat vorzeitig endet:

Nach **Nr. 1** endet die Mitgliedschaft kraft Gesetzes, wenn ein Mitglied nicht mehr Lehrkraft oder Schülerin oder Schüler an einer Schule in Niedersachsen ist. Die Vorschrift ist etwas verunglückt, denn sie differenziert nicht zwischen den Gremien. Durchaus denkbar ist, dass im Landeselternrat und Landesschulbeirat Lehrkräfte und selbst Schülerinnen und Schüler (Abendgymnasium, Kolleg, BBS) als Erziehungsberechtigte ein Amt inne haben. Diese scheiden selbstverständlich nicht nach dieser Vorschrift aus ihrem Amt aus.

Lehrkräfte scheiden aus dem Landesschulbeirat aus, wenn sie nicht mehr an einer Schule in Niedersachsen tätig sind. In Frage kommen hier in erster Linie das Ausscheiden aus dem Dienst- oder Arbeitsverhältnis sowie die Abordnung (nicht hingegen Teilabordnung) oder Versetzung beispielsweise an eine Schulbehörde. Eine kurze Beurlaubung, eine Elternzeit, ein krankheitsbedingtes Fernbleiben oder ein sog. Sabbatjahr dürften hingegen unschädlich sein.

Schülerinnen und Schüler scheiden mit Beendigung des Schulverhältnisses in Niedersachsen aus dem Landesschülerrat und dem Landesschulbeirat aus. Ein Wechsel der Schulform ist demnach unschädlich, ebenso ein Wechsel von einer öffentlichen zu einer freien Schule und umgekehrt.

Nach **Nr. 2** endet die Mitgliedschaft kraft Gesetzes, wenn ein von Erziehungsberechtigten oder vom Landeselternrat gewähltes Mitglied kein Kind mehr hat, das eine Schule in Niedersachsen besucht. Mitglieder des Landeselternrates und von dieser Vertretung gewählte Mitglieder im Landesschulbeirat müssen nach dem ÄndG 93 nicht mehr ausscheiden, wenn ihre Kinder volljährig werden.

Nach **Nr. 3** endet die Mitgliedschaft, wenn ein Mitglied von seinem Amt zurücktritt. Das Ehrenamt kann also vor Ablauf der Amtszeit durch entsprechende Erklärung niedergelegt werden.

Ein Rücktritt kann jederzeit und ohne Angabe von Gründen erklärt werden. Eine Formvorschrift ist nicht einzuhalten, der Rücktritt kann also mündlich oder schriftlich zum Ausdruck gebracht werden, gleichwohl sollte die Erklärung aus Gründen der Beweissicherung – auch wegen der Erfüllung bestehender Ansprüche z.B. auf Reisekostenerstattung – möglichst schriftlich abgegeben werden.

Eine Abwahl gewählter Mitglieder ist nicht möglich. Die vom MK auf Vorschlag in den Landesschulbeirat berufenen Mitglieder können weder von den entsendenden Stellen noch vom MK abberufen werden, es sei denn, es treten nachträglich Gründe ein, die einer Berufung zwingend entgegenstünden (vgl. Anm. 2 zu § 171).

Verweise, Literatur: 4

– Verordnung über die Wahl der Elternvertretungen in Schulen, Gemeinden und Landkreisen sowie über die Wahl des Landeselternrats (Elternwahlordnung) vom 04.06.1997 (Nds. GVBl. S. 169; SVBl. S. 239; SRH 6.105; Schulrecht 331/11), geändert durch VO vom 04.03.2005 (Nds. GVBl. S. 78; SVBl. S. 192)

– Verordnung über die Wahl der Schülervertretungen in Schulen, Gemeinden und Landkreisen sowie die Wahl des Landesschülerrats (Schülerwahlordnung) vom 04.08.1998 (Nds. GVBl. S. 606; SVBl. S. 254; SRH 5.105; Schulrecht 332/11), geändert durch VO vom 04.03.2005 (Nds. GVBl. S. 78; SVBl. S. 192)

– Verordnung über die Berufung und die Wahl der Mitglieder des Landesschulbeirats vom 22.12.1999 (Nds. GVBl. S. 441; SVBl. 2000, S. 91; Schulrecht 333/101), geändert durch VO vom 19.06.2017 (Nds. GVBl. S. 229; SVBl. S. 498)

(Karl-Heinz Ulrich)

§ 173 Verfahren

(1) ¹Die Vertretungen und der Landesschulbeirat halten ihre Sitzungen nach Bedarf ab. ²Sie tagen mindestens zweimal im Jahr. ³Zu einer Sitzung ist innerhalb von vier Wochen einzuberufen, wenn ein Drittel der Mitglieder der Vertretung oder des Landesschulbeirats dies schriftlich unter Angabe der Beratungsgegenstände beantragt. ⁴Zu einer Sitzung der Vertretungen ist innerhalb der genannten Frist auch einzuberufen, wenn das Kultusministerium dies verlangt.

(2) ¹Die Mitglieder sind an Aufträge und Weisungen nicht gebunden. ²Sie können durch die für sie gewählten Ersatzmitglieder vertreten werden.

(3) Die Sitzungen sind nicht öffentlich.

(4) ¹Den Vertretungen und dem Landesschulbeirat ist Gelegenheit zu geben, zu den Vorlagen des Kultusministeriums nach § 169 Abs. 3 Satz 2 und § 171 Abs. 2 Sätze 1 und 2 innerhalb einer Frist von sechs Wochen abschließend Stellung zu nehmen. ²Die Frist beginnt mit dem dritten Tag nach der Übergabe der Vorlagen an die Post.

(5) Die Vertretungen und der Landesschulbeirat geben sich eine Geschäftsordnung.

(6) ¹Die Vertretungen bestellen einen Vorstand. ²Im Landesschulbeirat führt das Kultusministerium den Vorsitz.

(7) ¹Die Vertretungen und der Landesschulbeirat beschließen mit der Mehrheit der abgegebenen, auf ja oder nein lautenden Stimmen. ²Sie sind beschlussfähig, wenn mindestens die Hälfte der gesetzlichen Mitglieder anwesend oder durch Ersatzmitglieder vertreten ist. ³Die Verhandlungsleitung stellt zu Beginn jeder Sitzung fest, ob die Beschlussfähigkeit gegeben ist. ⁴Ist die Beschlussfähigkeit zu Beginn der Sitzung festgestellt, so gilt sie als fortbestehend, solange sie nicht von einem Mitglied bezweifelt wird. ⁵Dieses Mitglied gilt, auch wenn es sich anschließend entfernt, als anwesend.

1 **Allg.:** § 173 regelt für die drei beim Kultusministerium gebildeten Beratungs- und Mitwirkungsgremien – weitgehend einheitlich – das Verfahren ihrer Arbeit.

2 **Zu Abs. 1:** Satz 1 räumt den drei Gremien zunächst die Freiheit ein, ihre Sitzungen nach Bedarf abzuhalten, d. h., sie können z.B. situationsabhängig bzw. bei entsprechender Nachfrage terminiert werden. Satz 2 schreibt dann allerdings vor, dass sie mindestens zweimal im Jahr zu tagen haben. Dadurch wird sichergestellt, dass die Gremien nicht nur um ihrer selbst gebildet werden, sondern auch erreichbar sind und ihre gesetzlichen Aufgaben wahrnehmen. Der Bedarf für eine Sitzung wird beim Landeselternrat und beim Landesschülerrat üblicherweise durch den Vorstand festgestellt, beim Landesschulbeirat, in dem eine Vertreterin oder ein Vertreter des MK den Vorsitz führt, stellt für gewöhnlich das Ministerium den Bedarf für die Sitzungen fest. In der Praxis hält der Landesschulbeirat seine Sitzungen drei oder viermal im Jahr ab, der Landeselternrat tagt nahezu monatlich,

spart dabei allerdings die Monate aus, in denen die Sommerferien liegen; der Landesschülerrat hält seine Vollversammlungen im ersten Jahr der Amtszeit etwa acht Mal, im zweiten Jahr eher nach Bedarf ab. Zu einer Sitzung ist nach **Satz 3** innerhalb von vier Wochen einzuladen, wenn ein Drittel der Mitglieder der Vertretung oder des Landesschulbeirats dies schriftlich unter Angabe der Beratungsgegenstände beantragt. Die Vorschrift gewährt einen Schutz gegenüber dem Vorstand der Vertretungen bzw. gegenüber dem den Vorsitz führenden MK im Landesschulbeirat. Die Verpflichtung zur Einladung setzt eine bestimmte Anzahl von an der Durchführung einer Sitzung interessierten Mitgliedern, einen konkreten, zu benennenden Anlass sowie einen schriftlichen Antrag voraus. Das Gesetz sieht zwar vor, dass im Antrag (mehrere) Beratungsgegenstände anzugeben sind, allerdings wird auch ein dringlicher oder bedeutsamer Beratungsgegenstand für eine Einberufung ausreichen. Auch das MK kann eine Sitzungseinberufung innerhalb von vier Wochen verlangen (**Satz 4**), die Angabe von Beratungsgegenständen ist hier zwar nicht ausdrücklich gefordert, dürfte aber selbstverständlich sein.

Zu Abs. 2: Nach **Satz 1** sind die Mitglieder an Aufträge und Weisungen nicht **3** gebunden, d. h., die Mitglieder üben ihr Mandat weisungsfrei insbesondere von ihrer Basis, ihren Wählern und ihrer Gruppenzugehörigkeit aus. Die Mitglieder können gem. **Satz 2** durch die für sie gewählten Ersatzmitglieder vertreten werden; die Ersatzmitglieder sind personenbezogene Abwesenheitsvertreter.

Zu Abs. 3: Die Vorschrift bestimmt, dass die Sitzungen der drei Gremien **4** nichtöffentlich sind. Die Regelung ermöglicht den Mitgliedern eine offene, unabhängige und unbefangene Diskussion ohne störende Einflüsse von außen und verschafft ihnen einen Schutz vor einer Offenlegung ihrer Meinungsäußerungen und ihrer Entscheidungen. Den Gremien bleibt es gleichwohl unbenommen, z.B. Sachverständige oder Auskunftspersonen in die Sitzungen zu bitten. Tonaufzeichnungen sind zur Unterstützung der Protokollführerin oder des Protokollführers zulässig. Sie sind aber grundsätzlich nur dieser oder diesem und bei Meinungsverschiedenheiten über das Gesagte oder über den Sitzungsverlauf der oder dem Vorsitzenden zugänglich zu machen. Spätestens nachdem das Gremium das Sitzungsprotokoll bestätigt hat, sollten die Aufzeichnungen gelöscht werden. Die Weitergabe von Tonaufzeichnungen oder Kopien davon an Dritte ist unzulässig.

Aus der Nichtöffentlichkeit der Sitzung folgen gewisse Ansprüche an den Umgang mit den Inhalten der Sitzung sowie an die Verbreitung der Sitzungsniederschrift. In der Sitzung anvertraute Informationen dürfen nicht unbefugt an Dritte weitergegeben werden. Dies gilt nicht für Tatsachen, die offenkundig sind oder ihrer Bedeutung nach keiner Geheimhaltung bedürfen.

In Abhängigkeit von der Qualität der Sitzungsniederschrift, d. h. Ergebnis-, Verlaufs- oder Wortprotokoll, ist über deren Verbreitung zu befinden.

Zu Abs. 4: Die Vorschrift räumt den drei Gremien eine Erklärungsfrist von **5** sechs Wochen ein, soweit es sich um Vorlagen des MK nach § 169 Abs. 3 Satz 2 und § 171 Abs. 2 Satz 1 und 2 handelt. Die Frist beginnt am dritten Tag nach der Übergabe der Vorlagen an die Post, den Zeitpunkt der Übergabe hat das MK im Zweifelsfalle nachzuweisen.

Bei der genannten Sechs-Wochen-Frist handelt es sich um eine Ausschlussfrist. Das ergibt sich daraus, dass sich die Gremien innerhalb der Frist »abschließend« zu äußern haben.

Die Regelung enthält keinen Hinweis auf eine Unterbrechung der Frist durch die Schulferien, auch die Gemeinsame Geschäftsordnung der Landesregierung und der Ministerien in Niedersachsen (Anm. 9) sieht in § 31 keine Verlängerungsmöglichkeit vor. Das MK wird bei seinen Vorlagen auf die Lage der Schulferien nach Möglichkeit Rücksicht nehmen, allerdings hat es kontinuierlich seine Arbeit zu verrichten und muss dabei Sitzungstermine der Landesregierung sowie des Landtags und seiner Ausschüsse im Blick haben. Für die Gremien sind ausdrücklich Ersatzmitglieder vorgesehen, so dass diese durchgehend handlungsfähig sein sollten.

6 Zu Abs. 5: Die Regelung sieht vor, dass sich die Vertretungen und der Landesschulbeirat eine Geschäftsordnung geben. Die Formulierung »geben sich eine Geschäftsordnung« suggeriert eine gesetzliche Verpflichtung der drei Gremien, sich eine formelle Geschäftsordnung geben zu müssen. Eine entsprechende Beschlussfassung ist jedoch nicht erzwingbar, das Fehlen einer formellen Geschäftsordnung hat keinerlei rechtliche Wirkungen. Die Formulierung sollte eher als ein nachdrücklicher Appell verstanden werden, frühzeitig die Regeln für die künftige Zusammenarbeit aufzustellen, um einen ordnungsgemäßen Ablauf der Sitzungen zu gewährleisten. In der Praxis geben sich die Gremien im zeitlichen Zusammenhang zur jeweiligen konstituierenden Sitzung eine Geschäftsordnung.

7 Zu Abs. 6: Satz 1 bestimmt, dass sowohl Landeselternrat als auch Landesschülerrat einen Vorstand bestellen. Die Zahl der Vorstandsmitglieder im Landeselternrat und im Landesschülerrat sowie die Geschäftsverteilung innerhalb des Vorstandes werden durch die Geschäftsordnungen geregelt. Der Vorstand besteht üblicherweise aus einer oder einem Vorsitzenden, ihrer oder seiner Stellvertretung sowie ggf. Beisitzerinnen und Beisitzern o. Ä. Die oder der Vorsitzende vertritt das Gremium nach außen. Nach **Satz 2** führt im Landesschulbeirat das MK den Vorsitz. Hier wird die oder der Vorsitzende somit nicht aus der Mitte der Mitglieder gewählt, die Aufgabe fällt kraft Gesetzes einer Vertreterin oder einem Vertreter des MK zu. Üblicherweise wird der Vorsitz von der zuständigen »Gremienreferentin« oder dem zuständigen »Gremienreferenten« wahrgenommen. Sie oder er vertritt das Gremium nach außen.

8 Zu Abs. 7: In der Vorschrift hat der Gesetzgeber wesentliche Verfahrensfragen abschließend geregelt, hiervon abweichende Regelungen, z.B. in der Geschäftsordnung, sind nicht zulässig.

Satz 1 sieht vor, dass die Vertretungen und der Landesschulbeirat mit der Mehrheit der abgegebenen, auf ja oder nein lautenden Stimmen beschließen. Enthaltungen sowie ungültige Stimmen (z.B. Wille ist nicht eindeutig erkennbar, unter Vorbehalt oder mit Maßgabe) bleiben demzufolge unberücksichtigt. Üblicherweise wird offen durch eine wahrnehmbare Willensäußerung, in der Regel durch Handaufheben, ggf. durch Aufstehen abgestimmt. Für die Zustimmung zu einem Antrag oder für die Ablehnung eines Antrags ist eine einfache Mehrheit erforderlich.

Die drei Gremien sind gem. **Satz 2** beschlussfähig, wenn mindestens die Hälfte der gesetzlichen Mitglieder anwesend oder durch Ersatzmitglieder vertreten ist. Bezüglich der Anzahl der »gesetzlichen Mitglieder« wird auf Anm. 5 zu § 169, Anm. 3 zu § 170 und Anm. 2 zu § 171 verwiesen.

Die Verhandlungsleitung stellt nach **Satz 3** zu Beginn jeder Sitzung fest, ob die Beschlussfähigkeit im Sinne des Satzes 2 gegeben ist. Diese Feststellung soll die Handlungsfähigkeit dokumentieren und sie ist Voraussetzung für den Eintritt der Fiktionswirkung gemäß **Satz 4**, nach dem eine zu Beginn der Sitzung festgestellte Beschlussfähigkeit als fortbestehend gilt, solange sie nicht von einem Mitglied in Zweifel gezogen wird (sog. Vermutung der fortbestehenden Beschlussfähigkeit). Ein im Verlauf der Sitzung eintretendes Absinken der Zahl der anwesenden Mitglieder auch bis unter den für die Beschlussfähigkeit geltenden Grenzwert bleibt folglich solange unbeachtlich und folgenlos, bis ein Mitglied das Kraft Gesetzes unterstellte Vorliegen der Beschlussfähigkeit ausdrücklich anzweifelt. Selbst wenn für die in der Sitzung verbliebenen Mitglieder offenkundig ist, dass die Beschlussfähigkeit nicht mehr gegeben ist, bleibt es bei der Fiktionswirkung, bis ein Mitglied seine Zweifel hinreichend deutlich, z.B. im Rahmen eines Verfahrensantrags, erklärt. Die Vorschrift dient der Aufrechterhaltung der Arbeitsfähigkeit der Gremien sowie der Rechtssicherheit der Beschlüsse. Sie soll verhindern, dass bei jedem einzelnen Tagesordnungspunkt eine Prüfung der Beschlussfähigkeit erfolgen muss und dass Zweifel an der Gültigkeit von Beschlüssen nachträglich geltend gemacht werden. Selbstverständlich müssen bei Abstimmungen trotz Feststellung der Beschlussfähigkeit sowie der Fiktionswirkung spezielle Mehrheitserfordernisse (z.B. nach § 169 Abs. 4 Satz 2) tatsächlich erfüllt werden.

Das Mitglied, das die Beschlussfähigkeit bezweifelt, gilt, auch wenn es sich anschließend aus dem Sitzungssaal entfernt, nach der Anordnung des Gesetzes in **Satz 5** als anwesend. Die Regelung soll verhindern, dass diejenige oder derjenige, die oder der nach Artikulation ihrer oder seiner Zweifel an der Beschlussfähigkeit durch Verlassen des Raumes eine Beschlussunfähigkeit vor Überprüfung durch die Verhandlungsleitung selbst herbeiführt. Fehlt nach Feststellung der Verhandlungsleitung die Beschlussfähigkeit, so kann das Gremium keine abschließende Entscheidung treffen.

Im Beschluss vom 22.02.2010 – 2 ME 311/09 (SchVw NI, H. 5/2010, S. 151) hat das OVG Lüneburg in Ausnahmefällen auch ein schriftliches Abstimmungsverfahren im Umlauf für zulässig erachtet, allerdings müssen für ein solches Umlaufverfahren bestimmte, in dieser Entscheidung näher skizzierte Rahmenbedingungen erfüllt sein (u. a. muss ein solches Umlaufverfahren in der Geschäftsordnung für begründete Ausnahmefälle und bei Eilbedürftigkeit, z.B. in den Ferien, vorgesehen sein, ein Meinungsaustausch sollte bereits vorab in einer Sitzung stattgefunden haben).

9 Verweise, Literatur:

- Gemeinsame Geschäftsordnung der Landesregierung und der Ministerien in Niedersachsen (GGO) v. 30.03.2004 (Nds. GVBl. S. 107), zuletzt geändert durch Beschluss v. 27.10.2020 (Nds. GVBl. S. 375)

(Karl-Heinz Ulrich)

§ 174 Kosten

(1) Die Tätigkeit in den Vertretungen und im Landesschulbeirat ist ehrenamtlich.

(2) Die durch die Tätigkeit der Vertretungen und des Landesschulbeirats entstehenden notwendigen Kosten trägt im Rahmen der im Haushaltsplan zur Verfügung gestellten Mittel das Land.

1 **Allg.:** § 174 trifft für Landesschulbeirat, Landeselternrat und Landesschülerrat grundsätzliche Aussagen zur Übernahme der Kosten, die sich aus der Besorgung der jeweiligen Aufgaben ergeben. Absatz 1 legt die Tätigkeit der Mitglieder der drei Gremien als ehrenamtlich – und damit prinzipiell als unentgeltlich – fest, Absatz 2 bestimmt das Land zum Träger der anfallenden erforderlichen Kosten.

2 **Zu Abs. 1:** Die Vorschrift stellt fest, dass die Mitglieder im Landeselternrat, Landesschülerrat und Landesschulbeirat ihre Tätigkeit ehrenamtlich ausüben. Die Qualifizierung als ehrenamtliche Tätigkeit impliziert, dass die Mitglieder das Amt freiwillig, uneigennützig und insbesondere unentgeltlich ausüben. Die Ehrenamtlichkeit gilt auch für die Vorsitzende oder den Vorsitzenden des Landesschülerrats und des Landeselternrats, bezüglich dem im Rahmen eines Hauptamts im MK wahrzunehmenden Vorsitzes im Landesschulbeirat wird auf § 173 Abs. 6 Satz 2 verwiesen.

Die Ausübung eines Ehrenamtes bedeutet allerdings nicht, dass die Mitglieder allen anfallenden Aufwand selbst zu tragen haben. Die Mitglieder der Gremien haben nach der Verordnung vom 25.04.2005 (siehe Anm. 2 zu § 175) Anspruch auf Erstattung ihrer Auslagen für Reisen (Reisekosten), außerdem wird ihnen ein Sitzungsgeld gewährt. Mitgliedern des Landeselternrats und des Landesschulbeirats kann gegebenenfalls in einem begrenzten Umfang ein Verdienstausfall erstattet werden.

Elternvertreter werden von ihren Arbeitgebern für die Wahrnehmung der ehrenamtlichen Gremienarbeit freigestellt, die Ausfallzeiten sind von ihnen üblicherweise nachzuarbeiten. Schülerinnen und Schüler sollen von ihren Schulleitungen vom Unterricht befreit werden; die Schulleitungen werden diesbezüglich nach der Wahl der Mitglieder des Landesschülerrats von der Schulbehörde informiert.

Lehrkräften kann die Mitarbeit im Landesschulbeirat nicht auf die Unterrichtsverpflichtung angerechnet werden, ihnen ist aber im notwendigen Umfang Dienstbefreiung zur Teilnahme an den Sitzungen zu gewähren.

Die übrigen Mitglieder in diesem Beirat werden von ihren Dienststellen oder Arbeitgebern im Allgemeinen im Rahmen ihrer hauptamtlichen oder hauptberuflichen Tätigkeit entsandt.

Die Ausübung eines »Amtes« bedeutet für die Mitglieder auch, dass sie – soweit angezeigt – zur Verschwiegenheit verpflichtet sind, dies gilt auch über das Ende der Tätigkeit hinaus.

Zu Abs. 2: Das Land trägt die durch die Tätigkeit der Gremien entstehenden notwendigen Kosten. Dazu gehören u. a. die Kosten für Personal, Mieten, Geschäftsbetrieb, Reisekosten, auch solche, die für die Durchführung der Wahlen erforderlich sind, Sitzungsgelder und Verdienstausfall. Zu Lasten des Landes gehen auch die Kosten, die dadurch entstehen, dass die »nachgeordneten« Eltern- und Schülervertretungen über die Arbeit des Landeselternrats und des Landesschülerrats informiert werden (vgl. § 169 Abs. 6 und § 170 Abs. 4). Ausdrücklich abgelehnt hat es der Gesetzgeber anlässlich der Beratungen des ÄndG 80, die Kosten einer angemessenen Öffentlichkeitsarbeit als notwendig anzuerkennen. Gegen eine (kostenpflichtige) Internetpräsentation von Landeselternrat und Landesschülerrat dürfte in der heutigen Zeit allerdings nichts sprechen. Auch wird man den beiden Vertretungen zubilligen müssen, sich z. B. bei der Bildungsmesse Didacta in Hannover angemessen zu präsentieren.

Für die Vorbereitung und Durchführung von Demonstrationen und Volksinitiativen, die von Mitgliedern der Vertretungen initiiert oder begleitet werden, braucht das Land die Kosten nicht zu tragen (siehe auch Anm. 1 zu § 100). Ebenso gehören der Aufruf oder die Organisation eines Streiks definitiv nicht zu den schulgesetzlichen Aufgaben des Landesschülerrats oder des Landeselternrats, dafür entstehende Kosten trägt das Land nicht.

Das Land hat nur die durch die Tätigkeit der Gremien entstehenden »notwendigen« Kosten zu tragen. Es sind somit nicht alle Kosten vom Land zu übernehmen, sondern die Kosten, die durch die Gremienarbeit verursacht werden und die zudem als für die Ausführung des Gesetzesauftrags erforderlich anzusehen sind.

Allein die Tatsache, dass Haushaltsmittel ausgebracht oder verfügbar sind, rechtfertigt nicht die Annahme, dass Kosten als notwendig angesehen werden können. Als notwendig wird man beispielsweise die Anschaffung einer Kommentierung des NSchG für die Geschäftsstelle ansehen können, nicht hingegen die Anschaffung von Kommentierungen der Schulgesetze der anderen Bundesländer. Notwendig kann die Beschaffung eines Notebooks zur Ausleihe an den Vorstand sein, nicht hingegen eine Ausstattung aller Gremienmitglieder mit Tablets. Notwendig kann der Druck von Flyern für besondere Veranstaltungen sein, nicht hingegen die Beschaffung von Werbegeschenken.

Verweise, Literatur:
- Verordnung über die Erstattung der Auslagen der Mitglieder des Landeselternrats, des Landesschülerrats und des Landesschulbeirats sowie

die Gewährung von Sitzungsgeldern vom 25.04.2005 (Nds. GVBl. S. 129; SVBl. S. 321; Schulrecht 331/51).

(Karl-Heinz Ulrich)

§ 175 Verordnungsermächtigungen

Das Kultusministerium wird ermächtigt, durch Verordnung das Nähere über

1. die Wahl der Mitglieder der Vertretungen und der in § 171 Abs. 1 Nrn. 2 und 3 genannten Mitglieder des Landesschulbeirats sowie der Ersatzmitglieder,

2. die Berufung der in § 171 Abs. 1 Nrn. 1 und 4 genannten Mitglieder des Landesschulbeirats und der Ersatzmitglieder,

3. die Erstattung von Fahrt- und Übernachtungskosten, die Erziehungsberechtigten sowie Schülerinnen und Schülern durch ihre Mitwirkung an der Wahl des Landeselternrats und des Landesschülerrats (§ 169 Abs. 2, § 170 Abs. 2) entstehen,

4. die Erstattung der Auslagen der Mitglieder der Vertretungen und des Landesschulbeirats sowie die Gewährung von Sitzungsgeldern und den Ersatz von Verdienstausfall

zu bestimmen.

1 **Allg.:** Wie die Paragrafenüberschrift bereits erkennen lässt, enthält § 175 mehrere Verordnungsermächtigungen. Der Gesetzgeber hat die Exekutive ermächtigt, zur Ergänzung und zur Ausführung der Vorschriften des Zwölften Teils des NSchG Rechtsverordnungen zu erlassen. Adressat der Verordnungsermächtigungen ist das MK (sog. Ministerverordnung). Der Erlass der Verordnungen ist in das Ermessen des Ermächtigungsadressaten, d. h. hier ins Ermessen des MK, gestellt. Es besteht somit keine Verpflichtung, die Verordnungen zu erlassen.

2 **Zum einzigen Absatz:** Die Vorschrift bestimmt in vier Nummern Inhalt, Zweck und Ausmaß der Verordnungsermächtigungen. Der Verordnungsgeber kann die Ermächtigung in einer Regelung oder in mehreren Verordnungen umsetzen, wobei einer sachgerechten Aufteilung der Vorzug einzuräumen ist, um sich bei notwendigen Änderungen auf das Wesentliche beschränken zu können.

Von den Verordnungsermächtigungen des § 175 hat das MK durch den Erlass folgender Verordnungen bzw. verordnungsrechtlicher Regelungen Gebrauch gemacht:

Zu Nr. 1: Verordnung über die Wahl der Elternvertretungen in Schulen, Gemeinden und Landkreisen sowie über die Wahl des Landeselternrats (Elternwahlordnung) vom 04.06.1997 (Nds. GVBl. S. 169; SVBl. S. 239; SRH 6.105; Schulrecht 331/11), geändert durch VO vom 04.03.2005 (Nds. GVBl. S. 78; SVBl. S. 192) sowie Verordnung über die Wahl der Schülervertretungen in Schulen, Gemeinden und Landkreisen sowie die Wahl des Landesschülerrats (Schülerwahlordnung) vom 04.08.1998 (Nds. GVBl. S. 606; SVBl. S. 254; SRH 5.105; Schulrecht 332/11), geändert durch VO vom 04.03.2005 (Nds. GVBl. S. 78; SVBl. S. 192);

Zu Nr. 2: Verordnung über die Berufung und die Wahl der Mitglieder des Landesschulbeirats vom 22.12.1999 (Nds. GVBl. S. 441; SVBl. 2000, S. 91; Schulrecht 333/101), geändert durch VO vom 19.06.2017 (Nds. GVBl. S. 229; SVBl. S. 498);

Zu Nr. 3: § 10 Elternwahlordnung; § 10 Schülerwahlordnung;

Zu Nr. 4: Verordnung über die Erstattung der Auslagen der Mitglieder des Landeselternrats, des Landesschülerrats und des Landesschulbeirats sowie die Gewährung von Sitzungsgeldern vom 25.04.2005 (Nds. GVBl. S. 129; SVBl. S. 321; Schulrecht 331/51).

Verweise, Literatur:
- Müller, Ulrike: Fragen und Antworten zum Schulvorstand – Zusammensetzung, Wahlen, Organisation und Aufgaben, SchVw NI, H. 2/2008, S. 37, H. 3/2008, S. 77 und H. 9/2008, S. 230

(Karl-Heinz Ulrich)

Dreizehnter Teil
Übergangs- und Schlussvorschriften

Erster Abschnitt
Ordnungswidrigkeiten und Schulzwang

§ 176 Ordnungswidrigkeiten

(1) Ordnungswidrig handelt, wer vorsätzlich oder fahrlässig
1. der Schulpflicht nicht nachkommt,
2. entgegen § 71 Abs. 1 Schulpflichtige nicht dazu anhält, am Unterricht und an sonstigen Veranstaltungen der Schule einschließlich der besonderen schulischen Sprachfördermaßnahmen nach § 64 Abs. 3 regelmäßig teilzunehmen und die ihnen obliegenden Pflichten zu erfüllen,
3. als Ausbildende oder Ausbildender entgegen § 71 Abs. 2 Auszubildende nicht zur Erfüllung der schulischen Pflichten anhält oder die hierfür erforderliche Zeit nicht gewährt.

(2) Die Ordnungswidrigkeit kann mit einer Geldbuße geahndet werden.

Allg.: § 176 räumt den zuständigen Verwaltungsbehörden die Möglichkeit ein, Schulpflichtverletzungen als Ordnungswidrigkeiten mit einer

Geldbuße zu ahnden. Eine Ordnungswidrigkeit ist eine rechtswidrige und vorwerfbare Handlung, die den Tatbestand eines Gesetzes verwirklicht, das die Ahndung mit einer Geldbuße zulässt (§ 1 Abs. 1 Gesetz über Ordnungswidrigkeiten – OWiG). Das NSchG kennt nur wenige derartige Gesetzesverstöße, die für die am Schulwesen Beteiligten als Ordnungswidrigkeiten geahndet werden können. Es handelt sich im Kern um Verstöße im Zusammenhang mit der Erfüllung der Schulbesuchspflicht, die einer Schülerin oder einem Schüler, ihren oder seinen Erziehungsberechtigten oder auch Ausbildenden angelastet werden können.

Soweit § 176 keine näheren Regelungen enthält, richtet sich die Ahndung einer Ordnungswidrigkeit nach den Bestimmungen des OWiG.

2 **Zu Abs. 1:** Nach § 10 OWiG kann als Ordnungswidrigkeit nur vorsätzliches Handeln geahndet werden, außer wenn das Gesetz fahrlässiges Handel ausdrücklich mit Geldbuße bedroht. Die Einleitung von Absatz 1 stellt im Zusammenwirken mit Absatz 2 deshalb klar, dass sowohl vorsätzlich begangene Handlungen als auch fahrlässig begangene Handlungen als Ordnungswidrigkeiten geahndet werden können. Die Verstöße, die eine Geldbuße bewehrte, nachdrückliche Pflichtenmahnung zulassen, sind in den Nrn. 1 bis 3 aufgeführt:

Zu Nr. 1: Nach Nr. 1 handelt ordnungswidrig, wer der Schulpflicht nicht nachkommt. Der Schulpflicht kommt nicht nach, wer nicht am Unterricht oder an sonstigen verbindlichen Schulveranstaltungen teilnimmt oder wer die geforderten Leistungsnachweise nicht erbringt (§ 58 Abs. 1 Satz 1). Auf die Anm. 2 und 3 zu § 58 wird verwiesen. Eine Verletzung der Schulbesuchspflicht ist sowohl an einer öffentlichen Schule als auch an einer Schule in freier Trägerschaft, an der die Schulpflicht erfüllt werden kann (§ 143 Abs. 3, § 161 Satz 1) oder an der sie ruht (§ 160 Satz 1), eine Ordnungswidrigkeit.

Die Möglichkeit, nach dem Grundsatz der Verhältnismäßigkeit Schulpflichtverletzungen mit Erziehungsmitteln (§ 61 Abs. 1) oder Ordnungsmaßnahmen (§ 61 Abs. 2) durch die Schule zu ahnden, bleibt unberührt. Die Geldbuße ist kein Erziehungsmittel und auch keine Ordnungsmaßnahme, sondern ein Mittel der Verwaltungsbehörden zur Ahndung einer Zuwiderhandlung gegen eine Ordnungsvorschrift. Gemeinsam ist diesen Mitteln, dass sie die Einhaltung schulischer Verhaltenspflichten sichern sollen.

Zu Nr. 2: Für die Erfüllung der Schulpflicht sind in erster Linie die Erziehungsberechtigten der schulpflichtigen Schülerin oder des schulpflichtigen Schülers verantwortlich. Nach Nr. 2 können Pflichtverletzungen der Erziehungsberechtigten geahndet werden. Sie haben die Schulpflichtige oder den Schulpflichtigen zum Schulbesuch anzumelden und dafür zu sorgen, dass sie oder er regelmäßig am Unterricht und an sonstigen für verbindlich erklärten schulischen Veranstaltungen teilnimmt. Zu den Pflichten der Erziehungsberechtigten wird ferner auf die Ausführungen in Anm. 2 zu § 71 verwiesen.

Um eine mit Bußgeld sanktionierte Verpflichtung zur Teilnahme an Sprachfördermaßnahmen zu schaffen, ist mit dem ÄndG 11 die Nr. 2 um die besonderen schulischen Sprachfördermaßnahmen ergänzt worden. Die Durchsetzung der Teilnahme zur Sprachförderung mit Schulzwang (§ 177) ist nicht vorgesehen und daher ausgeschlossen. Im Übrigen wird auf die Ausführungen in Anm. 4 zu § 64 verwiesen.

Zu Nr. 3: Nach dieser Bestimmung kann ein Fehlverhalten von Ausbilderinnen und Ausbildern sanktioniert werden. Zu deren Pflichten wird auf die Ausführungen in der Anm. 4 zu § 71 verwiesen. Nach § 30 OWiG kann bei juristischen Personen neben den unmittelbar Verantwortlichen auch die juristische Person belangt werden.

Zu Abs. 2: § 176 trifft keine Aussage zu der Höhe, mit der die Ordnungswidrigkeit geahndet werden kann, es gelten folglich die Bestimmungen des OWiG. Die Verwaltungsbehörde kann danach eine Verwarnung aussprechen und dabei ein Verwarnungsgeld zwischen fünf und fünfundfünfzig Euro erheben (§ 56 Abs. 1 Satz 1 OWiG). Ferner kann von ihr eine Geldbuße in Höhe von fünf bis eintausend Euro (§ 17 Abs. 1 OWiG) festgesetzt werden. Fahrlässiges Handeln kann bei Verstößen im Sinne des § 176 im Höchstmaß nur mit der Hälfte des angedrohten Höchstbetrages der Geldbuße geahndet werden (§ 17 Abs. 2 OWiG).

Zuständig für die Ahndung sind die Landkreise und kreisfreien Städte sowie die großen selbstständigen Städte und die selbstständigen Gemeinden, in deren Bereich die zu besuchende Schule liegt (§ 5 Nr. 2 ZustVO-OWi). Sie haben auf Antrag der Schulleitung als Vertretung der Schule den angezeigten Tatbestand zu prüfen und ggf. zu ahnden.

Liegt die zu besuchende Schule im Gebietsbereich einer kreisfreien Stadt, einer großen selbstständigen Stadt (§ 14 Abs. 5 NKomVG) oder einer Gemeinde, welche die Rechtsstellung einer selbstständigen Gemeinde (§ 14 Abs. 3 NKomVG) innehat, so ist diese bei Zuwiderhandlungen nach § 176 NSchG zuständige Ordnungsbehörde. In allen anderen Fällen ist der Landkreis, in dessen Gebiet die zu besuchende Schule liegt, zuständig. Nach dem Niedersächsischen Verwaltungsvollstreckungsgesetz in Verbindung mit dem Niedersächsischen Polizei- und Ordnungsbehördengesetz (NPOG) können die Kommunen ein Zwangsgeld festsetzen oder eine Ersatzzwangshaft anordnen. In der Praxis wird die Höhe der Bußgelder teilweise nach der Summe der Fehltage oder nach der Anzahl der Verfahren, die gegen eine Schülerin oder gegen einen Schüler bereits eröffnet wurden, festgesetzt. Die Höhe der verhängten Bußgelder ist dabei sehr unterschiedlich.

Gegen die Bußgeldentscheidung kann innerhalb von zwei Wochen nach Zustellung des Bescheides Einspruch erhoben werden (§ 67 Abs. 1 OWiG). Einspruchsberechtigt ist die oder der Betroffene, ihre Vorgesetze oder sein Vorgesetzter oder ihr oder sein gesetzlicher Vertreter oder eine von ihr oder ihm legitimierte Person. Über den Einspruch entscheidet das Amtsgericht. Wird kein Einspruch eingelegt, wird die Bußgeldentscheidung zwei Wochen nach Bescheidzustellung rechtskräftig und auch vollstreckbar.

Bei Jugendlichen und Heranwachsenden, die ihr Bußgeld nicht zahlen oder nicht zahlen können, besteht die Möglichkeit, eine sog. erzieherische Maßnahme gem. § 98 OWiG beim Amtsgericht zu beantragen. Dies bedeutet, dass die Jugendrichterin oder der Jugendrichter durch Beschluss anordnen kann, dass anstelle der Geldbuße Arbeitsleistungen erbracht werden müssen. Diese Arbeitsleistungen sind zumeist in gemeinnützigen Einrichtungen (z.b. Krankenhaus, Altenheim, Pflegeheim) abzuleisten, und zwar in der Regel außerhalb der Schulzeit. Kommt jemand schuldhaft den angeordneten Arbeitsleistungen nicht nach, besteht schließlich die Möglichkeit, Jugendarrest bis zu einer Woche anzuordnen. Nach einer Erhebung der Landesregierung mussten im Jahr 2015 552 und im ersten Halbjahr 2016 399 Jugendliche einen Jugendarrest wegen Verletzung der Schulpflicht verbüßen (vgl. Drs. 17/6384, Anm. 4).

Ein Bußgeld kann nicht verhängt werden gegen Schülerinnen und Schüler, die zurzeit der Tat noch nicht 14 Jahre alt sind (§ 12 Abs. 1 OWiG).

Nach § 31 Abs. 2 Nr. 4 OWiG verjähren o. a. Ordnungswidrigkeiten sechs Monate nach dem Verstoß, es sei denn, es sind Schritte zur Ahndung eingeleitet worden (§ 33 OWiG).

4 Verweise, Literatur:

- Verordnung über sachliche Zuständigkeiten für die Verfolgung und Ahndung von Ordnungswidrigkeiten (ZustVO-OWi) vom 17.11.2014 (Nds. GVBl. S. 311; Schulrecht 140/129), zuletzt geändert durch Verordnung vom 06.06.2018 (Nds. GVBl. S. 128)

- *Bräth, Peter:* Durchsetzung der Schulbesuchspflicht, RdJB 2007, S. 317

- *Habermalz, Wilhelm:* Geldbuße und Schulzwang – Zwei fast vergessene Instrumente zur Durchsetzung der Schulpflicht, Schulverwaltung, Ausgabe Niedersachsen/Schleswig-Holstein, 2002, H. 2, S. 56

- *Bönsch, Manfred:* Schulverweigerung – Das Phänomen und die Schule, Schulverwaltung, Ausgabe Niedersachsen/Schleswig-Holstein, 2005, H. 1, S. 16

- Antwort der Landesregierung auf die Kleine Anfrage »Schulpflichtverletzungen in Niedersachsen« v. 31.08.2016 (Drs. 17/6384)

(Karl-Heinz Ulrich)

§ 177 Schulzwang

Kinder und Jugendliche, die ihrer Schulpflicht nicht nachkommen, können der Schule zwangsweise zugeführt werden.

1 **Allg.:** Die zwangsweise Beförderung eines schulpflichtigen Kindes in die Schule dürfte weder pädagogisch sinnvoll noch auf die Dauer praktisch durchführbar sein. Von diesem Zwangsmittel wird daher in der Praxis auch kaum Gebrauch gemacht.

Nach dem Grundsatz der Verhältnismäßigkeit der Mittel, der das Verwaltungszwangsverfahren beherrscht, dürfen stärkere Maßnahmen wie der Einsatz von Gewalt erst dann eingesetzt werden, wenn die milderen Mittel nicht zu einem Erfolg geführt haben. Daher muss nach dem Niedersächsischen Polizei- und Ordnungsbehördengesetz zunächst das Zwangsverfahren durchgeführt werden mit der Reihenfolge der Maßnahmen: Zwangsgeldandrohung, Festsetzung des Zwangsgeldes, Aufforderung zum Schulbesuch, Androhung der zwangsweisen Zuführung. Erst wenn diese Mittel erfolglos geblieben sind, kann die Schülerin oder der Schüler zwangsweise in die Schule gebracht werden. Die zwangsweise Zuweisung ist nach dem Wortlaut des Gesetzes nur bei »Kindern« (bis zur Vollendung des 14. Lebensjahres) und »Jugendlichen« (bis zur Vollendung des 18. Lebensjahres) zulässig, also nicht mehr bei noch schulpflichtigen volljährigen Schülerinnen und Schülern. Dieses ist dem Umstand geschuldet, dass dem Staat gegenüber Personen, die aufgrund ihrer Volljährigkeit nicht mehr der elterlichen Sorge unterstehen, gegen ihren Willen keine Erziehungsbefugnisse eingeräumt werden dürfen.

Verweise, Literatur:

- *Erbacher-Probst, Christiane/Hartwig, Cornelia:* Schulpflichtverletzungen – wie können Schulen damit umgehen? SVBl. 1998, H. 11, S. 366
- *Habermalz, Wilhelm:* Geldbuße und Schulzwang – Zwei fast vergessene Instrumente zur Durchsetzung der Schulpflicht, Schulverwaltung, Ausgabe Niedersachsen/Schleswig-Holstein, 2002, H. 2, S. 56

(Gerald Nolte)

Zweiter Abschnitt
Übergangsvorschriften

§ 178 Überprüfung

Die Landesregierung überprüft bis zum 31. Juli 2020 die Auswirkungen des Gesetzes zur Einführung der inklusiven Schule vom 23. März 2012 (Nds. GVBl. S. 34) einschließlich der damit zusammenhängenden weiteren gesetzlichen Änderungen; die Überprüfung erfolgt anschließend im Vier-Jahres-Rhythmus.

Allg.: § 178 ist durch das ÄndG 12 zunächst als sog. Revisionsklausel im Zusammenhang mit den Vorschriften zur Einführung der inklusiven Schule bei den schulgesetzlichen Übergangsvorschriften aufgenommen worden. Ausgangspunkt für die Revisionsklausel war nach den Unterlagen zur Gesetzesberatung (Drs. 16/4620 i.V.m. Drs. 16/4137) die Überprüfung möglicher kostenverursachender Folgen für die kommunalen Körperschaften (Barrierefreiheit, bauliche, räumliche und sächliche Ausstattung, Schülerbeförderung, Eingliederungshilfe nach dem SGB XII usw.) im Zuge der Umsetzung der neuen Vorschriften. Der Gesetzgeber war zunächst davon ausgegangen, dass die haushaltsmäßigen Auswirkungen der gesetzlichen Bestimmungen nicht »erheblich« im Sinne des Artikels 57 Abs. 4 NV sein würden. Bei einer anderen Erwartung hätte er konsequenterweise bereits seinerzeit unverzüglich einen entsprechenden finanziellen Ausgleich regeln müssen. Er ging allerdings schon damals davon aus, dass das Land dem Grunde nach verpflichtet sein könnte, den kommunalen Körperschaften die erforderlichen Aufwendungen für die Einführung der inklusiven Schule erstatten zu müssen. Mit dem Abschluss der Verhandlungen der Landesregierung mit den Kommunalen Spitzenverbänden zu den Kostenfolgen der Inklusion, die eine am 22.09.2015 geschlossene Vereinbarung zwischen Land und Kommunalen Spitzenverbänden zum Ergebnis hatte, und mit dem Inkrafttreten des Gesetzes über finanzielle Leistungen des Landes wegen der Einführung der inklusiven Schule (Anm. 3), mit dem der Kostenausgleich zugunsten der Kommunen schließlich auch auf Gesetzesebene geregelt wurde, war die Revisionsklausel in ihrem Kern entbehrlich geworden.

Durch das ÄndG 18 ist dem § 178 ein neuer Gesetzeszweck zugeführt worden. Nach der Vorschrift hat die Landesregierung nunmehr regelmäßig die Auswirkungen des Gesetzes zur Einführung der inklusiven Schule einschließlich der damit zusammenhängenden weiteren gesetzlichen Änderungen zu überprüfen. Die Überprüfungen sollen Erkenntnisse erbringen, ob aufgrund in der Praxis gemachter Erfahrungen bzw. gesammelter Informationen reagiert und pädagogisch, organisatorisch, personell, sächlich o. ä. nachgesteuert werden muss.

2 **Zum einzigen Absatz:** Die Vorschrift verlangt gemäß **1. Halbsatz** bis zum 31.07.2020, d. h. spätestens acht Jahre nach Inkrafttreten des Gesetzes zur Einführung der inklusiven Schule, eine Überprüfung der Auswirkungen des Gesetzes. In die Überprüfung sind die mit dem Gesetz zur Einführung der inklusiven Schule »zusammenhängenden weiteren gesetzlichen Änderungen« mit einzubeziehen. Gedacht ist hier in erster Linie an nach dem ÄndG 12 in das Schulgesetz aufgenommene Änderungen, die Einfluss auf die Ausgestaltung der inklusiven Schule haben, wie z.B. Umgestaltungen durch das ÄndG 15 (jahrgangsweises Auslaufen des Sekundarbereichs I der Förderschule im Förderschwerpunkt Lernen; Bestandsschutz der Förderschule im Förderschwerpunkt Sprache, für Förderklassen Sprache in anderen Förderschulen sowie für Förderklassen Sprache an Grundschulen; Verlängerung der Möglichkeit, Schwerpunktschulen zu bilden, bis zum Jahr 2024) und durch das ÄndG 18 (u. a. befristeter Bestandsschutz für die Förderschule im Förderschwerpunkt Lernen; Einrichtung von Lerngruppen für Schülerinnen und Schüler mit Bedarf an sonderpädagogischer Unterstützung im Förderschwerpunkt Lernen; Schülerbeförderung zu sog. Schwerpunktschulen). Ferner wird auch das Gesetz über finanzielle Leistungen des Landes wegen der Einführung der inklusiven Schule in die Betrachtungen mit einbezogen werden müssen, den direkten Zusammenhang stellt § 1 Abs. 1 dieses Gesetz her.

Die Vorschrift ist allgemein gefasst und nicht ausdrücklich auf bestimmte Folgen wie beispielsweise organisatorische, pädagogische, finanzielle, personelle oder strukturelle Auswirkungen des Gesetzes und der damit in

Zusammenhang stehenden gesetzlichen Folgeregelungen ausgelegt oder beschränkt. Nicht näher bestimmt ist ferner, wie evaluiert werden soll und wer zur Evaluierung z.b. als Mitwirker (z.b. kommunale Schulträger, Träger der freien Schulen, Träger der Schülerbeförderung, Lehrerverbände, Landeselternrat, Landesschülerrat) hinzugezogen werden soll. Natürlich bleibt es der Landesregierung unbenommen, die Auswirkungen des Gesetzes – ggf. auch in Teilbereichen – fortwährend zu evaluieren, einzelne Aspekte früher zu überprüfen und bereits vorab auf zwischenzeitlich gewonnene Erkenntnisse zu reagieren.

Der 2. **Halbsatz** schreibt vor, dass nach der ersten Überprüfung weitere Überprüfungen nach jeweils vierjährigen Zeitabschnitten zu erfolgen haben. Da ein Endzeitpunkt des Überprüfungsrhythmus nicht vorgegeben ist, sind die Überprüfungen bis auf weiteres, d. h. bis zu einer Änderung oder Aufhebung des § 178, durchzuführen. Zum jeweiligen Überprüfungstermin sind die Auswirkungen des Gesetzes zur Einführung der inklusiven Schule einschließlich der bis zu diesem Termin damit zusammenhängenden weiteren gesetzlichen Änderungen zu überprüfen.

Eine automatische Berichtspflicht über die Ergebnisse der Überprüfungen gegenüber dem Landtag innerhalb einer definierten Frist oder bis zu einem bestimmten Termin nach dem 31.07.2020 bzw. der nach dem Vier-Jahres-Rhythmus folgenden Termine ist in der Vorschrift nicht vorgegeben. Allerdings besteht dem Landtag gegenüber nach der NV ohnehin eine Unterrichtungspflicht bei Informationsreife durch die Landesregierung (vgl. Art. 7, 24, 25 NV). Eine Unterrichtung über das jeweilige Überprüfungsergebnis wird dementsprechend frühzeitig und vollständig nach den gesetzten Terminen zu erfolgen haben.

Ein »Erster Bericht nach § 178 NSchG über die Auswirkungen des Gesetzes zur Einführung der inklusiven Schule« wurde dem Landtag von der Landesregierung mit Schreiben vom 10.08.2020 vorgelegt (Anm. 3). Der Bericht orientiert sich an den Handlungsfeldern des Rahmenkonzepts Inklusive Schule und konkretisiert die Auswirkungen des Gesetzes. Er umfasst den Zeitraum von 2013 bis 2019. In Kapitel 1 des Berichts werden zunächst Vorbemerkungen zur Berichtspflicht, zur Einführung der Inklusion, zum Rahmenkonzept Inklusive Schule und zum erweiterten Inklusionsbegriff gemacht. Der Bericht verschafft sodann in Kapitel 2 neben den rechtlichen Vorgaben einen umfassenden Überblick über die untergesetzlichen Regelungen, die mit der Einführung der inklusiven Schule getroffen wurden. In Kapitel 3 wird die Entwicklung der Inklusion anhand der Schülerzahlen dargestellt. Die im Zusammenhang mit der Inklusion eingesetzten Ressourcen sowohl im Hinblick auf Personal als auch bezogen auf das sog. Inklusionsfolgekostengesetz werden in Kapitel 4 aufgeführt. Kapitel 5 zeigt auf, wie die Qualifizierung der Lehrkräfte an den allgemein bildenden Schulen sowie an den berufsbildenden Schulen zum Thema Inklusion erfolgt. In Kapitel 6 werden die regionalen Strukturen der Beratung und Unterstützung behandelt. Der Bericht schließt in Kapitel 7 mit einem Fazit und Perspektiven zur Weiterentwicklung der inklusiven Schule.

3 Verweise, Literatur:

- *Trips, Marco:* Konnexitätsprinzip und Inklusion – Rechtliche und tatsächliche Gesichtspunkte eines Anspruchs der Kommunen auf Kostenausgleich, oder: »Dann klagen wir eben!«, NdsVBl., 2013, H. 11, S. 297
- Gesetz über finanzielle Leistungen des Landes wegen Einführung der inklusiven Schule v. 12.11.2015 (Nds. GVBl. S. 313), geändert durch Art. 7 des Haushaltsbegleitgesetzes 2017 v. 15.12.2016 (Nds. GVBl. S. 301)
- *Fischer, Manfred:* Inklusive Schule beschlossen, NLT 2–3/2012, S. 36
- *Bräth, Peter:* UN-Behindertenkonvention wird umgesetzt – Landtag verabschiedet Schulgesetznovelle, Schulverwaltung Ausgabe Niedersachsen, 2012, H. 2, S. 98
- *Kingreen, Thorsten:* Die Konnexitätsrelevanz der Einführung der inklusiven Schule in Niedersachsen, NdsVBl., 2014, H. 10, S. 265
- *Nolte, Gerald:* Kosten der Inklusion werden gesetzlich geregelt, Schulverwaltung, Ausgabe Niedersachsen, 2016, H. 1, S. 18
- Antwort der Landesregierung auf die Mündliche Anfrage »Wie geht es weiter mit der Überprüfung der Inklusion an Schulen« (LT-Drs. 18/920, S. 9)
- Erster Bericht nach § 178 Niedersächsisches Schulgesetz über die Auswirkungen des Gesetzes zur Einführung der inklusiven Schule – Zeitraum 2013 bis 2019, LT-Drs. 18/7189

(Karl-Heinz Ulrich)

§ 179 Übergangsregelung für die Ausbildung zur Altenpflegerin oder zum Altenpfleger

(1) Auf eine am 31. Dezember 2019 bestehende Berufsfachschule – Altenpflege – sind die Vorschriften dieses Gesetzes und der aufgrund dieses Gesetzes erlassenen Verordnungen in der am 31. Dezember 2019 geltenden Fassung längstens bis zum 31. Dezember 2014 weiter anzuwenden.

(2) Zwischen der oder dem Auszubildenden, dem Träger der praktischen Ausbildung und der Pflegeschule kann schriftlich vereinbart werden, dass eine vor Ablauf des 31. Dezember 2019 begonnene Ausbildung zur Altenpflegerin oder zum Altenpfleger abweichend von § 66 Abs. 2 Satz 1 PflBG mit Beginn des Schuljahres 2020/2021 nach den ab dem 1. Januar 2020 geltenden Vorschriften fortgesetzt wird.

1 **Allg.:** In Niedersachsen fiel bis Ende 2019 die Ausbildung in der Altenpflege in den Anwendungsbereich des Niedersächsischen Schulgesetzes. Die Ausbildungen in der Gesundheits- und Krankenpflege und der Gesundheits- und Kinderkrankenpflege unterfielen dagegen nicht dem Schulrecht. Mit dem Gesetz zur Reform der Pflegeberufe (PflBRefG) vom 17.07.2017 (BGBl. I S. 2581) wurden die bisherigen drei Ausbildungen in

der Altenpflege, der Gesundheits- und Krankenpflege und der Gesundheits- und Kinderkrankenpflege reformiert und zu einem einheitlichen Berufsbild zur Pflegefachfrau oder zum Pflegefachmann zusammengeführt; die Dreigliederung der Pflegeberufe wurde aufgehoben. Die Änderungen traten gemäß Artikel 15 des Gesetzes zur Reform der Pflegeberufe am 01.01.2020 in Kraft.

Abs. 1.: Die Übergangsvorschrift in Absatz 1 für begonnene Altenpflegeausbildungen stellt sicher, dass diese im Rahmen des § 66 Abs. 2 Satz 1 PflBG nach den bis zum 31.12.2019 geltenden Vorschriften abgeschlossen werden können. **2**

Abs. 2: Absatz 2 regelt die Überleitungsvoraussetzungen für begonnene Ausbildungen in die neue Pflegeausbildung, vgl. § 66 Abs. 2 Satz 3 PflBG. Die Überleitung sollte nicht schon ab dem 01.01.2020, sondern erst ab Schuljahresbeginn möglich sein. **3**

(Gerald Nolte)

§ 179a – aufgehoben –

§ 180 Ämter mit zeitlicher Begrenzung

Auf Antrag ist Inhaberinnen und Inhabern eines höherwertigen Amtes, denen ihr Amt für sieben Jahre übertragen wurde, die Übertragungszeit bis auf zwei Jahre zu verkürzen.

Durch das Gesetz zur Änderung des Schulgesetzes vom 11.10.2000 hat die Übertragung höherwertiger Ämter mit zeitlicher Begrenzung an Schulen mit einer Besonderen Ordnung nach § 44 Abs. 5 eine neue Grundlage erhalten. Während bis dahin höherwertige Ämter immer nur auf neun Jahre übertragen werden konnten, konnte danach nach einer Amtszeit von sieben Jahren – nach Wiederbewerbung, Auswahlverfahren und Wiederbestellung – eine echte (Lebenszeit-)Beförderung erfolgen. Durch das ÄndG 15 ist der Übertragungszeitraum auf zwei Jahre verkürzt worden (siehe hierzu Anm. 1 und 7 zu § 44).

§ 180 eröffnet den Inhaberinnen und Inhabern höherwertiger Ämter, die nach altem Recht noch auf sieben Jahre übertragen wurden, die Möglichkeit, den Übertragungszeitraum auf zwei Jahre verkürzen zu lassen. Machen sie von dieser Möglichkeit Gebrauch, kann ihnen – nach Wiederbewerbung, Auswahlverfahren und Wiederbestellung – entsprechend früher ein Lebenszeitamt verliehen werden. Der Landesschulbehörde (ab 01.12.2020: Regionale Landesämter für Schule und Bildung) wird es obliegen, über den Verkürzungsantrag so zu entscheiden, dass den Betroffenen keine besoldungsmäßigen Nachteile entstehen.

(Dieter Galas)

§ 181 Schulversuche

Schulverfassungsversuche, die vor dem 1. August 1980 unbefristet genehmigt worden sind, können bis auf Widerruf fortgeführt werden.

Die Vorschrift ist durch das ÄndG 80 in das NSchG eingefügt worden. Anlass dafür war die Streichung der Bestimmungen über Schulverfassungsversuche, nach denen alle Schulen Besondere Ordnungen für Konferenzen (§ 32 a.f.) oder für kollegiale Schulleitungen (§ 34 a.F.) erhalten konnten. Die nach der alten Rechtslage genehmigten Schulverfassungsversuche sollten bis zum Ablauf ihrer Befristung bzw. bis auf Widerruf fortgeführt werden können. Die jetzige Fassung hat § 181 durch das ÄndG 93 erhalten; sie berücksichtigt die tatsächlichen Verhältnisse.

Mit Inkrafttreten des ÄndG 93 sind alle Besonderen Ordnungen für Konferenzen sowie für kollegiale Schulleitungen an Gesamtschulen, auch solche, die nach dem 1.8.1980 auf der Grundlage der damaligen §§ 25a und 30a Abs. 1 genehmigt worden sind, widerrufen worden. Den Schulen wird damit Gelegenheit gegeben, sich der teilweise deutlich weitergehenden Möglichkeiten zu bedienen, die das NSchG 93 bietet.

(Dieter Galas)

§ 182 Weiterführung besonderer Schulen

Bestehende öffentliche Schulen mit besonderem pädagogischen Auftrag können, auch abweichend von der in den §§ 5 bis 20 geregelten Gliederung des Schulwesens, in ihrer bisherigen pädagogischen und organisatorischen Form weitergeführt und entsprechend ihrem Auftrag fortentwickelt werden.

1 Allg.: Die Übergangsvorschrift ist durch das ÄndG 93 eingefügt worden. Sie sichert die Möglichkeit zur Weiterführung sowie zur Fortentwicklung mehrerer konkret bestimmbarer öffentlicher Schulen mit besonderem pädagogischen Auftrag, die bereits vor dem Inkrafttreten des ÄndG 93 bestanden und die seinerzeit von den Vorschriften über die Gliederung des Schulwesens nach den damaligen §§ 5 bis 20 des Schulgesetzes abwichen. Es handelt sich um Schulen, die sich auch heute noch von den in § 5 Abs. 2 Nrn. 1 und 2 angeführten Schulformen unterscheiden und bei denen es ggf. auch Abweichungen von den in § 5 Abs. 3 angegebenen Schulbereichen gibt.

Nach der zum ÄndG 93 vorgelegten Gesetzesbegründung der Landesregierung (vgl. Drs. 12/3300) soll die Vorschrift verbindlich den Fortbestand folgender Schulen aus folgenden Gründen sichern: »Aus sozialen und pädagogischen Gründen (Förderschule Celle), wegen des besonderen pädagogischen Ansatzes (Glocksee-Schule Hannover) und wegen der besonderen Konzeption (Michelsenschule Hildesheim)«. Die IGS Roderbruch fehlt in dieser Aufzählung, sie zählt aber wegen ihrer besonderen pädagogischen und organisatorischen Ausgestaltung unstreitig zu den Schulen, die seinerzeit gesetzlich abgesichert werden sollten.

Übergangs- und Schlussvorschriften § 182 **NSchG**

Zum einzigen Satz: 2

Der Gesetzgeber hat die »bestehenden öffentlichen Schulen mit besonderem pädagogischen Auftrag« nicht namentlich oder konkreter aufgeführt, obgleich es sich nur um eine kleine Anzahl handelt. Bereits die Benennung in der Gesetzesbegründung der Landesregierung war nicht abschließend (siehe Anm. 1). Möglicherweise bestand die Sorge, nicht alle Schulen, denen der besondere Schutz zuteilwerden sollte, erfassen zu können, so dass die Regelung abstrakt ausgestaltet wurde, um einen Entscheidungsspielraum zu gewährleisten.

Das Wort »können« bringt zum Ausdruck, dass der jeweilige kommunale Schulträger im Rahmen der Selbstverwaltung die »besonderen Schulen« gleichwohl organisatorisch verändern – z.b. einschränken, erweitern, aufheben oder umwandeln, nicht aber teilen und damit vermehren – kann.

Mit dem Einschub in Kommata »auch abweichend von der in den §§ 5 bis 20 geregelten Gliederung des Schulwesens« wird deutlich gemacht, dass die in den angeführten Paragrafen geregelte Gliederung nach Schulformen und Schulbereichen der allgemein bildenden und berufsbildenden Schulen für die »besonderen Schulen« nicht maßgebend ist, d. h., sie sind Schulen eigener Art. § 142 Satz 1, wonach Schulen in freier Trägerschaft dann Ersatzschulen sind, wenn sie in ihren Lern- und Erziehungszielen öffentlichen Schulen entsprechen, die im Lande Niedersachsen »vorhanden« sind, wirft mithin die Frage auf, ob die vorhandenen »besonderen Schulen« in dieser Art auch als Ersatzschulen betrieben werden dürfen. Dem steht allerdings § 141 Abs. 1 Satz 1 entgegen, der sowohl für Ersatzschulen als auch für Ergänzungsschulen in den Fällen der §§ 160, 161 die Regelungen zu Schulformen und Gliederungen der öffentlichen Schulen ausdrücklich für anwendbar erklärt (im Ergebnis so auch VG Hannover im Urt. v. 08.03.2006 – 6 A 1460/04 –, wonach eine Schule mit »einheitlicher Primarstufe und Sekundarstufe I« eine in Niedersachsen vorhandene oder grundsätzlich vorgesehene Schule nicht ersetzen kann). Dies ist auch konsequent, denn eine einzelne öffentliche Schule, die wegen ihrer Einzigartigkeit geschützt ist, kann nicht Modell für eine Vielzahl von Ersatzschulen sein.

Die Vorschrift sieht zunächst einmal vor, dass die »besonderen Schulen« in ihrer bisherigen pädagogischen und organisatorischen Form weitergeführt werden können, bezüglich dieser beiden besonders angelegten Ausprägungen werden die Fortdauer des bei Inkrafttreten des ÄndG 93 erreichten Status und damit der Fortbestand der Schulen gesichert.

Die Vorschrift sieht des Weiteren vor, dass die »besonderen Schulen« entsprechend ihrem Auftrag fortentwickelt werden können. Das bedeutet, dass die Schulen nicht nur ihre pädagogische und organisatorische Beschaffenheit über den Zeitpunkt des Inkrafttretens des ÄndG 93 hinaus wahren, sondern dass sie sich ihrer originären Bestimmung entsprechend auch eingeschränkt verändern und entfalten dürfen. Dies ist erforderlich, damit die Schulen nicht von künftigen Entwicklungen abgehängt bleiben müssen. Die Fortentwicklung muss allerdings »entsprechend dem Auftrag« der Schule erfolgen,

NSchG
Übergangs- und Schlussvorschriften § 182

d. h.,»soziale und pädagogische Gründe«, der »besondere pädagogischen Ansatz« oder die »besondere Konzeption« müssen Leitgedanken bleiben. Die »besonderen Schulen« könnten somit beispielsweise begrenzt ihre Zügigkeit und Klassenstärke erhöhen sowie als Ganztagsschulen geführt werden. Inklusive Schulen sind diese Bildungsstätten seit dem ÄndG 12 gemäß § 4 kraft Gesetzes. Die Angliederung eines Förderschulzweiges in Anlehnung an § 106 Abs. 6 Satz 1 Nr. 2 müsste möglich sein, weil grundsätzlich allen allgemein bildenden Schulen diese Maßnahme ermöglicht ist (a. A. Schippmann in Brockmann/Littmann/Schippmann, Niedersächsisches Schulgesetz, Stand 10/2017, § 182). Weitergehende schulorganisatorische Maßnahmen, z.B. die Erweiterung der Glocksee-Schule um eine gymnasiale Oberstufe, sind hingegen eher nicht denkbar.

Zum Zeitpunkt des Inkrafttretens des ÄndG 93 wurden vier Schulen von der Vorschrift erfasst: die Glocksee-Schule Hannover, die Michelsenschule Hildesheim, die Förderschule des Landes Niedersachsen für spätausgesiedelte Kinder und Jugendliche in Celle sowie die IGS Roderbruch in Hannover. Die **Glocksee-Schule Hannover** ist eine einzügige Schule mit besonderer pädagogischer Konzeption der Schuljahrgänge 1 bis 10, sie ist weder eine zusammengefasste GHS, GHRS oder GOBS noch eine Gesamtschule im Sinne des NSchG. Die Klassengröße ist auf 22 Schülerinnen und Schüler festgelegt. Für die ersten sechs Schuljahre gibt es keine Jahrgangsklassen, sondern altersgemischte Lerngruppen für die Jahrgänge 1 bis 3 und für die Jahrgänge 4 bis 6. Bis zum Ende der sechsten Klasse können die Schülerinnen und Schüler nach ihren Interessen die Unterrichtsangebote ihrer Bezugspersonen wahrnehmen, in den Jahrgängen 7 bis 10 ist der Fachunterricht verbindlich. Für den Erwerb von Abschlüssen gibt es für die Glocksee-Schule in § 20 AVO-Sek I eine schulspezifische Regelung (Anm. 3). Für die an der Schule tätigen Lehrkräfte gelten die Bestimmungen über die Regelstundenzahl und die Unterrichtsverpflichtung der Lehrkräfte an Integrierten Gesamtschulen entsprechend (Anm. 3).

Die **Michelsenschule Hildesheim** umfasst ein allgemein bildendes Gymnasium, Berufliche Gymnasien sowie Berufs- und Fachschulen landwirtschaftlicher Prägung (Schwerpunkte: Agrarwirtschaft oder Ökotrophologie). In den Schulformen werden Aspekte von Allgemeinbildung und Berufsbildung miteinander verknüpft. Ziel der gemeinsamen Arbeit der gymnasialen Schulformen ist die Allgemeine Hochschulreife, in den Fachschulen der Abschluss der Staatlich geprüften Wirtschafterin bzw. Betriebswirtin oder des Staatlich geprüften Wirtschafters bzw. Betriebswirts sowie in der Berufsschule der Abschluss der Landwirtin oder des Landwirts. Für die Berufliche Gymnasien gelten für die Versetzung anstelle des § 4 sowie der §§ 5 und 6 des Ersten Teils der BbS-VO und für das Studienbuch und die Leistungsbewertung anstelle des § 22 des Ersten Teils der BbS-VO die §§ 7 und 9 der Verordnung über die gymnasiale Oberstufe (VO-GO) entsprechend.

Die **IGS Roderbruch** ist eine »einheitliche« Gesamtschule der Schuljahrgänge 1 bis 13 und unterscheidet sich dadurch von einer »organisatorisch zusammengefassten Grund- und Gesamtschule« (vgl. § 106 Abs. 6 Satz 1 Nr. 1). Sie ist eine der ältesten Integrierten Gesamtschulen in Niedersachsen und mit über 1.900 Schülerinnen und Schülern eine der größten Schulen Niedersachsens. Für die Ämter der Leitung des Primarbereichs dieser Gesamtschule sind in der Anlage 1 (Besoldungsordnung A) zum NBesG schulspezifische Regelungen ausgebracht.

Die **Förderschule des Landes Niedersachsen für spätausgesiedelte Kinder und Jugendliche** in Celle ist zum 01.08.2003 aufgehoben worden.

Verweise, Literatur: 3
- Entwurf eines Vierten Gesetzes zur Änderung des Niedersächsischen Schulgesetzes, Gesetzentwurf der LReg v. 04.06.1992 (Drs 12/3300)
- Abschlüsse an der Glocksee-Schule Hannover, § 20 der Verordnung über die Abschlüsse im Sekundarbereich I der allgemein bildenden Schulen einschließlich der Freien Waldorfschulen (AVO-Sek I) v. 07.04.1994 (Nds. GVBl. S. 197), zuletzt geändert durch Art. 4 der VO vom 23.09.2020 (Nds. GVBl. S. 332; SVBl. S. 482)
- Arbeitszeit der Lehrkräfte an der Glocksee-Schule; Nr. 8 des Erl. »Arbeitszeit der Lehrkräfte; Regelstundenzahl der Lehrkräfte, die in mehreren Schulformen unterrichten« vom 16.11.2011 (SVBl. 1/2012 S. 38)

(Karl-Heinz Ulrich)

§ 183 Sonderregelungen für Hauptschulen und Realschulen

¹Bis zum 31. Juli 2011 genehmigte organisatorisch zusammengefasste Haupt- und Realschulen können weitergeführt werden. ²Eine bestehende organisatorische Zusammenfassung mit einer Grundschule oder einer Förderschule bleibt unberührt. ³§ 106 Abs. 1 bleibt im Übrigen unberührt.

Allg.: Die Bestimmung ist zuletzt durch das ÄndG 15 angepasst worden, 1 nachdem sich deren frühere Absätze 1 und 2 durch Zeitablauf erledigt haben (vgl. Schriftl. Bericht i. d. Drs. 17/3598). Verblieben ist noch eine Übergangsregelung für bestehende organisatorisch zusammengefasste Haupt- und Realschulen.

Zum einzigen Absatz: Seit dem Inkrafttreten des »Gesetzes zur Neuord- 2 nung der Schulstruktur in Niedersachsen« (ÄndG 11) am 1.8.2011 ist es nicht mehr möglich, Hauptschulen und Realschulen organisatorisch zu einer Schule zusammenzufassen (§ 106 Abs. 5 Satz 1 Nr. 2 NSchG in der bis zum 31.7.2011 geltenden Fassung). Absicht des Gesetzgebers war es, mit dem Ausschluss dieser seit vielen Jahren bestehenden Möglichkeit die von ihm mit dem ÄndG 11 eingeleitete Ersetzung der Schulformen Hauptschule und Realschule durch die Schulform Oberschule zu fördern (siehe Anm. 1 zu § 10a). Seither ist ein Großteil organisatorisch zusammengefasster (Grund-,) Haupt- und Realschulen zu (Grund- und) Oberschulen »umgewandelt« worden.

Die Übergangsvorschrift erlaubt es den kommunalen Schulträgern, ihre bestehenden organisatorisch zusammengefassten Haupt- und Realschulen über den 31.7.2011 hinaus weiterzuführen. Sofern eine Zusammenfassung vor dem 31.7.2011 von der nachgeordneten Schulbehörde genehmigt wurde, gilt der Bestandsschutz auch für Schulen, die erst im Schuljahr 2011/12 ihre gemeinsame Arbeit begonnen haben. Bestandsschutz genießen nach Satz 2 ferner am 31.7.2011 bestehende zusammengefasste Haupt- und Realschulen, die organisatorisch mit einer Grundschule oder einer Förderschule verbunden waren.

Dass nach Satz 3 § 106 Abs. 1 unberührt bleibt, ist ein klarstellender Hinweis für die kommunalen Schulträger, dass die in dieser Vorschrift genannten schulorganisatorischen Entscheidungen (z.B. Einschränkung, Aufhebung, Zusammenlegung von Schulen) auch für die von ihnen weitergeführten Haupt- und Realschulen getroffen werden müssen, wenn die Entwicklung der Schülerzahlen diese erfordern.

(Karl-Heinz Ulrich)

§ 183a Sonderregelungen für Oberschulen

(1) ¹An neu errichteten Oberschulen sind die Vorschriften für die Oberschule im ersten Schuljahr nach ihrer Errichtung nur auf den ersten Schuljahrgang anzuwenden. ²Für die übrigen Schuljahrgänge sind die Vorschriften weiter anzuwenden, die für die entsprechenden bisherigen Schulformen gelten.

(2) Ersetzt der Träger einer Ersatzschule ein Unterrichtsangebot ab dem 5. Schuljahrgang, für das er finanzhilfeberechtigt ist, durch die Schulform Oberschule, so gewährt das Land die Finanzhilfe für die Oberschule auf Antrag abweichend von § 149 Abs. 1 vom Zeitpunkt ihrer Genehmigung und Anerkennung an.

1 **Zu Abs. 1:** Die kommunalen Schulträger haben die Möglichkeit, eine Oberschule nicht nur jahrgangsweise aufsteigend – beginnend mit dem 5. Schuljahrgang – zu errichten. Oberschulen können auch durch »Umwandlung« einer bestehenden Hauptschule, Realschule, zusammengefassten Haupt- und Realschule oder Gesamtschule »in einem Zuge« entstehen. Dabei sind aber die für Oberschulen geltenden Vorschriften zunächst nur auf den ersten Schuljahrgang anzuwenden. Für die übrigen Schuljahrgänge gelten – jahrgangsweise »auslaufend« – weiterhin die für die jeweilige Schulform geltenden Bestimmungen.

2 **Zu Abs. 2:** Mit dieser Vorschrift wird sichergestellt, dass bei »Umwandlung« einer finanzhilfeberechtigten Ersatzschule in eine Oberschule (siehe auch Anm. 1) keine neue dreijährige Wartezeit (»Durststrecke« – siehe § 149 Abs. 1) für die Gewährung der staatlichen Finanzhilfe einsetzt. Die Finanzhilfe für die neue Schule (siehe § 150 Abs. 3 Satz 2 Nr. 1 Buchst. d) wird aufsteigend ab

dem 5. Schuljahrgang vom Zeitpunkt ihrer Genehmigung (siehe §§ 143–145) und Anerkennung (siehe § 148) geleistet. Genehmigung und Anerkennung dürften in diesem Fall (»Umwandlung« einer finanzhilfeberechtigten, d. h. genehmigten und anerkannten Ersatzschule) in einem Zuge erfolgen.

Absatz 2 gilt nicht nur für die »anerkannten« Ersatzschulen (siehe § 148), sondern auch für die Ersatzschulen »von besonderer pädagogischer Bedeutung«. Diese sind wie die »anerkannten« Ersatzschulen nach § 149 Abs. 1 zwar auch »finanzhilfeberechtigt«, für sie findet aber kein Anerkennungsverfahren statt. Der Gesetzgeber kann jedoch nicht gewollt haben, diesen Ersatzschul-Typ von der Regelung des Absatzes 2 auszunehmen. Ersatzschulen »von besonderer pädagogischer Bedeutung« sind neben den Waldorfschulen, für die eine Umwandlung in eine Oberschule nicht ansteht, u. a. Hauptschulen, Realschulen sowie Haupt- und Realschulen, die als sog. Freie Alternativschulen geführt werden (siehe Anm. 4 in der Vorbemerkung zu den §§ 139–167).

(Dieter Galas)

§ 183b Übergangsregelungen für Kooperative Gesamtschulen

(1) Am 31. Juli 2011 bestehende Gesamtschulen, in denen die Hauptschule, die Realschule und das Gymnasium als aufeinander bezogene Schulzweige in einer Schule verbunden sind (Kooperative Gesamtschulen), können weitergeführt werden; auf sie ist § 12 Abs. 2 in der bis zum 31. Juli 2011 geltenden Fassung anzuwenden.

(2) [1]§ 5 Abs. 3 Nr. 3 Buchst. a und § 12 Abs. 2 sind erstmalig auf die Schuljahrgänge anzuwenden, die sich im Schuljahr 2015/2016 im 5. bis 8. Schuljahrgang befinden. [2]Auf die übrigen Schuljahrgänge sind § 5 Abs. 3 Nr. 3 Buchst. b und § 12 Abs. 4 in der bis zum 31. Juli 2011 geltenden Fassung weiter anzuwenden.

(3) Der Schulvorstand einer Kooperativen Gesamtschule kann entscheiden, dass in den Schuljahrgängen 5 bis 8 der Unterricht, abweichend von § 12 Abs. 2 Satz 2 in der bis zum 31. Juli 2011 geltenden Fassung, überwiegend in schulzweigübergreifenden Lerngruppen erteilt wird.

(4) [1]Kooperative Gesamtschulen, denen aufgrund von § 12 Abs. 3 Satz 3 in der bis zum 31. Juli 2010 geltenden Fassung eine Gliederung nach Schuljahrgängen genehmigt wurde, können mit dieser Gliederung weitergeführt werden. [2]Der Unterricht ist in schulzweigspezifischen und schulzweigübergreifenden Lerngruppen zu erteilen, wobei der schulzweigspezifische Unterricht ab dem 9. Schuljahrgang überwiegen muss.

Zu Abs. 1: In Satz 1 wird definiert, was eine Kooperative Gesamtschule (KGS) ist. Die Formulierung stammt aus § 12 Abs. 2 in der bis zum 31. Juli 2011 geltenden Fassung. Solche Schulen dürfen seit Inkrafttreten des Gesetzes zur Neuordnung der Schulstruktur in Niedersachsen (ÄndG 11) am 1.8.2011 nicht mehr errichtet werden. Der Gesetzgeber hat sie zugunsten

1

der neuen Schulform Oberschule aus § 12 gestrichen. Am 31. Juli 2011 bestehende KGS können aber unbefristet weitergeführt werden. Für diese 36 KGS ist § 12 Abs. 2 in der bis zum 31. Juli 2011 geltenden Fassung weiter anzuwenden. Darin wird u.a. bestimmt, dass der Unterricht in den Schuljahrgängen 5 bis 10 überwiegend in schulzweigspezifischen Klassenverbänden zu erteilen ist.

Für die weitergeführten KGS gelten grundsätzlich dieselben schulgesetzlichen Bestimmungen wie für die integrierte Variante (siehe Anm. 1 zu § 12). Insbesondere folgt aus § 106 Abs. 2 Sätze 2 und 3, dass die KGS wie die IGS ersetzende Schulform ist. Die Schulträger von KGS sind also von der Pflicht befreit, neben der Gesamtschule Hauptschulen, Realschulen und – beim Vorliegen der in § 106 Abs. 2 Sätze 3 und 5 genannten Voraussetzungen – Gymnasien zu führen. Der in § 106 Abs. 2 enthaltene Satz 4 ist ein Hinweis für die kommunalen Schulträger, dass die in § 106 Abs. 1 genannten schulorganisatorischen Maßnahmen (z.B. Aufhebung, Erweiterung um eine gymnasiale Oberstufe) auch auf die weitergeführten KGS anzuwenden sind, wenn die Entwicklung der Schülerzahlen dies erfordert. Auch eine »Umwandlung« der KGS in eine Oberschule oder eine Integrierte Gesamtschule ist möglich. Da bestehende KGS lediglich »weitergeführt« werden dürfen, findet § 106 Abs. 2 Satz 1 (Errichtung von Gesamtschulen) keine Anwendung (siehe hierzu den Schriftlichen Bericht zum ÄndG 15 – Drucksache 17/3598, S. 18).

2 Zu Abs. 2: Dass auch an den (nach Schulzweigen gegliederten) KGS der Bildungsweg bis zum Abitur neun Jahre dauert, hat das ÄndG 15 bestimmt. Das gilt nach Satz 1 für diejenigen Schülerinnen und Schüler, die sich im Schuljahr 2015/16 in den Schuljahrgängen 5 bis 8 befinden. Die übrigen Schuljahrgänge sind weiterhin unter den gesetzlichen Bestimmungen des »G 8« zu besuchen. Für die nach Schuljahrgängen gegliederten KGS war die Schulverkürzung bis zum Abitur bereits durch das ÄndG 13 rückgängig gemacht worden (siehe hierzu auch Anm. 1 und 3 zu § 12).

3 Zu Abs. 3: Nach Schulzweigen gegliederte KGS erhalten durch diese Bestimmung die Möglichkeit, stärker als bisher von der strikten Schulzweiggliederung abzuweichen. Der Schulvorstand kann nämlich beschließen, dass in den Schuljahrgängen 5 bis 8 der Unterricht nicht in schulzweigspezifischen Klassenverbänden (§ 12 Abs. 2 Satz 2 in der bis zum 31. Juli 2011 geltenden Fassung), sondern überwiegend in schulzweigübergreifenden Lerngruppen erteilt wird. Maßstab für das »Überwiegen« ist nicht die Zahl der schulzweigspezifisch bzw. schulzweigübergreifend unterrichteten Fächer, sondern die der erteilten Wochenstunden.

4 Zu Abs. 4: Nach Schuljahrgängen gegliederte KGS können die ihnen nach altem Schulrecht genehmigte Jahrgangsgliederung fortführen. Zu beachten ist, dass ab dem 9. Schuljahrgang der schulzweigspezifische Unterricht überwiegen muss. Es spricht nichts dagegen, wenn der Schulvorstand unter Beachtung der Vorgaben des Absatzes 3 eine andere Jahrgangsgliederung als die genehmigte beschließen will.

Verweise, Literatur: 5
- Erl. »Die Arbeit in den Schuljahrgängen 5–10 der Kooperativen Gesamtschule (KGS)« vom 03.08.2015 (SVBl. S. 410; SRH 4.520; Schulrecht 482/1), geändert durch Erl. vom 20.05.2020 (SVBl. S. 304)
- Frenzel-Früh, Thorsten: Die Arbeit in den Schuljahrgängen 5–10 der Kooperativen Gesamtschule (KGS) – Regelungen des neuen Grundsatzerlasses, Schulverwaltungsblatt, 2015, H. 12, S. 625

(Dieter Galas)

§ 183c Übergangsvorschriften zur inklusiven Schule

(1) ¹Die §§ 4 und 14 sind für Schülerinnen und Schüler, die auf sonderpädagogische Unterstützung angewiesen sind, erstmals auf die Schuljahrgänge anzuwenden, die sich im Schuljahr 2013/2014 im 1. oder 5. Schuljahrgang befinden. ²Wenn der Schulträger zu den nach Absatz 2 für die inklusive Schule erforderlichen Maßnahmen bereit ist, sind die §§ 4 und 14 bereits im Schuljahr 2012/2013 auf den neuen 1. Schuljahrgang anzuwenden. ³Im Übrigen sind die §§ 4, 14 und 68 in der bis zum 31. Juli 2012 geltenden Fassung weiter anzuwenden.

(2) Für den Primarbereich ist in den Förderschwerpunkten geistige Entwicklung, körperliche und motorische Entwicklung, Sehen und Hören § 108 Abs. 1 Satz 1 bis zum 31. Juli 2018 mit der Maßgabe anzuwenden, dass der Schulträger zur Errichtung der erforderlichen Schulanlagen, zur Ausstattung mit der notwendigen Einrichtung und zur ordnungsgemäßen Unterhaltung von inklusiven Schulen nur insoweit verpflichtet ist, als jede Schülerin und jeder Schüler, die oder der auf sonderpädagogische Unterstützung angewiesen ist, eine Grundschule als inklusive Schule unter zumutbaren Bedingungen erreichen können muss.

(3) Für den Sekundarbereich I ist § 108 Abs. 1 Satz 1 bis zum 31. Juli 2018 mit der Maßgabe anzuwenden, dass der Schulträger zur Errichtung der erforderlichen Schulanlagen, zur Ausstattung mit der notwendigen Einrichtung und zur ordnungsgemäßen Unterhaltung von inklusiven Schulen nur insoweit verpflichtet ist, als jede Schülerin und jeder Schüler, die oder der auf sonderpädagogische Unterstützung angewiesen ist,

1. eine Hauptschule, eine Oberschule oder eine Gesamtschule,

2. eine Realschule, eine Oberschule oder eine Gesamtschule und

3. ein Gymnasium oder eine Gesamtschule

als inklusive Schule unter zumutbaren Bedingungen erreichen können muss.

(4) Auf Antrag des Schulträgers kann die Schulbehörde genehmigen, dass die Absätze 2 und 3 über den 31. Juli 2018 hinaus, längstens bis zum 31. Juli 2024, anzuwenden sind, wenn der Schulträger einen Plan dazu vorlegt, wie er den Anforderungen des § 4 in seinen Schulen Rechnung tragen wird.

(5) ¹Der Schulträger kann bei der Schulbehörde beantragen, dass er am 31. Juli 2018 bestehende Förderschulen im Förderschwerpunkt Lernen im Sekundarbereich I bis längstens zum Ende des Schuljahres 2027/2028 fortführen darf. ²Der Antrag wird genehmigt, wenn die Entwicklung der Schülerzahlen die Fortführung rechtfertigt und der Schulträger einen Plan nach Absatz 4 vorlegt. ³Eine nach Satz 1 fortgeführte Schule darf letztmalig zum Beginn des Schuljahres 2022/2023 Schülerinnen und Schüler in den 5. Schuljahrgang aufnehmen. ⁴Statt der Fortführung einer Förderschule nach Satz 1 kann der Schulträger beantragen, dass er an einer anderen allgemein bildenden Schule im Sekundarbereich I (§ 5 Abs. 2 Nr. 1 Buchst. b bis f) Lerngruppen für Schülerinnen und Schüler mit Bedarf an sonderpädagogischer Unterstützung im Förderschwerpunkt Lernen einrichten und bis längstens zum Ende des Schuljahres 2027/2028 führen darf; die Sätze 2 und 3 gelten entsprechend. ⁵Besteht im Gebiet eines Landkreises oder einer kreisfreien Stadt am 31. Juli 2018 keine Förderschule im Förderschwerpunkt Lernen im Sekundarbereich I, so können Schulträger beantragen, dass sie Lerngruppen für Schülerinnen und Schüler mit Bedarf an sonderpädagogischer Unterstützung im Förderschwerpunkt Lernen im Sekundarbereich I an einer anderen allgemein bildenden Schule (§ 5 Abs. 2 Nr. 1 Buchst. b bis f) einrichten und bis längstens zum Ende des Schuljahres 2027/2028 führen dürfen; die Sätze 2 und 3 gelten entsprechend.

(6) Für Schülerinnen und Schüler mit Bedarf an sonderpädagogischer Unterstützung gilt

1. in den Fällen des Absatzes 2 oder 3 auch die inklusiv betriebene Schule,
2. in den Fällen des Absatzes 5 Satz 4 oder 5 auch die für den Förderschwerpunkt Lernen eingerichtete Lerngruppe

als nächste Schule im Sinne von § 114 Abs. 3 Satz 2.

(7) Am 31. Juli 2015 bestehende Förderschulen im Förderschwerpunkt Sprache können fortgeführt werden.

(8) ¹Für Schülerinnen und Schüler, die auf sonderpädagogische Unterstützung angewiesen sind und die

1. in den Fällen des Absatzes 1 Satz 1 am Ende des Schuljahrs 2012/2013 oder
2. in den Fällen des Absatzes 1 Satz 2 am Ende des Schuljahrs 2011/2012

eine Integrationsklasse besuchen, kann diese Klasse in den nachfolgenden Schuljahrgängen fortgeführt werden, bis jene Schülerinnen und Schüler den jeweiligen Schulbereich verlassen. ²§ 23 Abs. 3 in der bis zum 31. Juli 2012 geltenden Fassung ist weiterhin anzuwenden.

1 Zu Abs. 1: Die durch das »Gesetz zur Einführung der inklusiven Schule« vom 23.3.2012 (ÄndG 12) neu gefassten §§ 4 und 14 wurden – jahrgangsweise aufsteigend – erstmals für diejenigen Schülerinnen und Schüler mit sonderpädagogischem Unterstützungsbedarf wirksam, die sich im Schuljahr 2013/14 im 1. oder 5. Schuljahrgang befanden. Für alle anderen

betroffenen Schülerinnen und Schüler sind die beiden genannten Paragrafen in der bis zum 31. Juli 2012 geltenden Fassung weiter anzuwenden. Das gilt auch für den durch das ÄndG 12 aufgehobenen § 68 mit der Folge, dass die Entscheidung, welche Schule Schülerinnen und Schüler mit Behinderungen zu besuchen haben, bei der Schulbehörde und nicht bei den Erziehungsberechtigten liegt. In diesem Zusammenhang bleiben auch die »Verordnung zur Feststellung sonderpädagogischen Förderbedarfs« vom 1.11.1997 (Nds. GVBl. S. 458) und der dazu ergangene ergänzende Erlass vom 6.11.1997 (SVBl. S. 385) weiter anwendbar.

Im Schuljahr 2013/14 wurden von den Schülerinnen und Schülern mit sonderpädagogischem Unterstützungsbedarf 30 % im 1. und 25 % im 5. Schuljahr inklusiv beschult (siehe auch Anm. 1 zu § 4).

Satz 2 ermöglicht die Anwendung der neuen §§ 4 und 14 bereits für diejenigen Schülerinnen und Schüler mit sonderpädagogischem Unterstützungsbedarf, die sich im Schuljahr 2012/13 im 1. Schuljahrgang befanden. Voraussetzung ist, dass der kommunale Schulträger bereits zu diesem Zeitpunkt zu bestimmten, in Absatz 2 näher bezeichneten Maßnahmen (z.B. Einrichtung von »Schwerpunktschulen« für bestimmte Förderschwerpunkte) bereit ist. Von dieser Möglichkeit hatten 14 kommunale Schulträger mit insgesamt 27 Grundschulen Gebrauch gemacht.

Zu Abs. 2: Zur Umgestaltung aller Schulen in inklusive Schulen (siehe 2 § 4) wird den kommunalen Schulträgern eine bis zum 31.7.2018 reichende Übergangsfrist eingeräumt (zur Verlängerung dieser Frist siehe Anm. 4). Bis dahin können die Schulträger ihrer Verpflichtung, die erforderlichen Schulanlagen zu errichten, mit der notwendigen Einrichtung auszustatten und ordnungsgemäß zu unterhalten (siehe § 108 Abs. 1 Satz 1), dadurch nachkommen, dass sie die inklusive Beschulung ab dem Schuljahr 2013/14 (beginnend mit dem 1. Schuljahrgang) in »Schwerpunktschulen« sicherstellen. Dabei muss gewährleistet sein, dass für Schülerinnen und Schüler mit Bedarf an sonderpädagogischer Unterstützung wenigstens eine inklusive Grundschule unter zumutbaren Bedingungen erreichbar sein muss. Unter »zumutbaren Bedingungen« können die Grenzen verstanden werden, die die Rechtsprechung für die Schülerbeförderung entwickelt hat (siehe Anm. 3 zu § 114).

Die Schwerpunktschule muss nicht zwingend im Gebiet des Trägers der Grundschule(n) liegen. Absatz 2 bietet den Schulträgern »Gelegenheit, auch im Wege interkommunaler Zusammenarbeit den Anforderungen an inklusive Schulen zu entsprechen« (Begründung des Inklusionsgesetzes, Landtagsdrucksache 16/4137, S. 14).

Die Übergangsfrist gilt nur für die Förderschwerpunkte geistige Entwicklung, körperliche und motorische Entwicklung, Sehen und Hören; nur für diese dürfen Schwerpunktschulen ausgewiesen werden. Dagegen sind bezüglich der Förderschwerpunkte Lernen, Sprache sowie emotionale und soziale Entwicklung ab dem Schuljahr 2013/14 alle Grundschulen inklusive Schulen. Mit dieser Regelung hat der Gesetzgeber die positiven

Erfahrungen der in Niedersachsen seit Jahren praktizierten Regionalen Integrationskonzepte aufgegriffen, die ebenfalls die drei genannten Förderschwerpunkte betreffen. Es kommt hinzu, dass hierfür grundsätzlich keine besonderen baulichen Maßnahmen ergriffen werden müssen.

3 **Zu Abs. 3:** Für die Umgestaltung der Schulen des Sekundarbereichs I in inklusive Schulen gilt dieselbe Übergangsfrist wie für den Primarbereich. Auch hier genügt es, ab dem Schuljahr 2013/14 (beginnend mit dem 5. Schuljahrgang) bis zum 31.07.2018 (ggf. 31.07.2024 – siehe Anm. 4) »Schwerpunktschulen« vorzuhalten, damit die Eltern von Kindern mit Behinderungen auch in der Übergangszeit die Wahl zwischen einer »allgemeinen« und einer Förderschule haben. Anders als im Primarbereich (siehe Anm. 2) sind die Schwerpunktschulen für alle Förderschwerpunkte zu benennen und entsprechend auszustatten. Da mindestens für die Förderschwerpunkte Lernen, Sprache sowie emotionale und soziale Entwicklung grundsätzlich keine baulichen Maßnahmen notwendig werden, darf erwartet werden, dass hierfür die Übergangsfrist nicht voll ausgeschöpft wird. Sofern keine Hinderungsgründe bezüglich der Ausstattung und Unterhaltung (§ 108 Abs. 1 Satz 1) bestehen, entfällt das Schutzbedürfnis der Schulträger mit der Folge, dass ihre den Sekundarbereich I umfassenden Schulen ab dem Schuljahr 2013/14 jahrgangsweise aufsteigend inklusiv sind.

Mit der Ausweisung von Schwerpunktschulen haben die Schulträger sicherzustellen, dass Schülerinnen und Schüler, die auf sonderpädagogische Unterstützung angewiesen sind, mindestens eine inklusive Hauptschule, eine inklusive Realschule oder ein inklusives Gymnasium unter zumutbaren Bedingungen erreichen können müssen.

Da die Schulträger von Gesamtschulen von der Pflicht befreit sind, neben der Gesamtschule Hauptschulen, Realschulen und Gymnasien zu führen (siehe § 106 Abs. 2), genügt es, für die eine herkömmliche allgemeine Schule nachfragenden Schülerinnen und Schüler mit sonderpädagogischem Unterstützungsbedarf eine inklusive Gesamtschule als Schwerpunktschule auszuweisen. An die Stelle einer inklusiven Hauptschule oder einer inklusiven Realschule kann als inklusive Schwerpunktschule auch eine diese beiden Schulformen ersetzende Oberschule treten (siehe § 106 Abs. 3).

Da sie die herkömmlichen Schulformen des Sekundarbereichs I ersetzen können, sind mit Inkrafttreten des ÄndG 15 am 01.08.2015 alle Gesamtschulen inklusiv, falls ihre Träger von der Ersetzungsoption Gebrauch machen.

Bei der Einrichtung von Schwerpunktschulen ist auch im Sekundarbereich I eine interkommunale Verständigung unter Beachtung der »zumutbaren Bedingungen« zulässig.

4 **Zu Abs. 4:** Den Schulträgern von Schulen des Primarbereichs und des Sekundarbereichs I wird die Möglichkeit eröffnet, über den 31. Juli 2018 hinaus bis zum 31.07.2024 Schwerpunktschulen als inklusive Schulen zu führen. Wollen sie davon Gebrauch machen, müssen sie der genehmigenden Schulbehörde darlegen, mit welchen Maßnahmen der regionalen Schulent-

wicklung sie **alle** Schulen zu inklusiv arbeitenden Schulen machen wollen. Dieses Ziel muss spätestens am 31. Juli 2024 erreicht sein.

Für die durch die Einführung der inklusiven Schule verursachten erheblichen und notwendigen sächlichen Kosten gewährt das Land den Schulträgern der öffentlichen und privaten Schulen einen finanziellen Ausgleich (siehe Anm. 9)

Zu Abs. 5: Seine jetzige Fassung hat Absatz 5 durch das ÄndG 18 erhalten. Bis zum Inkrafttreten dieses Gesetzes am 06.03.2018 galt, dass die Förderschule mit dem Förderschwerpunkt Lernen dergestalt »auslief«, dass letztmalig zum Beginn des Schuljahres 2016/17 ein 5. Schuljahrgang eingerichtet werden konnte. Zum Zeitpunkt des Inkrafttretens des ÄndG 18 umfassten die bestehenden Förderschulen Lernen also nur noch die Schuljahrgänge 6 bis 9 (10). Mit dem neuen Absatz 5 bleibt im Sekundarbereich I für Schülerinnen und Schüler mit sonderpädagogischem Unterstützungsbedarf im Förderschwerpunkt Lernen die Möglichkeit der Wahl zwischen dem Besuch einer allgemeinen inklusiven Schule oder eines Förderschulangebots befristet erhalten.

Nach den Sätzen 1 bis 3 der Neuregelung können nun am 31. Juli 2018 bestehende Förderschulen mit dem Förderschwerpunkt Lernen im Sekundarbereich I einen längstens bis zum Ende des Schuljahres 2027/28 reichenden Bestandsschutz erhalten; sie dürfen auch wieder Schülerinnen und Schüler in den 5. Schuljahrgang aufnehmen, dies aber letztmalig zum Beginn des Schuljahres 2022/23. Voraussetzung für die befristete Fortführung ist ein Antrag des Schulträgers an die Landesschulbehörde. In dem Antrag muss dargelegt werden, dass die Entwicklung der Schülerzahlen die Fortführung rechtfertigt. Maßstab hierfür sind die Bestimmungen der Verordnung für die Schulorganisation (§ 4 Abs. 3 SchOrgVO). Der Antrag des Schulträgers muss außerdem einen »Plan nach Absatz 4« enthalten. Darin muss beschrieben sein, wie den Anforderungen des § 4 in den Schulen des Schulträgers Rechnung getragen werden soll. Das Kultusministerium hat hierzu »Hinweise für die kommunalen Schulträger« herausgegeben (siehe Anm. 9). Sind die Antragsvoraussetzungen erfüllt, hat die Landesschulbehörde bezüglich der Genehmigung keinen Ermessensspielraum (»wird genehmigt«).

Wird die Förderschule fortgeführt, kann sie auch die aufgrund des ÄndG 15 entstandene Einschulungslücke – 6. Schuljahrgang im Schuljahr 2018/19 (siehe Anm. 1 zu § 14) – schließen. Voraussetzung ist, dass der Schulträger zustimmt und dass für eine ausreichende Anzahl von Schülerinnen und Schülern mit Unterstützungsbedarf im Förderschwerpunkt Lernen der Übergang genehmigt wird (siehe § 12 Abs. 2 WeSchVO).

Von den Schulträgern einer Förderschule mit dem Förderschwerpunkt Lernen haben 64 die Fortführung ihrer Förderschule beantragt. Zu Beginn des Schuljahres 2018/19 wurden an 51 Förderschulen insgesamt 58 Klassen für den 5. Schuljahrgang eingerichtet.

Schulträger, die am Auslaufen ihrer Förderschule Lernen nach den bis zum 05.03.2018 geltenden Bestimmungen festhalten wollen, können aber nach Satz 4 beantragen, »an **einer** anderen allgemein bildenden Schulen im Sekundarbereich I« für Schülerinnen und Schüler mit Bedarf an sonderpädagogischer Unterstützung im Förderschwerpunkt Lernen »Lerngruppen« einzurichten. Diese dürfen längstens bis zum Ende des Schuljahres 2027/28 mit der Folge geführt werden, dass letztmalig zum Beginn des Schuljahres 2022/23 eine solche Lerngruppe im 5. Schuljahrgang eingerichtet werden kann. Zu den »allgemein bildenden Schulen« gehören nach § 5 Abs. 2 Nr. 1 auch die Förderschulen aller Förderschwerpunkte, die aber durch den Klammerzusatz (»§ 5 Abs. 2 Nr. 1 Buchst. b bis f«) – ebenso wie die Grundschulen – ausgenommen werden. An ihnen können also keine Lerngruppen für Schülerinnen und Schüler mit Lern-Beeinträchtigungen gebildet werden. Für den Antrag des Schulträgers gelten dieselben Voraussetzungen wie für den auf Fortführung ihrer Förderschule Lernen. Das bedeutet u. a., dass nach § 4 Abs. 3 SchOrgVO eine Lerngruppe mindestens 13 Schülerinnen und Schüler umfassen müsste.

Falls der Schulträger der Förderschule nicht zugleich Schulträger der allgemeinen Schule ist, kann nach § 104 vereinbart werden, die Lerngruppen an einer weiterführenden Schule eines anderen Schulträgers zu führen.

Reichen beim Auslaufen einer Förderschule Lernen die Schülerzahlen für die Einrichtung von mehr als einer Lerngruppe, ist es nicht möglich, diese an verschiedenen Schulen anzusiedeln. Gibt es hingegen am 31. Juli 2018 im Bereich eines Schulträgers mehr als eine Förderschule mit dem Schwerpunkt Lernen, die nach den Sätzen 1 bis 3 nicht fortgeführt werden sollen, kann der Schulträger beantragen, Lerngruppen für Schülerinnen und Schülern mit Lern-Beeinträchtigungen an mehr als einer allgemeinen Schule des Sekundarbereichs I einzurichten (Schriftlicher Bericht zum ÄndG 18 – Landtagsdrucksache 18/406, S. 4). Schulträger mit mehr als einer Förderschule Lernen können aber auch von beiden in Absatz 5 angebotenen Möglichkeiten – Fortführung nach den Sätzen 1 bis 3 und Einrichtung von Lerngruppen nach Satz 4 – Gebrauch machen.

Das Angebot des Satzes 4 ist von den Schulträgern nicht angenommen worden. Lediglich in einem einzigen Fall ist es zu Beginn des Schuljahres 2018/19 zur Einrichtung von Lerngruppen gekommen.

Satz 5 lässt die befristete Einrichtung von Lerngruppen auch dort zu, wo es im Gebiet eines Landkreises oder einer kreisfreien Stadt am 31. Juli 2018 bereits keine Förderschule mit dem Förderschwerpunkt Lernen mehr gibt. Antragstellender Schulträger ist in diesem Fall der Landkreis bzw. die kreisfreie Stadt. Nach § 104 Satz 2 sind zwischen den Gebietskörperschaften Vereinbarungen möglich, die Lerngruppen an denjenigen weiterführenden Schulen zu führen, die nach Übertragung der Schulträgerschaft (§ 102 Abs. 3) in der Verantwortung der kreisangehörigen Gemeinden stehen. Von der in Satz 5 angebotenen Möglichkeit ist aber kein Gebrauch gemacht worden.

Übergangs- und Schlussvorschriften § 183c **NSchG**

Das Gesetz enthält keine Bestimmung darüber, dass die Anträge der Schulträger für die Fortführung ihrer Förderschule Lernen oder für die Einrichtung von Lerngruppen nur im Einvernehmen mit den betroffenen Schulen gestellt werden können. Die Schulträger sind aber gut beraten, sich vor der Antragstellung der Zustimmung der betroffenen Schulen zu versichern. Unerlässlich dürfte bei diesen schulorganisatorischen Maßnahmen aber eine Beteiligung des Gemeinde- bzw. des Kreiselternrates sein (siehe § 99 Abs. 1 Satz 3). Als Zeitpunkt für die Nutzung der beiden dargestellten Alternativen bietet sich der Beginn des Schuljahres 2018/19 an. Anträge des Schulträgers für spätere Schuljahre sind zwar nicht unzulässig, haben aber bei der Fortführung der Förderschule zur Folge, dass die Einschulungslücke immer größer wird.

Die Lerngruppen nach den Sätzen 4 und 5 dürfen nicht mit »Kooperationsklassen« verwechselt werden, die der Erlass vom 01.02.2005 (siehe Anm. 9) vorsieht. Das sind Klassen von Förderschulen, die an anderen allgemein bildenden Schulen geführt werden können, aber organisatorisch in der Zuständigkeit der Förderschule verbleiben. Dagegen stehen die Lerngruppen nach den Sätzen 4 und 5 sowohl in pädagogischer als auch in organisatorischer Hinsicht in der Verantwortung der Schulen, an denen sie eingerichtet worden sind. Für sie gelten § 106 Abs. 6 Satz 1 Nr. 2 zweiter Halbsatz (Gliederung in Schulzweige) sowie § 106 Abs. 6 Sätze 2 und 3 entsprechend.

Zu Abs. 6: Abs. 6 ist durch das ÄndG 18 in § 183c eingefügt worden. Darin **6** wird geregelt, was für Schülerinnen und Schüler mit Bedarf an sonderpädagogischer Unterstützung die »nächste Schule« ist. Nach § 114 Abs. 3 Satz 1 besteht die Beförderungs- oder Erstattungspflicht der Landkreise und kreisfreien Städte nur für den Besuch der räumlich »nächsten Schule«. Die Vorschrift hat statt in § 114 (Schülerbeförderung) deshalb Eingang in die Übergangsvorschrift des § 183c gefunden, weil sie die nur übergangsweise bestehenden »Schwerpunktschulen« (siehe Absätze 2 und 3) und die befristet einzurichtenden Lerngruppen (siehe Absatz 5 Sätze 4 und 5) betrifft. Bis zum Inkrafttreten des ÄndG 18 am 06.03.2018 gab es bezüglich der Schülerbeförderung zu den Schwerpunktschulen eine Regelungslücke.

Wählen Erziehungsberechtigte nach Nr. 1 für ihre Kinder mit sonderpädagogischem Unterstützungsbedarf statt der zuständigen Förderschule die »inklusiv betriebene Schule« (Schwerpunktschule – siehe Anm. 3), gilt auch diese als »nächste Schule« mit der Folge der kostenlosen Beförderung.

Nr. 2 gilt für Schülerinnen und Schüler mit sonderpädagogischem Unterstützungsbedarf im Förderschwerpunkt Lernen. Besuchen sie statt der zuständigen allgemeinen inklusiven Schule die an einer weiterführenden Schule eingerichtete Lerngruppe nach Absatz 5 Satz 4 oder 5, so gilt auch diese Schule als »nächste Schule«.

Zu Abs. 7: Die nach § 14 Abs. 1 nicht mehr vorgesehenen Förderschulen **7** mit dem Schwerpunkt Sprache erhalten durch Absatz 6 einen unbefristeten Bestandsschutz. Neue Förderschulen dieses Typs dürfen aber nicht mehr errichtet werden. Der Bestandsschutz gilt auch für die bestehenden

Sprachförderklassen an Förderschulen und allgemeinen Schulen (siehe Anm. 7 zu § 14).

8 Zu Abs. 8: Das ÄndG 12 hat die Integrationsklasse als »besondere Organisation« aus dem Schulgesetz gestrichen (siehe Anm. 1 zu § 23). Absatz 7 soll sicherstellen, dass Schülerinnen und Schüler mit sonderpädagogischem Unterstützungsbedarf so lange in einer am Ende des Schuljahres 2012/13 bestehenden Integrationsklasse beschult werden können, bis sie den »jeweiligen Schulbereich« verlassen. Schulbereiche sind nach § 5 Abs. 3 der Primarbereich (Schuljahrgänge 1 bis 4) und der Sekundarbereich I (Schuljahrgänge 5 bis 10). Für die Fortführung soll § 23 Abs. 3 in der bis zum 31.07.2012 geltenden Fassung weiterhin angewendet werden.

9 Verweise, Literatur:

- Gesetz über finanzielle Leistungen des Landes wegen der Einführung der inklusiven Schule vom 12.11.2015 (Nds. GVBl. S. 313), geändert durch Art. 7 des Gesetzes vom 15.12.2016 (Nds. GVBl. S. 301)
- Verordnung für die Schulorganisation (SchOrgVO) vom 17.02.2011 (Nds. GVBl. S. 62; SVBl. S. 106; SRH 2.015; Schulrecht 272/19), zuletzt geändert durch Art. 2 des Gesetzes vom 19.06.2013 (Nds. GVBl. S. 165)
- Erl.»Sonderpädagogische Förderung« vom 01.02.2005 (SVBl. S. 49; berichtigt S. 135; SRH 4.625 außer Kraft mit Ablauf des 31.12.2012)
- Nieders. Kultusministerium: Anwendung des § 183c Abs. 5 NSchG – Hinweise für die kommunalen Schulträger (www.landesschulbehoerde-niedersachsen.de/themen/inklusion/fortfuehrung-der-foerderschule-lernen)
- *Waje, Marie-Christina/Wachtel, Peter:* Zur Realisierung der inklusiven Schule in Niedersachsen, Schulverwaltungsblatt, 2013, H. 7, S. 277

(Dieter Galas)

§ 184 Übergangsregelung für die Berufung in den Landesschulbeirat

Die Berufung der Vertreterinnen und Vertreter nach § 171 Abs. 1 Nr. 4 Buchst. f bis h erfolgt erstmalig im ersten Kalendervierteljahr 2018 zusammen mit der Berufung der übrigen Vertreterinnen und Vertreter nach § 171 Abs. 1 Nr. 4.

1 Allg.: Mit dem ÄndG 15 wurde der Landesschulbeirat um insgesamt drei Mitglieder der nach § 171 Abs. 1 Nr. 4 in den Buchstaben f, g und h genannten Entsendungsberechtigten erweitert. Danach soll eine gemeinsame Vertreterin oder ein gemeinsamer Vertreter auf Vorschlag des Landesverbandes der Jüdischen Gemeinden von Niedersachsen und des Landesverbandes Israelitischer Kultusgemeinden von Niedersachsen (Buchst. f) berufen werden. Die Berufung eines weiteren gemeinsamen Mitglieds soll auf Vorschlag der islamischen Verbände (Buchst. g) auf Vorschlag der Verbände

Schura Niedersachsen – Landesverband der Muslime in Niedersachsen – und DITIB – Landesverband der Islamischen Religionsgemeinschaften in Niedersachsen und Bremen e.V. – erfolgen. Ferner soll noch ein Mitglied von der Alevitischen Gemeinde Deutschland e.V. (Buchst. h) vorgeschlagen und vom MK in den Beirat berufen werden.

Die Übergangsregelung terminiert die erstmalige Berufung der zusätzlichen Mitglieder.

Die Gesamtzahl der Beiratsmitglieder steigt durch die Neuberufungen von 35 auf 38. Um das Stimmverhältnis nicht innerhalb einer Amtszeit zu verändern, soll die Erweiterung des Gremiums erst zu Beginn einer neuen Amtszeit erfolgen.

Die Übergangsregelung ist nach der Berufung obsolet und kann im Rahmen einer Rechtsbereinigung aufgehoben werden.

Zum einzigen Satz: § 184 stellt fest, dass die neu aufzunehmenden Mitglieder des Landesschulbeirats erstmals in der auf das Inkrafttreten des Gesetzes folgenden Amtszeit berufen werden.

Die »gemeinsame« Amtszeit der Mitglieder (vgl. Schriftl. Bericht i. d. Drs. 17/3598) der bisher vorschlagsberechtigten Verbände hatte mit deren Berufung am 20.2.2015 begonnen und endete am 19.2.2018.

Verweise, Literatur:

- Verordnung über die Berufung und die Wahl der Mitglieder des Landesschulbeirats vom 22.12.1999 (Nds. GVBl. S. 441; SVBl. 2000 S. 91), geändert durch VO vom 19.06.2017 (Nds. GVBl. S. 229; SVBl. S. 498)

(Karl-Heinz Ulrich)

§ 184a   – aufgehoben –

§ 184b   – aufgehoben –

§ 185   Übergangsregelung für die Berufseinstiegsschule

[1]**Am 31. Juli 2020 bestehende Berufseinstiegsschulen, die nur das Berufsvorbereitungsjahr führen, können als Klasse 1 der Berufseinstiegsschule weitergeführt werden.** [2]**Am 31. Juli 2020 bestehende Berufseinstiegsschulen, die nur die Berufseinstiegsklasse führen, können als Klasse 2 der Berufseinstiegsschule weitergeführt werden.**

Durch die Neugestaltung der Berufseinstiegsschule (BES) wurden mit ÄndG 19 die bisher getrennten, jeweils ein Jahr dauernden Bildungsgänge »Berufsvorbereitungsjahr (BVJ)« und »Berufseinstiegsklasse (BEK)« in einer aufbauenden zweijährigen Schulform mit Ziel der individuellen Förderung zusammen geführt. Allerdings kann die Berufseinstiegsschule künftig auch nur in Klasse 1 oder nur in Klasse 2 besucht werden.

Mit dieser Regelung wird sichergestellt, dass es derzeit anerkannte Ersatzschulen gibt, die lediglich einen der beiden bisher getrennten Bildungsgänge »Berufsvorbereitungsjahr« und »Berufseinstiegsklasse« angeboten haben. Um das Bildungsangebot dieser Ersatzschulen auch ab dem Schuljahr 2020/2021 in gleicher Weise zu ermöglichen (Bestandsschutz), können diese Schulen in freier Trägerschaft weiterhin lediglich eine Klasse des nunmehr einheitlichen Bildungsgangs der Schulform der Berufseinstiegsschule nach § 17 NSchG führen.

(Friedrich-Wilhelm Krömer)

§ 185a – aufgehoben –

§ 186 Schulträgerschaft für allgemein bildende Schulen

Gemeinden und Samtgemeinden bleiben abweichend von § 102 Abs. 2 Schulträger der allgemein bildenden Schulformen, für die ihre Schulträgerschaft am 1. August 1980 bestanden hat.

1 **Allg.**: Die Bestimmung ist durch das ÄndG 80, das den Zugang der Gemeinden und Samtgemeinden zur Schulträgerschaft der allgemein bildenden Schulen wesentlich erleichtert hat, eingefügt worden. Sie sollte sicherstellen, dass diese Kommunen, die die Schulträgerschaft bereits aufgrund der Vorgängerbestimmung des § 102 übernommen hatten, nicht erneut einen Antrag auf Übertragung der Schulträgerschaft stellen mussten. Andernfalls hätte bei Inkrafttreten des Gesetzes der Zuständigkeitsvorrang des Landkreises greifen können, noch ehe die bisherigen Träger sachgerecht Gelegenheit gehabt hätten, Anträge auf das Belassen der Schulträgerschaft zu stellen.

Der Bestimmung kommt nunmehr eine beweissichernde Bedeutung zu.

2 **Zum einzigen Absatz:** Die Bestimmung regelt den Bestandsschutz der Schulträgerschaft von Gemeinden und Samtgemeinden, die am 01.08.1980 bereits Träger allgemein bildender Schulformen waren. Der angegebene Stichtag ist auf den Termin des Inkrafttretens des ÄndG 80 zurückzuführen.

Hinsichtlich einer Rückübertragung der Schulträgerschaft auf den Landkreis wird auf die Anm. 5 zu § 102 verwiesen. Aus der Formulierung, dass die Gemeinden und Samtgemeinden Schulträger »bleiben«, kann vor dem Hintergrund der Entstehungsgeschichte der Bestimmung nicht der gesetzgeberische Wille herausgelesen werden, dass eine Rückübertragung weder im Wege der Aufhebung des ursprünglichen Übertragungsverwaltungsaktes noch durch eine Vereinbarung zwischen den kreisangehörigen Gemeinden und Samtgemeinden und dem Landkreis möglich sein soll. Ein solches Ergebnis wäre unverhältnismäßig und würde unangemessen in die kommunale Selbstverwaltung eingreifen.

(Karl-Heinz Ulrich)

§ 187 Übergang von Schulvermögen

(1) ¹Ändert sich nach den Vorschriften dieses Gesetzes die Schulträgerschaft, so gehen Grundstücke, die unmittelbar schulischen Zwecken dienen, Schuleinrichtungen und sonstige mit der Schulträgerschaft unmittelbar verbundene Rechte und Verpflichtungen auf den neuen Schulträger über. ²Die Schulbehörden ersuchen die zuständigen Behörden um Berichtigung des Grundbuches und anderer öffentlicher Bücher und Register. ³Rechtshandlungen, die aus Anlass eines Wechsels der Schulträgerschaft erforderlich werden, sind frei von öffentlichen Abgaben. ⁴Das gleiche gilt für Berichtigungen, Eintragungen und Löschungen. ⁵Von Beurkundungs- und Beglaubigungsgebühren wird Befreiung gewährt.

(2) ¹Führt ein gesetzlicher Wechsel in der Schulträgerschaft nach Absatz 1 dazu, dass eine Schulanlage in das Eigentum verschiedener Schulträger fällt, so haben die beteiligten Schulträger ihre Rechte und Verpflichtungen durch eine Vermögensauseinandersetzung zu regeln. ²Dabei sind der jetzige Verwendungszweck des betroffenen Schulvermögens, der mittelfristige Bedarf der beteiligten Schulträger und die Aufwendungen des bisherigen Schulträgers zu berücksichtigen. ³Die Landesregierung wird ermächtigt, das Verfahren, insbesondere die Einsetzung von Schiedsstellen, und die Grundsätze der Auseinandersetzung durch Verordnung näher zu regeln. ⁴Im Übrigen gilt Absatz 1 Sätze 3 bis 5 entsprechend.

(3) Im Fall des § 102 Abs. 5 sind Absatz 1 Sätze 3 bis 5 sowie Absatz 2 entsprechend anzuwenden.

Allg.: Die Vorschrift regelt im Wesentlichen den Übergang von Schulvermögen für Fälle, in denen kraft Schulgesetzes eine Änderung der Schulträgerschaft eintritt. Ein solcher gesetzlich bedingter Wechsel fand Anfang der Siebziger Jahre statt, als die Schulträgerschaft im Zuge der Verwaltungs- und Gebietsreform sowie der Umsetzung bildungspolitischer Zielvorstellungen für Schulen der Sekundarbereiche grundsätzlich auf die Landkreise und kreisfreien Städte überging. Nachfolgende Änderungsgesetze zum Schulgesetz haben die Schulträgerzuständigkeiten nicht grundlegend verändert. Die Vorschrift fristet folglich seit Jahrzehnten ein Schattendasein. 1

Zu Abs. 1: Satz 1 stellt klar, dass die Vorschrift nur in den Fällen zur Anwendung kommt, in denen kraft schulgesetzlicher Anordnung eine Änderung der Schulträgerschaft vorgenommen wird. Selbst eine kommunalverfassungsrechtliche Bestimmung im NKomVG bliebe insofern unbeachtlich. 2

Fälle, in denen die Schulträgerschaft durch Entscheidung (Verwaltungsakt) der Schulbehörde nach § 102 Abs. 3 übertragen wird oder in denen durch Aufhebung eines solchen Verwaltungsaktes nach den Bestimmungen der §§ 48, 49 VwVfG eine Rückübertragung erfolgt, unterliegen nicht der Vorschrift. Hier bedarf es besonderer Vereinbarungen über die Auseinandersetzung der beteiligten Schulträger, wenn Schulvermögen u. Ä. übergehen sollen.

Auf den neuen Schulträger sollen nur Grundstücksrechte und andere Rechte und Verpflichtungen übergehen, die mit der Schulträgerschaft in unmittelbarem Zusammenhang stehen, nicht hingegen z.b. Vermögen, das in der Vergangenheit der Finanzierung der Schule dienen sollte. Zur Schulträgerschaft gehören auch Vermögensrechte und vermögensrechtliche Pflichten, die nicht unmittelbar mit einer bestimmten Schule verbunden sind, wie z.b. Sportanlagen für mehrere Schulen. Zu übernehmen ist auch der Schuldendienst für die Darlehen, die für die übergegangenen Schulbauten aufgenommen worden sind (vgl. Begründung in Drs. 7/2190).

Der Eigentumsübergang tritt kraft Gesetzes ein. Die Bestimmungen in den Sätzen 2 bis 5 stellen sicher, dass alle in der Folge erforderlichen Verwaltungsmaßnahmen zur Erfassung der Eigentumsverhältnisse sowie der bestehenden Lasten und Beschränkungen (insbes. alle Grundbuchangelegenheiten) möglichst unbürokratisch abgewickelt werden können.

Der Übergang des Eigentums erfolgt im Falle eines schulgesetzlich bestimmten Schulträgerwechsels ohne Entschädigung. Ein Anspruch auf eine »Enteignungsentschädigung«, der sich theoretisch auf die grundrechtlichen Eigentumsgarantien des Art. 14 GG gründen könnte, steht dem belasteten gegenüber dem begünstigten Schulträger für derartige Eingriffe in die Eigentümerstellung nicht zu, weil Gebietskörperschaften als Teil der kompetenzwahrnehmenden staatlichen Organisation nicht grundrechtsfähig sind (vgl. Maunz, Dürig, Herzog, Kommentar zum GG, RdNr. 46 zu Art. 19 Abs. 3 GG) und sie daher keine verfassungsrechtlich geschützte Position besitzen. Das Eigentum an Schulvermögen steht einer Kommune schließlich nicht zu, um ihr in ihren eigenen Interessen Rechte zu verschaffen, sondern um sie zur Wahrnehmung öffentlicher Aufgaben zu befähigen (vgl. Urt. d. BGH v. 31.10.1974, NJW 1975 S. 158).

3 **Zu Abs. 2:** Sofern Schulen durch eine Neuordnung der Schulträgerschaft nach Bereichen getrennt und zwei verschiedenen Schulträgern zugewiesen werden (denkbar z.B. bei einer Grund- und Hauptschule in einem Schulzentrum), kann die Auseinandersetzung über das Schulvermögen nur durch eine Vereinbarung geregelt werden. Die Grundsätze für die in den Jahren 1975 und 1976 notwendige Auseinandersetzung wurden in der Verordnung über die Vermögensauseinandersetzungen zwischen Schulträgern bei gemeinsamen Schulanlagen vom 16.11.1976 (Nds. GVBl. S. 291) festgelegt. Die Verordnung ist gut zehn Jahre später als sog. unechte Zeitnorm, die erkennbar nur für einen bestimmten Anlass gelten sollte, außer Kraft getreten. Die Bestimmungen zur unbürokratischen Abwicklung der erforderlichen Verwaltungsmaßnahmen wurden für entsprechend anwendbar erklärt.

4 **Zu Abs. 3:** § 102 Abs. 5 ermöglicht in Einzelfällen nachträglich notwendig werdende Korrekturen der Übertragung der Schulträgerschaft. Die Bestimmungen zur erleichterten Abwicklung der erforderlichen Verwaltungsmaßnahmen zur Vermögensauseinandersetzung sollen hier entsprechende Anwendung finden. Grundsätzlich sollen sich die Landkreise und kreisangehörigen Gemeinden über derartige Änderungen in eigener Zuständigkeit verständigen und die vermögensrechtlichen Folgen des

Schulträgerwechsels durch eine Vereinbarung regeln. Verfassungsrechtlich bedenklich ist allerdings die Regelung, dass die Schulbehörde bei Nichteinigung der Kommunen als Schiedsstelle eine Entscheidung in dieser Angelegenheit des eigenen Wirkungskreises treffen soll.

Verweise, Literatur: 5
- *Toboll, Reinhard:* Schulträgerwechsel: Gesetzliche Möglichkeit ohne reale Erfolgsaussicht? Eine Bestandsaufnahme der rechtlichen Ausgangssituation und praktische Lösungsansätze, Schulverwaltung, Ausgabe Niedersachsen, 2011, H. 6, S. 180

(Karl-Heinz Ulrich)

§ 188   Kostenerstattung für Bedienstete Dritter

¹Bedienstete Dritter, die Schülerinnen oder Schüler mit Behinderungen außerschulisch betreuen, können abweichend von § 53 Abs. 1 Satz 1 als pädagogische Mitarbeiterinnen oder Mitarbeiter an einer Förderschule beschäftigt werden, wenn und soweit in dieser Funktion Bedienstete Dritter am 31. Juli 1991 dort beschäftigt waren. ²Die dafür erforderlichen Kosten trägt das Land.

Allg.: Im Haushaltsgesetz von 1986 wurde das Kultusministerium erstmals ermächtigt, abweichend von der grundsätzlichen schulgesetzlichen Bestimmung zur Beschäftigung pädagogischer Mitarbeiterinnen und Mitarbeiter sowie von Betreuungskräften die notwendigen persönlichen Kosten für Bedienstete Dritter, die außerschulische Schülerinnen oder Schüler mit Behinderungen betreuen, zu erstatten, sofern ihre Tätigkeit auch im Schulbetrieb ausgeübt wurde. Die Ermächtigung wurde bis einschließlich 1993 alljährlich haushaltsgesetzlich neu erteilt. Da der Erlass gesetzlicher Regelungen, die über das Haushaltsjahr hinaus langfristig Bestand haben sollen, im Haushaltsgesetz unzweckmäßig ist, wurde die Regelung durch das ÄndG 93 in das NSchG übernommen. Durch das ÄndG 2012 wurde sie dem neuen Sprachgebrauch angepasst und marginal verändert. Da es seit dem ÄndG 2002 für das von Kooperationspartnern gestellte Betreuungspersonal eine Öffnung für eine Beschäftigung in Schulen in § 53 Abs. 1 Satz 2 gibt, ist diese Personengruppe in § 188 nun nicht mehr aufgeführt. 1

Bei der Kostenerstattungsvorschrift handelt es sich um eine Ermächtigung zur Regelung von Einzelfällen, die an bestimmten Förderschulen – deren Standorte sich oft in räumlicher Nähe von Heimen befinden –, denkbar sind. Sie erlaubt eine begrenzte Tätigkeit von z.B. bei Wohlfahrtseinrichtungen angestellten Bediensteten als pädagogische Mitarbeiterinnen und Mitarbeiter sowie als Betreuungspersonal an Förderschulen. Als Schulbegleiter übernehmen diese Beschäftigten beispielsweise stundenweise eine individuelle Betreuung durch Pflegehilfe und Hilfestellung im Unterricht.

Zu Satz 1: Der Begriff »Bedienstete« ist angesichts des ursprünglichen, nichtstaatlichen Beschäftigungsarbeitgebers ungewöhnlich, vermutlich soll 2 der rechtliche Status der Beschäftigten möglichst offen gestaltet sein. »Dritte« im Sinne des Satzes 1 sind im Wesentlichen Organisationen der freien Wohlfahrtspflege, die mit diesen Beschäftigten ein Dienstverhältnis haben. § 53 Abs. 1 Satz 1 bestimmt, dass pädagogische Mitarbeiterinnen und Mitarbeiter in einem unmittelbaren Dienstverhältnis zum Land stehen, die Vorschrift schließt für diese Beschäftigten an öffentlichen Schulen andere Arbeitgeber kategorisch aus; Satz 1 lässt von dieser Kernaussage ausnahmsweise und stark eingeschränkt den Einsatz der Bediensteten Dritter zu.

Die Bestimmung ist auf den Personalstand und den Tätigkeitsumfang am Stichtag 31.7.1991 beschränkt. Damit ist eine Erweiterung des finanziellen Rahmens der Kostenerstattung ausgeschlossen.

3 **Zu Satz 2:** Die Vorschrift stellt klar, dass das Land nur die für die in Rede stehende Beschäftigung erforderlichen persönlichen Kosten zu tragen hat.

(Karl-Heinz Ulrich)

§ 189 Übergangsregelung für die Schülerbeförderung

Solange Schülerinnen und Schüler den Besuch derjenigen Schule fortsetzen, die sie im Schuljahr 2014/2015 zuletzt besucht haben, ist auf sie § 114 in der bis zum 31. Juli 2015 geltenden Fassung weiter anzuwenden.

1 **Allg.:** § 189 enthält eine Bestandsschutzregelung für Schülerinnen und Schüler, die noch nach § 114 a. F. einen Anspruch auf Beförderung zur Schule oder einen Anspruch auf Erstattung der notwendigen Aufwendungen für den Schulweg zum weiteren Besuch der bereits im Schuljahr 2014/2015 besuchten Schule haben.

Da grundsätzlich bis zum 10. Schuljahrgang ein Anspruch auf Schülerbeförderung oder ein Anspruch auf Erstattung der notwendigen Aufwendungen für den Schulweg besteht, dürfte die Übergangsregelung größtenteils nach Ende des Schuljahres 2019/2020 ihre Bedeutung verlieren und nach weiteren ein bis zwei Schuljahren (z.B. wegen Klassenwiederholung oder Beurlaubung für ein Auslandschuljahr) – mithin nach dem 31.07.2022 – obsolet sein. Auf § 141 Abs. 3 und die Kommentierung hierzu (Anmerkung 4) wird verwiesen.

2 **Zum einzigen Satz:** Durch das ÄndG 15 wurde § 114 zum 01.08.2015 einschneidend verändert. Die Pflicht zur Beförderung zur Schule oder zur Erstattung der notwendigen Aufwendungen für den Schulweg ist seitdem grundsätzlich beschränkt auf den Weg zur nächsten Schule der gewählten Schulform. Eine darüber hinausgehende Verpflichtung zur Beförderung oder zur Erstattung der notwendigen Aufwendungen, wenn innerhalb einer Schulform nicht die nächstgelegene Schule, sondern eine weiter entfernte Schule besucht werden soll, die einen besonderen Bildungsgang anbietet, ist stark eingeschränkt.

Schülerinnen und Schüler, die im Schuljahr vor in Kraft treten der Neuregelung eine nach altem Recht von Beförderungsleistung oder Aufwendungserstattung begünstigte Schule besucht haben, haben – sofern und solange sie den Schulbesuch dort fortsetzen – Anspruch auf Behandlung nach § 114 a. F.

Durch das Wort »fortsetzen« wird deutlich, dass der zugebilligte Besitzstand nur bei einem ununterbrochenen Schulbesuch der im Schuljahr 2014/2015 besuchten Schule gewahrt bleibt. Die Anwendung der Übergangsregelung wird beispielsweise durch ein Verlassen der Schule (z.B. in Folge eines vorübergehenden Wegzugs mit den Erziehungsberechtigten in eine andere Region oder durch eine Verweisung von der Schule) oder durch einen Schulwechsel am Schulstandort (z.B. von einem Gymnasium zu einer Realschule) verwirkt. Unschädlich dürften hingegen kurzzeitige Unterbrechungen sein, die nicht zu einem Verlassen der Schule führen, wie z.b. eine längerfristige Erkrankung, eine kurzzeitige Befreiung von der Schulbesuchspflicht oder ein Auslandsschuljahr.

Verweise, Literatur: 3
- Bräth, Eickmann, Galas: Niedersächsisches Schulgesetz, Kommentar, 8. Auflage (vgl. § 114 a. F.)

(Karl-Heinz Ulrich)

§ 189a Rahmenrichtlinien

[1]Soweit für allgemein bildende Schulen Lehrpläne nach § 122 Abs. 1 noch nicht erlassen sind, wird der Unterricht auf der Grundlage von Rahmenrichtlinien erteilt, [2]§ 122 Abs. 2 und 3 gilt entsprechend.

Soweit noch nicht für alle Schulformen, Schuljahrgänge und Fächer Lehrpläne (Kerncurricula) in Kraft getreten sind, wird der Unterricht weiterhin auf der Grundlage der bisherigen Rahmenrichtlinien erteilt. Satz 2 lässt durch Verweis auf die entsprechende Geltung von § 122 Abs. 3 (Unterrichtung des Landtags) indirekt zu, dass auch neue Rahmenrichtlinien erlassen werden können. Einen Termin für die vollständige Ersetzung der Rahmenrichtlinien durch Lehrpläne hat der Gesetzgeber nicht festgelegt.

(Dieter Galas)

§ 190 Werte und Normen

Das Fach Werte und Normen (§ 128) ist als Prüfungsfach in der gymnasialen Oberstufe, im Beruflichen Gymnasium, im Abendgymnasium und im Kolleg einzurichten, sobald hierfür die erforderlichen Unterrichtsangebote entwickelt sind und geeignete Lehrkräfte zur Verfügung stehen.

Das Fach Werte und Normen hat durch das ÄndG 93 den Status eines ordentlichen Lehrfachs innerhalb der Sekundarbereiche I und II erhalten (zum Begriff »ordentliches Lehrfach« siehe Anm. 1 zu § 124, im Übrigen Vorbemerkungen zu §§ 124-128 sowie § 128). Es ist deshalb auch als Prüfungsfach im Sekundarbereich II der Schulen wählbar, die zur allgemeinen Hochschulreife führen. Die Übergangsvorschrift des § 190 lässt die Einrichtung als Prüfungsfach aber erst zu, wenn die erforderlichen Unterrichtsangebote entwickelt sind und geeignete Lehrkräfte zur Verfügung stehen.

Rahmenrichtlinien für das Fach Werte und Normen in der gymnasialen Oberstufe und im Beruflichen Gymnasium (bis 2010: Fachgymnasium) sind im Jahre 2004 in Kraft getreten. Eine entsprechende grundständige Lehrerausbildung ist in der Neufassung der »Verordnung über die Ersten Staatsprüfungen für Lehrämter im Lande Niedersachsen (PVO-Lehr I)« sowie in der »Verordnung über Masterabschlüsse für Lehrämter in Niedersachsen (Nds. MasterVO-Lehr)« enthalten. Nach In-Kraft-Treten der bundesweit geltenden Einheitlichen Prüfungsanforderungen (EPA) »Ethik« in Niedersachsen im Jahre 2008 kann das Fach Werte und Normen auf Antrag der Schule mit Genehmigung des Kultusministeriums erstmals für die Abiturprüfung 2011 als Prüfungsfach auf grundlegendem Anforderungsniveau gewählt werden.

Im Schuljahr 2015/16 war das Fach Werte und Normen in den gymnasialen Oberstufen von 22 Gymnasien und 9 Gesamtschulen sowie in 2 Beruflichen Gymnasien Prüfungsfach (Landtagsdrucksache 17/4427).

(Dieter Galas)

§ 191 Evangelische Schulen in freier Trägerschaft

Für zwei anerkannte Ersatzschulen, die von den evangelischen Landeskirchen zu benennen sind, wird Finanzhilfe abweichend von § 149 Abs. 1 bereits vom Zeitpunkt der Genehmigung an gewährt.

1 Die Vorschrift bestand in ähnlicher Form bereits im Privatschulgesetz vom 12.7.1957. Die den evangelischen Landeskirchen eröffnete Möglichkeit, Schulen zu benennen, die vom Zeitpunkt der Genehmigung an, also nicht erst nach Ablauf von drei Jahren (siehe Anm. 2 zu § 149), staatliche Finanzhilfe erhalten, galt zunächst für sechs, ab 1973 für acht Schulen,

Die Reduzierung auf zwei Schulen erfolgte durch das Gesetz vom 12.7.2007. Vorausgegangen war eine Vereinbarung des Landes mit der Evangelischlutherischen Landeskirche Hannovers vom 16. Mai 2007, nach der die Kirche an zwei Standorten Gymnasien errichten und an zwei anderen Standorten bisher öffentliche Schulen in ihre Trägerschaft übernehmen kann. Inzwischen ist in Nordhorn (Landkreis Grafschaft Bentheim) und in Meine (Landkreis Gifhorn) ein Gymnasium errichtet worden; in Wolfsburg ist eine Grundschule, in Wunstorf (Region Hannover) eine Integrierte Gesamtschule in die Trägerschaft der Landeskirche übergegangen. Für diese vier Schulen ist nach dem Muster des evangelischen Gymnasiums

Andreanum in Hildesheim abweichend von der üblichen staatlichen Finanzhilfe für Privatschulen die volle Übernahme der Personalkosten wie an den »Konkordatsschulen« (siehe Anm. 1 zu § 155) vorgesehen. Das Land übernimmt für diese Schulen aber keine Sachkostenanteile. Im Gegenzug hat sich die Konföderation der (fünf) Evangelischen Kirchen in Niedersachsen bereit erklärt, die Rechte aus § 191 nur noch für zwei Schulen zu beanspruchen.

Verweise, Literatur: 2

– Vereinbarung vom 16. Mai 2007 zwischen dem Land Niedersachsen und der Evangelisch-lutherischen Landeskirche Hannovers zur Änderung der »Vereinbarung zwischen dem Land Niedersachsen und der Evangelisch-lutherischen Landeskirche Hannovers über das Gymnasium Andreanum in Hildesheim vom 30. November 1977«, Anlage zum Gesetz vom 12. Juli 2007 (Nds. GVBl. S. 339)

– *Galas, Dieter:* Konkordatsschulen – Eine niedersächsische Besonderheit, Niedersächsische Verwaltungsblätter, 2004, H. 7, S. 177

(Dieter Galas)

§ 192 Übergangsvorschriften zur Finanzhilfe

(1) [1]Abweichend von § 150 Abs. 8 werden einem Schulträger auf Antrag bis zu 20 vom Hundert des bereinigten Grundbetrages als Altersvorsorgeaufwendungen erstattet, wenn

1. laufende Direktversorgungsleistungen, die einer angemessenen Zusatzversorgung dienen und die von dem Schulträger oder einer von ihm getragenen Unterstützungskasse

    a) bereits seit der Zeit vor dem 1. August 1981 an ehemalige Lehrkräfte der Ersatzschule geleistet werden,

    b) an ehemalige Lehrkräfte geleistet werden, die am 31. Juli 1981 das 55. Lebensjahr bereits vollendet hatten, oder

    c) an Hinterbliebene der Lehrkräfte nach Buchstabe a und b geleistet werden,

2. laufende Umlagebeiträge für Lehrpersonal, das am 1. Januar 1990 bei der Niedersächsischen Versorgungskasse oder einer gleichartigen Versorgungskasse angemeldet war, wenn der Schulträger mit dem Versorgungsträger das Auslaufen der Mitgliedschaft vereinbart hat, oder Umlagebeiträge für unbesetzte Stellen und Beiträge zum Ausgleich des Unterschiedes zwischen den Umlagebeiträgen und den von der Versorgungskasse tatsächlich gewährten Versorgungsleistungen geleistet werden.

[2]Die Leistungen nach Satz 1 Nr. 2 werden auch über 20 vom Hundert des bereinigten Grundbetrages hinaus in voller Höhe erstattet, soweit der

Schulträger durch eine vor dem 1. August 1993 getroffene Vereinbarung mit dem Versorgungsträger über das Auslaufen der Mitgliedschaft so belastet wird, dass 20 vom Hundert des bereinigten Grundbetrages nicht ausreichen, um die Leistungen nach Satz 1 und die Arbeitgeberanteile zur gesetzlichen Rentenversicherung und zur Zusatzversicherung nach § 150 Abs. 8 zu decken.

(2) ¹Soweit sich für eine vor dem 1. August 2007 finanzhilfeberechtigte Schule aufgrund der getrennten Berechnung der Schülerbeträge für die Sekundarbereiche I und II nach § 150 eine geringere Finanzhilfe als bei einer Anwendung des für das Schuljahr 2006/2007 für die Finanzhilfe maßgeblichen Rechts ergibt, ist für diese Schule die Finanzhilfe bis einschließlich des Schuljahres 2010/2011 nach den für das Schuljahr 2006/2007 geltenden Bestimmungen festzusetzen. ²Dies gilt nicht, wenn sich die geringere Finanzhilfe nur aus einer Abweichung in beiden Sekundarbereichen von den durch die Verordnung nach § 150 Abs. 4 bestimmten Schülerstunden ergibt.

1 **Allg.**: § 192 wurde als Folgeänderung im Zuge der Novellierung der Finanzhilferegelungen des § 150 durch das ÄndG 07 überarbeitet. Übergangsvorschriften sollen üblicherweise gewährleisten, dass die Leistungsempfänger, hier die Träger der freien Schulen, einen rechtlichen Zustand oder erworbenen Besitzstand eine Zeit lang wahren bzw. sich in angemessener Zeit auf eine veränderte Situation einstellen können. Die Regelungen des Absatzes 1 haben nach wie vor praktische Bedeutung bei der Festsetzung der Finanzhilfe, die Vorschrift in Absatz 2 dürfte sich nach Auslaufen des Übergangszeitraumes erledigt haben.

2 **Zu Abs. 1**: Absatz 1 entspricht inhaltlich den Regelungen der Absätze 2 bis 4 der bis zum 31.07.2007 geltenden Vorgängerregelung: Absatz 2 a. F. (Zusatzversorgung) wird in Satz 1 Nr. 1 Buchst. a bis c abgebildet, Absatz 3 a. F. (Umlagebeträge und Ausgleichbeträge) ist nunmehr Satz 1 Nr. 2, Absatz 4 a. F. findet sich in Satz 2 wieder. Die Vorschriften ermöglichen die Erstattung der Aufwendungen für bestimmte frühere Modelle der Altersvorsorge, die nach neuerem Recht nicht mehr eingesetzt werden sollen. Bezüglich der näheren Ausgestaltung der Regelung wird auf die hierzu erlassenen Bestimmungen in den Nrn. 3.7 und 3.8 des sog. Grundsatzerlasses zur Finanzhilfe (Anm. 4) hingewiesen.

Aufgenommen wurde durch das ÄndG 07 eine Klarstellung zu einer bisher schon im Gesetz enthaltenen Regelung, denn der bisher dort verwendete Begriff der »Direktversorgungsleistungen« hat in der Vergangenheit zu einer uneinheitlichen Auslegung dieser Vorschrift geführt. Der Einführung dieser Regelung als damaliger § 178 a. F. mit dem Achten Gesetz zur Änderung des Niedersächsischen Beamtengesetzes vom 2.6.1982 (Nds. GVBl. S. 155) lag zugrunde, dass nach einer vorangegangenen Schulgesetzänderung die von einigen Schulen in freier Trägerschaft seinerzeit auf der Grundlage einer Zusatzversorgung ihren ehemaligen Lehrkräften erbrachten Versorgungsleistungen entweder als unmittelbare (»echte«) Direktversorgung zwischen Schule und Lehrkraft oder als mittelbare Direktversorgung über sog. »Unterstützungskassen« im Sinne des Gesetzes zur Verbesserung der betrieblichen Altersversorgung (Betriebsrentengesetz) nicht mehr erstattungsfähig waren. Für die Schulen in freier Trägerschaft, die entsprechende Verträge über eine unmittelbare Leistung an die Lehrkräfte abgeschlossen hatten, wäre diese neue Rechtslage wirtschaftlich nicht zu verkraften gewesen, so dass deshalb die der heutigen Übergangsregelung weitgehend entsprechende Bestimmung in das Gesetzgebungsverfahren zum NBG-Änderungsgesetz eingebracht wurde. Zur Erläuterung wurde ausweislich der Beratungsprotokolle ausgeführt: »Der § 178 NSchG a. F. enthalte eine Besitzstandswahrung für eine Zusatzversorgung, die Lehrkräften an Schulen in freier Trägerschaft, Waldorfschulen und Landerziehungsheimen gewährt werde. Diese Zusatzversorgung, die in der Bestimmung als Direktversorgungsleistungen bezeichnet werde, sei nach dem Schulgesetz von 1974 bei der Finanzhilfe an die Schulen in freier Trägerschaft berücksichtigt worden, obwohl der Landesrechnungshof dagegen Bedenken erhoben habe.« Die im Gesetzestext enthaltene Definition dieser Zusatzversorgungsleistungen als »Direktversorgung« hatte aber zu einer Auslegung dahingehend geführt, dass auch Direktversorgungsleistungen an Ordenslehrkräfte, und damit deren grundständige Versorgung darunter verstanden werden soll, obwohl diese – so die ursprüngliche Intention – abschließend in § 150 geregelt wurde.

Zu Abs. 2: Satz 1 soll gewährleisten, dass für einen Übergangszeitraum die allgemeinen Schulen in freier Trägerschaft, die einen möglichen Sekundarbereich II nicht führen oder nur einen im Verhältnis zum Sekundarbereich I sehr kleinen Sekundarbereich II führen, durch die seit dem ÄndG 07 gesonderte Festsetzung der Schülerbeträge für diese beiden Schulbereiche keine unverträglichen Mindereinnahmen aus der Finanzhilfe haben. Der Übergangszeitraum ist so bemessen, dass dem Träger hinreichend Zeit verbleibt, ggf. einen Sekundarbereich II erst dann aufzubauen, wenn die darin eintretenden Schülerinnen und Schüler das Abitur nach acht Schuljahrgängen ablegen (erstmals im Schuljahr 2010/2011). **Satz 2** stellt aber heraus, dass eine in der Verantwortung des Trägers liegende Verteilung der personellen Ausstattung etwa zugunsten des Sekundarbereichs II und zulasten des Sekundarbereichs I nicht zu einer übergangsweisen Beibehaltung des bisherigen Berechnungsverfahrens führt. Die Schülerstunden werden unmittelbar durch die Verordnung nach § 150 Abs. 4 festgelegt (vgl. § 1 FinHVO, Anm. 4). Bezüglich der durchzuführenden Vergleichsberechnung wird auf Nr. 3.9 des sog. Grundsatzlasses zur Finanzhilfe (Anm. 4) verwiesen.

Verweise, Literatur:

- Entwurf eines Gesetzes zur Reform der Finanzhilfe für Schulen in freier Trägerschaft, Gesetzentwurf der LReg v. 18.4.2007 (Drs. 15/3730)
- Verordnung über die Berechnung der Finanzhilfe für Schulen in freier Trägerschaft (FinHVO) v. 7.8.2007 (Nds. GVBl. S. 415), zuletzt geändert durch VO vom 30.11.2016 (Nds. GVBl. S. 276)

- Erl. »Finanzhilfe für Schulen in freier Trägerschaft« v. 1.8.2007 (SVBl. S. 300), der Erlass ist ohne Nachfolgeregelung am 31.12.2014 außer Kraft getreten

(Karl-Heinz Ulrich)

Dritter Abschnitt
Schlussvorschriften, Inkrafttreten

§ 193 Aufhebung des Berufsgrundbildungsjahres

(1) ¹Die eingeführten schulischen Berufsgrundbildungsjahre werden aufgehoben. ²Die nach § 106 erteilten Genehmigungen zur Errichtung eines schulischen Berufsgrundbildungsjahres werden widerrufen.

(2) Für das Schuljahr 2008/2009 sind die Vorschriften über schulische Berufsgrundbildungsjahre und über die Anrechnung der Berufsfachschule auf die Berufsausbildung in der bis zum 31. Juli 2008 geltenden Fassung weiter anzuwenden.

1 **Allg.:** Die schulische Organisation der beruflichen Grundbildung ist mit dem ÄndG 08 grundlegend verändert worden. Die Regelungen über das Berufsgrundbildungsjahr (bisher § 15) sind entfallen. Die berufliche Grundbildung findet nur noch in der Teilzeitberufsschule oder der Berufsfachschule statt. Der neu gefasste § 193 zieht daraus die Konsequenzen hinsichtlich der Behandlung der bisherigen Berufsgrundbildungsjahre (Abs. 1) und für die Übergangszeit im Jahr 2008/2009 (Abs. 2).

2 **Zu Abs. 1:** Das Gesetz hebt die noch verbliebenen, landesweit verbindlichen BGJ Bautechnik und Holztechnik auf. Außerdem werden die nach § 106 erteilten Genehmigungen zur Errichtung schulischer Berufsgrundbildungsjahre widerrufen. Mit dem ÄndG 08 ist in Artikel 2 gleichzeitig die nds. Anrechnungsverordnung aufgehoben worden.

3 **Zu Abs. 2:** Für das Schuljahr 2008/2009 sind trotz der Aufhebung bzw. des Widerrufs der Berufsgrundbildungsjahre mit Inkrafttreten des ÄndG 08 die bisherigen bis zum 31.7.2008 geltenden Vorschriften des NSchG und auch der Anrechnungsverordnung für diese Schulform weiterhin anzuwenden, d.h. die Anrechnung des erfolgreichen Besuchs eines BGJ im Schuljahr 2007/2008 auf die Aufnahme einer Berufsausbildung im Schuljahr 2008/2009 ist weiterhin rechtlich vorgeschrieben. Das gilt auch für den Besuch einer anrechnungsfähigen einjährigen Berufsfachschule. Die Schülerinnen und Schüler, die im Schuljahr 2008/2009 ein BGJ oder eine anrechnungsfähige Berufsfachschule besuchen, können allerdings nach dem 31. Juli 2009 eine Anrechnung rechtlich nicht mehr verlangen. Ab diesem Zeitpunkt gilt die Regelung des Berufsbildungsgesetzes, dass die Anrechnung nur noch freiwillig zwischen dem Ausbildungsbetrieb und der oder dem Auszubildenden vereinbart werden kann. Im Übrigen bedeutet

die Übergangsvorschrift auch, dass für die beiden Schulformen die bisherigen Vorschriften zur Schulpflicht (§ 67) und zur Schülerbeförderung (§ 114) im Schuljahr 2008/2009 weiterhin Geltung haben.

Verweise, Literatur: 4
- *Eickmann, Manfred:* Neuordnung der beruflichen Grundbildung, Schulverwaltung, Ausgabe Niedersachsen, 2008, H. 11, S. 310

(Friedrich-Wilhelm Krömer)

§ 194   – aufgehoben –

§ 195   Sonderregelung für die Stadt Göttingen

(1) Die für kreisfreie Städte geltenden Vorschriften dieses Gesetzes sind auf die Stadt Göttingen nicht anzuwenden (§ 16 Abs. 2 NKomVG).

(2) Abweichend von § 102 Abs. 2 ist die Stadt Göttingen in ihrem Gebiet auch Schulträger für die allgemein bildenden Schulen nach § 5 Abs. 2 Nr. 1 Buchst. b bis i.

Allg.: Die Vorschrift trifft Sonderregelungen für die Schulträgerschaft im Gebiet der Stadt Göttingen. Nach dem Göttingen-Gesetz von 1964 (Anm. 4) wurde die vormals kreisfreie Stadt Göttingen im Rahmen einer Neuordnung des Göttinger Raumes in den Landkreis Göttingen eingegliedert. Da kreisfreie Städte kommunalrechtlich einen landkreisähnlichen Status haben (vgl. § 18 NKomVG), war der Gesetzgeber seinerzeit bestrebt, die Beziehungen und Aufgabenverteilung zwischen Stadt und Landkreis in Einklang zu bringen. Der Stadt Göttingen wurde – auch im sog. Stammgesetz des NSchG von 1974 (vgl. §§ 184, 185 a. F.) – ein bis heute geltender Sonderstatus eingeräumt. Das Göttingen-Gesetz wurde Ende 2011 durch besondere Bestimmungen des NKomVG abgelöst, für schulrechtliche Betrachtungen waren fortan die §§ 16, 168 und 169 NKomVG maßgebend. Bis zum 31.10.2016 enthielt § 195 a. F. eine Sonderregelung für den »Übergang der Schulträgerschaft« in Göttingen. Durch Artikel 3 des Gesetzes vom 26.10.2016 (Nds. GVBl. S. 226) wurde die Vorschrift geändert (Anm. 4), sie musste jedoch durch das ÄndG 19 korrigiert werden, weil der Stadt unbeabsichtigt die Trägerschaft für die Schülerbeförderung übertragen worden war (vgl. Gesetzentwurf der LReg, Drs. 18/4471, S. 45). 1

Die Schlüsselzuweisungsregelung für die Wahrnehmung von Kreisaufgaben in § 169 Abs. 2 NKomVG zugunsten des Ausgleichs der Belastungen für die Sekundarbereiche I und II führt bezüglich der §§ 117 und 118 zu einer Beschränkung des Zuwendungsanspruchs auf den Primarbereich. Durch Artikel 2 des Gesetzes vom 16.12.2014 (Nds. GVBl. S. 434) wurden dem § 169 NKomVG die Absätze 3 bis 7 angefügt, die für einen finanziellen Ausgleich für die Aufgabenzuweisung sorgen sollen (vgl. Schriftl. Bericht i. d. Drs. 17/2578 S. 3). Im Übrigen regeln zwischen Landkreis Göttingen und Stadt Göttingen getroffene Verwaltungsvereinbarungen das Zusammenspiel der Kommunen.

2 **Zu Abs. 1:** Nach § 16 Abs. 1 i.V. m. § 14 Abs. 1 NKomVG gehört die Stadt Göttingen dem Landkreis Göttingen an. Die Stadt hat demzufolge den Status einer kreisangehörigen Gemeinde. Allerdings sind nach § 16 Abs. 2 NKomVG die für kreisfreie Städte geltenden (landesrechtlichen) Vorschriften auf die Stadt Göttingen anzuwenden, soweit durch Rechtsvorschrift nichts anderes bestimmt ist. Absatz 1 bestimmt – unter ausdrücklichem Hinweis auf die Abweichungen zulassende Regelung in § 16 Abs. 2 NKomVG – etwas anderes, nämlich, dass die für kreisfreie Städte geltenden Vorschriften des NSchG auf die Stadt Göttingen nicht anzuwenden sind. Demzufolge ist die Stadt schulrechtlich in Teilbereichen wie eine Gemeinde, die einem Landkreis angehört, zu behandeln. Der Landkreis koordiniert daher weiterhin gem. § 109 das öffentliche Verkehrsangebot und ist gem. § 114 Abs. 1 Satz 1 für die Schülerinnen und Schüler im gesamten Kreisgebiet Träger der Schülerbeförderung. Die Pflicht zur vertrauensvollen Zusammenarbeit in Schulangelegenheiten zwischen Schulbehörde und Kommune richtet sich für die Stadt Göttingen nach § 123 Abs. 2 und nicht nach dessen Abs. 1. Im Verhältnis zwischen Landkreis und Stadt Göttingen sind ferner beispielsweise die §§ 103, 105 Abs. 5 (siehe hierzu § 169 Abs. 7 NKomVG) sowie die §§ 117 und 118 (siehe hierzu § 169 Abs. 2 NKomVG) von Bedeutung.

3 **Zu Abs. 2:** Die Stadt Göttingen ist als Gemeinde nach § 102 Abs. 1 von Gesetzes wegen geborener Schulträger der Schulform Grundschule. Darüber hinaus ist sie nach Absatz 2 gesetzlich gekorener Schulträger der – nach § 102 Abs. 2 grundsätzlich den Landkreisen und kreisfreien Städten vorbehaltenen – Schulformen gemäß § 5 Abs. 2 Nr. 1 Buchst. b bis i, d. h. der allgemein bildenden Schulformen Hauptschule, Realschule, Oberschule, Gymnasium, Gesamtschule, Abendgymnasium, Kolleg und Förderschule. Durch die Bezugnahme auf § 102 Abs. 2 wird der rechtliche Zusammenhang verdeutlicht.

Die Bestimmung sichert der Stadt Göttingen unabhängig von einem sonst üblichen Antrags-, Anhörungs- und Genehmigungsverfahren (vgl. § 102 Abs. 3 u. 4) die Trägerschaft für die allgemein bildenden Schulen in den Sekundarbereichen I und II in ihrem Gebiet zu. Es handelt sich nicht allein um eine Besitzstandsregelung für von der Stadt Göttingen bereits geführte Schulen, auch zukünftige schulorganisatorische Maßnahmen, durch die neue Anstalten entstehen (z.B. durch Errichtung, Zusammenlegung und Teilung von Schulen), sind durch die Bestimmung gewährleistet.

§ 102 Abs. 6, der auf Antrag eine (Rück-)Übertragung der Schulträgerschaft der weiterführenden Schulen auf den Landkreis durch die Schulbehörde ermöglicht, kann durch die gesetzliche Festlegung in Absatz 2 nicht zur Anwendung kommen.

Der der Stadt Göttingen zugebilligte Sonderstatus gilt nicht bezüglich der Schulträgerschaft von berufsbildenden Schulen. Allerdings hätte nach § 103 Abs. 1 der Landkreis Göttingen der Stadt Göttingen auf deren

Übergangs- und Schlussvorschriften §§ 196, 197   **NSchG**

Antrag die laufende Verwaltung von berufsbildenden Schulen, die ihren Standort im Stadtgebiet haben, zu übertragen.

Verweise, Literatur: 4
- Gesetz über die Neugliederung des Landkreises und der Stadt Göttingen (Göttingen-Gesetz) vom 01.07.1964 (Nds. GVBl. S. 134)
- Urt. d. Nds. Staatsgerichtshofs v. 16.05.2001 – 6/99 u. a. – zur Beteiligung der Stadt Göttingen an den Kreisschlüsselzuweisungen
- *Freese, Herbert/Schwind, Joachim*: Die »Generalüberholung« des Niedersächsischen Kommunalverfassungsgesetzes (NdsVBl., H. 4/2017, S. 97)

(Karl-Heinz Ulrich)

§ 196 – aufgehoben –

Die durch das ÄndG 15 aufgehobene Regelung betraf den »Beirat für landwirtschaftliche Fachschulen«. Der Beirat war zur fachlichen Begleitung der Eingliederung der bis Ende 1975 von den Landwirtschaftskammern getragenen öffentlichen Schulen in die Trägerschaft der Landkreise und kreisfreien Städte gebildet worden. Da die landwirtschaftlichen Fachschulen seit Jahren in die berufsbildenden Schulen integriert sind, die letzte Berufung von Beiratsmitgliedern 1997 erfolgte und die letzte Beiratssitzung 2002 stattfand, war der Beirat entbehrlich geworden. Die Aufhebung der Vorschrift diente der Rechtsbereinigung.

§ 197 Inkrafttreten

(1) Dieses Gesetz tritt am 1. August 1974 in Kraft.

(2) Abweichend von Absatz 1 treten in Kraft

1. **am 1. Januar 1975: § 96 Abs. 5, § 184 und § 185 Abs. 1,**

2. **am 1. August 1975: § 134,**

3. **am 1. Januar 1976: § 183.**

Allg.: Die Vorschrift bestimmt das Inkrafttreten des sog. Stammgesetzes 1 vom 30.5.1974 (Nds. GVBl. S. 289). Da in den Absätzen 1 und 2 dieser Schlussvorschrift in zeitlicher Abfolge vier verschiedene Zeitpunkte des Inkrafttretens geregelt werden, spricht man von einem »gespaltenen Inkrafttreten«.

Das Stammgesetz wurde seither mit einer Vielzahl von Änderungsgesetzen umgestaltet. Mit deren Inkrafttreten wurden im Stammgesetz Regelungen redaktionell korrigiert, ersetzt, ergänzt und aufgehoben. Die Änderungsgesetze werden nach ihrem Inkrafttreten und Vollzug zu inhaltsleeren Hülsen ohne weitere rechtliche Wirkung. Auf die »Entwicklung des Niedersächsischen Schulgesetzes« im Kapitel »Einführung« (Nr. 4) wird verwiesen.

2 Zu Abs. 1: Die Vorschrift betrifft – präzise terminiert – das Inkrafttreten des Stammgesetzes. An dem hier festgesetzten Zeitpunkt haben die rechtlichen Bestimmungen des NSchG ihre Geltung entfaltet.

3 Zu Abs. 2: Die Bestimmung regelt in zeitlicher Abfolge das gegenüber dem in Absatz 1 genannten Termin zeitversetzte Inkrafttreten der §§ 96 Abs. 5, 134, 183, 184 und § 185 Abs. 1 des Stammgesetzes von 1974. Auf die Möglichkeit eines solchen gespaltenen Inkrafttretens wird zurückgegriffen, wenn eine Neuregelung einer Vorlaufzeit für erforderliche Vorbereitungen (z.B. Bereitstellung von Haushaltsmitteln, Erarbeitung von untergesetzlichen Regelungen) bedarf.

(Karl-Heinz Ulrich)

Anhang

Nach Redaktionsschluss wurde bekannt, dass die Landesregierung einen Gesetzentwurf in den Landtag eingebracht hat, nach dem die §§ 119, 120 und 169 des Schulgesetzes geringfügig wie folgt geändert werden sollen (Landtagsdrucksache 18/7847):

1. § 119 Nr. 2 erhält folgende Fassung:
   »2. die Regionalen Landesämter für Schule und Bildung als nachgeordnete Schulbehörden.«
2. In § 120 Abs. 6 werden die Worte »nachgeordnete Schulbehörde ist« durch die Worte »nachgeordneten Schulbehörden sind« ersetzt.
3. In § 169 Abs. 2 Sätze 2 und 4 werden jeweils die Worte »Gebiet jedes der bis zum 31. Dezember 2004 bestehenden Regierungsbezirke« durch die Worte »räumlichen Zuständigkeitsbereich jedes Regionalen Landesamtes für Schule und Bildung« ersetzt.

Die Änderungen stehen in Zusammenhang mit dem Beschluss der Landesregierung vom 01.09.2020 (Nds. MBl. S. 929; SVBl. S. 470), die Niedersächsische Landesschulbehörde als nachgeordnete Schulbehörde aufzulösen und in deren Rechtsnachfolge vier Regionale Landesämter für Schule und Bildung an den Standorten Braunschweig, Hannover, Lüneburg und Osnabrück zu bilden. Das Gesetz soll zum 1. Dezember 2020 in Kraft treten.